SALLUSTE
JULES CÉSAR

C. VELLÉIUS PATERCULUS ET A. FLORUS

ŒUVRES COMPLÈTES

AVEC LA TRADUCTION EN FRANÇAIS

PUBLIÉES SOUS LA DIRECTION

DE M. NISARD

DE L'ACADÉMIE FRANÇAISE
INSPECTEUR GÉNÉRAL DE L'ENSEIGNEMENT SUPÉRIEUR

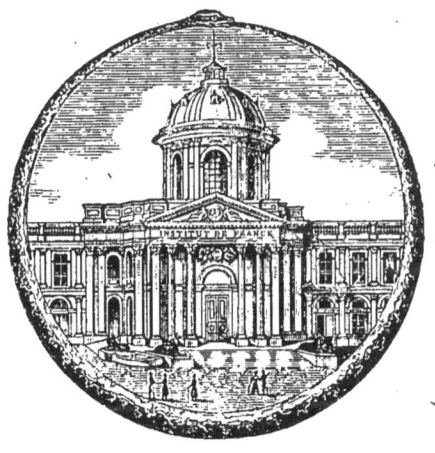

PARIS

CHEZ FIRMIN DIDOT FRÈRES, FILS ET Cⁱᵉ, LIBRAIRES

IMPRIMEURS DE L'INSTITUT DE FRANCE

RUE JACOB, 56

M DCCC LXV

COLLECTION

DES

AUTEURS LATINS

AVEC LA TRADUCTION EN FRANÇAIS

PUBLIÉE SOUS LA DIRECTION

DE M. NISARD

DE L'ACADÉMIE FRANÇAISE
INSPECTEUR GÉNÉRAL DE L'ENSEIGNEMENT SUPÉRIEUR

SALLUSTE
JULES CÉSAR

C. VELLÉIUS PATERCULUS ET A. FLORUS

OEUVRES COMPLÈTES

PARIS. — TYPOGRAPHIE DE FIRMIN DIDOT FRÈRES, FILS ET Cie, RUE JACOB, 56

AVIS DES ÉDITEURS.

La composition de ce volume n'est pas arbitraire. Entre Tite-Live, qui conduit l'histoire de la république jusqu'aux guerres de Persée, et Tacite, l'historien de l'empire, se placent, dans l'ordre chronologique des faits, Salluste, qui nous raconte deux des plus grandes épisodes des derniers temps de la république; César, dont les mémoires sont toute l'histoire de Rome jusqu'à sa mort; Florus, qui s'étend, dans la dernière partie de son abrégé, sur les guerres du triumvirat et sur le règne d'Auguste; Velléius Paterculus, qui nous montre les commencements de Tibère et nous mène jusqu'aux Annales de Tacite. Salluste, Cesar, Velléius, Florus, servent donc d'intermédiaires entre l'historien de Rome républicaine et l'historien de la Rome des Césars. Ces six auteurs, ainsi classés, offrent un ensemble majestueux, malgré des mutilations à jamais regrettables.

Nous avons cru devoir faire précéder la traduction de Salluste d'un morceau excellent et trop peu lu : c'est la vie de Salluste par le président de Brosses. Ce travail plein de sens, d'une érudition à la fois sûre et piquante, d'un style dont les rares incorrections sont plus que compensées par la grâce et la facilité du tour, n'est pas seulement une histoire de Salluste, c'est un précieux abrégé de l'histoire de son temps. Les faits que raconte le président de Brosses, et qu'il a puisés aux meilleures sources, expliquent mieux que l'analyse la plus ingénieuse l'esprit de Salluste et le caractère de son talent, et cette histoire de sa vie est le portrait le plus fidèle et le plus vivant de ce grand esprit.

Le texte dont nous nous sommes servis est, à deux ou trois leçons près, celui que M. Burnouf a éclairci et en quelque sorte fixé dans sa belle édition de Salluste, ouvrage plein de savoir, de sagacité et de sens, l'un des plus précieux monuments de la philologie française.

Quelques éditions récentes de Salluste, outre le Catilina et le Jugurtha, les discours et les les lettres qui faisaient partie de la grande Histoire, et les deux lettres de Salluste à César, contiennent des lambeaux de phrases mutilées, recueillis par les grammairiens, des citations extraites d'autres auteurs, des mots, des débris de mots ayant appartenu à cette histoire, dont on ne peut trop déplorer la perte. Nous n'avons pas cru devoir reproduire ces informes restes, dont le plus grand nombre n'a pas de sens, et dont nous retrouverons la partie la mieux conservée dans les citations mêmes des auteurs qui avaient pu lire ce beau monument. Les coudre sans lien et sans suite possible aux ouvrages heureusement intacts de Salluste, c'eût été, d'une part, faire un double emploi, puisque nous devons les rencontrer ailleurs ; et, d'autre part, s'imposer la tâche de traduire des choses intraduisibles. Nous nous en sommes tenus aux discours et lettres mentionnés plus haut : ce sont, de tous les débris de la grande Histoire, les seuls qui forment un sens complet, et qui aient une véritable valeur historique et littéraire. Ces fragments sont au nombre de six. On en doit la découverte à Pomponius Lætus, savant Napolitain du quinzième siècle, lequel les retrouva dans un ancien manuscrit de la bibliothèque du Vatican.

Les textes du César, du Velléius Paterculus, du Florus, sont ceux de la collection Lemaire, ou plutôt des éditions allemandes auxquelles la publication française les a empruntés. Les rares changements que nous y avons faits ne sont que des leçons tirées des manuscrits que nous opposons aux leçons de l'édition Lemaire. Nous n'avons adopté les leçons ou plutôt les restitutions fort suspectes des éditions usuelles que dans un très-petit nombre de passages de Velléius Paterculus et de Florus, où le texte des manuscrits n'offrait aucun sens, ou, ce qui est pis, offrait des barbarismes. Notre désir de ne donner que des textes parfaitement corrects et authentiques n'a pas dû aller jusqu'à réimprimer des barbarismes.

Nos notes sont rejetées à la fin des ouvrages ou fragments d'ouvrages, sauf quelques-unes pour les rares endroits où le lecteur a besoin d'un éclaircissement immédiat, et que nous renvoyons au bas du texte ou de la traduction par de petits chiffres.

Ces notes sont peu nombreuses, et ne portent pas sur la diversité des interprétations. Dans une édition de ce genre, où la place est si précieuse, les traducteurs ne peuvent pas donner les raisons qui leur ont fait adopter tel sens plutôt que tel autre. Il faut bien s'en rapporter à eux. A l'exception donc de quelques passages où les traducteurs ont trouvé leur responsabilité trop forte, et ont cru convenable de faire le lecteur juge des difficultés, nous nous bornons à des notes de géographie comparée et d'histoire, en comprenant sous ce dernier mot tout ce qui a rapport aux mœurs et aux usages. Si cette partie d'eclaircissement a plus d'étendue dans le Florus, c'est qu'il nous a paru qu'à la suite d'un abrégé où se retrouvent avec des détails différents les principaux faits racontés dans Salluste, César et Velléius, un travail de rapprochements, de rectifications et de renvois ne serait pas sans quelque utilité, surtout pour ceux qui se livrent aux études historiques.

SALLUSTE.

VIE DE SALLUSTE,

PAR LE PRÉSIDENT DE BROSSES.

Caius Sallustius Crispus naquit à Amiterne, ville considérable du pays des Sabins, dont on voit aujourd'hui quelques restes près de San Vittorino, dans l'Abruzze, l'an de Rome 668, sous le septième consulat de Marius, et le second de Cornélius Cinna. Ce fut au milieu du temps le plus affreux de la république, où tout ce qu'on peut imaginer d'horreurs et de barbaries était devenu familier à ce peuple romain qu'un préjugé presque général élève ordinairement si haut. L'habitude qu'on a contractée de juger favorablement cette nation, sur l'excellente constitution de son gouvernement par rapport aux nations étrangères, et sur les grands exemples de vertu fournis par les premiers siècles de la république, empêche la plupart des gens de faire attention que, dans tous les temps, la discorde a régné dans le sein de Rome; que depuis que la république eut acquis une certaine étendue, presque tous ces personnages qu'on nous vante, ne sont pas moins fameux par des vices énormes que par de brillantes vertus, rassemblés très communément dans les mêmes sujets; et que leur basse cupidité avilissait au dedans la majesté de l'état qu'ils relevaient eux-mêmes au dehors par les talents qui éblouissent le vulgaire. Salluste se ressentit autant que personne de ce mélange de vices et de vertus qui fit le caractère particulier de son siècle. Il était né dans un climat dur et sauvage, son esprit en retint toute l'austérité; il fut élevé dans une capitale où le luxe triomphait, son cœur en prit toute la mollesse. Les exemples de corruption dont sa jeunesse fut entourée, la séduisirent sans l'aveugler. Il eut toujours des lumières très justes sur le bien et sur le mal; mais réservant toute sa sévérité pour ses discours, il mit une entière licence dans ses actions. Censeur éternel et impitoyable des vices d'autrui, il se permit à lui-même des choses très malhonnêtes, s'il en faut croire les gens qui nous ont laissé quelques détails sur sa vie. Mais il faut remarquer que ces leçons si aigres et si mal pratiquées de sa part, ayant, avec justice, révolté tout le monde, lui attirèrent une foule d'ennemis de qui nous tenons la plupart des mémoires qui nous restent sur son compte, satires passionnées, où l'animosité à fait aussi souvent régner l'exagération que la vérité. Telle est la déclaration du faux Cicéron sur lui : tel encore le fragment de Lénœus, et divers autres écrits dictés par l'esprit de parti qui divisait Rome alors, et qui ne permettait pas qu'il y eût d'honnêtes gens dans la faction contraire. Convenons néanmoins de bonne foi que plusieurs actions de Salluste autorisent sa mauvaise réputation, qu'il manqua souvent de probité, et toujours à connaissance de cause; et que, par un malheur commun à grand nombre de gens à talents, il ne fut guère moins méprisable par son cœur qu'estimable par son esprit.

La maison Sallustia ne commence à paraître dans l'histoire qu'à la fin du septième siècle de Rome. On y trouve alors, outre l'historien dont j'écris la vie, deux autres Salluste, ses contemporains, et probablement ses parents; l'un et l'autre amis de Cicéron et de Pompée. Cette famille a subsisté fort longtemps et a formé diverses branches, distinguées par les surnoms de *Crispus*, de *Lucellus* et de *Secundus*. Mais les mémoires qui nous restent sur ce qui la concerne sont trop décousus pour pouvoir suivre la filiation de cette maison. On peut seulement assurer, malgré le sentiment de quelques auteurs, que les Salluste n'étaient pas d'origine patricienne, mais plébéienne seulement. Leur maison était bonne, quoique sans illustration : du moins ne voit-on pas qu'aucun des ancêtres de l'historien ait avant lui possédé quelques-unes des grandes magistratures de Rome, qui seules donnaient la noblesse romaine aux familles souvent fort anciennes et fort nobles d'ailleurs. Il est probable cependant que le temps nous a dérobé la connaissance de ce fait, puisque Salluste se glorifiait assez de sa noblesse pour se croire en droit de mépriser par là les hommes nouveaux. « Il a mauvaise grâce à me » reprocher ma naissance, dit le faux Cicéron; ne » dirait-on pas, à l'entendre parler, qu'il descend » des Scipions ou des Métels ? S'il en était ainsi, ils » auraient bien à rougir d'un pareil successeur. » Peu à près il ajoute : « Sont-ce ses ancêtres qui le » rendent si insolent? beau sujet de vanité s'ils ont » vécu comme lui. »

Je ne rechercherai point si le nom de Salluste vient du mot *sel* ou du mot *salut* ; ni si ce nom doit s'écrire par une ou par deux *l*. L'une de ces questions me paraît trop mal fondée, et l'autre trop frivole pour les agiter ici. On peut consulter ici Jérôme Wolf et Gérard Vossius. Je dirai seulement, sur la seconde question, que toutes les inscriptions antiques autorisent l'orthographe par deux *l*, entre autres une inscription trouvée depuis peu dans les fossés de la ville de Modène ; ce qui n'empêche pas qu'anciennement ce nom n'ait dû s'écrire par une seule *l*, puisque les Romains n'ont jamais fait usage des consonnes doubles jusqu'au temps d'Ennius, qui le premier les introduisit dans l'écriture latine, à l'imitation des Grecs. D'autres ont mis en doute si Salluste était le vrai nom de notre historien, et Crispe son surnom, ou au contraire ; car on le trouve indifféremment nommé Salluste Crispe, ou Crispe Salluste, chez tous les anciens qui parlent de lui. M. Leclerc semble pencher vers cette dernière opinion ; et Cortius l'embrasse formellement dans son édition de cet auteur ; mais ils n'ont pas fait attention l'un et l'autre que les Latins ne se faisaient aucun scrupule de renverser les noms propres lorsque l'harmonie de la phrase le demandait, et que d'ailleurs le nom de Crispe (frisé) porte tout à fait avec lui le caractère d'un surnom, selon la méthode commune aux Romains de tirer leurs surnoms de quelque habitude du corps. Le fait semble d'ailleurs assez décidé par la terminaison en *ius* du mot Sallustius, qui est celle de tous les noms de famille chez les Latins ; les autres terminaisons étant celles des surnoms qui distinguent les branches. Elle est patronymique, répondant au mot semblable de la langue grecque ὑος (*filius*); selon l'usage commun à presque tous les peuples, de former les noms propres et de famille sur celui du père et de l'auteur de la race.

Salluste fut fils de Caius Sallustius. On ignore le nom de sa mère ; et, quoiqu'on ne sache rien de particulier sur son père, je crois pouvoir annoncer qu'il était homme de mérite et de probité, puisque le satirique, qui s'est caché sous le nom de Cicéron, très-résolu à n'épargner à Salluste aucun genre d'amertume, ne reproche rien autre chose à son père, que d'être inexcusable envers l'état, pour lui avoir engendré un si mauvais citoyen. « Je ne veux rien » dire de votre enfance, ajoute-t-il, car ce serait peut-» être accuser votre père qui en a dû prendre soin. » Ce fut dans Rome qu'il la passa ; son père le fit élever dans cette grande ville, et le détail qu'il nous a laissé de la vie qu'il y mena pendant sa jeunesse, ne respire nullement la régularité des mœurs ; c'est-à-dire, en un mot, qu'il poussa à l'extrême le genre de vie assez ordinaire aux jeunes gens, surtout dans une capitale peuplée et corrompue. Excessif dans sa dépense, licencieux dans ses discours autant que dans ses actions, adonné aux femmes avec emportement, poussant même au-delà le raffinement de la débauche, après avoir commencé par porter lui-même la complaisance assez loin, je ne déciderai pas s'il est plus blâmable d'avoir mis à profit la beauté de sa jeunesse, ou d'avoir poussé ses passions au-delà du temps où l'on pourrait les excuser sur la fougue de l'âge. La satire l'épargna moins encore sur cet article que sur aucun autre. « Elle lui reprocha que tout le gain que, » dans sa jeunesse, il pouvait tirer de ses débauches, » ne pouvait suffire à ses excessives dissipations ; » mais quand il eut passé l'âge de servir aux passions » d'autrui, il voulut avoir sa revanche sur les au-» tres ; et qu'ainsi, de quelque côté qu'il se soit pré-» senté, il n'y a pas eu moins d'infamie dans son » gain que dans sa dépense, et qu'il a rendu comme » il avait pris. »

En même temps que Salluste se jetait dans de folles dépenses, il négligeait le moyen le plus honnête d'acquérir, qui est celui de prendre soin de son bien, et traitait les occupations qui peuvent y avoir rapport, d'emploi servile. Son extrême avidité pour amasser de l'argent n'avait pour but que l'envie de le dépenser avec profusion. Il avait pour maxime que « l'argent qu'on garde dans un coffre » ne vaut pas mieux que celui qui est dans une mine » inconnue. » Sa fortune n'était pas assez opulente pour être longtemps soutenue contre un pareil genre de vie. Il se vit contraint à vendre sa maison paternelle, du vivant même de son père, qui mourut peu après. « Ce fut de regret d'avoir vu son fils » s'emparer de sa succession de son vivant, » dit le même déclamateur que j'ai déjà cité ; et cette réflexion maligne, qu'il ajoute de son chef, et qui d'ailleurs est destituée de toute vraisemblance pour ceux qui savent ce que c'était que la puissance paternelle chez les Romains, montre assez le fiel et l'excès qui règnent dans sa narration, où j'ai puisé la plupart des faits ci-dessus. S'il faut l'en croire, Salluste n'eut pas besoin d'apprentissage pour mal faire. En entrant dans le monde, il commença à se mettre en société avec la plus mauvaise compagnie de Rome, et surtout avec Négidianus, homme tout à fait décrié sur l'honneur; mais quelque méchants que fussent ses camarades, bientôt il les surpassa tous, et débuta de manière à ne pouvoir lui-même devenir à l'avenir pire qu'il n'était. Pour être convaincu de la fausseté de ceci, il suffit de remarquer qu'il ne trempa point dans la conspiration de Catilina, qui éclata pour lors, et dans laquelle entrèrent tous les jeunes gens qui menaient une vie criminelle et débordée. D'ailleurs nous allons voir que sa jeunesse ne fut pas toujours aussi mal occupée qu'on voudrait nous le faire croire; et que l'ivresse des plaisirs ne déroba rien aux occupations sérieuses qui lui acquirent depuis une si haute réputation.

Le génie de Salluste se tournait naturellement vers la politique et les affaires d'état, où il était en même temps porté par l'ambition et par le désir de se faire un nom. Mais il ne paraît pas qu'il ait pris la route la plus frayée de parvenir aux honneurs; je veux dire celle d'acquérir des suffrages et des clients, en défendant au barreau les affaires des particuliers. C'est ce que donne lieu de juger le silence de Cicéron, qui ne fait aucune mention de lui dans son livre des orateurs. Certainement, ce n'est ni par haine contre Salluste, ni par vengeance des querelles qu'ils eurent ensemble; puisque dans cet ouvrage il rend indifféremment justice à ses ennemis, comme à ses amis, et toujours d'une manière fort impartiale. Ce ne fut pas non plus à défaut de talent que notre historien négligea cette voie usitée. On voit assez combien il en était rempli, par la quantité de harangues directes, si fières et si nerveuses, qu'il a semées dans ses histoires, dont elles font un des principaux ornements : et, quoiqu'elles soient pour la plupart, à ce que je pense, originales et non factices, il en reste encore assez de sa propre composition, pour donner à juger ce qu'il savait faire. Mais il sentit sans doute que son style rapide et coupé n'était pas propre à un genre de discours qui demande plus d'abondance et plus d'emphase. Aussi Quintilien, en même temps qu'il admire sa façon d'écrire, fait un précepte aux orateurs de ne la point suivre. Quoique ce style précis, qui dit tout en un mot, soit, selon lui, le genre d'écrire le plus parfait, il exige un lecteur également attentif et pénétrant. La force trop rapide échappe à l'auditeur: à plus forte raison n'est-il pas propre à être employé en parlant à des juges, dont l'esprit est souvent inappliqué, et la tête toujours remplie de différentes affaires.

Les exercices du corps ne furent pas non plus de son goût. La chasse, les armes, les chevaux, occupations si remplies d'agrément pour les jeunes gens, n'en eurent aucun pour lui. Il reconnaît lui-même que la nature lui avait donné trop peu de vigueur pour s'y livrer. De là vint peut-être son espèce de mépris, assez mal fondé, pour des exercices qu'il regardait, ainsi que le goût de l'agriculture et des autres soins économiques, sinon comme trop bourgeois, du moins comme plus propres à la vie privée qu'à l'ardeur qu'il avait de se faire un nom dans la postérité. « Dès l'âge où l'homme com-
» mence à se développer, me sentant, dit-il, plus de
» vigueur d'esprit que de force de corps, je voulus
» employer ce que la nature m'avait donné de
» mieux. Je m'adonnai aux sciences plus qu'aux ar-
» mes ou aux autres exercices pareils. Mes lectu-
» res, mes études historiques, m'ont unanimement
» appris; etc., etc., etc. » L'étude des belles-lettres fut son objet principal; en particulier celle de l'histoire, nécessaire surtout à ceux qui veulent s'entremêler des affaires publiques. Ayant ainsi fixé son choix sur ce moyen d'acquérir de la réputation, et de servir utilement sa patrie, en lui remettant devant les yeux de grands exemples de vertu, il y appliqua toutes les forces d'un esprit naturellement nerveux et opiniâtre au travail, non pour charger sa mémoire de dates et de faits, mais, ce qui est le vrai but de l'histoire, pour s'instruire à fond de la constitution du gouvernement de son pays, pour pénétrer le caractère d'esprit des personnages qui y avaient joué les grands rôles, et démêler les vrais ressorts des principaux événements. Il reconnut bientôt que les plus grands effets n'étaient pas toujours dus à de grandes causes; qu'enchaînés les uns aux autres par de petites circonstances, le hasard en détermine le plus souvent le cours et la suite; et que c'est en vain qu'on s'épuise à chercher aux événements politiques des raisons subtiles ou fort éloignées, tandis que dans l'occasion chaque homme se laisse aller au mouvement intérieur du caractère naturel qui le domine. On peut donc dire de Salluste que ce n'est qu'après avoir connu l'histoire par les hommes, qu'il les a fait connaître eux-mêmes par l'histoire; et qu'en appliquant aux personnes et aux événements cette méthode approfondie, il a mieux que nul autre éclairé la postérité sur le caractère de sa nation et de son siècle. En même temps il n'omit pas de faire servir aux vues de son ambition un art devenu nécessaire à un homme qui, voulant s'élever dans un état républicain, avait négligé les deux moyens ordinaires de parvenir aux honneurs, l'éloquence et les armes. « A dire vrai, les anciens,
» dit Saint-Évremont, avaient un grand avantage
» sur nous à connaître les génies par ces différentes

» épreuves où l'on était obligé de passer dans l'admi-
» nistration de la république ; mais ils n'ont pas eu
» moins de soin pour les bien dépeindre ; et qui
» examinera leurs éloges avec un peu de curiosité et
» d'intelligence, y découvrira une étude particulière
» et un art infiniment recherché.

» En effet, vous leur voyez assembler des qualités
» comme opposées, qu'on n'imaginerait pas se
» pouvoir trouver dans une même personne ; *animus
» audax, subdolus;* vous leur voyez trouver de la
» diversité dans certaines qualités qui paraissent
» tout à fait les mêmes, et qu'on ne saurait démêler
» sans une grande délicatesse de discernement ; *sub-
» dolus, varius, cujuslibet rei simulator ac dissi-
» mulator.*

» Il y a une autre diversité dans les éloges des
» anciens, plus délicate, qui nous est encore moins
» connue. C'est une certaine différence dont chaque
» vice ou chaque vertu est marquée par l'impression
» particulière qu'elle prend dans les esprits où elle
» se trouve. Par exemple, le courage d'Alcibiade a
» quelque chose de singulier qui le distingue de
» celui d'Épaminondas, quoique l'un et l'autre
» aient su exposer leur vie également ; la probité de
» Caton est autre que celle de Catulus ; l'audace
» de Catilina n'est pas la même que celle d'Antoine ;
» l'ambition de Sylla et celle de César n'ont pas
» une parfaite ressemblance ; et de là vient que les
» anciens, en formant le caractère de leurs grands
» hommes, forment, pour ainsi dire, en même
» temps le caractère des qualités qu'ils leur donnent,
» afin qu'ils ne paraissent pas seulement ambitieux
» et hardis, ou modérés et prudents ; mais qu'on
» sache plus particulièrement quelle était l'espèce
» d'ambition et de courage ou de modération et de
» prudence qu'ils ont eue.

» Salluste nous dépeint Catilina comme un homme
» de méchant naturel ; et la méchanceté de ce na-
» turel est aussitôt exprimée : *sed ingenio maloque
» pravoque.* L'espèce de son ambition est distin-
» guée par le déréglement de ses mœurs, et le
» déréglement est marqué, à l'égard du caractère
» de son esprit, par des imaginations trop vastes et
» trop élevées ; *vastus animus immoderata, in-
» credibilia, nimis alta semper cupiebat.* Il avait
« l'esprit assez méchant pour entreprendre toutes
« choses contre les lois, et trop vaste pour se fixer à
« des desseins propres aux moyens de les faire
» réussir.

» L'esprit hardi d'une femme voluptueuse et
» impudique, telle qu'était Sempronia, eût pu faire
» croire que son audace allait à tout entreprendre
» en faveur de ses amours ; mais, comme cette sorte
» de hardiesse est peu propre pour les dangers où
» l'on s'expose dans une conjuration, Salluste ex-
» plique d'abord ce qu'elle est capable de faire par
» ce qu'elle a fait auparavant : *qua multa sæpe
» virilis audaciæ facinora commiserat.* Voilà l'es-
» pèce de son audace exprimée. Il la fait chanter et
» danser non avec les façons, les gestes et les mou-
» vements qu'avaient à Rome les chanteurs et les ba-
» ladines, mais avec plus d'art et de curiosité qu'il
» n'était bienséant à une honnête femme ; *psallere
» et saltare elegantiùs quàm necesse sit probæ.*
» Quand il lui attribue un esprit assez estimable, il
» dit en même temps en quoi consistait le mérite
» de cet esprit : *cæterum ingenium ejus haud ab-
» surdum, versus facere, jocos movere, sermone
» uti vel modesto, vel molli, vel procaci.*

» Vous connaîtrez, dans l'éloge de Sylla, que son
» naturel s'accommodait heureusement à ses desseins.
» La république alors étant divisée en deux fac-
» tions, ceux qui aspiraient à la puissance n'avaient
» point de plus grand intérêt que de s'acquérir des
» amis ; et Sylla n'avait pas de plus grand plaisir
» que de s'en faire. La libéralité est le meilleur
» moyen pour gagner les affections : Sylla savait
» donner toutes choses. Parmi les choses qu'on
» donne, il n'y a rien qui assujettisse plus les
» hommes, et assure tant leurs services, que l'argent
» qu'ils reçoivent de nous ; c'est en quoi la libéralité
» de Sylla était particulièrement exercée : *rerum
» omnium, pecuniæ maximè largitor.* Il était li-
» béral de son naturel, libéral de son argent par
» intérêt. Son loisir était voluptueux ; mais ce n'eût
» pas été donner une idée de ce grand homme que
» de le dépeindre avec de la sensualité ou de la
» paresse ; ce qui oblige Salluste de marquer le
» caractère d'une volupté d'honnête homme, sou-
» mise à la gloire, et par qui les affaires ne sont
» jamais retardées, de peur qu'on ne vînt à soupçon-
» ner Sylla d'une mollesse où languissent d'ordinaire
» les efféminés : *voluptatum cupidus, gloriæ cu-
» pidior, otio luxurioso esse, tamen à negotiis
» nunquam voluptas remorata.* Il était le plus
» heureux homme du monde avant la guerre civile ;
» mais ce bonheur n'était pas un pur effet du ha-
» sard ; et sa fortune, quelque grande qu'elle fût
» toujours, ne se trouva jamais au-dessus de son
» industrie : *atque illi felicissimo omnium hominum
» ante civilem victoriam, nunquam super indus-
» triam fortuna fuit.* »

On devient aisément maître des hommes péné-
trés. Ainsi on peut présumer qu'avec un pareil
talent, Salluste, peu retenu d'ailleurs par les motifs
de scrupule et de probité, se serait élevé peut-être au-
delà de ses espérances, si son cœur n'eût été nuisible à
son esprit, et s'il n'eût eu lui-même autant que personne le faible qu'il connaissait si bien en autrui, de
se laisser trop entraîner à son caractère. D'un autre
côté, l'état actuel du gouvernement, lorsqu'il entra
dans le monde, ne lui fut pas un moindre obstacle.
Lorsqu'il naquit, Rome était divisée par les factions
de Marius et de Sylla, qui, l'une sous le nom du

peuple, l'autre sous celui des grands, déchiraient à l'envi la république par des cruautés dont on ne trouve pas d'exemples chez les peuples les plus féroces. Peu après Sylla, ayant enfin écrasé son rival, dominait plus despotiquement, sous le titre de dictateur, que Tarquin n'avait jamais fait avec le nom de roi. A sa mort, en 675, Salluste n'avait, à la vérité, que sept ou huit ans; mais la supériorité que le dictateur avait fait prendre à la faction des nobles, par l'abaissement du tribunat, subsistait après lui, sans que les tentatives de Lépide, en Italie, ni les efforts de Sertorius en Espagne, eussent encore pu lui donner atteinte. On avait conservé toutes ses lois, aussi bien que la forme nouvelle qu'il avait donnée au gouvernement; et cependant Salluste, que son origine plébéienne et son caractère aigre révoltaient toujours contre les grands, soit qu'ils eussent tort ou raison, se jeta dans le parti du peuple si ouvertement, et avec si peu de ménagement, qu'il joua le personnage de celui que, dans les factions, on lâche pour parler haut et pour ameuter la cabale. Il portait ses vues dans l'avenir plus loin qu'un autre : la connaissance de l'histoire lui faisait prévoir quelle serait la fin de la querelle. Il savait que cet équilibre des deux puissances, qui, à vrai dire, n'a subsisté dans un état de repos que pendant les neuf premières années de la république, n'avait cessé depuis d'être balancé dans une agitation dont le progrès s'était incessamment augmenté jusqu'à nos temps; et qu'à chaque mouvement du sénat, toujours injuste en particulier, toujours faible en corps, avait laissé emporter quelque chose au peuple, toujours entreprenant et toujours insatiable. Il voyait les choses venues au point que le gouvernement allait totalement changer de forme, et n'avait pas de peine à deviner quelle était la faction dont le poids entraînerait l'autre.

Les circonstances continuèrent pendant quelque temps à lui être contraires; la puissance de Pompée, son ennemi, ayant succédé à celle de Sylla. Aussi Salluste réussit-il d'abord médiocrement de ce côté. Il nous en donne lui-même d'autres raisons, où, malgré l'apologie qu'il tâche de faire de sa conduite, on voit qu'elle ne contribuait que trop à lui nuire. « Pour moi, dit-il, quand j'entrai dans le monde, » je cherchai comme les autres à m'élever aux di- » gnités de l'état. J'y trouvai bien des écueils. L'im- » pudence, les brigues, la corruption, avaient pris la » place du mérite et de l'intégrité. Mon cœur dédai- » gnait ces pratiques odieuses; mais la jeunesse est » imprudente, et l'ambition ne peut se résoudre à lâ- » cher prise. Je m'acquis quelque réputation, on en » conçut de la jalousie; malgré le peu de rapport de » mes mœurs avec celles de mes concurrents, la » calomnie me confondit avec eux. »

Le cœur de Salluste avait assez de passions pour les remplacer l'une par l'autre. Si le temps n'était pas assez favorable à son ambition, son âge était à l'amour, où son tempérament le portait avec excès. Ses tentatives en ce genre lui réussirent assez souvent, pour le rendre redoutable aux mères vigilantes et aux maris jaloux. Mais, ingénieux pour imaginer des moyens de voir ses maîtresses, autant que hardi à les mettre en pratique, il trouva le moyen de duper les mères et les époux. Sa témérité fut au-dessus de leurs précautions, et leur vigilance ne tint pas contre son adresse. Il en acquit à bon droit le titre d'homme à bonnes fortunes; il est vrai qu'il lui en coûta, dit-on, quelquefois des complaisances du genre de celles dont j'ai parlé plus haut, et qui ont fait dire de lui, comme de César, qu'il avait été le mignon et l'adultère de toutes les ruelles. Une aventure assez désagréable interrompit néanmoins le cours de ses prospérités, et le dégoûta tout à fait du commerce des femmes de qualité. Il était éperdument amoureux de Fausta, fille du dictateur Sylla, et femme de Milon. La dame ne lui était pas cruelle, non plus qu'à ses autres amants, cinq desquels nous sont encore connus. On s'attachait à elle par vanité d'avoir eu une femme de si haut rang, et pour l'honneur, dit Horace, qui s'en moque, d'être à son tour gendre du dictateur. Soit hasard, soit que Salluste n'eût pas usé pour cette fois de son adresse ordinaire, il se laissa surprendre par Milon dans un moment fort essentiel et tout à fait critique pour l'honneur du mari. Milon, à cette vue, sut conserver assez de flegme pour penser qu'un incident de cette espèce ne devait pas être traité tragiquement, et qu'il dégoûterait mieux Salluste du métier de galant, par un châtiment ridicule que par une peine plus grave. Il le fit dépouiller par ses domestiques, et charger de coups d'étrivières; après quoi il le renvoya chez lui, en retenant une somme d'argent qu'il avait apportée, sans doute à une autre occasion. S'il est permis de hasarder une conjecture, les parents de Fausta, et en particulier P. Sylla, son cousin germain, eurent grande part, de façon ou d'autre, à la disgrâce que Salluste essuya. Ce pourrait être par cette raison que celui-ci, dans son histoire de la conjuration de Catilina, l'a impliqué d'une manière décisive dans cet infâme complot, où il est douteux que P. Sylla ait eu part. Ce n'est pas que dans ce temps Sylla n'ait été accusé de complicité, et même poursuivi en justice à ce sujet par Torquatus. Mais Salluste ne pouvait ignorer comment Cicéron, inexorable ennemi des conjurés, l'avait défendu et fait absoudre; ce fait s'était passé sous ses yeux, en 691, dans un temps voisin de celui où il écrivit son histoire. L'on se persuadera difficilement que ce soit sans dessein qu'il ait omis d'en faire mention, ou de donner du moins à l'accusation dont il charge Sylla, les mêmes adoucissements qu'il apporte en parlant de Crassus et de César, sur lesquels le bruit public avait de même répandu des soupçons. Quant à Milon, Salluste conserva contre lui de vifs ressentiments, dont il lui donna de funestes marques dans l'occasion. Mais l'accident qu'il venait d'essuyer le dégoûta tout à fait du commerce des femmes de qualité. Préférant moins d'honneur et plus de sûreté, il se rejeta sur des femmes d'un plus bas étage, c'est-à-dire sur des filles d'affranchis, près desquelles il espéra jouir d'un plaisir qui ne serait plus corrompu par la crainte; et ne les aima pas avec moins de passion et de violence qu'il avait fait en plus haut rang, lorsque la gloire des conquêtes servait d'aiguillon à son amour.

Cependant Salluste avait atteint l'âge de parvenir aux charges. Nous ignorons en quel temps il obtint celle de questeur, qui donnait entrée au sénat et servait de degré pour arriver aux premières places. Mais certainement il l'exerça, puisqu'on n'en pouvait avoir d'autre qu'après avoir rempli celle-ci; s'il l'obtint à l'âge de vingt-sept ans, fixé par les lois, ce fut vers l'an 695, sous le consulat de Pison et de Gabinius. On peut en douter, puisque ce n'est que huit ans plus tard que, pour la première fois, nous le verrons paraître dans les affaires du gouvernement. Mais ce fut probablement à cet âge, où la raison commence à mûrir, qu'il prit la pensée d'écrire l'histoire romaine, non pas d'abord en entier ni de suite; mais par morceaux détachés, en choisissant dans le grand nombre des traits les plus mémorables. A ce dessein, il s'attacha au célèbre grammairien natif d'Athènes, Ateius Pretextatus, qui professait alors l'éloquence à la jeune noblesse de Rome, et que l'étendue de ses connaissances, ainsi que la variété de ses écrits ont fait surnommer le philologue. Ateius rédigea pour Salluste l'histoire romaine en abrégé, afin de lui présenter d'un coup d'œil les différents points qu'il voudrait choisir et traiter; Salluste fut toute sa vie avec lui, dans une intime liaison. Après la mort de celui-ci, le grammairien s'attacha à Pollion, et devint son maître dans l'art d'écrire l'histoire, sur lequel il composa un traité exprès pour son élève. Je remets à parler des ouvrages de Salluste au temps où il les finit et les publia pendant sa retraite. De nouveaux troubles civils, de terribles émeutes populaires auxquelles il eut grande part, interrompirent le cours de ses études; il avait alors trente-trois ans. C'est ici le temps de sa vie le plus intéressant pour l'histoire et celui où je m'arrêterai davantage. Les choses méritent d'être reprises de plus haut; on verra quel esprit il y portait.

La conjuration de Catilina, quoique étouffée dans son principe, fut une de ces secousses violentes qui précipitent la chute d'un état. Le complot, tout horrible qu'il était, n'avait pas déplu à la faction populaire; car la noblesse était détruite s'il eût réussi. Elle saisit avec avidité le prétexte du supplice des conjurés, pour perdre Cicéron, l'un des principaux appuis du sénat; et réellement le consul les avait fait mourir avec plus de justice au fond que de régularité dans la forme. On trouva dans Clodius, ami de Salluste, un ministre impatient de servir cette iniquité. César se prêta volontiers à soutenir Clodius. Tous deux avaient leurs raisons, déjà rapportées dans cette histoire, où l'on a vu quelles avaient été les causes et les effets de cette fameuse dissension qui pensa porter le dernier coup à la république. Selon l'apparence, l'avantage en serait resté à Cicéron, s'il eût voulu pousser les choses à bout. Mais, moitié par faiblesse, moitié par amour pour sa patrie, il n'en voulut pas venir aux extrémités. Menacé par les consuls, lâchement abandonné par Pompée, il s'exila lui-même, laissant le champ libre à Clodius d'exercer sa rage sur son nom et sur ses biens. Clodius, resté maître du champ de bataille, redoubla de pouvoir et d'insolence; il disposa souverainement de la populace; tout ce qui osa lui résister fut dans l'instant sacrifié à sa furie; il tint pendant plus d'un an le sénat dans l'oppression; il saccagea la maison du préteur Cécilius, et suscita tellement la populace à crier contre lui, sous prétexte de la cherté du pain, pendant que ce préteur faisait célébrer les jeux apollinaires, que tous les spectateurs assis au théâtre furent obligés de prendre la fuite. Pompée lui-même ne fut plus assez fort pour s'en mettre à l'abri. Un incident vrai ou supposé fit grand bruit entre eux deux. Pompée étant entré au sénat, le 5 des ides du mois d'août, on apporta au consul Gabinius un poignard qu'on disait être tombé de dessous l'habit d'un domestique de Clodius. On crut reconnaître ce poignard pour avoir appartenu à Catilina, et on débita que le valet était venu avec commission de son maître de tuer Pompée. Celui-ci sortit du sénat comme effrayé, et se retira chez lui, où, à ce que portent les registres journaux, il fut encore guetté jusque dans sa maison par un nommé Damion, affranchi de Clodius.

Enfin Pompée, qui, le plus souvent, ne voyait clair que par l'événement, commença de sentir qu'il avait fait une faute grossière en abandonnant Cicéron. Haï du sénat, méprisé par le peuple, il voulut au moins regagner le premier par le rappel de l'exilé, et se servit pour cela du ministère de Milon, alors tribun du peuple, homme intrépide et entreprenant, à qui il promit de lui faire obtenir le consulat, s'il y réussissait. Milon convoqua les comices; mais, au milieu de l'assemblée, Clodius fondit avec ses satellites sur cette multitude sans défense, en tua ou blessa plusieurs, et dispersa le reste. Les tribuns du peuple s'étaient partagés. Dans cette division, les uns tenaient pour Clodius, les autres pour Cicéron. Sestius, l'un des derniers, fut tellement blessé dans le choc, que la faction de Clodius le crut mort. Pour se tirer d'affaire sur ce fâcheux événement, elle imagina de tuer aussi l'un des tribuns de son parti, dans l'espérance que ce coup, étant attribué aux partisans de Milon produirait une espèce de compensation. Cet étrange expédient allait être mis en pratique sur Numérius, si l'on ne se fût aperçu que Sestius n'était pas mort, comme on l'avait cru.

Cependant le consul Lentulus Spinther, dans la crainte qu'un autre n'eût l'honneur du retour de Cicéron, s'employa vivement à faire passer la loi du rappel. Clodius fit de vains efforts pour l'empêcher. Ce même peuple, dont peu auparavant il était l'idole, ne le reçut qu'avec de grandes huées. Trois jours après Milon eut la hardiesse de l'arrêter lui-même, et de le traîner au tribunal du préteur. Les gladiateurs de Clodius y accoururent et le délivrèrent. Pompée envoya ses gens au secours de Milon, qui, avec ce renfort, chargea de nouveau Clodius, et, après un choc fort opiniâtre, lui fit enfin quitter la place. Alors la loi du rappel passa par acclamation : Cicéron rentra comme en triomphe dans Rome. Au moment de son arrivée, il monta au capitole où, de sa propre autorité, il brisa les tables d'airain contenant tous les actes faits par Clodius durant son tribunat. Vainement Clodius voulut lui en faire un crime; le moment de sa grande puissance était passé. Il prit donc le parti de se retirer pour un temps; mais sans entendre quitter la partie. Au contraire, on apprit qu'il allait bientôt revenir disputer le pavé à Milon, et celui-ci ne dissimula pas qu'il le chargerait partout où il le rencontrerait. Clodius et Pompée se réunirent de nouveau sur la mauvaise volonté qu'ils portaient l'un et l'autre à Caton, dont la grande réputation blessait la vanité de ce dernier et nuisait fort à son autorité. Pompée avait d'ailleurs une raison plus forte de se raccommoder. Depuis la cessation du triumvirat il voyait César prendre l'ascendant au dessus de lui par le crédit de la faction populaire ; de sorte qu'il imaginait de se retourner aussi de ce côté, pour pouvoir, à la faveur des troubles, s'élever à la dictature. Ses partisans commencèrent à dire tout haut que, dans la situation présente des choses, Rome ne pouvait plus se passer d'un maître tout-puissant, qui possédât également les cœurs du peuple et des soldats. Cependant Pompée paraissait mépriser et même détester cette dignité, en même temps qu'il se donnait sous-main les plus grands mouvements pour y parvenir. Dans cette vue, il laissait à dessein toutes les affaires aller en décadence. Elles ne pouvaient guère être dans un plus grand désordre. Rome sans magistrats tombait dans l'anarchie. Ce ne fut que le septième mois que Calvinus et Messala furent nommés consuls. Après eux, on nomma les autres magistratures. Clodius, qui était déjà sur les rangs pour la préture, aurait pu l'avoir dès-lors ; mais voyant l'année si avancée, il remit sa demande à la suivante, disant qu'il n'avait pas trop d'un an tout entier pour tout ce qu'il projetait de faire.

Ceci se passait en 701. Ce fut cette même année et dans des circonstances si favorables à l'esprit ardent et à l'animosité de Salluste, qu'il brigua la charge de tribun du peuple, dont le pouvoir le mettrait en état de contrarier Pompée, et de se venger de Milon. Il l'obtint en effet pour l'année suivante, 702; en ceci plus heureux que Caton qui, à peu près dans le même temps, sollicita plusieurs dignités sans les obtenir, n'y ayant employé que des moyens excellents au siècle de Fabricius et peu faits pour le sien. Salluste n'a pas omis de tirer vanité de cette préférence. « Que l'on considère, dit-il, en » quels temps j'ai été élevé aux premières places » de l'état, et quels gens n'y ont pu parvenir. » Comment n'a-t-il pas senti qu'il n'était guère moins honteux pour lui que pour la république d'avoir pu parvenir aux honneurs dans un temps où on les refusait à Caton ?

Pompéius Rufus, petit-fils du dictateur Sylla par sa mère, allié mais non pas ami de Milon; T. Munatius Plancus, M. Cœlius et Manil. Canianus, tous gens de la même trempe que Salluste, lui furent donnés pour collègues. Selon l'usage ils entrèrent en exercice de leur charge dès le milieu de l'année 701 ; et ne tardèrent pas à manifester leur caractère à l'occasion des comices pour l'élection des consuls. Trois personnages considérables, Milon, Hypsæus et Scipion, se disputaient le consulat; « non seule- » ment, dit Plutarque, par corruption et distribution » de deniers, qui étaient crimes tous communs et or- » dinaires dans les brigues de dignités de la chose » publique, mais ouvertement, par armes, batte- » ries et meurtres, tendant à la guerre civile : tant » ils étaient tous trois audacieux et téméraires. » Milon trouvait de grands obstacles à sa prétention. Il s'était fié sur la parole de Pompée qui, se piquant peu de la tenir, favorisait les deux autres concurrents. Salluste et Clodius traversaient aussi Milon. Clodius voulait la préture, comme Milon voulait le consulat, et aucun des deux ne voulait voir en place un adversaire dont le crédit diminuerait infiniment le sien. Tant d'intrigues auraient suffi pour tenir les affaires en suspens, quand même les tribuns ne se seraient pas mis de la partie. Ils travaillèrent de leur part à redoubler l'embarras. Ils retardèrent autant qu'ils le purent l'assemblée du peuple, en alléguant quelque fâcheux auspices. De plus, Salluste et Rufus prétendirent que c'était à eux, non aux préteurs à donner les spectacles publics; article qui, sans avoir de rapport à l'affaire de l'élection, était toujours un sujet de division de plus ; même un sujet très capable d'attirer l'attention du peuple. Rufus porta si loin l'obstination sur ce point, que le sénat fut obligé de le constituer prisonnier ; et Milon saisit habilement cette conjoncture, pour donner les spectacles lui-même, ce qu'il fit avec une telle prodigalité, qu'il dépensa le capital de trois successions considérables, tant à ces fêtes qu'aux autres frais de sa poursuite. A la magnificence, il joignit la force. Ses deux concurrents l'imitèrent. Tous les jours on voyait trois camps sur la place romaine, et la guerre civile dans le sein de Rome. Les massacres ne finissaient point; les personnes les plus respectables n'étaient pas à l'abri de l'insulte : le consul Calvinus fut un jour blessé si grièvement que Messala, son collègue, et lui, déclarèrent qu'ils ne se mêleraient plus désormais de tenir l'assemblée où leurs successeurs devaient être nommés ; car il n'y avait encore ni consuls ni préteurs. Sur quoi Salluste et ses collègues proposèrent de nommer, comme autrefois, des tribuns militaires au lieu de consuls. Cette proposition n'étant pas écoutée, on renouvela celle de créer Pompée dictateur. Pour ne point paraître y avoir part, il s'était retiré dans son jardin du faubourg, d'où il traversait sous mains l'élection des consuls pendant que ses amis criaient qu'il n'y avait que lui assez puissant dans l'état pour mettre remède aux malheurs présents. Mais Caton s'éleva vivement contre une telle entreprise. Son suffrage entraîna sans peine toute la nation, nouvellement frappée de la plaie que la tyrannie de Sylla venait de lui faire sous ce titre. Alors, Pompée, assuré de ne pas réussir, refusa ouvertement cette dignité; modération dont les sots furent seuls les dupes ; mais c'était le grand nombre.

Huit mois s'écoulèrent dans cette agitation. A la fin de janvier 702 la république se voyait une seconde fois sans chefs, depuis le premier de l'an. Le sénat, pour frapper le peuple par un spectacle singulier, quitta son vêtement ordinaire, et s'assembla en habits de chevalier. Dans cette assemblée on décida que les magistrats qui seraient élus n'auraient des gouvernements que cinq ans après ; dans l'espérance de ralentir ainsi la chaleur des poursuites. On y proposa aussi de remettre à Pompée le droit de présider aux élections. Cette proposition fut encore combattue par Caton, « qui dit que les lois ne » devaient pas tirer leur protection de Pompée, » mais Pompée d'elles. » Le sénat revint donc à la voie ordinaire de nommer un entre-roi, comme en pareil cas on avait coutume de le faire, à défaut d'autres magistrats. Pompée, ne perdant pas encore de vue son premier projet, fut d'avis contraire. Muniatius, qui lui était tout dévoué, y mit opposition formelle, en sa qualité de tribun. L'opposition était si fort dénuée de raison apparente, qu'il fut bientôt obligé de la lever. Lépide fut nommé entre-roi, sans que pour cela les choses fussent plus avancées ; car le premier entre-roi ne pouvait rien faire ; il fallait qu'il laissât les opérations au second ou autre de ses successeurs, au même titre, tant on craignait l'abus d'une magistrature unique et suprême, dont le nom sonnait encore la royauté.

Au milieu de ces incertitudes, le mal éclata par un coup de hasard. Le 20 janvier, sur le soir, entre trois et quatre heures (*circa horam nonam*), Milon s'en allait à Lanuvium, sa patrie, où il était dictateur, pour la cérémonie de l'installation d'un prêtre flamine, qu'il devait faire le lendemain. Il était enveloppé d'un gros manteau dans sa voiture, avec Fausta sa femme, et Fusius son ami, suivi d'environ trois cents domestiques. Au sortir de Rome un peu au-delà du faubourg des Bouvilles, il rencontra, près du petit temple de la bonne déesse, et du tombeau de Bazile, Clodius qui revenait à cheval d'Aricie où il était allé de Rome le matin du même jour voir ses ouvriers, accompagné de Cassinius Schola, chevalier romain, de deux bourgeois, Pomponius et C. Clodius, et d'une trentaine d'esclaves armés ; ils passèrent réciproquement sans se rien dire. Mais deux gladiateurs de la suite de Milon, restés en arrière, eurent quelque prise avec les gens de Clodius. A ce bruit Clodius s'étant retourné d'un air menaçant, Byrria le renversa de cheval d'un coup d'épée d'escrime dont il lui perça l'épaule. Là-dessus, la mêlée s'échauffa entre les domestiques des deux partis. Milon y accourut ; il apprit que Clodius était blessé, et qu'on venait de le transporter tout sanglant dans une auberge du faubourg. Sur le champ il fit réflexion que cette aventure l'exposait plus que jamais aux fureurs de Clodius, qu'il ne risquerait guère plus à s'en défaire tout à fait qu'à l'avoir blessé ; qu'alors, au moins, ce serait beaucoup que de n'avoir plus en tête un pareil ennemi. Il fit attaquer par ses esclaves, Sauféius Fusténus à leur tête, l'auberge où Clodius était caché. Les gens de Clodius, trop faibles en nombre, furent bientôt tués ou mis en fuite. On tira leur maître de la maison, et on l'acheva à coups d'épée. Milon, après ce coup, reprit le chemin de Lanuvium, où il donna la liberté à ses esclaves, sous prétexte qu'ils avaient défendu sa vie ; mais, dans le vrai, pour n'être pas obligé de les représenter en justice. Le corps de Clodius resta sur le grand chemin jusqu'à ce que le sénateur Tédius, passant sur cette route à l'entrée de la nuit, le fit mettre dans sa litière et reporter à Rome.

La nouvelle de ce meurtre y redoubla l'agitation. C'était pour les esprits échauffés une cause assez marquée de nouveaux troubles ; même les gens indifférents, touchés de la fatalité de cette aventure, ne l'apprirent qu'avec indignation. Le même peuple, et grand nombre d'esclaves s'assemblèrent autour du corps de Clodius, qu'on avait étendu tout nu sous le vestibule de la belle maison qu'il venait d'acheter de Scaurus, dans le quartier Palatin. Sa femme Fulvie animait les spectateurs par ses cris, en leur montrant les blessures de son mari. Cependant Salluste allait de rues en rues achever d'ameuter la populace, déjà terriblement irritée du meurtre d'un homme à qui elle croyait devoir beaucoup. Elle s'assembla toute la nuit dans le *Forum* et, vers le point du jour, courut en si grande foule à la maison de Clodius, qu'il y eut plusieurs personnes d'étouffées, entre autres le sénateur Vibiénus. Les tribuns du peuple, Munatius et Rufus, profitèrent de ce premier feu de la populace. Rufus proposait, entre autres choses, de déposer l'urne cinéraire de Clodius au Capitole, après ses obsèques. Ils étalèrent sur la tribune le cadavre nu et blessé de Clodius, à la vue duquel Salluste et Rufus prononcèrent chacun contre Milon une harangue fulminante, qu'ils accompagnèrent de tous les gestes, de tous les cris capables de la rendre plus pathétique. Le peuple s'anima si cruellement à ce spectacle, que mettant à sa tête Sextus, secrétaire de Clodius, il enleva le cadavre, le transporta en pompe funèbre au milieu de la Curie hostilienne, où le sénat s'assemblait, entassa tous les bancs des sénateurs, les tribunaux, les bureaux, les registres, dont il forma un bûcher, au dessus duquel on plaça le corps, et on y mit le feu. Ce palais, si vaste et si magnifique, comme on en peut juger par les ruines qu'on en voit aujourd'hui, fut entièrement réduit en cendres, ainsi que la basilique Porcia qui le touchait. « Voilà, » s'écrie là-dessus Cicéron, à quoi se passent les » assemblées funéraires de ce tribun brûlé (parlant » de Munatius ou de Salluste), qui voudrait persua- » der au peuple que je suis le maître de toutes les » affaires : que le sénat n'ose pas dire son avis sur » tout ceci, et ne sait faire d'autres décrets que ceux » que je lui dicte. » Ce ne fut pas un premier mouvement du peuple dans sa fureur, mais une délibération prise. Les incendiaires se firent apporter à manger sur la place, jusqu'à ce qu'ils eussent vu le palais entièrement consumé. Pendant ce temps-là, le secrétaire faisait voir aux assistants des tables de bronze, où son maître avait déjà fait graver chez lui plusieurs lois favorables aux gens du bas étage; une entre autres qui donnait aux affranchis les droits de citoyen, et que Cicéron appelle, « cette noble » loi qui nous met au rang de nos valets. » Les incendiaires ne se levèrent de là que pour aller assiéger la maison de l'entre-roi Lépide, et brûler celle de Milon. Repoussés de toutes deux à coups de flèches par les gens de Milon, ils retournèrent prendre au bûcher de Clodius des tisons enflammés, qu'ils portèrent d'abord aux maisons d'Hypsœus et de Scipion, puis au jardin de Pompée, l'appelant tantôt leur consul, tantôt leur dictateur. De là ils retournèrent à la maison de Lépide, qu'ils tinrent assiégée pendant les cinq jours de son interrègne. Ils forcèrent enfin les portes, jetèrent par terre les images de ses ancêtres, déchirèrent tous les ouvrages de toiles et de broderies que Cornélie, sa femme, faisait travailler dans son vestibule, et brisèrent même le lit de cette femme si respectable et si vertueuse.

Ils auraient tout détruit, si les gens de Milon ne fussent venus à passer. Ce fut ce qui la sauva ; ils les laissèrent, et les deux partis se jetèrent à grands coups les uns sur les autres. C'est ainsi que la fureur du peuple acheminait à grands pas Pompée vers l'objet de son ambition.

L'incendie du palais parut une action plus odieuse encore que l'assassinat de Clodius. Milon sentit tout l'avantage qu'il en pouvait tirer. Ses adversaires venaient de se rendre aussi coupables que lui; il s'agissait donc de détourner l'attention du sénat de l'un des crimes, en la portant tout entière sur l'autre. Milon, loin de se montrer intimidé et de s'exiler volontairement, comme on lui en donnait le conseil et comme le bruit en courait, rentra dans Rome, suivi d'une multitude de valets et de paysans appelés de ses terres : il poussa l'audace jusqu'à se plaindre publiquement de l'affreuse pompe funèbre qu'on venait de faire au cadavre d'un séditieux. Il continua même à solliciter le consulat plus hautement que jamais. Il songea aussi à regagner Pompée par l'entremise d'un ami de Cicéron, Lucilius, proche parent de Pompée, dont la mère était de même nom, et qui fut chargé de lui dire que Milon se désisterait de sa poursuite s'il le désirait ; à quoi répondit Pompée, » qu'il ne se mêlait d'accepter ni de refuser personne, » et qu'il ne lui convenait pas de prévenir les volontés » du peuple romain. » Cette froide réponse fit comprendre aux partisans de Clodius qu'ils n'auraient pas de peine à les brouiller irrémissiblement tous deux. On répandit le bruit que Milon voulait faire assassiner Pompée. Salluste alla prendre lui-même ce dernier, et, l'ayant amené sur la tribune en présence même du peuple, il lui ordonna de déclarer les indices qu'il avait là-dessus. Pompée répliqua, » qu'un nommé Licinius lui était venu donner avis » que quelques esclaves de Milon étaient apostés » pour le tuer; que néanmoins, lorsqu'il avait voulu » demander justice à Milon de ces misérables, il » n'avait pu en obtenir aucune, Milon s'étant contenté de lui répondre qu'il avait donné la liberté à » une partie de ces gens-là, et que les autres ne lui » avaient jamais appartenu; qu'ayant porté plainte » au juge, et traduit son dénonciateur Licinius, un » homme du peuple, qu'il ne connaissait que sous le » nom de Lucius, avait fait des démarches directes ». pour gagner le juge. » Dès lors Pompée ne voulut plus voir Milon ni lui parler, continuant de feindre beaucoup d'effroi du péril dont il se disait menacé. Milon même ayant encore été en personne (le 26 janvier) à son jardin pour tâcher de lui parler, il lui fit refuser sa porte. Milon prit d'autres mesures ; il fit distribuer dans chaque tribu 1000 as par tête ; il gagna secrètement, par une somme d'argent considérable, deux tribuns du peuple, Cœlius et Manilius. Ces deux-ci, après avoir pris soin de rassembler un jour dans le *Forum* tous les gens favorables à

Milon, l'y traînèrent lui-même comme transportés de colère, au point de ne pas lui donner le moindre délai pour se défendre et de vouloir qu'il fût jugé dans le même instant. Milon s'écria aussitôt « que le » meurtre de Clodius était un pur accident auquel » il n'avait aucune part; qu'alors il passait par » hasard sur le même chemin dans sa voiture, » avec sa femme; que ce n'est pas dans cet équipage » qu'on va attendre un homme toujours entouré de » satellites assez furieux pour mettre le feu dans le » sanctuaire du sénat. » Cette partie jouée aurait réussi, si Salluste et les autres tribuns n'y fussent accourus, suivis de gens armés. Ils mirent en fuite les assistants : Cœlius et Milon furent réduits à prendre des habits d'esclaves pour s'échapper sans être reconnus. Dans ce tumulte il y eut beaucoup de gens massacrés, soit amis de Milon ou autres, surtout ceux qui portaient quelques habits distingués du commun. Une partie du peuple, armé ou non armé, se joignit aux séditieux. Leur troupe se jeta de force dans les maisons, sous prétexte d'y chercher les amis de Milon; mais, soit qu'elle en trouvât ou non, elle ne laissait pas de les piller. Le tumulte dura plusieurs jours, pendant lesquels il se commit tant de meurtres et de cruautés, que, contre l'usage des Romains, personne n'osait plus aller sans armes par les rues. Alors, Cœlius et Manilius commencèrent à débiter que Clodius lui-même était l'assassin, et ne s'était porté sur le chemin que pour attendre Milon à son passage, et le tuer à l'entrée de la nuit. Ce fut le plan qu'adopta Cicéron dans sa défense de Milon.

Le sénat s'assembla de nouveau en habit de deuil pour ordonner qu'on ferait des levées de troupes par toute l'Italie, que l'entre-roi, Pompée, Salluste et ses collègues, seraient chargés de veiller *à ce que la chose publique ne souffrît dommage.* Dès qu'ils furent revêtus du pouvoir que donne ce décret solennel, qu'on n'employait que dans les occasions extraordinaires, les deux jeunes Appius, neveux de Clodius, leur demandèrent vengeance de l'assassinat de leur oncle. En même temps, pour faire une contre-batterie, le tribun Cœlius se rendit partie publique contre la famille de Clodius, et Manilius, autre tribun, contre Hypsœus et Scipion. Tous ces troubles emportèrent jusqu'au 25 février. Cependant les entre-rois se succédaient sans aucun fruit. On ne savait à quoi se déterminer. Pendant que les uns continuaient à parler d'élever Pompée à la dictature, Salluste et quelques autres amis de César proposaient celui-ci pour consul. Le sénat redoutait également l'un et l'autre de ces deux partis. Bibulus, pour les éviter tous deux, proposa d'introduire volontairement une espèce de monarchie, en nommant Pompée seul consul, plutôt que d'attendre que l'issue de cette sédition en produisît une forcée : « On verra, dit-il, » revivre la république par le bon ordre qu'il y re-» mettra, ou du moins, Rome servira un moins » mauvais maître. » Alors Caton, contre l'attente de tout le monde, se détermina pour cet avis; il soutint : « qu'il valait encore mieux qu'il y eût un » magistrat dans la ville, quel qu'il fût, que de n'y » en point avoir du tout; que peut-être Pompée » prendrait à la fin envie de conserver la républi-» que, quand il verrait qu'on l'aurait libéralement » commise à sa foi; et que si cette charge lui don-» nait autant d'autorité que celle de dictateur, » du moins ne le mettrait-elle pas à couvert de re-» cherche, s'il contrevenait aux lois. » Il ne restait donc plus d'opposition à craindre que de la part des tribuns. Salluste, quoique malveillant de Pompée, voulut d'autant moins y en mettre qu'il ne voyait guère d'autre voie que l'élévation de Pompée pour parvenir juridiquement à son but dans l'affaire de Clodius; car toutes les fois qu'il en avait été jusque-là question au sénat, il n'avait eu de son côté que quatre ou cinq suffrages; la très-grande pluralité se trouvait du côté de Milon et de Cicéron. La haine qu'il portait à Pompée n'égalait pas en lui le désir de se venger de Milon. Animé comme il le voyait contre celui-ci, il en espérait tout pour sa vengeance et ne se trompait point dans ses vues. Ainsi Pompée fut nommé seul consul pour cette année, par l'entre-roi Sulpitius, nouveauté inouïe, qui seule, prouverait le bouleversement total du corps politique, si la nécessité où fut Caton d'y consentir n'en était une preuve plus forte encore.

Le nouveau consul, ramené dans Rome par Caton même, prit possession de sa charge avec tout le faste d'un homme vain. Le pouvoir immense qui en était naturellement une suite se trouvait encore augmenté par le dernier décret du sénat. Il pourvut d'abord à la sûreté de la ville, à la sienne propre, selon la commission qu'il en avait, avec un fonds de trois millions de rentes pour l'entretien des nouvelles levées. Peu de jours après il travailla à mettre un ordre plus exact et plus sévère dans la forme des jugements. De l'avis du sénat il rendit, le premier de mars, une ordonnance portant que les informations seraient parachevées dans l'espace de trois jours; que les accusés seraient cités le jour suivant, et le jugement rendu le lendemain de la citation ; que l'accusateur ne pourrait parler pendant plus de deux heures, ni l'accusé pendant plus de trois; que de quatre-vingt-un juges qui seraient tirés au sort, l'accusateur et l'accusé n'en pourraient réciproquement refuser que cinq de chaque ordre, de sorte que le nombre ne restât que de cinquante-et-un, qui se trouvèrent tous être des gens considérables et bien famés. Cependant la faction ne manqua pas de dire que Pompée n'avait pris que des amis de Cicéron; à quoi Cicéron répliqua que cela ne pouvait être autrement, sitôt qu'on ne prenait que d'honnêtes gens ; puisque la base de son crédit portait sur ce que tous ceux qui, comme lui, aimaient l'état, l'aimaient aussi lui-même. L'ordonnance portait de plus, que toutes sollicitations et attestations en faveur des accusés, qui par là échappaient souvent à la peine, étaient absolument prohibées; que tout homme condamné précédemment pourrait même obtenir sa grâce, s'il en pouvait faire condamner deux autres; et enfin que l'on ferait deux informations, l'une sur les brigues, l'autre sur les violences commises: celles-ci comprenaient le meurtre de Clodius, l'incendie du palais, et le pillage de la maison de Lépide. Torquatus fut nommé commissaire de l'une, Ænobarbus de l'autre.

Les partisans de Milon ne s'opposèrent pas d'abord à ces ordonnances qui, toutes redoutables qu'elles étaient pour lui, ne l'étaient pas moins pour ses adversaires. Mais Salluste, plus adroit, fit demander par Fusius qu'on eût à diviser le chef qui ordonnait l'information contre les violences; et, dès que ce chef fut divisé, Munatius et lui formèrent opposition aux deux derniers articles. Alors Cœlius, autre tribun, toujours dévoué à Milon, déclara qu'il s'opposait en entier à la loi. Mais Pompée se mit en une telle colère contre Cœlius, jusqu'à le menacer de prendre les armes personnellement contre lui, qu'il fut obligé de se désister de son opposition. Celle de Salluste, au contraire, subsista jusqu'après le jugement de Milon, ainsi qu'on en peut juger par le plaidoyer de Cicéron, qui reproche même à Salluste de s'être fait payer bien cher pour former cette opposition.

Domitius et Torquatus travaillèrent dans le temps prescrit aux informations contre Milon. Il envoya ses amis au bureau de Torquatus, et se rendit en personne à celui de Domitius, où Cornificius s'écria, en s'adressant au sénat assemblé, que Milon s'y trouvait avec une épée cachée sous ses habits. Là dessus Milon se dépouilla nu, et fit voir que le fait était faux; circonstance que Cicéron sut bien relever dans la suite, ainsi que la perquisition qu'on fit aussi sur les bruits qui couraient que Milon avait en divers endroits fait faire de grands amas d'armes offensives et d'armures défensives; qu'il en était venu un bateau chargé d'Otricoli à Rome par le Tibre; qu'il n'y avait dans la ville aucune petite rue ou cul-de-sac dans lesquels il n'eût loué quelque maison; qu'il en avait rempli une de boucliers sur la colline du Capitole; que toutes étaient pleines de torches préparées pour mettre le feu; faits qui se trouvèrent tous être faux. On débita aussi un matin que la nuit précédente on avait attaqué pendant plusieurs heures la maison de J. César; mais personne du voisinage n'en avait rien ouï dans ce quartier si habité. Un cabaretier, nommé Licinius, logé près du grand cirque, vint dire que des gens de Milon étaient venus boire chez lui; que, s'étant pris de vin, ils avaient imprudemment parlé entre eux de tuer Pompée; que, s'apercevant qu'il pouvait les avoir entendus, ils avaient voulu le tuer, de peur qu'il ne les décelât, et lui avaient porté un coup d'épée. Sur cet avis, Pompée manda Cicéron à son jardin, et ensuite tout le sénat. On fit venir le cabaretier, et le coup d'épée qu'il avait reçu au côté se trouva être une égratignure faite avec une aiguille.

Les accusateurs de Milon furent les deux jeunes Appius, les deux Valérius Népos, et les Herennius Balbus, Marc-Antoine, Pétuleius, Cornificius et les trois tribuns. Ils demandèrent qu'on fît subir un interrogatoire aux domestiques de Milon et à ceux de Fausta sa femme. Ils posèrent en fait que l'assassinat de Clodius avait été commis de guet-apens; que onze de ses domestiques avaient été tués avec lui; que Milon avait envoyé dans une métairie près d'Albe pour égorger un jeune enfant de Clodius qui y était; que le fermier et deux esclaves avaient été tués en voulant le défendre; qu'un nommé Alicor, autre domestique qui avait caché l'enfant, avait été si cruellement tourmenté pour le découvrir, qu'on lui avait arraché les jointures des doigts; et enfin que Milon avait fait arrêter quatre citoyens romains qui passaient sur le grand chemin lors du meurtre de Clodius et les avait tenus renfermés pendant deux mois dans une de ses maisons de campagne. Ces derniers faits étaient contenus dans une dénonciation très vive donnée par Métellus Scipion. Par représailles, Cœlius demanda l'interrogatoire des gens de l'homicide, et Manilius celui des domestiques d'Hypsœus et de Métellus. La faction de Clodius produisit pour premier témoin Cassinius Schola, ce chevalier qui l'accompagnait au retour d'Aricie. Cet homme chargeait à tel point Milon, que celui-ci, de même que Marcellus et Cicéron qui l'assistaient, n'aurait pas eu de peine à réfuter son témoignage, sans les clameurs de la populace, que les tribuns, partisans de Clodius, excitèrent lorsque Milon voulut répondre. Philemon, affranchi de Lépide, déposa du fait des quatre citoyens romains passant sur le grand chemin lors du meurtre de Clodius, arrêtés par Milon, et tenus renfermés pendant deux mois dans une de ses maisons de campagne. On entendit ensuite plusieurs habitants de Bouvilles, qui racontèrent comment l'auberge de ce faubourg avait été forcée, le cabaretier massacré, et Clodius tiré par violence de la maison. Les vestales déposèrent qu'une femme inconnue était venue chez elles s'acquitter d'un vœu fait par Milon, en expiation du meurtre de Clodius. Sempronia parut la dernière, tenant par la main sa fille Fulvie, veuve de Clodius. Ces deux femmes n'épargnèrent ni les pleurs ni les gémissements pour émouvoir les spectateurs. On insista beaucoup sur ce que le meurtre de Clodius avait été commis sur la voie Appia, dont le peuple romain devait l'usage et l'utilité aux ancêtres de Clodius.

Après qu'elles se furent retirées, Munatius reprit

leur place, exhortant le peuple à se trouver en foule au forum le lendemain, à faire preuve de sa douleur et de son affection pour l'homicidé, et à ne pas souffrir que son meurtrier pût demeurer impuni. Salluste, tant que dura cette affaire, ne passa pas un jour sans haranguer contre Milon.

Celui-ci, malgré tant d'ennemis redoutables, ne rabattait rien de sa fierté. Il ne prit le deuil ni ne laissa croître ses cheveux et sa barbe, selon l'usage des autres accusés, bien résolu de faire tête à l'orage. Hortensius, Marcellus, Cœlidius, Sylla, Caton, Brutus, et deux tribuns, prirent parti pour lui. Favonius alla plus loin; il avança que Clodius était lui-même l'auteur du guet-apens, et que, trois jours avant l'événement, il lui avait ouï dire que dans trois jours Milon ne serait plus vivant. Mais personne n'embrassa la défense de Milon avec plus de chaleur que Cicéron, qui lui devait son rappel. Il déclara hautement qu'il allait se charger de sa cause. Salluste, outré de voir que le crédit et l'éloquence d'un pareil défenseur allaient mettre sa vengeance au hasard, tourna toute sa colère contre Cicéron. Il se déchaîna contre lui par mille invectives. Cicéron, qui ne restait pas court sur l'article des injures, les lui rendit au double. Ils se mirent à se déchirer mutuellement, du moins s'il faut s'en rapporter aux satires qui parurent sous leur nom dans un temps peu éloigné de l'événement. Mais les pièces de ce genre, lorsqu'elles ne sont pas suspectes, et que les traits en sont réellement partis des mains offensées, ne sont pas des sources assez pures pour que l'histoire veuille y puiser la vérité. Si elle en fait usage, ce n'est qu'à défaut d'autres monuments, et avec la restriction qu'elles méritent. On ne peut admettre celles-ci comme originales, quoique peut-être écrites dans le même siècle où les faits se sont passés. Malgré quelques opinions d'un grand poids à cet égard, il est facile d'apercevoir qu'elles sont plutôt l'ouvrage d'un déclamateur oisif, à qui cette fameuse querelle a donné l'idée de les composer. On y lit que Salluste attaqua Cicéron sur sa naissance, sur ses mœurs, sur sa passion pour sa propre fille, sur la conduite de Térentia, sa femme, sur sa médisance, sa vanité, et les richesses qu'il avait acquises dans le gouvernement. Cicéron répliqua que sa jeunesse avait toujours été aussi éloignée de la débauche, que la vie présente de Salluste était éloignée de la pudeur; que ce tribun serait bien heureux d'être autant à couvert de reproche sur l'article des hommes que l'étaient Tullie et Térentia. Il tâche de même à se justifier sur le reste, et ne manque pas de matière pour diffamer Salluste à son tour.

Salluste, peu satisfait de s'être répandu contre Cicéron avec la dernière aigreur, enflamma ses deux collègues du même courroux. Rufus n'était déjà que trop disposé au ressentiment contre Cicéron, car il était frère de Pompéia, femme de César, que Cicéron avait perdue de réputation lors de son intrigue avec Clodius. Munatius se joignit sans peine à eux, tous trois dans l'intention d'impliquer, s'ils le pouvaient, Cicéron dans le crime de Milon : ce que la haine déclarée entre Clodius et lui ne rendait pas hors de vraisemblance. Ils criaient au peuple : « C'est la main de Milon qui a commis l'as- » sassinat; mais le bras d'un homme plus puissant » a conduit cette main. » Munatius le menaça même de le mettre formellement en justice. Ce dernier s'opiniâtra avec plus de constance contre Cicéron qu'aucun autre, car il courait le bruit, quoique peu fondé, que Salluste et Rufus se laissaient gagner. Mais ni ces menaces, ni les armes des satellites de Clodius, ni les clameurs du peuple, ni le dépit marqué de Pompée, ne purent ébranler la fidélité de Cicéron pour un homme auquel il devait sa reconnaissance. Pompée lui-même était fort aigri contre lui, et feignait toujours une grande crainte des violences de Milon, tellement qu'il n'habitait plus sa maison, mais se tenait en quelque lieu élevé avec une grosse garde de soldats, ou dans son jardin, où il assemblait le sénat sous son portique, sous prétexte de n'avoir pas de sûreté ailleurs, faisant visiter et secouer les robes de tous les sénateurs qui entraient.

Le 11 avril était le jour marqué pour la décision de cette grande affaire. Toutes les boutiques furent fermées dans la ville, à la suggestion de Munatius qui, la veille, avait exhorté le peuple à venir au forum, et à ne plus souffrir que Milon pût échapper. On s'assembla en foule sur les huit heures du matin, avec un si grand concours de spectateurs, qu'il y en avait jusque sur les toits des maisons éloignées, du haut desquelles on pouvait avoir vue sur le forum. Pompée, entouré d'un grand appareil de guerre, prit place au-devant du trésor. On se plaça dans les rangs, on distribua les bulletins; après quoi il se fit un silence dans l'assemblée, tel du moins qu'on pouvait l'espérer d'une foule si nombreuse et dans un lieu si vaste. Appius l'aîné parla le premier avec beaucoup de force. Salluste l'avait fait aider dans la composition de ce discours par son grammairien Prætextatus. Après lui, Marc Antoine et Valérius Népos parlèrent aussi contre Milon. Ils employèrent entre eux trois les deux heures prescrites par la loi. Après eux Hortensius parla pour Milon, et tint peu de temps, ayant pris pour rôle la partie qui concernait les interrogatoires des domestiques. Ensuite Cicéron se leva. On lui avait conseillé de faire porter la défense sur le service louable et utile que Milon avait rendu à la république, en tuant un citoyen détestable et séditieux : c'est le plan que Brutus a pris dans le plaidoyer qu'il s'est amusé depuis à composer sur l'affaire, plan relatif à ses vues et à sa propre conduite; mais Cicéron refusa de l'adopter, disant que véritablement il était du bien public de condamner par jugement un méchant homme ; mais non pas de le tuer sans qu'il fût condamné. Il préféra le plan débité par Cœlius, que Clodius était le véritable auteur du guet-apens ; qu'il s'était à dessein posté dans un terrain élevé qui lui appartenait, pour attendre Milon à l'entrée de la nuit et s'en défaire ; que ce n'était qu'avec ce projet qu'il était tout d'un coup parti de Rome, le matin, sous un prétexte frivole, quoique sa présence y fût nécessaire à une assemblée de gens à lui dévoués, que son tribun mercenaire (Salluste ou Rufus) avait convoquée pour le même jour ; qu'il était prévenu, comme tout le monde, du voyage que Milon devait faire à Lanuvium pour une cérémonie, au lieu que personne ne savait que Clodius dût aller à Tracie ; que Milon étant dans sa voiture, entouré d'un gros manteau fourré, avec sa femme qu'il menait rarement, avec une troupe de femmes de chambre et même de musiciennes, ce n'est certainement pas dans cet équipage qu'on va commettre un assassinat prémédité (et, dans le vrai, tout ceci ne fut qu'une rencontre du hasard, sans projet de part ni d'autre) ; qu'il était arrivé à Clodius ce qui arrive tout naturellement aux agresseurs qui ne se trouvent pas les plus forts, d'être battu ; que les gens de Clodius, bien postés, disposés à l'attaque, et libres de tout embarras, avaient présumé de l'emporter sur un nombre supérieur de gens embarrassés, et surpris à l'improviste, mais que le contraire était arrivé. Que tout le bonheur de cette aventure était pour la république, enfin défaite d'un si grand scélérat ; et tout le malheur pour Milon, qui se voyait en risque d'être déchu de ses prétentions, de perdre l'espoir presque assuré de son élévation prochaine et même de son état actuel.

Il s'était surpassé dans la composition de son plaidoyer. Cette pièce est un des chefs-d'œuvre de l'éloquence ancienne. Nous l'avons avec quelques changements que l'auteur y fit depuis, car il la donna double, telle que nous l'avons, et telle qu'il l'avait d'abord composée ; c'est dans celle-ci qu'il parle si souvent, avec tant d'adresse et d'énergie, des précautions prises par Pompée pour la prétendue sûreté de l'état et la sienne, et de l'espèce d'armée dont il avait fait entourer le tribunal, comme pour décider aussi les opinions par la terreur. La difficulté était de se faire entendre aux juges. Une timidité naturelle pour parler en public, que Cicéron n'a jamais pu vaincre, même au comble de sa réputation, était encore redoublée par les menaces dont on l'accablait, par la complicité dont il se voyait accusé, par l'enthousiasme avec lequel il avait épousé les intérêts de cette querelle devenue quasi la sienne propre, entre son ami et son ennemi ; par les troupes de soldats qui entouraient le barreau, car Pompée avait donné ordre aux gens de guerre de se saisir dès la nuit précédente des avenues du Forum. On en plaça tant dans le lieu même que dans les rues aboutissantes et dans les temples voisins.

Milon se défiant de la frayeur que cet appareil d'armes inusité pouvait inspirer à son défenseur, alla de grand matin chez lui le prier de se faire porter de bonne heure sur la place pour avoir le temps de se reposer et de rasseoir ses sens, avant que de commencer. Il y alla en effet ; mais les juges et les tribuns l'avaient déjà devancé, et, « lorsqu'au sortir de » sa litière, il vint, dit Plutarque, à apercevoir » Pompée assis en haut lieu, comme s'il eût été en » un camp, et la place environnée d'armes reluisan- » tes tout à l'entour, il se troubla de telle manière, » qu'à peine il put commencer à parler, tant le corps » lui tremblait fort, et ne pouvait faire usage de sa » voix. Milon, au contraire, assistait d'un air assuré » et sans apparence de crainte quelconque à ce juge- » ment de sa cause. Toutefois on eut opinion que ce » trouble de Cicéron procédait bien plus de véhé- » mence d'affection pour cette affaire, que de faute » de cœur ou de timidité. » Il est difficile de n'en pas juger ainsi, en lisant cette pièce qui se ressent si fort de la chaleur et du trouble d'un homme transporté d'une véhémente affection pour son ami, d'une haine ardente contre son ennemi, et d'une mortelle inquiétude sur l'événement prochain. Il commença cependant ; mais à peine était-il remis que la populace, excitée par les tribuns, se mit à faire un bruit horrible pour l'empêcher d'être entendu. Les soldats y coururent l'épée à la main. Alors Cicéron se troubla de nouveau. La mémoire lui manqua. Il ne dit rien de tout ce qu'il avait prémédité ; mais se tut, après avoir parlé peu de temps d'une manière languissante et sans force.

Le jugement fut favorable dans les trois ordres au jeune Appius qui, de l'aveu général, emporta la palme de cette journée ; dans l'ordre des sénateurs, douze contre six ; dans celui des chevaliers, treize contre quatre ; dans celui des intendants du trésor, treize contre trois. On convenait que c'était un événement de hasard, sans aucune préméditation ; et que Clodius avait été blessé par les gens de Milon, sans qu'il le sût lui-même ; mais il était prouvé que, l'ayant su, il avait donné ordre de le tuer tout à fait. On croit que, parmi les sénateurs, le suffrage de Caton fut pour Milon ; car on lui avait ouï dire assez haut que la république était fort heureuse d'être défaite d'un franc scélérat ; et, avant que le sort ne l'eût mis au nombre des juges, il assistait Milon dans sa brigue pour le consulat, et même dans ses sollicitations sur son affaire. Milon, condamné à l'exil par trente-huit voix contre treize, se retira à Marseille, où, sans regret pour les honneurs qu'il avait perdus, il passa gaîment le reste de ses jours à faire bonne chère, rendant tous les jours grâces à l'animosité de Salluste et au peu de mémoire de Cicéron, du repos et des plaisirs dont il jouissait. Après son départ, ses biens furent vendus pour payer ses dettes, en vertu de trois autres jugements de condamnation rendus à la suite du premier; le second, dès le lendemain, au tribunal de Torquatus, pour le fait de brigue, à la poursuite du même Appius, qui parla encore à merveille, et qui refusa le prix que la loi donnait à l'accusateur; le troisième, peu de jours après, au bureau du questeur Favonius, pour les associations, à la poursuite de Fulvius Nésatus, qui reçut le prix accordé par la loi; le quatrième au bureau du questeur L. Fabius, pour autres faits de violence, à la poursuite de Cornificius. Milon ne voulut comparaître à aucun de ces trois jugements, ayant, dès le moment du premier, pris le parti de se retirer. Les dettes se trouvèrent monter à sept millions de notre monnaie.

Au contraire Sauffeius Fusténus fut absous, quoique aussi coupable, puisque c'était lui qui, à la tête des esclaves de Milon, avait forcé l'auberge des Bouvilles. Cicéron et Cœlius plaidèrent pour lui contre les trois accusateurs Cassius, Fulcinius le fils et Valérius Népos. L'accusé eut contre lui le suffrage des sénateurs à dix contre huit, celui des chevaliers, à neuf contre huit; mais il eut pour lui les tribuns du trésor, à dix contre six. De sorte que l'absolution l'emporta d'une voix dans les cinquante et un suffrages. Il eut encore plus de succès au tribunal du questeur Considius, où trois autres accusateurs le poursuivirent aux termes de la loi Plautia, contre les violences, pour s'être mis, un dard à la main, à la tête des gens de Milon, lorsqu'ils forcèrent l'auberge. Il fut encore défendu par Cicéron et par Varron, et absous de trente-deux voix contre dix-neuf, avec cette différence que les intendants du trésor, qui avaient été pour lui au premier jugement, furent contre; au lieu que les sénateurs et les chevaliers, qui lui avaient été contraires, lui furent favorables. Il semblait que le départ de Milon eût fait évanouir toute la chaleur des esprits en faveur de Clodius. Il ne resta que l'indignation que tous les gens de bien conçurent contre la mémoire d'un homme dont la mort n'avait pas été moins funeste à l'état que la vie. Cicéron attaqua ses partisans, et surtout Munatius, avec une terrible éloquence. Vainement Pompée l'assista de tout son pouvoir, employant pour lui toutes les espèces de sollicitations qu'il venait lui-même de prohiber par sa loi. Caton, indigné d'une telle impudence, se boucha les oreilles avec les mains, pour ne les point entendre. Rufus, Munatius et Sextus, secrétaire de Clodius, furent, à la poursuite de Césénius, d'Aufidius et d'Aponius, et à la grande satisfaction du public, condamnés à la rigueur pour l'incendie du palais Hostilien, n'ayant eu que cinq suffrages pour l'absolution.

Salluste eut le bonheur d'échapper à ces recherches, soit qu'il se fût précédemment raccommodé avec les amis de Milon, comme quelques-uns le soupçonnèrent, soit plutôt que les faits qui le concernaient ne fussent pas aussi graves. Mais on trouva peu après un prétexte de le punir. En 704, lors de la revue des censeurs, qu'on faisait tous les cinq ans, Appius Pulcher et Pison, revêtus de cette charge, en faisant l'appel au sénat, lui firent des reproches publics sur la vie débordée qu'il menait avec les femmes. Il convint en plein sénat de plusieurs de ses aventures, se rabattit sur la connivence des maris, et ne se défendit qu'en disant qu'il n'attaquait plus de femmes de condition, et ne s'en prenait qu'à des femmes sans conséquence. Là-dessus, les censeurs l'exclurent du sénat.

La perte de son rang le mit dans l'impossibilité de se mêler désormais des affaires publiques, jusqu'à ce que les choses eussent changé de face. Il se retira chez lui le cœur ulcéré, déclamant avec hauteur et vérité contre les cabales des principaux de l'état, contre les mœurs perverties de son siècle, contre la manière dont il voyait composer le sénat de nouveaux membres intrus et méprisables. Bientôt, néanmoins, une tranquillité réelle fut le fruit de l'étude, à laquelle il se remit; alors il reprit tout de bon le projet d'écrire l'histoire dont l'étude l'avait détourné. La conjuration de Catilina, dont il avait été le témoin oculaire, à l'âge de vingt ou vingt-deux ans, lui parut digne de son objet, par la nouveauté du crime et par celle du péril. Mais l'entreprise d'écrire l'histoire, si délicate pour tout le monde, quand il y faut parler de personnes vivantes, le devait être bien davantage pour un homme mêlé dans les factions, et qui s'était fait tant d'ennemis. On doit cependant, en ceci, rendre justice à Salluste. Il n'en impose point lorsqu'il nous annonce lui-même qu'il se trouvait alors dans une situation dégagée de haine, d'espérance et de toute partialité. Malgré les offenses qu'il avait faites et reçues, on ne démêle, dans son ouvrage, aucune trace de ressentiment personnel, si ce n'est peut-être contre P. Sylla; encore n'est-ce qu'une conjecture assez faiblement appuyée. Salluste, dans ses écrits, rend également justice à chaque personne, de quelque faction qu'elle soit. Cicéron, avec lequel il avait eu de si vifs démêlés, s'y trouve dépeint comme un homme de bien, comme un zélé citoyen. Cependant Cicéron fut mécontent, dit-on, du peu d'étendue que son éloge avait dans cette histoire. Le titre succinct d'*excellent Consul* lui parut une louange peu proportionnée à l'importance de ses services. D'autres ont reproché à Salluste d'avoir omis un grand nombre de circonstances honorables à Cicéron. Le reproche est fondé dans le fait. Mais on doit observer avec quelle rapidité il a écrit ce morceau d'histoire. Marius Victorinus y trouve plus que dans aucun autre les trois conditions qu'il demande à l'historien : la brièveté, la clarté, la vérité Salluste prend seulement la substance des faits; négligeant les détails et acheminant sans cesse l'action à sa fin, d'une manière tout à fait théâtrale: il omet un grand nombre de choses aussi bien étrangères que personnelles à Cicéron. De plus, les quatre discours de celui-ci sur cette affaire étaient entre les mains de tout le monde. Quant à Pompée, si Salluste a dit de lui, dans sa grande histoire, que c'était un homme qui, « sous une physionomie fort » honnête, cachait l'âme qui l'était le moins; » c'est ce qui n'est que trop prouvé par sa conduite en tant d'occasions. Cependant ce trait a coûté cher à la réputation de Salluste. Lenœus, affranchi de Pompée, irrité de voir son maître ainsi dépeint à la postérité, dans une histoire célèbre, a cru le venger par une satire contre l'historien, où il vomit contre lui les plus basses injures: ce serait souiller notre langue que de rapporter ici en mots équivalents et tirés du jargon de la plus vile populace, les épithètes qu'il lui prodigue dans tous les termes capables de venir à la bouche d'un misérable de la lie du peuple, rendu insolent par la fortune. Les titres les plus doux sont ceux de bélitre, d'ivrogne, d'ignorant plagiaire du vieux langage de Caton, d'homme aussi monstrueux par sa vie que par ses écrits. On pourrait peut-être reprocher avec plus de fondement à Salluste de n'avoir pu se dépouiller de ses idées générales, aussi bien qu'il avait fait des préventions particulières; un fond d'erreur et d'aversion contre la faction des grands perce en mille endroits de ses écrits.

La retraite de Salluste n'avait pas encore duré deux ans, quand la face du gouvernement changea de nouveau. César, occupé loin de Rome à la conquête des Gaules, avait fait de son camp l'asile de tous ceux que quelque mécontentement public ou particulier forçait à s'éloigner de la capitale. Après neuf ans de travaux et de victoires, il se voyait prêt à rentrer en Italie, chargé de gloire, mais menacé d'un danger visible. Il faisait donc diverses demandes tendantes à rendre son pouvoir égal à celui de Pompée, ou du moins à se mettre hors d'état de le craindre. Il était réellement le maître de se procurer davantage; cependant le sénat, par un aveuglement qu'on ne peut concevoir, lui refusa tout. César, outré d'une injustice si déplacée, entra en Italie à la tête d'une armée aguerrie par la plus difficile conquête que les Romains eussent jamais faite. Tout prit la fuite devant lui: Corfinium et Brunduse, qui seules firent d'abord quelque résistance, furent bientôt forcées. César, devenu maître de l'Italie en deux mois, entra dans Rome, où il trouva tout disposé à la soumission. Alors Salluste sentit renaître en lui l'ambition et l'esprit de parti. Dans un âge où les passions sont encore dans toute leur force, on embrasse la retraite par dépit, et bientôt on la quitte par ennui.

Il l'abandonna donc pour recommencer à courir après la fortune, dont il se crut, pour cette fois, assuré par la puissance de César, auquel il avait toujours été attaché. Il lui adressa son premier discours, en forme de lettre, sur le gouvernement de l'état, qu'on a jusqu'à présent, mal à propos, intitulé le second. Il est visible par les faits, en lisant ces deux discours, que l'ordre en est interverti: celui où il est parlé de Domitius, tué dans la suite à la bataille de Pharsale, et de Bibulus, mort avant cette bataille, comme de personnes encore vivantes, est évidemment le premier; et celui qui n'a été écrit que lors du siége d'Alexandrie est le second. On ne trouve plus dans cette pièce l'impartialité qu'il venait de faire régner dans l'histoire. Tout y respire la flatterie, l'esprit de faction, les jugements passionnés. Ce n'est plus cet homme si révolté contre le pouvoir arbitraire. Il exhorte au contraire César, avec la dernière véhémence, à suivre son projet. D'ailleurs, on y trouve de belles idées et un grand sens, une énergie plus grande encore qu'il n'en a mis dans aucun autre de ses ouvrages, un juste discernement des causes de la corruption nationale. Peu après, il alla joindre César dans son camp; il le suivit, à ce qu'on peut présumer, en Espagne, et revint avec lui à Rome en 706. César l'appuya dans la demande qu'il fit de la place de questeur, par laquelle il rentra dans le sénat deux ans après en avoir été mis dehors. Pendant que César s'acheminait vers la Grèce, où il acheva d'abattre son adversaire à Pharsale, Salluste restait en Italie, occupé des fonctions de sa place, qu'il exerça, dit le satirique, sans aucune intégrité, ne s'étant abstenu de vendre, dans cette place, que ce qui n'avait point trouvé d'acheteur.

Cependant César, suivant sa fortune avec la même rapidité, volait en Égypte sur les pas de Pompée. Il apprit, en arrivant, qu'on l'avait délivré de son rival par un lâche assassinat. La vengeance de ce monstre lui servit de prétexte à conquérir l'Égypte sur l'auteur de la trahison, et désormais rien ne fit plus obstacle à son pouvoir suprême. Pendant qu'il assiégeait Alexandrie, le sénat lui avait conféré tout à la fois les dignités, incompatibles par leur nature, de dictateur, de tribun du peuple et de consul; faute capitale, qui fit voir à ses successeurs comment ils pouvaient sans bruit réunir en leur personne le pouvoir unique et absolu, en rassemblant sur leur tête toutes les différentes charges auxquelles les différents pouvoirs étaient séparément attribués. En même temps Salluste lui écrivit à Alexandrie un second discours politique sur le gouvernement de l'état, dans lequel, avec autant de justesse que dans le premier, il fait voir beaucoup moins de chaleur et d'animosité.

César revint à Rome en 708; et, cette année, Salluste fut élevé à la préture, la seconde des digni-

2.

tés ordinaires de l'état. A peu près dans ce même temps, et à l'âge d'environ quarante ans, il épousa Térentia, avec qui Cicéron venait de faire divorce. Cette femme était d'une naissance distinguée, soit qu'elle descendit des Térence, originaires du pays des Sabins, dans la famille de qui il y avait eu un tribun du peuple en 291; ou qu'elle sortit d'une autre maison Térentia, dont étaient le consul Varron, qui perdit la bataille de Cannes, et le savant Varron, contemporain de Salluste. Elle avait beaucoup d'esprit, le courage élevé, l'âme ambitieuse, et avait acquis avec son premier mari une grande connaissance des affaires publiques; mais elle était jalouse, hautaine, impérieuse et sans conduite dans sa maison. Elle avait acquis de l'empire sur son mari, qu'elle avait long-temps gouverné, et qui avait eu beaucoup à souffrir d'elle. Enfin Cicéron prit le parti de la répudier, à son retour du camp de Pompée, mécontent de la dureté de son cœur pour sa propre fille, du peu d'attention qu'elle avait pour lui-même en son absence, et du délabrement où elle avait mis ses affaires domestiques. « Au sortir de » la maison de Cicéron, où elle aurait dû puiser la sa- » gesse dans sa plus pure source, elle n'eut pas honte, » dit saint Jérôme, d'aller se jeter dans les bras de » Salluste son ennemi. » Peut-être le ressentiment commun contre Cicéron les porta-t-il tous deux à former cet engagement assez extraordinaire de part et d'autre; car Térentia s'alliait à un homme très inférieur en dignité à son premier époux. Salluste épousait une femme dont il avait diffamé la famille dans son histoire de la conjuration, en rapportant le mauvais commerce de Catilina avec la vestale, sœur de Térentia. Il faudrait inférer de ceci que Salluste avait dès lors publié ce morceau d'histoire; sans quoi il eût, selon l'apparence, supprimé ce trait fâcheux sur sa belle-sœur, comme il a passé sous silence beaucoup de traits odieux de la jeunesse de Catilina. Du moins aurait-il ajouté que Fabia Térentia avait été absoute par les juges, du crime dont on l'accusait. Cicéron, que l'affaire touchait de près, tourne ce fait, en parlant de Catilina, de manière à ne jeter aucun soupçon sur sa belle-sœur. Cependant les portraits admirables de César et de Caton, insérés dans ce même ouvrage, n'ont certainement été écrits qu'après leur mort. Peut-être Salluste ajouta-t-il depuis cet excellent morceau, qui forme une espèce de digression à son récit.

Le feu de la guerre civile n'était pas encore entièrement éteint. Caton et Scipion avaient rassemblé en Afrique les débris de l'armée de Pompée : Juba, roi de Mauritanie, leur prêtait les secours des naturels du pays : tous trois, près d'Utique et d'Adrumète, ranimaient les forces de leur parti. César, voulant abattre ce dernier obstacle, donna ordre à Salluste de conduire par la route de Capoue la dixième légion et quelques autres, de la fidélité desquelles il se croyait le plus assuré, pour les faire passer en Afrique. Elles marchèrent jusqu'aux bords de la mer, sans savoir où Salluste les conduisait; mais quand il fallut s'embarquer, ces soldats, qui, de retour en Italie après tant d'années de service, croyaient n'avoir désormais qu'à jouir du fruit de leurs travaux, ne voulurent plus entendre parler de rejoindre l'armée, et refusèrent absolument d'obéir. Les vétérans demandèrent ouvertement leur congé, et tous ensemble les récompenses promises à la journée de Pharsale. En vain Salluste leur représenta que la victoire n'était pas complète, ni la guerre terminée, tant que l'ennemi avait les armes à la main; en vain s'obligea-t-il à leur faire compter à la fin de cette expédition 400 livres par tête, outre les récompenses promises. Les menaces qu'il fit succéder aux prières n'eurent pas un meilleur effet. Les soldats se mutinèrent jusqu'à tourner leurs armes contre lui; ils l'obligèrent à prendre la fuite, le poursuivirent long-temps, et marchèrent vers Rome en furieux, tuant sans distinction tous ceux qui se trouvèrent sur leur route, du nombre desquels furent deux sénateurs, Gosconius et Galba. César, informé de leur soulèvement, voulut d'abord envoyer contre eux les cohortes prétoriennes; mais, dans la crainte qu'entraînées par le mauvais exemple, elles ne se joignissent à eux, au lieu de les réprimer, il prit le parti d'aller en personne à leur rencontre, malgré tout ce que ses amis purent faire pour le détourner d'une résolution si dangereuse. Il joignit les rebelles dans le Champ-de-Mars, et leur demanda quel sujet les ramenait. La vue de leur général les interdit au premier abord. Cependant, après un moment de silence, ils lui représentèrent les travaux qu'ils avaient essuyés, les périls qu'ils avaient surmontés, les récompenses qu'on leur avait promises; et, sans oser parler de l'exécution de ces promesses, ils finirent par demander leur congé. « Cela est juste, bourgeois, » répliqua César. A ce mot seul, les soldats frappés de surprise, se mirent à crier tout d'une voix, » qu'ils n'étaient pas bour- » geois, qu'ils étaient ses soldats, et qu'ils étaient » prêts à le suivre sans récompense, partout où il » ordonnerait : non, non, dit César d'un ton irrité, » je vous casse tous. Je donnerai cependant les récom- » penses promises, non que je doive rien à des gens » qui me quittent avant la fin de la guerre; mais » parce que je hais jusqu'au soupçon d'ingratitude. » Allez, retirez-vous, d'autres auront l'honneur de » cette expédition, et vous verrez passer la pompe » de leur triomphe. » A ces mots il leur tourna le dos. Mais les commandants des légions se jetèrent au devant de ses pas; à force de solliciter le pardon de leurs soldats, ils vinrent à bout de le fléchir; ou, pour mieux dire, le besoin qu'il avait d'eux ne lui permit pas de persister dans sa feinte colère, après un repentir si marqué. Il consentit que les soldats congédiés donnassent leur nom pour un nouvel engagement; « à l'exception, ajouta-t-il, de la dixième » légion, puisqu'elle a été capable de se révolter » malgré l'affection particulière et les distinctions » dont je l'ai honorée. » Tous les soldats, sans exception, prêtèrent de nouveau le serment militaire. En même temps, César fit apporter de grosses sommes d'argent, qu'il leur fit distribuer en acquittement d'une partie de ses promesses; et s'engagea de payer le reste, ainsi que ce que Salluste avait offert, avec les intérêts, aussitôt que l'expédition d'Afrique serait terminée. Après quoi, se mettant à leur tête, il leur fit reprendre le chemin de la mer. La seule dixième légion ne put obtenir grâce, malgré les plus humbles soumissions, offrant même d'être décimés, pourvu que la mort des malheureux sur qui le sort tomberait apaisât le ressentiment de César, et qu'il retînt le reste de la légion à son service. Elle ne laissa pas de marcher comme les autres; et quand on vint à s'embarquer, on ne put jamais l'empêcher de se jeter dans les vaisseaux, et de suivre jusqu'en Afrique, où elle obtint son pardon. Mais César exposa les plus mutins aux occasions les plus dangereuses; et se défit ainsi de l'ennemi par la main du rebelle, et du rebelle par la main de l'ennemi.

Le départ précipité pour l'Afrique n'avait pas donné le temps de rassembler des provisions de bouche; on craignait de manquer de blés. Peu de jours après le débarquement, César détacha Salluste avec une partie de la flotte, pour aller s'emparer des magasins de l'ennemi dans l'île Cercine. « Je ne considère pas, » lui dit César, en le faisant partir, « si ce » que je vous commande est possible ou non. Allez » et réussissez. La circonstance présente n'admet » point d'excuses, ne souffre point de retard. » On n'adresse pas un pareil discours à un homme médiocre; et quand il est tenu par un homme tel que César, il forme, à mon sens, un grand préjugé en faveur des talents militaires de celui à qui on le tient. Par l'événement, néanmoins, Salluste ne trouva nulle difficulté dans l'entreprise. A la vue de son escadre, le questeur Décimius, qui commandait dans l'île Cercine, s'enfuit sur un esquif. Les insulaires ouvrirent leur port. Salluste trouva dans l'île une prodigieuse quantité de blés dont il remplit les vaisseaux de charge, et revint rejoindre César. Les siéges de Leptis et de Cirtes, et les autres événements de cette guerre, ne sont plus de mon sujet. Elle fut terminée par l'entière défaite des alliés, à la bataille de Thapse. J'ai dit ailleurs comment, après la perte de la bataille, le vieux lieutenant Pétréius, l'un des plus braves officiers de son siècle, et le roi Juba, ne voulant pas survivre à la ruine de leurs affaires, fondirent volontairement l'un sur l'autre pour s'entre-percer de leurs épées. Le roi tua Pétréius et se fit immédiatement après tuer par un de ses domestiques. Scipion fut pris et mis à mort dans le port d'Hyppone, où la tempête l'avait rejeté comme il se sauvait en Espagne. Afranius et Faustus Sylla, en voulant s'y retirer aussi, se laissèrent surprendre par Sitius et furent tués par ses soldats. Pompéia, femme de Faustus et fille du grand Pompée, prisonnière avec ses enfants, fut, ainsi qu'eux, mise en liberté par ordre de César, qui faisait alors vendre tous les effets du roi à Zama. La mort de Juba fut suivie de la soumission de toute la Mauritanie, que César, à son retour de Zama, joignit aux anciennes conquêtes formant la province romaine en Afrique. Il donna le gouvernement de toute cette province à Salluste, avec le titre de proconsul et le commandement d'un corps de troupes. Elle comprenait la Libye maritime, la Numidie et la Mauritanie, c'est-à-dire toute la côte d'Afrique, depuis Carthage jusqu'à l'Océan. Son séjour en Numidie lui fit sans doute naître l'idée d'écrire l'histoire de la conquête que Rome en avait faite sur le roi Jugurtha; mais il n'exécuta ce projet, ou ne publia son ouvrage qu'à son retour en Italie, après s'être retiré des affaires publiques. C'est ce qu'on en peut juger par sa préface; mais il prit dès-lors sur place toutes les instructions nécessaires à son plan. On s'accorde, ce me semble, à regarder ce morceau d'histoire comme le chef-d'œuvre du genre historique, même par préférence sur le *Catilina*, qui ne contient qu'une seule action civile, au lieu que le *Jugurtha* est également mêlé de guerres étrangères, de troubles civils, de faits, d'actions et de discours. Aussi le composa-t-il avec un soin extrême. Il visita lui-même tous les endroits de son gouvernement où les principales actions s'étaient passées, pour ne rien dire du local dont il n'eût connaissance par ses propres yeux; il rassembla des mémoires, il prit soin de s'instruire de l'origine et des antiquités de la nation, dans des livres écrits par les naturels mêmes du pays, dont le roi Hiempsal avait fait faire un recueil. Salluste se fait un point capital, lorsqu'il va parler de quelque grande action de faire auparavant si bien connaître la disposition géographique du pays qui en est le théâtre, et les coutumes des habitants, qu'on croit, dit Aviénus Festus, être soi-même transporté sur la place, et témoin de tout ce qu'il décrit. C'est dans cette même histoire qu'il s'est attaché à dépeindre le vrai caractère des Romains, à décrire l'esprit qui animait chaque faction, à exalter les grands exemples de vertus antiques, à peindre des plus fortes couleurs la corruption de son siècle, surtout celle des chefs de l'état, leur insatiable et sordide avidité, leurs indignes concussions, le pillage qu'ils exerçaient sur les peuples confiés à leurs soins. Heureux s'il n'eût pas suivi dans sa conduite les exemples qu'il blâmait si vivement dans ses écrits. « Il a, dit le satirique, tellement dévasté la pro-

« vince, pendant qu'il était gouverneur d'Afrique,
» que nos alliés n'avaient rien de pire à en attendre
» s'ils eussent été en guerre avec nous, que ce qu'ils
» ont éprouvé de la part de Salluste au sein de la
» paix. Il en a tiré sous son nom, ou sous des noms
» empruntés, tout ce qui était capable d'être trans-
» porté, et en aussi grande quantité que les vais-
» seaux ont pu le contenir. » Ces imputations inju-
rieuses, venant d'un ennemi déclaré, seraient plus
suspectes, si on ne lisait en propres mots dans Dion-
Cassius, « que César ayant conquis la Numidie pré-
» posa Salluste, de nom, au gouvernement, mais de
» fait, à la ruine du pays. Salluste, accusé d'avoir
» volé des sommes considérables et pillé la province,
» resta déshonoré par les livres mêmes qu'il avait
» composés, pour avoir tenu une conduite si opposée
» aux leçons qu'il donne dans ses écrits, où il se
» répand avec tant d'amertume, à chaque page, con-
» tre le péculat et les concussions des gouverneurs
» de province. Quoique absous par César, ses ouvra-
» ges sont, en public, la table d'affiche où sa propre
» condamnation se trouve inscrite. » Il revint à
Rome en 710, chargé de richesses dont les Africains
ne lui laissèrent pas d'abord une facile jouissance.
Ils vinrent aussi porter leurs plaintes de ses concussions et le poursuivre en justice. La protection
de César, achetée par douze cent mille livres, le
tira d'affaire, soit que César eût empêché les Numides d'intenter leur action, soit que Salluste ait été
absous de l'accusation par son crédit; on ne sait
pas au juste lequel des deux. Le déclamateur dit,
en un endroit, « qu'il donna une grosse somme à
» César, pour n'être pas mis en justice ; » dans un
autre, « qu'il fut au moment d'être perdu, et s'en tira
si mal, que ses juges parurent plutôt coupables qu'il
ne parut innocent. » Ce n'est pas que les voleries des
gouverneurs de provinces ne fussent devenues des
choses si communes, qu'à peine elles portaient coup
à la réputation. Mais le ton imposant avec lequel
il avait prêché le désintéressement et la vertu, rendit sa conduite plus révoltante et fit mieux éclater
la diffamation.

L'affaire venait à peine d'être terminée, lorsque
César fut assassiné dans le sénat. Depuis la perte
d'un si grand protecteur, Salluste ne se mêla plus
d'aucune affaire publique. Il se voyait possesseur
d'une fortune assez grande pour passer désormais
une vie voluptueuse et tranquille : il n'épargna pas
les dépenses qui pouvaient lui en procurer les agréments. Il acheta un vaste terrain sur le mont Quirinal, dans le quartier appelé des *Hautes Rues* (*Alta
Semita*); c'est l'un des endroits de Rome où l'air est
le plus pur, et l'aspect de la ville le plus agréable;
il y fit construire une magnifique maison, avec toutes les dépendances, formant plusieurs autres édifices considérables. Il fit planter ces fameux jardins
vantés par les anciens comme la plus délicieuse
promenade de Rome. Ils comprenaient, à ce qu'il
semble, tout ce grand espace qui se trouve enfermé
entre les murs de Rome, la rue de la Porte Colline
(*Via Salaria*), la rue qui va des quatre fontaines
ou de la Porte-Pie, jusqu'à l'angle de Sainte-Suzanne (*Via Nomentana*); et, de là, suivant en ligne
droite le long des jardins de Barberini, et à travers les jardins de Ludovisio, jusqu'aux murs de
Rome, un peu en deçà de la porte à l'angle de l'ancienne rue Collatine. Cet espace, qui contenait autrefois la maison, les jardins et le marché de Salluste,
le temple et le cirque de Vénus Érycine, ou Sallustienne, les petits temples de la Lune et de Quirinus,
les rues de Marmurra et de la Grenade, (*Malum Punicum*), et même peut-être une partie de la Place Exécrable (*Campus Sceleratus*), où l'on enterrait vives
les vestales coupables, est aujourd'hui occupé par divers terrains incultes, par les églises de Notre-Dame
de la Victoire, de Sainte-Suzanne et de Saint-Nicolas
de Tolentin, par la rue Salaria, par les vestiges
d'un ancien cirque, nommé mal à propos, dans quelques cartes modernes, le cirque de Flore, mais qui
est en effet le cirque de la Vénus Érycine de Salluste; et enfin par les jardins de Négroni, l'extrémité
de ceux de Barberini, et la plus grande partie de
ceux de Ludovisio. Ces derniers surtout occupent
l'espace le plus remarquable de ce terrain, et, quoique aussi éloignés de leur ancienne splendeur que
Rome moderne, malgré sa magnificence actuelle,
l'est de Rome ancienne, ils sont encore aujourd'hui
l'une des plus vastes et des plus agréables promena-
des de cette ville. Ce terrain retenait encore, après
seize siècles, le nom de son ancien maître. Fulvius
Ursinus rapporte que de son temps les gens du lieu
le nommaient le *Sallustrique*

Salluste y fit construire, au devant de la maison,
une place publique, où l'on tenait un marché pour
sa commodité et pour celle du peuple de ce quartier, au même lieu qu'occupe aujourd'hui l'église de
Sainte-Suzanne. On a du moins lieu de penser que
la construction de ce marché était son ouvrage, puisqu'il portait son nom, et que les anciens Romains
avaient la coutume, dans laquelle ceux d'aujourd'hui
persistent encore dignement, d'employer leurs richesses en bâtiments publics. Le nom de Salluste
peut cependant n'avoir été donné au marché qu'à
cause du voisinage de son hôtel. L'autre aspect de
la maison de Salluste donnait sur les jardins, à l'extrémité desquels on trouvait des bains magnifiques.
L'eau était conduite à grands frais dans les bains
et dans les jardins, par des conduits et des aqueducs
construits le long de la colline, et dont Nardini à
encore vu les restes dans la vigne de Ferdinand
Verospi. A côté des bains était le temple de Vénus
Sallustienne; au-delà un cirque, appelé le cirque de
Vénus Érycine ou de Salluste, bâtiment plus ancien
que le siècle de notre historien ; car, dès l'an **552**, on

y avait célébré les jeux apollinaires, qu'une inondation du Tibre ne permit pas de célébrer, comme de coutume, dans le cirque de Flaminius. Mais selon l'apparence, ce fut au temps de Salluste qu'on le décora de nouveaux ornements, et qu'on plaça au milieu l'obélisque de marbre granit consacré à la Lune, et chargé d'hiéroglyphes égyptiens, et aujourd'hui couché dans les jardins de Ludovisio. On voit les vestiges du temple Sallustien dans le fond du vallon qui sépare le mont Picius du mont Quirinal. Les voûtes et les restes des degrés sont adossés de côté et d'autre de deux collines. Quelques autres vestiges d'antiquité, près de ceux-ci, appartiennent au temple de Vénus Érycine, bâti en 575, par le décemvir Porcius, en accomplissement d'un vœu du consul Porcius, son père, lors de la guerre de Ligurie. On peut croire qu'il fut ensuite si richement orné par Salluste, que ce n'est pas sans raison qu'il reçut une dénomination nouvelle de l'auteur de son embellissement. Ce temple était de forme ovale, entouré d'un portique de colonnes corinthiennes de marbre *Giallo antico*, hautes de dix-huit palmes, non compris la base ni le chapiteau. Il était ouvert par quatre portes où l'on montait par quatre perrons, et l'architecture de chaque porte ornée de deux colonnes d'albâtre oriental transparent. Les murs étaient revêtus de marbre grec, et le pavé en mosaïque. C'était un don de Pacorus et de Stratoclès, ædituens ou fabriciens du temple, ainsi que nous l'apprenons d'une ancienne inscription :

M. AURELIUS PACORUS
ET M. COCCEIUS STRATOCLES
ÆDITUI VENERIS HORTORUM
SALLUSTIANORUM BAZEM CUM
PAIMENTO MARMORATO
DEANÆ
D. D.

La statue de Vénus avec un Cupidon auprès d'elle était placée dans le milieu du temple. On la voit aujourd'hui dans la cour du Belvéder, avec cette inscription sur la base :

VENERI FELICI SACRUM
SALLUSTIA   HELPIDUS D. D.

Cette Sallustia, si ma conjecture n'est pas fausse, était la sœur de Salluste, qui consacra cette statue conjointement avec Helpidus son mari : le jeune Salluste, neveu et héritier de l'historien, était son petit-fils. Gabriel Vacca découvrit le temple dont je viens de parler, en faisant creuser dans son jardin près de la porte Colline. Le cardinal de Monte Pulciano acheta les colonnes du portique, dont il fit faire les balustrades des chapelles de San Pietro in Montorio. Des huit colonnes d'albâtre, il n en restait qu'une entière. Elle est au milieu de la bibliothèque du Vatican. C'est le plus grand et le plus beau morceau que j'aie vu dans ce genre. Elle est travaillée à cannelures torses, et fort transparente. On trouva les autres colonnes brisées. Le cardinal en fit faire des tables qu'il envoya en présent au roi de Portugal; mais le vaisseau périt dans le trajet.

Pacorus avait aussi élevé à ses frais, dans les mêmes jardins de Salluste, un autel à l'Espérance. La déesse y est représentée appuyant sa main droite sur une colonne et tenant de la gauche une poignée d'épis de blé et de pavots ; à ses pieds on voit une ruche à miel surmontée d'une gerbe de blé, mélangée de fleurs des champs; et au-dessus du bas-relief, un ballot de marchandises; sur la base on lit l'inscription suivante :

M. AUR. PACORUS ÆDI-
TUUS SANTÆ VENE-
RIS IN SALUS. HORTIS
SPEI
ARAM CUM PAIMENTO
SOMNIO MONITUS SUM
IN SUO. D. D.

Dans les jardins de Salluste, on avait joint aux agréments de la nature tout ce que l'art peut produire de plus exquis : statues, peintures, vases, ameublements, tout y fut prodigué ; et c'est de là qu'on a déterré une grande quantité des plus belles antiques qui nous restent. L'hermaphrodite de la ville Borghèse, le Faune portant un enfant dans ses bras, de la ville Médicis, le groupe admirable du jeune Papirius qui trompe sa mère, trop curieuse de savoir les délibérations du sénat : le gladiateur couché par terre (*Mirmillo expirans*), statue de la première classe que le pape Clément XII a fait placer dans la galerie du Capitole ; les quatre idoles égyptiennes, de granit rouge et gris, représentant quatre femmes appuyées contre des portions d'obélisques chargés de hiéroglyphes, et placés aujourd'hui sous le péristyle de la cour de Marforio, sont du nombre des monuments de l'art qui embellissaient ce lieu de délices. De ce nombre était encore une histoire entière, en statues de grandeur naturelle, représentant la fable de Niobé et de ses enfants percés de flèches par Diane et Apollon. Ce grand morceau de sculpture fut, au rapport de Pyrrhus Ligorius, trouvé dans les ruines du jardin de Salluste. Il est, ajoute-t-il, d'une très-belle exécution. Ce n'est pas celui que l'on voit aujourd'hui à Rome dans la ville Médicis, que l'opinion commune attribue à Praxitèles ou à Scopas, et qui passe en effet pour l'un des plus beaux monuments de l'art antique. Mais c'est un autre monument de la sculpture ancienne ; sur le même sujet, que les artistes grecs ont souvent répété. Quelques artistes grecs conjecturent que l'histoire de Niobé, qui est à présent dans la galerie du comte de Pembroke, à Wilton, en Angleterre, est le même monument qui était autrefois dans les jardins de Salluste. Le morceau du comte de Pembroke, suivant la description qu'on en donne, n'est pas un groupe de plusieurs statues sur une même base, comme la Niobé de la ville Médicis, à Rome, mais un très-grand bas-relief composé de vingt figures, dont quatorze sont les sept fils et les sept filles de Niobé. Il y a quelque apparence que le groupe de Vénus et de Mars, communément nommé *Faustine et le Gladiateur*, et quantité d'autres morceaux qu'on voit dans le même lieu, y étaient de même qu'autrefois. Quant aux peintures, le temps qui, jusqu'à la découverte des villes d'Herculanum et de Pompeï, nous a dérobé presque tous les ouvrages des anciens en ce genre, a épargné quelques morceaux de la maison de Salluste.

En creusant dans les jardins, on a trouvé dans les grottes souterraines trois morceaux de peinture, qui sont présentement au palais Barberini.

Une Vénus couchée, de grandeur naturelle, peinte sur un pan de mur, parfaitement bien dessinée, assez bien coloriée, et d'une bonne conservation. On lit dans une lettre écrite à Heinsius, que cette fresque a été déterrée en 1655. Carle Masalti a réparé la tête de la principale figure et a retouché les petits Cupidons.

Rome assise, ou Rome triomphante, tenant une victoire élevée sur la paume de la main gauche, accompagnée de quelques autres petites figures d'hommes et d'oiseaux. Michel de la Chausse en a donné l'estampe à la page du titre de son *Musœum Romanum*.

Un paysage représentant des groupes de rochers, desquels sortent plusieurs sources, avec quelques bâtiments et quelques animaux. On appelle communément ce tableau le *Nymphœum*. Holstiénus l'a fait graver et en a donné la description. Si on en juge par l'estampe, c'était un ouvrage assez médiocre. Le temps et le grand air ont achevé de détruire l'original. Je ne prétends pas dire que Salluste ait lui seul fait la dépense de tous ces embellissements : il est naturel de penser au contraire qu'ils sont en partie dus à la magnificence des empereurs romains, puisqu'après la mort de Salluste ses jardins devinrent le principal lieu de plaisance de ces maîtres de la terre. C'est là qu'Auguste donnait ces fêtes superbes et voluptueuses, qu'on appelait les *Dodécathées*, ou les repas des douze dieux, parce qu'elles étaient composées de douze personnes assorties, six hommes et six femmes, vêtues, chacune, selon les attributs des six grands dieux et des six grandes déesses de la fable. Auguste y représentait Apollon, dont l'habillement lui plaisait plus qu'aucun autre. Les divinités de ces fêtes ne se bornaient pas au seul plaisir de la table, s'il en faut croire cette stance d'une ode satirique, probablement faite à l'occasion du tonnerre tombé sur un temple, pendant le souper de ces douze dieux prétendus. L'auteur, dit Suétone, a prudemment gardé l'anonyme.

> Quel est le festin impie
> Qu'on prépare dans ces lieux?
> La sacrilége Mallie
> Y conduit les douze dieux.
> Quand César, d'Apollon prenant les caractères,
> Sous un voile sacré masque ses adultères,
> Les vrais dieux immortels,
> Justement indignés de ces impurs mystères,
> Foudroyent leurs autels.

Ces fêtes donnaient lieu à de fréquents murmures, et le blé ayant une fois manqué à Rome le lendemain d'un de ces repas, le peuple s'écria « que les dieux affamaient les hommes, et qu'Auguste était vraiment Apollon, mais Apollon le bourreau. » C'était le nom d'une statue qu'avait ce dieu près de la rue de Suburre.

Vespasien se plut si fort à la situation des jardins de Salluste, que, pour y fixer son habitation, il quitta presque entièrement le palais des Césars. Nerva y fit de même sa demeure habituelle et y mourut, et Aurélien, qui, tant qu'il resta à Rome, ne voulut jamais avoir d'autre résidence, ajouta aux bâtiments de ce palais un vaste manége, soutenu sur mille colonnes. Nardini dit en avoir vu les restes dans la vigne du duc Muti. En un mot, tous les empereurs se plurent successivement à embellir ces jardins de diverses curiosités, soit de l'art, soit de la nature. Je n'en rapporterai qu'une de cette dernière espèce dont Pline fait mention : elle est tout à fait surprenante. Il raconte qu'Auguste y fit placer les corps embaumés d'un homme et d'une femme hauts chacun de dix pieds trois pouces. On les appelait par plaisanterie *Pusis et Secundilla* (*le petit Poucet et la petite Secondette*). La tête de l'un de ces deux colosses a encore été retrouvée sur la place, bien des siècles après.

Salluste ne se logea pas avec moins de magnificence à la campagne qu'à la ville. Il acheta quantité de terres et la belle maison de plaisance que César avait fait bâtir à Tibur (*Tivoli*), petite ville à quatre lieues de Rome, où tous les gens de la meilleure compagnie, comme Mœcénas, Horace, etc., etc., avaient coutume de se rassembler dans la belle saison. Tant d'énormes dépenses redoublèrent les murmures publics sur la manière dont il avait amassé de quoi y suffire. « Cet homme, qui a mangé tout son patri- » moine, qui n'a pas eu de quoi racheter la maison » paternelle, n'a-t-il pas honte, disait-on, d'acquérir » publiquement la maison de campagne du dictateur. » Probablement il ne tint compte de ces discours, puisqu'il ne réforma ni son style ni ses manières. Il continua sur le même ton à augmenter le luxe de sa maison et à déclamer dans ses écrits contre l'indignité des gens qui amassaient de l'argent par de mauvaises voies. Enfin, les neuf années de sa vie qui s'écoulèrent dans ce repos, furent employées à mettre la dernière main à son histoire, et à jouir de la société des divers gens de lettres et de mérite, tels que Messala Corvinus, Cornélius Népos, Nigidius Figulus, et Horace, qui avait comme lui une maison de campagne à Tivoli, dont Mœcénas lui avait fait don, et qui commençait alors à se distinguer par ses talents. Il mourut en 718, sous le consulat de Cornificius et du jeune Pompée, dans la cinquante et unième année de son âge, laissant veuve sa femme Térentia, qui se remaria au célèbre orateur Messala Corvinus, de sorte qu'elle a été femme de trois des plus beaux génies de son siècle. Elle survécut de beaucoup non-seulement à ce troisième mari, mais même à Vibius Rufus, qui fut le quatrième, et ne mourut, dit-on, qu'à l'âge de cent dix-sept ans.

Salluste avait une figure noble et une physionomie marquée, qui répondait mieux à ses discours qu'à ses mœurs; c'est du moins ce qu'on peut juger sur le buste que nous avons de lui. Les médailles qui portent son nom, et dont l'authenticité est douteuse, le représentent jeune et lui donnent un tout autre air. Je les ai toutes fait graver au devant de cet ouvrage, croyant en ceci faire plaisir au lecteur, qui aime naturellement à connaître les portraits des hommes célèbres, et s'intéresse plus volontiers aux actions de ceux dont il connaît le visage; mais il faut convenir en même temps qu'il n'y a pas beaucoup de fond à faire sur l'authenticité de ces monuments. Le buste est au palais Farnèse; l'ouvrage en est beau et du bon temps de la sculpture, c'est-à-dire qu'il pourrait être à peu près du temps de Salluste; mais le nom n'y est pas, et ce n'est que par une tradition continuée, qu'il lui est attribué. Un autre buste, qui est à Dusseldorp, porte bien à la vérité le nom de Salluste, mais Richardson, qui les a vus tous les deux, parle de celui-ci comme d'une copie du premier. Quant aux médailles, elles paraissent fabriquées après coup dans le Bas-Empire, et se ressentent du mauvais goût de leur siècle. En effet, on commença à frapper de ces sortes de médailles dès le règne de Constantin, et surtout sous celui d'Honorius. J'ai tiré du cabinet du grand-duc la première que l'on voit ici. Fabricius regarde l'orthographe du nom de Salluste par une seule *l*, comme une preuve que la médaille n'a été frappée que long-temps après lui; mais le mauvais goût de l'ouvrage en est seul une preuve suffisante. Je pense que la légende du revers, *Petroni placeus*, désigne le nom de celui à qui l'ouvrier l'offrait. Les deux suivantes ont été données par Fulvius Ursinus, sans qu'on sache d'où il les a tirées. Gronovius, au troisième tome de ses antiquités grecques, rapporte la quatrième; elle provient de la collection de la reine Christine. Enfin, Charles Patin a donné la cinquième, avec le revers singulier d'un soleil levant sur son char. Il l'a tirée du cabinet de Morosini, à Venise, et l'attribue non à notre historien, mais à un Salluste consul en 1095, auquel Patin, de son chef, donne le surnom d'*autor*, quoique aucun faste ni aucun historien ne le lui donne, ce qui suffit pour rendre le sentiment de Patin dénué de toute probabilité. Parmi les portraits ou images recueillis par Bellori, on en trouve un avec ce titre, *Sallustius auctor*.

Salluste ne laissa point d'enfant naturel, mais seulement un fils adoptif, petit-fils de sa sœur; il fut l'héritier de son nom et de ses biens, ainsi que de son goût pour la magnificence et les plaisirs. Il s'adonna même aux arts, et imita l'airain de Corinthe dont il fut l'inventeur; on l'appela de son nom l'airain sallustien; la base en était tirée de certaine mine des Alpes. Ce mélange eut d'abord une grande vogue, mais qui ne dura pas. Ce jeune homme, avec des talents supérieurs, et toutes les facilités pour parvenir, que donne la faveur du prince, ne voulut jamais monter plus haut que l'ordre des chevaliers, dans lequel il était né. Mais, à l'imitation de Mœcénas, qui fut son prédécesseur et son modèle en tout, il surpassa de bien loin en crédit les plus grands de l'état, et s'éleva réellement au-dessus d'eux, non par la pratique de ces vertus sévères, qui n'étaient plus de son siècle, mais en joignant le goût des plaisirs au luxe et à la somptuosité, sans jamais séparer les voluptés de la délicatesse; mais en déguisant sous ces dehors peu dangereux une âme vigoureuse, un génie capable des plus grandes affaires, et d'autant plus pénétrant qu'il ne le montrait jamais que sous un extérieur langoureux et endormi. Il eut la seconde place dans la faveur d'Auguste tant que Mœcénas vécut, et devint, après la mort de celui-ci, le principal confident et l'intime ami de son maître. Cette intimité se ralentit néanmoins, à force d'avoir long-temps duré. Salluste en conserva plutôt l'apparence que la réalité. La même chose était arrivée à Mœcénas, et cette fatalité semble attachée aux amitiés qui se contractent entre les princes et les sujets. Une lassitude réciproque s'en empare presque toujours au bout d'un certain temps, lorsque le prince s'ennuie de n'avoir plus rien à donner, ou le favori de n'avoir plus rien à désirer. Mais, à l'instant que Tibère eut succédé à Auguste, Salluste reprit auprès de lui le même rang qu'il avait tenu près de l'autre. Tibère le chargea de l'importante commission de porter à un centurion, de la part d'Auguste, un ordre d'aller tuer le posthume Agrippa dans son exil, soit que cet ordre fût réellement émané d'Auguste, ou qu'il fût supposé, comme il est plus vraisemblable, n'y ayant guère d'apparence qu'Auguste, en mourant, ait voulu sacrifier au fils de sa femme la vie même de son propre petit-fils. Cependant, lorsque le centurion vint apprendre à Tibère que ses ordres étaient exécutés,

Tibère lui répliqua que de pareils ordres ne venaient point de lui, et qu'il en répondrait au sénat sur sa tête. Salluste, effrayé d'une telle réponse, craignit d'être lui-même la victime d'une si impudente dissimulation. Il n'y avait pas moins de péril, dans cette circonstance, à mentir qu'à dire la vérité. Il se hâta d'aller trouver Livie, à laquelle il fit entendre « que la vraie prudence à employer lorsqu'il s'agis- » sait de certains secrets de famille et des conseils » que nos amis nous pouvaient donner là-dessus, » était de les ensevelir dans le silence; que d'ailleurs » Tibère ruinerait sa propre puissance s'il se met- » tait sur le pied de tout rapporter au sénat, et » qu'il n'y avait d'empire qu'autant que les affaires » étaient dans les mains d'un seul. » Ce conseil fut suivi. On ne parla plus d'Agrippa, ni de sa mort, jusqu'à ce qu'un de ses esclaves, nommé Clémens, s'avisa de prendre le nom de son maître et de se donner pour lui. Cet esclave sut soutenir son imposture avec assez de force et d'adresse pour jeter l'Italie dans le risque prochain d'une guerre civile. Tibère, mortellement inquiet de ce danger, en fut encore délivré par Salluste. Il aposta près du faux Agrippa quelques gens adroits, qui surent si bien gagner sa confiance, qu'ils se rendirent maîtres de sa personne, et le livrèrent entre les mains de l'empereur.

Quatre ans après cet événement, Salluste mourut dans un âge assez avancé, sous le consulat de Valérius et d'Aurélius, l'an de Rome 772. On ignore s'il laissa des descendants, mais le nom de Salluste s'est perpétué plusieurs siècles après lui. Nous trouvons dans les fastes de Rome un consul de ce nom, en 1095; un autre, en 1115. Il est fait mention, dans les fragments de Jean d'Antioche, d'un Salluste, préfet du prétoire, sous le règne de Jullien. Suidas en parle, ainsi que d'un autre de même nom, et aussi préfet du prétoire sous le règne de Valentinien; et enfin j'ai vu dans la bibliothèque de Médicis, à Florence, deux exemplaires de Tacite et d'Appulée, où se trouvent ces termes remarquables : « moi, Sal- » lustius, j'ai revu le présent manuscrit sous le con- » sulat de Probinus et d'Olibrius, » c'est-à-dire l'an de Rome 1147, de l'ère vulgaire 395. Au reste, ce nom est assez commun chez les Romains, surtout chez ceux des derniers siècles. Le dictionnaire de Suidas contient plusieurs articles de personnes ainsi nommées, auxquelles on ne voit aucun rapport avec la famille de notre historien.

Après ce qu'on vient de lire de Salluste l'historien, il ne reste rien de nouveau à rapporter sur son caractère et son humeur. Nous en aurions des détails curieux et intéressants, si nous avions l'histoire de sa vie écrite par Asconius Pédianus. Par malheur, l'ouvrage de cet exact et savant écrivain est perdu depuis long-temps, aussi bien qu'une autre Vie du même auteur, écrite par un ancien dont le nom est inconnu, et de laquelle le grammairien Charisius Sosipater cite quelque chose.

Quoiqu'il soit dans le cas de quelques beaux-esprits qui nous forcent à mépriser leur cœur en admirant leurs ouvrages, je ne laisse pas que d'être étonné qu'on se soit plus attaché à déchirer sa réputation que celle de beaucoup d'autres personnes de son temps qui ne valaient pas mieux que lui. Car enfin, s'il a été débauché dans sa jeunesse, ce n'est pas chose rare, et même on peut remarquer comme un préjugé favorable pour lui qu'il n'a point été au nombre des complices de Catilina. S'il a été turbulent à Rome et concussionnaire dans la province, ces procédés lui étaient communs avec presque tout ce qu'il y avait de Romains de son temps. Il faut donc dire qu'il a principalement dû sa mauvaise réputation à son extrême impudence, rien ne révoltant davantage que les discours de vertu dans la bouche d'un homme vicieux. Celui-ci, dit Vopisque, ôtait par les mœurs toute autorité à ses leçons. Mais d'ailleurs sa façon de penser n'était ni tranchante ni déréglée sur le bien et le mal moral, sur la Providence et sur le prix qu'elle destine aux actions des hommes, tel qu'elles l'auront mérité. Il nous l'apprend lui-même en ces termes : « Je tiens pour » vérité constante, qu'une puissance divine surveille » les actions des hommes; que, bonnes ou mau- » vaises, elles ne sont pas sans conséquence, et » qu'elles auront naturellement pour leurs auteurs » des suites de même espèce. *Sed natura, diversa* » *præmia bonos malos que sequi.* Cela ne se mani- » feste pas toujours d'abord, mais, en attendant, » la conscience de chacun lui apprend ce qu'il en » doit attendre. » Ce n'est pas dans un écrit public qu'il s'exprime ainsi; souvent on y affiche des sentiments et des opinions fort différents de ce qu'on a dans l'âme. C'est dans une lettre particulière à J. César, son ami, qu'il savait avoir une tout autre façon de penser, puisqu'il lui met à la bouche, ou plutôt puisqu'il répète d'après lui-même les paroles suivantes : « La mort, loin d'être une peine, » n'est qu'un état de repos et la cessation de toutes » nos misères. Elle met fin à tous les maux dont les » mortels sont accablés; au-delà de ce terme, il n'y » a plus pour eux ni peine ni plaisir. (*Ultra. neque » curæ, neque gaudio locum esse.*) »

Pour nous, qui ne possédons plus de Salluste que ce qu'il a eu d'excellent, nous n'avons qu'à louer l'élévation de son esprit qui lui a fait produire de si belles choses. Au moins ne dira-t-on pas que cette promptitude à se dépouiller, en écrivant, des préventions personnelles, ne porte avec soi la marque d'une grande âme. Chez ce sublime auteur, dit saint Augustin, la vérité s'embellit sans jamais s'altérer; et c'est avec raison que Vivès met ses ouvrages dans le très-petit nombre de ceux qu'on peut toujours lire et relire sans jamais en être ennuyé ni rassasié. Nul écrivain n'a eu plus d'exactitude à ne rien rapporter qu'il ne crût vrai, et n'a été moins sujet à se tromper.

Il s'est utilement servi de la lecture des historiens grecs, dont il a transporté plusieurs choses dans ses ouvrages; surtout, il se proposa pour modèle les histoires de Thucydide, dont le style vif et serré était plus conforme à sa façon de s'exprimer; il le surpassa même en ce genre, qui fait la principale gloire de l'auteur grec : « En effet, dit Sénèque, » quelque précise que soit la phrase de Thucydide, » on peut, sans altérer le sens, en ôter un mot ou » deux, après quoi elle demeurera toujours entière, » quoique moins finie : au lieu que dans celle de » l'auteur latin, on ne saurait y rien retrancher » sans la détruire tout à fait. » En général, lorsqu'il imite les Grecs, ce qui lui arrive assez souvent, il resserre presque toujours leurs pensées ou leurs expressions.

Quant au choix des termes qu'il employait, il avait une prédilection marquée pour les vieux mots, qui souvent, à la vérité, ont une extrême énergie. Il tira du livre de Caton le censeur, sur les origines des villes latines, une quantité d'expressions abolies qu'il ramena dans l'usage. « Quel sera votre style » pour cette fois, dit Auguste en plaisantant, dans » une lettre à Marc-Antoine? Userez-vous des ter- » mes que Salluste a volés au vieux Caton, ou de » l'enflure des vastes périodes asiatiques? » « Les » vieux mots employés à propos dans le discours, » dit Quintilien, ne laissent pas que de plaire à » certaines gens qui n'en blâment pas l'usage. Ils » donnent au style de la majesté et de l'énergie. Ils » réveillent l'esprit du lecteur par leur singularité, » qui joint à l'autorité du langage ancien l'espèce » de grâce nouvelle qu'ils retirent du non-usage. » Mais il faut en faire un bien sobre emploi, et » qu'ils paraissent venir naturellement sans qu'on » ait cherché à les amener. Car rien ne déplairait » tant que cette affectation. Il y en a de trop vieux, » pour se permettre de s'en servir. On n'est pas » choqué de les trouver dans les rituels, sachant » que jamais on ne change rien aux choses non » plus qu'aux termes qui regardent la religion, et » qui sont en quelque manière consacrés. Mais dans » le discours ordinaire, où le premier mérite est tou- » jours la clarté, rien n'est si ridicule que d'avoir » besoin d'un interprète. En général, dans le choix » des expressions, les plus pures sont les plus an- » ciennes parmi les nouvelles, et les plus nouvelles » parmi les anciennes. On peut se servir de vieux » mots, mais il faut se garder de les aller chercher » trop loin : Salluste, dans le discours de Marius, » en emploie un tout à fait ridicule, et qui lui a valu » une piquante épigramme. Il est d'autant plus dé- » placé, qu'une telle affectation n'est ni difficile ni » d'aucun mérite en soi, et qu'ici il semble avoir » plutôt fait sa phrase pour y glisser ce vieux mot, » que l'avoir naturellement rencontré en écrivant. »

Quoi qu'en dise Pollion, cette méthode, ni les figures singulières dont Salluste use quelquefois, n'étaient point du goût de son grammairien Prétextatus. Au contraire, celui-ci recommande surtout de ne se servir que des termes les plus connus, et de ne pas se laisser séduire à la trop grande précision de Salluste, non plus qu'à la hardiesse de ses transitions. En ceci Salluste n'eut aucune déférence pour le sentiment de son ami. Dans le dessein où il était de tout sacrifier à la précision de la pensée et à la justesse de l'expression, il ne se fit aucun scrupule d'inventer des mots nouveaux lorsque les vieux lui manquaient, et fut un hardi novateur en fait de langage. Mais, d'ailleurs, lorsqu'il se servait des termes en usage, il était fort difficile sur le choix, très-exact à en retenir la vraie propriété; ne recherchant rien tant que cette brièveté qui donne tant de force et de vivacité à ses ouvrages. Appulée met à cet égard sa parcimonie avec la profusion et la magnificence de Cicéron. Tacite, en écrivant, l'a toujours devant les yeux pour l'imiter; c'est-à-dire pour imiter son style et ses phrases; car il diffère beaucoup dans la manière de voir et de composer le fond. Ce même Tacite, si grand connaisseur et si bon juge, n'hésite pas à donner à Salluste le premier rang parmi les historiens romains, que le goût dominant de notre siècle voudrait lui déférer à lui-même, et que, sans doute, il n'accepterait pas au préjudice de Salluste, de César, et de Tite-Live. Observons, à propos de cette façon de penser actuelle, que bien que ce soit une grande et première qualité dans un historien que d'avoir de la philosophie dans l'esprit, et que d'en faire un usage plutôt senti qu'étalé, ce n'est pas à dire qu'il doive, en écrivant, prendre le ton dogmatique d'un philosophe, ni qu'on doive confondre le style narratif avec le style philosophique. Sulpice Sévère est aussi un grand imitateur de Salluste.

Salluste a écrit ses ouvrages, savoir : le *Catilina*, à peu près en 704, quelque temps après avoir été chassé du sénat; le premier discours politique, mal à propos intitulé le *second*, en 705; l'autre discours politique, l'année suivante; le *Jugurtha*, en 709; la grande histoire, en 710 et années suivantes. Il écrivit cette grande histoire pour faire la liaison du *Jugurtha* et du *Catilina*. Elle contient ce qui s'est passé dans l'intervalle de ces deux événements. Pétrarque en déplore amèrement la perte; et il semblerait, à la manière dont il s'exprime, qu'elle ne fut pas fort antérieure à son siècle.

Un esprit si difficile à satisfaire sur ses propres écrits n'a pas dû produire avec beaucoup de rapidité; et ses ouvrages sont eux-mêmes une preuve du soin avec lequel ils ont été travaillés.

Mais, selon l'ordinaire, ces excellents originaux

produisirent, dès qu'ils parurent, quantité de mauvaises copies. Le style abrupt et coupé, la chute inattendue des phrases, la précision raide et sèche, le mirent à la mode. Les esprits brillants s'imaginèrent parler comme Salluste, lorsqu'au lieu d'être concis ils n'étaient que durs et obscurs. Aruntius, surtout, se distingua par cette ridicule imitation, dans son histoire de la guerre Punique. Ce qui est ménagé dans Salluste, revenait tout à coup dans Aruntius. L'un y tombe naturellement; l'autre le recherche sans cesse avec affectation. C'est ainsi que les hommes se ressemblent dans tous les temps, et que nous voyons aujourd'hui le beau style du siècle de Louis XIV altéré par la fausse imitation de deux des plus beaux esprits de notre siècle; par l'affectation d'avoir voulu ci-devant copier de l'un sa manière spirituelle et galante, ses traits fins, délicats, quelquefois peu naturels et trop recherchés : de vouloir aujourd'hui prendre de l'autre le ton philosophique, la manière brillante, rapide, superficielle, le style tranchant, découpé, heurté, les idées mises en antithèses, et si souvent étonnées de se trouver ensemble. Mais celui-ci, le plus grand coloriste qui fut jamais, le plus agréable et le plus séduisant, a sa manière propre qui n'appartient qu'à lui, qu'il a seul la magie de faire passer, quoiqu'il l'emploie à tant de sujets divers, lorsqu'ils en demanderaient une autre; c'est un original unique, qui a produit un grand nombre de faibles copistes.

Au surplus, la fierté des traits dont Salluste peint les hommes, l'éloquence de ses discours, toujours convenables aux mœurs et au génie des gens qu'il fait parler, la conduite admirable avec laquelle il traite son sujet, son habileté dans les affaires de guerre et d'état, lui assurent une éternelle réputation. Persuadé avec raison que les hommes se laissent presque toujours aller à l'impulsion du caractère naturel qui domine en eux, ainsi que les peintres ont un *faire* propre et une manière à laquelle on reconnaît aisément leur main, il s'attache tellement à tracer, à nuancer au vrai les inclinations distinctes des personnages qu'il amène sur la scène; il donne une idée si précise de leur caractère, que, lorsqu'on vient ensuite à lire leurs actions, il semble qu'on aurait deviné ce qu'ils auraient fait en pareil cas, tant ils agissent conformément au génie naturel qu'a peint Salluste, bien supérieur en ceci à Tacite, qui attribue tout à la réflexion, met sans cesse en jeu la politique, et semble avoir assisté aux conseils secrets de tous les princes. « Salluste, d'un
» esprit assez opposé, donne, dit Saint-Évremont,
» autant au naturel que Tacite à la politique.
» Le plus grand soin du premier est de bien con-
» naître le génie des hommes; les affaires viennent
» après naturellement par des actions peu recher-
» chées, de ces mêmes personnes qu'il a dé-
» peintes.

« Vous pouvez, continue-t-il, apprécier cette re-
» marque et observer la même chose dans l'histoire
» de Jugurtha. La description de ses qualités et
» de son humeur vous prépare à voir l'invasion
» du royaume, et trois lignes nous dépeignent
» toute sa manière de faire la guerre. Vous voyez
» dans le caractère de Métellus, avec le rétablisse-
» ment de la discipline, un heureux changement
» des affaires des Romains.
» Marius conduit l'armée en Afrique, du même
» esprit qu'il harangue à Rome. Sylla parle à Boc-
» chus avec le même génie qui paraît dans son éloge,
» peu attaché au devoir et à la régularité, donnant
» toutes choses à la passion de se faire des amis : *dein*
» *parentes abunde habemus, amicorum neque nobis*
» *neque cuiquam omnium satis fuit.* Ainsi, Salluste
» fait agir les hommes par tempérament et croit assez
» obliger son lecteur de les bien faire connaître. Toute
» personne extraordinaire qui se présente est exac-
» tement dépeinte, quand même elle n'aurait pas
» une part considérable à son sujet. Tel est l'éloge
» de Sempronia, selon mon jugement, inimitable.
» Il va même jusqu'à chercher des considérations
» éloignées, pour nous donner les portraits de Caton
» et de César, si beaux à la vérité, que je les préfé-
» rerais à des histoires tout entières.
» Pour conclure mon observation sur ces deux
» auteurs, l'ambition, l'avarice, la corruption, tou-
» tes les causes générales des désordres de la répu-
» blique sont très-souvent alléguées par celui-ci. Je
» ne sais s'il descend assez aux intérêts et aux con-
» sidérations particulières; vous diriez que les con-
» seils subtils et raffinés lui semblent indignes de
» la grandeur de la république; et c'est peut-être par
» cette raison qu'il va chercher dans la spéculation
» peu de choses, presque tout dans les passions et
» dans le génie des hommes. » Ceci est conforme à ce qu'on voit arriver tous les jours dans le monde. C'est là le talent le plus éminent d'un historien, puisque c'est celui de connaître parfaitement les hommes, de les faire connaître de même aux autres, et de montrer quels caractères d'esprit sont propres à réussir en telle ou telle circonstance. C'est là le vrai but moral de l'histoire, et ce qui a fait donner à Salluste, par la plupart des habiles gens de son pays, la primauté sur tous les autres historiens, même par préférence à Tite-Live, qu'ils ne placent qu'immédiatement après lui; mais la comparaison de ces deux auteurs qui, selon la judicieuse remarque de Servilius Nonianus, sont plutôt égaux que semblables, serait difficile à faire, puisqu'ils sont tous deux arrivés à la perfection par des routes bien différentes. Tite-Live craignait cette comparaison. La jalousie, trop ordinaire entre gens du même art, l'a rendu injuste à l'égard de Salluste; il prétend, contre le sentiment général, qu'il n'a fait que gâter tout ce qu'il a pris dans Thucydide; mais, s'il lui préfère

Thucydide, ce n'est pas par bonne volonté pour ce dernier. Il loue celui qu'il ne craint pas, assuré de la prééminence sur l'historien grec; il cherche par ce détour à remporter une victoire plus douteuse sur l'historien latin. Voilà le sentiment de Sénèque. On peut néanmoins dire en général sur cette dispute, qu'elle ne paraît pas fondée. Chacun d'eux aurait très-mal fait de suivre la méthode de l'autre, et tous deux ont pris la route convenable à leur objet. Salluste, qui écrit un point d'histoire particulier, fait arriver son lecteur au but d'une action unique avec une force et une rapidité qui l'enlèvent. Tite-Live, au contraire, ayant à écrire l'histoire générale de son pays, suit sa route d'un pas égal et majestueux. L'élégance de son style, la clarté de sa narration, font cheminer avec lui au milieu de tant de beautés qu'on se trouve toujours trop promptement arrivé à la fin, et qu'au dire de Quintilien, il a atteint cette admirable vélocité de Salluste, par un talent tout opposé; mais que serait-ce si l'un eût employé dans de petits ouvrages toute l'abondance de l'autre? Et qui pourrait soutenir la lecture des cent livres du second, s'il était aussi serré et aussi plein de pensées que le premier? Aussi les jeunes gens doivent-ils commencer par lire Tite-Live avant Salluste, qui demande un esprit plus mûr et plus formé. C'est le précepte de Quintilien. Au reste, Salluste a si bien senti qu'il fallait que le ton de l'historien fût convenable à son sujet, et réglé sur la matière, qu'il a eu soin de le tenir, comme je l'ai dit, moins serré dans le *Jugurtha* que dans le *Catilina*, et beaucoup moins dans la grande histoire que dans les deux autres.

Si Tite-Live a été le plus dangereux ennemi de la gloire de Salluste, il n'a pas été le seul. L'envie a porté beaucoup de gens, même de beaux génies, à le critiquer avec amertume, mais souvent avec encore plus d'ignorance et de malignité. Ce n'est pas à dire néanmoins qu'il soit irrépréhensible en tout. Voici quelles sont les principales de ces critiques et ce qu'on y répond: Pollion l'a fort maltraité dans ses lettres, tant sur son affectation à employer de vieux mots, que sur la trop grande hardiesse de sa construction. Mais Pollion prétendait se donner pour le seul homme qui sût écrire. A l'en croire, son style triste et maigre était au-dessus de la richesse de Tite-Live et de la véhémence de Salluste. Trogue Pompée le blâme, ainsi que Tite-Live, d'avoir fait leurs harangues directes et trop longues pour la narration. Sur ceci, il faut que Trogue Pompée n'ait pas fait attention que la plupart de ces harangues étaient effectives et non imaginées à plaisir. Salluste n'a fait en cela que remplir le devoir d'un historien fidèle. Quant à Sénèque, on ne comprend pas à propos de quoi il dit qu'on ne lit ces discours qu'en faveur de la narration. On n'est pas moins porté, ce me semble, à rejeter une critique si peu judicieuse, que choqué de le voir repris d'avoir trop coupé ses phrases, par ce même Sénèque, mille fois plus sujet que Salluste à ce défaut, qu'il a poussé au plus grand excès. Avant lui, le rhéteur Cassius Sévérus avait déjà avancé qu'il en était des harangues de Salluste comme des vers de Cicéron et de la prose de Virgile, voulant noter ainsi la partie faible de ces trois grands écrivains. J'avoue que je pense bien différemment, et que les harangues de Salluste me paraissent une des plus belles choses qu'il y ait au monde. Quant aux vers de Cicéron, quoique fort inférieurs à sa prose, et bientôt après effacés par les poëmes admirables de Lucrèce et de Virgile, c'est avec justice que Cicéron a été regardé par ses contemporains comme le premier des poëtes latins. Nul autre jusqu'alors ne lui était comparable, car il faut mettre à part Térence, qui a la poésie prosaïque et de conversation convenable à son genre. Et même, si dans la poésie de Cicéron on rencontre quelquefois, comme dans celle du grand Corneille, quelques vers négligés, mal construits, ou même plats, qui excitent la risée des petits grammairiens puristes, qui tiennent plus aux mots qu'aux choses, on ne peut nier qu'en général ses vers ne soient assez bons et qu'il ne s'y trouve quelquefois des morceaux dignes même d'Homère.

Quintilien n'approuve pas que Salluste ait commencé son *Catilina* par une digression sur les mœurs de l'ancienne Rome. Scaliger, au contraire, loin de regarder ceci comme un ornement ambitieux, l'a jugé nécessaire, puisque le projet de la conspiration étant un fruit de la corruption de son siècle, il a commencé par en indiquer la source, et faire voir les causes de la décadence des mœurs anciennes. Au sujet de ses préfaces, qu'on peut critiquer, comme étant des discours philologiques d'une grande force de pensée, à la vérité, mais tout à fait généraux et trop peu liés aux ouvrages pour lesquels ils sont faits, en telle sorte qu'ils pourraient presque également convenir à d'autres, Muret dit que Salluste ayant à rendre raison de la préférence que, dans la nécessité où les hommes sont de se faire une occupation utile, il donnait aux travaux de l'esprit sur ceux du corps, comme plus propres à faire passer son nom à la postérité, et, en particulier, au glorieux emploi d'écrire l'histoire, il dut reprendre de plus haut tous ces différents points, en présentant d'abord à ses lecteurs les propositions générales et les vues métaphysiques servant à les établir. Au reste, il ne paraît pas que les anciens aient pris assez à tâche d'approprier leurs préfaces au corps même de l'ouvrage au devant duquel ils les placent. Ils ne craignent point de leur donner la forme d'un discours général. C'est ce qu'on peut remarquer dans celles de Diodore, d'un genre semblable à celles de Salluste, et susceptibles d'être presque aussi bien placées en tête d'autres écrits. Vopisque l'accuse d'avoir inventé diverses choses pour l'embellissement de son histoire. C'est le seul homme qui lui ait jamais objecté de s'être écarté de la vérité. Mais comme il fait le même reproche à Tite-Live, à Tacite, à Trogue Pompée, et en général à tous les historiens, sans citer les exemples, on ne doit faire aucun cas du sentiment de cet écrivain, d'ailleurs fort peu capable de juger ses maitres. Il faut convenir néanmoins que Salluste a été quelquefois mal informé sur quelques points de géographie, encore mal éclaircis de son temps. Enfin, parmi les modernes, Grutter voudrait qu'on eût supprimé beaucoup de digressions, et il est vrai qu'il y en a plusieurs, surtout des digressions géographiques, dans son histoire, mais je me suis déjà expliqué sur ce point. Le même Grutter y trouve encore, malgré le sentiment de Sénèque, plusieurs mots à retrancher à chaque phrase sans que le sens en souffrit, et Jules Scaliger, qui n'aimait pas toujours à penser comme un autre, s'est avisé de lui donner le titre du plus nombreux de tous les écrivains. Voyons si ce qu'il en dit est propre à faire adopter une telle épithète : « Pour moi, dit-il, je ne comprends pas ce » qu'on veut dire par cette brièveté qu'on ne cesse » de vanter dans Salluste. Je me suis toujours inuti- » lement travaillé l'esprit, pour l'y trouver. Car, s'il » semble avancer rapidement parce qu'il n'use pas » de longues périodes, et que les ponctuations se » trouvent chez lui à chaque ligne, il faudra donc » dire aussi qu'un homme qui a fait cent milles de » chemin par sauts interrompus, ne fait pas le même » trajet que celui qui parcourt le même espace d'une » seule marche. Je trouve au contraire que Salluste, » lorsqu'il a entrepris de dire quelque chose, s'y ar- » rête, appuie fortement, etc., etc. » Ces dernières paroles sont plus judicieuses que les précédentes. En effet, Salluste aime à insister, surtout lorsqu'il s'agit de réflexions, et peut être trop à les répéter d'un endroit à un autre. Peut-être aussi les gens qui auront fait une lecture appliquée de ses ouvrages ne rejetteront-ils pas tout à fait l'opinion de Grutter, puisque souvent les phrases de cet auteur ne sont pas exemptes de termes épisodiques, et que ses idées sont plus précises encore que ses discours. Mais aussi rien n'est si serré que sa pensée et que la tournure générale de son style. Ainsi, quoique le principal devoir d'un traducteur soit de représenter fidèlement le caractère de son original, il est dans le cas, si on ne lui trouve plus la même précision, d'espérer quelque indulgence de la part du lecteur, qui sait qu'on n'aurait pu la suivre dans une langue d'un génie si différent du latin, sans tomber dans une extrême sécheresse.

Les ouvrages de Salluste furent traduits en grec par le sophiste Zénobius, sous le règne d'Adrien, qui avait une prédilection marquée pour notre historien. Mais cet empereur, qui avec beaucoup d'esprit avait le goût extrêmement faux, l'estimait par ce qu'il a peut-être de plus blâmable, c'est-à-dire par son affectation à employer les vieux mots. C'est ainsi que le même Adrien préférait Ennius à Virgile. Plusieurs anciens grammairiens ont fait des notes grammaticales sur cet écrivain célèbre...... Ils nous ont conservé un très-grand nombre de phrases plus ou moins courtes de sa grande histoire perdue. Arusianius Messus l'a seul admis comme prosateur avec Cicéron, et Térence et Virgile comme poëtes, dans son quadrille, où il donne les exemples du beau langage..... Je ne puis omettre, à la gloire de Salluste, que la reine Élisabeth lui a fait l'honneur de le traduire en anglais.....

CONJURATION
DE CATILINA.

I.(1). Tout homme qui prétend l'emporter sur la brute doit faire de grands efforts pour ne point passer ses jours dans l'oubli, comme les animaux que la nature a faits courbés vers la terre et soumis à leurs grossiers instincts. Or toute notre force, à nous, réside dans l'âme et dans le corps : nous usons de l'âme pour commander, du corps pour servir. L'une nous est commune avec les dieux, l'autre avec les bêtes. Il me semble donc convenable de chercher plutôt la gloire à l'aide de notre intelligence que de nos forces, et, puisque cette vie dont nous jouissons est courte, de laisser de nous le souvenir le plus long possible; car la gloire des richesses ou de la beauté est fragile et périssable, tandis que la vertu brille d'un éclat immortel.

Toutefois, on a disputé long-temps parmi les mortels pour savoir qui de la force du corps ou des qualités de l'esprit contribuait le plus au succès dans la guerre. En effet, avant d'entreprendre il faut délibérer, et ensuite exécuter promptement. Ainsi, ces deux choses, dont chacune est impuissante en soi, se fortifient par le secours l'une de l'autre.

II. Aussi, dans l'origine, les rois (ce fut là le premier nom qu'eut le pouvoir sur la terre) se conduisaient diversement; les uns exerçaient leur intelligence, les autres leur corps. Alors la vie des hommes s'écoulait sans ambition; chacun était content de ce qu'il possédait. Mais après que Cyrus en Asie, les Lacédémoniens et les Athéniens dans la Grèce, eurent commencé à soumettre les villes et les nations, à regarder leur passion de dominer comme une cause suffisante de guerre, à faire consister la plus grande gloire dans le plus grand empire, alors il fut démontré

I. Omnis (2) homines, qui sese student præstare ceteris animalibus, summa ope niti decet vitam silentio ne transeant, veluti pecora, quæ natura prona atque ventri obedientia finxit. Sed nostra omnis vis in animo et corpore sita est : animi imperio, corporis servitio magis utimur. Alterum nobis cum dis, alterum cum belluis commune est. Quo mihi rectius esse videtur ingenii quam virium opibus gloriam quærere, et, quoniam vita ipsa qua fruimur brevis est, memoriam nostri quam maxume longam efficere. Nam divitiarum et formæ gloria fluxa atque fragilis est; virtus clara æternaque habetur. Sed diu magnum inter mortalis certamen fuit, vine corporis an virtute animi, res militaris magis procederet. Nam et, prius quam incipias, consulto, et, ubi consulueris, mature facto opus est. Ita utrumque, per se indigens, alterum alterius auxilio veget.

II. Igitur initio reges (nam in terris nomen imperii id primum fuit) diversi; pars ingenium, alii corpus exercebant : etiam tum vita hominum sine cupiditate agitabatur; sua cuique satis placebant. Postea vero quam in Asia Cyrus, in Græcia Lacedæmonii et Athenienses, cœpere urbes atque nationes subigere, lubidinem dominandi caussam belli habere, maxumam gloriam in maxumo imperio putare; tum demum periculo atque negotiis com-

soit par le péril, soit par la pratique des affaires, que l'intelligence peut beaucoup dans la guerre.

Que si la force d'âme des rois et des généraux se soutenait dans la paix aussi bien que dans la guerre, certes les choses humaines marcheraient avec plus d'égalité et de constance, et l'on ne serait pas témoin de ces révolutions où l'on voit tout changer et se confondre : car l'empire se conserve aisément par les mêmes moyens qui l'ont fait acquérir d'abord. Mais dès qu'à la place de l'activité, de la continence et de la modération, la mollesse, la débauche et l'arrogance ont envahi le cœur des chefs, au même temps la fortune change avec les mœurs. Ainsi l'empire passe toujours du moins habile au plus capable. Agriculture, navigation, architecture, tout est soumis à la force de l'esprit.

Cependant une foule d'hommes, adonnés à leur ventre et au sommeil, sans science et sans culture, ont traversé la vie comme des voyageurs, faisant, contre le vœu de la nature, du corps un objet de volupté, de l'âme un fardeau. De ceux-là, pour ma part, j'estime également la vie et la mort, puisque l'on se tait sur toutes deux. Car, à vrai dire, celui-là seul me paraît vivre et jouir de son âme, qui, appliqué à quelque affaire, cherche la renommée par une action d'éclat ou par un beau talent. Toutefois, dans la grande abondance des choses humaines, la nature montre un chemin différent à chaque homme.

III. Il est beau de bien servir la république; le bien dire n'est pas non plus à dédaigner. On peut se distinguer dans la paix comme dans la guerre; et parmi ceux qui ont fait de belles choses, ou qui les ont écrites, beaucoup sont dignes de louanges. Quant à moi, bien qu'une égale gloire n'accompagne pas l'écrivain et l'homme d'action, cependant il me semble surtout difficile d'écrire l'histoire : d'abord parce que le langage doit être à la hauteur des faits; ensuite, parce que la plupart du temps, si vous blâmez quelque faute, on taxe vos paroles de malveillance et d'envie : si vous rappelez la grande vertu et la gloire des bons, chacun croit volontiers des autres ce dont il se sent capable lui-même; mais, au-delà, il traite tout de fiction et de mensonge.

Dès ma première jeunesse d'abord, ainsi que le plus grand nombre, je me portai par goût aux affaires publiques; mais là bien des choses me furent ennemies. Car au lieu de la retenue, du désintéressement, du mérite, régnaient l'audace, la prodigalité, l'avarice. Bien que mon âme, étrangère à ces pratiques odieuses, les méprisât, cependant ma folle jeunesse, corrompue par l'ambition, était engagée au milieu de tant de vices, et, tout en désapprouvant les mauvaises mœurs des autres, j'étais comme eux tourmenté par la soif des honneurs, le désir de la renommée et l'envie.

IV. Aussi dès que mon âme, hors de tant de misères et de périls, eut retrouvé le calme, et que j'eus résolu de passer le reste de ma vie loin des affaires publiques, je n'eus point pour cela la pensée de perdre ce précieux loisir dans l'indolence et l'oisiveté, ni de consacrer mes jours à l'agriculture ou à la chasse, occupations serviles; mais, rendu à ces premières études dont m'avait détourné une ambition mauvaise, je

---

pertum est in bello plurimum ingenium posse. Quod si regum atque imperatorum animi virtus in pace ita uti in bello valeret, æquabilius atque constantius sese res humanæ haberent; neque aliud alio ferri, neque mutari ac misceri omnia cerneres. Nam imperium facile his artibus retinetur, quibus initio partum est. Verum ubi pro labore desidia, pro continentia et æquitate lubido atque superbia invasere, fortuna simul cum moribus immutatur. Ita imperium semper ad optumum quemque a minus bono transfertur. Quæ homines arant, navigant, ædificant, virtuti omnia parent. Sed multi mortales, dediti ventri atque somno, indocti incultique, vitam sicuti peregrinantes transegere; quibus, profecto contra naturam corpus voluptati, anima oneri fuit. Eorum ego vitam mortemque juxta æstumo, quoniam de utraque siletur. Verum enim vero is demum mihi vivere atque frui anima videtur, qui, aliquo negotio intentus, præclari facinoris aut artis bonæ famam quærit. Sed in magna copia rerum aliud alii natura iter ostendit.

III. Pulchrum est bene facere reipublicæ; etiam bene dicere haud absurdum est; vel pace vel bello clarum fieri licet; et qui fecere, et qui facta aliorum scripsere, multi laudantur. Ac mihi quidem, tametsi haudquaquam par gloria sequatur scriptorem et auctorem rerum, tamen in primis arduum videtur res gestas scribere : primum, quod facta dictis sunt exæquanda; dehinc, quia plerique, quæ delicta reprehenderis, malivolentia et invidia dicta putant; ubi de magna virtute et gloria bonorum memores, quæ sibi quisque facilia factu putat, æquo animo accipit; supra ea, veluti ficta, pro falsis ducit. Sed ego adolescentulus initio, sicuti plerique, studio ad rempublicam latus sum, ibique mihi adversa multa fuere. Nam pro pudore, pro abstinentia, pro virtute, audacia, largitio, avaritia vigebant. Quæ tametsi animus aspernabatur insolens malarum artium, tamen inter tanta vitia imbecilla ætas, ambitione corrupta, tenebatur; ac me, quum ab reliquorum malis moribus dissentirem, nihilo minus honoris cupido eadem, quæ ceteros, fama atque invidia vexabat.

IV. Igitur ubi animus ex multis miseriis atque periculis requievit, et mihi reliquam ætatem a republica procul habendam decrevi, non fuit consilium socordia atque desidia bonum otium conterere; neque vero agrum colendo, aut venando, servilibus officiis (3) intentum, ætatem

résolus d'écrire, par morceaux détachés, les faits du peuple romain qui me paraîtraient le plus dignes de mémoire: d'autant mieux que je me sentais libre d'espérance, de crainte, et de tout lien avec les partis. Je raconterai donc brièvement, et avec toute la fidélité possible, la conjuration de Catilina; car cet événement me paraît des plus mémorables par la nouveauté du crime et du péril. Mais avant de commencer le récit, il est bon de toucher un mot des mœurs de cet homme.

V. Lucius Catilina (4), né de famille noble, avait une grande force d'âme et de corps, mais un caractère méchant et dépravé. Dès son adolescence, les guerres intestines, les meurtres, les rapines, les discordes civiles, furent pour lui des amusements, et il continua d'y exercer sa jeunesse. Son corps savait supporter la faim, le froid, les veilles, au-delà de tout ce qu'on pourrait croire. Esprit hardi, rusé, souple, capable de tout dissimuler et de tout feindre, avide du bien d'autrui, prodigue du sien, fougueux dans ses passions : avec cela, assez d'éloquence, mais peu de jugement. Son esprit vaste recherchait sans cesse les choses démesurées, incroyables, gigantesques.

Après la domination de Sylla, il fut violemment saisi du désir de s'emparer de la république; et pourvu qu'il parvînt à gouverner, peu lui importaient les moyens. Cet esprit farouche était chaque jour de plus en plus tourmenté par le dérangement de ses affaires et par la conscience de ses crimes, deux choses qu'il avait augmentées par les pratiques perverses dont j'ai parlé plus haut. Il était en outre encouragé par les mœurs corrompues de l'état, que tourmentaient deux maux bien contraires mais également funestes, le luxe et la cupidité.

En me donnant occasion de parler des mœurs de Rome, mon sujet même semble m'inviter à remonter plus haut, à dire quelques mots des institutions de nos ancêtres, comment ils ont gouverné la république, tant au dedans qu'au dehors; dans quelle grandeur ils nous l'ont laissée, et par quel changement insensible de très-florissante elle est devenue si perverse et si dissolue.

VI. La ville de Rome, selon la tradition, fut bâtie et habitée d'abord par les Troyens qui, fugitifs avec Énée leur chef, erraient sans demeure fixe, et à qui se joignirent les Aborigènes, race agreste, sans loi, sans gouvernement, libre et indépendante. Dès que ces deux peuples, si différents d'origine, de langage, de manière de vivre, se furent réunis dans les mêmes murs, il est incroyable avec quelle facilité ils se confondirent. Mais lorsque cet état eut prospéré, qu'il eut acquis des citoyens, des mœurs, un territoire, et qu'il parut riche et puissant, alors, selon le cours ordinaire des choses, leur opulence excita l'envie. En conséquence, les rois et les peuples voisins leur firent la guerre; peu de leurs amis les secoururent; les autres, frappés de crainte, se tinrent éloignés du danger. Mais les Romains, attentifs au dedans et au dehors, usaient de prévoyance et d'activité, s'exhortaient les uns les autres, marchaient au-devant de l'ennemi, couvraient de leurs armes la liberté, la patrie, leurs parents. Ensuite, quand

---

agere; sed a quo incepto studio me ambitio mala oetinuerat, eodem regressus, statui res gestas populi romani carptim, ut quæque memoria digna videbantur, perscribere; eo magis quod mihi a spe, metu, partibus reipublicæ, animus liber erat. Igitur de Catilinæ conjuratione, quam verissume potero, paucis absolvam. Nam id facinus in primis ego memorabile existumo, sceleris atque periculi novitate. De cujus hominis moribus pauca prius explananda sunt quam initium narrandi faciam.

V. Lucius Catilina, nobili genere natus, fuit magna vi et animi et corporis, sed ingenio malo pravoque. Huic ab adolescentia bella intestina, cædes, rapinæ, discordia civilis, grata fuere; ibique juventutem suam exercuit. Corpus patiens inediæ, vigiliæ, algoris, supra quam cuiquam credibile est. Animus audax, subdolus, varius, cujuslibet rei simulator ac dissimulator, alieni appetens, sui profusus, ardens in cupiditatibus; satis loquentiæ, sapientiæ parum. Vastus animus immoderata, incredibilia, nimis alta semper cupiebat. Hunc post dominationem Lucii Sullæ lubido maxuma invaserat reipublicæ capiundæ; neque id quibus modis adsequeretur, dum sibi regnum pararet, quidquam pensi habebat. Agitabatur magis magisque in dies animus ferox inopia rei familiaris et conscientia scelerum; quæ utraque his artibus auxerat, quas supra memoravi. Incitabant præterea corrupti civitatis mores, quos pessuma ac diversa inter se mala, luxuria atque avaritia, vexabant. Res ipsa hortari videtur, quoniam de moribus civitatis tempus admonuit, supra repetere, ac paucis instituta majorum domi militiæque, quomodo rempublicam habuerint, quantamque, reliquerint, utque paullatim immutata, ex pulcherruma pessuma ac flagitiosissuma facta sit, disserere.

VI. Urbem Romam, sicuti ego accepi, condidere atque habuere initio Trojani, qui, Ænea duce, profugi, sedibus incertis vagabantur; cumque his Aborigines, genus hominum agreste, sine legibus, sine imperio, liberum atque solutum. Hi postquam in una mœnia convenere, dispari genere, dissimili lingua, alius alio more viventes, incredibile memoratu est quam facile coaluerint. Sed postquam res eorum civibus, moribus, agris aucta, satis prospera satisque pollens videbatur, sicuti pleraque mortalium habentur, invidia ex opulentia orta est. Igitur reges populique finitumi bello tentare; pauci ex amicis auxilio esse; nam ceteri metu percussi a periculis aberant. At Romani domi militiæque intenti festinare, parare; alius alium hortari; hostibus obviam ire; libertatem, patriam, parentesque armis tegere. Post, ubi pericula virtute propulerant, sociis atque amicis auxilia portabant; magis-

ils avaient écarté le péril par leur valeur, ils portaient secours à leurs alliés et à leurs amis, et c'est en rendant plutôt qu'en recevant des services, qu'ils se ménageaient des alliés.

Le gouvernement des Romains était fondé sur les lois. Ils obéissaient à l'autorité royale. Des hommes choisis, dont le corps était affaibli par les années, mais dont l'esprit était fortifié par l'expérience, formaient le conseil public : leur âge ou le caractère paternel de leurs fonctions leur fit donner le nom de *Pères*. Dans la suite, l'autorité royale, établie pour la conservation de la liberté et l'agrandissement de la république, ayant dégénéré en une orgueilleuse tyrannie, on y substitua deux magistrats suprêmes auxquels on n'accorda qu'un pouvoir annuel. Nos ancêtres croyaient par là prévenir l'insolence qu'un long pouvoir développe chez les hommes.

VII. Alors chacun chercha à s'élever, à déployer tout son génie : car les rois suspectent plus les bons que les méchants, et toujours le mérite d'autrui leur fait ombrage. Mais, la liberté recouvrée, on ne saurait dire avec quelle rapidité s'accrut la république, tant la passion de la gloire était devenue grande. La jeunesse, dès qu'elle pouvait supporter les fatigues de la guerre, apprenait l'art militaire dans les exercices des camps, et se passionnait pour de belles armes et pour des chevaux de bataille, plutôt que pour des courtisanes et des festins. Pour de tels hommes, point de travail fatigant, point de lieu d'un accès rude ou difficile, point d'ennemi redoutable : leur courage avait tout surmonté. La principale lutte était entre eux pour la gloire : c'était à qui frapperait l'ennemi escaladerait une muraille, et serait vu faisant quelque exploit de ce genre. Là étaient pour eux les richesses, la bonne renommée, la grande noblesse. Avides de louanges, prodigues d'argent, ils voulaient une gloire immense, des richesses modérées. Je pourrais rappeler les lieux où les Romains, avec une poignée d'hommes, dispersèrent de grandes armées ; les villes qu'ils prirent d'assaut, quoique fortifiées par la nature ; mais cela m'écarterait trop de mon sujet.

VIII. Sans doute la fortune domine toutes choses, et c'est elle qui, selon son caprice, plutôt que selon l'équité, rehausse ou ternit l'éclat des événements. Les actions des Athéniens, je le crois, ont été grandes et magnifiques, mais cependant un peu au-dessous de leur renommée ; mais, comme Athènes donna le jour à des écrivains du plus beau génie, ses exploits sont vantés comme étonnants dans l'univers entier, et ainsi le mérite de ses héros passe pour aussi grand que l'ont pu faire paraître dans leurs écrits ses illustres historiens. Les Romains n'ont jamais eu cet avantage, parce que chez eux le plus habile était le plus occupé ; personne n'exerçait son esprit à l'exclusion du corps : plus jaloux de bien agir que de bien parler, tout homme de mérite aimait mieux faire des actions qu'on pût louer que de raconter celles des autres.

IX. Aussi, à Rome et dans les camps, régnaient les mœurs les plus honnêtes. La concorde était parfaite, l'avarice inconnue. Ils se portaient à ce qui était juste et bien, par inclination plutôt

---

que dandis quam accipiundis beneficiis amicitias parabant. Imperium legitimum, nomen imperii regium habebant; delecti, quibus corpus annis infirmum, ingenium sapientia validum erat, reipublicæ consultabant. Hi vel ætate, vel curæ similitudine, Patres appellabantur. Post, ubi regium imperium, quod initio conservandæ libertatis atque augendæ reipublicæ fuerat, in superbiam dominationemque convertit, immutato more, annua imperia, binosque imperatores sibi fecere. Eo modo minume posse putabant per licentiam insolescere animum humanum.

VII. Sed ea tempestate cœpere se quisque extollere, magisque ingenium in promptu habere. Nam regibus boni quam mali suspectiores sunt, semperque his aliena virtus formidolosa est. Sed civitas, incredibile memoratu est, adepta libertate, quantum brevi creverit; tanta cupido gloriæ incesserat. Jam primum juventus simul laboris ac belli patiens erat, in castris usu militiam discebat; magisque in decoris armis et militaribus equis, quam in scortis atque conviviis lubidinem habebant. Igitur talibus viris non labos insolitus, non locus ullus asper aut arduus erat, non armatus hostis formidolosus : virtus omnia domuerat. Sed gloriæ maxumum certamen inter ipsos erat; sic quisque hostem ferire, murum adscendere, conspici, dum tale facinus faceret, properabat; eas divitias, eam bonam famam magnamque nobilitatem putabant; laudis avidi, pecuniæ liberales erant; gloriam ingentem, divitias honestas volebant. Memorare possem quibus in locis maxumas hostium copias populus romanus parva manu fuderit, quas urbes natura munitas pugnando ceperit, ni ea res longius nos ab incepto traheret.

VIII. Sed profecto fortuna in omni re dominatur; ea res cunctas, ex lubidine magis quam ex vero, celebrat obscuratque. Atheniensium res gestæ, sicuti ego æstumo, satis amplæ magnificæque fuere; verum aliquanto minores tamen, quam fama feruntur. Sed quia provenere ibi scriptorum magna ingenia, per terrarum orbem Atheniensium facta pro maxumis celebrantur. Ita eorum qui ea fecere virtus tanta habetur, quantum verbis ea potuere extollere præclara ingenia. At populo romano nunquam ea copia fuit, quia prudentissimus quisque negotiosus maxume erat; ingenium nemo sine corpore exercebat; optumus quisque facere quam dicere, sua ab aliis benefacta laudari, quam ipse aliorum narrare, malebat.

IX. Igitur domi militiæque boni mores colebantur. Concordia maxuma, minuma avaritia erat; jus bonumque apud eos non legibus magis quam natura valebat.

que par la crainte des lois. C'était contre l'ennemi que s'exerçaient les hostilités, les haines, les vengeances ; de citoyen à citoyen on ne disputait que de vertu. Magnifiques dans leurs temples, économes dans leurs maisons, ils étaient fidèles dans leurs amitiés. L'intrépidité dans la guerre et l'équité dans la paix, tels étaient les deux moyens par lesquels ils se maintenaient eux et la république. Je pourrais en donner des preuves en grand nombre. A l'armée, on en a puni plus souvent pour avoir combattu contre l'ordre des généraux, ou pour s'être retirés trop tard du combat après le signal de la retraite, que pour avoir abandonné le drapeau, ou osé quitter leur poste devant l'ennemi (5). Dans la paix, les Romains aimaient mieux gouverner par les bienfaits que par la crainte, et pardonner un outrage reçu que se venger.

X. Mais dès que la république se fut agrandie par le travail et la justice ; qu'elle eut vaincu des rois puissants, subjugué des peuplades sauvages ; que de grandes nations eurent été soumises par la force; que Carthage, cette rivale de l'empire, fut détruite de fond en comble, et que toutes les mers et toutes les terres nous furent ouvertes, alors la fortune commença à sévir et à tout confondre. Ces mêmes Romains, qui avaient soutenu sans peine les travaux, les périls, les incertitudes et les rigueurs des événements, furent tristement vaincus par le loisir et les richesses, objets de tous les vœux. D'abord s'accrut la soif de l'or, ensuite celle du pouvoir : ce fut là la double cause de tous nos maux. Car l'avarice anéantit la bonne foi, la probité et les autres vertus pour leur substituer l'orgueil, la cruauté, le mépris des dieux et la vénalité universelle : l'ambition rendit fourbes la plupart des hommes ; elle leur apprit à exprimer des sentiments tout différents de ceux qu'ils avaient au fond du cœur ; elle régla la haine et l'amitié sur l'intérêt, non sur la justice, et préféra les dehors de la vertu à la vertu même. Les progrès de ces vices furent d'abord insensibles, et quelquefois même on les réprima. Mais dès que, semblables à un mal contagieux, ils eurent pénétré partout, l'état changea de face, et le gouvernement le plus juste et le plus modéré devint cruel et intolérable.

XI. Mais d'abord l'ambition plus que l'avarice tourmenta les âmes ; et, il faut l'avouer, ce vice est moins éloigné de la vertu. En effet, l'honnête homme et le méchant souhaitent également les honneurs, la gloire, l'empire ; mais le premier y tend par des voies légitimes, tandis que le second, à qui manquent les moyens honorables, emploie la ruse et le mensonge. L'avarice, au contraire, n'a pour but que les richesses, dont jamais le sage ne fit l'objet de ses vœux. Ce vice, comme plein d'un mortel poison, énerve le corps et l'esprit le plus mâle : toujours sans bornes, il est insatiable ; ni l'opulence ni l'indigence ne l'affaiblissent. Quand Sylla eut délivré la république par ses armes, ces heureux commencements eurent des suites mauvaises. On ne vit plus que rapines, que brigandages ; l'un convoitait une maison, l'autre une terre ; nulle retenue, nulle modération chez les vainqueurs, ils se conduisirent envers les citoyens avec une cruauté inouïe. Ajoutez que Sylla, pour s'attacher son armée d'Asie lui permit, contre la

---

jurgia, discordias, simultates, cum hostibus exercebant; cives cum civibus de virtute certabant. In suppliciis deorum magnifici, domi parci, in amicis fideles erant. Duabus his artibus, audacia in bello, ubi pax evenerat, æquitate, seque remque publicam curabant. Quarum rerum ego maxuma documenta hæc habeo : quod in bello sæpius vindicatum est in eos qui contra imperium in hostem pugnaverant, quique tardius, revocati, prælio excesserant, quam qui signa relinquere, aut, pulsi, loco cedere ausi erant; in pace vero, quod beneficiis magis quam metu imperium agitabant, et, accepta injuria, ignoscere quam persequi malebant.

X. Sed ubi labore atque justitia respublica crevit, reges magni bello domiti, nationes feræ et populi ingentes vi subacti, Carthago, æmula imperii romani, ab stirpe interiit, cuncta maria terræque patebant ; sævire fortuna ac miscere omnia cœpit. Qui labores, pericula, dubias atque asperas res facile toleraverant, iis otium, divitiæ, optandæ aliis, oneri miseriæque fuere. Igitur primo pecuniæ, deinde imperii cupido crevit : ea quasi materies omnium malorum fuere. Namque avaritia fidem, probitatem, ceterasque artes bonas subvertit; pro his superbiam, crudelitatem, deos neglegere, omnia venalia habere. edocuit. Ambitio multos mortales falsos fieri subegit; aliud clausum in pectore, aliud in lingua promptum habere ; amicitias inimicitiasque non ex re, sed ex commodo, æstumare ; magisque vultum quam ingenium bonum habere. Hæc primo paullatim crescere, interdum vindicari : post ubi contagio, quasi pestilentia, invasit, civitas immutata ; imperium ex justissumo atque optumo crudele intolerandumque factum.

XI. Sed primo magis ambitio quam avaritia animos hominum exercebat ; quod tamen vitium propius virtutem erat. Nam gloriam, honorem, imperium, bonus et ignavus æque sibi exoptant : sed ille vera via nititur ; huic quia bonæ artes desunt, dolis atque fallaciis contendit. Avaritia pecuniæ studium habet, quam nemo sapiens concupivit : ea, quasi venenis malis imbuta, corpus animumque virilem effeminat ; semper infinita, insatiabilis est ; neque copia neque inopia minuitur. Sed postquam L. Sulla, armis recepta republica, ex bonis initiis malos eventus habuit, rapere omnes, trahere; domum alius, alius agros cupere ; neque modum neque modestiam victores habere ; fœda crudeliaque in civibus facinora facere. Huc accedebat, quod L. Sulla exercitum, quem in Asia ductaverat, quo sibi fidum faceret, contra morem majorum, luxuriose nimisque liberaliter habuerat. Loca amœna, voluptaria, facile in otio feroces militum animos

5.

coutume de nos ancêtres, de vivre dans le luxe et la licence. Ces contrées charmantes, voluptueuses, amollirent aisément dans un doux loisir l'âme farouche des soldats. Ce fut là que l'armée romaine s'habitua, pour la première fois, à faire l'amour et à boire; quelle commença à regarder avec convoitise des statues, des tableaux, des vases ciselés, à les ravir aux particuliers ou à l'état, à dépouiller les temples des dieux, à piller indifféremment les choses sacrées et profanes. Aussi de tels soldats, après la victoire, ne laissèrent rien aux vaincus. Et en effet, si la prospérité ébranle l'âme du sage, comment ces hommes aux mœurs corrompues se seraient-ils modérés dans la victoire?

XII. Dès que la richesse fut devenue un titre d'honneur et qu'elle donna la considération, le crédit et le pouvoir, la vertu perdit ses avantages, la pauvreté devint infamie, la probité malveillance. Ainsi, par les richesses, la jeunesse fut livrée au luxe, à l'avarice, à la cupidité, à l'orgueil: de là ses vols, ses profusions; de là cette ardeur à prodiguer son bien et à convoiter celui d'autrui: de là ce mépris de la pudeur et de l'honneur; cette confusion monstrueuse, cet oubli des lois divines et humaines, de tout devoir et de toute modération. Il est curieux, quand on vient de voir ces palais, ces maisons de plaisance, bâtis en forme de ville, d'y comparer les temples que nos religieux ancêtres élevèrent aux dieux; leur piété faisait tout l'ornement de leurs temples, et leur gloire toute celle de leurs maisons; ils n'ôtaient aux vaincus que la liberté de nuire. Mais ces Romains d'aujourd'hui, les plus lâches des hommes, par le dernier des crimes enlèvent à des alliés tout ce que les plus braves des hommes avaient laissé à des ennemis; comme si commettre l'injustice ce n'était qu'user du pouvoir.

XIII. Pourquoi rappellerais-je ce qui ne sera jamais cru de ceux qui l'ont pu voir: un grand nombre de particuliers aplanissant les montagnes et comblant les mers? Sans doute ils se jouaient des richesses, puisque maîtres d'en jouir, honnêtement, ils en faisaient un si honteux abus. L'impudicité, la débauche, tous les vices s'étaient déchaînés en même temps. Les hommes se prostituaient comme des femmes, les femmes affichaient leurs débordements; les riches, pour leur table, mettaient à contribution les terres et les mers; ils se livraient au sommeil sans nécessité; ils n'attendaient ni la faim, ni la soif, ni le froid, ni la fatigue, leur mollesse anticipait sur tous ces besoins. Aussi les jeunes gens, dès qu'ils avaient dissipé leur patrimoine, se jetaient-ils avec ardeur dans le crime; les cœurs infectés, de tous les vices, s'emportaient à toutes les passions; et, pour les satisfaire, chacun trouvait bon tous les moyens d'acquérir et de dépenser.

XIV. Dans une ville si grande et si corrompue, Catilina n'eut point de peine à se composer comme un cortège de tous les vices et de tous les crimes, assemblés en troupes autour de lui. Tous les impudiques, les adultères, les libertins qui s'étaient ruinés au jeu, ou en festins, ou avec les femmes; ceux qui s'étaient abîmés de dettes pour se racheter du châtiment dont les lois les menaçaient; tout ce qu'il y avait de parricides, de sacriléges, de gens condamnés ou qui craignaient de l'être; tous ceux qui, pour vivre, trafiquaient du sang

---

molliverant. Ibi primum insuevit exercitus populi romani amare, potare; signa, tabulas pictas, vasa cælata mirari; ea privatim ac publice rapere; delubra spoliare; sacra profanaque omnia polluere. Igitur hi milites, postquam victoriam adepti sunt, nihil reliqui victis fecere. Quippe secundæ res sapientium animos fatigant; ne illi, corruptis moribus, victoriæ temperarent.

XII. Postquam divitiæ honori esse cœpere, et eas gloria, imperium, potentia sequebantur; hebescere virtus, paupertas probro haberi, innocentia pro malivolentia duci cœpit. Igitur ex divitiis juventutem luxuria atque avaritia cum superbia invasere: rapere, consumere; sua parvi pendere, aliena cupere; pudorem, pudicitiam, divina atque humana promiscua, nihil pensi atque moderati habere. Operæ pretium est, quum domos atque villas cognoveris in urbium modum exædificatas, visere templa deorum quæ nostri majores, religiosissumi mortales, fecere. Verum illi delubra deorum pietate, domos sua gloria, decorabant; neque victis quidquam præter injuriæ licentiam eripiebant. At hi contra ignavissumi homines, per summum scelus, omnia ea sociis adimere, quæ fortissumi viri victores hostibus reliquerant; proinde quasi injuriam facere, id demum esset imperio uti.

XIII. Nam quid ea memorem quæ, nisi iis qui videre, nemini credibilia sunt, a privatis compluribus subversos montes, maria constructa esse? Quibus mihi videntur ludibrio fuisse divitiæ; quippe, quas honeste habere licebat, abuti per turpitudinem properabant. Sed lubido stupri, ganeæ, ceterique cultus non minor incesserat; viri pati muliebria, mulieres pudicitiam in propatulo habere; vescendi caussa, terra marique omnia exquirere; dormire prius quam somni cupido esset; non famem, aut sitim, neque frigus, neque lassitudinem opperiri, sed ea omnia luxu antecapere. Hæc juventutem, ubi familiares opes defecerant, ad facinora incendebant. Animus imbutus malis artibus haud facile lubidinibus carebat: eo profusius omnibus modis quæstui atque sumtui deditus erat.

XIV. In tanta tamque corrupta civitate Catilina, id quod factu facillimum erat, omnium flagitiorum atque facinorum circum se, tamquam stipatorum, catervas habebat. Nam quicumque impudicus, adulter, ganeo, manu, ventre, pene, bona patria laceraverat, quique alienum æs grande conflaverat, quo flagitium aut facinus redimeret; præterea omnes undique parricidæ, sacrilegi, convicti judiciis, aut pro factis judicium timentes; ad hoc, quos manus atque lingua perjurio aut sanguine civili

CATILINA.

des citoyens ou du parjure; tous ceux enfin que tourmentaient l'indigence, l'infamie et les remords, tous ceux-là c'étaient les amis, les familiers de Catilina (9). Que si un citoyen jusque-là irréprochable avait le malheur de tomber dans son amitié, l'habitude de sa société et le charme qu'il y trouvait le rendaient bientôt semblable aux autres. Mais Catilina cherchait surtout à s'attacher les jeunes gens; et leurs âmes molles et leur âge facile se laissaient prendre aisément à ses pièges. Étudiant leurs passions diverses, vives et ardentes, aux uns, il procurait des courtisanes; aux autres, il achetait des chiens et des chevaux; enfin il n'épargnait ni sa bourse, ni son honneur pour obtenir leur dévouement et leur fidélité (6). Je sais que plusieurs ont pensé que ces jeunes gens qui fréquentaient la maison de Catilina y ménageaient peu leur pudeur; mais ces bruits étaient moins fondés sur des preuves certaines que sur les conjectures qu'on tirait de tout le reste.

XV. Dès sa première jeunesse, Catilina, déjà souillé d'infâmes débauches, avait séduit la fille d'un patricien, ainsi qu'une prêtresse de Vesta, et commis d'autres excès semblables contre les lois et la religion. Enfin il se prit d'amour pour Aurélia Orestilla (8), femme en qui un honnête homme n'aurait pu louer que la beauté; et comme elle hésitait à l'épouser, à cause d'un fils déjà grand qu'il avait d'un autre lit, on tient pour assuré qu'il le tua, et par là rendit libre la maison pour ces noces criminelles. Ce forfait fut, je crois, la principale cause qui précipita son entreprise; car son âme impure, en horreur aux dieux et aux hommes ne trouvait de repos ni dans les veilles, ni dans le sommeil, tant le remords ravageait son cœur! Son teint pâle, ses yeux hagards, sa démarche tantôt lente, tantôt précipitée, tout sur son visage, tout dans sa personne annonçait une sorte de démence.

XVI. Les jeunes gens qu'il avait séduits, comme nous l'avons dit plus haut, Catilina les formait au crime de mille façons. D'eux il faisait des faux témoins, des faussaires; il les instruisait à mépriser la bonne foi, la fortune, les périls; ensuite, quand ils avaient perdu à ses leçons tout honneur et toute honte, il leur commandait de plus grands crimes. Manquait-il dans le moment de prétexte pour faire le mal, il les exerçait à surprendre, à égorger les innocents comme des ennemis; et ainsi, de peur que leur âme et leurs bras ne s'engourdissent dans le repos, il était sans motif méchant et féroce. Comptant donc sur de tels amis et de tels complices, alors que partout l'empire la masse des dettes était immense, et que la plupart des soldats de Sylla, ruinés par leurs profusions, et se souvenant de leurs rapines et de leurs anciennes victoires, soupiraient après la guerre civile, Catilina forma le projet d'opprimer la république. Point d'armée en Italie; Cn. Pompée faisait la guerre aux extrémités de la terre; lui-même il avait grand espoir d'être consul; le sénat était sans défiance; la sécurité et le calme régnaient au loin : tout favorisait les projets de Catilina.

XVII. Vers les calendes de juin [1], sous le consulat de L. César et de C. Figulus (8), Catilina fait venir chez lui séparément chacun de ses com-

[1] Vers le 1er juillet, an de R. 690.

---

alebat; postremo omnes quos flagitium, egestas, conscius animus exagitabat; ii Catilinæ proxumi familiaresque erant. Quod si quis etiam a culpa vacuus in amicitiam ejus inciderat, quotidiano usu atque illecebris facile par similisque ceteris efficiebatur. Sed maxume adolescentium familiaritates adpetebat; eorum animi, molles et ætate fluxi, dolis haud difficulter capiebantur. Nam uti cujusque studium ex ætate flagrabat, aliis scorta præbere, aliis canes atque equos mercari; postremo neque sumtui neque modestiæ suæ parcere, dum illos obnoxios fidosque faceret. Scio fuisse nonnullos qui ita æstumarent, juventutem, quæ domum Catilinæ frequentabat, parum honeste pudicitiam habuisse; sed ex aliis rebus magis, quam quod cuiquam id compertum foret, hæc fama valebat.

XV. Jam primum adolescens Catilina multa nefanda stupra fecerat, cum virgine nobili, cum sacerdote Vestæ, et alia hujusce modi contra jus fasque. Postremo captus amore Aureliæ Orestillæ, cujus præter formam nihil unquam bonus laudavit, quod ea nubere illi dubitabat, timens privignum adulta ætate, pro certo creditur, necato filio, vacuam domum scelestis nuptiis fecisse. Quæ quidem res mihi in primis videtur caussa fuisse facinoris maturandi. Namque animus impurus, dis hominibusque infestus, neque vigiliis neque quietibus sedari poterat : ita conscientia mentem excitam vastabat. Igitur colos exsanguis, fœdi oculi; citus modo, modo tardus incessus; prorsus in facie vultuque vecordia inerat.

XVI. Sed juventutem, quam, ut supra diximus, illexerat, multis modis mala facinora edocebat. Ex illis testes signatoresque falsos commodare; fidem, fortunas, pericula vilia habere; post, ubi eorum famam atque pudorem attriverat, majora alia imperabat. Si caussa peccandi in præsens minus suppetebat, nihilo minus insontes, siculi sontes, circumvenire, jugulare; scilicet, ne per otium torpescerent manus aut animus, gratuito potius malus atque crudelis erat. His amicis sociisque confisus Catilina, simul quod æs alienum per omnis terras ingens erat, et quod plerique sullani milites, largius suo usi, rapinarum et victoriæ veteris memores, civile bellum exoptabant, opprimundæ reipublicæ consilium cepit. In Italia nullus exercitus; Cn. Pompeius in extremis terris bellum gerebat; ipsi consulatum petundi magna spes; senatus nihil sane intentus; tutæ tranquillæque res omnes; sed ea prorsus opportuna Catilinæ erant.

XVII. Igitur circiter kalendas junias, L. Cæsare et C. Figulo consulibus, primo singulos appellare; hortari

plices, il encourage les uns, sonde les autres, leur montre ses ressources, la république sans défense, les grands avantages de sa conjuration. Après, quand il sut ce qu'il voulait savoir, il réunit les plus obérés et les plus audacieux. Là se trouvèrent, de l'ordre des sénateurs, P. Lentulus Sura, P. Autronius, L. Cassius Longinus, C. Céthégus, Pub. et Servius, fils de Servius Sylla, L. Vargunteius, Q. Annius, M. Porcius Lecca, L. Bestia, Q. Curius (9); de l'ordre des chevaliers, M. Fulvius Nobilior (10), L. Statilius, P. Gabinius Capito, C. Cornélius; de plus, beaucoup de nobles des colonies et des villes municipales. Il y avait en outre un assez grand nombre de patriciens qui trempaient secrètement dans le complot, poussés plutôt par l'ambition que par la misère ou par quelque autre nécessité. Au reste, presque tous les jeunes gens, et principalement les nobles, favorisaient l'entreprise; quoiqu'ils pussent vivre paisiblement dans le luxe et la mollesse, ils préféraient l'incertain au certain et la guerre à la paix. Quelques-uns même crurent, dans le temps, que M. Licinius Crassus (14) n'ignorait pas la conjuration; que, jaloux de Pompée qui était alors à la tête d'une grande armée, il n'aurait pas été fâché de voir sa puissance contre-balancée par celle d'un autre, quel qu'il pût être; que d'ailleurs, en cas de succès, il se flattait de devenir aisément le chef du parti.

XVIII. Mais déjà, auparavant, quelques hommes avaient formé contre la république une conjuration dans laquelle se trouvait Catilina. Je vais la raconter avec toute la fidélité possible :

Sous le consulat de L. Tullus et de M. Lépidus (12), P. Autronius et P. Sylla, consuls désignés, accusés de corruption, furent condamnés. Peu après, Catilina, coupable de concussion, se vit éloigné du consulat, parce qu'il n'avait pu se présenter dans le temps prescrit par la loi. A la même époque, Cn. Pison, jeune patricien d'une audace déterminée, pauvre, factieux, était poussé par sa misère et sa dépravation à troubler la république. Catilina et Autronius, s'étant entendus avec lui vers les nones de décembre [1] résolurent d'égorger dans le Capitole, aux calendes de janvier [2] les consuls L. Cotta et L. Torquatus; de s'emparer des faisceaux, et d'envoyer Pison avec une armée s'assurer des deux Espagnes. Le complot ayant été découvert, ils en remirent l'exécution aux nones de février [3]. Ils comptaient massacrer alors, non plus seulement les consuls, mais la plupart des sénateurs : et si Catilina ne s'était trop hâté, à la porte du sénat, de donner le signal aux conjurés, il aurait été commis, ce jour-là, le plus horrible crime qu'on eût vu depuis la fondation de Rome. Les conjurés n'étant pas encore arrivés en assez grand nombre, l'entreprise échoua.

XIX. Depuis, Pison, ayant obtenu la questure, fut envoyé dans l'Espagne citérieure en qualité de propréteur, à la sollicitation de Crassus qui le savait ennemi de Pompée. Du reste, le sénat n'avait pas eu de répugnance à lui accorder cette province, il voulait éloigner de la république un mauvais citoyen, et d'autre part, beaucoup de

[1] Le 5 décembre 688. — [2] Le 1er janvier. — [3] Le 5 février 689.

---

alios, alios tentare; opes suas, imparatam rempublicam, magna præmia conjurationis docere. Ubi satis explorata sunt quæ voluit, in unum omnis convocat, quibus maxima necessitudo et plurimum audaciæ inerat. Eo convenere senatorii ordinis P. Lentulus Sura, P. Autronius, L. Cassius Longinus, C. Cethegus, P. et Servius Sullæ Servii filii, L. Vargunteius, Q. Annius, M. Porcius Læca, L. Bestia, Q. Curius; præterea ex equestri ordine, M. Fulvius Nobilior, L. Statilius, P. Gabinius Capito, C. Cornelius : ad hoc multi ex coloniis et municipiis, domi nobiles. Erant præterea complures paullo occultius consilii hujusce participes nobiles, quos magis dominationis spes hortabatur quam inopia, aut alia necessitudo. Ceterum juventus pleraque, sed maxume nobilium, Catilinæ inceptis favebat. Quibus in otio vel magnifice vel molliter vivere copia erat, incerta pro certis bellum quam pacem malebant. Fuere item ea tempestate, qui crederent M. Licinium Crassum non ignarum ejus consilii fuisse; quia Cn. Pompeius, invisus ipsi, magnum exercitum ductabat, cujusvis opes voluisse contra illius potentiam crescere; simul confisum, si conjuratio valuisset, facile apud illos principem se fore.

XVIII. Sed antea item conjuravere pauci contra rempublicam, in quibus Catilina. De quo quam verissime

potero dicam. L. Tullo, M. Lepido consulibus, P. Autronius et P. Sulla, designati consules, legibus ambitus interrogati pœnas dederant. Post paullo Catilina, pecuniarum repetundarum reus, prohibitus erat consulatum petere, quod intra legitimos dies profiteri nequiverit. Erat eodem tempore Cn. Piso, adolescens nobilis, summæ audaciæ, egens, factiosus, quem ad perturbandam rempublicam inopia atque mali mores stimulabant. Cum hoc Catilina et Autronius, circiter nonas decembres consilio communicato, parabant in capitolio kalendis januariis L. Cottam et L. Torquatum consules interficere; ipsi, fascibus correptis, Pisonem cum exercitu ad obtinendas duas Hispanias mittere. Ea re cognita, rursus in nonas februarias consilium cædis transtulerant. Jam tum non consulibus modo, sed plerisque senatoribus perniciem machinabantur. Quod ni Catilina maturasset pro curia signum sociis dare, eo die post conditam urbem Romam pessumum facinus patratum foret. Quia nondum frequentes armati convenerant, ea res consilium diremit.

XIX. Postea Piso in citeriorem Hispaniam quæstor pro prætore missus est; adnitente Crasso, quod eum infestum Cn. Pompeio cognoverat. Neque tamen senatus provinciam invitus dederat; quippe fœdum hominem a

gens de bien le regardaient comme un appui contre Pompée, dont la puissance inspirait dès lors de la crainte. Mais Pison, dans une marche à travers la province, fut tué par des cavaliers espagnols de son armée. Les uns disent que les barbares n'avaient pu souffrir ses hauteurs, ses injustices, ses cruautés; d'autres que ces cavaliers, anciens et fidèles clients de Pompée, avaient par son ordre attaqué Pison; que jamais auparavant les Espagnols n'avaient commis un tel crime, bien qu'ils eussent été souvent gouvernés avec dureté. Pourquoi? je laisse ce fait dans le doute. En voilà assez sur cette première conjuration.

XX. Catilina, voyant assemblés ces hommes dont je viens de parler, quoiqu'il se fût souvent entretenu avec chacun d'eux en particulier, jugeant toutefois qu'il était à propos de les interpeller et de les exhorter en commun, il les fit passer dans l'endroit le plus secret de sa maison, et là, ayant écarté tout témoin, il leur tint à peu près ce discours :

« Si votre courage et votre fidélité m'étaient moins connus, en vain s'offrirait l'occasion favorable, en vain j'aurais dans mes mains le juste espoir de la domination; je n'irais pas avec des cœurs lâches et des esprits inconstants sacrifier le certain à l'incertain; mais comme j'ai souvent, et dans des circonstances décisives, reconnu votre dévouement et votre fermeté, mon esprit a osé concevoir le projet le plus grand et le plus glorieux. J'ai compris d'ailleurs que nos désirs et nos craintes sont les mêmes; or, avoir les mêmes volontés et les mêmes répugnances, voilà la véritable amitié.

» Ce que j'ai résolu, déjà tous vous l'avez appris séparément. Au reste, de jour en jour mon courage s'enflamme lorsque je considère quel sera désormais notre sort si nous ne nous mettons nous-mêmes en liberté. Depuis que la république est devenue la proie de quelques hommes puissants, ce n'est que pour eux que les rois et les tétrarques sont tributaires, que les peuples et les nations paient des impôts; nous tous, citoyens courageux et honnêtes, nobles ou plébéiens, nous sommes le vulgaire dédaigné, sans autorité, sans crédit, à la merci de ceux que nous ferions trembler si la république était libre. Ainsi, grâces, pouvoir, honneurs, richesses, sont pour eux ou pour les leurs; à nous, ils ne nous ont laissé que les affronts, les dangers, les condamnations et la misère.

» Jusques à quand les souffrirez-vous, vous hommes de cœur? Ne vaut-il pas mieux mourir vaillamment, que de perdre ignominieusement une vie misérable et déshonorée, après avoir été le jouet de l'insolence d'autrui? Mais, croyez-moi, j'en atteste les dieux et les hommes, la victoire est dans nos mains. A nous, notre âge a de la vigueur, notre âme de la force; chez eux tout a vieilli par les années et par les richesses. Il ne s'agit que de vouloir, le reste ira de soi-même.

» Et quel homme, s'il a de l'âme, peut souffrir que nos tyrans aient un superflu qu'ils prodiguent à bâtir dans la mer et à aplanir les montagnes, tandis que nous manquons, nous autres, même

---

republica procul esse volebat; simul, quia boni quam plures præsidium in eo putabant : et jam tum potentia Cn. Pompeii formidolosa erat. Sed is Piso, in provincia ab equitibus hispanis, quos in exercitu ductabat, iter faciens occisus est. Sunt qui ita dicant, imperia ejus injusta, superba, crudelia barbaros nequivisse pati; alii autem, equites illos, Cn. Pompeii veteres fidosque clientes, voluntate ejus Pisonem adgressos; numquam Hispanos præterea tale facinus fecisse, sed imperia sæva multa antea perpessos. Nos eam rem in medio relinquemus. De superiore conjuratione satis dictum.

XX. Catilina ubi eos, quos paullo ante memoravi, convenisse videt, tametsi cum singulis multa sæpe egerat, tamen in rem fore credens universos appellare et cohortari, in abditam partem ædium secedit; atque ibi, omnibus arbitris procul amotis, orationem hujuscemodi habuit :

« Ni virtus fidesque vestra satis spectatæ mihi forent, nequidquam opportuna res cecidisset; spes magna, dominatio in manibus frustra fuissent; neque ego per ignaviam, aut vana ingenia, incerta pro certis captarem. Sed quia multis et magnis tempestatibus vos cognovi fortes fidosque mihi, eo animus ausus maxumum atque pulcherrumum facinus incipere; simul quia vobis eadem, quæ mihi, bona malaque intellexi. Nam idem velle atque nolle ea demum firma amicitia est. Sed, ego quæ mente agitavi, omnes jam antea diversi audistis. Ceterum mihi in dies magis animus accenditur, quum considero, quæ conditio vitæ futura sit, nisi nosmet ipsi vindicamus in libertatem. Nam postquam respublica in paucorum jus atque ditionem concessit, semper illis reges, tetrarchæ vectigales esse; populi, nationes stipendia pendere; ceteri omnes, strenui, boni, nobiles atque ignobiles, vulgus fuimus, sine gratia, sine auctoritate, his obnoxii, quibus, si respublica valeret, formidini essemus. Itaque omnis gratia, potentia, honos, divitiæ apud illos sunt, aut ubi illi volunt; repulsas nobis reliquere, pericula, judicia, egestatem. Quæ quousque tandem patiemini, fortissumi viri? Nonne emori per virtutem præstat, quam vitam miseram atque inhonestam, ubi alienæ superbiæ ludibrio fueris, per dedecus amittere? Verum enimvero, pro deum atque hominum fidem! victoria in manu nobis est. Viget ætas, animus valet; contra illis, annis atque divitiis, omnia consenuerunt. Tantummodo incepto opus est; cetera res expediet. Etenim quis mortalium, cui virile ingenium, tolerare potest, illis divitias superare, quas profundant in exstruendo mari et montibus coæquandis; nobis rem familiarem etiam ad necessaria deesse?

des choses les plus nécessaires à la vie; qu'ils élèvent deux palais, ou même plus, à la suite l'un de l'autre, et que nous n'ayons nulle part un foyer domestique? Ils achètent des tableaux, des statues, des vases ciselés, renversent des édifices nouvellement construits, en bâtissent d'autres à la place, fatiguent, tourmentent de toute manière leur argent, sans que ces folles prodigalités puissent épuiser leurs richesses; et nous, nous n'avons que misère au dedans, que dettes au dehors, un présent qui nous désespère, un avenir plus triste encore; car enfin que nous reste-t-il? à part le misérable souffle qui nous anime.

» Que ne vous réveillez-vous donc? La voici, la voici cette liberté que vous avez si souvent souhaitée et avec elle vous avez sous les yeux richesses, honneur et gloire : la fortune réserve tous ces biens comme récompense aux vainqueurs. L'entreprise elle-même, l'occasion, le danger, l'indigence, les magnifiques dépouilles de la guerre, doivent vous encourager mieux encore que mes paroles. Prenez-moi pour chef ou pour soldat; ma tête et mon bras sont à vous. Voilà mes projets, que, consul, j'espère exécuter avec vous, à moins que je ne m'abuse et que vous n'aimiez mieux servir que commander. »

XXI. Lorsque ces hommes en proie à toutes les misères, sans ressources et sans espoir honnête, eurent entendu ce discours, bien que le désordre seul fût déjà pour eux une assez belle récompense, cependant la plupart demandèrent à Catilina de leur faire connaître ses propositions, les conditions de la guerre, le prix de la victoire, leurs moyens et leurs espérances. Alors, il leur promet l'abolition des dettes, la proscription des riches, les magistratures, les sacerdoces, le pillage, et tout ce que la guerre met à la discrétion du vainqueur. Il ajoute que Pison, qui commande alors dans l'Espagne citérieure, et P. Sitius Nucérinus, qui se trouve à la tête d'une armée dans la Mauritanie, sont d'intelligence avec lui; que le consulat est brigué par Antoine son ami familier et complétement ruiné, qu'il compte l'avoir pour collègue, et qu'une fois entré en charge, ils agiront d'accord. Après cela il se répand en malédictions contre tous les gens de bien, et appelant chacun des siens par son nom et le flattant, il rappelle à l'un son indigence, à l'autre son ambition, à ceux-ci leurs périls ou leur ignominie, à ceux-là les victoires de Sylla qui leur avaient procuré tant de rapines. Quand il les voit tous remplis d'ardeur, il leur recommande d'appuyer sa candidature et les congédie.

XXII. Il y en eut dans ce temps-là qui dirent que Catilina, après son discours, voulant lier par un serment les complices de son crime, fit circuler une coupe remplie de vin et de sang humain; qu'après qu'ils en eurent tous goûté avec des imprécations, comme il est d'usage dans les sacrifices solennels, il leur dévoila son projet : il voulait ainsi, disait-on, les unir entre eux plus fortement par la complicité dans cet horrible attentat. Mais plusieurs pensent que ce détail et beaucoup d'autres furent inventés par ceux qui voulaient apaiser la haine qui s'éleva plus tard contre Cicéron, et qui, pour cela, exagéraient l'a-

illos binas, aut amplius, domos continuare; nobis larem familiarem nusquam ullum esse? Quum tabulas, signa, toreumata emunt, nova diruunt, alia ædificant, postremo omnibus modis pecuniam trahunt, vexant; tamen summa lubidine divitias vincere nequeunt. At nobis domi inopia, foris æs alienum; mala res, spes multo asperior; denique, quid reliqui habemus, præter miseram animam? Quin igitur expergiscimini? En illa, illa, quam sæpe optastis, libertas : præterea divitiæ, decus, gloria in oculis sita sunt! fortuna omnia ea victoribus præmia posuit. Res, tempus, pericula, egestas, belli spolia magnifica magis, quam oratio mea, vos hortentur. Vel imperatore, vel milite me utimini. Neque animus, neque corpus a vobis aberit. Hæc ipsa, ut spero, vobiscum consul agam; nisi forte me animus fallit, et vos servire magis, quam imperare, parati estis. »

XXI. Postquam accepere ea homines, quibus mala abunde omnia erant, sed neque res neque spes bona ulla; tametsi illis quieta movere, magna merces videbatur; tamen postulare plerique, uti proponeret, quæ conditio belli foret, quæ præmia armis peterent, quid ubique opis aut spei haberent. Tum Catilina polliceri tabulas novas, proscriptionem locupletium, magistratus, sacerdotia, rapinas, alia omnia, quæ bellum atque lubido victorum fert; præterea esse in Hispania citeriore Pisonem, in Mauretania cum exercitu P. Sittium Nucerinum, consilii sui participes; petere consulatum C. Antonium, quem sibi collegam fore speraret, hominem et familiarem, et omnibus necessitudinibus circumventum; cum eo se consulem initium agendi facturum. Ad hoc maledictis increpat omnes bonos; suorum unumquemque nominans laudare; admonebat alium egestatis, alium cupiditatis suæ, complures periculi aut ignominiæ, multos victoriæ Sullanæ, quibus ea præda fuerat. Postquam omnium animos alacres videt, cohortatus, ut petitionem suam curæ haberent, conventum dimisit.

XXII. Fuere ea tempestate, qui dicerent, Catilinam, oratione habita, quum ad jusjurandum populares sceleris sui adigeret, humani corporis sauguinem, vino permixtum, in pateris circumtulisse; inde, quum post exsecrationem omnes degustavissent, sicuti in sollemnibus sacris fieri consuevit, aperuisse consilium suum; atque eo, dictitare, fecisse, quo inter se fidi magis forent, alius alii tanti facinoris conscii. Nonnulli ficta et hæc, et multa præterea, existumabant ab his, qui Ciceronis invidiam, quæ postea orta est, leniri credebant atrocitate sceleris eorum, qui pœnas dederant. Nobis ea res pro magnitudine parum comperta est.

trocité du crime de ceux qui avaient été punis. Quant à moi, je n'ai pas assez de preuves pour garantir un fait de cette importance (15).

XXIII. Dans cette conjuration se trouvait Q. Curius, d'une naissance illustre, mais souillé de désordres et de crimes : les censeurs l'avaient chassé du sénat pour ses infamies. Cet homme n'avait pas moins de légèreté que d'audace; il ne savait ni taire ce qu'il avait entendu, ni cacher ses propres excès, et ne gardait aucune mesure ni dans ses actions, ni dans ses discours. Or, il avait une ancienne liaison de débauche avec une femme noble, nommée Fulvie; et comme il était moins bien reçu depuis que le mauvais état de ses affaires l'avait forcé de diminuer ses largesses, tout à coup il prend des airs de hauteur, il lui promet mers et montagnes, la menace parfois si elle ne cède à ses désirs, la traite enfin avec une arrogance à laquelle elle n'était pas accoutumée. Fulvie, ayant découvert la cause de ce changement, ne tint pas caché le danger que courait la république; sans nommer son auteur, elle raconta à plusieurs personnes ce qu'elle savait de la conjuration et comment elle le savait. Cette découverte décida surtout les citoyens à déférer le consulat à Cicéron : car, auparavant, la plupart des patriciens, que la jalousie animait, auraient cru prostituer cette dignité s'ils en eussent revêtu, malgré tout son mérite, un homme nouveau; mais le danger venu, l'envie et l'orgueil se turent.

XXIV. Les comices s'étant donc réunis, proclamèrent consuls Cicéron et Antoine. A ce coup, la masse des conjurés est aussitôt ébranlée, mais la fureur de Catilina, loin d'en être ralentie, ne fait, de jour en jour, que remuer plus de projets : il prépare des armes dans les lieux favorables de l'Italie, emprunte de l'argent en son nom ou sous celui de ses amis, et l'envoie à Fésules à un certain Manlius (14) qui, peu après, leva l'étendart de la révolte. Ce fut alors, dit-on, qu'il s'associa un grand nombre de gens de toute espèce, et même quelques femmes qui, d'abord, avaient trouvé dans la prostitution le moyen de soutenir de grandes dépenses, mais qui s'étaient endettées de tous côtés depuis que l'âge avait borné leur gain et non leur luxe. Par elles, Catilina se flattait de soulever les esclaves qui mettraient le feu à Rome; et quant à leurs maris, il se proposait de les avoir pour complices, ou de les égorger.

XXV. Parmi ces femmes était Sempronia (15), qui avait commis beaucoup de crimes avec une audace virile. Elle était assez favorisée du côté de la naissance, de la beauté, de son époux, de ses enfants; elle possédait les lettres grecques et latines; elle chantait et dansait avec plus d'art qu'il n'est bienséant à une honnête femme; enfin, elle avait beaucoup d'autres talents qui sont des instruments de volupté, et qu'elle avait toujours préférés à la pudeur et à la vertu. Ce qu'elle ménageait le moins, de sa fortune ou de sa réputation, c'est ce qu'il n'aurait pas été facile de décider, si ardente et si lascive, qu'elle provoquait les hommes plus souvent qu'elle n'en était provoquée. Elle avait souvent trahi sa foi, nié des sommes prêtées, trempé dans des assassinats; la débauche et l'indigence l'avaient précipitée dans tous les excès. Douée d'ailleurs d'un esprit agréable, elle savait faire des vers, manier la plaisan-

---

XXIII. Sed in ea conventione fuit Q. Curius, natus haud obscuro loco, flagitiis atque facinoribus coopertus; quem censores senatu probri gratia moverant. Huic homini non minor vanitas, quam audacia inerat; neque reticere quæ audierat, neque suamet ipse scelera occultare; prorsus neque dicere, neque tacere quidquam pensi habebat. Erat ei cum Fulvia, muliere nobili, stupri vetus consuetudo. Cui quum minus gratus esset, quia inopia minus largiri poterat, repente glorians maria montesque polliceri cœpit; minari interdum ferro, nisi obnoxia foret; postremo ferocius agitare, quam solitus erat. At Fulvia, insolentiæ Curii causa cognita, tale periculum reipublicæ haud occultum habuit; sed, sublato auctore, de Catilinæ conjuratione quæ quoque modo audierat, compluribus narravit. Ea res imprimis studia hominum accendit ad consulatum mandandum M. Tullio Ciceroni. Namque antea pleraque nobilitas invidia æstuabat; et quasi pollui consulatum credebant, si eum, quamvis egregius, homo novus adeptus foret. Sed ubi periculum advenit, invidia atque superbia postfuere.

XXIV. Igitur comitiis habitis, consules declarantur M. Tullius et C. Antonius; quod factum primo popularis conjurationis concusserat. Neque tamen Catilinæ furor minuebatur; sed in dies plura agitare; arma per Italiam locis opportunis parare; pecuniam, sua aut amicorum fide sumtam mutuam, Fæsulas ad Manlium quemdam portare, qui postea princeps fuit belli faciundi. Ea tempestate plurimos cujusque generis homines adscivisse dicitur; mulieres etiam aliquot, quæ primo ingentes sumtus stupro corporis toleraverant, post, ubi ætas tantummodo quæstui, neque luxuriæ modum fecerat, æs alienum grande conflaverant. Per eas se Catilina credebat posse servitia urbana sollicitare, urbem incendere, viros earum vel adjungere sibi, vel interficere.

XXV. Sed in his erat Sempronia, quæ multa sæpe virilis audaciæ facinora commiserat. Hæc mulier genere atque forma, præterea viro, liberis, satis fortunata; litteris græcis atque latinis docta; psallere, saltare elegantius, quam necesse est probæ; multa alia, quæ instrumenta luxuriæ sunt. Sed ei cariora semper omnia, quam decus atque pudicitia fuit; pecuniæ an famæ minus parceret, haud facile decerneres, libidine sic accensa, ut sæpius peteret viros, quam peteretur. Sed ea sæpe antehac fidem prodiderat, creditum abjuraverat, cædis conscia fuerat, luxuria atque inopia præceps abierat. Verum ingenium ejus haud absurdum : posse versus facere,

terie, paraître à son gré, dans son langage, modeste, tendre ou licencieuse: en un mot, elle était pleine d'enjouement et de grâce.

XXVI. Après avoir pris ces mesures, Catilina ne briguait pas moins le consulat pour l'année suivante; il se flattait que, s'il était désigné, il ferait aisément entrer Antoine dans ses vues. Cependant il ne demeurait point oisif et tendait toute sorte de piéges à Cicéron. Mais celui-ci ne manquait, pour s'en garantir, ni d'adresse ni de ruse. En effet, dès le commencement de son consulat, à force de promesses, et par l'entremise de Fulvie, il avait obtenu que Q. Curius, dont je viens de parler, lui révélât le secret de la conjuration; il avait en outre décidé son collègue Antoine, par la cession de sa province, à ne se prêter à rien contre la république (16); enfin, il tenait constamment autour de sa personne une garde secrète, composée d'amis et de clients. Le jour des comices étant venu, et Catilina voyant que ni sa candidature, ni les embûches tendues au consul dans le Champ-de-Mars, n'avaient réussi, il résolut de faire la guerre et de recourir aux dernières extrémités, puisque toutes les autres tentatives n'avaient tourné qu'à son désavantage et à sa confusion.

XXVII. Il envoie donc C. Manlius à Fésules (17) et dans cette partie de l'Étrurie; un certain Septimius de Camerte [1] dans le Picentin; C. Julius dans l'Apulie, et d'autres de divers côtés, là où il les croit les plus utiles à ses desseins. En même temps, il ourdit à Rome mille trames, tend des piéges au consul, prépare l'incendie, place des gens armés dans les lieux opportuns, lui-même ne sort jamais sans armes, ordonne aux siens de faire comme lui, les exhorte à se tenir toujours prêts, s'empresse jour et nuit, ne prend pas de repos, et ne se laisse abattre ni par les veilles ni par les fatigues. Enfin, voyant que tous ces mouvements ne l'avancent à rien, il assemble de nouveau, au milieu de la nuit, les principaux conjurés chez M. Porcius Lecca; et là, après s'être plaint de leur indolence, il leur annonce qu'il vient d'envoyer Manlius vers cette multitude qu'il avait disposée à prendre les armes; que d'autres conjures se rendent aussi dans les lieux favorables pour commencer la guerre, et que lui-même compte rejoindre son armée dès qu'il aura d'abord écrasé Cicéron, le plus grand obstacle à ses desseins.

XXVIII. Tandis que les autres conjurés effrayés balançaient, C. Cornélius, chevalier romain, et L. Varguntéius, sénateur, s'offrent l'un et l'autre; et promettent que cette nuit même, dans quelques instants, suivis de gens armés, ils s'introduiront chez Cicéron, sous prétexte de le saluer, et que, le surprenant sans défense, ils le poignarderont dans sa demeure. Curius, voyant le danger qui menace le consul, lui fait aussitôt connaître par Fulvie l'embûche qu'on prépare. Ainsi, les assassins, trouvant la porte fermée, tentèrent en vain ce crime énorme. Cependant Manlius, dans l'Étrurie, s'efforce de soulever ce peuple qui, ayant perdu ses terres et tous ses biens sous la tyrannie de Sylla, était porté par la misère et le ressentiment à désirer une révolution; il cherche

[1] *Camerte* ou *Camérie*, colonie romaine en Ombrie.

---

jocum movere, sermone uti vel modesto, vel molli, vel procaci; prorsus multæ facetiæ multusque lepos inerat.

XXVI. His rebus comparatis, Catilina nihilo minus in proxumum annum consulatum petebat; sperans, si designatus foret, facile se ex voluntate Antonio usurum. Neque interea quietus erat, sed omnibus modis insidias parabat Ciceroni. Neque illi tamen ad cavendum dolus, aut astutiæ deerant. Namque a principio consulatus sui, multa pollicendo per Fulviam, effecerat, ut Q. Curius, de quo paullo ante memoravi, consilia Catilinæ sibi proderet. Ad hoc collegam suum Antonium pactione provinciæ perpulerat, ne contra rempublicam sentiret. Circum se præsidia amicorum atque clientium occulte habebat. Postquam dies comitiorum venit, et Catilinæ neque petitio, neque insidiæ, quas consuli in campo fecerat, prospere cessere; constituit bellum facere, et extrema omnia experiri, quoniam quæ occulte tentaverat, aspera fœdaque evenerant.

XXVII. Igitur C. Manlium Fæsulas atque in eam partem Etruriæ, Septimium quemdam Camertem in agrum Picenum, C. Julium in Apuliam, dimisit; præterea alium alio, quem ubique opportunum credebat. Interea Romæ multa simul moliri; consuli insidias tendere, parare incendia, opportuna loca armatis hominibus obsidere; ipse cum telo esse, item alios jubere; hortari, uti semper intenti paratique essent; dies noctesque festinare, vigilare, neque insomniis, neque labore fatigari. Postremo ubi multa agitanti nihil procedit, rursus intempesta nocte conjurationis principes convocat per M. Porcium Læcam; ibique multa de ignavia eorum questus, docet, se Manlium præmisisse ad eam multitudinem, quam ad capiunda arma paraverat; item alios in alia loca opportuna, qui initium belli facerent; seque ad exercitum proficisci cupere, si prius Ciceronem oppressisset; eum suis consiliis multum officere.

XXVIII. Igitur perterritis ac dubitantibus ceteris, C. Cornelius, eques romanus, operam suam pollicitus, et cum eo L. Vargunteius senator, constituere, ea nocte paullo post, cum armatis hominibus, sicuti salutatum, introire ad Ciceronem, ac de improviso domi suæ imparatum confodere. Curius ubi intellegit, quantum periculi consuli impendeat, propere per Fulviam Ciceroni dolum, qui parabatur, enunciat. Ita illi, janua prohibiti, tantum facinus frustra susceperant.

Interea Manlius in Etruria plebem sollicitare, egestate simul, ac dolore injuriæ, novarum rerum cupidam, quod, Sullæ dominatione, agros bonaque omnia amise-

aussi à gagner les brigands de toute espèce dont ce pays était infesté, et des soldats des colonies de Sylla auxquels le luxe et la débauche n'avaient rien laissé de leurs immenses rapines.

XXIX. A ces nouvelles, Cicéron, doublement inquiet, et parce que sa prudence ne suffit plus à défendre Rome plus longtemps, et parce qu'il ignore les forces et les projets de Manlius, communique cette affaire au sénat déjà prévenu par la rumeur publique. En conséquence, comme il est d'usage dans les circonstances critiques, le sénat ordonne aux consuls de pourvoir à ce que la république ne souffre aucun dommage (18). Le pouvoir dont le sénat investit alors le magistrat, d'après la coutume romaine, est sans bornes : il peut à son gré lever une armée, faire la guerre, contraindre par toutes sortes de voies les alliés et les citoyens, commander et juger souverainement au-dedans et au-dehors : dans tout autre cas, aucun de ces pouvoirs n'est accordé au consul que par la volonté du peuple.

XXX. Quelques jours après, L. Sénius, sénateur, lut au sénat une lettre qu'il disait avoir reçue de Fésules : on lui annonçait que C. Manlius, à la tête d'une grande multitude, avait pris les armes le sixième jour avant les calendes de novembre[1]. Alors, comme il arrive toujours en pareille circonstance, les uns rapportaient des présages, des prodiges, les autres parlaient de rassemblements, de transports d'armes et d'une guerre d'esclaves fomentée à Capoue et dans l'Apulie. En conséquence, un décret du sénat envoie C. Marcius Rex à Fésules, et Q. Métellus Créticus dans l'Apulie et aux environs (19) : ces deux généraux victorieux étaient depuis longtemps retenus aux portes de Rome, sans pouvoir obtenir les honneurs du triomphe, par l'intrigue d'une poignée d'hommes habitués à vendre le juste et l'injuste. En outre, on fit partir les préteurs Q. Pompéius Rufus, et Q. Métellus Celer (20), l'un pour Capoue, et l'autre pour le Picentin, avec pouvoir de lever une armée, selon le moment et le danger. De plus, on décréta que quiconque ferait des révélations sur la conspiration aurait, si c'était un esclave, la liberté et cent sesterces; si c'était un homme libre, deux cents sesterces et l'impunité[1]. Enfin on décrète que des troupes de gladiateurs seront distribuées dans Capoue et dans les autres villes municipales, à proportion de leur importance, et que des gardes veilleront sur toute la ville, commandées par des magistrats subalternes.

XXXI. Toutes ces précautions épouvantent les citoyens et changent la face de Rome. A la joie et à la licence excessives, qui étaient la suite d'un long calme, succède tout à coup une tristesse universelle; on s'empresse, on s'agite, on se défie des hommes et des lieux; sans avoir la guerre on n'a plus la paix; chacun mesure le péril à la grandeur de ses craintes. Puis, les femmes, que l'étendue de la république avait jusque-là préservées des terreurs de la guerre, s'affligent, lèvent au ciel des mains suppliantes, s'apitoient sur leurs enfants en bas âge, interrogent avec anxiété,

[1] Le 27 octobre.

[1] Cent sesterces, 20,458 fr. 33 c.

---

rat; præterea latrones cujusque generis, quorum in ea regione magna copia erat; nonnullos ex Sullanis colonis, quibus lubido atque luxuria ex magnis rapinis nihil reliqui fecerant.

XXIX. Ea quum Ciceroni nunciarentur; ancipiti malo permotus, quod neque urbem ab insidiis privato consilio longius tueri poterat, neque exercitus Manlii quantus, aut quo consilio foret, satis compertum habebat, rem ad senatum refert, jam antea volgi rumoribus exagitatam. Itaque, quod plerumque in atroci negotio solet, senatus decrevit, DARENT OPERAM CONSULES, NE QUID RESPUBLICA DETRIMENTI CAPERET. Ea potestas per senatum, more romano, magistratui maxuma permittitur: exercitum parare, bellum gerere, coercere omnibus modis socios atque cives, domi militiæque imperium atque judicium summum habere; aliter, sine populi jussu, nulli earum rerum consuli jus est.

XXX. Post paucos dies L. Sænius senator in senatu litteras recitavit, quas Fæsulis adlatas sibi dicebat; in quibus scriptum erat: « C. Manlium arma cepisse, cum magna multitudine, ante diem VI kalendas novembris » Simul, id quod in tali re solet, alii portenta atque prodigia nunciabant, alii conventus fieri, arma portari, Capuæ atque in Apulia servile bellum moveri. Igitur senati decreto Q. Marcius Rex Fæsulas, Q. Metellus Creticus in Apuliam circumque loca missi: (ii utrique ad urbem imperatores erant; impediti, ne triumpharent, calumnia paucorum, quibus omnia honesta atque inhonesta vendere mos erat:) sed prætores Q. Pompeius Rufus Capuam, Q. Metellus Celer in agrum Picenum; iisque permissum, uti pro tempore atque periculo exercitum compararent. Ad hoc decrevere, si quis indicavisset de conjuratione, quæ contra rempublicam facta erat, præmium servo libertatem et sestertia centum; libero impunitatem ejus rei et sestertia ducenta; itemque, uti gladiatoriæ familiæ Capuam et in cetera municipia distribuerentur, pro cujusque opibus; Romæ per totam urbem vigiliæ haberentur, hisque minores magistratus præessent.

XXXI. Quibus rebus permota civitas, atque immutata urbis facies; ex summa lætitia atque lascivia, quæ diuturna quies pepererat, repente omnes tristitia invasit. Festinare, trepidare; neque loco, nec homini cuiquam satis credere; neque bellum gerere, neque pacem habere; suo quisque metu pericula metiri. Ad hoc mulieres, quibus, reipublicæ magnitudine, belli timor insolitus; afflictare sese; manus supplices ad cœlum tendere; miserari parvos liberos; rogitare; omnia pavere; superbia atque

s'alarment de tout, et n'ayant plus ni fierté ni mollesse, désespèrent d'elles-mêmes et de la patrie. Cependant l'implacable Catilina poursuivait ses desseins malgré les préparatifs de défense, et quoiqu'en vertu de la loi Plautia (21), L. Paulus, l'eût cité en justice (22). Enfin, pour mieux dissimuler, et sous prétexte de se justifier d'une accusation calomnieuse, il vient au sénat. Alors le consul Cicéron, effrayé ou indigné de sa présence, prononça un discours plein d'éloquence qui fut utile à la république, et qu'il publia par la suite. Mais dès qu'il se fut assis, Catilina, toujours prêt à tout dissimuler, pria les sénateurs, d'un air humble et d'une voix suppliante, de ne pas s'abandonner contre lui à des soupçons téméraires; que sa naissance et sa conduite depuis sa jeunesse l'autorisaient à tout espérer; qu'ils ne devaient point croire qu'un patricien qui, à l'exemple de ses ancêtres, avait rendu d'importants services au peuple romain, eût intérêt à renverser la république, tandis que M. Tullius Cicéron, un homme tout nouveau dans Rome (23), en serait le sauveur. Comme à ces paroles il ajoutait des imprécations, tous de l'interrompre, de l'appeler traître et parricide. Alors, transporté de fureur : « Eh bien ! dit-il, puisque mes ennemis m'environnent et me poussent vers l'abîme, l'incendie qu'on me prépare, je l'éteindrai sous des ruines. »

XXXII. Ensuite il sortit précipitamment du sénat et se rendit chez lui. Là, roulant mille projets dans son esprit, il considère que les piéges qu'il tend au consul sont déjoués, que les gardes protégent la ville contre l'incendie, il se dit que le plus sûr est de renforcer son armée, et, avant la levée des légions, de hâter les apprêts de la guerre; et il part, à la faveur de la nuit, avec une suite peu nombreuse, pour le camp de Manlius. Mais, auparavant, il recommande à Céthégus, à Lentulus, et à tous ceux dont il connaît la détermination et l'audace, de fortifier de leur mieux le parti, de travailler sans relâche à la perte du consul, de préparer le carnage, l'incendie, et les autres crimes de la guerre : pour lui, il sera sous peu de jours avec une armée imposante aux portes de Rome.

Dans le même temps Manlius envoyait à Q. Marcius Rex des députés de son armée avec des dépêches ainsi conçues :

XXXIII. « Nous attestons les dieux et les hommes, général, que nous n'avons pris les armes ni contre la patrie, ni contre la sûreté des citoyens, mais seulement pour nous défendre contre la violence; nous malheureux, sans ressources, que l'impitoyable rigueur de nos créanciers a privés la plupart de leur patrie, et tous de leur honneur et de leur fortune; nous qui ne pouvons, comme nos aïeux, invoquer les anciens priviléges, et, en renonçant à notre patrimoine, conserver du moins notre liberté, tant est grande la barbarie des créanciers et du préteur! Souvent vos ancêtres, touchés de la misère du peuple romain, l'ont soulagée par leurs décrets; tout récemment encore, de nos jours, les dettes, devenues excessives, ont été réduites au quart, du consentement de tous les bons citoyens. Souvent encore le peuple, poussé

---

deliciis omissis, sibi patriæque diffidere. At Catilinæ crudelis animus eadem illa movebat, tametsi præsidia parabantur, et ipse lege Plautia interrogatus erat ab L. Paullo. Postremo dissimulandi caussa, et quasi sui expurgandi, sicuti jurgio lacessitus foret, in senatum venit. Tum M. Tullius consul, sive præsentiam ejus timens, seu ira commotus, orationem habuit luculentam atque utilem reipublicæ, quam postea scriptam edidit. Sed ubi ille adsedit, Catilina, ut erat paratus ad dissimulanda omnia, demisso voltu, voce supplici postulare, « patres conscripti ne quid de se temere crederent : ea familia ortum, ita ab adolescentia vitam instituisse, ut omnia bona in spe haberet; ne æstumarent, sibi, patricio homini, cujus ipsius atque majorum plurima beneficia in plebem romanam essent, perdita republica opus esse, quum eam servaret M. Tullius, inquilinus civis urbis Romæ. » Ad hoc maledicta alia quum adderet, obstrepere omnes, hostem atque parricidam vocare. Tum ille furibundus : « quoniam quidem circumventus, inquit, ab inimicis præceps agor, incendium meum ruina restinguam. »

XXXII. Dein se ex curia domum proripuit. Ibi multa secum ipse volvens, quod neque insidiæ consuli procedebant, et ab incendio intellegebat urbem vigiliis munitam, optumum factum credens, exercitum augere, ac prius quam legiones scriberentur, antecapere quæ bello usui forent, nocte intempesta cum paucis in Manliana castra profectus est. Sed Cethego atque Lentulo, ceterisque, quorum cognoverat promtam audaciam, mandat, quibus rebus possent, opes factionis confirment, insidias consuli maturent, cædem, incendia, aliaque belli facinora parent: sese propediem cum magno exercitu ad urbem accessurum. Dum hæc Romæ geruntur, C. Manlius ex suo numero ad Marcium Regem mittit, cum mandatis hujuscemodi :

XXXIII. « Deos hominesque testamur, imperator, nos arma neque contra patriam cepisse, neque quo periculum aliis faceremus; sed uti corpora nostra ab injuria tuta forent; qui miseri, egentes, violentia atque crudelitate fœneratorum, plerique patriæ, sed omnes fama atque fortunis expertes sumus. Neque cuiquam nostrum licuit, more majorum, lege uti; neque, amisso patrimonio, liberum corpus habere : tanta sævitia fœneratorum atque prætoris fuit. Sæpe majores vestrum, miseriti plebis romanæ, decretis suis inopiæ opitulati sunt ; at novissume memoria nostra, propter magnitudinem æris alieni, volentibus omnibus bonis, argentum ære solutum est (24). Sæpe ipsa plebes, aut dominandi studio permota, aut superbia magistratuum, armata a patribus secessit. At uos non

par le désir de dominer, ou soulevé par l'orgueil des magistrats, s'est séparé, en armes, des patriciens. Pour nous, nous ne demandons ni le pouvoir ni les richesses, causes ordinaires de toutes les guerres, de tous les débats qui s'élèvent parmi les mortels. Nous demandons seulement la liberté qu'un homme de cœur ne perd jamais qu'avec la vie. Nous vous en conjurons, toi et le sénat, prenez pitié d'infortunés citoyens; rendez-nous le bénéfice de la loi qui nous a été ravi par l'iniquité du préteur, et ne nous réduisez pas à la nécessité de chercher par quels moyens nous vendrons le plus cher notre vie en périssant. »

XXXIV. A ces dépêches Marcius répondit : «Que, s'ils avaient quelque demande à faire au sénat, ils missent bas les armes et se rendissent à Rome en suppliants; que la douceur et la clémence du sénat et du peuple romain n'avaient jamais été vainement implorées. » Cependant Catilina, encore en chemin, écrit à la plupart des consulaires et aux citoyens les plus recommandables « que, chargé d'accusations calomnieuses et ne pouvant résister à ses ennemis, il cède à la fortune et s'exile à Marseille, non qu'il se sente coupable d'un tel crime, mais afin que la république soit tranquille et que sa querelle personnelle n'y cause point de troubles. » Q. Catulus communiqua au sénat une lettre bien différente qu'il dit lui avoir été remise au nom de Catilina. En voici la copie :

XXXV. «L. Catilina à Q. Catulus, salut. Ton amitié constante, si souvent éprouvée, me fait espérer que, dans le pressant danger où je me trouve, tu auras égard à ma prière. Je crois inutile de justifier le parti que j'ai pris; libre de remords, je veux seulement t'en dévoiler les motifs, et je m'assure que toi-même tu les reconnaîtras légitimes. Excité par l'injustice et l'outrage, offensé de n'avoir pu obtenir pour prix de mes services et de mes talents les dignités auxquelles j'avais droit, j'ai, selon ma coutume, embrassé la cause des malheureux. Ce n'est pas que ma fortune ne suffise à acquitter mes dettes, puisque Orestilla m'a aidé généreusement, avec ses biens et ceux de sa fille, à satisfaire des engagements qui m'étaient étrangers; mais voyant élever aux honneurs des hommes qui n'en sont pas dignes, tandis que moi, on m'en écarte sur je ne sais quel soupçon, je me suis jeté dans le seul parti qui convienne à ma situation et où je puisse sauver quelque chose de ma dignité. Je voulais t'en écrire davantage, mais j'apprends qu'on veut attenter à ma personne. Je finis en te recommandant Orestilla, en la confiant à ta foi. Préserve-la de toute insulte; je t'en conjure au nom de tes propres enfants. Adieu. »

XXXVI. Après avoir passé quelques jours chez C. Flaminius Flamma, dans le territoire d'Arrétium, pour distribuer des armes aux habitants du voisinage déjà gagnés, Catilina se rend avec les faisceaux et les autres marques du commandement, au camp de Manlius. Dès que cette nouvelle arrive à Rome, le sénat déclare Catilina et Manlius ennemis de la patrie; il fixe le jour avant lequel le reste des révoltés peut impunément déposer les armes, à l'exception de ceux condamnés

imperium, neque divitias petimus, quarum rerum caussa bella atque certamina omnia inter mortales sunt; sed libertatem, quam nemo bonus, nisi cum anima simul, amittit. Te atque senatum obtestamur, consulatis miseris civibus; legis præsidium, quod iniquitas prætoris eripuit, restituatis: neve eam necessitudinem imponatis, ut quæramus quonam modo, ulti maxume sanguinem nostrum, pereamus. »

XXXIV. Ad hæc Q. Marcius : « Si quid ab senatu petere vellent, ab armis discedant, Romam supplices proficiscantur; ea mansuetudine atque misericordia senatum populumque romanum semper fuisse, ut nemo unquam ab eo frustra auxilium petiverit. » At Catilina ex itinere plerisque consularibus, præterea optumo cuique, litteras mittit : « Se falsis criminibus circumventum, quoniam factioni inimicorum resistere nequiverit, fortunæ cedere, Massiliam in exsilium proficisci : non quo sibi tanti sceleris conscius esset; sed uti respublica quieta foret, neve ex sua contentione seditio oriretur. » Ab his longe diversas litteras Q. Catulus in senatu recitavit, quas sibi nomine Catilinæ redditas dicebat. Earum exemplum infra scriptum.

XXXV. « L. Catilina Q. Catulo S. Egregia tua fides re cognita gratam in magnis periculis fiduciam commendationi meæ tribuit. Quamobrem defensionem in novo consilio non statui parare; satisfactionem ex nulla conscientia de culpa proponere decrevi; quam, me Dius fidius, veram licet cognoscas. Injuriis contumeliisque concitatus, quod fructu laboris industriæque meæ privatus, statum dignitatis non obtinebam, publicam miserorum caussam, pro mea consuetudine, suscepi; non quin æs alienum meis nominibus ex possessionibus solvere possem, quum alienis nominibus liberalitas Orestillæ suis filiæque copiis persolveret; sed quod non dignos homines honore honestatos videbam, meque falsa suspicione alienatum sentiebam. Hoc nomine satis honestas pro meo casu spes reliquæ dignitatis conservandæ sum sequutus. Plura quum scribere vellem, nunciatum est vim mihi parari. Nunc Orestillam commendo tuæque fidei trado. Eam ab injuria defendas, per liberos tuos rogatus. Haveto. »

XXXVI. Sed ipse paucos dies commoratus apud C. Flaminium Flammam in agro Arretino, dum vicinitatem, antea sollicitatam, armis exornat; cum fascibus atque aliis imperii insignibus in castra ad Manlium contendit. Hæc ubi Romæ comperta, senatus Catilinam et Manlium hostes judicat; ceteræ multitudini diem statuit, ante quam sine fraude liceret ab armis discedere, præter rerum capitalium condemnatis. Præterea decernit, uti consules di-

pour crimes capitaux; il ordonne aux consuls de lever des troupes, à Antoine de poursuivre sans retard avec l'armée Catilina, à Cicéron de veiller à la sûreté de la ville. Jamais, à mon avis, le sort de l'empire romain ne fut aussi digne de compassion. Du couchant à l'aurore, le monde entier, soumis par ses armes, lui obéissait; il avait en abondance et loisir ces richesses que les hommes regardent comme les premiers biens; et cependant il s'y rencontra des citoyens qui, d'un esprit obstiné, allaient se perdre eux et la république. Car, malgré deux décrets du sénat, malgré l'appât de l'or, personne, de toute cette multitude, ne révéla le complot; personne ne voulut quitter le camp de Catilina, tant était grand le mal qui, comme une contagion, avait infecté la plupart des citoyens.

XXXVII. Et les conjurés n'étaient pas les seuls dont se fût emparé cet esprit de bouleversement; toute la populace, avide de changements, applaudissait aux desseins de Catilina. Elle agissait en cela selon sa coutume: car toujours, dans un état, ceux qui n'ont rien portent envie aux bons, vantent les méchants, détestent les anciennes choses et désirent les nouveautés. Mécontents de leur sort, ils voudraient tout bouleverser; ils se nourrissent sans inquiétude de troubles et de séditions, parce que celui qui n'a rien se tire aisément d'affaire.

Quant au peuple de Rome en particulier, bien d'autres causes encore l'entraînèrent vers l'abîme. D'abord, tous ceux qui dans l'empire s'étaient le plus signalés par leur impudence et leur infamie, tous ceux qui avaient dissipé leur patrimoine dans des excès honteux, tous ceux que leurs turpitudes ou leurs crimes avaient chassés de leurs foyers; enfin tous les misérables de toute espèce avaient afflué à Rome comme dans une sorte d'égout public. Puis, beaucoup, se rappelant les victoires de Sylla et voyant ses simples soldats devenus les uns sénateurs, les autres si riches qu'ils déployaient un faste royal, se flattaient d'obtenir, par les armes, les mêmes avantages de la victoire. De plus, une foule de jeunes gens de la campagne qui ne pouvaient que vivre pauvrement du travail de leurs mains, attirés par les largesses publiques et particulières, préféraient l'oisiveté de Rome à un labeur ingrat. Ceux-là et beaucoup d'autres subsistaient du malheur public. Il faut donc moins s'étonner que des hommes pauvres et corrompus, ivres d'espérance, aient vu l'intérêt de l'état là où ils voyaient le leur. En outre, ceux dont Sylla, après sa victoire, avait proscrit les parents, enlevé les biens, restreint la liberté, attendaient dans les mêmes dispositions l'événement de cette guerre. Ajoutez encore que le parti opposé au sénat aimait mieux bouleverser la république que de déchoir: tant ces funestes rivalités, longtemps assoupies, s'étaient réveillées avec fureur!

XXXVIII. Depuis que, sous le consulat de Cn. Pompée et de M. Crassus, le tribunat eut été rétabli, des hommes jeunes et d'un caractère entreprenant, se voyant en possession d'une si grande autorité, commencèrent à remuer le peuple par leurs invectives contre le sénat; ensuite ils achevèrent de l'enflammer par leurs libéralités et leurs

---

lectum habeant; Antonius cum exercitu Catilinam persequi maturet; Cicero urbi præsidio sit. Ea tempestate mihi imperium populi romani multo maxume miserabile visum est. Cui quum ad occasum ab ortu solis omnia domita armis parerent; domi otium atque divitiæ, quæ prima mortales putant, affluerent; fuere tamen cives, qui seque remque publicam obstinatis animis perditum irent. Namque duobus senati decretis, ex tanta multitudine neque præmio inductus conjurationem patefecerat, neque ex castris Catilinæ quisquam omnium discesserat. Tanta vis morbi, uti tabes, plerosque civium animos invaserat.

XXXVII. Neque solum illis aliena mens erat, qui conscii conjurationis fuerant; sed omnino cuncta plebes, novarum rerum studio, Catilinæ incepta probabat. Id adeo more suo videbatur facere; nam semper in civitate, quis opes nullæ sunt, bonis invident, malos extollunt; vetera odere, nova exoptant; odio suarum rerum, mutari omnia student; turba atque seditionibus sine cura aluntur, quoniam egestas facile habetur sine damno. Sed urbana plebes, ea vero præceps ierat multis de caussis. Primum omnium, qui ubique probro atque petulantia maxume præstabant; item alii, per dedecora patrimoniis amissis; postremo omnes, quos flagitium aut facinus domo expulerat, ii Romam, sicuti in sentinam, confluxerant. Deinde multi memores Sullanæ victoriæ, quod ex gregariis militibus alios senatores videbant, alios ita divites, uti regio victu atque cultu ætatem agerent, sibi quisque, si in armis forent, ex victoria talia sperabant. Præterea juventus, quæ in agris manuum mercede inopiam toleraverat, privatis atque publicis largitionibus excita, urbanum otium ingrato labori prætulerant. Eos atque alios omnes malum publicum alebat. Quo minus mirandum, homines egentes, malis moribus, maxuma spe, reipublicæ juxta ac sibi consuluisse. Præterea quorum, victoria Sullæ, parentes proscripti, bona erepta, jus libertatis imminutum erat, haud sane alio animo belli eventum exspectabant. Ad hoc, quicumque aliarum atque senati partium erant, conturbari rempublicam, quam minus valere ipsi malebant. Id adeo malum multos post annos in civitatem reverterat.

XXXVIII. Nam postquam Cn. Pompeio et M. Crasso consulibus tribunicia potestas restituta est; homines adolescentes summam potestatem nacti, quibus ætas animusque ferox erat, cœpere, senatum criminando, plebem exagitare; dein largiundo atque pollicitando magis incendere; ita ipsi clari potentesque fieri. Contra eos summa ope nitebatur pleraque nobilitas, senati specie, pro sua

promesses, et s'acquirent ainsi de la célébrité et de la puissance. Contre eux luttaient de toutes leurs forces la plupart des patriciens, en apparence pour le sénat, en réalité pour leur propre grandeur. Car, pour dire brièvement la vérité, tous ceux qui à cette époque troublèrent la république sous d'honnêtes prétextes, affectant les uns de défendre les droits du peuple, les autres d'assurer au sénat la plus grande autorité, tous ne pensaient en alléguant le bien public qu'à satisfaire leur ambition. Sans mesure, sans modération dans leurs débats, les deux partis usèrent cruellement de la victoire.

XXXIX. Cependant, lorsque Pompée eut été chargé de la guerre maritime et de celle contre Mithridate, la puissance du peuple diminua, et celle du petit nombre s'accrut. A ceux-ci dès lors appartinrent les magistratures, les gouvernements, tous les emplois : inviolables, opulents, pleins de sécurité, ils forçaient, par la terreur des jugements, les autres magistrats à tenir la multitude en repos. Mais à peine ceux-ci, à l'état incertain des affaires, eurent-ils entrevu la possibilité d'un changement, que leur ancienne animosité se réveilla. Si, dans un premier combat, la victoire s'était déclarée pour Catilina ou fût restée indécise, il n'en faut pas douter, les plus grands malheurs eussent accablé la république; les vainqueurs eux-mêmes n'auraient pas longtemps joui de leur triomphe; dans leur fatigue et leur épuisement, un ennemi plus puissant leur eût ravi l'empire et la liberté.

Plusieurs, quoique étrangers à la conjuration, partirent dès le commencement pour aller joindre Catilina. De ce nombre était A. Fulvius, fils d'un sénateur; mais il fut arrêté en chemin et ramené à Rome, où son père le fit mettre à mort (25). Vers le même temps, Lentulus, suivant les instructions de Catilina, ne cessait de solliciter, par lui-même ou par d'autres, ceux que leur caractère ou l'état de leur fortune disposait à la révolte; non-seulement les citoyens, mais toute espèce d'hommes, pourvu qu'ils fussent propres à la guerre.

XL. Il charge donc un certain P. Umbrénus (26) de se rapprocher des députés Allobroges (27) et de les engager, s'il est possible, à se liguer avec le parti. Il pensait que les dettes dont étaient obérés la nation et les particuliers, et l'humeur belliqueuse des Gaulois, les détermineraient aisément. Umbrénus, qui avait commercé dans les Gaules, connaissait presque tous les principaux habitants du pays et en était connu. En conséquence, dès qu'il aperçoit les députés dans le Forum, il leur fait quelques questions sur la situation de leur pays, et, comme affligé de leur infortune, il leur demande quel terme ils espèrent à de si grands maux. Ceux-ci s'étant plaints de l'avarice des magistrats, et ayant accusé le sénat qui les délaisse, ajoutent qu'ils n'ont pas d'autre remède à leurs misères que la mort. « Et moi, leur dit-il, si vous voulez être des hommes, je vous indiquerai les moyens d'échapper à tant de misères. » A ces mots, les Allobroges, remplis d'espoir, conjurent Umbrénus d'avoir pitié d'eux : il n'est rien de si difficile, de si pénible, qu'ils n'entreprennent avec ardeur pour délivrer leur patrie de ses dettes. Alors il les mène à la maison de Décimus Brutus, laquelle avoisinait le Forum, et que Sempronia, d'accord

---

magnitudine. Namque, uti paucis verum absolvam, per illa tempora quicumque rempublicam agitavere, honestis nominibus, alii, sicuti populi jura defenderent, pars, quo senati auctoritas maxima foret, bonum publicum simulantes, pro sua quisque potentia certabant. Neque modestia, neque modus contentionis erat : utrique victoriam crudeliter exercebant.

XXXIX. Sed postquam Cn. Pompeius ad bellum maritimum atque Mithridaticum missus est; plebis opes imminutæ; paucorum potentia crevit. Ii magistratus, provincias, alia omnia tenere; ipsi innoxii, florentes, sine metu ætatem agere; ceteros judiciis terrere, quo plebem in magistratu placidius tractarent. Sed ubi primum, dubiis rebus, novandi spes oblata, vetus certamen animos eorum arrexit. Quod si primo prælio Catilina superior, aut æqua manu discessisset, profecto magna clades atque calamitas rempublicam oppressisset; neque illis, qui victoriam adepti forent, diutius ea uti licuisset, quin defessis et exsanguibus, qui plus posset, imperium atque libertatem extorqueret. Fuere tamen extra conjurationem complures, qui ad Catilinam initio profecti sunt. In his A. Fulvius, senatoris filius: quem retractum ex itinere parens necari jussit. Iisdem temporibus Romæ Lentulus, sicuti Catilina præceperat, quoscumque moribus aut fortuna novis rebus idoneos credebat, aut per se, aut per alios sollicitabat; neque solum cives, sed cujusque modi genus hominum, quod modo usui foret.

XL. Igitur P. Umbreno cuidam negotium dat, uti legatos Allobrogum requirat, eosque, si possit, impellat ad societatem belli; existumans, publice privatimque ære alieno oppressos, præterea, quod natura gens Gallica bellicosa esset, facile eos ad tale consilium adduci posse. Umbrenus, quod in Gallia negotiatus, plerisque principibus civitatum notus erat, atque eos noverat. Itaque sine mora, ubi primum legatos in foro conspexit, percontatus pauca de statu civitatis, et quasi dolens ejus casum, requirere cœpit, quem exitum tantis malis sperarent? Postquam illos videt queri de avaritia magistratuum, accusare senatum, quod in eo auxilii nihil esset, miseriis suis remedium mortem expectare : « At ego, inquit, vobis, si modo viri esse voltis, rationem ostendam, qua tanta ista mala effugiatis. » Hæc ubi dixit, Allobroges in maximam spem adducti Umbrenum orare, uti sui misereretur : nihil tam asperum, neque tam difficile esse, quin cupidissume facturi essent, dum ea res civitatem ære alieno liberaret. Ille eos in domum D. Bruti perducit; quod foro propin-

avec eux, leur tenait ouverte, Brutus étant alors absent de Rome. Il fait venir aussi Gabinius afin de donner plus de poids à ses paroles. En sa présence, il leur découvre la conjuration, nomme les conspirateurs, et même beaucoup de citoyens fort innocents, pour donner plus de confiance. Enfin, ceux-ci ayant promis leur aide, il les congédie.

XLI. Les Allobroges furent longtemps incertains sur le parti qu'ils devaient prendre. D'un côté, des dettes, le goût de la guerre et les avantages immenses que promettait une victoire; de l'autre, des forces supérieures, une conduite plus sûre, des récompenses certaines au lieu d'un espoir incertain : ils hésitaient; mais enfin la fortune de la république l'emporta. Ils révèlent donc le complot, tel qu'on le leur avait confié, à Fabius Sanga (28), le principal patron de leur nation. Cicéron, instruit par Sanga, recommande aux députés de feindre un zèle ardent pour la conjuration, de conférer avec le reste du parti, de tout promettre et de tâcher de tout découvrir.

XLII. Vers la même époque à peu près, il y eut des mouvements dans la Gaule citérieure et ultérieure, ainsi que dans le Picentin, le Brutium et l'Apulie. Car les émissaires de Catilina, avec une imprudence qui approchait de la folie, remuaient tout à la fois; et leurs assemblées nocturnes, leurs transports d'armes, leurs démarches, leurs mouvements, leurs agitations, causaient plus d'inquiétude que de danger. Le préteur Q. Métellus Céler, ayant informé contre eux en vertu d'un sénatus-consulte, en fit jeter plusieurs dans les fers. Il fut imité, dans la Gaule ultérieure, par Muréna, qui gouvernait cette province en qualité de lieutenant.

XLIII. A Rome, Lentulus et les autres chefs de la conjuration, après avoir rassemblé des forces, à ce qu'il leur paraissait très-considérables, avaient arrêté qu'à l'arrivée des troupes de Catilina dans la campagne de Fésules, le tribun L. Bestia convoquerait le peuple, et, dénonçant les poursuites de Cicéron, rejetterait sur cet excellent consul tout l'odieux d'une guerre si funeste; qu'à ce signal, la nuit suivante, les autres conjurés exécuteraient ce qui avait été prescrit à chacun d'eux. Voici, dit-on, comment les rôles étaient distribués. Statilius et Gabinius, bien accompagnés, devaient à la même heure mettre le feu à douze des principaux quartiers de Rome, afin que, à la faveur du tumulte, il fût plus facile de pénétrer jusqu'au consul et deux autres personnages dont on voulait se défaire; Céthégus devait enfoncer la porte de Cicéron et l'attaquer lui-même de vive force; les autres avaient d'autres victimes désignées; les fils de famille, qui appartenaient pour la plupart à la noblesse, s'étaient engagés à tuer leurs propres pères; et tandis que le carnage et l'incendie épouvanteraient Rome, tous ensemble ils courraient rejoindre Catilina.

Au milieu de ces préparatifs et de ces dispositions, Céthégus ne cessait de se plaindre de l'inertie des conjurés. Selon lui, ils perdaient par leurs incertitudes et leurs retardements les plus belles occasions; dans un tel péril, il fallait agir et non délibérer; si quelques braves voulaient se joindre à lui, tandis que les autres s'endormaient, il ferait irruption dans le sénat. Cet homme naturelle-

---

qua erat, neque aliena consilii, propter Semproniam; nam tum Brutus ab Roma aberat. Præterea Gabinium arcessit, quo major auctoritas sermoni inesset. Eo præsente conjurationem aperit : nominat socios, præterea multos cujusque generis innoxios, quo legatis animus amplior esset : dein eos, pollicitos operam suam, dimittit.

XLI. Sed Allobroges diu in incerto habuere, quidnam consilii caperent. In altera parte erat æs alienum, studium belli, magna merces in spe victoriæ : at in altera majores opes, tuta consilia, pro incerta spe certa præmia. Hæc illis volventibus, tandem vicit fortuna reipublicæ. Itaque Q. Fabio Sangæ, cujus patrocinio civitas plurimum utebatur, rem omnem, uti cognoverant, aperiunt. Cicero, per Sangam consilio cognito, legatis præcepit, studium conjurationis vehementer simulent, ceteros adeant, bene polliceantur, dentque operam uti eos quam maxume manifestos habeant.

XLII. Iisdem fere temporibus, in Gallia citeriore atque ulteriore, item in agro Piceno, Bruttio, Apulia motus erat. Namque illi, quos antea Catilina dimiserat, inconsulte ac veluti per dementiam, cuncta simul agere; nocturnis consiliis, armorum atque telorum portationibus, festinando, agitando omnia, plus timoris quam periculi effecerant. Ex eo numero complures Q. Metellus Celer prætor, ex senati consulto, caussa cognita, in vincula conjecerat; item in ulteriore Gallia C. Murena, qui ei provinciæ legatus præerat.

XLIII. At Romæ Lentulus, cum ceteris, qui principes conjurationis erant, paratis, ut videbantur, magnis copiis, constituerant, uti, Catilina in agrum Fæsulanum quum venisset, L. Bestia, tribunus plebis, concione habita, quereretur de actionibus Ciceronis, bellique gravissimi invidiam optumo consuli imponeret; eo signo, proxuma nocte cetera multitudo conjurationis suum quisque negotium exsequerentur. Sed ea divisa hoc modo dicebantur : Statilius et Gabinius uti cum magna manu duodecim simul opportuna loca urbis incenderent, quo tumultu facilior aditus ad consulem ceterosque, quibus insidiæ parabantur fieret; Cethegus Ciceronis januam obsideret, eum vi aggrederetur, alius autem alium; sed filii familiarum, quorum ex nobilitate maxuma pars, parentes interficerent; simul, cæde et incendio perculsis omnibus, ad Catilinam erumperent. Inter hæc parata atque decreta Cethegus semper querebatur de ignavia sociorum : illos dubitando et dies prolatando magnas opportunitates corrumpere; facto, non consulto, in tali periculo opus esse; seque, si pauci adjuvarent, languentibus aliis, impetum in curiam facturum. Natura ferox, vehemens,

ment intrépide, impétueux et propre aux coups de main, ne voyait de succès que dans la célérité.

XLIV. Cependant les Allobroges, d'après les instructions de Cicéron, s'abouchent, par l'entremise de Gabinius, avec les autres conjurés : ils demandent à Lentulus, à Céthégus, à Statilius et à Cassius, une promesse par écrit et scellée de leur sceau, qu'ils puissent montrer à leurs concitoyens; autrement il sera bien difficile de les engager dans une pareille entreprise. Tous la donnent sans défiance; Cassius seul les remet à un autre jour, et il quitte Rome un peu avant leur départ. Lentulus envoie avec eux vers Catilina un certain Volturcius de Crotone, afin qu'avant leur retour chez eux de mutuels serments entre eux et lui confirment cette alliance; et il charge Volturcius de porter à Catilina une lettre dont voici la copie : « Celui que je t'envoie t'apprendra qui je suis. Songe à ton péril, et souviens-toi que tu es homme. Considère ce qu'exige ta position, et recherche l'aide de tout le monde, même des gens de rien. » Lentulus charge en outre Volturcius d'ajouter de vive voix : « Le sénat l'ayant déclaré traître à la patrie, pourquoi repousse-t-il les esclaves? A Rome tout est prêt suivant ses ordres; qu'il ne diffère point de s'en approcher. »

XLV. Ces mesures prises et la nuit du départ arrêtée, Cicéron, instruit de tout par les députés, ordonne aux préteurs L. Valérius Flaccus et C. Pomptinus (29) d'aller se placer en embuscade sur le pont Milvius, et d'enlever l'escorte des Allobroges : il leur apprend les motifs de cet ordre, et laisse le reste à leur prudence. Ceux-ci, hommes de guerre, disposent leurs troupes sans bruit, conformément à leurs instructions, et investissent secrètement le pont. A peine les députés y sont-ils arrivés avec Volturcius, qu'une clameur s'élève des deux côtés en même temps : les Gaulois, voyant aussitôt de quoi il s'agit, se livrent sur-le-champ aux préteurs. Volturcius, après avoir exhorté les siens, se défend d'abord avec son épée contre la multitude; mais, se voyant abandonné des députés, il commence par conjurer Pomptinus, qu'il connaissait, de le sauver; puis, intimidé et n'ayant plus d'espoir, il se rend comme à des ennemis aux préteurs.

XLVI. Cela fait, des courriers vont aussitôt porter ces nouvelles au consul. Alors une crainte et une joie vive le saisirent en même temps. Il se réjouissait en songeant que, par la découverte de la conjuration, Rome se trouvait arrachée au danger; mais il se demandait avec anxiété ce qu'il fallait faire de citoyens illustres convaincus d'un attentat si affreux ; leur châtiment lui serait funeste à lui-même, leur impunité perdrait la république. Enfin, raffermissant son âme, il envoie chercher Lentulus, Céthégus, Statilius, Gabinius, ainsi qu'un certain Céparius de Terracine qui se disposait à se rendre en Apulie pour y soulever les esclaves. Tous se présentent sans retard, à l'exception de Céparius qui, le moment d'auparavant, étant sorti de chez lui, avait appris la chose et s'était enfui de Rome. Le consul, prenant Lentulus par la main, par égard pour la préture le conduit

---

manu promtus, maxumum bonum in celeritate putabat.

XLIV. Sed Allobroges ex præcepto Ciceronis per Gabinium ceteros conveniunt : ab Lentulo, Cethego, Statilio, item Cassio postulant jusjurandum, quod signatum ad civis perferant : aliter haud facile eos ad tantum negotium impelli posse. Ceteri nihil suspicantes dant ; Cassius semet id brevi venturum pollicetur, ac paullo ante legatos ex urbe proficiscitur. Lentulus cum his T. Volturcium quemdam Crotoniensem mittit; uti Allobroges prius quam domum pergerent, cum Catilina, data et accepta fide, societatem confirmarent. Ipse Volturcio literas ad Catilinam dat, quarum exemplum infra scriptum :

« Quis sim, ex eo, quem ad te misi, cognosces. Fac cogites, in quanta calamitate sis, et memineris te virum ; consideres, quid tuæ rationes postulent : auxilium petas ab omnibus, etiam ab infimis. »

Ad hoc mandata verbis dat : « Quum ab senatu hostis judicatus sit, quo consilio servitia repudiet? in urbe parata esse, quæ jusserit; ne cunctetur ipse propius accedere. »

XLV. His rebus ita actis, constituta nocte, qua proficiscerentur, Cicero, per legatos cuncta edoctus, L. Valerio Flacco et C. Pomtino prætoribus imperat, uti in ponte Mulvio per insidias Allobrogum comitatus deprehendant; rem omnem aperit, cujus gratia mittebantur ; cetera, uti facto opus sit, ita agant. Homines militares, sine tumultu præsidiis collocatis, sicuti præceptum erat, occulte pontem obsidunt. Postquam ad id loci legati cum Volturcio venere, et simul utrimque clamor exortus est, Galli, cito cognito consilio, sine mora prætoribus se tradunt. Volturcius primo, cohortatus ceteros, gladio se a multitudine defendit; dein, ubi a legatis desertus est, multa prius de salute sua Pomtinum obtestatus, quod ei notus erat; postremo timidus, ac vitæ diffidens, veluti hostibus, sese prætoribus dedit.

XLVI. Quibus rebus confectis, omnia propere per nuncios consuli declarantur. At illum ingens cura atque lætitia simul occupavere. Nam lætabatur, conjuratione patefacta, civitatem periculis ereptam esse ; porro autem anxius erat, in maxumo scelere tantis civibus deprehensis, quid facto opus esset ; pœnam illorum sibi oneri, impunitatem perdundæ reipublicæ fore. Igitur confirmato animo, vocari ad sese jubet Lentulum, Cethegum, Statilium, Gabinium, item Q. Cœparium quemdam Terracinensem, qui in Apuliam ad concitanda servitia proficisci parabat. Ceteri sine mora veniunt : Cœparius paullo ante domo egressus, cognito indicio, ex urbe profugerat. Consul Lentulum, quod prætor erat, ipse manu tenens perducit; reliquos cum custodibus in ædem Concordiæ venire jubet. Eo senatum advocat, magnaque frequentia

au sénat, et commande que les autres soient amenés sous escorte dans le temple de la Concorde. C'est là qu'il convoque les sénateurs, et, dans une assemblée nombreuse, il fait introduire Volturcius et les députés (50), et donne ordre au préteur Flaccus d'apporter la cassette et les lettres remises par les Allobroges.

XLVII. Volturcius, interrogé sur son voyage, sur la lettre, enfin sur ses projets et ses motifs, essaya d'abord de feindre et de dissimuler; mais quand on l'eut assuré du pardon au nom de la foi publique, il dévoila tout : depuis quelques jours, Gabinius et Céparius l'avaient engagé dans le complot; il n'en savait pas plus que les députés; il avait seulement ouï dire à plusieurs reprises à Gabinius que P. Autronius, Servius Sylla, L. Varguntéius et plusieurs autres étaient dans la conjuration. Les Gaulois font les mêmes aveux. Quant à Lentulus, qui se défend de toute complicité, on le presse, on lui montre sa lettre, on lui rappelle ses discours : « Les livres des Sibylles, a-t-il dit souvent, ont promis l'empire de Rome à trois Cornélius : Cinna et Sylla l'ont déjà obtenu; il est, lui, le troisième à qui les destins le réservent : d'ailleurs on était à cette année, la vingtième depuis l'incendie du capitole, que les aruspices ont prédite, d'après les prodiges, devoir être ensanglantée par une guerre civile. » Quand les lettres eurent été lues, et que tous préalablement eurent reconnu leurs seings, le sénat décréta que Lentulus abdiquerait sa magistrature, et serait mis, ainsi que ses complices, sous la garde des citoyens. En conséquence, Lentulus fut confié à P. Lentulus Spinther, alors édile; Céthégus à Q. Cornificius; Statilius à C. César; Gabinius à M. Crassus, et Céparius, qu'on venait d'arrêter dans sa fuite, au sénateur Cn. Térentius (51).

XLVIII. Cependant la conjuration une fois découverte, le bas peuple qui, avide de nouveautés, avait d'abord fait des vœux pour les auteurs de la guerre, changeant de sentiments, maudit les desseins de Catilina, porte aux nues Cicéron, et s'abandonne aux plus vifs transports de joie comme si on l'eût arraché à la servitude. En effet, si les autres fléaux de la guerre lui promettaient plus de butin que de dommage, il trouvait l'incendie cruel, monstrueux et désastreux, surtout pour lui dont tout l'avoir consistait dans des choses d'usage journalier et dans ses vêtements.

Le jour suivant on amena au sénat un certain L. Tarquinius, qui avait été, disait-on, arrêté au moment où il se mettait en chemin pour rejoindre Catilina. Celui-ci ayant promis, si on s'engageait à lui donner sa grâce, de faire des révélations, le consul lui ordonna de dire ce qu'il savait. Il répéta à peu près au sénat ce qu'avait dit Volturcius des préparatifs d'incendie, du massacre des gens de bien, de la marche de l'ennemi : mais il ajouta qu'il avait été expédié par Crassus pour dire à Catilina de ne point s'effrayer de l'arrestation de Lentulus, de Céthégus et des autres conjurés, mais de hâter d'autant plus sa marche sur Rome pour relever le courage des uns et faciliter la délivrance des autres.

A peine Tarquinius a-t-il nommé Crassus, ce patricien si illustre, si riche, d'un si grand crédit, que les uns regardent cette accusation comme invraisemblable; les autres, tout en la croyant fondée,

ejus ordinis, Volturcium cum legatis introducit : Flaccum prætorem scrinium cum literis, quas a legatis acceperat, eodem adferre jubet.

XLVII. Volturcius, interrogatus de itinere, de literis, postremo quid, aut qua de caussa, consilii habuisset, primo fingere alia, dissimulare de conjuratione; post ubi fide publica dicere jussus est, omnia, uti gesta erant, aperit : se paucis ante diebus a Gabinio et Cœpario socium adscitum, nihil amplius scire, quam legatos : tantummodo audire solitum ex Gabinio, P. Autronium, Servium Sullam, L. Vargunteium, multos præterea in ea conjuratione esse. Eadem Galli fatentur; ac Lentulum dissimulantem coarguunt, præter literas, sermonibus, quos habere solitus : « ex libris Sibyllinis regnum Romæ tribus Corneliis portendi; Cinnam atque Sullam antea; se tertium, cui fatum foret urbis potiri; præterea ab incenso Capitolio illum esse vigesimum annum, quem sæpe ex prodigiis haruspices respondissent bello civili cruentum fore. » Igitur perlectis literis, quum prius omnes signa sua cognovissent, senatus decernit, uti abdicata magistratu Lentulus, item cæteri in liberis custodiis haberentur. Itaque Lentulus P. Lentulo Spintheri, qui tum ædilis, Cethegus Q. Cornificio, Statilius C. Cæsari, Gabinius M. Crasso, Cœparius (nam is paullo ante ex fuga retractus) Cn. Terentio senatori traduntur.

XLVIII. Interea plebes, conjuratione patefacta, quæ primo cupida rerum novarum nimis bello favebat, mutata mente, Catilinæ consilia exsecrari, Ciceronem ad cœlum tollere; veluti ex servitute erepta gaudium atque lætitiam agitabat. Namque alia belli facinora prædæ magis quam detrimento; incendium vero crudele, immoderatum, ac sibi maxume calamitosum putabat; quippe cui omnes usus opiæ in usu quotidiano et cultu corporis erant. Post eum diem quidam L. Tarquinius ad senatum adductus erat, quem ad Catilinam proficiscentem ex itinere retractum aiebant. Is quum se diceret indicaturum de conjuratione, si fides publica data esset; jussus a consule, quæ sciret, edicere, eadem fere, quæ Volturcius, de paratis incendiis, de cæde bonorum, de itinere hostium senatum edocet : præterea se missum a M. Crasso, qui Catilinæ nunciaret, ne Lentulum, Cethegus, alii ex conjuratione deprehensi terrerent; eoque magis properaret ad urbem accedere, quo et ceterorum animos reficeret, et illi facilius e periculo eriperentur. Sed ubi Tarquinius Crassum nominavit, hominem nobilem, maxumis divitiis, summa potentia, alii, rem incredibilem rati; pars tametsi verum existu-

jugent que, dans une circonstance aussi critique, il faut calmer plutôt qu'aigrir un homme si puissant; la plupart, d'ailleurs, gênés dans leurs affaires, étaient à la merci de Crassus : ils s'écrient donc unanimement que c'est une calomnie, et demandent qu'il en soit délibéré. En conséquence, Cicéron prenant les avis, le sénat, ce jour-là très-nombreux, décide qu'il juge la dénonciation calomnieuse et que Tarquinius sera retenu dans les fers sans pouvoir être entendu jusqu'à ce qu'il déclare à l'instigation de qui il a avancé un pareil mensonge.

Quelques-uns crurent dans ce temps que P. Autronius avait machiné cette accusation, afin que Crassus, compromis, protégeât de son crédit ceux dont il partagerait le danger. D'autres prétendirent que Cicéron avait suscité Tarquinius, afin d'empêcher Crassus de troubler la république, en prenant, selon sa coutume, la défense des méchants. Dans la suite j'ai entendu dire hautement à Crassus lui-même que c'était à Cicéron qu'il devait ce sanglant outrage.

XLIX. Cependant à la même époque, Q. Catulus et C. Pison, ni par leur crédit, ni par leurs prières, ni par leurs offres, ne purent déterminer Cicéron à se servir des députés Allobroges ou de quelque autre témoin pour dénoncer faussement César. Ils avaient l'un et l'autre de graves motifs de haine contre lui. Pison avait été accusé par César d'avoir, pour de l'argent, condamné injustement un habitant de la Gaule transpadane; Catulus, que son âge avancé et toutes ses dignités n'avaient pu élever au pontificat, en voulait à César de ce que celui-ci, tout jeune encore, lui avait été préféré.

Les circonstances leur paraissaient favorables pour se venger, en ce que César, pour subvenir à ses libéralités particulières et à ses largesses publiques, avait contracté d'immenses dettes. Mais voyant qu'ils ne pourraient engager le consul à commettre une si énorme injustice, ils se donnèrent du mouvement chacun de leur côté; ils répandirent de faux bruits qu'ils prétendaient tenir de Volturcius et des Allobroges, et par là ils montèrent tous les esprits contre César : ce fut au point que plusieurs chevaliers romains qui avaient été préposés à la garde du temple de la Concorde, soit excités par la grandeur du péril, soit que la noblesse de leur âme les portât à faire éclater leur zèle pour la république, menacèrent de leur épée César qui sortait du sénat.

L. Tandis que ces choses se passent au sénat, et qu'après avoir vérifié les dépositions des députés Allobroges et de T. Volturcius, on leur décerne des récompenses, les affranchis de Lentulus et quelques-uns de ses clients, répandus dans les rues, sollicitaient çà et là les artisans et les esclaves à venir le délivrer, et quelques-uns cherchaient de certains chefs de bande habitués à troubler la république pour de l'argent. Cependant Cethégus, par des émissaires, fait prier ses esclaves et ses affranchis, tous gens choisis et d'une ardeur éprouvée, de se réunir et de venir en armes forcer sa prison.

A ces nouvelles, le consul dispose des gardes ainsi que l'exigeaient le temps et les lieux, convoque le sénat et l'engage à délibérer sur ce qu'il faut faire des détenus. Déjà, peu auparavant, le

---

mabant, tamen quia in tali tempore tanta vis hominis leniunda magis, quam exagitanda videbatur ; plerique Crasso ex negotiis privatis obnoxii, conclamant indicem falsum, deque ea re postulant uti referatur. Itaque, consulente Cicerone, frequens senatus decernit : « Tarquinii indicium falsum videri, eumque in vinculis retinendum, neque amplius potestatem faciundam, nisi de eo indicaret, cujus consilio tantam rem mentitus esset. » Erant eo tempore, qui æstumarent, illud a P. Autronio machinatum, quo facilius, appellato Crasso, per societatem periculi reliquos illius potentia tegeret. Alii Tarquinium a Cicerone immissum aiebant, ne Crassus, more suo, suscepto malorum patrocinio, rempublicam conturbaret. Ipsum Crassum ego postea prædicantem audivi, tantam illam contumeliam sibi ab Cicerone impositam.

XLIX. Sed iisdem temporibus Q. Catulus et C. Piso neque gratia, neque precibus, neque pretio Ciceronem impellere potuere, uti per Allobroges, aut alium indicem C. Cæsar falso nominaretur. Nam uterque cum illo graves inimicitias exercebant : Piso oppugnatus in judicio repetundarum, propter cujusdam Transpadani supplicium injustum; Catulus ex petitione pontificatus odio incensus, quod extrema ætate, maximis honoribus usus, ab adolescentulo Cæsare victus discesserat. Res autem

opportuna videbatur; quod privatim egregia liberalitate, publice maxumis muneribus grandem pecuniam debebat. Sed ubi consulem ad tantum facinus impellere nequeunt, ipsi singulatim circumeundo, atque ementiundo, quæ se ex Volturcio aut Allobrogibus audisse dicerent, magnam illi invidiam conflaverant; usque eo, ut nonnulli equites romani, qui præsidii caussa cum telis erant circum ædem Concordiæ, seu periculi magnitudine, seu animi nobilitate impulsi, quo studium suum in rempublicam clarius esset, egredienti ex senatu Cæsari gladio minitarentur.

L. Dum hæc in senatu aguntur, et dum legatis Allobrogum et Tito Volturcio, comprobato eorum indicio, præmia decernuntur ; liberti, et pauci ex clientibus Lentuli, diversis itineribus opifices atque servitia in vicis ad cum eripiendum sollicitabant; partim exquirebant duces multitudinum, qui pretio rempublicam vexare soliti. Cethegus autem per nuncios familiam atque libertos suos, lectos et exercitatos in audaciam, orabat, grege facto, cum telis ad sese irrumperent. Consul, ubi ea parari cognovit, dispositis præsidiis, uti res atque tempus monebat, convocato senatu refert, quid de his fieri placeat, qui in custodiam traditi erant. Sed eos paullo ante frequens senatus judicaverat contra rempublicam fecisse. Tum D. Junius Silanus, primus sententiam rogatus, quod eo tempore

4.

sénat, très-nombreux, les avait déclarés traîtres à la république; cette fois Décimus Junius Silanus (52), interrogé le premier parce qu'il était consul désigné, avait émis l'avis que les prisonniers, ainsi que L. Cassius, P. Furius, P. Umbrénus et Q. Annius, si on parvenait à les arrêter, fussent condamnés au dernier supplice. Le même Silanus, plus tard ébranlé par le discours de C. César, adopta l'opinion de Tib. Néron (53) qui voulait qu'on renforçât les postes et qu'on ajournât la décision. César, à son tour invité par le consul à donner son avis, parla à peu près en ces termes (54) :

LI. « Pères conscrits, tous ceux qui délibèrent sur une affaire douteuse doivent être exempts de haine, d'amitié, de ressentiment et de compassion : celui que ces préventions offusquent a trop de peine à discerner la vérité, et jamais personne n'a servi à la fois sa passion et ses intérêts. Si votre esprit est libre, il peut tout; si la passion le possède, elle domine, l'intelligence ne peut plus rien. Ce serait ici pour moi une belle occasion, pères conscrits, de vous rappeler les rois et les peuples qui, pour avoir cédé à l'impulsion de la colère ou de la pitié, ont pris de funestes résolutions; mais j'aime mieux vous dire ce que nos ancêtres ont fait de bien, de sage, en fermant l'oreille aux conseils de la passion. Dans la guerre de Macédoine, que nous eûmes à soutenir contre le roi Persée, la ville de Rhodes, cette grande et superbe ville qui devait son accroissement au peuple romain, nous trahit et s'arma contre nous; cependant, la guerre terminée, quand on délibéra sur le sort des Rhodiens, nos ancêtres, craignant qu'on ne les accusât de l'avoir entreprise par convoitise de leurs richesses plutôt que par ressentiment de leur injure, les laissèrent impunis. De même, dans toutes les guerres puniques, bien que les Carthaginois, et pendant la paix et dans le cours des trêves, se fussent portés souvent à d'horribles excès, les Romains, qui en auraient eu l'occasion, n'usèrent jamais de représailles : ils cherchaient plutôt ce qui était digne d'eux, que ce que la justice leur permettait contre l'ennemi.

» Vous aussi, pères conscrits, prenez garde que le crime de Lentulus et de ses complices ne l'emporte sur votre propre dignité; prenez garde de consulter plutôt votre ressentiment que votre gloire. En effet, si l'on trouve une peine proportionnée à leur crime, j'approuve l'innovation que l'on propose; mais si la grandeur de l'attentat surpasse tout ce qu'on peut imaginer pour le punir, je pense qu'il faut s'en tenir aux moyens de répression que fournissent les lois. La plupart de ceux qui ont opiné avant moi ont déploré en termes magnifiquement arrangés le malheur de la république; ils ont énuméré les fureurs de la guerre, les maux que souffrent les vaincus, les vierges, les enfants enlevés, les fils arrachés aux embrassements de leurs pères, les mères de famille exposées aux brutalités du vainqueur, les temples et les maisons saccagés; ils nous ont montré la ville livrée au carnage et aux flammes, partout enfin des armes, des cadavres, du sang et des pleurs. Mais, au nom des dieux immortels, où tendent ces discours? Serait-ce à vous faire détester la conjuration? Eh quoi! celui qu'un crime si grand, si atroce, n'a pas ému, un discours l'enflammera ! Non, croyez-moi jamais un homme ne trouve légères les inju-

---

consul designatus erat, de his, qui in custodiis tenebantur, praeterea de L. Cassio, P. Furio, P. Umbreno, Q. Annio, si deprehensi forent, supplicium sumendum decreverat: isque postea, permotus oratione C. Caesaris, pedibus in sententiam Tiberii Neronis iturum se dixerat; quod de ea re, praesidiis additis, referundum censuerat. Sed Caesar, ubi ad eum ventum, rogatus sententiam a consule, hujuscemodi verba locutus est.

LI. « Omnes homines, patres conscripti, qui de rebus dubiis consultant, ab odio, amicitia, ira atque misericordia vacuos esse decet. Haud facile animus verum providet, ubi illa officiunt; neque quisquam omnium lubidini simul et usui paruit. Ubi intenderis ingenium, valet : si lubido possidet, ea dominatur; animus nihil valet. Magna mihi copia est memorandi, P. C., qui reges atque populi, ira aut misericordia impulsi, male consuluerint; sed ea malo dicere, quae majores nostri, contra lubidinem animi, recte atque ordine fecere. Bello Macedonico, quod cum rege Perse gessimus, Rhodiorum civitas, magna atque magnifica, quae populi romani opibus creverat, infida atque adversa nobis fuit; sed postquam, bello confecto, de Rhodiis consultum est, majores nostri, ne quis divitiarum magis, quam injuriae caussa bellum inceptum diceret, impunitos dimisere. Item bellis punicis omnibus, quum saepe Carthaginienses et in pace, et per inducias, multa nefaria facinora fecissent; numquam ipsi per occasionem talia fecere : magis, quid se dignum foret, quam quid in illis jure fieri posset, quaerebant. Hoc idem vobis providendum est, patres conscripti, ne plus valeat apud vos P. Lentuli et ceterorum scelus, quam vestra dignitas; neu magis irae, quam famae consulatis. Nam si digna poena pro factis eorum reperitur, novum consilium approbo; sin magnitudo sceleris omnium ingenia exsuperat, iis utendum censeo, quae legibus comparata sunt. Plerique eorum, qui ante me sententias dixerunt, composite atque magnifice casum reipublicae miserati sunt · quae belli saevitia, quae victis acciderint, enumeravere : rapi virgines, pueros; divelli liberos a parentum complexu; matres familiarum pati, quae victoribus collibuissent; fana atque domos exspoliari; caedem, incendia fieri; postremo armis, cadaveribus, cruore atque luctu omnia compleri. Sed, per deos immortales, quo illa oratio pertinuit? An, uti vos infestos conjurationi faceret? scilicet quem res tanta atque tam atrox non permovit, cum oratio accendet! Non ita est : neque cuiquam mortalium injuriae suae parvae videntur; multi eas gravius aequo ha-

res qu'il a reçues ; beaucoup même les ressentent trop vivement : mais nous n'avons pas tous, pères conscrits, la même liberté. Ceux qui mènent une vie obscure, si le ressentiment les égare, généralement on l'ignore; leur renommée et leur fortune sont égales : mais ceux qui revêtus d'un grand pouvoir passent leur vie dans un poste éminent, ceux-là ont tous les mortels pour témoins de leurs actions. Ainsi plus on est élevé, moins on est libre, et plus il faut fuir la partialité, la haine et surtout l'emportement. Ce qui chez les autres se nomme colère, s'appelle chez ceux qui commandent arrogance et cruauté.

» Certes, je pense, pères conscrits, que toutes les tortures n'égaleront jamais l'attentat des conjurés. Mais la plupart des hommes ne conservent que les dernières impressions, et, même à propos des plus grands coupables, ils oublient le crime pour ne s'entretenir que du châtiment, pour peu qu'il ait été trop sévère.

» Décimus Silanus, ce digne et noble citoyen, dans tout ce qu'il a dit, n'a été inspiré, je le sais, que par l'amour du bien public, et ce n'est pas lui qui, dans une affaire grave, serait capable d'écouter ses haines ou ses affections personnelles; son caractère, sa modération me sont trop connus. Toutefois son avis me semble, je ne dis pas cruel, car peut-on être cruel envers de tels hommes? mais contraire aux maximes de notre gouvernement. Sans doute, Silanus, c'a été ou la crainte ou la gravité de l'attentat qui t'a forcé, toi consul désigné, à décerner un nouveau genre de peine. Quant à la crainte, il est superflu d'en parler, puisque, par la sage vigilance de notre illustre consul, il y a tant d'hommes qui veillent sous les armes. Quant à la peine, je puis en dire mon sentiment : dans l'affliction et dans l'infortune, la mort n'est qu'un état de repos et non pas un supplice ; elle met un terme à tous les maux des mortels; au-delà il n'y a plus ni joie ni chagrins.

» Mais, au nom des dieux immortels, pourquoi, Silanus, n'as-tu pas ajouté à ta sentence qu'ils seraient d'abord frappés de verges ? Est-ce parce que la loi Porcia le défend ? Mais d'autres lois aussi défendent d'arracher la vie aux citoyens condamnés et ne leur infligent que l'exil. Est-ce parce qu'il est plus dur d'être frappé de verges que d'être mis à mort? mais qu'y a-t-il de trop dur, de trop rigoureux envers des hommes convaincus d'un tel forfait ? Serait-ce que la peine est trop légère? mais alors que signifie d'observer la loi en un point si peu grave lorsqu'on l'a violée dans un point si important?

» Mais, dira-t-on, qui blâmera l'arrêt dont nous frapperons les parricides de la république ? Le temps, l'occasion, la fortune, dont le caprice gouverne le monde. Ces hommes, quoi qu'il leur arrive, ils l'auront mérité ; mais vous, pères conscrits, songez à l'influence de vos décrets. Tous les exemples dont on a le plus abusé ont été dans le principe des actes louables ; mais lorsque l'autorité passe à des hommes ignorants ou corrompus, l'innovation, d'abord appliquée à bon droit à des coupables, est transportée contre toute justice à des innocents. Ainsi, lorsque Athènes eut été vaincue, les Lacédémoniens lui imposèrent trente chefs pour la gouverner. D'abord ceux-ci ne s'attaquèrent qu'aux hommes les plus pervers et les plus univer-

---

buere. Sed aliis alia licentia, patres conscripti. Qui demissi in obscuro vitam habent, si quid iracundia deliquere, pauci sciunt; fama atque fortuna pares sunt : qui magno imperio præditi in excelso ætatem agunt, eorum facta cuncti mortales novere. Ita in maxima fortuna, minuma licentia est ; neque studere, neque odisse, sed minume irasci decet. Quæ apud alios iracundia dicitur, ea in imperio superbia atque crudelitas appellatur. Equidem ego sic æstumo, patres conscripti, omnes cruciatus minores, quam facinora illorum esse ; sed plerique mortales postrema meminere; et in hominibus impiis sceleris obliti, de pœna disserunt, si ea paullo severior fuit. D. Silanum virum fortem atque strenuum, certe scio, quæ dixerit, studio reipublicæ dixisse, neque illum in tanta re gratiam, aut inimicitias exercere. Eos mores, eam modestiam viri cognovi. Verum sententia ejus non mihi crudelis, (quid enim in tales homines crudele fieri potest ?) sed aliena a republica nostra videtur. Nam profecto aut metus, aut injuria te subegit, Silane, consulem designatum, genus pœnæ novum decernere. De timore supervacaneum est disserere, quum præsenti diligentia clarissumi viri consulis tanta præsidia sint in armis. De pœna possumus equidem dicere id, quod res habet : in luctu atque miseriis mortem ærumnarum requiem, non cruciatum esse; eam cuncta mortalium mala dissolvere; ultra neque curæ neque gaudio locum esse. Sed, per deos immortales, quamobrem in sententiam non addidisti, uti prius verberibus in eos animadverteretur ? An, quia lex Porcia vetat ? At aliæ leges item condemnatis civibus animam non eripi, sed exsilium permitti jubent. An, quia gravius est verberari, quam necari? Quid autem acerbum aut grave nimis in homines tanti facinoris convictos ? Sin, quia levius, qui convenit, in minore negotio legem timere, quum eam in majore neglexeris ? At enim quis reprehendet, quod in parricidas reipublicæ decretum erit? Tempus, dies, fortuna, cujus lubido gentibus moderatur. Illis merito accidet, quidquid evenerit ; ceterum vos, patres conscripti, quid in alios statuatis, considerate. Omnia mala exempla ex bonis orta sunt; sed ubi imperium ad ignaros aut minus bonos pervenit, novum illud exemplum ab dignis et idoneis ad indignos et non idoneos transfertur. Lacedæmonii, devictis Atheniensibus, triginta viros imposuere, qui rempublicam eorum tractarent. Hi primo cœpere pessumum quemque et omnibus invisum indemnatum necare : ea populus lætari et merito dicere fieri. Post ubi paullatim licentia crevit, juxta bonos et malos lubidinose

sellement haïs qu'ils firent mourir sans jugement; et le peuple de se réjouir et de dire que c'était justement fait. Mais bientôt la licence du pouvoir s'accrut; les tyrans se mirent à frapper selon leur caprice les bons comme les méchants, et firent peser la terreur sur le reste; de sorte que la ville, accablée sous la servitude, expia cruellement sa folle joie. De nos jours, lorsque Sylla vainqueur fit égorger Damasippe et d'autres scélérats de même espèce qui comme lui devaient leur agrandissement aux malheurs de la république, il n'y eut personne qui n'approuvât cette action. Ces brigands, ces factieux, dont les séditions avaient agité la patrie, périssaient, disait-on, avec justice. Mais ce fut le signal d'un grand carnage : car dès qu'un misérable convoitait une maison, une campagne, enfin un vase, un vêtement, il tâchait d'en faire proscrire le possesseur. Ainsi ceux pour qui la mort de Damasippe avait été un sujet de joie, ne tardèrent pas à être eux-mêmes traînés au supplice, et le massacre ne cessa qu'à l'instant où Sylla eut gorgé tous les siens de richesses.

» Assurément, pour moi, je ne crains rien de pareil avec Marcus Tullius, et dans le temps où nous vivons; mais dans un grand état, il y a une variété infinie de caractères. Il se peut que dans un autre temps, sous un autre consul, qui aura également l'armée dans sa main, un complot imaginaire soit cru véritable. Lorsque suivant cet exemple, et d'après un décret du sénat, le consul aura tiré le glaive, qui pourra l'arrêter ou le modérer?

» Nos ancêtres, pères conscrits, ne manquèrent jamais ni de prudence, ni de courage, et l'orgueil ne les empêchait point d'adopter les institutions étrangères, pourvu qu'elles fussent sages. Ils prirent des Samnites leurs armes et leurs traits de guerre; des Toscans, la plupart des insignes de la magistrature. En un mot, tout ce qui leur paraissait utile chez leurs alliés ou leurs ennemis, ils s'empressaient de le transporter chez eux, aimant mieux imiter de bonnes choses qu'en être jaloux. Mais à la même époque, à l'exemple des Grecs, ils battaient de verges, ils mettaient à mort les citoyens coupables. Lorsque la république se fut agrandie, et que, dans cette multitude de citoyens, les factions eurent pris de la force, on opprima l'innocent, et peu à peu l'iniquité prévalut. Alors furent rendues la loi Porcia et d'autres encore, qui permettaient l'exil aux condamnés. Cette considération, pères conscrits, me paraît surtout décisive contre l'innovation qu'on vous propose. Assurément, ces hommes qui, avec de si faibles ressources, créèrent un si grand empire, l'emportaient en vertu et en sagesse sur nous, qui pouvons conserver à peine ce qu'ils ont si bien acquis.

» Faut-il donc rendre la liberté aux prisonniers et en grossir l'armée de Catilina ? Nullement, mais voici mon avis : que leurs biens soient confisqués ; qu'on les retienne en prison dans nos plus fortes villes municipales, et que personne ne puisse jamais en référer au sénat, ou en appeler au peuple, sous peine d'être déclaré par vous coupable d'attentat contre la république et le salut commun. »

LII. César ayant fini de parler, les autres se rangèrent, par un seul mot, à l'une ou à l'autre

---

interficere, ceteros metu terrere. Ita civitas servitute oppressa, stultæ lætitiæ graves pœnas dedit. Nostra memoria, victor Sulla quum Damasippum et alios hujusmodi, qui malo reipublicæ creverant, jugulari jussit; quis non factum ejus laudabat? Homines scelestos, factiosos, qui seditionibus rempublicam exagitaverant, merito necatos aiebant. Sed ea res magnæ initium cladis fuit; nam uti quisque domum aut villam, postremo aut vas, aut vestimentum alicujus concupiverat, dabat operam uti in proscriptorum numero esset. Ita quibus Damasippi mors lætitiæ fuerat, post paullo ipsi trahebantur; neque prius finis jugulandi fuit, quam Sulla omnes suos divitiis explevit. Atque ego hæc non in M. Tullio, neque his temporibus vereor; sed in magna civitate multa et varia ingenia sunt. Potest alio tempore, alio consule, cui item exercitus in manu sit, falsum aliquid pro vero credi. Ubi hoc exemplo, per senati decretum, consul gladium eduxerit; quis finem statuet, aut quis moderabitur? Majores nostri, patres conscripti, neque consilii, neque audaciæ umquam eguere : neque superbia obstabat, quo minus aliena instituta, si modo proba, imitarentur. Arma atque tela militaria ab Samnitibus, insignia magistratuum ab Tuscis pleraque sumserunt : postremo quod ubique apud socios aut hostes idoneum videbatur, cum summo studio domi exsequebantur : imitari, quam invidere bonis malebant. Sed eodem illo tempore, Græciæ morem imitati, verberibus animadvertebant in cives ; de condemnatis summum supplicium sumebant. Postquam respublica adolevit, et multitudine civium factiones valuere, circumveniri innocentes, alia hujuscemodi fieri cœpere. Tum lex Porcia aliæque paratæ, quibus legibus exsilium damnatis permissum. Hanc ego caussam, patres conscripti, quo minus novum consilium capiamus, in primis magnam puto. Profecto virtus atque sapientia major in illis fuit, qui ex parvis opibus tantum imperium fecere, quam in nobis, qui ea bene parta vix retinemus. Placet igitur eos dimitti et augeri exercitum Catilinæ ? Minume. Sed ita censeo : publicandas eorum pecunias, ipsos in vinculis habendos per municipia, quæ maxume opibus valent ; neu quis de his postea ad senatum referat, neve cum populo agat : qui aliter fecerit, senatum existumare, eum contra rempublicam et salutem omnium facturum. »

LII. Postquam Cæsar dicendi finem fecit, ceteri verbo, alius alii varie assentiebantur : at M. Porcius Cato, rogatus sententiam, hujuscemodi orationem habuit.

« Longe mihi alia mens est, patres conscripti, quum

des opinions émises (55). Mais M. Porcius Caton, invité à donner son avis, prononça le discours suivant :

« J'ai des pensées bien différentes, pères conscrits, lorsque je considère l'affaire en elle-même, et nos dangers, et que je réfléchis sur les avis proposés par plusieurs d'entre vous. Ils se sont beaucoup étendus, ce me semble, sur la peine à infliger à ces hommes qui ont déclaré la guerre à leur patrie, à leurs parents, à leurs autels et à leurs foyers : la chose même nous avertit qu'il faut songer plutôt à nous garder de ces hommes, qu'à statuer sur leur châtiment. En effet, les autres crimes, poursuivez-les seulement alors qu'ils sont consommés ; mais celui-ci, si vous ne le prévenez, une fois accompli, vous implorerez vainement les lois. La ville prise, il ne reste rien aux vaincus. Mais par les dieux immortels ! je vous adjure, vous qui toujours avez préféré à la république vos maisons, vos campagnes, vos statues, vos tableaux, si vous voulez conserver, quels qu'ils soient, ces objets de votre culte ; si vous voulez assurer la tranquillité à vos plaisirs, réveillez-vous, il en est temps, et défendez la république. Il ne s'agit aujourd'hui ni d'impôts, ni d'outrages faits à nos alliés : notre liberté, notre vie sont en péril.

» Souvent, pères conscrits, je me suis expliqué longuement dans cette assemblée ; souvent je me suis plaint du luxe et de l'avarice de nos citoyens, et c'est pour cela que j'ai tant d'ennemis ; moi qui ne me serais jamais pardonné même la pensée d'une faute, je ne pouvais pardonner aisément aux passions des autres leurs méfaits. Alors du moins, si vous faisiez peu de cas de mes paroles, la république était forte, sa prospérité permettait cette insouciance ; mais à présent, il ne s'agit plus de savoir si nous aurons de bonnes ou de mauvaises mœurs, ni quelle sera l'étendue ou la splendeur de l'empire ; mais si la république, telle qu'elle est, nous restera, ou si elle deviendra avec nous la proie de l'ennemi.

» Et il y a ici quelqu'un qui me parle de douceur et de clémence ! Certes, je le sais, depuis longtemps nous avons perdu les vraies dénominations des choses ; car, prodiguer le bien d'autrui s'appelle libéralité ; avoir de l'audace dans le mal, courage ; et voilà ce qui réduit la république à cette extrémité. Eh bien ! puisque ainsi vont les mœurs, que l'on soit libéral de la fortune des alliés, que l'on soit indulgent envers les voleurs du trésor ; mais qu'on ne leur prodigue pas notre sang, et que pour épargner quelques scélérats, on ne perde pas tout ce qu'il y a de gens de bien.

» César vient de parler avec beaucoup d'art et d'éloquence sur la vie et sur la mort ; regardant, je crois, comme des inventions fabuleuses ce qu'on rapporte des enfers : que les méchants, séparés des bons, habitent des lieux sombres, incultes, infects, épouvantables. En conséquence, il a été d'avis que les biens des conjurés fussent confisqués et leurs personnes gardées dans les villes municipales. Il craint sans doute que s'ils étaient à Rome, le reste de leurs complices, ou la multitude ameutée ne les enlèvent de force : comme s'il n'y avait des méchants et des scélérats qu'à Rome, et non dans toute l'Italie ; comme si un coup d'audace n'avait pas plus de chances de succès là où les moyens de défense sont moindres. César donne donc un conseil illusoire, s'il redoute

---

res atque pericula nostra considero, et quum sententias nonnullorum mecum ipse reputo. Illi mihi disseruisse videntur de pœna eorum, qui patriæ, parentibus, aris atque focis suis bellum paravere : res autem monet, cavere ab illis magis, quam quid in illos statuamus, consultare. Nam cetera tum persequare ubi facta sunt : hoc, nisi provideris ne accidat, ubi evenit, frustra judicia implores : capta urbe, nihil fit reliqui victis. Sed, per deos immortales, vos ego appello, qui semper domos, villas, signa, tabulas vestras pluris, quam rempublicam, fecistis : si ista, cujuscumque modi sint, quæ amplexamini, retinere, si voluptatibus vestris otium præbere voltis ; expergiscimini aliquando, et capessite rempublicam. Non agitur de vectigalibus, non de sociorum injuriis : libertas et anima nostra in dubio est. Sæpenumero, patres conscripti, multa verba in hoc ordine feci ; sæpe de luxuria atque avaritia nostrorum civium questus sum ; multosque mortales ea caussa adversos habeo. Qui mihi atque animo meo nullius umquam delicti gratiam fecissem, haud facile alterius lubidini malefacta condonabam. Sed ea tametsi vos parvi pendebatis, tamen respublica firma ; opulentia negligentiam tolerabat. Nunc vero non id agitur, bonis an malis moribus vivamus ; neque quantum, aut quam magnificum imperium populi romani ; sed cujus hæc cumque modi nostra, an nobiscum una, hostium futura sint. Hic mihi quisquam mansuetudinem et misericordiam nominat ! Jampridem equidem nos vera rerum vocabula amisimus ; quia bona aliena largiri, liberalitas ; malarum rerum audacia, fortitudo vocatur ; eo respublica in extremo sita. Sint sane, quoniam ita se mores habent, liberales ex sociorum fortunis ; sint misericordes in furibus ærarii : ne sanguinem nostrum largiantur, et, dum paucis sceleratis parcunt, bonos omnes perditum eant. Bene et composite C. Cæsar paullo ante in hoc ordine de vita et morte disseruit ; falsa, credo, existumans quæ de inferis memorantur : diverso itinere malos a bonis loca tetra, inculta, fœda atque formidolosa habere. Itaque censuit pecunias eorum publicandas, ipsos per municipia habendos ; videlicet ne, aut a popularibus conjurationis, aut a multitudine conducta per vim eripiantur. Quasi vero mali atque scelesti tantummodo in urbe, et non per totam Italiam sint ; aut non ibi plus possit audacia, ubi ad defendendum opes

les conjurés ; si, au contraire, au milieu de cette terreur universelle, seul il est sans crainte, il vous importe d'autant plus à vous et à moi de craindre. C'est pourquoi, lorsque vous statuerez sur le sort de Publius Lentulus et des autres, soyez certains que vous prononcerez en même temps sur l'armée de Catilina et sur tous les conjurés. Plus vous agirez avec vigueur, plus s'affaiblira leur courage. S'ils vous voient hésiter et mollir, tous aussitôt se présenteront devant vous menaçants.

» Gardez-vous de penser que ce soit par les armes que nos ancêtres ont fait de la république, d'abord si faible, un si puissant empire. S'il en était ainsi, nous la verrions aujourd'hui bien plus florissante, puisque nous avons plus d'alliés, plus de citoyens, plus d'armes, plus de chevaux ; mais d'autres moyens, qui nous manquent, fondèrent leur grandeur : au-dedans l'activité, au-dehors l'équité ; dans les délibérations, un esprit libre, dégagé de passions et de vices. Au lieu de ces vertus, nous avons, nous, le luxe et l'avarice, la pauvreté de l'état, l'opulence des particuliers ; nous vantons les richesses, nous chérissons l'oisiveté ; nulle distinction entre les bons et les méchants ; l'ambition possède toutes les récompenses de la vertu. Et il ne faut pas s'en étonner : lorsque vous consultez chacun vos intérêts particuliers, lorsque vous vous rendez esclaves chez vous de vos plaisirs, ici de l'argent ou de la faveur, il en résulte que l'on se jette de toutes parts sur la république abandonnée ; mais laissons là ces considérations.

» Des citoyens de la plus haute naissance ont conjuré de mettre le feu à Rome ; ils excitent à la guerre la nation gauloise, si fatale au nom romain ; le chef du complot est avec son armée sur nos têtes ; et vous, vous balancez encore, vous hésitez sur ce que vous ferez d'un ennemi que vous venez de saisir dans vos murs ! Ayez pitié d'eux, je vous le conseille, ce sont de malheureux jeunes gens égarés par l'ambition : renvoyez-les même tout armés ; mais prenez garde que votre douceur et votre miséricorde ne tournent à votre perte. Sans doute la conjoncture est terrible, mais vous ne la craignez pas. Que dis-je ? vous en êtes épouvantés ; mais efféminés, pleins de mollesse, vous vous regardez, vous vous attendez les uns les autres, vous fiant sans doute à ces dieux immortels qui ont plus d'une fois sauvé cette république dans les plus grands périls. Mais ce n'est point par des prières et des supplications de femme qu'on obtient le secours des dieux : ce n'est qu'à force de veilles, d'activité, de sagesse, que tout réussit. Si vous vous abandonnez à une lâche indolence, vainement vous implorerez les dieux ; vous les trouverez sourds et inexorables.

» Du temps de nos ancêtres, Manlius Torquatus, dans la guerre des Gaulois, fit mettre à mort son fils qui avait combattu l'ennemi contre ses ordres ; et ainsi ce noble jeune homme paya de sa vie un excès de valeur. Vous, vous hésitez de prononcer sur les plus cruels des parricides ! Probablement le reste de leur vie commande l'indulgence. Eh bien ! ayez égard à la dignité de Lentulus, si jamais il a eu lui-même quelque égard pour la pudeur, pour sa propre réputation, pour les dieux et les hommes. Pardonnez à la jeunesse

---

minores. Quare vanum equidem hoc consilium, si periculum ex illis metuit. Sin in tanto omnium metu solus non timet, eo magis refert, mihi atque vobis timere.

» Quare quum de P. Lentulo ceterisque statuetis, pro certo habetote, vos simul de exercitu Catilinæ et de omnibus conjuratis decernere. Quanto vos attentius ea agetis, tanto illis animus inferior erit. Si paullulum modo vos languere viderint, jam omnes feroces aderunt. Nolite existumare, majores nostros armis rempublicam ex parva magnam fecisse. Si ita res esset, multo pulcherrumam eam nos haberemus : quippe sociorum atque civium, præterea armorum atque equorum, major nobis copia, quam illis. Sed alia fuere, quæ illos magnos fecere, quæ nobis nulla sunt : domi industria, foris justum imperium, animus in consulendo liber, neque delicto, neque lubidini obnoxius. Pro his nos habemus luxuriam atque avaritiam ; publice egestatem, privatim opulentiam ; laudamus divitias, sequimur inertiam ; inter bonos et malos discrimen nullum ; omnia virtutis præmia ambitio possidet. Neque mirum, ubi vos separatim sibi quisque consilium capitis, ubi domi voluptatibus, hic pecuniæ, aut gratiæ servitis ; eo fit, ut impetus fiat in vacuam rempublicam. Sed ego hæc omitto. Conjuravere nobilissumi cives patriam incendere ; Gallorum gentem infestissumam nomini romano ad bellum arcessunt ; dux hostium cum exercitu supra caput est. Vos cunctamini etiam nunc, quid intra mœnia apprehensis hostibus faciatis ? Miseramini censeo ; deliquere homines adolescentuli per ambitionem ; atque etiam armatos dimittatis. Næ ista vobis mansuetudo et misericordia, si illi arma ceperint, in miseriam vertet. Scilicet res aspera est ; sed vos non timetis eam. Immo vero maxume ; sed inertia et mollitia animi, alius alium expectantes cunctamini ; videlicet dis immortalibus confisi, qui hanc rempublicam in maxumis sæpe periculis servavere. Non votis, neque suppliciis muliebribus auxilia deorum parantur : vigilando, agendo, bene consulendo prospera omnia cedunt : ubi secordiæ te atque ignaviæ tradideris, nequidquam deos implores, irati infestique sunt. Apud majores nostros T. Manlius Torquatus bello gallico filium suum, quod is contra imperium in hostem pugnaverat, necari jussit ; atque ille egregius adolescens immoderatæ fortitudinis morte pœnas dedit. Vos de crudelissumis parricidis quid statuatis, cunctamini ! Videlicet vita cetera eorum huic sceleri obstat. Verum parcite dignitati Lentuli, si ipse pudicitiæ, si famæ suæ, si dis aut hominibus umquam ullis pepercit : ignoscite Cethegi adolescentiæ, nisi

de Céthégus, s'il n'a pas déjà deux fois tiré l'épée contre sa patrie. Car que dire de Gabinius, de Statilius, de Céparius? S'ils avaient jamais eu le moindre sentiment d'honneur, auraient-ils formé de tels projets contre la république?

» Enfin, pères conscrits, si la circonstance nous permettait de faillir, j'attendrais volontiers que l'événement vous corrigeât, puisque vous méprisez mes conseils; mais nous sommes enveloppés de toutes parts. Catilina et son armée nous tiennent l'épée sur la gorge; d'autres ennemis sont dans nos murs, au sein de la ville; on divulgue le secret de nos délibérations, de nos mesures, et il faut d'autant plus nous hâter. Voici donc mon avis : Puisque, par l'exécrable complot de citoyens pervers, la république a été mise dans le plus grand danger; puisqu'ils ont été convaincus, d'après les dépositions de Volturcius et des députés Allobroges, et de leur propre aveu, d'avoir préparé contre leurs citoyens et leur patrie le meurtre, l'incendie et d'autres crimes atroces, il faut, d'après ces aveux et d'après la preuve acquise d'un crime capital, suivant la coutume de nos ancêtres, leur faire subir le dernier supplice. »

LIII. Lorsque Caton se fut assis, tous les consulaires et la plupart des sénateurs louent son discours, portent au ciel sa fermeté, s'accusent mutuellement de faiblesse : Caton seul est proclamé grand et illustre. Le sénat rend un décret conforme à son avis.

Pour moi, après tout ce que j'ai lu et entendu conter des hauts faits par lesquels les Romains s'étaient illustrés, soit pendant la paix, soit pendant la guerre, je me suis plu à rechercher quelle était la principale cause de tant de succès. Je savais que souvent, avec une poignée d'hommes, ils avaient lutté contre les nombreuses légions des ennemis; je voyais qu'avec de faibles ressources ils avaient soutenu la guerre contre de puissants rois; qu'en outre ils avaient éprouvé plus d'une fois les rigueurs de la fortune, et que les Grecs avaient été plus éloquents, les Gaulois plus belliqueux. Après bien des réflexions, je demeurai convaincu que le mérite éminent de quelques citoyens avait opéré ces prodiges; que par là la pauvreté avait triomphé des richesses, le petit nombre de la multitude. Plus tard, quand le luxe et l'oisiveté eurent corrompu la cité, ce fut la république qui se soutint par sa seule puissance contre les vices des généraux et des magistrats. Rome, comme une mère épuisée, n'enfanta de longtemps un citoyen grand par sa vertu; mais de nos jours ont paru deux hommes d'un mérite supérieur, quoique d'un caractère différent, M. Caton et C. César. Puisque l'occasion s'en est présentée, je ne dois pas les passer sous silence : je ne pouvais pas les oublier; je veux même essayer, autant qu'il me sera possible, de faire connaître leur génie et leurs mœurs.

LIV. Il y avait peu de différence entre eux pour la naissance, l'âge, l'éloquence : ils avaient une égale grandeur d'âme, une gloire égale, mais différente. César s'était fait un grand nom par ses bienfaits et sa magnificence; Caton, par l'intégrité de sa vie. Le premier se distingua par sa douceur et sa clémence; le second se rendit res-

---

iterum patriæ bellum fecit. Nam quid ego de Gabinio, Statilio, Cœpario loquar? quibus si quidquam unquam pensi fuisset, non ea consilia de republica habuissent.

» Postremo, patres conscripti, si mehercule peccato locus esset, facile paterer, vos ipsa re corrigi, quoniam verba contemnitis; sed undique circumventi sumus. Catilina cum exercitu faucibus urget : alii intra mœnia, in sinu urbis sunt hostes ; neque parari, neque consuli quidquam occulte potest : quo magis properandum. Quare ita ego censeo : quum nefario consilio sceleratorum civium respublica in maxima pericula venerit, hique indicio T. Volturcii et legatorum Allobrogum convicti confessique sint, cædem, incendia, alia fœda atque crudelia facinora in cives patriamque paravisse : de confessis, sicuti de manifestis rerum capitalium, more majorum supplicium sumendum. »

LIII. Postquam Cato assedit, consulares omnes, itemque senatus magna pars sententiam ejus laudant, virtutem animi ad cœlum ferunt : alii alios increpantes timidos vocant : Cato magnus atque clarus habetur : senati decretum fit, sicuti ille censuerat. Sed mihi multa legenti, multa audienti, quæ populus romanus domi militiæque, mari atque terra, præclara facinora fecit, forte lubuit attendere, quæ res maxume tanta negotia sustinuisset.

Sciebam, sæpenumero parva manu cum magnis legionibus hostium contendisse ; cognoveram parvis copiis bella gesta cum opulentis regibus; ad hoc sæpe fortunæ violentiam toleravisse; facundia Græcos, gloria belli Gallos ante Romanos fuisse : ac mihi multa agitanti constabat, paucorum civium egregiam virtutem cuncta patravisse; eoque factum, uti divitias paupertas, multitudinem paucitas superaret. Sed postquam luxu atque desidia civitas corrupta est, rursus respublica magnitudine sua imperatorum atque magistratuum vitia sustentabat; ac, veluti effeta parente (56), multis tempestatibus haud sane quisquam Romæ virtute magnus fuit. Sed memoria mea, ingenti virtute, divorsi moribus fuere viri duo, M. Cato et C. Cæsar : quos, quoniam res obtulerat, silentio præterire non fuit consilium, quin utriusque naturam et mores, quantum ingenio possem, aperirem.

LIV. Igitur his genus, ætas, eloquentia prope æqualia fuere : magnitudo animi par, item gloria ; sed alia alii. Cæsar beneficiis atque munificentia magnus habebatur ; integritate vitæ Cato. Ille mansuetudine et misericordia clarus factus ; huic severitas dignitatem addiderat. Cæsar dando, sublevando, ignoscendo ; Cato nihil largiundo gloriam adeptus. In altero miseris perfugium ; in altero malis pernicies ; illius facilitas, hujus constantia laudabatur.

pectable par sa sévérité. César acquit une haute renommée en donnant, en soulageant, en pardonnant; Caton, en n'accordant rien. L'un était le refuge des malheureux, l'autre le fléau des méchants. On vantait du premier la facilité de mœurs; du second la constance inébranlable. Enfin César s'était fait une règle d'être laborieux, vigilant, occupé des intérêts de ses amis, peu soigneux des siens, de ne rien refuser qui lui parût digne d'être offert; pour lui-même, il désirait un grand commandement, une armée, une guerre où il pût déployer son génie. Caton, au contraire, faisait son étude de la modération, de la décence, mais surtout de l'austérité. Il ne luttait point de richesses avec le riche, ni d'intrigue avec l'intrigant, mais de valeur avec le plus brave, de retenue avec le plus modeste, de probité avec le plus honnête; il aimait mieux être vertueux que de le paraître, et par là, moins il cherchait la gloire, plus il en acquérait.

LV. Le sénat, comme je l'ai dit, ayant adopté l'avis de Caton, le consul pensa qu'il serait bien, pour prévenir un mouvement, de devancer la nuit qui approchait, et ordonna aux triumvirs (57) de préparer tout pour le supplice; lui-même disposa des gardes et conduisit Lentulus en prison; les autres y furent menés par les préteurs. Dans cette prison, en montant un peu à gauche, on trouve un endroit nommé Tullianum, qui a environ douze pieds de profondeur; il est de tous côtés entouré de murailles, et recouvert d'une voûte de pierre; la malpropreté, les ténèbres, l'infection en rendent l'accès dégoûtant et terrible (58). Dès que Lentulus fut descendu dans ce cachot, les bourreaux, qui en avaient reçu l'ordre, l'étranglèrent. Ainsi ce patricien, de l'illustre famille des Cornélius, qui avait été honoré de la dignité consulaire (59), trouva une fin digne de ses mœurs et de ses actions. Céthégus, Statilius, Gabinius, Céparius, subirent le même supplice.

LVI. Tandis que ces choses se passaient à Rome, Catilina réunissant aux troupes de Manlius celles qu'il avait amenées avec lui, en formait deux légions, où il n'y avait d'abord que le nombre voulu de cohortes; ensuite distribuant à mesure dans chacune les volontaires et les conjurés qui arrivaient au camp, il eut bientôt formé deux légions entières : dans l'origine cependant il n'avait que deux mille hommes. Mais de toute cette troupe il n'y avait guère que le quart qui fût régulièrement armé; le reste avait pris pour arme ce que le hasard lui avait offert; ils portaient les uns des dards ou des lances, les autres des pieux aiguisés. A l'approche de l'armée d'Antoine, Catilina s'avance par les montagnes, transporte son camp tantôt vers Rome, tantôt vers la Gaule, et toujours évite le combat. Il se flattait, si ses complices réussissaient à Rome, de se voir au premier jour à la tête d'une puissante armée; cependant il refusait d'enrôler les esclaves accourus d'abord vers lui en grand nombre : il comptait sur les forces de la conjuration, et craignait d'ailleurs de nuire à ses intérêts en paraissant confondre la cause des citoyens avec celle d'esclaves fugitifs.

LVII. Mais dès qu'on apprit dans le camp la découverte de la conjuration, à Rome, ainsi que le supplice de Lentulus, de Céthégus et des autres dont j'ai parlé, aussitôt la plupart de ceux que l'es-

---

Postremo Cæsar in animum induxerat laborare, vigilare; negotiis amicorum intentus, sua neglegere; nihil denegare, quod dono dignum esset; sibi magnum imperium, exercitum, novum bellum exoptabat, ubi virtus enitescere posset. At Catoni studium modestiæ, decoris, sed maxume severitatis erat : non divitiis cum divite, neque factione cum factioso; sed cum strenuo virtute, cum modesto pudore, cum innocente abstinentia certabat : esse, quam videri, bonus malebat : ita, quo minus gloriam petebat, eo magis sequebatur.

LV. Postquam, ut dixi, senatus in Catonis sententiam discessit, consul optumum factum ratus, noctem, quæ instabat, antecapere, ne quid eo spatio novaretur, triumviros quæ supplicium postulabat, parare jubet : ipse, dispositis præsidiis, Lentulum in carcerem deducit : idem fit ceteris per prætores. Est locus in carcere, quod Tullianum appellatur, ubi paullulum ascenderis ad lævam, circiter duodecim pedes humi depressus. Eum muniunt undique parietes, atque insuper camera, lapideis fornicibus vincta; sed inculto, tenebris, odore, fœda atque terribilis ejus facies est; in eum locum postquam demissus Lentulus, quibus præceptum erat, laqueo gulam fregere. Ita ille patricius, ex clarissuma gente Corneliorum, qui consulare imperium Romæ habuerat, dignum moribus factisque suis exitum vitæ invenit. De Cethego, Statilio, Gabinio, Cœpario, eodem modo supplicium sumtum.

LVI. Dum ea Romæ geruntur, Catilina ex omni copia quam et ipse adduxerat, et Manlius habuerat, duas legiones instituit; cohortes, pro numero militum, complet : dein, ut quisque voluntarius, aut ex sociis in castra venit, æqualiter distribuerat, ac brevi spatio legiones numero hominum expleverat, quum initio non amplius duobus millibus habuisset. Sed ex omni copia circiter pars quarta erat militaribus armis instructa; ceteri, ut quemque casus armaverat, sparos aut lanceas, alii præacutas sudes portabant. Sed postquam Antonius cum exercitu adventabat, Catilina per montes iter facere, ad urbem modo, modo in Galliam versus castra movere; hostibus occasionem pugnandi non dare. Sperabat propediem magnas copias se habiturum, si Romæ socii incepta patravissent. Interea servitia repudiabat, cujus initio ad eum magnæ copiæ concurrebant, opibus conjurationis fretus, simul alienum suis rationibus existumans, videri caussam civium cum servis fugitivis communicavisse.

LVII. Sed postquam in castra nuncius pervenit, Romæ conjurationem patefactam, de Lentulo, Cethego, ceteris

poir du butin ou le désir de la nouveauté avait entraînés à la guerre, commencèrent à déserter. Catilina conduit le reste à marches forcées, à travers des montagnes escarpées, jusqu'au territoire de Pistoie, dans le dessein de s'échapper, par des sentiers peu connus, dans la Gaule cisalpine. Mais Q. Métellus Céler, qui était en observation avec trois légions dans le Picentin, devina le projet de Catilina d'après le péril où il se trouvait; et sitôt qu'il eut appris par des transfuges la route qu'il tenait, il leva son camp à la hâte, et alla se poster au pied des montagnes par où Catilina devait descendre. De son côté Antoine le suivait d'aussi près que pouvait le faire une grande armée, obligée de choisir un terrain uni, et poursuivant des troupes dont rien ne gênait la fuite. Alors Catilina, se voyant enfermé entre les montagnes et l'ennemi, déjoué dans Rome, sans aucun espoir de fuir ni d'être secouru, et pensant que le mieux à faire pour lui était de tenter la fortune des armes, prit la résolution de livrer au plus tôt bataille à Antoine. Ayant donc assemblé ses troupes, il leur tint à peu près ce discours:

LVIII. « Je sais bien, soldats, que des paroles ne donnent pas du courage, que la harangue d'un général ne fait point d'un lâche un brave, et de troupes timides une armée aguerrie. Autant d'intrépidité nous tenons de la nature ou de l'éducation, autant nous en montrons dans les combats. Celui que n'excitent ni la gloire ni les périls, c'est en vain que vous l'exhorterez; la peur ferme son oreille. Aussi, je ne vous ai rassemblés que pour vous donner quelques avis et vous expliquer ma résolution.

» Vous savez, soldats, combien la lâcheté et les lenteurs de Lentulus sont devenues funestes, à lui-même et à nous; et comment, attendant des secours de Rome, je n'ai pu me retirer dans la Gaule. Maintenant vous connaissez tous aussi bien que moi la situation de nos affaires; deux armées ennemies nous coupent le passage, l'une du côté de Rome, l'autre du côté de la Gaule : quand même vous en auriez le plus grand désir, nous ne saurions nous maintenir ici plus longtemps; le manque de grains et de subsistances nous le défend : quelque chemin que nous choisissions, le fer doit nous l'ouvrir.

« Montrez-vous donc résolus, intrépides, et en marchant au combat, souvenez-vous que les richesses, les honneurs, la gloire, bien plus, la liberté et la patrie sont en vos mains : vainqueurs, tout nous est assuré : les vivres abondent, les colonies et les villes municipales ouvrent leurs portes: si la peur nous fait lâcher pied, tout nous devient contraire; nul poste, nul ami ne défendront celui que ses armes n'auront pas su défendre. D'ailleurs, soldats, nous, nous combattons pour la patrie, pour la liberté, pour la vie ; à ceux-ci que leur importe de combattre pour le profit de quelques ambitieux! Attaquez donc avec d'autant plus d'audace, et rappelez-vous votre ancienne valeur.

» Il n'a tenu qu'à nous de traîner notre vie dans un infâme exil; quelques-uns même d'entre vous pouvaient rester à Rome, après la perte de leur fortune, et y mendier des secours étrangers : cette existence vous a paru honteuse et intolérable à des hommes de cœur, et vous avez préféré ce parti. Si vous voulez changer votre position, il

---

quos supra memoravi, supplicium sumtum; plerique, quos ad bellum spes rapinarum, aut novarum rerum studium illexerat, dilabuntur : reliquos Catilina per montes asperos magnis itineribus in agrum Pistoriensem abducit; eo consilio, uti per tramites occulte profugeret in Galliam. At Q. Metellus Celer cum tribus legionibus in agro Piceno præsidebat, ex difficultate rerum eadem illa existumans Catilinam agitare. Igitur ubi iter ejus perfugis cognovit, castra propere movet, ac sub ipsis radicibus montium consedit, qua illi descensus erat. Neque tamen Antonius procul aberat; utpote qui magno exercitu, locis æquioribus, expeditos in fugam sequeretur. Sed Catilina postquam videt montibus atque copiis hostium sese clausum, in urbe res adversas, neque fugæ, neque præsidii ullam spem; optumum factum ratus in tali re fortunam belli tentare, statuit cum Antonio quam primum confligere. Itaque, concione advocata, hujuscemodi orationem habuit.

LVIII. « Compertum ego habeo, milites, verba virtutem non addere; neque ex ignavo strenuum, neque fortem ex timido exercitum oratione imperatoris fieri. Quanta cujusque animo audacia natura aut moribus inest, tanta in bello patere solet : quem neque gloria, neque pericula excitant, nequidquam hortere; timor animi auribus officit. Sed ego vos, quo pauca monerem, advocavi ; simul uti caussam consilii aperirem. Scitis equidem, milites, secordia atque ignavia Lentuli quantam ipsi cladem nobisque attulerit; quoque modo, dum ex urbe præsidia opperior, in Galliam proficisci nequiverim. Nunc vero quo in loco res nostræ sint, juxta mecum omnes intelligitis. Exercitus hostium duo, unus ab urbe, alter a Gallia obstant : diutius in his locis esse, si maxume animus ferat, frumenti atque aliarum rerum egestas prohibet ; quocumque ire placet, ferro iter aperiendum est. Quapropter vos moneo, uti forti atque parato animo sitis ; et, quum prælium inibitis, memineritis vos divitias, decus, gloriam, præterea libertatem atque patriam in dextris portare. Si vincimus, omnia tuta erunt; commeatus abunde, coloniæ atque municipia patebunt. Sin metu cesserimus, eadem illa adversa fiunt : neque locus, neque amicus quisquam teget, quem arma non texerint. Præterea, milites, non eadem nobis et illis necessitudo impendet ; nos pro patria, pro libertate, pro vita certamus; illis supervacaneum est pugnare pro potentia paucorum ; quo audacius aggredimini, memores pristinæ virtutis. Licuit nobis cum summa turpitudine in exsilio ætatem agere : potuistis non-

faut de l'audace. Le vainqueur seul fait succéder la paix à la guerre; car mettre son espoir de salut dans la fuite, après avoir jeté les armes qui vous protégent, serait le comble de la démence. Toujours dans les combats le plus grand péril est pour celui qui craint le plus; l'audace vaut un rempart.

» Quand je vous considère, soldats, et que je me rappelle vos exploits, j'ai le plus grand espoir de la victoire. Votre âge, votre vigueur, votre bravoure m'inspirent cette confiance, outre la nécessité qui donne du courage même aux plus timides; d'ailleurs, au milieu des défilés où nous sommes, nos ennemis, malgré l'avantage du nombre, ne pourront nous envelopper. Et si la fortune vient à trahir votre courage, prenez garde de périr sans vengeance, et plutôt que de vous laisser prendre et égorger comme de vils troupeaux, combattez en hommes, et ne laissez à l'ennemi qu'une victoire sanglante et pleine de deuil. »

LIX. Après ce discours, il s'arrête un instant, fait sonner la marche et conduit son armée en bon ordre dans la plaine; ensuite il renvoie tous les chevaux, afin que le soldat, voyant le péril égal pour tous, n'en ait que plus de cœur; et lui-même, à pied, dispose ses troupes selon leur nombre et le terrain. Comme la plaine se trouvait bornée à gauche par des montagnes, à droite par des rochers escarpés, il place en tête huit cohortes; avec le reste il forme sa réserve, à laquelle il donne moins d'étendue, et en tire, pour fortifier sa première ligne, les centurions d'élite et tous les soldats les plus braves et les mieux armés. Il confie à C. Manlius le commandement de la droite, celui de la gauche à un homme de Fésules : quant à lui, avec les affranchis et les vétérans, il se place près de l'aigle, qui était la même, dit-on, que Marius avait dans son armée lors de la guerre des Cimbres.

De l'autre côté, Antoine, qu'une attaque de goutte empêchait de se trouver au combat (40), avait remis le commandement à M. Pétréius (41), son lieutenant. Celui-ci place en première ligne les cohortes des vétérans enrôlés par décret ou pour cause de tumulte (42), met derrière eux, comme réserve, le reste de l'armée; puis, parcourant à cheval tous les rangs, il adresse la parole à chaque soldat, l'appelant par son nom; il les exhorte, il les engage à se souvenir qu'ils défendent, contre des brigands mal armés, leur patrie, leurs enfants, leurs foyers. Cet homme de guerre, qui pendant plus de trente ans, tribun, préfet, lieutenant ou préteur, avait toujours joui de la plus belle réputation dans l'armée, connaissait la plupart des soldats et leurs faits d'armes, et en les leur rappelant, il enflammait leur courage.

LX. Toutes ces mesures prises, Pétréius fait sonner la charge, et ordonne aux cohortes d'avancer au petit pas. L'ennemi fait de même. Dès que l'on se fut assez approché pour que les gens de trait pussent engager le combat, les deux armées, poussant de grands cris, courent l'une sur l'autre les étendards en avant; on quitte les javelots, l'affaire s'engage avec les épées. Les vétérans, se souvenant de leur ancienne valeur, serrent vivement l'ennemi; celui-ci leur oppose un courage égal; on se bat avec acharnement. Cependant Catilina,

---

nulli Romæ, amissis bonis, alienas opes exspectare. Quia illa fœda atque intoleranda viris videbantur, hæc sequi decrevistis. Si hæc relinquere voltis, audacia opus est; nemo, nisi victor, pace bellum mutavit. Nam in fuga salutem sperare, quum arma, quis corpus tegitur, ab hostibus averteris, ea vero dementia est. Semper in prælio his maximum est periculum, qui maxume timent : audacia pro muro habetur. Quum vos considero, milites, et quum facta vestra æstumo, magna me spes victoriæ tenet. Animus, ætas, virtus vestra hortantur; præterea necessitudo, quæ etiam timidos fortes facit. Nam multitudo hostium ne circumvenire queat, prohibent angustiæ loci. Quod si virtuti vestræ fortuna inviderit, cavete inulti animam amittatis; neu capti potius, sicuti pecora, trucidemini, quam virorum more pugnantes, cruentam atque luctuosam victoriam hostibus relinquatis. »

LIX. Hæc ubi dixit, paullulum commoratus, signa canere jubet, atque instructos ordines in locum æquum deducit : dein, remotis omnium equis, quo militibus, exæquato periculo, animus amplior esset, ipse pedes exercitum, pro loco atque copiis, instruit. Nam, uti planities erat inter sinistros montes, et, ab dextera, rupes aspera, octo cohortes in fronte constituit; reliqua signa in subsidio artius collocat. Ab his centuriones omnes lectos et evocatos, præterea ex gregariis militibus optumum quemque armatum in primam aciem subducit. C. Manlium in dextera, Fæsulanum quemdam in sinistra parte curare jubet; ipse cum libertis et colonis propter aquilam adsistit, quam bello Cimbrico C. Marius in exercitu habuisse dicebatur. At ex altera parte C. Antonius, pedibus æger, quod prælio adesse nequibat, M. Petreio legato exercitum permittit. Ille cohortes veteranas, quas tumulti caussa conscripserat, in fronte; post eas ceterum exercitum in subsidiis locat. Ipse equo circumiens, unumquemque nominans appellat, hortatur, rogat, uti meminerint, se contra latrones inermos, pro patria, pro liberis, pro aris atque focis suis cernere. Homo militaris, quod amplius annos triginta, tribunus, aut præfectus, aut legatus, aut prætor cum magna gloria fuerat, plerosque ipsos factaque eorum fortia noverat; ea commemorando militum animos accendebat.

LX. Sed ubi, rebus omnibus exploratis, Petreius tuba signum dat; cohortes paullatim incedere jubet. Idem facit hostium exercitus. Postquam eo ventum, unde a ferentariis prælium committi posset, maxumo clamore cum infestis signis concurrunt : pila omittunt; gladiis res geritur. Veterani, pristinæ virtutis memores, cominus acriter instare; illi haud timidi resistunt. Maxuma vi certatur.

avec un gros de troupes légères, court le long de la ligne, soutient ceux qui plient, remplace les blessés par des soldats frais, pourvoit à tout, combat beaucoup lui-même, frappe souvent l'ennemi. Il remplissait tout à la fois les devoirs d'un brave soldat et d'un bon général. Pétréius voyant, contre son attente, Catilina faire de si grands efforts, pousse sa cohorte prétorienne au milieu des ennemis, trouble les rangs, massacre ceux qui résistent, et prend ensuite les deux ailes en flanc. Manlius et l'homme de Fésules périssent des premiers en combattant. Alors Catilina, voyant ses troupes défaites et qu'il est resté seul avec un petit nombre des siens, prend une résolution digne de sa naissance et de son ancienne gloire; il se précipite dans le plus épais de la mêlée, et tombe percé de coups.

LXI. Mais ce fut après l'action que l'on put mieux juger encore de l'audace, de l'ardeur qui animaient les troupes de Catilina. En effet, la plupart des soldats couvraient de leur corps la place même où ils avaient combattu; quelques-uns seulement, de ceux que la cohorte prétorienne avait rompus, étaient tombés un peu moins en ordre, mais tous frappés par-devant. Pour Catilina, il fut trouvé loin des siens, sur un monceau d'ennemis, respirant encore, et conservant sur son visage le même air farouche qu'il avait eu pendant sa vie (43). Enfin, de toute son armée, ni dans le combat ni dans la déroute, il n'y eut pas un seul homme libre fait prisonnier; de sorte que chacun d'eux avait aussi peu ménagé sa vie que celle de l'ennemi. Aussi la victoire du peuple romain lui coûta bien du sang et des larmes. Les plus braves avaient péri dans l'action ou n'en étaient sortis que dangereusement blessés. Beaucoup de ceux qui sortirent du camp pour voir les morts, ou pour les dépouiller, reconnaissaient, en soulevant les cadavres, celui-ci un ami, celui-là un hôte, un parent; quelques-uns, il est vrai, retrouvèrent là leurs ennemis personnels. Ainsi toute l'armée était diversement agitée par des sentiments de joie, de douleur, de désespoir et d'allégresse.

Interea Catilina cum expeditis in prima acie versari, laborantibus succurrere, integros pro sauciis arcessere, omnia providere, multum ipse pugnare, sæpe hostem ferire. Strenui militis, et boni imperatoris officia simul exsequebatur. Petreius, ubi videt Catilinam, contra ac ratus erat, magna vi tendere; cohortem prætoriam in medios hostes inducit, eos perturbatos atque alios alibi resistentes interficit; deinde utrimque ex lateribus ceteros aggreditur. Manlius et Fæsulanus in primis pugnantes cadunt. Postquam fusas copias, seque cum paucis relictum videt Catilina, memor generis atque pristinæ dignitatis, in confertissumos hostes incurrit, ibique pugnans confoditur.

LXI. Sed confecto prælio, tum vero cerneres, quanta audacia quantaque animi vis fuisset in exercitu Catilinæ. Nam fere quem quisque pugnando locum ceperat, eum, amissa anima, corpore tegebat. Pauci autem, quos medios cohors prætoria disjecerat, paullo diversius, sed omnes tamen adversis volneribus conciderant. Catilina vero longe a suis inter hostium cadavera repertus est, paullulum etiam spirans, ferociamque animi, quam habuerat vivus, in voltu retinens. Postremo ex omni copia neque in prælio, neque in fuga, quisquam civis ingenuus captus: ita cuncti suæ hostiumque vitæ juxta pepercerant. Neque tamen exercitus populi romani lætam aut incruentam victoriam adeptus; nam strenuissumus quisque aut occiderat in prælio, aut graviter vulneratus discesserat. Multi autem, qui de castris visundi, aut spoliandi gratia processerant, volventes hostilia cadavera, amicum alii, pars hospitem aut cognatum reperiebant; fuere item, qui inimicos suos cognoscerent. Ita varie per omnem exercitum lætitia, mœror, luctus atque gaudia agitabantur.

NOTES
DE
LA CONJURATION DE CATILINA.

(1) Les premiers chapitres de cette histoire sont un lieu commun qui n'a aucun rapport avec le sujet. Cette remarque a été faite depuis longtemps par Quintilien, qui a dit : « Crispus Sallustius in bello Jugurthino et Catilinario » nihil ad historiam pertinentibus principiis ortus est. » Cette observation ou cette critique a été répétée bien des fois depuis Quintilien; et même le président de Brosses a jugé ces premiers chapitres tellement inutiles, qu'il les a détachés du reste de l'ouvrage en leur donnant le titre de *préface*.

(2) *Omnis* pour *omnes*. Tous les noms latins qui ont le nominatif et le génitif du singulier semblables ont d'ordinaire l'accusatif pluriel en *is* plutôt qu'en *es*. Ainsi *hic et hæc omnis, hujus omnis, hos et has omnis*.

(3) Nous avons cru devoir, contre l'opinion de quelques traducteurs, rendre *servilibus officiis* par *occupations serviles*, et qualifier ainsi l'agriculture et la chasse, lesquelles n'exercent que le corps, dont Salluste vient de dire, il n'y a qu'un moment, qu'il est fait pour servir : *Corporis servitio utimur*.

(4) L. Sergius Catilina naquit vers l'an de Rome 646. Après avoir été successivement questeur en 675, proconsul en 680, préteur en 686, il brigue le consulat en 688; et ayant été obligé, par arrêt du sénat, de se désister de sa candidature, il conspire une première fois contre Rome. En 690, il éprouve un second refus dans la demande du consulat et conspire une seconde fois. En 691 il éprouve un troisième refus et forme alors une troisième conspiration, qui est celle que raconte Salluste. Catilina eut une sœur, Sergia, qui fut mariée à Q. Cécilius, chevalier romain, et avec laquelle, dit-on, il eut un commerce incestueux.

(5) On connaît la rigueur avec laquelle le dictateur A. Posthumius et le consul Manlius Torquatus condamnèrent leurs enfants à la mort.

(6) Plutarque, *Vie de Cicéron*, dit en parlant de Catilina : « Il avoit corrompu une partie de la jeunesse; car » il leur subministroit à chacun les plaisirs auxquels la » jeunesse est encline, comme banquets, amours de folles » femmes, et leur fournissoit argent largement pour » soutenir toute cette dépense. »

(7) Cette Aurélia Orestilla était, selon de Brosses, la sœur ou la fille de Cn. Aurélius Orestes, préteur de Rome en 677.

(8) L. César était cousin issu de germain de Jules César le dictateur, et, en même temps, oncle du triumvir Marc-Antoine. Excellent citoyen et d'un caractère inflexible, il fut un de ceux qui condamnèrent à la mort Lentulus (dont il sera parlé ci-après), quoique Lentulus fût son beau-frère. — C. Marcius Figulus se nommait d'abord Minucius Thermus; mais ayant été adopté par la famille Marcia, il en avait pris le nom.

(9) Donnons ici quelques rapides indications sur chacun des conjurés. — *P. Lentulus Sura*. Il appartenait à la famille patricienne Cornélia. Il avait été consul, mais les désordres de sa conduite publique et privée le firent chasser du sénat par les censeurs. Pour y rentrer, il brigua la préture, et l'obtint. Il était préteur l'année même du consulat de Cicéron, lorsqu'il conspirait avec Catilina. — *P. Autronius*. Il avait été condisciple de Cicéron, et plus tard son collègue dans la préture. L'an 688, P. Autronius et P. Sylla, à force de brigues et de menées coupables, furent désignés consuls au préjudice de L. Manlius Torquatus et de L. Aurélius Cotta. Mais ceux-ci accusèrent leurs compétiteurs d'avoir acheté les suffrages, et en conséquence, en vertu de la loi Calpurnia, l'élection de P. Autronius et de Sylla fut déclarée nulle, ce qui était jusqu'alors sans exemple. — *L. Cassius Longinus*. C'était un homme d'un embonpoint excessif. On disait de lui qu'il était plus bête que méchant. S'il faut en croire Cicéron, il avait demandé qu'on le chargeât de mettre le feu dans Rome. — *C. Céthégus*. Il était, lui aussi, de la famille Cornélia. Dans les guerres civiles il avait servi tour à tour tous les partis, d'abord Marius, puis Sylla, et ensuite Lépidus. — *P. et Servius Sylla*. Ils étaient les neveux du dictateur. D'après Cicéron, Publius ne fit point partie de la conjuration. — *L. Vargunteius*. Dans sa harangue *pro Sulla*, Cicéron nous apprend que ce L. Vargunteius avait été accusé pour fait de brigue, et défendu par Hortensius. — *Q. Annius*. Le président de Brosses pense que ce fut lui qui tua de sa main l'orateur Marc-Antoine, lui trancha la tête et la porta à Marius. — *M. Porcius Læca*. D'autres écrivent *Lerca*. C'était un homme de mœurs très-corrompues; il était de la même famille que les deux Caton, mais d'une autre branche. — *L. Bestia*. Il appartenait à la famille Calpurnia. Il avait été nommé tribun du peuple vers la fin du consulat de Cicéron. Il ne fut point condamné comme complice de Catilina. — *Q. Curius*. Il était de famille noble, quoique d'origine plébéienne. C'était un joueur et un débauché. Des récompenses publiques lui

furent décernées pour avoir le premier découvert la conjuration. Mais il paraît, d'après Suétone, que César, qu'il avait nommé parmi les complices de Catilina, eut assez de pouvoir pour empêcher qu'on ne lui donnât le prix de ses révélations.

(10) *M. Fulvius Nobilior.* Il ne faut pas le confondre avec un autre Fulvius dont Salluste parle ci-après, ch. XXXIX. M. Fulvius Nobilior fut assez heureux pour n'être condamné qu'à l'exil. — *L. Statilius.* La famille Statilia était déjà connue à l'époque de la seconde guerre punique. Quant à celui-ci, nous savons seulement qu'il conspira avec Catilina et qu'il fut en conséquence condamné à mort.—*P. Gabinius Capiton.* Cicéron, dans sa troisième *Catilinaire*, lui donne aussi le surnom de Cimber. Il fut également condamné à mort et exécuté. Il était parent d'A. Gabinius, sous le consulat duquel Cicéron fut exilé, l'an de R. 696. — *C. Cornelius.* Il y a eu deux familles Cornélia; l'une patricienne, l'autre plébéienne. A la première appartenaient les Scipion, les Sylla, les Lentulus; C. Cornélius appartenait à la seconde.

(11) *M. Licinius Crassus.* Il avait déjà obtenu la préture et le consulat. Quelque temps après la conjuration il forma avec Pompée et César une société que l'on nomma le triumvirat. Il fut tué dans la guerre contre les Parthes, l'an de R. 700.

(12) L. Volcatius Tullus avait été tribun du peuple. Manius Émilius Lépidus fit rebâtir en marbre, pendant sa questure, l'an 676, l'ancien pont du Tibre, qu'on appelle encore aujourd'hui, de son nom, le pont Émilien.

(13) La plupart des historiens attestent ce fait positivement. Florus le raconte avec quelques détails; Plutarque et Dion Cassius y ajoutent d'autres circonstances atroces: ils assurent que, dans ce conciliabule, les conjurés égorgèrent un enfant et prêtèrent serment sur ses entrailles. « Cependant, dit de Brosses, le silence total de Cicéron sur une circonstance aussi affreuse forme une preuve négative bien complète que ce fait n'est qu'un conte inventé après coup. »

(14) *Manlius.* Il est mieux d'écrire Mallius. C'était un ancien officier qui, au dire de Plutarque, s'était fort distingué dans les guerres de Sylla; mais, après avoir dissipé sa fortune dans la débauche, il s'était jeté dans la conspiration.

(15) Sempronia, d'une ancienne et illustre maison plébéienne, avait épousé Décimus Junius Brutus, consul en 677. Elle eut de lui un fils du même nom, qui fut un des meurtriers de César.

(16) En entrant en charge, les consuls tiraient au sort les gouvernements. La Macédoine échut à Cicéron, et la Gaule cisalpine à Antoine. Comme la première de ces provinces était beaucoup plus lucrative que l'autre, Cicéron la céda à son collègue.

(17) Selon Plutarque, Manlius, qui avait été déjà envoyé en Étrurie, était momentanément revenu à Rome pour s'entendre de nouveau avec Catilina.

(18) Cette formule solennelle investissait les consuls d'une autorité presque égale à celle du dictateur.

(19) Q. Marcius Rex avait succédé à Lucullus dans le commandement de la guerre contre Mithridate et Tigrane. Q. Métellus Créticus venait de s'emparer de la Crète.

(20) Q. Pompéius Rufus n'était pas de la même famille que le grand Pompée. Il tirait son origine de Q. Pompéius Rufus, qui fut consul avec Sylla en 666, et qui maria son fils avec la fille du dictateur. Cicéron, dans sa harangue *pro Cœlio*, parle de lui avec éloge. — Métellus Céler descendait de Métellus le Macédonique. Il fut préteur l'an 691, et consul l'an 694. Il seconda Cicéron avec le plus grand zèle dans l'affaire de la conjuration.

(21) La loi Plautia avait été proposée par le tribun Plautius Sylvanus, l'an de R. 665. Elle était dirigée contre ceux qui formaient des entreprises contre le sénat, les magistrats qui paraissaient armés dans les rues de Rome, etc., etc.

(22) A Rome les jeunes gens de noble famille débutaient par des accusations publiques contre des citoyens puissants. Cicéron fait un grand éloge du courage que montra en cette occasion L. Paulus Émilius. L. Paulus Émilius était le père de l'Émilie de Corneille. Il fut une des principales victimes du second triumvirat.

(23) *Inquilinus* signifie locataire. Plusieurs de nos devanciers ont traduit, *homme nouveau*, ce qui n'est pas la même chose. Un *homme nouveau*, *homo novus*, était celui qui, le premier de sa race, s'élevait aux honneurs curules. Selon nous, ces mots *civis inquilinus* voudraient dire un citoyen fixé depuis peu à Rome et en passant, qui n'y était pas ce que nous appelons en français *domicilié*.

(24) *Argentum œre solutum est*, mot à mot, l'argent fut remboursé en airain; c'est-à-dire que pour un sesterce, qui était d'argent, on donna un as qui était d'airain, et qui valait le quart du sesterce.

(25) Valère-Maxime rapporte le même fait. Selon lui, A. Fulvius était un jeune homme d'une beauté et d'un esprit remarquables, et son père, en ordonnant son supplice, aurait dit « qu'il ne lui avait point donné le jour pour servir Catilina contre la patrie, mais pour servir la patrie contre Catilina. »

(26) P. Umbrénus était un affranchi. V. la troisième *Catilinaire*.

(27) La république des Allobroges, qui faisait partie de la province romaine dans les Gaules, comprenait une partie du Dauphiné et de la Savoie.

(28) Q. Fabius Sanga était le patron des Allobroges comme descendant de Fabius l'Allobrogique qui avait été consul l'an 633.

(29) L. Valérius Flaccus appartenait à l'illustre maison Valéria. Il mérita d'être remercié par le sénat pour le zèle qu'il déploya dans toute cette affaire. — C. Pomptinus avait été lieutenant de Crassus dans la guerre des esclaves. Au sortir de sa préture il succéda à Muréna dans le gouvernement de la Gaule ultérieure. Il fut dans la suite lieutenant de Cicéron en Cilicie.

(30) Cicéron dit, dans sa troisième *Catilinaire*, qu'il introduisit Volturcius sans les Gaulois, et qu'il ne fit entrer ceux-ci qu'ensuite.

(31) P. Lentulus Spinther était parent du conjuré. — Q. Cornificius, d'une famille plébéienne, avait été cette année-là le compétiteur de Cicéron pour le consulat. — Cn. Térentius, allié de Cicéron, fut préteur l'année suivante.

(32) On pourrait croire, d'après le récit de Salluste, que Silanus aurait seul opiné à la mort contre les conjurés; qu'ensuite il abandonna son avis pour embrasser celui de César, et que Caton osa seul reprendre et appuyer l'opinion de Silanus. Tous les consulaires, y compris Cicéron, portèrent la parole, suivant la règle du sénat, avant Caton qui était tribun. Cicéron s'en explique formellement dans ses lettres à Atticus. V. lib. XII, lett. 21.

(33) Tibérius Claudius Néro fut l'aïeul de l'empereur Tibère.

(34) Le président de Brosses pense que Salluste nous donne ici les discours de César et de Caton tels qu'ils furent prononcés par ces personnages. Le président de Brosses fonde son opinion sur ce que Plutarque rapporte

que Cicéron avait placé ce jour-là dans le sénat des sténographes habiles, chargés de prendre par écrit les harangues des différents orateurs. Nous croyons seulement, avec M. Burnouf, qu'en se servant de ces mots *hujusce modi verba* pour le discours de César, *hujusce modi orationem* pour celui de Caton, Salluste ne promet pas leurs paroles mêmes, *eadem omnia verba*, mais seulement la substance de leurs harangues.

(35) Ce fut alors que Cicéron prononça sa quatrième *Catilinaire*, où il s'attachait à réfuter l'opinion de César.

(36) *Veluti effeta parente*. Nous avons adopté le texte de M. Burnouf; mais la plupart des manuscrits portent: *veluti effeta parentum*, espèce d'hellénisme qui est assez dans le goût du génie de Salluste. Du reste dans l'une et l'autre leçon la pensée de l'écrivain est parfaitement claire.

(37.) Il s'agit ici des triumvirs que les Romains appelaient *triumviri capitales*. C'étaient des magistrats inférieurs chargés de présider aux supplices et d'informer contre les criminels de la lie du peuple.

(38) « Ce lieu subsiste encore aujourd'hui, dit le président de Brosses. J'y suis descendu pour l'examiner. Il m'a paru entièrement conforme à la description qu'en donne ici Salluste. La voûte, l'exhaussement et tout le reste, sont encore tels qu'il les dépeint. Il sert de chapelle souterraine à une petite église, appelée *San Pietro in carcere*, qu'on y a bâtie en mémoire de l'apôtre saint Pierre, qui avait été mis en prison dans le *Tullien*. Il ne tire son jour que par un trou grillé qui donne dans l'église supérieure. Au-dessous, il y a un autre cachot plus profond, ou plutôt un égout, car nous apprenons par les *Actes des Martyrs* que l'égout de la place passait sous le cachot. Ce bâtiment et les magnifiques égouts d'Ancus Martius sont certainement les deux plus anciens bâtiments qui subsistent en Europe. »

(39) Lentulus n'était alors que préteur, mais auparavant il avait été consul.

(40) Dion Cassius assure qu'Antoine feignit d'être malade.

(41) Ce M. Pétréius commanda en Espagne les légions de Pompée. Après la déroute de Pharsale, lorsque le parti vaincu se rallia en Afrique, Pétréius réunit ses forces à celles de Juba, roi de Mauritanie, et combattit César avec autant d'habileté que d'acharnement. Après la défaite de Thapsus, Pétréius et Juba s'entre-tuèrent pour ne pas tomber au pouvoir de l'ennemi.

(42) Par ces mots *tumulti caussa*, que nous avons traduits littéralement, les Romains désignaient un danger pressant, lequel obligeait toute l'armée à se réunir sous les drapeaux.

43) C'est ainsi que Silius Italicus a dit:

Fronte minæ durant, et stant in vultibus iræ.

GUERRE
DE JUGURTHA.

I. Les hommes se plaignent à tort que leur vie, qui est si faible et de si courte durée, soit gouvernée par le hasard plutôt que par la vertu. Tout au contraire, quiconque y voudra réfléchir, ne trouvera rien de plus grand ni de plus élevé que la nature de l'homme, et que c'est moins la force ou le temps qui lui manque, que le bon emploi de ses facultés. L'âme, guide et maîtresse de la vie humaine, lorsqu'elle marche à la gloire par le chemin de la vertu, trouve en elle-même sa force, sa puissance et sa grandeur, et n'a pas besoin de la fortune, qui ne peut ni donner, ni ravir la probité, le talent, ni les autres qualités estimables. Si l'homme, esclave de mauvaises passions, se laisse corrompre par la mollesse et les plaisirs des sens; si, après avoir usé quelque temps de ces funestes délices, il perd dans une honteuse oisiveté ses forces, son temps, les facultés de son esprit, il accuse la faiblesse de sa nature, et rend les circonstances responsables de ses fautes. Si les hommes avaient autant de souci des choses vraiment bonnes, que d'ardeur à rechercher ce qui leur est étranger, inutile, ou qui peut même leur nuire, ils sauraient maîtriser les événements tout autant que les événements les maîtrisent, et ils arriveraient à ce point de grandeur que, sujets à la mort, ils deviendraient immortels par la gloire.

II. L'homme étant composé d'un corps et d'une âme, tout ce qui est hors de lui, ainsi que toutes ses affections tiennent de la nature de l'un ou de l'autre. Aussi la beauté, les richesses, la force du corps et tous les autres avantages de ce genre passent vite, mais les belles œuvres du génie sont immortelles comme l'âme. D'ailleurs, les biens du corps et de la fortune ayant eu un commencement,

I. Falso queritur de natura sua genus humanum, quod imbecilla atque ævi brevis forte potius, quam virtute regatur. Nam contra, reputando, neque majus aliud, neque præstabilius invenias; magisque naturæ industriam hominum, quam vim aut tempus deesse. Sed dux atque imperator vitæ mortalium animus est; qui ubi ad gloriam virtutis via grassatur, abunde pollens potensque et clarus est, neque fortunæ eget : quippe probitatem, industriam, alias artes bonas, neque dare neque eripere cuiquam potest : sin captus pravis cupidinibus, ad inertiam et voluptates corporis pessum datus est : perniciosa lubidine paullisper usus, ubi per secordiam vires, tempus, ingenium defluxere naturæ infirmitas accusatur; suam quisque culpam auctores ad negotia transferunt. Quod si hominibus bonarum rerum tanta cura esset, quanto studio aliena ac nihil profutura, multumque etiam periculosa petunt : neque regerentur magis, quam regerent casus; et eo magnitudinis procederent, ubi pro mortalibus gloria æterni fierent.

II. Nam uti genus hominum compositum ex anima et corpore : ita res cunctæ studiaque omnia nostra, corporis alia, alia animi naturam sequuntur. Igitur præclara facies, magnæ divitiæ, ad hoc vis corporis, alia hujuscemodi omnia brevi dilabuntur : at ingenii egregia facinora sic-

ont une fin; tout ce qui a pris naissance périt, tout ce qui s'est accru décline; l'âme incorruptible, éternelle, guide suprême du genre humain, anime, possède tout et n'est point possédée. Aussi doit-on s'étonner de la folie de ces hommes qui, livrés aux plaisirs du corps, passent leur vie dans le luxe et l'indolence, laissant la meilleure et la plus noble portion de la nature humaine s'engourdir dans l'ignorance et la paresse, quand il y a pour l'esprit tant de moyens divers d'acquérir une haute illustration.

III. Parmi ces moyens, les magistratures, le commandement des armées, en un mot toutes les fonctions publiques me paraissent dans ce temps peu désirables, car ce n'est pas la vertu qui obtient les honneurs, et ceux à qui la fraude a donné le pouvoir, n'y trouvent ni sécurité, ni considération. C'est toujours une chose fâcheuse que de gouverner par la force sa patrie, ou sa famille, encore bien qu'on puisse réformer des abus et qu'on les réforme; car tous ces changements amènent à leur suite le meurtre, l'exil et d'autres calamités. Et n'est-ce pas le comble de la démence de s'épuiser en efforts inutiles et de ne se fatiguer que pour recueillir la haine, à moins qu'on n'ait la honteuse et funeste envie de sacrifier gratuitement son honneur et sa liberté à la puissance de quelques ambitieux?

IV. De toutes les occupations qui sont du domaine de l'esprit, il n'en est pas de plus utile que celle de retracer les événements passés; je ne dirai rien de l'excellence de ce travail, parce que beaucoup d'autres en ont parlé, outre qu'on pourrait attribuer à une vanité déplacée les éloges que je donnerais à l'objet de mes études. Je ne doute pas, d'ailleurs, que, comme j'ai résolu de vivre éloigné des affaires, beaucoup ne donnent le nom de paresse à un travail si important et si utile, surtout les gens dont la principale occupation est de saluer le peuple et de rechercher sa faveur par des festins. S'ils veulent examiner dans quelles circonstances j'ai reçu les magistratures, quels hommes n'ont pu y parvenir, quelle espèce de gens se sont introduits depuis dans le sénat, ils reconnaîtront sans doute que c'est par de justes motifs et non par indolence que j'ai adopté d'autres habitudes d'esprit, et que mon loisir sera plus profitable à la république que l'activité d'autres personnes. J'ai entendu raconter que Q. Maximus, P. Scipion (2), et d'autres citoyens illustres de notre ville, disaient souvent que la vue des images de leurs ancêtres enflammait leur cœur d'un violent amour pour la vertu : certes, ce n'étaient pas la cire ni des traits inanimés qui faisaient sur eux une si vive impression, c'étaient tant de belles actions dont le souvenir allumait en eux ce feu divin qui ne s'apaisait que quand, à force de vertu, ils avaient égalé tant de renommée et de gloire. Aujourd'hui, dans cette dépravation de nos mœurs, qui n'aime mieux lutter avec les ancêtres en richesses et en folles dépenses, qu'en probité et en talent? Les hommes nouveaux eux-mêmes, qui autrefois se faisaient gloire de surpasser la noblesse par leur vertu, emploient la fraude et

---

uti anima, immortalia sunt. Postremo corporis et fortunæ bonorum, ut initium, sic finis est; omniaque orta occidunt, et aucta senescunt : animus incorruptus, æternus, rector humani generis, agit atque habet cuncta, neque ipse habetur. Quo magis pravitas eorum admiranda est, qui, dediti corporis gaudiis, per luxum atque ignaviam ætatem agunt; ceterum ingenium, quo neque melius, neque amplius aliud in natura mortalium est, incultu atque secordia torpescere sinunt : quum præsertim tam multæ variæque sint artes animi, quibus summa claritudo paratur.

III. Verum ex his magistratus et imperia, postremo omnis cura rerum publicarum, minume mihi hac tempestate cupiunda videntur : quoniam neque virtuti honos datur; neque illi, quibus per fraudem jus fuit, tuti aut eo magis honesti sunt. Nam vi quidem regere patriam aut parentes (1), quanquam et possis, et delicta corrigas, tamen importunum est; quum præsertim omnes rerum mutationes cædem, fugam, aliaque hostilia portendant : frustra autem niti, neque aliud se fatigando, nisi odium, quærere, extremæ dementiæ est : nisi forte quem inhonesta et perniciosa lubido tenet, potentiæ paucorum decus atque libertatem suam gratificari.

IV. Ceterum ex aliis negotiis, quæ ingenio exercentur, in primis magno usui est memoria rerum gestarum : cujus de virtute quia multi dixere, prætereundum puto; simul, ne per insolentiam quis existumet memet, studium meum laudando, extollere. Atque ego credo fore, qui, quia decrevi procul a republica ætatem agere, tanto tamque utili labori meo nomen inertiæ imponant : certe, quibus maxuma industria videtur, salutare plebem, et conviviis gratiam quærere. Qui si reputaverint, et quibus ego temporibus magistratus adeptus sim, et quales viri idem assequi nequiverint, et postea quæ genera hominum in senatum pervenerint; profecto existumabunt, me magis merito, quam ignavia, judicium animi mutavisse, majusque commodum ex otio meo, quam ex aliorum negotiis, reipublicæ venturum. Nam sæpe audivi, Q. Maxumum, P. Scipionem, præterea civitatis nostræ præclaros viros, solitos ita dicere, quum majorum imagines intuerentur, vehementissume sibi animum ad virtutem accendi. Scilicet non ceram illam, neque figuram tantam vim in sese habere; sed memoria rerum gestarum eam flammam egregiis viris in pectore crescere, neque prius sedari, quam virtus eorum famam atque gloriam adæquaverit. At contra, quis est omnium his moribus, quin divitiis et sumptibus, non probitate, neque industria, cum majoribus suis contendat? Etiam homines novi, qui antea per virtutem soliti erant nobilitatem antevenire, furtim et per latrocinia ad imperia et honores nituntur : proinde quasi

les brigandages pour arriver aux commandements et aux honneurs ; on dirait que la préture, le consulat et les autres dignités ont en soi de la grandeur et de l'illustration, et ne doivent pas être estimés d'après le mérite de ceux qui en sont revêtus. Mais dans l'humeur et l'indignation que me causent les mœurs de notre époque, je me suis laissé emporter trop loin et à trop de franchise ; je reviens à mon sujet.

V. J'ai dessein d'écrire la guerre que le peuple romain fit à Jugurtha, roi des Numides, d'abord parce que cette guerre fut grande, sanglante, mêlée de succès et de revers ; ensuite parce qu'alors pour la première fois on combattit l'orgueil de la noblesse. Cette lutte, où tous les droits divins et humains furent confondus, en vint à ce point de fureur que la guerre seule et le ravage de l'Italie mirent un terme aux discordes civiles. Mais avant de commencer mon récit, je reprendrai de plus haut quelques événements dont la connaissance jettera sur la suite des faits plus de jour et de clarté. Dans la seconde guerre punique, alors qu'Annibal, général des Carthaginois, porta à la puissance romaine le coup le plus terrible qu'elle eût reçu depuis son agrandissement, Massinissa, roi des Numides (5), admis dans notre alliance par P. Scipion, à qui sa valeur mérita dans la suite le surnom d'Africain, s'était distingué par de nombreux et éclatants faits d'armes. Pour les récompenser, le peuple romain, après la défaite des Carthaginois et la prise de Syphax (4), lequel possédait en Afrique un vaste et puissant empire, fit don à Massinissa de toutes les villes et des terres qu'il avait conquises. Aussi l'alliance de Massinissa nous fut-elle, jusqu'à la fin, aussi fidèle qu'honorable. Son règne ne se termina qu'avec sa vie. Après lui, Micipsa, son fils, régna seul, Manastabale (5) et Gulussa ses frères étant morts de maladie. Il eut lui-même pour fils Adherbal et Hiempsal, et il fit élever dans son palais, avec la même distinction que ses propres enfants, Jugurtha, fils de son frère Manastabale, laissé par Massiuissa dans une condition privée, parce qu'il était né d'une concubine.

VI. Dès sa première adolescence, Jugurtha, doué d'une grande force de corps, et d'une belle figure, mais surtout de beaucoup d'énergie de caractère, ne se laissa point corrompre par le luxe et la mollesse ; mais, se livrant à tous les exercices en usage chez les Numides, on le voyait monter à cheval, lancer le javelot, disputer le prix de la course avec les jeunes gens de son âge ; le premier de tous par ses succès, il était pourtant chéri de tous ; il passait aussi une partie de son temps à la chasse, frappant le premier ou des premiers le lion et les autres animaux sauvages ; c'était lui qui faisait le plus, et c'était de lui qu'il parlait le moins. Micipsa fut d'abord charmé de ses succès, pensant que le mérite de Jugurtha contribuerait à la gloire de son règne : mais lorsqu'il vint à considérer son âge avancé, l'enfance de ses fils, la renommée toujours croissante de Jugurtha, alors dans la force de la jeunesse, vivement affecté de ce parallèle, il roulait dans son esprit mille pensées diverses. Il songeait avec effroi combien la nature humaine est avide de pouvoir et ardente à satisfaire cette passion ; puis, son âge et celui de ses enfants semblaient offrir à l'ambition de ces facilités qui sou-

---

prætura et consulatus, atque alia omnia hujuscemodi per se ipsa clara, magnifica sint ; ac non perinde habeantur, ut eorum, qui sustinent, virtus est. Verum ego liberius altiusque processi, dum me civitatis morum piget tædetque : nunc ad inceptum redeo.

V. Bellum scripturus sum, quod populus romanus cum Jugurtha, rege Numidarum, gessit : primum quia magnum et atrox, variaque victoria fuit ; dein quia tum primum superbiæ nobilitatis obviam itum est : quæ contentio divina et humana cuncta permiscuit ; eoque vecordiæ processit, uti studiis civilibus bellum atque vastitas Italiæ finem faceret. Sed priusquam hujuscemodi rei initium expedio, pauca supra repetam ; quod ad cognoscendum omnia illustria magis, magisque in aperto sint. Bello Punico secundo, quo dux Carthaginiensium Hannibal, post magnitudinem nominis romani, Italiæ opes maxume attriverat, Masinissa, rex Numidarum, in amicitiam receptus a P. Scipione, cui postea Africano cognomen ex virtute fuit, multa et præclara rei militaris facinora fecerat ob quæ, victis Carthaginiensibus et capto Syphace, cujus in Africa magnum atque late imperium valuit, populus romanus, quascumque urbes et agros manu ceperat, regi dono dedit. Igitur amicitia Masinissæ bona atque honesta nobis permansit. Sed imperii vitæque ejus finis idem fuit. Dein Micipsa filius regnum solus obtinuit, Manastabale et Gulussa fratribus morbo absumptis. Is Adherbalem et Hiempsalem ex sese genuit ; Jugurthamque, Manastabalis fratris filium, quem Masinissa, quod ortus ex concubina erat, privatum reliquerat, eodem cultu, quo liberos suos, domi habuit.

VI. Qui ubi primum adolevit, pollens viribus, decora facie, sed multo maxume ingenio validus, non se luxu, neque inertiæ corrumpendum dedit ; sed, uti mos genti illius est, equitare, jaculari, cursu cum æqualibus certare : et quum omnes gloria anteiret, omnibus tamen carus esse : ad hoc pleraque tempora in venando agere, leonem atque alias feras primus, aut in primis ferire ; plurimum facere, minumum ipse de se loqui. Quibus rebus Micipsa tametsi initio lætus fuerat, existumans virtutem Jugurthæ regno suo gloriæ fore : tamen, postquam hominem adolescentem, exacta sua ætate, parvis liberis, magis magisque crescere intellegit, vehementer negotio permotus, multa cum animo suo volvebat. Terrebat eum natura mortalium, avida imperii et præceps ad explendum animi cupidinem : præterea opportunitas suæque et liberorum ætatis, quæ etiam mediocres viros spe prædæ transvorsos

5.

vent, par l'appât du succès, poussent dans de mauvaises voies des hommes même modérés. enfin il s'effrayait de l'enthousiasme des Numides pour Jugurtha, enthousiasme si vif, qu'attenter aux jours de ce prince c'était s'exposer à faire éclater une sédition ou une guerre.

VII. Au milieu de ces difficultés, Micipsa vit bien qu'il ne pouvait employer la force ou la ruse pour se défaire d'un homme si cher aux Numides; mais sachant aussi que Jugurtha était plein de courage et passionné pour la gloire militaire, il résolut de l'exposer aux périls et de tenter ainsi la fortune. Aussi, dans la guerre de Numance (6), où il avait à fournir au peuple romain un secours de cavaliers et de fantassins, il confia au jeune prince le commandement des Numides envoyés en Espagne, persuadé qu'il périrait victime de sa valeur téméraire ou de l'emportement des ennemis. Mais l'événement ne justifia pas son attente. Jugurtha, qui était doué d'un esprit actif et pénétrant, s'appliqua d'abord à connaître le caractère de Scipion, alors général des Romains, et la tactique des ennemis : à force de travail et de soin, par son obéissance modeste, par son ardeur à affronter les périls, il acquit bientôt une si grande illustration, qu'il se fit adorer de nos soldats et redouter des Numantins. Il était brave dans l'action, sage dans le conseil, deux qualités qu'il est si difficile de réunir ; l'une engendre la crainte par trop de prudence, l'autre la témérité par trop d'audace. Aussi le général romain confiait à Jugurtha les expéditions difficiles, le comptait au nombre de ses amis, et s'attachait à lui de plus en plus : car ses conseils ou ses actions avaient toujours un heureux résultat. Il dut aussi à la générosité de son cœur et aux agréments de son esprit l'étroite amitié qu'il contracta avec un grand nombre de Romains.

VIII. Il y avait à cette époque dans notre armée bien des hommes nouveaux et des nobles qui préféraient les richesses à la justice et à l'honneur ; gens factieux, puissants à Rome, plus connus qu'honorés chez les alliés : par leurs promesses, ils enflammaient l'âme déjà si ambitieuse de Jugurtha, lui faisant entendre qu'après la mort de Micipsa il pourrait seul occuper le trône de Numidie ; qu'il avait assez de mérite par lui-même, et qu'à Rome tout était vénal. Mais lorsque après la destruction de Numance, Scipion se disposait à congédier les auxiliaires et à rentrer dans sa patrie, il combla Jugurtha de récompenses et d'éloges devant toute l'armée ; puis il le fit venir dans sa tente, et là il lui donna secrètement le conseil de cultiver l'amitié du peuple romain plutôt que celle de quelques particuliers, de ne point s'habituer à ces largesses privées ; qu'il était dangereux d'acheter d'un petit nombre ce qui dépendait de tous ; s'il persévérait dans sa conduite honorable, il arriverait sans efforts à la gloire et au trône ; en voulant trop se hâter, il trouverait sa chute et sa ruine dans ses propres largesses.

IX. Après ces paroles, il le congédia avec une lettre pour Micipsa. Tel en était le contenu : « Votre Jugurtha a fait preuve de la plus grande valeur dans la guerre de Numance ; je sais combien ce témoignage vous fera plaisir. Ses services me l'ont rendu cher, et je ferai tous mes

---

agit : ad hoc studia Numidarum in Jugurtham accensa ; ex quibus, si talem virum interfecisset, ne qua seditio aut bellum oriretur, anxius erat.

VII. His difficultatibus circumventus ubi videt, neque per vim, neque insidiis opprimi posse hominem tam acceptum popularibus, quod erat Jugurtha manu promtus et appetens gloriæ militaris, statuit eum objectare periculis, et eo modo fortunam tentare. Igitur, bello Numantino, Micipsa, quum populo romano equitum atque peditum auxilia mitteret, sperans, vel ostentando virtutem, vel hostium sævitia facile occasurum, præfecit Numidis, quos in Hispaniam mittebat. Sed ea res longe aliter, ac ratus erat, evenit : nam Jugurtha, ut erat impigro atque acri ingenio, ubi naturam P. Scipionis, qui tum Romanis imperator, et morem hostium cognovit ; multo labore multaque cura, præterea modestissume parendo et sæpe obviam eundo periculis, in tantam claritudinem brevi pervenerat, ut nostris vehementer carus, Numantinis maxumo terrori esset. Ac sane, quod difficillumum in primis est, et prælio strenuus erat, et bonus consilio : quorum alterum ex providentia timorem, alterum ex audacia temeritatem afferre plerumque solet. Igitur imperator omnes fere res asperas per Jugurtham agere, in amicis habere, magis magisque in dies amplecti ; quippe cujus neque consilium neque inceptum ullum frustra erat. Huc accedebat munificentia animi et ingenii sollertia, quis rebus sibi multos ex Romanis familiari amicitia conjunxerat.

VIII. Ea tempestate in exercitu nostro fuere complures novi atque nobiles, quibus divitiæ bono honestoque potiores erant, factiosi, domi potentes, apud socios clari magis, quam honesti : qui Jugurthæ non mediocrem animum pollicitando accendebant, si Micipsa rex occidisset, fore uti solus imperii Numidiæ potiretur : in ipso maxumam virtutem ; Romæ omnia venalia esse. Sed postquam, Numantia deleta, P. Scipio dimittere auxilia, ipse reverti domum decrevit ; donatum atque laudatum magnifice pro concione Jugurtham in prætorium abduxit : ibique secreto monuit, uti potius publice, quam privatim, amicitiam populi romani coleret, neu quibus largiri insuesceret : periculose a paucis emi, quod multorum esset : si permanere vellet in suis artibus, ultro illi et gloriam et regnum venturum ; sin properantius pergeret, suamet ipsum pecunia præcipitem casurum.

IX. Sic loquutus, cum literis, quas Micipsæ redderet, dimisit. Earum sententia hæc erat : « Jugurthæ tui bello Numantino longe maxuma virtus fuit : quam rem tibi certo scio gaudio esse. Nobis ob merita carus est : uti idem senatui sit et populo romano, summa ope nitemur.

» efforts pour qu'il le soit également au sénat et
» au peuple romain. Comme votre ami, je vous
» félicite sincèrement; vous avez là un homme di-
» gne de vous et de son aïeul Massinissa. » Le roi,
voyant que la lettre du général romain confirmait
ce que déjà la renommée lui avait appris, ébranlé
tout à la fois par le mérite et le crédit de Jugurtha,
fit violence à ses sentiments et chercha à le gagner par ses bienfaits; il l'adopta aussitôt et, par
testament, l'institua son héritier conjointement
avec ses fils. Mais peu d'années après, Micipsa,
épuisé par la maladie et la vieillesse et sentant sa
fin prochaine, fit venir ses parents, ses amis, ses
enfants Adherbal et Hiempsal, et parla, dit-on, en
ces termes à Jugurtha.

X. « Tu étais bien jeune, Jugurtha, privé de ton
père, sans espoir, sans ressources, lorsque je t'ap-
prochai de mon trône, dans la pensée que par mes
bienfaits je te serais aussi cher qu'à mes propres
enfants : cet espoir n'a pas été trompé. Car, sans
parler de tes autres grandes et belles actions, dernièrement, à ton retour de Numance, tu as couvert de gloire et ma personne et mon trône; ta valeur a rendu plus étroite l'amitié qui nous unit
aux Romains; tu as fait revivre en Espagne le nom
de ma famille; enfin, chose bien difficile parmi les
mortels, tu as triomphé de l'envie par ta gloire.
Aujourd'hui que la nature a marqué le terme de
ma vie, par cette main que je presse, par la fidélité que tu dois à ton roi, je te demande, je te
conjure de chérir ces enfants qui sont tes proches
par la naissance, tes frères par mes bienfaits; ne va
pas préférer des liaisons nouvelles avec des étrangers à celles que le sang a déjà formées entre
vous : les armées et les trésors ne sont pas les
appuis d'un trône; ce sont les amis, qu'on ne peut
conquérir par la force des armes ou acheter au
poids l'or; les bons offices seuls et l'affection nous
les donnent. Pour un frère quel ami plus sûr qu'un
frère? Trouveras-tu des étrangers fidèles, si tu as
été l'ennemi des tiens? Je vous laisse un trône
inébranlable si vous êtes vertueux, bien chance-
lant si vous êtes pervers. L'union fait prospérer
les états les plus faibles, la discorde détruit les plus
puissants. C'est à toi, Jugurtha, qui as sur ces enfants l'avantage des années et de la prudence, c'est
à toi de prévenir un pareil malheur. Car dans une
lutte quelconque, le plus puissant, alors même
qu'il reçoit l'offense, paraît être l'agresseur, par
cela seul qu'il peut davantage. Pour vous, Adherbal et Hiempsal, aimez, honorez ce grand homme;
imitez sa vertu, et faites en sorte qu'on ne dise pas
que l'adoption m'a rendu plus heureux père que
la nature (7). »

XI. Jugurtha comprit bien que les paroles du roi
étaient peu sincères, et lui-même avait au fond
du cœur des pensées bien différentes; cependant
il fit une réponse affectueuse pour se conformer
aux circonstances. Micipsa meurt au bout de quelques jours (8). Après avoir célébré ses funérailles
avec une magnificence royale, les jeunes rois se
réunirent pour conférer sur toutes les affaires du
royaume. Hiempsal, le plus jeune des trois, d'un
caractère altier, depuis longtemps plein de mépris
pour la naissance de Jugurtha, que la basse extraction de sa mère rendait inégale, s'assit à la droite

---

Tibi quidem pro nostra amicitia gratulor : en habes virum
dignum te atque avo suo Masinissa. » Igitur rex, ubi,
quæ fama acceperat, ex literis imperatoris ita esse cognovit, quum virtute viri, tum gratia permotus, flexit animum suum, et Jugurtham beneficiis vincere aggressus
est : statimque adoptavit, et testamento pariter cum filiis
heredem instituit. Sed ipse paucos post annos, morbo
atque ætate confectus, quum sibi finem vitæ adesse in-
tellegeret, coram amicis et cognatis, item Adherbale et
Hiempsale filiis, dicitur hujuscemodi verba cum Jugurtha
habuisse.

X. « Parvum ego, Jugurtha, te, amisso patre, sine
spe, sine opibus, in meum regnum accepi : existumans,
non minus me tibi, quam liberis, si genuissem, ob beneficia carum fore; neque ea res falsum me habuit. Nam ut
alia magna et egregia tua omittam, novissume rediens Numantia meque regnumque meum gloria honoravisti : tua
virtute nobis Romanos ex amicis amicissumos fecisti : in
Hispania nomen familiæ renovatum : postremo, quod
difficillumum inter mortales, gloria invidiam vicisti.
Nunc, quoniam mihi natura vitæ finem facit, per hanc
dextram, per regni fidem moneo obtestorque, uti hos,
qui tibi genere propinqui, beneficio meo fratres sunt,
caros habeas; neu malis alienos adjungere, quam sanguine conjunctos retinere. Non exercitus, neque thesauri
præsidia regni sunt; verum amici, quos neque armis cogere, neque auro parare queas: officio et fide pariuntur.
Quis autem amicior, quam frater fratri? aut quem alienum fidum invenies, s tuis hostis fueris? Equidem ego
vobis regnum trado firmum, si boni eritis; si mali, imbe-
cillum. Nam concordia parvæ res crescunt, discordia
maximæ dilabuntur. Ceterum ante hos te, Jugurtha, qui
ætate et sapientia prior es, ne aliter quid eveniat, providere decet. Nam in omni certamine, qui opulentior est,
etiam si accipit injuriam, quia plus potest, facere videtur.
Vos autem, Adherbal et Hiempsal, colite, observate talem
hunc virum, imitamini virtutem, et enitimini, ne ego
meliores liberos sumpsisse videar, quam genuisse. »

XI. Ad ea Jugurtha, tametsi regem ficta loquutum
intelegebat, et ipse longe aliter animo agitabat, tamen
pro tempore benigne respondit. Micipsa paucis diebus
post moritur. Postquam illi, more regio, justa magnifice
fecerant, reguli in unum convenere, uti inter se de cunctis
negotiis disceptarent. Sed Hiempsal, qui minumus ex illis
natura ferox, etiam antea ignobilitatem Jugurthæ, quia
materno genere impar erat, despiciens, dextera Adherbalem adsedit; ne medius ex tribus, quod apud Numidas
honori ducitur, Jugurtha foret. Dein tamen, uti ætati

d'Adherbal, pour ne pas laisser à Jugurtha la place du milieu regardée comme un honneur chez les Numides. Vaincu par les instances de son frère qui le priait de faire à l'âge cette concession, il se décida avec peine à passer de l'autre côté. Là, pendant un long entretien sur l'administration du royaume, Jugurtha, entre autres propositions, parla de la nécessité d'abolir toutes les lois et les décrets rendus dans les cinq dernières années, temps où l'accablement de l'âge, disait-il, avait affaibli l'esprit de Micipsa. Hiempsal répondit qu'il y consentait volontiers; car c'était dans les trois dernières années que l'adoption avait fait arriver Jugurtha au trône. Cette parole pénétra dans le cœur de Jugurtha plus profondément qu'on ne se l'imagina. Aussi, depuis ce moment en proie à la colère et à la crainte, il machine, il dispose, il médite les moyens de faire périr Hiempsal par la ruse; mais ces mesures entraînant trop de lenteur au gré de son implacable ressentiment, il résolut de manière ou d'autre de consommer sa vengeance.

XII. Les jeunes rois, dans la première conférence dont j'ai parlé plus haut, étaient convenus, pour mettre un terme à leurs différends, de se partager les trésors et de fixer les limites du territoire de chacun d'eux. On assigna donc des époques pour ces deux opérations, mais la plus rapprochée pour le partage de l'argent. Les rois, en attendant, se retirent, chacun de son côté, dans les places voisines des trésors. Hiempsal occupait par hasard, dans la ville de Thirmida, la maison du premier licteur de Jugurtha, qui avait toujours été cher et agréable à ce prince. Jugurtha comble de promesses cet agent que lui offre le hasard et l'engage à aller à Thirmida, sous prétexte de visiter sa maison, et à faire faire de fausses clefs des portes, car les véritables étaient remises tous les soirs à Hiempsal : quant à lui, il devait arriver avec une troupe considérable dès qu'il en serait temps. Le Numide exécute promptement ces ordres, et, conformément aux instructions qu'il a reçues, il introduit pendant la nuit les soldats de Jugurtha. Ceux-ci se précipitent dans la maison, cherchent le roi de tous côtés, égorgeant ceux qui dorment et ceux qui se trouvent sur leur passage; ils fouillent les lieux les plus secrets, brisent les portes, répandent partout la confusion; lorsque enfin on trouve Hiempsal cherchant à se cacher dans la chambre d'une esclave, où, dans sa frayeur et dans son ignorance des lieux, il s'était d'abord réfugié. Les Numides, comme ils en avaient reçu l'ordre, rapportent sa tête à Jugurtha.

XIII. Le bruit d'un si grand forfait se répand bientôt dans toute l'Afrique; Adherbal et tous ceux qui avaient été les sujets fidèles de Micipsa sont frappés d'épouvante. Les Numides se divisent en deux partis; le plus nombreux suit Adherbal, les soldats les plus aguerris s'attachent à Jugurtha. Celui-ci lève alors le plus de troupes qu'il peut, ajoute les villes à sa domination de gré ou de force et se prépare à régner sur toute la Numidie. Adherbal avait envoyé des ambassadeurs à Rome pour instruire le sénat du meurtre de son frère et de sa situation malheureuse : comptant toutefois sur la supériorité du nombre, il se dispose à tenter le sort des armes. Mais dès qu'on en vint à combattre, il fut vaincu; du champ de bataille il se refugia dans la province romaine (9), et de là se rendit à Rome.

---

concederet, fatigatus a fratre, vix in partem alteram transductus est. Ibi quum multa de administrando imperio dissererent, Jugurtha inter alias res jacit, oportere quinquennii consulta omnia et decreta rescindi : nam per ea tempora confectum annis Micipsam parum animo valuisse. Tum idem Hiempsal placere sibi respondit : nam ipsum illum tribus his proximis annis adoptatione in regnum pervenisse; quod verbum in pectus Jugurthæ altius, quam quisquam ratus, descendit. Itaque ex eo tempore ira et metu anxius moliri, parare, atque ea modo animo habere, quibus Hiempsal per dolum caperetur. Quæ ubi tardius procedunt, neque lenitur animus ferox, statuit quovis modo inceptum perficere.

XII. Primo conventu, quem ab regulis factum supra memoravi, propter dissensionem placuerat dividi thesauros, finesque imperii singulis constitui. Itaque tempus ad utramque rem decernitur, sed maturius ad pecuniam distribuendam. Reguli interea in loca propinqua thesauris, alius alio, concessere. Sed Hiempsal in oppido Thirmida forte ejus domo utebatur, qui proximus lictor Jugurthæ, carus acceptusque ei semper fuerat : quem ille casu ministrum oblatum promissis onerat impellitque, uti tanquam suam visens domum eat, portarum claves adulterinas paret; nam veræ ad Hiempsalem referebantur : ceterum, ubi res postularet, se ipsum cum magna manu venturum. Numida mandata brevi confecit : atque, ut doctus erat, noctu Jugurthæ milites introducit. Qui postquam in ædes irrupere, diversi regem quærere; dormientes alios, alios occursantes interficere; scrutari loca abdita, clausa effringere; strepitu et tumultu omnia miscere : quum Hiempsal interim reperitur, occultans sese tugurio mulieris ancillæ, quo initio pavidus et ignarus loci perfugerat. Numidæ caput ejus, uti jussi erant, ad Jugurtham referunt.

XIII. Ceterum fama tanti facinoris per omnem Africam brevi divulgatur; Adherbalem omnesque, qui sub imperio Micipsæ fuerant, metus invadit. In duas partes discedunt : plures Adherbalem sequuntur, sed illum alterum bello meliores. Igitur Jugurtha quam maximas potest copias armat : urbes partim vi, alias voluntate imperio suo adjungit : omni Numidiæ imperare parat. Adherbal, tametsi Romam legatos miserat, qui senatum docerent de cæde fratris et fortunis suis; tamen fretus multitudine militum, parabat armis contendere. Sed ubi res ad certamen venit, victus ex prælio profugit in provinciam, ac deinde Romam contendit. Tum Jugurtha, patratis con-

Quand Jugurtha eut consommé ses desseins, et que, maître de la Numidie entière, il réfléchit à loisir sur son crime, il commença à craindre le peuple romain et ne vit d'autre ressource contre sa colère que dans la cupidité des nobles et dans ses propres trésors. Aussi, peu de jours après, il fait partir pour Rome des ambassadeurs chargés d'or et d'argent; il leur recommande de combler de présents ses anciens amis, d'en acquérir de nouveaux, enfin de se ménager à la hâte tout ce qu'ils pourront par des largesses. Les ambassadeurs, à peine arrivés à Rome, et suivant les instructions du roi, envoyèrent de riches présents à leurs hôtes et à tous ceux dont le crédit était puissant dans le sénat; il se fit un tel changement, que la noblesse passa de l'indignation la plus vive à la bienveillance la plus marquée pour Jugurtha; séduits, les uns par des promesses, les autres par des présents, ils voulaient, en circonvenant, en sollicitant chaque sénateur en particulier, qu'on ne prît pas une détermination trop rigoureuse contre Jugurtha. Enfin, lorsque les ambassadeurs crurent être sûrs du succès, le sénat, au jour fixé, donna audience aux deux partis. Adherbal parla, dit-on, en ces termes :

XIV. « Sénateurs, Micipsa, mon père, me prescrivit en mourant de considérer la couronne de Numidie comme un pouvoir qui m'était délégué, et dont vous aviez seuls la libre et la souveraine disposition; de servir de tous mes efforts le peuple romain pendant la paix et pendant la guerre; de voir en vous des parents, des alliés; à ce prix, je devais trouver dans votre amitié des soldats, des richesses, l'appui de mon trône. Je m'appliquais à suivre ces leçons de mon père, lorsque Jugurtha, l'homme le plus criminel qui soit sur la terre, au mépris de votre puissance, m'a chassé de mon royaume et de mes biens, moi le petit-fils de Massinissa, l'allié et l'ami héréditaire du peuple romain. Puisque je devais, sénateurs, arriver à ce degré de misère, j'aurais voulu en implorant votre secours, faire valoir mes services plutôt que ceux de mes ancêtres; avoir droit par mes services à la reconnaissance du peuple romain, sans avoir besoin des siens; ou du moins, s'ils me devenaient nécessaires, les réclamer comme une dette. Mais puisque la vertu ne trouve point de sécurité par elle-même, et qu'il n'a pas dépendu de moi que Jugurtha fût un autre homme, c'est à vous que j'ai recours, sénateurs, avec la douleur de vous être à charge avant d'avoir pu vous être utile. Les autres rois ont été reçus dans votre alliance après leurs défaites, ou l'ont sollicitée dans leurs dangers : c'est durant la guerre de Carthage que l'amitié de ma famille avec le peuple romain a pris naissance, et alors cet honneur était plus à désirer que votre fortune. Ne permettez pas, sénateurs, que le descendant de cette maison, le petit-fils de Massinissa implore en vain votre assistance. Si pour l'obtenir je n'avais d'autre titre que mon malheur, moi naguère roi puissant par sa naissance, sa considération, ses armées, aujourd'hui flétri par l'infortune, sans ressources, attendant des secours étrangers, il serait cependant de la majesté du peuple romain de réprimer l'injustice et de ne pas souffrir qu'un

siliis, postquam omni Numidia potiebatur, in otio facinus suum cum animo reputans, timere populum romanum, neque adversus iram ejus usquam, nisi in avaritia nobilitatis et pecunia sua, spem habere. Itaque paucis diebus cum auro et argento multo Romam legatos mittit, quis præcipit, uti primum veteres amicos muneribus expleant; deinde novos acquirant; postremo quæcumque possint largiundo parare, ne cunctentur. Sed ubi Romam legati venere, et, ex præcepto regis, hospitibus aliisque quorum ea tempestate in senatu auctoritas pollebat, magna munera misere; tanta commutatio incessit, uti ex maxuma invidia in gratiam et favorem nobilitatis Jugurtha veniret : quorum pars spe, alii præmio inducti, singulos ex senatu ambiundo, nitebantur, ne gravius in eum consuleretur. Igitur, legati ubi satis confidunt, die constituto senatus utrisque datur. Tum Adherbalem hoc modo loquutum accepimus.

XIV. « Patres conscripti, Micipsa pater meus moriens præcepit, uti regnum Numidiæ tantummodo procurationem existumarem meam; ceterum jus et imperium penes vos esse : simul eniterer, domi militiæque quam maxumo usui esse populo romano; vos mihi cognatorum, vos in affinium locum ducerem : si ea fecissem, in vestra amicitia exercitum, divitias, munimenta regni me habere. Quæ quum præcepta parentis mei agitarem, Jugurtha, homo omnium quos terra sustinet, sceleratissimus, contempto imperio vestro, Masinissæ me nepotem, et jam ab stirpe socium et amicum populo romano, regno fortunisque omnibus expulit. Atque ego, patres conscripti, quoniam eo miseriarum venturus eram, vellem potius ob mea, quam ob majorum meorum beneficia posse me a vobis auxilium petere; ac maxume deberi mihi beneficia a populo romano, quibus non egerem; secundum ea, si desideranda erant, uti debitis uterer. Sed quoniam parum tuta per se ipsa probitas, neque mihi in manu fuit, Jugurtha qualis foret; ad vos confugi, patres conscripti, quibus, quod miserrumum, cogor prius oneri, quam usui esse. Ceteri reges, aut bello victi in amicitiam a vobis recepti, aut in suis dubiis rebus societatem vestram appetiverunt : familia nostra cum populo romano bello Carthaginiensi amicitiam instituit; quo tempore magis fides ejus, quam fortuna petenda erat. Quorum progeniem vos, patres conscripti, nolite pati me (nepotem Masinissæ) frustra a vobis auxilium petere. Si ad impetrandum nihil caussæ haberem, præter miserandam fortunam; quod paullo ante rex, genere, fama atque copiis potens, nunc deformatus ærumnis, inops, alienas opes exspecto; tamen erat majestatis populi romani, prohibere injuriam, neque pati cujusquam regnum per scelus

royaume s'élève par le crime. Mais j'ai été chassé des états que le peuple romain donna à mes ancêtres, et d'où mon père et mon aïeul, unis à vous, expulsèrent Syphax et les Carthaginois. Ce sont vos bienfaits qui m'ont été ravis, sénateurs, c'est vous qu'on a outragés dans mon injure. Voilà donc, Micipsa, mon père, quel a été le fruit de tes bienfaits! celui-là même que tu avais fait l'égal de tes enfants, que tu avais appelé au partage de ta couronne, devait être le meurtrier de ta race? Notre famille ne connaîtra donc jamais le repos? vivrons-nous toujours dans le sang, dans les combats, dans l'exil? Tant que Carthage a subsisté, nous avons souffert sans nous plaindre toutes les calamités; les ennemis étaient à nos portes, vous, nos amis, vous étiez loin de nous, tout notre espoir était dans les armes. Depuis que l'Afrique a été délivrée de ce fléau, nous goûtions avec joie les douceurs de la paix, n'ayant plus d'ennemis que ceux que vous nous auriez ordonné de combattre. Mais voilà que tout à coup Jugurtha, dévoilant son audace effrénée, sa scélératesse et sa tyrannie, assassine mon frère, son proche parent, et fait d'abord de ce royaume la proie de son crime; puis, quand il ne peut me prendre aux mêmes piéges, et que, vivant sous votre empire, je ne m'attendais à rien moins qu'à la violence ou à la guerre, il me chasse, vous le voyez, de ma patrie, de mon palais, sans ressources, et réduit à cet excès de misère de me trouver plus en sûreté partout ailleurs que dans mes états.

» Je croyais, sénateurs, et je l'avais souvent entendu dire à mon père, que ceux qui cultivaient votre amitié s'imposaient de pénibles devoirs, mais du moins qu'ils n'avaient à redouter aucun péril. Notre famille vous a aidés de tous ses moyens dans toutes vos guerres; il dépend de vous, sénateurs, de nous donner la sécurité pendant la paix.

» Nous étions deux frères; mon père nous en donna un troisième dans Jugurtha, croyant nous l'attacher par ses bienfaits. L'un des deux a été assassiné par lui, l'autre, qui est devant vous, n'a échappé qu'avec peine à ses mains criminelles. Que ferai-je? A qui recourir dans mon malheur? tous les soutiens de ma famille n'existent plus; mon père a payé son tribut à la nature; mon frère s'est vu arracher la vie par la cruauté d'un parent qui devait le moins attenter à ses jours; alliés, amis, parents, tous ont succombé dans des tourments divers; prisonniers de Jugurtha, les uns ont été mis en croix, les autres livrés aux bêtes; quelques-uns, qu'on a laissés vivre, enfermés dans d'obscures prisons, traînent, dans l'affliction et le deuil, une existence plus affreuse que la mort. Si tous ceux que j'ai perdus vivaient encore, si mes appuis naturels ne s'étaient pas tournés contre moi, c'est vous, sénateurs, que j'implorerais dans un malheur imprévu, vous à qui la majesté de votre empire impose l'obligation de maintenir le bon droit et de réprimer l'injustice. Mais aujourd'hui, exilé de ma patrie, de mon palais, seul, dépouillé de toutes les marques de ma dignité, où irai-je? qui invoquerai-je? les peuples et les rois que votre amitié a rendus les ennemis implacables de notre famille? Puis-je aborder sur une terre où mes ancêtres n'aient laissé de nombreux témoignages de leurs hostilités? Quelle pitié puis-je attendre de ceux qui furent autrefois vos ennemis? d'ail-

---

crescere. Verum ego his finibus ejectus sum, quos majoribus meis populus romanus dedit : unde pater et avus una vobiscum expulere Syphacem et Carthaginienses. Vestra beneficia mihi erepta sunt, patres conscripti : vos in mea injuria despecti estis. Eheu me miserum! Huccine, Micipsa pater, beneficia tua evasere, uti quem tu parem cum liberis, regnique participem fecisti, is potissumum stirpis tuæ exstinctor sit? Numquamne ergo familia nostra quieta erit? semperne in sanguine, ferro, fuga versabimur? Dum Carthaginienses incolumes fuere, jure omnia sæva patiebamur: hostes ab latere, vos amici procul, spes omnis in armis erat. Postquam illa pestis ex Africa ejecta est, læti pacem agitabamus : quippe quis hostis nullus, nisi forte quem vos jussissetis. Ecce autem ex improviso Jugurtha, intoleranda audacia, scelere atque superbia sese efferens, fratre meo, atque eodem propinquo suo interfecto, primum regnum ejus sceleris sui prædam fecit: post, ubi me iisdem dolis nequit capere, nihil minus quam vim aut bellum expectantem in imperio vestro, sicuti videtis, extorrem patria, domo, inopem et coopertum miseriis effecit, ut ubivis tutius, quam in meo regno essem.

» Ego sic existumabam, patres conscripti, ut prædicantem audiveram patrem meum, qui vestram amicitiam colerent, eos multum laborem suscipere; ceterum ex omnibus maxume tutos esse. Quod in familia nostra fuit, præstitit uti in omnibus bellis vobis adessent : nos uti per otium tuti simus, in manu vestra est, patres conscripti. Pater nos duos fratres reliquit; tertium, Jugurtham, beneficiis suis ratus nobis conjunctum fore. Alter eorum necatus, alterum ipse ego manus impias vix effugi. Quid agam? quo potissumum infelix accedam? Generis præsidia omnia exstincta sunt : pater, uti necesse erat, naturæ concessit; fratri, quem minume decuit, propinquus per scelus vitam eripuit : affines, amicos, propinquos ceteros, alium alia clades oppressit : capti ab Jugurtha, pars in crucem acti, pars bestiis objecti; pauci, quibus relicta anima, clausi in tenebris, cum mœrore et luctu, morte graviorem vitam exigunt. Si omnia, quæ aut amisi, aut ex necessariis adversa facta sunt, incolumia manerent; tamen, si quid ex improviso accidisset, vos implorarem, patres conscripti, quibus, pro magnitudine imperii, jus et injurias omnes curæ esse decet. Nunc vero exsul patria, domo, solus et omnium honestarum rerum egeus, quo accedam, aut quos appellem? nationesne, an reges, omnes familiæ nostræ ob vestram amicitiam infesti sunt? an quoquam adire licet, ubi non majorum meorum ho-

leurs Massinissa nous a enseigné à ne nous attacher qu'au peuple romain, à ne point contracter de nouvelles alliances, de nouveaux liens; nous devions trouver dans votre amitié une protection suffisante, ou succomber avec vous, si jamais la fortune de votre empire venait à changer. Grâce à votre valeur et à la protection des dieux, vous êtes grands et puissants, tout vous est prospère, tout vous est soumis; vous en pouvez d'autant plus facilement venger les injures de vos alliés. Je crains seulement que l'amitié peu éclairée de quelques citoyens pour Jugurtha n'égare leurs intentions; j'apprends qu'ils n'épargnent auprès de vous ni démarches, ni sollicitations, ni importunités, pour qu'on ne prenne aucune décision en l'absence de Jugurtha et sans l'entendre. Mes paroles ne sont pas sincères, disent-ils; ma fuite est simulée; il ne tenait qu'à moi de rester dans mes états. Puissé-je voir mentir ainsi celui dont le crime impie m'a jeté dans cet abîme de misères! un jour sans doute, vous, ou les dieux immortels, prendrez souci des affaires humaines! alors cet homme, aujourd'hui tout fier des crimes qui l'ont élevé si haut, en proie lui-même à tous les maux à la fois, expiera durement son ingratitude envers mon père, le meurtre de mon frère, et mes propres infortunes. Sans doute, mon frère chéri, la vie t'a été arrachée avant le temps et par la main qui devait le moins te frapper; cependant ton sort me paraît plus digne d'envie que de regrets. Car ce n'est pas le trône que tu as perdu avec la vie; tu as échappé à la fuite, à l'exil, à l'indigence, à toutes les misères qui m'accablent. Mais moi, précipité du trône de mes pères dans cet abîme de maux, j'offre le spectacle des vicissitudes humaines. Quel parti puis-je prendre? Poursuivrai-je ta vengeance, lorsque je suis sans ressources? Faut-il songer à reprendre ma couronne lorsque ma vie et ma mort dépendent de secours étrangers? Plût aux dieux que la mort fût un moyen honorable d'échapper à ma destinée! Mais ne serais-je pas l'objet d'un juste mépris, si, cédant à l'accablement de mes maux, je me retirais devant l'oppresseur? Aujourd'hui, je ne peux plus désormais vivre avec gloire, ni mourir sans honte. Sénateurs, je vous en conjure, par vous-mêmes, par vos enfants, par vos pères, par la majesté du peuple romain, secourez-moi dans mon malheur; combattez l'injustice, et ne souffrez pas que le trône de Numidie, qui vous appartient, soit plus longtemps souillé par le crime et par le sang de notre famille. »

XV. Lorsque le roi eut cessé de parler, les ambassadeurs de Jugurtha, comptant plus sur leurs largesses que sur la bonté de leur cause, répondent en peu de mots qu'Hiempsal a été tué par les Numides à cause de sa cruauté; qu'Adherbal, qui le premier a été l'agresseur, vient, après avoir été vaincu, se plaindre du tort qu'il n'a pu faire. Jugurtha demandait au sénat de ne pas le croire différent de ce qu'il s'était montré à Numance, et de le juger plutôt sur ses actions que sur les paroles d'un ennemi. Après quoi, les uns et les autres se retirèrent : le sénat entre aussitôt en délibération. Les partisans de Jugurtha et beaucoup d'autres sénateurs, corrompus par l'intrigue, tournent en dérision les paroles d'Adherbal, exaltent par leurs éloges le mérite de Jugurtha; crédit,

---

stilia monumenta plurima sint? aut quisquam nostri misereri potest, qui aliquando vobis hostis fuit? Postremo Masinissa nos ita instituit, patres conscripti, ne quem coleremus, nisi populum romanum; ne societates, ne fœdera nova acciperemus : abunde magna præsidia nobis in vestra amicitia fore : si huic imperio fortuna mutaretur, una nobis occidendum esse. Virtute ac dis volentibus magni estis et opulenti; omnia secunda et obedientia sunt : quo facilius sociorum injurias curare licet. Tantum illud vereor, ne quos privata amicitia Jugurthæ, parum cognita, transvorsos agat : quos ego audio maxuma ope niti, ambire, fatigare vos singulos, ne quid de absente, incognita caussa, statuatis : fingere me verba; fugam simulare, cui licuerit in regno manere. Quod utinam illum, cujus impio facinore in has miserias projectus sum, eadem hæc simulantem videam! et aliquando aut apud vos, aut apud deos immortales rerum humanarum cura oriatur! Næ ille, qui nunc sceleribus suis ferox atque præclarus est, omnibus malis excruciatus, impietatis in parentem nostrum, fratris mei necis, mearumque miseriarum graves pœnas reddet. Jam jam frater animo meo carissume, quamquam tibi immaturo, et unde minume decuit, vita erepta est; tamen lætandum magis, quam dolendum puto casum tuum : non enim regnum, sed fugam, exsilium, egestatem et omnes has, quæ me premunt, ærumnas cum anima simul amisisti. At ego infelix, in tanta mala præcipitatus ex patrio regno, rerum humanarum spectaculum præbeo : incertus quid agam, tuasne injurias persequar, ipse auxilii egens; an regno consulam, cujus vitæ necisque potestas ex opibus alienis pendet? Utinam emori fortunis meis honestus exitus esset; neu vere contemtus viderer, si, defessus malis, injuriæ concessissem : nunc neque vivere lubet, neque mori licet sine dedecore. Patres conscripti, per vos, per liberos atque parentes vestros, per majestatem populi romani, subvenite misero mihi : ite obviam injuriæ : nolite pati regnum Numidiæ, quod vestrum est, per scelus et sanguinem familiæ nostræ tabescere. »

XV. Postquam rex finem loquendi fecit; legati Jugurthæ, largitione magis quam caussa freti, paucis respondent : Hiempsalem ob sævitiam suam ab Numidis interfectum : Adherbalem ultro bellum inferentem, postquam superatus sit, queri quod injuriam facere nequivisset. Jugurtham ab senatu petere, ne alium putarent, ac Numantiæ cognitus esset : neu verba inimici ante facta sua ponerent. Deinde utrique curia egrediuntur. Sena-

éloquence, en un mot tous leurs moyens d'influence, ils les épuisent pour défendre le crime et l'infamie d'un étranger, comme ils l'eussent fait pour leur propre gloire. Quelques sénateurs, qui préféraient aux richesses le devoir et l'équité, étaient d'avis de secourir Adherbal, et de punir sévèrement le meurtre de son frère. Cet avis fut surtout appuyé par Æmilius Scaurus (10), homme d'une naissance illustre, actif, factieux, avide de pouvoir, d'honneurs, de richesses, mais habile à cacher ses vices. Témoin du scandale et de l'éclat des largesses du roi, et craignant, ce qui arrive en pareil cas, de se rendre odieux en se laissant gagner par cette honteuse corruption, il sut contenir sa passion habituelle.

XVI. Cependant le parti qui préférait à la justice l'argent ou la faveur prévalut dans le sénat. On décréta que dix députés iraient partager entre Jugurtha et Adherbal le royaume de Micipsa. Le chef de cette ambassade fut L. Opimius (11); personnage illustre, et alors tout-puissant dans le sénat, parce que, après la mort de C. Gracchus et de M. Fulvius Flaccus, il avait, sous son consulat, cruellement abusé de cette victoire de la noblesse sur le peuple. Jugurtha le comptait déjà au nombre de ses amis à Rome; néanmoins il le reçut avec les plus grands égards, et, par ses dons et ses promesses, il l'amena à sacrifier sa réputation, son devoir, en un mot toutes ses convenances personnelles aux intérêts du monarque. Il attaque les autres députés par les mêmes moyens et les gagne presque tous; bien peu préférèrent le devoir à l'argent. Dans le partage du royaume, les provinces les plus fertiles et les plus peuplées, voisines de la Mauritanie, sont livrées à Jugurtha; celles qui par le nombre des ports et la beauté des édifices offraient plus d'apparence que d'utilité réelle, échurent à Adherbal.

XVII. Mon sujet semble exiger que je dise quelques mots de la position de l'Afrique et des peuples avec lesquels le peuple romain a eu des guerres ou des alliances. Quant aux contrées et aux nations que l'ardeur du climat, les montagnes et les déserts rendent moins accessibles, il me serait difficile d'en donner des notions certaines; le reste, j'en parlerai le plus brièvement possible.

Dans la division du globe terrestre, la plupart des auteurs ont regardé l'Afrique comme une troisième partie du monde : quelques-uns, n'admettant que l'Asie et l'Europe, comprennent l'Afrique dans la dernière. Elle a pour bornes à l'occident le détroit qui joint notre mer à l'Océan (12); à l'orient un vaste plateau incliné que les habitants du pays appellent Catabathmon (13). La mer y est orageuse, les côtes sans ports, le territoire fertile en grains, abondant en pâturages, mais stérile en arbres; les pluies et les sources y sont rares. Les habitants sont robustes, agiles, durs aux travaux : sauf ceux qui périssent dans les combats ou qui sont la proie des bêtes, la plupart meurent de vieillesse; rarement ils succombent à la maladie. Mais cette contrée est infestée d'un grand nombre d'animaux malfaisants. Quant aux peuples qui les premiers ont habité l'Afrique, à ceux qui vinrent ensuite, à la manière dont les deux races se mélangèrent, j'exposerai brièvement les traditions qu'on

---

tus statim consulitur. Fautores legatorum, præterea magna pars, gratia depravati, Adherbalis dicta contemnere, Jugurthæ virtutem extollere laudibus; gratia, voce, denique omnibus modis pro alieno scelere et flagitio, sua quasi pro gloria, nitebantur. At contra pauci quibus bonum et æquum divitiis carius, subveniundum Adherbali, et Hiempsalis mortem severe vindicandam censebant : sed ex omnibus maxume Æmilius Scaurus, homo nobilis, impiger, factiosus, avidus potentiæ, honoris, divitiarum; ceterum vitia sua callide occultans. Is postquam videt regis largitionem famosam impudentemque; veritus, quod in tali re solet, ne polluta licentia invidiam accenderet, animum a consueta lubidine continuit.

XVI. Vicit tamen in senatu pars illa, qui vero pretium aut gratiam anteferebant. Decretum fit, uti decem legati regnum, quod Micipsa obtinuerat, inter Jugurtham et Adherbalem dividerent. Cujus legationis princeps fuit L. Opimius, homo clarus, et tum in senatu potens; quia consul, C. Graccho et M. Fulvio Flacco interfectis, acerrume victoriam nobilitatis in plebem exercuerat. Eum Jugurtha tametsi Romæ in amicis habuerat, tamen accuratissume recepit : dando et pollicitando perfecit, uti famæ, fidei, postremo omnibus suis rebus commodum regis anteferret : reliquos legatos eadem via aggressus, plerosque capit : paucis carior fides, quam pecunia fuit. In divisione, quæ pars Numidiæ Mauretaniam attingit, agro virisque opulentior, Jugurthæ traditur : illam alteram specie quam usu potiorem, quæ portuosior et ædificiis magis exornata erat, Adherbal possedit.

XVII. Res postulare videtur Africæ situm paucis exponere, et eas gentes, quibuscum nobis bellum aut amicitia fuit, attingere. Sed quæ loca et nationes, ob calorem aut asperitatem, item solitudines, minus frequentata sunt, de iis haud facile compertum narraverim : cetera quam paucissumis absolvam.

In divisione orbis terræ plerique in partem tertiam Africam posuere : pauci tantummodo Asiam et Europam esse; sed Africam in Europa. Ea fines habet ab occidente fretum nostri maris et oceani : ab ortu solis declivem latitudinem; quem locum Catabathmon incolæ appellant. Mare sævum, importuosum : ager frugum fertilis, bonus pecori, arbori infecundus : cœlo terraque penuria aquarum. Genus hominum salubri corpore, velox, patiens laborum : plerosque senectus dissolvit; nisi qui ferro aut bestiis interiere; nam morbus haud sæpe quemquam superat; ad hoc maleficii generis plurima animalia. Sed qui mortales initio Africam habuerint, quique postea accesserint, aut quomodo inter se permixti sint; quamquam ab ea

m'a expliquées, d'après des livres puniques venus, dit-on, du roi Hiempsal (14), traditions qui s'éloignent de l'opinion généralement reçue, mais qui sont conformes à la croyance des habitants de cette contrée. Au reste, j'en laisse la responsabilité aux auteurs de ces livres.

XVIII. L'Afrique fut d'abord habitée par les Gétules et les Libyens, peuples farouches, grossiers, qui se nourrissaient de la chair des animaux sauvages, et, comme les troupeaux, broutaient l'herbe des champs. Indépendants de toute autorité, ils ne connaissaient le frein ni des mœurs ni des lois. Toujours errants et sans demeure fixe, ils couchaient là où la nuit venait les surprendre. Mais après la mort d'Hercule qui, suivant l'opinion des Africains, périt en Espagne, son armée, composée de nations diverses, se trouva sans chef, et une foule de rivaux s'en disputant le commandement, elle ne tarda pas à se disperser. Dans le nombre, les Mèdes, les Perses et les Arméniens, ayant passé en Afrique sur des vaisseaux, s'établirent sur les côtes les plus voisines de notre mer; les Perses seuls se rapprochèrent davantage de l'Océan. Ils se firent des cabanes avec les carcasses renversées de leurs navires; car le sol ne leur offrait point de matériaux, et ils ne pouvaient en tirer de l'Espagne par des achats ou des échanges : une vaste étendue de mer et l'ignorance de la langue interdisaient toute relation de commerce. Ils se mêlèrent peu à peu aux Gétules par des mariages, et comme le besoin de chercher de nouveaux pâturages les obligeait à de fréquentes émigrations, ils se donnèrent eux-mêmes le nom de Numides. Au reste encore aujourd'hui les habitations des paysans numides, appelées mapales, ressemblent, par leur forme oblongue et leurs toits cintrés, à des carènes de vaisseaux. Aux Arméniens et aux Mèdes se mêlèrent les Libyens; ceux-ci s'étaient plus rapprochés de la mer d'Afrique, tandis que les Gétules étaient plus sous le soleil, et tout près de la zone brûlante. Ils eurent de bonne heure des villes, car n'étant séparés de l'Espagne que par un détroit, ils avaient établi avec cette contrée un commerce d'échanges; leur nom fut insensiblement corrompu par les Libyens qui, dans leur idiome barbare, les appelèrent Maures au lieu de Mèdes. La puissance des Perses surtout s'accrut rapidement; et, dans la suite, l'excès de la population les ayant forcés de se séparer de leurs pères, ils allèrent, sous le nom de Numides, occuper la contrée qui est la plus voisine de Carthage et qu'on appelle Numidie; ensuite les deux peuples, se prêtant un mutuel appui, soumirent leurs voisins par les armes ou par la crainte; ils étendirent sans cesse leur nom et leur gloire, ceux-là surtout qui s'étaient rapprochés de notre mer; car les Libyens étaient moins belliqueux que les Gétules. Enfin la partie inférieure de l'Afrique passa presque tout entière au pouvoir des Numides, et tous les peuples vaincus se confondirent avec le peuple conquérant dont ils prirent le nom.

XIX. Dans la suite les Phéniciens, les uns pour délivrer leur pays d'un excès de population, les autres dans des vues ambitieuses, ayant entraîné la populace et tous les hommes avides de nouveautés, fondèrent sur la côte maritime Hippone, Hadrumète, Leptis, et d'autres villes; elles prirent un accroissement rapide, et devinrent l'appui

---

fama, quæ plerosque obtinet, diversum est; tamen, uti ex libris Punicis, qui regis Hiempsalis dicebantur, interpretatum nobis est, utique rem sese habere cultores ejus terræ putant, quam paucissumis dicam. Ceterum fides ejus rei penes auctores erit.

XVIII. Africam initio habuere Gætuli et Libyes, asperi, inculti; quis cibus erat caro ferina atque humi pabulum, uti pecoribus. Hi neque moribus, neque lege, neque imperio cujusquam regebantur : vagi, palantes, qua nox coegerat, sedes habebant. Sed postquam in Hispania Hercules, sicuti Afri putant, interiit, exercitus ejus compositus ex variis gentibus, amisso duce, ac passim multis, sibi quisque, imperium petentibus, brevi dilabitur. Ex eo numero Medi, Persæ et Armenii, navibus in Africam transvecti, proxumos nostros mari locos occupavere : sed Persæ intra Oceanum magis : iique alveos navium inversos pro tuguriis habuere, quia neque materia in agris, neque ab Hispanis emundi, aut mutandi copia erat : mare magnum et ignara lingua commercia prohibebant. Hi paullatim per connubia Gætulos sibi miscuere : et quia, sæpe tentantes agros, alia, deinde alia, loca petiverant, semet ipsi Numidas appellavere. Ceterum adhuc ædificia Numidarum agrestium, quæ mapalia illi vocant, oblonga, incurvis lateribus tecta, quasi navium carinæ sunt. Medis autem et Armeniis accessere Libyes (nam hi propius mare Africum agitabant; Gætuli sub sole magis, haud procul ab ardoribus) : hique mature oppida habuere; nam freto divisi ab Hispania mutare res inter se instituerant : nomen eorum paullatim Libyes corrupere, barbara lingua Mauros, pro Medis, appellantes. Sed res Persarum brevi adolevit : ac postea, nomine Numidæ propter multitudinem a parentibus digressi, possidere ea loca, quæ proxume Carthaginem Numidia appellatur : dein utrique alteris freti, finitimos armis aut metu sub imperium coegere; nomen gloriamque sibi addidere : magis hi, qui ad nostrum mare processerant; quia Libyes, quam Gætuli, minus bellicosi. Denique Africæ pars inferior pleraque ab Numidis possessa est : victi omnes in gentem nomenque imperantium concessere.

XIX. Postea Phœnices, alii multitudinis domi minuendæ gratia, pars imperii cupidine, sollicitata plebe aliisque novarum rerum avidis, Hipponem, Hadrunetum, Leptim aliasque urbes in ora maritima condidere : hæque brevi multum auctæ, pars originibus præsidio, aliæ decori fuere. Nam de Carthagine silere melius puto, quam parum dicere; quoniam alio properare tempus monet. Igi-

ou la gloire de leur métropole. J'aime mieux ne point parler de Carthage que d'en dire peu de chose, et mon sujet m'appelle ailleurs. Après Catabathmon, ce plateau qui sépare l'Égypte de l'Afrique, on trouve, en suivant la côte, d'abord la ville de Cyrène, colonie de Théra (15); puis les deux Syrtes, et entr'elles Leptis; ensuite les autels des Philènes qui, du côté de l'Égypte, servaient de bornes à l'empire des Carthaginois; puis viennent les autres villes puniques (16). Tout le reste jusqu'à la Mauritanie est occupé par les Numides; plus près de l'Espagne sont les Maures; au-delà de la Numidie, les Gétules; les uns habitent des huttes, les autres plus grossiers encore mènent une vie errante : après eux sont les Éthiopiens, et, plus loin, des contrées brûlées par les feux du soleil. A l'époque de la guerre de Jugurtha, le peuple romain gouvernait par ses magistrats la plupart des villes puniques et tout le territoire qu'avaient possédé en dernier lieu les Carthaginois. Une grande partie des Gétules et la Numidie jusqu'au fleuve Mulucha obéissaient à Jugurtha. Le roi Bocchus régnait sur tous les Maures. Ce prince ne connaissait le peuple romain que de nom, et lui-même nous avait été jusqu'alors entièrement inconnu dans la paix comme dans la guerre. J'ai assez parlé de l'Afrique et de ses habitants pour l'intelligence de mon récit.

XX. Lorsque, après le partage du royaume, les députés eurent quitté l'Afrique, et que Jugurtha, contre ses appréhensions, se vit maître du prix de son crime, convaincu alors, comme il l'avait appris de ses amis, à Numance, que tout à Rome était vénal, enflammé d'ailleurs par les promesses de ceux qu'il venait de combler de présents, il tourna toutes ses pensées sur le royaume d'Adherbal. Il était actif, belliqueux; celui qu'il attaquait au contraire paisible, faible, inoffensif, plus craintif qu'à craindre, tel enfin qu'on pouvait l'outrager impunément. Jugurtha envahit donc brusquement son territoire avec une troupe considérable, il enlève habitants, troupeaux et butin de toutes sortes, brûle les habitations, et fait cruellement ravager par sa cavalerie la contrée presque tout entière; puis, avec toute sa troupe, il reprend le chemin de ses états, pensant qu'Adherbal vivement courroucé voudrait venger cette insulte et ferait naître ainsi un motif de guerre. Mais Adherbal, qui sentait son infériorité du côté des armes et qui comptait plus sur l'amitié du peuple romain que sur les Numides, envoya des députés à Jugurtha pour se plaindre de ces attaques. Ils ne rapportèrent qu'une réponse outrageante. Cependant Adherbal résolut de tout souffrir plutôt que de recourir à une guerre, moyen qui lui avait déjà si mal réussi. Cette modération ne diminua point l'avidité de Jugurtha; car déjà, dans sa pensée, il avait envahi le royaume tout entier d'Adherbal. Aussi ce n'est plus, comme la première fois, avec une troupe de fourrageurs, mais à la tête d'une grande armée qu'il entre en guerre et qu'il aspire ouvertement à la domination de toute la Numidie : partout, sur son passage, il dévaste les villes et les campagnes, et fait du butin ; il redouble l'audace de ses soldats et la terreur des ennemis.

XXI. Adherbal, se voyant réduit à l'alternative d'abandonner son royaume ou de le défendre les

tur ad Catabathmon, qui locus Ægyptum ab Africa dividit, secundo mari, prima Cyrene est, colonia Theræon, ac deinceps duæ Syrtes, interque eas Leptis; dein Philænon aræ, quem, Ægyptum versus, finem imperii habuere Carthaginienses : post aliæ Punicæ urbes. Cetera loca usque ad Mauretaniam Numidæ tenent : proxume Hispaniam Mauri sunt : super Numidiam Gætulos accepimus partim in tuguriis, alios incultius vagos agitare : post eos Æthiopas esse : dein loca exusta solis ardoribus. Igitur bello Jugurthino pleraque ex Punicis oppida et fines Carthaginiensium, quo novissume habuerant, populus romanus per magistratus administrabat: Gætulorum magna pars, et Numidia usque ad flumen Mulucham sub Jugurtha erant : Mauris omnibus rex Bocchus imperitabat, præter nomen, cetera ignarus populi romani ; itemque nobis neque bello, neque pace antea cognitus. De Africa et ejus incolis ad necessitudinem rei satis dictum.

XX. Postquam, regno diviso, legati Africa discessere, et Jugurtha contra timorem animi præmia sceleris adeptum sese videt ; certum ratus, quod ex amicis apud Numantiam acceperat, omnia Romæ venalia esse; simul et illorum pollicitationibus accensus, quos paullo ante muneribus expleverat, in regnum Adherbalis animum intendit. Ipse acer, bellicosus : at is, quem petebat, quietus, imbellis, placido ingenio, opportunus injuriæ, metuens magis quam metuendus. Igitur ex improviso fines ejus cum magna manu invadit : multos mortales cum pecore atque alia præda capit, ædificia incendit, pleraque loca hostiliter cum equitatu accedit : dein cum omni multitudine in regnum suum convertit ; existumans dolore permotum Adherbalem injurias suas manu vindicaturum, eamque rem belli caussam fore. At ille, quod neque se parem armis existumabat, et amicitia populi romani magis quam Numidis fretus erat, legatos ad Jugurtham de injuriis questum misit : qui tametsi contumeliosa dicta retulerant, prius tamen omnia pati decrevit, quam bellum sumere, quia tentatum antea secus cesserat. Neque tamen eo magis cupido Jugurthæ minuebatur : quippe qui totum ejus regnum animo jam invaserat. Itaque non, ut antea, cum prædatoria manu, sed magno exercitu comparato bellum gerere cœpit, et aperte totius Numidiæ imperium petere : ceterum, qua pergebat, urbes, agros vastare, prædas agere ; suis animum, terrorem hostibus augere.

XXI. Adherbal ubi intellegit, eo processum, uti regnum aut relinquendum esset, aut armis retinendum ; necessario copias parat, et Jugurthæ obvius procedit. Interim

armes à la main, cède à la nécessité, lève des troupes et marche à la rencontre de Jugurtha. Les deux armées s'arrêtent non loin de la mer, près de la ville de Cirta ; mais comme le jour était sur son déclin, le combat ne fut pas engagé. Quand la nuit fut très-avancée, le crépuscule étant encore sombre, les soldats de Jugurtha, à un signal donné, envahissent le camp des ennemis; ils les surprennent les uns à moitié endormis, les autres, comme ils prenaient leurs armes; les mettent en fuite et les dispersent. Adherbal se réfugie à Cirta avec quelques cavaliers ; et s'il ne s'était trouvé là un grand nombre d'Italiens pour écarter des murailles les Numides qui le poursuivaient, le même jour aurait vu commencer et finir la guerre entre les deux rois. Aussitôt Jugurtha investit la place, et, faisant agir mantelets, tours (17 et machines de toute espèce, il essaie de l'emporter d'assaut. Il avait hâte surtout de prévenir le retour des ambassadeurs qu'il savait avoir été envoyés à Rome par Adherbal avant la bataille. Le sénat, à peine instruit de ces hostilités, députe en Afrique trois jeunes patriciens, chargés d'aller trouver les deux rois et de leur signifier que le sénat et le peuple romain veulent et entendent qu'ils mettent bas les armes et terminent leurs différends par le bon droit et non par la guerre : qu'ainsi l'exige la dignité de Rome et des deux rois.

XXII. Les députés mettent d'autant plus de célérité à se rendre en Afrique, qu'au moment de leur départ on s'entretenait à Rome du combat et du siége de Cirta ; mais ce n'était encore qu'un bruit vague. Jugurtha répondit à leurs paroles qu'il n'avait rien de plus sacré ni de plus cher que l'autorité du sénat ; que dès sa première jeunesse il s'était toujours efforcé de mériter l'estime des gens de bien ; que c'était par des vertus réelles et non par du mauvais vouloir qu'il avait su plaire à Scipion, homme si éminent ; que ces mêmes qualités, et non le défaut d'enfants, l'avaient fait adopter par Micipsa et appeler au trône : qu'au reste, plus sa conduite avait été honorable et glorieuse, moins son cœur était disposé à souffrir un outrage ; qu'Adherbal avait voulu attenter à ses jours ; qu'instruit de ses complots, il avait prévenu le crime ; que le peuple romain n'agirait ni avec bienséance ni avec justice s'il lui défendait ce qui est du droit commun des nations ; en un mot, qu'il enverrait bientôt des ambassadeurs à Rome pour donner les explications nécessaires. Les députés se séparèrent sur ces termes de Jugurtha, et il ne leur fut pas permis de conférer avec Adherbal.

XXIII. Dès que Jugurtha fut assuré qu'ils étaient hors de l'Afrique, voyant qu'il ne pouvait emporter Cirta de vive force à cause de sa position naturelle, il l'environna d'un retranchement et d'un fossé et fit élever des tours qu'il garnit de combattants. En outre, nuit et jour il essaie tantôt de la force, tantôt de la ruse, prodigue aux défenseurs des murailles les récompenses ou les menaces ; redouble par ses exhortations l'énergie des siens ; déploie dans toutes ses mesures une activité infatigable. Adherbal se vit bientôt réduit aux dernières extrémités, pressé par un ennemi implacable, sans espoir de secours, manquant de tout et ne pouvant pas prolonger la guerre. Parmi les soldats qui s'étaient réfugiés avec lui à Cirta, il choisit les deux plus intrépides ; à force de promesses et par

---

haud longe a mari, prope Cirtam oppidum, utriusque consedit exercitus : et quia diei extremum erat, prælium non inceptum ; ubi plerumque noctis processit, obscuro etiam tum lumine, milites Jugurthini, signo dato, castra hostium invadunt, semisomnos partim, alios arma sumentes fugant funduntque. Adherbal cum paucis equitibus Cirtam profugit : et ni multitudo togatorum fuisset, quæ Numidas insequentes mœnibus prohibuit, uno die inter duos reges cœptum atque patratum bellum foret. Igitur Jugurtha oppidum circumsedit, vineis turribusque et machinis omnium generum expugnare aggreditur ; maxume festinans tempus legatorum antecapere, quos, ante prælium factum, Romam ab Adherbale missos audiverat. Sed postquam senatus de bello eorum accepit, tres adolescentes in Africam legantur, qui ambo reges adeant, senatus populique romani verbis nuntient, velle et censere, eos ab armis discedere : de controversiis suis jure potius quam bello disceptare : ita seque illisque dignum fore.

XXII. Legati in Africam maturantes veniunt, eo magis quod Romæ, dum proficisci parant, de prælio facto et oppugnatione Cirtæ audiebatur : sed is rumor clemens erat. Quorum Jugurtha accepta oratione respondit, sibi neque majus quidquam, neque carius auctoritate senati : ab adolescentia ita enisum, uti ab optumo quoque probaretur : virtute, non malitia P. Scipioni, summo viro, placuisse : ob easdem artes ab Micipsa, non penuria liberorum, in regnum adoptatum : ceterum quo plura bene atque strenue fecisset, eo animum suum injuriam minus tolerare : Adherbalem dolis vitæ suæ insidiatum ; quod ubi comperisset, sceleri obviam isse : populum romanum neque recte, neque pro bono facturum, si ab jure gentium sese prohibuerint : postremo de omnibus rebus legatos Romam brevi missurum. Ita utrique digrediuntur. Adherbalis appellandi copia non fuit.

XXIII. Jugurtha ubi eos Africa decessisse ratus est, neque, propter loci naturam, Cirtam armis expugnare potest ; vallo atque fossa mœnia circumdat, turres exstruit, easque præsidiis firmat : præterea dies, noctes, aut per vim, aut dolis tentare : defensoribus mœnium præmia modo, modo formidinem ostentare ; suos hortando ad virtutem erigere : prorsus intentus cuncta parare. Adherbal ubi intellegit, omnes suas fortunas in extremo sitas, hostem infestum, auxilii spem nullam, penuria rerum necessariarum bellum trahi non posse ; ex his qui una Cirtam profugerant, duo maxume impigros delegit : eos, multa pollicendo, ac

la pitié qu'il leur inspire pour son malheur, il les détermine à gagner de nuit, à travers les retranchements ennemis, le rivage le plus voisin et à se rendre ensuite à Rome.

XXIV. Les Numides eurent en peu de jours exécuté ses ordres. La lettre d'Adherbal fut lue dans le sénat; elle était conçue en ces termes : « Ce n'est pas ma faute, sénateurs, si j'envoie souvent vous implorer, les violences de Jugurtha m'y obligent. Il est si affamé de me perdre, qu'il n'a plus de souci ni de vous ni du crime, et qu'il préfère ma mort à tout. Aussi depuis cinq mois, je suis assiégé par ses armes, moi l'allié et l'ami du peuple romain; ni les bienfaits de mon père Micipsa, ni vos décrets ne me sont d'aucun secours. Je ne sais si c'est le fer ou la famine qui me presse le plus. L'état déplorable de ma fortune me dissuade de vous parler davantage de Jugurtha, et d'ailleurs, l'expérience m'a déjà appris qu'on ajoute peu de foi aux paroles des malheureux. Seulement, il est facile de comprendre qu'il ne borne pas ses prétentions à ma perte : il ne peut espérer d'obtenir à la fois et mon royaume et votre amitié; mais il montre assez ouvertement lequel des deux lui tient le plus au cœur. Il a commencé par assassiner mon frère Hiempsal; ensuite, il m'a chassé du royaume de mes pères. Je sais bien que mes injures personnelles peuvent vous être indifférentes; mais c'est votre royaume qu'il a envahi les armes à la main, c'est le chef donné par vous aux Numides qu'il tient étroitement assiégé. Quant aux paroles de vos ambassadeurs, mes périls disent assez le cas qu'il en a fait. Quel moyen reste-t-il pour le réduire, si vous n'y employez vos armes?

Plût aux dieux que ce que j'écris aujourd'hui, que mes premières plaintes dans le sénat, n'eussent aucun fondement, et que mes malheurs ne témoignassent pas de la vérité de mes paroles! Mais puisque je suis né pour servir de montre aux crimes de Jugurtha, ce n'est plus à la mort et aux infortunes que je vous prie de me soustraire, mais à la puissance de mon ennemi et aux tortures qu'il me prépare. Le royaume de Numidie vous appartient, pourvoyez-y selon vos désirs; mais arrachez-moi aux mains impies de Jugurtha, je vous en conjure par la majesté de votre empire, par la sainteté de l'amitié, si vous conservez encore quelque souvenir de mon aïeul Massinissa. »

XXV. Après la lecture de cette lettre, quelques sénateurs furent d'avis d'envoyer une armée en Afrique, de secourir promptement Adherbal, et de prendre en attendant une détermination sur la désobéissance de Jugurtha aux ordres des ambassadeurs. Mais les mêmes partisans du roi usèrent de tout leur crédit pour empêcher le décret. Ainsi le bien public, comme il arrive dans presque toutes les affaires, fut sacrifié à un intérêt particulier. Cependant, on députe en Afrique des hommes recommandables par leur âge, leur noblesse et les hautes dignités dont ils avaient été revêtus. De ce nombre était Scaurus, dont j'ai déjà parlé, consulaire et alors prince du sénat. Cédant à l'indignation générale et aux prières des Numides, les députés s'embarquent au bout de trois jours, abordent bientôt à Utique, et écrivent à Jugurtha de se rendre sans délai dans la province romaine; ajoutant qu'ils étaient envoyés vers lui par le sénat. Dès qu'il sut que des hommes illustres, et dont il

---

miserando casum suum, confirmat, uti per hostium munitiones noctu ad proximum mare, dein Romam pergerent.

XXIV. Numidæ paucis diebus jussa efficiunt : literæ Adherbalis in senatu recitatæ, quarum sententia hæc fuit :

« Non mea culpa sæpe ad vos oratum mitto, patres conscripti ; sed vis Jugurthæ subigit : quem tanta lubido exstinguendi me invasit, uti neque vos, neque deos immortales in animo habeat ; sanguinem meum, quam omnia, malit. Itaque quintum jam mensem, socius et amicus populi romani, armis obsessus teneor : neque mihi Micipsæ patris beneficia, neque vestra decreta auxiliantur : ferro, an fame acrius urgear, incertus sum. Plura de Jugurtha scribere dehortatur fortuna mea : etiam antea expertus sum, parum fidei miseris esse : nisi tamen intellego, illum supra, quam ego sum, petere ; neque simul amicitiam vestram, et regnum meum sperare : utrum gravius existumet, nemini occultum est. Nam initio occidit Hiempsalem fratrem meum : dein patrio regno me expulit. Quæ sane fuerint nostræ injuriæ, nihil ad vos. Verum nunc vestrum regnum armis tenet : me, quem imperatorem Numidis posuistis, clausum obsidet : legatorum verba quanti fecerit, pericula mea declarant. Quid reliquum, nisi vis vestra, quo moveri possit? Nam ego quidem vel-

em, et hæc, quæ scribo, et illa quæ antea in senatu questus sum, vana forent potius, quam miseria mea fidem verbis faceret. Sed quoniam eo natus sum, ut Jugurthæ scelerum ostentui essem ; non jam mortem, neque ærumnas, tantummodo inimici imperium et cruciatus corporis deprecor. Regno Numidiæ, quod vestrum est, uti lubet, consulite : me ex manibus impiis eripite, per majestatem imperii, per amicitiæ fidem, si ulla apud vos memoria avi mei Masinissa. »

XXV. His literis recitatis, fuere, qui exercitum in Africam mittendum censerent, et quamprimum Adherbali subveniundum : de Jugurtha interim uti consuleretur, quoniam non paruisset legatis. Sed ab iisdem regis fautoribus summa ope enisum, ne decretum fieret. Ita bonum publicum, ut in plerisque negotiis solet, privata gratia devictum. Legantur tamen in Africam majores natu, nobiles, amplis honoribus : in quis M. Scaurus, de quo supra memoravimus, consularis, et tum in senatu princeps. Hi, quod in invidia res erat, simul et ab Numidis obsecrati, triduo navim ascendere : dein brevi Uticam appulsi literas ad Jugurtham mittunt, quam ocissume ad provinciam accedat ; seque ad eum ab senatu missos. Ille ubi accepit, homines claros, quorum auctori-

connaissait l'immense crédit à Rome, étaient venus pour traverser ses desseins, Jugurtha, d'abord vivement ému, fut partagé entre la crainte et l'ambition. Il redoutait la colère du sénat s'il n'obéissait aux ambassadeurs ; mais son aveugle passion l'entraînait à consommer son crime. Enfin, le parti le plus mauvais l'emporta dans cette âme avide. Aussitôt il déploie son armée autour de Cirta et tente les derniers efforts pour emporter cette place; il espérait, en divisant les troupes des assiégés, trouver une chance de victoire dans la force ou dans la surprise. Il échoua dans cette entreprise et ne put, comme il le voulait, s'emparer d'Adherbal avant d'aller trouver les ambassadeurs ; craignant alors, par un plus long retard, d'irriter Scaurus qu'il redoutait surtout, il se rendit dans la province romaine avec quelques cavaliers. Mais malgré les menaces terribles qui lui furent faites au nom du sénat, sur son refus de lever le siége, les ambassadeurs, après bien des pourparlers inutiles, se retirèrent sans avoir rien obtenu.

XXVI. Dès qu'on eut appris à Cirta ce qui venait de se passer, les Italiens, dont la valeur faisait la principale défense de la ville, croyant que, dans une capitulation, la grandeur du nom romain garantirait leur sûreté, conseillent à Adherbal de rendre sa personne et la ville à Jugurtha, à la condition qu'il aurait la vie sauve, et, pour tout le reste, de s'en remettre au sénat. Adherbal savait bien que pour lui tout valait mieux que la foi de Jugurtha ; mais comme les Italiens pouvaient, malgré ses refus, le contraindre à cette détermination, il se rendit. Jugurtha commença par le faire périr au milieu des tortures; ensuite, il passa au fil de l'épée tous les Numides hors de l'enfance et les Italiens indistinctement, à mesure qu'ils se présentaient à ses soldats armés.

XXVII. Quand l'événement en fut connu à Rome et que le sénat eut commencé à s'en occuper, les mêmes agents du roi voulurent par leurs interpellations, leur crédit et de feintes disputes, gagner du temps et affaiblir ainsi l'atrocité du fait ; et si C. Memmius (18), tribun du peuple désigné, homme violent, ennemi déclaré de la puissance des nobles, n'eût averti le peuple romain que toutes ces intrigues avaient pour but d'assurer l'impunité à Jugurtha, bientôt la longueur des délibérations eût fait évanouir tout l'odieux de ce crime : tant avaient de puissance l'argent du roi numide et le crédit de ceux qui l'avaient reçu ! Mais le sénat, qui se sentait coupable, redoutait le peuple ; il assigna donc, en vertu de la loi Sempronia (19), l'Italie et la Numidie pour provinces aux consuls qui étaient à nommer. Ces consuls furent Scipion Nasica et Bestia Calpurnius (20). La Numidie échut à Calpurnius, l'Italie à Scipion. Ensuite on enrôla l'armée qui devait passer en Afrique; on pourvut à sa solde, ainsi qu'aux autres dépenses de la guerre.

XXVIII. Jugurtha s'attendait peu à de tels préparatifs ; car il avait la conviction profonde qu'à Rome tout était vénal : il députe vers le sénat son fils et deux de ses confidents les plus intimes ; à ceux-ci, comme à ceux qu'il avait envoyés après le meurtre d'Adherbal, il recommande d'attaquer tout le monde avec de l'or. A leur approche de Rome, le sénat, sur la demande de Calpurnius, mit en délibération si on leur permettrait d'entrer

---

talem Romæ pollere audiverat, contra inceptum suum venisse ; primo commotus, metu atque lubidine diversus agitabatur. Timebat iram senati, ni paruisset legatis : porro animus cupidine cæcus ad inceptum scelus rapiebat. Vicit tamen in avido ingenio pravum consilium. Igitur, exercitu circumdato, summa vi Cirtam irrumpere nititur ; maxume sperans, diducta manu hostium, aut vi aut dolis sese casum victoriæ inventurum. Quod ubi secus procedit, neque, quod intenderat, efficere potest uti, prius quam legatos conveniret, Adherbalis potiretur ; ne amplius morando Scaurum, quem plurimum metuebat, incenderet, cum paucis equitibus in provinciam venit. Ac tametsi senati verbis minæ graves nuntiabantur, quod oppugnatione non desisteret; multa tamen oratione consumta, legati frustra discessere.

XXVI. Ea postquam Cirtæ audita sunt, Italici, quorum virtute mœnia defensabantur, confisi, deditione facta, propter magnitudinem populi romani inviolatos sese fore, Adherbali suadent, uti seque et oppidum Jugurthæ tradat, tantum ab eo vitam paciscatur : de ceteris senatui curæ fore. At ille tametsi omnia potiora fide Jugurthæ rebatur ; tamen quia penes eosdem, si adversaretur, cogendi potestas erat, ita uti censuerant Italici, deditionem facit. Jugurtha in primis Adherbalem excruciatum necat : dein omnes puberes Numidas et negotiatores promiscue, uti quisque armatis obvius, interfecit.

XXVII. Quod postquam Romæ cognitum, et res in senatu agitari cœpta ; iidem illi ministri regis, interpellando, ac sæpe gratia, interdum jurgiis trahendo tempus, atrocitatem facti leniebant. Ac ni C. Memmius, tribunus plebis designatus, vir acer et infestus potentiæ nobilitatis, populum romanum edocuisset, id agi, uti per paucos factiosos Jugurthæ scelus condonaretur, profecto omnis invidia, prolatandis consultationibus, dilapsa erat : tanta vis gratiæ atque pecuniæ regis. Sed ubi senatus, delicti conscientia, populum timet; lege Sempronia provinciæ futuris consulibus, Numidia atque Italia, decretæ : consules declarantur P. Scipio Nasica, L. Bestia Calpurnius ; Calpurnio Numidia, Scipioni Italia obvenit : deinde exercitus, qui in Africam portaretur, scribitur : stipendium, alia, quæ bello usui forent, decernuntur.

XXVIII. At Jugurtha, contra spem nuntio accepto, quippe cui Romæ omnia venum ire in animo hæserat ; filium et cum eo duo familiares ad senatum legatos mittit : hisque, ut illis, quos Hiempsale interfecto miserat, præcipit, omnes mortales pecunia aggrediantur. Qui post-

dans la ville, et il décréta qu'ils sortiraient de l'Italie sous dix jours s'ils ne venaient pour livrer la personne et le royaume de Jugurtha. Le consul fait signifier le décret du sénat aux Numides, qui retournent dans leur pays sans avoir rien fait. Calpurnius, ayant dans cet intervalle mis son armée en état de partir, prend pour lieutenants des hommes de haute naissance, factieux, dans l'espoir que leur crédit mettrait à couvert ses prévarications. De ce nombre était Scaurus, dont j'ai indiqué le caractère et les mœurs. Quant à notre consul, il unissait aux avantages extérieurs bien des qualités estimables, mais elles étaient ternies par son avarice : doué d'un esprit actif et vigilant, habile dans l'art de la guerre, il savait supporter les fatigues et ne craignait ni les dangers ni les surprises. Les légions traversent l'Italie, s'embarquent à Rhégium pour la Sicile et de là passent en Afrique. Calpurnius, qui avait préparé d'avance tous ses approvisionnements, attaque vivement la Numidie, fait un grand nombre de prisonniers et prend de force quelques villes.

XXIX. Mais lorsque Jugurtha, par ses émissaires, eut essayé sur lui le pouvoir de l'or, et lui eut représenté les difficultés de la guerre dont il était chargé, ce cœur gâté par l'avarice se laissa facilement séduire. Au reste, il prit Scaurus pour complice et pour agent de toutes ses intrigues. Dans le principe, lorsque presque tous ceux de sa faction s'étaient vendus, Scaurus s'était montré l'un des plus ardents adversaires du roi ; mais cette fois la somme fut si forte, qu'oubliant le devoir et l'honneur, il se laissa entraîner au mal. Jugurtha n'avait eu d'abord en vue que d'acheter le ralentissement de la guerre, songeant dans l'intervalle à faire agir à Rome son argent et son crédit. Mais dès qu'il eut appris que Scaurus prenait part à la négociation, il conçut l'espérance d'obtenir la paix et résolut d'aller en personne en régler avec eux toutes les conditions. Pour servir d'otage à Jugurtha, le consul envoie le questeur Sextius à Vacca, ville qui appartenait au roi ; le prétexte de cette mission était d'aller recevoir du blé que Calpurnius avait publiquement exigé des envoyés de Jugurtha pour prix de la suspension d'armes accordée jusqu'au moment de sa soumission. Le roi vint donc, comme il l'avait résolu, au camp des Romains, et, après avoir dit quelques mots en présence du conseil, pour justifier sa conduite et faire agréer sa soumission, il régla secrètement tout le reste avec Calpurnius et Scaurus. Le lendemain on recueille les voix pour la forme, sur tous les articles en masse, et la soumission du roi est acceptée. Ainsi qu'on l'avait prescrit devant le conseil, trente éléphants; du bétail, un grand nombre de chevaux, et une somme d'argent peu considérable sont livrés au questeur. Calpurnius se rendit à Rome pour l'élection des magistrats : dans la Numidie et dans notre armée tout se passait comme en temps de paix.

XXX. Dès que la renommée eut publié à Rome le dénoûment des affaires d'Afrique et la manière dont elles avaient été menées, il ne fut question, dans tous les lieux et dans toutes les réunions, que de l'étrange conduite du consul. Le peuple était vivement indigné ; les sénateurs fort embarrassés

---

quam Romam adventabant, senatus a Bestia consultus, placeretne legatos Jugurthæ recipi mœnibus ; iique decrevere, nisi regnum, ipsumque deditum venissent, uti in diebus proximis decem Italia decederent. Consul Numidis ex senati decreto nuntiari jubet : ita infectis rebus illi domum discedunt. Interim Calpurnius, parato exercitu, legat sibi homines nobiles, factiosos, quorum auctoritate quæ deliquisset, munita fore sperabat : in quis fuit Scaurus cujus de natura et habitu supra memoravimus. Nam in consule nostro multæ bonæque artes animi et corporis erant ; quas omnes avaritia præpediebat : patiens laborum, acri ingenio, satis providens, belli haud ignarus, firmissimus contra pericula et insidias. Sed legiones per Italiam Rhegium, atque inde Siciliam, porro ex Sicilia in Africam transvectæ. Igitur Calpurnius initio, paratis commeatibus, acriter Numidiam ingressus est ; multos mortales, et urbes aliquot pugnando capit.

XXIX. Sed ubi Jugurtha per legatos pecunia tentare, bellique, quod administrabat, asperitatem ostendere cœpit ; animus, æger avaritia, facile conversus est. Ceterum socius et administer omnium consiliorum adsumitur Scaurus. Qui tametsi a principio, plerisque ex factione ejus corruptis, acerrume regem impugnaverat ; tamen magnitudine pecuniæ a bono honestoque in pravum abstractus est. Sed Jugurtha primum tantummodo belli moram redimebat ; existumans sese aliquid interim Romæ pretio aut gratia effecturum. Postea vero quam participem negotii Scaurum acceperat, in maximam spem adductus recuperandæ pacis, statuit cum eis de omnibus pactionibus præsens agere. Ceterum interea, fidei caussa, mittitur a consule Sextius quæstor in oppidum Jugurthæ Vaccam : cujus rei species erat acceptio frumenti, quod Calpurnius palam legatis imperaverat, quoniam deditionis mora induciæ agitabantur. Igitur rex, uti constituerat, in castra venit, ac pauca, præsenti consilio, loquutus de invidia facti sui, atque in deditionem uti acciperetur ; reliqua cum Bestia et Scauro secreta transigit : dein postero die, quasi per saturam (21) exquisitis sententiis, in deditionem accipitur. Sed, uti pro consilio imperatum erat, elephanti triginta, pecus atque equi multi, cum parvo argenti pondere quæstori traduntur. Calpurnius Romam ad magistratus rogandos proficiscitur : in Numidia et exercitu nostro pax agitabatur.

XXX. Postquam res in Africa gestas, quoque modo actæ forent, fama divulgavit ; Romæ per omnes locos et conventus de facto consulis agitari. Apud plebem gravis invidia : patres solliciti erant ; probarentne tantum flagitium, an decretum consulis subverterent, parum con-

ne savaient pas encore s'ils devaient approuver une si odieuse prévarication, ou annuler le décret du consul ; c'était surtout le grand crédit de Scaurus, qu'on disait être le conseil et le complice de Bestia, qui les détournait de la justice et de l'honneur. Cependant C. Memmius, dont j'ai fait connaître plus haut le caractère indépendant et la haine contre le pouvoir de la noblesse, au milieu des hésitations et des lenteurs du sénat, excite par ses harangues le peuple à faire un exemple ; il l'avertit de ne pas abandonner la république et sa liberté ; il lui retrace vivement tous les actes d'arrogance ou de cruauté dont la noblesse s'est rendue coupable ; en un mot, il s'attache à enflammer l'esprit du peuple par tous les moyens. Mais, comme à cette époque l'éloquence de Memmius eut autant de célébrité que d'influence, j'ai cru devoir transcrire ici une de ses nombreuses harangues, et j'ai choisi celle qu'il prononça devant le peuple après le retour de Bestia, et dont voici à peu près les termes :

XXXI. « Bien des motifs m'éloigneraient de vous, Romains, si l'amour du bien public ne l'emportait sur toute autre considération : le pouvoir d'une faction, votre patience, l'absence de toute justice, et surtout la conviction que la vertu a plus de périls que d'honneurs à attendre. En vérité j'éprouve de la honte à dire comme dans ces quinze dernières années vous avez servi de jouet à l'orgueil de quelques hommes, avec quelle ignominie vous avez laissé périr sans vengeance les défenseurs de vos droits, à quel point vos âmes ont été corrompues par la lâcheté et la bassesse ; aujourd'hui même, que vos ennemis donnent prise sur eux, vous n'osez pas vous lever, et vous avez peur de ceux qui devraient trembler devant vous. Malgré ces justes motifs pour me taire, mon courage m'impose la loi de braver la tyrannie de cette faction. Certainement j'userai de cette liberté que j'ai reçue de mes pères ; sera-ce inutilement ou avec fruit ? c'est ce qui dépend de vous, Romains. Je ne viens pas vous exhorter à repousser l'injustice par les armes, comme l'ont fait souvent vos ancêtres ; il n'est ici besoin ni de violence ni de scission, il suffit de leurs vices seuls pour précipiter leur ruine. Après l'assassinat de Tibérius Gracchus, qui, disaient-ils, aspirait à la royauté, on exerça de rigoureuses procédures contre le peuple romain ; de même, après le meurtre de C. Gracchus et de M. Fulvius, une foule de citoyens de votre ordre furent immolés dans les prisons, et ce ne fut pas la loi, mais le caprice seul des nobles qui mit un terme à ce double massacre. Mais que ce soit aspirer à la royauté que de rendre au peuple ses droits, j'y consens, tenons pour légitime tout ce qui ne peut être vengé sans faire couler le sang des citoyens. Dans les dernières années vous vous indigniez en secret de voir le trésor public dilapidé, les impôts payés par les rois et les peuples libres à quelques nobles qui possèdent aussi et les plus hautes dignités et d'immenses richesses. Cependant c'est peu pour eux d'avoir osé impunément de tels attentats ; dernièrement encore ils ont livré aux ennemis vos lois, la majesté de votre empire, et tout ce qu'il y a de droits divins et humains. Et cependant ils n'ont ni honte, ni repentir de ces crimes, mais ils viennent se montrer insolemment à vos regards, étalant avec orgueil, les uns leurs sacerdoces et leurs consulats, les autres leurs triomphes, comme si ces distinctions

---

stabat : ac maxume eos potentia Scauri, quod is auctor et socius Bestiæ ferebatur, a vero bonoque impediebat. At C. Memmius, cujus de libertate ingenii et odio potentiæ nobilitatis supra diximus, inter dubitationem et moras senati, concionibus populum ad vindicandum hortari ; monere ne rempublicam, ne libertatem suam desererent ; multa superba, crudelia facinora nobilitatis ostendere ; prorsus intentus omni modo plebis animum accendebat. Sed quoniam ea tempestate Memmii facundia clara pollensque fuit, decere existumavi unam ex tam multis orationem perscribere, ac potissumum quæ in concione post reditum Bestiæ hujuscemodi verbis disseruit :

XXXI. « Multa me dehortantur a vobis, Quirites, ni studium reipublicæ omnia superet : opes factionis, vestra patientia, jus nullum, ac maxume quod innocentiæ plus periculi, quam honoris est. Nam illa quidem piget dicere, his annis quindecim quam ludibrio fueritis superbiæ paucorum ; quam fœde, quamque inulti perierint vestri defensores ; ut vobis animus ab ignavia atque secordia corruptus sit ; qui ne nunc quidem, obnoxiis inimicis, exsurgitis, atque etiam nunc timetis quibus decet terrori esse. Sed quamquam hæc talia sunt, tamen obviam ire factionis potentiæ animus subigit. Certe ego libertatem, quæ mihi a parente tradita est, experiar : verum id frustra, an ob rem faciam, in vestra manu situm, Quirites. Neque ego hortor quod sæpe majores vestri fecere, uti contra injurias armati eatis. Nihil vi, nihil secessione opus : necesse est suomet ipsi more præcipites eant. Occiso Tiberio Graccho, quem regnum parare aiebant, in plebem romanam quæstiones habitæ sunt. Post C. Gracchi et M. Fulvii cædem, item multi vestri ordinis in carcere necati sunt : utriusque cladis non lex, verum lubido eorum finem fecit. Sed sane fuerit regni paratio, plebi sua restituere : quidquid sine sanguine civium ulcisci nequitur, jure factum sit. Superioribus annis taciti indignabamini ærarium expilari, reges et populos liberos paucis nobilibus vectigal pendere ; penes eosdem et summam gloriam et maxumas divitias esse : tamen hæc talia facinora impune suscepisse parum habuere. Itaque postremo leges, majestas vestra, divina et humana omnia hostibus tradita sunt. Neque eos, qui fecere, pudet aut pœnitet ; sed incedunt per ora vestra magnifici, sacerdotia et consulatus, pars triumphos suos ostentantes ; perinde quasi ea honori, non prædæ habeant. Servi ære

usurpées étaient pour eux un titre d'honneur! Des esclaves achetés à prix d'argent ne supportent pas les traitements injustes de leurs maîtres; et vous, Romains, nés pour commander, vous souffrez patiemment la servitude! Et quels sont donc ceux qui ont ainsi envahi la république? Des gens d'une monstrueuse cupidité, couverts de crimes et de sang, les plus pervers et les plus orgueilleux des hommes : pour eux la bonne foi, l'honneur, la piété, enfin la vertu et le vice, sont un objet de trafic. Les uns ont égorgé des tribuns du peuple, les autres ont exercé des procédures injustes, la plupart ont versé votre sang, et c'est là ce qui fait leur sauvegarde; plus ils ont été criminels, plus ils sont en sûreté; la terreur, qui devait s'attacher à leurs crimes, ils l'ont fait passer dans vos âmes timides : les mêmes désirs, les mêmes haines, les mêmes craintes, n'ont fait de tous ces hommes qu'un seul homme; mais ce qui est amitié entre les gens de bien devient conspiration entre les méchants. Si vous aviez autant de souci de votre liberté qu'ils ont d'ardeur pour la domination, sans doute la république ne serait pas comme aujourd'hui livrée au pillage, et vos bienfaits seraient le prix de la vertu, non de l'audace. Vos ancêtres, pour conquérir leurs droits et fonder la majesté de cet empire, ont fait deux fois scission et se sont retirés en armes sur le mont Aventin; et vous, pour conserver cette liberté qu'ils vous ont transmise, vous ne feriez pas les derniers efforts? Et cependant vous devez montrer d'autant plus d'ardeur qu'il y a plus de honte à perdre ce que l'on possède qu'à ne l'avoir jamais acquis. On me dira : que demandez-vous? Je veux qu'on sévisse contre ceux qui ont livré honteusement la république à l'ennemi, qu'on les poursuive, non à main armée ni par la force, ces moyens sont indignes de vous, bien que leurs crimes les dussent justifier, mais par des procédures régulières et le témoignage de Jugurtha lui-même. Si sa soumission est réelle, il s'empressera sans doute d'obéir à vos ordres; s'il les méprise, vous saurez ce que vous devez penser d'une paix ou d'une soumission qui laisse à Jugurtha l'impunité de ses crimes, à quelques hommes d'immenses richesses, à la république le dommage et l'opprobre. Mais peut-être n'êtes-vous pas encore fatigués de leur domination; peut-être préférez-vous ces temps où les royaumes, les provinces, les lois, les droits des citoyens, les tribunaux, la guerre, la paix, enfin toutes les choses divines et humaines, étaient au pouvoir de quelques ambitieux; et vous, c'est-à-dire le peuple romain, invincibles au-dehors, souverains de toutes les nations, vous croyiez avoir assez fait que de conserver le droit de respirer : car pour l'esclavage, qui de vous osait le repousser? Bien que ce soit à mes yeux le comble de l'ignominie pour un homme de cœur de se laisser outrager impunément, je me résignerais à voir le pardon accordé à ces pervers, si votre indulgence ne devait pas entraîner votre ruine. Car ils sont si dépravés, que pour eux c'est peu d'avoir malfait impunément, si on ne leur ôte le pouvoir de malfaire à l'avenir; et pour vous ce sera un sujet d'éternelles inquiétudes, quand vous comprendrez qu'il vous faut être esclaves ou combattre pour garder votre liberté. Et quelle espérance avez-vous d'un accord sincère avec eux? ils veulent dominer, vous voulez être li-

---

parati imperia injusta dominorum non perferunt : vos, Quirites, imperio nati, æquo animo servitutem toleratis. At qui sunt hi, qui rempublicam occupavere? Homines sceleratissumi, cruentis manibus, immani avaritia, nocentissumi, iidemque superbissumi; quis fides, decus, pietas, postremo honesta atque inhonesta omnia, quæstui sunt. Pars eorum occidisse tribunos plebis, alii quæstiones injustas, plerique cædem in vos fecisse, pro munimento habent. Ita quam quisque pessume fecit, tam maxume tutus est : metum a scelere suo ad ignaviam vestram transtulere; quos omnes eadem cupere, eadem odisse, eadem metuere in unum coegit : sed hæc inter bonos amicitia, inter malos factio est. Quod si tam libertatis curam haberetis, quam illi ad dominationem accensi sunt, profecto neque respublica, sicuti nunc, vastaretur, et beneficia vestra penes optumos, non audacissumos, forent. Majores vestri, parandi juris et majestatis constituendæ gratia, bis, per secessionem, armati Aventinum occupavere : vos pro libertate, quam ab illis accepistis, non summa ope niterimini? atque eo vehementius quod majus dedecus est, parta amittere, quam omnino non paravisse. Dicet aliquis : Quid igitur censes? Vindicandum in eos qui hosti prodidere rempublicam : non manu, neque vi, quod magis vos fecisse quam illis accidisse indignum; verum quæstionibus et indicio ipsius Jugurthæ. Qui si dediticius est, profecto jussis vestris obediens erit : sin ea contemnit, scilicet æstumabitis, qualis illa pax aut deditio sit, ex qua ad Jugurtham scelerum impunitas, ad paucos maxumæ divitiæ, in rempublicam damna, dedecora pervenerint. Nisi forte nondum etiam vos dominationis eorum satietas tenet; et illa, quam hæc tempora magis placent, quum regna, provinciæ, leges, jura, judicia, bella, paces, postremo divina et humana omnia penes paucos erant : vos autem, hoc est populus romanus, invicti ab hostibus, imperatores omnium gentium, satis habebatis animam retinere : nam servitutem quidem quis vestrum recusare audebat? Atque ego, tametsi viro flagitiosissumum existumo, impune injuriam accepisse, tamen vos hominibus sceleratissumis ignoscere, quoniam cives sunt, æquo animo paterer, nisi misericordia in perniciem casura esset. Nam et illis, quantum importunitatis habent, parum est impune male fecisse, nisi deinde faciundi licentia eripitur : et vobis æterna sollicitudo remanebit quum intelligetis, aut serviundum esse, aut per manus libertatem retinendam. Nam fidei quidem aut concordiæ quæ spes est? Dominari illi volunt, vos

bres; ils veulent faire le mal, vous, l'empêcher; enfin ils traitent vos alliés en ennemis, et vos ennemis en alliés. La paix ou l'amitié peut-elle exister avec des sentiments si contraires ? je vous le conseille donc, et je vous en prie, ne laissez pas un si grand crime impuni; il ne s'agit pas de trésor public dilapidé, ou d'argent arraché par la violence aux alliés: ces délits, quelque graves qu'ils soient, sont devenus si communs, qu'ils sont comptés pour rien aujourd'hui. On a livré à votre plus dangereux ennemi l'autorité du sénat; on lui a livré la majesté de votre empire; à Rome et dans les camps la république a été vendue. Si l'on ne sévit pas contre les coupables, si de tels attentats ne sont pas poursuivis, il ne nous reste plus qu'à vivre esclaves de ceux qui les ont commis : car c'est être vraiment roi que de faire impunément tout ce qu'on veut. Non que je vous exhorte à mieux aimer trouver vos concitoyens coupables qu'innocents, mais prenez garde, en pardonnant aux méchants, de sacrifier les gens de bien. D'ailleurs, dans une république, il vaut beaucoup mieux oublier le bien que le mal : l'homme vertueux, si on le néglige, devient seulement moins zélé, le méchant devient plus audacieux. Enfin, en prévenant plus souvent l'injustice, vous aurez rarement besoin de la répression. »

XXXII. Par de tels discours souvent répétés, Memmius persuade au peuple d'envoyer à Jugurtha le préteur Cassius (22), qui, sous la garantie de la foi publique, amènerait ce prince à Rome, afin que sa déposition servît à dévoiler les prévarications de Scaurus et de ses complices accusés d'avoir reçu de l'argent. Pendant que ceci se passait à Rome, ceux à qui Bestia avait laissé le commandement de l'armée de Numidie suivirent l'exemple du général, et se portèrent aux plus honteux excès. Les uns, séduits par l'or, rendirent à Jugurtha ses éléphants, les autres lui vendirent ses transfuges, plusieurs pillèrent les provinces pacifiées ; tant l'avarice, comme une contagion, avait infecté tous les cœurs ! La proposition de Memmius ayant été adoptée, à la grande consternation de la noblesse, Cassius se rend auprès de Jugurtha ; et malgré les terreurs de ce prince, malgré la juste défiance que lui inspirait la conscience de ses crimes, il lui persuade, puisqu'il avait fait sa soumission, d'éprouver la clémence plutôt que la force du peuple romain. Il lui engage en outre sa foi personnelle qui, aux yeux du prince, n'était pas d'un moindre poids que la foi publique ; tant était grande à cette époque la considération dont jouissait Cassius!

XXXIII. Alors Jugurtha, renonçant à la pompe royale pour prendre l'extérieur le plus propre à exciter la compassion, vient à Rome avec Cassius. Bien qu'il eût par lui-même une grande énergie de caractère, rassuré encore par ceux dont le crédit ou la perversité l'avait aidé dans l'accomplissement de ses crimes, il gagne à force d'argent le tribun du peuple C. Bæbius, qui devait par son impudence le mettre à couvert de l'action des lois et de tous les outrages. C. Memmius convoque l'assemblée : le peuple était très-animé contre le roi ; les uns voulaient le faire mettre dans les fers; d'autres, s'il ne découvrait les complices de son

---

liberi esse ; facere illi injurias, vos prohibere ; postremo sociis vestris veluti hostibus, hostibus pro sociis utuntur. Potestne in tam divorsis mentibus pax aut amicitia esse? Quare moneo hortorque, ne tantum scelus impunitum omittatis. Non peculatus ærarii factus est, neque per vim sociis ereptæ pecuniæ; quæ quamquam gravia sunt, tamen consuetudine jam pro nihilo habentur. Hosti acerrumo, prodita senati auctoritas, proditum imperium vestrum : domi militiæque respublica venalis fuit. Quæ nisi quæsita erunt, ni vindicatum in noxios, quid reliquum, nisi ut illis, qui ea fecere, obedientes vivamus? nam impune quælibet facere, id est regem esse. Neque ego, Quirites, hortor, ut malitis civis vestros perperam, quam recte fecisse; sed ne, ignoscendo malis, bonos perditum eatis. Ad hoc in republica multo præstat beneficii quam maleficii immemorem esse : bonus tantummodo segnior fit ubi negligas; at malus improbior. Ad hoc, si injuriæ non sint, haud sæpe auxilii egeas. »

XXXII. Hæc atque alia hujuscemodi sæpe dicundo, Memmius populo persuadet, uti L. Cassius, qui tum prætor erat, ad Jugurtham mitteretur, eumque, interposita fide publica, Romam duceret, quo facilius, indicio regis, Scauri et reliquorum quos pecuniæ captæ accessebant, delicta patefierent. Dum hæc Romæ geruntur, qui in Numidia relicti a Bestia exercitui præerant, sequuti morem imperatoris, plurima et flagitiosissuma facinora fecere. Fuere qui, auro corrupti, elephantos Jugurthæ traderent : alii perfugas vendere, et pars ex pacatis prædas agebant; tanta vis avaritiæ in animos eorum, veluti tabes, invaserat. At Cassius, perlata rogatione (23) a C. Memmio, ac percussa omni nobilitate, ad Jugurtham proficiscitur; eique timido et ex conscientia diffidenti rebus suis persuadet, quoniam se populo romano dedidisset, ne vim quam misericordiam experiri mallet : privatim præterea fidem suam interponit, quam ille non minoris quam publicam ducebat : talis ea tempestate fama de Cassio erat.

XXXIII. Igitur Jugurtha, contra decus regium, cultu quam maxume miserabili, cum Cassio Romam venit. Ac tametsi in ipso magna vis animi erat, confirmatus ab omnibus, quorum potentia aut scelere cuncta gesserat, C. Bæbium, tribunum plebis, magna mercede parat, cujus impudentia contra jus et injurias omnes munitus foret. At C. Memmius, advocata concione, quamquam regi infesta plebes erat, et pars in vincula duci jubebat, pars, ni socios sceleris aperiret, more majorum, de hoste supplicium sumi; dignitati quam iræ magis consulens, sedare motus, et animos mollire; postremo confirmare fidem publicam per sese inviolatam fore. Post, ubi silen-

crime, lui infliger le supplice réservé à un ennemi, selon la coutume des ancêtres.

Mais le tribun, consultant plutôt sa dignité que sa colère, calme cette effervescence, apaise les esprits, et proteste que pour lui il maintiendra inviolable la foi publique. Puis, le silence rétabli, il fait paraître Jugurtha et prend la parole : il rappelle ses attentats à Rome et en Numidie; il dévoile sa scélératesse envers son père et ses frères ; il ajoute que le peuple romain, quoique sachant à l'aide de quels agents Jugurtha s'en est rendu coupable, voulait cependant avoir des preuves plus manifestes de la propre bouche du roi; que s'il confessait la vérité, il devait tout attendre de la bonne foi et de la clémence du peuple romain ; mais qu'en s'obstinant à la taire, il se perdrait lui-même avec toutes ses espérances, sans sauver ses complices

XXXIV. Quand Memmius eut fini de parler et que Jugurtha fut sommé de répondre, C. Bæbius, ce tribun du peuple gagné par l'argent, comme je l'ai dit plus haut, ordonna au roi de se taire : et quoique la multitude présente à l'assemblée fût émue d'une violente colère et cherchât à épouvanter le tribun par ses cris, ses regards, souvent même par ses gestes menaçants et par toutes les démonstrations où se plaît la fureur, l'impudence du tribun triompha. Ainsi le peuple indignement joué se retire; Jugurtha, Bestia et les autres que ces poursuites concernaient, reprennent courage.

XXXV. Il y avait alors à Rome un Numide, nommé Massiva, fils de Gulussa, et petit-fils de Massinissa. Dans la querelle des deux rois, il avait pris parti contre Jugurtha : aussi, après la prise de Cirta et le meurtre d'Adherbal, il s'était enfui de l'Afrique. Sp. Albinus, qui, avec Q. Minucius Rufus (24), avait succédé à Bestia dans le consulat, conseille à ce prince numide, puisqu'il était du sang de Massinissa, et que d'ailleurs Jugurtha succombait sous le poids de ses propres terreurs et de la haine qu'inspiraient ses crimes, de demander au sénat la couronne de Numidie. Le consul, impatient d'avoir une guerre à conduire, aimait mieux tout bouleverser que de languir dans l'inaction. La province de Numidie lui était échue, celle de Macédoine à Minucius. Dès les premières démarches de Massiva, Jugurtha ne pouvant plus compter sur ses amis, dont les uns étaient empêchés par leurs remords, les autres par leur mauvaise réputation et leurs propres craintes, ordonne à Bomilcar, un de ses proches, lequel lui était entièrement dévoué, de gagner avec de l'or, sa ressource ordinaire, des assassins pour se défaire de Massiva, secrètement si c'est possible, sinon de toute autre manière. Bomilcar exécute promptement les ordres du roi ; il charge des hommes habitués à de pareilles commissions, d'épier les allées et les venues du prince, enfin les lieux et les heures; puis, le moment venu, il dresse l'embuscade. Un de ceux qui étaient chargés du meurtre attaque Massiva avec trop peu de précaution, il le tue; mais saisi lui-même et pressé par les instances d'un grand nombre de personnes, et surtout du consul Albinus, il dévoile le complot. Bomilcar, quoique venu à la suite d'un prince qui était à Rome sous la garantie de la foi publique, fut mis en jugement, et en cela on suivit plutôt les lois de l'équité et de l'honneur que le droit des gens. Jugurtha, convaincu d'un si grand crime, ne cessa cependant de protester contre l'évidence que quand il eut reconnu que son argent et son crédit échoueraient

tium cœpit, producto Jugurtha, verba facit : Romæ Numidiæque facinora ejus memorat; scelera in patrem fratresque ostendit, quibus juvantibus quibusque ministris egerit, quamquam intelligat populus romanus, tamen velle manifesta magis ex illo habere: si vera aperiret, in fide et clementia populi romani magnam spem illi sitam; sin reticeat, non sociis saluti fore, sed se suasque spes corrupturum.

XXXIV. Dein, ubi Memmius dicundi finem fecit, et Jugurtha respondere jussus est, C. Bæbius, tribunus plebis, quem pecunia corruptum supra diximus, regem tacere jubet. Ac tametsi multitudo, quæ in concione aderat, vehementer accensa, terrebat eum clamore, voltu, sæpe impetu, atque aliis omnibus quæ ira fieri amat, vicit tamen impudentia. Ita populus ludibrio habitus ex concione discessit; Jugurthæ Bestiæque, et ceteris quos illa quæstio exagitabat, animi augescunt.

XXXV. Erat ea tempestate Romæ Numida quidam, nomine Massiva, Gulussæ filius, Masinissæ nepos; qui, quia in dissensione regum Jugurthæ adversus fuerat, dedita Cirta, et Adherbale interfecto, profugus ex Africa abierat. Huic Sp. Albinus, qui proxumo anno post Bestiam cum Q. Minucio Rufo consulatum gerebat, persuadet, quoniam ex stirpe Masinissæ sit, Jugurthamque ob scelera invidia cum metu urgeat, regnum Numidiæ ab senatu petat. Avidus consul belli gerundi movere, quam senescere omnia malebat; ipsi provincia Numidia, Minucio Macedonia evenerat. Quæ postquam Massiva agitare cœpit, neque Jugurthæ in amicis satis præsidii est, quod eorum alium conscientia, alium mala fama et timor impediebat; Bomilcari, proxumo ac maxume fido sibi, imperat, pretio, sicuti multa confecerat, insidiatores Massivæ paret, ac maxume occulte: sin id parum procedat, quovis modo Numidam interficiat. Bomilcar mature regis mandata exsequitur : et per homines talis negotii artifices itinera egressusque ejus, postremo loca tempora cuncta explorat; deinde, ubi res postulabat, insidias tendit. Igitur unus ex eo numero, qui ad cædem parati erant, paullo inconsultius Massivam aggreditur, illum obtruncat: sed ipse deprehensus, multis hortantibus, et in primis Albino consule, indicium profitetur. Fit reus magis ex æquo bonoque quam ex jure gentium Bomilcar, comes ejus, qui Romam fide publica venerat. At Jugurtha manifestus tanti sceleris, non prius omisit

contre l'horreur de son forfait. Au commencement de la procédure il avait donné comme caution de Bomilcar cinquante de ses amis; mais en ce moment, plus jaloux de conserver sa puissance que de veiller aux intérêts de ses cautions, il fit partir secrètement Bomilcar pour la Numidie; il craignait qu'aucun de ses sujets n'osât plus désormais lui obéir si Bomilcar était livré au supplice. Il partit lui-même peu de jours après, sur l'ordre qu'il reçut du sénat de quitter l'Italie. On rapporte qu'après être sorti de Rome, et l'avoir regardée souvent en silence, il laissa échapper cette parole : « Ville vénale, qui périrait bientôt si elle trouvait un acheteur ! »

XXXVI. Cependant la guerre recommence; Albinus se hâte de faire passer en Afrique des vivres, de l'argent et tout ce qui était nécessaire aux soldats; il part lui-même sans délai, voulant avant l'époque des comices, qui n'étaient pas fort éloignés, terminer cette guerre par les armes, par une soumission ou de toute autre manière. Jugurtha, au contraire, traîne tout en longueur; il fait naître obstacle sur obstacle, il promet sa soumission, puis il affecte des défiances; il fuit devant le consul, qui le presse, et, peu après, pour ne pas décourager les siens, il le presse à son tour; ainsi par les lenteurs de la guerre et par celles de la paix il se joue du consul. Quelques-uns pensèrent alors qu'Albinus était d'intelligence avec le roi; et voyant avec quelle facilité il laissait prolonger une guerre si activement commencée, ils soupçonnèrent le général de connivence plutôt que de lâcheté. Le temps s'étant ainsi écoulé, le jour des comices approchait : Albinus se rendit à Rome, laissant l'armée sous la conduite de son frère Aulus, propréteur.

XXXVII. A cette époque Rome était cruellement agitée par les dissensions tribuniennes; P. Lucullus et L. Annius s'efforçaient, malgré l'opposition de leurs collègues, de se faire continuer dans leur magistrature, et cette lutte empêcha les comices de toute l'année (25). Aulus, ce propréteur à qui, comme je l'ai dit, avait été laissé le commandement des troupes, entrevoit dans ces retards l'espérance de terminer la guerre ou de tirer de l'argent du roi par la terreur de ses armes. Au mois de janvier il fait sortir les soldats de leurs cantonnements. Par un hiver fort rude, et à marches forcées, il arrive devant la ville de Suthul, où étaient les trésors du roi. La rigueur de la saison et la position avantageuse de cette ville en rendaient impossibles la prise ou le siège. Autour des murailles, bâties sur le sommet d'un roc escarpé, s'étendait une plaine fangeuse que les pluies de l'hiver avaient changée en marais. Cependant, soit qu'Aulus voulût seulement intimider le roi, soit qu'il fût aveuglé par le désir d'avoir les trésors, il dressa des mantelets, éleva des terrasses (26) et hâta toutes les dispositions qui pouvaient faire réussir son entreprise.

XXXVIII. Mais Jugurtha, instruit de la présomption et de l'incapacité d'Aulus, accroît adroitement sa folle confiance; il lui envoie coup sur coup des députés chargés de soumissions; lui-même, comme s'il voulait éviter une rencontre, conduit son armée dans des lieux coupés de bois et de défilés.

---

contra verum niti, quam animum advortit supra gratiam atque pecuniam suam invidiam facti esse. Igitur quamquam in priori actione ex amicis quinquaginta vades dederat; regno magis quam vadibus consulens, clam in Numidiam Bomilcarem dimittit, veritus ne reliquos populares metus invaderet parendi sibi, si de illo supplicium sumptum foret : et ipse paucis diebus profectus est, jussus ab senatu Italia decedere. Sed postquam Roma egressus est, fertur sæpe eo tacitus respiciens postremo dixisse : Urbem venalem, et mature perituram, si emptorem invenerit.

XXXVI. Interim Albinus, renovato bello, commeatum, stipendium, alia quæ militibus usui forent, maturat in Africam portare: ac statim ipse profectus, uti ante comitia, quod tempus haud longe aberat, armis aut deditione, aut quovis modo bellum conficeret. At contra Jugurtha trahere omnia, et alias, deinde alias, moræ caussas facere; polliceri deditionem, ac deinde metum simulare; instanti cedere, et paullo post, ne sui diffiderent, instare : ita belli modo, modo pacis mora consulem ludificare. Ac fuere, qui tum Albinum haud ignarum consilii regis existimarent, neque ex tanta properantia tam facile tractum bellum secordia magis quam dolo crederent. Sed postquam, dilapso tempore, comitiorum dies adventabat, Albinus, Aulo fratre in castris pro prætore relicto, Romam decessit.

XXXVII. Ea tempestate Romæ seditionibus tribuniciis atrociter respublica agitabatur. P. Lucullus et L. Annius, tribuni plebis, resistentibus collegis, continuare magistratum nitebantur: quæ dissensio totius anni comitia impediebat. Ea mora in spem adductus Aulus, quem pro prætore in castris relictum supra diximus, aut conficiundi belli, aut terrore exercitus ab rege pecuniæ capiundæ, milites mense januario ex hibernis in expeditionem evocat : magnis itineribus, hieme aspera, pervenit ad oppidum Suthul, ubi regis thesauri erant. Quod quamquam et sævitia temporis, et opportunitate loci, neque capi, neque obsideri poterat : nam circum murum, situm in prærupti montis extremo, planities limosa hiemalibus aquis paludem fecerat : tamen, aut simulandi gratia, quo regi formidinem adderet, aut cupidine cæcus ob thesauros oppidi potiundi, vineas agere, aggerem jacere, alia quæ incepto usui forent properare.

XXXVIII. At Jugurtha, cognita vanitate atque imperitia legati, subdolus augere amentiam; missitare supplicantes legatos; ipse, quasi vitabundus, per saltuosa loca et tramites exercitum ductare. Denique Aulum spe pactionis perpulit, uti, relicto Suthule, in abditas regiones

Enfin, par la promesse d'un accommodement, il détermine Aulus à abandonner Suthul et à le suivre, comme s'il fuyait, dans des régions écartées où les prévarications seraient tenues plus secrètes. En même temps il travaille nuit et jour, par des émissaires adroits, à corrompre l'armée romaine; il séduit à force d'argent les centurions et les chefs des cohortes, dont les uns doivent, à un signal donné, passer dans ses rangs, les autres abandonner leur poste. Lorsqu'il eut bien pris toutes ses mesures, tout à coup, au milieu de la nuit, il enveloppe le camp d'Aulus d'une multitude de Numides. Dans l'effroi où cette attaque soudaine jette les Romains, les uns saisissent leurs armes, les autres se cachent; quelques-uns rassurent les plus timides; le désordre est partout. Les ennemis sont innombrables; une nuit chargée de nuages dérobe le ciel de toutes parts; le danger est imminent; on ne sait s'il y a plus de sûreté à prendre la fuite qu'à rester à son poste. De tous ceux que l'or de Jugurtha avait séduits, comme je l'ai dit plus haut, une cohorte de Liguriens (27), deux escadrons (28) de Thraces et quelques simples soldats passèrent dans les rangs de ce prince. Le premier centurion de la troisième légion (29) donna passage à l'ennemi à travers le retranchement qu'il était chargé de défendre; ce fut par là que tous les Numides se précipitèrent dans le camp. Nos soldats fuient honteusement, la plupart jetant leurs armes, et se retirent sur une hauteur voisine. La nuit et le pillage du camp empêchèrent l'ennemi de tirer meilleur parti de sa victoire. Le lendemain Jugurtha eut une entrevue avec Aulus. Il lui représenta qu'il était maître de l'armée romaine, assiégée par le fer et la famine; mais qu'en considération des vicissitudes humaines, s'il voulait se lier par un traité, il leur laisserait à tous la vie sauve, après les avoir fait passer sous le joug; qu'en outre ils auraient à sortir de la Numidie sous dix jours. Ces conditions étaient dures et ignominieuses; mais comme il fallait les accepter ou mourir, on souscrivit au traité imposé par Jugurtha.

XXXIX. Cette nouvelle répandit dans Rome la crainte et la consternation. Les uns gémissaient pour la gloire de l'empire, les autres, peu familiarisés avec les vicissitudes de la guerre, tremblaient déjà pour la liberté. Tous étaient indignés contre Aulus; ceux surtout qui s'étaient illustrés sous les drapeaux ne pardonnaient pas à un homme qui avait des armes d'avoir cherché son salut dans le déshonneur plutôt que dans son courage. Alors le consul Albinus, craignant que le crime de son frère ne lui attirât à lui-même la haine publique, et par suite une accusation, soumit le traité à la délibération du sénat. Pendant ce temps il lève des recrues, demande des secours aux alliés et aux peuples latins, et déploie en toute chose une grande activité. Le sénat décrète, comme il était juste, qu'aucun traité n'a pu être fait sans son ordre et sans celui du peuple. Le consul, sur l'opposition des tribuns, ne peut pas embarquer avec lui les troupes qu'il avait levées, et part seul peu de jours après pour l'Afrique. Toute l'armée, d'après les conventions, était sortie de la Numidie et hivernait dans la province romaine. A son arrivée, le consul brûlait de poursuivre Jugurtha et d'apaiser la haine dont son frère était l'objet; mais quand il vit que les soldats, outre la honte d'avoir fui, avaient été, grâce au relâchement de la discipline, corrompus par la licence

---

sese, veluti cedentem insequeretur; ita delicta occultiora fore. Interea per homines callidos die noctuque exercitum tentabat; centuriones ducesque turmarum, partim uti transfugerent corrumpere; alii, signo dato, locum uti desererent. Quæ postquam ex sententia instruxit: intempesta nocte, de improviso multitudine Numidarum Auli castra circumvenit. Milites romani, tumultu perculsi insolito, arma capere alii, alii se abdere, pars territos confirmare, trepidare omnibus locis; vis magna hostium, cœlum nocte atque nubibus obscuratum, periculum anceps: postremo fugere an manere tutius foret in incerto erat. Sed ex eo numero, quos paullo ante corruptos diximus, cohors una Ligurum, cum duabus turmis Thracum, et paucis gregariis militibus, transiere ad regem: et centurio primi pili tertiæ legionis per munitionem, quam, uti defenderet, acceperat, locum hostibus introeundi dedit: eaque Numidæ cuncti irrupere. Nostri fœda fuga, plerique abjectis armis, proxumum collem occupavere. Nox atque præda castrorum hostes, quo minus victoria uterentur, remorata sunt. Dein Jugurtha postero die cum Aulo in colloquio verba facit: tametsi ipsum cum exercitu fame, ferro clausum tenet; tamen se humanarum rerum memorem, si secum fœdus faceret, incolumes omnes sub jugum missurum, præterea uti diebus decem Numidia decederet. Quæ quamquam gravia et flagitii plena erant; tamen quia mortis metu mutabantur, sicuti regi libuerat, pax convenit.

XXXIX. Sed ubi ea Romæ comperta sunt; metus atque mœror civitatem invasere: pars dolere pro gloria imperii; pars insolita rerum bellicarum timere libertati: Aulo omnes infesti, ac maxume qui bello sæpe præclari fuerant; quod armatus dedecore potius, quam manu salutem quæsiverat. Ob ea consul Albinus ex delicto fratris invidiam, ac deinde periculum timens, senatum de fœdere consulebat: et tamen interim exercitui supplementum scribere, ab sociis et nomine latino auxilia accessere, denique modis omnibus festinare. Senatus ita, uti par fuerat, decernit, suo atque populi injussu nullum potuisse fœdus fieri. Consul impeditus a tribunis plebis, ne quas paraverat copias secum portaret, paucis diebus in Africam proficiscitur: nam omnis exercitus, uti convenerat, Numidia deductus, in provincia hiemabat. Postquam eo venit, quamquam persequi Jugurtham et mederi fraternæ invidiæ animus ardebat; cognitis militi-

et la débauche, il ne jugea pas à propos, dans cet état de choses, de rien entreprendre.

XL. Cependant, à Rome, le tribun C. Mamilius Limétanus (50) propose au peuple une loi tendant à autoriser des poursuites contre ceux dont les conseils avaient poussé Jugurtha à mépriser les décrets du sénat; contre ceux qui, dans les ambassades, ou le commandement des armées, avaient reçu de l'argent du roi, avaient livré les éléphants et les transfuges, enfin qui avaient traité de la paix ou de la guerre avec les ennemis. Cette proposition consterna tous les nobles, les uns parce qu'ils se sentaient coupables, les autres parce qu'ils craignaient que la haine des partis ne les mît en péril; mais, ne pouvant pas résister ouvertement sans paraître avouer qu'ils approuvaient de telles prévarications, ils suscitèrent secrètement des obstacles par le moyen de leurs amis, et surtout des citoyens du Latium et des alliés italiens. Toutefois on ne saurait croire avec quelle fermeté, quelle volonté énergique, le peuple décréta la proposition, bien moins par amour pour la république que par haine pour la noblesse, que menaçaient les rigueurs de cette procédure. Tant la passion des partis est extrême! Tandis que tous les autres étaient frappés d'épouvante, Scaurus, qui avait été lieutenant de Bestia, comme je l'ai dit, au milieu de la joie du peuple, de la déroute de son parti, profite du trouble où la ville était encore plongée pour se faire nommer l'un des trois commissaires dont la loi Mamilia autorisait la création. Les poursuites se firent néanmoins avec acharnement et animosité, d'après de vaines rumeurs et le caprice du peuple, qui suivit cette fois l'exemple si souvent donné par la noblesse, et se montra insolent dans la prospérité.

XLI. Ces divisions des citoyens en parti populaire et en faction du sénat, avaient, ainsi que tous les autres maux de l'état, pris naissance à Rome quelques années avant, dans le repos et l'abondance des biens que les hommes estiment par-dessus tout. Car avant la destruction de Carthage, le peuple et le sénat romain gouvernaient conjointement la république avec douceur et modération. Il n'y avait pas de luttes entre les citoyens pour les honneurs et la domination; la crainte de l'ennemi les maintenait dans les bons errements. Mais, lorsque les esprits furent affranchis de cette terreur salutaire, la débauche et l'orgueil se glissèrent dans Rome à la suite de la prospérité. Ainsi le repos qu'ils avaient ardemment désiré dans l'adversité, fut pour eux, quand ils l'eurent acquis, plus rude et plus amer que le malheur. Car, dès ce moment, la noblesse fit un abus coupable de sa puissance, et le peuple de sa liberté; on vit chacun attirer à soi, se disputer, s'arracher le pouvoir; et la république, placée entre deux partis contraires, fut misérablement déchirée. La noblesse, réunie en une seule faction, était bien plus puissante; le peuple, désuni et dispersé, pouvait moins, quoique plus nombreux. Au dedans et au dehors tout se traitait au gré de quelques hommes qui disposaient aussi du trésor public, des provinces, des magistratures, des honneurs et des triomphes; le peuple avait tout le poids du service militaire et de l'indigence. Les généraux partageaient avec quelques favoris les dépouilles des ennemis, tandis que les parents et les petits-

---

tibus, quos præter fugam, soluto imperio, licentia atque lascivia corruperat, ex copia rerum statuit nihil sibi agitandum.

XL. Interea Romæ C. Mamilius Limetanus tribunus plebis rogationem ad populum promulgat, uti quæreretur in eos, quorum consilio Jugurtha senati decreta neglexisset, quique ab eo in legationibus, aut imperiis pecunias accepissent; qui elephantos, quique perfugas tradidissent, item qui de pace, aut bello cum hostibus pactiones fecissent. Huic rogationi, partim conscii sibi, alii ex partium invidia pericula metuentes, quoniam aperte resistere non poterant, quin illa et alia talia placere sibi faterentur, occulte per amicos, ac maxume per homines nominis latini et socios italicos, impedimenta parabant. Sed plebes, incredibile memoratu est, quam intenta fuerit, quantaque vi rogationem jusserit, magis odio nobilitatis, cui mala illa parabantur, quam cura reipublicæ : tanta lubido in partibus. Igitur ceteris metu perculsis, M. Scaurus, quem legatum Bestiæ supra docuimus, inter lætitiam plebis, et suorum fugam, trepida etiam tum civitate, quum ex Mamilia rogatione tres quæsitores rogarentur, effecerat, uti ipse in eo numero crearetur. Sed quæstio exercita aspere violenterque, ex rumore et lubidine plebis. Ut sæpe nobilitatem, sic ea tempestate plebem ex secundis rebus insolentia ceperat.

XLI. Ceterum mos partium popularium et senati factionum, ac deinde omnium malarum artium, paucis ante annis Romæ ortus, otio et abundantia earum rerum quæ prima mortales ducunt. Nam ante Carthaginem deletam populus et senatus romanus placide modesteque inter se rempublicam tractabant : neque gloriæ neque dominationis certamen inter cives erat : metus hostilis in bonis artibus civitatem retinebat. Sed ubi illa formido mentibus decessit, scilicet ea, quæ secundæ res amant, lascivia atque superbia, incessere. Ita, quod in adversis rebus optaverant, otium, postquam adepti sunt, asperius acerbiusque fuit. Namque cœpere nobilitas dignitatem, populus libertatem in lubidinem vertere, sibi quisque ducere, trahere, rapere. Ita omnia in duas partes abstracta sunt : respublica, quæ media fuerat, dilacerata. Ceterum nobilitas factione magis pollebat; plebis vis, soluta atque dispersa, in multitudine minus poterat. Paucorum arbitrio belli domique agitabatur; penes eosdem ærarium, provinciæ, magistratus, gloriæ triumphique erant : populus militia atque inopia urgebatur. Prædas bellicas imperatores cum paucis diripiebant : interea pa-

enfants des soldats, s'ils avaient pour voisin un homme puissant, étaient chassés de leurs foyers. Ainsi on vit une avidité sans mesure et sans frein, unie à la puissance, envahir, profaner, dévaster tout, ne rien épargner ni respecter, jusqu'au moment où elle fut engloutie dans l'abîme qu'elle avait creusé. Car dès qu'on trouva dans les rangs de la noblesse des hommes qui préférèrent une gloire véritable à une injuste domination, l'état fut ébranlé, et dès lors commencèrent les discussions civiles semblables aux commotions qui bouleversent la terre.

XLII. En effet, lorsque Tibérius et C. Gracchus, dont les ancêtres, dans la guerre punique et dans quelques autres, avaient fort agrandi l'état, voulurent rendre au peuple sa liberté et dévoiler les crimes de quelques hommes, la noblesse, épouvantée parce qu'elle se sentait coupable, se servit, pour s'opposer aux tentatives des Gracches, tantôt des alliés et des peuples latins, tantôt des chevaliers romains, que l'espoir de l'alliance avec le sénat avait détachés du parti populaire. D'abord le tribun Tibérius, puis, quelques années après, Caius, nommé triumvir pour l'établissement de nouvelles colonies, qui entrait dans les mêmes voies que son frère, et avec lui M. Fulvius Flaccus, périrent massacrés par les nobles. Sans doute les Gracches, dans l'ardeur de la victoire, ne montrèrent pas assez de modération; mais l'homme de bien aime mieux succomber que de triompher de la violence par des moyens criminels. La noblesse abusa sans ménagement de la victoire, et se défit d'une foule de citoyens par le fer ou par l'exil, se préparant pour l'avenir plus de dangers que de puissance. C'est ainsi que périssent souvent de grands états, lorsqu'un parti veut triompher de l'autre à tout prix et exerce contre les vaincus de cruelles vengeances. Mais si je voulais parler en détail, et d'après l'importance du sujet, de l'animosité des factions et des autres maux de la république, le temps me manquerait plutôt que la matière. Aussi je reprends mon récit.

XLIII. Après le traité d'Aulus et la fuite honteuse de notre armée, Q. Métellus et M. Silanus (51), désignés consuls, avaient tiré au sort les provinces. La Numidie échut à Métellus, homme énergique, et, quoique opposé au parti du peuple, d'une réputation intacte et immuable. A peine entré en fonctions, sachant bien qu'il ne devait pas attendre le concours de son collègue, il dirigea toutes ses pensées vers la guerre dont il était chargé. Comptant peu sur l'ancienne armée, il enrôle des soldats, fait venir des secours de tout côté, rassemble des armes, des traits, des chevaux, des équipages militaires, des vivres en abondance, enfin tout ce que demandait une guerre où l'on devait s'attendre à beaucoup de vicissitudes et de privations. Pour seconder ses desseins, les alliés et les peuples latins, par l'ordre du sénat, les rois, de leur propre mouvement, s'empressent d'envoyer des secours; les citoyens rivalisent de zèle et d'ardeur. Tout étant disposé et réglé au gré de ses désirs, Métellus part pour la Numidie, laissant à ses concitoyens de grandes espérances fondées sur ses talents et principalement sur son incorruptible probité : car jusqu'à ce jour c'était l'avarice des magistrats qui avait affaibli notre puissance en Numidie et accru celle des ennemis.

rentes, aut parvi liberi militum, ut quisque potentiori confinis erat, sedibus pellebantur. Ita cum potentia avaritia sine modo modestiaque invadere, polluere et vastare omnia, nihil pensi neque sancti habere, quoad semet ipsa præcipitavit. Nam ubi primum ex nobilitate reperti sunt qui veram gloriam injustæ potentiæ anteponerent, moveri civitas, et dissensio civilis, quasi permixtio terræ, oriri cœpit.

XLII. Nam postquam Tiberius et C. Gracchus, quorum majores Punico atque aliis bellis multum reipublicæ addiderant, vindicare plebem in libertatem, et paucorum scelera patefacere cœpere; nobilitas noxia, atque eo perculsa, modo per socios ac nomen latinum, interdum per equites romanos, quos spes societatis a plebe dimoverat, Gracchorum actionibus obviam ierat; et primo Tiberium, dein paucos post annos eadem ingredientem Caium, tribunum alterum, alterum triumvirum coloniis deducendis, cum M. Fulvio Flacco ferro necaverant. Et sane Gracchis, cupidine victoriæ, haud satis moderatus animus fuit : sed bono vinci satius est, quam malo more injuriam vincere. Igitur ea victoria nobilitas ex lubidine sua usa, multos mortales ferro aut fuga exstinxit, plusque in reliquum sibi timoris, quam potentiæ addidit. Quæ res plerumque magnas civitates pessum dedit; dum alteri alteros vincere quovis modo, et victos acerbius ulcisci volunt. Sed de studiis partium et omnibus civitatis moribus si singulatim, aut pro magnitudine parem disserere; tempus quam res maturius deserat : quamobrem ad inceptum redeo.

XLIII. Post Auli fœdus exercitusque nostri fœdam fugam, Q. Metellus et M. Silanus, consules designati provincias inter se partiverant; Metelloque Numidia evenerat, acri viro, et quamquam adverso populi partium, fama tamen æquabili et inviolata. Is, ubi primum magistratum ingressus est, alia omnia sibi cum collega ratus, ad bellum quod gesturus erat animum intendit. Igitur diffidens veteri exercitui, milites scribere, præsidia undique arcessere; arma, tela, equos, cetera instrumenta militiæ parare : ad hoc commeatum affatim, denique omnia quæ bello vario, et multarum rerum egenti usui esse solent. Ceterum ad ea patranda, senati auctoritate socii nomenque latinum, reges ultro auxilia mittere, postremo omnis civitas summo studio adnitebatur. Itaque, ex sententia omnibus rebus paratis compositisque, in Numidiam proficiscitur, magna spe civium, quum propter bonas artes, tum maxime quod adversum divitias

JUGURTHA.

XLIV. A l'arrivée de Métellus en Afrique, le proconsul Sp. Albinus lui livra une armée sans énergie et sans courage, redoutant également les fatigues et les périls, plus hardie en discours qu'en actions, pillant les alliés, pillée à son tour par les ennemis, ne connaissant ni discipline ni retenue. Aussi le nouveau général trouva-t-il plus de sujets d'inquiétude dans les vices de ses troupes que de confiance et de sécurité dans leur nombre. Quoique les retards des comices eussent abrégé le temps de la campagne, et qu'il sût que tous les esprits à Rome étaient préoccupés de l'attente d'un événement, Métellus résolut de ne commencer la guerre qu'après avoir forcé les soldats à se plier au joug de l'ancienne discipline. Car Albinus, consterné de l'échec qu'avaient éprouvé l'armée et son frère, ne voulant plus sortir de la province romaine, avait, pendant tout le reste de son commandement, tenu les soldats stationnaires dans le même camp, jusqu'à ce que la corruption de l'air ou le manque de pâturages l'obligeât d'en changer. Mais on ne suivait plus la discipline, on ne se fortifiait plus, on ne montait plus de gardes; s'absentait qui voulait du drapeau. On voyait les valets de l'armée, confondus avec les soldats, errer çà et là nuit et jour, dévaster les champs, forcer les maisons de campagne, enlever à l'envi des esclaves et des troupeaux qu'ils échangeaient avec des marchands contre des vins étrangers et d'autres denrées semblables. Ils vendaient le blé des distributions publiques (52) et achetaient du pain au jour le jour. Enfin tout ce qu'on peut dire ou imaginer en fait de mollesse et de débauche se voyait il, et au-delà, dans cette armée.

XLV. Je trouve qu'au milieu de ces difficultés Métellus se montra aussi sage et aussi grand que dans ses opérations militaires, tant il sut garder une sage mesure entre une coupable condescendance et une sévérité excessive. D'abord, pour faire disparaître tout ce qui servait à entretenir la mollesse, il défendit à qui que ce fût de vendre dans le camp du pain ou tout autre aliment cuit, aux valets de suivre l'armée, aux simples soldats d'avoir dans les campements et dans les marches des esclaves ou des bêtes de somme; quant aux autres désordres, il sut les réprimer par l'adresse. On le voyait en outre conduire chaque jour l'armée par des chemins détournés, fortifier le camp d'une palissade et d'un fossé, comme en présence de l'ennemi, multiplier les postes et les visiter en personne avec ses lieutenants. Dans les marches, il se tenait tantôt à la tête de l'armée, tantôt sur les derrières, souvent au milieu, afin que chacun gardât son rang, qu'on marchât serrés autour des drapeaux, et que le soldat portât lui-même ses armes et ses vivres (54). En prévenant ainsi les fautes plutôt qu'en les punissant, il eut bientôt rendu sa force à l'armée.

XLVI. Quand Jugurtha sut par ses émissaires la conduite de ce Métellus, dont il avait déjà éprouvé à Rome l'incorruptible probité, il commença à désespérer de ses affaires, et songea à effectuer une soumission véritable. Il envoie donc vers le consul des députés dans l'appareil de suppliants (55), chargés

---

animum invictum gerebat, et avaritia magistratuum ante id tempus in Numidia nostræ opes contusæ, hostiumque auctæ erant.

XLIV. Sed ubi in Africam venit, exercitus ei traditur a Sp. Albino proconsule iners, imbellis, neque periculi neque laboris patiens, lingua quam manu promtior, prædator ex sociis, et ipse præda hostium, sine imperio et modestia habitus. Ita imperatori novo plus ex malis moribus sollicitudinis, quam ex copia militum auxilii aut bonæ spei accedebat. Statuit tamen Metellus, quamquam et æstivorum tempus comitiorum mora imminuerat, et exspectatione eventi civium animos intentos putabat, non prius bellum attingere, quam majorum disciplina milites labórare coegisset. Nam Albinus, Auli fratris, exercitusque clade perculsus, postquam decreverat non egredi provincia quantum temporis æstivorum in imperio fuit, plerumque milites stativis castris habebat, nisi quum odos aut pabuli egestas locum mutare subegerat. Sed neque muniebantur, neque more militari vigiliæ deducebantur: uti cuique lubebat, ab signis aberat. Lixæ permixti cum militibus die noctuque vagabantur; et palantes agros vastare, villas expugnare, pecoris et mancipiorum prædas certantes agere, eaque mutare cum mercatoribus vino advectitio, et aliis talibus; præterea frumentum publice datum vendere; panem in dies mercari; postremo, quæcumque dici aut fingi queunt ignaviæ luxuriæque probra, in illo exercitu cuncta fuere, et alia amplius.

XLV. Sed in ea difficultate Metellum non minus quam in rebus hostilibus magnum et sapientem virum fuisse comperior, tanta temperantia inter ambitionem sævitiamque moderatum. Namque edicto primum adjumenta ignaviæ sustulisse, ne quisquam in castris panem aut quem alium coctum cibum venderet, ne lixæ exercitum sequerentur, ne miles gregarius in castris, neve in agmine servum aut jumentum haberet: ceteris arte modum statuisse (53). Præterea transversis itineribus quotidie castra movere, juxta ac si hostes adessent, vallo atque fossa munire, vigilias crebras ponere, et ipse cum legatis circumire: item in agmine, in primis modo, modo in postremis, sæpe in medio adesse, ne quispiam ordine egrederetur, uti cum signis frequentes incederent, miles cibum et arma portaret. Ita prohibendo a delictis magis quam vindicando exercitum brevi confirmavit.

XLVI. Interea Jugurtha, ubi quæ Metellus agebat, ex nunciis accepit, simul de innocentia ejus certior Romæ factus, diffidere suis rebus : ac tum demum veram deditionem facere conatus est. Igitur legatos ad consulem cum suppliciis mittit, qui tantummodo ipsi liberisque vitam peterent, alia omnia dederent populo romano. Sed Metello jam antea experimentis cognitum erat genus Numidarum

de demander la vie pour lui et ses enfants, et remettant le reste à la discrétion du peuple romain.

Métellus connaissait déjà par expérience la perfidie des Numides, la mobilité de leur caractère, leur amour pour le changement. Aussi attaque-t-il séparément chaque député ; il les sonde avec adresse, et les trouvant disposés à seconder ses vues, il les détermine à force de promesses à lui livrer Jugurtha vivant ou mort, s'ils ne peuvent faire autrement (56) ; puis il les charge publiquement de transmettre à leur roi une réponse conforme à ses désirs.

Quelques jours après, à la tête de son armée, pleine d'ardeur et de courage, il s'avance dans la Numidie : rien n'y présentait l'aspect de la guerre ; les habitants étaient dans leurs chaumières, les troupeaux et les cultivateurs dans les champs. Aux approches des villes et des bourgs, les préfets du roi venaient au-devant du consul, tout disposés à lui fournir du blé et des moyens de transport, enfin à exécuter tous ses ordres. Métellus ne s'avance pas moins en bon ordre, comme si l'ennemi était présent. Il envoie des éclaireurs sur tous les points, persuadé que ces marques de soumission n'étaient qu'apparentes et cachaient quelque piége. Il marchait lui-même à la tête de l'armée avec les cohortes légères et une troupe choisie d'archers et de frondeurs (57) ; Marius, son lieutenant, veillait à l'arrière-garde avec la cavalerie ; sur les deux flancs on avait répandu la cavalerie auxiliaire sous les ordres des tribuns des légions et des préfets des cohortes ; les vélites (58) mêlés à cette troupe devaient repousser la cavalerie ennemie sur quelque point qu'elle se présentât. Car Jugurtha était doué de tant de ruse, et joignait à une connaissance profonde des localités de si grandes ressources militaires, qu'absent ou présent, en paix ou en guerre, on ne savait quand et comment il était plus à craindre.

XLVII. Non loin de la route que suivait Métellus se trouvait une ville numide, nommée Vacca, le marché le plus fréquenté de tout le royaume. Là s'étaient établis et venaient commercer une foule d'Italiens. Métellus, voulant en essayer l'effet sur l'ennemi, et au cas où le lieu s'y prêterait, s'assurer une place importante, y mit garnison. Il y fit aussi transporter des grains et des munitions de guerre, jugeant avec raison que son armée trouverait des ressources dans cette grande affluence de négociants, et que ses premiers approvisionnements seraient ainsi ménagés. Pendant ce temps, Jugurtha envoie des députés pour demander la paix avec plus d'instances et de supplications : sauf sa vie et celle de ses enfants, il livrait tout à Métellus. Le consul engage les nouveaux députés, comme les précédents, à trahir leur maître, et les renvoie chez eux, sans refuser ni promettre la paix demandée par le roi ; au milieu de ces lenteurs, il attend l'effet de leurs promesses.

XLVIII. Jugurtha comparant les discours de Métellus avec ses actions, vit bien qu'on le combattait avec ses propres armes ; car on lui apportait des paroles de paix, et on lui faisait réellement la guerre la plus rude ; on venait de lui enlever une ville importante ; l'ennemi prenait connaissance du pays ; on attaquait la fidélité de ses sujets. Alors, cédant à la nécessité, il résolut de tenter le sort des armes. Il fait donc épier la marche des ennemis, et espérant que l'avantage des lieux lui donnerait la victoire, il lève le plus grand nombre qu'il peut de troupes de toute espèce, et prend des chemins

---

infidum, ingenio mobili, novarum rerum avidum. Itaque legatos, alium ab alio divorsos, aggreditur ; ac paullatim tentando, postquam opportunos cognovit, multa pollicendo persuadet, uti Jugurtham maxime vivum, sin id parum procedat, necatum sibi traderent : ceterum palam, quæ ex voluntate forent, regi nunciare jubet. Deinde ipse paucis diebus, intento atque infesto exercitu, in Numidiam procedit ; ubi, contra belli faciem, tuguria plena hominum, pecora cultoresque in agris erant ; ex oppidis et mapalibus præfecti regis obvii procedebant, parati frumentum dare, commeatum portare, postremo omnia quæ imperarentur facere. Neque Metellus idcirco minus, sed pariter ac si hostes adessent, munito agmine, incedere, late explorare omnia, illa deditionis signa ostentui credere, et insidiis locum tentare. Itaque ipse cum expeditis cohortibus, item funditorum et sagittariorum delecta manu apud primos erat : in postremo C. Marius legatus cum equitibus curabat : in utrumque latus auxiliarios equites tribunis legionum et præfectis cohortium dispertiverat, uti cum his permixti velites, quocumque accederent, equitatus hostium propulsarent. Nam in Jugurtha tantus dolus, tantaque peritia locorum et militiæ erat, uti, absens an præsens, pacem an bellum gerens, perniciosior esset, in incerto haberetur.

XLVII. Erat haud longe ab eo itinere quo Metellus pergebat, oppidum Numidarum, nomine Vacca, forum rerum venalium totius regni maxume celebratum ; ubi et incolere, et mercari consueverant italici generis multi mortales. Huc consul, simul tentandi gratia, et si paterentur opportunitates loci, præsidium imposuit : præterea imperavit frumentum et alia quæ bello usui forent comportare ; ratus id, quod res monebat, frequentiam negotiatorum et commeantium juvaturum exercitum, et jam paratis rebus munimento fore. Inter hæc negotia Jugurtha impensius modo legatos supplices mittere, pacem orare ; præter suam liberorumque vitam, omnia Metello dedere : quos item, uti priores, consul illectos ad proditionem domum dimittebat, regi pacem, quam postulabat, neque abnuere, neque polliceri, et inter eas moras promissa legatorum exspectare.

XLVIII. Jugurtha ubi Metelli dicta cum factis composuit, ac se suis artibus tentari animadvortit (quippe cui verbis pax nuntiabatur, ceterum re bellum asperrumum erat, urbs maxuma alienata, ager hostibus cogni-

détournés pour devancer l'armée de Métellus. Dans cette partie de la Numidie qu'Adherbal avait eue en partage, coule le fleuve Muthul, qui prend sa source au midi ; à vingt mille pas environ (59), et dans une direction parallèle, se prolonge une montagne que la nature et les hommes ont également laissée inculte. Mais du milieu s'élève une espèce de colline, s'étendant fort loin, couverte d'oliviers, de myrtes et d'autres espèces d'arbres qui croissent sur un terrain aride et sablonneux. La plaine intermédiaire est absolument stérile, faute d'eau, sauf la partie voisine du fleuve, laquelle est plantée d'arbustes et que fréquentent les troupeaux et les cultivateurs.

XLIX. Ce fut sur cette colline, qui, comme nous l'avons dit, s'avançait dans une direction oblique à la montagne, que Jugurtha prit position, en resserrant les lignes de son armée. Il laisse sous la conduite de Bomilcar les éléphants avec une partie de l'infanterie, et lui donne ses instructions. Pour lui, il se tient plus près de la montagne avec toute la cavalerie et l'élite des fantassins ; puis, parcourant les rangs de chaque compagnie, de chaque escadron, il les exhorte, il les conjure de se rappeler leur ancienne valeur et leur victoire, de défendre sa personne et son royaume contre l'avarice des Romains. Il leur dit qu'ils vont combattre ces mêmes hommes qu'ils ont déjà vaincus et fait passer sous le joug ; que les ennemis ont changé de chef sans changer d'esprit ; que toutes les précautions que doit prendre un général, il les a prises dans leur intérêt ; qu'ils ont l'avantage du terrain et connaissent mieux le pays que les ennemis, auxquels ils ne sont inférieurs ni en nombre ni en courage ; qu'ils se tiennent donc prêts au premier signal à attaquer les Romains avec ardeur ; que ce jour devait couronner tous leurs travaux et leurs victoires, ou être pour eux le commencement des plus grandes infortunes. Puis, à chaque soldat qu'il a récompensé pour quelque beau fait d'armes, soit par de l'argent, soit par des grades, il rappelle cette faveur et il le montre aux autres avec orgueil. Enfin, variant les moyens suivant les caractères, il emploie tour à tour les promesses, les menaces, les prières, pour enflammer leur ardeur. Sur ces entrefaites, Métellus n'ayant pas de nouvelles de l'ennemi, descend de la montagne avec son armée. Il regarde et croit apercevoir quelque chose d'extraordinaire ; car les Numides, avec leurs chevaux, s'étaient embusqués au milieu des broussailles, et, quoique les arbres ne fussent pas assez élevés pour les cacher entièrement, il était assez difficile de les distinguer, à cause de la nature du terrain et de la précaution qu'ils avaient prise de se tenir dans l'ombre, ainsi que leurs étendards. Métellus découvre bientôt l'embuscade ; il fait faire halte un moment pour changer ses dispositions. Au flanc droit, qui était le plus rapproché de l'ennemi, il donne une profondeur de trois rangs ; il distribue les archers et les frondeurs entre les corps d'infanterie légionnaire et place toute la cavalerie sur les ailes. Il harangue ses soldats en peu de mots, car le temps pressait, et les conduit dans la plaine en conservant la disposition d'après laquelle ce qui formait la tête de l'armée en était devenu le flanc.

L. Quand il vit que les Numides ne faisaient

tus, animi popularium tentati), coactus rerum necessitudine, statuit armis certare. Igitur explorato hostium itinere, in spem victoriæ adductus ex opportunitate loci, quam maxumas copias potest omnium generum parat, ac per tramites occultos exercitum Metelli antevenit. Erat in ea parte Numidiæ, quam Adherbal in divisione possederat, flumen oriens a meridie, nomine Muthul, a quo aberat mons ferme millia passuum XX, tractu pari, vastus ab natura et humano cultu : sed ex eo medio quasi collis oriebatur, in immensum pertinens, vestitus oleastro ac mirtetis, aliisque generibus arborum quæ humi arido atque arenoso gignuntur. Media autem planities deserta, penuria aquæ, præter flumini propinqua loca : ea consita arbustis pecore atque cultoribus frequentabantur.

XLIX. Igitur in eo colle, quem transvorso itinere porrectum docuimus, Jugurtha, extenuata suorum acie, consedit : elephantis, et parti copiarum pedestrium Bomilcarem præfecit, eumque edocet quæ ageret ; ipse propior montem cum omni equitatu pedites delectos collocat ; dein singulas turmas atque manipulos circumiens monet atque obtestatur, uti memores pristinæ virtutis et victoriæ, seque regnumque suum ab Romanorum avaritia defendant ; cum his certamen fore quos antea victos sub jugum miserint : ducem illis, non animum mutatum ; quæ ab imperatore decuerint omnia suis provisa : locum superiorem, uti prudentes cum imperitis, ne pauciores cum pluribus, aut rudes cum bello melioribus manum consererent. Proinde parati intentique essent, signo dato, Romanos invadere ; illum diem aut omnes labores et victorias confirmaturum, aut maxumarum ærumnarum initium fore. Ad hoc viritim, uti quemque, ob militare facinus, pecunia aut honore extulerat, commonefacere beneficii sui, et cum ipsum aliis ostentare ; postremo, pro cujusque ingenio, pollicendo, minitando, obtestando alium alio modo excitare : quum interim Metellus, ignarus hostium, monte degrediens cum exercitu, conspicatur. Primo dubius quidnam insolita facies ostenderet, (nam inter virgulta equi Numidæque consederant, neque plane occultati humilitate arborum, et tamen incerti quidnam esset, quum natura loci, tum dolo, ipsi atque signa militaria obscurati) ; dein, brevi cognitis insidiis, paullisper agmen constituit. Ibi commutatis ordinibus, in dextero latere, quod proxumum hostes erat, triplicibus subsidiis aciem instruxit ; inter manipulos funditores et sagittarios dispertit ; equitatum omnem in cornibus locat, ac pauca pro tempore milites hortatus, aciem, sicuti instruxerat, transvorsis principiis, in planum deducit.

L. Sed ubi Numidas quietos, neque colle degredi anim-

aucun mouvement et ne descendaient pas de la colline, craignant que, par la chaleur de la saison et par le manque d'eau, la soif ne consumât son armée, il détacha le lieutenant Rutilius (40) avec les cohortes légères et une partie de la cavalerie pour aller vers le fleuve préparer l'emplacement d'un camp. Il s'imaginait que les ennemis retarderaient sa marche par de fréquentes escarmouches sur les flancs, et que, peu confiants dans leurs armes, ils essaieraient d'accabler ses soldats par la fatigue et la soif. Ensuite, consultant sa position et la nature du terrain, il s'avance lentement, comme il avait fait en descendant de la montagne; il poste Marius derrière la première ligne, et prend lui-même le commandement de la cavalerie de l'aile gauche, qui, dans le nouvel ordre de marche, était devenue la tête de l'armée. Dès que Jugurtha s'aperçoit que l'arrière-garde de Métellus a dépassé le front de ses troupes, il envoie environ deux mille fantassins occuper la montagne que Métellus venait de quitter, ne voulant pas que les Romains, en cas d'échec, pussent s'y réfugier et s'y retrancher. Alors il donne tout à coup le signal et fond sur les ennemis. Une partie des Numides taille en pièces l'arrière-garde des Romains, d'autres les attaquent à droite et à gauche, les harcellent avec acharnement, les pressent et mettent partout le désordre dans les rangs. Ceux d'entre les Romains qui, avec un courage plus résolu, avaient été au devant des Numides, joués par ces attaques incertaines, recevaient de loin des blessures sans pouvoir eux-mêmes frapper à leur tour ou engager le combat. Instruits d'avance par Jugurtha, les cavaliers numides, partout où un escadron romain s'ébranlait pour les charger, ne se ralliaient pas en corps ni du même côté, mais ils se dispersaient et s'éloignaient le plus possible les uns des autres. Si les Romains s'acharnaient à leur poursuite, ils revenaient supérieurs en nombre envelopper par derrière et sur les flancs un ennemi dispersé. D'autres fois, la colline favorisait leur fuite encore mieux que la plaine ; les chevaux numides, habitués à cette manœuvre, s'échappaient facilement à travers les broussailles, tandis que les nôtres étaient arrêtés par les difficultés d'un terrain qu'ils ne connaissaient pas.

LI. Au reste, ce combat, marqué par tant de vicissitudes, offrait un spectacle de confusion, d'horreur et de pitié. Séparés de leurs compagnons, les uns cèdent, les autres poursuivent; les drapeaux, les rangs sont abandonnés ; là où le péril l'a surpris, chacun se défend et repousse l'attaque : armes, traits, chevaux, hommes, ennemis, citoyens, tout est confondu; il n'y a ni plan ni commandement, le hasard décide de tout. Aussi, le jour était déjà fort avancé que l'issue du combat était encore incertaine. Enfin, les deux partis étant également accablés de fatigue et de chaleur, Métellus, qui voit les Numides ralentir leurs efforts, rassemble peu à peu ses soldats, rétablit les rangs et oppose quatre cohortes légionnaires à l'infanterie ennemie, dont une grande partie, épuisée de lassitude, était allée se reposer sur les hauteurs. En même temps il exhorte ses soldats, il les conjure de ne pas perdre courage, de ne pas abandonner la victoire à un ennemi fugitif. Il leur représente qu'ils n'ont ni camp, ni retranchements qui puissent les recevoir après une défaite, que toutes leurs ressources sont dans leurs armes. Jugurtha de son côté ne reste point

---

advortit, veritus ex anni tempore, et inopia aquæ ne siti conficeretur exercitus, Rutilium legatum cum expeditis cohortibus et parte equitum præmisit ad flumen, uti locum castris antecaperet, existumans hostes crebro impetu, et transvorsis præliis iter suum remoraturos, et quoniam armis diffiderent, lassitudinem et sitim militum tentaturos. Dein ipse pro re atque loco, sicuti monte descenderat, paullatim procedere, Marium post principia habere, ipse cum sinistræ alæ equitibus esse, qui in agmine principes facti erant. At Jugurtha, ubi extremum agmen Metelli primos suos prætergressum videt, præsidio quasi duum millium peditum montem occupat, qua Metellus descenderat, ne forte cedentibus adversariis receptui, ac post munimento foret. Dein, repente signo dato, hostes invadit. Numidæ, alii postremos cædere, pars a sinistra ac dextera tentare, infensi adesse atque instare, omnibus locis Romanorum ordines conturbare. Quorum etiam qui firmioribus animis obvii hostibus fuerant, ludificati incerto prælio, ipsi modo eminus sauciabantur; neque contra feriundi, aut manum conserendi copia erat : antea jam docti ab Jugurtha equites, ubicumque Romanorum turba insequi cœperat, non confertim, neque in unum sese recipiebant, sed alius alio quam maxume divorsi. Ita numero priores, si a persequendo hostes deterrere nequiverant, disjectos ab tergo aut lateribus circumveniebant ; sin opportunior fugæ collis, quam campi fuerant; ea vero consueti Numidarum equi facile inter virgulta evadere; nostros asperitas et insolentia loci retinebat.

LI. Ceterum facies totius negotii varia, incerta, fœda atque miserabilis : dispersi a suis, pars cedere, alii insequi ; neque signa, neque ordines observare ; ubi quemque periculum ceperat, ibi resistere ac propulsare : arma, tela, equi, viri, hostes, cives permixti : nihil consilio neque imperio agi ; fors omnia regere. Itaque multum diei processerat, quum etiam tum eventus in incerto erat. Denique omnibus labore et æstu languidis, Metellus, ubi videt Numidas minus instare, paullatim milites in unum conducit, ordines restituit, et cohortes legionarias quatuor adversum pedites hostium collocat. Eorum magna pars superioribus locis fessa consederat. Simul orare, hortari milites, ne deficerent, neu paterentur hostes fugientes vincere : neque illis castra esse, neque munimentum ullum, quo cedentes tenderent : in armis omnia sita. Sed

oisif; il parcourt les rangs, exhorte, rétablit le combat, et lui-même, avec ses meilleurs soldats, fait les derniers efforts. Il soutient les siens, presse ceux des ennemis qu'il voit ébranlés ; quant à ceux dont il avait reconnu la valeur, il les contient en les combattant de loin.

LII. C'est ainsi que luttaient ensemble ces deux grands capitaines, avec une égale habileté, mais avec des moyens bien différents. Métellus avait de vaillants soldats et une position désavantageuse ; sauf une bonne armée, tous les avantages étaient du côté de Jugurtha. Les Romains, se voyant sans retraite et reconnaissant qu'un combat en règle n'est pas possible avec l'ennemi, le jour touchant à sa fin, exécutent l'ordre de leur général et se font jour en franchissant la colline. Ce poste perdu, les ennemis se dispersent et fuient. Il y en eut peu qui périrent ; leur agilité et notre ignorance des lieux les sauvèrent presque tous. Cependant Bomilcar, à qui Jugurtha, comme je l'ai dit, avait confié les éléphants et une partie de l'infanterie, se voyant dépassé par Rutilius, fait descendre au petit pas ses soldats dans la plaine. Tandis que le lieutenant se hâte de gagner le fleuve, vers lequel il avait été détaché, Bomilcar prend tout le temps nécessaire pour mettre en ordre sa troupe, sans cesser néanmoins d'examiner ce qui se passait des deux côtés chez l'ennemi. Dès qu'il sut que Rutilius était sans défiance et déjà établi dans son camp, et qu'en même temps il entendit redoubler les clameurs du côté où Jugurtha combattait, il craignit que le lieutenant, s'il apprenait la position critique des Romains, ne voulût aller à leur secours. Alors, pour lui barrer le chemin, il donna un plus grand développement à sa ligne de bataille qu'il avait d'abord fort resserrée, parce qu'il se défiait de la valeur de ses soldats ; dans cet ordre, il marche vers le camp de Rutilius.

LIII. Les Romains aperçoivent tout à coup un grand nuage de poussière, car les arbustes dont le terrain était couvert empêchaient la vue de s'étendre. D'abord ils crurent que le vent soulevait le sable de cette plaine aride; mais lorsqu'ils virent que le nuage restait toujours le même et que, suivant les mouvements de l'armée, il s'avançait progressivement, ils reconnurent la vérité. Ils courent aux armes en toute hâte, et, dociles aux ordres de leur chef, ils viennent se ranger devant le camp. Dès que l'on fut en présence, on en vint aux mains en poussant de grands cris. Les Numides résistèrent tant qu'ils crurent pouvoir compter sur le secours de leurs éléphants. Mais quand ils virent ces animaux embarrassés dans les branches d'arbres, séparés les uns des autres et enveloppés par l'ennemi, ils prirent la fuite ; la plupart, jetant leurs armes, s'échappèrent à la faveur de la colline et de la nuit qui commençait déjà. Quatre éléphants furent pris, tous les autres, au nombre de quarante, furent tués. Les Romains, malgré la fatigue de la marche, du campement et du combat, malgré la joie de la victoire, voyant que Métellus tardait plus qu'ils ne l'avaient pensé, vont au devant de lui en bon ordre et avec précaution : car les ruses ordinaires des Numides ne permettaient ni négligence, ni relâche. La nuit était obscure quand les deux corps d'armée se rapprochèrent, et d'abord, au bruit de leur marche, croyant que c'était l'ennemi, ils se causèrent un effroi mutuel

---

ne Jugurtha quidem interea quietus : circumire, hortari, renovare prælium, et ipse cum delectis tentare omnia : subvenire suis, hostibus dubiis instare ; quos firmos cognoverat, eminus pugnando retinere.

LII. Eo modo inter se duo imperatores, summi viri, certabant : ipsi pares, ceterum opibus disparibus : nam Metello virtus militum erat, locus adversus ; Jugurthæ alia omnia, præter milites, opportuna. Denique Romani ubi intelligunt, neque sibi perfugium esse, neque ab hoste copiam pugnandi fieri (et jam die vesper erat) ; adverso colle, sicuti præceptum fuerat, evadunt. Amisso loco, Numidæ fusi fugatique : pauci interiere ; plerosque velocitas, et regio hostibus ignara tutata sunt. Interea Bomilcar, quem elephantis et parti copiarum pedestrium præfectum ab Jugurtha supra diximus, ubi eum Rutilius prætergressus est, paullatim suos in æquum locum deducit : ac, dum legatus ad flumen, quo præmissus erat, festinans pergit, quietus, uti res postulabat, aciem exornat ; neque remittit quid ubique hostis ageret explorare. Postquam Rutilium consedisse jam, et animo vacuum accepit, simulque ex Jugurthæ prælio clamorem augeri, veritus ne legatus, cognita re, laborantibus suis auxilio foret, aciem, quam, diffidens virtuti militum, arte statuerat, quo hostium itineri officeret, latius porrigit, eoque modo ad Rutilii castra procedit.

LIII. Romani ex improviso pulveris vim magnam animadvortunt ; nam prospectum ager arbustis consitus prohibebat. Et primo rati humum aridam vento agitari : post, ubi æquabilem manere, et, sicuti acies movebatur, magis magisque appropinquare vident ; cognita re, properantes arma capiunt, ac pro castris, sicuti imperabatur, consistunt : deinde, ubi propius ventum, utrimque magno clamore concurritur. Numidæ tantummodo remorati : dum in elephantis auxilium putant : postquam impeditos ramis arborum, atque ita disjectos circumveniri vident, fugam faciunt : ac plerique, abjectis armis, collis, aut noctis quæ jam aderat, auxilio integri abeunt. Elephanti quatuor capti ; reliqui omnes, numero quadraginta, interfecti. At Romani, quamquam itinere atque opere castrorum et prælio fessi, lætique erant ; tamen, quod Metellus amplius opinione morabatur, instructi intentique obviam procedunt. Nam dolus Numidarum nihil languidi neque remissi patiebatur. Ac primo, obscura nocte, postquam haud procul inter se erant, strepitu, velut hostes adventare, alteri apud alteros formidinem simul et tumultum facere, et pene imprudentia admissum facinus miserabile, ni

d'où il résulta quelque tumulte. Cette méprise aurait amené une catastrophe déplorable, si des cavaliers envoyés en avant de part et d'autre n'eussent éclairci la chose. Alors à la crainte succède une subite allégresse; les soldats, pleins de joie, s'appellent l'un l'autre, ils racontent ou écoutent ce qui s'est passé; chacun porte aux nues ses hauts faits. Car ainsi vont les choses humaines; dans la victoire les plus lâches mêmes peuvent se vanter, les revers calomnient jusqu'aux braves.

LIV. Métellus reste campé quatre jours dans ce même lieu, prodiguant ses soins aux blessés, distribuant des récompenses militaires à ceux qui s'étaient bien conduits dans les deux combats. Il adresse à tous les soldats réunis des éloges et des remercîments; il les exhorte à montrer le même courage pour les travaux beaucoup plus faciles qui leur restent encore, leur disant qu'ils avaient assez combattu pour la victoire, que le butin serait désormais la récompense de leurs fatigues. Cependant il envoie des transfuges et d'autres émissaires pour savoir où était et ce que méditait Jugurtha; s'il avait avec lui une armée ou seulement quelques soldats; enfin quelle était sa contenance depuis sa défaite. Jugurtha s'était retiré dans des lieux couverts de bois et naturellement fortifiés. Là il rassemblait une armée plus nombreuse que la première, mais composée d'hommes sans énergie et sans courage, plus propres à l'agriculture et à la garde des troupeaux qu'à la guerre. Ce qui le réduisait à cette nécessité, c'est que chez les Numides personne, excepté les cavaliers de sa garde, ne suit le monarque après sa défaite; chacun se retire où bon lui semble, et cette désertion n'est pas regardée comme un déshonneur; les mœurs du pays l'autorisent. Métellus, voyant que le roi n'avait rien perdu de son énergie et de son courage, et qu'il fallait recommencer une guerre dont tous les mouvements dépendaient du caprice seul de l'ennemi, comprit aussi qu'il y avait trop d'inégalité dans une lutte où la défaite était moins fatale aux Numides que la victoire aux Romains. Il se décida donc à ne plus chercher les combats ni les batailles rangées, et adopta un autre plan d'opérations. Il entre dans les contrées les plus riches de la Numidie, ravage la campagne, prend et incendie les châteaux et les villes peu fortifiées ou sans garnison, et fait passer au fil de l'épée les habitants en état de porter les armes; tout le reste devient la proie des soldats. Les habitants, pleins d'épouvante, livrent aux Romains une foule d'otages, du blé et d'autres provisions en abondance. On mit des garnisons partout où on le jugea nécessaire. Cette manœuvre alarma le roi bien autrement que la dernière défaite de son armée. Quand tout son espoir était d'échapper aux Romains, il se voyait contraint d'aller les chercher; et lui, qui n'avait pas pu se maintenir sur son terrain, était réduit à combattre sur celui de son ennemi. Toutefois, en cette extrémité, il prit le parti qui lui parut le meilleur: il laisse dans les cantonnements la plus grande partie de son armée, et, à la tête de ses cavaliers d'élite, il suit Métellus. La nuit, dérobant sa marche par des chemins détournés, il attaque à l'improviste des Romains dispersés dans la campagne: la plupart étaient sans armes et furent tués; on en prit un grand nombre et pas un ne s'échappa sans blessure. Les Numides, avant qu'aucun secours arrivât du camp, se retirèrent, comme ils en avaient reçu l'ordre, sur les hauteurs voisines.

utrimque præmissi equites rem exploravissent. Igitur, pro metu repente gaudium exortum, milites alius alium læti appellant, acta edocent atque audiunt: sua quisque fortia facta ad cœlum ferre. Quippe res humanæ ita sese habent: in victoria vel ignavis gloriari licet, adversæ res etiam bonos detrectant.

LIV. Metellus, in iisdem castris quatriduo moratus, saucios cum cura reficit, meritos in prœliis more militiæ donat, universos in concione laudat, atque agit gratias: hortatur ad cetera, quæ levia sunt, parem animum gerant: pro victoria satis jam pugnatum, reliquos labores pro præda fore. Tamen interim transfugas et alios opportunos, Jugurtha ubi gentium aut quid agitaret, cum paucisne esset, an exercitum haberet, uti sese victus gereret, exploratum misit. At ille sese in loca saltuosa et natura munita receperat: ibique cogebat exercitum numero hominum ampliorem, sed hebetem infirmumque, agri ac pecoris magis, quam belli cultorem. Id ea gratia eveniebat, quod præter regios equites nemo omnium Numidarum ex fuga regem sequitur: quo cujusque animus fert, eo discedunt: neque id flagitium militiæ ducitur, ita se mores habent. Igitur Metellus, ubi videt regis etiam tum animum ferocem, bellum renovari quod, nisi ex illius lubidine geri non posset; præterea iniquum certamen sibi cum hostibus, minore detrimento illos vinci, quam suos vincere; statuit, non prœliis neque acie, sed alio more bellum gerundum. Itaque in Numidiæ loca opulentissuma pergit, agros vastat, multa castella et oppida, temere munita aut sine præsidio, capit incenditque; puberes interfici jubet, alia omnia militum prædam esse. Ea formidine multi mortales Romanis dediti obsides; frumentum, et alia quæ usui forent, affatim præbita: ubicumque res postulabat, præsidium impositum. Quæ negotia multo magis, quam prœlium male pugnatum ab suis regem terrebant; quippe cui spes omnis in fuga sita sequi cogebatur; et qui sua loca defendere nequiverat, in alienis bellum gerere. Tamen ex copia, quod optumum videbatur consilium capit: exercitum plerumque in iisdem locis opperiri jubet; ipse cum delectis equitibus Metellum sequitur nocturnis et aviis itineribus; ignoratus Romanos palantes repente aggreditur. Eorum plerique inermes cadunt, multi capiuntur; nemo omnium intactus profugit: et Numidæ priusquam ex castris subveniretur, sicuti jussi erant, in proxumos colles discedunt.

LV. Cependant une grande joie éclata dans Rome quand on y sut les opérations de Métellus, et comment le général et son armée s'étaient conduits à la manière des ancêtres, et cette victoire gagnée par le courage du chef, dans une position défavorable, et les Romains maîtres du territoire ennemi, et Jugurtha, si enorgueilli de la lâcheté d'Aulus, réduit à chercher son salut dans les déserts ou dans la fuite. Le sénat décréta pour ces heureux succès de solennelles actions de grâces aux dieux immortels. La ville, auparavant tremblante et inquiète de l'issue de la guerre, s'abandonnait à la joie; la renommée de Métellus était à son comble. Quant à lui, il redoubla d'efforts pour s'assurer la victoire et la hâter par tous les moyens, prenant garde néanmoins de donner prise quelque part à l'ennemi. Il n'oubliait pas que l'envie suit de près la gloire, et plus sa renommée avait d'éclat, plus il craignait de la compromettre. Aussi, depuis l'embuscade de Jugurtha, l'armée ne se débandait plus pour piller. Avait-on besoin de blé ou de fourrage, les auxiliaires et toute la cavalerie servaient d'escorte. L'armée était partagée en deux corps; Métellus commandait l'un, Marius l'autre. On brûlait plus de pays qu'on n'en pillait. Les deux corps avaient chacun leur camp, mais à peu de distance. Fallait-il user de force, ils se réunissaient; ce cas excepté, ils agissaient séparément, afin de répandre plus au loin la terreur et la fuite. Pendant ce temps, Jugurtha suivait les Romains le long des collines, cherchant le temps et le lieu pour un combat. Partout où il apprenait que l'ennemi devait passer, il gâtait les fourrages et les sources si rares dans ce pays; il se montrait tantôt à Métellus, tantôt à Marius; tombait sur l'arrière-garde, et regagnait aussitôt les hauteurs; puis il revenait harceler l'un, puis l'autre, ne livrant jamais de bataille, ne laissant à l'ennemi ni repos, ni moyen de combattre, mais se contentant de l'arrêter dans ses desseins.

LVI. Le général romain, voyant que l'ennemi le fatiguait par ses ruses sans jamais lui donner l'occasion de combattre, résolut d'aller assiéger Zama(14), ville considérable et le boulevard de la partie du royaume où elle était située. Il pensait que l'importance de cette place forcerait Jugurtha de venir au secours de ses sujets assiégés, ce qui pourrait engager une action. Jugurtha, informé de ce projet par des transfuges (42), devance à grandes journées Métellus; il exhorte les habitants à défendre leurs murailles, leur donne pour auxiliaires les transfuges, qui, de tous les soldats du roi, étaient les plus fidèles, parce qu'ils étaient dans l'impossibilité de trahir. Il promet en outre de venir lui-même dès qu'il en sera temps. Toutes ces dispositions prises, il se retire dans des lieux très-couverts, et peu après il apprend que Marius a été détaché avec quelques cohortes pour aller chercher du blé à Sicca. Cette ville avait la première abandonné le parti du roi après sa défaite. Jugurtha y accourt pendant la nuit avec l'élite de ses cavaliers, et, au moment où les Romains sortaient, il engage le combat aux portes même; il crie aussitôt aux habitants de Sicca d'envelopper les cohortes par derrière, leur disant que la fortune leur offrait l'occasion de se signaler par une action éclatante, que par là ils vont s'assurer une existence libre de toute inquiétude, lui sur son trône, eux dans leur indépendance. Si Marius ne se fût porté promp-

LV. Interim Romæ gaudium ingens ortum, cognitis Metelli rebus: ut seque et exercitum more majorum gereret; in adverso loco, victor tamen virtute fuisset; hostium agro potiretur; Jugurtham, magnificum ex Auli secordia, spem salutis in solitudine aut fuga coegisset habere. Itaque senatus ob ea feliciter acta dis immortalibus supplicia decernere; civitas, trepida antea et sollicita de belli eventu, læta agere; fama de Metello præclara esse. Igitur eo intentior ad victoriam niti, omnibus modis festinare; cavere tamen necubi hosti opportunus fieret; meminisse post gloriam invidiam sequi: ita quo clarior erat, eo magis anxius. Neque, post insidias Jugurthæ, effuso exercitu, prædari: ubi frumento aut pabulo opus erat, cohortes cum omni equitatu præsidium agitabant: exercitus partem ipse, reliquos Marius ducebat: sed igni magis quam præda ager vastabatur. Duobus locis, haud longe inter se, castra faciebant: ubi vi opus erat, cuncti aderant; ceterum, quo fuga, atque formido latius cresceret, divorsi agebant. Eo tempore Jugurtha per colles sequi; tempus, aut locum pugnæ quærere; qua venturum hostem audierat, pabulum et aquarum fontes, quorum penuria erat, corrumpere; modo se Metello, interdum Mario ostendere; postremos in agmine tentare, ac statim in colles regredi; rursus aliis, post aliis minitari, neque prælium facere, neque otium pati; tantummodo hostem ab incepto retinere.

LVI. Romanus imperator, ubi se dolis fatigari videt, neque ab hoste copiam pugnandi fieri, urbem magnam, et, in ea parte qua sita erat, arcem regni, nomine Zamam, statuit oppugnare; ratus id, quod negotium poscebat, Jugurtham laborantibus suis auxilio venturum, ibique prælium fore. At ille, quæ parabantur a perfugis edoctus, magnis itineribus Metellum antevenit: oppidanos hortatur, mœnia defendant, additis auxilio perfugis, quod genus ex copiis regis, quia fallere nequibat, firmissimum : præterea pollicetur in tempore semet cum exercitu adfore. Ita compositis rebus, in loca quam maxume occulta discedit, ac postpaullo cognoscit Marium ex itinere frumentatum cum paucis cohortibus Siccam missum; quod oppidum primum omnium post malam pugnam ab rege defecerat. Eo cum delectis equitibus noctu pergit, et jam egredientibus Romanis, in porta pugnam facit: simul magna voce Siccenses hortatur, uti cohortes ab tergo circumveniant: fortunam præclari

tement en avant et n'eût évacué la ville, sans doute tous les habitants, ou du moins la plupart se seraient tournés contre lui, tant les affections des Numides sont mobiles. Les soldats de Jugurtha, soutenus par leur roi, tiennent ferme un moment; mais se voyant plus vivement pressés par l'ennemi, ils fuient et se dispersent après une perte légère.

LVII. Marius arrive à Zama. Cette ville, située au milieu d'une plaine, et mieux fortifiée par l'art que par la nature, était abondamment pourvue d'armes, de soldats et de provisions de toute espèce. Métellus, ayant fait les préparatifs que permettaient les circonstances et le lieu, investit la ville entière avec son armée. Il assigne à ses lieutenants le poste que chacun doit attaquer; puis, à un signal donné, une immense clameur s'élève de toutes parts; les Numides n'en sont pas effrayés : fermes et menaçants, ils attendent le combat sans se troubler. L'attaque commence. Les Romains, chacun selon son impulsion propre, ou bien lançant de loin des balles de plomb et des pierres, ou bien s'approchant de la muraille pour la saper et l'escalader, cherchent à engager le combat corps à corps. De leur côté, les assiégés font rouler des quartiers de roc sur les plus avancés et leur envoient des pieux, des dards enflammés, des torches ardentes enduites de poix et de soufre. Quant à ceux qui restent à l'écart, leur lâcheté ne les met point à l'abri : ils sont atteints par les traits que lancent les machines ou que fait voler la main des Numides. Ainsi, les lâches comme les braves avaient part au même péril, mais non à la même gloire.

LVIII. Tandis que l'on se bat ainsi sous les murs de Zama, Jugurtha, avec une troupe considérable, fond tout à coup sur le camp des Romains. Ceux qui en avaient la garde la faisaient négligemment et ne s'attendaient à rien moins qu'à un combat. Jugurtha force l'une des portes. Les nôtres, frappés d'une alarme soudaine, pourvoient à leur sûreté chacun à sa manière : les uns fuient, les autres courent aux armes; la plupart sont blessés ou tués. De toute cette multitude, quarante soldats seulement, se souvenant qu'ils étaient Romains, forment un peloton et s'emparent d'une petite éminence, d'où les efforts de l'ennemi ne peuvent les déloger. Ils renvoient les traits qu'on leur jette de loin, et leurs coups ne portent jamais à faux sur un ennemi plus nombreux. Les Numides veulent approcher de plus près ; alors les Romains, déployant tout leur courage, les chargent avec vigueur, les culbutent et les mettent en fuite. De son côté, Métellus pressait vivement l'attaque lorsqu'il entend derrière lui les clameurs d'un combat. Il tourne bride, et voyant les fuyards se diriger de son côté, il ne doute pas que ce ne soient les siens. Il détache au secours du camp toute la cavalerie et Marius avec les cohortes des alliés ; les larmes aux yeux, il le conjure, au nom de leur amitié, au nom de la république, de ne pas souffrir qu'une armée victorieuse soit déshonorée par un tel affront, ni que l'ennemi se retire impunément. Marius exécute promptement les ordres du général. Jugurtha, embarrassé dans nos retranchements, au milieu de soldats dont les uns se jetaient par-dessus les palissades, et dont les autres, se

facinoris casum dare; si id fecerint, postea sese in regno, illos in libertate sine metu ætatem acturos. Ac ni Marius signa inferre atque evadere oppidum properavisset, profecto cuncti, aut magna pars Siccensium fidem mutavissent : tanta mobilitate sese Numidæ agunt. Sed milites jugurthini, paullisper ab rege sustentati, postquam majore vi hostes urgent, paucis amissis, profugi discedunt.

LVII. Marius ad Zamam pervenit. Id oppidum, in campo situm, magis opere quam natura munitum erat, nullius idoneæ rei egens, armis virisque opulentum. Igitur Metellus, pro tempore atque loco paratis rebus, cuncta mœnia exercitu circumvenit ; legatis imperat ubi quisque curaret ; deinde, signo dato, undique simul clamor ingens oritur. Neque ea res Numidas terret : infensi intentique sine tumultu manent. Prælium incipitur. Romani, pro ingenio quisque, pars eminus glande aut lapidibus pugnare ; alii succedere, ac murum modo suffodere, scalis aggredi; cupere prælium in manibus facere. Contra ea oppidani in proxumos saxa volvere ; sudes, pila, præterea picem sulphure et tæda mixtam, ardentia mittere. Sed nec illos qui procul manserant timor animi satis muniverat : nam plerosque jacula, tormentis aut manu emissa, volnerabant : parique periculo, sed fama impari, boni atque ignavi erant.

LVIII. Dum apud Zamam sic certatur, Jugurtha ex improviso castra hostium cum magna manu invadit : remissis qui in præsidio erant, et omnia magis quam prælium exspectantibus, portam irrumpit. At nostri, repentino metu perculsi, sibi quisque pro moribus consulunt : alii fugere, alii arma capere : magna pars volnerati aut occisi. Ceterum ex omni multitudine non amplius quadraginta, memores nominis romani, grege facto, locum cepere paullo, quam alii, editiorem ; neque inde maxuma vi depelli quiverunt ; sed tela eminus missa remittere, pauci in pluribus minus frustrati : sin Numidæ propius accessissent, ibi vero virtutem ostendere, et eos maxuma vi, fundere atque fugare. Interim Metellus, quum acerrume rem gereret, clamorem hostilem ab tergo accepit : dein, converso equo, animadvortit fugam ad se vorsum fieri : quæ res indicabat, populares esse. Igitur equitatum omnem ad castra propere mittit, ac statim C. Marium cum cohortibus sociorum ; eumque lacrumans per amicitiam perque rempublicam obsecrat, ne quam contumeliam remanere in exercitu victore, neve hostes inultos abire sinat. Ille brevi mandata efficit. At Jugurtha, munimento castrorum impeditus, quum alii super vallum præcipitarentur, alii in angustiis ipsi sibi properantes officerent, multis amissis, in loca munita sese

pressant aux sorties, se nuisent réciproquement par leur précipitation, regagne les hauteurs après une perte considérable. Métellus, sans être venu à bout de son entreprise, ramena vers la nuit son armée dans le camp.

LIX. Le lendemain, avant de sortir pour attaquer la place, il ordonne à toute la cavalerie de se tenir à cheval devant le camp, du côté par où Jugurtha devait arriver. Il assigne aux tribuns la garde des portes et les postes voisins; ensuite il se dirige vers la ville, et, comme le jour précédent, il commence l'assaut. Pendant ce temps, Jugurtha sort de son embuscade et fond tout à coup sur les nôtres. Les soldats des postes avancés éprouvent un moment de terreur et de trouble; mais ils sont bientôt secourus. Les Numides n'auraient pas fait une longue résistance si leurs fantassins, jetés parmi la cavalerie, n'eussent dans la mêlée porté des coups terribles. Soutenus par cette infanterie, les Numides, au lieu de se replier après avoir chargé, suivant leur coutume, poussaient leurs chevaux à toute bride, portant la confusion et le désordre dans tous les rangs, et livraient ainsi à leurs agiles fantassins des ennemis à moitié vaincus.

LX. Dans le même temps, on combattait avec acharnement devant Zama. Partout où commande un lieutenant ou un tribun, on fait les plus grands efforts. Chacun compte plus sur son courage que sur celui des autres. Les assiégés montrent une ardeur égale : sur tous les points, ils combattent ou font des préparatifs. On songe plus à blesser son ennemi qu'à se protéger soi-même. Les clameurs, confondues avec les exhortations, les cris de joie, les gémissements, le cliquetis des armes, s'élèvent jusqu'aux nues. Les traits volent de toutes parts. Les défenseurs des murailles, dès que l'ennemi ralentissait un peu son attaque, portaient avidement leurs regards sur le combat de cavalerie. On les voyait pleins de joie ou consternés, suivant les chances diverses de leur roi. Comme si leurs compagnons eussent pu les voir ou les entendre, ils les animaient de leurs exhortations, de leurs gestes, de leurs mouvements de corps; ils s'agitaient en tous sens, comme pour éviter ou lancer des traits. Marius, qui commandait sur ce point, s'en aperçut. Il ralentit à dessein son attaque et feint du découragement; il laisse les Numides contempler sans trouble le combat de leur roi; puis, quand il les voit fortement attachés par l'intérêt de ce spectacle, il attaque tout à coup la muraille avec vigueur; et déjà les Romains, montés à l'escalade, en avaient saisi le parapet, quand les assiégés, accourus précipitamment, font pleuvoir sur eux une masse de pierres, de feu et d'autres projectiles. Les nôtres tinrent ferme quelque temps; mais deux ou trois échelles ayant été brisées, ceux qui étaient dessus furent écrasés, et les autres se retirèrent comme ils purent, quelques-uns sains et saufs, la plupart couverts de blessures. La nuit mit fin des deux côtés au combat.

LXI. Métellus, reconnaissant que les tentatives étaient inutiles, qu'il était impossible de prendre la place, que Jugurtha ne combattait jamais que par surprise et dans des positions favorables, que l'été touchait à sa fin, leva le siège de Zama. Il mit des garnisons dans les villes qui s'étaient soumises volontairement et que protégeaient leur position et leurs murailles. Puis il conduisit son

recepit. Metellus, infecto negotio, postquam nox aderat, in castra cum exercitu revortitur.

LIX. Igitur postero die, priusquam ad oppugnandum egrederetur, equitatum omnem in ea parte qua regis adventus erat pro castris agitare jubet; portas et proxuma loca tribunis dispertit; deinde ipse pergit ad oppidum, atque, ut superiore die, murum aggreditur. Interim Jugurtha ex occulto repente nostros invadit. Qui in proxumo locati fuerant, paullisper territi perturbantur; reliqui cito subveniunt. Neque diutius Numidæ resistere quivissent, ni pedites cum equitibus permixti magnam cladem in congressu facerent. Quibus illi freti, non, ut equestri prælio solet, sequi, dein cedere; sed adversis equis concurrere, implicare ac perturbare aciem : ita expeditis peditibus suis hostes pene victos dare.

LX. Eodem tempore apud Zamam magna vi certabatur : ubi quisque legatus, aut tribunus curabat, eo acerrume niti; neque alius in alio magis, quam in sese spem habere : pariter oppidani agere. Oppugnare, aut parare omnibus locis : avidius alteri alteros sauciare, quam semet tegere : clamor permixtus hortatione, lætitia, gemitu, item strepitus armorum, ad cœlum ferri : tela utrimque volare. Sed illi, qui mœnia defensabant, ubi hostes paullu- lum modo pugnam remiserant, intenti prælium equestre prospectabant. Eos, uti quæque Jugurthæ res erant, lætos modo, modo pavidos animadvortere : ac, sicuti audiri a suis aut cerni possent, monere alii, alii hortari, aut manu significare, aut niti corporibus; et huc illuc, quasi vitabundi, aut jacientes tela, agitare. Quod ubi Mario cognitum est (nam is in ea parte curabat), consulto, lenius agere, ac diffidentiam rei simulare : pati Numidas sine tumultu regis prælium viscere. Ita, illis studio suorum adstrictis, repente magna vi murum aggreditur : et jam scalis egressi milites prope summa ceperant, quum oppidani concurrunt; lapides, ignem, alia præterea tela ingerunt. Nostri primo resistere : deinde, ubi unæ atque alteræ scalæ comminutæ, qui superstererant adflicti sunt; ceteri quoquomodo potuere, pauci integri, magna pars confecti volneribus, abeunt : denique utrimque prælium nox diremit.

LXI. Metellus, postquam videt frustra inceptum; nequè oppidum capi, neque Jugurtham, nisi ex insidiis, aut suo loco pugnam facere, et jam æstatem exactam esse, ab Zama discedit : et in his urbibus, quæ ad se defecerant, satisque munitis loco aut mœnibus erant, præsidia imponit : ceterum exercitum in provinciam, quæ

armée dans la partie de la province romaine la plus voisine de la Numidie pour y prendre les quartiers d'hiver. Comme les autres généraux, il ne donna pas ce temps au repos et aux plaisirs; mais, voyant que la force avançait peu la guerre, il chercha à se servir des amis du roi pour lui tendre des piéges, et à se faire une arme de leur perfidie. J'ai parlé de Bomilcar, qui avait accompagné Jugurtha à Rome et qui, après avoir donné des cautions, s'était dérobé par la fuite au jugement dont le menaçait le meurtre de Massiva. Il jouissait d'une grande faveur auprès de son maître, et avait ainsi toutes les facilités pour le trahir. Métellus attaque ce Numide par les plus magnifiques promesses; et d'abord il le détermine à venir le trouver secrètement. Dans cette entrevue, il lui donne sa parole que, s'il livre Jugurtha mort ou vif, le sénat lui accordera l'impunité de son crime et la restitution de tous ses biens. Le Numide se laisse facilement gagner; car, outre sa perfidie naturelle, il craignait surtout, si la paix se faisait avec les Romains, que son supplice ne fût une des conditions du traité.

LXII. Bomilcar saisit, pour aborder Jugurtha, la première occasion favorable où il voit ce prince livré à l'inquiétude et déplorant ses malheurs. Il lui conseille, il le conjure, les larmes aux yeux, de songer enfin à sa personne, à ses enfants et aux Numides, qui ont si bien mérité de lui. Dans tous les combats, lui dit-il, ils ont été vaincus, leur territoire a été ravagé, beaucoup d'entre eux sont prisonniers ou morts, les ressources du royaume sont épuisées. Il ajoute qu'il a mis assez souvent à l'épreuve la valeur de ses soldats et la fortune; qu'il devait craindre, s'il différait à prendre un parti, que les Numides ne pourvussent eux-mêmes à leur sûreté. Par ces paroles et d'autres semblables, il détermine le roi à se soumettre. Des ambassadeurs sont envoyés au général romain pour lui faire savoir que Jugurtha était prêt à souscrire à tous ses ordres et à livrer sans condition sa personne et son royaume à la foi du consul. Métellus fait venir aussitôt des divers cantonnements tous les sénateurs; il leur adjoint ceux qu'il juge aptes à délibérer et s'en forme un conseil. En vertu d'un décret émané de ce conseil, et rendu dans les formes anciennes, Métellus, par ses députés, exige de Jugurtha deux cent mille livres d'argent pesant (43), tous ses éléphants et une certaine quantité d'armes et de chevaux. Ces conditions exécutées sans délai, il demande qu'on lui amène enchaînés tous les transfuges. La plupart, conformément à cet ordre, furent livrés : quelques-uns, au premier bruit de la soumission du prince, s'étaient enfuis chez le roi Bocchus, en Mauritanie. Quand Jugurtha, ainsi dépouillé d'armes, de soldats et d'argent, fut appelé à Tisidium pour y recevoir les ordres du consul, il commença à chanceler dans ses résolutions, et sa mauvaise conscience lui fit redouter le châtiment qu'il méritait. Quelques jours s'écoulèrent au milieu de ces hésitations. D'abord, cédant au dégoût de ses malheurs, il regardait toute chose comme préférable à la guerre; puis, venant à réfléchir combien la chute serait lourde du trône dans l'esclavage, il décide, après avoir inutilement sacrifié tant et de si grandes ressources, à reprendre les armes. A Rome, le sénat, ayant mis les provinces en délibération, avait prorogé la Numidie à Métellus.

LXIII. Il arriva dans ce temps-là que, Marius, of-

proxuma est Numidiæ, hiemandi gratia collocat. Neque id tempus, ex aliorum more, quieti aut luxuriæ concedit; sed, quoniam armis bellum parum procedebat, insidias regi per amicos tendere, et eorum perfidia pro armis uti parat. Igitur Bomilcarem, qui Romæ cum Jugurtha fuerat, et inde, vadibus datis, clam Massivæ de nece judicium fugerat, quod ei per maxumam amicitiam maxuma copia fallendi erat, multis pollicitationibus aggreditur. Ac primo efficit, uti ad se colloquendi gratia occultus veniat : dein fide data, si Jugurtham vivum aut necatum tradidisset, fore, ut illi senatus impunitatem et sua omnia concederet, facile Numidæ persuadet, quum ingenio infido, tum metuenti ne, si pax cum Romanis fieret, ipse per conditiones ad supplicium traderetur.

LXII. Is, ubi primum opportunum, Jugurtham anxium ac miserantem fortunas suas accedit ; monet atque lacrumans obtestatur, uti aliquando sibi liberisque et genti Numidarum, optume meritæ, provideat : omnibus præliis sese victos, agrum vastatum, multos mortales captos aut occisos, regni opes comminutas esse : satis sæpe jam et virtutem militum, et fortunam tentatam : caveret, ne, illo cunctante, Numidæ sibi consulant. His atque talibus aliis ad deditionem regis animum impellit. Mittuntur ad imperatorem legati, Jugurtham imperata facturum, ac sine ulla pactione sese regnumque suum in illius fidem tradere. Metellus propere cunctos senatorii ordinis ex hibernis arcessiri jubet: eorum atque aliorum, quos idoneos ducebat, consilium habet. Ita more majorum, ex consilii decreto, per legatos Jugurthæ imperat argenti pondo ducenta millia, elephantos omnes, equorum et armorum aliquantum. Quæ postquam sine mora facta sunt, jubet omnes perfugas vinctos adduci. Eorum magna pars, ut jussum erat, adducti : pauci quum primum deditio cœpit, ad regem Bocchum in Mauretaniam abierant. Igitur Jugurtha, ubi armis virisque et pecunia spoliatus, quum ipse ad imperandum (44) Tisidium vocaretur, rursus cœpit flectere animum suum et ex mala conscientia digna timere. Denique multis diebus per dubitationem consumtis, quum modo, tædio rerum adversarum, omnia bello potiora duceret, interdum secum ipse reputaret, quam gravis casus in servitium ex regno foret; multis magnisque præsidiis nequidquam perditis, de integro bellum

fraît un sacrifice aux dieux dans la ville d'Utique, l'aruspice lui présagea de grandes et merveilleuses destinées (45). Il n'avait, lui dit-il, qu'à poursuivre ses projets avec le secours des dieux, qu'à mettre souvent sa fortune à l'épreuve, que tout réussirait au gré de ses désirs. Déjà depuis longtemps l'ambition du consulat tourmentait Marius; pour y parvenir, il possédait, à la naissance près, tous les autres titres, le talent, la probité, une grande science militaire, un cœur indomptable à la guerre, modéré dans la paix, inaccessible aux plaisirs et aux richesses, avide seulement de gloire. Né à Arpinum (46), où il passa toute son enfance, dès qu'il fut d'âge à porter les armes, il s'adonna, non pas à l'éloquence grecque ni aux grâces élégantes des villes, mais aux exercices militaires, où son âme s'était bientôt fortifiée loin de la corruption. Aussi, dès qu'il demanda au peuple le tribunat militaire, bien que la plupart ne connussent pas sa personne, son mérite le fit proclamer par toutes les tribus (47). Depuis, il s'éleva toujours de magistrature en magistrature, et telle fut sa conduite dans chacune de ses fonctions, qu'on le trouva toujours digne d'en remplir une plus éminente. Cependant, cet homme alors si estimable (car depuis, son ambition le perdit) n'osait pas demander le consulat. Le peuple pouvait bien disposer des autres magistratures, mais la noblesse seule se transmettait le consulat de main en main. Tout homme nouveau, quelque illustration qu'il eût d'ailleurs, quelques belles actions qu'il eût faites, paraissait indigne de cet honneur et comme souillé par la tache de sa naissance.

LXIV. Marius, voyant donc que les paroles de l'aruspice tendaient au même but que les désirs secrets de son âme, demande un congé à Métellus pour aller solliciter le consulat. Certes, Métellus se distinguait entre tous par son mérite, sa gloire et toutes les qualités désirables dans un homme de bien; mais il avait aussi cet esprit de dédain et cet orgueil, défauts communs à la noblesse. Frappé d'abord d'une pareille demande, il en témoigne son étonnement à Marius et lui conseille en ami de renoncer à ce projet insensé, de ne pas élever ses pensées au-dessus de sa fortune : il lui dit que la même ambition n'était pas permise à tous, qu'il lui fallait se contenter de sa position; qu'enfin, il devait se garder de demander au peuple romain une chose qui lui serait justement refusée. Mais comme ces paroles et d'autres semblables n'ébranlaient pas la résolution de Marius, il ajouta que, dès que les affaires publiques le lui permettraient, il lui accorderait son congé. Dans la suite, Marius renouvelant à différentes époques la même demande, on prétend que le consul lui répondit de ne pas se hâter, qu'il serait assez temps pour lui de demander le consulat lorsque son fils se mettrait sur les rangs; or, ce jeune homme, âgé de vingt ans environ (48), servait alors dans l'armée sous les yeux de son père. Cette parole ne fit qu'irriter l'ardeur de Marius pour la dignité où il aspirait et son ressentiment contre le consul. Il n'écoute plus que son ambition et sa colère, les pires de tous les conseillers; il ne s'interdit ni propos ni actions propres à servir ses vues intéressées. Aux soldats qui étaient sous ses ordres dans les quartiers d'hi-

---

sumit. Romæ senatus de provinciis consultus Numidiam Metello decreverat.

LXIII. Per idem tempus Uticæ forte C. Mario per hostias dis supplicanti, magna atque mirabilia portendi haruspex dixerat : proinde, quæ animo agitabat, fretus dis ageret : fortunam quam sæpissume experiretur; cuncta prospera eventura. At illum jam antea consulatus ingens cupido exagitabat. Ad quem capiundum, præter vetustatem familiæ, alia omnia abunde erant : industria, probitas, militiæ magna scientia, animus belli ingens, domi modicus, lubidinis et divitiarum victor, tantummodo gloriæ avidus. Sed is natus, et omnem pueritiam Arpini altus, ubi primum ætas militiæ patiens fuit, stipendiis faciundis, non græca facundia, neque urbanis munditiis sese exercuit : ita inter artes bonas integrum ingenium brevi adolevit. Ergo ubi primum tribunatum militarem a populo petit, plerisque faciem ejus ignorantibus, facile notus per omnes tribus declaratur. Deinde ab eo magistratu alium post alium sibi peperit : semperque in potestatibus eo modo agitabat, uti ampliore, quam gerebat, dignus haberetur. Tamen is ad id locorum talis vir (nam postea ambitione præceps datus est), consulatum petere non audebat. Etiam tum alios magistratus plebes, consulatum nobilitas inter se per manus tradebat : novus nemo tam clarus, neque tam egregiis factis erat, quin his indignus illo honore, et quasi pollutus haberetur.

LXIV. Igitur ubi Marius haruspicis dicta eodem intendere videt, quo cupido animi hortabatur; ab Metello, petundi gratia, missionem rogat. Cui quanquam virtus, gloria atque alia optanda bonis superabant; tamen inerat contemptor animus et superbia, commune nobilitatis malum. Itaque primum commotus insolita re, mirari ejus consilium, et quasi per amicitiam monere, ne tam prava inciperet, neu super fortunam animum gereret : non omnia omnibus cupiunda esse; debere illi res suas satis placere : postremo caveret id petere a populo romano, quod illi jure negaretur. Postquam hæc atque talia dixit, neque animus Marii flectitur, ubi primum potuisset per negotia publica, facturum sese, quæ peteret; ac postea sæpius eadem postulanti fertur dixisse, ne festinaret abire : satis mature illum cum filio suo consulatum petiturum : is eo tempore contubernio patris ibidem militabat, annos natus circiter viginti. Quæ res Marium quum pro honore, quem adfectabat, tum contra Metellum vehementer accenderat. Ita cupidine atque ira, pessumis consultoribus, grassari : neque facto ullo, neque dicto abstinere, quod modo ambitiosum foret : milites, quibus in hibernis præerat, laxiore imperio, quam antea

7.

ver, il permet une discipline moins sévère; aux commerçants qui affluaient à Utique, il parle de la guerre en termes injurieux pour son général, glorieux pour lui-même. Qu'on lui confiât seulement, disait-il, la moitié de l'armée, et en peu de jours Jugurtha serait dans les fers; que c'était à dessein que Métellus traînait la guerre en longueur, parce que, gonflé de vanité et orgueilleux comme un roi, il se complaisait dans le pouvoir. Tous ces reproches leur paraissaient d'autant mieux fondés que la longueur de la guerre nuisait à leurs intérêts privés et que, pour des gens pressés, rien ne se fait assez vite.

LXV. Il y avait dans notre armée un Numide nommé Gauda, fils de Manastabal, petit-fils de Massinissa, et auquel Micipsa, par son testament (49), avait substitué son royaume. Les infirmités qui l'accablaient avaient un peu affaibli son esprit. Il avait demandé à Métellus de lui donner un siége auprès de celui du consul, selon la coutume des rois, et une compagnie de cavaliers romains pour sa garde. Métellus refusa l'un et l'autre; le siége, parce que c'était la distinction de ceux que le peuple romain avait reconnus rois; la garde, parce qu'il eût été honteux pour des cavaliers romains d'être les satellites d'un Numide. Marius aborde le prince mécontent et s'offre à lui pour le venger des affronts du général romain. Par des discours flatteurs, il exalte cet homme faible en le traitant de roi, de grand homme, de petit-fils de Massinissa, auquel le royaume de Numidie appartiendrait sans délai si Jugurtha était pris ou tué : ce qui, ajoutait-il, arriverait bientôt si lui, consul, était chargé de cette guerre. En conséquence, et Gauda et les chevaliers romains, soldats et négociants, excités, ceux-ci par Marius, ceux-là par l'espoir de la paix, écrivent à leurs amis, à Rome, pour se plaindre vivement des opérations de Métellus et faire nommer Marius général. Ainsi de toutes parts les suffrages les plus honorables sollicitaient pour lui la dignité de consul. De plus, à cette époque, où la loi Manilia avait porté un rude coup à la noblesse, le peuple cherchait à élever les hommes nouveaux. Ainsi, tout conspirait en faveur de Marius.

LXVI. Cependant Jugurtha, ayant renoncé à toute idée de soumission pour recommencer la guerre, dispose tout avec grand soin, hâte les préparatifs, rassemble une armée. Il tente de ramener par la crainte ou par l'appât des récompenses les villes qui l'avaient abandonné, fortifie les places, fait fabriquer ou acheter des armes, des traits et tous les moyens de défense que l'espoir de la paix lui avait fait sacrifier. Il cherche à attirer les esclaves romains, à séduire par son or les soldats des garnisons; partout il corrompt ou il provoque; tout est remué par ses intrigues. Ses manœuvres réussissent auprès des habitants de la ville de Vacca, où, au commencement des premières négociations de Jugurtha pour la paix, Métellus avait mis garnison. Les principaux de la ville, cédant aux sollicitations pressantes de Jugurtha, pour lequel d'ailleurs ils n'avaient jamais eu d'éloignement, forment entre eux une conspiration. Le peuple, comme il est d'ordinaire, et surtout chez les Numides, était inconstant, amoureux des séditions et des troubles, avide de nouveautés, ennemi de la paix et du repos. Toutes les disposi-

---

habere : apud negotiatores, quorum magna multitudo Uticæ erat, criminose simul, et magnifice de bello loqui : dimidia pars exercitus sibi permitteretur, paucis diebus Jugurtham in catenis habiturum : ab imperatore consulto trahi, quod homo inanis, et regiæ superbiæ, imperio nimis gauderet. Quæ omnia illis eo firmiora videbantur, quod diuturnitate belli res familiares corruperant; et animo cupienti nihil satis festinatur.

LXV. Erat præterea in exercitu nostro Numida quidam, nomine Gauda, Manastabalis filius, Masinissæ nepos, quem Micipsa testamento secundum heredem scripserat, morbis confectus, et ob eam caussam mente paullum imminuta. Cui Metellus petenti, more regum uti sellam juxta poneret, item postea, custodiæ caussa turmam equitum romanorum, utrumque negaverat : honorem, quod eorum modo foret, quos populus romanus reges appellavisset; præsidium, quod contumeliosum in eos foret, si equites romani satellites Numidæ traderentur. Hunc Marius anxium aggreditur, atque hortatur, uti contumeliarum imperatoris cum suo auxilio pœnas petat. Hominem ob morbos animo parum valido secunda oratione extollit : illum regem, ingentem virum, Masinissæ nepotem esse; si Jugurtha captus, aut occisus, imperium Numidiæ sine mora habiturum; id adeo mature posse evenire, si ipse consul ad id bellum missus foret. Itaque et illum, et equites romanos, milites et negotiatores, alios ipse, plerosque spes pacis impellit, uti Romam ad suos necessarios aspere in Metellum de bello scribant, Marium imperatorem poscant. Sic illi a multis mortalibus honestissuma suffragatione consulatus petebatur : simul ea tempestate plebes, nobilitate fusa per legem Maniliam, novos extollebat. Ita Mario cuncta procedere.

LXVI. Interim Jugurtha, postquam, omissa deditione, bellum incipit, cum magna cura parare omnia, festinare, cogere exercitum : civitates, quæ ab se defecerant, formidine, aut ostentando præmia, adfectare : communire suos locos : arma, tela, alia, quæ spe pacis amiserat, reficere, aut commercari : servitia Romanorum allicere, et eos ipsos, qui in præsidiis erant, pecunia tentare : prorsus nihil intactum, neque quietum pati : cuncta agitare. Igitur Vaccenses, quo Metellus initio, Jugurtha pacificante, præsidium imposuerat, fatigati regis suppliciis, neque antea voluntate alienati, principes civitatis inter se conjurant (nam volgus, uti plerumque solet, et maxume Numidarum, ingenio mobili, seditiosum atque discordiosum erat, cupidum novarum rerum, quieti et otio adversum) : dein

tions prises, ils fixèrent l'exécution du complot au troisième jour : c'était une fête solennelle célébrée dans toute l'Afrique par des jeux et des divertissements propres à bannir toute défiance. Au temps marqué, les centurions, les tribuns militaires et même le commandant de la ville, Turpilius Silanus, sont chacun invités dans différentes maisons, et tous, à l'exception de Turpilius, égorgés au milieu du festin. On tombe ensuite sur les soldats qui, profitant de la fête et de l'absence de leurs chefs, s'étaient dispersés sans armes dans la ville. Le peuple prend part aussi au massacre; les uns avaient été instruits du complot par la noblesse; les autres, excités par leur penchant naturel et ne sachant pas même ce qui s'était passé ni ce qu'on projetait, trouvaient un attrait assez puissant dans le désordre et dans le changement.

LXVII. Les soldats romains, dans cette alarme imprévue, pleins de trouble et ne sachant quel parti prendre, courent en désordre vers la citadelle où étaient leurs étendards et leurs boucliers. Les portes avaient été fermées d'avance, et un poste de soldats ennemis en défendait l'entrée. De leur côté, les femmes et les enfants, du haut des toits des maisons, lançaient à l'envi des pierres et tout ce qui leur tombait sous la main. Il était impossible aux Romains de se mettre en garde de tant de côtés, et la force était impuissante contre le sexe et l'âge les plus faibles. Tous, braves ou lâches, aguerris ou timides, succombaient sans défense. Dans cet affreux massacre, au milieu de l'acharnement des Numides, dans une ville fermée de toutes parts, Turpilius seul de tous les Italiens s'échappa sans blessure. Dut-il son salut à la pitié de son hôte, à une convention, ou au hasard, je l'ignore : toujours est-il que celui qui, dans ce désastre, préféra une vie honteuse à une réputation sans tache, me paraît un homme lâche et infâme.

LXVIII. Quand Métellus apprit ce qui s'était passé à Vacca, dans sa douleur il se déroba quelque temps à tous les regards; puis, la colère se mêlant à ses regrets, il ne songea plus qu'à tirer de cette perfidie une prompte vengeance. Il prit avec lui la légion de son quartier d'hiver et tout ce qu'il put rassembler de cavaliers numides, et, au coucher du soleil, il partit sans bagages. Le lendemain, environ à la troisième heure, il arrive dans une plaine environnée de petites collines. Là, voyant ses soldats fatigués de la route et disposés à refuser tout service, il leur dit qu'ils ne sont plus qu'à un mille de Vacca, et qu'il est de leur honneur de supporter patiemment un reste de fatigue, pour aller venger leurs braves et malheureux concitoyens; puis il fait briller à leurs yeux l'espérance d'un riche butin. Ayant ainsi relevé leur courage, il ordonne à la cavalerie de marcher en avant sur une ligne étendue, et à l'infanterie de se tenir derrière, les rangs serrés, et de cacher ses drapeaux.

LXIX. Les habitants de Vacca, apercevant une armée qui s'avançait vers eux, crurent d'abord, comme il était vrai, que c'était Métellus, et fermèrent les portes; puis voyant que les soldats ne dévastaient pas la campagne, que ceux qui marchaient au premier rang étaient des cavaliers numides, ils ne doutèrent plus que ce ne fût Jugurtha, et allèrent au devant de lui avec de grands trans-

compositis inter se rebus, diem tertium constituunt; quod is festus celebratusque per omnem Africam ludum et lasciviam magis, quam formidinem ostentabat. Sed ubi tempus fuit, centuriones tribunosque militares, et ipsum præfectum oppidi T. Turpilium Silanum, alius alium, domos suas invitant: eos omnes, præter Turpilium, inter epulas obtruncant: postea milites palantes, inermos, quippe in tali die ac sine imperio, aggrediuntur. Idem plebes facit, pars edocti ab nobilitate, alii studio talium rerum incitati, quis acta consiliumque ignorantibus tumultus ipse et res novæ satis placebant.

LXVII. Romani milites, improviso metu, incerti ignarique quid potissumum facerent, trepidare ad arcem oppidi, ubi signa et scuta erant : præsidium hostium, portæ ante clausæ fugam prohibebant : ad hoc mulieres puerique pro tectis ædificiorum saxa et alia, quæ locus præbebat, certatim mittere. Ita neque caveri anceps malum, neque a fortissumis infirmissumo generi resisti posse : juxta boni malique, strenui et imbelles inulti obtruncati. In ea tanta asperitate, sævissumis Numidis et oppido undique clauso, Turpilius unus ex omnibus Italicis profugit intactus: id misericordiane hospitis, an pactione, an casu ita evenerit, parum comperimus; nisi, quia illi in tanto malo turpis vita fama integra potior, improbus intestabilis (50) que videtur.

LXVIII. Metellus, postquam de rebus Vaccæ actis comperit, paullisper mœstus e conspectu abit; deinde, ubi ira et ægritudo permixta, cum maxuma cura ultum ire injurias festinat. Legionem, cum qua hiemabat, et quam plurimos potest, Numidas equites pariter cum occasu solis expeditos educit : et postera die circiter horam tertiam pervenit in quamdam planitiem, locis paullo superioribus circumventam. Ibi milites, fessos itineris magnitudine, et jam abnuentes omnia, docet oppidum Vaccam non amplius mille passuum abesse : decere illos reliquum laborem æquo animo pati, dum pro civibus suis, viris fortissumis atque miserrumis, pœnas caperent : præterea prædam benigne ostentat. Ita animis eorum arrectis, equites in primo late, pedites quam artissume ire, signa occultare jubet.

LXIX. Vaccenses ubi animum advortere, ad sese vorsum exercitum pergere; primo, uti erat res, Metellum, rati, portas clausere : deinde, ubi neque agros vastari, et eos, qui primi aderant, Numidas equites vident; rursum Jugurtham arbitrati, cum magno gaudio obvii procedunt. Equites peditesque, repente signo dato, alii vol-

ports de joie. Tout à coup les cavaliers et les fantassins, à un signal donné, s'élancent à la fois : les uns massacrent la foule répandue hors de la ville, les autres courent aux portes; une partie s'empare des tours. La colère et l'espoir du butin triomphèrent alors de la fatigue. Ainsi les habitants de Vacca n'eurent que deux jours à se réjouir de leur perfidie. Dans cette grande et opulente cité, tout fut mis à mort ou livré au pillage. Turpilius (51), le gouverneur de la ville, le seul entre tous qui eût échappé au massacre, comme nous l'avons dit, reçut l'ordre de Métellus de venir se défendre. S'étant mal justifié, il fut condamné, battu de verges et décapité, car il n'était que citoyen latin (52).

LXX. Dans le même temps, Bomilcar, dont les conseils avaient poussé Jugurtha à entamer une négociation que la crainte lui avait fait ensuite abandonner, devenu suspect à ce prince, qu'il suspectait lui-même, désirait un changement. Il cherchait donc le moyen de perdre le roi, et cette idée l'obsédait nuit et jour. A force de tentatives, il associe à son projet Nabdalsa, homme distingué par sa naissance, ses grandes richesses, et fort aimé de ses concitoyens. Celui-ci commandait souvent un corps d'armée séparé, et Jugurtha avait l'habitude de lui confier toutes les affaires auxquelles la fatigue ou des soins plus importants ne lui permettaient pas de pourvoir, ce qui avait été pour Nabdalsa une source de gloire et de richesses. Ces deux hommes fixèrent un jour pour l'exécution du complot; les autres dispositions devaient se régler d'après les circonstances. Nabdalsa part pour son armée, qu'il avait ordre de tenir auprès des quartiers des Romains, pour les empêcher de dévaster impunément la campagne. Mais épouvanté de l'énormité de son crime, il ne vint pas au temps fixé, et ses craintes firent manquer le complot. Bomilcar, tout à la fois impatient de consommer son attentat, et alarmé des terreurs de son complice, lequel, après avoir renoncé à son premier parti, pouvait en prendre un nouveau, lui envoie par des émissaires fidèles une lettre dans laquelle il lui reprochait sa faiblesse et sa pusillanimité. Il attestait les dieux, qui avaient reçu ses serments; il le priait de ne pas faire tourner les promesses de Métellus en une vengeance terrible, ajoutant que la perte de Jugurtha était inévitable, qu'il s'agissait seulement de savoir s'il périrait de leurs mains ou de celles de Métellus; qu'enfin il eût à réfléchir à ce qu'il aimait mieux des récompenses ou des supplices.

LXXI. Quand on apporta cette lettre à Nabdalsa, fatigué de quelque exercice, il se reposait sur son lit. Les paroles de Bomilcar lui causent d'abord une vive inquiétude; puis, dans l'accablement de son esprit, il cède au sommeil. Il avait pour secrétaire un Numide qui, fidèle et cher à son maître, connaissait tous ses desseins, excepté le dernier. Apprenant qu'on avait apporté une lettre, il pensa que, selon l'habitude, on pouvait avoir besoin de ses services ou de ses talents, et entra dans la tente. Nabdalsa dormait; il avait négligemment posé la lettre sur son oreiller, au-dessus de sa tête; le Numide la prend et la lit d'un bout à l'autre; puis, instruit du complot, il se hâte d'aller trouver le roi. Nabdalsa se réveille peu après, ne trouve plus la lettre, et apprend tout ce qui s'est passé. D'abord il s'empresse

gum effusum oppido cædere; alii ad portas festinare; pars turres capere : ira atque prædæ spes amplius quam lassitudo posse. Ita Vaccenses biduum modo ex perfidia lætati : civitas magna et opulens pœnæ cuncta aut prædæ fuit. Turpilius, quem præfectum oppidi unum ex omnibus profugisse supra ostendimus, jussus a Metello caussam dicere, postquam sese parum expurgat, condemnatus verberatusque capite pœnas solvit : nam is civis ex Latio erat.

LXX. Per idem tempus Bomilcar, cujus impulsu Jugurtha deditionem, quam metu deseruit, inceperat, suspectus regi, et ipse eum suspiciens, novas res cupere, ad perniciem ejus dolum quærere, diu noctuque fatigare animum. Denique omnia tentando, socium sibi adjungit Nabdalsam, hominem nobilem, magnis opibus, carum acceptumque popularibus suis : qui plerumque seorsum ab rege exercitum ductare, et omnes res exsequi solitus erat, quæ Jugurthæ fesso aut majoribus adstricto superaverant; ex quo illi gloria opesque inventæ. Igitur utriusque consilio dies insidiis statuitur; cetera, uti res posceret, ex tempore parari placuit. Nabdalsa ad exercitum profectus, quem inter hiberna Romanorum jussus habebat, ne ager, inultis hostibus, vastaretur. Is postquam, magnitudine facinoris perculsus, ad tempus non venit, metusque rem impediebat; Bomilcar simul cupidus incepta patrandi, et timore socii anxius, ne, omisso vetere consilio, novum quæreret, literas ad eum per homines fideles mittit, in quis mollitiem secordiamque viri accusare, testari deos, per quos juravisset; præmia Metelli in pestem ne converteret; Jugurthæ exitium adesse; ceterum suane an virtute Metelli periret, id modo agitari : proinde reputaret cum animo suo, præmia an cruciatum mallet.

LXXI. Sed quum hæ literæ adlatæ, forte Nabdalsa, exercito corpore fessus, in lecto quiescebat : ubi, cognitis Bomilcaris verbis, primo cura, deinde, uti ægrum animum solet, somnus cepit. Erat ei Numida quidam negotiorum curator, fidus acceptusque, et omnium consiliorum, nisi novissumi, particeps. Qui adlatas literas audivit, ex consuetudine ratus opera aut ingenio suo opus esse, in tabernaculum introit; dormiente illo epistolam, super caput in pulvino temere positam, sumit ac perlegit; dein propere, cognitis insidiis, ad regem pergit. Nabdalsa, post paullo experrectus, ubi neque epistolam reperit, et rem omnem, uti acta, cognovit; primo indicem persequi conatus : postquam id fru-

de courir après le délateur; mais n'ayant pu l'atteindre, il se rend auprès de Jugurtha pour l'apaiser. Il lui dit qu'un perfide serviteur l'a prévenu dans une démarche qu'il se disposait à faire lui-même. Les larmes aux yeux, il le conjure, au nom de l'amitié, au nom de toutes les preuves de fidélité qu'il lui a données jusqu'à ce jour, de ne pas le croire capable d'un crime si affreux.

LXXII. Le roi lui fit une réponse affectueuse, que démentaient les véritables sentiments de son âme. Après avoir fait périr Bomilcar et beaucoup d'autres, convaincus d'être ses complices, il étouffa sa colère, craignant que la mort de Nabdalsa ne fît éclater une sédition. Mais depuis ce moment Jugurtha n'eut plus un jour, une nuit tranquille. Dans aucun lieu, avec personne, à aucun moment, il ne se croyait en sûreté. Craignant ses sujets à l'égal de ses ennemis, il promenait partout des regards inquiets, tressaillait au moindre bruit. Il couchait la nuit tantôt dans un endroit, tantôt dans un autre, souvent sans consulter la dignité du trône. Quelquefois se réveillant en sursaut, il saisissait ses armes et poussait des cris affreux; ses terreurs lui donnaient en quelque sorte toutes les agitations de la démence.

LXXIII. Métellus, instruit par des transfuges du sort funeste de Bomilcar et de la découverte du complot, dispose en hâte ses préparatifs comme pour une guerre toute nouvelle. Marius l'importunait de sa demande de départ : attendant désormais peu de service d'un homme qu'il haïssait et qui était irrité contre lui, le consul lui accorde son congé. A Rome, le peuple ayant eu connaissance des lettres écrites sur le compte de Métellus et de Marius, avait complaisamment reçu à leur égard toutes les impressions qu'on avait voulu lui donner. La haute naissance du consul, laquelle avait jusque-là ajouté à son illustration, était devenue un crime; au contraire, la basse extraction de l'autre était un titre de plus à la faveur populaire. Au reste, pour les juger l'un et l'autre, l'esprit de parti eut plus d'influence que leurs bonnes ou mauvaises qualités. En outre, des magistrats séditieux agitaient sans cesse la multitude; dans toutes leurs harangues, ils accusaient Métellus de haute trahison et exagéraient par leurs éloges le mérite de Marius. Enfin ils échauffèrent tellement l'esprit de la populace, que les artisans et les laboureurs, dont le bien et le crédit dépendent de leurs bras, abandonnaient leurs travaux pour faire cortége à Marius, et sacrifiaient leurs premiers besoins au succès de son ambition. Ainsi la noblesse fut humiliée, et, après une longue suite d'années, on vit le consulat déféré à un homme nouveau. Ensuite, le tribun Manilius Mancinus demandant au peuple à qui il voulait confier la guerre contre Jugurtha, Marius fut nommé avec acclamation. Le sénat avait peu auparavant donné la Numidie à Métellus; ce décret fut comme non avenu.

LXXIV. Cependant Jugurtha était privé de tous ses amis : la plupart avaient été mis à mort par ses ordres; les autres, redoutant le même sort, s'étaient enfuis chez les Romains ou auprès du roi Bocchus. Ne pouvant pas faire la guerre sans officiers, et redoutant de mettre à l'épreuve la fidélité de nouveaux serviteurs après avoir éprouvé tant de perfidie des anciens, il était en proie à mille incertitudes, à mille perplexités. Il n'y avait ni homme, ni avis, ni résolution qui pût lui plaire. Il changeait tous les jours de route et de lieute-

tra fuit, Jugurtham placandi gratia accedit; quæ ipse paravisset facere perfidia clientis sui præventa: lacrumans obtestatur per amicitiam, perque sua antea fideliter acta, ne super tali scelere suspectum sese haberet.

LXXII. Ad ea rex aliter, atque animo gerebat, placide respondit. Bomilcare aliisque multis, quos socios insidiarum cognoverat, interfectis, iram oppresserat; ne qua ex eo negotio seditio oriretur. Neque post id locorum Jugurthæ dies, aut nox ulla quieta fuere : neque loco, neque mortali cuiquam, aut tempori satis credere : cives, hostes juxta metuere : circumspectare omnia, et omni strepitu pavescere : alio atque alio loco, sæpe contra decus regium, noctu requiescere : interdum somno excitus, arreptis armis tumultum facere : ita formidine, quasi vecordia, exagitari.

LXXIII. Igitur Metellus, ubi de casu Bomilcaris et indicio patefacto ex perfugis cognovit; rursus, tamquam ad integrum bellum, cuncta parat festinatque. Marium, fatigantem de profectione, simul et invisum, et offensum sibi, parum idoneum ratus, domum dimittit. Et Romæ plebes, literis, quæ de Metello ac Mario missæ erant, cognitis, voienti animo de ambobus acceperant. Impe- ratori nobilitas, quæ antea decori, invidiæ esse : at illi alteri generis humilitas favorem addiderat. Ceterum in utroque magis studia partium, quam bona aut mala sua moderata. Præterea seditiosi magistratus volgum exagitare, Metellum omnibus concionibus capitis arcessere, Marii virtutem in majus celebrare. Denique plebes sic accensa, uti opifices agrestesque omnes, quorum res fidesque in manibus sitæ erant, relictis operibus frequentarent Marium, et sua necessaria post illius honorem ducerent. Ita, perculsa nobilitate, post multas tempestates novo homini consulatus mandatur. Et postea populus a tribuno plebis Manilio Mancino rogatus, quem vellet cum Jugurtha bellum gerere, frequens Marium jussit. Senatus paullo ante Metello decreverat : ea res frustra fuit.

LXXIV. Eodem tempore Jugurtha, amissis amicis (quorum plerosque ipse necaverat; ceteri formidine, pars ad Romanos, alii ad regem Bocchum profugerant); quum neque bellum geri sine administris posset, et novorum fidem, in tanta perfidia veterum, experiri periculosum duceret, varius incertusque agitabat; neque illi res, neque consilium aut quisquam hominum satis placebat : itinera præfectosque in dies mutare; modo adversum

nants. Tantôt il marchait contre l'ennemi, tantôt il s'enfonçait dans les déserts. Aujourd'hui son espérance était dans la fuite et demain dans les armes, ne sachant pas s'il devait plus se défier du courage de ses sujets que de leur fidélité. Ainsi, de quelque coté qu'il dirigeât ses pensées, il ne voyait que des malheurs. Au milieu de ces tergiversations, Métellus se montre tout à coup avec son armée. Jugurtha dispose et met en ordre ses troupes à la hâte; puis le combat s'engage. Du côté où le roi se trouvait en personne, les Numides résistèrent quelque temps; mais partout ailleurs ils furent culbutés au premier choc et mis en fuite. Les Romains s'emparèrent d'une assez grande quantité d'armes et de drapeaux, mais ils firent peu de prisonniers; car les Numides, dans presque tous leurs combats, doivent plutôt leur salut à la vitesse de leurs pieds qu'à leurs armes.

LXXV. Cette défaite redoubla les défiances et le découragement de Jugurtha. Il gagne les déserts avec les transfuges et une partie de la cavalerie; puis il arrive à Thala, grande et opulente cité où étaient presque tous ses trésors et l'attirail pompeux de l'enfance de ses fils. Métellus fut instruit de ces détails. Il n'ignorait pas qu'entre Thala et le fleuve le plus voisin, dans un espace de cinquante milles, se trouvait une plaine aride et déserte. Toutefois, espérant terminer la guerre par la prise de cette ville, il entreprit de surmonter toutes les difficultés et de vaincre la nature même. Il fit donc débarrasser toutes les bêtes de somme de leurs bagages et les chargea d'une provision de blé pour dix jours, et d'outres et autres vaisseaux propres à contenir de l'eau. On mit aussi en réquisition dans la campagne tout ce qu'on put trouver d'animaux domestiques, pour porter des vases de toute espèce, surtout des vases de bois ramassés dans les huttes des Numides. De plus, il commanda aux habitants des cantons voisins, qui s'étaient donnés à lui après la déroute de Jugurtha, de charrier de l'eau en abondance, leur assignant le jour et le lieu où ils devaient se trouver. De son côté, il fit charger les bêtes de somme de l'eau du fleuve que nous avons dit être le plus proche de la ville. Ainsi approvisionné, il marche vers Thala. Quand on fut arrivé à l'endroit assigné aux Numides, le camp à peine établi et fortifié, il tomba tout à coup une si grande quantité de pluie qu'elle fut plus que suffisante aux besoins de l'armée. D'ailleurs les convois dépassèrent les espérances; car les Numides, comme un peuple nouvellement soumis, avaient fait plus qu'on ne leur avait demandé. Au reste, les soldats, par esprit de religion, préférèrent l'eau de pluie, et cette circonstance accrut singulièrement leur courage, car ils se persuadèrent que les dieux immortels prenaient soin d'eux. Le lendemain, contre l'attente de Jugurtha, les Romains arrivèrent devant Thala. Les habitants, qui se croyaient garantis par l'extrême difficulté des lieux, furent frappés de cette soudaine et merveilleuse apparition. Néanmoins ils se disposèrent à combattre avec courage; autant en firent les nôtres.

LXXVI. Mais le roi, convaincu que désormais rien n'était impossible à Métellus, puisqu'il avait triomphé de tous les obstacles, des armes de toute sorte, des lieux, des temps, enfin de la nature même, qui commande à toutes choses, s'enfuit nuitamment de la ville avec ses enfants et une

hostes, interdum in solitudines pergere; sæpe in fuga, ac post paullo spem in armis habere; dubitare, virtuti popularium an fidei minus crederet: ita, quocumque intenderat, res adversæ erant. Sed inter eas moras repente sese Metellus cum exercitu ostendit. Numidæ ab Jugurtha pro tempore parati instructique: dein prælium incipitur. Qua in parte rex adfuit, ibi aliquamdiu certatum: ceteri omnes [ejus milites] primo concursu pulsi fugatique: Romani signorum et armorum aliquanto numero, hostium paucorum potiti, nam ferme Numidas in omnibus præliis pedes magis, quam arma tuta sunt.

LXXV. Ea fuga impensius modo rebus suis diffidens, cum perfugis et parte equitatus in solitudines, dein Thalam pervenit: id oppidum magnum et opulentum, ubi plerique thesauri, filiorumque ejus multus pueritiæ cultus erat. Quæ postquam Metello comperta, quamquam inter Thalam flumenque proximum, spatio millium quinquaginta, loca arida atque vasta esse cognoverat; tamen spe patrandi belli, si ejus oppidi politus foret, omnes asperitates supervadere, ac naturam etiam vincere aggreditur. Igitur omnia jumenta sarcinis levari jubet, nisi frumento dierum decem; ceterum utres modo, et alia aquæ idonea portari. Præterea conquirit ex agris, quam plurimum potest, domiti pecoris: eo imponit vasa cujusque modi, pleraque lignea, collecta ex tuguriis Numidarum. Ad hoc finitumis imperat, qui se post regis fugam Metello dederant, quam plurimum quisque aquæ portarent: diem locumque, ubi præsto forent, prædicit. Ipse ex flumine, quam proxumam oppido aquam supra diximus, jumenta onerat. Eo modo instructus ad Thalam proficiscitur. Deinde ubi ad id loci ventum, quo Numidis præceperat, et castra posita munitaque sunt; tanta repente cœlo missa vis aquæ dicitur, ut ea modo exercitui satis superque foret: præterea commeatus spe amplior; quia Numidæ, sicuti plerique in nova deditione, officia intenderant. Ceterum milites, religione, pluvia magis usi: eaque res multum animis eorum addidit; nam rati sese diis immortalibus curæ esse. Deinde postero die, contra opinionem Jugurthæ, ad Thalam perveniunt. Oppidani, qui se locorum asperitate munitos crediderant, magna atque insolita re perculsi, nihilo segnius bellum parare: idem nostri facere.

LXXVI. Sed rex nihil jam infectum Metello credens, quippe qui omnia, arma, tela, locos, tempora, denique naturam ipsam, ceteris imperitantem, industria vicerat, cum liberis et magna parte pecuniæ ex oppido noctu pro-

grande partie de ses trésors. Depuis ce moment, il ne s'arrêta jamais dans le même endroit plus d'un jour ou d'une nuit; des affaires pressantes étaient le prétexte de ces brusques déplacements; mais il craignait la trahison, et il espérait y échapper par la promptitude de ses marches; car les complots de ce genre demandent du loisir et une occasion favorable. Cependant, Métellus, voyant les assiégés résolus à se bien défendre et la ville également fortifiée par la nature et par l'art, investit les murs d'une palissade et d'un fossé; ensuite, dans les endroits les plus favorables aux opérations d'un siége, il fait dresser des mantelets, former des terrasses, et sur ces terrasses élever des tours pour mettre à couvert les ouvrages et les travailleurs. A ces moyens d'attaque, les habitants opposent avec une égale activité leurs moyens de défense : en un mot, de part et d'autre, on ne néglige rien. Enfin, les Romains, déjà épuisés par de longues fatigues et par les combats, après quarante jours de siége, s'emparèrent du corps de la place seulement; car pour le butin, les transfuges l'avaient entièrement détruit. Dès que ceux-ci virent le mur battu par les béliers (55) et leurs affaires désespérées, ils transportèrent au palais du roi l'or, l'argent et toutes les choses précieuses. Là, gorgés de vin et de nourriture, ils livrèrent aux flammes et ces richesses, et le palais, et leurs personnes. Ainsi, le châtiment qu'ils redoutaient de l'ennemi, ils se l'infligèrent eux-mêmes volontairement.

LXXVII. Au moment de la prise de Thala, des députés de la ville de Leptis étaient venus trouver Métellus, le priant de leur donner une garnison et un gouverneur. Un certain Hamilcar, disaient-ils, homme noble, turbulent, aspirait à bouleverser l'état et bravait l'autorité des magistrats et des lois. Sans un prompt secours, le salut d'une ville alliée des Romains était menacé des plus grands dangers. Les habitants de Leptis, dès le commencement de la guerre, avaient député vers Bestia et ensuite à Rome pour demander notre amitié et notre alliance; et depuis qu'ils les avaient obtenues, ils étaient restés pour nous des alliés utiles et fidèles. Tous les ordres de Bestia, d'Albinus et de Métellus, ils les avaient exécutés avec empressement. Aussi le général romain leur accorda facilement ce qu'ils demandaient; il leur donna quatre cohortes de Liguriens et C. Annius pour gouverneur.

LXXVIII. La ville de Leptis fut bâtie par des Sidoniens qui, fuyant, dit-on, des discordes civiles, vinrent par mer dans ces contrées. Elle est située entre les deux Syrtes (54) qui tirent leur nom de la chose même, car ce sont deux golfes placés presque à l'extrémité de l'Afrique, de grandeur inégale, mais de nature pareille. Tout près du rivage, la mer est très-profonde; partout ailleurs, le fond varie au gré du hasard : tantôt la mer est fort haute, tantôt ce n'est qu'un bas-fond. Dès que les vagues viennent à s'enfler, soulevés avec violence par les vents, les flots entraînent du limon, des sables et d'énormes rochers. Ainsi, l'aspect des lieux change avec les vents. La langue des habitants de Leptis a été seule altérée par leur mélange avec les Numides; du reste, ils ont conservé les lois et presque tous les usages des Sidoniens, et cela d'autant plus facilement qu'ils vivaient fort éloignés de la résidence du souverain. Leptis et la partie peuplée de la Numidie étaient séparées par de vastes déserts inhabités.

LXXIX. Mais, puisque les affaires de Leptis m'ont

---

fugit. Neque postea in ullo loco amplius una die aut una nocte moratus, simulabat sese negotii gratia properare; ceterum proditionem timebat, quam vitare posse celeritate putabat : nam talia consilia per otium et ex opportunitate capi. At Metellus ubi oppidanos prælio intentos, simul oppidum et operibus et loco munitum vidit, vallo fossaque mœnia circumvenit. Deinde locis ex copia maxume idoneis vineas agere, aggerem jacere, et super aggerem impositis turribus, opus et administros tutari. Contra hæc oppidani festinare, parare : prorsus ab utrisque nihil reliquum fieri : Denique Romani, multo ante labore prœliisque fatigati, post dies quadraginta, quam eo ventum erat, oppido modo potiti : præda omnis a perfugis corrupta. Ii postquam murum arietibus feriri, resque suas afflictas vident, aurum atque argentum, et alia, quæ prima ducuntur, domum regiam comportant : ibi vino et epulis onerati, illaque, et domum, et semet igni corrumpunt; et quas victi ab hostibus pœnas metuerant, eas ipsi volentes pependere.

LXXVII. Sed pariter cum capta Thala legati ex oppido Lepti ad Metellum venerant, orantes, uti præsidium præfectumque eo mitteret : Hamilcarem quemdam, hominem nobilem, factiosum, novis rebus studere, advorsum quem neque imperia magistratuum, neque leges valerent : ni id festinaret, in summo periculo suam salutem, illorum socios fore. Nam Leptitani jam inde a principio belli Jugurthini ad Bestiam consulem, et postea Romam miserant, amicitiam societatemque rogatum; deinde, ubi ea impetrata, semper boni fidelesque mansere; et cuncta a Bestia, Albino Metelloque imperata navi fecerant. Itaque ab imperatore facile, quæ petebant, adepti : emissæ eo cohortes Ligurum quatuor, et C. Annius præfectus.

LXXVIII. Id oppidum ab Sidoniis conditum, quos accepimus, profugos ob discordias civiles, navibus in eos locos venisse : ceterum situm inter duas Syrtes, quibus nomen ex re inditum. Nam duo sunt sinus prope in extrema Africa, impares magnitudine, pari natura : quorum proxuma terræ præalta sunt; cætera, uti fors tulit, alta; alia in tempestate, vadosa. Nam ubi mare magnum esse, et sævire ventis cœpit, limum arenamque et saxa ingentia fluctus trahunt : ita facies locorum cum ventis simul mutatur.

Ejus civitatis lingua modo conversa connubio Numidarum; leges cultusque pleraque sidonica : quæ eo faci-

conduit dans ces contrées, il ne me paraît pas hors de propos de rapporter un trait admirable d'héroïsme de deux Carthaginois. Dans le temps que les Carthaginois régnaient sur la plus grande partie de l'Afrique, les Cyrénéens n'étaient ni moins riches ni moins puissants. Entre les deux états s'étendait une plaine sablonneuse, tout unie, sans fleuve ni montagne qui marquât leurs limites : ce fut pour eux le motif d'une guerre longue et sanglante. Après que de part et d'autre des flottes et des armées eurent été souvent dispersées et détruites, que les peuples se furent mutuellement affaiblis, ils craignirent qu'un troisième n'attaquât bientôt les vaincus et les vainqueurs également épuisés. Ils firent donc une trêve et convinrent qu'à un jour marqué des députés partiraient de chaque ville, et que l'endroit où ils se rencontreraient serait la limite commune des deux états. Carthage envoya deux frères nommés Philènes, qui firent la plus grande diligence. Les Cyrénéens allèrent plus lentement. Ce retard fut-il dû à leur négligence ou au hasard? je ne pourrais le dire; mais il arrive souvent dans ces parages que les voyageurs sont arrêtés par la tempête comme en pleine mer (55). Lorsque, dans ces plaines uniformes et dépouillées de végétaux, le vent souffle avec violence, les tourbillons de sable qu'il soulève remplissent la bouche et les yeux des voyageurs et, les empêchant ainsi de voir devant eux, arrêtent leur marche. Les Cyrénéens, se voyant fort devancés et craignant à leur retour d'être punis du tort fait à leur ville, accusent les Carthaginois d'être partis de chez eux avant le temps prescrit, et soutiennent que la convention est nulle, résolus à tout plutôt que de s'en retourner vaincus. Les Carthaginois consentent à de nouvelles conditions, pourvu qu'elles soient égales. Alors, les Grecs laissent aux Carthaginois le choix d'être enterrés vifs à l'endroit dont ils voulaient faire la limite de leur ville, ou de les laisser, aux mêmes conditions, s'avancer jusqu'où ils voudraient. Les Philènes acceptent la proposition, et sacrifient à leur patrie leur personne et leur vie : ils sont enterrés vifs. Les Carthaginois élevèrent dans ce lieu des autels (56) aux frères Philènes, et d'autres honneurs furent institués pour eux à Carthage. Maintenant, je reviens à mon sujet.

LXXX. Jugurtha, après la perte de Thala, pensant que rien ne pouvait résister à Métellus, traverse de vastes déserts, suivi de peu de gens, et arrive chez les Gétules, peuple sauvage et grossier qui ne connaissait pas le nom romain. Il réunit en corps d'armée toute cette multitude, et, peu à peu, il l'habitue à garder les rangs, à suivre les drapeaux, à obéir au commandement, enfin à exécuter les autres manœuvres de la guerre. En outre, par de grands présents et de plus grandes promesses, il attire dans ses intérêts les conseillers intimes de Bocchus; il se sert de leur influence pour attaquer le monarque lui-même et le déterminer à faire la guerre aux Romains. Bocchus se laissa d'autant plus facilement entraîner que, dès le commencement de cette guerre, il avait envoyé des ambassadeurs à Rome pour solliciter un traité

lius retinebant, quod procul ab imperio regis ætatem agebant. Inter illos et frequentem Numidiam multi vastique loci erant.

LXXIX. Sed quoniam in has regiones per Leptitanorum negotia venimus ; non indignum videtur, egregium atque mirabile facinus duorum Carthaginiensium memorare : eam rem locus admonuit. Qua tempestate Carthaginienses pleræque Africæ imperitabant, Cyrenenses quoque magni atque opulenti fuere. Ager in medio arenosus, una specie : neque flumen, neque mons erat, qui fines eorum discerneret ; quæ res eos in magno diuturnoque bello inter se habuit. Postquam utrimque legiones, item classes, sæpe fusæ fugatæque, et alteri alteros aliquantum attriverant ; veriti, ne mox victos victoresque defessos alius aggrederetur, per inducias sponsionem faciunt, uti certo die legati domo proficiscerentur : quo in loco inter se obvii fuissent, is communis utriusque populi finis haberetur. Igitur Carthagine duo fratres missi, quibus nomen Philænis erat, maturavere iter pergere : Cyrenenses tardius iere. Id secordiane an casu acciderit, parum cognovi : ceterum solet in illis locis tempestas haud secus atque in mari retinere. Nam ubi per loca æqualia et nuda gignentium ventus coortus arenam humo excitavit ; ea magna vi agitata, ora oculosque implere solet : ita prospectu impedito, morari iter. Postquam Cyrenenses aliquanto posteriores se vident, et ob rem corruptam domi pœnas metuunt ; criminari Carthaginienses ante tempus domo digressos ; conturbare rem ; denique omnia malle quam victi abire. Sed quum Pœni aliam conditionem, tantummodo æquam, peterent ; Græci optionem Carthaginiensium faciunt, vel illi, quos fines populo suo peterent, ibi vivi obruerentur ; vel eadem conditione sese, quem in locum vellent, processuros. Philæni, conditione probata, seque vitamque reipublicæ condonavere : ita vivi obruti. Carthaginienses in eo loco Philænis fratribus aras consecravere : aliique illis domi honores instituti. Nunc ad rem redeo.

LXXX. Jugurtha postquam, amissa Thala, nihil satis firmum contra Metellum putat, per magnas solitudines cum paucis profectus, pervenit ad Gætulos, genus hominum ferum incultumque, et eo tempore ignarum nominis romani. Eorum multitudinem in unum cogit : ac paullatim consuefacit ordines habere, signa sequi, imperium observare, item alia militaria facere. Præterea regis Bocchi proximos magnis muneribus, et majoribus promissis, ad studium sui perducit : quis adjutoribus regem aggressus impellit, uti adversum Romanos bellum suscipiat. Id ea gratia facilius proniusque fuit, quod Bocchus initio hujusce belli legatos Romam miserat, fœdus et amicitiam petitum : quam rem, opportunissimam incepto

d'alliance. Cette demande, si avantageuse pour nous au début d'une guerre, fut rejetée par les intrigues de quelques hommes qui, dans leur aveugle cupidité, trafiquaient également de l'honneur et de la honte. Il faut ajouter que Jugurtha avait épousé une fille de Bocchus ; mais ces sortes de liens sont très-légers chez les Numides et chez les Maures ; chacun, selon ses moyens, prend plusieurs femmes, les uns dix, les autres davantage, les rois encore plus. L'affection de l'époux se trouvant ainsi partagée entre un grand nombre de femmes, aucune d'elles n'est regardée comme sa compagne, et toutes lui sont également indifférentes.

LXXXI. Les deux rois avec leur armée se rendirent dans un lieu convenu. Là, après qu'ils se furent mutuellement donné leur foi, Jugurtha enflamme par ses discours le cœur de Bocchus. Les Romains, lui dit-il, sont injustes, d'une avarice insatiable, les ennemis communs de toutes les nations. Ils ont pour faire la guerre à Bocchus le même motif que pour la faire à lui-même et aux autres peuples, cette passion de dominer à qui toute autre puissance fait obstacle. C'est lui maintenant qui les gêne ; naguère c'étaient les Carthaginois, puis le roi Persée ; quiconque paraît puissant devient l'ennemi des Romains. Après ces paroles et d'autres semblables, les deux rois se dirigent vers la ville de Cirta, où Métellus avait déposé le butin, les prisonniers et les bagages. Jugurtha voulait faire une conquête importante en prenant la ville, ou engager un combat si les Romains venaient la secourir. Le rusé Numide n'avait rien de plus pressé que de constituer Bocchus en état d'hostilité pour ne pas lui laisser le temps de choisir d'autre parti que la guerre.

LXXXII. Dès que le général romain eut appris la jonction des deux rois, il ne se hasarde plus à livrer bataille indifféremment et en tous lieux, comme il avait coutume de faire avec Jugurtha tant de fois vaincu. Il fortifie son camp non loin de Cirta, et y attend ses adversaires, voulant connaître les Maures, ses nouveaux ennemis, pour les combattre avec plus d'avantages. Pendant ce temps, des lettres de Rome lui apprirent que la province de Numidie était donnée à Marius, dont il connaissait déjà l'élévation au consulat. Affecté de cette nouvelle plus qu'il ne convenait à sa dignité, il ne sut ni retenir ses larmes ni modérer sa langue. Cet homme, si remarquable d'ailleurs par ses qualités, se montra trop sensible à cette mortification. Les uns imputaient sa conduite à l'orgueil, les autres au ressentiment d'une âme honnête outragée, la plupart au dépit de se voir arracher des mains une victoire déjà remportée. Pour moi, je sais que l'élévation de Marius le blessa plus douloureusement que sa propre injure, et qu'il n'eût pas éprouvé un chagrin aussi vif si la province qu'on lui enlevait eût été donnée à tout autre qu'à Marius.

LXXXIII. Réduit à l'inaction par sa douleur, et regardant comme une folie de continuer à ses risques et périls une guerre qui lui devenait étrangère, le consul envoya des députés à Bocchus pour lui représenter qu'il ne devait pas se faire sans motif l'ennemi du peuple romain, qu'il avait une belle occasion d'obtenir son alliance et son amitié,

---

bello, pauci impediverant, cæci avaritia, quis omnia honesta atque inhonesta vendere mos erat. Etiam antea Jugurthæ filia Bocchi nupserat. Verum ea necessitudo apud Numidas Maurosque levis ducitur ; quod singuli, pro opibus quisque, quam plurimas uxores, denas alii, alii plures habent, sed reges eo amplius : ita animus multitudine distrahitur : nulla pro socia obtinet ; pariter omnes viles sunt.

LXXXI. Igitur in locum ambobus placitum exercitus conveniunt. Ibi, fide data et accepta, Jugurtha Bocchi animum oratione accendit : Romanos injustos, profunda avaritia, communes omnium hostes esse : eadem illos caussam belli cum Boccho habere, quam secum et cum aliis gentibus, lubidinem imperitandi, quis omnia regna adversa sint : tum sese, paullo ante Carthaginienses, item regem Persen, post, uti quisque opulentissimus videatur, ita Romanis hostem fore. His atque aliis talibus dictis ad Cirtam oppidum iter constituunt ; quod ibi Metellus prædam captivosque et impedimenta locaverat : ita Jugurtha ratus, aut, capta urbe, operæ pretium fore ; aut si Romanus auxilio suis venisset, prælio sese certaturos. Nam callidus id modo festinabat, Bocchi pacem imminuere, ne moras agitando aliud, quam bellum, mallet.

LXXXII. Imperator, postquam de regum societate cognovit, non temere neque, uti sæpe jam victo Jugurtha consueverat, omnibus locis pugnandi copiam facit. Ceterum haud procul ab Cirta, castris munitis, reges opperitur ; melius ratus, cognitis Mauris, quoniam is novus hostis accesserat, ex commodo pugnam facere. Interim Roma per literas certior fit, provinciam Numidiam Mario datam ; nam consulem factum jam antea acceperat. Quis rebus supra bonum atque honestum perculsus, neque lacrumas tenere, neque moderari linguam : vir egregius in aliis artibus, nimis molliter ægritudinem pati. Quam rem alii in superbiam vortebant ; alii bonum ingenium contumelia accensum esse ; multi, quod jam parta victoria ex manibus eriperetur : nobis satis cognitum, illum magis honore Marii, quam injuria sua excruciatum, neque tam anxie laturum fuisse, si adempta provincia alii, quam Mario, traderetur.

LXXXIII. Igitur eo dolore impeditus, et quia stultitiæ videbatur alienam rem periculo suo curare, legatos ad Bocchum mittit, postulatum ne sine caussa hostis populo romano fieret : habere eum magnam copiam societatis amicitiæque conjungendæ, quæ potior bello esset : quamquam opibus confideret, non debere incerta pro certis mutare : omne bellum sumi facile, ceterum ægerrume desinere : non in ejusdem potestate initium ejus et finem

bien préférables à la guerre; que, malgré toute sa confiance en ses ressources, il ne devait pas sacrifier le certain à l'incertain; qu'il était facile d'entreprendre une guerre, malaisé de la terminer, que celui qui la commençait n'avait pas toujours le pouvoir de la finir; qu'il était permis, même au lâche, de prendre les armes, mais qu'on ne les déposait qu'au gré du vainqueur; qu'il devait consulter son intérêt et celui de son royaume, et ne pas associer sa fortune florissante aux affaires désespérées de Jugurtha. Bocchus fit une réponse assez modérée. Il dit qu'il désirait la paix, mais qu'il avait pitié des malheurs de Jugurtha; que si l'on voulait accorder à ce prince la même faveur tout serait bientôt convenu. Sur cette réponse, le général romain fit porter à Bocchus, par ses députés, diverses propositions. Celui-ci agréa les unes et rejeta les autres. Ainsi, au milieu de ces députations successives, le temps s'écoula, et, comme le voulait Métellus, la guerre resta suspendue.

LXXXIV. Cependant Marius, élevé au consulat, comme je l'ai dit, par les vœux ardents du peuple, en avait aussi obtenu la province de Numidie. Cet homme, de tout temps ennemi des nobles, donna alors un libre cours à son animosité, ne laissant échapper aucune occasion de les attaquer, soit en corps, soit individuellement. Il répétait sans cesse que son consulat était une dépouille conquise sur des vaincus; tous ses discours étaient pleins de bonne opinion pour lui-même et de mépris pour eux. Toutefois, son premier soin fut de pourvoir aux besoins de la guerre. Il sollicite un supplément aux légions, demande des auxiliaires aux rois et aux peuples alliés; il attire en outre auprès de lui les plus braves soldats du Latium, la plupart connus par leurs services, les autres de réputation. Ses intrigues forcèrent même les vétérans à partir avec lui. Le sénat, quoique malintentionné pour Marius, n'osait rien lui refuser; il avait même décrété avec joie le supplément des légions, dans la pensée que la répugnance du peuple pour le service militaire ferait perdre à Marius cette ressource ou l'affection de la multitude; mais cette attente fut déçue, tant était vif et général le désir de suivre Marius. Chacun se flattait de revenir dans ses foyers vainqueur, enrichi par le butin, et se repaissait d'espérances de ce genre. Une harangue de Marius n'avait pas peu contribué à exalter les esprits; car, lorsqu'il eut obtenu les décrets qu'il avait sollicités, au moment de procéder à l'enrôlement des soldats, voulant tout à la fois les exhorter et mortifier les nobles selon son habitude, il convoqua le peuple et parla en ces termes:

LXXXV. « Je sais, Romains, que la plupart des magistrats ne tiennent pas la même conduite quand ils sollicitent le pouvoir et quand ils l'exercent après l'avoir obtenu : d'abord actifs, souples, modérés, puis vivant dans la mollesse et l'orgueil. Telle n'est pas ma façon de penser; car, autant la république entière est au-dessus du consulat et de la préture, autant il faut mettre plus de soins à la bien gouverner qu'à briguer ces honneurs. Je ne me dissimule pas combien l'éclatante faveur dont vous m'avez honoré m'impose d'obligations. Pourvoir aux préparatifs de la guerre et ménager à la fois le trésor public, contraindre au service des citoyens à qui on ne voudrait pas déplaire, veiller à tout au dedans et au dehors, malgré l'envie, les intrigues et les factions, c'est là, Romains,

---

esse : incipere cuivis, etiam ignavo, licere, deponi quum victores velint. Proinde sibi regnoque consuleret, neu florentes res suas cum Jugurthæ perditis misceret. Ad ea rex satis placide verba facit : sese pacem cupere, sed Jugurthæ fortunarum misereri; si eadem illi copia fieret, omnia conventura. Rursus imperator contra postulata Bocchi nuncios mittit. Ille probare partim, alia abnuere. Eo modo sæpe ab utroque missis remissisque nunciis tempus procedere, et, ex Metelli voluntate, bellum intactum trahi.

LXXXIV. At Marius, ut supra diximus, cupientissuma plebe consul factus, postquam ei provinciam Numidiam populus jussit, antea jam infestus nobilitati, tum vero multus atque ferox instare : singulos modo, modo universos lædere : dictitare, sese consulatum ex victis illis spolia cepisse, alia præterea magnifica pro se, et illis dolentia. Interim, quæ bello opus erant, prima habere : postulare legionibus supplementum, auxilia a populis et regibus sociisque arcessere : præterea ex Latio fortissumum quemque, plerosque militiæ, paucos fama cognitos, accire, et ambiendo cogere homines emeritis stipendiis secum proficisci. Neque illi senatus, quamquam adversus erat, de ullo negotio abnuere audebat : ceterum supplementum, etiam lætus, decreverat, quia, neque plebi militia volenti putabatur, et Marius aut belli usum, aut studia volgi amissurus. Sed ea res frustra sperata : tanta lubido cum Mario eundi plerosque invaserat. Sese quisque prædâ locupletem, victorem domum rediturum, alia hujuscemodi, animis trahebant : et eos non paullum oratione suâ Marius arrexerat. Nam postquam, omnibus, quæ postulaverat, decretis, milites scribere volt; hortandi caussa, simul et nobilitatem, uti consueverat, exagitandi, concionem populi advocavit, deinde hoc modo disseruit :

LXXXV. « Scio ego, Quirites, plerosque non iisdem artibus imperium a vobis petere, et, postquam adepti sunt, gerere : primo industrios, supplices, modicos esse, dehinc per ignaviam et superbiam ætatem agere. Sed mihi contra ea videtur : nam quo universa respublica pluris est, quam consulatus aut prætura, eo majore cura illam administrari, quam hæc peti, debere. Neque me fallit, quantum, cum maxumo beneficio vestro, negotii sustineam. Bellum parare simul et ærario parcere, cogere ad militiam, quos nolis offendere, domi forisque omnia curare, et ea agere inter invidos, occursantes, factiosos, opinione, Quirites, asperius est. Ad hoc, alii si deliquere, vetus nobi-

une tâche plus rude qu'on ne pense. Les autres, du moins, s'ils ont failli, trouvent une protection dans leur ancienne noblesse, dans les grandes actions de leurs ancêtres, dans le crédit de leurs proches et de leurs alliés, dans le nombre de leurs clients : pour moi, toutes mes espérances sont en moi-même, et il faut que je les soutienne par mon courage et mon intégrité ; car, auprès de ceux-là, tous les autres appuis sont bien faibles. Je le vois, Romains, tous les regards sont fixés sur moi ; les citoyens honnêtes et justes me favorisent, parce que mes services sont utiles à l'état. La noblesse n'attend que le moment de l'attaquer ; aussi, dois-je redoubler d'efforts pour déjouer ses projets et empêcher que vous ne soyez opprimés. Depuis mon enfance jusqu'à ce jour, j'ai préparé ma vie aux dangers et aux fatigues ; ma conduite avant vos bienfaits, quand j'étais sans espoir de récompense, je ne m'en départirai pas aujourd'hui que je l'ai reçue. La modération dans le pouvoir est difficile à ceux qui, pour y parvenir, ont fait semblant d'être probes ; pour moi, qui ai passé ma vie dans l'exercice des vertus, l'habitude de bien faire m'est devenue naturelle.

» Vous m'avez ordonné de faire la guerre à Jugurtha ; la noblesse s'est indignée de votre choix. Réfléchissez à loisir, je vous prie, s'il ne vaudrait pas mieux changer votre décision, et, dans cette foule de nobles, choisir pour cette expédition, ou toute autre, un homme de vieille race, comptant beaucoup d'aïeux et pas une seule campagne, afin sans doute que, dans une mission si importante, plein d'ignorance, de trouble et de précipitation, il prenne quelque homme du peuple qui lui enseigne ses devoirs. Il arrive souvent en effet que celui que vous avez chargé du commandement cherche un autre homme qui lui commande. J'en connais, Romains, qui, après être parvenus au consulat, ont commencé à lire les actions des ancêtres et les préceptes des Grecs sur l'art militaire ; hommes qui font tout à contre-sens, car de ces deux choses, exercer et obtenir le consulat, si l'exercice est la dernière dans l'ordre des temps, c'est la première par l'importance et les résultats. Maintenant, Romains, comparez à ces superbes nobles Marius, homme nouveau. Ce qu'ils ont lu ou entendu dire, je l'ai vu ou je l'ai fait ; ce qu'ils ont appris dans les livres, je l'ai appris dans les camps. Voyez maintenant ce qui vaut mieux des actions ou des paroles. Ils méprisent ma naissance, et moi je méprise leur lâcheté. On peut m'objecter, à moi, le tort de la fortune ; à eux, l'on objectera leur déshonneur. A mon avis, la nature fait tous les hommes égaux, et c'est le plus courageux qui est le plus noble. Si l'on pouvait demander aux aïeux d'Albinus ou de Bestia de qui, d'eux ou de moi, ils aimeraient mieux être les pères, croyez-vous qu'ils répondissent autre chose, sinon qu'ils voudraient avoir pour fils les plus vertueux ? S'ils ont le droit de me mépriser, qu'ils méprisent donc aussi leurs ancêtres, dont la noblesse doit, comme la mienne, son origine à la vertu. Ils sont jaloux de mon élévation, qu'ils le soient donc aussi de mes fatigues, de mon intégrité, de mes périls, qui me l'ont acquise. Mais ces hommes, gâtés par l'orgueil, vivent comme s'ils méprisaient vos hon-

---

litas, majorum facta fortia, cognatorum et affinium opes, multæ clientelæ, omnia hæc præsidio adsunt : mihi spes omnes in memet sitæ, quas necesse est et virtute, et innocentia tutari : nam alia infirma sunt. Et illud intellego, Quirites, omnium ora in me conversa esse : æquos bonosque favere (quippe benefacta mea reipublicæ procedunt), nobilitatem locum invadendi quærere : quo mihi acrius adnitendum est, ut neque vos capiamini, et illi frustra sint. Ita ad hoc ætatis a pueritia fui, ut omnes labores, pericula consueta habeam. Quæ ante vestra beneficia gratuito faciebam, ea uti, accepta mercede, deseram, non est consilium, Quirites. Illis difficile est in potestatibus temperare, qui per ambitionem sese probos simulavere : mihi, qui omnem ætatem in optumis artibus egi, bene facere jam ex consuetudine in naturam vertit. Bellum me gerere cum Jugurtha jussistis, quam rem nobilitas ægerrume tulit. Quæso, reputate cum animis vestris, num id mutare melius sit, si quem ex illo globo nobilitatis ad hoc, aut aliud tale negotium mittatis, hominem veteris prosapiæ ac multarum imaginum, et nullus stipendii : scilicet ut in tanta re, ignarus omnium, trepidet, festinet, sumat aliquem ex populo monitorem officii. Ita plerumque evenit, ut quem vos imperare jussistis, is sibi imperatorem alium quærat. Atque ego scio, Quirites, qui, postquam consules facti sunt, acta majorum et Græcorum militaria præcepta legere cœperint, homines præposteri ; nam gerere, quam fieri, tempore posterius, re atque usu prius est. Comparate nunc, Quirites, cum illorum superbia me hominem novum. Quæ illi audire et legere solent, eorum partem vidi, alia egomet gessi ; quæ illi literis, ego militando didici : nunc vos existumate, facta, an dicta pluris sint. Contemnunt novitatem meam, ego illorum ignaviam : mihi fortuna, illis probra objectantur. Quamquam ego naturam unam et communem omnium existumo, sed fortissumum quemque generosissumum. Ac si jam ex patribus Albini aut Bestiæ quæri posset, mene, an illos ex se gigni maluerint, quid responsuros creditis, nisi, sese liberos quam optumos voluisse ? Quod si jure me despiciunt, faciant idem majoribus suis, quibus, uti mihi, ex virtute nobilitas cœpit. Invident honori meo : ergo invideant et labori, innocentiæ, periculis etiam meis ; quoniam per hæc illum cepi. Verum homines corrupti superbia ita ætatem agunt, quasi vestros honores contemnant ; ita hos petunt, quasi honeste vixerint. Næ illi falsi sunt, qui divorsissumas res pariter expectant, ignaviæ voluptatem et præmia virtutis. Atque etiam, quum apud vos, aut in senatu verba faciunt, pleraque oratione majores suos extollunt ; eorum fortia facta memorando

neurs, et il les demandent comme s'ils avaient bien vécu. Certes, ils s'abusent d'une étrange manière en voulant réunir en eux deux choses incompatibles, les plaisirs de la mollesse et les récompenses de la vertu.

» Cependant, lorsqu'ils parlent devant vous ou dans le sénat, tous leurs discours sont pleins d'éloges de leurs ancêtres; ils croient se rendre plus illustres en rappelant les belles actions de ces grands hommes; mais c'est tout le contraire; car, plus la vie des uns a eu d'éclat, plus la lâcheté des autres est dégradante. La gloire des aïeux est comme un flambeau qui jette sa lumière sur les vertus et sur les vices de leurs descendants. Pour moi, Romains, je n'ai pas cet avantage; mais ce qui est plus glorieux, il m'est permis de parler de mes propres actions. Voyez cependant leur injustice; ce qu'ils s'arrogent pour une vertu qui n'est pas la leur, ils ne me l'accordent pas pour la mienne: sans doute parce que je n'ai pas d'images et que ma noblesse est nouvelle; mais j'aime mieux l'avoir fondée que de déshonorer celle qui m'aurait été transmise. Je sais bien que, s'ils veulent me répondre, ils sauront trouver facilement des phrases éloquentes et arrangées avec art; mais, comme, depuis que vous m'avez élevé à une si haute dignité, ils nous déchirent en tous lieux, vous et moi, de leurs invectives, je n'ai pas cru devoir me taire, de peur qu'on ne prît mon silence pour un aveu. Ce n'est pas qu'à mon avis des discours puissent me nuire; car s'ils sont vrais, ils doivent faire mon éloge; s'ils sont faux, ma vie et mon caractère les démentent. Mais puisqu'ils accusent la résolution qui m'a déféré une haute dignité et une mission importante, réfléchissez encore si vous devez vous repentir de votre choix. Je ne peux pas, pour le justifier, étaler les images, les triomphes ou les consulats de mes ancêtres, mais, s'il faut, des piques, un étendard, des colliers, d'autres récompenses militaires, et des cicatrices sur ma poitrine. Voilà mes images, voilà ma noblesse, laquelle ne m'a pas été, comme la leur, transmise par héritage, mais que j'ai gagnée à force de périls et de travaux. Mes discours sont sans apprêt, et je m'en inquiète peu : la vertu se montre assez par elle-même; c'est à eux que l'art des paroles est nécessaire pour couvrir la honte de leurs actions. Je n'ai point étudié la littérature grecque, et me souciais peu de l'apprendre, ne voyant pas qu'elle eût rendu plus vertueux ceux qui l'enseignaient; mais j'ai appris des choses beaucoup plus utiles à l'état : j'ai appris à frapper l'ennemi, à garder un poste, à ne rien craindre que le déshonneur, à supporter également le froid et le chaud, à coucher sur la terre, à souffrir en même temps les privations et les fatigues. Voilà par quelles leçons j'exhorterai mes soldats. Je ne les ferai pas vivre dans la gêne et moi dans l'abondance, et je n'achèterai pas ma gloire au prix de leurs travaux. C'est là le seul commandement utile, le seul qu'on doive exercer envers des citoyens; car vivre soi-même dans la mollesse et contraindre les soldats au devoir par les châtiments c'est agir en tyran, et non pas en bon général. C'est par la pratique de ces maximes que vos ancêtres ont illustré et leur nom et la république. La noblesse, s'autorisant de ces grands hommes, auxquels elle ressemble si peu, nous mé-

---

clariores sese putant : quod contra est. Nam quanto vita illorum præclarior, tanto horum secordia flagitiosior. Et profecto ita se res habet : majorum gloria posteris quasi lumen est : neque bona, neque mala in occulto patitur. Hujusce rei ego inopiam patior, Quirites; verum id, quod multo præclarius est, meamet facta mihi dicere licet. Nunc videte, quam iniqui sint: quod ex aliena virtute sibi arrogant, id mihi ex mea non concedunt : scilicet, quia imagines non habeo, et quia mihi nova nobilitas est; quam certe peperisse melius est, quam acceptam corrupisse. Equidem ego non ignoro, si jam respondere velint, abunde illis facundam et compositam orationem fore. Sed in maxumo vestro beneficio, quum omnibus locis me vosque maledictis lacerent, non placuit reticere; ne quis modestiam in conscientiam duceret. Nam me quidem, ex animi sententia, nulla oratio lædere potest : quippe vera necesse est bene prædicet; falsam vita moresque mei superant. Sed quoniam vestra consilia accusantur, qui mihi summum honorem, et maxumum negotium imposuistis; etiam atque etiam reputate, num id pœnitendum sit. Non possum, fidei caussa, imagines, neque triumphos, aut consulatus majorum meorum, ostentare; at, si res postulet, hastas (57), vexillum, phaleras, alia militaria dona; præterea cicatrices adverso corpore. Hæ sunt meæ imagines, hæc nobilitas, non hereditate relicta ut illa illis; sed quæ ego plurimis laboribus et periculis quæsivi. Non sunt composita verba mea; parum id facio; ipsa se virtus satis ostendit : illis artificio opus est, uti turpia facta oratione tegant. Neque literas græcas didici; parum placebat eas discere; quippe quæ ad virtutem doctoribus nihil profuerunt. At illa multo optuma reipublicæ doctus sum : hostem ferire, præsidia agitare, nihil metuere nisi turpem famam; hiemem et æstatem juxta pati; humi requiescere; eodem tempore inopiam et laborem tolerare. His ego præceptis milites hortabor : neque illos arte colam, me opulenter; neque gloriam meam laborem illorum faciam. Hoc est utile, hoc civile imperium. Namque quum tute per mollitiem agas, exercitum supplicio cogere, id est dominum, non imperatorem esse. Hæc atque talia majores vestri faciundo, seque remque publicam celebravere. Quis nobilitas freta, ipsa dissimilis moribus, nos illorum æmulos contemnit; et omnes honores, non ex merito, sed quasi debitos, a vobis repetit. Ceterum homines superbissumi procul errant. Majores eorum omnia, quæ licebat, illis reliquere, divitias, imagines, memoriam sui præclaram. Virtutem non reliquere;

prise, nous qui sommes ses émules. Elle réclame de vous tous les honneurs, non pas comme une récompense dont il faut se rendre digne, mais comme une dette. En vérité, ces hommes si orgueilleux s'abusent étrangement. Ils ont reçu de leurs ancêtres tout ce que ceux-ci pouvaient leur transmettre, des richesses, des images, un souvenir glorieux de leur nom; ils n'ont pas reçu la vertu, qu'on ne peut laisser par héritage, et qui ne se donne ni ne se reçoit. Ils m'accusent d'avarice et de grossièreté, parce que je ne sais pas ordonner les apprêts d'un festin, que je n'ai pas d'histrion et que je ne paie pas un cuisinier plus cher qu'un valet de ferme. Je me fais gloire de cet aveu; car, mon père et d'autres citoyens vertueux m'ont appris que ces délicatesses conviennent aux femmes, et le travail aux hommes; qu'il faut au brave plus de gloire que de richesses, et que ses armes le parent mieux que ses ameublements. Eh bien donc, qu'ils mènent la vie qui leur plaît et qu'ils prisent si fort : qu'ils fassent l'amour, qu'ils boivent, qu'ils passent leur vieillesse où ils ont passé leur adolescence, dans les festins, esclaves de leurs sens et livrés aux plus sales passions. Qu'ils nous laissent à nous la sueur, la poussière et toutes les fatigues, plus agréables pour nous que leurs délices. Mais il n'en est pas ainsi; car, lorsque ces hommes avilis se sont déshonorés par tous les excès, ils viennent ravir les récompenses de la vertu. C'est ainsi que, par une injustice odieuse, la débauche et la lâcheté, les pires de tous les vices, sans nuire à ceux qui s'y livrent, sont un fléau pour la république qui en est innocente.

» Maintenant que je leur ai répondu comme il convenait à mon caractère et non pas à leurs règlements, je dirai quelques mots des affaires de l'état. D'abord, Romains, ayez bonne opinion de la guerre de Numidie. Vous avez écarté ce qui, jusqu'à ce jour, a fait la force de Jugurtha, l'avarice, l'ignorance, l'orgueil. D'ailleurs il y a là une armée qui connaît le pays, qui a été plus brave qu'heureuse, et dont une grande partie a péri par la cupidité ou la témérité des chefs. Vous donc, qui êtes en âge de porter les armes, unissez vos efforts aux miens et prenez la défense de la république. Que les malheurs des autres et l'arrogance des généraux ne vous effraient plus. Moi-même, dans les marches, au milieu des combats, je serai avec vous votre guide et le compagnon de vos dangers : entre vous et moi, il n'y aura nulle distinction. Sans doute, grâces à la protection des dieux, tout est arrivé à point, la victoire, le butin, la gloire; mais quand même ces avantages seraient douteux ou éloignés, tous les gens de bien devraient encore prêter leur appui à la république. La lâcheté n'a jamais rendu personne immortel; jamais un père n'a désiré pour ses fils une vie éternelle, mais une vie pure et sans tache. J'en dirais davantage, Romains, si des paroles pouvaient donner du courage aux lâches; mais pour des hommes braves, je crois en avoir dit assez. »

LXXXVI. Après cette harangue, Marius, voyant l'ardeur dont le peuple était animé, embarque promptement les vivres, la solde, les armes, tout ce qui est nécessaire. Avec ce convoi, il fait partir son lieutenant A. Manlius. Pour lui, il enrôle les soldats, non pas dans l'ordre des classes (58), selon les anciens usages, mais comme ils se présentaient, et parmi les prolétaires la plupart. Les uns disent

---

neque poterant : ea sola neque datur dono, neque accipitur. Sordidum me et incultis moribus aiunt; quia parum scite convivium exorno, neque histrionem ullum, neque pluris pretii coquum, quam villicum, habeo : quæ mihi lubet confiteri. Nam a parente meo, et ex aliis sanctis ita viris accepi, munditias mulieribus, viris laborem convenire; omnibusque bonis oportere plus gloriæ, quam divitiarum; arma, non suppellectilem, decori esse. Quin ergo, quod juvat, quod carum æstumant, id semper faciant : ament, potent : ubi adolescentiam habuere, ibi senectutem agant, in conviviis, dediti ventri et turpissumæ parti corporis : sudorem, pulverem, et alia talia relinquant nobis, quibus illa epulis jucundiora sunt. Verum non est ita : nam ubi se omnibus flagitiis dedecoravere turpissumi viri, bonorum præmia ereptum eunt. Ita injustissume luxuria et ignavia, pessumæ artes, illis, qui coluere eas, nihil officiunt; reipublicæ innoxiæ cladi sunt. Nunc quoniam illis, quantum mores mei, non illorum flagitia, poscebant, respondi; pauca de republica loquar. Primum omnium de Numidia bonum habetote animum, Quirites. Nam quæ ad hoc tempus Jugurtham tutata sunt, omnia removistis, avaritiam, imperitiam, superbiam. Deinde exercitus ibi est, locorum sciens; sed mehercule magis strenuus, quam felix; nam magna pars avaritia, aut temeritate ducum attrita est. Quamobrem vos, quibus militaris ætas, adnitimini mecum et capessite rempublicam : neque quemquam, ex calamitate aliorum aut imperatorum superbia, metus ceperit. Egomet in agmine, in prælio, consultor idem et socius periculi, vobiscum adero; meque vosque in omnibus rebus juxta geram. Et profecto, diis juvantibus, omnia matura sunt, victoria, præda, laus : quæ si dubia aut procul essent, tamen omnes bonos reipublicæ subvenire decebat. Etenim ignavia nemo immortalis factus : neque quisquam parens liberis,: uti æterni forent, optavit; magis uti boni honestique vitam exigerent. Plura dicerem, Quirites, si timidis virtutem verba adderent; nam strenuis abunde dictum puto. »

LXXXVI. Hujuscemodi oratione habita, Marius, postquam plebis animos arrectos videt, propere commeatu, stipendio, armis, aliis utilibus naves onerat : cum hi A. Manlium legatum proficisci jubet. Ipse interea milites scribere, non more majorum, neque ex classibus, sed uti cujusque lubido erat, capite censos (59) plerosque. Id factum alii inopia bonorum, alii per ambitionem consulis me-

que ce fut faute de riches ; d'autres attribuent cette conduite aux vues ambitieuses du consul, qui devait à cette espèce de gens son crédit et son élévation ; car, pour un homme qui aspire au pouvoir, les plus indigents sont les plus utiles auxiliaires : ne possédant rien, ils n'ont rien à ménager, et pour de l'argent tout leur paraît légitime. Marius partit donc pour l'Afrique avec un plus grand nombre de soldats que le décret ne lui en accordait, et en peu de jours il aborde à Utique. L'armée lui fut remise par le lieutenant P. Rutilius ; car Métellus avait évité la présence de Marius, ne voulant pas être témoin d'une chose dont la nouvelle l'avait si douloureusement affecté.

LXXXVII. Le consul, après avoir complété les légions et les cohortes auxiliaires, s'avance dans un canton fertile et riche en butin. Tout ce qui est pris est donné aux soldats. Ensuite il attaque les châteaux et les villes que défendent mal leur position ou leur garnison. Il livre ici et là des combats nombreux, mais peu importants. Pendant ce temps, les nouveaux soldats s'accoutument à combattre sans crainte. Ils voient que les fuyards sont pris ou tués, que les plus braves courent le moins de dangers, que les armes protègent la liberté, la patrie, la famille, tous les intérêts, et qu'elles donnent la gloire et les richesses. Aussi, en peu de temps, on ne distingua plus les nouveaux soldats d'avec les anciens, et la valeur de tous fut égale. Les rois, instruits de l'arrivée de Marius, se retirèrent chacun de leur côté dans des lieux de difficile accès. Jugurtha en avait donné le conseil dans l'espérance que l'ennemi se disperserait et pourrait être surpris ; que les Romains, comme il arrive toujours quand le danger est éloigné, mettraient dans leurs opérations moins d'ordre et moins de discipline.

LXXXVIII. Cependant Métellus revint à Rome, où, contre son attente, il fut reçu avec de grands transports de joie (60), également cher au sénat et au peuple depuis que l'envie était tombée. Marius, aussi actif que prudent, surveillait avec une égale attention ses soldats et les ennemis, remarquant ce qui pouvait être favorable ou contraire aux uns et aux autres. Il épiait la marche des deux rois, prévenait leurs desseins et leurs embûches, tenait sans cesse les siens en haleine et les ennemis en alarme. Aussi, plus d'une fois les Gétules et Jugurtha qui venaient de piller nos alliés se virent attaqués et battus ; et le roi lui-même, surpris non loin de Cirta, fut obligé d'abandonner ses armes. Ces succès étaient glorieux, mais ne terminaient pas la guerre. Aussi Marius prit le parti d'attaquer successivement toutes les places qui, par la force de leur position et de leur garnison, pouvaient favoriser les projets de l'ennemi et contrarier les siens. Il voulait ainsi enlever à Jugurtha toutes ses ressources si ce prince le laissait faire, ou l'amener à un combat. Pour Bocchus, il avait, à diverses reprises, fait savoir au consul qu'il désirait l'amitié du peuple romain et qu'on n'avait à craindre de sa part aucune hostilité. Dissimulait-il pour nous surprendre avec plus d'avantage, ou la mobilité de son caractère le faisait-elle pencher tantôt pour la paix, tantôt pour la guerre ? c'est ce que je ne sais pas.

LXXXIX. Le consul, comme il l'avait résolu, se présente devant les villes et les châteaux fortifiés, et les enlève à l'ennemi par la force, par la crainte,

---

morabant ; quod ab eo genere celebratus auctusque erat : et homini potentiam quærenti egentissumus quisque opportunissumus ; cui neque sua curæ, quippe quæ nulla sunt, et omnia cum pretio honesta videntur. Igitur Marius cum majore aliquanto numero, quam decretum erat, in Africam profectus, diebus paucis Uticam advehitur. Exercitus ei traditur a P. Rutilio legato. Nam Metellus conspectum Marii fugerat ; ne videret ea, quæ audita animus tolerare nequiverat.

LXXXVII. Sed consul, expletis legionibus cohortibusque auxiliariis, in agrum fertilem et præda onustum proficiscitur : omnia ibi capta militibus donat. Dein castella, et oppida natura et viris parum munita aggreditur : prælia multa, ceterum alia levia aliis locis facere. Interim novi milites sine metu pugnæ adesse : videre fugientes capi, occidi ; fortissumum quemque tutissumum ; armis libertatem, patriam parentesque et alia omnia tegi, gloriam atque divitias quæri. Sic brevi spatio novi veteresque coaluere, et virtus omnium æqualis facta. At reges, ubi de adventu Marii cognoverunt, divorsi in locos difficiles abeunt. Ita Jugurthæ placuerat, speranti, mox effusos hostes invadi posse ; Romanos, sicuti plerosque, remoto metu, laxius licentiusque futuros.

LXXXVIII. Metellus interea Romam profectus, contra spem suam, lætissumis animis excipitur ; plebi patribusque, postquam invidia decesserat, juxta carus. Sed Marius impigre prudenterque suorum et hostium res pariter attendere ; cognoscere quid boni utrisque, aut contra esset ; explorare itinera regum, consilia et insidias antevenire ; nihil apud se remissum, neque apud illos tutum pati. Itaque et Gætulos, et Jugurtham, ex sociis nostris prædam agentes, sæpe aggressus in itinere fuderat ; ipsumque regem haud procul ab oppido Cirta armis exuerat. Quæ postquam gloriosa modo, neque belli patrandi cognovit ; statuit urbes, quæ viris aut loco pro hostibus, et adversum se opportunissumæ erant, singulas circumvenire : ita Jugurtham aut præsidiis nudatum, si ea pateretur, aut prælio certaturum. Nam Bocchus nuncios ad eum sæpe miserat, velle populi romani amicitiam ; ne quid ab se hostile timeret. Id simulaveritne, quo improvisus gravior accideret, an mobilitate ingenii pacem atque bellum mutare solitus, parum exploratum.

LXXXIX. Sed consul, uti statuerat, oppida castellaque munita adire : partim vi, alia metu aut præmia ostentando, avortere ab hostibus. Ac primo mediocria gerebat, existumans Jugurtham ob suos tutandos in manus ventu-

ou par l'appât des récompenses. D'abord, il se bornait aux places les moins importantes, dans la pensée que Jugurtha, pour défendre ses sujets, en viendrait aux mains. Mais quand il sut que ce prince était éloigné et occupé d'autres soins, il jugea que le moment était venu de tenter des entreprises plus importantes et plus difficiles. Il y avait, au milieu de vastes déserts, une grande et forte ville nommée Capsa, dont Hercule Libyen passe pour être le fondateur. Les habitants, exempts d'impôts depuis le règne de Jugurtha, traités avec douceur par ce prince, lui étaient fort attachés. Bien défendus contre l'ennemi par leurs remparts, leurs armes et leurs soldats, ils l'étaient mieux encore par la difficulté des lieux; car, excepté les environs de la ville, tout le reste était désert, inculte, sans eau, infesté de serpents dont la nature malfaisante, comme celle de toutes les bêtes sauvages, s'irrite encore par le manque de nourriture, et surtout par la soif. La conquête de cette place excitait vivement l'ambition de Marius, tant par l'importance que par la difficulté de l'entreprise; et puis Métellus s'était couvert de gloire en prenant Thala, ville située et défendue à peu près de la même manière : seulement, on trouvait quelques sources non loin des murs de Thala, tandis que les habitants de Capsa n'avaient qu'une fontaine d'eau vive dans l'intérieur même de la ville; ils se servaient aussi d'eau de pluie. Mais dans cette contrée et dans toute la partie aride de l'Afrique qui s'éloigne de la mer, la disette d'eau se supporte d'autant plus facilement que les Numides se nourrissent presque toujours du lait et de la chair des animaux sauvages, sans faire usage de sel ou d'autres assaisonnements irritants. Dans leurs repas, tout est pour la faim et la soif, rien pour le caprice et le luxe.

XC. Le consul, après avoir tout examiné, se reposa, je crois, sur la protection des dieux. Contre de si grandes difficultés, la prudence humaine était impuissante. Marius était menacé de manquer de grains. Les Numides aiment mieux laisser leurs terres en pâturages pour leurs troupeaux que de les ensemencer. Toute la récolte avait été, par ordre du roi, transportée dans des places fortifiées; les champs étaient arides et dépouillés de leurs moissons à cette époque de l'année, car on touchait à la fin de l'été. Cependant, Marius prend des mesures aussi sages qu'il était possible dans la circonstance; la cavalerie auxiliaire est chargée de conduire tout le bétail qu'on avait pris les jours précédents. Il ordonne à A. Manlius, son lieutenant, d'aller avec les cohortes légères à Laris, où étaient en dépôt la solde et les munitions, et lui promet de le rejoindre dans peu de jours pour piller le pays. Ayant ainsi tenu secrète son entreprise, il se dirige vers le fleuve Tana.

XCI. Pendant la marche, il faisait tous les jours des distributions de bétail par centuries et par escadrons, ayant soin qu'on fit des outres avec les peaux. Par ce moyen, il suppléait au manque de blé, et se ménageait, à l'insu de tout le monde, une ressource dont il aurait bientôt besoin. Enfin, le sixième jour, lorsqu'on arriva au fleuve, une grande quantité d'outres se trouva préparée. Après avoir fait légèrement fortifier le camp, il ordonne à ses soldats de prendre de la nourriture et de se tenir prêts à partir au coucher du soleil. Il leur recommande de laisser tous leurs bagages et de se charger d'eau, seulement eux et les bêtes

---

rum. Sed ubi procul abesse, et aliis negotiis intentum accepit; majora et magis aspera aggredi tempus visum Erat inter ingentes solitudines oppidum magnum atque valens, nomine Capsa : cujus conditor Hercules Libys memorabatur. Ejus cives apud Jugurtham immunes, levi imperio, et ob ea fidelissumi habebantur; muniti advorsum hostes non mœnibus modo, et armis atque viris, verum etiam multo magis locorum asperitate. Nam, præter oppido propinqua, alia omnia vasta, inculta, egentia aquæ, infesta serpentibus : quarum vis, sicuti omnium ferarum, inopia cibi acrior; ad hoc natura serpentium ipsa perniciosa, siti magis, quam alia re, accenditur. Ejus potiundi Marium maxuma cupido invaserat, quum propter usum belli, tum quia res aspera videbatur. Et Metellus oppidum Thalam magna gloria ceperat, haud dissimiliter situm munitumque : nisi quod apud Thalam haud longe a mœnibus aliquot fontes erant; Capsenses una modo, atque ea intra oppidum, jugi aqua, cetera pluvia utebantur. Id ibique, et in omni Africa, quæ procul a mari incultius agebat, eo facilius tolerabatur, quia Numidæ plerumque lacte et ferina carne vescebantur, neque salem, neque alia irritamenta gulæ quærebant : cibus illis advorsum famem atque sitim, non lubidini neque luxuriæ, erat.

XC. Igitur consul, omnibus exploratis, credo, dis fretus (nam contra tantas difficultates consilio satis providere non poterat : quippe etiam frumenti inopia tentabatur; quod Numidæ pabulo pecoris magis quam arvo student, et quodcumque natum fuerat, jussu regis in loca munita contulerant; ager autem aridus et frugum vacuus ea tempestate, nam æstatis extremum erat), tamen pro rei copia satis providenter exornat : pecus omne, quod superioribus diebus prædæ fuerat, equitibus auxiliariis agendum attribuit : A. Manlium legatum cum cohortibus expeditis ad oppidum Laris, ubi stipendium et commeatum locaverat, ire jubet, dicitque se prædabundum post paucos dies eodem venturum. Sic incepto suo occulto pergit ad flumen Tanain.

XCI. Ceterum in itinere quotidie pecus exercitui per centurias, item turmas, æqualiter distribuerat, et, ex coriis utres uti fierent, curabat; simul et inopiam frumenti lenire, et, ignaris omnibus, parare, quæ mox usui forent. Denique sexto die, quum ad flumen ventum est, maxuma vis utrium effecta. Ibi castris levi munimento

de somme. A l'heure fixée, il décampe, marche toute la nuit et se repose. Il fait de même le lendemain. Le troisième jour, bien avant le lever du soleil, il arrive dans un lieu couvert d'éminences et éloigné de deux milles environ de Capsa. Il s'y tient caché le mieux qu'il peut avec toutes ses troupes. Au point du jour, les habitants, qui ne craignaient aucune hostilité, sortent en foule de la ville. Aussitôt, Marius ordonne à toute la cavalerie et aux fantassins les plus agiles de courir vers Capsa et de s'emparer des portes : lui-même les suit promptement et en bon ordre, sans permettre aux soldats de piller. Les habitants s'aperçurent bien du danger ; mais le désordre, la frayeur extrême, le malheur imprévu, la prise de tous ceux qui se trouvaient hors des murs, obligèrent les habitants à se rendre. La ville fut livrée aux flammes, les jeunes gens passés au fil de l'épée, tous les autres vendus, et le butin partagé aux soldats. Cette sanglante expédition, contraire aux lois de la guerre, n'eut point pour cause l'avarice et la cruauté du consul ; mais cette place, avantageusement située pour Jugurtha, était d'un difficile accès pour nous, et ce peuple léger et perfide ne pouvait être enchaîné ni par les bienfaits ni par la crainte.

XCII. Après la réussite d'un coup si hardi, sans avoir perdu un seul homme, Marius, déjà grand et illustre, grandit et s'illustra encore. Des projets trop légèrement hasardés passaient pour un effort de génie. Les soldats, traités avec douceur et enrichis en même temps, élevaient au ciel leur général. Les Numides le redoutaient comme un être au-dessus de l'homme ; enfin, tous les alliés et les ennemis lui attribuaient une intelligence divine ou croyaient que la volonté des dieux lui inspirait toutes ses actions. Le consul, animé par cet heureux succès, se présente devant d'autres villes. Quelques-unes, malgré la résistance des Numides, sont prises ; un plus grand nombre, abandonnées de leurs habitants qu'épouvantait le désastre de Capsa, sont livrées aux flammes ; partout Marius répand la désolation et le massacre. Enfin, après s'être rendu maître d'un grand nombre de places, et de la plupart sans coup férir, il tenta une autre expédition qui, sans présenter les mêmes obstacles que la prise de Capsa, n'était pas moins difficile.

Non loin du fleuve Mulucha, qui servait de limite aux royaumes de Jugurtha et de Bocchus, un énorme rocher, isolé au milieu d'une plaine, s'élevait à une hauteur immense, couronné par un château de médiocre grandeur où l'on n'arrivait que par un sentier fort étroit : tout le reste était aussi escarpé que si on l'eût taillé de main d'homme. Les trésors du roi étaient renfermés dans cette forteresse ; aussi Marius en pressa l'attaque avec vigueur. Mais ici le hasard le servit mieux que la prudence ; car la place était suffisamment pourvue d'armes et de soldats, de beaucoup de grains et d'une source d'eau. Le lieu était impraticable pour les terrasses, les tours et les autres machines. Le chemin du château était fort étroit et bordé de précipices de tous côtés. On ne pouvait dresser les mantelets qu'avec un extrême péril, et toujours inutilement ; car, dès qu'ils s'approchaient des

---

positis, milites cibum capere, atque, uti simul cum occasu solis egrederentur, paratos esse jubet ; omnibus sarcinis abjectis, aqua modo seque et jumenta onerare. Dein, postquam tempus visum, castris egreditur, noctemque totam itinere facto, consedit : idem proxima facit. Dein tertia, multo ante lucis adventum, pervenit in locum tumulosum, ab Capsa non amplius duum millium intervallo ; ibique, quam occultissume potest, cum omnibus copiis opperitur. Sed ubi dies cœpit, et Numidæ, nihil hostile metuentes, multi oppido egressi, repente omnem equitatum, et cum his velocissumos pedites cursu tendere ad Capsam, et portas obsidere jubet : deinde ipse intentus propere sequi, neque milites prædari sinere. Quæ postquam oppidani cognovere ; res trepidæ, metus ingens, malum improvisum, ad hoc pars civium extra mœnia in hostium potestate, coegere uti deditionem facerent. Ceterum oppidum incensum : Numidæ puberes interfecti ; alii omnes venumdati : præda militibus divisa. Id facinus contra jus belli, non avaritia, neque scelere consulis admissum : sed quia locus Jugurthæ opportunus, nobis aditu difficilis ; genus hominum mobile, infidum, neque beneficio, neque metu coercitum.

XCII. Postquam tantam rem Marius, sine ullo suorum incommodo, patravit : magnus et clarus antea, major et clarior haberi cœpit. Omnia non bene consulta in virtutem trahebantur : milites, modesto imperio habiti simul et locupletes, ad cœlum ferre ; Numidæ magis quam mortalem timere : postremo omnes socii atque hostes credere illi aut mentem divinam, aut deorum nutu cuncta portendi. Sed consul, ubi ea res bene evenit, ad alia pergit : pauca, repugnantibus Numidis, capit ; plura, deserta propter Capsensium miserias, igni corrumpit : luctu atque cæde omnia complentur. Denique multis locis potitus, ac plerisque exercitu incruento, ad aliam rem aggreditur, non eadem asperitate, qua Capsensium, ceterum haud secus difficilem. Namque haud longe a flumine Mulucha, quod Jugurthæ Bocchique regnum disjungebat, erat inter ceteram planitiem mons saxeus, mediocri castello satis potens, in immensum editus, uno perangusto aditu relicto : nam omnis natura, velut opere atque consulto, præceps. Quem locum Marius, quod ibi regis thesauri erant, summa vi capere intendit. Sed ea res forte, quam consilio, melius gesta. Nam castello virorum atque armorum satis, magna vis frumenti, et fons aquæ : aggeribus turribusque et aliis machinationibus locus importunus : iter castellanorum angustum admodum, utrimque præcisum : vineæ cum ingenti periculo frustra agebantur ; nam quum eæ paullum processerant, igni aut lapidibus

murs, ils étaient détruits par le feu ou par les pierres. La pente rapide du terrain empêchait les soldats de se tenir en avant des ouvrages, et ils ne pouvaient pas sans danger travailler sous les mantelets; les plus braves étaient tués ou blessés, et les autres perdaient courage.

XCIII. Marius, après avoir inutilement consumé bien des journées et des travaux, réfléchissait avec inquiétude s'il devait renoncer à une entreprise sans résultat, ou attendre la fortune qui l'avait si heureusement servi tant de fois. Il avait flotté plusieurs jours et plusieurs nuits dans ces incertitudes, lorsque le hasard voulut qu'un Ligurien, simple soldat des cohortes auxiliaires, sorti du camp pour chercher de l'eau du côté de la citadelle opposé à celui de l'attaque, aperçût des colimaçons qui rampaient le long des rochers. Il en ramasse un, puis deux, puis davantage, et dans son ardeur d'en trouver encore, il gravit peu à peu jusqu'au sommet de la montagne. Voyant qu'il était seul, il céda à la curiosité naturelle à l'homme de connaître des choses nouvelles, et conçut un autre projet. Il y avait en cet endroit-là un grand chêne qui avait poussé entre les fentes du rocher; l'arbre courbé d'abord, puis se redressant, selon la loi commune de tous les végétaux, s'élevait dans une direction verticale. Le Ligurien, s'aidant tantôt des branches, tantôt des saillies du rocher, reconnut l'esplanade du château, tandis que tous les Numides étaient ailleurs occupés du combat. Après avoir examiné tout ce qu'il croyait devoir bientôt servir à une escalade, il redescend par le même chemin, non pas au hasard, comme il était monté, mais sondant le terrain et considérant chaque chose avec soin. Il va trouver promptement Marius, lui raconte ce qu'il a fait et l'engage à tenter une attaque du côté par où il était descendu, s'offrant à servir de guide et à s'exposer le premier au péril. Marius envoie avec le Ligurien quelques-uns de ceux qui se trouvaient auprès de lui, pour vérifier le rapport du soldat : chacun, selon son caractère, trouva la chose aisée ou difficile. Cependant Marius conçut quelque espérance. Parmi les trompettes de l'armée, il choisit cinq hommes des plus agiles, et leur adjoignit quatre centurions pour les soutenir. Toute la troupe devait obéir au Ligurien. L'expédition fut fixée au lendemain.

XCIV. Au temps marqué, toutes les dispositions bien prises, ils se mettent en marche. Les centurions, se conformant aux instructions de leur guide, avaient changé d'armure et de costume; ils marchaient la tête découverte pour mieux voir, les pieds nus pour grimper plus facilement sur les rochers. Ils avaient attaché derrière leur dos leurs épées et leurs boucliers faits de cuir, comme ceux des Numides, afin que le poids en fût plus léger et le choc moins bruyant. Le Ligurien marche devant; aux pointes des rochers et aux vieilles racines formant saillie il attache des cordes qui aident ses compagnons à monter plus facilement. Quelquefois il donne la main à ceux qu'effraie une route si nouvelle. Si la montée devient trop rude, il les fait passer l'un après l'autre et désarmés, et lui-même vient après, chargé de leurs armes. Il sondait le premier les passages qui paraissaient dangereux, montant et descendant plusieurs fois; puis se jetant de côté, il enhardissait ses compagnons à

corrumpebantur : milites neque pro opere consistere, propter iniquitatem loci; neque inter vineas sine periculo administrare : optumus quisque cadere, aut sauciari; ceteris metus augeri.

XCIII. At Marius, multis diebus et laboribus consumtis, anxius trahere cum animo, omitteretne inceptum, quoniam frustra erat; an fortunam opperiretur, qua sæpe prospere usus. Quæ quum, multos dies noctesque, æstuans agitaret; forte quidam Ligus, ex cohortibus auxiliariis miles gregarius, castris aquatum egressus, haud procul ab latere castelli, quod avorsum præliantibus erat, animum advortit inter saxa repentes cochleas : quarum quum unam atque alteram, dein plures peteret, studio legundi paullatim prope ad summum montis egressus est. Ubi postquam solitudinem intellexit, more humanæ cupidinis ignara visundi, animum vortit. Et forte in eo loco grandis ilex coaluerat inter saxa, paullulum modo prona, dein flexa atque aucta in altitudinem, quo cuncta gignentium natura fert : cujus ramis modo, modo eminentibus saxis nisus Ligus, castelli planitiem perscribit; quod cuncti Numidæ intenti præliantibus aderant. Exploratis omnibus, quæ mox usui fore ducebat, eadem regreditur : non temere, uti ascenderat, sed tentans omnia et circumspiciens.

Itaque Marium propere adit, acta edocet : hortatur, ab ea parte, qua ipse ascenderat, castellum tentet : pollicetur sese itineris periculique ducem. Marius cum Ligure, promissa ejus cognitum, ex præsentibus misit : quorum uti cujusque ingenium erat, ita rem difficilem aut facilem nunciavere. Consulis animus tamen paullum erectus. Itaque ex copia tubicinum et cornicinum, numero quinque quam velocissumos delegit, et cum his, præsidio qui forent, quatuor centuriones : omnes Liguri parere jubet, et ei negotio proxumum diem constituit.

XCIV. Sed ubi ex præcepto tempus visum; paratis compositisque omnibus ad locum pergit. Ceterum illi qui centuriis præerant, prædocti ab duce, arma ornatumque mutaverant, capite atque pedibus nudis, uti prospectus nisusque per saxa facilius foret : super terga gladii et scuta; verum ea numidica ex coriis, ponderis gratia simul, et offensa quo levius streperent. Igitur prægrediens Ligus saxa, et si quæ vetustate radices eminebant, laqueis vinciebat, quibus allevati facilius ascenderent : interdum timidos insolentia itineris laxare manu : ubi paullo asperior ascensus, singulos præ se inermos mittere; deinde ipse cum illorum armis sequi : quæ dubia nisu videbantur, potissumum tentare, ac sæpius eadem ascendens descen-

8.

passer. Enfin, après bien du temps et de la fatigue, ils arrivent à la plate-forme du château, entièrement abandonné sur ce point, les Numides étant tous, comme les jours précédents, en face de l'ennemi. Marius fut instruit par ses courriers de ce qu'avait fait le Ligurien; bien que pendant toute la journée il eût tenu les Numides en échec, il exhorte vivement ses troupes, et, sortant lui-même de dessous les mantelets, il ordonne de former la tortue (61) et s'avance au pied du mur. En même temps il fait agir les machines, les archers et les frondeurs, pour épouvanter de loin l'ennemi. Les Numides, qui avaient renversé ou incendié plusieurs fois les mantelets des Romains, ne se mettaient plus à l'abri derrière leurs remparts; mais campés nuit et jour hors des murs du château, ils insultaient les Romains, reprochaient à Marius sa folie, et menaçaient nos soldats des fers de Jugurtha : le succès les avait rendus insolents. Mais tandis que les Romains et les ennemis, également acharnés, combattent avec ardeur, les uns pour la gloire et l'empire, les autres pour leur salut, tout à coup les trompettes sonnent par derrière. D'abord les femmes et les enfants, qu'avait attirés le combat, prennent la fuite, puis les plus rapprochés du rempart, enfin tous ceux qui étaient armés ou sans armes. A cette vue, les Romains pressent plus vivement les ennemis, les culbutent, les blessent, ne voulant pas faire plus. Passant ensuite sur les morts, ils se disputent à l'envi la gloire d'escalader le mur; pas un seul ne s'arrêta pour piller. Ainsi le hasard vint réparer la témérité de Marius, qui trouva la gloire dans une faute.

XCV. Pendant que le siége durait encore, le questeur Sylla vint au camp avec un corps nombreux de cavalerie; il avait été laissé à Rome pour lever ces troupes dans le Latium et chez les alliés. Mais puisque mon récit m'a fait nommer cet homme distingué, il me paraît convenable de dire quelques mots de son caractère et de ses mœurs. Je n'aurai pas l'occasion d'en parler ailleurs (62), et L. Sisenna (63), le meilleur et le plus exact de ses historiens, ne me paraît pas s'être exprimé sur son compte avec assez d'indépendance. Sylla était issu d'une noble famille patricienne, mais d'une branche presque entièrement déchue par la nullité de ses ancêtres (64). Il était également et profondément versé dans la littérature grecque et latine. Il avait l'âme élevée. Passionné pour le plaisir, plus passionné pour la gloire; il aimait dans ses loisirs toutes les recherches du luxe, mais ne sacrifiait jamais ses devoirs à ses plaisirs, sauf toutefois pour sa femme, qu'il ne traita pas avec assez d'égards (65). Éloquent, adroit, facile en amitié, doué d'une profondeur de génie et d'une dissimulation étonnantes, il prodiguait toutes choses et surtout l'argent. Il fut le plus heureux des hommes jusqu'à sa victoire sur ses concitoyens. Sa fortune ne surpassa jamais son mérite, et bien des gens ont douté s'il devait plus à son courage qu'à son bonheur. Pour ce qu'il a fait dans la suite, je ne sais s'il faut plutôt rougir que craindre d'en parler.

XCVI. Sylla, comme je l'ai dit, arriva donc en Afrique et dans le camp de Marius avec la cavalerie. Novice et ignorant dans l'art de la guerre, il devint en peu de temps le plus habile de tous.

densque, dein statim digrediens, ceteris audaciam addere. Igitur diu multumque fatigati, tandem in castellum perveniunt, desertum ab ea parte; quod omnes, sicuti aliis diebus, advorsum hostes aderant. Marius, ubi ex nunciis, quæ Ligus egerat, cognovit; quamquam toto die intentos prælio Numidas habuerat, tum vero cohortatus milites, et ipse extra vineas egressus, testudine acta succedere, et simul hostem tormentis sagittariisque et funditoribus cminus terrere. At Numidæ sæpe antea vineis Romanorum subvorsis, item incensis, non castelli mœnibus sese tutabantur; sed pro muro dies noctesque agitare, maledicere Romanis, ac Mario vecordiam objectare, mititibus nostris Jugurthæ servitium minari, secundis rebus fcroces esse. Interim omnibus Romanis hostibusque prælio intentis, magna utrimque vi pro gloria atque imperio his, illis pro salute certantibus, repente a tergo signa canere: ac primo mulieres et pueri, qui visum processerant, fugere; deinde, uti quisque muro proxumus erat, postremo cuncti armati inermesque. Quod ubi accidit; eo acrius Romani instare, fundere, ac plerosque tantummodo sauciare; dein super occisorum corpora vadere; avidi gloriæ, certantes murum petere; neque quemquam omnium præda morari. Sic forte correcta Marii temeritas gloriam ex culpa invenit.

XCV. Ceterum dum ea res geritur, L. Sulla quæstor cum magno equitatu in castra venit : quos uti ex Latio et a sociis cogeret, Romæ relictus erat. Sed quoniam tanti viri res admonuit; idoneum visum est, de natura cultuque ejus paucis dicere; neque enim alio loco de Sullæ rebus dicturi sumus : et L. Sisenna optume et diligentissume omnium, qui eas res dixere, persequutus, parum mihi libero ore loquutus videtur. Igitur Sulla gentis patriciæ nobilis fuit, familia prope jam exstincta majorum ignavia : literis græcis ac latinis juxta, atque doctissume, eruditus : animo ingenti : cupidus voluptatum, sed gloriæ cupidior : otio luxurioso esse ; tamen ab negotiis numquam voluptas remorata, nisi quod de uxore potuit honestius consuli : facundus, callidus, et amicitia facilis : ad simulanda negotia altitudo ingenii incredibilis : multarum rerum, ac maxume pecuniæ largitor. Atque felicissumo omnium, ante civilem victoriam, numquam super industriam fortuna fuit; multique dubitavere, fortior an felicior esset : nam, postea quæ fecerit, incertum habeo, pudeat magis, an pigeat disserere.

XCVI. Igitur Sulla, ut supra dictum, postquam in Africam atque in castra Marii cum equitatu venit; rudis antea et ignarus belli, solertissumus omnium in paucis tempestatibus factus est. Ad hoc milites benigne appellare :

Il parlait avec douceur aux soldats; toujours prêt à accorder les demandes, souvent même les prévenant; il n'acceptait un bienfait que malgré lui, plus empressé de le rendre qu'on ne l'est de payer une dette. Jamais il n'exigeait de retour, cherchant plutôt à augmenter le nombre de ses obligés. Il échangeait avec les derniers des soldats des paroles sérieuses ou plaisantes. Dans les travaux, dans les marches, dans les veilles, il savait se multiplier, ne blessant jamais, ce qui est la pratique ordinaire d'une ambition mauvaise, la réputation du consul, ni celle d'aucun homme de bien. Seulement, dans le conseil et dans l'action, il ne se laissait prévenir par personne. Cette conduite le rendit bientôt cher à Marius et aux soldats.

XCVII. Cependant Jugurtha, après avoir perdu, outre la ville de Capsa, d'autres places fortifiées et importantes et une partie de ses trésors, fait dire à Bocchus d'entrer en Numidie avec ses troupes, parce qu'il était temps de livrer bataille. Apprenant que ce prince hésite encore, qu'il pèse toutes les chances de la paix et de la guerre, il séduit par ses présents, comme la première fois, les conseillers de Bocchus, et lui promet à lui-même le tiers de la Numidie si les Romains sont chassés de l'Afrique, ou si un traité, mettant fin à la guerre, lui assure l'intégrité de ses états. Séduit par cette offre, Bocchus se joint à Jugurtha avec des forces considérables. Les deux armées réunies attaquent le consul au moment où il se retirait dans ses quartiers d'hiver, et quand il restait à peine une heure de jour. Ils pensaient que la nuit les sauverait en cas de défaite, sans leur nuire s'ils étaient vainqueurs, parce qu'ils connaissaient les lieux; tandis que dans les deux cas les ténèbres seraient funestes aux Romains. A peine donc Marius eut-il appris de différents côtés que les ennemis arrivaient, qu'il les vit paraître; et, avant que l'armée pût se ranger ou rassembler ses bagages, recevoir un signal ou un ordre, les cavaliers maures et gétules, non pas en escadrons, ni en bataille, mais par pelotons et comme le hasard les a rassemblés, tombent sur les Romains. Ceux-ci, troublés par une alarme si soudaine, mais n'oubliant pas leur valeur, saisissent leurs armes ou défendent ceux qui en font autant. Une partie monte à cheval et court au devant de l'ennemi. C'est moins un combat en règle qu'une attaque de brigands; il n'y a plus d'étendards, plus de rangs; les cavaliers et les fantassins sont confondus. Aux uns les barbares font de profondes blessures, aux autres ils coupent la tête; plusieurs qui combattent de front avec intrépidité sont enveloppés par derrière. La valeur et les armes ne sont que de faibles défenses, car les ennemis plus nombreux sont répandus de tous côtés. Enfin les vieux soldats romains et les nouveaux, à qui ces alertes apprenaient la guerre, partout où le terrain ou le hasard les rassemble, se forment en cercle; ainsi couverts et défendus de toutes parts, ils soutiennent le choc des ennemis.

XCVIII. Dans une position si critique, Marius ne se laissa point effrayer et ne perdit pas un instant courage; mais à la tête de son escadron, qu'il avait formé des plus braves, et non de ses favoris, il se porte sur tous les points. Il secourt

---

multis rogantibus, aliis per se ipse, dare beneficia, invitus accipere; sed ea properantius, quam æs mutuum, reddere, ipse ab nullo repetere, magis id laborare, ut illi quam plurimi deberent: joca atque seria cum humillumis agere: in operibus, in agmine atque ad vigilias multus adesse: neque interim, quod prava ambitio solet, consulis aut cujusquam boni famam lædere; tantummodo neque consilio, neque manu priorem alium pati; plerosque antevenire : quis rebus brevi Mario militibusque carissumus factus.

XCVII. At Jugurtha, postquam oppidum Capsam aliosque locos munitos et sibi utiles, simul et magnam pecuniam amiserat; ad Bocchum nuncios mittit, quam primum in Numidiam copias adduceret: prælii faciundi tempus adesse. Quem ubi cunctari accepit, dubium belli atque pacis rationes trahere; rursus, uti antea, proxumos ejus donis corrumpit; ipsique Mauro pollicetur Numidiæ partem tertiam, si aut Romani Africa expulsi, aut, integris suis finibus, bellum compositum foret. Eo præmio illectus Bocchus cum magna multitudine Jugurtham accedit. Ita amborum exercitu conjuncto, Marium jam in hiberna proficiscentem, vix decima parte die reliqua, invadunt: rati noctem, quæ jam aderat, victis sibi munimento fore, et si vicissent, nullo impedimento, quia locorum scientes erant; contra Romanis utrumque casum in tenebris difficiliorem. Igitur simul consul ex multis de hostium adventu cognovit, et ipsi hostes aderant: et, priusquam exercitus aut instrui, aut sarcinas colligere, denique antequam signum, aut imperium ullum accipere quivit, equites mauri atque gætuli, non acie, neque ullo more prælii, sed catervatim, uti quosque fors conglobaverat, in nostros concurrunt. Qui omnes trepidi, improviso metu, ac tamen virtutis memores, aut arma capiebant, aut capientes alios ab hostibus defensabant: pars equos ascendere, obviam ire hostibus : pugna latrocinio magis quam prælio similis fieri : sine signis, sine ordinibus, equites, pedites permixti; cædere alios, alios obtruncare; multos, contra adversos acerrume pugnantes, ab tergo circumvenire : neque virtus, neque arma satis tegere; quod hostes numero plures et undique circumfusi. Denique Romani veteres novique, et ob ea scientes belli, si quos locus, aut casus conjunxerat, orbes facere : atque ita ab omnibus partibus simul tecti et instructi hostium vim sustentabant.

XCVIII. Neque in eo tam aspero negotio territus Marius, aut magis, quam antea, demisso animo fuit : sed cum turma sua, quam ex fortissumis magis, quam familiarissumis, paraverat, vagari passim; ac modo laboran-

ceux qu'il voit plier, ou fond sur les rangs serrés des ennemis; il veut du moins servir les siens de son bras, puisque, dans le désordre général, il ne peut plus leur faire entendre sa voix. Le jour était entièrement tombé, et cependant les Barbares, loin de se ralentir, nous pressaient plus vivement, persuadés, comme ils l'avaient appris de leurs rois, que la nuit leur serait favorable. Alors Marius, prenant conseil de sa position et voulant ménager une retraite à ses soldats, s'empare de deux hauteurs très-rapprochées l'une de l'autre. La première, avec trop peu d'espace pour un camp, avait une source abondante; la seconde était tout à fait propre à son dessein par son esplanade élevée et ses abords escarpés qui n'exigeaient que peu de retranchements. Il ordonne à Sylla de passer la nuit avec la cavalerie auprès de la source. Pour lui, il rassemble peu à peu ses soldats dispersés au milieu des ennemis, qui n'étaient guère moins en désordre, et les conduit à grands pas sur la hauteur. Les rois, arrêtés par la difficulté des lieux, sont obligés de cesser le combat; mais ils ne permettent pas à leurs troupes de s'éloigner, et toute cette multitude se répand en tumulte autour des deux collines; puis allumant de grands feux, ils se réjouissent à leur manière par des danses et des cris confus. Les rois eux-mêmes laissaient éclater leur orgueil, et parce qu'ils n'avaient pas fui, ils se croyaient vainqueurs. Les Romains, de leurs hauteurs enveloppées de ténèbres, voyaient tout ce désordre, et c'était pour eux un puissant encouragement.

XCIX. Marius, plus rassuré que jamais par l'impéritie des ennemis, ordonne aux siens de garder un profond silence, et défend même aux trompettes de sonner les veilles de nuit. Puis, le jour s'approchant, au moment où les barbares, épuisés de fatigue, se livraient au premier sommeil, tout à coup, les trompettes des gardes avancées, celles des cohortes, des escadrons et des légions sonnent à la fois la charge, et les soldats, poussant un grand cri, s'élancent hors des portes. Les Maures et les Gétules, réveillés en sursaut par ce bruit effroyable et qui leur est inconnu, ne savent ni fuir ni prendre les armes, ni faire ou prévoir quoi que ce soit : tant le bruit, les clameurs, l'absence de tout secours au milieu de nos vives attaques, le tumulte, l'effroi, les avaient épouvantés et comme anéantis. Tous furent dispersés et mis en fuite; on leur prit presque toutes leurs armes et leurs drapeaux, et cette action leur coûta plus de monde que tous les combats précédents, car le sommeil et la terreur les avaient empêchés de fuir.

C. De là Marius continua sa route vers les quartiers d'hiver qu'il voulait établir dans les villes maritimes, à cause de la facilité des approvisionnements. Sa dernière victoire ne l'avait rendu ni plus vain ni moins circonspect : l'armée marchait en bataillon carré, comme si l'on eût été en présence de l'ennemi. Sylla, avec la cavalerie, commandait à la droite; Manlius, à la gauche, conduisait les frondeurs, les archers et les cohortes liguriennes; les tribuns, à la tête de compagnies légères, ouvraient et fermaient la marche; les transfuges, dont le sang était le moins précieux et qui connaissaient bien le pays, servaient d'éclaireurs. Le consul, comme s'il n'eût donné d'ordres à personne, veillait à tout, était partout,

tibus suis succurrere, modo hostes, ubi confertissumi obstiterant, invadere; manu consulere militibus, quoniam imperare, conturbatis omnibus, non poterat. Jamque dies consumptus erat, quum tamen barbari nihil remittere, atque, uti reges præceperant, noctem pro se rati, acrius instare. Tum Marius ex copia rerum consilium trahit, atque, uti suis receptui locus esset, colles duos propinquos inter se occupat : quorum in uno, castris parum amplo, fons aquæ magnus erat; alter usui opportunus, quia magna parte editus et præceps, pauca munimento egebat. Ceterum apud aquam Sullam cum equitibus noctem agitare jubet : ipse paullatim dispersos milites, neque minus hostibus conturbatis, in unum contrahit; dein cunctos pleno gradu in collem subducit. Ita reges, loci difficultate coacti, prælio deterrentur. Neque tamen suos longius abire sinunt; sed, utroque colle multitudine circumdato, effusi considere : dein crebris ignibus factis plerumque noctis barbari suo more lætari, exsultare, strepere vocibus; ipsi duces feroces, quia non fugerant, pro victoribus agere. Sed ea cuncta Romanis, ex tenebris et editioribus locis facilia visu, magno hortamento erant.

XCIX. Plurimum vero Marius imperitia hostium confirmatus, quam maxumum silentium haberi jubet; ne signa quidem, uti per vigilias solebant, canere : deinde ubi lux adventabat, defessis jam hostibus et paullo ante somno captis, de improviso vigiles, item cohortium, turmarum, legionum tubicines simul omnes signa canere; milites clamorem tollere atque portis erumpere. Mauri atque Gætuli, ignoto et horribili sonitu repente exciti, neque fugere, neque arma capere, neque omnino facere aut providere quidquam poterant : ita cunctos strepitu, clamore, nullo subveniente, nostris instantibus, tumultu, terrore, formido, quasi vecordia, ceperat. Denique omnes fusi fugatique : arma et signa militaria pleraque capta; pluresque eo prælio, quam omnibus superioribus interemti : nam somno et metu insolito impedita fuga.

C. Dein Marius, uti cœperat, in hiberna; quæ propter commeatum, in oppidis maritumis agere decreverat. Neque tamen secors victoria, aut insolens factus, sed, pariter ac in conspectu hostium, quadrato agmine incedere. Sulla cum equitatu apud dextumos (66); in sinistra A. Manlius cum funditoribus et sagittariis; præterea cohortes Ligurum curabat : primos et extremos cum expeditis manipulis tribunos locaverat : perfugæ, minume cari et regionum scientissumi, hostium iter explorabant. Simul consul, quasi nullo imposito, omnia providere, apud

distribuant l'éloge ou le blâme à qui le méritait. Armé et toujours sur ses gardes, il voulait que ses soldats agissent comme lui. Il prenait pour la défense du camp les mêmes précautions que dans la marche : aux portes veillaient des cohortes tirées des légions; en avant du camp, la cavalerie auxiliaire. Il distribuait d'autres troupes dans les retranchements au-dessus de la palissade, faisant les rondes en personne, moins pour s'assurer de l'exécution de ses ordres que pour faire supporter de bon gré aux soldats des travaux dont le général avait sa part. Il est constant que dans tout le cours de cette guerre Marius maintint la discipline de son armée plus par l'honneur que par les châtiments. La plupart attribuaient cette conduite à des vues ambitieuses; quelques-uns jugeaient qu'habitué dès l'enfance à une vie dure, il regardait comme un plaisir ce qui est une peine pour les autres. Toujours est-il que par cette conduite Marius servit l'état aussi bien et aussi glorieusement que s'il eût déployé la plus grande sévérité.

CI. Le quatrième jour de marche, non loin de la ville de Cirta, les éclaireurs, accourant de toute part, se montrent tous à la fois, ce qui indiquait l'approche de l'ennemi; mais, comme de quelque côté qu'ils arrivassent ils faisaient tous le même rapport, le consul, incertain sur l'ordre de bataille qu'il devait adopter, ne change rien à ses dispositions et attend de pied ferme, prêt à faire face sur tous les points. Ainsi fut trompé l'espoir de Jugurtha, qui avait partagé son armée en quatre corps, dans l'idée que l'un d'eux pourrait prendre l'ennemi par derrière. Cependant Sylla, attaqué le premier, exhorte les siens, et, suivi d'une partie d'entre eux formés en escadrons bien serrés, il fond sur les Maures; ses autres cavaliers, sans s'ébranler, se garantissent des traits lancés de loin et tuent tout ce qui vient à leur portée. Tandis que la cavalerie combat de cette manière, Bocchus, avec l'infanterie que son fils Volux lui avait amenée, et qui, retardée dans sa marche, n'avait pas assisté au combat précédent, attaque l'arrière-garde des Romains. Marius était alors occupé à l'avant-garde, où se trouvait Jugurtha avec le gros de ses troupes. Ce prince, apprenant l'arrivée de Bocchus, s'échappe secrètement avec quelques-uns des siens, et, se tournant vers notre infanterie, il s'écrie en latin (car il avait appris cette langue devant Numance), que nos soldats combattent inutilement, qu'il vient de tuer Marius de sa propre main; et en même temps il montrait son épée teinte du sang d'un de nos fantassins qu'il avait mis vaillamment hors de combat. L'horreur encore plus que la certitude de cette nouvelle frappe d'épouvante nos soldats. De leur côté, les Barbares, redoublant de courage, poussent avec plus d'ardeur les Romains abattus. Déjà les nôtres n'étaient pas loin de prendre la fuite, quand Sylla, qui venait de mettre en déroute l'ennemi contre lequel il avait marché, revient et prend les Maures en flanc. Bocchus s'éloigne aussitôt. Jugurtha s'efforce de soutenir les siens et de retenir une victoire à demi gagnée; mais enveloppé par la cavalerie et voyant tomber ses soldats à droite et à gauche, il s'échappe seul à travers les traits qu'il parvient à éviter. Sur ces entrefaites, Marius, ayant mis en fuite la cavalerie ennemie, arrive promptement au secours des siens qu'il savait être en danger. Enfin, en un

omnes adesse; laudare, increpare merentes: ipse armatus intentusque, item milites cogebat. Neque secus, atque iter facere, castra munire; excubitum in portas cohortes ex legionibus, pro castris equites auxiliarios mittere; præterea alios super vallum in munimenti locare: vigilias ipse circumire: non tam diffidentia futuri, quæ imperavisset, quam uti militibus exæquatus cum imperatore labos volentibus esset. Et sane Marius illo et aliis temporibus belli pudore magis, quam malo, exercitum coercebat: quod multi per ambitionem fieri aiebant; pars, quod a pueritia consuetam duritiam, et alia, quæ ceteri miserias vocant, voluptati habuisset: nisi tamen respublica, pariter ac sævissumo imperio, bene atque decore gesta.

CI. Igitur quarto denique die, haud longe ab oppido Cirta undique simul speculatores citi sese ostendunt: qua re hostis adesse intellegitur. Sed quia divorsi redeuntes, alius ab alia parte, atque omnes idem significabant; consul incertus, quonam modo aciem instrueret, nullo ordine commutato, advorsum omnia paratus, ibidem opperitur. Ita Jugurtham spes frustrata, qui copias in quatuor partes distribuerat; ratus, ex omnibus æque aliquos ab tergo hostibus venturos. Interim Sulla, quem primum attigerant, cohortatus suos, turmatim, et quam maxume confertis equis, ipse aliique Mauros invadunt: ceteri in loco manentes ab jaculis eminus emissis corpora tegere, et, si qui in manus venerant, obtruncare. Dum eo modo equites præliantur, Bocchus cum peditibus, quos Volux filius ejus adduxerat (neque in priore pugna, in itinere morati, adfuerant, postremam Romanorum aciem invadunt: tum Marius apud primos agebat, quod ibi Jugurtha cum plurimis. Dein Numida, cognito Bocchi adventu, clam cum paucis ad pedites convortit: ibi latine (nam apud Numantiam loqui didicerat) exclamat, nostros frustra pugnare; paullo ante Marium sua manu interfectum; simul gladium sanguine oblitum ostendere, quem in pugna, satis impigre occiso pedite nostro, cruentaverat. Quod ubi milites accepere, magis atrocitate rei quam fide nunci terrentur: simulque barbari animos tollere, et in perculsos acrius incedere. Jamque paullum ab fuga aberant, quum Sulla, profligatis, quos advorsum ierat, rediens Mauris ab latere incurrit. Bocchus statim avortitur. At Jugurtha, dum sustentare suos et prope jam adeptam victoriam retinere cupit, circumventus ab equitibus, dextra, sinistra omnibus occisis, solus inter tela hostium vitabundus erumpit. Atque interim Marius, fugatis equiti-

moment, la déroute des ennemis fut complète. Alors on vit un horrible spectacle dans ces plaines vastes et nues. Les uns poursuivent, les autres fuient; ceux-ci sont massacrés, ceux-là faits prisonniers; les hommes et les chevaux gisent sur la terre. Beaucoup de soldats, couverts de blessures, ne peuvent ni fuir ni rester en place; ils font un effort pour se relever, et retombent aussitôt. Enfin, partout où la vue peut s'étendre, ce ne sont que monceaux de traits, d'armures, de cadavres, et, dans les intervalles, une terre abreuvée de sang.

CII. Le consul, après une victoire si complète, arrive à Cirta, qui avait été le but de sa marche. Ce fut dans cette ville que, cinq jours après la défaite des barbares, vinrent des députés de Bocchus. Ce prince demandait à Marius de lui envoyer deux de ses conseillers les plus fidèles pour conférer avec eux sur ses intérêts et sur ceux du peuple romain. Le consul fait partir aussitôt L. Sylla et Manlius. Quoique appelés par le roi, ils jugèrent à propos de faire les premières ouvertures pour ramener son esprit s'il était éloigné de la paix, ou l'enflammer davantage s'il la désirait déjà. Manlius, plus âgé, céda la parole à l'éloquence de Sylla, qui adressa à Bocchus ce peu de mots :

« Roi Bocchus, nous nous réjouissons sincèrement de voir que les dieux ont inspiré à un homme tel que vous la pensée de préférer enfin la paix à la guerre, de ne pas souiller votre honneur en vous associant au plus pervers des hommes, à Jugurtha; enfin, de nous épargner la cruelle nécessité de punir de la même manière votre erreur et ses crimes. Du reste, le peuple romain, dès le commencement, a mieux aimé acquérir des amis que des esclaves, et a trouvé plus de sécurité à régner par l'affection que par la violence. Pour vous, aucune alliance ne peut vous être aussi avantageuse que la nôtre. Trop éloignés pour nous nuire l'un à l'autre, nous nous trouvons cependant à portée de vous servir. Et plût aux dieux que vous eussiez eu ces sentiments dès le principe; vous eussiez reçu de nous jusqu'à ce jour plus de bienfaits que vous n'avez eu de maux à en souffrir. Mais puisque la fortune gouverne la plupart des événements humains, et qu'elle a voulu vous faire éprouver successivement notre force et notre bienveillance, profitez de l'occasion qu'elle vous offre; hâtez-vous et achevez votre ouvrage. Il vous est encore bien facile de faire oublier vos erreurs par vos services. En un mot, ayez bien gravé dans votre cœur que jamais le peuple romain n'a été vaincu en générosité. Pour ce qu'il vaut à la guerre, vous le savez par vous-même. »

Bocchus fit une réponse mesurée et bienveillante. Après quelques mots de justification, il dit que ce n'était pas d ns des intentions hostiles, mais pour défendre son royaume, qu'il avait pris les armes; que la portion de la Numidie d'où il avait chassé Jugurtha lui appartenait par le droit de la guerre, qu'il n'avait pu la voir tranquillement ravager par Marius; qu'en outre, les ambassadeurs envoyés par lui à Rome pour demander alliance avaient essuyé un refus; qu'au reste, il oublierait le passé, et que, si Marius le trouvait bon, il enverrait une seconde ambassade au sénat. Cette proposition fut accueillie; mais le Barbare changea encore de ré-

bus, accurrit auxilio suis, quos pelli jam acceperat. Denique hostes undique fusi. Tum spectaculum horribile campis patentibus: sequi, fugere; occidi, capi; equi, viri afflicti: ac multi, volneribus acceptis, neque fugere posse, neque quietem pati; niti modo, ac statim concidere: postremo omnia, qua visus erat, constrata telis, armis, cadaveribus; et inter ea humus infecta sanguine.

CII. Postea loci consul, haud dubie jam victor, pervenit in oppidum Cirtam, quo initio profectus intenderat. Eo post diem quintum, ubi iterum barbari male pugnaverant, legati a Boccho veniunt, qui regis verbis ab Mario petivere, duo quam fidissumos ad eum mitteret : velle de se, et de populi romani commodo cum iis disserere. Ille statim L. Sullam et Manlium ire jubet. Qui quamquam accitti ibant ; tamen placuit verba apud regem facere; ingenium aut avorsum uti flecterent, aut cupidum pacis vehementius accenderent. Itaque Sulla, cujus facundiæ, non ætati a Manlio concessum, pauca verba hujuscemodi loquutus :

« Rex Bocche, magna lætitia nobis est, quum te talem virum di monuere, uti aliquando pacem, quam bellum, malles; neu te optumum cum pessumo omnium Jugurtha miscendo commaculares; simul nobis demeres acerbam necessitudinem, pariter te errantem, et illum scelleratissu-

mum persequi. Ad hoc populo romano jam a principio melius visum amicos, quam servos, quærere : tutiusque rati, volentibus, quam coactis imperitare. Tibi vero nulla opportunior nostra amicitia : primum, quod procul absumus, in quo offensæ minumum, gratia par, ac si prope adessemus : dein, quod parentes abunde habemus, amicorum neque nobis, neque cuiquam omnium satis. Atque hoc utinam a principio tibi placuisset ! Profecto ea re ad hoc tempus multo plura bona accepisses, quam mala perpessus es. Sed quoniam humanarum rerum fortuna pleraque regit, cui scilicet placuit, te et vim et gratiam nostram experiri : nunc, quando per illam licet, festina, atque, uti cœpisti, perge. Multa atque opportuna habes, quo facilius errata officiis superes. Postremo hoc in pectus tuum demitte, numquam populum romanum beneficiis victum : nam, bello quid valeat, tute scis »

Ad ea Bocchus placide et benigne, simul pauca pro delicto suo, verba facit : se non hostili animo, sed ob regnum tutandum arma cepisse : nam Numidiæ partem, unde vi Jugurtham expulerit, jure belli suam factam; eam vastari ab Mario pati nequivisse; præterea missis antea Romam legatis, repulsum ab amicitia. Ceterum vetera omittere, ac tum, si per Marium liceret, legatos ad senatum missurum. Dein, copia facta, animus barbari ab amicis flexus,

solution à l'instigation de ses confidents. Jugurtha les avait séduits par ses présents; instruit de l'ambassade de Sylla et de Manlius, il en craignait les résultats.

CIII. Dans l'entrefaite, Marius ayant placé son armée dans les quartiers d'hiver, s'engage dans les déserts avec les cohortes légères et une partie de la cavalerie pour aller assiéger une forteresse royale, où Jugurtha avait mis en garnison tous les transfuges. Ce fut alors que Bocchus changea encore de résolution, soit qu'il eût réfléchi aux résultats des deux dernières batailles, soit qu'il cédât aux conseils de ceux de ses confidents qui avaient échappé aux séductions de Jugurtha. Il choisit dans la foule de ses courtisans cinq hommes d'une fidélité éprouvée et d'une grande fermeté de caractère. Il leur ordonne d'aller trouver Marius et de se rendre ensuite à Rome, s'il y consent, avec plein pouvoir d'y négocier et de terminer la guerre, à quelque condition que ce soit. Ceux-ci s'empressent de partir pour les quartiers d'hiver des Romains : attaqués et dépouillés dans la route par des brigands gétules, ils arrivent tremblants et dans un état misérable auprès de Sylla, que le consul avait laissé en partant avec la qualité de préteur. Celui-ci, au lieu de les traiter en ennemis sans foi, comme ils le méritaient, fut pour eux rempli d'égards et de générosité. Aussi les Barbares se persuadèrent-ils que le reproche d'avarice fait aux Romains était mal fondé, et que Sylla, qui se montrait si généreux à leur égard, devait être un ami. Car à cette époque, bien des gens ne savaient pas ce que sont les largesses intéressées; on ne croyait personne bienfaisant que de son gré, et les présents passaient encore pour une marque de bonté. Les envoyés communiquent à Sylla les instructions de Bocchus, le priant d'être leur protecteur et leur conseiller. Ils exagèrent les ressources, la loyauté, la grandeur de leur roi, et toute chose qu'ils croient utile à leur cause ou propre à exciter la bienveillance. Sylla promit tout, et il leur apprit de quelle manière ils devaient parler à Marius et devant le sénat; ils attendirent auprès de lui environ quarante jours.

CIV. Marius revint à Cirta sans avoir réussi dans son entreprise. Instruit de l'arrivée des députés, il les fait venir, ainsi que Sylla, Belliénus, préteur d'Utique, et tous les sénateurs qui se trouvaient dans la province. Avec eux, il examine les instructions de Bocchus, lequel donnait à ses envoyés plein pouvoir d'aller à Rome et demandait au consul une suspension d'armes jusqu'à leur retour. Sylla et le plus grand nombre furent d'avis d'accepter ces propositions; quelques-uns les rejetaient avec dureté, ignorant sans doute l'instabilité des choses humaines, qui, variables et mobiles, sont toujours prêtes à se tourner en revers. Quoi qu'il en soit, les Maures obtinrent toutes leurs demandes; trois d'entre eux partirent pour Rome avec le questeur Octavius Rufus, lequel avait apporté la solde en Afrique. Les deux autres retournèrent auprès de leur roi. Bocchus apprit avec plaisir les résultats de leur mission, et surtout la bienveillance et l'empressement que Sylla leur avait témoignés. A Rome, les députés, après avoir imploré le pardon pour leur roi, qui, dirent-ils, avait failli, entraîné par la scélératesse de Jugurtha, demandèrent alliance et amitié. Ils reçurent

---

quos Jugurtha, cognita legatione Sullæ et Manlii, metuens id, quod parabatur, donis corruperat.

CIII. Marius interea, exercitu in hibernis composito, cum expeditis cohortibus et parte equitatus proficiscitur in loca sola, obsessum turrim regiam, quo Jugurtha perfugas omnes præsidium imposuerat. Tum rursus Bocchus, seu reputando, quæ sibi duobus præliis venerant, seu admonitus ab amicis, quos incorruptos Jugurtha reliquerat, ex omni copia necessariorum quinque delegit, quorum et fides cognita, et ingenia validissuma erant. Eos ad Marium, ac dein, si placeat, Romam legatos ire jubet; agendarum rerum, et quocumque modo belli componendi licentiam ipsis permittit. Illi mature ad hiberna Romanorum proficiscuntur : deinde in itinere a gætulis latronibus circumventi spoliatique, pavidi, sine decore ad Sullam profugiunt; quem consul in expeditionem proficiscens pro prætore reliquerat. Eos ille non pro vanis hostibus, ut meriti erant, sed accurate ac liberaliter habuit. Qua re barbari et famam Romanorum avaritiæ falsam, et Sullam, ob munificientiam in sese, amicum rati. Nam etiam tum largitio multis ignara : munificus nemo putabatur, nisi pariter volens : dona omnia in benignitate habebantur. Igitur quæstori mandata Bocchi patefaciunt; simul ab eo petunt, uti fautor consultorque sibi adsit : copias, fidem, magnitudinem regis sui, et alia, quæ aut utilia, aut benevolentiæ credebant, oratione extollunt : dein Sulla omnia pollicito, docti, quo modo apud Marium, item apud senatum verba facerent, circiter dies XL ibidem opperiuntur.

CIV. Marius postquam infecto, quo intenderat, negotio, Cirtam redit; de adventu legatorum certior factus, illosque et Sullam venire jubet, item L. Bellienum prætorem Uticæ, præterea omnes uudique senatorii ordinis : quibuscum mandata Bocchi cognoscit, quis legatis potestas eundi Romam ab consule, interea induciæ postulabantur. Ea Sullæ et plerisque placuere : pauci ferocius decernunt, scilicet ignari humanarum rerum, quæ fluxæ et mobiles semper in adversa mutantur. Ceterum Mauri, impetratis omnibus rebus, tres Romam profecti cum Cn. Octavio Rufo, qui quæstor stipendium in Africam portaverat : duo ad regem redeunt. Ex his Bocchus quum cetera, tum maxume benignitatem et studium Sullæ lubens accipit. Romæ legatis ejus, postquam errasse regem, et Jugurthæ scelere lapsum, deprecati sunt, amicitiam et fœdus petentibus hoc modo respondetur « Senatus et populus romanus beneficii et injuriæ memor esse solet, ce-

cette réponse : Le sénat et le peuple romain n'oublient ni les bienfaits ni les injures. Puisque Bocchus se repent, on lui accorde le pardon de sa faute. Il obtiendra alliance et amitié lorsqu'il les aura méritées.

CV. Informé de cette réponse, Bocchus écrivit à Marius de lui envoyer Sylla pour régler avec lui leurs intérêts communs. Celui-ci partit avec une escorte composée de cavaliers, de fantassins, de frondeurs baléares, d'archers et d'une cohorte pélignienne (67). Toute cette troupe, pour accélérer sa marche, avait pris l'armure des vélites (68), suffisante d'ailleurs contre les traits légers des Numides. Le cinquième jour de route, Volux, fils de Bocchus, se montre tout à coup dans ces plaines découvertes avec environ mille cavaliers, qui, marchant épars et sans ordre, parurent bien plus nombreux à Sylla ainsi qu'à tous les autres, et causèrent quelque inquiétude. Aussi, chacun se prépare au combat, essaie ses armes et ses traits, se tient sur ses gardes. Ce premier mouvement de crainte cède bientôt à la confiance, comme il était naturel à des vainqueurs en face d'ennemis souvent vaincus. Des cavaliers envoyés à la découverte rapportent qu'on n'a à redouter aucune hostilité.

CVI. Volux arrive, aborde le questeur et se dit envoyé par son père Bocchus au devant des Romains pour leur servir d'escorte. Ce jour-là et le jour suivant, ils marchent de concert et sans défiance. Sur le soir, le camp venait à peine d'être établi, lorsque le Maure accourt vers Sylla, le visage troublé : des éclaireurs, dit-il, viennent de lui annoncer que Jugurtha n'était pas loin. En même temps, il presse et conjure le questeur de partir secrètement avec lui pendant la nuit. Sylla répond fièrement qu'il ne redoute pas le Numide tant de fois vaincu ; qu'il a assez de confiance dans la valeur de ses troupes ; que sa perte fût-elle certaine, il resterait plutôt que de trahir les soldats qu'il commande, et de ménager par une fuite honteuse une vie incertaine, que la première maladie lui enlèverait peut-être quelques jours plus tard. Au reste, il approuve le conseil donné par Volux de décamper pendant la nuit. Il ordonne à ses soldats de souper à la hâte, d'allumer de grands feux dans le camp, et, à la première veille, de partir en silence. Tous étaient harassés de cette marche nocturne, et Sylla, au lever du soleil, traçait le camp, lorsque des cavaliers maures annoncent que Jugurtha était devant eux à deux milles environ. A cette nouvelle, l'épouvante s'empare de nos soldats ; ils se croient trahis par Volux et environnés d'embûches. Quelques-uns même parlaient déjà de faire justice du traître et de ne pas laisser un si grand crime impuni.

CVII. Sylla, bien qu'il eût les mêmes soupçons, garantit le Maure de toute violence. Il exhorte les siens à montrer bon courage. « On a vu souvent, leur dit-il, une poignée de braves battre une armée : moins vous vous épargnerez dans le combat, plus vous assurerez votre salut. Il ne convient pas à celui qui a les mains armées de chercher une défense dans ses pieds, qui sont sans armes, et de tourner à l'ennemi, au milieu des plus grands périls, la partie du corps qui ne peut ni voir ni parer les coups. » Puis, prenant le grand

---

terum Boccho, quoniam pœnitet, delicti gratiam facit : fœdus et amicitia dabuntur, quum meruerit. »

CV. Quis rebus cognitis, Bocchus per literas a Mario petivit, uti Sullam ad se mitteret ; cujus arbitratu de communibus negotiis consuleretur. Is missus cum præsidio equitum atque peditum, funditorum balearium : præterea sagittarii et cohors peligna cum velitaribus armis, itineris properandi caussa ; neque his secus, atque aliis armis, adversum tela hostium, quod ea levia sunt, muniti. Sed in itinere, quinto denique die, Volux, filius Bocchi, repente in campis patentibus cum mille non amplius equitibus sese ostendit : qui temere et effuse euntes Sullæ aliisque omnibus et numerum ampliorem vero, et hostilem metum efficiebant. Igitur sese quisque expedire, arma atque tela tentare, intendere : timor aliquantus ; sed spes amplior, quippe victoribus, et advorsum eos, quos sæpe vicerant. Interim equites exploratum præmissi, rem, uti erat, quietam nunciant.

CVI. Volux adveniens quæstorem appellat : se a patre Boccho obviam illis simul, et præsidio missum. Deinde eum et proximum diem sine metu conjuncti eunt. Post, ubi castra locata, et die vesper erat, repente Maurus incerto voltu ad Sullam accurrit : sibi ex speculatoribus cognitum, Jugurtham haud procul abesse : simul, uti noctu clam secum profugeret, rogat atque hortatur. Ille animo feroci negat se toties fusum Numidam pertimescere : virtuti suorum satis credere : etiam si certa pestis adesset, mansurum potius, quam proditis, quos ducebat, turpi fuga incertæ ac forsitan post paullo morbo interituræ vitæ parceret. Ceterum ab eodem monitus, uti noctu proficiscerentur, consilium approbat : ac statim milites cœnatos esse, in castris ignes quam creberrumos fieri, dein prima vigilia silentio egredi jubet. Jamque nocturno itinere fessis omnibus, Sulla pariter cum ortu solis castra metabatur, quum equites mauri nunciant, Jugurtham circiter duum millium intervallo ante consedisse. Quod postquam auditum, tum vero ingens metus nostros invadit : credere se proditos a Voluce et insidiis circumventos : ac fuere, qui dicerent, manu vindicandum, neque apud illum tantum scelus inultum relinquendum.

CVII. At Sulla, quamquam eadem æstumabat, tamen ab injuria Maurum prohibet : suos hortatur, uti fortem animum gererent : sæpe antea paucis strenuis ad vorsum multitudinem bene pugnatum : quanto sibi in prælio minus pepercissent, tanto tutiores fore : nec quemquam decere, qui manus armaverit, ab inermis pedibus auxilium petere, in maxumo metu nudum et cæcum corpus ad hostes vortere. Deinde Volucem, quoniam hostilia fa-

Jupiter à témoin du crime et de la perfidie de Bocchus, il ordonne à Volux, puisqu'il était leur ennemi, de sortir du camp. Celui-ci le conjure, les larmes aux yeux, de n'avoir pas une telle pensée; il proteste qu'il n'y a point de trahison de sa part, mais que c'est une ruse de Jugurtha, qui a su par ses espions découvrir leur marche; qu'au reste, Jugurtha, qui n'avait pas de forces considérables, et dont l'espoir et les ressources dépendaient de Bocchus, n'oserait rien ouvertement en présence du fils de son protecteur; qu'ils n'avaient donc qu'à passer hardiment à travers son camp; que pour lui, soit qu'on détache en avant, soit qu'on laisse en arrière l'escorte de ses Maures, il ira seul avec Sylla. Ce parti parut le meilleur dans les circonstances présentes. L'armée se mit en marche aussitôt, et Jugurtha, surpris de son arrivée imprévue, hésite, reste en suspens et la laisse passer sans obstacle. Peu de jours après, ils arrivèrent à leur destination.

CVIII. Il y avait alors auprès de Bocchus un Numide, nommé Aspar, admis dans son intime familiarité. Jugurtha l'avait envoyé comme agent et surtout comme espion, chargé de pénétrer les desseins de Bocchus, dès qu'il avait su que ce prince avait mandé Sylla. Un autre Numide, nommé Dabar, fils de Massugrada, de la famille de Massinissa, mais illégitime du côté maternel, parce que son père était né d'une concubine, s'était aussi rendu cher et agréable au roi maure par les qualités de son esprit. Bocchus, qui depuis longtemps avait mis à l'épreuve la fidélité de Dabar, le sachant de tout temps attaché aux Romains, lui donna la commission d'aller dire à Sylla qu'il était disposé à faire ce qu'exigerait le peuple romain; que Sylla choisît lui-même le jour, le lieu, le moment d'une conférence; que pour lui, il n'était lié par aucun engagement antérieur; que la présence de l'envoyé de Jugurtha, loin de porter ombrage, leur permettrait de traiter plus librement de leurs intérêts communs; qu'il n'y avait pas eu d'autre moyen de prévenir les artifices du Numide. Pour moi, je suis convaincu que Bocchus, agissant d'après la foi punique et non d'après les motifs qu'il faisait valoir, amusait à la fois les Romains et les Numides par l'espoir de la paix; qu'il délibéra longtemps en lui-même (69) s'il livrerait Jugurtha aux Romains ou Sylla à Jugurtha; que son cœur était contre nous, mais que ses craintes parlèrent pour nous.

CIX. Sylla répondit qu'il dirait peu de mots en présence d'Aspar, que tout le reste se traiterait secrètement avec le roi seul ou devant quelques témoins. Il règle aussi la réponse qui lui sera faite publiquement. Dans l'entrevue, qui eut lieu comme il l'avait voulu, Sylla dit qu'il avait été envoyé par le consul pour savoir si Bocchus voulait la paix ou la guerre. Le roi, selon ce qui lui avait été conseillé, prie Sylla de revenir dans dix jours, alléguant qu'il n'avait pris encore aucune résolution, mais qu'il donnerait une réponse à cette époque. Puis ils se retirèrent chacun dans leur camp. Dès que la nuit fut bien avancée, Bocchus mande secrètement Sylla. Ils n'admirent à cette conférence que des interprètes fidèles, et pour médiateur Dabar, homme irréprochable, également estimé de l'un et de l'autre. Le roi prit aussitôt la parole en ces termes :

---

ceret, maximum Jovem obtestatus, ut sceleris atque perfidiæ Bocchi testis adesset, castris abire jubet. Ille lacrumans orare, ne ea crederet: nihil dolo factum; magis calliditate Jugurthæ, cui videlicet speculanti iter suum cognitum esset. Ceterum, quoniam neque ingentem multitudinem haberet, et spes opesque ejus ex patre suo penderent, illum nihil palam ausurum, quum ipse filius testis adesset: quare optumum factum videri, per media ejus castra palam transire: sese, vel præmissis, vel ibidem relictis Mauris, solum cum Sulla iturum. Ea res, ut in tali negotio, probata: ac statim profecti, quia de improviso accidderant, dubio atque hæsitante Jugurtha, incolumes transeunt. Deinde paucis diebus, quo ire intenderant, perventum.

CVIII. Ibi cum Boccho Numida quidam, Aspar nomine, multum et familiariter agebat; præmissus ab Jugurtha, postquam Sullam accitum audierat, orator, et subdole speculatum Bocchi consilia: præterea Dabar, Massugradæ filius, ex gente Masinissæ, ceterum materno genere impar (nam pater ejus ex concubina ortus erat), Mauro ob ingenii multa bona carus acceptusque : quem Bocchus fidum multis antea tempestatibus expertus, illico ad Sullam nunciatum mittit, paratum sese facere, quæ populus romanus vellet: colloquio diem, locum, tempus ipse deligeret: consulta sese omnia cum illo integra habere: neu Jugurthæ legatum pertimesceret; quo res communis licentius gereretur, nam ab insidiis ejus aliter caveri nequivisse. Sed ego comperior, Bocchum magis punica fide, quam ob idem prædicabat, simul Romanos et Numidam spe pacis attinuisse, multumque cum animo suo volvere solitum, Jugurtham Romanis, an illi Sullam traderet: lubidinem adversum nos, metum pro nobis suasisse.

CIX. Igitur Sulla respondit : pauca se coram Aspare loquuturum; cetera occulte, aut nullo, aut quam paucissimis præsentibus; simul edocet, quæ responderentur. Postquam, sicuti voluerat, congressi; dicit, se missum a consule venisse quæsitum ab eo, pacem, an bellum agitaturus foret. Tum rex, uti præceptum, post diem decimum redire jubet; ac nihil etiam nunc decrevisse, sed illo die responsurum: deinde ambo in sua castra digressi. Sed ubi plerumque noctis processit, Sulla a Boccho occulte arcessitur: ab utroque tantummodo fidi interpretes adhibentur; præterea Dabar internuncius, sanctus vir et ex sententia ambobus: ac statim sic rex incipit:

CX. « Numquam ego ratus sum fore, uti rex maxumus

CX. « Je n'aurais jamais pensé que moi, le souverain le plus puissant de ces contrées et de tous ceux que je connais, je pusse être redevable à un simple particulier. Avant de vous connaître, Sylla, j'ai accordé mon appui aux prières d'un grand nombre, j'en avais secouru de moi-même quelques autres, et je n'ai eu besoin de personne. Vous m'avez enlevé ce privilége : d'autres pourraient s'en affliger, je m'en félicite. J'attache un grand prix à avoir eu besoin de votre amitié, qui est pour mon cœur le bien le plus précieux. Faites-en l'expérience, je vous en conjure ; armes, soldats, trésors, tout ce que vous pouvez désirer, prenez-le, faites-en usage; et tant que vous vivrez, ne croyez pas que je me sois acquitté envers vous; l'obligation restera toujours entière de mon côté. Vous ne formerez jamais en vain un désir si je le connais; car, à mon avis, il est moins honteux pour un roi d'être vaincu par les armes qu'en générosité. Quant aux intérêts de votre république dont vous êtes ici le mandataire, voici ma réponse en peu de mots : je n'ai pas fait la guerre au peuple romain et n'ai jamais voulu la lui faire ; j'ai pris les armes pour défendre mes états attaqués ; mais je renonce à ce droit, puisque vous le désirez. Faites la guerre à Jugurtha comme vous l'entendrez. Le fleuve Mulucha servait de limite entre Micipsa et moi; je ne le passerai point, et je ne souffrirai pas que Jugurtha le franchisse. Au surplus, si vous avez à me faire quelque demande digne de Rome et de moi, vous n'essuierez point un refus. »

CXI. Sylla, sur ce qui lui était personnel, répondit en peu de mots et avec modestie ; mais il parla longuement de la paix et des intérêts communs. Enfin, il déclara au roi que le sénat et le peuple romain ne lui tiendraient aucun compte de ses promesses, puisqu'ils avaient eu l'avantage des armes; qu'il fallait faire quelque chose qui parût être plus dans leur intérêt que dans le sien ; que rien ne lui était plus facile, puisqu'il pouvait s'assurer de la personne de Jugurtha; qu'en livrant ce prince aux Romains, ceux-ci lui seraient vraiment redevables; que leur amitié, un traité d'alliance, la partie de la Numidie qu'il pouvait demander aujourd'hui, tout lui arriverait sans retard. Le roi refusa d'abord vivement : il allégua comme obstacles le voisinage, la parenté, un traité d'alliance ; il craignait en outre, en usant de perfidie, de s'aliéner les esprits de ses sujets, qui avaient autant d'affection pour Jugurtha que de haine pour les Romains. Cédant enfin à des instances réitérées, il promit d'assez bonne grâce de se conformer aux désirs de Sylla. Ils convinrent des mesures qu'ils devaient prendre pour faire croire au Numide, fatigué de la guerre, que la paix qu'il désirait si ardemment s'étendait à lui. Le complot ainsi concerté, ils se séparèrent.

CXII. Le lendemain, Bocchus fait venir Aspar, l'envoyé de Jugurtha ; il lui dit que Sylla lui a fait connaître par Dabar qu'un traité pourrait mettre fin à la guerre; qu'il ait donc à savoir les intentions de son maître. Aspar, tout joyeux, se rend au camp de Jugurtha. Muni des instructions de ce prince, il hâte sa marche, revient auprès de Bocchus au bout de huit jours et lui annonce que Jugurtha est disposé à se soumettre à tout ce qu'on exigera de lui, mais qu'il a peu de confiance en Marius; que souvent déjà ses traités avec les généraux romains n'ont pas été ratifiés ;

---

in hac terra, et omnium, quos novi, privato homini gratiam deberem. Et, hercle, Sulla, ante te cognitum, multis orantibus, aliis ultro egomet opem tuli, nullius indigui. Id imminutum, quod ceteri dolere solent, ego lætor. Fuerit mihi pretium eguisse aliquando amicitiæ tuæ, qua apud animum meum nihil carius habeo. Id adeo experiri licet ; arma, viros, pecuniam, postremo quidquid animo lubet, sume, utere : et, quoad vives, numquam redditam gratiam putaveris ; semper apud me integra erit : denique nihil, me sciente, frustra voles. Nam, ut ego æstumo, regem armis, quam munificentia, vinci, minus flagitiosum. Ceterum de republica vestra, cujus curator huc missus es, paucis accipe. Bellum ego populo romano neque feci, neque factum umquam volui : fines meos advorsum armatos armis tuitus sum. Id omitto, quando vobis ita placet : gerite', uti voltis, cum Jugurtha bellum. Ego flumen Mulucham, quod inter me et Micipsam fuit, non egrediar ; neque Jugurtham id intrare sinam : præterea, si quid meque vobisque dignum petiveris, haud repulsus abibis. »

CXI. Ad ea Sulla pro se breviter et modice, de pace et de communibus rebus, multis disseruit. Denique regi patefacit, quod polliceatur, senatum et populum romanum, quoniam amplius armis valuissent, non in gratiam habituros : faciundum aliquid, quod illorum magis, quam sua, retulisse videretur. Id adeo in promtu esse, quoniam Jugurthæ copiam haberet : quem si Romanis tradidisset, fore, ut illi plurimum deberetur ; amicitiam, fœdus, Numidiæ partem, quam nunc peteret, ultro adventuram. Rex primo negitare : affinitatem, cognationem, præterea fœdus intervenisse : ad hoc metuere, ne, fluxa fide usus, popularium animos avorteret, quis et Jugurtha carus, et Romani invisi erant : denique sæpius fatigatus, leniter et ex voluntate Sullæ omnia se facturum promittit. Ceterum ad simulandam pacem, cujus Numida, defessus bello, avidissumus, quæ utilia visa, constituunt. Ita, composito dolo, digrediuntur.

CXII. At rex postero die Asparem, Jugurthæ legatum, appellat : sibi per Dabarem ex Sulla cognitum, posse conditionibus bellum poni : quamobrem regis sui sententiam exquireret. Ille lætus in castra Jugurthæ venit. Deinde ab illo cuncta edoctus, properato itinere, post diem octavum redit ad Bocchum, et ei nunciat, Jugurtham cupere omnia, quæ imperarentur, facere ; sed Mario parum confi-

qu'au reste, si Bocchus voulait consulter leurs intérêts communs et s'assurer de la ratification du traité, il devait, sous prétexte de la paix, ménager une entrevue générale et lui livrer Sylla ; que lorsqu'il aurait un tel homme en sa puissance, le sénat et le peuple romain se verraient obligés de faire la paix pour ne pas laisser au pouvoir des ennemis un patricien distingué que l'amour du bien public, et non sa lâcheté, aurait fait tomber entre leurs mains.

CXIII. Cette proposition plongea le Maure dans une longue rêverie ; il finit par promettre. Était-ce par ruse ou sincèrement ? c'est ce que je ne saurais dire. D'ailleurs, les volontés des rois, aussi mobiles qu'absolues, sont souvent contradictoires. Plus tard, aux temps et lieu convenus, Bocchus fait venir tour à tour Sylla et l'envoyé de Jugurtha ; il les accueille avec bienveillance, il leur fait à tous deux les mêmes promesses, et les laisse pleins de joie et d'espérance. Mais, dans la nuit qui précéda l'entrevue, le Maure avait convoqué ses confidents, et, tout à coup, changeant de volonté, il les avait congédiés. Resté seul, il fut en proie, dit-on, à mille perplexités, changeant de contenance et de couleur avec ses résolutions diverses, et, malgré son silence, trahissant ainsi les secrètes agitations de son âme. Enfin, une dernière fois, il mande Sylla, et, se conformant à sa volonté, il convient avec lui des moyens de perdre le Numide. Le jour venu, quand on lui eut annoncé que Jugurtha s'approchait, il s'avance au devant de lui, comme par honneur, avec quelques amis et notre questeur, et s'arrête sur une hauteur où ceux qu'on avait mis en embuscade pouvaient tout voir. Le Numide s'y rend également, accompagné de la plupart de ses amis et sans armes, d'après les conventions ; tout à coup, à un signal donné, la troupe sort de son embuscade et enveloppe Jugurtha ; ses amis sont massacrés ; il est enchaîné et livré à Sylla, qui l'amène à Marius (70).

CXIV. Dans le même temps, nos généraux Q. Cépion (71) et M. Manlius (72) furent battus par les Gaulois (73). Cette défaite remplit d'effroi toute l'Italie. Les Romains d'alors pensaient, comme ceux d'aujourd'hui, que toute autre guerre est facile à leur courage, mais qu'avec les Gaulois il faut combattre pour le salut et non pour la gloire. Dès qu'on eut appris à Rome que la guerre de Numidie était terminée et que Jugurtha était amené chargé de chaînes, Marius, quoique absent, fut nommé consul, et on lui décerna la province de la Gaule. Aux calendes de janvier, il triompha consul (74), avec un grand éclat. A cette époque, tout l'espoir et toute la puissance de Rome étaient en Marius.

---

dere : sæpe antea cum imperatoribus romanis pacem conventam frustra fuisse. Ceterum Bocchus, si ambobus consultum, et ratam pacem vellet, daret operam, ut una ab omnibus, quasi de pace, in colloquium veniretur ; ibique sibi Sullam traderet. Quum talem virum in potestate haberet, fore, uti jussu senatus atque populi romani fœdus fieret : neque hominem nobilem, non sua ignavia, sed ob rempublicam, in hostium potestate, relictum iri.

CXIII. Hæc Maurus secum ipse diu volvens tandem promisit. Ceterum dolo, an vere, parum comperimus : sed plerumque regiæ voluntates, ut vehementes, sic mobiles, sæpe ipsæ sibi adversæ. Postea tempore et loco constituto [in colloquium uti de pace veniretur], Bocchus Sullam modo, modo Jugurthæ legatum appellare, benigne habere, idem ambobus polliceri : illi pariter læti, ac spei bonæ pleni. Sed nocte ea, quæ proxuma fuit ante diem colloquio decretum, Maurus adhibitis amicis, ac statim, immutata voluntate, remotis, dicitur secum ipse multa agitavisse, voltu corporis pariter atque animo varius : quæ scilicet, tacente ipso, occulta pectoris patefecisse. Tamen postremo Sullam arcessiri jubet, et ex ejus sententia Numidæ insidias tendit. Deinde, ubi dies advenit, et ei nunciatum est, Jugurtham haud procul abesse ; cum paucis amicis et quæstore nostro, quasi obvius honoris caussa, procedit in tumulum facillumum visu insidiantibus. Eodem Numida cum plerisque necessariis suis, inermus, ut dictum, accedit ; ac statim, signo dato, undique simul ex insidiis invaditur. Ceteri obtruncati : Jugurtha Sullæ vinctus traditur, et ab eo ad Marium deductus.

CXIV. Per idem tempus adversum Gallos, ab ducibus nostris, Q. Cæpione et M. Manlio male pugnatum : quo metu Italia omnis contremuerat. Illique, et inde usque ad nostram memoriam, Romani sic habuere : alia omnia virtuti suæ prona esse ; cum Gallis pro salute, non pro gloria certare. Sed postquam bellum in Numidia confectum, et Jugurtham vinctum adduci Romam nunciatum est ; Marius consul absens factus, et ei decreta provincia Gallia : isque kalendis januariis magna gloria consul triumphavit. Ea tempestate spes atque opes civitatis in illo sitæ.

NOTES
DE
LA GUERRE DE JUGURTHA.

(1) *Patriam aut parentes.* La plupart des commentateurs et des traducteurs ont regardé le mot *parentes* comme le participe de *pareo,* et l'ont traduit par *sujets.* Nous avons adopté le sens indiqué dans le commentaire de M. Burnouf qui donne au mot *parentes* son acception la plus ordinaire, celle de *parents, de famille.*

(2) Salluste veut parler de Fabius Maximus, surnommé le Temporiseur, et du premier Scipion l'Africain, les deux plus illustres personnages de Rome dans le temps de la seconde guerre punique.

(3) Ce prince, à peine âgé de 17 ans, embrassa le parti des Carthaginois et fit la guerre à Syphax, allié des Romains. Puis il combattit en Espagne contre Scipion. Asdrubal, général des Carthaginois, ayant donné en mariage à Syphax sa fille Sophonisbe, qui avait été fiancée à Masinissa, ce dernier, irrité de cet affront, fit alliance avec les Romains, auxquels il resta inviolablement attaché jusqu'à la fin de sa vie. Après la seconde guerre punique, Rome le récompensa, comme le dit Salluste. Ce prince régna soixante ans, et vécut au-delà de quatre-vingt-dix. Son royaume fut partagé entre ses trois fils Micipsa, Gulussa et Manastabal.

(4) Syphax, roi des Masæsyliens, un des peuples de la Numidie, s'allia d'abord avec Rome; mais ensuite il abandonna l'alliance des Romains pour celle de Carthage. Vaincu et fait prisonnier auprès de Cirta par Masinissa, il fut livré à Scipion qui le fit servir à l'ornement de son triomphe. Ne voulant pas survivre à tant d'infortune, ce malheureux prince se laissa mourir de faim en prison, l'an 201 avant J.-C.

(5) Voici, d'après Cortius, la table de généalogie de Masinissa.

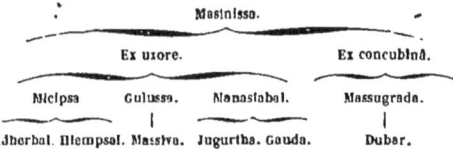

(6) Numance, ville célèbre d'Espagne, dans la Tarraconnaise, soutint avec succès, pendant quatorze ans, la guerre contre les Romains. Elle fut prise par Scipion Emilien, l'an 133 avant J.-C.

(7) L'empereur Septime-Sévère, se voyant près de mourir, se fit apporter un exemplaire de Salluste, lut à ses deux fils, Caracalla et Géta, ce discours si touchant. Mais il n'eut pas, dit Spartien, un meilleur succès que le roi de Numidie.

(8) Ce prince mourut à Cirta, l'an de Rome 636, après un règne de trente ans. Le sénat, apprenant qu'il s'élevait des dissensions entre ses enfants, donna le gouvernement de la province d'Afrique à Caton, consul cette même année, et qui mourut l'année suivante.

(9) La province romaine, en Afrique, comprenait alors toutes les conquêtes faites sur les Carthaginois. Les principales villes étaient Carthage, Utique, Adrunète, etc.

(10) Scaurus, prince du sénat, issu d'une des plus illustres familles de Rome, a été diversement jugé par les auteurs qui ont parlé de lui. Entre les accusations dont il est l'objet de la part de Pline et de Salluste, et les éloges que Tacite, Cicéron et Valère-Maxime donnent à sa vertu, il est difficile de prononcer. C'est d'après l'avis de Scaurus que fut rédigé le sénatus-consulte qui arma le consul Opimius du pouvoir dictatorial contre la faction des Gracques. Accablé de vieillesse et d'infirmités, il se fit porter à la place publique pour répondre lui-même, à une accusation qui lui était intentée devant le peuple. Voici quel fut son discours : « Q. Varius, Espagnol de naissance, accuse » M. Scaurus, prince du sénat, d'avoir soulevé les alliés. » M. Scaurus, prince du sénat, le nie. Il n'y a point de » témoins; lequel des deux, Romains, croirez-vous ? » Scaurus fut absous.

(11) Après la mort des Scipion, L. Opimius se trouva l'homme le plus accrédité du parti des nobles. Pendant sa préture, il avait apaisé une révolte qui venait d'éclater parmi les habitants de Frégelles, et qu'il attribua à C. Gracchus. Celui-ci fut tellement irrité de cette accusation, qu'étant tribun du peuple, il fit refuser le consulat à Opimius. Mais Opimius réussit l'année suivante à s'élever à cette dignité, et ne s'en servit que pour se venger du tribun et l'attaquer à main armée. C. Gracchus, M. Fulvius et une foule de leurs partisans furent massacrés au sein de Rome. Accusé par le tribun du peuple Décius d'avoir fait périr sans jugement des citoyens romains, il fut absous par le peuple. Envoyé en Afrique, et s'étant laissé corrompre par Jugurtha, il fut condamné à l'exil, et mourut de misère à Dyrrachium.

(12) Le détroit de Gibraltar. Les Romains désignaient la Méditerranée par les mots *nostrum mare.* — L'Océan Atlantique.

(13) Mot grec qui signifie descente, du verbe καταβαίνω. « Le Catabathmon, dit Méla, est une grande vallée qui descend vers l'Egypte et borne l'Afrique.

(14) Ce roi Hiempsal était fils de Gulussa, petit-fils de Masinissa. Après la mort de Jugurtha, il régna sur une partie de la Numidie. Juba, son fils, lui succéda. Celui-ci ayant été tué à la bataille de Thapsus, César réduisit la Numidie en province romaine, et en donna le gouvernement à Salluste.

(15) Les Théréens, qui fondèrent Cyrène, étaient partis de Théra, petite île de la mer Égée.

(16) Ce sont les villes fondées par les Phéniciens, telles qu'Adrumète, Hippone et quelques autres.

(17) Les *mantelets* étaient des constructions légères faites pour faciliter aux assiégeants l'approche de la muraille. On dressait sur quatre perches une espèce de cabane haute de huit pieds, large de sept, longue de seize, ayant un double toit de claies, garni de couvertures propres à amortir les coups. Les côtés avaient aussi des claies d'osier recouvertes de cuir encore frais, afin de les défendre contre les flèches et le feu. On joignait plusieurs mantelets de suite, pour former une espèce de galerie. Les assiégeants les poussaient peu à peu vers la muraille, et, protégés par eux, s'approchaient du pied du mur pour le saper. — Les tours étaient de grandes machines très redoutables aux assiégés, et qui avaient jusqu'à dix ou douze pieds de face. Quant à la hauteur, on la proportionnait à celle du mur de la ville, que la tour devait excéder. Toute la charpente de la machine était garnie de cuirs. Les tours étaient posées sur des roues, et on les faisait avancer à force de bras. On les divisait en trois étages : dans le bas était le bélier pour battre la muraille ; au milieu une espèce de pont-levis qu'on abattait sur le mur du rempart, et c'est par là que les soldats faisaient invasion dans la ville. Le dessus était une plate-forme garnie d'archers et de gens armés de longues piques, pour écarter les défenseurs de la muraille.

(18) Memmius fut questeur en 637, tribun du peuple en 642, préteur en 648, et gouverneur de province l'année suivante. Il demandait le consulat avec Glaucias, lorsqu'il fut assassiné, dans le Champ-de-Mars, par le tribun du peuple Saturninus.

(19) Cette loi, faite depuis peu par le tribun Gracchus, en 631, portait qu'avant la tenue des comices on assignerait d'avance les provinces aux consuls qu'on allait nommer.

(20) Il était fils de Nasica Sérapion, souverain pontife. Il ne joue aucun rôle dans cette histoire et mourut l'année même de son consulat. — Calpurnius fut questeur en 626, puis tribun du peuple en 632, l'année du consulat d'Opimius. Dans cette magistrature, il se concilia l'amitié de la noblesse en faisant rappeler Popilius, exilé par les Gracques.

(21) *Quasi per saturam.* Expression proverbiale qui répond à peu près à celle-ci : *passer au gros sas.* « Satura, dit Festus, et cibi genus ex variis rebus confertum est, et lex multis aliis legibus conferta. » Le *satura* est à la fois une espèce de pot-pourri, composé de différents mets, et une loi farcie de beaucoup d'autres lois. (*Note de Dureau Delamalle.*)

(22) L. Cassius Longinus Ravalia, fils d'un consul, fut lui-même consul en 626, puis censeur deux ans après. Il s'acquit dans cette magistrature une telle réputation de justice et de sévérité, que, bien qu'il ne fût pas d'usage alors de revenir à la charge de préteur après avoir occupé d'autres dignités importantes, cette magistrature lui fut conférée de nouveau, non pas pour une année seulement, mais pour tout le temps que dureraient les affaires à l'occasion desquelles on l'avait nommé. Les Romains regardaient Cassius comme le juge le plus habile en matière criminelle ; et Cicéron, qui a fait son éloge, dit que le préteur dut sa popularité à une sévérité austère.

(23) *Perlata rogatione. Legis rogatio dicitur, quia rogabatur, seu interrogabatur populus, velletne ac juberet quod propositum erat.* (Burnouf.)

(24) Il était fils et petit-fils de consul. Ses ancêtres avaient possédé cette dignité dès les premiers temps de la république. — *Q. Minucio Rufo.* Issu d'une famille illustre, Minucius fut gouverneur de Macédoine et fit avec succès la guerre contre les Thraces.

(25) Cette dissension retarda non-seulement l'élection des tribuns, mais celle de tous les autres magistrats. Ainsi les consuls de l'année 645 ne purent pas être désignés d'avance, et ne furent nommés qu'au moment même où ils entrèrent en fonction.

(26) *Élever des terrasses.* Ces terrasses, formées de terre, de bois et de fascines, étaient destinées à combler les fossés et à présenter une plate-forme élevée sur laquelle on construisait des tours.

(27) Les Liguriens ainsi que les Thraces, après avoir longtemps combattu contre Rome et après bien des défaites, servaient alors comme auxiliaires dans les armées romaines. Une cohorte était composée de 420 fantassins.

(28) L'escadron était de trente cavaliers, et il y avait dix escadrons par légion : mais il s'agit ici, comme dans la note précédente, des troupes auxiliaires et non pas de la légion romaine.

(29) Dans toute légion il y avait trois espèces de fantassins : les hastaires, *hastati*, au premier rang ; les *princes*, *principes*, au second ; les *triaires*, *triarii seu pilani*, au troisième. Chacun de ces corps avait dix *manipules* : chaque manipule était divisé en deux centuries, commandées chacune par un centurion. Le centurion qui commandait la première centurie du premier manipule s'appelait pour les hastaires *primus hastatus*, pour les princes *primus princeps*, pour les triaires *primipilus* ou *primi pili centurio*. Le premier primipile, étant le plus considérable des centurions des triaires, avait place dans le conseil de guerre avec le consul et les premiers officiers ; il était chargé de l'aigle ou étendard de la légion, et n'avait au-dessus de lui que les tribuns et préfets de camp.

(30) Mamilius fut surnommé *Limetanus*, c'est-à-dire le *Borneur*, à cause d'une loi proposée par son grand-père au sujet des *limites* des propriétés territoriales. Il prétendait descendre de Mamilia, fille de Télégon. Ce Télégon, fils d'Ulysse, avait fondé Tusculum.

(31) Quintus Caecilius Metellus, surnommé dans la suite le Numidique, de l'illustre maison Caecilia, est, dit de Brosses, le seul homme de bien parmi les personnages qui jouent un rôle important dans cette histoire. Plutarque, dans ses *Hommes illustres*, avait écrit sa vie, que nous n'avons plus ; ouvrage regrettable pour ceux qui se plaisent à retrouver un homme vertueux au milieu d'un siècle corrompu. — Silanus se fit battre par les Cimbres ; il fut père du Silanus désigné consul l'année même de la conjuration de Catilina.

(32) On ne distribuait pas le pain chaque jour aux soldats, mais on leur donnait du blé pour un mois. D'après

l'évaluation de de Brosses, le soldat romain recevait environ soixante livres de blé par mois. Le cavalier recevait sept médimnes d'orge et deux de froment. Le médimne fait à peu près la moitié du setier de France.

(33) *Ceteris arte modum statuisse.* Voici le commentaire de M. Burnouf : aliis quàm gregariis militibus *arctum modum statuit* servos et jumenta secum ducendi, id est, providit ut quam paucissimos ducerent. Certes l'autorité de M. Burnouf est imposante et il y a péril à hasarder une opinion différente de celle de l'illustre philologue. Toutefois, nous pensons que le sens donné par nous au mot *arte* est plus naturel, sans être moins conforme aux règles de la langue latine. Selon nous, ce mot fait opposition au mot *edicto* employé plus haut. Métellus mit un terme à quelques abus par des *édits*; il réprima les autres par de l'*adresse*.

(34) Le soldat romain, dit Cicéron (*Tuscul.* II, 16), marche extraordinairement chargé. Il faut qu'il porte tous ses ustensiles et ses vivres pour plus de quinze jours, outre les pieux et les palissades pour enclore le camp en arrivant le soir. On ne parle pas du bouclier, du casque ni du reste de l'armure, qui ne sont pas plus comptés dans le poids que le soldat porte que les bras et les mains. Car le proverbe militaire dit que les armes sont les membres du soldat.

(35) Ce mot peut également s'appliquer aux prières et à l'appareil des suppliants. Cet appareil consistait surtout en branches d'olivier et de verveine.

(36) Frontin (*Stratag.* liv. I, 8) loue comme une ruse de guerre très-permise la conduite de Métellus, qui, regardé comme un des citoyens les plus vertueux de Rome, ne rougit pas d'employer la trahison pour se défaire de son ennemi. C'est avec raison que M. Burnouf dit dans son commentaire : Certe non ad has artes descendissent Fabricii et Camilli; nati sed enim melioribus annis.

(37) Les *frondeurs* lançaient avec la fronde des pierres ou des balles de plomb. Ils servaient dans les troupes auxiliaires des Romains, et la plupart venaient des îles Baléares. Les *archers* commencèrent à servir comme auxiliaires dans les armées romaines après la seconde guerre punique. Les plus renommés étaient Thraces ou Crétois.

(38) Romulus n'avait créé que trois tribuns par légion; dans la suite ce nombre fut porté à six. Les préfets des cohortes avaient dans les troupes auxiliaires le même rang que les tribuns dans les légions. « On détache de chaque légion, dit Tite-Live (XXVI, 4), de jeunes soldats agiles et vigoureux. On leur donne des boucliers plus petits que ceux de la cavalerie, et sept javelines de quatre pieds de long. Chaque cavalier en prend un en croupe derrière lui. Ces fantassins sont accoutumés à sauter à terre dès qu'on sonne la charge, à se jeter en dehors de l'escadron, à lancer leurs traits, à rentrer dans l'escadron et à se remettre en croupe; manœuvre qu'ils répètent souvent et qui a rendu la cavalerie romaine supérieure à toute autre. » On fit usage de cette milice la première fois au siége de Capoue, pendant la seconde guerre punique.

(39) Ce qui équivaut à 14,830 toises ou sept lieues environ.

(40) Rutilius était regardé comme l'homme le plus vertueux de son siècle. Après avoir été successivement questeur, tribun du peuple et préteur, il devint lieutenant de Métellus. Il fut consul l'an 648. Quelques années après ayant pris la défense de la province d'Asie contre les vexations des publicains, ceux-ci l'accusèrent de concussion et parvinrent par leurs intrigues à le faire condamner à l'exil. Il se retira à Smyrne, se consolant dans son exil par l'étude des lettres et de la philosophie. Il refusa de revenir à Rome après le triomphe de Sylla, craignant de paraître approuver les sanglantes exécutions du dictateur.

(41) Zama, l'une des principales villes de Numidie, était célèbre dès le temps des guerres puniques. Le roi Juba, fils d'Hiempsal II, la fit fortifier d'une double enceinte de murailles. Les Romains la ruinèrent après la mort de ce roi, au temps des guerres d'Afrique de Jules César. Mais l'empereur Adrien la fit rétablir et y envoya une colonie romaine.

(42) *Perfugis.* Les transfuges étaient punis chez les Romains des supplices les plus cruels. On les mettait en croix, on les exposait aux bêtes. Q. Fabius leur fit couper les mains; Paul-Émile les fit écraser sous les pieds des éléphants.

(43) D'après l'estimation de M. Letronne, la livre romaine vaut pour nous dix onces, cinq gros, quarante grains. Ainsi les deux cent mille livres d'argent pesant dont il est ici question équivalent à deux cent soixante-sept mille trois cent soixante-un marcs, et environ à treize millions de notre monnaie.

(44) *Ad imperandum. Ut ei, quod Metello placeret, imperaretur.* Dans l'exécution de ce traité, la bonne foi ne fut pas du côté des Romains. Aussi ce passage de Salluste a fait dire à Montesquieu : « Quelquefois ils traitaient de la paix avec un prince sous des conditions raisonnables; et, lorsqu'il les avait exécutées, ils en ajoutaient de telles qu'il était forcé de recommencer la guerre. Ainsi, quand ils se furent fait livrer par Jugurtha ses éléphants, ses chevaux, ses trésors, ses transfuges, ils lui demandèrent de livrer sa personne; chose qui, étant pour un prince le dernier des malheurs, ne peut jamais être une condition de paix. »

(45) « Marius, dit de Brosses, prétendait avoir eu de tout temps des présages de sa grandeur future, parmi lesquels je crois qu'on doit mettre au premier rang le jugement que Scipion porta de lui. Cet oracle valait bien celui du prêtre d'Utique, et l'on ne doit pas douter qu'il n'ait plus que toute autre chose enhardi Marius à demander des dignités élevées. Néanmoins, Marius parut toute sa vie ajouter une foi entière aux prédictions, soit qu'il l'eût réellement, ou plutôt qu'il connût tout l'avantage qu'on peut tirer des choses qui étonnent l'esprit du peuple, toujours enclin aux plus grossières superstitions. »

(46) Arpinum, ville du Latium, fut également la patrie de Plaute et de Cicéron.

(47) Il y avait alors trente-cinq tribus, qui, sur les vingt-quatre tribuns à nommer pour quatre légions, en nommaient seize; les huit autres étaient choisis par les généraux.

(48) Les lois romaines ne permettaient de demander le consulat qu'à l'âge de quarante-trois ans. Marius était alors dans sa quarante-huitième année. Le jeune fils de Métellus reçut dans la suite le surnom de Pius, à cause du zèle pieux avec lequel il sollicita du peuple le rappel de son père exilé par Marius.

(49) D'après les dispositions testamentaires de Micipsa, Garda devait hériter de la couronne, si les deux fils de Micipsa et Jugurtha venaient à mourir sans enfants.

(50) *Intestabilis.* Ce mot signifie proprement qu'on ne

peut témoigner en justice, ni faire un testament, ni recevoir par testament.

(51) Turpilius était innocent, et sa condamnation fut l'ouvrage de Marius qui trouvait ainsi l'occasion d'exercer sa haine contre Metellus.

(52) Salluste paraît vouloir dire que Turpilius, s'il eût été citoyen romain, n'aurait pas été puni de la peine capitale. En effet, les lois Porcia et Sempronia défendaient de mettre à mort ou même de battre de verges un citoyen romain. Mais cette disposition n'était pas observée à l'armée à l'égard des citoyens romains qui avaient commis quelque faute grave contre leur devoir, et nous en voyons dans l'histoire de nombreux exemples. Ainsi, le premier Scipion l'Africain, bien après la loi Porcia, infligea aux transfuges romains des peines plus sévères qu'aux transfuges latins.

(53) On peut lire la description du bélier dans Josèphe (*de Bello Judæo*, III, 15). On prétend que cette machine fut inventée par Épeus, au siége de Troie, mais Vitruve affirme que les Carthaginois en firent usage les premiers au siége de Gades.

(54) *Syrte* vient du mot grec σύρω, traîner. Ces deux golfes sont situés, l'un (*Syrtis major*, golfe de Sidra) entre Leptis et Cyrène, l'autre (*Syrtis minor*, golfe de Gabes) entre les promontoires Aspis et de Carthage. Varron attribue ce mouvement continuel du fond à des bouffées de vent souterrain venues de la côte, lesquelles poussent tout à coup de côté et d'autre les flots et les sables. Voyez la description des Syrtes dans Lucain (*Pharsale*, liv. IX).

(55) Sulpice-Sévère et Pomponius Méla rapportent aussi qu'au milieu de ces déserts les vents soulèvent des vagues de sable, de même qu'ils soulèveraient des flots ; de sorte que les naufrages, si l'on peut s'exprimer ainsi, n'y sont guère moins fréquents que sur la mer. « Dans ce malheureux pays, dit Solin, la mer a les dangers de la terre, et la terre ceux de la mer. La vase fait échouer le voyageur dans les Syrtes et le vent le fait périr dans les sables. » Voyez encore Lucain (*Pharsale*, liv. IX), et Chateaubriand (*Martyrs*, liv. XI).

(56) Pline (liv. V, ch. 4), dit que ces autels n'étaient que des monceaux de sable, et il n'en restait déjà plus de traces au temps de Strabon. Voyez le récit de cette même action dans Valère-Maxime (liv. V, ch. 6).

(57) *Hastas*. Ces piques n'étaient point garnies de fer. — *Vexillum*. Ce drapeau, qui formait l'une des récompenses militaires des Romains, était une banderolle carrée, couleur de pourpre, et brodée en or, qu'on faisait porter devant soi au bout d'une pique. — *Phaleras*. Ce mot, traduit ordinairement par *caparaçons*, veut dire ici *colliers*. Cet ornement se mettait au cou et pendait sur la poitrine.

(58) Servius Tullius avait partagé tous les citoyens romains en six classes. Les cinq premières, dans lesquels étaient pris les soldats, formaient cent quatre-vingt-treize centuries. La sixième était exempte du service militaire. Les citoyens de cette dernière classe étaient appelés *prolétaires*, parce qu'ils ne servaient l'état que par les enfants (*proles*) qu'ils lui donnaient.

(59) *Capite censos*. Homines tenuissimæ vel nullius pecuniæ, qui *capite* tantum, non re familiari, censebantur. (Burnouf.)

(60) Metellus reçut aussi les honneurs du triomphe ; il fut surnommé le Numidique, et l'on frappa des médailles empreintes de ses victoires. Manlius, tribun du peuple, l'accusa d'exactions dans son gouvernement. Metellus présenta à ses juges le registre de sa gestion ; mais ceux-ci, sans y avoir même jeté les yeux, le renvoyèrent absous : de peur, dit Cicéron, de le déshonorer, s'ils hésitaient à croire la parole d'un homme aussi connu pour son intégrité.

(61) *Former la tortue*. Les soldats s'avançaient par pelotons au pied des murailles de la place assiégée en se serrant et se couvrant la tête de façon que les premiers rangs se tenant debout, les suivants se baissant un peu, et les derniers étant à genoux, leurs boucliers arrangés les uns sur les autres comme des tuiles, formaient tous ensemble une espèce de toit si ferme et si solide que tout ce qu'on y jetait du haut des murs glissait sans le rompre et sans blesser les soldats qui étaient dessous. La tortue des soldats se faisait aussi quelquefois en rase campagne.

(62) Il faut conclure de ce passage que Salluste, lorsqu'il écrivait la guerre de Jugurtha, n'avait pas encore dessein de composer la grande histoire romaine dont il nous reste des fragments et dans laquelle il est souvent fait mention de Sylla.

(63) Sisenna, un des plus anciens historiens de Rome, contemporain de Marius et de Sylla, composa une histoire de Rome qui comprend depuis la prise de cette ville par les Gaulois jusqu'aux guerres de Sylla, et dont Cicéron fait le plus grand éloge.

(64) Un des ancêtres de Sylla, P. Cornelius Rufus, consul et dictateur, l'an de Rome 478, fut exclu du sénat, parce qu'il avait dix marcs de vaisselle d'argent, luxe inouï dans ce temps-là. Depuis cette époque ses ancêtres vécurent dans l'obscurité, et son père lui-même était fort pauvre. (Note de M. Burnouf.)

(65) Sylla fut marié cinq fois, et on ne sait pas à quelle circonstance de sa vie Salluste fait ici allusion. Voici un fait rapporté par Plutarque dans la vie de Sylla, lorsque celui-ci donna au peuple des festins magnifiques. « Au milieu de ces réjouissances, qui durèrent plusieurs jours, Métella, femme de Sylla, mourut. Pendant sa maladie, les prêtres défendirent à Sylla de la voir, et de souiller sa maison par des funérailles. Il lui envoya donc un acte de divorce, et il la fit transporter encore vivante dans une autre maison. »

(66) *Dextumos*, superlatif de *dexter*.

(67) Les Péligniens, petit peuple du Samnium, habitaient dans les montagnes, près de la mer. Corfinium et Salmo étaient leurs villes principales.

(68) Les armes des Vélites consistaient en un bouclier, plus petit que celui de la cavalerie, sept javelots et une épée espagnole.

(69) Quintus Cépion, consul l'an de Rome 647, fut envoyé dans la Gaule contre les Cimbres. S'étant emparé de Toulouse il pilla un temple qui renfermait de grands trésors. Après l'expiration de son consulat, il resta chargé du commandement. Manlius, nouveau consul, fut envoyé dans la Gaule pour le seconder dans la guerre des Cimbres. La discorde se mit entre ces deux généraux ; ils se séparèrent et furent complètement battus. Cépion fut destitué du commandement avec ignominie, et ses biens furent confisqués.

(70) Ce Manlius n'appartenait point à l'ancienne et il-

lustre famille des Manlius Capitolinus. Cicéron, en parlant de lui, s'exprime ainsi : « Manlium, non solum ignobilem, verum sine virtute, sine ingenio, vita etiam contempta et sordida. »

(71) *Adversum Gallos*, ou plutôt contre les Cimbres et les Teutons, peuples de la Germanie, auxquels s'étaient joints quelques peuples de la Gaule.

(72) Aux calendes de janvier de l'année 650, le jour même où il fut nommé consul pour la seconde fois. La guerre de Jugurtha avait commencé l'année 643.

Salluste ne poursuit pas plus loin sa narration, mais Plutarque (vie de Marius) nous donne quelques détails sur le sort du roi Numide. Jugurtha, après avoir orné le triomphe de Marius, fut dépouillé de ses habits et jeté dans le cachot Tullianum où, pendant six jours entiers, il lutta contre la faim et le désespoir. Ainsi périt misérablement, à l'âge de cinquante-quatre ans, ce prince qui, par son courage et son génie fertile en ressources, s'était rendu tellement redoutable pendant sept ans de guerre, qu'on le regardait même en Italie comme un second Hannibal.

Une partie de la Numidie, celle qui était limitrophe de la Mauritanie, fut donnée au roi Bocchus. Une autre portion forma un royaume à Hiempsal II, fils de Gulussa. Le reste fut réuni à la province romaine.

FRAGMENTS.

DISCOURS
DU CONSUL M. ÆMILIUS LEPIDUS
AU PEUPLE ROMAIN CONTRE SYLLA (1).

M. Æmilius Lépidus, père du triumvir Lépide, avait été édile sous le septième consulat de Marius. Il passa plus tard dans le parti de Sylla et s'y fit remarquer par l'ardeur avec laquelle il achetait les biens des proscrits. En 675 il fut désigné consul, avec l'aide de Pompée, et malgré l'opposition de Sylla, alors encore dictateur. Mais dès que celui-ci eut abdiqué, Lépidus travailla à recomposer l'ancienne faction de Marius. Il ambitionnait la puissance de Sylla, mais n'avait rien de son génie : c'était un homme léger, turbulent, ayant plus de ruse que de prudence, et sans aucun talent militaire. — De Brosses pense que ce discours fut adressé par Lépidus à ses partisans qu'il avait assemblés en secret; et, selon cet écrivain, le titre *au peuple romain* aurait été ajouté par une main moderne : mais rien ne justifie cette supposition. Au reste, il parait qu'à cette époque Sylla, bien que rentré dans la vie privée, était encore tout puissant par ses satellites, auxquels il avait confié la plupart des magistratures.

Romains, votre clémence et votre probité, auxquelles vous devez chez les nations étrangères votre grandeur et votre gloire, ne me font que redouter davantage la tyrannie de Sylla. Je crains qu'en vous refusant à croire les autres capables d'actions qui vous paraissent criminelles, vous ne vous laissiez surprendre, alors surtout qu'il s'agit d'un homme qui n'a d'espoir que dans le crime et dans la perfidie, et qui ne peut s'estimer en sûreté qu'en se montrant méchant et détestable au-delà de vos craintes, afin de vous ôter, par l'excès de vos maux, à vous ses esclaves, jusqu'au souci de votre liberté : ou, si vous êtes sur vos gardes, je crains que vous ne soyez plus occupés à vous garantir de ses attentats qu'à vous en venger. Ses satellites, des hommes d'un grand nom et illustrés par les belles actions de leurs ancêtres, ce dont je ne puis assez m'étonner, achètent par leur propre servitude le droit de vous tyranniser ; ils préfèrent cette double abjection à l'exercice d'une liberté légitime.

Glorieux rejetons des Brutus, des Æmilius, des Lutatius, enfantés pour détruire ce que leurs ancêtres avaient édifié par leur valeur ! Car enfin, que prétendions-nous défendre contre Pyrrhus, et Annibal, et Philippe, et Antiochus, sinon la liberté, nos foyers à chacun, et le droit

---

M. ÆMILII LEPIDI Cos. AD P. R.
ORATIO CONTRA SULLAM.

« Clementia et probitas vestra, Quirites, quibus per ceteras gentes maxumi et clari estis, plurimum timoris mihi faciunt, adversus tyrannidem L. Sullæ ; ne ipsi nefanda quæ æstumatis, ea parum credendo de aliis, circumveniamini (præsertim quum illi spes omnis in scelere atque perfidia sit; neque se aliter tutum putet, quam si pejor atque intestabilior metu vestro fuerit, quo captivis libertatis curam miseria eximat) ; aut si provideritis, in tutandis periculis magis, quam in ulciscendo teneamini. Satellites quidem ejus, homines maxumi nominis, non minus optumis majorum exemplis, nequeo satis mirari, dominationis in vos servitium suum mercedem dant ; et utrumque per injuriam malunt, quam optumo jure libere agere : præclara Brutorum, atque Æmiliorum et Lutatiorum proles, geniti ad ea, quæ majores virtute peperere, subvertunda ! Nam quid a Pyrrho, Hannibale, Philippoque et Antiocho defensum est aliud, quam libertas, et suæ cuique sedes ; neu cui, nisi legibus, pareremus?

de n'obéir qu'aux lois? Tous ces biens, ce cruel Romulus les retient comme s'il les avait ravis à des étrangers. Ni le sang de tant d'armées, ni la mort d'un consul et de nos premiers citoyens qui furent moissonnés par la guerre, ne l'ont rassasié ; loin de là, sa cruauté s'accroît dans la prospérité qui, d'ordinaire, change la fureur en compassion. Que dis-je! il est le seul, de mémoire d'homme, qui ait prononcé des supplices contre des enfants qui n'étaient pas encore nés (2), et qui ainsi connurent l'injustice avant d'être assurés de l'existence ; et maintenant, protégé par l'atrocité même de ses crimes, il se livre à ses fureurs ; tandis que vous, par crainte de voir s'appesantir votre joug, vous n'osez ressaisir la liberté.

Il faut agir, il faut le prévenir, Romains, si vous ne voulez pas que vos dépouilles lui appartiennent à jamais. Il n'est plus temps de différer, ni de demander des secours aux dieux ; à moins, peut-être, que vous n'espériez qu'un jour, par dégoût ou par honte de la tyrannie, il n'abdique, à ses risques et périls, un pouvoir usurpé par le crime. Mais, au point où il en est, il n'y a pour lui rien de glorieux que ce qui est sûr, rien d'honorable que ce qui peut maintenir sa domination. Ainsi donc ce repos, ce loisir avec la liberté, que tant d'honnêtes citoyens préféraient aux honneurs, au prix du travail, n'existent plus. Aujourd'hui, Romains, il faut servir ou commander, trembler ou se faire craindre.

En effet, sur quoi comptez-vous encore? Quelles lois humaines vous restent? et parmi les lois divines, lesquelles n'ont pas été violées? Le peuple romain, naguère l'arbitre des nations, maintenant dépouillé de sa puissance, de sa gloire, de ses droits, n'ayant pas de quoi vivre, méprisé, manque même des aliments qu'on donne aux esclaves (3). Une grande partie de nos alliés et des habitants du Latium, à qui, pour tant de glorieux services, vous aviez accordé le droit de cité, en sont privés par le caprice d'un seul homme ; et quelques sicaires ont envahi l'héritage d'un peuple paisible, pour se payer par-là de leurs crimes. Lois, jugements, trésor public, provinces, royaume, tout, jusqu'au droit de vie et de mort sur les citoyens, tout est dans les mains d'un seul ; et vous avez vu aussi des victimes humaines, et les tombeaux souillés de sang romain (4).

Que vous reste-t-il, si vous êtes des hommes, sinon de vous affranchir de l'oppression ou de mourir avec courage? Car enfin la nature a prescrit à tous les hommes, même à ceux que protégent mille glaives, un terme fatal ; et, à moins d'avoir un cœur de femme, nul n'attend le dernier coup sans rien oser pour sa défense.

Mais, au dire de Sylla, je suis un séditieux, parce que je me plains des récompenses accordées aux fauteurs des troubles ; je suis un ami de la guerre, parce que je réclame les droits de la paix. C'est-à-dire, sans doute, que vous ne trouverez dans l'empire ni bien-être ni sûreté, à moins que le Picentin Vettius et le greffier Cornélius ne puissent dissiper follement les biens acquis légitimement par autrui ; à moins que vous n'approuviez les proscriptions de tant d'innocents dont les richesses ont fait le crime, les exécutions des personnages les plus illustres, Rome dépeuplée par l'exil et le meurtre, et les biens des malheureux citoyens donnés ou vendus à l'encan comme le butin pris sur les Cimbres.

Mais Sylla m'objecte que je possède des biens

Quæ cuncta sævus iste Romulus, quasi ab externis rapta, tenet : non tot exercituum clade, neque consulis et aliorum principum, quos fortuna belli consumserat, satiatus ; sed tum crudelior, quum plerosque secundæ res in miserationem ex ira vertunt. Quin solus omnium, post memoriam hominum, supplicia in post futuros composuit, quis prius injuria, quam vita certa esset ; pravissumeque per sceleris immanitatem adhuc tutus furit, dum vos, metu gravioris servitii, a repetunda libertate terremini.

Agendum atque obviam eundum est, Quirites, ne spolia vestra penes illum sint ; non prolatandum, neque votis paranda auxilia : nisi forte speratis, per tædium jam aut pudorem tyrannidis, esse eum per scelus occupata periculosius dimissurum. At ille eo processit, uti nihil gloriosum, nisi tutum, et omnia retinendæ dominationis honesta existumet. Itaque illa quies et otium cum libertate, quæ multi probi potius, quam laborem cum honoribus, capessebant, nulla sunt. Hac tempestate serviundum, aut imperitandum ; habendus metus, aut faciundus, Quirites. Nam quid ultra? quæve humana superant, aut divina impolluta sunt? Populus romanus, paullo ante gentium moderator, exutus imperio, gloria, jure, agitandi inops, despectusque, ne servilia quidem alimenta reliqua habet. Sociorum et Latii magna vis civitate, pro multis et egregiis factis, a vobis data per unum prohibentur : et plebis innoxiæ patrias sedes occupavere pauci satellites, mercedem scelerum. Leges, judicia, ærarium, provinciæ, reges, penes unum ; denique necis civium et vitæ licentia : simul humanas hostias vidistis, et sepulcra infecta sanguine civili. Estne viris reliqui aliud, quam solvere injuriam, aut mori per virtutem? quoniam quidem unum omnibus finem natura, vel ferro septis, statuit ; neque quisquam extremam necessitatem nihil ausus, nisi muliebri ingenio, exspectat.

Verum ego seditiosus, uti Sulla ait, qui præmia turbarum queror ; et bellum cupiens, quia jura pacis repeto. Scilicet, quia non aliter salvi satisque tuti in imperio eritis, nisi Vettius Picens, scriba Cornelius, aliena bene parata prodegerint ; nisi approbaveritis omnes proscriptiones innoxiorum ob divitias ; cruciatus virorum illustrium ; vastam urbem fuga et cædibus ; bona civium miserorum,

des proscrits. Ah! c'est là en effet le plus grand de ses crimes qu'il n'y ait eu, ni pour moi, ni pour personne, de sûreté à n'écouter que la justice. Et cependant, ces biens qu'alors j'ai achetés par crainte, que j'ai payés, j'offre de les rendre à leurs légitimes maîtres, et ne veux pas qu'il soit rien gardé par personne de la dépouille des citoyens.

C'est bien assez d'avoir supporté les maux qu'ont engendrés nos fureurs; c'est bien assez d'avoir vu les armées romaines en venir aux mains, et tourner contre nous-mêmes les armes destinées à l'ennemi. Il est temps que tous ces crimes, que tous ces égarements aient une fin; encore que Sylla, loin de s'en repentir, les compte parmi ses titres de gloire, et qu'il soit prêt, si vous le lui permettez, à recommencer avec plus d'emportement.

Et à présent ce n'est plus sur l'opinion que vous avez de lui, mais sur ce que vous pouvez avoir d'audace, que j'ai des doutes. Je crains qu'en attendant tous que l'un de vous donne l'exemple, vous ne vous laissiez surprendre, non par ses forces, qui sont peu considérables et bien affaiblies, mais par votre mollesse, dont il lui est si facile de profiter, pour montrer au monde qu'il n'a pas moins de bonheur que d'audace.

En effet, excepté quelques satellites couverts de honte, qui est de son parti? ou bien qui ne désire de voir tout changer, hormis la victoire? Seraient-ce les soldats qui ont payé de leur sang les richesses d'un Tarrula, d'un Scyrrus, les plus pervers des esclaves? Sont-ce les citoyens auxquels on a préféré, pour les magistratures, un Fusidius, un infâme prostitué, l'opprobre de tous les honneurs?

Je place donc la plus entière confiance dans une armée victorieuse, à qui tant de blessures et de travaux n'ont valu qu'un tyran. A moins, peut-être, que nos soldats n'aient pris les armes que pour renverser cette puissance tribunitienne, fondée par leurs ancêtres, et pour s'enlever à eux-mêmes leurs droits avec leurs tribunaux : dignement payés, sans doute, lorsque, relégués dans les marais et dans les bois, ils verront que l'ignominie et la haine sont pour eux, et les récompenses pour une poignée d'hommes.

Pourquoi donc marche-t-il toujours avec un si nombreux cortége, et avec tant d'assurance? C'est que la prospérité est pour les vices un voile merveilleux; mais, qu'un revers survienne, et autant il était craint auparavant, autant il sera méprisé. Peut-être aussi compte-t-il sur ces prétextes de concorde et de paix dont il colore son crime et son parricide; car, à l'entendre, nous ne verrons la fin des troubles que quand les plébéiens seront chassés des terres qu'ils possèdent, inhumainement dépouillés par leurs concitoyens, et qu'il aura en son pouvoir les lois, les tribunaux et tout ce qui a jadis appartenu au peuple romain.

Mais, si c'est là ce que vous entendez par les mots de paix et de concorde, approuvez donc le bouleversement et la destruction de la république; souscrivez aux lois qu'on vous impose; acceptez le repos avec la servitude, et montrez à la postérité comment on pourra asservir les Romains par le sang même qu'ils auront versé. Pour moi, bien que la dignité suprême dont je

---

quasi cimbricam prædam, venum aut dono datam. At objectat mihi possessiones ex bonis proscriptorum : quod quidem scelerum illius vel maximum est, non me, neque quemquam omnium satis tutum fuisse, si recte faceremus. Atque illa, quæ tum formidine mercatus sum, pretio soluto, jure dominis tamen restituo; neque pati consilium est, ullam ex civibus prædam esse. Satis illa fuerint, quæ rabie contracta toleravimus : manus conscerentes inter se romanos exerc'tus, et arma ab externis in nosmet versa. Scelerum et contumeliarum omnium finis sit : quorum adeo Sullam non pœnitet, ut et facta in gloria numeret, et, si liceat, avidius fecerit. Neque jam quid existumetis de illo, sed quantum vos audeatis, vereor : ne, alius alium principem exspectantes, ante capiamini, (non opibus ejus, quæ futiles et corruptæ sunt, sed vestra secordia,) quam captum ire licet, et quam audeat, tam videri felicem. Nam præter satellites commaculatos, quis eadem vult? aut quis non omnia mutata, præter victoriam? Scilicet milites? quorum sanguine, Tarrulæ Scyrroque, pessumis servorum, divitiæ partæ sunt. An, quibus prælatus in magistratibus capiundis Fusidius, ancilla turpis, honorum omnium dehonestamentum? Itaque maximam mihi fiduciam parit victor exercitus, cui per tot vulnera et labores nihil, præter tyrannum, quæsitum est. Nisi forte tribuniciam potestatem eversum profecti sunt per arma, conditam a majoribus suis; utique jura et judicia sibimet extorquerent : egregia scilicet mercede, quum relegati in paludes et silvas, contumeliam atque invidiam suam, præmia penes paucos intelligerent.

Quare igitur tanto agmine atque animis incedit? quia secundæ res mire suis vitiis obtentui; quibus labefactatis, quam formidatus antea est, tam contemnetur. Nisi forte specie concordiæ et pacis, quæ sceleri et parricidio suo nomina indidit; neque aliter populo romano esse belli finem ait, nisi maneat expulsa agris plebes, præda civilis acerbissima, jus, judiciumque omnium rerum penes se, quod populi romani fuit. Quæ, si vobis pax et concordir intelliguntur, maxuma turbamenta reipublicæ atque exitia probate : annuite legibus impositis : accipite otium cum servitio; et tradite exemplum posteris ad populum romanum suimet sanguinis mercede circumveniundum.

Mihi, quamquam per hoc summum imperium satis quæsitum erat nomini majorum, dignitati, atque etiam præsidio; tamen non fuit consilium privatas opes facere; po-

suis revêtu suffise à ma considération et même à ma sûreté, je n'ai pas l'intention de séparer mes intérêts des vôtres ; et la liberté avec ses périls m'a semblé préférable à la paix dans l'esclavage. Si vous pensez comme moi, levez-vous, Romains, et avec le secours des dieux, suivez M. Æmilius, votre consul, votre chef, qui veut vous mener reconquérir la liberté.

DISCOURS
DE L. PHILIPPE CONTRE LÉPIDUS (5).

Cette harangue ne fut pas prononcée immédiatement après celle qui précède. Il faut la rapporter à l'époque où Catulus, consul avec Lépidus, s'opposait de toutes ses forces aux entreprises de ce dernier, et où le sénat leur avait ordonné à tous les deux de se rendre au plus tôt chacun dans sa province, après avoir pris d'eux le serment de ne pas se faire la guerre l'un à l'autre. Néanmoins, Lépidus était allé en Étrurie, et, après y avoir composé une armée des débris de la faction de Marius, s'était avancé jusque sous les murs de Rome. Repoussé par Catulus et Pompée, il était retourné en Étrurie où il avait levé d'autres troupes, et se préparait de nouveau à marcher sur Rome en demandant un second consulat. C'est alors (en 677, vers la fin de janvier) que L. Philippe aurait prononcé la harangue qu'on va lire. Un sénatus-consulte fut rédigé conformément à son avis. Catulus, alors proconsul, attaqua Lépidus en Étrurie ; et celui-ci, vaincu, se réfugia en Sardaigne où il mourut.

Je voudrais avant tout, pères conscrits, voir la république tranquille, ou du moins, dans ses périls, les plus braves citoyens courir à sa défense ; je voudrais voir les entreprises coupables tourner contre leurs auteurs. Mais, loin de là, tout est en proie à des séditions qu'ont excitées ceux-là même qui devaient le plus les empêcher ; et, ce qui est le comble, c'est que les hommes vertueux et sages sont forcés d'exécuter les mesures prises par les plus détestables insensés. Ainsi, malgré votre éloignement pour la guerre, il vous faut cependant prendre les armes, parce que tel est le bon plaisir de Lépidus ; à moins que, par hasard, on ne soit disposé à lui laisser la paix en lui permettant la guerre. Grands dieux, qui gouvernez encore cette ville, mais qui avez cessé de veiller sur elle (6) ! quoi ! M. Æmilius, le dernier des scélérats, lui dont on ne saurait dire s'il est plus lâche que méchant, est à la tête d'une armée pour opprimer la liberté ; de méprisé qu'il était, il est devenu redoutable : et vous, sénateurs, contents de murmurer et de flotter irrésolus, pleins de confiance dans les paroles et les prédictions des augures, vous aimez mieux souhaiter la paix que la défendre ; et vous ne voyez pas que la mollesse de vos décrets vous fait perdre toute dignité et à lui toute crainte. Au reste cela est juste ; puisque ses rapines lui ont valu le consulat, et la sédition une province avec une armée, qu'aurait-il gagné à vous bien servir, lui dont vous avez si bien récompensé les crimes (7) ?

Mais, sans doute, ceux qui, jusqu'à la fin, n'ont fait que voter des ambassades, la paix, la concorde, et autres choses semblables, auront trouvé grâce devant lui ? Loin de là, il les méprise, ne les juge pas dignes d'être des hommes publics, et ne voit en eux qu'une proie, parce qu'ils redemandent la paix aussi lâchement qu'ils l'ont perdue.

Pour moi, dès l'origine, voyant l'Étrurie soulevée, ses proscrits rappelés, et la république dévorée par de folles largesses, je pensais qu'il fallait se hâter, et je suivis avec un petit nombre l'avis de Catulus. Au reste, ceux qui vantaient les services de la famille Émilienne, et qui prétendaient que le peuple romain devait son agrandissement à la clémence, disaient aussi que Lépidus

tiorque visa est per culosa libertas quieto servitio. Quæ si probatis, adeste, Quirites, et bene juvantibus diis M. Æmilium consulem, ducem et auctorem sequimini ad recipiundam libertatem. »

Oratio L. Philippi contra Lepidum.

« Maxume vellem, P. C., rempublicam quietam esse, aut in periculis a promtissumo quoque defendi ; denique prava incepta consultoribus noxæ esse. Sed contra seditionibus omnia turbata sunt, et ab iis, quos prohibere magis decebat ; postremo, quæ pessumi et stultissumi decrevere, ea bonis et sapientibus faciunda sunt. Nam bellum atque arma, quamquam vobis invisa, tamen, quia Lepido placent, sumenda sunt : nisi forte cui pacem præstare, et bellum pati consilium est. Pro, dii boni ! qui hanc urbem omissa cura adhuc regitis ; M. Æmilius, omnium flagitiosorum postremus, qui pejor, an ignavior sit, deliberari non potest, exercitum opprimundæ libertatis habet, et se e contemto metuendum effecit : vos mussantes, et retractantes, verbis et vatum carminibus pacem optatis magis, quam defenditis : neque intelligitis, mollitia decretorum vobis dignitatem, illi metum detrahi. Atque id jure ; quoniam ex rapinis consulatum, ob seditionem provinciam cum exercitu adeptus est. Quid illo ob benefacta cepisset, cujus sceleribus tanta præmia tribuistis ?

At scilicet ii, qui, ad postremum usque, legatos, pacem, concordiam, et alia hujuscemodi decreverunt, gratiam ab eo peperisse. Immo despecti et indigni republica habiti, prædæ loco æstumantur ; quippe metu pacem repetentes, quo habitam amiserant. Equidem a principio, quum Etruriam conjurare, proscriptos arcessiri, largitionibus rempublicam lacerari, videbam ; maturandum putabam, Catuli consilia cum paucis sequutus sum. Ceterum illi, qui gentis Æmiliæ benefacta extollebant, et ignoscundo populi romani magnitudinem auxisse, nusquam etiam

n'avait pas encore remué, lorsque, de son autorité privée, il avait déjà pris les armes pour opprimer la liberté; et tous, en se cherchant des protecteurs ou des appuis, ont perverti l'esprit public.

Cependant Lépidus n'était alors qu'un brigand qui n'avait sous ses ordres que des valets d'armée et quelques sicaires, tous prêts à donner leur vie pour une journée de paie. Aujourd'hui c'est un proconsul revêtu d'un commandement, non plus acheté (8), mais conféré par vous; il a des lieutenants que la loi oblige à lui obéir. En outre, vers lui sont accourus les hommes les plus corrompus de chaque ordre, enflammés par l'indigence et par leurs passions, tourmentés par la conscience de leurs crimes, pour qui il n'est de repos que dans les séditions, et de troubles que dans la paix. Ces gens-là font naître le désordre du désordre et la guerre de la guerre : autrefois satellites de Saturninus, ensuite de Sulpicius, puis de Marius et de Damasippe, maintenant de Lépidus.

Que dis-je? l'Étrurie et tout ce qui reste des partisans de la guerre lèvent déjà la tête; les Espagnes sont excitées à la révolte, et Mithridate, sur les frontières des seuls peuples dont les tributs alimentent encore notre trésor, épie le moment de la guerre; enfin, hormis un chef habile, rien ne manque pour bouleverser l'empire.

Je vous en prie, je vous en conjure, pères conscrits, faites-y attention; ne souffrez pas que la licence du crime atteigne comme une rage contagieuse ceux qui y ont échappé jusqu'ici. Car, lorsque les récompenses appartiennent aux méchants, on a bien de la peine à rester gratuitement homme de bien.

Attendez-vous donc que, reparaissant avec une armée, Lépidus envahisse Rome, le fer et la flamme à la main? Il y a beaucoup moins loin de l'état actuel des choses à cet attentat, qu'il n'y avait de la paix et de la concorde à la guerre civile qu'il a commencée contre toutes les lois divines et humaines, non pour venger ses injures ou celles de ses prétendus amis, mais pour renverser les lois et la liberté. En effet, l'ambition et la crainte du châtiment le tourmentent et le déchirent; irrésolu, inquiet, ne sachant s'arrêter à rien, il craint le repos, il redoute la guerre; il se voit contraint de renoncer à son luxe, à ses dissolutions; et, en attendant, il abuse de votre indolence.

Pour moi, je ne saurais dire si c'est de votre part crainte, faiblesse ou folie; car chacun de vous, ce me semble, demande à n'être pas atteint des maux qui vont tomber sur nous comme la foudre; mais, pour les écarter, aucun ne fait le moindre effort. Et, je vous prie, considérez combien la nature des choses est changée. Autrefois les complots se tramaient en secret, et on les réprimait ouvertement; et alors les gens de bien déjouaient les méchants sans peine : aujourd'hui la paix et la concorde sont troublées à ciel ouvert, et l'on se cache pour les défendre; les amis du désordre sont en armes, et vous dans la crainte.

Qui vous arrête? à moins peut-être que vous n'ayez honte ou regret de bien faire. Seriez-vous ébranlés par les injonctions de Lépidus, qui veut, dit-il, qu'on restitue à chacun son bien, et qui retient celui d'autrui; qu'on abroge les lois dictées par la violence, et qui nous le commande les armes à la main; qu'on rende leurs droits aux citoyens, qui, selon lui, ne les ont point perdus, et que, pour ramener la paix, on rétablisse en

---

tum Lepidum progressum, aiebant, quum privata arma opprimundæ libertatis cepisset, sibi quisque opes aut patrocinia quærendo, consilium publicum corruperunt. Attamen erat Lepidus latro cum calonibus et paucis sicariis, quorum nemo diurna mercede vitam mutaverit : nunc est pro consule cum imperio, non emto, sed dato a vobis, cum legatis adhuc jure parentibus. Et ad eum concurrere homines omnium ordinum corruptissumi, flagrantes inopia et cupidinibus, scelerum conscientia exagitati : quibus quies in seditionibus, in pace turbæ sunt : hi tumultum ex tumultu, bellum ex bello serunt ; Saturnini olim, post Sulpicii, dein Marii Damasippique, nunc Lepidi satellites. Præterea Etruria, atque omnes reliquiæ belli arrectæ; Hispaniæ armis sollicitæ; Mithridates in latere vectigalium nostrorum, quibus adhuc sustentamur, diem bello circumspicit : quin, præter idoneum ducem, nihil abest ad subvertundum imperium.

Quod ego vos oro atque obsecro, P. C., ut animadvortatis; neu patiamini licentiam scelerum, quasi rabiem, ad integros contactu procedere. Nam, ubi malos præmia sequuntur, haud facile quisquam gratuito bonus est. An exspectatis, dum, exercitu rursus admoto, ferro atque flamma urbem invadat? quod multo propius est ab eo, quo agitat adversum divina et humana omnia cepit, non pro sua, aut quorum simulat, injuria, sed legum ac libertatis subvertundæ. Angitur enim ac laceratur animi cupidine et noxarum metu, expers consilii inquies, hæc atque illa tentans; metuit otium, odit bellum, luxu atque licentia carendum videt, atque interim abutitur vestra secordia. Neque mihi satis consilii, metum, an ignaviam, an dementiam eam appellem : qui videmini intenta mala, quasi fulmen, optare, se quisque ne attingat; sed prohibere, ne conari quidem. Et, quæso, considerate quam conversa rerum natura sit. Antea malum publicum occulte, auxilia palam, instruebantur; et eo boni malos facile anteibant : nunc pax, concordia disturbantur palam, defenduntur occulte; quibus illa placent, in armis sunt, vos in metu.

Quid exspectatis? nisi forte pudet, aut piget recte facere. An Lepidi mandata animos movent? qui placere ait, sua cuique reddi; et aliena tenet : belli jura rescindi; quum ipse armis cogat : civitatem confirmari, quibus ademtam negat : concordiæ gratia plebei tribuniciam po-

faveur du peuple cette puissance tribunitienne par laquelle ont été allumées toutes nos discordes?

O le plus méchant et le plus impudent des hommes! la misère et les larmes de tes concitoyens pourraient-elles te toucher, toi qui ne possèdes rien dans ta patrie que tu ne doives à la violence ou à l'injustice? Tu brigues un second consulat, comme si tu t'étais démis du premier : tu prétends rétablir la concorde par les armes; nous l'avions, et c'est toi qui l'as détruite! Traître envers nous, infidèle à tes complices, ennemi de tous les gens de bien, tu te joues des hommes et des dieux offensés par tes perfidies ou par tes parjures! Eh bien! puisque tel est ton caractère, persévère dans ta résolution, et ne dépose point les armes, je t'y engage, de peur qu'en suspendant tes entreprises séditieuses, ton humeur inquiète ne nous tienne sans cesse en alarmes. Ni les peuples, ni les lois, ni les dieux ne te veulent pour citoyen. Continue comme tu as commencé, afin de trouver au plus tôt la récompense qui t'est due.

Mais vous, pères conscrits, jusques à quand par vos délais laisserez-vous la république sans défense, et n'opposerez-vous aux armes que des paroles? Des troupes ont été levées contre vous; de l'argent a été enlevé de force au trésor et aux particuliers; on a placé et déplacé des garnisons; on impose arbitrairement des lois; et cependant vous préparez des députations et des décrets! Mais, croyez-moi, plus vous demanderez la paix avec instance, plus la guerre sera poussée avec ardeur, car notre ennemi verra bien qu'il est plutôt protégé par votre crainte que par votre amour de la justice (9). Alléguer l'horreur des troubles et de la guerre civile, pour qu'en présence de Lépidus en armes vous restiez désarmés, c'est vouloir que vous vous soumettiez d'avance au sort des vaincus quand vous pouvez l'infliger à d'autres : et c'est ainsi qu'en vous conseillant la paix avec lui, on lui conseille la guerre contre vous.

Mais si ces conseils vous plaisent, si vous êtes plongés dans un tel engourdissement qu'oubliant les crimes de Cinna, dont le retour à Rome avilit à jamais notre ordre, vous vous livriez encore à Lépidus avec vos épouses et vos enfants, qu'avez-vous besoin de décrets? pourquoi recourir à Catulus? C'est en vain que lui et d'autres gens de bien veillent au salut de la république.

Conduisez-vous à votre gré; ménagez-vous le patronage de Céthégus et des autres traîtres qui brûlent de recommencer les pillages, les incendies, et de s'armer de nouveau contre nos pénates. Mais si la liberté et la guerre vous paraissent préférables, prenez des résolutions dignes de votre gloire, et relevez le courage des braves citoyens. Vous avez pour vous une armée nouvelle; de plus, les colonies des vétérans, toute la noblesse, et les meilleurs généraux. La fortune se range toujours du parti des gens de bien; bientôt ces forces, que notre indolence a rassemblées, se dissiperont.

Voici donc mon avis : puisque Lépidus a de son autorité privée levé une armée, composée de scélérats et d'ennemis de la république, et qu'à sa tête, au mépris de vos décrets, il s'avance vers Rome; je propose qu'Appius Claudius, inter-roi, avec le proconsul Q. Catulus et les autres magistrats en exercice, soient chargés de la sûreté de la ville, et veillent à ce que la république ne reçoive aucun dommage.

---

testatem restitui; ex qua omnes discordiæ accensæ. Pessume omnium atque impudentissume, tibine egestas civium, et luctus curæ sunt, cui nihil est domi, nisi armis partum, aut per injuriam? Alterum consulatum petis; quasi primum reddideris; bello concordiam quæris; quo parta disturbatur; nostri proditor, istis infidus, hostis omnium bonorum. Ut te neque hominum, neque deorum, pudet, quos per fidem, aut perjurio violasti! Qui, quando talis es, maneas in sententia et retineas arma, te hortor: neu prolatandis seditionibus inquies ipse, nos in sollicitudine attineas. Neque te provinciæ, neque leges, neque dii penates civem patiuntur : perge, qua cœpisti, ut quam maturrume merita invenias. Vos autem, P. C., quousque cunctando rempublicam intutam patiemini, et verbis arma tentabitis? Delectus adversum vos habiti; pecuniæ publice et privatim extortæ; præsidia deducta atque imposita; ex lubidine leges imperantur, quum interim vos legatos et decreta paratis. Et quanto, mehercule, avidius pacem petieritis, tanto bellum acrius erit; quum intelliget, se metu magis, quam æquo et bono sustentatum. Nam qui turbas et cædem civium odisse ait, et ob id, armato Lepido, vos inermos retinet; quæ victis toleranda sunt, ea, quum facere possitis, patiamini potius censet : ita illi a vobis pacem, vobis ab illo bellum suadet.

Hæc si placent; si tanta torpedo animos oppressit, ut obliti scelerum Cinnæ, cujus in urbem reditu decus ordinis hujus interiit, nihilominus vos atque conjuges et liberos Lepido permissuri sitis; quid opus decretis? quid auxilio Catuli? Quin is et alii boni rempublicam frustra curant. Agite, uti lubet; parate vobis Cethegi, atque alia proditorum patrocinia, qui rapinas et incendia instaurare cupiunt, et rursus adversum deos penates manus armare. Sin libertas et vera magis placent; decernite digna nomine, et augete ingenium viris fortibus. Adest novus exercitus, ad hoc, coloniæ veterum militum, nobilitas omnis, duces optumi; fortuna melioris sequitur : jam illa, quæ collecta sunt secordia nostra, dilabentur. Quare ita censeo : quoniam Lepidus exercitum privato consilio paratum, cum pessumis et hostibus reipublicæ, contra hujus ordinis auctoritatem ad urbem ducit: ut Appius Claudius interrex cum Q. Catulo proconsule, et ceteris quibus imperium est, urbi præsidio sint, operamque dent ne quid respublica detrimenti capiat. »

LETTRE

DE CN. POMPÉE AU SÉNAT (10).

L'an 679, sous le consulat de C. Cotta et de L. Octavius, le blé manqua à Rome et l'on fut obligé d'employer à l'approvisionnement de la ville l'argent destiné à Métellus chargé de la guerre d'Espagne. Il paraît que Pompée, qui commandait aussi une armée en Espagne, ne reçut pas plus de secours que son collègue Métellus. L'année suivante, il se vit absolument sans ressources, sans vivres et sans argent. Après avoir, à plusieurs reprises et sans succès, prié le sénat de venir à son aide, Pompée finit par lui écrire cette lettre dans laquelle il le menace assez clairement de revenir en Italie avec son armée. Cette menace effraya d'autant plus le peuple que l'on craignait que Sertorius ne vînt à la suite de Pompée : aussi se hâta-t-on d'accorder à ce dernier tout ce qu'il avait demandé.

Si c'était en combattant contre vous, contre la patrie et les dieux pénates, que je me fusse exposé à toutes les fatigues, à tous les périls au prix desquels j'ai, dès ma première jeunesse, dispersé vos ennemis les plus coupables et assuré votre salut, vous n'auriez pas, pères conscrits, fait pis contre moi en mon absence, que vous ne faites maintenant; car, après m'avoir jeté, malgré mon âge (11), au milieu des dangers d'une si rude guerre, vous me condamnez, autant qu'il est en vous, avec mon armée, qui a si bien mérité de la patrie, à mourir de la plus cruelle mort, à mourir de faim. Est-ce dans cet espoir que le peuple romain a envoyé ses enfants à la guerre? Est-ce là la récompense de nos blessures, et de tant de sang versé pour la république? Fatigué d'écrire et d'envoyer des messages, j'ai épuisé toutes mes ressources, toutes mes espérances personnelles, tandis que vous, dans un espace de trois ans, vous nous avez donné à peine la subsistance d'une année. Par les dieux immortels! pensez-vous que je puisse suppléer au trésor, ou entretenir une armée sans vivres et sans argent?

J'avoue d'ailleurs que je suis parti pour cette guerre avec plus de zèle que de réflexion; car, sans avoir reçu de vous autre chose que le titre de mon commandement, j'ai su en quarante jours me former une armée; j'ai, du pied des Alpes, refoulé en Espagne l'ennemi déjà maître des défilés qui mènent en Italie; je me suis ouvert, à travers ces montagnes, une route différente de celle d'Annibal et plus commode pour nous; j'ai reconquis la Gaule, les Pyrénées, la Lalétanie, les Indigètes; j'ai soutenu, avec des soldats de nouvelle levée et de beaucoup les moins nombreux, le premier choc de Sertorius vainqueur; et ce n'est pas dans les villes, pour m'attacher les troupes, c'est dans les camps, et au milieu d'ennemis acharnés, que j'ai passé l'hiver.

A quoi bon, après cela, énumérer nos combats, nos expéditions d'hiver, les villes que nous avons détruites ou reprises, quand les faits en disent plus que les paroles? Le camp ennemi enlevé près de Sucron, la bataille livrée près du fleuve Durius[1], le général ennemi C. Hérennius battu avec son armée, et Valence emportée, tout cela vous est assez connu; et, en retour de ces services, ô sénateurs reconnaissants ! vous nous donnez l'indigence et la faim. Ainsi vous traitez de la même façon mon armée et celle des ennemis; vous ne donnez pas plus de solde à l'une qu'à l'autre; et quel que soit le vainqueur, il peut venir en Italie. C'est pourquoi je vous avertis et vous conjure d'y réfléchir; ne me forcez pas, pour ce qui me regarde, à ne prendre conseil que de la nécessité.

L'Espagne citérieure, qui n'est pas occupée par l'ennemi, a été dévastée de fond en comble par nous

[1] Aujourd'hui le Douro, fleuve d'Espagne et de Portugal.

Epistola Cn. Pompeii ad senatum.

« Si advorsus vos patriamque et deos penates tot labores et pericula suscepissem, quotiens a prima adolescentia ductu meo scelestissumi hostes fusi, et vobis salus quæsita est; nihil amplius in absentem me statuissetis, quam adhuc agitis, patres conscripti; quem contra ætatem projectum ad bellum sævissumum, cum exercitu optume merito, quantum est in vobis, fame, miserruma omnium morte, confecistis. Hac in spe populus romanus liberos suos ad bellum misit? hæc sunt præmia pro volneribus, et totiens ob remp. fuso sanguine? Fessus scribundo mittundoque legatos, omnes opes et spes privatas meas consumsi; quum interim a vobis per triennium vix annuus sumtus datus est. Per deos immortales, utrum censetis me vicem ærarii præstare, an exercitum sine frumento et stipendio habere posse? Equidem fateor, me ad hoc bellum majore studio, quam consilio, profectum : quippe qui nomine modo imperii a vobis accepto, diebus quadraginta exercitum paravi, hostesque in cervicibus jam Italiæ agentes ab Alpibus in Hispaniam summovi; per eas iter aliud, atque Hannibal, nobis opportunius patefeci; recepi Galliam, Pyrenæum, Laletaniam, Indigetes; et primum impetum Sertorii victoris, novis militibus et multo paucioribus sustinui : hiememque in castris inter sævissumos hostes, non per oppida, neque ex ambitione mea, egi. Quid dein prælia, aut expeditiones hibernas, oppida excisa, aut recepta enumerem? quando res plus valent, quam verba. Castra hostium apud Sucronem capta, et prælium apud flumen Durium, et dux hostium C. Herennius cum urbe Valentia et exercitu deleti, satis clara vobis sunt : pro quis, o grati patres, egestatem et famem redditis. Itaque meo et hostium exercitui par conditio est : namque stipendium neutri datur; victor uterque in Italiam venire potest. Quod ego vos moneo, quæsoque ut animadvortatis ; neu cogatis necessitatibus privatim mihi consulere. Hispaniam citeriorem, quæ non ab hostibus tenetur, nos aut Sertorius ad internecionem vastavimus præter ma-

ou par Sertorius, à l'exception des villes maritimes qui ne sont pour nous qu'un surcroît de charges et de dépenses. La Gaule, l'an dernier, a fourni à l'armée de Métellus les vivres et la solde; maintenant, après une mauvaise récolte, à peine a-t-elle pour ses besoins. Pour moi, j'ai non-seulement épuisé ma fortune, mais mon crédit. Vous seuls me restez, et si vous ne venez à mon aide, malgré moi, je vous le prédis, mon armée et, avec elle, toute la guerre d'Espagne passeront en Italie.

DISCOURS
DE LICINIUS, TRIBUN DU PEUPLE,
AU PEUPLE (12).

Il faut se rappeler que Sylla avait enlevé aux tribuns la plupart de leurs prérogatives. Le consul Lépidus tenta le premier, mais inutilement, de rétablir leur ancienne puissance; et plus tard, en 678, le tribun Sicinius échoua dans le même dessein. Cependant l'année suivante le consul C. Aurélius Cotta rendit aux tribuns le droit de parvenir aux autres magistratures. Enfin, en l'année 681, sous le consulat de L. Cassius Varus et de M. Térentius Lucullus, M. Licinius Macer fit une nouvelle tentative en faveur du tribunat, et c'est à cette époque qu'il prononça ce discours dont nous ignorons le résultat. C. Licinius Macer était de la même famille mais non du même parti que M. Licinius Crassus qui fut plus tard triumvir avec César et Pompée. Valère-Maxime (livr. ix, ch. 12) raconte sa mort qui est assez remarquable.

Si vous ne compreniez pas suffisamment, Romains, la différence qui existe entre les droits que vous ont laissés vos ancêtres et cette servitude que nous a imposée Sylla, je vous ferais un long discours où je vous apprendrais pour quelles injures et combien de fois le peuple s'est séparé en armes du sénat, et de quelle sorte il a établi pour défenseurs de tous ses droits les tribuns du peuple; mais je n'ai aujourd'hui qu'à vous exhorter et à vous montrer d'abord le chemin par lequel il vous faut, selon moi, ressaisir la liberté.

Et je n'ignore pas de quelles ressources dispose la noblesse, que, seul, sans pouvoir, avec une vaine ombre de magistrature, j'entreprends de déposséder de la domination; et, non plus combien une faction d'hommes malintentionnés agit plus sûrement que tous les honnêtes gens isolés. Mais, outre le bon espoir que vous m'inspirez et qui chasse ma crainte, je suis persuadé qu'il vaut mieux pour un homme de cœur combattre même sans succès pour la liberté que de n'avoir pas essayé le combat. Je parle ainsi, bien que tous les autres magistrats qui avaient été institués pour défendre vos droits, gagnés par la faveur, les promesses ou les récompenses, aient tourné contre vous leur influence et leur autorité, et qu'ils aiment mieux prévariquer avec profit que faire le bien gratuitement. Tous se sont rangés sous la domination de quelques hommes qui, sous le prétexte d'une guerre, se sont emparés du trésor, de l'armée, des royaumes, des provinces, et se font un rempart de vos dépouilles; et cependant, ainsi qu'un vil bétail, vous, multitude, vous vous livrez à chacun d'eux, comme une propriété dont ils peuvent user et abuser à leur fantaisie, dépouillés de tout ce que vous ont laissé vos pères, excepté pourtant du droit de suffrage qui autrefois vous donnait des chefs et qui aujourd'hui vous donne des maîtres. Aussi tous se sont-ils rangés du côté de ceux-ci; mais bientôt si vous recouvrez ce qui vous appartient, la plupart reviendront à vous : car bien peu d'hommes ont le courage de défendre le parti qui leur plaît; le plus grand nombre suit celui du plus fort.

Pensez-vous que vous puissiez trouver devant vous le moindre obstacle, si vous marchez dans un même esprit, vous que l'on redoute quoique

---

ritumas civitates, quæ ultro nobis sumtui onerique. Gallia, superiore anno, Metelli exercitum stipendio frumentoque aluit: et nunc malis fructibus ipsa vix agitat. Ego non rem familiarem modo, verum etiam fidem consumsi. Reliqui vos estis: qui nisi subvenitis, invito et prædicente me, exercitus hinc, et cum eo omne bellum Hispaniæ in Italiam transgredientur. »

ORATIO MACRI LICINII, TRIBUNI PLEBIS,
AD PLEBEM.

« Si, Quirites, parum existumaretis, quod inter jus a majoribus relictum vobis, et hoc a Sulla paratum servitium interesset; multis mihi disserendum fuisset, docendumque, quas ob injurias, et quotiens a patribus armata plebes secessisset; utique vindices paravisset omnis juris sui, tribunos plebis. Nunc hortari modo reliquum est, et ire primum via, qua capessundam arbitror libertatem. Neque me præterit, quantas opes nobilitatis solus, impotens, inani specie magistratus, pellere dominatione incipiam; quantoque tutius factio noxiorum agat, quam soli innocentes. Sed præter spem bonam ex vobis, quæ metum vicit, statui certaminis adversa pro libertate potiora esse forti viro, quam omnino non certavisse. Quamquam omnes alii, creati pro jure vestro, vim cunctam et imperia sua, gratia, aut spe, aut præmiis, in vos convortere; meliusque habent mercede delinquere, quam gratis recte facere. Itaque omnes concessere jam in paucorum dominationem, qui per militare nomen, ærarium, exercitus, regna, provincias occupavere, et arcem habent ex spoliis vestris : quum interim, more pecorum, vos, multitudo, singulis habendos fruendosque præbetis, exuti omnibus quæ majores reliquere: nisi quia vobismet ipsi per suffragia, uti præsides olim, nunc dominos destinatis. Itaque concessere illuc omnes : et mox, si vestra receperitis, ad vos plerique; raris enim animus ad ea, quæ placent, defendenda; cetera validiorum sunt. An dubium

languissants et timides? à moins peut-être que C. Cotta, élevé par un tiers parti au consulat (15), ait eu d'autres motifs que la crainte quand il a rendu quelques droits aux tribuns du peuple. Et quoique L. Licinius, pour avoir le premier osé parler de la puissance des tribuns, ait, malgré vos murmures, péri victime des patriciens; cependant ils ont craint votre courroux avant que vous n'eussiez ressenti leur injure. C'est de quoi je ne puis assez m'étonner, Romains; car vous avez reconnu combien vaines étaient vos espérances. Dès que fut mort Sylla, qui vous avait imposé une odieuse servitude, vous vous flattiez d'être à la fin de vos maux; mais il s'est élevé un tyran bien plus cruel, Catulus. Une sédition a éclaté sous le consulat de Brutus et d'Æmilius Mamercus, et puis C. Curion a abusé de son pouvoir jusqu'à faire mourir un tribun innocent. Vous avez vu l'année dernière, quelle animosité Lucullus à montrée contre L. Quinctius; enfin, quelles tempêtes ne soulève-t-on pas aujourd'hui contre moi! Assurément ce serait bien en vain qu'on les exciterait, s'ils devaient renoncer à leur domination, plus tôt que vous à votre esclavage; surtout quand il est vrai que, dans le cours de nos guerres civiles, on n'a fait des deux côtés, sous d'autres prétextes, que combattre à qui vous asservirait. Ainsi les autres luttes nées de la licence, ou de la haine, ou de l'avidité n'ont produit qu'un embrasement passager, une seule chose est demeurée constamment, qu'on s'est disputée des deux côtés, et qu'on vous a enlevée pour l'avenir, la puissance tribunitienne, cette arme offensive que vous avaient léguée vos pères pour maintenir la liberté.

Je vous en avertis et vous en conjure, faites-y bien attention : n'allez pas, changeant le nom des choses au gré de votre lâcheté, appeler repos ce qui est servitude. Ne comptez pas sur ce repos si le crime l'emporte sur le droit et sur l'honneur; vous l'auriez eu si vous fussiez toujours restés calmes. Songez-y bien maintenant; et si vous n'êtes vainqueurs, comme toute oppression s'affermit à mesure qu'elle est plus pesante, ils serreront vos chaînes encore plus fort.

Quel est donc votre avis? me dira quelqu'un de vous.... qu'avant tout vous renonciez à vos manières d'agir, hommes à la langue active, au cœur lâche, qui une fois sortis de cette enceinte, n'avez plus souvenir de la liberté. Ensuite (et devrais-je avoir besoin de vous inviter à ces actes virils, par lesquels vos ancêtres, en conférant aux tribuns du peuple une magistrature patricienne, affranchirent vos élus de l'investiture des patriciens?) puisque toute force réside en vous, Romains, je voudrais qu'il vous fût possible d'exécuter ou de n'exécuter pas, selon votre gré et votre profit, ces commandements auxquels vous obéissez pour le profit d'autrui. Attendez-vous donc que Jupiter ou quelque autre dieu vous protége? Cette magnifique autorité des consuls et ces décrets du sénat, vous les ratifiez, Romains, en vous y soumettant; et toute licence qu'on se permet contre vous, vous y ajoutez, vous la secondez avec empressement.

Je ne vous engage donc pas à venger vos injures, mais plutôt à chercher le repos. Je n'excite pas non plus la discorde, ainsi qu'ils m'en accusent; mais voulant y mettre fin, je demande satisfaction au nom du droit des gens, et s'ils s'obstinent à retenir ce qui est à nous, ne vous ar-

---

habetis, ne officere quid vobis uno animo pergentibus possit, quos languidos socordesque pertimuere? Nisi forte C. Cotta, ex factione media consul, aliter quam metu, jura quædam tribunis plebis restituit. Et quamquam L. Sicinius primus de potestate tribunicia loqui ausus, musantibus vobis, circumventus erat; tamen prius illi invidiam metuere, quam vos injuriæ pertæsum est. Quod ego nequeo satis mirari, Quirites : nam spem frustra fuisse intellexistis. Sulla mortuo, qui scelestum imposuerat servitium, finem mali credebatis : ortus est longe sævior Catulus. Tumultus intercessit Bruto et Æmilio Mamerco consulibus; dein C. Curio ad exitium usque insontis tribuni dominatus est. Lucullus superiore anno quantis animis ierit in L. Quinctium, vidistis. Quantæ denique nunc mihi turbæ concitantur! Quæ profecto incassum agerentur, si, prius quam vos servitundi finem, illi dominationis facturi erant : præsertim quum his civilibus armis dicta alia, sed certatum utrimque de dominatione in vobis sit. Itaque cetera ex licentia, aut odio, aut avaritia in tempus arsere : permansit una res modo, quæ utrimque quæsita est, et erepta in posterum, vis tribunicia, telum a majoribus libertati paratum. Quod ego vos moneo quæsoque, ut animadvortatis : neu nomina rerum ad ignaviam mutantes, otium pro servitio appellatis. Quo jam ipso frui, si vera et honesta flagitium superaverit, non est conditio : fuisset, si omnino quiessetis. Nunc animum advortite : et nisi viceritis, quoniam omnis injuria gravitate tutior est, artius habebunt.

Quid censes igitur? aliquis vestrum subjecerit. Primum omnium omittendum morem hunc quem agitis, impigræ linguæ, animi ignavi, non ultra concionis locum memores libertatis : dein (ne vos ad virilia illa vocem, quo tribunos plebei, modo patricium magistratum, libera ab auctoribus patriciis suffragia majores vestri paravere) quum vis omnis, Quirites, in vobis sit, uti, quæ jussa nunc pro aliis toleratis, pro vobis agere aut non agere certe possitis. Jovem aut alium quem deum consultorem exspectatis? Magna illa consulum imperia et patrum decreta vos exsequendo rata efficitis, Quirites; ultroque licentiam in vos auctum atque adjutum properatis. Neque ego vos ultum injurias hortor; magis uti requiem cupiatis : neque discordias, ut illi criminantur, sed earum

mez pas, ne vous retirez pas, contentez-vous de ne plus donner votre sang : voilà mon avis. Qu'ils possèdent, qu'ils exploitent à leur manière les commandements, qu'ils cherchent des triomphes, qu'ils poursuivent, avec les images de leurs ancêtres, Mithridate, Sertorius, et les débris des exilés; mais point de dangers ni de travaux pour ceux qui n'ont aucune part dans les avantages ! A moins, toutefois, que cette loi soudaine sur les subsistances ne soit une compensation pour vos services ! mais cela n'est pas ; car par elle, votre liberté à chacun a été estimée à cinq mesures de blé, ce qui est à peu près la ration d'un prisonnier. Or, de même que cette nourriture avare suffit tout juste à empêcher de mourir et qu'en attendant les forces vieillissent, de même un si faible secours ne vous délivre pas des embarras domestiques; et pourtant les plus lâches se laissent prendre par l'espérance la plus chétive. Mais si abondante que fût cette largesse que l'on vous montrerait comme le prix de votre servitude, quelle lâcheté ne serait-ce pas de vous laisser abuser, et de croire que vous devriez de la reconnaissance à ceux qui vous rendraient insolemment ce qui vous appartient? En effet, ils n'ont pas d'autre moyen pour établir leur pouvoir sur les masses, et ils n'en tenteront pas d'autre.

Prenez garde cependant à leur ruse ! Ainsi tout en cherchant à vous apaiser, ils vous remettent au retour de Pompée, ce même Pompée qu'ils ont redouté tant qu'ils l'ont vu, pour ainsi dire, sur leurs têtes, et qu'ils déchirent depuis qu'ils n'ont plus peur. Et ils n'ont pas honte, ces vengeurs de la liberté, ainsi qu'ils se nomment, eux qui sont si nombreux, de ne pas oser, faute d'un homme, mettre un terme à leur injustice, ou défendre ce qu'ils appellent leur droit. Pour moi, il m'est suffisamment démontré que Pompée, ce jeune homme de tant de gloire, aimera mieux être le chef de votre choix que le complice de leur tyrannie, et qu'il sera, avant tout, le restaurateur de la puissance tribunitienne. Mais autrefois, Romains, chaque citoyen trouvait protection chez tous les autres, et non pas tous chez un seul ; et nul mortel, quel qu'il fût, ne pouvait seul donner ou ôter de tels biens.

Au reste, c'est assez de paroles ; car ce n'est pas par ignorance que vous manquez. Mais je ne sais quelle torpeur vous a gagnés, qui vous empêche d'être mus soit par la gloire, soit par la honte ; et, charmés de votre inertie présente, vous avez tout livré en retour, vous imaginant que vous avez une complète liberté, parce qu'on ménage votre dos et que vous pouvez aller ici ou là, par la grâce de vos riches maîtres (14). Et encore telle n'est pas la condition de ceux de la campagne : ceux-là sont mis à mort dans les querelles des grands et sont donnés en présent aux magistrats des provinces. Ainsi, l'on se bat et l'on remporte la victoire au profit d'un petit nombre : le peuple, quoi qu'il arrive, est traité en vaincu, et ce sera pire chaque jour, si les nobles mettent plus d'ardeur à garder le pouvoir, que vous à recouvrer la liberté.

---

finem volens, jure gentium, res repeto : et, si pertinaciter retinebunt ; non arma, neque secessionem, tantummodo ne amplius sanguinem vestrum præbeatis, censeo. Gerant, habeantque suo modo imperia ; quærant triumphos : Mithridatem, Sertorium et reliquias exsulum persequantur cum imaginibus suis : absit periculum et labos, quibus nulla pars fructus est. Nisi forte repentina ista frumentaria lege munia vestra pensantur : qua tamen quinis modis libertatem omnium æstumavere, qui profecto non amplius possunt alimentis carceris. Namque ut illis exiguitate mors probibetur, senescunt vires; sic neque absolvit cura familiari tam parva res ; et ignavissumi quique tenuissima spe frustrantur. Quæ tamen quamvis ampla, quoniam servitii pretium ostentaretur, cujus torpedinis erat decipi, et vestrarum rerum ultro, injuria, gratiam debere? Namque alio modo, neque valent in universos, neque conabuntur : cavendus dolus est. Itaque simul comparant delenimenta, et differunt vos in adventum Cn. Pompeii ; quem ipsum, ubi pertimuere sublatum in cervices suas, mox demto metu lacerant. Neque eos pudet vindices, uti se ferunt, libertatis, tot viros sine uno aut remittere injuriam non audere, aut jus non posse defendere. Mihi quidem satis spectatum est. Pompeium, tantæ gloriæ adolescentem, malle principem volentibus vobis esse, quam illis dominationis socium ; auctoremque in primis fore tribuniciæ potestatis. Verum, Quirites, antea singuli cives in pluribus, non in uno cuncti præsidia habebatis : neque mortalium quisquam dare aut eripere talia unus poterat. Itaque verborum satis dictum est : neque enim ignorantia res claudit. Verum occupavit vos nescio quæ torpedo, qua non gloria movemini, neque flagitio ; cunctaque præsenti ignavia mutastis, abunde libertatem rati, quia tergis abstinetur, et huc ire licet et illuc, munere [1] ditium dominorum. Atque hæc eadem non sunt agrestibus ; sed cæduntur inter potentium inimicitias, donoque dantur in provinciis magistratibus. Ita pugnatur, et vincitur paucis : plebes, quodcumque accidit, pro victis est, et in dies magis erit ; si quidem majore cura dominationem illi retinuerint, quam vos repetiveritis libertatem. »

[1] Des manuscrits portent *munera* qui nous a semblé offrir un sens trop subtil.

LETTRE

DU ROI MITHRIDATE AU ROI ARSACE (15).

Mithridate, obligé de quitter son royaume par suite des victoires de Lucullus, s'était réfugié en Arménie auprès du roi Tigrane qui, sur ses instances, avait fait la guerre aux Romains et avait été également vaincu. C'est alors que l'alliance d'Arsace, roi des Parthes, fut recherchée par Lucullus d'un côté, et de l'autre par Mithridate et Tigrane. Il parait qu'Arsace ne lut pas sans émotion la lettre de Mithridate : cependant il ne s'allia point avec les deux rois contre les Romains; il se contenta de demeurer neutre.

Le roi Mithridate au roi Arsace, salut. Tous ceux qui, dans la prospérité, sont invités à concourir à une guerre, doivent considérer s'il leur est permis alors de conserver la paix; ensuite, si ce qu'on leur demande est légitime, sûr, glorieux ou déshonorant. Si tu pouvais jouir d'une paix perpétuelle; si tu n'avais pas sur tes frontières des ennemis exécrables, mais faciles à vaincre; si tu ne devais pas, par la ruine des Romains, illustrer ton nom, je n'oserais pas réclamer ton alliance, et je me flatterais vainement d'unir ma mauvaise fortune à ta prospérité. Toutefois, les raisons qui semblent pouvoir t'arrêter, le ressentiment qu'une guerre récente t'a inspiré contre Tigrane, et la position fâcheuse où je suis, si tu veux bien apprécier les choses, sont précisément ce qui doit t'encourager. En effet, Tigrane qui est à ta merci, acceptera toute alliance que tu lui offriras : pour moi, la fortune qui m'a ravi tant de biens m'a du moins donné l'expérience avec laquelle on conseille sagement; et, ce qui est désirable à un prince dont les affaires sont florissantes, je t'enseignerai, par cela même que je ne suis plus très-puissant, à te conduire avec plus de prudence. Car pour les Romains, l'unique et ancienne cause de faire la guerre à toutes les nations, à tous les peuples, à tous les rois, c'est un désir profond de la domination et des richesses. Voilà pourquoi ils ont d'abord pris les armes contre Philippe, roi de Macédoine. Pendant qu'ils étaient pressés par les Carthaginois, tout en feignant de l'amitié pour Philippe (16), ils détachaient frauduleusement de lui Antiochus qui venait à son secours, en faisant à ce dernier des concessions en Asie; et peu après, Philippe une fois asservi, Antiochus fut dépouillé de toutes ses possessions en-deçà du mont Taurus, et de dix mille talents. Ensuite Persée, fils de Philippe, après des combats nombreux et divers, s'étant abandonné à leur foi, à la face des dieux de Samothrace, eux, pleins de ruse et grands inventeurs de perfidies, comme ils lui avaient promis la vie sauve par traité, ils le firent mourir d'insomnie. Eumène, dont ils vantent fastueusement l'amitié, ils avaient commencé par le livrer à Antiochus comme prix de la paix. Puis Attale, gardien d'un royaume qui ne lui appartenait plus, fut, à force d'exactions et d'outrages, réduit par eux, de roi qu'il était, à la condition du plus misérable des esclaves; et, après avoir supposé un testament impie, ils s'emparèrent de son fils Aristonicus, qui avait réclamé le trône paternel, et le traînèrent en triomphe comme on eût fait d'un ennemi. L'Asie a été assiégée par eux; enfin, après la mort de Nicomède, ils ont envahi toute la Bithynie, quoique l'existence d'un fils de Nusa, à qui ils avaient donné le titre de reine, ne pût être mise en doute. Et moi, ai-je besoin de me citer? Bien que je fusse de tous côtés séparé de leur em-

---

EPISTOLA REGIS MITHRIDATIS SCRIPTA AD REGEM ARSACEM.

« Rex Mithridates regi Arsaci S.

» Omnes, qui secundis rebus suis ad belli societatem orantur, considerare debent, liceatne tum pacem agere : dein quod quæritur, satisne pium, tutum, gloriosum, an indecorum sit. Tibi si perpetua pace frui licet; nisi hostes opportuni et sceleratissumi, egregia fama, si Romanos oppresseris, futura est; neque petere audeam societatem, et frustra mala mea cum tuis bonis misceri sperem. Atqui ea, quæ te morari posse videntur, ira in Tigranem recentis belli, et meæ res parum prosperæ, si vera existumare voles, maxume hortabuntur. Ille enim obnoxius, qualem tu voles societatem, accipiet : mihi fortuna, multis rebus ereptis, usum dedit bene suadendi; et quod florentibus optabile est, ego non validussimus præbeo exemplum, quo rectius tua componas. Namque Romanis, cum nationibus, populis, regibus cunctis, una et ea vetus caussa bellandi est, cupido profunda imperii et divitiarum. Qua primum cum rege Macedonum Philippo bellum sumsere : dum a Carthaginiensibus premebantur, amicitiam simulantes, ei subvenientem Antiochum concessione Asiæ per dolum avertere : ac mox, tracto Philippo, Antiochus omni cis Taurum agro et decem millibus talentorum spoliatus est. Persen deinde, Philippi filium, post multa et varia certamina, apud Samothracas deos acceptum in fidem, callidi et repertores perfidiæ, quia pacto vitam dederant, insomniis occidere. Eumenem, cujus amicitiam gloriose ostentant, initio prodidere Antiocho, pacis mercedem : post Attalum, custodem agri captivi, sumtibus et contumeliis ex rege miserrumum servorum effecere; simulatoque impio testamento, filium ejus Aristonicum, quia patrium regnum petiverat, hostium more, per triumphum duxere. Asia ab ipsis obsessa est : postremo totam Bithyniam, Nicomede mortuo, diripuere; quum filius Nusa, quam reginam appellaverant, genitus haud dubie esset. Nam quid ego me appellem? quem disjunctum undique regnis et tetrarchiis ab imperio eorum, quia fama erat divitem neque servitutum esse,

pire par des royaumes et des tétrarchies, cependant, sur le bruit de mes richesses et de ma résolution de ne jamais servir, ils m'excitèrent à la guerre par le moyen de Nicomède, lequel connaissait leurs desseins criminels, et avait déjà déclaré, ce que l'événement confirma, qu'il n'y avait alors de libres au monde que les Crétois et le roi Ptolémée. Je vengeai mon injure; je chassai Nicomède de la Bithynie; je recouvrai l'Asie, cette dépouille du roi Antiochus, et délivrai la Grèce d'une pesante servitude. Ce que j'avais si bien commencé, le dernier des esclaves, Archélaüs l'a détruit en livrant mon armée; et ceux qui, soit par lâcheté, soit par une politique perverse, refusèrent de me seconder, me laissant le soin de les défendre, en sont cruellement punis: Ptolémée n'a réussi à force d'argent qu'à éloigner la guerre; et les Crétois, déjà vaincus une fois, ne verront finir la lutte qu'avec leur ruine. Pour moi, ayant bien compris que le repos que je devais aux divisions intestines des Romains était plutôt une trêve qu'une paix véritable, malgré ce refus de Tigrane qui reconnaît aujourd'hui, mais trop tard, la justesse de mes prédictions, malgré l'éloignement où je me trouve de toi et la soumission de tous les rois mes voisins, je recommençai la guerre: je battis sur terre, auprès de Chalcédoine, le général romain Marcus Cotta, et sur mer je leur détruisis la plus belle flotte. Devant Cyzique, que j'assiégeai avec une armée nombreuse, les vivres me manquèrent, et personne des pays environnants ne vint à mon secours: en même temps l'hiver me fermait la mer. Forcé par là, sans que d'ailleurs l'ennemi en eût la gloire, de rentrer dans le royaume de mes pères, je perdis par des naufrages, auprès de Paros et d'Héraclée, l'élite de mes soldats avec ma flotte. Ayant ensuite remis sur pied une armée à Cabire, après divers combats entre Lucullus et moi, la famine vint encore nous assaillir tous les deux. Mais lui, il trouvait des ressources dans le royaume d'Ariobarzane, où la guerre n'avait pas pénétré : autour de moi, au contraire, tout était dévasté; je me retirai donc en Arménie. Les Romains m'y suivirent, ou, pour mieux parler, ils suivirent leur coutume de détruire tous les royaumes; et, pour avoir empêché d'agir une multitude resserrée par eux dans d'étroits défilés, ils se glorifient de l'imprudence de Tigrane comme d'une victoire. Maintenant, considère, je te prie, si, quand nous serons accablés, tu auras plus de force pour résister, ou si, à ton avis, la guerre finira. Tu possèdes, je le sais, de grandes ressources en hommes, en armes et en argent; et c'est pour cela même que nous désirons, moi ton alliance, et les Romains ta dépouille. Tu n'as d'ailleurs qu'un parti à prendre. Le royaume de Tigrane est encore intact; mes soldats ont appris à combattre les Romains; loin de toi, sans beaucoup d'efforts de ta part, avec nos corps et nos bras, je saurai terminer la guerre : mais songe que nous ne pouvons ni vaincre ni être vaincus sans danger pour toi. Ignores-tu que les Romains portent ici leurs armes parce que l'Océan les a arrêtés du côté de l'occident? que, depuis leurs commencements, ils n'ont rien acquis que par le vol, maisons, femmes, territoire, empire? qu'autrefois, vil ramas de vagabonds sans patrie, sans famille, ils ne se sont réunis que pour être le fléau de l'univers? qu'enfin, il n'est aucune loi humaine ou divine qui les empêche d'asservir, de sacrifier amis et alliés, éloignés ou proches, faibles ou puissants, et de

---

per Nicomedem bello lacessiverunt; sceleris eorum haud ignarum, et ea quæ accidere, testatum antea Cretenses, solos omnium liberos ea tempestate, et regem Ptolemæum. Atque ego ultus injurias, Nicomedem Bithynia expuli; Asiamque spolium regis Antiochi recepi, et Græciæ demsi grave servitium. Incepta mea postremus servorum Archelaus, exercitu prodito, impedivit: illique, quos ignavia aut prava calliditas, uti meis laboribus tuti essent, armis abstinuit, acerbissumas pœnas solvunt: Ptolemæus pretio in dies bellum prolatans; Cretenses impugnati semel jam, neque finem, nisi excidio, habituri. Equidem quum mihi ob ipsorum interna mala, dilata prælia magis, quam pacem datam intelligerem; abnuente Tigrane, qui mea dicta sero probat, te remoto procul, omnibus aliis obnoxiis, rursus tamen bellum cepi : Marcumque Cottam romanum ducem apud Chalcedona terra fudi: mari exui classe pulcherruma. Apud Cyzicum magno cum exercitu in obsidio moranti frumentum defuit, nullo circum adnitente: simul hiems mari prohibebat. Ita, sine vi hostium regredi coactus in patrium regnum, naufragiis apud Parium, et Heracleam, militum optumos cum classibus amisi. Restituto deinde apud Cabira exercitu, et variis inter me atque Lucullum præliis, inopia rursus ambos incessit. Illi suberat regnum Ariobarzanis bello intactum : ego vastis circum omnibus locis, in Armeniam concessi : sequutique Romani non me, sed morem suum, omnia regna subvertundi, quia multitudinem, artis locis, pugna prohibuere, imprudentiam Tigranis pro victoria ostentant. Nunc quæso considera, nobis oppressis, utrum firmiorem te ad resistendum, an finem belli futurum putes? Scio equidem tibi magnas opes virorum, armorum, et auri esse : et ea re a nobis ad societatem, ab illis ad prædam peteris. Ceterum consilium est, Tigranis regno integro, meis militibus be li prudentibus, procul ab domo, parvo labore, per nostra corpora bellum conficere; quando neque vincere, neque vinci sine tuo periculo possumus. An ignoras, Romanos, postquam ad occidentem pergentibus finem Oceanus fecit, arma huc convertisse? neque quidquam a principio nisi raptum habere, domum, conjuges, agros, imperium? convenas olim, sine patria, sine

traiter tout ce qui ne leur obéit pas, et principalement les rois, comme ennemis? En effet, si quelques peuples, en petit nombre, tiennent à la liberté, la plupart veulent des maîtres légitimes (17); et voilà pourquoi les Romains voient en nous des rivaux suspects, et dans l'avenir des vengeurs. Et toi, qui as sous tes ordres Séleucie, la première ville du monde, ainsi que le noble et riche empire des Perses, que peux-tu attendre d'eux, sinon perfidie aujourd'hui et guerre ouverte demain? Les Romains, toujours armés contre tous, sont principalement redoutables à ceux dont la défaite leur promet le plus de butin. C'est par l'audace, par la perfidie, c'est en semant guerre sur guerre, qu'ils se sont faits si grands. Avec cette coutume, ils anéantiront tout ou succomberont. Mais il ne sera pas difficile de les réduire, si toi, par la Mésopotamie, et moi par l'Arménie, nous enveloppons leur armée qui n'a ni vivres ni secours, et qui ne doit son salut jusqu'ici qu'à la fortune ou à nos fautes. Pour toi, en venant au secours de rois puissants, tu recueilleras la gloire d'avoir fait justice de ces spoliateurs des nations. N'hésite donc pas, je te le conseille, je t'y exhorte; à moins que tu n'aimes mieux retarder ta perte par la nôtre, que de vaincre en étant notre allié.

DISCOURS
DU CONSUL C. COTTA AU PEUPLE (18).

Ce discours fut adressé au peuple par C. Aurélius Cotta, l'an de R. 679. Il paraît d'après le discours même de Cotta, que le peuple s'était soulevé par suite de la disette et menaçait les jours du consul, et que celui-ci s'offrit courageusement à sa fureur, tout en cherchant à l'apaiser et à l'adoucir.

Romains, j'ai traversé ici bien des périls, éprouvé à la guerre bien des revers; j'ai supporté les uns et détourné les autres par le secours des dieux et par mon courage; et, dans toutes ces circonstances, ni la force d'âme ne m'a manqué pour prendre mes résolutions, ni la constance pour les exécuter. L'adversité et la prospérité changeaient mes ressources, non mon caractère. Mais à présent, dans les malheurs qui m'accablent, tout m'abandonne avec la fortune; de plus la vieillesse, par elle-même pesante, aggrave mes chagrins; et j'ai la douleur sur la fin de mes jours (19), de ne pouvoir même espérer une mort honorable. En effet, si je suis envers vous un parricide; si, après avoir reçu deux fois ici l'existence (20), je compte pour rien mes dieux pénates, et ma patrie, et mon autorité suprême, quelle torture pendant ma vie serait assez cruelle pour moi! ou quel châtiment après ma mort, puisque tous les supplices connus aux enfers sont au-dessous de mon crime!

Dès ma première jeunesse, j'ai vécu sous vos yeux comme particulier et dans les emplois publics : quiconque a eu besoin de ma voix, de mes conseils, de ma bourse, en a usé; et je n'ai employé ni les ressources de l'éloquence ni mes talents à nuire. Bien que fort jaloux de la faveur de chaque citoyen, j'ai bravé pour la république les haines les plus puissantes, et lorsque, vaincu avec elle et réduit à invoquer les secours d'autrui, je m'attendais à de nouveaux malheurs, vous, Romains, vous m'avez rendu une patrie, des dieux pénates, et la plus haute dignité. Pour tant de bienfaits, c'est à peine si je me croirais assez

---

parentibus, peste conditos orbis terrarum : quibus non humana ulla, neque divina obstant, quin socios, amicos, procul, juxta sitos, inopes potentesque trahant, excidant; omniaque non servæ, et maxume regna, hostilia ducant. Namque pauci libertatem, pars magna justos dominos volunt : nos suspecti sumus æmuli, et in tempore vindices adfuturi. Tu vero, cui Seleucia maxuma urbium, regnumque Persidis inclutus divitiis est, quid ab illis, nisi dolum in præsens, et postea bellum exspectas? Romani arma in omnes habent, acerruma in eos, quibus victis spolia maxuma sunt; audendo et fallendo, et bella ex bellis serendo, magni facti. Per hunc morem exstinguent omnia, aut occident. quod haud difficile est, si tu Mesopotamia, nos Armenia, circumgredimur exercitum sine frumento, sine auxiliis; fortuna aut nostris vitiis adhuc incolumem : teque illa fama sequetur, auxilio profectum magnis regibus, latrones gentium oppressisse. Quod uti facias moneo, hortorque; neu malis, pernicie nostra tuam prolatare, quam societate victor fieri. »

Oratio C. Cottæ consulis ad populum.

« Quirites, multa mihi pericula domi, militiæ multa adversa fuere; quorum alia toleravi, partim repuli deorum auxiliis, et virtute mea : in quis omnibus neque animus negotio defuit, neque decretis labos. Malæ secundæque res, opes, non ingenium, mihi mutabant. At contra in his miseriis cuncta me cum fortuna deseruere : præterea senectus, per se gravis, curam duplicat; cui misero, acta jam ætate, ne mortem quidem honestam sperare licet. Nam, si parricida vestri sum, et bis genitus hic deos penates meos, patriamque, et summum imperium vilia habeo; quis mihi vivo cruciatus satis est, aut quæ pœna mortuo? quum omnia memorata apud inferos supplicia scelere meo vici. A prima adolescentia in ore vestro, privatus et in magistratibus, egi : qui lingua, qui consilio meo, qui pecunia voluere, usi sunt : neque ego callidam facundiam, neque ingenium ad malefaciundum exercui : avidissumus privatæ gratiæ maxumas inimicitias pro re-

reconnaissant, quand même je pourrais donner ma vie à chacun de vous. Car la vie et la mort sont les droits de la nature : mais une existence honorable parmi ses concitoyens, mais une réputation et une fortune intactes, voilà des choses qui ne se donnent et ne se reçoivent qu'à titre de dons.

Vous nous avez faits consuls, Romains, dans un moment où la république avait les plus grands embarras au-dedans et au-dehors. En effet, nos généraux en Espagne demandent de l'argent, des soldats, des armes, du blé : l'état des affaires les y contraint, car, par suite de la défection des alliés et de la retraite de Sertorius dans les montagnes, ils ne peuvent ni combattre, ni se pourvoir de ce qu'il leur faut. Nous sommes obligés, à cause des forces immenses de Mithridate, d'entretenir des armées en Asie et en Cilicie; la Macédoine est pleine d'ennemis; il en est de même des côtes de l'Italie et des provinces : en même temps les impôts diminués et rendus incertains par la guerre couvrent à peine une partie des dépenses : de sorte que la flotte qui portait nos approvisionnements est devenue moins nombreuse que par le passé. Si ces maux ont été le résultat de notre trahison ou de notre négligence, suivez l'inspiration de votre colère, livrez-nous au supplice : mais si c'est la même fortune qui nous est contraire, pourquoi vous porter à des actes indignes de vous, de nous et de la république? Pour moi, cette mort dont mon âge me rapproche, je ne la refuse pas, si par elle je puis en quelque chose alléger vos maux ; et, comme je suis prêt à le faire, je ne saurais mieux terminer une vie irréprochable qu'en la donnant pour votre salut. Me voici donc, moi, C. Cotta, votre consul : je fais ce qu'ont fait souvent nos ancêtres dans des guerres difficiles ; je me dévoue, je me sacrifie pour la république. A vous ensuite de voir autour de vous à qui vous la confierez : car nul homme de bien ne voudra d'un tel honneur, lorsqu'il faudra qu'il réponde et de la fortune, et de la mer, et d'une guerre dirigée par d'autres, ou qu'il meure dans la honte. Seulement rappelez-vous que moi, ce ne sera point pour un crime ou pour des malversations, que j'aurai été mis à mort, mais parce que, de mon plein gré, j'ai voulu donner ma vie en retour des plus grands bienfaits.

Par vous-mêmes, Romains, et par la gloire de vos ancêtres, je vous en conjure, supportez l'adversité et pensez à la république. A l'empire du monde sont attachés bien des soucis, de nombreux et d'immenses travaux ; et c'est en vain que vous voudriez vous y soustraire et que vous demanderiez les jouissances de la paix, lorsque toutes les provinces, tous les royaumes, toutes les terres et toutes les mers sont dévastés et épuisés par nos guerres.

---

publica suscepi : qui victus cum illa simul, quum egens alienæ opis plura mala exspectarem, vos, Quirites, rursus mihi patriam, deos penates, cum ingenti dignitate dedistis. Pro quibus beneficiis vix satis gratus videar, si singulis animam, quam nequeo, concesserim. Nam vita et mors jura naturæ sunt : uti sine dedecore cum civibus, fama et fortunis integer, agas, id dono datur atque accipitur. Consules nos fecistis, Quirites, domi bellique impeditissuma republica. Namque imperatores Hispaniæ stipendium, milites, arma, frumentum poscunt : et id res cogit; quoniam, defectione sociorum, et Sertorii per montes fuga, neque manu certare possunt, neque utilia parare. Exercitus in Asia Ciliciaque ob nimias opes Mithridatis aluntur; Macedonia plena hostium est ; nec minus Italiæ marituma, et provinciarum : quum interim vectigalia parva, et bellis incerta, vix partem sumtuum sustinent : ta classe, qua commeatus vehebatur, minore quam ante navigamus. Hæc si dolo aut socordia nostra contracta sunt, agite uti monet ira, supplicium sumite : sin communis fortuna asperior est, quare indigna vobis nobisque et republica incipitis? Atque ego, cujus ætati mors propior est, non deprecor, si quid ea vobis incommodi demitur ; neque mox ingenui corporis honestius, quam pro vestra salute, finem vitæ fecerim. Adsum en C. Cotta consul : facio, quod sæpe majores asperis bellis fecere : voveo dedoque me pro republica. Quam deinde, cui mandetis, circumspicite : nam talem honorem bonus nemo volet, quum fortunæ, et maris, et belli ab aliis acti ratio reddenda, aut turpiter moriendum sit. Tantummodo in animis habetote, non me ob scelus aut avaritiam cæsum ; sed volentem pro maxumis beneficiis animam dono dedisse. Per vos, Quirites, et gloriam majorum, tolerate adversa, et consulite reipublicæ. Multa cura summo imperio inest, multi ingentes labores: quos nequidquam abnuitis, et pacis opulentiam quæritis, quum omnes provinciæ, regna, maria, terræque aspera aut fessa bellis sint.»

NOTES

DES FRAGMENTS.

(1) Ce discours faisait partie du livre premier de la *Grande Histoire* de Salluste. Il fut prononcé du vivant même de Sylla, lorsque Lépidus eut été désigné consul, l'an de Rome 675.

(2) Sylla avait ôté aux enfants et aux petits-fils des proscrits le droit de posséder aucune magistrature. N'est-ce pas par une exagération de langage que Lépidus qualifie de *supplice* une mesure qui n'attentait pas à la vie de ceux qui en étaient l'objet? Mais cette mesure, toute tyrannique qu'elle est, ne nous semble pas justifier le mot *supplicia* que nous avons reproduit littéralement.

(3) On distribuait aux esclaves cinq boisseaux de blé par mois pour leur nourriture.

(4) Allusion au supplice de M. Gratidianus, que Sylla fit périr parce qu'il appartenait à la famille de Marius. On peut consulter sur ce point d'histoire; Sénèque, *de Ira*, lib. III, c. 18; Valère-Maxime, lib. IX, c. 1; Lucain, *Pharsale*, liv. II.

(5) Ce discours appartenait, comme le précédent, au livre premier de la *Grande Histoire*. Il dut être prononcé vers l'an 676.

(6) Les traducteurs de Salluste ne sont pas d'accord sur le sens de cette phrase. A l'exemple de M. Dureau Delamalle nous avons pris *qui* pour *quomodo* et fait rapporter *omissa cura* aux sénateurs.

(7) En effet, pour l'éloigner de Rome, un sénatus-consulte venait de lui confier le gouvernement de la Gaule cisalpine, en l'autorisant à lever une armée.

(8) Lépidus, enrichi par ses concussions, avait acheté le consulat.

(9) La plupart des traducteurs ont fait rapporter les mots *æquo et bono* à la cause de Lépidus. Nous avons préféré, avec M. Dureau Delamalle, les rapporter aux sénateurs. Le sens que nous donnons à ces mots nous a paru mieux convenir au caractère général du discours et à l'intention de la phrase où ils se trouvent.

(10) Cette lettre faisait partie du livre troisième de la *Grande Histoire*. Elle aurait été écrite vers l'an de Rome 679.

(11) Pompée n'avait alors que trente-deux ans.

(12) Ce discours faisait également partie du livre troisième de la *Grande Histoire*. Il dut être prononcé l'an de Rome 681.

(13) MM. Burnouf et Dureau Delamalle ont entendu : *de la faction même de vos ennemis*. Pour nous, nous avons compris, avec le président de Brosses, un parti qui s'était interposé entre celui des nobles et celui du peuple, c'est-à-dire un tiers-parti. Il est très-facile de comprendre comment une fraction de la noblesse, plus modérée ou plus habile, pouvait l'obliger à faire des concessions au peuple. Du reste, le mot *media* pris dans le sens que nous lui donnons est de la meilleure latinité.

(14) On sait que la loi Porcia défendait de battre de verges un citoyen romain.

(15) Cette lettre appartenait au livre quatrième de la *Grande Histoire*. Mithridate est censé l'écrire à l'époque où, dépouillé de son royaume par les victoires de Lucullus, il s'était réfugié en Arménie auprès du roi Tigrane, lequel avait été pareillement vaincu par les Romains.

(16) M. Durozoir a appliqué à Antiochus ces mots : *amicitiam simulantes*. Nous avons cru devoir, avec MM. Burnouf et Dureau Delamalle, les appliquer à Philippe. Il nous a semblé qu'ainsi conçue la phrase avait un sens plus plein, et que Mithridate peignait avec plus de force la perfidie de la politique romaine. L'histoire d'ailleurs autorise cette interprétation.

(17) Ici, observe avec beaucoup de raison M. Burnouf, Mithridate exprime les sentiments qui animaient les Asiatiques. En effet, les Cappadociens, après l'extinction de la race de leurs rois, ayant été déclarés libres par le sénat de Rome, avaient refusé la liberté.

(18) Ce fragment faisait partie, à ce que l'on suppose, du livre troisième de la *Grande Histoire*. Selon Salluste C. Cotta l'aurait adressé, en l'an de Rome 679, au peuple qui s'était mutiné à cause de la disette.

(19) Quelques textes portent : *Senecta jam ætate*. La version que nous donnons a été aussi adoptée par M. Burnouf.

(20) A Rome, un citoyen rappelé de l'exil renaissait en quelque sorte à la vie; car l'exil entraînait la privation des droits de citoyen, que nous appelons en français *la mort civile*.

LETTRES
DE C. C. SALLUSTE A C. CÉSAR.

SUR LE GOUVERNEMENT DE LA RÉPUBLIQUE.

PREMIÈRE LETTRE.

I. Je sais combien il est difficile et délicat de donner des conseils à un roi, à un général, enfin à tout homme qui occupe une haute position; car autour d'eux des troupes de conseillers abondent, et personne n'a assez de pénétration ou de prudence pour prononcer sur l'avenir. Bien plus, souvent les mauvais conseils plutôt que les bons tournent à bien, parce que la fortune fait mouvoir presque tout au gré de son caprice. Pour moi, dans ma première jeunesse je me portai par goût aux affaires publiques, et j'employai à m'en instruire beaucoup de temps et de soins, non pas seulement dans l'intention de parvenir à des emplois que tant d'autres avaient obtenus par de coupables pratiques, mais encore afin de bien connaître la république au dedans et au dehors, ses forces, sa population, ses ressources. C'est pourquoi, l'esprit plein de ces études, je me suis décidé à faire à ta dignité le sacrifice de ma réputation et de mon amour-propre et à tout risquer, si je puis par là contribuer en quelque chose à ta gloire. Et ce n'est pas légèrement, ni pour flatter ta fortune, que j'ai conçu ce dessein ; mais parce que, entre toutes les qualités qui sont en toi, j'en ai découvert une vraiment admirable : c'est que ton âme est toujours plus grande dans les revers que dans la prospérité. Mais, par les dieux immortels (1), on le sait de reste, les hommes se lasseront plus tôt de louer et d'admirer ta magnanimité, que toi de faire des actions dignes de gloire.

II. J'ai reconnu, en effet, qu'il n'est rien de si profond dans une affaire que ta réflexion ne le saisisse aussitôt ; et, si je t'écris mes idées sur le gouvernement de la république, ce n'est pas que j'aie de ma sagesse ou de mes lumières une opinion exagérée ; c'est qu'au milieu de tes travaux guerriers, de tes combats, de tes victoires et du soin du commandement, j'ai cru devoir t'informer de l'état des choses à Rome. Car si tu n'avais pas d'autre

EPISTOLA I.

I. Scio ego, quam difficile atque asperum factu sit, consilium dare regi aut imperatori, postremo cuiquam mortali, cujus opes in excelso sunt : quippe quum et illis consultorum copiæ adsint; neque de futuro quisquam satis callidus, satisque prudens sit. Quin etiam sæpe prava magis, quam bona consilia prospere eveniunt : quia plerasque res fortuna ex lubidine sua agitat. Sed mihi studium fuit adolescentulo rempublicam capessere; atque in ea cognoscenda multam magnamque curam habui : non ita, uti magistratum modo caperem, quem multi malis artibus adepti erant; sed etiam, uti rempublicam domi militiæque, quantumque armis, viris, opulentia posset, cognitam haberem. Itaque mihi multa cum animo agitanti consilium fuit, famam modestiamque meam post tuam dignitatem habere, et cujus rei lubet periculum facere, dum quid tibi ex eo gloriæ accideret. Idque non temere, aut ex fortuna tua decrevi; sed quia in te, præter ceteras, artem unam egregie mirabilem comperi, semper tibi majorem in adversis, quam in secundis rebus animum esse. Sed per deos immortales illa res clarior est, quod et prius defessi sint homines laudando atque admirando munificentiam tuam, quam tu faciendo quæ gloria digna essent.

II. Equidem mihi decretum est, nihil tam ex alto reperiri posse, quod non cogitanti tibi in promtu sit : neque ego, quæ visa sunt, de republica tibi scripsi, quia mihi consilium atque ingenium meum amplius æquo probaretur ; sed inter labores militiæ, interque prælia, victo-

projet que de te mettre à couvert des attaques de tes ennemis, et de retenir, malgré l'opposition d'un consul malveillant(2), les marques de l'estime du peuple, ce serait une pensée trop au-dessous de ta grande âme. Mais, si tu as toujours ce même courage qui débuta par abattre les factions des nobles ; qui, délivrant le peuple d'un dur esclavage, le rendit à la liberté ; qui, durant ta préture (3), dissipa sans armes tes ennemis armés, et qui, au dedans et au dehors, accomplit tant et de si grandes choses, que tes ennemis n'osent se plaindre que de ta grandeur, j'espère que tu liras avec plaisir ce que je vais dire sur l'administration générale de la république, où certainement tu ne trouveras rien qui ne soit vrai, ou du moins qui n'approche fort de la vérité.

III. Puisque Pompée, soit par travers d'esprit, soit par suite de cette jalousie qui lui a tout fait sacrifier au désir de te nuire (4), est tombé jusque-là qu'il a mis, pour ainsi dire, les armes aux mains des factieux, c'est à toi de te servir des mêmes choses par lesquelles il a ébranlé la république, pour la raffermir. Son premier tort a été de livrer à quelques sénateurs la haute direction des impôts, des dépenses, du pouvoir judiciaire ; quant au peuple, à qui auparavant appartenait la souveraineté, il l'a soumis à des lois iniques, et l'a laissé dans la servitude. Le droit de judicature, il est vrai, a été, comme par le passé, dévolu aux trois ordres ; mais ces mêmes factieux gouvernent, donnent et ôtent à leur gré ; ils oppriment l'innocent, ils élèvent aux honneurs leurs créatures ; point de crime, point d'infamie ou de bassesse qui leur coûte pour arriver au pouvoir ; ils pillent, ils volent tout ce qui leur convient ; enfin, comme dans une ville prise d'assaut, ils ne reconnaissent de lois que leur caprice et leur passion.

Et je ressentirais, je l'avoue, moins de douleur, s'ils devaient à leur bravoure et à la victoire ce pouvoir qu'ils ne savent exercer qu'en opprimant ; mais ces lâches, qui n'ont de force et de courage que dans la langue, abusent insolemment d'une domination qu'ils tiennent du hasard et de la mollesse d'autrui. Car enfin, quelle sédition, quelle guerre civile a détruit tant et de si illustres familles ? quel vainqueur a jamais montré tant de violence et tant d'emportement ?

IV. L. Sylla, à qui dans sa victoire tout était permis par le droit de la guerre, comprenait que la ruine de ses ennemis affermirait son parti ; cependant, après avoir abattu quelques têtes, il aima mieux contenir le reste par les bienfaits que par la crainte. Mais aujourd'hui, grands dieux, un Caton, un Domitius et les autres de cette faction, ont fait massacrer comme des victimes quarante sénateurs (5) et une foule de jeunes gens de la plus belle espérance ; et encore la rage implacable de ces hommes n'a pas été assouvie par le sang de tant de malheureux citoyens : ni l'abandon des orphelins, ni l'âge avancé des pères et des mères, ni les gémissements des maris, ni la désolation des épouses, rien n'a pu fléchir ces âmes inhumaines ; loin de là, sévissant et accusant chaque jour avec plus de cruauté, ils ont dépouillé les uns de leur dignité (6) et chassé les autres de leur patrie (7).

Et parlerai-je de toi, César, de toi dont ces

---

rias, imperium, statui admonendum te de negotiis urbanis. Namque tibi si id modo in pectore consilii est, uti te ab inimicorum impetu vindices, quoque modo contra adversum consulem beneficia populi retineas ; indigna virtute tua cogites. Sin te ille animus est, qui jam a principio nobilitatis factionem disturbavit, plebem rom. ex gravi servitute in libertatem restituit, in praetura inimicorum arma inermis disjecit, domi militiaeque tanta et tam praeclara facinora fecit, uti ne inimici quidem queri quidquam audeant, nisi de magnitudine tua ; quin accipe tu ea, quae dicam de summa republica : quae profecto aut tu vera invenies, aut certe haud procul a vero.

III. Sed quoniam Cn. Pompeius aut animi pravitate, aut quia nihil maluit, quam quod tibi obesset, ita lapsus est, ut hostibus tela in manus jaceret ; quibus ille rebus rempublicam conturbavit, eisdem tibi restituendum est. Primum omnium summam potestatem moderandi de vectigalibus, sumtibus, judiciis, senatoribus paucis tradidit ; plebem romanam, cujus antea summa potestas erat, ne aequis quidem legibus, in servitute reliquit. Judicia tametsi, sicut antea, tribus ordinibus tradita sunt ; tamen idem illi factiosi regunt, dant, adimunt, quae lubet ; innocentes circumveniunt, suos ad honorem extollunt ; non facinus, non probrum aut flagitium obstat, quo minus magistratus capiant : quod commodum est, trahunt, rapiunt : postremo, tanquam urbe capta, lubidine ac licentia sua pro legibus utuntur. Ac me quidem mediocris dolor angeret, si virtute partam victoriam, more suo, per servitium exercerent ; sed homines inertissimi, quorum omnis vis virtusque in lingua sita est, forte atque alterius socordia dominationem oblatam insolentes agitant. Nam, quae seditio ac dissensio civilis tot tamque illustres familias ab stirpe evertit ? aut quorum umquam victoria animus tam praeceps tamque immoderatus fuit ?

IV. L. Sulla, cui omnia in victoria lege belli licuerunt, tametsi supplicio hostium partes suas muniri intellegebat ; tamen, paucis interfectis, ceteros beneficio, quam metu, retinere maluit. At hercule nunc cum Catone, L. Domitio, ceterisque ejusdem factionis, quadraginta senatores, multi praeterea cum spe bona adolescentes, sicuti hostiae, mactati sunt : quum interea importunissima genera hominum, tot miserorum civium sanguine satiari nequivere ; non orbi liberi, non parentes exacta aetate, non gemitus virorum, luctus mulierum, immanem eorum animum inflexit, quin, acerbius in dies male faciundo ac dicundo, dignitate alios, alios civitate eversum irent. Nam quid ego

hommes, ces lâches, achèteraient l'humiliation au prix de tout leur sang? Car leur domination, tout inespérée qu'elle ait été pour eux, les réjouit moins que ta gloire ne les chagrine, et ils aimeraient mieux, pour te perdre, mettre la liberté en péril que de voir l'empire du peuple romain agrandi par toi. C'est pour toi une raison de plus d'examiner attentivement par quels moyens tu pourras rétablir et raffermir l'ordre public. De mon côté, je n'hésite point à t'exposer le résultat de mes réflexions, sauf à tes lumières à adopter ce qui te paraîtra bon et praticable.

V. La république fut dès le principe, à ce que je pense et à ce que la tradition nous apprend, divisée en deux classes : les patriciens et les plébéiens. Les patriciens eurent d'abord l'autorité suprême, mais la force réelle n'en était pas moins dans le peuple. De là sont venues les fréquentes scissions qu'il y a eu dans l'état, et à chacune la noblesse a perdu de ses privilèges, tandis que les droits du peuple se sont étendus. Le peuple agissait alors en liberté, parce qu'il n'y avait personne dont le pouvoir fût au-dessus des lois. Ce n'était point par les richesses ou par l'orgueil, mais par une bonne renommée et par de belles actions, que le patricien se distinguait du plébéien. Le moindre citoyen, dans les champs ou à l'armée, assuré d'avoir toujours l'honnête nécessaire, se suffisait à lui-même et à la patrie. Mais lorsque, peu à peu chassés de leur patrimoine, ceux-ci furent réduits par la misère et la fainéantise à n'avoir plus d'établissement fixe, ils commencèrent à dépendre de la fortune d'autrui, à trafiquer de la liberté et de la république. Ainsi le peuple, qui était souverain et qui commandait à toutes les nations, s'est insensiblement désorganisé, et chacun a échangé la part qu'il avait dans l'autorité commune contre sa servitude privée. Voilà pourquoi cette multitude, d'abord infectée de mauvaises mœurs, et ensuite dispersée dans tant d'espèces de vies ou de professions différentes, n'ayant aucun lien entre elle, me paraît peu propre au gouvernement de l'état. Toutefois j'ai grand espoir qu'en incorporant dans les classes de nouveaux citoyens, tous se réveilleraient à la liberté; car chez les uns naîtrait le désir de conserver celle qu'ils auraient acquise, et chez les autres celui de sortir de leur servitude. Mon avis est qu'en entremêlant les nouveaux et les anciens, tu en formes des colonies (8). Notre force militaire y gagnera, et le peuple, honnêtement occupé, cessera de troubler la paix publique.

VI. Je n'ignore pas, je ne me cache pas le déchaînement, les tempêtes, que l'exécution de ce plan va soulever parmi les nobles. Ils s'écrieront avec indignation que l'on bouleverse tout, que l'on traite en esclaves les anciens citoyens, qu'enfin l'on transforme en royaume une cité libre, si la faveur d'un seul peut accorder à tant de gens le droit de cité. Pour moi je pense fermement que celui-là se rend coupable d'un grand crime qui se concilie la faveur populaire au détriment de la république; mais du moment que le bien public se trouve joint à l'avantage particulier, hésiter à l'entreprendre est, à mon avis, sottise et lâcheté. M. Livius Drusus eut constamment le projet, pen-

de te dicam, cujus contumeliam homines ignavissumi vita sua commutare voluant? Scilicet neque illis tantæ voluptati est (tametsi insperantibus accidit) dominatio, quanto mœrori tua dignitas: qui optatius habent, ex tua calamitate periculum libertatis facere, quam per te populi romani imperium maxumum ex magno fieri. Quo magis tibi atque etiam animo prospiciendum est, quonam modo rem stabilias communiasque. Mihi quidem quæ mens suppetit, eloqui non dubitabo: ceterum tui erit ingenii probare, quæ vera atque utilia factu putes.

V. In duas partes ego civitatem divisam arbitror, sicut a majoribus accepi, in patres, et plebem. Antea in patribus summa auctoritas erat, vis multo maxuma in plebe. Itaque sæpius in civitate secessio fuit; semperque nobilitatis opes deminutæ sunt, et jus populi amplificatum. Sed plebes eo libere agitabat, quia nullius potentia super leges erat; neque divitiis, aut superbia, sed bona fama factisque fortibus nobilis ignobilem anteibat: humillimus quisque in armis, aut militia, nullius honestæ rei egens, satis sibi, satisque patriæ erat. Sed ubi eos paullatim expulsos agris, inertia atque inopia incertas domos habere subegit; cœpere alienas opes petere, libertatem suam cum republica venalem habere. Ita paullatim populus, qui dominus erat, et cunctis gentibus imperitabat, dilapsus est: et pro communi imperio, privatim sibi quisque servitutem peperit. Hæc igitur multitudo, primum malis moribus imbuta, deinde in artes vitasque varias dispalata, nullo modo inter se congruens, parum mihi quidem idonea videtur ad capessendam rempublicam. Ceterum, additis novis civibus, magna me spes tenet, fore ut omnes expergiscantur ad libertatem : quippe quum illis libertatis retinendæ, tum his servitutis amittendæ cura orietur. Hos, ego censeo, permixtos cum veteribus novos, in coloniis constituas: ita et res militaris opulentior erit, et plebes bonis negotiis impedita malum publicum facere desinet.

VI. Sed non inscius, neque imprudens sum, quum ea res agetur, quæ sævitia, quæque tempestates hominum nobilium futuræ sint; quum indignabuntur, omnia funditus misceri, antiquis civibus hanc servitutem imponi, regnum denique ex libera civitate futurum, ubi unius munere multitudo ingens in civitatem pervenerit. Equidem ego sic apud animum meum statuo, malum facinus in se admittere, qui incommodo reipublicæ gratiam sibi conciliet; ubi bonum publicum etiam privatim usui est, id vero dubitare aggredi, socordiæ atque ignaviæ duco. M. Livio Druso semper consilium fuit, in tribunatu summa ope niti pro nobilitate; neque ullam rem in principio agere intendit, nisi illi auctores fierent. Sed homines fac-

dant son tribunal, de travailler de tous ses efforts pour les nobles ; et dans le commencement il ne voulut rien faire qu'eux-mêmes ne lui eussent conseillé. Mais ces factieux qui préféraient la fourberie et la méchanceté à la bonne foi, dès qu'ils s'aperçurent qu'un particulier isolé allait départir à un grand nombre d'hommes le plus précieux des biens, chacun d'eux, avec la conscience de ce qu'il était, c'est-à-dire méchant et sans foi, jugea M. Livius Drusus d'après lui-même. En conséquence, dans la crainte que, par un bienfait si important, il ne s'emparât seul des affaires, ils réunirent contre lui leurs efforts, et firent échouer ses projets qui étaient les leurs. C'est donc pour toi, général, un motif de redoubler de soins et de ménagements pour t'assurer des amis et de nombreux soutiens.

VII. Terrasser un ennemi déclaré n'est pas chose difficile à un homme de cœur, mais les gens de bien savent aussi peu tendre des pièges que s'en défendre. Lors donc que par cette incorporation de citoyens, le peuple aura été régénéré, applique tous les soins à entretenir les bonnes mœurs et à consolider l'union entre les anciens citoyens et les nouveaux. Mais, certes, le plus grand bien que tu puisses procurer à la patrie, aux citoyens, à toi-même, à nos enfants, en un mot, à tout le genre humain, ce sera de détruire, ou au moins d'affaiblir autant que possible l'amour de l'argent ; autrement, il n'y a pas moyen de gouverner ni les affaires privées, ni les affaires publiques, ni le dedans, ni le dehors. Car, là où la passion des richesses a pénétré, la discipline et les mœurs disparaissent ; l'esprit perd sa vigueur ;

l'âme elle-même, un peu plus tôt, un peu plus tard, finit par succomber.

J'ai souvent entendu citer des rois, des villes, des nations, qui par suite de l'excès de richesses avaient perdu de grands empires, que, pauvres, ils avaient acquis par leur courage. Cela n'a rien qui m'étonne ; car, dès que l'homme de bien voit le méchant, à cause de ses richesses, plus honoré que lui et mieux reçu, d'abord il s'indigne et son cœur se révolte ; mais, si la vanité l'emporte chaque jour davantage sur l'honneur, et l'opulence sur la vertu, il abandonne la justice pour la volupté. La gloire en effet nourrit l'émulation : si vous la retranchez, la vertu toute seule est par elle-même âpre et amère. Enfin, là où les richesses sont en honneur, on compte pour rien tous les biens véritables, la bonne foi, la probité, la pudeur, la chasteté ; car, pour la vertu, il n'est qu'un chemin, et bien rude ; mais pour la fortune il en est mille ; on y arrive également par des voies bonnes ou mauvaises.

Commence donc par renverser le pouvoir de l'argent. Que ce ne soit plus la richesse qui donne le droit de décider de la vie et de l'honneur des citoyens ; comme aussi que la préture, le consulat, soient accordés, non d'après l'opulence, mais d'après le mérite. On peut s'en fier au peuple pour bien choisir ses magistrats. Laisser les juges à la nomination du petit nombre, c'est du despotisme ; les élire pour leur fortune, c'est de l'iniquité. Aussi suis-je d'avis que tous les citoyens de la première classe, mais en plus grand nombre qu'aujourd'hui, soient appelés aux fonctions de juge. Ni les Rhodiens, ni bien d'autres cités n'ont

---

tiosi, quibus dolus atque malitia fide cariora erant, ubi intellexerunt per unum hominem maximum beneficium multis mortalibus dari ; videlicet et sibi quisque conscius malo atque infido animo esse, de M. Livio Druso juxta, ac de se, existumaverunt. Itaque metu, ne per tantam gratiam solus rerum potiretur, contra eum nisi, sua et ipsius consilia disturbaverunt. Quo tibi, imperator, majore cura fideque, amici et multa præsidia paranda sunt.

VII. Hostem adversum opprimere, strenuo homini haud difficile est ; occulta pericula neque facere, neque vitare bonis in promptu est. Igitur, ubi eos in civitatem adduxeris ; quoniam quidem revocata plebes erit, in ea re maxume animum exercitato, uti colantur boni mores, concordia inter veteres et novos coalescat. Sed multo maximum bonum patriæ, civibus, tibi, liberis, postremo humanæ genti pepereris, si studium pecuniæ aut sustuleris, aut, quoad res feret, minueris : aliter, neque privata res, neque publica, neque domi, neque militiæ, regi potest. Nam ubi cupido divitiarum invasit ; neque disciplina, neque artes bonæ, neque ingenium ullum satis pollet : quin animus magis, aut minus mature, postremo

tamen succumbit. Sæpe jam audivi, qui reges, quæ civitates et nationes, per opulentiam magna imperia amiserint, quæ per virtutem inopes ceperant. Id adeo haud mirandum est : nam ubi bonus deteriorem divitiis magis clarum magisque acceptum videt, primo æstuat, multaque in pectore volvit : sed ubi gloria honorem magis in dies, virtutem opulentia vincit ; animus ad voluptatem a vero deficit. Quippe gloria industria alitur ; ubi eam demseris, ipsa per se virtus amara atque aspera est. Postremo ubi divitiæ claræ habentur, ibi omnia bona vilia sunt, fides, probitas, pudor, pudicitia : nam ad virtutem una et ardua via est ; ad pecuniam, qua cuique lubet, nititur ; et malis et bonis rebus ea creatur. Ergo in primis auctoritatem pecuniæ demito : neque de capite, neque de honore ex copiis quisquam magis aut minus judicaverit ; sicut neque prætor, neque consul ex opulentia, verum ex dignitate creetur. Sed de magistratu facile populi judicium sit : judices a paucis probari, regnum est ; ex pecunia legi, inhonestum. Quare omnes primæ classis judicare placet, sed numero plures, quam judicant. Neque Rhodios, neque alias civitates unquam suorum judiciorum pœnituit, ubi promiscue dives et pauper, ut

jamais eu à se plaindre de leurs tribunaux, où le riche et le pauvre indistinctement, et d'après la loi du sort, prononcent sur les plus importantes comme sur les moindres affaires. Quant à l'élection des magistrats, ce n'est pas sans raison que j'aime la loi promulguée par C. Gracchus pendant son tribunat, afin que les centuries fussent tirées au sort dans les cinq classes sans distinction. Par là rendus égaux en prérogatives (9) et en biens, ce sera par le mérite que les citoyens s'efforceront de se surpasser les uns les autres.

VIII. Voilà les grands remèdes que je propose contre les richesses ; car enfin les choses ne sont estimées et recherchées qu'autant qu'elles sont d'usage : on n'est méchant que parce qu'on y trouve du profit. Supprimez ce profit, personne au monde ne fera le mal pour rien. Au reste, l'avarice est un monstre farouche, indomptable, et qu'on ne saurait tolérer : où elle se montre, elle dévaste tout, villes et campagnes, temples et maisons ; elle bouleverse le sacré et le profane ; point d'armée qui l'arrête, point de murailles où elle ne pénètre de force ; réputation, pudeur, enfants, patrie, famille, elle enlève tout aux mortels. Mais qu'on abolisse la considération attachée à l'argent, et cette grande puissance de l'avarice sera aisément vaincue par les bonnes mœurs.

Et, bien que ces vérités soient reconnues par tous les hommes, qu'ils pensent bien ou mal, il faut te préparer cependant à de rudes combats contre la faction des nobles ; mais, si tu évites leurs pièges, tout le reste te sera facile. En effet, s'ils pouvaient se prévaloir d'un mérite réel, ils voudraient plutôt être les émules que les détracteurs des gens de bien ; c'est parce qu'ils sont lâches, efféminés, plongés dans la stupeur et l'engourdissement qu'ils murmurent, qu'ils cabalent, qu'ils considèrent la gloire d'autrui comme leur propre déshonneur.

IX. Mais pourquoi parlerai-je d'eux davantage comme s'ils étaient inconnus ? Pour ce qui est de M. Bibulus son courage et sa force d'âme ont éclaté durant son consulat (10). Nous l'avons vu la langue empâtée et l'esprit plus méchant que rusé. Qu'oserait-il celui pour qui le consulat, le comble des honneurs, a été le comble de la dégradation ? C'est encore un homme bien redoutable que L. Domitius, lui qui n'a pas un seul membre qui ne soit marqué d'un vice ou d'un crime (11); homme à la langue sans foi, aux mains sanglantes, aux pieds légers à fuir, et qui a déshonoré même ce qu'on ne peut honnêtement nommer ? Il en est un toutefois, M. Caton, dont l'esprit habile, éloquent, pénétrant, ne me semble pas à mépriser. On acquiert ces qualités à l'école des Grecs ; mais on ne trouve chez les Grecs ni force, ni activité, ni amour du travail. En effet, comment des gens qui n'ont pas eu le cœur de maintenir chez eux la liberté, seraient-ils propres à donner de bons préceptes de gouvernement ? Quant au reste de cette faction, ce sont des nobles sans caractère et qui, semblables à des statues, n'ont pour eux que leur nom. L. Postumius et M. Favonius (12) me font l'effet de ces fardeaux superflus dont on charge un grand navire. Si l'on arrive à bon port, on en tire parti ; mais à la première menace de tempête, c'est d'eux qu'on se débarrasse d'abord, comme de ce qu'il y a de moins précieux.

X. Maintenant que j'ai indiqué, ce me semble,

---

cuique sors tulit, de maxumis rebus juxta, ac de minumis disceptat. Sed de magistratibus creandis haud mihi quidem absurde placet lex quam C. Gracchus in tribunatu promulgaverat; ut ex confusis quinque classibus sorte centuriæ vocarentur. Ita coæquati dignitate, pecunia, virtute anteire alius alium properabit.

VIII Hæc ego magna remedia contra divitias statuo. Nam perinde omnes res laudantur, atque appetuntur, ut earum rerum usus est : malitia præmiis exercetur : ubi ea demseris, nemo omnium gratuito malus est. Ceterum avaritia, bellua fera, immanis, intoleranda est : quo intendit, oppida, agros, fana atque domos vastat : divina cum humanis permiscet : neque exercitus, neque mœnia obstant, quo minus vi sua penetret : fama, pudicitia, liberis, patria, atque parentibus cunctos mortales spoliat. Verum, si pecuniæ decus ademeris, magna illa vis avaritiæ facile bonis moribus vincetur. Atque hæc ita sese habere, tametsi omnes æqui atque iniqui memorent ; tamen tibi cum factione nobilitatis haud mediocriter certandum est : cujus si dolum caveris, alia omnia in proclivi erunt. Nam hi, si virtute satis valerent, magis æmuli bonorum, quam invidi essent : quia desidia, et inertia, et stupor eos atque torpedo invasit ; strepunt, obtrectant, alienam famam bonam suum dedecus æstumant.

IX. Sed quid ego plura, quasi de ignotis, memorem? M. Bibuli fortitudo atque animi vis in consulatum erupit : hebes lingua, magis malus quam callidus ingenio. Quid ille audeat, cui consulatus maxumum imperium maxumo dedecori fuit ? An L. Domitii magna vis est ? cujus nullum membrum a flagitio aut facinore vacat : lingua vana; manus cruentæ, pedes fugaces ; quæ honeste nominari nequeant, inhonestissuma. Unius tamen M. Catonis ingenium versutum, loquax, callidum haud contemno. Parantur hæc disciplina Græcorum ; sed virtus, vigilantia, labos, apud Græcos nulla sunt : quippe, quum domi libertatem suam per inertiam amiserint, censesne eorum præceptis imperium haberi posse ? Reliqui de factione sunt inertissumi nobiles ; in quibus, sicut in statua, præter nomen, nihil est additamenti. L. Postumius, et M. Favonius, mihi videntur quasi magnæ navis supervacua onera esse : ubi salvi pervenere, usui sunt; si quid

les moyens de régénérer et de réformer le peuple, je passe à ce que tu dois faire, selon moi, à l'égard du sénat. Dès qu'avec l'âge ma raison se fut développée, j'exerçai assez peu mon corps aux armes et à l'équitation, mais j'appliquai mon esprit à l'étude, conservant ainsi au travail la partie de mon être que la nature avait douée de plus de vigueur. Or, tout ce que j'ai appris dans ce genre de vie par mes lectures et mes conversations, m'a convaincu que tous les royaumes, toutes les cités, toutes les nations, ont constamment prospéré tant que les sages conseils y ont prévalu; mais qu'une fois corrompus par la faveur, la crainte ou la volupté, leur puissance a été bientôt affaiblie; ensuite l'empire leur a été ravi, et enfin ils sont tombés dans la servitude.

Il m'est de même bien démontré que plus un homme est au dessus de ses concitoyens par le rang et le pouvoir, plus il prend à cœur le bien public. En effet le commun des citoyens ne gagne au salut de l'état que la conservation de sa liberté; mais celui qui par son mérite s'est procuré des richesses, des distinctions, des honneurs, dès que la république ébranlée éprouve la moindre agitation, il faut qu'il dévoue son esprit à des soucis et à des travaux sans nombre : outre sa liberté, il a sa gloire, il a sa fortune à défendre : il s'empresse, il est à la fois partout : plus, dans les temps heureux, il a été florissant, plus, dans les revers, il ressent d'amertume et d'anxiété. Lors donc que le peuple obéit au sénat, comme le corps à l'âme, et qu'il exécute ses décisions, c'est au sénat d'avoir de la prudence, peu importe que le peuple soit plus ou moins habile. Aussi nos ancêtres accablés sous le poids des guerres les plus rudes; quand ils n'eurent plus ni chevaux, ni soldats, ni argent, ne se lassèrent jamais de disputer l'empire les armes à la main. Ni l'épuisement du trésor, ni la force de l'ennemi, ni le mauvais succès, rien ne rabaissa leur grande âme jusqu'à l'idée qu'ils pussent ne pas garder, tant qu'il leur resterait un souffle de vie, ce qu'ils avaient conquis par leur courage. Et c'est par leur vigueur dans les conseils, bien plus que par leur bonheur dans les armes, qu'ils ont opéré ces grandes choses. Car pour eux la république était une, et tous veillaient sur elle ; il n'y avait de ligue que contre ses ennemis; et chacun employait ses talents ou ses forces pour la patrie, non pour son ambition personnelle.

De nos jours, au contraire, quelques nobles dont l'âme est pleine de mollesse et de lâcheté, qui ne connaissent ni les fatigues, ni l'ennemi, ni la guerre, forment dans l'état une faction compacte et gouvernent insolemment tous les peuples. Aussi le sénat dont la sagesse autrefois raffermissait la république chancelante, maintenant opprimé, flotte çà et là, au gré des caprices d'autrui, décrétant un jour une chose, le lendemain une autre ; et c'est d'après la haine et l'arrogance de ceux qui dominent, qu'il estime le bien ou le mal public.

XI. Si tous les sénateurs jouissaient d'une égale indépendance, ou si le mode de voter était plus secret, l'état aurait plus de force et la noblesse moins d'influence. Mais, comme il est dif-

---

adversi coortum est, de illis potissumum jactura fit, quia pretii minumi sunt.

X. Quoniam nunc, uti mihi videor, de plebe renovanda corrigendaque disserui; de senatu, quæ tibi agenda videntur, dicam. Postquam mihi ætas ingeniumque adolevit, haud ferme armis atque equis corpus exercui, sed animum in literis agitavi: quod natura firmius erat, id in laboribus habui. Atque ego in ea vita, multa legendo atque audiendo, ita comperi, omnia regna, item civitates, nationes, usque eo prosperum imperium habuisse, dum apud eos vera consilia valuerunt : ubicumque gratia, timor, voluptas ea corrupere, post paullo imminutæ opes, deinde ademtum imperium, postremo servitus imposita est. Equidem ego sic apud animum meum statuo : cuicumque in sua civitate amplior illustriorque locus, quam aliis est, ei magnam curam esse reipublicæ. Nam ceteris, salva urbe, tantummodo libertas tuta est; qui per virtutem sibi divitias, decus, honorem pepererunt, ubi paullum inclinata respublica agitari cœpit, multipliciter animus curis atque laboribus fatigatur; aut gloriam, aut libertatem, aut rem familiarem, defensat; omnibus locis adest, festinat; quanto in secundis rebus florentior fuit, tanto in adversis asperius magisque anxie agitat. Igitur ubi plebes senatui, sicuti corpus animo, obedit, ejusque consulta exsequitur ; patres consilio valere decet, populo supervacanea est calliditas. Itaque majores nostri, quum bellis asperrumis premerentur, equis, viris, pecunia amissa, numquam defessi sunt armati de imperio certare. Non inopia ærarii, non vis hostium, non adversa res, ingentem eorum animum subegit, quin, quæ virtute ceperant, simul cum anima retinerent. Atque ea magis fortibus consiliis, quam bonis præliis, patrata sunt. Quippe apud illos una respublica erat, ei omnes consulebant; factio contra hostes parabatur; corpus atque ingenium, patriæ, non suæ quisque potentiæ, exercitabat. At hoc tempore, contra ea, homines nobiles, quorum animos socordia atque ignavia invasit, ignari laboris, hostium, militiæ, domi factione instructi, per superbiam cunctis gentibus moderantur. Itaque patres, quorum consilio antea dubia respublica stabiliebatur, oppressi, ex aliena lubidine huc atque illuc fluctuantes agitantur ; interdum alia, deinde alia, decernunt : ut eorum, qui dominantur, simultas ac arrogantia fert, ita bonum malumque publicum existumant.

XI. Quod si aut libertas æqua omnium, aut sententia obscurior esset ; majoribus opibus respublica et minus po-

ficile de ramener à un même niveau le crédit de tous (car aux uns le mérite de leurs ancêtres a laissé de la gloire, des honneurs, des clients, et les autres ne sont pour la plupart que des parvenus de la veille), fais en sorte que leur vote soit dégagé de toute crainte. Par là, sûr du secret, chacun s'aimera mieux que le pouvoir d'un autre. Car la liberté est également chère aux bons et aux méchants, aux braves et aux lâches; mais la plupart des hommes, dans leur aveuglement, l'abandonnent par peur, et, sans attendre l'issue d'un combat incertain, se soumettent par lâcheté au joug qu'on n'impose qu'aux vaincus.

Il est donc, selon moi, deux moyens de raffermir l'autorité du sénat : c'est d'augmenter le nombre de ses membres (15) et d'y établir le vote par scrutin secret. A l'abri du scrutin, les opinions s'exprimeront avec plus de liberté; et par l'augmentation du nombre de ses membres on retirera de ce corps plus de secours et de services. En effet, dans ces derniers temps, les sénateurs, les uns appelés à siéger dans les tribunaux, les autres distraits par leurs affaires privées et par celles de leurs amis, ont rarement assisté aux délibérations publiques; quoique à vrai dire, ce ne soit pas tant ces occupations qui les en ont écartés, que l'insolence de ceux qui y sont les maîtres. Quelques nobles, avec les sénateurs dont ils ont grossi leur faction, approuvent, condamnent, ordonnent, dirigent tout à leur fantaisie. Mais dès que le nombre des sénateurs aura été augmenté et que l'on votera au scrutin secret, il faudra bien qu'ils se dépouillent de leur orgueil, en se voyant obligés d'obéir à ceux que naguère ils menaient avec tant de tyrannie.

XII. Peut-être, César, après avoir lu ceci, me demanderas-tu combien de membres je voudrais ajouter au sénat; comment je répartirais entre eux des fonctions nombreuses et variées; et, puisque je propose de confier l'administration de la justice à tous ceux de la première classe, quelle serait la limite des différentes juridictions et le nombre de juges que chacune exigerait.

Il ne m'eût pas été difficile de te répondre en détail sur tout cela; mais d'abord j'ai cru devoir m'occuper du plan général, et t'en démontrer les avantages. Si tu le prends pour point de départ, le reste ira de soi-même. Je veux ne présenter que des vues sages et surtout applicables; car, si mes conseils te réussissent, il ne peut que m'en revenir de l'honneur; mais mon plus vif désir c'est que, de quelque manière que ce soit, et le plus tôt possible, on vienne en aide à la république. La liberté m'est plus chère que la gloire; et je te prie, je te conjure, toi le plus illustre de nos généraux, toi le vainqueur des Gaules, de ne pas permettre que le grand et invincible empire du peuple romain tombe de vétusté ou s'écroule au milieu de nos discordes.

Assurément, si ce malheur arrivait, tu ne pourrais plus trouver ni le jour, ni la nuit, un instant de repos : agité dans tes insomnies, furieux, hors de toi, tu serais emporté par un égarement funeste. Car je tiens pour vrai qu'une puissance divine surveille les actions de tous les

tens nobilitas esset. Sed quoniam coæquari gratiam omnium difficile est (quippe quum illis majorum virtus partam reliquerit gloriam, dignitatem, clientelas; cetera multitudo, pleraque insititia sit); sententias eorum a metu libera : ita occulte sibi quisque alterius potentia carior erit. Libertas juxta bonis et malis, strenuis et ignavis, optabilis est. Verum eam plerique metu deserunt: stultissumi mortales, quod in certamine dubium est, quorsum accidat, id per inertiam in se, quasi victi, recipiunt. Igitur duabus rebus confirmari posse senatum puto; si numero auctus per tabellam sententiam feret. Tabella obtentui erit, quo magis animo libero facere audeat : in multitudine, et præsidii plus, et usus amplior est. Nam fere, his tempestatibus, alii iudiciis publicis, alii privatis suis atque amicorum negotiis implicati, haud sane reipublicæ consiliis adfuerunt : neque eos magis occupatio, quam superba imperia distinuere. Homines nobiles cum paucis senatoriis, quos additamenta factionis habent, quæcumque libuit, probare, reprehendere, decernere; ea, uti lubido tulit, facere. Verum ubi, numero senatorum aucto, per tabellam sententiæ dicentur; næ illi superbiam suam dimittent, ubi iis obediundum erit, quibus antea crudelissume imperitabant.

XII. Forsitan, imperator, perlectis literis, desideres quem numerum senatorum fieri placeat; quoque modo in multa et varia officia distribuantur; judicia quoniam omnibus primæ classis mittenda putem, quæ descriptio, qui numerus in quoque genere futurus sit. Ea mihi omnia generatim describere, haud difficile factu fuit; sed prius laborandum visum est de summa consilii, idque tibi probandum verum esse : si hoc itinere uti decreveris, cetera in promptu erunt. Volo ego consilium meum prudens, maximeque usui esse; nam ubicumque tibi res prospere cedet, ibi mihi bona fama eveniet. Sed me illa magis cupido exercet, uti quocumque modo, et quamprimum respublica adjuvetur. Libertatem gloria cariorem habeo, atque ego te oro hortorque, ne clarissimus imperator, gallica gente subacta, populi romani summum atque invictum imperium tabescere vetustate, aut per summam discordiam dilabi, patiaris. Profecto, si id accidat, neque tibi nox, neque dies curam animi sedaverit; quin insomniis exercitus, furibundus ac amens alienata mente feraris. Namque mihi pro vero constat, omnium mortalium vitam divino numine invisi : neque bonum neque malum facinus cujusquam pro nihilo haberi; sed, ex natura, diversa præmia bonos malosque sequi. Io-

mortels; qu'il n'en est aucune, bonne ou mauvaise, dont il ne soit tenu compte; et que, selon le vœu de la nature, les bons et les méchants reçoivent chacun leur récompense. Il peut arriver que la récompense se fasse attendre; mais la raison nous montre à tous dans la conscience ce qui nous est réservé.

XIII. Si la patrie, si les auteurs de tes jours pouvaient t'adresser la parole, voici sans doute ce qu'ils te diraient : « O César ! nous, les plus courageux des hommes, nous t'avons fait naître dans la plus fameuse des villes pour être notre gloire, notre appui, et la terreur de ses ennemis. Nous t'avons donné à ta naissance, en même temps que la vie, ce que nous avions acquis à force de travaux et de dangers; une patrie souveraine sur la terre, et, dans cette patrie, une maison, une famille illustre; de plus des talents distingués, une fortune honorable; enfin tous les biens de la paix et toutes les récompenses de la guerre. Pour prix de si grands bienfaits, nous ne demandons de toi aucun crime, aucune bassesse, mais de rétablir la liberté détruite. Accomplis cette tâche, et, sans nul doute, la gloire de ta vertu se propagera chez tous les peuples. En ce moment, en effet, malgré tes belles actions dans la paix et dans la guerre, ta gloire est égalée par celle de quelques hommes supérieurs; mais, si tu relèves sur le penchant de sa ruine la première ville et le plus grand empire du monde, qui sera plus illustre, plus grand que toi sur la terre ? Car, si, consumé par le mal ou frappé par le sort, cet empire vient à succomber, qui peut douter qu'aussitôt le monde entier ne devienne un théâtre de désolation, de guerre et de carnage? Mais si, animé d'une noble passion,

tu reconnais par tes actes ce que tu dois à la patrie, à tes ancêtres, et que tu rétablisses la république, dès-lors, aux yeux de la postérité, ta gloire surpassera celle de tous les mortels, en telle sorte que, par un privilége unique, ta mort sera encore plus belle que ta vie. En effet, tant que nous vivons, nous avons à redouter parfois la fortune et souvent l'envie; mais, dès que nous avons payé le tribut à la nature, le blâme se tait, et le mérite va de jour en jour grandissant. »

Telles sont les vues qui m'ont paru praticables et utiles à tes intérêts; je te les ai indiquées le plus brièvement que j'ai pu. Au reste, quelque plan que tu préfères, je supplie les dieux immortels qu'il tourne à ton avantage et à celui de la république.

SECONDE LETTRE.

I. C'était autrefois une vérité reçue (14), que la fortune était seule en droit de donner les royaumes, les commandements, et tous les autres biens qui excitent si fort les désirs des mortels; car, d'un côté, ces dons étaient souvent départis à des sujets indignes, et comme distribués par caprice; et d'autre part ils ne demeuraient jamais long-temps entre les mains du même homme sans s'y corrompre. Mais l'expérience a montré qu'il n'y a de vrai que ce qu'Appius (15) a dit dans ses vers : « Chacun est l'artisan de sa fortune : » et tu en es la meilleure preuve, toi, César, qui as tellement surpassé les autres hommes, que nous nous lasserons plus tôt de louer tes actions que toi d'en faire de louables. Au reste, ainsi que les ouvrages

---

terea forte ea tardius procedunt : suus cuique animus ex conscientia spem præbet.

XIII. Quod si tecum patria atque parentes possent loqui, scilicet hæc tibi dicerent : « O Cæsar, nos te genuimus fortissumi viri, in optuma urbe, decus præsidiumque nobis, hostibus terrorem! quæ multis laboribus et periculis ceperamus, ea tibi nascenti cum anima simul tradidimus: patriam maxumam in terris; domum familiamque in patria clarissumam; præterea bonas artes, honestas divitias; postremo omnia honestamenta pacis, et præmia belli. Pro his amplissumis beneficiis non flagitium a te, neque malum facinus, petimus, sed uti libertatem eversam restituas, qua re patrata, profecto per gentes omnes fama virtutis tuæ volitabit. Namque hac tempestate, tametsi domi militiæque præclara facinora egisti, tamen gloria tua cum multis viris fortibus æqualis est : si vero urbem amplissumo nomine, et maxumo imperio, prope jam ab occasu restitueris; quis te clarior, quis major, in terris fuerit? Quippe si morbo jam, aut fato huic imperio secus acciderit; cui dubium est, quin per orbem terrarum vastitas, bella, cædes oriantur?

Quod si tibi bona lubido fuerit, patriæ, parentibus gratificandi; postero tempore, republica restituta, super omnes mortales gloria agnita, tuaque unius mors vita clarior erit. Nam vivos interdum fortuna, sæpe invidia, fatigat : ubi anima naturæ cessit, demtis obtrectationibus, ipsa se virtus magis magisque extollit.

Quæ mihi utilia factu visa sunt, quæque tibi usui fore credidi, quam paucissumis potui, perscripsi. Ceterum deos immortales obtestor, uti, quocumque modo ages, ea res tibi reique publicæ prospere eveniat.

EPISTOLA II.

I. Pro vero antea obtinebat, regna atque imperia fortunam dono dare, item alia, quæ per mortales avide cupiuntur; quia et apud indignos sæpe erant, quasi per lubidinem data; neque cuiquam incorrupta permanserant. Sed res docuit, id verum esse, quod in carminibus Appius ait, Fabrum esse quemque fortunæ : atque in te maxume, qui tantum alios prægressus es, uti prius defessi sint homines laudando facta tua, quam tu laude

de l'art, les biens conquis par la vertu doivent être conservés avec le plus grand soin : si on les néglige, ils se dégradent, s'affaiblissent et s'écroulent. Personne, en effet, ne cède de plein gré le pouvoir à un autre; et, quelles que soient la bonté, la clémence de celui qui commande, par cela seul qu'il ne tient qu'à lui d'être méchant, on le redoute. Cela vient de ce que la plupart des hommes puissants se conduisent d'après un mauvais principe : ils se croient d'autant plus en sûreté que leurs subordonnés sont plus corrompus.

Tu agiras tout différemment. Sage et vaillant comme tu es, tu feras en sorte de n'avoir à commander qu'à de véritables gens de bien; car les hommes les plus vicieux sont toujours les plus indociles.

Mais il t'est plus difficile qu'à aucun de ceux qui t'ont précédé de régler l'usage que tu feras de la victoire. La guerre avec toi a été plus humaine que la paix avec les autres; et cependant les soldats victorieux demandent leur récompense, et les vaincus sont des citoyens. Il te faut glisser entre ces deux écueils, et assurer le repos futur de la république, non pas seulement par les armes et contre l'ennemi, mais, ce qui est bien plus important et bien plus difficile, par les sages institutions de la paix.

Il semble donc que notre situation invite tout homme plus ou moins habile à proposer l'avis qu'il croit le meilleur. Quant à moi, je pense que de la manière dont tu useras de la victoire dépend tout notre avenir.

II. A présent, pour te rendre cette tâche plus sûre et plus facile, je vais en peu de mots t'exposer ma pensée. Tu as eu, César, à soutenir la guerre contre un homme illustre, puissant, ambitieux, plus heureux que sage. Parmi ceux qui le suivirent, quelques-uns se déclarèrent contre toi parce qu'ils l'avaient offensé; d'autres furent entraînés par les liens du sang ou de l'amitié. Car il n'admit personne au partage de la puissance, et, s'il eût pu y consentir, le monde n'aurait pas été ébranlé par la guerre (16). Le reste de la multitude, par imitation plutôt que par choix, a suivi à la file, chacun s'en remettant à celui qui marchait devant et qu'il croyait plus sage.

Dans le même temps, sur la foi de tes calomniateurs, des hommes tout souillés d'opprobre et de débauches, espérant que tu leur allais livrer la république, accoururent en foule dans ton camp, et menacèrent ouvertement les citoyens paisibles de la mort, du pillage, enfin de tout le mal qui peut venir à l'idée d'hommes corrompus. Une grande partie d'entre eux voyant que, contre leur attente, tu n'abolissais point les dettes et que tu ne traitais pas les citoyens en ennemis, se retirèrent; il n'en resta qu'un petit nombre qui trouvèrent plus de repos dans ton camp que dans Rome où ils étaient sans cesse assiégés par leurs créanciers. Mais c'est une chose qui fait frémir que de dire combien de citoyens, et des plus considérables, passèrent ensuite, par les mêmes motifs, dans le camp de Pompée, lequel, pendant toute la guerre, fut comme l'asile sacré et inviolable de tous les débiteurs.

III. Maintenant donc que la victoire te rend l'arbitre de la guerre et de la paix, si tu veux,

---

digna faciundo. Ceterum uti fabricata, sic virtute parta, quam magna industria haberi decet; ne incuria deformentur, aut corruant infirmata. Nemo enim alteri imperium volens concedit; et quamvis bonus atque clemens sit, qui plus potest, tamen, quia malo esse licet, formidatur. Id evenit, quia plerique rerum potentes perverse consulunt, et eo se munitiores putant, quo illi, quibus imperitant, nequiores fuere. At contra id eniti decet, quum ipse bonus atque strenuus sis, uti quam optumis imperites; nam pessumus quisque asperrume rectorem patitur. Sed tibi hoc gravius est, quam ante te omnibus, armis parta componere : bellum aliorum pace mollius gessisti; ad hoc victores prædam petunt, victi cives sunt. Inter has difficultates evadendum est tibi; atque in posterum firmanda respublica, non armis modo, neque adversum hostes, sed, quod multo majus multoque asperius est, bonis pacis artibus. Ergo omnes magna mediocrique sapientia res huc vocat, quæ quisque optuma potest, uti dicant. Ac mihi sic videtur : qualicumque modo tu victoriam composueris, ita alia omnia futura.

II. Sed jam quo melius faciliusque constituas, paucis, quæ me animus monet, accipe. Bellum tibi fuit, imperator, cum homine claro, magnis opibus, avido potentiæ, majore fortuna, quam sapientia : quem secuti sunt pauci, per suam injuriam tibi inimici; item quos affinitas, aut alia necessitudo traxit. Nam particeps dominationis neque fuit quisquam; neque, si pati potuisset, orbis terrarum bello concussus foret : cetera multitudo, vulgi more magis quam judicio, post alium alium, quasi prudentiorem, sequuti. Per idem tempus maledictis iniquorum occupandæ reipublicæ in spem adducti homines, quibus omnia probro ac luxuria pollutæ erant, concurrere in castra tua; et aperte quietis mortem, rapinas, postremo omnia, quæ corrupto animo lubebat, minitari. Ex quis magna pars, ubi neque creditum condonare, neque te civibus sicuti hostibus uti vident, defluxere : pauci restitere; quibus majus otium in castris, quam Romæ, futurum erat; tanta vis creditorum impendebat. Sed ob easdem caussas immane dictu est, quanti et quam multi mortales postea ad Pompeium discesserint : eoque per omne tempus belli, quasi sacro atque inspoliato fano debitores usi.

III. Igitur, quoniam tibi victori de bello atque pace

en bon citoyen, que l'une finisse et que l'autre soit juste et durable, examine d'abord ce qui est le plus convenable par rapport à toi-même, puisque c'est à toi qu'il appartient de concilier tous ces intérêts. Pour moi, je pense que toute domination cruelle est plus fâcheuse que durable; que nul ne peut être à craindre pour beaucoup que beaucoup ne soient à craindre pour lui; qu'une pareille vie est pleine de chances, car l'ennemi vous attaque de front, par derrière et sur les flancs, et l'on doit vivre sans cesse dans le péril et dans la crainte. Au contraire, ceux dont la bonté et la clémence ont tempéré le pouvoir, ne voient autour d'eux qu'objets agréables et riants, et ils trouvent plus de faveur chez leurs ennemis que les autres chez leurs concitoyens.

Va-t-on me reprocher de vouloir par ces conseils gâter ta victoire, et d'être trop indulgent aux vaincus? Ai-je donc tort de croire qu'il faut accorder à des concitoyens ce qu'à l'exemple de nos ancêtres nous avons souvent accordé à des peuples étrangers nos ennemis naturels? Ai-je tort de ne pas vouloir que chez nous, comme chez les barbares, on expie le meurtre par le meurtre et le sang par le sang?

IV. Aurait-on déjà oublié les murmures qui ont éclaté, peu avant cette guerre, contre Cn. Pompée et la victoire de Sylla? Domitius, Carbon, Brutus, et tant d'autres romains indignement immolés, bien que suppliants et désarmés, hors du champ de bataille et contre les lois de la guerre? tant de citoyens renfermés dans le jardin public, et là égorgés comme un vil bétail (17)? Hélas! combien ces massacres clandestins de citoyens, et ces assassinats inopinés des pères et des fils dans les bras les uns des autres, et cette dispersion des femmes et des enfants, et ce pillage des maisons, combien tout cela, avant ta victoire, nous paraissait affreux et atroce! Et voilà les excès auxquels ces mêmes hommes t'encouragent! Avons-nous donc combattu pour décider à qui de Pompée ou de toi resterait le droit de maltraiter les Romains! As-tu donc envahi et non pas recouvré la république! Et ces vieilles troupes, les meilleures qui furent jamais, n'ont-elles donc, après leur temps de service, repris les armes contre leurs pères, leurs frères et leurs enfants, qu'afin que les hommes les plus dépravés pussent trouver dans le malheur public de quoi fournir à leur gloutonnerie, à leur monstrueuse débauche, et qu'ils flétrissent ta victoire, et souillassent de leurs infamies la gloire des gens de bien? Car tu n'ignores pas, je pense, quelle a été leur conduite, leur retenue, alors même que le succès était encore douteux; comment, au milieu de la guerre, plusieurs d'entre eux passaient leur temps dans les orgies ou avec des courtisanes; ce qui eût été impardonnable à leur âge, même pendant les loisirs de la paix. Mais en voilà assez sur la guerre.

V. Quant à l'affermissement de la paix, auquel vous travaillez, toi et tous les tiens, examine d'abord, je te prie, combien cet objet est important : par là, séparant le bien du mal, tu t'ouvriras un chemin commode pour arriver à la vérité. Pour moi voici ma pensée : puisque tout ce qui a commencé doit finir, au temps marqué par les

agitandum est, hoc uti civiliter deponas, illa ut quam justissuma et diuturna sit; de te ipso primum, qui ea compositurus es, quod optumum factu est, existuma. Equidem ego cuncta imperia crudelia, magis acerba quam diuturna arbitror, neque quemquam multis metuendum esse, quin ad eum ex multis formido recidat : eam vitam bellum æternum atque anceps gerere; quoniam neque adversus, neque ab tergo, aut lateribus tutus sis, semper in periculo, aut metu agites. Contra qui benignitate et clementia imperium temperavere, his læta et candida omnia visa; etiam hostes æquiores, quam aliis cives. An qui ne his dictis corruptorem victoriæ tuæ, nimisque in victos bona voluntate, prædicent? Scilicet quod ea, quæ externis nationibus, natura nobis hostibus, nosque majoresque nostri sæpe tribuere, ea civibus danda arbitror, neque barbarico ritu cæde cædem, et sanguine sanguinem expianda.

IV. An illa, quæ paullo ante hoc bellum in Cn. Pompeium victoriamque Sullanam increpabantur, oblivio intercepit? Domitium, Carbonem, Brutum, alios item non armatos, neque in prælio belli jure, sed postea supplices per summum scelus interfectos; plebem romanam in villa publica, pecoris modo, consciscam. Heu, quam illa occulta civium funera et repentinæ cædes, in parentom aut liberorum sinum fuga mulierum et puerorum, vastatio domuum, ante partam a te victoriam omnia sæva atque crudelia erant! Ad quæ te illi iidem hortantur : scilicet id certatum esse, utrius vestrum arbitrio injuriæ fierent; neque receptam, sed captam a te rempublicam; et ea caussa exercitus, stipendiis confectis, optumos et veterrumos omnium, adversum fratres parentesque ac liberos armis contendere; ut ex alienis malis deterrumi mortales ventri atque profundæ lubidini sumtus quærerent, atque essent opprobria victoriæ, quorum flagitiis commacularetur bonorum laus. Neque enim te præterire puto, quali quisque eorum more aut modestia, etiam tum dubia victoria, sese gesserit : quoque modo in belli administratione scorta aut convivia exercuerint nonnulli; quorum ætas ne per otium quidem tales voluptates sine dedecore attigerit. De bello satis dictum.

V. De pace firmanda quoniam tuque et omnes tui agitatis; primum id, quæso, considera, quale id sit, de quo consultas : ita, bonis malisque dimotis, patenti via ad verum perges. Ego sic existumo : quoniam orta omnis

destins pour la chute de Rome, les citoyens en viendront aux mains avec les citoyens, et ainsi fatigués, épuisés de sang, ils deviendront la proie de quelque roi ou de quelque nation : autrement le monde entier ni tous les peuples conjurés ne pourront ébranler, encore moins renverser cet empire. D'où il suit qu'il faut affermir les avantages de l'union, et bannir au plus tôt les maux de la discorde.

Tu auras atteint ce double but, si tu arrêtes cette fureur de prodigalités et de concussions, non pas en rappelant d'antiques institutions, que depuis longtemps la corruption des mœurs a rendues ridicules, mais en établissant que la dépense de chacun sera limitée à son revenu; car il est passé en usage chez nos jeunes gens de débuter par dissiper leur bien et celui des autres; ils tiennent qu'il n'est rien de plus beau que de ne rien refuser à ses passions et à l'importunité d'autrui; c'est là qu'ils mettent la vertu, la grandeur d'âme, et pour eux la pudeur et l'économie sont tout ce qu'il y a de plus honteux. Aussi à peine ces esprits ardents, engagés dans cette voie mauvaise, voient-ils leurs ressources leur échapper, qu'ils se jettent ardemment, tantôt sur nos alliés, tantôt sur les citoyens, portent partout le désordre, et refont leur fortune aux dépens de celle de l'état (18).

Il faut donc abolir l'usure à l'avenir, afin que chacun de nous remette de l'ordre dans ses affaires. Voilà le vrai et simple moyen qu'un magistrat n'exerce plus pour ses créanciers, mais pour le peuple, et qu'il fasse consister la grandeur d'âme à enrichir et non à dépouiller la république.

VI. Et je sais combien dans le commencement sera pénible cette obligation, surtout à ceux qui s'imaginaient trouver dans la victoire plus de licence et de liberté au lieu de nouvelles entraves; mais, si tu consultes leurs vrais intérêts plutôt que leurs passions, tu leur procureras, ainsi qu'à nous et à nos alliés, une solide paix. Si la jeunesse conserve les mêmes goûts, les mêmes mœurs, prends garde que ta gloire, si brillante et si pure, ne périsse bientôt avec Rome. Enfin les hommes sages ne se résignent au travail qu'en vue du repos, ne font la guerre que pour avoir la paix. Si tu n'assures la nôtre, qu'importe que tu aies été vainqueur ou vaincu?

Ainsi donc, au nom des dieux, prends en main la république, et surmonte avec ton habileté ordinaire tous les obstacles; car toi seul peux remédier à nos maux, ou il est inutile que personne le tente. Et l'on ne te demande pas ces châtiments rigoureux, ces jugements cruels qui désolent plus un pays qu'ils ne le réforment; il ne s'agit que de préserver la jeunesse du dérèglement des mœurs et des mauvaises passions.

La véritable clémence consiste à empêcher que les citoyens ne s'exposent plus tard à de justes exils, à les écarter des folies et des voluptés trompeuses, à affermir la paix, la concorde; et tu y manquerais, si, indulgent aux vices et tolérant les délits, tu permettais le plaisir du moment au prix d'un mal à venir.

VII. Mon esprit est surtout rassuré par les mêmes motifs qui effraient les autres, je veux dire par la grandeur de ta tâche, et parce que tu as à régler les terres et les mers. Un génie tel

---

intereunt, qua tempestate urbi romanæ fatum excidii adventarit, cives cum civibus manus conserturos; ita defessos et exsangues regi aut nationi prædæ futuros : aliter non orbis terrarum, neque cunctæ gentes conglobatæ, movere aut contundere queunt hoc imperium. Firmanda igitur sunt et concordiæ bona, et discordiæ mala expellenda. Id ita eveniet, si sumtuum et rapinarum licentiam demseris; non ad vetera instituta revocans, quæ jam pridem, corruptis moribus, ludibrio sunt; sed si suam cuique rem familiarem finem sumtuum statueris : quoniam is incessit mos, ut homines adolescentuli, sua atque aliena consumere, nihil lubidini atque aliis rogantibus denegare pulcherrumum putent; eam virtutem et magnitudinem animi, pudorem atque modestiam pro socordia æstumant. Ergo animus ferox, prava via ingressus, ubi consueta non suppetunt, fertur accensus in socios modo, modo in cives : movet composita, et res novas veteribus acquirit. Quare tollendus fœnerator in posterum, uti suas quisque res curemus. Ea vera atque simplex via est, magistratum populo, non creditori, gerere, et magnitudinem animi in addendo, non demendo reipublicæ ostendere.

VI. Atque ego scio, quam aspera hæc res in principio futura sit, præsertim iis, qui se in victoria licentius liberiusque, quam arctius futuros credebant. Quorum si saluti potius, quam lubidini consules; illosque nosque et socios in pace firma constitues. Sin eadem studia artesque juventuti erunt, næ ista egregia tua fama simul cum urbe Roma brevi concidet. Postremo sapientes pacis caussa bellum gerunt, laborem spe otii sustentant : nisi illam firmam efficis, vinci, an vicisse, quid retulit? Quare capesse, per deos, rempublicam, et omnia aspera, uti soles, pervade : namque aut tu mederi potes, aut omittenda est cura omnibus. Neque quisquam te ad crudeles pœnas aut acerba judicia invocat, quibus civitas vastatur magis quam corrigitur; sed uti pravas artes malasque lubidines ab juventute prohibeas. Ea vera clementia erit, consuluisse ne merito cives patria expellerentur, retinuisse ab stultitia et falsis voluptatibus; pacem, concordiam stabilivisse; non, si, flagitiis obsequutus, delicta perpessus, præsens gaudium cum mox futuro malo concesseris.

VII. Ac mihi animus, quibus rebus alii timent, maxume fretus est, negotii magnitudine, et quia tibi

que le tien se perdrait dans les petites affaires ; les grands succès sont le prix des grands travaux.

Il te faut donc pourvoir à ce que le peuple, que corrompent les largesses (19) et les distributions de blé, ait des occupations qui lui ôtent le loisir de faire le malheur public. Veille aussi à ce que la jeunesse prenne le goût des vertus et de l'application, et perde celui des folles dépenses et des richesses. Ce but sera atteint si tu ôtes à l'argent, le plus redoutable des fléaux, son usage et son pouvoir.

Souvent, en effet, en réfléchissant en moi-même aux moyens par lesquels les hommes les plus fameux avaient fondé leur grandeur ; en recherchant comment les peuples et les nations avaient prospéré sous quelques chefs capables, et ensuite quelles causes avaient amené la chute des royaumes et des empires les plus puissants, j'ai constamment trouvé les mêmes vertus et les mêmes vices : chez les vainqueurs le mépris des richesses, chez les vaincus la soif de l'or. Et l'on comprend bien qu'un homme ne peut s'élever au-dessus des autres et se rapprocher des dieux, si, dédaignant la cupidité et les plaisirs des sens, il n'est tout entier à son âme, non pour la flatter, pour céder à ses fantaisies, pour l'amollir par une funeste complaisance, mais pour l'exercer par le travail, la patience, les bonnes maximes et les actions de vigueur.

VIII. En effet, élever un palais ou une maison de plaisance, l'orner de statues, de tapis et d'autres ouvrages des arts, et faire en sorte que tout y attire plus les regards que nous-mêmes, ce n'est pas tant nous honorer par les richesses que les déshonorer par nous. Quant à ceux qui ont l'habitude de se remplir le ventre deux fois par jour, et de ne passer aucune nuit sans courtisanes, dès qu'ils ont laissé s'abrutir dans cette servitude l'âme qui est faite pour commander, c'est en vain qu'ils veulent ensuite tirer d'une faculté énervée et boiteuse ce que l'on obtient d'une faculté exercée : leur folie les perd eux et presque tout avec eux. Mais ces maux et tous les autres disparaîtront, avec le pouvoir de l'argent, dès que les magistratures et les autres charges les plus recherchées cesseront de se vendre.

Il faut en outre pourvoir à la sûreté de l'Italie et des provinces ; et cela me semble facile ; car ce sont les mêmes hommes qui d'un seul coup font une double dévastation, en abandonnant leurs demeures et en s'emparant par force de celle des autres. Empêche aussi que le service militaire ne soit, comme il l'est encore, injustement ou inégalement réparti, puisque les uns servent pendant trente années et les autres point du tout. Je voudrais enfin que le blé, qui jusqu'ici a été la récompense de la fainéantise, fût distribué dans les colonies et dans les villes municipales aux vétérans qui se seraient retirés dans leurs foyers après avoir servi le temps voulu.

Je t'ai exposé aussi brièvement que possible des avis qui m'ont paru devoir être utiles à la république et à ta gloire. Peut-être aussi n'est-il pas hors de propos de dire un mot de mes motifs. La plupart des hommes possèdent ou se piquent de posséder assez de lumières pour juger ; et tous, à vrai dire, ont l'esprit fort empressé dès qu'il s'agit de blâmer les actions ou les paroles d'au-

---

terræ et maria simul omnia componenda sunt. Quippe res parvas tantum ingenium attingere nequit : magnæ curæ magna merces est. Igitur provideas oportet, uti plebes, largitionibus et publico frumento corrupta, habeat negotia sua, quibus ab malo publico detineatur : juventus probitati et industriæ, non sumptibus, neque divitiis, studeat. Id ita eveniet, si pecuniæ, quæ maxuma omnium pernicies est, usum atque decus demseris. Nam sæpe ego cum animo meo reputans, quibus quisque rebus clari viri magnitudinem invenissent, quæ res populos nationesve magnis auctoribus auxissent, ac deinde quibus caussis amplissuma regna et imperia corruissent ; eadem semper bona atque mala reperiebam ; omnesque victores divitias contemsisse, et victos cupivisse. Neque aliter quisquam extollere sese, et divina mortalis attingere potest, nisi, omissis pecuniæ et corporis gaudiis, animo indulgens, non assentando, neque concupita præbendo, perversam gratiam gratificans, sed in labore, patientia, bonisque præceptis, et factis fortibus exercitando.

VIII. Nam domum aut villam exstruere ; eamque signis, aulæis, aliisque operibus exornare, et omnia po- tius, quam semet, visendum efficere ; id est non divitiis decori habere, sed ipsum illis flagitio esse. Porro ii, quibus bis die ventrem onerare, nullam noctem sine scorto quiescere, mos est, ubi animum, quem dominari decebat, servitio oppressere, nequidquam eo postea hebeti atque claudo, pro exercito uti volunt : nam imprudentia pleraque et se præcipitant. Verum hæc et omnia mala pariter cum honore pecuniæ desinent, si neque magistratus, neque alia vulgo cupienda venalia erunt. Ad hoc providendum est, quoquo modo Italia, atque provinciæ tutiores sint : id quod factu haud obscurum est. Nam iidem omnia vastant, suas deserendo domos, et per injuriam alienas occupando. Item ne, ut adhuc, militia injusta, aut inæqualis sit : quum alii triginta, pars nullum stipendium faciet. Et frumentum id, quod antea præmium ignaviæ fuit, per municipia et colonias illis dare conveniet, quum stipendiis emeritis domos reverterint. Quæ reipublicæ necessaria, tibique gloriosa ratus sum, quam paucissumis absolvi. Non pejus videtur, pauca nunc de facto meo disserere. Plerique mortales ad judicandum satis ingenii habent, aut simulant ; ve-

trui : il semble qu'on n'ouvrira jamais assez tôt la bouche, et que la langue ne sera jamais assez prompte pour exprimer ce que l'on a sur le cœur. Je ne me repens point d'avoir cédé à ce penchant; je regretterais davantage de m'être tu. Car, soit que tu suives mon plan ou un autre meilleur, j'aurai toujours la satisfaction de t'avoir conseillé et secondé selon mes forces. Il ne me reste qu'à prier les dieux immortels d'approuver tes vues et de les faire réussir.

rum enim ad reprehendenda aliena facta, aut dicta, ardet omnibus animus; vix satis apertum os, aut lingua prompta videtur, quæ meditata pectore evolvat. Quibus me subjectum haud pœnitet; magis reticuisse pigeret. Nam sive hac, seu meliore alia via perges; a me quidem pro virili parte dictum et adjutum fuerit. Reliquum est optare, uti, quæ tibi placuerint, ea dii immortales approbent, beneque evenire sinant.

NOTES

DES LETTRES A C. CÉSAR.

LETTRE I.

(1) A la place de ces mots, *per deos immortales*, que nous avons adoptés, quelques éditions mettent *per celeros mortales*. Outre la difficulté d'expliquer ces mots, le sens que nous avons préféré nous a paru d'une flatterie plus délicate, en ce que l'exclamation donne à cette flatterie un air de franchise et presque d'enthousiasme.

(2) Ces mots de *consul malveillant* s'appliquent, selon les uns, à C. Claudius Marcellus, et, selon les autres, à Cornélius Lentulus. Ces deux personnages furent consuls en même temps, l'an de Rome 705. Au reste chacun d'eux contribua par sa violence à précipiter la guerre civile.

(3) Le président de Brosses remarque que « la manière dont Salluste s'exprime ici semble en dire là-dessus plus que nous n'en savons. »

(4) Le texte de M. Burnouf porte ici : *quam quod sibi obesset*, ce qui donne un sens bien différent du nôtre. M. Burnouf, en repoussant la version que nous avons adoptée, convient qu'elle est plus ingénieuse et plus appropriée au sujet. C'est pour cela même que nous l'avons préférée.

(5) Comme on ne trouve dans l'histoire aucune trace de ce massacre, plusieurs commentateurs pensent que le texte de ce passage, d'ailleurs fort clair grammaticalement, pourrait bien être altéré.

(6) Salluste parle ici de la censure d'Appius Claudius dont il fut lui-même une des victimes. Appius Claudius l'avait chassé du sénat pour son inconduite.

(7) Ils avaient été condamnés à l'exil, et l'exil emportait la dégradation civique.

(8) César, à son retour à Rome, suivit la plupart des conseils qui lui sont donnés ici par Salluste.

(9) César n'attribua la judicature qu'aux sénateurs et aux chevaliers. Il en exclut les tribuns du trésor qui tenaient à la classe plébéienne. Voy. Suétone et Dion Cassius.

(10) M. Bibulus fut consul avec César, l'an de Rome 695. Il est possible que, comme le prétend Salluste, il n'ait été qu'un homme médiocre ; mais il paraît que ce fut un excellent citoyen.

(11) L. Domitius Œnobarbus fut consul, l'an de Rome 700. Il embrassa dans la guerre civile le parti opposé à César, et fut tué à Pharsale. On trouvera de plus amples détails sur ce personnage dans Suétone, vie de Néron, chap. II.

(12) Nous ne savons rien de particulier sur L. Postumius. Quant à M. Favonius, c'était un citoyen plein de probité et grand admirateur de Caton.

(13) César, dit M. Burnouf, voulant affermir, non l'autorité du sénat, mais la sienne propre, porta le nombre des sénateurs jusqu'à neuf cents. Comme parmi les nouveaux sénateurs il y avait beaucoup d'étrangers, on composa cette affiche qui est, selon nous, une pièce assez curieuse : « Avis important : on est prié de ne pas indiquer aux nouveaux sénateurs le chemin du sénat. »

LETTRE II.

(14) Plusieurs manuscrits portent : « *Populus romanus antea obtinebat*, etc. » Nous avons préféré la leçon de M. Burnouf comme plus simple.

(15) Appius Claudius, surnommé l'Aveugle, partageait quelques-unes des opinions de l'école pythagoricienne, et avait écrit des maximes dans le goût des vers dorés de Pythagore.

(16) Lucain a dit au livre 1er de la Pharsale : Nec quemquam jam ferre potest, Cæsarve priorem, Pompeiusve parem.

(17) Ce massacre eut lieu par ordre de Sylla. On appelait le *Jardin public* un grand bâtiment dans le Champ-de-Mars, destiné au logement des ambassadeurs étrangers.

(18) *Res novas veteribus acquirit*, mot à mot, il acquiert des choses nouvelles aux anciennes. Personne, parmi les commentateurs ou les traducteurs de Salluste, ne nous semble avoir suffisamment établi le sens de ce passage sans doute très-altéré. L'explication que nous en avons empruntée à M. Dureau Delamalle n'est peut-être pas la bonne, mais elle est la seule qui nous paraisse présenter un sens raisonnable.

(19) D'après Suétone, César réduisit à cent cinquante mille individus le nombre de ceux qui avaient part aux largesses publiques, et qui, auparavant, s'élevait à trois cent vingt mille.

JULES CÉSAR.

VIE
DE
JULES CÉSAR.

César (Caius Julius), descendant de l'illustre famille Julia, qui rapportait son origine à Énée et à Vénus [1], naquit cent ans avant J.-C. (an de Rome 654). Il fut témoin, dans sa jeunesse, des guerres civiles de Sylla et de Marius, son oncle maternel. Il était âgé de seize ans, déjà marié, et avait perdu son père, quand l'histoire nous le fait connaître, et le montre répudiant sa femme Cossutia, fille d'un riche chevalier romain, pour épouser Cornélie, fille de Cinna [2]. Sylla, que commençoit à inquiéter *ce jeune homme à ceinture lâche* [3], ainsi qu'il le désignait à Pompée, voulut, pour se l'attacher, lui faire répudier Cornélie, et lui donner sa fille en mariage. César fut inébranlable dans son refus; Sylla confisqua la dot de sa femme. Bientôt César, loin de chercher à se faire oublier, se présenta devant le peuple pour briguer le sacerdoce; l'opposition du dictateur fit rejeter sa demande. Enfin, soupçonné d'être du parti de Marius, il fut proscrit, obligé de fuir, de changer toutes les nuits de retraite, de corrompre, à force d'argent, les satellites envoyés à sa poursuite. Il fallut, pour le sauver, la puissante intercession des vestales, le crédit de la famille Julia, et les prières même des amis du dictateur qui leur dit : « Celui dont les intérêts vous sont si chers ruinera un jour la république; je vois en lui plus d'un Marius. [4] »

César se tint prudemment éloigné de Rome, fit ses premières armes en Asie, sous le préteur Thermus, mérita la couronne civique à la prise de Mitylène, passa en Cilicie, et séjourna à la cour du roi Nicomède, en Bithynie, où il acquit une honteuse célébrité, dont plus tard ses ennemis devaient l'accabler dans leurs sarcasmes amers. [1] Après la mort de Sylla, il accourt à Rome, résolu de profiter des troubles excités par Lépide, mais qui sont presque aussitôt apaisés. [2] Trois principaux moyens de domination étoient, à cette époque, offerts à l'ambition : l'éloquence, la gloire militaire, les largesses. César, qui devait les employer tous, voulut d'abord se signaler dans le barreau, où, de l'aveu même de ses rivaux, il eût mérité le premier rang, si la guerre ne l'eût empêché de le conquérir. Il accusa de malversations dans son gouvernement Cn. C. Dolabella, personnage consulaire, et décoré d'un triomphe, et trouva, dans les villes de la Grèce, un grand nombre de témoins qui le soutinrent de leurs dépositions; mais il échoua dans sa poursuite. Il plaida ensuite contre Antoine, accusé du même crime, et qui ne crut pouvoir détourner les effets de son éloquence que par un appel subit aux tribuns du peuple. L'envie que cette éloquence excita le contraignit à fuir. [3] Mais pour que son exil même lui servît à en augmenter les ressources, il se rendit à Rhodes, et y prit des leçons du célèbre professeur grec Apollonius Molon, qui avait eu Cicéron pour auditeur [4]. Il fut surpris, dans la traversée, par des corsaires ciliciens, dont la puissance formidable obligeait la république à déployer des forces extraordinaires [5]. Ceux-ci lui demandèrent vingt talents pour sa rançon; César leur en promit cinquante (250,000

---

[1] Appian. de Bell. civ. l. 2, c. 10 § 68. — [2] Plut. in Cæs. c. 1. — Suet. in J. Cæs. vitâ. c. 1. — [3] Id. c. 46. — [4] Plut. c. 1. — Suet c. 1.

[1] Suet. c. 2, 22, 48. — [2] id. c. 3. — [3] J. Celsi comment de vitâ J. Cæs. l. 1. — [4] Pint. in. Cæs. c. 3. — Suet. c. 3. — [5] Plut. in. Pomp. c. 25. — Flori Epit. rer. roman. l. 3 c. 7.

livres), pour qu'elle fût plus digne du prisonnier, et resta trente-huit jours au milieu d'eux, leur imposant par son regard, les traitant avec mépris, leur commandant le silence, quand il voulait travailler ou dormir. « Il semblait moins, dit Plutarque, » qu'il fût leur captif que leur maître. » Il leur lisait les poëmes et les harangues qu'il composait, les traitait, s'ils ne l'applaudissaient pas, d'ignorants et de barbares, et les menaçait en riant de les faire pendre. Il leur tint parole, quand racheté par les habitants de Milet, et devenu possesseur de quelques vaisseaux, il les eut atteints et dépouillés[1]. Quelques historiens citent comme un trait de clémence qu'avant de les faire mettre en croix il permit de les étrangler.[2]

Pendant son séjour à Rhodes, apprenant que Mithridate avait attaqué des provinces alliées de Rome, il rassemble, quoique sans mission, des troupes auxiliaires, met en déroute les généraux du roi de Pont, et rend à la république les villes qu'il avait envahies[3]. Il reparaît à Rome, mais cette fois pour y jeter sûrement les bases de sa puissance. Sa naissance illustre le plaçait dans le parti des patriciens; neveu de Marius et gendre de Cinna, il pouvait relever celui du peuple; dans le premier il lui eût fallu subir l'autorité de Pompée; elle lui était nécessaire pour se fortifier dans le second, en l'aidant à parvenir aux dignités; il s'attacha à Pompée. Nommé tribun militaire, premier témoignage qu'il reçut de la faveur du peuple[4], il travailla à raffermir la puissance tribunitienne ébranlée par Sylla[5], et contribua au rappel des partisans de Lépide et de L. Cinna, frère de sa femme[6]. Peu de temps après, déjà questeur, il osa, après avoir prononcé à la tribune l'éloge funèbre de sa tante Julie, femme de Marius, faire paraître en public, au milieu des images des Jules, celles du vainqueur des Cimbres, qu'on n'avait pas vues depuis la dictature de Sylla, associant ainsi son propre nom à un nom encore cher au peuple. La multitude applaudit à son audace[7]. Sa femme Cornélie meurt à la fleur de son âge. L'usage à Rome voulait qu'on ne fît l'oraison funèbre que des femmes qui mouraient âgées: César prononce celle de Cornélie, pour avoir une occasion d'apprendre solennellement au peuple, en lui rappelant ses ancêtres, quel nom il mettait dans son parti. Il les fait descendre du roi Ancus Martius et de Vénus, mère d'Énée; « Ainsi, » dit-il, on trouve dans ma famille la sainteté des » rois, qui sont les maîtres du monde, et la majesté » des dieux qui sont les maîtres des rois.[8] »

Au retour de sa questure sans importance en Espagne, qu'il abandonna, sans permission, avant le temps[9], et qui n'est célèbre que par les larmes ambitieuses que lui fit répandre la vue d'une statue d'Alexandre, selon les uns, ou sleon les autres, la lecture d'une histoire de ce prince,[1] il épousa la fille de Pompée, encore tout puissant, et, d'accord avec Cicéron, il fit donner à son beau-père des pouvoirs extraordinaires, le proconsulat des mers, et le commandement général des armées[2]. Bientôt il s'offre pour chef aux peuples du Latium qui réclamaient le droit de citoyens dans Rome, et les pousse secrètement à une rébellion ouverte, que prévinrent les mesures énergiques des consuls. Il entre ensuite avec Crassus dans une vaste conspiration, dont le but était de donner la dictature à ce personnage, qui trembla ou se repentit au moment d'agir, et la dignité de maître de la cavalerie à César lui-même, qui, ne se voyant pas soutenu, ne voulut pas donner le signal; puis il s'engage avec Pison, gouverneur de l'Espagne, à exciter une sédition dans Rome, si celui-ci peut soulever sa province.[3] La mort de Pison empêche ce complot. Plus tard encore il sera initié, sans y jouer un grand rôle, dans la conjuration de Catilina. Son discours adroit et pathétique, roulant sur des lieux communs de clémence et d'humanité, avait entraîné tous les esprits; Caton, par un dernier effort, les ramena aux mesures de rigueur, et les poussa à une telle exaltation que des épées furent tirées contre César. Il ne put contempler ce mouvement sans pâlir; et il sortit du sénat sous la protection de Cicéron, qui s'exposa ainsi à ce qu'on l'accusât un jour d'avoir souffert que César vécût, quand il pouvait le laisser tuer[4].

Sa turbulence, son affabilité, ses profusions, ses dangers, le désignaient sans cesse à l'attention et à la faveur de la multitude; il l'eut dès lors pour cortège quand il se rendait au sénat, ce qu'il ne faisait plus que rarement; elle redemandait César à grands cris quand elle croyait qu'il y était en péril[5]; elle l'accoutuma ainsi à compter sur elle.

Il voulut savoir jusqu'où irait ce dévouement. C. Metellus, tribun du peuple, avait porté quelques lois d'où pouvaient naître de grands troubles. Vigoureusement appuyées par César, elles furent combattues par le sénat, qui, en outre, interdit à ces deux magistrats l'exercice de leurs fonctions. César continua de remplir les siennes; mais voyant s'avancer contre lui, l'épée à la main, ceux que les consuls avaient chargés de l'exécution de leur décret, il congédia ses licteurs, se dépouilla des insignes de sa dignité et se retira dans une de ses maisons, espérant que le peuple ne l'y laisserait pas longtemps. En effet, César ne reparaissant pas en public, la multitude s'assembla tumultueusement autour de sa maison, et voulut le rétablir de vive force dans sa charge; César refusa cet appui dont il lui suffisait d'avoir provoqué l'offre, et se donna ainsi

---

[1] Plut. c. 2. — Suet. c. 4. — Val. Max. l. 6, c. 9. § 15. — [2] Suet. c. 62. — J. Celsi. l. 1. — [3] Suet. c. 5. — [4] Suet. c. 6. — [5] Appian. ibid. l. 1. c. 11. § 100. — Vell. Paterc. l. 2. c. 30. — [6] Plut. in Caes. c. 5. — [7] ibid. — [8] id. Suet. c. 7. — [9] Id. c. 9.

[1] Plut. ibid. c. 12. — Suet. c. 8. — [2] Flori ep. l. 3. c. 7. — [3] Suet. c. 9. — [4] Plut. c. 8. — Suet. c. 13. — [5] Plut. c. 9.

auprès du sénat même le mérite de la modération. Le décret d'interdiction fut annulé ; celui qui le rétablissait dans sa dignité lui fut apporté par une députation solennelle, et César, avec les dehors d'une noble résignation, consentit à faire à sa patrie le sacrifice de ses ressentiments[1].

La maladresse de ses ennemis lui prépara bientôt un nouveau triomphe. Vettius l'accusa, sans preuves, d'avoir favorisé les desseins de Catilina qui avait cessé de vivre ; César repoussa facilement cette tardive accusation ; et il ne parvint à en soustraire l'auteur à la fureur populaire qu'en le faisant mettre en prison[2]. Nommé édile, César se hâta de profiter des nouveaux moyens que cette charge lui donnait de plaire au peuple, sans que son collègue, qu'il faisait contribuer à ses dépenses, en partageât avec lui le mérite aux yeux de la multitude[3]. Il embellit Rome, fit creuser un vaste cirque, donna des jeux où il avait fait préparer des sièges pour la commodité des spectateurs, des repas splendides où presque toute la ville était conviée, des combats où tant de gladiateurs devaient paraître (cent vingt paires), que le sénat en prit l'alarme et en limita le nombre par un décret[4]. On connaissait aussi la magnificence de ses libéralités particulières ; on savait qu'il donnait des palais à ses partisans, que le présent d'une perle qui valait six millions de sesterces coûtait peu à sa générosité[5], qu'il suffisait qu'une maison construite à grands frais ne lui convînt pas pour qu'il la fît abattre[6] ; et tant de faste dans ses profusions éblouissait la multitude. Ses envieux même le voyaient s'y livrer avec un secret plaisir, persuadés qu'il achetait chèrement une popularité éphémère, et que, faute de pouvoir suffire à cette dépense excessive, il verrait bientôt s'éclipser sa puissance[7]. Ses dettes, il est vrai, augmentaient chaque jour; on assure qu'avant d'avoir obtenu aucune charge elles se montaient à treize cents talents (plus de cinq millions[8]) ; et il disait de lui-même, vers cette époque, « qu'il lui faudrait vingt-cinq millions de sesterces » pour ne rien avoir[9]. » Mais l'usage qu'il faisait de ces richesses d'emprunt devait le mettre à même d'en acquérir d'autres en propre, en lui créant un parti toujours prêt à l'appuyer dans ses brigues et dans ses actes.

Il était impatient d'en essayer la force. Une nuit, on plaça par ses ordres dans le Capitole les statues de Marius abattues par le sénat. Il les avait fait couvrir d'or et charger d'inscriptions à la louange du vainqueur des Cimbres ; le lendemain toute la ville accourut à ce spectacle ; les vieux partisans de Marius versèrent des larmes de joie ; la multitude étouffa par ses applaudissements les voix qui osèrent s'élever contre l'édile audacieux, et associa, dans ses cris, le nom de César à celui de Marius. Le sénat inquiet s'assemble ; on y accuse César d'aspirer à la tyrannie : « Ce n'est plus par les mines » secrètes, mais à force ouverte qu'il attaque la ré- » publique. » Le peuple, au dehors, manifeste énergiquement son amour pour lui. César, dans le sénat, fait tomber sur ses ennemis sa foudroyante éloquence, et sort triomphant de cette épreuve.[1]

Cependant au milieu de ses projets d'ambition, dès qu'il sortait de charge, il affectait, pour les mieux cacher, de vivre dans les plaisirs, vers lesquels l'entraînait d'ailleurs un penchant irrésistible, menait en même temps plusieurs intrigues de galanterie, ne paraissait occupé que du soin de sa toilette[2], et par ce moyen, servait à la fois sa politique et ses goûts. Il réussit ainsi pendant longtemps à tromper les plus clairvoyants, Caton excepté, et Cicéron, ne sachant qu'en penser, disait : « J'a- » perçois dans ses projets des vues tyranniques; » mais quand je regarde ses cheveux si artistement » arrangés, quand je le vois se caresser la tête du » bout du doigt, je ne puis croire qu'il songe à ren- » verser la république.[3] »

César, à qui les patriciens étaient parvenus à faire refuser le gouvernement de l'Égypte, où une guerre à terminer pouvait donner à son nom un éclat nouveau[4], demanda la place de souverain-pontife, laissée vacante par la mort de Métellus. Il avait deux hommes puissants pour compétiteurs ; l'un d'eux lui fit offrir secrètement des sommes considérables pour qu'il se désistât de sa poursuite ; César répondit qu'il en emprunterait de plus grandes encore pour soutenir sa brigue ; et il acheta assez de suffrages pour l'emporter ; car c'est ainsi que la plupart des charges s'acquéraient alors. Les candidats faisaient, au mépris des lois, porter des comptoirs dans la place publique et y achetaient les voix à beaux deniers comptants[5]. L'épreuve était décisive pour César. Accablé de dettes, il ne lui restait plus, s'il ne réussissait pas, qu'à sortir de Rome pour échapper à ses créanciers. Il y était résolu ; le jour de l'élection, voyant sa mère en pleurs, il lui dit en l'embrassant : « Vous » ne me reverrez aujourd'hui que souverain pontife[6]. »

Peu de temps après éclata le scandale de l'entrée de Clodius, sous un déguisement de musicienne, chez Pompéia, femme de César, pendant la célébration des mystères de la Bonne-Déesse, ce qui ajoutait l'impiété au scandale. Clodius, jeune patricien très-populaire, fut, pour ce fait, cité en justice par un tribun du peuple, et Cicéron témoigna contre lui. La multitude prit hautement sa défense ; César, appelé en témoignage, se garda de déposer contre un citoyen influent que le peuple mettait sous sa protection, et se contenta de répudier Pompéia,

---

[1] Suet. c. 14. — [2] Id. c. 15. — [3] Id. c. 10. — [4] Id. ibid. — [5] Id. c. 49. — [6] Id. c. 47. — [7] Plut. c. 5. — [8] Id. ibid. — [9] Appian. l. 2. c. 2. § 8.

[1] Plut. c. 6. — Suet. c. 11. — [2] Id. c. 46. — Plut. c. 4. — [4] Suet. c. 11. — [5] Plut. c. 51. — Appian. ibid. l. 2. c. 3. § 19, 22, 24. — [6] Plut c. 7. — Suet. c. 12.

aléguant « que la femme de César ne devait pas même être soupçonnée¹. »

Après sa préture, le sort lui assigna le gouvernement de l'Espagne ultérieure. Retenu à Rome par ses nombreux créanciers, il eut besoin que Crassus, le plus riche des Romains, qui voulait se faire de César un appui contre Pompée, se déclarât sa caution pour des sommes immenses². Il partit alors, sans même attendre que le sénat eût fait les arrangements relatifs à l'administration de sa province³, tant il avait hâte de se signaler et d'exercer seul quelque part un pouvoir unique; car c'est à ce voyage que se rapporte ce mot d'ambitieux, resté célèbre « qu'il aimerait mieux être le premier dans » un hameau que le second dans Rome⁴. » En Espagne, il ne donna ses soins ni aux travaux réguliers des fonctions civiles ni aux détails obscurs de l'administration de la justice. « Il méprisa tout cela, » dit un historien, comme inutile au but qu'il se » proposait,⁵ » et il employa le temps qu'il resta dans son gouvernement à en étendre les frontières. A la tête de trente cohortes, il porta la guerre dans la Galice et dans la Lusitanie, qu'il soumit aux Romains, reçut de ses soldats le titre pompeux et recherché d'*Imperator*, qui créait un lien nouveau entre le général et son armée, envoya à Rome beaucoup d'argent pour le trésor public, et parvint, avec celui qu'il prélevait sur les contributions arbitrairement imposées par ses ordres, à éteindre ses dettes qui s'élevaient, dit-on, à trente-huit millions de notre monnaie⁶. Il sera même plus tard assez riche pour payer celles de ses partisans.

Il quitta l'Espagne avant qu'on lui eût nommé un successeur, et il se présenta à Rome, demandant à la fois le triomphe et le consulat, deux prétentions incompatibles et vivement combattues par Caton. Il renonça au triomphe, honneur d'un jour, et opta pour le consulat, pouvoir durable⁷. Il songea à se l'assurer; les richesses qui lui restaient suffirent pour lui acheter un grand nombre de créatures : de plus, voulant se servir du crédit de Crassus et de Pompée, ennemis et rivaux dans le gouvernement, et conquérir d'un seul coup à son parti un double appui, il les réconcilia tous deux, fut, pour cette action utile à lui seul, proclamé le sauveur de l'état qu'elle devait perdre, s'unit à eux par serment, et forma ce premier triumvirat qui fit dire si justement à Caton ; « que ce n'était pas leur inimitié qui » avait perdu la république, mais leur union⁸ » Il fut consul ; mais il se découvrit en essayant de s'assurer d'avance, à prix d'argent, l'approbation aveugle de L. Luceius qu'il voulait se faire donner pour collègue¹. Le sénat crut avoir assez fait pour déjouer cette manœuvre en se déclarant pour Bibulus, dévoué aux intérêts de ce corps, et en puisant dans le trésor public de quoi lui acheter les suffrages².

César, pendant son consulat, se comporta comme un tribun, publia des lois agraires, distribua des terres aux pauvres, se mit ouvertement à la tête du parti de Marius et mérita par tous ses actes l'opposition du sénat³. Celle de Bibulus le gênait ; il s'en débarrassa par des violences où il trouva moyen d'associer Pompée, qu'il rendit ainsi suspect au sénat, dont Pompée tirait toute sa puissance. Il avait proposé une loi par laquelle on devait distribuer à vingt mille citoyens pauvres les terres de la Campanie ; Bibulus et tout le sénat s'y opposèrent avec force. César, menacé par des poignards, s'écria qu'on le contraignait d'avoir recours à l'autorité du peuple ; il en convoqua l'assemblée, amena Pompée à la tribune et lui demanda à haute voix s'il approuvait sa loi et s'engageait à la défendre. « A ceux qui nous » menacent de l'épée, répondit Pompée, j'oppo-» serai l'épée et le bouclier ; » paroles imprudentes qui le rendirent odieux aux sénateurs sans le rendre plus cher au peuple, reconnaissant de cette loi envers le seul César, son auteur. Le sénat, sur les menaces du peuple en armes, fut forcé de l'adopter et d'en consacrer la perpétuité par serment⁴. Mais la querelle à ce sujet avait été si vive que Bibulus fut chassé de l'assemblée ; ses faisceaux furent brisés, ses licteurs et deux tribuns blessés. Lui-même, poursuivi par le peuple ameuté, deux fois arraché de la tribune, mais se voyant sans appui dans le sénat intimidé, s'enferma dans sa maison, et y passa les huit mois qui restaient encore jusqu'à l'expiration de sa charge, lançant de là quelques édits sans autorité, et faisant afficher des placards pleins d'invectives contre son collègue⁵. Il n'était point César ; on ne lui envoya pas de députation suppliante, César ne convoqua pas le sénat de toute l'année, et habitua ainsi le peuple à le voir seul maître.

Tout, jusqu'aux plaisanteries auxquelles cette usurpation donna lieu, fait foi qu'elle réussit. Beaucoup de lettres au lieu d'être datées ainsi : *César et Bibulus étant consuls*, l'étaient de cette manière : *Jules et César étant consuls*⁶. On protestait par des sarcasmes contre cette puissance absolue. Déjà on ne pouvait plus attaquer César ; on attaqua ses mœurs, et l'indignation s'exhalait en bons mots : « Nous avons pour maître, » disait un sénateur, » le mari de toutes les femmes et la femme de tous » les maris⁷. » « Il ne sera pas facile à une femme » d'exercer sa tyrannie sur des hommes, » disait Bi-

---

¹ Plut. in Cæs. c. 10, 11; in Cic. c. 36, 37. — Suet. c. 7, 62. — App. l. 2. c. 2. § 14. — ² Plut. in Cæs. c. 12. — in Crass. c. 8. — Suet. c. 16. — App. ibid. § 8. — ³ Suet. ibid. — ⁴ Plut. c. 12. — ⁵ App. ibid, ibid. — ⁶ Plut. c. 12. — App. ibid. ibid. ⁷ Plut. in Cæs. c. 12.—in Pomp. c. 49.—Suet. c. 16.— App. ibid. ibid. — ⁸ Plut. c. 13. — Suet. c. 18. — App. ibid. § 9.

Suet. c. 17. — ² Id. ibid. App. ibid. ibid. — ³ Plut. in Cæs. c. 14. — in Pomp. c. 49. Id. — ⁴ In Cæs. c. 14. — in Pomp. c. 49.—Suet. c. 19.—App. ibid. c. 12. — ⁵ Plut. c. 14. — Suet. c. 19. —App. ibid. c. 13. — ⁶ Suet. c. 48. — ⁷ Suet. c. 22.

bulus pour se consoler. «Ne vous étonnez pas, ajou-
» tait Cicéron, qu'après avoir aimé un roi, il aime la
» royauté;» allusions sanglantes à son commerce de
débauche avec le roi de Bithynie [1]. César laissa dire
et poursuivit son but. Il gagna l'amitié des chevaliers en leur accordant une part dans les impôts,
celle des étrangers en les faisant déclarer amis du
peuple romain; il donna des repas publics, des
spectacles, des combats de gladiateurs, et emprunta de nouveau pour ajouter à ses largesses et à
sa puissance. Sûr de l'impunité, il fit enlever du
temple de Jupiter, au Capitole, 5,000 livres pesant
d'or, et y substitua du cuivre doré [2], exemple que
Crassus ne manqua pas de suivre dans son troisième
consulat [3]; il vendit, en son nom, à des particuliers des villes et des royaumes, et à Ptolémée le
droit d'hériter du trône de son père, au prix de
plusieurs millions [4].

Le terme de son consulat approchant, il songea au
gouvernement des Gaules, où il espérait acquérir
de la gloire et des richesses. Il pouvait dépenser assez
pour l'obtenir; mais il lui fallait le conserver à son
gré, sans que son absence pût porter atteinte à son
crédit. Des liens nouveaux lui en assurent la conservation. Dans la crainte que Pompée ne lui échappât, il lui donna en mariage sa fille Julie, quoique
déjà promise à Cépion, et il épousa lui-même Calpurnie, fille de Pison, qu'il avait fait désigner consul;
double union dont Caton démêla le motif et prévit
les conséquences. « On trafique du pouvoir et de la
république par des mariages!» s'écria-t-il indigné [5].
César donna pour collègue à Pison Aulus Gabinius,
son ami, fit nommer tribuns Vatinius et Clodius, ce
dernier, au mépris des lois, pour qu'il surveillât
Cicéron, son ennemi personnel, lequel dévoilant enfin César, déclamait hautement contre lui, et avouait
« qu'il avait été dupe autrefois de sa ceinture [6]. »

César parvint à faire exclure des charges ceux
qui ne voulaient pas s'engager à le soutenir
pendant son absence; une promesse verbale ne lui
suffisait pas toujours; il exigea de quelques-uns d'eux
un serment solennel ou une promesse par écrit [7]. Il
fut, en apparence, servi au-delà de ses désirs; il
avait modestement demandé pour cinq ans le gouvernement de la Gaule cisalpine avec trois légions;
une loi de Vatinius y joignit l'Illyrie, et le sénat la
Gaule transalpine avec une légion, de peur d'être
prévenu par le peuple et que César ne tînt ce commandement de sa libéralité [8]. Caton, qui avait déjà
plusieurs fois couru le risque d'être tué sur la place
publique, voulut s'opposer à ces décrets. César le fit
arrêter, conduire en prison, et relâcher presqu'aussitôt, parce qu'il vit la multitude désapprouver cette
violence envers un citoyen qu'elle estimait sans le

croire toujours [1]. Lucullus, coupable à ses yeux de
la même opposition, ne dut de rester libre qu'au
pardon publiquement imploré aux genoux du
consul et à la promesse de renoncer aux affaires [2].
Peu de temps après, les poursuites de Clodius
contraignirent Cicéron à s'exiler. [3] Tous les ennemis de César commençaient à craindre pour leur vie;
peu de sénateurs osaient, dans les derniers temps
de son consulat, paraître dans les assemblées qu'il
présidait. Considius, l'un d'eux, s'y présenta
seul, et répondit à César qui s'en étonnait : « Mon
grand âge n'exige plus tant de précaution [4]. »

César partit de Rome avant d'avoir rendu compte
de sa gestion au sénat dispersé. Mis en accusation
par les préteurs Memmius et Domitius, il recueillit
les premiers fruits de sa politique prévoyante; l'influence de ses partisans fit cesser les poursuites [5].

Lui-même a écrit l'histoire de ses campagnes dans
les Gaules, et ces mémoires l'ont rendu aussi célèbre
que sa conquête, la plus utile, a dit Bossuet, que sa
patrie eût jamais faite. César commença cette guerre
avec six légions : le nombre en fut ensuite porté
à douze. « Il a fait huit campagnes dans les Gaules;
pendant lesquelles deux invasions en Angleterre et
deux incursions sur la rive droite du Rhin. En
Allemagne il a livré neuf grandes batailles, fait trois
grands sièges et réduit en provinces romaines deux
cents lieues de pays, qui ont enrichi le trésor de
8,000,000 de contributions ordinaires [6].» En moins
de six ans qu'a duré cette guerre, on prétend qu'il
prit d'assaut ou qu'il réduisit par la terreur de ses
armes plus de huit cents villes, qu'il soumit trois
cents nations et qu'il défit en différents combats trois
millions d'ennemis, et même quatre suivant le
compte d'un historien [7]; un tiers fut tué sur le
champ de bataille et à la suite des combats, et un
autre tiers réduit en esclavage [8].

« Si la gloire de César, a dit Napoléon, n'était
fondée que sur la guerre des Gaules, elle serait problématique [9].» En effet le système d'isolement et de
localité, l'absence de tout esprit national, qui carac-
térisaient les Gaulois, leurs divisions, leurs guerres
de cité à cité, les rivalités de leurs chefs, leur ignorance de toute discipline, de toute science stratégique,
l'infériorité de leurs moyens d'attaque et de défense,
devaient les livrer successivement à un ennemi
brave, actif, habile et persévérant.

Le seul Gaulois qui comprit tous les avantages
d'une guerre nationale et qui sut la diriger fut ce
jeune chef des Arvernes, dont le courage et les talents avaient porté jusque dans Rome une terreur si
durable, que, près de deux siècles plus tard, son nom

---

[1] Plut. in Cæs. c. 13. — [2] Id. c. 50. — [3] Plin. hist. nat. l. 33, c. 1. — [4] Suet. c. 50. — [5] Appian. ibid. l. 2, c. 2. — [6] J. Celsi comment l. 1, c. 1. — [7] Suet. c. 23. — [8] Id. c. 21

[1] Plut. in Cæs. c. 13. — Suet. c. 19. — [2] Id. ibid. — [3] Plut c. 15. — Suet. c. 19. — App. l. 2, c. 3. § 15. — [4] Plut. c. 13. — [5] Suet. c. 23. — [6] Précis des guerres de J. César, par Napoléon, 1836. p. 27. — [7] Appian. ibid. — [8] Plut. c. 16.—Suet. c. 25, 26. — Vell. Paterc. l. 2, c. 47. — Plut. l. 7, c. 23. — [9] Précis, etc., p. 53.

n'y était encore prononcé qu'avec épouvante[1]; ce fut « ce Vercingétorix, si éloquent, si brave, si magnanime dans le malheur, et à qui il n'a manqué, pour prendre place parmi les grands hommes, dit un excellent historien de nos jours, que d'avoir un autre ennemi, surtout un autre historien que César[2]. » Ce que le proconsul eut alors d'efforts à faire, de ressources à imaginer, de dangers à courir, prouve assez qu'il eût fallu, si la guerre avait commencé ainsi, plus de dix ans pour la terminer, ou plutôt qu'elle eut tourné au désavantage de Rome; et, comme le remarque Plutarque, si Vercingétorix avait différé son entreprise jusqu'à ce que César eût été engagé dans la guerre civile, il n'aurait pas moins effrayé l'Italie qu'autrefois les Cimbres et les Teutons[3].

L'emploi de la ruse suffit le plus souvent à César contre ces hommes simples qui ne comprenaient que la guerre du champ de bataille, et qui ne campaient que là où ils avaient vaincu, témoin ces Germains d'Arioviste qui pendant quatorze ans n'avaient pas dormi sous un toit[4] ! Contre les pièges et les trahisons ils déclaraient ne vouloir en appeler qu'à leur courage[5], et nul ne tournait le dos dans les combats, comme l'atteste leur vainqueur[6].

César déploya surtout dans la guerre des Gaules, cette prodigieuse activité que tant d'écrivains[7] ont à l'envi essayé de peindre par des expressions vives comme elle, que Cicéron appelait *horribilis diligentia, monstrum activitatis*[8], mais que César seul a réussi à faire comprendre par cette dépêche sans rivale : *Veni, vidi, vici*. D'ordinaire, il allait lui-même à la découverte, ayant derrière lui un soldat qui portait son épée; il faisait au besoin cent milles par jour, franchissait seul à la nage ou sur des outres les rivières qu'il rencontrait, et arrivait quelquefois avant ses courriers[9]. Le jour, il visitait les forteresses, les villes, les camps; la nuit, il veillait à l'exécution de ces travaux ordonnés pour quelques heures seulement, et dont les traces subsistent encore. Il avait toujours à côté de lui, dans ses voyages, des secrétaires sans cesse occupés, soit à écrire les ordres qu'il envoyait à ses lieutenants, soit à copier ses ouvrages[10], genre de distraction qu'il prenait dans l'intervalle de ses batailles. C'est ainsi que, revenant de la Gaule citérieure et se rendant à son armée, il fit, au passage des Alpes, un *Traité sur l'analogie;* qu'il composa l'*Anti-Caton* quelque temps avant la bataille de Munda, et un poëme intitulé *le Voyage*, dans les vingt-quatre jours employés à ses expéditions d'Espagne[11]. Souvent aussi c'était à cheval qu'il dictait ses dépêches à plusieurs secrétaires à la fois, et en diverses langues, dit-on. Passant pour le meilleur cavalier de son armée, il en affectait le talent, et il lui arrivait de courir à toute bride les mains croisées par derrière[1], monté sur un autre Bucéphale que lui seul avait pu dompter, et dont plus tard, par une fantaisie dictatoriale, il consacra l'image dans un temple de Vénus[2].

Dans la secrète prévision qu'un jour il aurait besoin de son armée pour la défense de ses intérêts particuliers, il voulut lui inspirer jusqu'au fanatisme, le mépris des dangers et de la mort, et le dévouement à sa personne. Lui donnant lui-même l'exemple du courage, partageant ses fatigues, l'animant par sa parole, la comblant de récompenses et d'honneurs, il parvint à la rendre invincible. Comme Annibal, il marchait toujours devant ses légions, le plus souvent à pied, et la tête découverte, malgré le soleil ou la pluie[3]. Naturellement sobre, ce qui lui valut de la part de Caton cet éloge restrictif : « Que de tous ceux qui avaient conspiré la ruine de » la république, il était le seul qui ne se fût pas en-» ivré[4]. » César, au milieu des troupes, était frugal par calcul, refusait de prendre une nourriture différente de la leur, et fit un jour battre de verges, en leur présence, un esclave qui lui avait servi du pain meilleur que celui dont elles se nourrissaient[5]. Interrompant son sommeil à chaque heure pour visiter les travaux d'un siége ou d'un camp, il le prenait presque toujours en plein air, dans un chariot ou dans une litière; et ce n'était pas pour ses soldats le moindre sujet d'admiration ; car il avait la peau blanche et délicate, était frêle de corps et sujet à de fréquents maux de tête et à des attaques d'épilepsie[6].

L'importance qu'il mettait à assurer les subsistances des légions, à faire exactement reconnaître le pays qu'elles devaient traverser, à se retrancher chaque soir dans un camp presque imprenable; sa prudence, son habileté, leur inspiraient une confiance qui doublait leur courage. Le sien d'ailleurs était pour eux un puissant aiguillon; calme au milieu du danger, mais toujours prêt à s'y précipiter quand il devait l'exemple à son armée, il n'affectait pas une inutile témérité, ce qui sans doute fit dire à l'impétueux Condé qu'il aimerait mieux être Alexandre que César. Au moment d'une attaque, on lui amène son cheval, il le renvoie : « Je m'en servirai après la » victoire, quand il faudra poursuivre les ennemis, » dit-il, maintenant marchons à eux[7]. C'était en effet son habitude, quand la fortune semblait douteuse, de faire renvoyer tous les chevaux des soldats, à commencer par le sien ; il leur imposait ainsi la nécessité de vaincre en leur ôtant les moyens de fuir[8]

---

[1] Flor. epit. l. 3. c. 11. [2] Hist. des Gaulois, par M. Am. Thierry. intr. p. IX. — [3] Plut. c. 28. — [4] Cæsar. Comment. de Bell. gall. l. 4 c. 36. — [5] *Id.* ibid. c. 13. — [6] *Id.* ibid. c. 26. — Plut. c. 23. — [7] Flor. — Plin. — [8] Epist. 9. ad Attic. l. 8. — [9] Suet. c. 54. — [10] Plut. c. 18. — [11] Suet. c. 55

[1] Plut. c. 18. — [2] Suet. c. 57. — [3] *Id.* c. 54. — [4] *Id.* c 49. — Plut. in Cæs. et Alex. c. 7. — [5] Suet. c. 47. — [6] *Id.* c. 43. — Plut. c. 18 ; in Cæs. et Alex. c. 8. — [7] Cæsar. Comm. de Bell. gall. l. 1, c. 25. — Plut. c. 20. — [8] Cæs. de Bell. gall. ibid — Suet. c. 56.

Les légions romaines, dans un combat, pliaient sous le nombre des ennemis; le découragement, le désespoir, gagnaient tous les rangs; on fuyait déjà: César, qui n'avait pas de bouclier, arrache le sien à un soldat, se fait jour au front de la bataille, commande l'attaque, ramène et fixe la victoire[1]. Une autre fois, enveloppé par un gros de cavaliers, il fut presque pris; et son épée resta entre leurs mains. On la lui montra plus tard suspendue, comme trophée, dans un temple de la Gaule; il dédaigna de la reprendre[2].

N'estimant dans ses soldats que le courage et la vigueur du corps, et se souciant peu de leurs mœurs, il n'était inexorable que contre ceux qui abandonnaient leur poste ou qui excitaient des séditions dans son camp[3]. Suivant les temps, il employait à leur égard un mélange singulier d'indulgence et de sévérité. Après une victoire, il leur permettait dans l'oubli de toutes les lois militaires, à une licence effrénée; mais dès qu'on se trouvait en présence de l'ennemi, la discipline la plus rigoureuse les ressaisissait[4]. Alors il usait envers eux du plus grand despotisme, en exigeait une obéissance aveugle, apostrophait avec de rudes paroles ceux qui avaient la prétention de deviner ses plans[5], les tenait dans l'ignorance des routes à suivre et des batailles à livrer, et voulait qu'au premier ordre et en tout temps, ils fussent prêts à marcher et à combattre. Il avait soin qu'ils fussent toujours vêtus avec propreté, tenait même à ce que leur mise fût recherchée, sans doute pour se faire pardonner la sienne, qui l'était jusqu'à la coquetterie[6], leur donnait, comme récompense, des armes à poignée d'or ou d'argent, et disait souvent: « qu'un soldat bien que parfumé peut com-
» battre avec courage.[7] » La minutieuse attention qu'il portait à tout ce qui les regardait semblait provenir d'une grande affection pour eux; et, voulant leur prouver qu'elle se prolongeait au-delà même de leur vie, lorsqu'il apprit le désastre de la cohorte confiée à Titurius, il laissa croître sa barbe et ses cheveux, et jura, en présence de l'armée, de ne les couper qu'après avoir vengé ses soldats massacrés.[8] Sa présence, et ce qu'il se plaisait à appeler *sa fortune*, étaient dans leur esprit un présage assuré de la victoire, et cette confiance superstitieuse la leur faisait remporter. Absent même, il régnait encore sur eux; et ses lieutenants, pour les animer au combat, leur disaient: « Imaginez-vous que César
» est présent, et que vous combattez sous ses yeux[9]. »

Un seul mot de César suffisait au besoin pour les animer, les récompenser, les punir. S'il les appelait *citoyens*, ils savaient alors qu'il n'était pas content d'eux, puisqu'il les trouvait indignes du nom de soldats; et ils le suppliaient de le leur rendre. Avant une bataille ou après une victoire, c'était par le titre plus flatteur de *compagnons d'armes* qu'il commençait son allocution; et ils étaient aussi attentifs à la différence de ces termes que sensibles aux marques de mécontentement ou d'affection qu'elle exprimait[1].

Il se présentait sans crainte aux légions révoltées, certain de les faire rentrer dans le devoir par une fermeté orgueilleuse et la puissance de sa parole. La marche d'Arioviste avait jeté dans son armée une terreur mystérieuse; l'alarme avait commencé par ceux des Romains qui l'avaient volontairement suivi, dans le but de s'enrichir, ou de s'attacher d'avance à sa fortune[2]; et du nombre desquels Cicéron lui-même avait voulu être. L'épouvante était si générale et si profonde, dit un historien, que chaque soldat faisait son testament[3]; enfin on devait refuser de marcher, quand César en donnerait l'ordre. La dixième légion que, par une faveur particulière, il se réservait toujours dans le partage qu'il faisait des corps d'armée entre ses lieutenants, hésitait seule à prendre part à la rébellion. Il est instruit de tout, et, après un discours plein de force et de dignité, il s'écrie: « Si personne ne me suit, je m'avancerai
» avec la dixième légion, dont je ne doute pas; et
» elle sera ma cohorte prétorienne. » C'est ainsi qu'Alexandre avait dit à ses soldats mutinés: « Je
» dompterai l'univers sans vous, et je trouverai
» des soldats partout où je trouverai des hommes. »
Les légions de César, émues par ces paroles, demandent leur pardon; César le leur accorde, et Arioviste est atteint et défait[4].

Lorsqu'il voyait les soldats effrayés par la supériorité numérique de leurs ennemis, loin de la nier dans ses discours, il l'exagérait encore. Une des harangues qu'il prononça dans le cours de la guerre civile en offre un exemple bien remarquable. On attendait le roi Juba, et la terreur le précédait. César convoque ses troupes, et leur dit: « Sachez que sous peu le roi
» arrive; il a dix légions, trente mille chevaux, cent
» mille hommes de troupes légères, trois cents élé-
» phants; que l'on cesse donc de conjecturer; qu'on
» s'en rapporte à moi; sinon, je ferai mettre les nou-
» vellistes dans un vieux navire, et ils aborderont, à
» la merci des vents, où les jettera leur destinée[5] »

Les généraux romains haranguaient leurs troupes avant l'action; César avait foi plus que tout autre dans ce moyen irrésistible d'entraînement; et, habitué à le regarder comme le gage d'une victoire, il attribua presque une défaite à ce que, surpris par l'ennemi, il n'avait pu exhorter ses soldats. Il avait appris à compter sur l'effet de cette éloquence qu'à Rome on caractérisait par un seul mot: *vim Cæsaris*, et qui, dans son camp, était si célèbre, qu'un grand

---

[1] Cæs. ibid. l. 2. c. 25. — Flor. l. 3. c. 11. — Plut. c. 25. — [2] Plut. c. 29. — [3] Suet. c. 59. — [4] Id. ibid. — [5] Cæs. ibid. l. 1. c. 40. — [6] Suet. c. 46. — [7] Id. c. 59. — [8] Id. ibid. — [9] Cæs. comm. de Bell. gall. l. 7, c. 62.

[1] Suet. c. 59, 60. — Plut. c. 56. — Appian. l. 2. c. 13. § 93. — [2] Plut. c. 21. — [3] Flor. l. 3. c. 11. — [4] Cæs. de Bell. gall. l. 1. c. 39, 41. — [5] Cæs. Fragmenta. — Suet c. 59.

nombre de ses soldats avaient recueilli ses harangues lesquelles formèrent des volumes précieux aujourd'hui perdus. Le plus souvent il les improvisait ; il les travaillait quelquefois avec le plus grand soin, comme l'atteste celle qu'il avait préparée pour la bataille de Munda, mais que l'irruption subite de l'ennemi l'empêcha de prononcer [1]. L'expression animée de son geste, les grâces de son débit, sa voix sonore, ses manières nobles, le feu de ses yeux vifs et noirs, sa taille élevée, la majesté de son visage, concouraient au succès de cette éloquence que l'on disait encore plus attachée aux charmes de sa personne qu'à la force de ses raisons [2].

Habile à inspirer à ses soldats un noble orgueil d'eux-mêmes, les moindres circonstances lui servaient à en exciter en eux le sentiment ; et les grandes choses étaient aussitôt enfantées. Il avait résolu de passer le Rhin ; mais le traverser sur des bateaux lui paraissait peu convenable à sa dignité et à celle du peuple romain [3]. Les soldats de César ne devaient le traverser qu'à pied ferme. Il l'avait dit, et en dix jours on jeta sur le Rhin ce fameux pont sur pilotis qu'a tant admiré Plutarque [4]. Il veut les étonner par quelque chose d'extraordinaire, et il va débarquer sur le sol de la Grande-Bretagne, expédition d'ailleurs si inutile pour Rome, qu'un historien, pour l'expliquer, l'attribue à la passion de César pour les perles [5]. Il y avait cherché moins la conquête d'une province qu'une occasion de gloire [6] ; mais elle se réduisit pour lui à y descendre ; il ne put s'y maintenir. Son départ nocturne et précipité, quelque soin qu'il ait mis à en déguiser le motif [7], fut regardé comme une fuite en Gaule, surtout en Bretagne, et même en Italie [8] ; et le mauvais succès de cette expédition, ainsi que le résultat stérile de celle qu'il entreprit sur la rive droite du Rhin, furent, à Rome, l'objet des sarcasmes de ses ennemis [9].

Ce fut par l'emploi de tous ces moyens à la fois que César fit de ses soldats des guerriers intrépides et dévoués, qui se seraient crus dégradés s'il leur eût fallu servir ensuite sous un autre général que lui, qui se tuaient plutôt que de se rendre ou de changer de parti, et répondaient fièrement à un vainqueur : « Les soldats de César ne demandent pas la vie, ils » l'accordent. » Ils enduraient toutes les fatigues sans se plaindre, venaient s'offrir d'eux-mêmes à sa colère et solliciter son châtiment, quand ils étaient vaincus [10], supportaient la disette, se contentaient quelquefois de pain d'herbe, et refusaient à César, qui en prenait pitié, de lever un siége entrepris par le temps le plus contraire et malgré la plus horrible famine [11]. Insensiblement les soldats de la république devinrent les soldats de César, et, dit Montesquieu, il ne les conquit pas moins que les barbares [1].

Mais, dans la guerre contre ces derniers, il fut cruel et sanguinaire, et ne mérita guère cette réputation de clémence que lui firent ses flatteurs et qui dut bien l'étonner.

C'était par d'immenses incendies à travers la Gaule qu'il annonçait sa marche quand il ne voulait pas la tenir secrète [2]. Il ne faisait d'ordinaire aucun quartier à l'ennemi, et ordonnait, quand il l'avait défait, qu'on le tuât de sang-froid et sans péril pendant toute la longueur d'un jour [3] ; il faisait mettre à mort tout un sénat, couper les mains à toute une garnison [4], incendier des forêts pour y faire périr dans les flammes les restes d'une armée en déroute, et fermer les issues des cavernes où se refugiait une population inoffensive, pour qu'elle y mourût de faim [5] ; il dressait un guet-apens à des ambassadeurs et accordait des trêves pour les violer [6]. C'est ainsi qu'il faisait la guerre contre des hommes qui défendaient leur liberté, et dans la bouche desquels il met de belles paroles pour elle ; car il leur prêta contre lui-même des discours pleins d'éloquence, exprimant mieux qu'eux ce qu'ils sentaient mieux que lui. C'était pour ces inutiles atrocités, habilement dissimulées dans ses mémoires, ainsi que plusieurs de ses défaites, qu'il demandait qu'on lui votât des actions de grâces. Ce mépris du droit des gens souleva l'indignation du sénat de Rome, et on envoya des commissaires dans les Gaules pour examiner la conduite de ce général qui de plus, traitait les alliés eux-mêmes comme des barbares [7]. Caton ouvrit un avis qui devait avoir le sort de tous ceux qu'il donnait : « Votez plutôt des expiations que des actions » de grâces, s'écria-t-il, afin que les dieux ne fassent » pas peser sur nos armées le crime d'un général » coupable. Livrez César aux barbares ; qu'ils sa» chent que Rome ne commande point le parjure, » et qu'elle en repousse le fruit avec horreur [8]. » L'éclat de ses victoires, l'affection du peuple, l'argent qu'il avait fait répandre, firent échouer ce projet, et Rome célébra ses triomphes par des supplications et des sacrifices qui durèrent vingt jours, chose qui ne s'était pas encore vue [9].

De son droit de vainqueur, César levait, dans les Gaules, des hommes et des subsides, s'immisçait dans toutes les affaires des cités, convoquait et congédiait les assemblées, en dictait les résolutions, les faisait servir à légitimer tous ses actes, et à juger, sous les épées de ses légions, ce qu'il appelait les révoltes contre le peuple romain. Il bouleversait à chaque

---

[1] Id. c. 51. — [2] Id. c. 45, 51. — [3] Cæs. Comm. de Bell. gall. l. 4, c. 17. — [4] Plut. c. 25. — [5] Suet. c. 47. — [6] Flor. l. 3, v. 11. — [7] Cæs. ibid. l. 4, c. 25, 26, 27. — [8] Lucan. Phars. l. 2, c. 572. — [9] Précis, etc. p. 59, 71, 79, 94. — [10] Suet. c. 60. — Appian. ibid c. 10. § 65. — [11] Cæs. ibid. l. 7, c. 17.

[1] Appian. ibid. l. 2, c. 4. § 30. — [2] Cæs. Comm. de Bell. gall. l. 5, c. 48. — Hist. ibid. c. 5. — Lucan. Phars. l. 1, v. 143 — [3] Cæs. ibid. l. 2, c. 11. — Dion, l. 39. — [4] Cæs. ibid. l. 3. c. 16. — Paul. Oros. l. 6, c. 8. — Cæs. ibid. l. 8, c. 44. — [5] Flor. l. 3, c. 11. — [6] Cæs. ibid. l. 4, c. 13, 15. — [7] Suet. c. 23. — Plut. in Cæs. c. 23. — In Cat. c. 53. — [9] Cæs. ibid. l. 2, 33 ; .4, c. 38 ; l. 7, c. 90.

instant les constitutions, surtout celles des gouvernements populaires, dont il redoutait le principe et l'énergie, déposait des magistrats légalement élus, et en nommait d'autres de son autorité privée, disposant à son gré de toutes les places. « Quant à M. Orfius, que tu me recommandes, écrivait-il à Cicéron, je le ferai roi de la Gaule. Si tu veux que j'avance quelque autre de tes amis, envoie-le-moi [1]. » Dans les pays qu'il se disposait à soumettre, il semait d'avance des germes de division ; il y entretenait une foule d'espions chèrement payés, et en favorisait sous main les chefs ambitieux. « Mais » quand la Gaule fut irrévocablement sous le joug, » dit le savant auteur de l'histoire des Gaulois, « César ne parut plus occupé qu'à fermer promp- » tement les blessures faites par ses victoires ; » et il travailla à ce but pacifique avec autant d'ac- » tivité que d'adresse. D'abord, il fit de sa conquête » une seconde province distincte de la Narbonnaise, » et désignée sous le nom de *Gaule chevelue*. » Aucune colonie même militaire n'y fut établie, » seulement un impôt de quarante millions de ses- » terces, (8,200,000 francs) lui fut imposé ; et, pour » ménager l'orgueil d'une nation belliqueuse, ce » tribut lui fut présenté sous la dénomination moins » humiliante de *solde militaire*. Le proconsul excepta » même de toute charge certaines cités et certaines » villes ; il en reçut d'autres sous son patronage, et » agréa qu'elles prissent son nom. Quant aux hom- » mes influents, aux familles nobles et riches, il les » comblait de titres et d'honneurs, et leur faisait es- » pérer le droit de cité romaine. Par ces ménage- » ments habiles, il associa sa province à ses vues » personnelles d'ambition, et se créa, dans ses en- » nemis de la veille, des instruments intéressés pour » l'oppression de sa patrie [2]. »

Au milieu de la Gaule, César avait ainsi préparé les moyens de subjuguer Rome. L'argent surtout n'avait pas été épargné. Trésors publics et privés, lieux sacrés ou profanes, il avait tout dépouillé. Il amassa de cette sorte une prodigieuse quantité d'or en lingots qu'il convertit ensuite en Italie et dans les provinces en argent monnoyé [3]. Avec le produit de ses rapines, il entretenait son armée, distribuait à ses soldats de fortes gratifications, acquittait les dettes de ses officiers, fournissait à leurs débauches, et faisait de nouvelles levées, « car avec de l'argent, » disait-il souvent, on a des soldats, et avec des sol- » dats on vole de l'argent. » Pour excuser ses pillages aux yeux des siens et enchaîner leur fidélité par la perspective de récompenses plus grandes encore, il leur disait qu'au lieu de faire servir à son luxe et à ses plaisirs les richesses qu'il amassait, il les mettait en dépôt chez lui pour être un jour le prix assuré de la valeur [1]. Mais s'il envoyait en Italie une partie de ses richesses immenses, c'était pour payer les dettes énormes qu'il y avait contractées, pour en prêter aux sénateurs à un léger intérêt [2] ; pour faire de riches présents aux édiles, aux préteurs, aux consuls, ainsi qu'à leurs femmes, et à ceux de leurs affranchis ou de leurs esclaves qui pouvaient avoir sur eux de l'ascendant [3] ; c'était pour se rendre maître du sénat et des comices, pour jeter partout la corruption dans Rome, « qu'il devait conquérir avec l'or des Gaulois, comme il avait conquis la Gaule avec le fer des Romains. [4] » Pour que la multitude n'oubliât pas César, il faisait bâtir un forum entouré de portiques en marbre, et augmenté d'une *villa* publique [5], dont l'emplacement seul était évalué à plus de 100 millions de sesterces (20,500,000 livres de notre monnaie) [6] ; et Cicéron, qui dirigeait ces travaux, s'écriait plein d'enthousiasme : « nous » faisons là un chose bien glorieuse [7] ! » Ce n'était pas à Rome seulement qu'à ses frais s'élevaient de magnifiques édifices ; il en décorait encore les villes de l'Italie, de l'Espagne, des Gaules, de la Grèce, de l'Asie-Mineure [8].

Dans l'intervalle de ses campagnes, une foule de courtisans de tout rang venaient à Lucques ou à Pise, où César se rendait chaque année pour veiller de plus près sur ce qui se passait à Rome [9]. C'était là qu'il achetait par de scandaleuses profusions, les consciences romaines. Des consuls, des tribuns du peuple, des édiles, des préteurs, accouraient à ce marché présidé par César et auquel assistaient Pompée, Crassus, Appius, gouverneur de la Sardaigne, Nepos, proconsul d'Espagne ; en sorte que l'on voyait à la porte du gouverneur des Gaules jusqu'à cent vingt licteurs portant les faisceaux et plus de deux cents sénateurs [10]. Là fut payée près de neuf millions de notre monnaie la neutralité du consul Paulus, et plus de douze la connivence du tribun Curion [11]. « Les accusés, les hommes perdus de dettes, » la jeunesse dérangée, dit un de ses historiens, ne » trouvaient qu'en lui un sûr refuge ; et pour exci- » ter à troubler la république ceux-là même dont il » ne pouvait payer les dettes, il leur disait publique- » ment qu'il n'y avait pour eux d'autre ressource » qu'une guerre civile [12]. »

Ce fut dans un de ces rendez-vous, à Lucques, que César fit avec Crassus et Pompée un traité secret qui portait que ces deux derniers demanderaient ensemble le consulat ; que César, pour appuyer leur brigue, enverrait à Rome un grand nombre de ses soldats ; et qu'aussitôt après leur élection, ils lui

---

[1] Ex Cicer. l. 7, ad famil. epist. 5. ad Cæsar. — [2] Hist. des Gaulois par M. Am. Thierry, l. 3. p. 253. 258. — [3] Suet. c. 60. — Appian. l. 2. c. 5. § 17.

[1] Plut. in Cæs. c. 18. — [2] Suet. c. 29. — [3] Plut in Pomp. c. 53. — Suet. c. 29. — [4] Plut. in Cæs. c. 22. — [5] Cicer. ad Attic. L. 4. ep. 15. — [6] Suet. c. 28. — Plin. l. 36, c. 24. — [7] Cicer. ad Attic. l. 4. ep. 15. — [8] Suet. c. 50. — [9] Plut. c. 22. — [10] *Id.* in Cæs. c. 21. — In Pomp. c. 55. — Appian., ibid. l. 2. c. 5. § 17. — Plut. in Cæs. c. 52 — in Pomp. c. 72. — Suet. c. 51. — Appian. ibid. c. 4. § 26. — [12] Suet. c. 29.

feraient proroger son gouvernement, pour cinq ans, avec la qualité de proconsul[1]. Ces dispositions révoltèrent tout ce qu'il y avait à Rome de citoyens sensés. Un seul sénateur, à l'instigation de Caton qui était revenu de Cypre, où Clodius l'avait envoyé de force[2], osa briguer le consulat concurremment avec Crassus et Pompée. Poursuivi à coups de pierres, il fut obligé de fuir; un de ses esclaves fut tué, et Caton blessé au bras droit en le défendant[3]. Les triumvirs obtinrent tout ce qu'ils demandèrent; et deux légions furent, sous le prétexte de la guerre des Gaules, prêtées par Pompée à César[4], sans que le sénat eût même été consulté; « des troupes nom-
» breuses, des armes, des chevaux, sont maintenant
» s'écria Caton, des présents d'amitié entre particu-
» liers[5]. » Mais le triumvirat devait bientôt se dissoudre : déjà Pompée y avait porté une première atteinte en provoquant le rappel de Cicéron, qui ne paya ce service que par une bien timide opposition à César. Peu de temps après mourut Julie, femme de Pompée. Ce fut pour César une occasion de largesses au peuple de Rome; un immense repas lui fut servi à ses frais et en son nom[6]. Pompée avait voulu la faire inhumer dans sa terre d'Albe; mais le peuple, usant de violence, emporta le corps au Champ-de-Mars; et « par ces honneurs, » dit Plutarque, « il témoignait de son amour pour César absent
» bien plus que pour Pompée qui était alors à Rome[7]. »
Cette mort fut, comme à l'approche d'une grande catastrophe, suivie de terreurs vagues; elle venait de rompre en partie cette alliance qui contenait moins l'ambition des deux rivaux qu'elle ne servait à la couvrir; on ne parlait plus que de divisions prochaines et terribles[8]. L'année suivante, Crassus fut défait et tué par les Parthes; « et la honte du
» nom romain, comme s'exprime Bossuet, ne fut pas
» le plus mauvais effet de cette défaite. La puissance
» de Crassus contre-balançait celle de Pompée et
» de César, qu'il tenait unis comme malgré eux, et
» par sa mort la digue qui les retenait fut rompue[9]. »
Bien que César travaillât depuis longtemps à ruiner le crédit de Pompée, celui-ci, non moins ambitieux, mais qui ne savait pas aller à son but si directement que son rival, ne pouvait, croyant l'avoir élevé, se résoudre à le craindre, et César se laissait adroitement dédaigner. Dans cette sécurité présomptueuse, Pompée ne se sentait irrité que de la gloire militaire du conquérant des Gaules; et les discours que l'on tenait à Rome blessaient au vif la vanité de cet homme dont les faciles pacifications avaient été prises pour des conquêtes et le bonheur pour du génie[1]. « La gloire de César, disaient les Romains,
» efface les triomphes vieillis de Pompée qui, du
» sein des délices de Rome, ne fait plus la guerre que
» par ses lieutenants, et n'assiste plus à d'autres
» combats qu'à des luttes de gladiateurs et d'élé-
» phants[2]; aussi de tous nos grands capitaines, Marius
» est le seul dont le nom soit digne d'être prononcé
» à côté du nom de César. Encore Marius ne fit
» que repousser la guerre gauloise; César l'a por-
» tée au sein de la Gaule[3]. »

Pompée, voyant enfin que les Romains, gagnés par César, ne distribuaient pas les magistratures selon ses désirs, essaya de rendre nécessaire l'autorité qui lui échappait; et, dans cette vue, il laissa régner dans la ville la plus complète anarchie[4]. Chaque élection devint le signal de luttes sanglantes, et fut marquée par le meurtre de plusieurs candidats[5]. Milon, ami de Pompée, osa commander l'assassinat de Clodius, créature de César; et Rome fut, à cette occasion, livrée au pillage[6]. Dans ce désordre, on parla de la nécessité d'un dictateur; on désigna Pompée; la proposition en fut faite formellement; Caton la fit rejeter. Pompée improuvait hautement que l'on tint ces discours, mais il faisait sous main tout ce qui était nécessaire pour les encourager[7]; et l'anarchie augmentait chaque jour. On proposa de nouveau l'élection d'un dictateur; mais, afin de n'abandonner à Pompée qu'une autorité limitée par les lois, on se borna à le nommer seul consul[8].

Un des premiers actes de son gouvernement fut de remettre en vigueur et de faire rigoureusement appliquer les lois existantes contre la corruption à prix d'argent, et d'en faire voter une qui obligeât à rendre compte de leur conduite tous ceux qui avaient exercé des emplois publics depuis son premier consulat, période de vingt années qui comprenait celui de César. Cette loi, à laquelle était certain d'échapper son auteur, investi d'une dictature mal déguisée, semblait donc dirigée contre César. Ses partisans se rendirent en foule auprès de lui pour l'engager à se mettre en mesure contre Pompée. Il repoussa leurs conseils[9]. Bientôt Cicéron, dans le but de rendre Pompée populaire et puissant, lui fit donner le soin de pourvoir aux subsistances de Rome, menacée de la famine; et, comme conséquence de cette charge, un décret mit sous ses ordres tous les ports de la Méditerranée et toutes les côtes pour cinq années: on lui continua en outre les deux gouvernements de l'Espagne et de l'Afrique qu'il administrait par ses

---

[1] Plut. in Cæs. c. 24. — in Pomp. c. 53. — Appian. l. 2. c. 3. § 17. — [2] Plut. in Caton. c. 39. — [3] Id. in Pomp. c. 54. — in Cæs. c. 24. — [4] Id. in Cæs. c. 27. — [5] Id. in Cat. c. 33. — [6] Suet. c. 28. — [7] Plut. in Pomp. c. 53. — [8] Appian. l. 2. c. 3. § 19. — [9] Disc. sur l'hist. univers. Appian. c. 3-19. — Plut. in Cæs. c. 31 in Pomp. c. 36.

[1] Études de mœurs et de critique sur les poëtes latins de la décadence, par M. Nisard, t. 2. p. 58. — [2] Plut. in Pomp. c. 54. — [3] Cicer. de Provinc. consular. — [4] Plut. in Pomp. c. 56. — App. l. 2. c. 3. § 17, 19. — [5] Plut. ibid. c. 55. — in Cæs. c. 54. — Appian ibid. ibid. — [6] App. ibid. § 21, 22. — [7] App ibid. l 20. — [8] Plut. in Pomp. c. 57. — App. ibid. § 23. — [9] App. ibid. c. 4. § 23.

lieutenants. César ne voulut s'opposer à aucune de ces faveurs; Pompée d'ailleurs les tenant du sénat s'éloignait de celle du peuple; et César, qui y prétendait seul, voyait avec satisfaction qu'on la lui laissait entière. Seulement ces décrets le déterminèrent à demander le consulat, ou une pareille prolongation des années de ses gouvernements, afin, disait-il, de pouvoir continuer en paix le cours de ses succès dans les Gaules[1]. Il entretenait ainsi la sécurité de Pompée, et lui laissait croire qu'il ne songeait pas à venir le troubler dans la possession de tous ses honneurs. Aussi Pompée ne s'opposa-t-il pas d'abord à ces demandes; mais les ennemis déclarés de César ayant projeté de les repousser, tout le parti du proconsul s'agita violemment. Pompée, reconnaissant à cette ligue la force de son rival, agit dès lors ouvertement, soit par lui-même, soit par ses amis, supposa même des lettres de César, pour lui faire nommer un successeur[2]. Mais habitué aux demi-mesures, il déclara qu'il lui paraissait juste qu'on lui permît de briguer le consulat quoique absent. Caton exigea qu'après avoir posé les armes, et réduit à l'état de simple particulier, il vint le demander en personne.

Tandis que les ennemis de César annonçaient ainsi leurs projets, il tenait les siens cachés; et il affectait la plus grande modération, bien convaincu qu'il ne manquerait pas de prétexte pour faire la guerre sans avoir l'odieux de la provoquer. Il ne fut alors trahi que par l'emportement d'un de ses officiers qu'il avait envoyé à Rome, et qui, en apprenant, à la porte du sénat, qu'on refusait à César ce qu'il demandait, dit, mettant la main sur la garde de son épée : « Celle-ci le lui donnera, » mot que l'on a faussement attribué à César lui-même[3].

Pompée fit demander à César les deux légions qu'il lui avait prêtées, alléguant la guerre des Parthes dont il était chargé. César, qui ne se méprit point sur le motif de cette demande, les lui renvoya comblées de présents, après avoir donné à chaque soldat plus de 200 livres de notre monnaie[4]; et Pompée retomba dans son mépris insensé de la puissance de son ennemi. Appius, en lui ramenant des Gaules ses deux légions, le trouva plus confiant que jamais. Cet officier affecta de rabaisser les exploits du proconsul. « Il fallait, disait-il, que Pompée con- » nût bien peu ses forces et sa réputation pour » vouloir se défendre contre César avec d'autres » troupes que celles qu'il avait; il le vaincrait avec » les légions même de son ennemi aussitôt qu'il » paraîtrait, tant les soldats haïssaient César, tant » ils aimaient Pompée[5]! » La prévoyance des amis de ce dernier ne put rien contre de tels discours, et il persista dans sa superbe confiance, persuadé, comme il le disait, « qu'il n'aurait qu'à frapper du » pied la terre pour en faire sortir des légions[1]. »

Cependant César s'approchait de l'Italie, ne cessait d'envoyer des soldats à Rome, pour se trouver aux élections[2], y prodiguait l'or et les promesses[3]; et, pour donner à ses demandes toutes les apparences de la justice, il offrait, si Pompée licenciait ses troupes, d'imiter son exemple; car « lui ôter son » armée et laisser à Pompée la sienne, c'était, en » accusant l'un d'aspirer à la tyrannie, donner à » l'autre la facilité d'y parvenir. » On reçut bientôt de César une autre lettre encore plus modérée; il promettait de renvoyer huit légions et de se démettre du gouvernement de la Gaule Transalpine, pourvu qu'on lui laissât, jusqu'à ce qu'il eût obtenu un second consulat, le commandement de la Cisalpine avec deux légions, ou même celui de l'Illyrie avec une seule. Curion, qui faisait ces offres au peuple, au nom de César, fut couvert d'applaudissements, et, quand il sortit de l'assemblée, on lui jeta des couronnes de fleurs[4]. Mais, dans le sénat, Scipion, beau-père de Pompée, fit passer un décret par lequel César était remplacé dans la Gaule par L. Domitius, et devait être traité en ennemi public, si, après un délai fixé, il n'avait pas posé les armes. Il était alors à Ravenne avec 5,000 fantassins et 300 chevaux. Trois tribuns de son parti protestèrent contre ce décret. Chassés avec violence de l'assemblée du sénat, ils s'enfuirent la nuit, sous des habits d'esclaves, dans le camp de César. Il les présenta sous ce costume à ses soldats, se frappa la poitrine, déchira sa robe, versa même, dit-on, quelques larmes; et, sûr de cette légion, il résolut, puisque la guerre lui était déclarée, de la commencer sous le spécieux prétexte de défendre les lois violées dans la personne des tribuns[5].

Tout dépendait de la célérité de sa marche. Il s'avance vers le Rubicon, rivière qui sépare la Gaule Cisalpine du reste de l'Italie, et semble hésiter d'abord à braver les anathèmes prononcés contre les généraux qui le traverseraient en armes. « Le » sort en est jeté, » dit-il enfin, vaincu par les prières d'une mystérieuse apparition, dernier leurre donné à ses troupes, et qui représentait le dieu du fleuve les invitant à le passer, aux sons de la flûte et de la trompette[6]. Il s'empare de Rimini, de Pesaro, d'Ancône. La consternation se répand dans Rome; le sénat s'assemble et délibère au milieu des alarmes. Pompée, maître de tout l'argent du trésor public, et supérieur à César par le nombre de ses troupes, abandonne Rome, et se retire à Capoue, déclarant ennemis publics tous ceux qui ne le suivraient

---

[1] Plut. in Cæs. c. 31. in Pomp. c. 70. — [2] Id. in Cæs. c. 52. — [3] Id. in Cæs. c. 33. — in Pomp. c. 72. Appian. ibid. § 25. — [4] Plut. in Pomp. c. 70. in Cæs. c. 52. — Appian. ibid. § 29. — Plut. in Pomp. c. 71 — App. ibid. § 30.

[1] Plut. ibid. in Cæs. c. 33. — [2] Id. in Pomp. c. 72 — [3] Id. in Cæs. c. 52. — [4] Id. in Cæs. c. 34. 35. — Suet. c 31 — Appian. ibid. l. 4. § 27. — [5] Plut. ibid. in Cæs. c. 33, 36. — Suet. c. 34. — [6] Id. c. 33.

pas, tandis que César faisait proclamer qu'il tenait pour amis ceux qui ne marcheraient point contre lui[1]. Bientôt Pompée se retira à Brindes; les consuls avec une partie de l'armée s'y embarquèrent, traversèrent l'Adriatique et débarquèrent à Dyrrachium, en Épire (Durazzo). César investit Brindes, et fit construire une digue pour fermer le port. Mais, avant que l'ouvrage fût achevé, Pompée s'embarqua secrètement, et fit voile la nuit, vers Dyrrachium, laissant l'Italie entière au pouvoir de son ennemi. Il écrivit de là dans toutes les provinces, aux rois, aux gouverneurs, aux villes, réclamant des secours en hommes et en argent, qui lui furent promptement envoyés. César eût bien voulu poursuivre Pompée, à la tête de toutes ses troupes, renforcées de celles de L. Domitius, son successeur désigné, qu'il avait assiégé et pris dans Corfinium; mais il manquait de vaisseaux. Il envoya ses lieutenants prendre possession de la Sardaigne et de la Sicile, et s'avança vers Rome. Il y entra sans son armée, et rassura par des promesses et des espérances la multitude inquiète. Le petit nombre de sénateurs qui étaient restés se réunit pour le recevoir. « Je viens, » leur dit-il, « vous rendre compte » de ma conduite. Après dix ans d'absence, qu'il est » doux de se retrouver avec des amis! » Il avait doublé la solde de son armée, et il manquait d'argent. A peine arrivé dans Rome, il monta au Capitole, entra dans le temple de Saturne, et s'y empara de force du trésor sacré[2].

La guerre s'étendit bientôt à toutes les parties de la république. « La Gaule, l'Italie, la Sardaigne, la Corse et la Sicile tenaient pour César; l'Espagne, l'Afrique, l'Égypte, la Syrie, l'Asie-Mineure, la Grèce, tenaient pour Pompée; mais César dominait à Rome[3]. » Ne pouvant se porter en Grèce, César laissa à Antoine le commandement de l'Italie et se dirigea vers l'Espagne. « Je vais combattre une » armée sans général, dit-il en partant, pour ve» nir ensuite combattre un général sans armée[4]. » Il défit Petréius, Afranius et Varron, lieutenants de Pompée, et soumit en revenant la ville de Marseille, qui s'était déclarée contre lui. A son retour à Rome on l'éleva à la dictature; pendant les onze jours qu'il l'exerça, il distribua des commandements, approvisionna la ville, et fit en faveur des débiteurs, des exilés et des enfants des proscrits, des ordonnances qui grossirent encore son parti. Il fut créé, ou, selon plusieurs historiens, il se nomma lui-même consul et quitta Rome; le peuple, à son départ, l'invita à négocier avec Pompée[5].

Ce dernier etait alors en Grèce à la tête d'une nombreuse armée. César alla le chercher pour le combattre. A peine débarqué dans la Chaonie, il apprit que la flotte qui lui amenait des vivres avait été dispersée par celle de Pompée. Il résolut d'aller au devant d'Antoine qui faisait voile vers lui à la tête de nouvelles légions, et se jeta dans une barque, malgré la tempête qui respecta César et sa fortune, mais qui le força de regagner le bord[1].

Le secours d'Antoine arriva enfin; mais la famine ne tarda pas à se mettre dans le camp de César, tandis que celui de Pompée était abondamment pourvu[2], aussi celui-ci voulait-il traîner la guerre en longueur, espérant toujours que l'armée de son ennemi viendrait d'elle-même se rendre à lui[3]. César l'attaqua sous les murs de Dyrrachium. Il fut vaincu, et délibéra d'abord de se percer de son épée[4]; mais, ce premier désespoir passé, il fit sa retraite pendant la nuit et se dirigea sur la Thessalie. Pompée le suivit, abandonnant les bords de la mer où sa flotte lui donnait tant d'avantage, et lui offrit contre son gré la bataille dans les plaines de Pharsale.[5] Il cédait imprudemment aux flatteries de ses amis, aux railleries de ses envieux, aux conseils des chevaliers, des sénateurs, des princes, des rois, qu'il avait dans son camp. Leur confiance était telle que plusieurs d'entre eux couronnaient déjà leurs tentes de lauriers, présage d'une victoire infaillible; leurs esclaves y préparaient des festins splendides; y dressaient des tables que l'armée victorieuse et affamée de César allait bientôt trouver toutes chargées; on s'y disputait la place de souverain-pontife que sa mort prochaine devait laisser vacante. Quant à lui, après avoir harangué ses troupes, sacrifié de nombreuses victimes, fait vœu, s'il rentrait vainqueur à Rome, d'y bâtir un temple en l'honneur de Vénus, et donné pour mot d'ordre le nom de cette déesse, selon son habitude constante, il tomba jusqu'à l'heure de la bataille dans un profond sommeil[6]. Mais il faut le laisser raconter par l'historien le plus compétent qu'ait eu César.

« L'armée de la république était fière de la cause qu'elle défendait et des succès qu'elle venait de remporter à Dyrrachium; celle du dictateur était pleine de confiance dans la fortune de son chef et dans sa propre supériorité: c'étaient ces vieilles légions toujours victorieuses. Pompée, convaincu de la supériorité de l'armée de César, voulait éviter le combat, mais il ne put résister à l'impatience des sénateurs; ces pères conscrits étaient impatients de rentrer dans les murs de leur Rome. On vantait la supériorité de sa cavalerie. Labienus, ancien lieutenant de César, appelait la bataille de tous ses vœux, disant que les vieux soldats vainqueurs des Gaulois étaient morts, que César n'avait plus que des recrues. Pompée avait cent dix cohortes, qui

---

[1] *Id.* c. 63. — Appian. ibid. c. 5. § 37. — [2] Plut. c. 41. — Appian. ibid. c. 6. § 41. Flor. l. 4. c. 2. Lucan. l. 5. v. 112 et seq. Dion. l. 41. — [3] Précis des Guerres de J. César, par Napoléon, p. 124. — [4] Suet. c. 55. — [5] Appian. ibid c. 7 § 48. Dion. l. 41.

[1] Appian. ibid. c. 9. § 57. Flor. l. 4. c. 2. — [2] Applan. ibid. § 61. — Suet. c. 60. — [3] Appian. ibid. § 63, 73, — [4] Suet. c. 58. — [5] Appian. ibid. § 76, 104. — [6] Ibid. ibid. § 65-69.

faisaient quarante-cinq mille hommes romains sous les armes; César avait trente mille hommes; les troupes alliées de part et d'autre étaient très-nombreuses. Les historiens diffèrent beaucoup d'opinion sur le nombre d'hommes qui ont combattu à Pharsale, puisqu'il en est qui le font monter de trois à quatre cent mille hommes. Les dixième, neuvième et huitième légion de César formaient sa droite, sous les ordres de Sylla; il avait placé au centre quatre-vingts cohortes, ne laissant que deux cohortes à la garde de son camp; il tira une cohorte de chacune des légions qui composaient sa troisième ligne pour en former un corps spécialement destiné à s'opposer à la cavalerie. Il n'y avait entre les deux armées que l'espace nécessaire pour le choc. Pompée ordonna de recevoir la charge sans s'ébranler. Aussitôt que le signal fut donné, l'armée de César s'avança au pas redoublé; mais voyant que la ligne ennemie ne bougeait pas, ces vieux soldats s'arrêtèrent d'eux-mêmes pour reprendre haleine; après quoi ils coururent à l'ennemi, lancèrent leurs javelots et l'abordèrent avec leurs courtes épées. La cavalerie de Pompée, qui était à la gauche, soutenue par les archers, déborda l'aile droite de César; mais les six cohortes qui étaient en réserve s'ébranlèrent et chargèrent cette cavalerie avec tant de vivacité qu'elles l'obligèrent à prendre la fuite; dès ce moment la bataille fut décidée.

» César perdit deux cents hommes, dont la moitié officiers; Pompée perdit quinze mille hommes morts ou blessés sur le champ de bataille; il ne put pas même défendre son camp, que le vainqueur enleva le jour même. Les débris de l'armée vaincue se réfugièrent sur un monticule où César les cerna; à la pointe du jour suivant ils posèrent les armes au nombre de vingt-quatre mille hommes. Les trophées de cette journée furent neuf aigles, c'est-à-dire tous ceux des légions présentes, et cent quatre-vingts drapeaux. Pompée se retira en toute hâte, vivement poursuivi. Arrivé à Péluse, en Égypte, il se confia au jeune roi Ptolémée, qui était dans cette ville à la tête de son armée, faisant la guerre à Cléopâtre, sa sœur; il débarqua sur la plage presque seul, et fut assassiné par les ordres de Ptolémée. César débarqua en Égypte peu de semaines après, et fit son entrée dans Alexandrie à la tête de deux légions et de quelques escadrons de cavalerie [1]

» César mouilla dans le Port-Neuf d'Alexandrie avec dix galères, deux légions et huit cents chevaux, occupa le palais royal, qui était situé vis-à-vis de l'isthme qui sépare les deux ports près du cirque et du théâtre, qui était la citadelle. Les Alexandrins murmurèrent de ce qu'il se faisait précéder par ses licteurs, ce qui était une marque de juridiction; ils en vinrent à des voies de fait, et plusieurs Romains furent tués. Le roi Ptolémée était mineur; l'eunuque Photin le gouvernait. Il était en guerre avec la reine Cléopâtre sa sœur, et comme le peuple romain était chargé de l'exécution du testament du feu roi, le dictateur ordonna aux deux parties de comparaître devant son tribunal et de cesser les hostilités; l'eunuque Photin ordonna alors à l'armée du roi, qui était à Péluse, de se rendre à Alexandrie : elle était de vingt mille hommes, dont deux mille hommes de cavalerie. Achillas la commandait. Une grande partie était composée de Romains qui avaient servi dans l'armée de Gabinius. Aussitôt que César sut qu'elle approchait d'Alexandrie, il se saisit de la personne du roi et de celle du régent, et fit occuper militairement tout ce qui pouvait ajouter à sa sûreté. Achillas prit possession de toute la ville, à l'exception de ce qu'occupaient les Romains, qui se trouvèrent bientôt bloqués du côté de la terre et n'avaient plus de communication que par mer. Les Alexandrins se portèrent au Port-Vieux pour s'emparer de soixante-douze galères qui s'y trouvaient; cinquante étaient de retour de l'armée de Pompée, au secours duquel elles avaient été envoyées; vingt-deux étaient la station ordinaire d'Alexandrie : si elles tombaient en leur pouvoir, c'en était fait de César; mais, après un combat fort chaud, il parvint à les brûler, et resta ainsi maître de la mer; il s'empara du phare situé à l'extrémité du Port-Neuf; il se trouva maître de toute la côte de la mer; il fixa alors son attention du côté de terre. Il avait besoin de fourrages; il s'empara de toutes les maisons qui le séparaient de la porte du milieu et communiqua librement avec le lac Mariotis, campagne d'où il tira des vivres et des fourrages. Il fit mettre à mort l'eunuque Photin. Peu de semaines après, la plus jeune des sœurs du roi, la princesse Arsinoé, s'échappa du palais, gagna le camp d'Achillas, qu'elle fit mourir et remplaça par l'eunuque Ganimède. Les Romains recevaient tous les jours des vivres, des galères et des troupes, soit des archers qui arrivaient de Crète et de Rhodes, etc., soit de la cavalerie d'Asie. César avait expédié dans l'Asie-Mineure Mithridate, homme qui lui était dévoué, pour réunir ses troupes, se mettre à leur tête, traverser la Syrie, le désert de Suez, et venir le joindre par terre à Alexandrie.

» De part et d'autre on travaillait avec activité à se fortifier. Les Égyptiens avaient fermé toutes les issues par de grosses murailles crénelées, et avaient établi un grand nombre de tours à dix étages. Comme les canaux qui portaient l'eau du Nil à Alexandrie se trouvaient au pouvoir de Ganimède, il fit boucher tous ceux qui donnaient de l'eau dans la partie de la ville occupée par les Romains; en même temps il fit élever par des machines l'eau de la mer pour gâter les citernes du quartier des Romains; en peu de jours l'eau devint si saumâtre

---

[1] Précis des guerres de Jules César, par Napoléon, p. 145-148.

qu'elle ne fut plus potable; les Romains furent alarmés; mais ils tirèrent des eaux des fontaines qui sont près du Marabon et de la tour du phare; ils creusèrent grand nombre de puits au bord de la mer, qui leur donnèrent de l'eau douce. Dans ce temps la trente-septième légion, avec un grand nombre de bâtiments chargés de vivres, armes et machines, qui était partie de Rhodes, mouilla près de la tour des Arabes, à l'ouest d'Alexandrie. Le vent d'est qui règne en général dans ces parages, à cette époque de l'année, l'empêchait de gagner le port d'Alexandrie; le convoi était compromis. César partit avec sa flotte pour le sauver, ce qui donna lieu à un combat naval dans lequel la flotte des Égyptiens perdit une galère et fut contrainte de se sauver dans le Port-Vieux. César fit défiler son convoi en triomphe devant elle, et rentra dans le Port-Neuf.

» Ganimède voyant l'insuffisance de ce moyen, sur lequel il avait tant compté, revint de nouveau au projet d'équiper une flotte; il fit travailler avec la plus grande activité à remettre en état dans le Port-Vieux tous les bâtiments et carcasses de galères qui s'y trouvaient; il fit découvrir les portiques des édifices publics pour en prendre les bois; il fit venir des sept bouches du Nil les bâtiments stationnaires qui les défendaient; en peu de jours il eut vingt-deux galères de quatre rangs, cinq de cinq rangs, et un grand nombre de petits bâtiments de toute grandeur, le tout monté pas d'habiles matelots. César avait trente-quatre galères, savoir: neuf de Rhodes, huit de Pont, cinq de Syrie et douze d'Asie-Mineure; mais cinq seulement étaient à cinq rangs de rames, dix à quatre rangs; tout le reste était très-inférieur. Il sortit cependant du Port-Neuf, doubla le phare et vint se ranger en bataille vis-à-vis du Port-Vieux. Les galères de Rhodes formaient sa droite, celles de Pont sa gauche. A cette vue la flotte des Alexandrins appareilla. Les deux armées étaient séparées par ce rang de rochers qui forme le Port-Vieux, et qui, sur l'espace de six mille toises, n'offre que trois passages. L'armée qui s'engagerait dans ces passages affronterait un grand danger et offrirait une belle occasion à son ennemi. Luphranar, amiral des galères de Rhodes, indigné de voir l'ennemi avoir tant d'assurance, proposa et obtint d'entrer dans le Port-Vieux; il se dirigea par le passage du milieu avec quatre galères, le combat devint terrible; les Alexandrins furent battus; ils perdirent une galère à cinq rangs et une à deux rangs; le reste de leur flotte se sauva le long des quartiers de la ville, sous la protection des jetées et des hommes de trait placés sur les toits des maisons.

» Les Romains occupaient la tour du phare, mais non pas toute l'île; ils s'en emparèrent après un combat opiniâtre, pillèrent le gros bourg qu'elle contenait et firent six cents prisonniers; mais les Alexandrins restèrent maîtres du château qui forme la tête de pont de la jetée qui joint cette île avec la ville. César voulut enlever ce poste important, il échoua; après plusieurs tentatives où il perdit beaucoup de monde, il fut mis en déroute et ne parvint à gagner ses galères qu'à la nage; plusieurs d'elles furent submergées par le grand nombre de fuyards qui s'y réfugiaient. Cependant, quelque sensible que fût cette perte, elle n'eut pour lui aucune conséquence fâcheuse.

» Le roi Ptolémée, quoique jeune, eut le talent de persuader qu'il désirait employer son pouvoir à calmer l'insurrection, et qu'il mettrait ainsi un terme à la guerre. César le mit en liberté; mais, aussitôt que cet enfant se trouva à la tête de son armée, il se servit de toute son autorité pour exciter son peuple, et démasqua une haine implacable contre les Romains. Les Alexandrins, malgré l'échec qu'ils avaient reçu, avaient ravitaillé et augmenté leur flotte. Les convois venaient par mer à César, du côté de l'Asie: ils se portèrent à Canope, dans la rade d'Aboukir, pour les intercepter. L'amiral romain Néron y accourut à la tête de la flotte; il eut un vif engagement avec la flotte égyptienne, où le brave Euphranor périt avec sa galère.

» Il y avait huit mois que César était engagé dans cette malheureuse guerre, et rien n'annonçait qu'elle dût avoir une fin heureuse, lorsque enfin Mithridate arriva devant Peluse avec l'armée qu'il avait réunie en Asie; il s'empara d'assaut de cette place, marcha à grandes journées sur Memphis, où il arriva le septième jour; de là il descendit le Nil par la rive gauche, se porta au secours de César à Alexandrie. A cette nouvelle le roi Ptolémée partit avec son armée, s'embarqua sur le Nil et joignit le corps de son armée qui était opposé à Mithridate, à peu près à la hauteur du Delta. César, de son côté, se rendit par mer à la tour des Arabes, de là il débarqua, et, tournant le lac Narcotès, il se porta droit sur l'armée de Mithridate. Il le joignit sans combat; elle était campée le long du canal, à peu près à la hauteur d'Alkam. Ptolémée avait plusieurs fois attaqué Mithridate et avait été repoussé. César l'attaqua à son tour et le battit. Ce roi périt dans la déroute. César marcha sans s'arrêter sur Alexandrie, où il arriva en peu de jours. Cette immense ville se soumit; les habitants vinrent à la rencontre de leur vainqueur en habit de suppliants, portant avec eux tout ce qu'ils avaient de plus précieux pour apaiser sa juste colère; le dictateur les rassura; il rentra dans son quartier en traversant les retranchements ennemis au milieu des acclamations de ses troupes, qui le reçurent comme un libérateur. Il couronna reine d'Égypte la belle Cléopâtre, chassa Arsinoé, sa sœur cadette, et, laissant en Égypte toute son armée pour assurer la nouvelle autorité, il partit avec la sixième légion, composée de vétérans, et se rendit par terre en Syrie[1].

» Pharnace ayant été un des instruments dont s'était servi Pompée pour se défaire de son père Mithridate, avait en récompense obtenu le Bosphore. Lorsqu'il vit l'empire romain en proie à la guerre civile, il eut l'ambition de réunir tous les États de son père. Il s'empara de la Colchide, du royaume de Pont, dont la capitale était Sinope, le séjour favori du grand Mithridate; enfin il se jeta sur la petite Arménie et la Cappadoce. Dejotarus, roi de la petite Arménie, et Ariobazzanes, roi de la Cappadoce, implorèrent le secours de Domitius, commandant en Asie. Celui-ci n'avait sous ses ordres que trois légions; obligé d'en envoyer deux à César, qui était dans Alexandrie, il ne lui en restait qu'une, la trente-sixième. Il y joignit une légion levée à la hâte dans le royaume de Pont, et deux légions que Dejotarus avait formées à la romaine, composées de ses sujets; il réunit cette armée à Comane, ville de Cappadoce. De Comane en Arménie, on communique par une chaîne de montagnes fort boisées. Domitius suivit cette crête et assit son camp à deux lieues de Micopolis. Le lendemain il s'approcha des remparts de cette ville, et se trouva en présence de Pharnace, qui avait rangé son armée en bataille sur une seule ligne; mais ayant trois réserves, l'une derrière sa droite, l'autre derrière sa gauche et la troisième derrière son centre. Domitius, quoiqu'en présence de l'armée ennemie, continua à fortifier son camp, et, quand il eut achevé, il s'y campa tranquillement. Pharnace fortifia sa droite et sa gauche par des retranchements, désirant tirer la guerre en longueur, espérant que la nécessité où se trouvait César en Égypte obligerait Domitius à s'affaiblir. Mais peu de jours après Domitius marcha à lui, les deux légions de Dejotarus lâchèrent pied et ne rendirent aucun combat; la légion levée dans le Pont se battit mal, la trente-sixième soutint seule le combat; mais, cernée de tout côté, elle fut contrainte de battre en retraite. Pharnace remporta une victoire complète; il resta maître du Pont, de la petite Arménie et de la Cappadoce. Domitius se retira en toute hâte en Asie. Pharnace imita dans le Pont et dans la Cappadoce la conduite de son père; il fit massacrer tous les citoyens romains et se porta sur leurs personnes à des cruautés inouïes : il rétablit aussi l'empire de sa maison; il croyait le dictateur perdu, mais son triomphe ne dura que peu de mois. »

» César, après la guerre d'Alexandrie, se porta en Syrie à la tête de la sixième légion, s'y embarqua pour se porter en Cilicie; il réunit à Tarse les députés d'une partie de l'Asie-Mineure. Sa présence était bien nécessaire à Rome, mais il jugea qu'il était plus urgent encore de réprimer la puissance renaissante de ce rejeton de Mithridate. Il se porta à Comane avec quatre légions, la sixième, la trente-sixième, et les deux de Dejotarus. Pharnace chercha à l'apaiser par toutes espèces de commissions et d'offres; il s'était campé avec son armée sous les remparts de la place forte de Zicla, lieu renommé par la victoire que Mithridate, son père, avait remportée contre Triarius. César occupa un camp à cinq milles de lui, et quelques jours après il partit au milieu de la nuit et s'en rapprocha à un mille. Pharnace, à la pointe du jour, aperçut avec étonnement l'armée romaine qui se retranchait si près de lui : il n'en était séparé que par un vallon. Il rangea son armée en bataille, descendit le vallon, le remonta et attaqua l'armée de César, qui, méprisant les manœuvres de l'ennemi, avait laissé des troupes dispersées dans les ateliers; elles eurent à peine le temps de prendre leurs armes et de se mettre en ordre de bataille. La sixième légion, quoique réduite à douze cents hommes, mais tous vétérans, et qui tenait la droite, enfonça la gauche de l'ennemi, se jeta sur son centre, repoussa l'armée ennemie dans le vallon et la poursuivit l'épée dans les reins jusque dans son camp, qui fut forcé et devint la proie du vainqueur : bagage, trésor, tout fut pris; Pharnace eut à peine le temps de se sauver de sa personne. Ce prince périt dans un combat contre un de ses vassaux quelques mois après. La petite Arménie, la Cappadoce, le Pont, le Bosphore, la Colchide, furent le résultat de cette victoire. César donna à Mithridate de Pergame le Bosphore. Ce fut après cette journée de Zicla qu'il s'écria : « Heu- » reux Pompée, voilà donc les ennemis dont la dé- » faite vous a valu le nom de Grand! » Il écrivit à Rome : *Veni, vidi, vici*.....

» Après la bataille de Pharsale, Octavius se porta en Illyrie avec une partie de la flotte de Pompée. Cornificius y était avec deux légions tenant pour César. Plus tard, César ayant appris que des débris de Pharsale se ralliaient dans cette province, y envoya Gabinius avec deux légions de nouvelles levées. Soit que Gabinius se conduisît avec imprudence, soit que ses troupes, étant de nouvelles levées, n'eussent pas la consistance nécessaire, il fut battu par les Barbares et enfermé dans Salare, où il mourut de maladie et de chagrin. Octavius, qui était maître de la mer, profita de cet événement et soumit au parti de Pompée les trois quarts de la province. Cornificius s'y maintint avec peine. César, renfermé dans Alexandrie, ne pouvait lui donner aucun secours; mais Vatinius, qui commandait le dépôt de Brindes, avant sous ses ordres plusieurs milliers de vétérans appartenant aux douze légions de César qui se trouvaient au dépôt, sortant des hôpitaux pour joindre leurs légions, les embarqua sur des bâtiments de transport et quelques galères,

---
[1] *Précis* etc., p. 153—163.

rencontra la flotte d'Octavius, la défit complétement. Octavius se retira en Sicile. César domina dans l'Adriatique, et la province d'Illyrie se soumit. »

» Calenus, lieutenant de César, assiégea Athènes, qui tenait pour Pompée, s'en empara après une vive résistance. César fit grâce aux habitants de cette ville et dit à leurs députés : « Faudra-il donc » que, dignes de périr, vous deviez toujours votre » salut à la mémoire de vos ancêtres? » Mégare soutint un siége plus obstiné. Quand les habitants se virent poussés à bout, ils lâchèrent des lions que Cassius avait réunis dans cette ville pour être transportés à Rome, et servir aux combats qu'il devait donner au peuple; mais ces bêtes féroces se jetèrent sur les habitants et en dévorèrent plusieurs de la manière la plus horrible. Les habitants de Mégare furent faits esclaves et vendus à l'encan. Un lieutenant de Pompée avait muré l'isthme de Corinthe, ce qui empêcha Calenus d'entrer dans le Péloponèse; mais, après la bataille de Pharsale, cet obstacle étant levé, Calenus s'empara de cette province, et à son arrivée à Patras, Caton, qui s'y trouvait avec la flotte de Pompée, abandonna la Grèce. »

» Le lendemain de la bataille de Zicla, César partit avec une escorte de cavalerie pour se rendre en toute diligence à Rome où sa présence était nécessaire. La bataille de Pharsale n'avait produit aucun changement dans cette métropole, qui lui était soumise depuis le commencement de la guerre civile. Le consul l'avait nommé dictateur comme il était dans Alexandrie, et Antoine son maître de cavalerie; de sorte que, pendant l'an 47, il n'y eut point d'autres magistrats que le dictateur et son maître de cavalerie; celui-ci, qui était à Rome revêtu du pouvoir souverain, se livra à toute espèce de débauches, scandalisa les citoyens par ses mœurs, et les opprima par ses rapines. Un jeune tribun du peuple, Dolabella, amoureux des nouveautés, cherchant la renommée, et lui-même criblé de dettes, proposa au peuple une loi pour l'abolition de toutes les dettes, ce qui, selon l'usage ordinaire, mit en combustion toute la république. D'un autre côté, les vieilles bandes victorieuses des Gaules, mécontentes des retards qu'elles éprouvaient pour recevoir les récompenses qui leur étaient promises, se révoltèrent. La deuxième légion refusa de se rendre en Sicile; toutes refusèrent de marcher. Mais César entra dans Rome pour se rendre le menu peuple favorable. Il fit une loi qui donnait la remise d'une année de loyer à tous les citoyens qui payaient moins de 250 francs; il remit les arrérages ou intérêts des dettes depuis le commencement des guerres civiles. Il fit vendre tous les biens de ses ennemis; il employa tout ce qui pouvait lui procurer de l'argent; les biens même de Pompée furent vendus à l'encan; Antoine les acheta; il prétendait s'exempter d'en payer le montant, ce qui excita un moment le mécontentement du dictateur. L'arrivée de César calma la fermentation des légions; mais, peu après, elles se mutinèrent avec plus de fureur; tous les officiers qui se voulurent entremettre furent mis à mort, et, par un mouvement spontané, elles arrachèrent leurs aigles et se mirent en route sur la capitale, menaçant par leurs propos César même. Celui-ci fit fermer les portes de la ville; mais, lorsque les séditieux furent arrivés au Champ-de-Mars, il sortit et monta sévèrement sur sa tribune, leur demandant durement ce qu'ils voulaient. « Nous » sommes couverts de blessures, lui répondirent-ils; » il y a assez long-temps que nous courons le » monde et que nous versons notre sang, nous vou- » lons notre congé. » Il leur répondit laconiquement : « Je vous l'accorde. » Il ajouta peu après, qu'il allait partir sous peu de semaines, et que, lorsqu'il aurait triomphé avec de nouveaux soldats, il leur donnerait encore ce qu'il leur avait promis. Il se levait et allait les quitter ainsi; mais ses lieutenans le sollicitèrent d'adresser quelques paroles de douceur à ces vieux compagnons avec qui il avait acquis tant de gloire et surmonté tant de dangers : César se rassit et leur dit : « Citoyens, » contre son usage, qui était de les appeler soldats ou compagnons. Un murmure s'éleva dans tout le camp. « Nous ne sommes point des citoyens, nous som- » mes des soldats. » Enfin le résultat de cette scène touchante fut d'obtenir de continuer leur service. César leur pardonna, hormis à la dixième légion; mais celle-ci s'obstina, suivit César en Afrique, soi-disant sans en avoir reçu un ordre positif [1]. »

Scipion avait conduit en Afrique les débris de l'armée de Pharsale. Le roi Juba s'était joint à lui. Leurs forces réunies étaient tellement redoutables que les ennemis de César en Italie attendaient Scipion à Rome. César alla le combattre; d'abord battu par ses lieutenants, il remporta bientôt sur le général en chef une grande victoire sous les murs de la ville de Thapsus. Juba s'empoisonna au milieu d'un festin; Scipion, attaqué sur mer, dans sa fuite se poignarda et se noya. A la nouvelle de ce revers, Caton, renfermé dans Utique, n'y attendit pas César, qui s'avançait contre lui, et se donna la mort.[1]

De retour à Rome, César reçut les honneurs de quatre triomphes à la fois, et il fit de cette pompe un spectacle jusqu'alors inoui : tous les grands fleuves qu'il avait traversés en vainqueur étaient représentés en or, sous la forme de captifs; on y portait solennellement les immenses richesses que ses succès lui avaient livrées; chacune de ses victoires était le sujet d'un tableau; on lisait sur l'un d'eux sa célèbre dépêche : *Veni, vidi, vici.* On y voyait les portraits des rois et des généraux tués ou défaits par lui.

---

[1] Précis etc., p. 166-174.
[2] Plut., c. 57, 58, 59. App. de Bell. civ., c. 14, § 95-99.

Rien ne rappelait Pharsale ni Pompée. Après ses triomphes, César distribua de grandes récompenses à tous ses soldats, et à chaque citoyen en particulier; il donna des festins à tout le peuple qu'il traita sur vingt-deux mille tables de trois lits chacune. Les spectacles se succédèrent pendant long-temps, avec une pompe et une variété sans exemple : c'étaient des combats d'éléphants, de gladiateurs, de cavalerie, d'infanterie; des naumachies, des concerts. Fidèle à son vœu, il fit élever, en l'honneur de Vénus, un temple magnifique, dans lequel, à côté de la statue de la déesse, il plaça un beau portrait de Cléopâtre, qu'il avait fait venir à Rome, et dont il eut un fils qu'il reconnut. Un dénombrement de tous les citoyens ayant eu lieu par ses ordres, la population se trouva, par la guerre civile, réduite à moins de la moitié [1].

Revêtu de son quatrième consulat, César partit pour l'Espagne où les fils de Pompée étaient parvenus à réunir une armée formidable. « Il arriva en vingt-trois jours sur les bords du Bétis, au moment où le jeune Pompée assiégeait la ville d'Ulia, la seule qui tînt encore contre lui dans toute la Bétique. César secourut cette place et s'avança vers Cordoue; Sextus Pompée, qui y commandait, effrayé, appela son frère à son secours; celui-ci accourut en levant le siége d'Ulia. L'année 46 se termina sur ces entrefaites.

Dans le commencement de 47, César assiégea Alegua, qui ouvrit ses portes dans les premiers jours de février (novembre de notre calendrier); il désirait terminer la guerre par une grande bataille. Après diverses manœuvres, le jeune Pompée, reculant toujours pour l'éviter, se trouva enfin acculé à l'extrémité de la presqu'île de Malaga, près de la ville de Munda ; il se résolut à recevoir la bataille dans une position avantageuse; il y attendit son ennemi de pied ferme. Sa ligne de bataille était de treize légions. César l'attaqua avec huit ; la victoire se déclarait pour Pompée. César paraissait perdu ; il changea alors la tête de la dixième légion, sans pouvoir rétablir ses affaires, lorsque le roi Bogud, avec ses Numides, alla attaquer le camp de Pompée. Labienus détacha cinq cohortes au secours du camp. Ce mouvement rétrograde dans un instant si critique décida la victoire. Les vétérans crurent que l'ennemi était en retraite et redoublèrent d'ardeur. Les troupes de Pompée crurent que l'on se retirait, et se découragèrent ; trente mille hommes restèrent sur le champ de bataille, parmi lesquels Labienus et Varus, et trois mille chevaliers romains. Les aigles des treize légions, la plus grande partie des drapeaux, dix-sept officiers du premier rang, furent les trophées de cette journée, qui coûta aux vainqueurs mille morts et cinq cents blessés. César avait coutume de dire que « partout il avait combattu pour la victoire, mais qu'à Munda, il s'était battu pour sauver sa vie. » Cnéius Pompée fut tué peu de semaines après, et sa tête promenée en triomphe. Sextus, son frère, qui commandait à Cordoue lors de la bataille, erra dans les montagnes, survécut à la perte de son parti, dont il releva les étendards par la suite. Toute la Bétique se soumit ; le parti de Pompée fut entièrement détruit, tout l'univers romain reconnut la loi du vainqueur. [1] »

Le triomphe que César obtint à Rome pour avoir vaincu des Romains excita des murmures qui restèrent secrets [2]. Le sénat lui décerna des honneurs extraordinaires et une autorité sans bornes; il fut nommé consul pour dix ans, et dictateur perpétuel. On lui accorda le nom d'*Empereur*, le titre de *Père de la patrie*, le droit d'orner sa tête chauve d'une couronne de laurier [3]. Chaque tribu lui offrit des sacrifices, célébra des jeux en son honneur, éleva des monuments à sa gloire, dans tous les lieux sacrés et publics ; exemple que se hâtèrent d'imiter tous les peuples alliés de Rome. On décréta qu'il serait fait tous les ans des sacrifices pour solenniser l'anniversaire de ses batailles ; qu'en entrant en charge, tous les magistrats prêteraient le serment de ne contrevenir à aucune de ses lois ; que, pour honorer le jour de sa naissance, le mois *Quintilis* serait appelé *Julius* [4]. On déclara sa personne sacrée et inviolable ; on lui accorda le privilége d'assister aux spectacles dans une chaise dorée, avec une couronne d'or sur la tête ; le décret portait que, même après sa mort, cette chaise et cette couronne seraient placées dans tous les spectacles pour immortaliser sa mémoire. On lui éleva dans le sénat une espèce de trône ; le faîte de sa maison fut décoré d'un dôme ; on décréta aussi qu'on lui élèverait plusieurs temples comme à un Dieu ; qu'en son honneur on en bâtirait un à la Clémence, et qu'elle serait représentée tenant César par la main [5]. On délibéra même, ce qui n'est guère croyable, de lui accorder sur toutes les femmes de Rome des droits qui font frémir la pudeur [6]. Plutarque suppose, avec quelque raison, qu'une intention perfide de la part de ses ennemis, plutôt encore qu'une flatterie servile, présidait à tous ces décrets, et qu'ils voulaient, dans l'impuissance de l'attaquer ouvertement, le rendre odieux en l'accablant de priviléges ridicules [7].

César reprit le cours de ses largesses ; il donna à chaque fantassin des vieilles légions vingt mille sesterces, et quarante mille écus romains à chaque cavalier ; on y ajouta même des fonds de terre et des esclaves [8]. Les citoyens romains reçurent d'abondantes distributions de blé et d'huile, trois cents écus, et plus tard le tiers de la même somme, à

---

[1] App. ibid., c. 15. § 101, 102.

[1] Précis, etc. p. 201-203. — [2] Plut., in Cæs. c. 62. — [3] Suet. c. 46, 48, 64. — [4] Id. c. 64. — [5] Appian., ibid. c. 16. § 104. Flor., l. 4, c. 2. Dion., l. 44. — [6] Suet., c. 48. — [7] Plut. in Cæs. c. 62. — [8] Suet., c. 28, 40.

titre de dédommagement pour le retard qu'on avait mis à leur payer la première. On fit don de deux mille écus environ aux étrangers qui demeuraient dans Rome, et de plus de cinq cents sesterces à ceux qui habitaient les provinces de l'Italie [1]. A ces largesses qui semblent incroyables, César ajouta des festins publics, des fêtes, des spectacles qui surpassèrent en magnificence et en durée tous ceux qu'il avait donnés précédemment. Trois jours consécutifs furent consacrés à des combats d'athlètes ; cinq à la chasse, dans le cirque, d'une multitude de bêtes féroces ; des représentations théâtrales eurent lieu dans toutes les langues du monde connu ; les rois vaincus, leurs enfants y avaient des rôles.[2] Ces spectacles attirèrent à Rome une telle affluence d'étrangers, qu'ils furent obligés de dresser des tentes dans les rues et hors de la ville; et la curiosité fut telle que quelques citoyens, et en particulier deux sénateurs, périrent étouffés dans la foule [3].

Rome s'embellit de nouveaux édifices ; un temple dédié à Mars fut commencé ; un vaste théâtre s'éleva auprès du mont Tarpéien ; d'immenses travaux furent entrepris pour creuser, à l'embouchure du Tibre, un port capable de recevoir les plus gros vaisseaux ; pour dessécher les marais Pontins, qui rendaient malsaine une partie du Latium; enfin pour couper l'isthme de Corinthe [4]. On envoya des colonies pour repeupler Corinthe et Carthage [5]. César réforma le calendrier qui avançait de quatre-vingts jours et « était devenu si absurde par la négligence du col-
» lége des pontifes, dit un historien, que la saison
» de la moisson ne tombait plus en été, ni celle des
» vendanges en automne. [6] » Il fit simplifier la législation [7] et travailler à la confection d'une carte générale de l'empire et à une statistique des provinces ; il rassembla avec empressement tous les objets d'art du monde conquis, les pierres précieuses, les vases ciselés, les statues, les tableaux, tous les ouvrages des artistes qui avaient de la célébrité; il chargea Varron de former une nombreuse bibliothèque publique [8]. Lui-même cultivait avec succès toutes les sciences connues de son temps, et publia quelques ouvrages sur la grammaire, l'astronomie, la religion, l'histoire, la littérature [9]. De tant de compositions nous n'avons plus que ses mémoires sur la guerre des Gaules et sur la guerre civile; la première en sept livres, la seconde en trois. « Ils sont, dit Cicéron, dans Brutus, « un très-bon ouvrage ;
» le style en est pur, coulant, dépouillé de toute pa-
» rure oratoire. » Il y aurait à ajouter plutôt qu'à retrancher à l'éloge un peu froid qu'en fait Cicéron.

Il renouvela les anciennes lois somptuaires et les fit exécuter avec la plus grande rigueur [10]. Les discordes civiles avaient considérablement affaibli Rome; il restait peu de citoyens, et la plupart n'étaient pas mariés. Pour remédier à ce dernier mal, il rétablit la censure et voulut l'exercer [1]. Il défendit à tout citoyen âgé de vingt à quarante ans de s'absenter plus de trois ans; il interdit à tout fils de sénateur les voyages chez les étrangers [2]; il donna des récompenses à ceux qui avaient beaucoup d'enfants [3]; défendit aux femmes qui avaient moins de quarante-cinq ans, et qui n'avaient ni maris ni enfants, de porter des pierreries et de se servir de litières [4]; méthode excellente, observe Montesquieu, d'attaquer le célibat par la vanité. Il établit des impôts sur les marchandises étrangères, et défendit de garder chez soi plus de soixante sesterces, loi très-propre à concilier les débiteurs avec les créanciers. Presque toutes les lois de Sylla ne portaient que l'interdiction de l'eau et du feu; César y ajouta la confiscation des biens [5].

Le parti de Pompée étant détruit, le parti populaire et les vieux soldats haussèrent leurs prétentions et firent entendre leur voix ; César en fut inquiet; il eut recours à l'influence des principales maisons pour les contenir [6]. Il augmenta le nombre des familles patriciennnes, compléta le sénat, multiplia les préteurs, les édiles [7], et releva les statues de Sylla et de Pompée, renversées par le peuple. « C'est affermir les siennes, » dit alors Cicéron [8]. Quelques propos hardis attaquaient-ils son autorité ou sa personne, un édit en exhortait les auteurs à être plus circonspects; apprenait-il que l'on tramait contre lui quelque complot, il déclarait publiquement qu'il était instruit des desseins des conjurés [9], « J'aime mieux mourir que de craindre la mort. [10]
» La meilleure est la plus courte et la moins pré-
» vue. » disait-il à ses amis. Et ne tenant nul compte de leurs craintes, il renvoya sa garde espagnole, et ne se montra plus qu'entouré de ses licteurs. [11] Vers la fin de sa dictature, il permit à tous les citoyens à qui il n'avait pas encore pardonné, de revenir en Italie, et d'exercer les fonctions civiles et militaires [12]. Il partagea avec le peuple le droit de nommer à toutes les dignités, et n'en excepta que celle de consul. Sa volonté était manifestée par des billets qu'on répandait dans les tribus, et où étaient écrits ces mots : « César dictateur à la tribu..... je
» vous recommande le citoyen..... et je désire qu'il
» tienne sa dignité de vos suffrages [13]. »

Il disposa ainsi de toutes les places, en changea la nature, et rendit plus rares les assemblées du peuple, « qui fut, dit un historien, trompé dans l'espérance d'avoir un gouvernement populaire; » il déro-

---

[1] Suet., 28, 40. — [2] Id. c. 41. — [3] Id. ibid. — [4] Plut. in Cæs., 64. Suet. c. 44. — [5] Plut. c. 63. Suet. c. 43. — [6] Id. c. 42. Plut., in Cæs., c. 63. — [7] Suet. c. 44. — [8] Id., ibid. — [9] Id., c. 81, 82, 55. — [10] Suet. c. 4.

[1] Dion., l. 43. — [2] Suet., ibid. — [3] Dion. ibid. — [4] Euseb., Chron. — [5] Suet., ibid. Dion., l. 41. — [6] Précis des Guerres de J. César, p. 209. — [7] Suet., c. 43. — [8] Plut., in Cæs., c. 63. — in Cicer, c. 55. — [9] Suet., c. 63. — [10] Plut. in Cæs., c. 63. Suet. c. 72. — [11] Id., ibid., c. 69. Suet. c. 72, 73. — [12] Id. c 65. — [13] id. c. 43.

gea aux usages qu'avait respectés Sylla, conféra les magistratures aux mêmes citoyens pour plusieurs années, accorda les ornements consulaires à dix anciens préteurs, rétablit dans leurs rangs les citoyens dégradés par les censeurs ou condamnés pour le crime de brigue. Il donna l'intendance de la monnaie et de la levée des impôts à quelques-uns de ses esclaves. « Si des brigands et des assassins, » disait-il, à ceux qui le lui reprochaient, « m'avaient élevé au » pouvoir suprême, je leur en témoignerais ma re» connaissance. » L'admission dans le sénat d'un grand nombre d'étrangers, de Gaulois surtout, excita le mécontentement et la verve satirique des Romains[1]. Mais il les choqua encore plus par l'orgueil de ses discours que par l'exercice de sa tyrannie; il disait : « La république n'est qu'un vain nom; » Sylla ne comprit point sa politique. Les Romains » doivent révérer mes paroles à l'égal de mes lois[2]. » Cicéron rapporte qu'il avait souvent dans la bouche ce vers d'Euripide : « S'il faut violer le droit, il » ne le faut violer que pour régner[3]. » Il porta le mépris jusqu'à faire lui-même les sénatus-consultes; il les souscrivait du nom des premiers sénateurs qui lui venaient dans l'esprit[4]. « J'apprends quelquefois, » écrivait Cicéron, qu'un sénatus-consulte passé à » mon avis a été porté en Syrie et en Arménie, avant » que j'aie su qu'il ait été fait ; et plusieurs princes » m'ont écrit des lettres de remercîmens sur ce que » j'avais été d'avis qu'on leur donnât le titre de roi, » que non-seulement je ne savais pas être rois, mais » même qu'ils fussent au monde[1]. »

Les partisans de César firent quelques tentatives pour le couronner; le peuple ne s'y prêta pas de bonne grâce ; César les blâma[2]. Elles firent éclater une conjuration formée depuis longtemps. Brutus et Cassius en étaient les chefs; plus de soixante sénateurs y entrèrent[3]. Le jour fut fixé aux ides de Mars, parce que ce jour-là on devait, dit-on, donner à César, au moment qu'il sortirait de Rome, le titre de roi, en conséquence d'un prétendu oracle des sibylles, qui déclarait « que les Parthes ne pourraient » être vaincus, si les Romains n'avaient un roi pour » général ; » et César se préparait à marcher contre eux[4]. Cet homme extraordinaire tomba sous les coups des derniers républicains de la vieille Rome, le 15 mars de l'an 44 avant J.-C. Il était âgé de cinquante-six ans.

T. BAUDEMENT.

[1] Suet., c. 43, 61, 65, 68. Appian. ibid., c. 16, § 107. — [2] Suet., c. 66 — [3] Id., c. 32 — [4] Grand. et Décad. des Rom., c. 11.

[1] Cicer., Epist. ad famil., l. ix, ep. 15. — [2] Plut., in Cæs., c. 66, 67. Suet., c. 67. — [3] Suet., c. 68. — [4] Plut., in Cæs., c. 64.

COMMENTAIRES

SUR LA

GUERRE DES GAULES.

LIVRE PREMIER.

1. Toute la Gaule (1) est divisée en trois parties, dont l'une est habitée par les Belges, l'autre par les Aquitains, la troisième par ceux qui, dans leur langue, se nomment Celtes, et dans la nôtre, Gaulois. Ces nations diffèrent entre elles par le langage, les institutions et les lois. Les Gaulois sont séparés des Aquitains par la Garonne, des Belges par la Marne et la Seine. Les Belges (2) sont les plus braves de tous ces peuples, parce qu'ils restent tout-à-fait étrangers à la politesse et à la civilisation de la province romaine, et que les marchands, allant rarement chez eux, ne leur portent point ce qui contribue à énerver le courage : d'ailleurs, voisins des Germains qui habitent au-delà du Rhin, ils sont continuellement en guerre avec eux. Par la même raison, les Helvètes surpassent aussi en valeur les autres Gaulois; car ils engagent contre les Germains des luttes presque journalières, soit qu'ils les repoussent de leur propre territoire, soit qu'ils envahissent celui de leurs ennemis. Le pays habité, comme nous l'avons dit, par les Gaulois, commence au Rhône, et est borné par la Garonne, l'Océan et les frontières des Belges; du côté des Séquanes et des Helvètes il va jusqu'au Rhin; il est situé au nord[1]. Celui des Belges commence à l'extrême frontière de la Gaule, et est borné par la partie inférieure du Rhin; il regarde le nord et l'orient. L'Aquitaine s'étend de la Garonne aux Pyrénées, et à cette partie de l'Océan qui baigne les côtes d'Espagne; elle est entre le couchant et le nord.

[1] Les positions indiquées par César doivent toujours s'entendre dans leur rapport avec l'Italie.

COMMENTARII DE BELLO GALLICO.

LIBER PRIMUS.

1. Gallia est omnis divisa in partes tres, quarum unam incolunt Belgæ, aliam Aquitani, tertiam, qui ipsorum lingua Celtæ, nostra Galli appellantur. Hi omnes lingua, institutis, legibus inter se differunt. Gallos ab Aquitanis Garumna flumen, a Belgis Matrona et Sequana dividit. Horum omnium fortissimi sunt Belgæ, propterea quod a cultu atque humanitate Provinciæ longissime absunt, minimeque ad eos mercatores sæpe commeant, atque ea, quæ ad effeminandos animos pertinent, important : proximique sunt Germanis, qui trans Rhenum incolunt, quibuscum continenter bellum gerunt : qua de causa Helvetii quoque reliquos Gallos virtute præcedunt, quod fere quotidianis præliis cum Germanis contendunt, quum aut suis finibus eos prohibent, aut ipsi in eorum finibus bellum gerunt. Eorum una pars, quam Gallos obtinere dictum est, initium capit a flumine Rhodano; continetur Garumna flumine, Oceano, finibus Belgarum; attingit etiam ab Sequanis et Helvetiis flumen Rhenum; vergit ad septemtriones. Belgæ ab extremis Galliæ finibus oriuntur; pertinent ad inferiorem partem fluminis Rheni; spectant in septemtriones et orientem solem. Aquitania a Garumna flumine ad Pyrenæos montes et eam partem Oceani, quæ est ad Hispaniam, pertinet; spectat inter occasum solis et septemtriones.

II. Orgétorix était, chez les Helvètes, le premier par sa naissance et par ses richesses. Sous le consulat de M. Messala et de M. Pison [1], cet homme, poussé par l'ambition, conjura avec la noblesse et engagea les habitants à sortir du pays avec toutes leurs forces; il leur dit que l'emportant par le courage sur tous les peuples de la Gaule, ils la soumettraient aisément tout entière à leur empire. Il eut d'autant moins de peine à les persuader, que les Helvètes sont de toutes parts resserrés par la nature des lieux; d'un côté par le Rhin, fleuve très-large et très-profond, qui sépare leur territoire de la Germanie, d'un autre par le Jura, haute montagne qui s'élève entre la Séquanie et l'Helvétie; d'un troisième côté, par le lac Léman et le Rhône qui sépare cette dernière de notre Province. Il résultait de cette position qu'ils ne pouvaient ni s'étendre au loin, ni porter facilement la guerre chez leurs voisins; et c'était une cause de vive affliction pour des hommes belliqueux. Leur population nombreuse, et la gloire qu'ils acquéraient dans la guerre par leur courage, leur faisaient regarder comme étroites des limites qui avaient deux cent quarante milles de long sur cent quatre-vingts milles de largeur [2].

III. Poussés par ces motifs et entraînés par l'ascendant d'Orgétorix, ils commencent à tout disposer pour le départ, rassemblent un grand nombre de bêtes de somme et de chariots, ensemencent toutes leurs terres, afin de s'assurer des vivres dans leur marche et renouvellent avec leurs voisins les traités de paix et d'alliance. Ils pensèrent que deux ans leur suffiraient pour ces préparatifs; et une loi fixa le départ à la troisième année. Orgétorix est choisi pour présider à l'entreprise. Envoyé en qualité de député vers les cités voisines, sur sa route, il engage le Séquanais Castic, fils de Catamantalède, et dont le père avait longtemps régné en Séquanie et avait reçu du peuple romain le titre d'ami, à reprendre sur ses concitoyens l'autorité suprême, précédemment exercée par son père. Il inspire le même dessein à l'Éduen Dumnorix [1], frère de Divitiac, qui tenait alors le premier rang dans la cité et était très-aimé du peuple; il lui donne sa fille en mariage. Il leur démontre la facilité du succès de leurs efforts; devant lui-même s'emparer du pouvoir chez les Helvètes, et ce peuple étant le plus considérable de toute la Gaule, il les aidera de ses forces et de son armée pour leur assurer l'autorité souveraine. Persuadés par ces discours, ils se lient sous la foi du serment : ils espéraient qu'une fois maîtres du pouvoir, au moyen de cette ligue des trois peuples les plus puissants et les plus braves, ils soumettraient la Gaule entière.

IV. Ce projet fut dénoncé aux Helvètes; et, selon leurs coutumes, Orgétorix fut mis dans les fers pour répondre à l'accusation. Le supplice du condamné devait être celui du feu. Au jour fixé pour le procès, Orgétorix fit paraître au tribunal tous ceux qui lui étaient attachés, au nombre de dix mille hommes; il y réunit aussi tous ses cliens

[1] L'an de Rome 695. — [2] Le mille romain était de mille pas de cinq pieds.

[1] *Dubnorex* et *Dubnoreix* dans les médailles. La capitale des Édues était Bitracte, depuis Autun, du latin *Augustodunum*.

II. Apud Helvetios longe nobilissimus et ditissimus fuit Orgetorix. Is, M. Messala et M. Pisone coss., regni cupiditate inductus, conjurationem nobilitatis fecit et civitati persuasit, ut de finibus suis cum omnibus copiis exirent : perfacile esse, quum virtute omnibus præstarent, totius Galliæ imperio potiri. Id hoc facilius eis persuasit, quod undique loci natura Helvetii continentur : una ex parte flumine Rheno, latissimo atque altissimo, qui agrum Helvetium a Germanis dividit; altera ex parte monte Jura altissimo, qui est inter Sequanos et Helvetios; tertia, lacu Lemanno et flumine Rhodano, qui Provinciam nostram ab Helvetiis dividit. His rebus fiebat, ut et minus late vagarentur, et minus facile finitimis bellum inferre possent : qua de causa homines bellandi cupidi magno dolore afficiebantur. Pro multitudine autem hominum, et pro gloria belli atque fortitudinis, angustos se fines habere arbitrabantur, qui in longitudinem millia passuum CCXL, in latitudinem CLXXX patebant.

III. His rebus adducti, et auctoritate Orgetorigis permoti, constituerunt, ea, quæ ad proficiscendum pertinerent, comparare; jumentorum et carrorum quam maximum numerum coemere; sementes quam maximas facere, ut in itinere copia frumenti suppeteret; cum proximis civitatibus pacem et amicitiam confirmare. Ad eas res conficiendas biennium sibi satis esse duxerunt, in tertium annum profectionem lege confirmant. Ad eas res conficiendas Orgetorix deligitur. Is, ubi legationem ad civitates suscepit, in eo itinere persuadet Castico, Catamantaledis filio, Sequano, cujus pater regnum in Sequanis multos annos obtinuerat, et a S. P. R. amicus appellatus erat, ut regnum in civitate sua occuparet, quod pater ante habuerat : itemque Dumnorigi Æduo, fratri Divitiaci, qui eo tempore principatum in civitate obtinebat ac maxime plebi acceptus erat, ut idem conaretur, persuadet, eique filiam suam in matrimonium dat. Perfacile factu esse illis probat conata perficere, propterea quod ipse suæ civitatis imperium obtenturus esset : non esse dubium, quin totius Galliæ plurimum Helvetii possent : se suis copiis suoque exercitu illis regna conciliaturum, confirmat. Hac oratione adducti, inter se fidem et jusjurandum dant, et, regno occupato, per tres potentissimos ac firmissimos populos totius Galliæ sese potiri posse sperant.

IV. Ea res ut est Helvitiis per indicium enunciata, moribus suis Orgetorigem ex vinculis causam dicere coegerunt: damnatum pœnam sequi oportebat, ut igni cremaretur. Die constituta causæ dictionis, Orgetorix ad judicium omnem suam familiam, ad hominum millia

et ses débiteurs dont la foule était grande : secondé par eux, il put se soustraire au jugement. Les citoyens, indignés de cette conduite, voulaient maintenir leur droit par les armes, et les magistrats rassemblaient la population des campagnes, lorsque Orgétorix mourut. Il y a lieu de penser, selon l'opinion des Helvètes, qu'il se donna lui-même la mort.

V. Cet événement ne ralentit pas l'ardeur des Helvètes pour l'exécution de leur projet d'invasion. Lorsqu'ils se croient suffisamment préparés, ils incendient toutes leurs villes au nombre de douze, leurs bourgs au nombre de quatre cents et toutes les habitations particulières; ils brûlent tout le blé qu'ils ne peuvent emporter, afin que, ne conservant aucun espoir de retour, ils s'offrent plus hardiment aux périls. Chacun reçoit l'ordre de se pourvoir de vivres pour trois mois. Ils persuadent aux Raurakes[1], aux Tulinges[2] et aux Latobriges[3], leurs voisins, de livrer aux flammes leurs villes et leurs bourgs, et de partir avec eux. Ils associent à leur projet et s'adjoignent les Boïes[4] qui s'étaient établis au-delà du Rhin, dans le Norique, après avoir pris Noreia.

VI. Il n'y avait absolument que deux chemins par lesquels ils pussent sortir de leur pays : l'un par la Séquanie[5], étroit et difficile, entre le Jura et le Rhône, où pouvait à peine passer un chariot; il était dominé par une haute montagne, et une faible troupe suffisait pour en défendre l'entrée; l'autre, à travers notre Province, plus aisé et plus court, en ce que le Rhône, qui sépare les terres des Helvètes de celles des Allobroges[1], nouvellement soumis[2], est guéable en plusieurs endroits, et que la dernière ville des Allobroges, Genève, est la plus rapprochée de l'Helvétie, avec laquelle elle communique par un pont. Ils crurent qu'ils persuaderaient facilement aux Allobroges, qui ne paraissaient pas encore bien fermement attachés au peuple romain, de leur permettre de traverser leur territoire, ou qu'ils les y contraindraient par la force. Tout étant prêt pour le départ, ils fixent le jour où l'on doit se réunir sur la rive du Rhône. Ce jour était le 5 avant les calendes d'avril[3], sous le consulat de L. Pison et de A. Gabinius.

VII. César (3), apprenant qu'ils se disposent à passer par notre Province, part aussitôt de Rome, se rend à grandes journées dans la Gaule ultérieure, et arrive à Genève (4). Il ordonne de lever dans toute la province le plus de soldats qu'elle peut fournir (5) (il n'y avait qu'une légion dans la Gaule ultérieure), et fait rompre le pont de Genève. Les Helvètes, avertis de son arrivée, députent vers lui les plus nobles de leur cité, à la tête desquels étaient Nameius et Verudoctius (6), pour dire « qu'ils avaient l'intention de traverser la province, sans y commettre le moindre dom-

---

[1] Peuple de Bâle. — [2] Peuple de Stuhling en enSouabe, à ce qu'on suppose. — [3] Peuple inconnu, habitant probablement sur la rive septentrionale du Rhin. — [4] Peuple de la Bavière. — [5] La Franche-Comté

[1] All-Brog (gaël.), hauts-lieux. Leur territoire comprend aujourd'hui la Savoie, une partie du Dauphiné et du canton de Genève. — [2] Par le préteur C. Pomptinius. — [3] An de Rome 696.

---

decem, undique coegit et omnes clientes obæratosque suos, quorum magnum numerum habebat, eodem conduxit : per eos, ne causam diceret, se eripuit. Quum civitas, ob eam rem incitata, armis jus suum exsequi conaretur, multitudinemque hominum ex agris magistratus cogerent, Orgetorix mortuus est : neque abest suspicio, ut Helvetii arbitrantur, quin ipse sibi mortem consciverit.

V. Post ejus mortem nihilo minus Helvetii id, quod constituerant, facere conantur, ut e finibus suis exeant. Ubi jam se ad eam rem paratos esse arbitrati sunt, oppida sua omnia numero ad duodecim, vicos ad quadringentos, reliqua privata ædificia incendunt; frumentum omne, præter quod secum portaturi erant, comburunt, ut, domum reditionis spe sublata, paratiores ad omnia pericula subeunda essent : trium mensium molita cibaria sibi quemque efferre jubent. Persuadent Rauracis et Tulingis et Latobrigis finitimis, uti, eodem usi consilio, oppidis suis vicisque exustis, una cum iis proficiscantur : Boiosque, qui trans Rhenum incoluerant, et in agrum Noricum transierant, Noreiamque oppugnarant, receptos ad se socios sibi adsciscunt.

VI. Erant omnino itinera duo, quibus itineribus domo exire possent : unum per Sequanos, angustum et difficile, inter montem Juram et flumen Rhodanum, vix qua singuli carri ducerentur; mons autem altissimus impendebat, ut facile perpauci prohibere possent : alterum per Provinciam nostram, multo facilius atque expeditius, propterea quod Helvetiorum inter fines et Allobrogum, qui nuper pacati erant, Rhodanus fluit, isque nonnullis locis vado transitur. Extremum oppidum Allobrogum, proximumque Helvetiorum finibus, Geneva. Ex eo oppido pons ad Helvetios pertinet. Allobrogibus sese vel persuasuros, quod nondum bono animo in populum romanum viderentur, existimabant; vel vi coacturos, ut per suos fines eos ire paterentur. Omnibus rebus ad profectionem comparatis, diem dicunt, qua die ad ripam Rhodani omnes conveniant : is dies erat a. d. V. Kal. Apr. L. Pisone, A. Gabinio coss.

VII. Cæsari quum id nunciatum esset, eos per Provinciam nostram iter facere conari, maturat ab urbe proficisci; et, quam maximis potest itineribus, in Galliam ulteriorem contendit, et ad Genevam pervenit : Provinciæ toti quam maximum potest militum numerum imperat (erat omnino in Gallia ulteriore legio una) : pontem, qui erat ad Genevam, jubet rescindi. Ubi de ejus adventu Helvetii certiores facti sunt, legatos ad eum mittunt, nobilissimos civitatis, cujus legationis Nameius et Verudoctius principem locum obtinebant, qui dicerent, « sibi esse « in animo, sine ullo maleficio iter per Provinciam facere,

mage, n'y ayant pour eux aucun autre chemin, qu'ils le priaient d'y donner son consentement. » César, se rappelant que les Helvètes avaient tué le consul L. Cassius et repoussé son armée qu'ils avaient fait passer sous le joug¹, ne crut pas devoir leur accorder cette demande. Il ne pensait pas que des hommes pleins d'inimitié pussent, s'ils obtenaient la permission de traverser la province, s'abstenir de violences et de désordres. Cependant, pour laisser aux troupes qu'il avait commandées le temps de se réunir, il répondit aux députés « qu'il y réfléchirait, et que, s'ils voulaient connaître sa résolution, ils eussent à revenir aux ides d'avril. »

VIII. Dans cet intervalle, César, avec la légion qu'il avait avec lui et les troupes qui arrivaient de la Province, éleva, depuis le lac Léman, que traverse le Rhône, jusqu'au mont Jura, qui sépare la Séquanie de l'Helvétie, un rempart de dix-neuf mille pas de longueur et de seize pieds de haut : un fossé y fut joint (7). Ce travail achevé, il établit des postes, fortifie des positions, pour repousser plus facilement les Helvètes, s'ils voulaient passer contre son gré. Dès que le jour qu'il avait assigné à leurs députés fut arrivé, ceux-ci revinrent auprès de lui. Il leur déclara que les usages et l'exemple du peuple romain lui défendaient d'accorder le passage à travers la Province, et que, s'ils tentaient de le forcer, il s'y opposerait. Les Helvètes, déçus dans cette espérance, essaient de passer le Rhône, les uns sur des barques jointes ensemble et sur des radeaux faits dans ce dessein, les autres à gué, à l'endroit où le fleuve a le moins de profondeur, quelquefois le jour, plus souvent la nuit. Arrêtés par le rempart, par le nombre et par les armes de nos soldats, ils renoncent à cette tentative (8).

IX. Il leur restait un chemin par la Séquanie, mais si étroit qu'ils ne pouvaient le traverser malgré les habitants. N'espérant pas en obtenir la permission par eux-mêmes, ils envoient des députés à l'Éduen Dumnorix, pour le prier de la demander aux Séquanes. Dumnorix, puissant chez eux par son crédit et par ses largesses, était en outre l'ami des Helvètes, à cause de son mariage avec la fille de leur concitoyen Orgétorix. Excité d'ailleurs par le désir de régner, il aimait les innovations, et voulait s'attacher par des services un grand nombre de cités. Il consentit donc à ce qu'on lui demandait, et obtint des Séquanes que les Helvètes traverseraient leur territoire : on se donna mutuellement des otages ; les Séquanes s'engagèrent à ne point s'opposer au passage des Helvètes, et ceux-ci à l'effectuer sans violences ni dégâts.

X. On rapporte à César que les Helvètes ont le projet de traverser les terres des Séquanes et des Édues, pour se diriger vers celles des Santons¹, peu distantes de Toulouse, ville située dans la province romaine. Il comprit que, si cela arrivait, cette province serait exposée à un grand péril, ayant pour voisins, dans un pays fertile et découvert, des hommes belliqueux, ennemis du peuple romain. Il confie donc à son lieutenant T. Labienus la garde du retranchement qu'il avait

¹ L'an de Rome 646.

¹ Peuple de la Saintonge.

« propterea quod aliud iter haberent nullum : rogare, ut « ejus voluntate id sibi facere liceat. » Cæsar, quod memoria tenebat L. Cassium consulem occisum, exercitumque ejus ab Helvetiis pulsum et sub jugum missum, concedendum non putabat : neque homines inimico animo, data facultate per Provinciam itineris faciundi, temperaturos ab injuria et maleficio existimabat. Tamen, ut spatium intercedere posset, dum milites, quos imperaverat, convenirent, legatis respondit, « diem se ad deliberan« dum sumpturum si quid vellent, a. d. idus Apr. re« verterentur. »

VIII. Interea ea legione, quam secum habebat, militibusque, qui ex Provincia convenerant, a lacu Lemanno, qui in flumen Rhodanum influit, ad montem Juram, qui fines Sequanorum ab Helvetiis dividit, millia passuum decem murum, in altitudinem pedum sedecim, fossamque perducit. Eo opere perfecto, præsidia disponit, castella communit, quo facilius, si se invito transire conarentur, prohibere possit. Ubi ea dies, quam constituerat cum legatis, venit, et legati ad eum reverterunt, negat, « se « more et exemplo populi romani posse iter ulli per Pro« vinciam dare ; et, si vim facere conentur, prohibiturum « ostendit. » Helvetii, ea spe dejecti, navibus junctis ratibusque compluribus factis, alii vadis Rhodani, qua minima altitudo fluminis erat, nonnunquam interdiu, sæpius noctu, si perrumpere possent, conati, operis munitione et militum concursu et telis repulsi, hoc conatu destiterunt.

IX. Relinquebatur una per Sequanos via, qua, Sequanis invitis, propter angustias ire non poterant. His quum sua sponte persuadere non possent, legatos ad Dumnorigem Æduum mittunt, ut, eo deprecatore, a Sequanis impetrarent. Dumnorix gratia et largitione apud Sequanos plurimum poterat, et Helvetiis erat amicus, quod ex ea civitate Orgetorigis filiam in matrimonium duxerat, et cupiditate regni adductus novis rebus studebat, et quam plurimas civitates suo sibi beneficio habere obstrictas volebat. Itaque rem suscipit, et a Sequanis impetrat, ut per fines suos Helvetios ire patiantur, obsidesque uti inter sese dent, perficit : Sequani, ne itinere Helvetios prohibeant; Helvetii, ut sine maleficio et injuria transeant.

X. Cæsari renuntiatur, Helvetiis esse in animo per agrum Sequanorum et Æduorum iter in Santonum fines facere, qui non longe a Tolosatium finibus absunt, quæ civitas est in Provincia. Id si fieret, intelligebat, magno cum Provinciæ periculo futurum, ut homines bellicosos, populi romani inimicos, locis patentibus maximeque frumentariis finitimos haberet. Ob eas causas ei munitioni,

élevé. Pour lui, il va en Italie à grandes journées, y lève deux légions, en tire trois de leurs quartiers d'hiver, aux environs d'Aquilée, et prend par les Alpes le plus court chemin de la Gaule ultérieure, à la tête de ces cinq légions. Là, les Centrons, les Graïocèles et les Caturiges[1], qui s'étaient emparés des hauteurs, veulent arrêter la marche de son armée. Il les repousse dans plusieurs combats, et se rend, en sept journées, d'Ocèle[2], dernière place de la province citérieure[3], au territoire des Voconces[4], dans la province ultérieure[5]; de là il conduit ses troupes dans le pays des Allobroges, puis chez les Ségusiens[6]. C'est le premier peuple hors de la province, au-delà du Rhône.

XI. Déjà les Helvètes avaient franchi les défilés et le pays des Séquanes; et, arrivés dans celui des Édues, ils en ravageaient les terres. Ceux-ci, trop faibles pour défendre contre eux leurs personnes et leurs biens, députent vers César, pour lui demander du secours : « Dans toutes les circonstances, ils avaient trop bien mérité du peuple romain pour qu'on laissât, presque à la vue de notre armée, dévaster leurs champs, emmener leurs enfans en servitude, prendre leurs villes. » Dans le même temps, les Ambarres[7], amis et alliés des Édues, informent également César que leur territoire est ravagé et qu'ils peuvent à peine garantir leurs villes de la fureur de leurs ennemis. Enfin les Allobroges, qui avaient des bourgs et des terres au-delà du Rhône, viennent se réfugier auprès de lui, et lui déclarent qu'il ne leur reste rien que le sol de leurs champs. César, déterminé par ce concours de plaintes, crut ne devoir pas attendre que tous les pays des alliés fussent ruinés, et les Helvètes arrivés jusque dans celui des Santons.

XII. La Saône est une rivière dont le cours, entre les terres des Édues et celles des Séquanes et jusqu'au Rhône, est si paisible que l'œil ne peut en distinguer la direction. Les Helvètes la passaient sur des radeaux et des barques jointes ensemble. César, averti par ses éclaireurs que les trois quarts de l'armée helvétienne avaient déjà traversé la Saône, et que le reste était sur l'autre rive, part de son camp, à la troisième veille, avec trois légions, et atteint ceux qui n'avaient pas encore effectué leur passage. Il les surprend en désordre, les attaque à l'improviste et en tue un grand nombre. Les autres prennent la fuite, et vont se cacher dans les forêts voisines. Ils appartenaient au canton Tigurin[1]; car tout le territoire de l'Helvétie est divisé en quatre cantons. C'étaient ceux de ce canton qui, dans une excursion du temps de nos pères, avaient tué le consul L. Cassius et fait passer son armée sous le joug. Ainsi, soit effet du hasard, soit par la volonté des dieux immortels, cette partie des citoyens de l'Helvétie, qui avait fait éprouver une si grande perte au peuple romain, fut la première à en porter la peine. César trouva aussi dans cette vengeance publique l'occasion d'une vengeance personnelle; car l'aïeul de son beau-

[1] Peuples de la Tarentaise, du Mont-Cénis, d'Embrun. — [2] Exilles, petite ville du Piémont. — [3] La Gaule Cisalpine ou le Piémont. — [4] Partie du Dauphiné, du Venaissin et de la Provence. — [5] On la Gaule Transalpine. — [6] Peuple du Forez. — [7] Peuple de la Bresse.

[1] Peuple de Zurich.

quam fecerat, T. Labienum legatum præfecit : ipse in Italiam magnis itineribus contendit, duasque ibi legiones conscribit, et tres, quæ circum Aquileiam hiemabant, ex hibernis educit, et, qua proximum iter in ulteriorem Galliam per Alpes erat, cum his quinque legionibus ire contendit. Ibi Centrones et Graioceli et Caturiges, locis superioribus occupatis, itinere exercitum prohibere conantur. Compluribus his præliis pulsis, ab Ocelo, quod est citerioris Provinciæ extremum, in fines Vocontiorum ulterioris Provinciæ die septimo pervenit : inde in Allobrogum fines, ab Allobrogibus in Segusianos exercitum ducit. Hi sunt extra Provinciam trans Rhodanum primi.

XI. Helvetii jam per angustias et fines Sequanorum suas copias traduxerant, et in Æduorum fines pervenerant, eorumque agros populabantur. Ædui, quum se suaque ab iis defendere non possent, legatos ad Cæsarem mittunt rogatum auxilium : « Ita se omni tempore de populo romano meritos esse, ut nunc in conspectu exercitus nostri, agri vastari, liberi eorum in servitutem abduci, oppida expugnari non debuerint. » Eodem tempore quo Ædui, Ambarri quoque, necessarii et consanguinei Æduorum, Cæsarem certiorem faciunt sese, depopulatis agris non facile ab oppidis vim hostium prohibere : item Allobroges, qui trans Rhodanum vicos possessionesque habebant, fuga se ad Cæsarem recipiunt, et demonstrant sibi, præter agri solum nihil esse reliqui. Quibus rebus, adductus Cæsar, non exspectandum sibi statuit, dum, omnibus fortunis sociorum consumptis, in Santonos Helvetii pervenirent.

XII. Flumen est Arar, quod per fines Æduorum et Sequanorum in Rhodanum influit incredibili lenitate, ita ut oculis, in utram partem fluat, judicari non possit. Id Helvetii ratibus ac lintribus junctis transibant. Ubi per exploratores Cæsar certior factus est, tres jam copiarum partes Helvetios id flumen traduxisse, quartam vero partem citra flumen Ararim reliquam esse; de tertia vigilia cum legionibus tribus e castris profectus, ad eam partem pervenit quæ nondum flumen transierat. Eos impeditos et inopinantes agressus, magnam eorum partem concidit : reliqui fugæ sese mandarunt, atque in proximas silvas abdiderunt. Is pagus appellabatur Tigurinus : nam omnis civitas Helvetia in quatuor pagos divisa est. Hic pagus unus, quum domo exisset, patrum nostrorum memoria L. Cassium consulem interfecerat, et ejus exercitum sub jugum miserat. Ita, sive casu, sive consilio deorum immortalium, quæ pars civitatis Helvetiæ insignem calamitatem populo romano intulerat, ea princeps pœnas persolvit. Qua in re Cæsar non solum publicas,

père, L. Pison, lieutenant de Cassius, avait été tué avec lui par les Tigurins, dans la même bataille.

XIII. Après ce combat, César, afin de poursuivre le reste des Helvètes, fait jeter un pont sur la Saône et la traverse avec son armée. Ceux-ci, effrayés de son arrivée soudaine, et voyant qu'il lui avait suffi d'un seul jour pour ce passage qu'ils avaient eu beaucoup de peine à effectuer en vingt jours, lui envoient des députés ; à la tête de cette députation était Divicon, qui commandait les Helvètes à la défaite de Cassius. Il dit à César que, « si le peuple romain faisait la paix avec eux, ils se rendraient et s'établiraient dans les lieux que leur aurait assignés sa volonté ; mais que, s'il persistait à leur faire la guerre, il eût à se rappeler l'échec passé de l'armée romaine et l'antique valeur des Helvètes ; que pour s'être jeté à l'improviste sur un seul canton, lorsque leurs compagnons, qui avaient passé la rivière, ne pouvaient lui porter secours, il ne devait nullement attribuer cet avantage à son courage, ni concevoir du mépris pour eux ; qu'ils avaient appris de leurs pères et de leurs ancêtres à se fier à leur valeur plutôt qu'à la ruse et que d'avoir recours aux embuscades ; qu'il prît donc garde que ce lieu où ils se trouvaient, marqué par le désastre des Romains et la destruction de leur armée, n'en tirât son nom et n'en transmît le souvenir à la postérité. »

XIV. A ce discours César « répondit qu'il était loin d'avoir oublié les choses que lui rappelaient les députés helvétiens, et que son ressentiment en était d'autant plus vif que les Romains avaient moins mérité leur malheur ; que s'ils eussent pu se douter de quelque injure, il leur était facile de se tenir sur leurs gardes ; mais qu'ils avaient été surpris parce que, n'ayant rien fait qui dût leur inspirer des craintes, ils ne pouvaient en concevoir sans motif. Quand même César voudrait bien oublier cette ancienne injure, pourrait-il aussi effacer de son souvenir celles qui étaient récentes ; les efforts qu'ils avaient faits pour traverser malgré lui la province romaine, et leurs ravages chez les Éduens, chez les Ambarres, chez les Allobroges ? L'insolente vanité qu'ils tiraient de leur victoire, et leur étonnement de voir leurs outrages si longtemps impunis, lui démontraient que les dieux immortels, afin de rendre, par un revers subit, un châtiment plus terrible, accordent souvent à ceux-là même qu'ils veulent punir des succès passagers et une plus longue impunité. Quoi qu'il en soit, s'ils lui livrent des otages comme garants de leurs promesses, et s'ils donnent aux Éduens, à leurs alliés et aux Allobroges, satisfaction du tort qu'ils leur ont fait, il consent à conclure avec eux la paix. » Divicon répondit « qu'ils tenaient de leurs pères la coutume de recevoir des otages, et de n'en point donner ; que le peuple romain devait le savoir. »

XV. Après cette réponse, il se retira. Le lendemain, ils lèvent leur camp ; César en fait autant, et envoie en avant toute sa cavalerie, au nombre de quatre mille hommes, qu'il avait levés

---

sed etiam privatas injurias ultus est, quod ejus soceri L. Pisonis avum, L. Pisonem legatum, Tigurini eodem prælio, quo Cassium, interfecerant.

XIII. Hoc prælio facto, reliquas copias Helvetiorum ut consequi posset, pontem in Arari faciendum curat, atque ita exercitum traducit. Helvetii, repentino ejus adventu commoti, quum id, quod ipsi diebus viginti ægerrime confecerant, ut flumen transirent, uno illum die fecisse intelligerent, legatos ad eum mittunt : cujus legationis Divico princeps fuit, qui bello Cassiano dux Helvetiorum fuerat. Is ita cum Cæsare agit : « Si pacem populus romanus cum Helvetiis faceret, in eam partem ituros atque ibi futuros Helvetios, ubi eos Cæsar constituisset atque esse voluisset : sin bello persequi perseveraret, reminisceretur et veteris incommodi populi romani et pristinæ virtutis Helvetiorum. Quod improviso unum pagum adortus esset, quum ii, qui flumen transissent, suis auxilium ferre non possent, ne ob eam rem aut suæ magnopere virtuti tribueret, aut ipsos despiceret : se ita a patribus majoribusque suis didicisse, ut magis virtute, quam dolo contenderent, aut insidiis niterentur. Quare, ne committeret, ut is locus, ubi consistissent, ex calamitate populi romani et internecione exercitus nomen caperet ac memoriam proderet. »

XIV. His Cæsar ita respondit : « Eo sibi minus dubitationis dari, quod eas res, quas legati Helvetii commemorassent, memoria teneret ; atque eo gravius ferre, quo minus merito populi romani accidisset : qui si alicujus injuriæ sibi conscius fuisset, non fuisse difficile cavere ; sed eo deceptum, quod neque commissum a se intelligeret, quare timeret ; neque sine causa timendum putaret. Quod si veteris contumeliæ oblivisci vellet, num etiam recentium injuriarum, quod eo invito iter per Provinciam per vim tentassent ; quod Æduos, quod Ambarros, quod Allobrogas vexassent, memoriam deponere posse ? Quod sua victoria tam insolenter gloriarentur, quodque tam diu se impune tulisse injurias admirarentur, eodem pertinere : consuesse enim deos immortales, quo gravius homines ex commutatione rerum doleant, quos pro scelere eorum ulcisci velint, his secundiores interdum res et diuturniorem impunitatem concedere. Quum ea ita sint, tamen, si obsides ab iis sibi dentur, uti ea, quæ polliceantur, facturos intelligat ; et si Æduis de injuriis, quas ipsis sociisque eorum intulerint ; item si Allobrogibus satisfaciant, sese cum iis pacem esse facturum. » Divico respondit : « Ita Helvetios a majoribus suis institutos esse, uti obsides accipere, non dare, consuerint : ejus rei populum romanum esse testem. »

XV. Hoc responso dato, discessit. Postero die castra ex eo loco movent : idem Cæsar facit ; equitatumque om-

dans la province entière, chez les Édues et chez leurs alliés (9). Elle devait observer la direction que prendraient les ennemis. Cette cavalerie, ayant poursuivi leur arrière-garde avec trop d'ardeur, en vint aux mains avec la cavalerie helvétienne dans un lieu désavantageux et éprouva quelque perte. Les Helvètes, fiers d'avoir dans cette rencontre repoussé avec cinq cents chevaux un si grand nombre de cavaliers, nous attendirent plus hardiment, et nous inquiétèrent quelquefois avec leur arrière-garde. César retenait l'ardeur de ses soldats, et se contentait pour le moment de s'opposer aux rapines, au pillage et aux dévastations de l'ennemi. On fit route ainsi durant quinze jours, sans que l'arrière-garde des Helvètes fût séparée de notre avant-garde de plus de cinq ou six mille pas.

XVI. Cependant César pressait chaque jour les Édues de lui livrer le blé qu'ils lui avaient promis; car le climat froid de la Gaule (10), située au nord, comme il a été dit précédemment, faisait non-seulement que la moisson n'était pas parvenue, dans les campagnes, à sa maturité, mais que le fourrage même y était insuffisant; quant au blé qu'il avait fait charger sur la Saône, il pouvait d'autant moins lui servir, que les Helvètes s'étaient éloignés de cette rivière, et il ne voulait pas les perdre de vue. Les Édues différaient de jour en jour, disant qu'on le rassemblait, qu'on le transportait, qu'il était arrivé. Voyant que ces divers discours se prolongeaient trop, et touchant au jour où il fallait faire aux soldats la distribution des vivres, César convoqua les principaux Édues, qui étaient en grand nombre dans le camp, entre autres Diviliac et Lisc. Ce dernier occupait la magistrature suprême que les Édues appellent *vergobret* (11), fonctions annuelles et qui confèrent le droit de vie et de mort. César se plaint vivement à eux de ce que, ne pouvant acheter des vivres ni en prendre dans les campagnes, il ne trouve, dans un besoin si pressant et presque en présence de l'ennemi, aucun secours dans des alliés; l'abandon où ils le laissaient était d'autant plus coupable, que c'était en grande partie à leur prière qu'il avait entrepris la guerre.

XVII. Enfin Lisc, ému par les paroles de César, déclare ce qu'il avait tû jusque-là : « qu'il y avait quelques hommes dans le plus grand crédit auprès du peuple et dont l'influence privée l'emportait sur celle des magistrats ; qu'au moyen de discours séditieux et pervers, ils détournaient la multitude de fournir le blé qu'on s'était engagé à livrer, disant que s'ils ne pouvaient obtenir la suprématie sur la Gaule, ils devaient du moins préférer la domination des Gaulois à celle des Romains ; qu'on devait être certain que ceux-ci, une fois vainqueurs des Helvètes, dépouilleraient de leur liberté les Édues et les autres peuples de la Gaule ; que ces mêmes hommes informaient l'ennemi de nos projets et de tout ce qui se passait dans le camp ; qu'il n'avait pas le pouvoir de les réprimer ; qu'il savait bien à quel péril l'exposait la déclaration que la nécessité l'avait contraint à faire à César, et que telle avait été la cause du long silence qu'il avait gardé. »

---

nem, ad numerum quatuor millium ; quem ex omni Provincia et Æduis atque eorum sociis coactum habebat, præmittit, qui videat, quas in partes hostes iter faciant. Qui, cupidius novissimum agmen insecuti, alieno loco cum equitatu Helvetiorum prælium committunt : et pauci de nostris cadunt. Quo prælio sublati Helvetii, quod quingentis equitibus tantam multitudinem equitum propulerant, audacius subsistere, nonnunquam ex novissimo agmine prælio nostros lacessere cœperunt. Cæsar suos a prælio continebat, ac satis habebat in præsentia hostem rapinis, pabulationibus populationibusque prohibere. Ita dies circiter quindecim iter fecerunt, uti inter novissimum hostium agmen, et nostrum primum, non amplius quinis aut senis millibus passuum interesset.

XVI. Interim quotidie Cæsar Æduos frumentum, quod essent publice polliciti, flagitare : nam propter frigora, quod Gallia sub septemtrionibus, ut ante dictum, posita est, non modo frumenta in agris matura non erant, sed ne pabuli quidem satis magna copia suppetebat : eo autem frumento, quod flumine Arari navibus subvexerat, propterea minus uti poterat, quod iter ab Arare Helvetii averterant, a quibus discedere nolebat. Diem ex die ducere Ædui ; conferri, comportari, adesse, dicere. Ubi se diutius duci intellexit, et diem instare, quo die frumentum militibus metiri oporteret, convocatis eorum principibus, quorum magnam copiam in castris habebat, in his Diviliaco et Lisco, qui summo magistratui præerat (quem vergobretum appellant Ædui, qui creatur annuus et vitæ necisque in suos habet potestatem), graviter eos accusat, quod, quum neque emi, neque ex agris sumi posset, tam necessario tempore, tam propinquis hostibus, ab iis non subleveturː præsertim quum magna ex parte eorum precibus adductus bellum susceperit, multo etiam gravius, quod sit destitutus, queritur.

XVII. Tum demum Liscus, oratione Cæsaris adductus, quod antea tacuerat, proponit : « Esse nonnullos, quorum auctoritas apud plebem plurimum valeat ; qui privati plus possint, quam ipsi magistratus. Hos seditiosa atque improba oratione multitudinem deterrere, ne frumentum conferant, quod præstare debeant. Si jam principatum Galliæ obtinere non possint, Gallorum, quam Romanorum, imperia perferre satius esse ; neque dubitare debere, quin, si Helvetios superaverint Romani, una cum reliqua Gallia Æduis libertatem sint erepturi. Ab iisdem nostra consilia, quæque in castris gerantur, hostibus enuntiari ; hos a se coerceri non posse ; quin etiam, quod necessario rem coactus Cæsari enuntiarit, intelligere sese, quanto id cum periculo fece-

XVIII. César sentit bien que ce discours désignait Dumnorix, frère de Divitiac; mais, ne voulant pas traiter cette affaire en présence d'un grand nombre de témoins, il rompt précipitamment l'assemblée, et ne retient que Lisc. Demeuré seul avec lui, il le presse de reprendre ce qu'il avait dit dans le conseil. Lisc parle avec plus de liberté et de hardiesse. D'autres informations secrètes prouvent la vérité des siennes. « Dumnorix, homme plein d'audace, avait acquis par ses largesses une grande influence sur le peuple, et était avide de changement. Il avait, depuis plusieurs années, obtenu à bas prix la perception des péages et autres impôts des Édues, parce que personne n'avait osé enchérir sur lui. Sa fortune, accrue encore de cette sorte, lui donnait les moyens de prodiguer ses libéralités. On le voyait entouré d'une cavalerie nombreuse, entretenue à ses frais. Son crédit n'était pas restreint à sa cité, mais s'étendait jusque chez les peuples voisins; c'est dans cette vue qu'il avait fait épouser à sa mère l'un des personnages les plus nobles et les plus puissants parmi les Bituriges[1], que lui-même avait pris une femme chez les Helvètes, et qu'il avait marié dans d'autres cités sa sœur et ses parentes. Son mariage le rendait le partisan et l'ami des Helvètes; il haïssait en outre personnellement César et les Romains, dont l'arrivée avait affaibli son pouvoir et rendu à son frère Divitiac son ancienne autorité et ses honneurs. Si les Romains éprouvaient quelque échec, il espérait bien,

[1] Le Berri

à l'aide des Helvètes, parvenir à la puissance souveraine; sous leur empire, il perdait un trône et même son crédit actuel. » Les informations prises par César lui apprirent aussi « que dans le combat de cavalerie livré peu de jours auparavant, l'exemple de la fuite avait été donné par Dumnorix et par sa cavalerie, car c'était lui qui commandait celle que les Édues avaient envoyée au secours de César (12) : cette fuite avait effrayé le reste. »

XIX. Outre ces rapports, les indices les plus certains venaient confirmer les soupçons de César : c'était Dumnorix qui avait fait passer les Helvètes par le territoire des Séquanes, qui les avait engagés à se donner mutuellement des otages; il avait tout fait non-seulement sans l'ordre de César et des Édues, mais encore à leur insu; il était accusé par le magistrat de sa nation. César croyait avoir assez de motifs, soit pour sévir lui-même contre Dumnorix, soit pour exiger que ses concitoyens le punissent. Une seule considération arrêtait ses résolutions, le grand attachement de Divitiac, son frère, au peuple romain, son dévouement sans bornes, sa fidélité à toute épreuve, sa justice, sa modération; et il craignait de s'aliéner son esprit par le supplice de son frère. Aussi, avant de rien entreprendre, il fait appeler Divitiac, et, renvoyant les interprètes habituels, c'est par l'organe de C. Valerius Procillus, le premier personnage de la province romaine, son ami et son confident le plus intime, qu'il s'entretient avec lui : en même temps qu'il lui rappelle ce qui

rit, et ob eam causam, quam diu potuerit, tacuisse. »
XVIII. Cæsar hac oratione Lisci Dumnorigem, Divitiaci fratrem, designari sentiebat : sed, quod pluribus præsentibus eas res jactari nolebat, celeriter concilium dimittit, Liscum retinet : quærit ex solo ea, quæ in conventu dixerat. Dicit liberius atque audacius. Eadem secreto ab aliis quærit; reperit esse vera. Ipsum esse Dumnorigem, summa audacia, magna apud plebem propter liberalitatem gratia, cupidumque rerum novarum : complures annos portoria, reliquaque omnia Æduorum vectigalia parvo pretio redempta habere, propterea quod, illo licente, contra liceri audeat nemo. His rebus et suam rem familiarem auxisse, et facultates ad largiendum magnas comparasse : magnum numerum equitatus suo sumptu semper alere et circum se habere : neque solum domi, sed etiam apud finitimas civitates largiter posse : atque hujus potentiæ causa matrem in Biturigibus homini illic nobilissimo ac potentissimo collocasse : ipsum ex Helvetiis uxorem habere : sororem ex matre et propinquas suas nuptum in alias civitates collocasse : favere et cupere Helvetiis propter eam affinitatem : odisse etiam suo nomine Cæsarem et Romanos, quod eorum adventu potentia ejus deminuta, et Divitiacus frater in antiquum locum gratiæ atque honoris sit restitutus. Si quid accidat Romanis, summam in spem regni per Helvetios obtinendi venire; imperio populi romani non modo de regno, sed etiam de ea, quam habeat, gratia desperare. » Reperiebat etiam in quærendo Cæsar, « quod prælium equestre adversum paucis ante diebus esset factum, initium ejus fugæ factum a Dumnorige atque ejus equitibus (nam equitatu, quem auxilio Cæsari Ædui miserant, Dumnorix præerat), eorum fuga reliquum esse equitatum perterritum. »

XIX. Quibus rebus cognitis, quum ad has suspiciones certissimæ res accederent, quod per fines Sequanorum Helvetios traduxisset, quod obsides inter eos dandos curasset, quod ea omnia non modo injussu suo et civitatis, sed etiam inscientibus ipsis fecisset, quod a magistratu Æduorum accusaretur : satis esse causæ arbitrabatur, quare in eum aut ipse animadverteret, aut civitatem animadvertere juberet. His omnibus rebus unum repugnabat, quod Divitiaci fratris summum in populum romanum studium, summam in se voluntatem, egregiam fidem, justitiam, temperantiam cognoverat : nam, ne ejus supplicio Divitiaci animum offenderet, verebatur. Itaque priusquam quidquam conaretur, Divitiacum ad se vocari jubet; et, quotidianis interpretibus remotis, per C. Valerium Procillum, principem Galliæ provinciæ, familiarem suum, cui summam omnium rerum fidem habebat, cum eo colloquitur : simul commonefacit, quæ ipso præ-

a été dit de Dumnorix en sa présence dans l'assemblée des Gaulois; il lui apprend ce dont chacun l'a informé en particulier; il l'engage et l'exhorte à ne point s'offenser si lui-même, après l'avoir entendu, décide de son sort, ou s'il ordonne à ses concitoyens d'instruire son procès.

XX. Divitiac, tout en larmes, embrasse César et le supplie « de ne prendre contre son frère aucune résolution sévère : il convient de la vérité de ces accusations, et personne n'en est plus affligé que lui; il avait lui-même, par son crédit parmi ses concitoyens et dans le reste de la Gaule, contribué à l'élévation d'un frère qui n'en avait aucun à cause de sa jeunesse; et celui-ci s'était depuis servi de son influence et de sa supériorité, non-seulement pour affaiblir son pouvoir, mais encore pour essayer de le perdre. Cependant l'amour fraternel et l'opinion publique le retiennent. Si César faisait tomber sur son frère quelque châtiment rigoureux, tout le monde, connaissant l'amitié qui les unit, l'en regarderait comme l'auteur, et cette persuasion éloignerait de lui les cœurs de tous les Gaulois. » Ses paroles étaient entrecoupées de sanglots; César lui prend la main, le rassure, le prie de mettre fin à ses demandes, et lui dit qu'il fait assez de cas de lui pour sacrifier à ses désirs et à ses prières les injures de la république et son propre ressentiment. Il fait venir Dumnorix en présence de son frère, lui expose les griefs, qu'il a contre lui, lui déclare ses soupçons personnels et les plaintes de ses concitoyens; il l'engage à éviter de se rendre suspect à l'avenir et lui dit qu'il veut bien oublier le passé en considération de son frère Divitiac. Il le fait surveiller par des gardes, pour être instruit de ses actions et de ses discours.

XXI. Le même jour, César apprenant par ses éclaireurs que l'ennemi avait posé son camp au pied d'une montagne, à huit mille pas du sien, envoya reconnaître la nature de cette montagne et les circuits par lesquels on pouvait la gravir. On lui rapporta que l'accès en était facile. A la troisième veille, il ordonne à T. Labienus, son lieutenant, de partir avec deux légions et les mêmes guides qui avaient reconnu la route, et d'occuper la hauteur, et il lui fait part de son dessein. Pour lui, à la quatrième veille, il marche aux ennemis par le même chemin qu'ils avaient pris, et envoie toute la cavalerie en avant. P. Considius, qui passait pour très-expérimenté dans l'art militaire, et avait servi dans l'armée de L. Sylla, et ensuite dans celle de M. Crassus, est détaché à la tête des éclaireurs.

XXII. Au point du jour, T. Labienus occupait le sommet de la montagne, et César n'était qu'à quinze cents pas du camp des ennemis, sans qu'ils eussent, ainsi qu'on le sut depuis par des prisonniers, connaissance de son arrivée ni de celle de Labienus; lorsque Considius accourt à toute bride; il annonce que la montagne dont Labienus avait ordre de s'emparer est au pouvoir de l'ennemi; qu'il a reconnu les armes et les enseignes gauloises. César se retire avec ses troupes sur la plus proche colline, et les range en bataille. Labienus, à qui il était prescrit de ne point engager le combat avant de voir l'armée de César près du camp

---

sente in concilio Gallorum de Dumnorige sint dicta, et ostendit, quæ separatim quisque de eo apud se dixerit : petit atque hortatur, ut sine ejus offensione animi vel ipse de eo causa cognita, statuat, vel civitatem statuere jubeat.

XX. Divitiacus, multis cum lacrimis, Cæsarem complexus obsecrare cœpit, « ne quid gravius in fratrem statueret : scire se illa esse vera; nec quemquam ex eo plus, quam se, doloris capere, propterea quod, quum ipse gratia plurimum domi atque in reliqua Gallia, ille minimum propter adolescentiam posset, per se crevisset : quibus opibus ac nervis non solum ad minuendam gratiam, sed pene ad perniciem suam uteretur : sese tamen et amore fraterno et existimatione vulgi commoveri. Quod si quid ei a Cæsare gravius accidisset, quum ipse eum locum amicitiæ apud eum teneret, neminem existimaturum, non sua voluntate factum : qua ex re futurum, uti totius Galliæ animi a se averterentur. » Hæc quum pluribus verbis flens a Cæsare peteret, Cæsar ejus dextram prendit : consolatus rogat finem orandi faciat : tanti ejus apud se gratiam esse ostendit, uti et reipublicæ injuriam et suum dolorem ejus voluntati ac precibus condonet. Dumnorigem ad se vocat; fratrem adhibet; quæ in eo reprehendat, ostendit; quæ ipse intelligat, quæ civitas queratur, proponit : monet, ut in reliquum tempus omnes suspiciones vitet; præterita se Divitiaco fratri condonare dicit. Dumnorigi custodes ponit, ut, quæ agat, quibuscum loquatur, scire possit.

XXI. Eodem die ab exploratoribus certior factus, hostes sub monte consedisse millia passuum ab ipsius castris octo; qualis esset natura montis, et qualis in circuitu ascensus, qui cognoscerent, misit. Renunciatum est facilem esse. De tertia vigilia T. Labienum, legatum Propraetore, cum duabus legionibus et his ducibus, qui iter cognoverant, summum jugum montis ascendere jubet; quid sui consilii sit, ostendit. Ipse de quarta vigilia eodem itinere, quo hostes ierant, ad eos contendit, equitatumque omnem ante se mittit. P. Considius, qui rei militaris peritissimus habebatur, et in exercitu L. Sullæ, et postea in M. Crassi fuerat, cum exploratoribus præmittitur.

XXII. Prima luce, quum summus mons a T. Labieno teneretur, ipse ab hostium castris non longius mille et quingentis passibus abesset, neque, ut postea ex captivis comperit, aut ipsius adventus, aut Labieni, cognitus esset : Considius equo admisso ad eum accurrit; dicit, montem, quem a Labieno occupari voluerit, ab hostibus teneri; id se a gallicis armis atque insignibus cognovisse. Cæsar suas copias in proximum collem subducit, aciem instruit.

ennemi, afin que l'attaque eût lieu en même temps sur tous les points, restait sur la hauteur dont il était maître, attendant nos troupes, et sans engager l'action. Il était enfin tout-à-fait jour lorsque César apprit par ses éclaireurs que Labienus occupait la montagne, et que les Helvètes avaient levé leur camp; Considius, troublé par la peur, avait déclaré avoir vu ce qu'il n'avait pu voir. Ce même jour, César suivit les ennemis à quelque distance selon sa coutume, et campa à trois mille pas de leur armée.

XXIII. Le lendemain, comme il ne restait plus que deux jours jusqu'à la distribution du blé à l'armée, et que Bibracte, la plus grande sans contredit et la plus riche des villes des Édues, n'était plus qu'à dix-huit mille pas, César crut devoir s'occuper des vivres, s'éloigna des Helvètes et se dirigea vers Bibracte. Quelques transfuges de L. Émilius, décurion (15) de la cavalerie gauloise, en donnèrent avis aux ennemis. Les Helvètes, ou attribuant à la peur la retraite des Romains, d'autant plus que la veille, quoique maîtres des hauteurs, ils n'avaient pas engagé le combat; ou bien se flattant de pouvoir leur couper les vivres, changèrent de projets, rebroussèrent chemin, et se mirent à suivre et à harceler notre arrière-garde.

XXIV. Voyant ce mouvement, César conduit ses troupes sur une hauteur voisine, et détache sa cavalerie pour soutenir l'attaque de l'ennemi. En même temps il range en bataille sur trois lignes, au milieu de la colline, quatre légions de vieilles troupes, et place au sommet les deux légions qu'il avait nouvellement levées dans la Gaule citérieure, ainsi que tous les auxiliaires : il fait aussi garnir de soldats toute la montagne, rassembler les bagages en un seul endroit, que fortifient les troupes qui ont pris position sur la hauteur. Les Helvètes, qui suivaient avec tous leurs chariots, réunirent leur bagage dans un même lieu; leur front serré repousse notre cavalerie; ils se forment en phalange, et attaquent notre première ligne.

XXV. César renvoie tous les chevaux, à commencer par le sien, afin de rendre le péril égal pour tous et la fuite impossible, exhorte ses troupes et marche au combat. Nos soldats, lançant leurs traits d'en haut, rompent aisément la phalange des ennemis. L'ayant mise en désordre, ils fondent sur elle, le glaive à la main. Les Gaulois éprouvaient une grande gêne pour combattre, en ce que plusieurs de leurs boucliers se trouvaient, du même coup des javelots, percés et comme cloués ensemble (14), et que le fer s'étant recourbé, ils ne pouvaient ni l'arracher, ni se servir dans la mêlée de leur bras gauche ainsi embarrassé. Un grand nombre d'entre eux, après de longs efforts de bras, préfèrent jeter leurs boucliers et combattre découverts. Enfin, accablés de blessures, ils commencent à lâcher pied et à faire leur retraite vers une montagne, à mille pas à peu près. Ils l'occupent bientôt, et les nôtres les suivent, lorsque les Boïes et les Tulinges qui, au nombre de quinze mille environ, fermaient la marche de l'ennemi, et en soutenaient l'arrière-

---

Labienus, ut erat ei præceptum a Cæsare, ne prælium committeret, nisi ipsius copiæ prope hostium castra visæ essent, ut undique uno tempore in hostes impetus fieret, monte occupato nostros expectabat, prælioque abstinebat. Multo denique die per exploratores Cæsar cognovit, et montem a suis teneri, et Helvetios castra movisse, et Considium, timore perterritum, quod non vidisset, pro viso sibi renunciasse. Eo die, quo consuerat intervallo, hostes sequitur, et millia passuum tria ab eorum castris castra ponit.

XXIII. Postridie ejus diei, quod omnino biduum supererat, quum exercitu frumentum metiri oporteret, et quod a Bibracte, oppido Æduorum longe maximo ac copiosissimo, non amplius millibus passuum XVIII aberat; rei frumentariæ prospiciendum existimavit, iter ab Helvetiis avertit, ac Bibracte ire contendit. Ea res per fugitivos L. Æmilii, decurionis equitum Gallorum, hostibus nunciatur. Helvetii, seu quod timore perterritos Romanos discedere a se existimarent, eo magis, quod pridie, superioribus locis occupatis, prælium non commovissent; sive eo, quod re frumentaria intercludi posse confiderent; commutato consilio atque itinere converso, nostros a novissimo agmine insequi ac lacessere cœperunt.

XXIV. Postquam id animum advertit, copias suas Cæsar in proximum collem subducit, equitatumque, qui sustineret hostium impetum, misit. Ipse interim in colle medio triplicem aciem instruxit legionum quatuor veteranarum, ita, uti supra se in summo jugo duas legiones, quas in Gallia citeriore proxime conscripserat, et omnia auxilia collocaret : ac totum montem hominibus compleri, et interea sarcinas in unum locum conferri, et eum ab his, qui in superiore acie constiterant, muniri jussit. Helvetii, qui omnibus suis carris secuti, impedimenta in unum locum contulerunt : ipsi, confertissima acie rejecto nostro equitatu, phalange facta, sub primam nostram aciem successerunt.

XXV. Cæsar, primum suo, deinde omnium ex conspectu remotis equis, ut, æquato omnium periculo, spem fugæ tolleret, cohortatus suos, prælium commisit. Milites, e loco superiore pilis missis, facile hostium phalangem perfregerunt. Ea disjecta, gladiis destrictis in eos impetum fecerunt. Gallis magno ad pugnam erat impedimento, quod, pluribus eorum scutis uno ictu pilorum transfixis et colligatis, quum ferrum se inflexisset, neque evellere, neque, sinistra impedita, satis commode pugnare poterant; multi ut diu jactato brachio præoptarent scutum manu emittere, et nudo corpore pugnare. Tandem vulneribus defessi et pedem referre, et, quod mons suberat circiter mille passuum, eo se recipere cœperunt. Capto monte et succedentibus nostris, Boii et Tulingi, qui hominum

garde, nous attaquent sur notre flanc, que la marche avait laissé à découvert, et nous enveloppent. A la vue de cette manœuvre, les Helvètes, qui s'étaient retirés sur la montagne, se hâtent de revenir et de recommencer le combat. Les Romains tournent leurs enseignes et (15) s'avancent des deux côtés; ils opposent leur première et leur seconde ligne à ceux qu'ils ont déjà vaincus et repoussés, et leur troisième aux nouveaux assaillants.

XXVI. Aussi ce double combat fut-il long et opiniâtre. Les ennemis, ne pouvant soutenir plus longtemps l'effort de nos armes, se retirèrent, comme ils avaient fait d'abord, les uns sur la montagne, les autres vers leurs bagages et leurs chariots. Durant tout ce combat, qui se prolongea depuis la septième heure jusqu'au soir, personne ne put voir un ennemi tourner le dos. Près des bagages on combattit encore bien avant dans la nuit; car ils s'étaient fait un rempart de leurs chariots, et lançaient d'en haut une grêle de traits sur les assaillants, tandis que d'autres, entre ces chariots et les roues, nous blessaient de leurs javelots et de leurs flèches. Ce ne fut qu'après de longs efforts que nous nous rendîmes maîtres des bagages et du camp (16). La fille d'Orgétorix et un de ses fils y tombèrent en notre pouvoir. Après cette bataille, il leur restait environ cent trente mille hommes; ils marchèrent toute la nuit sans s'arrêter. Continuant leur route sans faire halte nulle part, même pendant les nuits, ils arrivèrent le quatrième jour sur les terres des Lingons[1].

[1] Pays de Langres.

Les blessures des soldats et la sépulture des morts nous ayant retenus trois jours, nous n'avions pu les poursuivre. César envoya aux Lingons des lettres et des courriers pour leur défendre d'accorder aux ennemis ni vivres ni autres secours, sous peine, s'ils le faisaient, d'être traités comme les Helvètes. Lui-même, après ces trois jours, se mit avec toutes ses troupes à leur poursuite.

XXVII. Les Helvètes, réduits à la dernière extrémité, lui envoyèrent des députés pour traiter de leur soumission. L'ayant rencontré en marche, ils se jetèrent à ses pieds, lui parlèrent en suppliants, et implorèrent la paix en pleurant. Il ordonna aux Helvètes de l'attendre dans le lieu même où ils étaient alors; ils obéirent. César, quand il y fut arrivé, leur demanda des otages, leurs armes, les esclaves qui s'étaient enfuis vers eux. Pendant qu'on cherche et qu'on rassemble ce qu'il avait exigé, profitant de la nuit, six mille hommes environ du canton appelé Verbigène[1], soit dans la crainte qu'on ne les mette à mort après leur avoir enlevé leurs armes, soit dans l'espoir que, parmi un si grand nombre de captifs, ils parviendront à cacher et à laisser entièrement ignorer leur fuite, sortent à la première veille du camp des Helvètes, et se dirigent vers le Rhin et les frontières des Germains.

XXVIII. Dès que César en fut instruit, il ordonna aux peuples sur les terres desquels ils pouvaient passer de les poursuivre et de les ramener, s'ils voulaient rester innocents à ses yeux. Ils furent

[1] La position de ce canton est incertaine.

millibus circiter XV agmen hostium claudebant, et novissimis præsidio erant, ex itinere nostros latere aperto aggressi, circumvenere; et id conspicati Helvetii, qui in montem sese receperant, rursus instare et prælium redintegrare cœperunt. Romani conversa signa bipartito intulerunt : prima ac secunda acies, ut victis ac submotis resisteret; tertia, ut venientes exciperet.

XXVI. Ita ancipiti prælio diu atque acriter pugnatum est. Diutius quum nostrorum impetus sustinere non possent, alteri se, ut cœperant, in montem receperunt; alteri ad impedimenta et carros suos se contulerunt. Nam quum toto prælio, quum ab hora septima ad vesperum pugnatum sit, aversum hostem videre nemo potuit. Ad multam noctem etiam ad impedimenta pugnatum est, propterea quod pro vallo carros objecerant, et e loco superiore in nostros venientes tela conjiciebant, et nonnulli inter carros rotasque mataras ac tragulas subjiciebant, nostrosque vulnerabant. Diu quum esset pugnatum, impedimentis castrisque nostri potiti sunt. Ibi Orgetorigis filia, atque unus e filiis captus est. Ex eo prælio circiter millia hominum CXXX superfuerunt, eaque tota nocte continenter ierunt : nullam partem noctis itinere intermisso, in fines Lingonum die quarto pervenerunt, quum et propter vulnera militum, et propter sepulturam occisorum, nostri, triduum morati, eos sequi non potuissent, Cæsar ad Lingonas litteras nunciosque misit, ne eos frumento, neve alia re juvarent : qui si juvissent, se eodem loco, quo Helvetios, habiturum. Ipse, triduo intermisso, cum omnibus copiis eos sequi cœpit.

XXVII. Helvetii, omnium rerum inopia adducti, legatos de deditione ad eum miserunt. Qui quum eum in itinere convenissent, seque ad pedes projecissent, suppliciterque locuti flentes pacem petissent, atque eos in eo loco, quo tum essent, suum adventum exspectare jussisset, paruerunt. Eo postquam Cæsar pervenit, obsides, arma, servos, qui ad eos perfugissent, poposcit. Dum ea conquiruntur et conferuntur, nocte intermissa, circiter hominum millia VI ejus pagi, qui Verbigenus appellatur, sive timore perterriti, ne armis traditis supplicio afficerentur, sive spe salutis inducti, quod, in tanta multitudine dedititiorum, suam fugam aut occultari, aut omnino ignorari posse existimarent, prima nocte ex castris Helvetiorum egressi, ad Rhenum finesque Germanorum contenderunt.

XXVIII. Quod ubi Cæsar resciit, quorum per fines ierant, his, uti conquirerent et reducerent, si sibi purgati esse vellent, imperavit : reductos in hostium numero habuit : reliquos omnes, obsidibus, armis, perfugis traditis,

livrés et traités en ennemis. Tous les autres, après avoir donné otages, armes et transfuges, reçurent leur pardon. Il ordonna aux Helvètes, aux Tulinges, aux Latobriges de retourner dans le pays d'où ils étaient partis. Comme il ne leur restait plus de vivres et qu'ils ne devaient trouver chez eux aucune subsistance pour apaiser leur faim, il ordonna aux Allobroges de leur fournir du blé; il enjoignit aux Helvètes de reconstruire les villes et les bourgs qu'ils avaient incendiés. La principale raison qui lui fit exiger ces choses fut qu'il ne voulait pas que le pays d'où les Helvètes s'étaient éloignés restât désert, dans la crainte qu'attirés par la fertilité du sol, les Germains d'outre-Rhin ne quittassent leur pays pour celui des premiers, et ne devinssent les voisins de notre province et des Allobroges. A la demande des Edues, les Boïes reçurent, à cause de leur grande réputation de valeur, la permission de s'établir sur leur propre territoire; on leur donna des terres, et ils partagèrent plus tard les droits et la liberté des Édues eux-mêmes.

XXIX. On trouva dans le camp des Helvètes des registres écrits en lettres grecques (17) et qui furent apportés à César. Sur ces registres étaient nominativement inscrits ceux qui étaient sortis de leur pays, le nombre des hommes capables de porter les armes, et séparément celui des enfants, des vieillards et des femmes. On y comptait en tout 263,000 Helvètes, 56,000 Tulinges, 14,000 Latobriges, 23,000 Raurakes, 52,000 Boïes. Il y avait parmi eux 92,000 combattants; le total s'élevait à 568,000 Gaulois. Le nombre de ceux qui rentrèrent dans leur pays fut, d'après le recensement ordonné par César, de cent dix mille (18).

XXX. La guerre des Helvètes étant terminée, des députés de presque toute la Gaule et les principaux habitants des cités vinrent féliciter César: ils savaient bien, disaient-ils, que sa guerre contre les Helvètes était la vengeance des injures faites au peuple romain; mais la Gaule n'en tirait pas un moindre profit que la république, puisque les Helvètes n'avaient quitté leurs villes, dont l'état était si florissant, que dans le but de porter leurs armes sur tout le territoire des Gaulois, de s'en rendre maîtres, de choisir parmi tant de contrées, afin de s'y établir, la plus riche et la plus fertile, et d'imposer des tributs au reste des cités. Ils demandèrent à César la permission de convoquer l'assemblée générale de toute la Gaule; ils avaient une prière à lui faire en commun. Cette permission accordée, ils fixèrent le jour de leur réunion, et s'engagèrent par serment à n'en rien révéler que du consentement de tous.

XXXI. Quand cette assemblée fut close, les mêmes citoyens qui s'étaient déjà présentés devant César revinrent vers lui et demandèrent qu'il leur fût permis de l'entretenir en particulier, touchant leur sûreté et celle de tous les Gaulois. Ayant obtenu audience, ils se jetèrent à ses pieds en versant des larmes, et le prièrent aussi instamment de leur garder le secret sur leurs révélations que de leur accorder l'objet de leur demande: car si leur démarche était connue, ils se verraient exposés aux derniers supplice. L'Éduen Diviliac prit pour eux la parole, et dit « que deux partis

---

in deditionem accepit. Helvetios, Tulingos, Latobrigos, in fines suos, unde erant profecti, reverti jussit; et quod, omnibus fructibus amissis, domi nihil erat, quo famem tolerarent, Allobrogibus imperavit, ut iis frumenti copiam facerent: ipsos oppida vicosque, quos incenderant, restituere jussit. Id ea maxime ratione fecit, quod noluit, eum locum, unde Helvetii discesserant, vacare; ne propter bonitatem agrorum Germani, qui trans Rhenum incolunt, e suis finibus in Helvetiorum fines transirent, et finitimi Galliæ provinciæ Allobrogibusque essent. Boios, petentibus Æduis, quod egregia virtute erant cogniti, ut in finibus suis collocarent, concessit; quibus illi agros dederunt, quosque postea in parem juris libertatisque conditionem, atque ipsi erant, receperunt.

XXIX. In castris Helvetiorum tabulæ repertæ sunt, literis græcis confectæ et ad Cæsarem relatæ, quibus in tabulis nominatim ratio confecta erat, qui numerus domo exisset eorum, qui arma ferre possent: et item separatim pueri, senes mulieresque. Quarum omnium rerum summa erat, capitum Helvetiorum millia CCLXIII, Tulingorum millia XXXVI, Latobrigorum XIV, Rauracorum XXIII, Boiorum XXXII: ex his, qui arma ferre possent, ad millia XCII. Summa omnium fuerunt ad millia CCCLXVIII. Eorum, qui domum redierunt, censu habito, ut Cæsar imperaverat, repertus est numerus millium C et X.

XXX. Bello Helvetiorum confecto, totius fere Galliæ legati, principes civitatum, ad Cæsarem gratulatum convenerunt: « Intelligere sese, tametsi, pro veteribus Helvetiorum injuriis populi romani, ab iis pœnas bello repetisset, tamen eam rem non minus ex usu terræ Galliæ, quam populi romani accidisse: propterea quod eo consilio, florentissimis rebus, domos suas Helvetii reliquissent, uti toti Galliæ bellum inferrent, imperioque potirentur, locumque domicilio ex magna copia deligerent, quem ex omni Gallia opportunissimum ac fructuosissimum judicassent, reliquasque civitates stipendiarias haberent. » Petierunt, « uti sibi concilium totius Galliæ in diem certam indicere, idque Cæsaris voluntate facere, liceret: sese habere quasdam res, quas ex communi consensu ab eo petere vellent. » Ea re permissa, diem concilio constituerunt, et jurejurando, ne quis enuntiaret, nisi quibus communi consilio mandatum esset, inter se sanxerunt.

XXXI. Eo concilio dimisso, iidem principes civitatum, qui ante fuerant ad Cæsarem, reverterunt, petieruntque, uti sibi secreto in occulto de sua omniumque salute cum eo agere liceret. Ea re impetrata, sese omnes flentes Cæ-

divisaient la Gaule. L'un avait les Éduens pour chef, l'autre les Arvernes[1]. Après une lutte de plusieurs années pour la prééminence, les Arvernes, unis aux Séquanes, attirèrent les Germains en leur promettant des avantages. Quinze mille de ces derniers passèrent d'abord le Rhin; la fertilité du sol, la civilisation, les richesses des Gaulois, ayant charmé ces hommes grossiers et barbares, il s'en présenta un plus grand nombre, et il y en a maintenant cent vingt mille dans la Gaule. Les Éduens et leurs alliés leur ont livré deux combats, et ont eu, outre leur défaite, de grands malheurs à déplorer, la perte de toute leur noblesse, de tout leur sénat, de toute leur cavalerie. Épuisé par ces combats et par ces revers, ce peuple, que son propre courage ainsi que l'appui et l'amitié des Romains, avaient précédemment rendu si puissant dans la Gaule, s'était vu forcé de donner en otage aux Séquanes ses plus nobles citoyens, et de s'obliger par serment à ne jamais réclamer pour sa liberté ni pour celle des otages, à ne point implorer le secours du peuple romain, à ne pas tenter de se soustraire au joug perpétuel de ses vainqueurs. Il est le seul de tous ses concitoyens qu'on n'ait pu contraindre à prêter serment ni à donner ses enfants en otage. Il n'a fui de son pays et n'est venu à Rome demander du secours au sénat que parce qu'il n'était retenu par aucun de ces deux liens. Mais les Séquanes vainqueurs ont éprouvé un sort plus intolérable que les Éduens vaincus : en effet, Arioviste, roi des Germains, s'est établi dans leur pays, s'est emparé du tiers de leur territoire, qui est le meilleur de toute la Gaule, et leur ordonne maintenant d'en abandonner un autre tiers à vingt-quatre mille Harudes qui, depuis peu de mois, sont venus le joindre, et auxquels il faut préparer un établissement. Il arrivera dans peu d'années que tous les Gaulois seront chassés de leur pays, et que tous les Germains auront passé le Rhin; car le sol de la Germanie ne peut pas entrer en comparaison avec celui de la Gaule, non plus que la manière de vivre des deux nations. Arioviste, une fois vainqueur de l'armée gauloise dans la bataille qui fut livrée à Magétobrie[1], commanda en despote superbe et cruel, exigea pour otage les enfants de tous les nobles, et exerce contre eux tous les genres de cruauté, si l'on n'obéit aussitôt à ses caprices ou à sa volonté : c'est un homme barbare, emporté, féroce; on ne peut supporter plus longtemps sa tyrannie. Si César et le peuple romain ne viennent pas à leur secours, tous les Gaulois n'ont plus qu'une chose à faire; à l'exemple des Helvètes, ils émigreront de leur pays, chercheront d'autres terres et d'autres demeures éloignées des Germains et tenteront la fortune, quel que soit le sort qui les attende. Si Arioviste venait à connaître leurs révélations, nul doute qu'il ne livrât tous

[1] Habitants de l'Auvergne.

[1] Aujourd'hui lieu de Mogte-de-Broie, au confluent de la Saône et de l'Ognon.

sari ad pedes projecerunt : « Non minus se id contendere et laborare, ne ea, quæ dixissent, enuntiarentur, quam uti ea, quæ vellent, impetrarent : propterea quod, si enuntiatum esset, summum in cruciatum se venturos viderent. » Locutus est pro his Diviciacus Æduus : « Galliæ totius factiones esse duas : harum alterius principatum tenere Æduos, alterius Arvernos. Hi quum tantopere de potentatu inter se multos annos contenderent, factum esse, uti ab Arvernis Sequanisque Germani mercede arcesserentur. Horum primo circiter millia XV Rhenum transisse : posteaquam agros et cultum et copias Gallorum homines feri ac barbari adamassent, traductos plures : nunc esse in Gallia ad C et XX millium numerum : cum his Æduos, eorumque clientes semel atque iterum armis contendisse; magnam calamitatem pulsos accepisse, omnem nobilitatem, omnem senatum, omnem equitatum amisisse. Quibus prœliis calamitatibusque fractos, qui et sua virtute et populi romani hospitio atque amicitia plurimum ante in Gallia potuissent, coactos esse Sequanis obsides dare nobilissimos civitatis, et jurejurando civitatem obstringere, sese neque obsides repetituros, neque auxilium a populo romano imploraturos, neque recusaturos, quo minus perpetuo sub illorum ditione atque imperio essent. Unum se esse ex omni civitate Æduorum, qui adduci non potuerit, ut juraret, aut suos liberos obsides daret. Ob eam rem se ex civitate profugisse, et Romam ad senatum venisse, auxilium postulatum, quod solus neque jurejurando neque obsidibus teneretur. Sed pejus victoribus Sequanis, quam Æduis victis, accidisse, propterea quod Ariovistus, rex Germanorum, in eorum finibus consedisset, tertiamque partem agri Sequani, qui esset optimus totius Galliæ, occupavisset, et nunc de altera parte tertia Sequanos decedere juberet; propterea quod, paucis mensibus ante, Harudum millia hominum XXIV ad eum venissent, quibus locus ac sedes pararentur. Futurum esse paucis annis, uti omnes ex Galliæ finibus pellerentur, atque omnes Germani Rhenum transirent : neque enim conferendum esse Gallicum cum Germanorum agro; neque hanc consuetudinem victus cum illa comparandam. Ariovistum autem, ut semel Gallorum copias prælio vicerit, quod prælium factum sit ad Magetobriam, superbe et crudeliter imperare, obsides nobilissimi cujusque liberos poscere, et in eos omnia exempla cruciatusque edere, si qua res non ad nutum aut ad voluntatem ejus facta sit : hominem esse barbarum, iracundum, temerarium : non posse ejus imperia diutius sustineri : nisi si quid in Cæsare populoque romano sit auxilii, omnibus Gallis idem esse faciendum, quod Helvetii fecerint, ut omnes emigrent ; aliud domicilium, alias sedes, remotas a Germanis, petant; fortunamque, quæcumque accidat, experiantur. Hæc si enuntiata Ariovisto sint, non dubitare, quin de omnibus obsidibus, qui apud

les otages en son pouvoir aux plus affreux supplices. César, par son autorité, par ses forces, par l'éclat de sa victoire récente, et avec le nom du peuple romain, peut empêcher qu'un plus grand nombre de Germains ne passent le Rhin, pour défendre la Gaule entière contre les violences d'Arioviste. »

XXXII. Divitiac cessa de parler, et tous ceux qui étaient présents, fondant en larmes, implorèrent le secours de César. Remarquant que les Séquanes seuls s'abstenaient de faire comme les autres; que, tristes et la tête baissée, ils regardaient la terre, César s'étonne de cet abattement et leur en demande la cause. Ils ne répondent rien et restent plongés dans cette tristesse muette. Il les presse à plusieurs reprises sans pouvoir tirer d'eux aucune réponse. Alors l'Éduen Divitiac reprend la parole : « Tel est, dit-il, le sort des Séquanes, plus malheureux encore et plus intolérable que celui des autres Gaulois ; seuls, ils n'osent se plaindre, même en secret, ni réclamer des secours, et la cruauté d'Arioviste absent leur inspire autant d'effroi que s'il était devant eux. Les autres ont du moins la liberté de fuir ; mais les Séquanes, qui ont reçu Arioviste sur leurs terres, et dont toutes les villes sont en son pouvoir, se voient forcés d'endurer tous les tourments. »

XXXIII. Instruit de tous ces faits, César relève par quelques mots le courage des Gaulois et leur promet de veiller sur eux dans ces conjonctures. «Il a tout lieu d'espérer que, par reconnaissance et par respect pour lui, Arioviste mettra un terme à ses violences. » Après ces paroles, il congédia l'assemblée. Ces plaintes et beaucoup d'autres motifs l'engageaient à s'occuper sérieusement de cette affaire. D'abord il voyait les Éduens, que le sénat avait souvent appelés du titre de frères et d'alliés, asservis comme des esclaves à la domination des Germains ; il les voyait livrant des otages entre les mains d'Arioviste et des Séquanes, ce qui était honteux pour lui-même et pour la toute-puissance du peuple romain ; il voyait en outre le péril qu'il y avait pour la république à laisser les Germains s'habituer à passer le Rhin et à venir en grand nombre dans la Gaule. Ces peuples grossiers et barbares, une fois en possession de la Gaule entière, ne manqueraient pas sans doute, à l'exemple des Cimbres et des Teutons, de se jeter sur la province romaine et de là sur l'Italie, d'autant plus que la Séquanie n'était séparée de notre province que par le Rhône. César pensa donc qu'il fallait se hâter de prévenir ces dangers. Arioviste, d'ailleurs, en était venu à un degré d'orgueil et d'arrogance qu'il n'était plus possible de souffrir.

XXXIV. Il résolut donc d'envoyer à Arioviste des députés chargés de l'inviter à désigner, pour un entretien, quelque lieu intermédiaire. Il voulait conférer avec lui des intérêts de la république et d'affaires importantes pour tous deux. Arioviste répondit à cette députation que s'il avait besoin de César, il irait vers lui ; que si César voulait de lui quelque chose, il eût à venir le trouver ; que, d'ailleurs, il n'osait se rendre sans armée dans la

cum sint, gravissimum supplicium sumat. Cæsarem vel auctoritate sua atque exercitus, vel recenti victoria, vel nomine populi romani deterrere posse, ne major multitudo Germanorum Rhenum traducatur ; Galliamque omnem ab Ariovisti injuria posse defendere. »

XXXII. Hac oratione ab Divitiaco habita, omnes, qui aderant, magno fletu auxilium a Cæsare petere cœperunt. Animadvertit Cæsar, unos ex omnibus Sequanos nihil earum rerum facere, quas ceteri facerent; sed tristes, capite demisso, terram intueri. Ejus rei causa quæ esset miratus ex ipsis quæsiit. Nihil Sequani respondere, sed in eadem tristitia taciti permanere. Quum ab iis sæpius quæreret, neque ullam omnino vocem exprimere posset, idem Divitiacus Æduus respondit : « Hoc esse miseriorem gravioremque fortunam Sequanorum, præ reliquorum, quod soli ne in occulto quidem queri, nec auxilium implorare auderent, absentisque Ariovisti crudelitatem, velut si coram adesset, horrerent : propterea quod reliquis tamen fugæ facultas daretur: Sequanis vero, qui intra fines suos Ariovistum recepissent, quorum oppida omnia in potestate ejus essent, omnes cruciatus essent perferendi. »

XXXIII. His rebus cognitis, Cæsar Gallorum animos verbis confirmavit, pollicitusque est, sibi eam rem curæ futuram : magnam se habere spem, et beneficio suo et auctoritate adductum Ariovistum finem injuriis facturum. Hac oratione habita, concilium dimisit. Et secundum ea multæ res eum hortabantur, quare sibi eam rem cogitandam et suscipiendam putaret ; in primis quod Æduos, fratres consanguineosque sæpenumero ab Senatu appellatos, in servitute atque in ditione videbat Germanorum teneri, eorumque obsides esse apud Ariovistum ac Sequanos intelligebat : quod in tanto imperio populi romani turpissimum sibi et reipublicæ esse arbitrabatur. Paulatim autem Germanos consuescere Rhenum transire, et in Galliam magnam eorum multitudinem venire, populo romano periculosum videbat : neque sibi homines feros ac barbaros temperaturos existimabat, quin, quum omnem Galliam occupassent, ut ante Cimbri Teutonique fecissent, in Provinciam exirent, atque inde in Italiam contenderent; præsertim quum Sequanos a Provincia nostra Rhodanus divideret. Quibus rebus quam maturrime occurrendum putabat. Ipse autem Ariovistus tantos sibi spiritus, tantam arrogantiam sumpserat, ut ferendus non videretur.

XXXIV. Quamobrem placuit ei, ut ad Ariovistum legatos mitteret, qui ab eo postularent, uti aliquem locum medium utriusque colloquio diceret : velle sese de republica et summis utriusque rebus cum eo agere. Ei legationi Ariovistus respondit : « Si quid ipsi a Cæsare opus esset, sese ad eum venturum fuisse ; si quid ille se

partie de la Gaule que possédait César, et qu'une armée ne pouvait être rassemblée sans beaucoup de frais et de peine ; enfin, qu'il lui semblait étonnant que, dans la Gaule, sa propriété par le droit de la guerre et de la victoire, il eût quelque chose à démêler avec César ou avec le peuple romain.

XXXV. Cette réponse étant rapportée à César, il envoie de nouveaux députés vers Arioviste, avec les instructions suivantes : « Puisqu'après avoir été comblé de bienfaits par le peuple romain et par César, sous le consulat de qui il avait reçu du sénat le titre de roi et d'ami, pour toute reconnaissance de cette faveur, il refuse de se rendre à l'entrevue à laquelle il est invité, et qu'il ne juge pas à propos de traiter avec lui de leurs intérêts communs, voici ce qu'il lui demande : premièrement, de ne plus attirer dans la Gaule cette multitude d'hommes venant d'au-delà du Rhin ; en second lieu, de restituer aux Édues les otages qu'il tient d'eux, et de permettre aux Séquanes de rendre ceux qu'ils ont reçus de leur côté ; de mettre fin à ses violences envers les Édues et de ne faire la guerre ni à eux ni à leurs alliés. S'il se soumet à ces demandes, il peut compter sur l'éternelle bienveillance et sur l'amitié de César et du peuple romain ; s'il s'y refuse, attendu le décret du sénat rendu sous le consulat de M. Messala et de M. Pison, qui charge le gouverneur de la Gaule de faire ce qui est avantageux pour la république, et de défendre les Édues et les autres alliés de Rome, il ne négligera pas de venger leur injure. »

XXXVI. A cela Arioviste répondit que, « par le droit de la guerre, le vainqueur pouvait disposer à son gré du vaincu, et que Rome avait coutume de traiter les peuples conquis à sa guise et non à celle d'autrui ; s'il ne prescrit pas aux Romains comment ils doivent user de leur droit, il ne faut pas qu'ils le gênent dans l'exercice du sien. Les Édues ont voulu tenter le sort des armes et combattre ; ils ont succombé et sont devenus ses tributaires. Il a lui-même un grave sujet de plainte contre César, dont l'arrivée diminue ses revenus. Il ne rendra point aux Édues leurs otages ; il ne fera la guerre ni à eux ni à leurs alliés, s'ils restent fidèles à leurs conventions et paient le tribut chaque année ; sinon, le titre de frères du peuple romain sera loin de leur servir. Quant à la déclaration de César « qu'il ne négligerait pas de venger les injures faites aux Édues », personne ne s'était encore, sans s'en repentir, attaqué à Arioviste ; ils se mesureraient quand il voudrait ; César apprendrait ce que peut la valeur des Germains, nation invincible et aguerrie, qui, depuis quatorze ans, n'avait pas reposé sous un toit. »

XXXVII. Dans le même temps que César recevait cette réponse, il lui venait des députés des Édues et des Trévires[1]. Les Édues se plaignaient que les Harudes, nouvellement arrivés dans la Gaule, dévas-

[1] Peuple de Trèves.

---

velit, illum ad se venire oportere. Præterea se neque sine exercitu in eas partes Galliæ venire audere, quas Cæsar possideret ; neque exercitum sine magno commeatu atque emolimento in unum locum contrahere posse : sibi autem mirum videri, quid in sua Gallia, quam bello vicisset, aut Cæsari, aut omnino populo romano negotii esset. »

XXXV. His responsis ad Cæsarem relatis, iterum ad eum Cæsar legatos cum his mandatis mittit : « Quoniam tanto suo populique romani beneficio affectus, quum in consulatu suo rex atque amicus a Senatu appellatus esset, hanc sibi populoque romano gratiam referret, ut in colloquium venire invitatus gravaretur, neque de communi re dicendum sibi et cognoscendum putaret ; hæc esse, quæ ab eo postularet : primum, ne quam multitudinem hominum amplius trans Rhenum in Galliam traduceret ; deinde obsides, quos haberet ab Æduis, redderet ; Sequanisque permitteret, ut, quos illi haberent, voluntate ejus reddere illis liceret ; neve Æduos injuria lacesseret, neve his sociisve eorum bellum inferret. Si id ita fecisset, sibi populoque romano perpetuam gratiam atque amicitiam cum eo futuram : si non impetraret, sese, quoniam M. Messala M. Pisone Coss. Senatus censuisset, uti, quicumque Galliam provinciam obtineret, quod commodo reipublicæ facere posset ; Æduos ceterosque amicos populi romani defenderet, sese Æduorum injurias non neglecturum. »

XXXVI. Ad hæc Ariovistus respondit : « Jus esse belli, ut, qui vicissent, iis, quos vicissent, quemadmodum vellent, imperarent : item populum romanum victis non ad alterius præscriptum, sed ad suum arbitrium, imperare consuesse. Si ipse populo romano non præscriberet, quemadmodum suo jure uteretur ; non oportere sese a populo romano in suo jure impediri. Æduos sibi, quoniam belli fortunam tentassent, et armis congressi ac superati essent, stipendiarios esse factos. Magnam Cæsarem injuriam facere, qui suo adventu vectigalia sibi deteriora faceret. Æduis se obsides redditurum non esse, neque iis, neque eorum sociis injuria bellum illaturum, si in eo manerent, quod convenisset, stipendiumque quotannis penderent : si id non fecissent, longe iis fraternum nomen populi romani abfuturum. Quod sibi Cæsar denuntiaret, se Æduorum injurias non neglecturum ; neminem secum sine sua pernicie contendisse. Quum vellet, congrederetur ; intellecturum, quid invicti Germani, exercitatissimi in armis, qui inter annos XIV tectum non subissent, virtute possent. »

XXXVII. Hæc eodem tempore Cæsari mandata referebantur, et legati ab Æduis et a Treviris veniebant : Æduis questum, quod Harudes, qui nuper in Galliam transportati essent, fines eorum popularentur ; sese ne obsidibus quidem datis pacem Ariovisti redimere potuisse : Treviri autem, pagos centum Suevorum ad ripas Rheni consedisse, qui Rhenum transire conarentur ; iis præesse

taient leur pays; ils n'avaient pu, même en donnant des otages, acheter la paix d'Arioviste. Les Trévires, de leur côté, l'informaient que cent cantons des Suèves étaient campés sur les rives du Rhin et tentaient de passer ce fleuve ; ils étaient commandés par deux frères, Nasua et Cimber. César, vivement ému de ces nouvelles, vit qu'il n'avait pas un instant à perdre ; il craignit, si de nouvelles bandes de Suèves se joignaient aux anciennes troupes d'Arioviste, qu'il ne devînt moins facile de leur résister. Il fit donc rassembler des vivres en toute hâte, et marcha à grandes journées contre Arioviste.

XXXVIII. Il était en marche depuis trois jours, lorsqu'on lui annonça que celui-ci, avec toutes ses forces, se dirigeait contre Vésontio[1], la plus forte place des Séquanes, et que, depuis autant de jours, il avait passé la frontière. César crut devoir faire tous ses efforts pour le prévenir, car cette ville était abondamment pourvue de munitions de toute espèce, et sa position naturelle la défendait de manière à en faire un point très-avantageux pour soutenir la guerre. La rivière du Doubs décrit un cercle à l'entour et l'environne presque entièrement ; la partie que l'eau ne baigne pas, et qui n'a pas plus de six cents pieds, est protégée par une haute montagne dont la base touche de chaque côté aux rives du Doubs. Une enceinte de murs fait de cette montagne une citadelle et la joint à la ville. César s'avance à grandes journées, et le jour et la nuit, s'en rend maître et y met garnison.

[1] Besançon.

XXXIX. Pendant le peu de jours qu'il passa à Vésontio, afin de pourvoir aux subsistances et aux vivres, les réponses que faisaient aux questions de nos soldats les Gaulois et les marchands qui leur parlaient de la taille gigantesque des Germains, de leur incroyable valeur, de leur grande habitude de la guerre, de leur aspect terrible et du feu de leurs regards qu'ils avaient à peine pu soutenir dans de nombreux combats, jetèrent tout à coup une vive terreur dans toute l'armée ; un trouble universel et profond s'empara des esprits. Cette frayeur commença par les tribuns militaires, par les préfets et par ceux qui, ayant suivi César par amitié, n'avaient que peu d'expérience de la guerre ; les uns, alléguant diverses nécessités, lui demandaient qu'il leur permît de partir ; d'autres, retenus par la honte, ne restaient que pour ne pas encourir le reproche de lâcheté ; ils ne pouvaient ni composer leurs visages ni retenir leurs larmes qui s'échappaient quelquefois. Cachés dans leurs tentes, ils se plaignaient de leur sort ou déploraient avec leurs amis le danger commun. Dans tout le camp chacun faisait son testament. Ces plaintes et cette terreur ébranlèrent peu à peu ceux mêmes qui avaient vieilli dans les camps, les soldats, les centurions, les commandants de la cavalerie. Ceux qui voulaient passer pour les moins effrayés disaient que ce n'était pas l'ennemi qu'ils craignaient, mais la difficulté des chemins, la profondeur des forêts qui les séparaient d'Arioviste, et les embarras du transport des vivres. On rapporta même à César que, quand il ordonnerait de lever le camp

Nasuam et Cimberium fratres. Quibus rebus Cæsar vehementer commotus, maturandum sibi existimavit ne, si nova manus Suevorum cum veteribus copiis Arioviste sese conjunxisset, minus facile resisti posset. Itaque re frumentaria, quam celerrime potuit, comparata, magnis itineribus ad Ariovistum contendit.

XXXVIII. Quum tridui viam processisset, nuntiatum est ei, Ariovistum cum suis omnibus copiis ad occupandum Vesontionem, quod est oppidum maximum Sequanorum, contendere, triduique viam a suis finibus profecisse. Id ne accideret, magno opere præcavendum sibi Cæsar existimabat : namque omnium rerum, quæ ad bellum usui erant, summa erat in oppido facultas; idque natura loci sic muniebatur, ut magnam ad ducendum bellum daret facultatem, propterea quod flumen Dubis, ut circino circumductum, pæne totum oppidum cingit; reliquum spatium, quod est non amplius pedum DC, qua flumen intermittit, mons continet magna altitudine, ita ut radices ejus montis ex utraque parte ripæ fluminis contingant. Hunc murus circumdatus arcem efficit, et cum oppido conjungit. Huc Cæsar magnis diurnis nocturnisque itineribus contendit, occupatoque oppido ibi præsidium collocat.

XXXIX. Dum paucos dies ad Vesontionem rei frumentariæ commeatusque causa moratur, ex percunctatione nostrorum vocibusque Gallorum ac mercatorum, qui ingenti magnitudine corporum Germanos, incredibili virtute atque exercitatione in armis esse prædicabant, sæpenumero sese cum eis congressos ne vultum quidem atque aciem oculorum ferre potuisse, tantus subito timor omnem exercitum occupavit, ut non mediocriter omnium mentes animosque perturbaret. Hic primum ortus est a tribunis militum, ac præfectis reliquisque, qui ex urbe, amicitiæ causa, Cæsarem secuti, non magnum in re militari usum habebant : quorum alius alia causa illata, quam sibi ad proficiscendum necessariam esse dicerent, petebant, ut ejus voluntate discedere liceret : nonnulli, pudore adducti, ut timoris suspicionem vitarent, remanebant. Hi neque vultum fingere, neque interdum lacrymas tenere poterant : abditi in tabernaculis aut suum fatum querebantur, aut cum familiaribus suis commune periculum miserabantur. Vulgo totis castris testamenta obsignabantur. Horum vocibus ac timore paulatim etiam ii, qui magnum in castris usum habebant, milites centurionesque, quique equitatu præerant, perturbabantur. Qui se ex his minus timidos existimari volebant, non se hostem vereri, sed angustias itineris, et magnitudinem silvarum, quæ intercederent inter ipsos atque Ariovistum, aut rem frumenta-

et de porter les enseignes en avant, les soldats effrayés resteraient sourds à sa voix et laisseraient les enseignes immobiles.

XL. Ayant réfléchi sur ces rapports, il convoque une assemblée, y appelle les centurions de tous les rangs et leur reproche vivement « d'abord, de vouloir s'informer du pays où il les mène et juger ses desseins. Pendant son consulat, Arioviste a recherché avec le plus grand empressement l'amitié du peuple romain. Pourquoi le supposerait-on assez téméraire pour s'écarter de son devoir? Quant à lui, il est persuadé que, dès qu'Arioviste connaîtra ses demandes, et qu'il en aura apprécié l'équité, il ne voudra renoncer ni à ses bonnes grâces ni à celles des Romains. Si, poussé par une démence furieuse, il se décide à la guerre, qu'y a-t-il donc à craindre? et pourquoi désespérer de leur courage et de son activité? Le péril dont les menaçait cet ennemi, leurs pères l'avaient bravé, lorsque, sous C. Marius, l'armée, repoussant les Cimbres et les Teutons, s'acquit autant de gloire que le général lui-même; ils l'avaient eux-mêmes bravé tout récemment en Italie, dans la guerre des esclaves; et cet ennemi avait cependant le secours de l'expérience et de la discipline qu'il tenait des Romains On pouvait juger par là des avantages de la fermeté, puisque ceux qu'on avait, sans motif, redoutés quelque temps, bien qu'ils fussent sans armes, on les avait soumis ensuite armés et victorieux; ce peuple enfin était le même qu'avaient souvent combattu les Helvètes, et qu'ils avaient presque aussi souvent vaincu, non seulement dans leur pays, mais dans le sien même et les Helvètes n'avaient cependant pu résister aux forces romaines. Que s'il en est qu'effraient la défaite et la fuite des Gaulois, ceux-là pourront se convaincre, s'ils en cherchent les causes, que les Gaulois étaient fatigués de la longueur de la guerre; qu'Arioviste, après s'être tenu plusieurs mois dans son camp et dans ses marais, sans accepter la bataille, les avait soudainement attaqués, désespérant déjà de combattre et dispersés, et les avait vaincus plutôt par adresse et habileté que par le courage. Si de tels moyens ont pu être bons contre des barbares et des ennemis sans expérience, il n'espérait pas sans doute les employer avec le même succès contre des armées romaines. Ceux qui cachent leurs craintes sous le prétexte des subsistances et de la difficulté des chemins sont bien arrogants de croire que le général puisse manquer à son devoir, ou de le lui prescrire. Ce soin lui appartient; le blé sera fourni par les Séquanes, les Leukes [1], les Lingons; déjà même il est mûr dans les campagnes. Quant au chemin ils en jugeront eux-mêmes dans peu de temps. Les soldats, dit-on, n'obéiront pas à ses ordres et ne lèveront pas les enseignes; ces menaces ne l'inquiètent pas; car il sait qu'une armée ne se montre rebelle à la voix de son chef que quand, par sa faute, la fortune lui a manqué, ou qu'il est convaincu de quelque crime, comme de cupidité. Sa vie entière prouve son intégrité, et

[1] Peuple du duché de Bar, et d'une partie de la Champagne et de la Lorraine.

---

riam, ut satis commode supportari posset, timere dicebant. Nonnulli etiam Cæsari renunciabant, quum castra moveri, ac signa ferri jussisset, non fore dicto audientes milites, nec propter timorem signa laturos.

XL. Hæc quum animadvertisset, convocato concilio, omniumque ordinum ad id concilium adhibitis centurionibus, vehementer eos incusavit : « Primum, quod aut quam in partem, aut quo consilio ducerentur, sibi quærendum aut cogitandum putarent. Ariovistum, se consule, cupidissime populi romani amicitiam appetisse; cur hunc tam temere quisquam ab officio discessurum judicaret? Sibi quidem persuaderi, cognitis suis postulatis, atque æquitate conditionum perspecta, eum neque suam, neque populi romani gratiam repudiaturum. Quod si furore atque amentia impulsus bellum intulisset, quid tandem vererentur? aut cur de sua virtute, aut de ipsius diligentia desperarent? Factum ejus hostis periculum patrum nostrorum memoria, quum, Cimbris et Teutonis a C. Mario pulsis, non minorem laudem exercitus, quam ipse imperator, meritus videbatur : factum etiam nuper in Italia, servili tumultu, quos tamen aliquis usus ac disciplina, quam a nobis accepissent, sublevarent. Ex quo judicari posset, quantum haberet in se boni constantia; propterea quod, quos aliquandiu inermos sine causa timuissent, hos postea armatos ac victores superassent. Denique hos esse eosdem, quibuscum sæpenumero Helvetii congressi, non solum in suis, sed etiam in illorum finibus, plerumque superarint, qui tamen pares esse nostro exercitui non potuerint. Si quos adversum prælium, et fuga Gallorum commoveret, hos, si quærerent, reperire posse, diuturnitate belli defatigatis Gallis, Ariovistum, quum multos menses castris se ac paludibus tenuisset, neque sui potestatem fecisset, desperantes jam de pugna et dispersos subito adortum, magis ratione et consilio, quam virtute, vicisse. Cui rationi contra homines barbaros atque imperitos locus fuisset, hac ne ipsum quidem sperare, nostros exercitus capi posse. Qui suum timorem in rei frumentariæ simulationem, angustiasque itinerum conferrent, facere arroganter, quum aut de officio imperatoris desperare, aut prescribere viderentur. Hæc sibi esse curæ; frumentum Sequanos, Leucos, Lingonas subministrare; jamque esse in agris frumenta matura : de itinere, ipsos brevi tempore judicaturos. Quod non fore dicto audientes milites, neque signa laturi dicantur, nihil se ea re commoveri : scire enim, quibuscumque exercitus dicto audiens non fuerit, aut, male re gesta, fortunam defuisse; aut, aliquo facinore comperto, avaritiam esse convictam. Suam innocentiam perpetua vita, felicitatem Helvetiorum bello, esse perspectam. Itaque se, quod in longiorem diem collaturus esset, repræsentaturum; et proxima nocte de

la guerre d'Helvétie le bonheur de ses armes. Aussi le départ qu'il voulait remettre à un jour plus éloigné, il l'avance; et la nuit suivante, à la quatrième veille, il lèvera le camp, afin de savoir avant tout ce qui prévaut sur eux, ou l'honneur et le devoir, ou la peur. Si cependant personne ne le suit, il partira avec la dixième légion seule, dont il ne doute pas, et elle sera sa cohorte prétorienne (19). » César avait toujours particulièrement favorisé cette légion et se fiait entièrement à sa valeur.

XLI. Cette harangue, produisant dans tous les esprits un changement extraordinaire, fit naître la plus vive ardeur et le désir de combattre. La dixième légion, par l'organe des tribuns militaires, remercia aussitôt César d'avoir aussi bien présumé d'elle, et déclara qu'elle était prête à marcher au combat. Ensuite les autres légions lui députèrent leurs tribuns et les centurions des premiers rangs, pour lui adresser leurs excuses; elles n'avaient jamais hésité, ni tremblé, ni prétendu porter sur la guerre un jugement qui n'appartient qu'au général. César reçut leurs excuses, et, après s'être enquis du chemin à prendre auprès de Diviliac, celui des Gaulois dans lequel il avait le plus de confiance, il résolut de faire un détour de cinquante milles, afin de conduire son armée par un pays ouvert, et partit à la quatrième veille comme il l'avait dit. Le septième jour, il marchait encore quand il apprit, par ses éclaireurs, que les troupes d'Arioviste étaient à vingt mille pas des nôtres.

XLII. Instruit de l'arrivée de César, Arioviste lui envoie des députés : « Il acceptait la demande qui lui avait été faite d'une entrevue, maintenant que César s'était approché davantage, et qu'il pensait pouvoir le faire sans danger. » César ne rejeta point sa proposition. Il crut qu'Arioviste était revenu à des idées plus saines, puisque cette conférence qu'il lui avait d'abord refusée, il l'offrait de son propre mouvement. Il espérait que, dès qu'il connaîtrait ses demandes, le souvenir des insignes bienfaits de César et du peuple romain triompherait de son opiniâtreté. L'entrevue fut fixée au cinquième jour à partir de celui-là. Dans cet intervalle, on s'envoya de part et d'autre de fréquents messages; Arioviste demanda que César n'amenât aucun fantassin; il craignait des embûches et une surprise; tous deux seraient accompagnés par de la cavalerie; s'il en était autrement, il ne viendrait point. César, ne voulant pas que la conférence manquât par aucun prétexte, et n'osant commettre sa sûreté à la cavalerie gauloise, trouva un expédient plus commode; il prit tous leurs chevaux aux cavaliers gaulois, et les fit monter par des soldats de la dixième légion, qui avait toute sa confiance, afin d'avoir, s'il en était besoin, une garde dévouée. Cela fit dire assez plaisamment à un des soldats de cette légion : « Que César les favorisait au-delà de ses promesses, puisqu'ayant promis aux soldats de la dixième légion d'en faire sa cohorte prétorienne, il les faisait chevaliers. »

XLIII. Dans une vaste plaine était un tertre assez

---

quarta vigilia castra moturum, ut quam primum intelligere posset, utrum apud eos pudor atque officium, an timor valeret. Quod si præterea nemo sequatur, tamen secum sola decima legione iturum, de qua non dubitaret; sibique eam prætoriam cohortem futuram. » Huic legioni Cæsar et indulserat præcipue, et propter virtutem confidebat maxime.

XLI. Hac oratione habita, mirum in modum conversæ sunt omnium mentes, summaque alacritas et cupiditas belli gerendi innata est; princepsque decima legio per tribunos militum ei gratias egit, quod de se optimum judicium fecisset; seque esse ad bellum gerendum paratissimam confirmavit. Deinde reliquæ legiones per tribunos militum et primorum ordinum centuriones egerunt, uti Cæsari satisfacerent : se neque unquam dubitasse, neque timuisse, neque de summa belli suum judicium, sed imperatoris esse, existimavisse. Eorum satisfactione accepta, et itinere exquisito per Diviliacum, quod ex Gallis ei maximam fidem habebat, ut millium amplius quinquaginta circuitu, locis apertis, exercitum duceret, de quarta vigilia, ut dixerat, profectus est. Septimo die, quum iter non intermitteret, ab exploratoribus certior factus est, Ariovisti copias a nostris millibus passuum quatuor et viginti abesse.

LXII. Cognito Cæsaris adventu, Ariovistus legatos ad eum mittit : quod antea de colloquio postulasset, id per se fieri licere, quoniam propius accessisset; seque id sine periculo facere posse existimare. Non respuit conditionem Cæsar : jamque eum ad sanitatem reverti arbitrabatur, quum id, quod antea petenti denegasset, ultro polliceretur; magnamque in spem veniebat, pro suis tantis populique romani in eum beneficiis, cognitis suis postulatis, fore, uti pertinacia desisteret. Dies colloquio dictus est, ex eo die quintus. Interim, quum sæpe ultro citroque legati inter eos mitterentur, Ariovistus postulavit, ne quem peditem ad colloquium Cæsar adduceret : vereri se, ne per insidias ab eo circumveniretur : uterque cum equitatu veniret : alia ratione se non esse venturum. Cæsar, quod neque colloquium interposita causa tolli volebat, neque salutem suam Gallorum equitatu committere audebat, commodissimum esse statuit, omnibus equis Gallis equitibus detractis, eo legionarios milites legionis decimæ, cui quam maxime confidebat, imponere, ut præsidium haberet amicissimum, si quid opus facto esset, haberet. Quod quum fieret, non irridicule quidam ex militibus decimæ legionis dixit : « plus, quam pollicitus esset, Cæsarem ei facere; pollicitum, se in cohortis prætoriæ loco decimam legionem habiturum; nunc ad equum rescribere. »

XLIII. Planities erat magna, et in ea tumulus terre-

élevé, à une distance à peu près égale des deux camps. Ce fut là que, selon les conventions, eut lieu l'entrevue. César plaça à deux cents pas de ce tertre la légion qu'il avait amenée sur les chevaux des Gaulois. Les cavaliers d'Arioviste s'arrêtèrent à la même distance; celui-ci demanda que l'on s'entretînt à cheval, et que dix hommes fussent leur seule escorte à cette conférence. Lorsqu'on fut en présence, César commença son discours par lui rappeler ses bienfaits et ceux du sénat : « Il avait reçu du sénat le nom de roi, le titre d'ami; on lui avait envoyé les plus grands présents, faveur accordée à peu d'étrangers, et qui n'était d'ordinaire que la récompense d'éminents services. Il avait, lui, sans y avoir aucun droit, sans titre suffisant pour y prétendre, obtenu ces honneurs de la bienveillance et de la libéralité de César et du sénat. Il lui rappela aussi les liens aussi anciens que légitimes qui unissaient les Édues à la république; les nombreux et honorables sénatus-consultes rendus en leur faveur; la suprématie dont ils avaient joui de tout temps dans la Gaule entière, avant même de rechercher notre amitié ; l'usage du peuple romain étant de vouloir que ses alliés et ses amis non-seulement ne perdissent rien de leur puissance, mais encore gagnassent en crédit, en dignité, en honneur. Comment souffrir que ce qu'ils avaient apporté dans l'alliance romaine leur fût ravi?» Il finit par lui réitérer les demandes déjà faites par ses députés, » qu'il ne fît la guerre ni aux Édues ni à leurs alliés; qu'il rendît les otages ; et, s'il ne pouvait renvoyer chez eux aucune partie des Germains, qu'au moins il ne permît pas à d'autres de passer le Rhin. »

XLIV. Arioviste répondit peu de choses aux demandes de César, et parla beaucoup de son mérite personnel. « Il n'avait point passé le Rhin de son propre mouvement, mais à la prière et à la sollicitation des Gaulois; il n'aurait pas quitté son pays et ses proches sans la certitude d'une riche récompense. Les établissements qu'il possédait dans la Gaule lui avaient été concédés par les Gaulois eux-mêmes, ils avaient donné volontairement des otages ; il levait par le droit de la guerre les contributions que les vainqueurs ont coutume d'imposer aux vaincus ; les Gaulois avaient commencé les hostilités bien loin que ce fût lui, les peuples de la Gaule étaient venus l'attaquer en masse et poser leur camp en face du sien; il avait, dans un seul combat, vaincu et dispersé toutes ces forces; s'ils veulent de nouveau tenter le sort des armes; il est de nouveau prêt à combattre; s'ils préfèrent la paix, il est injuste de lui refuser le tribut qu'ils avaient jusque-là payé de leur plein gré ; l'amitié du peuple romain devait lui apporter honneur et profit et non pas tourner à son détriment; il l'avait recherchée dans cet espoir. Si Rome intervient pour lui enlever ses subsides et ses tributaires, il renoncera à son amitié avec autant d'empressement qu'il l'avait désirée. S'il faisait passer dans la Gaule un grand nombre de Germains, c'était pour sa propre sûreté et non pour attaquer les Gaulois; la preuve c'est qu'il n'était venu que parce qu'on l'avait appelé;

---

nus satis grandis. Hic locus æquo fere spatio ab castris utrisque aberat. Eo, ut erat dictum, ad colloquium venerunt. Legionem Cæsar, quam equis devexerat, passibus ducentis ab eo tumulo constituit. Item equites Ariovisti pari intervallo constiterunt. Ariovistus, ex equis ut colloquerentur, et, præter se, denos ut ad colloquium adducerent, postulavit. Ubi eo ventum est, Cæsar initio orationis, sua Senatusque in eum beneficia commemoravit; « quod rex appellatus esset a Senatu, quod amicus, quod munera amplissima missa : quam rem et paucis contigisse, et pro magnis hominum officiis consuesse tribui docebat : illum, quum neque aditum, neque causam postulandi justam haberet, beneficio ac liberalitate sua ac Senatus ea præmia consecutum. Docebat etiam, quam veteres, quamque justæ causæ necessitudinis ipsis cum Æduis intercederent; quæ Senatus consulta, quoties, quamque honorifica, in eos facta essent : ut omni tempore totius Galliæ principatum Ædui tenuissent, prius etiam, quam nostram amicitiam appetissent : populi romani hanc esse consuetudinem, ut socios atque amicos non modo sui nihil deperdere, sed gratia, dignitate, honore auctiores velit esse : quod vero ad amicitiam populi romani attulissent, id iis eripi, quis pati posset ? » Postulavit deinde eadem, quæ legatis in mandatis dederat : « Ne aut Æduis, aut eorum sociis bellum inferret; obsides redderet : si nullam partem Germanorum domum remittere posset, at ne quos amplius Rhenum transire pateretur. »

XLIV. Ariovistus ad postulata Cæsaris pauca respondit : de suis virtutibus multa prædicavit : « Transisse Rhenum sese, non sua sponte, sed rogatum atque accessitum a Gallis; non sine magna spe magnisque præmiis domum propinquosque reliquisse; sedes habere in Gallia, ab ipsis concessas; obsides ipsorum voluntate datos; stipendium capere jure belli, quod victores victis imponere consuerint; non sese Gallis, sed Gallos sibi bellum intulisse; omnes Galliæ civitates ad se oppugnandum venisse, ac contra se castra habuisse : eas omnes copias a se uno prælio fusas ac superatas esse : si iterum experiri velint, iterum paratum sese decertare; si pace uti velint, iniquum esse, de stipendio recusare, quod sua voluntate ad id tempus pependerint. Amicitiam populi romani sibi ornamento et præsidio, non detrimento esse oportere; idque se ea spe petisse. Si per populum romanum stipendium remittatur, et deditilii subtrahantur, non minus libenter sese recusaturum populi romani amicitiam, quam appetierit. Quod multitudinem Germanorum in Galliam transducat, id sui muniendi, non Galliæ impugnandæ, causa facere; ejus rei testimonium esse, quod, nisi rogatus, non venerit, et quod bellum non intulerit, sed defenderit. Se prius in Galliam venisse, quam populum

que loin d'être l'agresseur, il n'avait fait que se défendre. Il était entré en Gaule avant les Romains; jamais, avant ce temps, une armée romaine n'avait dépassé les limites de la province. Que lui voulait-on? Pourquoi venait-on sur ses terres? Cette partie de la Gaule était sa province, comme celle-là était la nôtre. De même qu'on ne lui permettait pas d'envahir nos frontières, de même aussi c'était de notre part une iniquité que de l'interpeller dans l'exercice de son droit. Quant au titre de frères que le sénat avait donné aux Édues, il n'était pas assez barbare, ni assez mal informé de ce qui s'était passé, pour ignorer que dans la dernière guerre des Allobroges, les Edues n'avaient pas envoyé de secours aux Romains, et qu'ils n'en avaient pas reçu d'eux dans leurs démêlés avec lui et les Séquanes. Il avait lieu de soupçonner que, sous des semblants d'amitié, César destinait à sa ruine l'armée qu'il avait dans la Gaule. S'il ne s'éloignait pas et ne faisait pas retirer ses troupes, il le tiendrait non pour ami mais pour ennemi. En le faisant périr, il remplirait les vœux de beaucoup de nobles et des principaux de Rome; il le savait par leurs propres messagers; et sa mort lui vaudrait leur reconnaissance et leur amitié. S'il se retirait et lui laissait la libre possession de la Gaule, il l'en récompenserait amplement, et ferait toutes les guerres que César voudrait entreprendre, sans fatigue ni danger de sa part. »

XLV. César prouva par beaucoup de raisons qu'il ne pouvait pas se désister de son dessein.

« Il n'était ni dans ses habitudes ni dans celles du peuple romain d'abandonner des alliés qui avaient bien mérité de la république, et il ne pensait pas que la Gaule appartînt plutôt à Arioviste qu'aux Romains. Q. Fabius Maximus avait vaincu les Arvernes et les Ruthènes[1], et Rome, leur pardonnant, ne les avait par réduits en province, et ne leur avait pas imposé de tribut. S'il fallait s'en rapporter à la priorité de temps, elle serait pour le peuple romain un juste titre à l'empire de la Gaule; s'il fallait s'en tenir au décret du sénat, elle devait être libre, puisqu'il avait voulu que, vaincue, elle conservât ses lois. »

XLVI. Pendant ce colloque, on vint annoncer à César que les cavaliers d'Arioviste s'approchaient du tertre et s'avançaient vers les nôtres, sur lesquels ils lançaient déjà des pierres et des traits. César mit fin à l'entretien, se retira vers les siens et leur défendit de renvoyer un seul trait aux ennemis. Car, bien qu'il jugeât pouvoir avec les cavaliers de sa légion d'élite soutenir le combat sans danger, il ne voulait cependant pas donner aux ennemis qu'il devait repousser sujet de dire qu'on les avait surpris à la faveur d'une conférence perfide. Quand on connut dans le camp l'arrogance des paroles d'Arioviste, la défense par lui faite aux Romains d'entrer dans la Gaule la brusque attaque de ses cavaliers contre les nôtres, laquelle avait rompu l'entrevue, l'armée en ressentit une impatience et un désir plus vifs de combattre.

[1] Peuple du Rouergue.

romanum. Nunquam ante hoc tempus exercitum populi romani Galliæ provinciæ fines egressum. Quid sibi vellet? Cur in suas possessiones veniret? Provinciam suam esse hanc Galliam, sicut illam nostram. Ut ipsi concedi non oporteret, si in nostros fines impetum faceret : sic item nos esse iniquos, qui in suo jure se interpellaremus. Quod fratres a Senatu Æduos appellatos diceret, non se tam barbarum, neque tam imperitum esse rerum, ut non sciret, neque bello Allobrogum proximo Æduos Romanis auxilium tulisse, neque ipsos in his contentionibus, quas Ædui secum et cum Sequanis habuissent, auxilio populi romani usos esse. Debere se suspicari, simulata Cæsarem amicitia, quod exercitum in Gallia habeat, sui opprimendi causa habere. Qui nisi decedat, atque exercitum deducat ex his regionibus, sese illum non pro amico, sed pro hoste habiturum : quod si eum interfecerit, multis sese nobilibus principibusque populi romani gratum esse facturum : id se ab ipsis per eorum nuncios compertum habere, quorum omnium gratiam atque amicitiam ejus morte redimere posset. Quod si decessisset, ac liberam sibi possessionem Galliæ tradidisset, magno se illum præmio remuneraturum ; et, quacumque bella geri vellet, sine ullo ejus labore et periculo confecturum. »

XLV. Multa ab Cæsare in eam sententiam dicta sunt, quare negotio desistere non posset, et « neque suam, neque populi romani consuetudinem pati, uti optime meritos socios desereret ; neque se judicare, Galliam potius esse Ariovisti, quam populi romani. Bello superatos esse Arvernos et Rutenos ab Q. Fabio Maximo, quibus populus romanus ignovisset ; neque in provinciam redegisset, neque stipendium imposuisset. Quod si antiquissimum quodque tempus spectari oporteret, populi romani justissimum esse in Gallia imperium : si judicium Senatus observari oporteret, liberam debere esse Galliam, quam bello victam suis legibus uti voluisset. »

XLVI. Dum hæc in colloquio geruntur, Cæsari nunciatum est, equites Ariovisti propius tumulum accedere, et ad nostros adequitare : lapides telaque in nostros conjicere. Cæsar loquendi finem fecit ; seque ad suos recepit; suisque imperavit, ne quod omnino telum in hostes rejicerent. Nam, etsi sine ullo periculo legionis delectæ cum equitatu prælium fore videbat, tamen committendum non putabat, ut, pulsis hostibus, dici posset, eos ab se per fidem in colloquio circumventos. Posteaquam in vulgus militum elatum est, qua arrogantia in colloquio Ariovistus usus, omni Gallia Romanis interdixisset, impetumque in nostros ejus equites fecissent ; eaque res colloquium ut diremisset, multo major alacritas studiumque pugnandi majus exercitu injectum est.

XLVII. Deux jours après, Arioviste fit dire à César qu'il désirait reprendre les négociations entamées et restées inachevées, le priant de fixer un jour pour un nouvel entretien, ou au moins de lui envoyer un de ses lieutenants. César ne jugea pas à propos d'accepter cette entrevue, d'autant plus que la veille on n'avait pu empêcher les Germains de lancer des traits sur nos troupes. Il sentait aussi qu'il était très-dangereux d'envoyer un de ses lieutenants et de l'exposer à la cruauté de ces barbares. Il crut plus convenable de député- ter vers Arioviste C. Valérius Procillus, jeune homme plein de courage et de mérite, dont le père, C. Valérius Caburus, avait été fait citoyen romain par C. Valérius Flaccus. Sa fidélité était connue et il savait la langue gauloise, qu'une longue habitude avait rendue familière à Ario- viste, et les Germains n'avaient aucune raison pour le maltraiter. César lui adjoignit M. Mettius qui avait été hôte d'Arioviste. Il les chargea de prendre connaissance des propositions de ce der- nier et de les lui rapporter. Lorsqu'Arioviste les vit venir à lui dans son camp, il s'écria en présence de ses soldats : « Que venez-vous faire ici? Est-ce pour espionner? » et, sans leur donner le temps de s'expliquer, il les jeta dans les fers.

XLVIII. Le même jour il leva son camp, et vint prendre position au pied d'une montagne, à six mille pas de celui de César. Le lendemain, il fit marcher ses troupes à la vue de l'armée romaine et alla camper à deux mille pas delà, dans la vue d'intercepter le grain et les vivres qu'expédiaient les Séquanes et les Edues. Pendant les cinq jours qui suivirent, César fit avancer ses troupes à la tête du camp, et les rangea en bataille, pour laisser à Arioviste toute liberté d'engager le combat. Celui- ci, durant tout ce temps, retint son armée dans son camp, et fit chaque jour des escarmouches de cavalerie. Les Germains étaient particulièrement exercés à ce genre de combat. Ils avaient un corps de six mille cavaliers et d'un pareil nombre de fantassins des plus agiles et des plus courageux ; chaque cavalier avait choisi le sien sur toute l'ar- mée pour lui confier son salut ; ils combattaient ensemble. La cavalerie se repliait sur eux ; ceux- ci, dans les moments difficiles, venaient à son secours ; si un cavalier, grièvement blessé, tom- bait de cheval, ils l'environnaient ; s'il fallait se porter en avant ou faire une retraite précipitée, l'exercice les avait rendus si agiles qu'en se tenant à la crinière des chevaux, ils les égalaient à la course.

XLIX. Voyant qu'Arioviste se tenait renfermé dans son camp, César, afin de n'être pas plus longtemps séparé des subsistances, choisit une position avantageuse à environ six cents pas au- delà de celle que les Germains occupaient, et ayant formé son armée sur trois lignes, il vint occuper cette position. Il fit tenir la première et la seconde sous les armes et travailler la troisième aux re tranchements. Ce lieu était, comme nous l'avons dit, à six cents pas à peu près de l'ennemi. Ario- viste détacha seize mille hommes de troupes légè-

---

XLVII. Biduo post Ariovistus ad Cæsarem legatos mittit, velle se de his rebus, quæ inter eos agi cœptæ, neque perfectæ essent, agere cum eo : uti aut iterum colloquio diem constitueret; aut, si id minus vellet, ex suis legatis aliquem ad se mitteret. Colloquendi Cæsari causa visa non est ; et eo magis, quod pridie ejus diei Germani retineri non poterant, quin in nostros tela con- jicerent. Legatum ex suis sese magno cum periculo ad eum missurum et hominibus feris objecturum existima- bat. Commodissimum visum est, C. Valerium Procillum, C. Valeri Caburi filium, summa virtute et humanitate adolescentem (cujus pater a C. Valerio Flacco civitate donatus erat) et propter fidem et propter linguæ gallicæ scientiam, qua multa jam Ariovistus longinqua consue- tudine utebatur, et quod in eo peccandi Germanis causa non esset, ad eum mittere, et M. Mettium, qui hospitio Ariovisti usus erat. His mandavit, ut, quæ diceret Ario- vistus, cognoscerent et ad se referrent. Quos quum apud se in castris Ariovistus conspexisset, exercitu suo præ- sente, conclamavit : Quid ad se venirent? An specu- landi causa? Conantes dicere prohibuit, et in catenas conjecit.

XLVIII. Eodem die castra promovit, et millibus pas- suum sex a Cæsaris castris sub monte consedit. Postridie ejus diei præter castra Cæsaris suas copias transduxit, et millibus passuum duobus ultra eum castra fecit, eo con- silio, uti frumento commeatuque, qui ex Sequanis et Æduis supportaretur, Cæsarem intercluderet. Ex eo die dies continuos quinque Cæsar pro castris suas copias produxit et aciem instructam habuit, ut, si vellet Ario- vistus prælio contendere, ei potestas non deesset. Ario- vistus his omnibus diebus exercitum castris continuit; equestri prælio quotidie contendit. Genus hoc erat pug- næ, quo se Germani exercuerant. Equitum millia erant sex ; totidem numero pedites velocissimi ac fortissimi ; quos ex omni copia singuli singulos, suæ salutis causa, delegerant. Cum his in præliis versabantur, ad hos se equites recipiebant : hi, si quid erat durius, concur- rebant : si qui, graviore vulnere accepto, equo deci- derat, circumsistebant : si quo erat longius proden- dum, aut celerius recipiendum, tanta erat horum exer- citatione celeritas, ut, jubis equorum sublevati, cursum adæquarent.

XLIX. Ubi eum castris se tenere Cæsar intellexit, ne diutius commeatu prohiberetur, ultra eum locum, quo in loco Germani consederant, circiter passus sexcentos ab eis, castris idoneum locum delegit ; acieque triplici in- structa, ad eum locum venit. Primam et secundam aciem in armis esse, tertiam castra munire jussit. Hic locus ab hoste circiter passus sexcentos, uti dictum est, aberat. Eo circiter hominum numero XVI millia expedita cum omni equitatu Ariovistus misit, quæ copiæ nostros per-

res avec toute sa cavalerie pour effrayer nos soldats et interrompre les travaux. Néanmoins, César, selon qu'il l'avait arrêté d'avance, ordonna aux deux premières lignes de repousser l'attaque, à la troisième de continuer le retranchement. Le camp une fois fortifié, César y laissa deux légions et une partie des auxiliaires, et ramena les quatre autres au camp principal.

L. Le lendemain, selon son usage, il fit sortir ses troupes des deux camps, et, s'étant avancé à quelque distance du grand, il les mit en bataille et présenta le combat aux ennemis. Voyant qu'ils ne faisaient aucun mouvement, il fit rentrer l'armée vers le milieu du jour. Alors seulement Arioviste détacha une grande partie de ses forces pour l'attaque du petit camp. Un combat opiniâtre se prolongea jusqu'au soir. Au coucher du soleil, Arioviste retira ses troupes; il y eut beaucoup de blessés de part et d'autre. Comme César s'enquérait des prisonniers pourquoi Arioviste refusait de combattre, il apprit que c'était la coutume chez les Germains de faire décider par les femmes (20), d'après les sorts et les règles de la divination, s'il fallait ou non livrer bataille, et qu'elles avaient déclaré toute victoire impossible pour eux, s'ils combattaient avant la nouvelle lune (21).

LI. Le jour suivant (22), César laissa dans les deux camps une garde qui lui parut suffisante, et plaça en présence des ennemis toutes les troupes auxiliaires (25), en avant du petit. Comme le nombre des légionnaires était inférieur à celui des Germains, les alliés lui servirent à étendre son front. Il rangea l'armée sur trois lignes et s'avança contre le camp ennemi. Alors, les Germains, forcés enfin de combattre, sortirent de leur camp et se placèrent par ordre de nations à des intervalles égaux, Harudes, Marcomans[1], Tribokes[2], Vaugions[3], Némètes[4], Séduses[5], Suèves[6]; ils formèrent autour de leur armée une enceinte d'équipages et de chariots, afin de s'interdire tout espoir de fuite. Placées sur ces bagages, les femmes tendaient les bras aux soldats qui marchaient au combat, et les conjuraient en pleurant de ne les point livrer en esclavage aux Romains.

LII. César mit à la tête de chaque légion un de ses lieutenants et un questeur, pour que chacun eût en eux des témoins de sa valeur. Il engagea le combat par son aile droite, du côté où il avait remarqué que l'ennemi était le plus faible. Au signal donné, les soldats se précipitèrent avec une telle impétuosité et l'ennemi accourut si vite qu'on n'eut pas le temps de lancer les javelots; on ne s'en servit point, et l'on combattit de près avec le glaive. Mais les Germains, ayant promptement formé leur phalange accoutumée, soutinrent le choc de nos armes. On vit alors plusieurs de nos soldats s'élancer sur cette phalange, arracher avec la main les boucliers de l'ennemi, et le blesser en le frappant d'en haut. Tandis que l'aile gauche des Germains était rompue et mise en déroute, à l'aile droite les masses ennemies nous pressaient vive-

[1] Position incertaine. — [2] Alsace. — [3] Territoire de Worms. [4] Spire. — [5] Peuplade inconnue, mais habitant sur les bords du Rhin. — [6] Souabe et pays voisins.

terrerent et munitione prohiberent. Nihilo secius Cæsar, ut ante constituerat, duas acies hostem propulsare; tertiam, opus perficere jussit. Munitis casiris, duas ibi legiones reliquit, et partem auxiliorum : quatuor reliquas in castra majora reduxit.

L. Proximo die, instituto suo, Cæsar e castris utrisque copias suas eduxit; paulumque a majoribus progressus, aciem instruxit, hostibusque pugnandi potestatem fecit. Ubi ne tum quidem eos prodire intellexit, circiter meridiem exercitum in castra reduxit. Tum demum Ariovistus partem suarum copiarum, quæ castra minora oppugnaret, misit : acriter utrinque usque ad vesperum pugnatum est. Solis occasu suas copias Ariovistus, multis et illatis et acceptis vulneribus, in castra reduxit. Quum ex captivis quæreret Cæsar, quam ob rem Ariovistus prælio non decertaret, hanc reperiebat causam : quod apud Germanos ea consuetudo esset, ut matres familiæ eorum sortibus et vaticinationibus declararent, utrum prælium committi ex usu esset, necne : eas ita dicere : Non esse fas Germanos superare, si ante novam lunam prælio contendissent.

LI. Postridie ejus diei Cæsar præsidio utrisque castris, quod satis esse visum est, reliquit; omnes alarios in conspectu hostium pro castris minoribus constituit, quod minus multitudine militum legionariorum pro hostium numero valebat, ut ad speciem alariis uteretur. Ipse, triplici instructa acie, usque ad castra hostium accessit. Tum demum necessario Germani suas copias castris eduxerunt, generatimque constituerunt, paribusque intervallis Harudes, Marcomannos, Triboccos, Vangiones, Nemetes, Sedusios, Suevos; omnemque aciem suam rhedis et carris circumdederunt, ne qua spes in fuga relinqueretur. Eo mulieres imposuerunt, quæ in prælium proficiscentes milites passis manibus flentes implorabant, ne se in servitutem Romanis traderent.

LII. Cæsar singulis legionibus singulos legatos et quæstorem præfecit, uti eos testes suæ quisque virtutis haberet. Ipse a dextro cornu, quod eam partem minime firmam hostium esse animum advertebat, prælium commisit. Ita nostri acriter in hostes, signo dato, impetum fecerunt : itaque hostes repente celeriterque procurrerunt, ut spatium pila in hostes conjiciendi non daretur. Rejectis pilis, cominus gladiis pugnatum est : at Germani, celeriter ex consuetudine sua phalange facta, impetus gladiorum exceperunt. Reperti sunt complures nostri milites, qui in phalangas insilirent, et scuta manibus revellerent et desuper vulnerarent. Quum hostium acies a sinistro cornu pulsa atque in fugam conversa esset, a dextro cornu vehementer multitudine suorum nostram aciem premebant. Id quum animadvertisset P. Crassus adoles-

ment. Le jeune P. Crassus, qui commandait la cavalerie, s'en aperçut, et plus libre que ceux qui étaient engagés dans la mêlée, il envoya la troisième ligne au secours de nos légions ébranlées.

LIII. Le combat fut ainsi rétabli, tous les ennemis prirent la fuite, et ne s'arrêtèrent qu'après être parvenus au Rhin à cinquante mille pas environ du champ de bataille; quelques-uns, se fiant à leurs forces, essayèrent de le passer à la nage, d'autres se sauvèrent sur des barques, de ce nombre fut Arioviste qui, trouvant une nacelle attachée au rivage, s'échappa ainsi (24). Tous les autres furent taillés en pièces par notre cavalerie qui s'était mise à leur poursuite. Arioviste avait deux femmes (25), la première, suève de nation, qu'il avait amenée avec lui de sa patrie; la seconde, native du Norique, sœur du roi Vocion, et qu'il avait épousée dans la Gaule, quand son frère la lui eut envoyée; toutes deux périrent dans la déroute. De leurs filles, l'une fut tuée et l'autre prise. C. Valerius Procillus était entraîné, chargé d'une triple chaîne, par ses gardiens fugitifs. Il fut retrouvé par César lui-même qui poursuivait l'ennemi, à la tête de la cavalerie. Cette rencontre ne lui causa pas moins de plaisir que la victoire même; l'homme le plus considéré de la province, son ami et son hôte, était arraché des mains des ennemis et lui était rendu; la fortune n'avait pas voulu troubler par une telle perte sa joie et son triomphe. Procillus lui dit qu'il avait vu trois fois consulter le sort pour savoir s'il serait immédiatement brûlé ou si on renverrait son supplice à un autre temps; et que le sort favorable l'avait sauvé. M. Mettius fut aussi rejoint et ramené à César (26).

LIV. Le bruit de cette victoire étant parvenu au-delà du Rhin, les Suèves, qui étaient déjà arrivés sur les bords de ce fleuve, regagnèrent leur pays. Les habitants de la rive, les voyant épouvantés, les poursuivirent et en tuèrent un grand nombre. César, après avoir ainsi terminé deux grandes guerres en une seule campagne, conduisit l'armée en quartier d'hiver chez les Séquanes, un peu plus tôt que la saison ne l'exigeait. Il en confia le commandement à Labiénus et partit pour aller tenir les assemblées dans la Gaule citérieure.

LIVRE DEUXIEME.

I. Pendant que César était, comme nous l'avons dit, en quartier d'hiver dans la Gaule citérieure, les bruits publics lui apprirent et les lettres de Labiénus lui confirmèrent que les Belges, formant, comme on a vu, la troisième partie de la Gaule, se liguaient contre le peuple romain et se donnaient mutuellement des otages. Cette coalition avait diverses causes; d'abord, ils craignaient qu'après avoir pacifié toute la Gaule, notre armée ne se portât sur leur territoire; en second lieu, ils étaient sollicités par un grand nombre de Gaulois : ceux qui n'avaient pas voulu supporter le séjour des Germains en Gaule, voyaient aussi avec peine l'armée des Romains hiverner dans le pays et y rester à demeure : d'autres, par in-

cens, qui equitatu præerat, quod expeditior erat, quam hi, qui inter aciem versabantur, tertiam aciem laborantibus nostris subsidio misit.

LIII. Ita prælium restitutum est, atque omnes hostes terga verterunt, neque prius fugere destiterunt, quam ad flumen Rhenum millia passuum ex eo loco circiter quinquaginta pervenerint. Ibi perpauci, aut viribus confisi, transnatare contenderunt, aut lintribus inventis sibi salutem repererunt. In his fuit Ariovistus, qui naviculam deligatam ad ripam nactus, ea profugit : reliquos omnes consecuti equites nostri interfecerunt. Duæ fuerant Ariovisti uxores, una Sueva natione, quam ab domo secum eduxerat; altera Norica, regis Vocionis soror, quam in Gallia duxerat, a fratre missam : utræque in ea fuga perierunt. Duæ filiæ harum, altera occisa, altera capta est. C. Valerius Procillus, quum a custodibus in fuga trinis catenis vinctus traheretur, in ipsum Cæsarem, hostes equitatu persequentem, incidit. Quæ quidem res Cæsari non minorem, quam ipsa victoria, voluptatem attulit; quod hominem honestissimum provinciæ Galliæ, suum familiarem et hospitem, ereptum e manibus hostium, sibi restitutum videbat; neque ejus calamitate de tanta voluptate et gratulatione quidquam fortuna deminuerat. Is, se præsente, de se ter sortibus consultum dicebat, utrum igni statim necaretur, an in aliud tempus reservaretur : sortium beneficio se esse incolumem. Item M. Mettius repertus, et ad eum reductus est.

LIV. Hoc prælio trans Rhenum nunciato, Suevi, qui ad ripas Rheni venerant, domum reverti cœperunt : quos ubi, qui proximi Rhenum incolunt, perterritos insecuti, magnum ex his numerum occiderunt. Cæsar, una æstate duobus maximis bellis confectis, maturius paulo, quam tempus anni postulabat, in hiberna in Sequanos exercitum deduxit; hibernis Labienum præposuit : ipse in citeriorem Galliam ad conventus agendos profectus est.

LIBER SECUNDUS.

I. Quum esset Cæsar in citeriore Gallia in hibernis, ita uti supra demonstravimus, crebri ad eum rumores afferebantur, litterisque item Labieni certior fiebat, omnes Belgas, quam tertiam esse Galliæ partem dixeramus, contra populum romanum conjurare, obsidesque inter se dare : conjurandi has esse causas : primum, quod vererentur, ne, omni pacata Gallia, ad eos exercitus noster adduceretur : deinde, quod ab nonnullis Gallis sollicitarentur, partim qui, ut Germanos diutius in Gallia versari noluerant, ita populi romani exercitum hiemare

constance et légèreté d'esprit, désiraient un changement de domination; quelques-uns enfin, les plus puissants et ceux qui, à l'aide de leurs richesses, pouvaient soudoyer des hommes et s'emparaient ordinairement du pouvoir, prévoyaient que ces usurpations seraient moins faciles sous notre gouvernement.

II. Inquiet de tous ces rapports, César leva deux nouvelles légions dans la Gaule citérieure, et les envoya, au commencement de l'été, dans la Gaule intérieure, sous le commandement de Q. Pedius, son lieutenant. Lui-même rejoignit l'armée, dès que les fourrages commencèrent à être abondants; il chargea les Sénonais[1] et les autres Gaulois, voisins des Belges, d'observer ce qui se passait chez eux, et de l'en instruire. Ils lui annoncèrent unanimement que ce peuple levait des troupes et qu'une armée se rassemblait. César alors n'hésite plus, et fixe son départ au douzième jour. Après avoir pourvu aux vivres, il lève son camp et arrive en quinze jours à peu près aux frontières de la Belgique.

III. Son arrivée fut imprévue et personne ne s'attendait à tant de célérité; les Rèmes[2], voisins immédiats des Belges, lui députèrent Iccius et Antebroge, les premiers de leur cité, chargés de lui dire qu'ils se mettaient eux et tout ce qu'ils possédaient sous la foi et pouvoir du peuple romain, qu'ils n'avaient point voulu se liguer avec les autres Belges, ni prendre part à cette conjuration contre les Romains; qu'ils étaient prêts à donner des otages, à faire ce qui leur serait ordonné, à le recevoir dans leurs places, à lui fournir des vivres et tous autres secours; que tout le reste de la Belgique était en armes; que les Germains, habitant en deçà du Rhin, s'étaient joints aux Belges; et que telle était la fureur de cette multitude, qu'eux-mêmes, frères et alliés des Suessions[1], obéissant aux mêmes lois, ayant le même gouvernement et les mêmes magistrats, n'avaient pu les détourner d'entrer dans la confédération.

IV. César leur demanda quels étaient les peuples en armes, leur nombre et leurs forces militaires. Il apprit que la plupart des Belges étaient originaires de Germanie; qu'ayant anciennement passé le Rhin, ils s'étaient fixés en Belgique, à cause de la fertilité du sol, et en avaient chassé les Gaulois qui l'habitaient avant eux; que seuls, du temps de nos pères, quand les Teutons et les Cimbres eurent ravagé toute la Gaule, ils les avaient empêchés d'entrer sur leurs terres. Ce souvenir leur inspirait une haute opinion d'eux-mêmes et leur donnait de hautes prétentions militaires. Quant à leur nombre, les Rèmes avaient à ce sujet les données les plus certaines, en ce que, unis avec eux par le voisinage et les alliances, ils connaissaient le contingent que, dans l'assemblée générale des Belges, chaque peuple avait promis pour cette guerre. Les Bellovaques[2] tenaient le premier rang parmi eux par leur courage, leur influence et leur population : ils pouvaient mettre

[1] Habitants du territoire de Sens. — [2] Peuple du diocèse de Reims.

[1] Peuple du Soissonnais, territoire contigu à celui de Reims. — [2] Peuple du Beauvoisis.

atque inveterascere in Gallia moleste ferebant; partim qui mobilitate et levitate animi novis imperiis studebant : ab nonnullis etiam, quod in Gallia a potentioribus atque his, qui ad conducendos homines facultates habebant, vulgo regna occupabantur, qui minus facile eam rem in imperio nostro consequi poterant.

II. Iis nunciis litterisque commotus Cæsar duas legiones in citeriore Gallia novas conscripsit; et inita æstate, in interiorem Galliam qui deduceret, Q. Pedium legatum misit. Ipse, quum primum pabuli copia esse inciperet, ad exercitum venit; dat negotium Senonibus reliquisque Gallis, qui finitimi Belgis erant, uti ea, quæ apud eos gerantur, cognoscant; seque de his rebus certiorem faciant. Hi constanter omnes nunciaverunt manus cogi, exercitum in unum locum conduci. Tum vero dubitandum non existimavit, quin ad eos [duodecimo die] proficisceretur. Re frumentaria provisa, castra movet, diebusque circiter quindecim ad fines Belgarum pervenit.

III. Eo quum de improviso, celeriusque omni opinione venisset, Remi, qui proximi Galliæ ex Belgis sunt, ad eum legatos, Iccium et Antebrogium, primos civitatis, miserunt, qui dicerent, se suaque omnia in fidem atque in potestatem populi romani permittere; neque se cum reliquis Belgis consensisse, neque contra populum romanum omnino conjurasse : paratosque esse et obsides dare, et imperata facere, et oppidis recipere, et frumento ceterisque rebus juvare : reliquos omnes Belgas in armis esse; Germanosque, qui cis Rhenum incolunt, sese cum his conjunxisse, tantumque esse eorum omnium furorem, ut, ne Suessiones quidem, fratres consanguineosque suos, qui eodem jure et eisdem legibus utantur, unum imperium, unumque magistratum cum ipsis habeant, deterrere potuerint, quin cum his consentirent.

IV. Quum ab his quæreret, quæ civitates, quantæque in armis essent, et quid in bello possent, sic reperiebat : plerosque Belgas esse ortos ab Germanis; Rhenumque antiquitus traductos, propter loci fertilitatem ibi consedisse, Gallosque, qui ea loca incolerent, expulisse; solosque esse, qui, patrum nostrorum memoria, omni Gallia vexata, Teutones Cimbrosque intra fines suos ingredi prohibuerint. Qua ex re fieri, uti earum rerum memoria magnam sibi auctoritatem, magnosque spiritus in re militari sumerent. De numero eorum omnia se habere explorata Remi dicebant, propterea quod propinquitatibus affinitatibusque conjuncti, quantam quisque multitudinem in communi Belgarum concilio ad id bellum pollicitus sit, cognoverint. Plurimum inter eos Bellovacos et virtute et auctoritate et hominum numero valere : hos posse con-

cent mille hommes sous les armes : ils en avaient promis soixante mille d'élite, et demandaient la direction de toute la guerre. Les Suessions, leurs voisins, possédaient un territoire très-étendu et très-fertile ; ils avaient eu pour roi, de notre temps encore, Divitiac, le plus puissant chef de la Gaule, qui à une grande partie de ces régions joignait aussi l'empire de la Bretagne [1]. Galba (1) était maintenant leur roi, et le commandement lui avait été déféré d'un commun accord, à cause de son équité et de sa sagesse. Ils possédaient douze villes, et avaient promis cinquante mille hommes. Autant en donnaient les Nerves [2] réputés les plus barbares d'entre ces peuples, et placés à l'extrémité de la Belgique ; les Atrebates [3] en fournissaient quinze mille ; les Ambiens [4] dix mille ; les Morins [5], vingt-cinq mille ; les Ménapes [6], neuf mille ; les Calètes [7], dix mille ; les Vélocasses [8] et les Veromandues [9] le même nombre ; les Aduatiques [10], dix-neuf mille ; les Condruses [11] ; les Éburons [12], les Cérèses et les Pémanes [13], compris sous la dénomination commune de Germains devaient en envoyer quarante mille.

V. César encouragea les Rèmes par des paroles bienveillantes, et exigea que leur sénat se rendît auprès de lui, et que les enfants des familles les plus distinguées lui fussent amenés en otages ; ce qui fut ponctuellement fait au jour indiqué. Il anime par de vives exhortations le zèle de l'Éduen

[1] L'Angleterre. — [2] Peuple du Hainaut et du midi de la Flandre. — [3] De l'Artois. — [4] De la Picardie. — [5] Du Boulonnais. — [6] Peuple de la Gueldre, du duché de Clèves et du Brabant hollandais. — [7] Du pays de Caux, en Normandie. — [8] Peuple du Vexin. — [9] Du Vermandois. — [10] De la province de Namur. — [11] Du Condrotz. — [12] Du pays Liégeois. — [13] De la province du Luxembourg.

Divitiac ; et lui représente combien il importe à la république et au salut commun de diviser les forces de l'ennemi, afin de n'avoir pas une si grande multitude à combattre à la fois. Il suffit pour cela que les Édues fassent entrer leurs troupes sur le territoire des Bellovaques et se mettent à le ravager. César fait partir Divitiac avec cette commission. Dès qu'il apprit par ses éclaireurs et par les Rèmes, que les Belges marchaient sur lui avec toutes leurs forces réunies et n'étaient déjà plus qu'à peu de distance, il se hâta de faire passer à son armée la rivière d'Aisne, qui est à l'extrême frontière des Rèmes, et assit son camp sur la rive. De cette manière, la rivière défendait un des côtés du camp ; ce qui était à la suite de l'armée se trouvait à l'abri des atteintes de l'ennemi ; et le transport des vivres qu'envoyaient les Rèmes et les autres peuples pouvait s'effectuer sans péril. Sur cette rivière était un pont. Il y plaça une garde, et laissa sur l'autre rive Q. Titurius Sabinus, son lieutenant, avec six cohortes : il fit fortifier le camp d'un retranchement de douze pieds de haut et d'un fossé de dix-huit pieds de profondeur.

VI. A huit mille pas de ce camp était une ville des Rèmes, appelée Bibrax. Les Belges dans leur marche l'attaquèrent vivement. Elle se défendit tout le jour avec peine. Leur manière de faire les siéges est semblable à celle des Gaulois. Lorsqu'ils ont entièrement entouré la place avec leurs troupes, ils lancent de tous côtés des pierres sur le rempart ; quand ils en ont écarté ceux qui le défendent, ils forment la tortue, s'approchent des portes et sapent la muraille. Cela était alors

---

ficere armata millia centum : pollicitos ex eo numero electa millia LX, totiusque belli imperium sibi postulare. Suessiones suos esse finitimos ; latissimos, feracissimosque agros possidere : apud eos fuisse regem nostra etiam memoria Divitiacum, totius Galliæ potentissimum, qui quum magnæ partis harum regionum, tum etiam Britanniæ, imperium obtinuerit : nunc esse regem Galbam : ad hunc, propter justitiam prudentiamque, summam totius belli omnium voluntate deferri : oppida habere numero XII ; polliceri millia armata quinquaginta : totidem Nervios, qui maxime feri inter ipsos habeantur, longissimeque absint : XV millia Atrebates : Ambianos X millia : Morinos XXV millia : Menapios IX millia : Caletos X millia : Velocasses et Veromanduos totidem : Aduatucos XIX millia ; Condrusos, Eburones, Cæræsos, Pæmanos, qui uno nomine Germani appellantur, arbitrari ad LX millia.

V. Cæsar, Remos cohortatus, liberaliterque oratione prosecutus, omnem senatum ad se convenire, principumque liberos obsides ad se adduci jussit. Quæ omnia ab his diligenter ad diem facta sunt. Ipse Divitiacum Æduum magno opere cohortatus, docet quanto opere reipublicæ communisque salutis intersit, manus hostium distineri, ne cum tanta multitudine uno tempore confli-

gendum sit. Id fieri posse, si suas copias Ædui in fines Bellovacorum introduxerint, et eorum agros populari cœperint. His mandatis, eum ab se dimittit. Postquam omnes Belgarum copias in unum locum coactas ad se venire vidit, neque jam longe abesse ab his, quos miserat, exploratoribus, et ab Remis cognovit, flumen Axonam, quod est in extremis Remorum finibus, exercitum traducere maturavit, atque ibi castra posuit. Quæ res et latus unum castrorum ripis fluminis muniebat, et post eum quæ essent tuta ab hostibus reddebat, et commeatus ab Remis, reliquisque civitatibus, ut sine periculo ad eum portari posset, efficiebat. In eo flumine pons erat. Ibi præsidium ponit ; et in altera parte fluminis Q. Titurium Sabinum legatum cum sex cohortibus relinquit : castra in altitudinem pedum duodecim vallo, fossaque duodeviginti pedum munire jubet.

VI. Ab his castris oppidum Remorum, nomine Bibrax, aberat millia passuum VIII. Id ex itinere magno impetu Belgæ oppugnare cœperunt. Ægre eo die sustentatum est. Gallorum eadem atque Belgarum oppugnatio est hæc. Ubi, circumjecta multitudine hominum totis mœnibus, undique lapides in murum jaci cœpti sunt, murusque defensoribus nudatus est ; testudine facta portas succedunt,

aisé; car cette grêle de pierres et de traits rendait toute résistance impossible du haut des remparts. Lorsque la nuit eut mis fin à l'attaque, le Rème Iccius, homme d'une haute naissance et d'un grand crédit, qui commandait alors dans la place, et un de ceux qui avaient été députés vers César pour traiter de la paix, lui dépêcha des courriers pour l'informer que s'il n'était promptement secouru, il ne pouvait tenir plus longtemps.

VII. Vers le milieu de la nuit, César fit partir, sous la conduite des mêmes hommes que lui avait envoyés Iccius, des Numides, des archers crétois et des frondeurs baléares. Leur arrivée ranima l'espoir des assiégés, leur inspira l'ardeur de se défendre, et enleva en même temps aux ennemis l'espérance de prendre la place. Ils restèrent quelque temps à l'entour, dévastèrent la campagne, brûlèrent les bourgs et les maisons qui se trouvaient sur leur route, se dirigèrent avec toutes leurs troupes vers le camp de César, et placèrent le leur à moins de deux mille pas. On pouvait conjecturer, d'après les feux et la fumée, qu'il avait une étendue de plus de huit mille pas.

VIII. César résolut d'abord, à cause du grand nombre des ennemis et de la haute idée qu'il avait de leur courage, de différer la bataille. Chaque jour cependant, par des combats de cavalerie, il éprouvait la valeur de l'ennemi et l'audace des siens. Quand il se fut assuré que les nôtres ne lui étaient point inférieurs, il marqua le champ de bataille, en avant du camp, dans une position naturellement avantageuse; la colline sur laquelle était placé le camp s'élevait peu au-dessus de la plaine, et offrait autant d'étendue qu'il en fallait pour y déployer les troupes; elle s'abaissait à gauche et à droite, et se relevait vers le centre par une légère éminence qui redescendait en pente douce vers la plaine. A l'un et l'autre côté de cette colline, César fit creuser un fossé transversal d'environ quatre cents pas; aux deux extrémités, il éleva des forts et y plaça des machines de guerre, afin d'empêcher que des ennemis si supérieurs en nombre ne vinssent le prendre en flanc et l'envelopper pendant le combat. Cela fait, il laissa dans le camp les deux légions qu'il avait levées récemment, pour servir au besoin de réserve, et rangea les six autres en bataille devant le camp. L'ennemi avait aussi fait sortir ses troupes et formé ses lignes.

IX. Il y avait un marais peu étendu entre notre armée et celle des ennemis. Ils attendaient que les nôtres le traversassent; nos troupes de leur côté, sous les armes, se tenaient prêtes à attaquer les Belges, s'ils s'engageaient les premiers dans le passage. Cependant la cavalerie engageait le combat de part et d'autre. Aucun des deux partis ne voulant passer le premier, César, après le succès d'une charge de cavalerie, fit rentrer ses légions dans le camp. Aussitôt les ennemis se dirigèrent vers la rivière d'Aisne, qui était, comme nous l'avons dit, derrière nous. Ayant trouvé des endroits guéables ils essayèrent d'y faire

---

murumque subruunt. Quod tum facile fiebat: nam, quum tanta multitudo lapides ac tela conjicerent, in muro consistendi potestas erat nulli. Quum finem oppugnandi nox fecisset, Iccius Remus, summa nobilitate et gratia inter suos, qui tum oppido præerat, unus ex his, qui legati de pace ad Cæsarem venerant, nuncios ad eum mittit, nisi subsidium sibi submittatur, sese diutius sustinere non posse.

VII. Eo de media nocte Cæsar, iisdem ducibus usus, qui nuncii ab Iccio venerant, Numidas et Cretas sagittarios, et funditores Baleares subsidio oppidanis mittit: quorum adventu et Remis, cum spe defensionis, studium propugnandi accessit, et hostibus eadem de causa spes potiundi oppidi discessit. Itaque, paulisper apud oppidum morati, agrosque Remorum depopulati, omnibus vicis ædificiisque, quos adire poterant, incensis, ad castra Cæsaris omnibus copiis contenderunt; et ab millibus passuum minus II, castra posuerunt: quæ castra ut fumo atque ignibus significabatur, amplius millibus passuum VIII in latitudinem patebant.

VIII. Cæsar primo, et propter multitudinem hostium, et propter eximiam opinionem virtutis, prælio supersedere statuit; quotidie tamen equestribus præliis, quid hostis virtute posset, et quid nostri auderent, sollicitationibus periclitabatur. Ubi nostros non esse inferiores intellexit, loco pro castris ad aciem instruendam natura opportuno atque idoneo; (quod is collis, ubi castra posita erant paululum ex planitie editus, tantum adversus in latitudinem patebat, quantum loci acies instructa occupare poterat, atque ex utraque parte lateris dejectus habebat, et frontem leniter fastigatus paulatim ad planitiem redibat) ab utroque latere ejus collis transversam fossam obduxit circiter passuum CD; et ad extremas fossas castella constituit, ibique tormenta collocavit, ne, quum aciem instruxisset, hostes, quod tantum multitudine poterant, ab lateribus pugnantes suos circumvenire possent. Hoc facto, duabus legionibus, quas proxime conscripserat, in castris relictis, ut, si qua opus esset, subsidio duci possent, reliquas sex legiones pro castris in acie constituit. Hostes item suas copias ex castris eductas instruxerant.

IX. Palus erat non magna inter nostrum atque hostium exercitum. Hanc si nostri transirent, hostes expectabant: nostri autem, si ab illis initium transeundi fieret, ut impeditos aggrederentur, parati in armis erant. Interim prælio equestri inter duas acies committebatur. Ubi neutri transeundi initium faciunt, secundore equitum prælio nostris, Cæsar suos in castra reduxit. Hostes protinus ex eo loco ad flumen Axonam contenderunt, quod esse post nostra castra demonstratum est. Ibi vadis repertis, partem suarum copiarum transducere conati sunt; eo consi-

passer une partie de leurs troupes, dans le dessein, soit de prendre, s'ils le pouvaient, le fort commandé par le lieutenant Q. Titurius et de rompre le pont, soit, s'ils n'y réussissaient pas, de ravager le territoire des Rèmes, qui nous étaient d'une grande ressource dans cette guerre, et d'intercepter nos convois.

X. César, averti par Titurius, passa le pont avec toute sa cavalerie, ses Numides armés à la légère, ses frondeurs, ses archers, et marcha à l'ennemi. Alors s'engagea un combat opiniâtre. Les nôtres ayant attaqué les Belges dans les embarras du passage, en tuèrent un grand nombre. Les autres, pleins d'audace, s'efforçaient de passer sur le corps de leurs compagnons; une grêle de traits les repoussa. Ceux qui avaient les premiers traversé l'Aisne furent enveloppés et taillés en pièces par la cavalerie. Les ennemis, se voyant déchus de l'espoir d'emporter le fort et de traverser la rivière, ne pouvant nous attirer pour combattre sur un terrain désavantageux, et les vivres commençant à leur manquer, tinrent conseil et arrêtèrent que ce qu'il y avait de mieux était de retourner chacun dans son pays, et de se tenir prêts à marcher tous à la défense du premier que l'armée romaine envahirait ; ils combattraient avec plus d'avantage sur leur propre territoire que sur des terres étrangères, et les vivres chez eux leur seraient assurés. Celui de leurs motifs qui eut le plus de poids pour cette détermination, ce fut la nouvelle que Divitiac et les Éduens approchaient des frontières des Bellovaques. On ne put persuader à ces derniers de rester plus longtemps, ni les empêcher d'aller défendre leurs biens

XI. Le départ étant résolu, dès la seconde veille, ils sortirent de leur camp à grand bruit, en tumulte, sans ordre fixe, sans être commandés par personne, prenant chacun le premier chemin qui s'offrait, et se hâtant de gagner leur pays, ce qui faisait ressembler ce départ à une fuite. César aussitôt averti par ses vedettes, mais craignant une embuscade, dans l'ignorance où il était encore de la cause de cette retraite, retint son armée dans le camp même de sa cavalerie. Au point du jour, ce départ lui ayant été confirmé par ses éclaireurs, il détacha toute sa cavalerie, pour arrêter l'arrière-garde. Il en confia le commandement à Q. Pédius et à Aurunculeius Cotta, ses lieutenants. T. Labiénus, un autre de ses lieutenants, eut ordre de les suivre avec trois légions. Ils atteignirent l'arrière-garde ennemie, la poursuivirent pendant plusieurs milles, et on avait tué un grand nombre de ces fuyards, lorsque les derniers rangs, auxquels nous étions arrivés, firent halte et soutinrent notre choc avec beaucoup de vigueur; mais ceux qui étaient en avant, se voyant éloignés du péril, et n'étant retenus ni par la nécessité de se défendre, ni par les ordres d'aucun chef, eurent à peine entendu les cris des combattants, qu'ils rompirent leurs rangs, et cherchèrent tous leur salut dans la fuite. Ainsi, sans courir aucun danger, les nôtres tuèrent à l'ennemi autant d'hommes que le permit la durée du jour : au coucher du soleil, ils cessèrent la poursuite et rentrèrent au camp, comme il leur avait été ordonné.

---

lio, ut, si possent, castellum, cui præerat Q. Titurius legatus, expugnarent, pontemque interscinderent ; si minus potuissent, agros Remorum popularentur, qui magno nobis usui ad bellum gerendum erant, commeatuque nostros prohiberent.

X. Cæsar, certior factus ab Titurio, omnem equitatum et levis armaturæ Numidas funditores, sagittariosque pontem traducit atque ad eos contendit. Acriter in eo loco pugnatum est. Hostes impeditos nostri in flumine aggressi, magnum eorum numerum occiderunt. Per eorum corpora reliquos audacissime transire conantes, multitudine telorum repulerunt; primos, qui transierant, equitatu circumventos interfecerunt. Hostes ubi et de expugnando oppido et de flumine transeundo spem se fefellisse intellexerunt, neque nostros in locum iniquiorem progredi pugnandi causa viderunt, atque ipsos res frumentaria deficere cœpit, concilio convocato, constituerunt, optimum esse domum suam quemque reverti; ut, quorum in fines primum Romani exercitum introduxissent, ad eos defendendos undique convenirent; et potius in suis, quam in alienis finibus decertarent, et domesticis copiis rei frumentariæ uterentur. Ad eam sententiam, cum reliquis causis, hæc quoque ratio eos deduxit, quod Divitiacum atque Æduos finibus Bellovacorum appropinquare cognoverant.

His persuaderi, ut diutius morarentur, neque suis auxilium ferrent, non poterat.

XI. Ea re constituta, secunda vigilia magno cum strepitu ac tumultu castris egressi, nullo certo ordine neque imperio, quum sibi quisque primum itineris locum peteret et domum pervenire properaret, fecerunt, ut consimilis fugæ profectio videretur. Hac re statim Cæsar per speculatores cognita, insidias veritus, quod, qua de causa discederent, nondum perspexerat, exercitum equitatumque castris continuit. Primâ luce, confirmata re ab exploratoribus, omnem equitatum, qui novissimum agmen moraretur, præmisit. His Q. Pedium, et L. Aurunculeium Cottam legatos præfecit, T. Labienum legatum cum legionibus tribus subsequi jussit. Hi, novissimos adorti et multa millia passuum prosecuti, magnam multitudinem eorum fugientium conciderunt, quum ab extremo agmine, ad quos ventum erat, consisterent fortiterque impetum nostrorum militum sustinerent; prioresque (quod abesse a periculo viderentur, neque ulla necessitate, neque imperio continerentur), exaudito clamore, perturbatis ordinibus, omnes in fuga sibi præsidium ponerent. Ita sine ullo periculo tantam eorum multitudinem nostri interfecerunt, quantum fuit diei spatium; sub occasumque solis destiterunt, seque in castra, ut erat imperatum, receperunt.

XII. Le lendemain, César, avant que l'ennemi se fût rallié et remis de sa terreur, dirigea son armée vers le pays des Suessions, contigu à celui des Rèmes, et, après une longue marche, arriva devant la ville de Noviodunum[1]. Il essaya de l'emporter d'assaut, sur ce qu'il avait appris qu'elle manquait de garnison ; mais la largeur des fossés, la hauteur de ses murs défendus par un petit nombre d'hommes, l'empêchèrent de s'en rendre maître. Il retrancha son camp, et se mit à faire des mantelets et à disposer tout ce qui était nécessaire pour le siége. Pendant ces préparatifs, tous ceux des Suessions qui avaient échappé à la défaite entrèrent la nuit suivante dans la place. On pousse aussitôt les mantelets contre les murs, on élève la terrasse, on établit les tours. Les Gaulois effrayés de la grandeur de ces travaux qu'ils n'avaient jamais vus, dont ils n'avaient jamais entendu parler, et de la promptitude des Romains à les exécuter, envoient des députés à César pour traiter de leur reddition ; et, sur la prière des Rèmes, ils obtiennent la vie sauve.

XIII. César reçut pour otages les principaux de la ville, les deux fils du roi Galba lui-même, se fit livrer toutes les armes de la place, accepta la soumission des Suessions, et marcha avec son armée contre les Bellovaques. Ils s'étaient renfermés avec tous leurs biens dans la place de Dratuspantium[2]. Lorsque César et son armée en furent à cinq milles environ, tous les vieillards, sortant de la ville, vinrent lui tendre les mains et lui annoncer qu'ils se mettaient sous sa protection et sous sa puissance, et qu'ils ne voulaient point prendre les armes contre le peuple romain. Comme il s'était approché de la place et s'occupait à établir son camp, les enfants et les femmes tendaient aussi les mains du haut des murs, selon leur manière de supplier et nous demandaient la paix.

XIV. Diviciac intercéda pour eux (car depuis la retraite des Belges, il avait renvoyé les troupes éduennes, et était revenu auprès de César). « De tout temps, dit-il, les Bellovaques ont joui de la confiance et de l'amitié des Édues ; entraînés par des chefs qui leur disaient que les Édues, réduits par César à la condition d'esclaves, avaient à souffrir toutes sortes d'indignités et d'outrages, ils se sont détachés de ce peuple, et ont pris les armes contre les Romains. Les auteurs de ces conseils, voyant quelles calamités ils avaient attirées sur leur pays, viennent de s'enfuir en Bretagne. Ce ne sont pas seulement les Bellovaques qui le prient ; les Édues eux-mêmes réclament pour eux sa clémence et sa douceur. S'il se rend à leurs prières, il augmentera le crédit des Édues auprès de tous les Belges, qui leur prêtent ordinairement des secours et leur appui quand ils ont quelque guerre à soutenir. »

XV. César répondit qu'en considération de Diviciac et des Édues, il acceptait la soumission des Bellovaques et leur accordait la vie ; mais, comme cette cité était une des premières de la Belgique par son importance et sa population, il demanda six cents otages. Quand ils eurent été livrés ainsi que toutes les armes trouvées dans

[1] Soissons ou Noyon. — [2] Aujourd'hui *Gratepenche* ou *Bratepense*, à deux lieues de Breteuil.

XII. Postridie ejus diei Cæsar, priusquam se hostes ex terrore ac fuga reciperent, in fines Suessionum, qui proximi Remis erant, exercitum duxit, et magno itinere confecto ad oppidum Noviodunum contendit. Id ex itinere oppugnare conatus, quod vacuum ab defensoribus esse audiebat, propter latitudinem fossæ, murique altitudinem, paucis defendentibus, expugnare non potuit. Castris munitis, vineas agere, quæque ad oppugnandum usui erant, comparare cœpit. Interim omnis ex fuga Suessionum multitudo in oppidum proxima nocte convenit. Celeriter vineis ad oppidum actis, aggere jacto, turribusque constitutis, magnitudine operum, quæ neque viderant ante Galli, neque audierant, et celeritate Romanorum permoti, legatos ad Cæsarem de deditione mittunt ; et, petentibus Remis, ut conservarentur, impetrant.

XIII. Cæsar, obsidibus acceptis, primis civitatis atque ipsius Galbæ regis duobus filiis, armisque omnibus ex oppido traditis, in deditionem Suessiones accepit, exercitumque in Bellovacos duxit. Qui quum se suaque omnia in oppidum Bratuspantium contulissent, atque ab eo oppido Cæsar cum exercitu circiter millia passuum quinque abesset, omnes majores natu, ex oppido egressi, manus ad Cæsarem tendere et voce significare cœperunt, sese in ejus fidem ac potestatem venire, neque contra populum romanum armis contendere. Item, quum ad oppidum accessisset, castraque ibi poneret, pueri mulieresque ex muro passis manibus suo more pacem ab Romanis petierunt.

XIV. Pro his Diviciacus (nam post discessum Belgarum, dimissis Æduorum copiis, ad eum reverterat) facit verba : « Bellovacos omni tempore in fide atque amicitia civitatis Æduæ fuisse : impulsos a suis principibus, qui dicerent, Æduos, a Cæsare in servitutem redactos, omnes indignitates contumeliasque perferre, et ab Æduis defecisse, et populo romano bellum intulisse : qui hujus consilii principes fuissent, quod intelligerent quantam calamitatem civitati intulissent, in Britanniam profugisse. Petere non solum Bellovacos, sed etiam pro his Æduos, ut sua clementia ac mansuetudine in eos utatur. Quod si fecerit, Æduorum auctoritatem apud omnes Belgas amplificaturum : quorum auxiliis atque opibus, si qua bella inciderint, sustentare consuerint. »

XV. Cæsar honoris Diviciaci atque Æduorum causa sese in fidem recepturum et conservaturum dixit : sed, quod erat civitas magna inter Belgas auctoritate, atque hominum multitudine præstabat, DC obsides poposcit. His traditis, omnibusque armis ex oppido collatis, ab eo loco in fines Ambianorum pervenit, qui se suaque omnia

la ville, il marcha contre les Ambiens, qui mirent aussitôt leurs personnes et leurs biens à sa discrétion. Au territoire de ces derniers touchait celui des Nerves. César s'informa du caractère et des mœurs de ce peuple, et apprit que chez eux tout accès était interdit aux marchands étrangers; qu'ils proscrivaient l'usage du vin et des autres superfluités, les regardant comme propres à énerver leurs âmes et à amollir le courage; que c'étaient des hommes barbares et intrépides; qu'ils accusaient amèrement les autres Belges de s'être donnés au peuple romain et d'avoir dégénéré de la valeur de leurs pères; qu'ils avaient résolu de n'envoyer aucun député, et de n'accepter aucune proposition de paix.

XVI. Après trois jours de marche sur leur territoire, César apprit de ses prisonniers que la Sambre n'était pas à plus de dix milles de son camp, que les Nerves étaient postés de l'autre côté de cette rivière, et y attendaient l'arrivée des Romains; ils étaient réunis aux Atrébates et aux Véromandues, leurs voisins, auxquels ils avaient persuadé de partager les chances de cette guerre; ils attendaient encore des Atuatiques, déjà en route, un renfort de troupes; les femmes et tous ceux que leur âge rendait inutiles pour le combat avaient été rassemblés dans un lieu dont les marais défendaient l'accès à une armée.

XVII. Sur cet avis, César envoya des éclaireurs et des centurions pour choisir un emplacement propre à un camp. Un certain nombre de Belges et d'autres Gaulois récemment soumis le suivaient et faisaient route avec lui : quelques-uns d'entre eux, comme on le sut depuis par les prisonniers, ayant observé attentivement, dans ces derniers jours, la marche habituelle de notre armée, se rendirent de nuit auprès des Nerves, et les informèrent qu'entre chacune des légions il y avait une grande quantité de bagages, qu'il serait aisé d'attaquer la première, au moment où elle entrerait dans le camp, séparée des autres par un grand espace et embarrassée dans ses équipages; que cette légion une fois repoussée et ses bagages pillés, les autres n'oseraient faire résistance. Un tel avis donné aux Nerves pouvait leur servir beaucoup, en ce que de tout temps, très-faibles en cavalerie (car aujourd'hui même ils négligent cette partie, et toute leur force ne consiste que dans l'infanterie), ils ont eu l'habitude, pour arrêter plus facilement la cavalerie des peuples voisins, dans le cas où le désir du pillage l'attirerait sur leur territoire, de tailler et de courber de jeunes arbres, dont les branches, horizontalement dirigées et entrelacées de ronces et d'épines, forment des haies semblables à un mur, et qui leur servent de retranchement, à travers lesquels on ne peut ni pénétrer ni même voir. Comme ces dispositions entravaient la marche de notre armée, les Nerves crurent devoir profiter de l'avis qu'on leur donnait.

XVIII. Voici la nature de l'emplacement que les nôtres avait choisi pour le camp : c'était une colline qui depuis son sommet s'abaissait insensiblement vers la Sambre, rivière que nous avons nommée plus haut; il s'en élevait une autre d'une pente également douce, vis-à-vis de celle-là et sur

---

sine mora dediderunt. Eorum fines Nervii attingebant : quorum de natura moribusque Cæsar quum quæreret, sic reperiebat : « Nullum aditum esse ad eos mercatoribus: nihil pati vini reliquarumque rerum ad luxuriam pertinentium inferri, quod his rebus relanguescere animos et remitti virtutem existimarent : esse homines feros, magnæque virtutis : increpitare atque incusare reliquos Belgas, qui se populo romano dedidissent, patriamque virtutem projecissent : confirmare sese neque legatos missuros, neque ullam conditionem pacis accepturos. »

XVI. Quum per eorum fines triduum iter fecisset, inveniebat ex captivis, Sabim flumen ab castris suis non amplius millia passuum decem abesse : trans id flumen omnes Nervios consedisse, adventumque ibi Romanorum exspectare una cum Atrebatibus et Veromanduis, finitimis suis (nam his utrisque persuaserant, uti eamdem belli fortunam experirentur) : exspectari etiam ab his Atuatucorum copias, atque esse in itinere : mulieres, quique per ætatem ad pugnam inutiles viderentur, in eum locum conjecisse, quo propter paludes exercitui aditus non esset.

XVII. His rebus cognitis, exploratores centurionesque præmittit, qui locum idoneum castris deligant. Quumque ex dedititiis Belgis, reliquisque Gallis complures Cæsarem secuti, una iter facerent; quidam ex his, ut postea ex captivis cognitum est, eorum dierum consuetudine itineris nostri exercitus perspecta, nocte ad Nervios pervenerunt, atque iis demonstrarunt, inter singulas legiones impedimentorum magnum numerum intercedere, neque esse quidquam negotii, quum prima legio in castra venisset, reliquæque legiones magnum spatium abessent, hanc sub sarcinis adoriri : qua pulsa, impedimentisque direptis, futurum, ut reliquæ contra consistere non auderent. Adjuvabat etiam eorum consilium, qui rem deferebant, quod Nervii antiquitus, quum equitatu nihil possent (neque enim ad hoc tempus ei rei student, sed, quidquid possunt, pedestribus valent copiis), quo facilius finitimorum equitatum, si prædandi causa ad eos venisset, impedirent, teneris arboribus incisis atque inflexis, crebris in latitudinem ramis et rubis sentibusque interjectis effecerant, ut instar muri hæ sepes munimenta præberent; quo nommodo intrari, sed ne perspici quidem posset. His rebus quum iter agminis nostri impediretur, non omittendum sibi consilium Nervii æstimaverunt.

XVIII. Loci natura erat hæc, quem locum nostri castris delegerant. Collis, ab summo æqualiter declivis, ad flumen Sabim, quod supra nominavimus, vergebat. Ab eo flumine pari acclivitate collis nascebatur, adversus huic et contrarius, passus circiter ducentos, infima apertus, ab

le bord opposé, à deux cents pas environ. La partie inférieure en était découverte et la cime assez boisée pour que la vue ne pût y pénétrer. L'ennemi se tenait caché dans ce bois: dans la partie découverte, le long de la rivière, se voyaient quelques postes de cavalerie. Cette rivière avait une profondeur d'à peu près trois pieds.

XIX. César avait envoyé sa cavalerie en avant et suivait avec toutes ses troupes; mais l'ordre de marche différait de ce que les Belges avaient rapporté aux Nerves; car, en approchant de l'ennemi, César, selon son usage, s'avançait avec six légions sans équipages; venaient ensuite les bagages de toute l'armée, sous la garde de deux légions nouvellement levées, qui fermaient la marche. Nos cavaliers passèrent la Sambre avec les frondeurs et les archers, et engagèrent le combat avec la cavalerie des ennemis. Ceux-ci tour à tour se repliaient dans le bois vers les leurs et en sortaient de nouveau pour fondre sur nous; mais les nôtres n'osaient les poursuivre au-delà de l'espace découvert. Cependant les six légions qui étaient arrivées les premières, s'étant partagé le travail, se mirent à fortifier le camp. Dès que les ennemis cachés sur la hauteur aperçurent la tête de nos équipages (c'était le moment qu'ils avaient fixé pour l'attaque), ils sortirent dans le même ordre de bataille qu'ils avaient formé dans le bois, s'élancèrent tout à coup avec toutes leurs forces et tombèrent sur notre cavalerie. Ils la culbutèrent sans peine, la mirent en désordre, et coururent vers la rivière avec une si incroyable vitesse qu'ils semblaient être presque au même instant dans le bois, et au milieu de la rivière, et sur nos bras. Ce fut avec la même promptitude qu'ils attaquèrent notre colline, notre camp et les travailleurs occupés à le retrancher (5).

XX. César avait tout à faire à la fois: il fallait planter l'étendard qui donnait le signal de courir aux armes, faire sonner les trompettes, rappeler les travailleurs, rassembler ceux qui s'étaient écartés pour chercher les matériaux des retranchements, ranger l'armée en bataille, haranguer les soldats et donner le mot d'ordre (4). De tant de choses à faire, la brièveté du temps et le choc victorieux de l'ennemi en rendaient une grande partie impossible. A côté de ces difficultés, s'offraient pourtant deux ressources, l'expérience et l'habileté des soldats qui, instruits par les combats antérieurs, pouvaient se tracer à eux-mêmes leur conduite aussi bien que l'eussent fait des chefs, et ensuite, près de chaque légion, la présence des lieutenants à qui César avait défendu de s'éloigner avant que le camp fût fortifié. Ces lieutenants, pressés par de si agiles assaillants, n'attendaient plus les ordres de César, et faisaient de leur propre autorité ce qu'ils jugeaient le plus convenable.

XXI. César, après avoir pourvu au plus nécessaire, courut exhorter les soldats, selon que le hasard les lui offrait, et arriva à la dixième légion. Pour toute harangue, il lui dit de se souvenir de son ancienne valeur, de ne point se troubler, et de soutenir vigoureusement le choc des ennemis; et, comme ceux-ci n'étaient plus qu'à la

---

superiore parte silvestris, ut non facile introrsus perspici posset. Intra eas silvas hostes in occulto sese continebant: in aperto loco secundum flumen paucæ stationes equitum videbantur. Fluminis erat altitudo pedum circiter trium.

XIX. Cæsar, equitatu præmisso, subsequebatur omnibus copiis : sed ratio ordoque agminis aliter se habebat, ac Belgæ ad Nervios detulerant. Nam, quod ad hostes appropinquabat, consuetudine sua Cæsar sex legiones expeditas ducebat : post eas totius exercitus impedimenta collocarat : inde duæ legiones, quæ proxime conscriptæ erant, totum agmen claudebant, præsidioque impedimentis erant. Equites nostri, cum funditoribus sagittariisque flumen transgressi, cum hostium equitatu prælium commiserunt. Quum se illi identidem in silvas ad suos reciperent, ac rursus ex silva in nostros impetum facerent, neque nostri longius, quam quem ad finem porrecta ac loca aperta pertinebant, cedentes insequi auderent : interim legiones sex, quæ primæ venerant, opere dimenso, castra munire cœperunt. Ubi prima impedimenta nostri exercitus ab his, qui in silvis abditi latebant, visa sunt, (quod tempus inter eos committendi prælii convenerat) ita, ut intra silvas aciem ordinesque constituerant, atque ipsi sese confirmaverant, subito omnibus copiis provolaverunt impetumque in nostros equites fecerunt. His facile pulsis ac proturbatis, incredibili celeritate ad flumen decucurrerunt, ut pene uno tempore et ad silvas et in flumine et jam in manibus nostris hostes viderentur. Eadem autem celeritate adverso colle ad nostra castra atque eos, qui in opere occupati erant, contenderunt.

XX. Cæsari omnia uno tempore erant agenda : vexillum proponendum, quod erat insigne, quum ad arma concurri oporteret : signum tuba dandum : ab opere revocandi milites : qui paulo longius aggeris petendi causa processerant, arcessendi : acies instruenda, milites cohortandi, signum dandum : quarum rerum magnam partem temporis brevitas et successus et incursus hostium impediebat. His difficultatibus duæ res erant subsidio, scientia atque usus militum, quod, superioribus præliis exercitati, quid fieri oporteret, non minus commode ipsi sibi præscribere, quam ab aliis doceri poterant; et quod ab opere singulisque legionibus singulos legatos Cæsar discedere, nisi munitis castris, vetuerat. Hi, propter propinquitatem et celeritatem hostium, nihil jam Cæsaris imperium spectabant; sed per se, quæ videbantur, administrabant.

XXI. Cæsar, necessariis rebus imperatis, ad cohortandos milites, quam in partem fors obtulit, decucurrit et ad legionem decimam devenit. Milites non longiore oratione cohortatus, quam uti suæ pristinæ virtutis memoriam retinerent, neu perturbarentur animo, hostiumque

portée du trait, il donna le signal du combat. Il partit pour faire ailleurs la même exhortation; on était déjà aux prises. L'engagement avait été si rapide, et l'ennemi si impatient de combattre, que l'on n'avait eu le temps ni de revêtir les insignes du commandement, ni même de mettre les casques (5) et d'ôter l'enveloppe des boucliers (6). Chaque soldat en revenant des travaux se plaça au hasard près du premier drapeau qu'il aperçut, afin de ne pas perdre, à chercher le sien, le temps de la bataille.

XXII. L'armée s'était rangée plutôt comme l'avaient permis la nature du terrain, la pente de la colline et le peu de temps, que comme le demandaient les règles de l'art militaire. Comme les légions soutenaient l'attaque de l'ennemi, chacune de son côté, séparées les unes des autres par ces haies épaisses qui, comme nous l'avons dit précédemment, interceptaient la vue, on ne pouvait ni placer des réserves où il en fallait, ni pourvoir à ce qui était nécessaire sur chaque point, ni faire émaner tous les ordres d'un centre unique. De cette confusion générale, s'ensuivaient des accidents et des fortunes diverses.

XXIII. Les soldats de la neuvième et de la dixième légion, placés à l'aile gauche de l'armée, après avoir lancé leurs traits, tombèrent sur les Atrébates, fatigués de leur course, hors d'haleine, percés de coups, et qui leur faisaient face. Ils les repoussèrent promptement de la hauteur jusqu'à la rivière, qu'ils essayèrent de passer; mais on les poursuivit l'épée à la main, et on en tua un grand nombre au milieu des difficultés de ce passage. Les nôtres n'hésitèrent pas de leur côté à traverser la rivière; mais, s'étant engagés dans une position désavantageuse, l'ennemi revint sur ses pas, se défendit, et recommença le combat; il fut mis en fuite. Sur un autre point, deux de nos légions, la onzième et la huitième, avaient battu les Véromandues, avec lesquels elles en étaient venues aux mains, et les menaient battant depuis la hauteur jusque sur les rives mêmes de la Sambre. Mais ces mouvements du centre et de l'aile gauche avaient laissé le camp presque entièrement à découvert; l'aile droite se composait de la douzième légion et de la septième, placées à peu de distance l'une de l'autre : ce fut sur ce point que se portèrent, en masses très-serrées, tous les Nerves conduits par Boduognat[1], leur général en chef. Les uns enveloppèrent nos légions par le flanc découvert, les autres gagnèrent le haut du camp.

XXIV. En ce moment, nos cavaliers et nos fantassins armés à la légère, qui avaient été, comme je l'ai dit, repoussés ensemble par le premier choc des ennemis, et qui revenaient au camp, les rencontrèrent de front et s'enfuirent de nouveau dans une autre direction. Les valets de l'armée qui, de la porte Décumane (7) et du sommet de la colline, avaient vu les nôtres traverser la rivière en vainqueurs, et étaient sortis pour piller, s'étant aperçus, en se retournant, que l'ennemi occupait notre camp, prirent précipitamment la fuite. On entendait en même temps les cris d'épouvante des conducteurs de bagages,

[1] *Buddig-nat*, fils de la Victoire.

---

impetum fortiter sustinerent, quod non longius hostes aberant, quam quo telum adjici posset, prælii committendi signum dedit. Atque in alteram partem item cohortandi causa profectus, pugnantibus occurrit. Temporis tanta fuit exiguitas, hostiumque tam paratus ad dimicandum animus, ut non modo ad insignia accommodanda, sed etiam ad galeas induendas, scutisque tegimenta detrahenda tempus defuerit. Quam quisque in partem ab opere casu devenit, quæque prima signa conspexit, ad hæc constitit ne in quærendis suis, pugnandi tempus dimitteret.

XXII. Instructo exercitu magis ut loci natura, dejectusque collis et necessitas temporis, quam ut rei militaris ratio atque ordo postulabat, quum, diversis legionibus, aliæ alia in parte, hostibus resisterent, sepibusque densissimis, ut ante demonstravimus, interjectis, prospectus impediretur : neque certa subsidia collocari, neque quid in quaque parte opus esset provideri, neque ab uno omnia imperia administrari poterant. Itaque in tanta rerum iniquitate fortunæ quoque eventus varii sequebantur.

XXIII. Legionis nonæ et decimæ milites, ut in sinistra parte acie constiterant, pilis emissis, cursu ac lassitudine exanimatos vulneribusque confectos Atrebates (nam his ea pars obvenerat) celeriter ex loco superiore in flumen compulerunt; et transire conantes insecuti gladiis magnam partem eorum impeditam interfecerunt. Ipsi transire flumen non dubitaverunt; et, in locum iniquum progressi, rursus regressos ac resistentes hostes redintegrato prælio in fugam dederunt. Item alia in parte diversæ duæ legiones, undecima et octava, profligatis Veromanduis, quibuscum erant congressi, ex loco superiore in ipsis fluminis ripis præliabantur. At tum totis fere a fronte et ab sinistra parte nudatis castris, quum in dextro cornu legio duodecima et non magno ab ea intervallo septima constitisset, omnes Nervii confertissimo agmine, duce Boduognato, qui summam imperii tenebat, ad eum locum contenderunt : quorum pars ab aperto latere legiones circumvenire, pars summum castrorum locum petere, cœpit.

XXIV. Eodem tempore equites nostri, levisque armaturæ pedites, qui cum iis una fuerant, quos primo hostium impetu pulsos dixeram, quum se in castra reciperent, adversis hostibus occurrebant ac rursus aliam in partem fugam petebant : et calones, qui ab decumana porta ac summo jugo collis nostros victores flumen transisse conspexerant, prædandi causa egressi, quum respexissent et hostes in nostris castris versari vidissent, præcipites fugæ sese mandabant. Simul eorum, qui cum impedimentis veniebant, clamor fremitusque oriebatur,

que la frayeur entraînait de côté et d'autre. A l'aspect d'un tel désordre, les cavaliers trévires, très-estimés chez les Gaulois pour leur valeur, et que leur cité avait envoyés à César comme auxiliaires, voyant notre camp rempli d'une multitude d'ennemis, les légions pressées et presque enveloppées, les valets, les cavaliers, les frondeurs, les Numides, dispersés et fuyant sur tous les points, désespérèrent de nos affaires, et, prenant la route de leur pays, allèrent annoncer chez eux que les Romains avaient été repoussés et vaincus, et que leur camp, ainsi que leurs bagages, étaient au pouvoir des Nerves.

XXV. César, après avoir exhorté la dixième légion, s'était porté à l'aile droite, et y avait trouvé les troupes vivement pressées, les enseignes réunies en une seule place, les soldats de la douzième légion entassés et s'embarrassant l'un l'autre pour combattre, tous les centurions de la quatrième cohorte tués, le porte-enseigne mort, le drapeau perdu, presque tous les centurions des autres cohortes blessés ou tués, et, de ce nombre, le primipile (8) P. Sextius Baculus, d'un courage remarquable, couvert de si nombreuses et si profondes blessures, qu'il ne pouvait plus se soutenir. Le reste était découragé; des soldats des derniers rangs, se voyant sans chefs, quittaient le champ de bataille et se mettaient à l'abri des traits; l'ennemi ne cessait d'arriver du bas de la colline, de presser le centre et de tourner les deux flancs; nos affaires enfin étaient dans le plus mauvais état, et tout secours manquait pour les rétablir. César arrache alors à un soldat de l'arrière-garde son bouclier (car il n'avait pas le sien), et s'avance à la première ligne; il appelle les centurions par leurs noms, exhorte les autres soldats, fait porter en avant les enseignes et desserrer les rangs, pour qu'on puisse plus facilement se servir de l'épée. Son arrivée rend l'espoir aux soldats et relève leur courage. Chacun veut, sous les yeux du général, faire preuve de zèle dans cette extrémité, et l'on parvient à ralentir un peu l'impétuosité de l'ennemi.

XXVI. César, remarquant que la septième légion placée près de là était aussi vivement pressée par l'ennemi, avertit les tribuns militaires de rapprocher peu à peu les deux légions, afin que, réunies, elles pussent marcher contre lui. Comme par cette manœuvre on se prêtait un mutuel secours, et qu'on ne craignait plus d'être pris à dos et enveloppé, on commença à résister avec plus d'audace et à combattre avec plus de courage. Pendant ce temps, les deux légions qui, comme arrière-garde, portaient les bagages, arrivent au pas de course à la nouvelle du combat, et se montrent aux ennemis sur le haut de la colline. De son côté, T. Labienus, qui avait forcé leur camp, et qui, de cette position élevée, découvrait ce qui se passait dans le nôtre, envoie la dixième légion à notre secours. Celle-ci, comprenant, par la fuite des cavaliers et des valets, dans quel état se trouvaient nos affaires, et de quel danger étaient menacés à la fois le camp, les légions et le général, fit la plus grande diligence.

XXVII. Leur arrivée changea tellement la face des choses, que ceux même des nôtres dont les

aliique aliam in partem perterriti ferebantur. Quibus omnibus rebus permoti equites Treviri, quorum inter Gallos virtutis opinio est singularis, qui auxilii causa ab civitate missi ad Cæsarem venerant, quum multitudine hostium castra nostra compleri, legiones premi et pene circumventas teneri, calones, equites, funditores, Numidas, diversos dissipatosque in omnes partes fugere vidissent, desperatis nostris rebus, domum contenderunt : Romanos pulsos superatosque, castris impedimentisque eorum hostes potitos, civitati renunciaverunt.

XXV. Cæsar, ab decimæ legionis cohortatione ad dextrum cornu profectus, ubi suos urgeri, signisque in unum locum collatis duodecimæ legionis confertos milites sibi ipsos ad pugnam esse impedimento; quartæ cohortis omnibus centurionibus occisis, signiferoque interfecto, signo amisso, reliquarum cohortium omnibus fere centurionibus aut vulneratis, aut occisis, in his primopilo, P. Sextio Baculo, fortissimo viro, multis gravibusque vulneribus confecto, ut jam se sustinere non posset, reliquos esse tardiores; et nonnullos ab novissimis desertos prælio excedere ac tela vitare; hostes neque a fronte ex inferiore loco subeuntes intermittere, et ab utroque latere instare; et rem esse in angusto vidit, neque ullum esse subsidium, quod submitti posset : scuto ab novissimis uni militi detracto, quod ipse eo sine scuto venerat, in primam aciem processit, centurionibusque nominatim appellatis, reliquos cohortatus milites, signa inferre et manipulos laxare jussit, quo facilius gladiis uti possent. Cujus adventu spe illata militibus, ac redintegrato animo, quum pro se quisque, in conspectu imperatoris etiam in extremis suis rebus, operam navare cuperent paulum hostium impetus tardatus est.

XXVI. Cæsar, quum septimam legionem, quæ juxta constiterat, item urgeri ab hoste vidisset, tribunos militum monuit, ut paulatim sese legiones conjungerent, et conversa signa in hostes inferrent. Quo facto, quum alius alii subsidium ferrent, neque timerent, ne aversi ab hoste circumvenirentur, audacius resistere ac fortius pugnare cœperunt. Interim milites legionum duarum, quæ in novissimo agmine præsidio impedimentis fuerant, prælio nunciato, cursu incitato, in summo colle ab hostibus conspiciebantur. Et T. Labienus, castris hostium potitus, et ex loco superiore, quæ res in nostris castris gererentur, conspicatus, decimam legionem subsidio nostris misit. Qui quum ex equitum et calonum fuga, quo in loco res esset, quantoque in periculo et castra et legiones et imperator versaretur, cognovissent, nihil ad celeritatem sibi reliqui fecerunt.

blessures avaient épuisé les forces, s'appuyant sur leurs boucliers, recommençaient le combat; que les valets, voyant l'ennemi frappé de terreur, se jetaient sans armes sur des hommes armés, et que les cavaliers, pour effacer la honte de leur fuite par des actes de courage, devançaient partout les légionnaires dans la mêlée. Mais les ennemis, dans leur dernier espoir de salut, déployèrent un tel courage, que, dès qu'il tombait des soldats aux premiers rangs, les plus proches prenaient leur place et combattaient de dessus leurs corps; que, de ces cadavres amoncelés, ceux qui survivaient lançaient, comme d'une éminence, leurs traits sur les nôtres, et nous renvoyaient nos propres javelots. Il n'y avait plus à s'étonner que des hommes si intrépides eussent osé traverser une large rivière, gravir des bords escarpés et combattre dans une position désavantageuse, difficultés qu'avait aplanies la grandeur de leur courage.

XXVIII. Après cette bataille (9), où la race et le nom des Nerves furent presque entièrement anéantis, les vieillards, que nous avons dit s'être retirés au milieu des marais avec les enfants et les femmes, instruits de ce désastre, ne voyant plus d'obstacles pour les vainqueurs ni de sûreté pour les vaincus, sur l'avis unanime de ceux qui survivaient à la bataille, envoyèrent des députés à César et se rendirent à lui. Rappelant le malheur de leur pays, ils dirent que le nombre de leurs sénateurs se trouvait réduit de six cents à trois seulement, et que de soixante mille hommes en état de porter les armes, il en restait à peine cinq cents. César voulut user de clémence envers ces infortunés suppliants, pourvut soigneusement à leur conservation, leur rendit leur territoire et leurs villes, et enjoignit aux peuples voisins de ne se permettre envers eux et de ne souffrir qu'il leur fût fait aucun outrage ni aucun mal.

XXIX. Les Atuatiques, dont il a été parlé plus haut, venaient avec toutes leurs troupes au secours des Nerves; dès qu'ils apprirent l'issue de la bataille, ils rebroussèrent chemin et retournèrent chez eux. Ayant abandonné leurs villes et leurs forts, ils se retirèrent avec tout ce qu'ils possédaient dans une seule place, admirablement fortifiée par la nature (10). Environnée sur tous les points de son enceinte par des rochers à pic et de profonds précipices, elle n'était accessible que d'un côté, par une pente douce, large d'environ deux cents pieds, et ils avaient pourvu à la défense de cet endroit au moyen d'une double muraille très-élevée, en partie formée d'énormes quartiers de rocs et de poutres aiguisées. C'étaient des descendants de ces Cimbres et de ces Teutons, qui, marchant contre notre province et contre l'Italie, avaient laissé en deçà du Rhin les bagages qu'ils ne pouvaient transporter avec eux, en confiant la garde et la défense à six mille des leurs. Ceux-ci, après la défaite de leurs compagnons, avaient eu de longs démêlés avec les peuples voisins, attaquant et se défendant tour à tour; et, après avoir fait la paix, ils s'étaient, d'un commun accord, fixés dans ces lieux

XXX. A l'arrivée de notre armée, ils firent d'abord de fréquentes sorties et engagèrent de petits

XXVII. Horum adventu tanta rerum commutatio facta est, ut nostri, etiam qui vulneribus confecti procubuissent, scutis innixi, prælium redintegrarent; tum calones, perterritos hostes conspicati, etiam inermes armatis occurrerent; equites vero, ut turpitudinem fugæ virtute delerent, omnibus in locis pugnæ se legionariis militibus præferrent. At hostes, etiam in extrema spe salutis, tantam virtutem præstiterunt, ut, quum primi eorum cecidissent, proximi jacentibus insisterent, atque ex eorum corporibus pugnarent; his dejectis et coacervatis cadaveribus, qui superessent, ut ex tumulo, tela in nostros conjicerent et pila intercepta remitterent: ut non nequidquam tantæ virtutis homines judicari deberet ausos esse transire latissimum flumen, ascendere altissimas ripas, subire iniquissimum locum: quæ facilia ex difficillimis animi magnitudo redegerat.

XXVIII. Hoc prœlio facto, et prope ad internecionem gente ac nomine Nerviorum redacto, majores natu, quos una cum pueris mulieribusque in æstuaria ac paludes collectos dixeramus, hac pugna nunciata, quum victoribus nihil impeditum, victis nihil tutum arbitrarentur, omnium, qui superessent, consensu legatos ad Cæsarem miserunt, seque dei ediderunt; et in commemoranda civitatis calamitate ex DC ad III senatores, ex hominum millibus LX vix ad D, qui arma ferre possent, sese redactos esse dixerunt. Quos Cæsar, ut in miseros ac supplices usus misericordia videretur, diligentissime conservavit; suisque finibus atque oppidis uti jussit, et finitimis imperavit, ut ab injuria et maleficio se suosque prohiberent.

XXIX. Atuatuci, de quibus supra scripsimus, quum omnibus copiis auxilio Nerviis venirent, hac pugna nunciata, ex itinere domum reverterunt; cunctis oppidis castellisque desertis, sua omnia in unum oppidum egregie natura munitum, contulerunt. Quod quum ex omnibus in circuitu partibus altissimas rupes despectusque haberet, una ex parte leniter acclivis aditus, in latitudinem non amplius CC pedum, relinquebatur: quem locum duplici altissimo muro munierant; tum magni ponderis saxa et præacutas trabes in muro collocarant. Ipsi erant ex Cimbris Teutonisque prognati; qui, quum iter in provinciam nostram atque Italiam facerent, iis impedimentis, quæ secum agere ac portare non poterant, citra flumen Rhenum depositis, custodiam ex suis ac præsidio sex millia hominum reliquerunt. Hi, post eorum obitum multos annos a finitimis exagitati, quum alias bellum inferrent, alias illatum defenderent, consensu eorum omnium pace facta, hunc sibi domicilio locum delegerunt.

XXX. Ac primo adventu exercitus nostri crebras ex op-

combats contre nous; mais, quand nous eûmes établi une circonvallation de douze pieds (11) de haut, dans un circuit de quinze milles, qu'elle fut garnie de forts nombreux, ils se tinrent renfermés dans la place. Lorsqu'ils virent de loin qu'après avoir posé les mantelets et élevé la terrasse, nous construisions une tour, ils se mirent à en rire du haut de leurs murailles, et à nous demander à grands cris ce que nous prétendions faire, à une si grande distance, d'une si énorme machine; avec quelles mains, avec quelles forces des nains comme nous (car la plupart des Gaulois, à cause de l'élévation de leur taille, méprisent la petitesse de la nôtre) espéraient approcher de leurs murs une tour d'un si grand poids (12).

XXXI. Mais, dès qu'ils la virent se mouvoir et s'approcher de leurs murailles, frappés de ce spectacle nouveau et inconnu, ils envoyèrent à César, pour traiter de la paix, des députés qui lui dirent: « Nous ne doutons plus que les Romains ne fassent la guerre avec l'assistance des dieux, puisqu'ils peuvent ébranler avec tant de promptitude de si hautes machines pour combattre de près; nous remettons entre leurs mains nos personnes et nos biens. Nous ne demandons, nous n'implorons qu'une grâce. Si la clémence et la douceur de César, que nous avons entendu vanter, le portent à nous laisser la vie, qu'il ne nous dépouille pas de nos armes; tous nos voisins sont des ennemis jaloux de notre courage; comment, si nous livrons nos armes, pourrons-nous nous défendre contre eux? Nous préférons, si tel doit être notre sort, souffrir tout du peuple romain que de périr au milieu des supplices, par les mains de ceux dont nous avons été longtemps les maîtres. »

XXXII. A cette demande César répondit « que, plutôt par habitude que par égard pour eux, il conserverait leur nation, pourvu qu'ils se rendissent avant que le bélier (15) touchât leurs murailles; mais qu'il ne traiterait de la capitulation qu'après la remise de leurs armes : il fera pour eux ce qu'il a fait pour les Nerves, et défendra à leurs voisins d'exercer aucun mauvais traitement contre un peuple qui s'est rendu aux Romains. » Quand on leur eut rapporté cette réponse, ils dirent qu'ils allaient obéir. Du haut de leurs murailles, ils jetèrent dans le fossé qui était devant la place une si grande quantité d'armes que le monceau s'élevait presque à la hauteur du rempart et de notre terrasse; et cependant, comme on le sut par la suite, ils en avaient caché et gardé un tiers dans la ville. Ils ouvrirent leurs portes et restèrent paisibles le reste du jour.

XXXIII. Sur le soir, César fit fermer les portes et sortir ses soldats de la ville, dans la crainte qu'ils ne commissent la nuit des violences contre les habitants. Ceux-ci, comme on le vit bientôt, s'étaient concertés d'avance, pensant qu'après leur soumission nos postes seraient dégarnis ou au moins négligemment gardés : une partie d'entre eux, avec les armes qu'ils avaient retenues et cachées, une autre avec des boucliers d'écorce ou d'osier tressé, qu'ils avaient recouverts de peaux à la hâte, vu la brièveté du temps, sortent tout à coup de la place, à la troisième veille, avec toutes

---

pido excursiones faciebant, parvulisque præliis cum nostris contendebant : postea vallo pedum XII, in circuitu XV millium, crebrisque castellis circummuniti, oppido sese continebant. Ubi, vineis actis, aggere extructo, turrim procul constitui viderunt, primum irridere ex muro, atque increpitare vocibus, quod tanta machinatio ab tanto spatio institueretur? quibusnam manibus, aut quibus viribus, præsertim homines tantulæ staturæ (nam plerumque hominibus Gallis, præ magnitudine corporum suorum, brevitas nostra contemptui est), tanti oneris turrim in muros sese collocare confiderent?

XXXI. Ubi vero moveri et appropinquare mœnibus viderunt, nova atque inusitata specie commoti, legatos ad Cæsarem de pace miserunt, qui, ad hunc modum locuti : « Non se existimare, Romanos sine ope divina bellum gerere, qui tantæ altitudinis machinationes tanta celeritate promovere et ex propinquitate pugnare possent: se suaque omnia eorum potestati permittere, dixerunt. Unum petere ac deprecari : si forte, pro sua clementia ac mansuetudine, quam ipsi ab aliis audirent, statuisset, Atuatucos esse conservandos, ne se armis despoliaret : sibi omnes fere finitimos esse inimicos ac suæ virtuti invidere : a quibus se defendere, traditis armis, non possent: sibi præstare, si in eum casum deducerentur, quamvis fortunam a populo romano pati, quam ab his per cruciatum interfici, inter quos dominari consuessent. »

XXXII. Ad hæc Cæsar respondit : « Se magis consuetudine sua, quam merito eorum, civitatem conservaturum, si prius, quam murum aries attigisset, se dedidissent; sed deditionis nullam esse conditionem, nisi armis traditis : se id, quod in Nerviis fecisset, facturum finitimisque imperaturum, ne quam dediti populi romani injuriam inferrent. » Re nunciata ad suos, quæ imperarentur, facere dixerunt. Armorum magna multitudine de muro in fossam, quæ erat ante oppidum, jacta, sic ut prope summam muri aggerisque altitudinem acervi armorum adæquarent; et tamen circiter parte tertia, ut postea perspectum est, celata atque in oppido retenta, portis patefactis, eo die pace sunt usi.

XXXIII. Sub vesperum Cæsar portas claudi militesque ex oppido exire jussit, ne quam noctu oppidani ab militibus injuriam acciperent. Illi, ante inito, ut intellectum est, consilio, quod deditione facta nostros præsidia deducturos, aut denique indiligentius servaturos, crediderant, partim cum his, quæ retinuerant et celaverant, armis, partim scutis ex cortice factis aut viminibus intextis, quæ subito, ut temporis exiguitas postulabat, pellibus induxe-

leurs troupes, et fondent sur l'endroit des retranchements où l'accès leur parut le moins difficile. L'alarme fut aussitôt donnée par de grands feux, signal prescrit par César, et on accourut de tous les forts voisins sur le point attaqué. Les ennemis combattirent avec acharnement, comme devaient le faire des hommes désespérés, n'attendant plus leur salut que de leur courage, luttant, malgré le désavantage de leur position, contre nos soldats qui lançaient leurs traits sur eux du haut du retranchement et des tours. On en tua quatre mille; le reste fut repoussé dans la place. Le lendemain, César fit rompre les portes laissées sans défenseurs, entra dans la ville avec ses troupes, et fit vendre à l'encan tout ce qu'elle renfermait. Il apprit des acheteurs que le nombre des têtes était de cinquante-trois mille.

XXXIV. Dans le même temps, César fut informé par P. Crassus, envoyé par lui, avec une seule légion, contre les Vénètes [1], les Unelles [2], les Osismes [3]; les Curiosolites [4], les Sesuves [5], les Auérles [6], les Rhedons [7], peuples maritimes sur les côtes de l'Océan, qu'ils s'étaient tous soumis au pouvoir du peuple romain.

XXXV. Ces succès, l'entière pacification de la Gaule, toute cette guerre enfin, firent sur les barbares une telle impression, que plusieurs des peuples situés de l'autre côté du Rhin envoyèrent des députés à César, pour lui offrir des otages et leur soumission. César, pressé de se rendre en Italie et en Illyrie, leur dit de revenir au commencement de l'été suivant. Il mit ses légions en quartier d'hiver chez les Carnutes [1], les Andes [2] et les Turons [3], pays voisins de ceux où il avait fait la guerre, et partit pour l'Italie. Tous ces événements, annoncés à Rome par les lettres de César, firent décréter quinze jours d'actions de grâces aux dieux, ce qui, avant ce temps, n'avait eu lieu pour aucun général (14).

LIVRE TROISIÈME

I. En partant pour l'Italie, César avait envoyé Servius Galba, avec la douzième légion et une partie de la cavalerie, chez les Nantuates [4], les Véragres [5] et les Sédunes [6], dont le territoire s'étend depuis le pays des Allobroges, le lac Léman et le fleuve du Rhône jusqu'aux Hautes-Alpes. L'objet de la mission de Galba était d'ouvrir un chemin à travers ces montagnes, où les marchands ne pouvaient passer sans courir de grands dangers et payer des droits onéreux. César lui permit, s'il le jugeait nécessaire, de mettre sa légion en quartier d'hiver dans ce pays. Après quelques combats heureux pour lui, et la prise de plusieurs forteresses, Galba reçut de toutes parts des députés et des otages, fit la paix, plaça deux cohortes en cantonnement chez les Nan-

---

[1] Pays de Vannes. — [2] Peuple de Valognes et de Cherbourg. — [3] Peuples des diocèse de Saint-Paul-de-Léon et de Tréguier. — [4] Peuple de Corsault, diocèse de Saint-Malo. — [5] Vraisemblablement le territoire de Seez. — [6] Pays d'Évreux. — [7] Peuple de Rennes en Bretagne.

[1] Peuple du pays Chartrain et de l'Orléanais, ayant pour Capitale *Autricum* (Chartres). — [2] Peuple de l'Anjou. — [3] Peuple de la Touraine. — [4] Partie du Chablais et du Valais, près du lac Leman. — [5] Bas-Valais. — [6] Haut-Valais.

---

rant, tertia vigilia, qua minime arduus ad nostras munitiones ascensus videbatur, omnibus copiis repente ex oppido eruptionem fecerunt. Celeriter, ut ante Cæsar imperarat, ignibus significatione facta, ex proximis castellis eo concursum est, pugnatumque ab hostibus ita acriter, ut a viris fortibus, in extrema spe salutis, iniquo loco, contra eos, qui ex vallo turribusque tela jacerent, pugnari debuit, quum in una virtute omnis spes salutis consisteret. Occisis ad hominum millibus quatuor, reliqui in oppidum rejecti sunt. Postridie ejus diei, refractis portis, quum jam defenderet nemo, atque intromissis militibus nostris, sectionem ejus oppidi universam Cæsar vendidit. Ab his, qui emerant, capitum numerus ad eum relatus est millium LIII.

XXXIV. Eodem tempore a P. Crasso, quem, cum legione una miserat ad Venetos, Unellos, Osismios, Curiosolitas, Sesuvios, Aulercos, Rhedones, quæ sunt maritimæ civitates Oceanumque attingunt, certior factus est, omnes eas civitates in ditionem potestatemque populi romani esse redactas.

XXXV. His rebus gestis, omni Gallia pacata, tanta hujus belli ad barbaros opinio perlata est, uti ab his nationibus, quæ trans Rhenum incolerent, mitterentur legati ad Cæsarem, quæ se obsides daturas, imperata facturas, pollicerentur. quas legationes Cæsar, quod in Italiam Illyricumque properabat, inita proxima æstate, ad se reverti jussit. Ipse in Carnutes, Andes, Turonesque, quæ civitates propinquæ his locis erant ubi bellum gesserat, legionibus in hiberna deductis, in Italiam profectus est; ob easque res, ex litteris Cæsaris, dies XV supplicatio decreta est, quod ante id tempus accidit nulli.

LIBER TERTIUS.

I. Quum in Italiam proficisceretur Cæsar, Servium Galbam, cum legione duodecima et parte equitatus, in Nantuates, Veragros, Sedunosque misit, qui ab finibus Allobrogum, et lacu Lemanno, et flumine Rhodano, ad summas Alpes pertinent. Causa mittendi fuit, quod iter per Alpes, quo magno cum periculo magnisque cum portoriis mercatores ire consuerant, patefieri volebat. Huic permisit, si opus esse arbitraretur, uti in eis locis legionem, hiemandi causa, collocaret. Galba, secundis aliquot præliis factis, castellisque compluribus eorum expugnatis, missis ad eum undique legatis, obsidibusque datis, et pace facta, constituit, cohortes duas in Nantuatibus collocare, et ipse cum reliquis ejus legionis cohortibus in vico Veragrorum, qui appellatur Octodurus, bie-

tuates, et lui-même, avec les autres cohortes de la légion, prit son quartier d'hiver dans un bourg des Véragres, nommé Octodur[1]. Ce bourg, situé dans un vallon peu ouvert, est de tous côtés environné de très-hautes montagnes. Une rivière le traverse et le divise en deux parties. Galba laissa l'une aux Gaulois, et l'autre, demeurée vide par leur retraite, dut servir de quartier d'hiver aux cohortes romaines. Il s'y fortifia d'un retranchement et d'un fossé.

II. Après plusieurs jours passés dans ce bourg, et employés par Galba à faire venir des vivres, il apprit tout à coup de ses éclaireurs que tous les Gaulois avaient, pendant la nuit, évacué la partie du bourg qui leur avait été laissée, et que les montagnes qui dominent Octodur étaient occupées par une multitude immense de Sédunes et de Véragres. Plusieurs motifs avaient suggéré aux Gaulois ce projet subit de renouveler la guerre et d'accabler notre légion. Ils savaient que cette légion n'était plus au complet, qu'on en avait retiré deux cohortes, que des détachements partiels, servant d'escorte aux convois, tenaient beaucoup de soldats absents, et ce corps ainsi réduit leur paraissait méprisable; ils croyaient de plus que le désavantage de notre position, lorsqu'ils se précipiteraient des montagnes dans le vallon, en lançant leurs traits, ne permettrait pas à nos troupes de soutenir leur premier choc. A ces causes se joignaient la douleur d'être séparés de leurs enfants enlevés à titre d'otages, et la persuasion que les Romains cherchaient à s'emparer des Alpes, moins pour avoir un passage que pour s'y établir à jamais, et les réunir à leur province qui en est voisine.

III. En recevant ces nouvelles, Galba, qui n'avait ni achevé ses retranchements pour l'hivernage, ni suffisamment pourvu aux subsistances, et que la soumission des Gaulois, suivie de la remise de leurs otages, faisait douter de la possibilité d'une attaque, se hâte d'assembler un conseil et de recueillir les avis. Dans ce danger, aussi grand que subit et inattendu, lorsque l'on voyait déjà presque toutes les hauteurs couvertes d'une multitude d'ennemis en armes, qu'on n'avait aucun secours à attendre, aucun moyen de s'assurer des vivres, puisque les chemins étaient interceptés, envisageant cette position presque désespérée, plusieurs, dans ce conseil, étaient d'avis d'abandonner les bagages et de se faire jour à travers les ennemis afin de se sauver par où l'on était venu. Cependant le plus grand nombre, réservant ce parti pour la dernière extrémité, résolut de tenter le sort des armes et de défendre le camp.

IV. Peu d'instants s'étaient écoulés depuis cette résolution, et on avait à peine eu le temps de faire les dispositions qu'elle exigeait, lorsque les ennemis accourent de toutes parts à un signal donné, et lancent sur notre camp des pierres et des pieux (1). Les nôtres, dont les forces étaient encore entières, opposèrent une courageuse résistance : lancés du haut des retranchements, tous

[1] Martigny, en Bas-Valais.

mare : qui vicus, positus in valle, non magna adjecta planitie, altissimis montibus undique contineretur. Quum hic in duas partes flumine divideretur, alteram partem ejus vici Gallis concessit; alteram, vacuam ab illis relictam, cohortibus ad hiemandum attribuit. Eum locum vallo fossaque munivit.

II. Quum dies hibernorum complures transissent, frumentumque eo comportari jussisset, subito pro exploratores certior factus est, ex ea parte vici, quam Gallis concesserat, omnes noctu discessisse, montesque, qui impenderent, a maxima multitudine Sedunorum et Veragrorum teneri. Id aliquot de causis acciderat, ut subito Galli belli renovandi legionisque opprimendæ consilium caperent : primum, quod legionem, neque eam plenissimam, detractis cohortibus duabus, et compluribus singillatim, qui commeatus petendi causa missi erant, absentibus, propter paucitatem despiciebant : tum etiam, quod propter iniquitatem loci, quum ipsi ex montibus in vallem decurrerent et tela conjicerent, ne primum quidem posse impetum suum sustineri existimabant. Accedebat, quod suos ab se liberos abstractos obsidum nomine dolebant; et Romanos, non solum itinerum causa, sed etiam perpetuæ possessionis, culmina Alpium occupare conari, et ea loca finitimæ provinciæ adjungere, sibi persuasum habebant.

III. His nunciis acceptis, Galba, quum neque opus hibernorum munitionesque plene essent perfectæ, neque de frumento reliquoque commeatu satis esset provisum, quod, deditione facta obsidibusque acceptis, nihil de bello timendum existimaverat, consilio celeriter convocato, sententias exquirere cœpit. Quo in consilio, quum tantum repentini periculi præter opinionem accidisset, ac jam omnia fere superiora loca multitudine armatorum completa conspicerentur, neque subsidio veniri, neque commeatus supportari interclusis itineribus possent, prope jam desperata salute, nonnullæ hujusmodi sententiæ dicebantur, ut, impedimentis relictis, eruptione facta, iisdem itineribus, quibus eo pervenissent, ad salutem contenderent. Majori tamen parti placuit, hoc reservato ad extremum consilio, interim rei eventum experiri, et castra defendere.

IV. Brevi spatio interjecto, vix ut his rebus, quas constituissent, collocandis atque administrandis tempus daretur, hostes ex omnibus partibus, signo dato, decurrere, lapides gæsaque in vallum conjicere : nostri primo integris viribus fortiter repugnare, neque ullum frustra telum ex loco superiore mittere : ut quæque pars castrorum nudata defensoribus premi videbatur, eo occurrere et auxilium ferre : sed hoc superari, quod diuturnitate pugnæ hostes defessi prælio excedebant, alii integris

leurs traits portaient coup : apercevaient-ils quelque point du camp trop vivement pressé faute de défenseurs, ils couraient y porter secours; mais les Gaulois avaient cet avantage, qu'ils pouvaient remplacer par des troupes fraîches celles qui se retiraient fatiguées par un long combat, manœuvre que le petit nombre des nôtres leur interdisait. Ceux dont les forces étaient épuisées, et les blessés eux-mêmes, ne pouvaient quitter la place où ils se trouvaient, pour reprendre haleine.

V. Il y avait déjà plus de six heures que le combat durait sans interruption; et non-seulement les forces, mais les traits même commençaient à manquer; l'attaque devenait plus pressante et la résistance plus faible. L'ennemi forçait déjà le retranchement et comblait le fossé; nos affaires enfin étaient dans le plus grand péril, lorsque P. Sextius Baculus, centurion du premier rang, le même que nous avons vu couvert de blessures à la bataille contre les Nerves, et C. Volusenus, tribun militaire, homme également ferme dans le conseil et dans l'action, accourent auprès de Galba, et lui représentent qu'il n'y a plus de salut à attendre que d'une vigoureuse sortie, qu'il faut tenter cette dernière ressource. Les centurions sont convoqués, et on ordonne aussitôt aux soldats de suspendre un moment le combat, de parer seulement les traits qu'on leur lance, et de reprendre haleine; puis, au signal donné, de se précipiter hors du camp et de n'espérer leur salut que de leur courage.

VI. L'ordre s'exécute, et nos soldats, s'élançant tout à coup hors du camp par toutes les portes, ne laissent pas aux ennemis le temps de juger de ce qui se passe ni de se rallier. Le combat change ainsi de face; ceux qui se croyaient déjà maîtres du camp sont de tous côtés enveloppés et massacrés; et, de plus de trente mille hommes dont il était constant que se composait l'armée des barbares, plus du tiers fut tué; le reste, épouvanté, prit la fuite, et ne put même rester sur les hauteurs. Toutes les forces des ennemis ainsi dispersées et les armes enlevées, on rentra dans le camp et dans les retranchements. Après cette victoire, Galba ne voulut plus tenter le sort des combats; mais, se rappelant qu'il avait pris ses quartiers d'hiver dans un tout autre dessein, qu'avaient traversé des circonstances imprévues, pressé d'ailleurs par le manque de grains et de vivres, il fit brûler le lendemain toutes les habitations du bourg et prit la route de la province. Aucun ennemi n'arrêtant ni ne retardant sa marche, il ramena la légion sans perte chez les Nautuates, et de là chez les Allobroges, où il hiverna.

VII. Après ces événements, César avait tout lieu de croire la Gaule pacifiée; les Belges avaient été défaits, les Germains repoussés, les Sédunes vaincus dans les Alpes. Il partit donc au commencement de l'hiver pour l'Illyrie, dont il voulait visiter les nations et connaître le territoire, lorsque tout à coup la guerre se ralluma dans la Gaule. Voici quelle en fut la cause. Le jeune P. Crassus hivernait avec la septième légion, près de l'Océan, chez les Andes. Comme il manquait de blé dans ce pays, il envoya des préfets et plusieurs tribuns militaires chez les peuples voisins, pour

---

viribus succedebant : quarum rerum a nostris propter paucitatem fieri nihil poterat; ac non modo defesso ex pugna excedendi, sed ne saucio quidem ejus loci, ubi constiterat, relinquendi, ac sui recipiendi facultas dabatur.

V. Quùm jam amplius horis sex continenter pugnaretur, ac non solum vires, sed etiam tela, nostris deficerent, atque hostes acrius instarent, languidioribusque nostris vallum scindere et fossas complere cœpissent, resque esset jam ad extremum perducta casum, P. Sextius Baculus, primipili centurio, quem Nervico prælio compluribus confectum vulneribus diximus, et item C. Volusenus, tribunus militum, vir et consilii magni et virtutis, ad Galbam accurrunt, atque unam esse spem salutis docent, si, eruptione facta, extremum auxilium experirentur. Itaque, convocatis centurionibus, celeriter milites certiores facit, paulisper intermitterent prælium, ac tantummodo tela missa exciperent, seque ex labore reficerent : post, dato signo, ex castris erumperent, atque omnem spem salutis in virtute ponerent.

VI. Quod jussi sunt, faciunt; ac subito omnibus portis eruptione facta, neque cognoscendi, quid fieret, neque sui colligendi hostibus facultatem relinquunt. Ita commutata fortuna, eos, qui in spem potiendorum castrorum venerant, undique circumventos interficiunt; et ex hominum millibus amplius triginta, quem numerum barbarorum ad castra venisse constabat, plus tertia parte interfecta, reliquos perterritos in fugam conjiciunt, ac ne in locis quidem superioribus consistere patiuntur. Sic omnibus hostium copiis fusis, armisque exutis, se in castra munitionesque suas recipiunt. Quo prælio facto, quod sæpius fortunam tentare Galba nolebat, atque alio sese in hiberna consilio venisse meminerat, aliis occursisse rebus viderat, maxime frumenti commeatusque inopia permotus, postero die omnibus ejus vici ædificiis incensis, in provinciam reverti contendit : ac nullo hoste prohibente, aut iter demorante, incolumem legionem in Nautuates, inde in Allobrogas perduxit, ibique hiemavit.

VII. His rebus gestis, quum omnibus de causis Cæsar pacatam Galliam existimaret, superatis Belgis, expulsis Germanis, victis in Alpibus Sedunis, atque ita inita hieme in Illyricum profectus esset, quod eas quoque nationes adire, et regiones cognoscere volebat, subitum bellum in Gallia coortum est. Ejus belli hæc fuit causa : P. Crassus adolescens cum legione septima proximus mare Oceanum in Andibus hiemarat. Is, quod in his locis inopia frumenti erat, præfectos, tribunosque militum complures in finitimas civitates frumenti commeatusque petendi causa dimisit : quo in numero erat T. Terrasidius,

demander des subsistances; T. Terrasidius, entre autres, fut délégué chez les Unelles; M. Trebius Gallus chez les Curiosolites; Q. Velanius avec T. Silius chez les Vénètes.

VIII. Cette dernière nation est de beaucoup la plus puissante de toute cette côte maritime. Les Vénètes, en effet, ont un grand nombre de vaisseaux qui leur servent à communiquer avec la Bretagne; ils surpassent les autres peuples dans l'art et dans la pratique de la navigation, et, maîtres du peu de ports qui se trouvent sur cette orageuse et vaste mer, ils prélèvent des droits sur presque tous ceux qui naviguent dans ces parages. Les premiers, ils retinrent Silius et Velanius, espérant, par ce moyen, forcer Crassus à leur rendre les otages qu'ils lui avaient donnés. Entraînés par la force d'un tel exemple, leurs voisins, avec cette prompte et soudaine résolution qui caractérise les Gaulois, retiennent, dans les mêmes vues, Trebius et Terrasidius; s'étant envoyé des députés, ils conviennent entre eux, par l'organe de leurs principaux habitants, de ne rien faire que de concert, et de courir le même sort. Ils sollicitent les autres états à se maintenir dans la liberté qu'ils ont reçue de leurs pères, plutôt que de subir le joug des Romains. Ces sentiments sont bientôt partagés par toute la côte maritime; ils envoient alors en commun des députés à Crassus, pour lui signifier qu'il eût à leur remettre leurs otages, s'il voulait que ses envoyés lui fussent rendus.

IX. César, instruit de ces faits par Crassus, et se trouvant alors très-éloigné, ordonne de construire des galères sur la Loire, qui se jette dans l'Océan, de lever des rameurs dans la province, de rassembler des matelots et des pilotes. Ces ordres ayant été promptement exécutés, lui-même, dès que la saison le permet, se rend à l'armée. Les Vénètes et les autres états coalisés, apprenant l'arrivée de César, et sentant de quel crime ils s'étaient rendus coupables pour avoir retenu et jeté dans les fers des députés dont le nom chez toutes les nations fut toujours sacré et inviolable, se hâtèrent de faire des préparatifs proportionnés à la grandeur du péril, et surtout d'équiper leurs vaisseaux. Ce qui leur inspirait le plus de confiance, c'était l'avantage des lieux. Ils savaient que les chemins de pied étaient interceptés par les marées, et que la navigation serait difficile pour nous sur une mer inconnue et presque sans ports. Ils espéraient en outre que, faute de vivres, notre armée ne pourrait séjourner longtemps chez eux; dans le cas où leur attente serait trompée, ils comptaient toujours sur la supériorité de leurs forces navales. Les Romains manquaient de marine et ignoraient les rades, les ports et les îles des parages où ils feraient la guerre; la navigation était tout autre sur une mer fermée [1] que sur une mer aussi vaste et aussi ouverte que l'est l'Océan. Leurs résolutions étant prises, ils munissent leurs places et transportent les grains de la campagne dans les villes. Ils réunissent à Vannes le plus de vaisseaux possible, persuadés que César y porterait d'abord la guerre. Ils s'associent pour la faire les Osismes, les Lexoves [2], les Nan-

[1] La Méditerranée. — [2] Peuple de Lisieux.

---

missus in Unellos; M. Trebius Gallus, in Curiosolitas; Q. Velanius cum T. Silio, in Venetos.

VIII. Hujus civitatis est longe amplissima auctoritas omnis oræ maritimæ regionum earum, quod et naves habent Veneti plurimas, quibus in Britanniam navigare consuerunt; et scientia atque usu nauticarum rerum reliquos antecedunt, et in magno impetu maris atque aperto, paucis portubus interjectis, quos tenent ipsi, omnes fere, qui eo mari uti consuerunt, habent vectigales. Ab iis fuit initium retinendi Silii atque Velanii, quod per eos suos se obsides, quos Crasso dedissent, recuperaturos existimabant. Horum auctoritate finitimi adducti, (ut sunt Gallorum subita et repentina consilia) eadem de causa Trebium Terrasidiumque retinent; et, celeriter missis legatis, per suos principes inter se conjurant, nihil nisi communi consilio acturos, eumdemque omnis fortunæ exitum esse laturos: reliquasque civitates sollicitant, ut in ea libertate, quam a majoribus acceperant, permanere, quam Romanorum servitutem perferre mallent. Omni ora maritima celeriter ad suam sententiam perducta, communem legationem ad P. Crassum mittunt, « si velit suos recipere, obsides sibi remittat. »

IX. Quibus de rebus Cæsar ab Crasso certior factus, quod ipse aberat longius, naves interim longas ædificari in flumine Ligeri, quod influit Oceanum, remiges ex provincia institui, nautas gubernatoresque comparari jubet. His rebus celeriter administratis, ipse, quum primum per anni tempus potuit, ad exercitum contendit. Veneti, reliquæque item civitates, cognito Cæsaris adventu, simul quod, quantum in se facinus admisissent, intelligebant (legatos, quod nomen apud omnes nationes sanctum inviolatumque semper fuisset, retentos ab se et in vincula conjectos), pro magnitudine periculi bellum parare, et maxime ea, quæ ad usum navium pertinent, providere instituunt; hoc majore spe, quod multum natura loci confidebant. Pedestria esse itinera concisa æstuariis, navigationem impeditam propter inscientiam locorum paucitatemque portuum sciebant: neque nostros exercitus propter frumenti inopiam diutius apud se morari posse, confidebant: ac jam, ut omnia contra opinionem accidissent, tamen se plurimum navibus posse: Romanos neque ullam facultatem habere navium, neque eorum locorum, ubi bellum gesturi essent, vada, portus, insulasque novisse: ac longe aliam esse navigationem in concluso mari, atque in vastissimo atque apertissimo Oceano, perspiciebant. His initis consiliis, oppida muniunt, frumenta ex agris in oppida comportant; naves in Veneiam, ubi Cæsarem primum bellum gesturum constabat, quam plurimas possunt, co-

nètes[1], les Ambiliates[2], les Morins, les Diablintes[3] et les Ménapes; ils demandent des secours à la Bretagne[4], située vis-à-vis de leurs côtes.

X. Les difficultés de cette guerre étaient telles que nous venons de les exposer, et cependant plusieurs motifs commandaient à César de l'entreprendre : l'arrestation injurieuse de chevaliers romains, la révolte après la soumission, la défection après les otages livrés, la coalition de tant d'états, la crainte surtout que d'autres peuples, si les premiers rebelles demeuraient impunis, ne se missent à suivre leur exemple. Sachant donc que presque tous les Gaulois aspiraient à un changement; que leur mobilité naturelle les poussait facilement à la guerre, et que, d'ailleurs, il est dans la nature de tous les hommes d'aimer la liberté et de haïr l'esclavage, il crut devoir, avant que d'autres états fussent entrés dans cette ligue, partager son armée et la distribuer sur plus de points.

XI. Il envoie son lieutenant T. Labienus avec de la cavalerie chez les Trévires, peuple voisin du Rhin. Il le charge de visiter les Rèmes et autres Belges, de les maintenir dans le devoir et de s'opposer aux tentatives que pourraient faire, pour passer le fleuve, les vaisseaux des Germains que l'on disait appelés par les Belges. Il ordonne à P. Crassus de se rendre en Aquitaine, avec douze cohortes légionnaires et un grand nombre de cavaliers, pour empêcher ce pays d'envoyer des secours dans la Gaule, et de si grandes nations de se réunir. Il fait partir son lieutenant Q. Titurius Sabinus, avec trois légions, chez les Unelles, les Curiosolites et les Lexoves, pour tenir ces peuples en respect. Il donne au jeune D. Brutus le commandement de la flotte et des vaisseaux gaulois, qu'il avait fait venir de chez les Pictons[1], les Santons et autres pays pacifiés, et il lui enjoint de se rendre au plus tôt chez les Vénètes, lui-même en prend le chemin avec les troupes de terre.

XII. Telle était la disposition de la plupart des places de l'ennemi, que, situées à l'extrémité de langues de terre et sur des promontoires, elles n'offraient d'accès ni aux gens de pied quand la mer était haute, ce qui arrive constamment deux fois dans l'espace de vingt-quatre heures, ni aux vaisseaux que la mer, en se retirant, laisserait à sec sur le sable. Ce double obstacle rendait très-difficile le siége de ces villes. Si, après de pénibles travaux, on parvenait à contenir la mer par une digue et des môles, et à s'élever jusqu'à la hauteur des murs, les assiégés, commençant à désespérer de leur fortune, rassemblaient leurs nombreux navires, dernière et facile ressource, y transportaient tous leurs biens, et se retiraient dans des villes voisines. Là ils se défendaient de nouveau par les mêmes avantages de position. Cette manœuvre leur fut d'autant plus facile durant une grande partie de l'été, que nos vaisseaux étaient retenus par les vents contraires et éprouvaient de grandes difficultés à naviguer sur une mer vaste, ouverte, sujette à de hautes ma-

[1] Peuple du diocèse de Nantes. — [2] Habitants d'Amiens. — [3] Le Perche. — [4] l'Angleterre.

[1] Peuple du Poitou.

gunt. Socios sibi ad id bellum Osismios, Lexovios, Nannetes, Ambiliatos, Morinos, Diablintes, Menapios adsciscunt : auxilia ex Britannia, quæ contra eas regiones posita est, accessunt.

X. Erant hæ difficultates belli gerendi, quas supra ostendimus; sed multa Cæsarem tamen ad id bellum incitabant : « injuriæ retentorum equitum romanorum; rebellio facta post deditionem; defectio datis obsidibus; tot civitatum conjuratio; in primis, ne, hac parte neg'ecta, reliquæ nationes idem sibi licere arbitrarentur. Itaque quum intelligeret, omnes fere Gallos novis rebus studere, et ad bellum mobiliter celeriterque excitari; omnes autem homines natura libertati studere, et conditionem servitutis odisse, prius quam plures civitates conspirarent, partiendum sibi ac latius distribuendum exercitum putavit.

XI. Itaque T. Labienum legatum in Treviros, qui proximi Rheno flumini sunt, cum equitatu mittit. Huic mandat, Remos reliquosque Belgas adeat, atque in officio contineat; Germanosque, qui auxilio a Belgis arcessiti dicebantur, si per vim navibus flumen transire conentur, prohibeat. P. Crassum cum cohortibus legionariis duodecim et magno numero equitatus in Aquitaniam proficisci jubet, ne ex his nationibus auxilia in Galliam mittantur, ac tantæ nationes conjungantur. Q. Titurium Sabinum legatum cum legionibus tribus in Unellos, Curiosolitas, Lexoviosque mittit, qui eam manum distinendam curet. D. Brutum adolescentem, classi gallicisque navibus, quas ex Pictonibus et Santonis reliquisque pacatis regionibus convenire jusserat, præficit; et quum primum possit, in Venetos proficisci jubet. Ipse eo pedestribus copiis contendit.

XII. Erant ejusmodi fere situs oppidorum, ut, posita extremis lingulis promontoriisque, neque pedibus aditum haberent, quum ex alto se æstus incitavisset, quod bis accidit semper horarum XXIV spatio; neque navibus, quod, rursus minuente æstu, naves in vadis afflictarentur. Ita utraque re oppidorum oppugnatio impediebatur; ac, si quando magnitudine operis forte superati, extruso mari aggere ac molibus, atque his ferme oppidi mœnibus adæquatis, suis fortunis desperare cœperant, magno numero navium appulso, cujus rei summam facultatem habebant, sua deportabant omnia, seque in proxima oppida recipiebant. Ibi se rursus iisdem opportunitatibus loci defendebant. Hæc eo facilius magnam partem æstatis faciebant, quod nostræ naves tempestatibus detinebantur, summaque erat vasto atque aperto mari, magnis æstibus, raris ac prope nullis portubus, difficultas navigandi.

rées et presque entièrement dépourvue de ports.

XIII. Les vaisseaux des ennemis étaient construits et armés de la manière suivante : la carène en est un peu plus plate que celle des nôtres, ce qui leur rend moins dangereux les bas-fonds et le reflux ; les proues sont très-élevées, les poupes peuvent résister aux plus grandes vagues et aux tempêtes ; les navires sont tout entiers de chêne et peuvent supporter les chocs les plus violents. Les bancs, faits de poutres d'un pied d'épaisseur, sont attachés par des clous en fer de la grosseur d'un pouce; les ancres sont retenues par des chaînes de fer au lieu de cordages ; des peaux molles et très-amincies leur servent de voiles, soit qu'ils manquent de lin ou qu'ils ne sachent pas l'employer, soit encore qu'ils regardent, ce qui est plus vraisemblable, nos voiles comme insuffisantes pour affronter les tempêtes violentes et les vents impétueux de l'Océan, et pour diriger des vaisseaux aussi pesants. Dans l'abordage de ces navires avec les nôtres, ceux-ci ne pouvaient l'emporter que par l'agilité et la vive action des rames ; du reste, les vaisseaux des ennemis étaient bien plus en état de lutter, sur ces mers orageuses, contre la force des tempêtes. Les nôtres ne pouvaient les entamer avec leurs éperons, tant ils étaient solides ; leur hauteur les mettait à l'abri des traits, et, par la même cause, ils redoutaient moins les écueils. Ajoutons que, lorsqu'ils sont surpris par un vent violent, ils soutiennent sans peine la tourmente et s'arrêtent sans crainte sur les bas-fonds, et, qu'au moment du reflux, ils ne redoutent ni les rochers ni les brisants ; circonstances qui étaient toutes à craindre pour nos vaisseaux.

XIV. Après avoir enlevé plusieurs places, César, sentant que toute la peine qu'il prenait était inutile, et qu'il ne pouvait ni empêcher la retraite des ennemis en prenant leurs villes, ni leur faire le moindre mal, résolut d'attendre sa flotte. Dès qu'elle parut et qu'elle fut aperçue de l'ennemi deux cent vingt de leurs vaisseaux environ, parfaitement équipés et armés, sortirent du port et vinrent se placer devant les nôtres. Brutus, le chef de la flotte, les tribuns militaires et les centurions qui commandaient chaque vaisseau, n'étaient pas fixés sur ce qu'ils avaient à faire et sur la manière d'engager le combat. Ils savaient que l'éperon de nos galères était sans effet; que nos tours, à quelque hauteur qu'elles fussent portées, ne pouvaient atteindre même la poupe des vaisseaux des barbares, et qu'ainsi nos traits lancés d'en bas seraient une faible ressource, tandis que ceux des Gaulois nous accableraient. Une seule invention nous fut d'un grand secours : c'étaient des faux extrêmement tranchantes, emmanchées de longues perches, peu différentes de celles employées dans les siéges. Quand, au moyen de ces faux, les câbles qui attachent les vergues aux mâts étaient accrochés et tirés vers nous; on les rompait en faisant force de rames; les câbles une fois brisés, les vergues tombaient nécessairement, et cette chute réduisait aussitôt à l'impuissance les vaisseaux gaulois, dont toute la force était dans les voiles et les agrès. L'issue du combat ne dépendait plus que du courage, et en cela nos soldats

---

XIII. Namque ipsorum naves ad hunc modum factæ armatæque erant. Carinæ aliquanto planiores quam nostrarum navium, quo facilius vada ac decessum æstus excipere possent : proræ admodum erectæ, atque item puppes ad magnitudinem fluctuum tempestatumque accommodatæ : naves totæ factæ ex robore, ad quamvis vim et contumeliam perferendam : transtra pedalibus in latitudinem trabibus confixa clavis ferreis, digiti pollicis crassitudine : anchoræ, pro funibus, ferreis catenis revinctæ ; pelles pro velis, alutæque tenuiter confectæ, hæ sive propter lini inopiam, atque ejus usus inscientiam, sive eo, quod est magis verisimile, quod tantas tempestates Oceani, tantosque impetus ventorum sustineri, ac tanta onera navium regi velis non satis commode, arbitrabantur. Cum his navibus nostræ classi ejusmodi congressus erat, ut una celeritate et pulsu remorum præstaret; reliqua, pro loci natura, pro vi tempestatum, illis essent aptiora et accommodatiora : neque enim his nostræ rostro nocere poterant; (tanta in eis erat firmitudo) : neque propter altitudinem facile telum adjiciebatur ; et eadem de causa minus commode scopulis continebantur. Accedebat, ut, quum sævire ventus cœpisset, et se vento dedissent, et tempestatem ferrent facilius, et in vadis consisterent tutius, et, ab æstu derelictæ, nihil saxa et cautes timerent : quarum rerum omnium nostris navibus casus erant extimescendi.

XIV. Compluribus expugnatis oppidis, Cæsar, ubi intellexit frustra tantum laborem sumi, neque hostium fugam captis oppidis reprimi, neque his noceri posse, statuit exspectandam classem. Quæ ubi convenit, ac primum ab hostibus visa est, circiter CCXX naves eorum paratissimæ, atque omni genere armorum ornatissimæ, profectæ ex portu, nostris adversæ constiterunt : neque satis Bruto, qui classi præerat, vel tribunis militum centurionibusque, quibus singulæ naves erant attributæ, constabat quid agerent, aut quam rationem pugnæ insisterent. Rostro enim noceri non posse cognoverant ; turribus autem excitatis, tamen has altitudo puppium ex barbaris navibus superabat, ut neque ex inferiore loco satis commode tela adjici possent, et missa ab Gallis gravius acciderent. Una erat magno usui res præparata a nostris, falces præacutæ, insertæ affixæque longuriis, non absimili forma muralium falcium. His quum funes, qui antennas ad malos destinabant, comprehensi adductique erant, navigio remis incitato prærumpebantur. Quibus abscisis, antennæ necessario concidebant, ut, quum omnis gallicis navibus spes in velis armamentisque consisteret, his ereptis, omnis usus navium uno tempore eriperetur

avaient aisément l'avantage, surtout dans une action qui se passait sous les yeux de César et de toute l'armée; aucun trait de courage ne pouvait rester inaperçu; car toutes les collines et les hauteurs, d'où l'on voyait la mer à peu de distance, étaient occupées par l'armée.

XV. Dès qu'un vaisseau était ainsi privé de ses vergues, deux ou trois des nôtres l'entouraient, et nos soldats, pleins d'ardeur, tentaient l'abordage. Les barbares ayant, par cette manœuvre, perdu une partie de leurs navires, et ne voyant nulle ressource contre ce genre d'attaque, cherchèrent leur salut dans la fuite : déjà ils avaient tourné leurs navires de manière à recevoir le vent, lorsque tout à coup eut lieu un calme plat qui leur rendit tout mouvement impossible. Cette heureuse circonstance compléta le succès; car les nôtres les attaquèrent et les prirent l'un après l'autre, et un bien petit nombre put regagner la terre à la faveur de la nuit, après un combat qui avait duré depuis environ la quatrième heure du jour jusqu'au coucher du soleil.

XVI. Cette bataille mit fin à la guerre des Vénètes et de tous les états maritimes de cette côte (2); car toute la jeunesse et même tous les hommes d'un âge mûr, distingués par leur caractère ou par leur rang, s'étaient rendus à cette guerre, pour laquelle tout ce qu'ils avaient de vaisseaux en divers lieux avait été rassemblé en un seul. La perte qu'ils venaient d'éprouver ne laissait au reste des habitants aucune ressource pour la retraite, aucun moyen de défendre leurs villes. Ils se rendirent donc à César avec tout ce qu'ils possédaient. César crut devoir tirer d'eux une vengeance éclatante, qui apprît aux barbares à respecter désormais le droit des ambassadeurs. Il fit mettre à mort tout le sénat, et vendit à l'encan le reste des habitants (3).

XVII. Tandis que ces événements se passaient chez les Vénètes, Q. Titurius Sabinus arrivait sur les terres des Unelles avec les troupes qu'il avait reçues de César. Viridovix était à la tête de cette nation et avait le commandement en chef de tous les états révoltés, dont il avait tiré une armée et des forces redoutables. Depuis peu de jours les Aulerques, les Éburoviques [1] et les Lexoves, après avoir égorgé leur sénat qui s'opposait à la guerre, avaient fermé leurs portes et s'étaient joints à Viridovix. Enfin de tous les points de la Gaule était venue une multitude d'hommes perdus et de brigands que l'espoir du pillage et la passion de la guerre avaient arrachés à l'agriculture et à leurs travaux journaliers. Sabinus se tenait dans son camp situé sur le terrain le plus favorable, pendant que Viridovix, campé en face de lui à une distance de deux milles, déployait tous les jours ses troupes, et lui offrait la bataille, de sorte que Sabinus s'attirait non-seulement le mépris des ennemis, mais encore les sarcasmes de nos soldats. L'opinion qu'il donna de sa frayeur était telle que déjà l'ennemi osait s'avancer jusqu'aux retranchements du camp. Le motif de Sabinus pour agir ainsi était qu'il ne croyait pas

[1] Peuple d'Évreux.

Reliquum erat certamen positum in virtute, qua nostri milites facile superabant, atque eo magis, quod in conspectu Cæsaris atque omnis exercitus res gerebatur, ut nullum paulo fortius factum latere posset : omnes enim colles ac loca superiora, unde erat propinquus despectus in mare, ab exercitu tenebantur.

XV. Dejectis, ut diximus, antennis, quum singulas binæ ac ternæ naves circumsteterant, milites summa vi transcendere in hostium naves contendebant. Quod postquam barbari fieri animadverterunt, expugnatis compluribus navibus, quum ei rei nullum reperiretur auxilium, fuga salutem petere contenderunt; ac jam conversis in eam partem navibus, quo ventus ferebat, tanta subito malatia ac tranquillitas exstitit, ut se ex loco movere non possent. Quæ quidem res ad negotium conficiendum maxime fuit opportuna : nam singulas nostri consectati expugnaverunt, ut perpaucæ ex omni numero, noctis interventu, ad terram pervenerint, quum ab hora fere quarta usque ad solis occasum pugnaretur.

XVI. Quo prælio bellum Venetorum totiusque oræ maritimæ confectum est. Nam, quum omnis juventus, omnes etiam gravioris ætatis, in quibus aliquid consilii aut dignitatis fuit, eo convenerant; tum, navium quod ubique fuerat, unum in locum coegerant : quibus amissis, reliqui, neque quo se reciperent, neque quemadmodum oppida defenderent, habebant. Itaque se suaque omnia Cæsari dediderunt. In quos eo gravius Cæsar vindicandum statuit, quo diligentius in reliquum tempus a barbaris jus legatorum conservaretur. Itaque, omni senatu necato, reliquos sub corona vendidit.

XVII. Dum hæc in Venetis geruntur, Q. Titurius Sabinus cum iis copiis, quas a Cæsare acceperat, in fines Unellorum pervenit. His præerat Viridovix, ac summam imperii tenebat earum omnium civitatum, quæ defecerant, ex quibus exercitum magnasque copias coegerat. Atque his paucis diebus Aulerci, Eburovices, Lexoviique, senatu suo interfecto, quod auctores belli esse nolebant, portas clauserunt, seque cum Viridovice conjunxerunt; magnaque præterea multitudo undique ex Gallia perditorum hominum latronumque convenerat, quos spes prædandi studiumque bellandi ab agricultura et quotidiano labore revocabat. Sabinus idoneo omnibus rebus loco castris sese tenebat, quum Viridovix contra eum duum millium spatio consedisset, quotidieque productis copiis pugnandi potestatem faceret, ut jam non solum hostibus in contemptionem Sabinus veniret, sed etiam nostrorum militum vocibus non nihil carperetur : tantamque opinionem timoris præbuit, ut jam ad vallum castrorum hostes accedere auderent. Id ea de causa faciebat, quod cum tanta multitudine hostium, præsertim eo absente, qui

qu'un lieutenant dût, surtout en l'absence du général en chef, combattre une si grande multitude, à moins d'avoir pour lui l'avantage du lieu ou quelque autre circonstance favorable.

XVIII. L'opinion de cette frayeur s'étant affermie, Sabinus choisit parmi les Gaulois qu'il avait près de lui comme auxiliaires, un homme habile et fin. Il lui persuade, à force de récompenses et de promesses, de passer aux ennemis, et l'instruit de ce qu'il doit faire. Dès que cet homme est arrivé parmi eux comme transfuge, il parle de la terreur des Romains, il annonce que César lui-même est enveloppé par les Vénètes, et que, pas plus tard que la nuit suivante, Sabinus doit sortir secrètement de son camp avec son armée, et partir au secours de César. Les Gaulois n'ont pas plus tôt entendu ce rapport qu'ils s'écrient tous qu'il ne faut pas perdre une occasion si belle, et qu'on doit marcher au camp des Romains. Plusieurs motifs excitaient les Gaulois : l'hésitation de Sabinus pendant les jours précédents, le rapport du transfuge, le manque de vivres, chose à laquelle on avait pourvu avec peu de diligence, l'espérance fondée sur la guerre des Vénètes, enfin cette facilité des hommes à croire ce qu'ils désirent. Décidés par tous ces motifs, ils ne laissent point sortir du conseil Viridovix et les autres chefs, qu'ils n'aient obtenu d'eux de prendre les armes, et de marcher contre nous. Joyeux de cette promesse, et comme assurés de la victoire, ils se chargent de sarment et de broussailles pour combler les fossés des Romains, et se dirigent vers leur camp.

XIX. Le camp était sur une hauteur à laquelle on arrivait par une pente douce d'environ mille pas. Ils s'y portèrent d'une course rapide, afin de laisser aux Romains le moins de temps possible pour se rassembler et s'armer, et arrivèrent hors d'haleine. Sabinus exhorte les siens et donne le signal désiré. Il ordonne de sortir par deux portes (4) et de tomber sur l'ennemi embarrassé du fardeau qu'il portait. L'avantage de notre position, l'imprévoyance et la fatigue des ennemis, le courage des soldats, l'expérience acquise dans les précédents combats, firent que les barbares ne soutinrent pas même notre premier choc, et qu'ils prirent aussitôt la fuite. Nos soldats, dont les forces étaient entières, les atteignirent dans ce désordre et en tuèrent un grand nombre. La cavalerie acheva de les poursuivre et ne laissa échapper que peu de ces fuyards. C'est ainsi que, dans le même temps, Sabinus apprit l'issue du combat naval, et César la victoire de Sabinus. Toutes les villes de cette contrée se rendirent sur-le-champ à Titurius ; car, si le Gaulois est prompt et ardent à prendre les armes, il manque de fermeté et de constance pour supporter les revers.

XX. Presque à la même époque, P. Crassus était arrivé dans l'Aquitaine pays qui, à raison de son étendue et de sa population, peut être estimé, comme nous l'avons dit, le tiers de la Gaule. Songeant qu'il aurait à faire la guerre dans les mêmes lieux où, peu d'années auparavant, le lieutenant L. Valerius Prœconinus avait été vaincu et tué, et d'où le proconsul Mallius avait été chassé

---

summam imperii teneret, nisi æquo loco, aut opportunitate aliqua data, legato dimicandum non existimabat.

XVIII. Hac confirmata opinione timoris, idoneum quemdam hominem et callidum delegit, Gallum, ex his quos auxilii causa secum habebat. Huic magnis præmiis pollicitationibusque persuadet, uti ad hostes transeat ; et, quid fieri velit, edocet. Qui, ubi pro perfuga ad eos venit, timorem Romanorum proponit : « quibus angustiis ipse Cæsar a Venetis prematur, » docet : « neque longius abesse, quin proxima nocte Sabinus clam ex castris exercitum educat, et ad Cæsarem auxilii ferendi causa proficiscatur. » Quod ubi auditum est, conclamant omnes occasionem negotii bene gerendi amittendam non esse, ad castra iri oportere. Multæ res ad hoc consilium Gallos hortabantur : superiorum dierum Sabini cunctatio ; perfugæ confirmatio ; inopia cibariorum, cui rei parum diligenter ab iis erat provisum ; spes venetici belli ; et quod fere libenter homines id, quod volunt, credunt. His rebus adducti, non prius Viridovicem reliquosque duces ex concilio dimittunt, quam ab his sit concessum, arma uti capiant et ad castra contendant. Qua re concessa, læti, ut explorata victoria, sarmentis virgultisque collectis, quibus fossas Romanorum compleant, ad castra pergunt.

XIX. Locus erat castrorum editus, et paulatim ab imo acclivis, circiter passus mille. Huc magno cursu contenderunt, ut quam minimum spatii ad se colligendos armandosque Romanis daretur, exanimatique pervenerunt. Sabinus, suos hortatus, cupientibus signum dat. Impeditis hostibus propter ea, quæ ferebant, onera, subito duabus portis eruptionem fieri jubet. Factum est opportunitate loci, hostium inscientia ac defatigatione, virtute militum, superiorum pugnarum exercitatione, ut ne unum quidem nostrorum impetum ferrent, ac statim terga verterent. Quos impeditos integris viribus milites nostri consecuti, magnum numerum eorum occiderunt ; reliquos equites consectati, paucos, qui ex fuga evaserant, reliquerunt. Sic uno tempore, et de navali pugna Sabinus, et de Sabini victoria Cæsar certior factus : civitatesque omnes se statim Titurio dediderunt. Nam, ut ad bella suscipienda Gallorum alacer ac promptus est animus, sic mollis ac minime resistens ad calamitates perferendas mens eorum est.

XX. Eodem fere tempore P. Crassus, quum in Aquitaniam pervenisset, quæ pars, ut ante dictum est, et regionum latitudine et multitudine hominum ex tertia parte Galliæ est æstimanda, quum intelligeret, in his locis sibi bellum gerendum, ubi paucis ante annis L. Valerius Præconinus legatus, exercitu pulso, interfectus esset,

après avoir perdu ses bagages, il crut qu'il ne pouvait déployer trop d'activité. Ayant donc pourvu aux vivres, rassemblé des auxiliaires et de la cavalerie, et fait venir en outre de Toulouse, de Carcassonne et de Narbonne, pays dépendants de la province romaine et voisins de l'Aquitaine, bon nombre d'hommes intrépides qu'il désigna, il mena son armée sur les terres des Sotiates[1]. A la nouvelle de son arrivée, les Sotiates rassemblèrent des troupes considérables et de la cavalerie, qui faisait leur principale force, attaquèrent notre armée dans sa marche, et engagèrent avec elle un combat de cavalerie, dans lequel ayant été repoussés et poursuivis par la nôtre, ils firent tout à coup paraître leur infanterie, placée en embuscade dans un vallon. Ils assaillirent nos soldats épars et recommencèrent le combat.

XXI. Il fut long et opiniâtre: Les Sotiates, fiers de leurs anciennes victoires, regardaient le salut de toute l'Aquitaine comme attaché à leur valeur; nos soldats voulaient montrer ce qu'ils pouvaient faire, en l'absence du général, sans l'aide des autres légions, sous la conduite d'un jeune chef. Couverts de blessures, les ennemis enfin tournèrent le dos; on en tua un grand nombre, et Crassus, sans s'arrêter, mit le siège devant la capitale des Sotiates. Leur résistance courageuse l'obligea d'employer les mantelets et les tours. Tantôt ils faisaient des sorties, tantôt ils pratiquaient des mines jusque sous nos tranchées (sorte d'ouvrage où ils sont très-habiles, leur pays étant plein de mines d'airain qu'ils exploitent); mais voyant tous leurs efforts échouer devant l'activité de nos soldats, ils députèrent a Crassus, pour lui demander de les recevoir à capitulation. Crassus y consentit, à la condition qu'ils livreraient leurs armes, ce qu'ils firent.

XXII. Tandis que tous les nôtres s'occupaient de l'exécution de ce traité, d'un autre côté de la ville se présenta le général en chef Adcantuan, avec six cents hommes dévoués, de ceux que ces peuples appellent Soldures (5). Telle est la condition de ces hommes, qu'ils jouissent de tous les biens de la vie avec ceux auxquels ils se sont consacrés par un pacte d'amitié; si leur chef périt de mort violente, ils partagent son sort et se tuent de leur propre main; et il n'est pas encore arrivé, de mémoire d'homme, qu'un de ceux qui s'étaient dévoués à un chef par un pacte semblable, ait refusé, celui-ci mort, de mourir aussitôt. C'est avec cette escorte qu'Adcantuan tenta une sortie: les cris qui s'élevèrent sur cette partie du rempart firent courir aux armes; et à la suite d'un combat sanglant, Adcantuan, repoussé dans la ville, obtint cependant de Crassus d'être compris dans la capitulation générale.

XXIII. Après avoir reçu les armes et les otages, Crassus marcha sur les terres des Vocates[1] et des Tarusates[2]. Les barbares, vivement effrayés en apprenant qu'une place également défendue par la nature et par la main de l'homme était, peu de jours après l'arrivée de Crassus, tombée en son pouvoir, s'envoient de toutes parts des dé-

[1] Peuple du pays de Soz; suivant Danville.

[1] Les habitants du Bazadois. — [2] Les habitants de Tursan, dont la capitale était *Aturres Aires* en Gascogne.

---

atque unde L. Mallius proconsul, impedimentis amissis profugisset, non mediocrem sibi diligentiam adhibendam intelligebat. Itaque, re frumentaria provisa, auxiliis equitatuque comparato, multis praeterea viris fortibus Tolosa, Carcasone et Narbone, quæ sunt civitates Galliæ Provinciæ, finitimæ his regionibus, nominatim evocatis, in Sotiatum fines exercitum introduxit. Cujus adventu cognito, Sotiates, magnis copiis coactis equitatuque, quo plurimum valebant, in itinere agmen nostrum adorti, primum equestre prælium commiserunt: deinde, equitatu suo pulso, atque insequentibus nostris, subito pedestres copias, quas in convalle ex insidiis collocaverant, ostenderunt. Illi, nostros disjectos adorti, prælium renovarunt.

XXI. Pugnatum est diu atque acriter, quum Sotiates, superioribus victoriis freti, in sua virtute totius Aquitaniæ salutem positam putarent; nostri autem, quid sine imperatore et sine reliquis legionibus, adolescentulo duce, efficere possent, perspici cuperent: tamen confecti vulneribus hostes terga vertere. Quorum magno numero interfecto, Crassus ex itinere oppidum Sotiatum oppugnare cœpit. Quibus fortiter resistentibus, vineas turresque egit. Illi, alias eruptione tentata, alias cuniculis ad aggerem vineasque actis (cujus rei sunt longe peritissimi Aquitani, propterea quod multis locis apud eos ærariæ secturæ sunt), ubi diligentia nostrorum nihil his rebus profici posse intellexerunt, legatos ad Crassum mittunt, seque in deditionem ut recipiat, petunt. Qua re impetrata arma tradere jussi, faciunt.

XXII. Atque in ea re omnium nostrorum intentis animis, alia ex parte oppidi Adcantuannus, qui summam imperii tenebat, cum sexcentis devotis, quos illi soldurios appellant (quorum hæc est conditio, uti omnibus in vita commodis una cum his fruantur, quorum se amicitiæ dediderint; si quid iis per vim accidat, aut eumdem casum una ferant, aut sibi mortem consciscant: neque adhuc hominum memoria repertus est quisquam qui, eo interfecto, cujus se amicitiæ devovisset, mortem recusaret), cum iis Adcantuannus eruptionem facere conatus, clamore ab ea parte munitionis sublato, quum ad arma milites concurrissent, vehementerque ibi pugnatum esset, repulsus in oppidum, tamen uti eadem deditionis conditione uteretur, a Crasso impetravit.

XXIII. Armis obsidibusque acceptis, Crassus in fines Vocatium et Tarusatium profectus est. Tum vero barbari commoti, quod oppidum, et natura loci et manu munitum, paucis diebus, quibus eo ventum erat, expugnatum cognoverant, legatos quoquo versus dimittere, conjurare, obsides inter se dare, copias parare cœperunt.

putés, se liguent ensemble, se donnent mutuellement des otages, rassemblent des troupes. Ils députent aussi vers les états de l'Espagne citérieure, voisins de l'Aquitanie, pour qu'on leur envoie de là des secours et des chefs. A leur arrivée, pleins de confiance dans leur nombre, ils disposent tout pour la guerre. Ils mettent à leur tête ceux qui avaient longtemps servi sous Q. Sertorius et qui passaient pour très-habiles dans l'art militaire. Ils commencent, à l'exemple du peuple romain, par prendre leurs positions, par fortifier leur camp, par nous intercepter les vivres. Crassus s'en aperçut, et, sentant bien que ses troupes étaient trop peu nombreuses pour les diviser, tandis que l'ennemi pouvait faire des courses, occuper les chemins, et cependant ne pas dégarnir son camp, ce qui devait rendre difficile l'arrivée des vivres, le nombre des ennemis croissant d'ailleurs de jour en jour, il pensa qu'il fallait se hâter de combattre. Il fit part de cet avis dans un conseil, et le voyant partagé par tout le monde, il fixa le jour suivant pour celui du combat.

XXIV. Au point du jour, il fit sortir toutes les troupes, en forma deux lignes, plaça au milieu les auxiliaires, et attendit ce que feraient les ennemis. Ceux-ci, quoique, à raison de leur nombre et de leur ancienne gloire militaire, ils se crussent assurés de vaincre une poignée de Romains, tenaient cependant pour plus sûr encore, étant maîtres des passages et interceptant les vivres, d'obtenir une victoire qui ne leur coûtât pas de sang. Si la faim nous forçait à la retraite, ils profiteraient de notre découragement pour nous attaquer au milieu des embarras de notre marche et de nos bagages. Ce dessein fut approuvé de leurs chefs, et, tandis que l'armée romaine était en bataille, ils se tinrent dans leur camp. Ayant pénétré le but de cette inaction, dont l'effet fut d'inspirer à nos soldats d'autant plus d'ardeur à combattre que l'hésitation des ennemis passait pour de la crainte, et cédant au cri général qui s'éleva pour qu'on marchât sans délai contre eux, Crassus harangue ses troupes (6), et, selon leur vœu, il marche contre le camp

XXV. Là, tandis que les uns comblent le fossé, que les autres, en lançant une grêle de traits, chassent du rempart ceux qui le défendent, les auxiliaires, sur qui Crassus comptait peu pour le combat, employés soit à passer les pierres et les traits, soit à apporter les fascines, pouvaient cependant figurer comme combattants. De son côté l'ennemi déployait un courage persévérant, et ses traits, lancés d'en haut, ne se perdaient point. Sur ces entrefaites, des cavaliers qui venaient de faire le tour du camp, rapportèrent à Crassus qu'il était faiblement fortifié du côté de la porte Décumane, et qu'il offrait sur ce point un accès facile.

XXVI. Crassus recommande aux préfets de la cavalerie d'encourager leurs soldats par la promesse de grandes récompenses, et leur explique ses intentions. Ceux-ci, d'après l'ordre qu'ils ont reçu, prennent avec eux quatre cohortes toutes fraîches, restées à la garde du camp, et, leur faisant faire un long détour, pour dérober leur

---

Mittuntur etiam ad eas civitates legati, quæ sunt citerioris Hispaniæ, finitimæ Aquitaniæ : inde auxilia ducesque accersuntur. Quorum adventu magna cum auctoritate et magna cum hominum multitudine bellum gerere conantur. Duces vero ii deliguntur, qui una cum Q. Sertorio omnes annos fuerant, summamque scientiam rei militaris habere existimabantur. Hi consuetudine populi romani loca capere, castra munire, commeatibus nostros intercludere instituunt. Quod ubi Crassus animadvertit, suas copias propter exiguitatem non facile diduci ; hostem et vagari, et vias obsidere, et castris satis præsidii relinquere ; ob eam causam minus commode frumentum commeatumque sibi supportari ; in dies hostium numerum augeri ; non cunctandum existimavit, quin pugna decertaret. Hac re ad consilium delata, ubi omnes idem sentire intellexit, posterum diem pugnæ constituit.

XXIV. Prima luce, productis omnibus copiis, duplici acie instituta, auxiliis in mediam aciem conjectis, quid hostes consilii caperent, exspectabat. Illi, etsi propter multitudinem, et veterem belli gloriam, paucitatemque nostrorum se tuto dimicaturos existimabant, tamen tutius esse arbitrabantur, obsessis viis, commeatu incluso, sine ullo vulnere victoria potiri : et, si propter inopiam rei frumentariæ Romani sese recipere cœpissent, impeditos in agmine et sub sarcinis, inferiores animo, adoriri cogitabant. Hoc consilio probato ab ducibus, productis Romanorum copiis, sese castris tenebant. Hac re perspecta, Crassus, quum sua cunctatione atque opinione timidiores hostes, nostros milites alacriores ad pugnandum effecissent, atque omnium voces audirentur, exspectari diutius non oportere, quin ad castra iretur, cohortatus suos, omnibus cupientibus, ad hostium castra contendit.

XXV. Ibi quum alii fossas complerent, alii multis telis conjectis defensores vallo munitionibusque depellerent, auxiliaresque, quibus ad pugnam non multum Crassus confidebat, lapidibus telisque subministrandis, et ad aggerem cespitibus comportandis, speciem atque opinionem pugnantium præberent ; quum item ab hostibus constanter ac non timide pugnaretur, telaque ex loco superiore missa non frustra acciderent ; equites, circumitis hostium castris, Crasso renunciaverunt, non eadem esse diligentia ab decumana porta castra munita, facilemque aditum habere.

XXVI. Crassus, equitum præfectos conortatus, ut magnis præmiis pollicitationibusque suos excitarent, quid fieri velit, ostendit. Illi, ut erat imperatum, eductis quatuor cohortibus, quæ, præsidio castris relictæ, intritæ ab labore erant, et longiore itinere circumductis, ne ex hos-

marche aux yeux de l'ennemi, occupé tout entier à combattre, ils arrivent promptement à cette partie du retranchement dont nous parlions, en forcent l'entrée et pénètrent dans le camp des ennemis avant que ceux-ci aient pu les apercevoir ou apprendre ce qui se passe. Avertis par les cris qui se font entendre de ce côté, les nôtres sentent renaître leurs forces, comme il arrive d'ordinaire quand on a l'espoir de vaincre, et pressent l'attaque avec plus de vigueur. Les ennemis, enveloppés de toutes parts, perdent courage, se précipitent du haut de leurs remparts et cherchent leur salut dans la fuite. La cavalerie les atteignit en rase campagne; de cinquante mille hommes fournis par l'Aquitanie et le pays des Cantabres [1], elle laissa à peine échapper le quart, et ne rentra au camp que bien avant dans la nuit.

XXVII. Au bruit de cette victoire la plus grande partie de l'Aquitanie se rendit à Crassus, et envoya d'elle-même des otages. De ce nombre furent les Tarbelles [2], les Bigerrions [3], les Précians [4], les Vocates, les Tarusates, les Elusates [5], les Garites [6], les Auskes [7], les Garumnes, les Sibusates [9], et les Cocosates [10]. Quelques états éloignés se fiant sur la saison avancée, négligèrent d'en faire autant.

XXVIII. Presque dans le même temps, bien que l'été fût déjà près de sa fin, César, voyant toute la Gaule pacifiée, à l'exception des Morins et des Ménapes qui restaient en armes, et ne lui avaient jamais envoyé de députés pour demander la paix, fit marcher son armée contre eux, espérant que cette guerre serait bientôt terminée. Ces peuples arrêtèrent, pour la soutenir, un plan tout autre que le reste des Gaulois; car, voyant tant de grandes nations repoussées et vaincues en livrant des batailles, ils se retirèrent avec tous leurs biens dans les bois et les marais, dont leur pays était couvert. César, arrivé à l'entrée de ces forêts, commençait à y retrancher son camp, sans qu'un seul ennemi se fût montré, lorsque tout à coup, et pendant que nos soldats étaient çà et là occupés aux travaux, ils accourent de tous les côtés de la forêt, et fondent sur nous. Les Romains saisissent promptement leurs armes, les repoussent dans le bois et en tuent un grand nombre, mais, les ayant poursuivis trop loin dans des lieux couverts, ils essuyèrent eux-mêmes quelques pertes.

XXIX. Les jours suivants, César fit travailler à abattre la forêt, et, pour empêcher qu'on ne prît en flanc et par surprise les soldats désarmés, il fit entasser en face de l'ennemi tout le bois que l'on coupait, pour s'en faire un rempart de chaque côté. Ce travail avait été, en peu de jours et avec une incroyable vitesse, exécuté sur un grand espace de terrain : nous étions déjà maîtres du bétail et des derniers rangs des bagages de l'ennemi, qui s'enfonçait dans l'épaisseur des forêts, lorsque le temps fut tel, qu'il força d'interrompre les travaux; il ne fut plus même possible, à cause de la continuité des pluies, de tenir le soldat sous les tentes. Après avoir ravagé tout le pays et brûlé les bourgs et les habitations, César ramena

[1] Le peuple de la Biscaye. — [2] Leur territoire contenait les Landes, la terre de Labour et le Béarn. — [3] Peuple du Bigorre. — [4] Peuple inconnu. — [5] Peuple du pays d'*Eause* ou *Eause*. — [6] Peuple du comté de Gaure. — [7] Peuple d'Auch. — [9] Peuple de Valence et de Montréjant. — [9] Peuple de Sobusse, entre Dax et Bayonne. —[10] Peuple de Marensin, à huit lieues de Dax.

tium castris conspici possent, omnium oculis mentibusque ad pugnam intentis, celeriter ad eas, quas diximus, munitiones pervenerunt; atque, his prorutis, prius in hostium castris constiterunt, quam plane ab iis videri, aut, quid rei gereretur, cognosci posset. Tum vero, clamore ab ea parte audito, nostri redintegratis viribus, quod plerumque in spe victoriæ accidere consuevit, acrius impugnare cœperunt. Hostes undique circumventi, desperatis omnibus rebus, se per munitiones dejicere, et fuga salutem petere contenderunt. Quos equitatus apertissimis campis consectatus, ex millium quinquaginta numero, quæ ex Aquitania Cantabrisque convenisse constabat, vix quarta parte relicta, multa noc e se in castra recepit.

XXVII. Hac audita pugna, magna pars Aquitaniæ sese Crasso dedidit, obsidesque ultro misit : quo in numero fuerunt Tarbelli, Bigerriones, Preciani, Vocates, Tarusates, Elusates, Garites, Ausci, Garumni, Sibuzates, Cocosates. Paucæ ultimæ nationes, anni tempore confisæ, quod hiems suberat, hoc facere neglexerunt.

XXVIII. Eodem fere tempore Cæsar, etsi prope exacta jam æstas erat, tamen, quod, omni Gallia pacata, Morini Menapiique supererant, qui in armis essent, neque ad eum unquam legatos de pace misissent, arbitratus id bellum celeriter confici posse, eo exercitum adduxit : qui longe alia ratione, ac reliqui Galli, bellum agere instituerunt. Nam quod intelligebant, maximas nationes, quæ prælio contendissent, pulsas superatasque esse, continentesque silvas ac paludes habebant, eo se suaque omnia contulerunt. Ad quarum initium silvarum quum Cæsar pervenisset, castraque munire instituisset, neque hostis interim visus esset, dispersis in opere nostris, subito ex omnibus partibus silvæ evolaverunt, et in nostros impetum fecerunt. Nostri celeriter arma ceperunt, eosque in silvas repulerunt; et, compluribus interfectis, longius impeditioribus locis secuti, paucos ex suis deperdiderunt.

XXIX. Reliquis deinceps diebus Cæsar silvas cædere instituit ; et, ne quis inermibus imprudentibusque militibus ab latere impetus fieri posset, omnem eam materiam, quæ erat cæsa, conversam ad hostem collocabat, et pro vallo ad utrumque latus exstruebat. Incredibili celeritate magno spatio paucis diebus confecto, quum jam pecus atque extrema impedimenta ab nostris tenerentur, ipsi densiores silvas peterent, ejusmodi tempestates sunt consecutæ, uti opus necessario intermitteretur ; et, continuatione imbrium, diutius sub pellibus milites contineri non possent. Itaque vastatis omnibus eorum agris, vicis ædi-

l'armée, et la mit en quartier d'hiver chez les Aulerkes, les Lexoves, et les autres peuples qui s'étaient récemment soulevés.

LIVRE QUATRIÈME.

I. Dans l'hiver qui suivit, sous le consulat de Cn. Pompée et de M. Crassus, les Usipètes et les Tencthères [1], peuples germains, passèrent le Rhin en grand nombre, non loin de l'endroit où il se jette dans la mer. La cause de cette émigration était que les Suèves [2] depuis plusieurs années les tourmentaient, leur faisaient une guerre acharnée, et les empêchaient de cultiver leurs champs. La nation des Suèves est de beaucoup la plus puissante et la plus belliqueuse de toute la Germanie. On dit qu'ils forment cent cantons, de chacun desquels ils font sortir chaque année mille hommes armés qui portent la guerre au dehors. Ceux qui restent dans le pays le cultivent pour eux-mêmes et pour les absents, et, à leur tour, ils s'arment l'année suivante, tandis que les premiers séjournent dans leurs demeures. Ainsi, ni l'agriculture ni la science, ou l'habitude de la guerre ne sont interrompues. Mais nul d'entre eux ne possède de terre séparément et en propre, et ne peut demeurer ni s'établir plus d'un an dans le même lieu (1). Ils consomment peu de blé, vivent en grande partie de laitage et de la chair de leurs troupeaux, et s'adonnent particulièrement à la chasse. Ce genre de vie et de nourriture, leurs exercices journaliers et la liberté dont ils jouissent (car n'étant dès leur enfance habitués à aucun devoir, à aucune discipline, ils ne suivent absolument que leur volonté), en font des hommes robustes et remarquables par une taille gigantesque. Ils se sont aussi accoutumés, sous un climat très-froid, et à n'avoir d'autre vêtement que des peaux, dont l'exiguité laisse une grande partie de leur corps à découvert [1], et à se baigner dans les fleuves.

II. Ils donnent accès chez eux aux marchands, plutôt pour leur vendre ce qu'ils ont pris à la guerre que pour leur acheter quoi que ce soit. Bien plus, ces chevaux étrangers qui plaisent tant dans la Gaule, et qu'on y paie à si haut prix, les Germains ne s'en servent pas. Les leurs sont mauvais et difformes [2], mais en les exerçant tous les jours, ils les rendent infatigables. Dans les engagements de cavalerie, souvent ils sautent à bas de leurs chevaux et combattent à pied; ils les ont dressés à rester à la même place, et les rejoignent promptement, si le cas le requiert. Rien dans leurs mœurs ne passe pour plus honteux ni pour plus lâche que de se servir de selle. Aussi, si peu nombreux qu'ils soient, osent-ils attaquer de gros corps de cavaliers ainsi montés. L'importation du vin est entièrement interdite chez eux, parce qu'ils pensent que cette liqueur amollit et énerve le courage des hommes.

[1] Tacite (Germ. 32) dit que ces peuples étaient voisins des Cattes ou Suèves. — [2] Peuples d'une grande contrée de l'Allemagne embrassant notamment la Souabe de nos jours. (Tacite, Germ. 38).

[1] Ce court vêtement est le *sagum* dont parle Tacite (Germ. XVII.) — [2] V. Tacite, ibid. VI.

ficiisque incensis, Cæsar exercitum reduxit; et in Aulercis Lexoviisque, reliquis item civitatibus, quæ proxime bellum fecerant, in hibernis collocavit

LIBER QUARTUS.

I. Ea, quæ secuta est, hieme, qui fuit annus Cn. Pompeio, M. Crasso coss., Usipetes Germani, et item Tenchtheri, magna cum multitudine hominum, flumen Rhenum transierunt, non longe a mari, quo Rhenus influit. Causa transeundi fuit, quod ab Suevis complures annos exagitati bello premebantur, et agricultura prohibebantur. Suevorum gens est longe maxima et bellicosissima Germanorum omnium. Hi centum pagos habere dicuntur, ex quibus quotannis singula millia armatorum bellandi causa ex finibus educunt. Reliqui, qui domi manserint, se atque illos alunt. Hi rursus in vicem anno post in armis sunt; illi domi remanent. Sic neque agricultura, nec ratio atque usus belli, intermittitur. Sed privati ac separati agri apud eos nihil est, neque longius anno remanere uno in loco incolendi causa licet. Neque multum frumento, sed maximam partem lacte atque pecore vivunt, multumque sunt in venationibus : quæ res, et cibi genere, et quotidiana exercitatione et libertate vitæ, quod a pueris nullo officio aut disciplina assuefacti, nihil omnino contra voluntatem faciunt, et vires alit, et immani corporum magnitudine homines efficit. Atque in eam se consuetudinem adduxerunt, ut locis frigidissimis, neque vestitus, præter pelles, habeant quidquam (quarum propter exiguitatem, magna est corporis pars aperta), et laventur in fluminibus.

II. Mercatoribus est ad eos aditus; magis eo, ut quæ bello ceperint, quibus vendant, habeant, quam quo ullam rem ad se importari desiderent : quin etiam jumentis, quibus maxime Gallia delectatur, quæque impenso parant pretio, Germani importatis non utuntur : sed quæ sunt apud eos nata, prava atque deformia, hæc quotidiana exercitatione, summi ut sint laboris, efficiunt. Equestribus præliis sæpe ex equis desiliunt, ac pedibus præliantur, equosque eodem remanere vestigio assuefaciunt; ad quos se celeriter, quum usus est, recipiunt : neque eorum moribus turpius quidquam aut inertius habetur, quam ephippiis uti. Itaque ad quemvis numerum ephippiatorum equitum, quamvis pauci, adire audent. Vinum ad se omnino importari non sinunt, quod ea re ad laborem ferendum remollescere homines atque effeminari arbitrantur.

III. Publice maximam putant esse laudem, quam

III. Ils regardent comme leur plus grande gloire nationale d'avoir pour frontières des champs vastes et incultes; ce qui signifie qu'un grand nombre de nations n'ont pu soutenir leurs efforts. Aussi dit-on que, d'un côté, à six cent mille pas de leur territoire, les campagnes sont désertes. Les Ubes[1] les avoisinent de l'autre côté. Ce peuple, autrefois considérable et florissant autant qu'on peut le dire des Germains, avec lesquels il a une origine commune, est cependant plus civilisé que le reste de cette nation, parce que, touchant au Rhin, il a de nombreux rapports avec des marchands; le voisinage des Gaulois l'a en outre façonné à leurs mœurs. Les Suèves lui ont fait des guerres fréquentes sans pouvoir, à cause de sa population et de sa puissance, le chasser de son territoire; ils sont parvenus cependant à le rendre tributaire et à le réduire à un état d'abaissement et de faiblesse

IV. Il en a été de même des Usipètes et des Tencthères, que nous avons nommés plus haut; ils résistèrent pendant nombre d'années aux attaques des Suèves : à la fin cependant, chassés de leurs terres, et après avoir erré trois ans à travers plusieurs cantons de la Germanie, ils arrivèrent près du Rhin, dans des contrées habitées par les Ménapes, lesquels possédaient, sur l'une et l'autre rive du fleuve, des champs, des maisons et des bourgs. Effrayés à l'arrivée d'une telle multitude, les Ménapes abandonnèrent les habitations qu'ils possédaient au-delà du fleuve, et, s'étant fortifiés en-deçà, ils s'opposèrent au passage des Germains. Ceux-ci, après avoir tout essayé, ne pouvant passer ni de vive force, faute de bateaux, ni à la dérobée, à cause des gardes posées par les Ménapes, feignirent de retourner dans leur pays et dans leurs demeures; mais, après trois jours de marche, ils revinrent sur leurs pas, et, refaisant en une nuit, avec leurs chevaux, le même chemin, ils tombèrent à l'improviste sur les Ménapes qui, informés par leurs éclaireurs de la retraite de leurs ennemis, étaient rentrés sans crainte dans leurs bourgs au-delà du Rhin. Après les avoir taillés en pièces et s'être emparés de leurs bateaux, ils traversèrent le fleuve avant que la partie des Ménapes qui était restée tranquille sur l'autre rive eût appris leur retour; ils se rendirent maîtres de toutes leurs habitations, et se nourrirent, le reste de l'hiver, des vivres qu'ils y trouvèrent.

V. Instruit de ces événements et redoutant la faiblesse des Gaulois, qu'il connaissait si mobiles dans leurs résolutions et avides de nouveautés, César ne crut pas devoir se fier à eux. C'est en Gaule un usage de forcer les voyageurs à s'arrêter malgré eux, et de les interroger sur ce que chacun d'eux sait ou a entendu dire. Dans les villes, le peuple entoure les marchands, et les oblige de déclarer de quel pays ils viennent, et les choses qu'ils y ont apprises. C'est d'après l'impression produite par ces bruits et ces rapports qu'ils décident souvent les affaires les plus importantes; et un prompt repentir suit nécessairement des résolutions prises sur des nouvelles incertaines, et le plus souvent inventées pour leur plaire.

VI. Connaissant cette habitude des Gaulois,

---

[1] Peuple du territoire de Cologne.

---

latissime a suis finibus vacare agros : hac re significari, magnum numerum civitatem suam vim sustinere non posse. Itaque una ex parte a Suevis circiter millia passuum DC agri vacare dicuntur. Ad alteram partem, succedunt Ubii, quorum fuit civitas ampla atque florens, ut est captus Germanorum, et paulo, quam sunt ejusdem generis, etiam ceteris humaniores, propterea quod Rhenum attingunt, multumque ad eos mercatores ventitant, et ipsi propter propinquitatem Gallicis sunt moribus assuefacti. Hos quum Suevi, multis sæpe bellis experti, propter amplitudinem gravitatemque civitatis, finibus expellere non potuissent, tamen vectigales sibi fecerunt, ac multo humiliores infirmioresque redegerunt.

IV. In eadem causa fuerunt Usipetes et Tenchtheri, quos supra diximus, qui complures annos Suevorum vim sustinuerunt; ad extremum tamen, agris expulsi, et multis Germaniæ locis triennium vagati, ad Rhenum pervenerunt: quas regiones Menapii incolebant, et ad utramque ripam fluminis agros, ædificia vicosque habebant; sed tantæ multitudinis aditu perterriti, ex his ædificiis, quæ trans flumen habuerant, demigraverant; et, cis Rhenum dispositis præsidiis, Germanos transire prohibebant. Illi omnia experti, quum neque vi contendere propter inopiam navium, neque clam transire propter custodias Menapiorum possent, reverti se in suas sedes regionesque simulaverunt; et tridui viam progressi, rursus reverterunt, atque omni hoc itinere una nocte equitatu confecto, inscios inopinantesque Menapios oppresserunt, qui de Germanorum discessu per exploratores certiores facti, sine metu trans Rhenum in suos vicos remigraverant. His interfectis, navibusque eorum occupatis, priusquam ea pars Menapiorum, quæ citra Rhenum quieta in suis sedibus erat, certior fieret, flumen transierunt, atque omnibus eorum ædificiis occupatis, reliquam partem hiemis se eorum copiis aluerunt.

V. His de rebus Cæsar certior factus, et infirmitatem Gallorum veritus, quod sunt in consiliis capiendis mobiles, et novis plerumque rebus student, nihil his committendum existimavit. Est autem hoc gallicæ consuetudinis, uti et viatores, etiam invitos, consistere cogant; et, quod quisque eorum de quaque re audierit aut cognoverit, quærant, et mercatores in oppidis vulgus circumsistat, quibusque ex regionibus veniant, quasque ibi res cognoverint, pronunciare cogant. His rumoribus atque auditionibus permoti, de summis sæpe rebus consilia ineunt, quorum eos e vestigio pœnitere necesse est, quum incertis rumoribus serviant, et plerique ad voluntatem eorum ficta respondeant.

César, pour prévenir une guerre plus sérieuse, rejoignit l'armée plus tôt que de coutume. En y arrivant, il apprit ce qu'il avait soupçonné : que plusieurs peuples de la Gaule avaient envoyé des députations aux Germains, et les avaient invités à quitter les rives du Rhin, les assurant qu'on tiendrait prêt tout ce qu'ils demanderaient. Séduits par cet espoir, les Germains commençaient déjà à s'étendre et étaient parvenus au territoire des Eburons [1] et des Condruses [2], qui sont dans la clientèle des Trévires. César, ayant fait venir les principaux de la Gaule, crut devoir dissimuler ce qu'il connaissait ; il les flatta, les encouragea, leur prescrivit des levées de cavalerie, et résolut de marcher contre les Germains.

VII. Après avoir pourvu aux vivres, et fait un choix de cavalerie, il se dirigea où l'on disait qu'étaient les Germains. Il n'en était plus qu'à peu de journées, lorsque des députés vinrent le trouver de leur part ; leur discours fut celui-ci : « Les Germains ne feront point les premiers la guerre au peuple romain ; ils ne refuseront cependant pas de combattre si on les attaque ; car, c'est une coutume que leur ont transmise leurs ancêtres, de résister à quiconque les provoque, et non de recourir à des prières. Au reste, ils déclarent qu'ils sont venus contre leur gré, et parce qu'on les a chassés de leur pays ; si les Romains veulent acquérir leur amitié, elle pourra leur être utile ; qu'on leur assigne des terres ou qu'on leur laisse la possession de celles qu'ils ont conquises par les armes. Ils ne le cèdent qu'aux Suèves auxquels les dieux même ne sauraient se comparer ; sauf ceux-ci, il n'est, sur la terre, aucun autre peuple dont ils ne puissent triompher. »

VIII. César répondit à ce discours ce qu'il jugea convenable, mais sa conclusion fut : « Qu'ils ne pouvaient prétendre à son amitié s'ils restaient dans la Gaule ; qu'il n'était pas juste que ceux qui n'avaient pas su défendre leur territoire occupassent celui d'autrui ; qu'il n'y avait point dans la Gaule de terrain vacant que l'on pût donner sans injustice, surtout à une si grande multitude. Il leur est loisible, s'ils le veulent, de se fixer chez les Ubes, dont les députés sont venus près de lui se plaindre des outrages des Suèves et réclamer son secours ; il obtiendra des Ubes cette permission. »

IX. Les députés dirent qu'ils reporteraient cette réponse à leur nation, et qu'après en avoir délibéré ils reviendraient dans trois jours auprès de César. Cependant ils le priaient de ne pas avancer davantage. César déclara ne pouvoir leur accorder cette demande : car il savait que plusieurs jours auparavant ils avaient envoyé une grande partie de leur cavalerie au-delà de la Meuse, chez les Ambivarites [1], pour piller et s'approvisionner de vivres. Il était persuadé que l'attente de ces cavaliers était le motif du délai demandé.

X. La Meuse sort des montagnes des Vosges, sur les frontières des Lingons. Après avoir reçu un bras du Rhin que l'on nomme le Wahal ; elle forme l'île des Bataves [2] et, à quatre-vingt milles

[1] Peuple de Liége. — [2] Du Condrotz.

[1] Tribu inconnue, et à laquelle cependant quelques auteurs on assigné pour demeure le territoire d'Anvers. — [2] *Bat, pat*, profond ; *av*, eau.

VI. Qua consuetudine cognita, Cæsar, ne graviori bello occurreret, maturius, quam consuerat, ad exercitum proficiscitur. Eo quum venisset, ea quæ fore suspicatus erat, facta cognovit ; missas legationes a nonnullis civitatibus ad Germanos, invitatosque eos, uti ab Rheno discederent ; omniaque quæ postulassent, ab se fore parata. Qua spe adducti Germani latius jam vagabantur, et in fines Eburonum et Condrusorum, qui sunt Trevirorum clientes, pervenerant. Principibus Galliæ evocatis, Cæsar ea, quæ cognoverat, dissimulanda sibi existimavit, eorumque animis permulsis et confirmatis, equitatuque imperato, bellum cum Germanis gerere constituit.

VII. Re frumentaria comparata, equitibusque delectis, iter in ea loca facere cœpit, quibus in locis esse Germanos audiebat. A quibus quum paucorum dierum iter abesset, legati ab his venerunt, quorum hæc fuit oratio : « Germanos neque priores populo romano bellum inferre, neque tamen recusare, si lacessantur, quin armis contendant ; quod Germanorum consuetudo hæc sit a majoribus tradita, quicumque bellum inferant, resistere, neque deprecari : hoc tamen dicere, venisse invitos, ejectos domo. Si suam gratiam Romani velint, posse eis utiles esse amicos : vel sibi agros attribuant, vel patiantur eos tenere, quos armis possederint. Sese unis Suevis concedere, quibus ne dii quidem immortales pares esse possint : reliquum quidem in terris esse neminem, quem non superare possint. »

VIII. Ad hæc Cæsar, quæ visum est, respondit ; sed exitus fuit orationis : « Sibi nullam cum his amicitiam esse posse, si in Gallia remanerent : neque verum esse, qui suos fines tueri non potuerint, alienos occupare : neque ullos in Gallia vacare agros, qui dari, tantæ præsertim multitudini, sine injuria possint. Sed licere, si velint, in Ubiorum finibus considere, quorum sint legati apud se, et de Suevorum injuriis querantur, et a se auxilium petant : hoc se ab Ubiis impetraturum. »

IX. Legati hæc se ad suos relaturos dixerunt ; et, re deliberata, post diem tertium ad Cæsarem reversuros : interea, ne propius se castra moverent, petierunt. « Ne id quidem Cæsar ab se impetrari posse » dixit : cognoverat enim, magnam partem equitatus ab iis aliquot diebus ante prædandi frumentandique causa ad Ambivaritos trans Mosam missam. Hos exspectari equites, atque ejus rei causa moram interponi arbitrabatur.

X. Mosa profluit ex monte Vosego, qui est in finibus Lingonum, et, parte quadam ex Rheno recepta, quæ appelatur Vahalis, insulam efficit Batavorum ; neque longius ab eo millibus passuum LXXX in Oceanum transit. Rhenus autem oritur ex Lepontiis, qui Alpes incolunt, et

environ, va se jeter dans l'Océan. Quant au Rhin, il prend sa source chez les Lépontes [1], habitants des Alpes, et traverse rapidement dans un long espace les terres des Nantuates, des Helvètes, des Séquanes, des Médiomatrikes [2], des Tribokes, des Trévires : lorsqu'il approche de l'Océan, il se divise en plusieurs branches, formant beaucoup de grandes îles, dont la plupart sont habitées par des nations féroces et barbares, parmi lesquelles il en est qui passent pour vivre de poissons et d'œufs d'oiseaux; enfin, il se jette dans l'Océan par beaucoup d'embouchures.

XI. César n'était plus qu'à douze milles de l'ennemi, quand les députés revinrent, comme il avait été convenu; l'ayant rencontré en marche, ils le supplièrent de ne pas aller plus avant. Ne l'ayant pas obtenu, ils le prièrent d'envoyer à la cavalerie qui formait l'avant-garde, l'ordre de ne pas commencer le combat, et de leur laisser le temps de députer vers les Ubes; «protestant que, si le sénat et les principaux de cette nation s'engageaient à les recevoir sous la foi du serment, ils accepteraient toute condition que César leur imposerait; ils demandaient trois jours pour consommer cet arrangement. » César pensait bien qu'ils sollicitaient ce délai de trois jours pour donner à leurs cavaliers absents le temps de revenir; cependant il leur dit qu'il ne s'avancerait pas au-delà de quatre milles pour trouver de l'eau, et il leur recommanda de venir le lendemain en grand nombre, pour qu'il prît connaissance de leurs demandes. En même temps il envoya dire aux préfets qui marchaient en avant avec toute la cavalerie de ne point attaquer les ennemis, et, s'ils étaient eux-mêmes attaqués, de tenir seulement jusqu'à ce qu'il se fût rapproché d'eux avec l'armée.

XII. Mais, dès que les ennemis aperçurent notre cavalerie forte de cinq mille hommes, ils tombèrent sur elle, quoique la leur n'en eût pas plus de huit cents; car ceux de leurs cavaliers qui étaient allés fourrager au-delà de la Meuse n'étaient pas encore revenus. Les nôtres étaient sans défiance, vu que les députés germains avaient quitté César peu auparavant et demandé une trêve pour ce jour-là. Cette attaque avait promptement mis le désordre parmi nous. Quand nous nous fûmes ralliés, les ennemis, selon leur coutume, mirent pied à terre, tuèrent plusieurs de nos chevaux, renversèrent quelques cavaliers, défirent le reste et les frappèrent d'une telle frayeur qu'ils ne s'arrêtèrent qu'à la vue de notre armée. Il périt dans ce combat soixante-quatorze de nos cavaliers. De ce nombre, fut Pison l'Aquitain, homme d'un grand courage et d'une naissance illustre, dont l'aïeul avait exercé le souverain pouvoir dans sa cité et reçu de notre sénat le titre d'ami. Accouru au secours de son frère, enveloppé par les ennemis, il l'avait arraché à ce danger; renversé lui-même de son cheval, qui avait été blessé, il se défendit courageusement et aussi longtemps qu'il put. Lorsque entouré de toutes parts, et percé de coups, il eut succombé, son frère, déjà retiré de la mêlée, l'aperçut de loin, poussa son cheval vers les ennemis, s'offrit à eux et se fit tuer.

[1] Peuple du pays des Grisons.—[2] Pays messin et cantons de Sarguemines, Sarrelouis, Hombourg, Deux-Ponts Salius, et Bitche.

longo spatio per fines Nantuatium, Helvetiorum, Sequanorum, Mediomatricorum, Tribucorum, Trevirorum citatus fertur; et, ubi Oceano appropinquat, in plures diffluit partes, multis ingentibusque insulis effectis, quarum pars magna a feris barbarisque nationibus incolitur, ex quibus sunt, qui piscibus atque ovis avium vivere existimantur; multisque capitibus in Oceanum influit.

XI. Cæsar quum ab hoste non amplius passuum XII millibus abesset, ut erat constitutum, ad eum legati revertuntur : qui, in itinere congressi, magnopere, ne longius progrederetur, orabant. Quum id non impetrassent, petebant. « uti ab eos equites, qui agmen antecessissent, præmitteret, eosque pugna prohiberet; sibique uti potestatem faceret, in Ubios legatos mittendi : quorum si principes ac senatus sibi jurejurando fidem fecissent, ea conditione, quæ a Cæsare ferretur, se usuros ostendebant : ad has res conficiendas sibi tridui spatium daret. » Hæc omnia Cæsar eodem illo pertinere arbitrabatur, ut, tridui mora interposita, equites eorum, qui abessent, reverterentur : tamen sese non longius millibus passuum quatuor aquationis causa processurum eo die dixit : huc postero die quam frequentissimi convenirent, ut de eorum postulatis cognosceret. Interim ad præfectos, qui cum omni equitatu antecesserant, mittit, qui nunciarent, ne hostes prælio lacesserent; et, si ipsi lacesserentur, sustinerent, quoad ipse cum exercitu propius accessisset.

XII. At hostes, ubi primum nostros equites conspexerunt, quorum erat quinque millium numerus, quum ipsi non amplius DCCC equites haberent, quod ii, qui frumentandi causa ierant trans Mosam, nondum redierant, nihil timentibus nostris, quod legati eorum paulo ante a Cæsare discesserant, atque is dies induciis erat ab eis petitus, impetu facto, celeriter nostros perturbaverunt. Rursus resistentibus nostris, consuetudine sua ad pedes desiluerunt, subfossisque equis, compluribusque nostris dejectis, reliquos in fugam conjecerunt, atque ita perterritos egerunt, ut non prius fuga desisterent, quam in conspectum agminis nostri venissent. In eo prælio ex equitibus nostris interficiuntur quatuor et septuaginta; in his vir fortissimus, Piso, Aquitanus, amplissimo genere natus, cujus avus in civitate sua regnum obtinuerat, amicus ab senatu nostro appellatus. Hic, quum fratri intercluso ab hostibus auxilium ferret, illum ex periculo eripuit : ipse equo vulneratus dejectus, quoad potuit, fortissime restitit. Quum circumventus, multis vulneribus acceptis, cecidisset, atque id frater, qui jam prælio excesserat, procul ani-

XIII. Après cette action, César jugea qu'il ne devait plus écouter les députés ni recevoir les propositions d'un ennemi qui, usant de dol et d'embûches, nous avait attaqués, tout en demandant la paix. Attendre en outre que leurs troupes s'augmentassent par le retour de leur cavalerie, eût été, pensait-il, de la dernière folie; connaissant d'ailleurs la légèreté des Gaulois, sentant que l'issue d'un seul combat les portait à s'exagérer la puissance de l'ennemi, il estima ne pas devoir leur laisser le temps de prendre un parti. Quand il eut arrêté et communiqué à ses lieutenants et à son questeur sa résolution de ne pas différer de livrer bataille, il arriva fort à propos que le lendemain matin, les Germains, conduits par le même esprit de perfidie et de dissimulation, se réunirent en grand nombre avec tous leurs chefs et les vieillards, et vinrent au camp de César. Ils voulaient, disaient-ils, se justifier de l'attaque faite la veille, contrairement à ce qui avait été réglé et à ce qu'ils avaient eux-mêmes demandé; leur but était, s'ils le pouvaient, d'obtenir par une ruse la prolongation de la trève. César, charmé de ce qu'ils s'offraient ainsi à lui, donna ordre de les arrêter (2); puis il fit sortir toutes les troupes du camp, et mit à l'arrière-garde la cavalerie qu'il supposait effrayée du dernier combat.

XIV. Après avoir rangé l'armée sur trois lignes et fait une marche rapide de huit milles, il arriva au camp des Germains avant qu'ils pussent savoir ce qui s'était passé. Frappés tout à la fois d'une terreur subite et par la promptitude de notre arrivée et par l'absence de leurs chefs; n'ayant le temps ni de délibérer ni de prendre les armes, ils ne savaient, dans leur trouble, s'ils devaient marcher contre nous, défendre le camp ou chercher leur salut dans la fuite. Leur terreur se manifesta par des cris et un grand désordre : nos soldats, animés par la perfidie de la veille, fondirent sur le camp. Là, ceux qui purent prendre promptement les armes firent quelque résistance et combattirent entre les chars et les bagages; mais la multitude des enfants et des femmes (car les Germains étaient sortis de leur pays et avaient passé le Rhin avec tout ce qu'ils possédaient), se mit à fuir de toutes parts; César envoya la cavalerie à leur poursuite.

XV. Les Germains, entendant des cris derrière eux et voyant le carnage qu'on faisait des leurs, jettent leurs armes, abandonnent leurs enseignes, et s'échappent du camp. Lorsqu'ils furent parvenus au confluent de la Meuse et du Rhin, que l'espoir de prolonger leur fuite leur fut ravi, et qu'un grand nombre d'entre eux eut été tué, ce qui en restait se précipita dans le fleuve, et y périt, accablé par la peur, la fatigue et la force du courant. Les nôtres, sans avoir perdu un seul homme et ne comptant que quelques blessés, délivrés des inquiétudes d'une guerre si redoutable, dans laquelle ils avaient eu en tête quatre cent trente mille ennemis, rentrèrent dans leur camp. César rendit à ceux qu'il avait retenus la faculté de se retirer; mais, ceux-ci craignant les supplices et la vengeance des Gaulois dont ils avaient ravagé les

---

madvertisset, incitato equo se hostibus obtulit, atque interfectus est.

XIII. Hoc facto prælio, Cæsar neque jam sibi legatos audiendos, neque conditiones accipiendas arbitrabatur ab his, qui per dolum atque insidias, petita pace, ultro bellum intulissent: exspectare vero, dum hostium copiæ augerentur equitatusque reverteretur, summæ dementiæ esse judicabat: et, cognita Gallorum infirmitate, quantum jam apud eos hostes uno prælio auctoritatis essent consecuti, sentiebat : quibus ad consilia capienda nihil spatii dandum existimabat. His constitutis rebus, et consilio cum legatis et quæstore communicato, ne quem diem pugnæ prætermitteret, opportunissima res accidit, quod postridie ejus diei mane, eadem et perfidia et simulatione usi Germani, frequentes, omnibus principibus majoribusque natu adhibitis, ad eum in castra venerunt; simul, ut dicebatur, sui purgandi causa, quod contra, atque esset dictum et ipsi petissent, prælium pridie commisissent; simul ut, si quid possent, de induciis fallendo impetrarent. Quos sibi Cæsar oblatos gavisus, illos retineri jussit; ipse omnes copias castris eduxit, equitatumque, quod recenti prælio perterritum esse existimabat, agmen subsequi jussit.

XIV. Acie triplici instituta, et celeriter VIII millium itinere confecto, prius ad hostium castra pervenit, quam quid ageretur Germani sentire possent. Qui, omnibus rebus subito perterriti, et celeritate adventus nostri, et discessu suorum, neque consilii habendi, neque arma capiendi spatio dato; perturbantur, copiasne adversus hostem educere, an castra defendere, an fuga salutem petere, præstaret. Quorum timor quum fremitu et concursu significaretur, milites nostri, pristini diei perfidia incitati, in castra irruperunt. Quo loco, qui celeriter arma capere potuerunt, paulisper nostris restiterunt, atque inter carros impedimentaque prælium commiserunt : at reliqua multitudo puerorum mulierumque (nam cum omnibus suis domo excesserant, Rhenumque transierant) passim fugere cœpit; ad quos consectandos Cæsar equitatum misit.

XV. Germani, post tergum clamore audito, quum suos interfici viderent, armis abjectis, signisque militaribus relictis, se ex castris ejecerunt; et, quum ad confluentem Mosæ et Rheni pervenissent, reliqua fuga desperata, magno numero interfecto, reliqui se in flumen præcipitaverunt; atque ibi timore, lassitudine, vi fluminis oppressi perierunt. Nostri ad unum omnes incolumes, perpaucis vulneratis, ex tanti belli timore, quum hostium numerus capitum CDXXX millium fuisset, se in castra receperunt. Cæsar his, quos in castris retinuerat, discedendi potestatem fecit : illi supplicia cruciatusque Gallorum veriti, quorum agros vexaverant, remanere se apud eum velle dixerunt. His Cæsar libertatem concessit.

terres, exprimèrent le désir de rester près de lui. César leur en accorda la permission.

XVI. Après avoir terminé la guerre contre les Germains, César se détermina, par beaucoup de motifs, à passer le Rhin. Il voulait principalement, voyant les Germains toujours prêts à venir dans la Gaule, leur inspirer des craintes pour leur propre pays, en leur montrant qu'une armée romaine pouvait et osait traverser le Rhin. De plus, cette partie de la cavalerie des Usipètes et des Tencthères que j'ai dit plus haut avoir passé la Meuse pour piller et fourrager, et qui n'avait point assisté au combat, s'était, après la défaite des Germains, retirée au-delà du Rhin, chez les Sigambres [1], et s'était jointe à eux. César envoya vers ce peuple et fit demander qu'il lui livrât ceux qui avaient porté les armes contre lui et contre les Gaulois. Ils répondirent : « que la domination du peuple romain finissait au Rhin : s'il ne trouvait pas juste que les Germains passassent en Gaule malgré lui, pourquoi prétendait-il exercer quelque domination et quelque pouvoir au-delà du Rhin? » Les Ubes, qui, seuls des peuples d'outre-Rhin, avaient député vers César, contracté une alliance, livré des otages, le priaient instamment « de les secourir contre les Suèves qui les pressaient vivement; ou, si les affaires de la république l'empêchaient de le faire, de transporter seulement l'armée au-delà du Rhin; ce serait un secours suffisant et une sécurité pour l'avenir : la défaite d'Arioviste et ce dernier combat avaient tellement établi la réputation de l'armée romaine chez les nations germaines même les plus reculées, que l'autorité et l'amitié du peuple romain devaient les mettre en sûreté. Ils promettaient une grande quantité de navires pour le transport de l'armée. »

XVII. César, déterminé par les motifs dont j'ai parlé, avait résolu de passer le Rhin; mais le traverser sur des bateaux ne lui semblait ni assez sûr ni assez convenable à sa dignité et à celle du peuple romain. Aussi, malgré l'extrême difficulté qu'offrait la construction d'un pont, à cause de la largeur, de la rapidité et de la profondeur du fleuve, il crut cependant devoir le tenter; autrement il fallait renoncer à faire passer l'armée. Voici donc sur quel plan il fit construire le pont : on joignait ensemble, à deux pieds d'intervalle, deux poutres d'un pied et demi d'équarrissage, un peu aiguisées par le bas, d'une hauteur proportionnée à celle du fleuve. Introduites dans l'eau à l'aide des machines, elles y étaient fichées et enfoncées à coups de masse, non dans une direction verticale, mais en suivant une ligne oblique et inclinée selon le fil de l'eau. En face et en descendant, à la distance de quarante pieds, on en plaçait deux autres, assemblées de la même manière, et tournées contre la violence et l'effort du courant. Sur ces quatre poutres on en posait une de deux pieds d'équarrissage, qui s'enclavait dans leur intervalle, et était fixée à chaque bout par deux chevilles. Ces quatre pilotis, réunis par une traverse, offraient un ouvrage si solide, que plus la rapidité du courant était grande, plus elle consolidait cette

[1] Peuple de Germanie, d'où descendaient les Francs.

XVI. Germanico bello confecto, multis de causis Cæsar statuit, sibi Rhenum esse transcundum : quarum illa fuit justissima, quod, quum videret Germanos tam facile impelli ut in Galliam venirent, suis quoque rebus eos timere voluit, quum intelligerent, et posse et audere populi romani exercitum Rhenum transire. Accessit etiam, quod illa pars equitatus Usipetum et Tenchtherorum, quam supra commemoravi prædandi frumentandique causa Mosam transisse, neque prælio interfuisse, post fugam suorum se trans Rhenum in fines Sigambrorum receperat, seque cum iis conjunxerat. Ad quos quum Cæsar nuncios misisset, qui po tularent eos, qui sibi Galliæque bellum intulissent, sibi dederent, responderunt : « populi romani imperium Rhenum finire : si, se invito, Germanos in Galliam transire non æquum existimaret, cur sui quidquam esse imperii aut potestatis trans Rhenum postularet? » Ubii autem, qui uni ex transrhenanis ad Cæsarem legatos miserant, amicitiam fecerant, obsides dederant, magnopere orabant, « ut sibi auxilium ferret, quod graviter ab Suevis premerentur; vel, si id facere occupationibus reipublicæ prohiberetur, exercitum modo Rhenum transportaret : id sibi ad auxilium spemque reliqui temporis satis futurum : tantum esse nomen atque opinionem ejus exercitum, Ariovisto pulso, et hoc novissimo prælio facto, etiam ad ultimas Germanorum nationes, uti opinione et amicitia populi romani tuti esse possint. Navium magnam copiam ad transportandum exercitum pollicebantur. »

XVII. Cæsar his de causis, quas commemoravi, Rhenum transire decreverat; sed navibus transire, neque satis tutum esse arbitrabatur, neque suæ, neque populi romani dignitatis esse statuebat. Itaque, etsi summa difficultas faciendi pontis proponebatur propter latitudinem, rapiditatem, altitudinemque fluminis, tamen id sibi contendendum, aut aliter non transducendum exercitum existimabat. Rationem igitur pontis hanc instituit. Tigna bina sesquipedalia, paulum ab imo præacuta, dimensa ad altitudinem fluminis, intervallo pedum duorum inter se jungebat. Hæc quum machinationibus immissa in flumen de fixerat, fistucisque adegerat, non sublicæ modo directa ad perpendiculum, sed prona ac fastigata, ut secundum naturam fluminis procumberent : iis item contraria bina, ad eumdem modum juncta, intervallo pedum quadragenum, ab inferiore parte, contra vim atque impetum fluminis conversa statuebat. Hæc utraque insuper bipedalibus trabibus immissis, quantum eorum tignorum junctura distabat, binis utrinque fibulis ab extrema parte, distinebantur : quibus disclusis, atque in contrariam partem revinctis, tanta erat operis firmitudo, atque ea rerum natura, ut, quo major vis aquæ se incitavisset, hoc arctius illigata tenerentur. Hæc derecta materie injecta contexe-

construction. On jeta ensuite des solives d'une traverse à l'autre, et on couvrit le tout de fascines et de claies. De plus, des pieux obliquement fichés vers la partie inférieure du fleuve s'appuyaient contre les pilotis en forme de contre-forts et servaient à briser le courant. Enfin d'autres pieux étaient placés en avant du pont, à peu de distance, afin que, si les barbares lançaient des troncs d'arbres ou des bateaux pour abattre ces constructions, elles fussent ainsi protégées contre ces tentatives inutiles, et que le pont n'en eût point à souffrir (3).

XVIII. Tout l'ouvrage fut achevé en dix jours, à compter de celui où les matériaux furent apportés sur place. César fit passer l'armée, et, laissant une forte garde à chaque tête de pont, il marcha vers le pays des Sigambres. Ayant, pendant sa marche, reçu des députés de diverses nations, qui venaient réclamer la paix et son amitié, il leur fit une réponse bienveillante, et exigea qu'on lui amenât des otages. De leur côté, les Sigambres qui, du moment où l'on commençait à construire le pont, et sur l'avis des Usipètes et des Tencthères réfugiés chez eux, avaient tout préparé pour fuir, venaient d'abandonner leur pays, emportant tous leurs biens, et s'étaient retirés dans les déserts et dans les forêts.

XIX. César, après un très-court séjour dans ce pays, dont il brûla les bourgs et les habitations et détruisit les récoltes, se rendit chez les Ubes, et leur promit son secours s'ils étaient attaqués par les Suèves. Il apprit d'eux que ces derniers, informés par leurs éclaireurs que l'on jetait un pont sur le Rhin, avaient, selon leur coutume, tenu conseil et envoyé partout l'ordre de sortir des villes; de déposer dans les bois les femmes, les enfants et tous les biens, enjoignant à tous les hommes en état de porter les armes de se réunir dans un même lieu : ce rendez-vous était à peu près au centre des régions occupées par les Suèves. C'était là qu'ils avaient décidé d'attendre l'arrivée des Romains pour les combattre. Instruit de ce dessein, et ayant obtenu tous les résultats qu'il s'était proposés en faisant passer le Rhin à l'armée, savoir : d'intimider les Germains, de se venger des Sigambres, et de délivrer les Ubes pressés par les Suèves, César, après dix-huit jours en tout passés au-delà du Rhin, crut avoir assez fait pour la gloire et l'intérêt de Rome, revint dans la Gaule et fit rompre le pont (4).

XX. Quoique l'été fût fort avancé et que dans la Gaule, à cause de sa position vers le nord, les hivers soient hâtifs, César résolut néanmoins de passer dans la Bretagne [1], pays qu'il savait avoir fourni des secours à nos ennemis dans presque toutes les guerres contre les Gaulois. Si la saison ne lui permettait pas de terminer cette expédition, il lui serait cependant, à ce qu'il lui semblait, très-utile de visiter seulement cette île, d'en reconnaître les habitants, les localités, les ports, les abords, toutes choses presque inconnues aux Gaulois. Nul en effet, si ce n'est les marchands, ne se hasarde à y aborder, et ceux-ci même n'en connaissent que les côtes et les pays situés vis-à-vis de la Gaule. Ayant donc fait venir

[1] L'Angleterre.

bantur, et longuriis cratibusque consternebantur : ac nihilo secius sublicæ et ad inferiorem partem fluminis oblique agebantur, quæ pro pariete subjectæ, et cum omni opere conjunctæ, vim fluminis exciperent : et aliæ item supra pontem mediocri spatio, ut, si arborum trunci, sive naves, dejiciendi operis essent a barbaris missæ, his defensoribus earum rerum vis minueretur, neu ponti nocerent.

XVIII. Diebus decem, quibus materia cœpta erat comportari, omni opere effecto, exercitus traducitur. Cæsar ad utramque partem pontis firmo præsidio relicto, in fines Sigambrorum contendit. Interim a compluribus civitatibus ad eum legati veniunt, quibus pacem atque amicitiam petentibus liberaliter respondit, obsidesque ad se adduci jubet. At Sigambri, ex eo tempore quo pons institui cœptus est, fuga comparata, hortantibus iis, quos ex Tenctheris atque Usipetibus apud se habebant, finibus suis excesserant, suaque omnia exportaverant, seque in solitudinem ac silvas abdiderant.

XIX. Cæsar, paucos dies in eorum finibus moratus, omnibus vicis ædificiisque incensis, frumentisque succisis, se in fines Ubiorum recepit; atque iis auxilium suum pollicitus, si ab Suevis premerentur, hæc ab iis cognovit : Suevo, posteaquam per exploratores pontem fieri comperissent, more suo concilio habito, nuncios in omnes partes dimisisse, uti de oppidis demigrarent, liberos, uxores, suaque omnia in silvas deponerent, atque omnes, qui arma ferre possent, unum in locum convenirent : hunc esse delectum medium fere regionum earum, quas Suevi obtinerent : hic Romanorum adventum exspectare, atque ibi decertare constituisse. Quod ubi Cæsar comperit, omnibus his rebus confectis, quarum rerum causa traducere exercitum constituerat, ut Germanis metum injiceret, ut Sigambros ulcisceretur, ut Ubios obsidione liberaret, diebus omnino X et VIII trans Rhenum consumptis, satis et ad laudem et ad utilitatem profectum arbitratus, se in Galliam recepit, pontemque rescidit.

XX. Exigua parte æstatis reliqua, Cæsar, etsi in his locis, quod omnis Gallia ad septemtriones vergit, maturæ sunt hiemes, tamen in Britanniam proficisci contendit, quod omnibus fere gallicis bellis, hostibus nostris inde subministrata auxilia intelligebat : et, si tempus anni ad bellum gerendum deficeret, tamen magno sibi usui fore arbitrabatur, si modo insulam adisset, genus hominum perspexisset, loca, portus, aditus cognovisset : quæ omnia fere Gallis erant incognita. Neque enim temere præter mercatores illo adit quisquam, neque iis ipsis quidquam, præter oram maritimam, atque eas regiones, quæ sunt

de tous côtés des marchands, César n'en put rien apprendre ni sur l'étendue de l'île, ni sur la nature et le nombre des nations qui l'habitaient, ni sur leur manière de faire la guerre, ni sur ceux des ports qui étaient les plus propres à recevoir beaucoup de grands vaisseaux.

XXI. Pour acquérir ces connaissances avant de s'engager dans l'expédition, il envoie, avec une galère, C. Volusénus, qu'il jugeait propre à cette mission. Il lui recommande de revenir au plus tôt dès qu'il aurait tout vu. Lui-même, avec toutes les troupes, part pour le pays des Morins, d'où le trajet en Bretagne est très-court. Il y rassemble tous les vaisseaux qu'il peut tirer des régions voisines et la flotte qu'il avait construite l'été précédent pour la guerre des Vénètes. Cependant, instruits de son projet par les rapports des marchands, les Bretons envoient à César des députés de plusieurs cités, qui promettent de livrer des otages et de se soumettre à l'empire du peuple romain. Après les avoir entendus, César leur fait de bienveillantes promesses, les exhorte à persévérer dans ces sentiments, et enfin les renvoie, accompagnés de Comm qu'il avait lui-même, après ses victoires sur les Atrébates[1], fait roi de cette nation, homme dont le courage et la prudence lui étaient connus, qu'il pensait lui être dévoué, et qui avait un grand crédit en Bretagne. Il lui ordonne de visiter le plus grand nombre possible de nations, de les exhorter à se remettre sous la foi du peuple romain, et de leur annoncer sa prochaine arrivée

[1] Peuple de l'Artois.

chez elles. Volusénus ayant inspecté la contrée, autant que pouvait le faire un homme qui n'osait sortir de son vaisseau ni se fier aux barbares, revient le cinquième jour auprès de César, et lui rend un compte détaillé de ses observations.

XXII. Tandis que César était retenu dans ces lieux pour y rassembler la flotte, les députés d'une grande partie des peuples Morins vinrent le trouver, pour s'excuser de leur conduite passée, rejetant sur leur qualité d'étrangers et sur leur ignorance de nos coutumes, le tort d'avoir fait la guerre au peuple romain, et promettant de faire ce qu'il leur commanderait. César trouva que ces soumissions survenaient assez à propos : il ne voulait point laisser d'ennemi derrière lui ; la saison était trop avancée pour qu'il pût entreprendre cette guerre, et il ne croyait pas d'ailleurs que ces petits intérêts dussent être préférés à son entreprise contre la Bretagne. Il exigea donc un grand nombre d'otages. On les lui amena, et il reçut la soumission de ce peuple. Ayant fait venir et rassemblé quatre-vingts vaisseaux de charge, nombre qu'il jugea suffisant pour le transport de deux légions, il distribua tout ce qu'il avait de galères à son questeur, à ses lieutenants et aux préfets. Il avait de plus dix-huit vaisseaux de charge, que le vent retenait à huit milles de cet endroit (5), et empêchait d'aborder au même port. Il les destina à sa cavalerie et envoya le reste de l'armée, sous le commandement de Q. Titurius Sabinus et L. Aurunculéius Cotta, ses lieutenants, chez les Ménapes et sur

contra Gallias, notum est. Itaque, evocatis ad se undique mercatoribus, neque quanta esset insulæ magnitudo, neque quæ aut quantæ nationes incolerent, neque quem usum belli haberent, aut quibus institutis uterentur, neque qui essent ad majorum navium multitudinem idonei portus, reperire poterat.

XXI. Ad hæc cognoscenda, prius quam periculum faceret, idoneum esse arbitratus, C. Volusenum cum navi longa præmittit. Huic mandat, uti, exploratis omnibus rebus, ad se quam primum revertatur : ipse cum omnibus copiis in Morinos proficiscitur, quod inde erat brevissimus in Britanniam trajectus. Huc naves ex finitimis regionibus, et quam superiore æstate ad veneticum bellum fecerat, classem jubet convenire. Iterim consilio ejus cognito, et per mercatores perlato ad Britannos, a compluribus ejus insulæ civitatibus ad eum legati veniunt, qui pollicentur obsides dare, atque imperio populi romani obtemperare. Quibus auditis, liberaliter pollicitus hortatusque, ut in ea sententia permanerent, eos domum remittit ; et cum his una Commium, quem ipse, Atrebatibus superatis, regem ibi constituerat, cujus et virtutem et consilium probabat, et quem sibi fidelem arbitrabatur, cujusque auctoritas in iis regionibus magni habebatur, mittit. Huic imperat, quas possit, adeat civitates, horteturque, ut populi romani fidem sequantur ; seque celeriter eo ven-

turum nunciet. Volusenus, perspectis regionibus, quantum ei facultatis dari potuit, qui navi egredi ac se barbaris committere non auderet, quinto die ad Cæsarem revertitur ; quæque ibi perspexisset, renunciat.

XXII. Dum in his locis Cæsar navium parandarum causa moratur, ex magna parte Morinorum ad eum legati venerunt, qui se de superioris temporis consilio excusarent, quod homines barbari et nostræ consuetudinis imperiti bellum populo romano fecissent, seque ea, quæ imperasset, facturos pollicerentur. Hoc sibi satis opportune Cæsar accidisse arbitratus, quod neque post tergum hostem relinquere volebat, neque belli gerendi propter anni tempus facultatem habebat, neque has tantularum rerum occupationes sibi Britanniæ anteponendas judicabat, magnum his obsidum numerum imperat. Quibus adductis, eos in fidem recepit. Navibus circiter LXXX onerariis coactis contractisque, quot satis esse ad duas transportandas legiones existimabat, quidquid præterea navium longarum habebat, quæstori, legatis, præfectisque distribuit. Huc accedebant XVIII onerariæ naves, quæ ex eo loco ab millibus passuum VIII vento tenebantur, quo minus in eumdem portum pervenire possent. Has equitibus distribuit ; reliquum exercitum Q. Titurio Sabino et L. Aurunculeio Cottæ legatis, in Menapios atque in eos pagos Morinorum, ab quibus ad eum legati non venerant, deducendum dedit :

les points du territoire des Morins, dont il n'avait pas encore reçu de députés. Il préposa à la garde du port son lieutenant P. Sulpitius Rufus, avec la garnison qui fut jugée nécessaire.

XXIII. Ces dispositions faites, César, profitant d'un vent favorable à sa navigation, leva l'ancre vers la troisième veille, et ordonna à sa cavalerie d'aller s'embarquer au port voisin et de le suivre : celle-ci fit peu de diligence, et il n'avait que ses premiers vaisseaux lorsqu'il toucha à la Bretagne, environ à la quatrième heure du jour. Là il vit les troupes ennemies occupant, sous les armes, toutes les collines. Telle était la nature des lieux : la mer était si resserrée par des montagnes que le trait lancé de ces hauteurs pouvait atteindre le rivage. Jugeant l'endroit tout à fait défavorable pour un débarquement, il resta à l'ancre jusqu'à la neuvième heure, et attendit l'arrivée du reste de la flotte. Cependant il assemble ses lieutenants et les tribuns des soldats, leur fait part des renseignements de Volusénus et de ses desseins; il les avertit d'agir d'eux-mêmes en tout, selon l'opportunité et le temps, comme le demande la guerre, surtout une guerre maritime, où un seul instant peut aussitôt changer l'état des choses. Quand il les eut renvoyés et que le vent et la marée furent devenus en même temps favorables, il donna le signal, fit lever l'ancre et s'arrêta à sept milles de là environ, devant une plage ouverte et unie [1].

XXIV. Mais les Barbares, s'apercevant du dessein des Romains, envoyèrent en avant leur cavalerie et les chariots de guerre dont ils ont coutume de se servir dans les combats, les suivirent avec le reste de leurs troupes, et s'opposèrent à notre débarquement. Plusieurs circonstances le rendaient extrêmement difficile : la grandeur de nos vaisseaux forcés de s'arrêter en pleine mer, l'ignorance où étaient nos soldats de la nature des lieux; les mains embarrassées, accablés du poids énorme de leurs armes, ils devaient à la fois s'élancer du navire, résister à l'effort des vagues et lutter avec l'ennemi; tandis que celui-ci combattant à pied sec, ou s'avançant très-peu dans la mer, libre de tous ses membres, connaissant parfaitement les lieux, lançait ses traits avec assurance et poussait ses chevaux faits à cette manœuvre. Frappés d'un tel concours de circonstances, et tout à fait inexpérimentés dans ce genre de combat, nos soldats ne s'y portaient pas avec cette ardeur et avec ce zèle qui leur étaient ordinaires dans les combats de pied ferme.

XXV. Dès que César s'en aperçut, il ordonna d'éloigner un peu des vaisseaux de charge, les galères dont la forme était moins connue des Barbares et la manœuvre plus facile et plus prompte, de les diriger à force de rames, de les tenir devant le flanc découvert de l'ennemi, et de là, à l'aide des frondes, des traits et des machines, de le repousser et de le chasser de sa position. Ce mouvement nous fut d'une grande utilité. Car étonnés de la forme de nos navires, de leur manœuvre et du genre inconnu de nos machines, les Barbares s'arrêtèrent et firent même quelques pas en arrière. Nos soldats hésitaient encore, surtout à cause de la profondeur de la

[1] A la pointe orientale du territoire qui aujourd'hui porte le nom de Kent. (V. Hume, ch. I.)

P. Sulpitium Rufum legatum, cum eo præsidio, quod satis esse arbitrabatur, portum tenere jussit.

XXIII. His constitutis rebus, nactus idoneam ad navigandum tempestatem, tertia fere vigilia solvit, equitesque in ulteriorem portum progredi, et naves conscendere, et se sequi jussit : a quibus cum paulo tardius esset administratum, ipse hora diei circiter quarta cum primis navibus Britanniam attigit, atque ibi in omnibus collibus expositas hostium copias armatas conspexit. Cujus loci hæc erat natura : adeo montibus angustis mare continebatur, uti ex locis superioribus in littus telum adjici posset. Hunc ad egrediendum nequaquam idoneum arbitratus locum, dum reliquæ naves eo convenirent, ad horam nonam in ancoris exspectavit. Interim legatis tribunisque militum convocatis, et quæ ex Voluseno cognosset, et quæ fieri vellet ostendit, monuitque (ut rei militaris ratio, maxime ut maritimæ res postularent, ut quæ celerem atque instabilem motum haberent), ad nutum et ad tempus omnes res ab iis administrarentur. His dimissis, et ventum et æstum uno tempore nactus secuudum, dato signo et sublatis ancoris, circiter millia passuum VII ab eo loco progressus, aperto ac plano littore naves constituit.

XXIV. At barbari, consilio Romanorum cognito, præmisso equitatu et essedariis, quo plerumque genere in præliis uti consuerunt, reliquis copiis subsecuti nostros navibus egredi prohibebant. Erat ob has causas summa difficultas, quod naves propter magnitudinem, nisi in alto, constitui non poterant ; militibus autem ignotis locis, impeditis manibus, magno et gravi armorum onere oppressis, simul et de navibus desiliendum, et in fluctibus consistendum, et cum hostibus erat pugnandum : quum illi aut ex arido, aut paululum in aquam progressi, omnibus membris expediti, notissimis locis audacter tela conjicerent, et equos insuefactos incitarent. Quibus rebus nostri perterriti, atque hujus omnino generis pugnæ imperiti, non eadem alacritate ac studio, quo in pedestribus uti præliis consueverant, nitebantur.

XXV. Quos ubi Cæsar animadvertit, naves longas, quarum et species erat barbaris inusitatior, et motus ad usum expeditior, paulum removeri ab onerariis navibus, et remis incitari, et ad latus apertum hostium constitui, atque inde fundis, sagittis, tormentis, hostes propelli ac submoveri jussit : quæ res magno usui nostris fuit. Nam et navium figura, et remorum motu, et inusitato genere tormentorum permoti barbari constiterunt, ac paulum modo pedem retulerunt. Atque nostris militibus cunctan-

mer : le porte-aigle de la dixième légion, après avoir invoqué les dieux pour que sa légion eût l'honneur du succès : « Compagnons, dit-il, sautez à la mer, si vous ne voulez livrer l'aigle aux ennemis ; pour moi certes j'aurai fait mon devoir envers la république et le général. » A ces mots, prononcés d'une voix forte, il s'élance du navire et porte l'aigle vers l'ennemi. Alors les nôtres s'exhortant mutuellement à ne pas souffrir une telle honte, se jettent tous hors du vaisseau. A cette vue, ceux des navires voisins les suivent et marchent à l'ennemi.

XXVI. On combattit de part et d'autre avec acharnement : nos soldats cependant ne pouvant ni garder leurs rangs, ni lutter de pied ferme, ni suivre leurs enseignes, et forcés de se ranger sous le premier drapeau qui s'offrait à eux, à quelque vaisseau qu'il appartînt, étaient dans une grande confusion. Les ennemis au contraire, connaissant tous les bas fonds, avaient à peine vu du rivage quelques-uns des nôtres débarquer, qu'ils poussaient contre eux leurs chevaux et les attaquaient au milieu de leur embarras, un grand nombre en enveloppait un petit ; les autres prenant en flanc le gros de notre armée l'accablaient de leurs traits. Témoin de ce désavantage, César fit remplir de soldats les chaloupes des galères et les esquifs d'observation, et les envoya au secours de ceux qu'il voyait dans une situation critique. Dès que nos soldats eurent pris terre et que tous les autres les eurent suivis, ils fondirent sur les ennemis et les mirent en fuite, mais sans pouvoir les poursuivre bien loin, la cavalerie n'ayant pu suivre sa route ni aborder dans l'île. Cette seule chose manqua à la fortune accoutumée de César (6).

XXVII. Les ennemis, après leur défaite et dès qu'ils se furent ralliés, envoyèrent des députés à César, pour demander la paix. Ils promirent de donner des otages et de faire tout ce qu'il ordonnerait. Avec ces députés vint Comm, le roi des Atrébates que César, ainsi que je l'ai dit plus haut, avait envoyé avant lui en Bretagne. Ils l'avaient saisi à sa sortie du vaisseau, comme il leur apportait, en qualité d'orateur, les ordres du général, et ils l'avaient jeté dans les fers. Ils le relâchèrent après le combat, et en sollicitant la paix, ils rejetèrent sur la multitude le tort de cet acte, dont ils demandèrent le pardon, motivé sur leur ignorance. César se plaignit de ce qu'après lui avoir, de leur propre mouvement, envoyé demander la paix sur le continent, ils lui eussent fait la guerre sans motif. Il leur dit qu'il pardonnait à leur égarement et exigea des otages. Ils en donnèrent sur-le-champ une partie, et promirent que le reste, qui devait venir de contrées éloignées, serait livré sous peu de jours. En même temps ils renvoyèrent leurs soldats dans leurs foyers ; et leurs chefs vinrent de tous côtés recommander à César leurs personnes et leurs cités.

XXVIII. La paix était ainsi assurée, et il y avait quatre jours qu'on était arrivé en Bretagne, lorsque les dix-huit navires, dont il a été parlé plus haut, et qui portaient la cavalerie, sortirent par un bon vent, du port des Morins. Comme ils approchaient de la Bretagne et étaient en vue

tibus, maxime propter altitudinem maris, qui decimæ legionis aquilam ferebat, contestatus Deos, ut ea res legioni feliciter eveniret : « Desilite, inquit, commilitones, nisi vultis aquilam hostibus prodere : ego certe meum reipublicæ atque imperatori officium præstitero. » Hoc quum magna voce dixisset, ex navi se projecit, atque in hostes aquilam ferre cœpit. Tum nostri, cohortati inter se, ne tantum dedecus admitteretur, universi ex navi desiluerunt: hos item alii ex proximis navibus quum conspexissent, subsecuti hostibus appropinquarunt.

XXVI. Pugnatum est ab utrisque acriter; nostri tamen, quod neque ordines servare, neque firmiter insistere, neque signa subsequi poterant, atque alius alia ex navi, quibuscumque signis occurrerat, se aggregabat, magnopere perturbabantur. Hostes vero, notis omnibus vadis, ubi ex littore aliquos singulares ex navi egredientes conspexerant, incitatis equis impeditos adoriebantur : plures paucos circumsistebant : alii ab latere aperto in universos tela conjiciebant. Quod quum animadvertisset Cæsar, scaphas longarum navium, item speculatoria navigia militibus compleri jussit, et quos laborantes conspexerat, iis subsidia submittebat. Nostri, simul in arido constiterunt, suis omnibus consecutis, in hostes impetum fecerunt, atque eos in fugam dederunt ; neque longius prosequi potuerunt, quod equites cursum tenere atque insulam capere non potuerant. Hoc unum ad pristinam fortunam Cæsari defuit.

XXVII. Hostes prælio superati, simul atque se ex fuga receperunt, statim ad Cæsarem legatos de pace miserunt : obsides daturos, quæque imperasset sese facturos, polliciti sunt. Una cum his legatis Commius Atrebas venit, quem supra demonstraveram a Cæsare in Britanniam præmissum. Hunc illi e navi egressum, quum ad eos oratoris modo imperatoris mandata perferret, comprehenderant, atque in vincula conjecerant : tum, prælio facto, remiserunt, et in petenda pace ejus rei culpam in multitudinem contulerunt, et propter imprudentiam ut ignosceretur, petiverunt. Cæsar questus quod, quum ultro in continentem legatis missis pacem ab se petissent, bellum sine causa intulissent, ignoscere imprudentiæ dixit, obsidesque imperavit : quorum illi partem statim dederunt, partem, ex longinquioribus locis arcessitam, paucis diebus sese daturos dixerunt. Interea suos remigrare in agros jusserunt ; principesque undique convenire, et se civitatesque suas Cæsari commendare cœperunt.

XXVIII. His rebus pace confirmata, post diem quartum, quam est in Britanniam ventum, naves XVIII, de quibus supra demonstratum est, quæ equites sustulerant

du camp, il s'éleva tout à coup une si violente tempête, qu'aucun d'eux ne put suivre sa route, et qu'ils furent, les uns rejetés dans le port d'où ils étaient partis, les autres poussés vers la partie inférieure de l'île, qui est à l'occident, où ils coururent de grands dangers. Ils y jetèrent l'ancre, mais inondés par les vagues, ils furent forcés, au milieu d'une nuit orageuse, de reprendre la haute mer, et de regagner le continent.

XXIX. Il se trouva que cette nuit-là même la lune était en son plein, époque ordinaire des plus hautes marées de l'Océan. Nos soldats l'ignoraient. L'eau eut donc bientôt rempli les galères dont César s'était servi pour le transport de l'armée et qu'il avait mises à sec. Les vaisseaux de charge, restés à l'ancre dans la rade, étaient battus par les flots, sans qu'il y eût aucun moyen de les gouverner ni de les secourir. Plusieurs furent brisés; les autres, dépouillés de leurs cordages, de leurs ancres et du reste de leurs agrès, se trouvaient hors d'état de servir, ce qui, chose inévitable, répandit la consternation dans toute l'armée. On n'avait pas en effet d'autres vaisseaux pour la reporter sur le continent, et tout manquait de ce qui est nécessaire pour le radoub. Enfin, comme on s'attendait généralement à hiverner dans la Gaule, aucune provision de blé n'avait été faite pour passer l'hiver dans ce pays.

XXX. A la nouvelle de cette détresse, les chefs de la Bretagne qui, après la bataille, s'étaient réunis pour l'exécution des ordres de César, tinrent conseil entre eux. Voyant les Romains dépourvus de cavalerie, de vaisseaux et de vivres, et jugeant du petit nombre de nos soldats par l'exiguité de notre camp, d'autant plus resserré que César avait fait embarquer les légions sans bagages, ils crurent l'occasion très-favorable pour se révolter, nous couper les vivres et prolonger la campagne jusqu'à l'hiver. Ils tenaient pour assuré qu'en triomphant de notre armée ou en lui fermant le retour, nul ne traverserait désormais la mer pour porter la guerre en Bretagne

XXXI. Une ligue est donc formée de nouveau : ils commencent à s'échapper peu à peu de notre camp et à faire revenir en secret les hommes qu'ils avaient licenciés. César, il est vrai, ne connaissait pas encore leurs desseins; mais d'après le désastre de sa flotte et le retard des Bretons à livrer les otages, il soupçonnait cependant ce qui arriva. Aussi se tenait-il prêt à tout événement; car il portait chaque jour des vivres dans le camp, employait le bois et le cuivre des navires les plus avariés à la réparation des autres, et faisait venir du continent ce qui était nécessaire pour ce travail. C'est ainsi que, secondé par le zèle extrême des soldats, il mit, à l'exception de douze vaisseaux perdus, toute la flotte en état de naviguer.

XXXII. Pendant qu'on faisait ces travaux, une légion, la septième, avait été, selon la coutume, envoyée au fourrage, et, jusqu'à ce jour, il y avait d'autant moins lieu de soupçonner des hostilités

---

ex superiore portu leni vento solverunt. Quæ quum appropinquarent Britanniæ, et ex castris viderentur, tanta tempestas subito coorta est, ut nulla earum cursum tenere posset, sed aliæ eodem, unde erant profectæ, referrentur; aliæ ad inferiorem partem insulæ, quæ est propius solis occasum, magno sui cum periculo dejicerentur : quæ tamen ancoris jactis quum fluctibus complerentur, necessario adversa nocte in altum provectæ continentem petierunt.

XXIX. Eadem nocte accidit, ut esset luna plena; qui dies maritimos æstus maximos in Oceano efficere consuevit : nostrisque id erat incognitum. Ita uno tempore et longas naves, quibus Cæsar exercitum transportandum curaverat, quasque in aridum subduxerat, æstus complebat; et onerarias, quæ ad ancoras erant deligatæ, tempestas afflictabat; neque ulla nostris facultas aut administrandi, aut auxiliandi dabatur. Compluribus navibus fractis, reliquæ quum essent, funibus, ancoris, reliquisque armamentis amissis, ad navigandum inutiles, magna, id quod necesse erat accidere, totius exercitus perturbatio facta est : neque enim naves erant aliæ, quibus reportari possent; et omnia deerant, quæ ad reficiendas eas usui sunt; et, quod omnibus constabat, hiemare in Gallia oportere, frumentum his in locis in hiemem provisum non erat.

XXX Quibus rebus cognitis, principes Britanniæ, qui post prælium factum ad ea, quæ jusserat Cæsar, facienda convenerant, inter se collocuti, quum equites et naves et frumentum Romanis deesse intelligerent, et paucitatem militum ex castrorum exiguitate cognoscerent, quæ hoc erant etiam angustiora, quod sine impedimentis Cæsar legiones transportaverat, optimum factu esse duxerunt, rebellione facta, frumento commeatuque nostros prohibere, et rem in hiemem producere, quod, iis superatis, aut reditu interclusis, neminem postea belli inferendi causa in Britanniam transiturum confidebant.

XXXI. Itaque, rursus conjuratione facta, paulatim ex castris discedere, ac suos clam ex agris deducere cœperunt. At Cæsar, etsi nondum eorum consilia cognoverat, tamen et ex eventu navium suarum, et ex eo, quod obsides dare intermiserant, fore id quod accidit suspicabatur. Itaque ad omnes casus subsidia comparabat : nam et frumentum ex agris quotidie in castra conferebat, et quæ gravissime afflictæ erant naves, earum materia atque ære et reliquas reficiendas utebatur, et quæ ad eas res erant usui, ex continenti comportari jubebat. Itaque, quum id summo studio a militibus administraretur, duodecim navibus amissis, reliquis ut navigari commode posset effecit.

XXXII. Dum ea geruntur, legione ex consuetudine una frumentatum missa, quæ appellabatur septima, neque ulla ad id tempus belli suspicione interposita, quum pars hominum in agris remaneret, pars etiam in castra ven-

qu'une partie des Bretons restait dans les campagnes, et que d'autres venaient librement dans le camp. Les soldats en faction aux portes du camp annoncent à César qu'une poussière plus épaisse que de coutume s'élevait du côté où la légion s'était dirigée. César, soupçonnant ce que c'était, quelque nouvelle entreprise de la part des barbares, prend avec lui les cohortes de garde, les fait remplacer dans leur poste par deux autres, et ordonne au reste des troupes de s'armer et de le suivre aussitôt. Quand il se fut avancé à peu de distance du camp, il vit les siens pressés par l'ennemi, résistant avec peine, la légion serrée, en butte à une grêle de traits. Car tout le grain ayant été moissonné dans les autres endroits, et un seul étant resté intact, les ennemis présumant que nous y viendrions, s'étaient cachés la nuit dans les bois. Alors fondant subitement sur nos soldats dispersés, désarmés, occupés à couper le grain, ils en avaient tué quelques-uns, troublé les autres dans leurs rangs mal formés, et les avaient enveloppés à la fois de leur cavalerie et de leurs chariots.

XXXIII. Voici leur manière de combattre avec ces chariots : D'abord ils les font courir sur tous les points en lançant des traits ; et, par la seule crainte qu'inspirent les chevaux et le bruit des roues, ils parviennent souvent à rompre les rangs. Quand ils ont pénétré dans les escadrons, ils sautent à bas de leurs chariots et combattent à pied. Les conducteurs se retirent peu à peu de la mêlée, et placent les chars de telle façon que si les combattants sont pressés par le nombre, ils puissent aisément se replier sur eux. C'est ainsi qu'ils réunissent dans les combats l'agilité du cavalier à la fermeté du fantassin ; et tel est l'effet de l'habitude et de leurs exercices journaliers, que, dans les pentes les plus rapides, ils savent arrêter leurs chevaux au galop, les modérer et les détourner aussitôt, courir sur le timon, se tenir ferme sur le joug, et de là s'élancer précipitamment dans leurs chars.

XXXIV. Ce nouveau genre de combat avait jeté le trouble parmi les nôtres, et César leur porta très-à-propos du secours ; car, à son approche, les ennemis s'arrêtèrent, et les Romains se remirent de leur frayeur. Malgré ce résultat, ne jugeant pas l'occasion favorable pour attaquer l'ennemi et engager un combat, il se tint dans cette position, et peu de temps après, il ramena les légions dans le camp. Cependant, nous voyant occupés ailleurs, ce qui restait de Bretons dans la campagne se retira. Il y eut depuis, pendant plusieurs jours de suite, des mauvais temps qui nous retinrent dans le camp et empêchèrent l'ennemi de nous attaquer. Dans cet intervalle, les barbares envoyèrent de tous côtés des messagers pour exposer aux leurs la faiblesse de nos troupes, et la facilité qui s'offrait de faire un riche butin et de recouvrer à jamais leur liberté, s'ils chassaient les Romains de leur camp. Dans cette vue, ils rassemblèrent bientôt une multitude de troupes à pied et à cheval, et marchèrent sur nous.

XXXV. César prévoyait bien qu'il en serait de ce combat comme de ceux des jours précédents, et que, s'il repoussait les ennemis, ils échapperaient aisément aux dangers de leur défaite. Cependant

titaret, ii qui pro portis castrorum in statione erant, Cæsari renunciarunt, pulverem majorem, quam consuetudo ferret, in ea parte videri, quam in partem legio iter fecisset. Cæsar, id quod erat, suspicatus, aliquid novi a barbaris initum consilii, cohortes, quæ in stationibus erant, secum in eam partem proficisci, duas ex reliquis in stationem succedere, reliquas armari, et confestim sese subsequi jussit. Quum paulo longius a castris processisset, suos ab hostibus premi, atque ægre sustinere, et conferta legione ex omnibus partibus tela conjici animadvertit. Nam quod, omni ex reliquis partibus demesso frumento, pars una erat reliqua, suspicati hostes, huc nostros esse venturos, noctu in silvis delituerant : tum dispersos, depositis armis, in metendo occupatos subito adorti, paucis interfectis, reliquos incertis ordinibus perturbaverant : simul equitatu atque essedis circumdederant.

XXXIII. Genus hoc est ex essedis pugnæ : primo per omnes partes perequitant, et tela conjiciunt, atque ipso terrore equorum et strepitu rotarum ordines plerumque perturbant ; et quum se inter equitum turmas insinuaverint, ex essedis desiliunt, et pedibus præliantur. Aurigæ interim paulatim ex prælio excedunt, atque ita currus collocant, ut, si illi a multitudine hostium premantur, expeditum ad suos receptum habeant. Ita mobilitatem equitum, stabilitatem peditum, in præliis præstant, ac tantum usu quotidiano et exercitatione efficiunt, uti in declivi ac præcipiti loco incitatos equos sustinere, et brevi moderari ac flectere, et per temonem percurrere, et in jugo insistere, et inde se in currus citissime recipere consuerint.

XXXIV. Quibus rebus, perturbatis nostris novitate pugnæ, tempore opportunissimo Cæsar auxilium tulit : namque ejus adventu hostes constiterunt, nostri se ex timore receperunt. Quo facto, ad lacessendum et ad committendum prælium alienum esse tempus arbitratus, suo se loco continuit, et, brevi tempore intermisso, in castra legiones reduxit. Dum hæc geruntur, nostris omnibus occupatis, qui erant in agris reliqui, discesserunt. Secutæ sunt continuos complures dies tempestates, quæ et nostros in castris continerent, et hostem a pugna prohiberent. Interim barbari nuncios in omnes partes dimiserunt, paucitatemque nostrorum militum suis prædicarunt, et quanta prædæ faciendæ, atque in perpetuum sui liberandi facultas daretur, si Romanos castris expulissent, demonstraverunt. His rebus celeriter magna multitudine peditatus equitatusque coacta, ad castra venerunt.

XXXV. Cæsar, etsi idem, quod superioribus diebus acciderat, fore videbat, ut, si essent hostes pulsi, celeritate

il prit environ trente chevaux que l'Atrébate Comm, dont il a été déjà parlé, avait menés avec lui, et rangea les légions en bataille à la tête du camp. Le combat engagé, les ennemis ne purent soutenir longtemps le choc de nos soldats, et prirent la fuite. On les poursuivit aussi loin qu'on eut de vitesse et de force, et on en tua un grand nombre. Les légions rentrèrent ensuite dans le camp, après avoir tout détruit et brûlé sur une grande étendue de terrain.

XXXVI. Le même jour, des députés, envoyés à César par l'ennemi, vinrent demander la paix. César doubla le nombre des otages qu'il leur avait demandés précédemment, et ordonna de les lui amener sur le continent, parce que le temps de l'équinoxe approchait et qu'il ne voulait point exposer à une navigation d'hiver des vaisseaux en mauvais état. Profitant d'un temps favorable, il leva l'ancre peu après minuit; tous ses navires regagnèrent le continent sans le moindre dommage; dans le nombre, deux vaisseaux de charge seulement ne purent aborder au même port que les autres, et furent portés un peu plus bas (7).

XXXVII. Ces derniers vaisseaux contenaient environ trois cents soldats qui se dirigèrent vers le camp. Les Morins, que César, avant son départ pour la Bretagne, avait laissés soumis, séduits par l'espoir du butin, les enveloppèrent d'abord en assez petit nombre, et leur ordonnèrent, s'ils ne voulaient pas être tués, de mettre bas les armes.

Les nôtres, s'étant formés en cercle, se défendirent; aux cris de l'ennemi, six mille hommes environ accourent aussitôt : César, à cette nouvelle, envoya du camp toute la cavalerie au secours des siens. Cependant nos soldats avaient soutenu le choc de l'ennemi et vaillamment combattu pendant plus de quatre heures ; ils avaient reçu peu de blessures et tué beaucoup d'ennemis. Mais, lorsque notre cavalerie se montra, les barbares, jetant leurs armes, tournèrent le dos, et on en fit un grand carnage.

XXXVIII. Le jour suivant, César envoya son lieutenant T. Labiénus, avec les légions ramenées de la Bretagne, contre les Morins qui venaient de se révolter. Comme les marais se trouvaient à sec, ce qui privait les ennemis d'un refuge qui leur avait servi l'année précédente, ils tombèrent presque tous au pouvoir de Labiénus. D'un autre côté, les lieutenants Q. Titurius et L. Cotta, qui avaient conduit des légions sur le territoire des Ménapes, avaient ravagé leurs champs, coupé leur blés, brûlé leur habitations, tandis qu'ils s'étaient retirés tous dans l'épaisseur des forêts, et étaient revenus vers César. Il établit chez les Belges les quartiers d'hiver de toutes les légions : deux états seulement de la Bretagne lui envoyèrent en ce lieu des otages ; les autres négligèrent de le faire. Ces guerres ainsi terminées, César écrivit au sénat des lettres qui firent décréter vingt jours d'actions de grâces

---

periculum effugerent; tamen nactus equites circiter triginta, quos Commius Atrebas, de quo ante dictum est, secum transportaverat, legiones in acie pro castris constituit. Commisso prælio, diutius nostrorum militum impetum hostes ferre non potuerunt, ac terga verterunt. Quos tanto spatio secuti, quantum cursu et viribus efficere potuerunt, complures ex iis occiderunt; deinde, omnibus longe lateque afflictis incensisque, se in castra receperunt.

XXXVI. Eodem die legati, ab hostibus missi ad Cæsarem de pace, venerunt. His Cæsar numerum obsidum, quem antea imperaverat, duplicavit, eosque in continentem adduci jussit, quod, propinqua die æquinoctii, infirmis navibus, hiemi navigationem subjiciendam non existimabat. Ipse, idoneam tempestatem nactus, paulo post mediam noctem naves solvit, quæ omnes incolumes ad continentem pervenerunt; sed ex his onerariæ duæ eosdem, quos reliquæ, portus capere non potuerunt, et paulo infra delatæ sunt.

XXXVII. Quibus ex navibus quum essent expositi milites circiter CCC, atque in castra contenderent, Morini, quos Cæsar, in Britanniam proficiscens, pacatos reliquerat, spe prædæ adducti, primo non ita magno suorum numero circumsteterunt, ac, si sese interfici nollent, arma ponere jusserunt. Quum illi orbe facto sese defenderent, celeriter ad clamorem hominum circiter millia VI convenerunt. Qua re nunciata, Cæsar omnem ex castris equitatum suis auxilio misit. Interim nostri milites impetum hostium sustinuerunt, atque amplius horis quatuor fortissime pugnaverunt, et, paucis vulneribus acceptis, complures ex iis occiderunt. Postea vero quam equitatus noster in conspectum venit, hostes abjectis armis terga verterunt, magnusque eorum numerus est occisus.

XXXVIII. Cæsar postero die T. Labienum legatum cum iis legionibus, quas ex Britannia reduxerat, in Morinos, qui rebellionem fecerant, misit. Qui quum propter siccitates paludum, quo se reciperent, non haberent, quo perfugio superiore anno fuerant usi, omnes fere in potestatem Labieni venerunt. At Q. Titurius et L. Cotta legati, qui in Menapiorum fines legiones duxerant, omnibus eorum agris vastatis, frumentis succisis, ædificiis incensis, quod Menapii se omnes in densissimas silvas abdiderant; se ad Cæsarem receperunt. Cæsar in Belgis omnium legionum hiberna constituit. Eo duæ omnino civitates ex Britannia obsides miserunt; reliquæ neglexerunt. His rebus gestis, ex litteris Cæsaris dierum XX supplicatio a senatu decreta est.

LIVRE CINQUIÈME.

I. Sous le consulat de Lucius Domitius et d'Appius Claudius, César, quittant les quartiers d'hiver pour aller en Italie [1], comme il avait coutume de le faire chaque année, ordonne aux lieutenants qu'il laissait à la tête des légions de construire, pendant l'hiver, le plus de vaisseaux qu'il serait possible, et de réparer les anciens. Il en détermine la grandeur et la forme. Pour qu'on puisse plus promptement les charger et les mettre à sec, il les fait moins hauts que ceux dont nous nous servons sur notre mer (1); il avait en effet observé que les mouvements fréquents du flux et du reflux rendaient les vagues de l'Océan moins élevées; il les commande, à cause des bagages et du nombre des chevaux qu'ils devaient transporter, un peu plus larges que ceux dont on fait usage sur les autres mers. Il veut qu'on les fasse tous à voiles et à rames, ce que leur peu de hauteur devait rendre très-facile. Tout ce qui est nécessaire pour l'armement de ces vaisseaux, il le fait venir de l'Espagne. Lui-même, après avoir tenu l'assemblée de la Gaule citérieure, part pour l'Illyrie (2), sur la nouvelle que les Pirustes [2] désolaient, par leurs incursions, la frontière de cette province. A peine arrivé, il ordonne aux cités de lever des troupes, et leur assigne un point de réunion. A cette nouvelle, les Pirustes lui envoient des députés, qui lui exposent que rien de ce qui s'était passé n'était le résultat d'une délibération nationale, et se disent prêts à lui offrir, pour ces torts, toutes les satisfactions. En acceptant leurs excuses, César exige des otages, et qu'ils soient amenés à jour fixe; à défaut de quoi il leur déclare qu'il portera la guerre dans leur pays. Les otages sont livrés au jour marqué; il nomme des arbitres pour estimer le dommage et en régler la réparation.

II. Cette affaire terminée, et l'assemblée close, César retourne dans la Gaule citérieure et part de là pour l'armée. Quand il y est arrivé, il en visite tous les quartiers, et trouve que l'activité singulière des soldats était parvenue, malgré l'extrême pénurie de toutes choses, à construire environ six cents navires de la forme décrite plus haut, et vingt-huit galères, le tout prêt à être mis en mer sous peu de jours. Après avoir donné des éloges aux soldats et à ceux qui avaient dirigé l'ouvrage, il les instruit de ses intentions et leur ordonne de se rendre tous au port Itius [1], d'où il savait que le trajet en Bretagne est très-commode, la distance de cette île au continent n'étant que de trente mille pas. Il leur laisse le nombre de soldats qu'il juge suffisant; pour lui, il marche, avec quatre légions sans bagages et huit cents cavaliers, chez les Trévires, qui ne venaient point aux assemblées, n'obéissaient pas à ses ordres, et qu'on soupçonnait de solliciter les Germains à passer le Rhin.

III. Cette nation est de beaucoup la plus puissante de toute la Gaule par sa cavalerie, et possède de nombreuses troupes de pied; elle

---

[1] Dans la Gaule Cisalpine. — [2] Peuple de l'Albanie, selon le plus grand nombre des commentateurs.

[1] Très-vraisemblablement l'ancien port de *Wissan*, qui se trouve aujourd'hui, par l'amoncellement successif des sables, à plus de quatre cents pas de la mer.

LIBER QUINTUS.

I. Lucio Domitio, Appio Claudio coss., discedens ab hibernis Cæsar in Italiam, ut quotannis facere consuerat, legatis imperat, quos legionibus præfecerat, uti, quamplurimas possent, hieme naves ædificandas, veteresque reficiendas curarent. Earum modum formamque demonstrat. Ad celeritatem onerandi subductionesque paulo facit humiliores, quam quibus in nostro mari uti consuevimus; atque id eo magis, quod propter crebras commutationes æstuum minus magnos ibi fluctus fieri cognoverat: ad onera et ad multitudinem jumentorum transportandam paulo latiores, quam quibus in reliquis utimur maribus. Has omnes actuarias imperat fieri; quam ad rem multum humilitas adjuvat. Ea, quæ sunt usui ad armandas naves, ex Hispania apportari jubet. Ipse, conventibus Galliæ citerioris peractis, in Illyricum proficiscitur, quod a Pirustis finitimam partem provinciæ incursionibus vastari audiebat. Eo quum venisset, civitatibus milites imperat, certumque in locum convenire jubet. Qua re nunciata, Pirustæ legatos ad eum mittunt, qui doceant, « nihil earum rerum publico factum consilio, seseque paratos esse demonstrant omnibus rationibus de injuriis satisfacere. » Accepta oratione eorum, Cæsar obsides imperat, eosque ad certam diem adduci jubet: nisi ita fecerint, sese bello civitatem persecuturum demonstrat. His ad diem adductis, ut imperaverat, arbitros inter civitates dat, qui litem æstiment, pœnamque constituant.

II. His confectis rebus, conventibusque peractis, in citeriorem Galliam revertitur, atque inde ad exercitum proficiscitur. Eo quum venisset, circuitis omnibus hibernis, singulari militum studio, in summa omnium rerum inopia, circiter DC ejus generis, cujus supra demonstravimus, naves, et longas XXVIII invenit instructas, neque multum abesse ab eo, quin paucis diebus deduci possent. Collaudatis militibus, atque iis qui negotio præfuerant, quid fieri velit ostendit; atque omnes ad portum Itium convenire jubet, quo ex portu commodissimum in Britanniam transmissum esse cognoverat, circiter millium passuum XXX a continenti. Huic rei quod satis esse visum est militum, reliquit. Ipse cum legionibus expeditis IV, et equitibus DCCC in fines Trevirorum proficiscitur, quod hi neque ad concilia veniebant, neque imperio parebant, Germanosque transrhenanos sollicitare dicebantur.

III. Hæc civitas longe plurimum totius Galliæ equitatu

habite, comme nous l'avons dit plus haut, les bords du Rhin. Deux hommes s'y disputaient la souveraineté, Indutiomare et Cingétorix. Ce dernier, à peine instruit de l'arrivée de César et des légions, se rend près de lui, l'assure que lui et tous les siens resteront dans le devoir, fidèles à l'amitié du peuple romain, et l'instruit de tout ce qui se passait chez les Trévires. Indutiomare au contraire lève de la cavalerie et de l'infanterie ; tous ceux que leur âge met hors d'état de porter les armes, il les fait cacher dans la forêt des Ardennes, forêt immense, qui traverse le territoire des Trévires, et s'étend depuis le fleuve du Rhin jusqu'au pays des Rèmes ; il se prépare ensuite à la guerre. Mais quand il eut vu plusieurs des principaux de l'état, entraînés par leurs liaisons avec Cingétorix ou effrayés par l'arrivée de notre armée, se rendre auprès de César, et traiter avec lui de leurs intérêts particuliers, ne pouvant rien pour ceux de leur pays, Indutiomare, craignant d'être abandonné de tous, envoie des députés à César : il l'assure que, s'il n'a pas quitté les siens et n'est pas venu le trouver, c'était pour retenir plus facilement le pays dans le devoir, et l'empêcher de se porter, en l'absence de toute la noblesse, à d'imprudentes résolutions. Au surplus, il avait tout pouvoir sur la nation ; il se rendrait, si César le permettait, au camp des Romains, et remettrait à sa foi ses intérêts propres et ceux de son pays.

IV. Quoique César comprît bien les motifs de ce langage et de ce changement de dessein, comme il ne voulait point être forcé de passer l'été chez les Trévires, tandis que tout était prêt pour la guerre de Bretagne, il ordonna à Indutiomare de venir avec deux cents otages. Quand celui-ci les eut amenés, et parmi eux son fils et tous ses proches parents, lesquels avaient été spécialement désignés, César le consola et l'exhorta à rester dans le devoir ; toutefois, ayant assemblé les principaux des Trévires, il les rallia personnellement à Cingétorix, tant à cause de son mérite que parce qu'il lui semblait d'un grand intérêt d'augmenter chez les Trévires le crédit d'un homme qui avait fait preuve envers lui d'un zèle si remarquable. Indutiomare vit avec douleur l'atteinte que l'on portait ainsi à son influence, et, déjà notre ennemi, il devint dès-lors irréconciliable.

V. Ces choses terminées, César se rend avec les légions au port Itius. Là, il apprend que quarante navires construits chez les Meldes[1], repoussés par une tempête, n'avaient pu tenir leur route, et étaient rentrés dans le port d'où ils étaient partis. Il trouva les autres prêts à mettre à la voile et pourvus de tout. La cavalerie de toute la Gaule, au nombre de quatre mille hommes, se réunit en ce lieu, ainsi que les principaux habitans des cités. César avait résolu de ne laisser sur le continent que le petit nombre des hommes influents dont la fidélité lui était bien connue, et d'emmener les autres comme otages avec lui ; car il craignait quelque mouvement dans la Gaule, pendant son absence.

[1] Habitants de Meaux.

valet, magnasque habet copias peditum, Rhenumque, ut supra demonstravimus, tangit. In ea civitate duo de principatu inter se contendebant, Indutiomarus et Cingetorix : ex quibus alter, simul atque de Cæsaris legionumque adventu cognitum est, ad eum venit ; se suosque omnes in officio futuros, neque ab amicitia populi romani defecturos confirmavit ; quæque in Treviris gererentur, ostendit. At Indutiomarus equitatum peditatumque cogere, iisque, qui per ætatem in armis esse non poterant, in silvam Arduennam abditis, quæ ingenti magnitudine per medios fines Trevirorum a flumine Rheno ad initium Remorum pertinet, bellum parare instituit. Sed postea quam nonnulli principes ex ea civitate, et familiaritate Cingetorigis adducti, et adventu nostri exercitus perterriti, ad Cæsarem venerunt, et de suis privatim rebus ab eo petere cœperunt, quoniam civitati consulere non possent : Indutiomarus, veritus ne ab omnibus desereretur, legatos ad Cæsarem mittit ; sese idcirco ab suis discedere, atque ad eum venire noluisse, quo facilius civitatem in officio contineret, ne omnis nobilitatis discessu plebs propter imprudentiam laberetur. Itaque esse civitatem in sua potestate, seque, si Cæsar permitteret, ad eum in castra venturum, et suas civitatisque fortunas ejus fidei permissurum.

IV. Cæsar, etsi intelligebat qua de causa ea dicerentur, quæque eum res ab instituto consilio deterreret, tamen, ne æstatem in Treviris consumere cogeretur, omnibus ad Britannicum bellum rebus comparatis, Indutiomarum ad se cum ducentis obsidibus venire jussit. His adductis, in iis filio, propinquisque ejus omnibus, quos nominatim evocaverat, consolatus Indutiomarum hortatusque est, uti in officio permaneret : nihilo tamen secius, principibus Trevirorum ad se convocatis, hos singillatim Cingetorigi conciliavit . quod quum merito ejus ab se fieri intelligebat, tum magni interesse arbitrabatur, ejus auctoritatem inter suos quamplurimum valere, cujus tam egregiam in se voluntatem perspexisset. Id factum graviter tulit Indutiomarus, suam gratiam inter suos minui ; et, qui jam ante inimico in nos animo fuisset, multo gravius hoc dolore exarsit.

V. His rebus constitutis, Cæsar ad portum Itium cum legionibus pervenit. Ibi cognoscit, XL naves, quæ in Meldis factæ erant, tempestate rejectas, cursum tenere non potuisse, atque eodem, unde erant profectæ, revertisse : reliquas paratas ad navigandum, atque omnibus rebus instructas invenit. Eodem totius Galliæ equitatus convenit, numero millium quatuor, principesque omnibus ex civitatibus : ex quibus perpaucos, quorum in se fidem perspexerat, relinquere in Gallia, reliquos obsidum loco secum ducere decreverat ; quod, quum ipse abesset, motum Galliæ verebatur.

VI Parmi ces chefs était l'Éduen Dumnorix, dont nous avons déjà parlé. C'était celui-là surtout que César voulait avoir avec lui, connaissant son caractère avide de nouveautés, son ambition, son courage, son grand crédit parmi les Gaulois. Il faut ajouter à ces motifs que déjà Dumnorix avait dit dans une assemblée des Édues que César lui offrait la royauté dans son pays. Ce propos leur avait fortement déplu; et ils n'osaient adresser à César ni refus ni prières. Il n'en fut instruit que par ses hôtes. Dumnorix eut d'abord recours à toutes sortes de supplications pour rester en Gaule, disant, tantôt qu'il craignait la mer à laquelle il n'était pas habitué, tantôt qu'il était retenu par des scrupules de religion. Lorsqu'il vit qu'on lui refusait obstinément sa demande, et que tout espoir de l'obtenir était perdu, il commença à intriguer auprès des chefs de la Gaule, à les prendre à part et à les presser de rester sur le continent; il cherchait à leur inspirer des craintes; ce n'était pas sans motif qu'on dégarnissait la Gaule de toute sa noblesse; le dessein de César était de faire périr, après leur passage en Bretagne, ceux qu'il n'osait égorger à la vue des Gaulois; il leur donna sa foi et sollicita la leur pour faire de concert ce qu'ils croiraient utile à la Gaule. Plusieurs rapports instruisirent César de ces menées.

VII. A ces nouvelles, César, qui avait donné tant de considération à la nation éduenne, résolut de réprimer et de prévenir Dumnorix par tous les moyens possibles. Comme il le voyait persévérer dans sa folie, il crut devoir l'empêcher de nuire à ses intérêts et à ceux de la république. Pendant les vingt-cinq jours environ qu'il resta dans le port, retenu par un vent du nord-ouest qui souffle d'ordinaire sur cette côte pendant une grande partie de l'année, il s'appliqua à contenir Dumnorix dans le devoir, et néanmoins à se tenir au fait de toutes ses démarches. Enfin le temps devint favorable, et César ordonna aux soldats et aux cavaliers de s'embarquer. Mais, profitant de la préoccupation générale, Dumnorix sortit du camp avec la cavalerie éduenne, à l'insu de César, pour retourner dans son pays. Sur l'avis qui lui en fut donné, César, suspendant le départ et ajournant toute affaire, envoya à sa poursuite une grande partie de la cavalerie, avec ordre de le ramener, ou, s'il résistait et n'obéissait pas, de le tuer; bien certain qu'il avait tout à craindre, pendant son absence, d'un homme qui, en sa présence, avait méprisé ses ordres. Dumnorix, lorsqu'on l'eut atteint, fit résistance, mit l'épée à la main, et implora la fidélité des siens, s'écriant à plusieurs reprises qu'il était libre et membre d'une nation libre. Il fut, comme on le leur avait ordonné, entouré et mis à mort. Les cavaliers édues revinrent tous vers César.

VIII. Ayant, après cette affaire, laissé sur le continent Labiénus avec trois légions et deux mille cavaliers pour garder le port, pourvoir aux vivres, connaître tout ce qui se passait dans la Gaule, et prendre conseil du temps et des circonstances, César, avec cinq légions et un nombre de cavaliers égal à celui qu'il laissait sur le continent,

---

VI. Erat una cum cæteris Dumnorix Æduus, de quo a nobis antea dictum est. Hunc secum habere in primis constituerat, quod eum cupidum rerum novarum, cupidum imperii, magni animi, magnæ inter Gallos auctoritatis, cognoverat. Accedebat huc, quod jam in concilio Æduorum Dumnorix dixerat, sibi a Cæsare regnum civitatis deferri, quod dictum Ædui graviter ferebant, neque recusandi aut deprecandi causa legatos ad Cæsarem mittere audebant. Id factum ex suis hospitibus Cæsar cognoverat. Ille omnibus primo precibus petere contendit, ut in Gallia relinqueretur; partim, quod insuetus navigandi mare timeret; partim, quod religionibus sese diceret impediri. Posteaquam id obstinate sibi negari vidit, omni spe impetrandi adempta, principes Galliæ sollicitare, sevocare singulos hortarique cœpit, uti in continenti remanerent; metu territare, non sine causa fieri, ut Gallia omni nobilitate spoliaretur: id esse consilium Cæsaris, ut, quos in conspectu Galliæ interficere vereretur, hos omnes in Britanniam transductos necaret: fidem reliquis interponere, jusjurandum poscere, ut, quod esse ex usu Galliæ intellexisset, communi consilio administrarent. Hæc a compluribus ad Cæsarem deferebantur.

VII. Qua re cognita, Cæsar, quod tantum civitati Æduæ dignitatis tribuerat, coercendum atque deterrendum, quibuscumque rebus posset, Dumnorigem statuebat; quod longius ejus amentiam progredi videbat, prospiciendum, ne quid sibi ac rei publicæ nocere posset. Itaque dies circiter XXV in eo loco commoratus, quod Corus ventus navigationem impediebat, qui magnam partem omnis temporis in his locis flare consuevit, dabat operam, ut in officio Dumnorigem contineret, nihilo tamen secius omnia ejus consilia cognosceret: tandem, idoneam nactus tempestatem, milites equitesque conscendere in naves jubet. At, omnium impeditis animis, Dumnorix cum equitibus Æduorum a castris, insciente Cæsare, domum discedere cœpit. Qua re nunciata, Cæsar, intermissa profectione, atque omnibus rebus postpositis, magnam partem equitatus ad eum insequendum mittit, retrahique imperat: si vim faciat, neque pareat, interfici jubet: nihil hunc, se absente, pro sano facturum arbitratus, qui præsentis imperium neglexisset. Ille enim revocatus resistere, ac se manu defendere, suorumque fidem implorare cœpit, sæpe clamitans, liberum se, liberæque civitatis esse. Illi, ut erat imperatum, circumsistunt hominem, atque interficiunt: at Ædui equites ad Cæsarem omnes revertuntur.

VIII. His rebus gestis, Labieno in continente cum tribus legionibus et equitum millibus duobus relicto, ut portus tueretur, et rem frumentariam provideret, quæque in Gallia gererentur cognosceret, consiliumque pro tempore et pro re caperet, ipse cum quinque legionibus et

leva l'ancre au coucher du soleil, par un léger vent du sud-ouest qui, ayant cessé vers le milieu de la nuit, ne lui permit pas de continuer sa route; entraîné assez loin par la marée, il s'aperçut, au point du jour, qu'il avait laissé la Bretagne sur la gauche. Alors, se laissant aller au reflux, il fit force de rames pour gagner cette partie de l'île, où il avait appris, l'été précédent, que la descente est commode. On ne put trop louer, dans cette circonstance, le zèle des soldats qui, sur des vaisseaux de transport peu maniables, égalèrent, par le travail continu des rames, la vitesse des galères. Toute la flotte prit terre environ vers midi; aucun ennemi ne se montra dans ces parages; mais César sut plus tard des captifs que beaucoup de troupes s'y étaient réunies, et qu'effrayées à la vue du grand nombre de nos vaisseaux (car y compris les barques légères que chacun destinait à sa commodité particulière, il y en avait plus de huit cents), elles s'étaient éloignées du rivage et réfugiées sur les hauteurs.

IX. César, ayant établi l'armée à terre et choisi un terrain propre au campement, dès qu'il eut appris par des prisonniers où s'étaient retirées les troupes ennemies, il laissa près de la mer dix cohortes et trois cents cavaliers pour la garde de la flotte, et, à la troisième veille, marcha contre les Bretons: il craignait d'autant moins pour les vaisseaux qu'il les laissait à l'ancre sur un rivage uni et découvert. Il en avait confié le commandement à Q. Atrius. César avait fait dans la nuit environ douze mille pas, lorsqu'il aperçut les troupes des ennemis. Ils s'étaient avancés avec la cavalerie et les chars sur le bord d'une rivière[1], et placés sur une hauteur; ils commencèrent à nous disputer le passage et engagèrent le combat. Repoussés par la cavalerie, ils se retirèrent dans les bois, où ils trouvèrent un lieu admirablement fortifié par la nature et par l'art, et qui paraissait avoir été disposé jadis pour une guerre civile; car toutes les avenues en étaient fermées par d'épais abattis d'arbres. C'était de ces bois qu'ils combattaient disséminés, défendant l'approche de leurs retranchements. Mais les soldats de la septième légion, ayant formé la tortue[2] et élevé une terrasse jusqu'au pied du rempart, s'emparèrent de cette position et les chassèrent du bois, presque sans éprouver de pertes. César défendit toutefois de poursuivre trop loin les fuyards, parce qu'il ne connaissait pas le pays et qu'une grande partie du jour étant écoulée, il voulait employer le reste à la fortification du camp.

X. Le lendemain matin, ayant partagé l'infanterie et la cavalerie en trois corps, il les envoya à la poursuite des fuyards. Elles n'avaient fait que très-peu de chemin et les derniers rangs étaient encore à la vue du camp, lorsque des cavaliers, envoyés par Q. Atrius à César, vinrent lui annoncer que, la nuit précédente, une violente tempête avait brisé et jeté sur le rivage presque tous les vaisseaux; que ni ancres ni cordages n'avaient pu résister; que les efforts des matelots et des

[1] Probablement la rivière de Flour, qui passe à Cantorbéry, et qui est à quatre lieues de Douvres. — [2] V. liv. I, c. 25.

pari numero equitum, quem in continenti relinquebat, solis occasu naves solvit, et leni Africo provectus, media circiter nocte vento intermisso, cursum non tenuit, et longius delatus æstu, orta luce, sub sinistra Britanniam felictam conspexit. Tum rursus, æstus commutationem secutus, remis contendit, ut eam partem insulæ caperet, qua optimum esse egressum superiore æstate cognoverat. Qua in re admodum fuit militum virtus laudanda, qui vectoriis gravibusque navigiis, non intermisso remigandi labore, longarum navium cursum adæquarunt. Accessum est ad Britanniam omnibus navibus meridiano fere tempore: neque in eo loco hostis est visus; sed, ut postea Cæsar ex captivis comperit, quum magnæ manus eo convenissent, multitudine navium perterritæ, (quæ cum annotinis privatisque, quas sui quisque commodi fecerat, amplius DCCC uno erant visæ tempore,) a littore discesserant, ac se in superiora loca abdiderant.

IX. Cæsar, exposito exercitu, et loco castris idoneo capto, ubi ex captivis cognovit, quo in loco hostium copiæ consedissent, cohortibus X ad mare relictis, et equitibus CCC, qui præsidio navibus essent, de tertia vigilia ad hostes contendit, eo minus veritus navibus, quod in littore molli atque aperto deligatas ad anchoram relinquebat; et præsidio navibus Q. Atrium præfecit. Ipse, noctu progressus millia passuum circiter XII, hostium copias conspicatus est. Illi, equitatu atque essedis ad flumen progressi, ex loco superiore nostros prohibere, et prælium committere cœperunt. Repulsi ab equitatu, se in silvas abdiderunt, locum nacti egregie et natura et opere munitum, quem domestici belli, ut videbatur, causa jam ante præparaverant: nam crebris arboribus succisis omnes introitus erant præclusi. Ipsi ex silvis rari propugnabant, nostrosque intra munitiones ingredi prohibebant. At milites legionis VII, testudine facta, et aggere ad munitiones adjecto, locum ceperunt, eosque ex silvis expulerunt, paucis vulneribus acceptis. Sed eos fugientes longius Cæsar prosequi vetuit, et quod loci naturam ignorabat, et quod, magna parte diei consumpta, munitioni castrorum tempus relinqui volebat.

X. Postridie ejus diei mane tripartito milites equitesque in expeditionem misit, ut eos, qui fugerant, persequerentur. His aliquantum itineris progressis, quum jam extremi essent in prospectu, equites a Q. Atrio ad Cæsarem venerunt, qui nunciarent, superiore nocte, maxima coorta tempestate, prope omnes naves afflictas, atque in littore ejectas esse; quod neque anchoræ funesque subsisterent, neque nautæ gubernatoresque vim pati tempestatis possent: itaque ex eo concursu navium magnum esse incommodum acceptum.

XI. His rebus cognitis, Cæsar legiones equitatumque

pilotes avaient été impuissants, et que le choc des vaisseaux entre eux leur avait causé de grands dommages.

XI. A ces nouvelles, César fait rappeler les légions et la cavalerie, et cesser la poursuite : lui-même il revient à sa flotte. Il reconnut de ses yeux une partie des malheurs que les messagers et des lettres lui avaient annoncés; environ quarante navires étaient perdus; le reste lui parut cependant pouvoir se réparer à force de travail. Il choisit donc des travailleurs dans les légions et en fit venir d'autres du continent. Il écrivit à Labiénus de faire construire le plus de vaisseaux qu'il pourrait par les légions qu'il avait avec lui; lui-même, malgré l'extrême difficulté de l'entreprise, arrêta, comme une chose très-importante, que tous les vaisseaux fussent amenés sur la grève et enfermés avec le camp dans des retranchements communs. Il employa environ dix jours à ce travail que le soldat n'interrompait même pas la nuit. Quand les vaisseaux furent à sec et le camp bien fortifié, il y laissa pour garnison les mêmes troupes qu'auparavant, et retourna en personne au même lieu d'où il était parti Il y trouva de nombreuses troupes de Bretons rassemblées de toutes parts; ils avaient, d'un avis unanime, confié le commandement général et la conduite de la guerre à Cassivellaun, dont les états étaient séparés des pays maritimes par un fleuve appelé la Tamise, éloigné de la mer d'environ quatre-vingts mille pas. Dans les temps antérieurs, il avait eu des guerres continuelles avec les autres peuplades; mais toutes venaient, dans l'effroi que leur causait notre arrivée de lui déférer le commandement suprême.

XII. L'intérieur de la Bretagne est habité par des peuples que la tradition représente comme indigènes. La partie maritime est occupée par des peuplades que l'appât du butin et la guerre ont fait sortir de la Belgique; elles ont presque toutes conservé les noms des pays dont elles étaient originaires, quand, les armes à la main, elles vinrent s'établir dans la Bretagne, et en cultiver le sol. La population est très-forte, les maisons y sont très-nombreuses et presque semblables à celles des Gaulois; le bétail y est abondant. On se sert, pour monnaie, ou de cuivre ou d'anneaux de fer d'un poids déterminé. Dans le centre du pays se trouvent des mines d'étain; sur les côtes, des mines de fer, mais peu productives; le cuivre qu'on emploie vient du dehors. Il y croît des arbres de toute espèce, comme en Gaule, à l'exception du hêtre et du sapin. Les Bretons regardent comme défendu de manger du lièvre, de la poule ou de l'oie; ils en élèvent cependant par goût et par plaisir. Le climat est plus tempéré que celui de la Gaule, les froids sont moins rigoureux.

XIII. Cette île est de forme triangulaire; l'un des côtés regarde la Gaule. Des deux angles de ce côté, l'un est au levant, vers le pays de Kent, où abordent presque tous les vaisseaux gaulois; l'autre, plus bas, est au midi. La longueur de ce côté est d'environ cinq cent mille pas. L'autre côté du triangle regarde l'Espagne et le couchant : dans cette direction est l'Hibernie[1], qui passe pour moitié moins grande que la Bretagne, et en est séparée par une distance égale à celle de la Bretagne à la Gaule : dans l'espace intermédiaire est

[1] Aujourd'hui l'Irlande.

revocari, atque itinere desistere jubet : ipse ad naves revertitur : eadem fere, quæ ex nunciis litterisque cognoverat, coram perspicit, sic ut, amissis circiter XL navibus, reliquæ tamen refici posse magno negotio viderentur. Itaque ex legionibus fabros delegit, et ex continenti alios arcessiri jubet; Labieno scribit, ut, quam plurimas possit, is legionibus, quæ sint apud eum, naves instituat. Ipse, etsi res erat multæ operæ ac laboris, tamen commodissimum esse statuit, omnes naves subduci, et cum castris una munitione conjungi. In his rebus circiter dies decem consumit, ne nocturnis quidem temporibus ad laborem militum intermissis. Subductis navibus, castrisque egregie munitis, easdem copias, quas ante, præsidio navibus reliquit : ipse eodem, unde redierat, proficiscitur. Eo quum venisset, majores jam undique in eum locum copiæ Britannorum convenerant, summa imperii bellique administrandi communi consilio permissa Cassivellauno, cujus fines a maritimis civitatibus flumen dividit, quod appellatur Tamesis, a mari circiter millia passuum LXXX. Huic superiore tempore cum reliquis civitatibus continentia bella intercesserant : sed nostro adventu permoti Britanni hunc toti bello imperioque præfecerant.

XII. Britanniæ pars interior ab iis incolitur, quos natos in insula ipsa memoria proditum dicunt : maritima pars ab iis, qui prædæ ac belli inferendi causa, ex Belgis transierant; qui omnes fere iis nominibus civitatum appellantur, quibus orti ex civitatibus eo pervenerunt, et bello illato ibi remanserunt, atque agros colere cœperunt. Hominum est infinita multitudo, creberrimaque ædificia, fere gallicis consimilia : pecorum magnus numerus. Utuntur aut ære, aut annulis ferreis, ad certum pondus examinatis, pro nummo. Nascitur ibi plumbum album in mediterraneis regionibus, in maritimis ferrum; sed ejus exigua est copia : ære utuntur importato. Materia cujusque generis, ut in Gallia, est, præter fagum atque abietem. Leporem, et gallinam, et anserem gustare, fas non putant; hæc tamen alunt animi voluptatisque causa. Loca sunt temperatiora quam in Gallia remissioribus frigoribus.

XIII. Insula natura triquetra, cujus unum latus est contra Galliam. Hujus lateris alter angulus, qui est ad Cantium, quo fere omnes ex Gallia naves appelluntur, ad orientem solem; inferior ad meridiem spectat. Hoc latus tenet circiter millia passuum D. Alterum vergit ad Hispaniam atque occidentem solem, qua ex parte est Hibernia, dimidio minor, ut æstimatur, quam Britannia,

l'île de Mona[1]. L'on croit qu'il y en a plusieurs autres de moindre grandeur, dont quelques écrivains ont dit qu'elles étaient, vers la saison de l'hiver, privées de la lumière du soleil pendant trente jours continus. Nos recherches ne nous ont rien appris sur ce point : nous observâmes seulement, au moyen de certaines horloges d'eau, que les nuits étaient plus courtes que sur le continent. La longueur de ce côté de l'île est, selon l'opinion de ces écrivains, de sept cent mille pas. Le troisième côté est au nord et n'a en regard aucune terre, si ce n'est la Germanie à l'un de ses angles. Sa longueur est estimée à huit cent mille pas. Ainsi le circuit de toute l'île est de vingt fois cent mille pas.

XIV. De tous les peuples bretons, les plus civilisés sont, sans contredit, ceux qui habitent le pays de Kent, région toute maritime et dont les mœurs diffèrent peu de celles des Gaulois. La plupart des peuples de l'intérieur négligent l'agriculture; ils vivent de lait et de chair et se couvrent de peaux. Tous les Bretons se teignent avec du pastel, ce qui leur donne une couleur azurée et rend leur aspect horrible dans les combats. Ils portent leurs cheveux longs, et se rasent tout le corps, excepté la tête et la lèvre supérieure. Les femmes y sont en commun entre dix ou douze, surtout entre les frères, les pères et les fils. Quand il naît des enfants, ils appartiennent à celui qui le premier a introduit la mère dans la famille.

XV. Les cavaliers ennemis avec leurs chariots de guerre attaquèrent vivement dans sa marche

[1] Anglesey.

notre cavalerie, qui fut partout victorieuse et les repoussa dans les bois et sur les collines ; mais, après avoir tué un grand nombre d'ennemis, son ardeur à en poursuivre les restes lui coûta quelques pertes. Peu de temps après, comme les nôtres ne s'attendaient à rien et travaillaient au retranchement du camp, les Bretons, s'élançant tout à coup de leurs forêts et fondant sur la garde du camp, l'attaquèrent vigoureusement. César envoie pour la soutenir deux cohortes, qui étaient les premières de leurs légions ; comme elles avaient laissé entre elles un très-petit espace, l'ennemi, profitant de leur étonnement à la vue de ce nouveau genre de combat, se précipite avec audace dans l'intervalle et échappe sans perte. Q. Labérius Durus, tribun militaire, fut tué dans cette action. Plusieurs autres cohortes envoyées contre les Barbares les repoussèrent.

XVI. Ce combat, d'un genre si nouveau, livré sous les yeux de toute l'armée et devant le camp, fit comprendre que la pesanteur des armes de nos soldats, en les empêchant de suivre l'ennemi dans sa retraite et en leur faisant craindre de s'éloigner de leurs drapeaux, les rendait moins propres à une guerre de cette nature. La cavalerie combattait aussi avec désavantage, en ce que les Barbares, feignant souvent de se retirer, l'attiraient loin des légions, et, sautant alors de leurs chars, lui livraient à pied un combat inégal ; or, cette sorte d'engagement était pour nos cavaliers aussi dangereuse dans la retraite que dans l'attaque. En outre, les Bretons ne combattaient jamais en masse,

---

sed pari spatio transmissus, atque ex Gallia, est in Britanniam. In hoc medio cursu est insula, quæ appellatur Mona; complures præterea minores objectæ insulæ existimantur; de quibus insulis nonnulli scripserunt, dies continuos XXX sub bruma esse noctem. Nos nihil de eo percontationibus reperiebamus, nisi certis ex aqua mensuris breviores esse, quam in continente, noctes videbamus. Hujus est longitudo lateris, ut fert illorum opinio, DCC millium. Tertium est contra septemtriones, cui parti nulla est objecta terra; sed ejus angulus lateris maxime ad Germaniam spectat : huic millia passuum DCCC in longitudinem esse existimatur. Ita omnis insula est in circuitu vicies centum millium passuum.

XIV. Ex his omnibus longe sunt humanissimi, qui Cantium incolunt, quæ regio est maritima omnis; neque multum a gallica differunt consuetudine. Interiores plerique frumenta non serunt, sed lacte et carne vivunt, pellibusque sunt vestiti. Omnes vero se Britanni vitro inficiunt, quod cæruleum efficit colorem, atque hoc horridiores sunt in pugna aspectu : capilloque sunt promisso, atque omni parte corporis rasa, præter caput et labrum superius. Uxores habent deni duodenique inter se communes, et maxime fratres cum fratribus, parentesque cum liberis ; sed, si qui sunt ex his nati, eorum habentur liberi, quo primum virgo quæque deducta est.

XV. Equites hostium essedariique acriter prælio cum equitatu nostro in itinere conflixerunt, tamen ut nostri omnibus partibus superiores fuerint, atque eos in silvas collesque compulerint: sed, compluribus interfectis, cupidius insecuti, nonnullos ex suis amiserunt. At illi, intermisso spatio, imprudentibus nostris atque occupatis in munitione castrorum, subito se ex silvis ejecerunt : impetuque in eos facto, qui erant in statione pro castris collocati, acriter pugnaverunt : duabusque missis subsidio cohortibus a Cæsare, atque his primis legionum duarum, quum hæ, perexiguo intermisso loci spatio inter se, constitissent, novo genere pugnæ perterritis nostris, per medios audacissime perruperunt, seque inde incolumes receperunt. Eo die Q. Laberius Durus, tribunus militum, interficitur. Illi, pluribus immissis cohortibus, repelluntur.

XVI. Toto hoc in genere pugnæ, quum sub oculis omnium ac pro castris dimicaretur, intellectum est, nostros, propter gravitatem armaturæ, quod neque insequi cedentes possent, neque ab signis discedere auderent, minus aptos esse ad hujus generis hostem ; equites autem magno cum periculo prælio dimicare, propterea quod illi etiam consulto plerumque cederent ; et, quum paulum ab legionibus nostros removissent, ex essedis desilirent, et pedibus dispari prælio contenderent. Equestris autem prælii ratio et cedentibus et insequentibus par atque idem

mais par troupes séparées et à de grands intervalles, et disposaient des corps de réserve, destinés à les recueillir, et à remplacer par des troupes fraîches celles qui étaient fatiguées.

XVII. Le jour suivant, les ennemis prirent position loin du camp, sur des collines; ils ne se montrèrent qu'en petit nombre et escarmouchèrent contre notre cavalerie plus mollement que la veille. Mais, vers le milieu du jour, César ayant envoyé au fourrage trois légions et toute la cavalerie sous les ordres du lieutenant Trébonius, ils fondirent subitement et de toutes parts sur les fourrageurs, peu éloignés de leurs drapeaux et de leurs légions. Les nôtres, tombant vigoureusement sur eux, les repoussèrent; la cavalerie, comptant sur l'appui des légions qu'elle voyait près d'elle, ne mit point de relâche dans sa poursuite, et en fit un grand carnage, sans leur laisser le temps ni de se rallier, ni de s'arrêter, ni de descendre des chars. Après cette déroute, les secours qui leur étaient venus de tous côtés, se retirèrent; et depuis ils n'essayèrent plus de nous opposer de grandes forces.

XVIII. César, ayant pénétré leur dessein, se dirigea vers la Tamise sur le territoire de Cassivellaun. Ce fleuve n'est guéable que dans un seul endroit, encore le passage est-il difficile. Arrivé là, il vit l'ennemi en forces, rangé sur l'autre rive. Cette rive était défendue par une palissade de pieux aigus; d'autres pieux du même genre étaient enfoncés dans le lit du fleuve et cachés sous l'eau. Instruit de ces dispositions par des prisonniers et des transfuges, César envoya en avant la cavalerie, qu'il fit immédiatement suivre par les légions. Les soldats s'y portèrent avec tant d'ardeur et d'impétuosité, quoique leur tête seule fût hors de l'eau, que les ennemis ne pouvant soutenir le choc des légions et de la cavalerie, abandonnèrent le rivage et prirent la fuite.

XIX. Cassivellaun, comme nous l'avons dit plus haut, désespérant de nous vaincre en bataille rangée, renvoya la plus grande partie de ses troupes, ne garda guère que quatre mille hommes montés sur des chars, et se borna à observer notre marche, se tenant à quelque distance de notre route, se cachant dans les lieux de difficile accès et dans les bois, faisant retirer dans les forêts le bétail et les habitants des pays par lesquels il savait que nous devions passer. Puis, lorsque nos cavaliers s'aventuraient dans des campagnes éloignées pour fourrager et butiner, il sortait des bois avec ses chariots armés, par tous les chemins et sentiers qui lui étaient bien connus, et mettait en grand péril notre cavalerie, que la crainte de ces attaques empêchait de se répandre au loin. Il ne restait à César d'autre parti à prendre que de ne plus permettre à la cavalerie de trop s'éloigner des légions, et que de porter la dévastation et l'incendie aussi loin que pouvaient le permettre la fatigue et la marche des légionnaires.

XX. Cependant des députés sont envoyés à César par les Trinobantes [1], l'un des plus puissants peuples de ce pays, patrie du jeune Mandubrat, qui s'était mis sous la protection de César (5), et était venu en Gaule se réfugier près de lui, afin

[1] Peuple du Middlessex.

---

periculum inferebat. Accedebat huc, ut numquam conferti, sed rari magnisque intervallis prœliarentur; stationesque dispositas haberent, atque alios alii deinceps exciperent, integrique et recentes defatigatis succederent.

XVII. Postero die, procul a castris hostes in collibus constiterunt, rarique se ostendere, et lenius quam pridie nostros equites prœlio lacessere cœperunt. Sed meridie, quum Cæsar pabulandi causa tres legiones atque omnem equitatum cum C. Trebonio legato misisset, repente ex omnibus partibus ad pabulatores advolaverunt, sic, uti ab signis legionibusque non absisterent. Nostri, acriter in eos impetu facto, repulerunt; neque finem sequendi fecerunt, quoad subsidio confisi equites, quum post se legiones viderent, præcipites hostes egerunt : magnoque eorum numero interfecto, neque sui colligendi, neque consistendi, aut ex essedis desiliendi facultatem dederunt. Ex hac fuga protinus, quæ undique convenerant auxilia discesserunt : neque post id tempus unquam summis nobiscum copiis hostes contenderunt.

XVIII. Cæsar, cognito consilio eorum, ad flumen Tamesin in fines Cassivellauni exercitum duxit; quod flumen uno omnino loco pedibus, atque hoc ægre, transiri potest. Eo quum venisset, animadvertit ad alteram fluminis ripam magnas esse copias hostium instructas : ripa autem erat acutis sudibus præfixis munita; ejusdemque generis sub aqua defixæ sudes flumine tegebantur. His rebus cognitis a captivis perfugisque, Cæsar, præmisso equitatu, confestim legiones subsequi jussit. Sed ea celeritate atque eo impetu milites ierunt, quum capite solo ex aqua exstarent, ut hostes impetum legionum atque equitum sustinere non possent, ripasque dimitterent, ac se fugæ mandarent.

XIX. Cassivellaunus, ut supra demonstravimus, omni deposita spe contentionis, dimissis amplioribus copiis, millibus circiter quatuor essedariorum relictis, itinera nostra servabat, paululumque ex via excedebat, locisque impeditis ac silvestribus sese occultabat, atque iis regionibus, quibus nos iter facturos cognoverat, pecora atque homines ex agris in silvas compellebat; et, quum equitatus noster liberius prædandi vastandique causa se in agros effunderet, omnibus viis notis semitisque essedarios ex silvis emittebat, et magno cum periculo nostrorum equitum cum iis confligebat, atque hoc metu latius vagari prohibebat. Relinquebatur, ut neque longius ab agmine legionum discedi Cæsar pateretur, et tantum in agris vastandis incendiisque faciendis hostibus noceretur, quantum labore atque itinere legionarii milites efficere poterant.

XX. Interim Trinobantes, prope firmissima earum re-

d'éviter par la fuite le sort de son père Imanuent, qui régnait sur ce peuple et que Cassivellaun avait tué. Ils offrent de se rendre à lui et de lui obéir, le priant de protéger Mandubrat contre les outrages de Cassivellaun, et de le renvoyer parmi les siens pour qu'il devienne leur chef et leur roi. César exige d'eux quarante otages, des vivres pour l'armée, et leur envoie Mandubrat. Ils s'empressèrent d'exécuter ces ordres et livrèrent avec les vivres le nombre d'otages exigé.

XXI. Voyant les Trinobantes protégés, et à l'abri de toute violence de la part des soldats, les Cénimagnes, les Ségontiakes, les Ancalites, les Bibrokes, les Casses[1], députèrent à César pour se soumettre à lui. Il apprit d'eux que la place où s'était retiré Cassivellaun était à peu de distance, qu'elle était défendue par des bois et des marais, et renfermait un assez grand nombre d'hommes et de bestiaux. Les Bretons donnent le nom de place forte à un bois épais qu'ils ont entouré d'un rempart et d'un fossé et qui est leur retraite accoutumée contre les incursions de l'ennemi. César y mène les légions : il trouve le lieu parfaitement défendu par la nature et par l'art. Cependant il essaie de l'attaquer sur deux points. Les ennemis, après quelque résistance, ne purent supporter le choc de nos soldats et s'enfuirent par une autre partie de la place. On y trouva beaucoup de bétail, et un grand nombre de Barbares furent pris ou tués dans leur fuite.

[1] Peuples d'Essex et des pays circonvoisins.

XXII. Tandis qu'en cet endroit les choses se passaient ainsi, Cassivellaun avait envoyé des messagers dans le pays de Kent, situé, comme nous l'avons dit, sur les bords de la mer, aux quatre chefs de cette contrée, à Cingétorix, Carvile, Taximagule, Ségonax, leur ordonnant de rassembler toutes leurs troupes, et d'attaquer à l'improviste le camp qui renfermait nos vaisseaux. A peine y furent-ils arrivés, que les nôtres firent une sortie, en tuèrent un grand nombre, prirent en outre un de leurs principaux chefs, Lugotorix, et rentrèrent sans perte dans le camp. A la nouvelle de cette défaite, Cassivellaun, découragé par tant de revers, voyant son territoire ravagé, et accablé surtout par la défection de plusieurs peuples, fit offrir sa soumission à César par l'entremise de l'Atrébate Comm. César, qui voulait passer l'hiver sur le continent, à cause des révoltes subites de la Gaule, voyant que l'été touchait à sa fin, et sentant que l'affaire pouvait traîner en longueur, exigea des otages et fixa le tribut que la Bretagne paierait chaque année au peuple romain. Il interdit expressément à Cassivellaun tout acte d'hostilité contre Mandubrat et les Trinobantes.

XXIII. Après avoir reçu les otages, il ramena l'armée sur la côte, trouva les vaisseaux réparés, et les fit mettre à flot. Comme il avait un grand nombre de prisonniers et que plusieurs vaisseaux avaient péri par la tempête, il résolut de faire repasser en deux transports les troupes sur le continent. Une chose remarquable c'est que de

regionum civitas, ex qua Mandubratius adolescens, Cæsaris fidem secutus, ad eum in continentem Galliam venerat (cujus pater Imanuentius in ea civitate regnum obtinuerat, interfectusque erat a Cassivellauno; ipse fuga mortem vitaverat), legatos ad Cæsarem mittunt, pollicenturque, sese ei dedituros atque imperata facturos : petunt ut Mandubratium ab injuria Cassivellauni defendat, atque in civitatem mittat, qui præsit imperiumque obtineat. His Cæsar imperat obsides XL, frumentumque exercitui, Mandubratiumque ad eos mittit. Illi imperata celeriter fecerunt, obsides ad numerum frumentaque miserunt.

XXI. Trinobantibus defensis, atque ab omni militum injuria prohibitis, Cenimagni, Segontiaci, Ancalites, Bibroci, Cassi, legationibus missis sese Cæsari dedunt. Ab his cognoscit, non longe ex eo loco oppidum Cassivellauni abesse, silvis paludibusque munitum, quo satis magnus hominum pecorisque numerus convenerit. Oppidum autem Britanni vocant, quum silvas impeditas vallo atque fossa munierunt, quo incursionis hostium vitandæ causa convenire consuerunt. Eo proficiscitur cum legionibus : locum reperit egregie natura atque opere munitum; tamen hunc duabus ex partibus oppugnare contendit. Hostes, paulisper morati, militum nostrorum impetum non tulerunt, seseque alia ex parte oppidi ejecerunt.

Magnus ibi numerus pecoris repertus, multique in fuga sunt comprehensi atque interfecti.

XXII. Dum hæc in his locis geruntur, Cassivellaunus ad Cantium, quod esse ad mare supra demonstravimus, quibus regionibus quatuor reges præerant, Cingetorix, Carvilius, Taximagulus, Segonax, nuncios mittit, atque his imperat, uti, coactis omnibus copiis, castra navalia de improviso adoriantur atque oppugnent. Hi ad castra venissent, nostri, eruptione facta, multis eorum interfectis, capto etiam nobili duce Lugotorige, suos incolumes reduxerunt. Cassivellaunus, hoc prælio nunciato, tot detrimentis acceptis, vastatis finibus, maxime etiam permotus defectione civitatum, legatos per Atrebatem Commium de deditione ad Cæsarem mittit. Cæsar, quum statuisset hiemem in continenti propter repentinos Galliæ motus agere, neque multum æstatis superesset, atque id facile extrahi posse intelligeret, obsides imperat; et quid in annos singulos vectigalis populo romano Britannia penderet, constituit : interdicit atque imperat Cassivellauno, ne Mandubratio, neu Trinobantibus bellum faciat.

XXIII. Obsidibus acceptis, exercitum reducit ad mare, naves invenit refectas. His deductis, quod et captivorum magnum numerum habebat, et nonnullæ tempestate deperierant naves, duobus commeatibus exercitum reportare instituit. Ac sic accidit, uti ex tanto navium numero, tot

tant de navires qui firent plusieurs fois le trajet cette année et la précédente, aucun de ceux qui portaient des soldats ne périt; mais de ceux qui revenaient à vide de la Gaule, après y avoir déposé les soldats du premier transport, ainsi que des soixante navires construits par les soins de Labiénus, très-peu abordèrent à leur destination; presque tous furent rejetés sur la côte. César, après les avoir vainement attendus quelque temps, craignant que la saison ne l'empêchât de tenir la mer, à cause de l'approche de l'équinoxe, fut contraint d'entasser ses soldats. Par un grand calme, il leva l'ancre au commencement de la seconde veille, prit terre au point du jour, et vit tous les vaisseaux arriver à bon port (4).

XXIV. Quand il eut fait mettre les navires à sec et tenu à Samarobrive[1] l'assemblée de la Gaule, comme la récolte de cette année avait été peu abondante à cause de la sécheresse, il fut obligé d'établir les quartiers d'hiver de l'armée autrement que les années précédentes, et de distribuer les légions dans diverses contrées. Il en envoya une chez les Morins, sous les ordres du lieutenant C. Fabius; une autre chez les Nerves, sous le commandement de Q. Cicéron (5); une troisième chez les Essues[2], sous celui de L. Roscius; une quatrième, avec T. Labiénus, chez les Rèmes, près des frontières des Trévires; il en plaça trois dans le Belgium[3], et mit à leur tête M. Crassus, son questeur, L. Munatius Plancus (6) et C. Trébonius, ses lieutenants. La légion qu'il avait récemment levée au-delà du Pô, et cinq cohortes, sous la conduite de Q. Titurius Sabinus et de L. Aurunculéius Cotta, furent envoyées chez les Éburons, dont le pays, situé en grande partie entre la Meuse et le Rhin, était gouverné par Ambiorix et Cativolke. En distribuant les légions de cette manière, César espérait pouvoir remédier facilement à la disette des vivres; et cependant tous ces quartiers d'hiver (excepté celui que devait occuper L. Roscius, dans la partie la plus paisible et la plus tranquille de la Gaule), étaient contenus dans un espace de cent mille pas. César résolut de rester dans le pays, jusqu'à ce qu'il eût vu les légions établies et leurs quartiers fortifiés.

XXV. Il y avait chez les Carnutes un homme de haute naissance, Tasget, dont les ancêtres avaient régné sur cette nation. César, en considération de sa valeur, de son zèle et des services importants qu'il lui avait rendus dans toutes les guerres, l'avait rétabli dans le rang de ses aïeux. Il régnait depuis trois ans, lorsque ses ennemis, ayant pour complices beaucoup d'hommes de sa nation, le massacrèrent publiquement (7). On instruisit César de cet événement : craignant, vu le nombre des coupables, que le pays ne fût entraîné par eux à la révolte, il ordonna à L. Plancus de partir du Belgium avec sa légion, de se rendre en toute hâte chez les Carnutes, d'y établir ses quartiers, de saisir et de lui envoyer ceux qu'il saurait avoir pris part au meurtre de Tasget. Dans le même temps, il apprit par les rapports des lieutenants et des questeurs auxquels il avait donné le com-

[1] Amiens, *Samarobriva*. Pont-sur-Somme était la capitale du pays des Ambiens.—[2] Les habitants de Séez, en Normandie.—[3] La Picardie, l'Artois et le Beauvoisis.

navigationibus, neque hoc, neque superiore anno, ulla omnino navis, quæ milites portaret, desideraretur : at ex iis, quæ inanes ex continenti ad eum remitterentur, prioris commeatus expositis militibus, et quas postea Labienus faciendas curaverat numero LX, perpaucæ locum caperent; reliquæ fere omnes rejicerentur. Quas quum aliquandiu Cæsar frustra exspectasset, ne anni tempore a navigatione excluderetur, quod æquinoctium suberat, necessario angustius milites collocavit, ac summa tranquillitate consecuta, secunda inita quum solvisset vigilia, prima luce terram attigit, omnesque incolumes naves perduxit.

XXIV. Subductis navibus, concilioque Gallorum Samarobrivæ peracto, quod eo anno frumentum in Gallia propter siccitates angustius provenerat, coactus est aliter ac superioribus annis, exercitum in hibernis collocare, legionesque in plures civitates distribuere : ex quibus unam in Morinos ducendam C. Fabio legato dedit; alteram in Nervios, Q. Ciceroni; tertiam in Essuos, L. Roscio; quartam in Remis cum T. Labieno in confinio Trevirorum hiemare jussit; tres in Belgio collocavit : his M. Crassum, quæstorem, et L. Munatium Plancum, et C. Trebonium legatos præfecit. Unam legionem, quam proxime trans Padum conscripserat, et cohortes quinque in Eburones, quorum pars maxima est inter Mosam ac Rhenum, qui sub imperio Ambiorigis et Cativolci erant, misit. His militibus Q. Titurium Sabinum, et L. Aurunculeium Cottam, legatos, præesse jussit. Ad hunc modum distributis legionibus, facillime inopiæ frumentariæ sese mederi posse existimavit; atque harum tamen omnium legionum hiberna (præter eam, quam L. Roscio in pacatissimam et quietissimam partem ducendam dederat) millibus passuum centum continebantur. Ipse interea, quoad legiones collocasset, munitaque hiberna cognovisset, in Gallia morari constituit.

XXV. Erat in Carnutibus summo loco natus Tasgetius, cujus majores in sua civitate regnum obtinuerant. Huic Cæsar, pro ejus virtute atque in se benevolentia, quod in omnibus bellis singulari ejus opera fuerat usus, majorum locum restituerat. Tertium jam hunc annum regnantem inimici palam, multis etiam ex civitate auctoribus, eum interfecerunt. Defertur ea res ad Cæsarem. Ille veritus, quod ad plures pertinebat, ne civitas eorum impulsu deficeret, L. Plancum cum legione ex Belgio celeriter in Carnutes proficisci jubet, ibique hiemare; quorumque opera cognoverit Tasgetium interfectum, hos comprehensos ad se mittere. Interim ab omnibus legatis quæstoribusque, quibus legiones tradiderat, certior factus est,

mandement des légions, qu'elles étaient arrivées à leurs quartiers d'hiver, et y étaient retranchées.

XXVI. On était arrivé dans les quartiers depuis environ quinze jours, lorsqu'un commencement de révolte soudaine et de défection éclata, à l'instigation d'Ambiorix et de Cativolke. Après être allés, jusqu'aux limites de leur territoire, au-devant de Sabinus et de Cotta, et leur avoir même porté des vivres dans leurs quartiers, séduits ensuite par des envoyés du Trévire Indutiomare, ils soulevèrent le pays, tombèrent tout d'un coup sur ceux de nos soldats qui faisaient du bois, et vinrent en grand nombre attaquer le camp. Les nôtres prennent aussitôt les armes et montent sur le rempart; la cavalerie espagnole est envoyée sur un autre point: nous obtenons l'avantage dans ce combat; et les ennemis, désespérant du succès, s'éloignent, abandonnant l'attaque. Alors, ils demandent, en poussant de grands cris, selon leur coutume, que quelques-uns des nôtres viennent en pourparler, voulant les entretenir d'objets d'un intérêt commun qui, selon qu'ils l'espéraient, pourraient terminer les différends.

XXVII. On envoie pour les entendre C. Arpinéius, chevalier romain, ami de Q. Titurius, et un espagnol nommé Q. Junius, qui avait déjà rempli près d'Ambiorix plusieurs missions de la part de César. Ambiorix leur parle ainsi: « Il sait qu'il doit beaucoup à César pour les bienfaits qu'il en a reçus; c'est par son intervention qu'il a été délivré du tribut qu'il payait jusqu'alors aux Aduatikes, ses voisins; il lui doit également la liberté de son fils et du fils de son frère lesquels, envoyés comme otages aux Aduatikes, avaient été retenus dans la captivité et dans les fers. Aussi, n'est-ce ni de son avis, ni par sa volonté qu'on est venu assiéger le camp des Romains: la multitude l'y a contraint; telle est en effet la nature de son autorité que la multitude n'a pas moins de pouvoir sur lui que lui sur elle. Au reste, son pays ne s'est porté à cette guerre que dans l'impuissance de résister au torrent de la conjuration gauloise: sa faiblesse le prouve suffisamment, car il n'est pas si dénué d'expérience qu'il se croie capable de vaincre le peuple romain avec ses seules forces; mais il s'agit d'un projet commun à toute la Gaule. Ce même jour est fixé pour attaquer à la fois tous les quartiers de César, afin qu'une légion ne puisse venir au secours d'une autre légion; il était bien difficile à des Gaulois de refuser leur concours à d'autres Gaulois, surtout dans une entreprise où il s'agissait de recouvrer la liberté commune. Après avoir satisfait à ses devoirs envers sa patrie, il a maintenant à remplir envers César ceux de la reconnaissance. Il avertit, il supplie Titurius, au nom de l'hospitalité, de pourvoir à son salut et à celui de ses soldats. De nombreuses troupes de Germains ont passé le Rhin; elles arriveront dans deux jours. C'est à nous, Romains, de décider si nous ne voulons pas, avant que les peuples voisins puissent en être informés, retirer les soldats de leurs quartiers, pour les joindre à ceux ou de Cicéron ou de Labiénus, dont l'un est à la distance d'environ cinquante mille pas, et l'autre un peu plus éloigné. Il promet, il fait le serment de nous livrer un libre

---

in hiberna perventum, locumque hibernis esse munitum.

XXVI. Diebus circiter XV, quibus in hiberna ventum est, initium repentini tumultus ac defectionis ortum est ab Ambiorige et Cativolco: qui quum ad fines regni sui Sabino Cottæque præsto fuissent, frumentumque in hiberna comportavissent, Indutiomari Treviri nunciis impulsi suos concitaverunt, subitoque oppressis lignatoribus, magna manu castra oppugnatum venerunt. Quum celeriter nostri arma cepissent, vallumque ascendissent, atque una ex parte Hispanis equitibus emissis, equestri prælio superiores fuissent, desperata re, hostes suos ab oppugnatione reduxerunt. Tum suo more conclamaverunt, uti aliqui ex nostris ad colloquium prodirent; habere sese, quæ de re communi dicere vellent, quibus rebus controversias minui posse sperarent.

XXVII. Mittitur ad eos colloquendi causa C. Arpineius, eques romanus, familiaris Q. Titurii, et Q. Junius ex Hispania quidam, qui jam ante missu Cæsaris ad Ambiorigem ventitare consueverat: apud quos Ambiorix ad hunc modum locutus est: « sese, pro Cæsaris in se beneficiis, plurimum ei confiteri debere, quod ejus opera stipendio liberatus esset, quod Aduatucis finitimis suis pendere consuesset, quodque ei et filius et fratris filius ab Cæsare remissi essent, quos Aduatuci, obsidum numero missos, apud se in servitute et catenis tenuissent: neque id, quod fecerit de oppugnatione castrorum, aut judicio aut voluntate sua fecisse, sed coactu civitatis; suaque esse ejusmodi imperia, ut non minus haberet juris in se multitudo, quam ipse in multitudinem. Civitati porro hanc fuisse belli causam, quod repentinæ Gallorum conjurationi resistere non potuerit: id se facile ex humilitate sua probare posse, quod non adeo sit imperitus rerum, ut suis copiis populum romanum se superare posse confidat: sed esse Galliæ commune consilium; omnibus hibernis Cæsaris oppugnandis hunc esse dictum diem, ne qua legio alteræ legioni subsidio venire posset: non facile Gallos Gallis negare potuisse, præsertim quum de recuperanda communi libertate consilium initum videretur. Quibus quoniam pro pietate satisfecerit, habere se nunc rationem officii pro beneficiis Cæsaris; monere, orare Titurium pro hospitio, ut suæ ac militum saluti consulat: magnam manum Germanorum conductam Rhenum transisse; hanc adfore biduo. Ipsorum esse consilium, velintne prius, quam finitimi sentiant, eductos ex hibernis milites aut ad Ciceronem aut ad Labienum deducere, quorum alter millia passuum circiter L, alter paulo amplius ab his absit. Illud se polliceri, et jurejurando confirmare, tutum iter per fines suos daturum; quod quum faciat, et civi-

passage sur ses terres; en le faisant, il croit tout à la fois servir son pays, que notre départ soulagera, et reconnaître les bienfaits de César. » Après ce discours, Ambiorix se retira.

XXVIII. Arpinéius et Junius rapportent ces paroles aux deux lieutenants. Tout à coup troublés par cette révélation, ils ne crurent pas, quoique l'avis leur vînt d'un ennemi, devoir le négliger. Ce qui les frappa le plus, c'est qu'il était à peine croyable que la nation faible et obscure des Éburons eût osé d'elle-même faire la guerre au peuple romain. Ils soumettent donc l'affaire à un conseil ; elle y excita de vifs débats. L. Aurunculéius, ainsi que plusieurs tribuns militaires et centurions des premiers rangs, furent d'avis « de ne rien faire imprudemment, et de ne point quitter les quartiers sans l'ordre de César. Ils observèrent que, quelque nombreuses que fussent les troupes des Germains, ils pouvaient leur résister dans leurs quartiers retranchés; le combat de la veille le prouvait assez, puisqu'ils avaient vigoureusement soutenu le choc des Barbares et leur avaient blessé beaucoup d'hommes. On ne manquait pas de vivres; pendant la défense, il viendrait du secours et des quartiers les plus proches et de César : enfin était-il rien de plus imprudent ou de plus honteux que de prendre, pour les plus grands intérêts, conseil de l'ennemi? »

XXIX. Titurius s'éleva contre cette opinion et répondit avec force « qu'il serait trop tard pour agir, lorsque les troupes ennemies se seraient accrues de l'adjonction des Germains, ou que les quartiers voisins auraient reçu quelque échec : il ne reste qu'un moment, qu'une occasion pour sauver l'armée. : César est vraisemblablement parti pour l'Italie : autrement les Carnutes n'auraient pas osé tuer Tasget, ni les Éburons, s'il était dans la Gaule, attaquer notre camp avec tant de mépris. Il considère l'avis en lui-même et non l'ennemi qui le donne; le Rhin est proche, les Germains ont un vif ressentiment de la mort d'Arioviste et de nos précédentes victoires : la Gaule est en feu : elle supporte impatiemment tous les outrages qu'elle a subis sous la domination du peuple romain, et la perte de son ancienne gloire militaire. Enfin, qui pourrait se persuader qu'Ambiorix en vienne, sans être bien instruit, à donner un tel avis ? Son opinion est, de toute manière, la plus sûre : s'il n'y a rien à craindre, ils joindront sans danger la plus proche légion ; si toute la Gaule s'est unie aux Germains, il n'y a de salut que dans la célérité. Quel serait le résultat de l'avis de Cotta et des autres opposants? En le suivant, si le péril n'est pas instant, on a certainement, après un long siége, la famine à redouter. »

XXX. Après cette dispute de part et d'autre, comme Cotta et les principaux centurions soutenaient vivement leur avis : « Eh bien! qu'il soit fait comme vous le voulez, » dit Sabinus ; et élevant la voix, pour être entendu d'une grande partie des soldats : « Je ne suis pas, reprit-il, celui de vous que le danger de la mort effraie le plus; s'il arrive quelque malheur, on saura vous en demander compte ; tandis que, si vous le vouliez, réunis dans deux jours aux quartiers voisins,

---

tati sese consulere, quod hibernis levetur, et Cæsari pro ejus meritis gratiam referre. » Hac oratione habita, discedit Ambiorix.

XXVIII. Arpineius et Junius, quæ audierint, ad legatos deferunt. Illi, repentina re perturbati, etsi ab hoste ea dicebantur, non tamen negligenda existimabant : maximeque hac re permovebantur, quod civitatem ignobilem atque humilem Eburonum sua sponte populo romano bellum facere ausam, vix erat credendum. Itaque ad consilium rem deferunt, magnaque inter eos existit controversia. L. Aurunculeius compluresque tribuni militum et primorum ordinum centuriones « nihil temere agendum, neque ex hibernis injussu Cæsaris discedendum, existimabant : quantasvis magnas etiam copias Germanorum sustineri posse munitis hibernis, docebant : rem esse testimonio, quod primum hostium impetum, multis ultro vulneribus illatis, fortissime sustinuerint : re frumentaria non premi : interea et ex proximis hibernis, et a Cæsare, conventura subsidia : postremo, quid esse levius aut turpius, quam, auctore hoste, de summis rebus capere consilium ? »

XXIX. Contra ea Titurius, « sero facturos, clamitabat, quum majores hostium manus, adjunctis Germanis, convenissent, aut quum aliquid calamitatis in proximis hibernis esset acceptum : brevem consulendi esse occasionem : Cæsarem arbitrari profectum in Italiam : neque aliter Carnutes interficiendi Tasgetii consilium fuisse capturos ; neque Eburones, si ille adesset, tanta cum contemptione nostri ad castra venturos esse : non hostem auctorem, sed rem spectare ; subesse Rhenum ; magno esse Germanis dolori Ariovisti mortem, et superiores nostras victorias : ardere Galliam, tot contumeliis acceptis sub populi romani imperium redactam, superiore gloria rei militaris exstincta. Postremo, quis hoc sibi persuaderet, sine certa re Ambiorigem ad ejusmodi consilium descendisse? Suam sententiam in utramque partem esse tutam : si nil sit durius, nullo periculo ad proximam legionem perventuros ; si Gallia omnis cum Germanis consentiat, unam esse in celeritate positam salutem. Cottæ quidem, atque eorum qui dissentirent consilium, quem haberet exitum ? In quo si non præsens periculum, at certe longinqua obsidione fames esset pertimescenda. »

XXX. Hac in utramque partem disputatione habita, quum a Cotta, primisque ordinibus acriter resisteretur : « Vincite, inquit, si ita vultis, Sabinus, et id clariore voce, ut magna pars militum exaudiret : Neque is sum, inquit, qui gravissime ex vobis mortis periculo terrear, hi sapient, et si gravius quid acciderit, abs te rationem

nous soutiendrions avec eux les chances communes de la guerre, et nous ne serions pas, loin de nos compagnons et tout à fait isolés, exposés à périr par le fer ou par la faim. »

XXXI. On se lève pour sortir du conseil; les soldats entourent les deux lieutenants et les conjurent « de ne pas tout compromettre par leur division et leur opiniâtreté : tout est facile, soit qu'on demeure, soit qu'on parte, si tous partagent et approuvent le même avis ; mais la dissension ne peut laisser aucun espoir. » Le débat se prolonge jusqu'au milieu de la nuit. Enfin, Cotta ébranlé se rend ; l'avis de Sabinus l'emporte : on annonce le départ pour le point du jour : le reste de la nuit se passe à veiller ; chaque soldat visite son bagage, pour savoir ce qu'il emportera ou ce qu'il sera contraint de laisser de ses équipements d'hiver. Il semble qu'on ne néglige rien pour ne pouvoir rester sans danger et pour ajouter au péril de la retraite celui de l'opérer avec des soldats affaiblis par la fatigue et la veille. C'est dans cet état qu'on sort du camp à la pointe du jour, avec la persuasion que l'avis donné par Ambiorix l'était non par un ennemi, mais par l'ami le plus sûr ; on se met en marche sur une longue file, avec un nombreux bagage.

XXXII. Mais les ennemis, avertis du départ de nos soldats par le bruit et le mouvement de la nuit, avaient, en se partageant en deux corps, formé une embuscade dans leurs forêts, dans un lieu caché et favorable à leur dessein, à deux mille pas environ; et ils attendaient l'arrivée des Romains. Quand la plus grande partie de nos troupes se fut engagée dans une vallée profonde, ils se montrèrent tout à coup à l'une et à l'autre de ses issues, attaquèrent l'arrière-garde, arrêtèrent l'avant-garde, et engagèrent le combat dans la position la plus désavantageuse pour nous.

XXXIII. Alors Titurius, en homme qui n'avait pourvu à rien, se trouble, court çà et là, et dispose les cohortes; mais ses mesures sont timides, et tout semble lui manquer à la fois, comme il arrive d'ordinaire à ceux qui, dans le moment même de l'action, sont forcés de prendre un parti. Mais Cotta qui avait pensé au danger de se mettre en marche, et qui, pour cette raison, s'était opposé au départ, n'omettait rien de ce qu'exigeait le salut commun, remplissant à la fois le devoir de général en dirigeant et exhortant les troupes, et celui de soldat en combattant. Comme, à raison de l'étendue de l'armée, les lieutenants pouvaient moins facilement tout faire par eux-mêmes, et pourvoir aux besoins de chaque point, ils firent publier l'ordre d'abandonner les bagages et de se tenir en cercle ; résolution qui, bien qu'elle ne fût pas répréhensible dans cette conjoncture, eut cependant un effet fâcheux ; car elle diminua la confiance de nos soldats et donna au contraire plus d'ardeur aux ennemis, qui prirent cette disposition pour l'indice d'une grande terreur et du désespoir. Il en résulta en outre un inconvénient inévitable ; c'est que partout les soldats s'éloignaient des enseignes pour courir aux bagages, afin d'y prendre et d'en retirer chacun ce qu'il avait de plus cher ; on n'entendait que cris et gémissements.

---

reposcent : qui, si per te liceat, perendino die cum proximis hibernis conjuncti, communem cum reliquis belli casum sustineant, nec rejecti et relegati longe ab cæteris aut ferro aut fame intereant. »

XXXI. Consurgitur ex consilio; comprehendunt utrumque et orant, « ne sua dissensione et pertinacia rem in summum periculum deducant : facilem esse rem, seu maneant, seu proficiscantur, si modo unum omnes sentiant ac probent; contra in dissensione nullam se salutem perspicere. » Res disputatione ad mediam noctem perducitur. Tandem dat Cotta permotus manus; superat sententia Sabini. Pronunciatur, prima luce ituros : consumitur vigiliis reliqua pars noctis, quum sua quisque miles circumspiceret, quid secum portare posset, quid ex instrumento hibernorum relinquere cogeretur. Omnia excogitantur, quare nec sine periculo maneatur, et languore militum, et vigiliis periculum augeatur. Prima luce sic ex castris proficiscuntur, ut, quibus esset persuasum, non ab hoste, sed ab homine amicissimo Ambiorige consilium datum, longissimo agmine maximisque impedimentis.

XXXII. At hostes, posteaquam ex nocturno fremitu vigiliisque de profectione eorum senserunt, collocatis insidiis bipartito in silvis opportuno atque occulto loco, a millibus passuum circiter duobus, Romanorum adventum exspectabant : et, quum se major pars agminis in magnam convallem demisisset, ex utraque parte ejus vallis subito se ostenderunt, novissimosque premere, et primos prohibere ascensu, atque iniquissimo nostris loco prælium committere cœperunt.

XXXIII. Tum demum Titurius, ut qui nihil ante providisset, trepidare, concursare, cohortesque disponere ; hæc tamen ipsa timide, atque ut eum omnia deficere viderentur : quod plerumque iis accidere consuevit, qui in ipso negotio consilium capere coguntur. At Cotta, qui cogitasset hæc posse in itinere accidere, atque ob eam causam profectionis auctor non fuisset, nulla in re communi saluti deerat ; et in appellandis cohortandisque militibus, imperatoris ; et in pugna, militis officia præstabat. Quumque propter longitudinem agminis minus facile per se omnia obire, et quid quoque loco faciendum esset, providere possent, jusserunt pronunciare, ut impedimenta relinquerent, atque in orbem consisterent. Quod consilium etsi in ejusmodi casu reprehendendum non est, tamen incommode accidit : nam et nostris militibus spem minuit, et hostes ad pugnam alacriores effecit, quod non sine summo timore et desperatione id factum videbatur. Præterea accidit, quod fieri necesse erat, ut vulgo milites ab signis discederent ; quæ quisque eorum carissima

XXXIV. Les Barbares au contraire ne manquèrent pas de prudence : car leurs chefs firent publier dans toute l'armée, « Qu'aucun ne quittât son rang; que tout ce que les Romains auraient abandonné serait la proie réservée au vainqueur; que tout dépendait donc de la victoire. » Les nôtres ne leur étaient inférieurs ni en valeur ni en nombre; quoique abandonnés de leur chef et de la fortune, ils plaçaient encore dans leur courage tout l'espoir de leur salut; et chaque fois qu'une cohorte se portait sur un point elle y faisait un grand carnage. Ambiorix s'en aperçut et fit donner à tous les siens l'ordre de lancer leurs traits de loin, de ne point trop s'approcher et de céder sur les points où les Romains se porteraient vivement : la légèreté de leur armure et l'habitude de ce genre de combat les préserveraient de tout péril : ils ne devaient attaquer l'ennemi que lorsqu'il reviendrait aux drapeaux.

XXXV. Cet ordre fut très-fidèlement exécuté; lorsqu'une cohorte sortait du cercle pour charger l'ennemi, il s'enfuyait avec une extrême vitesse. Cette charge laissait nécessairement notre flanc à découvert, et c'était là que se dirigeaient aussitôt les traits. Puis, quand la cohorte revenait vers le point d'où elle était partie, elle était enveloppée à la fois par ceux qui avaient cédé et par ceux qui s'étaient postés près de nos flancs. Voulait-elle tenir ferme, sa valeur devenait inutile, et ne pouvait la garantir, serrée comme elle l'était, des traits lancés par une si grande multitude. Toutefois, malgré tant de désavantages et tout couverts de blessures, nos soldats résistaient encore; une grande partie du jour était écoulée, et ils avaient combattu depuis le point du jour jusqu'à la huitième heure, sans avoir rien fait qui fût indigne d'eux. Alors T. Balvention, qui, l'année précédente, avait commandé comme primipile, homme brave et considéré, a les deux cuisses traversées par un javelot. Q. Lucanius, du même grade, est tué en combattant vaillamment pour secourir son fils qui était enveloppé : le lieutenant L. Cotta, allant de rang en rang pour animer les cohortes, est blessé d'un coup de fronde au visage.

XXXVI. Effrayé de ce désastre, Q. Titurius, ayant de loin aperçu Ambiorix qui animait ses troupes, lui envoie son interprète Cn. Pompée (8) pour le prier de l'épargner lui et ses soldats. A ce message, Ambiorix répond : « Que si Titurius veut conférer avec lui, il le peut; qu'il espère obtenir de l'armée gauloise la vie des Romains; qu'il ne serait fait aucun mal à sa personne et qu'il engage sa foi en garantie. » Titurius communique cette réponse à Cotta blessé, et lui propose, s'il y voit de l'avantage, de sortir de la mêlée, et d'aller conférer ensemble avec Ambiorix : il espère en obtenir le salut de l'armée et le leur. Cotta proteste qu'il ne se rendra point auprès d'un ennemi armé (9), et persiste dans ce refus.

XXXVII. Sabinus ordonne aux tribuns des soldats et aux centurions des premiers rangs qu'il avait alors autour de lui, de le suivre. Arrivé

---

haberet, ab impedimentis petere, atque abripere properaret; clamore ac fletu omnia complerentur.

XXXIV. At barbaris consilium non defuit : nam duces eorum tota acie pronunciare jusserunt, « Ne quis ab loco discederet : illorum esse prædam, atque illis reservari, quæcumque Romani reliquissent : proinde omnia in victoria posita existimarent. » Erant et virtute et numero pugnandi pares nostri, tamen etsi ab duce et a fortuna deserebantur, tamen omnem spem salutis in virtute ponebant, et quoties quæque cohors procurreret, ab ea parte magnus hostium numerus cadebat. Qua re animadversa, Ambiorix pronunciari jubet, ut procul tela conjiciant, neu propius accedant; et quam in partem Romani impetum fecerint, cedant : levitate armorum et quotidiana exercitatione nihil iis nocere posse : rursus se ad signa recipientes insequantur.

XXXV. Quo præcepto ab iis diligentissime observato, quum quæpiam cohors ex orbe excesserat atque impetum fecerat, hostes velocissime refugiebant. Interim eam partem nudari necesse erat, et ab latere aperto tela recipi. Rursus, quum in eum locum, unde erant progressi, reverti cœperant, et ab iis qui cesserant, et ab iis qui proximi steterant, circumveniebantur; sin autem locum tenere vellent, nec virtuti locus relinquebatur, neque ab tanta multitudine conjecta tela conferti vitare poterant. Tamen tot incommodis conflictati, multis vulneribus acceptis, resistebant; et magna parte diei consumpta, quum a prima luce ad horam octavam pugnaretur, nihil, quod ipsis esset indignum, committebant. Tum T. Balventio, qui superiore anno primum pilum duxerat, viro forti et magnæ auctoritatis, utrumque femur tragula transjicitur : Q. Lucanius, ejusdem ordinis, fortissime pugnans, dum circumvento filio subvenit, interficitur : L. Cotta, legatus, omnes cohortes ordinesque adhortans in adversum os funda vulneratur.

XXXVI. His rebus permotus Q. Titurius, quum procul Ambiorigem suos cohortantem conspexisset, interpretem suum, Cn. Pompeium, ad eum mittit, rogatum, ut sibi militibusque parcat. Ille appellatus respondit : « Si velit secum colloqui, licere; sperare a multitudine impetrari posse, quod ad militum salutem pertineat; ipsi vero nihil nocitum iri, inque eam rem se suam fidem interponere. » Ille cum Cotta saucio communicat, si videatur, pugna ut excedant; et cum Ambiorige una colloquantur : sperare, ab eo de sua ac militum salute impetrare posse. Cotta se ad armatum hostem iturum negat, atque in eo constitit.

XXXVII. Sabinus, quos in præsentia tribunos militum circum se habebat, et primorum ordinum centuriones, se sequi jubet; et quum propius Ambiorigem accessisset,

près d'Ambiorix, il en reçoit l'ordre de mettre bas les armes; il obéit, et ordonne aux siens de déposer les leurs. Pendant qu'ils discutent les conditions dans un entretien qu'Ambiorix prolonge à dessein, Sabinus est peu à peu enveloppé, et mis à mort. Alors les Barbares, poussant leurs cris de victoire, se précipitent sur nos troupes et les mettent en désordre. Là fut tué les armes à la main L. Cotta, avec la plus grande partie des soldats romains. Le reste se retira dans le camp d'où l'on était sorti. Un d'entre eux, L. Pétrosidius, porte-aigle, pressé par une multitude d'ennemis, jeta l'aigle dans les retranchements et périt devant le camp, en combattant avec le plus grand courage. Les autres y soutinrent avec peine un siége jusqu'à la nuit, et, cette nuit même, dans leur désespoir, ils se tuèrent tous jusqu'au dernier. Quelques-uns, échappés du combat, gagnèrent, par des chemins détournés à travers les forêts, les quartiers du lieutenant T. Labiénus, et l'instruisirent de ce désastre (10).

XXXVIII. Enflé de cette victoire, Ambiorix se rend aussitôt avec sa cavalerie chez les Aduatikes, peuple voisin de ses états, et marche jour et nuit, après avoir ordonné à son infanterie de le suivre. Il leur annonce sa victoire, les excite à se soulever, passe le lendemain chez les Nerves et les exhorte «A ne pas perdre l'occasion de s'affranchir à jamais et de se venger sur les Romains des injures qu'ils en ont reçues; il leur représente que deux lieutenants ont été tués et qu'une grande partie de l'armée romaine a péri; qu'il ne sera pas difficile de détruire, en l'attaquant subitement, la légion qui hiverne chez eux avec Cicéron; il leur offre son aide pour cette entreprise.» Les Nerves sont aisément persuadés par ce discours.

XXXIX. Ayant donc sur-le-champ envoyé des courriers aux Centrons, aux Grudes, aux Levakes, aux Pleumoxes, aux Geiduns [1], peuples qui sont tous dans leur dépendance, ils rassemblent le plus de troupes qu'ils peuvent, et volent à l'improviste aux quartiers de Cicéron, avant que le bruit de la mort de Titurius soit parvenu jusqu'à lui. Il arriva, ce qui était inévitable, que quelques soldats occupés à faire du bois pour les fascines, et répandus dans les forêts, furent séparés de leur corps par la soudaine irruption des cavaliers ennemis et enveloppés de toutes parts. Un nombre considérable d'Éburons, de Nerves, d'Aduatikes ainsi que leurs alliés et auxiliaires, viennent ensuite attaquer la légion. Nos soldats courent sur-le-champ aux armes et bordent le retranchement. Ils eurent ce jour-là beaucoup de peine à résister à des ennemis qui avaient mis tout leur espoir dans la promptitude de leur attaque, et qui se flattaient, en remportant cette victoire, d'être désormais invincibles.

XL. Cicéron écrit aussitôt à César, et promet de grandes récompenses à ceux qui lui porteront ses lettres. Tous les chemins étant gardés, les courriers ne peuvent passer. La nuit, on élève jusqu'à cent vingt tours avec le bois destiné à retrancher le camp, ce qui se fait avec une célérité incroyable, et on achève les retranchements. Le lendemain, les ennemis, en bien plus grand nombre, viennent attaquer le camp et comblent

[1] Peuples qui habitaient, à ce qu'on croit, la côte de la Belgique au midi des bouches de l'Escaut.

---

jussus arma abjicere, imperatum facit, suisque, ut idem faciant, imperat. Interim, dum de conditionibus inter se agunt, longiorque consulto ab Ambiorige instituitur sermo, paulatim circumventus interficitur. Tum vero suo more victoriam conclamant, atque ululatum tollunt, impetuque in nostros facto, ordines perturbant. Ibi L. Cotta pugnans interficitur cum maxima parte militum : reliqui se in castra recipiunt, unde erant egressi : ex quibus L. Petrosidius aquilifer, quum magna multitudine hostium premeretur, aquilam intra vallum projecit, ipse pro castris fortissime pugnans occiditur. Illi ægre ad noctem oppugnationem sustinent : noctu ad unum omnes, desperata salute, se ipsi interficiunt. Pauci ex prælio elapsi, incertis itineribus per silvas ad T. Labienum legatum in hiberna perveniunt, atque eum de rebus gestis certiorem faciunt.

XXXVIII. Hac victoria sublatus Ambiorix, statim cum equitatu in Aduatucos, qui erant ejus regno finitimi, proficiscitur; neque noctem, neque diem intermittit, peditatumque se subsequi jubet. Re demonstrata, Aduatucisque concitatis, postero die in Nervios pervenit, hortaturque: « Ne sui in perpetuum liberandi, atque ulciscendi Romanos, pro iis quas acceperint injuriis, occasionem dimittant: interfectos esse legatos duo, magnamque partem exercitus interisse demonstrat; nihil esse negotii, subito oppressam legionem, quæ cum Cicerone hiemet, interfici; se ad eam rem profitetur adjutorem. » Facile hac oratione Nerviis persuadet.

XXXIX. Itaque, confestim dimissis nunciis ad Centrones, Grudios, Levacos, Pleumoxios, Geidunos, qui omnes sub eorum imperio sunt, quam maximas manus possunt, cogunt; et de improviso ad Ciceronis hiberna advolant, nondum ad eum fama de Titurii morte perlata. Huic quoque accidit, quod fuit necesse, ut nonnulli milites, qui lignationis munitionisque causa in silvas discessissent, repentino equitum adventu interciperentur. His circumventis, magna manu Eburones, Nervii, Aduatuci, atque horum omnium socii et clientes, legionem oppugnare incipiunt: nostri celeriter ad arma concurrunt, vallum conscendunt. Ægre is dies sustentatur, quod omnem spem hostes in celeritate ponebant, atque hanc adepti victoriam in perpetuum se fore victores confidebant.

XL. Mittuntur ad Cæsarem confestim a Cicerone litteræ, magnis propositis præmiis, si pertulissent. Obsessis omnibus viis, missi intercipiuntur. Noctu ex ea materia, quam munitionis causa comportaverant, turres admodum CXX excitantur incredibili celeritate : quæ deesse operi

le fossé. La résistance de notre côté est aussi vive que la veille. Les jours suivants se passent de même. Le travail se continue sans relâche pendant la nuit : les malades, les blessés ne peuvent prendre aucun repos : on prépare chaque nuit tout ce qui est nécessaire pour la défense du lendemain : on façonne quantité de pieux, et de traits de remparts; de nouveaux étages sont ajoutés aux tours; des claies sont tressées, des mantelets construits. Cicéron lui-même, quoique d'une très-faible santé, ne se donnait aucun repos, même pendant la nuit, au point que les soldats, par d'unanimes instances, le forçaient à se ménager.

XLI. Alors les chefs des Nerves et les principaux de cette nation, qui avaient quelque accès auprès de Cicéron et des rapports d'amitié avec lui, lui font savoir qu'ils désirent l'entretenir. Ils répètent, dans cette entrevue, ce qu'Ambiorix avait dit à Titurius : « Que toute la Gaule était en armes, que les Germains avaient passé le Rhin, que les quartiers de César et de ses lieutenants étaient attaqués. » Ils annoncent en outre la mort de Sabinus. Ils montrent Ambiorix pour faire foi de leurs paroles : « Ce serait, disent-ils, une illusion, que d'attendre le moindre secours de légions qui désespèrent de leurs propres affaires. Ils n'ont, au reste, aucune intention hostile à l'égard de Cicéron et du peuple romain, et ne leur demandent que de quitter leurs quartiers d'hiver et de ne pas se faire une habitude de ces campements. Ils peuvent en toute sûreté sortir de leurs quartiers et se retirer sans crainte, par tous les chemins qu'ils voudront. » Cicéron ne leur répondit qu'un mot : « Le peuple romain n'est point dans l'usage d'accepter aucune condition d'un ennemi armé; s'ils veulent mettre bas les armes, ils enverront par son entremise des députés à César; il espère qu'ils obtiendront de sa justice ce qu'ils lui demanderont. »

XLII. Déchus de cet espoir, les Nerves entourent les quartiers d'un rempart de onze pieds et d'un fossé de quinze. Ils avaient appris de nous cet art dans les campagnes précédentes et se le faisaient enseigner par quelques prisonniers faits sur notre armée; mais, faute des instruments de fer propres à cet usage, ils étaient réduits à couper le gazon avec leurs épées et à porter la terre dans leurs mains ou dans leurs saies (11). Du reste, on put juger, par cet ouvrage, de leur nombre prodigieux : car, en moins de trois heures, ils achevèrent un retranchement de quinze mille pas de circuit. Les jours suivants, ils se mirent à élever des tours à la hauteur de notre rempart, à préparer et à faire des faux et des tortues, d'après les instructions des mêmes prisonniers.

XLIII. Le septième jour du siége, un très-grand vent s'étant élevé, ils lancèrent avec la fronde des boulets d'argile rougis au feu et des dards enflammés (12) sur les huttes des soldats, couvertes en paille, à la manière gauloise. Elles eurent bientôt pris feu, et la violence du vent porta la flamme sur tout le camp. Les ennemis, poussant alors de grands cris, comme s'ils eussent déjà obtenu et remporté la victoire firent avancer

---

videbantur, perficiuntur. Hostes postero die, multo majoribus copiis coactis, castra oppugnant, fossam complent. Ab nostris eadem ratione, qua pridie, resistitur : hoc idem deinceps reliquis fit diebus. Nulla pars nocturni temporis ad laborem intermittitur : non ægris, non vulneratis facultas quietis datur : quæcumque ad proximi diei oppugnationem opus sunt, noctu comparantur : multæ præustæ sudes, magnus muralium pilorum numerus instituitur; turres contabulantur; pinnæ loricæque ex cratibus attexuntur. Ipse Cicero, quum tenuissima valetudine esset, ne nocturnum quidem sibi tempus ad quietem relinquebat, ut ultro militum concursu ac vocibus sibi parcere cogeretur.

XLI. Tunc duces principesque Nerviorum, qui aliquem sermonis aditum causamque amicitiæ cum Cicerone habebant, colloqui sese velle dicunt. Facta potestate, eadem, quæ Ambiorix cum Titurio egerat, commemorant : « Omnem esse in armis Galliam : Germanos Rhenum transisse : Cæsaris reliquorumque hiberna oppugnari. Addunt etiam de Sabini morte. Ambiorigem ostentant fidei faciundæ causa : errare eos dicunt, si quidquam ab his præsidii sperent, qui suis rebus diffidant : sese tamen hoc esse in Ciceronem populumque romanum animo, ut nihil nisi hiberna recusent, atque hanc inveterascere consuetudinem nolint : licere illis incolumibus per se ex hibernis discedere, et, quascumque in partes velint, sine metu proficisci. » Cicero ad hæc unum modo respondit : « Non esse consuetudinem populi romani, ullam accipere ab hoste armato conditionem : si ab armis discedere velint, se adjutore utantur, legatosque ad Cæsarem mittant : sperare, pro ejus justitia, quæ petierint, impetraturos. »

XLII. Ab hac spe repulsi Nervii vallo pedum XI et fossa pedum XV hiberna cingunt. Hæc et superiorum annorum consuetudine a nostris cognoverant : et, quosdam de exercitu nacti captivos, ab his docebantur : sed, nulla ferramentorum copia, quæ sunt ad hunc usum idonea, gladiis cespitem circumcidere, manibus sagulisque terram exhaurire cogebantur. Qua quidem ex re hominum multitudo cognosci potuit : nam minus horis tribus millium passuum XV in circuitum munitionem perfecerunt : reliquisque diebus turres ad altitudinem valli, falces, testudinesque, quas iidem captivi docuerant, parare ac facere cœperunt.

XLIII. Septimo oppugnationis die, maximo coorto vento, ferventes fusili ex argilla glandes fundis, et fervefacta jacula in casas, quæ more gallico stramentis erant tectæ, jacere cœperunt. Hæ celeriter ignem comprehenderunt, et venti magnitudine in omnem castrorum locum

leurs tours et leurs tortues, et montèrent à l'escalade. Mais tels furent le courage et la présence d'esprit des soldats que, de toutes parts brûlés par la flamme, en butte à une multitude innombrable de traits, sachant bien que tous leurs bagages et toute leur fortune étaient la proie de l'incendie, non-seulement aucun d'eux ne quitta le rempart pour se sauver, mais en quelque sorte ne tourna même la tête; ils ne songeaient tous en ce moment qu'à se battre avec la plus grande intrépidité. Ce fut pour nous une bien rude journée; mais elle eut cependant pour résultat qu'un très-grand nombre d'ennemis y furent blessés et tués; entassés au pied du rempart, les derniers fermaient la retraite aux autres. L'incendie s'étant un peu apaisé, et les barbares ayant roulé et établi une tour près du rempart, les centurions de la troisième cohorte, postés en cet endroit, s'en éloignèrent, emmenèrent toute leur troupe, et, appelant les ennemis, les invitèrent du geste et de la voix, à entrer s'ils voulaient; aucun d'eux n'osa s'avancer. Alors des pierres lancées de toutes parts mirent le désordre parmi eux, et l'on brûla leur tour.

XLIV. Il y avait dans cette légion deux centurions, hommes du plus grand courage et qui approchaient déjà des premiers grades, T. Pulfion et L. Varénus. Il existait entre eux une continuelle rivalité, et chaque année ils se disputaient le rang avec une ardeur qui dégénérait en haine. Comme on se battait opiniâtrement près des remparts : « Qu'attends-tu, Varénus?, dit Pulfion. Quelle plus belle occasion de prouver ton courage? Voici, voici le jour qui devra décider entre nous. » A ces mots, il sort des retranchements et se précipite vers le plus épais de la mêlée. Varénus ne peut alors se contenir, et, craignant l'opinion générale, il le suit de près. Arrivé près de l'ennemi, Pulfion lance son javelot et perce un de ceux qui s'avançaient en foule sur lui; il le blesse à mort: aussitôt ils couvrent le cadavre de leurs boucliers, dirigent tous leurs traits contre Pulfion, et lui coupent la retraite. Son bouclier est traversé par un dard, qui s'enfonce jusque dans le baudrier. Le même coup détourne le fourreau et arrête sa main droite qui cherche à tirer l'épée : ainsi embarrassé, les ennemis l'enveloppent. Varénus, son rival, accourt le défendre contre ce danger. Les Barbares se tournent aussitôt contre lui, laissant Pulfion qu'ils croient hors de combat. Varénus, l'épée à la main, se défend au milieu d'eux, en tue un, et commence à faire reculer les autres. Mais emporté par son ardeur, il rencontre un creux et tombe. Pulfion vient à son tour pour le dégager; et tous deux, sans blessure, après avoir tué plusieurs ennemis, rentrent au camp couverts de gloire. Ainsi, dans ce combat où ils luttèrent, la fortune balança leur succès, chacun d'eux défendit et sauva son rival, et l'on ne put décider qui l'avait emporté en courage.

XLV. Plus le siége devenait rude et difficile à

distulerunt. Hostes, maximo clamore insecuti, quasi parta jam atque explorata victoria, turres testudinesque agere, et scalis vallum ascendere cœperunt. At tanta militum virtus, atque ea præsentia animi fuit, ut, quum undique flamma torrerentur, maximaque telorum multitudine premerentur, suaque omnia impedimenta atque omnes fortunas conflagrare intelligerent, non modo demigrandi causa de vallo decederet nemo, sed pene ne respiceret quidem quisquam; ac tum omnes acerrime fortissimeque pugnarent. Hic dies nostris longe gravissimus fuit; sed tamen hunc habuit eventum, ut eo die maximus hostium numerus vulneraretur atque interficeretur; ut se sub ipso vallo constipaverant, recessumque primis ultimi non dabant. Paulum quidem intermissa flamma, et quodam loco turri adacta et contingente vallum, tertiæ cohortis centuriones ex eo, quo stabant, loco recesserunt, suosque omnes removerunt; nutu vocibusque hostes, si introire vellent, vocare cœperunt, quorum progredi ausus est nemo. Tum ex omni parte lapidibus conjectis deturbati, turrisque succensa est.

XLIV. Erant in ea legione fortissimi viri centuriones, qui jam primis ordinibus appropinquarent, T. Pulfio, et L. Varenus. Hi perpetuas inter se controversias habebant, quinam anteferretur; omnibusque annis de loco summis simultatibus contendebant. Ex iis Pulfio, quum acerrime ad munitiones pugnaretur : « Quid dubitas, inquit, Varene? aut quem locum probandæ virtutis tuæ spectas? hic, hic dies de nostris controversiis judicabit. » Hæc quum dixisset, procedit extra munitiones, quaque pars hostium confertissima visa est, in eam irrumpit. Ne Varenus quidem tum vallo sese continet, sed omnium veritus existimationem subsequitur. Mediocri spatio relicto, Pulfio pilum in hostes mittit, atque unum ex multitudine procurrentem transjicit, quo percusso et exanimato, hunc scutis protegunt hostes, in illum universi tela conjiciunt, neque dant regrediendi facultatem. Transfigitur scutum Pulfioni, et verutum in balteo defigitur. Avertit hic casus vaginam, et gladium educere conanti dextram moratur manum; impeditum hostes circumsistunt. Succurrit inimicus illi Varenus, et laboranti subvenit. Ad hunc confestim a Pulfione omnis multitudo convertit; illum veruto transfixum arbitrantur. Occursat ocius gladio, cominusque rem gerit Varenus, atque uno interfecto, reliquos paulum propellit : dum cupidius instat, in locum dejectus inferiorem concidit. Huic rursus circumvento fert subsidium Pulfio, atque ambo incolumes, compluribus interfectis, summa cum laude sese intra munitiones recipiunt. Sic fortuna in contentione et certamine utrumque versavit, ut alter alteri inimicus auxilio salutique esset; neque dijudicari posset, uter utri virtute anteferendus videretur.

XLV. Quanto erat in dies gravior atque asperior op-

soutenir, surtout avec le peu de défenseurs auxquels nous réduisait chaque jour le grand nombre des blessés, plus Cicéron dépêchait vers César de courriers porteurs de ses lettres; la plupart étaient arrêtés et cruellement mis à mort à la vue de nos soldats. Dans le camp était un Nervien, nommé Verticon, d'une naissance distinguée, qui, dès le commencement du siège, s'était rendu près de Cicéron et lui avait engagé sa foi. Il détermine un de ses esclaves, par l'espoir de la liberté et par de grandes récompenses, à porter une lettre à César. L'esclave la porte, attachée à son javelot, et, Gaulois lui-même, il se mêle aux Gaulois sans inspirer de défiance, et arrive auprès de César, qu'il instruit des dangers de Cicéron et de la légion.

XLVI. César, ayant reçu cette lettre vers la onzième heure du jour (13), envoie aussitôt un courrier au questeur M. Crassus, dont les quartiers étaient chez les Bellovaques, à vingt-cinq mille pas de distance. Il lui ordonne de partir au milieu de la nuit avec sa légion et de venir le joindre en toute hâte. Crassus part avec le courrier. Un autre est envoyé au lieutenant C. Fabius, pour qu'il conduise sa légion sur les terres des Atrébates, qu'il savait avoir à traverser lui-même. Il écrit à Labiénus de se rendre, s'il le peut sans compromettre les intérêts de la république, dans le pays des Nerves avec sa légion. Il ne croit pas devoir attendre le reste de l'armée qui était un peu plus éloignée, et rassemble environ quatre cents cavaliers des quartiers voisins.

XLVII. Vers la troisième heure, César fut averti par ses coureurs de l'arrivée de Crassus, et le même jour il avança de vingt mille pas. Il laissa Crassus à Samarobrive, et lui donna une légion pour garder les bagages de l'armée, les otages des cités, les registres et tout le grain qu'on avait rassemblé dans cette ville pour le service de l'hiver. Fabius, selon l'ordre qu'il avait reçu, ne tarda pas à partir avec sa légion, et joignit l'armée sur la route. Labiénus, instruit de la mort de Sabinus et du massacre des cohortes, était entouré de toutes les forces des Trévires; craignant, s'il effectuait un départ qui ressemblerait à une fuite, de ne pouvoir résister à l'impétuosité d'ennemis qu'une récente victoire devait rendre plus audacieux, il exposa, dans sa réponse à César, le danger de tirer la légion de ses quartiers; il lui détailla ce qui s'était passé chez les Eburons, et lui apprit que toutes les forces des Trévires, cavalerie et infanterie, étaient réunies à trois mille pas de son camp.

XLVIII. César approuva le parti qu'il prenait : au lieu de trois légions sur lesquelles il comptait, il fut réduit à deux, mais il savait que le salut commun ne dépendait que de sa diligence. Il se rend à marches forcées sur les terres des Nerves. Là, il apprend des prisonniers ce qui se passe au camp de Cicéron, et son extrême danger. Alors il décide, à force de récompenses, un cavalier gaulois à lui porter une lettre : elle était écrite en caractères grecs, afin que les ennemis, s'ils l'interceptaient, ne pussent connaître nos projets. Dans le cas où il ne pourrait parvenir jusqu'à Cicéron, il lui recommande d'attacher la lettre à la

---

pugnatio, et maxime quod, magna parte militum confecta vulneribus, res ad paucitatem defensorum pervenerat, tanto crebriores litteræ nunciique ad Cæsarem mittebantur : quorum pars deprehensa in conspectu nostrorum militum cum cruciatu necabatur. Erat unus intus Nervius, nomine Vertico, loco natus honesto, qui a prima obsidione ad Ciceronem perfugerat, suamque ei fidem præstiterat. Hic servo spe libertatis magnisque persuadet præmiis, ut litteras ad Cæsarem deferat. Has ille in jaculo illigatas effert, et Gallus inter Gallos sine ulla suspicione versatus, ad Cæsarem pervenit. Ab eo de periculis Ciceronis legionisque cognoscitur.

XLVI. Cæsar, acceptis litteris hora circiter undecima diei, statim nuncium in Bellovacis ad M. Crassum quæstorem mittit, cujus hiberna aberant ab eo millia pas. suum XXV. Jubet media nocte legionem proficisci, celeriterque ad se venire. Exiit cum nuncio Crassus. Alterum ad C. Fabium legatum mittit, ut in Atrebatium fines legionem adducat, qua sibi iter faciendum sciebat. Scribit Labieno, si reipublicæ commodo facere posset, cum legione ad fines Nerviorum veniat : reliquam partem exercitus, quod paulo aberat longius non putat exspectandum; equites circiter quadringentos ex proximis hibernis cogit.

XLVII. Hora circiter tertia, ab antecursoribus de Crassi adventu certior factus, eo die millia passuum viginti progreditur. Crassum Samarobrivæ præficit, legionemque ei attribuit, quod ibi impedimenta exercitus, obsides civitatum, litteras publicas, frumentumque omne quod eo tolerandæ hiemis causa devexerat, relinquebat. Fabius, ut imperatum erat, non ita multum moratus, in itinere cum legione occurrit. Labienus, interitu Sabini et cæde cohortium cognita, quum omnes ad eum Trevirorum copiæ venissent, veritus, ne, si ex hibernis fugæ similem profectionem fecisset, hostium impetum sustinere non posset, præsertim quos recenti victoria efferri sciret, litteras Cæsari remittit, quanto cum periculo legionem ex hibernis eductorus esset : rem gestam in Eburonibus perscribit : docet, omnes equitatus peditatusque copias Trevirorum tria millia passuum longe ab suis castris consedisse.

XLVIII. Cæsar, consilio ejus probato, etsi, opinione trium legionum dejectus, ad duas redierat, tamen unum communis salutis auxilium in celeritate ponebat. Venit magnis itineribus in Nerviorum fines. Ibi ex captivis cognoscit, quæ apud Ciceronem gerantur, quantoque in periculo res sit. Tum cuidam ex equitibus gallis magnis præmiis persuadet, uti ad Ciceronem epistolam deferat. Hanc græcis conscriptam litteris mittit, ne intercepta

T. I. 17

courroie de son javelot et de la lancer dans les retranchements du camp. César écrivait que, parti avec les légions, il allait bientôt arriver, et exhortait Cicéron à conserver tout son courage (14). Dans la crainte du péril, et selon ses instructions, le Gaulois lance son javelot; il se fiche par hasard dans une tour, y reste deux jours sans être aperçu, et n'est découvert que le troisième par un soldat, qui prend la lettre et la porte à Cicéron. La lecture qui en est faite en présence des soldats, excite parmi eux d'unanimes transports de joie. Déjà on voyait la fumée des incendies (15), et il ne put rester aucun doute sur l'approche des légions.

XLIX. Les Gaulois, avertis par leurs coureurs, lèvent le siége et marchent contre César avec toutes leurs troupes; elles se composaient d'environ soixante mille hommes (16). Cicéron, ainsi dégagé, demande à son tour à ce même Verticon, dont nous avons parlé plus haut, un Gaulois, pour porter une lettre à César, et recommande au porteur la prudence et la célérité. Il annonçait par cette lettre que les ennemis l'avaient quitté, et tournaient toutes leurs forces contre César. Celui-ci, l'ayant reçue vers le milieu de la nuit, en fait part aux siens et les anime pour le combat. Le lendemain, au point du jour, il lève son camp, et il a fait à peine quatre mille pas, qu'il aperçoit une multitude d'ennemis au-delà d'une grande vallée traversée par un ruisseau. Il eût été très-dangereux de combattre des troupes si nombreuses dans un lieu défavorable. D'ailleurs il voyait Cicéron délivré des Barbares qui l'assiégeaient, il pouvait ralentir sa marche, et il s'arrêta dans le poste le plus avantageux possible, pour s'y retrancher dans son camp. Quoique ce camp eût peu d'étendue par lui-même, puisqu'il contenait à peine sept mille hommes sans aucuns bagages, il le resserre encore dans le moindre espace possible, afin d'inspirer aux ennemis le plus grand mépris. En même temps, il envoie partout ses éclaireurs, reconnaître l'endroit le plus commode pour traverser le vallon.

L. Dans cette journée, qui se passa en escarmouches de cavalerie près du ruisseau, chacun resta dans ses positions: les Gaulois, parce qu'ils attendaient l'arrivée de troupes plus nombreuses; César, parce qu'en feignant de craindre, il espérait attirer l'ennemi près de ses retranchements et le combattre en-deçà du vallon, à la tête de son camp; dans le cas contraire, il voulait reconnaître assez les chemins pour traverser avec moins de péril le vallon et le ruisseau. Dès le point du jour, la cavalerie ennemie s'approcha du camp et engagea le combat avec la nôtre. Aussitôt César ordonne à ses cavaliers de céder et de rester dans le camp: il ordonne en même temps de donner partout plus de hauteur aux retranchements, de boucher les portes, et, en exécutant ces travaux, de courir çà et là dans la plus grande confusion, avec tous les signes de l'effroi.

LI. Attirées par cette feinte, les troupes ennemies passent le ravin, et se rangent en bataille dans un lieu désavantageux. Voyant même que les nôtres laissaient le rempart dégarni, les Barbares s'en approchent de plus près, y lancent

---

epistola, nostra ab hostibus consilia cognoscantur. Si adire non possit monet, ut tragulam cum epistola ad amentum deligata, intra munitiones castrorum abjiciat. In litteris scribit, se cum legionibus profectum celeriter adfore; hortatur ut pristinam virtutem retineat. Gallus, periculum veritus, ut erat præceptum, tragulam mittit. Hæc casu ad turrim adhæsit, neque ab nostris biduo animadversa, tertio die a quodam milite conspicitur: dempta ad Ciceronem defertur. Ille perlectam in conventu militum recitat, maximaque omnes lætitia afficit. Tum fumi incendiorum procul videbantur; quæ res omnem dubitationem adventus legionum expulit.

XLIX. Galli, re cognita per exploratores, obsidionem relinquunt, ad Cæsarem omnibus copiis contendunt; ea erant armatorum circiter millia LX. Cicero, data facultate, Gallum ab eodem Verticone, quem supra demonstravimus, repetit, qui litteras ad Cæsarem referat: hunc admonet, iter caute diligenterque faciat: perscribit in litteris, hostes ab se discessisse, omnemque ad eum multitudinem convertisse. Quibus litteris circiter media nocte allatis, Cæsar suos facit certiores, eosque ad dimicandum animo confirmat; postero die, luce prima, movet castra, et circiter millia passuum quatuor progressus, trans vallem magnam et rivum, multitudinem hostium conspicatur. Erat magni periculi res, cum tantis copiis iniquo loco dimicare. Tum, quoniam liberatum obsidione Ciceronem sciebat, eoque omnino remittendum de celeritate existimabat, consedit, et, quam æquissimo potest loco, castra communit. Atque hæc, etsi erant exigua per se, vix hominum millium VII, præsertim nullis cum impedimentis, tamen angustiis viarum, quam maxime potest, contrahit, eo consilio, ut in summam contemptionem hostibus veniat. Interim, speculatoribus in omnes partes dimissis, explorat, quo commodissimo itinere vallem transire possit.

L. Eo die, parvulis equestribus præliis ad aquam factis, utrique sese suo loco continent: Galli, quod ampliores copias, quæ nondum convenerant exspectabant; Cæsar, si forte timoris simulatione hostes in suum locum elicere posset, ut citra vallem pro castris prælio contenderet; si id efficere non posset, ut, exploratis itineribus, minore cum periculo vallem rivumque transiret. Prima luce hostium equitatus ad castra accedit, præliumque cum nostris equitibus committit. Cæsar consulto equites cedere, seque in castra recipere jubet; simul ex omnibus partibus castra altiore vallo muniri, portasque obstrui, atque in his administrandis rebus quam maxime concursari, et cum simulatione timoris agi jubet.

LI. Quibus omnibus rebus hostes invitati copias traducunt, aciemque iniquo loco constituunt; nostris vero

des javelots de toutes parts, et font publier autour de nos retranchements, par la voix des hérauts, que tout Gaulois ou Romain qui voudra passer de leur côté avant la troisième heure, peut le faire sans danger; qu'après ce temps, il ne le pourra plus. Enfin ils conçurent pour nous un tel mépris que, croyant trouver trop de difficulté à forcer nos portes fermées, pour la forme, par une simple couche de gazon, ils se mirent, les uns à détruire le rempart à l'aide seulement de leurs mains, les autres à combler le fossé. Alors César, faisant une sortie par toutes les portes à la fois, suivi de la cavalerie, met bientôt les ennemis en fuite, sans que personne ose s'arrêter pour combattre. On en tua un grand nombre, et tous jetèrent leurs armes.

LII. Craignant de s'engager trop avant dans une poursuite que les bois et les marais rendaient difficile; et comme, d'ailleurs, c'était pour les ennemis un assez rude échec que d'avoir été chassés de leurs positions, César, sans avoir perdu un seul homme, joignit Cicéron le même jour. Il ne vit pas sans étonnement les tours, les tortues et les retranchements qu'avaient élevés les Barbares. Ayant passé en revue la légion, à peine un dixième des soldats se trouva sans blessure, témoignage certain du courage qu'ils avaient déployé au milieu du péril. Il donna à Cicéron et à la légion les éloges qui leur étaient dus, distinguant par leur nom les centurions et les tribuns des soldats dont l'intrépidité lui avait été signalée par leur chef. Il apprit des prisonniers les détails de la défaite de Sabinus et de Cotta. Le lendemain, il convoque une assemblée, rappelle ce qui s'est passé, console et encourage les soldats, attribue à l'imprudence et à la témérité du lieutenant l'échec qu'il avait reçu, les exhorte à le supporter avec d'autant plus de résignation que, grâce à leur courage et à la protection des dieux immortels, ce revers avait déjà été réparé, et n'avait pas laissé longtemps leur joie aux ennemis, ni aux Romains leur douleur.

LIII. Cependant le bruit de la victoire de César fut porté à Labiénus, chez les Rèmes, avec une si incroyable vitesse que, bien qu'éloigné de soixante mille pas des quartiers de Cicéron, où César n'était arrivé qu'après la neuvième heure du jour, des acclamations s'élevèrent aux portes du camp avant minuit, et que déjà, par leurs cris de joie, les Rèmes félicitaient Labiénus de cette victoire. Cette nouvelle, parvenue aux Trévires, détermina Indutiomare, qui comptait attaquer le lendemain le camp de Labiénus, à s'enfuir pendant la nuit et à ramener toutes ses troupes dans son pays. César renvoya Fabius dans ses quartiers avec sa légion, et résolut d'hiverner lui-même aux environs de Samarobrive avec trois légions dont il forma trois quartiers. Les grands mouvements qui avaient eu lieu dans la Gaule le déterminèrent à rester tout l'hiver près de l'armée (17). En effet, sur le bruit de la mort funeste de Sabinus, presque tous les peuples de la Gaule se disposaient à prendre les armes, envoyaient partout des messagers et des députations, examinaient le parti qui leur restait à prendre, sur quel point commenceraient les hostilités, et tenaient des assem-

etiam de vallo deductis, propius accedunt, et tela intra munitionem ex omnibus partibus conjiciunt; præconibusque circummissis, pronunciari jubent: « seu quis Gallus, seu Romanus velit ante horam tertiam ad se transire, sine periculo licere; post id tempus non fore potestatem: » ac sic nostros contempserunt, ut, obstructis in speciem portis singulis ordinibus cespitum, quod ea non posse introrumpere videbantur, alii vallum manu scindere, alii fossas complere inciperent. Tum Cæsar, omnibus portis eruptione facta, equitatuque emisso, celeriter hostes dat in fugam, sic, uti omnino pugnandi causa resisteret nemo; magnumque ex eis numerum occidit, atque omnes armis exuit.

LII. Longius prosequi veritus, quod silvæ paludesque intercedebant, neque etiam parvulo detrimento illorum locum relinqui videbat, omnibus suis incolumibus copiis, eodem die ad Ciceronem pervenit. Institutas turres, testudines, munitionesque hostium admiratur: producta legione cognoscit, non decimum quemque esse relictum militem sine vulnere. Ex his omnibus judicat rebus, quanto cum periculo et quanta cum virtute sint res administratæ: Ciceronem pro ejus merito legionemque collaudat: centuriones singillatim tribunosque militum appellat, quorum egregiam fuisse virtutem testimonio Ciceronis cognoverat. De casu Sabini et Cottæ certius ex captivis cognoscit. Postero die, concione habita, rem gestam proponit: milites consolatur et confirmat: quod detrimentum culpa et temeritate legati sit acceptum, hoc æquiore animo ferendum docet, quod, beneficio deorum immortalium et virtute eorum expiato incommodo, neque hostibus diutina lætatio, neque ipsis longior dolor relinquatur.

LIII. Interim ad Labienum per Remos incredibili celeritate de victoria Cæsaris fama perfertur, ut, quum ab hibernis Ciceronis abesset millia passuum circiter LX, eoque post horam nonam diei Cæsar pervenisset, ante mediam noctem ad portas castrorum clamor oriretur, quo clamore significatio victoriæ gratulatioque ab Remis Labieno fieret. Hac fama ad Treviros perlata, Indutiomarus, qui postero die castra Labieni oppugnare decreverat, noctu profugit, copiasque omnes in Treviros reducit. Cæsar Fabium cum legione in sua remittit hiberna, ipse cum tribus legionibus circum Samarobrivam trinis hibernis hiemare constituit; et, quod tanti motus Galliæ exstiterant, totam hiemem ipse ad exercitum manere decrevit. Nam illo incommodo de Sabini morte perlato, omnes fere Galliæ civitates de bello consultabant, nuncios legationesque in omnes partes dimittebant, et,

blées nocturnes dans les lieux écartés. Il ne se passa presque pas un seul jour de cet hiver que César n'eût des motifs d'inquiétude et ne reçût quelques avis des réunions et des mouvements des Gaulois. Ainsi, le lieutenant L. Roscius, qui commandait la treizième légion, lui fit savoir qu'un grand nombre de troupes gauloises des nations que l'on appelle Armoriques[1], s'étaient réunies pour l'attaquer, et n'étaient plus qu'à huit mille pas de ses quartiers, lorsqu'à la nouvelle de la victoire de César, elles s'étaient retirées si précipitamment que leur départ ressembla à une fuite.

LIV. César, après avoir fait venir près de lui les principaux de chaque cité, effraya les uns en leur déclarant qu'il était instruit de leurs desseins, fit aux autres des exhortations, et contint dans le devoir une grande partie de la Gaule. Cependant les Sénons[2], nation très-puissante et jouissant d'un grand crédit parmi les Gaulois, avaient, en plein conseil, résolu la mort de Cavarin que César leur avait donné pour roi: il descendait des anciens chefs du pays, et Moritasg, son frère, y régnait à l'arrivée de César en Gaule. Cavarin qui, dans le pressentiment de son sort, s'était enfui, avait été poursuivi jusque sur leurs frontières et chassé du trône et de la cité. Ils avaient député vers César pour justifier leur conduite, et en avaient reçu l'ordre de lui envoyer tous leurs sénateurs, ordre auquel ils n'obéirent pas. Les Barbares étaient si fiers d'avoir trouvé parmi eux un peuple qui eût osé le premier faire la guerre aux Romains, et cela avait produit un tel changement dans l'opinion générale, qu'à l'exception des Édues et des Rèmes, que César considéra toujours singulièrement, les uns pour leur ancienne et constante fidélité au peuple romain, les autres pour leurs services récents dans cette guerre, il n'y eut presque pas une cité qui ne nous fût suspecte. Et je ne sais, sans parler des autres motifs, s'il faut s'étonner qu'une nation qui l'emportait sur toutes les autres par le mérite militaire, et qui se voyait déchue de sa haute renommée, eût pu sans une vive douleur supporter le joug du peuple romain.

LV. Les Trévires et Indutiomare ne cessèrent, durant tout l'hiver, d'envoyer des députés au-delà du Rhin, de solliciter les peuples à prendre les armes, de promettre des subsides, disant qu'une grande partie de notre armée ayant été massacrée, il ne nous en restait que de faibles débris. Cependant ils ne purent déterminer à passer le Rhin aucun des peuples germains, doublement avertis, par la guerre d'Arioviste et le sort des Tenchthères, de ne plus tenter la fortune. Déchu de cet espoir, Indutiomare n'en rassembla pas moins des troupes, les exerça, leva de la cavalerie chez les peuples voisins, et attira à lui de toutes les parties de la Gaule, par l'appât de grandes récompenses, les bannis et les condamnés. Il s'était déjà acquis, par ces moyens, un tel crédit dans la Gaule, que de tous côtés lui venaient des députations des villes et des particuliers, pour solliciter sa protection et son amitié.

LVI. Dès qu'il vit qu'on se ralliait à lui, que

[1] Les nations du littoral de l'Océan, une partie de la Normandie et toute la Bretagne. — [2] Peuple du Sénonais.

---

quid reliqui consilii caperent, atque unde initium belli fieret, explorabant, nocturnaque in locis desertis concilia habebant. Neque ullum fere totius hiemis tempus sine sollicitudine Cæsaris intercessit, quin aliquem de conciliis ac motu Gallorum nuncium acciperet. In his ab L. Roscio legato, quem legioni XIII præfecerat, certior est factus, magnas Gallorum copias earum civitatum, quæ Armoricæ appellantur, oppugnandi sui causa convenisse: neque longius millia passuum VIII ab hibernis suis abfuisse; sed nuncio allato de victoria Cæsaris, discessisse, adeo, ut fugæ similis discessus videretur.

LIV. At Cæsar, principibus cujusque civitatis ad se evocatis, alios territando, quum se scire, quæ fierent, denunciaret, alios cohortando, magnam partem Galliæ in officio tenuit. Tamen Senones, quæ est civitas in primis firma, et magnæ inter Gallos auctoritatis, Cavarinum, quem Cæsar apud eos regem constituerat (cujus frater Moritasgus, adventu in Galliam Cæsaris, cujusque majores regnum obtinuerant), interficere publico consilio conati, quum ille præsensisset ac profugisset, usque ad fines insecuti, regno domoque expulerunt: et, missis ad Cæsarem satisfaciendi causa legatis, quum is omnem ad se senatum venire jussisset, dicto audientes non fuerunt. Tantum apud homines barbaros valuit, esse repertos aliquos principes belli inferendi, tantamque omnibus voluntatum commutationem attulit, ut, præter Æduos et Remos, quos præcipuo semper honore Cæsar habuit, alteros pro vetere ac perpetua erga populum romanum fide, alteros pro recentibus gallici belli officiis, nulla fere civitas fuerit non suspecta nobis. Idque adeo haud scio mirandumne sit, quum compluribus aliis de causis, tum maxime, quod, qui virtute belli omnibus gentibus præferebantur, tantum se ejus opinionis deperdidisse, ut a populo romano imperia perferrent, gravissime dolebant.

LV. Treviri vero atque Indutiomarus totius hiemis nullum tempus intermiserunt, quin trans Rhenum legatos mitterent, civitates sollicitarent, pecuniam pollicerentur, magna parte exercitus nostri interfecta, multo minorem superesse dicerent partem. Neque tamen ulli civitati Germanorum persuaderi potuit, ut Rhenum transiret quum se bis expertos dicerent, Ariovisti bello et Tenchtherorum transitu, non esse amplius fortunam tentandam. Hac spe lapsus Indutiomarus, nihilo minus copias cogere, exercere, a finitimis equos parare, exsules damnatosque tota Gallia magnis præmiis ad se allicere cœpit Ac tantam sibi jam iis rebus in Gallia auctoritatem comparaverat, ut undique ad eum legationes concurrerent, gratiam atque amicitiam publice privatimque peterent.

d'un côté les Sénons et les Carnutes étaient engagés par le souvenir de leur crime (18); que de l'autre, les Nerves et les Aduatikes se préparaient à la guerre, et qu'une foule de volontaires se réuniraient à lui sitôt qu'il aurait franchi les limites de son territoire, il convoqua un conseil armé, selon l'usage des Gaulois au commencement d'une guerre. Là, d'après la loi générale, tous les jeunes gens doivent se rendre en armes; celui d'entre eux qui arrive le dernier est mis à mort, en présence de la multitude, et au milieu des tourments. Dans cette assemblée, il déclara ennemi de la patrie Cingétorix, son gendre, chef du parti opposé, et resté fidèle à César, auquel il s'était attaché, comme nous l'avons dit plus haut. La vente de ses biens fut publiée. Il annonça ensuite dans le conseil qu'appelé par les Sénons, les Carnutes et plusieurs autres peuples de la Gaule; il se rendrait chez eux par le territoire des Rèmes, qu'il le ravagerait, et, qu'avant tout, il attaquerait le camp de Labiénus; et il donna ses ordres pour l'exécution.

LVII. Labiénus, qui occupait une position fortifiée par la nature et par l'art, ne craignait aucun danger ni pour lui ni pour la légion, et songeait à ne pas laisser échapper l'occasion d'un coup d'éclat. Instruit par Cingétorix et ses proches du discours qu'Indutiomare avait tenu dans l'assemblée, il envoie des messagers aux cités voisines, leur demande à toutes des cavaliers et indique le jour de leur réunion. Cependant, presque chaque jour, Indutiomare faisait voltiger sa cavalerie autour du camp, soit pour en reconnaître la situation, soit pour entrer en pourparler ou nous inspirer de l'effroi; le plus souvent les cavaliers lançaient des traits dans nos retranchements. Labiénus retenait ses troupes dans le camp (19), et ne négligeait rien pour accroître l'opinion que les ennemis avaient de sa frayeur.

LVIII. Tandis qu'Indutiomare s'approchait de notre camp, chaque jour avec plus de mépris, Labiénus fit entrer, dans une seule nuit, les cavaliers de toutes les cités voisines, qu'il leur avait demandés, et retint tous les siens au camp, par une garde si vigilante que ce renfort resta entièrement ignoré, et qu'aucun avis ne put être transmis aux Trévires. Cependant Indutiomare s'approche comme de coutume et passe une grande partie de la journée près de notre camp; ses cavaliers lancent des traits, et, par des invectives, nous provoquent au combat. Comme on ne leur répondit point, sur le soir ils se retirèrent dispersés et sans ordre. Tout à coup Labiénus fait sortir par les deux portes du camp toute sa cavalerie; il ordonne expressément, dès que les ennemis effrayés seront en fuite, ce qui arriva comme il l'avait prévu, qu'on s'attache à Indutiomare seul, et qu'on ne blesse personne, avant que ce chef ne soit mis à mort; il ne voulait pas que le temps donné à la poursuite des autres lui permît de s'échapper. Il promet de grandes récompenses à ceux qui l'auront tué, et fait soutenir la cavalerie par les cohortes. La fortune seconde ses desseins. Poursuivi seul par tous, et atteint au gué même de la rivière (20),

LVI. Ubi intellexit ultro ad se veniri, altera ex parte Senones Carnutesque conscientia facinoris instigari; altera, Nerviis Aduatucosque bellum Romanis parare, neque sibi voluntariorum copias defore, si ex finibus suis progredi cœpisset; armatum concilium indicit, (hoc more Gallorum est initium belli) quo, lege communi, omnes puberes armati convenire consuerunt; qui ex iis novissimus venit, in conspectu multitudinis omnibus cruciatibus affectus necatur. In eo concilio Cingetorigem, alterius principem factionis, generum suum (quem supra demonstravimus, Cæsaris secutum fidem, ab eo non discessisse), hostem judicat, bonaque ejus publicat. His rebus confectis, in concilio pronunciat, accersitum se a Senonibus et Carnutibus aliisque compluribus Galliæ civitatibus, huc iter facturum per fines Remorum, eorumque agros populaturum, ac prius quam id faciat, Labieni castra oppugnaturum: quæ fieri velit, præcipit.

LVII. Labienus, quum et loci natura et manu munitissimis castris sese teneret, de suo ac legionis periculo nihil timebat; ne quam occasionem rei bene gerendæ dimitteret, cogitabat. Itaque a Cingetorige atque ejus propinquis oratione Indutiomari cognita, quam in concilio habuerat, nuncios mittit ad finitimas civitates, equitesque undique evocat: iis certum diem conveniendi dicit. Interim prope quotidie cum omni equitatu Indutiomarus sub castris ejus vagabatur, alias ut situm castrorum cognosceret, alias colloquendi aut territandi causa: equites plerumque omnes tela intra vallum conjiciebant; Labienus suos intra munitiones continebat, timorisque opinionem, quibuscumque poterat rebus, augebat.

LVIII. Quum majore in dies contemptione Indutiomarus ad castra accederet, nocte una, intromissis equitibus omnium finitimarum civitatum, quos accersendos curaverat, tanta diligentia omnes suos custodiis intra castra continuit, ut nulla ratione ea res enunciari, aut ad Treviros perferri posset. Interim ex consuetudine quotidiana Indutiomarus ad castra accedit, atque ibi magnam partem diei consumit; equites tela conjiciunt, et magna cum contumelia verborum nostros ad pugnam evocant. Nullo ab nostris dato responso, ubi visum est, sub vesperum dispersi ac dissipati discedunt. Subito Labienus duabus portis omnem equitatum emittit; præcipit atque interdicit, proterritis hostibus atque in fugam conjectis (quod fore, sicut accidit, videbat) unum omnes petant. Indutiomarum, neu quis eum prius vulneret, quam illum interfectum viderit, quod mora reliquorum spatium effugere nactum illum nolebat: magna proponit iis, qui occiderint, præmia: submittit cohortes equitibus subsidio. Comprobat homines consilium fortuna; et, quum unum omnes peterent, in ipso fluminis vado deprehensus Indutiomarus interficitur, ca-

Indutiomare est tué, et sa tête apportée au camp. Les cavaliers, au retour, attaquent et tuent ce qu'ils rencontrent d'ennemis. A la nouvelle de cette déroute, les troupes réunies des Éburons et des Nerves se retirent ; et César, après cet événement, vit la Gaule un peu plus tranquille.

LIVRE SIXIÈME.

I. César, qui, par une foule de raisons, s'attendait à de plus grands mouvements dans la Gaule, chargea M. Silanus, C. Antistius Reginus et T. Sextius, ses lieutenants, de faire des levées. En même temps, il demanda à Cn. Pompée, proconsul, qui restait devant Rome avec le commandement, pour la sûreté de la république, d'ordonner aux recrues qu'il avait faites dans la Gaule cisalpine, sous son dernier consulat, de rejoindre leurs enseignes et de se rendre auprès de lui. Il croyait très-important, même pour l'avenir, de convaincre les Gaulois que l'Italie avait assez de ressources non-seulement pour réparer promptement quelques pertes essuyées à la guerre, mais encore pour déployer plus de forces qu'auparavant. Pompée accorda cette demande au besoin de la république et à l'amitié (1) ; et, grâce à l'activité du recrutement, trois légions furent formées et réunies avant la fin de l'hiver (2) ; le nombre des cohortes perdues sous Q. Titurius se trouva doublé, et l'on montra, par ces levées si promptes et si nombreuses, ce que pouvaient la discipline et les ressources du peuple romain.

II. Après la mort d'Indutiomare, dont nous avons parlé, les Trévires donnèrent le commandement à ses proches. Ceux-ci ne cessèrent de solliciter les Germains de leur voisinage, et de leur promettre des subsides : ne pouvant rien obtenir des nations voisines, ils s'adressèrent aux peuples plus éloignés. Ils réussirent auprès de quelques cités, se lièrent par des serments et donnèrent des otages pour sûreté des subsides. Ils associèrent Ambiorix à leur pacte. Informé de ces menées, et voyant que la guerre se préparait de toutes parts ; que les Nerves, les Aduatikes, les Ménapes, ainsi que tous les peuples de la Germanie cis-rhénane joints à eux, étaient en armes ; que les Sénons ne se rendaient point à ses ordres et se concertaient avec les Carnutes et les états voisins : que les Trévires sollicitaient les Germains par de nombreuses députations, César crut devoir hâter la guerre.

III. Ayant donc, même avant la fin de l'hiver, réuni les quatre légions les plus proches, il fondit à l'improviste sur les terres des Nerves ; et, avant qu'ils pussent se rassembler ou fuir, il leur prit un grand nombre d'hommes et de bestiaux, abandonna ce butin aux soldats, dévasta le territoire, et les obligea de se rendre et de lui donner des otages. Après cette expédition rapide, il ramena les légions dans leurs quartiers. Ayant, au commencement du printemps, convoqué, selon son usage, l'assemblée de la Gaule, les différents peuples s'y rendirent, à l'exception des Sénons, des Carnutes et des Trévires. Regardant cette conduite comme un signal de guerre et de révolte, César

---

putque ejus refertur in castra : redeuntes equites, quos possunt, consectantur atque occidunt. Hac re cognita, omnes Eburonum et Nerviorum, quæ convenerant, copiæ discedunt ; pauloque habuit post id factum Cæsar quietiorem Galliam.

LIBER SEXTUS.

I. Multis de causis Cæsar, majorem Galliæ motum exspectans, per M. Silanum, C. Antistium Reginum, T. Sextum, legatos, delectum habere instituit : simul ab Cn. Pompeio proconsule petit, quoniam ipse ad urbem cum imperio reipublicæ causa maneret, quos ex Cisalpina Gallia consulis sacramento rogavisset, ad signa convenire, et ad se proficisci juberet : magni interesse etiam in reliquum tempus ad opinionem Galliæ existimans, tantas videri Italiæ facultates, ut, si quid esset in bello detrimenti acceptum, non modo id brevi tempore sarciri, sed etiam majoribus adaugeri copiis posset. Quod quum Pompeius et reipublicæ et amicitiæ tribuisset, celeriter confecto per suos dilectu, tribus ante exactam hiemem et constitutis et adductis legionibus, duplicataque earum cohortium numero, quas cum Q. Titurio amiserat, et celeritate et copiis docuit quid populi romani disciplina atque opes possent.

II. Interfecto Indutiomaro, ut docuimus, ad ejus propinquos a Treviris imperium defertur. Illi finitimos Germanos sollicitare, et pecuniam polliceri non desistunt : quum ab proximis impetrare non possent, ulteriores tentant. Inventis nonnullis civitatibus, jurejurando inter se confirmant, obsidibusque de pecunia cavent : Ambiorigem sibi societate et fœdere adjungunt. Quibus rebus cognitis, Cæsar, quum undique bellum parari videret, Nervios, Aduatucos, Menapios, adjunctis cisrhenanis omnibus Germanis, esse in armis, Senones ad imperatum non venire, et cum Carnutibus finitimisque civitatibus consilia communicare, a Treviris Germanos crebris legationibus sollicitari ; maturius sibi de bello cogitandum putavit.

III. Itaque nondum hieme confecta, proximis IV legionibus coactis, de improviso in fines Nerviorum contendit ; et, prius quam illi aut convenire, aut profugere possent, magno pecoris atque hominum numero capto, atque ea præda militibus concessa, vastatisque agris, in deditionem venire atque obsides sibi dare coegit. Eo celeriter confecto negotio, rursus legiones in hiberna reduxit. Concilio Galliæ primo vere, uti instituerat, indicto, quum reliqui, præter Senones, Carnutes, Trevirosque venissent, initium belli ac defectionis hoc esse arbitratus, ut omnia

ajourna toute autre affaire, et transféra l'assemblée à Lutèce, capitale des Parisiens. Ces derniers étaient voisins des Sénons, et n'avaient autrefois formé avec eux qu'une seule nation; mais ils paraissaient étrangers au complot actuel. César ayant, du haut de son siége (5), prononcé cette translation, partit le même jour à la tête des légions, et se rendit à grandes journées chez les Sénons.

IV. A la nouvelle de son approche, Acco, le principal auteur de la révolte, ordonna que la multitude se rassemblât de toutes parts dans les places fortes; mais avant que cet ordre pût être exécuté, on apprit l'arrivée des Romains. Forcés de renoncer à leur projet, les Sénons députèrent vers César pour demander leur pardon, et eurent recours à la médiation des Édues, leurs anciens alliés. César, à la prière de ceux-ci, leur fit grâce et reçut leurs excuses, ne voulant pas perdre en discussions un été propre aux expéditions militaires. Il exigea cent otages, qu'il donna en garde aux Édues. Les Carnutes envoyèrent aussi des députés et des otages, et obtinrent le même traitement, par l'entremise et sur la prière des Rèmes, dont ils étaient les clients. César vint clore l'assemblée de la Gaule, et ordonna aux villes de lui fournir des cavaliers.

V. Après avoir pacifié cette partie de la Gaule, il tourne toutes ses pensées et tous ses projets vers la guerre des Trévires et d'Ambiorix. Il fait partir avec lui Cavarin et la cavalerie sénonaise, dans la crainte que les ressentiments de ce roi, ou la haine qu'il s'était attirée, ne fissent naître quelque trouble. Cela fait, assuré qu'Ambiorix ne hasarderait point de bataille, il s'appliqua à pénétrer ses autres desseins. Près du territoire des Éburons étaient les Ménapes, défendus par des marais immenses et de vastes forêts: seuls entre les Gaulois, ces peuples n'avaient jamais envoyé de députés à César pour demander la paix. Il savait qu'Ambiorix était uni avec eux par l'hospitalité, et qu'il s'était allié avec les Germains par l'entremise des Trévires. Il jugea donc à propos de lui enlever cet appui avant de l'attaquer, de peur qu'en se voyant réduit à l'extrémité, il n'allât se cacher chez les Ménapes, ou former une ligue avec les peuples d'outre-Rhin. Cette résolution prise, il envoie à Labiénus, chez les Trévires, tous les bagages de l'armée, et les fait suivre de deux légions. Lui-même, à la tête de cinq légions sans équipages, marche contre les Ménapes. Ils n'avaient rassemblé aucune troupe, se fiant sur leur position; ils se réfugièrent dans leurs bois et leurs marais, et y emportèrent ce qu'ils possédaient.

VI. César, ayant partagé ses troupes avec le lieutenant C. Fabius et le questeur M. Crassus, et fait construire des ponts à la hâte, pénètre dans le pays par trois endroits, incendie les maisons et les bourgs et enlève quantité de bestiaux et d'hommes. Réduits à cet état, les Ménapes lui envoient demander la paix; César reçoit leurs otages et leur déclare qu'il les traitera en ennemis, s'ils donnent asile à Ambiorix ou à ses lieutenants. Cette affaire terminée, il laisse chez les Ménapes l'Atrébate Comm avec de la cavalerie, pour gar-

---

postponere videretur, concilium Lutetiam Parisiorum transfert. Confines erant hi Senonibus, civitatemque patrum memoria conjunxerant; sed ab hoc concilio abfuisse existimabantur. Hac re pro suggestu pronuntiata, eodem die cum legionibus in Senones proficiscitur, magnisque itineribus eo pervenit.

IV. Cognito ejus adventu, Acco, qui princeps ejus concilii fuerat, jubet in oppida multitudinem convenire, conantibus, prius quam id effici posset, adesse Romanos nuntiatur: necessario sententia desistunt, legatosque deprecandi causa ad Cæsarem mittunt: adeunt per Æduos, quorum antiquitus erat in fide civitas. Libenter Cæsar petentibus Æduis dat veniam, excusationemque accipit; quod æstivum tempus instantis belli, non quæstionis esse arbitrabatur. Obsidibus imperatis centum, hos Æduis custodiendos tradit. Eodem Carnutes legatos obsidesque mittunt, usi deprecatoribus Remis, quorum erant in clientela: eadem ferunt responsa. Peragit concilium Cæsar, equitesque imperat civitatibus.

V. Hac parte Galliæ pacata, totus et mente et animo in bellum Trevirorum et Ambiorigis insistit. Cavarinum cum equitatu Senonum secum proficisci jubet, ne quis aut ex hujus iracundia, aut ex eo, quod meruerat, odio civitatis, motus existat. His rebus constitutis, quod pro explorato habebat, Ambiorigem prælio non esse concertaturum, reliqua ejus consilia animo circumspiciebat. Erant Menapii propinqui Eburonum finibus, perpetuis paludibus silvisque muniti, qui uni ex Gallia de pace ad Cæsarem legatos nunquam miserant. Cum iis esse hospitium Ambiorigi sciebat: item per Treviros venisse Germanis in amicitiam, cognoverat. Hæc prius illi detrahenda auxilia existimabat, quam ipsum bello lacesseret; ne, desperata salute, aut se in Menapios abderet, aut cum transrhenanis congredi cogeretur. Hoc inito consilio, totius exercitus impedimenta ad Labienum in Treviros mittit, duasque legiones ad eum proficisci jubet: ipse cum legionibus expeditis quinque in Menapios proficiscitur. Illi, nulla coacta manu, loci præsidio freti, in silvas paludesque confugiunt, suaque eodem conferunt.

VI. Cæsar, partitis copiis cum C. Fabio legato, et M. Crasso quæstore, celeriterque effectis pontibus, adit tripartito, ædificia vicosque incendit, magno pecoris atque hominum numero potitur. Quibus rebus coacti Menapii, legatos ad eum pacis petendæ causa mittunt. Ille, obsidibus acceptis, hostium se habiturum numero confirmat, si aut Ambiorigem, aut ejus legatos, finibus suis recepissent. His confirmatis rebus, Commium Atrebatem

der ce pays, et marche en personne contre les Trévires.

VII. Pendant ces expéditions de César, les Trévires avaient rassemblé des troupes nombreuses d'infanterie et de cavalerie, et se préparaient à attaquer Labiénus et l'unique légion qui hivernait sur leurs terres. Déjà ils n'en étaient plus qu'à deux journées de marche, quand ils apprirent que César venait de lui envoyer deux légions. Ils placèrent leur camp à quinze mille pas, et résolurent d'attendre le secours des Germains. Labiénus, informé de leur dessein, et espérant que leur imprudence lui donnerait une occasion de les combattre, laissa cinq cohortes à la garde des bagages, marcha contre les ennemis avec vingt-cinq autres et beaucoup de cavalerie, et s'établit à mille pas d'eux, dans un camp qu'il fortifia. Entre Labiénus et l'ennemi était une rivière [1] dont le passage était difficile et les rives fort escarpées. Labiénus n'avait point l'intention de la traverser et ne croyait pas que les ennemis voulussent le faire : l'espoir de l'arrivée des Germains croissait de jour en jour. Labiénus déclare hautement dans le conseil « que les Germains étant, selon le bruit public, sur le point d'arriver, il ne hasardera pas le sort de l'armée et le sien, et que le lendemain, au point du jour, il lèvera le camp. » Ces paroles sont promptement rapportées aux ennemis ; car dans ce grand nombre de cavaliers gaulois, il était naturel qu'il y en eût plusieurs qui s'intéressassent aux succès de la Gaule. Labiénus ayant, pendant la nuit, assemblé les tribuns et les centurions du premier rang, leur expose son dessein ; et, pour mieux inspirer aux ennemis l'opinion de sa frayeur, il ordonne de lever le camp avec plus de bruit et de tumulte que les armées romaines n'ont coutume de le faire. De cette manière il donne à son départ toutes les apparences d'une fuite. La proximité des camps fit que l'ennemi en fut averti avant le jour par ses éclaireurs.

VIII. A peine notre arrière-garde était-elle sortie du camp, que les Gaulois s'exhortent mutuellement « à ne pas laisser échapper de leurs mains cette proie, objet de leurs espérances ; il serait trop long d'attendre le secours des Germains, et l'honneur ne leur permet point, avec tant de forces, de n'oser attaquer une misérable poignée de fuyards embarrassés de leurs bagages. » Ils n'hésitent pas à passer la rivière et à engager le combat sur un terrain désavantageux. Labiénus, qui l'avait prévu, et voulait les attirer tous de l'autre côté de la rivière, feignait toujours de se retirer, et s'avançait lentement. Enfin, les bagages ayant été envoyés en avant et placés sur une hauteur : « Soldats, dit-il, le moment que vous désirez est venu ; vous tenez l'ennemi engagé dans une position défavorable ; déployez sous notre conduite cette valeur qui s'est si souvent signalée sous les ordres du général. Croyez qu'il est présent et qu'il vous voit. » En même temps il ordonne de tourner les enseignes contre l'ennemi et de marcher sur lui en bataille. Il détache quelques escadrons pour la garde des bagages, et dispose le reste de la cavalerie sur les ailes. Poussant aussitôt un grand cri, les Romains lancent leurs ja-

[1] Probablement la Moselle.

cum equitatu custodis loco in Menapiis relinquit; ipse in Treviros proficiscitur.

VII. Dum hæc a Cæsare geruntur, Treviri, magnis coactis peditatus equitatusque copiis, Labienum cum una legione, quæ in eorum finibus hiemabat, adoriri parabant : jamque ab eo non longius bidui via aberant, quum duas venisse legiones missu Cæsaris cognoscunt. Positis castris a millibus passuum XV, auxilia Germanorum exspectare constituunt. Labienus, hostium cognito consilio, sperans temeritate eorum fore aliquam dimicandi facultatem, præsidio cohortium V impedimentis relicto, cum XXV cohortibus magnoque equitatu contra hostem proficiscitur, et M. passuum intermisso spatio, castra communit. Erat inter Labienum atque hostem difficili transitu flumen, ripisque præruptis : hoc neque ipse transire habebat in animo, neque hostes transituros existimabat. Augebatur auxiliorum quotidie spes. Loquitur in consilio palam, « quoniam Germani appropinquare dicantur, sese suas exercitusque fortunas in dubium non devocaturum, et postero die prima luce castra moturum. » Celeriter hæc ad hostes deferuntur, ut ex magno Gallorum equitatus numero nonnullos gallicis rebus favere natura cogebat. Labienus noctu, tribunis militum primisque ordinibus coactis, quid sui sit consilii, proponit, et quo facilius hostibus timoris det suspicionem, majore strepitu et tumultu, quam populi romani fert consuetudo, castra moveri jubet. His rebus fugæ similem profectionem efficit. Hæc quoque per exploratores ante lucem, in tanta propinquitate castrorum, ad hostes deferuntur.

VIII. Vix agmen novissimum extra munitiones processerat, quum Galli, cohortati inter se, « ne speratam prædam ex manibus dimitterent ; longum esse, perterritis Romanis, Germanorum auxilia exspectare ; neque suam pati dignitatem, ut tantis copiis tam exiguam manum, præsertim fugientem atque impeditam, adoriri non audeant ; » flumen transire, et iniquo loco prælium committere non dubitant. Quæ fore suspicatus Labienus, ut omnes citra flumen eliceret, eadem usus simulatione itineris, placide progrediebatur. Tum, præmissis paulum impedimentis, atque in tumulo quodam collocatis : « Habetis, inquit, milites, quam petistis, facultatem : hostem impedito atque iniquo loco tenetis : præstate eamdem nobis ducibus virtutem, quam sæpenumero imperatori præstitistis : adesse eum, et hæc coram cernere, existimate. » Simul signa ad hostem converti aciemque dirigi jubet, et, paucis turmis præsidio ad impedimenta dimissis, reliquos equites ad latera disponit. Celeriter nostri, clamore sublato, pila in hostes immittunt. Illi, ubi præter-

velots. Les ennemis, voyant, contre leur attente, fondre sur eux les enseignes menaçantes de ceux qu'ils croyaient en fuite, ne purent pas même soutenir notre choc, s'enfuirent à la première attaque et gagnèrent les forêts voisines. Labiénus les poursuivit avec la cavalerie, en tua un grand nombre, fit beaucoup de prisonniers, et reçut peu de jours après la soumission du pays; car les Germains, qui venaient à leur secours, retournèrent chez eux à la nouvelle de cette défaite. Les parents d'Indutiomare, qui étaient les auteurs de la révolte, sortirent du territoire et se retirèrent avec eux. Cingétorix qui, comme nous l'avons vu, était toujours resté dans le devoir, reçut le gouvernement suprême de sa nation.

IX. César, étant venu du pays des Ménapes dans celui des Trévires, résolut, pour deux motifs, de passer le Rhin: l'un, pour punir les Germains d'avoir envoyé des secours aux Trévires, ses ennemis; l'autre, pour fermer à Ambiorix toute retraite chez eux. En conséquence, il voulut construire un pont un peu au-dessus de l'endroit où s'était antérieurement effectué le passage de l'armée. Grâce à la connaissance des procédés déjà employés, et à l'ardeur extrême des soldats, l'ouvrage fut achevé en peu de jours. Après avoir laissé une forte garde à la tête du pont, du côté des Trévires, dans la prévision de quelque mouvement subit de la part de ce peuple, il passa le fleuve avec le reste des légions et la cavalerie. Les Ubes, qui, avant ce temps, lui avaient donné des otages et s'étaient rendus à lui, envoient des députés pour se justifier, et lui exposer « qu'ils n'ont ni prêté des secours aux Trévires, ni violé leur foi: » ils demandent avec prière « qu'on les épargne, et que, dans la haine générale contre les Germains, on ne fasse point supporter aux innocents les châtiments dus aux coupables; si César exige de nouveaux otages, ils offrent de les donner. » César s'informa du fait, et apprit que les secours avaient été envoyés par les Suèves; il reçut les satisfactions des Ubes, et s'enquit des chemins et des passages qui conduisaient chez les Suèves.

X. Peu de jours après, il sut des Ubes que les Suèves rassemblaient toutes leurs troupes en un seul lieu, et qu'ils avaient ordonné aux nations qui étaient dans leur dépendance de leur envoyer des secours tant en infanterie qu'en cavalerie. Sur cet avis, César se pourvoit de vivres, choisit pour le camp une position avantageuse, et enjoint aux Ubes d'abandonner les campagnes et de faire passer dans les places fortes leur bétail et tous leurs biens, espérant amener, par la famine, ces hommes barbares et ignorants à la nécessité de combattre avec désavantage. Il charge les Ubes d'envoyer chez les Suèves de nombreux éclaireurs pour connaître tout ce qu'ils font. Ses ordres sont exécutés, et, peu de jours après, on lui rapporte « que les Suèves, instruits par des messagers de l'approche de l'armée romaine, s'étaient, avec toutes leurs troupes et celles de leurs alliés, retirés jusqu'à l'extrémité de leur territoire; que là est une forêt d'une grandeur immense, appelée Bacenis[1], qui s'étend fort avant dans l'intérieur du pays, et qui, placée comme un mur naturel entre les Suèves et les Chérusques, met ces deux

---

[1] Selon Cellerius, cette forêt est ce qu'on appelle aujourd'hui le Hartz, en Basse-Saxe, dans la principauté de Wolfenbuttel. — La véritable position de ce peuple est inconnue.

---

spem, quos fugere credebant, infestis signis ad se viderunt, impetum modo ferre non potuerunt, ac primo concursu in fugam conjecti, proximas silvas petiverunt: quos Labienus equitatu consectatus, magno numero interfecto, compluribus captis, paucis post diebus civitatem recepit: nam Germani, qui auxilio veniebant, percepta Trevirorum fuga, sese domum contulerunt. Cum iis propinqui Indutiomari, qui defectionis auctores fuerant, comitati eos, ex civitate excessere. Cingetorigi, quem ab initio permansisse in officio demonstravimus, principatus atque imperium est traditum.

IX. Cæsar, postquam ex Menapiis in Treviros venit, duabus de causis Rhenum transire constituit: quarum erat altera, quod auxilia contra se Treviris miserant: altera, ne Ambiorix ad eos receptum haberet. His constitutis rebus, paulum supra eum locum quo ante exercitum transduxerat, facere pontem instituit. Nota atque instituta ratione, magno militum studio, paucis diebus opus efficitur. Firmo in Treviris præsidio ad pontem relicto, ne quis ab iis subito motus oriretur, reliquas copias equitatumque transducit. Ubii, qui ante obsides dederant, atque in deditionem venerant, purgandi sui causa ad eum legatos mittunt, qui doceant, « neque ex sua civitate auxilia in Treviros missa, neque ab se fidem læsam: » petunt atque orant, « ut sibi parcat, ne communi odio Germanorum innocentes pro nocentibus pœnas pendant: si amplius obsidum velit, dare pollicentur. » Cognita Cæsar causa, reperit ab Suevis auxilia missa esse, Ubiorum satisfactionem accepit, aditus viasque in Suevos perquirit.

X. Interim paucis post diebus fit ab Ubiis certior, Suevos omnes unum in locum copias cogere, atque iis nationibus, quæ sub eorum sint imperio, denuntiare, uti auxilia peditatus equitatusque mittant. His cognitis rebus, rem frumentariam providet, castris idoneum locum deligit, Ubiis imperat ut pecora deducant, suaque omnia ex agris in oppida conferant, sperans barbaros atque imperitos homines, inopia cibariorum afflictos, ad iniquam pugnandi conditionem posse deduci; mandat, ut crebros exploratores in Suevos mittant, quæque apud eos gerantur, cognoscant. Illi imperata faciunt, et paucis diebus intermissis referunt: « Suevos omnes, posteaquam certiores nuntii de exercitu Romanorum venerint, cum omnibus suis sociorumque copiis, quas coegissent, penitus ad extremos fines sese recepisse; silvam esse ibi infinita magnitudine, quæ appellatur Bacenis: hanc longe introrsus pertinere, et pro nativo muro objectam, Cho-

peuples à l'abri de leurs entreprises et de leurs incursions mutuelles; c'est à l'entrée de cette forêt que les Suèves avaient résolu d'attendre l'arrivée des Romains. »

XI. Au point où l'on est arrivé, il n'est pas sans doute hors de propos de parler des mœurs de la Gaule et de la Germanie, et de la différence qui existe entre ces deux nations. Dans la Gaule, ce n'est pas seulement dans chaque ville, dans chaque bourg et dans chaque campagne qu'il existe des factions, mais aussi dans presque chaque famille : ces factions ont pour chefs ceux qu'on estime et qu'on juge les plus puissants; c'est à leur volonté et à leur jugement que sont soumises la plupart des affaires et des résolutions. La raison de cet antique usage paraît être d'assurer au peuple une protection contre les grands : car personne ne souffre que l'on opprime ou circonvienne ses clients; si l'on agissait autrement, on perdrait bientôt tout son crédit. Ce même principe régit souverainement toute la Gaule : car toutes les cités sont divisées en deux partis.

XII. Lorsque César vint dans la Gaule, les Édues étaient les chefs d'une de ces factions, les Séquanes, ceux de l'autre. Ces derniers, moins puissants par eux-mêmes, parce que la principale autorité appartenait depuis longtemps aux Édues, lesquels possédaient de grandes clientèles, s'étaient unis avec Arioviste et les Germains, et les avaient attirés à eux à force de présents et de promesses. Après plusieurs victoires et la destruction de toute la noblesse des Édues ils acquirent une telle puissance qu'un grand nombre de peuples, clients des Édues, passèrent dans leur parti. Ils prirent en otages les fils de leurs principaux citoyens, firent prêter publiquement à cette nation le serment de ne rien entreprendre contre eux, s'attribuèrent la partie du territoire conquise par leurs armes, et obtinrent la suprématie dans toute la Gaule. Réduit à cette extrémité, Divitiac avait été implorer le secours du sénat romain, et était revenu sans rien obtenir. L'arrivée de César changea la face des choses : les Édues reprirent leurs otages, recouvrèrent leurs anciens clients, en acquirent de nouveaux par le crédit de César, parce qu'on voyait que ceux qui entraient dans leur amitié jouissaient d'une condition meilleure et d'un gouvernement plus doux; et ils obtinrent dans tout le reste un crédit et un pouvoir qui firent perdre aux Séquanes leur prépondérance. A ceux-ci avaient succédé les Rèmes; lorsqu'on remarqua que leur faveur auprès de César égalait celle des Édues, ceux que d'anciennes inimitiés empêchaient de s'unir à ces derniers se ralliaient à la clientèle des Rèmes, qui les protégeaient avec zèle pour conserver le nouveau crédit qu'ils avaient si rapidement acquis. Tel était alors l'état des choses que les Édues avaient, sans contredit, le premier rang parmi les Gaulois, et que les Rèmes occupaient le second.

XIII. Dans toute la Gaule, il n'y a que deux classes d'hommes qui soient comptées pour quelque chose et qui soient honorées; car la multitude n'a guère que le rang des esclaves, n'osant rien

---

ruscos ab Suevis, Suevos ab Cheruscis, injuriis incursionibusque prohibere : ad ejus initium silvæ Suevos adventum Romanorum exspectare constituisse. »

XI. Quoniam ad hunc locum perventum est, non alienum esse videtur, de Galliæ Germaniæque moribus, et quo differant eæ nationes inter sese, proponere. In Gallia, non solum in omnibus civitatibus, atque in omnibus pagis partibusque, sed pene etiam in singulis domibus factiones sunt : earumque factionum principes sunt, qui summam auctoritatem eorum judicio habere existimantur, quorum ad arbitrium judiciumque summa omnium rerum consiliorumque redeat Idque ejus rei causa antiquitus institutum videtur, ne quis ex plebe contra potentiorem auxilii egeret : suos enim quisque opprimi et circumveniri non patitur, neque, aliter si faciant, ullam inter suos habent auctoritatem. Hæc eadem ratio est in summa totius Galliæ : namque omnes civitates in partes divisæ sunt duas.

XII. Quum Cæsar in Galliam venit, alterius factionis principes erant Ædui, alterius Sequani. Hi quum per se minus valerent, quod summa auctoritas antiquitus erat in Æduis, magnæque eorum erant clientelæ, Germanos atque Ariovistum sibi adjunxerant, eosque ad se magnis jacturis pollicitationibusque perduxerant. Præliis vero compluribus factis secundis, atque omni nobilitate Æduorum interfecta, tantum potentia antecesserant, ut magnam partem clientium ab Æduis ad se transducerent, obsidesque ab iis principum filios acciperent, et publice jurare cogerent, nihil se contra Sequanos consilii inituros; et partem finitimi agri, per vim occupatam, possiderent, Galliæque totius principatum obtinerent. Qua necessitate adductus Divitiacus, auxilii petendi causa Romam ad senatum profectus, infecta re redierat. Adventu Cæsaris facta commutatione rerum, obsidibus Æduis redditis, veteribus clientelis restitutis, novis per Cæsarem comparatis (quod hi, qui se ad eorum amicitiam aggregaverant, meliore conditione atque æquiore imperio se uti videbant), reliquis rebus eorum, gratia, dignitateque amplificata, Sequani principatum dimiserant. In eorum locum Remi successerant : quos quod adæquare apud Cæsarem gratia intelligebatur, ii, qui propter veteres inimicitias nullo modo cum Æduis conjungi poterant, se Remis in clientelam dicabant. Hos illi diligenter tuebantur. Ita et novam et repente collectam auctoritatem tenebant. Eo tum statu res erat, ut longe principes haberentur Ædui, secundum locum dignitatis Remi obtinerent.

XIII. In omni Gallia eorum hominum, qui aliquo sunt numero atque honore, genera sunt duo : nam plebs pæne servorum habetur loco, quæ per se nihil audet, et nullo adhibetur consilio. Plerique, cum aut ære alieno, aut

par elle-même, et n'étant admise à aucun conseil. La plupart, accablés de dettes, d'impôts énormes, et de vexations de la part des grands, se livrent eux-mêmes en servitude à des nobles qui exercent sur eux tous les droits des maîtres sur les esclaves. Des deux classes privilégiées, l'une est celle des druides (4), l'autre celle des chevaliers. Les premiers, ministres des choses divines, sont chargés des sacrifices publics et particuliers, et sont les interprètes des doctrines religieuses. Le désir de l'instruction attire auprès d'eux un grand nombre de jeunes gens qui les ont en grand honneur. Les Druides connaissent de presque toutes les contestations publiques et privées. Si quelque crime a été commis, si un meurtre a eu lieu, s'il s'élève un débat sur un héritage ou sur des limites, ce sont eux qui statuent; ils dispensent les récompenses et les peines. Si un particulier ou un homme public ne défère point à leur décision, ils lui interdisent les sacrifices; c'est chez eux la punition la plus grave. Ceux qui encourent cette interdiction sont mis au rang des impies et des criminels, tout le monde s'éloigne d'eux, fuit leur abord et leur entretien, et craint la contagion du mal dont ils sont frappés; tout accès en justice leur est refusé; et ils n'ont part à aucun honneur. Tous ces druides n'ont qu'un seul chef dont l'autorité est sans bornes. A sa mort, le plus éminent en dignité lui succède; ou, si plusieurs ont des titres égaux, l'élection a lieu par le suffrage des druides, et la place est quelquefois disputée par les armes. A une certaine époque de l'année, ils s'assemblent dans un lieu consacré sur la frontière du pays des Carnutes, qui passe pour le point central de toute la Gaule. Là se rendent de toutes parts ceux qui ont des différends, et ils obéissent aux jugements et aux décisions des druides. On croit que leur doctrine a pris naissance dans la Bretagne, et qu'elle fut de là transportée dans la Gaule; et aujourd'hui ceux qui veulent en avoir une connaissance plus approfondie vont ordinairement dans cette île pour s'y instruire.

XIV. Les druides ne vont point à la guerre et ne paient aucun des tributs imposés aux autres Gaulois; ils sont exempts du service militaire et de toute espèce de charges. Séduits par de si grands priviléges, beaucoup de Gaulois viennent auprès d'eux de leur propre mouvement, ou y sont envoyés par leurs parents et leurs proches. Là, dit-on, ils apprennent un grand nombre de vers, et il en est qui passent vingt années dans cet apprentissage. Il n'est pas permis de confier ces vers à l'écriture, tandis que, dans la plupart des autres affaires publiques et privées, ils se servent des lettres grecques. Il y a, ce me semble, deux raisons de cet usage : l'une est d'empêcher que leur science ne se répande dans le vulgaire; et l'autre, que leurs disciples, se reposant sur l'écriture, ne négligent leur mémoire; car il arrive presque toujours que le secours des livres fait que l'on s'applique moins à apprendre par cœur et à exercer sa mémoire. Une croyance qu'ils cherchent surtout à établir, c'est que les ames ne périssent point (5), et qu'après la mort, elles passent d'un corps dans un autre, croyance qui leur paraît singulièrement propre à inspirer le courage, en éloignant la crainte de la mort. Le mouvement des astres, l'immensité de l'univers, la grandeur

---

magnitudine tributorum, aut injuria potentiorum premuntur, sese in servitutem dicant nobilibus : in hos eadem omnia sunt jura, quæ dominis in servos. Sed de his duobus generibus alterum est Druidum, alterum equitum. Illi rebus divinis intersunt, sacrificia publica ac privata procurant, religiones interpretantur. Ad hos magnus adolescentium numerus disciplinæ causa concurrit, magnoque ii sunt apud eos honore. Nam fere de omnibus controversiis publicis privatisque constituunt; et, si quod est admissum facinus, si cædes facta, si de hereditate, si de finibus controversia est, iidem decernunt : præmia pœnasque constituunt: si qui aut privatus aut publicus eorum decreto non stetit, sacrificiis interdicunt. Hæc pœna apud eos est gravissima. Quibus ita est interdictum, ii numero impiorum ac sceleratorum habentur; iis omnes decedunt, aditum eorum sermonemque defugiunt, ne quid ex contagione incommodi accipiant : neque iis petentibus jus redditur, neque honos ullus communicatur. His autem omnibus Druidibus præest unus, qui summam inter eos habet auctoritatem. Hoc mortuo, si qui ex reliquis excellit dignitate, succedit : aut si sunt plures pares suffragio Druidum deligitur, nonnumquam etiam armis de principatu contendunt. Hi certo anni tempore in finibus Carnutum, quæ regio totius Galliæ media habetur, considunt in loco consecrato. Huc omnes undique, qui controversias habent, conveniunt, eorumque judiciis decretisque parent. Disciplina in Britannia reperta, atque inde in Galliam translata esse existimatur : et nunc, qui diligentius eam rem cognoscere volunt, plerumque illo discendi causa proficiscuntur.

XIV. Druides a bello abesse consuerunt, neque tributa una cum reliquis pendunt; militiæ vacationem omniumque rerum habent immunitatem. Tantis excitati præmiis, et sua sponte multi in disciplinam conveniunt, et a parentibus propinquisque mittuntur. Magnum ibi numerum versuum ediscere dicuntur: itaque annos nonnulli vicenos in disciplina permanent. Neque fas esse existimant, ea litteris mandare, quum in reliquis fere rebus publicis, privatisque rationibus, græcis utantur litteris. Id mihi duabus de causis instituisse videntur; quod neque in vulgum disciplinam efferri velint, neque eos, qui discant, litteris confisos, minus memoriæ studere : quod fere plerisque accidit, ut præsidio litterarum diligentiam in perdiscendo ac memoriam remittant. In primis hoc volunt persuadere; « non interire animas, sed ab aliis post mortem transire ad alios; » atque hoc maxime ad virtutem

de la terre, la nature des choses, la force et le pouvoir des dieux immortels, tels sont en outre les sujets de leurs discussions : ils les transmettent à la jeunesse.

XV. La seconde classe est celle des chevaliers. Quand il en est besoin et qu'il survient quelque guerre (ce qui, avant l'arrivée de César, avait lieu presque tous les ans, soit pour faire, soit pour repousser des incursions), ils prennent tous part à cette guerre, et proportionnent à l'éclat de leur naissance et de leurs richesses le nombre de serviteurs et de clients dont ils s'entourent. C'est pour eux la seule marque du crédit et de la puissance.

XVI. Toute la nation gauloise est très-superstitieuse; aussi ceux qui sont attaqués de maladies graves, ceux qui vivent au milieu de la guerre et de ses dangers, ou immolent des victimes humaines, ou font vœu d'en immoler, et ont recours pour ces sacrifices au ministère des druides. Ils pensent que la vie d'un homme est nécessaire pour racheter celle d'un homme, et que les dieux immortels ne peuvent être apaisés qu'à ce prix ; ils ont même institué des sacrifices publics de ce genre. Ils ont quelquefois des mannequins d'une grandeur immense et tissus en osier, dont ils remplissent l'intérieur d'hommes vivans; ils y mettent le feu et font expirer leurs victimes dans les flammes (6). Ils pensent que le supplice de ceux qui sont convaincus de vol, de brigandage ou de quelque autre délit, est plus agréable aux dieux immortels; mais quand ces hommes leur manquent, ils se rabattent sur les innocents.

XVII. Le dieu qu'ils honorent le plus est Mercure. Il a un grand nombre de statues ; ils le regardent comme l'inventeur de tous les arts, comme le guide des voyageurs, et comme présidant à toutes sortes de gains et de commerce. Après lui ils adorent Apollon, Mars, Jupiter et Minerve. Ils ont de ces divinités à peu près la même idée que les autres nations. Apollon guérit les maladies ; Minerve enseigne les éléments de l'industrie et des arts; Jupiter tient l'empire du ciel, Mars celui de la guerre; c'est à lui, quand ils ont résolu de combattre, qu'ils font vœu d'ordinaire de consacrer les dépouilles de l'ennemi. Ils lui sacrifient ce qui leur reste du bétail qu'ils ont pris, le surplus du butin est placé dans un dépôt public ; et on peut voir, en beaucoup de villes de ces monceaux de dépouilles, entassées en des lieux consacrés. Il n'arrive guère, qu'au mépris de la religion, un Gaulois ose s'approprier clandestinement ce qu'il a pris à la guerre, ou ravir quelque chose de ces dépôts. Le plus cruel supplice et la torture sont réservés pour ce larcin.

XVIII. Les Gaulois se vantent d'être issus de Pluton, tradition qu'ils disent tenir des druides. C'est pour cette raison qu'ils mesurent le temps, non par le nombre des jours, mais par celui des nuits (7). Ils calculent les jours de naissance, le commencement des mois et celui des années, de manière que le jour suive la nuit dans leur calcul. Dans les autres usages de la vie, ils ne diffèrent guère des autres nations qu'en ce qu'ils ne

---

excitari putant, metu mortis neglecto. Multa praeterea de sideribus atque eorum motu, de mundi ac terrarum magnitudine, de rerum natura, de deorum immortalium vi ac potestate disputant, et juventuti transdunt.

XV. Alterum genus est Equitum. Hi, quum est usus, atque aliquod bellum incidit (quod ante Caesaris adventum fere quotannis accidere solebat, uti aut ipsi injurias inferrent, aut illatas propulsarent), omnes in bello versantur: atque eorum ut quisque est genere copiisque amplissimus, ita plurimos circum se ambactos clientesque habent. Hanc unam gratiam potentiamque noverunt.

XVI. Natio est omnium Gallorum admodum dedita religionibus; atque ob eam causam, qui sunt affecti gravioribus morbis, quique in praeliis periculisque versantur, aut pro victimis homines immolant, aut se immolaturos vovent, administrisque ad ea sacrificia Druidibus utuntur; quod, pro vita hominis nisi hominis vita reddatur, non posse aliter deorum immortalium numen placari arbitrantur: publiceque ejusdem generis habent instituta sacrificia. Alii immani magnitudine simulacra habent, quorum contexta viminibus membra vivis hominibus complent, quibus successis, circumventi flamma examinantur homines. Supplicia eorum, qui in furto, aut in latrocinio, aut aliqua noxa sint comprehensi, gratiora diis immortalibus esse arbitrantur: sed, quum ejus generis copia deficit, etiam ad innocentium supplicia descendunt.

XVII. Deum maxime Mercurium colunt. Hujus sunt plurima simulacra: hunc omnium inventorem artium ferunt, hunc viarum atque itinerum ducem, hunc ad quaestus pecuniae mercaturasque habere vim maximam arbitrantur. Post hunc, Apollinem, et Martem, et Jovem, et Minervam. De his eamdem fere, quam reliquae gentes, habent opinionem: Apollinem morbos depellere; Minervam operum atque artificiorum initia transdere; Jovem imperium coelestium tenere; Martem bella regere. Huic, cum praelio dimicare constituerunt, ea, quae bello ceperint, plerumque devovent; quae superaverint, animalia capta immolant: reliquas res in unum locum conferunt. Multis in civitatibus harum rerum exstructos tumulos locis consecratis conspicari licet : neque saepe accidit, ut neglecta quispiam religione, aut capta apud se occultare, aut posita tollere auderet; gravissimumque ei rei supplicium cum cruciatu constitutum est.

XVIII. Galli se omnes ab Dite patre prognatos praedicant; idque ab Druidibus proditum dicunt. Ob eam causam spatia omnis temporis non numero dierum, sed noctium, finiunt: dies natales, et mensium et annorum initia sic observant, ut noctem dies subsequatur. In reliquis vitae institutis hoc fere ab reliquis differunt, quod suos liberos, nisi quum adoleverint, ut munus militiae

permettent pas que leurs enfants les abordent en public avant d'être adolescents et en état de porter les armes. Ils regardent comme honteux pour un père d'admettre publiquement en sa présence son fils en bas âge.

XIX. Autant les maris ont reçu d'argent de leurs épouses à titre de dot, autant ils mettent de leurs propres biens, après estimation faite, en communauté avec cette dot. On dresse conjointement un état de ce capital, et l'on en réserve les intérêts. Quelque époux qui survive, c'est à lui qu'appartient la part de l'un et de l'autre, avec les intérêts des années antérieures. Les hommes ont, sur leurs femmes comme sur leurs enfants, le droit de vie et de mort; lorsqu'un père de famille d'une haute naissance vient à mourir, ses proches s'assemblent, et s'ils ont quelque soupçon sur sa mort, les femmes sont mises à la question des esclaves ; si le crime est prouvé, on les fait périr par le feu et dans les plus horribles tourments. Les funérailles, eu égard à la civilisation des Gaulois, sont magnifiques et somptueuses. Tout ce qu'on croit avoir été cher au défunt pendant sa vie, on le jette dans le bûcher, même les animaux ; et il y a peu de temps encore, on brûlait avec lui les esclaves et les clients qu'on savait qu'il avait aimés (8), pour complément des honneurs qu'on lui rendait.

XX. Dans les cités qui passent pour administrer le mieux les affaires de l'état, c'est une loi sacrée que celui qui apprend, soit de ses voisins, soit par le bruit public, quelque nouvelle intéressant la cité, doit en informer le magistrat, sans la communiquer à nul autre, l'expérience leur ayant fait connaître que souvent des hommes imprudents et sans lumières s'effraient de fausses rumeurs, se portent à des crimes et prennent des partis extrêmes. Les magistrats cachent ce qu'ils jugent convenable, et révèlent à la multitude ce qu'ils croient utile. C'est dans l'assemblée seulement qu'il est permis de s'entretenir des affaires publiques.

XXI. Les mœurs des Germains sont très-différentes ; car ils n'ont pas de druides qui président aux choses divines et ne font point de sacrifices. Ils ne mettent au nombre des dieux que ceux qu'ils voient et dont ils reçoivent manifestement les bienfaits, le soleil, le feu, la lune : ils ne connaissent pas même de nom les autres dieux. Toute leur vie se passe à la chasse et dans les exercices militaires ; ils se livrent dès l'enfance au travail et à la fatigue. Ils estiment singulièrement une puberté tardive ; ils pensent que cela accroît la stature de l'homme, nourrit sa vigueur, et fortifie ses muscles. C'est parmi eux une chose tout à fait honteuse que d'avoir connu les femmes avant l'âge de vingt ans; ce qu'ils ne peuvent jamais cacher, car ils se baignent pêle-mêle dans les fleuves, et se couvrent de peaux de rennes ou de vêtements courts, laissant à nu la plus grande partie de leur corps.

XXII. Ils ne s'adonnent pas à l'agriculture, et ne vivent guère que de lait, de fromage et de chair; nul n'a de champs limités ni de terrain qui soit sa propriété ; mais les magistrats et les chefs assignent tous les ans aux peuplades et aux familles

---

sustinere possint, palam ad se adire non patiuntur; filiumque puerili ætate in publico, in conspectu patris, assistere, turpe ducunt.

XIX. Viri, quantas pecunias ab uxoribus dotis nomine acceperunt, tantas ex suis bonis æstimatione facta, cum dotibus communicant. Hujus omnis pecuniæ conjunctim ratio habetur, fructusque servantur : uter eorum vita superarit, ad eum pars utriusque cum fructibus superiorum temporum pervenit. Viri in uxores, sicut in liberos, vitæ necisque habent potestatem : et quum pater familiæ, illustriori loco natus, decessit, ejus propinqui conveniunt, et, de morte si res in suspicionem venit, de uxoribus in servilem modum quæstionem habent ; et, si compertum est, igni atque omnibus tormentis excruciatas interficiunt. Funera sunt pro cultu Gallorum magnifica et sumptuosa; omniaque, quæ vivis cordi fuisse arbitrantur, in ignem inferunt, etiam animalia : ac paulo supra hanc memoriam servi et clientes, quos ab iis dilectos esse constabat, justis funeribus confectis, una cremabantur.

XX. Quæ civitates commodius suam rempublicam administrare existimantur ; habent legibus sanctum, si quis quid de republica a finitimis rumore ac fama acceperit, uti ad magistratum deferat, neve cum quo alio communicet ; quod sæpe homines temerarios atque imperitos falsis rumoribus terreri, et ad facinus impelli, et de summis rebus consilium capere cognitum est. Magistratus, quæ visa sunt, occultant ; quæque esse ex usu judicaverint, multitudini produnt : de republica, nisi per concilium, loqui non conceditur.

XXI. Germani multum ab hac consuetudine different : nam neque Druides habent, qui rebus divinis præsint ; neque sacrificiis student. Deorum numero eos solos ducunt, quos cernunt, et quorum aperte opibus juvantur, Solem, et Vulcanum, et Lunam : reliquos ne fama quidem acceperunt. Vita omnis in venationibus atque in studiis rei militaris consistit : ab parvulis labori ac duritiæ student. Qui diutissime impuberes permanserunt, maximam inter suos ferunt laudem : hoc ali staturam, ali hoc vires, nervosque confirmari, putant. Intra annum vero vicesimum feminæ notitiam habuisse, in turpissimis habent rebus : cujus rei nulla in occultatio, quod et promiscue in fluminibus perluuntur, et pellibus aut parvis rhenonum tegimentis utuntur, magna corporis parte nuda.

XXII. Agriculturæ non student ; majorque pars victus eorum in lacte, caseo, carne consistit : neque quisquam agri modum certum aut fines habet proprios; sed magistratus ac principes in annos singulos gentibus co-

vivant en société commune, des terres en tels lieux et quantité qu'ils jugent à propos; et l'année suivante ils les obligent de passer ailleurs (9). Ils donnent beaucoup de raisons de cet usage : la crainte que l'attrait d'une longue habitude ne fasse perdre le goût de la guerre pour celui de l'agriculture; que chacun, s'occupant d'étendre ses possessions, les plus puissants ne chassent des leurs les plus faibles; qu'on ne se garantisse du froid et de la chaleur par des habitations trop commodes; que l'amour des richesses ne s'introduise parmi eux et ne fasse naître les factions et les discordes : on veut enfin contenir le peuple par un esprit de justice, en lui montrant une parfaite égalité de biens entre les plus humbles et les plus puissants.

XXIII. La plus grande gloire pour un état est d'être entouré de vastes solitudes et de pays ravagés par ses armes. Ils regardent comme le propre de la valeur, de forcer leurs voisins à abandonner leur territoire, et de faire que personne n'ose s'établir auprès d'eux. D'ailleurs, ils se croient ainsi plus en sûreté, n'ayant pas à craindre une invasion subite. Lorsqu'un état fait la guerre, soit qu'il se défende, soit qu'il attaque, on choisit, pour y présider, des magistrats qui ont droit de vie et de mort. Pendant la paix, il n'y a point de magistrature générale; les principaux habitants des cantons et des bourgs rendent la justice à leurs concitoyens et arrangent les procès. Aucune infamie n'est attachée aux larcins qui se commettent hors des limites de l'état; ils prétendent que c'est un moyen d'exercer la jeunesse et de la préserver de l'oisiveté. Lorsque, dans une assemblée, un des principaux citoyens s'annonce pour chef d'une expédition, et demande qui veut le suivre, ceux qui jugent avantageusement de l'entreprise et de l'homme se lèvent, lui promettent leur assistance, et sont applaudis par la multitude. Ceux d'entre eux qui l'abandonnent sont réputés déserteurs et traîtres, et toute espèce de confiance leur est désormais refusée. Il ne leur est jamais permis de violer l'hospitalité. Ceux qui viennent à eux, pour quelque cause que ce soit, sont garantis de toute injure et regardés comme sacrés; toutes les maisons leur sont ouvertes : on partage les vivres avec eux (10).

XXIV. Il fut un temps où les Gaulois surpassaient les Germains en valeur, portaient la guerre chez eux, envoyaient des colonies au-delà du Rhin, vu leur nombreuse population et l'insuffisance de leur territoire. C'est ainsi que les terres les plus fertiles de la Germanie, près de la forêt Hercynienne[1], (qui me paraît avoir été, par la renommée, connue d'Eratosthène (11) et de quelques autres Grecs, sous le nom d'Orcynienne), furent envahies par les Volkes-Tectosages[2], qui s'y fixèrent. Cette nation s'est jusqu'à ce jour maintenue dans cet établissement et jouit d'une grande réputation de justice et de courage; et encore aujourd'hui, ils vivent dans la même pauvreté, le même dénument, la même habitude de privation que les Germains, dont ils ont aussi adopté le genre de vie et l'habillement. Quant aux Gaulois, le voisinage de la province[3], et l'usage

[1] La forêt Noire, qui, malgré son étendue, ne peut être qu'une faible partie de la forêt Hercynienne. — [2] Peuple du Haut-Languedoc. — [3] La Gaule Narbonaise.

gnationibusque hominum, qui una coierunt, quantum, et quo loco visum est, agri attribuunt : atque anno post alio transire cogunt. Ejus rei multas afferunt causas; ne, assidua consuetudine capti, studium belli gerundi agricultura commutent, ne latos fines parare studeant; potentioresque humiliores possessionibus expellant; ne accuratius, ad frigora atque æstus vitandos, ædificent : ne qua oriatur pecuniæ cupiditas, qua ex re factiones dissensionesque nascuntur; ut animi æquitate plebem contineant, quum suas quisque opes cum potentissimis æquari videat.

XXIII. Civitatibus maxima laus est, quam latissimas circum se vastatis finibus solitudines habere. Hoc proprium virtutis existimant, expulsos agris finitimos cedere, neque quemquam prope audere consistere : simul hoc se fore tutiores arbitrantur, repentinæ incursionis timore sublato. Quum bellum civitas aut illatum defendit, aut infert, magistratus, qui ei bello præsit, ut vitæ necisque habeant potestatem, deliguntur. In pace nullus communis est magistratus; sed principes regionum atque pagorum inter suos jus dicunt, controversiasque minuunt. Latrocinia nullam habent infamiam, quæ extra fines cujusque civitatis fiunt; atque ea juventutis exercendæ ac desidiæ minuendæ causa fieri prædicant. Atque ubi quis ex principibus in concilio dixit se ducem fore; qui sequi velint, profiteantur : consurgunt ii, qui et causam et hominem probant, suumque auxilium pollicentur, atque ab multitudine collaudantur: qui ex iis secuti non sunt, in desertorum ac proditorum numero ducuntur, omniumque iis rerum postea fides derogatur. Hospites violare, fas non putant : qui, quaque de causa, ad eos venerint, ab injuria prohibent, sanctosque habent; iis omnium domus patent, victusque communicatur.

XXIV. Ac fuit antea tempus, quum Germanos Galli virtute superarent, ultro bella inferrent, propter hominum multitudinem agrique inopiam trans Rhenum colonias mitterent. Itaque ea, quæ fertilissima sunt, Germaniæ loca circum Hercyniam silvam, (quam Eratostheni et quibusdam Græcis fama notam esse video, quam illi Orcyniam appellant,) Volcæ Tectosages occupaverunt, atque ibi consederunt. Quæ gens ad hoc tempus iis sedibus sese continet, summamque habet justitiæ et bellicæ laudis opinionem : nunc quoque in eadem inopia, egestate, patientia, qua Germani, permanent; eodem victu et cultu corporis utuntur; Gallis autem provinciæ propinquitas, et transmarinarum rerum notitia, multa ad co-

des objets de commerce maritime, leur ont procuré l'abondance et les jouissances du luxe. Accoutumés peu à peu à se laisser surpasser, et, vaincus dans un grand nombre de combats, ils ne se comparent même plus à ces Germains pour la valeur.

XXV. La largeur de cette forêt d'Hercynie, dont il vient d'être fait mention, est de neuf journées de marche accélérée, et ne peut être autrement déterminée, les mesures itinéraires n'étant point connues des Germains. Elle prend naissance aux frontières des Helvètes, des Némètes et des Raurakes, et s'étend, en suivant le cours du Danube, jusqu'aux pays des Daces et des Anartes [1] : de là elle tourne sur la gauche, en s'éloignant du fleuve; et, dans son immense étendue, elle borde le territoire d'une foule de nations; il n'est point d'habitant de ces contrées qui, après soixante jours de marche, puisse dire avoir vu où elle finit, ni savoir où elle commence. On assure qu'il s'y trouve plusieurs espèces d'animaux sauvages qu'on ne voit pas ailleurs. Celles qui diffèrent le plus des autres et qui paraissent mériter une mention spéciale, les voici :

XXVI. On y rencontre un bœuf (12), ayant la forme d'un cerf, et portant au milieu du front, entre les oreilles, une seule corne, plus élevée et plus droite que les cornes qui nous sont connues. A son sommet, elle se partage en rameaux très-étendus, semblables à des palmes. La femelle est de même nature que le mâle; la forme et la grandeur de ses cornes sont les mêmes.

[1] Valaques et Transylvains.

XXVII. Il y a aussi des animaux qu'on appelle élans (13). Leur forme se rapproche de celle d'une chèvre; ils ont la peau tachetée, mais la taille un peu plus haute. Ils sont sans cornes, et leurs jambes, sans jointures ni articulations; ils ne se couchent point pour dormir, et si quelque accident les fait tomber, ils ne peuvent se soulever ni se redresser. Les arbres leur servent de lits; ils s'y appuient et prennent leur repos, ainsi inclinés légèrement. Lorsqu'à leurs traces les chasseurs découvrent les lieux qu'ils fréquentent, ils y déracinent tous les arbres, ou les coupent à fleur de terre, de manière qu'ils conservent encore toute l'apparence de la solidité. Ces animaux viennent s'y appuyer, selon leur coutume, renversent ce frêle appui par leur poids, et tombent avec l'arbre.

XXVIII. Une troisième espèce porte le nom d'Urus (14). La taille de ces animaux est un peu moindre que celle des éléphants; leur couleur et leur forme les font ressembler au taureau. Leur force et leur vélocité sont également remarquables; rien de ce qu'ils aperçoivent, hommes ou bêtes, ne leur échappe. On les tue, en les prenant dans des fosses disposées avec soin. Ce genre de chasse est pour les jeunes gens un exercice qui les endurcit à la fatigue; ceux qui ont tué le plus de ces urus en apportent les cornes en public, comme trophée, et reçoivent de grands éloges. On ne peut les apprivoiser, même dans le jeune âge. La grandeur, la forme et l'espèce de leurs cornes diffèrent beaucoup de celles de nos bœufs. On les recherche avidement, on les garnit d'argent sur les

piam atque usus largitur. Paulatim assuefacti superari, multisque victi præliis, ne se quidem ipsi cum illis virtute comparant.

XXV. Hujus Hercyniæ silvæ, quæ supra demonstrata est, latitudo novem dierum iter expedito patet : non enim aliter finiri potest, neque mensuras itinerum noverunt. Oritur ab Helvetiorum, et Nemetum, et Rauracorum finibus, rectaque fluminis Danubii regione pertinet ad fines Dacorum et Anartium : hinc se flectit sinistrorsus, diversis ab flumine regionibus, multarumque gentium fines propter magnitudinem attingit : neque quisquam est hujus Germaniæ, qui se aut adisse ad initium ejus silvæ dicat, quum dierum iter LX processerit, aut quo ex loco oriatur acceperit. Multa in ea genera ferarum nasci constat, quæ reliquis in locis visa non sint : ex quibus, quæ maxime differant ab ceteris, et memoriæ prodenda videantur, hæc sunt.

XXVI. Est bos cervi figura, cujus a media fronte inter aures unum cornu existit, excelsius magisque directum his, quæ nobis nota sunt, cornibus. Ab ejus summo, sicut palmæ, rami quam late diffunduntur. Eadem est feminæ marisque natura, eadem forma magnitudoque cornuum.

XXVII. Sunt item, quæ appellantur Alces. Harum est consimilis capris figura, et varietas pellium; sed

magnitudine paulo antecedunt, mutilæque sunt cornibus, et crura sine nodis articulisque habent; neque quietis causa procumbunt : neque, si quo afflictæ casu conciderint, erigere sese aut sublevare possunt. His sunt arbores pro cubilibus : ad eas sese applicant, atque ita, paulum modo reclinatæ, quietem capiunt : quarum ex vestigiis quum est animadversum a venatoribus, quo se recipere consuerint, omnes eo loco aut a radicibus subruunt, aut accidunt arbores tantum, ut summa species earum stantium relinquatur. Huc quum se consuetudine reclinaverint, infirmas arbores pondere affligunt, atque una ipsæ concidunt.

XXVIII. Tertium est genus eorum, qui Uri appellantur. Hi sunt magnitudine paulo infra elephantos; specie, et colore, et figura tauri. Magna vis est eorum, et magna velocitas : neque homini, neque feræ, quam conspexerint, parcunt. Hos studiose foveis captos interficiunt. Hoc se labore durant homines adolescentes, atque hoc genere venationis exercent; et, qui plurimos ex his interfecerint, relatis in publicum cornibus, quæ sint testimonio, magnam ferunt laudem. Sed assuescere ad homines et mansuefieri, ne parvuli quidem excepti, possunt. Amplitudo cornuum, et figura, et species, multum a nostrorum boum cornibus differt. Hæc studiose conquisita ab

bords, et elles servent de coupes dans les festins solennels.

XXIX. César, informé par les éclaireurs ubiens que les Suèves s'étaient retirés dans leurs forêts, mais craignant de manquer de vivres (car on a vu plus haut que l'agriculture est fort négligée chez les Germains), résolut de ne pas s'engager plus avant. Cependant, pour laisser aux barbares quelque appréhension de son retour et arrêter les renforts envoyés aux Gaulois, il fit couper, après que l'armée eut repassé le Rhin, deux cents pieds du pont du côté de la rive des Ubes, et élever, à l'extrémité opposée, une tour à quatre étages; il y laissa pour garde une garnison de douze cohortes, et fortifia ce lieu par de nombreux retranchements. Il en confia le commandement au jeune C. Volcatius Tullus. Comme les blés commençaient à mûrir, il partit lui-même (15) pour la guerre d'Ambiorix, par la forêt des Ardennes, qui est la plus grande de toute la Gaule, et qui, s'étendant depuis les rives du Rhin et le pays des Trévires jusqu'à celui des Nerves, embrasse dans sa longueur un espace de plus de cinq cents milles ; il envoya en avant L. Minutius Basilus (16) avec toute la cavalerie, dans l'espoir de profiter au besoin de la célérité des marches et de quelque circonstance favorable. Il lui recommanda d'interdire les feux dans son camp, afin de ne pas révéler de loin son approche; et lui annonça qu'il le suivrait de près.

XXX. Basilus suivit exactement ses instructions; et, après une marche aussi prompte qu'inattendue, il prit au dépourvu un grand nombre d'ennemis répandus dans la campagne : sur leurs renseignements, il se dirigea vers le lieu où l'on disait qu'était Ambiorix avec quelques cavaliers. La fortune peut beaucoup en toute chose, et surtout à la guerre. Car si ce fut un grand hasard de surprendre Ambiorix sans préparatifs de défense, et avant qu'il eût rien appris de l'approche des Romains par le bruit public ou par des courriers, ce fut aussi pour lui un grand bonheur, qu'après s'être vu enlever tout l'attirail de guerre qu'il avait autour de lui, et prendre ses chars et ses chevaux, il pût échapper à la mort. C'est pourtant ce qui arriva, parce que sa maison étant située au milieu des bois (comme le sont généralement celles des Gaulois, qui, pour éviter la chaleur, cherchent le voisinage des forêts et des fleuves), ses compagnons et ses amis purent soutenir quelque temps, dans un défilé, le choc de nos cavaliers. Pendant ce combat, quelqu'un des siens le mit à cheval ; et les bois protégèrent sa fuite. Ainsi la fortune se plut à la fois à le jeter dans péril et à l'y soustraire.

XXXI. Ambiorix ne rassembla point ses troupes: était-ce à dessein, et parce qu'il ne jugea pas à propos de combattre, ou faute de temps, et à cause de l'obstacle qu'y put apporter l'arrivée subite de notre cavalerie, qu'il crut suivie du reste de l'armée ; c'est ce qu'on ne peut décider ; il est toutefois certain qu'il envoya secrètement des messagers dans les campagnes pour ordonner à chacun de pourvoir à sa sûreté. Les uns se réfu-

---

labris argento circumcludunt, atque in amplissimis epulis pro poculis utuntur.

XXIX. Cæsar, postquam per Ubios exploratores comperit, Suevos sese in silvas recepisse, inopiam frumenti veritus, quod, ut supra demonstravimus, minime omnes Germani agriculturæ student, constituit, non progredi longius ; sed, ne omnino metum reditus sui barbaris tolleret, atque ut eorum auxilia tardaret, redacto exercitu, partem ultimam pontis, quæ ripas Ubiorum contingebat, in longitudinem pedum CC rescindit ; atque in extremo ponte turrim tabulatorum quatuor constituit, præsidiumque cohortium XII pontis tuendi causa ponit, magnisque eum locum munitionibus firmat. Ei loco præsidioque C. Volcatium Tullum adolescentem præfecit. Ipse, quum maturescere frumenta inciperent, ad bellum Ambiorigis profectus, (per Arduennam silvam, quæ est totius Galliæ maxima, atque ab ripis Rheni finibusque Trevirorum ad Nervios pertinet, millibusque amplius D in longitudinem patet), L. Minucium Basilum cum omni equitatu præmittit, si quid celeritate itineris atque opportunitate temporis proficere possit : monet ut ignes fieri in castris prohibeat, ne qua ejus adventus procul significatio fiat : sese confestim subsequi dicit.

XXX. Basilus, ut imperatum est, facit : celeriter, contraque omnium opinionem, confecto itinere, multos in agris inopinantes deprehendit ; eorum indicio ad ipsum Ambiorigem contendit, quo in loco cum paucis equitibus esse dicebatur. Multum quum in omnibus rebus, tum in re militari potest fortuna. Nam sicut magno accidit casu, ut in ipsum incautum atque etiam imparatum incideret, priusque ejus adventus ab hominibus videretur, quam fama ac nuncii afferretur ; sic magnæ fuit fortunæ, omni militari instrumento, quod circum se habebat, erepto, rhedis equisque comprehensis, ipsum effugere mortem. Sed hoc eo factum est, quod, ædificio circumdato silva, (ut sunt fere domicilia Gallorum, qui, vitandi æstus causa, plerumque silvarum ac fluminum petunt propinquitates,) comites familiaresque ejus angusto in loco pauliaper equitum nostrorum vim sustinuerunt. His pugnantibus, illum in equum quidam ex suis intulit : fugientem silvæ texerunt. Sic et ad subeundum periculum, et ad vitandum, multum fortuna valuit.

XXXI. Ambiorix copias suas judicione non conduxerit quod prælio dimicandum non existimarit, an tempore exclusus, et repentino equitum adventu prohibitus fuerit, quum reliquum exercitum subsequi crederet, dubium est : sed certe, clam dimissis per agros nunciis, sibi quemque consulere jussit : quorum pars in Arduennam silvam, pars in continentes paludes profugit ; qui proximi Oceanum fuerunt, his insulis sese occultaverunt, quæ æstus

gièrent dans la forêt des Ardennes, les autres dans les marais voisins. Ceux qui étaient le plus près de l'Océan se cachèrent dans ces îles que forment d'ordinaire les marées ; un grand nombre, quittant leur pays, se fixèrent, avec tous leurs biens, dans des contrées tout-à-fait étrangères. Cativolke, roi de la moitié du pays des Eburons, et qui s'était rallié à Ambiorix, vieillard accablé par l'âge, et également incapable de supporter les fatigues de la guerre ou de la fuite, après avoir chargé d'imprécations Ambiorix, auteur de cette entreprise, s'empoisonna avec de l'if, qui croît en abondance dans la Gaule et dans la Germanie (17).

XXXII. Les Sègnes et les Condruses, peuples d'origine germaine, qui habitent entre les Eburons et les Trévires, envoyèrent des députés à César, pour le prier de ne point les mettre au nombre de ses ennemis, et de ne pas croire que tous les Germains en deçà du Rhin fissent cause commune ; ils n'avaient nullement songé à la guerre, n'avaient donné aucun secours à Ambiorix. César, s'étant informé du fait en questionnant les captifs, ordonna à ces peuples de lui ramener ceux des Eburons qui, après leur déroute, se seraient rassemblés chez eux, et leur promit, s'ils le faisaient, de ne commettre aucun dégât sur leur territoire. Ayant alors distribué ses troupes en trois parties, il envoya les bagages de toutes les légions à Aduatika[1]. C'est le nom d'un fort. Il est situé presqu'au milieu du pays des Eburons, dans le lieu même où Titurius et Aurunculeius avaient déjà établi leurs quartiers d'hiver. César choisit cette position par divers motifs, et surtout parce que les retranchements de l'année précédente étaient entièrement conservés, ce qui devait épargner beaucoup de travail aux soldats. Il laissa pour la garde des bagages la quatorzième légion, l'une des trois qu'il avait récemment levées en Italie, et amenées en Gaule. Il confia à Q. Tullius Cicéron le commandement de cette légion et du camp, et lui donna deux cents cavaliers.

XXXIII. Partageant l'armée, il fait partir T. Labienus, avec trois légions, vers l'Océan, dans le pays qui touche aux Ménapes ; il envoie C. Trébonius, avec le même nombre de légions, vers les contrées voisines des Aduatikes, avec ordre de les ravager. Il arrête de marcher en personne avec les trois autres, vers le fleuve de l'Escaut, qui se jette dans la Meuse (18), et de gagner l'extrémité des Ardennes, où il entendait dire qu'Ambiorix s'était retiré avec un petit nombre de cavaliers. Il annonce, en partant, qu'il sera de retour dans sept jours ; c'était l'époque où il savait qu'on devait distribuer les vivres à la légion qu'il laissait pour la garde des bagages. Il engage Labiénus et Trébonius à revenir le même jour, si l'état des choses leur permet de le faire, afin de se concerter de nouveau et de de diriger la guerre d'après ce qu'on saurait des dispositions des ennemis

XXXIV. Ils n'avaient, comme on l'a dit plus haut, nulle troupe organisée, point de garnison, point de place qui fût en état de défense, c'était une multitude éparse çà et là. Se présentait-il un

[1] Ce fort ou château, situé sur le territoire Eburon, ne doit pas être confondu avec Aduat, capitale des Aduatikes, dont il a déjà été question.

---

efficere consuerunt : multi, ex suis finibus egressi, se suaque omnia alienis simis crediderunt. Cativolcus, rex dimidiæ partis Eburonum, qui una cum Ambiorige consilium inierat, ætate jam confectus, cum laborem aut belli aut fugæ ferre non posset, omnibus precibus detestatus Ambiorigem, qui ejus consilii auctor fuisset, taxo, cujus magna in Gallia Germaniaque copia est, se exanimavit.

XXXII. Segni Condrusique, ex gente et numero Germanorum qui sunt inter Eburones Treviroque, legatos ad Cæsarem miserunt, oratum, ne se in hostium numero duceret, neve omnium Germanorum qui essent citra Rhenum, unam esse causam judicaret : nihil se de bello cogitasse, nulla Ambiorigi auxilia misisse. Cæsar, explorata re quæstione captivorum, si qui ad eos Eburones ex fuga convenissent, ut ad se reducerentur, imperavit : si ita fecissent, fines eorum se violaturum negavit. Tum copiis in tres partes distributis, impedimenta omnium legionum Aduatucam contulit. Id castelli nomen est. Hoc fere est in mediis Eburonum finibus, ubi Titurius atque Aurunculeius hiemandi causa consederat. Hunc cum reliquis rebus locum probabat, tum quod superioris anni munitiones integræ manebant, ut militum laborem subleva-
ret. Præsidio impedimentis legionem XIV reliquit, unam ex his tribus, quas proxime conscriptas ex Italia transduxerat. Ei legioni castrisque Q. Tullium Ciceronem præfecit, ducentosque equites attribuit.

XXXIII. Partito exercitu, T. Labienum cum legionibus tribus ad Oceanum versus in eas partes, quæ Menapios attingunt, proficisci jubet : C. Trebonium cum pari legionum numero ad eam regionem, quæ Aduaticis adjacet, depopulandam mittit : ipse cum reliquis tribus ad flumen Scaldim, quod influit in Mosam, extremasque Arduennæ partes ire constituit, quo cum paucis equitibus profectum Ambiorigem audiebat. Discedens, post diem septimum sese reversurum, confirmat : quam ad diem ei legioni, quæ in præsidio relinquebatur, frumentum deberi sciebat. Labienum Treboniumque hortatur, si reipublicæ commodo facere possint, ad eam diem revertantur : ut, rursus communicato consilio, exploratisque hostium rationibus, aliud belli initium capere possent.

XXXIV. Erat, ut supra demonstravimus, manus certa nulla, non oppidum, non præsidium, quod se armis defenderet ; sed in omnes partes dispersa multitudo. Ubi cuique aut vallis abdita, aut locus silvestris, aut palus

vallon couvert, un lieu boisé, un marais de difficile accès, qui leur offrit quelque espoir de sûreté ou de salut, ils s'y arrêtaient. Ces asiles étaient connus des habitants voisins, et la chose requérait beaucoup de prudence, non pour protéger le corps de l'armée, car elle n'avait, en masse, aucun danger à craindre de la part d'ennemis effrayés et dispersés, mais pour la conservation de chaque soldat; et d'ailleurs le salut des individus intéressait celui de l'armée entière. L'appât du butin en entraînait plusieurs au loin, et l'incertitude des chemins, dans ces forêts épaisses, empêchait de marcher en corps de troupes. Si l'on voulait en finir, et exterminer cette race de brigands, il fallait former plusieurs détachements et laisser agir séparément les soldats. Si on voulait retenir ceux-ci près de leurs enseignes, suivant l'ordre et l'usage des armées romaines, la nature même des lieux faisait la sûreté des barbares, et ils ne manquaient pas d'audace pour dresser de secrètes embûches et envelopper nos soldats dispersés. Mais au milieu des difficultés de ce genre, il fallait employer toutes les précautions possibles; il valait mieux, quelque désir de vengeance qui enflammât nos soldats, faire moins de mal à l'ennemi que d'exposer les troupes à trop de dangers. César envoie des messagers dans les pays voisins; il les appelle tous à lui par l'espoir du butin, les invite à piller les Eburons, aimant mieux risquer, au milieu de ces forêts, la vie des Gaulois que celle des légionnaires; il voulait au moyen de cette invasion d'une immense multitude, détruire jusque dans sa race et son nom une nation si criminelle. Une foule nombreuse arriva bientôt.

XXXV. Les choses se passaient ainsi sur tous les points du pays des Eburons, et l'on approchait de ce septième jour, auquel César avait fixé son retour près des bagages et de la légion qui les gardait. On vit alors tout ce que peut le hasard à la guerre et quels événements il produit. L'ennemi était dispersé et frappé d'épouvante : il n'avait, nous l'avons dit, aucune troupe capable d'inspirer la moindre crainte. Le bruit parvint au-delà du Rhin, chez les Germains, que le pays des Eburons était livré au pillage et que l'on conviait tous les peuples à cette proie. Deux mille cavaliers se réunissent chez les Sigambres, voisins du Rhin, et qui avaient, comme nous l'avons déjà vu, recueilli dans leur fuite les Tenchthères et les Usipètes; ils passent le Rhin sur des barques et des radeaux, à trente mille pas au-dessous de l'endroit où César avait établi un pont et laissé une garde. Ils envahissent d'abord les frontières des Eburons, ramassent une foule de fuyards dispersés, et s'emparent d'une grande quantité de bestiaux, dont les barbares sont très-avides. L'appât du butin les entraîne plus avant. Il n'est ni marais ni bois capables d'arrêter ces hommes nés au sein de la guerre et du brigandage. Ils s'informent des prisonniers en quels lieux est César ; ils apprennent qu'il est parti au loin et que l'armée s'est retirée. Alors un des captifs leur dit : « Pourquoi poursuivre une paix si misérable et si mince, tandis que la plus haute fortune s'offre à vous ? En trois heures vous pouvez arriver de-

---

impedita, spem præsidii aut salutis aliquam offerebat, consederat. Hæc loca vicinitatibus erant nota; magnamque res diligentiam requirebat, non in summa exercitus tuenda (nullum enim poterat universis, ab perterritis ac dispersis, periculum accidere), sed in singulis militibus conservandis; quæ tamen ex parte res ad salutem exercitus pertinebat. Nam et prædæ cupiditas multos longius evocabat, et silvæ incertis occultisque itineribus confertos adire prohibebant. Si negotium confici, stirpemque hominum sceleratorum interfici vellet, dimittendæ plures manus, diducendique erant milites : si continere ad signa manipulos vellet, ut instituta ratio et consuetudo exercitus Romani postulabat, locus ipse erat præsidio barbaris, neque ex occulto insidiandi et dispersos circumveniendi singulis deerat audacia. At in ejusmodi difficultatibus, quantum diligentia provideri poterat, providebatur; ut potius in nocendo aliquid omitteretur, etsi omnium animi ad ulciscendum ardebant, quam cum aliquo detrimento militum nocerctur. Cæsar ad finitimas civitates nuncios dimittit : omnes ad se evocat spe prædæ, ad diripiendos Eburones, ut potius in silvis Gallorum vita, quam legionarius miles, periclitetur; simul ut, magna multitudine circumfusa, pro tali facinore, stirps ac nomen civitatis tollatur. Magnus undique numerus celeriter convenit.

XXV. Hæc in omnibus Eburonum partibus gerebantur, diesque appetebat septimus, quem ad diem Cæsar ad impedimenta legionemque reverti constituerat. Hic, quantum in bello fortuna possit, et quantos afferat casus, cognosci potuit. Dissipatis ac perterritis hostibus, ut demonstravimus, manus erat nulla, quæ parvum modo causam timoris afferret. Trans Rhenum ad Germanos pervenit fama, diripi Eburones, atque ultro omnes ad prædam evocari. Cogunt equitum duo millia Sigambri, qui sunt proximi Rheno, a quibus receptos ex fuga Tenchtheros atque Usipetes supra docuimus : transeunt Rhenum navibus ratibusque, XXX millibus passuum infra eum locum, ubi pons erat perfectus, præsidiumque ab Cæsare relictum : primos Eburonum fines adeunt; multos ex fuga dispersos excipiunt; magno pecoris numero, cujus sunt cupidissimi barbari, potiuntur. Invitati præda, longius precedunt. Non hos palus, in bello latrociniisque natos, non silvæ morantur : quibus in locis sit Cæsar, ex captivis quærunt; profectum longius reperiunt, omnemque exercitum discessisse cognoscunt. Atque unus ex captivis. « Quid vos, inquit, hanc miseram ac tenuem secta-

vant Aduatika : là sont déposées toutes les richesses de l'armée romaine ; la garde est si faible qu'elle ne pourrait même pas border le rempart, et que pas un n'oserait sortir des retranchements. » Pleins d'espérances, les Germains mettent à couvert le butin qu'ils avaient fait, et marchent sur Aduatika, prenant pour guide celui qui leur avait donné cet avis.

XXXVI. Cicéron, qui, tous les jours précédents, avait, selon les ordres de César, retenu avec le plus grand soin les soldats dans le camp, et n'avait pas même souffert qu'un seul valet sortît du retranchement, le septième jour, ne comptant plus sur l'exactitude de César à revenir au terme fixé, d'autant plus qu'on annonçait qu'il s'était avancé au loin, et que l'on n'avait aucune nouvelle de son retour, céda aux plaintes des soldats, qui disaient que sa patience équivalait à un siége, puisqu'on ne pouvait sortir du camp. Il croyait d'ailleurs qu'étant couvert par neuf légions et une nombreuse cavalerie, il n'avait rien à craindre, à trois mille pas du camp, d'ennemis dispersés et presque détruits. Il envoya donc cinq cohortes couper du blé dans la campagne la plus voisine, dont il était séparé par une colline seulement. On avait laissé dans le camp des malades de diverses légions ; trois cents environ, qui s'étaient rétablis pendant l'absence de César, sortent ensemble sous une même enseigne ; enfin une multitude de valets obtiennent la permission de suivre avec un grand nombre de chevaux laissés en dépôt dans le camp.

XXXVII. Le hasard voulut qu'en ce moment même les cavaliers germains arrivassent : sans faire halte, ils essaient de pénétrer dans le camp par la porte décumane On ne les avait aperçus, à cause des bois qui couvraient cette partie, que lorsqu'ils étaient déjà près du camp, et les marchands qui avaient leurs tentes sous le rempart n'eurent pas même le temps de rentrer. Nos soldats, surpris, se troublent à cette attaque ; et la cohorte de garde soutint à peine le premier choc. Les ennemis se répandent à l'entour, cherchant un passage. C'est avec peine que les nôtres défendent les portes ; les autres issues étaient garanties par leur position naturelle et par les retranchements. La confusion est dans tout le camp; chacun se demande la cause du tumulte ; et personne ne sait ni où porter les enseignes ni où doit se rendre chaque soldat. L'un annonce que le camp est déjà pris; l'autre, que le général a péri avec l'armée, et que les Barbares viennent en vainqueurs ; la plupart se font sur la nature du lieu des idées superstitieuses, et n'ont plus sous les yeux que la catastrophe de Cotta et de Titurius, tués dans le même fort. Une consternation si profonde et si générale confirme les Barbares dans l'opinion que le prisonnier leur avait donnée du dénuement complet de notre garnison. Ils essaient de pénétrer de vive force, et s'exhortent à ne pas laisser échapper de leurs mains une si riche proie.

XXXVIII. Au nombre des malades laissés dans Aduatika était P. Sextius Baculus, qui avait servi sous César en qualité de primipile, et dont nous

mini prædam, quibus licet jam esse fortunatissimis? Tribus horis Aduatucam venire potestis : huc omnes suas fortunas exercitus Romanorum contulit : præsidii tantum est, ut ne murus quidem cingi possit, neque quisquam egredi extra munitiones audeat. » Oblata spe, Germani, quam nacti erant prædam, in occulto relinquunt ; ipsi Aduatucam contendunt, usi eodem duce, cujus hæc indicio cognoverant.

XXXVI. Cicero, qui per omnes superiores dies præceptis Cæsaris summa diligentia milites in castris continuisset, ac ne calonem quidem quemquam extra munitionem egredi passus esset, septimo die diffidens, de numero dierum Cæsarem fidem servaturum, quod longius eum progressum audiebat, neque ulla de ejus reditu fama afferebatur; simul eorum permotus vocibus, qui illius patientiam pæne obsessionem appellabant, si quidem ex castris egredi non liceret ; nullum ejusmodi casum exspectans, quo, novem oppositis legionibus maximoque equitatu, dispersis ac pæne deletis hostibus, in millibus passuum III offendi posset ; quinque cohortes frumentatum in proximas segetes misit, quas inter et castra unus omnino collis intererat. Complures erant in castris ex legionibus ægri relicti ; ex quibus qui hoc spatio dierum convaluerant, circiter CCC sub vexillo una mittuntur ; magna præterea multitudo calonum, magna vis jumentorum, quæ in castris subsederat, facta potestate, sequitur.

XXXVII. Hoc ipso tempore et casu germani equites interveniunt, protinusque eodem illo, quo venerant, cursu ab decumana porta in castra irrumpere conantur : nec prius sunt visi, objectis ab ea parte silvis, quam castris appropinquarent, usque eo, ut, qui sub vallo tenderent mercatores, recipiendi sui facultatem non haberent. Inopinantes nostri re nova perturbantur, ac vix primum impetum cohors in statione sustinet. Circumfunduntur hostes ex reliquis partibus, si quem aditum reperire possent. Ægre nostri portas tuentur, reliquos aditus locus ipse per se munitioque defendit. Totis trepidatur castris, atque alius ex alio causam tumultus quærit : neque quo signa ferantur, neque quam in partem quisque conveniat, provident. Alius capta jam castra pronunciat ; alius, deleto exercitu atque imperatore, victores barbaros venisse contendit : plerique novas sibi ex loco religiones fingunt ; Cottæque et Titurii calamitatem, qui in eodem occiderint castello, ante oculos ponunt. Tali timore omnibus perterritis, confirmatur opinio barbaris, ut ex captivo audierant, nullum esse intus præsidium. Perrumpere nituntur, seque ipsi adhortantur, ne tantam fortunam ex manibus dimittan

XXXVIII. Erat æger in præsidio relictus P. Sextius Baculus, qui primum pilum ad Cæsarem duxerat, cujus mentionem superioribus præliis fecimus, ac diem jam

18.

avons fait mention dans le récit des combats précédents. Depuis cinq jours, il n'avait pas pris de nourriture. Inquiet sur le salut de tous et sur le sien, il sort sans armes de sa tente; il voit combien l'ennemi est proche et le péril pressant, se saisit des premières armes qu'il aperçoit et se place à une porte. Les centurions de la cohorte qui était de garde le suivent; et tous ensemble ils soutiennent quelque temps le combat. Grièvement blessé, Sextius perd connaissance; on le passe de mains en mains, et on le sauve avec peine. Dans cet intervalle, les autres reprennent assez de courage pour oser rester sur le rempart et présenter l'apparence d'une défense.

XXXIX. Cependant nos soldats, revenant du fourrage, entendent des cris; la cavalerie prend les devants et reconnaît toute l'imminence du danger. Il n'y a là aucun retranchement où ils puissent se retirer dans leur frayeur; les soldats nouvellement levés et sans expérience de la guerre se tournent vers le tribun militaire et les centurions, et attendent leurs ordres. Nul n'est si brave que la vue du danger ne l'étonne. Les Barbares, apercevant de loin les enseignes, cessent leur attaque; ils croient d'abord que c'est le retour des légions que les captifs avaient dit s'être portées au loin; mais, bientôt, pleins de mépris pour ce petit nombre de troupes, ils fondent sur elles de toutes parts.

XL. Les valets courent sur une hauteur voisine. Chassés de ce poste, ils se replient en désordre sur les enseignes et sur les rangs des cohortes, et augmentent la frayeur des soldats. Les uns veulent qu'on forme le coin, afin de percer jusqu'au camp dont ils sont si près, espérant que si une partie d'entre eux est enveloppée et succombe, le reste du moins pourra se sauver; d'autres veulent qu'on tienne ferme sur la colline, et que tous courent la même fortune. Cet avis n'est pas celui des vieux soldats que nous avons dit s'être mis en marche sous une même enseigne. Après s'être encouragés mutuellement, et sous la conduite de C. Trebonius, chevalier romain, qui les commandait, ils se font jour à travers les ennemis, et tous, jusqu'au dernier, ils rentrent au camp sans perte. Les valets et les cavaliers suivent l'impulsion, et sont sauvés par le courage des soldats. Mais ceux qui s'étaient arrêtés sur la colline, et à qui manquait toute expérience de l'art militaire, ne surent ni persévérer dans le parti qu'ils avaient pris de se défendre sur cette hauteur, ni imiter la vigueur et l'impétuosité qui avaient, sous leurs yeux, sauvé les autres; en essayant de gagner le camp, ils s'engagèrent dans un lieu désavantageux. Les centurions, dont plusieurs avaient été, à cause de leur valeur, promus, des rangs inférieurs des autres légions, aux premiers grades de celle-ci, voulant conserver leur ancienne gloire militaire, se firent tuer en combattant vaillamment. Une partie des soldats, pendant que l'ennemi reculait devant tant de courage, put rentrer au camp, sauvée contre tout espoir; le reste fut enveloppé par les Barbares et périt.

XLI. Les Germains, désespérant de forcer le camp, et nous voyant en état de défense sur les

---

quintum cibo caruerat. Hic, diffisus suæ atque omnium saluti, inermis ex tabernaculo prodit : videt immiuere hostes, atque in summo esse rem discrimine : capit arma a proximis, atque in porta consistit. Consequuntur hunc centuriones ejus cohortis, quæ in statione erat : paulisper una prælium sustinent. Relinquit animus Sextium, gravibus acceptis vulneribus : ægre, per manus tractus, servatur. Hoc spatio interposito, reliqui sese confirmant tantum, ut in munitionibus consistere audeant, speciemque defensorum præbeant.

XXXIX. Interim confecta frumentatione, milites nostri clamorem exaudiunt : præcurrunt equites, quanto res sit in periculo, cognoscunt. Hic vero nulla munitio est, quæ perterritos recipiat : modo conscripti, atque usus militaris imperiti, ad tribunum militum centurionesque ora convertunt : quid ab his præcipiatur, exspectant. Nemo est tam fortis, quin rei novitate perturbetur. Barbari, signa procul conspicati, oppugnatione desistunt : redisse primo legiones credunt, quas longius discessisse ex captivis cognoverant : postea, despecta paucitate, ex omnibus partibus impetum faciunt.

XL. Calones in proximum tumulum procurrunt. Hinc celeriter dejecti, se in signa manipulosque conjiciunt : eo magis timidos perterrent milites. Alii, cuneo facto, ut celeriter perrumpant, censent, quoniam tam propinqua sint castra; et, si pars aliqua circumventa ceciderit, at reliquos servari posse confidunt : alii, ut in jugo consistant, atque eumdem omnes ferant casum. Hoc veteres non probant milites, quos sub vexillo una profectos docuimus. Itaque inter se cohortati, duce C. Trebonio, equite romano, qui eis erat præpositus, per medios hostes perrumpunt, incolumesque ad unum omnes in castra perveniunt. Hos subsecuti calones equitesque eodem impetu, militum virtute servantur. At ii, qui in jugo constiterant, nullo etiam nunc usu rei militaris percepto, neque in eo, quod probaverant, consilio permanere, ut se loco superiore defenderent, neque eam, quam profuisse aliis vim celeritatemque viderant, imitari potuerunt; sed, se in castra recipere conati, iniquum in locum demiserant. Centuriones, quorum nonnulli ex inferioribus ordinibus reliquarum legionum virtutis causa in superiores erant ordines hujus legionis transducti, ne ante partam rei militaris laudem amitterent, fortissime pugnantes conciderunt. Militum pars, horum virtute submotis hostibus, præter spem incolumis in castra pervenit; pars a barbaris circumventa periit.

XLI. Germani, desperata expugnatione castrorum, quod nostros jam constitisse in munitionibus videbant,

remparts, repassèrent le Rhin avec le butin qu'ils avaient déposé dans les forêts. Mais tel était encore l'effroi, même après le départ des ennemis, que la nuit suivante, C. Volusenus, envoyé en avant avec la cavalerie, étant venu au camp, ne put faire croire que César approchait avec l'armée intacte. La peur possédait tous les esprits, au point que, dans l'égarement où l'on était, on soutenait que toutes les troupes avaient été détruites, que la cavalerie seule avait échappé par la fuite; que, si l'armée eût été entière, les Germains n'auraient pas attaqué le camp. L'arrivée de César dissipa cette frayeur.

XLII. A son retour, celui-ci, qui connaissait les chances de la guerre, se plaignit uniquement qu'on eût fait sortir les cohortes du camp dont elles avaient la garde; il remontra qu'on n'aurait pas dû donner prise au moindre hasard, et que la fortune avait eu grande part à l'arrivée subite des ennemis; mais qu'elle avait fait encore plus, en permettant qu'on repoussât les barbares presque maîtres des retranchements et des portes du camp. Ce qui, dans tout cela, lui paraissait le plus étonnant, c'est que les Germains, qui n'avaient passé le Rhin que pour ravager le territoire d'Ambiorix, eussent, en venant attaquer le camp des Romains, rendu à Ambiorix le plus grand service qu'il pût désirer.

XLIII. César partit de nouveau à la poursuite des ennemis, et, rassemblant un grand nombre de troupes des cités voisines, il les lâcha en tous sens. Tous les bourgs et toutes les habitations que chacun rencontrait furent incendiés; tout fut livré au pillage. Le blé que ne consomma point une si grande multitude de chevaux et d'hommes fut détruit par les pluies et les orages, à tel point que le petit nombre de ceux qui nous échappèrent en se cachant dut, après le départ de l'armée, périr de faim et de misère. Il arrivait souvent que, toute la cavalerie battant le pays, des prisonniers disaient avoir vu Ambiorix dans sa fuite, et assuraient qu'il ne pouvait être loin; aussi l'espoir de l'atteindre, et le désir de gagner la faveur particulière de César, faisaient supporter des fatigues infinies et triompher presque de la nature à force d'ardeur; on semblait toujours n'avoir manqué que de peu d'instants une si importante capture, et toujours des cavernes et des bois nous le dérobaient. Il gagna ainsi, à la faveur de la nuit, d'autres régions, d'autres retraites, sans autre escorte que celle de quatre cavaliers, les seuls auxquels il osât confier sa vie.

XLIV. Après la dévastation de ce territoire, César ramena l'armée, diminuée de deux cohortes, à Durocortore[1], capitale des Rèmes, et, y ayant convoqué l'assemblée de la Gaule, il résolut de s'occuper de la conjuration des Sénons et des Carnutes. Acco, qui en avait été le chef, reçut sa sentence de mort et subit son supplice selon les anciens usages. Quelques autres prirent la fuite, dans la crainte d'un jugement. Après leur avoir interdit le feu et l'eau, César établit deux légions en quartiers d'hiver chez les Trévires, deux chez

[1] Aujourd'hui Reims

---

cum ea præda, quam in silvis deposuerant, trans Rhenum sese receperunt. Ac tantus fuit, etiam post discessum hostium, terror, ut ea nocte, quum C. Volusenus missus cum equitatu ad castra venisset, fidem non faceret, adesse cum incolumi Cæsarem exercitu. Sic omnium animos timor præoccupaverat, ut, pæne alienata mente, deletis omnibus copiis equitatum se ex fuga recepisse dicerent; neque, incolumi exercitu, Germanos castra oppugnaturos fuisse contenderent. Quem timorem Cæsaris adventus sustulit.

XLII. Reversus ille, eventus belli non ignorans, unum, quod cohortes ex statione et præsidio essent emissæ, questus, ne minimo quidem casu locum relinqui debuisse, multum fortunam in repentino hostium adventu potuisse judicavit; multo etiam amplius, quod pæne ab ipso vallo portisque castrorum barbaros avertissent. Quarum omnium rerum maxime admirandum videbatur, quod Germani, qui eo consilio Rhenum transierant, ut Ambiorigis fines depopularentur, ad castra Romanorum delati, optatissimum Ambiorigi beneficium obtulerant.

XLIII. Cæsar, rursus ad vexandos hostes profectus, magno coacto numero ex finitimis civitatibus, in omnes partes dimittit. Omnes vici atque omnia ædificia, quæ quisque conspexerat, incendebantur: præda ex omnibus locis agebatur: frumenta non solum a tanta multitudine jumentorum atque hominum consumebantur, sed etiam anni tempore atque imbribus procubuerant; ut, si qui etiam in præsentia se occultassent, tamen iis, deducto exercitu, rerum omnium inopia pereundum videretur. Ac sæpe in eum locum ventum est, tanto in omnes partes diviso equitatu, ut modo visum ab se Ambiorigem in fuga captivi, nec plane etiam abisse ex conspectu contenderent, ut, spe consequendi illata, atque infinito labore suscepto, qui se summam à Cæsare gratiam inituros putarent, pæne naturam studio vincerent, semperque paulum ad summam felicitatem defuisse videretur, atque ille latebris aut saltibus se eriperet, et noctu occultatus alias regiones partesque peteret, non majore equitum præsidio, quam quatuor, quibus solis vitam suam committere audebat.

XLIV. Tali modo vastatis regionibus, exercitum Cæsar duarum cohortium damno Durocortorum Remorum reducit, concilioque in eum locum Galliæ indicto, de conjuratione Senonum et Carnutum quæstionem habere instituit; et de Accone, qui princeps ejus consilii fuerat, graviore sententia pronunciata, more majorum supplicium sumpsit. Nonnulli, judicium veriti, profugerunt: quibus quum aqua atque igni interdixisset, II legiones ad fines Trevirorum, II in Lingonibus, VI reliquas in Senonum finibus Agendici in hibernis collocavit; frumentoque

les Lingons, et les six autres sur les terres des Sénons, à Agendicum [1]. Lorsqu'il eut pourvu aux subsistances de l'armée, il partit pour l'Italie [2], selon sa coutume, pour y tenir l'assemblée du pays.

LIVRE SEPTIÈME.

I. Voyant la Gaule tranquille, Cesar, comme il l'avait résolu, va tenir les assemblées en Italie. Il y apprend la mort de P. Clodius (1), et, d'après le sénatus-consulte qui ordonnait à toute la jeunesse de l'Italie de prêter le serment militaire (2), il fait des levées dans toute la province. La nouvelle en est bientôt portée dans la Gaule transalpine. Les Gaulois supposent d'eux-mêmes et ajoutent à ces bruits, ce qui semblait assez fondé, « que les mouvements de Rome retiennent César, et qu'au milieu de troubles si grands il ne peut se rendre auprès de l'armée. » Excités par ces circonstances favorables, ceux qui déjà se voyaient avec douleur soumis au peuple romain commencent à se livrer plus ouvertement et plus audacieusement à des projets hostiles. Les principaux de la Gaule s'assemblent dans des lieux écartés et dans les bois; ils s'y plaignent de la mort d'Acco [3]; ils se disent qu'il peut leur en arriver autant; ils déplorent le sort commun de la Gaule; ils offrent toutes les récompenses à ceux qui commenceront la guerre, et qui rendront la liberté à la Gaule au péril de leur vie. Tous conviennent que la première chose à faire, avant que leurs projets secrets éclatent, est d'empêcher César de rejoindre l'armée; ce qui sera facile parce que, pendant son absence, les légions n'oseront sortir de leurs quartiers d'hiver, et que lui-même n'y pourra parvenir sans escorte; qu'enfin il vaut mieux périr dans une bataille que de ne pas recouvrer leur ancienne gloire militaire et la liberté qu'ils ont reçue de leurs ancêtres.

II. A la suite de cette discussion, les Carnutes déclarent « qu'ils s'exposeront à tous les dangers pour la cause commune; qu'ils prendront les armes les premiers de tous; et comme, afin de ne rien découvrir, ils ne peuvent se donner des otages, ils demandent que les alliés engagent leur parole, et sur les étendards réunis (cérémonie qui, dans leurs mœurs, est ce qu'il y a de plus sacré), on leur jure de ne pas les abandonner, quand ils se seront déclarés. » On comble d'éloges les Carnutes; tous ceux qui sont présents prêtent le serment exigé; on fixe le jour pour l'exécution, et l'assemblée se sépare.

III. Ce jour arrivé, les Carnutes, sous les ordres de Cotuat et de Conétodun, hommes déterminés à tout, se jettent, à un signal donné, dans Genabum [4], massacrent les citoyens romains qui s'y trouvaient pour affaires de commerce, entre autres C. Fusius Cita, estimable chevalier romain, que César avait mis à la tête des vivres, et ils pillent tous leurs biens. La nouvelle en parvient bientôt à toutes les cités de la Gaule; car, dès qu'il arrive quelque chose de remarquable et d'intéressant, les Gaulois l'apprennent par des

(1) Aujourd'hui Sens. — [2] C'est-à-dire dans la Gaule cisalpine. — [3] Voy. l. IV, ch. 44.

[4] Aujourd'hui Orléans.

exercitu proviso, ut instituerat, in Italiam ad conventus agendos profectus est.

LIBER SEPTIMUS.

Quieta Gallia, Cæsar, ut constituerat, in Italiam ad conventus agendos proficiscitur. Ibi cognoscit de P. Clodii cæde : senatusque consulto certior factus, ut omnes juniores Italiæ conjurarent, dilectum tota Provincia habere instituit. Eæ res in Galliam Transalpinam celeriter perferuntur. Addunt ipsi et affingunt rumoribus Galli, quod res poscere videbatur, « retineri urbano motu Cæsarem, neque in tantis dissensionibus ad exercitum venire posse. » Hac impulsi occasione, qui jam ante se populi romani imperio subjectos dolerent, liberius atque audacius de bello consilia inire incipiunt. Indictis inter se principes Galliæ conciliis silvestribus ac remotis locis, queruntur de Acconis morte; hunc casum ad ipsos recidere posse demonstrant; miserantur communem Galliæ fortunam; omnibus pollicitationibus ac præmiis deposcunt, qui belli initium faciant, et sui capitis periculo Galliam in libertatem vindicent. Ejus in primis rationem habendam dicunt, priusquam eorum clandestina consilia efferantur, ut Cæsar ab exercitu intercludatur. Id esse facile, quod neque legiones, absente imperatore, audeant ex hibernis egredi; neque imperator sine præsidio ad legiones pervenire possit; postremo in acie præstare interfici, quam non veterem belli gloriam libertatemque, quam a majoribus acceperint, recuperare.

II. His rebus agitatis, profitentur Carnutes, « se nullum periculum communis salutis causa recusare; principesque ex omnibus bellum facturos pollicentur; et, quoniam in præsentia obsidibus cavere inter se non possint, ne res efferatur, ut jurejurando ac fide sanciatur, petunt, collatis militaribus signis (quo more eorum gravissimæ cærimoniæ continentur), ne, facto initio belli, ab reliquis deserantur. » Tum, collaudatis Carnutibus, dato jurejurando ab omnibus, qui aderant tempore ejus rei constituto, ab concilio disceditur.

III. Ubi ea dies venit, Carnutes, Cotuato et Conetoduno ducibus, desperatis hominibus, Genabum dato signo concurrunt; civesque romanos, qui negotiandi causa ibi constiterant, in his C. Fusium Citam, honestum equitem romanum, qui rei frumentariæ jussu Cæsaris præerat, interficiunt, bonaque eorum diripiunt. Celeri-

cris à travers les campagnes et d'un pays à l'autre. Ceux qui les entendent les transmettent aux plus proches comme on fit alors. En effet, la première veille n'était pas encore écoulée que les Arvernes savaient ce qui s'était passé à Genabum au lever du soleil, c'est-à-dire à cent soixante milles environ de chez eux.

IV. La, dans le même but, un jeune Arverne très-puissant, Vercingétorix (5), fils de Celtill, qui avait tenu le premier rang dans la Gaule, et que sa cité avait fait mourir parce qu'il visait à la royauté, assemble ses clients et les échauffe sans peine. Dès que l'on connaît son dessein, on court aux armes; son oncle Gobanitio, et les autres chefs qui ne jugeaient pas à propos de courir une pareille chance, le chassent de la ville de Gergovie[1]. Cependant il ne renonce pas à son projet, et lève dans la campagne un corps de vagabonds et de misérables. Suivi de cette troupe, il amène à ses vues tous ceux de la cité qu'il rencontre; il les exhorte à prendre les armes pour la liberté commune. Ayant ainsi réuni de grandes forces, il expulse à son tour du pays les adversaires qui, peu de temps auparavant, l'avaient chassé lui-même. On lui donne le titre de roi, et il envoie des députés réclamer partout l'exécution des promesses que l'on a faites. Bientôt il entraîne les Sénons, les Parisiens, les Pictons, les Cadurkes, les Turons, les Aulerkes, les Lemovikes[2], les Andes, et tous les autres peuples qui bordent l'Océan : tous s'accordent à lui déférer le commandement. Revêtu de ce pouvoir, il exige des otages de toutes les cités, donne ordre qu'on lui amène promptement un certain nombre de soldats, et règle ce que chaque cité doit fabriquer d'armes, et l'époque où elle les livrera. Surtout il s'occupe de la cavalerie; à l'activité la plus grande il joint la plus grande sévérité; il détermine les incertains par l'énormité des châtiments; un délit grave est puni par le feu et par toute espèce de tortures; pour les fautes légères il fait couper les oreilles ou crever un œil, et renvoie chez eux les coupables pour servir d'exemple et pour effrayer les autres par la rigueur du supplice.

V. Après avoir, par ces moyens violents, rassemblé bientôt une armée, il en envoie une partie chez les Ruthènes, sous les ordres de Luctère, du pays des Cadurkes, et lui-même va chez les Bituriges. A son approche, ceux-ci députent vers les Edues dont ils étaient les clients, et leur demandent des secours pour mieux résister aux forces de l'ennemi. Les Edues, de l'avis des lieutenants que César avait laissés à l'armée, leur envoient de l'infanterie et de la cavalerie. Arrivées à la Loire qui sépare les Bituriges des Edues, ces troupes s'y arrêtèrent quelques jours et revinrent sans avoir osé la passer. Les chefs dirent à nos lieutenants qu'ils étaient revenus sur leurs pas, craignant une perfidie de la part des Bituriges dont ils avaient appris que le dessein était, s'ils passaient le fleuve, de tomber sur eux d'un côté, tandis que les Arvernes les attaqueraient de l'autre. Est-

[1] Cette ville était située à une lieue de l'emplacement actuel de Clermont, sur une colline qui porte encore le nom de mont *Gergoie* ou *Gergoriat*. — [2] Peuple du Limousin.

---

ter ad omnes Galliæ civitates fama perfertur (nam ubi major atque illustrior incidit res, clamore per agros regionesque significant; hunc alii deinceps excipiunt, et proximis tradunt; ut tum accidit); nam, quæ Genabi oriente sole gesta essent, ante primam confectam vigiliam in finibus Arvernorum audita sunt; quod spatium est millium circiter CLX.

IV. Simili ratione ibi Vercingetorix, Celtilli filius, Arvernus, summæ potentiæ adolescens (cujus pater principatum Galliæ totius obtinuerat, et ob eam causam, quod regnum appetebat, ab civitate erat interfectus), convocatis suis clientibus, facile eos incendit. Cognito ejus consilio, ad arma concurritur: ab Gobanitione, patruo suo, reliquisque principibus, qui hanc tentandam fortunam non existimabant, expellitur ex oppido Gergovia: non destitit tamen, atque in agris habet dilectum egentium ac perditorum. Hac coacta manu, quoscumque adit ex civitate, ad suam sententiam perducit: hortatur, ut communis libertatis causa arma capiant: magnisque coactis copiis, adversarios suos, a quibus paulo ante erat ejectus, expellit ex civitate. Rex ab suis appellatur: dimittit quoquoversus legationes: obtestatur, ut in fide maneant. Celeriter sibi Senones, Parisios, Pictones, Cadurcos, Turones, Aulercos, Lemovices, Andes, reliquosque omnes, qui Oceanum attingunt, adjungit: omnium consensu ad eum defertur imperium. Qua oblata potestate, omnibus his civitatibus obsides imperat, certum numerum militum ad se celeriter adduci jubet: armorum quantum quæque civitas domi, quodque ante tempus efficiat, constituit; in primis equitatui studet: summæ diligentiæ summam imperii severitatem addit: magnitudine supplicii dubitantes cogit; nam, majore commisso delicto, igni atque omnibus tormentis necat; leviore de causa, auribus desectis, aut singulis effossis oculis, domum remittit, ut sint reliquis documento, et magnitudine pœnæ perterreant alios.

V. His suppliciis celeriter coacto exercitu, Lucterium Cadurcum, summæ hominem audaciæ, cum parte copiarum in Rutenos mittit: ipse in Bituriges proficiscitur. Ejus adventu Bituriges ad Æduos, quorum erant in fide, legatos mittunt subsidium rogatum, quo facilius hostium copias sustinere possint. Ædui de consilio legatorum, quos Cæsar ad exercitum reliquerat, copias equitatus peditatusque subsidio Biturigibus mittunt. Qui quum ad flumen Ligerim venissent, quod Bituriges ab Æduis dividit, paucos dies ibi morati, neque flumen transire ausi, domum revertuntur, legatisque nostris renuntiant, se Biturigum perfidiam veritos revertisse, quibus id consilii fuisse cognoverint, ut, si flumen transissent, una ex parte ipsi, altera Arverni se circumsisterent. Id eane de causa

ce par le motif allégué aux lieutenants ou par trahison que les Édues en agirent ainsi? c'est ce qu'on ne peut décider, n'y ayant rien de positif à cet égard. Après leur départ, les Bituriges se rejoignirent aux Arvernes.

VI. Lorsque César apprit ces événements en Italie, il savait déjà que, grâces aux talents de Ch. Pompée, les affaires avaient pris un meilleur aspect à Rome; il partit donc pour la Gaule transalpine. En arrivant, il se trouva fort embarrassé sur le moyen de rejoindre son armée; car s'il faisait venir ses légions dans la province, elles auraient dans la marche à combattre sans lui; que s'il essayait de les aller trouver, il n'était pas prudent de confier sa personne même à un peuple qui à cette époque paraissait soumis.

VII. Cependant le Cadurke Luctère, envoyé chez les Ruthènes, les attire au parti des Arvernes, va de là chez les Nitiobriges[1] et les Gabales[2], qui lui donnent les uns et les autres des otages; puis, à la tête d'une nombreuse armée, il marche pour envahir la Province du côté de Narbonne. A cette nouvelle, César crut devoir préférablement à tout partir pour cette Province. Il y arrive, rassure les peuples effrayés, établit des postes chez ceux des Ruthènes, qui dépendent de la province, chez les Volkes Arécomikes[3], chez les Tolosates[4] et autour de Narbonne, lieux qui tous étaient voisins de l'ennemi. En même temps, il donne ordre à une partie des troupes de la province, et au renfort qu'il avait amené de l'Italie, de se réunir chez les Helves[1], qui sont limitrophes des Arvernes.

VIII. Ces choses ainsi disposées, et Luctère s'étant arrêté et même retiré parce qu'il crut dangereux de s'engager au milieu de ces différents corps de troupes, César se rendit chez les Helves, quoique dans cette saison, la plus rigoureuse de l'année, la neige encombrât les chemins des Cévennes, montagnes qui séparent les Helves des Arvernes. Cependant à force de travail, en faisant écarter par le soldat la neige épaisse de six pieds, César s'y fraie un chemin et parvient sur la frontière des Arvernes. Tombant sur eux au moment où ils ne s'y attendaient pas, parce qu'ils se croyaient défendus par les Cévennes comme par un mur, et que dans cette saison les sentiers n'en avaient jamais été praticables même pour un homme seul, il ordonne à sa cavalerie d'étendre ses courses aussi loin qu'il lui sera possible, afin de causer aux ennemis un plus grand effroi. La renommée et des courriers en informent bientôt Vercingétorix. Tous les Arvernes éperdus l'entourent et le conjurent de penser à leurs intérêts, de ne pas laisser ravager leurs propriétés, maintenant que toute la guerre s'est portée chez eux. Il cède à leurs prières, décampe, quitte le pays des Bituriges, pour se rapprocher de celui des Arvernes.

IX. César ne s'arrêta dans le pays que deux jours, prévoyant le parti que prendrait Vercingétorix; et il quitta l'armée, sous le prétexte de rassembler des renforts et de la cavalerie. Il laisse le commandement des troupes au jeune Brutus,

[1] Peuple de l'Agénois. — [2] Peuple du Gévaudan. — [3] Peuple du Bas-Languedoc. — [4] Peuple du territoire de Toulouse, capitale des Volkes-Tectosages, ou habitans du Haut-Languedoc.

[1] Peuple du Vivarais.

---

quam legatis pronuntiarunt, an perfidia adducti fecerint, quod nihil nobis constat, non videtur pro certo esse ponendum. Bituriges eorum discessu statim se cum Arvernis conjungunt.

VI. His rebus in Italiam Cæsari nunciatis, quum jam ille urbanas res virtute Cn. Pompeii commodiorem in statum pervenisse intelligeret, in Transalpinam Galliam profectus est. Eo quum venisset, magna difficultate afficiebatur, qua ratione ad exercitum pervenire posset : nam si legiones in Provinciam arcesseret, se absente in itinere prælio dimicaturas intelligebat : si ipse ad exercitum contenderet, ne iis quidem, qui eo tempore pacati videretur, suam salutem recte committi videbat.

VII. Interim Lucterius Cadurcus, in Rutenos missus, eam civitatem Arvernis conciliat. Progressus in Nitiobriges et Gabalos, ab utrisque obsides accipit, et magna coacta manu, in Provinciam Narbonem versus eruptionem facere contendit. Qua re nuntiata, Cæsar omnibus consiliis antevertendum existimavit, ut Narbonem proficisceretur. Eo quum venisset, timentes confirmat, præsidia in Rutenis provincialibus, Volcis Arecomicis, Tolosatibus, circumque Narbonem, quæ loca hostibus erant finitima, constituit : partem copiarum ex provincia, supplementumque, quod ex Italia adduxerat, in Helvios, qui fines Arvernorum contingunt, convenire jubet.

VIII. His rebus comparatis, represso jam Lucterio et remoto, quod intrare intra præsidia periculosum putabat, in Helvios proficiscitur : etsi mons Cevenna, qui Arvernos ab Helviis discludit, durissimo tempore anni, altissima nive iter impediebat; tamen discussa nive VI in altitudinem pedum, atque ita viis patefactis, summo militum labore ad fines Arvernorum pervenit. Quibus oppressis inopinantibus, quod se Cevenna, ut muro, munitos existimabant, ac ne singulari quidem unquam homini eo tempore anni semitæ patuerant; equitibus imperat, ut, quam latissime possint, vagentur, et quam maximum hostibus terrorem inferant. Celeriter hæc fama ac nuntiis ad Vercingetorigem perferuntur : quem perterriti omnes Arverni circumsistunt atque obsecrant, ut suis fortunis consulat, neu se ab hostibus diripi patiatur; præsertim quum videat, omne ad se bellum translatum. Quorum ille precibus permotus, castra ex Biturigibus movet in Arvernos versus.

IX. At Cæsar, biduum in iis locis moratus, quod hæc de Vercingetorige usu ventura opinione præceperat, per causam supplementi equitatusque cogendi ab exercitu

et lui recommande de pousser en tous sens et le plus loin possible des partis de cavalerie ; il aura soin de ne pas être absent du camp plus de trois jours. Les choses ainsi réglées, il arrive en toute diligence à Vienne [1], sans y être attendu. Il y trouve la nouvelle cavalerie qu'il avait envoyée depuis plusieurs jours, et sans s'arrêter ni de jour ni de nuit, il se rend à travers le pays des Édues chez les Lingons, où deux légions étaient en quartiers d'hiver : il voulait, si les Édues avaient eux-mêmes des desseins contre sa personne, en prévenir l'effet par sa célérité. Arrivé chez les Lingons, il dépêche des courriers aux autres légions, et les réunit toutes avant que les Arvernes puissent être instruits de sa marche. A cette nouvelle, Vercingétorix ramène son armée chez les Bituriges, et de là va mettre le siége devant Gergovie [2], ville des Boïes, que César, après les avoir vaincus dans la même bataille que les Helvètes, avait établie sous la dépendance des Édues.

X. Cette entreprise mettait César dans un grand embarras. Quel parti prendrait-il? Si, pendant le reste de l'hiver, il tenait les légions réunies sur un seul point, il craignait que la prise d'une ville tributaire des Édues ne le fît abandonner de toute la Gaule, parce que l'on verrait que ses amis ne pouvaient compter sur sa protection ; s'il entrait en campagne plus tôt que de coutume, la difficulté des transports pouvait le faire souffrir du côté des vivres. Cependant il crut plus à propos de s'exposer à tous ces inconvénients que d'essuyer un affront propre à aliéner les esprits de tous ses alliés. Ayant donc engagé les Édues à lui envoyer des vivres, il fait prévenir les Boïes de sa marche, et les exhorte à rester fidèles et à soutenir vigoureusement l'attaque des ennemis. Laissant à Agendicum [1] deux légions avec les bagages de toute l'armée, il se dirige vers les Boïes.

XI. Le lendemain, étant arrivé à Vellaunodunum [2], ville des Sénons, et ne voulant pas laisser d'ennemi derrière lui pour que les vivres circulassent librement, il résolut d'en faire le siége, et en acheva la circonvallation en deux jours. Le troisième jour, la ville envoya des députés pour se rendre ; et il fut ordonné aux assiégés d'apporter leurs armes, de livrer leurs chevaux et de donner six cents otages. César laisse, pour faire exécuter le traité, le lieutenant C. Trebonius ; et, sans perdre de temps, il marche sur Genabum, ville des Carnutes, qui tout récemment instruits du siége de Vellaunodunum, et croyant qu'il durerait plus longtemps, rassemblaient des troupes qu'ils devaient envoyer au secours de la première ville. César y arrive le second jour, et établit son camp devant la place; mais l'approche de la nuit le force de remettre l'attaque au lendemain : il ordonne aux soldats de tenir prêt tout ce qu'il faut en pareil cas ; et, comme la ville de Genabum avait un pont sur la Loire, dans la crainte que les habitants ne s'échappent la nuit, il fait veiller deux légions sous les armes. Un peu avant minuit

[1] Ville du Dauphiné. — [2] Probablement Moulins en Bourbonnais.

[1] Sens — [2] Beaune (Loiret) ou Château-Landon ?

discedit ; Brutum adolescentem iis copiis præficit; hunc monet, ut in omnes partes equites quam latissime pervagentur : daturum se operam, ne longius triduo ab castris absit. His constitutis rebus, suis inopinantibus, quam maximis potest itineribus, Viennam pervenit. Ibi nactus recentem equitatum, quem multis ante diebus eo præmiserat. neque diurno neque nocturno itinere intermisso, per fines Æduorum in Lingones contendit, ubi II legiones hiemabant ; ut, si quid etiam de sua salute ab Æduis iniretur consilii, celeritate præcurreret. Eo quum pervenisset, ad reliquas legiones mittit, priusque in unum locum omnes cogit, quam de ejus adventu Arvernis nuntiari posset. Hac re cognita, Vercingetorix rursus in Bituriges exercitum reducit; atque inde profectus Gergoviam, Boiorum oppidum, quos ibi Helvetico prælio victos Cæsar collocaverat, Æduisque attribuerat, oppugnare instituit.

X. Magnam hæc res Cæsari difficultatem ad consilium capiendum afferebat : si reliquam partem hiemis uno in loco legiones contineret, ne, stipendiariis Æduorum expugnatis, cuncta Gallia deficeret, quod nullum amicis in eo præsidium videret positum esse; sin maturius ex hibernis educeret, ne ab re frumentaria duris subvectionibus laboraret. Præstare visum est tamen, omnes difficultates perpeti, quam, tanta contumelia accepta, omnium suorum voluntates alienare. Itaque cohortatus Æduos de supportando commeatu, præmittit ad Boios, qui de suo adventu doceant, hortenturque, ut in fide maneant, atque hostium impetum magno animo sustineant. Duabus Agendici legionibus atque impedimentis totius exercitus relictis, ad Boios proficiscitur.

XI. Altero die, quum ad oppidum Senonum Vellaunodunum venisset, ne quam post se hostem relinqueret, quo expeditiore re frumentaria uteretur, oppugnare instituit, idque biduo circumvallavit : tertio die missis ex oppido legatis de deditione, arma proferri, jumenta produci, DC obsides dari jubet. Ea qui conficeret, C. Trebonium legatum relinquit : ipse, ut quam primum iter conficeret, Genabum Carnutum, proficiscitur, qui, tum primum allato nuntio de oppugnatione Vellaunoduni, quum longius eam rem ductum iri existimarent, præsidium Genabi tuendi causa, quod eo mitterent, comparabant. Huc biduo pervenit : castris ante oppidum positis, diei tempore exclusus, in posterum oppugnationem differt, quæque ad eam rem usui sint, militibus imperat : et, quod oppidum Genabum pons fluminis Ligeris continebat, veritus, ne noctu ex oppido profugerent, duas legiones in armis excubare jubet. Genabenses, paulo ante mediam noctem silentio ex oppido egressi, flumen transire cœperunt. Qua re per exploratores nuntiata, Cæsar legiones, quas expe-

les assiégés sortent en silence, et commencent à passer le fleuve. César, averti par les éclaireurs, met le feu aux portes, fait entrer les légions qui avaient reçu l'ordre d'être prêtes, et s'empare de la place. Très-peu d'ennemis échappèrent; presque tous furent pris, parce que le peu de largeur du pont et des issues arrêta la multitude dans sa fuite. César pille et brûle la ville, abandonne le butin aux soldats, fait passer la Loire à l'armée, et arrive sur le territoire des Bituriges.

XII. Vercingétorix, à la nouvelle de l'approche de César, lève le siége[1] et part au devant de lui. Celui-ci avait résolu d'assiéger Noviodunum[2], ville des Bituriges, placée sur sa route. Des députés en étaient sortis pour le prier de leur pardonner et de leur conserver la vie; César, pour terminer l'expédition avec cette promptitude qui avait fait le succès de ses précédentes, leur ordonne de lui apporter les armes, de lui amener les chevaux, de lui donner des otages. Une partie des otages avait déjà été livrée, et le reste du traité s'exécutait en présence des centurions et de quelques soldats qu'on avait introduits dans la place pour recueillir les armes et les chevaux, lorsqu'on aperçut au loin la cavalerie des ennemis qui précédait l'armée de Vercingétorix. Dès qu'ils l'aperçoivent et qu'ils ont l'espoir d'être secourus, les habitants poussent un cri et commencent à prendre les armes, à fermer les portes et à border le rempart. Les centurions qui étaient dans la ville, comprenant aux mouvements des Gaulois qu'ils trament quelque nouveau dessein, s'emparent des portes l'épée à la main et se retirent sans perte ainsi que tous leurs soldats.

XIII. César fait sortir du camp sa cavalerie et engage le combat avec celle des Gaulois. La nôtre commençant à plier, il la fait soutenir par environ six cents cavaliers germains qu'il s'était attachés depuis le commencement de la guerre. Les Gaulois ne purent soutenir leur choc, prirent la fuite et se replièrent sur leur armée avec beaucoup de perte. Cette déroute ayant jeté de nouveau la terreur dans la ville, les habitants saisirent ceux qu'ils crurent avoir excité le peuple, les amenèrent à César et se rendirent à lui. Cette affaire terminée, César marcha sur Avaricum[1], la plus grande et la plus forte place des Bituriges, et située sur le territoire le plus fertile; il espérait que la prise de cette ville le rendrait maître de tout le pays

XIV. Vercingétorix, après tant de revers essuyés successivement à Vellaunodunum, à Genabum, à Noviodunum, convoque un conseil. Il démontre « que cette guerre doit être conduite tout autrement qu'elle ne l'a été jusqu'alors; qu'il faut employer tous les moyens pour couper aux Romains les vivres et le fourrage; que cela sera aisé, puisque l'on a beaucoup de cavalerie et qu'on est secondé par la saison; que, ne trouvant pas d'herbes à couper, les ennemis seront contraints de se disperser pour en chercher dans les maisons, et que la cavalerie pourra chaque jour les détruire; qu'enfin le salut commun doit faire oublier les intérêts particuliers; qu'il faut incendier les bourgs et les maisons en tout sens depuis

---

[1] De Gergovie. — [2] Nonan-le-Fuzélier, à douze lieues d'Orléans, par la route de Bourges; selon d'autres Neuvi-sur-Baranjon.

[1] Aujourd'hui Bourges.

---

ditas esse jusserat, portis incensis, intromittit, atque oppido potitur, perpaucis ex hostium numero desideratis, quin cuncti caperentur, quod pontis atque itinerum angustiæ multitudini fugam intercluserant. Oppidum diripit atque incendit, prædam militibus donat, exercitum Ligerim transducit, atque in Biturigum fines pervenit.

XII. Vercingetorix, ubi de Cæsaris adventu cognovit, oppugnatione desistit, atque obviam Cæsari proficiscitur. Ille oppidum (Biturigum, positum in via) Noviodunum oppugnare instituerat. Quo ex oppido quum legati ad eum venissent, oratum, ut sibi ignosceret, suæque vitæ consuleret; ut celeritate reliquas res conficeret, qua pleraque erat consecutus, arma proferri, equos produci, obsides dari jubet. Parte jam obsidum tradita, quum reliqua administrarentur, centurionibus et paucis militibus intromissis, qui arma jumentaque conquirerent, equitatus hostium procul visus est, qui agmen Vercingetorigis antecesserat. Quem simul atque oppidani conspexerunt, atque in spem auxilii venerunt, clamore sublato, arma capere, portas claudere, murum complere cœperunt. Centuriones in oppido, quum ex significatione Gallorum novi aliquid ab his iniri consiliis intellexissent, gladiis districtis, portas occupaverunt, suosque omnes incolumes receperunt.

XIII. Cæsar ex castris equitatum educi jubet, præliumque equestre committit: laborantibus jam suis Germanos equites circiter CD submittit, quos ab initio secum habere instituerat. Eorum impetum Galli sustinere non potuerunt, atque in fugam conjecti, multis amissis, sese ad agmen receperunt: quibus profligatis, rursus oppidani perterriti comprehensos eos, quorum opera plebem concitatam existimabant, ad Cæsarem perduxerunt, seseque ei dediderunt. Quibus rebus confectis, Cæsar ad oppidum Avaricum, quod erat maximum munitissimumque in finibus Biturigum, atque agri fertilissima regione, profectus est; quod, eo oppido recepto, civitatem Biturigum se in potestatem redacturum confidebat.

XIV. Vercingetorix, tot continuis incommodis Vellaunoduni, Genabi, Novioduni acceptis, suos ad concilium convocat. Docet, « longe alia ratione esse bellum gerendum, atque antea sit gestum: omnibus modis huic rei studendum, ut pabulatione et commeatu Romani prohibeantur. Id esse facile, quod equitatu ipsi abundent, et quod anni tempore subleventur: pabulum secari non posse; necessario dispersos hostes ex ædificiis petere: hos omnes quotidie ab equitibus deleri posse. Præterea salutis causa rei familiaris commoda negligenda; vicos

Boïe, aussi loin que l'ennemi peut s'étendre pour fourrager. Pour eux, ils auront tout en abondance, étant secourus par les peuples sur le territoire desquels aura lieu la guerre; les Romains ne pourront soutenir la disette ou s'exposeront à de grands périls en sortant de leur camp; il importe peu de les tuer ou de leur enlever leurs bagages, dont la perte leur rend la guerre impossible. Il faut aussi brûler les villes qui par leurs fortifications ou par leur position naturelle ne seraient pas à l'abri de tout danger, afin qu'elles ne servent ni d'asile aux Gaulois qui déserteraient leurs drapeaux, ni de but aux Romains qui voudraient y enlever des vivres et du butin. Si de tels moyens semblent durs et rigoureux, ils doivent trouver plus dur encore de voir leurs enfants, leurs femmes, traînés en esclavage, et de périr eux-mêmes, sort inévitable des vaincus. »

XV. Cet avis étant unanimement approuvé, on brûle en un jour plus de vingt villes des Bituriges. On fait la même chose dans les autres pays. De toutes parts on ne voit qu'incendies : ce spectacle causait une affliction profonde et universelle, mais on s'en consolait par l'espoir d'une victoire presque certaine, qui indemniserait promptement de tous les sacrifices. On délibère dans l'assemblée générale s'il convient de brûler ou de défendre Avaricum. Les Bituriges se jettent aux pieds des autres Gaulois : « Qu'on ne les force pas à brûler de leurs mains la plus belle ville de presque toute la Gaule, le soutien et l'ornement de leur pays; ils la défendront facilement, disent-ils, vu sa position naturelle; car presque de toutes parts entourée d'une rivière et d'un marais, elle n'a qu'une avenue très-étroite. » Ils obtiennent leur demande; Vercingétorix, qui l'avait d'abord combattue, cède enfin à leurs prières et à la pitié générale. La défense de la place est confiée à des hommes choisis à cet effet.

XVI. Vercingétorix suit César à petites journées, et choisit pour son camp un lieu défendu par des marais et des bois, à seize mille pas d'Avaricum. Là, des éclaireurs fidèles l'instruisaient à chaque instant du jour de ce qui se passait dans Avaricum, et y transmettaient ses volontés. Tous nos mouvements pour chercher des grains et des fourrages étaient épiés; et si nos soldats se dispersaient ou s'éloignaient trop du camp, il les attaquait et leur faisait beaucoup de mal, quoiqu'on prît toutes les précautions possibles pour sortir à des heures incertaines et par des chemins différents.

XVII. Après avoir assis son camp dans cette partie de la ville qui avait, comme on l'a dit plus haut, une avenue étroite entre la rivière et le marais, César fit commencer une terrasse, pousser des mantelets, et travailler à deux tours; car la nature du lieu s'opposait à une circonvallation. Il ne cessait d'insister auprès des Boïes et des Edues pour les vivres; mais le peu de zèle de ces derniers les lui rendait comme inutiles, et la faible et petite cité des Boïes eut bientôt épuisé ses ressources. L'extrême difficulté d'avoir des vivres, due à la pauvreté des Boïes, à la négligence des Edues et à l'incendie des habitations, fit souffrir

atque ædificia incendi opportere hoc spatio, a Boia quoquo versus, quo pabulandi causa adire posse videatur. Harum ipsis rerum copiam suppetere, quod, quorum in finibus bellum geratur, eorum opibus subleventur : Romanos aut inopiam non laturos, aut magno cum periculo longius a castris progressuros : neque interesse, ipsosne interficiant, impedimentisne exuant, quibus amissis bellum geri non possit. Præterea oppida incendi opportere, quæ non munitione et loci natura ab omni sint periculo tuta; neu suis sint ad detrectandam militiam receptacula, neu Romanis proposita ad copiam commeatus prædamque tollendam. Hæc si gravia aut acerba videantur, multo illa gravius æstimare debere, liberos, conjuges in servitutem abstrahi, ipsos interfici; quæ sit necesse accidere victis. »

XV. Omnium consensu hac sententia probata, uno die amplius XX urbes Biturigum incenduntur. Hoc idem fit in reliquis civitatibus. In omnibus partibus incendia conspiciuntur : quæ etsi magno cum dolore omnes ferebant, tamen hoc sibi solatii proponebant, quod se, prope explorata victoria, celeriter amissa recuperaturos confidebant. Deliberatur de Avarico in communi concilio, incendi placeret, an defendi. Procumbunt omnibus Gallis ad pedes Bituriges, « ne pulcherrimam prope totius Galliæ urbem, quæ et præsidio et ornamento sit civitati, suis manibus succendere cogerentur : facile se loci natura defensuros, dicunt, quod, prope ex omnibus partibus flumine et palude circumdata, unum habeat et perangustum aditum. » Datur petentibus venia, dissuadente primo Vercingetorige, post concedente, et precibus ipsorum, et misericordia vulgi. Defensores oppido idonei deliguntur.

XVI. Vercingetorix minoribus Cæsarem itineribus subsequitur, et locum castris deligit, paludibus silvisque munitum, ab Avarico longe millia passuum XVI. Ibi per certos exploratores in singula diei tempora, quæ ad Avaricum agerentur, cognoscebat, et, quid fieri vellet, imperabat : omnes nostras pabulationes frumentationesque observabat, dispersosque, quum longius necessario procederent, adoriebatur, magnoque incommodo afficiebat : etsi, quantum ratione provideri poterat, ab nostris occurrebatur, ut incertis temporibus diversisque itineribus iretur.

XVII. Castris ad eam partem oppidi positis, Cæsar, quæ intermissa a flumine et palude aditum, ut supra diximus, angustum habebat, aggerem apparare, vineas agere, turres duas constituere cœpit : nam circumvallare loci natura prohibebat. De re frumentaria Boios atque Æduos adhortari non destitit : quorum alteri, quod nullo studio agebant, non multum adjuvabant; alteri non magnis facultatibus, quod civitas erat exigua et infirma, celeriter, quod habuerunt, consumpserunt. Summa diffi-

l'armée au point qu'elle manqua de blé pendant plusieurs jours, et qu'elle n'eut, pour se garantir de la famine, que le bétail enlevé dans les bourgs très-éloignés. Cependant on n'entendit pas un mot indigne de la majesté du peuple romain ni des victoires précédentes. Bien plus, comme César, visitant les travaux, s'adressait à chaque légion en particulier, et leur disait que si cette disette leur semblait trop cruelle, il leverait le siége, tous le conjurèrent de n'en rien faire; « Depuis nombre d'années, disaient-ils, qu'ils servaient sous ses ordres, jamais ils n'avaient reçu d'affront ni renoncé à une entreprise sans l'avoir exécutée ; ils regardaient comme un déshonneur d'abandonner un siége commencé : il valait mieux endurer toutes les extrémités que de ne point venger les citoyens romains égorgés à Genabum par la perfidie des Gaulois. » Ils le répétaient aux centurions et aux tribuns militaires pour qu'ils le rapportassent à César.

XVIII. Déjà les tours approchaient du rempart quand des prisonniers apprirent à César que Vercingétorix, après avoir consommé ses fourrages, avait rapproché son camp d'Avaricum, et qu'avec sa cavalerie et son infanterie légère habituée à combattre entre les chevaux, il était parti lui-même pour dresser une embuscade à l'endroit où il pensait que nos fourrageurs iraient le lendemain. D'après ces renseignements, César partit en silence au milieu de la nuit, et arriva le matin près du camp des ennemis. Ceux-ci, promptement avertis de son approche par leurs éclaireurs, cachèrent leurs chariots et leurs bagages dans l'épaisseur des forêts, et mirent toutes leurs forces en bataille sur un lieu élevé et découvert. César, à cette nouvelle, ordonna de déposer les sacs et de préparer les armes.

XIX. La colline était en pente douce depuis sa base ; un marais large au plus de cinquante pieds l'entourait presque de tous côtés et en rendait l'accès difficile et dangereux. Les Gaulois, après avoir rompu les ponts, se tenaient sur cette colline, pleins de confiance dans leur position ; et, rangés par familles et par cités, ils avaient placé des gardes à tous les gués et au détour du marais, et étaient disposés, si les Romains tentaient de le franchir, à profiter de l'élévation de leur poste pour les accabler au passage. A ne voir que la proximité des distances, on aurait cru l'ennemi animé d'une ardeur presque égale à la nôtre ; à considérer l'inégalité des positions, on reconnaissait que ses démonstrations n'étaient qu'une vaine parade. Indignés qu'à si peu de distance il pût soutenir leur aspect, nos soldats demandaient le signal du combat ; César leur représente « par combien de sacrifices, par la mort de combien de braves, il faudrait acheter la victoire ; il serait le plus coupable des hommes si, disposés comme ils le sont à tout braver pour sa gloire, leur vie ne lui était pas plus chère que la sienne. » Après les avoir ainsi consolés, il les ramène le même jour au camp, voulant achever tous les préparatifs qui regardaient le siége.

XX. Vercingétorix, de retour près des siens,

---

cultate rei frumentariæ affecto exercitu, tenuitate Boiorum, indilligentia Æduorum, incendiis ædificiorum, usque eo, ut complures dies milites frumento caruerint, et, pecore e longinquioribus vicis adacto, extremam famem sustentarent, nulla tamen vox est ab iis audita, populi romani majestate et superioribus victoriis indigna. Quin etiam Cæsar, quum in opere singulas legiones appellaret, et, si acerbius inopiam ferrent, se dimissurum oppugnationem diceret ; universi ab eo, « ne id faceret, petebant : sic se complures annos illo imperante meruisse, ut nullam ignominiam acciperent, nunquam infecta re discederent : hoc se ignominiæ laturos loco, si inceptam oppugnationem reliquissent : præstare, omnes perferre acerbitates, quam non civibus romanis, qui Genabi perfidia Gallorum interissent, parentarent. » Hæc eadem centurionibus tribunisque militum mandabant, ut per eos ad Cæsarem deferrentur.

XVIII. Quum jam muro turres appropinquassent, ex captivis Cæsar cognovit, Vercingetorigem consumpto pabulo castra movisse propius Avaricum, atque ipsum cum equitatu expeditisque, qui inter equites præliari consuessent, insidiarum causa eo profectum, quo nostros postero die pabulatum venturos arbitraretur. Quibus rebus cognitis, media nocte silentio profectus, ad hostium castra mane pervenit. Illi, celeriter per exploratores adventu Cæsaris cognito, carros impedimentaque sua in arctiores silvas abdiderunt, copias omnes in loco aperto atque edito instruxerunt. Qua re nuntiata, Cæsar celeriter sarcinas conferri, arma expediri jussit.

XIX. Collis erat leniter ab immo acclivis : hunc ex omnibus fere partibus palus difficilis atque impedita cingebat, non latior pedibus L. Hoc se colle, interruptis pontibus, Galli fiducia loci continebant, generatimque distributi in civitates, omnia vada ac saltus ejus paludis certis custodibus obtinebant, sic animo parati, ut, si eam paludem Romani perrumpere conarentur, hæsitantes prement ex loco superiore : ut, qui propinquitatem loci videret, paratos prope æquo Marte ad dimicandum existimaret, qui iniquitatem conditionis perspiceret, inani simulatione sese ostentare coguoscere. Indignantes milites Cæsar, quod conspectum suum hostes ferre possent, tantulo spatio interjecto, et signum prælii exposcentes, edocet, « quanto detrimento, et quod virorum fortium morte necesse sit constare victoriam ; quos quum sic animo paratos videat, ut nullum pro sua laude periculum recusent, summæ se iniquitatis condemnari debere, nisi eorum vitam sua salute habeat cariorem. » Sic milites consolatus, eodem die reducit in castra ; reliqua, quæ ad oppugnationem oppidi pertinebant, administrare instituit.

XX. Vercingetorix, quum ad suos redisset, proditionis

fut accusé de trahison, pour avoir rapproché son camp des Romains, pour s'être éloigné avec toute la cavalerie, pour avoir laissé sans chef des troupes si nombreuses, et parce qu'après son départ les Romains étaient accourus si à propos et avec tant de promptitude. « Toutes ces circonstances ne pouvaient être arrivées par hasard et sans dessein de sa part; il aimait mieux tenir l'empire de la Gaule de l'agrément de César que de la reconnaissance de ses compatriotes. » Il répondit à ces accusations « qu'il avait levé le camp faute de fourrage et sur leurs propres instances; qu'il s'était approché des Romains, déterminé par l'avantage d'une position qui se défendait par elle-même; qu'on n'avait pas dû sentir le besoin de la cavalerie dans un endroit marécageux, et qu'elle avait été utile là où il l'avait conduite. C'était à dessein qu'en partant il n'avait remis le commandement à personne, de peur qu'un nouveau chef, pour plaire à la multitude, ne consentît à engager une action; il les y savait tous portés par cette faiblesse qui les rendait incapables de souffrir plus longtemps les fatigues; si les Romains étaient survenus par hasard, il fallait en remercier la fortune, et, si quelque trahison les avaient appelés, rendre grâce au traître, puisque du haut de la colline on avait pu reconnaître leur petit nombre et apprécier le courage de ces hommes qui s'étaient honteusement retirés dans leur camp, sans oser combattre. Il ne désirait pas obtenir de César par une trahison une autorité qu'il pouvait obtenir par une victoire qui n'était plus douteuse à ses yeux ni à ceux des Gaulois; mais il est prêt à s'en démettre, s'ils s'imaginent plutôt lui faire honneur que lui devoir leur salut; « et pour que vous sachiez, dit-» il, que je parle sans feinte, écoutez des soldats » romains. » Il produit des esclaves pris quelques jours auparavant parmi les fourrageurs et déjà exténués par les fers et par la faim. Instruits d'avance de ce qu'ils doivent répondre, ils disent qu'ils sont des soldats légionnaires; que, poussés par la faim et la misère, ils étaient sortis en secret du camp pour tâcher de trouver dans la campagne du blé ou du bétail; que toute l'armée éprouvait la même disette; que les soldats étaient sans vigueur et ne pouvaient plus soutenir la fatigue des travaux; que le général avait en conséquence résolu de se retirer dans trois jours, s'il n'obtenait pas quelque succès dans le siége. « Voilà, reprend » Vercingétorix, les services que je vous ai rendus, » moi que vous accusez de trahison, moi dont les » mesures ont, comme vous le voyez, presque dé-» truit par la famine et sans qu'il nous en coûte de » sang, une armée nombreuse et triomphante; moi » qui ai pourvu à ce que, dans sa fuite honteuse, » aucune cité ne la reçoive sur son territoire. »

XXI. Un cri général se fait entendre avec un cliquetis d'armes, démonstration ordinaire aux Gaulois quand un discours leur a plu (4). Vercingétorix est leur chef suprême; sa fidélité n'est point douteuse; on ne saurait conduire la guerre avec plus d'habileté. Ils décident qu'on enverra dans la ville dix mille hommes choisis dans toute l'armée : ils ne veulent pas confier le salut commun aux seuls Bituriges, qui, s'ils conservaient

---

insimulatus, quod castra propius Romanos movisset, quod cum omni equitatu discessisset, quod sine imperio tantas copias reliquisset, quod ejus discessu Romani tanta opportunitate et celeritate venissent; non hæc omnia fortuito, aut sine consilio accidere potuisse; regnum illum Galliæ malle Cæsaris concessu, quam ipsorum habere beneficio; tali modo accusatus ad hæc respondit : « Quod castra movisset, factum inopia pabuli, etiam ipsis hortantibus; quod propius Romanos accessisset, persuasum loci opportunitate, qui se ipsum munitione defenderet : equitum vero operam neque in loco palustri desiderari debuisse, et illic fuisse utilem, quo sint profecti : summam imperii se consulto nulli discedentem tradidisse, ne is multitudinis studio ad dimicandum impelleretur; cui rei propter animi mollitiem studere omnes videret, quod diutius laborem ferre non possent. Romani si casu intervenerint, fortunæ; si alicujus indicio vocati, huic habendam gratiam, quod et paucitatem eorum ex loco superiore cognoscere, et virtutem despicere potuerint; qui, dimicare non ausi, turpiter se in castra receperint. Imperium se a Cæsare per proditionem nullum desiderare, quod habere victoria posset, quæ jam esset sibi atque omnibus Gallis explorata : quin etiam ipsis remittere, si sibi magis honorem tribuere, quam ab se salutem accipere videantur. « Hæc ut intelligatis, inquit, sincere a me pronunciari, audite romanos milites. » Producit servos, quos in pabulatione paucis ante diebus exceperat, et fame vinculisque excruciaverat. Hi, jam ante edocti, quæ interrogati pronunciarent, « milites se esse legionarios dicunt : fame et inopia adductos clam ex castris exisse, si quid frumenti aut pecoris in agris reperire possent : simili omnem exercitum inopia premi, nec jam vires sufficere cuiquam, nec ferre operis laborem posse : itaque statuisse imperatorem, si nihil in oppugnatione oppidi profecisset, triduo exercitum deducere. Hæc, inquit, a me, Vercingetorix, beneficia habetis, quem proditionis insimulatis; cujus opera sine vestro sanguine tantum exercitum victorem fame pæne consumptum videtis; quem, turpiter se ex hac fugâ recipientem, ne qua civitas suis finibus recipiat, a me provisum est. »

XXI. Conclamat omnis multitudo, et suo more armis concrepat; quod facere in eo consuerunt, cujus orationem approbant : summum esse Vercingetorigem ducem, nec de ejus fide dubitandum, nec majore ratione bellum administrari posse. Statuunt, ut X millia hominum delecta ex omnibus copiis in oppidum submittantur : nec solis Biturigibus communem salutem committendam censent; quod penes eos, si id oppidum retinuissent, summam victoriæ constare intelligebant.

la place, ne manqueraient pas de s'attribuer tout l'honneur de la victoire.

XII. A la valeur singulière de nos soldats, les Gaulois opposaient des inventions de toute espèce; car cette nation est très-industrieuse et très-adroite à imiter et à exécuter tout ce qu'elle voit faire. Ils détournaient nos faux avec des lacets, et lorsqu'ils les avaient saisies, ils les attiraient à eux avec des machines. Ils ruinaient notre terrasse, en la minant avec d'autant plus d'habileté qu'ayant des mines de fer considérables, ils connaissent et pratiquent toutes sortes de galeries souterraines. Ils avaient de tous côtés garni leur muraille de tours recouvertes de cuir. Faisant de jour et de nuit de fréquentes sorties, tantôt ils mettaient le feu aux ouvrages, tantôt ils tombaient sur les travailleurs. L'élévation que gagnaient nos tours par l'accroissement journalier de la terrasse, ils la donnaient aux leurs, en y ajoutant de longues poutres liées ensemble; ils arrêtaient nos mines avec des pieux aigus, brûlés par le bout, de la poix bouillante, d'énormes quartiers de rochers, et nous empêchaient ainsi de les approcher des remparts

XXIII. Telle est à peu près la forme des murailles dans toute la Gaule : à la distance régulière de deux pieds, on pose sur leur longueur des poutres d'une seule pièce ; on les assujettit intérieurement entre elles, et on les revêt de terre foulée. Sur le devant, on garnit de grosses pierres les intervalles dont nous avons parlé. Ce rang ainsi disposé et bien lié, on en met un second en conservant le même espace, de manière que les poutres ne se touchent pas, mais que, dans la construction, elles se tiennent à une distance uniforme, un rang de pierres entre chacune. Tout l'ouvrage se continue ainsi, jusqu'à ce que le mur ait atteint la hauteur convenable. Non-seulement une telle construction, formée de rangs alternatifs de poutres et de pierres, n'est point, à cause de cette variété même, désagréable à l'œil; mais elle est encore d'une grande utilité pour la défense et la sûreté des villes; car la pierre protège le mur contre l'incendie, et le bois contre le bélier; et on ne peut renverser ni même entamer un enchaînement de poutres de quarante pieds de long, la plupart liées ensemble dans l'intérieur.

XXIV. Quoique l'on rencontrât tous ces obstacles, et que le froid et les pluies continuelles retardassent constamment les travaux, le soldat, s'y livrant sans relâche, surmonta tout, et en vingt-cinq jours, il éleva un terrasse large de trois cent trente pieds, et haute de quatre-vingts. Déjà elle touchait presque au mur de la ville, et César qui, suivant sa coutume, passait la nuit dans les ouvrages, exhortait les soldats à ne pas interrompre un seul instant leur travail, quand un peu avant la troisième veille (5), on vit de la fumée sortir de la terrasse, à laquelle les ennemis avaient mis le feu par une mine. Dans le même instant, aux cris qui s'élevèrent le long du rempart, les Barbares firent une sortie par deux portes, des deux côtés des tours. Du haut des murailles, les uns lançaient sur la terrasse des torches et du bois sec, d'autres y versaient de la poix et des matières propres à rendre le feu plus

XXII. Singulari militum nostrorum virtuti consilia cujusque modi Gallorum occurrebant, ut est summæ genus solertiæ, atque ad omnia imitanda atque efficienda, quæ ab quoque tradantur, aptissimum. Nam et laqueis falces avertebant, quas quum destinaverant, tormentis introrsus reducebant; et aggerem cuniculis subtrahebant, eo scientius, quod apud eos magnæ sunt ferrariæ, atque omne genus cuniculorum notum atque usitatum est. Totum autem murum ex omni parte turribus contabulaverant, atque has coriis intexerant. Tum crebris diurnis nocturnisque eruptionibus aut aggeri ignem inferebant, aut milites occupatos in opere adoriebantur; et nostrarum turrium altitudinem, quantum has quotidianus agger expresserat, commissis suarum turrium malis, adæquabant; et apertos cuniculos præusta ac præacuta materia, et pice fervefacta, et maximi ponderis saxis morabantur mœnibusque appropinquare prohibebant.

XXIII. Muris autem omnibus gallicis hæc fere forma est. Trabes directæ, perpetuæ in longitudinem, paribus intervallis distantes inter se binos pedes, in solo collocantur : hæ revinciuntur introrsus, et multo aggere vestiuntur. Ea autem, quæ diximus, intervalla grandibus in fronte saxis effarciuntur. His collocatis et coagmentatis, alius insuper ordo adjicitur, ut idem illud intervallum servetur, neque inter se contingant trabes, sed paribus intermissæ spatiis, singulæ singulis saxis interjectis, arte contineantur. Sic deinceps omne opus contexitur, dum justa muri altitudo expleatur. Hoc cum in speciem varietatemque opus deforme non est, alternis trabibus ac saxis, quæ rectis lineis suos ordines servant; tum ad utilitatem et defensionem urbium summam habet opportunitatem ; quod et ab incendio lapis, et ab ariete materia defendit, quæ, perpetuis trabibus pedes quadragenos plerumque introrsus revincta, neque perrumpi, neque distrahi potest.

XXIV. Iis tot rebus impedita oppugnatione, milites, quum toto tempore frigore et assiduis imbribus tardarentur, tamen continenti labore omnia hæc superaverunt, et diebus XXV aggerem, latum pedes CCCXXX, altum pedes LXXX, exstruxerunt. Quum is murum hostium pæne contingeret, et Cæsar ad opus consuetudine excubaret, militesque cohortaretur, ne quod omnino tempus ab opere intermitteretur ; paulo ante tertiam vigiliam est animadversum, fumare aggerem, quem cuniculo hostes succenderant : eodemque tempore toto muro clamore sublato, duabus portis ab utroque latere turrium eruptio fiebat. Alii faces atque aridam materiem de muro in aggerem eminus jaciebant, picem alii reliquasque res, quibus ignis excitari potest fundebant; ut, quo primum occurreretur,

actif, en sorte qu'on pouvait à peine savoir où se porter et à quoi remédier d'abord. Cependant, comme César avait ordonné que deux légions fussent toujours sous les armes en avant du camp, et que plusieurs autres étaient dans les ouvrages, où elles se relevaient à des heures fixes, on put bientôt, d'une part, faire face aux sorties, de l'autre retirer les tours et couper la terrasse pour arrêter le feu ; enfin toute l'armée accourut du camp pour l'éteindre.

XXV. Le reste de la nuit s'était écoulé, et l'on combattait encore sur tous les points ; les ennemis étaient sans cesse ranimés par l'espérance de vaincre, avec d'autant plus de sujet, qu'ils voyaient les mantelets de nos tours brûlés, et sentaient toute la difficulté d'y porter secours à découvert; qu'à tous moments ils remplaçaient par des troupes fraîches celles qui étaient fatiguées, et qu'enfin le salut de toute la Gaule leur semblait dépendre de ce moment unique. Nous fûmes alors témoins d'un trait que nous croyons devoir consigner ici, comme digne de mémoire. Devant la porte de la ville était un Gaulois, à qui l'on passait de main en main des boules de suif et de poix, qu'il lançait dans le feu du haut d'une tour. Un trait de scorpion (7) lui perce le flanc droit; il tombe mort. Un de ses plus proches voisins passe par-dessus le cadavre et remplit la même tâche ; il est atteint à son tour et tué de la même manière ; un troisième lui succède ; à celui-ci un quatrième; et le poste n'est abandonné que lorsque le feu de la terrasse est éteint et que la retraite des ennemis partout repoussés a mis fin au combat.

XXVI. Après avoir tout tenté sans réussir en rien, les Gaulois, sur les instances et l'ordre de Vercingétorix, résolurent le lendemain d'évacuer la place. Ils espéraient le faire dans le silence de nuit, sans éprouver de grandes pertes, parce que le camp de Vercingétorix n'était pas éloigné de la ville, et qu'un vaste marais, les séparant des Romains, retarderait ceux-ci dans leur poursuite. Déjà, la nuit venue, ils se préparaient à partir, lorsque tout-à-coup les mères de famille sortirent de leurs maisons, et se jetèrent, tout éplorées, aux pieds de leurs époux et de leurs fils, les conjurant de ne point les livrer à la cruauté de l'ennemi elles et leurs enfants, que leur âge et leur faiblesse empêchaient de prendre la fuite. Mais comme ils persistaient dans leur dessein, tant la crainte d'un péril extrême étouffe souvent la pitié, ces femmes se mirent à pousser des cris pour avertir les Romains de cette évasion. Les Gaulois effrayés craignant que la cavalerie romaine ne s'emparât des passages, renoncèrent à leur projet.

XXVII. Le lendemain, tandis que César faisait avancer une tour, et dirigeait les ouvrages qu'il avait projetés, il survint une pluie abondante. Il croit que ce temps favoriserait une attaque soudaine, et remarquant que la garde se faisait un peu plus négligemment sur les remparts, il ordonne aux siens de ralentir leur travail, et leur fait connaître ses intentions. Il exhorte les légions qu'il tenait toutes prêtes derrière les mantelets à recueillir enfin dans la victoire le prix de

---

aut cui rei ferretur auxilium, vix ratio iniri posset. Tamen, quod instituto Cæsaris duæ semper legiones pro castris excubabant, pluresque partitis temporibus erant in opere, celeriter factum est, ut alii eruptionibus resisterent, alii turres reducerent, aggeremque interscinderent, omnis vero ex castris multitudo ad restinguendum concurreret.

XXV. Quum in omnibus locis, consumpta jam reliqua parte noctis, pugnaretur, semperque hostibus spes victoriæ redintegraretur, eo magis, quod deustos pluteos turrium videbant, nec facile adire apertos ad auxiliandum animadvertebant ; semperque ipsi recentes defessis succederent, omnemque Galliæ salutem in illo vestigio temporis positam arbitrarentur; accidit, inspectantibus nobis, quod, dignum memoria visum, prætermittendum non existimavimus. Quidam ante portam oppidi Gallus, qui per manus sevi ac picis traditas glebas in ignem e regione turris projiciebat, scorpione ab latere dextro trajectus exanimatusque concidit. Hunc ex proximis unus jacentem transgressus, eodem illo munere fungebatur : eadem ratione ictu scorpionis examinato altero, successit tertius, et tertio quartus ; nec prius ille est a propugnatoribus vacuus relictus locus, quam, restincto aggere, atque omni parte submotis hostibus, finis est pugnandi factus.

XXVI. Omnia experti Galli, quod res nulla sucesserat, postero die consilium ceperunt, ex oppido profugere, hortante et jubente Vercingetorige. Id, silentio noctis conati, non magna jactura suorum sese effecturos sperabant; propterea quod neque longe ab oppido castra Vercingetorigis aberant, et palus perpetua, quæ intercedebat, Romanos ad insequendum tardabat. Jamque hoc facere noctu apparabant, quum matres familiæ repente in publicum procurrerunt, flentesque, projectæ ad pedes suorum, omnibus precibus petierunt, ne se et communes liberos hostibus ad supplicium dederent, quos ad capiendam fugam naturæ et virium infirmitas impediret. Ubi eos in sententia perstare viderunt, quod plerumque in summo periculo timor misericordiam non recipit, conclamare, et significare de fuga Romanis cœperunt. Quo timore, perterriti Galli, ne ab equitatu Romanorum viæ præoccuparentur, consilio destiterunt.

XXVII. Postero die Cæsar, permota turri, directisque operibus, quæ facere instituerat, magno coorto imbri, non inutilem hanc ad capiendum consilium tempestatem arbitratus, quod paulo incautius custodias in muro dispositas videbat, suos quoque languidius in opere versari jussit, et quid fieri vellet, ostendit. Legiones intra vineas in occulto expeditas cohortatur, ut aliquando pro tantis laboribus fructum victoriæ perciperent : his, qui primi murum ascendissent, præmia proposuit, militibusque si-

tant de fatigues; il promet des récompenses aux premiers qui escaladeront la muraille, et donne le signal. Ils s'élancent aussitôt de tous les côtés et couvrent bientôt le rempart.

XXVIII. Consternés de cette attaque imprévue, renversés des murs et des tours, les ennemis se forment en coin (7) sur la place publique et dans les endroits les plus spacieux, résolus à se défendre en bataille rangée, de quelque côté que l'on vienne à eux. Voyant qu'aucun Romain ne descend, mais que l'ennemi se répand sur toute l'enceinte du rempart, ils craignent qu'on ne leur ôte tout moyen de fuir; ils jettent leurs armes, et gagnent d'une course les extrémités de la ville. Là, comme ils se nuisaient à eux-mêmes dans l'étroite issue des portes, nos soldats en tuèrent une partie; une autre déjà sortie fut massacrée par la cavalerie; personne ne songeait au pillage. Animés par le carnage de Genabum, et par les fatigues du siége, les soldats n'épargnèrent ni les vieillards, ni les femmes, ni les enfants. Enfin de toute cette multitude qui se montait à environ quarante mille individus, à peine en arriva-t-il sans blessures auprès de Vercingétorix, huit cents qui s'étaient, au premier cri, jetés hors de la ville. Il les recueillit au milieu de la nuit en silence; car il craignait, s'ils arrivaient tous ensemble, que la pitié n'excitât quelque sédition dans le camp; et, à cet effet, il avait eu soin de disposer au loin sur la route ses amis et les principaux chefs des cités pour les séparer et les conduire chacun dans la partie du camp qui, dès le principe, avait été affectée à leur nation.

XXIX. Le lendemain, il convoqua l'armée, la consola, et l'exhorta a ne se laisser ni abattre, ni décourager à l'excès par un revers. « Les Romains n'ont point vaincu par la valeur et en bataille rangée, mais par un art et une habileté dans les siéges, inconnus aux Gaulois; on se tromperait si on ne s'attendait, à la guerre, qu'à des succès; il n'avait jamais été d'avis de défendre Avaricum; ils en sont témoins : cependant cette perte due à la témérité des Bituriges et au trop de complaisance des autres cités, il la réparera bientôt par des avantages plus considérables. Car les peuples qui n'étaient pas du parti du reste de la Gaule, il les y amènera par ses soins; et la Gaule entière n'aura qu'un but unique, auquel l'univers même s'opposerait en vain. Il a déjà presque réussi. Il était juste néanmoins qu'il obtînt d'eux, au nom du salut commun, de prendre la méthode de retrancher leur camp, pour résister plus facilement aux attaques subites de l'ennemi. »

XXX. Ce discours ne déplut pas aux Gaulois, surtout parce qu'un si grand échec n'avait pas abattu son courage, et qu'il ne s'était pas caché pour se dérober aux regards de l'armée. On lui trouvait d'autant plus de prudence et de prévoyance, que quand rien ne périclitait encore, il avait proposé de brûler Avaricum, ensuite de l'évacuer. Ainsi, tandis que les revers ébranlent le crédit des autres généraux, son pouvoir depuis celui qu'il avait éprouvé s'accrut au contraire de jour en jour. En même temps ils se flattaient, sur sa parole, d'être bientôt secondés par les

gnum dedit. Illi subito ex omnibus partibus evolaverunt, murumque celeriter compleverunt.

XXVIII. Hostes, re nova perterriti, muro turribusque dejecti, in foro ac locis patentioribus cuneatim constiterunt, hoc animo, ut, si qua ex parte obviam contra veniretur, acie instructa depugnarent. Ubi neminem in æquum locum sese demittere, sed totum undique muro circumfundi viderunt, veriti, ne omnino spes fugæ tolleretur, abjectis armis, ultimas oppidi partes continenti impetu petiverunt : parsque ibi, quum angusto portarum exitu se ipsi premerent, a militibus; pars, jam egressa portis, ab equitibus est interfecta : nec fuit quisquam, qui prædæ studeret. Sic et Genabensi cæde, et labore operis incitati, non ætate confectis, non mulieribus, non infantibus pepercerunt. Denique ex omni eo numero, qui fuit circiter XL millium vix DCCC, qui primo clamore audito se ex oppido ejecerant, incolumes ad Vercingetorigem pervenerunt. Quos ille, multa jam nocte, silentio ex fuga excepit (veritus, ne qua in castris ex eorum concursu et misericordia vulgi seditio oriretur), ut, procul in via dispositis familiaribus suis principibusque civitatum, disparandos deducendosque ad suos curaret, quæ cuique civitati pars castrorum ab initio obvenerat.

XXIX. Postero die concilio convocato, consolatus co-hortatusque est, « ne se admodum animo demitterent, neve perturbarentur incommodo : non virtute, neque in acie vicisse Romanos, sed artificio quodam et scientia oppugnationis, cujus rei fuerint ipsi imperiti : errare, si qui in bello omnes secundos rerum proventus exspectent : sibi nunquam placuisse, Avaricum defendi, cujus rei testes ipsos haberet; sed factum imprudentia Biturigum, et nimia obsequentia reliquorum, uti hoc incommodum acciperetur : id tamen se celeriter majoribus commodis sanaturum. Nam quæ ab reliquis Gallis civitates dissentirent, has sua diligentia adjuncturum, atque unum consilium totius Galliæ effecturum, cujus consensui ne orbis quidem terrarum possit obsistere : idque se prope jam effectum habere. Interea æquum esse, ab iis communis salutis causa impetrari, ut castra munire instituerent, quo facilius repentinos hostium impetus sustinere possent. »

XXX. Fuit hæc oratio non ingrata Gallis, maxime, quod ipse animo non defecerat, tanto accepto incommodo, neque in occultum abdiderat, et conspectu multitudinis fugerat : plusque animo providere et præsentire existimabatur, quod, re integra, primo incendendum Avaricum, post deserendum censuerat. Itaque ut reliquorum imperatorum res adversæ auctoritatem minuunt; sic hujus ex contrario dignitas, incommodo accepto, in dies augebatur :

autres cités. Les Gaulois commencèrent alors pour la première fois à retrancher leur camp; et telle était leur consternation, que ces hommes, inaccoutumés au travail, crurent devoir se soumettre à tout ce qu'on leur commandait.

XXXI. Vercingétorix travailla, suivant sa promesse, à réunir à son alliance les autres cités; et il en gagna les chefs par des présents et par des promesses. Il choisit pour cette mission des agents adroits et prodigues de belles paroles, aux avances desquels on pouvait aisément se laisser prendre. Il a soin de fournir des vêtements et des armes aux réfugiés d'Avaricum. En même temps, pour recruter ses troupes affaiblies, il commande aux cités l'envoi d'un certain nombre d'hommes, fixe le jour où ils doivent être arrivés, et donne ordre de rechercher et de lui envoyer tous les archers, qui sont très-nombreux dans la Gaule. Il a bientôt ainsi remplacé ce qui avait péri dans Avaricum. Dans l'intervalle, Teutomat, fils d'Ollovicon, roi des Nitiobriges, dont le père avait reçu de notre sénat le titre d'ami, était venu le joindre avec un corps considérable de cavalerie levé dans son pays et dans l'Aquitaine.

XXXII. César demeura encore plusieurs jours dans Avaricum, où il trouva beaucoup de blé et d'autres vivres, et où l'armée se remit de ses fatigues. L'hiver étant à sa fin, et la saison même l'appelant en campagne, il avait résolu de marcher à l'ennemi, soit pour l'attirer hors de ses marais et de ses bois, soit pour l'y assiéger, lorsque les principaux des Édues vinrent en députation auprès de lui, pour le prier d'accorder son secours à leur cité dans une circonstance extrêmement urgente. « L'état, disaient-ils, était dans le plus grand danger; car, tandis que de tout temps on n'avait créé qu'un magistrat unique qui jouissait de l'autorité suprême pendant une seule année (8), il y en avait en ce moment deux qui se disaient l'un et l'autre nommés suivant les lois. L'un était Convictolitan, jeune homme d'une naissance illustre; l'autre, Cote, issu d'une très-ancienne famille, très-puissant par lui-même et par ses grandes alliances; son frère Valétiac avait, l'année précédente, rempli la même magistrature. Toute la nation était en armes, le sénat partagé, le peuple divisé, chacun à la tête de ses clients. Si ce différend se prolongeait, la guerre civile était imminente, malheur que préviendraient la promptitude et l'autorité de César.

XXXIII. Quoiqu'il crût préjudiciable d'abandonner la guerre et l'ennemi, cependant, comme il savait combien d'inconvénients entraînent de pareilles dissensions, il partit dans la crainte qu'une cité si importante et si étroitement unie au peuple romain, une cité qu'il avait toujours protégée et comblée d'honneurs, n'en vînt aux violences et aux armes, et que le parti qui se croirait le moins fort n'appelât Vercingétorix à son secours; et il voulait prévenir ce danger. Comme les lois des Édues ne permettaient pas au souverain magistrat de sortir du territoire, César, ne voulant paraître enfreindre en rien ni leur droit ni leurs lois, prit le parti d'aller lui-même dans leur

---

simul in spem veniebant ejus affirmatione, de reliquis adjungendis civitatibus; primumque eo tempore Galli castra munire instituerunt, et sic sunt animo consternati homines insueti laboris, ut omnia, quæ imperarentur, sibi patienda et perferenda existimarent.

XXXI. Nec minus, quam est pollicitus, Vercingetorix animo laborabat, ut reliquas civitates adjungeret; atque earum principes donis pollicitationibusque alliciebat. Huic rei idoneos homines deligebat, quorum quisque aut oratione subdola, aut amicitia facillime capi posset. Qui Avarico expugnato refugerant, armandos vestiendosque curat. Simul ut diminutæ copiæ redintegrarentur, imperat certum numerum militum civitatibus, quem, et quam ante diem in castra adduci velit; sagittariosque omnes, quorum erat permagnus in Gallia numerus, conquiri et ad se mitti jubet. His rebus celeriter id, quod Avarici deperierat, expletur. Interim Teutomatus, Olloviconis filius, rex Nitiobrigum, cujus pater ab senatu nostro amicus erat appellatus, cum magno equitum suorum numero, et quos ex Aquitania conduxerat, ad eum pervenit.

XXXII. Cæsar, Avarici complures dies commoratus summamque ibi copiam frumenti et reliqui commeatus nactus, exercitum ex labore atque inopia refecit. Jam prope hieme confecta, quum ipso anni tempore ad gerendum bellum vocaretur, et ad hostem proficisci constituisset, sive eum ex paludibus silvisque elicere, sive obsidione premere posset; legati ad eum principes Æduorum veniunt, oratum: « ut maxime necessario tempore civitati subveniat: summo esse in periculo rem; quod, quum singuli magistratus antiquitus creari, atque regiam potestatem annuam obtinere consuessent, duo magistratum gerant, et se uterque eorum legibus creatum esse dicat. Horum esse alterum Convictolitanem, florentem et illustrem adolescentem; alterum Cotum, antiquissima familia natum, atque ipsum hominem summæ potentiæ et magnæ cognationis; cujus frater Valetiacus proximo anno eumdem magistratum gesserit: civitatem omnem esse in armis, divisum senatum, divisum populum, suas cujusque eorum clientelas. Quod si diutius alatur controversia, fore, uti pars cum parte civitatis confligat: id ne accidat, positum in ejus diligentia atque auctoritate. »

XXXIII. Cæsar, etsi a bello atque hoste discedere detrimentosum esse existimabat, tamen, non ignorans, quanta ex dissensionibus incommoda oriri consuessent, ne tanta et tam conjuncta populo romano civitas, quam ipse semper aluisset, omnibusque rebus ornasset, ad vim atque ad arma descenderet, atque ea pars, quæ minus sibi confideret, auxilia a Vercingetorige accesseret, huic rei prævertendum existimavit; et quod legibus Æduorum iis, qui summum magistratum obtinerent, excedere ex

pays, et cita devant lui, à Décétia[1], tout le sénat et les deux prétendants. Presque toute la cité s'y rassembla; il apprit de quelques personnes appelées en secret, que le frère avait proclamé son frère, dans un temps et dans un lieu contraires aux institutions; les lois défendaient non-seulement de créer magistrats, mais même d'admettre dans le sénat deux personnes de la même famille, du vivant de l'une ou de l'autre. César obligea donc Cote de se démettre de sa magistrature, et ordonna que le pouvoir fût remis à Convictolitan que, suivant l'usage de la cité, les prêtres avaient élu avec l'intervention des magistrats.

XXXIV. Après cette décision, il engagea les Édues à oublier leurs querelles et leurs dissensions, pour s'occuper uniquement de la guerre, assurés qu'ils étaient de recevoir, après la soumission de la Gaule, les récompenses qu'ils auraient méritées; il les chargea de lui envoyer promptement toute leur cavalerie et dix mille fantassins, dont il ferait des détachements pour escorter ses convois. Divisant son armée en deux corps, il donne quatre légions à Labiénus pour aller chez les Sénons et les Parises; lui-même, à la tête de six autres légions, il s'avance vers Gergovie[2], le long de la rivière d'Allier. Il avait donné à Labiénus une partie de la cavalerie, et gardé le reste avec lui. A la nouvelle de la marche de César, Vercingétorix fit aussitôt rompre tous les ponts de la rivière, et remonta l'Allier sur la rive gauche.

XXXV. Les deux armées étaient en présence,

[1] Aujourd'hui Décize, dans le Nivernais. — [2] Des Arvernes.

les camps presque en face l'un de l'autre; et les éclaireurs disposés par l'ennemi empêchaient les Romains de construire un pont et de faire passer les troupes. Cette position devenait très-embarrassante pour César, qui craignait d'être arrêté une partie de l'été par la rivière, l'Allier n'étant presque jamais guéable avant l'automne. Pour y obvier, il campa dans un lieu couvert de bois, vis-à-vis l'un des ponts que Vercingétorix avait fait détruire; et s'y tenant caché le lendemain avec deux légions, il fit partir le reste des troupes avec tous les bagages, dans l'ordre accoutumé, en retenant quelques cohortes, pour que le nombre des légions parût au complet. Il ordonna de faire la plus longue marche possible, et quand il put supposer, d'après le temps écoulé, que l'armée était arrivée au lieu du campement, il se mit à rétablir le pont sur les anciens pilotis, dont la partie inférieure était restée intacte. L'ouvrage fut bientôt achevé; César fit passer les légions, prit une position avantageuse, et rappela les autres troupes. A cette nouvelle, Vercingétorix, pour n'être pas forcé de combattre malgré lui, se porta en avant à grandes journées.

XXXVI. De là César parvint en cinq marches à Gergovie; et le même jour, après une légère escarmouche de cavalerie, il reconnut la position de la ville, qui était assise sur une montagne élevée et d'un accès partout très-difficile; il désespéra de l'enlever de force, et ne voulut s'occuper de ce siége qu'après avoir assuré ses vivres. De-

finibus non liceret, ne quid de jure aut de legibus eorum deminuisse videretur, ipse in Æduos proficisci statuit, senatumque omnem, et quos inter controversia esset, ad se Decetiam evocavit. Quum prope omnis civitas eo convenisset, docereturque, paucis clam convocatis, alio loco, alio tempore, atque opportuerit, fratrem a fratre renuntiatum; quum leges duo ex una familia, vivo utroque, non solum magistratus creari vetarent, sed etiam in senatu esse prohiberent; Cotum imperium deponere coegit; Convictolitanem, qui per sacerdotes, more civitatis, intromissis magistratibus, esset creatus, potestatem obtinere jussit.

XXXIV. Hoc decreto interposito, cohortatus Æduos, ut controversiarum ac dissensionum obliviscerentur, atque, omnibus omissis his rebus, huic bello servirent, eaque, quæ meruissent, præmia ab se, devicta Gallia, exspectarent, equitatumque omnem, et peditum millia X sibi celeriter mitterent, quæ in præsidiis rei frumentariæ causa disponeret, exercitum in duas partes divisit; IV legiones in Senones Parisiosque Labieno ducendas dedit; VI ipse in Arvernos ad oppidum Gergoviam secundum flumen Elaver duxit; equitatus partem illi attribuit, partem sibi reliquit. Qua re cognita, Vercingetorix, omnibus interruptis ejus fluminis pontibus, ab altera Elaveris parte iter facere cœpit.

XXXV. Quum uterque utrique esset exercitus in conspectu, fereque e regione castris castra poneret, dispositis exploratoribus, necubi effecto ponte Romani copias traducerent, erat in magnis Cæsari difficultatibus res, ne majorem æstatis partem flumine impediretur; quod non fere ante autumnum Elaver vado transiri solet. Itaque, ne id accideret, silvestri loco castris positis, e regione unius eorum pontium, quos Vercingetorix rescindendos curaverat, postero die cum II legionibus in occulto restitit; reliquas copias cum omnibus impedimentis, ut consueverat, misit, captis quibusdam cohortibus, uti numerus legionum constare videretur. His, quam longissime possent, progredi jussis, quum jam ex diei tempore conjecturam caperet, in castra perventum, iisdem sublicis, quarum pars inferior integra remanebat, pontem reficere cœpit. Celeriter effecto opere, legionibusque traductis, et loco castris idoneo delecto, reliquas copias revocavit. Vercingetorix, re cognita, ne contra suam voluntatem dimicare cogeretur, magnis itineribus antecessit.

XXXVI. Cæsar ex eo loco quintis castris Gergoviam pervenit; equestrique prælio eo die levi facto, perspecto urbis situ, quæ, posita in altissimo monte, omnes aditus difficiles habebat, de expugnatione desperavit; de obsessione non prius agendum constituit, quam rem frumentariam expedisset. At Vercingetorix, castris prope oppi-

on côté, Vercingétorix campait sur une montagne près de la ville, ayant autour de lui, séparément, mais à de faibles distances, les troupes de chaque cité, qui couvrant la chaîne entière des collines, offraient de toutes parts un aspect effrayant. Chaque matin, soit qu'il eût quelque chose à leur communiquer, soit qu'il s'agît de prendre quelque mesure, il faisait, au lever du soleil, venir les chefs dont il avait formé son conseil; et il ne se passait presque pas de jour que, pour éprouver le courage et l'ardeur de ses troupes, il n'engageât une action avec sa cavalerie entremêlée d'archers. En face de la ville, au pied même de la montagne, était une éminence escarpée de toutes parts et bien fortifiée; en l'occupant, nous privions probablement l'ennemi d'une grande partie de ses eaux et de la facilité de fourrager; mais elle avait une garnison, à la vérité un peu faible. César, dans le silence de la nuit, sort de son camp, s'empare du poste, dont il culbute la garde, avant que de la ville on puisse lui envoyer du secours, y met deux légions, et tire du grand au petit camp un double fossé de douze pieds, pour qu'on puisse aller et venir même individuellement, sans crainte d'être surpris par l'ennemi.

XXXVII. Tandis que ces choses se passent près de Gergovie, l'Éduen Convictolitan qui, comme on l'a vu, devait sa magistrature à César, séduit par l'argent des Arvernes, a des entrevues avec plusieurs jeunes gens, à la tête desquels étaient Litavic (9) et ses frères, issus d'une illustre famille. Il partage avec eux la somme qu'il a reçue, et les exhorte à se souvenir qu'ils sont nés libres et faits pour commander. « La cité des Édues retarde seule le triomphe infaillible des Gaulois; son influence retient les autres nations; s'ils changent de parti, les Romains ne tiendront point dans la Gaule; il a quelque obligation à César, qui d'ailleurs n'a été que juste envers lui : mais il doit bien plus à la liberté commune; car pourquoi les Édues viendraient-ils discuter leur droit et leurs lois devant César, plutôt que les Romains devant les Édues? » Le discours du magistrat et l'appât du gain ont bientôt gagné ces jeunes gens; ils offrent même de se mettre à la tête de l'entreprise, et on ne songe plus qu'aux moyens de l'exécuter; car on ne se flattait pas que la nation se laisserait entraîner légèrement à la guerre. On arrêta que Litavic prendrait le commandement des dix mille hommes que l'on enverrait à César; il se chargerait de les conduire, et les frères se rendraient en avant auprès de César. Ils réglèrent ensuite la manière d'agir pour tout le reste.

XXXVIII. Litavic, avec l'armée mise sous ses ordres, n'était plus qu'à trente mille pas environ de Gergovie, quand tout à coup, assemblant les troupes et répandant des larmes : « Où allons-nous, soldats? leur dit-il; toute notre cavalerie, toute notre noblesse a péri; nos principaux citoyens, Éporédorix (10) et Viridomar, ont été, sous prétexte de trahison, égorgés par les Romains, sans forme de procès. Écoutez ceux qui ont échappé au carnage; car pour moi, dont les frères et tous les parents ont été massacrés, la douleur

---

dum in monte positis, mediocribus circum se intervallis separatim singularum civitatum copias collocaverat; atque omnibus ejus jugi collibus occupatis, qua despici poterat, horribilem speciem præbebat : principesque earum civitatum, quos sibi ad consilium capiendum delegerat, prima luce quotidie ad se jubebat convenire, seu quid communicandum, seu quid administrandum videretur : neque ullum fere diem intermittebat, quin equestri prælio, interjectis sagittariis, quid in quoque esset animi ac virtutis suorum, periclitaretur. Erat e regione oppidi collis sub ipsis radicibus montis, egregie munitus, atque ex omni parte circumcisus (quem si tenerent nostri, et aquæ magna parte et pabulatione libera prohibituri hostes videbantur; sed is locus præsidio ab iis non nimis firmo tenebatur) : tamen silentio noctis Cæsar, ex castris egressus, priusquam subsidio ex oppido veniri posset, dejecto præsidio potitus loco, duas ibi legiones collocavit, fossamque duplicem duodenum pedum a majoribus castris ad minora perduxit, ut tuto ab repentino hostium incursu etiam singuli commeare possent.

XXXVII. Dum hæc ad Gergoviam geruntur, Convictolitanis Æduus, cui magistratum adjudicatum a Cæsare demonstravimus, sollicitatus ab Arvernis pecunia, cum quibusdam adolescentibus colloquitur, quorum erat princeps Litavicus, atque ejus fratres, amplissima familia nati adolescentes. Cum iis præmium communicat, hortaturque eos, « ut se liberos et imperio natos meminerint : unam esse Æduorum civitatem, quæ certissimam Galliæ victoriam distineat; ejus auctoritate reliquas contineri; qua traducta, locum consistendi Romanis in Gallia non fore : esse nonnullo se Cæsaris beneficio affectum, sic tamen, ut justissimam apud eum causam obtinuerit; sed plus communi libertati tribuere : cur enim potius Ædui de suo jure et de legibus ad Cæsarem disceptatorem, quam Romani ad Æduos, veniant? » Celeriter adolescentibus et oratione magistratus et præmio deductis, quum se vel principes ejus consilii fore profiterentur, ratio perficiendi quærebatur, quod civitatem temere ad suspicionem belli adduci posse non confidebant. Placuit, uti Litavicus decem illis millibus, quæ Cæsari ad bellum mitterentur, præficeretur, atque ea ducenda curaret, fratresque ejus ad Cæsarem præcurrerent. Reliqua, qua ratione agi placeat, constituunt.

XXXVIII. Litavicus, accepto exercitu, cum millia passuum circiter XXX ab Gergovia abesset, convocatis subito militibus, lacrymans, « Quo proficiscimur, inquit, milites? Omnis noster equitatus, omnis nobilitas interiit : principes civitatis, Eporedorix et Viridomarus, insimulati proditionis, ab Romanis indicta causa interfecti sunt. Hæc ab iis cognoscite, qui ex ipsa cæde fugerunt : nam ego, fra-

19.

m'empêche de vous dire ce qui s'est passé. » Il produit alors des soldats qu'il avait instruits à parler selon ses vœux; ils confirment ce que Litavic vient d'avancer; que tous les cavaliers éduens avaient été tués, pour de prétendues entrevues avec les Arvernes; qu'eux-mêmes ne s'étaient sauvés du milieu du carnage qu'en se cachant dans la foule des soldats. Les Éduens poussent des cris, et conjurent Litavic de pourvoir à leur salut. « Y a-t-il donc à délibérer, reprend-il, et n'est-ce pas une nécessité pour nous de marcher à Gergovie, et de nous joindre aux Arvernes? Doutons-nous qu'après ce premier forfait, les Romains n'accourent déjà pour nous égorger? Si donc il nous reste quelque énergie, vengeons la mort de ceux qui ont été si indignement massacrés, et exterminons ces brigands. » Il leur montre les citoyens romains qui étaient là sous sa sauvegarde et sous son escorte, leur enlève aussitôt un convoi de vivres et de blé, et les fait périr dans de cruels tourments. Puis il dépêche des courriers dans tous les cantons de la cité, les soulève par le même mensonge sur le massacre de la cavalerie et de la noblesse, et les exhorte à punir toute perfidie de la même manière que lui.

XXXIX. L'Éduen Éporédorix, jeune homme d'une grande famille et très-puissant dans son pays, et avec lui Viridomar, de même âge et de même crédit, mais inférieur en naissance, que César, sur la recommandation de Divitiac, avait élevé d'une condition obscure aux plus hautes dignités, étaient venus, nominativement appelés par lui, le joindre avec la cavalerie. Ils se disputaient le premier rang, et dans le débat récent pour la suprême magistrature, ils avaient combattu de tous leurs moyens, l'un pour Convictolitan, l'autre pour Cote. Éporédorix, informé du dessein de Litavic, en donne avis à César au milieu de la nuit; il le prie de ne pas souffrir que des jeunes gens, par des manœuvres perverses, détachent sa cité de l'alliance du peuple romain; ce qu'il regarde comme inévitable, si tant de milliers d'hommes se joignent à l'ennemi; car leurs familles ne pourraient manquer de s'intéresser à leur sort, ni la cité d'y attacher une grande importance.

XL. Vivement affecté de cette nouvelle, parce qu'il avait toujours porté aux Éduens un intérêt particulier, César, sans balancer un instant, prend quatre légions sans bagage, et toute la cavalerie. On n'eut pas même le temps de replier les tentes, parce que tout, dans ce moment, semblait dépendre de la célérité. Il laissa pour la garde du camp le lieutenant C. Fabius, avec deux légions. Il avait ordonné de saisir les frères de Litavic; mais il apprit qu'ils venaient de s'enfuir vers l'ennemi. Il exhorte les soldats à ne pas se rebuter des fatigues de la marche dans une circonstance aussi urgente. L'ardeur fut générale; après s'être avancé à la distance de vingt-cinq mille pas, il découvrit les Éduens, et détacha la cavalerie, qui retarda et empêcha leur marche; elle avait défense expresse de tuer personne. Éporédorix et Viridomar, que les Éduens croyaient morts, ont ordre de se montrer dans les rangs de

tribus atque omnibus propinquis meis interfectis, dolore prohibeor, quæ gesta sunt, pronuntiare. » Producuntur ii, quos ille edocuerat, quæ dici vellet; atque eadem, quæ Litavicus pronuntiaverat, multitudini exponunt: «Omnes equites Æduorum interfectos, quod collocuti cum Arvernis dicerentur; ipsos se inter multitudinem militum occultasse, atque ex media cæde profugisse. » Conclamant Ædui, et Litavicum, ut sibi consulat, obsecrant. « Quasi vero, inquit ille, consilii sit res, ac non necesse sit nobis Gergoviam contendere, et cum Arvernis nosmet conjungere. An dubitamus, quin, nefario facinore admisso, Romani jam ad nos interficiendos concurrant? Proinde, si quid est in nobis animi, persequamur eorum mortem, qui indignissime interierunt, atque hos latrones interficiamus. » Ostendit cives romanos, qui ejus præsidii fiducia una erant. Continuo magnum numerum frumenti commeatusque diripit: ipsos crudeliter excruciatos interficit: nuntios tota civitate Æduorum dimittit, eodem mendacio de cæde equitum et principum permovet: hortatur, ut simili ratione, atque ipse fecerit, suas injurias persequantur.

XXXIX. Eporedorix Æduus, summo loco natus adolescens, et summæ domi potentiæ, et una Viridomarus, pari ætate et gratia, sed genere dispari, quem Cæsar, sibi ab Divitiaco traditum, ex humili loco ad summam dignitatem perduxerat, in equitum numero convenerant, nominatim ab eo evocati. His erat inter se de principatu contentio, et in illa magistratuum controversia alter pro Convictolitane, alter pro Coto summis opibus pugnaverant. Ex iis Eporedorix, cognito Litavici consilio, media fere nocte rem ad Cæsarem defert, orat, « ne patiatur, civitatem pravis adolescentium consiliis ab amicitia populi romani deficere; quod futurum provideat, si se tot hominum millia cum hostibus conjunxerint, quorum salutem neque propinqui negligere, neque civitas levi momento æstimare posset. »

XL. Magna affectus sollicitudine hoc nuntio Cæsar, quod semper Æduorum civitati præcipue indulserat, nulla interposita dubitatione legiones expeditas quatuor equitatumque omnem ex castris educit: nec fuit spatium tali tempore ad contrahenda castra, quod res posita in celeritate videbatur. C. Fabium legatum cum legionibus II castris præsidio relinquit. Fratres Litavici quum comprehendi jussisset, paulo ante reperit ad hostes profugisse. Adhortatus milites, « ne necessario tempore itineris labore permoveantur; » cupidissimis omnibus, progressus millia passuum XXV, agmen Æduorum conspicatus, immisso equitatu, iter eorum moratur atque impedit, interdicitque omnibus, ne quemquam interficiant. Eporedorigem et

la cavalerie et d'appeler leurs compatriotes. On les reconnaît; et la fourberie de Litavic une fois dévoilée, les Édues tendent les mains, font entendre qu'ils se rendent, jettent leurs armes et demandent la vie. Litavic s'enfuit à Gergovie, suivi de ses clients; car, selon les mœurs gauloises, c'est un crime d'abandonner son patron, même dans un cas désespéré.

XLI. César dépêcha des courriers pour faire savoir aux Édues qu'il avait fait grâce à des hommes que le droit de la guerre lui eût permis de tuer; et après avoir donné trois heures de la nuit à l'armée pour se reposer, il reprit la route de Gergovie. Presque à moitié chemin, des cavaliers, expédiés par Fabius, lui apprirent quel danger avait couru le camp; il avait été attaqué par de très-grandes forces; des ennemis frais remplaçaient sans cesse ceux qui étaient las, et fatiguaient par leurs efforts continuels les légionnaires forcés, à cause de la grande étendue du camp, de ne pas quitter le rempart; une grêle de flèches et de traits de toute espèce avait blessé beaucoup de monde; les machines avaient été fort utiles pour la défense. Après la retraite des assaillants, Fabius, ne conservant que deux portes, avait fait boucher les autres, et ajouter des parapets aux remparts : il s'attendait pour le lendemain à une attaque pareille. Instruit de ces faits, et secondé par le zèle extrême des soldats, César arrive au camp avant le lever du soleil.

XLII. Tandis que ces événements se passent auprès de Gergovie, les Édues, aux premières nouvelles qu'ils reçoivent de Litavic, ne donnent pas un instant à la réflexion. Les uns sont poussés par la cupidité, les autres par la colère et par cette légèreté qui est si naturelle à ce peuple qu'il prend pour chose avérée ce qui n'est qu'un simple oui-dire. Ils pillent les citoyens romains, les massacrent, les traînent en prison. Convictolitan seconde l'impulsion donnée, et précipite la multitude dans les excès les plus coupables, afin que le crime une fois commis, elle ait honte de revenir à la raison. M. Aristius, tribun des soldats, rejoignait sa légion; on le fait sortir sur parole de la place de Cabillonum[1]; on force à s'éloigner ceux qui s'y étaient établis pour leur commerce. Harcelés sans relâche sur la route, ils sont dépouillés de tous leurs effets; ceux qui résistent sont assaillis nuit et jour; enfin, après beaucoup de pertes de part et d'autres, on excite une plus grande multitude à prendre les armes.

XLIII. Cependant, à la nouvelle que toutes leurs troupes sont au pouvoir de César, les Édues accourent près d'Aristius; ils l'assurent que rien ne s'est fait de l'aveu général; ils ordonnent une enquête sur le pillage des effets, confisquent les biens de Litavic et de ses frères, et députent vers César pour se justifier. Leur seul but était de recouvrer leurs troupes; mais souillés d'un crime, enrichis par le profit du pillage auquel un grand nombre d'entre eux avait eu part, et frappés de la crainte du châtiment, ils ne tardent pas à former secrètement des projets de guerre, et font, par des agents, intriguer auprès des autres cités.

[1] Châlons-sur-Saône.

Viridomarum, quos illi interfectos existimabant, inter equites versari, suosque appellare jubet. Iis cognitis, et Litavici fraude perspecta, Ædui manus tendere, et deditionem significare, et projectis armis mortem deprecari incipiunt. Litavicus cum suis clientibus, quibus nefas more Gallorum est, etiam in extrema fortuna deserere patronos, Gergoviam profugit.

XLI. Cæsar, nuntiis ad civitatem Æduorum missis, qui suo beneficio conservatos docerent, quos jure belli interficere potuisset, tribusque horis noctis exercitui ad quietem datis, castra ad Gergoviam movit. Medio fere itinere equites, a Fabio missi, quanto res in periculo fuerit, exponunt; summis copiis castra oppugnata demonstrant, quum crebro integri defessis succederent, nostrosque assiduo labore defatigarent, quibus propter magnitudinem castrorum perpetuo esset eisdem in vallo permanendum; multitudine sagittarum atque omni genere telorum multos vulneratos, ad hæc sustinenda magno usui fuisse tormenta. Fabium discessu eorum, duabus relictis portis, obstruere ceteras, pluteosque vallo addere, et se in posterum diem similem ad casum parare. His rebus cognitis, Cæsar summo studio militum ante ortum solis in castra pervenit.

XLII. Dum hæc ad Gergoviam geruntur, Ædui, primis nuntiis a Litavico acceptis, nullum sibi ad cognoscendum spatium relinquunt. Impellit alios avaritia, alios iracundia et temeritas, quæ maxime illi hominum generi est innata, ut levem auditionem habeant pro re comperta. Bona civium romanorum diripiunt, cædes faciunt, in servitutem abstrahunt. Adjuvat rem proclinatam Convictolitanis, plebemque ad furorem impellit, ut, facinore admisso, ad sanitatem pudeat reverti. M. Aristium tribunum militum, iter ad legionem facientem, data fide, ex oppido Cabillono educunt; idem facere cogunt eos, qui negotiandi causa ibi constiterant. Hos continuo in itinere adorti, omnibus impedimentis exuunt; repugnantes diem noctemque obsident; multis utrinque interfectis, majorem multitudinem ad arma concitant.

XLIII. Interim nuntio allato, omnes eorum milites in potestate Cæsaris teneri, concurrunt ad Aristium: nihil publico factum consilio demonstrant: quæstionem de bonis direptis decernunt: Litavici fratrumque bona publicant: legatos ad Cæsarem sui purgandi gratia mittunt. Hæc faciunt recuperandorum suorum causa : sed contaminati facinore, et capti compendio ex direptis bonis, quod ea res ad multos pertinebat, et timore pœnæ exterriti, consilia clam de bello inire incipiunt, civitatesque reliquas legationibus sollicitant. Quæ tametsi Cæsar intelligebat,

César, quoique instruit de ces menées, parla à leurs députés avec toute la douceur possible. « L'aveuglement et l'inconséquence de la populace ne lui feront jamais penser désavantageusement des Édues, et ne peuvent diminuer sa bienveillance pour eux. » S'attendant néanmoins à un mouvement plus général dans la Gaule, et ne voulant pas être investi par toutes les cités, il pensait aux moyens de s'éloigner de Gergovie, pour réunir de nouveau toutes ses forces; mais il fallait que son départ, qui venait de la crainte d'un soulèvement, n'eût pas l'air d'une fuite.

XLIV. Au milieu de ces pensées, il crut avoir trouvé une occasion favorable. Car, en visitant les travaux du petit camp, il vit qu'il n'y avait plus personne sur la colline qu'occupait l'ennemi les jours précédents, et en si grand nombre qu'à peine en voyait-on le sol. Étonné, il en demande la cause aux transfuges, qui chaque jour venaient en foule se rendre à lui. Tous s'accordent à dire, ce qu'il savait déjà par ses éclaireurs, que le sommet de cette colline étant presque plat, mais boisé et étroit du côté qui conduisait à l'autre partie de la ville, les Gaulois craignaient beaucoup pour ce point, et sentaient que si les Romains, déjà maîtres de l'autre colline, s'emparaient de celle-ci, ils seraient pour ainsi dire enveloppés sans pouvoir ni sortir ni fourrager. Vercingétorix avait donc appelé toutes ses troupes pour fortifier cet endroit.

XLV. Sur cet avis, César y envoie, au milieu de la nuit, plusieurs escadrons, avec ordre de se répandre dans la campagne d'une manière un peu bruyante. Au point du jour, il fait sortir du camp beaucoup d'équipages et de mulets, qu'on décharge de leurs bagages; il donne des casques aux muletiers, pour qu'ils aient l'apparence de cavaliers, et leur recommande de faire le tour des collines. Il fait partir avec eux quelques cavaliers qui doivent affecter de se répandre au loin. Il leur assigne à tous un point de réunion qu'ils gagneront par un long circuit. De Gergovie, qui dominait le camp, on voyait tous ces mouvements, mais de trop loin pour pouvoir distinguer ce que c'était au juste. César détache une légion vers la même colline; quand elle a fait quelque chemin, il l'arrête dans un fond et la cache dans les forêts. Les soupçons des Gaulois redoublent, et toutes leurs troupes passent de ce côté. César, voyant leur camp dégarni, fait couvrir les insignes, cacher les enseignes, et défiler les soldats du grand camp dans le petit, par pelotons pour qu'on ne les remarque pas de la ville; il donne ses instructions aux lieutenants qui commandent chaque légion, et les avertit surtout de contenir les soldats que l'ardeur de combattre et l'espoir du butin pourraient emporter trop loin; il leur montre le désavantage que donne l'escarpement du terrain; la célérité seule peut le compenser; il s'agit d'une surprise et non d'un combat. Ces mesures prises, il donne le signal, et fait en même temps monter les Édues sur la droite par un autre chemin.

XLVI. De la plaine et du pied de la colline jusqu'au mur de la ville il y avait douze cents pas

---

tamen, quam mitissime potest, legatos appellat : « nihil se propter inscientiam levitatemque vulgi gravius de civitate judicare, neque de sua in Æduos benevolentia deminuere. » Ipse, majorem Galliæ motum exspectans, ne ab omnibus civitatibus circumsisteretur, consilia inibat, quemadmodum ab Gergovia discederet, ac rursus omnem exercitum contraheret, ne profectio, nata ab timore defectionis, similis fugæ videretur.

XLIV. Hæc cogitanti accidere visa est facultas bene gerendæ rei. Nam quum minora in castra operis perspiciendi causa venisset, animadvertit collem, qui ab hostibus tenebatur, nudatum hominibus, qui superioribus diebus vix præ multitudine cerni poterat. Admiratus quærit perfugis causam, quorum magnus ad eum quotidie numerus confluebat. Constabat inter omnes, quod jam ipse Cæsar per exploratores cognoverat, dorsum esse ejus jugi prope æquum, sed hunc silvestrem et angustum, qua esset aditus ad alteram oppidi partem : huic loco vehementer illos timere, nec jam aliter sentire, uno colle ab Romanis occupato, si alienum amisissent, quin pene circumvallati, atque omni exitu et pabulatione interclusi viderentur : ad hunc muniendum locum omnes a Vercingetorige evocatos.

XLV. Hac re cognita, Cæsar mittit complures equitum turmas eo de media nocte : iis imperat, ut paulo tumultuosius omnibus in locis pervagarentur. Prima luce magnum numerum impedimentorum ex castris detrahi, mulionesque cum cassidibus, equitum specie ac simulatione, collibus circumvehi jubet. His paucos addit equites, qui latius ostentationis causa vagarentur. Longo circuitu easdem omnes jubet petere regiones. Hæc procul ex oppido videbantur, ut erat a Gergovia despectus in castraneque tanto spatio, certi quid esset, explorari poterat. Legionem unam eodem jugo mittit, et paulum progressam inferiore constituit loco, silvisque occultat. Augetur Gallis suspicio, atque omnes illo ad munitionem copiæ traducuntur. Vacua castra hostium Cæsar conspicatus, tectis insignibus suorum, occultatisque signis militaribus, raros milites, ne ex oppido animadverterentur, ex majoribus castris in minora traducit, legatisque, quos singulis legionibus præfecerat, quid fieri vellet, ostendit : in primis monet, ut contineant milites, ne studio pugnandi aut spe prædæ longius progrediantur; quid iniquitas loci habeat incommodi, proponit : hoc una celeritate posse vitari : occasionis esse rem, non pretii. His rebus expositis, signum dat, et ab dextera parte alio ascensu eodem tempore Æduos mittit.

XLVI. Oppidi murus ab planitie atque initio ascensus, recta regione, si nullus anfractus intercederet, MCC passus aberat. Quidquid huic circuitus ad mollien-

en ligne droite, sans compter les sinuosités du terrain. Les détours qu'il fallait faire pour monter moins à pic augmentaient la distance. A mi-côte, les Gaulois avaient tiré en longueur, et suivant la disposition du terrain, un mur de six pieds de haut et formé de grosses pierres, pour arrêter notre attaque; et laissant vide toute la partie basse, ils avaient entièrement garni de troupes la partie supérieure de la colline jusqu'au mur de la ville. Au signal donné, nos soldats arrivent promptement aux retranchements, les franchissent et se rendent maîtres de trois camps. Le succès de cette attaque avait été si rapide, que Teutomat, roi des Nitiobriges, surpris dans sa tente, où il reposait au milieu du jour, s'enfuit nu jusqu'à la ceinture, eut son cheval blessé, et n'échappa qu'avec peine aux mains des pillards.

XLVII. César ayant atteint son but (14), fait sonner la retraite et faire halte à la dixième légion, qui l'accompagnait. Mais les autres n'avaient pas entendu le son de la trompette, parce qu'elles étaient au-delà d'un vallon assez large; et bien que, pour obéir aux ordres de César, les lieutenants et tribuns s'efforçassent de les retenir, entraînées par l'espérance d'une prompte victoire, par la fuite des ennemis, par leurs anciens succès, et ne voyant rien de si difficile qu'elles n'en pussent triompher par leur courage, elles ne cessèrent leur poursuite qu'aux pieds des murs et jusqu'aux portes de la ville. Un cri s'étant alors élevé de toutes les parties de l'enceinte, ceux qui étaient les plus éloignés, effrayés de cette confusion soudaine, croient les Romains dans la ville et se précipitent des murs. Les mères jettent du haut des murailles des habits et de l'argent, et s'avançant, le sein découvert, les bras étendus, elles supplient les Romains de les épargner et de ne pas agir comme à Avaricum, où l'on n'avait fait grâce ni aux femmes ni aux enfants. Quelques-unes, s'aidant de main en main à descendre du rempart, se livrèrent aux soldats. L. Fabius, centurion de la huitième légion, qui, ce jour même, avait dit dans les rangs, qu'excité par les récompenses d'Avaricum, il ne laisserait à personne le temps d'escalader le mur avant lui, ayant pris trois de ses soldats, se fit soulever par eux et monta sur le mur. Il leur tendit la main à son tour, et les fit monter un à un

XLVIII. Cependant, ceux des Gaulois qui, comme nous l'avons dit, s'étaient portés de l'autre côté de la ville pour la fortifier, aux premiers cris qu'ils entendent, et pressés par les nombreux avis qu'on leur donne de l'entrée des Romains dans la ville, détachent en avant leur cavalerie et la suivent en foule. Chacun, à mesure qu'il arrive, se range sous les murs, et augmente le nombre des combattants. Leurs forces s'étant ainsi grossies, les femmes qui, un instant auparavant, nous tendaient les mains du haut des remparts, s'offrent aux Barbares, échevelées suivant leur usage, et les implorent en leur montrant leurs enfants. Les Romains avaient le désavantage et du lieu et du nombre; fatigués de leur course et de la durée du combat, ils ne se soutenaient plus

---

dum clivum accesserat, id spatium itineris augebat. A medio fere colle in longitudinem, ut natura montis ferebat, ex grandibus saxis sex pedum murum, qui nostrorum impetum tardaret, præduxerant Galli, atque, inferiore omni spatio vacuo relicto, superiorem partem collis usque ad murum oppidi densissimis castris compleverant. Milites, dato signo, celeriter ad munitionem perveniunt, eamque transgressi, trinis castris potiuntur. Ac tanta fuit in capiendis castris celeritas, ut Teutomatus, rex Nitiobrigum, subito in tabernaculo oppressus, ut meridie conquieverat, superiore corporis parte nudata, vulnerato equo, vix se ex manibus prædantium militum eriperet.

XLVII. Consecutus id, quod animo proposuerat, Cæsar receptui cani jussit; legionisque decimæ, qua tum erat comitatus, signa consistere. At reliquarum milites legionum, non exaudito tubæ sono, quod satis magna valles intercedebat, tamen ab tribunis militum legatisque ut erat a Cæsare præceptum, retinebantur : sed elati spe celeris victoriæ, et hostium fuga, superiorumque temporum secundis præliis, nihil adeo arduum sibi existimabant, quod non virtute consequi possent; neque prius finem sequendi fecerunt, quam muro oppidi portisque appropinquarent. Tum vero ex omnibus urbis partibus orto clamore, qui longius aberant, repentino tumultu perterriti, quum hostem intra portas esse existimarent, sese ex oppido ejecerunt. Matres familiæ de muro vestem argentumque jactabant, et pectoris fine prominentes, passis manibus obtestabantur Romanos, ut sibi parcerent, neu, sicut Avarici fecissent, ne mulieribus quidem atque infantibus abstinerent. Nonnullæ, de muris per manus demissæ, sese militibus tradebant. L. Fabius, centurio legionis VIII, quem inter suos eo die dixisse constabat, excitari se Avaricensibus præmiis, neque commissurum ut prius quisquam murum ascenderet, tres suos nactus manipulares, atque ab iis sublevatus, murum ascendit. Eos ipse rursus singulos exceptans, in murum extulit.

XLVIII. Interim ii, qui ad alteram partem oppidi, ut supra demonstravimus, munitionis causa, convenerant, primo exaudito clamore, inde etiam crebris nuntiis incitati, oppidum a Romanis teneri, præmissis equitibus, magno concursu eo contenderunt. Eorum ut quisque primus venerat, sub muro consistebat, suorumque pugnantium numerum augebat. Quorum quum magna multitudo convenisset, matres familiæ, quæ paulo ante Romanis de muro manus tendebant, suos obtestari, et more Gallico passum capillum ostentare, liberosque in conspectum proferre cœperunt. Erat Romanis nec loco, nec numero, æqua contentio : simul et cursu et spatio pugnæ defatigati, non facile recentes atque integros sustinebant.

XLIX. Cæsar, quum iniquo loco pugnari, hostiumque

qu'avec peine contre des troupes fraîches et sans blessures.

XLIX. César, voyant le désavantage du lieu, et les forces de l'ennemi croître sans cesse, craignit pour les siens, et envoya au lieutenant T. Sextius qu'il avait chargé de la garde du petit camp, l'ordre d'en faire sortir les cohortes et de les poster au pied de la colline sur la droite des Gaulois, afin que, s'il voyait nos soldats repoussés, il forçât les ennemis à ralentir leur poursuite, en les intimidant; lui-même s'avançant à la tête de la légion un peu au-delà du lieu où il s'était arrêté, attendit l'issue du combat.

L. Tandis qu'on se battait avec acharnement et corps à corps, les ennemis forts de leur position et de leur nombre, et les nôtres de leur valeur, on vit tout à coup paraître, sur notre flanc découvert, les Édues que César avait envoyés par un autre chemin, pour faire diversion sur notre droite. La ressemblance de leurs armes avec celles des Barbares alarma vivement nos soldats; et quoiqu'ils eussent le bras droit nu, signe ordinaire de paix, ceux-ci crurent cependant que c'était un artifice de l'ennemi employé pour les tromper. En même temps, le centurion L. Fabius, et ceux qui étaient montés avec lui sur le rempart, furent enveloppés, et précipités sans vie du haut de la muraille. M. Pétréius, centurion de la même légion, se vit accablé par le nombre comme il s'efforçait de briser les portes; ayant déjà reçu plusieurs blessures et désespérant de sa vie, il s'adresse aux hommes de sa compagnie qui l'avaient suivi : « Puisque je ne puis me sauver avec vous, dit-il, je veux du moins pourvoir au salut de ceux qu'entraîné par l'amour de la gloire, j'ai conduits dans le péril. Usez du moyen que je vous donnerai de sauver vos jours. » Aussitôt il se jette au milieu des ennemis, en tue deux, et écarte un moment les autres de la porte. Comme les siens essayaient de le secourir : « En vain, dit-il, tentez-vous de me conserver la vie; déjà mon sang et mes forces m'abandonnent. Éloignez-vous donc tandis que vous le pouvez et rejoignez votre légion. » Un moment après, il périt en combattant, après avoir ainsi sauvé ses compagnons.

LI. Nos soldats, pressés de toutes parts, furent repoussés de leur poste avec une perte de quarante-six centurions; mais la dixième légion, placée comme corps de réserve dans une position un peu plus avantageuse, arrêta les ennemis trop ardents à nous poursuivre. Elle fut soutenue par les cohortes de la treizième, venue du petit camp et postée un peu plus haut, sous les ordres du lieutenant T. Sextius. Dès que les légions eurent gagné la plaine, elles s'arrêtèrent et firent face à l'ennemi. Vercingétorix ramena ses troupes du pied de la colline dans ses retranchements. Cette journée nous coûta près de sept cents hommes.

LII. Le lendemain César assembla les troupes, et reprocha aux soldats leur imprudence et leur cupidité : « Ils avaient eux-mêmes jugé de ce qu'il fallait faire, et jusqu'où l'on devait s'avancer; ils ne s'étaient point arrêtés au signal de la retraite; ni les tribuns ni les lieutenants n'avaient pu les retenir. Il leur représenta le danger d'une mauvaise position, et leur rappela sa conduite au siège d'A-

augeri copias videret, præmetuens suis, ad T. Sextium legatum, quem minoribus castris præsidio reliquerat, misit, ut cohortes ex castris celeriter educeret, et sub infimo colle ab dextro latere hostium constitueret : ut, si nostros depulsos loco vidisset, quo minus libere hostes insequerentur, terreret. Ipse paulum ex eo loco cum legione progressus, ubi constiterat, eventum pugnæ exspectabat.

L. Quum acerrime cominus pugnaretur, hostes loco et numero, nostri virtute confiderent ; subito sunt Ædui visi, ab latere nostris aperto, quos Cæsar ab dextra parte alio ascensu, manus distinendæ causa, miserat. Hi similitudine armorum vehementer nostros perterruerunt : ac, tametsi dextris humeris exsertis animadvertebantur, quod insigne pacatum esse consuerat, tamen id ipsum sui fallendi causa milites ab hostibus factum existimabant. Eodem tempore L. Fabius centurio, quique una murum ascenderant, circumventi atque interfecti de muro præcipitantur. M. Petreius, ejusdem legionis centurio, quum portas excidere conatus esset, a multitudine oppressus ac sibi desperans, multis jam vulneribus acceptis, manipularibus suis qui illum secuti erant : « Quoniam, inquit, me una vobiscum servare non possum, vestræ quidem certe saluti prospiciam, quos cupiditate gloriæ adductus in periculum deduxi. Vos, data facultate, vobis consulite. » Simul in medios hostes irrupit, duobusque interfectis, reliquos a porta paulum submovit. Conantibus auxiliari suis, « Frustra, inquit, meæ vitæ subvenire conamini, quem jam sanguis viresque deficiunt. Proinde hinc abite, dum est facultas, vosque ad legionem recipite. » Ita pugnans post paulum concidit, ac suis saluti fuit.

LI. Nostri, quum undique premerentur, XLVI centurionibus amissis, dejecti sunt loco : sed intolerantius Gallos insequentes legio X tardavit, quæ pro subsidio paulo æquiore loco constiterat. Hanc rursus XIII legionis cohortes exceperunt, quæ, ex castris minoribus eductæ, cum T. Sextio legato ceperant locum superiorem. Legiones, ubi primum planitiem attigerunt, infestis contra hostes signis constiterunt. Vercingetorix ab radicibus collis suos intra munitiones reduxit. Eo die milites sunt paulo minus DCC desiderati.

LII. Postero die Cæsar, concione advocata, temeritatem cupiditatemque militum reprehendit, « quod sibi ipsi judicavissent, quo procederent, aut quid agendum videretur, neque signo recipiendi dato constitissent, neque a tribunis militum legatisque retineri potuissent : exposito quid iniquitas loci posset, quid ipse ad Avaricum sensisset, quum, sine duce et sine equitatu deprehensis hostibus, exploratam victoriam dimisisset, ne parvum

varicum, lorsque, surprenant l'ennemi sans chef et sans cavalerie, il avait renoncé à une victoire certaine, plutôt que de l'acheter par la perte même légère qu'aurait entraînée le désavantage du lieu. Autant il admirait leur courage, que n'avaient pu arrêter ni les retranchements de l'ennemi, ni l'élévation de la montagne, ni les murs de la ville, autant il les blâmait d'avoir cru, dans leur insubordination présomptueuse, juger mieux que leur général du succès et de l'issue de l'événement; il ajouta qu'il n'aimait pas moins dans un soldat la modestie et la retenue que la valeur et la magnanimité. »

LIII. Tel fut le discours de César, à la fin duquel il releva le courage des soldats; il leur dit de ne pas se laisser abattre par cet événement, et de ne point attribuer au courage de l'ennemi ce qu'il n'avait dû qu'à sa bonne position; et persistant dans ses projets de départ, il fit sortir les légions du camp et les mit en bataille, sur un terrain favorable. Vercingétorix descendit aussi dans la plaine : après une légère escarmouche de cavalerie, où César eut le dessus, il fit rentrer ses troupes. Il en fut de même le lendemain; jugeant alors l'épreuve suffisante pour rabattre la jactance des Gaulois et raffermir le courage des siens, il décampa pour se rendre chez les Édues. Les ennemis n'essayèrent même pas de le suivre, et le troisième jour, il arriva sur les bords de l'Allier, rétablit le pont et le passa avec l'armée.

LIV. C'est là que les Édues Viridomar et Éporédorix vinrent le trouver, et lui dirent que Litavic était parti avec toute sa cavalerie pour soulever le pays; qu'eux-mêmes avaient besoin de le devancer pour retenir la nation dans le devoir. Quoique César eût déjà plusieurs preuves de la perfidie des Édues, et qu'il pensât que le départ de ces deux hommes ne ferait que hâter la révolte, il ne crut cependant pas devoir les retenir, de peur de paraître leur faire violence, ou avoir conçu quelque crainte. A leur départ, il leur rappelle brièvement les services qu'il a rendus aux Édues, ce qu'ils étaient, et leur abaissement quand il les a pris tous sous sa protection ; rejetés dans leurs villes, dépouillés de leurs champs, ayant perdu toutes leurs troupes, tributaires, réduits ignominieusement à donner des otages, à quelle prospérité, à quelle puissance ne les a-t-il pas élevés? Non-seulement il les a rétablis dans leur ancien état, mais ils jouissent d'une influence, d'une considération bien au-dessus de celle qu'ils avaient jamais eue. Ces recommandations faites, il les congédia.

LV. Noviodunum[1], ville des Édues, était située sur les bords de la Loire, dans une position avantageuse. César y tenait rassemblés tous les otages de la Gaule, les subsistances, les deniers publics, une grande partie de ses équipages et de ceux de l'armée; il y avait envoyé un grand nombre de chevaux, achetés, pour les besoins de cette guerre, en Italie et en Espagne. En y arrivant, Éporédorix et Viridomar apprirent où en étaient les choses dans leur pays; que Litavic avait été reçu par les Édues, dans Bibracte[2], ville de la plus grande influence ; que le premier

[1] Nevers. — [2] Autun.

---

modo detrimentum in contentione propter iniquitatem loci accideret. Quanto opere eorum animi magnitudinem admiraretur, quos non castrorum munitiones, non altitudo montis, non murus oppidi tardare potuisset; tanto opere licentiam arrogantiamque reprehendere, quod plus se, quam imperatorem, de victoria atque exitu rerum sentire existimarent : nec minus se in milite modestiam et continentiam, quam virtutem atque animi magnitudinem desiderare. »

LIII. Hac habita concione, et ad extremum orationem confirmatis militibus, « ne ob hanc causam animo permoverentur, neu, quod iniquitas loci attulisset, id virtuti hostium tribuerent; » eadem de profectione cogitans, quæ ante senserat, legiones ex castris eduxit, aciemque idoneo loco constituit. Quum Vercingetorix nihilominus in æquum locum descenderet, levi facto equestri prælio, atque eo secundo, in castra exercitum reduxit. Quum hoc idem postero die fecisset, satis ad Gallicam ostentationem minuendam militumque animos confirmandos factum existimans, in Æduos castra movit. Ne tum quidem insecutis hostibus, tertio die ad flumen Elaver pontem refecit, atque exercitum traduxit.

LIV. Ibi a Viridomaro atque Eporedorige Æduis appellatus, discit, cum omni equitatu Litavicum ad sollicitandos Æduos profectum : opus esse et ipsos antecedere ad confirmandam civitatem. Etsi multis jam rebus perfidiam Æduorum Cæsar perspectam habebat, atque horum discessu admaturari defectionem civitatis existimabat; tamen retinendos eos non censuit, ne aut inferre injuriam videretur, aut dare timoris aliquam suspicionem. Discedentibus his breviter sua in Æduos merita exponit : « quos et quam humiles accepisset, compulsos in oppida, multatos agris, omnibus ereptis copiis, imposito stipendio, obsidibus summa cum contumelia extortis; et quam in fortunam, quamque in amplitudinem deduxisset, ut non solum in pristinum statum redissent, sed omnium temporum dignitatem et gratiam antecessisse viderentur. » His datis mandatis, eos ab se dimisit.

LV. Noviodunum erat oppidum Æduorum, ad ripas Ligeris opportuno loco positum : huc Cæsar omnes obsides Galliæ, frumentum, pecuniam publicam, suorum atque exercitus impedimentorum magnam partem contulerat : huc magnum numerum equorum, hujus belli causa in Italia atque Hispania coemptum, miserat. Eo quum Eporedorix Viridomarusque venissent, et de statu civitatis cognovissent, Litavicum Bibracte ab Æduis receptum, quod est oppidum apud eos maximæ auctoritatis, Convictolitanem magistratum magnamque partem sena-

magistrat, Convictolitan, et une grande partie du sénat s'étaient rendus près de lui; qu'on avait ouvertement envoyé des ambassadeurs à Vercingétorix, pour faire avec lui un traité de paix et d'alliance. Ils ne voulurent pas laisser échapper une occasion si favorable. Ils massacrèrent la garde laissée à Noviodunum, les marchands et les voyageurs qui s'y trouvaient, partagèrent entre eux l'argent et les chevaux, et firent conduire dans Bibracte, à Convictolitan, les otages des cités; puis, jugeant qu'ils étaient hors d'état de garder la ville, ils la brûlèrent, afin qu'elle ne servît pas aux Romains, emportèrent sur des bateaux autant de blé que le moment le permettait, et jetèrent le reste dans la rivière ou dans le feu. Ensuite, levant des troupes dans les pays voisins, ils placèrent des postes et des détachements le long de la Loire, et firent en tout lieu parade de leur cavalerie, pour répandre la terreur et pour essayer de chasser les Romains de la contrée par la disette, en leur coupant les vivres, espoir d'autant mieux fondé que la Loire, alors enflée par la fonte des neiges, ne paraissait guéable en aucun endroit.

LVI. Instruit de tous ces mouvements, César crut devoir hâter sa marche; il voulait, au besoin, essayer de jeter des ponts sur la Loire, combattre avant que l'ennemi eût assemblé de plus grandes forces; car changer de plan et rétrograder sur la province, était un parti que la crainte même ne l'eût pas forcé de prendre, soit parce qu'il sentait la honte et l'indignité de cette mesure, à laquelle s'opposaient d'ailleurs les Cévennes et la difficulté des chemins, soit surtout parce qu'il craignait vivement pour Labiénus, dont il était séparé, et pour les légions parties sous ses ordres. Forçant donc sa marche de jour et de nuit, il arriva, contre l'attente générale, sur les bords de la Loire; la cavalerie ayant trouvé un gué assez commode eu égard aux circonstances (on y avait seulement hors de l'eau les épaules et les bras pour soutenir les armes), il la disposa de manière à rompre le courant, et l'armée passa sans perte à la vue des ennemis soudainement effrayés. Les troupes s'approvisionnèrent de bétail et de blé, dont on trouva les champs couverts, et l'on se dirigea vers les Sénons.

LVII. Pendant ces mouvements de l'armée de César, Labiénus ayant laissé à Agendicum[1], pour la garde des bagages, les recrues récemment arrivées d'Italie, se porte avec quatre légions vers Lutèce[2]. Cette ville appartient aux Parises et est située dans une île de la Seine. Au bruit de son arrivée, un grand nombre de troupes ennemies se réunirent des pays voisins. Le commandement en chef fut donné à l'aulerke Camulogène, vieillard chargé d'années, mais à qui sa profonde expérience dans l'art militaire mérita cet honneur. Ce général ayant remarqué que la ville était entourée d'un marais[3] qui aboutissait à la Seine, et protégeait merveilleusement cette place, y établit ses troupes dans le but de nous disputer le passage.

LVIII. Labiénus travailla d'abord à dresser des mantelets, à combler le marais de claies et de fas-

[1] Sens. — [2] Paris, ou plus exactement la partie de cette ville qu'aujourd'hui l'on appelle *la Cité*. — [3] Formé probablement par la rivière de Bièvre.

tus ad eum convenisse, legatos ad Vercingetorigem de pace et amicitia concilianda publice missos; non prætermittendum tantum commodum existimaverunt. Itaque, interfectis Novioduni custodibus, quique eo negotiandi aut itineris causa convenerant, pecuniam atque equos inter se partiti sunt; obsides civitatum Bibracte ad magistratum deducendos curaverunt, oppidum, quod ab se teneri non posse judicabant, ne cui usui Romanis; incenderunt, frumenti quod subito potuerunt, navibus avexerunt, reliquum flumine atque incendio corruperunt, ipsi ex finitimis regionibus copias cogere, præsidia custodiasque ad ripas Ligeris disponere, equitatumque omnibus locis, injiciendi timoris causa, ostentare cœperunt, si ab eo frumentaria Romanos excludere, aut adductos inopia ex provincia expellere possent. Quam ad spem multum eos adjuvabat, quod Liger ex nivibus creverat, ut omnino vado non posse transiri videretur.

LVI. Quibus rebus cognitis, Cæsar maturandum sibi censuit, si esset in perficiendis pontibus periclitandum, ut prius, quam essent majores eo coactæ copiæ, dimicaret. Nam et commutato consilio iter in Provinciam converteret (id ne metu quidem necessario faciendum existimabat), quum infamia atque indignitas rei, et oppositus mons Cevenna, viarumque difficultas impediebat, tum maxime, quod abjuncto Labieno, atque iis legionibus, quas una miserat, vehementer timebat. Itaque, admodum magnis diurnis atque nocturnis itineribus confectis, contra omnium opinionem ad Ligerim pervenit, vadoque per equites invento, pro rei necessitate opportuno, ut brachia modo atque humeri ad sustinenda arma liberi ab aqua esse possent, disposito equitatu, qui vim fluminis refringeret, atque hostibus primo aspectu perturbatis, incolumem exercitum traduxit: frumentumque in agris et copiam pecoris nactus, repleto iis rebus exercitu, iter in Senones facere instituit.

LVII. Dum hæc apud Cæsarem geruntur, Labienus eo supplemento, quod nuper ex Italia venerat, relicto Agendici, ut esset impedimentis præsidio, cum IV legionibus Lutetiam proficiscitur. Id est oppidum Parisiorum, positum in insula fluminis Sequanæ. Cujus adventu ab hostibus cognito, magnæ ex finitimis civitatibus copiæ convenerunt. Summa imperii traditur Camulogeno Aulerco, qui prope confectus ætate, tamen propter singularem scientiam rei militaris ad eum est honorem evocatus. Is quum animadvertisset, perpetuam esse paludem, quæ influeret in Sequanam, atque illum omnem locum magnopere impediret, hic consedit, nostrosque transitu prohibere instituit.

cines, et à se frayer un chemin sûr. Voyant que les travaux présentaient trop de difficultés, il sortit de son camp en silence à la troisième veille, et arriva à Melodunum[1] par le même chemin qu'il avait pris pour venir. C'est une ville des Sénons, située, comme nous l'avons dit de Lutèce, dans une île de la Seine. S'étant emparé d'environ cinquante bateaux, il les joignit bientôt ensemble, les chargea de soldats, et par l'effet de la peur que cette attaque inopinée causa aux habitants, dont une grande partie d'ailleurs avait été appelée sous les drapeaux de Camulogène, il entra dans la place sans éprouver de résistance. Il rétablit le pont que les ennemis avaient coupé les jours précédents, y fit passer l'armée, et se dirigea vers Lutèce en suivant le cours du fleuve. L'ennemi, averti de cette marche par ceux qui s'étaient enfuis de Melodunum, fait mettre le feu à Lutèce, couper les ponts de cette ville; et, protégé par le marais, il vient camper sur les rives de la Seine, vis-à-vis Lutèce et en face du camp de Labiénus.

LIX. Déjà le bruit courait que César avait quitté le siége de Gergovie; déjà circulait la nouvelle de la défection des Édues et des succès obtenus par la Gaule soulevée. Les Gaulois affirmaient, dans leurs entretiens, que César, à qui l'on avait coupé sa route et tout accès à la Loire, avait été, faute de vivres, forcé de se retirer vers la province romaine. De leur côté, les Bellovakes, instruits de la défection des Édues, et déjà assez disposés à se soulever, se mirent à lever des troupes et à préparer ouvertement la guerre. Labiénus, au milieu de si grands changements, sentit qu'il fallait adopter un tout autre système que celui qu'il avait jusque-là suivi; il ne songea plus à faire des conquêtes ni à harceler l'ennemi, mais à ramener l'armée sans perte à Agendicum. Car d'un côté, il était menacé par les Bellovakes, peuple jouissant dans la Gaule d'une haute réputation de valeur; de l'autre, Camulogène, maître du pays, avait une armée toute formée et en état de combattre; enfin un grand fleuve séparait les légions de leurs bagages et de la garnison qui les gardait. Il ne voyait contre de si grandes et si subites difficultés d'autre ressource que son courage.

LX. Ayant donc, sur le soir, convoqué un conseil, il engagea chacun à exécuter avec promptitude et adresse les ordres qu'il donnerait; il distribua les bateaux, qu'il avait amenés de Melodunum, à autant de chevaliers romains, et leur prescrivit de descendre la rivière à la fin de la première veille, de s'avancer en silence l'espace de quatre mille pas et de l'attendre là. Il laissa pour la garde du camp les cinq cohortes qu'il jugeait les moins propres à combattre, et commanda à celles qui restaient de la même légion de remonter le fleuve au milieu de la nuit, avec tous les bagages, en faisant beaucoup de bruit. Il rassembla aussi des nacelles et les envoya dans la même direction à grand bruit de rames. Lui-même, peu d'instants après, partit en silence avec trois légions, et se rendit où il avait ordonné de conduire les bateaux.

LXI. Lorsqu'on y fut arrivé, les éclaireurs de l'ennemi, placés sur toute la rive du fleuve, furent

[1] Melun

LVIII. Labienus primo vineas agere, cratibus atque aggere paludem explere, atque iter munire conabatur. Postquam id difficilius confieri animadvertit, silentio e castris tertia vigilia egressus, eodem, quo venerat, itinere Melodunum pervenit. Id est oppidum Senonum, in insula Sequanæ positum, ut paulo ante Lutetiam diximus. Deprehensis navibus circiter L, celeriterque conjunctis, atque eo militibus impositis, et rei novitate perterritis oppidanis, quorum magna pars erat ad bellum evocata, sine contentione oppido potitur. Refecto ponte, quem superioribus diebus hostes rescinderant, exercitum traducit, et secundo flumine ad Lutetiam iter facere cœpit. Hostes, re cognita ab iis qui a Meloduno profugerant, Lutetiam incendunt, pontesque ejus oppidi rescindi jubent: ipsi protecti a palude, in ripis Sequanæ, e regione Lutetiæ, contra Labieni castra considunt.

LIX. Jam Cæsar a Gergovia discessisse audiebatur: jam rumores Æduorum defectione et secundo Galliæ motu afferebantur, Gallique in colloquiis, interclusum itinere et Ligeri Cæsarem, inopia frumenti coactum, in Provinciam contendisse confirmabant. Bellovaci autem, defectione Æduorum cognita, qui ante erant per se infideles, manus cogere atque aperte bellum parare cœperunt. Tum Labienus, tanta rerum commutatione, longe aliud sibi capiendum consilium, atque antea senserat, intelligebat: neque, jam ut aliquid acquireret, prælioque hostes lacesseret; sed ut incolumem exercitum Agendicum reducerer, cogitabat. Namque altera ex parte Bellovaci, quæ civitas in Gallia maximam habet opinionem virtutis, instabant, alteram Camulogenus parato atque instructo exercitu tenebat: tum legiones a præsidio atque impedimentis interclusas, maximum flumen distinebat. Tantis subito difficultatibus objectis, ab animi virtute auxilium petendum videbat.

LX. Itaque, sub vesperum consilio convocato, cohortatus, ut ea, quæ imperasset, diligenter industrieque administrarent, naves, quas a Meloduno deduxerat, singulas equitibus romanis attribuit; et prima confecta vigilia, IV millia passuum secundo flumine progredi silentio, ibique se exspectari jubet. Quinque cohortes, quas minime firmas ad dimicandum esse existimabat, castris præsidio relinquit : V ejusdem legionis reliquas de media nocte cum omnibus impedimentis adverso flumine magno tumultu proficisci imperat. Conquirit etiam lintres. Has, magno sonitu remorum incitatas, in eamdem partem mittit. Ipse post paulo, silentio egressus, cum tribus legionibus eum locum petit, quo naves appelli jusserat.

LXI. Eo quum esset ventum, exploratores hostium,

attaqués à l'improviste pendant un grand orage survenu tout à coup; l'armée et la cavalerie passèrent rapidement le fleuve, avec le secours des chevaliers romains chargés de cette opération. Au point du jour et presque au même instant, on annonce aux ennemis qu'il règne une agitation extraordinaire dans le camp romain, qu'un corps considérable de troupes remonte le fleuve, qu'on entend un grand bruit de rames du même côté, et qu'un peu au-dessous des bateaux transportent des soldats. A ce récit, persuadés que les légions passent le fleuve en trois endroits, et que l'effroi causé par la défection des Édues précipite notre fuite, ils se partagent aussi en trois corps. Ils en laissent un vis-à-vis de notre camp pour la garde du leur; le second est envoyé vers Metiosedum[1], avec ordre de s'avancer aussi loin que les bateaux, et ils marchent contre Labiénus avec le reste de leurs troupes.

LXII. Au point du jour toutes nos troupes avaient passé, et l'on vit celles de l'ennemi rangées en bataille. Labiénus exhorte les soldats à se rappeler leur ancienne valeur et tant de combats glorieux, et à se croire en présence de César lui-même, sous la conduite duquel ils ont tant de fois défait leurs ennemis, puis il donne le signal du combat. Dès le premier choc, la septième légion, placée à l'aile droite, repousse les ennemis et les met en fuite; à l'aile gauche qu'occupait la douzième légion, quoique les premiers rangs de l'ennemi fussent tombés percés de nos traits, les autres résistaient vigoureusement, et aucun ne songeait

[1] Probablement Choisy-le-Roy.

à la fuite. Camulogène, leur général, était lui-même avec eux, et excitait leur courage. Le succès était donc douteux sur ce point, lorsque les tribuns de la septième légion, instruits de ce qui se passait à l'aile gauche, vinrent avec leur légion prendre les ennemis en queue et les chargèrent. Même dans cette position, aucun Gaulois ne quitta sa place; tous furent enveloppés et tués. Camulogène subit le même sort. D'un autre côté, ceux qu'on avait laissés à la garde du camp opposé à celui de Labiénus, avertis que l'on se battait, marchèrent au secours des leurs, et prirent position sur une colline; mais ils ne purent soutenir le choc de nos soldats victorieux. Entraînés dans la déroute des autres Gaulois, tous ceux qui ne purent gagner l'abri des bois ou des hauteurs, furent taillés en pièces par notre cavalerie. Après cette expédition, Labiénus retourne vers Agendicum, où avaient été laissés les bagages de toute l'armée. De là il rejoignit César avec toutes les troupes.

LXIII. La nouvelle de la défection des Edues propagea la guerre. Des députations sont envoyées sur tous les points; crédit, autorité, argent, tout est mis en usage pour gagner les différents états. Nantis des otages que César avait déposés chez eux, ils menacent de les faire périr pour effrayer ceux qui hésitent. Les Édues invitent Vercingétorix à venir conférer avec eux sur les moyens de faire la guerre. Il se rend à leur prière; mais ils prétendent qu'on leur défère le commandement en chef; et comme il leur est disputé, on convoque une assemblée de toute la

ut omni fluminis parte erant dispositi, inopinantes, quod magna subito erat coorta tempestas, ab nostris opprimuntur: exercitus equitatusque, equitibus romanis administrantibus, quos ei negotio præfecerat, celeriter transmittitur. Uno fere tempore sub lucem hostibus nuntiatur in castris Romanorum præter consuetudinem tumultuari, et magnum ire agmen adverso flumine, sonitumque remorum in eadem parte exaudiri, et paulo infra milites navibus transportari. Quibus rebus auditis, quod existimabant, tribus locis transire legiones, atque omnes perturbatos defectione Æduorum, fugam parare, suas quoque copias in tres partes distribuerunt. Nam, et præsidio et regione castrorum relicto, et parva manu Metiosedum versus missa, quæ tantum progrederetur, quantum naves processissent, reliquas copias contra Labienum duxerunt.

LXII. Prima luce et nostri omnes erant transportati, et hostium acies cernebatur. Labienus, milites cohortatus, « ut suæ pristinæ virtutis, et tot secundissimorum præliorum memoriam retinerent, atque ipsum Cæsarem, cujus ductu sæpe numero hostes superassent, præsentem adesse existimarent, » dat signum prælii. Primo concursu ab dextro cornu, ubi septima legio constiterat, hostes pelluntur, atque in fugam conjiciuntur: ab sinistro, quem

locum duodecima legio tenebat, quum primi ordines hostium transfixi pilis concidissent, tamen acerrime reliqui resistebant, nec dabat suspicionem fugæ quisquam. Ipse dux hostium Camulogenus suis aderat, atque eos cohortabatur. At, incerto etiam nunc exitu victoriæ, quum septimæ legionis tribunis esset nuntiatum, quæ in sinistro cornu gererentur, post tergum hostium legionem ostenderunt, signaque intulerunt. Ne eo quidem tempore quisquam loco cessit, sed circumventi omnes interfectique sunt. Eamdem fortunam tulit Camulogenus. At ii, qui præsidio contra castra Labieni erant relicti, quum prælium commissum audissent, subsidio suis ierunt, collemque ceperunt, neque nostrorum militum victorum impetum sustinere potuerunt. Sic, cum suis fugientibus permixti, quos non silvæ montesque texerunt, ab equitatu sunt interfecti. Hoc negotio confecto, Labienus revertitur Agendicum, ubi impedimenta totius exercitus relicta erant. Inde cum omnibus copiis ad Cæsarem pervenit.

LXIII. Defectione Æduorum cognita, bellum augetur. Legationes in omnes partes circummittuntur: quantum gratia, auctoritate, pecunia valent, ad sollicitandas civitates nituntur, Nacti obsides, quos Cæsar apud eos deposuerat; horum supplicio dubitantes territant. Petunt a Vercingetorige Ædui, ad se veniat, rationesque belli ge-

Gaule à Bibracte. On s'y rend en foule de toutes parts. La question est soumise aux suffrages de la multitude, et tous confirment le choix de Vercingétorix comme généralissime. On ne vit point à cette assemblée les Rèmes, les Lingons, les Trévires: les deux premiers peuples, parce qu'ils restaient fidèles aux Romains; les Trévires, parce qu'ils étaient trop éloignés et pressés en outre par les Germains, ce qui fut cause qu'ils ne prirent aucune part à la guerre, et gardèrent la neutralité. Les Édues souffraient vivement de se voir dépouillés du commandement; ils déplorèrent le changement de leur fortune, et regrettèrent la bienveillance de César envers eux; mais, comme la guerre était commencée, ils n'osèrent séparer leur cause de celle des autres Gaulois. Ce ne fut qu'à regret qu'Éporédorix et Viridomar, jeunes gens de la plus haute espérance, obéirent à Vercingétorix.

LXIV. Il exige des otages des autres nations, fixe le jour où ils lui seront livrés, ordonne la prompte réunion de toute la cavalerie, forte de quinze mille hommes; et annonce « qu'il se contente de l'infanterie qu'il a déjà; qu'il ne veut pas tenter le sort des armes en bataille rangée; qu'avec une cavalerie nombreuse il lui sera très-facile de couper les vivres aux Romains et de gêner leurs fourrageurs; que seulement les Gaulois se résignent à détruire leurs récoltes et à incendier leurs demeures, et ne voient dans ces pertes domestiques que le moyen de recouvrer à jamais leur indépendance et leur liberté. » Les choses ainsi réglées, il ordonne aux Édues et aux Ségusiens, limitrophes de la province, de lever dix mille fantassins; il y ajoute huit cents cavaliers. Il confie le commandement de ces troupes au frère d'Éporédorix, et lui dit de porter la guerre chez les Allobroges. D'un autre côté, il envoie les Gabales et les plus proches cantons des Arvernes, ravager le territoire des Helves, ainsi que les Rutènes et les Cadurkes celui des Volkes arécomiques. En même temps, et par des messages secrets, il sollicite les Allobroges, espérant que les ressentiments de la dernière guerre n'y étaient pas encore éteints. Il promet aux chefs de l'argent, et à la nation la souveraineté de toute la province.

LXV. Pour résister à toutes ces attaques, le lieutenant L. César (12) n'avait à distribuer, comme garnison, sur tout le territoire de la province, que vingt-deux cohortes tirées de cette province même. Les Helves attaquent spontanément leurs voisins, sont défaits, perdent C. Valérius Donotaurus, fils de Cabure, chef de leur nation, et sont repoussés dans les murs de leurs villes. Les Allobroges, ayant établi près du Rhône des postes nombreux, mettent beaucoup de zèle et de diligence dans la défense de leur territoire. César, voyant que l'ennemi lui est supérieur en cavalerie, qu'il lui ferme tous les chemins, et qu'il n'y a nul moyen de tirer des secours de l'Italie ni de la province, envoie au-delà du Rhin, en Germanie, vers les peuples qu'il avait soumis les années précédentes, et leur demande des cavaliers et de ces fantassins armés à la légère, accoutumés à se mêler avec la cavalerie dans les combats (13). A leur arrivée, ne trouvant pas assez

---

rendi communicet. Re impetrata contendunt, ut ipsis summa imperii tradatur: et re in controversiam deducta, totius Galliæ concilium Bibracte indicitur. Eodem conveniunt undique frequentes. Multitudinis suffragiis res permittitur: ad unum omnes Vercingetorigem probant imperatorem. Ab hoc concilio Remi, Lingones, Treviri abfuerunt: illi, quod amicitiam Romanorum sequebantur; Treviri, quod aberant longius, et ab Germanis premebantur: quæ fuit causa, quare toto abessent bello, et neutris auxilia mitterent. Magno dolore Ædui ferunt, se dejectos principatu; queruntur fortunæ commutationem, et Cæsaris indulgentiam se requirunt: neque tamen, suscepto bello, suum consilium ab reliquis separare audent. Inviti, summæ spei adolescentes, Eporedorix, et Viridomarus, Vercingetorigi parent.

LXIV. Ille imperat reliquis civitatibus obsides: denique ei rei constituit diem: huc omnes equites, XV millia numero, celeriter convenire jubet; « peditatu, quem ante habuerit, se fore contentum dicit: neque fortunam tentaturum, aut acie dimicaturum; sed, quoniam abundet equitatu, perfacile esse factu, frumentationibus pabulationibusque Romanos prohibere: æquo modo animo sua ipsi frumenta corrumpant, ædificiaque incendant, qua rei familiaris jactura perpetuum imperium liberta- temque se consequi videant. » His constitutis rebus, Æduis Segusianisque, qui sunt finitimi Provinciæ, X millia peditum imperat: huc addit equites DCCC. His præficit fratrem Eporedorigis, bellumque inferre Allobrogibus jubet. Altera ex parte Gabalos proximosque pagos Arvernorum in Helvios, item Rutenos Cadurcosque ad fines Volcarum Arecomicorum depopulandos mittit. Nihilo minus clandestinis nuntiis legationibusque Allobrogas sollicitat, quorum mentes nondum ab superiore bello rescidisse sperabat. Horum principibus pecunias, civitati autem imperium totius provinciæ pollicetur.

LXV. Ad hos omnes casus provisa erant præsidia cohortium duarum et viginti, quæ ex ipsa coacta provincia ab L. Cæsare legato ad omnes partes opponebantur. Helvii, sua sponte cum finitimis prælio congressi, pelluntur, et C. Valerio Donotauro, Caburi filio, principe civitatis, compluribusque aliis interfectis, intra oppida murosque compelluntur. Allobroges, crebris ad Rhodanum dispositis præsidiis, magna cum cura et diligentia suos fines tuentur. Cæsar, quod hostes equitatu superiores esse intelligebat, et, interclusis omnibus itineribus, nulla re ex Provincia atque Italia sublevari poterat, trans Rhenum in Germaniam mittit ad eas civitates, quas superioribus annis pacaverat, equitesque ab his accersit et

bien dressés les chevaux dont ils se servaient, il prit ceux des tribuns, des autres officiers, et même des chevaliers romains et des vétérans (14), et les distribua aux Germains.

LXVI. Pendant le temps employé à toutes ces choses, les corps ennemis envoyés par les Arvernes et la cavalerie levée dans tous les états de la Gaule, se réunirent. Se voyant à la tête de troupes si nombreuses, et tandis que César se dirigeait vers les Séquanes par l'extrême frontière des Lingons, pour porter plus facilement du secours à la province, Vercingétorix vint, en trois campements, prendre position à environ dix mille pas des Romains; et ayant convoqué les chefs de la cavalerie, il leur dit : « Que le moment de vaincre est venu; que les Romains s'enfuient dans leur province et abandonnent la Gaule; que c'est assez pour la liberté du moment, trop peu pour la paix et le repos de l'avenir; qu'ils ne manqueront pas de revenir avec de plus grandes forces, et ne mettront point de terme à la guerre. Il faut donc les attaquer dans l'embarras de leur marche; si les fantassins viennent au secours de leur cavalerie et sont ainsi arrêtés, ils ne pourront achever leur route; si (ce qui lui paraît plus probable), ils abandonnent leurs bagages pour ne pourvoir qu'à leur sûreté, ils perdront, outre l'honneur, leurs ressources les plus indispensables. Quant à leurs cavaliers, aucun d'eux n'osera seulement s'avancer hors des lignes; on ne doit pas même en douter. Du reste, pour inspirer encore plus de courage à ses troupes, et plus de crainte à l'ennemi, il rangera toute l'armée en avant du camp. » Les cavaliers s'écrient qu'il faut que chacun s'engage par le serment le plus sacré « à ne plus entrer dans sa maison, à ne plus revoir ses enfants, sa famille, sa femme, s'il n'a traversé deux fois les rangs de l'ennemi. »

LXVII. On approuve la proposition, et tous prêtent ce serment. Le lendemain, la cavalerie est partagée en trois corps, dont deux se montrent sur nos ailes, tandis que le centre se présente de front à notre avant-garde pour lui fermer le passage. Instruit de ces dispositions, César forme également trois divisions de sa cavalerie, et la fait marcher contre l'ennemi. Le combat s'engage de tous les côtés à la fois; l'armée fait halte; les bagages sont placés entre les légions. Si nos cavaliers fléchissent sur un point, ou sont trop vivement pressés, César y fait porter les enseignes et marcher les cohortes, ce qui arrête les ennemis dans leur poursuite et ranime nos soldats par l'espoir d'un prompt secours (15). Enfin, les Germains, sur le flanc droit, gagnent le haut d'une colline, en chassent les ennemis, les poursuivent jusqu'à une rivière où Vercingétorix s'était placé avec son infanterie, et en tuent un grand nombre. Témoins de cette défaite, les autres Gaulois, craignant d'être enveloppés, prennent la fuite. Ce ne fut plus partout que carnage. Trois Édues de la plus haute distinction sont pris et amenés à César : Cote, commandant de la cavalerie, qui dans les derniers comices avait été en concurrence avec Convictolitan; Cavarill, qui, après la défection de Litavic, avait reçu le commandement de l'infanterie; et Éporédorix (16), que les Édues, avant

levis armaturæ pedites, qui inter eos prœliari consueverant. Eorum adventu, quod minus idoneis equis utebatur, a tribunis militum reliquisque, sed et equitibus romanis atque evocatis, equos sumit, Germanisque distribuit.

LXVI. Interea, dum hæc geruntur, hostium copiæ ex Arvernis, equitesque, qui toti Galliæ erant imperati, conveniunt. Magno horum coacto numero, quum Cæsar in Sequanos per extremos Lingonum fines iter faceret, quo facilius subsidium Provinciæ ferri posset, circiter millia passuum X ab Romanis trinis castris Vercingetorix consedit; convocatisque ad concilium præfectis equitum, « venisse tempus victoriæ demonstrat : fugere in Provinciam Romanos, Galliaque excedere : id sibi ad præsentem obtinendam libertatem satis esse ; ad reliqui temporis pacem atque otium parum profici : majoribus enim coactis copiis reversuros, neque finem belli facturos. Proinde agmine impeditos adoriantur. Si pedites suis auxilium ferant, atque in eo morentur, iter confici non posse; si (id quod magis futurum confidat), relictis impedimentis, suæ saluti consulant, et usu rerum necessariarum et dignitate spoliatum iri. Nam de equitibus hostium, quin nemo eorum progredi modo extra agmen audeat, ne ipsos quidem debere dubitare. Id quo majore faciant animo, copias se omnes pro castris habiturum, et terrori hostibus futurum. » Conclamant equites, « sanctissimo jurejurando confirmari oportere, ne tecto recipiatur, ne ad liberos, ne ad parentes, ne ad uxorem aditum habeat, qui non bis per agmen hostium perequitarit. »

LXVII. Probata re, atque omnibus ad jusjurandum adactis, postero die in tres partes distributo equitatu, duæ se acies ab duobus lateribus ostendunt : una a primo agmine iter impedire cœpit. Qua re nuntiata, Cæsar suum quoque equitatum, tripartito divisum, ire contra hostem jubet. Pugnatur una tunc omnibus in partibus : consistit agmen : impedimenta inter legiones recipiuntur. Si qua in parte nostri laborare aut gravius premi videbantur, eo signa inferri Cæsar aciemque converti jubebat : quæ res et hostes ad insequendum tardabat, et nostros spe auxilii confirmabat. Tandem Germani ab dextro latere, summum jugum nacti, hostes loco depellunt; fugientes usque ad flumen, ubi Vercingetorix cum pedestribus copiis consederat, persequuntur, compluresque interficiunt. Qua re animadversa, reliqui, ne circumvenirentur, veriti, se fugæ mandant. Omnibus locis fit cædes : tres nobilissimi Ædui capti ad Cæsarem perducuntur : Cotus, præfectus equitum, qui controversiam cum Convictolitane proximis comitiis habuerat; et Cavarillus, qui post defectionem Litavici, pedestribus copiis præfuerat; et Eporedorix, quo

l'arrivée de César, avaient eu pour chef dans leur guerre contre les Séquanes.

LXVIII. Voyant toute sa cavalerie en fuite, Vercingétorix fit rentrer les troupes qu'il avait rangées en avant du camp, et prit aussitôt le chemin d'Alésia[1], qui est une ville des Mandubes[2], après avoir fait, en toute hâte, sortir du camp les bagages, qui le suivirent. César laissa ses équipages sur un coteau voisin, les commit à la garde de deux légions, poursuivit l'ennemi tant que le jour dura, lui tua environ trois mille hommes de l'arrière-garde, et campa le lendemain devant Alésia. Ayant reconnu la situation de la ville, et voyant les ennemis consternés de la défaite de leur cavalerie, qu'ils regardaient comme la principale force de leur armée, il exhorta les siens au travail et fit commencer les lignes de circonvallation.

LXIX. Cette place (17) était située au sommet d'une montagne, dans une position si élevée qu'elle semblait ne pouvoir être prise que par un siége en règle. Au pied de cette montagne coulaient deux rivières[3] de deux côtés différents. Devant la ville s'étendait une plaine d'environ trois mille pas de longueur; sur tous les autres points, des collines l'entouraient, peu distantes entre elles et d'une égale hauteur. Sous les murailles, le côté qui regardait le soleil levant était garni, dans toute son étendue, de troupes gauloises ayant devant elles un fossé et une muraille sèche de six pieds de haut (18). La ligne de circonvallation formée par les Romains occupait un circuit de onze mille pas. Notre camp était assis dans une position avantageuse, et l'on y éleva vingt-trois forts, dans lesquels des postes étaient placés pendant le jour pour prévenir toute attaque subite; on y tenait aussi toute la nuit des sentinelles et de fortes garnisons.

LXX. Pendant les travaux, il y eut un combat de cavalerie dans cette plaine entrecoupée de collines et qui s'étendait dans un espace de trois mille pas, comme nous l'avons dit plus haut. L'acharnement fut égal de part et d'autre. Les nôtres commençant à souffrir, César envoya les Germains pour les soutenir, et plaça les légions en avant du camp, en cas que l'infanterie ennemie fît subitement quelque tentative. Cet appui des légions releva le courage de nos cavaliers; les Gaulois mis en fuite s'embarrassent par leur nombre et s'entassent aux portes trop étroites qui leur restent. Alors les Germains les poursuivent vivement jusqu'à leurs retranchements; on en fait un grand carnage. Plusieurs abandonnant leurs chevaux, essaient de traverser le fossé et de franchir le mur. César fait faire un mouvement en avant aux légions qu'il avait placées à la tête du camp. Ce mouvement porte l'effroi parmi les Gaulois même qui étaient derrière les retranchements; croyant qu'on arrive sur eux, ils crient aux armes; quelques-uns se précipitent tout effrayés dans la ville. Vercingétorix fait fermer les portes, de peur que le camp ne soit tout à fait abandonné. Ce ne fut qu'après avoir tué beaucoup de monde et pris un grand nombre de chevaux, que les Germains se retirèrent.

[1] Aujourd'hui Alise. — [2] Peuple de l'Auxois. — [3] La Loz et l'Ozerain : Lutosa et Osera.

---

duce ante adventum Cæsaris Ædui cum Sequanis bello contenderant.

LXVIII. Fugato omni equitatu, Vercingetorix copias suas, ut pro castris collocaverat, reduxit; protinusque Alesiam, quod est oppidum Mandubiorum, iter facere cœpit; celeriterque impedimenta ex castris educi, et se subsequi jussit. Cæsar, impedimentis in proximum collem deductis, duabusque legionibus præsidio relictis, secutus, quantum diei tempus est passum, circiter tribus millibus hostium ex novissimo agmine interfectis, altero die ad Alesiam castra fecit. Perspecto urbis situ, perterritisque hostibus, quod equitatu, quo maxime confidebant, erant pulsi, adhortatus ad laborem milites, Alesiam circumvallare instituit.

LXIX. Ipsum erat oppidum in colle summo, admodum edito loco, ut nisi obsidione, expugnari non posse videretur. Cujus collis radices duo duabus ex partibus flumina subluebant. Ante id oppidum planities circiter millia passuum III in longitudinem patebat: reliquis ex omnibus partibus colles, mediocri interjecto spatio, pari altitudinis fastigio, oppidum cingebant. Sub muro, quæ pars collis ad orientem solem spectabat, hunc omnem locum copiæ Gallorum compleverant, fossamque et maceriam sex in altitudinem pedum præduxerant. Ejus munitionis, quæ ab Romanis instituebatur, circuitus XI millium passuum tenebat. Castra opportunis locis erant posita, ibique castella XXIII facta; quibus in castellis interdiu stationes disponebantur, ne qua subito eruptio fieret: hæc eadem noctu excubitoribus ac firmis præsidiis tenebantur.

LXX. Opere instituto, fit equestre prælium in ea planitie, quam intermissam collibus III millia passuum in longitudinem patere, supra demonstravimus. Summa vi ab utrisque contenditur. Laborantibus nostris Cæsar Germanos submittit, legionesque pro castris constituit, ne qua subito irruptio ab hostium peditatu fiat. Præsidio legionum addito, nostris animus augetur: hostes, in fugam conjecti, se ipsi multitudine impediunt, atque angustioribus portis relictis coartantur. Tum Germani acrius usque ad munitiones sequuntur. Fit magna cædes. Nonnulli, relictis equis, fossam transire et maceriam transcendere conantur. Paulum legiones Cæsar, quas pro vallo constituerat, promoveri jubet. Non minus, qui intra munitiones erant, Galli perturbantur; veniri ad se confestim existimantes, ad arma conclamant: nonnulli perterriti in oppidum irrumpunt. Vercingetorix jubet portas claudi, ne castra nudentur. Multis interfectis, compluribus equis captis, Germani sese recipiunt.

LXXI. Vercingétorix, avant que les Romains eussent achevé leur circonvallation, prit la résolution de renvoyer de nuit toute sa cavalerie. Avant le départ de ces cavaliers, il leur recommande « d'aller chacun dans leur pays, et d'enrôler tous ceux qui sont en âge de porter les armes ; il leur rappelle ce qu'il a fait pour eux, les conjure de veiller à sa sûreté et de ne pas l'abandonner, lui qui a bien mérité de la liberté commune, à la merci d'ennemis cruels ; leur négligence entraînerait, avec sa perte, celle de quatre-vingt mille hommes d'élite (19) ; il n'a, de compte fait, de vivres que pour trente jours au plus ; mais il pourra, en les ménageant, tenir un peu plus longtemps. » Après ces recommandations, il fait partir en silence sa cavalerie, à la seconde veille, par l'intervalle que nos lignes laissaient encore. Il se fait apporter tout le blé de la ville, et établit la peine de mort contre ceux qui n'obéiront pas : quant au bétail dont les Mandubes avaient rassemblé une grande provision, il le distribue par tête ; le grain est mesuré avec épargne et donné en petite quantité ; il fait rentrer dans la ville toutes les troupes qui campaient sous ses murs. C'est par ces moyens qu'il se prépare à attendre les secours de la Gaule et à soutenir la guerre.

LXXII. Instruit de ces dispositions par les transfuges et les prisonniers, César arrêta son plan de fortification comme il suit. Il fit creuser un fossé large de vingt pieds, dont les côtés étaient à pic et la profondeur égale à la largeur. Tout le reste des retranchements fut établi à quatre cents pieds en arrière de ce fossé (20) ; il voulait par là (car on avait été obligé d'embrasser un si grand espace, que nos soldats n'auraient pu aisément en garnir tous les points) prévenir les attaques subites ou les irruptions nocturnes, et garantir durant le jour nos travailleurs des traits de l'ennemi. Dans cet espace, César tira deux fossés de quinze pieds de large et d'autant de profondeur ; celui qui était intérieur et creusé dans un terrain bas et inculte, fut rempli d'eau tirée de la rivière. Derrière ces fossés, il éleva une terrasse et un rempart de douze pieds ; il y ajouta un parapet et des créneaux, et fit élever de grosses pièces de bois fourchues (21), à la jonction du parapet et du rempart, pour en rendre l'abord plus difficile aux ennemis. Tout l'ouvrage fut flanqué de tours, placées à quatre-vingts pieds l'une de l'autre.

LXXIII. Il fallait dans le même temps aller chercher du bois et des vivres, et employer aux grands travaux des retranchements les troupes, diminuées de celles qu'on employait au loin. Souvent encore les Gaulois essayaient de troubler nos travailleurs, et faisaient par plusieurs portes les sorties les plus vigoureuses. César jugea donc nécessaire d'ajouter quelque chose à ces retranchements, afin qu'un moindre nombre de soldats pût les défendre. A cet effet, on coupa des troncs d'arbres et de fortes branches, on les dépouilla de leur écorce et on les aiguisa par le sommet ; puis on ouvrit une tranchée de cinq pieds de profondeur, où l'on enfonça ces pieux, qui, liés par le pied de manière à ne pouvoir être arrachés,

LXXI. Vercingetorix, priusquam munitiones ab Romanis perficiantur, consilium capit, omnem ab se equitatum noctu dimittere. Discedentibus mandat, « ut suam quisque eorum civitatem adeat, omnesque, qui per ætatem arma ferre possint, ad bellum cogant : sua in illos merita proponit, obtestaturque, ut suæ salutis rationem habeant, neu se, de communi libertate optime meritum, in cruciatum hostibus dedant : quod si indiligentiores fuerint, millia hominum delecta LXXX una secum interitura demonstrat : ratione inita, frumentum se exigue dierum XXX habere, sed paulo etiam longius tolerare posse parcendo. » His datis mandatis, qua erat nostrum opus intermissum, secunda vigilia silentio equitatum dimittit : frumentum omne ad se ferri jubet ; capitis pœnam iis, qui non paruerint, constituit : pecus, cujus magna erat ab Mandubiis compulsa copia, viritim distribuit ; frumentum parce et paulatim metiri instituit ; copias omnes, quas pro oppido collocaverat, in oppidum recipit. His rationibus auxilia Galliæ exspectare, et bellum administrare parat.

LXXII. Quibus rebus ex perfugis et captivis cognitis, Cæsar hæc genera munitionis instituit. Fossam pedum XX directis lateribus duxit, ut ejus solum tantumdem pateret, quantum summa labra distabant. Reliquas omnes munitiones ab ea fossa pedes CD reduxit : id hoc consilio (quoniam tantum esset necessario spatium complexus, nec facile totum opus militum corona cingeretur), ne de improviso aut noctu ad munitiones hostium multitudo advolaret ; aut interdiu tela in nostros, operi destinatos, conjicere possent. Hoc intermisso spatio, duas fossas, XV pedes latas, eadem altitudine perduxit : quarum interiorem, campestribus ac demissis locis, aqua ex flumine derivata complevit. Post eas aggerem ac vallum XII pedum exstruxit. Huic loricam pinnasque adjecit, grandibus cervis eminentibus ad commissuras pluteorum atque aggeris, qui ascensum hostium tardarent ; et turres toto opere circumdedit, quæ pedes LXXX inter se distarent.

LXXIII. Erat eodem tempore et materiari, et frumentari, et tantas munitiones fieri necesse, diminutis nostris copiis, quæ longius ab castris progrediebantur : ac nonnunquam opera nostra Galli tentare, atque eruptionem ex oppido pluribus portis summa vi facere conabantur. Quare ad hæc rursus opera addendum Cæsar putavit, quo minore numero militum munitiones defendi possent. Itaque truncis arborum haud admodum firmis ramis abscisis, atque horum delibratis atque præacutis cacuminibus, perpetuæ fossæ quinos pedes altæ, ducebantur. Huc illi stipites demissi, et ab infimo revincti, ne revelli possent, ab ramis eminebant. Quini erant ordines, cou-

ne montraient que leur partie supérieure. Il y en avait cinq rangs, joints entre eux et entrelacés ; quiconque s'y était engagé s'embarrassait dans leurs pointes aiguës : nos soldats les appelaient des ceps. Au devant, étaient disposés obliquement en quinconce des puits de trois pieds de profondeur, lesquels se rétrécissaient peu à peu jusqu'au bas. On y fit entrer des pieux ronds de la grosseur de la cuisse, durcis au feu et aiguisés à l'extrémité, qui ne sortaient de terre que de quatre doigts ; et pour affermir et consolider l'ouvrage, on foula fortement la terre avec les pieds : le reste était recouvert de ronces et de broussailles, afin de cacher le piége. On avait formé huit rangs de cette espèce, à trois pieds de distance l'un de l'autre : on les nommait des lis à cause de leur ressemblance avec cette fleur. En avant du tout étaient des chausses-trappes d'un pied de long et armées de pointes de fer, qu'on avait fichées en terre ; on en avait mis partout, à de faibles distances les unes des autres ; on les appelait des aiguillons (22).

LXXIV. Ce travail fini (23), César fit tirer dans le terrain le plus uni que pût offrir la nature des lieux, et dans un circuit de quatorze mille pas, une contrevallation du même genre, mais du côté opposé, contre l'ennemi du dehors. Il voulait qu'en cas d'attaque, pendant son absence, les retranchements ne pussent être investis par une multitude nombreuse. Enfin, pour prévenir les dangers auxquels les troupes pourraient être exposées en sortant du camp, il ordonna que chacun se pourvût de fourrage et de vivres pour trente jours.

LXXV. Pendant que ces choses se passaient devant Alésia, les principaux de la Gaule, réunis en assemblée, avaient résolu, non d'appeler aux armes tous ceux qui étaient en état de les porter, comme le voulait Vercingétorix, mais d'exiger de chaque peuple un certain nombre d'hommes ; ils craignaient, dans la confusion d'une si grande multitude, de ne pouvoir ni la discipliner, ni se reconnaître, ni se nourrir. Il fut réglé que les divers états fourniraient, savoir : Les Édues, avec leurs clients les Ségusiens, les Ambivarètes, les Aulerkes-Brannovikes, les Brannoves, trente-cinq mille hommes ; les Arvernes avec les peuples de leur ressort, tels que les Eleutètes-Cadurkes, les Gabales, et les Vélaunes, un pareil nombre ; les Sénons, les Séquanes, les Bituriges, les Santons, les Rutènes, les Carnutes, chacun douze mille ; les Bellovakes, dix mille ; les Lémovikes, autant ; les Pictons, les Turons, les Parises, les Helves, huit mille chacun ; les Suessions, les Ambiens, les Médiomatrikes, les Pétrocores, les Nerves, les Morins, les Nitiobriges, chacun cinq mille ; les Aulerkes-Cénomans, autant ; les Atrébates, quatre mille ; les Bellocasses, les Lexoves, les Aulerkes-Éburovikes, chacun trois mille ; les Raurakes avec les Boïes, trente mille ; les pays situés le long de l'Océan, et que les Gaulois ont l'habitude d'appeler Armoriques, au nombre desquels sont les Curiosolites, les Rhédons, les Ambibares, les Calètes, les Osismes, les Lémovikes, les Vénètes, les Unelles, six mille hommes. Les Bellovakes seuls refusèrent leur contingent, alléguant qu'ils voulaient faire la guerre aux Romains

juncti inter se atque implicati ; quo qui intraverant, se ipsi acutissimis vallis induebant. Hos cippos appellabant. Ante hos, obliquis ordinibus in quincuncem dispositis, scrobes trium in altitudinem pedum fodiebantur, paulatim angustiore ad infimum fastigio. Huc teretes stipites, feminis crassitudine, ab summo præacuti et præusti, demittebantur ita, ut non amplius digitis IV e terra eminerent : simul, confirmandi et stabiliendi causa, singuli ab infimo solo pedes terra exculcabantur : reliqua pars scrobis ad occultandas insidias viminibus ac virgultis integebatur. Hujus generis octoni ordines ducti, ternos inter se pedes distabant. Id ex similitudine floris lilium appellabant. Ante hæc taleæ, pedem longæ, ferreis hamis inflixis, totæ in terram infodiebantur, mediocribusque intermissis spatiis, omnibus locis disserebantur, quos stimulos nominabant.

LXXIV. His rebus perfectis, regiones secutus quam potuit æquissimas pro loci natura, XIV millia passuum complexus, pares ejusdem generis munitiones, diversas ab his, contra exteriorem hostem perfecit, ut ne magna quidem multitudine, si ita accidat ejus discessu, munitionum præsidia circumfundi possent : neu cum periculo ex castris egredi cogantur, dierum XXX pabulum frumentumque habere omnes convectum jubet.

LXXV. Dum hæc ad Alesiam geruntur, Galli, consilio principum indicto, non omnes, qui arma ferre possent, ut censuit Vercingetorix, convocandos statuunt, sed certum numerum cuique civitati imperandum ; ne tanta multitudine confusa, nec moderari, nec discernere suos, nec frumentandi rationem habere possent. Imperant Æduis, atque eorum clientibus, Segusianis, Ambivaretis, Aulercis Brannovicibus, Brannoviis, millia XXXV ; parem numerum Arvernis, adjunctis Eleutetis Cadurcis, Gabalis, Velaunis, qui sub imperio Arvernorum esse consuerunt : Senonibus, Sequanis, Biturigibus, Santonis, Rutenis, Carnutibus, duodena millia ; Bellovacis X ; totidem Lemovicibus ; octona Pictonibus, et Turonis, et Parisiis, et Helviis ; Suessionibus, Ambianis, Mediomatricis, Petrocoriis, Nerviis, Morinis, Nitiobrigibus quina millia ; Aulercis Cenomanis totidem ; Atrebatibus IV ; Bellocassis, Lexoviis, Aulercis Eburonibus terna ; Rauracis et Boiis XXX ; universis civitatibus, quæ Oceanum attingunt, quæque eorum consuetudine Armoricæ appellantur (quo sunt in numero Curiosolites, Rhedones, Ambibari, Caletes, Osismii, Lemovices, Veneti, Unelli), sex. Ex his Bellovaci suum numerum non contulerunt, quod se suo nomine atque arbitrio cum Romanis bellum gesturos dicerent, neque cujusquam imperio obtemperaturos : ro-

en leur nom et à leur gré, sans recevoir d'ordres de personne. Cependant, sur les instances de Comm, leur allié, ils envoyèrent deux mille hommes.

LXXVI. C'était ce même Comm dont César, ainsi que nous l'avons dit plus haut, s'était servi comme d'un agent fidèle et utile dans la guerre de Bretagne, quelques années auparavant (24); et en reconnaissance de ses services, César avait affranchi sa nation de tout tribut, lui avait rendu ses droits et ses lois et assujetti les Morins. Mais tel fut l'empressement universel des Gaulois pour recouvrer leur liberté et reconquérir leur ancienne gloire militaire, que ni les bienfaits ni les souvenirs de l'amitié ne purent les toucher, et que nul sacrifice ne coûta à leur zèle, puisqu'ils rassemblèrent huit mille cavaliers et environ deux cent quarante mille fantassins (25). Ces troupes furent passées en revue et le dénombrement en fut fait sur le territoire des Édues; on leur choisit des chefs, et le commandement général fut confié à l'Atrébate Comm, aux Éduens Viridomar et Eporédorix, et à l'Arverne Vergasillaunn, cousin de Vercingétorix. On leur donna un conseil, formé de membres pris dans chaque cité, pour diriger la guerre. Tous partent vers Alésia, pleins d'ardeur et de confiance; aucun ne croyait qu'il fût possible de soutenir seulement l'aspect d'une si grande multitude, surtout dans un double combat où les Romains seraient à la fois pressés par les sorties des assiégés, et enveloppés en dehors par tant de cavalerie et d'infanterie.

LXXVII. Cependant les Gaulois assiégés dans Alésia, voyant que le jour où ils attendaient du secours était expiré, et que tout leur blé était consommé, ignorant d'ailleurs ce qui se passait chez les Édues, s'étaient assemblés en conseil et délibéraient sur le parti qu'ils avaient à prendre. Parmi les diverses opinions, dont les unes voulaient qu'on se rendît et les autres qu'on tentât une sortie vigoureuse tandis qu'il leur restait encore assez de forces, l'on ne peut, ce me semble, passer sous silence le discours de Critognat, à cause de sa singulière et horrible cruauté. C'était un Arverne d'une naissance élevée et qui jouissait d'une haute considération. « Je ne parlerai pas, dit-il, de l'avis de ceux qui appellent du nom de capitulation le plus honteux esclavage; et je pense qu'on ne doit, ni les compter au nombre des citoyens, ni les admettre dans cette assemblée. Je ne m'adresse qu'à ceux qui proposent une sortie, et dont l'opinion, comme vous le reconnaissez tous, témoigne qu'ils se souviennent encore de notre antique valeur. Mais il y a plutôt de la faiblesse que du courage à ne pouvoir supporter quelques jours de disette. Les hommes qui s'offrent à la mort sans hésitation sont plus faciles à trouver que ceux qui savent endurer la douleur. Et moi aussi je me rangerais à cet avis (tant l'honneur a sur moi d'empire), si je n'y voyais de péril que pour notre vie; mais, dans le parti que nous avons à prendre, considérons toute la Gaule que nous avons appelée à notre secours. Lorsque quatre-vingt mille hommes auront péri dans cette tentative, quel courage pensez-vous que conservent nos parens et nos proches, s'ils ne peuvent, pour ainsi dire, combattre que sur nos cadavres? Gardez-vous

---

gati tamen a Commio, pro ejus hospitio II millia miserunt.

LXXVI. Hujus opera Commii, ita ut antea demonstravimus, fideli atque utili superioribus annis erat usus in Britannia Cæsar : quibus ille pro meritis civitatem ejus immunem esse jusserat, jura legesque reddiderat, atque ipsi Morinos attribuerat. Tanta tamen universæ Galliæ consensio fuit libertatis vindicandæ, et pristinæ belli laudis recuperandæ, ut neque beneficiis, neque amicitiæ memoria moverentur; omnesque et animo et opibus in id bellum incumberent, coactis equitum VIII millibus, et peditum circiter CCXL. Hæc in Æduorum finibus recensebantur, numerusque inibatur : præfecti constituebantur : Commio Atrebati, Viridomaro et Eporedorigi Æduis, Vergasillauno Arverno, consobrino Vercingetorigis, summa imperii traditur. His delecti ex civitatibus attribuuntur, quorum consilio bellum administraretur. Omnes alacres et fiduciæ pleni ad Alesiam proficiscuntur : neque erat omnium quisquam, qui aspectum modo tantæ multitudinis sustineri posse arbitraretur; præsertim ancipiti prælio, quum ex oppido eruptione pugnaretur, foris tantæ copiæ equitatus peditatusque cernerentur.

LXXVII. At ii, qui Alesiæ obsidebantur, præterita die, qua suorum auxilia exspectaverant, consumpto omni frumento, inscii, quid in Æduis gereretur, concilio coacto, de exitu fortunarum suarum consultabant. Apud quos variis dictis sententiis, quarum pars deditionem, pars, dum vires suppeterent, eruptionem censebant, non prætereunda videtur oratio Critognati, propter ejus singularem ac nefariam crudelitatem. Hic, summo in Arvernis ortus loco, et magnæ habitus auctoritatis : « Nihil, inquit, de eorum sententia dicturus sum, qui turpissimam servitutem deditionis nomine appellant; neque hos habendos civium loco, neque ad concilium adhibendos censeo. Cum iis mihi res sit, qui eruptionem probant : quorum in consilio, omnium vestrum consensu, pristinæ residere virtutis memoria videtur. Animi est ista mollities, non virtus, inopiam paulisper ferre non posse. Qui se ultro morti offerant, facilius reperiuntur, quam qui dolorem patienter ferant. Atque ego hanc sententiam probarem (nam apud me tantum dignitas potest), si nullam, præterquam vitæ nostræ, jacturam fieri viderem; sed in consilio capiendo omnem Galliam respiciamus, quam ad nostrum auxilium concitavimus. Quid, hominum millibus LXXX uno loco interfectis, propinquis consanguineisque nostris animi fore existimatis, si pæne in ipsis cadaveri-

donc de priver de votre soutien ceux qui n'ont pas craint de s'exposer pour votre salut, et, par précipitation, par imprudence, par pusillanimité, n'allez pas livrer toute la Gaule à l'avilissement d'un perpétuel esclavage. Parce que vos auxiliaires ne sont pas arrivés au jour fixé, douteriez-vous de leur foi et de leur constance? Eh quoi! quand les Romains travaillent tous les jours à des retranchements nouveaux, pensez-vous que ce soit seulement pour se tenir en haleine? Si tout chemin vous est fermé par où vous pourriez avoir de leurs nouvelles, les Romains eux-mêmes ne vous assurent-ils pas de leur arrivée prochaine par ces travaux de jour et de nuit qui montrent assez la crainte qu'ils en ont? Quel est donc mon avis? De faire ce que firent nos ancêtres dans leurs guerres, bien moins funestes, contre les Cimbres et les Teutons. Forcés, comme nous, de se renfermer dans leurs villes, en proie à la disette, ils soutinrent leur vie en se nourrissant de la chair de ceux que leur âge rendait inutiles à la guerre ; et ils ne se rendirent point. Si nous n'avions pas reçu cet exemple, je dirais que, pour la cause de la liberté, il serait glorieux de le donner à nos descendants. Quelle guerre en effet peut-on comparer à celle-ci? Les Cimbres, après avoir ravagé la Gaule, et lui avoir fait de grands maux, sortirent enfin de notre territoire, et gagnèrent d'autres contrées; ils nous laissèrent nos droits, nos lois, nos champs, notre liberté! Mais que demandent les Romains? Que veulent-ils? L'envie les amène contre tous ceux dont la renommée leur a fait connaître la gloire et la puissance dans la guerre ; ils veulent s'établir sur leur territoire, dans leurs villes, et leur imposer le joug d'une éternelle servitude. Car ils n'ont jamais fait la guerre dans d'autres vues. Que si vous ignorez comment ils se conduisent chez les nations éloignées, voyez cette partie de la Gaule qui vous touche ; réduite en province, privée de ses droits et de ses lois, soumise aux haches romaines, elle gémit sous le poids d'un esclavage qui ne doit pas finir. »

LXXVIII. Les avis ayant été recueillis, il fut arrêté que ceux qui, à raison de leur santé ou de leur âge, ne pouvaient rendre de service à la guerre, sortiraient de la place, et qu'on tenterait tout avant d'en venir au parti proposé par Critognat. On décida toutefois que, si l'on y était contraint et si les secours se faisaient trop attendre, on le suivrait plutôt que de se rendre ou de subir la loi des Romains. Les Mandubes, qui les avaient reçus dans leur ville, sont forcés d'en sortir avec leurs enfants et leurs femmes. Ils s'approchent des retranchements des Romains, et, fondant en larmes, ils demandent, ils implorent l'esclavage et du pain. Mais César plaça des gardes sur le rempart, et défendit qu'on les reçût.

LXXIX. Cependant Comm et les autres chefs, investis du commandement suprême, arrivent avec toutes leurs troupes devant Alésia, et prennent position sur l'une des collines qui entourent la plaine, à la distance de mille pas au plus de nos retranchements. Ayant le lendemain fait sortir la cavalerie de leur camp, ils couvrent toute cette plaine que nous avons dit avoir trois mille pas d'étendue, et tiennent, non loin de là, leurs troupes de pied cachées sur des hauteurs. On voyait

bus prælio decertare cogentur? Nolite hos vestro auxilio spoliare, qui vestræ salutis causa suum periculum neglexerint; nec stultitia ac temeritate vestra, aut imbecillitate animi, omnem Galliam prosternere et perpetuæ servituti addicere. An, quod ad diem non venerunt, de eorum fide constantiaque dubitatis? Quid ergo? Romanos in illis ulterioribus munitionibus animi ne causa quotidie exerceri putatis? Si illorum nuntiis confirmari non potestis, omni aditu præsepto; iis utimini testibus, appropinquare eorum adventum : cujus rei timore inducti, diem noctemque in opere versantur. Quid ergo mei consilii est? Facere, quod nostri majores, nequaquam pari bello Cimbrorum Teutonumque, fecerunt; qui in oppida compulsi, ac simili inopia subacti, eorum corporibus qui ætate inutiles ad bellum videbantur, vitam toleraverunt, neque se hostibus tradiderunt. Cujus rei si exemplum non haberemus, tamen libertatis causa institui, et posteris prodi, pulcherrimum judicarem. Nam quid illi simile bello fuit? Depopulata Gallia, Cimbri, magnaque illata calamitate, finibus quidem nostris aliquando excesserunt, atque alias terras petierunt; jura, leges, agros, libertatem nobis reliquerunt : Romani vero quid petunt aliud, aut quid volunt, nisi invidia adducti, quos fama nobiles potentesque bello cognoverunt, horum in agris civitatibusque considere, atque his æternam injungere servitutem? neque enim unquam alia conditione bella gesserunt. Quod si ea, quæ in longinquis nationibus geruntur, ignoratis; respicite finitimam Galliam, quæ in provinciam redacta, jure et legibus commutatis, securibus subjecta, perpetua premitur servitute. »

LXXVIII. Sententiis dictis constituunt, ut, qui valetudine aut ætate inutiles sint bello, oppido excedant; atque omnia prius experiantur, quam ad Critognati sententiam descendant: illo tamen potius utendum consilio, si res cogat atque auxilia morentur, quam aut deditionis aut pacis subeundam conditionem. Mandubii, qui eos oppido receperant, cum liberis atque uxoribus exire coguntur. Hi, quum ad munitiones Romanorum accessissent, flentes omnibus precibus orabant, ut se, in servitutem receptos, cibo juvarent. At Cæsar, dispositis in vallo custodibus, recipi prohibebat.

LXXIX. Interea Commius et reliqui duces, quibus summa imperii permissa erat, cum omnibus copiis ad Alesiam perveniunt, et colle exteriore occupato, non longius M passibus ab nostris munitionibus considunt. Postero die equitatu ex castris educto, omnem eam plani-

d'Alésia tout ce qui se passait dans la campagne. A la vue de ce secours, on s'empresse, on se félicite mutuellement, et tous les esprits sont dans la joie. On fait sortir toutes les troupes, qui se rangent en avant de la place; on comble le premier fossé; on le couvre de claies et de terre, et on se prépare à la sortie et à tous les événements.

LXXX. César, ayant rangé l'armée tout entière sur l'une et l'autre de ses lignes, afin qu'au besoin chacun connût le poste qu'il devait occuper, fit sortir de son camp la cavalerie, à laquelle il ordonna d'engager l'affaire. Du sommet des hauteurs que les camps occupaient, on avait vue sur le champ de bataille, et tous les soldats, attentifs au combat, en attendaient l'issue. Les Gaulois avaient mêlé à leur cavalerie un petit nombre d'archers et de fantassins armés à la légère, tant pour la soutenir si elle pliait, que pour arrêter le choc de la nôtre. Plusieurs de nos cavaliers, surpris par ces fantassins, furent blessés et forcés de quitter la mêlée. Les Gaulois, croyant que les leurs avaient le dessus, et que les nôtres étaient accablés par le nombre, se mirent, assiégés et auxiliaires, à pousser de toutes parts des cris et des hurlements pour encourager ceux de leur nation. Comme l'action se passait sous les yeux des deux partis, nul trait de courage ou de lâcheté ne pouvait échapper aux regards, et l'on était de part et d'autre excité à se bien conduire, par le désir de la gloire et la crainte de la honte. On avait combattu depuis midi jusqu'au coucher du soleil, et la victoire était encore incertaine, lorsque les Germains, réunis sur un seul point en escadrons serrés, se précipitèrent sur l'ennemi et le repoussèrent. Les archers, abandonnés dans cette déroute, furent enveloppés et taillés en pièces, et les fuyards poursuivis de tous côtés jusqu'à leur camp, sans qu'on leur donnât le temps de se rallier. Alors ceux qui étaient sortis d'Alésia, consternés et désespérant presque de la victoire, rentrèrent dans la place.

LXXXI. Après un jour employé par les Gaulois à faire une grande quantité de claies, d'échelles et de harpons, ils sortent silencieusement de leur camp au milieu de la nuit et s'approchent de ceux de nos retranchements qui regardaient la plaine. Tout à coup poussant des cris, signal qui devait avertir de leur approche ceux que nous tenions assiégés, ils jettent leurs claies, attaquent les gardes de nos remparts à coups de frondes, de flèches et de pierres, et font toutes les dispositions pour un assaut. Dans le même temps, Vercingétorix entendant les cris du dehors, donne le signal avec la trompette et fait sortir les siens de la place. Nos soldats prennent sur le rempart les postes qui avaient été, les jours précédents, assignés à chacun d'eux, et épouvantent les ennemis par la quantité de frondes, de dards, de boulets de plomb, de pierres, qu'ils avaient amassés dans les retranchements, et dont ils les accablent. Comme la nuit empêchait de se voir, il y eut de part et d'autre beaucoup de blessés; les machines faisaient pleuvoir les traits. Cependant les lieutenants M. Antoine et C. Trébonius, à qui était échue

tiem, quam in longitudinem III millia passuum patere demonstravimus, complent, pedestresque copias paulum ab eo loco abditas in locis superioribus constituunt. Erat ex oppido Alesia despectus in campum. Concurritur, his auxiliis visis : fit gratulatio inter eos, atque omnium animi ad lætitiam excitantur. Itaque productis copiis ante oppidum considunt, et proximam fossam cratibus integunt, atque aggere explent, seque ad eruptionem atque omnes casus comparant.

LXXX. Cæsar, omni exercitu ad utramque partem munitionum disposito, ut, si usus veniat, suum quisque locum teneat et noverit, equitatum ex castris educi, et prælium committi jubet. Erat ex omnibus castris, quæ summum undique jugum tenebant, despectus; atque omnium militum intenti animi pugnæ proventum exspectabant. Galli inter equites raros sagittarios expeditosque levis armaturæ interjecerant, qui suis cedentibus auxilio succurrerent, et nostrorum equitum impetus sustinerent. Ab his complures de improviso vulnerati, prælio excedebant. Quum suos pugnæ superiores esse Galli confiderent, et nostros premi multitudine viderent; ex omnibus partibus et ii, qui munitionibus continebantur, et ii, qui ad auxilium convenerant, clamore et ululatu suorum animos confirmabant. Quod in conspectu omnium res gerebatur, neque recte ac turpiter factum celari poterat; utrosque et laudis cupiditas, et timor ignominiæ ad virtutem excitabant. Quum a meridie prope ad solis occasum dubia victoria pugnaretur, Germani una in parte confertis turmis in hostes impetum fecerunt, eosque propulerunt : quibus in fugam conjectis, sagittarii circumventi interfectique sunt. Item ex reliquis partibus nostri, cedentes usque ad castra insecuti sui colligendi facultatem non dederunt. At ii, qui ab Alesia processerant, mœsti, prope victoria desperata, se in oppidum receperunt.

LXXXI. Uno die intermisso, Galli, atque hoc spatio magno cratium, scalarum, harpagonum numero effecto, media nocte silentio ex castris egressi, ad campestres munitiones accedunt. Subito clamore sublato, qua significatione, qui in oppido obsiderentur, de suo adventu cognoscere possent, crates projicere, fundis, sagittis, lapidibus nostros de vallo deturbare, reliquaque, quæ ad oppugnationes pertinent, administrare. Eodem tempore, clamore exaudito, dat tuba signum suis Vercingetorix, atque ex oppido educit. Nostri, ut superioribus diebus suus cuique erat locus defluitus, ad munitiones accedunt: fundis, libralibus, sudibusque quas in opere disposuerant, ac glandibus Gallos perterrent. Prospectu tenebris adempto, multa utrinque vulnera accipiuntur; complura tormentis tela conjiciuntur. At M. Antonius et C. Trebonius, legati, quibus eæ partes ad defendendum obvene-

la défense des quartiers attaqués, tirèrent des forts plus éloignés quelques troupes pour secourir les légionnaires sur les points où ils les savaient pressés par l'ennemi.

LXXXII. Tant que les Gaulois combattirent éloignés des retranchements, ils nous incommodèrent beaucoup par la grande quantité de leurs traits; mais lorsqu'ils se furent avancés davantage, il arriva ou qu'ils se jetèrent sur les aiguillons qu'ils ne voyaient pas, ou qu'ils se percèrent eux-mêmes en tombant dans les fossés garnis de pieux, ou enfin qu'ils périrent sous les traits lancés du rempart et des tours. Après avoir perdu beaucoup de monde, sans être parvenus à entamer les retranchements, voyant le jour approcher, et craignant d'être pris en flanc et enveloppés par les sorties qui se faisaient des camps situés sur les hauteurs, ils se replièrent sur les leurs. Les assiégés, qui mettaient en usage les moyens préparés par Vercingétorix pour combler le premier fossé, après beaucoup de temps employé à ce travail, s'aperçurent de la retraite de leurs compatriotes avant d'avoir pu approcher de nos retranchements. Abandonnant leur entreprise, ils rentrèrent dans la ville.

LXXXIII. Repoussés deux fois avec de grandes pertes, les Gaulois tiennent conseil sur ce qui leur reste à faire. Ils ont recours à des gens qui connaissent le pays et se font instruire par eux du site de nos forts supérieurs et de la manière dont ils sont fortifiés. Il y avait au nord une colline qu'on n'avait pu comprendre dans l'enceinte de nos retranchements, à cause de son trop grand circuit; ce qui nous avait obligés d'établir notre camp sur un terrain à mi-côte et dans une position nécessairement peu favorable. Là commandaient les lieutenants C. Antistius Réginus et C. Caninius Rébilus avec deux légions. Ayant fait reconnaître les lieux par leurs éclaireurs, les chefs ennemis forment un corps de soixante mille hommes, choisis dans toute l'armée gauloise et surtout parmi les nations qui avaient la plus haute réputation de courage. Ils arrêtent secrètement entre eux quand et comment ils doivent agir; ils fixent l'attaque à l'heure de midi, et mettent à la tête de ces troupes l'Arverne Vergasillaunn, parent de Vercingétorix, et l'un des quatre généraux gaulois. Il sort de son camp à la première veille; et ayant achevé sa route un peu avant le point du jour, il se cache derrière la montagne, et fait reposer ses soldats des fatigues de la nuit. Vers midi, il marche vers cette partie du camp romain dont nous avons parlé plus haut. Dans le même temps la cavalerie ennemie s'approche des retranchements de la plaine, et le reste des troupes gauloises commence à se déployer en bataille à la tête du camp.

LXXXIV. Du haut de la citadelle d'Alésia, Vercingétorix les aperçoit, et sort de la place, emportant du camp ses longues perches, ses galeries couvertes, ses faux et ce qu'il avait préparé pour la sortie. Le combat s'engage à la fois de toutes parts avec acharnement; partout on fait les plus grands efforts. Un endroit paraît-il faible, on s'empresse d'y courir. La trop grande étendue de leurs fortifications empêche les Romains d'en garder tous les points et de les défendre partout. Les cris qui s'élevaient derrière nos soldats leur

---

rant, qua ex parte nostros premi intellexerant, iis auxilio ex ulterioribus castellis deductos submittebant.

LXXXII. Dum longius ab munitione aberant Galli, plus multitudine telorum proficiebant : posteaquam propius successerunt, aut se ipsi stimulis inopinantes induebant, aut in scrobes delapsi transfodiebantur, aut ex vallo et turribus transjecti pilis muralibus interibant. Multis undique vulneribus acceptis, nulla munitione perrupta, quum lux appeteret, veriti, ne ab latere aperto ex superioribus castris eruptione circumvenirentur, se ad suos receperunt. At interiores, dum ea, quæ a Vercingetorige ad eruptionem præparaverant, proferunt, priores fossas explent; diutius in iis rebus administrandis morati, prius suos discessisse cognoverunt, quam munitionibus appropinquarent. Ita, re infecta, in oppidum reverterunt.

LXXXIII. Bis magno cum detrimento repulsi Galli, quid agant, consulunt : locorum peritos adhibent : ab his superiorum castrorum situs munitionesque cognoscunt. Erat a septemtrionibus collis, quem propter magnitudinem circuitus opere circumplecti non potuerant nostri, necessarioque pæne iniquo loco, et leniter declivi, castra fecerant. Hæc C. Antistius Reginus et C. Caninius Rebilus, legati, cum duabus legionibus obtinebant. Cognitis per exploratores regionibus, duces hostium LX millia ex omni numero deligunt earum civitatum, quæ maximam virtutis opinionem habebant; quid, quoque pacto agi placeat, occulte inter se constituunt; adeundi tempus definiunt, quum meridies esse videatur. Iis copiis Vergasillaunum Arvernum, unum ex quatuor ducibus, propinquum Vercingetorigis, præficiunt; Ille ex castris prima vigilia egressus, prope confecto sub lucem itinere, post montem se occultavit, militesque ex nocturno labore sese reficere jussit. Quum jam meridies appropinquare videretur, ad ea castra, quæ supra demonstravimus, contendit: eodemque tempore equitatus ad campestres munitiones accedere, et reliquæ copiæ sese pro castris ostendere cœperunt.

LXXXIV. Vercingetorix ex arce Alesiæ suos conspicatus, ex oppido egreditur; a castris longurios, musculos, falces, reliquaque, quæ eruptionis causa paraverat, profert. Pugnatur uno tempore omnibus locis acriter, atque omnia tentantur. Qua minime visa pars firma est, huc concurritur. Romanorum manus tantis munitionibus distinetur, nec facile pluribus locis occurrit. Multum ad terrendos nostros valuit clamor, qui post tergum pugnan-

imprimaient d'autant plus de terreur, qu'ils songeaient que leur sûreté dépendait du courage d'autrui ; car souvent le danger le plus éloigné est celui qui fait le plus d'impression sur les esprits.

LXXXV. César, qui avait choisi un poste d'où il pouvait observer toute l'action, fait porter des secours partout où il en est besoin. De part et d'autre on sent que ce jour est celui où il faut faire les derniers efforts. Les Gaulois désespèrent entièrement de leur salut, s'ils ne forcent nos retranchements ; les Romains ne voient la fin de leurs fatigues que dans la victoire. La plus vive action a lieu surtout aux forts supérieurs où nous avons vu que Vergasillaunn avait été envoyé. L'étroite sommité qui dominait la pente était d'une grande importance. Les uns nous lancent des traits, les autres, ayant formé la tortue (26), arrivent au pied du rempart : des troupes fraîches prennent la place de celles qui sont fatiguées. La terre que les Gaulois jettent dans les retranchements les aide à les franchir, et comble les pièges que les Romains avaient cachés ; déjà les armes et les forces commencent à nous manquer.

LXXXVI. Dès qu'il en a connaissance, César envoie sur ce point Labiénus avec six cohortes ; il lui ordonne, s'il ne peut tenir, de retirer les cohortes et de faire une sortie, mais seulement à la dernière extrémité. Il va lui-même exhorter les autres à ne pas céder à la fatigue ; il leur expose que le fruit de tous les combats précédents dépend de ce jour, de cette heure. Les assiégés, désespérant de forcer les retranchements de la plaine, à cause de leur étendue, tentent d'escalader les hauteurs, et y dirigent tous leurs moyens d'attaque ; ils chassent par une grêle de traits ceux qui combattaient du haut des tours ; ils comblent les fossés de terre et de fascines, et se fraient un chemin ; ils coupent avec des faux le rempart et le parapet.

LXXXVII. César y envoie d'abord le jeune Brutus avec six cohortes, ensuite le lieutenant C. Fabius avec sept autres ; enfin, l'action devenant plus vive, il s'y porte lui-même avec un renfort de troupes fraîches. Le combat rétabli et les ennemis repoussés, il se dirige vers le point où il avait envoyé Labiénus, tire quatre cohortes du fort le plus voisin, ordonne à une partie de la cavalerie de le suivre, et à l'autre de faire le tour des lignes à l'extérieur et de prendre les ennemis à dos. Labiénus, voyant que ni les remparts ni les fossés ne peuvent arrêter leur impétuosité, rassemble trente-neuf cohortes sorties des forts voisins et que le hasard lui présente, et dépêche à César des courriers qui l'informent de son dessein.

LXXXVIII. César hâte sa marche pour assister à l'action. A son arrivée, on le reconnaît à la couleur du vêtement qu'il avait coutume de porter dans les batailles (27) ; les ennemis, qui de la hauteur le voient sur la pente avec les escadrons et les cohortes dont il s'était fait suivre, engagent le combat. Un cri s'élève de part et d'autre, et est répété sur le rempart et dans tous les retranchements. Nos soldats, laissant de côté le javelot, tirent le glaive. Tout à coup, sur les derrières

tibus exstitit, quod suum periculum in aliena vident virtute consistere : omnia enim plerumque, quæ absunt, vehementius hominum mentes perturbant.

LXXXV. Cæsar idoneum locum nactus, quid quaque in parte geratur, cognoscit, laborantibus auxilium submittit. Utrique ad animum occurrit, unum illud esse tempus, quo maxime contendi conveniat. Galli, nisi perfregerint munitiones, de omni salute desperant : Romani, si rem obtinuerint, finem omnium laborum exspectant. Maxime ad superiores munitiones laboratur, quo Vergasillaunum missum demonstravimus. Exiguum loci ad declivitatem fastigium magnum habet momentum. Alii tela conjiciunt, alii, testudine facta, subeunt ; defatigatis invicem integri succedunt. Agger, ab universis in munitionem conjectus, et ascensum dat Gallis, et ea, quæ in terram occultaverant Romani, contegit : nec jam arma nostris, nec vires suppetunt.

LXXXVI. His rebus cognitis, Cæsar Labienum cum cohortibus VI subsidio laborantibus mittit : imperat, si sustinere non possit, deductis cohortibus eruptione pugnet : id nisi necessario, ne faciat. Ipse adit reliquos : cohortatur, ne labori succumbant ; omnium superiorum dimicationum fructum in eo die atque hora docet consistere. Interiores, desperatis campestribus locis propter magnitudinem munitionum, loca prærupta ex ascensu tentant : huc ea, quæ paraverant, conferunt : multitudine telorum ex turribus propugnantes deturbant : aggere et cratibus fossas explent, aditus expediunt : falcibus vallum ac loricam rescindunt.

LXXXVII. Cæsar mittit primo Brutum adolescentem cum cohortibus VI, post, cum aliis VII, C. Fabium legatum : postremo ipse, quum vehementius pugnaretur, integros subsidio adducit. Restituto prælio ac repulsis hostibus, eo, quo Labienum miserat, contendit ; cohortes IV ex proximo castello deducit ; equitum se partem sequi, partem circumire exteriores munitiones, et ab tergo hostes adoriri jubet. Labienus, postquam neque aggeres, neque fossæ vim hostium sustinere poterant, coactis undequadraginta cohortibus, quas ex proximis præsidiis deductas fors obtulit, Cæsarem per nuncios facit certiorem, quid faciendum existimet.

LXXXVIII. Accelerat Cæsar, ut prælio intersit. Ejus adventu ex colore vestitus cognito (quo insigni in præliis uti consueverat), turmisque equitum et cohortibus visis, quas se sequi jusserat, ut de locis superioribus hæc declivia et devexa cernebantur, hostes prælium committunt. Utrinque clamore sublato, excipit rursus ex vallo atque omnibus munitionibus clamor. Nostri, omissis pilis, gladiis rem gerunt. Repente post tergum equitatus cernitur : cohortes aliæ appropinquant : hostes terga vertunt :

de l'ennemi, paraît notre cavalerie; d'autres cohortes approchent; les Gaulois prennent la fuite; notre cavalerie barre le passage aux fuyards, et en fait un grand carnage. Sédule, chef et prince des Lémovikes, est tué, et l'Arverne Vergasillaunn pris vivant dans la déroute. Soixante-quatorze enseignes militaires sont rapportées à César; d'un si grand nombre d'hommes, bien peu rentrent au camp sans blessure. Les assiégés, apercevant du haut de leurs murs la fuite des leurs et le carnage qu'on en fait, désespèrent de leur salut, et retirent leurs troupes de l'attaque de nos retranchements. La nouvelle en arrive au camp des Gaulois, qui l'évacuent à l'instant. Si les soldats n'eussent été harassés par d'aussi nombreux engagements et par les travaux de tout le jour, l'armée ennemie eût pu être détruite tout entière. Au milieu de la nuit, la cavalerie, envoyée à la poursuite, atteint l'arrière-garde; une grande partie est prise ou tuée; le reste, échappé par la fuite, se réfugia dans les cités.

LXXXIX. Le lendemain Vercingétorix convoque l'assemblée, et dit : « Qu'il n'a pas entrepris cette guerre pour ses intérêts personnels, mais pour la défense de la liberté commune; que, puisqu'il fallait céder à la fortune, il s'offrait à ses compatriotes, leur laissant le choix d'apaiser les Romains par sa mort ou de le livrer vivant. » On envoie à ce sujet des députés à César. Il ordonne qu'on lui apporte les armes, qu'on lui amène les chefs. Assis sur son tribunal, à la tête de son camp, il fait paraître devant lui les généraux ennemis. Vercingétorix est mis en son pouvoir; les armes sont jetées à ses pieds (28). A l'exception des Edues et des Arvernes, dont il voulait se servir pour tâcher de regagner ces peuples, le reste des prisonniers fut distribué par tête à chaque soldat, à titre de butin.

XC. Ces affaires terminées, il part pour le pays des Édues, et reçoit leur soumission. Là, des députés envoyés par les Arvernes viennent lui promettre de faire ce qu'il ordonnera. César exige un grand nombre d'otages. Il met ses légions en quartiers d'hiver, et rend environ vingt mille captifs aux Edues et aux Arvernes. Il fait partir T. Labiénus avec deux légions et la cavalerie pour le pays des Séquanes; il lui adjoint M. Simpronius Rutilius. Il place C. Fabius et L. Minucius Basilus avec deux légions chez les Rèmes, pour les garantir contre toute attaque des Bellovakes, leurs voisins. Il envoie T. Antistius Réginus chez les Ambivarètes, T. Sextius chez les Bituriges, C. Caninius Rébilus chez les Rutènes, chacun avec une légion. Il établit Q. Tullius Cicéron et P. Sulpicius dans les postes de Cabillon et de Matiscon, au pays des Édues, sur la Saône, pour assurer les vivres. Lui-même résolut de passer l'hiver à Bibracte. Ces événements ayant été annoncés à Rome par les lettres de César, on ordonna vingt jours de prières publiques (29).

LIVRE HUITIÈME.

PRÉFACE DE A. HIRTIUS (1).

Cédant à tes instances, Balbus (2), et puisque mes refus réitérés t'ont semblé moins une excuse tirée de la difficulté de l'entreprise qu'une

fugientibus equites occurrunt: fit magna cædes. Sedulius, dux et princeps Lemovicum, occiditur : Vergasillaunus Arvernus vivus in fuga comprehenditur : signa militaria LXXIV ad Cæsarem referuntur : pauci ex tanto numero se incolumes in castra recipiunt. Conspicati ex oppido cædem et fugam suorum, desperata salute, copias a munitionibus reducunt. Fit protinus, hac re audita, ex castris Gallorum fuga. Quod nisi crebris subsidiis ac totius diei labore milites fuissent defessi, omnes hostium copiæ deleri potuissent. De media nocte missus equitatus novissimum agmen consequitur : magnus numerus capitur atque interficitur : reliqui ex fuga in civitates discedunt.

LXXXIX. Postero die Vercingetorix, concilio convocato, « id se bellum suscepisse non suarum necessitatum, sed communis libertatis causa, demonstrat; et, quoniam sit fortunæ cedendum, ad utramque rem se illis offerre, seu morte sua Romanis satisfaccere, seu vivum tradere velint. Mittuntur de his rebus ad Cæsarem legati. Jubet arma tradi, principes produci. Ipse in munitione pro castris consedit: eo duces producuntur. Vercingetorix deditur, arma projiciuntur. Reservatis Æduis atque Arvernis, si per eos civitates recuperare posset, ex reliquis captivis toto exercitu capita singula prædæ nomine distribuit.

XC. His rebus confectis, in Æduos proficiscitur ; civitatem recipit. Eo legati ab Arvernis missi, quæ imperaret, se facturos pollicentur. Imperat magnum numerum obsidum. Legiones in hiberna mittit: captivorum circiter XX millia Æduis Arvernisque reddit : T. Labienum cum II legionibus et equitatu in Sequanos proficisci jubet : huic M. Sempronium Rutilium attribuit ; C. Fabium et L. Minucium Basilum cum II legionibus in Remis collocat, ne quam a finitimis Bellovacis calamitatem accipiant. C. Antistium Reginum in Ambivaretos, T. Sextium in Bituriges, C. Caninium Rebilum in Rutenos cum singulis legionibus mittit. Q. Tullium Ciceronem et P. Sulpicium Cabilloni et Matiscone in Æduis ad Ararim, rei frumentariæ causa, collocat. Ipse Bibracte hiemare constituit. His rebus litteris Cæsaris cognitis Romæ, dierum XX supplicatio indicitur.

LIBER OCTAVUS.

PRÆFATIO A. HIRTII.

Coactus assiduis tuis vocibus, Balbe, quum quotidiana mea recusatio non difficultatis excusationem, sed inertiæ videretur deprecationem habere, difficillimam rem sus-

défaite de la paresse, je me suis imposé une tâche bien difficile. J'ai continué les commentaires de notre César sur ce qu'il a fait dans la Gaule, sans vouloir comparer mon ouvrage aux livres précédents (5) ni à ceux qui le suivent (4). J'ai aussi achevé son dernier livre, qu'il laissa imparfait, depuis les événements d'Alexandrie jusqu'à la fin, non de nos dissensions civiles dont nous ne voyons pas encore le terme, mais de la vie de César. Puissent ceux qui me liront être persuadés que je n'ai entrepris qu'à regret ce travail, et ne point m'accuser d'une vaine présomption pour m'être ainsi placé au milieu des écrits de César. C'est, en effet, une vérité reconnue de tout le monde, qu'il n'est pas d'ouvrage si laborieusement composé, que ces Commentaires ne surpassent en élégance. Ils n'ont été écrits que pour servir de documents aux historiens; mais leur supériorité est si généralement sentie qu'ils semblent moins avoir donné que ravi aux écrivains ultérieurs le moyen de traiter le même sujet (5). Nous avons lieu de les admirer plus que personne : on en connaît la correction et la pureté; nous seuls savons avec quelle facilité et quelle promptitude ils ont été composés. Au talent d'écrire avec autant d'aisance que d'élégance, César joignait la plus parfaite exactitude dans l'explication de ses desseins. Moi, je n'ai pas même l'avantage d'avoir assisté à la guerre d'Alexandrie ni à celle d'Afrique; et, bien que je tienne de la bouche de César une partie des détails relatifs à ces guerres, autre chose est d'entendre des faits avec l'étonnement qu'excite la nouveauté, ou d'en avoir été soi-même le témoin.

Mais, tandis que je rassemble tous les motifs qui m'excusent de ne pouvoir être comparé avec César, je m'expose par cela même au reproche de vanité, en paraissant croire que l'idée de faire cette comparaison puisse venir à quelqu'un. Adieu.

I. Toute la Gaule étant soumise, César, qui avait passé l'été précédent à faire la guerre sans la moindre interruption, désirait que l'armée pût au moins, dans ses quartiers d'hiver, se délasser de si grandes fatigues, lorsqu'on lui annonça que plusieurs nations se concertaient pour reprendre les armes. L'on donnait à ce dessein, pour cause vraisemblable, la conviction où étaient alors tous les Gaulois, que, réunis sur un seul point, ils ne pourraient jamais résister aux Romains; mais que si la guerre se faisait en diverses contrées à la fois, l'armée romaine n'aurait ni assez d'hommes ni assez de temps pour y faire face; qu'au reste nulle cité ne refuserait de supporter quelques maux passagers, si, par l'embarras qu'elle causerait ainsi à l'ennemi, elle aidait les autres pays à recouvrer leur liberté.

II. Pour ne point laisser aux Gaulois le temps de s'affermir dans cette opinion, César, après avoir mis le questeur M. Antoine à la tête de ses quartiers d'hiver, partit lui-même de Bibracte avec une escorte de cavalerie, la veille des calendes de janvier, et se rendit près de la treizième légion, qu'il avait placée sur la frontière des Bituriges, à peu de distance de celle des Edues; il y ajouta la onzième, qui en était la plus proche. Laissant deux cohortes pour la garde des bagages, il conduisit le

cepi. Cæsaris nostri commentarios rerum gestarum Galliæ, non comparandis superioribus atque insequentibus ejus scriptis, contexui, novissimumque imperfectum ab rebus gestis Alexandriæ confeci usque ad exitum non quidem civilis dissensionis, cujus finem nullum videmus, sed vitæ Cæsaris. Quos utinam qui legent, scire possint, quam invitus susceperim scribendos; quo facilius caream stultitiæ atque arrogantiæ crimine, qui me mediis interposuerim Cæsaris scriptis. Constat enim inter omnes, nihil tam operose ab aliis esse perfectum, quod non horum elegantia Commentariorum superetur : qui sunt editi, ne scientia tantarum rerum scriptoribus deesset : adeoque probantur omnium judicio, ut prærepta, non præbita facultas scriptoribus videatur. Cujus tamen rei major nostra, quam reliquorum, est admiratio : cæteri enim, quam bene atque emendate; nos etiam, quam facile atque celeriter eos perfecerit, scimus. Erat autem in Cæsare cum facultas atque elegantia summa scribendi, tum verissima scientia suorum consiliorum explicandorum. Mihi ne illud quidem accidit, ut Alexandrino atque Africano bello interessem : quæ bella quamquam ex parte nobis Cæsaris sermone sunt nota; tamen aliter audimus ea, quæ rerum novitate aut admiratione nos capiunt, aliter, quæ pro testimonio sumus dicturi. Sed ego nimirum, dum omnes excusationis causas colligo, ne cum Cæsare conferar, hoc ipso crimen arrogantiæ subeo, quod me judicio cujusquam existimem posse cum Cæsare comparari. Vale.

I. Omni Gallia devicta, Cæsar quum superiore æstate nullum bellandi tempus intermisisset, militesque hibernorum quiete reficere a tantis laboribus vellet; complures eodem tempore civitates renovare belli consilia nuntiabantur, conjurationesque facere. Cujus rei verisimilis causa afferebatur, quod Gallis omnibus cognitum esset, neque ulla multitudine, in unum locum coacta, resisti posse Romanis; nec, si diversa bella complures eodem tempore inissent civitates, satis auxilii, aut spatii, aut copiarum habiturum exercitum populi romani ad omnia persequenda : non esse autem alicui civitati sortem incommodi recusandam, si tali mora reliquæ possent se vindicare in libertatem.

II. Quæ ne opinio Gallorum confirmaretur, Cæsar M. Antonium quæstorem suis præfecit hibernis : ipse, cum equitatus præsidio pridie kal. Januarias ab oppido Bibracte proficiscitur ad legionem XIII, quam non longe a finibus Æduorum collocaverat in finibus Biturigum, eique adjungit legionem XI, quæ proxima fuerat. Binis cohortibus ad impedimenta tuenda relictis, reliquum exercitum in copiosissimos agros Biturigum inducit : qui,

reste de l'armée dans le pays fertile des Bituriges, qui, possédant un vaste territoire et beaucoup de places fortes, n'avaient pu être arrêtés par la présence d'une seule légion dans leurs préparatifs de guerre et leurs projets de révolte.

III. La soudaine arrivée de César produisit son effet nécessaire sur des hommes dispersés et qui n'étaient préparés à aucune défense : cultivant leurs champs sans défiance, ils furent écrasés par la cavalerie, avant de pouvoir se réfugier dans leurs villes. César, en effet, avait défendu d'incendier les habitations, signal ordinaire d'une invasion hostile, tant pour ne pas s'exposer à manquer de vivres et de fourrages, s'il voulait s'avancer dans le pays, que pour ne pas jeter la terreur parmi les habitants. On fit plusieurs milliers de captifs. Les Bituriges, qui purent s'échapper à notre première approche, s'enfuirent effrayés chez les nations voisines avec lesquelles ils avaient des alliances ou des liens particuliers d'hospitalité. Ce fut en vain ; César, par des marches forcées, arrivait sur tous les points, et ne laissait à aucune de ces nations le loisir de songer au salut des autres avant le sien. Cette célérité retenait dans le devoir les peuples amis, et ramenait à la soumission par la terreur ceux qui hésitaient encore. En cet état, les Bituriges, voyant que la clémence de César leur offrait un moyen de recouvrer son amitié, et que les états voisins n'avaient eu à subir d'autre peine que de livrer des otages, suivirent cet exemple.

IV. César, pour récompenser de tant de fatigues et de patience des soldats dont le zèle extrême n'avait été ralenti, pendant l'hiver, ni par la difficulté des chemins, ni par la rigueur de froids insupportables, promit de leur donner deux cents sesterces (6), et aux centurions deux mille écus ; puis, ayant renvoyé les légions dans leurs quartiers, il revint lui-même à Bibracte après une absence de quarante jours. Pendant qu'il y rendait la justice, les Bituriges lui envoyèrent des députés pour implorer son secours et se plaindre des Carnutes qui leur avaient déclaré la guerre. A cette nouvelle, et bien qu'il ne se fût pas écoulé plus de dix-huit jours depuis son retour à Bibracte, il tira les quatorzième et sixième légions de leurs quartiers d'hiver, près de la Saône, où il les avait placées pour assurer les vivres, comme il est dit au livre précédent. Il partit avec ces deux légions à la poursuite des Carnutes.

V. A la nouvelle de l'approche de l'armée, les ennemis, craignant le sort des autres peuples, évacuèrent les bourgs et les villes, où la nécessité leur avait fait dresser à la hâte de chétives cabanes pour passer l'hiver (car depuis leurs dernières défaites ils avaient abandonné plusieurs de leurs villes), et ils se dispersèrent de côté et d'autre. Comme César ne voulait point exposer l'armée à toutes les rigueurs de l'âpre saison où l'on était alors, il établit son camp à Genabum, ville des Carnutes, et logea les soldats, partie sous le toit des habitations gauloises, partie sous des tentes promptement recouvertes d'un peu de chaume. Cependant il envoya la cavalerie et l'infanterie auxiliaire partout où l'on disait que les ennemis s'étaient retirés. Ce ne fut pas en vain ;

quum latos fines et complura oppida haberent, unius legionis hibernis non potuerant contineri, quin bellum pararent conjurationesque facerent.

III. Repentino adventu Cæsaris accidit, quod imparatis disjectisque accidere fuit necesse, ut sine timore ullo rura colentes prius ab equitatu opprimerentur, quam confugere in oppida possent. Namque etiam illud vulgare incursionis signum hostium, quod incendiis ædificiorum intelligi consuevit, Cæsaris id erat interdicto sublatum : ne aut copia pabuli frumentique, si longius progredi vellet, deficeretur, aut hostes incendiis terrerentur. Multis hominum millibus captis, perterriti Bituriges, qui primum adventum effugere potuerant Romanorum, in finitimas civitates, aut privatis hospitiis confisi, aut societate consiliorum, confugerant. Frustra : nam Cæsar magnis itineribus omnibus locis occurrit ; nec dat ulli civitati spatium de aliena potius quam de domestica salute cogitandi : qua celeritate et fideles amicos retinebat, et dubitantes terrore ad conditiones pacis adducebat. Tali conditione proposita, Bituriges, quum sibi viderent clementia Cæsaris reditum patere in ejus amicitiam, finitimasque civitates sine ulla pœna dedisse obsides, atque in fidem receptas esse, idem fecerunt.

IV. Cæsar militibus pro tanto labore ac patientia, qui brumalibus diebus, itineribus difficillimis, frigoribus intolerandis, studiosissime permanserant in labore ducenos sestertios, centurionibus ii millia nummum prædæ nomine condonanda pollicetur ; legionibusque in hiberna remissis, ipse se recipit die XL Bibracte. Ibi quum jus diceret, Bituriges ad eum legatos mittunt, auxilium petitum contra Carnutes, quos intulisse bellum sibi querebantur. Qua re cognita, quum non amplius X et VIII dies in hibernis esset commoratus, legiones XIV et VI ex hibernis ab Arare educit ; quas ibi collocatas, explicandæ rei frumentariæ causa, superiore commentario demonstratum est. Ita cum duabus legionibus ad persequendos Carnutes proficiscitur.

V. Quum fama exercitus ad hostes esset perlata, calamitate cæterorum ducti Carnutes, desertis vicis oppidisque, quæ tolerandæ hiemis causa, constitutis repente exiguis ad necessitatem ædificiis, incolebant (nuper enim devicti complura oppida dimiserant), dispersi profugiunt. Cæsar erumpentes eo maxime tempore acerrimas tempestates, quum subire milites nollet, in oppido Carnutum Genabo castra ponit, atque in tecta partim Gallorum, partim quæ, conjectis celeriter stramentis tentoriorum integendorum gratia, erant inædificata, milites contegit : equites tamen et auxiliarios pedites in omnes partes mittit, quascumque petisse dicebantur hostes. Nec frustra : nam ple-

car la plupart des nôtres revinrent chargés d'un butin considérable. Les Carnutes, accablés par la rigueur de l'hiver et par la crainte du danger, chassés de leurs demeures sans oser s'arrêter long-temps nulle part, ne pouvant même trouver dans leurs forêts un abri contre les plus affreuses tempêtes, se dispersèrent après avoir perdu une grande partie des leurs, et se répandirent chez les nations voisines.

VI. Satisfait d'avoir, dans la saison la plus difficile de l'année, dissipé les rassemblements et prévenu la naissance d'une guerre; persuadé d'ailleurs, autant que la raison pouvait le lui indiquer, qu'aucune guerre importante ne pouvait éclater avant l'été, César mit C. Trébonius en quartiers d'hiver à Genabum avec les deux légions qui l'avaient suivi. De nombreuses députations des Rèmes l'avertissaient que les Bellovakes, dont la gloire militaire surpassait celle de tous les Gaulois et des Belges, levaient, de concert avec les nations voisines, et rassemblaient, sous les ordres du Bellovake Corrée et de l'Atrébate Comm, une armée qui devait fondre en masse sur les terres des Suessions. Jugeant alors qu'il n'importait pas moins à sa sûreté qu'à son honneur de préserver de toute injure des alliés qui avaient toujours si bien mérité de la république, il fait de nouveau sortir de ses quartiers la onzième légion, écrit à C. Fabius d'amener sur les frontières des Suessions les deux légions qu'il avait, et demande à T. Labiénus l'une des deux siennes. C'est ainsi que, perpétuellement occupé lui-même, il répartissait le fardeau des expéditions entre les légions, à tour de rôle, et autant que le permettaient la situation des quartiers et le bien du service.

VII. Ces troupes réunies, il marche contre les Bellovakes, établit son camp sur leurs frontières, et envoie de tous côtés des détachements de cavalerie pour faire quelques prisonniers qui puissent l'instruire des desseins de l'ennemi. De retour de cette mission, les cavaliers rapportent qu'ils ont trouvé peu d'habitants dans leurs demeures; que ces gens n'étaient point restés pour cultiver la terre (car on s'était de toute part empressé de fuir), mais qu'ils avaient été laissés pour espionner. César les ayant interrogés sur le lieu où s'était portée la masse des habitants et sur leurs desseins, apprit que tous les Bellovakes en état de porter les armes s'étaient rassemblés sur un seul point avec les Ambiens, les Aulerkes, les Calètes, les Vélocasses et les Atrébates; qu'ils étaient campés sur une hauteur, dans un bois environné d'un marais; qu'ils avaient porté tous leurs bagages dans des forêts plus reculées. Plusieurs chefs les excitaient à la guerre; celui d'entre eux qui exerçait le plus d'autorité sur la multitude était Corrée, dont on connaissait la haine implacable pour le nom romain. Peu de jours auparavant, l'Atrébate Comm avait quitté le camp pour se rendre dans les contrées germaines les plus proches, et en ramener des secours considérables. Les Bellovakes avaient arrêté, du consentement de tous les chefs, et selon le vœu de la multitude, que si, comme on le disait, César ne marchait contre eux qu'avec trois légions, ils lui présenteraient la bataille, de peur d'être ensuite obligés de combattre avec plus de

rumque magna præda potiti nostri revertuntur. Oppressi Carnutes hiemis difficultate, terrore periculi, quum tectis expulsi nullo loco diutius consistere auderent, nec silvarum præsidio tempestatibus durissimis tegi possent, dispersi, magna parte amissa suorum, dissipantur in finitimas civitates.

VI. Cæsar tempore anni difficillimo quum satis haberet convenientes manus dissipare, ne quod initium belli nasceretur; quantumque in ratione esset, exploratum haberet, sub tempus æstivorum nullum summum bellum posse conflari: C. Trebonium cum II legionibus, quas secum habebat, in hibernis Genabi collocavit; ipse, quum crebris legationibus Remorum certior fieret, Bellovacos, qui belli gloria Gallos omnes Belgasque præstabant, finitimasque his civitates, duce Correo Bellovaco et Commio Atrebate, exercitus comparare, atque in unum locum cogere, ut omni multitudine in fines Suessionum, qui Remis erant attributi, facerent impressionem; pertinere autem non tantum ad dignitatem, sed etiam ad salutem suam judicaret, nullam calamitatem socios optime de republica meritos accipere; legionem ex hibernis evocat rursus XI, litteras autem ad C. Fabium mittit, ut in fines Suessionum legiones duas, quas habebat, adduceret, alteramque ex duabus ab T. Labieno arcessit. Ita, quantum hibernorum opportunitas belliquae ratio postulabat, perpetuo suo labore, in vicem legionibus expeditionum onus injungebat.

VII. His copiis coactis, ad Bellovacos proficiscitur, castrisque in eorum finibus positis, equitum turmas dimittit in omnes partes ad aliquos excipiendos, ex quibus hostium consilia cognosceret. Equites, officio functi, renunciant, paucos in ædificiis esse inventos, atque hos, non qui agrorum colendorum causa remansissent (namque esse undique diligenter demigratum), sed qui speculandi gratia essent remissi. A quibus quum quæreret Cæsar, quo loco multitudo esset Bellovacorum, quodve esset consilium eorum, inveniebat, Bellovacos omnes, qui arma ferre possent, in unum locum convenisse; itemque Ambianos, Aulercos, Caletos, Velocasses, Atrebates locum castris excelsum, in silva circumdata palude, delegisse; omnia impedimenta in ulteriores silvas contulisse; complures esse principes belli auctores, sed multitudinem maxime Correo obtemperare, quod ei summo esse odio nomen populi romani intellexissent; paucis ante diebus ex his castris Atrebatem Commium discessisse, ad auxilia Germanorum adducenda, quorum et vicinitas propinqua, et multitudo esset infinita: constituisse autem Bellovacos, omnium principum consensu, summa plebis cupiditate, si (ut dicebatur) Cæsar cum tribus legionibus veniret,

désavantage et de perte contre toutes ses troupes ; s'il amenait un plus grand nombre de légions, ils devaient se tenir dans le lieu qu'ils avaient choisi, et se borner, en tendant des piéges aux Romains, à leur ôter les vivres et les fourrages, qui, vu l'époque où l'on se trouvait, étaient très-rares et fort disséminés.

VIII. S'étant assuré de la vérité de ces faits par l'accord des témoignages, et trouvant ce plan rempli de prudence et bien éloigné de la témérité ordinaire aux Barbares (7), César jugea qu'il devait tout mettre en œuvre pour engager les ennemis, par le mépris de ses propres forces, à en venir aux mains avec lui le plus tôt possible. Il avait près de lui de vieilles légions d'un courage éprouvé, la septième, la huitième et la neuvième, et de plus la onzième, composée d'une jeunesse d'élite et de grande espérance, qui comptait déjà huit campagnes, mais n'avait pas encore, comparativement aux autres, la même réputation de valeur et d'ancienneté. Ayant donc convoqué un conseil, il y exposa tout ce qu'il avait appris, échauffa le courage de ses troupes, et régla sa marche de manière à attirer les ennemis au combat en ne leur montrant que trois légions. Les septième, huitième et neuvième devaient marcher en avant, tandis que toute la colonne des bagages (et ils étaient peu nombreux, comme il est d'usage dans de simples expéditions) viendrait à la suite sous l'escorte de la onzième, afin que les ennemis ne pussent voir que le nombre de légions qu'ils désiraient. Dans cet ordre, formant à peu près un bataillon carré, il arriva à la vue des ennemis plus tôt qu'ils ne s'y attendaient.

IX. Quand les Gaulois, dont la détermination avait été annoncée à César comme certaine, virent tout à coup les légions marcher à eux en ordre de bataille et d'un pas assuré, soit crainte de combattre, soit simple étonnement de notre arrivée soudaine, ou pour attendre le parti que nous prendrions, ils rangèrent leurs troupes en avant de leur camp et ne quittèrent point la hauteur. Quoiqu'il désirât de combattre, César, considérant cette multitude d'ennemis dont le séparait un vallon plus profond que large, se détermina à asseoir son camp en face du leur. Il ordonne d'élever un rempart de douze pieds avec un parapet proportionné à cette hauteur ; de creuser en avant deux fossés de quinze pieds, dont chaque côté était coupé en ligne droite ; il fait dresser un grand nombre de tours à trois étages, jointes ensemble par des ponts et des galeries, dont le front était garni de mantelets d'osier, de telle sorte que l'ennemi fût arrêté par un double fossé et par un double rang de combattants. Le premier rang sur les galeries, et conséquemment moins exposé, lançait ses traits avec plus d'assurance et de portée ; le second, placé sur le rempart même et plus près de l'ennemi, était protégé par la galerie contre la chute des traits (8). Il plaça des portes et de plus hautes tours aux issues du camp.

X. En se retranchant ainsi, il avait un double motif ; car d'une part il espérait que de si grands travaux, pris pour des marques de frayeur, augmenteraient la confiance des Barbares ; et comme, d'un autre côté, il fallait chercher au loin des

---

offerre se ad dimicandum, ne miseriore ac duriore postea conditione cum toto exercitu decertare cogerentur : si majores copias ageret, in eo loco permanere, quem delegissent ; pabulatione autem, quæ propter anni tempus cum exigua, tum disjecta esset, et frumentatione, et reliquo commeatu ex insidiis prohibere Romanos.

VIII. Quæ Cæsar, consentientibus pluribus, quum cognovisset, atque ea, quæ proponerentur, consilia plena prudentiæ, longeque a temeritate Barbarorum remota esse judicaret ; rebus omnibus inserviendum statuit, quo celerius hostes, contemptu suorum paucitate, prodirent in aciem. Singularis enim virtutis veterrimas legiones vii, viii et ix habebat ; summæ spei delectæque juventutis xi, quæ octavo jam stipendio functa, tamen collatione reliquarum nondum eamdem vetustatis ac virtutis ceperat opinionem. Itaque, concilio advocato, rebus iis, quæ ad se essent delatæ, omnibus expositis, animos multitudinis confirmat. Si forte hostes trium legionum numero posset elicere ad dimicandum, agminis ordinem ita constituit, ut legio vii, viii, ix ante omnia irent impedimenta ; deinde omnium impedimentorum agmen (quod tamen erat mediocre, ut in expeditionibus esse consuevit) cogeret undecima, ne majoris multitudinis species accidere hostibus posset, quam ipsi depoposcissent. Hac ratione pæne quadrato agmine instructo, in conspectum hostium, celerius opinione eorum, exercitum adducit.

IX. Quum repente instructas velut in acie certo gradu legiones accedere Galli viderent, quorum erant ad Cæsarem plena fiduciæ consilia perlata, sive certaminis periculo, sive subito adventu, seu exspectatione nostri consilii, copias instruunt pro castris, nec loco superiore decedunt. Cæsar, etsi dimicare optaverat, tamen, admiratus tantam multitudinem hostium, valle intermissa, magis in altitudinem depressa, quam late patente, castra castris hostium confert. Hæc imperat vallo pedum xii muniri, loriculamque pro ratione ejus altitudinis inædificari ; fossam duplicem pedum quinum denum lateribus directis deprimi, turres crebras excitari in altitudinem in tabulatorum, pontibus trajectis constratisque conjungi, quorum frontes viminea loricula munirentur, ut ab hostibus duplici fossa duplici propugnatorum ordine defenderentur : quorum alter ex pontibus, quo tutior altitudine esset, hoc audacius longiusque tela permitteret ; alter, qui propior hostem in ipso vallo collocatus esset, ponte ab incidentibus telis tegeretur. Portis fores altioresque turres imposuit.

X. Hujus munitionis duplex erat consilium. Namque et operum magnitudinem et timorem suum sperabat fiduciam Barbaris allaturum ; et quum pabulatum frumenta-

fourrages et des vivres, on pouvait, à l'abri de ces retranchements, défendre le camp avec peu de troupes. Cependant il se livrait souvent de petits combats entre les deux camps, séparés par un marais. Quelquefois c'étaient nos auxiliaires gaulois et germains qui passaient ce marais et poursuivaient vivement les ennemis; quelquefois, à leur tour, c'étaient ceux-ci qui, franchissant le marais, nous repoussaient au loin. Il arrivait aussi, vu l'obligation où l'on était tous les jours de se diviser pour aller chercher des vivres dans des habitations éparses, que nos fourrageurs dispersés étaient enveloppés dans des lieux désavantageux; ce qui, bien que le dommage se réduisît à la perte d'un petit nombre de valets et de chevaux, ne laissait pas d'augmenter la folle présomption des Barbares. Ajoutez que Comm, lequel j'ai dit être parti en Germanie pour y chercher des secours, en était revenu avec des cavaliers. Leur nombre n'excédait pas cinq cents; toutefois, leur arrivée avait rendu les Barbares plus arrogants.

XI. César, voyant que l'ennemi, défendu par un marais et par sa position, se tenait depuis plusieurs jours dans son camp, et jugeant qu'il ne pouvait l'attaquer sans de grandes pertes, ni l'enfermer dans des lignes sans un renfort de troupes, écrivit à Trébonius d'appeler le plus promptement possible la treizième légion qui hivernait chez les Bituriges avec le lieutenant T. Sextius, et de venir le joindre à grandes journées avec trois légions. Il employa tour à tour les cavaliers des Rèmes, des Lingons et des autres états qui lui en avaient fourni un grand nombre, à protéger les fourrages et à soutenir les attaques soudaines des ennemis.

XII. Comme cette manœuvre avait lieu chaque jour et que déjà, par l'habitude même, on était devenu moins diligent (effet ordinaire de la durée), les Bellovakes, connaissant les postes habituels de nos cavaliers, choisirent un corps d'infanterie et le mirent en embuscade dans un bois: le lendemain ils envoyèrent de la cavalerie pour y attirer la nôtre, l'envelopper et l'attaquer. Ce malheureux sort tomba sur les Rèmes qui, ce jour-là, se trouvaient en tour de service. Ils eurent à peine aperçu la cavalerie ennemie à laquelle ils se croyaient supérieurs, que, méprisant son petit nombre, ils la poursuivirent avec ardeur; ils furent alors entourés de tous côtés par les fantassins. Etonnés de cette attaque, ils se retirèrent plus vite qu'il n'est d'usage dans un combat de cavalerie. Ils avaient perdu dans l'action le chef de leur nation, Vertisc, commandant de la cavalerie. Il pouvait à peine, à cause de son grand âge, se soutenir à cheval; mais fidèle aux coutumes gauloises, il n'avait ni fait valoir cette excuse de l'âge pour se dispenser du commandement, ni voulu que l'on combattit sans lui. La fierté des ennemis s'accrut par l'avantage qu'ils venaient de remporter et par la mort du chef et du commandant des Rèmes; mais cet échec avertit les nôtres de mettre plus de soin à explorer les lieux avant d'y placer des postes, et plus de modération dans la poursuite de l'ennemi lorsqu'il céderait le terrain.

---

tumque longius esset proficiscendum, parvis copiis castra munitione ipsa videbat posse defendi. Interim, crebro paucis utrimque procurrentibus, inter bina castra palude interjecta, contendebatur: quam tamen paludem nonnunquam aut nostra auxilia Gallorum Germanorumque transibant, acriusque hostes insequebantur; aut vicissim hostes, eamdem transgressi, nostros longius submovebant. Accidebat autem quotidianis pabulationibus (id quod accidere erat necesse, quum raris disjectisque ex ædificiis pabulum conquireretur), ut impeditis locis dispersi pabulatores circumvenirentur: quæ res etsi mediocre detrimentum jumentorum ac servorum nostris afferebat, tamen stultas cogitationes incitabat Barbarorum; atque eo magis quod Commius, quem profectum ad auxilia Germanorum arcessenda docui, cum equitibus venerat: qui tametsi numero non amplius erant quingenti, tamen Germanorum adventu Barbari inflabantur.

XI. Cæsar, quum animum adverteret, hostem complures dies castris, palude et loci natura munitis, se tenere; neque oppugnari castra eorum sine dimicatione perniciosa, nec locum munitionibus claudi nisi a majore exercitu, posse: litteras ad Trebonium mittit, ut, quam celerrime posset, legionem XIII, quæ cum T. Sextio legato in Biturigibus hiemabat, arcesseret, atque ita cum III legionibus magnis itineribus ad se veniret: ipse equites invicem Remorum ac Lingonum, reliquarumque civitatum, quorum magnum numerum evocaverat, præsidio pabulationibus mittit, qui subitas hostium incursiones sustinerent.

XII. Quod quum quotidie fieret, ac jam consuetudine diligentia minueretur (quod plerumque accidit diuturnitate), Bellovaci, delecta manu peditum, cognitis stationibus quotidianis equitum nostrorum, silvestribus locis insidias disponunt; eodemque equites postero die mittunt, qui primum elicerent nostros insidiis, deinde circumventos aggrederentur. Cujus mali sors incidit Remis, quibus ille dies fungendi muneris obvenerat. Namque ii, quum repente hostium equites animadvertissent, ac numero superiores paucitatem contempsissent, cupidius insecuti, a peditibus undique sunt circumdati. Quo facto perturbati, celerius, quam consuetudo fert equestris prælii, se receperunt, amisso Vertisco, principe civitatis, præfecto equitum: qui, quum vix equo propter ætatem posset uti, tamen, consuetudine Gallorum, neque ætatis excusatione in suscipienda præfectura usus erat, neque dimicari sine se voluerat. Inflantur atque incitantur hostium animi secundo prælio, principe et præfecto Remorum interfecto, nostrique detrimento admonentur, diligentius exploratis locis stationes disponere, ac moderatius cedentem insequi hostem.

XIII. Cependant il ne se passait pas un seul jour où il n'y eût, à la vue des deux camps, quelque escarmouche vers les endroits guéables du marais. Dans l'un de ces combats, l'infanterie germaine, que César avait fait venir d'outre Rhin pour la mêler à la cavalerie, ayant tout entière franchi le marais avec intrépidité, et tué le petit nombre d'ennemis qui résistaient, poursuivit le reste avec une telle vigueur qu'elle frappa d'épouvante non-seulement ceux qu'elle serrait de près ou qui étaient encore à la portée du trait, mais même les soldats de la réserve, qui s'enfuirent honteusement. Chassés de hauteurs en hauteurs, ils ne s'arrêtèrent que lorsqu'ils furent arrivés à leur camp; la peur en emporta même plusieurs au-delà. Tel fut le trouble où le danger avait jeté toutes ces troupes, qu'il était difficile de juger si elles montraient plus d'orgueil au moindre avantage que de timidité au moindre revers.

XIV. Après plusieurs jours passés dans leur camp, et à la nouvelle de l'approche des légions qu'amenait le lieutenant C. Trébonius, les chefs bellovakes, craignant un siége semblable à celui d'Alésia, firent partir de nuit avec le bagage ceux que l'âge, les infirmités ou le défaut d'armes rendaient inutiles. Tandis qu'ils s'occupaient à mettre en ordre cette multitude remplie de trouble et de confusion (car les Gaulois, dans les moindres expéditions, se font toujours suivre d'un grand nombre de chariots), ils furent surpris par le jour, et rangèrent quelques troupes en bataille à la tête de leur camp, pour donner aux bagages le temps de s'éloigner, avant que les Romains pussent les atteindre. De son côté, César ne jugeant convenable de les attaquer ni de front, ni dans la retraite, à cause de l'escarpement de la colline, résolut toutefois de faire assez avancer les légions pour que les barbares ne pussent se retirer sans péril en leur présence. Mais comme le marais situé entre les deux camps pouvait retarder la poursuite, à cause de la difficulté du passage, et que de l'autre côté de l'eau, la hauteur touchait presque au camp ennemi, dont elle n'était séparée que par un petit vallon, il jeta des ponts de claies sur le marais, fit passer les légions, et gagna rapidement la hauteur dont la pente servait de rempart des deux côtés. Les légions y montèrent en ordre de bataille, et, parvenues au sommet, s'y déployèrent dans une position d'où les traits lancés par nos machines pouvaient porter sur les rangs ennemis.

XV. Les Barbares, se fiant à l'avantage de leur position, continuaient de s'y tenir en bataille, prêts à combattre si les Romains venaient les attaquer sur la colline, mais n'osant faire défiler leurs troupes en détail, de peur d'être mis en désordre s'ils se divisaient. César, connaissant leur ferme résolution, laissa vingt cohortes sous les armes, traça le camp en cet endroit et ordonna de le retrancher. Les travaux finis, il rangea les légions en bataille à la tête de ses retranchements, et plaça aux avant-postes les cavaliers avec leurs chevaux tout bridés. Les Bellovakes, voyant les Romains toujours prêts à les suivre, et sentant

---

XIII. Non intermittit interim quotidiana prælia in conspectu utrorumque castrorum, quæ ad vada transitusque fiebant paludis. Qua contentione Germani (quos propterea Cæsar traduxerat Rhenum, ut equitibus interpositi præliarentur), quum constantius universi paludem transissent, paucisque resistentibus interfectis pertinacius reliquam multitudinem essent insecuti : perterriti non solum ii, qui aut cominus opprimebantur, aut eminus vulnerabantur, sed etiam, qui longius subsidiari consueverant, turpiter fugerunt; nec prius finem fugæ fecerunt, sæpe amissis superioribus locis, quam se aut in castra suorum reciperent, aut nonnulli, pudore coacti, longius profugerent. Quorum periculo sic omnes copiæ sunt perturbatæ, ut vix judicari posset, utrum secundis parvulis rebus insolentiores, an adversis mediocribus timidiores essent.

XIV. Compluribus diebus iisdem in castris consumptis, quum propius accessisse legiones et C. Trebonium legatum cognovissent; duces Bellovacorum, veriti similem obsessionem Alesiæ, noctu dimittunt eos; quos aut ætate aut viribus inferiores, aut inermes habebant, unaque reliqua impedimenta. Quorum perturbatum et confusum dum explicant agmen, (magna enim multitudo carrorum etiam expeditos sequi Gallos consuevit), oppressi luce, copias armatorum pro suis instruunt castris, ne prius Romani persequi se inciperent, quam longius agmen impedimentorum suorum processisset. At Cæsar neque resistentes aggrediendos, neque cedentes tanto collis ascensu lacessendos judicabat; neque non usque eo legiones admovendas, ut discedere ex eo loco sine periculo Barbari, militibus instantibus, non possent. Ita quum palude impedita a castris castra dividerentur (quæ transeundi difficultas celeritatem insequendi tardare posset), atque id jugum, quod trans paludem pæne ad hostium castra pertineret, mediocri valle a castris eorum intercisum animadverteret; pontibus palude constrata, legiones traducit, celeriterque in summam planitiem jugi pervenit, quæ declivi fastigio duobus ab lateribus muniebatur. Ibi legionibus instructis, ad ultimum jugum pervenit, aciemque eo loco constituit, unde tormento missa tela in hostium cuneos conjici possent.

XV. Barbari, confisi loci natura, quum dimicare non recusarent, si forte Romani subire collem conarentur, paulatimque copias distributas dimittere non auderent, ne dispersi perturbarentur, in acie permanserunt. Quorum pertinacia cognita, Cæsar, viginti cohortibus instructis, castrisque eo loco metatis, muniri jubet castra. Absolutis operibus, legiones pro vallo instructas collocat : equites frænatis equis in stationibus disponit. Bellovaci, quum Romanos ad insequendum paratos viderent, neque pernoctare, aut diutius permanere sine cibariis eodem loco

qu'ils ne pouvaient eux-mêmes, ni veiller toutes les nuits, ni séjourner plus long-temps sans vivres dans leur position, imaginèrent d'effectuer leur retraite par le moyen qui suit. Comme les Gaulois, ainsi qu'il a été dit dans les livres précédents (9), ont coutume, quand ils restent en ligne, de s'asseoir sur des faisceaux de branches et de paille, ils en avaient une grande quantité qu'ils se passèrent de main en main et qu'ils placèrent à la tête de leur camp; puis, à la fin du jour, et à un signal donné, ils y mirent le feu en même temps. Cette vaste flamme nous déroba tout à coup la vue de leurs troupes, et les Barbares en profitèrent pour s'enfuir à toutes jambes.

XVI. Bien que César ne pût apercevoir le départ des ennemis, à cause des flammes qu'il avait en face de lui, il ne laissa pas de soupçonner que cet incendie n'était qu'une ruse propre à cacher leur retraite. Il fit alors avancer les légions et envoya des escadrons à la poursuite; mais, dans la crainte de quelque embuscade, et de peur que l'ennemi, resté peut-être à la même place, ne cherchât à attirer nos soldats dans une mauvaise position, il ne s'avança lui-même que lentement. Nos cavaliers n'osaient pénétrer à travers une flamme et une fumée très-épaisses; et si quelques-uns, plus hardis, essayaient de le faire, à peine voyaient-ils la tête de leurs chevaux. La crainte d'un piége fit qu'on laissa à l'ennemi tout le temps nécessaire pour opérer sa retraite. C'est ainsi que par une ruse où la peur et l'adresse avaient eu également part, les Bellovakes franchirent sans la moindre perte un espace de dix milles, et assirent leur camp dans un lieu très-avantageux. De là leurs cavaliers et leurs fantassins incommodaient beaucoup nos fourrageurs par leurs fréquentes embuscades.

XVII. Ces attaques se renouvelaient souvent, lorsque César apprit d'un prisonnier que Corrée, chef des Bellovakes, avait fait choix de six mille fantassins des plus braves et de mille cavaliers pour les placer en embuscade dans un lieu où l'abondance du blé et des fourrages lui faisait soupçonner que les Romains viendraient s'approvisionner. Instruit de ce dessein, César fit sortir plus de légions que de coutume, et envoya en avant la cavalerie qu'il était dans l'usage de donner pour escorte aux fourrageurs. Il y mêla des fantassins armés à la légère, et lui-même s'avança avec les légions le plus qu'il lui fut possible.

XVIII. Les ennemis avaient fait choix, pour leur embuscade, d'une plaine qui, en tous sens, n'avait pas plus de mille pas d'étendue; elle était entourée d'épaisses forêts et d'une rivière très-profonde; des piéges nous enveloppaient de tous côtés. Nos cavaliers, instruits du projet de l'ennemi, ayant le cœur non moins préparé que leurs armes au combat, et appuyés d'ailleurs par les légions, auraient accepté tout genre d'engagement; ils arrivèrent en escadrons. Corrée, jugeant l'occasion favorable, se montra d'abord avec peu de monde, et chargea ceux de nos escadrons qui se trouvèrent le plus près de lui. Les nôtres soutinrent le choc avec fermeté et sans se réunir en masse, manœuvre ordinaire dans les combats de cavalerie, dans un moment d'alarme, mais qui devient nuisible par la confusion qu'elle produit.

XIX. Tandis qu'on se bat par escadrons et

---

possent, tale consilium sui recipiendi inierunt. Fasces, uti consederant (namque in acie sedere Gallos consuesse, superioribus commentariis declaratum est), stramentorum ac virgultorum, quorum summa erat in castris copia, per manus inter se traditos, ante aciem collocaverunt, extremoque tempore diei, signo pronuntiato, uno tempore incenderunt. Ita continens flamma copias omnes repente a conspectu texit Romanorum. Quod ubi accidit, Barbari vehementissimo cursu fugerunt.

XVI. Cæsar etsi discessum hostium animadvertere non poterat, incendiis oppositis, tamen id consilium quum fugæ causa initum suspicaretur, legiones promovet, turmas mittit ad insequendum : ipse veritus insidias, ne forte in eodem loco subsistere hostis, atque elicere nostros in locum conaretur iniquum, tardius procedit. Equites quum intrare fumum et flammam densissimam timerent; ac, si qui cupidius intravertant, vix suorum ipsi priores partes adverterent equorum; insidias veriti, liberam facultatem sui recipiendi Bellovacis dederunt. Ita fuga, timoris simul calliditatisque plena, sine ullo detrimento millia non amplius X progressi hostes, loco munitissimo castra posuerunt. Inde, quum sæpe in insidiis equites peditesque disponerent, magna detrimenta Romanis in pabulationibus inferebant.

XVII. Quod quum crebrius accideret, ex captivo quodam comperit Cæsar, Correum, Bellovacorum ducem, fortissimorum millia VI peditum delegisse, equitesque ex omni numero mille, quos in insidiis eo loco collocarat, quem in locum, propter copiam frumenti ac pabuli, Romanos missuros suspicaretur. Quo cognito consilio, Cæsar legiones plures, quam solebat, educit, equitatumque, quem præsidia semper pabulatoribus mittere consuerat, præmittit. Huic interponit auxilia levis armaturæ : ipse cum legionibus, quam potest maxime, appropinquat.

XVIII. Hostes in insidiis dispositi, quum sibi delegissent campum ad rem gerendam, non amplius patentem in omnes partes passibus M, silvis undique impeditissimis aut altissimo flumine munitum, velut indagine hunc insidiis circumdederunt. Explorato hostium consilio, nostri ad præliandum animo atque armis parati, quum, subsequentibus legionibus, nullam dimicationem recusarent, turmatim in eum locum devenerunt. Quorum adventu quum sibi Correus oblatam occasionem rei gerendæ existimaret, primum cum paucis se ostendit, atque in proximas turmas impetum fecit. Nostri constanter incursum sustinent insidiatorum ; neque plures in unum locum conveniunt ; quod plerumque equestribus præliis cum propter

en petites troupes, et qu'on manœuvre de manière à ne pas se laisser prendre en flanc, le reste des ennemis, voyant Corrée dans la mêlée, sort tout à coup des forêts. Un vif combat s'engage sur tous les points, et se soutient long-temps à armes égales, lorsque l'infanterie ennemie quitte le bois, s'avance en ordre de bataille, et force nos cavaliers de reculer. A leur secours arrive aussitôt l'infanterie légère que César, comme on l'a dit, avait envoyée en avant des légions; elle se mêle aux escadrons et combat avec courage. L'affaire resta quelque temps encore indécise; mais ensuite, comme il devait arriver, ceux qui avaient soutenu le premier choc des ennemis embusqués, obtinrent la supériorité, par cela même qu'ils avaient échappé aux effets de la surprise. Cependant les légions s'approchent de plus en plus, et de nombreux courriers annoncent, tant aux Romains qu'aux ennemis, la prochaine arrivée de César à la tête de ses troupes en bataille. A cette nouvelle, les nôtres, sûrs de l'appui des cohortes, combattent avec plus d'ardeur, de peur de partager avec les légions l'honneur de la victoire. Les ennemis perdent courage et cherchent à s'enfuir par divers chemins; mais c'est en vain, car ils sont arrêtés par les obstacles même qu'ils avaient disposés pour enfermer les Romains. Vaincus et repoussés, après avoir perdu la plus grande partie des leurs, ils fuient en désordre et au hasard, les uns vers les forêts, d'autres vers le fleuve; ils sont massacrés par notre cavalerie qui les poursuit à toute bride.

Cependant Corrée, que n'avait abattu aucune infortune, qui n'avait voulu ni quitter le combat, ni gagner les forêts, ni se rendre, malgré nos pressantes invitations, se battit avec le plus grand courage et, par ses coups redoublés, força les vainqueurs irrités à le percer de leurs traits.

XX. Après ce succès, César, marchant environné des trophées de sa récente victoire, pensa bien que l'ennemi, abattu par la nouvelle d'un si grand revers, abandonnerait son camp situé à huit mille pas environ du lieu où s'était livrée la bataille. Aussi, et bien qu'il y eût une rivière à traverser, il n'hésita point à la faire passer à l'armée, et marcha en avant. Mais, de leur côté, les Bellovakes et les autres états, instruits de la dernière défaite par le petit nombre de fuyards et de blessés qui avaient pu échapper au carnage, à la faveur des bois, voyant que la fortune leur était en tout contraire, que Corrée avait été tué, qu'ils avaient perdu leur cavalerie et l'élite de leur infanterie, qu'enfin les Romains approchaient, convoquèrent aussitôt une assemblée au son de trompe, et s'écrièrent qu'il fallait envoyer à César des députés et des otages.

XXI. Cet avis étant unanimement adopté, l'Atrébate Comm s'enfuit chez ces mêmes Germains auxquels il avait emprunté des secours pour cette guerre. Les autres envoient sur-le-champ des députés à César et le prient « de se contenter d'un châtiment que sa clémence et son humanité ne leur auraient jamais infligé s'il avait eu à les punir

aliquem timorem accidit, tum multitudine ipsorum detrimentum accipitur.

XIX. Quum dispositis turmis invicem rari præliarentur, neque ab lateribus circumveniri suos paterentur, erumpunt cæteri, Correo præliante, ex silvis. Fit magna contentione diversum prælium. Quod quum diutius pari Marte iniretur, paulatim ex silvis instructa multitudo procedit peditum, quæ nostros cogit cedere equites : quibus celeriter subveniunt levis armaturæ pedites, quos ante legiones missos docui; turmisque nostrorum interpositi, constanter præliantur. Pugnatur aliquandiu pari contentione : deinde, ut ratio postulabat prælii, qui sustinuerant primos impetus insidiarum, hoc ipso fiunt superiores, quod nullum ab insidiantibus imprudentes acceperant detrimentum. Accedunt propius interim legiones, crebrique eodem tempore et nostris et hostibus nuntii afferuntur, imperatorem instructis copiis adesse. Qua re cognita, præsidio cohortium confisi nostri, acerrime præliantur, ne, si tardius rem gessissent, victoriæ gloriam invenicasse cum legionibus viderentur. Hostes concidunt animis, atque itineribus diversis fugam quærunt. Nequidquam : nam quibus difficultatibus locorum Romanos claudere voluerant, iis ipsi tenebantur : victi tamen perculsique, majore parte amissa, quo fors tulerat, consternati profugiunt, partim silvis petitis, partim flumine; qui tamen in fuga a nostris acriter insequentibus conficiuntur :

quum interim nulla calamitate victus Correus excedere prælio silvasque petere, aut, invitantibus nostris ad deditionem, potuit adduci, quin, fortissime præliando compluresque vulnerando, cogeret elatos iracundia victores in se tela conjicere.

XX. Tali modo re gesta, recentibus prælii vestigiis ingressus Cæsar, quum victos tanta calamitate existimaret hostes, nuntio accepto, locum castrorum relicturos, quæ non longius ab ea cæde abesse plus minus octo millibus passuum dicebantur, tametsi flumine impeditum transitum videbat, tamen, exercitu traducto, progreditur. At Bellovaci reliquæque civitates, repente ex fuga paucis, atque iis vulneratis, receptis, qui silvarum beneficio casum evitaverant, omnibus adversis, cognita calamitate, interfecto Correo, amisso equitatu et fortissimis peditibus, quum adventare Romanos existimarent, concilio repente cantu tubarum convocato, conclamant, legati obsidesque ad Cæsarem mittantur.

XXI. Hoc omnibus probato consilio, Commius Atrebas ad eos profugit Germanos, a quibus ad id bellum auxilia mutuatus erat. Cæteri e vestigio mittunt ad Cæsarem legatos, petuntque, « ut ea pœna sit contentus hostium, quam si sine dimicatione inferre integris posset, pro sua clementia atque humanitate nunquam profecto esset illaturus. Afflictas opes equestri prælio Bellovacorum esse; delectorum peditum multa millia interisse;

avant qu'un combat leur eût fait essuyer tant de désastres : la dernière bataille a détruit toute leur cavalerie ; plusieurs milliers de fantassins d'élite ont péri ; à peine s'en est-il échappé pour annoncer la défaite. Toutefois, au milieu de tant de calamités, les Bellovakes ont recueilli un grand avantage de la mort de Corrée, auteur de cette guerre, instigateur de la multitude ; de son vivant, le sénat avait moins d'autorité qu'une populace ignorante. »

XXII. César répond à cette harangue et aux prières des députés « que déjà l'année précédente les Bellovakes et les autres peuples de la Gaule lui avaient fait la guerre en même temps ; qu'eux seuls avaient persisté dans la révolte, sans se laisser ramener au devoir par l'exemple de la soumission des autres. Il est très-facile, il le sait bien, de rejeter sur les morts les fautes que l'on a faites ; mais nul particulier n'est assez puissant par lui-même ou avec le secours d'une misérable poignée de populace, pour exciter et soutenir une guerre malgré les chefs, en dépit du sénat, contre le vœu de tous les gens de bien. Toutefois, il veut bien se contenter du mal qu'ils se sont fait à eux-mêmes. »

XXIII. La nuit suivante, les députés rapportent cette réponse à leurs concitoyens, qui préparent aussitôt des otages. Les autres états, qui étaient dans l'attente du résultat, s'empressent également de donner des otages et de se soumettre, à l'exception de Comm, que la crainte empêchait de se confier à la foi de qui que ce fût. En effet, l'année précédente, pendant que César rendait la justice dans la Gaule citérieure, T. Labiénus, instruit que Comm sollicitait les peuples à se soulever contre César, avait cru pouvoir, sans se rendre coupable de perfidie, réprimer cette trahison. Présumant que Comm ne viendrait pas au camp s'il y était appelé, craignant en outre que cette invitation ne l'avertît d'être circonspect, il avait envoyé vers lui C. Volusénus Quadratus qui, sous prétexte d'une entrevue, était chargé de le tuer. Des centurions, propres à l'exécution de ce projet, lui avaient été donnés pour escorte. Lorsqu'on fut en présence, et que, selon le signal convenu, Volusénus eut pris la main de Comm, le centurion, soit qu'il se troublât, soit que les amis de Comm eussent prévenu ce meurtre, ne put achever le Gaulois ; cependant il le blessa grièvement à la tête du premier coup. De part et d'autre on tira l'épée, moins pour se battre que pour s'assurer la retraite ; les nôtres croyaient Comm mortellement blessé ; et les Gaulois, reconnaissant le piége, craignaient de plus grands périls encore. On disait que, depuis cet événement, Comm avait résolu de ne jamais paraître devant un Romain.

XXIV. Vainqueur des nations les plus belliqueuses, César ne voyait plus aucune cité se préparer à la guerre ou en état de lui résister ; mais remarquant qu'un grand nombre d'habitants quittaient les villes et s'enfuyaient des campagnes pour se soustraire à la domination nouvelle, il résolut de distribuer l'armée sur différents points Il garda près de lui le questeur M. Antoine avec la onzième légion ; il envoya le lieutenant C. Fabius, avec vingt-cinq cohortes, à l'extrémité opposée de la Gaule, où l'on disait qu'il y avait plusieurs peu-

vix refugisse nuntios cædis. Tamen magnum, ut in tanta calamitate, Bellovacos eo prælio commodum esse consecutos, quod Correus, auctor belli, concitator multitudinis, esset interfectus ; nunquam enim senatum tantum in civitate, illo vivo, quantum imperitam plebem, potuisse. »

XXII. Hæc orantibus legatis, commemorat Cæsar, « eodem tempore superiore anno Bellovacos cæterasque Galliæ civitates suscepisse bellum : pertinacissime hos ex omnibus in sententia permansisse, neque ad sanitatem reliquorum deditione esse perductos : scire atque intelligere se, causam peccati facillime mortuis delegari ; neminem vero tantum pollere, ut, invitis principibus, resistente senatu, omnibus bonis repugnantibus, infirma manu plebis bellum concitare et gerere posset : sed tamen se contentum fore ea pœna, quam sibi ipsi contraxissent. »

XXIII. Nocte insequenti legati responsa ad suos referunt, obsides conficiunt. Concurrunt reliquarum civitatum legati, quæ Bellovacorum speculabantur eventum. Obsides dant, imperata faciunt ; excepto Commio, quem timor prohibebat, cujusquam fidei suam committere salutem. Nam superiore anno T. Labienus, Cæsare in Gallia citeriore jus dicente, quum Commium comperisset sollicitare civitates, et conjurationem contra Cæsarem facere ; infidelitatem ejus sine ulla perfidia judicavit comprimi posse. Quem quia non arbitrabatur vocatum in castra venturum, ne tentando cautiorem faceret, C. Volusenum Quadratum misit, qui eum per simulationem colloquii curaret interficiendum. Ad eam rem delectos idoneos ei tradit centuriones. Quum in colloquium ventum esset, et, ut convenerat, manum Commii Volusenus arripuisset, centurio, vel ut insueta re permotus, vel celeriter a familiaribus prohibitus Commii, conficere hominem non potuit ; graviter tamen primo ictu gladio caput percussit. Quum utrinque gladii destricti essent, non tam pugnandi, quam diffugiendi fuit utrorumque consilium : nostrorum, quod mortifero vulnere Commium credebant affectum ; Gallorum, quod, insidiis cognitis, plura, quam videbant, extimescebant. Quo facto statuisse Commius dicebatur, nunquam in conspectum cujusquam Romani venire.

XXIV. Bellicosissimis gentibus devictis, Cæsar, quum videret, nullam jam esse civitatem, quæ bellum pararet, quo sibi resisteret ; sed nonnullos ex oppidis demigrare, ex agris diffugere, ad præsens imperium evitandum ; plures in partes exercitum dimittere constituit. M. Antonium quæstorem cum legione XI sibi conjungit : C. Fabium legatum cum cohortibus XXV mittit in diversissimam Galliæ partem ; quod ibi quasdam civitates in armis esse audiebat. neque C. Caninium Rebilum legatum, qui in

pes en armes; il ne croyait pas que le lieutenant C. Caninius Rébilus (10), qui commandait dans ces contrées, fût assez fort avec les deux légions qu'il avait sous ses ordres. Il fit venir près de lui T. Labiénus, et envoya la douzième légion, qui avait hiverné avec ce lieutenant, protéger les colonies romaines dans la Gaule citérieure, et les préserver de calamités semblables à celles qu'avaient essuyées, l'été précédent, les Tergestins, dont le territoire avait été ravagé par suite d'une irruption soudaine de Barbares. Pour lui, il alla dévaster les terres d'Ambiorix. Désespérant de réduire en son pouvoir cet ennemi fugitif et tremblant, il crut, dans l'intérêt de son honneur, devoir détruire si bien, dans les états de ce prince, les citoyens, les édifices, les bestiaux, que désormais en horreur à ceux qui échapperaient par hasard au massacre, Ambiorix ne pût jamais rentrer dans un pays sur lequel il aurait attiré tant de désastres.

XXV. Lorsque César eut distribué ses légions et les auxiliaires sur toutes les parties du territoire d'Ambiorix, que tout y eut été détruit par le meurtre, l'incendie, le pillage, et qu'un grand nombre d'hommes eurent été pris ou tués, il envoya Labiénus avec deux légions chez les Trévires, peuple qui, sans cesse en guerre à cause du voisinage de la Germanie, ne différait pas beaucoup des Germains pour les mœurs et la férocité, et n'obéissait jamais aux ordres de César que par la force des armes.

XXVI. Cependant le lieutenant C. Caninius, informé par Durat (11) qui était toujours resté attaché aux Romains, malgré la défection d'une partie de sa nation, qu'un grand nombre d'ennemis s'étaient rassemblés sur les frontières des Pictons, se dirigea vers la place de Lemonum [1]. Comme il en approchait, des prisonniers l'instruisirent que Durat s'y trouvait assiégé par plusieurs milliers d'hommes sous la conduite de Dumnac, chef des Andes. N'osant combattre avec si peu de légions, il campa dans une forte position. Dumnac, à la nouvelle de l'approche de Caninius, tourna toutes ses forces contre les légions, et vint attaquer le camp des Romains. Mais ayant perdu plusieurs jours et beaucoup de monde à cette attaque, sans avoir pu faire la moindre brèche à nos retranchements, il revint assiéger Lemonum.

XXVII. Dans le même temps, le lieutenant C. Fabius, occupé à recevoir les soumissions et les otages de diverses nations, apprit, par les lettres de C. Caninius, ce qui se passait chez les Pictons. A cette nouvelle, il partit au secours de Durat. Mais Dumnac fut à peine instruit de son arrivée, que, désespérant de se sauver, s'il lui fallait à la fois résister à l'ennemi du dehors et avoir l'œil sur les assiégés qui le tenaient en crainte, il se hâta de se retirer avec ses troupes, et ne se crut point en sûreté qu'il ne les eût conduites au-delà de la Loire, qu'il fallait passer sur un pont, à cause de la largeur du fleuve. Quoique Fabius n'eût pas encore paru devant l'ennemi, ni joint Caninius, cependant, sur le rapport de ceux qui connaissaient la nature du pays, il conjectura

[1] Aujourd'hui Poitiers.

illis regionibus præerat, satis firmas II legiones habere existimabat. T. Labienum ad se evocat; legionemque XII quæ cum eo fuerat in hibernis, in Togatam Galliam, mittit, ad colonias civium romanorum tuendas; ne quod simile incommodum accideret decursione Barbarorum, ac superiore æstate Tergestinis accidisset, qui repentino latrocinio atque impetu eorum erant oppressi. Ipse ad vastandos depopulandosque fines Ambiorigis proficiscitur: quem perterritum ac fugientem quum redigi posse in suam potestatem desperasset, proximum suæ dignitatis esse ducebat, adeo fines ejus vastare civibus, ædificiis, pecore, ut odio suorum Ambiorix, si quos fortuna fecisset reliquos, nullum reditum propter tantas calamitates haberet in civitatem.

XXV. Quum in omnes fines partium Ambiorigis aut legiones aut auxilia dimisisset, atque omnia cædibus, incendiis, rapinis vastasset; magno numero hominum interfecto aut capto: Labienum cum duabus legionibus in Treviros mittit, quorum civitas, propter Germaniæ vicinitatem, quotidianis exercita bellis, cultu et feritate non multum a Germanis differebat, neque imperata unquam, nisi exercitu coacta, faciebat.

XXVI. Interim C. Caninius legatus, quum magnam multitudinem convenisse hostium in fines Pictonum litteris nuntiisque Duratii cognosceret (qui perpetuo in amicitia Romanorum permanserat, quum pars quædam civitatis ejus defecisset), ad oppidum Lemonum contendit. Quo quum adventaret, atque ex captivis certius cognosceret, multis hominum millibus a Dumnaco, duce Andium, Duratium clausum Lemoni oppugnari; neque infirmas legiones hostibus committere auderet; castra munito loco posuit. Dumnacus, quum appropinquare Caninium cognovisset, copiis omnibus ad legiones conversis, castra Romanorum oppugnare instituit. Quum complures dies in oppugnatione consumpsisset, et magno suorum detrimento, nullam partem munitionum convellere potuisset, rursus ad obsidendum Lemonum redit.

XXVII. Eodem tempore C. Fabius legatus complures civitates in fidem recipit, obsidibus firmat, litterisque C. Caninii fit certior, quæ in Pictonibus gerantur. Quibus rebus cognitis, proficiscitur ad auxilium Duratio ferendum. At Dumnacus, adventu Fabii cognito, desperata salute, si eodem tempore coactus esset et Romanum externum sustinere hostem, ac respicere ac timere oppidanos, repente ex eo loco cum copiis recedit; nec se satis tutum fore arbitratur, nisi flumen Ligerim, quod erat ponte propter magnitudinem transcundum, copias traduxisset. Fabius, etsi nondum in conspectum venerat hostibus ne-

que les ennemis, frappés de terreur, prendraient la route qui conduisait à ce pont. Il s'y dirigea donc avec ses troupes, et ordonna à la cavalerie de devancer les légions, de manière pourtant à pouvoir, au besoin, se replier sur le camp sans fatiguer les chevaux. Nos cavaliers, conformément à leurs ordres, s'avancent et joignent l'armée de Dumnac; ils attaquent, en route et sous leurs bagages, les ennemis qui fuient épouvantés, leur tuent beaucoup de monde, font un riche butin, et rentrent au camp, après ce beau succès.

XXVIII. La nuit suivante, Fabius envoie la cavalerie en avant, avec ordre de harceler les ennemis et de retarder leur marche, tandis qu'il suivrait lui-même. Dans ce dessein, Q. Atius Varus, préfet de la cavalerie, homme d'un courage égal à sa prudence, exhorte sa troupe, atteint l'ennemi, fait prendre de bonnes positions à une partie de ses escadrons, et, à la tête des autres, engage le combat. La cavalerie ennemie résiste avec audace, appuyée qu'elle est par le corps entier des fantassins qui avaient fait halte pour lui porter secours. L'action fut très-vive; car nos cavaliers, méprisant des ennemis qu'ils avaient vaincus la veille, et sachant que les légions étaient à leur suite, se battaient contre les fantassins avec une extrême valeur; ils étaient animés et par la honte de reculer et par le désir de recueillir seuls toute la gloire de cette affaire. De leur côté, les ennemis, ne croyant pas avoir à combattre plus de troupes que la veille, pensaient avoir trouvé l'occasion de détruire notre cavalerie.

XXIX. Il y avait quelque temps que l'on combattait avec une égale opiniâtreté, lorsque Dumnac mit son infanterie en bataille pour soutenir sa cavalerie. En ce moment paraissent tout-à-coup aux yeux des ennemis les légions en rangs serrés. A cette vue, frappés d'une terreur bientôt suivie du plus grand désordre dans les bagages, les Barbares, tant cavaliers que fantassins, s'enfuient çà et là en jetant de grands cris. Notre cavalerie, dont la valeur venait de triompher de la résistance des ennemis, transportée de joie à l'aspect du succès, et faisant partout entendre des cris de victoire, se jette sur les fuyards et en tue autant que les chevaux en peuvent poursuivre et que les bras en peuvent frapper. Ainsi périrent plus de douze mille hommes, soit les armes à la main, soit après les avoir jetées; tout le bagage tomba en notre pouvoir.

XXX. Après cette déroute, cinq mille hommes au plus furent recueillis par le Sénon Drappès, le même qui, à la première révolte de la Gaule, avait rassemblé une foule d'hommes perdus, promis la liberté aux esclaves, fait appel aux exilés de tous les pays, et enrôlé des brigands, avec lesquels il interceptait nos bagages et nos convois. Dès qu'on sut qu'il marchait sur la province, de concert avec le Cadurke Luctère (qui déjà, comme on l'a vu au livre précédent, avait voulu y faire une invasion, lors du premier soulèvement de la Gaule), le lieutenant Caninius se mit à leur poursuite avec deux légions, pour éviter la honte de voir des hommes souillés de brigandages causer

---

que se cum Caninio conjunxerat, tamen doctus ab iis, qui locorum noverant naturam, potissimum credidit, hostes perterritos eum locum, quem petebat, petituros. Itaque cum copiis ad eumdem pontem contendit, equitatumque tantum procedere ante agmen imperat legionum, quantum quum processisset, sine defatigatione equorum in eadem se reciperet castra. Consequuntur equites nostri, ut erat præceptum, invaduntque Dumnaci agmen: et fugientes perterritosque sub sarcinis in itinere aggressi, magna præda, multis interfectis, potiuntur. Ita, re bene gesta, se recipiunt in castra.

XXVIII. Insequenti nocte Fabius equites præmittit, sic paratos ut confligerent, atque omne agmen morarentur, dum consequeretur ipse. Cujus præceptis ut res gereretur, Q. Atius Varus, præfectus equitum, singularis et animi et prudentiæ vir, suos hortatur; agmenque hostium consecutus, turmas partim idoneis locis disponit, partim equitum prælium committit. Equitatus hostium confligit audacius, succedentibus sibi peditibus; qui, toto agmine subsistentes, equitibus suis contra nostros ferunt auxilium. Fit prælium acri certamine: namque nostri, contemptis pridie superatis hostibus, quum subsequi legiones meminissent, et pudore cedendi, et cupiditate per se conficiendi prælii, fortissime contra pedites præliabantur; hostesque nihil amplius copiarum accessurum credentes, ut pridie cognoverant, delendi equitatus nostri nacti occasionem videbantur.

XXIX. Quum aliquandiu summa contentione dimicaretur, Dumnacus instruit aciem, quæ suis esset equitibus invicem præsidio. Tum repente confertæ legiones in conspectum hostium veniunt. Quibus visis, perculsæ Barbarorum turmæ, ac perterritæ acies hostium, perturbato impedimentorum agmine, magno clamore discursuque passim fugæ se mandant. At nostri equites, qui paulo ante cum resistentibus fortissime conflixerant, lætitia victoriæ elati, magno undique clamore sublato, cedentibus circumfusi, quantum equorum vires ad persequendum dextræque ad cædendum valent, tantum eo prælio interficiunt. Itaque amplius millibus XII aut armatorum, aut eorum, qui timore arma projecerant, interfectis, omnis multitudo capitur impedimentorum.

XXX. Qua ex fuga, quum constaret, Drappetem Senonem (qui, ut primum defecerat Gallia, collectis undique perditis hominibus, servis ad libertatem vocatis, exsulibus omnium civitatum adscitis, receptis latronibus, impedimenta et commeatus Romanorum interceperat), non amplius hominum V millibus ex fuga collectis, provinciam petere, unaque consilium cum eo Lucterium Cadurcum cepisse (quem superiore commentario, prima defectione Galliæ, facere in provinciam impetum vo-

quelque effroi ou quelque dommage à notre province.

XXXI. C. Fabius marcha avec le reste de l'armée contre les Carnutes et les autres nations dont il savait que Dumnac avait obtenu des secours dans le dernier combat. Il ne doutait point que leur défaite récente ne les rendît plus soumis; mais que, s'il leur laissait le temps de se remettre de leur effroi, les instances de Dumnac ne pussent encore les soulever. Dans cette conjoncture, Fabius parvint avec autant de bonheur que de célérité à tout faire rentrer dans le devoir. Les Carnutes, qui, souvent battus, n'avaient jamais parlé de paix, donnèrent des otages et se soumirent. Entraînés par leur exemple, les autres peuples, qui habitent à l'extrême limite de la Gaule, près de l'Océan, et qu'on appelle Armorikes, nous obéirent sans délai, à l'arrivée de Fabius et des légions. Dumnac, chassé de son territoire, errant, réduit à se cacher, fut obligé de gagner seul les régions de la Gaule les plus reculées.

XXXII. Drappès et Luctère, apprenant l'arrivée des légions et de Caninius, sentirent que, poursuivis par l'armée, ils ne pourraient pénétrer sur le territoire de la province sans une perte certaine, ni continuer en liberté leurs courses et leurs brigandages. Ils s'arrêtèrent sur les terres des Cadurkes. Luctère, qui avant ses revers, avait eu beaucoup d'influence sur ses concitoyens, et à qui son audace, toujours prête à de nouvelles entreprises, donnait un grand crédit parmi les Barbares, vint, avec ses troupes, unies à celles de Drappès, occuper la place d'Uxellodunum [1], anciennement dans sa clientèle, et très-forte par sa position. Il en gagna les habitants.

XXXIII. Caninius, s'y étant aussitôt porté, reconnut que la place était de tous côtés défendue par des rochers escarpés, qui en eussent rendu, même sans garnison, l'accès difficile à des hommes armés : mais sachant que les bagages des habitants étaient nombreux, et qu'on ne pouvait essayer de les faire sortir en secret, sans qu'ils fussent atteints par la cavalerie et même par les légions, il divisa les cohortes en trois parties, établit trois camps dans des positions très-élevées, et de là il commença peu à peu, autant que le permettait le nombre des troupes, à tirer une ligne de circonvallation autour de la place.

XXXIV. A cette vue, les habitants, se rappelant tous les malheurs d'Alésia, redoutant un sort semblable, et avertis par Luctère, qui avait assisté à ce désastre, de pourvoir surtout aux subsistances, arrêtent, d'un consentement unanime, qu'après avoir laissé dans la place une partie des troupes, les autres iront chercher des vivres. Cette résolution prise, Drappès et Luctère laissent dans la ville deux mille hommes de garnison, et sortent la nuit suivante avec le reste. En peu de jours ils eurent ramassé une grande quantité de blé sur les terres des Cadurkes, dont les uns le livrèrent de

[1] Aujourd'hui le Puy ou Puech d'Issolu, dans le Quercy (département du Lot).

---

luisse, cognitum est); Caninius legatus cum legionibus II ad eos persequendos contendit, ne de timore aut detrimento provinciæ magna infamia, perditorum hominum latrociniis, caperetur.

XXXI. C. Fabius cum reliquo exercitu in Carnutes cæterasque proficiscitur civitates, quarum eo prælio, quod cum Dumnaco fecerat, copias esse accisas sciebat. Non enim dubitabat, quin recenti calamitate submissiores essent futuræ; dato vero spatio ac tempore, eodem instante Dumnaco, possent concitari. Qua in re summa felicitas celeritasque in recipiendis civitatibus Fabium consequitur. Nam Carnutes, qui sæpe vexati nunquam pacis fecerant mentionem, datis obsidibus, veniunt in deditionem; cæteræque civitates, positæ in ultimis Galliæ finibus, Oceano conjunctæ, quæ Armoricæ appellantur, auctoritate adductæ Carnutum, adventu Fabii legionumque imperata sine mora faciunt. Dumnacus, suis finibus expulsus, errans latitansque solus extremas Galliæ regiones petere coactus est.

XXXII. At Drappes, unaque Lucterius, quum legiones Caniniumque adesse cognoscerent; nec se sine certa pernicie, persequente exercitu, putarent Provinciæ fines intrare posse; nec jam liberam vagandi latrociniorumque faciendorum facultatem haberent; consistunt in agris Cadurcorum. Ibi, quum Lucterius apud suos cives, quondam integris rebus, multum potuisset, semperque auctor novorum consiliorum magnam apud Barbaros auctoritatem haberet, oppidum Uxellodunum, quod in clientela fuerat ejus, natura loci egregie munitum, occupat suis et Drappetis copiis, oppidanosque sibi conjungit.

XXXIII. Quo quum confestim C. Caninius venisset, animadverteretque, omnes oppidi partes præruptis saxis esse munitas, quo, defendente nullo, tamen armatis ascendere esset difficile; magna autem impedimenta oppidanorum videret, quæ si clandestina fuga subtrahere conarentur, effugere non modo equitatum, sed ne legiones quidem possent : tripartito cohortibus divisis, trina excelsissimo loco castra fecit. a quibus paulatim, quantum copiæ patiebantur, vallum in oppidi circuitum ducere instituit.

XXXIV. Quod quum animadverterent oppidani, miserrimaque Alesiæ memoria solliciti similem casum obsessionis vererentur; maximeque ex omnibus Lucterius, qui fortunæ illius periculum fecerat, moneret, frumenti rationem esse habendam : constituunt omnium consensu, parte ibi relicta copiarum, ipsi cum expeditis ad importandam frumentum proficisci. Eo consilio probato, proxima nocte, duobus millibus armatorum relictis, reliquos ex oppido Drappes et Lucterius educunt : ii, paucos dies morati ex finibus Cadurcorum, qui partim re frumentaria sublevare eos cupiebant, partim prohibere, quo minus sumerent, non poterant, magnum numerum fru-

leur plein gré, et les autres le laissèrent prendre, ne pouvant s'y opposer. Cependant nos forts eurent à essuyer plusieurs fois des attaques nocturnes, circonstance qui engagea Caninius à suspendre la circonvallation, dans la crainte de ne pouvoir défendre la totalité de ses lignes, ou de n'avoir, sur plusieurs points, que des postes insuffisants.

XXXV. Après avoir fait leurs provisions de blé, Drappès et Luctère vinrent camper à dix milles de la place, pour y faire entrer peu à peu leurs convois. Ils se partagent les rôles : Drappès reste, avec une partie des troupes, à la garde du camp; Luctère escorte les transports. Après avoir disposé des postes, il fait, vers la dixième heure de la nuit, avancer le convoi à travers les forêts et par d'étroits chemins. Les sentinelles du camp ayant entendu du bruit, on dépêche des éclaireurs pour aller voir ce qui se passe. Sur leurs rapports, Caninius tire des forts les plus voisins les cohortes armées, et tombe au point du jour sur les fourrageurs. Ceux-ci, effrayés d'une attaque aussi inopinée, s'enfuient vers leur escorte; voyant alors qu'ils ont affaire à des ennemis en armes, les nôtres s'irritent, et ne veulent faire, dans cette multitude, aucun prisonnier. Échappé de là avec un petit nombre des siens, Luctère ne put regagner son camp.

XXXVI. Après ce succès, Caninius apprit par des prisonniers qu'une partie des troupes était restée au camp avec Drappès, à une distance qui n'excédait pas douze milles. Cet avis lui ayant été confirmé par plusieurs rapports, il pensa que, l'autre chef étant en fuite, il lui serait aisé d'accabler dans leur effroi le reste des ennemis. Il regardait comme un grand bonheur qu'aucun de ceux qui avaient échappé au carnage n'eût rejoint le camp de Drappès, pour lui porter la nouvelle de cette défaite. Ne trouvant nul danger à faire une tentative, il envoie en avant et fait marcher contre le camp ennemi toute la cavalerie, ainsi que de l'infanterie germaine dont les hommes sont si agiles : il laisse une légion à la garde des trois camps, et se met en marche à la tête de l'autre sans bagages. Lorsqu'il fut à peu de distance des ennemis, les éclaireurs qu'il avait détachés lui rapportèrent que les Barbares, négligeant les hauteurs, selon leur usage, avaient placé leur camp sur le bord d'une rivière; que les Germains et les cavaliers étaient tombés sur eux tout-à-fait à l'improviste, et que le combat était engagé. Sur cet avis, il fait avancer la légion sous les armes et en ordre de bataille. Puis il donne partout le signal, et s'empare des hauteurs. Cela fait, les Germains et la cavalerie, à la vue des enseignes de la légion, combattent avec la plus grande vigueur; aussitôt toutes les cohortes chargent sur tous les points; tout est tué ou pris; le butin est immense; Drappès lui-même est fait prisonnier dans ce combat.

XXXVII. Caninius, ayant terminé cette expédition heureusement, et presque sans perte, vint reprendre le siège; et comme il avait détruit l'ennemi extérieur, dont la présence l'avait jusque-là empêché d'augmenter ses postes et de travailler à ses lignes de circonvallation, il ordonna de con-

menti comparant : nonnunquam autem expeditionibus nocturnis castella nostrorum adoriuntur. Quam ob causam C. Caninius toto oppido munitiones circumdare cunctatur, ne aut opus effectum tueri non possit, aut plurimis locis infirma disponat præsidia.

XXXV. Magna copia frumenti comparata, considunt Drappes et Lucterius non longius ab oppido X millibus, unde paulatim frumentum in oppidum supportarent. Ipsi inter se provincias partiuntur : Drappes castris præsidio cum parte copiarum restitit ; Lucterius agmen jumentorum ad oppidum ducit. Dispositis ibi præsidiis, hora noctis circiter X, silvestribus angustisque itineribus frumentum importare in oppidum instituit. Quorum strepitum vigiles castrorum quum sensissent, exploratoresque missi, quæ agerentur, renuntiassent, Caninius celeriter cum cohortibus armatis ex proximis castellis in frumentarios sub ipsam lucem impetum fecit. Ii, repentino malo perterriti, diffugiunt ad sua præsidia : quæ nostri ut viderunt, acrius contra armatos incitati, neminem ex eo numero vivum capi patiuntur. Effugit inde cum paucis Lucterius, nec se recipit in castra.

XXXVI. Re bene gesta, Caninius ex captivis comperit, partem copiarum cum Drappete esse in castris a millibus non amplius XII. Qua re ex compluribus cognita, quum intelligeret, fugato duce altero, perterritos reliquos facile opprimi posse, magnæ felicitatis esse arbitrabatur, neminem ex cæde refugisse in castra, qui de accepta calamitate nuntium Drappeti perferret. Sed in experiundo quum periculum nullum videret, equitatum omnem Germanosque pedites, summæ velocitatis homines, ad castra hostium præmittit : ipse legionem unam in trina castra distribuit, alteram secum expeditam ducit. Quum propius hostes accessisset, ab exploratoribus, quos præmiserat, cognoscit, castra eorum, ut Barbarorum fert consuetudo, relictis locis superioribus, ad ripas fluminis esse demissa : at Germanos equitesque imprudentibus omnibus de improviso advolasse, et prælium commisisse. Qua re cognita, legionem armatam instructamque adducit. Ita, repente omnibus ex partibus signo dato, loca superiora capiuntur. Quod ubi accidit, Germani equitesque, signis legionis visis, vehementissime pugnant : confestim omnes cohortes undique impetum faciunt ; omnibusque aut interfectis, aut captis, magna præda potiuntur. Capitur ipse eo prælio Drappes.

XXXVII. Caninius, felicissime regesta, sine ullo pæne militis vulnere, ad obsidendos oppidanos revertitur ; externoque hoste deleto, cujus timore antea dividere præsidia, et munitione oppidanos circumdare prohibitus erat,

tinuer les ouvrages sur tous les points. Le jour suivant, C. Fabius arriva avec ses troupes, et se chargea d'assiéger l'un des côtés de la place.

XXXVIII. Cependant César laisse le questeur M. Antoine chez les Bellovakes avec quinze cohortes, afin d'empêcher les Belges de former de nouveaux projets de révolte. Il visite lui-même les autres états, demande un grand nombre d'otages, rassure tous les esprits par de consolantes paroles. Arrivé chez les Carnutes, dont les conseils, ainsi que César l'a dit dans le livre précédent, avaient été la première cause de la guerre, et voyant que le souvenir de leur conduite leur causait de vives alarmes, il voulut dissiper sur-le-champ leurs craintes, et demanda pour le supplice Gutruat, instigateur de la dernière révolte et principal auteur de cette guerre. Cet homme, bien qu'il n'eût confié à personne le lieu de sa retraite, fut cherché par la multitude avec tant de soin, qu'on l'eut bientôt amené au camp. Ce fut contre son penchant que César se vit contraint d'accorder la mort de ce chef aux instances des soldats, qui lui rappelaient tous les périls, toutes les pertes qu'ils devaient à Gutruat. Celui-ci, après avoir été battu de verges jusqu'à la mort, eut la tête tranchée par la hache.

XXXIX. Plusieurs lettres de Caninius apprirent à César le sort de Drappès et de Luctère et la résolution opiniâtre des habitants. Quoiqu'il méprisât leur petit nombre, il pensa qu'il fallait sévèrement punir leur obstination, afin que la Gaule entière ne crût pas que, pour résister aux Romains, ce n'était point la force qui avait manqué, mais la constance. Il était à craindre en outre, qu'en couragées par cet exemple, les autres villes, profitant de l'avantage de leur position, ne cherchassent à recouvrer leur liberté. César savait d'ailleurs qu'il était connu dans toute la Gaule que son gouvernement ne devait pas se prolonger au-delà d'un été, après lequel, si les villes pouvaient se soutenir jusque-là, elles n'auraient aucun péril à craindre. Il laisse donc deux légions au lieutenant Q. Calenus (12), avec ordre de le suivre à grandes journées ; lui-même, avec toute la cavalerie, se dirige en toute hâte vers Caninius.

XL. Lorsque César fut arrivé à Uxellodunum, où personne ne l'attendait, qu'il y vit la circonvallation achevée, ce qui ne permettait plus d'en abandonner le siège ; et qu'il eut, d'un autre côté, appris par des transfuges que les assiégés étaient abondamment pourvus de vivres, il essaya de les priver d'eau. Une rivière traversait le vallon qui environnait presque en entier le rocher escarpé sur lequel était située la place d'Uxellodunum. La nature du lieu s'opposait à ce qu'on détournât le cours de cette rivière ; car elle coulait au pied même de la montagne, et il était impossible de creuser nulle part des fossés pour en opérer la dérivation. Mais les assiégés n'y descendaient que difficilement et par des chemins escarpés ; et, si nos troupes leur coupaient le passage, ils ne pouvaient y arriver ni regagner la hauteur sans s'exposer à nos traits et sans risquer leur vie. César, s'étant aperçu de leur embarras, plaça des archers et des frondeurs, disposa des machines de guerre vers les endroits où la descente était le

opera undique imperat administrari. Venit eodem cum suis copiis postero die C. Fabius, partemque oppidi sumit ad obsidendum.

XXXVIII. Cæsar interim M. Antonium quæstorem cum cohortibus XV in Bellovacis reliquit, ne qua rursus novorum consiliorum capiendorum Belgis facultas daretur. Ipse reliquas civitates adit, obsides plures imperat, timentes omnium animos consolatione sanat. Quum in Carnutes venisset, quorum consilio in civitate superiore commentario Cæsar exposuit initium belli esse ortum, quod præcipue eos propter conscientiam facti timere animadvertebat, quo celerius civitatem metu liberaret, principem sceleris ipsius et concitatorem belli, Gutruatum, ad supplicium deposcit. Qui, etsi ne civibus quidem suis se committebat, tamen celeriter, omnium cura quæsitus, in castra perducitur. Cogitur in ejus supplicium Cæsar contra naturam suam, maximo militum concursu, qui ei omnia pericula et detrimenta belli, a Gutruato accepta, referebant, adeo ut verberibus exanimatum corpus securi feriretur.

XXXIX. Ibi crebris litteris Caninii fit certior, quæ de Drappete et Lucterio gesta essent, quoque in consilio permanerent oppidani. Quorum etsi paucitatem contemnebat, tamen pertinaciam magna pœna esse afficiendam judicabat; ne universa Gallia, non vires sibi defuisse ad resistendum Romanis, sed constantiam, putaret; neve hoc exemplo cæteræ civitates, locorum opportunitate fretæ, se vindicarent in libertatem : quum omnibus Gallis notum sciret, reliquam esse unam æstatem suæ provinciæ; quam si sustinere potuissent, nullum ultra periculum vererentur. Itaque Q. Calenum legatum cum legionibus II reliquit, qui justis itineribus se subsequeretur : ipse cum omni equitatu, quam potest celerrime, ad Caninium contendit.

XL. Quum contra exspectationem omnium Cæsar Uxellodunum venisset, oppidumque operibus clausum animadverteret, neque ab oppugnatione recedi videret ulla conditione posse ; magna autem copia frumenti abundare oppidanos, ex perfugis cognosset ; aqua prohibere hostem tentare cœpit. Flumen infimam vallem dividebat, quæ totum pæne montem cingebat, in quo positum erat præruptum undique oppidum Uxellodunum. Hoc flumen averti loci natura prohibebat : sic enim imis radicibus montis ferebatur, ut nullam in partem, depressis fossis, derivari posset. Erat autem oppidanis difficilis et præruptus ad descensus, ut, prohibentibus nostris, sine vulneribus ac periculo vitæ neque adire flumen, neque arduo se recipere possent adscensu. Qua difficultate eorum cognita, Cæsar,

plus facile, et par là interdit aux assiégés l'accès de la rivière. Toute la population n'eut dès lors plus d'autre ressource que l'eau d'une fontaine abondante, sortant du pied même des murs, dans cet espace d'environ trois cents pieds, le seul que la rivière n'entourât pas.

XLI. On désirait pouvoir priver de cette eau les habitants; César seul en vit le moyen. Il dressa des mantelets et éleva une terrasse vis-à-vis la fontaine, contre la montagne; mais ce ne fut pas sans de grandes peines et de continuels combats. En effet, les assiégés, accourant des hauteurs, combattaient de loin sans danger, et blessaient beaucoup des nôtres, à mesure qu'ils se présentaient. Rien ne put cependant les empêcher d'avancer à la faveur des mantelets, ni de vaincre par leur persévérance les difficultés du lieu. En même temps, ils conduisaient des galeries souterraines, depuis la terrasse jusqu'à la source de la fontaine, genre de travail qu'ils pouvaient exécuter sans péril, et même sans que les ennemis s'en doutassent. La terrasse s'éleva à la hauteur de neuf pieds; on y plaça une tour de dix étages, non pour égaler la hauteur des murs, ce qui était absolument impossible, mais de manière à dominer la fontaine. Les avenues se trouvaient ainsi exposées aux traits de nos machines; et, comme les assiégés ne pouvaient plus y venir prendre de l'eau sans de grands risques, les bestiaux, les chevaux, les hommes même, en grand nombre, mouraient de soif.

XLII. Effrayés de ce triste sort, les habitants remplissent des tonneaux de suif, de poix et de menu bois, et les roulent tout enflammés sur nos ouvrages. En même temps ils font une vive attaque, afin que les Romains, obligés de combattre pour leur défense, ne puissent porter remède à l'incendie. Dans un instant tous nos ouvrages sont en feu. Ces tonneaux, qui roulaient sur la pente, arrêtés par les mantelets et la terrasse, embrasaient les matières même qui les retenaient. Cependant nos soldats, malgré le péril de ce genre de combat, et la difficulté des lieux, déployaient le plus grand courage; car l'action se passait sur une hauteur et à la vue de notre armée. De part et d'autre on entendait de grands cris; chacun cherchait à se signaler, et l'on bravait, pour faire preuve d'une valeur qui avait tant de témoins, les traits des ennemis et la flamme.

XLIII. César, voyant qu'il avait déjà beaucoup de blessés, ordonne aux soldats de gravir de toutes parts la montagne, en jetant de grands cris, comme s'ils eussent voulu escalader les murs. Épouvantés par cette manœuvre, et ne sachant ce qui se passait sur d'autres points, les habitants rappellent ceux de leurs combattants qui attaquaient nos ouvrages, et les placent sur leurs murailles. Alors nos soldats, n'ayant plus d'adversaires à combattre, se rendent bientôt maîtres de l'incendie, soit en l'étouffant, soit en le coupant. Les assiégés continuaient à se défendre opiniâtrement; et, après avoir perdu déjà une grande partie des leurs par la soif, ils persévéraient dans leur résistance, lorsqu'enfin nos mines souterraines parvinrent à couper et à détourner les veines de la source. La voyant tout à coup tarie, les assiégés désespérè-

sagittariis funditoribusque dispositis, tormentis etiam quibusdam locis contra facillimos descensus collocatis, aqua fluminis prohibebat oppidanos, quorum omnis postea multitudo aquatum unum in locum conveniebat, sub ipsius oppidi murum ubi magnus fons aquae prorumpebat, ab ea parte, quae fere pedum CCC intervallo fluminis circuitu vacabat.

XLI. Hoc fonte prohiberi posse oppidanos quum optarent reliqui, Cæsar unus videret; e regione ejus vineas agere adversus montem, et aggeres instruere cœpit, magno cum labore et continua dimicatione. Oppidani enim, loco superiore decurrentes, eminus sine periculo præliabantur, multosque pertinaciter succedentes vulnerabant; ut tamen non deterrerentur milites nostri vineas proferre, atque operibus locorum vincere difficultates. Eodem tempore tectos cuniculos ab vineis agunt ad caput fontis; quod genus operis sine ullo periculo et sine suspicione hostium facere licebat. Extruitur agger in altitudinem pedum IX, collocatur in eo turris X tabulatorum, non quidem quæ mœnibus æquaretur (id enim nullis operibus effici poterat), sed quæ superaret fontis fastigium. Ex ea quum tela tormentis jacerentur ad fontis ditus, nec sine periculo possent adaquari oppidani: non tantum pecora atque jumenta, sed etiam magna hominum multitudo siti consumebatur.

XLII. Quo malo perterriti oppidani cupas sevo, pice, scindulis complent: eas ardentes in opera provolvunt. Eodem tempore acerrime præliantur, ut ab incendio restinguendo dimicatione et periculo deterrent Romanos. Magna repente in ipsis operibus flamma exstitit. Quæcumque enim per locum præcipitem missa erant, ea, vineis et aggere suppressa, comprehendebant id ipsum, quod morabatur. Milites contra nostri, quamquam periculoso genere prælii locoque iniquo premebantur, tamen omnia paratissimo sustinebant animo: res enim gerebatur et excelso loco, et in conspectu exercitus nostri; magnusque utrimque clamor oriebatur. Ita quam quisque poterat maxime insignis, quo notior testatiorque virtus ejus esset, telis hostium flammæque se offerebant.

XLIII. Cæsar quum complures suos vulnerari videret, ex omnibus oppidi partibus cohortes montem ascendere, et, simulatione mœnium occupandorum, clamorem undique jubet tollere. Quo facto perterriti oppidani, quum, quid ageretur in locis reliquis, essent ignari, suspensi revocant ab impugnandis operibus armatos, murisque disponunt. Ita nostri, fine prælii facto, celeriter opera flamma comprehensa partim restinguunt, partim interscindunt. Quum pertinaciter resisterent oppidani, et, jam magna parte suorum siti amissa, in sententia permanerent; ad postremum cuniculis venæ fontis intercisæ sunt

rent de tout moyen de salut, et ils crurent reconnaître, non l'ouvrage des hommes, mais la volonté des dieux. Vaincus alors par la nécessité, ils se rendirent.

XLIV. César savait sa réputation de clémence trop bien établie, pour craindre qu'un acte de rigueur fût imputé à la cruauté de son caractère; et comme il sentait que ses efforts n'auraient point de terme si des révoltes de ce genre venaient ainsi à éclater sur plusieurs points, il résolut d'effrayer les autres peuples par un exemple terrible. Il fit donc couper les mains à tous ceux qui avaient porté les armes, et leur laissa la vie, pour mieux témoigner du châtiment réservé aux pervers (15). Drappès, qui, ainsi que je l'ai dit, avait été fait prisonnier par Caninius, soit honte et douleur de sa captivité, soit crainte d'un supplice plus grand, s'abstint de nourriture pendant plusieurs jours, et mourut de faim. Vers le même temps, Luctère, qui, comme on l'a vu, s'était échappé du combat, était tombé au pouvoir de l'Arverne Epasnact; obligé de changer fréquemment de retraite, et sentant qu'il ne pouvait longtemps demeurer dans le même lieu sans danger, il avait dû se confier à beaucoup de gens; sa conscience lui disait combien il avait mérité l'inimitié de César. L'Arverne Epasnact, fidèle au peuple Romain, n'hésita pas à le livrer enchaîné à César.

XLV. Cependant Labienus battait les Trévires dans un combat de cavalerie, et leur tuait beaucoup de monde ainsi qu'aux Germains qui ne refusaient jamais leur secours contre les Romains. Il fit leurs chefs prisonniers, et, parmi eux, l'Éduen Sure, également illustre par son courage et par sa naissance, et le seul des Édues qui n'eût pas encore déposé les armes.

XLVI. Informé de ce succès, et voyant les affaires en bon état sur tous les points de la Gaule, que ses dernières campagnes avaient domptée et soumise (14), César, qui n'était jamais allé en personne dans l'Aquitaine, et qui n'en avait soumis une partie que par les armes de P. Crassus, s'y rendit avec deux légions, pour y passer le reste de la saison. Cette expédition fut, comme les autres, prompte et heureuse. Car tous les états de l'Aquitaine lui envoyèrent des députés et lui donnèrent des otages. Il partit ensuite pour Narbonne, avec une escorte de cavalerie, et mit l'armée en quartiers d'hiver sous les ordres des lieutenants. Il plaça quatre légions dans la Belgique, avec M. Antoine, C. Trebonius, P. Vatinius et Q. Tullius; il en envoya deux chez les Édues, dont il connaissait le crédit sur toute la Gaule; il en plaça deux chez les Turons, sur la frontière des Carnutes, pour contenir toutes les contrées qui touchent l'Océan; deux autres chez les Lémovikes, non loin des Arvernes, pour ne laisser sans armée aucune partie de la Gaule. Pendant le petit nombre de jours qu'il passa lui-même dans la province, il en parcourut rapidement les assemblées, y prit connaissance des débats publics, distribua des récompenses à ceux qui l'avaient bien servi; car rien ne lui était plus facile que de discerner de quels sentiments chacun avait été animé envers

---

atque aversæ. Quo facto repente perennis exaruit fons, tantamque attulit oppidanis salutis desperationem, ut id non hominum consilio, sed deorum voluntate factum putarent. Itaque, necessitate coacti, se tradiderunt.

XLIV. Cæsar, quum suam lenitatem cognitam omnibus sciret, neque vereretur, ne quid crudelitate naturæ videretur asperius fecisse, neque exitum consiliorum suorum animadverteret, si tali ratione diversis in locis plures rebellare consilia inissent; exemplo supplicii deterrendos reliquos existimavit. Itaque omnibus qui arma tulerant, manus præcidit; vitam concessit, quo testatior esset pœna improborum. Drappes, quem captum esse a Caninio docui, sive indignitate et dolore vinculorum, sive timore gravioris supplicii, paucis diebus sese cibo abstinuit, atque ita interiit. Eodem tempore Lucterius, quem profugisse ex prælio scripsi, quum in potestatem venisset Epasnacti Arverni (crebro enim mutandis locis, multorum fidei se committebat, quod nusquam diutius sine periculo commoraturus videbatur, quum sibi conscius esset, quam inimicum deberet Cæsarem habere), hunc Epasnactus Arvernus, amicissimus populi romani, sine dubitatione ulla vinctum ad Cæsarem deduxit.

XLV. Labienus interim in Treviris equestre prælium secundum facit; compluribusque Treviris interfectis, et Germanis, qui nulli adversus Romanos auxilia denegabant, principes eorum vivos in suam redegit potestatem; atque in iis Surum Æduum, qui et virtutis et generis summam nobilitatem habebat, solusque ex Æduis ad id tempus permanserat in armis.

XLVI. Ea re cognita, Cæsar, quum in omnibus partibus Galliæ bene res gestas videret, judicaretque superioribus æstivis Galliam devictam et subactam esse; Aquitaniam nunquam ipse adisset, sed per P. Crassum quadam ex parte devicisset; cum II legionibus in eam partem est profectus, ut ibi extremum tempus consumeret æstivorum Quam rem, sicut cætera, celeriter feliciterque confecit. Namque omnes Aquitaniæ civitates legatos ad eum miserunt, obsidesque ei dederunt. Quibus rebus gestis, ipse cum equitum præsidio Narbonem profectus est : exercitum per legatos in hiberna deduxit : IV legiones in Belgio collocavit cum M. Antonio, et C. Trebonio, et P. Vatinio, et Q. Tullio, legatis : duas in Æduos misit, quorum in omni Gallia summam esse auctoritatem sciebat : duas in Turones ad fines Carnutum posuit, quæ omnem regionem conjunctam oceano continerent : duas reliquas in Lemovicum fines, non longe ab Arvernis, ne qua pars Galliæ vacua ab exercitu esset. Paucos dies ipse in provincia moratus, quum celeriter omnes conventus percurrisset, publicas controversias cognovisset, bene meritis præmia tribuisset cognoscendi enim maximam facul

la république dans cette révolte de toute la Gaule, à laquelle la fidélité et les secours de la province l'avaient mis en état de résister. Ces choses terminées, il alla rejoindre les légions dans la Belgique et passa l'hiver à Némétocène[1].

XLVII. Là il apprit que l'Atrébate Comm s'était battu contre notre cavalerie. Antoine avait pris ses quartiers d'hiver dans ce pays; mais quoique les Atrébates fussent demeurés fidèles, Comm, qui, depuis la blessure dont j'ai parlé plus haut, était toujours prêt à seconder tous les mouvements de ses concitoyens, et à se faire le conseil et le chef de ceux qui voulaient prendre les armes, tandis que sa nation obéissait aux Romains, se nourrissait de brigandages avec sa cavalerie, infestait les chemins et interceptait quantité de convois destinés à nos quartiers.

XLVIII. A Antoine était attaché, comme préfet de la cavalerie, C. Volusenus Quadratus, lequel hivernait avec lui. Antoine l'envoya à la poursuite des cavaliers ennemis. Volusenus, qui joignait à un rare courage une grande haine pour Comm, se chargea avec joie de cette expédition. Il disposa des embuscades, attaqua souvent la cavalerie ennemie, et eut toujours l'avantage. Dans un dernier combat, comme on était vivement aux prises, et que Volusenus, emporté par le désir de prendre Comm en personne, le poursuivait vivement avec peu des siens, celui-ci, qui l'avait attiré fort loin par une fuite précipitée, invoque tout-à-coup la foi et le secours de ses compagnons, et les prie de le venger des blessures qu'il avait reçues par trahison; il tourne bride, se sépare imprudemment de ses cavaliers, et s'élance contre le préfet. Tous les cavaliers l'imitent, font reculer notre faible troupe et la poursuivent. Comm, pressant de l'éperon les flancs de son cheval, joint celui de Quadratus et porte au préfet un coup de lance qui, fortement appliqué, lui perce le milieu de la cuisse. A la vue de leur chef blessé, nos cavaliers n'hésitent pas à faire face aux ennemis, et les repoussent. Dans cette charge ils en blessent un grand nombre, écrasent les autres dans leur fuite et font des prisonniers. Comm ne put échapper à ce sort que grâce à la vitesse de son cheval; Volusenus, dont la blessure semblait assez grave pour mettre sa vie en danger, fut reporté au camp. Alors Comm, soit qu'il eût satisfait son ressentiment, soit qu'il fût trop affaibli par la perte des siens, députa vers Antoine, promit d'aller où lui serait prescrit, de faire ce qu'on lui ordonnerait, et scella sa promesse en livrant des otages. Il pria seulement que l'on accordât à sa frayeur de ne paraître jamais devant un Romain. Antoine, jugeant cette demande fondée sur une crainte légitime, y consentit et reçut les otages.

Je sais que César a fait un livre particulier pour chacune de ses campagnes. Je n'ai pas cru devoir adopter cette division, parce que l'année suivante, qui fut celle du consulat de L. Paulus et de C. Marcellus, n'offre rien de bien important dans les affaires de la Gaule. Cependant, pour ne pas laisser ignorer où étaient en ce temps César et son armée,

[1] Arras.

tatem habebat, quali quisque animo in rempublicam fuisset totius Galliæ defectione, quam sustinuerat fidelitate atque auxiliis provinciæ,) his rebus confectis, ad legiones in Belgium se recipit, hibernatque Nemetocennæ.

XLVII. Ibi cognoscit Commium Atrebatem prælio cum equitatu suo contendisse. Nam quum Antonius in hiberna venisset, civitasque Atrebatum in officio maneret; Commius, post illam vulnerationem, quam supra commemoravi, semper ad omnes motus paratus suis civibus esse consuesset, ne consilia belli quærentibus auctor armorum duxque deesset, parente Romanis civitate, cum suis equitibus se suosque latrociniis alebat, infestisque itineribus commeatus complures, qui comportabantur in hiberna Romanorum, intercipiebat.

XLVIII. Erat attributus Antonio præfectus equitum, C. Volusenus Quadratus, qui cum eo hiemaret. Hunc Antonius ad persequendum equitatum hostium misit. Volusenus autem ad eam virtutem, quæ singularis in eo erat, magnum odium Commii adjungebat; quo libentius id faceret, quod imperabatur. Itaque dispositis insidiis, sæpius ejus equites aggressus, secunda prælia faciebat. Novissime, quum vehementius contenderetur, ac Volusenus ipsius intercipiendi Commii cupiditate pertinacius eum cum paucis insecutus esset, ille autem fuga vehementi Volusenum longius produxisset; repente omnium suorum invocat fidem atque auxilium, ne sua vulnera, perfidia interposita, paterentur inulta; conversoque equo, se a cæteris incautius permittit in præfectum. Faciunt idem omnes ejus equites, paucosque nostros convertunt atque insequuntur. Commius incensum calcaribus equum jungit equo Quadrati, lanceaque infesta medium femur ejus magnis viribus trajicit. Præfecto vulnerato, non dubitant nostri resistere, et conversi hostem pellere. Quod ubi accidit, complures hostium, magno nostrorum impetu pulsi, vulnerantur, et partim in fuga proteruntur, partim intercipiuntur. Quod ubi malum dux equi velocitate evitavit; graviter vulneratus præfectus, ut vitæ periculum aditurus videretur, refertur in castra. Commius autem, sive expiato suo dolore, sive magna parte amissa suorum, legatos ad Antonium mittit, seque et ibi futurum ubi præscripserit, et ea facturum, quæ imperaverit, obsidibus datis firmat. Unum illud orat, ut timore suo concedatur, ne in conspectum veniat cujusquam Romani. Quam postulationem Antonius quum judicaret ab justo nasci timore, veniam petenti dedit, obsides accepit.

Scio Cæsarem singulorum annorum singulos commentarios confecisse: quod ego non existimavi mihi esse faciendum; propterea quod insequens annus, L. Paulo, C. Marcello Coss., nullas res Galliæ habet magno opere gestas. Ne quis tamen ignoraret, quibus in locis Cæsar

j'ai pensé à joindre ici quelques faits au livre qui précède.

XLIX. César, en tenant dans la Belgique ses quartiers d'hiver, n'avait d'autre but que de maintenir dans notre alliance les peuples de la Gaule, et de ne leur donner ni espoir ni motif de guerre. Car, étant près de partir, il ne voulait point se mettre dans la nécessité de recommencer la guerre, au moment où il allait retirer l'armée, ni laisser toute la Gaule disposée à reprendre librement les hostilités pendant son absence. Aussi, par son attention à adresser des éloges aux états, à combler de récompenses leurs principaux habitants, à n'établir aucun nouvel impôt, à rendre l'obéissance plus douce, il contint facilement en paix la Gaule, épuisée par tant de revers.

L. L'hiver fini, César, contre son usage (15), partit pour l'Italie à grandes journées, afin de visiter les villes municipales et les colonies, auxquelles il voulait recommander son questeur, M. Antoine, qui briguait le sacerdoce. En l'appuyant de son pouvoir, non seulement il suivait son penchant pour un homme qui lui était très-attaché et qu'il avait, peu de temps auparavant, envoyé solliciter cette dignité, mais encore il voulait déjouer une faction peu nombreuse qui, en faisant échouer Antoine, désirait d'ébranler le pouvoir de César, dont le gouvernement expirait. Bien qu'il eût appris en route, et avant d'arriver en Italie, qu'Antoine venait d'être nommé augure, il ne crut pas moins nécessaire de parcourir les villes municipales et les colonies, afin de les remercier de leur empressement à servir Antoine, et en même temps de leur recommander sa propre demande du consulat pour l'année suivante ; car ses ennemis se vantaient avec insolence d'avoir fait nommer consuls L. Lentulus et C. Marcellus, qui devaient dépouiller César de toute charge et de toute dignité ; et d'avoir écarté du consulat Servius Galba (16), quoiqu'il eût plus de crédit et de suffrages, uniquement parce qu'il était lié d'amitié avec César et avait été son lieutenant.

LI. César, à son arrivée, fut accueilli par toutes les villes municipales et par les colonies avec des témoignages incroyables de respect et d'affection ; car il y paraissait pour la première fois depuis cette guerre générale de la Gaule. On n'oublia rien de tout ce qui put être imaginé pour l'ornement des portes, des chemins, et de tous les endroits par où il devait passer. Les enfants et toute la population venaient à sa rencontre ; partout on immolait des victimes ; des tables étaient dressées sur les places publiques et dans les temples ; on lui faisait ainsi goûter par avance la joie d'un triomphe vivement désiré, tant les riches montraient de magnificence et les pauvres d'envie de lui plaire.

LII. Quand César eut parcouru toutes les contrées de la Gaule citérieure, il rejoignit promptement l'armée à Némétocène ; et après avoir tiré toutes les légions de leurs quartiers, il les envoya chez les Trévires, se rendit dans ce pays, et y passa l'armée en revue. Il donna à T. Labiénus le commandement de la Gaule citérieure, afin qu'il pût le seconder de son influence dans la poursuite

---

exercitusque eo tempore fuissent, pauca scribenda conjungendaque huic commentario statui.

XLIX. Cæsar, in Belgio quum hiemaret, unum illud propositum habebat, continere in amicitia civitates, nulli spem aut causam dare armorum. Nihil enim minus volebat, quam sub decessu suo necessitatem sibi aliquam imponi belli gerendi ; ne, quum exercitum deducturus esset, bellum aliquod relinqueretur, quod omnis Gallia libenter sine præsenti periculo susciperet. Itaque, honorifice civitates appellando, principes maximis præmiis afficiendo, nulla onera nova imponendo, defessam tot adversis præliis Galliam, conditione parendi meliore, facile in pace continuit.

L. Ipse, hibernis peractis, contra consuetudinem in Italiam quam maximis itineribus est profectus, ut municipia et colonias appellaret, quibus M. Antonii, quæstoris sui, commendaret sacerdotii petitionem. Contendebat enim gratia cum libenter pro homine sibi conjunctissimo, quem paulo ante præmiserat ad petitionem, tum acriter contra factionem et potentiam paucorum, qui, M. Antonii repulsa, Cæsaris decedentis convellere gratiam cupiebant. Hunc etsi augurem prius factum, quam Italiam attingeret, in itinere audierat : tamen non minus justam sibi causam municipia et colonias adeundi existimavit, ut iis gratias ageret, quod frequentiam atque officium suum Antonio præstitissent, simulque se et honorem suum in sequentis anni commendaret petitione, propterea quod insolenter adversarii sui gloriarentur, L. Lentulum et C. Marcellum Coss. creatos, qui omnem honorem et dignitatem Cæsaris exspoliarent ; ereptum Servio Galbæ consulatum, quum is multo plus gratia suffragiisque valuisset, quod sibi conjunctus et familiaritate et necessitudine legationis esset.

LI. Exceptus est Cæsaris adventus ab omnibus municipiis et coloniis incredibili honore atque amore : tum primum enim veniebat ab illo universæ Galliæ bello. Nihil relinquebatur, quod ad ornatum portarum, itinerum, locorumque omnium, qua Cæsar iturus erat, excogitari posset. Cum liberis omnis multitudo obviam procedebat ; hostiæ omnibus locis immolabantur ; tricliniis stratis fora templaque occupabantur, ut vel exspectatissimi triumphi lætitia præcipi posset. Tanta erat magnificentia apud opulentiores, cupiditas apud humiliores !

LII. Quum omnes regiones Galliæ Togatæ Cæsar percucurrisset, summa cum celeritate ad exercitum Nemetocennam rediit ; legionibusque ex omnibus hibernis ad fines Trevirorum evocatis, eo profectus est, ibique exercitum lustravit. T. Labienum Galliæ Togatæ præfecit,

du consulat. Quant à lui, il ne fit marcher l'armée qu'autant qu'il le jugeait nécessaire pour entretenir la santé du soldat par des changemens de lieux. Quoiqu'il entendît souvent dire que ses ennemis excitaient Labienus contre lui (17), et qu'il fût informé que ces sollicitations étaient l'ouvrage d'un petit nombre d'hommes travaillant à lui faire enlever par le sénat une partie de l'armée, on ne put cependant ni lui rendre Labienus suspect (18), ni l'amener à rien entreprendre contre l'autorité du sénat; car il savait que, si les délibérations étaient libres, il obtiendrait facilement justice de ses membres. Déjà même C. Curion (19), tribun du peuple, prenant en main la défense des intérêts et de l'honneur de César, avait dit souvent dans le sénat, que si l'on avait quelque ombrage de la puissance militaire de César, celle de Pompée et sa domination ne devaient pas inspirer moins d'inquiétude; que l'un et l'autre devaient désarmer et licencier leurs troupes; qu'ainsi Rome recouvrerait sa liberté et ses droits. Non seulement il fit cette déclaration; mais il commençait à la faire mettre aux voix, quand les consuls et les amis de Pompée s'y opposèrent : le sénat s'en tira en prenant un parti moyen.

LIII. C'était là un témoignage positif des sentiments du sénat, et il s'accordait avec un fait plus ancien. En effet, l'année précédente, Marcellus, cherchant à perdre César, avait, contre la loi de Pompée et de Crassus, proposé au sénat de le rappeler de son gouvernement avant le temps. Marcellus, qui voulait établir son crédit sur les ruines de celui de César, s'efforça vainement de faire goûter cet avis; le sénat tout entier opina contre lui et se rangea à toutes les opinions qui n'étaient par la sienne. Cet échec n'avait point rebuté les ennemis de César, mais les avait avertis de former des liaisons plus étendues, qui pussent forcer le sénat à approuver leurs desseins.

LIV. Bientôt un sénatus-consulte ordonne à Cn. Pompée et à C. César de fournir chacun une légion pour la guerre des Parthes. Il est évident que ces deux légions étaient enlevées à César seul; car Cn. Pompée donna, pour son contingent, la première légion, qu'il avait autrefois envoyée à César, et qui avait été levée tout entière dans la province du dernier. Cependant et bien que les intentions de ses ennemis ne fussent point douteuses, César renvoya à Cn. Pompée cette légion; et, en exécution du sénatus-consulte, il livra en son nom la quinzième, qu'il avait levée dans la Gaule citérieure. En remplacement de celle-ci, il envoya en Italie (21) la treizième légion pour garder les postes que quittait la quinzième. Il distribua ensuite l'armée dans ses quartiers d'hiver, plaça C. Trebonius dans la Belgique avec quatre légions, et envoya C. Fabius avec le même nombre chez les Édues. Il pensait qu'il suffisait, pour la tranquillité de la Gaule, que les Belges, le plus courageux de ces peuples, et les Édues, dont le crédit était immense, fussent contenus par des armées romaines. Il partit lui-même pour l'Italie.

LV. Lorsqu'il y fut arrivé, il apprit que les

quo majore commendatione conciliaretur ad consulatus petitionem. Ipse tantum itinerum faciebat, quantum satis esse ad mutationem locorum, propter salubritatem, existimabat. Ibi quanquam crebro audiebat, Labienum ab inimicis suis sollicitari; certiorque fiebat, id agi paucorum consiliis, ut, interposita senatus auctoritate, aliqua parte exercitus spoliaretur : tamen neque de Labieno credidit quidquam, neque, contra senatus auctoritatem ut aliquid faceret, potuit adduci : judicabat enim, liberis sententiis patrum conscriptorum causam facile obtineri. Nam C. Curio, tribunus plebis, quum Cæsaris causam dignitatemque defendendam suscepisset, sæpe erat senatui pollicitus, si quem timor armorum Cæsaris læderet, et, quoniam Pompeii dominatio atque arma non minimum terrorem foro inferrent, discederet uterque ab armis, exercitusque dimitteret; fore eo facto liberam et sui juris civitatem. Neque hoc tantum pollicitus est; sed etiam per se discessionem facere cœpit (20) : (quod ne fieret, consules amicique Pompeii jusserunt); atque ita rem moderando discesserunt.

LIII. Magnum hoc testimonium senatus erat universi, conveniensque superiori facto. Nam Marcellus proximo anno, quum impugnaret Cæsaris dignitatem, contra legem Pompeii et Crassi retulerat ante tempus ad senatum de Cæsaris provinciis; sententiisque dictis, discessionem faciente Marcello, qui sibi omnem dignitatem ex Cæsaris invidia quærebat, senatus frequens in alia omnia transiit. Quibus non frangebantur animi inimicorum Cæsaris, sed admonebantur, quo majores pararent necessitudines, quibus cogi posset senatus id probare, quod ipsi constituissent.

LIV. Fit deinde S. C., ut ad bellum Parthicum legio una a Cn. Pompeio, altera a C. Cæsare mitteretur : neque obscuræ hæ duæ legiones uni Cæsari detrahuntur. Nam Cn. Pompeius legionem primam, quam ad Cæsarem miserat, confectam ex dilectu provinciæ Cæsaris, eam tanquam ex suo numero dedit. Cæsar tamen, quum de voluntate minime dubium esset adversariorum suorum, Cn. Pompeio legionem remisit, et suo nomine XV, quam in Gallia citeriore habuerat, ex S. C. jubet tradi. In ejus locum XIII legionem in Italiam mittit, quæ præsidia tueatur, ex quibus præsidiis XV deducebatur. Ipse exercitui distribuit hiberna. C. Trebonium cum legionibus IV in Belgio collocat; C. Fabium cum totidem in Æduos deducit. Sic enim existimabat, tutissimum fore Galliam, si Belgæ, quorum maxima virtus, et Ædui, quorum auctoritas summa esset, exercitibus continerentur. Ipse in Italiam profectus est.

LV. Quo quum venisset, cognoscit per se Marcellum consulem, legiones duas, ab se remissas, quæ ex S. C.

deux légions qu'il avait livrées, et qui, d'après le senatus-consulte, devaient être menées contre les Parthes, avaient été livrées par le consul C. Marcellus à Cn. Pompée, et qu'elles étaient retenues en Italie. Quoiqu'une telle conduite ne laissât à personne le moindre doute sur les projets tramés contre César, il résolut cependant de tout souffrir, tant qu'il lui resterait quelque espoir de se soutenir par la force de son droit plutôt que par celle des armes. (22)

deberent ad Parthicum bellum duci, Cn. Pompeio traditas, atque in Italia retentas esse. Hoc facto, quanquam nulli erat dubium quidnam contra Cæsarem pararetur, tamen Cæsar omnia patienda esse statuit, quod sibi spes aliqua relinqueretur, jure potius disceptandi, quam belli gerundi. Contendit. . . . .

NOTES

DES

COMMENTAIRES SUR LA GUERRE DES GAULES.

LIVRE PREMIER.

(1) César ne comprend pas dans cette division le pays des Allobroges et la Gaule Narbonnaise, qui faisaient déjà partie de la province romaine.

Voir, pour la désignation des grandes familles qui se partageaient le territoire de la Gaule, l'*Histoire des Gaulois*, par M. Amédée Thierry, introduction et part. II, chap. 2.

(2) Ce nom signifiait *chef de cent vallées*. Or, hauteur, colline, et dans le sens présent, vallée ; *ced*, cent. Le mot *Righ* que les latins prononçaient *rix*, signifie roi en langue gallique; *rhûy* (cymr.); *rûeik* (armor.); un petit roi, un chef. A cette époque le mot *righ*, ajouté à un nom propre, ne désignait plus, comme antérieurement, un commandement dans l'état ou une souveraineté indépendante. « Ce n'était plus, dit M. Am. Thierry, qu'une affixe sans valeur politique, qui s'ajoutait au nom des plébéiens et des simples particuliers, de même qu'à celui des nobles et des magistrats, indistinctement. Il indiquait pourtant que le personnage qui le portait était de quelque importance par lui-même ou par sa famille. »

(3) Le gouvernement de César s'étendait sur la Gaule Narbonnaise et sur la Gaule Cisalpine : celle-ci comprenait toute la vallée du Pô ; elle était bornée à l'est par le Rubicon, dans la Romagne, et à l'ouest par la Magra, près du golfe de la Spezzia. Ainsi, il avait sous ses ordres la défense de toutes les frontières d'Italie, du côté de terre, toute la ceinture des Alpes et les provinces Illyriennes.
NAPOLÉON.

(4) César mit huit jours pour se rendre de Rome à Genève ; il pourrait aujourd'hui faire ce trajet en quatre jours.
NAPOLÉON.

(5) Il est utile d'observer pour la suite, que les Romains avait trois sortes de levées de troupes :

1° Ce qu'ils appelaient *delectus* (choix), se faisait par les consuls et tribuns, qui appelaient nominativement soit au Capitole, soit au Champ-de-Mars, les citoyens en âge, et choisissaient parmi eux, avec de grandes précautions, pour égaliser les forces de chaque légion.

2° Ceux qu'ils nommaient *evocati*, ce qui se rapproche des réquisitions. Le général appelait à lui nominativement tous ceux qu'il jugeait propres au service militaire. Pompée, ainsi qu'on le verra dans le livre de la guerre civile, lève beaucoup d'*evocati* (*réquisitionnaires*), lorsqu'il se décide à abandonner l'Italie.

3° Enfin le *tumultus*, qui rappelle nos levées *en masse*.

Alors le consul ou général levait un étendard, et faisait une proclamation en ces termes : Que quiconque veut le salut de la république me suive. « Qui rempublicam salvam esse vult me sequatur. » Tit. Liv. Cette formule ne s'employait que dans les dangers subits et imminents.

(6) Ce mot signifie *l'homme de la parole* ; c'était le titre que portait en langue gallique l'orateur de la députation. *Ver* homme, *dacht*, ou *docht*, parole. César le donne comme un nom propre. Les Romains avaient autrefois appelé *Brennus* le chef, le *brenn* des Sénons, qui s'empara de Rome en 390, avant l'ère chrétienne ; ce qu'ils prirent pour un nom propre était un nom de dignité ; *bren*, *brenin*, roi, en langue kimrique.

(7) Les retranchements ordinaires des Romains étaient composés d'un fossé de douze pieds de large sur neuf pieds de profondeur, en cul de lampe ; avec les déblais ils faisaient un coffre de quatre pieds de hauteur, douze pieds de largeur, sur lequel ils élevaient un parapet de quatre pieds de haut, en y plantant leurs palissades et les fichant de deux pieds en terre ; ce qui donnait à la crête du parapet dix-sept pieds de commandement sur le fond du fossé. La toise courante de ce retranchement, cubant trois cent vingt-quatre pieds (une toise et demie), était faite par un homme en trente-deux heures ou trois jours de travail, et par douze hommes, en deux ou trois heures. La légion qui était en service a pu faire ces six lieues de retranchement, qui cubaient vingt-un mille toises, en cent vingt heures, ou dix ou quinze jours de travail.
NAPOLÉON.

(8) C'est au mois d'avril que les Helvétiens essayèrent de passer le Rhône. (Le calendrier romain était alors dans un grand désordre ; il avançait de quatre-vingts jours, ainsi le 13 avril répondait au 23 janvier.) Depuis ce moment, les légions d'Illyrie eurent le temps d'arriver à Lyon et sur la Haute-Saône : cela a exigé cinquante jours. C'est vingt jours après son passage de la Saône que César a vaincu les Helvétiens en bataille rangée : cette bataille

a donc eu lieu du 1er au 15 mai, qui correspondait à la mi-août du calendrier romain. NAPOLÉON.

(9) Le nombre des cavaliers avait toujours été en proportion du nombre et de la force des légions : c'était ordinairement le dixième ou à peu près. Quand les légions furent de six mille hommes, on attacha à chacune d'elles environ six cents cavaliers : cette proportion se trouve ici observée; César avait six légions et quatre mille cavaliers; il avait alors sous ses ordres quarante mille combattants.

(10) Le climat de la Gaule était alors beaucoup plus froid qu'il ne l'est maintenant; les grandes forêts, les marécages, occupaient une grande partie du terrain; à latitude égale, la Gaule devait être ce qu'est aujourd'hui l'Amérique septentrionale. César, sans le secours de nos cartes géographiques, faisait la guerre dans des pays dont il ne pouvait prendre connaissance qu'en les traversant; aussi est-il aussi circonspect dans ses marches qu'entreprenant dans les combats.

(11) Ver-go-breith, mot de la langue gallique, *homme pour le jugement*. Pendant long-temps, à Autun, le premier magistrat s'est appelé *viery* ou *verg*.

(12) Ceci explique comment quatre mille cavaliers avaient fui devant cinq cents, dès le premier choc. Il peut convenir aussi de remarquer dès à présent que la cavalerie dont César se servit dans ses compagnes de la Gaule fut ordinairement composée, sinon en totalité, du moins en grande partie, d'étrangers auxiliaires. L'arme de la cavalerie était pourtant très-estimée à Rome. Les vrais chevaliers, *equites*, recevaient leurs chevaux de la république même; et beaucoup de Romains, à qui leur naissance n'attribuait pas ce titre d'honneur, se faisaient admettre dans la cavalerie, en se montant à leurs frais; mais quand Rome eut étendu ses conquêtes à l'infini, ses propres citoyens ne purent plus suffire à ce genre de service, et il fallut recourir à des alliés comme *auxiliaires*, et même à de simples *stipendiaires*.

(13) Le *décurion* ne commandait, dans le principe, que dix cavaliers, comme son titre l'indique, de même que le centurion ne commandait que cent fantassins; mais tout en conservant son titre primitif, le décurion finit par avoir sous ses ordres une compagnie de trente-deux hommes.

(14) Les soldats qui se trouvaient dans l'intérieur de la phalange élevaient leurs boucliers au-dessus de leur tête, et formaient ainsi une espèce de voûte que les Romains appelaient *la tortue*. (Voy. Florus, lib. III. ch. XI, § 6; et Tit. Liv. l. v, c. 43). Les boucliers ne se touchaient pas seulement par le bord; ils se superposaient comme des écailles, et un même javelot pouvait ainsi en percer deux à la fois et les clouer ensemble.

(15) Les enseignes servaient non-seulement de signes de ralliement, mais encore de signal et d'indice pour les mouvements pendant l'action. Tant que l'on combattait de loin, elles restaient au troisième rang; le moment de la charge, elles l'indiquaient étant portées au premier rang et penchées en avant du côté de l'ennemi; s'il fallait tenter un effort vers un des flancs, la direction des enseignes l'indiquait; de même, s'il fallait faire face en arrière ou front des deux côtés opposés. Toutes les enseignes n'étaient pas des aigles; celles-ci étaient confiées à un homme éprouvé, qu'on nommait *porte-aigle* (aquilifer).

(16) Il fallait que les Helvétiens fussent intrépides pour avoir soutenu l'attaque aussi long-temps contre une armée de ligne romaine aussi nombreuse que la leur. Il est dit qu'ils ont mis vingt jours à passer la Saône, ce qui donnerait une étrange idée de leur mauvaise organisation; mais cela est peu croyable. NAPOLÉON.

(17) Il est probable qu'il ne s'agit ici que des caractères grecs, la langue grecque devant être généralement ignorée dans la Gaule, à cette époque, puisque César dit (lib. V, ch. 68), qu'il écrivit à son lieutenant une lettre en grec, afin qu'elle ne pût être comprise des Nerves, si elle tombait entre leurs mains.

(18) De ce que les Helvétiens étaient cent trente mille (le texte porte cent dix mille) à leur retour en Suisse, il ne faudrait pas conclure qu'ils aient perdu deux cent trente mille hommes, parce que beaucoup se réfugièrent dans les villes gauloises et s'y établirent, et qu'un grand nombre d'autres rentrèrent depuis dans leur patrie. Le nombre de leurs combattants était de quatre-vingt-dix mille; ils étaient donc, par rapport à la population, comme un à quatre, ce qui paraît très-fort. Une trentaine de mille du canton de Zurich avaient été tués ou pris au passage de la Saône. Ils avaient donc soixante mille combattants au plus à la bataille. César, qui avait six légions et beaucoup d'auxiliaires, avait une armée plus nombreuse. NAPOLÉON.

(19) La cohorte prétorienne était celle qui devait servir de garde au général; il y avait ordinairement plusieurs cohortes employées à cet usage.

(20) Voy. Plutarque, *Vie de César*, 19; Tacite, *Hist.* IV, 61; *de Mor. Germ.* 8.

(21) Tacite, *de Mor. Germ.* 2.

(22) La bataille contre Arioviste a été donnée dans le mois de septembre, et du côté de Belfort. NAPOLÉON.

(23) Dans l'ordre de bataille, c'étaient les troupes romaines qui formaient le centre : les troupes auxiliaires, qui consistaient surtout en cavalerie, étaient placées aux deux ailes, *alarii*.

(24) Arioviste survécut peu de temps à cette défaite; il mourut bientôt en Germanie.

(25) Tacite, *de Mor. Germ.* 18.

(26) L'armée d'Arioviste n'était pas plus nombreuse que celle de César; le nombre des Allemands établis dans la Franche-Comté était de cent vingt mille hommes : mais quelle différence ne devait-il pas exister entre des armées formées de milices, c'est-à-dire de tous les hommes d'une nation capables de porter les armes, avec une armée romaine composée de troupes de ligne, d'hommes la plupart non mariés et soldats de profession. Les Helvétiens, les Suèves, étaient braves, sans doute, mais que peut la bravoure contre une armée disciplinée et constituée comme l'armée romaine? Il n'y a donc rien d'extraordinaire dans les succès qu'a obtenus César dans cette campagne, ce qui ne diminue pas cependant la gloire qu'il mérite. NAPOLÉON.

LIVRE DEUXIÈME.

(1) Suétone, dans la Vie de l'empereur Galba, n. 5, prétend que ce nom signifiait en langue gauloise un homme très-gras. Dion Cassius donne au chef suprême des Belges le nom d'*Adra* (l. XXXIX).

(2) Les commentateurs ont supposé que la ville de Fismes ou de Laon était celle que les Belges avaient voulu surprendre avant de se porter sur le camp de César. C'est une erreur : cette ville est Bièvre; le camp de César était au-dessous de Pont-à-Vaire; il était campé, la droite appuyée au coude de l'Aisne, entre Pont-à-Vaire et le village de Chaudarde; la gauche à un petit ruisseau; vis-à-vis de lui étaient les marais qu'on y voit encore. Galba avait sa droite du côté de Craonne, sa gauche au ruisseau

de la Mielle, et le marais sur son front. Le camp de César, à Pont-à-Vaire, se trouvait éloigné de huit mille toises de Bièvre, de quatorze mille de Reims, de vingt-deux mille de Soissons, de seize mille de Laon, ce qui satisfait à toutes les conditions du texte des commentaires. Les combats sur l'Aisne ont eu lieu au commencement de juillet. NAPOLÉON.

(3) On a reproché avec raison à César de s'être laissé surprendre à la bataille de la Sambre, ayant tant de cavalerie et de troupes légères. Il est vrai que sa cavalerie et ses troupes légères avaient passé la Sambre; mais du lieu où il était, il s'apercevait qu'elles étaient arrêtées à cent cinquante toises de lui, à la lisière de la forêt; il devait donc ou tenir une partie de ses troupes sous les armes, ou attendre que ses coureurs eussent traversé la forêt et éclairé le pays. NAPOLÉON.

(4) Le mot d'ordre se donnait par le moyen d'une tablette de bois, qui avait la forme d'un dé à jouer, sur laquelle était écrit le mot donné par le général. Il se donnait aussi de vive voix. (V. Tit. Liv. XLIV, § 53).

(5) En marche, les Romains avaient l'habitude de porter leur casque attaché devant ou derrière eux.

(6) Les Romains, afin de préserver de l'injure de l'air les ornements de leurs boucliers, les couvraient d'une enveloppe de cuir.

(7) La porte Décumane était derrière le camp.

(8) Le primipile était le centurion de la première compagnie; il en avait quelquefois plusieurs sous son commandement. Quoique inférieur aux tribuns, il avait, comme eux, entrée et voix aux conseils.

(9) La bataille de la Sambre a eu lieu à la fin de juillet, aux environs de Maubeuge. NAPOLÉON.

(10) La position de Falais (sur les bords de la Mehaigne, à six mille toises de la Meuse, quinze mille de Namur, et quinze mille de Liége), remplit les conditions des commentaires. NAPOLÉON.

(11) César dit que la contrevallation qu'il fit établir autour de la ville était de douze pieds de haut, ayant un fossé de dix-huit pieds de profondeur : cela paraît être une erreur; il faut lire dix-huit pieds de largeur; car dix-huit pieds de profondeur supposeraient une largeur de six toises; le fossé était en cul de lampe, ce qui donne une excavation de neuf toises cubes. Il est probable que ce retranchement avait un fossé de seize pieds de largeur, sur neuf pieds de profondeur, cubant quatre cent quatre-vingt-six pieds par toise courante; avec ces déblais il avait élevé une muraille et un parapet dont la crête avait dix-huit pieds sur le fond du fossé. NAPOLÉON.

(12) Il est difficile de faire des observations purement militaires sur un texte aussi bref et sur des armées de nature aussi différente; comment comparer une armée de ligne romaine, levée et choisie dans toute l'Italie et dans les provinces romaines, avec des armées barbares, composées de levées en masse, braves, féroces, mais qui avaient si peu de notions de la guerre, qui ne connaissaient pas l'art de jeter un pont, de construire promptement un retranchement, ni de bâtir une tour; qui étaient tout étonnés de voir des tours s'approcher de leurs remparts? NAPOLÉON.

(13) L'usage était, chez les anciens, que lorsque le bélier avait frappé les murailles, il n'y avait plus lieu d'entrer en arrangement; et que la place, si elle était emportée, devenait butin de guerre, avec tout ce qu'elle renfermait. La première partie de la réponse de César est relative à cet usage et le confirme.

(14) Ces derniers mots ne se rapportent qu'à la durée des sacrifices; car d'autres généraux avaient obtenu cet honneur, mais pour un terme moindre, et qui n'avait jamais été de plus de dix jours.

LIVRE TROISIÈME.

(1) Épieux durcis au feu; le mot *gais* n'est plus usité aujourd'hui dans la langue gallique; mais un grand nombre de dérivés lui ont survécu : tels sont *gaisde*, armé; *gaisg*, bravoure, *gas*, force, etc. (Armstrong's diction.)

(2) La Bretagne, cette province si grande et si difficile, se soumit sans faire des efforts proportionnés à sa puissance. Il en est de même de l'Aquitaine et de la Basse-Normandie; cela tient à des causes qu'il n'est pas possible d'apprécier ou de déterminer exactement, quoiqu'il soit facile de voir que la principale était dans l'esprit d'isolement et de localité qui caractérisait les peuples des Gaules; à cette époque, ils n'avaient aucun esprit national ni même de province; ils étaient dominés par un esprit de ville. C'est le même esprit qui depuis a forgé les fers de l'Italie. Rien n'est plus opposé à l'esprit national, aux idées générales de liberté, que l'esprit particulier de famille ou de bourgade. De ce morcellement il résulte aussi que les Gaulois n'avaient aucune armée de ligne entretenue, exercée, et dès-lors aucun art ni aucune science militaire. Aussi, la gloire de César n'était fondée que sur la conquête des Gaules, elle serait problématique. Toute nation qui perdrait de vue l'importance d'une armée de ligne perpétuellement sur pied, et qui se confierait à des levées ou à des armées nationales, éprouverait le sort des Gaules, mais sans avoir la gloire d'opposer la même résistance, qui a été l'effet de la barbarie d'alors et du terrain, couvert de forêts, de marais, de fondrières, sans chemin, ce qui le rendait difficile pour les conquêtes et facile pour la défense. NAPOLÉON.

(3) L'on ne peut que détester la conduite que tint César contre le sénat de Vannes. Ces peuples ne s'étaient point révoltés; ils avaient fourni des otages, avaient promis de vivre tranquilles; mais ils étaient en possession de toute leur liberté et de tous leurs droits. Ils avaient donné lieu à César de leur faire la guerre, sans doute, mais non de violer le droit des gens à leur égard et d'abuser de la victoire d'une manière aussi atroce. Cette conduite n'était pas juste; elle était encore moins politique. Ces moyens ne remplissent jamais leur but; ils exaspèrent et révoltent les nations. La punition de quelques chefs est tout ce que la justice et la politique permettent; c'est une règle importante de bien traiter les prisonniers. Les Anglais ont violé cette règle de politique et de morale, en mettant les prisonniers français sur des pontons, ce qui les a rendus odieux sur tout le continent. NAPOLÉON.

(4) Les camps des Romains avaient quatre portes opposées. Les deux principales étaient la porte Prétorienne, qui regardait l'ennemi; la porte Décumane, en face de celle-ci.

(5) Plusieurs écrivains avaient fait remonter à cette institution l'origine du régime féodal. D'habiles publicistes ont depuis victorieusement combattu cette opinion, qui ne peut plus se soutenir après les nombreux documents donnés par M. Guizot, dans ses *Essais sur l'histoire de France.*

(6) La harangue avant la bataille était, chez les Romains, non seulement un usage, mais un devoir dont aucun général ne se dispensait, excepté toutefois le cas où une attaque inopinée exigeait une défense subite. Le général se plaçait ordinairement sur un tertre; quand ce

tertre n'était pas offert par la nature, on y suppléait par un banc de gazon. Lucain parlant de César (*Phars.* l. v. v. 316) :

. . . . stetit aggere fultus
Cespitis

LIVRE QUATRIÈME.

(1) Tacite parle des Suèves à peu près comme César. (*Germ.* XVI, 26.) Horace (lib. III, od. 24), attribue le même mode de culture aux Scythes et aux Gètes, qu'en ces temps on confondait souvent avec les Germains : *Nec cultura placet longior annua.*

(2) Lorsque, après la lecture des dépêches de César, les sénateurs votèrent que des actions de grâces seraient adressées aux dieux, en reconnaissance de cette victoire : « Des actions de grâce ! s'écria Caton; votez plutôt des » expiations ! suppliez les dieux de ne pas faire peser sur » nos armées le crime d'un général coupable. Livrez César » aux Barbares, afin qu'ils sachent que Rome ne com- » mande point le parjure, et qu'elle en repousse le fruit » avec horreur. » (Plut. *in Cæs.*)

(3) Plutarque vante ce pont du Rhin, qui lui paraît un prodige; c'est un ouvrage qui n'a rien d'extraordinaire, et que toute armée moderne eût pu faire aussi facilement. Il ne voulut pas passer sur un pont de bateaux, parce qu'il craignait la perfidie des Gaulois, et que ce pont ne vînt à se rompre. Il en construisit un sur pilotis en dix jours; il le pouvait faire en peu de temps : le Rhin, à Cologne, a trois cents toises; c'était dans la saison de l'année où il est le plus bas; probablement qu'il n'en avait pas alors deux cent cinquante. Ce pont pouvait avoir cinquante travées, qui, à cinq pilots par travée, font deux cent cinquante pilots, avec six sonnettes; il a pu les enfoncer en six jours; c'est l'opération la plus difficile; le placement des chapeaux et la construction du tablier sont des ouvrages qui se font en même temps : ils sont d'une nature bien plus facile. Au lieu de mettre ces cinq pilots comme il les a placés, il eût été préférable de les planter tous les cinq à la suite les uns des autres, à trois pieds de distance, en les couronnant tous par un chapeau de dix-huit à vingt pieds de long. Cette manière a l'avantage que si un des pilots est emporté, les quatre autres résistent et soutiennent les travées. NAPOLÉON.

(4) Les deux incursions que tenta César dans cette campagne étaient toutes les deux prématurées et ne réussirent ni l'une ni l'autre. Sa conduite envers les peuples de Berg et de Zutphen est contre le droit des gens. C'est en vain qu'il cherche dans ses mémoires à colorer l'injustice de sa conduite. Aussi Caton la lui reprochait-il amèrement. Cette victoire contre les peuples de Zutphen a été du reste peu glorieuse; car quand même ceux-ci eussent passé le Rhin effectivement au nombre de 430,000 âmes, cela ne leur donnerait pas plus de 80,000 combattants, incapables de tenir tête à huit légions soutenues par les troupes auxiliaires et gauloises qui avaient tant d'intérêt à défendre leur territoire. NAPOLÉON.

(5) César ne désigne ici ni le port d'où il partit, ni celui à distance de huit milles où sa cavalerie devait s'embarquer; il est vraisemblable que le port d'où devait s'effectuer le départ du gros de l'armée était celui de *Wissan*, et l'autre désigné pour l'embarquement de la cavalerie, Boulogne.

(6) Cette expression, *la fortune de César*, était familière au vainqueur des Gaules, et rappelle son mot célèbre au patron de la barque qui le conduisait à Brindes, pendant un violent orage : *Que crains-tu ? Tu portes César et sa fortune.*

(7) César échoua dans son incursion en Allemagne, puisqu'il n'obtint pas que la cavalerie de l'armée vaincue lui fût remise, pas plus qu'aucun acte de soumission des Suèves, qui au contraire le bravèrent. Il échoua également dans son incursion en Angleterre. Deux légions n'étaient plus suffisantes, il lui en eût fallu au moins quatre. et il n'avait pas de cavalerie, arme qui était indispensable dans un pays comme l'Angleterre. Il n'avait pas fait assez de préparatifs pour une expédition de cette importance : elle tourna à sa confusion, et on considéra comme un effet de la bonne fortune qu'il s'en était retiré sans perte. NAPOLÉON.

On fit plus; le départ nocturne et précipité de la flotte, de quelques raisons que César ait cherché à le colorer, fut regardé comme une fuite, en Gaule, à Rome même (V. Lucan. *Phars.* l. II, v. 572; Sueton. *in Cæs.* n. 25), mais surtout en Bretagne. La tradition poétique et historique des Kimris-Bretons en perpétua religieusement le souvenir ; elle raconta avec orgueil comment les *Césariens* avaient abordé en conquérants l'île de Prydain, pour la quitter en fugitifs. « Ils disparurent, dit un vieux narra- » teur, comme disparaît sur le sable du rivage la neige » qu'a touchée le vent du midi. » (*Hist. des Gaulois*, 2e partie, ch. 7.)

LIVRE CINQUIÈME.

(1) Les Romains appelaient la Méditerranée *notre mer.*

(2) L'Illyrie faisait partie du gouvernement de César, avec la Gaule Cisalpine et toute la Gaule Transalpine.

(3) Les traditions bretonnes mentionnent, quoique sous un autre nom (*androg. afarwy*), le jeune fugitif parmi les traîtres qui firent le malheur de l'île, et dont le souvenir devait être poursuivi d'âge en âge par la malédiction publique. (Camden. *Histor. britan.* — Trioedd. — *Early History of the Bretoas*, by Roberts).

(4) La seconde expédition de César en Angleterre n'a pas eu une issue plus heureuse que la première, puisqu'il n'y a laissé aucune garnison ni aucun établissement, et que les Romains n'en ont pas été plus maîtres après qu'avant. NAPOLÉON.

De cette seconde expédition pour laquelle il avait déployé un appareil de forces si imposant, César ne retira d'autre gain que quelques bandes d'esclaves (l. v. c. 23), et des perles bretonnes, dont il envoya à Rome une grande quantité (Sueton. *in Cæs.* n. 47); quant au tribut annuel imposé à Cassivellaun, il ne fut jamais payé. Il y a apparence (Tacit. *Agricola*, XIII) qu'il ne le fut même pas après les conquêtes de Claude et au temps de Vespasien. En un mot, César, selon l'expression d'un écrivain ancien, ne fit que mettre deux fois le pied en Bretagne (Vell. Paterc. l. II, c. 46); et, suivant celle de Tacite (loc. cit.), que montrer ce pays à ceux qui pourraient s'en emparer un jour : *Ostendisse posteris, non tradidisse.*

(5) Ce Quintus Cicéron était le frère de l'orateur.

(6) L. Munatius Plancus fut, plus tard, le fondateur de la ville de Lyon, qu'il ne bâtit, dit-on, pendant la lutte de César et de Pompée, que pour en attendre l'issue et se ranger du parti du vainqueur. Il s'attacha donc à César, ensuite à Antoine, qu'il quitta pour Octave. Velleius Paterculus (lib. L c. 85) le dépeint sous les plus odieuses couleurs, *obscænissimarum rerum et auctor et minister*. Horace lui a adressé l'ode qui commence par ces mots : *Laudabunt alii.* (lib. I. od. 7.)

(7) Les Gaulois n'aimaient pas les rois imposés par les étrangers. NAPOLÉON.

(8) Ce Cn. Pompée était le fils aîné du grand Pompée et le frère de Sextus. Il périt en Espagne après la bataille de Munda.

(9) Les Romains avaient pour maxime de ne point accepter de conditions dictées par un ennemi sous les armes, et nous voyons (même livre, c. LI), Q. Cicéron l'observer au milieu du plus grand danger.

(10) Le massacre des légions de Sabinus est le premier échec considérable que César ait reçu en Gaule. NAPOLÉON.

(11) L'habillement commun à toutes les tribus de la Gaule se composait d'un pantalon ou *braie* (braca, braga, brykan, cymr. *bragu*, armor.), très large chez les Belges, plus étroit chez les galls méridionaux; d'une chemise à manches, d'étoffe rayée, descendant au milieu des cuisses, et d'une casaque ou *saie* (sagum-sae, armor.), rayée comme la chemise ou bariolée de fleurs, de disques, de figures de toute espèce; et, chez les riches, superbement brodée d'or et d'argent : elle couvrait le dos et les épaules, et s'attachait sous le menton avec une agrafe en métal. Les dernières classes du peuple la remplaçaient par une peau de bête fauve ou de mouton, ou par une espèce de couverture en laine grossière, appelée dans les dialectes gallo-kimriques *linn* ou *lenn*: *lein* (gaël.); une casaque de soldat, (armstr. dict. *Len* armor.), une couverture. (Histoire des Gaulois, part. 2. chap. 1.)

(12) Les Gaulois nommaient *cateïes* ces dards enflammés. En langue gallique *gath-teh* a cette signification (Armstr. gaël. dict.).

(13) Au moment où la dépêche partit du camp de Cicéron, il y avait plus de sept jours que le siège était commencé, il y en avait au moins douze que le corps d'armée de Sabinus et de Cotta avait été détruit; et cependant César n'avait encore aucune nouvelle ni de l'un ni de l'autre événement; il ne les apprit que par la lettre de Cicéron. Ce fait qu'on rejetterait comme incroyable, si César lui-même ne l'attestait (c. 45, 46) ne peut s'expliquer que par une interruption rigoureuse des communications dans les cités de la Belgique, même dans celles qui restaient encore paisibles; ce qui dénotait un accord effrayant, pour les Romains, entre presque toutes les nations du Nord. A la lecture de la dépêche, César fut saisi d'une violente douleur, il jura de ne plus couper sa barbe ni ses cheveux, que le meurtre de ses deux lieutenants et le désastre de leurs armées ne fussent pleinement vengés. Suéton Jul. Cæs. n. 67. (Histoire des Gaulois, part. II. ch. 7).

(14) Cette lettre était conçue en ces termes : Καῖσαρ Κικέρωνι, θάρρει· προσδέχου βοήθειαν, ce qui peut être rendu en latin par ces mots : Cæsar Ciceroni : Euge, exspecta auxilium.

(15) On voit encore, dans plusieurs endroits de ses Mémoires, que César avait coutume de tout incendier sur son passage.

(16) Cicéron a défendu pendant plus d'un mois avec cinq mille hommes, contre une armée dix fois plus forte, un camp retranché qu'il occupait depuis quinze jours; serait-il possible aujourd'hui d'obtenir un pareil résultat?

Les bras de nos soldats ont autant de force et de vigueur que ceux des anciens Romains : nos outils de pionniers sont les mêmes; nous avons un agent de plus, la poudre. Nous pouvons donc élever des remparts, creuser des fossés, couper des bois, bâtir des tours en aussi peu de temps et aussi bien qu'eux; mais les armes offensives des modernes ont une toute autre puissance et agissent d'une manière toute différente que les armes offensives des anciens.

Les Romains doivent la constance de leurs succès à la méthode dont ils ne se sont jamais départis, de se camper tous les soirs dans un camp fortifié, de ne jamais donner bataille sans avoir derrière eux un camp retranché pour leur servir de retraite et renfermer leurs magasins, leurs bagages et leurs blessés. La nature des armes dans ces siècles était telle, que dans ces camps ils étaient non-seulement à l'abri des insultes d'une armée égale, mais même d'une armée supérieure; ils étaient les maîtres de combattre ou d'attendre une occasion favorable. Marius est assailli par une nuée de Cimbres et de Teutons; il s'enferme dans son camp, y demeure jusqu'au jour où l'occasion se présente favorable); il sort alors précédé par la victoire. César arrive près du camp de Cicéron; les Gaulois abandonnent celui-ci et marchent à la rencontre du premier : ils sont quatre fois plus nombreux. César prend position en peu d'heures, retranche son camp, y essuie patiemment les insultes et les provocations d'un ennemi qu'il ne veut pas combattre encore; mais l'occasion ne tarde pas à se présenter belle; il sort alors par toutes les portes : les Gaulois sont vaincus.

Pourquoi donc une règle si sage, si féconde en grands résultats, a-t-elle été abandonnée par les généraux modernes? Parce que les armes offensives ont changé de nature; les armes de main étaient les armes principales des anciens; c'est avec sa courte épée que le légionnaire a vaincu le monde; c'est avec la pique macédonienne qu'Alexandre a conquis l'Asie. L'arme principale des armées modernes est l'arme de jet, le fusil, cette arme supérieure à tout ce que les hommes ont jamais inventé : aucune arme défensive ne peut en parer l'effet; les boucliers, les cottes de mailles, les cuirasses, reconnus impuissants ont été abandonnés. Avec cette redoutable machine, un soldat peut, en un quart-d'heure, blesser ou tuer soixante hommes; il ne manque jamais de cartouches, parce qu'elles ne pèsent que six gros; la balle atteint à cinq cents toises; elle est dangereuse à cent vingt toises, très-meurtrière à quatre-vingt-dix toises.

De ce que l'arme principale des anciens était l'épée ou la pique, leur formation habituelle a été l'ordre profond. La légion et la phalange, dans quelque situation qu'elles fussent attaquées, soit de front, soit par le flanc droit ou par le flanc gauche, faisaient face partout sans aucun désavantage : elles ont pu camper sur des surfaces de peu d'étendue, afin d'avoir moins de peine à en fortifier les pourtours, et pouvoir se garder avec le plus petit détachement. Une armée consulaire, renforcée par des troupes légères et des auxiliaires, forte de vingt-quatre mille hommes d'infanterie, de dix-huit cents chevaux, et tout près de trente mille hommes, campait dans un carré de trois cent trente toises de côté, ayant treize cent quarante-quatre toises de pourtour, ou vingt et un hommes par toise; chaque homme portant trois pieux ou soixante-trois pieux par toise courante. La surface du camp était de onze mille toises carrées, trois toises et demie par hommes, en ne comptant que les deux tiers des hommes, parce qu'au travail cela donnait quatorze travailleurs par toise courante : en travaillant chacun trente minutes au plus, ils fortifiaient leur camp et le mettaient hors d'insulte.

De ce que l'arme principale des modernes est l'arme de jet, leur ordre habituel a dû être l'ordre mince, qui seul leur permet de mettre en jeu toutes leurs machines de jet. Ces armes atteignent à des distances très-grandes,

les modernes tirent leur principal avantage de la position qu'ils occupent : s'ils dominent, s'ils enfilent, s'ils prolongent l'armée ennemie, elles font d'autant plus d'effet. Une armée moderne doit donc éviter d'être débordée, enveloppée, cernée ; elle doit occuper un camp ayant un front aussi étendu que sa ligne de bataille elle-même ; que si elle occupait une surface carrée et un front insuffisant à son déploiement, elle serait cernée par une armée de force égale, et exposée à tout le feu de ses machines de jet, qui convergeraient sur elle et atteindraient sur tous les points du camp, sans qu'elle pût répondre à un feu si redoutable qu'avec une petite partie du sien. Dans cette position elle serait insultée, malgré ses retranchements, par une armée égale en force, même par une armée inférieure. Le camp moderne ne peut être défendu que par l'armée elle-même ; et, en l'absence de celle-ci, il ne saurait être gardé par un simple détachement.

L'armée de Miltiade à Marathon, ni celle d'Alexandre à Arbelles, ni celle de César à Pharsale, ne pourraient maintenir leur champ de bataille contre une armée moderne d'égale force ; celle-ci ayant un ordre de bataille étendu, déborderait les deux ailes de l'armée grecque ou romaine ; ses fusiliers porteraient à la fois la mort sur son front et sur les deux flancs : car les armés à la légère, sentant l'insuffisance de leurs flèches et de leurs frondes, abandonneraient la partie pour se réfugier derrière les pesamment armés, qui alors, l'épée ou la pique à la main, s'avanceraient au pas de charge pour se prendre corps à corps avec les fusiliers ; mais, arrivés à cent vingt toises, ils seraient accueillis par trois côtés par un feu de ligne qui porterait le désordre et affaiblirait tellement les braves et intrépides légionnaires, qu'ils ne soutiendraient pas la charge de quelques bataillons en colonne serrée, qui marcheraient alors à eux la baïonnette au bout du fusil. Si, sur le champ de bataille, il se trouve un bois, une montagne, comment la légion ou la phalange pourra-t-elle résister à cette nuée de fusiliers qui y seront placés ? Dans les plaines rases même, il y a des villages, des maisons, des fermes, des cimetières, des murs, des fossés, des haies ; et, s'il n'y en a pas, il ne faudra pas un grand effort de génie pour créer des obstacles et arrêter la légion ou la phalange sous le feu meurtrier, qui ne tarde point à la détruire. On n'a point fait mention de soixante ou quatre-vingts bouches à feu qui composent l'artillerie de l'armée moderne, qui prolongeront les légions ou phalanges de la droite à la gauche, de la gauche à la droite ; du front à la queue, vomiront la mort à cinq cents toises de distance. Les soldats d'Alexandre, de César, les héros de la liberté d'Athènes et de Rome fuiront en désordre, abandonnant leur champ de bataille à ces demi-dieux armés de la foudre de Jupiter. Si les Romains furent presque constamment battus par les Parthes, c'est que les Parthes étaient tous armés d'une arme de jet, supérieure à celle des armés à la légère de l'armée romaine ; de sorte que les boucliers des légions ne la pouvaient parer. Les légionnaires, armés de leur courte épée, succombaient sous une grêle de traits, à laquelle ils ne pouvaient rien opposer, puisqu'ils n'étaient armés que de javelots (ou *pilum*). Aussi, depuis ces expériences funestes, les Romains donnèrent cinq javelots (ou *hastes*), traits de trois pieds de long, à chaque légionnaire, qui les plaçait dans le creux de son bouclier.

Une armée consulaire renfermée dans son camp, attaquée par une armée moderne d'égale force, en serait chassée sans assaut et sans en venir à l'arme blanche ; il ne serait pas nécessaire de combler ses fossés, d'escalader ses remparts : environnée de tous côtés par l'armée assaillante, prolongée, enveloppée, enfilée par les feux, le camp serait l'égout de tous les coups, de toutes les balles, de tous les boulets : l'incendie, la dévastation et la mort ouvriraient les portes et feraient tomber les retranchements. Une armée moderne, placée dans un camp romain, pourrait d'abord, sans doute, faire jouer toute son artillerie ; mais, quoique égale à l'artillerie de l'assiégeant, elle serait prise en rouage et promptement réduite au silence ; une partie seule de l'infanterie pourrait se servir de ses fusils : mais elle tirerait sur une ligne moins étendue, et serait bien loin de produire un effet équivalent au mal qu'elle recevrait. Le feu du centre à la circonférence est nul ; celui de la circonférence au centre est irrésistible.

Une armée moderne, de force égale à une armée consulaire, aurait vingt-six bataillons de huit cent quarante hommes, formant vingt-deux mille huit cent quarante hommes d'infanterie ; quarante-deux escadrons de cavalerie, formant cinq mille quarante hommes ; quatre-vingt-dix pièces d'artillerie, servies par deux mille cinq cents hommes. L'ordre de bataille moderne étant plus étendu, exige une plus grande partie de cavalerie pour appuyer les ailes, éclairer le front. Cette armée en bataille, rangée sur trois lignes, dont la première serait égale aux deux autres réunies, occuperait un front de quinze cents toises, sur cinq cents toises de profondeur ; le camp aurait un pourtour de quatre mille cinq cents toises, c'est-à-dire triple de l'armée consulaire ; elle n'aurait que sept hommes par toise d'enceinte ; mais elle aurait vingt-cinq toises carrées par homme ; l'armée tout entière serait nécessaire pour le garder. Une étendue aussi considérable se trouvera difficilement sans qu'elle soit dominée à portée de canon par une hauteur : la réunion de la plus grande partie de l'artillerie de l'armée assiégeante sur ce point d'attaque détruirait promptement les ouvrages de campagne qui forment le camp. Toutes ces considérations ont décidé les généraux modernes à renoncer au système des camps retranchés, pour y suppléer par celui des *positions naturelles* bien choisies.

Un camp romain était placé indépendamment des localités : toutes étaient bonnes pour des armées dont toute la force consistait dans les armes blanches ; il ne fallait ni coup d'œil ni génie militaire pour bien camper : au lieu que le choix des positions, la manière de les occuper et de placer les différentes armes, en profitant des circonstances du terrain, est un art qui fait une partie du génie du capitaine moderne.

La tactique des armées modernes est fondée sur deux principes : 1° qu'elles doivent occuper un front qui leur permette de mettre en action avec avantage toutes les armes de jet ; 2° qu'elles doivent préférer, avant tout, l'avantage d'occuper des positions qui dominent, prolongent, enfilent les lignes ennemies, à l'avantage d'être couvert par un fossé, un parapet ou toute autre pièce de la fortification de campagne.

La nature des armes décide de la composition des armées, des places de campagne, des marches, des positions, du campement, des ordres de bataille, du tracé et des profils des places fortes ; ce qui met une opposition constante entre le système de guerre des anciens et celui des modernes. Les armes anciennes voulaient l'ordre profond ; les modernes l'ordre mince ; les unes, des places fortes saillantes ayant des tours et des murailles élevées ;

les autres, des places rasantes, couvertes par des glacis de terre qui masquent la maçonnerie; les premières, des camps resserrés, où les hommes, les animaux et les magasins étaient réunis comme dans une ville; les autres, des positions étendues.

Si on disait aujourd'hui à un général : vous aurez, comme Cicéron, sous vos ordres cinq mille hommes, seize pièces de canon, cinq mille outils de pionniers, cinq mille sacs à terre; vous serez à portée d'une forêt, dans un terrain ordinaire; dans quinze jours vous serez attaqué par une armée de soixante mille hommes, ayant cent vingt pièces de canon; vous ne serez secouru que quatre-vingts ou quatre-vingt-seize heures après avoir été attaqué; quels sont les ouvrages, quels sont les tracés, quels sont les profils que l'art lui prescrit? L'art de l'ingénieur a-t-il des secrets qui puissent satisfaire à ce problème. NAPOLÉON.

(17) On a pu remarquer dans les livres précédents que César allait passer l'hiver dans la partie de l'Italie qu'on appelait Gaule cisalpine.

(18) L'expulsion de Cavarin par les Senons (ch. LIV) et le meurtre de Tasget par les Carnutes (ch. XXV).

(19) César s'était servi du même stratagème contre les Nerves (ch. XLIX).

(20) La Meuse qui séparait les Trévires des Rèmes.

LIVRE SIXIÈME.

(1). On sait ce qu'était l'*amitié* de ces deux hommes et surtout ce qu'elle devint. Quant au *besoin de la république*, Caton était loin de considérer le prêt fait par Pompée à César comme une chose utile à l'état, lorsqu'il disait en plein sénat : « Pompée vient de prêter une légion à César sans que l'un vous l'ait demandée, et sans que l'autre ait obtenu votre consentement pour la donner ; en sorte que des corps de six mille hommes, avec armes et chevaux, sont des présents d'amitié entre particuliers. » (Plutarque, *Vie de Caton*.)

(2) L'infanterie romaine se trouva ainsi forte de dix légions.

(3) Les Romains appelaient *suggestus* une tribune d'où l'on haranguait le peuple ou les soldats ; ce mot ne peut signifier ici que le siége du président.

(4) Ce nom signifiait *hommes des chênes*: *Derwyld*, *Derwyddon*, en langue kimrique.

V. pour l'organisation du sacerdoce druidique le bel ouvrage de M. Am. Thierry. *Hist. des Gaulois*. part. II, ch. I.

(5) V. Mela ; lib. III, c. II; Amm. Marcell., lib. V, c. IX ; Valer. Max., lib. II, c. IX.

(6) V. Strabon ; lib. IV.

(7) V. Tacite ; *de Germ.*, c. II.

(8) V. Mela ; lib. III, c. II.

(9) V. Cæsar; *de Bell. gall.* ibid, lib. IV; c. I. Tacite. *de Germ.*, c. XVI.

(10) V. Tacite ; *ibid.* c. XXI.

(11) Bibliothécaire d'Alexandrie sous Ptolémée Evergète, souvent cité par Strabon, et dont les ouvrages ne sont pas parvenus jusqu'à nous.

(12) V. Cuvier ; *Recherches sur les ossemens fossiles*, 3e partie, ch. III, 1re section, art. 1er. « Ce bœuf n'était, dit-il, autre chose qu'un renne mal décrit. »

(13) Cuvier ; *ibid.* Ce défaut de jointures est une fable encore en vogue dans les pays du nord, et qui tient sans doute à la raideur que cet animal a quelquefois dans les jambes, ou à l'opinion où est le peuple qu'il est sujet à l'épilepsie; opinion qui, elle-même, ne tient peut-être qu'à l'équivoque de son nom *elend*, qui signifie aussi *misérable*.

(14) Le *bœuf sauvage velu* des anciens, nommé *aurochs* par les Allemands de Prusse, et *zubr* par les Polonais. (V. Cuvier ; *ibid.*, 3e partie, ch. III, 1re sect., art. 1er.)

(15) Le second passage du Rhin qu'effectua César n'a pas eu plus de résultat que le premier ; il ne laissa aucune trace en Allemagne ; il n'osa pas même établir une forteresse en forme de tête de pont. Tout ce qu'il raconte de ces pays, les idées obscures qu'il en a, font connaître à quel degré de barbarie était encore alors réduite cette partie du monde aujourd'hui si civilisée. NAPOLÉON.

(16) Ce L. Minucius Basilus est placé par Suétone (Vie de Galba) au nombre des meurtriers de César.

(17) « César, dit M. Am. Thierry, prétend que l'homme maudit par Cativolke était Ambiorix ; mais nous pouvons croire, en toute sûreté de conscience, que les imprécations du vieillard gaulois s'adressaient plutôt à l'étranger contre qui Ambiorix n'avait fait que remplir son devoir de chef patriote et de Gaulois. »

Quelques auteurs ont expliqué ces mots du texte *taxo se exanimarit*, comme signifiant que Cativolke s'était donné la mort *en se pendant à un if*. Mais César a certainement voulu dire qu'il s'était *empoisonné avec de l'if*; les anciens regardaient cet arbre comme vénéneux (Pline. lib. XVI, cap. 10; Virgil., *Buc.*, ecl. IX, v. 50); et cette opinion, quoique contestée, est encore généralement admise.

(18) L'Escaut ne se jette pas aujourd'hui dans la Meuse, mais dans la mer d'Allemagne. Il y a apparence que, du temps de César, la Meuse communiquait avec l'Escaut oriental (la branche qui passe près de Berg-op-zoom) par un lit différent de son lit actuel.

LIVRE SEPTIÈME.

(1) L'auteur de ce meurtre était Milon, dont Cicéron entreprit la défense, et pour lequel il composa le plaidoyer que nous connaissons sous le titre de *oratio pro Milone*.

(2) Dans les dangers subits et imminents, le consul, levant un étendard, s'écriait : quiconque veut le salut de la république me suive, et les citoyens qui avaient répondu à cet appel prêtaient le serment tous ensemble, *conjurabant*, et non à part, suivant l'usage. (V. l. I, note 8.)

(3) Le nom de Vercingetorix, comme celui de Cingétorix, cité plus haut (l. V. c. III) paraît n'avoir été qu'un titre de commandement et signifiait grand capitaine, généralissime (*Ver-cin-cédo-righ*) : Nous ignorons le nom personnel de ce jeune chef des Arvernes.

(4) C'était aussi la manière des Germains. *Si displicuit sententia, fremitu adspernantur; sin placuit, frameas concutiunt.* (Tacite, *de Germ.*)

(5) V. l. I, ch. XII, note.

(6) Le scorpion, dont le nom est employé dans notre texte (*scorpio*), était une arbalète de forte dimension, se montant par le moyen d'un cric et classée parmi les machines de guerre et non parmi les armes simplement portatives. Le trait que lançait le scorpion était beaucoup plus court que le javelot ; mais la force de sa projection le rendait plus meurtrier.

(7) *Cuneatim*, en forme de coin, du nom de l'instru-

ment qu'on introduit dans le bois pour le fendre. V. le chevalier Folard, ch. v de son *Traité de la colonne*, où il analyse l'*embolon* et le *cuneus* des anciens.

(8) Le vergobret. *V*. l. I, ch. XVI.

(9) On possède plusieurs médailles de Litavic ou Litavicus; les unes portent LIT.; les autres LITAV. ou LITAVI.

(10) Ce nom est orthographié *Eporedirix* dans une inscription trouvée en 1792 dans les fondements du château de Bourbon-Lancy, et rapportée par Millin, *Monum. ined.* t. 1, p. 146.

(11) « César prétend, dit M. Am. Thierry, qu'il n'avait voulu faire qu'une fausse attaque sur la ville, et qu'après la prise du camp de Teutomar, il fit sonner la retraite : mais les détails même de sa narration, confirmés par le témoignage de tous les autres historiens, prouvent suffisamment qu'il tenta une attaque sérieuse et qu'il fut battu. »

(12) Ce L. César suivit plus tard le parti de Pompée.

(13) *V*. l. I, c. XLVIII.

(14) Les *evocati* étaient des soldats émérites qu'on rappelait sous les drapeaux, comme ayant une longue expérience du métier des armes. On leur donnait un cheval, et ils étaient reçus dans les légions sur le même pied que les centurions, quoique avec des attributions différentes.

(15) César courut les plus grands dangers dans ce combat. Enveloppé par un gros de cavaliers arvernes, il fut presque pris, et son épée resta entre leurs mains. (Plut., *in Cæs.*)

(16) On pense que cet Eporédorix était le père de celui dont il est question au ch. LIV.

(17) Alésia, renommée parmi les forteresses de la Gaule, jouissait de plus d'un genre de célébrité ; les vieilles traditions galliques, d'accord avec les traditions phéniciennes et grecques (*V*. l'*Hist. des Gaulois*, par M. Am. Thierry, part. 1, ch. 1), lui donnaient pour fondateur Hercule, ou plutôt le peuple tyrien dont ce dieu conquérant était le symbole. (Diodor. Sic., l. IV.)

Le siége d'Alise est, selon Plutarque, le fait d'armes « qui acquit à César la gloire la mieux méritée, et celui de tous ses exploits où il se montra le plus d'audace et d'habileté. » Velleius Paterculus en parle en termes encore plus pompeux, lorsqu'il dit qu'il fallait être plus qu'homme pour tenter ce que César fit à Alise, et presqu'un dieu pour l'exécuter. *Quanta audere vix hominis, perficere, pene nullius, nisi dei, fuerit.* (Lib. II, c. XLVII.)

(18) *Maceria* était un mur de pierres sèches ou non cimentées.

(19) Est-il vrai que Vercingétorix s'était renfermé avec quatre-vingt mille hommes dans la ville, qui était d'une médiocre étendue ? Lorsqu'il renvoie sa cavalerie, pourquoi ne pas renvoyer les trois quarts de son infanterie ? Vingt mille hommes étaient plus que suffisants pour renforcer la garnison d'Alise, qui est un mamelon élevé, qui a trois mille toises de pourfour, et qui contenait, d'ailleurs, une population nombreuse et aguerrie. Il n'y avait dans la place des vivres que pour trente jours ; comment donc enfermer tant d'hommes inutiles à la défense, mais qui devaient hâter la reddition ? Alise était une place forte par sa position ; elle n'avait à craindre que la famine. Si, au lieu de quatre-vingt mille hommes, Vercingétorix n'eût eu que vingt mille hommes, il eût eu pour cent vingt jours de vivres, tandis que soixante mille hommes tenant la campagne eussent inquiété les assiégeants. Il fallait plus de cinquante jours pour réunir une nouvelle armée gauloise, et pour qu'elle pût arriver au secours de la place. Enfin, si Vercingétorix eût eu quatre-vingt mille hommes, peut-on croire qu'il se fût renfermé dans les murs de la ville ? Il eût tenu les dehors à mi-côte et fût resté campé, se couvrant de retranchements, prêt à déboucher et à attaquer César.

NAPOLÉON.

(20) Ce premier fossé était ce qu'en termes de l'art on appelle un *fossé perdu*.

(21) C'est ce que nous appelons *chevaux de frise*.

(22) Il paraîtrait, d'après les noms divers donnés par les soldats à ces ouvrages, qu'ils étaient nouveaux pour eux.

NAPOLÉON.

(23) Les ouvrages de César étaient considérables ; l'armée eut quarante jours pour les construire, et les armes offensives des Gaulois étaient impuissantes pour détruire de pareils obstacles. Un pareil problème pourrait-il être résolu aujourd'hui ? Cent mille hommes pourraient-ils bloquer une place par des lignes de contrevallation, et se mettre en sûreté contre les attaques de cent mille hommes der rière sa circonvallation ?

NAPOLÉON.

(24) *V*. l. IV, ch. XXI.

(25) L'armée de secours était, dit César, de deux cent quarante mille hommes ; elle ne campe pas, ne manœuvre pas comme une armée si supérieure à celle de l'ennemi, mais comme une armée égale. Après deux attaques, elle détache soixante mille hommes pour attaquer la hauteur du nord : ce détachement échoue, ce qui ne devait pas obliger l'armée à se retirer en désordre.

NAPOLÉON.

(26) *V*. l. I, cap. XXV, n. 19.

(27) C'était le *paludamentum* ou manteau de pourpre.

(28) « Vercingétorix, dit M. Am. Thierry, n'attendit pas que les centurions romains le traînassent pieds et poings liés aux genoux de César. Montant sur son cheval enharnaché comme dans un jour de bataille, revêtu lui-même de sa plus riche armure, il sortit de la ville et traversa au galop l'intervalle des deux camps, jusqu'au lieu où siégeait le proconsul. Soit que la rapidité de sa course l'eût emporté trop loin, soit qu'il ne fît par là qu'accomplir un cérémonial usité, il tourna en cercle autour du tribunal (Plut., *in Cæs.*), sauta de cheval, et, prenant son épée, son javelot et son casque, il les jeta aux pieds du Romain (Plut., *ib.* ; Dio. Cass., l. XL), sans prononcer une parole. Ce mouvement de Vercingétorix, sa brusque apparition, sa haute taille, son visage fier et martial (Dio. Cass., *ib.*), causèrent parmi les spectateurs un saisissement involontaire. »

César fut surpris et presque effrayé Il garda le silence quelques instants ; mais bientôt, éclatant en accusations et en invectives, il reprocha au Gaulois « son ancienne amitié, ses bienfaits, dont il l'avait si mal payé » ; puis il fit signe à ses licteurs de le garrotter et de l'entraîner dans le camp. Vercingétorix souffrit tout en silence. Les lieutenants, les tribuns, les centurions qui entouraient le proconsul, les soldats même paraissaient vivement émus (Dio. Cass., *ib.*). Le spectacle d'une si grande et si noble infortune parlait à toutes les âmes ; César seul resta froid et cruel. Vercingétorix fut conduit à Rome et plongé dans un cachot infect, où il attendit pendant six ans que le vainqueur vînt étaler au Capitole l'orgueil de son triomphe ; car ce jour-là seulement le patriote gaulois devait trouver, sous la hache du bourreau, la fin de son humiliation et de ses souffrances. (Dio. Cass. *ibid.*)

(29) Dans cette campagne, César a donné plusieurs batailles et fait trois grands siéges, dont deux lui ont

réussi; c'est la première fois qu'il a eu à combattre les Gaulois réunis. Leur résolution, le talent de leur général Vercingétorix, la force de leur armée, tout rend cette campagne glorieuse pour les Romains. Ils avaient dix légions, ce qui, avec la cavalerie, les auxiliaires, les Allemands, les troupes légères, devait faire une armée de quatre-vingt mille hommes. La conduite des habitants de Bourges, celle de l'armée de secours, la conduite des Clermontais, celle des habitants d'Alise, font connaître à la fois la résolution, le courage des Gaulois et leur impuissance par le manque d'ordre, de discipline et de conduite militaire. NAPOLÉON.

LIVRE HUITIÈME.

(1) Ce livre a été attribué par les uns à Hirtius, par quelques autres à un certain Oppius. L'opinion est aujourd'hui fixée en faveur d'Hirtius. Très-dévoué à César, il vivait aussi dans la familiarité de Cicéron, qui le cite (lib. XI, ad Fam., epist. 16) *Hirtium ego et Dolabellam dicendi discipulos habeo, cœnandi magistros.* Hirtius, consul en l'an 710 de Rome, fut tué cette année même dans un combat contre Antoine.

(2) Ce Balbus est le même pour qui Cicéron composa son plaidoyer *pro C. Balbo.* On lui contestait ses droits de cité, dans lesquels l'orateur romain le fit maintenir. Né à Cadix, Balbus avait servi dans la guerre contre Sertorius, et il avait obtenu la bienveillance de Pompée. Il sut par la suite se rendre agréable à César. Cet Espagnol, d'abord fait citoyen romain par L. Cornelius, fut le premier étranger qui parvint au consulat, et devint, comme le dit V. Paterculus (lib. II, ch. LI), *ex privato consularis.*

(3) Les trois livres sur la guerre civile.

(4) Le troisième de la guerre civile.

(5) C'est à peu près dans les mêmes termes que Cicéron (in *Bruto*, cap. LXXV) s'exprime sur les mémoires de César : *Commentarios scripsit valde quidem probandos; nudi sunt, recti et venusti, omni ornatu orationis tanquam veste detracta; sed dum voluit alios habere parata, unde sumerent qui vellent scribere historiam, ineptis gratum fortasse fecit, qui volent illa calamistris inurere; sanos quidem homines a scribendo deterruit.*

(6) Le *sesterce* valait deux as (ou sous) et demi. Il n'était primitivement que le quart du *nummo* ou denier d'argent.

(7) Ces expressions rappellent celles de Pyrrhus, qui, sur le point de combattre le consul Levinus, et fort étonné de la sagesse de ses dispositions, dit à l'un de ses officiers : « L'ordonnance de ces barbares (il parlait des Romains!) n'est nullement barbare; nous verrons si le reste y répondra.

(8) Toulongeon remarque comme une chose alors inusitée ce retranchement à deux étages ; et, en effet, les sièges décrits dans les sept livres précédents n'en font pas mention. C'était donc, selon toute apparence, une nouvelle invention de César.»

(9) On ne lit rien de semblable dans les mémoires de César; ce ne peut être qu'une méprise d'Hirtius.

(10) Ce lieutenant est le même *Caninius* qui, l'an 707 de Rome, ayant été nommé consul en remplacement de Fabius, ne fut qu'un demi-jour en charge, ce qui donna lieu à beaucoup de plaisanteries attribuées pour la plupart à Cicéron.

(11) Il existe une médaille qui parait se rapporter à ce Duratius ou Durat. Elle porte sur le revers IVLIOS avec un cheval au galop. (Mionnet, *Suppl.*, tom. I, p. 155)

(12) L'on retrouve ce lieutenant Calenus toujours attaché à César, en cette même qualité, dans *la guerre civile* Ce fut à lui qu'Athènes ouvrit ses portes; peu de temps après il fut consul avec Vatinius. Après la mort de César, il s'attacha à Antoine.

(13) Le parti que prit César de faire couper la main à tous les soldats était bien atroce. Il fut clément dans la guerre civile envers les siens, mais cruel et souvent féroce contre les Gaulois. NAPOLÉON.

(14) Dans cette campagne César n'éprouva de résistance que de la part des Beauvoisins; c'est qu'effectivement ces peuples n'avaient pas eu ou n'avaient pris que peu de part à la guerre de Vercingétorix; ils n'eurent que deux cents hommes devant Alise; ils opposèrent plus de résistance, parce qu'ils mirent plus d'habileté et de prudence que n'avaient encore fait les Gaulois; mais les autres Gaulois n'en ont fait aucune en Berri : comme à Chartres tous sont frappés de terreur et cèdent. NAPOLÉON.

(15) Jusqu'alors César n'était allé que l'hiver en Italie, ou il attendait le printemps pour reprendre ses campagnes.

(16) Devenu ensuite l'ennemi de César, il fut un des conjurés.

(17) Labiénus, en effet, suivit le parti de Pompée.

(18) On attribue à César ces paroles qui rendent vraisemblable ce que dit Hirtius de sa confiance dans Labienus : *Insidias undique imminentes subire semel satius esse quam cavere semper.* (Suéton., in *Cæs.*, 86.)

(19) Ce Curion est le même qui, employé plus tard par César comme lieutenant dans la guerre d'Afrique, fut vaincu par Juba, et se fit tuer en combattant à outrance, pour ne pas survivre au déshonneur de sa défaite.

(20) *Discedere in sententiam* était une expression consacrée dans le sénat, et signifiait passer à l'avis d'un sénateur, en abandonnant l'avis opposé. De là : *Discessionem facere*, qui a le même sens; et *discedere in alia omnia*, qu'on rencontrera au chapitre suivant, et qui veut dire embrasser tous les avis qui ne sont pas celui qui est proposé. C'était une coutume en effet, que, comme il eût été trop long de prendre un à un l'avis de tous les sénateurs, après en avoir entendu deux ou trois, les membres de l'assemblée quittant leurs places, passassent sur le banc de ceux dont l'opinion avait obtenu leur assentiment.

(21) C'est-à-dire la Gaule Citérieure ou Césalpine.

(22) Plusieurs manuscrits se terminent après le mot *contendit*. La phrase proposée dans le texte de M. Lemaire, pour remplir cette lacune, est celle-ci : *Contendit per litteras senatus missas, ut etiam Pompeius se imperio abdicaret, seque idem facturum promisit, sin minus se neque sibi, neque patriæ defuturum.* Il demanda par lettres au sénat que Pompée abdiquât le pouvoir, et il promit de l'imiter; ajoutant qu'autrement il ne se manquerait pas à lui-même ni à la patrie.

Quel était l'aspect de la Gaule après la conquête? Quel fut le sort de ses derniers défenseurs? « Qu'on se représente, dit un historien ancien, un malade pâle, décharné, défiguré par une longue fièvre brûlante, qui a tari son sang et abattu ses forces, pour ne lui laisser qu'une soif importune, sans le pouvoir de la satisfaire : voilà l'image de la Gaule épuisée et domptée par César, d'autant plus altérée de la soif ardente de sa liberté perdue, que ce bien précieux semble lui échapper pour jamais. De là ses tentatives aussi fréquentes qu'inutiles et hasardées pour sortir de la servitude; de là de plus grands efforts, de la part du vainqueur irrité, pour lui appesantir le joug; de là l'accroissement du mal, la diminution et la perte enfin de l'espérance même. Ainsi, préférant son malheureux sort au danger des remèdes incertains, et n'osant plus entreprendre de se relever, de peur de tomber dans des calamités plus profondes, elle demeurait sans chaleur, sans mouvement, accablée, non tranquille. » (P. Oros. l. XI, c. xii.)

Un autre historien, biographe de César, résume en ces termes les exploits de son héros dans la Gaule : « Il prit de force plus de huit cents villes, soumit plus de trois cents nations, combattit, en différents temps, contre trois millions d'hommes, sur lesquels un million périt en bataille rangée et un million fut réduit en captivité. » (Plut. *in Cæs.*)

« De tous les généraux qui avaient conduit les Gaulois pendant ces huit campagnes et les avaient commandés dans la défense de leur liberté, deux seulement survécurent à la guerre : Comius (Comm), d'abord allié et intime ami de César, qui seconda tous ses projets en Gaule et en Angleterre, et qui devint un implacable ennemi lorsqu'il fut convaincu que les Romains en voulaient à la liberté de son pays; mais, désarmé, il continua à vivre éloigné de la vue de tout Romain. Le second est Ambiorix, chef du pays de Liége, qui avait commandé les Belges, massacré les légions de Sabinus, assiégé le camp de Cicéron, et depuis soutenu constamment la guerre; il mourut ignoré, mais libre. »   Napoléon.

COMMENTAIRES

SUR

LA GUERRE CIVILE.

LIVRE PREMIER.

1. Les lettres de C. César ayant été remises par Fabius aux consuls, ce ne fut qu'avec beaucoup de peine et sur les vives instances des tribuns (1) du peuple qu'on obtint d'eux qu'il en fût fait lecture dans le sénat; mais, quand il fut proposé que le sénat délibérât sur le contenu de ces lettres, on ne put l'obtenir. Les consuls (2) ne parlent que du danger de la république. Le consul L. Lentulus promet de défendre la république et le sénat, si l'on opine hardiment et courageusement; « mais, si l'on ne cherche qu'à ménager César et à gagner ses bonnes grâces, comme on a fait jusqu'alors, il ne prendra conseil que de lui-même et ne déférera plus à l'autorité du sénat; il a, lui aussi, un asile dans l'amitié de César. » Scipion (5) parle dans le même sens. « Pompée, dit-il, est prêt à soutenir la république, pourvu que le sénat le seconde; mais, si l'on hésite, si l'on agit mollement, ce sera en vain que plus tard le sénat implorera son secours. »

II. Ce discours de Scipion, tenu dans Rome en plein sénat, tandis que Pompée était aux portes de la ville, semblait sorti de la bouche même de Pompée. Quelques-uns avaient proposé des avis plus modérés. Ainsi, d'abord, M. Marcellus (4), parlant sur ce sujet, demanda qu'on ne fît au sénat aucun rapport sur cette affaire avant d'avoir levé par toute l'Italie une armée à l'abri de laquelle le sénat pût librement et sans crainte ordonner ce qui lui plairait; ainsi M. Calidius voulait que Pompée se rendît dans les provinces de son gouvernement pour ôter tout prétexte de guerre, parce que César, à qui l'on avait retiré deux légions, pouvait craindre qu'on ne les employât contre lui tant que Pompée les retiendrait

LIBER PRIMUS.

I. Litteris a Fabio C. Cæsaris Consulibus redditis, ægre ab iis impetratum est, summa tribunorum plebis contentione, ut in senatu recitarentur; ut vero ex litteris ad senatum referretur, impetrari non potuit. Referunt Consules de republica. L. Lentulus Consul « senatu reique publicæ se non defuturum pollicetur, si audacter ac fortiter sententias dicere velint : sin Cæsarem respiciant, atque ejus gratiam sequantur, ut superioribus fecerint temporibus, se sibi consilium capturum, neque senatus auctoritati obtemperaturum; habere se quoque ad Cæsaris gratiam atque amicitiam receptum. In eamdem sententiam loquitur Scipio : « Pompeio esse in animo, reipublicæ non deesse, si senatus sequatur; sin cunctetur, atque agat lenius, nequidquam ejus auxilium, si postea velit, senatum imploraturum. »

II. Hæc Scipionis oratio, quod senatus in urbe habebatur, Pompeiusque aderat, ex ipsius ore Pompeii mitti videbatur. Dixerat aliquis leniorem sententiam, ut primo, M. Marcellus, ingressus in eam orationem, non oportere ante de ea re ad senatum referri, quam delectus tota Italia habiti, et exercitus conscripti essent; quo præsidio tuto et libere senatus, quæ vellet, decernere auderet : ut M. Calidius, qui censebat, ut Pompeius in suas provincias proficisceretur, ne qua esset armorum causa : ti-

aux portes de Rome; ainsi, encore, M. Rufus avait, à peu de chose près, opiné comme Calidius. Mais tous les trois furent fortement réprimandés par le consul L. Lentulus, qui même refusa de mettre aux voix l'avis de Calidius. Marcellus, effrayé par ces reproches, retira le sien. Ainsi les cris du consul, la présence d'une armée, les menaces des amis de Pompée entraînent la plupart des sénateurs et les forcent, malgré eux, à se ranger à l'avis de Scipion. L'on décrète « que César licenciera son armée dans un délai prescrit; et que, s'il y manque, il sera déclaré ennemi de la république. » M. Antonius et Q. Cassius (5), tribuns du peuple, s'opposent au décret. Un rapport est fait aussitôt sur l'opposition des tribuns : on ouvre des avis pleins de violence; et plus les mesures qu'on propose sont acerbes et cruelles, plus on est applaudi par les ennemis de César.

III. Sur le soir, au sortir de l'assemblée, Pompée mande tous les sénateurs. Il loue les uns et les encourage pour l'avenir; il réprimande et excite ceux qui se sont montrés timides. En même temps il rappelle de tous côtés un grand nombre de vétérans de ses armées, par l'espoir des récompenses et de l'avancement; et la plupart des soldats des deux légions envoyées par César sont également appelés sous les drapeaux. Rome est remplie de gens de guerre. Le tribun du peuple C. Curion invoque le droit des comices. Les amis des consuls, les partisans de Pompée, tous ceux qui avaient de vieilles inimitiés contre César, se rendent en foule au sénat : par leurs cris et par leur concours, ils intimident les faibles, rassurent ceux qui hésitent, enfin enlèvent au plus grand nombre le pouvoir d'exprimer franchement leur opinion. Le censeur L. Pison (6) offre d'aller vers César pour l'informer de ce qui se passe; le préteur L. Roscius (7) fait la même proposition : ils ne demandent pour cela qu'un délai de six jours. Quelques-uns même sont d'avis qu'on envoie à César des députés qui lui exposent la volonté du sénat.

IV. Ces divers avis sont rejetés; on oppose à chacun d'eux le discours du consul, de Scipion et de Caton. D'anciennes inimitiés et le chagrin d'un refus (8) animent Caton contre César. Lentulus, accablé de dettes, espère obtenir une armée, des provinces, compte sur les largesses des rois qui désirent notre alliance, et se vante parmi ses amis d'être un autre Sylla, qui arrivera un jour à l'empire. Scipion se flatte également d'avoir une province et une armée, dont il partagera le commandement avec Pompée dont il est l'ami : ajoutez à cela la crainte d'un jugement, l'intérêt de sa vanité, et la faveur des hommes qui avaient alors le plus de pouvoir dans la république et dans les tribunaux. Pompée lui-même, excité par les ennemis de César, et ne voulant pas avoir d'égal, s'était séparé entièrement de lui, et réconcilié avec leurs ennemis communs, qu'il avait attirés en grande partie à César dans le temps de leur alliance. D'ailleurs, honteux de sa conduite peu loyale par rapport aux deux légions destinées pour l'Asie et la Syrie, et qu'il avait retenues pour éta-

---

mere Cæsarem, abreptis ab eo II legionibus, ne ad ejus periculum reservare et retinere eas ad urbem Pompeius videretur : ut M. Rufus, qui sententiam Calidii, paucis fere mutatis rebus, sequebatur. Hi omnes, convicio L. Lentuli Consulis correpti, exagitabantur. Lentulus sententiam Calidii pronunciaturum se omnino negavit. Marcellus, perterritus conviciis, a sua sententia discessit. Sic vocibus Consulis, terrore præsentis exercitus, minis amicorum Pompeii, plerique compulsi, inviti et coacti Scipionis sententiam sequuntur : « uti ante certam diem Cæsar exercitum dimittat : si non faciat, eum adversus rempublicam facturum videri. » Intercedit M. Antonius, Q. Cassius, Tribuni plebis. Refertur confestim de intercessione tribunorum. Dicuntur sententiæ graves. Ut quisque acerbissime crudelissimeque dixit, ita quam maxime ab inimicis Cæsaris collaudatur.

III. Misso ad vesperum senatu, omnes qui sunt ejus ordinis, a Pompeio evocantur. Laudat Pompeius, atque in posterum confirmat; segniores castigat atque incitat. Multi undique ex veteribus Pompeii exercitibus spe præmiorum atque ordinum evocantur : multi ex duabus legionibus, quæ sunt traditæ a Cæsare, arcessuntur. Completur urbs; at jus comitiorum tribunus plebis C. Curio evocat. Omnes amici Consulum, necessarii Pompeii atque eorum qui veteres inimicitias cum Cæsare gerebant, in senatum coguntur : quorum vocibus et concursu terrentur infirmiores, dubii confirmantur: plerisque vero libere decernendi potestas eripitur. Pollicetur L. Piso Censor, sese iturum ad Cæsarem; item L. Roscius Prætor, qui de his rebus eum doceant : sex dies ad eam rem conficiendam spatii postulant. Dicuntur etiam a nonnullis sententiæ, ut legati ad Cæsarem mittantur, qui voluntatem senatus ei proponant.

IV. Omnibus his resistitur, omnibusque oratio Consulis, Scipionis, Catonis opponitur. Catonem veteres inimicitiæ Cæsaris incitant, et dolor repulsæ. Lentulus æris alieni magnitudine, et spe exercitus ac provinciarum et regum appellandorum largitionibus movetur; seque alterum fore Sullam inter suos gloriatur, ad quem summa imperii redeat. Scipionem eadem spes provinciæ atque exercituum impellit, quos sə pro necessitudine partiturum cum Pompeio arbitratur; simul judiciorum metus, adulatio, atque ostentatio sui et potentium, qui in republica judiciisque tum plurimum pollebant. Ipse Pompeius, ab inimicis Cæsaris incitatus, et quod neminem secum dignitate exæquari volebat, totum se ab ejus amicitia averterat, et cum communibus inimicis in gratiam redierat, quorum ipse maximam partem illo affinitatis tempore injunxerat Cæsari. Simul infamia duarum legionum permotus, quas ab itinere Asiæ Syriæque ad suam poten-

blir par elles son pouvoir et sa domination, il souhaitait qu'on en vînt aux armes.

V. Par ces motifs, tout se décide à la hâte et en tumulte ; on ne donne pas le temps aux parents de César de l'avertir ; on ne laisse pas aux tribuns du peuple le moyen de détourner le péril qui les menace, ou de faire valoir leur dernier privilége, le droit d'opposition que L. Sylla avait respecté. Ils sont forcés, dès le septième jour, de songer à leur sûreté ; or, auparavant, les tribuns les plus séditieux ne rendaient aucun compte et n'étaient pas inquiétés avant le huitième mois. Enfin on a recours à ce sénatus-consulte, qui, par son importance, venait le dernier de tous, alors que Rome était, pour ainsi dire, menacée d'incendie, et que chacun désespérait de son salut : « Que les consuls, les préteurs, les tribuns du peuple, et les consulaires qui sont près de Rome, veillent à ce que la république ne reçoive aucun dommage. » Ce décret fut rendu le sept des ides de janvier. Ainsi, des cinq premiers jours du consulat de Lentulus où le sénat put s'assembler, deux furent employés à la tenue des comices, et le reste à porter les décrets les plus hautains et les plus durs contre l'autorité de César et contre les tribuns du peuple, si dignes de respect. Les tribuns du peuple s'enfuient aussitôt de la ville et se rendent près de César. Celui-ci était alors à Ravenne, où il attendait une réponse à ses offres pleines de modération, souhaitant que l'équité des hommes pût permettre le maintien de la paix.

VI. Les jours suivants, le sénat s'assemble hors de Rome (9). Pompée y répète tout ce que Scipion a déjà dit de sa part ; il loue le courage et la fermeté du sénat ; il énumère ses forces ; il a toutes prêtes dix légions ; en outre il sait d'une manière certaine que les soldats ne sont pas affectionnés à César, et qu'on ne pourra les persuader de le défendre ou de le suivre. Pour le reste, on en réfère au sénat : on propose de faire des levées dans toute l'Italie, d'envoyer Faustus Sylla (11) en Mauritanie en qualité de propréteur, et de tirer de l'argent du trésor public pour Pompée. On parle aussi de déclarer le roi Juba ami et allié du peuple romain. Mais Marcellus dit qu'il ne le souffrira pas ; et Philippe, tribun du peuple, s'oppose de son côté à ce qu'on a demandé pour Faustus. Le reste passe en décrets. On accorde des gouvernements à de simples particuliers : deux de ces gouvernements étaient consulaires, les autres prétoriens. A Scipion échoit la Syrie ; à L. Domitius la Gaule. Philippe et Marcellus sont oubliés par des intrigues particulières ; leurs noms ne sont pas tirés au sort. On envoie des préteurs dans les autres provinces, et ils partent sans attendre, comme cela se pratiquait les autres années, que le peuple ait ratifié leur élection, qu'ils aient revêtu l'habit de guerre, et prononcé les vœux accoutumés. Ce qui ne s'était jamais vu jusque là, les consuls sortent de la ville ; et de simples particuliers se font précéder de licteurs à Rome et au Capitole, contre tous les exemples du passé. On fait des levées par toute l'Italie, on commande des armes, on exige de l'argent des villes municipales, on en prend dans les temples : tous les droits divins et humains sont confondus.

---

tiam dominatumque converterat, rem ad arma deduci studebat.

V. His de causis aguntur omnia raptim atque turbate ; nec docendi Cæsaris propinquis ejus spatium datur ; nec Tribunis plebis sui periculi deprecandi, neque etiam extremi juris intercessione retinendi, quod L. Sulla reliquerat, facultas tribuitur ; sed de sua salute septimo die cogitare coguntur ; quod illi turbulentissimi superioribus temporibus Tribuni plebis octavo denique mense suarum actionum respicere ac timere consuerant. Decurritur ad illud extremum atque ultimum S. C., quo, nisi pæne in ipso urbis incendio atque desperatione omnium salutis, latorum audacia nunquam ante discessum est : DENT OPERAM CONSULES, PRÆTORES, TRIBUNI PLEBIS, QUIQUE CONSULARES SUNT AD URBEM, NE QUID RESPUBLICA DETRIMENTI CAPIAT. Hæc S. C. prescribuntur a. d. VII Idus Januarias. Itaque quinque primis diebus, quibus haberi senatus potuit, qua ex die consulatum init Lentulus, biduo excepto comitiali, et de imperio Cæsaris, et de amplissimis viris, Tribunis plebis, gravissime acerbissimeque decernitur. Profugiunt statim ex urbe Tribuni plebis, seseque ad Cæsarem conferunt. Is eo tempore erat Ravennæ, expectabatque suis lenissimis postulatis responsa, si qua hominum æquitate res ad otium deduci posset.

VI. Proximis diebus habetur senatus extra urbem. Pompeius eadem illa, quæ per Scipionem ostenderat, agit : « senatus virtutem constantiamque collaudat : copias suas exponit ; legiones habere sese paratas x ; præterea cognitum compertumque sibi, alieno esse animo in Cæsarem milites, neque iis posse persuaderi, uti eum defendant aut sequantur. » Saltem de reliquis rebus ad senatum refertur : tota Italia dilectus habeantur ; Faustus Sulla Propraetor in Mauritaniam mittatur ; pecunia uti ex ærario Pompeio detur. Refertur etiam de rege Juba, ut socius sit atque amicus : Marcellus vero, passurum se in præsentia, negat. De Fausto impedit Philippus, tribunus plebis. De reliquis rebus S. C. prescribuntur, provinciæ privatis decernuntur, duæ consulares, reliquæ prætoriæ. Scipioni obvenit Syria ; L. Domitio Gallia. Philippus et Marcellus privato consilio prætereuntur, neque eorum sortes dejiciuntur. In reliquas provincias prætores mittuntur : neque exspectant, quod superioribus annis acciderat, ut de eorum imperio ad populum feratur, paludatique, votis nuncupatis, exeant. Consules, quod ante id tempus acciderat nunquam, ex urbe proficiscuntur, lictoresque habent in urbe et Capitolio privati, contra omnia vetustatis exempla. Tota Italia delectus habentur, arma imperantur, pecunia a municipiis exiguntur,

VII. Informé de ce qui se passe, César harangue ses troupes. Il rappelle les injures dont ses ennemis l'ont accablé dans tous les temps, et se plaint que les efforts d'une malignité envieuse lui aient à ce point aliéné Pompée dont il a toujours favorisé, seconde le crédit et la puissance. Il se plaint que par une nouveauté, jusqu'alors sans exemple dans la république, on en soit venu à diffamer, à étouffer, par les armes, le droit d'opposition tribunitienne, rétabli les années précédentes. Sylla, quoiqu'il eût dépouillé le tribunal de tout crédit, lui avait du moins laissé la liberté d'opposition : Pompée, qui passe pour lui avoir rendu ses anciens droits, lui a même ôté ceux qu'il possédait auparavant. Il ajoute que, toutes les fois que l'on a décrété que les magistrats eussent à veiller au salut de la république (lequel sénatus-consulte appelle aux armes tout le peuple romain), ce décret n'a été rendu qu'à l'occasion de lois désastreuses, de quelque violence tribunitienne, d'une révolte du peuple, alors que les temples et les lieux fortifiés ont été envahis; que ces excès des siècles passés ont été expiés par la mort de Saturninus et des Gracques; que, pour le présent, il n'a été rien fait, rien pensé de semblable; aucune loi n'a été promulguée, aucune proposition soumise au peuple, aucune séparation consommée. Il les exhorte à défendre, contre ses ennemis l'honneur et la dignité du général sous lequel ils ont, pendant neuf ans, si glorieusement servi la république, gagné tant de batailles, soumis toute la Gaule et la Germanie. A ce discours, les soldats de la treizième légion (César l'avait rappelée auprès de lui dès le commencement des troubles, les autres n'étaient pas encore arrivées) s'écrient, d'une voix unanime, qu'ils sont prêts à venger les injures de leur général et des tribuns du peuple.

VIII. Assuré des dispositions des soldats, César part avec cette légion pour Ariminium[1], et y rencontre les tribuns du peuple qui venaient se réfugier vers lui. Il tire ses autres légions de leurs quartiers d'hiver, et leur ordonne de le suivre. Là, le jeune L. César, dont le père était un de ses lieutenants, vient le joindre. Ce jeune homme, après lui avoir rendu compte des motifs qui l'amènent, lui annonce « qu'il a été chargé par Pompée d'une mission particulière : que Pompée désire justifier sa conduite aux yeux de César, afin que ce qu'il a fait pour le bien de la république ne lui soit pas imputé à crime ; qu'il a toujours préféré l'intérêt public à ses affections particulières ; que c'est aussi un devoir pour César de sacrifier ses passions et ses ressentiments au bien de l'état, de peur qu'en voulant, dans sa colère, frapper ses ennemis, il n'atteigne la république. » Lucius ajoute quelques mots de ce genre, tendant à la justification de Pompée. Le préteur Roscius s'exprime, sur le même sujet, à peu près dans les mêmes termes, et déclare parler au nom de Pompée.

IX. Bien que cette démarche ne parût en rien pouvoir réparer les anciennes injures, néanmoins, croyant ces deux hommes propres à rapporter à

[1] Aujourd'hui Rimini dans la Romagne.

---

fanis tolluntur, omnia divina humanaque jura permiscentur.

VII. Quibus rebus cognitis, Cæsar apud milites concionatur : « Omnium temporum injurias inimicorum in se commemorat, a quibus diductum ac depravatum Pompeium queritur, invidia atque obtrectatione laudis suæ, cujus ipse honori et dignitati semper faverit adjutorque fuerit. Novum in republica introductum exemplum queritur, ut tribunitia intercessio armis notaretur atque opprimeretur, quæ superioribus annis esset restituta. Sullam, nudata omnibus rebus tribunitia potestate, tamen intercessionem liberam reliquisse : Pompeium, qui amissam restituisse videatur, dona etiam, quæ ante habuerit, ademisse. Quotiescumque sit decretum, DARENT MAGISTRATUS OPERAM, NE QUID RESPUBLICA DETRIMENTI CAPERET; (qua voce et quo S. C. populus romanus ad arma sit vocatus) factum in perniciosis legibus, in vi tribunitia, in secessione populi, templis locisque editioribus occupatis : atque hæc superioris ætatis exempla expiata Saturnini atque Gracchorum casibus docet : quarum rerum illo tempore nihil factum, ne cogitatum quidem ; nulla lex promulgata, non cum populo sit cœptum, nulla secessio facta. Hortatur, cujus imperatoris ductu novem annis rempublicam felicissime gesserint, plurimaque prælia secunda fecerint; omnem Galliam Germaniamque pacaverint, ut ejus existimationem dignitatemque ab inimicis defendant. » Conclamant legionis XIII, quæ aderat, milites, (hanc enim initio tumultus evocaverat; reliquæ nondum convenerant;) « sese paratos esse imperatoris sui tribunorumque plebis injurias defendere »

VIII. Cognita militum voluntate, Ariminum cum ea legione proficiscitur, ibique tribunos plebis, qui ad eum confugerant, convenit ; reliquas legiones ex hibernis evocat, et subsequi jubet. Eo L. Cæsar adolescens venit, cujus pater Cæsaris erat legatus. Is, reliquo sermone confecto, cujus rei causa venerat, habere se a Pompeio ad eum privati officii mandata demonstrat : « velle Pompeium se Cæsari purgatum, ne ea, quæ reipublicæ causa egerit, in suam contumeliam vertat; semper se reipublicæ commoda privatis necessitatibus habuisse potiora : Cæsarem quoque pro sua dignitate debere et studium et iracundiam suam reipublicæ dimittere, neque adeo graviter irasci inimicis, ne, quum illis nocere se speret, reipublicæ noceat. » Pauca ejusdem generis addit, cum excusatione Pompeii conjuncta. Eadem fere atque eisdem de rebus prætor Roscius agit cum Cæsare, sibique Pompeium commemorasse demonstrat.

IX. Quæ res etsi nihil ad levandas injurias pertinere videbantur ; tamen, idoneos nactus homines, per quos ea, quæ vellet, ad eum perferrentur, petit ab utroque,

Pompée ce qu'il avait à lui dire, César les pria, l'un et l'autre, puisqu'ils s'étaient chargés du message, de vouloir bien aussi se charger de la réponse; ils pourraient peut-être, sans prendre trop de peine, mettre fin à une querelle déplorable et délivrer toute l'Italie de ses craintes. « Lui aussi, il avait toujours considéré avant tout la gloire de la république, qui lui était plus chère que la vie : il avait vu avec douleur que ses ennemis voulussent lui arracher, par un affront, la faveur du peuple romain (11), lui ôter les six derniers mois de son gouvernement et le forcer de retourner à Rome, quoique le peuple eût autorisé son absence des prochains comices : toutefois, dans l'intérêt de la république, il avait souffert patiemment ce tort fait à sa gloire : il avait écrit au sénat pour demander que toutes les armées fussent licenciées, et n'avait pu l'obtenir : on faisait des levées dans toute l'Italie ; on retenait deux légions qu'on lui avait retirées sous prétexte d'une guerre contre les Parthes : toute la ville était sous les armes. Tous ces mouvements avaient-ils d'autre but que sa perte? Cependant il était prêt à consentir à tous les sacrifices, à tout souffrir pour l'amour de la république. Que Pompée se rende dans son gouvernement; que tous deux licencient leurs troupes ; que chacun pose les armes en Italie ; que Rome soit délivrée de ses craintes ; que les comices soient libres, et les affaires publiques remises au sénat et au peuple romain. Enfin, pour aplanir ces difficultés, pour arrêter les conditions d'un accord, et les sanctionner par un serment, que Pompée s'approche ou qu'il se laisse approcher par César : une entrevue pourra terminer leurs différends.

X. Après avoir accepté la mission, Roscius se rend à Capoue avec L. César, et là il trouve les consuls et Pompée. Il leur rapporte les demandes de César. Ceux-ci, après en avoir délibéré, le renvoient avec une réponse par écrit, laquelle portait : « Que César retournerait en Gaule, sortirait d'Ariminium, licencierait son armée : que, moyennant cela, Pompée irait en Espagne. En attendant, jusqu'à ce que César eût garanti l'exécution de ses promesses, les consuls et Pompée ne discontinueraient point les levées. »

XI. Il était injuste de demander que César sortît d'Ariminium et retournât dans son gouvernement, tandis que Pompée retiendrait des provinces et des légions qui n'étaient pas à lui ; que César licenciât son armée pendant qu'on faisait des levées ; que Pompée promît de se rendre dans son gouvernement, et de ne pas fixer le délai dans lequel il partirait : de sorte que si, à la fin du consulat de César, Pompée n'était pas parti, on ne pourrait l'accuser d'avoir faussé son serment. D'ailleurs, ne marquer aucun temps pour une entrevue, ne pas s'engager à se rapprocher de César, c'était ôter tout espoir d'accommodement. En conséquence, César fait partir M. Antoine d'Ariminium, et l'envoie à Arretium (12) avec cinq cohortes : pour lui, il reste à Ariminium avec deux légions, et y ordonne des levées. Il occupe Pisaurum, Fanum, Ancône, en mettant une cohorte dans chacune de ces places.

XII. Cependant, informé que le préteur Ther-

---

quoniam Pompeii mandata ad se detulerint, ne graventur sua quoque ad eum postulata deferre; si parvo labore magnas controversias tollere, atque omnem Italiam metu liberare possint : « sibi semper reipublicæ primam fuisse dignitatem, vitaque potiorem ; doluisse se , quod populi romani beneficium sibi per contumeliam ab inimicis extorqueretur, ereptoque semestri imperio, in urbem retraheretur, cujus absentis rationem haberi proximis comitiis populus jussisset; tamen hanc jacturam honoris sui reipublicæ causa æquo animo tulisse : quum litteras ad senatum miserit, ut omnes ab exercitibus discederent, ne id quidem impetravisse : tota Italia delectus haberi, retineri legiones duas, quæ ab se simulatione Parthici belli sint abductæ : civitatem esse in armis. Quonam hæc omnia, nisi ad suam perniciem, pertinere? Sed tamen ad omnia se descendere paratum, atque omnia pati reipublicæ causa. Proficiscatur Pompeius in suas provincias; ipsi exercitus dimittant; discedant in Italia omnes ab armis; metus e civitate tollatur; libera comitia, atque omnis respublica senatui populoque romano permittatur. Hæc quo facilius certiusque conditionibus fiant, et jurejurando sanciantur; aut ipse propius accedat, aut se patiatur accedere : fore, uti per colloquia omnes controversiæ componantur. »

X. Acceptis mandatis, Roscius cum L. Cæsare Capuam pervenit, ibique consules Pompeiumque invenit. Postulata Cæsaris renuntiat. Illi, deliberata re, respondent, scriptaque ad eum mandata per eos remittunt, quorum hæc erat summa : « Cæsar in Galliam reverteretur, Arimino excederet, exercitus dimitteret : quæ si fecisset, Pompeium in Hispanias iturum. Interea, quoad fides esset data, Cæsarem facturum, quæ polliceretur, non intermissuros consules Pompeiumque delectus.«

XI. Erat iniqua conditio, postulare, ut Cæsar Arimino excederet, atque in provinciam reverteretur ; ipsum et provincias et legiones alienas tenere : exercitum Cæsaris velle dimitti; delectus habere : polliceri, se in provinciam iturum; neque, ante quem diem iturus sit, definire : ut, si peracto Cæsaris consulatu Pompeius profectus non esset, nulla tamen mendacii religione obstrictus videretur : tempus vero colloquio non dare, neque accessurum polliceri, magnam pacis desperationem afferebat. Itaque ab Arimino M. Antonium cum cohortibus quinque Arretium mittit : ipse Arimini cum duabus legionibus subsistit, ibique delectum habere instituit : Pisaurum, Fanum, Anconam singulis cohortibus occupat.

XII. Interea certior factus, Iguvium Thermum prætorem cohortibus quinque tenere, oppidum munire,

mus tenait Iguvium (12) avec cinq cohortes, et qu'il faisait fortifier cette ville, mais que les habitants lui en étaient tout dévoués, César y envoya Curion avec trois cohortes qu'il tira de Pisaurum et d'Ariminium. Ayant appris leur arrivée, Thermus, se défiant des dispositions des citoyens, retire ses cohortes et s'enfuit : ses soldats l'abandonnent en chemin et retournent chez eux. Curion entre dans Iguvium à la grande satisfaction des habitants. Après ce succès, plein de confiance dans les sentiments des villes municipales, César tire des garnisons les cohortes de la treizième légion, et part pour Auximum où Attius s'était jeté avec quelques cohortes, et d'où il envoyait des sénateurs faire des levées dans tout le Picentin.

XIII. A la nouvelle de l'arrivée de César, les décurions d'Auximum se rendent en grand nombre vers Attius Varus. Ils lui disent « qu'ils n'ont pas à juger la querelle présente, mais que ni eux-mêmes, ni leurs concitoyens ne peuvent souffrir que C. César, après avoir si bien mérité de la république par tant de belles actions, soit exclu de la ville et des murs : qu'ainsi il songe à son nom dans l'avenir, et pourvoie à sa sûreté. » Effrayé par ces paroles, Attius Varus retire la garnison qu'il avait amenée, et s'enfuit. Quelques soldats de César, appartenant aux premiers rangs, le poursuivent et le forcent à s'arrêter : on en vient aux mains, et Varus est abandonné de ses troupes : une partie de ses soldats se retirent chez eux, le reste va joindre César, amenant avec eux prisonnier L. Pupius, premier centurion, qui avait déjà eu ce même grade dans l'armée de Pompée. Quant à César, il donne aux soldats d'Attius les éloges qu'ils méritent, renvoie Pupius, remercie les Auximates, et leur promet de se souvenir de leur belle conduite.

XIV. Ces nouvelles étant arrivées à Rome, la terreur y fut si grande, que le consul Lentulus, qui était venu, d'après un décret du sénat, ouvrir le trésor pour en tirer de l'argent qu'on devait porter à Pompée, s'enfuit tout à coup de la ville en laissant le trésor ouvert (15), parce qu'il courut un faux bruit que César approchait et que déjà sa cavalerie avait paru. Marcellus, son collègue, et la plupart des magistrats le suivirent. Pompée était parti le jour précédent pour aller joindre les deux légions qu'il avait reçues de César et mises en quartiers d'hiver dans l'Apulie. On suspendit les levées qui se faisaient dans la ville, et personne ne se crut en sûreté en deçà de Capoue. A Capoue seulement on se rassure, on se réunit, on s'occupe d'enrôler les colons qui y avaient été conduits d'après la loi Julia ; et, comme César y entretenait une troupe de gladiateurs, Lentulus les rassemble sur la place publique, leur assure la liberté et leur donne des chevaux en leur commandant de le suivre ; mais bientôt, averti par ses affidés que tout le monde blâmait cette mesure, il les distribua dans les environs de la Campanie pour veiller à la garde des esclaves.

XV. César, sorti d'Auximum, parcourut tout le Picentin. Il n'y eut pas une préfecture de ce pays qui ne l'accueillît avec joie, et ne fournît à

---

omniumque esse Iguvinorum optimam erga se voluntatem, Curionem cum tribus cohortibus, quas Pisauri et Arimini habebat, mittit. Cujus adventu cognito, diffisus municipii voluntate Thermus, cohortes ex urbe educit, et profugit : milites in itinere ab eo discedunt, ac domum revertuntur. Curio omnium summa voluntate Iguvium recipit. Quibus rebus cognitis, confisus municipiorum voluntatibus Cæsar, cohortes legionis XIII ex præsidiis deducit, Auximumque proficiscitur : quod oppidum Attius cohortibus introductis tenebat, delectumque toto Piceno circummissis senatoribus habebat.

XIII. Adventu Cæsaris cognito, decuriones Auximi ad Attium Varum frequentes conveniunt : docent, « sui judicii rem non esse ; neque se, neque reliquos municipes pati posse, C. Cæsarem imperatorem, bene de republica meritum, tantis rebus gestis, oppido mœnibusque prohiberi : proinde habeat rationem posteritatis et periculi sui. » Quorum oratione permotus Attius Varus, præsidium, quod introduxerat, ex oppido educit, ac profugit. Hunc ex primo ordine pauci Cæsaris consecuti milites consistere cogunt : commisso prælio, deseritur a suis Varus ; nonnulla pars militum domum discedit ; reliqui ad Cæsarem perveniunt : atque una cum iis deprehensus L. Pupius, primipili centurio, adducitur, qui hunc eumdem ordinem in exercitu Cn. Pompeii antea duxerat. At Cæsar milites Attianos collaudat, Pupium dimittit, Auximatibus agit gratias, seque eorum facti memorem fore pollicetur.

XIV. Quibus rebus Romam nuntiatis, tantus repente terror invasit, ut, quum Lentulus consul ad aperiendum ærarium venisset, ad pecuniam Pompeio ex S. C. proferendam, protinus, aperto sanctiore ærario, ex urbe profugeret : Cæsar enim adventare, jam jamque et adesse ejus equites falso nuntiabantur. Hunc Marcellus collega, et plerique magistratus consecuti sunt. Cn. Pompeius, pridie ejus diei ex urbe profectus, iter ad legiones habebat, quas a Cæsare acceptas in Apulia hibernorum causa disposuerat. Delectus intra urbem intermittuntur : nihil citra Capuam tutum esse omnibus videtur. Capuæ primum sese confirmant et colligunt, delectumque colonorum, qui lege Julia Capuam deducti erant, habere instituunt ; gladiatoresque, quos ibi Cæsar in ludo habebat, in forum productos, Lentulus libertati confirmat, atque iis equos attribuit, et se sequi jussit : quos postea, monitus ab suis, quod ea res omnium judicio reprehendebatur, circum familiares conventus Campaniæ, custodiæ causa, distribuit.

XV. Auximo Cæsar progressus, omnem agrum Picenum percurrit. Cunctæ earum regionum præfecturæ libentissimis animis eum recipiunt, exercitumque ejus omnibus rebus juvant. Etiam Cingulo, quod oppidum La-

son armée toute espèce de secours. La ville même de Cingulum (14), que Labiénus avait fondée et bâtie à ses frais, lui envoie des députés, et lui promet de faire avec le plus grand zèle tout ce qu'il ordonnera. Il demande des soldats : on les donne. Cependant la douzième légion le rejoint. Avec ces deux légions César marche sur Asculum, ville du Picentin. Lentulus Spinther tenait cette place avec dix cohortes. A la nouvelle de l'arrivée de César, il se hâte d'en sortir, et, après de vains efforts pour emmener ses cohortes, il est abandonné par la plus grande partie de ses troupes. Laissé en chemin avec un petit nombre de soldats, il rencontre Vibullius Rufus que Pompée envoyait dans le Picentin pour y rassurer les esprits. Vibullius, ayant appris de Lentulus Spinther ce qui se passe dans le Picentin, prend ses soldats et le laisse aller. Il rassemble, autant que possible, les cohortes que Pompée avait levées dans les pays voisins; ayant rencontré Ulcilles Hirrus qui s'enfuyait de Camerinum avec six cohortes qu'il y avait eues en garnison, il les joint aux siennes; en sorte qu'il se trouve en avoir treize. Avec ces troupes il se rend à grandes journées à Corfinium vers Domitius Ænobarbus, et lui annonce que César arrive avec deux légions. De son côté, Domitius avait levé environ vingt cohortes à Albe, chez les Marses, les Pélignes, et dans les pays voisins.

XVI. Après la prise de Firmum et celle d'Asculum, d'où Lentulus s'était sauvé, César fit rechercher les soldats qui l'avaient abandonné, et ordonna de nouvelles levées. Pour lui, après s'être arrêté un jour à Asculum, à cause des approvisionnements, il marche sur Corfinium. Lorsqu'il y arriva, cinq cohortes envoyées, détachées de la ville par Domitius, travaillaient à rompre un pont qui était environ à trois milles pas. Là, un combat s'étant engagé entre les éclaireurs de César et la troupe de Domitius, celle-ci fut bientôt repoussée loin du pont, et se sauva dans la ville. César fit passer ses légions, et vint camper sous les murs de la place.

XVII. Instruit de ces faits, Domitius dépêche en Apulie vers Pompée des hommes qui connaissent le pays, il leur promet de grandes récompenses et les charge de lettres par lesquelles il demande instamment du secours. « Avec deux armées, dit-il, on pourra aisément enfermer César dans ces défilés et lui couper les vivres. Mais, si Pompée ne vient pas lui-même avec plus de trente cohortes et un grand nombre de sénateurs et de chevaliers romains, il se trouvera dans le plus grand péril. » En même temps il exhorte ses troupes, dispose ses machines sur le rempart, et assigne à chacun son poste : ayant assemblé les soldats, il promet à chacun d'eux quatre arpents de ses propriétés, et autant à proportion aux centurions et aux vétérans.

XVIII. Sur ces entrefaites, on apprend à César que ceux de Sulmone, ville à sept milles de Corfinium, voulaient se donner à lui, mais qu'ils en étaient empêchés par le sénateur Q. Lucrétius et par Attius Pélignus qui la gardaient avec sept cohortes. César y envoie M. Antoine avec cinq

---

bienus const'tuerat, suaque pecunia exædificaverat, ad eum legati veniunt, quæque imperaverit, se cupidissime facturos pollicentur. Milites imperat : mittunt. Interea legio XII Cæsarem consequitur. Cum his duabus Asculum Picenum proficiscitur. Id oppidum Lentulus Spinther X cohortibus tenebat : qui, Cæsaris adventu cognito, profugit ex oppido; cohortesque secum abducere conatus, a magna parte militum deseritur. Relictus in itinere cum paucis, incidit in Vibullium Rufum, missum a Pompeio in agrum Picenum confirmandorum hominum causa, a quo factus Vibullius certior, quæ res in Piceno gererentur, milites ab eo accipit, ipsum dimittit. Item ex finitimis regionibus, quas potest, contrahit cohortes ex delectibus Pompeianis, in iis Camerino fugientem Ulcillem Hirrum, cum sex cohortibus, quas ibi in præsidio habuerat, excipit, quibus coactis, XIII efficit. Cum iis ad Domitium Ahenobarbum Corfinium magnis itineribus pervenit, Cæsaremque adesse cum legionibus duabus nuntiat. Domitius per se circiter XX cohortes Alba, ex Marsis et Pelignis, et finitimis ab regionibus coegerat.

XVI. Recepto Firmo, Asculoque expulso Lentulo, Cæsar conquiri milites, qui ab eo discesserant, delectumque instituti jubet, ipse, unum diem ibi rei frumentariæ causa moratus, Corfinium contendit. Eo quum venisset, cohortes V, præmissæ a Domitio ex oppido, pontem fluminis interrumpebant, qui erat ab oppido millia passuum circiter III. Ibi cum antecursoribus Cæsaris prælio commisso, celeriter Domitiani, a ponte repulsi, se in oppidum receperunt. Cæsar, legionibus transductis, ad oppidum constitit, juxtaque murum castra posuit.

XVII. Re cognita, Domitius ad Pompeium in Apuliam peritos regionum, magno proposito præmio, cum litteris mittit, qui petant atque orent, ut sibi subveniat, « Cæsarem duobus exercitibus et locorum angustiis facile intercludi posse, frumentoque prohiberi. Quod nisi fecerit, se cohortesque amplius XXX, magnumque numerum senatorum atque equitum Romanorum, in periculum esse venturum. » Interim suos cohortatus, tormenta in muris disponit, certasque cuique partes ad custodiam urbis attribuit, militibus in concione agros ex suis possessionibus pollicetur, quaterna in singulos jugera, et pro rata parte centurionibus evocatisque.

XVIII. Interim Cæsari nuntiatur, Sulmonenses, quod oppidum a Corfinio VII millium intervallo abest, cupere ea facere, quæ vellet; sed a Q. Lucretio senatore, et Attio Peligno prohiberi, qui id oppidum VII cohortium præsidio tenebant. Mittit eo M. Antonium cum legionis octavæ cohortibus quinque. Sulmonenses, simul atque nostra signa viderunt, portas aperuerunt, universique,

cohortes de la huitième légion (15). Ceux de Sulmone, dès qu'ils virent nos enseignes, ouvrirent leurs portes, et tous ensemble, citoyens et soldats, vinrent avec joie au-devant d'Antoine. Lucrétius et Attius se jetèrent du haut des murs. Attius, conduit vers Antoine, demanda d'être envoyé à César. Antoine revient avec Attius et les cohortes le même jour qu'il était parti. César joint ces cohortes à son armée, et renvoie Attius sain et sauf. Pendant les trois premiers jours, César s'occupe de fortifier son camp, fait venir du blé des villes municipales des environs, et attend le reste de ses troupes. Dans ces trois jours, arrivent vers lui la huitième légion, vingt-deux cohortes nouvellement levées dans la Gaule, et environ trois cents cavaliers envoyés par le roi de la Norique (16). Avec ce renfort, il forme un autre camp de l'autre côté de la ville : il en donne le commandement à Curion. Les jours suivants il travaille à entourer la place de retranchements et de forts. La plus grande partie de ces ouvrages était achevée presque en même temps que les députés envoyés vers Pompée étaient de retour.

XIX. Après avoir lu la lettre (17), Domitius en cache le contenu et annonce que Pompée viendra bientôt à leur secours : il les exhorte à ne pas perdre courage et à tout disposer pour la défense de la ville. Cependant il a une conférence secrète avec quelques-uns de ses familiers, et forme le projet de s'enfuir. Comme la contenance de Domitius démentait son langage, comme il montrait dans sa conduite moins d'assurance et de fermeté qu'auparavant, et que, contre sa coutume, il était sans cesse à tenir des conseils secrets avec ses amis, en évitant de paraître en public; la vérité ne put demeurer plus long-temps cachée. Au reste, Pompée avait répondu « qu'il n'était pas disposé à courir une chance si périlleuse ; que ce n'était ni par son conseil ni par son ordre que Domitius s'était jeté dans Corfinium; qu'ainsi il tâchât de venir le joindre avec toutes ses troupes. » Mais cela ne se pouvait ; le siége et la circonvallation de la place ne le permettaient pas.

XX. Le projet de Domitius ayant été divulgué, les soldats qui étaient à Corfinium se rassemblent sur le soir, et s'entretiennent alors de la situation avec leurs tribuns, leurs centurions et les principaux d'entre eux. « Ils sont assiégés par César ; les ouvrages, les fortifications sont presque entièrement achevés; leur général Domitius, en qui ils ont placé leur confiance et leur espoir, les trahit et songe à fuir : c'est donc à eux de pourvoir à leur sûreté. » Les Marses s'y opposent et s'emparent de la partie de la ville la plus fortifiée ; la querelle s'échauffe au point qu'ils sont près d'en venir aux mains : mais bientôt, après quelques pourparlers, les Marses apprennent l'abandon de Domitius qu'ils ignoraient. Alors tous d'un commun accord, ayant amené Domitius sur la place, l'entourent, le surveillent, et envoient des députés à César pour l'assurer qu'ils sont près à lui ouvrir leurs portes, à obéir à ses ordres, et à remettre Domitius en son pouvoir.

XXI. A cette nouvelle, César, bien que per-

et oppidani et milites, obviam gratulantes Antonio exierunt : Lucretius et Attius de muro se dejecerunt. Attius, ad Antonium deductus, petiit, ut ad Cæsarem mitteretur. Antonius cum cohortibus et Attio, eodem die, quo profectus erat, revertitur. Cæsar eas cohortes cum exercitu suo conjuxit, Attiumque incolumem dimisit. Cæsar tribus primis diebus castra magnis operibus munire, et ex finitimis municipiis frumentum comportare, reliquasque copias exspectare instituit. Eo triduo legio VIII ad cum venit, cohortesque ex novis Galliæ delectibus XXII, equitesque ab rege Norico circiter CCC. Quorum adventu altera castra ad alteram oppidi partem ponit His castris Curionem præfecit : reliquis diebus oppidum vallo castellisque circumvenire instituit. Cujus operis maxima parte effecta, eodem fere tempore missi ad Pompeium revertuntur.

XIX. Litteris perlectis, Domitius dissimulans in concilio pronunciat, Pompeium celeriter subsidio venturum; hortaturque eos, ne animo deficiant, quæque usui ad defendendum oppidum sint, parent : ipse arcano cum paucis familiaribus suis colloquitur, consiliumque fugæ capere constituit. Quum vultus Domitii cum oratione non consentiret, atque omnia trepidantius timidiusque ageret, quam superioribus diebus consuesset, multumque cum suis consiliandi causa secreto per consuetudinem colloqueretur, concilia conventusque hominum fugeret, res diutius tegi dissimularique non potuit. Pompeius enim rescripserat, « sese rem in summum periculum deducturum non esse; neque suo consilio aut voluntate Domitium se in oppidum Corfinium contulisse : proinde, si qua facultas fuisset, ad se cum omnibus copiis veniret. » Id ne fieri posset, obsidione atque oppidi circummunitione fiebat.

XX. Divulgato Domitii consilio, milites, qui erant Corfinii, prima vesperi secessionem faciunt, atque ita inter se per tribunos militum centurionesque, atque honestissimos sui generis colloquuntur : « obsideri se a Cæsare; opera munitionesque prope esse perfectas; ducem suum Domitium, cujus spe atque fiducia permanserint, projectis omnibus, fugæ consilium capere; debere se suæ salutis rationem habere. » Ab his primo Marsi dissentire incipiunt, eamque oppidi partem, quæ munitissima videretur, occupant, tantaque inter eos dissensio exsistit, ut manum conserere atque armis dimicare conentur : post paullo tamen, internuntiis ultro citroque missis, quæ ignorabant, de L. Domitii fuga cognoscunt. Itaque omnes uno consilio Domitium, productum in publicum circumsistunt et custodiunt, legatosque ex suo numero ad Cæsarem mittunt : « sese paratos esse portas aperire, quæque imperaverit, facere, et L. Domitium vivum in ejus potestatem tradere. »

suadé qu'il lui importait d'être au plus tôt maître de la ville, et de joindre à ses troupes les cohortes qui s'y trouvaient, de crainte que des largesses, une harangue ou de fausses nouvelles ne vinssent à changer les esprits, tout, à la guerre, dépendant du moment; craignant néanmoins que, dans la licence d'une entrée nocturne, la ville ne fût pillée par ses soldats, il se contenta de donner de grands éloges aux députés, et les renvoya en leur recommandant de s'assurer des portes et des remparts. En même temps il place ses troupes le long des lignes, non plus de distance en distance, comme les jours précédents, mais de façon que les gardes et les sentinelles se touchent l'un l'autre et garnissent tous les retranchements. Il fait faire des rondes par les tribuns et les préfets militaires, et leur recommande d'avoir toujours l'œil, non seulement sur les sorties, mais encore sur toute évasion d'individus isolés. Personne dans l'armée n'eut le cœur assez mou, assez languissant, pour se permettre cette nuit-là un moment de repos. Tous les esprits étaient dans l'attente de ce qui allait arriver; tous, emportés loin d'eux-mêmes, se demandaient avec inquiétude ce que deviendraient et les habitants de Corfinium, et Domitius, et Lentulus, et les autres, et quelle serait la suite de ces événements.

XXII. Vers la quatrième veille, Lentulus Spinther adresse la parole du haut de la muraille à nos sentinelles et à nos gardes, disant qu'il désire qu'on lui permette de parler à César. La permission lui en ayant été accordée, il sort de la ville, et les soldats de Domitius ne le quittent que lorsqu'il est en présence de César. Alors il lui demande la vie, il le conjure de l'épargner, invoque leur ancienne amitié, et lui rappelle les grandes bontés que César a eues pour lui : ainsi il l'avait fait admettre dans le collège des pontifes, lui avait fait obtenir le gouvernement de l'Espagne au sortir de sa préture, et avait appuyé sa demande pour le consulat. César l'interrompt, et lui dit qu'il n'a point quitté sa province avec de mauvaises intentions, mais pour se défendre des injures de ses ennemis, pour rétablir dans leur dignité les tribuns du peuple qu'on n'a bannis de la ville qu'à cause de lui, et pour recouvrer sa liberté et celle du peuple romain qu'opprime une faction. Rassuré par ces paroles, Lentulus demande qu'il lui soit permis de retourner à la ville, afin que la grâce qu'il a obtenue serve aux autres de consolation et d'espoir; car, dans leur effroi, plusieurs ne voient plus d'autre ressource que de s'arracher la vie. Cette permission lui est accordée ; il se retire.

XXIII. Dès que le jour parut, César fit venir devant lui tous les sénateurs, leurs enfants, les tribuns militaires et les chevaliers romains. Il y avait, de l'ordre des sénateurs, L. Domitius, P. Lentulus Spinther, L. Vibullius Rufus, Sex. Quintilius Varus, questeur, L. Rubrius; en outre le fils de Domitius, une foule d'autres jeunes gens, et un grand nombre de chevaliers romains et de décurions que Domitius avait fait venir des villes municipales. Quand ils furent en sa présence, César les garantit des insultes et des reproches des

XXI. Quibus rebus cognitis, Cæsar, etsi magni interesse arbitrabatur, quam primum oppido potiri, cohortesque ad se in castra traducere, ne qua aut largitionibus, aut animi confirmatione, aut falsis nuntiis commutatio fieret voluntatis, quod sæpe in bello parvis momentis magni casus intercederent; tamen veritus, ne militum introitu et nocturni temporis licentia oppidum diriperetur, eos, qui venerant, collaudat, atque in oppidum dimittit; portas murosque asservari jubet. Ipse iis operibus, quæ facere instituerat, milites disponit, non certis spatiis intermissis, ut erat superiorum dierum consuetudo; sed perpetuis vigiliis stationibusque, ut contingant inter se, atque omnem munitionem expleant : tribunos militum et præfectos circummittit, atque hortatur, non solum ab eruptionibus caveant, sed etiam singulorum hominum occultos exitus asservent. Neque eo tam remisso ac languido animo quisquam omnium fuit, qui ea nocte conquieverit. Tanta erat summa rerum exspectatio, ut alius in aliam partem mente atque animo traheretur, quid ipsis Corfiniensibus, quid Domitio, quid Lentulo, quid reliquis accideret, quid quosque eventus exciperent.

XXII. Quarta circiter vigilia Lentulus Spinther de muro cum vigiliis custodibusque nostris colloquitur, « velle, si sibi fiat potestas, Cæsarem convenire. » Facta potestate, ex oppido mittitur, neque ab eo prius Domitiani milites discedunt, quam in conspectum Cæsaris deducatur. Cum eo de salute sua orat atque obsecrat, « sibi ut parcat, veteremque amicitiam » commemorat; Cæsarisque in se beneficia exponit, quæ erant maxima : « quod pro eum in collegium pontificum venerat, quod provinciam Hispaniam ex prætura habuerat, quod in petitione consulatus ab eo erat sublevatus. » Cujus orationem Cæsar interpellat : « se non maleficii causa ex provincia egressum sed uti se a contumeliis inimicorum defenderet ; ut tribunos plebis ea re ex civitate expulsos in suam dignitatem restitueret; ut se et populum Romanum, paucorum factione oppressum, in libertatem vindicaret. » Cujus oratione confirmatus Lentulus, « uti in oppidum reverti liceat, » petit; « quod de sua salute impetraverit, fore etiam reliquis ad suam spem solatio : adeo esse perterritos nonnullos, ut suæ vitæ durius consulere cogantur. » Facta potestate discedit.

XXIII. Cæsar, ubi illuxit, omnes senatores senatorumque liberos, tribunos militum equitesque Romanos ad se produci jubet. Erant senatorii ordinis L. Domitius, P. Lentulus Spinther, L. Vibullius Rufus, Sex. Quinctilius Varus, quæstor, L. Rubrius, præterea filius Domitii, aliique complures adolescentes, et magnus numerus equitum Romanorum et decurionum, quos ex municipiis Domitius evocaverat. Hos omnes productos a contumeliis militum

soldats, se plaignit en peu de mots de l'ingratitude dont plusieurs d'entre eux payaient ses nombreux bienfaits, et les renvoya tous sans leur faire aucun mal. Comme les duumvirs de Corfinium lui offraient six millions de sesterces que Domitius avait apportés et déposés au trésor, il les rendit à Domitius pour qu'on ne pensât pas qu'il avait plus de respect pour la vie des hommes que pour leur argent; et cependant il était certain que cette somme provenait du trésor public, et qu'elle avait été donnée par Pompée pour la solde des troupes. Quand il a pris le serment des troupes de Domitius, César lève son camp après être resté sept jours devant Corfinium, fait une marche ordinaire, et, longeant les frontières des Marruciniens (18), des Frentaniens et des Larinates, arrive en Apulie.

XXIV. Pompée, instruit de ce qui s'était passé à Corfinium, va de Luceria à Canusium, et de là à Brindes. Il y fait venir de toutes parts les troupes nouvellement levées, arme les esclaves et les pâtres, et leur donne des chevaux : il forme avec eux un corps d'environ trois cents cavaliers. Le préteur L. Manlius s'enfuit d'Albe avec six cohortes ; Rutilius Lupus de Terracine avec trois : ces dernières, ayant aperçu de loin la cavalerie de César, commandée par Bivius Curius, abandonnent le préteur et passent du côté de Curius avec leurs enseignes. Quelques-unes, fuyant par d'autres chemins, rencontrent les légions de César, d'autres sa cavalerie. On arrête et l'on amène à César Cn. Magius de Crémone, commandant des ouvriers de Pompée. César le renvoie à Pompée, avec ordre de lui dire que, n'ayant pu jusque là conférer avec lui, et devant bientôt le joindre à Brindes, il importe à la république et au salut commun qu'ils aient ensemble une entrevue ; qu'il est, d'ailleurs, bien différent de communiquer de loin et par des tiers, ou de discuter ensemble toutes les conditions.

XXV. Bientôt après, il arrive devant Brindes avec six légions, dont trois de vétérans, et trois nouvellement levées qu'il avait complétées en chemin ; car, pour les troupes de Domitius, il les avait tout d'abord envoyées de Corfinium en Sicile. En arrivant, il trouve que les consuls sont partis pour Dyrrachium (19) avec une grande partie de l'armée, et que Pompée est resté à Brindes avec vingt cohortes. On ne savait pas si, en restant, son intention avait été de garder cette place, afin de dominer plus facilement toute la mer Adriatique par les extrémités de l'Italie et de la Grèce, et de pouvoir ainsi diriger la guerre des deux côtés, ou s'il avait été retenu par le manque de vaisseaux. César, craignant que Pompée ne voulût pas quitter l'Italie, résolut de fermer la sortie du port de Brindes, et d'empêcher le service. Voici les travaux qu'il fit pour cela. Là où l'entrée du port était le plus resserrée, il jeta aux deux côtés du rivage un môle et des digues ; chose que les bas-fonds rendaient facile en cet endroit. Plus loin, comme la digue ne pouvait se maintenir à cause de la profondeur des eaux, il plaça, à trente pieds des digues, deux radeaux qu'il fixa aux qua-

---

conviciisque prohibet : pauca apud eos loquitur, « quod sibi a parte eorum gratia relata non sit pro suis in eius maximis beneficiis. » Dimittit omnes incolumes. Sestertium sexagies, quod advexerat Domitius, atque in publicum deposuerat, allatum ad se ab duumviris Corfiniensibus, Domitio reddit, ne continentior in vita hominum, quam in pecunia, fuisse videatur ; etsi eam pecuniam publicam esse constabat, datamque a Pompeio in stipendium. Milites Domitianos sacramentum apud se dicere jubet, atque eo die castra movet, justumque iter conficit, vii omnino dies ad Corfinium commoratus, et per fines Marrucinorum, Frentanorum, Larinatium, in Apuliam pervenit.

XXIV. Pompeius, iis rebus cognitis, quæ erant ad Corfinium gestæ. Luceria proficiscitur Canusium, atque inde Brundisium. Copias undique omnes ex novis dilectibus ad se cogi jubet; servos, pastores armat, atque his equos attribuit : ex iis circiter ccc equites conficit. L. Manlius prætor Alba cum cohortibus sex profugit ; Rutilius Lupus prætor Tarracina cum iii : quæ procul equitatum Cæsaris conspicatæ, cui præerat Bivius Curius, relicto prætore signa ad Curium transferunt, atque ad eum transeunt. Item reliquis itineribus nonnullæ cohortes in agmen Cæsaris, aliæ in equites incidunt. Reducitur ad eum deprehensus ex itinere Cn. Magius, Cremona, præ- fectus fabrum Cn. Pompeii ; quem Cæsar ad eum remittit cum mandatis : « quoniam ad id tempus facultas colloquendi non fuerit, atque ad se Brundisium sit venturus, interesse reipublicæ et communis salutis, se cum Pompeio colloqui ; neque vero idem profici longo itineris spatio, quum per alios conditiones ferantur, ac si coram de omnibus conditionibus disceptetur. »

XXV. His datis mandatis, Brundisium cum legionibus vi pervenerat, veteranis iii, reliquis, quas ex novo delectu confecerat, atque in itinere compleverat : Domitianas enim cohortes protinus a Corfinio in Siciliam miserat. Reperit, consules Dyrrhachium profectos cum magna parte exercitus, Pompeium remanere Brundisii cum cohortibus viginti ; (neque certum inveniri poterat : obtinendine Brundisii causa ibi remansisset, quo facilius inde Hadriaticum mare, extremis Italiæ partibus regionibusque Græciæ, in potestatem haberet, atque ex utraque parte bellum administrare posset ; an inopia navium ibi restitisset :) veritusque, ne Italiam ille dimittendam non existimaret, exitus administrationis Brundisini portus impedire instituit ; quorum operum hæc erat ratio. Qua fauces erant angustissimæ portus, moles, atque aggerem ab utraque parte littoris jaciebat, quod his locis erat vadosum mare. Longius progressus, quum agger altiore aqua contineri non posset, rates duplices, quoquo-

GUERRE CIVILE.

tre angles par des ancres, pour que les vagues ne pussent les ébranler. Quand ces radeaux furent posés et établis, il en ajouta d'autres de pareille grandeur, et les couvrit de terre et de fascines, afin qu'on pût marcher dessus librement quand il s'agirait de les défendre. Sur le front et sur les côtés, il les garnit de parapets et de claies; et de quatre en quatre de ces radeaux il éleva des tours à deux étages, pour les mieux garantir de l'attaque des vaisseaux et de l'incendie.

XXVI. A ces travaux Pompée opposa de grands vaisseaux de transport qu'il avait trouvés dans le port de Brindes. Il éleva dessus des tours à trois étages, les remplit de machines et de toute sorte de traits, et les envoya contre les ouvrages de César pour rompre les radeaux et troubler les travailleurs. Ainsi chaque jour on combattait de loin avec les frondes, les flèches et les autres traits. Cependant, malgré ces hostilités, César ne renonçait pas à un accommodement. Quoiqu'il s'étonnât que Magius, qu'il avait dépêché vers Pompée avec des propositions, ne lui fût pas renvoyé, et bien que ces tentatives réitérées fussent autant de retards dont souffraient son activité et ses entreprises, il résolut de persévérer à tout prix dans son premier dessein. En conséquence il envoya Caninius Rebilus, son lieutenant, ami intime de Scribonius Libon, conférer avec ce dernier. Il le charge d'exhorter Libon à procurer la paix; il demande surtout à parler lui-même à Pompée. Il ne peut douter qu'une entrevue consentie par ce dernier ne rétablisse la paix à des conditions équitables; si, par l'entremise de Libon, les deux partis se décidaient à poser les armes, une grande partie de l'honneur lui en reviendrait. » Celui-ci, après avoir entendu Caninius, va trouver Pompée. Un moment après, il revient et lui dit que les consuls sont sortis, et qu'on ne peut traiter sans eux d'un accommodement. Après toutes ces tentatives inutiles, César croit devoir enfin renoncer à son projet et ne plus songer qu'à la guerre.

XXVII. César en était à peu près à la moitié des travaux, à quoi il avait employé neuf jours, quand les vaisseaux qui avaient transporté les consuls et la première partie de l'armée revinrent de Dyrrachium à Brindes. Pompée, soit qu'il fût effrayé des travaux de César, soit qu'il eût résolu, dès le commencement de la guerre, de quitter l'Italie, se disposa à partir dès qu'il vit ses vaisseaux de retour; et pour mieux retarder une attaque de César, pour empêcher l'ennemi d'entrer dans la ville au moment où il en sortirait, il fit murer les portes, barricader les carrefours et les places, creuser des fossés en travers des rues. On enfonça des bâtons pointus et des pieux, qu'on recouvrit légèrement de claies et de terre. Quant aux deux avenues ou chemins qui conduisaient du dehors de la ville au port, il les ferma au moyen de hautes poutres pointues. Lorsque tout est prêt, il ordonne à ses troupes de s'embarquer sans bruit, et dispose çà et là sur le rempart et sur les tours des vétérans, des archers, des frondeurs. Ceux-ci ont l'ordre de partir à un certain signal, quand ils verront toutes les troupes

---

versus pedum XXX, e regione molis collocabat. Has quaternis ancoris ex quatuor angulis destinabat, ne fluctibus moverentur. His perfectis collocatisque, alias deinceps pari magnitudine rates jungebat : has terra atque aggere integebat, ne aditus atque incursus ad defendendum impediretur : a fronte atque ab utroque latere cratibus ac pluteis protegebat : in quarta quaque earum turres binorum tabulatorum excitabat, quo commodius ab impetu navium incendiisque defenderet.

XXVI. Contra hæc Pompeius naves magnas onerarias, quas in Portu Brundisino deprehenderat, adornabat. Ibi turres cum ternis tabulatis erigebat, easque, multis tormentis et omni genere telorum completas, ad opera Cæsaris appellabat, ut rates perrumperet, atque opera disturbaret. Sic quotidie utrinque eminus fundis, sagittis, reliquisque telis pugnabatur. Atque hæc ita Cæsar administrabat, ut conditiones pacis dimittendas non existimaret. Ac tametsi magnopere admirabatur, Magium, quem ad Pompeium cum mandatis miserat, ad se non remitti; atque ea res sæpe tentata etsi impetus ejus conciliandi tardabat, tamen omnibus rebus in eo perseverandum putabat. Itaque Caninium Rebilum collocatisque, alias familiarem necessariumque Scribonii Libonis, mittit ad eum colloquii causa : mandat, ut Libonem de concilianda pace hortetur; inprimis, ut ipse cum Pompeio colloqueretur, postulat.

« Magnopere sese confidere » demonstrat, « si ejus rei sit potestas facta, fore, ut æquis conditionibus ab armis discedatur : cujus rei magnam partem laudis atque existimationis ad Libonem perventuram, si, illo auctore atque agente, ab armis sit discessum. » Libo, a colloquio Caninii digressus, ad Pompeium proficiscitur. Paulo post renuntiat, « quod consules absint, sine illis de compositione agi non posse. » Ita sæpius rem frustra tentatam Cæsar aliquando dimittendam sibi judicat, et de bello agendum.

XXVII. Prope dimidia parte operis a Cæsare effecta, diebusque in ea re consumptis IX, naves, a consulibus Dyrrhachio remissæ, quæ priorem partem exercitus eo deportaverant, Brundisium revertuntur. Pompeius, sive operibus Cæsaris permotus, sive etiam quod ab initio Italia excedere constituerat, adventu navium profectionem parare incipit : et, quo facilius impetum Cæsaris tardaret, ne sub ipsa profectione milites oppidum irrumperent, portas obstruit, vicos plateasque inædificat, fossas transversas viis præducit, atque ibi sudes stipitesque præacutos defigit. Hæc levibus cratibus terraque inæquat : aditus autem atque itinera duo, quæ extra murum ad portum ferebant, maximis defixis trabibus, atque eis præacutis, præsepit. His paratis rebus, milites silentio naves conscendere jubet : expeditos autem ex evocatis, sagittariis,

embarquées; et pour cela il leur laisse dans un lieu sûr quelques barques légères.

XXVIII. Les habitants de Brindes, mécontents des outrages de Pompée et des insultes de ses soldats, favorisaient le parti de César. Aussi, dès qu'ils apprennent le départ de Pompée, tandis que ses soldats courent çà et là pour s'y préparer, ils en donnent avis du haut des toits : alors César, ne voulant pas laisser échapper l'occasion, fait prendre les armes et préparer les échelles. Pompée, vers la nuit, lève l'ancre. Les gardes placés sur la muraille quittent leur poste au signal convenu, et gagnent leurs vaisseaux par des chemins qu'ils connaissent. Nos soldats escaladent le mur; mais, avertis par les habitants de prendre garde aux fossés et aux piéges, ils s'arrêtent; puis, guidés par ceux-ci, ils prennent un long détour qui les conduit au port, et là se rendent maîtres, avec des esquifs et des bateaux, de deux navires chargés de soldats qui avaient échoué contre la digue de César.

XXIX. César pouvait espérer de terminer à souhait cette affaire, s'il assemblait des vaisseaux et poursuivait Pompée avant que celui-ci eût tiré des secours d'outre-mer; mais il craignit d'être obligé d'attendre trop longtemps, parce que Pompée avait emmené avec lui tous les vaisseaux, et par là lui avait ôté, pour le moment, tout moyen de le poursuivre. Il n'avait donc qu'à attendre des vaisseaux des contrées lointaines de la Gaule, du Picentin et du détroit de Sicile; mais la saison était un grand obstacle. Cependant il craignait que les vieilles troupes et les deux Espagnes, dont l'une avait été comblée de bienfaits par Pompée, ne s'attachassent à lui encore plus, qu'on n'assemblât des secours, de la cavalerie, et qu'on n'attaquât la Gaule et l'Italie en son absence.

XXX. Il renonce donc pour le moment à poursuivre Pompée, se décide à partir pour l'Espagne, et ordonne aux décemvirs de toutes les villes municipales de lui chercher des vaisseaux et de les amener à Brindes. Il envoie en Sardaigne Valérius, son lieutenant, avec une légion, et Curion en Sicile, comme propréteur, avec quatre légions, lui recommandant de passer en Afrique aussitôt que la Sicile sera soumise. M. Cotta commandait alors en Sardaigne, M. Caton en Sicile; l'Afrique était échue à Tubéron. Dès que les Caralitains (20) apprirent qu'on leur envoyait Valerius, sans même attendre qu'il fût parti d'Italie, ils chassèrent spontanément Cotta de la ville. Celui-ci, effrayé de voir que toute la province était d'intelligence, s'enfuit de Sardaigne en Afrique. En Sicile, Caton faisait réparer les vieilles galères et s'en faisait fournir de nouvelles par les villes. Il y portait le plus grand zèle. Il faisait faire par ses lieutenants dans la Lucanie et le Bruttium des levées de citoyens romains, et exigeait des villes de Sicile un nombre déterminé de cavaliers et de fantassins. A peine ces préparatifs sont-ils achevés, qu'il apprend l'arrivée de Curion : sur quoi il assemble le peuple et se plaint d'être abandonné, trahi par Pompée, qui,

---

funditoribusque raros in muro turribusque disponit. Hos certo signo revocare constituit, quum omnes milites naves conscendissent; atque iis expedito loco actuaria navigia relinquit.

XXVIII. Brundisini, Pompeianorum militum injuriis atque ipsius Pompeii contumeliis permoti, Cæsaris rebus favebant. Itaque, cognita Pompeii profectione, concursantibus illis atque in ea re occupatis, vulgo ex tectis significabant : per quos re cognita, Cæsar scalas parari militesque armari jubet, ne quam rei gerendæ facultatem dimittat. Pompeius sub noctem naves solvit : qui erant in muro custodiæ causa collocati, eo signo, quod convenerat, revocantur, notisque itineribus ad naves decurrunt. Milites, positis scalis, muros ascendunt; sed moniti a Brundisinis, ut vallum cæcum fossasque caveant, subsistunt; et longo itinere ab his circumducti, ad portum perveniunt, duasque naves cum militibus, quæ ad moles Cæsaris adhæserant, scaphis lintribusque deprehendunt, deprehensas excipiunt.

XXIX. Cæsar, etsi ad spem conficiendi negotii maxime probabat, coactis navibus mare transire, et Pompeium sequi, priusquam ille sese transmarinis auxiliis confirmaret; tamen ejus rei moram temporisque longinquitatem timebat, quod, omnibus coactis navibus, Pompeius præsentem facultatem insequendi sui ademerat. Relinquebatur, ut ex longinquioribus regionibus Galliæ Picenique, et a freto naves essent exspectandæ. Id propter anni tempus longum atque impeditum videbatur. Interea veterem exercitum, duas Hispanias confirmari, (quarum altera erat maximis beneficiis Pompeii devincta), auxilia, equitatum parari, Galliam Italiamque tentari, se absente, nolebat.

XXX. Itaque in præsentia Pompeii insequendi rationem omittit; in Hispaniam proficisci constituit, duumviris municipiorum omnium imperat, ut naves conquirant, Brundisiumque deducendas curent. Mittit in Sardiniam cum legione una Valerium legatum; in Siciliam Curionem propraetorem cum legionibus quatuor : eumdem, quum Siciliam recepisset, protinus in Africam traducere exercitum jubet. Sardiniam obtinebat M. Cotta, Siciliam M. Cato, Africam sorte Tubero obtinere debebat. Caralitani, simul ad se Valerium mitti audierunt, nondum profecto ex Italia, sua sponte ex oppido Cottam ejiciunt. Ille perterritus, quod omnem provinciam consentire intelligeret, ex Sardinia in Africam profugit. Cato in Sicilia naves longas veteres reficiebat, novas civitatibus imperabat. Hæc magno studio agebat. In Lucanis Bruttiisque per legatos suos civium romanorum delectus habebat : equitum peditumque certum numerum a civitatibus Siciliæ exigebat. Quibus rebus pæne perfectis, adventu Curionis cognito, queritur in concione, « sese projectum ac proditum a Cn. Pompeio, qui, omnibus

sans être prêt en rien, a commencé une guerre sans nécessité, en affirmant dans le sénat, devant lui et les autres, sur leur demande, qu'il avait pourvu à tout. Après avoir exhalé ces plaintes, Caton s'enfuit de son gouvernement.

XXXI. Valérius et Curion arrivent avec leurs troupes, l'un en Sardaigne, l'autre en Sicile. Ils trouvent ces deux provinces sans commandans. A l'arrivée de Tubéron en Afrique, la province était occupée par Attius Varus, qui, comme on l'a dit, après la perte de ses cohortes à Auximum, s'était retiré en Afrique. N'ayant trouvé personne qui y commandât, il s'en était emparé, y avait fait des levées, et formé deux légions; ce qui ne lui avait pas été trop difficile, connaissant les hommes et les localités de cette province, dont, peu d'années auparavant, il avait été gouverneur au sortir de sa préture. Il refusa à Tubéron, qui arrivait avec sa flotte, l'entrée du port et de la ville d'Utique, ne lui permit pas même de mettre à terre son fils qui était malade, et le força de lever l'ancre et de se retirer.

XXXII. Cela fait, César, pour donner du repos à ses troupes, les distribue dans les villes municipales voisines; quant à lui, il part pour Rome. Après y avoir assemblé le sénat, il rappelle les outrages de ses ennemis. « Il n'a, dit-il, sollicité aucune faveur extraordinaire; il a attendu le temps prescrit pour briguer le consulat, se contentant de prendre les voies qui sont ouvertes à tous les citoyens; et il a été soutenu par les dix tribuns du peuple, qui, malgré ses ennemis et la résistance de Caton, accoutumé à perdre le temps en vains discours, ont ordonné que justice lui fût rendue en son absence, sous le consulat même de Pompée. Si ce dernier n'approuvait pas le décret, pourquoi l'a-t-il laissé rendre? S'il l'approuvait, pourquoi empêcher César de profiter de la bienveillance du peuple romain? César parla de sa modération: il avait demandé de son propre mouvement qu'on licenciât les armées, quelque tort que cela dût faire à sa considération et à son honneur. Il montra l'acharnement de ses ennemis, qui exigeaient de lui une chose à laquelle ils ne voulaient pas se soumettre, et qui aimaient mieux voir tout bouleverser que de renoncer au commandement des troupes et au pouvoir. Il représenta l'injustice avec laquelle on lui avait ôté deux légions, la cruauté et l'insolence avec laquelle on avait poursuivi les tribuns du peuple, les offres qu'il avait faites, les entrevues demandées par lui, et refusées. En conséquence, il priait et conjurait les sénateurs de prendre en main la république et de la gouverner avec lui. Si la crainte les en détournait, il ne leur serait pas à charge et gouvernerait seul la république. Il faut députer vers Pompée pour traiter d'un accommodement. Il n'a pas les préventions que Pompée a exprimées naguère dans le sénat, en disant que députer vers un homme c'est reconnaître son autorité ou témoigner qu'on le craint. De tels sentiments sont, à ses yeux, d'une ame petite et faible; et pour lui, comme il s'est appliqué à se distinguer par ses exploits, il veut aussi surpasser les autres en droiture et en équité. »

XXXIII. Le sénat approuva l'envoi d'une dépu-

rebus imparatissimus, non necessarium bellum suscepisset; et ab se reliquisque in senatu interrogatus, omnia sibi esse ad bellum apta ac parata confirmavisset. » Hæc in concione questus, ex provincia fugit.

XXXI. Nacti vacuas ab imperiis Sardiniam Valerius, Curio Siciliam, cum exercitibus eo perveniunt. Tubero, quum in Africam venisset, invenit in provincia cum imperio Attium Varum, qui ad Auximum, ut supra demonstravimus, amissis cohortibus, protinus ex fuga in Africam pervenerat, atque eam sua sponte vacuam occupaverat, dilectuque habito, duas legiones effecerat. hominum et locorum notitia et usu ejus provinciæ nactus aditus ad ea conanda, quod paucis ante annis ex prætura eam provinciam obtinuerat. Hic venientem Uticam cum navibus Tuberonem portu atque oppido prohibet, neque affectum valetudine filium exponere in terram patitur; sed sublatis ancoris, excedere eo loco cogit.

XXXII. His rebus confectis, Cæsar, ut reliquum tempus a labore intermitteretur, milites in proxima municipia deducit : ipse ad urbem proficiscitur. Coacto senatu, injurias inimicorum commemorat : docet, « se nullum extraordinarium honorem appetisse, sed exspectato legitimo tempore consulatus, eo fuisse contentum, quod omnibus civibus pateret : latum ab decem tribunis plebis, contradicentibus inimicis, Catone vero acerrime repugnante, et, pristina consuetudine, dicendi mora dies extrahente, ut sui ratio absentis haberetur, ipso consule Pompeio : qui si improbasset, cur ferri passus esset? sin probasset, cur se uti populi beneficio prohibuisset? Patientiam proponit suam, quum de exercitibus dimittendis ultro postulavisset; in quo jacturam dignitatis atque honoris ipse facturus esset. Acerbitatem inimicorum docet, qui, quod ab altero postularent, in se recusarent, atque omnia permisceri mallent, quam imperium exercitusque dimittere. Injuriam in eripiendis legionibus prædicat : crudelitatem et insolentiam in circumscribendis tribunis plebis, conditiones a se latas, et expedita colloquia et denegata, commemorat. Pro quibus rebus orat ac postulat, rempublicam suscipiant, atque una secum administrent. Sin timore defugiant, illis se oneri non futurum, et per se rempublicam administraturum. Legatos ad Pompeium de compositione mitti oportere : neque se reformidare, quod in senatu paulo ante Pompeius dixisset, ad quos legati mitterentur, iis auctoritatem attribui, timoremque eorum, qui mitterent, significari : tenuis atque infirmi hæc animi videri : se vero, ut operibus anteire studuerit, sic justitia et æquitate velle superare. »

XXXIII. Probat rem senatus de mittendis legatis, sed,

tation; mais on ne trouvait personne qui voulût en être: chacun, effrayé, refusait d'en courir les risques. En effet, Pompée, à son départ, avait dit dans le sénat qu'il ne ferait aucune différence entre les citoyens qui resteraient à Rome et ceux qui iraient au camp de César. Ainsi trois jours se passent en discussions et en excuses. De plus, L. Métellus, tribun du peuple, est suscité par les ennemis de César, pour écarter sa proposition et entraver tous ses autres desseins. S'en étant aperçu, César, après quelques jours de sollicitations inutiles, ne voulant pas perdre le temps qui lui reste, part de Rome sans avoir rien terminé, et se rend dans la Gaule ultérieure.

XXXIV. A son arrivée, César apprit que Pompée avait envoyé en Espagne Vibullius Rufus, que peu de jours auparavant on avait pris à Corfinium et relâché par son ordre; qu'en outre, Domitius était parti pour aller se jeter dans Marseille avec sept galères qu'il avait enlevées par force à des particuliers d'Igilium (24) et de Cosanum, et qu'il avait remplies de ses esclaves, de ses affranchis, et de colons de ses terres; et en outre, que Pompée, à son départ de Rome, avait expédié devant lui, comme députés, dans eur patrie, de jeunes Marseillais de nobles familles, en les exhortant à ne pas oublier ses anciens bienfaits pour les obligations plus récentes qu'ils pouvaient avoir à César. Conformément à ces instructions, les Marseillais avaient fermé leurs portes à César, en appelant à leur secours les Albices, peuple sauvage qui, de tout temps, leur était dévoué et qui habitait les montagnes au-dessus de Marseille; ils avaient fait entrer dans leur ville tout le blé des contrées et des châteaux du voisinage, avaient établi des fabriques d'armes, et réparaient leurs murailles, leurs portes, leurs navires.

XXXV. César mande quinze des principaux Marseillais; il les engage à n'être pas les premiers à commencer la guerre, leur remontrant qu'ils doivent plutôt suivre le sentiment de toute l'Italie que de déférer à la volonté d'un seul. Il ajoute à cela tout ce qu'il croit capable de les guérir de leur témérité. Les députés reportent ces paroles à leurs concitoyens, et, par leur ordre, reviennent dire à César: « Que voyant le peuple romain divisé en deux partis, ils ne sont ni assez éclairés, ni assez puissants pour décider laquelle des deux causes est la plus juste; que les chefs de ces partis, Cn. Pompée et C. César, sont l'un et l'autre les patrons de leur ville; que l'un leur a publiquement accordé les terres des Volsques Arécomikes et des Helves; et que l'autre, après avoir soumis les Gaules, a aussi augmenté leur territoire et leurs revenus. En conséquence ils doivent pour des services égaux témoigner une reconnaissance égale, ne servir aucun des deux contre l'autre, ne recevoir ni l'un ni l'autre dans leur ville et dans leurs ports.

XXXVI. Pendant que ces choses se passent, Domitius arrive à Marseille avec ses vaisseaux, et, reçu par les habitants, prend le commandement de la ville. On lui donne aussi la conduite de la guerre. Par son ordre ils expédient leur flotte dans toutes les directions, vont chercher de

qui mitterentur non reperiebantur, maximeque timoris causa pro se quisque id munus legationis recusabat. Pompeius enim discedens ab urbe in senatu dixerat, eodem se habiturum loco, qui Romæ remansissent, et qui in castris Cæsaris fuissent. Sic triduum disputationibus excusationibusque extrahitur. Subjicitur etiam L. Metellus tribunus plebis ab inimicis Cæsaris, qui hanc rem distrahat, reliquasque res, quascumque agere instituerit, impediat. Cujus cognito consilio, Cæsar, frustra diebus aliquot consumptis, ne reliquum tempus omittat, infectis iis, quæ agere destinaverat, ab urbe proficiscitur, atque in ulteriorem Galliam pervenit.

XXXIV. Quo quum venisset, cognoscit, missum in Hispaniam a Pompeio Vibullium Rufum, quem paucis diebus ante Corfinii captum ipse dimiserat: profectum item Domitium ad occupandam Massiliam navibus actuariis VII, quas Igilii et in Cosano a privatis coactas, servis, libertis, colonis suis compleverat; præmissos etiam legatos Massilienses domum, nobiles adolescentes, quos ab urbe discedens Pompeius erat adhortatus, ne nova Cæsaris officia veterum suorum beneficiorum in eos memoriam expellerent. Quibus mandatis acceptis, Massilienses portas Cæsari clauserant; Albicos, barbaros homines, qui in eorum fide antiquitus erant, montesque supra Massiliam incolebant, ad se vocaverant; frumentum ex finitimis regionibus atque ex omnibus castellis in urbem convexerant; armorum officinas in urbe instituerant, muros, classem, portas reficiebant.

XXXV. Evocat ad se Cæsar Massiliensium XV primos: cum his agit, ne initium inferendi belli a Massiliensibus oriatur; « debere eos Italiæ totius auctoritatem sequi potius, quam unius hominis voluntati obtemperare. » Reliqua, quæ ad eorum sanandas mentes pertinere arbitrabatur, commemorat. Cujus orationem domum legati referunt; atque ex auctoritate hæc Cæsari renuntiant: « Intelligere se, divisum esse populum romanum in partes duas; neque sui judicii, neque suarum esse virium, discernere, utra pars justiorem habeat causam; principes vero esse earum partium Cn. Pompeium et C. Cæsarem, patronos civitatis; quorum alter agros Volcarum Arecomicorum et Helviorum publice iis concesserit; alter bello victas Gallias attribuerit, vectigaliaque auxerit. Quare paribus eorum beneficiis parem se quoque voluntatem tribuere debere, et neutrum eorum contra alterum juvare, aut urbe aut portibus recipere. »

XXXVI. Hæc dum inter eos aguntur, Domitius navibus Massiliam pervenit; atque ab iis receptus, urbi præficitur. Summa ei belli administrandi permittitur. Ejus

côté et d'autre les vaisseaux de charge, et les amènent dans le port : ceux qui sont en mauvais état leur fournissent des clous, du bois, des agrès, pour radouber et armer les autres : ils mettent dans les greniers publics tout le blé qu'ils peuvent recueillir, et serrent les autres approvisionnements et tout ce qui peut leur être d'usage en cas de siége. Irrité de cette injure, César vient avec trois légions à Marseille, élève, pour l'attaque de la ville, des tours et des mantelets, fait équiper, à Arles, douze galères. Achevées et armées dans l'espace de trente jours, y compris celui où l'on avait coupé le bois, elles sont amenées à Marseille; César en donne le commandement à D. Brutus, et laisse C Trébonius, son lieutenant, pour conduire le siége.

XXXVII. Tout en faisant ces préparatifs, il envoie en Espagne C. Fabius, son lieutenant, avec trois légions qu'il avait mises en quartiers d'hiver à Narbonne et aux environs. Il lui ordonne de s'emparer promptement des passages des Pyrénées alors occupés par L. Afranius; les autres légions qui hivernaient plus loin ont ordre de le suivre. Fabius exécute l'ordre de César avec toute la promptitude que celui-ci lui avait recommandée, chasse des passages les troupes qui les gardaient, et marche à grandes journées contre Afranius.

XXXVIII. A l'arrivée de Vibullius Rufus, que Pompée, comme nous l'avons dit, avait envoyé en Espagne, Afranius, Pétréius et Varron, lieutenants de Pompée, se partagèrent entre eux le commandement : le premier occupait, avec trois légions, l'Espagne citérieure; le second, avec deux, depuis les défilés de Castulo, jusqu'au fleuve Anas; le troisième, avec un pareil nombre, le territoire des Vettones et la Lusitanie. Il fut convenu que Pétréius partirait de la Lusitanie et viendrait par le pays des Vettones, joindre Afranius avec toutes ses troupes, tandis que Varron protégerait, avec ses légions, toute l'Espagne ultérieure. Les choses ainsi réglées, Petreius fait des levées d'hommes et de chevaux dans la Lusitanie, et Afranius en ordonne également chez les Celtibères, les Cantabres, et tous les Barbares qui habitent les côtes de l'Océan. Après avoir rassemblé les troupes, Pétréius traverse rapidement le pays des Vettones et va joindre Afranius. Tous deux décident, d'un commun accord, de porter la guerre près d'Ilerda, à cause de l'avantage de ce poste.

XXXIX. Ainsi qu'il a été dit plus haut, Afranius avait trois légions, et Petreius deux, sans compter environ quatre-vingts cohortes, tant de la province citérieure que de l'Espagne ultérieure, et environ cinq mille chevaux de ces deux provinces. César y avait envoyé en avant trois légions, avec six mille auxiliaires et trois mille chevaux qui avaient servi sous lui dans toutes les guerres précédentes, et un pareil nombre de Gaulois qu'il avait réunis en tirant de chaque ville ce qu'il y avait de plus illustre et de plus brave, principalement en Aquitaine et dans les montagnes qui touchent à la province romaine. En apprenant que Pompée venait en Espagne par la Mauritanie avec

---

imperio classem quoquoversus dimittunt : onerarias naves quas ubique possunt, deprehendunt, atque in portum deducunt; parum clavis aut materia atque armamentis instructis et reliquas armandas reficiendasque utuntur; frumenti quod inventum est, in publicum conferunt; reliquas merces commeatusque ad obsidionem urbis, si accidat, reservant. Quibus injuriis permotus Cæsar, legiones tres Massiliam adducit; turres vineasque ad oppugnationem urbis agere, naves longas Arelate numero XII facere instituit. Quibus effectis armataque diebus triginta, a qua die materia cæsa est, adductisque Massiliam, his D. Brutum præficit : C. Trebonium legatum ad oppugnationem Massiliæ relinquit.

XXXVII. Dum hæc parat atque administrat, C. Fabium legatum cum legionibus tribus, quas Narbone circumque ea loca hiemandi causa disposuerat, in Hispaniam præmittit, celeriterque Pyrenæos saltus occupari jubet, qui eo tempore ab L. Afranio legato præsidiis tenebantur; reliquas legiones, quæ longius hiemabant, subsequi jubet. Fabius, ut erat imperatum, adhibita celeritate, præsidium ex saltu dejecit, magnisque itineribus ad exercitum Afranii contendit.

XXXVIII. Adventu Vibulii Rufi, quem a Pompeio missum in Hispaniam demonstratum est, Afranius, et Petreius, et Varro, legati Pompeii (quorum unus tribus legionibus Hispaniam citeriorem; alter a saltu Castulonensi ad Anam duabus legionibus; tertius ab Ana Vettonum agrum Lusitaniamque pari numero legionum obtinebat), officia inter se partiuntur, uti Petreius ex Lusitania per Vettones cum omnibus copiis ad Afranium proficiscatur; Varro cum iis, quas habebat, legionibus, omnem ulteriorem Hispaniam tueatur. His rebus constitutis, equites auxiliaque toti Lusitaniæ a Petreio; Celtiberis, Cantabris, Barbarisque omnibus, qui ad Oceanum pertinent, ab Afranio imperantur. Quibus coactis, celeriter Petreius per Vettones ad Afranium pervenit. Constituunt communi consilio, bellum ad Ilerdam, propter ipsius loci opportunitatem, gerere.

XXXIX. Erant, ut supra demonstratum est, legiones Afranii tres, Petreii duæ, præterea scutatæ citerioris provinciæ, et cetratæ ulterioris Hispaniæ cohortes circiter LXXX, equitum utriusque provinciæ circiter V millia. Cæsar legiones in Hispaniam præmiserat, ad VI millia auxilia peditum, equitum III millia, quæ omnibus superioribus bellis habuerat, et parem ex Gallia numerum, quem ipse paraverat, nominatim ex omnibus civitatibus nobilissimo et fortissimo quoque evocato. Hinc optimi generis homines ex Aquitanis montanisque, qui Galliam provinciam attingunt. Audierat, Pompeium per Mauritaniam cum legionibus iter in Hispaniam facere, confes-

ses légions, et qu'il était sur le point d'arriver, César emprunta de l'argent aux tribuns des soldats et aux centurions, et le distribua aux troupes. A cela il trouva deux avantages : il s'assurait, par cet emprunt, de la fidélité des centurions, et par ses largesses gagnait l'affection des soldats.

XL. Fabius, de son côté, travaillait par lettres et par messages à s'attacher les villes voisines. Il avait jeté deux ponts sur la Sègre, à quatre mille pas l'un de l'autre, et s'en servait pour envoyer au fourrage, ayant consommé les jours précédents tout ce qu'il y en avait en-deçà du fleuve. Les chefs de l'armée de Pompée, par la même raison, faisaient à peu près de même, d'où résultaient de fréquentes escarmouches entre les cavaliers des deux partis. Un jour, deux légions de Fabius, qui, selon leur coutume, escortaient les fourrageurs, ayant passé ce fleuve, suivies de la cavalerie et du bagage, tout à coup, par suite de la violence des vents et de la crue des eaux, le pont fut rompu et l'armée séparée. Pétréius et Afranius s'aperçoivent de cet accident aux débris de bois et de claies que la rivière emportait : aussitôt Afranius prend quatre légions et toute sa cavalerie, traverse le pont qu'il avait construit entre son camp et la ville, et marche au devant des deux légions de Fabius. Instruit de son arrivée, L. Plancus, qui les commandait, se vit obligé de gagner une hauteur, et de faire face des deux côtés pour ne pas être enveloppé par la cavalerie. Là, malgré l'inégalité du nombre, il soutient les vives attaques des légions et de la cavalerie d'Afranius. L'action ainsi engagée par la cavalerie, les deux partis aperçurent au loin les enseignes des deux légions que C. Fabius avait fait passer sur l'autre pont pour secourir les nôtres; car il avait soupçonné avec raison que les chefs ennemis profiteraient de l'occasion et de cette faveur de la fortune pour nous accabler. L'arrivée de nos troupes fit cesser le combat, et chacun ramena ses légions au camp.

XLI. Deux jours après, César arriva au camp avec neuf cents chevaux qu'il avait gardés pour lui servir d'escorte. Le pont, que la tempête avait rompu, était presque entièrement rétabli; il le fit terminer dans la nuit. Ensuite, ayant reconnu le pays, il laissa six cohortes à la garde du pont, du camp et du bagage, marcha le lendemain à Ilerda avec toutes ses troupes rangées sur trois lignes, et s'arrêta devant le camp d'Afranius : il y resta quelque temps sous les armes, et lui présenta le combat en rase campagne. Afranius, de son côté, fit sortir ses troupes et les rangea sur le milieu d'une colline en avant de son camp. César, voyant qu'Afranius ne voulait pas en venir aux mains, résolut de camper au pied de la montagne, à quatre cents pas environ de distance; et, pour que ses troupes ne fussent pas alarmées par quelque attaque soudaine de l'ennemi, ni interrompues dans leurs travaux, au lieu d'élever un rempart qui, nécessairement, se serait vu de loin, il fit creuser à la tête du camp un fossé de quinze pieds. La première et la seconde ligne restaient sous les armes comme elles avaient été placées d'abord, et les travaux se faisaient par la troi-

timque esse venturum; simul a tribunis militum centurionibusque mutuas pecunias sumpsit; has exercitui distribuit. Quo facto, duas res consecutus est, quod pignore animos centurionum devinxit, et largitione redemit militum voluntates.

XL. Fabius finitimarum civitatum animos litteris nuntiisque tentabat. In Sicore flumine pontes effecerat duos, inter se distantes millia passuum IV. His pontibus pabulatum mittebat, quod ea, quæ citra flumen fuerant, superioribus diebus consumpserat. Hoc idem fere, atque eadem de causa, Pompeiani exercitus duces faciebant; crebroque inter se equestribus prœliis contendebant. Huc quum quotidiana consuetudine congressæ pabulatoribus præsidio proprio legiones Fabianæ duæ flumen transissent, impedimentaque et omnis equitatus sequeretur; subito vi ventorum et aquæ magnitudine pons est interruptus, et reliqua multitudo equitum interclusa. Quo cognito a Petreio et Afranio ex aggere atque cratibus, quæ flumine ferebantur, celeriter suo ponte Afranius quem oppido castrisque conjunctum habebat, legiones IV equitatumque omnem transjecit, duabusque Fabianis occurrit legionibus. Cujus adventu nuntiato, L. Plancus, qui legionibus præerat, necessaria re coactus, locum capit superiorem, diversamque aciem in duas partes constituit, ne ab equitatu circumveniri posset. Ita congressus impari numero, magnos impetus legionum equitatusque sustinet. Commisso ab equitibus prælio, signa duarum legionum procul ab utrisque conspiciuntur, quas C. Fabius ulteriore ponte subsidio nostris miserat, suspicatus fore id, quod accidit, ut duces adversariorum occasione et beneficio fortunæ ad nostros opprimendos uterentur : quarum adventu prælium dirimitur, ac suas uterque legiones reducit in castra.

XLI. Eo biduo Cæsar cum equitibus DCCCC, quos sibi præsidio reliquerat, in castra pervenit. Pons, qui fuerat tempestate interruptus, pene erat refectus : hunc noctu perfici jussit. Ipse cognita locorum natura, ponti castrisque præsidio sex cohortes relinquit, atque omnia impedimenta, et postero die omnibus copiis, triplici instructa acie, ad Ilerdam proficiscitur, et sub castris Afranii constitit : et, ibi paullisper sub armis moratus, facit æquo loco pugnandi potestatem. Potestate facta, Afranius copias educit, et in medio colle sub castris constituit. Cæsar, ubi cognovit, per Afranium stare, quo minus prælio dimicaretur, ab infimis radicibus montis, intermissis circiter passibus CD, castra facere constituit : et, ne in opere faciendo milites repentino hostium incursu exterrerentur, atque opere prohiberentur, vallo muniri vetuit, quod eminere, et procul videri necesse erat; sed a fronte contra hostem pedum XV fossam fieri jussit. Prima

sième ligne cachée derrière elles. Par ce moyen tout fut achevé avant qu'Afranius s'aperçut que l'on fortifiait le camp.

XLII. Sur le soir, César fait entrer ses troupes dans ce retranchement, et y passe la nuit sous les armes. Le lendemain, il retient toute son armée dans le camp; et comme il eût fallu aller trop loin chercher les matériaux, il se contenta, pour le moment, de faire continuer l'ouvrage sur le même plan; il chargea deux légions de fortifier les deux côtés du camp, d'ouvrir des fossés de la même largeur, et tint les autres légions en bataille vis-à-vis l'ennemi. Afranius et Pétréius, dans le but d'effrayer et de troubler nos travailleurs, conduisent leurs troupes au pied de la colline et nous provoquent au combat; mais, malgré cela, César ne fait point cesser le travail, sûr d'être assez défendu par ses trois légions et par son retranchement. L'ennemi demeure là quelque temps sans quitter presque le pied de la colline, et puis se retire dans son camp. Le troisième jour, César fortifie son camp d'un rempart, et y fait venir les bagages et les cohortes qu'il avait laissés dans l'autre.

XLIII. Entre la ville d'Ilerda et la colline voisine où Afranius et Petreius étaient campés, il y avait une plaine d'environ trois cents pas, et vers le milieu une petite hauteur: si César pouvait s'en rendre maître et s'y fortifier, il ne doutait pas qu'il n'ôtât aux ennemis toute communication avec le pont et la ville d'où ils tiraient leurs subsistances. Dans cet espoir, il fait sortir du camp trois légions, et après les avoir rangées en bataille dans un lieu favorable, ordonne au premier rang de l'une d'elles de courir en avant et de s'emparer de la hauteur. En voyant ce mouvement, Afranius détache aussitôt les cohortes qui étaient de garde à la tête de son camp, et les envoie par un chemin plus court s'emparer du même poste. Le combat s'engage; mais les soldats d'Afranius étaient arrivés les premiers à la hauteur; ils repoussent donc les nôtres, et, ayant reçu un renfort, ils les obligent à tourner le dos et à rejoindre les légions.

XLIV. La manière de combattre de ces soldats était celle-ci: ils couraient vivement sur l'ennemi, s'emparaient d'une position hardiment, ne s'inquiétant pas de garder leurs rangs, et ne combattant que dispersés et par petites troupes; s'ils étaient pressés, ils reculaient et cédaient le terrain, sans croire qu'il y eût à cela de la honte. Ils avaient pris cette manière de combattre des Lusitaniens et des autres Barbares; car il arrive d'ordinaire que le soldat finit par adopter les habitudes des peuples chez lesquels il a fait un long séjour. Cette tactique ne laissa pas que d'étonner les nôtres, qui n'y étaient point habitués: en voyant ainsi l'ennemi courir sans ordre, ils s'imaginaient qu'on voulait les prendre en flanc et les envelopper; car, pour eux, ils étaient accoutumés à garder leurs rangs, à ne pas s'éloigner des enseignes, à ne pas quitter, sans de fortes raisons, le poste où on les avait placés. Aussi, le désordre s'étant mis dans les premiers rangs, la légion qui était de ce côté aban-

---

et secunda acies in armis, ut ab initio constituta erat, permanebat: post hos opus in occulto a tertia acie fiebat. Sic omne prius est perfectum, quam intelligeretur ab Afranio, castra muniri.

XLII. Sub vesperum Cæsar intra hanc fossam legiones reducit, atque ibi sub armis proxima nocte conquiescit. Postero die omnem exercitum intra fossam continet, et, quod longius erat agger petendus, in præsentia similem rationem operis instituit; singulaque latera castrorum singulis attribuit legionibus munienda, fossasque ad eamdem magnitudinem perfici jubet: reliquas legiones in armis expeditas contra hostem constituit. Afranius Petreiusque terrendi causa, atque operis impediendi, copias suas ad infimas montis radices producunt, et prælio lacessunt. Neque idcirco Cæsar opus intermittit, confisus præsidio legionum trium, et munitione fossæ. Illi non diu commorati, nec longius ab infimo colle progressi, copias in castra reducunt. Tertio die Cæsar vallo castra communit: reliquas cohortes, quas in superioribus castris reliquerat, impedimentaque ad se traduci jubet.

XLIII. Erat inter oppidum Ilerdam et proximum collem, ubi castra Petreius atque Afranius habebant, planities circiter passuum CCC: atque in hoc fere medio spatio tumulus erat paullo editior: quem si occupasset Cæsar et communisset, ab oppido et ponte et commeatu omni, quem in oppidum contulerant, se interclusurum adversarios confidebat. Hoc sperans, legiones tres ex castris educit, acieque in locis idoneis instructa, unius legionis antesignanos procurrere, atque occupare eum tumulum jubet. Qua re cognita, celeriter, quæ in statione pro castris erant Afranii cohortes, breviore itinere ad eumdem occupandum locum mittuntur. Contenditur prælio; et, quod prius in tumulum Afraniani venerant, nostri repelluntur, atque, aliis submissis præsidiis, terga vertere, seque ad signa legionum recipere coguntur.

XLIV. Genus erat pugnæ militum illorum, ut magno impetu primo procurrerent, audacter locum caperent, ordines suos non magnopere servarent, rari dispersique pugnarent; si premerentur, pedem referre, et loco excedere, non turpe existimarent, cum Lusitanis reliquisque barbaris genere quodam pugnæ assuefacti: quod fere fit, quibus quisque in locis miles inveteravit, uti multum earum regionum consuetudine moveatur. Hæc tamen ratio nostros perturbavit, insuetos hujus generis pugnæ: circumiri enim sese ab aperto latere, procurrentibus singulis, arbitrabantur; ipsi autem suos ordines servare, neque ab signis discedere, neque sine gravi causa eum locum, quem ceperant, dimitti censuerant oportere. Itaque, perturbatis antesignanis, legio quæ in eo cornu constiterat locum non tenuit, atque in proximum collem sese recepit.

donna le poste et se retira sur un coteau voisin.

XLV. César, voyant presque tous les siens épouvantés, contre son attente et contre leur coutume, encourage les soldats et mène la neuvième légion au secours des troupes en péril. L'ennemi poursuivait les nôtres avec autant d'acharnement que d'audace : il l'arrête, le force à fuir à son tour, et à se retirer vers Ilerda, jusque sous les murs de la ville. Mais tandis que les soldats de la neuvième légion, emportés par le désir de la vengeance, poursuivent imprudemment les fuyards, ils s'engagent dans un position dangereuse, au pied même de la montagne sur laquelle la ville est assise. Lorsqu'ils voulurent se retirer, l'ennemi, qui avait l'avantage du terrain, les accabla. L'endroit était escarpé, à pic des deux côtés, et n'avait que tout juste assez de largeur pour contenir trois cohortes en bataille; en sorte qu'on ne pouvait ni les secourir par les flancs, ni les faire soutenir par la cavalerie. Or, du côté de la ville, le terrain descendait en pente douce dans une étendue d'environ cinq cents pas. C'est par là que les nôtres cherchaient à sortir du passage où leur ardeur inconsidérée les avait engagés. Ils combattaient; mais, resserrés dans un lieu étroit, et placés au pied d'une montagne, ils avaient le désavantage; aucun des traits lancés contre eux n'était perdu : cependant, à force de valeur et de patience, ils se soutenaient, et ne se laissaient pas décourager par leurs blessures. A tout moment le nombre des ennemis augmentait, et des cohortes fraîches, sorties du camp, traversaient la ville et venaient relever celles qui étaient fatiguées. César, également, était obligé d'envoyer au même lieu des cohortes nouvelles pour remplacer ses soldats épuisés.

XLVI. Le combat durait depuis cinq heures sans qu'on l'eût suspendu, et les nôtres étaient serrés de plus près par la multitude des ennemis, lorsque, ayant épuisé tous leurs traits, ils mettent l'épée à la main, s'élancent impétueusement sur la colline, et après avoir culbuté quelques cohortes, contraignent les autres à tourner le dos. Repoussés jusque sous les murs, et même, en plus d'un endroit, chassés par la peur jusque dans la ville, les ennemis donnèrent ainsi aux nôtres la facilité de se retirer. Cependant notre cavalerie, quoique placée désavantageusement des deux côtés au pied de la montagne, en gagne le sommet par sa valeur, et, voltigeant entre les deux armées, rend la retraite plus aisée et plus sûre. Ainsi, les chances de ce combat furent partagées. A la première attaque nous perdîmes environ soixante-dix des nôtres, et entre autres Q. Fulginius, premier hastaire de la quatrième légion, qui, par sa valeur, s'était élevé des derniers rangs de la milice jusqu'à ce grade. Le nombre de nos blessés monta à plus de six cents. Du côté d'Afranius périrent T. Cécilius, centurion primipilaire, quatre autres centurions, et plus de deux cents soldats.

XLVII. Cependant chacun s'attribuait l'honneur de la journée, et pensait avoir eu l'avantage: les soldats d'Afranius, parce que, malgré leur infériorité reconnue, ils avaient néanmoins longtemps résisté et soutenu notre attaque, conservé

XLV. Cæsar, pœne omni acie perterrita, quod præter opinionem consuetudinemque acciderat, cohortatus suos, legionem nonam subsidio ducit : hostem, insolenter atque acriter nostros insequentem, supprimit, rursusque terga vertere, seque ad oppidum Ilerdam recipere, et sub muro consistere cogit. Sed nonæ legionis milites, elati studio, dum sarcire acceptum detrimentum volunt, temere insecuti fugientes, in locum iniquum progrediuntur, et sub montem, in quo erat oppidum positum Ilerda, succedunt. Hinc se recipere quum vellent, rursus illi ex loco superiore nostros premebant. Præruptus locus erat, utraque ex parte directus; ac tantum in latitudinem patebat, ut tres instructæ cohortes eum locum explerent, et neque subsidia a lateribus submitti, neque equites laborantibus usui esse possent. Ab oppido autem declivis locus tenui fastigio vergebat in longitudinem passuum circiter CD : hac nostris erat receptus; quod eo, incitati studio, inconsultius processerant. Hoc pugnabatur loco, et propter angustias iniquo, et quod sub ipsis radicibus montis constiterant, ut nullum frustra telum in eos mitteretur : tamen virtute et patientia nitebantur, atque omnia vulnera sustinebant. Augebatur illis copia, atque ex castris cohortes per oppidum crebro submittebantur, ut integri defessis succederent. Hoc idem Cæsar facere cogebatur, ut submissis in eumdem locum cohortibus defessos reciperet.

XLVI. Hoc quum esset modo pugnatum continenter horis V, nostrisque gravius a multitudine premerentur, consumptis omnibus telis, gladiis destrictis, impetum adversus montem in cohortes faciunt, paucisque dejectis, reliquos sese convertere cogunt. Submotis sub murum cohortibus, ac nonnulla parte propter terrorem in oppidum compulsis, facilis est nostris receptus datus. Equitatus autem noster ab utroque latere, etsi dejectis atque inferioribus locis constiterat; tamen in summum jugum virtute connititur, atque inter duas acies perequitans, commodiorem ac tutiorem nostris receptum dat. Ita vario certamine pugnatum est. Nostri in primo congressu circiter LXX ceciderunt; in his Q. Fulginius ex primo hastato legionis XIV, qui propter eximiam virtutem ex inferioribus ordinibus in eum locum pervenerat. Vulnerantur amplius DC. Ex Afranianis interficiuntur, T. Cæcilius, primi pili centurio, et præter eum centuriones IV, milites amplius CC.

XLVII. Sed hæc ejus diei præfertur opinio, ut se utrique superiores discessisse existimarent : Afraniani, quod, quum esse omnium judicio inferiores viderentur, cominus tam diu stetissent, et nostrorum impetum sustinuis-

d'abord la hauteur disputée, et, au premier choc, obligé les nôtres à tourner le dos; nos soldats, au contraire, parce que, malgré le désavantage du poste et l'infériorité du nombre, ils avaient soutenu le combat pendant cinq heures, gravi la montagne l'épée à la main, chassé l'ennemi de sa position, et l'avaient poussé jusqué dans la ville. Afranius fortifia, par de grands ouvrages, le poste pour lequel on avait combattu et y plaça une forte garde.

XLVIII. Deux jours après, il arriva un accident qu'il n'était pas possible de prévoir. En effet, il s'éleva un si violent orage qu'on ne se rappelait pas avoir jamais vu une telle crue d'eau dans ces contrées; en même temps une masse de neiges fondues coula des montagnes, la rivière surmonta ses rives, et les deux ponts, construits par Fabius, furent emportés le même jour. Cet accident causa beaucoup d'embarras à l'armée de César; car son camp, ainsi qu'on l'a dit, était situé dans une plaine d'environ trente milles entre la Sègre et la Cingra, qui n'étaient point guéables, en sorte qu'il n'avait aucun moyen de sortir de cet espace étroit. Ni les peuples alliés de César ne pouvaient lui apporter des vivres, ni les fourrageurs, arrêtés par ces rivières, revenir au camp, ni les grands convois, qui venaient de l'Italie et de la Gaule, arriver jusqu'à lui. C'était le moment de l'année le plus difficile; il ne restait plus rien des approvisionnements d'hiver, et le temps de la moisson n'était pas loin. Le pays était épuisé, parce qu'avant l'arrivée de César, Afranius avait fait partir pour Ilerda presque tout le blé; et que César avait consommé le reste les jours précédents. Les bestiaux, qui eussent été d'un grand secours dans cette disette, avaient été éloignés par les habitants de ces contrées, à cause de la guerre. Enfin, ceux de nos soldats qui sortaient pour aller aux vivres ou au fourrage étaient harcelés par les Lusitaniens armés à la légère et par les troupes de l'Espagne citérieure, qui connaissaient bien le pays et pouvaient aisément traverser la rivière, leur coutume étant de ne jamais se mettre en marche sans porter des outres avec eux.

XLIX. L'armée d'Afranius, au contraire, avait tout en abondance. Il avait fait d'avance de grandes provisions de blé, on lui en apportait de toute la province, et il avait du fourrage en quantité. Le pont d'Ilerda lui facilitait sans péril tous ces transports, et lui ouvrait, de l'autre côté du fleuve, un pays neuf où César ne pouvait pénétrer.

L. Les eaux demeurèrent pendant plusieurs jours fort élevées. César s'efforça de rétablir les ponts; mais la profondeur du fleuve et les cohortes ennemies placées sur l'autre bord ne laissaient pas faire ses travailleurs. C'était chose facile aux ennemis, parce que le fleuve naturellement rapide l'était devenu encore davantage par suite de cette crue d'eaux, et parce que, de toute la rive, ils lançaient leurs traits sur un point unique et resserré : or, il nous était bien difficile de travailler tout à la fois dans un fleuve aussi rapide, et de nous garantir des traits de l'ennemi.

---

sent, et initio locum tumulumque tenuissent, quæ causa pugnandi fuerat, et nostros primo congressu terga vertere coegissent; nostri autem, quod, iniquo loco atque impari congressi numero, quinque horis prælium sustinuissent, quod montem gladiis destrictis adscendissent, quod ex loco superiore terga vertere adversarios coegissent, atque in oppidum compulissent. Illi eum tumulum, pro quo pugnatum est, magnis operibus munierunt; præsidiumque ibi posuerunt.

XLVIII. Accidit etiam repentinum incommodum biduo, quo hæc gesta sunt. Tanta enim tempestas cooritur, ut nunquam illis locis majores aquas fuisse constaret. Tum autem ex omnibus montibus nives proluit, ac summas ripas fluminis superavit, pontesque ambo, quos C. Fabius fecerat, uno die interrupit. Quæ res magnas difficultates exercitui Cæsaris attulit. Castra enim, ut supra demonstratum est, quum essent inter flumina duo, Sicorim et Cingam, spatio millium XXX, neutrum horum transiri poterat; necessarioque eodem omnes his angustiis continebantur. Neque civitates, quæ ad Cæsaris amicitiam accesserant, frumentum supportare; neque ii, qui pabulatum longius progressi erant, interclusi fluminibus, reverti; neque maximi comitatus, qui ex Italia Galliaque veniebant, in castra pervenire poterant. Tempus erat anni difficillimum, quo neque frumenta in hibernis erant, neque multum a maturitate aberant : ac civitates exinanitæ, quod Afranius pene omne frumentum ante Cæsaris adventum Ilerdam convexerat; reliqui si quid fuerat, Cæsar superioribus diebus consumserat: pecora, quod secundum poterat esse inopiæ subsidium, propter bellum finitimæ civitates longius removerant : qui erant pabulandi aut frumentandi causa progressi, hos levis armaturæ Lusitani, peritique earum regionum cetrati citerioris Hispaniæ, consectabantur; quibus erat proclive transnare flumen, quod consuetudo eorum omnium est, ut sine utribus ad exercitum non eant.

XLIX. At exercitus Afranii omnium rerum abundabat copia. Multum erat frumentum provisum et convectum superioribus temporibus : multum ex omni provincia comportabatur : magna copia pabuli suppetebat Harum rerum omnium facultates sine ullo periculo pons Ilerdæ præbebat, et loca trans flumen integra, quo omnino Cæsar adire non poterat.

L. Hæ permanserunt aquæ dies complures. Conatus est Cæsar reficere pontes : sed nec magnitudo fluminis permittebat, neque ad ripam dispositæ cohortes adversariorum perfici patiebantur : quod illis prohibere erat facile, tum ipsius fluminis natura atque aquæ magnitudine, tum quod ex totis ripis in unum atque angustum locum tela jaciebantur; atque erat difficile eodem tem-

LI. Cependant on annonce à Afranius qu'un grand convoi, destiné à César, est arrêté près du fleuve. Il lui venait des archers du pays des Rutènes, et des cavaliers Gaulois, traînant à leur suite, selon la coutume de ce peuple, quantité de chariots et de bagages. Il y avait en outre environ six mille hommes de toute condition avec leurs esclaves et leurs affranchis, mais sans ordre, sans chef, chacun d'eux se gouvernant à sa fantaisie, et suivant son chemin sans précaution, comme ils avaient fait au début de leur marche. Dans le nombre se trouvaient des jeunes gens de noble famille, des fils de sénateurs et de chevaliers romains, des députés des villes, des lieutenants de César. Toute cette troupe était arrêtée sur la rive du fleuve. Afranius part de nuit avec toute sa cavalerie et trois légions pour les aller accabler; la cavalerie prend les devants et les attaque au dépourvu. Cependant la cavalerie gauloise se met promptement en défense et engage le combat. Tant qu'elle n'eut affaire qu'à des troupes de même arme, elle résista malgré la supériorité du nombre; mais lorsqu'elle vit approcher les enseignes des légions, elle se retira, avec peu de perte, sur les montagnes voisines. Ce combat sauva les autres: ils purent, pendant ce temps, s'échapper et gagner les hauteurs. On perdit ce jour-là environ deux cents archers, plusieurs cavaliers, des valets et quelque bagage.

LII. Cependant toutes ces circonstances augmentèrent la cherté des vivres, suite ordinaire de la disette du moment et de la crainte de l'avenir. Déjà le boisseau de blé se vendait cinquante deniers; le soldat, mal nourri, perdait ses forces; et le mal allait sans cesse croissant. En peu de jours la face des affaires changea tellement, et notre fortune avait tellement fléchi que nos soldats manquaient des choses les plus nécessaires, tandis que ceux d'Afranius regorgeaient de tout et semblaient nous être supérieurs. César, ne pouvant avoir du blé, demandait du bétail aux peuples qui s'étaient déclarés ses alliés, renvoyait les valets de l'armée dans les pays plus éloignés, et pourvoyait lui-même, autant qu'il lui était possible, aux nécessités du moment.

LIII. Les embarras de notre situation étaient encore exagérés par Afranius, Pétréius et leurs amis, dans les lettres qu'ils écrivaient à Rome. Le bruit public y ajoutait encore; de sorte que la guerre semblait presque finie. Quand ces lettres et ces nouvelles arrivèrent à Rome, on courut en foule chez Afranius pour féliciter sa famille, et beaucoup de citoyens partirent d'Italie pour aller joindre Pompée: les uns voulaient être les premiers à lui porter ces nouvelles; les autres, craignant de paraître avoir attendu l'événement, ou de venir les derniers de tous.

LIV. Dans cette extrémité, tous les passages étant fermés par l'infanterie et la cavalerie d'Afranius, et comme on ne pouvait achever les ponts, César ordonne aux soldats de construire des bateaux pareils à ceux dont il avait autrefois appris à se servir en Bretagne: la quille et les

---

pore, rapidissimo flumine, opera perficere, et tela vitare.

LI. Nuntiatur Afranio, magnos comitatus, qui iter habebant ad Cæsarem, ad flumen constitisse. Venerant eo sagittarii ex Rutenis, equites ex Gallia cum multis carris magnisque impedimentis, ut fert Gallica consuetudo. Erant præterea cujusque generis hominum millia circiter VI cum servis liberisque; sed nullus ordo, nullum imperium certum, quum suo quisque consilio uteretur, atque omnes sine timore iter facerent, usi superiorum temporum atque itinerum licentia. Erant complures honesti adolescentes, senatorum filii et ordinis equestris; erant legationes civitatum; erant legati Cæsaris. Hos omnes flumina continebant. Ad hos opprimendos cum omni equitatu tribusque legionibus Afranius de nocte proficiscitur, imprudentesque ante missis equitibus aggreditur. Celeriter tamen sese Galli equites expediunt, præliumque committunt. Hi, dum pari certamine res geri potuit, magnum hostium numerum pauci sustinuere; sed, ubi signa legionum appropinquare cœperunt, paucis amissis, sese in montes proximos conferunt. Hoc pugnæ tempus magnum attulit nostris ad salutem momentum: nacti enim spatium, se in loca superiora receperunt. Desiderati sunt eo die sagittarii circiter CC, equites pauci, calonum atque impedimentorum non magnus numerus.

LII. His tamen omnibus annona crevit: quæ fere res non solum inopia præsentis, sed etiam futuri temporis timore ingravescere consuevit. Jamque ad denarios L, in singulos modios annona pervenerat, et militum vires inopia frumenti deminuerat; atque incommoda in dies augebantur; et tam paucis diebus magna erat rerum facta commutatio, ac se fortuna inclinaverat, ut nostri magna inopia necessariarum rerum conflictarentur; illi omnibus abundarent rebus, superioresque haberentur. Cæsar iis civitatibus, quæ ad ejus amicitiam accesserant, quo minor erat frumenti copia, pecus imperabat; calones ad longinquiores civitates dimittebat; ipse præsentem inopiam, quibus poterat subsidiis, tutabatur.

LIII. Hæc Afranius Petreiusque, et eorum amici pleniora etiam atque uberiora Romam ad suos perscribebant. Multa rumor fingebat; ut pæne bellum confectum videretur. Quibus litteris nuntiisque Romam perlatis, magni domum concursus ad Afranium, magnæ gratulationes fiebant: multi ex Italia ad Cn. Pompeium proficiscebantur: alii, ut principes talem nuntium attulisse; alii, ne eventum belli exspectasse, aut ex omnibus novissimi venisse viderentur.

LIV. Quum in his angustiis res esset, atque omnes viæ ab Afranianis militibus equitibusque obsiderentur, nec pontes perfici possent; imperat militibus Cæsar, ut naves fa-

flancs étaient d'un bois léger, et le reste du corps de ces bateaux d'osier tressé et recouvert de cuir. Lorsqu'ils sont terminés, il les fait transporter la nuit sur des chariots accouplés à vingt-deux mille pas de son camp, fait passer le fleuve à ses soldats sur ces bateaux, et s'empare à l'improviste d'une hauteur attenant au rivage. Aussitôt, avant que l'ennemi se soit aperçu de son mouvement, il la fortifie. Ensuite il y envoie une légion, et, en deux jours, un pont, auquel on travaille des deux côtés, est établi. Par ce moyen, les convois et les fourrageurs lui reviennent en sûreté, et il commence à avoir des vivres.

LV. Le même jour une grande partie de sa cavalerie passe le fleuve, surprend les fourrageurs ennemis qui s'étaient dispersés sans précaution, et leur enlève un grand nombre d'hommes et de chevaux; puis, des cohortes espagnoles ayant été envoyées au secours de l'ennemi, elle se partage habilement en deux troupes, l'une, pour garder le butin; l'autre, pour faire tête à ceux qui se présentent et les repousser. Une cohorte s'étant imprudemment avancée, les nôtres l'enveloppent et la massacrent, et ils reviennent au camp par le même pont, sans aucune perte et avec un butin considérable.

LVI. Tandis que ces choses se passent du côté d'Ilerda, les Marseillais équipent, par le conseil de L. Domitius, dix-sept galères, sur lequel nombre, onze étaient pontées. Ils y ajoutent beaucoup de barques légères, afin d'effrayer notre flotte par la quantité, y mettent une multitude d'archers et de ces Albices dont on a parlé plus haut, et n'épargnent, pour les exciter, ni récompenses, ni promesses. Domitius demande pour lui-même quelques navires, et les remplit des cultivateurs et des pâtres qu'il a amenés. Alors, leur flotte étant prête, ils s'avancent avec assurance contre nos vaisseaux, commandés par D. Brutus, et qui étaient à l'ancre près d'une île située vis-à-vis Marseille.

LVII. La flotte de Brutus était de beaucoup inférieure en nombre; mais César l'avait composée de l'élite de toutes ses légions, de soldats choisis dans les premiers rangs, et de centurions qui avaient eux-mêmes demandé cet emploi. Tous s'étaient pourvus de mains de fer, de harpons, d'une grande quantité de javelots, de dards et d'autres traits. En conséquence à l'approche de l'ennemi, ils sortent du port et attaquent ceux de Marseille. On combattit vivement et avec vigueur de part et d'autre. Les Albices, montagnards robustes et aguerris, ne le cédaient guère aux nôtres en courage, et, à peine sortis de la ville, ils avaient encore l'esprit plein des promesses qu'on leur avait faites. Quant aux pâtres de Domitius, ces hommes féroces, animés par l'espoir de la liberté, et par la présence de leur maître, s'efforçaient de lui montrer ce qu'ils savaient faire.

LVIII. Les Marseillais, forts de la vitesse de leurs navires et de l'adresse de leurs pilotes, évitaient ou soutenaient aisément le choc des nôtres, et, étendant leurs ailes autant que l'espace le permettait, ils tâchaient de nous envelopper, réunissaient plusieurs de leur vaisseaux contre un

---

ciant, cujus generis eum superioribus annis usus Britanniæ docuerat. Carinæ primum ac statumina ex levi materia fiebant; reliquum corpus navium, viminibus contextum coriis integebatur. Has perfectas carris junctis devehit noctu millia passuum a castris XXII, militesque his navibus flumen transportat, continentemque ripæ collem improviso occupat. Hunc celeriter, priusquam ab adversariis sentiatur, communit. Huc legionem postea trajicit; atque ex utraque parte pontem institutum perficit biduo. Ita comitatus, et qui frumenti causa processerant, tuto ad se recipit, et rem frumentariam expedire incipit.

LV. Eodem die equitum magnam partem flumen transjecit; qui, inopinantes pabulatores et sine ullo dissipatos timore agressi, quam magnum numerum jumentorum atque hominum intercipiunt; cohortibusque centuriatis subsidio missis, scienter in duas partes sese distribuunt; alii, ut prædæ præsidio sint; alii, ut venientibus resistant, atque eos propellant: unamque cohortem, quæ temere ante cæteras extra aciem procurrerat, seclusam ab reliquis circumveniunt atque interficiunt; incolumesque cum magna præda eodem ponte in castra revertuntur.

LVI. Dum hæc ad Ilerdam geruntur, Massilienses, usi L. Domitii consilio, naves longas expediunt, numero XVII, quarum erant XI tectæ. Multa huc minora navigia addunt, ut ipsa multitudine nostra classis terreatur: magnum numerum sagittariorum, magnum Albicorum, de quibus supra demonstratum est, imponunt, atque hos præmiis pollicitationibusque incitant. Certas sibi deposcit naves Domitius, atque has colonis pastoribusque, quos secum adduxerat, complet. Sic, omnibus rebus instructa classe, magna fiducia ad nostras naves procedunt, quibus præerat D. Brutus. Hæ ad insulam, quæ est contra Massiliam, stationes obtinebant.

LVII. Erat multo inferior numero navium Brutus; sed delectos ex omnibus legionibus fortissimos viros antesignanos centurionesque Cæsar ei classi attribuerat, qui sibi id muneris depoposcerant. Ii manus ferreas atque harpagones paraverant; magnoque numero pilorum, tragularum reliquorumque telorum, se instruxerant. Ita, cognito hostium adventu, suas naves ex portu educunt, cum Massiliensibus confligunt. Pugnatum utrinque est fortissime atque acerrime; neque multum Albici nostris virtute cedebant, homines asperi et montani, exercitati in armis; atque ji, modo digressi a Massiliensibus, recentem eorum pollicitationem animis continebant; pastoresque indomiti, spe libertatis excitati, sub oculis domini suam probare operam studebant.

LVIII. Ipsi Massilienses, et celeritate navium, et scientia gubernatorum confisi, nostros eludebant, impetusque eorum excipiebant; et, quoad licebat latiore spatio, pro-

des nôtres, et s'appliquaient à briser nos rames en passant. S'ils étaient forcés d'en venir à l'abordage, l'expérience et l'habileté de leurs pilotes faisaient place à la valeur des montagnards. Pour les nôtres, ils n'avaient que des rameurs et des pilotes mal exercés, tirés tout à coup des vaisseaux de transport, et ignorant même les termes de la manœuvre; d'autre part la pesanteur de leurs vaisseaux en gênait les mouvements, et, faits à la hâte et de bois vert, ils ne pouvaient avoir la même vitesse. Mais aussi, dès que l'on venait à s'approcher, ils ne s'inquiétaient nullement d'avoir affaire à deux vaisseaux à la fois; et lançant la main de fer, ils les retenaient tous les deux, combattaient à droite et à gauche, et montaient à l'abordage. Après un grand carnage des Albices et des pâtres, ils coulèrent à fond une partie de leurs vaisseaux, en prirent plusieurs, avec l'équipage, et chassèrent les autres dans le port. Ce jour-là les Marseillais perdirent neuf galères, en comptant celles oui furent prises

LIX. Lorsque cette nouvelle arriva à César, dans son camp près d'Ilerda, son pont venait d'être achevé : les affaires changèrent de face aussitôt. Les ennemis, effrayés du courage de notre cavalerie, ne s'aventuraient plus à courir avec la même liberté et la même audace. Tantôt ils fourrageaient à peu de distance de leur camp, afin de pouvoir s'y réfugier promptement ; tantôt ils prenaient de longs détours : ils évitaient nos gardes et nos postes de cavalerie, et au moindre échec, ou seulement à la vue de quelques-uns de nos cavaliers, ils jetaient leur charge au milieu du chemin et s'enfuyaient. A la fin, ils avaient pris le parti de passer plusieurs jours sans aller au fourrage, et, contre la coutume, ils n'y allaient que la nuit.

LX. Cependant les Oscenses (25) et les Callagurritains, qui dépendaient des Oscenses, envoient des députés à César, promettant d'obéir à ses ordres. Les Tarragonais, les Jacétaniens, les Ausetans, et peu de jours après les Illurgavoniens, peuple voisin de l'Èbre, suivent cet exemple. César leur demande à tous du blé. Ils en promettent, et ayant rassemblé de toutes parts des bêtes de somme, en portent à son camp. En outre, une cohorte d'Illurgavoniens, apprenant la résolution de leurs concitoyens, passe à lui avec ses enseignes. Tout avait changé de face en un instant. Le pont achevé, cinq grandes cités s'étaient ralliées à César ; il avait du blé en abondance, on ne parlait plus de ces légions que Pompée devait amener par la Mauritanie, et plusieurs nations éloignées quittèrent le parti d'Afranius pour embrasser celui de César.

LXI. Voyant les ennemis effrayés par ses succès, et ne voulant pas être obligé d'envoyer sa cavalerie chercher un pont au loin, César choisit un endroit convenable, et fit faire plusieurs fossés de trente pieds de large pour détourner une partie de la Sègre et la rendre guéable. L'ouvrage à peine achevé, Afranius et Pétréius ont peur que César, avec sa cavalerie redoutée, ne leur coupe tout à fait les vivres et le fourrage, et en conséquence ils se décident à se retirer et à porter la

---

ducta longius acie, circumvenire nostros, aut pluribus navibus adoriri singulas, aut remos transcurrentes detergere, si possent, contendebant; quum propius erat necessario ventum ab scientia gubernatorum atque artificiis ad virtutem montanorum confugiebant. Nostri, quod minus exercitatis remigibus minusque peritis gubernatoribus utebantur (qui repente ex onerariis navibus erant producti, neque dum etiam vocabulis armamentorum cognitis), tum etiam gravitate et tarditate navium impediebantur ; factæ enim subito ex humida materia, non eumdem usum celeritatis habebant. Itaque, dum locus cominus pugnandi daretur, æquo animo singulas binis navibus objiciebant, atque injecta manu ferrea, et retenta utraque nave, diversi pugnabant, atque in hostium naves transcendebant; et, magno numero Albicorum et pastorum interfecto, partem navium deprimunt; nonnullas cum hominibus capiunt ; reliquas in portum compellunt. Eo die naves Massiliensium cum iis, quæ sunt captæ, intereunt IX.

LIX. Hoc primum ut Cæsari ad Ilerdam nuntiatur, simul, perfecto ponte, celeriter fortuna mutatur. Illi, perterriti virtute equitum, minus libere, minus audacter vagabantur : alias, non longo ab castris progressi spatio, ut celerem receptum haberent, angustius pabulabantur ; alias longiore circuitu : custodias stationesque equitum vitabant, aut aliquo accepto detrimento, aut procul equitatu viso, ex medio itinere projectis sarcinis fugiebant. Postremo etiam plures intermittere dies, et, præter consuetudinem omnium, noctu constituerant pabulari.

LX. Interim Oscenses et Callagurritani, qui erant cum Oscensibus contributi, mittunt ad eum legatos, seseque imperata facturos pollicentur. Hos Tarraconenses, et Jacetani, et Ausetani, et paucis post diebus Illurgavonenses, qui flumen Iberum attingunt, insequuntur. Petit ab his omnibus, ut se frumento juvent. Pollicentur, atque, omnibus undique conquisitis jumentis, in castra deportant. Transit etiam cohors Illurgavonensis ad eum, cognito civitatis consilio, et signa ex statione transfert. Magna celeriter commutatio rerum. Perfecto ponte, magnis V civitatibus ad amicitiam adjunctis, expedita re frumentaria, exstinctis rumoribus de auxiliis legionum, quæ cum Pompeio per Mauritaniam venire dicebantur, multæ longinquiores civitates ab Afranio desciscunt, et Cæsaris amicitiam sequuntur.

LXI. Quibus rebus perterritis animis adversariorum, Cæsar, ne semper magno circuitu per pontem equitatus esset mittendus, nactus idoneum locum, fossas pedum XXX in latitudinem complures facere instituit, quibus partem aliquam Sicoris averteret, vadumque in eo flumine efficeret. His pene effectis, magnum in timorem Afranius

guerre en Celtibérie. Ce qui contribua encore à les déterminer, c'est que, dans la scission qui avait éclaté lors de la dernière guerre, les peuples vaincus qui s'étaient déclarés pour Sertorius redoutaient le nom du vainqueur même absent, et ceux qui avaient persisté dans leur alliance avec Pompée lui étaient d'autant plus affectionnés qu'il les avait comblés de bienfaits : le nom de César, au contraire, était presque ignoré de ces Barbares. Afranius et Pétréius en attendaient beaucoup de cavalerie et de grands secours, et ils se flattaient que dans un pays qui était sous leur dépendance, ils pourraient prolonger la guerre jusqu'à l'hiver. Cette résolution prise, ils rassemblent de tous côtés des vaisseaux sur l'Èbre et les font conduire à Octogésa Cette ville était située sur ce fleuve, à vingt mille pas de leur camp. Là ils établissent un pont formé de bateaux rapprochés les uns des autres, font passer la Sègre à deux légions, et fortifient le camp par un retranchement de douze pieds.

LXII. César, en ayant été instruit par ses éclaireurs, fit travailler ses soldats jour et nuit à détourner le cours de la Sègre, et déjà il y avait si bien réussi que la cavalerie, quoiqu'avec peine et difficilement, pouvait et osait traverser le fleuve ; mais l'infanterie, qui avait de l'eau jusqu'aux épaules, était retenue autant par la profondeur que par la rapidité du fleuve. Enfin, à peu près dans le même temps, on apprit que le pont sur l'Èbre était presque achevé, et la Sègre se trouva guéable.

LXIII. Ce fut pour les ennemis un nouveau motif de hâter leur départ. Laissant donc deux cohortes auxiliaires à la garde d'Ilerda, ils passent la Sègre avec toutes leurs troupes, et rejoignent les deux légions qui l'avaient déjà passée les jours précédens. Il ne restait à César qu'à envoyer sa cavalerie après eux pour les harceler et les troubler dans leur marche : car il lui fallait faire un trop grand détour pour gagner le pont qu'il avait construit, et les ennemis avaient un chemin beaucoup plus court pour arriver à l'Èbre. Sa cavalerie part et traverse le fleuve ; puis, se montrant tout à coup à l'arrière-garde d'Afranius et de Pétréius, qui avaient levé leur camp à la troisième veille (24), elle l'enveloppe de tous côtés, la retarde et l'arrête dans sa marche.

LXIV. Au point du jour, des hauteurs voisines du camp de César on voyait notre cavalerie, aux prises avec cette arrière-garde, la presser vivement et parfois la forcer à s'arrêter et à faire face ; ensuite toutes leurs cohortes se portaient contre les nôtres et les repoussaient par cette attaque ; puis, dès qu'elles s'étaient remises en marche, les nôtres recommençaient à les poursuivre. A cette vue, les soldats s'assemblent par groupes partout le camp, se plaignant qu'on laisse échapper l'ennemi de leurs mains, et qu'on traîne la guerre en longueur sans nécessité : ils vont trouver leurs centurions et leurs tribuns : ils les conjurent d'assurer à César qu'il n'a besoin de leur épargner ni peines ni périls, qu'ils sont prêts à tout, qu'ils ne manquent ni de force ni d'au-

Petreiusque perveniunt, ne omnino frumento pabuloque intercluderentur; quod multum Cæsar equitatu valebat. Itaque constituunt ipsi iis locis excedere, et in Celtiberiam bellum transferre. Huic consilio suffragabatur etiam illa res, quod ex duobus contrariis generibus, quæ superiore bello cum L. Sertorio steterant civitates, victæ nomen atque imperium absentis timebant ; quæ in amicitia manserant, Pompeii magnis affectæ beneficiis eum diligebant : Cæsaris autem in Barbaris erat nomen obscurius. Hinc magnos equitatus magnaque auxilia exspectabant, et suis locis bellum in hiemem ducere cogitabant. Hoc inito consilio, toto flumine Ibero naves conquirere, et Octogesam adduci jubent. Id erat oppidum positum ad Iberum, milliaque passuum a castris aberat XX. Ad eum locum fluminis, navibus junctis, pontem imperant fieri, legionesque II flumen Sicorim traducunt, castraque muniunt vallo pedum XII.

LXII. Qua re per exploratores cognita, summo labore militum Cæsar, continuato diem noctemque opere in flumine avertendo, huc jam deduxerat rem, ut equites, etsi difficulter atque ægre fiebat, possent tamen atque auderent flumen transire ; pedites vero tantummodo humeris ac summo pectore extare ; et tum altitudine aquæ, tum etiam rapiditate fluminis ad transeundum impedirentur. Sed tamen eodem fere tempore pons in Ibero prope effectus nuntiabatur, et in Sicori vadum reperiebatur.

LXIII. Jam vero eo magis illi maturandum iter existimabant. Itaque duabus auxiliaribus cohortibus Ilerdæ præsidio relictis, omnibus copiis Sicorim transeunt, et cum duabus legionibus, quas superioribus diebus transduxerant, castra conjungunt. Relinquebatur Cæsari nihil, nisi uti equitatu agmen adversariorum male haberet et carperet. Pons enim ipsius magnum circuitum habebat, ut multo breviore itinere illi ad Iberum pervenire possent. Equites ab eo missi flumen transeunt : et quum de tertia vigilia Petreius atque Afranius castra movissent, repente sese ad novissimum agmen ostendunt, et, magna multitudine circumfusa, morari atque iter impedire incipiunt.

LXIV. Prima luce, ex superioribus locis, quæ Cæsaris castris erant conjuncta, cernebatur equitatus nostri prælio novissimos illorum premi vehementer, ac nonnunquam sustinere extremum agmen atque interrumpi : alias inferri signa, et universarum cohortium impetu nostros propelli; deinde rursus conversos insequi. Totis vero castris milites circulari et dolere, hostem e manibus dimitti, bellum non necessario longius duci : centuriones tribunosque militum adire, atque obsecrare, ut per eos Cæsar certior fieret, « ne labori suo, neu periculo parceret : paratos esse sese; posse et audere ea transire flumen, qua traductus esset equitatus. » Quorum studio et vocibus excitatus Cæsar, etsi timebat tantæ magnitu-

dace pour traverser le fleuve où la cavalerie l'a passé. Touché de leur zèle et de leurs plaintes, César, bien qu'il craignît d'exposer l'armée dans un si grand fleuve, crut devoir cependant tenter et essayer le passage. En conséquence, il choisit dans toutes les centuries les soldats qui ne lui paraissent ni assez robustes ni assez déterminés, et les laisse à la garde du camp avec une légion; il emmène avec lui le reste des troupes sans bagage, fait placer un grand nombre de chevaux de charge au-dessus et au-dessous du courant, et passe le fleuve avec l'armée. Quelques soldats, emportés par le courant, furent reçus et retirés de l'eau par la cavalerie : aucun ne périt. Après avoir fait passer son armée sans perte, César rangea les troupes en bataille sur trois lignes; et telle fut l'ardeur des soldats, que, malgré un détour de six milles, et malgré le retard qu'avait occasionné le passage, ils atteignirent, avant la neuvième heure du jour, l'ennemi, qui était parti à la troisième veille.

LXV. Afranius et Pétréius, les ayant aperçus de loin, sont effrayés à cette vue, s'arrêtent sur les hauteurs et s'y mettent en bataille. César fait rafraîchir son armée dans la plaine, pour ne pas présenter au combat des troupes fatiguées. Bientôt les ennemis voulant se remettre en marche, il les suit et les arrête. Ceux-ci sont obligés d'asseoir leur camp plus tôt qu'ils n'avaient résolu : car non loin étaient des montagnes, et, à cinq mille pas de là, se trouvaient des chemins étroit et difficiles. C'était dans ces montagnes qu'ils voulaient se retirer, pour échapper à la cavalerie de César, et pour arrêter notre marche en plaçant des postes dans ces défilés, tandis qu'eux-mêmes passeraient l'Èbre sans péril et sans crainte : c'était ce qu'ils devaient s'efforcer de faire, par toutes sortes de moyens; mais, fatigués par le combat et par la marche de toute cette journée, ils remirent cette chose au lendemain. César, de son côté, alla camper sur une colline voisine.

LXVI. Vers le milieu de la nuit, la cavalerie ayant saisi quelques soldats qui s'étaient éloignés du camp pour aller chercher de l'eau, César apprit d'eux que les chefs ennemis faisaient décamper leurs troupes en silence. Sur cet avis, il donne le signal et fait proclamer la marche, suivant l'usage. L'ennemi entend ces cris, et craignant d'être obligé de combattre de nuit chargé de son bagage, ou d'être enfermé dans les défilés par la cavalerie de César, il s'arrête et rentre dans son camp. Le lendemain, Pétréius part secrètement avec quelques cavaliers pour reconnaître le pays. César fait de même. Il envoie hors du camp, avec quelques hommes, L. Décidius Saxa pour étudier le terrain. Tous deux rapportent aux leurs qu'après avoir traversé une plaine de cinq mille pas, on trouve un pays rude et montueux, et que le premier qui occupera ces défilés n'aura pas de peine à en défendre l'approche à l'ennemi.

LXVII. Pétréius et Afranius tiennent conseil : on délibère sur le moment du départ. La plupart étaient d'avis de partir la nuit, disant que l'armée aurait atteint les défilés avant qu'on s'en aperçût. Les autres, sur ce que César avait, la nuit précédente, fait publier le départ, concluaient de là qu'il n'était pas possible de partir secrète-

---

dinis flumini exercitum objicere; conandum tamen atque experiendum judicat. Itaque infirmiores milites ex omnibus centuriis deligi jubet, quorum aut animus, aut vires videbantur sustinere non posse. Hos cum legione una præsidio castris reliquit : reliquas legiones expeditas educit; magnoque numero jumentorum in flumine supra atque infra constituto, traducit exercitum. Pauci ex his militibus, vi fluminis abrepti, ab equitatu excipiuntur ac sublevantur : interiit tamen nemo. Traducto incolumi exercitu, copias instruit, triplicemque aciem ducere incipit. Ac tantum fuit in militibus studii, ut, millium vi, ad iter addito circuitu, magnaque ad vadum fluminis mora interposita, eos, qui de tertia vigilia exissent, ante horam diei nonam consequerentur.

LXV. Quos ubi Afranius procul visos cum Petreio conspexit, nova re perterritus, locis superioribus consistit, aciemque instruit. Cæsar in campis exercitum reficit, ne defessum prælio objiciat : rursus conantes progredi insequitur et moratur. Illi necessario maturius, quam constituerant, castra ponunt : suberant enim montes, atque a millibus passuum V itinera difficilia atque angusta excipiebant. Hos intra montes se recipiebant, ut equitatum effugerent Cæsaris, præsidiisque in angustiis collocatis, exercitum itinere prohiberent, ipsi sine periculo ac timore Iberum copias traducerent : quod fuit illis conandum, atque omni ratione efficiendum. Sed totius diei pugna atque itineris labore defessi, rem in posterum diem distulerunt. Cæsar quoque in proximo colle castra ponit.

LXVI. Media circiter nocte, iis, qui adaquandi causa longius a castris processerant, ab equitibus correptis, fit ab his certior Cæsar, duces adversariorum silentio copias castris educere. Quo cognito, signum dari jubet, et vasa militari more conclamari. Illi, exaudito clamore, veriti, ne noctu impediti sub onere confligere cogerentur, aut ne ab equitatu Cæsaris in angustiis tenerentur, iter supprimunt, copiasque in castris continent. Postero die, Petreius cum paucis equitibus occulte ad exploranda loca proficiscitur. Hoc idem fit ex Cæsaris castris. Mittitur L. Decidius Saxa cum paucis, qui loci naturam perspiciat. Uterque idem suis renuntiat : v millia passuum proxima intercedere itineris campestris; inde excipere loca aspera et montuosa : qui prior has angustias occuparit, ab hoc hostem prohiberi, nihil esse negotii.

LXVII. Disputatur in concilio a Petreio et Afranio, et tempus profectionis quæritur. Plerique censebant, «ut noctu iter facerent : posse prius ad angustias veniri, quam sentirentur.» Alii, «quod pridie noctu conclamatum esset in castris Cæsaris, argumentum sumebant loco, non posse

ment : « La cavalerie de César, disaient-ils, se répand la nuit dans la campagne et ferme tous les chemins ; il faut éviter un combat de nuit, surtout dans une guerre civile, où d'ordinaire le soldat songe bien plus au danger qu'il court qu'à ses serments : en plein jour, au contraire, la honte l'arrête, la présence des tribuns militaires et des centurions lui impose, et tout cela retient le soldat dans le devoir. Par tous ces motifs, c'est pendant le jour qu'il faut s'ouvrir un passage : alors même que l'on éprouverait quelque perte, au moins le gros de l'armée se sauvera et pourra gagner le poste que l'on désire prendre. » Cet avis l'emporte au conseil, et le départ est décidé pour le lendemain au point du jour.

LXVIII. César, quand le pays a été exploré, fait, à l'aube naissante, sortir du camp toutes ses troupes, et les conduit par un grand détour sans tenir de route certaine, par ce que les ennemis étaient campés sur les divers chemins qui menaient à Octogésa et à l'Èbre. Les soldats de César eurent à traverser des vallées profondes et difficiles ; des roches escarpées leur barraient le chemin à chaque instant ; ils étaient obligés de se donner leurs armes de main en main, et de se soulever les uns les autres : ils firent ainsi une partie de la route. Mais pas un ne se refusait à ces fatigues, dans l'espoir qu'elles seraient les dernières, s'ils parvenaient à couper à l'ennemi le chemin de l'Èbre et les vivres.

LXIX. D'abord les soldats d'Afranius sortirent joyeux de leur camp pour nous voir passer, et nous poursuivirent de paroles insultantes : « Le défaut de vivres, disaient-ils, nous obligeait à fuir et à retourner à Ilerda. » En effet, selon eux, nous prenions un chemin tout opposé à celui que nous aurions dû suivre. Quant aux chefs ennemis, ils s'applaudissaient de s'être décidés à ne pas quitter le camp ; et comme ils nous voyaient partir, sans leur bêtes de somme ni équipage, ils se confirmaient dans leur opinion ; ils se persuadaient que nous n'avions pu supporter plus longtemps la disette. Mais, lorsqu'ils virent notre armée tourner peu à peu sur la droite, et que la tête de nos troupes avait déjà dépassé la hauteur de leur camp, tous, jusqu'aux plus lents, aux plus paresseux, pensèrent à sortir du camp et à marcher à notre rencontre. On crie donc aux armes, et toutes les troupes, sauf quelques cohortes laissées à la garde du bagage, sortent et vont droit à l'Èbre.

LXX. Ce n'était qu'un combat de vitesse, à qui le premier occuperait les défilés et les montagnes. La difficulté des chemins retardait l'armée de César, et la cavalerie de César arrêtait la marche des troupes d'Afranius. D'ailleurs, telle était la position d'Afranius, que s'il atteignait le premier ces montagnes, vers lesquelles tendait sa course, il évitait pour lui le péril ; mais ne pouvait sauver ni les bagages de toute l'armée ni les cohortes qu'on avait laissées au camp, l'armée de César les tenant alors enfermées sans qu'il fût possible de les secourir. César arriva le premier ; et, ayant trouvé une plaine au sortir de ces rochers, il s'y rangea en bataille en face de l'en-

clam exiri ; circumfundi noctu equitatum Caesaris, atque omnia loca atque itinera obsideri : nocturnaque praelia esse vitanda, quod perterritus miles in civili dissensione timori magis, quam religioni, consulere consuerit : at lucem multum per se pudorem omnium oculis, multum etiam tribunorum militum et centurionum praesentiam afferre : quibus rebus coerceri milites, et in officio contineri soleant. Quare omni ratione esse interdiu perrumpendum : etsi aliquo accepto detrimento, tamen summa exercitus salva, locum, quem petant, capi posse. » Haec evicit in concilio sententia ; et prima luce postridie constituunt proficisci.

LXVIII. Caesar, exploratis regionibus, albente coelo, omnes copias castris educit ; magnoque circuitu, nullo certo itinere, exercitum ducit : nam, quae itinera ad Iberum atque Octogesam pertinebant, castris hostium oppositis tenebantur. Ipsi erant transcendendae valles maximae ac difficillimae ; saxa multis locis praerupta iter impediebant : ut arma per manus necessario traderentur, militesque inermi sublevatique alii ab aliis magnam partem itineris conficerent. Sed hunc laborem recusabat nemo, quod eum omnium laborum finem fore existimabant, si hostem Ibero intercludere, et frumento prohibere potuissent.

LXIX. Ac primo Afraniani milites, visendi causa, laeti ex castris procurrebant, contumeliosisque vocibus prose-
quebantur, « uos necessarii victus inopia coactos fugere, atque ad Ilerdam reverti. » Erat enim iter a proposito diversum, contrariamque in partem iri videbatur. Duces vero eorum suum consilium laudibus ferebant, quod se castris tenuissent : multumque eorum opinionem adjuvabat, quod sine jumentis impedimentisque ad iter profectos videbant, ut, non posse diutius inopiam sustinere, confiderent. Sed, ubi paullatim retorqueri agmen ad dextram conspexerunt, jamque primos superare regionem castrorum animum adverterunt ; nemo erat adeo tardus, aut fugiens laboris, quin statim castris exeundum atque occurrendum putarent. Conclamatur ad arma, atque omnes copiae, paucis praesidio relictis cohortibus, exeunt, rectoque ad Iberum itinere contendunt.

LXX. Erat in celeritate omne positum certamen, uti prius angustias montesque occuparent : sed exercitum Caesaris viarum difficultates tardabant ; Afranii copias equitatus Caesaris insequens morabatur. Res tamen ab Afranianis huc erat necessario deducta, ut, si priores montes, quos petebant, attigissent, ipsi periculum vitarent ; impedimenta totius exercitus, cohortesque in castris relictas servare non possent, quibus, interclusis exercitu Caesaris, auxilium ferri nulla ratione poterat. Confecit prior iter Caesar, atque ex magnis rupibus nactus planitiem, in hac contra hostem aciem instruit. Afranius, quum ab equitatu novissimum agmen premeretur, et ante se

nemi. Afranius, dont l'arrière-garde était pressée par notre cavalerie, et qui nous voyait devant lui, gagna une colline et s'y arrêta. De cette position, il détacha quatre cohortes espagnoles vers une haute montagne qui était en vue des deux armées. Il leur ordonna d'aller l'occuper en courant, dans le dessein de s'y porter lui-même avec toutes ses troupes, et, changeant de route, de gagner Octogesa par les hauteurs. Mais, tandis que ces cohortes se dirigeaient vers ce poste par une marche oblique, la cavalerie de César, les ayant aperçues, tomba sur elles : ces cohortes ne purent soutenir le choc un seul instant, et elles furent enveloppées et taillées en pièces à la vue des deux armées.

LXXI. L'occasion était favorable; et César lui-même pensait bien qu'après un tel échec, reçu sous ses yeux, l'armée ennemie ne pourrait soutenir l'attaque, surtout étant enveloppée par sa cavalerie et forcée de combattre dans un pays plat et découvert. De toutes parts on demandait le signal ; les lieutenants, les centurions, les tribuns militaires, accouraient vers lui, et l'engageaient à ne pas hésiter à livrer bataille : les soldats étaient dans les meilleures dispositions : ceux d'Afranius, au contraire, avaient donné plusieurs marques de crainte, n'ayant osé ni secourir les leurs, ni descendre de la colline, ni soutenir le choc de notre cavalerie, et ayant réuni leurs enseignes dans le même endroit, sans s'inquiéter de les défendre ni de garder leurs rangs : que si ce qui l'arrêtait c'était le désavantage du terrain, il ne faudrait pas moins tôt ou tard combattre; car Afranius, ne pouvant rester sans eau, quitterait nécessairement ce poste.

LXXII. César se flattait de pouvoir terminer l'affaire sans combat et sans exposer ses troupes, en coupant les vivres à l'ennemi. Pourquoi acheter même une victoire au prix du sang de quelques-uns des siens ? Pourquoi exposer aux blessures des soldats qui avaient si bien mérité de lui ? Pourquoi enfin tenter la fortune, alors que le devoir d'un général est de vaincre par la prudence aussi bien que par l'épée? D'ailleurs, il était ému de pitié pour tant de citoyens dont il voyait la perte inévitable, et il aimait mieux une victoire qui lui permît de les sauver. Cette résolution de César était blâmée par le plus grand nombre : les soldats disaient entre eux à haute voix que, puisqu'il laissait échapper une telle occasion de vaincre, ils ne se battraient pas quand César le voudrait. Il demeure inébranlable, et s'éloigne un peu afin de rassurer l'ennemi. Pétréius et Afranius, voyant qu'ils en ont la facilité, rentrent aussitôt dans leur camp. César place des postes sur les hauteurs, ferme tous les chemins qui conduisent à l'Èbre, et vient camper le plus près qu'il peut des ennemis.

LXXIII. Le lendemain, leurs généraux, inquiets d'être séparés de l'Èbre et de manquer de vivres, délibéraient sur sur ce qu'ils avaient à faire. Il leur restait un chemin pour retourner à Ilerda, un autre pour aller à Tarragone. Pendant qu'ils se consultent, on annonce que ceux de

---

hostem videret, collem quemdam nactus, ibi constitit. Ex eo loco quatuor cetratorum cohortes in montem, qui erat in conspectu omnium excelsissimus, mittit. Hunc magno cursu concitatos jubet occupare, eo consilio, ut ipse eodem omnibus copiis contenderet, et, mutato itinere, jugis Octogesam perveniret. Hunc quum obliquo itinere cetrati peterent, conspicatus equitatus Cæsaris, in cohortes impetum facit : nec minimam partem temporis equitum vim cetrati sustinere potuerunt, omnesque ab eis circumventi, in conspectu utriusque exercitus interficiuntur.

LXXI. Erat occasio bene gerendæ rei. Neque vero io Cæsarem fugiebat, tanto sub oculis accepto detrimento, perterritum exercitum sustinere non posse, præsertim circumdatum undique equitatu, quum in loco æquo atque aperto confligeretur : idque ex omnibus partibus ab eo flagitabatur. Concurrebant legati, centuriones, tribunique militum, ne dubitaret prælium committere : omnium esse militum paratissimos animos : Afranianos contra multis rebus sui timoris signa misisse, quod suis non subvenissent, quod de colle non decederent, quod vix equitum incursus sustinerent, collatisque in unum locum signis, conferti, neque ordines, neque signa servarent. Quod si iniquitatem loci timeret, datum iri tamen aliquo loco pugnandi facultatem, quod certe inde decedendum esset. Afranio, nec sine aqua permanere posset.

LXXII. Cæsar in eam spem venerat, se sine pugna et sine vulnere suorum rem conficere posse, quod re frumentaria adversarios interclusisset : « cur etiam secundo prælio aliquos ex suis amitteret? cur vulnerari pateretur optime se meritos milites? cur denique fortunam periclitaretur? præsertim quum non minus esset imperatoris, consilio superare, quam gladio. » Movebatur etiam misericordia civium, quos interficiendos videbat : quibus salvis atque incolumibus, rem obtinere malebat. Hoc consilium Cæsaris a plerisque non probabatur; milites vero palam inter se loquebantur, « quoniam talis occasio victoriæ dimitteretur, etiam quum vellet Cæsar, sese non esse pugnaturos. » Ille in sua sententia perseverat, et paullulum ex eo loco digreditur, ut timorem adversariis minuat. Petreius atque Afranius, oblata facultate, in castra sese referunt. Cæsar, præsidiis in montibus dispositis, omni ad Iberum intercluso itinere, quam proxime potest hostium castris castra communit.

LXXIII. Postero die, duces adversariorum perturbati, quod omnem rei frumentariæ fluminisque Iberi spem dimiserant, de reliquis rebus consultabant. Erat unum iter, Ilerdam si reverti vellent; alterum, si Tarraconem peterent. Hæc consiliantibus eis, nuntiatur, aquatores ab equitatu premi nostro. Qua re cognita, crebras stationes disponunt equitum et cohortium alariarum, legionarias-

leurs gens qui allaient à l'eau sont pressés par notre cavalerie. Sur cet avis, ils disposent plusieurs postes de cavalerie et d'infanterie auxiliaire, les entremêlent de cohortes légionnaires, et commencent un retranchement de leur camp jusqu'à l'eau afin de pouvoir y aller à couvert, sans crainte et sans escorte. Afranius et Pétréius se partagent le travail, et s'éloignent pour surveiller les travailleurs.

LXXIV. Les soldats profitent de cette absence pour s'entretenir librement avec les nôtres : ils sortent en foule du camp, et chacun d'eux cherche et appelle, parmi nos soldats, ceux qui sont de sa connaissance ou de son pays. D'abord ce sont de tous côtés des actions de grâces : ils nous remercient de les avoir épargnés la veille, ils avouent qu'ils nous doivent la vie. Ensuite ils demandent s'ils peuvent compter sur la clémence de César, regrettant de n'y avoir pas eu recours plus tôt et de n'avoir pas pris les armes avec leurs amis et leurs proches. De discours en discours ils demandent à César sa parole pour la vie d'Afranius et de Pétréius, afin qu'on ne puisse les accuser d'un crime, d'une odieuse trahison. Sur cette assurance, ils s'engagent à passer aussitôt dans le camp de César avec leurs enseignes, et lui envoient les centurions des premiers rangs pour traiter de l'accommodement. En attendant ils s'invitent et se conduisent entre eux d'un camp à l'autre; de sorte que les deux camps ne paraissent plus en former qu'un seul; même un grand nombre de tribuns militaires et de centurions viennent trouver César et se recommandent à lui. Les principaux Espagnols qu'ils avaient mandés au camp et qu'ils y gardaient comme otages, font de même : ils cherchaient des amis et des hôtes qui les présentassent à César. Le fils même d'Afranius, qui était un adolescent, traitait de la vie de son père et de la sienne par l'entremise du lieutenant Sulpicius. Ce n'était partout qu'allégresse et félicitations : les uns se réjouissaient d'avoir échappé à un si grand péril, les autres d'avoir terminé, sans répandre de sang, une affaire si importante. César recueillait, au jugement de tous, le précieux fruit de sa clémence, et chacun applaudissait à sa conduite.

LXXV. Informé de ce qui se passe, Afranius quitte les travaux et revient au camp, disposé, à ce qu'il paraissait, à supporter avec patience l'événement quel qu'il fût. Quant à Pétréius, il ne désespère point; il arme ses domestiques, y joint une cohorte prétorienne espagnole, et quelques cavaliers barbares qu'il avait à sa solde et qui lui servaient de garde; il vole aussitôt aux retranchements, rompt les entretiens des soldats, chasse les nôtres du camp, et tue ceux qu'il saisit. Les autres se rassemblent, effrayés par ce danger imprévu, s'enveloppent le bras gauche de leurs manteaux (25), et tirent l'épée; puis, rassurés par la proximité du camp, ils se défendent contre l'infanterie espagnole et la cavalerie, et rentrent dans les retranchements, protégés par les cohortes qui étaient de garde aux portes.

LXXVI. Après cela Pétréius parcourt les rangs en pleurant, exhortant les soldats, les conjurant de ne point livrer à leurs ennemis et au supplice

que interjiciunt cohortes, vallumque ex castris ad aquam ducere incipiunt, ut intra munitionem, et sine timore, et sine stationibus aquari possent. Id opus inter se Petreius atque Afranius partiuntur, ipsique perficiendi operis causa longius progrediuntur.

LXXIV. Quorum discessu liberam nacti milites colloquiorum facultatem, vulgo procedunt, et quem quisque in castris notum aut municipem habebat, conquirit atque evocat. Primum « agunt gratias omnes omnibus, quod sibi perterritis pridie pepercissent : eorum se beneficio vivere : » deinde « imperatoris fidem quaerunt, rectene se illi sint commissuri; et, quod non ab initio fecerint, armaque quod cum hominibus necessariis et cousanguineis contulerint, querantur. » His provocati sermonibus, « fidem ab imperatore, de Petreii et Afranii vita petunt, ne quod in se scelus concepisse, neu suos prodidisse videantur. Quibus confirmatis rebus, se statim signa translaturos » confirmant; legatosque de pace primorum ordinum centuriones ad Caesarem mittunt. Interim alii suos in castra, invitandi causa, adducunt; alii ab suis adducuntur, adeo ut una castra jam facta ex binis viderentur; compluresque tribuni militum et centuriones ad Caesarem veniunt, seque ei commendant. Hoc idem fit a principibus Hispaniae, quos illi evocaverant, et secum in castris habebant obsidum loco. Ii suos notos hospitesque quaerebant, per quem quisque eorum aditum commendationis haberet ad Caesarem. Afranii etiam filius adolescens de sua ac parentis sui salute cum Caesare per Sulpicium legatum agebat. Erant plena laetitia et gratulatione omnia; eorum, qui tanta pericula vitasse, et eorum, qui sine vulnere tantas res confecisse videbantur : magnumque fructum suae pristinae lenitatis omnium judicio Caesar ferebat, consiliumque ejus a cunctis probabatur.

LXXV. Quibus rebus nuntiatis Afranio, ab instituto opere discedit, seque in castra recipit; sic paratus, ut videbatur, ut, quicumque accidisset casus, hunc quieto et aequo animo ferret. Petreius vero non deserit sese, armat familiam, cum hac et praetoria cohorte cetratorum, barbarisque equitibus paucis, beneficiariis suis, quos suae custodiae causa habere consuerat, improviso ad vallum advolat, colloquia militum interrumpit, nostros repellit ab castris; quos deprehendit, interficit. Reliqui coeunt inter se, et, repentino periculo exterriti, sinistras sagis involvunt, gladiosque destringunt, atque ita se a cetratis equitibusque defendunt, castrorum propinquitate confisi; seque in castra recipiunt, et ab iis cohortibus, quae erant in statione ad portas, defenduntur.

LXXVI. Quibus rebus confectis, flens Petreius mani-

Pompée, leur général absent, et lui-même. Aussitôt il les assemble dans le prétoire. Là il les invite à jurer tous de n'abandonner ni l'armée, ni les chefs, de ne pas trahir, et de ne faire aucun traité particulier. Il le jure le premier, Afranius prête le même serment; les tribuns militaires et les centurions suivent cet exemple; les soldats viennent ensuite par centuries. On ordonne à tous ceux qui ont en leur pouvoir quelque soldat de César de le livrer : on les amène dans le prétoire, et là on les égorge. Mais la plupart de ceux qui en avaient recueilli les cachent et les font sauver la nuit par-dessus le retranchement. Ainsi, la crainte que les chefs inspirèrent à leur armée, la cruauté dont ils usèrent envers nous, la religion d'un nouveau serment, tout détruisit l'espoir d'un accommodement, changea les dispositions des troupes, et ramena les anciennes idées de guerre.

LXXVII. César fit faire une exacte recherche des soldats ennemis qui étaient venus dans son camp au moment des pourparlers, et les renvoya; mais il y eut quelques tribuns militaires et quelques centurions qui voulurent rester avec lui. César, dans la suite, les eut en grand honneur; il éleva les centurions à des grades supérieurs, et fit les chevaliers romains tribuns des soldats.

LXXVIII. Les soldats d'Afranius souffraient du manque de fourrage et n'avaient de l'eau qu'avec peine. Les légionnaires, il est vrai, avaient un peu de blé, parce qu'en partant d'Ilerda l'ordre leur avait été donné de s'en pourvoir pour vingt-deux jours; mais l'infanterie espagnole et les troupes auxiliaires, qui avaient peu de moyens de s'en procurer, et qui n'étaient pas habitués à porter des fardeaux, en manquaient absolument. Aussi en venait-il chaque jour un grand nombre se rendre à César. Telle était la difficulté de la situation. Des deux partis proposés, le plus sûr parut de retourner à Ilerda, parce qu'ils y avaient laissé un peu de blé : là, d'ailleurs, ils pourraient aviser au reste. Tarragone était plus éloignée, et le trajet, selon eux, les exposait à plus de hasards. Cette résolution prise, ils partent du camp. César envoie devant sa cavalerie, afin d'inquiéter leur arrière-garde; après quoi il suit avec les légions. La cavalerie ne leur donnait pas un moment de relâche.

LXXIX. Voici comme on se battait : Des cohortes sans bagage fermaient l'arrière-garde et faisaient souvent face dans la plaine. Fallait-il franchir une hauteur, la nature même du terrain les protégeait, parce que les premiers arrivés défendaient, de dessus la hauteur, ceux qui suivaient. Mais, s'ils avaient un vallon ou une colline à descendre, les premiers ne pouvaient plus secourir ceux qui venaient après eux, et notre cavalerie leur lançait d'en haut une grêle de traits : alors ils étaient en grand péril. Aussi, quand ils approchaient de semblables lieux, ils ordonnaient à leurs légions de faire halte et de repousser notre cavalerie par une charge vigoureuse; ensuite, l'ayant écartée, soudain, tous ensemble, ils précipitaient leur course dans les vallées, et quand

pulos circuit, militesque appellat; «neu se, neu Pompeium absentem, imperatorem suum, adversariis ad supplicium tradant» obsecrat. Fit celeriter concursus in prætorium. Postulat, ut jurent omnes, se exercitum ducesque non deserturos, neque prodituros, neque sibi separatim a reliquis consilium capturos. Princeps in hæc verba jurat ipse: idem jusjurandum adigit Afranium: subsequuntur tribuni militum centurionesque: centuriatim producti milites idem jurant. Edicunt, penes quem quisque sit Cæsaris miles, ut producatur: productos, palam in prætorio interficiunt. Sed plerosque hi, qui receperant, celant, noctuque per vallum emittunt. Sic terrore oblato a ducibus, crudelitas in supplicio, nova religio jurisjurandi, spem præsentis deditionis sustulit, mentesque militum convertit, et rem ad pristinam belli rationem redegit.

LXXVII. Cæsar, qui milites adversariorum in castra per tempus colloquii venerant, summa diligentia conquiri et remitti jubet: sed ex numero tribunorum militum centurionumque nonnulli sua voluntate apud eum remanserunt, quos ille postea magno in honore habuit; centuriones in ampliores ordines, equites romanos in tribunitium restituit honorem.

LXXVIII. Premebantur Afraniani pabulatione, aquabantur ægre, frumenti copiam legionarii nonnullam habebant, quod dierum XXII ab Ilerda frumentum jussi erant efferre; cetrati auxiliaresque nullam, quorum erant et facultates ad parandum exiguæ, et corpora insueta ad onera portanda. Itaque magnus eorum quotidie numerus ad Cæsarem perfugiebat. In his erat angustiis res; sed ex propositis consiliis duobus explicitius videbatur, Ilerdam reverti, quod ibi paullulum frumenti reliquerant : ibi se reliquum consilium explicaturos confidebant. Tarraco aberat longius : quo spatio plures rem posse casus recipere intelligebant. Hoc probato consilio, ex castris proficiscuntur. Cæsar, equitatu præmisso, qui novissimum agmen carperet atque impediret, ipse cum legionibus subsequitur. Nullum intercedebat tempus, quin extremi cum equitibus præliarentur.

LXXIX. Genus erat hoc pugnæ. Expeditæ cohortes novissimum agmen claudebant; pluriesque in locis campestribus subsistebant. Si mons erat adscendendus, facile ipsa loci natura periculum repellebat, quod ex locis superioribus, qui antecesserant, suos adscendentes protegebant. Quum vallis aut locus declivis suberat, neque ii, qui antecesserant, morantibus opem ferre poterant, equites vero ex loco superiore in aversos tela conjiciebant : tum magno erat in periculo res. Relinquebatur, ut quum ejusmodi esset locis appropinquatum, legionum signa consistere juberent, magnoque impetu equitatum repellerent; eo submoto, repente incitati cursu sese in valles universi demitterent, atque ita transgressi, rursus in locis superioribus consisterent. Nam tantum ab equi-

ils les avaient traversées, se reformaient de nouveau sur les hauteurs. Quant à leur cavalerie, loin de leur être d'aucun secours, quoique très-nombreuse, elle était si effrayée des combats précédents, qu'ils étaient forcés de la renfermer dans le centre, et de la défendre. Aucun homme ne sortait de la ligne sans être enlevé par la cavalerie de César.

LXXX. Avec une telle manière de combattre, on avançait peu et lentement; et à chaque instant il fallait faire halte pour porter secours aux derniers rangs. Aussi, après une marche de quatre milles, toujours plus vivement poursuivis par notre cavalerie, ils sont forcés de gagner une haute montagne, et là ils fortifient leur camp du côté qui fait face à l'ennemi, sans décharger le bagage. Lorsqu'ils virent notre camp établi, nos tentes dressées, et notre cavalerie partie pour le fourrage, ils se mettent en marche aussitôt : c'était vers la sixième heure (26), et ils comptaient nous devancer, tandis que nous attendrions notre cavalerie. César s'en étant aperçu, prend le reste des légions, laisse quelques cohortes pour garder le bagage, et ordonne qu'à la dixième heure les fourrageurs le suivent et que la cavalerie soit rappelée. Celle-ci revient à la hâte reprendre son service journalier : on combat si vivement à l'arrière-garde, que l'ennemi est prêt à tourner le dos : un grand nombre de soldats et plusieurs centurions sont tués. Cependant l'armée de César approchait et allait tomber sur eux.

LXXXI. Alors, ne pouvant ni chercher un lieu convenable pour camper, ni continuer leur route, ils s'arrêtent forcément, et asseoient leur camp dans une position désavantageuse et éloignée de toute eau. César, par les mêmes motifs que l'on a dit ci-dessus, ne voulut pas les attaquer; mais il défendit que l'on dressât les tentes afin d'être plus à portée de les suivre, s'ils tentaient de s'échapper, soit de nuit, soit de jour. L'ennemi, remarquant le désavantage de son poste, travaille toute la nuit à étendre ses retranchements et à changer la disposition du camp. Ils font de même le lendemain dès la pointe du jour, et emploient toute la journée à ce travail. Mais plus ils s'étendaient et prolongeaient leur camp, plus ils s'éloignaient de l'eau, et ainsi ils remédiaient à un mal par un autre. La première nuit personne ne sortit du camp pour aller à l'eau : le jour suivant on laissa une garde au camp, et toute l'armée y alla en masse; mais personne n'alla au fourrage. César aimait mieux les réduire par ces privations à la nécessité de se rendre, que de risquer un combat; il travailla néanmoins à les enfermer par un retranchement et par un fossé, pour empêcher, autant que possible, les irruptions soudaines auxquelles il prévoyait bien qu'ils auraient recours. Alors, manquant de fourrage et ne voulant pas être gênés dans leur marche, ils firent tuer toutes leurs bêtes de somme.

LXXXII. Deux jours sont employés à ces préparatifs : le troisième, les travaux de César étaient déjà fort avancés. Voulant les interrompre, les chefs ennemis, à un signal donné, font sortir les légions, et les rangent devant le camp. César rappelle les

---

tum suorum auxiliis aberant, quorum numerum habebant magnum, ut eos, superioribus perterritos præliis, in medium reciperent agmen, utroque eos tuerentur: quorum nulli ex itinere excedere licebat, quin ab equitatu Cæsaris exciperentur.

LXXX. Tali quum pugnatur modo, lente atque paullatim proceditur, creberque, ut sint auxilio suis, subsistunt: ut tum accidit. Millia enim progressi IV, vehementiusque peragitati ab equitatu, montem excelsum capiunt, ibique una fronte contra hostem castra muniunt, neque jumentis onera deponunt. Ubi Cæsaris castra posita, tabernaculaque constituta, et dimissos equites pabulandi causa animum adverterunt, sese subito proripiunt : hora circiter sexta ejusdem diei, et spem nacti moræ, discessu nostrorum equitum, iter facere incipiunt. Qua re animadversa, Cæsar, relictis legionibus, subsequitur, præsidio impedimentis paucas cohortes relinquit : hora X subsequi pabulatores, equitesque revocari jubet. Celeriter equitatus ad quotidianum itineris officium revertitur : pugnatur acriter ad novissimum agmen, adeo, ut pæne terga convertant; compluresque milites, etiam nonnulli centuriones, interficiuntur. Instabat agmen Cæsaris, atque universum imminebat.

LXXXI. Tum vero neque ad explorandum idoneum locum castris, neque ad progrediendum data facultate, consistunt necessario, et procul ab aqua, et natura iniquo loco castra ponunt. Sed iisdem de causis Cæsar, quæ supra sunt demonstratæ, prælio amplius non lacessit, et eo die tabernacula statui passus non est, quo paratiores essent ad insequendum omnes, sive noctu, sive interdiu erumperent. Illi enim, adverso vitio castrorum, tota nocte munitiones proferunt, castraque castris convertunt. Hoc idem proximo die a prima luce faciunt, totumque in ea re diem consumunt. Sed, quantum opere processerant, et castra protulerant, tanto aberant ab aqua longius, et præsenti malo aliis malis remedia dabantur. Prima nocte aquandi causa nemo egreditur ex castris : proximo die, præsidio in castris relicto, universas ad aquam copias educunt; pabulatum emittitur nemo. His eos supplices male haberi Cæsar et necessariam subire deditionem, quam prælio decertare, malebat : conatur tamen eos vallo fossaque circummunire, ut quam maxime repentinas eorum eruptiones demoretur, quo necessario descensuros existimabat. Illi, et inopia pabuli adducti, et, quo essent ad iter expeditiores, omnia sarcinaria jumenta interfici jubent.

LXXXII. In his operibus consiliisque biduum consumitur : tertio die magna jam pars operis Cæsaris processerat. Illi impediendæ rei causa, hora circiter octava signo dato, legiones educunt, aciemque sub castris instruunt.

légions qui sont à l'ouvrage, rassemble toute la cavalerie, et se met aussi en bataille : car paraître éviter une action, contre l'attente des soldats et l'opinion de tous les siens, c'eût été se faire grand tort. Cependant les motifs que l'on connaît l'empêchaient de souhaiter le combat, d'autant plus que le peu d'étendue du terrain ne permettait pas d'espérer, même après avoir mis l'ennemi en fuite, une victoire décisive : en effet, d'un camp à l'autre il n'y avait guère que deux milles pieds. Les deux tiers de cet espace étaient occupés par les deux armées; l'autre tiers, libre, était pour l'élan et pour le choc. Si l'on en venait aux mains, la proximité des camps donnait aux vaincus une facile retraite dans leur fuite. Cette raison l'avait déterminé à tenir tête à l'attaque au lieu de l'engager le premier.

LXXXIII. L'armée d'Afranius était rangée sur deux lignes composées de cinq légions ; les cohortes auxiliaires répandues sur les ailes formaient un troisième rang. Celle de César était sur trois lignes ; dans la première il avait placé quatre cohortes tirées de chacune des cinq légions ; dans la seconde trois, et autant dans la troisième (27) : au milieu étaient les archers et les frondeurs, et la cavalerie sur les ailes. Dans cet ordre de bataille, César et Afranius paraissaient l'un et l'autre s'en tenir à leur projet, le premier de ne point combattre, le second d'empêcher les travaux de César. Les deux armées restèrent en cet état jusqu'au soleil couché, après quoi chacun rentra dans son camp. Le lendemain César essaie de continuer ses travaux, et Afranius cherche un gué pour passer la Sègre. César, s'en étant aperçu, fait traverser le fleuve à l'infanterie légère des Germains et à une partie de la cavalerie, et place sur le bord des postes nombreux.

LXXXIV. Enfin, assiégés de tous côtés, n'ayant pu, depuis quatre jours, donner du fourrage à leurs chevaux, manquant d'eau, de bois, de vivres, les généraux ennemis demandent une entrevue, et, autant que possible, dans un lieu éloigné des troupes (28). César, ayant refusé l'entrevue secrète, et offert de les entendre publiquement, on lui donne pour otage le fils d'Afranius, et l'on se rend au lieu qu'il a désigné. Là, en présence des deux armées, Afranius prend la parole : « On ne doit pas, dit-il, leur reprocher à eux et à leurs troupes d'avoir voulu rester fidèles à Cn. Pompée leur général. Mais ils ont satisfait à leur devoir; ils ont assez souffert, assez enduré de privations de toute espèce. Maintenant, enfermés comme des femmes, ils n'ont pas même la liberté d'aller chercher de l'eau, ni de changer de place; leurs corps ne sauraient plus longtemps supporter ces souffrances, ni leurs âmes cette honte : ils s'avouent donc vaincus, et demandent avec prières que, s'il y a encore quelque pitié chez leurs ennemis, ils ne soient pas réduits à la nécessité de se détruire eux-mêmes. » Telles sont les paroles qu'il prononce du ton le plus humble et le plus soumis.

LXXXV. A cela César répond qu'il n'est personne au monde à qui il convienne moins de se plaindre et d'implorer la pitié. Tous les autres

---

Cæsar ab opere legiones revocat, equitatum omnem convenire jubet, aciem instruit ; contra opinionem enim militum famamque omnium videri prælium defugisse, magnum detrimentum afferebat. Sed eisdem de causis, quæ sunt cognitæ, quo minus dimicare vellet, movebatur : atque hoc etiam magis, quod spatii brevitas, etiam in fugam conjectis adversariis, non multum ad summam victoriæ juvare poterat non enim amplius pedum millibus : II ab castris castra distabant. Hinc duas partes acies occupabant duæ ; tertia vacabat, ad incursum atque impetum militum relicta. Si prælium committeretur, propinquitas castrorum celerem superatis ex fuga receptum dabat. Hac causa constituerat, signa inferentibus resistere, prior prælio non lacessere.

LXXXIII. Acies erat Afraniana duplex legionum quinque ; tertium in subsidiis locum alariæ cohortes obtinebant : Cæsaris triplex ; sed primam aciem quaternæ cohortes ex V legionibus tenebant : has subsidiariæ ternæ, et rursus aliæ totidem suæ cujusque legionis subsequebantur ; sagittarii funditoresque media continebantur acie; equitatus latera cingebat. Tali instructa acie, tenere uterque propositum videbatur ; Cæsar nisi coactus prælium non committeret ; ille, ut opera Cæsaris impediret. Producitur tamen res, aciesque ad solis occasum continentur : inde utrique in castra discedunt. Postero die munitiones institutas Cæsar parat perficere; illi vadum fluminis Sicoris tentare, si transire possent. Qua reanimadversa, Cæsar Germanos levis armaturæ equitumque partem flumen transjicit, crebrasque in ripis custodias disponit.

LXXXIV. Tandem, omnibus rebus obsessi, quartum jam diem sine pabulo retentis jumentis, aquæ, lignorum, frumenti inopia, colloquium petunt, et id si fieri possit, semoto a militibus loco. Ubi id a Cæsare negatum, et, palam si colloqui vellent, concessum est, datur obsidis loco Cæsari filius Afranii. Venitur in eum locum, quem Cæsar delegit. Audiente utroque exercitu, loquitur Afranius : « Non esse aut ipsis, aut militibus succensendum, quod fidem erga imperatorem suum Cn. Pompeium conservare voluerint : sed satis jam fecisse officio, satisque supplicii tulisse, perpessos omnium rerum inopiam : nunc vero, pœne ut fœminas, circummunitos prohiberi aqua, prohiberi ingressu, neque corpore dolorem, neque animo ignominiam ferre posse : itaque se victos confiteri : orare atque obsecrare, si qui locus misericordiæ relinquatur, ne ad ultimum supplicium progredi necesse habeant. » Hæc quam potest demississime atque subjectissime exponit.

LXXXV. Ad ea Cæsar respondit : « Nulli omnium has partes vel querimoniæ, vel miserationis, minus convenisse : reliquos enim omnes suum officium præstitisse ; se, qui etiam bona conditione, et loco et tempore æquo,

ont fait leur devoir : lui, César, en s'abstenant de combattre alors qu'il avait un poste et une occasion favorables, afin de préparer toutes les voies à un accommodement; son armée, en conservant et mettant à couvert de toute insulte les soldats ennemis qu'elle avait eus en son pouvoir, malgré une injure cruelle et le massacre des siens; enfin les soldats d'Afranius, en venant traiter eux-mêmes de la paix, démarche inspirée par la pensée de pourvoir au salut de tous. Ainsi, dans tous les rangs, on s'est arrêté au parti que la générosité conseillait : les chefs seuls ont montré de l'éloignement pour la paix; loin d'observer les lois des trèves et des pourparlers, ils ont surpris nos soldats comme ils s'entretenaient avec les leurs sans défiance, et les ont massacrés cruellement. Aujourd'hui il leur arrive ce qui est arrivé plus d'une fois aux hommes opiniâtres et arrogants, ils recherchent, ils sollicitent avec empressement ce que naguère ils dédaignaient. Il ne se prévaudra maintenant ni de leur abaissement ni des circonstances favorables pour augmenter son pouvoir; mais il veut que les armées qu'on a si longtemps entretenues contre lui soient licenciées. En effet, ce n'est pas pour aucun autre motif qu'on a envoyé six légions en Espagne, qu'on y en a levé une septième, qu'on a équipé tant de flottes, et fait partir de si habiles généraux; rien de cela n'était nécessaire ni pour pacifier l'Espagne, ni pour venir en aide à la province qui, après une longue paix, n'avait besoin d'aucun secours : c'est contre lui que toutes ces mesures ont été prises : c'est contre lui qu'on a établi des commandements d'une nouvelle espèce, en sorte que, des portes de Rome, le même homme préside aux délibérations intérieures, et, quoique absent, gouverne depuis tant d'années deux provinces belliqueuses (29); c'est contre lui que les droits sacrés des magistrats ont été violés, et qu'au lieu de donner, selon l'usage, les gouvernements à des hommes sortant de la préture ou du consulat, on y a nommé des particuliers choisis par une faction; c'est contre lui qu'au mépris des priviléges de l'âge, on rappelle au service des vétérans qui ont fait toutes les guerres précédentes; enfin, c'est à lui seul que l'on refuse ce que l'on a toujours accordé aux généraux qui avaient bien servi la république, de rentrer dans Rome avec honneur, ou du moins sans honte, et de congédier l'armée. Tous ces outrages, il les a supportés et les supportera encore patiemment; il n'a pas même l'intention de leur ôter leur armée pour la prendre sous ses ordres, ce qui cependant ne lui serait pas difficile; mais seulement de les en priver pour qu'ils ne s'en servent pas contre lui. Il faut donc, comme il a été proposé, qu'ils sortent de la province et licencient leurs soldats : à ce prix-là, il ne fera de mal à personne. Telle est l'unique et dernière condition qu'il met à la paix.

LXXXVI. Ce discours fut très-agréable aux soldats, comme il parut à la joie qu'ils témoignèrent : ils s'attendaient à quelque juste châtiment, et, ils recevaient leur congé comme une sorte de récompense. Aussi, comme on agitait la question du lieu et de l'époque du licenciement, tous, du rempart où ils étaient alors, demandèrent de la voix et du geste qu'il se fît sur-le-champ; si on le différait,

confligere noluerit, ut quam integerrima essent ad pacem omnia; exercitum suum, qui, injuria sibi accepta suisque interfectis, quos in sua potestate habuerit, conservarit et texerit; illius denique exercitus milites, qui per se de concilianda pace egerint : qua in re omnium suorum vitæ consulendum putarint. Sic omnium ordinum partes in misericordia constitisse : ipsos duces a pace abhorruisse : eos neque colloquii, neque induciarum jura servasse, et homines imperitos et per colloquium deceptos crudelissime interfecisse. Accidisse igitur his, quod plerumque hominibus nimia pertinacia atque arrogantia accidere soleat, uti eo recurrant, et id cupidissime petant, quod paulo ante contempserint. Neque nunc se illorum humilitate, neque aliqua temporis opportunitate postulare, quibus rebus augeantur opes suæ; sed eos exercitus, quos contra se multos jam annos aluerint, velle dimitti. Neque enim sex legiones alia de causa missas in Hispaniam, septimamque ibi conscriptam, neque tot tantasque classes paratas, neque submissos duces, rei militaris peritos : nihil horum ad pacandas Hispanias, nihil ad usum provinciæ provisum, quæ propter diuturnitatem pacis nullum auxilium desiderarit; omnia hæc jam pridem contra se parari, in se novi generis imperia constitui, ut idem ad portas urbanis præsidia rebus, et duas bellicosissimas provincias absens tot annos obtineat; in se jura magistratuum commutari, ne ex prætura et consulatu, ut semper, sed per paucos probati et electi in provincias mittantur; in se ætatis excusationem nihil valere, quod superioribus bellis probati ad obtinendos exercitus evocentur; in se uno non servari, quod sit omnibus datum semper imperatoribus, ut, rebus feliciter gestis aut cum honore aliquo, aut certe sine ignominia domum revertantur, exercitumque dimittant. Quæ tamen omnia et se tulisse patienter, et esse laturum; neque nunc id agere, ut ab illis abductum exercitum teneat ipse, quod tamen sibi difficile non sit; sed ne illi habeant, quo contra se uti possint. Proinde, ut esset dictum, provinciis excederent, exercitumque dimitterent : si id sit factum, nociturum se nemini : hanc unam atque extremam pacis esse conditionem. »

LXXXVI. Id vero militibus fuit pergratum et jucundum, ut ex ipsa significatione potuit cognosci; ut, qui aliquid justi incommodi exspectavissent, ultro præmium missionis ferrent. Nam quum de loco et tempore ejus rei controversia inferretur, et voce et manibus universi ex vallo, ubi constiterant, significare cœperunt, ut statim dimitterentur; neque omni interposita fide firmum esse posse, si in aliud tempus differretur. Paucis quum esset

aucun serment n'en assurerait l'exécution. Après quelques paroles échangées sur ce sujet, on convient que ceux qui ont leur domicile ou des propriétés en Espagne seront licenciés à l'instant, les autres sur les bords du Var. Il est stipulé qu'il ne leur sera fait aucun tort, et que nul ne sera forcé de prêter le serment militaire à César.

LXXXVII. César s'engagea à les nourrir à compter de ce moment jusqu'à leur arrivée sur les bords du Var : il ajouta encore que tout ce qu'ils avaient perdu à la guerre, et qui se trouverait entre les mains de ses soldats, leur serait rendu ; il en fit faire l'estimation et en paya le prix à ses troupes. Depuis lors, dans tous les différends qu'ils eurent, les soldats prirent César pour arbitre. Pétréius et Afranius, refusant de payer la solde, sous prétexte que le terme n'était pas encore échu, et les soldats la réclamant d'une manière séditieuse, on pria César de prononcer : les uns et les autres s'en tinrent à son jugement. Après avoir licencié environ le tiers de cette armée en deux jours, César fit prendre les devants à deux légions et ordonna aux autres de les suivre, de manière qu'elles ne fussent jamais campées trop loin les unes des autres. Il donna la conduite de cette marche à son lieutenant Q. Fufius Calénus. D'après son ordre on alla ainsi depuis l'Espagne jusqu'au Var, et là le reste de l'armée fut licencié.

LIVRE DEUXIÈME.

I. Tandis que ces événements se passent en Espagne, C. Trébonius, lieutenant de César, que celui-ci avait laissé au siége de Marseille, dresse contre la ville les mantelets et les tours, et forme deux attaques, l'une dans le voisinage du port et de l'arsenal des vaisseaux, l'autre du côté qui mène de la Gaule et de l'Espagne à cette partie de la mer qui touche à l'embouchure du Rhône. En effet, Marseille est baignée par la mer presque de trois côtés ; il n'y a qu'un seul côté où l'on ait accès par terre : encore la partie qui touche à la citadelle est-elle très-forte et par sa position et par une vallée profonde qui en rendent l'attaque longue et difficile. Pour exécuter ces travaux, C. Trébonius fait venir de toute la province un grand nombre d'hommes et de chevaux, et se fait apporter des matériaux et des fascines avec lesquels il élève une terrasse de quatre-vingts pieds de haut.

II. Mais on avait depuis longtemps pourvu la ville d'une telle quantité de munitions de guerre et de machines, qu'il n'y avait point de mantelets d'osier qui pussent résister à leurs efforts. Des perches de douze pieds de long, armées de fer par le bout, étaient lancées par d'énormes balistes, et, après avoir traversé quatre rangs de claies, allaient encore se ficher en terre. En conséquence, on fit une galerie couverte avec des poutres épaisses d'un pied et jointes ensemble ; et sous cet abri on se passait de main en main ce

in utramque partem verbis disputatum ; res huc deducitur, ut ii, qui habeant domicilium aut possessiones in Hispania, statim : reliqui ad Varum flumen dimittantur, ne quid eis noceatur, neu quis invitus sacramentum dicere cogatur a Cæsare, cavetur.

LXXXVII. Cæsar ex eo tempore, dum ad flumen Varum veniatur, se frumentum daturum pollicetur ; addit etiam, ut, « quid quisque eorum in bello amiserit, quæ sint penes milites suos, iis, qui amiserint, restituatur : » militibus, æqua facta æstimatione, pecuniam pro iis rebus dissolvit. Quascumque postea controversias inter se milites habuerint, sua sponte ad Cæsarem in jus adierunt. Petreius atque Afranius, quum stipendium ab legionibus pæne seditione facta flagitaretur, cujus illi diem nondum venisse dicerent, Cæsar ut cognosceret, postulant ; eoque utrique, quod statuit, contenti fuerunt. Parte circiter tertia exercitus eo biduo dimissa, II legiones suas antecedere, reliquas subsequi jussit, ut non longo inter se spatio castra facerent ; eique negotio Q. Fufium Calenum legatum præfecit. Hos ejus præscripto ex Hispania ad Varum flumen est iter factum, atque ibi reliqua pars exercitus dimissa.

LIBER SECUNDUS.

I. Dum hæc in Hispania geruntur, C. Trebonius legatus, qui ad oppugnationem Massiliæ relictus erat, duabus ex partibus aggerem, vineas, turresque ad oppidum agere instituit. Una erat proxima portui navalibusque ; altera ad partem, qua est aditus ex Gallia atque Hispania ad id mare, quod attingit ad ostium Rhodani. Massilia enim fere ex tribus oppidi partibus mari adluitur : reliqua quarta est, quæ aditum habet a terra. Hujus quoque spatii pars ea, quæ ad arcem pertinet, loci natura et valle altissima munita, longam et difficilem habet oppugnationem. Ad ea perficienda opera C. Trebonius magnam jumentorum atque hominum multitudinem ex omni provincia vocat : vimina materiamque comportari jubet. Quibus comparatis rebus, aggerem in altitudinem pedum LXXX exstruit.

II. Sed tanti erant antiquitus in oppido omnium rerum ad bellum apparatus, tantaque multitudo tormentorum, ut eorum vim nullæ contextæ viminibus vineæ sustinere possent. Asseres enim pedum XII, cuspidibus præfixi, atque hi maximis ballistis missi, per IV ordines cratium in terra defigebantur. Itaque, pedalibus lignis conjunctis inter se, porticus integebantur, atque hac agger inter manus proferebatur. Antecedebat testudo pedum LX, æquandi loci causa, facta item ex fortissimis lignis, in

qui était nécessaire pour la construction de la terrasse. Afin de mettre le terrain au niveau, on avait placé en avant une tortue de soixante pieds, également composée de fortes poutres et enveloppée de tout ce qui pouvait la garantir du feu et des pierres. Mais l'étendue des ouvrages, la hauteur du mur et des tours, le grand nombre de machines des assiégés, retardaient tous les travaux. En outre, les Albices faisaient de fréquentes sorties et venaient lancer des feux sur les tours et la terrasse; mais nos soldats les repoussaient aisément, et, après leur avoir fait perdre beaucoup de monde, les rejetaient dans la ville.

III. Cependant L. Nasidius, que Cn. Pompée envoyait au secours de L. Domitius et des Marseillais avec seize navires, dont quelques-uns avaient la proue d'airain, pénètre dans le détroit de Sicile à l'insu de Curion qui avait manqué de prévoyance. Il aborde à Messine, où la terreur est telle que le sénat et les principaux citoyens prennent la fuite, enlève une galère dans le port, la joint au reste de sa flotte et continue sa route vers Marseille. Il avait envoyé devant lui secrètement une petite barque annoncer sa venue à Domitius et aux Marseillais, et les exhorter vivement à tenter, avec le secours qu'il leur amenait, un second combat naval contre Brutus.

IV. Les Marseillais, depuis leur premier échec, avaient remplacé les vaisseaux perdus par un même nombre de vieilles galères, tirées de leur arsenal, radoubées et armées avec beaucoup de soin; ni les rameurs ni les pilotes ne leur manquaient. Ils y avaient ajouté des barques de pêcheurs, qu'ils avaient couvertes pour que les rameurs fussent à l'abri du trait, et remplies d'archers et de machines. Leur flotte ainsi équipée, encouragés par les prières et les larmes des vieillards, des mères de famille, des jeunes filles, qui les conjurent de sauver leur patrie dans cette extrémité, ils montent sur les vaisseaux avec la même résolution et la même assurance qu'ils avaient montrées dans le combat précédent. Car telle est la faiblesse humaine, que les choses que nous n'avons jamais vues, qui nous sont nouvelles, inconnues, nous inspirent ou plus de confiance ou plus d'effroi : c'est ce qui eut lieu alors. L'arrivée de L. Nasidius avait rempli les esprits d'espérance et de bonne volonté. Secondés par un vent favorable, ils sortent du port et joignent Nasidius à Tauroenta (1), château qui appartient aux Marseillais. Là ils disposent leurs vaisseaux, se concertent ensemble, et se confirment dans la résolution de combattre. L'aile droite est donnée aux Marseillais, la gauche à Nasidius.

V. Brutus va à leur rencontre avec sa flotte augmentée de plusieurs vaisseaux; car aux galères construites à Arles d'après l'ordre de César, il en avait ajouté six prises sur les Marseillais. Il avait employé les jours précédents à les remettre en état et à les équiper. Ayant donc exhorté les siens à mépriser, après sa défaite, un ennemi qu'ils avaient vaincu lorsqu'il avait toutes ses forces, il marche contre eux plein d'espoir et de résolution. Il était facile, du camp de Trébonius et de toutes les hauteurs, de voir, dans la ville, toute la jeunesse qui était restée, les vieillards, les femmes, les enfants, les gar-

---

voluta omnibus rebus, quibus ignis jactus et lapides defendi possent. Sed magnitudo operum, altitudo muri atque turrium, multitudo tormentorum omnem administrationem tardabat. Tum crebræ per Albicos eruptiones fiebant ex oppido, ignesque aggeri et turribus inferebantur, quæ facile nostri repellebant milites, magnisque ultro illatis detrimentis, eos, qui eruptionem fecerant, in oppidum rejiciebant.

III. Interim L. Nasidius, ab Cn. Pompeio cum classe navium XVI, in quibus paucæ erant æratæ, L. Domitio Massiliensibusque subsidio missus, freto Siciliæ, imprudente atque inopinante Curione, pervehitur : appulsisque Messanam navibus, atque inde propter repentinum terrorem principum ac senatus fuga facta, ex navalibus eorum unam deducit. Hac adjuncta ad reliquas naves, cursum Massiliam versus perficit; præmissaque clam navicula, Domitium Massiliensesque de suo adventu certiores facit, eosque magnopere hortatur, ut rursus cum Bruti classe, additis suis auxiliis, confligant.

IV. Massilienses, post superius incommodum, veteres ad eumdem numerum ex navalibus productas naves refecerant, summaque industria armaverant (remigum gubernatorumque magna copia suppetebat); piscatoriasque adjecerant atque contexerant, ut essent ab ictu telorum remiges tuti : has sagittariis tormentisque compleverant Tali modo instructa classe, omnium seniorum, matrum familiæ, virginum precibus et fletu excitati, extremo tempore civitati subvenirent, non minore animo ac fiducia, quam ante dimicaverant, naves conscendunt. Communi enim fit vitio naturæ, ut invisis, latitantibus, atque incognitis rebus magis confidamus, vehementiusque exterreamur : ut tum accidit. Adventus enim L. Nasidii summa spe et voluntate civitatem compleverat. Nacti idoneum ventum, ex portu exeunt, et Tauroenta, quod est castellum Massiliensium, ad Nasidium perveniunt, ibique naves expediunt, rursusque se ad confligendum animo confirmant, et consilia communicant. Dextra pars Massiliensibus attribuitur, sinistra Nasidio.

V. Eodem Brutus contendit, aucto navium numero; nam ad eas, quæ factæ fuerant Arelate per Cæsarem, captivæ Massiliensium accesserant VI : has superioribus refecerat diebus, atque omnibus rebus instruxerat. Itaque suos cohortatus, quos integros superavissent, ut victos contemnerent, plenus spei bonæ atque animi adversus eos proficiscitur. Facile erat, ex castris C. Trebonii, atque omnibus superioribus locis prospicere in urbem ut om-

des de la cité, lever leurs mains au ciel du haut des murailles, ou courir aux temples des dieux, et, prosternés devant leurs images, leur demander la victoire : car personne, parmi eux, ne doutait que ce jour-là ne dût décider de leur sort. Les jeunes gens les plus distingués et les personnages les plus considérables, sans distinction d'âge, avaient été sommés et conjurés chacun nommément de monter sur les vaisseaux. Ainsi, en cas de revers, ils se trouvaient sans ressources; vainqueurs, ils comptaient sauver la ville tant par leurs propres forces que par les secours qui leur viendraient du dehors.

VI. Le combat engagé, les Marseillais déployèrent la plus grande valeur. Le souvenir des exhortations qu'ils venaient d'entendre les animaient tellement au combat qu'à les voir on les eût crus persuadés qu'ils n'avaient plus que ce moment pour leur défense, et que ceux qui périraient dans l'action ne précéderaient que de peu d'instants le reste de leurs concitoyens qui devaient subir le même sort, si la ville était prise. Nos vaisseaux s'étant peu à peu séparés, l'ennemi put mettre à profit l'habileté de ses pilotes et l'agilité de ses navires; si parfois nous trouvions le moyen d'en saisir un avec les mains de fer, tous les autres accouraient à son secours. Réunis aux Albices, ils se battaient de près volontiers et ne le cédaient pas de beaucoup aux nôtres en valeur; en même temps, de leurs moindres vaisseaux ils nous lançaient sans cesse une grêle de traits par lesquels nos soldats inattentifs ou occupés ailleurs, étaient surpris et blessés. Deux de leurs trirèmes, apercevant celle que montait D. Brutus, qu'il étoit aisé de reconnaître à son pavillon, s'élancèrent de deux côtés sur elle; mais les ayant remarquées, Brutus fit marcher son vaisseau avec tant de rapidité qu'en un clin-d'œil il eut pris les devants. Ces deux galères se heurtèrent si violemment qu'elles en furent très-endommagées; l'une d'elles brisa son éperon et fut toute fracassée. Alors quelques vaisseaux de la flotte de Brutus, qui n'étaient pas loin de là, s'apercevant de leur désastre, courent sur elles et les ont bientôt coulées à fond.

VII. Quant aux vaisseaux de Nasidius, ils ne furent d'aucun secours et ne tardèrent pas à se retirer du combat. Ni la vue de la patrie, ni les instances de leurs proches n'animaient ces hommes à braver le péril et la mort; aussi aucun de leurs vaisseaux ne périt. Pour les Marseillais, ils eurent cinq galères coulées à fond; quatre furent prises; une s'enfuit avec les vaisseaux de Nasidius et gagna avec eux l'Espagne citérieure. Une de celles qui restaient aux vaincus fut dépêchée à Marseille pour y porter la nouvelle du désastre. Comme elle approchait de la ville, les habitants se précipitèrent en foule à sa rencontre pour savoir ce qui s'était passé : quand ils surent l'événement, ils furent saisis d'une telle douleur qu'on eût dit que la ville était déjà prise. Toutefois les Marseillais n'en mirent pas moins d'ardeur à tout préparer pour la défense.

VIII. Les légionnaires, qui travaillaient aux ouvrages de la droite, remarquèrent qu'une

---

nis juventus, quæ in oppido remanserat, omnesque superioris ætatis, cum liberis atque uxoribus publicisque custodiis, aut ex muro ad cœlum manus tenderent, aut templa Deorum immortalium adirent, et ante simulacra projecti victoriam ab Diis exsposcerent ; neque erat quisquam omnium, quin in ejus diei casu suarum omnium fortunarum eventum consistere existimaret. Nam et honesti ex juventute, et cujusque ætatis amplissimi, nominatim evocati atque obsecrati, naves conscenderant ; ut, si quid adversi accidisset, ne ad conandum quidem sibi quidquam reliqui fore viderent ; si superavissent, vel domesticis opibus, vel externis auxiliis, de salute urbis confiderent.

VI. Commisso prælio, Massiliensibus res nulla ad virtutem defuit ; sed memores eorum præceptorum, quæ paulo ante ab suis acceperant, hoc animo decertabant, ut nullum aliud tempus ad conandum habituri viderentur, et, quibus in pugna vitæ periculum accideret, non ita multo se reliquorum civium fatum antecedere existimarent, quibus, urbe capta, eadem esset belli fortuna patienda. Diductisque nostris paulatim navibus, et artificio gubernatorum mobilitati navium locus dabatur, et, si quando nostri facultatem nacti, ferreis manibus injectis, navem religaverant, undique suis laborantibus succurrebant. Neque vero conjuncti Albicis cominus pugnando deficiebant neque multum cedebant virtute nostris ; simul ex minoribus navibus magna vis eminus missa telorum, multa nostri de improviso imprudentibus atque impeditis vulnera inferebant ; conspicatæque naves triremes duæ navem D. Bruti, quæ ex insigni facile agnosci poterat, duabus ex partibus sese in eam incitaverant ; sed tantum, re provisa, Brutus celeritate navis enisus est, ut parvo momento antecederet. Illæ adeo graviter inter se incitatæ conflixerunt, ut vehementissime utræque ex concursu laborarent; altera vero, prærupto rostro, tota collabefieret. Qua re animum adversa, quæ proximæ in loco ex Bruti classe naves erant, in eas impeditas impetum faciunt, celeriterque ambas deprimunt.

VII. Sed Nasidianæ naves nulli usui fuerunt, celeriterque pugna excesserunt : non enim has aut conspectus patriæ, aut propinquorum præcepta ad extremum vitæ periculum adire cogebant. Itaque ex eo numero navium nulla desiderata est : ex Massiliensium classe V sunt depressæ, IV captæ, una cum Nasidianis profugit : quæ omnes citeriorem Hispaniam petiverunt. At ex reliquis una præmissa Massiliam hujus nuntii perferendi gratia, quum jam appropinquaret urbi, omnis sese multitudo ad cognoscendum effudit : ac, re cognita, tantus luctus excepit, ut urbs ab hostibus capta eodem vestigio videretur. Massilienses tamen nihilo segnius ad defensionem urbis reliqua apparare cœperunt.

tour de briques élevée au pied de la muraille pourrait leur être d'un grand secours contre les fréquentes sorties des ennemis. Celle que l'on avait faite d'abord était trop basse et trop petite ; cependant elle leur servait de retraite : c'était de là qu'ils se défendaient quand l'ennemi les pressait vivement; c'était de là qu'ils sortaient pour le repousser et le poursuivre. Cette tour avait trente pieds en tous sens, et les murs avaient cinq pieds d'épaisseur. Par la suite, comme l'expérience est un grand maître en toutes choses, à force de combinaisons habiles on reconnut que si on l'élevait plus haut, on pourrait en tirer encore plus de service. Voici de quelle manière on s'y prit.

IX. Lorsque la tour eut été élevée à la hauteur d'un étage, ils bâtirent le mur de telle sorte que la maçonnerie recouvrît l'extrémité des poutres, et qu'il n'y eût aucune partie saillante où l'ennemi pût mettre le feu. Par-dessus ce plancher ils continuèrent le mur de briques, autant que le permirent les parapets et les mantelets sous lesquels ils étaient à couvert ; ils posèrent ensuite, assez près de l'extrémité de la muraille, deux solives en croix pour y suspendre la charpente qui devait servir de toit à leur tour ; et sur ces solives ils mirent les poutres de traverse qu'ils lièrent ensemble par des chevilles. Ils choisirent ces poutres un peu longues et dépassant un peu le mur, afin qu'on pût y attacher de quoi mettre à couvert les ouvriers occupés à la construction de la muraille ; ils couvrirent ce plancher de briques et de mortier pour qu'il fût à l'épreuve du feu, et

jetèrent par-dessus de grosses couvertures, de peur que le plancher ne fût brisé par les traits des machines, ou que les briques ne fussent détachées par les pierres que les catapultes lanceraient. Après cela ils formèrent trois nattes avec des câbles servant aux ancres des vaisseaux, de la longueur des murs de la tour et d'une largeur de quatre pieds, et les attachèrent aux extrémités saillantes des poutres, des trois côtés du mur qui faisaient face à l'ennemi : les soldats avaient éprouvé ailleurs que ce rempart était le seul qui fût impénétrable aux traits et aux machines. Cette partie de la tour étant achevée, couverte, et fortifiée contre toute attaque de l'ennemi, ils transportèrent les mantelets aux autres ouvrages; et, prenant un appui sur le premier entablement, ils commencèrent à soulever le toit de la tour, et l'élevèrent jusqu'à la hauteur que les nattes des câbles pouvaient mettre à couvert. Cachés sous cet abri et protégés contre toute insulte, ils travaillaient à la muraille de briques, élevaient de nouveau le toit et se donnaient ainsi de la place pour bâtir. Quand ils étaient parvenus à un autre étage, ils faisaient encore un plancher avec des poutres dont l'extrémité était toujours cachée dans le mur, et de là ils élevaient de nouveau le toit supérieur et les nattes. C'est ainsi que, sans s'exposer à aucune blessure, à aucun danger, ils construisirent six étages. On avait eu soin d'y ménager des ouvertures dans les endroits convenables pour le service des machines.

X. Dès qu'ils furent assurés que de cette tour

VIII. Est animadversum ab legionariis, qui dexteram partem operis administrabant, ex crebris hostium eruptionibus, magno sibi esse præsidio posse, si pro castello ac receptaculo turrim ex latere sub muro fecissent, quam primo ad repentinos incursus humilem parvamque fecerant. Huc se referebant; hinc, si qua major oppresserat vis, propugnabant; hinc ad repellendum et prosequendum hostem procurrebant. Patebat hæc quoquoversus pedes XXX, sed parietum crassitudo pedum quinque : postea vero, ut est rerum omnium magister usus, hominum adhibita solertia, inventum est, magno esse usui posse, si hæc esset in altitudinem turris elata. Id hac ratione perfectum est.

IX. Ubi turris altitudo perducta est ad contabulationem; eam in parietes instruxerunt ita, ut capita tignorum extrema, parietum structura tegerentur, ne quid emineret, ubi ignis hostium adhæresceret. Hanc insuper contignationem, quantum tectum plutei ac vinearum passum est, laterculo adstruxerunt, supraque eum locum duo tigna transversa injecerunt non longe ab extremis parietibus, quibus suspenderent eam contignationem, quæ turri tegimento esset futura : supraque ea tigna directo transversas trabes injecerunt, easque axibus religaverunt. Has trabes paulo longiores atque eminentiores, quam extremi parietes erant, effecerunt, ut esset, ubi tegimenta præpendere possent ad defendendos ictus ac re-

pellendos, dum inter eam contignationem parietes exstruerentur : eamque contabulationem summam lateribus lutoque constraverunt, ne quid ignis hostium nocere posset; centonesque insuper injecerunt, ne aut tela tormentis missa tabulationem perfringerent, aut saxa ex catapultis lateritium discuterent. Storias autem ex funibus ancorariis tres, in longitudinem parietum turris, latas IV pedes fecerunt, easque ex tribus partibus, quæ ad hostes vergebant, eminentibus trabibus circum turrim præpendentes religaverunt : quod unum genus tegimenti aliis locis erant experti, nullo telo neque tormento transjici posse. Ubi vero ea pars turris, quæ erat perfecta, tecta atque munita est ab omni ictu hostium, plutcos ad alia opera abduxerunt : turris tectum per se ipsum prehensionibus ex contignatione prima suspendere ac tollere cœperunt : ubi, quantum storiarum demissio patiebatur, tantum elevabant. Intra hæc tegimenta abditi atque muniti parietes lateribus exstruebant, rursusque alia prehensione ad ædificandum sibi locum expediebant. Ubi tempus alterius contabulationis videbatur, tigna item, ut primo, tecta extremis lateribus instruebant, exque ea contignatione rursus summam contabulationem storiasque elevabant. Ita tuto ac sine ullo vulnere ac periculo sex tabulata exstruxerunt, fenestrasque, quibus in locis visum est, ad tormenta mittenda in struendo reliquerunt.

X. Ubi ex ea turri, quæ circum essent, opera tueri

ils pouvaient défendre les ouvrages qui en seraient voisins, ils commencèrent à construire, avec des poutres de deux pieds d'épaisseur, une galerie de soixante pieds de long, laquelle devait les mener de leur tour à celle de l'ennemi et au mur de la ville. Voici comment cet ouvrage fut exécuté. On coucha d'abord sur le sol deux poutres d'égale longueur à quatre pieds de distance l'une de l'autre; on fit entrer dans ces poutres des piliers de cinq pieds de haut; on les lia ensemble au moyen de traverses un peu inclinées, afin qu'elles pussent porter les solives destinées à soutenir le toit de la galerie; par-dessus on mit des poutres de deux pieds d'épaisseur, attachées avec des bandes et des chevilles de fer; enfin, au sommet du toit et sur ces dernières poutres, on cloua des lattes carrées, larges de quatre doigts, pour porter les briques que l'on mit dessus. La galerie ainsi construite, et le toit formé de manière que les solives portaient sur les piliers, on recouvrit le tout de briques et de mortier, afin de n'avoir pas à craindre le feu qui serait lancé de la muraille; sur ces briques on étendit des cuirs pour empêcher l'eau, qui pouvait être dirigée par des conduits, de détremper le mortier; et pour garantir ces cuirs eux-mêmes du feu et des pierres, on les revêtit de peaux de laine. Tout cet ouvrage se fit au pied de la tour à l'abri des mantelets; et soudain, lorsque les assiégés s'y attendaient le moins, à l'aide de pièces de bois dont on se sert pour lancer un navire à l'eau, la galerie fut poussée contre la tour des ennemis, jusqu'au pied de la ville.

XI. Effrayés de cette manœuvre imprévue, les habitants font avancer, à force de leviers, les plus gros quartiers de roche et les roulent du haut de la muraille sur notre galerie. La solidité de la construction résiste à ces coups, et tout ce que l'on jette dessus tombe du toit par terre. Voyant cela, ils changent de dessein; ils allument des tonneaux remplis de poix et de goudron et les précipitent du haut de la muraille sur la galerie. Ces tonneaux roulent, et quand ils sont tombés par les côtés, on les écarte de notre ouvrage avec des perches et des fourches. Cependant nos soldats, à couvert sous la galerie, travaillent à arracher, avec des leviers, les pierres qui soutiennent les fondements de la tour des ennemis. La galerie est défendue par les traits et les machines qui sont lancés de notre tour de briques : les assiégés sont écartés de leur muraille et de leur tour : on ne leur laisse pas la liberté de les défendre. Enfin, un grand nombre des pierres qui supportaient la tour ayant été enlevées, une partie de cette tour s'écroule tout à coup.

XII. Le reste allait également tomber en ruines quand les ennemis, craignant le pillage de leur ville, sortent tous sans armes, la tête couverte de voiles, et tendent leurs mains suppliantes aux généraux et aux soldats. A ce spectacle si nouveau, tout service de guerre est suspendu, et nos soldats cessent les hostilités, curieux d'aller voir et entendre ce dont il est question. Dès que les ennemis furent arrivés vers les généraux et les troupes, ils se jetèrent à leurs pieds et les conjurèrent d'attendre l'arrivée de César. Ils voyaient bien que leur ville ne pouvait pas manquer d'être prise puisque les travaux étaient achevés et leur tour renversée. Ils renonçaient donc à se défen-

se posse confisi sunt; musculum pedum LX longum, ex materia bipedali, quem a turri lateritia ad hostium turrim murumque perducerent, facere instituerunt : cujus musculi hæc erat forma. Duæ primum trabes in solo æque longæ, distantes inter se pedes IV, collocantur, inque eis columellæ pedum in altitudinem V defiguntur. Has inter se capreolis molli fastigio conjungunt, ubi tigna, quæ musculi tegendi causa ponant, collocentur. Eo super tigna bipedalia injiciunt, eaque laminis clavisque religant. Ad extremum musculi tectum trabesque extremas, quadratas regulas IV patentes digitos, defigunt, quæ lateres, qui super musculo struantur, contineant. Ita fastigato atque ordinatim structo, ut trabes erant in capreolis collocatæ, lateribus lutoque inductis, ut ab igne, qui ex muro jaceretur, tutus esset, contegitur. Super lateres coria inducuntur, ne canalibus aqua immissa lateres diluere posset. Coria autem, ne rursus igni ac lapidibus corrumpantur, centonibus conteguntur. Hoc opus omne, tectum vineis, ad ipsam turrim perficiunt, subitoque, inopinantibus hostibus, machinatione navali, phalangis subjectis, ad turrim hostium admovent, ut ædificio jungatur.

XI. Quo malo perterriti subito oppidani saxa, quam maxima possunt, vectibus, promovent, præcipitataque muro in musculum devolvunt. Ictum firmitas materiæ sustinet; et, quidquid incidit, fastigio musculi elabitur. Id ubi vident, mutant consilium : cupas, tæda ac pice refertas, incendunt, easque de muro in musculum devolvunt. Involutæ labuntur, delapsæ ab lateribus longuriis furcisque ab opere removentur. Interim sub musculo milites vectibus infima saxa turris hostium, quibus fundamenta continebantur, convellunt. Musculus ex turri lateritia a nostris telis tormentisque defenditur : hostes ex muro ac turribus submoventur : non datur libera muri defendendi facultas. Compluribus jam lapidibus ex ea, quæ suberat, turri subductis, repentina ruina pars ejus turris concidit.

XII. Pars reliqua consequens procumbebat : quum hostes urbis direptione perterriti, inermes cum infulis sese porta foras universi proripiunt; ad legatos atque exercitum supplices manus tendunt. Qua nova re oblata, omnis administratio belli consistit, militesque, aversi a prælio, ad studium audiendi et cognoscendi feruntur. Ubi hostes ad legatos exercitumque pervenerunt, universi se ad pedes projiciunt : orant, « ut adventus Cæsaris exspectetur : captam suam urbem videre, opera perfecta,

dre Si, à l'arrivée de César, ils n'exécutaient pas ses ordres, un seul mot de lui suffirait pour les anéantir. Mais si la tour s'écroulait entièrement, ajoutèrent-ils, rien ne pourrait contenir les soldats; animés par l'espoir du butin ils envahiraient leur ville et la détruiraient de fond en comble. » Les Marseillais, en hommes habiles (2), dirent ces choses et beaucoup d'autres du même genre en montrant une grande douleur et en versant des larmes.

XIII. Touchés de leurs prières, les généraux font cesser les travaux et l'attaque, contents de laisser une garde aux ouvrages. La compassion ayant établi une sorte de trève, on attend l'arrivée de César. Ni d'une part ni de l'autre on ne lance plus de traits, et, comme si tout était fini, le zèle et l'activité se relâchent. En effet, César avait, dans ses lettres, fortement recommandé à Trébonius d'empêcher que la ville ne fût prise d'assaut, de crainte que les troupes indignées de la défection (5) et de la jactance des habitants, et des fatigues d'un long siège, n'en vinssent, comme elles en avaient menacé, à égorger toute la jeunesse. On eut beaucoup de peine à les contenir; elles voulaient entrer dans la ville par force, et elles furent vivement irritées contre Trébonius, qui seul, pensaient-elles, les empêchait de s'emparer de Marseille.

XIV. Mais nos ennemis perfides, méditant une trahison, ne cherchaient que le temps et l'occasion de l'accomplir. Après un intervalle de quelques jours, les esprits étant calmes et sans défiance, tout-à-coup, sur le midi, tandis que les uns s'é- taient éloignés, que les autres, fatigués du travail, dormaient dans les ouvrages, et que toutes les armes étaient posées et couvertes, ils font une sortie, et, à la faveur d'un vent violent, mettent le feu à nos travaux. Le vent pousse la flamme à tel point, qu'en un instant la terrasse, les mantelets, la tortue, la tour, les machines sont embrasés : tout fut consumé avant qu'on en pût savoir la cause. Les nôtres, frappés d'un malheur si subit, prennent les armes qui leur tombent sous la main ; plusieurs sortent du camp; ils courent sur l'ennemi; mais les traits lancés du haut des murs, les empêchent de poursuivre les fuyards. Ceux-ci se retirent donc sous les murailles, et de là ils brûlent à loisir et la galerie et la tour de brique. Ainsi, par la trahison des assiégés et par la violence du vent, nous vîmes périr en un instant le travail de plusieurs mois. Le lendemain, les Marseillais firent une nouvelle tentative; favorisés par le même vent, ils sortirent en foule, attaquèrent avec plus de confiance encore une autre tour et la terrasse, et y portèrent la flamme. Mais, au lieu que les jours précédents nos soldats s'étaient relâchés de leur vigilance habituelle, ce jour-là, avertis par l'événement de la veille, ils avaient tout préparé pour la défense. Aussi, après avoir tué beaucoup de monde à l'ennemi ils le chassèrent dans la ville sans qu'il eût rien fait.

XV. Trébonius, ayant résolu de rétablir ce qui avait été détruit, trouva ses soldats disposés à le seconder avec ardeur : car ils étaient indignés de voir tant de peines perdues, tant de travaux inu-

---

turrem subrutam : itaque a defensione desistere : nullam exoriri moram posse, quo minus quum venisset, si imperata non facerent, ad nutum e vestigio diriperentur. Docent, si omnino turris concidisset, non posse milites contineri, quin spe prædæ in urbem irrumperent, urbemque delerent. » Hæc, atque ejusdem generis complura, ut ab hominibus doctis, magna cum misericordia fletuque pronuntiantur.

XIII. Quibus rebus commoti legati milites ex opere deducunt, oppugnatione desistunt, operibus custodias relinquunt. Induciarum quodam genere mutua misericordia facto, adventus Cæsaris exspectatur : nullum ex muro, nullum a nostris mittitur telum : ut re confecta, omnes curam et diligentiam remittunt. Cæsar enim per litteras Trebonio magnopere mandaverat, ne per vim oppidum expugnari pateretur; ne gravius permoti milites, et defectionis odio, et contemptione sui, et diutino labore, omnes puberes interficerent : quod se facturos minabantur; ægreque tunc sunt retenti, quin oppidum irrumperent, graviterque eam rem tulerunt, quod stetisse per Trebonium, quo minus oppido potirentur, videbatur.

XIV. At hostes sine fide tempus atque occasionem fraudis ac doli quærunt; interjectisque aliquot diebus, nostris languentibus atque animo remissis, subito, meri- diano tempore, quum alius discessisset, alius ex diutino labore in ipsis operibus quieti se dedisset, arma vero omnia reposita contectaque essent, portis se foras erumpunt, secundo magnoque vento ignem operibus inferunt. Hunc sic distulit ventus, uti uno tempore agger, plutei, testudo, turris, tormenta flammam conciperent, et prius hæc omnia consumerentur, quam, quemadmodum accidisset, animadverti posset. Nostri, repentina fortuna permoti, arma, quæ possunt, arripiunt : alii ex castris sese incitant : fit in hostes impetus; sed muro sagittis mœnionibusque, fugientes persequi, prohibentur. Illi sub murum se recipiunt, ibique musculum turrimque lateritiam libere incendunt. Ita multorum mensium labor hostium perfidia, et vi tempestatis, puncto temporis interiit. Tentaverunt hoc idem Massilienses postero die : eamdem nacti tempestatem, majori cum fiducia ad alteram turrem aggeremque eruptione pugnaverunt, multumque ignem intulerunt. Sed ut superioris temporis contentionem nostri omnem remiserant, ita proximi diei casu admoniti, omnia ad defensionem paraverant. Itaque, multis interfectis, reliquos infecta re in oppidum repulerunt.

XV. Trebonius ea, quæ sunt amissa, multo majore studio militum administrare et reficere instituit. Nam ubi tantos suos labores et apparatus male cecidisse viderunt,

tiles, et que l'ennemi, après avoir lâchement violé la trêve, insultât à leur valeur. Comme il ne restait plus de matériaux pour réparer ce dommage, les arbres ayant été coupés et enlevés dans tous les environs de Marseille, ils entreprirent une terrasse d'une espèce nouvelle et dont on n'avait jamais ouï parler. Ils élevèrent deux murs de briques de six pieds d'épaisseur, et à peu près éloignés l'un de l'autre par la largeur de la première terrasse, avec un plancher portant sur les deux murs. Pour donner de la solidité à ce plancher, on mit entre les murs ou dans les parties trop faibles des solives transversales, et le tout fut recouvert de claies enduites de mortier. Sous ce toit, le soldat, protégé à droite et à gauche et couvert de front par les mantelets, portait sans risque tout ce qui était nécessaire à l'ouvrage. On travailla avec célérité; le zèle et le courage des soldats eut bientôt réparé le dégât. On ménagea des portes aux endroits qui parurent les plus propres à des sorties.

XVI. Quand les ennemis virent ainsi rétabli en peu de jours ce qui, dans leur espoir, devait nous occuper longtemps; qu'il n'y avait plus moyen de nous tromper ni de nous attaquer à force ouverte; que nos soldats n'avaient pas plus à craindre leurs traits que nos ouvrages l'incendie; qu'il nous était facile de fermer toutes les avenues de leur ville, du côté de la terre, par un même système de murs et de tours; que déjà nos remparts, élevés presque au pied de leurs murailles, et d'où nous pouvions lancer des traits avec la main, ne leur permettaient plus de se montrer, et que cette proximité rendait inutiles les machines sur lesquelles ils comptaient le plus; quand ils eurent enfin considéré, qu'obligés d'en venir aux mains du haut de leur murs et de leurs tours, il leur était impossible de lutter de valeur avec nous, ils pensèrent à se soumettre aux conditions qu'ils avaient déjà proposées.

XVII. M. Varron, qui commandait alors dans l'Espagne ultérieure, ayant appris ce qui s'était passé en Italie, et désespérant du succès de Pompée, commençait à parler de César avec beaucoup d'amitié. Il disait qu'à la vérité son titre de lieutenant le retenait au parti de Pompée à qui sa parole l'enchaînait; mais que des liens non moins forts l'attachaient à César; et que s'il n'ignorait pas les devoirs d'un lieutenant qui n'avait qu'une autorité de confiance, il n'ignorait pas non plus quelles étaient ses forces et combien toute la province était affectionnée à César. Il tenait partout ces propos, et cependant demeurait dans l'inaction. Mais, plus tard, lorsqu'il apprit que César était retenu au siége de Marseille, que les troupes de Pétréius avaient joint celles d'Afranius, qu'ils avaient reçu de grands secours, qu'ils en attendaient encore de plus considérables, que toute la province citérieure était dévouée, quand il fut instruit ensuite de l'extrémité où César se trouvait réduit près d'Ilerda par le manque de vivres, que les lettres d'Afranius exagéraient encore, il commença, lui aussi, à se laisser aller au mouvement de la fortune.

induciisque per scelus violatis suam virtutem irrisui fore perdoluerunt, quod, unde agger omnino comportari posset, nihil erat reliquum; omnibus arboribus longe lateque in finibus Massiliensium excisis et convectis, aggerem novi generis atque inauditum ex lateritiis duobus muris, senum pedum crassitudine, atque eorum murorum contignationem facere instituerunt, æqua fere latitudine, atque ille congestitius ex materia fuerat agger. Ubi aut spatium inter muros, aut imbecillitas materiæ postulare videretur, pilæ interponuntur, transversaria tigna injiciuntur, quæ firmamento esse possint: et, quidquid est contignatum, cratibus consternitur, cratesque luto integuntur. Sub tecto miles, dextera ac sinistra muro tectus, adversus plutei objectu, operi quæcumque usui sunt, sine periculo supportat. Celeriter res administratur : diuturni laboris detrimentum solertia et virtute militum brevi reconcinnatur : portæ, quibus locis videtur, eruptionis causa in muro relinquuntur.

XVI. Quod ubi hostes viderunt, ea, quæ diu longoque spatio refici non posse sperassent, paucorum dierum opera et labore ita refecta, ut nullus perfidiæ neque eruptioni locus esset, neque quidquam omnino relinqueretur, quo aut vi militibus, aut igni operibus, noceri posset; eodemque exemplo sentiunt, totam urbem, qua sit aditus ab terra, muro turribusque circumiri posse, sic, ut ipsis consistendi in suis munitionibus locus non esset, quum pæne inædificata in muris ab exercitu nostro mœnia viderentur, ac tela manu conjicerentur, suorumque tormentorum usum, quibus ipsi magna speraverant, spatio propinquitatis interire; parique conditione ex muro ac turribus bellandi data, virtute se nostris adæquare non posse intelligunt: ad easdem deditionis conditiones recurrunt.

XVII. M. Varo in ulteriore Hispania, initio, cognitis iis rebus, quæ sunt in Italia gestæ, diffidens Pompeianis rebus, amicissime de Cæsare loquebatur : « præoccupatum sese legatione ab Cn. Pompeio; teneri obstrictum fide : necessitudinem quidem sibi nihilo minorem cum Cæsare intercedere; neque se ignorare, quod esset officium legati, qui fiduciariam operam obtineret, quæ vires suæ, quæ voluntas erga Cæsarem totius provinciæ. » Hæc omnibus ferebat sermonibus; neque se in ullam partem movebat. Postea vero, quum Cæsarem ad Massiliam detineri cognovit, copias Petreii cum exercitu Afranii esse conjunctas, magna auxilia convenisse, magna esse in spe atque exspectari, et consentire omnem citeriorem provinciam; quæque postea acciderant, de angustiis ad Ilerdam rei frumentariæ, accepit; atque hæc ad eum latius atque inflatius Afranius perscribebat : se quoque ad motum fortunæ movere cœpit.

XVIII. Delectum habuit tota provincia; legionibus

XVIII. Il fit des levées dans toute la province ; après avoir formé deux légions, il y ajouta environ trente cohortes auxiliaires ; il ramassa une grande quantité de blé pour l'envoyer aux Marseillais ainsi qu'à Afranius et à Pompée, ordonna aux habitants de Gadès (4) de lui fournir dix galères, en commanda plusieurs à Hispalis (5) ; il transporta à Gadès tout l'argent et tous les ornements qui se trouvaient dans le temple d'Hercule, y mit en garnison six cohortes tirées de la province, et en donna le commandement à Caïus Gallonius, chevalier romain, ami de Domitius qui l'avait envoyé dans ce pays pour y recueillir une succession ; il fit déposer chez ce Gallonius toutes les armes des particuliers ou de l'état, et prononça des discours malveillants contre César. Il disait souvent du haut de son tribunal que « César avait été battu, qu'un grand nombre de ses soldats avait déserté vers Afranius ; qu'il savait cela de manière certaine, par des messagers dignes de foi. » Ayant, par ces discours, effrayé les citoyens romains de cette province, il les força de lui donner, sous prétexte du service de la république, quatorze cent mille livres d'argent et cent vingt mille boisseaux de blé. Soupçonnait-il quelque ville d'être attachée à César, il la surchargeait, y mettait garnison ; il rendait des jugements contre les particuliers qui avaient mal parlé de la république, et confisquait leurs biens ; enfin il obligeait toute la province à prêter serment à Pompée et à lui-même. Ayant appris ce qui s'était passé dans l'Espagne citérieure, il se prépara à la guerre. Son plan était de s'enfermer dans Gadès avec ses deux légions, ses vaisseaux et tous ses vivres, parce qu'il avait reconnu que la province entière était dans les intérêts de César. Il comptait que dans cette île il lui serait aisé, avec ses vaisseaux et ses provisions, de traîner la guerre en longueur. César, bien que plusieurs affaires importantes le rappelassent en Italie, avait pourtant résolu de ne laisser en Espagne aucun reste de guerre ; car il savait que Pompée s'était fait, par ses bienfaits et ses grâces, de nombreux partisans dans la province citérieure.

XIX. En conséquence, après avoir envoyé deux légions dans l'Espagne ultérieure, sous les ordres de Q. Cassius, tribun du peuple, il y marche lui-même à grandes journées avec six cents chevaux, et se fait précéder d'un édit par lequel il marque aux magistrats et aux principaux de toutes les villes le jour où il veut qu'ils viennent le joindre à Cordoue. Cet édit ayant été publié dans toute la province, il n'y eut point de ville qui n'envoyât, au jour désigné, une partie de son sénat à Cordoue ; il n'y eut pas même de citoyen romain un peu considérable qui ne s'y rendît. En même temps l'assemblée de Cordoue ferma de son propre mouvement les portes à Varron, et mit des gardes sur les murailles et dans les tours. Deux cohortes, de celles que l'on appelait coloniques (6), passaient par hasard de ce côté ; elle les retint pour la défense de la ville. A la même époque, les habitants de Carmone (7), l'une des plus fortes villes de toute la province, chassèrent trois co-

---

completis duabus, cohortes circiter XXX alarias addidit; frumenti magnum numerum coegit, quod Massiliensibus, item quod Afranio Pompeioque mitteret ; naves longas X Gaditanis, ut facerent, imperavit ; complures praeterea in Hispali faciendas curavit ; pecuniam omnem omniaque ornamenta ex fano Herculis in oppidum Gades contulit ; eo sex cohortes praesidii causa ex provincia misit, Caiumque Gallonium, equitem romanum, familiarem Domitii, qui eo procurandae haereditatis causa venerat, missus a Domitio, oppido Gadibus praefecit ; arma omnia privata ac publica in domum Gallonii contulit ; ipse habuit graves in Caesarem conciones. Saepe ex tribunali praedicavit, « adversa Caesarem praelia fecisse, magnum numerum ab eo militum ad Afranium perfugisse : haec se certis nuntiis, certis auctoribus, comperisse. » Quibus rebus perterritos cives romanos ejus provinciae sibi ad rempublicam administrandam HS. CLXXXX et argenti pondo XX millia, tritici modios CXX millia polliceri coegit. Quas Caesari esse amicas civitates arbitrabatur, iis graviora onera injungebat, praesidiaque eo deducebat, et judicia in privatos reddebat ; qui verba atque orationem adversus rempublicam habuissent, eorum bona in publicum addicebat ; provinciam omnem in sua et Pompeii verba jusjurandum adigebat. Cognitis iis rebus, quae sunt gestae in citeriore Hispania, parabat bellum. Ratio autem haec erat belli, ut se cum duabus legionibus Gades conferret, naves frumentumque omne ibi contineret : provinciam enim omnem Caesaris rebus favere cognoverat. In insula, frumento navibusque comparatis, bellum duci non difficile existimabat. Caesar, etsi multis necessariisque rebus in Italiam revocabatur, tamen constituerat nullam partem belli in Hispaniis relinquere ; quod magna esse Pompeii beneficia et magnas clientelas in citeriore provincia sciebat.

XIX. Itaque, duabus legionibus missis in ulteriorem Hispaniam cum Q. Cassio, tribuno plebis, ipse cum DC equitibus magnis itineribus progreditur, edictumque praemittit, ad quam diem magistratus principesque omnium civitatum sibi esse praesto Cordubae vellet. Quo edicto tota provincia pervulgato, nulla fuit civitas, quin ad id tempus partem senatus Cordubam mitteret ; nullusve civis romanus paulo notior, quin ad diem conveniret. Simul ipse Cordubae conventus per se portas Varroni clausit, custodias vigiliasque in muro turribusque disposuit. Cohortes duas, quae Colonicae appellabantur, quum eo casu venissent, tuendi oppidi causa apud se retinuit. Iisdem diebus Carmonenses, quae est longe firmissima totius provinciae civitas, deductis tribus in arcem oppidi cohortibus a Varrone praesidio, per se cohortes ejecit, portasque praeclusit.

hortes que Varron avait mises dans leur citadelle, et lui fermèrent leurs portes.

XX. Cet échec fit que Varron n'en mit que plus de hâte à se jeter dans Gadès avec ses légions ; il craignait d'être coupé par terre ou par mer, tant cette province témoignait d'affection pour César. Mais, à peine était-il en route qu'on lui remet des lettres de Gadès où on lui marquait que les principaux habitants, dès qu'ils avaient connu l'ordre de César, s'étaient concertés avec les tribuns des cohortes en garnison chez eux, pour chasser Gallonius et conserver à César l'île et la place ; que dans ce dessein ils avaient signifié à Gallonius qu'il eût à se retirer de bonne grâce, tandis qu'il le pouvait sans péril, le menaçant, s'il n'y consentait pas, de prendre leur parti, et que Gallonius, effrayé, était sorti de Gadès. A cette nouvelle, celle des deux légions de Varron qu'on appelait *Vernacula*(8), enleva ses enseignes hors du camp sous les yeux même de Varron, et se retira à Hispalis, où elle s'établit, sans aucun désordre, sous les portiques et sur la place publique. Cette conduite fut si agréable aux citoyens romains qui faisaient partie de l'assemblée, qu'ils s'empressèrent de leur offrir l'hospitalité dans leurs maisons. Varron, étonné, revint sur ses pas en annonçant qu'il irait à Italica (9) ; mais les siens l'assurèrent que les portes lui en étaient fermées. Alors, n'ayant plus aucun chemin de libre, il envoie dire à César qu'il est prêt à remettre la légion à qui il ordonnera. Celui-ci envoie Sex. César, avec l'ordre qu'elle lui soit remise. Après avoir livré la légion, Varron va trouver César à Cordoue, lui rend un compte fidèle de la province, lui donne l'argent qu'il en a tiré, et lui indique où sont ses vivres et ses vaisseaux.

XXI. César tint une assemblée à Cordoue, et rendit à tous en général des actions de grâces : il remercia les citoyens romains de ce qu'ils avaient fait pour avoir la ville en leur pouvoir ; les Espagnols d'avoir chassé la garnison ; les habitants de Gadès d'avoir déjoué les efforts de l'ennemi et d'avoir reconquis leur liberté ; les tribuns et les centurions, qui étaient venus garder la ville, d'avoir affermi ces bonnes dispositions par leur courage. Il fit remise aux citoyens romains de l'argent qu'ils s'étaient engagés à fournir à Varron, rétablit dans leurs biens ceux qu'on avait ainsi punis pour avoir parlé trop librement, accorda diverses récompenses à quelques cités et à des particuliers, et remplit tous les autres d'espoir pour l'avenir. Après être resté deux jours à Cordoue il part pour Gadès. Là il fait reporter dans le temple d'Hercule le trésor et les ornements qu'on en avait enlevés pour les mettre dans une maison privée ; il donne le gouvernement de la province à Q. Cassius, et lui laisse quatre légions; pour lui il part avec les vaisseaux de M. Varron, et ceux que ce dernier avait exigés des habitants de Gadès, et arrive en peu de jours à Tarragone. Les députés de presque toute la province attendaient César dans cette ville. Après y avoir encore accordé des grâces à quelques cités et à des particuliers, il quitte Tarragone, vient par terre à

XX. Hoc vero magis properare Varro, ut cum legionibus quam primum Gades contenderet, ne itinere aut trajectu intercluderetur : tanta ac tam secunda in Cæsarem voluntas provinciæ reperiebatur. Progresso ei paulo longius litteræ a Gadibus redduntur, simul atque sit cognitum de edicto Cæsaris, consensisse Gaditanos principes cum tribunis cohortium, quæ essent ibi in præsidio, ut Gallonium ex oppido expellerent, urbem insulamque Cæsari servarent. Hoc inito consilio, denuntiavisse Gallonio, ut sua sponte, dum sine periculo liceret excederet Gadibus : si id non fecisset, sibi consilium capturos. Hoc timore adductum Gallonium Gadibus excessisse. His cognitis rebus, altera ex duabus legionibus, quæ Vernacula appellabatur, ex castris Varronis, adstante et inspectante ipso, signa sustulit, seseque Hispalin recepit, atque in foro et porticibus sine maleficio consedit. Quod factum adeo ejus conventus cives romani comprobaverunt, ut domum ad se quisque hospitio cupidissime reciperet. Quibus rebus perterritus Varro quum, itinere converso, sese Italicam venturum promisisset, certior ab suis factus est, præclusas esse portas. Tum vero, omni interclusus itinere, ad Cæsarem mittit, paratum se esse, legionem, cui jusserit, tradere. Ille ad eum Sex. Cæsarem mittit, atque huic tradi jubet.

Tradita legione, Varro Cordubam ad Cæsarem venit : relatis ad eum publicis cum fide rationibus, quod penes eum est pecuniæ, tradit, et, quod ubique habeat frumenti ac navium, ostendit.

XXI. Cæsar, concione habita Cordubæ, omnibus generatim gratias agit : civibus romanis, quod oppidum in sua potestate studuissent habere; Hispanis, quod præsidia expulissent; Gaditanis, quod conatus adversariorum infregissent, seseque in libertatem vindicassent, tribunis militum centurionibusque, qui eo præsidii causa venerant, quod eorum consilia sua virtute confirmassent : pecunias, quas erant in publicum Varroni cives romani polliciti, remittit ; bona restituit iis, quos liberius locutos hanc pœnam tulisse cognoverat : tributis quibusdam publicis privatisque præmiis, reliquos in posterum bona spe complet; biduumque Cordubæ commoratus, Gades proficiscitur : pecunias monumentaque, quæ ex fano Herculis collata erant in privatam domum, referri in templum jubet ; provinciæ Q. Cassium præficit ; huic quatuor legiones attribuit; ipse iis navibus, quas M. Varro, quasque Gaditani jussu Varronis fecerant, Tarraconem paucis diebus pervenit. Ibi totius fere citerioris provinciæ legationes Cæsaris adventum exspectabant. Eadem ratione privatim ac publice quibusdam civitatibus habitis hono-

Narbonne, et de là à Marseille, où il apprend qu'une loi vient de créer un dictateur, et que c'est lui que le preteur M. Lépidus a proclamé.

XXII. Les Marseillais, las enfin de tous les maux qu'ils souffraient, réduits à la dernière disette, deux fois vaincus sur mer, toujours repoussés dans leurs sorties, affligés de maladies contagieuses causées par la longueur du siége et par le changement de nourriture (car ils ne se nourrissaient plus que de millet vieilli et d'orge gâté, dont ils avaient jadis pourvu les greniers publics en cas de siége); voyant leur tour détruite, une grande partie des murs renversée, et n'espérant plus de secours ni des provinces ni des armées qu'ils savaient s'être soumises à César, ils se déterminèrent à se rendre de bonne foi. Quelques jours auparavant, Domitius, ayant appris leurs intentions, avait préparé trois vaisseaux, en avait donné deux à sa suite, et, prenant pour lui le troisième, était parti par une tempête. Les vaisseaux à qui Brutus avait donné l'ordre de veiller sur le port l'ayant aperçu, levèrent l'ancre et se mirent à sa poursuite. Le vaisseau de Domitius fit force de rames, continua de fuir, et, à la faveur du gros temps, disparut; mais les deux autres, effrayés de se voir poursuivis, rentrèrent dans le port. Les Marseillais, conformément à nos ordres, nous apportent leurs armes et leurs machines, tirent du port et de l'arsenal tous leurs vaisseaux, et nous livrent tout ce qu'ils ont d'argent dans le trésor public. Après cela, César, conservant cette ville plutôt par considération pour son antiquité et sa renommée que pour sa conduite envers lui, y laisse deux légions en garnison, et envoie les autres en Italie : quant à lui, il part pour Rome.

XXIII. Vers ce même temps C. Curion passa de Sicile en Afrique, et, méprisant d'avance les forces de P. Attius Varus, ne prit avec lui que deux légions, des quatre que César lui avait données, et cinq cents chevaux. Après deux jours et trois nuits de navigation, il aborda au lieu nommé Aquilaria (10) Ce lieu est à vingt-deux milles environ de Clupéa (11) dans une rade assez bonne en été, et enfermée entre deux promontoires. L. César le fils l'attendait à Clupéa avec dix galères qu'il avait prises dans la guerre contre les pirates, et que P. Attius avait fait radouber à Utique pour s'en servir dans la présente guerre; mais, effrayé à la vue d'une flotte si considérable, il abandonna la pleine mer, alla échouer avec sa trirème sur la côte voisine, et, l'ayant laissée sur le rivage, il s'enfuit par terre à Adrumète, que C. Considius Longus occupait avec une légion : le reste de la flotte se réfugia également dans ce port. Le questeur M. Rufus l'avait suivi avec douze galères que Curion avait amenées de Sicile pour escorter les vaisseaux de charge; ayant aperçu le navire abandonné sur le rivage, il le fit remorquer et revint trouver Curion avec sa flotte.

XXIV. Curion envoie Marcus à Utique avec

les vaisseaux, et le suit en même temps par terre avec l'armée; et, après deux jours de marche, il arrive à la rivière de Bagrada où il laisse le lieutenant C. Caninius Rebilus avec ses légions. Pour lui il prend les devants avec la cavalerie afin d'aller reconnaître le camp Cornélien (12), parce que l'on disait ce poste très-avantageux. C'est un promontoire qui domine la mer, rude et escarpé des deux côtés, mais ayant cependant une pente un peu plus douce du côté d'Utique. En droite ligne, il n'est éloigné d'Utique que d'un peu plus de mille pas; mais dans ce chemin est une source qui communique à la mer et rend cet endroit fort marécageux. Si l'on veut l'éviter, il faut prendre un détour de six milles pour arriver à la ville.

XXV. Après avoir reconnu ce poste, C. Curion observa le camp de Varus, placé sous les murs de la ville vers la porte appelée Bellica, dans une position très-forte. D'un côté il était défendu par la ville même d'Utique; de l'autre, par un théâtre bâti devant la ville, et d'une vaste étendue; en sorte que l'accès du camp était difficile et étroit. Il vit en même temps tous les chemins couverts d'une foule d'hommes qui dans leur frayeur transportaient de la campagne à la ville tout ce qu'ils avaient. Il détacha sa cavalerie pour enlever ce butin. Au même instant, Varus envoie de la ville à leur secours six cents chevaux numides et quatre cents fantassins que le roi Juba avait envoyés depuis peu de jours à Utique. Ce roi était, comme son père, attaché à Pompée par les liens de l'hospitalité, et il haïssait Curion qui, étant tribun, avait par une loi fait confisquer son royaume. Les deux corps de cavalerie courent l'un sur l'autre; mais les Numides ne peuvent soutenir notre premier choc, et, après avoir perdu environ cent vingt hommes, ils se retirent dans leur camp, sous le mur de la ville. Sur ces entrefaites, les galères étant arrivées, Curion fait annoncer à environ deux cents vaisseaux de charge qui se trouvaient en station à Utique, qu'il traitera en ennemis tous ceux qui ne se rendront pas aussitôt au camp Cornélien. A cette menace, tous lèvent l'ancre à l'instant même, abandonnent Utique, et se rendent au lieu désigné : ce qui met l'abondance dans son armée.

XXVI. Cela fait, Curion se retira dans son camp de Bagrada, où toute son armée le salua par acclamation *imperator*. Le lendemain il conduit ses troupes à Utique, et pose son camp près de la ville. Ses retranchements ne sont pas encore achevés, que la cavalerie de garde vient l'avertir qu'un renfort considérable de fantassins et de chevaux envoyés par Juba s'avance vers Utique : en effet on apercevait déjà un gros nuage de poussière, et aussitôt après parut l'avant-garde. Curion, étonné, envoie sa cavalerie en avant pour soutenir leur premier choc et arrêter leur marche; tandis qu'il se hâte lui-même de rappeler ses légions occupées aux travaux du camp et les range en bataille. Les cavaliers engagent le combat; et avant que les légions eussent pu se déployer et se mettre à leur poste, toutes ces troupes du roi, embarrassées et en désordre parce qu'elles marchaient sans défiance, prennent la fuite. La cavalerie échappa presque tout entière, parce qu'elle gagna promptement la ville en suivant le rivage; mais on tua un grand nombre de fantassins.

XXVII. La nuit suivante, deux centurions Marses quittent le camp de Curion avec vingt-deux soldats de leurs compagnies et passent dans celui d'Attius Varus. Soit qu'ils voulussent le flatter, soit qu'ils fussent sincères (car nous croyons volontiers ce que nous désirons, et nous nous imaginons aisément que les autres pensent comme nous), ils affirment à Varus que l'armée n'a nulle affection pour Curion; qu'il fallait seulement mettre les soldats en présence et à portée de se parler. Persuadé par ces paroles, Varus, le lendemain matin, tire les légions du camp. Curion fait de même; et, n'étant séparés que par un vallon de peu d'étendue, ils rangent l'un et l'autre leurs troupes en bataille.

XXVIII. Il y avait dans l'armée de Varus un nommé Sextus Quinctilius Varus, qui, ainsi que nous l'avons dit plus haut, s'était trouvé à Corfinium. César l'ayant laissé aller, il avait passé en Afrique. Or Curion avait amené avec lui ces mêmes légions qui s'étaient rendues à César, à Corfinium; de sorte que c'était, à l'exception de quelques centurions, les mêmes rangs, les mêmes manipules. Quinctilius ayant pris de là occasion de leur parler, se montre devant les lignes de l'armée de Curion, et commence à conjurer les soldats de se souvenir du premier serment qu'ils ont prêté à Domitius et à lui-même son questeur; de ne pas porter les armes contre ceux qui avaient couru même fortune et qui avaient partagé avec eux les dangers et les fatigues d'un siége; enfin, de ne pas combattre pour des hommes qui les appelaient injurieusement du nom de transfuges. Il ajouta quelques mots, leur faisant espérer des marques de sa libéralité s'ils voulaient suivre le parti d'Attius et le sien.

XXIX. Ces paroles ne produisirent aucun effet sur l'armée de Curion; ainsi chacun ramena ses troupes dans son camp. Cependant une terreur générale se répandit dans le camp de Curion: car la diversité des rumeurs propage rapidement les craintes. Chacun se créait des alarmes vaines; et aux inquiétudes que lui avaient inspirées les propos des autres, ajoutait ses propres frayeurs. Ce qu'un seul avait dit était répété par tous, et à mesure que le même récit passait de bouche en bouche, il semblait avoir un plus grand nombre d'autorités. « On est en guerre civile. Chacun alors peut tout faire et suivre le parti qui lui plaît. » La générosité avec laquelle César distribuait les gouvernements avait tourné contre lui ses propres bienfaits; et les mêmes légions, qui le moment d'avant, étaient au service de l'ennemi, et qui, encore à présent, étaient formées de parties diverses, de Marses, de Pélignes, qui, la nuit précédente, avaient partagé la même tente, ces légions, d'accord avec d'autres compagnons, accréditaient ces discours et y mettaient plus d'importance que la foule des soldats; d'autres nouvelles étaient aussi inventées par des hommes qui voulaient paraître mieux informés que la foule.

XXX. En conséquence, Curion assembla le

---

incolumi, quod se per littora celeriter in oppidum recepit, magnum peditum numerum interficiunt.

XXVII. Proxima nocte centuriones Marsi duo ex castris Curionis cum manipularibus suis duobus et viginti ad Attium Varum perfugiunt. Hi, seu vere, quam habuerant, opinionem ad eum perferunt, sive etiam auribus Vari servium (nam, quæ volumus, et credimus libenter; et quæ sentimus ipsi, reliquos sentire speramus); confirmant quidem certe, totius exercitus animos alienos esse a Curione: maxime opus esse in conspectum exercitum venire, et colloquendi dari facultatem. Qua opinione adductus Varus, postero die mane legiones ex castris educit. Facit idem Curio: atque una valle non magna interjecta suas uterque copias instruit.

XXXVIII. Erat in exercitu Vari Sex. Quinctilius Varus quem fuisse Corfinii, supra demonstratum est. Hic, dimissus a Cæsare, in Africam venerat; legionesque eas transduxerat Curio, quas superioribus temporibus Corfinio receperat Cæsar; adeo ut, paucis mutatis centurionibus, iidem ordines manipulique constarent. Hanc nactus appellationis causam Quinctilius, circumire aciem Curionis, atque obsecrare milites cœpit, « ne primi sacramenti, quod apud Domitium atque apud se quæstorem dixissent, memoriam deponerent; neu contra eos arma ferrent, qui eadem essent usi fortuna, eademque in obsidione perpessi; neu pro iis pugnarent, a quibus contumelia perfugæ appellarentur. » His pauca ad spem largitionis addidit, quæ ab sua liberalitate, si se atque Attium secuti essent, exspectare deberent.

XXIX. Hac habita oratione, nullam in partem ab exercitu Curionis fit significatio, atque ita suas uterque copias reducit: atque in castris Curionis magnus omnium incessit timor; nam is variis hominum sermonibus celeriter augetur. Unusquisque enim opiniones fingebat, et ad id, quod ab alio audierat, sui aliquid timoris addebat. Hoc ubi uno auctore ad plures permanaverat, atque alius alii transdiderat, plures auctores ejus rei videbantur. « Civile bellum : genus hominum, quod liceret, libere facere; et sequi, quod vellet. » Legiones eæ, quæ paulo ante apud adversarios fuerant (nam etiam Cæsaris beneficio mutaverat consuetudo, qua offerrentur municipia), etiam diversis partibus conjunctæ (namque enim ex Marsis Pelignisque veniebant, ut qui superiore nocte in contuberniis), commilitonesque nonnulli graviores sermones militum vulgo durius accipiebant: nonulla etiam ab iis, qui diligentiores videri volebant, fingebantur.

XXX. Quibus de causis concilio convocato, de summa rerum deliberare incipit. Erant sententiæ, quæ conandum

conseil pour délibérer sur ce qu'il y aurait à faire. Les avis furent partagés : les uns, persuadés que dans une semblable disposition des troupes, le repos était surtout à craindre, voulaient un effort extraordinaire et qu'on attaquât le camp de Varus : « Après tout, disaient-ils, il vaut mieux tenter vaillamment la fortune dans un combat, que de se voir abandonnés, trahis par les siens, et livrés au dernier supplice. » D'autres pensaient qu'on devait se retirer vers la troisième veille au camp Cornélien, où l'on aurait plus de temps pour calmer les esprits des soldats, et d'où l'on pourrait plus sûrement et plus aisément, en cas de revers, grâce à une immense flotte, s'ouvrir une retraite en Sicile.

XXXI. Curion, désapprouvant ces deux avis, disait que l'un était trop timide, et l'autre trop hardi; que par l'un on justifiait une fuite honteuse, et que par l'autre on conseillait de combattre avec le désavantage du lieu. « En effet, dit-il, quelle assurance pouvons-nous avoir d'emporter un camp que la nature et l'art ont si bien fortifié? Et qu'arrivera-t-il, si, après avoir reçu un échec, nous sommes obligés de nous retirer? On sait bien que si le succès concilie aux généraux la confiance du soldat, le revers ne leur attire que sa haine. Quant au changement de camp, qu'y gagnera-t-on que la honte d'une fuite, le découragement de tous, et le mécontentement de l'armée? Car il ne faut point paraître se méfier des bons, ni montrer aux méchants qu'on les craint ; parce que le soupçon diminue l'affection des uns, et la crainte accroît l'insolence des autres. Si ce que l'on dit du mécontentement de l'armée est vrai, ce que pour moi je crois entièrement faux, ou du moins bien exagéré, ne serait-il pas plus à propos de le cacher, de le dissimuler, que d'aider nous-mêmes à l'accréditer? N'en est-il pas de ces plaies comme de celles du corps, qu'il ne faut pas laisser apercevoir pour ne pas augmenter la confiance de l'ennemi? On nous propose, en outre, de partir au milieu de la nuit; c'est sans doute pour donner aux malveillants plus d'audace : car de semblables desseins sont entravés par la crainte ou la honte, et ces sentiments perdent beaucoup de leur force dans les ténèbres de la nuit. Je ne suis donc ni assez téméraire pour attaquer un camp, sans espoir de réussir, ni assez lâche pour me manquer à moi-même; je pense qu'il faut tout tenter avant d'en venir là, et je me flatte que je serai bientôt d'accord avec vous sur le parti qui nous reste à prendre. »

XXXII. Après avoir congédié le conseil, Curion assemble les soldats. Il leur rappelle l'affection qu'ils ont témoignée à César devant Corfinium, et que par leur zèle et leur exemple ils lui ont soumis une grande partie de l'Italie. « En effet, dit-il, toutes les villes municipales ont imité votre conduite, et ce n'est pas sans raison que César a pour vous autant d'amitié, que les autres de haine. Votre démarche a forcé Pompée à quitter l'Italie, sans avoir livré combat. César, qui m'aime, m'a confié à votre foi, ainsi que la Sicile et l'Afrique, sans lesquelles il ne peut conserver Rome et l'I-

---

omnibus modis, castraque Vari oppugnanda censerent; quod hujusmodi militum consiliis, otium maxime contrarium esse arbitrarentur: postremo præstare dicebant, « per virtutem in pugna belli fortunam experiri, quam, desertos et circumventos ab suis, gravissimum supplicium pati. » Porro erant, qui censerent, « de tertia vigilia in castra Cornelia recedendum, ut, majore spatio temporis interjecto, militum mentes sanarentur; simul, si quid gravius accidisset, magna multitudine navium et tutius et facilius in Siciliam receptus daretur. »

XXXI. Curio, utrumque improbans consilium, quantum alteri sententiæ deesset animi, tantum alteri superesse dicebat : hos turpissimæ fugæ rationem habere, illos etiam iniquo loco dimicandum putare. « Qua enim, inquit, fiducia, et opere et natura loci munitissima castra expugnari posse confidimus? aut vero quid proficimus, si, accepto magno detrimento, ab oppugnatione castrorum discedimus? quasi non et felicitas rerum gestarum exercitus benevolentiam imperatoribus, et res adversæ odia concilient. Castrorum autem mutatio quid habet, nisi turpem fugam, et desperationem omnium, et alienationem exercitus? nam neque prudentes suspicari oportet, sibi parum credi; neque improbos scire, sese timeri : quod illis licentiam timor augeat noster; his studia diminuat. Quod si jam, inquit, hæc explorata habemus, quæ de exercitus alienatione dicuntur, quæ quidem ego aut omnino falsa, aut certe minora opinione esse confido : quanto, hæc dissimulari et occultari, quam er nos confirmari, præstat! An non, uti corporis vulnera, ita exercitus incommoda sunt tegenda, ne spem adversariis augeamus? At etiam, ut media nocte proficiscamur, addunt: quo majorem, credo, licentiam habeant, qui peccare conentur : namque hujusmodi res aut pudore, aut metu tenentur, quibus rebus nox maxime adversaria est. Quare neque tanti sum animi, ut sine spe castra oppugnanda censeam; neque tanti timoris, ut ipse deficiam : atque omnia prius experienda arbitror, magnamque ex parte jam me una vobiscum de re judicium facturum confido. »

XXXII. Dimisso concilio, concionem advocat militum: commemorat, « quo sit eorum usus studio ad Corfinium Cæsar : ut magnam partem Italiæ, beneficio atque auctoritate eorum, suam fecerit. Vos enim, vestrumque factum, inquit, omnia deinceps municipia sunt secuta, neque sine causa et Cæsar amicissime de vobis, et illi gravissime judicaverunt. Pompeius enim, nullo prælio pulsus, vestri facti præjudicio demotus Italia excessit. Cæsar me, quem sibi carissimum habuit, provinciamque Siciliam atque Africam, sine quibus urbem atque Italiam tueri non potest, vestræ fidei commisit. Adsunt, qui vos hortentur, ut a nobis desciscatis. Quid enim est illis op-

talie. Cependant il y a des gens qui vous exhortent à nous abandonner. Que peuvent-ils, en effet, souhaiter avec plus d'ardeur que de nous perdre et de vous lier par un crime en même temps? Que peuvent-ils désirer, dans leur colère, de plus injurieux pour vous, que de vous voir trahir ceux qui reconnaissent qu'ils vous doivent tout, et tomber aux mains de ceux qui vous regardent comme la cause de tous leurs malheurs? N'avez-vous pas entendu parler des exploits de César en Espagne : deux armées mises en fuite, deux généraux vaincus, deux provinces soumises; tout cela en quarante jours, y compris celui où César arriva devant l'ennemi? Pensez-vous que ceux qui n'ont pu résister avec toutes leurs forces, résisteront après leur défaite? Et vous, qui avez suivi César quand la victoire était incertaine, suivrez-vous le parti vaincu, lorsque la fortune a prononcé et que vous allez recevoir la récompense de vos services? Ils se disent abandonnés et trahis par vous, et vous rappellent votre ancien serment; mais est-ce bien vous qui avez abandonné L. Domitius? N'est-ce pas plutôt L. Domitius qui vous a abandonnés? Ne vous a-t-il pas rejetés lorsque vous étiez prêts à tout souffrir pour lui? N'a-t-il pas à votre insu cherché son salut dans la fuite? N'étiez-vous pas trahis par lui quand la bonté de César vous a sauvés? Comment pouvait-il vous retenir par votre serment, lorsqu'ayant abdiqué les faisceaux et renoncé au commandement, il était lui-même, simple particulier et captif, au pouvoir d'un autre? Reste le nouveau serment : Eh bien ! oublierez-vous cet engagement sacré qui vous lie désormais, pour revenir à celui dont vous a déliés la soumission d'un chef qui n'est plus maître de sa personne? Mais peut-être, contents de César, avez-vous quelque chose à me reprocher. Je ne vous parlerai pas des services que je vous ai rendus ; ils sont jusqu'à présent bien au-dessous de mes intentions et de votre attente; mais c'est toujours de l'événement que le soldat attend sa récompense, et certes, vous ne doutez pas du résultat de celui-ci. Et pourquoi, d'ailleurs, tairais-je notre vigilance, nos succès, notre fortune? Avez-vous regret que j'aie amené à armée saine et sauve en ce pays, sans avoir perdu un seul navire? que j'aie dispersé en arrivant, dès notre premier choc, la flotte ennemie? que j'aie battu leur cavalerie deux fois en deux jours? que, dans le port même et dans la rade de nos ennemis, je leur aie enlevé deux cents vaisseaux chargés? et que je les aie réduits par là à ne pouvoir plus recevoir de secours ni par terre ni par mer? Répudiez-vous de tels succès et de tels chefs, et leur préférez-vous la fuite d'Italie, la soumission des Espagnes, et les commencements de la guerre d'Afrique? Je voulais seulement être appelé soldat de César, et vous m'avez nommé *imperator*. Si vous vous en repentez, reprenez cette faveur, et rendez-moi mon nom, afin qu'il ne soit pas dit que vous ne m'avez honoré que pour me faire injure. »

XXXIII. Les soldats, touchés de ce discours, l'avaient souvent interrompu; ils semblaient ne supporter qu'avec beaucoup de peine ce soupçon

---

tatius, quam uno tempore et nos circumvenire, et vos nefario scelere obstringere ? Aut quid irati gravius de vobis sentire possunt, quam ut eos prodatis, qui se vobis omnia debere judicant; et in eorum potestatem veniatis, qui se per vos periisse existimant? An vero in Hispania res gestas Cæsaris non audistis? duos pulsos exercitus? duos superatos duces? duas receptas provincias? hæc acta diebus quadraginta, quibus in conspectum adversariorum venerit Cæsar? An, qui incolumes resistere non potuerunt, perditi resistant? vos autem, incerta victoria Cæsarem secuti, dijudicata jam belli fortuna victum sequamini, quum vestri officii præmia percipere debeatis? Desertos enim se ac proditos a vobis dicunt, et prioris sacramenti mentionem faciunt. Vosne vero L. Domitium an vos L. Domitius deseruit ? Nonne extremam pati fortunam paratos projecit ille? Non, sibi, clam vobis, salutem fuga petivit? non, proditi per illum, Cæsaris beneficio estis conservati? Sacramento quidem vos tenere qui potuit, quum, projectis fascibus, et deposito imperio, privatus et captus ipse in alienam venisset potestatem. Relinquitis nova religio, ut, eo neque ecto sacramento, quo nunc tenemini, respiciatis illud, quod deditione ducis et capitis deminutione sublatum est. At, credo, si Cæsarem probatis, in me offenditis, qui de meis in vos meritis prædicaturus non sum, quæ sunt adhuc et mea voluntate et vestra exspectatione leviora : sed tamen sui laboris milites semper eventu belli præmia petiverunt : qui qualis sit futurus, ne vos quidem dubitatis. Diligentiam quidem nostram, aut quem ad finem adhuc res processit, fortunamque cur præteream? An pænitet vos, quod salvum atque incolumem exercitum, nulla omnino nave desiderata, transduxerim? quod classem hostium primo impetu adveniens profligaverim? quod bis per biduum equestri prælio superaverim? quod ex portu sinuque adversariorum CC naves oneratas abduxerim, eoque illos compulerim, ut neque pedestri itinere, neque navibus commeatu juvari possint? Hac vos fortuna atque his ducibus repudiatis, Corfiniensem ignominiam, an Italiæ fugam, an Hispaniarum deditionem, an Africi belli præjudicia sequimini? Equidem me Cæsaris militem dici volui : vos me Imperatoris nomine appellavistis. Cujus si vos pænitet, vestrum vobis beneficium remitto : mihi meum restituite nomen, ne ad contumeliam honorem dedisse videamini. »

XXXII. Qua oratione permoti milites, crebro etiam dicentem interpellabant, ut magno cum dolore infidelitatis suspicionem sustinere viderentur : discedentem vero ex concione universi cohortantur, magno sit ruino, neu dubitet prælium committere, et suam fidem virtutemque

d'infidélité. Lorsqu'il se retira, tous le prièrent de se rassurer, de ne pas hésiter à livrer bataille, et de mettre à l'épreuve leur fidélité et leur courage. Ayant remarqué cet heureux changement des esprits, Curion résolut d'en venir aux mains à la première occasion. Dès le lendemain il fait sortir ses troupes, et les range dans le même lieu que les jours précédents. Attius Varus, de son côté, n'hésite pas à l'imiter, ne voulant pas manquer l'occasion de débaucher les soldats de Curion, ou de combattre dans une position avantageuse.

XXXIV. Entre les deux armées était, comme on l'a dit, un vallon de médiocre étendue, et d'une pente raide et difficile. Chacun attendait que l'ennemi le traversât, afin de pouvoir attaquer avec avantage. On vit bientôt toute la cavalerie de l'aile gauche de Varus, entremêlée d'infanterie légère, descendre le vallon. Curion envoya contre eux sa cavalerie, avec deux cohortes de Marruciniens (13): les cavaliers ennemis ne purent en soutenir le choc et s'enfuirent à toute bride vers les leurs; ainsi délaissée, l'infanterie légère était enveloppée et taillée en pièces par les nôtres. Toute l'armée de Varus, les yeux tournés sur les siens, voyait leur fuite et leur massacre. Alors Rébilus, lieutenant de César, et que Curion avait amené avec lui de Sicile parce qu'il le savait consommé dans l'art militaire : « Curion, dit-il, tu vois l'ennemi étonné; que tardes-tu à profiter de l'occasion? » Curion ne dit qu'un mot aux soldats pour leur rappeler ce qu'ils lui ont promis la veille, leur commande de le suivre, et s'élance à leur tête. La pente du vallon était si raide que les premiers ne pouvaient guère le monter sans être soutenus. Mais les soldats de Varus, préoccupés, intimidés par la fuite et le massacre des leurs, ne songeaient pas à se défendre et se croyaient déjà enveloppés par notre cavalerie. Ainsi, sans attendre que les nôtres fussent à la portée du trait, ou qu'ils eussent approché davantage, toute cette armée tourna le dos et se retira dans son camp.

XXXV. Pendant cette déroute, un certain Fabius, Pélignien, simple soldat dans l'armée de Curion, ayant atteint la tête des fuyards, cherchait Varus en l'appelant à haute voix par son nom, comme s'il eût été un de ses soldats et qu'il eût voulu lui donner quelque avis. Celui-ci, s'entendant nommer plusieurs fois, regarde, s'arrête, et lui demande qui il est et ce qu'il veut; sur quoi le soldat lui porte un coup d'épée sur l'épaule, qui était découverte, et il l'aurait tué si Varus n'eût paré le coup avec son bouclier. Fabius fut enveloppé et tué par des soldats qui étaient proches. La foule immense des fuyards obstrue les portes du camp et encombre le passage; ils s'y étouffent, et il en périt là un plus grand nombre que dans le combat ou dans la fuite. Peu s'en fallut qu'on ne les chassât aussi du camp, et même plusieurs, sans s'arrêter, coururent droit à Utique. Mais comme la position naturelle du camp et les fortifications qui l'entouraient en défendaient l'entrée, et que nos troupes, qui n'étaient armées que pour le combat, manquaient de tout ce qui est nécessaire à

experiri. Quo facto commutata omnium voluntate et opinione, consensu suo construit Curio, quum primum sit data potestas, prælio rem committere. Postero die productos, eodem loco, quo superioribus diebus constiterat, in acie collocat. Ne Varus quidem Attius dubitat copias producere, sive sollicitandi milites, sive æquo loco dimicandi detur occasio, ne facultatem prætermittat.

XXXIV. Erat vallis inter duas acies, ut supra demonstratum est, non ita magno, aut difficili et arduo ascensu. Hanc uterque si adversariorum copiæ transire conarentur, exspectabat, quo æquiore loco prælium committeret. Simul ab sinistro cornu P. Attii equitatus omnis, et una levis armaturæ interjecti complures, quum se in vallem demitterent, cernebantur. Ad eos Curio equitatum, et duas Marrucinorum cohortes mittit : quorum primum impetum equites hostium non tulerunt, sed, admissis equis, ad suos refugerunt; relicti ab his, qui una procurrerant, levis armaturæ circumveniebantur atque interficiebantur ab nostris. Huc tota Vari conversa acies suos fugere et concidi videbat. Tum Rebilus, legatus Cæsaris, quem Curio secum ex Sicilia duxerat, quod magnum habere usum in re militari sciebat, « perterritum, inquit, hostem vides, Curio; quid dubitas uti temporis opportunitate? » Ille unum elocutus, ut memoria tenerent milites ea, quæ pridie sibi confirmassent, sequi sese jubet, et præcurrit ante omnes; adeoque erat impedita vallis, ut in ascensu, nisi sublevati a suis, primi non facile eniterentur. Sed præoccupatus animus Attianorum militum timore, et fuga, et cæde suorum, nihil de resistendo cogitabat, omnesque jam se ab equitatu circumveniri arbitrabantur. Itaque prius, quam telum adjici posset, aut nostri propius accederent, omnis Vari acies terga vertit, seque in castra recepit.

XXXV. Qua in fuga Fabius Pelignus quidam, ex infimis ordinibus de exercitu Curionis, primum agmen fugientium consecutus, magna voce Varum nomine appellans requirebat : uti unus esse ex ejus militibus, et monere aliquid velle ac dicere videretur. Ubi ille, sæpius appellatus, adspexit ac restitit, et, quis esset, aut quid vellet, quæsivit; humerum apertum gladio appetit, paulumque afuit, quin Varum interficeret; quod ille periculum, sublato ad ejus conatum scuto, vitavit. Fabius, a proximis militibus circumventus, interficitur. Hac fugientium multitudine ac turba portæ castrorum occupantur, atque iter impeditur; pluresque in eo loco sine vulnere, quam in prælio aut fuga, intereunt; neque multum afuit, quin etiam castris expellerentur; ac nonnulli protinus eodem cursu in oppidum contenderunt. Sed cum loci natura et munitio castrorum aditum prohibebat; tum quod ad prælium egressi Curionis milites iis rebus indigebant,

l'attaque d'un camp, Curion se détermina à les ramener sans avoir fait d'autre perte que celle de Fabius. Les ennemis eurent environ six cents morts et mille blessés, lesquels, avec plusieurs autres qui feignaient de l'avoir été, profitant du départ de Curion, quittèrent le camp où ils étaient peu rassurés, et se retirèrent dans la ville. Varus, témoin de ce fait et de la terreur qui s'était emparé de son armée, laissa dans le camp un trompette (14) et quelques tentes pour tromper l'ennemi, et vers la troisième veille il fit rentrer sans bruit ses troupes dans la place.

XXXVI. Le lendemain Curion résolut d'assiéger Utique, et en commença la circonvallation. Il y avait dans la ville une multitude qu'une longue paix avait rendue inhabile aux armes; les habitants, à qui César avait accordé quelques bienfaits, lui étaient fort attachés; l'assemblée se composait d'éléments divers, et les combats précédents avaient répandu la terreur : aussi tous parlaient ouvertement de se rendre, et ils priaient P. Attius de ne pas les perdre par son opiniâtreté. Pendant que ces choses se passaient, il arriva des députés de Juba, lesquels annoncèrent la venue de ce roi avec de grandes forces, et engagèrent Varus à garder et à défendre la ville. A cette nouvelle, les esprits effrayés reprirent courage.

XXXVII. Curion en avait reçu avis ; mais il fut quelque temps sans pouvoir y ajouter foi, tant était grande sa confiance ! D'ailleurs, le bruit des succès que César avait eus en Espagne s'était déjà répandu en Afrique ; fier de ces avantages, Curion se persuadait que le roi n'oserait rien entreprendre contre lui. Mais, quand il sut, par des rapports certains, que l'armée du roi n'était plus qu'à vingt-cinq milles d'Utique, il quitta ses retranchements et se retira dans le camp Cornélien. Il y rassembla des vivres, y ajouta des fortifications, y fit transporter des matériaux, et envoya aussitôt en Sicile pour qu'on lui amenât les deux légions et le reste de la cavalerie. Le poste qu'il occupait était on ne peut plus commode pour traîner la guerre en longueur; il avait pour lui le terrain, les retranchements, le voisinage de la mer, de l'eau douce, et du sel que les salines des environs fournissaient en abondance. Les arbres du pays auraient donné autant de bois qu'on en aurait voulu, et les champs regorgeaient de blé. En conséquence Curion résolut, de concert avec tous les siens, d'attendre le reste de ses troupes et de tirer la guerre en longueur.

XXXVIII. Tout était ainsi réglé et convenu, lorsque des transfuges de la ville vinrent dire à Curion que Juba, retenu par la guerre qu'il avait contre quelques peuples voisins et par les différends des habitants de Leptis (15), n'était pas sorti de ses états; mais que Sabura, son lieutenant, s'avançait vers Utique avec des forces peu considérables. Se fiant témérairement à ces rapports, Curion change d'avis et se décide à livrer bataille. Tout l'invite à prendre ce parti, l'ardeur de sa jeunesse, la grandeur de son courage, ses

quæ ad oppugnationem castrorum erant usui. Itaque Curio exercitum in castra reducit, suis omnibus præter Fabium incolumibus, ex numero adversariorum circiter DC interfectis, ac mille vulneratis; qui omnes, discessu Curionis, multique præterea, per simulationem vulnerum, ex castris in oppidum propter timorem sese recipiunt. Qua re animum adversa, Varus, et terrore exercitus cognito, buccinatore in castris et paucis ad speciem tabernaculis relictis, de tertia vigilia silentio exercitum in oppidum reducit.

XXXVI. Postero die Curio Uticam obsidere, et vallo circummunire instituit. Erat in oppido multitudo insolens belli, diuturnitate otii : Uticenses pro quibusdam Cæsaris in se beneficiis illi amicissimi ; conventus is, qui ex variis generibus constaret; terror ex superioribus præliis magnus. Itaque de deditione omnes palam, loquebantur, et cum P. Attio agebant, ne sua pertinacia omnium fortunas perturbari vellet. Hæc quum agerentur, nuncii præmissi ab rege Juba venerunt, qui illum cum magnis copiis adesse dicerent, et de custodia ac defensione urbis hortarentur; quæ res eorum perterritos animos confirmavit.

XXXVII. Nunciabantur hæc eadem Curioni, sed aliquandiu fides fieri non poterat ; tantam habebat suarum rerum fiduciam ! jamque Cæsaris in Hispania res secundæ in Africam nunciis ac litteris perferebantur. Quibus omnibus rebus sublatus, nihil contra se regem nisurum existimabat. Sed ubi certis auctoribus comperit, minus V et XX millibus longe ab Utica ejus copias abesse; relictis munitionibus, sese in castra Cornelia recepit. Huc frumentum comportare, castra munire, materiam conferre cœpit; statimque in Siciliam misit, uti II legiones reliquusque equitatus ad se mitteretur. Castra erant ad bellum ducendum aptissima, natura loci et munitione, et maris propinquitate, et aquæ et salis copia, cujus magna vis jam ex proximis erat salinis eo congesta. Non materia multitudine arborum, non frumentum, cujus erant plenissimi agri, deficere poterat. Itaque omnium suorum consensu Curio reliquas copias exspectare, et bellum ducere parabat.

XXXVIII. His constitutis rebus, probatisque consiliis, ex perfugis quibusdam oppidanis audit, Jubam, revocatum finitimo bello et controversiis Leptitanorum, restitisse in regno; Saburam, ejus præfectum, cum mediocribus copiis missum, Uticæ appropinquare. His auctoribus temere credens, consilium commutat, et prælio rem committere constituit. Multum ad hanc rem probandam adjuvat adolescentia, magnitudo animi, superioris temporis proventus, fiducia rei bene gerendæ. His rebus impulsus, equitatum omnem prima nocte ad castra hostium mittit, ad flumen Bagradam, quibus præerat Sabura, de quo ante erat auditum. Sed rex omnibus copiis

succès précédents et l'espérance de la victoire. Entraîné par ces divers motifs, il envoie, dès l'entrée de la nuit, toute sa cavalerie vers la rivière de Bagrada, au camp ennemi que commandait Sabura, dont nous avons parlé. Mais le roi suivait son lieutenant avec toutes ses troupes, et n'était éloigné de lui que de six mille pas. Les cavaliers de Curion, ayant marché toute la nuit, arrivent à l'ennemi et l'attaquent au dépourvu; car les Numides, selon la coutume des Barbares, campent dispersés et sans ordre. Surpris en cet état, et au milieu du sommeil, un grand nombre est tué; un plus grand nombre, effrayé, prend la fuite. Nos cavaliers reviennent vers Curion, emmenant avec eux leurs prisonniers.

XXXIX. Curion, avec toutes ses troupes, était parti dès la quatrième veille, laissant cinq cohortes à la garde du camp. A la distance de six mille pas, il rencontre sa cavalerie, qui lui apprend ce qui vient de se passer; il demande aux prisonniers qui commande au camp de Bagrada. Ils répondent, Sabura. Là-dessus, négligeant les autres informations, pressé qu'il est d'achever sa route, et se tournant vers les plus proches enseignes : « Soldats, dit-il, voyez-vous comme le rapport des prisonniers s'accorde avec celui des transfuges ? Le roi n'est pas avec son armée, et il faut qu'il ait envoyé bien peu de troupes puisqu'elles n'ont pu tenir contre quelques cavaliers. Hâtez-vous donc; courez au butin, à la gloire; et nous ne penserons plus qu'à récompenser vos services et à vous témoigner notre reconnaissance. » Ce qu'avaient fait nos cavaliers était beau sans doute, surtout à comparer leur petit nombre à la multitude des Numides; mais, avec le penchant qu'ont tous les hommes à se louer, ils exagéraient encore cet avantage. Ils étalaient en outre de nombreuses dépouilles, montraient les hommes, les chevaux qu'ils avaient pris; en sorte que chaque instant de délai semblait retarder d'autant la victoire. Ainsi l'ardeur des troupes secondait les espérances de Curion. Il ordonne à sa cavalerie de le suivre, et hâte sa marche pour surprendre l'ennemi encore effrayé et fuyant. Les cavaliers, harassés d'avoir marché toute la nuit, ne pouvaient suivre, et beaucoup restaient en chemin. Rien de tout cela ne diminuait la confiance de Curion.

XL. Juba, instruit par Sabura de ce combat de nuit, lui envoie deux mille cavaliers espagnols et gaulois qu'il avait coutume de tenir près de sa personne, et la partie de son infanterie sur laquelle il comptait le plus; lui-même il suit plus lentement avec le reste de ses troupes et soixante éléphants, se doutant bien que Curion, après avoir envoyé devant sa cavalerie, allait lui-même se montrer. Sabura range toute son armée en bataille, cavaliers et fantassins; en leur commandant de céder et de reculer peu à peu comme s'ils avaient peur; il leur donnera le signal du combat quand il en sera temps, et les ordres nécessaires, selon les circonstances. A cette vue, Curion sent croître son espoir; s'imaginant que l'ennemi prend la fuite, il quitte les hauteurs et descend dans la plaine.

XLI. Il s'avance encore à quelque distance; et comme, après une marche de seize milles, ses

insequebatur, et VI millium passuum intervallo a Sabura consederat. Equites missi nocte iter conficiunt, imprudentes atque inopinantes hostes aggrediuntur: Numidæ enim, quadam barbara consuetudine, nullis ordinibus passim consederant. Hos oppressos somno et dispersos adorti, magnum eorum numerum interficiunt; multi perterriti profugiunt. Quo facto, ad Curionem equites revertuntur, captivosque ad eum reducunt.

XXXIX. Curio cum omnibus copiis quarta vigilia exierat, cohortibus V castris præsidio relictis; progressus millia passuum sex, equites convenit, rem gestam cognovit; ex captivis quærit, quis castris ad Bagradam præsit? Respondent, Sabúram. Reliqua studio itineris conficiendi quærere prætermittit; proximaque respiciens signa, «Videtisne, inquit, milites, captivorum orationem cum perfugis convenire? abesse regem, exiguas esse copias missas, quæ paucis equitibus pares esse non potuerunt? Proinde ad prædam, ad gloriam properate, ut jam de præmiis vestris, et de referenda gratia cogitare incipiamus. » Erant per se magna, quæ gesserant equites, præsertim quum eorum exiguus numerus cum tanta multitudine Numidarum conferretur; hæc tamen ab ipsis inflatius commemorabantur, ut de suis homines laudibus libenter prædicant. Multa præterea spolia præferebantur, capti homines equitesque producebantur; ut, quidquid intercederet temporis, hoc omne victoriam morari videretur. Ita spei Curionis militum studia non deerant. Equites sequi jubet sese, iterque accelerat, ut quam maxime ex fuga perterritos adoriri posset. At illi, itinere totius noctis confecti, subsequi non poterant, atque alii alio loco resistebant; ne hæc quidem res Curionem ad spem morabatur.

XL. Juba, certior factus a Sabura de nocturno prælio, duo millia Hispanorum et Gallorum equitum, quos suæ custodiæ causa circum se habere consuerat, et peditum eam partem, cui maxime confidebat, Saburæ submittit; ipse cum reliquis copiis elephantisque LX lentius subsequitur, suspicatus, præmissis equitibus, ipsum adfore Curionem. Sabura copias equitum peditumque instruit, atque his imperat, ut simulatione timoris paulatim cedant, ac pedem referant; sese, quum opus esset, signum prælii daturum, et, quod rem postulare cognovisset, imperaturum. Curio, ad superiorem spem addita præsentis temporis opinione, hostes fugere arbitratus, copias ex locis superioribus in campum deducit.

XLI. Quibus ex locis quum longius esset progressus, confecto jam labore exercitu, XVI millium spatio consistit. Dat suis signum Sabura, aciem constituit, et cir-

troupes étaient épuisées de fatigue, il s'arrête. Sabura donne le signal, range son armée, parcourt les rangs et encourage les soldats; mais il tient son infanterie en réserve, et fait marcher la cavalerie seule. Curion, de son côté, ne demeure pas inactif, et exhorte les siens à mettre tout leur espoir dans leur courage; et certes, bien que l'infanterie fût harassée et la cavalerie épuisée de fatigue, et peu nombreuse, elles ne manquaient ni d'ardeur ni de courage pour se battre; mais nos cavaliers n'étaient plus que deux cents; le reste n'avait pu suivre. Partout où ils donnaient ils forçaient l'ennemi à plier; mais ils ne pouvaient ni poursuivre les fuyards, ni pousser leurs chevaux plus vivement. Quand nos cohortes se détachaient, les Numides, qui étaient frais, évitaient leur choc par la fuite, puis, revenant les envelopper dans leur mouvement de retraite, les empêchaient de rejoindre l'armée. Ainsi elles ne pouvaient, sans péril, ni garder leur poste et leur rang, ni se porter en avant et tenter les hasards. L'armée ennemie, à laquelle le roi ne cessait d'envoyer des renforts, grossissait à tout moment; les nôtres tombaient de lassitude; les blessés ne pouvaient ni se retirer du combat, ni être transportés en lieu sûr, à cause de la cavalerie numide qui nous enveloppait de toutes parts. Aussi, comme il arrive en ces extrémités, on les voyait, désespérant de leur salut, se plaindre d'une mort si misérable, et recommander leurs familles à ceux que la fortune pourrait sauver du désastre. Toute l'armée était dans la consternation et dans le deuil.

XLII. Curion, au milieu de l'alarme générale, voyant qu'on n'écoute plus ni ses exhortations ni ses prières, prend le seul parti qu'il croit lui rester dans ces malheureuses circonstances : il commande à ses troupes de se saisir des hauteurs voisines et d'y porter les enseignes. La cavalerie de Sabura les prévient et s'en empare. Alors les nôtres perdent tout espoir; les uns veulent fuir et sont massacrés par la cavalerie, les autres succombent avant d'avoir fait aucun effort. Cn. Domitius, préfet de la cavalerie, qui entourait Curion avec quelques cavaliers, l'engage à chercher son salut dans la fuite et à regagner le camp, lui promettant de ne pas l'abandonner. Curion lui répond que jamais, après la perte de l'armée que César lui avait confiée, il ne se présentera devant lui, et se fait tuer en combattant. Quelques cavaliers échappèrent. Ceux qui étaient restés en arrière pour laisser reposer leurs chevaux, voyant de loin la déroute de l'armée, retournèrent au camp sans péril. Tous les fantassins périrent jusqu'au dernier.

XLIII. A la nouvelle de ce combat, le questeur M. Rufus, que Curion avait laissé à la garde du camp, s'efforce de ranimer sa troupe. Tous le prient et le conjurent de les ramener par mer en Sicile. Il y consent, et ordonne aux pilotes de tenir, vers le soir, leurs chaloupes près du rivage. Cependant telle était l'épouvante, que les uns

cumire ordines atque hortari incipit; sed peditatu duntaxat procul ad speciem utitur, equites in aciem mittit. Non deest negotio Curio, suosque hortatur, ut spem omnem in virtute reponant : ne militibus quidem, ut defessis, neque equitibus, ut paucis et labore confectis, studium ad pugnandum virtusque deerat; sed ii erant numero CC, reliqui in itinere substiterant. Hi quamcumque in partem impetum fecerant, hostes loco cedere cogebant; sed neque longius fugientes prosequi, nec vehementius equos incitare poterat. At equitatus hostium ab utroque cornu circumire aciem nostram, et aversos proterere incipit. Quum cohortes ex acie procucurrissent, Numidæ integri celeritate impetum nostrorum effugiebant, rursusque ad ordines suos se recipientes circumibant, et ab acie excludebant. Sic neque in loco manere ordinesque servare, neque procurrere et casum subire, tutum videbatur. Hostium copiæ, submissis ab rege auxiliis, crebro augebantur; nostros vires lassitudine deficiebant; simul ii, qui vulnera acceperant, neque acie excedere, neque in locum tutum referri poterant, quod tota acies equitatu hostium circumdata tenebatur. Hi, de salute sua desperantes, ut extremo vitæ tempore homines facere consuerunt, aut suam mortem miserabantur, aut parentes suos commendabant, si quos ex eo periculo fortuna servare potuisset. Plena erant omnia timoris et luctus.

XLII. Curio ubi, perterritis omnibus, neque cohortationes suas, neque preces audiri intelligit, unam, ut miseris in rebus, spem reliquam salutis esse arbitratus, proximos colles capere universos, atque eo signa inferri jubet. Hos quoque præoccupat missus a Sabura equitatus. Tum vero ad summam desperationem nostri perveniunt, et partim fugientes ab equitatu interficiuntur, partim integri procumbunt. Hortatur Curionem Cn. Domitius, præfectus equitum, cum paucis equitibus circumsistens, ut fuga salutem petat, atque in castra contendat; et se ab eo non discessurum pollicetur. At Curio, nunquam, amisso exercitu, quem a Cæsare fidei suæ commissum acceperit, se in ejus conspectum reversurum confirmat; atque ita præliens interficitur. Equites perpauci ex prælio se recipiunt; sed ii, quos ad novissimum agmen equorum reficiendorum causa substitisse demonstratum est, fuga totius exercitus procul animadversa, sese incolumes in castra conferunt. Milites ad unum omnes interficiuntur.

XLIII. His rebus cognitis, M. Rufus, quæstor, in castris relictus a Curione, cohortatur suos, ne animo deficiant; illi orant atque obsecrant, ut in Siciliam navibus reportentur. Pollicetur; magistrisque imperat navium, ut primo vespere omnes scaphas ad littus appulsas habeant. Sed tantus fuit omnium terror, ut alii adesse copias Jubæ dicerent, alii cum legionibus instare Varum; jamque se pulverem venientium cernere; quarum rerum

croyaient déjà voir Juba avec ses troupes; d'autres, Varus et la poussière que levait la marche de ses légions; d'autres enfin s'imaginaient que la flotte ennemie allait arriver dans un moment : et rien de cela n'était vrai. Dans l'épouvante générale, chacun ne songeait qu'à soi. Ceux qui étaient sur la flotte se hâtaient de partir; leur fuite engageait les pilotes des vaisseaux de transport à les suivre; bien peu de chaloupes obéirent à l'ordre qui leur avait été donné. Mais tel était l'empressement de la foule qui couvrait le rivage, que plusieurs de ces chaloupes coulèrent à fond par trop de charge, et que les autres, craignant un malheur semblable, n'osaient approcher.

XLIV. Il arriva de là qu'il n'y eut qu'un petit nombre de soldats qui, soit faveur, soit pitié, soit qu'ils eussent gagné les vaisseaux à la nage, purent s'y faire recevoir et parvenir sains et saufs en Sicile : le reste des troupes envoya cette nuit même des centurions comme députés à Varus, et se rendit à lui. Le lendemain Juba, apercevant ces cohortes campées sous les murs de la ville, prétendit que ces soldats étaient ses prisonniers, et en fit tuer une grande partie; seulement il en choisit quelques-uns qu'il envoya dans son royaume. Tandis que Varus se plaignait qu'on violât ainsi sa parole, sans oser s'y opposer, Juba fit son entrée dans Utique, à cheval, suivi d'une foule de sénateurs, au nombre desquels se trouvaient Ser. Sulpicius et Licinius Damasippus. Il y resta quelques jours pour donner ses ordres; après quoi, il reprit, avec toutes ses troupes, le chemin de ses états.

LIVRE TROISIÈME.

I. Ayant, en qualité de dictateur, fait assembler les comices, César est élu consul avec P. Servilius; car c'était l'année (1) où les lois lui permettaient de parvenir à cette charge. Cette affaire terminée, comme le crédit était embarrassé dans toute l'Italie et que les dettes n'étaient point payées il ordonna que l'on nommât des arbitres pour faire l'estimation des meubles et immeubles d'après le prix où ils étaient avant la guerre, et qu'on les donnât en paiement aux créanciers. Il regardait cet expédient comme merveilleux pour apaiser et calmer les craintes d'une abolition des dettes, suite ordinaire des guerres et des discordes civiles, et pour conserver le crédit des débiteurs. En outre, sur la demande qui en fut faite au peuple par les préteurs et les tribuns, il rétablit dans leurs biens plusieurs citoyens qui, en vertu de la loi Pompéia, avaient été condamnés pour brigue, au temps même où Pompée était dans Rome avec ses légions : jugements qui avaient été rendus en un jour par des tribunaux où les juges qui entendaient la cause n'étaient pas les mêmes que ceux qui prononçaient la peine. Ces citoyens, lui ayant offert leurs services dès le commencement de la guerre, César croyait devoir récompenser leur zèle comme s'il en eût fait usage, puisqu'ils s'étaient mis à sa disposition. Toutefois, il avait pensé qu'il serait bien que ces citoyens dussent leur rétablissement à la faveur du peuple plutôt qu'à sa bienveillance personnelle; car, s'il craignait de

nihil omnino acciderat; alii classem hostium celeriter advolaturam suspicarentur. Itaque, perterritis omnibus, sibi quisque consulebat. Qui in classe erant, proficisci properabant. Horum fuga navium onerariarum magistros incitabat. Pauci lenunculi ad officium imperiumque conveniebant. Sed tanta erat, completis littoribus, contentio, qui potissimum ex magno numero conscenderent, ut multitudine atque onere nonnulli deprimerentur, reliqui ob timorem propius ad terram tardarentur.

XLIV. Quibus rebus accidit, ut pauci milites patresque familiæ, qui aut gratia, aut misericordia valerent, aut naves adnare possent, recepti, in Siciliam incolumes pervenirent : reliquæ copiæ, missis ad Varum noctu legatorum numero centurionibus, sese ei dediderunt. Quorum cohortes militum postero die ante oppidum Juba conspicatus, suam esse prædicans prædam, magnam partem eorum interfici jussit : paucos electos in regnum remisit. Quum Varus suam fidem ab eo lædi quereretur neque resistere auderet : ipse equo in oppidum vectus, prosequentibus compluribus senatoribus, quo in numero erat Ser. Sulpicius et Licinius Damasippus, paucis diebus, quæ fieri vellet Uticæ, constituit atque imperavit, diebus æque post paucis se in regnum cum omnibus copiis recepit.

LIBER TERTIUS.

I. Dictatore habente comitia Cæsare, consules creantur Julius Cæsar et P. Servilius : is enim erat annus, quo per leges ei consulem fieri liceret. His rebus confectis, quum fides tota Italia esset angustior, neque creditæ pecuniæ solverentur, constituit, ut arbitri darentur : per eos fierent æstimationes possessionum et rerum, quanti quæque illarum ante bellum fuissent, atque eæ creditoribus transderentur. Hoc et ad timorem novarum tabularum tollendum minuendumque, qui fere bella et civiles dissensiones sequi consuevit, et ad debitorum tuendam existimationem, esse aptissimum existimavit. Item, prætoribus tribunisque plebis rogationes ad populum ferentibus, nonnullos, ambitus Pompeia lege damnatos illis temporibus, quibus in urbe præsidia legionum Pompeius habuerat (quæ judicia, aliis audientibus judicibus, aliis sententiam ferentibus, singulis diebus erant perfecta,) in integrum restituit, qui se illi initio civilis belli obtulerant, si sua opera in bello uti vellet, proinde æstimans, ac si usus esset, quoniam sui fecisset potestatem. Statuerat enim, hos prius judicio populi debere restitui, quam suo beneficio videri receptos, ne aut ingratus in

paraître ingrat, il ne craignait pas moins d'être taxé de présomption, en enlevant au peuple le droit d'accorder de semblables grâces.

II. Après avoir employé onze jours tant à ces arrangements qu'à la célébration des féeries latines (2) et à la tenue des comices, il se démet de la dictature, part de Rome et se rend à Brindes : il avait ordonné à douze légions et à toute la cavalerie de se réunir dans cette ville (3); mais il trouva si peu de vaisseaux, qu'il put à peine embarquer quinze mille fantassins et cinq cents chevaux. Cela seul (le manque de vaisseaux) l'empêcha de finir la guerre promptement. D'ailleurs ces troupes même étaient fort affaiblies, tant par leurs guerres dans la Gaule que par leurs longues marches depuis l'Espagne; et l'automne malsain qu'elles avaient passé dans l'Apulie et aux environs de Brindes, en sortant de la Gaule et de l'Espagne, dont le climat est des plus salubres, avait causé des maladies dans toute l'armée.

III. Pompée avait eu, pour faire ses préparatifs, une année entière, pendant laquelle il n'avait eu ni guerre à soutenir ni ennemi à craindre. Aussi avait-il rassemblé une flotte considérable tirée de l'Asie, des îles Cyclades, de Corcyre, d'Athènes, du Pont, de Bithynie, de Syrie, de Cilicie, de Phénicie, d'Égypte. Il avait eu soin de faire construire partout un grand nombre de vaisseaux; de fortes contributions avaient été levées en Asie, en Syrie, et imposées à tous les rois, à tous les princes, à tous les tétrarques, à tous les peuples libres de l'Achaïe; de grosses sommes lui avaient été également fournies par les compagnies des provinces dont il était le maître.

IV. Il avait neuf légions composées de citoyens romains : cinq qu'il avait amenées avec lui d'Italie; une de vétérans de Sicile, qu'il appelait *Gemella*, parce qu'elle était formée de deux autres; une de Crète et de Macédoine, composée de vétérans qui, licenciés par les généraux précédents, s'étaient établis dans ces provinces; et deux que Lentulus (4) avait levées en Asie. De plus, de nombreuses recrues tirées de la Thessalie, de la Béotie, de l'Achaïe, de l'Épire, avaient été, à titre de supplément, incorporées dans les légions. Il y avait joint les soldats qui restaient de l'armée d'Antoine (5). Il attendait encore deux légions que Scipion lui amenait de Syrie; il avait trois mille archers de Crète, de Sparte, du Pont, de la Syrie, et d'autres pays; deux cohortes de frondeurs, de six cents hommes chacune; sept mille chevaux, dont six cents lui avaient été amenés de la Gaule par Déjotarus, cinq cents de la Cappadoce par Ariobarzane, et autant de la Thrace, envoyés par Cotys et commandés par son fils Sadala. Deux cents lui étaient venus de Macédoine sous les ordres de Rascipolis, homme d'un rare courage. Pompée, le fils, avait amené, avec la flotte, cinq cents cavaliers gaulois et Germains, que Gabinius avait laissés à Alexandrie pour la garde de Ptolémée, et huit cents levés parmi ses esclaves et ses pâtres. Tarcandarius Castor (6) et Donilaüs en avaient fourni trois cents de la Gallo-Grèce : le premier vint lui-même avec ses troupes, l'autre envoya

---

referenda gratia, aut arrogans in præripiendo populi beneficio videretur.

II. His rebus, et feriis latinis, comitiisque omnibus perficiendis, XI dies tribuit, dictaturaque se abdicat, et ab urbe proficiscitur, Brundisiumque pervenit : eo legiones XII et equitatum omnem venire jusserat. Sed tantum navium reperit, ut anguste XV millia legionariorum militum, D equites transportare possent. Hoc unum [inopia navium] Cæsari ad conficiendi belli celeritatem defuit. Atque eæ copiæ ipsæ hoc infrequentiores imponuntur, quod multi Gallicis tot bellis defecerant, longumque iter ex Hispania magnum numerum deminuerat, et gravis autumnus in Apulia circumque Brundisium, ex saluberrimis Galliæ et Hispaniæ regionibus, omnem exercitum valetudine tentaverat.

III. Pompeius, annuum spatium ad comparandas copias nactus, quod vacuum a bello atque ab hoste otiosum fuerat, magnam ex Asia, Cycladibusque insulis, Corcyra, Athenis, Ponto, Bithynia, Syria, Cilicia, Phœnice et Ægypto classem coegerat; magnam omnibus locis ædificandam curaverat; magnam imperatam Asiæ, Syriæ, regibusque omnibus, et dynastis, et tetrarchis, et liberis Achaiæ populis pecuniam exegerat; magnam societates earum provinciarum, quas ipse obtinebat, sibi numerare coegerat.

IV. Legiones effecerat civium romanorum IX; quinque ex Italia quas transduxerat; unam ex Sicilia veteranam, quam, factam ex duabus, Gemellam appellabat; unam ex Creta et Macedonia, ex veteranis militibus, qui, dimissi a superioribus imperatoribus, in iis provinciis consederant; II ex Asia, quas Lentulus consul conscribendas curaverat. Præterea magnum numerum ex Thessalia, Bœotia, Achaia, Epiroque, supplementi nomine, in legiones distribuerat. His Antonianos milites admiscuerat. Præter has exspectabat cum Scipione ex Syria legiones duas; sagittarios ex Creta, Lacedæmone, Ponto atque Syria, reliquisque civitatibus, tria millia numero habebat; funditorum cohortes sexcenarias duas; equitum VII millia, ex quibus DC Gallos Dejotarus adduxerat, D Ariobarzanes ex Cappadocia, ad eumdem numerum Cotys ex Thracia dederat, et Sadalam filium miserat. Ex Macedonia CC erant, quibus Rascipolis præerat, excellenti virtute : D e Gabinianis Alexandria, Gallos Germanosque, quos ibi A. Gabinius præsidii causa apud regem Ptolemæum reliquerat, Pompeius filius cum classe adduxerat; DCCC, quos ex servis suis pastorumque suorum coegerat; CCC Tarcondarius Castor et Donilaus ex Gallo Græcia dederant : horum alter una venerat, alter filium miserat. CC ex Syria a Comageno Antiocho, cui magna præmia Pompeius tribuit, missi

son fils. Deux cents furent envoyés de la Syrie par Antiochus de Comagène, qui avait de grandes obligations à Pompée; la plupart étaient des archers à cheval. Il avait en outre des Phrygiens, des Bessiens[1], partie soudoyés, partie volontaires; des Macédoniens, des Thessaliens, et des gens des autres pays. Le tout formait le nombre que nous avons marqué ci-dessus.

V. Il avait tiré une grande quantité de vivres de la Thessalie, de l'Asie, de l'Égypte, de Crète, du pays de Cyrène et d'autres contrées. Son dessein était de passer l'hiver à Dyrrachium, à Apollonie, et dans toutes les autres villes maritimes, afin de fermer le passage de la mer à César; et, dans ce but, il avait disposé sa flotte sur toute la côte. Pompée, le fils, commandait les vaisseaux égyptiens; D. Lilius et C. Triarius, ceux de l'Asie; C. Cassius (7), ceux de Syrie; C. Marcellus et C. Coponius, ceux de Rhodes; Scribonius Libon et M. Octavius, ceux de Liburnie et d'Achaïe. Mais M. Bibulus avait le commandement général de la flotte: les autres chefs ne pouvaient agir que d'après ses ordres.

VI. César, en arrivant à Brindes, harangua ses soldats: il leur dit que, « puisqu'ils touchaient au terme de leurs travaux et de leurs dangers, il ne devait point leur en coûter de laisser en Italie leurs esclaves et leur bagage; qu'ils s'embarqueraient avec moins d'embarras et en plus grand nombre; qu'ils pouvaient tout attendre de la victoire et de sa libéralité. » Tous s'écrièrent qu'il ordonnât ce qu'il voudrait, qu'ils lui obéiraient de grand cœur. En conséquence, le lendemain, le quatrième jour de janvier, il leva l'ancre avec sept légions. Le surlendemain il toucha terre. Il trouva entre les rochers des monts Cirauniens et d'autres endroits dangereux, une rade assez sûre; et n'osant entrer dans aucun port parce qu'il les croyait tous occupés par l'ennemi, il débarqua ses troupes dans ce lieu, nommé Pharsale: il n'avait pas perdu un seul vaisseau.

VII. Lucretius Vespillo et Minucius Rufus étaient alors à Oricum[1] avec dix-huit vaisseaux de la flotte d'Asie, que D. Lilius avait mis sous leurs ordres; M. Bibulus était à Corcyre[2] avec cent dix vaisseaux. Mais les premiers n'osèrent pas sortir du port, quoique César n'eût que douze galères, dont quatre seulement étaient couvertes; et Bibulus, qui n'avait ni ses vaisseaux en bon état, ni ses matelots sous la main, ne put accourir assez tôt; de sorte que l'on vit César sur le rivage, avant que le bruit de sa venue se fût répandu dans ces contrées.

VIII. Après avoir débarqué ses troupes, César renvoya la même nuit ses vaisseaux à Brindes pour en ramener le reste des légions et la cavalerie. Il avait chargé de ce soin Fufius Calenus, son lieutenant, en lui recommandant de faire diligence. Mais les vaisseaux, étant partis trop tard et ayant manqué le vent, essuyèrent un échec à ce voyage. En effet Bibulus, qui avait appris à Corcyre l'arrivée de César et qui était sorti dans l'espoir d'enlever quelques vaisseaux de transport, les rencontra à vide, et, en ayant pris trente, se vengea sur eux avec fureur de sa propre négligence; il

[1] Peuple de Thrace.

[1] Ville d'Épire. — [2] Aujourd'hui Corfou.

---

erant, in his plerique hippotoxotæ. Huc Dardanos, Bessos partim mercenarios, partim imperio aut gratia comparatos; item Macedonas, Thessalos, ac reliquarum gentium et civitatum adjecerat, atque eum, quem supra demonstravimus numerum expleverat.

V. Frumenti vim maximam ex Thessalia, Asia, Ægypto, Creta, Cyrenis, reliquisque regionibus comparaverat: hiemare Dyrrachii, Apolloniæ, omnibusque oppidis maritimis constituerat, ut mare Cæsarem transire prohiberet: ejus rei causa omni ora maritima classem disposuerat. Præerat Ægyptiis navibus Pompeius filius; Asiaticis D. Lælius et C. Triarius; Syriacis C. Cassius; Rhodiis C. Marcellus cum C. Coponio; Liburnicæ atque Achaicæ classi Scribonius Libo et M. Octavius: toti tamen officio maritimo M. Bibulus præpositus cuncta administrabat: ad hunc summa imperii respiciebat.

VI. Cæsar, ut Brundusium venit, concionatus apud milites: « quoniam prope ad finem laborum ac periculorum esset perventum, æquo animo mancipia atque impedimenta in Italia relinquerent; ipsi expediti naves conscenderent, quo major numerus militum posset imponi; omniaque ex victoria et ex sua liberalitate sperarent: » conclamantibus omnibus, « imperaret quod vellet; quodcumque imperavisset, se æquo animo esse facturos; » pridie nonas januarias naves solvit, impositis, ut supra demonstratum est, legionibus septem. Postridie terram attigit. Ceraunjorum saxa inter et alia loca periculosa quietam nactus stationem, et portus omnes timens, quos teneri ab adversariis arbitrabatur, ad eum locum, qui appellatur Pharsalia, omnibus navibus ad unam incolumibus, milites exposuit.

VII. Erat Orici Lucretius Vespillo, et Minucius Rufus cum Asiaticis navibus XVIII, quibus jussu de Lælii præerant; M. Bibulus cum navibus CX, Corcyræ. Sed neque ii, sibi confisi, ex portu prodire sunt ausi, quum Cæsar omnino XII naves longas præsidio duxisset, in quibus erant constratæ quatuor: neque Bibulus, impeditis navibus dispersisque remigibus, satis mature occurrit, quod prius ad continentem visus est Cæsar, quam de ejus adventu fama omnino in eas regiones perferretur.

VIII. Expositis militibus, naves eadem nocte Brundusium a Cæsare remittuntur, ut reliquæ legiones equitatusque transportari possent. Huic officio præpositus erat Fufius Calenus, legatus, qui celeritatem in transportandis legionibus adhiberet. Sed serius a terra provectæ naves neque usæ nocturna aura, in redeundo offenderunt. Bibulus enim, Corcyræ certior factus de adventu Cæsa-

les brûla tous sans pitié avec les pilotes et les matelots, dans le but d'effrayer les autres par cette sévérité. Cela fait, il déploya sa flotte en long et en large sur toute la côte, depuis Salone[1] jusqu'au port d'Oricum, et mit des gardes partout, couchant lui-même à bord malgré la rigueur de l'hiver, et ne s'épargnant ni travaux ni fatigues, bien persuadé qu'il n'avait point de grâce à attendre s'il tombait entre les mains de César.

IX. Après que la flotte liburnienne eut quitté la mer d'Illyrie, M. Octavius vint avec ses vaisseaux à Salone. Là, après avoir soulevé les Dalmates et le reste des Barbares, il détacha les habitants d'Issa[2] du parti de César; mais, voyant que ni par promesses ni par menaces il ne pouvait ébranler le conseil de Salone, il résolut d'assiéger cette ville. Cette place est, à la vérité, défendue par la nature du terrain et par le coteau sur lequel elle est assise; mais les citoyens romains qui étaient dedans eurent bientôt élevé des tours de bois qui leur servirent de fortifications; et comme ils ne pouvaient résister, étant en trop petit nombre et accablés de blessures, ils eurent recours aux moyens extrêmes, affranchirent tous les esclaves en âge de porter les armes, et ayant coupé les cheveux de toutes les femmes, en firent des cordes pour les machines. Octavius, voyant leur résolution, forma cinq camps autour de la place, et commença à l'investir et à la presser vivement. Les assiégés, disposés d'ailleurs à tout souffrir, manquaient absolument de vivres. Ils envoyèrent donc des députés à César pour lui demander du secours, résolus à supporter de leur mieux les autres maux. Cependant, après un certain temps écoulé, comme la longueur du siége avait rendu les ennemis moins vigilants, les assiégés choisirent l'heure de midi, moment où les soldats étaient dispersés, mirent leurs femmes et leurs enfants sur le rempart, afin qu'on ne remarquât pas de changement, et prenant avec eux les esclaves qu'ils venaient d'affranchir, ils tombèrent tous ensemble sur le premier camp d'Octavius. Ils le forcent; du même choc ils emportent le second, puis le troisième, le quatrième, et ensuite le dernier; enfin, ils chassèrent les ennemis de tous leurs camps, et, après en avoir tué un grand nombre, ils obligèrent le reste et Octavius même à se rembarquer. Telle fut l'issue de ce siége. Et comme déjà l'hiver approchait, et qu'après tant de pertes, Octavius désespérait de prendre la ville, il se retira à Dyrrachium, auprès de Pompée.

X. On a vu que L. Vibullius Rufus, préfet de Pompée, était tombé deux fois au pouvoir de César, qui, deux fois, l'avait relâché; la première à Corfinium, la seconde en Espagne. César avait pensé que ce double bienfait disposerait Rufus à porter des paroles d'accommodement à Pompée, auprès duquel il lui savait du crédit. Or César disait en somme, dans ce message, ce qu'ils devaient l'un et l'autre mettre fin à leur querelle, mettre bas les armes, et renoncer à cou-

[1] Ville de Thessalie. — [2] Ile de l'Illyrie, aujourd'hui Sophiano.

-ris, sperans, alicui se parti onustarum navium occurrere posse, inanibus occurrit, et nactus circiter XXX, in eas indiligentiæ suæ ac doloris iracundia erupit, omnesque incendit; eodemque igne nautas dominosque navium interfecit, magnitudine pœnæ reliquos deterrere sperans. Hoc confecto negotio, a Salonis ad Orici portum stationes littoraque omnia longe lateque classibus occupavit; custodiisque diligentius dispositis, ipse gravissima hieme in navibus excubabat, neque ullum laborem aut munus despiciens, neque subsidium exspectans, si in Cæsaris complexum venire posset.

IX. Discessu Liburnarum ex Illyrico, M. Octavius cum iis, quas habebat, navibus Salonas pervenit. Ibi concitatis Dalmatis reliquisque Barbaris, Issam a Cæsaris amicitia avertit: conventum Salonis quum neque pollicitationibus, neque denuntiatione periculi permovere posset, oppidum oppugnare instituit: est autem oppidum et loci natura, et colle munitum: sed celeriter cives romani, ligneis effectis turribus, iis sese munierunt; et quum essent infirmi ad resistendum propter paucitatem hominum, crebris confecti vulneribus, ad extremum auxilium descenderunt, servosque omnes puberes liberaverunt, et, præsectis omnium mulierum crinibus, tormenta effecerunt. Quorum cognita sententia, Octavius quinis castris oppidum circumdedit, atque uno tempore obsidione et oppugnationibus eos premere cœpit. Illi omnia perpeti parati, maxime a re frumentaria laborabant. Quare missis ad Cæsarem legatis, auxilium ab eo petebant: reliqua, ut poterant, per se incommodi sustinebant: et longo interposito spatio, quum diuturnitas oppugnationis negligentiores Octavianos effecisset, nacti occasionem meridiani temporis, discessu eorum, pueris mulieribusque in muro dispositis, ne quid quotidianæ consuetudinis desideraretur, ipsi, manu facta, cum iis, quos nuper maxime liberaverant, in proxima Octavii castra irruperunt. His expugnatis, eodem impetu altera sunt adorti; inde tertia, et quarta, et deinceps reliqua: omnibusque eos castris expulerunt, et, magno numero interfecto, reliquos atque ipsum Octavium in naves confugere coegerunt. Hic fuit oppugnationis exitus. Jamque hiems appropinquabat, et, tantis detrimentis acceptis, Octavius, desperata oppugnatione oppidi, Dyrrachium sese ad Pompeium recepit.

X. Demonstravimus, L. Vibullium Rufum, Pompeii præfectum, bis in potestatem pervenisse Cæsaris, atque ab eo esse dimissum, semel ad Corfinium, iterum in Hispania. Hunc pro suis beneficiis Cæsar idoneum judicaverat, quem cum mandatis ad Cn. Pompeium mitteret; eumdemque apud Cn. Pompeium auctoritatem habere intelligebat. Erat autem hæc summa mandatorum : « debere utrumque pertinaciæ finem facere, et ab armis discedere, neque amplius fortunam periclitari : satis esse

rir les chances de la guerre : que leurs pertes à chacun devaient leur servir de leçon et d'avertissement pour leur en faire appréhender de nouvelles : que Pompée avait été expulsé d'Italie, après avoir perdu la Sicile, les deux Espagnes, et, dans ces pays, cent trente cohortes de citoyens romains; que, de son côté, il avait à regretter la mort de Curion, le massacre de son armée d'Afrique, et la reddition de ses troupes à Corcyre : qu'ainsi ils devaient se ménager eux et la république : qu'ils avaient l'un et l'autre assez appris à leurs dépens ce que peut la fortune dans la guerre : que le vrai moment pour traiter de la paix était celui où les deux partis n'avaient encore rien perdu de leur confiance et paraissaient égaux en forces; que, pour peu que la fortune se déclarât en faveur de l'un d'eux, le plus heureux n'écouterait plus aucune proposition d'arrangement, et ne voudrait plus de partage dès qu'il croirait pouvoir tout garder : que, quant aux conditions, puisqu'ils n'avaient pu s'accorder jusqu'alors, ils devaient s'en remettre au jugement du sénat et du peuple ; qu'en attendant il était de leur intérêt et de celui de la république, qu'ils s'engageassent l'un et l'autre sous serment, dans l'assemblée du peuple, à licencier leurs troupes dans l'espace de trois jours : qu'une fois qu'ils auraient déposé les armes et renoncé à tout secours étranger, ils n'auraient plus, l'un et l'autre, qu'à se soumettre à la décision du peuple et du sénat; que, quant à lui, pour mieux convaincre Pompée, il congédierait sur-le-champ toutes ses troupes et retirerait ses garnisons ».

XI. Vibullius, après avoir reçu ces instructions, crut qu'il n'était pas moins de son devoir d'avertir Pompée de la subite arrivée de César, afin qu'il pût prendre là-dessus ses mesures avant d'entendre ses propositions. En conséquence il marcha jour et nuit, prit des relais pour aller plus vite, et se rendit vers Pompée pour lui annoncer que César s'avançait avec toutes ses troupes. Pompée se trouvait alors dans la Candavie; et, de cette partie de la Macédoine à ses quartiers d'hiver, son chemin était par Apollonia et Dyrrachium [1]; mais, à cette nouvelle, troublé, il se dirigea à grandes marches sur Apollonia, dans la crainte que César ne s'emparât des villes maritimes de cette côte. Celui-ci, après avoir débarqué ses troupes, marche le même jour sur Oricum. L. Torquatus, qui y commandait pour Pompée avec une garnison de Parthiniens [1], en avait fermé les portes, décidé à se défendre. Dans ce dessein il ordonna aux Grecs de prendre les armes et de monter sur le rempart; mais, comme ceux-ci refusèrent de combattre contre le peuple romain, et que les habitants, de leur côté, voulaient recevoir César, Torquatus, n'espérant plus aucun secours, ouvrit les portes de la place, et se rendit avec elle à César, qui ne lui fit aucun mal.

XII. Maître d'Oricum, César se dirige aussitôt sur Apollonia. En apprenant son arrivée, L. Stabérius, qui y commandait, fait porter de l'eau dans la citadelle, la fait encore fortifier, et demande des otages aux habitants ; mais ceux-ci les lui refusent, disant qu'ils ne veulent point

[1] Ville et port de Macédoine. — [2] Peuples d'Illyrie.

---

magna utrimque incommoda accepta, quæ pro disciplina et præceptis habere possent, ut reliquos casus timerent. Illum Italia expulsum, amissa Sicilia, duabusque Hispaniis, et cohortibus in Italia atque Hispania civium Romanorum C atque XXX; se morte Curionis et detrimento Africani exercitus tanto, militumque deditione ad Corcyram. Proinde sibi ac reipublicæ parcerent. Quantum in bello fortuna posset, jam ipsi incommodis suis satis essent documento. Hoc unum esse tempus de pace agendi, dum sibi uterque confideret, et pares ambo viderentur : si vero alteri paulum modo tribuisset fortuna, non esse usurum conditionibus pacis eum, qui superior videretur, neque fore æqua parte contentum, qui se omnia habiturum confideret : conditiones pacis, quoniam antea convenire non potuissent, Romæ ab senatu et a populo peti debere : interea et reipublicæ et ipsis placere oportere, si uterque in concione statim jurasset, se triduo proximo exercitum dimissurum. Depositis armis auxiliisque, quibus nunc confiderent, necessario populi senatusque judicio fore utrumque contentum. Hæc quo facilius Pompeio probari possent, omnes suas terrestres urbiumque copias dimissurum. »

XI. Vibullius, his expositis a Cæsare, non minus necessarium esse existimavit, de repentino adventu Cæsaris Pompeium fieri certiorem, uti ad id consilium capere posset, antequam de mandatis agi inciperet; atque ideo, continuato et nocte et die itinere, atque mutatis ad celeritatem jumentis, ad Pompeium contendit, ut adesse Cæsarem omnibus copiis nuntiaret. Pompeius erat eo tempore in Candavia, iterque ex Macedonia in hiberna Apolloniam Dyrrachiumque habebat. Sed re nova perturbatus, majoribus itineribus Apolloniam petere cœpit, ne Cæsar oræ maritimæ civitates occuparet. At ille, expositis militibus, eodem die Oricum proficiscitur. Quo quum venisset, L. Torquatus, qui jussu Pompeii oppido præerat, præsidiumque ibi Parthinorum habebat, conatus portis clausis oppidum defendere; quum Græcos murum adscendere atque arma capere juberet; illi autem se contra imperium populi romani pugnaturos esse negarent; oppidani autem etiam sua sponte Cæsarem recipere conarentur; desperatis omnibus auxiliis, portas aperuit, et se atque oppidum Cæsari dedidit, incolumisque ab eo conservatus est.

XII. Recepto Cæsar Orico, nulla interposita mora, Apolloniam proficiscitur. Ejus adventu audito, L. Staberius, qui ibi præerat, aquam comportare in arcem, atque eam munire, obsidesque ab Apolloniatibus exigere cœpit. Illi vero « daturos se negare, neque portas con-

fermer leurs portes au consul, et qu'ils n'ont pas la prétention de réformer ce que toute l'Italie et le peuple romain ont décidé. Dès qu'il connaît leurs intentions, Stabérius s'enfuit en secret d'Apollonia. Ceux-ci envoient des députés à César et le reçoivent dans leurs murs. Ceux de Bullis, ceux d'Amantia, le reste des villes voisines, toute l'Épire, suivent leur exemple et députent vers César pour lui demander ses ordres.

XIII. Cependant Pompée, informé de ce qui s'était passé à Oricum et à Apollonia, craignit pour Dyrrachium, et se dirigea vers cette ville en marchant jour et nuit. Mais dès qu'on sut que César approchait, son armée fut saisie d'une telle frayeur (car il avait marché nuit et jour sans s'arrêter), que presque tous les soldats abandonnèrent leurs enseignes dans l'Épire et dans les contrées voisines; la plupart jetèrent leurs armes, et leur marche avait l'air d'une véritable déroute. Enfin Pompée arriva près de Dyrrachium, où il campa; et, comme son armée n'était pas encore revenue de son effroi, le premier, Labienus s'avança vers Pompée et jura de ne le point quitter et de partager son sort quel qu'il pût être. Les autres lieutenants prêtèrent le même serment. Après eux les tribuns militaires et les centurions, et ensuite toute l'armée. César, voyant qu'on lui avait fermé le chemin de Dyrrachium, cesse de marcher à grandes journées, et va camper sur le rivage de l'Apsus, sur les frontières du territoire d'Apollonia, afin de couvrir par ses fortifications les villes qui l'avaient loyalement servi; il résolut d'attendre là le reste de ses légions d'Italie et d'hiverner sous des tentes. Pompée en fit autant. Il vint camper sur l'autre rive et y réunit toutes ses troupes et ses auxiliaires.

XIV. Calenus, d'après l'ordre de César, embarqua à Brindes l'infanterie et la cavalerie sur autant de vaisseaux qu'il en put trouver et se mit en mer. Mais à peine sorti du port, il reçut des lettres de César, qui l'informaient que la flotte ennemie occupait tous les ports et tout le littoral. Sur cet avis il rentra et rappela tous ses vaisseaux. Un de ces vaisseaux ayant continué sa route, contre l'ordre de Calenus, parce qu'il ne portait point de troupes et était soumis à une autorité particulière, fut pris par Bibulus à la hauteur d'Oricum. Tous ceux qui le montaient, esclaves, hommes libres, enfants même, furent massacrés jusqu'au dernier. Ainsi le salut de toute l'armée ne dépendit que d'un moment et du hasard.

XV. Bibulus, comme il a été dit plus haut, était devant Oricum avec sa flotte; mais de même qu'il fermait la mer à César, celui-ci pareillement l'empêchait de communiquer avec aucun des pays du littoral. Des gardes avaient été placés sur toute la côte, en sorte que Bibulus ne pouvait avoir ni bois, ni eau douce, ni abordage. La position était des plus difficiles, et ses gens manquaient des choses les plus nécessaires, au point qu'ils étaient forcés de tirer par mer, de Corcyre, au moyen de vaisseaux de charge, non seulement les vivres, mais l'eau et le bois : il arriva même qu'ayant essuyé des vents contraires,

---

suli præclusuros; neque sibi judicium sumpturos contra atque omnis Italia populusque romanus judicavisset. » Quorum cognita voluntate, clam profugit Apollonia Staberius. Illi ad Cæsarem legatos mittunt, oppidoque recipiunt. Hos sequuntur Bullidenses, Amantiani, et reliquæ finitimæ civitates, totaque Epirus, et, legatis ad Cæsarem missis, quæ imperaret, facturos pollicentur.

XIII. At Pompeius, cognitis iis rebus, quæ erant Orici atque Apolloniæ gestæ, Dyrrachio timens, diurnis eo nocturnisque itineribus contendit. Quo simul ac Cæsar appropinquare dicebatur, tantus terror incidit ejus exercitui, quod properans noctem diei conjunxerat, neque iter intermiserat, ut pœne omnes in Epiro finitimisque regionibus signa relinquerent, complures arma projicerent, ac fugæ simile iter viderêtur. Sed, quum prope Dyrrachium Pompeius constitisset, castraque metari jussisset, perterrito etiam tum exercitu, princeps Labienus procedit, juratque se eum non deserturum, eumdemque casum subiturum, quemcumque ei fortuna tribuisset. Hoc idem reliqui jurant legati : hos tribuni militum centurionesque sequuntur, atque idem omnis exercitus jurat. Cæsar, præoccupato itinere ad Dyrrachium, finem properandi facit, castraque ad flumen Apsum ponit in finibus Apolloniatium, ut vigiliis castellisque bene meritæ civitates tutæ essent [præsidio]; ibique reliquarum ex Italia legionum adventum exspectare, et sub pellibus hiemare constituit. Hoc idem Pompeius facit; et trans flumen Apsum positis castris, eo copias omnes auxiliaque conduxit.

XIV. Calenus, legionibus equitibusque Brundusii in naves impositis, ut erat præceptum a Cæsare, quantum navium facultatem habebat, naves solvit, paulumque progressus a portu, litteras a Cæsare accipit, quibus est certior factus, portus littoraque omnia classibus adversariorum teneri. Quo cognito, se in portum recipit, navesque omnes revocat. Una ex iis, quæ perseveravit, neque imperio Caleni obtemperavit, quod erat sine militibus, privatoque consilio administrabatur, delata Oricum, atque a Bibulo expugnata est : qui de servis liberisque omnibus ad impuberes supplicium sumit, et ad unum interficit. Ita exiguo tempore, magnoque casu totius exercitus salus constitit.

XV. Bibulus, ut supra demonstratum est, erat cum classe ad Oricum : et sicuti mari portibusque Cæsarem prohibebat, ita ipse omni terra earum regionum prohibebatur; præsidiis enim dispositis, omnia littora a Cæsare tenebantur, neque lignandi, atque aquandi, neque naves ad terram religandi potestas fiebat. Erat res in magna difficultate, summisque angustiis rerum necessariarum premebantur, adeo ut cogerentur, sicuti reliquum

ils n'eurent d'autre ressource que de recueillir la rosée de la nuit sur les peaux dont les vaisseaux étaient couverts. Cependant ils supportaient toutes ces incommodités avec courage et résignation, sans se relâcher en rien de la garde du rivage et du blocus des ports. Mais tandis qu'ils étaient dans cette extrémité, Libon fit sa jonction avec Bibulus, et de dessus leurs vaisseaux ils s'adressèrent tous deux à M. Acilius et à Statius Murcus, lieutenants de César, dont l'un commandait dans la ville, et l'autre sur la côte, leur témoignant qu'ils désiraient qu'on leur permît de parler à César de choses très-importantes. A cela, pour montrer que leur demande était sérieuse, ils ajoutèrent quelques mots qui faisaient pressentir qu'il s'agissait d'un accommodement. En attendant, ils demandèrent une trêve et l'obtinrent. Leur mission paraissait avoir une grande importance : on savait que César ne souhaitait rien avec plus d'ardeur qu'un accord, et l'on pensait que les instructions données à Vibullius avaient produit quelque chose.

XVI. Pendant ce temps, César qui était parti avec une légion pour recevoir la soumission des villes de l'intérieur, et se pourvoir de vivres dont il manquait, se trouvait à Buthrote, vis-à-vis Corcyre. Là ayant appris par des lettres d'Acilius et de Murcus la demande de Bibulus et de Libon, il quitte sa légion et revient à Oricum. Dès qu'il y est arrivé, il les fait appeler à une entrevue. Libon s'y rend seul, et, sans excuser Bibulus, il dit que son caractère emporté et les ressentiments qu'il conserve contre César, depuis leur édilité et leur préture, l'ont obligé à éviter cette entrevue, de peur de compromettre par ses dispositions hostiles un arrangement aussi désirable qu'utile. Il déclare que Pompée est toujours disposé, comme il l'a toujours été, à entrer en accommodement et à mettre bas les armes; qu'à la vérité ils n'ont pas pouvoir pour traiter, puisque, d'après l'avis unanime du conseil, on a laissé à Pompée le droit de décider souverainement de la guerre et de toute chose; mais qu'une fois instruits des prétentions de César, ils les feront savoir à Pompée, qui terminera cette affaire par lui-même, conformément à leurs sollicitations. Il demande en outre que la trêve soit continuée et toute hostilité suspendue, jusqu'à ce qu'on puisse être de retour. A cela il ajoute quelques mots sur l'état de leurs forces et la justice de leur cause.

XVII. César ne jugea pas à propos de repondre alors; et nous ne pensons pas qu'il soit maintenant nécessaire d'en dire le motif. Il demanda seulement de pouvoir sans risque envoyer des députés à Pompée; qu'on lui promît toute sûreté pour eux, ou qu'on voulût bien les y conduire. Quant à la trêve, il répondit que tel était le droit de la guerre, et que, puisqu'ils empêchaient ses vaisseaux et ses troupes de venir le joindre, il pouvait bien, lui, les empêcher de prendre terre et de faire de l'eau : que s'ils voulaient qu'il se relâchât sur ce point, ils devaient de leur côté lui laisser la mer libre, mais que, s'ils persistaient à la lui fermer, lui aussi persisterait à leur fermer la terre; que cependant ils pouvaient traiter d'un

---

commeatum, ita ligna atque aquam Corcyra navibus onerariis supportare : atque uno etiam tempore accidit, ut difficilioribus usi tempestatibus, ex pellibus, quibus erant tectæ naves, nocturnum excipere rorem cogerentur : quas tamen difficultates patienter atque æquo animo ferebant, neque sibi nudanda littora et relinquendos portus existimabant. Sed quum essent, in quibus demonstravi, angustiis, ac se Libo cum Bibulo conjunxisset, loquuntur ambo ex navibus cum M. Acilio et Statio Murco, legatis, quorum alter oppidi muris, alter præsidiis terrestribus præerat, velle se de maximis rebus cum Cæsare loqui, si sibi ejus facultas detur. Huc addunt pauca rei confirmandæ causa, ut de compositione acturi viderentur. Interim postulant, ut sint induciæ, atque ab iis impetrant : magnum enim, quod afferebant, videbatur, et Cæsarem id summe sciebant cupere, et profectum aliquid Vibullii mandatis existimabatur.

XVI. Cæsar, eo tempore cum legione una profectus ad recipiendas ulteriores civitates, et rem frumentariam expediendam, qua anguste utebatur, erat ad Buthrotum, oppositum Corcyræ. Ibi certior ab Acilio et Murco per litteras factus de postulatis Libonis et Bibuli, legionem relinquit; ipse Oricum revertitur. Eo quum venisset, evocantur illi ad colloquium. Prodit Libo, neque excusat Bibulum, « quod is iracundia summa erat, inimicitiasque habebat etiam privatas cum Cæsare, ex ædilitate et prætura conceptas; ob eam rem colloquium vitasse, ne res maximæ spei maximæque utilitatis ejus iracundia impedirentur; Pompeii summam esse ac fuisse semper voluntatem, ut componerentur, atque ab armis discederetur; sed potestatem se ejus rei nullam habere, propterea quod de concilii sententia summam belli rerumque omnium Pompeio permiserint : sed postulatis Cæsaris cognitis, missuros ad Pompeium, atque illum reliqua per se acturum, hortantibus ipsis : interea manerent induciæ dum ab illo rediri posset; neve alter alteri nocerent. » Huc addit pauca de causa, et de copiis auxiliisque suis.

XVII. Quibus rebus neque tum respondendum Cæsar existimavit; neque nunc, ut memoriæ prodantur, satis causæ putamus. Postulabat Cæsar, « ut legatos sibi ad Pompeium sine periculo mittere liceret; idque ipsi fore reciperent, aut acceptos per se ad eum perducerent. Quod ad inducias pertineret, sic belli rationem esse divisam, ut illi classe naves auxiliaque sua impedirent, ipse ut aqua terraque eos prohiberet : si hoc sibi remitti vellent, remitterent ipsi de maritimis custodiis; sin illud tenerent, se quoque id retenturum : nihilominus tamen agi posse de compositione, ut hæc non remitterentur; neque hanc

accommodement, bien que les choses restassent en état; que ce n'était pas là un obstacle. » Libon ne voulut ni se charger des députés de César, ni se porter leur garant, et il renvoya toute l'affaire à Pompée : il n'insista que sur la suspension d'armes et la sollicita vivement. César, comprenant qu'ils n'avaient eu d'autre but, en demandant cet entretien, que de se soustraire au danger et à la détresse où ils se trouvaient, et qu'ils n'offraient aucune condition qui pût faire espérer un accommodement, ne songea plus qu'à continuer la guerre.

XVIII. Bibulus n'avait pu, depuis long-temps, mettre pied à terre, et souffrait beaucoup du froid et des fatigues; ne pouvant pas se faire soigner, et ne voulant pas quitter son poste, il succomba enfin à la force du mal. Après sa mort, personne n'eut le commandement en chef; chacun gouverna à son gré la partie de la flotte qu'il avait sous ses ordres. Vibullius, après avoir laissé se calmer le premier trouble causé par l'arrivée imprévue de César, voulut remplir la mission que celui-ci lui avait confiée; mais à peine en eut-il dit quelques mots en présence de Libon, de L. Luccéius et de Théophanes, auxquels Pompée avait coutume de communiquer les affaires les plus importantes, que ce dernier l'interrompit et le fit taire: « Qu'ai-je besoin, dit-il, de Rome ou de la vie, s'il faut que je paraisse en être redevable à la générosité de César? N'aurais-je pas l'air en effet, après avoir quitté l'Italie, d'y être ramené comme par grâce? » La guerre achevée, César apprit ce discours de ceux-là même qui l'avaient entendu. Il ne laissa pas toutefois de tenter d'autres voies d'accommodement.

XIX. Les deux camps de César et de Pompée n'étaient séparés que par l'Apsus; les soldats des deux armées se parlaient souvent les uns aux autres; et, par suite d'un accord mutuel, jamais aucun trait n'était lancé durant ces pourparlers. César envoya sur le bord même du fleuve P. Vatinius, un de ses lieutenants, avec ordre de faire ce qu'il croirait le plus capable de procurer la paix, et de demander à plusieurs reprises et à haute voix: « S'il ne serait pas permis aux citoyens d'envoyer à leurs concitoyens deux députés pour traiter de la paix; ce qui n'avait pas été refusé aux fugitifs des monts Pyrénées, et à des pirates, surtout quand il s'agissait d'empêcher des citoyens de s'entr'égorger? » Il parla ainsi d'une manière suppliante, telle qu'il convenait à un homme occupé du salut public et du sien propre, et les soldats des deux partis l'écoutèrent en silence. On répondit de l'autre rive que A. Varron promettait de se rendre le lendemain à l'entrevue; en même temps l'on convint du lieu où les députés pourraient, de part et d'autre, être envoyés en toute sûreté, et proposer ce qu'ils jugeraient convenable : l'heure de l'entretien fut également fixée. Le lendemain on accourut en foule des deux côtés à l'endroit convenu; tous les esprits étaient dans l'attente et paraissaient incliner à la paix. T. Labienus, sortant de la foule, parle avec douceur sur la paix, et commence à en discuter les conditions avec Vatinius. Mais, au milieu de leur entretien, ils sont tout à coup in-

rem esse impedimenti loco. » Illi neque legatos Cæsaris recipere, neque periculum præstare eorum, sed totam rem ad Pompeium rejicere : unum instare, de induciis, vehementissimeque contendere. Quos ubi Cæsar intellexit præsentis periculi atque inopiæ vitandæ causa omnem orationem instituisse, neque ullam spem, aut conditionem pacis afferre; ad reliquam cogitationem belli sese recipit.

XVIII. Bibulus, multos dies terra prohibitus, et graviore morbo ex frigore ac labore implicitus, quum neque curari posset, neque susceptum officium deserere vellet, vim morbi sustinere non potuit. Eo mortuo, ad neminem unum summa imperii redit; sed separatim suam quisque classem ad arbitrium suum administrabat. Vibullius, sedato tumultu, quem repentinus Cæsaris adventus concitaverat, ubi primum, rursus adhibito Libone, et L. Lucceio, et Theophane, quibuscum communicare de maximis rebus Pompeius consueverat, de mandatis Cæsaris agere instituit, cum ingressum in sermonem Pompeius interpellavit, et loqui plura prohibuit. « Quid mihi, inquit, aut vita, aut civitate opus est, quam beneficio Cæsaris habere videbor? cujus rei opinio tolli non poterit, quum in Italiam, ex qua profectus sum, reductus existimabor. » Bello perfecto, ab iis Cæsar hæc facta cognovit, qui sermoni interfuerunt : conatus tamen nihilominus est, aliis rationibus per colloquia de pace agere.

XIX. Inter bina castra, Pompeii atque Cæsaris unum flumen tantum interrat Apsus, crebraque inter se colloquia milites habebant; neque ullum interim telum per pactiones colloquentium transjiciebatur. Mittit P. Vatinium legatum ad ripam ipsam fluminis, qui ea, quæ maxime ad pacem pertinere viderentur, ageret, et crebro magna voce pronuntiaret, « liceretne civibus ad cives de pace duo legatos mittere, quod etiam fugitivis ab saltu Pyrenæo prædonibusque licuisset : præsertim, ut id agerent, ne cives cum civibus armis decertarent? » Multa suppliciter locutus est, ut de sua atque omnium salute debebat, silentioque ab utrisque militibus auditus. Responsum est ab altera parte, A. Varronem profiteri se altera die ad colloquium venturum; atque una etiam ubi utrinque admodum tuto legati venire, et quæ vellent, exponere possent; certumque ei rei tempus constituitur. Quo quum esset postero die ventum, magna utrimque multitudo convenit; magnaque erat ejus rei exspectatio, atque omnium intenti animi ad pacem esse videbantur. Qua ex frequentia T. Labienus prodit, submissa oratione loqui de pace, atque altercari cum Vatinio incipit. Quorum mediam orationem interrumpunt undique subito tela

terrompus par une grêle de traits partie de tous côtés. Vatinius en fut garanti par les boucliers de ses soldats; mais plusieurs furent blessés, entre autres les centurions Cornélius Balbus, M. Plotius, L. Tiburtius, et quelques soldats. « Cessez, dit alors Labiénus, de parler d'accommodement; car pour nous il ne peut y avoir de paix que quand on nous apportera la tête de César. »

XX. Dans ce même temps, à Rome, le préteur M. Célius Rufus, ayant pris en main la cause des débiteurs, avait, dès son entrée en charge, établi son tribunal tout contre le siége de C. Trebonius, préteur de la ville, et promettait de soutenir quiconque en appellerait à lui de l'estimation et des paiements ordonnés par les arbitres que César avait institués avant son départ. Mais, grâces à l'équité même du décret et à l'humanité de Trébonius, qui se conduisait, dans l'exécution, avec une modération et une douceur bien convenables aux circonstances, il ne se trouva personne qui eût la fantaisie de réclamer. Car, se refuser à payer ce que l'on doit, en prétextant la pauvreté ou le malheur des temps, et les pertes qu'on a faites, et les difficultés de la vente, c'est déjà d'une âme petite; mais quelle petitesse, ou mieux, quelle impudence n'y a-t-il pas à prétendre conserver ses propriétés tout en avouant ses dettes? Il n'y eut donc personne qui songeât à en appeler, et Célius fut désapprouvé par ceux-là mêmes dont il avait embrassé la cause. Cependant il ne s'en tint pas là; et, pour ne pas paraître reculer dans cette entreprise honteuse, il proposa une loi qui accordait aux débiteurs le sursis d'un an sans intérêts.

XXI. Comme le consul Servilius et les autres magistrats s'y opposaient, Célius, voyant que le succès ne répondait pas à son attente, et voulant se concilier les esprits, retira cette première loi, et, à la place, en proposa deux autres: l'une, qui exemptait les locataires du paiement du loyer de l'année; l'autre, qui prononçait l'abolition des dettes. En même temps, la multitude s'étant jetée sur C. Trébonius, l'arracha de son tribunal; il y eut même plusieurs citoyens de blessés. Le consul Servilius en fit son rapport au sénat, et le sénat déclara Célius incapable d'exercer aucun emploi public. En vertu de ce décret, le consul lui défendit l'entrée du sénat et le fit descendre de la tribune d'où il voulait haranguer le peuple. Alors, outré de honte et de dépit, il feignit publiquement de se rendre auprès de César; mais en secret il dépêcha des messagers à Milon, qui avait été exilé pour avoir tué Clodius, l'appela en Italie, où il restait encore à Milon quelques-uns de ces gladiateurs qu'il avait employés dans les jeux donnés par lui, l'attacha à ses intérêts, et l'envoya en avant dans le Thurinum pour y soulever les pâtres. Pour lui il alla à Casilinum[1]; mais on avait déjà saisi à Capoue ses enseignes et ses armes, sur les soupçons qu'avaient inspirés plusieurs de ses esclaves rassemblés à Naples; et, comme on découvrit ses desseins, on lui ferma les portes de la ville. Voyant que Capoue avait pris les armes et se disposait à le traiter en ennemi, il eut peur, abandonna son projet, et prit une autre route.

XXII. Cependant Milon écrivait aux villes mu-

[1] Ville de Campanie.

---

immissa, quæ ille obtectus armis militum vitavit. Vulnerantur tamen complures; in his Cornelius Balbus, M. Plotius, L. Tiburtius centuriones, militesque nonnulli. Tum Labienus : « Desinite ergo de compositione loqui : nam nobis, nisi Cæsaris capite relato, pax esse nulla potest.

XX. Iisdem temporibus Romæ M. Cœlius Rufus prætor, causa debitorum suscepta, initio magistratus tribunal suum juxta C. Trebonii prætoris urbani sellam collocavit; et si quis appellasset de æstimatione et de solutionibus, quæ per arbitrium fierent, ut Cæsar præsens constituerat, fore auxilio pollicebatur. Sed fiebat æquitate decreti, et humanitate Trebonii, qui his temporibus clementer et moderate jus dicendum existimabat, ut reperiri non possent, a quibus initium appellandi nasceretur. Nam fortasse inopiam excusare, et calamitatem aut propriam suam aut temporum queri, et difficultates auctionandi proponere, etiam mediocris est animi; integras vero tenere possessiones, qui se debere fateantur, cujus animi, aut cujus impudentiæ est? Itaque, hoc qui postularet, reperiebatur nemo : atque ipsis, ad quorum commodum pertinebat, durior inventus est Cœlius : et ab hoc profectus initio, ne frustra ingressus turpem causam videretur, legem promulgavit, ut sexies seni dies sine usuris creditæ pecuniæ solvantur.

XXI. Quum resisteret Servilius consul, reliquæque magistratus, et minus opinione sua efficeret; ad hominum excitanda studia, sublata priore lege, duas promulgavit; unam, qua mercedes habitationum annuas conductoribus donavit; alteram tabularum novarum; impetuque multitudinis in C. Trebonium facto, et nonnullis vulneratis, eum de tribunali deturbavit. De quibus rebus Servilius consul ad senatum retulit, senatusque Cœlium ab republica removendum censuit. Hoc decreto eum consul senatu prohibuit, et concionari conantem de rostris deduxit. Ille, ignominia et dolore permotus, palam se proficisci ad Cæsarem simulavit; clam, nunciis ad Milonem missis (qui, Clodio interfecto, eo nomine erat damnatus), atque eo in Italiam evocato, quod, magnis muneribus datis, gladiatoriæ familiæ reliquias habebat, sibi conjunxit, atque eum in Thurinum ad sollicitandos pastores præmisit. Ipse quum Casilinum venisset, unoque tempore signa ejus militaria atque arma Capuæ essent comprehensa, et familia Neapoli visa, atque proditio oppidi appareret; patefactis consiliis, exclusus Capua, et periculum veritus, quod conventus arma ceperat, atque eum hostis loco habendum existimabat, consilio destitit, atque eo itinere sese avertit.

XXII. Interim Milo, dimissis circum municipa litte-

nicipales, qu'il n'agissait que par le commandement exprès de Pompée, dont les ordres lui avaient été portés par Bibulus, et il cherchait à soulever ceux qu'il croyait chargés de dettes. Ne pouvant réussir à rien, il délivra de prison quelques esclaves, et vint, à leur tête, assiéger Cosa (8), ville du Thurinum. Le préteur Q. Pédius était là avec une légion (9). Une pierre lancée de dessus la muraille atteignit Milon et le tua. A l'égard de Célius, qui était parti, disait-il, pour aller joindre César, il arriva a Thurrium [1], où il chercha à corrompre quelques-uns des habitants; ayant voulu séduire, par des offres d'argent, des cavaliers gaulois et espagnols que César avait mis en garnison dans cette ville, il fut tué par eux. Ainsi ces semences de nouveaux troubles, qui, à cause de l'empêchement des magistrats et de l'embarras des circonstances, avaient alarmé l'Italie, furent étouffées promptement et sans peine.

XXIII. Libon étant parti d'Oricum avec une flotte de cinquante vaisseaux qu'il commandait, vint à Brindes et s'empara d'une île située à l'entrée du port de cette ville, pensant qu'il valait mieux avoir le seul passage par où nos vaisseaux pussent sortir, que de tenir fermés toutes les côtes et tous les ports. Étant arrivé sans qu'on s'y attendît, il surprit quelques vaisseaux de charge qu'il brûla, en emmena un chargé de blé et jeta la terreur parmi nos troupes : il mit à terre, pendant la nuit, des soldats et des archers, chassa notre poste de cavalerie, et il sut

[1] Sur le golfe de Tarente.

si bien tirer parti de cette position, qu'il osa mander à Pompée que, si celui-ci voulait, il pouvait mettre à sec et faire radouber les autres vaisseaux; qu'avec sa flotte seule il intercepterait les convois de César.

XXIV. Antoine était alors à Brindes. Comptant sur la valeur des soldats, il fit garnir de claies et de parapets environ soixante chaloupes de grands vaisseaux, y embarqua des hommes d'élite, et les plaça en divers endroits le long de la côte; ensuite il envoya à l'entrée du port deux trirèmes construites à Brindes, comme pour exercer les rameurs. Libon ne les eut pas plutôt vues s'avancer si hardiment que, dans l'espoir de les prendre, il détacha contre elles cinq galères à quatre rangs de rames. A leur approche nos vétérans se retirèrent vers le port; les autres, entraînés par leur ardeur, eurent l'imprudence de les suivre. Soudain, à un signal donné, les chaloupes d'Antoine s'élancèrent de toutes parts; du premier choc elles prirent une de leurs galères avec tous les rameurs et tous les soldats qui la montaient, et obligèrent les autres à fuir honteusement. Pour surcroît de disgrâce, les postes de cavalerie qu'Antoine avait disposés le long de la côte les empêchèrent de faire de l'eau. Libon, désespéré et confus, quitta Brindes et laissa le port libre.

XXV. Plusieurs mois s'étaient déjà écoulés; l'hiver approchait de sa fin, et les vaisseaux et les légions que César attendait de Brindes n'arrivaient point. Il lui semblait que plusieurs occasions favorables avaient été manquées; car plus

---

ris, ea, quæ faceret, jussu atque imperio facere Pompeii, quæ mandata ad se per Bibulum delata essent, quos ex ære alieno laborare arbitrabatur, sollicitabat. Apud quos quum proficere nihil posset, quibusdam solutis ergastulis, Cosam in agro Thurino oppugnare cœpit. Eo quum a Q. Pedio prætore cum legione lapide ictus ex muro, periit; et Cœlius, profectus, ut dicitabat, ad Cæsarem, pervenit Thurios: ubi, quum quosdam ejus municipii sollicitaret, equitibusque Cæsaris Gallis atque Hispanis, qui eo præsidii causa missi erant, pecuniam polliceretur, ab iis est interfectus. Ita magnarum initia rerum, quæ occupatione magistratuum et temporum sollicitam Italiam habebant, celerem et facilem exitum habuerunt.

XXIII. Libo, profectus ab Orico cum classe, cui præerat, navium quinquaginta, Brundisium venit, insulamque, quæ contra Brundisinum portum est, occupavit; quod præstare arbitrabatur, unum locum, qua necessarius nostris erat egressus, quam omnium littora ac portus custodia clausos teneri. Hic repentino adventu naves onerarias quasdam nactus incendit, et unam frumento onustam abduxit, magnumque nostris terrorem injecit, et noctu militibus et sagittariis in terram expositis, præsidium equitum dejecit, et adeo loci opportunitate profecit, uti ad Pompeium litteras mitteret, « naves reliquas, si vellet, subduci et refici juberet : sua classe auxilia sese Cæsaris prohibiturum. »

XXIV. Erat eo tempore Antonius Brundisii; qui, virtuti militum confisus, scaphas navium magnarum circiter LX cratibus pluteisque contexit, eoque milites delectos imposuit, atque eas in littore pluribus locis separatim disposuit, navesque triremes duas, quas Brundisii faciendas curaverat, per causam exercendorum remigum ad fauces portus prodire jussit. Has quum audacius progressas Libo vidisset, sperans intercipi posse quadriremes quinque ad eas misit. Quæ quum navibus nostris appropinquassent, nostri veterani in portum refugiebant : illi, studio incitati, incautius sequebantur. Jam ex omnibus partibus subito Antonianæ scaphæ, signo dato, se in hostes incitaverunt, primoque impetu unam ex his quadriremem cum remigibus defensoribusque suis ceperunt, reliquas turpiter refugere coegerunt. Ad hoc detrimentum accessit, ut, equitibus per oram maritimam ab Antonio dispositis, aquari prohiberentur. Qua necessitate et ignominia permotus Libo, discessit a Brundisio, obsessionemque nostrorum omisit.

XXV. Multi jam menses transierant, et hiems jam præcipitaverat, neque Brundisio naves legionesque ap Cæsarem veniebant : ac nonnullæ ejus rei prætermissæ occasiones Cæsari videbantur, quod certe sæpe flaverant

d'une fois, à son sens, on avait eu de bons vents pour se mettre en mer : et plus le temps avançait, plus les chefs de la flotte ennemie étaient sur leurs gardes et se flattaient d'empêcher l'abordage. Pompée ne cessait de leur écrire pour les gourmander, leur disant que s'ils avaient laissé passer César, ils empêchassent du moins le reste de ses troupes de le joindre ; et ceux-ci attendaient que les vents s'adoucissent et que la saison devînt moins favorable à la rapidité des transports. Justement inquiet, César écrivit à Brindes aux commandants de la flotte, leur enjoignant de partir par le premier bon vent, de diriger leur route vers la côte d'Apollonia, et de tout faire pour y échouer. Cette côte était moins bien gardée que les autres, l'ennemi n'osant pas trop s'éloigner de ses ports.

XXVI. Ceux-ci, enhardis et encouragés par ces lettres, pressés par M. Antoine et Fufius Calenus, animés par les soldats qui ne se refusaient à aucun danger pour le salut de César, mettent à la voile à la faveur d'un vent du midi, et passent le lendemain à la vue d'Apollonia et de Dyrrachium. Dès qu'on les aperçut du rivage, C. Coponius, qui commandait la flotte de Rhodes à Dyrrachium, la fit sortir du port ; secondés par le vent qui avait baissé, ils allaient nous atteindre, lorsque le vent du midi se remit à souffler avec plus de force et nous sauva. Malgré cela, Coponius s'opiniâtra à nous poursuivre, espérant que l'ardeur et la persévérance de ses matelots surmonteraient la violence de la tempête ; et déjà le vent nous avait portés au-delà de Dyrrachium, qu'il nous suivait encore. Les nôtres, qui jusqu'alors avaient eu pour eux la fortune, craignaient cependant l'attaque de la flotte si le vent venait à tomber. Ayant trouvé le port appelé Nymphée, à trois mille pas au-dessus de Lissus, ils y relâchèrent. Ce port, assez sûr contre le vent du couchant, n'était pas à couvert du vent du midi ; mais on préféra les périls d'une tempête à la chance d'une rencontre. Du reste, à peine y fut-on entré que, par un bonheur incroyable, le vent, qui depuis deux jours soufflait du midi, tourna tout d'un coup à l'occident.

XXVII. On put voir alors un soudain changement de fortune. Ceux qui naguère craignaient pour leur salut se trouvaient dans le port le plus tranquille, et ceux qui avaient menacé nos vaisseaux étaient forcés de trembler pour eux-mêmes. Ainsi, le vent ayant changé, la tempête garantit notre flotte et dispersa celle de Rhodes : toutes ces galères, au nombre de seize, échouèrent contre la côte et périrent ; et, d'un grand nombre de rameurs et de combattants qu'elles portaient, les uns furent écrasés contre les rochers, les autres recueillis par nos gens. Tous ceux qu'on put sauver furent renvoyés dans leurs foyers par César.

XXVIII. Deux de nos vaisseaux, qui étaient restés en arrière et que la nuit avait surpris, ignorant la route que les autres avaient tenue, jetèrent l'ancre devant Lissus [1]. Otacilius Crassus, qui commandait dans cette ville, prépara un grand nombre de petites barques et de chaloupes pour

[1] Aujourd'hui Alessio en Albanie.

---

venti, quibus necessario committendum existimabat : quantoque ejus amplius processerat temporis, tanto erant alacriores ad custodias, qui classibus præerant; majorem fiduciam prohibendi habebant, et crebris Pompeii litteris castigabantur, quoniam primo venientem Cæsarem non prohibuissent, ut reliquos ejus exercitus impedirent: duriusque quotidie tempus ad transportandum, lenioribus ventis, exspectabant. Quibus rebus permotus Cæsar Brundisium ad suos severius scripsit, nacti idoneum ventum ne occasionem navigandi dimitterent, si vel ad littora Apolloniatium cursum dirigere, atque eo naves ejicere possent. Hæc a custodiis classium loca maxime vacabant, quod se longius a portibus committere non auderent.

XXVI. Illi, adhibita audacia et virtute, administrantibus M. Antonio et Fufio Caleno, multum ipsis militibus hortantibus, neque ullum periculum pro salute Cæsaris recusantibus, nacti austrum, naves solvunt, atque altera die Apolloniam Dyrrachiumque prætervehuntur. Qui cum essent ex continenti visi, C. Coponius, qui Dyrrachii classi Rhodiæ præerat, naves ex portu educit; et quum jam nostris remissiore vento appropinquassent, idem auster increbuit, nostrisque præsidio fuit. Neque vero ille ob eam causam conatu desistebat; sed labore et perseverantia nautarum se vim tempestatis superare posse sperabat, prætervectosque Dyrrachium magna vi venti nihilo secius sequebatur. Nostri, usi fortunæ beneficio, tamen impetum classis timebant, si forte ventus remisisset. Nacti portum, qui appellatur Nymphæum, ultra Lissum millia passuum tria, eo naves introduxerunt (qui portus ab africo tegebatur, ab austro non erat tutus), leviusque tempestatis, quam classis, periculum æstimaverunt. Quo simul atque intus est itum, incredibili felicitate auster, qui per biduum flaverat, in africum se vertit.

XXVII. Hic subitam commutationem fortunæ videre licuit. Qui modo sibi timuerant, hos tutissimus portus recipiebat : qui nostris navibus periculum intulerant, de suo timere cogebantur. Itaque, tempore commutato, tempestas et nostros texit, et naves Rhodias afflixit, ita, ut ad unam omnes constratæ, numero XVI, eliderentur, et naufragio interirent, et ex magno remigum propugnatorumque numero pars ad scopulos allisa interficeretur, pars ab nostris detraheretur : quos omnes conservatos Cæsar domum remisit.

XXVIII. Nostræ naves duæ, tardius cursu confecto, in noctem conjectæ, quum ignorarent, quem locum reliquæ cepissent, contra Lissum in ancoris constiterunt. Has, scaphis minoribusque navigiis compluribus submissis, Otacilius Crassus, qui Lissi præerat, expugnare

aller les combattre ; en même temps il les invitait à se rendre, et leur promettait toute sûreté. L'un de ces vaisseaux portait deux cent vingt soldats de nouvelles levées; l'autre, environ deux cents hommes tirés d'une légion de vétérans. On vit alors de quel secours peut être le courage. Les soldats de nouvelles levées, effrayés de cette multitude de vaisseaux, et fatigués par la mer, se rendirent à Otacilius, sous promesse qu'il ne leur serait fait aucun mal. A peine furent-ils en sa présence, qu'au mépris de sa parole, il les fit tous massacrer sous ses yeux. Mais les vétérans, quoique également fatigués de la tempête et des suites de la navigation, n'eurent pas l'idée de démentir leur ancienne valeur; ils tâchèrent seulement de gagner du temps, en feignant de vouloir capituler et de discuter les conditions; puis, à la faveur de la nuit, ils obligèrent leur pilote à aller échouer sur la côte, et là, ayant gagné un poste avantageux, ils y passèrent le reste de la nuit. Au point du jour Otacilius envoya contre eux environ quatre cents cavaliers, qui gardaient cette partie de la côte, appuyés d'un certain nombre de soldats de la garnison ; ils se défendirent vaillamment, et, après en avoir tué plusieurs, rejoignirent nos troupes sans aucune perte.

XXIX. Alors, les citoyens romains établis à Lissus, auxquels César avait confié cette place, après l'avoir fait fortifier, reçurent Antoine, et l'aidèrent de toutes choses. Otacilius, effrayé, s'enfuit de la ville et se retira vers Pompée. Après avoir mis à terre toutes ses troupes, qui consistaient en trois légions de vétérans, en une autre de nouvelles levées, et huit cents chevaux, Antoine renvoya la plupart de ses vaisseaux en Italie pour ramener le reste de la cavalerie et de l'infanterie ; il ne retint à Lissus que quelques embarcations gauloises, afin que si, comme le bruit en courait, Pompée venait à passer en Italie, la croyant dégarnie de troupes, César eut le moyen de l'y suivre. Il eut soin aussi de le faire avertir, sans retard, du lieu où il était débarqué et du nombre de soldats qu'il avait amenés.

XXX. César et Pompée surent la chose presque en même temps. Ils avaient vu la flotte passer devant Apollonia et Dyrrachium, et avaient suivi par terre la même direction ; mais, pendant les premiers jours, tous deux ignorèrent en quel lieu les troupes avaient débarqué. Quand ils en furent instruits, chacun de son côté prit ses mesures, César pour joindre Antoine au plus tôt, Pompée pour s'opposer à leur jonction et tâcher de les surprendre. Tous deux sortirent le même jour de leur camp et s'éloignèrent de l'Apsus avec leurs troupes, Pompée secrètement et de nuit, César ouvertement et en plein jour. Mais César était forcé de faire un long détour, et de remonter le fleuve pour pouvoir le passer à gué; Pompée, qui avait le chemin libre et point de fleuve à passer, marchait à grandes journées contre Antoine, et, ayant su qu'il approchait, il choisit un poste avantageux, il plaça ses troupes, les contint dans le camp, et

parabat : simul de deditione eorum agebat, et incolumitatem deditis pollicebatur. Harum altera navis ducentos viginti ex legione tironum sustulerat : altera ex veterana paulo minus ducentos. Hic cognosci licuit, quantum esset hominibus præsidii in animi fortitudine. Tirones enim, multitudine navium perterriti, et salo nauseaque confecti, jurejurando accepto, nihil iis nocituros hostes, se Otacilio dediderunt : qui omnes, ad eum producti, contra religionem jurisjurandi in ejus conspectu crudelissime interficiuntur. At veteranæ legionis milites, item conflictati et tempestatis et sentinæ vitiis, neque ex pristina virtute remittendum aliquid putaverunt; sed, tractandis conditionibus et simulatione deditionis extracto primo noctis tempore, gubernatorem in terram navem ejicere cogunt; ipsi, idoneum locum nacti, reliquam noctis partem ibi confecerunt, et luce prima, missis ad eos ab Otacilio equitibus, qui eam partem oræ m ritimæ asservabant, circiter CD, quique eos armati ex præsidio secuti sunt, se defenderunt, et nonnullis eorum interfectis, incolumes se ad nostros receperunt.

XXIX. Quo facto, conventus civium romanorum, qui Lissum obtinebant, quod oppidum iis antea Cæsar attribuerat, muniendumque curaverat, Antonium recepit, omnibusque rebus juvit. Otacilius, sibi timens, oppido fugit, et ad Pompeium pervenit. Expositis omnibus copiis Antonius, quarum erat summa veteranorum trium legionum, uniusque tironum, et equitum DCCC, plerasque naves in Italiam remittit ad reliquos milites equitesque transportandos : pontones, quod est genus navium Gallicarum, Lissi relinquit, hoc consilio, ut si forte Pompeius, vacuam existimans Italiam, eo transjecisset exercitum, quæ opinio erat edita in vulgus, aliquam Cæsar ad insequendum facultatem haberet; nunciosque ad eum celeriter mittit, quibus regionibus exercitum exposuisset, et quid militum transvexisset.

XXX. Hæc eodem fere tempore Cæsar atque Pompeius cognoscunt: nam prætervectas Apolloniam Dyrrachiumque naves viderant; ipsi iter secundum eas terra direxerant; sed quo essent eæ delatæ, primis diebus ignorabant : cognitaque re, diversa sibi ambo consilia capiunt : Cæsar, ut quam primum se cum Antonio conjungeret; Pompeius, ut venientibus in itinere se opponeret, si imprudentes ex insidiis adoriri posset : eodemque die uterque eorum ex castris stativis a flumine Apso exercitum educunt; Pompeius clam et noctu, Cæsar palam atque interdiu. Sed Cæsari circuitu majore iter erat longius, adverso flumine, ut vado transire posset : Pompeius, quia expedito itinere flumen ei transeundum non erat, magnis itineribus ad Antonium contendit. atque, eum ubi appropinquare cognovit, idoneum locum nactus, ibi copias collocavit, suosque omnes castris con-

défendit qu'on allumât des feux, afin de mieux cacher son arrivée. Antoine en fut aussitôt averti par des Grecs. Il dépêcha vers César, et ne sortit point ce jour-là de son camp. Le lendemain César le joignit. Pompée ne l'eut pas plus tôt appris, que, craignant d'être enfermé entre deux armées, il quitta la place, se retira avec toutes ses troupes vers Asparagium[1], et y campa dans un poste avantageux.

XXXI. A cette époque, Scipion, pour prix de quelques échecs essuyés vers le mont Amanus[2], s'était adjugé le titre d'*Imperator*. Après cela, il tira de grandes sommes des villes et des tyrans de ces contrées; il exigea des receveurs publics le paiement de deux années qui étaient échues, les obligea à lui avancer le revenu de l'année suivante, par forme d'emprunt, et leva de la cavalerie dans toute la province. Lorsqu'elle fut rassemblée, laissant derrière lui les Parthes, ses plus proches ennemis, qui venaient de tuer le général M. Crassus et d'assiéger Bibulus, il quitta la Syrie avec sa cavalerie et ses légions, et il entra dans la province où l'on redoutait une irruption des Parthes; et comme les soldats disaient assez hautement qu'ils marcheraient contre l'ennemi si on les y menait, mais qu'ils ne porteraient point les armes contre un citoyen romain et un consul, Scipion, pour s'attacher les troupes, les mit en quartiers d'hiver à Pergame et dans les villes les plus riches, leur fit de grandes largesses, et leur accorda le pillage de plusieurs cités.

[1] Ville de Macédoine entre Durazzo et Apollonie. — [2] En Syrie.

XXXII. Cependant les sommes auxquelles il avait imposé la province étaient exigées partout avec la dernière rigueur; il imaginait toutes sortes de moyens pour assouvir son avarice. Un jour il mettait une taxe sur les esclaves et sur les hommes libres; le lendemain il commandait qu'on lui fournît du blé, des soldats, des rameurs, des armes, des machines, des chariots; enfin, tout ce qui avait un nom lui servait de prétexte pour arracher de l'argent. Il établit des gouverneurs, non-seulement dans les villes, mais dans presque tous les villages et les châteaux; et le plus inhumain, le plus cruel d'entre eux passait pour l'homme le plus digne et le meilleur citoyen. La province était remplie de licteurs, d'agents, d'exacteurs de toute espèce, qui, outre les sommes imposées, en exigeaient encore d'autres pour leur propre compte. Ils disaient que, chassés de leurs maisons et de leur patrie, ils étaient dénués de tout, et couvraient ainsi d'un prétexte honnête l'infamie de leur conduite. Ajoutez à cela l'énormité des usures, malheur assez commun en temps de guerre, à cause du grand nombre des impôts: on en était venu là qu'un délai d'un jour était considéré comme une faveur. Aussi, les dettes de la province s'accrurent singulièrement dans ces deux années Des contributions arbitraires n'en furent pas moins levées, non pas seulement sur les citoyens romains qui habitaient cette province, mais sur chaque corps, sur chaque ville: on disait que c'était un emprunt ordonné par le sénat. On força les receveurs publics, comme on avait fait en Syrie, d'avancer le revenu de l'année suivante.

tinuit, ignesque fieri prohibuit, quo occultior esset ejus adventus. Hæc ad Antonium statim per Græcos deferuntur. Ille, missis ad Cæsarem nunciis, unum diem sese castris tenuit: altero die ad eum pervenit Cæsar. Cujus adventu cognito, Pompeius, ne duobus circumcluderetur exercitibus, ex eo loco discedit, omnibusque copiis ad Asparagium Dyrrachinorum pervenit, atque ibi idoneo loco castra ponit.

XXXI. His temporibus Scipio, detrimentis quibusdam circa montem Amanum acceptis, sese imperatorem appellaverat. Quo facto, civitatibus tyrannisque magnas imperaverat pecunias: item a publicanis suæ provinciæ debitam biennii pecuniam exegerat, et ab eisdem insequentis anni mutuam præceperat, equitesque toti provinciæ imperaverat. Quibus coactis, finitimis hostibus Parthis post se relictis, qui paullo ante M. Crassum imperatorem interfecerant, et M. Bibulum in obsidione habuerant, legiones equitesque ex Syria deduxerat; summaque in sollicitudine ac timore Parthici bellici in provinciam quum venisset, ac nonnullæ militum voces tum audirentur, « sese, contra hostem si ducerentur, ituros, contra civem et consulem arma non laturos; » deductis Pergamum atque in locupletissimas urbes in hiberna legionibus, maximas largitiones fecit, et confir-

mandorum militum causa diripiendas iis civitates dedit.

XXXII. Interim acerbissime imperatæ pecuniæ tota provincia exigebantur: multa præterea generatim ad avaritiam excogitabantur. In capita singula servorum ac liberorum tributum imponebatur: columnaria, ostiaria, frumentaria, milites, remiges, arma, tormenta, vecturæ imperabantur: cujus modi rei nomen reperiri poterat, hoc satis esse ad cogendas pecunias videbatur. Non solum urbibus, sed pene vicis castellisque singulis cum imperio præficiebantur. Qui horum quid acerbissime crudelissimeque fecerat, is et vir et civis optimus habebatur. Erat plena lictorum et imperiorum provincia; differta præceptis atque exactoribus, qui, præter imperatas pecunias, suo etiam privato compendio serviebant: dictitabant enim, se, domo patriaque expulsos, omnibus necessariis egere rebus, ut honesta præscriptione rem turpissimam tegerent. Accedebant ad hæc gravissimæ usuræ, quod in bello plerumque accidere consuevit, universis imperatis pecuniis: quibus in rebus prolationem diei donatiouem esse dicebant. Itaque æs alienum provinciæ eo biennio multiplicatum est. Neque minus ob eam causam civibus romanis ejus provinciæ [sed] in singulos conventus singulasque civitates certæ pecuniæ imperabantur, mutuasque illas ex S. C. exigi dictitabant: publicanis, uti in

XXXIII. En outre, Scipion donna l'ordre qu'on enlevât les trésors déposés depuis tant d'années dans le temple de Diane, à Éphèse, ainsi que toutes les statues de la déesse. Il s'était déjà rendu dans le temple, accompagné de plusieurs sénateurs qu'il avait appelés, lorsqu'on lui remit des lettres de Pompée, qui l'avertissait que César avait passé la mer avec ses légions, et qui lui prescrivait de tout laisser et de venir le joindre au plus tôt avec les troupes. Sur cette nouvelle, il renvoya ceux qu'il avait convoqués, fit ses préparatifs pour passer en Macédoine, et partit peu de jours après. Cet incident sauva le trésor d'Éphèse.

XXXIV. César, ayant joint l'armée d'Antoine, et ayant retiré d'Oricum la légion qu'il avait laissée pour garder la côte, crut devoir aller en avant sonder les dispositions des provinces; et, comme des députés de Thessalie et d'Étolie étaient venus l'assurer que ces peuples étaient prêts à lui obéir s'il leur envoyait des troupes, César dépêcha en Thessalie L. Cassius Longinus avec la vingt-septième légion nouvellement levée et deux cents chevaux, et C. Calvisius Sabinus en Étolie avec cinq cohortes et quelque cavalerie : ces provinces, étant fort proches, il leur recommanda instamment, à l'un et à l'autre, d'avoir soin de lui envoyer des vivres. En même temps il fait partir pour la Macédoine Cn. Domitius Calvinus avec cinq cents chevaux et deux légions, la onzième et la douzième. Ceux de cette province qui habitent la partie appelée Libre, lui avaient envoyé Ménédème, leur chef, pour l'assurer des excellentes dispositions de tout le pays.

XXXV. Calvisius, à son arrivée, fut très-bien reçu des Étoliens, et, après avoir chassé les garnisons que Pompée avait mises dans Calydon et dans Naupacte, il se vit maître de toute l'Étolie. Cassius arriva en Thessalie avec sa légion. Comme il y avait là deux factions, il y trouva des sentiments divers. Hégésarète, personnage depuis longtemps en possession du pouvoir, favorisait le parti de Pompée : Pétréius, jeune homme de haute naissance, soutenait de tous ses moyens et de ceux de ses amis le parti de César.

XXXVI. Dans le même temps, Domitius arriva en Macédoine : et, tandis que toutes les villes s'empressaient de lui envoyer des députés, on annonça que Scipion approchait avec ses légions, ce qui saisit vivement les esprits; car on se fait par avance une grande idée de tout ce qui est nouveau. Scipion, sans s'arrêter en aucun endroit de la Macédoine, marcha d'abord contre Domitius; mais quand il en fut à vingt mille pas, il se tourna tout d'un coup contre Cassius Longinus, en Thessalie. Ce mouvement fut si prompt, que l'on n'apprit sa marche que par son arrivée. Afin de n'être pas retardé en chemin, il avait laissé M. Favonius près du fleuve Haliacmon [1]; qui sépare la Macédoine de la Thessalie, avec huit cohortes et le bagage, en lui ordonnant d'y construire un fort. En même temps la cavalerie du

[1] Aujourd'hui le Plalamone.

Syria fecerant insequentis anni vectigal promutuum.

XXXIII. Præterea Ephesi a fano Dianæ depositas antiquitus pecunias Scipio tolli jubebat, cæterasque ejus deæ statuas : quum in fanum ventum esset, adhibitis compluribus senatorii ordinis, quos advocaverat Scipio, litteræ ei redduntur a Pompeio, « mare transiisse cum legionibus Cæsarem : properaret ut se cum exercitu venire, omniaque posthaberet. » His litteris acceptis, quos advocaverat, dimittit : ipse iter in Macedoniam parare incipit, paucisque post diebus est profectus. Hæc res Ephesiæ pecuniæ salutem attulit.

XXXIV. Cæsar, Antonii exercitu conjuncto, deducta Orico legione, quam tuendæ oræ maritimæ causa posuerat, tentanda sibi provincias, longiusque procedendum existimabat; et quum ad eum ex Thessalia Ætoliaque legati venissent, qui præsidio misso pollicerentur, earum gentium civitates imperata facturas, L. Cassium Longinum cum legione tironum, quæ appellabatur XXVII, atque equitibus CC in Thessaliam, et C. Calvisium Sabinum cum cohortibus V paucisque equitibus in Ætoliam misit ; maximeque eos, quod erant propinquæ regiones, de re frumentaria ut providerent, hortatus est. Cn. Domitium Calvinum cum legionibus duabus, XI et XII, et equitibus D in Macedoniam proficisci jubet : cujus provinciæ ab ea parte, quæ Libera appellatur, Menedemus, princeps earum regionum, missus legatus, omnium suorum excellens studium profitebatur.

XXXV. Ex iis Calvisius, primo adventu summa omnium Ætolorum receptus voluntate, præsidiis adversariorum Calydone et Naupacto rejectis, omni Ætolia potitus est. Cassius in Thessaliam cum legione pervenit. Hic quum essent factiones duæ, varia voluntate civitatum utebatur. Hegesaretus, veteris homo potentiæ, Pompeianis rebus studebat : Petreius, summa nobilitatis adolescens, suis ac suorum opibus Cæsarem enixe juvabat.

XXXVI. Eodemque tempore Domitius in Macedoniam venit : et ad eum cum frequentes civitatum legationes convenire cœpissent, nuntiatum est, adesse Scipionem cum legionibus, magna et opinione et fama omnium : nam plerumque in novitate fama antecedit. Hic nullo in loco Macedoniæ moratus, magno impetu contendit ad Domitium, et quum ab eo millia passuum XX abfuisset, subito se ad Cassium Longinum in Thessaliam convertit. Hoc adeo celeriter fecit, ut simul adesse et venire nuntiaretur : et quo iter expeditius faceret, M. Favonium ad flumen Haliacmonem, quod Macedoniam a Thessalia dividit, cum cohortibus VIII præsidio impedimentis legionum reliquit, castellumque ibi muniri jussit. Eodem tempore equitatus regis Cotys ad castra Cassii advolavit, qui circum Thessaliam esse consueverat. Tum timore perterritus Cassius, cognito Scipionis adventu,

roi Cotys, qui avait accoutumé de rôder autour de la Thessalie, parut à la vue du camp de Cassius. Celui-ci, effrayé de voir cette cavalerie qu'il croyait celle de Scipion, dont il savait l'arrivée, gagna les montagnes qui ceignent la Thessalie et marcha de là vers Ambracie [1]. Scipion se pressait de le suivre, lorsqu'il apprit, par des lettres de M. Favonius, que Domitius était arrivé avec ses légions, et que lui Favonius ne pouvait tenir sans secours. A cette nouvelle Scipion change de chemin et de projet; il cesse de suivre Cassius, et se hâte d'aller secourir Favonius. Aussi, après avoir marché jour et nuit, il arriva si à propos que ses coureurs se montrèrent au moment même où l'on aperçut la poussière soulevée par l'armée de Domitius. Ainsi Cassius dut son salut à l'habileté de Domitius, et Favonius dut le sien à la diligence de Scipion.

XXXVII. Scipion demeura deux jours campé sur la rivière qui coulait entre son camp et celui de Domitius; le troisième, au point du jour, il traversa à gué l'Haliacmon, campa de ce côté, et le lendemain rangea ses troupes en bataille à la tête du camp. Domitius, alors, résolut, lui aussi, de former ses légions et de combattre. Comme il y avait entre les deux armées une plaine d'environ six mille pas, Domitius s'approcha du camp de Scipion; mais celui-ci ne voulut jamais s'éloigner de ses retranchements. Domitius eut beaucoup de peine à empêcher ses troupes d'attaquer; toutefois il en vint à bout, secondé par un ravin profond qui couvrait le camp de Scipion et en rendait l'accès impossible. Témoin de l'ardeur de nos troupes et de leur empressement à combattre, Scipion craignit d'être obligé le lendemain de livrer bataille contre son gré, ou de se tenir honteusement renfermé dans son camp, après avoir donné en venant une si haute idée de lui; sa démarche téméraire finit par une retraite déshonorante; il repassa le fleuve de nuit, sans même avoir fait sonner le départ, retourna au même lieu d'où il était venu, et campa près du fleuve sur une hauteur. Quelques jours après, il dressa, la nuit, une embuscade de cavalerie dans un endroit où les nôtres avaient coutume d'aller au fourrage. Q. Varus, commandant de la cavalerie de Domitius, y étant venu à l'ordinaire, ils se montrèrent tout à coup; mais nos soldats soutinrent bravement le choc, reprirent bientôt chacun son rang, et tombèrent tous ensemble sur l'ennemi. Ils en tuèrent environ quatre-vingts, mirent le reste en fuite, et rentrèrent dans le camp sans avoir perdu que deux hommes.

XXXVIII. Sur ces entrefaites, Domitius espérant attirer Scipion au combat, feignit d'être obligé de décamper faute de vivres; il donna le signal du départ, selon la coutume militaire, et alla cacher sa cavalerie et ses légions dans un poste avantageux et couvert, qui n'était qu'à trois mille pas. Scipion, qui était disposé à le suivre, envoya à la découverte sa cavalerie et une grande partie de son infanterie légère, pour reconnaître la route; à peine les premiers escadrons furent-ils

[1] Ville d'Épire.

visisque equitibus, quos Scipionis esse arbitrabatur, ad montes se convertit, qui Thessaliam cingunt, atque ex his locis Ambraciam versus iter facere cœpit. At Scipionem, properantem sequi, litteræ sunt consecutæ a M. Favonio, Domitium cum legionibus adesse, neque se præsidium, ubi constitutus esset, sine auxilio Scipionis tenere posse. Quibus litteris acceptis, consilium Scipio iterque commutat; Cassium sequi desistit, Favonio auxilium ferre contendit. Itaque, die ac nocte continuato itinere, ad eum pervenit, tam opportuno tempore, ut simul Domitiani exercitus pulvis cerneretur, et primi antecursores Scipionis viderentur. Ita Cassio industria Domitii, Favonio Scipionis celeritas salutem attulit.

XXXVII. Scipio, biduum castris stativis moratus ad flumen, quod inter eum et Domitii agmen fluebat, Haliacmonem tertio die prima luce exercitum vado traducit, et castris positis, postero die mane copias ante frontem castrorum struit. Domitius tum quoque sibi dubitandum non putavit, quin, productis legionibus, prælio decertaret. Sed, quum esset inter bina castra campus circiter millium passuum sex, Domitius castris Scipionis aciem suam subjecit: ille a vallo non discedere perseveravit: attamen ægre retentis Domitianis militibus, est factum, ne prælio contenderetur; et maxime, quod rivus difficilibus ripis, castris Scipionis subjectus, progressus nostrorum impediebat. Quorum studium alacritatemque pugnandi quum cognovisset Scipio, suspicatus fore, ut postero die aut invitus dimicare cogeretur, aut magna cum infamia castris se continere, qui magna exspectatione venisset, temere progressus turpem habuit exitum, et noctu, ne conclamatis quidem vasis, flumen transit; atque in eamdem partem ex qua venerat, rediit; ibique prope flumen edito natura loco castra posuit. Paucis diebus interpositis, noctu insidias equitum collocavit, quo in loco superioribus fere diebus nostri pabulari consueverant. Et quum quotidiana consuetudine Q. Varus præfectus equitum Domitii, venisset, subito illi ex insidiis consurrexerunt. Sed nostri fortiter eorum impetum tulerunt, celeriterque ad suos quisque ordines rediit, atque ultro universi in hostes impetum fecerunt. Ex his circiter LXXX interfectis, reliquis in fugam conjectis, nostri, duobus amissis, in castra se receperunt.

XXXVIII. His rebus gestis, Domitius sperans Scipionem ad pugnam elici posse, simulavit, sese angustiis rei frumentariæ adductum castra movere; vasisque militari more conclamatis, progressus millia passuum tria loco idoneo et occulto omnem exercitum equitatumque collocavit. Scipio, ad sequendum paratus, equitatum

arrivés à l'embuscade que le hennissement des chevaux excita leurs soupçons ; ils commencèrent à se replier vers ceux des leurs qui les suivaient, et ceux-ci, ayant remarqué cette prompte retraite, firent halte. Les nôtres voyant l'embuscade découverte, au lieu d'attendre vainement le reste de l'armée, enlevèrent deux escadrons, parmi lesquels se trouva M. Opimius, commandant de la cavalerie : tout le reste de ces escadrons fut tué, ou pris et amené captif à Domitius.

XXXIX. César ayant retiré ses garnisons de la côte, comme on l'a dit plus haut, ne laissa que trois cohortes à Oricum, tant pour la garde de la ville que pour celle des galères qu'il avait amenées d'Italie. Il avait confié ce double soin à Acilius, son lieutenant. Celui-ci retira les galères dans le fond du port derrière la ville, et les attacha à terre ; puis, faisant couler bas à l'entrée du port un vaisseau de charge, il y en joignit un autre, sur lequel il éleva une tour qui devait fermer l'entrée du port, et la remplit de soldats pour la défendre contre toute attaque imprévue.

XL. Informé de ce qui se passait, Cn. Pompée le fils, qui commandait la flotte d'Égypte, vint à Oricum, releva à la remorque le vaisseau enfoncé, et attaqua l'autre avec des vaisseaux sur lesquels il avait fait dresser de hautes tours ; de la sorte, il combattait d'un endroit plus élevé, envoyait sans cesse des troupes fraîches pour relever celles qui étaient fatiguées, et attaquait à la fois la ville par terre avec des échelles, et par mer avec sa flotte, afin de partager nos forces. Accablés de fatigue et vaincus par une grêle de traits, les nôtres furent tous obligés de se retirer dans leurs chaloupes : Pompée se rendit ainsi maître du vaisseau. En même temps il se saisit d'une hauteur naturelle qui s'élevait de l'autre côté de la ville, où elle formait une espèce d'île, et, à l'aide de rouleaux et de leviers, il fit glisser des galères à deux rangs jusqu'au fond du port. Il attaqua ainsi des deux côtés nos galères vides et à terre, en prit quatre et brûla le reste. Cela fait, il laissa D. Lélius, qu'il avait tiré de la flotte d'Asie, avec ordre d'empêcher que les convois venant de Bullis et d'Amantia n'entrassent dans la ville ; et pour lui, il se rendit à Lissus, attaqua dans le port trente vaisseaux de charge que M. Antoine y avait laissés, et les brûla tous. Il voulut aussi assiéger la ville ; mais les citoyens romains qui en composaient le conseil, la défendirent de concert avec la garnison de César, et au bout de trois jours, n'ayant pu réussir, il se retira non sans quelque perte.

XLI. César ayant appris que Pompée était près d'Asparagium y marcha avec son armée, prit en chemin la ville des Parthiniens où Pompée avait mis garnison, arriva le troisième jour en Macédoine vers Pompée, et campa près de lui. Le surlendemain il fit sortir toutes ses troupes, les rangea, et présenta la bataille à Pompée. Le voyant rester dans son camp, il fit rentrer ses légions, et jugea à propos de prendre d'autres mesures. En conséquence, le lendemain, il partit avec l'armée pour Dyrrachium, par un grand détour.

---

magnamque partem levis armaturæ ad explorandum iter Domitii et cognoscendum præmisit. Qui quum essent progressi, primæque turmæ insidias intravissent, ex fremitu equorum illata suspicione, ad suos se recipere cœperunt : quique hos sequebantur, celerem eorum receptum conspicati, restiterunt. Nostri, cognitis hosti insidiis, ne frustra reliquos exspectarent, duas nacti turmas exceperunt (in his fuit M. Opimius, præfectus equitum) : reliquos omnes earum turmarum aut interfecerunt, aut captos ad Domitium perduxerunt.

XXXIX. Deductis oræ maritimæ præsidiis, Cæsar, ut supra demonstratum est, tres cohortes Orici oppidi tuendi causa reliquit, iisdemque custodiam navium longarum transdidit, quas ex Italia transduxerat. Huic officio oppidoque præerat Acilius legatus. Is naves nostras interiorem in partem post oppidum reduxit, et ad terram deligavit, faucibusque portus onerariam navem submersam objecit, et huic alteram conjunxit, super qua turrim effectam ad ipsum introitum portus opposuit, et militibus complevit, tuendamque ad omnes repentinos casus transdidit.

XL. Quibus cognitis rebus, Cn. Pompeius, filius, qui classi Ægyptiæ præerat, ad Oricum venit ; submersamque navim, remulco multisque contendens funibus, adduxit ; atque alteram navem, quæ erat ad custodiam ab Acilio posita, pluribus aggressus navibus, in quibus ad libram fecerat turres, ut ex superiori pugnans loco, integrosque semper defatigatis submittens, et reliquis partibus simul ex terra scalis et classe mœnia oppidi tentans, ut adversariorum manus diduceret, labore et multitudine telorum nostros vicit : defectisque defensoribus, qui omnes scaphis excepti refugerant, eam navem expugnavit ; eodemque tempore ex altera parte molem tenuit naturalem objectam, quæ pene insulam contra oppidum effecerat, qua biremes, subjectis scutulis, impulsas vectibus in interiorem partem transduxit. Ita ex utraque parte naves longas aggressus, quæ erant deligatæ ad terram atque inanes, quatuor ex his abduxit, reliquas incendit. Hoc confecto negotio, D. Lælium ab Asiatica classe abductum reliquit, qui commeatus Bullide atque Amantia importari in oppidum prohibebat : ipse, Lissum profectus, naves onerarias triginta, a M. Antonio relictas, intra portum aggressus, omnes incendit : Lissum expugnare conatus, defendentibus civibus romanis, qui ejus erant conventus, militibusque, quos præsidii causa miserat Cæsar, triduum moratus, paucis in oppugnatione amissis, re infecta, inde discessit.

XLI. Cæsar, postquam Pompeium ad Asparagium esse cognovit, eodem cum exercitu profectus, expugnato in itinere oppido Parthinorum, in quo Pompeius præsidium

et par un chemin étroit et difficile, dans l'espérance, soit d'y attirer Pompée, soit de couper ses communications avec cette place, où il avait fait porter ses vivres et toutes ses munitions de guerre; comme il arriva. En effet, Pompée, ne pénétrant pas d'abord son dessein, parce qu'il lui avait vu prendre un chemin qui ne menait pas à cette ville, s'imagina que le manque de vivres avait déterminé sa retraite; mais bientôt mieux instruit par ses coureurs, il leva son camp le lendemain, avec l'espoir de le prévenir en prenant un chemin plus court. César, qui s'en douta, exhorta les troupes à supporter la fatigue avec courage, ne s'arrêta que quelques heures pendant la nuit, arriva le matin devant Dyrrachium au moment où l'on apercevait les premières troupes de Pompée, et là il assit son camp.

XLII. Pompée, ainsi séparé de Dyrrachium et ne pouvant plus exécuter son premier projet, changea de résolution : il alla camper sur une hauteur nommée Pétra, qui formait une petite anse où les vaisseaux étaient abrités contre certains vents; il y fit venir une partie de ses galères et apporter du blé et des vivres, tant de l'Asie que des autres pays qui étaient dans sa dépendance. César, comprenant que la guerre allait traîner en longueur, et ne comptant plus sur ses convois d'Italie, parce que la flotte de Pompée gardait soigneusement toute la côte, et que les vaisseaux qu'il avait fait construire pendant l'hiver, en Sicile, en Gaule et en Italie, n'arrivaient point, envoya en Épire Q. Titius et L. Canuléius, son lieutenant, pour avoir des vivres; et, comme ce pays était assez éloigné, il établit des magasins en différents lieux, ordonna aux villes voisines de lui fournir des chariots de transport, et fit rechercher tout le blé qui pouvait être à Lissus, chez les Parthiniens, et dans tous les châteaux. Il s'en trouva fort peu, parce que le pays étant sec et montueux on n'y consomme d'ordinaire que du blé importé; et d'ailleurs Pompée y avait pourvu les jours précédents, en livrant les Parthiniens au pillage; ses troupes avaient fouillé les maisons en tous sens, en avaient retiré tout le blé qu'elles recélaient, et la cavalerie l'avait emporté.

XLIII. Instruit de ces choses, César règle ses dispositions d'après la nature des lieux. Des collines hautes et escarpées environnaient le camp de Pompée : il commence par s'en saisir et y place des gardes et des forts. Après avoir fait la même chose de coteau en coteau, autant que le terrain le permettait, il joint tous ces forts par des lignes de communication, et commence à investir Pompée. Plusieurs motifs l'engageaient à agir ainsi : d'abord, comme il était fort pressé de vivres, et que l'ennemi avait une cavalerie beaucoup plus nombreuse, il voulait par là pouvoir faire venir de tous côtés, avec moins de risques, le blé et les convois nécessaires à l'entretien de son armée; ensuite il comptait empêcher l'ennemi d'aller au

---

habebat, tertio die in Macedoniam ad Pompeium pervenit, juxtaque eum castra posuit ; et postridie, eductis omnibus copiis, acie instructa, decernendi potestatem Pompeio fecit. Ubi illum suis locis se tenere animum advertit, reducto in castra exercitu, aliud sibi consilium capiendum existimavit. Itaque postero die omnibus copiis, magno circuitu, difficili angustoque itinere, Dyrrachium profectus est, sperans, Pompeium aut Dyrrachium compelli, aut ab eo intercludi posse, quod omnem commeatum totiusque belli apparatum is eo contulisset : ut accidit. Pompeius enim, primo ignorans ejus consilium, quod diverso ab ea regione itinere profectum videbat, angustiis rei frumentariæ compulsum discessisse existimabat; postea per exploratores certior factus, postero die castra movit, breviore itinere se occurrere ei posse sperans. Quod fore suspicatus Cæsar, militesque adhortatus, ut æquo animo laborem ferrent, parva parte noctis itinere intermisso, mane ad Dyrrachium venit, quum primum agmen Pompeii procul cerneretur ; atque ibi castra posuit.

XLII. Pompeius, interclusus Dyrrachio, ubi propositum tenere non potuit, secundo usus consilio, edito loco, qui appellatur Petra, aditumque habet navibus mediocrem, atque eas a quibusdam protegit ventis, castra communit. Eo partem navium longarum convenire, frumentum commeatumque, ab Asia atque omnibus regionibus, quas tenebat, comportari imperat. Cæsar, longius bellum ductum iri existimans, et de Italicis commeatibus desperans, quod tanta diligentia omnia littora a Pompeianis tenebantur, classesque ipsius, quas hieme in Sicilia, Gallia, Italia fecerat, morabantur, in Epirum rei frumentariæ causa Q. Titium et L. Canuleium legatum misit : quodque hæ regiones aberant longius, locis certis horrea constituit, vecturasque frumenti finitimis civitatibus descripsit; item Lisso Parthinisque, et omnibus castellis, quod esset frumenti, conquiri jussit. Id erat perexiguum, quum ipsius agri natura, quod sunt loca aspera et montuosa, ac plerumque utuntur frumento importato; tum quod Pompeius hæc providerat, et superioribus diebus prædæ loco Parthinos habuerat, frumentumque omne conquisitum, spoliatis effossisque eorum domibus, per equites comportari.

XLIII. Quibus rebus cognitis, Cæsar consilium capit ex loci natura. Erant enim circum castra Pompeii permulti editi atque asperi colles : hos primum præsidiis tenuit, castellaque ibi communit. Inde, ut loci cujusque natura ferebat, ex castello in castellum perducta munitione, circumvallare Pompeium instituit; hæc spectans, quod angusta re frumentaria utebatur, quodque Pompeius multitudine equitum valebat, quo minore periculo undique frumentum commeatumque exercitui supportare posset ; simul, uti pabulatione Pompeium prohiberet, equi-

fourrage, et rendre, par ce moyen, sa cavalerie inutile; enfin, en troisième lieu, il se proposait de diminuer ainsi le crédit dont Pompée jouissait auprès des nations étrangères, en montrant au monde que César le tenait assiégé sans qu'il osât combattre.

XLIV. Pompée ne voulait s'éloigner ni de la mer ni de Dyrrachium où il avait rassemblé toutes ses munitions de guerre, les traits, les armes, les machines, et d'où sa flotte apportait des vivres à son armée; mais il ne pouvait empêcher les travaux de César qu'en lui livrant bataille, ce à quoi il n'était pas encore résolu. Il lui restait pour dernière ressource d'étendre ses troupes sur le plus de collines et le plus d'espace qu'il pourrait, afin de diviser les forces de César : et il fit ainsi. Il éleva vingt-quatre forts, qui embrassaient un terrain de quinze mille pas de circuit; cette enceinte, couverte de champs ensemencés, fournissait à ses chevaux d'abondants pâturages. Et, comme nos troupes avaient établi une ligne de communication non interrompue en liant un fort à l'autre, afin que l'ennemi ne pût pénétrer par aucun point et nous attaquer par derrière; de même, les soldats de Pompée travaillaient à l'intérieur à des lignes continues, afin de nous empêcher d'entrer dans leur camp et de les prendre par derrière. Mais ils avaient sur nous ce double avantage, qu'ils étaient plus nombreux, et que leur enceinte était moins étendue. Lorsque César voulait s'emparer de quelque position, Pompée, sans en venir à une action générale, qu'il s'était promis d'éviter, envoyait sur des postes avantageux une foule d'archers et de frondeurs qui nous blessaient beaucoup de monde. Aussi nos soldats redoutaient-ils beaucoup leurs flèches, et la plupart s'étaient fait des tuniques de cuir ou de pièces de diverses étoffes, pour se garantir de ses traits.

XLV. De part et d'autre on se disputait vivement le moindre poste, César pour resserrer Pompée, Pompée pour occuper le plus grand nombre possible de collines pour élargir son enceinte; ou se livrait dans ce but de fréquents combats. Dans une de ces occasions, la neuvième légion de César s'étant saisie d'une hauteur où elle commençait à se fortifier, Pompée s'empara d'une hauteur opposée, qui en était voisine, et se mit à inquiéter nos travailleurs; et comme d'un côté notre poste offrait un accès facile, il fit d'abord marcher contre eux ses archers et ses frondeurs, et ensuite son infanterie légère, soutenue de ses machines, pour nous empêcher de nous fortifier : or, il nous était malaisé de continuer les travaux et de nous défendre en même temps. César, voyant ses troupes exposées de toutes parts aux traits de l'ennemi, résolut de quitter la place et de se retirer. Mais pour cela il fallait descendre le coteau, et l'ennemi était d'autant plus ardent à gêner notre retraite, qu'il semblait que la crainte nous fît abandonner ce poste. C'est dans cette circonstance, à ce que l'on rapporte, que Pompée eut la vanité de dire aux siens, « qu'il consentait à passer pour

tatumque ejus ad rem gerendam inutilem efficeret; tertio, ut auctoritatem, qua ille maxime apud exteras nationes niti videbatur, minueret; quum fama per orbem terrarum percrebuisset, illum a Cæsare obsideri, neque audere prælio dimicare.

XLIV. Pompeius neque a mari Dyrrachioque discedere volebat, quod omnem apparatum belli, tela, arma, tormenta, ibi collocaverat, frumentumque exercitui navibus supportabat; neque munitiones Cæsaris prohibere poterat, nisi prælio decertare vellet, quod eo tempore statuerat non esse faciendum. Relinquebatur, ut, extremam rationem belli sequens, quam plurimos colles occuparet, et quam latissimas regiones præsidiis teneret, Cæsarisque copias, quam maxime posset, distineret : id quod accidit. Castellis enim XXIV effectis XV millia passuum in circuitu amplexus, hoc spatio pabulabatur; multaque erant intra eum locum manu sata, quibus interim jumenta pasceret. Atque ut nostri perpetuas munitiones habebant, perductasque ex castellis in proxima castella, ne quo loco erumperent Pompeiani, et nostros post tergum adorirentur : ita illi interiore spatio perpetuas munitiones efficiebant, ne quo loco nostri intrare, atque ipsos a tergo circumvenire possent. Sed illi operibus vincebant, quod et numero militum præstabant, et interiore spatio minorem circuitum habebant. Quæ quum erant loca Cæsari capienda, etsi prohibere Pompeius totis copiis et dimicare non constituerat; tamen suis locis sagittarios funditoresque mittebat, quorum magnum habebat numerum, multique ex nostris vulnerabantur; magnusque incesserat timor sagittarum, atque omnes fere milites aut ex coactis, aut ex centonibus, aut ex coriis tunicas, aut tegimenta fecerant, quibus tela vitarent.

XLV. In occupandis præsidiis magna vi uterque nitebatur : Cæsar, ut quam angustissime Pompeium contineret; Pompeius, ut quam plurimos colles quam maximo circuitu occuparet; crebraque ob eam causam prælia fiebant. In his quum legio Cæsaris IX præsidium quoddam occupavisset, et munire cœpisset, huic loco propinquum et contrarium collem Pompeius occupavit, nostrosque opere prohibere cœpit : et, quum una ex parte prope æquum aditum haberet, primum sagittariis funditoribusque circumjectis; postea levis armaturæ magna multitudine missa, tormentisque prolatis, munitiones impediebat : neque erat facile nostris, uno tempore propugnare et munire. Cæsar, quum suos ex omnibus partibus vulnerari videret, recipere se jussit, et loco excedere. Erat per declive receptus : illi autem hoc acrius instabant, neque regredi nostros patiebantur, quod timore adducti lo cum relinquere videbantur. Dicitur eo tempore gloriaus apud suos Pompeius dixisse, « non recusare se, quin nullius usus imperator existimaretur, si sine maximo detri

un général inhabile, si les légions de César se tiraient de ce mauvais pas sans un extrême dommage. »

XLVI. César, inquiet pour la retraite, fit porter des claies au haut de la colline, en face de l'ennemi, et ayant mis ainsi à couvert ses soldats, leur ordonna de creuser un fossé d'une médiocre largeur, et d'embarrasser autant que possible tout le passage. Ensuite il plaça lui-même des frondeurs dans des endroits favorables, pour qu'ils eussent à protéger la retraite. Après avoir pris ces mesures, il donna le signal du départ. Les soldats de Pompée n'en furent que plus insolents, et plus hardis à nous poursuivre et à nous presser ; ils renversèrent les claies qui bordaient les retranchements, afin de franchir le fossé. A cette vue, César, craignant que ses troupes ne parussent pas ramenées, mais chassées, et qu'il n'en résultât quelque échec, les fit, à mi-chemin, encourager par Antoine qui commandait une légion, et ordonna que l'on sonnât la charge. Aussitôt les soldats de la neuvième légion, ayant serré les rangs, lancèrent le javelot, remontèrent à la course vers l'ennemi, le poussèrent avec vigueur et l'obligèrent à tourner le dos. Les claies, les perches, les fossés, lui furent d'un grand obstacle dans sa fuite. Quant à nos soldats, contents de se retirer sans dommage, après lui avoir tué beaucoup du monde et n'avoir perdu que cinq hommes, ils revinrent tranquillement, et se saisirent de quelques collines un peu moins avancées, où ils se retranchèrent.

XLVII. C'était une manière inusitée et toute nouvelle de faire la guerre, soit à cause du grand nombre de forts qu'on occupait, soit à cause de la largeur de l'enceinte, soit pour le système général d'attaque et de défense, soit pour tout le reste. En effet, d'ordinaire, quand une armée en assiége une autre, c'est que celle-ci est affaiblie par la perte d'une bataille, ou qu'elle a essuyé quelque échec, et que la première lui est supérieure en forces : alors, en l'investissant, on a pour but de lui couper les vivres. Ici César, avec des troupes moins nombreuses, enfermait une armée encore intacte, abondamment pourvue de tout ; car une foule de vaisseaux lui apportait chaque jour des subsistances de toutes parts, et, quel que fût le vent, il y avait toujours des vaisseaux auxquels il était favorable. César, au contraire, avait consommé tout le blé qu'il avait pu trouver dans les contrées voisines, et il était réduit à une extrême disette. Mais les soldats supportaient ces maux avec une rare patience : ils se souvenaient que l'année précédente, en Espagne, ils avaient enduré une pareille détresse, et que cependant ils avaient, par leur fermeté et leur constance, terminé une grande guerre ; ils se rappelaient avoir enduré, à Alise, une disette aussi cruelle, une autre à Avaricum plus cruelle encore, et qu'ils n'en avaient pas moins vaincu les plus puissants peuples. Ils recevaient donc sans murmure l'orge et les légumes qu'on leur donnait, et le bétail que l'on tirait en assez grande quantité de l'Épire était leur mets le plus précieux.

XLVIII. Il y a aussi une espèce de racine, qui

mento legiones Cæsaris sese recepissent inde, quo temere essent progressæ. »

XLVI. Cæsar, receptui suorum timens, crates ad extremum tumulum contra hostem proferri, et adversas locari; intra has mediocri latitudine fossam, tectis militibus, obduci jussit, locumque in omnes partes quam maxime impediri. Ipse idoneis locis funditores instruxit, ut præsidio nostris se recipientibus essent. His rebus completis, legiones reduci jussit. Pompeiani hoc insolentius atque audacius nostros premere et instare cœperunt, cratesque, pro munitione objectas, propulerunt, ut fossas transcenderent. Quod quum animadvertisset Cæsar, veritus, ne non reducti, sed dejecti viderentur, majusque detrimentum caperetur, a medio fere spatio suos per Antonium, qui ei legioni præerat, cohortatus, tuba signum dari, atque in hostes impetum fieri jussit. Milites legionis IX subito conspirati pila conjecerunt, et ex inferiore loco adversus clivum incitati cursu, præcipites Pompeianos egerunt, et terga vertere coëgerunt : quibus ad recipiendum crates directæ, longuriique objecti, et institutæ fossæ magno impedimento fuerunt. Nostri vero, qui satis habebant sine detrimento discedere, compluribus interfectis, quinque omnino suorum amissis, quietissime receperunt, paulloque citra eum locum morati, aliis comprehensis collibus, munitiones perfecerunt.

XLVII. Erat nova et inusitata belli ratio, quum tot castellorum numero, tantoque spatio, et tantis munitionibus, et toto obsidionis genere, tum etiam reliquis rebus. Nam quicumque alterum obsidere conati sunt, perculsos atque infirmos hostes adorti, aut prælio superatos, aut aliqua offensione permotos continuerunt, quum ipsi numero militum equitumque præstarent : causa autem obsidionis hæc fere esse consuevit, ut frumento hostes prohibeantur. At contra, integras atque incolumes copias Cæsar inferior militum numero continebat ; quum illi omnium rerum copia abundarent : quotidie enim magnus undique navium numerus conveniebat, quæ commeatum supportarent ; neque ullus flare ventus poterat, quin aliqua ex parte secundum cursum haberent. Ipse autem, consumptis omnibus longe lateque frumentis, summis erat in angustiis : sed tamen hæc singulari patientia milites ferebant. Recordabantur enim, eadem in superiore anno in Hispania perpessos, labore et patientia maximum bellum confecisse : meminerant, ad Alesiam magnam se inopiam perpessos, multo etiam majorem ad Avaricum, maximarum se gentium victores discessisse. Non, illis hordeum quum daretur, non legumina recusabant : pecus vero, cujus rei summa erat ex Epiro copia, magno in honore habebant.

XLVIII. Est etiam genus radicis inventum ab iis, qui

fut trouvée par les anciens soldats de Valérius, et que l'on appelle chara (10), qui, mêlée avec du lait, leur était d'un grand secours. Ils en faisaient une sorte de pain. Cette plante était fort commune. Dans les entretiens qu'ils avaient avec les soldats de Pompée, quand ceux-ci les raillaient sur la disette où nous étions, les nôtres s'amusaient à leur jeter de ces pains pour rabattre leur espoir.

XLIX. Déjà les blés commençaient à mûrir, et l'espoir de se voir bientôt dans l'abondance les consolait de leur détresse. Souvent, dans les veillées et dans les colloques des soldats, on leur entendait dire qu'ils mangeraient plutôt l'écorce des arbres que de laisser échapper Pompée. En outre, ils savaient, par les déserteurs, que les chevaux des ennemis pouvaient à peine se soutenir, et que toutes les bêtes de somme avaient péri; qu'il régnait dans leur camp des maladies causées par l'étroit espace où ils étaient resserrés, et par la mauvaise odeur qu'exhalaient cette multitude de cadavres; qu'ils étaient accablés par ces travaux continuels dont ils n'avaient pas l'habitude, et qu'ils souffraient du manque d'eau. En effet, César avait détourné ou comblé toutes les rivières et toutes les sources qui se rendaient à la mer; et comme le pays était montueux et rempli de vallées étroites, il avait entassé dans ces vallées des monceaux de terre pour servir de digues et contenir les eaux. Aussi, les troupes de Pompée étaient-elles obligées de chercher les lieux bas et marécageux, et de creuser des puits, ce qui était pour elles un surcroît de fatigue. Ajoutez que ces puits étaient fort éloignés de quelques-uns de leurs postes, et que la chaleur les avait bientôt taris. L'armée de César, au contraire, était en bon état de santé, elle avait autant d'eau qu'elle en voulait, et, hormis le blé, des vivres en abondance. Puis, en voyant que la moisson approchait, on attendait un temps meilleur, et on se livrait à l'espérance.

L. Dans ce nouveau genre de guerre, chacun inventait de nouvelles manœuvres. Les soldats de Pompée, s'étant aperçus, à la lueur des feux, que nos soldats passaient la nuit sur les retranchements, s'en approchaient sans bruit, lançaient leurs flèches sur nous, et aussitôt se retiraient. Informés par l'expérience, nos soldats imaginèrent de faire leurs feux dans un endroit, et de se tenir dans un autre.... (11).

LI. Cependant P. Sylla, à qui César avait laissé le commandement du camp pendant son absence, informé de ce qui se passait, vint avec deux légions au secours de la cohorte; alors on repoussa aisément les soldats de Pompée. Ils ne purent soutenir ni notre vue ni notre choc, et les premiers ayant été renversés, le reste tourna le dos et prit la fuite. Mais Sylla rappela ceux des nôtres qui poursuivaient les fuyards, et leur ordonna de les laisser aller. Bien des gens estiment que s'il eût poussé l'ennemi avec plus de vigueur, il eût pu, ce jour-là, terminer la guerre. Toutefois, on ne saurait blâmer sa conduite; car, autres sont les devoirs d'un lieutenant et ceux d'un général en chef: l'un doit suivre exactement les ordres qu'il a reçus, l'autre est libre de faire tout ce qu'il juge

---

fuerant cum Valerio, quod appellatur chara, quod admixtum lacte multum inopiam levabat: id ad similitudinem panis efficiebant: ejus erat magna copia. Ex hoc effectos panes, quum in colloquiis Pompeiani famem nostris objectarent, vulgo in eos jaciebant, ut spem eorum minuerent.

XLIX. Jamque frumenta maturescere incipiebant, atque ipsa spes inopiam sustentabat, quod celeriter se habituros copiam confidebant: crebræque voces militum in vigiliis colloquiisque audiebantur, « prius se cortice ex arboribus victuros, quam Pompeium e manibus dimissuros. » Libenter etiam ex perfugis cognoscebant, equos eorum vix tolerari, reliqua vero jumenta interiisse; uti autem ipsos valetudine non bona, quum angustiis loci, et odore tetro ex multitudine cadaverum, et quotidianis laboribus, insuetos operum, tum aquæ summa inopia affectos: omnia enim flumina, atque omnes rivos, qui ad mare pertinebant, Cæsar aut averterat, aut magnis operibus obstruxerat. Atque ut erant loca montuosa, et specus augustiæ vallium, has sublicis in terram demissis præsepserat, terramque aggesserat, ut aquam continerent. Itaque illi necessario loca sequi demissa ac palustria, et puteos fodere, cogebantur; atque hunc laborem ad quotidiana opera addebant: qui tamen fontes a quibusdam præsidiis aberant longius, et celeriter æstibus exarescebant. At Cæsaris exercitus optima valetudine summaque aquæ copia utebatur; tum commeatus omni genere præter frumentum abundabat; quibus quotidie melius succedere tempus, majoremque spem maturitate frumentorum proponi videbant.

L. In novo genere belli novæ ab utrisque bellandi rationes reperiebantur. Illi, quum animum advertissent ex ignibus, nocte cohortes nostras ad munitiones excubare, silentio aggressi universas, intra multitudinem sagittas conjiciebant, et se confestim ad suos recipiebant. Quibus rebus nostri, usu docti, hæc reperiebant remedia, ut alio loco ignes facerent, alio excubarent.

LI. Interim certior factus P. Sylla, quem discedens castris præfecerat Cæsar, auxilio cohorti venit cum legionibus II; cujus adventu facile sunt repulsi Pompeiani. Neque vero conspectum, aut impetum nostrorum tulerunt; primisque dejectis reliqui se verterunt, et loco cesserunt. Sed insequentes nostros, ne longius prosequerentur, Sylla revocavit. At plerique existimant, si acrius insequi voluisset, bellum eo die potuisse finiri. Cujus consilium reprehendendum non videtur: aliæ enim sunt legati partes, atque imperatoris; alter omnia agere ad præscriptum, alter libere ad summam rerum consulere debet. Sylla, a Cæsare castris relictus, liberatis suis, hoc fuit contentus, neque prælio decer-

utile au bien des affaires. Sylla, laissé par César à la garde du camp, fut content d'avoir dégagé les troupes, et ne voulut pas combattre (ce qui pourtant aurait peut-être réussi), de peur de paraître s'arroger le pouvoir du général. La retraite présentait pour l'ennemi de grandes difficultés. En effet, sorti d'un mauvais poste, il avait gagné la hauteur : il ne pouvait en descendre pour se retirer, sans craindre d'être assailli par les nôtres qui auraient l'avantage du terrain : et le soleil était près de se coucher; car, dans l'espoir de terminer l'affaire, on avait combattu presque jusqu'au soir. C'est pourquoi, prenant conseil des circonstances et de la nécessité, Pompée se saisit d'une hauteur assez éloignée de notre fort pour que nos traits ou nos machines ne pussent y atteindre. Il s'arrêta dans cet endroit, s'y retrancha et y fit camper toutes ses troupes.

LII. Il se livra en ce même temps deux autres combats; car, pour faire diversion, Pompée avait fait attaquer à la fois plusieurs de nos forts, afin que nos quartiers ne pussent se secourir les uns les autres. Dans une de ces attaques, Volcatius Tullus soutint avec trois cohortes l'effort de toute une légion et la repoussa; dans l'autre, les Germains, étant sortis de nos retranchements, et ayant tué beaucoup d'ennemis, rentrèrent au camp sans perte.

LIII. Il y eut donc six combats le même jour, trois à Dyrrachium et trois aux retranchements; et, de compte fait, il se trouva que Pompée devait avoir perdu deux mille hommes, parmi lesquels beaucoup de vétérans et de centurions. De ce nombre fut L. Valérius Flaccus, fils de Lucius Valérius qui avait été préteur en Asie. Nos soldats rapportèrent six enseignes, et dans ces divers combats nous ne perdîmes que vingt hommes. Mais dans le fort il n'y eut pas un soldat qui ne fût blessé, et il y eut dans une seule cohorte quatre centurions qui perdirent les yeux. Lorsque les soldats voulurent prouver à César les travaux et les périls par où ils avaient passé, ils lui présentèrent près de trente mille flèches ramassées dans le fort, et on lui montra le bouclier du centurion Scéva, qui était percé de cent vingt coups. César, pour le récompenser, tant en son nom qu'au nom de la république, lui fit présent de douze cents sesterces, et du huitième rang l'éleva au premier; car, de l'aveu de tous, c'était à lui qu'on devait en grande partie la conservation du fort. Quant aux soldats de la cohorte, César leur donna double paie, double ration de blé, et de nombreuses récompenses militaires.

LIV. Pompée passa la nuit à se fortifier dans ses retranchements. Les jours suivants il fit construire des tours; et, ayant élevé les ouvrages à une hauteur de quinze pieds, il couvrit de parapets cette partie de son camp. Cinq jours après, profitant d'une nuit obscure, il en fit fermer toutes les portes et embarrasser toutes les avenues; puis, vers la troisième veille, il emmena ses troupes en silence, et rentra dans son ancienne position.

LV. Lorsque Cassius Longinus et Calvisius Sabinus eurent reçu, comme il a été dit plus haut,

---

tare voluit (quæ res tamen fortasse aliquem reciperet casum), ne imperatorias sibi partes sumpsisse videretur. Pompeianis magnam res ad receptum difficultatem afferebat. Nam, ex iniquo progressi loco, in summo constiterant; si per declive sese receperint, nostros ex superiore insequentes loco verebantur : neque multum ad solis occasum supererat temporis; spe enim conficiendi negotii prope in noctem rem duxerant. Ita, necessario atque ex tempore capto consilio, Pompeius tumulum quemdam occupavit, qui tantum aberat a nostro castello, ut telum tormentumve missum adigi non posset. Hoc consedit loco, atque eum communiit, omnesque ibi copias continuit.

LII. Eodem tempore duobus præterea locis pugnatum est : nam plura castella Pompeius pariter, distinendæ manus causa, tentaverat, ne ex proximis præsidiis succurri posset. Uno loco Volcatius Tullus impetum legionis sustinuit cohortibus tribus, atque eam loco depulit; altero Germani, munitiones nostras egressi, compluribus interfectis, sese ad suos incolumes receperunt.

LIII. Ita uno die sex præliis factis, tribus ad Dyrrachium, tribus ad munitiones, quum horum omnium ratio haberetur, ad duorum millium numero ex Pompeianis cecidisse reperiebamus, evocatos centurionesque complures. In eo fuit numero L. Valerius Flaccus, L. filius ejus, qui prætor Asiam obtinuerat : signaque sunt sex militaria relata. Nostri non amplius viginti omnibus sunt præliis desiderati. Sed in castello nemo fuit omnino militum, quin vulneraretur; quatuorque ex una cohorte centuriones oculos amiserunt. Et quum laboris sui periculique testimonium afferre vellent, millia sagittarum circiter XXX, in castellum conjecta, Cæsari, renumeraverunt, scutoque ad cum relato Scævæ centurionis, inventa sunt in eo foramina CXX. Quem Cæsar, ut erat de se meritus, et de republica, donatum millibus ducentis; atque ab octavis ordinibus ad primum pilum se transducere pronuntiavit: ejus enim opera castellum magna ex parte conservatum esse constabat, cohortemque postea duplici stipendio, frumento, veste, speciariis militaribusque donis amplissime donavit.

LIV. Pompeius, noctu magnis additis munitionibus, reliquis diebus turres exstruxit, et in altitudinem pedum quindecim effectis operibus, vineis eam partem castrorum obtexit; et V intermissis diebus, alteram noctem subnubilam nactus, obstructis omnibus castrorum portis, et ad impediendum objectis, tertia inita vigilia, silentio exercitum eduxit, et se in antiquas munitiones recepit.

LV. Ætolia, Acarnania, Amphilochis, per Cassium Longinum et Calvisium Sabinum, ut demonstravimus,

la soumission de l'Étolie, de l'Acarnanie et d'Amphiloque, César eut l'idée de s'étendre plus avant et de faire une tentative sur l'Achaïe. Il y envoya donc Fufius Calenus et lui adjoignit C. Sabinus et Cassius avec leurs cohortes. Informé de leur marche, Rutilius Lupus, qui commandait pour Pompée en Achaïe, travailla à fortifier l'isthme pour en fermer l'entrée à Fufius. Cependant Delphes, Thèbes, Orchomène se rendirent d'elles-mêmes à lui. Il emporta de force quelques villes; et, pour les autres, il leur envoya des députés, afin de les attirer au parti de César. Tels étaient ses principaux soins.

LVI. Tous les jours suivants, César rangea ses troupes dans la plaine et présenta bataille à Pompée : il approchait si près des retranchements ennemis, que sa première ligne n'en était guère éloignée qu'à une portée de trait. Pompée, de son côté, pour conserver sa réputation et se maintenir dans l'opinion des hommes, rangeait aussi ses troupes devant son camp, mais de telle sorte que sa troisième ligne touchait à ses retranchements, et que toute son armée pouvait être défendue par les traits lancés du rempart.

LVII. Tandis que ces choses se passaient en Achaïe et à Dyrrachium, comme on ne pouvait plus douter de l'arrivée de Scipion en Macédoine, César, qui n'avait point perdu de vue son premier dessein, lui dépêcha Clodius, leur ami commun, que Scipion lui avait autrefois donné et recommandé, et que depuis César avait reçu au nombre de ses plus familiers amis. Il lui donna des lettres et des ordres dont voici la substance : que jusqu'alors César avait tout tenté pour avoir la paix; que sans doute il devait attribuer l'inutilité de ses démarches à la faute de ses envoyés, qui avaient redouté de prendre mal leur temps pour conférer avec Pompée; que Scipion avait assez de crédit pour proposer librement ce qu'il jugeait convenable, et même pour forcer la main à Pompée et le redresser s'il avait tort; que, d'ailleurs, étant à la tête d'une armée qui ne reconnaissait que ses ordres, il avait, outre l'autorité de son nom, le pouvoir de se faire écouter ; et que s'il se conduisait ainsi il aurait la gloire d'avoir assuré le repos de l'Italie, la paix des provinces, et le salut de l'empire. Telles étaient les instructions avec lesquelles Clodius alla trouver Scipion. Les premiers jours, on parut l'écouter assez volontiers; mais bientôt on refusa de l'entendre et nous sûmes après la guerre que Scipion avait été fortement réprimandé par Favonius pour lui avoir donné audience. Clodius revint donc vers César sans avoir rien fait.

LVIII. César, pour mieux resserrer la cavalerie de Pompée à Dyrrachium et l'empêcher d'aller au fourrage, fortifia avec soin les deux passages étroits dont on a parlé, et y fit construire des forts. Pompée voyant que sa cavalerie ne lui était d'aucun secours la rembarqua quelques jours après et la renvoya au camp. On y manquait absolument de fourrage; c'était au point qu'on nourrissait les chevaux de feuilles d'arbre, et de racines tendres de roseau qu'on avait pilées : car tous les

receptis, tentandam sibi Achaiam, ac paullo longius progrediendum, existimabat Cæsar. Itaque eo Fufium Calenum misit, et C. Sabinum et Cassium cum cohortibus adjungit. Quorum cognito adventu, Rutilius Lupus, ab Achaiam, missus a Pompeio, obtinebat, Isthmum præmunire instituit, ut Achaia Fufium prohiberet. Calenus Delphos, Thebas, Orchomenum, voluntate ipsarum civitatum recepit, nonnullas urbes per vim expugnavit ; reliquas civitates, circummissis' legationibus, amicitia Cæsari conciliare studebat. In his rebus fere erat Fufius occupatus.

LVI. Omnibus deinceps diebus Cæsar exercitum in aciem æquum in locum produxit, si Pompeius prælio decertare vellet, ut pene castris Pompeii legiones subjiceret : tantumque a vallo ejus prima acies aberat, uti ne in eam telum tormentumve adigi posset. Pompeius autem, ut famam et opinionem hominum teneret, sic pro castris exercitum constituebat, ut tertia acies vallum contingeret ; omnis quidem instructus exercitus telis ex vallo abjectis protegi posset.

LVII. Hæc quum in Achaia, atque apud Dyrrachium gererentur, Scipionemque in Macedoniam venisse constaret· non oblitus pristini instituti Cæsar, mittit ad eum, Clodium, suum atque illius familiarem, quem, ab illo transditum initio et commendatum, in suorum necessariorum numero habere instituerat. Huic dat litteras mandataque ad eum, quorum hæc erat summa : « Sese omnia de pace expertum : nihil adhuc arbitrari factum, vitio eorum, quos esse auctores ejus rei voluisset, quod sua mandata perferre non opportuno tempore ad Pompeium vererentur. Scipionem ea esse auctoritate, ut non solum libere, quæ probasset, exponere, sed etiam magna ex parte compellere, atque errantem regere posset : præesse autem suo nomine exercitui, ut, præter auctoritatem, vires quoque ad coercendum haberet : quod si fecisset, quietem Italiæ, pacem provinciarum, salutem imperii, uni omnes acceptam relaturos. » Hæc ad eum mandata Clodius refert. Ac primis diebus, ut videbatur, libenter auditus, reliquis ad colloquium non admittitur, castigato Scipione a Favonio, ut postea confecto bello reperiebamus; infectaque re sese ad Cæsarem recepit.

LVIII. Cæsar, quo facilius equitatum Pompeianum ad Dyrrachium contineret, et pabulatione prohiberet, aditus duos, quos esse angustos demonstravimus, magnis operibus præmunivit, castellaque his locis posuit. Pompeius, ubi nihil profici equitatu cognovit, paucis intermissis diebus, rursum eum navibus ad se intra munitiones recipit. Erat summa inopia pabuli, adeo ut foliis ex arboribus strictis : et teneris arundinum radicibus contusis, equos

grains semés dans l'enceinte des retranchements étaient consommés; il fallait que leurs vaisseaux fissent un long trajet pour apporter des fourrages de Corcyre et d'Acarnanie; et comme ces provisions étaient insuffisantes, on était obligé de compléter les rations avec de l'orge. Mais lorsque tout manqua, non-seulement l'orge et le fourrage, mais les racines, mais les feuilles d'arbre jusqu'à la dernière, et que les chevaux tombèrent d'inanition, alors Pompée crut devoir tenter une sortie.

LIX. Il y avait dans la cavalerie de César deux frères Allobroges, Roscillus et Égus, fils d'Abducillus, lequel avait longtemps tenu le premier rang dans sa nation; c'étaient des hommes d'un rare courage, et ils avaient admirablement servi César dans toutes les guerres des Gaules. César, pour les récompenser, leur avait confié, dans leur pays, les plus importantes magistratures; il les avait fait recevoir au sénat, malgré l'usage établi; il leur avait donné dans la Gaule des terres prises sur l'ennemi et de grandes sommes d'argent; enfin, de pauvres qu'ils étaient, il les avait rendus très-riches. Ils n'étaient pas moins, pour leur valeur, chéris de l'armée qu'estimés de César: mais, fiers de ses bontés, et pleins de cette arrogance grossière qui n'appartient qu'à des Barbares, ils méprisaient leurs compatriotes, retenaient la solde de leurs cavaliers, et faisaient passer chez eux tout le butin. Ceux-ci, irrités de ces injustices, vinrent en corps trouver César et se plaignirent hautement; ils ajoutaient de plus que leurs chefs produisaient de faux états du nombre des cavaliers, et en détournaient la paie.

LX. César, qui ne croyait pas le moment bien choisi pour punir, et qui d'ailleurs avait beaucoup d'égards pour leur bravoure, se contenta de les reprendre en particulier de ce qu'ils mettaient ainsi leurs cavaliers à rançon; il leur dit d'attendre tout de son affection et de juger de l'avenir par ses bienfaits passés. Cette réprimande ne laissa pas que de leur attirer le mépris et la haine de toute l'armée; ce qu'ils comprirent aisément, tant par les reproches d'autrui que par le témoignage de leur propre conscience. Dans cette situation, la honte, et peut-être la crainte que leur châtiment ne fût que différé, les décida à nous quitter, à tenter une nouvelle fortune, et à essayer de nouvelles amitiés: ils communiquèrent leur dessein à quelques gens de leur suite, auxquels ils crurent pouvoir confier un si noir complot, et résolurent d'abord, comme on le sut plus tard, après la guerre, de tuer C. Volusénus, préfet de la cavalerie, afin de ne pas se présenter à Pompée sans lui apporter un gage de leur dévouement. Mais, comme l'entreprise était trop difficile, et qu'ils ne trouvèrent pas l'occasion favorable, ils se bornèrent à emprunter le plus d'argent possible, sous prétexte de restituer à leurs cavaliers ce qu'ils leur avaient retenu par fraude; et, après avoir acheté un grand nombre de chevaux, ils se rendirent au camp de Pompée avec leurs complices.

LXI. Comme ils étaient de grande naissance,

alerent : frumenta enim, quæ fuerant intra munitiones sata, consumpserant, et cogebantur. Corcyra atque Acarnania longo interjecto navigationis spatio, pabulum supportare; quum erat ejus rei minor copia, hordeo adaugere, atque his rationibus equitatum tolerare. Sed postquam non modo hordeum pabulumque omnibus in locis, herbæque desectæ, sed etiam fructus ex arboribus deficiebant, corruptis equis macie, conandum sibi aliquid Pompeius de eruptione existimavit.

LIX. Erant apud Cæsarem ex equitum numero Allobroges duo fratres, Roscillus et Ægus, Abducilli filii, qui principatum in civitate multis annis obtinuerat, singulari virtute homines, quorum opera Cæsar omnibus Gallicis bellis optima fortissimaque erat usus. His domi ob has causas amplissimos magistratus mandaverat, atque eos extra ordinem in senatum legendos curaverat, agrosque in Gallia, ex hostibus captos, præmiaque rei pecuniariæ magna tribuerat, locupletesque ex egentibus fecerat. Hi propter virtutem non solum apud Cæsarem in honore erant, sed etiam apud exercitum cari habebantur; sed freti amicitia Cæsaris, et stulta ac barbara arrogantia elati, despiciebant suos, stipendiumque equitum fraudabant, et prædam omnem domum avertebant. Quibus illi rebus permoti, universi Cæsarem adierunt, palamque de eorum injuriis sunt questi; et ad cetera addiderunt, falsum ab his equitum numerum deferri, quorum stipendium averterent.

LX. Cæsar neque tempus illud animadversionis esse existimans, et multa virtuti eorum concedens, rem totam distulit; illos secreto castigavit, quod quæstui equites haberent; monuitque ut ex sua amicitia omnia exspectarent, et ex præteritis suis officiis reliqua sperarent. Magnam tamen hæc res illis offensionem et contemptionem ad omnes attulit: idque ita esse, quum ex aliorum objectationibus, tum etiam ex domestico judicio atque animi conscientia intelligebant. Quo pudore adducti, et fortasse non se liberari, sed in aliud tempus reservari arbitrati, discedere a nobis, et novam tentare fortunam, novasque experiri amicitias constituerunt: et cum paucis collocuti clientibus suis, quibus tantum facinus committere audebant, primum conati sunt, præfectum equitum, C. Volusenum, interficere (ut postea, bello confecto, cognitum est), ut cum munere aliquo perfugisse ad Pompeium viderentur. Postquam id difficilius visum est, neque facultas perficiendi dabatur, quam maximas potuerunt pecunias mutuati, proinde ac suis satisfacere, et fraudata restituere vellent, multis coemtis equis, ad Pompeium transierunt, cum iis quo sui consilii participes habebant.

LXI. Quos Pompeius, quod erant honesto loco nati,

équipés d'une manière brillante, qu'ils avaient amené avec eux une suite nombreuse et beaucoup de chevaux, qu'ils étaient renommés pour leur courage, que César les avait honorés de sa faveur, et que leur arrivée était un événement peu ordinaire, Pompée les promena dans tous les postes et les montra avec orgueil à son armée : car jusqu'alors personne, ni soldat, ni cavalier, n'avait quitté César pour se rendre vers Pompée, au lieu que tous les jours il venait des soldats du camp de Pompée vers César, surtout parmi ceux qui avaient été tirés de l'Épire, de l'Étolie, et des autres contrées que César avait soumises. Ces deux transfuges étaient instruits de tout; ils connaissaient les parties de nos retranchements qui n'étaient pas achevées, et celles que les hommes de l'art ne trouvaient pas assez fortes; ils avaient observé le moment favorable pour l'attaque, la distance des forts et des postes, le plus ou moins de vigilance des troupes, suivant le caractère et le zèle de ceux qui les commandaient, et ils avaient fait part de tout à Pompée.

LXII. Instruit de ces choses, et déjà résolu à tenter une sortie, ainsi qu'on l'a dit plus haut, Pompée ordonna à ses troupes de couvrir leurs casques avec de l'osier et de se pourvoir de fascines. Cela fait, il embarque de nuit, sur des chaloupes et sur de petites embarcations, un corps nombreux d'infanterie légère et d'archers, ainsi que toutes ces fascines, et vers minuit, ayant tiré soixante cohortes de son grand camp et de ses forts, il les mène vers cette partie des retranchements de César qui était la plus proche de la mer, et la plus éloignée de son grand camp. Il envoie au même lieu les chaloupes qu'il avait remplies, comme on l'a vu, d'infanterie et d'archers, avec les galères qu'il avait à Dyrrachium, et donne à chacun ses ordres. César avait établi dans ce poste, le questeur Lentulus Marcellinus, avec la neuvième légion; et, à cause du mauvais état de sa santé, il lui avait donné pour second Fulvius Postumus.

LXIII. Ce poste était défendu par un fossé de quinze pieds, et du côté de l'ennemi par un rempart qui avait dix pieds de haut et autant de large. A six cents pas de là et du côté opposé était un autre rempart de moindre hauteur. Quelques jours auparavant, César, craignant que nos troupes ne fussent enveloppées par la flotte ennemie avait fait élever ce double rempart, afin qu'on pût mieux se défendre si le combat devenait douteux. Mais l'étendue de cet ouvrage, qui embrassait un circuit de dix-huit mille pas (12), jointe aux travaux continus de chaque jour ne permettait point qu'on l'achevât : ainsi la ligne de communication qui devait joindre ces deux retranchements, et se prolonger le long de la mer, n'était pas encore finie. Pompée en fut instruit par les transfuges Allobroges, et cette trahison nous valut un cruel échec. En effet, tandis que nos cohortes de la neuvième légion étaient campées près de la mer, l'armée de Pompée arriva à la pointe du jour et se montra tout à coup : celles de ces troupes qui étaient venues par mer, lançaient leurs traits sur

---

et instructi liberaliter, magnoque comitatu, et multis jumentis venerant, virique fortes habebantur, et in honore apud Cæsarem fuerant, quodque novum et præter consuetudinem acciderat, per omnia sua præsidia circumduxit, atque ostentavit; nam ante id tempus nemo, aut miles, aut eques, a Cæsare ad Pompeium transierat, quum pæne quotidie a Pompeio ad Cæsarem perfugerent, vulgo vero universi in Epiro atque Ætolia conscripti milites, earumque regionum omnium, quæ a Cæsare tenebantur. Sed hi, cognitis omnibus rebus, seu quid in munitionibus perfectum non erat, seu quid a peritioribus rei militaris desiderari videbatur, temporibusque rerum, et spatiis locorum, et custodiarum varia diligentia animadversa, prout cujusque eorum, qui negotiis præerant, aut natura, aut studium ferebat, hæc ad Pompeium omnia detulerant.

LXII. Quibus ille cognitis, eruptionisque jam ante capto consilio, ut demonstratum est, tegimenta galeis milites ex viminibus facere, atque aggerem comportare jubet. His paratis rebus, magnum numerum levis armaturæ et sagittariorum, aggeremque omnem noctu in scaphas et naves actuarias imponit, et de media nocte cohortes LX, ex maximis castris præsidiisque deductas, ad eam partem munitionum ducit, quæ pertinebant ad mare, longissimeque a maximis castris Cæsaris haberant. Eodem naves, quas demonstravimus aggere et levis armaturæ militibus completas, quasque ad Dyrrachium naves longas habebat, mittit, et quid a quoque fieri velit, præcipit. Ad eas munitiones Cæsar Lentulum Marcellinum quæstorem cum legione nona positum habebat. Huic quod valetudine minus commoda utebatur, Fulvium Postumum adjutorem submiserat.

LXIII. Erat eo loco fossa pedum XV, et vallus contra hostem in altitudinem pedum X, tantumdemque ejus valli agger in latitudinem patebat. Ab eo, intermisso spatio pedum DC, alter conversus in contrariam partem erat vallus, humiliore paullo munitione : hoc enim superioribus diebus timens Cæsar, ne navibus nostri circumvenirentur, duplicem eo loco fecerat vallum, ut, si ancipiti prælio dimicaretur, posset resisti. Sed operum magnitudo, et continens omnium dierum labor, quod millia passuum in circuitu XVIII munitione erat complexus, perficiendi spatium non dabat. Itaque contra mare transversum vallum, qui has duas munitiones contingeret, nondum perfecerat. Quæ res nota erat Pompeio, delata per Allobroges perfugas, magnumque nostris attulit incommodum. Nam, ut ad mare nostræ cohortes nonæ legionis excubuerant, accessere subito prima luce Pompeiani exercitus, novusque eorum adventus exstitit; simul ex navibus circumvecti milites in exteriorem vallum tela jaciebant, fossæque aggere complebantur : et legionarii, interioris munitionis defensores, scalis admotis, tormen-

le rempart extérieur et comblaient le fossé de fascines; en même temps les légionnaires tâchaient d'escalader le rempart intérieur, et intimidaient les nôtres avec des machines de toute sorte; cependant une multitude d'archers faisait pleuvoir sur nous des deux côtés une grêle de flèches. Nous n'avions pour armes que des pierres; et les tissus d'osier dont ils avaient recouvert leurs casques les en garantissait presque entièrement. Ainsi nos soldats étaient accablés et ne se défendaient qu'avec peine, lorsque les ennemis, ayant remarqué le défaut de fortification dont nous avons parlé, débarquèrent entre les deux retranchements, là où les ouvrages n'étaient pas terminés, prirent nos soldats en queue, et, après les avoir rejetés hors des remparts, les forcèrent à tourner le dos.

LXIV. Averti de ce désordre, Marcellinus envoie quelques cohortes à leur secours; mais celles-ci ayant aperçu les fuyards ne purent ni les retenir par leur présence, ni soutenir seules le choc de l'ennemi. En un mot, toutes les troupes qu'on envoyait, entraînées elles-mêmes dans la déroute, ne servaient qu'à augmenter l'épouvante et le danger, et ce grand nombre d'hommes ne faisait qu'embarrasser la retraite. Dans ce combat, le porte-aigle blessé à mort et sentant ses forces défaillir, se tourne vers nos cavaliers : « Tant que j'ai vécu, dit-il, j'ai pendant plusieurs années soigneusement défendu cette aigle; et à présent que je meurs, je la remets avec la même fidélité à César. Ne souffrez pas, je vous en conjure, que l'honneur de nos armes reçoive un affront inconnu jusqu'ici dans son armée et remettez-la intacte entre ses mains. » C'est ainsi que l'aigle fut sauvée; mais tous les centurions de la première cohorte périrent, hormis le premier.

LXV. Déjà les soldats de Pompée, après avoir fait un grand carnage des nôtres, approchaient du camp de Marcellinus et répandaient l'épouvante parmi le reste de nos troupes, lorsqu'on vit M. Antoine, qui commandait le poste le plus voisin, descendre d'une hauteur avec douze cohortes. Son arrivée arrêta l'ennemi, ranima les nôtres, et les fit revenir de leur extrême frayeur. Peu de temps après, César, averti selon l'usage par la fumée des feux qu'on alluma aussitôt dans tous les forts, se rendit lui-même sur ce point avec quelques cohortes qu'il avait tirées des postes voisins. Après avoir reconnu le dommage, il s'aperçut que Pompée était sorti de ses retranchements et avait établi son camp le long de la mer, tant pour avoir le fourrage libre, qu'afin de pouvoir communiquer avec sa flotte; changeant alors de dessein, son premier plan ayant manqué, il alla se retrancher près de Pompée.

LXVI Les retranchements de ce camp achevés, les espions de César lui rapportèrent qu'un certain nombre de cohortes pouvant former une légion étaient derrière le bois, et qu'on les menait dans l'ancien camp. Voici quelle était la position des deux armées. Les jours précédents, la neuvième légion de César s'étant opposée aux troupes de Pompée, et retranchée, comme on l'a dit, sur une hauteur voisine, y avait établi son camp. Ce camp touchait à un bois et n'était éloigné de la

---

tis cujusque generis telisque terrebant, magnaque multitudo sagittariorum ab utraque parte circumfundebatur. Multum autem ab ictu lapidum, quod unum nostris erat telum, viminea tegimenta galeis imposita defendebant. Itaque; quum omnibus rebus nostri premerentur, atque ægre resisterent, animadversum est vitium munitionis, quod supra demonstratum est, atque inter duos vallos, qua perfectum opus non erat, per mare navibus expositi in adversos nostros impetum fecerunt, atque ex utraque munitione dejectos terga vertere coegerunt.

LXIV. Hoc tumultu nuntiato, Marcellinus cohortes subsidio nostris laborantibus submittit : quæ ex castris fugientes conspicatæ, neque illos suo adventu confirmare potuerunt, neque ipsæ hostium impetum tulerunt: Itaque, quodcumque addebatur subsidio, id, corruptum timore fugientium, terrorem et periculum augebat : hominum enim multitudine receptus impediebatur. In eo prælio, quum gravi vulnere esset affectus aquilifer, et a viribus deficeretur; conspicatus equites nostros, « hanc ego, inquit, et vivus multos per annos magna diligentia defendi, et nunc moriens eadem fide Cæsari restituo. Nolite, obsecro, committere, quod ante in exercitu Cæsaris non accidit, ut rei militaris dedecus admittatur; incolumemque ad eum referte. » Hoc casu aquila conservatur, omnibus primæ cohortis centurionibus interfectis, præter principem priorem.

LXV. Jamque Pompeiani, magna cæde nostrorum, castris Marcellini appropinquabant, non mediocri terrore illato reliquis cohortibus : et M. Antonius, qui proximum locum præsidiorum tenebat, ea re nuntiata, cum cohortibus XII descendens ex loco superiore cernebatur. Cujus adventus Pompeianos compressit, nostrosque firmavit, ut se ex maximo timore colligerent. Neque multo post Cæsar, significatione per castella fumo facta, ut erat superioris temporis consuetudo, deductis quibusdam cohortibus ex præsidiis, eodem venit. Qui, cognito detrimento, quum animadvertisset, Pompeium extra munitiones egressum, castra secundum mare, ut libere pabulari posset, nec minus aditum navibus haberet, commutata ratione belli, quoniam propositum non tenuerat, juxta Pompeium munire jussit.

LXVI. Qua perfecta munitione, animadversum est ab speculatoribus Cæsaris, cohortes quasdam, quod instar legionis videretur, esse post silvam, et in vetera castra duci. Castrorum hic situs erat. Superioribus diebus, nona Cæsaris legio quum se objecisset Pompeianis copiis, atque opera, ut demonstravimus, circummuniret, castra eo loco posuit. Hæc silvam quamdam contingebat, neque

mer que de quatre cents pas. Ensuite, ayant changé d'avis pour plusieurs raisons, César porta son camp un peu plus avant. Peu de jours après, Pompée vint occuper ce même camp; et comme il voulait y mettre plusieurs légions, sans détruire le retranchement intérieur, il en fit faire un plus grand à l'entour. Ainsi ce petit camp, enfermé dans un autre plus étendu, lui tenait lieu de fort et de citadelle. En outre, il fit tirer une ligne d'environ quatre cents pas, depuis la gauche de son camp jusqu'au fleuve, afin que les soldats pussent aller à l'eau librement et sans danger. Mais lui aussi, ayant changé d'avis, pour des motifs qu'il est inutile de rapporter, il quitta bientôt ce poste. Ainsi ce camp était resté vide plusieurs jours, mais les fortifications n'en avaient été nullement endommagées.

LXVII. Une légion s'y étant portée, les espions de César vinrent l'en avertir. Leur rapport fut confirmé par ceux qui étaient placés dans les forts construits sur les hauteurs. Ce lieu se trouvait à cinq cents pas de distance du nouveau camp de Pompée. César, dans l'espoir d'accabler cette légion, et de réparer l'échec de la journée, laissa deux cohortes dans ses retranchements pour les garnir; il partit par un chemin détourné, le plus secrètement possible, avec trente-trois autres cohortes, parmi lesquelles se trouvait la neuvième légion, qui avait perdu beaucoup de centurions et de soldats, et il marcha sur deux lignes vers le petit camp où s'était portée la légion de Pompée: il ne fut pas trompé dans son attente; car il arriva avant que Pompée s'en fût aperçu; et, quoique les fortifications fussent très-élevées, l'aile gauche qu'il commandait, ayant attaqué vivement l'ennemi, le chassa du retranchement. Les portes étaient protégées par une herse. On y fut retenu quelque temps, malgré les efforts des nôtres, par la vigoureuse défense des ennemis, entre lesquels se distingua ce même T. Pulcion qui, comme on l'a dit, avait trahi l'armée de C. Antoine. Mais enfin la valeur des nôtres l'emporta; ils coupèrent la herse, entrèrent d'abord dans le grand camp, ensuite dans le fort qui y était enfermé, et, comme la légion ennemie s'y était réfugiée, ils y tuèrent quelques soldats qui essayaient de se défendre.

LXVIII. Mais la fortune, qui a tant de pouvoir en toutes choses et principalement à la guerre, opère souvent en un moment de grandes révolutions, comme il arriva alors. Les cohortes de l'aile droite de César, qui ne connaissaient pas le terrain, suivaient le retranchement qui s'étendait, comme on l'a dit plus haut, depuis le camp jusqu'au fleuve, croyant que c'était celui du camp dont elles cherchaient la porte. Mais, ayant vu qu'il touchait au fleuve, et qu'il était sans défense, elle le renversèrent, le franchirent, et toute notre cavalerie suivit ces cohortes.

LXIX. Cependant, après un assez long temps, Pompée, averti de ce qui se passait, rappela des travaux sa cinquième légion, et la conduisit au secours des siens: en même temps il fit avancer sa cavalerie contre la nôtre. Nos soldats, maîtres

---

longius a mari passibus CD aberant. Post, mutato consilio quibusdam de causis, Cæsar paullo ultra eum locum castra transtulit : paucissimis intermissis diebus hæc cadem Pompeius occupaverat, et, quod eo loco plures erat legiones habiturus, relicto interiore vallo, majorem adjecerat munitionem. Ita minora castra, inclusa majoribus, castelli atque arcis locum obtinebant. Item ab angulo castrorum sinistro munitionem ad flumen perduxerat, circiter passus CD, quo liberius ac sine periculo milites aquarentur. Sed is quoque, mutato consilio quibusdam de causis, quas commemorari necesse non est, eo loco excesserat. Ita complures dies manserant castra : munitiones quidem integræ omnes erant.

LXVII. Eo signo legionis illato, speculatores Cæsari renuntiarunt. Hoc idem visum ex superioribus quibusdam castellis confirmaverant. Is locus aberat a novis Pompeii castris circiter passus D. Hanc legionem sperans Cæsar se opprimere posse, et cupiens ejus diei detrimentum sarcire, reliquit in opere cohortes duas, quæ speciem munitionis præberent : ipse diverso itinere, quam potuit occultissime, reliquis cohortes, numero XXXIII, in quibus erat legio nona, multis amissis centurionibus, deminutoque militum numero, ad legionem Pompei castraque minora duplici acie duxit. Neque eum prima opinio fefellit : nam et pervenit prius, quam Pompeius sentire posset; et tametsi erant munitiones castrorum magnæ, tamen sinistro cornu, ubi erat ipse, celeriter aggressus Pompeianos ex vallo deturbavit. Erat objectus portis ericius. Hic paullisper est pugnatum, quum irrumpere nostri conarentur, illi castra defenderent, fortissime T. Pulcione, cujus opera proditum exercitum C. Antonii demonstravimus, e loco propugnante : sed tamen nostri virtute vicerunt; exisoque ericio, primo in majora castra, post etiam in castellum, quod erat inclusum majoribus castris, irruperunt, et quod eo pulsa legio sese receperat, nonnullos ibi repugnantes interfecerunt.

LXVIII. Sed fortuna, quæ plurimum potest, quum in reliquis rebus, tum præcipue in bello, parvis momentis magnas rerum commutationes efficit ; ut tum accidit. Munitionem, quam pertinere a castris ad flumen supra demonstravimus, dextri Cæsaris cornu cohortes, ignorantia loci, sunt secutæ, quum portam quærerent, castrorumque eam munitionem esse arbitrarentur. Quod quum esset animadversum, conjunctam esse flumini; prorutis his munitionibus, defendente nullo, transcenderunt, omnisque noster equitatus eas cohortes est secutus.

LXIX. Interim Pompeius, hac satis longa interjecta mora, et re nuntiata, quintam legionem, ab opere deductam, subsidio suis duxit : eodemque tempore equitatus

du camp, virent l'armée ennemie marcher contre eux en bataille, et soudain tout changea. En effet, la légion de Pompée, rassurée par l'espoir d'un prompt secours, s'efforça de résister de la porte décumane, et vint même nous attaquer vivement. La cavalerie de César, qui ne pouvait monter au retranchement que par un chemin des plus étroits, craignant pour sa retraite, commençait à fuir. L'aile droite, séparée de la gauche, ayant remarqué cette épouvante de la cavalerie, se mit aussi à faire retraite par le même endroit par où elle avait pénétré, afin de n'être pas accablée dans les retranchements; la plupart, de peur de s'engager dans un défilé, se jetaient dans des fossés de dix pieds, où les premiers, étant écrasés, aidaient la fuite des autres qui passaient par-dessus leurs corps. L'aile gauche, qui du retranchement voyait Pompée arriver et les nôtres s'enfuir, craignant d'être enveloppée dans ce défilé étroit où elle aurait eu l'ennemi au dedans et au dehors, tâcha de se retirer par où elle était venue. Partout régnaient l'effroi, le désordre, la fuite : en vain César arrachait les enseignes aux mains des fuyards et leur ordonnait de faire face; les uns abandonnaient leurs chevaux et couraient à toutes jambes; les autres jetaient de peur leurs enseignes, et pas un ne s'arrêtait.

LXX. Dans un si grand malheur, deux choses empêchèrent que l'armée ne fût entièrement détruite : d'abord Pompée, qui sans doute ne s'attendait pas à ce succès, alors qu'il venait de voir ses troupes chassées de leur camp, craignit quelque embuscade, et hésita à s'approcher des retranchements. Ensuite sa cavalerie fut retardée par le passage étroit des portes qu'occupaient les soldats de César. Ainsi les circonstances les plus frivoles eurent des deux parts des conséquences importantes. Le retranchement tiré du camp au fleuve empêcha l'entière et prompte victoire de César; et ce même retranchement, en retardant la poursuite de l'ennemi, sauva notre armée.

LXXI. Dans ces deux combats, donnés le même jour, César perdit neuf cent soixante hommes, plusieurs chevaliers romains de distinction, Felginas Tuticanus Gallus, fils de sénateur; C. Felginas de Plaisance; A. Granius de Puteoles; M. Sacrativir de Capoue, et trente-deux tribuns militaires ou centurions : mais la plupart périrent sans aucune blessure, écrasés dans le fossé, sur les retranchements, ou sur le bord du fleuve, par leurs compagnons qui fuyaient effrayés. Nous perdîmes aussi trente-deux enseignes. Cette action valut à Pompée le titre d'*Imperator*. Il le conserva, et souffrit désormais qu'on le saluât de ce nom; mais cependant il n'entoura de lauriers ni ses lettres ni ses faisceaux. Labiénus, ayant obtenu qu'il lui remît les prisonniers, il les promena à la tête du camp, cela sans doute pour mériter la confiance du parti qu'il venait d'embrasser; et les appelant ses camarades, et leur demandant avec insulte si les vétérans avaient coutume de fuir, il les fit égorger publiquement (15).

---

ejus nostris equilibus appropinquabat, et acies instructa a nostris, qui castra occupaverant, cernebatur, omniaque sunt subito mutata. Pompeiana enim legio, celeris spe subsidii confirmata, ab decumana porta resistere conabatur, atque ultro in nostros impetum faciebat. Equitatus Cæsaris, quod augusto itinere per aggeres ascendebat, receptui suo timens, initium fugæ faciebat. Dextrum cornu, quod erat a sinistro seclusum, terrore equitum animadverso, ne intra munitionem opprimeretur, ea parte, qua proruebat, sese recipiebat, ac plerique ex iis, ne in angustias inciderent, decem pedum munitionis se in fossas præcipitabant : primisque oppressis, reliqui per horum corpora salutem sibi atque exitum pariebant. Sinistro cornu milites, quum ex vallo Pompeium adesse, et suos fugere cernerent, veriti, ne angustiis intercluderentur, quum extra et intus hostem haberent, eodem, quo venerant, receptu sibi consulebant; omniaque erant tumultus, timoris, fugæ plena, adeo ut, quum Cæsar signa fugientium manu prehenderet, et consistere juberet, alii dimissis equis eumdem cursum conficerent, alii ex metu etiam signa dimitterent, neque quisquam omnino consisteret.

LXX. His tantis malis hæc subsidia succurrebant, quominus omnis deleretur exercitus, quod Pompeius insidias timens, (credo, quod hæc præter spem acciderant ejus, qui paullo ante ex castris fugientes suos conspexerat,) munitionibus appropinquare aliquamdiu non audebat, equitesque ejus, angustis portis, atque his a Cæsaris militibus occupatis, ad insequendum tardabantur. Ita parvæ res magnum in utramque partem momentum habuerunt. Munitiones enim, a castris ad flumen perductæ, expugnatis jam castris Pompeii, propriam et expeditam Cæsaris victoriam interpellaverunt : eadem res, celeritate insequentium tardata, nostris salutem attulit.

LXXI. Duobus his unius diei prælis Cæsar desideravit milites DCCCCLX, et notos equites romanos, Felginatem Tuticanum Gallum, senatoris filium; C. Felginatem, Placentia; A. Granium, Puteolis; M. Sacrativirum, Capua; tribunos militum et centuriones XXXII. Sed horum omnium pars magna, in fossis munitionibusque et fluminis ripis oppressa suorum terrore ac fuga, sine ullo vulnere interiit, signaque sunt militaria XXXII amissa. Pompeius pro prælio imperator est appellatus. Hoc nomen obtinuit, atque ita se postea salutari passus est, sed neque in litteris, quas scribere est solitus, neque in fascibus insignia laureæ prætulit. At Labienus, quum ab eo impetravisset, ut sibi captivos transdi juberet, omnes productos ostentationis, ut videbatur, causa, quo major perfugæ fides haberetur, commilitones appellans, et magna verborum contumelia interrogans, « solerentne veterani milites fugere, » in omnium conspectu interficit.

LXXII. His rebus tantum fiduciæ ac spiritus Pom-

LXXII. Ce succès inspira tant de confiance et d'orgueil aux soldats de Pompée, qu'ils ne pensaient plus à la guerre et qu'ils croyaient avoir remporté une victoire décisive. Ils ne songeaient pas qu'ils en étaient redevables à notre petit nombre, au désavantage du poste où nous nous trouvions resserrés après avoir forcé leur camp, à l'effroi qu'occasionnait une double attaque du dedans et du dehors, et à la séparation de nos troupes, qui les empêchait de se porter de mutuels secours. Ils ne remarquaient pas qu'il n'y avait pas eu de combat, de vive mêlée, et que nos soldats, en se précipitant en foule dans des passages trop étroits, s'étaient fait eux-mêmes plus de mal qu'ils n'en avaient reçu de l'ennemi. Enfin, ils oubliaient les accidents si communs à la guerre, et combien de désastres avaient été produits par les plus petites causes, par un soupçon mal fondé, par une terreur panique, un scrupule; et combien de fois une armée avait eu à souffrir de la faute d'un général ou de l'erreur d'un tribun. Joyeux, comme s'ils avaient vaincu par leur courage, et qu'ils n'eussent à redouter aucun changement de la fortune, ils annonçaient partout au loin, par des messages et par des lettres, la victoire qu'ils avaient remportée ce jour-là.

LXXIII. César, forcé de renoncer à son premier dessein, crut devoir changer entièrement son plan de campagne. Dans cette vue, il retira à la fois toutes ses garnisons, renonça à l'attaque, rassembla sur un seul point toutes ses troupes, et, ayant convoqué les soldats pour les haranguer, il les exhorta à ne pas se laisser abattre par cet événement, et à ne pas s'inquiéter d'un revers assez léger après tant de succès. Ils devaient, ajouta-t-il, rendre grâce à la fortune d'avoir soumis l'Italie sans nulle peine, pacifié les deux Espagnes défendues par des peuples belliqueux et par les chefs les plus expérimentés et les plus habiles, et réduit en leur pouvoir les provinces voisines [1], si abondantes en blé. Ils ne devaient pas oublier non plus avec quel bonheur ils avaient passé sans nulle perte à travers les flottes ennemies, maîtresses de tous les ports et de toutes les côtes. Si tout ne réussissait pas à leur gré, il fallait qu'ils s'appliquassent à seconder la fortune. C'était à son inconstance et non à leur général qu'ils devaient imputer le revers qu'on avait reçu : le poste avait été bien choisi; le camp ennemi avait été enlevé, et les soldats de Pompée chassés et défaits. Mais quel que fût le motif qui leur eût fait perdre une victoire qui semblait assurée, imprudence, erreur ou hasard, c'était à leur courage à tout réparer. Alors le mal tournerait à bien, comme il était arrivé à Gergovie; et ceux qui d'abord avaient redouté d'en venir aux mains, se présenteraient d'eux-mêmes au combat.

LXXIV. Ce discours fini, il nota d'infamie plusieurs enseignes et les cassa. A l'égard des troupes, elles ressentirent une si vive douleur de cet échec et montrèrent un tel désir d'en réparer le déshonneur, que tous, sans attendre l'ordre du tribun ou du centurion, s'imposaient, par punition, les plus rudes travaux. L'ardeur de combattre était générale, jusque-là que plusieurs des principaux

[1] La Sicile et l'Afrique.

peianis accessit, ut non de ratione belli cogitarent, sed vicisse jam sibi viderentur. Non illi paucitatem nostrorum militum, non iniquitatem loci atque angustias, præoccupatis castris, et ancipitem terrorem intra extraque munitiones, non abscissum in duas partes exercitum, quum altera alteri auxilium ferre non posset, causæ fuisse cogitabant. Non ad hæc addebant, non ex concursu acri facto non prælio dimicatum, sibique ipsos multitudine atque angustiis majus attulisse detrimentum, quam ab hoste accepissent. Non denique communes belli casus recordabantur, quam parvulæ sæpe causæ vel falsæ suspicionis, vel terroris repentini, vel objectæ religionis, magna detrimenta intulissent; quoties vel culpa ducis, vel tribuni vitio, in exercitu esset offensum : sed proinde ac si virtute vicissent, neque ulla commutatio rerum posset accidere, per orbem terrarum fama ac litteris victoriam ejus diei concelebrabant.

LXXIII. Cæsar, ab superioribus consiliis depulsus, omnem sibi commutandam belli rationem existimavit. Itaque uno tempore præsidiis omnibus deductis, et oppugnatione dimissa, coactoque in unum locum exercitu, concionem apud milites habuit, hortatusque est, « ne a, quæ accidissent, graviter ferrent, neve his rebus terrerentur, multisque secundis præliis unum adversum, et id mediocre, opponerent : habendam fortunæ gratiam, quod Italiam sine aliquo vulnere cepissent; quod duas Hispanias, bellicosissimorum hominum peritissimis atque exercitatissimis ducibus, pacavissent: quod finitimas frumentariasque provincias in potestatem redegissent; denique recordari debere, qua felicitate inter medias hostium classes, oppletis non solum portibus, sed etiam littoribus, omnes incolumes essent transportati : si non omnia caderent secunda, fortunam esse industria sublevandam : quod esset acceptum detrimenti, ejus juri potius, quam suæ culpæ, debere tribui : locum se æquum ad dimicandum dedisse, potitum esse hostium castris, expulisse ac superasse pugnantes : sed sive ipsorum perturbatio, sive error aliquis, sive etiam fortuna partam jam præsentemque victoriam interpellavisset, dandam ipsis operam, ut acceptum incommodum virtute sarciretur: quod si esset factum, detrimentum in bonum verteret, uti ad Gergoviam accidisset, atque ii, qui ante dimicare timuissent, ultro se prælio offerrent. »

LXXIV. Hac habita concione, nonnullos signiferos ignominia notavit, ac loco movit. Exercitui quidem omni tantus incessit ex incommodo dolor, tantumque studium infamiæ sarciendæ, ut nemo, aut tribuni, aut centurionis imperium desideraret, et sibi quisque etiam pœnæ loco

officiers, touchés du discours du général, étaient d'avis de garder ce même poste et de livrer bataille. Mais César, n'ayant pas assez de confiance en des soldats encore troublés, voulut leur laisser le temps de remettre leurs esprits en quittant les retranchements; et d'ailleurs il craignait fort pour les subsistances. Ainsi, sans plus de retard, après avoir seulement pourvu au soin des blessés et des malades, il fit partir du camp en silence, à l'entrée de la nuit, tout son bagage, et l'envoya devant Apollonia, avec défense qu'on s'arrêtât en chemin. Une légion fut commandée pour lui servir d'escorte.

LXXV. Cela fait, il retint dans le camp deux légions, et, dès la quatrième veille il fit sortir les autres par diverses portes, et les envoya devant par la même route. Après avoir laissé passer un moment, afin d'observer la discipline et pour que sa marche ne fût connue que le plus tard possible, il fit donner le signal du départ; et, sortant alors lui-même, il rejoignit son arrière-garde, et fut bientôt hors de la vue du camp. Pompée n'en fut pas plutôt informé qu'il se disposa à nous poursuivre. Se flattant encore de nous surprendre au milieu de l'embarras d'une marche, il sortit de son camp avec toute son armée, et envoya devant sa cavalerie pour arrêter notre arrière-garde; mais elle ne pût l'atteindre, parce que César, marchant sans bagage, avait gagné du terrain. Cependant, lorsqu'on fut arrivé au fleuve Genusus, dont les bords étaient escarpés, cette cavalerie atteignit et attaqua notre arrière-garde. César lui opposa la sienne, parmi laquelle il mêla quatre cents soldats d'élite; ils firent si bien leur devoir qu'ils repoussèrent les cavaliers ennemis, en tuèrent un grand nombre, et rejoignirent leur corps sans aucune perte.

LXXVI. Ayant fait ce jour-là tout le chemin qu'il s'était proposé, et l'armée ayant passé le Genusus, César s'arrêta dans son ancien camp vis-à-vis Asparagium, défendit aux soldats de sortir des retranchements, et envoya sa cavalerie au fourrage avec ordre de rentrer aussitôt par la porte décumane. Pompée, qui avait fait ce jour-là le même chemin pour ne pas le perdre de vue, s'établit aussi à Asparagium dans son ancien camp. Ses soldats, n'ayant rien à faire, puisque les fortifications étaient demeurées en leur entier, s'écartèrent pour aller au bois et au fourrage; d'autres, qui avaient laissé au camp, à cause de la précipitation du départ, la plus grande partie de leurs effets et de leur bagage, encouragés par la proximité des lieux à les aller chercher, déposaient leurs armes dans leurs tentes et sortaient du retranchement. César avait prévu qu'il en arriverait ainsi; les voyant hors d'état de le poursuivre, il donna vers le midi le signal du départ, fit ce jour-là une double marche, et alla camper à huit milles pas plus loin; ce que Pompée ne put faire, étant retenu par l'absence de ses soldats.

LXXVII. Le lendemain, César partit vers la quatrième veille, après avoir fait de même prendre les devants à son bagage à l'entrée de la nuit,

---

graviores imponeret labores, simulque omnes arderent cupiditate pugnandi, quum superioris etiam ordinis nonnulli, oratione permoti, manendum eo loco, et rem prœlio committendam existimarent. Contra ea Cæsar n-que satis militibus perterritis confidebat, spatiumque interponendum ad recreandos animos putabat, relictis munitionibus; et magnopere rei frumentariæ timebat : itaque, nulla interposita mora, sauciorum modo et ægrorum habita ratione, impedimenta omnia silentio prima nocte ex castris Apolloniam præmisit, ac conquiescere ante iter confectum vetuit. His una legio missa præsidio est.

LXXV. His explicitis rebus, duas in castris legiones retinuit, reliquas de quarta vigilia, compluribus portis eductas, eodem itinere præmisit; parvoque spatio intermisso, ut et militare institutum servaretur, et quam serissime ejus profectio cognosceretur, conclamari jussit; statimque egressus, et novissimum agmen consecutus, celeriter ex conspectu castrorum discessit. Neque vero Pompeius, cognito consilio ejus, moram ullam ad insequendum intulit : sed eadem spectans, si itinere impedito perterritos deprehendere posset, exercitum e castris eduxit, equitatumque præmisit ad novissimum agmen demorandum; neque consequi potuit, quod multum expedito itinere antecesserat Cæsar. Sed quum ventum esset ad flumen Genusum, quod ripis erat impeditis, consecutus equitatus novissimos prœlio detinebat. Huic suos Cæsar equites opposuit, expeditosque antesignanos admiscuit CD; qui tantum profecerunt, ut, equestri prœlio commisso, pellerent omnes, compluresque interficerent, ipsi incolumes se ad agmen reciperent.

LXXVI. Confecto justo itinere ejus diei, quod proposuerat Cæsar, transductoque exercitu flumen Genusum, veteribus suis in castris contra Asparagium consedit, militesque omnes intra vallum castrorum continuit, equitatumque, per causam pabulandi emissum, confestim decumana porta in castra se recipere jussit. Simili ratione Pompeius, confecto ejusdem diei itinere, in suis veteribus castris ad Asparagium consedit : ejusque milites, quod ab opere, integris munitionibus, vacabant, alii lignandi pabulandique causa longius progrediebantur; alii, quod subito consilium profectionis ceperant, magna parte impedimentorum et sarcinarum relicta, ad haec repetenda invitati propinquitate superiorum castrorum, depositis in contubernio armis, vallum relinquebant. Quibus ad sequendum impeditis, Cæsar, quod fore providerat, meridiano fere tempore, signo profectionis dato, exercitum educit, duplicatoque ejus diei itinere, octo millia passuum ex eo loco discedit : quod facere Pompeius discessu militum non potuit.

LXXVII. Postero die Cæsar, similiter præmissis prima nocte impedimentis, de quarta vigilia ipse egreditur, ut, si qua imposita esset dimicandi necessitas, subitum ca-

afin que, s'il fallait combattre, l'armée n'eût rien qui l'embarrassât. Il agit de même les jours suivants. Par ce moyen, il ne reçut aucun échec, ni au passage des rivières les plus profondes, ni dans les chemins les plus difficiles. Pompée ne put regagner le temps perdu à la première journée, malgré ses marches forcées, et quoiqu'il le désirât beaucoup; le quatrième jour il cessa de nous suivre et crut devoir prendre un autre parti.

LXXVIII. Il était nécessaire que César se rendît à Apollonia pour y déposer ses blessés, payer les troupes, raffermir ses alliés, et mettre des garnisons dans les villes. Il employa à cela le moins de temps qu'il put, afin de ne pas trop retarder sa marche; et craignant que Pompée ne le prévînt et ne tombât sur Domitius (14), il faisait, pour le joindre, la plus grande diligence. Or, voici les motifs qui déterminaient César: Si Pompée prenait le même chemin que lui, il l'éloignait de la mer et de Dyrrachium où il avait le reste de ses troupes ainsi que ses munitions et ses vivres, et le forçait à lutter à chances égales; s'il passait en Italie, César se réunissait à Domitius et marchait par l'Illyrie au secours de cette contrée; s'il voulait assiéger Apollonia et Oricum, et lui ôter toute communication avec la côte, César se tournait contre Scipion (15), et obligeait ainsi Pompée à venir lui porter secours. En conséquence il dépêcha vers Domitius pour lui faire connaître ses intentions, et, laissant quatre cohortes à Apollonia, une à Lissus, et trois à Oricum avec les blessés, il prit sa marche par l'Épire et l'Acarnanie. Cependant Pompée, se doutant du projet de César, crut devoir se hâter d'aller secourir Scipion, en cas que César se portât de ce côté; si, au contraire, César persistait à ne pas quitter la côte et le voisinage d'Oricum, à cause des légions et des chevaux qu'il attendait d'Italie, il se proposait de fondre sur Domitius avec toutes ses forces.

LXXIX. Ainsi chacun d'eux avait des motifs de se hâter, soit pour secourir les siens, soit pour ne pas laisser échapper l'occasion d'écraser son ennemi. Mais César avait été obligé d'aller à Apollonia, ce qui l'avait détourné de son chemin; tandis que par la Candavie Pompée allait droit en Macédoine. En outre, par un contretemps imprévu, Domitius, après avoir eu plusieurs jours son camp tout près de celui de Scipion, avait été obligé de s'éloigner faute de vivres, et marchait sur Héraclée, ville voisine de la Candavie; en sorte que la fortune elle-même semblait l'exposer aux coups de Pompée. César ignorait encore cette circonstance. De plus, les lettres envoyées par Pompée dans toutes les provinces et les villes avaient grossi outre mesure le succès de Dyrrachium : le bruit courait que César, après avoir perdu presque toutes ses troupes, fuyait devant Pompée. Ces bruits avaient rendu les chemins peu sûrs et détaché quelques villes de son parti; d'où il arriva que plusieurs courriers, que César et Domitius s'étaient réciproquement envoyés, ne purent achever leur route. Heureusement quelques Allobroges, amis de Roscillus et

sum expedito exercitu subiret. Hoc idem reliquis fecit diebus. Quibus rebus perfectum est, ut altissimis fluminibus atque impeditissimis itineribus nullum acciperet incommodum. Pompeius enim, primi diei mora illata, et reliquorum dierum frustra labore suscepto, quum se magnis itineribus extenderet, et progressos consequi cuperet, quarto die finem sequendi fecit, atque aliud sibi consilium capiendum existimavit.

LXXVIII. Cæsari, ad saucios deponendos, stipendium exercitui dandum, socios confirmandos, præsidium urbibus relinquendum, necesse erat adire Apolloniam. Sed his rebus tantum temporis tribuit, quantum erat properanti necesse : timensque Domitio, ne adventu Pompeii præoccuparetur, ad eum omni celeritate et studio incitatus ferebatur. Totius autem rei consilium his rationibus explicabat, ut, si Pompeius eodem contenderet, abductum illum a mari atque ab iis copiis, quas Dyrrachii comparaverat, frumento ac commeatu abstractum, pari conditione belli secum decertare cogeret : si in Italiam transiret, conjuncto exercitu cum Domitio per Illyricum Italiæ subsidio proficisceretur : sin Apolloniam Oricumque oppugnare, et se omni maritima ora excludere conaretur; obsesso tamen Scipione, necessario illum suis auxilium ferre cogeret. Itaque, præmissis nuntiis ad Cn. Domitium, Cæsar scripsit, et, quid fieri vellet, ostendit : præsidioque Apolloniæ cohortibus IV, Lissi I, III Orici relictis, quique erant ex vulneribus ægri, depositis per Epirum atque Acarnaniam iter facere cœpit. Pompeius quoque, de Cæsaris consilio conjectura judicans, ad Scipionem properandum sibi existimabat, si Cæsar iter illo haberet, ut subsidium Scipioni ferret; si ab ora maritima Oriciunque discedere nollet, quod legiones equitatumque ex Italia exspectaret, ipse ut omnibus copiis Domitium aggrederetur.

LXXIX. Iis de causis uterque eorum celeritati studebat, et suis ut esset auxilio, et, ad opprimendos adversarios, ne occasioni temporis deesset. Sed Cæsarem Apollonia a directo itinere averterat : Pompeius per Candaviam iter in Macedoniam expeditum habebat. Accessit etiam ex improviso aliud incommodum, quod Domitius, qui dies complures castris Scipionis castra collata habuisset, rei frumentariæ causa ab eo discesserat, et Heracleam, quæ est subjecta Candaviæ, iter fecerat, ut ipsa fortuna illum objicere Pompeio videretur. Hæc ad id. tempus Cæsar ignorabat. Simul, a Pompeio litteris per omnes provincias civitatesque dimissis, de prælio ad Dyrrachium facto, latius inflatiusque multo, quam res erat gesta, fama percrebuerat, « pulsum fugere Cæsarem, pæne omnibus copiis amissis. » Hæc itinera infesta reddiderat, has civitates nonnullas ab ejus amicitia averterat. Quibus accidit rebus, ut pluribus dimissi itineribus, a Cæsare ad Domitium, et ab Domitio ad Cæsarem, nulla

d'Égus, que nous avons vus passer dans le parti de Pompée, rencontrèrent des éclaireurs de Domitius, et, soit vanité, soit reste d'habitude, pour avoir fait ensemble la guerre dans les Gaules, ils leur racontèrent tout ce qui s'était passé, et leur apprirent le départ de César et l'arrivée de Pompée. Ainsi averti, Domitius, quoiqu'il eût à peine quatre heures d'avance sur Pompée, dut à ses ennemis d'échapper au péril; il marcha vers Eginium à l'entrée de la Thessalie, et rencontra César qui venait le joindre.

LXXX. Après la jonction des deux armées, César se rendit à Gomphi, première ville de Thessalie en venant d'Épire. Peu de mois auparavant, cette ville avait député vers lui pour le prier d'user de tout ce qu'elle possédait et de lui envoyer une garnison; mais déjà la renommée avait porté là, comme ailleurs, les récits exagérés du combat de Dyrrachium. Aussi, Androsthènes, préteur de Thessalie, aimant mieux s'associer à la victoire de Pompée qu'à la disgrâce de César, fit rentrer dans la ville tout ce qu'il y avait à la campagne d'hommes libres et d'esclaves, ferma les portes, et députa vers Scipion et vers Pompée pour qu'ils vinssent à son secours; il leur mandait que la place tiendrait, pourvu que l'on se hâtât de le secourir; mais qu'elle n'était pas en état de soutenir un long siége. Scipion, informé que l'une et l'autre armée avaient quitté Dyrrachium, s'était rendu avec ses légions à Larisse, et Pompée était encore assez loin de la Thessalie. César, après avoir fortifié son camp, fit préparer, pour attaquer aussitôt la place, les échelles, les claies, les galeries. Cela fait, il exhorta ses troupes, il leur représenta l'avantage qu'il y aurait à prendre une ville riche et pleine de vivres, qui leur fournirait tout en abondance; et combien il était important d'effrayer les autres villes par cet exemple, et d'emporter la place sans délai, avant qu'elle ne reçût de secours. Profitant donc de l'ardeur merveilleuse des troupes, le jour même de son arrivée, après la neuvième heure, il commença l'attaque de cette ville, dont les murailles étaient fort élevées, s'en rendit maître avant le coucher du soleil, et la livra au pillage; il en partit aussitôt, et arriva à Métropolis avant les courriers qui portaient la nouvelle de sa victoire.

LXXXI. Les Métropolites, prévenus par les mêmes bruits, prirent d'abord la même résolution, fermèrent leurs portes, et garnirent leurs murailles de troupes; mais ensuite, ayant appris le désastre de Gomphi par des prisonniers que César avait fait approcher des murs, ils lui ouvrirent leurs portes. Il eut soin de leur conservation, et la comparaison du sort des Métropolites avec celui des habitants de Gomphi, détermina toutes les villes de la Thessalie, à l'exception de Larisse, que Scipion occupait avec toutes ses troupes, à se soumettre à César et à recevoir ses ordres. César, ayant trouvé en ce pays les blés presque mûrs, résolut d'y attendre Pompée et d'y établir le théâtre de la guerre.

ratione iter conficere possent. Sed Allobroges, Roscillus atque Ægi familiares, quos perfugisse ad Pompeium demonstravimus, conspicati in itinere exploratores Domitii, seu pristina sua consuetudine, quod una in Gallia bella gesserant, seu gloria elati, cuncta, ut erant acta, exposuerunt, et Cæsaris profectionem et adventum Pompeii docuerunt. A quibus Domitius certior factus, vix IV horarum spatio antecedens, hostium beneficio periculum vitavit, et ad Æginium, quod est objectum oppositumque Thessaliæ, Cæsari venienti occurrit.

LXXX. Conjuncto exercitu, Cæsar Gomphos pervenit, quod est oppidum primum Thessaliæ venientibus ab Epiro, quæ gens paucis ante mensibus ultro ad Cæsarem legatos miserat, ut suis omnibus facultatibus uteretur, præsidiumque ab eo militum petierat. Sed eo fama jam præcurrerat, quam supra docuimus, de prælio Dyrrachino, quod multis auxerat partibus. Itaque Androsthenes, prætor Thessaliæ, quum se victoriæ Pompeii comitem esse mallet, quam socium Cæsaris in rebus adversis, omnem ex agris multitudinem servorum ac liberorum in oppidum cogit, portasque præcludit, et ad Scipionem Pompeiumque nuntios mittit, ut sibi subsidio veniant; se confidere munitionibus oppidi, si celeriter succurratur: longinquam oppugnationem sustinere non posse. Scipio, discessu exercituum a Dyrrachio cognito, Larissam legiones adduxerat; Pompeius nondum Thessaliæ appropinquabat. Cæsar, castris munitis, scalas musculosque ad repentinam oppugnationem fieri, et crates parari jussit. Quibus rebus effectis, cohortatus milites docuit, « quantum usum haberet ad sublevandam omnium rerum inopiam, potiri oppido pleno atque opulento; simul reliquis civitatibus hujus urbis exemplo inferre terrorem; et id fieri celeriter, prius quam auxilia concurrerent. » Itaque, usus singulari militum studio, eodem, quo venerat, die, post horam nonam, oppidum altissimis mœnibus oppugnare aggressus, ante solis occasum expugnavit, et ad diripiendum militibus concessit; statimque ab oppido castra movit, et Metropolim venit, sic, ut nuntius expugnati oppidi famam antecederet.

LXXXI. Metropolitæ, primum eodem usi consilio, iisdem permoti rumoribus, portas clauserunt, murosque armatis compleverunt: sed postea, casu civitatis comprehensis cognito ex captivis, quos Cæsar ad murum producendos curaverat, portas aperuerunt. Quibus diligentissime conservatis, collata fortuna Metropolitum cum casu Gomphensium, nulla Thessaliæ fuit civitas, præter Larissæos, qui magnis exercitibus Scipionis tenebantur, quin Cæsari parerent, atque imperata facerent. Ille segetis idoneum locum in agris nactus, quæ prope jam matura erat, ibi adventum exspectare Pompeii, eoque omnem rationem belli conferre constituit.

LXXXII. Pompeius paucis post diebus in Thessaliam

LXXXII. Peu de jours après Pompée arriva en Thessalie, et dans une harangue qu'il adressa à son armée, il lui témoigna sa satisfaction. Il invita les soldats de Scipion à prendre part aux dépouilles et aux récompenses de la victoire. Après avoir réuni toutes les légions dans le même camp, il partagea l'honneur du commandement avec Scipion, voulut qu'on lui élevât un prétoire, et fit sonner la trompette devant sa tente comme devant la sienne propre. Ce renfort et cette jonction de deux grandes armées, confirmèrent tous ceux de ce parti dans leur confiance, et leur espoir de vaincre s'accrut au point que chaque moment qui s'écoulait leur semblait retarder d'autant leur retour en Italie. Si Pompée faisait quelque chose avec circonspection et prudence, c'était, disait-on, l'affaire d'un jour; « mais, ajoutait-on, il se plaît à commander, tout fier d'avoir à sa suite des consulaires et des prétoriens. » Déjà l'on se disputait hautement les récompenses et les sacerdoces ; on désignait les consuls pour les années suivantes; quelques-uns demandaient les maisons et les biens de ceux qui avaient suivi le parti de César. Il s'éleva dans le conseil une grande contestation : il s'agissait de savoir si, aux premiers comices qui se tiendraient pour la nomination des préteurs, L. Hirrus, que Pompée avait envoyé chez les Parthes, pourrait, quoique absent, être nommé. Les amis d'Hirrus sollicitaient Pompée d'être fidèle à la parole qu'il lui avait donnée à son départ, et de ne pas tromper la confiance qu'Hirrus avait eue en son crédit; les autres, qui avaient passé par les mêmes fatigues et les mêmes périls, ne voulaient pas qu'Hirrus seul fût préféré à tous.

LXXXIII. Déjà même on pensait au sacerdoce de César : Domitius, Scipion, Lentulus Spinther, se le disputaient chaque jour avec la plus vive aigreur ; et si Lentulus réclamait les égards dus à son âge, Domitius invoquait sa popularité et sa considération dans Rome, et Scipion faisait valoir la parenté qui l'unissait à Pompée (16). On vit aussi Attius Rufus accuser L. Afranius de trahison à cause de ce qui s'était passé en Espagne. D'autre part, L. Domitius dit en plein conseil, qu'il fallait, la guerre terminée, remettre à ceux des sénateurs qui avaient pris comme eux le parti de Pompée, trois tablettes pour juger ceux qui étaient restés à Rome ou dans les places soumises à Pompée sans l'aider dans cette guerre ; l'une de ces tablettes servirait pour absoudre ceux qui n'auraient pas encouru de châtiment; les deux autres pour condamner soit à mort, soit à une amende. En un mot, ils ne parlaient tous que de leurs honneurs futurs, ou de récompenses en argent, ou de leurs vengeances privées; et, au lieu de s'occuper des moyens de vaincre, ils ne pensaient qu'à la manière dont ils useraient de la victoire.

LXXXIV. Après avoir assuré ses vivres et avoir donné à ses soldats le temps de se remettre de la disgrâce de Dyrrachium, César, voyant leur courage suffisamment raffermi, crut devoir éprouver jusqu'à quel point Pompée avait l'intention et la volonté de combattre. En conséquence, il fit sortir du camp son armée, et la rangea en bataille, d'abord à peu de distance de son camp et assez

---

pervenit; concionatusque apud cunctum exercitum, suis agit gratias; Scipionis milites cohortatur, « ut, parta jam victoria, prædæ ac præmiorum velint esse participes : » receptisque omnibus in una eadem legionibus, suum cum Scipione honorem partitur, classicumque apud eum cani, et alterum illi jubet prætorium tendi. Auctis copiis Pompeii, duobusque magnis exercitibus conjunctis, pristina omnium confirmatur opinio, et spes victoriæ augetur adeo, ut, quidquid intercederet temporis, id morari reditum in Italiam videretur; et, si quando quid Pompeius tardius aut consideratius faceret, « unius esse negotium diei, sed illum delectari imperio, et consulares prætoriosque servorum habere numero, » dicerent. Jamque inter se palam de præmiis ac sacerdotiis contendebant, in annosque consulatum definiebant; alii domos bonaque eorum, qui in castris erant Cæsaris, petebant : magnaque inter eos in consilio fuit controversia, oporteretne L. Hirri, quod is a Pompeio ad Parthos missus esset, proximis comitiis prætoriis absentis rationem haberi : quum ejus necessarii fidem implorarent Pompeii, præstaret, quod proficiscenti recepisset, ne per ejus auctoritatem deceptus videretur; reliqui, in labore pari ac periculo, ne unus omnes antecederet, recusarent.

LXXXIII. Jam de sacerdotio Cæsaris Domitius, Scipio, Lentulusque Spinther, quotidianis contentionibus ad gravissimas verborum contumelias palam descenderunt; quum Lentulus ætatis honorem ostentaret, Domitius urbanam gratiam dignitatemque jactaret, Scipio affinitate Pompeii confideret. Postulavit etiam L. Afranium proditionis exercitus Attius Rufus apud Pompeium, quod gestum in Hispania diceret. Et L. Domitius in consilio dixit, placere sibi, bello confecto, ternas tabellas dari ad judicandum iis, qui ordinis essent senatorii, belloque una cum ipsis interfuissent; sententiasque de singulis ferrent, qui Romæ remansissent, quique intra præsidia Pompeii fuissent, neque operam in re militari præstitissent : unam fore tabellam, qui liberandos omni periculo censerent; alteram, qui capitis damnarent; tertiam, qui pecunia multarent. Postremo omnes aut de honoribus suis, aut de præmiis pecuniæ, aut de persequendis inimicitiis agebant; nec quibus rationibus superare possent, sed, quemadmodum uti victoria deberent, cogitabant.

LXXXIV. Re frumentaria præparata confirmatisque militibus, et satis longo spatio temporis a Dyrrachinis præliis intermisso, quo satis perspectum habere militum animum videretur, tentandum Cæsar existimavit, quidnam Pompeius proposito aut voluntatis ad dimicandum

loin de celui de Pompée; mais les jours suivants il s'avança davantage et vint vers les hauteurs que l'ennemi occupait. Par cette manœuvre il avait relevé de jour en jour la confiance de l'armée. Il conservait cependant pour sa cavalerie la méthode dont nous avons parlé plus haut ; c'est-à-dire que, comme elle était de beaucoup inférieure en nombre, il mêlait parmi elle, pour le combat, des fantassins jeunes et agiles, choisis dans les premiers rangs, et qu'une habitude journalière avait familiarisés avec ce genre de manœuvre. Il avait par là obtenu que, dans l'occasion, mille de ses cavaliers ne craignissent point de soutenir en plaine le choc de sept mille cavaliers de Pompée, et qu'ils ne fussent pas trop étonnés par le nombre. Ils leur livrèrent même à ce jour-là un combat où ils eurent l'avantage, et dans lequel ils tuèrent, avec plusieurs autres, l'Allobroge Égus, un de ces deux frères que nous avons vus passer au parti de Pompée.

LXXXV. Pompée, qui avait son camp sur une hauteur, se bornait à ranger ses troupes en bataille, au pied de la colline, attendant sans doute que César s'engageât dans quelque poste désavantageux. César pensant qu'il ne pourrait jamais attirer Pompée au combat, crut que le mieux pour lui était de décamper et d'être toujours en marche; il espérait qu'en ne cessant de changer de camp et de parcourir le pays, il aurait plus de facilités à avoir des vivres ; que chemin faisant il trouverait peut-être quelque bonne occasion d'en venir aux mains ; ou que du moins il épuiserait par ce mouvement continuel l'armée ennemie, peu accoutumée à la fatigue. Ce parti pris, le signal du départ donné et les tentes pliées, César s'aperçut que l'armée ennemie, contre sa coutume, venait de s'avancer un peu plus hors des retranchements, et qu'il pourrait la combattre sans désavantage. Alors s'adressant à ses troupes, qui déjà étaient aux portes du camp : « Il faut, dit-il, différer pour le moment notre départ, et songer au combat, si, comme nous l'avons toujours souhaité, nous sommes prêts à en venir aux mains : il ne nous sera pas facile de trouver plus tard une semblable occasion. » Et aussitôt il fait marcher ses troupes en avant.

LXXXVI. Pompée, de son côté, comme on le sut depuis, cédant aux instances des siens, s'était déterminé à livrer bataille. Il avait même dit, quelques jours auparavant, en plein conseil, que l'armée de César serait défaite avant qu'on en vînt aux mains. Et comme, à ces paroles, la plupart s'étonnaient : « Je sais, dit-il, qu'en cela je promets une chose presque incroyable ; mais écoutez mon dessein, et vous marcherez avec plus d'assurance à l'ennemi. D'après mes conseils, notre cavalerie s'est engagée, lorsqu'elle serait à portée de l'aile droite de l'ennemi, à la prendre en flanc, afin que, l'infanterie l'enveloppant par derrière, l'armée de César soit mise en déroute avant que nous ayons lancé un seul trait. Ainsi nous terminerons la guerre sans exposer les légions et pres-

---

haberet. Itaque ex castris exercitum eduxit, aciemque instruxit, primum suis locis, paulloque a castris Pompeii longius, continentibus vero diebus, ut progrederetur a castris suis, collibusque Pompeianis aciem subjiceret. Quæ res in dies confirmatiorem ejus exercitum efficiebat. Superius tamen institutum in equitibus, quod demonstravimus, servabat, ut, quoniam numero multis partibus esset inferior, adolescentes atque expeditos ex antesignanis electos milites ad pernicitatem, armis inter equites præliari juberet, qui quotidiana consuetudine usum quoque ejus generis præliorum perciperent. His erat rebus effectum, ut equitum mille apertioribus etiam locis VII millium Pompeianorum impetum, quum adesset usus, sustinere auderent, neque magnopere eorum multitudine terrerentur. Namque etiam per eos dies prælium secundum equestre fecit, atque Ægum Allobrogem ex duobus, quos perfugisse ad Pompeium supra docuimus, cum quibusdam interfecit.

LXXXV. Pompeius, quia castra in colle habebat, ad infimas radices montis aciem instruebat ; semper, ut videbatur, spectans, si iniquis locis Cæsar se subjiceret. Cæsar, nulla ratione ad pugnam elici posse Pompeium existimans ; hanc sibi commodissimam belli rationem judicavit, uti castra ex eo loco moveret, semperque esset in itineribus: hæc sperans, ut, movendis castris pluribusque adeundis locis, commodiore frumentaria re uteretur; simulque, in itinere ut aliquam occasionem dimicandi nancisceretur, et insolitum ad laborem Pompeii exercitum quotidianis itineribus defatigaret. His constitu in rebus, signo jam profectionis dato, tabernaculisque detensis, animadversum est, paullo ante, extra quotidianam consuetudinem, longius a vallo esse aciem Pompeii progressam, ut non iniquo loco posse dimicari videretur. Tunc Cæsar apud suos, quum jam esset agmen in portis, « Differendum est, inquit, iter in præsentia nobis, et de prælio cogitandum, ut, ut semper proposcimus, animo simus ad dimicandum parati; non facile occasionem postea reperiemus : » confestimque expeditas copias educit.

LXXXVI. Pompeius quoque, ut postea cognitum est, suorum omnium hortatu statuerat prælio decertare. Namque etiam in consilio superioribus diebus dixerat, « priusquam concurrerent acies, fore, uti exercitus Cæsaris pelleretur. Id quum essent plerique admirati, « Scio me, inquit, pene incredibilem rem polliceri : sed rationem consilii mei accipite, quo firmiore animo in prælium prodeatis. Persuasi equitibus nostris (idque mihi se facturos confirmaverunt) ut, quum propius sit accessum, dextrum Cæsaris cornu ab latere aperto aggrederentur, ut, circumventa ab tergo acie, prius perturbatum exercitum pellerent, quam a nobis telum in hostem jaceretur. Ita sine periculo legionum, et pene sine vul-

que sans tirer l'épée ; ce qui nous est facile, étant si supérieurs en cavalerie. » En même temps il les exhorta à se tenir prêts, et puisqu'enfin ils allaient combattre comme ils l'avaient souvent demandé, à ne point démentir l'opinion que l'on avait conçue de leur expérience et de leur courage.

LXXXVII. Labiénus prend alors la parole, et, affectant de mépriser les troupes de César et d'exalter le projet de Pompée : « Ne crois pas, dit-il, ô Pompée! que ce soit ici la même armée qui a conquis la Gaule et la Germanie. J'ai assisté à tous les combats, et je ne parle pas à la légère de choses que je ne connais point. Il ne reste plus que la moindre partie de cette armée : la plupart ont péri dans tant de combats, comme cela devait être ; un grand nombre ont été emportés par le mauvais air qui règne pendant l'automne en Italie ; beaucoup se sont retirés chez eux ; beaucoup d'autres ont été laissés sur le continent. N'avez-vous pas vous-mêmes entendu dire que de ceux qui étaient restés malades à Brindes, on a formé des cohortes? Les troupes que vous voyez sont composées de ces levées que l'on a faites, les années dernières, dans la Gaule citérieure, et la plupart dans les colonies transpadanes. D'ailleurs tout ce qui en faisait la force a péri dans les deux combats de Dyrrachium. » Après ce discours il fit serment de ne rentrer au camp que vainqueur, et invita les autres à prêter le même serment ; Pompée, qui l'approuvait, se hâta de jurer la même chose, et pas un ne balança à suivre cet exemple. Après cela le conseil se sépara plein de joie et d'espoir : ils croyaient déjà tenir la victoire ; la parole d'un général aussi habile, et dans une circonstance aussi décisive, ne leur permettait aucun doute.

LXXXVIII. César, s'étant approché du camp de Pompée, observa son ordre de bataille. A l'aile gauche, étaient les deux légions nommées la première et la troisième, que César avait envoyées à Pompée au commencement des troubles, en vertu d'un décret du sénat : c'est là que se tenait Pompée. Scipion occupait le centre avec les légions de Syrie. La légion de Cilicie, jointe aux cohortes espagnoles qu'avait amenées Afranius, était placée à l'aile droite. Pompée regardait ces dernières troupes comme les meilleures. Le reste avait été distribué entre le centre et les deux ailes, et le tout montait à cent dix cohortes, qui faisaient quarante-cinq mille hommes. Deux mille vétérans environ, précédemment récompensés pour leurs services, étaient venus le joindre ; il les avait dispersés dans toute son armée. Les autres cohortes, au nombre de sept, avaient été laissées à la garde de son camp et des forts voisins. Son aile droite était couverte par un ruisseau aux bords escarpés ; aussi avait-il mis toute sa cavalerie, ses archers et ses frondeurs à l'aile gauche.

LXXXIX. César, gardant toujours son ancien ordre de bataille, avait placé la dixième légion à l'aile droite, et à la gauche la neuvième, quoique fort affaiblie par les combats de Dyrrachium ; il y joignit la huitième légion, en sorte que les deux réunies n'en faisaient à peu près qu'une, et il leur recommanda de se soutenir l'une l'autre. Il

nere, bellum conficiemus. Id autem difficile non est, quum tantum equitatu valeamus. » Simul denuntiavit, « ut essent animo parati in posterum ; et, quoniam fieret dimicandi potestas, ut sæpe cogitavissent, ne usu manuque reliquorum opinionem fallerent. »

LXXXVII. Hunc Labienus excepit ; et, quum Cæsaris copias despiceret, Pompeii consilium summis laudibus efferret, « Noli, inquit, existimare, Pompei, hunc esse exercitum, qui Galliam Germaniamque devicerit. Omnibus interfui præliis, neque temere incognitam rem pronuntio. Perexigua pars illius exercitus superest ; magna pars deperiit ; quod accidere tot præliis fuit necesse, multos autumni pestilentia in Italia consumpsit, multi domum discesserunt, multi sunt relicti in continenti. An non exaudistis, ex iis, qui per causam valetudinis remanserunt, cohortes esse Brundisii factas? Hæ copiæ, quas videtis, ex delectibus horum annorum in citeriore Gallia sunt refectæ, et plerique sunt ex coloniis Transpadanis : attamen, quod fuit roboris, duobus præliis Dyrrachinis interiit. » Hæc quum dixisset, juravit, « se, nisi victorem, in castra non reversurum ; » reliquosque ut idem facerent, hortatus est. Hoc laudans Pompeius idem juravit. Nec vero ex reliquis fuit quisquam, qui jurare dubitaret. Hæc quum facta essent in consilio, magna spe et lætitia omnium discessum est : ac jam animo victoriam præcipiebant, quod de re tanta, et a tam perito imperatore, nihil frustra confirmari videbatur.

LXXXVIII. Cæsar, quum Pompeii castris appropinquasset, ad hunc modum aciem ejus instructam animadvertit. Erant in sinistro cornu legiones duæ, transditæ a Cæsare initio dissentionis ex S. C. quarum una prima, altera tertia appellabatur. In eo loco ipse erat Pompeius. Mediam aciem Scipio cum legionibus Syriacis tenebat. Ciliciensis legio, conjuncta cum cohortibus Hispanis, quas transductas ab Afranio docuimus, in dextro cornu erant collocatæ. Has firmissimas se habere Pompeius existimabat. Reliquas inter aciem mediam cornuaque interjecerat, numeroque cohortes CX expleverat. Hæc erant millia XLV : evocatorum circiter duo, quæ ex beneficiariis superiorum exercituum ad eum convenerant ; quæ tota acie dispersurat. Reliquas cohortes septem castris propinquisque castelli præsidio disposuerat. Dextrum cornu ejus rivus quidam impeditis ripis muniebat : quam ob causam cunctum equitatum, sagittarios funditoresque omnes, in sinistro cornu objecerat.

LXXXIX. Cæsar, superius institutum servans, decimam legionem in dextro cornu, nonam in sinistro collocaverat, tametsi erat Dyrrachinis præliis vehementer

avait en ligne quatre-vingts cohortes, environ vingt-deux mille hommes. Deux cohortes avaient été laissées à la garde du camp. César avait donné le commandement de l'aile gauche à Antoine, celui de la droite à P. Sylla, celui du centre à C. Domitius. Pour lui il se plaça en face de Pompée. Mais, après avoir reconnu la disposition de l'armée ennemie, craignant que son aile droite ne fût enveloppée par la nombreuse cavalerie de Pompée, il tira au plus tôt de sa troisième ligne une cohorte par légion, et en forma une quatrième ligne pour l'opposer à la cavalerie; il lui montra ce qu'elle avait à faire et l'avertit que le succès de la journée dépendait de sa valeur. En même temps il commanda à toute l'armée, et en particulier à la troisième ligne, de ne pas s'ébranler sans son ordre, se réservant, quand il le jugerait à propos, de donner le signal au moyen de l'étendard.

XC. Ensuite, haranguant les soldats suivant la coutume militaire, et leur ayant rappelé les bienfaits dont il les avait comblés en tous temps, il les prit à témoin de l'ardeur avec laquelle il avait constamment recherché la paix, des conférences de Vatinius, de celles de Clodius avec Scipion, des négociations entamées à Oricum avec Libon pour l'envoi des députés. Il ajouta qu'il n'avait jamais voulu prodiguer le sang des troupes, ni priver la république d'une de ses armées. Ce discours fini, comme les soldats, pleins d'ardeur, demandaient le combat, il fit sonner la charge.

XCI. Il y avait dans l'armée de César un vétéran nommé Crastinus, qui, l'année précédente, avait été principal de la dixième légion, homme d'une rare valeur. Aussitôt que le signal est donné: « Suivez-moi, dit-il, vous qui fûtes autrefois mes compagnons, et servez votre général avec le zèle que vous lui avez promis. Voici notre dernier combat; après il aura recouvré son honneur, et nous la liberté. » En même temps, se tournant vers César : « Général, lui dit-il, je me conduirai aujourd'hui de telle sorte que, vivant ou mort, je sois loué par toi. » A ces mots, il s'élança le premier de l'aile droite, et environ cent vingt volontaires de la même centurie le suivirent.

XCII. Il ne restait entre les deux armées qu'autant d'espace qu'il en fallait pour le choc; mais Pompée avait recommandé aux siens d'essuyer notre premier effort sans s'ébranler, et de laisser ainsi notre ligne s'ouvrir : c'était, dit-on, C. Triarius (17) qui avait donné ce conseil, afin d'amortir notre élan et d'épuiser nos forces, de mettre nos rangs en désordre, puis de tomber sur nous, serrés, lorsque nous serions entr'ouverts : il se flattait que nos javelots feraient beaucoup moins d'effet, ses troupes demeurant à leur poste, que si elles-mêmes marchaient au-devant de nos coups; et que nos soldats, ayant doublé la course, perdraient haleine et tomberaient épuisés. En cela, ce nous semble, Pompée agit sans raison; car l'émulation et la vivacité naturelle à l'homme s'enflamment encore par l'ardeur du combat. Les

---

attenuata; et huic sic adjunxit octavam, ut pæne unam ex duabus efficeret; atque alteram alteri præsidio esse jusserat. Cohortes in acie LXXX constitutas habebat, quæ summa erat millium XXII. Cohortes duas castris præsidio reliquerat. Sinistro cornu Antonium, dextro P. Sullam, media acie C. Domitium præposuerat : ipse contra Pompeium constitit. Simul, his rebus animadversis, quas demonstravimus, timens, ne a multitudine equitum dextrum cornu circumveniretur, celeriter ex tertia acie singulas cohortes detraxit, atque ex his quartam instituit, equitatuique opposuit, et, quid fieri vellet, ostendit; monuitque, ejus diei victoriam in earum cohortium virtute constare. Simul tertiæ aciei totique exercitui imperavit, ne injussu suo concurreret : se quum id fieri vellet, vexillo signum daturum.

XC. Exercitum quum militari more ad pugnam cohortaretur, suaque in eum perpetui temporis officia prædicaret, in primis commemoravit, « testibus se militibus uti posse, quanto studio pacem petiisset; quæ per Vatinium in colloquiis, quæ per A. Clodium cum Scipione egisset; quibus modis ad Oricum cum Libone de mittendis legatis contendisset : neque se unquam abuti militum sanguine, neque rempublicam alterutro exercitu privare voluisse. » Hac habita oratione, exposcentibus militibus, et studio pugnæ ardentibus, tuba signum dedit.

XCI. Erat Crastinus evocatus in exercitu Cæsaris, qui superiore anno apud cum primum pilum in legione decima duxerat, vir singulari virtute. Hic, signo dato, « Sequimini me, inquit, manipulares mei qui fuistis, et vestro imperatori, quam constituistis, operam date. Unum hoc prælium superest; quo confecto, et ille suam dignitatem, et nos nostram libertatem recuperabimus. » Simul respiciens Cæsarem, « Faciam, inquit, hodie, imperator, ut aut vivo mihi, aut mortuo gratias agas. » Hæc quum dixisset, primus ex dextro cornu procucurrit, atque eum electi milites circiter CXX voluntarii ejusdem centuriæ sunt prosecuti.

XCII. Inter duas acies tantum erat relictum spatii, ut satis esset ad concursum utriusque exercitus : sed Pompeius suis prædixerat, ut Cæsaris impetum exciperent, neve se loco moverent, aciemque ejus distrahi paterentur : idque admonitu C. Triarii fecisse dicebatur, ut primus excursus visque militum infringeretur, aciesque distenderetur, atque in suis ordinibus dispositi dispersos adorirentur : leniusque casura pila sperabat, in loco retentis militibus, quam si ipsi immissis telis occurrissent : simul fore, ut, duplicato cursu, Cæsaris milites exanimarentur, et lassitudine conficerentur. Quod nobis quidem nulla ratione factum a Pompeio videtur, propterea quod est quædam animi incitatio atque alacritas naturaliter innata omnibus, quæ studio pugnæ incenditur. Hanc

généraux doivent exciter et non comprimer cet élan; et ce n'est pas pour rien que de temps immémorial il a été établi qu'avant le combat toutes les trompettes sonneraient et que de grands cris seraient poussés par les troupes : par-là une armée épouvante l'ennemi et s'anime elle-même.

XCIII. Cependant, nos soldats, au signal donné, s'élancent, le javelot à la main; mais, ayant remarqué que ceux de Pompée ne couraient point à eux, instruits par l'expérience, et formés par les combats précédents, ils ralentirent d'eux-mêmes le pas et s'arrêtèrent au milieu de leur course, pour ne pas arriver hors d'haleine; et, quelques moments après, ayant repris leur course, ils lancèrent leurs javelots, et puis, selon l'ordre de César, saisirent leurs épées. Les soldats de Pompée firent bonne contenance; ils reçurent la décharge des traits, soutinrent, sans se rompre, le choc des légions, et, après avoir lancé leurs javelots, mirent aussi l'épée à la main. En même temps la cavalerie de Pompée, qui était à l'aile gauche, s'élança comme elle en avait l'ordre, et la foule des archers se répandit de toutes parts. Notre cavalerie ne soutint pas le choc et plia quelque peu : celle de Pompée ne la pressa que plus vivement, et commença à développer ses escadrons et à nous envelopper par le flanc. A cette vue, César donna le signal à la quatrième ligne, composée de six cohortes. Elles s'ébranlèrent aussitôt, et chargèrent avec tant de vigueur la cavalerie de Pompée, que pas un ne tint ferme, et que tous, ayant tourné bride, non-seulement quittèrent la place, mais s'enfuirent à la hâte vers les plus hautes montagnes. Eux partis, les frondeurs et les archers se trouvèrent sans défense et sans appui, et tous furent taillés en pièces. Du même pas, les cohortes se portèrent sur l'aile gauche, dont le centre soutenait encore nos efforts, l'enveloppèrent et la prirent à revers.

XCIV. En même temps César fit avancer la troisième ligne qui, jusque-là, s'était tenue tranquille à son poste. Ces troupes fraîches, ayant relevé celles qui étaient fatiguées, les soldats de Pompée, d'ailleurs pressés à dos, ne purent résister, et tous prirent la fuite. César ne s'était pas trompé, lorsqu'il avait prédit à ses troupes, en les haranguant, que ces cohortes, qu'il avait placées en quatrième ligne pour les opposer à la cavalerie ennemie, commenceraient la victoire. Ce fut en effet par elles que la cavalerie fut d'abord repoussée; par elles que les archers et les frondeurs furent taillés en pièces; par elles que l'aile gauche de l'ennemi fut enveloppée, ce qui décida la déroute. Dès que Pompée vit sa cavalerie repoussée, et cette partie de l'armée sur laquelle il comptait le plus saisie de terreur, se fiant peu au reste, il quitta la bataille, et courut à cheval vers son camp, où, s'adressant aux centurions qui gardaient la porte prétorienne, il leur dit à haute voix pour être entendu des soldats : « Gardez bien le camp, et défendez-le avec zèle en cas de malheur; pour moi, je vais en faire le tour et assurer les

---

non reprimere, sed augere imperatores debent; neque frustra antiquitus institutum est, ut signa undique concinerent, clamoremque universi tollerent : quibus rebus et hostes terreri, et suos incitari existimaverunt.

XCIII. Sed nostri milites, dato signo, quum infestis pilis procucurrissent, atque animadvertissent, non concurri a Pompeianis; usu periti, ac superioribus pugnis exercitati, sua sponte cursum represserunt, et ad medium fere spatium constiterunt, ne consumptis viribus appropinquarent, parvoque intermisso temporis spatio, ac rursus renovato cursu, pila miserunt, celeriterque, ut erat præceptum à Cæsare, gladios strinxerunt. Neque vero Pompeiani huic rei defuerunt : nam et tela missa exceperunt, et impetum legionum tulerunt, et ordines conservaverunt, pilisque missis, ad gladios redierunt. Eodem tempore equites ab sinistro Pompeii cornu, ut erat imperatum, universi procucurrerunt, omnisque multitudo sagittariorum se profudit : quorum impetum noster equitatus non tulit, sed paullum loco motus cessit : equitesque Pompeiani hoc acrius instare, et se turmatim explicare, aciemque nostram a latere aperto circuire cœperunt. Quod ubi Cæsar animum advertit, quartæ aciei, quam instituerat sex cohortium numero, signum dedit. Illi celeriter procucurrerunt, infestisque signis tanta vi in Pompeii equites impetum fecerunt, ut eorum nemo consisteret, omnesque conversi, non solum loco excederent, sed protinus incitati fuga montes altissimos peterent. Quibus submotis, omnes sagittarii funditoresque destituti, inermes, sine præsidio, interfecti sunt. Eodem impetu cohortes sinistrum cornu, pugnantibus etiam tum ac resistentibus in acie Pompeianis, circumierunt, eosque a tergo sunt adorti.

XCIV. Eodem tempore tertiam aciem Cæsar, quæ quieta fuerat, et se ad id tempus loco tenuerat, procurrere jussit. Ita, quum recentes atque integri defessis successissent, alii autem a tergo adorirentur, sustinere Pompeiani non potuerunt, atque universi terga verterunt. Neque vero Cæsarem fefellit, quin ab his cohortibus, quæ contra equitatum in quarta acie collocatæ essent, initium victoriæ oriretur, ut ipse in cohortandis militibus pronuntiaverat. Ab his enim primum equitatus est pulsus : ab iisdem factæ cædes sagittariorum atque funditorum : ab iisdem acies Pompeiana a sinistra parte erat circumita, atque initium fugæ factum. Sed Pompeius, ut equitatum suum pulsum vidit, atque eam partem, cui maxime confidebat, perterritam animum advertit, aliis diffisus acie excessit, protinusque se in castra equo contulit, et iis centurionibus, quos in statione ad prætoriam portam posuerat, clare, ut milites exaudirent, « Tuemini, inquit, castra, et defendite diligenter, si quid durius acciderit : ego reliquas portas circumeo, et castrorum præsidia confirmo. » Hæc quum dixisset, se in prætorium contu-

postes. » Cela dit, il se retira au prétoire, désespérant du succès, et néanmoins attendant l'événement.

XCV. Après avoir forcé les ennemis en déroute de se jeter dans leurs retranchements, César, persuadé qu'il ne devait pas leur donner le temps de se remettre, exhorta les soldats à profiter de leur avantage et a attaquer le camp; et ceux-ci, bien qu'accablés par la chaleur, car le combat s'était prolongé jusqu'au milieu du jour, ne refusèrent aucune fatigue et obéirent. Le camp fut d'abord fort bien défendu par les cohortes qui en avaient la garde, et surtout par les Thraces et les Barbares; car, pour les soldats qui avaient fui de la bataille, pleins de frayeur et accablés de fatigue, ils avaient jeté leurs armes, leurs enseignes, et songeaient bien plus à se sauver qu'à défendre le camp. Bientôt même ceux qui avaient tenu bon sur le retranchement, ne purent résister à une nuée de traits; couverts de blessures, ils abandonnèrent la place, et, conduits par leurs centurions et leurs tribuns, il se réfugièrent sur les hauteurs voisines du camp.

XCVI. On trouva dans le camp de Pompée des tables à trois lits dressés, des buffets chargés d'argenterie, des tentes couvertes de gazon frais, quelques-unes même, comme celle de L. Lentulus et de quelques autres, décorées de lierre, et beaucoup d'autres choses qui annonçaient à la fois une recherche excessive et l'espoir de la victoire. Il était facile de voir qu'ils ne doutaient nullement du succès de la journée, puisqu'ils se permettaient ce luxe frivole. Et cependant ils ne craignaient pas d'accuser de mollesse cette armée de César, si pauvre et si forte, à laquelle les choses les plus nécessaires avaient toujours manqué. Pompée, dès qu'il nous vit franchir ses retranchements, monta sur le premier cheval qu'il trouva, dépouillé des insignes du commandement, s'échappa par la porte décumane, et courut à toute bride jusqu'à Larisse. Il ne s'y arrêta point; mais, ayant rassemblé, avec la même célérité, quelques-uns de ses fuyards, il courut toute la nuit, accompagné d'une trentaine de cavaliers, arriva à la mer, et monta sur un vaisseau de transport; se plaignant, à plusieurs reprises, à ce qu'on a dit, de s'être si étrangement abusé, qu'il s'était vu en quelque sorte trahi par ceux-là mêmes de qui il attendait la victoire, et qui avaient été les premiers à fuir.

XCVII. César, maître du camp, engagea les soldats à laisser le pillage et à compléter le succès. Ayant obtenu ce qu'il demandait, il fit tirer une ligne autour de la colline où les troupes de Pompée s'étaient réfugiées. Celles-ci, ne trouvant pas la position favorable, parce qu'il n'y avait pas d'eau, l'abandonnèrent d'elles-mêmes, et voulurent se retirer sur Larisse. César se douta de ce projet; il partagea ses troupes, en laissa une partie dans son camp, une autre dans le camp de Pompée, prit avec lui quatre légions, courut au-devant de l'ennemi par un chemin plus commode, et, arrivé à une distance de six mille pas, rangea ses troupes en bataille. A cette vue, les gens de Pompée s'arrêtèrent sur une montagne, au pied de

---

lit, summæ rei diffidens, et tamen eventum exspectans.

XCV. Cæsar, Pompeianis ex fuga intra vallum compulsis, nullum spatium perterritis dare oportere æstimans, milites cohortatus est, ut beneficio fortunæ uterentur, castraque oppugnarent : qui, etsi magno æstu fatigati, (nam ad meridiem res erat perducta), tamen, ad omnem laborem animo parati, imperio paruerunt. Castra a cohortibus quæ ibi præsidio erant relictæ, industrie defendebantur, multo etiam acrius a Thracibus barbarisque auxiliis. Nam qui acie refugerant milites, et animo perterriti, et lassitudine confecti, missis plerique armis signisque militaribus, magis de reliqua fuga, quam de castrorum defensione cogitabant. Neque vero diutius, qui in vallo constiterant, multitudinem telorum sustinere potuerunt; sed confecti vulneribus locum reliquerunt, protinusque omnes, ducibus usi centurionibus tribunisque militum, in altissimos montes, qui ad castra pertinebant, confugerunt.

XCVI. In castris Pompeii videre licuit triclinia strata, magnum argenti pondus expositum, recentibus cespitibus tabernacula constrata, L. etiam Lentuli et nonnullorum tabernacula protecta edera; multaque præterea, quæ nimiam luxuriem, et victoriæ fiduciam designarent : ut facile æstimari posset, nihil eos de eventu ejus diei timuisse, qui non necessarias conquirerent voluptates. At hi miserrimo ac potentissimo exercitui Cæsaris luxuriem objiciebant, cui semper omnia ad necessarium usum defuissent. Pompeius, jam quum intra vallum nostri versarentur, equum nactus, detractis insignibus imperatoriis, decumana porta se ex castris ejecit, protinusque, equo citato, Larissam contendit. Neque ibi constitit, sed eadem celeritate, paucos suos ex fuga nactus, nocturno itinere non intermisso, comitatu equitum triginta ad mare pervenit, navemque frumentariam conscendit; sæpe, ut dicebatur, querens, tantum se opinionem fefellisse, ut, a quo genere hominum victoriam sperasset, ab eo, initio fugæ facto, pæne proditus videretur.

XCVII. Cæsar, castris potitus, a militibus contendit, ne, in præda occupati, reliqui negotii gerendi facultatem dimitterent. Qua re impetrata, montem opere circumvenire instituit. Pompeiani, quod is mons erat sine aqua, diffisi ei loco, relicto monte, universi [juris ejus] Larissam versus se recipere cœperunt. Qua spe animadversa, Cæsar copias suas divisit, partemque legionum in castris Pompeii remanere jussit, partem in sua castra remisit; quatuor secum legiones duxit, commodioreque itinere Pompeianis occurrere cœpit, et progressus millia passuum sex, aciem instruxit. Qua re animadversa, Pompeiani in quodam monte constiterunt : hunc montem flumen subluebat. Cæsar, milites cohortatus, etsi totius diei continenti

laquelle coulait une rivière. César encouragea ses soldats, et, bien qu'ils fussent épuisés par une longue journée de fatigue, et que la nuit approchât, ils tirèrent une ligne qui coupait toute communication avec la rivière et empêchait l'ennemi d'aller à l'eau pendant la nuit. L'ouvrage achevé, les ennemis députèrent vers lui pour se rendre. Quelques sénateurs, qui s'étaient joints à eux, protégés par la nuit, cherchèrent leur salut dans la fuite.

XCVIII. A la pointe du jour, par l'ordre de César, tous ceux qui étaient postés sur la montagne durent descendre dans la plaine et mettre bas les armes. Ils obéirent sans retard, et s'étant jetés à ses pieds, les bras étendus et les larmes aux yeux, ils lui demandèrent la vie : il les fit relever, les consola, leur dit quelques mots de sa clémence pour les rassurer, leur conserva la vie à tous, et défendit à ses troupes de leur faire le moindre mal ou de leur enlever quoi que ce fût. Après avoir pris ces mesures, il fit venir du camp d'autres légions, y renvoya celles qu'il avait amenées avec lui, afin qu'elles prissent quelque repos, et le jour même il arriva à Larisse.

XCIX. Il ne perdit dans cette bataille que deux cents soldats ; mais environ trente centurions des plus braves y furent tués (18). Il y périt aussi, en combattant vaillamment, ce Crastinus dont nous avons fait mention plus haut ; il fut tué d'un coup d'épée au visage. Ainsi, ce qu'il avait dit au moment de la bataille se trouva vrai ; car César convenait que Crastinus s'était conduit avec un courage au-dessus de tout éloge, et qu'il lui avait rendu d'éminents services. De l'armée de Pompée il périt environ quinze mille hommes, et plus de vingt-quatre mille vinrent se rendre ; car les cohortes même qui avaient été placées dans le fort se soumirent à Sylla ; en outre, beaucoup se réfugièrent dans les villes voisines. On apporta à César neuf aigles et cent quatre-vingts enseignes prises dans ce combat. L. Domitius, pendant qu'il fuyait du camp pour gagner la montagne, tomba de lassitude et fut tué par la cavalerie.

C. En ce même temps, D. Lélius vint à Brindes avec sa flotte, et s'empara de l'île située à l'entrée du port de cette ville, par le même moyen que nous avons vu employer par Libon. De son côté, Vatinius, qui commandait à Brindes, ayant fait ponter et armer quelques barques, tâcha d'attirer les vaisseaux de Lélius ; et une galère à cinq rangs s'étant trop avancée, il la prit avec deux autres moindres dans la partie étroite du port. Il répandit aussi sa cavalerie sur la côte pour empêcher les ennemis de faire de l'eau ; mais, comme Lélius se trouvait dans la saison la plus favorable à la navigation, avec les vaisseaux de charge il en faisait venir de Corcyre et de Dyrrachium. Rien ne le détournait de son dessein ; et ni la nouvelle de la bataille donnée en Thessalie, ni la perte de plusieurs de ses vaisseaux, ni le manque des choses les plus nécessaires, ne purent le chasser du port et de l'île.

CI. Vers ce même temps, Cassius vint en Sicile avec une flotte composée de vaisseaux de Sy-

---

labore erant confecti, noxque jam suberat, tamen munitione flumen a monte seclusit, ne noctu aquari Pompeiani possent. Quo jam perfecto opere, missi de deditione, missis legatis, agere cœperunt. Pauci ordinis senatorii, qui se cum iis conjunxerant, nocte fuga salutem petierunt.

XCVIII. Cæsar, prima luce omnes eos, qui in monte consederant, ex superioribus locis in planitiem descendere, atque arma projicere jussit. Quod ubi sine recusatione fecerunt, passisque palmis, projecti ad terram, flentes ab eo salutem petierunt : consolatus consurgere jussit, et pauca apud eos de lenitate sua locutus, quo minore essent timore, omnes conservavit ; militibusque suis commendavit, ne qui eorum violarentur, neu quid sui desiderarent. Hac adhibita diligentia, ex castris sibi legiones alias occurrere, et eas, quas secum duxerat, invicem requiescere, atque in castra reverti jussit ; eodemque die Larissam pervenit.

XCIX. In eo prælio non amplius CC milites desideravit ; sed centuriones, fortes viros, circiter XXX amisit. Interfectus est etiam fortissime pugnans Crastinus, cujus mentionem supra fecimus, gladio in os adversum conjecto. Neque id fuit falsum, quod ille, in pugnam proficiscens, dixerat : sic enim Cæsar existimabat, eo prælio excellentissimam virtutem Crastini fuisse, optimeque eum de se meritum judicabat. Ex Pompeiano exercitu circiter millia quindecim cecidisse videbantur : sed in deditionem venerunt amplius millia XXIV : (namque etiam cohortes, quæ præsidio in castellis fuerant, sese Sullæ dediderunt) : multi præterea in finitimas civitates refugerunt ; signaque militaria ex prælio ad Cæsarem sunt relata CLXXX, et aquilæ novem. L. Domitius, ex castris in montem refugiens, quum vires eum lassitudine deficissent, ab equitibus est interfectus.

C. Eodem tempore D. Lælius cum classe ad Brundisium venit ; eademque ratione, qua factum a Libone antea demonstravimus, insulam objectam portui Brundisino tenuit. Similiter Vatinius, qui Brundisio præerat, tectis instructisque scaphis elicuit naves Lælianas ; atque ex his longius productam unam quinqueremem, et minores duas, in angustiis portus cepit, itemque per equites dispositos aqua prohibere classiarios instituit. Sed Lælius, tempore anni commodiore usus ad navigandum, onerariis navibus Corcyra Dyrrachioque aquam suis supportabat, neque a proposito deterrebatur, neque ante prælium in Thessalia factum cognitum, aut ignominia amissarum navium, aut necessariarum rerum inopia, ex portu insulaque expelli potuit.

CI. Iisdem fere temporibus Cassius cum classe Syrorum, et Phœnicum, et Cilicum, in Siciliam venit : et quum esset Cæsaris classis divisa in duas partes, et di-

rie, de Phénicie et de Cilicie; et comme la flotte de César était divisée en deux parties, commandées, l'une par le préteur P. Sulpicius dans le détroit près de Vibo[1]; l'autre, à Messine, par M. Pomponius, Cassius fit voile vers Messine, et arriva avant que Pomponius en fût averti. Il le surprit en désordre et au dépourvu; et, secondé par un vent favorable qui soufflait avec force, il remplit quelques vaisseaux de charge de poix, de résine, d'étoupe et autres matières propres à incendier, et les lança sur les vaisseaux de Pomponius, qu'il brûla tous au nombre de trente-cinq, dont vingt étaient pontés. Cet événement effraya la ville à tel point, que, bien qu'il y eût une légion en garnison, on eut beaucoup de peine à la défendre; et si des cavaliers disposés à cet effet n'eussent apporté, en ce même moment, la nouvelle de la victoire de César, on pense que Messine eût été prise: mais cette nouvelle étant arrivée à propos, on défendit la place. Alors Cassius se tourna contre la flotte que Sulpicius commandait à Vibo. Les nôtres, dans la crainte d'un sort pareil, prirent les mesures que leur conseillait la prudence; ils rangerent leurs vaisseaux sur la côte. Cassius, secondé encore par un bon vent, envoya contre la flotte quarante brûlots qui y mirent le feu aux deux extrémités, et cinq vaisseaux furent consumés. Comme la flamme s'étendait à la faveur du vent, les soldats des vieilles légions, qu'on avait laissés pour cause de maladie à la garde des vaisseaux, ne purent souffrir cet affront; ils y montèrent d'eux-mêmes, mirent à la voile, et, se jetant sur la flotte ennemie, prirent deux galères à cinq rangs; sur l'une d'elles était Cassius qui fut recueilli dans une chaloupe et s'échappa : on prit de plus deux trirèmes. Peu de temps après, on sut, par les soldats même de Pompée, la bataille qui venait de se donner en Thessalie, et que l'on n'avait regardée jusque-là que comme une fiction inventée par les émissaires et les amis de César. Une fois assuré de l'événement, Cassius s'éloigna de ces lieux avec sa flotte.

CII. César, laissant tout, crut devoir poursuivre Pompée quelque part qu'il se fût retiré, pour l'empêcher de lever de nouvelles troupes et de recommencer la guerre. Dans cette vue, il faisait chaque jour les plus fortes marches qu'il pût avec sa cavalerie; une légion avait ordre de le suivre à petites journées. Pompée avait publié à Amphipolis[1] un édit qui appelait toute la jeunesse de la province, Grecs et citoyens romains, à venir lui prêter serment; Voulait-il par-là détourner les soupçons ou cacher le plus longtemps possible ses projets d'une retraite lointaine; ou bien, son intention était-elle, s'il en avait le temps, d'essayer avec de nouvelles levées d'occuper la Macédoine? c'est ce qu'on ignore. Au reste, il demeura à l'ancre une seule nuit, fit venir d'Amphipolis ses amis, ramassa l'argent dont il avait besoin, et, sur la nouvelle de l'arrivée de César, il partit et arriva en peu de jours à Mytilène. Il y fut retenu deux jours par le mauvais temps, et

[1] Aujourd'hui Bivona en Calabre.

[1] Ville de Macédoine.

midiæ parti præesset P. Sulpicius prætor Vibone ad fretum, dimidiæ M. Pomponius ad Messanam; prius Cassius ad Messanam navibus advolavit, quam Pomponius de ejus adventu cognosceret; perturbatumque eum nactus, nullis custodiis, neque ordinibus certis, magno vento et secundo completas onerarias naves tæda, et pice, et stupa, reliquisque rebus, quæ sunt ad incendia, in Pomponianam classem immisit, atque omnes naves incendit XXXV; e quibus erant XX constratæ : tantusque eo facto timor incessit, ut, quum esset legio præsidio Messanæ, vix oppidum defenderetur : et, nisi eo ipso tempore quidam nuntii de Cæsaris victoria per dispositos equites essent allati, existimabant plerique, futurum fuisse uti amitteretur : sed opportunissime nuntiis allatis, oppidum fuit defensum, Cassiusque ad Sulpicianam inde classem profectus est Vibonem; applicatisque nostri ad terram navibus, propter eumdem timorem pari atque antea ratione egerunt. Cassius secundum nactus ventum, onerarias naves circiter XL, præparatas ad incendium, immisit, et flamma ab utroque cornu comprehensa naves sunt combustæ V. Quumque ignis magnitudine venti latius serperet, milites, qui ex veteribus legionibus erant relicti præsidio navibus, ex numero ægrorum, ignominiam non tulerunt; sed sua sponte naves conscenderunt, et a terra solverunt, impetuque facto in Cassianam classem, quinqueremes duas, in quarum altera erat Cassius, ceperunt : sed Cassius, exceptus scapha, refugit : præterea duæ sunt deprehensæ triremes. Neque multo post de prælio facto in Thessalia cognitum est, ut ipsis Pompeianis fides fieret : nam ante id tempus fingi a legatis amicisque Cæsaris arbitrabantur. Quibus rebus cognitis, ex iis locis Cassius cum classe discessit.

CII. Cæsar, omnibus rebus relictis, persequendum sibi Pompeium existimavit, quascumque in partes ex fuga se recepisset, ne rursus copias comparare alias, et bellum renovare posset : et quantumcumque itineris equitatu efficere poterat, quotidie progrediebatur; legionemque unam minoribus itineribus subsequi jussit. Erat edictum Pompeii nomine Amphipoli propositum, uti omnes ejus provinciæ juniores, Græci civesque romani, jurandi causa convenirent; sed, utrum avertendæ suspicionis causa Pompeius proposuisset, ut quam diutissime longioris fugæ consilium occultaret, an novis delectibus, si nemo premeret, Macedoniam tenere conaretur, existimari non poterat. Ipse ad anchoram una nocte constitit, et vocatis ad se Amphipoli hospitibus, et pecunia ad necessarios sumptus corrogata, cognito Cæsaris adventu, ex eo loco discessit, et Mytilenas paucis diebus venit. Biduum tempestate retentus, navibusque aliis additis actuariis, in Ciliciam atque inde Cyprum pervenit. Ibi cognoscit,

partit ensuite avec quelques vaisseaux légers qu'il avait joints à sa flotte, et se rendit en Cilicie, puis en Chypre. Là il apprit que les habitants d'Antioche et les citoyens romains qui y commerçaient, s'étaient saisis de la citadelle, dans le dessein de l'en exclure, et qu'ils avaient envoyé vers ceux qui, depuis sa défaite, s'étaient retirés dans les villes voisines, pour leur défendre, sous peine de la vie, de venir à Antioche. La même chose était arrivée dans Rhodes à L. Lentulus, qui avait été consul l'année précédente, à P. Lentulus, personnage consulaire, et à plusieurs autres; aucun de ceux qui, fuyant à la suite de Pompée, étaient abordés dans cette île, ne fut reçu ni dans la ville ni dans le port; même on leur députa, pour qu'ils eussent à se retirer immédiatement, et on les força de se rembarquer. Le bruit de l'arrivée de César commençait à se répandre dans le pays.

CIII. Informé de ces choses, Pompée renonça au projet d'aller en Syrie, enleva l'argent des compagnies (19), en emprunta de quelques particuliers, chargea ses vaisseaux de monnaie de cuivre pour la solde des troupes, embarqua deux mille hommes qu'il avait levés, tant parmi les marchands que parmi le domestique des compagnies et parmi ceux de ses partisans qui lui parurent plus propres au service, et se rendit à Péluse. Là se trouvait par hasard le jeune roi Ptolémée, qui, avec des troupes nombreuses, faisait alors la guerre à sa sœur Cléopâtre, que peu de mois auparavant il avait chassée du royaume à l'aide de ses parents et de ses amis. Le camp de Cléopâtre n'était pas éloigné de celui de son frère. Pompée députa vers ce dernier, le priant, au nom de l'hospitalité et de l'amitié qui l'avaient uni à son père, de le recevoir dans Alexandrie et de lui prêter secours dans son malheur. Mais ses envoyés, après avoir rempli leur mission, se mirent à parler un peu trop librement aux soldats du roi, les exhortant à rendre service à Pompée, à ne pas le délaisser dans sa disgrâce. Parmi ceux-ci il y avait plusieurs soldats de Pompée, que Gabinius avait tirés de l'armée de Syrie et amenés à Alexandrie, où, après la guerre, il les avait laissés au service de Ptolémée, père du jeune roi.

CIV. Instruits de ces démarches, les favoris auxquels l'administration du royaume avait été confiée, à cause du jeune âge du prince, soit qu'ils craignissent, comme ils le dirent dans la suite, que Pompée, après avoir débauché l'armée, ne se rendît maître d'Alexandrie et de l'Égypte, soit qu'ils le dédaignassent dans son infortune (car il arrive souvent dans le malheur que les amis deviennent ennemis), en apparence ils répondirent obligeamment aux députés de Pompée et l'invitèrent à se rendre auprès du roi; mais, ayant tenu conseil entre eux, ils expédièrent en secret Achillas, préfet du palais, homme entreprenant et hardi, et L. Septimius, tribun militaire, avec ordre de tuer Pompée. Ceux-ci allèrent à sa rencontre avec un air de franchise, surtout Septimius qui était un peu connu de lui comme ayant eu un commandement dans son armée pendant la guerre des pirates; Pompée entra dans une chaloupe avec quelques-uns des siens, et là il fut tué par Achillas et Septimius (20). Pareillement L. Lentulus fut ar-

consensu omnium Antiochensium civiumque romanorum, qui illic negotiarentur, arcem captam esse, excludendi sui causa, nuntiosque dimissos ad eos, qui se ex fuga in finitimas civitates recepisse dicerentur, ne Antiochiam adirent : id si fecissent, magno eorum capitis periculo futurum. Idem etiam L. Lentulo, qui superiore anno consul fuerat, et P. Lentulo consulari, ac nonnullis aliis acciderat Rhodi : nam quicumque ex fuga Pompeium sequerentur, atque in insulam venissent, oppido ac portu recepti non erant : missisque ad eos nuntiis, ut ex iis locis discederent, contra voluntatem suam solverunt. Jamque de Cæsaris adventu fama ad civitates perferebatur.

CIII. Quibus cognitis rebus, Pompeius, deposito adeundæ Syriæ consilio, pecunia societatis sublata, et a quibusdam privatis sumpta, æris magno pondere ad militarem usum in naves imposito, duobusque millibus hominum armatis, partim quos ex familiis societatum delegerat, partim a negotiatoribus coegerat, quosque ex suis quisque ad hanc rem idoneos existimabat, Pelusium pervenit. Ibi casu rex erat Ptolemæus, puer ætate, magnis copiis, cum sorore Cleopatra gerens bellum; quam paucis ante mensibus per suos propinquos atque amicos regno expulerat : castraque Cleopatræ non longo spatio ab ejus castris distabant. Ad eum Pompeius misit, ut pro hospitio atque amicitia patris Alexandria reciperetur, atque illius opibus in calamitate tegeretur. Sed, qui ab eo missi erant, confecto legationis officio, liberius cum militibus regis colloqui cœperunt, eosque hortari, ut suum officium Pompeio præstarent, neve ejus fortunam despicerent. In hoc erant numero complures Pompeii milites, quos, ex ejus exercitu acceptos in Syria, Gabinius Alexandriam transduxerat, belloque confecto, apud Ptolemæum, patrem pueri, reliquerat.

CIV. His tunc cognitis rebus, amici regis, qui propter ætatem ejus in procuratione erant regni, sive timore adducti, ut postea prædicabant, ne, sollicitato exercitu regio, Pompeius Alexandriam Ægyptumque occuparet; sive despecta ejus fortuna, ut plerumque in calamitate ex amicis inimici existunt; iis, qui erant ab eo missi, palam liberaliter responderunt, eumque ad regem venire jusserunt : ipsi, clam consilio inito, Achillan, præfectum regium, singulari hominem audacia, et L. Septimium, tribunum militum, ad interficiendum Pompeium miserunt. Ab his liberaliter ipse appellatus, et quadam notitia Septimii productus, quod bello prædonum apud eum ordinem duxerat, naviculam parvulam conscendit cum paucis suis; et ibi ab Achilla et Septimio interficitur. Item L. Lentulus comprehenditur ab rege, et in custodia necatur.

rêté par ordre du roi, et mis à mort dans la prison.

CV. César, à son arrivée en Asie, trouva que T. Ampius avait eu le dessein d'enlever le trésor du temple de Diane, à Éphèse, et qu'à cet effet il avait convoqué tous les sénateurs de la province, afin qu'ils pussent attester au besoin quelle était la somme qu'il avait prise; mais, qu'apprenant l'arrivée de César, il s'était troublé et avait pris la fuite. Ainsi, César sauva en deux occasions le trésor d'Éphèse. On assurait alors, après les calculs les plus exacts, que dans le temple de Minerve, en Élide, le jour même où César avait été vainqueur à Pharsales, la statue de la Victoire, qui était placée vis-à-vis celle de Minerve, s'était tournée vers les portes du temple. Le même jour, à Antioche, en Syrie, on avait entendu, par deux fois, de si grands cris d'armée et un tel bruit de trompettes, que toute la ville s'était armée et avait couru sur le rempart. La même chose arriva à Ptolémée. A Pergamaïs, dans le sanctuaire du temple, où les prêtres seuls peuvent entrer, et que les Grecs nomment *Adyta*, d'eux-mêmes les tambours sacrés retentirent. A Tralles[1], dans le temple de la Victoire, où l'on avait consacré une statue à César, on montrait un palmier qui, sortant ce jour-là à travers le pavé du temple, s'était élevé jusqu'à la voûte.

CVI. César ne s'arrêta que quelques jours en Asie; informé que Pompée avait paru à Chypre, et conjecturant qu'il se dirigeait ves l'Égypte, tant à cause des amis qu'il avait dans le royaume, que

[1] Ville de l'Asie Mineure.

des avantages qu'offrait le pays, il se rendit à Alexandrie avec dix galères de Rhodes et quelques autres d'Asie, sur lesquelles il avait embarqué huit cents chevaux et deux légions, l'une qu'il avait amenée de Thessalie, l'autre qu'il avait fait venir d'Achaïe, sous les ordres de Q. Fufius, son lieutenant. Ces deux légions ne formaient guère que trois mille deux cents hommes : ceux qui restaient, affaiblis par leurs blessures, ou épuisés par les fatigues d'une longue marche, n'avaient pu suivre. Mais César, comptant sur le bruit de ses succès, n'avait pas craint de partir aussi mal accompagné, et pensait qu'il serait partout en sûreté. A Alexandrie il apprend la mort de Pompée : mais à peine est-il descendu à terre, qu'il entend les cris des soldats que le roi avait laissés en garnison dans cette ville, et qu'il voit la foule accourir vers lui, parce qu'il se faisait précéder des faisceaux, ce que tout le peuple regardait comme une atteinte à la majesté royale. Ce premier tumulte apaisé, les jours suivants le peuple se souleva encore plusieurs fois, et il y eut plusieurs soldats de tués en divers quartiers de la ville.

CVII. César fit venir alors d'Asie d'autres légions qu'il avait formées des débris de l'armée de Pompée : quant à lui, il était retenu par les vents étésiens, qui sont très-contraires aux navires sortant d'Alexandrie. En attendant, il crut qu'il appartenait au peuple romain et à lui-même, en qualité de consul, de régler les différends survenus entre les deux rois, et qu'il y était d'autant plus obligé que, sous son consulat précédent, l'alliance avec Ptolémée, leur père, avait été confirmée par une loi et un

---

CV. Caesar, quum in Asiam venisset, reperiebat, T. Ampium conatum esse tollere pecunias Epheso ex fano Dianae, ejusque rei causa senatores omnes ex provincia evocasse, ut iis testibus in summa pecuniae uteretur; sed interpellatum adventu Caesaris profugisse. Ita duobus temporibus Ephesiae pecuniae Caesar auxilium tulit. Item constabat, Elide in templo Minervae, repetitis atque enumeratis diebus, quo die praelium secundum fecisset Caesar, simulacrum victoriae, quod ante ipsam Minervam collocatum erat, et ante ad simulacrum Minervae spectabat, ad valvas se templi limenque convertisse. Eodemque die Antiochiae in Syria bis tantus exercitus clamor, et signorum sonus exauditus est, ut in muris armata civitas discurreret. Hoc idem Ptolemaide accidit. Pergami in occultis ac remotis templi, quo praeter sacerdotes adire fas non est, quae Graeci ἄδυτα appellant, tympana sonuerunt. Item Trallibus in templo Victoriae, ubi Caesaris statuam consecraverant, palma per eos dies in tecto inter coagmenta lapidum in pavimento exstitisse ostendebatur.

CVI. Caesar, paucos dies in Asia moratus, quum audisset Pompeium Cypri visum, conjectans, eum in Aegyptum iter habere, propter necessitudines regni reliquasque ejus loci opportunitates, cum legionibus, una, quam ex Thessalia se sequi jusserat, et altera, quam ex Achaia

a Q. Fufio legato evocaverat, equitibusque DCCC, et navibus longis Rhodiis X, et Asiaticis paucis, Alexandriam pervenit. In his erant legionibus hominum tria millia CC: reliqui, vulneribus ex praeliis, et labore ac magnitudine itineris confecti, consequi non potuerant. Sed Caesar, confisus fama rerum gestarum, infirmis auxiliis proficisci non dubitaverat, atque omnem sibi locum tutum fore existimabat. Alexandriae de Pompeii mor.e cognoscit : atque ibi primum e navi egrediens clamorem militum audit, quos rex in oppido praesidii causa reliquerat, et concursum ad se fieri videt, quod fasces anteferrentur. In hoc omnis multitudo majestatem regiam minui praedicabat. Hoc sedato tumultu, crebrae continuis diebus ex concursu multitudinis concitationes fiebant, compluresque milites hujus urbis omnibus partibus interficiebantur.

CVII. Quibus rebus animadversis, legiones sibi alias ex Asia adduci jussit, quas ex Pompeianis militibus confecerat : ipse enim necessario Etesiis tenebatur, qui Alexandria navigantibus sunt adversissimi venti. Interim controversias regum ad populum romanum, et ad se, quod esset consul, pertinere existimans, atque eo magis officio suo convenire, quod superiore consulatu, cum patre Ptolemaeo, et lege et S. C. societas erat facta; ostendit, sibi placere, regem Ptolemaeum, atque sororem ejus Cleopa-

décret du sénat. Il déclara donc qu'il jugeait convenable que le roi Ptolémée et Cléopâtre, sa sœur, licenciassent leurs armées et vinssent discuter devant lui leur querelle, au lieu de la décider entre eux par les armes.

CVIII. L'administration du royaume avait été confiée, à cause de l'extrême jeunesse du roi, à l'eunuque Pothin, son gouverneur. Cet homme commença par se plaindre avec colère à ses amis que le roi fût cité pour plaider sa cause; ensuite, ayant trouvé parmi les favoris du roi des gens de son avis et disposés à le seconder, il appela secrètement l'armée de Péluse à Alexandrie, et en donna le commandement à ce même Achillas dont on a parlé. Après l'avoir bien excité par toutes les promesses qu'il lui fit, tant au nom du roi qu'au sien propre, il l'instruisit par lettres et par message de ses intentions. Ptolémée le père avait, dans son testament, désigné pour ses héritiers l'aîné de ses deux fils et la plus âgée de ses deux filles; et, par le même testament, il conjurait le peuple romain, au nom de tous les dieux et de l'alliance qu'il avait contractée avec lui, de faire observer ces dispositions. Une copie de ce testament avait été apportée à Rome par ses ambassadeurs, pour être déposée dans le trésor public; et, comme les troubles domestiques ne l'avaient pas permis, elle avait été confiée à Pompée. Une autre copie, absolument semblable, avait été laissée à Alexandrie; c'était celle-là qu'on produisait.

CIX. Tandis que cette affaire se traitait devant César, et qu'il tâchait, autant que possible, de terminer à l'amiable et à la satisfaction commune la querelle des deux rois, on lui annonce tout à coup que l'armée et la cavalerie royale arrivent à Alexandrie. César n'avait pas assez de troupes pour risquer une bataille hors des murs; il ne lui restait d'autre parti que de garder le poste qu'il occupait dans la ville, jusqu'à ce que les intentions d'Achillas lui fussent connues. Cependant il fit prendre les armes à tous ses soldats, et exhorta le roi à députer vers Achillas quelques personnages des plus accrédités, pour lui faire savoir sa volonté. Ce prince envoya vers Achillas Dioscoride et Sérapion, qui avaient été ambassadeurs à Rome et qui avaient été en grand crédit auprès de Ptolémée le père. Dès qu'ils parurent, Achillas, sans vouloir rien entendre, les fit saisir et massacrer: l'un, frappé et laissé pour mort, fut emporté par les siens; l'autre périt sur la place. Sur cela, César se rendit maître de la personne du roi, persuadé que son nom serait d'un grand poids auprès de ses sujets, et voulant montrer ainsi que la guerre était entreprise par quelques misérables, et non par l'ordre du roi.

CX. Les troupes que commandait Achillas n'étaient pas à mépriser, soit à cause de leur nombre, soit par leur courage et leur expérience. Il avait sous les armes vingt mille hommes. C'étaient des soldats de Gabinius : accoutumés alors à la vie et aux mœurs d'Alexandrie, ils avaient perdu le souvenir du peuple romain et de sa discipline; ils s'étaient mariés, et la plupart avaient des enfants. A eux s'était joint un ramas de voleurs et de brigands, de Syrie, de Cilicie et des pays voisins, sans compter une foule de gens condamnés à mort

tram exercitus, quos haberent, dimittere, et de controversiis jure apud se potius, quam inter se armis disceptare.

CVIII. Erat in procuratione regni propter ætatem pueri nutricius ejus, eunuchus, nomine Pothinus. Is primum inter suos queri atque indignari cœpit, regem ad dicendam causam evocari : deinde adjutores quosdam, conscios sui, nactus ex regis amicis, exercitum a Pelusio clam Alexandriam evocavit, atque eumdem Achillan, cujus supra meminimus, omnibus copiis præfecit. Hunc, incitatum suis, et regis inflatum pollicitationibus, quæ fieri vellet, litteris nuntiisque edocuit. In testamento Ptolemæi patris heredes erant scripti ex duobus filiis major, et ex duabus ea, quæ ætate antecedebat. Hæc uti fierent, per omnes deos, perque fœdera, quæ Romæ fecisset, eodem testamento Ptolemæus populum romanum obtestabatur. Tabulæ testamenti unæ per legatos ejus Romam erant allatæ, ut in ærario ponerentur (hæ quum propter publicas occupationes poni non potuissent, apud Pompeium sunt depositæ); alteræ, eodem exemplo, relictæ atque obsignatæ Alexandriæ proferebantur.

CIX. De his rebus quum ageretur apud Cæsarem, isque maxime vellet pro communi amico atque arbitro controversias regum componere; subito exercitus regius equitatusque omnis venire Alexandriam nuntiatur. Cæsaris copiæ nequaquam erant tantæ, ut eis, extra oppidum si esset dimicandum, confideret. Relinquebatur, ut se suis locis oppido teneret, consiliumque Achillæ cognosceret. Milites tamen omnes in armis esse jussit, regemque hortatus est, ut ex suis necessariis, quos haberet maximæ auctoritatis, legatos ad Achillan mitteret, et, quid esset suæ voluntatis, ostenderet. A quo missi Dioscorides et Serapion, qui ambo legati Romæ fuerant, magnamque apud patrem Ptolemæum auctoritatem habuerant, ad Achillan pervenerunt. Quos ille, quum in conspectum ejus venissent, prius, quam audiret, aut, cujus rei causa missi essent, cognosceret, corripi ac interfici jussit : quorum alter accepto vulnere occupatus, per suos pro occiso sublatus; alter interfectus est. Quo facto, regem ut in sua potestate haberet, Cæsar effecit, magnamque regium nomen apud suos auctoritatem habere existimans, et ut potius privato paucorum et latronum, quam regio consilio, susceptum bellum videretur.

CX. Erant cum Achilla copiæ, ut neque numero, neque genere hominum, neque usu rei militaris contemnendæ viderentur : millia enim XX in armis habebat. Hæ constabant ex Gabinianis militibus, qui jam in consuetudinem Alexandrinæ vitæ ac licentiæ venerant, et nomen discipli-

ou bannis. Nos esclaves fugitifs trouvaient dans Alexandrie une retraite assurée et une certaine existence, dès qu'ils se faisaient enregistrer au nombre des soldats. Si quelqu'un d'eux était arrêté par son maître, tous accouraient et l'arrachaient de ses mains, parce que, également coupables, ils défendaient leur propre cause. Selon une ancienne coutume des armées égyptiennes, ils pouvaient demander la mort des favoris qui leur déplaisaient, s'enrichir par le pillage des riches, assiéger le palais de leurs rois, ôter et donner la couronne. Il y avait en outre deux mille cavaliers vieillis dans les guerres d'Alexandrie : c'étaient ceux qui avaient rétabli Ptolémée, tué les deux fils de Bibulus, et fait la guerre aux Égyptiens. Ils avaient donc assez d'expérience de la guerre.

CXI. Achillas, plein de confiance dans ses troupes, et méprisant les soldats peu nombreux de César, s'empara de la ville, à l'exception du quartier que celui-ci occupait, et où il essaya d'abord de le forcer dans sa maison; mais César, ayant distribué ses cohortes à l'entrée des rues, soutint son attaque. Dans le même temps on se battait aussi du côté du port, ce qui mit beaucoup d'acharnement dans la lutte. En effet, tandis que nos troupes divisées combattaient dans plusieurs rues de la ville, la multitude des ennemis s'efforçait de s'emparer de la flotte, laquelle consistait en cinquante galères qu'on avait envoyées au secours de Pompée, et qui, après la bataille de Pharsale, étaient revenues au port. Ces galères étaient à trois et à cinq rangs de rames, et pourvues de tout ce qui était nécessaire pour la navigation. De plus, il y en avait vingt-deux autres, toutes pontées, lesquelles formaient la station ordinaire d'Alexandrie. S'ils avaient réussi à s'en emparer, une fois maîtres de la flotte, ils avaient à eux le port et toute la mer, et empêchaient les vivres et les secours d'arriver jusqu'à César. Aussi l'action fut-elle aussi vive qu'elle devait l'être entre des soldats dont les uns cherchaient dans le succès une prompte victoire, et les autres leur salut : mais César l'emporta. Ne pouvant, avec si peu de troupes, occuper un si vaste terrain, il brûla toutes ces galères (21) ainsi que celles qui étaient dans les arsenaux, et, aussitôt après, il alla faire une descente au Phare.

CXII. Le Phare est une tour très-élevée, d'une architecture merveilleuse, bâtie dans une île dont elle porte le nom (22). Cette île, située en face d'Alexandrie, en forme le port ; des môles de neuf cents pas de long, jetés dans la mer par les anciens rois du pays, unissent, par un canal étroit et par un pont, le Phare à la ville. Il y a dans cette île des habitations d'Égyptiens qui forment un bourg de la grandeur d'une ville ; et quand quelque vaisseau s'écarte de sa route par imprudence ou par la violence du vent, les habitants le pillent, à la façon des corsaires. L'entrée du port est si étroite qu'aucun vaisseau n'y peut pénétrer malgré ceux qui occupent le Phare. C'est avec la crainte de trouver ces obstacles que César, tandis que l'ennemi se battait ailleurs, débarqua ses troupes

---

namque populi romani dedidicerant, uxoresque duxerant, ex quibus plerique liberos habebant. Huc accedebant collecti ex prædonibus latronibusque Syriæ Ciliciæque provinciæ, finitimarumque regionum. Multi præterea capitis damnati exsolesque convenerant : fugitivisque omnibus nostris certus erat Alexandriæ receptus, certaque vitæ conditio, ut, dato nomine, militum essent numero : quorum si quis a domino prebenderetur, concursu militum eripiebatur, qui vim suorum, quod in simili culpa versabantur, ipsi pro suo periculo defendebant. Hi regis amicos ad mortem deposcere, hi bona locupletum diripere stipendii augendi causa, regis domum obsidere, regno expellere, alios arcessere, vetere quodam Alexandrini exercitus instituto, consueverant. Erant præterea equitum millia duo. Inveteraverant hi omnes compluribus Alexandriæ bellis, Ptolemæum patrem in regnum reduxerant, Bibuli filios duos interfecerant, bella cum Ægyptiis gesserant. Hunc usum rei militaris habebant.

CXI. His copiis fidens Achillas, paucitatemque militum Cæsaris despiciens, occupabat Alexandriam, præter eam oppidi partem, quam Cæsar cum militibus tenebat, primo impetu domum ejus irrumpere conatus : sed Cæsar, dispositis per vias cohortibus, impetum ejus sustinuit. Eodemque tempore pugnatum est ad portum ; ac longe maximam ea res attulit dimicationem. Simul enim, diductis copiis, pluribus viis pugnabatur, et magna multitudine naves longas occupare hostes conabantur, quarum erant quinquaginta auxilio missæ ad Pompeium, prælioque in Thessalia facto domum redierant. Illæ triremes omnes et quinqueremes erant, aptæ instructæque omnibus rebus ad navigandum. Præter has, duæ et viginti, quæ præsidii causa Alexandriæ esse consueverant, constratæ omnes : quas si occupavissent, classe Cæsari erepta, portum ac mare totum in sua potestate haberent, commeatu auxiliisque Cæsarem prohiberent. Itaque tanta est contentione actum, quanta agi debuit, quum illi celerem in ea re victoriam, hi salutem suam consistere viderent. Sed rem obtinuit Cæsar; omnesque eas naves, et reliquas, quæ erant in navalibus, incendit, quod tam late tueri tam parva manu non poterat; confestimque ad Pharum navibus milites exposuit.

CXII. Pharus est in insula turris, magna altitudine, mirificis operibus exstructa, quæ nomen ab insula accepit. Hæc insula, objecta Alexandriæ, portum efficit : sed a superioribus regibus in longitudinem passuum DCCCC in mare jactis molibus, angusto itinere et ponte cum oppido conjungitur. In hac sunt insula domicilia Ægyptiorum, et vicus, oppidi magnitudine : quæque ubique naves imprudentia aut tempestate paululum suo cursu decesserint, has more prædonum diripere consueverunt. Iis autem in vitis, a quibus Pharus tenetur, non potest esse propter angustias navibus introitus in portum. Hoc tum veritus

dans le Phare et s'y établit. Dès-lors il put en sûreté recevoir, par mer, des vivres et des secours; aussi envoya-t-il en chercher dans toutes les contrées voisines. Dans les autres quartiers de la ville les combattants firent retraite avec des chances égales, et sans qu'aucun des deux partis fût chassé de son poste, vu l'étroit espace du terrain. Après quelques hommes tués de part et d'autre, César, s'étant saisi des postes les plus importants, s'y fortifia pendant la nuit. Il y avait dans ce quartier de la ville une petite portion du palais, où César s'était d'abord logé en arrivant : elle était jointe à un théâtre servant de citadelle, et communiquant au port et à l'arsenal. Il en augmenta les fortifications les jours suivants, pour s'en faire un rempart, afin qu'on ne pût pas le forcer à combattre. Cependant la fille cadette du roi Ptolémée, regardant le trône comme vacant, et se flattant d'y monter, s'échappa du palais, alla joindre Achillas, et se mit à diriger la guerre avec lui. Mais bientôt il s'éleva entre eux des querelles sur le commandement; ce qui profita aux soldats, car chacun d'eux s'efforçait par des largesses de se les attacher. Cependant Pothin, gouverneur du jeune roi et administrateur du royaume, écrivait du quartier de César à Achillas, pour l'exhorter à tenir bon et à ne pas perdre courage; ses messagers, ayant été mis à mort et saisis, César le fit mourir. Tels furent les commencements de la guerre d'Alexandrie.

Cæsar, hostibus in pugna occupatis, militibusque expositis, Pharum apprehendit, atque ibi præsidium posuit. Quibus est rebus effectum, ut tuto frumentum auxiliaque navibus ad eum supportari possent. Dimisit enim circum omnes propinquas regiones, atque inde auxilia evocavit. Reliquis oppidi partibus sic est pugnatum, ut æquo prælio discederetur, et neutri pellerentur (id efficiebant augustiæ loci): paucisque utrimque interfectis, Cæsar, loca maxime necessaria complexus, noctu præmunit. Hoc tractu oppidi pars erat regiæ exigua, in quam ipse habitandi causa initio erat inductus, et theatrum, conjunctum domui, quod arcis tenebat locum, aditusque habebat ad portum, et ad reliqua navalia. Has munitiones insequentibus auxit diebus, ut pro muro objectas haberet, neu dimicare invitus cogeretur. Interim filia minor Ptolemæi regis, vacuam possessionem regni sperans, ad Achillan sese ex regia transjecit, unaque bellum administrare cœpit. Sed celeriter est inter eos de principatu controversia orta; quæ res apud milites largitiones auxit : magnis enim jacturis sibi quisque eorum animos conciliabat. Hæc dum apud hostes geruntur, Pothinus, nutricius pueri, et procurator regni, in parte Cæsaris, quum ad Achillan nuntios mitteret, hortareturque, ne a negotio desisteret, neve animo deficeret, indicatis deprehensisque internuntiis, a Cæsare est interfectus. Hæc initia belli Alexandrini fuerunt.

NOTES
DES
COMMENTAIRES SUR LA GUERRE CIVILE.

LIVRE PREMIER.

(1) Cassius et Antoine.

(2) L. Lentulus et C. Marcellus. Ils étaient tous les deux ennemis de César.

(3) Métellus Scipion, beau-père de Cn. Pompée.

(4) A la guerre civile, M. Marcellus embrassa le parti de Pompée. Après la victoire César lui pardonna.

(5) Il était frère de C. Cassius, un des meurtriers de César.

(6) L. Pison, beau-père de César.

(7) L. Roscius, ancien lieutenant de César.

(8) César, étant consul, avait fait conduire Caton en prison. — Caton avait échoué dans sa brigue du consulat par les intrigues de César.

(9) Afin que Pompée eût la faculté d'assister à la délibération.

(10) Faustus Sylla était gendre de Pompée.

(11) Le peuple avait autorisé César à briguer le consulat, quoiqu'il fût absent. Pompée réussit à faire casser ce plébiscite.

(12) Aretium, aujourd'hui Arezzo, en Toscane; et les villes suivantes; Pisaurum, Fanum, Ancône, Iguvium, aujourd'hui Pesaro, Fano, Ancône, Gubio, dans l'Ombrie et la marche d'Ancône.

(13) Florus rapporte au contraire que César trouva le trésor fermé et ordonna de le briser.

(14) Cingulum, et les villes suivantes, Asculum, Camerinum, Corfinium, Firmum, Sulmone, villes du Picentin; aujourd'hui Ascoli, Camerino, Santo-Perino, Firmo, Solmona dans l'Abruzze citérieure.

(15) La huitième légion, comme on le verra ci-après, n'était pas encore arrivée; aussi plusieurs interprètes ont-ils pensé qu'il faut lire ici *treizième légion*.

(16) La Norique est aujourd'hui une partie de la Bavière.

(17) Cette lettre se trouve dans les épîtres de Cicéron, V. liv. VIII, ép. 2.

(18) *Marrucinins*, peuple Samnite; les Ferentaniens, peuple de l'Apulie; les Larinates, de Larina, aujourd'hui Larino, dans le royaume de Naples; Luceria, aujourd'hui Lucera, dans le royaume de Naples; Canusium, aujourd'hui Canosa, dans l'Abruzze citérieure; Terracine, ville des Volsques.

(19) Dyrrachium, ville de Macédoine, aujourd'hui Durazzo.

(20) Habitants de Caralis, aujourd'hui Cagliari, ville et promontoire de Sardaigne.

(21) Igilium et Cosanum, aujourd'hui Ciglio et Cozano.

(22) Castulo, aujourd'hui Cazlona en Andalousie; l'Anas, aujourd'hui la Guadiana; les Vettones, qui habitaient les pays compris aujourd'hui dans le royaume de Léon; les Celtibères, peuples de l'Aragon; les Cantabres, peuples de la Biscaye; Ilerda, aujourd'hui Lérida.

(23) Peuple de l'Espagne citérieure. Leur ville s'appelait Osca, aujourd'hui Huesca; les Jacétoniens, peuple de la Tarragonaise; les Illurgavoniens, peuple à l'embouchure de l'Ebre; Octogesa, selon quelques-uns, aujourd'hui Mequinenza, dans l'Aragon.

(24) Vers minuit.

(25) Ils avaient laissé au camp leurs boucliers.

(26) Vers midi.

(27) Ce qui faisait en tout, comme le remarque M. Turpin de Crissé, cinquante cohortes; vingt dans la première ligne, et quinze dans chacune des deux autres.

(28) Le grand Condé admirait cette manœuvre de César. Il alla lui-même en Catalogne, dit Bossuet, reconnaître les lieux où ce fameux capitaine, par l'avantage des postes, contraignit cinq légions romaines et deux chefs expérimentés à poser les armes sans combat. (*Oraison funèbre du prince de Condé*). « César, dit Napoléon, réduisit une armée égale en force à la sienne, par le seul ascendant de ses manœuvres. De pareils résultats

ne se peuvent obtenir que dans les guerres civiles. »

(29) L'Afrique et l'Espagne.

LIVRE DEUXIÈME.

(1) Taurenti, selon d'Anville, à la droite de la baie de Ciotat. M. Turpin de Crissé croit qu'il s'agit ici de Toulon.

(2) Marseille était célèbre par sa civilisation. Elle avait des gymnases et des écoles comme les principales villes de la Grèce. Pline la nomme la maîtresse des études, *magistram studiorum*.

(3) Ainsi qu'on l'a vu au livre précédent, au moment même où les Marseillais venaient de promettre à César de garder la neutralité, ils avaient ouvert leur port à la flotte de Domitius.

(4) Aujourd'hui Cadix.

(5) Aujourd'hui Séville.

(6) On les appelait ainsi parce qu'elles avaient été levées dans les colonies.

(7) Ville de la Bétique, à peu de distance d'Hispalis.

(8) Ainsi nommée parce qu'elle était composée d'affranchis et d'esclaves nés dans la maison de leur maître.

(9) Aujourd'hui Sevilla la Vieja, en Andalousie.

(10) Cette ville n'existe plus. Elle était située à la pointe du promontoire de Mercure, aujourd'hui le Cap-Bon.

(11) Aujourd'hui Quispia.

(12) Ce camp était ainsi appelé à cause de P. Cornélius Scipion l'Africain, qui avait choisi cette position dans la guerre contre les Carthaginois.

(13) Peuple qui habitait l'Abruzze ultérieure.

(14) C'était avec la trompette qu'on donnait le signal pour relever les sentinelles.

(15) Ville d'Afrique, à peu de distance d'Adrumète.

LIVRE TROISIÈME.

(1) C'était la dixième année depuis son premier consulat. Plusieurs plébiscites s'opposaient à ce qu'on fût réélu à la même charge avant un espace de dix ans.

(2) C'était une obligation pour les consuls d'assister à la célébration des féeries latines avant de se rendre dans leurs gouvernements.

(3) Les douze légions que César réunit à Brindes venaient d'Espagne, des Gaules ou des rives du Pô; il semble donc qu'il eût mieux fait de les diriger par l'Illyrie et la Dalmatie sur la Macédoine : de Plaisance, point d'intersection des deux routes, la distance est égale pour arriver en Épire; son armée y serait arrivée réunie; il n'aurait point eu à passer la mer, obstacle si important, et qu'il faillit lui être si funeste de traverser devant une escadre supérieure.

Cet obstacle, il est vrai, était beaucoup moins fort alors qu'il ne le serait aujourd'hui. La navigation était dans l'enfance; les vaisseaux n'étaient pas propres à croiser et à tenir le vent; il paraît même qu'ils n'étaient pas approvisionnés d'eau pour longtemps, puisque quelques jours de vents contraires exposèrent la flotte de Bibulus à en manquer entièrement.   NAPOLÉON.

(4) Lentulus avait été consul l'année précédente, an de Rome 705.

(5) Il s'agit ici de C. Antoine, frère de M. Antoine. Son armée avait été livrée à Pompée par Pulcion.

(6) Gendre de Déjotarus.

(7) Un des meurtriers de César.

(8) Plusieurs textes portent *compsa*.

(9) Il y a ici une lacune.

(10) Selon Cuvier, le *chara* était une espèce de chou sauvage, tel qu'il en existe dans toute la Hongrie.

(11) Il y a ici une lacune.

(12) Plusieurs commentateurs proposent de lire trente-huit mille pas.

(13) Les manœuvres de César à Dyrrachium sont extrêmement téméraires : aussi en fut-il puni. Comment pouvait-il espérer de se maintenir avec avantage le long d'une ligne de contrevallation de six lieues, entourant une armée qui avait l'avantage d'être maîtresse de la mer, et d'occuper une position centrale. Après des travaux immenses, il échoua, fut battu, perdit l'élite de ses troupes, et fut contraint de quitter ce champ de bataille. Il avait deux lignes de contrevallation, une de six lieues contre le camp de Pompée, et une autre contre Dyrrachium. Pompée se contenta d'opposer une ligne de circonvallation à la contrevallation de César; effectivement, pouvait-il faire autre chose, ne voulant pas livrer bataille? Mais il eût dû tirer un plus grand avantage du combat de Dyrrachium ; ce jour-là il eût pu faire triompher la République.   NAPOLÉON.

(14) Domitius était alors en Macédoine.

(15) Scipion occupait la Thessalie.

(16) Il était le beau-père de Pompée.

(17) C. Triarius avait été lieutenant de Lucullus dans la guerre de Mithridate.

(18) A Pharsale, César ne perd que deux cents hommes, et Pompée quinze mille. Les mêmes résultats, nous les voyons dans toutes les batailles des anciens, ce qui est sans exemple dans les armées modernes, où la perte en tués et blessés est sans doute plus ou moins forte, mais dans une proportion d'un à trois : la grande différence entre les pertes du vainqueur et celles du vaincu n'existe surtout que par les prisonniers : ceci est encore le résultat de la nature des armes. Les armes de jet des anciens faisaient en général peu de mal; les armées s'abordaient tout d'abord à l'arme blanche; il était donc naturel que le vaincu perdît beaucoup de monde, et le vainqueur très-peu. Les armées modernes, quand elles s'abordent, ne le font qu'à la fin de l'action, et lorsque déjà il y a bien du sang de répandu ; il n'y a point de battant ni de battu pendant les trois quarts de la journée; la perte occasionnée par les armes à feu est à peu près égale des deux côtés. La cavalerie, dans ses charges, offre quelque chose d'analogue à ce qui arrivait aux armées anciennes : le vaincu perd dans une bien plus grande proportion que le vainqueur, parce que l'escadron qui lâche pied est poursuivi et sabré, et éprouve alors beaucoup de mal sans en faire.

Les armées anciennes, se battant à l'arme blanche, avaient besoin d'être composées d'hommes plus exercés; c'étaient autant de combats singuliers. Une armée composée d'hommes d'une meilleure espèce et de plus anciens soldats, avait nécessairement tout l'avantage.

Les deux armées à Pharsale étaient composées de Romains et d'auxiliaires; mais avec cette différence que les Romains de César étaient accoutumés aux guerres du Nord, et ceux de Pompée aux guerres de l'Asie.

Napoléon.

(19) Les revenus de l'état étaient affermés par une société de chevaliers romains.

(20) Pompée était alors âgé de cinquante-neuf ans. Voyez Dion Cassius, Appien, et surtout Plutarque.

(21) C'est dans cet incendie que fut consumée la bibliothèque d'Alexandrie, qui se montait, dit-on, à sept cent mille volumes.

(22) Le phare fut construit par Sostrate de Gnide, par l'ordre de Ptolémée-Philadelphe.

COMMENTAIRES

SUR

LA GUERRE D'ALEXANDRIE.[1]

I. La guerre d'Alexandrie ayant éclaté, César fait venir de Rhodes, de Syrie et de Cilicie toute sa flotte; demande des archers aux Crétois, et des cavaliers à Malchus, roi des Nabatiens (2); ordonne que l'on cherche de tous côtés des machines, qu'on lui envoie des vivres, qu'on lui amène du secours. En attendant il augmente, chaque jour, ses fortifications par de nouveaux ouvrages; tous les endroits de la ville qui lui ont paru faibles, sont garnis de gabions et de mantelets : en même temps, par le moyen de trous pratiqués aux édifices qu'il a en son pouvoir, il bat à coup de bélier les édifices les plus proches; et tout le terrain qu'il ruine ou qu'il prend de force, il l'emploie à étendre ses fortifications; car Alexandrie est à peu près à l'abri de l'incendie, parce qu'il n'entre ni charpente ni bois dans ses constructions, que tous les étages y sont voûtés, et les toits recouverts en maçonnerie ou pavés. César s'appliquait surtout, en poussant en avant ses ouvrages et ses mantelets, à couper du reste de la ville la partie que le marais rétrécissait le plus du côté du midi : il espérait par ce partage de la ville en deux, d'abord gouverner plus commodément ses troupes concentrées sur un seul point; ensuite, porter secours à celles qui se trouveraient pressées et leur prêter main forte de l'autre côté de la ville; enfin, se procurer en abondance l'eau qu'il n'avait qu'en petite quantité et le fourrage qui lui manquait absolument. Or, le marais pouvait le fournir de tout cela largement.

II. Les Alexandrins, de leur côté, ne mettaient dans leurs préparatifs ni retard ni lenteur. En effet, ils avaient envoyé dans toute l'Égypte et à toutes les frontières du royaume, des députés et des commissaires chargés de hâter les levées,

---

DE BELLO ALEXANDRINO COMMENTARII.

I. Bello Alexandrino conflato, Cæsar Rhodo, atque ex Syria Ciliciaque omnem classem arcessit; Creta sagittarios, equites ab rege Nabatæorum Malcho evocat; tormenta undique conquiri, et frumentum mitti, auxiliaque adduci jubet. Interim munitiones quotidie operibus augentur, atque omnes oppidi partes, quæ minus firmæ esse viderentur, testudinibus atque musculis aptantur : ex ædificiis autem per foramina in proxima ædificia arietes immittuntur, quantumque aut ruinis dejicitur, aut per vim recipitur loci, in tantum munitiones proferuntur. Nam incendio fere tuta est Alexandria, quod sine contignatione ac materia sunt ædificia, et structuris atque fornicibus continentur, tectaque sunt rudere, aut pavimentis. Cæsar maxime studebat, ut, quam angustissimam partem oppidi palus a meridie interjecta efficiebat, hanc operibus vineisque agendis ab reliqua parte urbis excluderet : illud spectans, primum, ut, quum esset in duas partes urbs divisa, acies uno consilio atque imperio administraretur; deinde ut laborantibus succurri, atque ex altera oppidi parte auxilium ferri posset; in primis vero, ut aqua pabuloque abundaret : quarum alterius rei copiam exiguam, alterius nullam omnino facultatem habebat : quod utrumque palus large præbere poterat.

II. Neque vero Alexandrinis in gerendis negotiis cunctatio ulla aut mora inferebatur. Nam in omnes partes

et déjà ils avaient fait un amas considérable de traits et de machines, et attiré une foule immense d'hommes. En outre, de vastes ateliers avaient été établis dans la ville. De plus, tous les esclaves qui étaient d'âge à servir avaient été armés, et ceux dont les maîtres étaient riches leur donnaient chaque jour la solde et la nourriture. Par cette multitude, bien distribuée, étaient défendues les fortifications des quartiers les plus reculés; quant aux vieilles cohortes, elles étaient placées dans les postes les plus importants de la ville, et on les avait exemptées de tous travaux, afin qu'elles fussent toujours fraîches et prêtes à porter secours. On avait fermé toutes les rues et tous les carrefours par un triple rempart de quarante pieds de haut, et bâti en pierres équarries; les parties basses de la ville étaient défendues par de très-hautes tours à dix étages. Ils en avaient aussi construit d'autres toutes semblables, mais mobiles, qu'ils conduisaient sur des roues, au moyen de cordages et de chevaux, partout où il était nécessaire.

III. La ville, fort riche et abondamment pourvue, fournissait à tous ces préparatifs. D'ailleurs, les habitants, qui étaient on ne peut plus industrieux et adroits, exécutaient si bien tout ce qu'ils nous avaient vu faire, que nos ouvrages semblaient n'être qu'une copie des leurs. Ils inventaient aussi beaucoup de choses par eux-mêmes; ils nous attaquaient et se défendaient tout ensemble. Du reste, dans les conseils et dans les assemblées, les principaux d'entre eux leur représentaient que le peuple romain prenait insensiblement l'habitude de s'établir dans ce royaume; que peu d'années auparavant Gabinius était arrivé en Égypte avec une armée; que Pompée, dans sa fuite, y avait cherché un asile; que César y était venu avec des troupes; que le meurtre de Pompée n'avait pas empêché César de séjourner parmi eux; que s'ils ne le chassaient, leur royaume deviendrait une province romaine; qu'il fallait se hâter, car le mauvais temps et la saison retenaient César et l'empêchaient de recevoir des secours par mer.

IV. Cependant une querelle s'étant élevée, comme on l'a vu plus haut, entre Achillas, qui commandait aux vieilles troupes, et Arsinoë, fille cadette de Ptolémée, chacun deux cherchait surprendre l'autre et à s'emparer du pouvoir : Arsinoë prévint Achillas en le faisant assassiner par l'eunuque Ganymède, son gouverneur. Par cette mort, se trouvant sans compétiteur, elle obtint seule toute l'autorité. Le commandement de l'armée est confié à Ganymède. Celui-ci, accepte cette charge, fait de nouvelles largesses aux soldats, et pourvoit à tout avec une égale activité.

V. Alexandrie est presque tout entière minée, et a des canaux souterrains qui partent du Nil et par lesquels l'eau est conduite dans les maisons des particuliers, où, avec le temps, elle dépose et s'éclaircit peu à peu. Les maîtres et les domestiques n'usent d'aucune autre eau ; car celle qu'apporte le Nil est tellement trouble et limoneuse, qu'elle engendre toute sorte de maladies : cependant le

---

per quas fines Ægyptii regnumque pertinet, legatos conquisitoresque delectus habendi causa miserant, magnumque numerum in oppidum telorum atque tormentorum convexerant, et innumerabilem multitudinem adduxerant. Nec minus in urbe maximæ armorum erant institutæ officinæ. Servos præterea puberes armaverant, quibus domini locupletiores victum quotidianum stipendiumque præbebant. Hac multitudine disposita, munitiones semotarum partium tuebantur; veteranas cohortes vacuas in celeberrimis urbis locis habebant, ut, quacumque regione pugnaretur, integris viribus ad auxilium ferendum opportunæ essent. Omnibus viis atque angiportis triplicem vallum obduxerant; erat autem quadrato exstructus saxo, neque minus XL pedes altitudinis habebat : quæque partes urbis inferiores erant, has altissimis turribus denorum tabulatorum munierant. Præterea alias ambulatorias totidem tabulatorum confecerant; subjectisque eas rotis, funibus jumentisque objectis, directis plateis in quamcumque erat visum partem movebant.

III. Urbs fertilissima et copiosissima omnium rerum apparatus suggerebat. Ipsi homines, ingeniosissimi atque acutissimi, quæ a nobis fieri viderant, ea sollertia efficiebant, ut nostri illorum opera imitari viderentur ; et sua sponte multa reperiebant, unoque tempore et nostras munitiones infestabant, et suas defendebant : atque hæc principes in conciliis concionibusque agitabant, « populum romanum paullatim in consuetudinem ejus regni occupandi venire : paucis annis antea Gabinium cum exercitu fuisse in Ægypto; Pompeium se ex fuga eodem recepisse. Cæsarem venisse cum copiis; neque morte Pompeii quidquam profectum, quo minus Cæsar apud se commoraretur : quem si non expulissent, futuram ex regno provinciam : idque agendum mature : namque eum interclusum tempestatibus, propter anni tempus, recipere transmarina auxilia non posse. »

IV. Interim dissensione orta inter Achillam, qui veterano exercitui præerat, et Arsinoën, regis Ptolemæi minorem filiam, ut supra demonstratum est, quum uterque utrique insidiaretur, et summam imperii sibi obtinere vellet, præoccupat Arsinoë per Ganymedem eunuchum, nutricium suum, atque Achillan interficit. Hoc occiso, ipsa sine ullo socio et custode omne imperium obtinebat : exercitus Ganymedi transditur : is, suscepto officio, largitionem in milites auget, reliqua pari diligentia administrat.

V. Alexandria est fere tota suffossa, specusque habet ad Nilum pertinentes, quibus aqua in privatas domos inducitur, quæ paullatim spatio temporis liquescit ac subsidit. Hac uti domini ædificiorum atque eorum familiæ consueverunt : nam quæ flumine Nilo fertur, adeo est limosa atque turbida, ut multos variosque morbos efficiat : sed ea plebes ac multitudo contenta est necessario,

bas peuple est obligé de s'en contenter, parce que dans toute la ville il n'y a pas une fontaine. Or, le fleuve traversait justement la partie de la ville qu'occupaient les Alexandrins. Cette circonstance donna lieu à Ganymède de songer qu'il pourrait ôter l'eau à nos gens, qui, distribués de côté et d'autre pour la défense des ouvrages, allaient dans les maisons particulières puiser l'eau des puits et des citernes.

VI. Ce projet adopté, il entreprend un travail grand et difficile. En effet, il nous coupa d'abord toute communication avec les canaux de la partie de la ville qu'il occupait ; ensuite, à force de roues et de machines, il éleva l'eau de la mer et la fit couler des quartiers supérieurs dans celui de César. Aussi, bientôt, l'eau qu'on allait puiser aux citernes voisines parut-elle plus salée que de coutume, et nos soldats étaient tout surpris, ne sachant d'où cela pouvait provenir. Il avaient peine à en croire leur goût, quand ceux de leurs camarades, qui étaient postés plus bas, disaient que leur eau était toujours de même espèce et de même saveur qu'à l'ordinaire; ils les comparaient l'une avec l'autre, et en les dégustant, ils reconnaissaient combien elles étaient différentes. Mais au bout de quelques jours, l'eau du quartier le plus élevé ne pouvait plus se boire d'aucune façon, et celle de la partie inférieure commençait à se corrompre et à devenir salée.

VII. Dès lors il n'y eut plus de doute : la frayeur fut si grande que tous se regardèrent comme réduits à la dernière extrémité. Les uns murmuraient de ce que César tardait à se rembarquer ; les autres craignaient un malheur encore plus grand, parce que, si près des Alexandrins, on ne pourrait ni leur cacher les préparatifs de la fuite, ni même atteindre les vaisseaux, s'ils voulaient s'y opposer et nous poursuivre. Il y avait d'ailleurs, dans le quartier que César occupait, un grand nombre d'habitants qu'il n'avait pas fait sortir de leurs maisons, parce qu'ils feignaient de nous être fidèles et d'avoir quitté le parti de leurs concitoyens. Or, défendre ici les Alexandrins, essayer de prouver qu'ils ne sont ni fourbes ni trompeurs, ce serait entreprendre une tâche aussi longue qu'inutile; car, quiconque a une fois pratiqué cette nation, connaît son caractère, et l'on ne peut douter que ce ne soit l'espèce d'hommes la plus portée à la trahison.

VIII. César relevait le courage des soldats par ses consolations et par ses conseils. Il leur disait « qu'en creusant des puits on pourrait trouver de l'eau douce; car la nature avait mis des veines d'eau douce au sein de tous les rivages; que si le littoral d'Égypte était différent de tous les autres, eh bien! puisqu'ils étaient maîtres de la mer et que l'ennemi n'avait pas de flotte, on ne saurait les empêcher de faire venir tous les jours de l'eau douce par leurs vaisseaux, soit du Parétonium (5), qui était sur leur gauche, soit de l'île du Phare qu'ils avaient à droite, le vent ne pouvant jamais être contraire à la navigation de ces deux côtés à la fois : quant à la fuite, qu'il n'y avait pas à y songer, non pas seulement pour ceux qui estimaient l'honneur avant tout, mais même pour ceux qui ne se souciaient de rien que de la

---

quod fons urbe tota nullus est. Hoc tamen flumen in ea parte urbis erat quæ ab Alexandrinis tenebatur. Quo facto est admonitus Ganymedes, posse nostros aqua intercludi; qui, distributi munitionum tuendarum causa, vicatim ex privatis ædificiis, specubus ac puteis extracta aqua utebantur.

VI. Hoc probato consilio, magnum ac difficile opus aggreditur. Interseptis enim specubus, et urbis omnibus partibus exclusis, quæ ab ipso tenebantur, aquæ magnam vim ex mari rotis ac machinationibus exprimere contendit. Hanc locis superioribus fundere in partem Cæsaris non intermittebat; quamobrem salsior paulo præter consuetudinem aqua trahebatur ex proximis ædificiis, magnamque hominibus admirationem præbebat, quam ob causam id accidisset : nec satis sibi ipsi credebant, quum se inferiores ejusdem generis ac saporis aqua dicerent uti, atque ante consuessent : vulgoque inter se conferebant, et degustando, quantum inter se differrent aquæ, cognoscebant. Parvo vero temporis spatio, hæc proprior bibi omnino non poterat; illa inferior corruptior jam salsiorque reperiebatur.

VII. Quo facto dubitatione sublata, tantus incessit timor, ut ad extremum casum periculi omnes deducti viderentur, atque alii morari Cæsarem dicerent, quin naves conscendere juberet; alii multo gravius extimescerent casum; quod neque celari Alexandrinis possent in apparanda fuga, quum tam parvo spatio distarent ab ipsis; neque, illis imminentibus atque insequentibus, ullus in naves receptus daretur. Erat autem magna multitudo oppidanorum in parte Cæsaris, quam domiciliis ipsorum non moverat, quod ea se fidelem palam nostris esse simulabat, et descivisse a suis videbatur; ut, si mihi defendendi essent Alexandrini, quod neque fallaces essent, neque temerarii, multa oratio frustra absumeretur. Quum vero uno tempore et natio eorum et natura cognoscatur, aptissimum esse hoc genus ad proditionem, nemo dubitare potest.

VIII. Cæsar suorum timorem consolatione et ratione minuebat. Nam, « puteis fossis, aquam dulcem posse reperiri affirmabat : omnia enim littora naturaliter aquæ dulcis venas habere. Quod si alia esset littoris Ægyptii natura, atque omnium reliquorum, tamen, quoniam mare libere tenerent, neque hostes navium classem haberent, prohiberi sese non posse, quominus quotidie aquam navibus peterent, vel a sinistra parte a Parætonio, vel a dextra ab insula : quæ diversæ navigationes nunquam uno tempore adversis ventis præcluderentur. Fugæ vero nullum esse consilium non solum iis, qui primam dignitatem haberent,

vie; que c'était déjà une grande affaire pour eux que de soutenir de leurs retranchements les attaques de l'ennemi, et qu'en les quittant ils auraient tout à la fois l'infériorité du poste et celle du nombre; qu'il faudrait beaucoup de temps et de peine pour passer dans les vaisseaux, surtout au sortir des chaloupes; que les Alexandrins, au contraire, étaient d'une rare agilité et connaissaient parfaitement les lieux; que ces hommes, dont le succès augmentait encore l'audace, gagneraient les devants, et s'empareraient des hauteurs et des maisons; que, de là, ils s'opposeraient à notre retraite et à notre embarquement; qu'il fallait donc renoncer à ce projet, et ne plus penser qu'à vaincre à tout prix. »

IX. Après avoir ainsi parlé aux soldats, et les avoir tous ranimés, César donne l'ordre aux centurions de tout quitter pour faire travailler bravement à creuser des puits, jour et nuit, sans relâche. Chacun s'y étant mis avec ardeur, on trouva en une seule nuit une grande quantité d'eau douce. Ainsi, en peu de temps et avec peu de travail, il fut paré au mal que ceux de la ville avaient tenté de nous faire par de longues machinations et avec les plus grandes peines. Deux jours après, la trente-septième légion, composée des soldats de Pompée qui avaient capitulé, et que Domitius Calvinus avait fait embarquer avec des vivres, des armes, des traits et des machines, aborda sur les côtes d'Afrique un peu au-dessus d'Alexandrie. Le vent d'orient, qui ne cessait de souffler depuis plusieurs jours, l'avait empêché de gagner le port; mais toute cette côte est admirable pour les vaisseaux qui veulent rester à l'ancre. Cependant, comme les vents contraires la retinrent longtemps et qu'elle vint à manquer d'eau, elle dépêcha à César un vaisseau léger pour l'avertir de ce qui se passait.

X. César voulant voir par lui-même ce qu'il avait à faire, monta sur un navire et se fit suivre de toute sa flotte, sans toutefois emmener de troupes avec lui; car devant s'éloigner à quelque distance, il ne voulait pas dégarnir ses retranchements. Étant arrivé au lieu que l'on appelle Chersonèse, et ayant mis à terre ses rameurs pour qu'ils fissent de l'eau, quelques-uns s'écartèrent trop loin des vaisseaux, dans le but de piller, et tombèrent entre les mains des cavaliers ennemis, lesquels surent par eux que César était venu avec sa flotte et n'avait aucun soldat dans ses vaisseaux. Sur cet avis, nos ennemis s'imaginèrent que la fortune leur offrait une occasion magnifique pour un coup décisif; et en conséquence ils armèrent tous les vaisseaux qu'ils trouvèrent en état de faire voile et allèrent à la rencontre de César qui revenait avec sa flotte. Ce jour-là, il était décidé à ne pas combattre, pour deux motifs: il n'avait pas de soldats avec lui, et la dixième heure était déjà passée. Or, il considérait que la nuit donnerait plus de confiance à des hommes sûrs de la connaissance des lieux, tandis qu'elle lui ôterait à lui-même jusqu'à l'avantage d'exhorter les siens; car à quoi servent les exhortations là où le courage et la lâcheté doivent être également inconnus? Par ce motif César fit ranger le plus de vaisseaux possible vers la côte, esti-

sed ne iis quidem, qui nihil, præterquam de vita, cogitarent : magno negotio impetus hostium adversos ex munitionibus sustineri; quibus relictis, nec loco nec numero pares esse posse : magnam autem moram et difficultatem adscensum in naves habere, præsertim ex scaphis : summam esse contra in Alexandrinis velocitatem, locorumque et ædificiorum notitiam : hos, præcipue in victoria insolentes, præcursuros, et loca excelsiora atque ædificia occupaturos : ita fuga navibusque nostros prohibituros : proinde ejus consilii obliviscerentur, atque omni ratione esse vincendum cogitarent. »

IX. Hac oratione apud suos habita, atque omnium mentibus excitatis, dat centurionibus negotium, ut, reliquis operibus intermissis, ad fodiendos puteos animum conferant, neve quam partem nocturni temporis intermittant. Quo suscepto negotio, atque omnium animis ad laborem incitatis, magna una nocte vis aquæ dulcis inventa est. Ita operosis Alexandrinorum machinationibus maximisque conatibus non longi temporis labore occursum est. Eo biduo legio XXXVII ex dedititiis Pompeianis militibus, cum frumento, armis, telis, tormentis, imposita in naves a Domitio Calvino, ad littora Africæ, paullo supra Alexandriam, delata est. Hæ naves Euro, qui multos dies continenter flabat, portum capere prohibebantur : sed loca sunt egregia, omni illa regione, ad tenendas anchoras. Hi quum diu retinerentur, atque aquæ inopia premerentur, navigio actuario Cæsarem faciunt certiorem.

X. Cæsar, ut per se consilium caperet, quid faciendum videretur, navim conscendit, atque omnem classem se sequi jussit, nullis nostris militibus impositis; quod, quum longius paullo discederet, munitiones nudare nolebat. Quumque ad eum locum accessisset, qui appellatur Chersonesus, aquandique causa remiges in terram exposuisset, nonnulli ex eo numero, quum longius a navibus prædatum processerunt, ab equitibus hostium sunt excepti : ex iis cognoverunt, Cæsarem ipsum in classe venisse, nec ullos milites in navibus habere. Qua re comperta, magnam sibi facultatem fortunam obtulisse bene gerendæ rei crediderunt. Itaque naves omnes, quas paratas habuerant ad navigandum, propugnatoribus instruxerunt, Cæsarique redeunti cum classe occurrerunt : qui duabus de causis eo die dimicare nolebat, quod et nullos milites in navibus habebat, et post horam X diei res agebatur, nox autem allatura videbatur majorem fiduciam illis, qui locorum notitia confidebant: sibi etiam hortandi suos auxilium defuturum; quod nulla satis idonea esset hortatio, quæ neque virtutem posset notare-

mant que l'ennemi ne viendrait pas l'y chercher.

XI. Il y avait un navire rhodien à la droite de César, assez éloigné du reste de la flotte. Les ennemis, l'ayant aperçu, ne purent se contenir, et quatre vaisseaux pontés, ainsi que plusieurs barques découvertes, vinrent fondre sur lui impétueusement. César fut obligé d'aller à son secours pour ne pas recevoir en sa présence un honteux affront, quoique, si un malheur lui fût arrivé, il l'eût regardé comme bien mérité. Le combat s'engagea avec une grande vigueur de la part des Rhodiens, qui, s'étant toujours distingués dans les combats de mer par leur habileté et leur courage, n'hésitèrent pas à soutenir tout le poids de l'action, surtout dans cette circonstance, afin qu'on ne pût pas dire que c'était par leur faute qu'on eût reçu un échec. Aussi, le combat fut-il très-heureux. On prit à l'ennemi une galère à quatre rangs, une autre fut coulée à fond, deux autres complétement dégarnies; en outre, un grand nombre d'hommes furent tués sur les autres vaisseaux. Si la nuit n'eût mis fin au combat, César se serait emparé de toute la flotte. Ce revers ayant consterné les ennemis, et le vent contraire s'étant adouci, César ramena dans Alexandrie ses vaisseaux de transport, remorqués par sa flotte victorieuse.

XII. Ce qui désespéra surtout les Alexandrins, c'est qu'ils se voyaient vaincus, non par le courage de nos soldats, mais par la seule adresse de nos matelots..... (4). Ils résolurent de se défendre du haut des édifices, et firent des retranchements avec tout ce qu'ils purent trouver, tant ils avaient peur que notre flotte ne vint les attaquer jusque sur terre. Cependant, lorsque Ganymède eut promis, dans le conseil, de remplacer les vaisseaux qu'on avait perdus, et même d'en augmenter le nombre, ils se mirent à travailler avec ardeur, et à radouber les vieux vaisseaux avec plus de zèle et de confiance que jamais; et quoiqu'ils en eussent perdu plus de cent dix, soit dans le port, soit dans les arsenaux, ils ne renoncèrent pas au projet de recomposer leur flotte; car ils voyaient bien que, s'ils étaient les plus forts sur mer, ils empêcheraient César de recevoir ni vivres ni secours. D'ailleurs, habitués à la navigation, nés dans une ville et dans un pays maritimes, exercés dès l'enfance à la vie de mer, ils désiraient de recourir à cet élément qu'ils considéraient comme un bien naturel et domestique, et ils sentaient l'avantage qu'ils auraient avec leurs petits vaisseaux. Aussi s'appliquèrent-ils de tout cœur à préparer leur flotte.

XIII. Il y avait à toutes les bouches du Nil des vaisseaux placés là pour exiger les droits d'entrée. Il y avait aussi, au fond de l'arsenal royal de vieux bâtiments qui n'avaient point servi depuis plusieurs années. On radouba ces derniers, et l'on fit venir les autres à Alexandrie. On manquait de rames; les portiques, les gymnases, les édifices publics furent découverts, et l'on eut des rames avec la charpente: l'industrie naturelle des habitants et la richesse de la ville suppléèrent à tout. Il ne s'agissait pas d'ailleurs d'une longue navigation;

---

neque inertiam. Quibus de causis naves, quas potuit, Cæsar ad terram detrahit, quem in locum illos successuros non existimabat.

XI. Erat una navis Rhodia in dextro Cæsaris cornu, longe ab reliquis collocata. Hanc conspicati hostes non tenuerunt sese, magnoque impetu quatuor ad eam constratæ naves, et complures apertæ, contenderunt. Cui coactus est Cæsar ferre subsidium, ne turpem in conspectu contumeliam acciperet; quamquam si quid gravius illis accidisset, merito casurum judicabat. Prælium commissum est magna contentione Rhodiorum: qui quum in omnibus dimicationibus et scientia et virtute præstitissent, tum maxime illo tempore totum onus sustinere non recusabant, ne quod suorum culpa detrimentum acceptum videretur. Ita prælium secundissimum est factum. Capta est una hostium quadriremis, depressa est altera: dein duæ omnibus epibatis nudatæ: magna præterea multitudo in reliquis navibus propugnatorum est interfecta. Quod nisi nox prælium diremisset, tota classe hostium Cæsar potitus esset. Hac calamitate perterritis hostibus, adverso vento leniter flante, naves onerarias Cæsar remulco victricibus suis navibus Alexandriam deducit.

XII. Eo detrimento adeo sunt fracti Alexandrini, quum jam non virtute propugnatorum, sed scientia classiariorum se victos viderent....., quibus et superioribus locis sublevabantur, ut ex ædificiis defendi possent : et materiam cunctam objicerent, quod nostræ classis oppugnationem etiam ad terram verebantur. Iidem, postea quam Ganymedes in concilio confirmavit, sese et eas, quæ essent amissæ, restituturum, et numerum adaucturum, magna spe et fiducia veteres reficere naves, accuratiusque huic rei studere atque inservire instituerunt: at tametsi amplius CX navibus longis in portu navalibusque amiserant, non tamen reparandæ classis cogitationem deposuerunt: videbant enim, non auxilia Cæsari, non commeatus supportar posse, si classe ipsi valerent. Præterea nautici homines, urbis et regionis maritimæ, quotidianoque usu a pueris exercitati, ad naturale ac domesticum bonum refugere cupiebant, et quantum parvulis navigiis profecissent, sentiebant. Itaque omni studio ad parandam classem incubuerunt.

XIII. Erant omnibus ostiis Nili custodiæ exigendi portorii causa dispositæ. Naves veteres erant in occultis regiæ navalibus, quibus multis annis ad navigandum non erant usi. Has reficiebant; illas Alexandriam revocabant. Deerant remi; porticus, gymnasia, ædificia publica detegebant; asseres remorum usum obtinebant: aliud naturalis sollertia, aliud urbis copia subministrabat. Postremo non longam navigationem parabant, sed præsentis temporis

ils voulaient seulement pourvoir à la nécessité présente et se mettre en état de combattre dans le port. Aussi, en peu de jours et contre l'attente générale, ils eurent vingt-deux galères à quatre rangs et cinq à cinq rangs, auxquelles ils en ajoutèrent beaucoup d'autres de moindre importance et découvertes; et, après les avoir essayées à la rame, dans le port, ils les chargèrent de soldats choisis, et se munirent eux-mêmes de toutes les choses nécessaires pour livrer combat. César n'avait que neuf galères de Rhodes (car de dix qu'on lui avait envoyées, une s'était perdue sur la côte d'Égypte), huit du Pont, cinq de Lycie, douze d'Asie. Dans le nombre il y en avait cinq à cinq rangs, et dix à quatre rangs : le reste était au-dessous de cette grandeur et la plupart découvertes. Néanmoins, se fiant au courage de ses troupes, il se préparait à combattre.

XIV. Quand on en fut venu au point de compter chacun sur ses forces, César fait faire à sa flotte le tour du Phare, et paraît en bataille devant l'ennemi. Il place les Rhodiens à l'aile droite, et ceux du Pont à la gauche. Entre les deux ailes il laisse un espace de quatre cents pas, lequel lui a paru suffisant pour la manœuvre. Derrière cette ligne il place en réserve les autres vaisseaux, désignant expressément à chacun d'eux celui qu'il doit suivre et soutenir. Les Alexandrins, de leur côté, se présentent en bataille avec une égale résolution. Ils placent sur le front vingt-deux galères à quatre rangs, et les autres sur la seconde ligne comme auxiliaires. Ils disposent en outre une grande quantité de petits vaisseaux et de barques remplies de torches et de joncs enduits de soufre, dans l'espoir de nous effrayer par leur nombre, leurs cris et la flamme. Entre les deux flottes se trouvait un passage étroit plein de bancs de sable qui font partie de l'Afrique; car les Égyptiens ont coutume de dire que la moitié d'Alexandrie appartient à l'Afrique. Chacun attendit assez longtemps que l'autre le franchît le premier; parce que celui qui entrerait devait avoir plus de peine à développer sa flotte, et, en cas d'accident, à opérer sa retraite.

XV. Les vaisseaux rhodiens étaient commandés par Euphranor, que sa grandeur d'âme et son courage rendaient plus comparable à nos hommes qu'aux Grecs. Son habileté et sa valeur bien connues l'avaient fait choisir par les Rhodiens pour être à la tête de la flotte. Il s'aperçut de l'hésitation de César : « Tu me parais craindre, dit-il, qu'en entrant le premier dans ces passages, tu ne sois obligé de combattre avant d'avoir pu déployer toute ta flotte. Confie-nous ce soin; nous soutiendrons le combat sans tromper ton attente, jusqu'à ce que le reste des vaisseaux soit passé. Nous aurions trop de honte et de douleur à voir plus longtemps ces gens-là nous braver en face. » César, après l'avoir encouragé et comblé d'éloges, donne le signal du combat. Quatre vaisseaux rhodiens s'avancent par-delà le détroit; les Alexandrins les enveloppent et se précipitent sur eux. Les nôtres soutiennent le choc et, par une manœuvre habile, se dégagent; et ils y mettent tant d'adresse que, malgré l'iné-

---

necessitati serviebant, et in ipso portu confligendum videbant. Itaque paucis diebus, contra omnium opinionem, quadriremes XXII, quinqueremes V confecerunt. Ad has minores apertasque complures adjecerunt, et in portu periclitati remigio, quid quæque earum efficere posset, idoneos milites imposuerunt, seque ad confligendum omnibus rebus paraverunt. Cæsar Rhodias naves IX habebat (nam, X missis, una in cursu littore Ægyptio defecerat), Ponticas VIII, Lycias V, ex Asia XII. Ex his quinqueremes V erant, et quadriremes X : reliquæ infra hanc magnitudinem, et pleræque apertæ. Tamen virtute militum confisus, cognitis hostium copiis, se ad dimicandum parabat.

XIV. Postquam eo ventum est, ut sibi uterque eorum confideret; Cæsar Pharon classe circumvehitur, adversasque naves hostibus constituit; in dextro cornu Rhodias collocat, in sinistro Ponticas. Inter has spatium CD passuum reliquit, quod satis esse ad explicandas naves videbatur. Post hunc ordinem reliquas naves subsidio distribuit : quæ quamque earum sequatur, et cui subveniat, constitute atque imperat. Non dubitanter Alexandrini classem producunt atque instruunt : in fronte collocant XXII; reliquas subsidiarias in secundo ordine constituunt. Magnum præterea numerum minorum navigiorum et scapharum producunt cum malleolis ignibusque, si quid ipsa multitudo, et clamor, et flamma, nostris terrori afferre possent. Erant inter duas classes vada transitu angusto, quæ pertinent ad regionem Africæ (sic enim prædicant, partem esse Alexandriæ dimidiam Africæ) : satisque diu inter ipsos est exspectatum, ab utris transeundi fieret initium; propterea quod, eis qui intrassent, et ad explicandam classem, et ad receptum, si durior accidisset casus, impeditiores fore videbantur.

XV. Rhodiis navibus præerat Euphranor, animi magnitudine ac virtute magis cum nostris hominibus, quam cum Græcis, comparandus. Hic ob notissimam scientiam, atque animi magnitudinem, delectus est ab Rhodiis, qui imperium classis obtineret. Qui, ubi Cæsaris animum advertit, « Videris mihi, inquit, Cæsar, vereri, si hæc vada primis navibus intraveris, ne prius dimicare cogaris, quam reliquam classem possis explicare. Nobis rem committe : nos prælium sustinebimus (neque tuum judicium fallemus), dum reliqui subsequantur. Hos quidem diutius in nostro conspectu gloriari, magno nobis et dedecori et dolori est. » Cæsar illum adhortatus, atque omnibus laudibus prosecutus, dat signum pugnæ. Progressis ultra vadum IV Rhodias naves circumsistunt Alexandrini, atque in eas impetum faciunt. Sustinent illi atque arte sollertiaque se explicant : ac tantum doctrina potuit, ut in dispari numero nulla transversa hosti obji

galité du nombre, aucun n'expose le flanc, aucun ne perd ses rames, mais que tous présentent toujours la proue à l'ennemi. Cependant le reste de la flotte avait suivi. Alors, l'espace étant trop étroit pour s'étendre, il fallut nécessairement renoncer à l'art, et le succès du combat ne dépendit plus que de la valeur. Il n'y eut en ce moment ni habitant d'Alexandrie ni soldat de nos troupes qui songeât ou à l'attaque ou aux travaux de défense ; tous montaient sur les toits et sur les lieux les plus élevés, d'où ils pouvaient apercevoir le théâtre du combat, et chacun, par ses vœux et ses prières, demandait pour les siens la victoire aux dieux immortels.

XVI. Au reste, les chances du combat n'étaient pas égales. Pour nous, une défaite nous enlevait tout asile sur terre et sur mer, et une victoire ne décidait rien : eux, au contraire, vainqueurs ils avaient tout, et vaincus ils pouvaient tenter encore la fortune. C'était d'ailleurs quelque chose de bien sérieux et de bien triste de voir les plus graves intérêts et le salut de tous remis aux mains d'un petit nombre : que l'un d'eux vînt à manquer de constance ou de courage, il compromettait le reste de l'armée, qui n'aurait pu combattre pour elle-même. C'est ce que César, les jours précédents, avait souvent répété à ses soldats, afin qu'ils se conduisissent d'autant plus bravement qu'ils allaient avoir entre leurs mains le salut commun. Chacun en avait dit autant à ses camarades, à ses amis, à ses proches, avant leur départ, les conjurant de ne pas tromper l'attente de ceux qui les avaient choisis pour prendre part à ce combat. Aussi se comportèrent-ils si vaillamment que l'art et l'adresse des ennemis, habitués à la navigation et à la mer, ne leur fut d'aucun secours, que le nombre de leurs vaisseaux, très-supérieur à celui des nôtres, ne leur servit de rien, et que l'élite de leurs combattants, choisis sur une si grande multitude, ne put égaler nos troupes en courage. On leur prit dans ce combat une galère à cinq rangs et une à deux rangs, avec tous les soldats et les matelots ; trois furent coulées à fond, sans qu'aucun de nos vaisseaux eût été endommagé. Le reste de leurs navires s'enfuit vers la ville, où, des môles et des édifices qui nous dominaient, on les défendit si bien qu'il nous fut impossible de les atteindre.

XVII. César, voulant empêcher que pareille chose ne se renouvelât, crut devoir mettre tout en œuvre pour s'emparer de l'île et de la jetée qui y conduisait ; car, les fortifications étant en grande partie achevées, il se flattait qu'il pourrait attaquer en même temps l'île et la ville. Cette résolution prise, il met sur des barques et des chaloupes dix cohortes, l'élite de son infanterie légère, et ceux des cavaliers gaulois qui lui parurent les plus propres à son dessein : puis, pour faire diversion, il fit attaquer par ses galères l'autre côté de l'île, promettant de grandes récompenses à celui qui s'en rendrait maître le premier. D'abord les ennemis soutinrent notre attaque avec un courage égal au nôtre ; ils combattaient à la fois du haut des toits des maisons et de dessus le

---

ceretur, nullius remi detergerentur, sed semper venientibus adversæ occurrerent. Interim sunt reliquæ subsecutæ. Tum necessario discessum ab arte est, propter angustias loci, atque omne certamen in virtute constitit. Neque vero Alexandriæ fuit quisquam, aut nostrorum aut oppidanorum, qui aut in opere, aut in oppugnatione occupatum animum haberet, quin altissima tecta peteret, atque ex omni prospectu locum spectaculo caperet, precibusque et voto victoriam suis ab Diis immortalibus exposceret.

XVI. Minime autem par erat prælii certamen. Nostris enim prorsus neque terra neque mari effugium dabatur victis, omniaque victoribus erant futura in incerto : illi si superassent navibus, omnia tenerent ; si inferiores fuissent, reliquam tamen fortunam periclitarentur. Simul illud grave ac miserum videbatur, perpaucos de summa rerum ac de salute omnium decertare : quorum si quis aut animo aut virtute cessisset, reliquis etiam esset cavendum, quibus pro se pugnandi facultas non fuisset. Hæc superioribus diebus sæpenumero Cæsar suis exposuerat, ut hoc majori animo contenderent, quod omnium salutem sibi commendatam viderent. Eadem suum quisque contubernalem, amicum, notum prosequens erat obtestatus, ne suam atque omnium falleret opinionem, quorum judicio delectus ad pugnam proficisceretur. Itaque hoc animo est decertatum, ut neque maritimis nauticisque sollertia atque ars præsidium ferret ; neque numero navium præstantibus multitudo prodesset, neque electi ac virtute ex tanta multitudine hostium viri virtuti nostrorum possent adæquari. Capitur hoc prælio quinqueremis una et biremis cum defensoribus remigibusque, et deprimuntur tres, nostris incolumibus omnibus : reliquæ propinquam fugam ad oppidum capiunt, quas protexerunt ex molibus atque ædificiis imminentibus, et nostros adire propius prohibuerunt.

XVII. Hoc ne sibi sæpius accidere posset, omni ratione Cæsar contendendum existimavit, ut insulam, molemque ad insulam pertinentem, in suam redigeret potestatem : perfectis enim magna ex parte munitionibus in oppido, et illam et urbem uno tempore tentari posse confidebat. Quo capto consilio, cohortes X, et levis armaturæ electos, quos idoneos ex equitibus Gallis arbitrabatur, in navigia minora scaphasque imponit : inde alteram insulæ partem distinendæ manus causa constratis navibus aggreditur, præmiis magnis propositis, qui primus insulam cepisset. Ac primo impetum nostrorum pariter sustinuerunt : uno enim tempore et ex tectis ædificiorum propugnabant, et littora armati defendebant ; quo propter asperitatem loci non facilis nostris aditus dabatur ; et scaphis navibusque longis V mobiliter et scienter angustias loci tuebantur.

rivage, dont nos gens avaient de la peine à approcher à cause de l'escarpement de la côte; et ils défendaient l'étroite entrée du havre avec des esquifs et cinq vaisseaux longs qu'ils manœuvraient avec adresse. Mais lorsqu'après avoir reconnu les lieux et sondé les gués, quelques-uns des nôtres eurent pris terre et eurent été suivis par d'autres, et que tous ensemble ils attaquèrent avec vigueur ceux des ennemis qui se tenaient sur le rivage, tous ceux du Phare tournèrent le dos, abandonnèrent la garde du port, et, s'étant approchés du rivage et du bourg, sortirent des vaisseaux pour défendre les maisons.

XVIII. Mais ils ne purent tenir longtemps dans leurs fortifications, quoique, toute proportion gardée, leurs maisons fussent à peu près dans le genre de celles d'Alexandrie; que leurs hautes tours, qui se touchaient, leur tinssent lieu de rempart, et que les nôtres n'eussent ni échelles, ni claies, ni rien de ce qu'il faut pour un siége: mais la peur ôte le jugement et les forces, comme il arriva alors. Ces mêmes hommes, qui prétendaient nous résister sur un terrain égal et uni, consternés de la fuite de leurs concitoyens et de la mort d'un petit nombre, n'osèrent nous attendre dans des maisons hautes de trente pieds; ils se précipitèrent du haut de la digue dans la mer, et gagnèrent, à la nage, la ville qui était à huit cents pas de distance. Cependant beaucoup d'entre eux furent tués ou pris; le nombre des prisonniers s'éleva à six cents.

XIX. César, ayant accordé le butin aux soldats, abandonna les maisons au pillage, fortifia le château bâti en face du pont le plus voisin du Phare, et y mit une garde: les habitants du Phare l'avaient évacué. L'autre pont, mieux fortifié et plus rapproché de la ville était défendu par les Alexandrins. Mais le lendemain, César l'attaqua de la même manière, comptant qu'une fois maître de ces deux postes, il pourrait interdire aux ennemis toute excursion maritime et empêcher leurs brigandages soudains. Déjà, de dessus les vaisseaux, avec les machines et les flèches, il les avait chassés du pont et repoussés dans la ville; trois cohortes environ avaient été débarquées, le lieu étant trop étroit pour en contenir davantage: le reste de ses troupes était resté à bord. César donna l'ordre de fortifier le pont du côté de l'ennemi et de combler avec des pierres l'arche par où passaient les vaisseaux. Ce dernier ouvrage achevé, aucune chaloupe ne pouvait plus sortir. A l'égard du premier, à peine l'eut-on commencé, que toutes les troupes des Alexandrins s'élancèrent hors de la ville, et vinrent se placer dans un endroit spacieux, en face des retranchements du pont. En même temps ils firent approcher vers la digue les brûlots qu'ils avaient coutume de lancer par les ponts pour mettre le feu à nos vaisseaux de charge. Nos soldats combattaient du haut du pont et de la digue; l'ennemi, de la place en face du pont, et des vaisseaux près de la digue.

XX. Tandis que César, ainsi occupé, exhortait les soldats, un grand nombre de nos rameurs et de nos matelots sortant des longs navires se jetèrent sur la digue. Chez les uns, c'était

---

Sed ubi, locis primum cognitis vadisque pertentatis, pauci nostri in littore constiterunt, atque hos sunt alii subsecuti, constanterque in eos, qui in littore æquo institerant, impetum fecerunt, omnes Pharitæ terga verterunt. His pulsis, custodia portus relicta, ad littora et vicum applicaverunt, seque ex navibus ad tuenda ædificia ejecerunt.

XVIII. Neque vero diutius ex munitione se continere potuerunt: etsi erat non dissimile, atque Alexandriæ, genus ædificiorum (ut minora majoribus conferantur), turresque editæ et conjunctæ muri locum obtinebant: neque nostri aut scalis, aut cratibus, aut reliquis rebus parati venerant ad oppugnandum. Sed terror hominuum mentem consiliumque eripit, et membra debilitat, ut tunc accidit. Qui se in æquo loco ac plano pares esse confidebant, iidem, perterriti fuga suorum et cæde paucorum, XXX pedum altitudine in ædificiis consistere ausi non sunt, seque per molem in mare præcipitaverunt, et DCCC passuum intervallo ad oppidum enataverunt. Multi tamen ex his capti interfectique sunt, sed numerus captivorum omnino fuit DC.

XIX. Cæsar, præda militibus concessa, ædificia diripi jussit castellumque ad pontem, qui propior erat Pharo, communivit, atque ibi præsidium posuit. Hunc fuga Pharitæ reliquerant; fortiorem illum propioremque oppido Alexandrini tuebantur. Sed cum postero die simili ratione aggreditur, quod, his obtentis duobus, omnem navigiorum excursum et repentina latrocinia sublatum iri videbatur. Jamque eos, qui præsidio eum locum tenebant, tormentis ex navibus sagittisque depulerat, atque in oppidum redegerat; et cohortium trium instar in terram exposuerat; non enim plures consistere angustiæ loci patiebantur: reliquæ copiæ in navibus stationem obtinebant. Quo facto imperat, pontem adversus hostem prævallari, et, qua exitus navibus erat, fornice exstructo, quo pons sustinebatur, lapidibus oppleri atque obstrui: quorum altero opere effecto, ut nulla omnino scapha egredi posset, altero instituto, omnes Alexandrinorum copiæ ex oppido se ejecerunt, et contra munitiones pontis latiore loco constiterunt; eodemque tempore, quæ consueverant navigia per pontes ad incendia onerariarum emittere, ad molem constituerunt. Pugnabatur a nostris ex ponte, ex mole: ab illis ex area, quæ erat adversus pontem, et ex navibus contra molem.

XX. In his rebus occupato Cæsare, militesque hortante, remigum magnus numerus et classiariorum ex longis navibus nostris in molem se ejecit. Pars eorum studio spectandi ferebatur, pars etiam cupiditate pugnandi.

curiosité, chez les autres désir de combattre. D'abord ils écartèrent de la digue les vaisseaux ennemis à coups de pierres et de frondes, et il sembla que la multitude de leurs traits produisait beaucoup d'effet. Mais quelques Alexandrins qui avaient osé sortir de leurs vaisseaux les ayant pris en flanc, de même qu'ils s'étaient avancés sans raison, ils commencèrent à fuir à la hâte vers leurs vaisseaux sans suivre leurs enseignes ni garder de rang. Enhardis par leur fuite, les Alexandrins sortirent en plus grand nombre et pressèrent plus vivement nos gens effrayés. En même temps ceux de nos soldats qui étaient restés sur les galères retiraient les échelles et se hâtaient de gagner le large dans la crainte de tomber au pouvoir des ennemis. Troublés par tout ce désordre, les soldats de nos trois cohortes qui étaient placés à la tête de la digue et du pont, entendant derrière eux de grands cris, voyant la fuite des leurs, et accablés d'ailleurs d'une grêle de traits, craignirent d'être enveloppés et de perdre tout moyen de retraite si nos vaisseaux s'éloignaient; ils abandonnèrent les fortifications commencées à la tête du pont, et coururent de toutes leurs forces vers les vaisseaux. Les uns, ayant gagné les plus proches, les firent couler à fond par leur nombre et leur poids; les autres, qui tenaient bon, incertains du parti qu'il fallait prendre, furent tués par les Alexandrins; quelques-uns, plus heureux, ayant pu atteindre les vaisseaux qui étaient à l'ancre, se sauvèrent sains et saufs; un petit nombre se débarrassant de leurs boucliers et résolus à tout risquer, gagnèrent à la nage les vaisseaux voisins.

XXI. César, en exhortant les siens de tout son pouvoir à tenir ferme sur le pont et aux retranchements, courut le même danger. Quand il les vit tous plier il se retira sur sa galère. Mais comme beaucoup de monde s'y précipitait après lui, et que cette foule empêchait de manœuvrer et de s'éloigner de terre, prévoyant ce qui allait arriver, il se jeta à la mer et gagna à la nage les vaisseaux qui étaient restés plus loin. De là il envoya des chaloupes au secours des siens et en sauva plusieurs. Mais pour ce qui est de sa galère, trop chargée, elle s'enfonça et périt avec tous ceux qui étaient dessus. Nous perdîmes dans ce combat environ quatre cents légionnaires et un peu plus de rameurs et de matelots. Les Alexandrins, aussitôt après, fortifièrent le château par des ouvrages considérables et par toutes sortes de machines, et, déblayant l'arche que nous avions comblée, ils assurèrent un libre passage à leurs vaisseaux.

XXII. Nos soldats, loin de se laisser abattre par cet échec, n'en furent que plus ardents et plus animés, et redoublèrent d'efforts pour enlever les retranchements de l'ennemi; et dans les combats journaliers qu'amenait le hasard, si les Alexandrins faisaient quelque sortie (5)....... Rien n'égalait le zèle de nos soldats. C'était au point que les proclamations de César étaient au-dessous de l'ardeur que les légions montraient pour travailler ou pour se battre, et qu'on avait plus de peine à les contenir et à les détourner des actions

---

Hi primum navigia hostium lapidibus ac fundis a mole repellebant, ac multum proficere multitudine telorum videbantur. Sed postquam ultra eum locum, ab latere eorum aperto, ausi sunt egredi ex navibus Alexandrini pauci, ut sine signis certisque ordinibus, sine ratione prodierant, sic temere in naves refugere cœperunt. Quorum fuga incitati Alexandrini plures ex navibus egrediebantur, nostrosque acrius perturbatos insequebantur. Simul, qui in navibus longis remanserant, scalas rapere, navesque a terra repellere properabant, ne hostes navibus potirentur. Quibus omnibus rebus perturbati milites nostri cohortium trium, quæ in ponte ac prima mole constiterant, quum post se clamorem exaudirent, fugam suorum viderent, magnam vim telorum adversi sustinerent, veriti ne ab tergo circumvenirentur, et discessu navium omnino reditu intercluderentur, munitionem in pontem institutam reliquerunt, et magno cursu incitati ad naves contenderunt. Quorum pars, proximas nacta naves, multitudine hominum atque onere depressa est; pars resistens et dubitans, quid esset capiendum consilii, ab Alexandrinis interfecta est: nonnulli feliciore exitu, expeditas ad ancoram naves consecuti, incolumes discesserunt; pauci adlevati scutis, et animo ad conandum nixi, ad proxima navigia aduatarunt.

XXI. Cæsar, quoad potuit, cohortando suos ad pontem et munitiones contendere, eodem in periculo versatus est. Postquam universos cedere animadvertit, in suum navigium se recepit. Quo multitudo hominum insecuta quum irrumperet, neque administrandi, neque repellendi a terra facultas daretur : fore, quod accidit, suspicatus, sese ex navigio ejecit, atque ad eas, quæ longius constiterant, naves adnatavit. Hinc suis laborantibus subsidio scaphas mittens, nonnullos conservavit : navigium quidem ejus, multitudine depressum militum, una cum hominibus interiit. Hoc prælio desiderati sunt ex numero legionariorum militum circiter CD, et paullo ultra eum numerum classiarii et remiges. Alexandrini eo loco castellum magnis munitionibus multisque tormentis confirmaverunt, atque, egestis ex mari lapidibus, libere sunt usi postea ad mittenda navigia.

XXII. Hoc detrimento milites nostri tantum abfuerunt ut perturbarentur, ut incensi potius atque incitati magnas accessiones fecerint in operibus hostium expugnandis, in præliis quotidianis, quandocumque fors obtulerat, procurrentibus et erumpentibus Alexandrinis...... manum comprehendi multum operibus, et ardentibus studiis militum : nec divulgata Cæsaris cohortatio subsequi legionum aut laborem, aut pugnandi poterat cupiditatem : ut magis deterrendi et continendi a periculosissimis essent dimicationibus, quam incitandi ad pugnandum.

les plus périlleuses, qu'à les animer au combat.

XXIII. Les Alexandrins voyant que les Romains ne se laissaient pas amollir par le succès, et que les revers ne servaient qu'à les exciter; n'espérant pas retrouver une occasion plus favorable que les deux précédentes; agissant, à ce qu'il est permis de supposer, soit d'après le conseil des partisans du roi qui étaient auprès de César, soit d'après leur propre pensée qu'ils avaient communiquée au roi par des envoyés secrets et qui avait obtenu son approbation, députèrent vers César pour lui demander de laisser aller leur roi et de le rendre à ses sujets : ajoutant que toute la nation, fatiguée du gouvernement d'une jeune fille qui n'avait qu'une autorité précaire, et de la cruelle domination de Ganymède, était disposée à se soumettre aux ordres du roi ; et que s'il leur conseillait de donner à César leur foi et leur dévouement, aucune crainte ne serait capable de les empêcher de se rendre à lui.

XXIV. César ne connaissait que trop cette nation perfide, toujours habile à feindre les sentiments qu'elle n'a pas; cependant il jugea à propos de céder à leur demande, persuadé que s'ils pensaient véritablement ce qu'ils disaient, le prince, après son départ, demeurerait fidèle; ou que si, comme cela était plus conforme à leur naturel, ils ne voulaient un roi que pour en faire leur chef dans cette guerre, il y aurait pour lui plus de gloire et d'honneur à avoir affaire à un roi qu'à un ramas d'aventuriers et d'esclaves. Ainsi, après avoir exhorté ce jeune prince à bien ménager le royaume de ses pères; à sauver sa belle patrie que ravageaient le fer et la flamme; à ramener ses sujets à la raison et à les maintenir dans de sages sentimens; enfin à rester fidèle au peuple romain et à César qui avait en lui une telle confiance qu'il le rendait à ses ennemis armés : tenant dans sa main la main du jeune roi qui était déjà grand, il voulut prendre congé de lui. Mais le roi, savant dans l'art de feindre, pour ne pas dégénérer du caractère de sa nation, commença par prier César, en pleurant, de ne pas le renvoyer : « Il lui serait moins doux, disait-il, de régner que de jouir de la présence de César. » Après avoir essuyé les larmes du jeune homme, César, ému lui-même, l'assura que s'il était sincère, ils seraient bientôt réunis, et le renvoya vers les siens. Mais ce prince, comme échappé de prison, dès qu'il fut en liberté, se mit à faire à César une guerre furieuse, de telle sorte qu'on pouvait croire que les larmes qu'il avait versées dans cette entrevue étaient des larmes de joie. Plusieurs, parmi les lieutenants, les amis, les centurions, et les soldats de César, n'étaient pas fâchés de ce qui arrivait, prétendant qu'avec son excessive bonté il avait été la dupe d'un enfant; comme si dans cette occasion César eût agi par pure bonté et non dans des vues pleines de prudence.

XXV. Les Alexandrins s'étaient aperçus qu'en se donnant un chef, ils n'en étaient pas devenus plus forts ni les Romains plus faibles. Ils virent avec un vif chagrin que les troupes méprisaient la jeunesse et l'incapacité de leur roi, et que tous leurs desseins échouaient. Le bruit s'étant répandu que l'on amenait à César de grands secours de Syrie et de Cilicie (ce dont César

---

XXIII. Alexandrini, quum Romanos et secundis rebus confirmari, et adversis incitari viderent, neque ullum belli tertium casum nossent, quo possent esse firmiores, ut conjectura consequi possumus, aut admoniti a regis amicis, qui in Cæsaris erant præsidiis, aut suo priore consilio per occultos nuntios regis probato, legatos ad Cæsarem miserunt, « ut dimitteret regem, transireque ad suos pateretur: paratam enim omnem multitudinem esse, confectam tædio puellæ, fiduciario regno, dominatione crudelissima Ganymedis, facere id, quod rex imperasset : quo si auctore in Cæsaris fidem amicitiamque venturi essent, nullius periculi timorem multitudini fore impedimento, quo minus se dederent. »

XXIV. Cæsar, etsi fallacem gentem, semperque alia cogitantem, alia simulantem, bene cognitam habebat; tamen petentibus dare veniam utile esse statuit : quod, si quo pacto sentirent ea, quæ postularent, mansurum in fide dimissum regem credebat; sin, id quod magis illorum naturæ conveniebat, ducem ad bellum gerendum regem habere vellent, splendidius atque honestius sese contra regem, quam contra convenarum ac fugitivorum manum, bellum esse gesturum. Itaque regem cohortatus, « ut consuleret regno paterno, parceret præclarissimæ patriæ, quæ turpissimis incendiis et ruinis esset deformata, cives suos primum ad sanitatem revocaret, deinde conservaret, fidem populo romano sibique præstaret; quum ipse tantum ei crederet, ut ad hostes armatos eum mitteret; » dextra dextram tenens, dimittere cœpit adulta jam ætate puerum. At regius animus, disciplinis fallacissimis eruditus, ne a gentis suæ moribus degeneraret, flens orare contra Cæsarem cœpit, « ne se dimitteret : non enim regnum ipsum sibi conspectu Cæsaris esse jucundius. » Compressis pueri lacrymis, Cæsar ipse commotus, celeriter, si illa sentiret, fore eum secum affirmans, ad suos dimisit. Ille, ut ex carceribus in liberum cursum emissus, adeo contra Cæsarem acriter bellum gerere cœpit, ut lacrymas, quas in colloquio projecerat, gaudio videretur profudisse. Accidisse hoc complures Cæsaris legati, amici, centuriones, militesque lætabantur, quod nimia bonitas ejus fallaciis pueri elusa esset : quasi vero id Cæsar bonitate tantum adductus, ac non prudentissimo consilio fecisset.

XXV. Quum, duce assumpto, Alexandrini nihilo se firmiores factos, aut languidiores Romanos animadverterent; eludentibusque militibus regis ætatem atque infirmitatem, magnum dolorem acciperent; neque se quidquam proficere viderent; rumoresque exsisterent, magna Cæsari præsidia terrestri itinere Syria Ciliciaque adduci

lui-même n'avait pas encore été informé), ils résolurent d'intercepter les convois qui nous venaient par mer. A cet effet, ayant fait partir des vaisseaux, et mis plusieurs navires en embuscade vers Canope (6), ils se préparaient à surprendre nos convois. Dès que César en est instruit, il fait armer et partir sa flotte sous la conduite de Tibérius Néron. Elle est accompagnée des vaisseaux rhodiens, commandés par Euphranor, sans lequel il ne s'était donné aucun combat naval, et avec qui nous avions toujours été heureux. Mais la Fortune, qui d'ordinaire réserve les plus grandes disgrâces à ceux qu'elle a le plus favorisés, avait changé tout à coup, et était devenue contraire à Euphranor. En effet, lorsque nous fûmes arrivés à Canope, et que les deux flottes eurent engagé le combat, Euphranor, qui, selon sa coutume, était entré le premier dans l'action, et qui avait percé et coulé à fond une trirème, en poursuivit trop loin une autre qui était près de celle-là; mais le reste de la flotte n'ayant pas été assez prompt à le suivre, il fut enveloppé par les Alexandrins. Personne ne lui porta secours, soit que l'on eût trop de confiance en son courage et en son bonheur, soit que chacun craignît pour soi. Ainsi il se distingua seul dans ce combat, et seul y périt avec sa galère victorieuse.

XXVI. Vers ce même temps, Mithridate de Pergame, homme d'une haute naissance, distingué par ses talents militaires et sa bravoure, et cher à César pour sa constante fidélité, envoyé, dès le commencement de la guerre d'Alexandrie, en Syrie et en Cilicie, afin d'y aller chercher des secours, revint par terre avec des troupes nombreuses, que sa diligence et l'affection des habitants de ce pays lui avaient fait rassembler en peu de temps. Il les amena à Péluse, qui joint l'Égypte à la Syrie. Achillas avait mis une forte garnison dans cette place, dont il connaissait les avantages; car on ne peut entrer en Égypte du côté de la mer que par le Phare, et du côté de la terre que par Péluse; en sorte que ces deux postes sont comme les clefs du royaume. Mithridate l'investit tout à coup avec des forces considérables; et, malgré la résistance opiniâtre des habitants, grâce au grand nombre de ses troupes, qui lui permettait d'en envoyer de fraîches relever celles qui étaient fatiguées ou blessées, et aussi à force de persévérance et de fermeté, il emporta cette place le même jour qu'il l'avait attaquée, et y mit garnison. Après ce succès, il marcha sur Alexandrie pour joindre César, et, par cette autorité qui d'ordinaire accompagne le vainqueur, il soumit toute la contrée qu'il traversa et l'obligea à se déclarer pour César.

XXVII. A peu de distance d'Alexandrie, est une des contrées les plus célèbres de l'Égypte, qu'on appelle le Delta, à cause de sa ressemblance avec la lettre grecque de ce nom. De ce côté en effet, le Nil, quittant sa rive d'une façon merveilleuse pour se partager peu à peu en deux branches qui vont toujours s'élargissant, tombe dans la mer en deux endroits fort éloignés l'un de l'autre. Le roi, informé de l'approche de Mithridate, et sachant qu'il devait passer ce fleuve, envoya contre lui de nombreuses troupes qu'il croyait suffisantes

---

quod nondum Cæsari auditum erat); commeatum, qui nostris mari supportabatur, intercipere statuerunt. Itaque, expeditis navigiis, locis idoneis ad Canopum in statione dispositis navibus, insidiabantur nostris commeatibus. Quod ubi Cæsari nuntiatum est, classem jubet expediri atque instrui. Præficit huic Tib. Neronem. Proficiscuntur in ea classe Rhodiæ naves, atque in his Euphranor, sine quo nulla unquam dimicatio maritima, nulla etiam parum feliciter confecta erat. At fortuna, quæ plerumque eos, quos plurimis beneficiis ornavit, ad duriorem casum reservat, superiorum temporum dissimilis, Euphranorem prosequebatur. Nam, quum ad Canopum ventum esset, instructaque utrimque classis conflixisset, et sua consuetudine Euphranor primus prælium commisisset, et illic triremem hostium perforasset, ac demersisset; proximam longius insecutus, parum celeriter insequentibus reliquis, circumventus ab Alexandrinis est. Cui subsidium nemo tulit, sive quod in ipso satis præsidii pro virtute ac felicitate ejus putarent esse, sive quod ipsi sibi timebant. Itaque unus ex omnibus eo prælio bene rem gessit, solus cum sua quadriremi victrice periit.

XXVI. Sub idem tempus Mithridates Pergamenus, magnæ nobilitatis domi, scientiæque in bello et virtutis, fidei dignitatisque in amicitia Cæsaris, missus in Syriam Ciliciamque initio belli Alexandrini ad auxilia arcessenda, magnas copias (quas celeriter, et propensissima civitatum voluntate, et sua diligentia, confecerat) itinere pedestri, quo conjungitur Ægyptus Syriæ, Pelusium adducit : idque oppidum, firmo præsidio occupatum Achillæ propter opportunitatem loci (namque tota Ægyptus maritimo accessu Pharo, pedestri Pelusio, velut claustris, munita existimatur), repente magnis circumdatum copiis, multiplici præsidio pertinaciter propugnantibus, et copiarum magnitudine, quas integras vulneratis defessisque subjiciebat, et perseverantia constantiaque oppugnandi, quo die est aggressus, in suam redegit potestatem, præsidiumque ibi suum collocavit. Inde, re bene gesta, Alexandriam ad Cæsarem contendit, omnesque eas regiones, per quas iter faciebat, auctoritate ea, quæ plerumque adest victori, pacarat, atque in amicitiam Cæsaris redegerat.

XXVII. Locus est fere regionum illarum nobilissimus, non ita longe ab Alexandria, qui nominatur Delta, quod nomen a similitudine litteræ cepit : nam pars quædam fluminis Nili, mire derivata sui, duobus itineribus paulatim medium inter se spatium relinquens, diversissimo ad littus intervallo mari conjungitur. Cui loco quum appropinquare Mithridaten rex cognovisset, et trans-

pour vaincre et détruire Mithridate, ou tout au moins pour l'arrêter. Or, bien qu'il désirât le vaincre, il lui suffisait de l'empêcher de joindre César. Les premières troupes qui purent passer le fleuve et rencontrer Mithridate, se hâtèrent de l'attaquer pour ne pas avoir à partager avec les autres l'honneur de la victoire. Mithridate, qui avait eu la prudence de se retrancher selon notre coutume, soutint leur choc; ensuite, quand il les vit approcher des retranchements sans précaution et sans ordre, il fit une sortie générale, et en tua un grand nombre. Et si la connaissance des lieux, ou les vaisseaux sur lesquels ils avaient passé le fleuve, n'eussent sauvé les autres, ils auraient été complétement détruits. Toutefois, remis un peu de leur frayeur, ils se réunirent aux troupes qui les suivaient, et revinrent attaquer Mithridate.

XXVIII. Mithridate envoie avertir César de ce qui s'est passé; Ptolémée en est également instruit par les siens. L'un et l'autre partent à peu près en même temps; le roi, pour accabler Mithridate; César, pour le soutenir. Le roi abrégea sa route en s'embarquant sur le Nil, où il avait une grosse flotte toute prête. César ne voulut pas prendre la même route, dans la crainte d'avoir à combattre sur le fleuve; mais, prenant un détour par mer le long de cette côte que l'on dit faire partie de l'Afrique, comme nous l'avons remarqué plus haut, il parut à la vue des troupes royales, avant qu'elles n'eussent commencé l'attaque, et joignit Mithridate vainqueur, et son armée intacte. Le roi avait établi son camp sur une hauteur fortifiée par la nature, qui dominait la plaine de toutes parts, et était couverte de trois côtés par différentes sortes de défense. L'un de ces côtés était appuyé au Nil; l'autre formait la partie la plus élevée de la hauteur ; le troisième était bordé par un marais.

XXIX. Entre le camp du roi, et le chemin suivi par César, coulait une rivière étroite, mais aux bords escarpés, qui se déchargeait dans le Nil. Elle était éloignée du camp royal, d'environ sept mille pas. Quand le roi eut appris que César venait de ce côté, il envoya toute sa cavalerie et l'élite de son infanterie légère, pour l'empêcher de passer la rivière, et l'attaquer de la rive avec avantage; car, dans cette situation, le courage ne servait de rien et la lâcheté n'avait rien à craindre. Mais nos soldats, cavaliers et fantassins, étaient désespérés de voir les Alexandrins oser tenir si longtemps devant eux. C'est pourquoi les cavaliers Germains, qui étaient allés çà et là chercher un gué, passèrent la rivière à un endroit où les bords en étaient moins escarpés; et en même temps les légionnaires, après avoir abattu de grands arbres, qu'ils jetèrent d'un bord à l'autre, en les couvrant de terre à la hâte, atteignirent la rive qu'occupaient les ennemis. Ceux-ci craignirent si fort leur attaque, qu'ils cherchèrent leur salut dans la fuite : mais ce fut inutilement ; car peu de fuyards purent gagner le camp du roi; presque tout le reste fut tué.

cundum ei flumen sciret, magnas adversus eum copias misit, quibus vel superari delerique Mithridaten, vel sine dubio retineri posse credebat. Quemadmodum autem optabat eum vinci, sic satis habebat, interclusum a Cæsare a se retineri. Quæ primæ copiæ flumen a Delta transire, et Mithridati occurrere potuerunt, prælium commiserunt, festinantes præripere subsequentibus victoriæ societatem : quorum impetum Mithridates magna cum prudentia, consuetudine nostra castris vallatis, sustinuit. Quum vero incaute atque insolenter succedere eos munitionibus videret, eruptione undique facta, magnum numerum eorum interfecit. Quod nisi locorum notitia reliqui se texissent, partimque in naves, quibus flumen transierant, recepissent, funditus deleti essent. Qui ut paullulum ab illo timore se recrearunt, adjunctis iis, qui subsequebantur, rursus oppugnare Mithridaten cœperunt.

XXVIII. Mittitur a Mithridate nuntius Cæsari, qui rem gestam perferret : cognoscit ex suis eadem hæc accidisse rex. Ita pene sub idem tempus, et rex ad opprimendum Mithridaten proficiscitur, et Cæsar ad recipiendum. Celeriore fluminis Nili navigatione rex est usus, in quo magnam et paratam classem habebat. Cæsar eodem itinere uti noluit, ne navibus in flumine dimicaret : sed circumvectus eo mari, quod Africæ partis esse dicitur, siculi supra demonstravimus, prius tamen regis copiis occurrit, quam is Mithridaten aggredi posset, eumque ad se victorem incolumi exercitu recepit. Consederat cum copiis rex loco natura munito, quod erat ipse excelsior, planitie ex omnibus partibus subjecta, tribus autem ex lateribus variis genere munitionibus tegebatur. Unum latus erat adjectum flumini Nilo; alterum editissimo loco ductum, ut partem castrorum obtineret; tertium palude cingebatur.

XXIX. Inter castra regis et Cæsaris iter flumen intercedebat angustum, altissimis ripis, quod in Nilum influebat; aberat autem ab regis castris millia passuum circiter septem. Rex quum hoc itinere venire Cæsarem comperisset, equitatum omnem expeditosque delectos pedites ad id flumen misit, qui transitu Cæsarem prohiberent, et eminus ex ripis prælium impar inirent : nullum enim processum virtus habebat, aut periculum ignavia subibat. Quæ res incendit dolore milites equitesque nostros, quod tamdiu pari prœlio cum Alexandrinis certaretur. Itaque eodem tempore equites Germani, dispersi vada fluminis quærentes, partim demissioribus ripis flumen transnarunt ; et legionarii, magnis arboribus excisis, quæ longitudine utramque ripam contingerent, et projectis, repentinoque aggere injecto, flumen transierunt. Quorum impetum adeo pertimuerunt hostes, ut in fuga spem salutis collocarent : sed id frustra, namque ex fuga pauci ad regem refugerunt, pene omni reliqua multitudine interfecta.

XXX. César, après ce brillant succès, ne doutant pas que son arrivée subite ne répandit la terreur parmi les Alexandrins, marcha aussitôt en vainqueur sur le camp du roi. Mais le voyant entouré d'ouvrages considérables, bien fortifié par la nature, et défendu par des troupes nombreuses qui en bordaient les retranchements, il ne voulut pas exposer à cette attaque des soldats que la marche et le combat avait fatigués. Il campa donc à peu de distance de l'ennemi. Le jour suivant, il fit attaquer, par toutes ses troupes, un château que le roi avait fortifié dans un village voisin de son camp, et réuni à ce camp par une ligne de communication pour ne pas perdre le village; et il l'emporta. Ce n'est pas qu'il ne crût pouvoir réussir avec moins de monde; mais il voulait effrayer les Alexandrins par cette victoire et attaquer aussitôt le camp du roi. En conséquence, du même pas que nos soldats poursuivirent les Alexandrins fuyant du château au camp, ils arrivèrent aux retranchements et commencèrent à combattre de là avec ardeur. Ils ne pouvaient attaquer que par deux endroits, ou par la plaine dont l'accès était libre, ou par un espace de médiocre étendue qui séparait le camp du Nil. Les plus nombreuses et les meilleures troupes de l'ennemi défendaient le côté dont l'accès était le plus facile. Celles qui gardaient le côté du Nil pouvaient aisément nous repousser et nous blesser; car nous étions accablés, de front, par les traits des remparts; et à revers, du côté du fleuve, nous étions harcelés par de nombreux vaisseaux remplis d'archers et de frondeurs.

XXXI. César voyait que ses troupes ne pouvaient combattre avec plus de bravoure, et que pourtant elles faisaient peu de progrès à cause du désavantage du terrain. S'étant aperçu que la partie la plus élevée du camp ennemi était dégarnie de troupes, soit parce qu'elle se défendait d'elle-même, soit parce que les uns, par curiosité, les autres par le désir de combattre, l'avaient abandonnée pour courir au lieu où se passait l'action, il ordonna aux cohortes de tourner le camp et de gagner cette hauteur: il avait mis à leur tête Carfulénus, homme non moins distingué par son grand cœur, que par ses talents militaires. Dès qu'elles furent arrivées, comme elles trouvèrent peu de résistance et qu'elles combattirent avec vigueur, les Alexandrins, effrayés par les cris qui s'élevaient de divers points, et par cette attaque inopinée, se mirent à fuir partout le camp. Animés par ce désordre, les nôtres forcèrent presque en même temps tous les quartiers; déjà la hauteur avait été enlevée, et nos gens tombant de là sur les ennemis, en avaient fait un grand carnage. La plupart des Alexandrins, pour fuir le péril, se précipitèrent en foule du haut des remparts du côté qui joignait le fleuve. Les premiers, ayant été écrasés en grand nombre dans le fossé, facilitèrent la fuite des autres. Il est certain que le roi lui-même prit la fuite, et se jeta dans un vaisseau; mais la quantité de ceux qui gagnaient à la nage les navires les plus rapprochés,

---

XXX. Cæsar, re præclarissime gesta, quum subitum adventum suum judicaret magnum terrorem Alexandrinis injecturum, protinus victor ad castra regis pertendit. Hæc quum et opere magno vallata, et loci natura munita adverteret, confertamque armorum multitudinem collocatam in vallo videret, lassos itinere ac præliando milites ad oppugnanda castra succedere noluit. Itaque, non magno intervallo relicto ab hoste, castra posuit. Postero die castellum, quod rex in proximo vico non longe a suis castris muniverat, brachiisque cum opere castrorum conjunxerat, vici obtinendi causa, Cæsar aggressus omnibus copiis expugnat, non quo id minori numero militum consequi difficile factu putaret; sed ut ab ea victoria, perterritis Alexandrinis, protinus castra regis oppugnaret. Itaque eo cursu, quo refugientes Alexandrinos ex castello in castra sunt milites insecuti, munitionibus successerunt, acerrimeque eminus prælari cœperunt. Duabus ex partibus aditus oppugnationis nostris dabatur: una, quam liberum accessum habere demonstravi; altera, quæ mediocre intervallum inter castra et flumen Nilum habebat. Maxima et electissima Alexandrinorum multitudo defendebat eam partem, quæ facillimum aditum habebat. Plurimum autem proficiebant in repellendis vulnerandisque nostris, qui regione fluminis Nili propugnabant: diversis enim telis nostri figebantur, adversi ex vallo castrorum, aversi ex flumine, in quo multæ naves, instructæ funditoribus et sagittariis, nostros impugnabant.

XXXI. Cæsar, quum videret milites acrius præliari non posse, nec tamen multum profici propter locorum difficultatem, quumque animum adverteret excelsissimum locum castrorum relictum esse ab Alexandrinis, quod et per se munitus esset, et studio partim pugnandi, partim spectandi decucurrissent in eum locum, in quo pugnabatur, cohortes illo circuire castra, et summum locum aggredi jussit; iisque Carfulenum præfecit, et animi magnitudine et rei militaris scientia virum præstantem. Quo ut ventum est, paucis defendentibus munitionem, nostris contra militibus acerrime pugnantibus, diverso clamore et prælio perterriti Alexandrini, trepidantes in omnes partes castrorum discurrere cœperunt. Quorum perturbatione nostrorum animi adeo sunt incitati, ut pene eodem tempore ex omnibus partibus, primi tamen editissimum locum castrorum caperent: ex quo decurrentes magnam multitudinem hostium in castris interfecerunt. Quod periculum plerique Alexandrini fugientes, acervatim se de vallo præcipitaverunt in eam partem, quæ flumini erat adjuncta. Horum primis in ipsa fossa munitionis magna ruina oppressis, cæteri faciliorem fugam habuerunt. Constat fugisse ex castris regem ipsum, receptumque in navem, multitudine eorum qui ad proximas naves adnatabant, demerso navigio, periisse.

fit couler à fond ce vaisseau, et le roi périt (7).

XXXII. Après un si prompt et si heureux succès, César, comptant sur l'effet d'une pareille victoire, se rendit à Alexandrie avec sa cavalerie, par le plus court chemin de terre, et entra en vainqueur par le côté que l'ennemi occupait. Et il ne se trompa point dans l'idée qu'il eut, qu'après la nouvelle de ce combat, les ennemis ne penseraient plus à la guerre. Il recueillit à son arrivée le digne fruit de son courage et de sa grandeur d'âme; car tous les habitants ayant jeté leurs armes, abandonné leurs retranchements, pris des habits de suppliants comme font ceux qui veulent implorer la grâce du vainqueur, et précédés de ce qu'ils avaient de plus sacré, comme quand ils voulaient apaiser la juste colère de leurs rois, vinrent au devant de César, et se livrèrent entre ses mains. César, après avoir accepté leur soumission, et les avoir rassurés, se rendit à travers les retranchements ennemis dans les quartiers de ses troupes, lesquelles se réjouissaient non-seulement de sa victoire qui terminait la guerre, mais aussi de son heureux retour.

XXXIII. César, maitre de l'Égypte et d'Alexandrie, y établit pour rois ceux que Ptolémée avait désignés par son testament, en suppliant le peuple romain de n'y rien changer. En effet, le roi, qui était l'aîné des deux fils, étant mort, il donna la couronne au plus jeune et à l'aînée des filles, Cléopâtre, qui, fidèle au parti de César, n'avait point quitté le quartier qu'il occupait. A l'égard d'Arsinoë, la plus jeune, sous le nom de laquelle Ganymède, ainsi que nous l'avons rapporté, avait longtemps exercé une cruelle tyrannie, il résolut de la faire sortir du royaume, dans la crainte que les séditieux ne se servissent d'elle pour exciter de nouveaux troubles avant que l'autorité des deux rois eût eu le temps de s'affermir. Ne prenant avec lui que la sixième légion composée de vétérans, il laissa les autres en Égypte pour mieux assurer le pouvoir des rois que leur dévouement à César rendait peu agréables à leurs sujets, et qui, établis rois depuis si peu de jours, n'avaient pas encore ce prestige qui ne s'attache qu'à une autorité ancienne. Il pensait aussi qu'il était de notre dignité et de notre intérêt de les soutenir avec nos troupes s'ils demeuraient fidèles, ou de les réprimer avec ces mêmes troupes, s'ils étaient ingrats. Après avoir ainsi tout terminé et arrangé, César prit par terre le chemin de la Syrie.

XXXIV. Tandis que ces choses se passent en Égypte, le roi Déjotarus vient trouver Domitius Calvinus, à qui César avait donné le gouvernement de l'Asie et des provinces voisines, et le prie de ne pas permettre que Pharnace retienne et dévaste la petite Arménie, son royaume, et la Cappadoce, royaume d'Ariobarzane; représentant que si on ne les met à couvert de ces hostilités, il leur sera impossible d'exécuter les ordres de César et de fournir l'argent qu'ils ont promis. Domitius ne pensait pas seulement que cet argent était indispensable pour les frais de la guerre; il jugeait aussi qu'il serait honteux au peuple romain et à César, et déshonorant pour lui-même, que les états de rois nos alliés et nos amis fussent usurpés par un prince étranger. Il envoya donc sans retard des députés

---

XXXII. Re felicissime celerrimeque gesta, Cæsar magnæ victoriæ fiducia, proximo terrestri itinere Alexandriam cum equitibus contendit; atque ea parte oppidi victor introiit, quæ præsidio hostium tenebatur. Neque eum consilium suum fefellit, quin hostes, eo prælio audito, nihil jam de bello essent cogitaturi. Dignum adveniens fructum virtutis et animi magnitudinis tulit : omnis enim multitudo oppidanorum, armis projectis, munitionibusque suis relictis, veste ea sumpta, qua supplices dominantes deprecari consueverunt, sacrisque omnibus prælatis, quorum religione precari offensos iratosque animos regum erant soliti, advenienti Cæsari occurrerunt, seque ei dediderunt. Cæsar in fidem receptos consolatus, per hostium munitiones in suam partem oppidi magna gratulatione venit suorum, qui non tantum bellum ipsum ac dimicationem, sed etiam talem adventum ejus felicem fuisse lætabantur.

XXXIII. Cæsar, Ægypto atque Alexandria potitus, reges constituit, quos Ptolemæus testamento scripserat, atque obtestatus erat populum Romanum, ne mutarentur. Nam, majore ex duobus pueris rege amisso, minori tradidit regnum, majorique ex duabus filiis, Cleopatræ, quæ manserat in fide præsidiisque ejus : minorem Arsinoën, cujus nomine diu regnasse impotenter Gany- meden docuimus, deducere ex regno statuit; ne qua rursus nova dissensio, priusquam diuturnitate confirmarentur regum imperia, per homines seditiosos nasceretur. Legione veterana sexta secum reducta, cæteras ibi reliquit, quo firmius esset eorum regum imperium, qui neque amorem suorum habere poterant, quod fideliter permanserant in Cæsaris amicitia, neque vetustatis auctoritatem, paucis diebus reges constituti : simul ad imperii nostri dignitatem utilitatemque publicam pertinere existimabat, si permanerent in fide reges, præsidiis eos nostris esse tutos; et hos, si essent ingrati, posse iisdem præsidiis coerceri. Sic rebus omnibus confectis et collocatis, ipse itinere terrestri profectus est in Syriam.

XXXIV. Dum hæc in Ægypto geruntur, rex Dejotarus ad Domitium Calvinum, cui Cæsar Asiam finitimasque provincias administrandas transdiderat, venit oratum, ne Armeniam minorem regnum suum, neve Cappadociam, regnum Ariobarzanis, possideri vastarique pateretur a Pharnace : quo malo nisi liberarentur, imperata se facere, pecuniamque promissam Cæsari non posse persolvere. Domitius, non tantum ad explicandos sumptus rei militaris quum pecuniam necessariam esse judicaret, sed etiam turpe populo romano et Cæsari victori, sibique infame esse statueret, regna sociorum atque amico-

à Pharnace, afin qu'il eût à se retirer de l'Arménie et de la Cappadoce, et à ne pas profiter des embarras de la guerre civile pour porter atteinte aux droits et à la majesté du peuple romain. Persuadé que cette injonction aurait plus de poids s'il se rapprochait encore de ce pays avec son armée, il alla rejoindre ses légions, mena avec lui la trente-sixième, et envoya les deux autres en Égypte à César qui les avait demandées : toutefois, l'une d'elles n'arriva pas à temps pour la guerre d'Alexandrie, parce qu'elle avait pris le chemin de terre par la Syrie. A la trente-sixième légion Domitius en joignit deux de celles de Déjotarus, qui étaient, depuis plusieurs années, dressées et armées selon notre usage. Il y ajouta cent cavaliers et en reçut autant d'Ariobarzane. Il envoya P. Sextius au questeur C. Plétorius, avec ordre de lui amener la légion qu'il avait levée à la hâte dans le royaume de Pont; et Q. Patisius en Cilicie pour en faire venir des secours. Toutes ces troupes, par l'ordre de Domitius, se réunirent promptement à Comane [1].

XXXV. Cependant des envoyés de Pharnace vinrent annoncer qu'il avait quitté la Cappadoce; que s'il avait retenu la petite Arménie, c'est que son père lui avait transmis ses droits sur ce pays; qu'au reste il demandait que la décision entière de ce différend fût remise à César : qu'il était prêt à se soumettre à son jugement. Cn. Domitius vit bien que si Pharnace avait évacué la Cappadoce, ce n'était que par nécessité et non de bon gré,

[1] Ville du Pont.

jugeant sans doute plus facile de défendre l'Arménie, qui était voisine de ses états, que la Cappadoce qui en était plus éloignée, et croyant que Domitius amènerait avec lui trois légions, mais qu'ayant appris qu'il en avait envoyé deux à César, cette nouvelle l'avait enhardi à garder l'Arménie. C'est pourquoi Domitius persista à exiger qu'il sortît également de ce royaume, parce qu'il n'avait pas plus de droit sur l'un que sur l'autre; lui faisant dire qu'il n'était pas juste de demander qu'on laissât la question indécise jusqu'à l'arrivée de César; car il fallait d'abord remettre les choses dans leur état primitif. Après cette réponse, il se mit en marche pour l'Arménie avec les troupes dont j'ai parlé ci-dessus, et prit la route par les hauteurs; car, en partant du Pont, on trouve, depuis Comane, une haute montagne boisée, qui s'étend jusqu'à la petite Arménie et la sépare de la Cappadoce. Cette route par les hauteurs avait ce double avantage qu'elle garantissait l'armée contre une attaque subite de l'ennemi, et que la Cappadoce, située au pied des montagnes, devait lui fournir abondamment des vivres.

XXXVI. Pendant ce temps, Pharnace envoya à Domitius de nombreux messages, chargés de traiter de la paix avec lui et de lui offrir de riches présents; mais Domitius les refusa toujours, en répondant aux députés qu'il n'avait rien plus à cœur que de maintenir la dignité du peuple romain et le pouvoir des rois nos alliés. Après une marche longue et non interrompue il arriva à Nicopolis, ville de la petite Arménie, située dans une plaine,

rum ab externo rege occupari; nuntios confestim ad Pharnacem misit, Armenia Cappadociaque decederet, neve, occupatione belli civilis, populi romani jus majestatemque tentaret. Hanc denuntiationem quum majorem vim habituram existimaret, si propius eas regiones cum exercitu accessisset; ad legiones profectus, unam ex tribus tricesimam sextam secum ducit, duas in Ægyptum ad Cæsarem mittit litteris ejus evocatas : quarum altera in bello Alexandrino non occurrit, quod itinere terrestri per Syriam erat missa. Adjungit Cn. Domitius legioni xxxvi duas ab Dejotaro, quas ille disciplina atque armatura nostra complures annos constitutas habebat, equitesque centum; ac totidem equites ab Ariobarzane sumit. Mittit P. Sextium ad C. Plætorium, quæstorem, ut legionem adduceret, quæ ex tumultuariis militibus in Ponto confecta erat : Quinctumque Patisium in Ciliciam ad auxilia arcessenda. Quæ copiæ celeriter omnes jussu Domitii Comana convenerunt.

XXXV. Interim legati a Pharnace responsa referunt, « Cappadocia se decessisse, Armeniam minorem recepisse, quam paterno nomine jure obtinere deberet : denique ejus regni causa integra Cæsari servaretur : paratum enim se facere, quod is statuisset. » Cn. Domitius, quum animadverteret, eum Cappadocia decessisse, non voluntate adductum, sed necessitate, quod facilius Armeniam defendere posset, subjectam suo regno, quam Cappadociam, longius remotam; quodque omnes tres legiones adducturum Domitium putasset (ex quibus quum II ad Cæsarem missas audisset, audacius in Armenia substitisset), perseverare cœpit, « ut eo quoque regno decederet : neque enim aliud jus esse Cappadociæ, atque Armeniæ : nec juste eum postulare, ut in Cæsaris adventum res integra differretur : id enim esse integrum, quod ita esset, ut fuisset. » His responsis datis, cum iis copiis, quas supra scripsi, profectus est in Armeniam, locisque superioribus iter facere instituit : nam ex Ponto a Comanis jugum editum silvestre est, pertinens in Armeniam minorem, quo Cappadocia finitur ab Armenia : cujus itineris has esse certas opportunitates, quod in locis superioribus nullus impetus repentinus accidere hostium poterat, et quod Cappadocia, his jugis subjecta, magnam commeatus copiam erat subministratura.

XXXVI. Complures interim legationes Pharnaces ad Domitium mittit, quæ de pace agerent, regiaque munera Domitio ferrent. Ea constanter aspernabatur; « nec sibi quidquam fore antiquius, quam dignitatem populi romani et regna sociorum recuperare, » legatis respondebat. Magnis et continuis itineribus confectis, quum adventaret ad Nicopolim (quod oppidum positum in Armenia minore est, plano ipso loco, montibus tamen altis ab duo-

mais ayant sur deux de ses côtés de hautes montagnes assez éloignées de la ville. Il posa son camp environ à sept mille pas de Nicopolis [1]. Comme il fallait, au sortir du camp, traverser des défilés étroits et difficiles, Pharnace mit là en embuscade l'élite de son infanterie et presque toute sa cavalerie, en faisant répandre dans ces gorges grand nombre de bestiaux, et en commandant aux habitants de la ville et de la campagne d'y rester comme à l'ordinaire, afin que, si Domitius s'avançait en ami, il n'eût aucun soupçon en voyant les troupeaux et les hommes errer çà et là dans les campagnes, comme à l'arrivée d'un ami; et que, s'il entrait en ennemi, ses soldats se débandassent pour piller, et qu'ainsi dispersés, il fût aisé de les tailler en pièces.

XXXVII. Tout en préparant ces piéges, il ne laissait pas d'envoyer des députés à Domitius pour lui parler de paix et d'amitié, croyant par là le tromper plus aisément. Mais, loin de là, l'espoir d'un accommodement ne fit qu'engager Domitius à ne pas quitter son camp. Ainsi Pharnace, voyant que l'occasion lui était échappée, et craignant que son mauvais dessein ne fût découvert, rappela ses troupes auprès de lui. Le jour suivant Domitius rapprocha son camp de Nicopolis. Pendant que nos troupes se retranchaient, Pharnace rangea les siennes en bataille, suivant leur ordre habituel, c'est-à-dire sur une seule ligne avec trois corps de réserve aux deux ailes. Le centre était disposé de la même façon; et, dans les deux intervalles, à droite et à gauche, étaient plusieurs corps rangés aussi sur une seule ligne. Domitius acheva ses retranchements en couvrant les ouvrages d'une partie de ses troupes.

XXXVIII. La nuit suivante, Pharnace, ayant intercepté des courriers qui portaient à Domitius des nouvelles d'Alexandrie, apprit que César était en grand péril, et pressait Domitius de lui envoyer promptement des secours, et de s'approcher lui-même de cette ville par la Syrie. Alors il regarda comme une victoire de pouvoir gagner du temps, persuadé que Domitius serait forcé de partir au plus tôt. En conséquence, il fit élever deux retranchements, hauts de quatre pieds et assez peu éloignés l'un de l'autre, du côté de la ville, par où nous pouvions plus facilement l'approcher et l'attaquer: il se proposait de ne pas faire avancer ses troupes au-delà de cet espace. Il rangeait toujours son armée en bataille entre ces deux lignes; seulement il plaçait toute sa cavalerie sur les ailes en dehors des retranchements. Elle ne pouvait autrement lui être d'aucun usage; elle était d'ailleurs de beaucoup plus nombreuse que la nôtre.

XXXIX. Domitius, plus inquiet du danger où se trouvait César que du sien propre, ne crut pas cependant pouvoir se retirer en sûreté s'il acceptait les conditions qu'il avait rejetées d'abord, ou s'il paraissait s'éloigner sans motif. Il fit donc sortir ses troupes de son camp, et les rangea en bataille. Il plaça la trente-sixième légion à l'aile droite, celle du Pont à l'aile gauche, et celle de Déjotarus

---

[1] Ville fondée par Pompée après la défaite de Mithridate.

---

bus lateribus objectis, satis magno intervallo ab oppido remotis), castra posuit longe a Nicopoli circiter millia passuum septem. Quibus ex castris quum locus angustus atque impeditus esset transeundus, Pharnaces in insidiis delectos pedites omnesque pene disposuit equites: magnam autem multitudinem pecoris intra eas fauces dissipari jussit, paganosque et oppidanos in iis locis observari: ut, si amicus Domitius eas angustias transiret, nihil de insidiis suspicaretur, quum in agris et pecora et homines animadverteret versari, tanquam amicorum adventu; sin vero ut in hostium fines veniret, præda diripienda milites dissiparentur, dispersique cæderentur.

XXXVII. Hæc quum administraret, nunquam tamen intermittebat legatos de pace atque amicitia mittere ad Domitium, quum hoc ipso crederet eum facilius decipi posse. At contra spes pacis Domitio in eisdem castris morandi attulit causam. Ita Pharnaces, amissa proximi temporis occasione, veritus ne cognoscerentur insidiæ, suos in castra revocavit. Domitius postero die propius Nicopolim accessit, castraque oppido contulit. Quæ dum muniunt nostri, Pharnaces aciem instruxit suo more atque instituto: in fronte enim simplici directa acie, cornua trinis firmabantur subsidiis. Eadem ratione hæc media collocabantur acie, duobus dextra sinistraque intervallis, simplicibus ordinibus instructis. Perfecit inceptum castrorum opus Domitius, parte copiarum pro vallo instituta.

XXXVIII. Proxima nocte Pharnaces, interceptis tabellariis, qui de Alexandrinis rebus litteras ad Domitium ferebant, cognoscit, Cæsarem magno in periculo versari, flagitarique a Domitio, ut quam primum sibi subsidia mitteret, propiusque ipse Alexandriam per Syriam accederet. Qua cognita re, Pharnaces victoriæ loco ducebat, si trahere tempus posset, quum discedendum celeriter Domitio putaret. Itaque ab oppido, qua facillimum accessum et æquissimum ad dimicandum nostris videbat, fossas duas directas, non ita magno intervallo medio relicto, quatuor pedum altitudinis in eum locum deduxit, quo longius constituerat suam non producere aciem. Inter has fossas aciem semper instruebat. Equitatum autem omnem ab lateribus extra fossam collocabat: qui neque aliter utilis esse poterat, et multum numero anteibat nostrum equitatum.

XXXIX. Domitius autem, quum Cæsaris magis periculo, quam suo, commoveretur; neque se tuto discessurum arbitraretur, si conditiones, quas rejecerat, rursus appeteret, aut sine causa discederet; ex propinquis castris in aciem exercitum eduxit. XXXVI legionem in dextro cornu collocavit, Ponticam in sinistro: Dejotari legiones in mediam aciem contulit, quibus tamen angus-

au centre, en laissant toutefois entre les ailes l'intervalle le plus étroit possible. Le reste des cohortes fut placé en réserve. Les deux armées ainsi rangées, on marcha au combat.

XL. Le signal ayant été donné des deux côtés en même temps, on court les uns contre les autres : le combat s'engage avec une ardeur égale, mais avec des succès divers. D'une part, la trente-sixième légion, qui était tombée sur la cavalerie du roi, en dehors de la tranchée, combattit si heureusement, qu'elle parvint jusqu'aux murs de la ville, traversa le fossé et prit l'ennemi à revers. Mais, d'autre part, la légion du Pont ayant un peu plié, et la seconde ligne ayant voulu tourner le retranchement pour prendre l'ennemi en flanc, elle fut accablée et percée de traits au passage même du fossé. Quant aux légions de Déjotarus, c'est à peine si elles soutinrent le premier choc ; de sorte que les troupes du roi, victorieuses à leur droite et au centre, se portèrent sur la trente-sixième légion. Celle-ci soutint vaillamment l'attaque du vainqueur, bien qu'enveloppée par des forces considérables ; et, avec une rare présence d'esprit, se formant en pelotons, elle gagna le pied des montagnes où Pharnace ne voulut pas la suivre à cause des difficultés du terrain. Ainsi, la légion du Pont ayant péri presque tout entière, et la plus grande partie des soldats de Déjotarus ayant été tués, la trente-sixième légion se porta sur les hauteurs sans avoir perdu plus de deux cent cinquante hommes. Quelques chevaliers romains, d'une grande illustration, périrent aussi dans ce combat. Mais, malgré cet échec, Domitius recueillit les débris de son armée et se retira tranquillement par la Cappadoce en Asie (8).

XLI. Pharnace, enflé de ce succès, et se flattant qu'il en allait de César selon ses vœux, s'empara du Pont avec toutes ses troupes : et là, en vainqueur et en roi cruel, se promettant un sort plus heureux que celui de son père, il détruisit plusieurs villes, pilla les biens des citoyens romains et ceux des habitants, et infligea des supplices plus affreux que la mort à tous ceux qui se distinguaient par leur âge et leur beauté. S'étant ainsi rendu maître du Pont sans avoir éprouvé de résistance, il se vantait d'avoir reconquis le royaume de son père.

XLII. Vers le même temps on reçut un échec en Illyrie, province qui, dans les mois antérieurs, avait été conservée non pas seulement sans honte, mais même avec gloire. L'été précédent, César y avait envoyé, avec deux légions, son questeur Cornificius en qualité de propréteur ; et, quoique cette province, peu riche par elle-même, et de plus ruinée par des troubles intérieurs et par le voisinage de la guerre, fût peu en état d'entretenir une armée, cependant Cornificius, par sa prudence, son activité et son extrême réserve, sut la couvrir et la défendre. Il enleva plusieurs châteaux, situés sur des hauteurs, dont les maîtres se prévalaient pour courir la campagne et y porter la guerre : il en abandonna le pillage à ses soldats ; et, quoique le butin fût peu considérable, il ne laissa pourtant pas que d'être agréable à cause de la pauvreté de la province, et surtout parce qu'il était la récompense du courage. De plus, quand, après la journée de Pharsale, Octa-

tissimum frontis reliquit intervallum, reliquis cohortibus in subsidiis collocatis. Sic utrimque acie instructa, processum est ad dimicandum.

XL. Signo sub idem tempus ab utroque dato, concurritur : acriter varieque pugnatur : nam XXXVI legio quum extra fossam in equitatum regis impetum fecisset, adeo secundum prælium fecit, ut mœnibus oppidi succederet, fossamque transiret, aversosque hostes aggrederetur. At Pontica ex altera parte legio, quum paullulum aversa hostibus cessisset, fossam autem circumire [acies] secundo conata esset, in aperto latere aggrederetur hostem, in ipso transitu fossæ confixa et oppressa est : Dejotari vero legiones vix impetum sustinuerunt. Ita victrices regis copiæ cornu suo dextro mediaque acie converterunt se ad XXXVI legionem : quæ tamen fortiter vincentium impetum sustinuit, magnis copiis hostium circumdata ; præsentissimoque animo pugnans in orbem, se recepit ad radices montium ; quo Pharnaces insequi, propter iniquitatem loci, noluit. Ita, Pontica legione pene tota amissa, magna parte Dejotari militum interfecta, XXXVI legio in loca se superiora contulit, non amplius CCL desideratis. Ceciderunt eo prælio splendidi atque illustres viri nonnulli, equites romani. Quo tamen incommodo Domitius accepto, reliquias exercitus dissipati collegit, itineribusque tutis per Cappadociam se in Asiam recepit.

XLI. Pharnaces, rebus secundis elatus, quum de Cæsare ea, quæ optabat, speraret, Pontum omnibus copiis occupavit : ibique et victor et crudelissimus rex, quum sibi fortunam paternam feliciore eventu destinaret, multa oppida expugnavit, bona civium Romanorum Ponticorumque diripuit, supplicia constituit in eos, qui aliquam formæ atque ætatis commendationem habebant, ea quæ morte essent miseriora ; Pontumque nullo defendente, paternum regnum se recepisse glorians, obtinebat.

XLII. Sub idem tempus in Illyrico est incommodum acceptum : quæ provincia superioribus mensibus retenta non tantum sine ignominia, sed etiam cum laude erat. Namque eo missus æstate cum duabus legionibus Q. Cornificius, Cæsaris quæstor pro prætore, quamquam erat provincia minime copiosa ad exercitus alendos, et finitimo bello ac dissensionibus vastata et confecta, tamen prudentia ac diligentia sua, quod magnam curam suscipiebat, ne quo temere progrederetur, et recepit, et defendit. Namque et castella complura, locis editis posita, quorum opportunitas castellanis impellebat ad decursiones faciendas et bellum inferendum, expugnavit, eaque præda milites donavit (quæ etsi erat tenuis, tamen in

vius se fut retiré dans ce golfe avec une flotte imposante, Cornificius, avec quelques vaisseaux des Jadertins[1], peuple qui avait toujours montré un attachement singulier à la république, s'empara des vaisseaux d'Octavius qui s'étaient dispersés, et, les réunissant à ceux des alliés, se mit en état de tenir la mer avec une flotte. D'un autre côté César victorieux, occupé à poursuivre Pompée bien loin de là, ayant appris que plusieurs de ses ennemis avaient, à cause de la proximité des lieux, porté les débris de leurs troupes de Macédoine en Illyrie, écrivit à Gabinius de s'y rendre avec ses légions nouvellement levées, de se joindre à Q. Cornificius, et de pourvoir ensemble à la sûreté de cette province; et, dans le cas où elle pourrait se passer de tant de troupes, de les mener en Macédoine : car il pensait que, du vivant de Pompée, cette province serait toujours prête à recommencer la guerre.

XLIII. Gabinius vint en Illyrie au milieu de l'hiver, dans la plus mauvaise saison de l'année, soit qu'il crût cette province plus riche qu'elle n'était, soit qu'il comptât beaucoup sur la fortune de César, ou qu'il se fiât à son propre courage et à ses talents, qui l'avaient souvent fait sortir avec bonheur des entreprises les plus grandes et les plus hardies : mais il ne trouva point de secours dans cette province, en partie ruinée, en partie mal intentionnée, et les mauvais temps ne lui permettaient pas de tirer des vivres par mer. De sorte que toutes ces difficultés l'obligeaient à faire la guerre, non comme il aurait voulu, mais comme il pouvait. Ainsi forcé, par le besoin des subsistances, d'attaquer dans la saison la plus rude des châteaux et des places fortes, il essuya de fréquents échecs ; et ses mauvais succès le firent si mépriser des Barbares que, comme il se retirait à Salone[1] (ville maritime habitée par de braves et fidèles citoyens romains), ils osèrent l'attaquer dans sa marche et le forcer au combat. Après avoir perdu, dans cette occasion, deux mille soldats, trente-huit centurions et quatre tribuns, il gagna Salone avec le reste des troupes; et, peu de mois après, dénué de tout, il y mourut de maladie. Ses revers et sa mort soudaine inspirèrent à Octavius un grand espoir de se rendre maître de la province; mais la Fortune, si puissante à la guerre, l'activité de Cornificius et la valeur de Vatinius eurent bientôt arrêté ces succès.

XLIV. Vatinius apprit, à Brindes, où il était alors, par de fréquentes lettres de Cornificius qui l'appelaient au secours de l'Illyrie, ce qui s'était passé dans cette province. Sachant que M. Octavius s'était allié avec les Barbares, et qu'en plusieurs endroits il assiégeait nos postes, soit en personne avec sa flotte, soit par terre avec les Barbares ; quoique affaibli par le mauvais état de sa santé, et bien que ses forces ne répondissent pas à son courage, il surmonta, par son énergie, les difficultés de la maladie, de la saison, et les em-

[1] Peuple des côtes de l'Illyrie.

[1] Ville de Dalmatie, partie de l'Illyrie.

tanta provinciæ desperatione erat grata præsertim virtute parta) : et quum Octavius ex fuga Pharsalici prælii magna classe in illum se sinum contulisset, paucis navibus Iadertinorum, quorum semper in rempublicam singulare constiterat officium, dispersis Octavianis navibus erat potitus, ut vel classe dimicare posset, adjunctis captivis navibus sociorum. Et quum diversissima parte orbis terrarum Cn. Pompeium victor Cæsar sequeretur, compluresque adversarios in Illyricum propter Macedoniæ propinquitatem se, reliquiis ex fuga collectis, contulisse audiret, litteras ad Gabinium mittit, uti cum legionibus tironum, quæ nuper erant conscriptæ, proficisceretur in Illyricum, conjunctisque copiis cum Q. Cornificio, si quod periculum provinciæ inferretur, depelleret ; sin ea non magnis copiis tuta esse posset, in Macedoniam legiones adduceret : omnem enim illam partem regionemque, vivo Cn. Pompeio, bellum instauraturam esse credebat.

XLIII. Gabinius, ut in Illyricum venit, hiberno tempore anni ac difficili, sive copiosiorem provinciam existimans, sive multum fortunæ victoris Cæsaris tribuens, sive virtute et scientia sua confisus, quam sæpe in bellis periclitatus, magnas res et secundas ductu auspicioque suo gesserat, neque provinciæ facultatibus sublevabatur, quæ partim erat exinanita, partim infidelis ; neque navibus, intercluso mari tempestatibus, commeatus supportari poterat; magnisque difficultatibus coactus, non ut volebat, sed ut necesse erat, bellum gerebat. Ita, quum durissimis tempestatibus propter inopiam castella aut oppida expugnare cogeretur, crebro incommoda accipiebat ; a Ieoque est a Barbaris contemptus, ut, Salonam se recipiens in oppidum maritimum, quod cives Romani fortissimi fidelissimique incolebant, in agmine dimicare sit coactus. Quo prælio duobus millibus militum amplius amissis, centurionibus XXXVIII, tribunis IV, cum reliquis copiis Salonam se recepit; summaque ibi difficultate rerum omnium pressus, paucis mensibus morbo periit. Cujus et infelicitas vivi, et subita mors in magnam spem Octavium adduxit provinciæ potiundæ, quem tamen diutius in rebus secundis et Fortuna, quæ plurimum in bellis potest, diligentiaque Cornificii, et virtus Vatinii versari passa non est.

XLIV. Vatinius Brundisii quum esset, cognitis rebus, quæ gestæ erant in Illyrico, quum crebris litteris Cornificii ad auxilium provinciæ ferendum evocaretur, et M. Octavium audiret cum Barbaris fœdera percussisse, compluribusque locis nostrorum militum oppugnare præsidia, partim classe per se, partim pedestribus copiis per Barbaros ; etsi, gravi valetudine affectus, vix corporis viribus animum sequebatur; tamen virtute vicit incommodum naturæ, difficultatesque hiemis et subitæ præparationis. Nam quum ipse paucas in portu naves longas,

barras d'un départ précipité. En effet, comme il avait peu de galères dans le port, il écrivit en Achaïe à Q. Calénus de lui envoyer une flotte. Comme elle tardait trop pour le péril où nous étions, car nous ne pouvions résister aux attaques d'Octavius, il arma d'éperons les vaisseaux de charge assez nombreux qu'il avait, mais qui n'étaient pas de grandeur suffisante pour servir dans une bataille, les réunit à ses galères, et, ayant ainsi augmenté sa flotte, il y embarqua des vétérans de toutes les légions, qui étaient restés malades à Brindes, lorsque l'armée dut passer en Grèce, et il partit pour l'Illyrie. Il reprit plusieurs villes maritimes qui nous avaient abandonnés pour se livrer à Octavius, passa outre devant celles qui persistèrent dans leur désobéissance; et, sans se laisser retarder ni arrêter par rien, il s'appliqua à poursuivre Octavius avec toute la célérité possible. A son arrivée il le força de lever le siége d'Épidaure [1], qu'il tenait bloqué par terre et par mer, et où nous avions une garnison qu'il recueillit dans ses vaisseaux.

XLV. Octavius, informé que la flotte de Vatinius était, en grande partie, composée de petits vaisseaux de charge, et comptant sur la supériorité de la sienne, s'arrêta vers l'île de Tauris [2]. Vatinius, qui le poursuivait toujours, naviguait également de ce côté, non qu'il sût qu'Octavius l'y attendait, mais parce qu'il avait résolu de le suivre encore plus loin. Arrivé près de Tauris, et ses vaisseaux se trouvant écartés les uns des autres, à cause du gros temps, Vatinius, qui n'avait aucun soupçon que l'ennemi fût là, vit tout à coup arriver sur lui, la vergue à mi-mât, un vaisseau chargé de combattants. A cette vue, il ordonne d'amener les voiles promptement, de baisser les vergues et de s'armer; et, ayant fait déployer le pavillon, ce qui était le signal du combat, il avertit ainsi les vaisseaux qui le suivaient, de faire de même. Nos soldats, surpris, se préparaient en diligence, tandis que l'ennemi sortait du port tout préparé. De part et d'autre on se range en bataille, Octavius avec plus d'ordre, Vatinius avec plus de résolution.

XLVI. Vatinius, considérant que, soit pour la grandeur, soit pour le nombre des vaisseaux, il était inférieur à l'ennemi, avait mieux aimé s'en remettre aux hasards du combat. En conséquence, avec sa galère à cinq rangs, il fondit le premier sur celle d'Octavius, qui en avait quatre. Comme celle-ci faisait force de rames, les deux vaisseaux se choquèrent si rudement que celui d'Octavius perdit son éperon et demeura engagé dans son bordage. Sur tous les autres points, le combat s'engagea avec vigueur, principalement autour des chefs. Chacun courant au secours du sien, la mêlée devint effrayante sur un espace étroit : mais plus les vaisseaux pouvaient se serrer de près, plus les soldats de Vatinius avaient d'avantage. Avec un admirable courage, ils n'hésitaient pas à sauter de leurs vaisseaux dans ceux des ennemis; et, rendant par ce moyen les armes égales, comme ils l'emportaient de beaucoup en valeur, ils avaient

[1] Ville de la côte de Dalmatie. — [2] Ile de la mer d'Illyrie.

---

haberet, litteras in Achaiam ad Q. Calenum misit, uti sibi classem mitteret. Quod quum tardius fieret, quam periculum nostrorum flagitabat, qui sustinere impetum Octavii non poterant; navibus actuariis, quarum numerus erat satis magnus, magnitudine quamquam non satis justa ad præliandum, rostra imposuit. His adjunctis navibus longis, et, numero classis aucto, militibus veteranis impositis, quorum magnam copiam habebat ex omnibus legionibus, qui numero ægrorum relicti erant Brundisii, quum exercitus in Græciam transportaretur, profectus est in Illyricum, maritimasque nonnullas civitates, quæ defecerant, Octavioque se transdiderant, partim recipiebat, partim remanentes in suo consilio prætervehebatur; nec sibi ullius rei moram necessitatemque injungebat, quin, quam celerrime posset, ipsum Octavium persequeretur. Hunc, oppugnantem Epidaurum terra marique, ubi nostrorum erat præsidium, adventu suo discedere ab oppugnatione coegit, præsidiumque nostrum recepit.

XLV. Octavius, quum Vatinium classem magna ex parte confectam ex naviculis actuariis habere cognovisset, confisus sua classe, substitit ad insulam Tauridem; qua regione Vatinius insequens navigabat, non quod Octavium ibi restitisse sciret, sed quod eum longius progressum insequi decreverat. Quum propius Tauridem accessisset, distensis suis navibus, quod et tempestas erat turbulenta et nulla suspicio hostis, repente adversam ad se venientem navem, antennis ad medium malum demissis, instructam propugnatoribus animadvertit. Quod ubi conspexit, celeriter vela subduci, demittique antennas jubet, et milites armari : et vexillo sublato, quo pugnandi dabat signum, quæ primæ naves subsequebantur, idem ut facerent, significabat. Parabant se Vatiniani, repente oppressi : parati deinceps Octaviani ex portu procedebant. Instruitur utrimque acies; ordine disposita magis Octaviana, paratior militum animis Vatiniana.

XLVI. Vatinius, quum animum advertere, neque navium se magnitudine, neque numero parem esse, fortuitæ dimicationis fortunæ rem committere noluit (9). Itaque primus sua quinqueremi in quadriremem ipsius Octavii impetum fecit. Celerrime fortissimeque contra illo remigante, naves adversæ rostris concurrunt adeo vehementer, ut navis Octaviana, rostro discusso, ligno contineretur. Committitur acriter reliquis locis prælium, concurriturque ad duces maxime : nam quum suo quisque auxilium ferret, magnum cominus in angusto mari prælium factum est : quantoque conjunctis nrgis navibus confligendi potestas dabatur, tanto superiores erant Vatiniani, qui admiranda virtute ex suis navibus in hostium naves transilire non dubitabant, et, dimicatione

le dessus. La galère d'Octavius lui-même est coulée à fond; beaucoup d'autres sont prises ou enfoncées, après avoir été percées de l'éperon ; les soldats qui les montent sont égorgés ou précipités dans la mer. Octavius se jette dans une chaloupe; mais trop de monde s'y étant sauvé avec lui, elle est submergée. Tout blessé qu'il est, il gagne à la nage son bâtiment d'escorte ; et la nuit ayant mis fin au combat, il s'enfuit à force de voiles au milieu d'une tempête, suivi de quelques-uns de ses vaisseaux échappés par hasard (10).

XLVII. Après ce succès, Vatinius donna le signal de la retraite, et entra victorieux, avec tous les siens, dans le même port d'où la flotte d'Octavius était sortie pour le combattre. Il lui prit dans cette action une galère à cinq rangs, deux à trois rangs, huit à deux, et un grand nombre de rameurs. Le jour suivant fut employé par lui à radouber ses vaisseaux et ceux qu'il avait pris; et, le troisième jour, il se dirigea sur l'île d'Issa, où il croyait qu'Octavius se serait réfugié. Il y avait dans cette île une ville très-considérable, et très-attachée à Octavius; mais à l'arrivée de Vatinius, ses habitants vinrent se rendre en suppliants; et ils lui apprirent qu'à la faveur d'un bon vent, Octavius avec quelques petits vaisseaux qui lui restaient avait gagné les côtes de la Grèce, d'où il devait passer en Sicile, puis en Afrique. Ainsi, après avoir terminé en peu de temps cette expédition glorieuse, après avoir pacifié l'Illyrie, qu'il remit à Cornificius, et chassé la flotte ennemie de tout le détroit, Vatinius vainqueur, se retira à Brindes, avec son armée et sa flotte en bon état.

XLVIII. Tandis que César assiégeait Pompée à Dyrrachium, qu'il triomphait à Pharsale et combattait à Alexandrie au milieu des périls que la renommée exagérait encore, Cassius Longinus, qu'il avait laissé en Espagne, en qualité de propréteur, pour gouverner la province ultérieure, soit par sa méchanceté naturelle, soit par ressentiment d'une blessure qu'il avait reçue par trahison dans ce pays pendant qu'il y était questeur, avait amassé contre lui beaucoup de haine. Il avait pu aisément s'en apercevoir, et par sa propre conscience qui le portait à croire que les gens du pays le payaient de retour, et par toute sorte de preuves et de marques que lui en donnaient ces peuples, peu habitués à dissimuler leur mauvais vouloir; en sorte qu'il désirait opposer à l'aversion de la province l'affection des troupes. Aussi dès qu'il les eut rassemblées il promit cent sesterces à chaque soldat ; et, peu après, ayant pris Médobréga en Lusitanie, et le mont Herminius, où les habitants de Médobréga s'étaient retirés, comme il y avait été salué *imperator*, il donna en effet cent sesterces à chacun d'eux. Les nombreuses largesses qu'il ne cessait d'accorder augmentaient en apparence l'attachement de l'armée ; mais au fond elles amenaient peu à peu le relâchement de la discipline.

XLIX. Cassius, après avoir mis ses légions en quartiers d'hiver, se rendit à Cordoue pour régler l'administration de la province. Comme il avait contracté beaucoup de dettes dans cette ville, il

---

æquata, longe superiores virtute, rem feliciter gerebant. Deprimitur ipsius Octavii quadriremis : multæ præterea capiuntur, aut rostris perforatæ merguntur : propugnatores Octaviani partim in navibus jugulantur, partim in mare præcipitantur. Ipse Octavius se in scapham confert : in quam plures quum confugerent, depressa scapha, vulneratus tamen adnatat ad suum myoparonem. Eo receptus, quum prælium nox dirimeret, tempestate magna velis profugit. Sequuntur hunc suæ naves nonnullæ, quas casus ab illo periculo vindicarat.

XLVII. At Vatinius, re bene gesta, receptui cecinit; suisque omnibus incolumibus, in eum se portum victor recepit, quo ex portu classis Octaviana ad dimicandum processerat. Capit ex eo prælio penterem unam, triremes II, dicrotas VIII, compluresque remiges Octavianos : posteroque ibi die, dum suas captivasque naves reficeret, consumpto, post diem III, contendit in insulam Issam, quod eo se recepisse ex fuga credebat Octavium. Erat in ea nobilissimum earum regionum oppidum, conjunctissimumque Octavio. Quo ut pervenit, oppidani supplices se Vatinio dediderunt; comperitque, ipsum Octavium parvis paucisque navigiis vento secundo regionem Græciæ petisse, inde ut Siciliam, deinde Africam caperet. Ita brevi spatio, re præclarissime gesta, provincia recepta, et Cornificio reddita, classe adversariorum ex illo toto sinu expulsa, victor se Brundisium, incolumi exercitu et classe, recepit.

XLVIII. Iis autem temporibus, quibus Cæsar ad Dyrrachium Pompeium obsidebat, et Palæpharsali rem feliciter gerebat, Alexandriæque cum periculo magno, tum etiam majore periculi fama dimicabat, Q. Cassius Longinus in Hispania pro prætore provinciæ ulterioris obtinendæ causa relictus, sive consuetudine naturæ suæ, sive odio, quod in illam provinciam susceperat quæstor, ex insidiis ibi vulneratus, magnas odii sui fecerat accessiones; quod vel ex conscientia sua, quum de se mutuo sentire provinciam crederet, vel multis signis et testimoniis eorum, qui difficulter odia dissimulabant, animadvertere poterat; et compensare offensionem provinciæ exercitus amore cupiebat. Itaque, quum primum in unum locum exercitum conduxit, HS centenos militibus est pollicitus : nec multo post, quum in Lusitania Medobregam oppidum, montemque Herminium expugnasset, quo Medobregenses confugerant, ibique imperator esset appellatus, HS centenos milites donavit. Multa præterea et magna præmia singulis concedebat, quæ speciosum reddebant præsentem exercitus amorem ; paullatim tamen et occulte militarem disciplinam severitatemque minuebant.

XLIX. Cassius, legionibus in hiberna dispositis, ad

résolut de les acquitter aux dépens de la province, qu'il accabla des plus lourds impôts. Selon la coutume des prodigues, il se servait du prétexte spécieux de ses libéralités pour multiplier les demandes ; on taxait les riches ; et non-seulement Longinus souffrait qu'ils apportassent cet argent, mais même il les y obligeait. Les moindres sujets de mécontentement suffisaient contre ceux qui avaient de la fortune, et aucune espèce de gain, soit important et avouable, soit faible et secret, n'était négligé ni dans la maison, ni au tribunal de l'*imperator*. Il n'y avait personne, ayant quelque chose à perdre, qui ne fût d'abord cité et puis convaincu. Ainsi, outre la crainte de se voir enlever son patrimoine, on avait celle, bien plus vive, des dangers personnels que l'on courait.

L. Par ces motifs, il arriva que Longinus, se conduisant sous le titre d'*imperator* comme il s'était conduit sous celui de questeur, les peuples de la province conjurèrent une seconde fois contre lui. Quelques uns même de ses favoris entretenaient cette haine, car, quoiqu'ils eussent leur part dans ses pillages, ils n'en détestaient pas moins l'homme au nom duquel ils commettaient ces exactions, et ne se sachant gré qu'à eux-mêmes des rapines dont ils profitaient, ils se plaignaient de Cassius pour celles qu'ils manquaient ou qui étaient réclamées. Il leva une cinquième légion : la haine qu'on avait contre lui s'accrut par cette nouvelle levée et par la dépense qu'elle exigea. Il forma un corps de trois mille chevaux, ce qui augmenta de beaucoup les charges. Enfin il ne laissait à la province aucun repos.

LI. Sur ces entrefaites il reçut des lettres de César, qui lui enjoignaient de passer en Afrique avec son armée et de se rendre par la Mauritanie sur la frontière de Numidie, à cause que le roi Juba avait envoyé de grands secours à Cn. Pompée et paraissait disposé à en envoyer de plus grands encore. A la réception de ces lettres, il fut rempli d'une joie extraordinaire ; car elles lui offraient l'occasion de piller de nouvelles provinces et un royaume fort riche. Il part donc pour la Lusitanie afin d'y rassembler ses légions et ses troupes auxiliaires. Cependant, pour que rien ne l'arrête à son retour, il charge des hommes sûrs de lui tenir prêts cent vaisseaux et des vivres, et de faire le département et la levée des impôts. Son retour fut plus prompt que l'on ne croyait ; car ni la peine ni l'activité ne coûtaient à Cassius, surtout quand il souhaitait quelque chose.

LII. Quand il eut rassemblé son armée sur un seul point et assis son camp près de Cordoue, il déclara à ses soldats, dans une réunion, les ordres de César, leur promit à chacun cent sesterces quand il serait arrivé en Mauritanie, et ajouta que la cinquième légion resterait en Espagne. Au sortir de l'assemblée il entra dans Cordoue ; et, le même jour, vers midi, comme il se rendait au palais, un certain Minucius Silo, client de L. Racilius, lui présenta une requête, comme eût fait un soldat demandant quelque grâce ; puis ayant passé derrière Racilius, qui marchait à côté de Cassius, comme pour attendre la réponse, il jugea le moment favorable, saisit Cassius de la main gauche, et de la droite lui donna deux coups de poignard

jus dicendum Cordubam se recepit, contractumque in ea æs alienum gravissimis oneribus provinciæ constituit exsolvere, et ut largitionis postulat consuetudo, per causam liberalitatis speciosam plura largitori quærebantur, pecuniæ locupletibus imperabantur, quas Longinus sibi expensas ferri non tantum patiebatur, sed etiam cogebat. In gregem locupletium simultatum causæ tenues conjiciebantur, neque ullum genus quæstus, aut magni et evidentis, aut minimi et sordidi, prætermittebatur, quo domus et tribunal imperatoris vacaret. Nemo erat, qui modo aliquam jacturam facere posset, quin aut vadimonio teneretur, aut in reos referretur. Ita magna etiam sollicitudo periculorum ad jacturas et detrimenta rei familiaris adjungebatur.

L. Quibus de causis accidit, ut, quum Longinus imperator eadem faceret, quæ fecerat quæstor, similia rursus de morte ejus provinciales consilia inirent. Horum odium confirmabant nonnulli familiares ejus, qui, quum in illa societate versarentur rapinarum, nihilo minus oderant eum, cujus nomine peccabant, sibique, quod rapuerant, acceptum referebant ; quod intercideret, aut erat interpellatum, Cassio assignabant. Quintam legionem novam conscribit : augetur odium et ex ipso dilectu, et sumptu additæ legionis : complentur equitum tria millia, maximisque ornantur impensis : nec provinciæ datur ulla requies.

LI. Interim litteras accepit a Cæsare, ut in Africam exercitum transjiceret, perque Mauritaniam ad fines Numidiæ perveniret ; quod magna Cn. Pompeio Juba rex miserat auxilia, majoraque missurus existimabatur. Quibus litteris acceptis, insolenti voluptate efferebatur, quod sibi novarum provinciarum et fertilissimi regni tanta oblata esset facultas. Itaque ipse in Lusitaniam proficiscitur, ad legiones arcessendas auxiliaque adducenda ; certis hominibus dat negotium, ut frumentum navesque centum præpararentur, pecuniæque describerentur atque imperarentur ; ne qua res, quum redisset, moraretur. Reditus ejus fuit celerior omnium opinione : non enim labor aut vigilantia, cupienti præsertim aliquid, Cassio deerat.

LII. Exercitu coacto in unum locum, castris ad Cordubam positis, pro concione militibus exponit, quas res Cæsaris jussu gerere deberet ; polliceturque eis, quum in Mauritaniam transjecissent, HS centenos se daturum : quintam fore in Hispania legionem. Ex concione se Cordubam recepit, eoque ipso die, tempore postmeridiano, quum in basilicam iret, quidam Minucius Silo, cliens L. Racilii, libellum, quasi aliquid ab eo postularet, ut

Un cri s'élève, tous les conjurés accourent. Minucius Flaccus perce de son épée le licteur le plus proche, et, après l'avoir tué, blesse le lieutenant Q. Cassius. T. Vasius et L. Mergilio, complices et compatriotes de Flaccus (car ils étaient tous d'Italica¹), le secondent. L. Licinius Squillus se précipite sur Longinus déjà terrassé, et lui fait quelques légères blessures.

LIII. On accourt à la défense de Cassius, car il avait toujours près de lui une garde (14) et plusieurs vétérans armés de dards. Ceux-ci ferment le passage au reste des conjurés qui venaient à la file pour achever l'assassinat, et au nombre desquels se trouvaient Calpurnius Salvianus et Manilius Tusculus. Minucius étant tombé en fuyant sur des pierres qui embarrassaient le chemin, est accablé et conduit vers Cassius, que l'on avait porté chez lui. Racilius se retira dans la maison d'un de ses amis, qui demeurait près de là, pour y attendre la nouvelle positive de la mort de Cassius. L. Laterensis, qui n'en doutait pas, court au camp, plein de joie, et félicite les soldats de la seconde légion et ceux de la levée faite dans le pays, auxquels il savait que Cassius était particulièrement odieux : la multitude l'élève sur le tribunal et le salue préteur; car il n'y avait personne ou qui fût né dans la province, ou qui appartînt à la légion du pays, ou qui eût été en quelque sorte naturalisé par un long séjour, comme étaient les soldats de la seconde légion, qui ne partageât la haine qu'inspirait Cassius. A l'égard de la trentième et de la vingt-unième légions, elles avaient été levées depuis peu de mois en Italie par César, qui les avait données à Cassius; la cinquième avait été récemment formée sur les lieux.

LIV. Cependant on annonce à Laterensis que Cassius est vivant. Plus affligé que troublé de cette nouvelle, il se remet promptement, et va voir Cassius. En apprenant ce qui se passe, la trentième légion se rend à Cordoue pour secourir son général. La vingt-unième fait de même; la cinquième les imite. Des deux légions qui restaient dans le camp, la seconde craignant de rester seule, et de montrer par là ses sentiments, suivit l'exemple des trois autres. Quant à la légion du pays, elle persista, dans son projet, et nulle crainte ne put l'ébranler.

LV. Cassius fait arrêter ceux qu'on désigne comme complices : il renvoie au camp la cinquième légion, ne retenant près de lui que trente cohortes. Sur la déposition de Minucius, qui dénonce comme faisant partie des conjurés L. Racilius, L. Laterensis et Annius Scapula, l'un des hommes les plus distingués et les plus estimés du pays, et de ses amis particuliers, ainsi que les deux autres, Cassius, sans différer plus longtemps sa vengeance, les fait mettre à mort. Il livre Minucius à ses affranchis pour l'appliquer à la torture. Il leur livre aussi Calpurnius Salvianus, qui avoue sa participation au complot, et dénonce d'autres conjurés, conformément à la vérité, disent les uns, contraint par la douleur, disent les autres. L. Mergilio subit le

¹ Ville de l'Espagne ultérieure, sur le fleuve Bétis, aujourd'hui Sévilla-la-Vieja, en Andalousie.

miles ei transdit; deinde post Racilium (nam is latus Cassii tegebat), quasi responsum ab eo peteret, celeriter dato loco, quum se insinuasset, sinistra corripit eum, dextraque bis ferit pugione. Clamore sublato, fit a conjuratis impetus universis. Munatius Flaccus proximum gladio transjicit lictorem : hoc interfecto, Q. Cassium legatum vulnerat. Ibi T. Vasius et L. Mergilio, simili confidentia, Flaccum municipem suum adjuvant : erant enim omnes Italicenses. At ipsum Longinum L. Licinius Squillus involat, jacentemque levibus sauciat plagis.

LIII. Concurritur ad Cassium defendendum : semper enim berones compluresque evocatos cum telis secum habere consueverat : a quibus cæteri intercluduntur, qui ad cædem faciendam subsequebantur; quo in numero fuit Calpurnius Salvianus, et Manilius Tusculus. Minucius inter saxa, quæ jacebant in itinere, fugiens opprimitur, et, relato domum Cassio, ad eum deducitur. Racilius in proximam se domum familiaris sui confert, dum certum cognosceret confectusne Cassius esset. L. Laterensis, quum id non dubitaret, accurrit lætus in castra, militibus vernaculis et secundæ legionis, quibus odio sciebat præcipue Cassium esse, gratulatur : tollitur a multitudine in tribunali, prætor appellatur; nemo enim, aut in provincia natus, aut vernaculæ legionis miles, aut diuturnitate jam factus provincialis, quo in numero erat secunda legio, non cum omni provincia consenserat in odio Cassii : nam legiones XXX et XXI, paucis mensibus in Italia scriptas, Cæsar attribuerat Longino; quinta legio ibi nuper erat confecta.

LIV. Interim nuntiatur Laterensi, vivere Cassium. Quo nuntio dolore magis permotus, quam animo perturbatus, reficit se celeriter, et ad Cassium visendum proficiscitur. Re cognita, XXX legio signa Cordubam infert ad auxilium ferendum imperatori suo : facit hoc idem XXI : subsequitur has V. Quum duæ legiones quæ essent in castris, secundani veriti, ne soli relinquerentur, atque ex eo, quid sensissent, judicaretur, secuti sunt factum superiorum : permansit in sententia legio vernacula, nec ullo timore de gradu dejecta est.

LV. Cassius eos, qui nominati erant conscii cædis, jubet comprehendi : legionem quintam in castra remittit, cohortibus triginta retentis. Indicio Minucii cognoscit: L. Racilium, et L. Laterensem, et Annium Scapulam, maximæ dignitatis et gratiæ provincialem hominem, sibique tam familiarem, quam Laterensem et Racilium, in eadem fuisse conjuratione : nec diu moratur dolorem suum, quin eos interfici jubeat. Minucium libertis transdit excruciandum; item Calpurnium Salvianum, qui profitetur indicium, conjuratorumque numerum auget, vere, ut quidam existimant; ut nonnulli queruntur,

même supplice. Squillus nomme plusieurs complices : Cassius les fait mourir, à la réserve de ceux qui se rachètent à prix d'argent; car il traite publiquement avec Calpurnius pour dix mille sesterces, et avec Q. Sextius pour cinquante mille. Si ces hommes étaient réellement coupables, Cassius, en leur remettant pour de l'argent la mort et la torture, prouvait bien que son avarice égalait sa cruauté.

LVI. Quelques jours après il reçut des lettres de César, qui lui apprenaient la défaite de Pompée et sa fuite. A cette nouvelle, il n'éprouva qu'une joie mêlée de chagrin. La victoire lui faisait plaisir; mais la fin de la guerre mettait un terme à sa licence. Il ne savait ce qu'il devait préférer, ou de n'avoir rien à craindre ou de pouvoir tout oser. Quand il fut guéri de ses blessures, il manda tous ceux qui s'étaient engagés à lui payer certaines sommes, et leur enjoignit de les acquitter : ceux qui lui paraissent s'être imposés trop bas, il les taxe plus haut. En même temps, parmi les nouvelles levées, se trouve-t-il des soldats tirés des colonies ou des villes de la province, qu'effraie le service d'outre-mer, il les invite à racheter leur congé. Par là, il se fit un grand revenu; mais il souleva une haine plus grande encore. Ensuite il passa en revue toute l'armée. Il envoya vers le détroit les légions et les troupes auxiliaires qu'il devait conduire en Afrique; pour lui, il se rendit à Hispalis, afin d'inspecter la flotte qu'il y faisait équiper. Il y séjourna quelque temps à cause d'une ordonnance qu'il avait publiée dans toute la province, portant que ceux qui n'avaient pas encore payé leur taxe, eussent à se présenter à lui. Cet appel troubla profondément tout le pays.

LVII. Sur ces entrefaites, L. Titius, alors tribun militaire dans la légion espagnole, lui annonce que le bruit court que la trentième légion, commandée par le lieutenant Q. Cassius, et campée près de la ville de Leptis, s'était révoltée, avait tué quelques centurions qui s'opposaient à ce qu'on déployât les enseignes, et était allé joindre la seconde légion qui marchait vers le détroit par une autre route. Dès qu'il en est instruit, Cassius part de nuit avec cinq cohortes de la vingt-unième légion, et arrive le matin. Après s'y être arrêté ce jour-là pour voir de quoi il s'agissait, il se dirige sur Carmone[1]. Il y trouve rassemblées la trentième et la vingt-unième légions, quatre cohortes de la cinquième et toute la cavalerie, et apprend que les Espagnols ont surpris quatre cohortes près d'Obucula, les ont emmenées avec eux à la seconde légion; que toutes se sont réunies, et ont choisi pour chef T. Thorius d'Italica. Aussitôt il tient conseil, dépêche Marcellus à Cordoue pour la maintenir dans le devoir, et le lieutenant Q. Cassius à Hispalis. Peu de jours après on lui rapporte que l'assemblée de Cordoue s'est séparée de son parti, et que Marcellus, soit de gré soit de force (car on en parle diversement), fait cause commune avec ceux de Cordoue : on ajoute que deux cohortes de la cinquième légion, en garnison à Cordoue, ont suivi cet exemple. Furieux de ces

[1] Ville de l'Andalousie, sur la rive gauche du Guadalquivir.

---

coactus. Iisdem cruciatibus affectus L. Mergilio. Squillus nominat plures : quos Cassius interfici jubet, exceptis iis, qui se pecunia redemerunt : nam palam HS decies cum Calpurnio paciscitur, et cum Q. Sextio quinquagies. Qui si maxime nocentes sunt multati, tamen periculum vitæ dolorque vulnerum, pecuniæ remissus, crudelitatem cum avaritia certasse significabat.

LVI. Aliquot post diebus litteras a Cæsare missas accipit; quibus cognoscit, Pompeium, in acie victum, amissis copiis fugisse. Qua re cognita, mixtam dolore voluptatem capiebat. Victoriæ nuntius lætitiam exprimebat; confectum bellum licentiam temporum intercludebat. Sic erat dubius animi, utrum nihil timere, an omnia licere mallet. Sanatis vulneribus, arcessit omnes, qui sibi pecunias expensas tulerant, acceptasque eas jubet referri : quibus parum videbatur imposuisse oneris, ampliorem pecuniam imperat. Æque autem Romanorum dilectum instituit, quos, ex omnibus conventibus coloniisque conscriptos, transmarina militia perterritos, ad sacramenti redemptionem vocabat. Magnum hoc fuit vectigal, majus tamen creabat odium. His rebus confectis, totum exercitum lustrat. Legiones, quas in Africam ducturus erat, et auxilia mittit ad trajectum : ipse, classem, quam parabat, ut inspiceret, Hispalim accedit, ibique moratur; propterea quod edictum tota provincia proposuerat, ut, quibus pecunias imperasset, neque contulissent, se adirent. Quæ evocatio vehementer omnes turbavit.

LVII. Interim L. Titius, qui eo tempore tribunus militum in legione vernacula fuerat, nuntiat fama, legionem tricesimam, quam Q. Cassius legatus simul ducebat, quum ad oppidum Leptim castra haberet, seditione facta, centurionibus aliquot occisis, qui signa tolli non patiebantur, discessisse, et ad secundam legionem contendisse, quæ ad fretum alio itinere ducebatur. Cognita re, noctu cum quinque cohortibus unetvicesimanorum egreditur, mane pervenit. Ibi eum diem, ut quid ageretur perspiceret, moratus, Carmonam contendit. Hic, quum legio XXX et XXI, et cohortes IV ex quinta legione, totusque convenisset equitatus, audit IV cohortes a vernaculis oppressas ad Obuculam, cum his ad secundam pervenisse legionem, omnesque ibi se conjunxisse, et T. Thorium Italicensem ducem delegisse. Celeriter habito consilio, Marcellum Cordubam, ut eam in potestate retineret, Q. Cassium legatum Hispalim mittit. Paucis ei diebus affertur, conventum Cordubensem ab eo defecisse, Marcellumque aut voluntate, aut necessitate adductum (namque id varie nuntiabatur), consentire cum Cordubensibus; duas cohortes legionis V, quæ fuerant Cordubæ in præsidio, idem facere. Cassius, his rebus incensus,

nouvelles, Cassius lève son camp, et, le lendemain, arrive à Ségovie sur le fleuve Silice[1]. Là, ayant harangué les troupes pour s'assurer de leurs dispositions, il reconnut que si elles lui restaient fidèles, ce n'était pas pour lui, mais à cause de César absent, et qu'elles braveraient tous les périls pour rendre la province à César.

LVIII. Cependant Thorius amène les vieilles légions à Cordoue; et, pour qu'on ne pût attribuer la révolte à son mauvais esprit et à celui de ses troupes, et en même temps pour opposer à Cassius, qui se couvrait du nom de César, une autorité également respectable, il déclara publiquement que c'était pour Pompée qu'il venait recouvrer cette province. Peut-être aussi agissait-il autant par haine pour César que par affection pour Pompée, dont le nom pouvait beaucoup sur ces légions que M. Varron avait commandées; mais on ne peut faire que des conjectures sur le motif qui le faisait agir. Tel était au moins celui qu'il alléguait; et ses soldats s'en cachaient si peu qu'ils portaient le nom de Pompée écrit sur leurs boucliers. A l'arrivée des légions, une foule nombreuse, composée d'hommes, de femmes, d'enfants, alla à leur rencontre, les priant de ne pas les traiter en ennemis, de ne pas saccager leur ville, protestant qu'ils partageaient le sentiment général à l'égard de Cassius, et demandant seulement à n'être pas forcés d'agir contre César.

LIX. L'armée, touchée des prières et des larmes de cette multitude, voyant qu'elle n'avait pas besoin du nom ni du souvenir de Pompée pour poursuivre Longinus, qui était également en horreur au parti de César et à celui de Pompée, et que ni Marcellus ni l'assemblée de Cordoue ne consentiraient à abandonner la cause de César, enleva le nom de Pompée de dessus les boucliers, mit à sa tête Marcellus, qui se déclarait hautement pour César, le salua préteur, et, se joignant aux habitants, vint camper près de Cordoue. Deux jours après, Cassius vint aussi camper à environ quatre mille pas de cette ville, sur une hauteur en-deçà du fleuve Bétis; et de là il écrivit à Bogud, roi de Mauritanie, et à M. Lépidus, proconsul de l'Espagne citérieure, de venir promptement au secours de la province, en considération de César. Cependant il entre en ennemi sur le territoire de Cordoue, dévastant la campagne et brûlant les maisons.

LX. Irritées de ces ravages et de ces indignités, les légions qui avaient pris Marcellus pour chef coururent à lui en foule, et le prièrent de les mener au combat, plutôt que de les laisser contempler lâchement les plus précieuses possessions des habitants de Cordoue ainsi désolées par le pillage, le fer et la flamme. Marcellus, qui regardait un combat comme une chose très-malheureuse, en ce que la victoire et la défaite devaient également tourner au désavantage de César, mais persuadé aussi qu'il n'était pas en son pouvoir de l'empêcher, fait passer le fleuve à ses légions, et les range en bataille. Ensuite, voyant que Cassius tenait son armée rangée sur la hauteur derrière

[1] Nom de fleuve inconnu.

---

movet castra, et postero die Segoviam ad flumen Silicense venit. Ibi habita concione, militum tentat animos : quos cognoscit, non sua, sed Cæsaris absentis causa, sibi fidissimos esse, nullumque periculum deprecaturos, dum per eos Cæsari provincia restitueretur.

LVIII. Interim Thorius ad Cordubam veteres legiones adducit : ac, ne dissensionis initium natum seditiosa militum suaque videretur natura, simul ut contra Q. Cassium, qui Cæsaris nomine majoribus viribus uti videbatur, æque potentem opponeret dignitatem, Cn. Pompeio se provinciam recuperare velle palam dictitabat : et forsitan etiam hoc fecerit odio Cæsaris, et amore Pompeii, cujus nomen multum poterat apud eas legiones, quas M. Varro obtinuerat; sed, id qua mente commotus fecerit, conjectura sciri non potest : certe hoc præ se Thorius ferebat; militesʹ adeo fatebantur, ut Cn. Pompeii nomen in scutis inscriptum haberent. Frequens legionibus conventus obviam prodit; neque tantum virorum, sed etiam matrumfamilias ac prætextatorum; deprecaturque, ne hostili adventu Cordubam diriperent : nam se contra Cassium sentire cum omnibus; contra Cæsarem ne facere cogerentur, orare.

LIX. Tantæ multitudinis precibus et lacrymis exercitus commotus quum videret, ad Cassium persequendum nihil opus esse Cn. Pompeii nomine et memoria; tamque omnibus Cæsarianis, quam Pompeianis, Longinum esse in odio; neque se conventum, neque M. Marcellum contra Cæsaris causam posse perducere; nomen Pompeii ex scutis detraxerunt, Marcellum, qui se Cæsaris causam defensurum profitebatur, ducem asciverunt, prætoremque appellarunt, et sibi conventum adjunxerunt, castraque ad Cordubam posuerunt. Cassius eo biduo circiter IV millia passuum a Corduba, citra flumen Bætim, in oppidi conspectu, loco excelso facit castra; litteras ad regem Bogudem in Mauritaniam, et ad M. Lepidum proconsulem in Hispaniam citeriorem mittit, subsidio sibi provinciæque Cæsaris quamprimum veniret. Ipse hostili modo Cordubensium agros vastat, ædificia incendit.

LX. Cujus rei deformitate atque indignitate legiones, quæ Marcellum sibi ducem ceperant, ad eum concurrerunt, ut in aciem educerentur, priusque confligendi sibi potestas fieret; quam cum tanta contumelia nobilissimæ carissimæque possessiones Cordubensium in conspectu suo rapinis, ferro, flammaque consumerentur. Marcellus, quum confligere miserrimum putaret, quod et victoris et victi detrimentum ad eumdem Cæsarem esset redundaturum; neque suæ potestatis esse; legiones Bætim transducit, atque aciem instruit. Quum Cassium contra pro castris suis aciem instruxisse loco superiore videret, causa

son camp, et qu'il ne descendrait pas en plaine, il persuada à ses troupes de rentrer dans le leur. Il commença donc la retraite. Cassius, qui se savait plus fort que lui en cavalerie, la détacha sur la queue des légions qui se retiraient, et nous tua beaucoup de monde sur le bord du fleuve. Marcellus, ayant compris par cet échec le désavantage et le danger qu'il y avait à passer le fleuve, transporta son camp au-delà du Bétis. Plusieurs fois les deux généraux mirent leurs armées en bataille ; mais les difficultés du terrain les empêchaient d'en venir aux mains.

LXI. Marcellus était de beaucoup supérieur en infanterie ; car toutes ses légions étaient composées de vétérans éprouvés dans un grand nombre de combats. A l'égard de Cassius, il comptait plus sur la fidélité de ses troupes que sur leur valeur. Les deux camps étaient voisins l'un de l'autre, et Marcellus s'était emparé d'une position favorable pour bâtir un fort, d'où il pouvait priver d'eau l'ennemi, lorsque Cassius, qui craignait de se voir en quelque sorte assiégé dans un pays où il était généralement détesté, décampa de nuit en silence, et gagna au plus vite la ville d'Ulia[1], sur le dévouement de laquelle il comptait. Il posa son camp si près des remparts qu'il se trouva garanti de tous côtés et par la nature du terrain (car Ulia est située sur une hauteur), et par les fortifications de la ville. Marcellus l'y suivit et campa en face de lui, le plus près possible de cette place ; ensuite, ayant reconnu les lieux, il trouva qu'il était

[1] Aujourd'hui Monte-Mayor, à six milles de Cordoue.

forcé de prendre le parti qu'il souhaitait le plus, celui de ne pas combattre ; au lieu que, si le terrain l'eût permis, il n'eût pas pu résister à l'ardeur des soldats. Il résolut toutefois d'empêcher Cassius de courir la campagne, ne voulant pas que plusieurs villes eussent leur territoire ravagé comme Cordoue. Ayant élevé des forts dans des situations avantageuses, et enserré la ville dans ses ouvrages, il enferma dans ses lignes et Ulia et Cassius. Avant que ces travaux fussent achevés, Cassius mit toute sa cavalerie en campagne : il y voyait le grand avantage d'empêcher, par elle, Marcellus d'envoyer au fourrage et aux vivres ; tandis qu'elle l'aurait fort embarrassé, si, assiégé, il eût été obligé de la nourrir sans en tirer aucun service.

LXII. Peu de jours après, le roi Bogud ayant reçu les lettres de Cassius, arriva avec ses troupes, lui amenant une légion et plusieurs cohortes d'auxiliaires espagnols. Car, ainsi que cela se voit d'ordinaire dans les guerres civiles, à cette époque quelques cités avaient pris parti pour Cassius, le plus grand nombre pour Marcellus. Bogud s'avança avec ses troupes, vers les fortifications extérieures de Marcellus. Le combat fut vif des deux côtés, et le succès divers, la Fortune transportant souvent la victoire de l'un à l'autre. Toutefois Marcellus ne put pas être chassé de ses lignes.

LXIII. Cependant Lépidus arriva de la province citérieure, avec trente-cinq cohortes tirées des légions, beaucoup de cavalerie et d'autres troupes auxiliaires, dans l'intention de travailler avec impartialité à réconcilier Cassius et Marcellus. A

---

interposita, quod is in æquum non descenderet, Marcellus militibus persuadet, ut se in castra recipiant. Itaque copias reducere cœpit. Cassius, quo bono valebat, Marcellumque infirmum esse sciebat, aggressus equitatu legionarios se recipientes, complures novissimos in fluminis ripis interficit. Quum hoc detrimento, quid transitus fluminis vitii difficultatisque haberet, cognitum esset, Marcellus castra Bætim transfert, crebroque uterque legiones in aciem educit ; neque tamen confligitur propter locorum difficultates.

LXI. Erat copiis pedestribus multo firmior Marcellus : habebat enim veteranas, multisque præliis expertas legiones. Cassius fidei magis, quam virtuti legionum, confidebat. Itaque, quum castra castris collata essent, et Marcellus locum idoneum castello cepisset, quo prohibere aqua Cassianos posset ; Longinus veritus ne genere quodam obsidionis clauderetur in regionibus alienis sibique infestis, noctu silentio ex castris proficiscitur, celerique itinere Uliam contendit : quod sibi fidele esse oppidum credebat. Ibi adeo conjuncta ponit mœnibus castra, ut et loci natura (namque Ulia in edito monte posita est), et ipsa munitione urbis undique ab oppugnatione tutus esset. Hunc Marcellus insequitur, et, quam proxime potest Uliam, castra castris confert ; locorumque cognita natura, quo maxime rem deducere volebat, necessitate est adductus, ut neque confligeret (cujus si rei facultas esset, resistere incitatis militibus non poterat), neque vagari Cassium latius pateretur ; ne plures civitates ea paterentur, quæ passi erant Cordubenses. Castellis idoneis locis collocatis, operibusque in circuitu oppidi continuatis, Uliam Cassiumque munitionibus clausit. Quæ priusquam perficerentur, Longinus omnem suum equitatum emisit : quem magno sibi usui fore credebat, si pabulari frumentarique Marcellum non pateretur ; magno autem impedimento, si clausus obsidione et inutilis necessarium consumeret frumentum.

LXII. Paucis diebus Cassii litteris acceptis, rex Bogud cum copiis venit ; adjungitque ei legionem, quam secum adduxerat, compluresque cohortes auxiliarias Hispanorum. Namque, ut in civilibus dissensionibus accidere consuevit, ita temporibus illis in Hispania nonnullæ civitates rebus Cassii studebant, plures Marcello favebant. Accedit cum copiis Bogud ad exteriores Marcelli munitiones. Pugnatur utrimque acriter, crebroque id accidit, fortuna sæpe ad utramque victoriam transferente : nec tamen unquam ab operibus depellitur Marcellus.

LXIII. Interim Lepidus ex citeriore provincia cum cohortibus legionariis XXXV, magnoque numero equitum et reliquorum auxiliorum, venit ea mente Uliam, ut sine ullo studio contentiones Cassii Marcellique compo-

son arrivée, Marcellus va le trouver sans hésiter et lui remet ses intérêts entre les mains : Cassius au contraire se tient enfermé dans son camp ; soit qu'il crût mériter plus d'égards que Marcellus, soit qu'il craignît que son adversaire, par ses déférences, n'eût déjà prévenu Lépidus contre lui. Lépidus établit son camp devant Ulia et agit de concert avec Marcellus. Il défend tout combat, et invite Cassius à le venir trouver en engageant sa foi qu'il ne lui sera fait aucun mal. Après avoir longtemps hésité sur ce qu'il devait faire et sur la confiance qu'il devait avoir dans la parole de Lépidus, Cassius, ne voyant nulle ressource pour lui, s'il persistait dans son dessein, demanda que les fortifications fussent détruites, et qu'on lui laissât un libre passage. Déjà on était convenu d'une trêve ; déjà on comblait les retranchements d'où les gardes s'étaient éloignées, lorsque les troupes de Bogud vinrent attaquer un des forts de Marcellus, près du camp de ce roi, sans que personne s'y attendit, excepté peut-être Cassius, car on doutait fort de sa loyauté. Beaucoup de soldats furent tués ; et si Lépidus qui accourait, indigné, avec des forces, n'eût promptement arrêté le combat, le mal aurait été plus grand.

LXIV. Le passage étant ouvert à Cassius, Marcellus et Lépidus joignirent leur camp et partirent ensemble pour Cordoue, tandis que Cassius prit avec ses troupes le chemin de Carmone. Vers le même temps Trébonius vint en qualité de proconsul pour gouverner la province. Dès que Cassius fut instruit de son arrivée, il mit ses légions et sa cavalerie en quartier d'hiver, ramassa en diligence tout ce qu'il avait, et partit pour Malaca. Il s'y embarqua malgré le mauvais temps, ne voulant pas, disait-il, se mettre à la discrétion de Trébonius, de Lépidus et de Marcellus ; ne voulant pas, disaient ses amis, traverser avec moins d'appareil une province dont une grande partie l'avait abandonné ; mais, selon l'opinion commune, désirant mettre en sûreté le fruit de ses innombrables rapines. Il partit par un temps assez favorable pour la saison. Comme il s'était arrêté à l'embouchure de l'Èbre pour y passer la nuit, il s'éleva peu après une violente tempête malgré laquelle il partit, croyant pouvoir sans péril continuer sa route ; mais porté par le courant rapide du fleuve, et repoussé par les vagues de la mer qui refluaient à l'embouchure, ne pouvant ni avancer ni reculer, il périt avec son vaisseau.

LXV. Tandis que de l'Égypte César venait en Syrie, il apprit par des citoyens et par des lettres qui arrivaient de Rome, qu'il y avait beaucoup de désordre et de faiblesse dans le gouvernement, et que toutes les affaires de la république étaient mal administrées. D'un côté, l'opiniâtreté des tribuns du peuple excitait de funestes séditions ; d'autre part, l'ambition et la mollesse des tribuns militaires et des chefs des légions avaient introduit dans l'armée des nouveautés dangereuses qui énervaient la discipline. Tout cela demandait sa présence. Mais il voulait, avant tout, ne laisser

neret. Huic venienti sine dubitatione Marcellus se credit atque offert : Cassius contra suis se tenet præsidiis ; sive eo, quod plus sibi juris deberi, quam Marcello, existimabat ; sive eo, quod, ne præoccupatus animus Lepidi esset obsequio adversarii, verebatur. Ponit ad Uliam castra Lepidus ; neque habet a Marcello quidquam divisi. Ne pugnetur, interdicit : ad exeundum Cassium invitat, fidemque suam in re omni interponit. Quum diu dubitasset Cassius, quid sibi faciendum, quidve Lepido esset credendum ; neque ullum exitum consilii sui reperiret, si permaneret in sententia ; postulat, uti munitiones disjicerentur, sibique liber exitus daretur. Non tantum induciis factis, sed prope jam constituta opera quum complanarent, custodiæque munitionum essent deductæ, auxilia regis in id castellum Marcelli, quod proximum erat regiis castris, neque opinantibus omnibus (si tamen in omnibus fuit Cassius ; nam de hujus conscientia dubitabatur), impetum fecerunt, compluresque ibi milites oppresserunt. Quod nisi celeriter, indignatione et auxilio Lepidi, prælium esset diremptum, major calamitas esset accepta.

LXIV. Quum iter Cassio patefactum esset, castra Marcellus cum Lepido conjungit. Lepidus eodem tempore Marcellusque Cordubam, Cassius cum suis proficiscitur Carmonam. Sub idem tempus Trebonius proconsul ad provinciam obtinendam venit. De cujus adventu ut cognovit Cassius, legiones, quas secum habuerat, equitatumque in hiberna distribuit : ipse, omnibus suis rebus celeriter correptis, Malacam contendit ; ibique adverso tempore navigandi naves conscendit, ut ipse prædicabat ; ne se Lepido, et Trebonio, et Marcello committeret ; ut amici ejus dictitabant, ne per eam provinciam minore cum dignitate iter faceret, cujus magna pars ab eo defecerat ; ut cæteri existimabant, ne pecunia illa, ex infinitis rapinis confecta, in potestatem cujusquam veniret. Progressus secunda, ut hiberna, tempestate, quum in Iberum flumen noctis vitandæ causa se contulisset, inde paullo vehementiore tempestate nihilo periculosius se navigaturum credens, profectus adversis fluctibus, occurrentibus ostio fluminis, in ipsis faucibus, quum neque flectere navim propter vim fluminis, neque directam tantis fluctibus tenere posset, demersa navi periit.

LXV. Quum in Syriam Cæsar ex Ægypto venisset, atque ab iis, qui Roma venerant ad eum, cognosceret, litterisque urbanis animadverteret, multa Romæ male et inutiliter administrari, neque ullam partem reipublicæ satis commode geri ; quod et contentionibus tribunitiis perniciosæ seditiones orirentur, et ambitione atque indulgentia tribunorum militum, et qui legionibus præerant, multa contra morem consuetudinemque militarem fierent, quæ dissolvendæ disciplinæ severitatisque essent ; eaque omnia flagitare adventum suum videret ; tamen præferendum existimavit, quas in provincias regionesque

les provinces et les contrées où il était venu, qu'après y avoir assuré la paix intérieure, ainsi que le respect des droits et des lois, et leur avoir ôté toute crainte de l'ennemi du dehors. C'est ce qu'il espérait pouvoir faire en peu de temps dans la Syrie, la Cilicie et l'Asie, provinces alors paisibles. Il ne voyait pas les mêmes facilités en Bithynie et dans le Pont ; car il ne savait pas que Pharnace eût quitté ce dernier pays, et il ne croyait pas même qu'il en voulût sortir, tant il était fier de l'avantage qu'il avait remporté sur Domitius Calvinus. César s'arrêta dans presque toutes les villes les plus importantes, y accorda à ceux qui s'étaient bien conduits des récompenses publiques et personnelles, prit connaissance des anciennes contestations et les régla, reçut l'hommage des rois, des tyrans, des gouverneurs de la province et des pays voisins, qui accoururent à lui, les chargea de veiller à la conservation et à la défense de la province, et les renvoya on ne peut mieux disposés pour lui et pour la république.

LXVI. Après avoir passé quelques jours dans cette province, il laisse à Sextus César, son ami et son parent, le commandement des légions et de la Syrie, et passe en Cilicie sur la même flotte qui l'avait amené. Il convoque par députés, toutes les villes de cette province à Tarse, la plus importante et la plus forte place du pays. A peine y a-t-il réglé toutes les affaires de cette province et des états voisins, que l'impatience de combattre l'en fait partir. Il traverse à grandes journées la Cappadoce, s'arrête deux jours à Mazaca, et vient à Comane où se trouve le temple de Bellone, le plus ancien et le plus vénéré de la Cappadoce. Telle est pour ce temple la dévotion des peuples, que, du consentement de tous, le prêtre de la déesse est, après le roi, le second personnage du royaume en majesté, en autorité, en pouvoir. César conféra cette dignité à Lycomède, homme des plus illustres de la Bithynie, issu des anciens rois de Cappadoce, dont les droits incontestables avaient été méconnus parce que sa couronne, par le malheur de ses ancêtres, avait passé dans une autre famille, et qui redemandait le sacerdoce. A l'égard d'Ariobarzane et d'Ariarathe, son frère, qui tous deux avaient bien servi la république, il confirma le premier dans la possession du trône et plaça l'autre sous l'autorité et la dépendance de son frère, afin qu'il ne fût pas tenté d'exciter des troubles, et qu'il n'inspirât point d'inquiétude. Après cela il continua sa route avec la même rapidité.

LXVII. Comme il approchait du Pont et des frontières de la Gallo-Grèce, Déjotarus, alors tétrarque de presque toute cette province, bien que les autres tétrarques lui disputassent ce titre qu'ils prétendaient ne lui être pas dû, ni d'après les lois ni d'après la coutume, et reconnu sans contestation roi de la petite Arménie qui lui avait été donnée par le sénat, vint se présenter à lui dépouillé des insignes de la royauté, non pas même sous les habits d'un simple particulier, mais sous le costume d'un accusé et d'un suppliant ; il le supplia de lui pardonner, si, se trouvant dans un pays où César n'avait pas de troupes, il avait été forcé de se mettre avec les siennes dans le parti de

venisset, eas ita relinquere constitutas, ut domesticis dissensionibus liberarentur, jura legesque acciperent, et externorum hostium metum deponerent. Hæc in Syria, Cilicia, Asia, celeriter se confecturum sperabat, quod hæ provinciæ nullo bello premebantur. In Bithynia ac Ponto plus oneris videbat sibi impendere : non enim excessisse Ponto Pharnacem audierat, neque excessurum putabat, quum secundo prælio esset vehementer inflatus, quod contra Domitium Calvinum fecerat. Commoratus fere in omnibus civitatibus, quæ majore sunt dignitate, præmia bene meritis et viritim et publice tribuit : de controversiis veteribus cognoscit ac statuit : reges, tyrannos, dynastas provinciæ, finitimosque, qui omnes ad eum concurrerant, receptos in fidem, conditionibus impositis provinciæ tuendæ ac defendendæ, dimittit, et sibi et populo romano amicissimos.

LXVI. Paucis diebus in ea provincia consumptis, Sex. Cæsarem, amicum et necessarium suum, legionibus Syriæque præficit ; ipse eadem classe, qua venerat, proficiscitur in Ciliciam. Cujus provinciæ civitates omnes evocat Tarsum, quod oppidum fere totius Ciliciæ nobilissimum fortissimumque est. Ibi, rebus omnibus provinciæ et finitimarum civitatum constitutis, cupiditate proficiscendi ad bellum gerendum non diutius moratur ; magnis- que itineribus per Cappadociam confectis, biduum Mazacæ commoratus, venit Comana, vetustissimum et sanctissimum in Cappadocia Bellonæ templum, quod tanta religione colitur, ut sacerdos Deæ ejus majestate, imperio, et potentia secundus a rege consensu gentis illius habeatur. Id homini nobilissimo Lycomedi Bithyno adjudicavit, qui, regio Cappadocum genere ortus, propter adversam fortunam majorum suorum mutationemque generis, jure minime dubio, vetustate tamen intermisso, sacerdotium id repetebat. Fratrem autem Ariobarzanis Ariarathen, quum bene meritus uterque eorum de republica esset, ne aut regni hæreditas Ariarathen sollicitaret, aut hæres regni terreret, Ariobarzani attribuit, qui sub ejus imperio ac ditione esset : ipse iter inceptum simili velocitate conficere cœpit.

LXVII. Quum propius Pontum finesque Gallograciæ accessisset, Dejotarus tetrarches Gallogræciæ tunc qui dem pæne totius (quod ei neque legibus, neque moribus concessum esse cæteri tetrarchæ contendebant), sine dubio autem rex Armeniæ minoris ab senatu appellatus, depositis regiis insignibus, neque tantum privato vestitu, sed etiam reorum habitu, supplex ad Cæsarem venit, oratum, « ut sibi ignosceret, quod in ea parte positus terrarum, quæ nulla præsidia Cæsaris habuisset, exercitibus

Pompée; ajoutant qu'il ne lui appartenait pas d'être le juge des différends qui s'élevaient parmi le peuple romain, et qu'il avait dû obéir aux autorités du moment.

LXVIII. Sur cela, César lui rappela les nombreux services qu'il lui avait rendus et les décrets qu'il avait fait rendre en sa faveur lorsqu'il était consul : il lui dit avec reproches qu'aucun motif ne rendait son imprudence excusable; car un homme si avisé et si habile n'avait pu ignorer qui était maître dans Rome et dans l'Italie, ni de quel côté était le sénat, le peuple romain, la république, ni enfin qui avait été consul après L. Lentulus et C. Marcellus : que toutefois il voulait bien lui pardonner en considération de ses anciens services, d'une vieille hospitalité, de leur liaison, de sa dignité, de son âge, et des prières d'une foule d'hôtes et d'amis qui étaient accourus implorer sa grâce. Il ajouta qu'il prendrait plus tard connaissance de la querelle qu'il avait avec les autres tétrarques. Ensuite il lui rendit les ornements royaux; mais en lui ordonnant d'amener celle de ses légions qu'il avait armée et disciplinée à la romaine, ainsi que toute sa cavalerie, dont il avait besoin pour la guerre.

LXIX. Lorsque César fut arrivé dans le Pont, il assembla toutes ses troupes, qui étaient peu nombreuses et manquaient d'expérience, à l'exception de la sixième légion, composée de vétérans, qu'il avait amenée d'Alexandrie, mais qui était tellement affaiblie par les fatigues et les dangers, par ses courses sur terre et sur mer, et par de continuels combats, qu'à peine comptait-elle mille hommes. Le reste ne consistait qu'en trois légions; l'une, qui était celle de Déjotarus; les deux autres, qui s'étaient trouvées à la bataille de Cn. Domitius contre Pharnace. Des envoyés de ce roi vinrent trouver César, et le prièrent de ne pas entrer chez eux en ennemi, l'assurant que Pharnace était prêt à obéir aveuglément à ses ordres, et lui représentant surtout qu'il n'avait jamais voulu donner aucun secours à Pompée contre lui, comme avait fait Déjotarus, à qui il avait pardonné.

LXX. César répondit que Pharnace n'aurait pas à se plaindre de son équité s'il tenait ses promesses; mais il avertit les députés avec douceur, selon sa coutume, de ne pas lui opposer l'exemple de Déjotarus, et de ne pas trop se prévaloir de ce qu'ils n'avaient pas secouru Pompée; qu'il n'y avait rien à quoi il se prêtât plus volontiers qu'à pardonner aux suppliants; mais que pour les torts faits aux peuples des provinces, il ne pouvait pas les excuser dans ceux-là même qui lui avaient rendu quelque service; que celui dont ils venaient de se vanter, avait été plus utile à Pharnace, en lui épargnant une défaite, qu'à César, que les dieux immortels avaient rendu vainqueur. Cependant il voulait bien pardonner à Pharnace les injures, les mauvais traitements qu'il s'était permis contre les citoyens romains qui commerçaient dans le Pont, puisque ces maux étaient irréparables; car Pharnace ne pouvait rendre la vie à ceux qu'il avait égorgés, ni la virilité à ceux qu'il avait mutilés, supplice plus affreux que la mort pour des

---

imperiisque in Cn. Pompeii castris fuisset; neque enim se judicem debuisse esse controversiarum populi romani, sed parere præsentibus imperiis. »

LXVIII. Contra quem Cæsar « quum plurima sua commemorasset officia, quæ consul ei decretis publicis tribuisset; quumque defensionem ejus nullam posse excusationem [ejus] imprudentiæ recipere coarguisset; quod homo tantæ prudentiæ ac diligentiæ scire potuisset, quis urbem Italiamque teneret; ubi senatus populusque romanus, ubi respublica esset; quis deinde post L. Lentulum, C. Marcellum consul esset; tamen se concedere id factum superioribus suis beneficiis, veteri hospitio atque amicitiæ, dignitati ætatique hominis, precibus eorum, qui frequenter concurrissent hospites atque amici Dejotari ad deprecandum; de controversiis tetrarcharum postea se cogniturum esse » dixit : regium vestitum ei restituit. Legionem autem, quam ex genere civium suorum Dejotarus armatura disciplinaque nostra constitutam habebat equitatumque omnem ad bellum gerendum adducere jussit.

LXIX. Quum in Pontum venisset, copiasque omnes in unum locum coegisset, quæ numero atque exercitatione bellorum mediocres erant (excepta enim legione sexta, quam secum adduxerat Alexandria veteranam, multis laboribus periculisque functam, multisque militibus partim difficultate itinerum ac navigationum, partim crebritate bellorum adeo deminutam, ut minus mille hominum in ea esset; reliquæ erant tres legiones, una Dejotari, duæ, quæ in eo prælio, quod Cn. Domitium fecisse cum Pharnace scripsimus, fuerant), legati, a Pharnace missi, Cæsarem adeunt, atque inprimis deprecantur, « ne ejus adventus hostilis esset : facturum enim omnia Pharnacem, quæ imperata essent; » maximeque commemorabant, « nulla Pharnacem auxilia contra Cæsarem Pompeio dare voluisse; quum Dejotarus, qui dedisset, tamen ei satisfecisset. »

LXX. Cæsar respondet, « se fore æquissimum Pharnaci, si, quæ polliceretur, repræsentaturus esset. » Monuit autem, ut solebat, mitibus verbis legatos, « ne aut Dejotarum sibi objicerent, aut nimis eo gloriarentur beneficio, quod auxilia non misissent : nam se neque libentius facere quidquam, quam supplicibus ignoscere; neque provinciarum publicas injurias condonare iis posse, qu [non] fuissent in se officiosi : id ipsum, quod commemorassent, officium utilius Pharnaci fuisse, qui providisset, ne vinceretur, quam sibi, cui Dii immortales victoriam tribuissent. Itaque se magnas et graves injurias civium romanorum, qui in Ponto negotiati essent, quoniam in integrum restituere non posset, concedere Pharnaci : nam neque interfectis amissam vitam, neque ex-

citoyens romains : mais que Pharnace sortît du Pont sans retard, qu'il remît en liberté les familles des receveurs du trésor, qu'il restituât aux Romains et aux alliés ce qu'il leur avait enlevé; alors seulement il pourra lui envoyer les présents et les dons que les généraux de Rome, après la victoire, avaient coutume de recevoir des amis de la république. Pharnace lui avait, en effet, envoyé une couronne d'or. Après cette réponse il congédia les députés.

LXXI. Pharnace promit tout sans hésiter, espérant que César, pressé de partir, se hâterait d'ajouter foi à ses promesses, et saisirait une occasion honorable pour aller au plus tôt terminer des affaires plus importantes; car personne n'ignorait que bien des raisons le rappelaient à Rome. Il se mit donc à l'œuvre lentement, demandant des délais, sollicitant de nouvelles conditions, cherchant en un mot à éluder ses engagements. César reconnut le stratagème et fit alors, par nécessité, ce que, dans la plupart des circonstances, il faisait par goût, c'est-à-dire qu'il en vint aux mains beaucoup plus tôt qu'on ne s'y attendait.

LXXII. Il y a dans le Pont une ville nommée Zéla, assez forte par sa position, bien que située dans une plaine. Car un tertre naturel et qu'on dirait fait de main d'homme en soutient les murailles de tous côtés. Tout autour de la ville sont un grand nombre de hautes collines entrecoupées de vallons. La plus haute d'entre elles, qui est presque jointe à la ville par des chemins élevés qui vont de l'une à l'autre, est fameuse dans le pays par la victoire que Mithridate remporta sur Triarius, et par l'échec de notre armée : elle n'est guère éloignée de Zéla que de trois mille pas. Ce fut là que Pharnace vint camper avec toutes ses troupes, et il releva les anciennes fortifications de ce poste qui avait été si avantageux à son père.

LXXIII. César plaça son camp à cinq mille pas de l'ennemi. Voyant que les vallons qui défendaient le camp du roi défendraient aussi le sien à la même distance, pourvu que l'ennemi, qui en était plus rapproché, ne s'en emparât pas le premier, il fit porter des fascines dans les retranchements. Cet ordre ayant été promptement exécuté, la nuit suivante, à la quatrième veille, laissant tout son bagage dans le camp, il part avec toutes ses légions, et, au point du jour, sans que l'ennemi en eût aucun soupçon, il occupa les mêmes lieux où Mithridate avait eu l'avantage sur Triarius. Il y fit alors transporter par les valets de l'armée, les fascines amassées dans le camp; afin qu'aucun soldat, ne quittât les travaux, le nouveau camp n'étant séparé de l'ennemi que par un vallon qui n'avait pas plus de mille pas.

LXXIV. Lorsque le jour parut, Pharnace s'étant aperçu de ce qui se passait, rangea toutes ses troupes en bataille devant son camp ; mais le chemin qui le séparait de nous était si difficile que César ne vit d'abord, dans ce mouvement, qu'une manœuvre indifférente, qui n'avait d'autre but que

---

sectis virilitatem restituere posse; quod quidem supplicium gravius morte cives romani subissent. Ponto vero decederet confestim, familiasque publicanorum remitteret, cæteraque restitueret sociis civibusque Romanis, quæ penes eum essent. Si fecisset, jam tunc sibi mitteret munera ac dona, quæ, bene rebus gestis, imperatores ab amicis accipere consuessent : » miserat enim Pharnaces coronam auream. His responsis datis, legatos remisit.

LXXI. At Pharnaces, omnia liberaliter pollicitus, quum festinantem ac properantem Cæsarem speraret libentius etiam crediturum suis promissis, quam res pateretur, quo celerius honestiusque ad res magis necessarias proficisceretur (nemini enim erat ignotum, plurimis de causis ad urbem Cæsarem revocari), lentius agere, decedendi diem postulare longiorem, pactiones interponere, in summa, frustrari cœpit. Cæsar, cognita calliditate hominis, quod aliis temporibus natura facere consueverat, tunc necessitate fecit adductus, ut celerius omnium opinione manum consereret.

LXXII. Zela est oppidum in Ponto, positu ipso, ut in plano loco, satis munitum : tumulus enim naturalis, velut manu factus, excelsiore undique fastigio sustinet murum. Circumpositi sunt huic oppido magni multique, intercisi vallibus, colles : quorum editissimus unus, qui propter victoriam Mithridatis, et infelicitatem Triarii, detrimentumque exercitus nostri, superioribus locis atque itineribus pæne conjunctus oppido, magnam in illis partibus habet nobilitatem; nec multo longius millibus passuum tribus abest ab Zela. Hunc locum Pharnaces, veteribus paternorum felicium castrorum refectis operibus, copiis suis omnibus occupavit.

LXXIII. Cæsar, quum ab hoste millia passuum quinque castra posuisset, videretque eas valles, quibus regia castra munirentur, eodem intervallo sua castra munituras, si modo ea loca hostes priores non cepissent, quæ multo erant propiora regis castris; aggerem comportari jubet intra munitiones. Quo celeriter collato, proxima nocte, vigilia quarta, legionibus omnibus expeditis, impedimentisque in castris relictis, prima luce, neque opinantibus hostibus, eum ipsum locum cepit, in quo Mithridates secundum prælium adversus Triarium fecerat. Huc omnem comportatum aggerem e castris servitia agerent jussit, ne quis ab opere miles discederet, quum spatio non amplius mille passuum intercisa vallis, castra hostium divideret ab opere incepto Cæsaris castrorum.

LXXIV. Pharnaces, quum id repente prima luce animadvertisset, copias suas omnes pro castris instruxit, quas, interposita tanta locorum iniquitate, consuetudine magis pervulgata militari credebat instrui Cæsar; vel ad opus suum tardandum, quo plures in armis tenerentur; vel ad ostentationem regiæ fiduciæ, ne munitione

de retarder nos travaux en nous obligeant à tenir plus de monde sous les armes, ou de nous faire voir que le roi ne comptait pas moins, pour défendre son poste, sur la valeur des siens que sur ses fortifications. Ainsi, sans s'étonner, il fit continuer les travaux par la plus grande partie de ses troupes, en mettant la première ligne en bataille devant ses retranchements. Mais Pharnace, soit qu'il fût encouragé par le bonheur de ce poste, ou animé par les auspices et les augures favorables, comme nous l'apprîmes dans la suite; soit qu'il nous crût moins nombreux que nous n'étions et qu'il prît pour autant de soldats cette multitude de valets occupés au travail journalier de transporter des fascines; soit encore qu'il fût plein de confiance dans ses vieilles troupes, qui, comme ses députés l'avaient dit avec jactance, avaient livré vingt-deux batailles et remporté autant de victoires; soit enfin qu'il méprisât une armée que lui-même avait repoussée lorsqu'elle était conduite par Domitius, il résolut de combattre, et commença à descendre la montagne. A ce spectacle, César ne put s'empêcher de rire de cette vaine bravade, de ces troupes entassées dans un poste où jamais homme sage n'eût pensé à s'engager. Cependant Pharnace, descendu dans le vallon, commença à remonter du même pas la colline opposée, avec ses troupes en bon ordre.

LXXV. César, frappé d'une témérité ou d'une audace si incroyable, se voyant attaqué au dépourvu, rappelle en même temps les soldats du travail, leur fait prendre les armes, place en avant les légions, range l'armée en bataille; ce qui, dans la surprise, effraya les nôtres. Nos rangs ne sont pas encore bien formés, que déjà les chariots du roi, armés de faux, y portent le désordre; mais bientôt nous les accablons sous une grêle de traits. Ces chariots étaient suivis de l'armée ennemie. Le combat s'engage avec de grands cris; nous y fûmes heureusement servis par la disposition du terrain, et surtout par la protection des dieux immortels, qui ne se montre jamais mieux, à la guerre, que dans les occasions où la prudence ne peut rien.

LXXVI. Après une lutte animée et opiniâtre, l'aile droite, où était la sixième légion, composée de vétérans, commença la victoire, et culbuta les ennemis sur la pente du coteau. Beaucoup plus tard, mais toujours à l'aide de ces mêmes dieux, l'aile gauche et le centre défirent toutes les troupes du roi, lesquelles furent chassées de ce poste avec autant de promptitude et de facilité qu'elles en avaient mis à le gravir : le désavantage de la position aida à les accabler. Beaucoup de soldats furent tués, et beaucoup d'autres écrasés par les leurs dans la déroute; et ceux qui purent se sauver en fuyant et regagner la hauteur, ayant jeté leurs armes dans la fuite, se trouvèrent sans défense. Quant aux nôtres, animés par le succès, ils n'hésitèrent pas à gravir ce coteau dangereux et à attaquer les retranchements. Comme ils n'étaient défendus que par les cohortes qu'y avait laissées Pharnace, le camp fut bientôt enlevé. Tout fut tué ou pris. Pour Pharnace, il s'enfuit avec quelques cavaliers; et si l'attaque de son camp

magis, quum manu, defendere locum Pharnaces videretur. Itaque deterritus non est, quo minus, prima acie pro vallo instructa, reliqua pars exercitus opus faceret. At Pharnaces, impulsus sive loci felicitate; sive auspiciis et religionibus inductus, quibus obtemperasse eum postea audiebamus; s ve paucitate nostrorum, qui in armis erant, comperta, quum more operis quotidiani magnam illam servorum multitudinem, quæ aggerem portabat, militum esse credidisset; sive etiam fiducia veterani exercitus sui, quem vicies et bis in acie conflixisse, et vicisse legati ejus gloriabantur; simul contemptu exercitus nostri, quem pulsum a se, Domitio duce, sciebat; inito consilio dimicandi, descendere prærupta valle cœpit. Cujus aliquamdiu Cæsar irridebat inanem ostentationem, et eo loco militum coarctationem, quem in locum nemo sanus hostis subiturus esset : quum interim Pharnaces eodem gradu, quo prærupta in prælium descenderat valle, ascendere adversus arduum collem instructis copiis cœpit.

LXXV. Cæsar, incredibili ejus vel temeritate, vel fiducia commotus, neque opinans imparatusque oppressus, eodem tempore milites ab operibus vocat, arma capere jubet, legiones opponit, aciemque instruit : cujus rei subita trepidatio magnum terrorem attulit nostris. Nondum ordinibus instructis, falcatæ regiæ quadrigæ permixtos milites perturbant; quæ tamen celeriter multitudine telorum opprimuntur. Insequitur has acies hostium et clamore sublato confligitur, multum adjuvante natura loci, plurimum Deorum immortalium benignitate : qui quum omnibus casibus belli intersunt, tum præcipue eis quibus nihil ratione potuit administrari.

LXXVI. Magno atque acri prælio cominus facto, dextro cornu, quo veterana legio sexta erat collocata, initium victoriæ natum est. Ab ea parte quum in proclive detruderentur hostes; multo tardius, sed tamen iisdem Diis adjuvantibus, sinistro cornu mediaque acie totæ profligantur copiæ regis : quæ quam facile subierant iniquum locum, tam celeriter, gradu pulsæ, premebantur loci iniquitate. Itaque multis militibus partim interfectis, partim suorum ruina oppressis, qui velocitate effugere poterant, armis tamen projectis, vallem transgressi, nihil ex loco superiore inermes proficere poterant. At nostri, victoria elati, subire iniquum locum, munitionesque aggredi non dubitarunt. Defendentibus autem iis cohortibus castra, quas Pharnaces præsidio reliquerat, celeriter castris hostium sunt potiti. Interfecta multitudine suorum, aut capta, Pharnaces cum paucis equitibus profugit : cui nisi castrorum oppugnatio facultatem attulis-

ne lui eût pas donné le loisir de s'échapper, il serait tombé vivant au pouvoir de César.

LXXVII. César, tant de fois vainqueur, ressentit de cette victoire une joie incroyable. En effet, il avait terminé rapidement une guerre importante (12), et le souvenir du péril le charmait d'autant plus que la difficulté même de réussir lui avait facilité la victoire. Après avoir ainsi reconquis le Pont, et abandonné tout le butin aux soldats, il part le lendemain avec ses cavaliers équipés à la légère, ordonne à la sixième légion de se rendre en Italie pour y recevoir les récompenses et les honneurs qu'elle mérite, renvoie à Déjotarus ses troupes, et laisse dans le Pont deux légions sous le commandement de Célius Vinicianus.

LXXVIII. De là il traverse la Gallo-Grèce et la Bithynie pour se rendre en Asie [1], décidant les différends de toutes ces provinces, et réglant les droits des tétrarques, des rois et des villes. Quant à Mithridate de Pergame, qui, comme on l'a vu, nous avait secondés en Égypte avec tant de zèle et de bonheur, prince d'ailleurs de race royale, et qui avait reçu une éducation de roi, car Mithridate, roi de toute l'Asie, l'avait tiré de Pergame bien jeune encore, et l'avait gardé avec lui, dans son camp, pendant plusieurs années, César l'établit roi du Bosphore, auparavant possédé par Pharnace, et assura ainsi la tranquillité des provinces romaines contre les insultes des Barbares et des rois nos ennemis, en plaçant entre eux et elles un roi tout dévoué. Il lui adjugea pareillement la tétrarchie de la Gallo-Grèce, comme lui revenant d'après les lois du pays et par le droit de sa naissance, quoique Déjotarus en fût en possession depuis plusieurs années. Du reste, il ne s'arrêta nulle part plus longtemps que les troubles intérieurs de Rome ne semblaient le lui permettre; et, après avoir tout terminé avec autant de bonheur que de célérité, il arriva en Italie plus tôt qu'on ne l'attendait.

[1] C'est-à-dire dans la province romaine ou l'Asie proconsulaire.

set liberius profugienai, vivus in Cæsaris potestatem adductus esset.

LXXVII. Tali victoria toties victor Cæsar incredibili est lætitia affectus, quod maximum bellum tanta celeritate confecerat; quodque subiti periculi recordatio est lætior, quod victoria facilis ex difficillimis rebus acciderat. Ponto recepto, præda omni regia militibus condonata, postero die cum expeditis equitibus ipse proficiscitur; legionem VI decedere ad præmia atque honores accipiendos in Italiam jubet : auxilia Dejotari domum remittit : duas legiones cum Cælio Viniciano in Ponto relinquit.

LXXVIII. Ita per Gallogræciam Bithyniamque in Asiam iter facit, omniumque earum provinciarum de controversiis cognoscit, et statuit; jura in tetrarchas, reges, civitates distribuit. Mithridatem Pergamenum, a quo rem feliciter, celeriterque gestam in Ægypto supra scripsimus, regio genere ortum, disciplinis etiam regiis educatum (nam Mithridates, rex Asiæ totius, propter nobilitatem Pergamo parvulum secum asportaverat in castra, multosque tenuerat annos), regem Bosphori constituit, quod sub imperio Pharnacis fuerat; provinciasque populi romani a Barbaris, atque inimicis regibus, interposito amicissimo rege, munivit. Eidem tetrarchiam [legibus] Gallogræcorum jure gentis et cognationis adjudicavit, occupatam et possessam paucis ante annis a Dejotaro. Neque tamen usquam diutius moratus est, quam necessitas urbanarum seditionum pati videbatur. Rebus felicissime celerrimeque confectis, in Italiam celerius omnium opinione venit.

NOTES

DES

COMMENTAIRES SUR LA GUERRE D'ALEXANDRIE.

(1) Ce livre est communément attribué à Hirtius.

« La guerre d'Alexandrie donna neuf mois de répit au parti de Pompée, releva ses espérances et le mit à même de tenir encore plusieurs campagnes, ce qui obligea l'année suivante César à faire la campagne d'Afrique, et deux ans après une nouvelle campagne en Espagne. Ces deux campagnes, où il lui fallut son génie et sa fortune pour en sortir vainqueur, n'auraient point eu lieu, si, en sortant de Pharsale, il se fût rendu de suite sur les côtes d'Afrique, y eût prévenu Caton et Scipion; ou si, se portant, comme il l'a fait, sur Alexandrie, il se fût fait suivre par quatre ou cinq légions; il ne manquait pas de bâtiments pour les porter. Au défaut de cela, il pouvait sans inconvénient se contenter de l'apparente soumission de Ptolémée, et ajourner la vengeance d'une année.

Les deux légions de César et le corps de cavalerie avec lesquels il entra dans Alexandrie ne formaient que cinq mille hommes; les dix galères étaient montées par quatre mille hommes: c'étaient des forces bien peu considérables pour lutter contre un grand roi et soumettre une ville comme Alexandrie. Mais César eut deux bonheurs : le premier, de se saisir du palais, de la citadelle et de la tour du Phare; le deuxième, de brûler la flotte des Alexandrins. Ce ne fut qu'un mois après son arrivée que l'armée égyptienne partit de Péluse et entra dans Alexandrie; peu après il reçut jusqu'à vingt-quatre galères de renfort chargées de troupes. Ainsi, tout bien considéré, il n'y a dans toute sa guerre d'Alexandrie rien de merveilleux : tous les plans que les commentateurs ont dressés pour expliquer sont faux. Alexandrie avait deux ports, comme elle les a encore aujourd'hui : le Port-Neuf, qu'occupait César, et dont l'entrée est défendue par la tour du Phare; et le Port-Vieux, qu'occupaient les Alexandrins; mais celui-ci est une grande rade et ne ressemble en rien au premier, qui est entouré par les quais de la ville, tandis que celui-ci forme un arc dont la corde est de six mille toises jusqu'au Marabou; la ville d'Alexandrie ne s'étendait pas, du côté de l'ouest, au tiers de cette distance.

NAPOLÉON.

(2) Peuple de l'Arabie-Pétrée. Le pays des Nabatiens s'étendait depuis l'Euphrate jusqu'à la mer Rouge.

(3) Ville de l'Égypte dans le nome de Lybie. Sésostris partagea l'Égypte en trente-six nomes ou gouvernements. Les gouverneurs s'appelaient nomarques.

(4) Le texte est altéré en cet endroit.

(5) Le texte est également altéré dans ce passage.

(6) Ville d'Égypte située à l'embouchure occidentale du Nil. Elle était célèbre par la dissolution de ses habitants.

(7) « César, dans la guerre des Gaules, ne dit jamais quelle était la force de son armée ni le lieu où il se bat; ses batailles n'ont pas de nom; son continuateur est tout aussi obscur; il raconte, il est vrai, comment Mithridate prend Péluse, mais il ne dit rien de sa marche ultérieure; au contraire, il est en contradiction avec des auteurs contemporains, qui disent que de Péluse il se porta sur Memphis, dont il s'empara; après quoi il descendit sur Alexandrie par la rive droite, en descendant le Nil; qu'il fut arrêté à peu près à la hauteur d'Atham par l'armée de Ptolémée. Le point où s'embranche dans le Nil le canal dont on voit encore les traces, serait, d'après ces renseignements, le lieu où s'est donnée la bataille. Le commentateur appelle ce canal une rivière ; mais on sait bien qu'en Égypte il n'y a pas de rivières, qu'il n'y a que des canaux. Les historiens nous laissent, selon leur usage, dans l'obscur sur l'époque à laquelle s'est livrée cette bataille. Cependant il paraît qu'elle doit avoir eu lieu à la fin de mai ou au commencement de juin; les eaux du Nil ne sont pas alors tout à fait basses, ce qui suppose que l'armée de Mithridate avait passé le désert au mois d'avril. »

NAPOLÉON.

(8) Les succès de Pharnace contre Domitius font connaître quelle était la différence de bonnes ou mauvaises troupes. Trois légions ne résistent pas un moment contre des Barbares, et une seule parvient à faire sa retraite sans perte.

NAPOLÉON.

(9) Nous ne nous sommes pas cru le droit, n'y étant autorisés par aucun manuscrit, de ne pas mettre comme toutes les bonnes éditions de César, *committere noluit*. Toutefois, il est évident que ce mot n'a pas de sens, car Vatinius engage la bataille. Les manuscrits varient tellement sur l'ensemble de cette phrase, qu'il nous a paru qu'on pourrait bien y lire *maluit*, qui exprime un sens naturel,

au lieu de *noluit* qui est un non-sens. Nous avons traduit comme s'il y avait *maluit*.

(10) « La victoire navale de Vatinius avec des vaisseaux de charge, contre Octavius, qui commandait des galères, est remarquable; les batailles navales n'étaient que des combats de pied ferme, et les vétérans romains, les plus braves de tous les hommes, l'épée à la main, étaient presque toujours assurés de vaincre sur terre comme sur mer. Les armes à feu, qui ont produit une si grande révolution sur terre, en ont fait une très-grande dans la marine; les batailles s'y décident à coups de canon, et comme l'effet du canon dépend de la position qu'il occupe, l'art de manœuvrer et de prendre cette position décide des batailles navales. Les troupes les plus intrépides ne peuvent rien dans un genre de combat où il est presque impossible de s'aborder; la victoire est décidée par deux cents bouches à feu, qui désemparent, brisent les manœuvres, coupent les mâts et vomissent la mort de loin. La tactique navale a donc acquis une tout autre importance. » NAPOLÉON.

(11) Le texte porte *berones*. On ignore la signification de ce mot, qui d'ailleurs pourrait bien avoir été altéré par les copistes. On a proposé d'y voir *Vellones*, *Bigerones*, qui sont des peuples d'Espagne; et enfin *barones*, qui en langue gauloise aurait signifié valet d'armée.

(12) César exprima la promptitude avec laquelle il avait terminé cette campagne par ces trois mots devenus célèbres : *veni, vidi, vici*.

COMMENTAIRES

SUR

LA GUERRE D'AFRIQUE[1].

I. César, sans forcer sa marche ni s'arrêter un seul jour, arriva à Lilybée[1] le quatorze des calendes de Janvier[2]. Il montra aussitôt combien il avait hâte de s'embarquer, quoiqu'il n'eût alors qu'une légion de nouvelle levée et à peine six cents chevaux : car il fit dresser sa tente si près de la mer, que les flots venaient presque battre au pied. Son intention était que personne n'espérât de retard, et que chacun fût prêt tous les jours et à toute heure. Le temps était alors contraire et la saison peu propre pour courir la mer ; néanmoins, il retint à bord les matelots et les soldats, afin de ne laisser échapper aucune occasion de partir ; d'autant plus que les habitants ne parlaient que des grandes forces de l'ennemi. Il avait, disait-on, une cavalerie innombrable, quatre légions du roi[3], quantité de troupes armées à la légère, dix légions de Scipion, cent vingt éléphants et plusieurs flottes. César n'en montrait aucune crainte ; il avait toujours même courage et même confiance. Cependant il voyait chaque jour augmenter le nombre de ses galères et de ses vaisseaux de transport ; il lui vint aussi plusieurs légions de nouvelles levées, la cinquième qui était composée de vétérans, et jusqu'à deux mille chevaux.

II. Ayant rassemblé six légions et deux mille chevaux, il embarqua les légions sur les galères à mesure qu'elles arrivaient, et la cavalerie sur des vaisseaux de transport. Il fit ensuite prendre les devants à la plus grande partie de sa flotte, et lui commanda de se rendre à l'île Aponiana, peu éloignée de Lilybée. Lui-même, après s'y être arrêté encore quelques jours pour faire vendre à l'encan les biens de quelques habitants, et après avoir donné ses ordres au préteur Alienus, gouverneur

[1] Aujourd'hui Capococo en Sicile.. — [2] L'an de Rome 707. — [3] Juba

COMMENTARII DE BELLO AFRICANO.

I. Cæsar, itineribus justis confectis, nullo die intermisso, a. d. XIV kal. Jan. Lilybæum pervenit, statimque ostendit, sese naves velle conscendere, quum non amplius legionem tironum haberet unam, equites vix DC. Tabernaculum secundum littus ipsum constituit, ut prope fluctus verberaret. Hoc eo consilio fecit, ne quis sibi moræ quidquam fore speraret, et ut omnes in dies horasque parati essent. Incidit per id tempus, ut tempestates ad navigandum idoneas non haberet ; nihilo tamen minus in navibus remiges militesque continere, et nullam prætermittere occasionem profectionis ; quum præsertim ab incolis ejus provinciæ nuntiarentur adversariorum copiæ, equitatus infinitus, legiones regiæ IV, levis armaturæ magna vis, Scipionis legiones X, elephanti CXX, classesque esse complures : tamen non deterrebatur ; animoque et spe confidebat. Interim in dies et naves longæ adaugeri, et onerariæ complures eodem concurrere, et legiones tironum convenire, in his veterana legio V, equitum ad duo millia.

II. Legionibus collectis VI, et equitum II millibus, ut quæque prima legio venerat, in naves longas imponebatur, equites autem in onerarias. Ita majorem partem navium antecedere jussit, et insulam petere Aponianam, quæ non [longe] abest a Lilybæo. Ipse parum commoratus, bona paucorum vendit publice : deinde Alieno prætori, qui Siciliam obtinebat, de omnibus rebus præcipit,

de Sicile, pour le prompt embarquement du reste de l'armée, il mit à la voile le sixième jour des calendes de janvier, et eut bientôt rejoint sa flotte. Poussé par un bon vent et monté sur un vaisseau bon voilier, il arriva le quatrième jour à la vue de l'Afrique avec quelques galères; car ses vaisseaux de transport, à l'exception d'un petit nombre, écartés et dispersés par le vent, avaient abordé en divers endroits. Il passa, avec sa flotte, devant Clupée et Neapolis, laissant derrière lui plusieurs villes et châteaux situés sur la côte.

III. En arrivant à Adrumetum, où il y avait une garnison ennemie, commandée par C. Considius, il vit paraître sur le rivage, du côté de Clupée, Cn. Pison avec la cavalerie d'Adrumetum, et environ trois mille Maures. Après être resté quelque temps à l'entrée du port, en attendant ses autres vaisseaux, il fit débarquer son armée, qui se composait alors de trois mille hommes de pied et cent cinquante chevaux, campa devant la ville, se retrancha sans aucune opposition, et interdit à ses gens le pillage. Cependant ceux de la ville garnissent les remparts de soldats, et accourent en foule se mettre en défense devant la porte : il y avait deux légions dans la ville. César fit à cheval le tour de la place, la reconnut et rentra dans son camp. Quelques-uns le blâmèrent et le taxèrent d'imprudence, soit parce qu'il n'avait pas assigné aux pilotes et aux commandants un lieu fixe où ils dussent se réunir, soit parce qu'il ne leur avait pas donné, ainsi qu'il l'avait toujours pratiqué jusqu'alors, des ordres cachetés, afin que, les ouvrant à certains moments, ils vinssent tous à un rendez-vous commun. César avait bien pensé à tout cela ; mais il ne savait pas qu'il y eût sur la côte d'Afrique un port où sa flotte pût être en sûreté contre les garnisons ennemies, et il avait cru devoir laisser à ses vaisseaux la liberté d'aborder où le hasard les conduirait.

IV. Cependant L. Plancus, lieutenant de César, lui demande la permission de conférer avec Considius, pour essayer de le ramener, de manière ou d'autre, à des sentiments plus sages. Ayant obtenu l'agrément de César, il écrit à Considius, et lui fait porter la lettre par un prisonnier. Celui-ci ne l'eut pas plus tôt présentée, suivant ses ordres, qu'avant de la prendre, Considius lui demande : « D'où vient cette lettre ? » — « De notre général César, répond le prisonnier. » Alors Considius : « Le peuple romain ne reconnaît maintenant d'autre général que Scipion. » Puis, il fait mettre à mort le prisonnier en sa présence ; et sans lire la lettre, sans l'ouvrir, il la donne à un homme affidé pour la porter à Scipion.

V. Après avoir passé un jour et une nuit devant la ville sans recevoir aucune réponse de Considius, et voyant que le reste de son armée n'arrivait pas ; qu'il avait fort peu de cavalerie ; que ses troupes, composées de nouvelles levées, n'étaient ni assez nombreuses ni assez aguerries ; ne voulant pas d'ailleurs s'exposer, dès son arrivée, à recevoir un échec devant une ville bien fortifiée, dont les abords étaient difficiles, et au

et de reliquo exercitu celeriter imponendo. Datis mandatis, ipse navem conscendit a. d. VI. kal. Jan., et reliquas naves statim est consecutus. Ita vento certo celerique navigio vectus, post diem quartam cum longis paucis navibus in conspectum Africæ venit : namque onerariæ reliquæ, præter paucas, vento dispersæ atque errabundæ, diversa loca petierunt. Clupeam classe prætervehitur, deinde Neapolim : complura præterea castella, et oppida non longe a mari relinquit.

III. Postquam Adrumetum accessit (ubi præsidium erat adversariorum, cui præerat C. Considius), et a Clupeis secundum oram maritimam cum equitatu Adrumeti, Cn. Piso cum Maurorum circiter tribus millibus apparuit : ibi paullisper Cæsar ante portum commoratus, dum reliquæ naves convenirent, exponit exercitum; cujus numerus in præsentia fuit peditum III millia, equitum CL ; castrisque ante oppidum positis, sine injuria cujusquam consedit ; cohibetque omnes a præda. Oppidani interim muros armatis complent : ante portam frequentes considunt ad se defendendum : quorum numerus II legionum intus erat. Cæsar, circum oppidum vectus, natura loci perspecta, redit in castra. Non nemo culpæ ejus imprudentiæque assignabat, quod neque certum locum gubernatoribus præfectisque, quem peterent, præceperat ; neque, ut mos ipsius consuetudoque superioribus temporibus fuerat, tabellas signatas dederat, ut in tempore, iis perlectis, locum certum peterent universi. Quod minime Cæsarem fefellerat : namque nullum portum terræ Africæ, quo classes decurrerunt, pro certo tutum ab hostium præsidio fore suspicabatur ; sed fortuitu oblatam occasionem egressus aucupabatur.

IV. L. Plancus interim legatus petit a Cæsare, uti sibi daret facultatem cum Considio agendi, si posset aliqua ratione perduci ad sanitatem. Itaque, data facultate, litteras conscribit, et eas captivo dat perferendas in oppidum ad Considium. Quo simul atque captivus pervenisset, litterasque, ut erat mandatum, Considio porrigere cœpisset ; priusquam acciperet ille, « Unde, inquit, istas ? » Tum captivus : « Immo ab [imperatore] Cæsare. » Tunc Considius : » Unus est, inquit, Scipio imperator hoc tempore populi romani. » Deinde in conspectu suo captivum statim interfici jubet, litterasque nondum perlectas, sicut erant signatæ, dat homini certo ad Scipionem perferendas.

V. Postquam, una nocte et die ad oppidum consumpta, neque responsum ullum a Considio dabatur ; neque ei reliquæ copiæ succurrebant, neque equitatu abundabat ; et ad oppidum oppugnandum non satis copiarum habebat, et eas tironum ; neque primo adventu convulnerari exercitum volebat ; et oppidi egregia munitio, et difficilis

secours de laquelle venait, disait-on, une cavalerie nombreuse, César ne crut pas devoir s'arrêter à l'assiéger, dans la crainte que, pendant qu'il serait engagé dans cette entreprise, la cavalerie ennemie ne vînt le prendre par derrière et l'envelopper.

VI. Il se disposait donc à lever son camp, lorsque tout à coup les ennemis sortirent de la ville : en même temps le hasard envoya à leur secours la cavalerie que Juba envoyait pour recevoir sa paie. Ils s'emparent du camp dont César venait de sortir pour se mettre en marche, et commencent à poursuivre son arrière-garde. A cette vue, les légionnaires s'arrêtent, et notre cavalerie, malgré son petit nombre, attaque hardiment cette multitude. Une chose incroyable, c'est que trente cavaliers gaulois, au plus, battirent deux mille cavaliers maures et les repoussèrent jusque dans la ville. Les ennemis ainsi repoussés et rejetés dans leurs retranchements, César continua sa marche. Cependant, comme ces attaques se renouvelaient, et que sans cesse l'ennemi nous poursuivait et nous forçait à lui donner la chasse à notre tour, César mit à l'arrière-garde quelques cohortes de vétérans avec une partie de sa cavalerie, et ensuite continua tranquillement sa route. Plus on s'éloignait de la ville, moins les Numides étaient ardents à la poursuite. Chemin faisant, César reçut des députés de plusieurs villes et châteaux, qui venaient lui offrir des vivres et lui faire leur soumission. Le même jour, qui était le premier des calendes de janvier, il campa à Ruspina.

VII. De là il se rendit à Leptis, ville libre et indépendante, qui envoya aussi des députés au devant de lui pour l'assurer qu'elle était prête à se soumettre à ses ordres. Ayant donc placé des centurions et des gardes aux portes, afin d'empêcher les soldats d'y entrer ou d'en insulter les habitants, il assit son camp près de la ville, sur le rivage. Là, des vaisseaux de charge et quelques galères le joignirent, et il apprit que le reste de sa flotte, incertain du lieu où il avait abordé, paraissait avoir pris la route d'Utique. Voyant ses vaisseaux égarés, César résolut de ne pas s'éloigner de la mer et de ne pas entrer dans les terres; il retint même à bord toute sa cavalerie, de crainte, à ce que je pense, qu'elle ne ravageât la campagne, et fît porter de l'eau aux navires.

Toutefois, des matelots qui avaient débarqué pour faire de l'eau, furent attaqués par les cavaliers maures, qui, tombant sur eux tout d'un coup lorsqu'ils y pensaient le moins, en blessèrent un grand nombre, et en tuèrent plusieurs avec leurs traits. C'est la coutume des Maures de se tenir en embuscade avec leurs chevaux dans les ravins, et de se montrer inopinément; mais ils n'osent pas se battre en plaine.

VIII. Cependant César envoya des députés avec des lettres en Sardaigne et dans les autres provinces voisines, avec ordre qu'à la réception de ces dépêches on lui envoyât sans retard des troupes, des vivres et du blé; puis, ayant fait décharger une partie de ses galères, il dépêcha Rabirius Postumus en Sicile pour en ramener un second convoi.

---

ad oppugnandum erat accessus; et nuntiabantur auxilia magna equitatus oppidanis suppetias venire, non est visa ratio ad oppugnandum oppidum commorandi, ne, dum in ea re Cæsar esset occupatus, circumventus a tergo ab equitatu hostium laboraret.

VI. Itaque, castra quum movere vellet, subito ex oppido erupit multitudo, atque equitatus subsidio uno tempore eis casu succurrit, qui erat missus ab Juba ad stipendium accipiendum, castraque, unde Cæsar egressus iter facere cœperat, occupant, et ejus agmen extremum insequi cœperunt. Quæ res quum animadversa esset, subito legionarii consistunt, et equites quamquam erant pauci, tamen contra tantam multitudinem audacissime concurrunt. Accidit res incredibilis, ut equites minus XXX Galli, Maurorum equitum II millia loco pellerent, urgerentque in oppidum. Postquam repulsi et conjecti erant intra munitiones, Cæsar iter constitutum ire contendit. Quod quum sæpius facerent, et modo insequerentur, modo rursus ab equitibus in oppidum repellerentur, cohortibus paucis ex veteranis, quas secum habebat, in extremo agmine collocatis, et parte equitatus, iter leniter cum reliquis facere cœpit. Ita, quanto longius ab oppido discedebatur, tanto tardiores ad insequendum erant Numidæ. Interim in itinere ex oppidis et castellis legationes venire, polliceri frumentum, paratosque esse, quæ imperasset, facere. Itaque eo die castra posuit ad oppidum Ruspinam kalendis Januariis.

VII. Inde movit, et pervenit ad oppidum Leptin, liberam civitatem et immunem. Legati ex oppido veniunt obviam; libenter se omnia facturos quæ vellet, pollicentur. Itaque, centurionibus ad portas oppidi et custodiis impositis, ne quis miles in oppidum introiret, aut injuriam faceret cuipiam incolæ, non longe ab oppido secundum littus facit castra. Eodem naves onerariæ et longæ nonnullæ casu advenerunt; reliquæ, ut est ei nuntiatum, incertæ locorum, Uticam versus petere visæ sunt. Interim Cæsar a mari non digredi, neque mediterranea petere propter navium errorem, equitatumque in navibus omnem continere, ut arbitror, ne agri vastarentur; aquam in naves jubet comportari. Remiges interim, qui aquatum e navibus exierant, subito equites Mauri, neque opinantibus Cæsarianis, adorti, multos jaculis convulneraverunt, nonnullos interfecerunt: latent enim in insidiis cum equis inter convalles, et subito exsistunt, non ut in campo cominus depugnent.

VIII. Cæsar interim in Sardiniam nuntios cum litteris, et in reliquas provincias finitimas dimisit, ut sibi auxilia, commeatus, frumentum, simul atque litteras legissent, mittenda curarent; exoneratisque partim navibus longis, Rabirium Postumum in Siciliam ad secundum commea-

En même temps il détacha dix galères pour aller chercher le reste des bâtiments de transport qui s'étaient égarés, et pour assurer la navigation. Il envoya aussi le préteur C. Sallustius Crispus[1], avec un certain nombre de vaisseaux du côté de l'île Circina, dont les ennemis étaient maîtres, parce qu'on y avait fait, disait-on, de grands approvisionnements de blé. Tous ces ordres, César avait eu soin de les préciser, de manière à ne laisser aucune excuse à la négligence et à la lenteur. Pendant ce temps, ayant appris par des transfuges et par des habitants du pays, les engagements onéreux contractés avec Juba, par Scipion et les siens (car Scipion s'était obligé à entretenir la cavalerie du roi aux frais de la province d'Afrique), il gémit de voir des hommes assez dépourvus de sens pour aimer mieux être tributaires d'un roi, que de vivre avec leurs concitoyens au sein de leur patrie, dans la possession paisible et sûre de leurs biens.

IX. César lève son camp le troisième jour des nones de janvier, laisse à la garde de Leptis six cohortes sous les ordres de Saserna, et retourne avec le reste de ses troupes à Ruspina qu'il avait quittée le jour précédent. Là, sans s'embarrasser du bagage, il part avec une troupe légère pour aller chercher des vivres aux environs, se fait suivre par les habitants avec des bêtes de somme et des chariots, et, après avoir ramassé d'abondantes provisions de blé, revient à Ruspina. En faisant cette tournée, son dessein était, je crois, de chercher de quoi pourvoir les villes maritimes qu'il laisserait derrière lui, et de s'assurer des postes où les vaisseaux pourraient trouver une retraite.

X. Aussi, après avoir remis la garde de cette place, où il laissait une légion, à P. Saserna, frère de celui qu'il avait laissé près de là, à Leptis, et lui avoir recommandé d'y ramasser le plus de bois qu'il pourrait, il part avec sept cohortes tirées des vieilles légions qui avaient servi sur la flotte de Sulpicius et Vatinius, se rend à un port éloigné de deux mille pas de Ruspina, et s'embarque sur le soir avec cette troupe, sans que personne de l'armée connaisse son dessein. Ce départ donna beaucoup d'inquiétude et de chagrin à ses soldats; ils étaient peu nombreux, la plupart de nouvelle levée; et, avant même qu'ils fussent au complet, ils se voyaient exposés, dans le sein de l'Afrique, aux attaques d'une armée puissante, d'une nation perfide et d'une cavalerie innombrable, n'ayant à espérer de consolation ou de secours que de la présence de leur général, de sa fermeté inébranlable et de son admirable sérénité. En effet, toute sa personne annonçait la grandeur et l'élévation de son âme : ses troupes se reposaient sur lui avec confiance, et dirigées par son expérience et son génie, elles croyaient tout possible.

XI. César, après avoir passé la nuit sur sa flotte, se préparait à partir au point du jour, lorsqu'il vit paraître ceux de ses vaisseaux qui s'étaient égarés et que le hasard amenait sur cette côte. Aussitôt il fait débarquer tous ses gens, en leur ordonnant d'attendre en armes sur le rivage les autres soldats qui arrivent; et, dès que les

[1] L'historien.

---

tum arcessendum mittit. Interim cum X navibus longis ad reliquas naves onerarias conquirendas, quæ deerrassent, et simul mare tuendum ab hostibus, jubet proficisci. Item C. Sallustium Crispum prætorem ad Cercinam insulam versus, quam adversarii tenebant, cum parte navium ire jubet; quod ibi magnum numerum frumenti esse audiebat. Hæc ita imperabat, ita unicuique præcipiebat, ut, si fieri posset, necne, locum excusatio nullum haberet, seu moram tergiversatio. Ipse interea, ex perfugis et incolis cognitis conditionibus Scipionis, et qui cum eo contra se bellum gerebant, miserari (regium enim equitatum Scipio ex provincia Africa alebat), tanta homines esse dementia, ut malint regis esse vectigales, quam cum civibus in patria, in suis fortunis esse incolumes.

IX. Cæsar a. d. III. Non. Jan. castra movet; Leptique sex cohortium præsidio cum Saserna relicto, ipse rursus, unde pridie venerat, Ruspinam cum reliquis copiis convertit, ibique sarcinis exercitus relictis, ipse cum expedita manu proficiscitur circum villas frumentatum, oppidanisque imperat, ut plaustra jumentaque omnia sequantur. Itaque magno frumenti invento numero, Ruspinam redit. Hoc eum idcirco existimo fecisse, ut maritima oppida post se ne vacua relinqueret, præsidioque firmata ad classis receptacula muniret.

X. Itaque, ibi relicto P. Saserna, fratre ejus quem Lepti proximo oppido reliquerat, cum legione, jubet comportari ligna in oppidum quam plurima : ipse cum cohortibus VII, quæ ex veteranis legionibus in classe cum Sulpicio et Vatinio rem gesserant, ex oppido Ruspina egressus, proficiscitur ad portum, qui abest ab oppido millia passuum duo; ibique classem sub vesperum cum ea copia conscendit, omnibus in exercitu insciis, et requirentibus imperatoris consilium, quia magno metu ac tristimonia sollicitabantur. Parva enim cum copia, et ea tironum, neque omni exposita, in Africa contra magnas copias et insidiosæ nationis, equitatumque innumerabilem, se expositos videbant; neque quidquam solatii in præsentia, neque auxilium in suorum consilio animadvertebant, nisi in ipsius imperatoris vultu, vigore mirabilique hilaritate : animum enim altum et erectum præ se gerebat. Huic adquiescebant homines, et in ejus scientia et consilio omnia sibi proclivia omnes fore sperabant.

XI. Cæsar, una nocte in navibus consumpta, jam cœlo albente, quum proficisci conaretur, subito navium pars, de qua timebat, ex errore eodem conferebatur. Hac re cognita, Cæsar celeriter de navibus imperat omnes egredi, atque armatos in littore reliquos advenientes mi-

vaisseaux sont dans le port avec l'infanterie et la cavalerie, il retourne à Ruspina, y établit son camp, et repart avec trente cohortes pour aller chercher des vivres. On jugea, d'après tout cela, que l'intention de César avait été d'aller secrètement à la recherche des vaisseaux de transport qui s'étaient égarés, pour empêcher qu'ils ne vinssent à donner dans la flotte ennemie, et qu'il n'avait pas voulu que les troupes qu'il avait laissées dans les garnisons fussent instruites de son dessein, dans la crainte qu'elles ne se décourageassent en voyant leur petit nombre et la multitude des ennemis.

XII. César n'était encore qu'à trois mille pas de son camp, lorsque ses éclaireurs et ses cavaliers d'avant-garde lui annoncèrent que l'ennemi avait été aperçu à une distance peu éloignée; en effet, on vit en même temps s'élever une grande poussière. César fit venir du camp toute sa cavalerie, dont il n'avait avec lui qu'une faible partie, et ses archers, qui n'étaient pas nombreux; et, après avoir commandé aux cohortes de le suivre doucement, en bon ordre, il prit les devants avec quelques hommes armés. D'aussi loin qu'il put apercevoir l'ennemi, il ordonna à ses soldats de mettre le casque en tête et de se préparer au combat. Il n'avait en tout que trente cohortes, quatre cents chevaux et cent cinquante archers.

XIII. Les ennemis cependant, commandés par Labiénus et les deux Pacidius, se rangent sur une ligne très-étendue, composée, non d'infanterie, mais de cavalerie entremêlée de Numides armés à la légère, et d'archers à pied; d'ailleurs si serrée, que, de loin, les troupes de César crurent que c'était de l'infanterie. Les deux ailes étaient couvertes par deux gros corps de cavalerie. César rangea comme il put son infanterie sur une seule ligne, à cause du peu de troupes qu'il avait, plaça ses archers en avant de l'armée et mit sur les deux ailes sa cavalerie, en lui recommandant de ne pas se laisser envelopper par la nombreuse cavalerie des ennemis : car il croyait que c'était contre l'infanterie qu'il allait avoir à combattre.

XIV. Chacun de part et d'autre attendait, et César ne faisait aucun mouvement, persuadé qu'avec si peu de troupes il aurait plus besoin d'habileté que de force, quand tout à coup on vit les cavaliers ennemis se déployer, s'étendre, embrasser les collines, harceler notre cavalerie, et se préparer à l'envelopper. Celle-ci avait beaucoup de peine à se maintenir contre une si grande multitude. Déjà les deux lignes se mettaient en mouvement pour en venir aux mains, quand tout à coup l'infanterie légère des Numides, entremêlée avec leur cavalerie, s'avança vers nos légionnaires, et lança ses traits dans nos rangs. Nos soldats les chargèrent avec vigueur: mais les cavaliers ennemis tournèrent bride; puis, tandis que l'infanterie résistait, ils se ralliaient derrière elle, et revenaient à la charge pour soutenir les leurs.

XV. Voyant que, dans ce nouveau genre de combat, nos légionnaires rompaient leurs rangs pour poursuivre les cavaliers ennemis, et décou-

---

lites exspectare. Itaque, sine mora navibus eis in portum receptis et advectis militum equitumque copiis, rursus ad oppidum Ruspinam redit, atque ibi castris constitutis, ipse cum cohortibus expeditis XXX frumentatum est profectus. Ex eo est cognitum, Cæsaris consilium, illum cum classe navibus onerariis, quæ deerrassent, subsidio ire, clam hostibus, voluisse; ne casu imprudentes suæ naves in classem adversariorum inciderent; neque eam rem eos voluisse scire, qui in præsidiis relicti sui milites fuissent, uti nihil propter suorum paucitatem et hostium multitudinem metu deficerent.

XII. Interim, quum jam Cæsar progressus esset a castris circiter millia passuum tria, per speculatores et antecessores equites nuntiatur ei, copias hostium haud longe ab sese visas; et hercle cum eo nuntio pulvis ingens conspici cœptus est. Hac re cognita, Cæsar celeriter jubet equitatum universum, cujus copiam habuit in præsentia non magnam, et sagittarios, quorum parvus numerus, ex castris arcessi, atque ordinatim signa se leniter consequi : ipse antecedere cum paucis armatis. Jamque, quum procul hostis conspici posset, milites in campo jubet galeari, et ad pugnam parari : quorum omnino numerus fuit XXX cohortium, cum equitibus CD, et sagittariis CL.

XIII. Hostes interim, quorum dux erat Labienus, et duo Pacidii, aciem dirimunt mirabili longitudine, non peditum, sed equitum, confertam; et inter eos levis armaturæ Numidas et sagittarios pedites interposuerunt, et ita condensaverant, ut procul Cæsariani pedestres copias arbitrarentur; et dextrum ac sinistrum cornu magnis equitum copiis firmaverant. Interim Cæsar aciem dirigit simplicem, ut poterat, propter paucitatem : sagittarios ante aciem constituit : equites dextro sinistroque cornu opponit, et ita præcipit, ut providerent, ne multitudine equitatus hostium circumvenirentur : existimabat enim, se cum pedestribus copiis acie instructa dimicaturum.

XIV. Quum utrimque exspectatio fieret, neque Cæsar se removeret, et quum suorum paucitate contra magnam vim hostium artificio magis, quam viribus, decernendum videret, subito adversariorum equitatus sese extendere, et in latitudinem promovere, collesque complecti, et Cæsaris equitatum extenuare, simulque ad circumeundum comparare se cœperunt. Cæsariani equites eorum multitudinem ægre sustinebant. Acies interim media quum concurrere conarentur, subito ex condensis turmis pedites Numidæ levis armaturæ cum equitibus procurrunt, et inter legionarios milites jacula conjiciunt. Hic quum Cæsariani in eos impetum fecissent, illorum equites refugiebant : pedites interim resistebant, dum equites rursus, cursu renovato, peditibus suis succurrerent.

XV. Cæsar, novo genere pugnæ oblato, quum anim-

vraient leur flanc aux traits de l'infanterie numide, pendant que les cavaliers ennemis évitaient sans peine, en courant, nos javelots, César fit publier par tous les rangs que nul soldat n'eût à s'éloigner des enseignes de plus de quatre pieds. Cependant la cavalerie de Labiénus, comptant sur la supériorité du nombre, cherchait à envelopper celle de César, qui, peu nombreuse, harcelée par cette multitude d'ennemis, et ayant la plupart de ses chevaux blessés, commençait à plier, l'ennemi la pressant de plus en plus. En un moment toutes nos légions se trouvèrent enveloppées et furent réduites à se former en rond et à combattre fort à l'étroit.

XVI. Labiénus, à cheval et la tête nue, se tenait au premier rang, exhortait les siens, et parfois aussi s'adressait aux légionnaires de César : « Comment! disait-il, soldat novice, tu fais bien le brave! Il vous a donc tourné la tête à vous aussi avec ses harangues? Certes, il vous a engagés ici dans un mauvais pas. Je vous plains. » « Tu te trompes, Labiénus, je ne suis pas un soldat novice, lui répondit un soldat, mais un vétéran de la dixième légion. » « Je n'en reconnais pas les enseignes, dit Labiénus. » « Eh bien! reprit le soldat, tu vas me reconnaître! » En même temps il jette bas son casque pour qu'il le reconnût, lui lance son javelot avec tant de vigueur qu'il s'enfonce dans le poitrail du cheval, et lui dit : « Labiénus, tu dois voir à présent que c'est bien un soldat de la dixième légion qui te frappe. » Toutefois, la consternation était dans les rangs et surtout parmi les nouveaux soldats : tous avaient les yeux tournés sur César, et ne faisaient plus que parer les coups de l'ennemi.

XVII. César, ayant pénétré le dessein de Labiénus, commande à son armée de s'étendre sur le plus grand front possible, et aux cohortes de faire face alternativement, afin que l'une après l'autre elles puissent charger l'ennemi. Par ce moyen il rompt le cercle dans lequel il est enveloppé, attaque avec la cavalerie et l'infanterie une moitié de la ligne ennemie, l'accable de traits et la met en déroute; mais la crainte de quelque piége l'empêche de la poursuivre, et il retourne vers les siens. L'autre partie de la cavalerie et de l'infanterie de César fait de même. L'ennemi une fois repoussé au loin avec perte, César prit, dans le même ordre de bataille, le chemin de son camp (2).

XVIII. Sur ces entrefaites, M. Pétréius et Cn. Pison arrivèrent avec onze cents chevaux numides et une infanterie d'élite assez nombreuse qu'ils amenaient au secours de Labiénus. Les ennemis sont rassurés et ranimés par ce renfort : leur cavalerie tourne bride, charge nos légions qui se retiraient, et veut les empêcher de regagner le camp. César, voyant cela, fait tourner tête à ses légions, et recommence le combat au milieu de la plaine. Mais, comme l'ennemi recommençait toujours le même genre d'attaque sans en venir aux mains, et que nos chevaux, en petit nombre, encore fatigués de la mer, accablés de soif, de

adverteret, ordines suorum in procurrendo turbari (pedites enim, dum equites longius ab signis persequuntur, latere nudato, a proximis Numidis jaculis vulnerabantur; equites autem hostium pilum militis cursu facile vitabant), edicit per ordines, ne quis miles ab signis IV pedes longius procederet. Equitatus interim Labieni, suorum multitudine confisus, Cæsaris paucitatem circumire conatur : equites Juliani pauci, multitudine hostium defessi, equis convulneratis, paullatim cedere : hostis magis magisque instare. Ita puncto temporis omnibus legionariis ab hostium equitatu circumventis, Cæsarisque copiis in orbem compulsis, intra cancellos omnes conjecti pugnare cogebantur.

XVI. Labienus in equo, capite nudo, versari in prima acie; simul suos cohortari, nonnunquam legionarios Cæsaris ita appellare : « Quid tu, inquit, miles tiro, tam feroculus es? Vos quoque iste verbis infatuavit. In magnum me hercule vos periculum impulit. Misereor vestri. » Tum miles : « Non sum, inquit, tiro, Labiene; sed de legione X veteranus. » Tum Labienus : « Non agnosco, inquit, signa decumanorum. » Tum miles : « Jam me, quis sim, intelliges : » simul cassidem de capite dejecit, ut cognosci ab illo posset, atque ita pilum, viribus contortum, dum in Labienum mittere contendit, equi graviter adverso pectori adfixit, et ait : « Labiene, decu- manum militem, qui te petit, scito esse. » Omnium tamen animi in terrorem conjecti, et maxime tironum : circumspicere enim Cæsarem, neque amplius facere, nisi hostium jacula vitare.

XVII. Cæsar interim consilio hostium cognito, jubet aciem in longitudinem quam maximam porrigi, alternis conversis cohortibus, ut una post alteram ante signa tenderet. Ita coronam hostium dextro sinistroque cornu mediam dividit; et unam partem ab altera exclusam equitibus intrinsecus adortus cum peditatu, telis conjectis in fugam vertit : neque longius progressus, veritus insidias, se ad suos recipit. Idem altera pars equitum peditumque Cæsaris facit. His rebus gestis, ac procul hostibus repulsis convulneratisque, ad sua præsidia sese, sicut erat instructus, recipere cœpit.

XVIII. Interim M. Petreius et Cn. Piso cum equitibus Numidis MC electis, peditatuque ejusdem generis satis grandi, ex itinere recta subsidio suis occurrunt; atque hostes, suis ex terrore firmatis, rursusque renovatis animis, legionarios, conversis equitibus se recipientis, novissimos adoriri et impedire cœperunt, quo minus in castra se reciperent. Hac re animadversa, Cæsar jubet signa converti, et medio campo redintegrari prælium. Quum ab hostibus eodem modo pugnaretur, nec comnus ad manus rediretur, Cæsarisque equites jumenta, ex

fatigue et de blessures, étaient hors d'état de le poursuivre et de fournir une longue course; comme d'ailleurs il ne restait que fort peu de jour, César ordonna aux cohortes et à ses cavaliers de charger tous ensemble l'ennemi, et de ne pas s'arrêter qu'ils ne l'eussent chassé au-delà des dernières collines, et qu'ils n'en fussent les maîtres. En conséquence, au signal donné, et lorsque déjà les ennemis commençaient à lancer leurs traits avec mollesse et nonchalance, il détache sur eux ses cohortes et sa cavalerie, et en un moment, sans essayer de se défendre, ils sont repoussés de la plaine et rejetés au-delà des hauteurs, dont les nôtres s'emparent. Ils s'y arrêtent quelque temps, et puis reviennent dans le même ordre et au pas vers leurs retranchements. De leur côté les ennemis, que nous avions si mal reçus, rentrèrent dans leurs forts.

XIX. A la suite de ce combat, des transfuges de toute espèce vinrent à nous, et l'on fit beaucoup de prisonniers parmi les fantassins et les cavaliers ennemis. On sut par eux que le dessein de l'ennemi avait été d'étonner, par cette manière nouvelle et extraordinaire de combattre, nos jeunes soldats, et même nos vétérans qui étaient en petit nombre, de les envelopper avec leur cavalerie, et de les écraser comme ils avaient fait l'armée de Curion (5); ils ajoutaient que Labiénus s'était vanté en plein conseil de nous charger avec tant de troupes, que la fatigue seule de tuer et de vaincre nous ferait succomber. En effet, il comptait beaucoup sur le succès de cette multitude : d'abord il avait appris que les vieilles légions s'étaient mutinées et qu'elles refusaient de passer en Afrique; ensuite il ne doutait pas de la fidélité de ses soldats, que trois années de séjour dans le même pays lui avaient attachés, et il était soutenu par de nombreuses troupes de cavalerie et d'infanterie numide, armées à la légère; de plus il avait avec lui des cavaliers germains et gaulois, débris de l'armée de Pompée, qu'il avait ramenés de Brindes, des étrangers (4), des affranchis et des esclaves levés dans le pays, qu'il avait exercés et dressés à conduire des chevaux avec la bride; enfin, outre tout cela, les secours fournis par le roi, cent vingt éléphants, une cavalerie innombrable, et plus de douze légions composées de toutes sortes de gens. Plein d'espoir et d'audace, fier de se voir à la tête de seize cents chevaux germains et gaulois, de huit mille Numides, qui ne se servaient point de bride, de onze cents cavaliers que lui avait amenés Pétréius, de quatre fois autant d'infanterie et de troupes légères, et d'un grand nombre d'archers et de frondeurs à pied et à cheval, Labiénus avait attaqué César en rase campagne la veille des nones de janvier, trois jours après notre débarquement. Le combat dura depuis la cinquième heure jusqu'au coucher du soleil. Pétréius en sortit grièvement blessé.

XX. Cependant César fortifia son camp avec plus de diligence, redoubla la garde des forts, et fit tirer deux retranchements, l'un de Ruspina à la mer, et l'autre de la mer au camp, afin de pouvoir communiquer librement de l'un à l'autre, et

---

nausea recenti, siti, languore, paucitate, vulneribus defatigata, ad insequendum hostem perseverandumque cursum tardiora haberent, dieique pars exigua jam reliqua esset; cohortibus equitibusque circumdatis, cohortatus imperat, ut uno ictu contenderent, neque remitterent, donec ultra ultimos colles hostes repulissent, atque eorum essent potiti. Itaque signo dato, quum jam hostes languide negligenterque tela mitterent, subito immittit cohortes turmasque suorum; atque puncto temporis hostibus nullo negotio campo pulsis, post collemque dejectis, nacti locum, atque ibi paullisper commorati, ita uti erant instructi leniter se ad sua recipiunt munitiones; itemque adversarii, male accepti, tum demum se ad sua præsidia contulerunt.

XIX. Interim, ea re gesta, et prælio dirempto, ex adversariis perfugæ plures ex omni hominum genere, et præterea intercepti hostium complures equites peditesque : ex quibus cognitum est hostium consilium, eos hac mente et conatu venisse, uti novo atque inusitato genere prælii tirones legionariique pauci perturbati, Curionis exemplo, ab equitatu circumventi opprimerentur : et ita Labienum dixisse pro concione, « tantam sese multitudinem auxiliorum adversariis subministraturum, ut etiam cædendo in ipsa victoria defatigati vincerentur, atque a suis superarentur; » quippe qui in illorum sibi confideret multitudine : primum, quod audierat, Romæ legiones veteranas dissentire, neque in Africam velle transire; deinde, quod triennio in Africa suos milites consuetudine retentos, fideles jam sibi effecisset, maxima autem auxilia haberet Numidarum equitum levisque armaturæ. Præterea ex fuga prælioque Pompeiano Labienus, quos secum a Brundisio transportaverat, equites Germanos Gallosque, ibique postea ex hibridis libertinis servisque conscripserat, armaverat, equoque uti frenato condocuerat. Præterea regia auxilia, elephantes CXX, equitatusque innumerabilis : deinde legiones conscriptæ ex cujusque modi genere amplius duodecim. Hac spe atque audacia inflammatus Labienus, cum equitibus Gallis Germanisque MDC, Numidarum sine frenis VIII millibus, præterea, Petreiano auxilio adhibito, equitibus MC, peditum ac levis armaturæ quater tanto, sagittariis ac funditoribus hippotoxotisque compluribus; his copiis pridie Non. Jan., post diem tertium, quam Africam attigit, in campis planissimis purissimisque ab hora diei quinta, usque ad solis occasum est decertatum. In eo prælio Petreius graviter ictus ex acie recessit.

XX. Cæsar interim castra munire diligentius, præsidia firmare majoribus copiis, vallumque ab oppido Ruspina usque ad mare deducere, et a castris alterum eodem; quo tutius ultro citroque commeare, auxiliaque sine periculo

recevoir, sans risque, les secours qui lui viendraient. Il fit encore porter dans son camp les armes et les machines qu'il avait sur ses vaisseaux, manda au camp une partie des rameurs qui servaient sur les galères gauloises et rhodiennes, et les arma pour essayer s'il ne pourrait pas, à l'exemple de l'ennemi, entremêler sa cavalerie de fantassins armés à la légère; enfin il tira de ses vaisseaux des archers de toute espèce, de Syrie et de Palestine, dont il grossit son armée : car on disait qu'à trois jours de là Scipion devait arriver et joindre aux troupes de Labiénus et de Pétréius ses huit légions avec trois mille chevaux. En outre, par l'ordre de César, on dresse des ateliers pour forger des flèches et des traits, fondre des balles, fabriquer des pieux. Il envoie en Sicile pour avoir du fer, du plomb, des claies, et du bois propre à construire des béliers, toutes choses qui manquent en Afrique. Il remarqua aussi qu'il n'aurait pas de blé en Afrique si l'on n'en allait pas chercher au dehors, parce que tous les laboureurs ayant été, l'année précédente, enrôlés par l'ennemi, on n'avait pas fait la moisson. D'ailleurs Labiénus avait fait transporter dans un petit nombre de places fortes tout le blé qui s'était trouvé en Afrique, et avait ainsi épuisé le reste de la province. Les villes, à l'exception de quelques-unes où il avait mis garnison, avaient été saccagées et détruites, leurs habitants forcés de se réfugier dans les places fortes, et la campagne entièrement ravagée.

XXI. Réduit à cette extrémité, César avait obtenu de quelques particuliers, à force de prières et de caresses, un peu de blé qu'il ménageait avec soin. Il était aussi très-exact à visiter chaque jour ses travaux et faisait alternativement monter la garde à ses cohortes, à cause de cette multitude d'ennemis. Labiénus fit transporter sur des chariots, à Adrumetum, ses blessés, qui étaient en très-grand nombre. Cependant les vaisseaux de charge de César erraient à l'aventure, incertains du lieu où il était campé; les chaloupes des ennemis les attaquaient l'un après l'autre, et elles en avaient pris ou brûlé plusieurs. César, en ayant été informé, fit croiser sa flotte autour des îles et des ports, pour la sûreté des convois.

XXII. Cependant M. Caton, qui commandait à Utique, ne cessait de solliciter et d'exciter, par ses discours, Cnéius, le fils de Pompée : « Ton père, lui disait-il, à ton âge, voyant la république opprimée par l'audace et la perversité de quelques citoyens, les gens de bien mis à mort ou exilés de Rome et de la patrie, animé par son grand courage et par son amour de la gloire, quoique simple particulier et encore adolescent, ayant rallié les débris de l'armée de son père, rendit à la liberté Rome et l'Italie qui gémissaient sous le joug, et reconquit, avec une célérité merveilleuse, la Sicile, l'Afrique, la Numidie, la Mauritanie. Par-là il acquit cette célébrité qui l'a fait connaître au monde; et tout jeune encore, et simple chevalier romain, mérita les honneurs du

---

sibi succurrere possent : tela tormentaque ex navibus in castra comportare : remigum partem ex classe, Gallorum, Rhodiorum, epibatarumque armare, et in castra evocare, uti, si posset, eadem ratione, qua adversarii, levis armatura interjecta inter equites suos interponeretur : sagittariisque ex omnibus navibus, Ityreis, Syriis, et cuju:que generis ductis in castra compluribus, frequentabat suas copias (audiebat enim, Scipionem post diem tertium ejus diei, quo prælium factum erat, appropinquare, copias suas cum Labieno et Petreio conjungere. cujus copiæ legionum octo, et equitum trium millium esse nuntiabantur) : officinas ferrarias instruere, sagittasque et tela, uti fierent complura, curare, glandes fundere, sudes comparare, litteras in Siciliam nuntiosque mittere, ut sibi crates materiemque congererent ad arietes, cujus inopia in Africa esset; præterea ferrum plumbumque mitteretur. Et animum etiam advertebat, frumento se in Africa, nisi importatitio, uti non posse : priore enim anno, propter adversariorum delectus, quod stipendiarii aratores milites essent facti, messem non esse factam : præterea ex omni Africa frumentum adversarios in pauca oppida et bene munita comportasse, omnemque regionem Africæ exinanisse frumento : oppida, præter ea pauca, quæ ipsis suis præsidiis tueri poterant, reliqua dirui atque deleri; et eorum incolas intra sua præsidia coegisse commigrare; agros desertos ac vastatos esse.

XXI. Hac necessitate Cæsar coactus, privatos ambiendo et blande appellando, aliquantum frumenti numerum in sua præsidia congesserat, et eo parce utebatur. Opera interim ipse quotidie circumire, et alternas cohortes in statione habere, propter hostium multitudinem. Labienus saucios suos, quorum maximus numerus fuit, jubet in plaustris deligatos Adrumetum deportari. Naves interim Cæsaris onerariæ errabundæ male vagabantur, incertæ locorum, atque castrorum suorum : quas singulas scaphæ adversariorum complures adortæ incendebant, atque expugnabant. Hac re nuntiata, Cæsar classes circum insulas portusque disposuit, quo tutius commeatus supportari posset.

XXII. M. Cato interim, qui Uticæ præerat, Cneium Pompeium filium multis verbis assidueque objurgare non desistebat : « Tuus, inquit, pater istuc ætatis quum esset, et animadvertisset, rempublicam ab audacibus sceleratisque civibus oppressam, bonosque aut interfectos, aut exilio multatos, patria civitateque carere, gloria et magnitudine elatus, privatus atque adolescentulus, paterni exercitus reliquiis collectis, pæne oppressam funditus et deletam Italiam urbemque Romanam in libertatem vindicavit; idemque Siciliam, Africam, Numidiam, Mauritaniam mirabili celeritate armis recepit. Quibus ex rebus sibi eam dignitatem, quæ est per gentes clarissima notissimaque, conciliavit; adolescentulusque atque

triomphe. Lui cependant il entra dans les charges publiques sans être soutenu par la gloire de ses ancêtres ou par la réputation de son père; il n'avait ni un grand nom, ni de grandes alliances : et toi, qui as pour appui la réputation et l'autorité de ton père, outre ta grandeur d'âme et ton activité personnelles, ne feras-tu aucun effort? n'iras-tu pas trouver les amis de ton père pour les engager à prendre en main ta défense, celle de la république et de tous les gens de bien ? »

XXIII. Animé par les discours d'un personnage si grave, le jeune Pompée prit trente vaisseaux de toute espèce, parmi lesquels il y avait peu de bâtiments de guerre, partit d'Utique pour la Mauritanie, entra dans le royaume de Bogud avec une troupe de deux mille hommes, tant libres qu'esclaves, partie armés, partie sans armes, et marcha sur la ville d'Asacrum, où le roi avait mis garnison. A son arrivée, les habitants le laissèrent d'abord approcher jusqu'aux portes; mais bientôt, sortant tout à coup, épouvantant et renversant sa troupe, ils la repoussèrent en désordre jusqu'à ses vaisseaux. Après ce mauvais succès, le jeune Pompée partit sans reparaître depuis sur la côte, et prit avec sa flotte la route des îles Baléares.

XXIV. Cependant Scipion, étant parti avec ces mêmes troupes dont nous avons parlé, et ayant laissé une forte garnison à Utique, vint d'abord camper à Adrumetum. Après s'y être arrêté quelques jours, il marcha de nuit, et fit sa jonction avec Pétréius et Labiénus : ils formèrent alors un seul camp, et se postèrent à environ trois mille pas de César. Cependant leur cavalerie venait courir autour de nos retranchements, et enlevait ceux qui en sortaient pour aller à l'eau ou au fourrage ; et ainsi ils nous obligeaient à rester dans notre camp. Aussi la disette fut bientôt dans l'armée de César ; car aucun convoi n'arrivait de Sardaigne ni de Sicile. Comme la saison rendait la mer dangereuse, et que César n'avait, sur le continent, qu'un espace de six mille pas où il pût s'étendre, le fourrage vint à manquer. Dans cette extrémité, les soldats vétérans et les cavaliers qui avaient longtemps fait la guerre sur terre et sur mer, et qui avaient souvent passé par les mêmes épreuves et par une aussi grande disette, ramassaient sur le rivage de l'algue marine, la lavaient dans de l'eau douce, et, par cette nourriture, prolongeaient la vie de leurs chevaux.

XXV. Sur ces entrefaites, le roi Juba ayant su les embarras de César et le petit nombre de ses troupes, ne crut pas devoir lui donner le temps de se remettre et d'augmenter ses forces. Il sortit donc de ses états avec une cavalerie et une infanterie nombreuses, et marcha au secours de ses alliés. D'un autre côté, P. Sitius et le roi Bocchus (3), apprenant le départ de Juba, réunirent leurs forces, entrèrent dans son pays, assiégèrent Cirta, la plus opulente ville du royaume, et la prirent en peu de jours. Ils s'emparèrent aussi de deux villes gétules, dont les habitants, ayant refusé de livrer la place, furent enlevés d'assaut et

eques romanus triumphavit. Atque ille non ita amplis rebus patris gestis, neque tam excellenti majorum dignitate parta, neque tantis clientelis nominisque claritate præditus, in rempublicam est ingressus : tu contra et patris nobilitate, et dignitate, et per te ipse satis animi magnitudine diligentiaque præditus, nonne eniteris, et proficisceris ad paternas clientelas, auxilium tibi reique publicæ atque optimo cuique efflagitatum ? »

XXIII. His verbis hominis gravissimi incitatus adolescentulus, cum naviculis cujusque modi generis XXX, inibi paucis rostratis, profectus ab Utica est in Mauritaniam, regnumque Bogudis est ingressus; expeditoque exercitu, numero servorum, liberorum, duorum millium, cujus partem inermem, partem armatam habuerat, ad oppidum Ascurum accedere cœpit : in quo oppido præsidium fuit regium. Pompeio adveniente, oppidani, usque eo passi propius accedere, donec ad ipsas portas ac murum appropinquaret, subito eruptione facta prostratos perterritosque Pompeianos in mare passim navesque compulerunt. Ita, re male gesta, Cn. Pompeius filius naves inde avertit, neque postea littus attigit, classemque ad insulas Baleares versus convertit.

XXIV. Scipio interim cum iis copiis, quas paullo ante demonstravimus, Uticæ grandi præsidio relicto, profectus, primum Adrumeti castra ponit : deinde paucos dies ibi commoratus, noctu itinere facto, cum Petreii et Labieni copiis se conjungit : atque unis castris factis, tria millia passuum longe considunt. Equitatus interim eorum circum Cæsaris munitiones vagari, atque eos, qui pabulandi aquandique gratia extra vallum progressi essent, excipere ; ita omnes adversarios intra munitiones continere. Quare Cæsariani gravi annona sunt conflictati, ideo, quod nondum neque ab Sicilia, neque ab Sardinia commeatus supportatus erat ; neque per anni tempus in mari classes sine periculo vagari poterant, neque amplius millia passuum sex terræ Africæ quoquoversus tenebant, pabulique inopia premebantur. Qua necessitate coacti veterani milites equitesque, qui multa terra marique bella confecissent, et periculis inopiaque tali sæpe essent conflictati, alga e litore collecta, et aqua dulci elua, et ita jumentis esurientibus data, vitam eorum producebant.

XXV. Dum hæc ita fierent, rex Juba, cognitis Cæsaris difficultatibus copiarumque paucitate, non est visum, dari spatium convalescendi, augendarumque ejus opum. Itaque, comparatis equitum magnis peditumque copiis, subsidio suis, egressus e regno, ire contendit. P. Sitius interim cum Bocchus, conjunctis suis copiis, cognito regis Jubæ egressu, propius ejus regnum copias suas admovere, Cirtamque, oppidum ejus regni opulentissimum, adorti, paucis diebus pugnando capiunt, et præterea duo oppida Gætulorum : quibus quum conditionem ferrent, ut oppido excederent, idque sibi vacuum

passés au fil de l'épée De là ils allèrent ravager la campagne et désoler les villes. A ces nouvelles, Juba, qui était au moment de joindre Scipion et les autres chefs, réfléchit qu'il valait mieux aller au secours de son propre royaume, que de s'exposer à le perdre en voulant secourir les autres sans peut-être y réussir. Craignant donc pour lui-même et pour ses intérêts, il se retira une seconde fois, et emmena même les troupes qu'il avait envoyées à Scipion : il lui laissa seulement trente éléphants, et partit à la défense de ses frontières et de ses places.

XXVI. César, informé qu'on doutait de son arrivée dans la province, et que l'on croyait ses troupes venues en Afrique avec un de ses lieutenants, envoya des lettres dans toutes les villes du pays pour les assurer qu'il était présent. Alors des personnages distingués de la province, abandonnant leurs villes, vinrent le trouver dans son camp, et se plaignirent à lui des excès et de la cruauté de l'ennemi. Jusque là il s'était tenu tranquille dans ses retranchements; mais, touché de leurs larmes et de leurs prières, il résolut d'entrer en campagne dès que la saison serait venue, et que toutes ses forces seraient rassemblées. Il écrivit donc sur-le-champ en Sicile, à Alliénus et à Rabirius Postumus, auxquels il fit passer ses lettres par une barque légère, leur mandant de lui envoyer ses troupes sans retard, et sans égard à la saison ni aux vents contraires : qu'autrement l'Afrique était perdue et bouleversée; que si on ne la secourait au plus tôt, il n'y resterait plus que le sol, et pas une maison où l'on pût se mettre à couvert de la rage de l'ennemi. Il avait tant d'impatience et tant d'empressement que, dès le lendemain du départ de ses lettres, il se plaignait du retard de sa flotte et de son armée, et que, nuit et jour, ses yeux et sa pensée étaient tournés vers la mer. Et il ne faut pas s'en étonner; car il voyait devant lui brûler les habitations, ravager les terres, enlever et massacrer le bétail, ruiner et désoler les châteaux et les villes, mettre à mort ou charger de chaînes les principaux du pays, et emmener leurs enfants en servitude à titre d'otages, sans que le petit nombre de ses troupes lui permit de secourir ces malheureux qui l'imploraient. Cependant il exerçait ses soldats, fortifiait son camp, élevait des tours et des redoutes, et poussait ses retranchements jusqu'à la mer.

XXVII. Dans le même temps, Scipion s'appliqua à dresser ses éléphants. Voici comme il s'y prit. Il partagea son armée en deux corps : l'un, composé de frondeurs, figurait l'ennemi et lançait de petits cailloux contre les éléphants rangés en ligne; l'autre était en bataille derrière les éléphants, afin de les forcer à coups de pierres, quand ils seraient attaqués et qu'ils voudraient prendre la fuite, à retourner contre l'ennemi : ce qu'ils n'exécutaient qu'avec peine et lenteur, car ces animaux, à peine dressés après plusieurs années d'exercice, sont toujours, dans un com-

---

transderent, conditionemque repudiassent, postea ab eis capti interfectique sunt omnes. Inde progressi, agros oppidaque vexare non desistunt. Quibus rebus cognitis, Juba, quum jam non longe ab Scipione atque ejus ducibus abesset, capit consilium, satius esse, sibi suoque regno subsidio ire, quam, dum alios aditurus proficisceretur, ipse suo regno expulsus, forsitan utraque re expelleretur. Itaque rursus se recipere, atque auxilia etiam à Scipione abduxit, sibi suisque rebus timens; elephantisque XXX relictis, suis finibus oppidisque suppetias profectus est.

XXVI. Cæsar interim, quum de suo adventu dubitatio in provincia esset, neque quisquam crederet, ipsum, sed aliquem legatum cum copiis in Africam venisse, conscriptis litteris circum provinciam, omnes civitates facit de suo adventu certiores. Interim nobiles homines ex suis oppidis profugere, et in castra Cæsaris devenire, et de adversariorum ejus acerbitate crudelitateque commemorare cœperunt. Quorum lacrymis querelisque Cæsar commotus, quum antea constituisset in stativis castris, æstate inita, cunctis copiis auxiliisque coactis, bellum cum adversariis suis gerere instituit, litteris celeriter in Siciliam ad Alliénum et Rabirium Postumum conscriptis, et per catascopum missis, « ut sine mora, aut ulla excusatione hiemis ventorumque, exercitus sibi quam celerrime transportaretur. Africam provinciam perire, funditusque everti ab suis inimicis quod nisi celeriter sociis foret subventum, præter ipsam Africam terram nihil, ne tectum quidem, quo se reciperent, ab illorum scelere insidiisque reliquum futurum. » Atque ipse in tanta erat festinatione et exspectatione, ut postero die, quam misisset litteras nuntiumque in Siciliam, classem exercitumque morari diceret, noctes diesque oculos mentemque ad mare dispositos directosque haberet. Nec mirum : animadvertebat enim, villas exuri, agros vastari, pecus diripi, trucidari, oppida castellaque dirui deseriquæ, principesque civitatum aut interfici, aut in catenis teneri, liberos eorum obsidum nomine in servitutem abripi, iis se in miseriis suamque fidem implorantibus auxilio propter copiarum paucitatem esse non posse. Milites interim in opere exercere, castra munire, turres, castella facere, molesque jacere in mare non intermittere.

XVII. Scipio interim elephantos hoc modo condocefacere instituit. Duas instruxit acies : unam funditorum contra elephantos, quæ quasi adversariorum locum obtineret, et contra eorum frontem adversam lapillos minutos mitteret : deinde in ordinem elephantos constituit; post illos autem aciem suam instruxit, ut, quum ab adversariis lapides mitti cœpissent, et elephanti perterriti se ad suos convertissent, rursus a sua acie lapidibus missis, eos converterent adversus hostem; quod ægre tardeque fiebat : rudes enim elephanti, multorum anno-

XXVIII. Tandis que les deux chefs se préparaient ainsi devant Ruspina, C. Virgilius, ancien préteur qui commandait le port de Thapse[1], aperçut quelques vaisseaux montés par des soldats de César, qui erraient à l'aventure, sans connaître le pays ni le lieu où il était campé. L'occasion lui parut favorable : il remplit un bâtiment de transport de soldats et d'archers, y joignit quelques chaloupes, et poursuivit les vaisseaux de César. Il en attaqua plusieurs et fut repoussé et chassé. Cependant, comme il s'opiniâtrait à la poursuite, il tomba par hasard sur un bâtiment où se trouvaient deux jeunes Espagnols, du nom de Titius, tribuns de la cinquième légion, et dont le père avait été fait sénateur par César. Ils avaient avec eux T. Saliénus, centurion de la même légion, lequel avait autrefois assiégé dans Messine, M. Messala, lieutenant de César, et lui avait tenu des discours fort séditieux; il s'était même emparé de l'argent et des ornements destinés au triomphe de César, et à cause de cela, il craignait de tomber entre ses mains. Avec la conscience du châtiment que méritaient ses fautes, il persuada aux deux jeunes gens de se rendre sans résistance à Virgilius. Celui-ci les envoya à Scipion qui les livra à ses gardes, et, trois jours après, ils périrent. Comme on les menait au supplice, l'aîné des Titius, à ce qu'on rapporte, demanda aux centurions à mourir avant son frère; on le lui accorda aisément, et ils furent ainsi mis à mort.

[1] Ville de l'Afrique propre, dans la Bizacène.

XXIX. Cependant les postes de cavalerie, placés à la porte des deux camps, ne laissaient point passer de jour sans se livrer de légers combats; quelquefois aussi, les cavaliers germains et gaulois de Labiénus faisaient trêve et s'entretenaient avec les cavaliers de César. Pendant ce temps Labiénus, avec une partie de sa cavalerie, essayait d'emporter de force Leptis, où Saserna commandait avec trois cohortes; mais cette place était bien fortifiée et pourvue de machines; on la défendait sans peine et sans danger. Cependant, comme la cavalerie revenait souvent à la charge, et qu'un jour une grosse troupe de cavaliers ennemis s'était avancée jusque devant la porte, un trait bien ajusté, lancé par un scorpion (6), atteignit le décurion et l'attacha contre terre, ce qui effraya tellement les autres qu'ils s'enfuirent vers leur camp. Depuis lors ils n'osèrent plus faire aucune tentative contre cette ville.

XXX. Cependant Scipion rangeait tous les jours son armée en bataille à environ trois cents pas de son camp, et après y avoir passé la plus grande partie de la journée, rentrait dans ses retranchements. Comme il avait souvent réitéré cette manœuvre sans que personne sortît du camp de César, et s'avançât vers lui, cette patience lui inspira un tel mépris pour César et pour son armée, qu'il osa faire sortir toutes ses troupes, plaça en tête trente éléphants chargés de tours, et déployant le plus possible sa cavalerie et son infanterie, déjà fort nombreuses, il s'arrêta ainsi dans la plaine, non loin de nos retranchements.

---

rum doctrina usuque vetusto vix edocti, tamen communi periculo in aciem producuntur.

XXVIII. Dum hæc ad Ruspinam ab utrisque ducibus administrantur, C. Virgilius prætorius, qui Tapso oppido maritimo præerat, quum animadvertisset, naves singulas cum exercitu Cæsaris, incertas locorum atque castrorum suorum, vagari, occasionem nactus, navem, quam ibi habuit actuariam, militibus complet eo et sagittariis, et eidem scaphas de navibus adjungit, ac singulas naves Cæsarianas consectari cœpit. Et quum plures adortus esset, pulsus fugatusque inde discessit. Sed quum nec sic desisteret periclitari, forte incidit in navem, in qua erant duo Titii, Hispani adolescentes, tribuni legionis V, quorum patrem Cæsar in senatum legerat, et cum his T. Salienus, centurio legionis quintæ, qui M. Messalam legatum obsederat Messanæ, seditiosissima oratione apud eum usus, idemque pecuniam et ornamenta triumphi Cæsaris retinenda et custodienda curaverat, et ob has causas timebat sibi. Hic propter conscientiam peccatorum suorum persuasit adolescentibus, ne repugnarent, seseque Virgilio transderent. Itaque deducti a Virgilio ad Scipionem, custodibus transditi, et post diem tertium sunt interfecti. Qui quum ducerentur ad necem, petisse dicitur major Titius a centurionibus, uti se priorem, quam fratrem, interficerent; idque ab eis facile impetrasse, atque ita esse interfectos.

XXIX. Turmæ interim equitum, quæ pro vallo in stationibus esse solebant ab utrisque ducibus, quotidie minutis præliis inter se depugnare non intermittunt: nonnunquam etiam Germani Galliqué Labieniani cum Cæsaris equitibus, fide data, inter se colloquebantur. Labienus interim cum parte equitatus Leptim oppidum, cui præerat Saserna cum cohortibus III, oppugnare, ac vi irrumpere conabatur: quod ab defensoribus, propter egregiam munitionem oppidi et tormentorum multitudinem, facile et sine periculo defendebatur. Quod ubi sæpius ejus equitatus facere non intermittebat, et quum forte ante portam turma densa adstitisset, scorpione accuratius misso, atque eorum decurione percusso, et ad decumanam defixo, reliqui perterriti, fuga se in castra recipiunt. Quo facto postea sunt deterriti oppidum tentare.

XXX. Scipio interim fere quotidie non longius a suis castris passibus CCC instruere aciem, ac majore diei parte consumpta, rursus se in castra recipere. Quod quum sæpius fieret, neque ex Cæsaris castris quisquam prodiret, neque propius ejus copias accederet; despecta patientia Cæsaris exercitusque ejus, universis copiis productis elephantisque turritis XXX ante aciem instructis, quam latissime potuit porrecta equitum peditumque multitudine, uno tempore progressus, haud ita longe a Cæsaris castris constitit in campo.

XXXI. César envoya ordre aux soldats qui étaient sortis des retranchements pour aller au bois ou au fourrage, ou pour ramasser des fascines dans le vallon, de revenir avec les travailleurs, et de rentrer dans les lignes peu à peu sans confusion et sans bruit. En même temps il commanda aux cavaliers qui avaient été de garde, de reprendre leur poste et d'y rester jusqu'à ce que l'ennemi leur eût lancé quelques traits; et s'il approchait davantage, de se retirer au camp dans le meilleur ordre qu'ils pourraient. Quant au reste de la cavalerie, il lui fut enjoint de se tenir prête et armée dans ses quartiers. César n'avait pas besoin de se transporter sur le rempart pour reconnaître par lui-même les mouvements de l'ennemi; doué de talents militaires vraiment merveilleux, il donnait ses ordres assis dans sa tente et les faisait porter par ses officiers et par ses coureurs. Il était persuadé que les ennemis, malgré la confiance qu'ils avaient dans leur nombre, se souvenaient qu'il les avait souvent battus, défaits, épouvantés, qu'il leur avait accordé la vie et le pardon de leurs fautes; et que ces souvenirs, joints à la conscience de leur faiblesse, les empêcheraient d'avoir jamais l'audace d'attaquer son camp. D'ailleurs son nom, sa réputation, devaient en grande partie décourager leur armée. De plus, son camp était très-bien fortifié, son rempart fort élevé, son fossé profond, et ses dehors si bien semés de chausses-trappes, qu'ils se défendaient d'eux-mêmes. Enfin il était bien fourni de scorpions, de machines, de traits, en un mot de toute espèce d'armes offensives, dont il s'était pourvu à cause de son peu de monde et du peu d'expérience de ses troupes. Que s'il paraissait timide et réservé, ce n'était pas qu'il eût peur de l'ennemi; ce n'était pas même que le petit nombre et l'inexpérience de ses troupes le fît douter du succès; mais il pensait qu'il était très-important de bien voir quelle serait la victoire. En effet, il lui eût semblé honteux, après tant de beaux exploits, tant de batailles glorieuses et d'éclatants succès, de ne remporter sur ces ennemis qu'il avait déja mis en déroute, qu'une victoire sanglante. Il avait donc résolu de souffrir leurs bravades jusqu'à ce qu'un second convoi lui eût apporté une partie de ses vieilles légions.

XXXII. Scipion, après être resté quelque temps dans la plaine, comme je viens de le dire, de manière à montrer son mépris pour César, fait rentrer peu à peu ses troupes, et, les ayant assemblées, il leur parle de la terreur qu'il inspire à César et du découragement de son armée, les exhorte, et leur promet dans peu une victoire complète. Pour César, il renvoie ses soldats aux travaux, et, sous prétexte de fortifier le camp, il ne laisse pas un moment de relâche à ses nouvelles troupes. Cependant les Numides et les Gétules désertaient chaque jour le camp de Scipion; les uns retournaient dans leur pays; les autres, se rappelant les bienfaits qu'eux et leurs ancêtres avaient reçus de Marius, dont on leur disait que César était

XXXI. Quibus rebus cognitis, Cæsar jubet milites, qui extra munitiones processerant, quique pabulandi, aut lignandi, aut etiam muniendi gratia vallem petierant, quique ad eam rem opus erant, omnes intra munitiones minutatim modesteque sine tumultu aut terrore se recipere, atque in opere consistere: equitibus autem, qui in statione fuerant, præcipit, ut usque eo locum obtinerent, in quo paullo ante constitissent, donec ab hoste missum telum ad se perveniret: quod si propius accederetur, quam honestissime se intra munitiones reciperent. Alii quoque equitatui edicit, uti suo quisque loco paratus armatusque præsto esset. Ad hæc non ipse se coram, quum de vallo prospeculuretur, sed, mirabili peritus scientia bellandi, in prætorio sedens, per speculatores et nuntios imperabat, quæ fieri volebat: animadvertebat enim, quamquam magnis essent copiis adversarii freti, tamen sæpe a se fugatis, pulsis perterritisque, et concessam vitam, et ignota peccata, quibus rebus nunquam tanta suppeteret ex ipsorum inertia conscientiaque animi victoriæ fiducia, ut castra sua adoriri auderent. Præterea ipsius nomen auctoritasque magna ex parte eorum exercitus minuebat audaciam: tum egregiæ munitiones castrorum, et valli fossarumque altitudo, et extra vallum stili cæci, mirabilem in modum consiti, vel sine defensionibus aditum adversariis prohibebant. Scorpionum, catapultarum, cæterorumque telorum, quæ ad defendendum solent parari, magnam copiam habebat. Atque hæc propter exercitus sui præsentis paucitatem et tirocinium præparaverat; non, hostium vi et metu commotus, patientem se timidumque hostium opinioni præbebat. Neque idcirco copias, quamquam erant paucæ tironumque, non educebat in aciem, quod victoriæ suorum diffideret; sed referre arbitrabatur, cujusmodi victoria esset futura: turpe enim sibi existimari, tot rebus gestis, tantisque exercitibus devictis, tot tam claris victoriis partis, ab reliquis copiis adversariorum suorum, ex fuga collectis, se cruentam adeptum existimari victoriam. Itaque constituerat, gloriam exsultationemque eorum pati, donec sibi veteranarum legionum pars aliqua in secundo commeatu occurrisset.

XXXII. Scipio interim, paullisper, ut ante dixi, in loco commoratus, ut quasi despexisse Cæsarem videretur, paullatim reducit suas copias in castra, et, concione advocata, de terrore suo desperationeque exercitus Cæsaris verba facit; et cohortatus suos, victoriam propriam se eis brevi daturum pollicetur. Cæsar jubet milites rursus ad opus redire, et per causam munitionum tirones in labore defatigare non intermittit. Interim Numidæ Gætulique diffugere quotidie ex castris Scipionis, et partim in regnum se conferre, partim quod ipsi majoresque eorum beneficio C. Marii usi fuissent, Cæsaremque ejus affinem esse audiebant, in ejus castra perfugere catervatim non intermittunt. Quorum ex numero electis hominibus illustrioribus Gætulis, et litteris ad suos cives

l'allié (7), se rendaient en foule au camp de César. Il choisit alors les plus considérables d'entre les Gétules, et leur remit des lettres pour leurs concitoyens, par lesquelles il les exhortait à s'armer, à se défendre, et à ne plus obéir aux ordres de ses ennemis.

XXXIII. Tandis que ces choses se passent près de Ruspina, il vient à César des députés d'Achilla, ville libre, et de plusieurs autres lieux, pour l'assurer qu'on est prêt à exécuter ses ordres avec joie : ils le prient seulement de leur donner une garnison, afin de pouvoir le servir plus sûrement et sans danger; ils lui fourniront alors, pour la cause commune, le blé et tout ce qui sera en leur pouvoir. César leur accorde aisément ce qu'ils souhaitent, leur donne des troupes, et envoie C. Messius, qui avait été édile, à Achilla. Informé de ce fait, Considius Longus, qui commandait dans Adrumetum avec deux légions et sept cents chevaux, laisse une partie de sa garnison dans la place et marche sur Achilla avec huit cohortes; mais Messius l'a prévenu, et y entre le premier avec les siennes. Considius s'approche de la ville, mais la trouvant occupée par les soldats de César, il n'ose pas tenter une attaque et se retire à Adrumetum sans avoir rien fait, malgré le nombre de ses troupes. Peu de jours après, Labiénus lui ayant envoyé de la cavalerie, il revient mettre le siége devant cette place.

XXXIV. Pendant ce temps, C. Sallustius Crispus, que César avait envoyé quelques jours auparavant en mission avec une flotte, arriva à Cercine. A son arrivée, C. Décimius, ancien questeur, qui présidait dans cette île aux convois de l'armée ennemie avec une nombreuse troupe de ses esclaves, monta dans un petit vaisseau qu'il s'était procuré et prit la fuite. Le préteur Sallustius fut reçu par le Cercinates, et ayant trouvé chez eux quantité de blé, il en remplit des vaisseaux de charge qui étaient en assez grand nombre dans ce port, et les envoya au camp de César. D'un autre côté, le proconsul Alliénus ayant embarqué à Lilybée, sur des vaisseaux de transport, les treizième et quatorzième légions, avec huit cents chevaux gaulois, et mille frondeurs ou archers, envoya ce second convoi à César en Afrique; la flotte eut le vent favorable, et en quatre jours elle aborda heureusement au camp de Ruspina. César éprouva une double joie de ce secours de troupes et de vivres qui venait ranimer l'ardeur de ses soldats et dissiper la crainte de la disette. Il fit débarquer les légions et la cavalerie, et, pour leur donner le temps de se refaire des fatigues de la mer, il les distribua dans les forts et les retranchements.

XXXV. Scipion et les siens ne pouvaient assez s'étonner de cette conduite. Ils se demandaient d'où provenait l'inaction de César, qui, d'ordinaire, était le premier à attaquer et à combattre, et soupçonnaient quelque grand motif à un changement si subit. Alarmés de le voir si tranquille, ils gagnèrent par de magnifiques récompenses deux Gétules qu'ils croyaient leur être tout dévoués, et les envoyèrent comme déserteurs, épier ce qui se passait dans son camp. Ceux-ci, amenés devant

datis, cohortatus, uti manu facta se suosque defenderent, et ne suis inimicis adversariisque dicto audientes essent, mittit.

XXXIII. Dum hæc ad Ruspinam fiunt, legati ex Achilla, civitate libera, etiam undique ad Cæsarem veniunt, seque paratos, quæcumque imperasset, et libenti animo facturos pollicentur : tantum orare, et petere ab eo, ut sibi præsidium daret, quo tutius id et sine periculo facere possent : se et frumentum, et quæcumque res eis suppeteret, communis salutis gratia subministraturos. Quibus rebus facile a Cæsare impetratis, præsidioque dato, C. Messium, ædilitia functum potestate, Achillam jubet proficisci. Quibus rebus cognitis, Considius Longus, qui Adrumeti cum II legionibus et equitibus DCC præerat, celeriter, ibi parte præsidii relicta, cum VIII cohortibus ad Achillam ire contendit. Messius, celerius itinere confecto, prior Achillam cum cohortibus pervenit. Considius interim, quum ad urbem cum copiis accessisset, et animadvertisset, præsidium Cæsaris ibi esse, non ausus periculum suorum facere, nulla re gesta pro multitudine hominum, rursus Adrumetum se recipit : deinde, paucis post diebus equestribus copiis a Labieno adductis, rursus Achillitanos, castris positis, obsidere cœpit.

XXXIV. Per id tempus C. Sallustius Crispus, quem paucis ante diebus missum a Cæsare cum classe demonstravimus, Cercinam pervenit. Cujus adventu C. Decimius, quæstorius, qui ibi cum grandi familia suæ præsidio præerat commeatui, parvulum navigium nactus conscendit, ac se fugæ commendat. Sallustius interim prætor, a Cercinatibus receptus magno numero frumenti invento, naves onerarias, quarum ibi satis magna copia fuit, complet, atque in castra ad Cæsarem mittit. Allienus interim proconsul a Lilybæo in naves onerarias im ponit legiones XIII et XIV, et equites Gallos DCCC, funditorum sagittariorumque mille, ac secundum commeatum in Africam mittit ad Cæsarem; quæ naves, ventum secundum nactæ, quarto die in portum ad Ruspinam, ubi Cæsar castra habuerat, incolumes pervenerunt. Ita Cæsar, duplici lætitia ac voluptate uno tempore auctus, frumento auxiliisque, tandem suis exhilaratis annonaque levata, sollicitudinem deponit, legiones equitesque ex navibus egressos, jubet ex languore nauseaque reficere; dimissis in castella munitionesque disponit.

XXXV. Quibus rebus Scipio, quique cum eo erant comites, mirari et requirere; C. Cæsarem, qui ultro consuesset bellum inferre ac lacessere prælio, subito commutatum non sine magno consilio suspicabantur. Itaque ex ejus patientia in magnum timorem conjecti, ex Gætulis duos, quos arbitrabantur suis rebus amicissimos,

lui, demandèrent qu'il leur fût permis de parler sans péril. Ayant obtenu ce qu'ils voulaient : « Général, dirent-ils, depuis longtemps un grand nombre de Gétules, clients de C. Marius, et presque tous citoyens romains, appartenant à la quatrième et à la sixième légions, ont souvent, ainsi que nous, désiré de passer dans ton camp; mais jusqu'à présent nous n'avons pu le faire sans risque, surveillés que nous étions par la cavalerie numide. Aujourd'hui nous en avons eu l'occasion. Envoyés par Scipion pour t'épier, nous nous sommes empressés de venir vers toi. Il nous a chargés d'examiner si devant ton camp et les portes du rempart, il n'y a point quelques fosses secrètes, quelques piéges tendus à ses éléphants; de pénétrer, s'il est possible, tes dispositions à cet égard et celles de ton ordre de bataille, et de retourner lui en rendre compte. » César leur donna beaucoup d'éloges, leur assura une paie, et les fit conduire au quartier des transfuges. L'événement ne tarda pas à confirmer leur rapport; car, dès le lendemain, plusieurs soldats des légions désignées par ces Gétules passèrent du camp de Scipion à celui de César.

XXXVI. Tandis que ces choses se passaient près de Ruspina, M. Caton, qui commandait dans Utique, faisait sans cesse des levées d'affranchis, d'Africains, d'esclaves, enfin de toute espèce d'hommes en âge de porter les armes, et les envoyait à mesure au camp de Scipion. Pendant ce temps, des députés de Tisdra, ville où les marchands d'Italie et les laboureurs avaient déposé trois cent mille boisseaux de blé, vinrent trouver César, et lui donnèrent avis de ce dépôt : ils demandaient seulement une garnison pour la sûreté des grains et des propriétés. César les remercia de leur zèle, leur promit qu'ils auraient des troupes avant peu, et les renvoya chez eux en les encourageant. Dans ces circonstances, P. Sitius entra en Numidie avec ses troupes, et ayant assiégé un château-fort où Juba avait mis des vivres et d'autres provisions de guerre, il l'enleva d'assaut.

XXXVII. César, après avoir renforcé son armée de deux légions de vétérans, ainsi que de la cavalerie et des troupes armées à la légère que le second convoi lui avait amenés, envoya aussitôt six vaisseaux de transport à Lilybée, chargés de ramener le reste des soldats. Pour lui, le sixième jour des calendes de février, vers la première veille, il donne l'ordre aux éclaireurs et aux coureurs de se tenir prêts; et, à la troisième veille, sans que personne fût averti de son dessein ou en eût aucun soupçon, il part avec toutes ses légions, et se dirige vers la ville de Ruspina où il avait des troupes, et qui, la première, s'était déclarée en sa faveur. De là, prenant une pente douce et marchant sur la gauche de son camp, il arrive avec ses légions, sur le bord de la mer, dans une plaine admirable de quinze mille pas d'étendue, et bordée d'une chaîne de montagnes peu élevées qui, partant de la côte, formaient en cet endroit une espèce d'amphithéâtre. Il s'en détachait quel-

---

magnis præmiis pollicitationibusque propositis, pro perfugis speculandi gratia in Cæsaris castra mittunt. Qui simul ad eum sunt deducti, petierunt, ut sibi liceret sine periculo verba proloqui. Potestate facta, « sæpe numero, inquiunt, imperator, complures Gætuli, qui sumus clientes C. Marii, et propemodum omnes cives romani, qui sunt in legione IV et VI, ad te voluimus in tuaque præsidia confugere; sed custodiis equitum Numidarum, quo id sine periculo minus faceremus impediebamur. Nunc, data facultate, pro speculatoribus missi a Scipione, ad te cupidissime venimus, ut perspiceremus, num quæ fossæ aut insidiæ elephantis ante castra portasque valli factæ essent, simulque consilia vestra contra easdem bestias comparationemque pugnæ cognosceremus, atque ei renuntiaremus. » Qui collaudati a Cæsare, stipendioque donati, ad reliquos perfugas deducuntur. Quorum orationem celeriter veritas comprobavit : namque postero die ex legionibus iis, quas Gætuli nominaverunt, milites legionarii complures a Scipione in castra Cæsaris perfugerunt.

XXXVI. Dum hæc ad Ruspinam geruntur, M. Cato, qui Uticæ præerat, dilectus quotidie libertinorum, Afrorum, servorum denique, et cujusquemodi generis hominum, qui modo per ætatem arma ferre poterant, habere, atque sub manum Scipionis in castra submittere non intermittit. Legati interim ex oppido Tisdræ, in quo tritici modium millia CCC comportata fuerant a negotiatoribus Italicis aratoribusque, ad Cæsarem venere, quantaque copia frumenti apud se sit, docent; simulque orant, ut sibi præsidium mittat, quo facilius et frumentum et copiæ suæ conserventur. Quibus Cæsar in præsentia gratias agit, præsidiumque brevi tempore se missurum dixit; cohortatusque ad suos cives jubet proficisci. P. Sitius interim, cum copiis Numidiæ fines ingressus, castellum, in monte loco munito locatum, in quod Juba belli gerendi gratia et frumentum et res cæteras, quæ ad bellum usui solent esse, comportaverat, vi expugnando est potitus.

XXXVII. Cæsar postquam legionibus veteranis II, equitatu, levique armatura, copias suas ex secundo commeatu auxerat, naves VI onerarias statim jubet Lilybæum ad reliquum exercitum transportandum proficisci; ipse VI kal. febr. circiter vigilia prima imperat, speculatoresque apparitoresque omnes ut sibi præsto essent. Itaque omnibus insciis neque suspicantibus, vigilia tertia jubet omnes legiones ex castris educi, atque se consequi ad oppidum Ruspinam versus, in quo ipse præsidium habuit, et quod primum ad amicitiam ejus accessit. Inde parvulam proclivitatem digressus, sinistra parte campi propter mare legiones ducit. Hic campus mirabili planitie patet millia passuum XV; quem jugum ingens, a mari ortum, neque ita præaltum, velut theatri efficit speciem. In hoc

ques collines assez hautes sur lesquelles on avait bâti anciennement des tours isolées et des postes d'observation, dont le dernier était occupé par Scipion.

XXXVIII. Lorsque César fut arrivé à cette chaîne de montagnes, il se mit à faire construire sur chaque colline des tours et des forts; ce qui fut exécuté en moins d'une demi-heure. Mais quand il fut près de la dernière colline et de la tour la plus voisine du camp ennemi, où il y avait, comme j'ai dit, un poste de Numides, il s'arrêta un moment pour reconnaître le terrain, et ayant placé sa cavalerie de façon à couvrir ses travailleurs, il mit ses légions à l'ouvrage, et tira une ligne, à mi-côte, depuis l'endroit où il était arrivé jusqu'à celui d'où il était parti. Dès que Scipion et Labiénus s'en aperçurent, ils firent sortir de leur camp toute la cavalerie, la rangèrent en bataille, s'avancèrent environ à mille pas, et disposèrent leur infanterie sur une seconde ligne, à moins de quatre cents pas de leur camp.

XXXIX. Sans s'inquiéter de ce mouvement, César continua d'encourager ses soldats au travail. Mais quand il vit que les ennemis n'étaient plus qu'à quinze cents pas de ses retranchements, persuadé que leur but était de détourner et de chasser ses soldats de leurs travaux, et comprenant qu'il fallait retirer ses légions, il ordonna à un corps de cavalerie espagnole de marcher promptement à la hauteur voisine, d'en déloger l'ennemi et de s'y établir : il les fit soutenir par quelques hommes d'infanterie légère. Ces troupes, étant parties aussitôt, attaquent les Numides, les mettent en fuite, en blessent plusieurs, font quelques prisonniers, et s'emparent du poste. A cette vue, Labiénus, pour porter plus tôt secours à ses gens, détache presque toute sa cavalerie de son aile droite, et se hâte d'aller soutenir les fuyards. César, de son côté, voyant Labiénus éloigné de son corps de bataille, envoie la cavalerie de son aile gauche pour le couper.

XL. Il y avait dans la plaine où cette action se passait une grosse maison de campagne, flanquée de quatre tours, qui empêchait Labiénus de voir qu'il était coupé par la cavalerie de César. Aussi ne s'aperçut-il de l'arrivée de ces troupes que par le carnage des siens qu'elles avaient pris par derrière. La cavalerie numide en fut tellement effrayée qu'elle s'enfuit droit au camp. Les Gaulois et les Germains, qui avaient tenu bon, furent enveloppés de toutes parts, et périrent tous en se défendant vaillamment. Les légions de Scipion qui étaient rangées en bataille à la tête de son camp, voyant ce qui se passait, et aveuglées par la crainte et par la terreur, prirent la fuite et rentrèrent dans le camp par toutes les portes. César, maître de la plaine et des hauteurs d'où il venait de chasser Scipion, sonna la retraite et fit rentrer toute sa cavalerie. Sur tout ce terrain nettoyé d'ennemis, il put contempler les cadavres gigantesques de ces Gaulois et de ces Germains qui avaient suivi Labiénus, séduits, les uns par l'autorité de

---

jugo colles sunt excelsi pauci; in quibus singulæ turres speculæque singulæ perveteres erant collocatæ : quarum apud ultimam præsidium et statio fuit Scipionis.

XXXVIII. Postquam Cæsar ad jugum, de quo docui, adscendit, atque in unumquemque collem turres castellaque facere cœpit, atque ea minus semihora effecit; et postquam non ita longe ab ultimo colle turrique fuit, quæ proxima fuit castris adversariorum, in qua docui esse præsidium stationemque Numidarum ; paullisper commoratus, perspectaque natura loci, equitatu in statione disposito, legionibus opus attribuit, brachiumque medio jugo ab eo loco, ad quem pervenerat, usque ad eum, unde egressus erat, jubet dirigi ac muniri. Quod postquam Scipio Labienusque animadverterunt, equitatu omni ex castris educto, acieque equestri instructa, a suis munitionibus circiter passus mille progrediuntur, pedestremque copiam in secunda acie, minus passus CD a castris suis, constituunt.

XXXIX. Cæsar in opere milites adhortari, neque adversariorum copiis moveri. Quum jam non amplius passuum MD inter hostium aciem suasque munitiones esse animadvertisset, intellexissetque, ac impediendos milites suos, et ab opere depellendos, hostem propius accedere, necesseque haberet, legiones a munitionibus deducere ; imperat turmæ Hispanorum, ad proximum collem propere adcurrerent, præsidiumque inde deturbarent, locumque caperent ; eodemque jubet levis armaturæ paucos consequi subsidio. Qui missi celeriter, Numidas adorti, partim vivos capiunt, nonnullos equites fugientes convulneraverunt, locoque sunt potiti. Postquam id Labienus animadvertit, quo celerius iis auxilium ferret, ex acie instructa equitatus sui prope totum dextrum cornu avertit, atque suis fugientibus suppetias ire contendit. Quod ubi Cæsar conspexit, Labienum ab suis copiis longius jam abscessisse, equitatus sui alam sinistram ad intercludendos hostes immisit.

XL. Erat in eo campo, ubi ea res gerebatur, villa permagna, IV turribus exstructa, quæ Labieni prospectum impediebat, ne posset animadvertere, ab equitatu Cæsaris se intercludi. Itaque non prius vidit turmas Julianas, quam suos cædi a tergo sensit. Ex qua re subito in terrorem converso equitatu Numidarum, recta in castra fugere contendit. Galli Germanique, qui restiterant, ex superiore loco et post tergum circumventi, fortiterque resistentes, conciduntur universi. Quod ubi legiones Scipionis, quæ pro castris erant instructæ, animadverterunt, metu ac terrore obcæcatæ, omnibus portis in sua castra fugere cœperunt. Postea, Scipione ejusque copiis campo collibusque exturbatis, atque in castra compulsis, quum receptui Cæsar cani jussisset, equitatumque omnem intra suas munitiones recepisset, campo purgato, animadvertit mirifica corpora Gallorum Germanorum

son nom, d'autres par des présents et des promesses; et dont plusieurs, faits prisonniers lors de la défaite de Curion, et épargnés par le vainqueur, s'étaient dévoués à lui par reconnaissance. Leurs corps, d'une grandeur et d'une beauté remarquable, couverts de blessures, gisaient çà et là étendus dans toute la plaine.

XLI. Le lendemain de cette action, César tira ses cohortes des divers postes où il les avait placées et rangea toutes ses troupes en bataille. Scipion, qui avait eu les siennes maltraitées, blessées ou tuées, se tint d'abord renfermé dans son camp. César disposa son armée au pied des montagnes et s'avança peu à peu à portée des retranchements. Déjà il n'était plus qu'à mille pas de la ville d'Uzita, où Scipion avait garnison, lorsque celui-ci, craignant de perdre cette place d'où il tirait l'eau et les vivres nécessaires à son armée, fit sortir toutes ses troupes et les rangea selon sa coutume sur quatre lignes, dont la première était divisée par corps de cavalerie et entremêlée d'éléphants chargés de tours et armés. César, ayant vu cela, s'imagina que Scipion venait dans le dessein de le combattre; mais Scipion s'arrêta devant la ville à l'endroit dont nous avons parlé ci-dessus, couvrit son centre par les remparts, et étendit à droite et à gauche ses ailes où étaient ses éléphants.

XLII. César, après avoir attendu presque jusqu'au coucher du soleil, ne voyant pas bouger Scipion, lequel aimait mieux profiter, au besoin, de l'avantage de sa position que de risquer un combat en rase campagne, ne jugea pas à propos ce jour-là de s'approcher de la ville, qu'il savait occupée par une forte garnison de Numides, et qui d'ailleurs protégeait le centre des ennemis. Il comprit aussi qu'il lui était difficile d'attaquer la place et de soutenir en même temps dans un poste désavantageux l'effort des deux ailes, surtout avec des troupes qui étaient sous les armes depuis le matin et encore à jeun. En conséquence, il les ramena au camp et dès le lendemain il fit pousser ses retranchements plus près de l'ennemi.

XLIII. Cependant, Considius, à la tête de huit cohortes mercenaires de Numides et de Gétules, assiégeait Achilla où C. Messius commandait avec ses cohortes. Voyant que ses efforts étaient inutiles, et que les assiégés avaient souvent brûlé ses machines et ruiné ses travaux, il n'eut pas plutôt appris le dernier combat de cavalerie, qu'après avoir brûlé le blé dont son camp était abondamment fourni, gâté le vin, l'huile et le reste des vivres, il leva le siége d'Achilla, partagea ses troupes avec Scipion, et traversant le royaume de Juba, se retira à Adrumetum.

XLIV. Pendant ce temps, un vaisseau de transport, de ceux qu'Alliénus avait envoyés de Sicile par le second convoi, et qui portait Q. Cominius et L. Ticida, chevalier romain, s'étant égaré, fut poussé par un coup de vent à Thapse, où Virgilius le prit au moyen de barques et de vaisseaux

***

que, qui partim ejus auctoritatem erant ex Gallia secuti, partim pretio pollicitationibusque adducti ad eum se contulerant; nonnulli, qui ex Curionis prælio capti conservatique parem gratiam in fide partienda præstare voluerant: Horum corpora, mirifica specie amplitudineque, cæsa toto campo ac prostrata diverse jacebant.

XLI. His rebus gestis, postero die Cæsar ex omnibus præsidiis cohortes eduxit, atque omnes suas copias in campo instruxit. Scipio, suis male acceptis, occisis, convulneratisque, intra suas continere se munitiones cœpit. Cæsar, instructa acie secundum infimas jugi radices, propius munitiones leniter accessit. Jamque minus mille passuum ab oppido. Uzita, quod Scipio tenebat, aberant legiones Julianæ, quum Scipio, veritus, ne oppidum amitteret, unde aquari reliquisque rebus sublevari ejus exercitus consuerat, eductis omnibus copiis, quadruplici acie instructa ex instituto suo, prima equestri turmatim directa, elephantisque turritis interpositis armatisque, suppetias ire contendit. Quod ubi Cæsar animadvertit, arbitratus, Scipionem ad dimicandum paratum ad se certo animo venire; in eo loco, quo paullo ante commemoravi, ante oppidum constitit, suamque aciem mediam eo oppido texit: dextrum sinistrumque cornu, ubi elephanti erant in conspectu patenti adversariorum constituit.

XLII. Quum jam prope solis occasum Cæsar exspectavisset, neque ex eo loco, quo constiterat, Scipionem progredi propius se animadvertisset, locoque se magis defendere, si res coegisset, quam in campo cominus consistere audere; non est visa ratio propius accedendi eo die ad oppidum, quoniam ibi præsidium grande Numidarum esse cognoverat, hostesque mediam aciem suam oppido texisse; sibique difficile factu esse intellexit, simul et oppidum uno tempore oppugnare, et in acie in cornu dextro ac sinistro ex iniquiore loco pugnare, præsertim quum milites a mane diei jejuni sub armis stetissent defatigati. Itaque reductis suis copiis in castra, postero die propius eorum aciem instituit exporrigere munitiones.

XLIII. Interim Considius, qui Achillam octo cohortibus stipendiariis Numidis Gætulisque obsidebat, quum C. Messius cohortibus præerat, diu multumque expertus, magnisque operibus sæpe admotis, et iis ab oppidanis incensis, quum proficeret nihil, subito nuntio de equestri prælio allato commotus, frumento, cujus in castris copiam habuerat, incenso, vino, oleo, cæterisque rebus, quæ ad victum parari solent, corruptis, Achillam quam obsidebat deseruit; atque, itinere per regnum Jubæ facto, copias cum Scipione partitus, Adrumetum se recepit.

XLIV. Interea ex secundo commeatu, quem a Sicilia miserat Allienus, navis una, in qua fuerat Q. Cominius, et L. Ticida eques romanus, ab residua classe quum erravisset, delataque esset vento ad Thapsum, a Virgilio scaphis naviculisque actuariis excepta est, et ad Scipionem

de charge, et l'envoya à Scipion. De même, un autre bâtiment à trois rangs de rames, qui faisait partie de la même flotte, ayant été séparé des autres, fut poussé par la tempête au port d'Agimurum, où il fut pris également par la flotte de Varus et de M. Octavius : il portait, avec un centurion, quelques soldats vétérans et quelques autres de nouvelle levée, que Varus envoya aussi à Scipion sous bonne escorte, sans leur avoir fait aucune insulte. Amenés vers lui et devant son tribunal : « Je sais, leur dit-il, que ce n'est pas de vous-mêmes, mais par force et par le commandement criminel de votre général, que vous persécutez indignement les bons et honnêtes citoyens. Maintenant que la fortune vous a mis en mon pouvoir, si vous êtes dans l'intention de défendre, comme vous le devez, la république et la bonne cause, mon dessein est de vous donner la vie et de l'argent. Parlez, faites connaître votre résolution. »

XLV. Après ce discours, Scipion, ne doutant pas qu'ils ne lui rendissent grâces de ses bienfaits, leur permit de s'expliquer. Alors un centurion de la quatorzième légion : « Je te remercie, lui dit-il, Scipion, car je ne puis t'appeler général, de ce qu'étant ton prisonnier par le droit de la guerre, tu veux bien me promettre la vie et la liberté. Peut-être profiterais-je de cette faveur et de tes offres, si un grand crime n'y était attaché. Comment pourrais-je porter les armes contre César, mon général, sous qui j'ai commandé, et contre son armée pour l'honneur et la gloire de laquelle j'ai servi plus de trente-six ans? Je ne le ferai point, et je t'engage fort à renoncer toi-même à me faire changer. Si tu ne sais pas encore par expérience à quelles troupes tu as affaire, tu peux l'apprendre à l'instant. Choisis celle de tes cohortes que tu regardes comme la plus brave, et place-la devant moi ; je ne prendrai que dix de mes compagnons qui sont ici prisonniers ; et alors, tu comprendras à notre valeur ce que tu dois attendre de tes troupes. »

XLVI. Après que le centurion eut ainsi parlé avec un grand sang-froid, contre l'attente de Scipion, celui-ci, irrité et plein de dépit, fait un signe à ses centurions, et ce brave est aussitôt massacré en sa présence. Ensuite il ordonne que le reste des vétérans soient séparés des nouveaux soldats : « Otez de mes yeux, dit-il, ces hommes souillés du plus horrible crime, et engraissés du sang des citoyens. » Aussitôt on les emmena hors du rempart, et on les égorgea cruellement. Quant aux recrues, elles furent réparties entre ses légions ; et il fit défendre à Cominius et à Ticida de jamais paraître en sa présence. Touché de ce malheur, César punit les commandants de galères qu'il avait laissées à la rade devant Thapse pour protéger les vaisseaux de transport : il les renvoya ignominieusement de l'armée pour leur négligence, et prononça contre eux l'édit le plus sévère.

XLVII. A peu près dans le même temps il arriva à l'armée de César un accident inouï et presque incroyable. En effet, après le coucher des Pléiades, vers la seconde veille, il s'éleva tout à coup un

---

deducta. Item altera navis trieris ex eadem classe, errabunda, ac tempestate ad Ægimurum delata, a classe Vari et M. Octavii est capta, in qua milites veterani cum uno centurione, et nonnulli tirones fuerunt : quos Varus, asservatos sine contumelia, deducendos curavit ad Scipionem. Qui postquam ad eum pervenerunt, et ante suggestum ejus constiterunt, « Non vestra, inquit, sponte vos, certo scio, sed illius scelerati vestri imperatoris impulsu et imperio coactos, cives et optimum quemque nefarie consectari. Quos quoniam fortuna in nostram detulit potestatem, si, id quod facere debetis, rempublicam cum optimo quoque defendetis, certum est, vobis vitam et pecuniam donare. Quapropter, quid sentiatis, proloquimini. »

XLV. Hac habita oratione, Scipio, quum existimasset, pro suo beneficio sine dubio ab iis gratias sibi actum iri, potestatem iis dicendi fecit. Ex eis centurio legionis XIV, « Pro tuo, inquit, summo beneficio, Scipio, tibi gratias ago (non enim imperatorem te appello), quod mihi vitam incolumitatemque, belli jure capto, polliceris : et forsan isto uterer beneficio, si non ei summum scelus adjungeretur. Egone contra Cæsarem, imperatorem meum, apud quem ordinem duxi, ejusque exercitum, pro cujus dignitate victoriaque amplius XXXVI annis depugnavi, adversus armatusque consistam ? Neque ego istud facturus sum, et te magnopere, ut de negotio desistas, adhortor. Contra cujus enim copias contendas, si minus antea expertus es, licet nunc cognoscas. Elige ex tuis cohortem unam, quam putas esse firmissimam, et constitue contra me : ego autem ex meis commilitonibus, quos nunc in tua tenes potestate, non amplius decem sumam : tunc ex virtute nostra intelliges, quid ex tuis copiis sperare debeas. »

XLVI. Postquam hæc centurio præsenti animo adversus opinionem ejus est locutus, ira percitus Scipio, atque animi dolore incensus, annuit centurionibus, quid fieri vellet ; atque ante pedes centurionem interficit, reliquosque veteranos a tironibus jubet secerni. « Abducite, inquit, istos nefario scelere contaminatos, et cæde civium saginatos. » Sic extra vallum deducti sunt, et crudeliliter interfecti. Tirones autem jubet inter legiones dispertiri, et Cominium cum Ticida in conspectum suum prohibet adduci. Qua ex re Cæsar commotus, eos, quos in stationibus cum longis navibus apud Thapsum custodiæ causa in salo esse jusserat, ut suis onerariis longisque navibus præsidio essent, ob negligentiam ignominiæ causa dimittendos ab exercitu, gravissimumque in eos edictum proponendum curavit.

XLVII. Per id tempus fere Cæsaris exercitui res accidit incredibilis auditu. Namque Virgiliarum signo con-

violent orage mêlé d'une grêle aussi grosse que des pierres. Les troupes en souffrirent d'autant plus, que César ne les tenait point en quartiers d'hiver, selon l'usage des autres généraux ; elles changeaient de camp tous les trois ou quatre jours pour se rapprocher de l'ennemi, et sans cesse occupées à se retrancher, elles n'avaient pas le temps de se reconnaître. D'ailleurs, en faisant embarquer les troupes en Sicile, il avait ordonné qu'il n'entrât dans les vaisseaux que la seule personne du soldat avec ses armes : il n'avait permis ni vases, ni esclaves, ni aucune espèce d'ustensiles. En Afrique, bien loin que l'armée eût pu s'y pourvoir de rien, la cherté des vivres l'avait forcée de dépenser ce qu'elle avait. Nos soldats étaient si misérables, que peu d'entre eux avaient des tentes de peaux ; les autres s'étaient fait des abris, en guise de petites tentes, avec leurs vêtements ou avec des roseaux entrelacés de branchages. Aussi, dans cette occasion, accablés par la grêle et la pluie, appesantis par l'eau, tous les feux éteints, toutes les provisions détruites ou gâtées, ils erraient çà et là dans le camp, se couvrant la tête de leurs boucliers. Cette même nuit, le fer des javelots de la cinquième légion parut tout en feu.

XLVIII. Cependant le roi Juba, instruit du combat de cavalerie qu'avait soutenu Scipion, et prié par ses lettres de le venir joindre, laissa le préfet Sabura avec une partie de ses troupes pour faire face à Sitius, et, afin de rassurer l'armée de Scipion et d'effrayer celle de César, il prit avec lui trois légions, huit cents hommes de cavalerie régulière, un grand nombre de cavaliers Numides qui ne se servaient pas de brides, un fort parti d'infanterie armée à la légère, et trente éléphants. En arrivant près de Scipion, il campa à part avec ses troupes, à peu de distance de lui. Au bruit de son approche, la terreur s'était répandue dans le camp de César, et l'armée l'attendait pleine d'inquiétude ; mais dès qu'on le vit à portée de nos retranchements, on méprisa ses troupes et toute crainte s'évanouit ; sa présence dissipa la haute idée que de loin on avait conçue de lui. Du reste, il fut aisé de voir combien son arrivée avait relevé le courage et la confiance de Scipion ; car, dès le jour suivant, il fit sortir toutes ses troupes et celles du roi avec soixante éléphants, et les rangea en bataille dans un grand appareil ; il marcha en avant de ses retranchements un peu plus loin que de coutume, et un moment après rentra dans son camp.

XLIX. César voyant que Scipion avait à peu près reçu tous les secours qu'il attendait et que le combat ne serait plus différé, s'avança avec ses troupes par les hauteurs, fit tirer des lignes de communication de l'une à l'autre, construisit des forts sur chacune, et s'approcha de Scipion de plus en plus, en s'emparant de tous les points élevés. Les ennemis, comptant sur la multitude de leurs troupes, se saisirent d'une colline voisine, et, par ce moyen, ils arrêtèrent sa marche. Labié-

fecto, circiter vigilia secunda noctis, nimbus cum saxea grandine subito est exortus ingens. Ad hoc autem incommodum accesserat, quod Cæsar non, more superiorum imperatorum, in hibernis exercitum continebat, sed in tertio quartoque die, procedendo propiusque hostem accedendo, castra communiebat ; opereque faciendo, milites se circumspiciendi non habebant facultatem. Præterea ita ex Sicilia exercitum transportaverat, ut, præter ipsum militem et arma, neque vas, neque mancipium neque ullam rem, quæ usu militi esse consuevit, in naves imponi pateretur. In Africa autem non modo sibi quidquam non adquisierant, aut paraverant ; sed etiam propter annonæ caritatem ante parata consumpserant. Quibus rebus attenuati, oppido perquam pauci sub pellibus acquiescebant : reliqui, ex vestimentis tentoriolis factis, atque arundinibus scopisque contextis, permanebant. Itaque, subito imbre grandineque consecuta, gravati pondere, tenebris aquaque omnes subruti disjecique, nocte intempesta, ignibus exstinctis, rebusque ad victum pertinentibus omnibus corruptis, per castra passim vagabantur, scutisque capita contegebant. Eadem nocte quintæ legionis pilorum cacumina sua sponte arserunt.

XLVIII. Rex interim Juba, de equestri prælio Scipionis certior factus, evocatusque ab eodem litteris, præfecto Sabura cum parte exercitus contra Sitium relicto, ut secum ipse aliquid auctoritatis adderet exercitui Scipionis, ac terrorem Cæsaris, cum tribus legionibus equitibusque frenatis DCCC, Numidis sine frenis, peditibusque levis armaturæ grandi numero, elephantisque XXX egressus e regno, ad Scipionem est profectus. Postquam ad eum pervenit, castris regiis seorsum positis, cum eis copiis, quas commemoravi, haud ita longe a Scipione consedit. (Erat in castris Cæsaris superiori tempore magnus terror et exspectatio copiarum regiarum, exercitusque ejus suspensione animi ante adventum Jubæ commovebatur : postquam vero castra castris contulit, despectis ejus copiis, omnem terrorem deponit. Ita, quam antea absens habuerat auctoritatem, eam omnem præsens dimiserat.) Quo facto cuivis facile fuit intellectu, Scipioni additum animum fiduciamque regis adventu : nam postero die universas suas regiasque copias, cum elephantis LX productas in aciem, quam speciosissime potuit, instruxit : ac paullo longius progressus ab suis munitionibus, haud ita diu commoratus, se recepit in castra.

XLIX. Cæsar postquam animadvertit, Scipioni auxilia fere, quæ exspectasset, omnia convenisse, neque moram pugnandi ullam fore, per jugum summum cum copiis progredi cœpit, et brachia protinus ducere, et castella munire, propiusque Scipionem capiendo loca excelsa occupare contendit. Adversarii, magnitudine copiarum confisi, proximum collem occupaverunt ; atque ita longius ibi progrediendi eripuerunt facultatem. Ejusdem collis occupandi [gratia] Labienus consilium cepe-

nus avait projeté de s'emparer de ce même poste, et comme il en était le plus près, il y arriva aussi le premier.

L. Il y avait dans cet endroit une vallée assez large, d'une pente escarpée, et remplie de crevasses en forme de cavernes, que César avait à passer avant d'arriver à la colline dont il voulait s'emparer; au-delà du vallon était un vieux bois d'oliviers fort épais. Labiénus, qui connaissait les lieux, comprit que, pour s'emparer de la colline, César serait obligé de traverser cette vallée et ce bois, s'y mit en embuscade avec son infanterie légère et une partie de sa cavalerie, et cacha le reste derrière la montagne et les collines, afin que tandis qu'il attaquerait nos légions surprises, sa cavalerie parût en même temps sur la hauteur, et que l'armée de César, effrayée de cette double attaque, ne pouvant ni avancer ni reculer, fût ainsi enveloppée et taillée en pièces. César, qui ignorait l'embuscade, avait fait marcher devant sa cavalerie : lorsqu'elle fut arrivée au vallon, les soldats de Labiénus, oubliant ou exécutant mal ses ordres, ou bien craignant d'être écrasés dans le vallon par la cavalerie, sortirent l'un après l'autre de leur rocher et gagnèrent la hauteur. Les cavaliers de César s'étant mis à leur poursuite, en tuèrent une partie, firent les autres prisonniers, et, gravissant aussitôt la colline, en chassèrent le poste et s'y établirent. C'est à peine si Labiénus put se sauver avec quelques-uns de ses cavaliers.

LI. Après ce succès, César distribua le travail à ses légions et se retrancha sur la colline dont il venait de s'emparer. Ensuite, de son camp principal, il fit ouvrir à travers la plaine deux tranchées en face d'Uzita, située dans la même plaine, entre son camp et celui de Scipion, et au pouvoir de ce dernier : elles devaient aboutir aux deux angles de la ville, à droite et à gauche. Son intention, en faisant exécuter ces travaux, était que, lorsqu'il s'approcherait de la ville pour en faire le siége, ses flancs fussent couverts par ses retranchements et que la cavalerie ennemie, qui était nombreuse, ne pût l'envelopper et retarder ses attaques. Il voulait encore par là faciliter ses pourparlers avec la ville, et offrir à ceux qui voudraient passer dans son camp les moyens de venir à lui aisément, sans s'exposer, comme autrefois, à de grands périls. Il voulait voir en même temps, en se rapprochant de l'ennemi, si celui-ci pensait à en venir aux mains. Enfin, ce terrain étant fort bas, il pourrait y creuser des puits; car il était obligé d'envoyer chercher l'eau bien loin et n'en avait pas suffisamment. Pendant qu'une partie des légions était occupée aux travaux dont je viens de parler, l'autre couvrait les travailleurs, rangée en bataille devant l'ennemi. La cavalerie des Barbares et leur infanterie légère ne cessaient de nous livrer de légers combats.

LII. Un soir, comme César retirait ses légions du travail pour les faire rentrer au camp, Juba, Scipion et Labiénus vinrent fondre sur nous avec toute leur cavalerie et leur infanterie légère. Les cavaliers de César surpris par l'attaque inattendue de tant

rat, et, quo propiore loco fuerat, eo celerius occurrerat.

L. Erat convallis, satis magna latitudine, altitudine prærupta, crebris locis speluncæ in modum subrutis, quæ erant transgredienda Cæsari ante, quam ad eum collem, quem capere volebat, perveniretur; ultraque eam convallem olivetum vetus, crebris arboribus condensum Hic quum Labienus animadvertisset, Cæsarem, si vellet eum locum occupare, prius necesse esse convallem olivetumque transgredi, eorum locorum peritus in insidiis cum parte equitatus levique armatura consedit: et præterea post montem collesque equites in occulto collocaverat, ut, quum ipse ex improviso legionarios adortus esset, ex colle se equitatus ostenderet, et re duplici perturbatus Cæsar ejusque exercitus, neque retro regrediendi, neque ultra procedendi oblata facultate, circumventus concideretur. Cæsar, equitatu ante præmisso, inscius insidiarum quum ad eum locum venisset, abusi sive obliti præceptorum Labieni, sive veriti, ne in fossa ab equitibus opprimerentur, rari ac singuli de rupe prodire, et summa petere collis : quos Cæsaris equites consecuti partim interfecerunt, partim vivorum sunt potiti : deinde protinus collem petere contenderunt, atque cum, decusso Labieni præsidio, celeriter occupaverunt. Labienus cum parte equitum vix fuga sibi peperit salutem.

LI. Hac re per equites gesta, Cæsar legionibus opera distribuit, atque in eo colle, quo erat potitus, castra munivit. Deinde ab suis maximis castris per medium campum, e regione oppidi Uzitæ, quod inter sua castra et Scipionis in planitie positum erat, tenebaturque a Scipione, duo brachia instituit duci, et ita erigere, ut ad angulum dextrum sinistrumque ejus oppidi convenirent. Id hac ratione opus instruebat, ut, quum propius oppidum copias admovisset, oppugnareque cœpisset, tecta latera suis munitionibus haberet, ne, ab equitatus multitudine circumventus, ab oppugnatione deterreretur; præterea, quo facilius colloquia fieri possent ; et, si qui perfugere vellent, id quod antea sæpe acciderat magno cum eorum periculo, tum facile et sine periculo fieret. Voluit etiam experiri, quum propius hostem accessisset, haberetne in animo dimicare. Accedebat etiam ad reliquas causas, quod is locus depressus erat, puteique ibi complures fieri poterant : aquatione enim longa et angusta utebantur. Dum hæc opera, quæ ante dixi, fiebant a legionibus, interim pars acie ante opus instructa sub hoste stabat. Equites barbari, levisque armaturæ, prœliis minutis cominus dimicabant.

LII. Cæsar ab eo opere quum jam sub vesperum copias in castra reduceret; magno incursu, cum omni equitatu levique armatura, Juba, Scipio, Labienus in legio-

d'ennemis, plièrent un peu. Mais nous eûmes aussitôt notre tour; car César ayant fait revenir ses légions qui se retiraient, les mena au secours de ses cavaliers; et ceux-ci, ranimés par ce renfort, tournèrent bride, et chargeant les Numides qui s'étaient dispersés en nous poursuivant avec ardeur, en tuèrent un grand nombre et les poussèrent jusqu'au camp du roi. Si l'action n'eût pas commencé dans la nuit, et si la poussière que le vent soulevait n'eût pas aveuglé les soldats, Juba et Labiénus seraient tombés au pouvoir de César, et toute leur cavalerie ainsi que leur infanterie légère auraient été détruites. Cependant un nombre incroyable de soldats de la quatrième et de la sixième légion abandonnèrent Scipion et se réfugièrent les uns dans le camp de César, les autres en divers pays, où ils purent. De même, beaucoup de cavaliers de l'armée de Curion, ne se fiant pas à Scipion et à ses troupes, vinrent aussi se rendre à nous.

LIII. Tandis que ces choses se passaient aux environs d'Uzita, deux légions, la neuvième et la dixième, parties de Sicile sur des vaisseaux de transport, n'étaient plus qu'à une distance peu éloignée du port de Ruspina, lorsqu'ayant aperçu les vaisseaux de César qui étaient à l'ancre devant Thapse, et craignant de tomber dans la flotte ennemie qu'elles croyaient placée là en embuscade, elles gagnèrent le large fort mal à propos. Enfin, après plusieurs jours, ayant été longtemps le jouet des vents, mourant de faim et de soif, elles arrivèrent au camp de César.

LIV. Ces légions débarquées, César se souvenant des extorsions et des désordres que certains hommes avaient commis en Italie, saisit le premier prétexte pour les en punir; et sur ce que C. Aviénus, tribun militaire de la dixième légion, avait, à son départ de Sicile, rempli un vaisseau de provisions, d'esclaves et de chevaux, sans y mettre un seul soldat, dès le lendemain il monta sur son tribunal, et ayant convoqué les tribuns et les centurions de toutes les légions : « Je voudrais bien, dit-il, que certains hommes eussent mis fin à leurs désordres et à leur insolence, et qu'ils n'eussent pas abusé de ma patience, de ma douceur et de ma bonté; mais puisqu'ils ne gardent ni règle ni mesure, je vais agir contre eux suivant la coutume militaire, afin que d'autres se gardent d'imiter leur conduite. C. Aviénus, parce que tu as soulevé en Italie les soldats du peuple romain contre la république, exercé des rapines dans les villes municipales; parce que tu as été inutile à la république et à moi; que tu as rempli mes vaisseaux de tes gens et de tes chevaux, au lieu d'y mettre mes soldats; et qu'avec cette conduite tu es cause que la république manque de soldats au moment où elle en a besoin : par ces motifs, je te bannis ignominieusement de mon armée, et t'ordonne de partir dès ce jour et au plus tôt de l'Afrique. De même, toi, A. Fontéius, tribun des soldats, je te renvoie de l'armée comme séditieux et mauvais citoyen. Et vous, T. Saliénus, M. Tiro, C. Clusinas, puisque après avoir obtenu un commandement dans mon armée, non par votre courage, mais par pure faveur, vous n'avez montré ni valeur dans la guerre, ni bonnes qua-

narios impetum fecerunt. Equites Cæsariani, vi universæ subitæque hostium multitudinis pulsi, parumper cesserunt. Quæ res aliter adversariis cecidit : namque Cæsar, ex medio itinere copiis reductis, equitibus suis auxilium tulit; equites autem, adventu legionum animo addito, conversis equis in Numidas, cupide insequentes dispersosque, impetum fecerunt, atque eos convulneratos usque in castra regia repulerunt, multosque ex iis interfecerunt. Quod ni in noctem prælium esset conjectum, pulvisque vento flatus omnium prospectu offecisset, Juba cum Labieno capti in potestatem Cæsaris venissent, equitatusque cum levi armatura funditus ad internecionem deletus esset. Interim incredibiliter ex legionibus IV et VI Scipionis milites diffugere, partim in castra Cæsaris, partim in quas quisque poterat regiones pervenire : itemque equites Curioniani diffisi Scipioni ejusque copiis, complures eodem conferebant.

LIII. Dum hæc circum Uzitam ab utrisque ducibus administrantur, legiones duæ, IX et X, ex Sicilia navibus onerariis profectæ, quum jam non longe a portu Ruspinæ abessent, conspicatæ naves Cæsarianas, quæ in statione apud Thapsum stabant, veriti, ne in adversariorum, ut insidiandi gratia ibi commorantium, classem inciderent, imprudentes vela in altum dederunt, ac diu multumque jactati, tandem multis post diebus siti inopiaque confecti, ad Cæsarem perveniunt.

LIV. Quibus legionibus expositis, memor in Italia pristinæ licentiæ militaris ac rapinarum certorum hominum, parvulam modo caussulam nactus Cæsar, quod C. Avienus, tribunus militum X legionis, navem commeatu, familia sua, atque jumentis occupavisset, neque militem unum ab Sicilia sustulisset, postero die de suggestu, convocatis omnium legionum tribunis centurionibusque; « Maxime vellem, inquit, homines suæ petulantiæ nimiæque libertatis aliquando finem fecissent, meæque lenitatis, modestiæ, patientiæque rationem habuissent. Sed quoniam ipsi sibi neque modum, neque terminum constituunt, quo cæteri dissimiliter se gerant, egomet ipse documentum more militari constituam. C. Aviene, quod in Italia milites populi romani contra rempublicam instigasti, rapinasque per municipia fecisti; quodque mihi reique publicæ inutilis fuisti, et pro militibus tuam familiam jumentaque in naves imposuisti; tuaque opera militibus tempore necessario respublica caret; ob eas res, ignominiæ causa, ab exercitu meo te removeo, hodieque ex Africa abesse, et, quantum potest, proficisci jubeo. Itemque te A. Fontei, quod tribunus militum, seditiosus malusque civis fuisti, ab exercitu dimitto. T. Saliene, M. Tiro, C.

lités dans la paix, et que vous vous êtes plus appliqués à soulever les troupes contre votre général qu'à remplir votre devoir avec honneur et modestie, je vous juge indignes d'avoir un commandement dans mon armée; je vous congédie, et vous ordonne de quitter l'Afrique au plus tôt. » En conséquence César les livra à des centurions, et les fit embarquer chacun séparément et avec un seul esclave.

LV. Cependant les Gétules transfuges que César, comme nous l'avons dit, avait envoyés vers leurs concitoyens avec des lettres et des instructions, arrivent dans leur pays : leurs compatriotes, aisément entraînés par leur autorité et par le nom de César, abandonnent le parti de Juba, prennent aussitôt les armes, et, sans balancer, les tournent contre le roi. A cette nouvelle, Juba se voyant par là engagé dans trois guerres, est forcé de tirer de l'armée qu'il avait amenée contre César six cohortes qu'il envoie protéger ses frontières contre les Gétules.

LVI. César ayant achevé ses deux lignes et les ayant poussées jusqu'à la ville, mais hors de la portée du trait, fortifie son camp. Il disposa sur tout le front, du côté de la place, un grand nombre de balistes et de scorpions, avec lesquels il ne cessait de harceler ceux qui défendaient les remparts, et y amena cinq légions tirées de l'ancien camp. Grâce à ce rapprochement, les hommes les plus distingués et les plus connus du parti contraire pouvaient voir ceux de leurs amis et de leurs proches qui étaient dans le nôtre, et ils avaient ensemble des pourparlers. César n'ignorait pas combien ces entrevues pouvaient lui être avantageuses. En effet, les Gétules de la cavalerie du roi, et des préfets de cavalerie, dont les pères avaient servi sous Marius, et obtenu en récompense, des terres dans le pays, et qui, après la victoire de Sylla, avaient passé sous la domination du roi Hiempsal, prirent le temps de la nuit, lorsque déjà les feux étaient allumés, pour se rendre avec leurs chevaux et leurs valets, au nombre de mille environ, au camp que César avait établi près d'Uzita.

LVII. Scipion et les autres chefs de son parti, informés de cette désertion, en étaient encore tout troublés, lorsque dans le même temps à peu près ils virent M. Aquinius s'entretenant avec C. Saserna. Scipion envoya dire à Aquinius qu'il ne convenait pas qu'il fût en conférence avec les ennemis. Comme, malgré cet avertissement, celui-ci avait répondu qu'il voulait achever ce qu'il avait à dire, Juba lui envoya un de ses courriers, lequel lui dit en présence de Saserna : « Le roi te défend de continuer. » A ces mots, effrayé, il se retira et obéit au roi. Est-il donc possible qu'un citoyen qui avait reçu du peuple romain tant d'honneurs, n'ayant d'ailleurs à craindre ni pour sa liberté ni pour ses biens, ait mieux aimé obéir à un roi barbare, que de se rendre aux ordres de Scipion, ou de revenir libre dans sa patrie après la ruine de ceux de son parti? Au reste,

Clusinas, quum, ordines in meo exercitu beneficio non virtute consecuti, ita vos gesseritis, ut neque bello fortes, neque pace boni aut utiles fueritis, et magis in seditione concitandisque militibus adversus vestrum imperatorem, quam pudoris modestiæque fueritis studiosiores; indignos vos esse arbitror, qui in meo exercitu ordines ducatis, missosque facio, et quantum potest, abesse ex Africa jubeo. » Itaque transdidit eos centurionibus : et singulis non amplius singulos additos servos in navi imponendos separatim curavit.

LV. Gætuli interim perfugæ, quos cum litteris mandatisque a Cæsare missos supra docuimus, ad suos cives perveniunt : quorum auctoritate facile adducti, Cæsarisque nomine persuasi, a rege Juba desciscunt, celeriterque cuncti arma capiunt, contraque regem facere non dubitant. Quibus rebus cognitis, Juba, distentus triplici bello, necessitateque coactus, de suis copiis, quas contra Cæsarem adduxerat, sex cohortes in fines regni sui mittit quæ essent præsidio contra Gætulos.

LVI. Cæsar, brachiis perfectis, promotisque usque eo, quo telum ex oppido adjici non posset, castra munit : balistis scorpionibusque crebis ante frontem castrorum contraque oppidum collocatis, defensores muri deterrere non intermittit; eoque V legiones ex superioribus castris deducit. Qua facultate oblata, illustriores notissimique conspectum amicorum propinquorumque efflagitabant, atque inter se colloquebantur. Quæ res quid utilitatis haberet, Cæsarem non fallebat. Namque Gætuli ex equitatu regio nobiliores, equitumque præfecti, quorum patres cum Mario ante meruerant, ejusque beneficio agris finibusque donati, post Sullæ victoriam sub Hiempsalis regis erant potestate dati, occasione capta, nocte, jam luminibus accensis, cum equis calonibusque suis circiter mille perfugiunt in Cæsaris castra, quæ erant in campo proxime Uzitæ locata.

LVII. Quod postquam Scipio, quique cum eo erant, cognoverunt, quum commoti ex tali incommodo essent, fere per id tempus M. Aquinium cum C. Saserna colloquentem viderunt, Scipio mittit ad Aquinium, nihil attinere, eum cum adversariis colloqui. Quum nihilominus ejus sermonem nuntius ad se referret, « Sed restare, ut reliqua, quæ vellet, peragaret ; » viator prætereaab Juba ad eum est missus, qui diceret, audiente Saserna, « Vetat te rex colloqui. » Quo nuntio perterritus discessit, et dicto audiens fuit regi. Usu venisse hoc civi romano, et ei, qui a populo romano honores accepisset, incolumi patria fortunisque omnibus, Jubæ barbaro potius obedientem fuisse, quam aut Scipionis obtemperasse nuntio, aut, cæsis ejusdem partis civibus, incolumem reverti malle ! Atque etiam superbius Jubæ factum non in M. Aquinium, hominem novum parvumque senatorem, sed in Scipionem, hominem illa familia, dignitate, honoribus præ-

Juba ne montra pas seulement son insolence à l'égard de M. Aquinius, homme nouveau, sénateur obscur, mais envers Scipion lui-même, distingué à la fois par sa naissance, par sa réputation et par ses dignités. En effet, comme Scipion avant la venue du roi, portait le manteau de pourpre, Juba, dit-on, lui fit entendre qu'il ne devait pas le porter de la même couleur que le sien; en sorte que Scipion prit le blanc pour complaire à Juba, le plus vain et le plus lâche des hommes.

LVIII. Le lendemain, tous les chefs font sortir toutes leurs troupes de leurs divers camps, les rangent en bataille sur une éminence assez rapprochée du camp de César, et s'y arrêtent. César, de son côté, fait aussi sortir ses troupes, et les ayant promptement rangées en bataille dans la plaine, à la tête de ses retranchements, il les y retient, persuadé que les ennemis, forts de leur nombre et des secours du roi, après avoir montré tant d'empressement, seront les premiers à marcher en avant, à attaquer. Ayant parcouru les rangs à cheval et exhorté les légions, il donne le mot et attend l'ennemi. Pour lui, divers motifs l'empêchaient de trop s'éloigner de ses lignes : la ville d'Uzita, dont Scipion était maître, avait été garnie de cohortes; et César, dont la droite était appuyée à cette ville, avait lieu d'appréhender que, s'il avançait au-delà, ces cohortes ne fissent une sortie pour le prendre en flanc. Ce qui l'arrêtait encore, c'est que le centre de Scipion était couvert par un terrain d'un abord difficile, qui aurait gêné dans l'attaque les troupes de César.

LIX. Il convient, ce me semble, que j'indique l'ordre de bataille des deux armées. Voici celui de Scipion. Il avait en front ses légions et celles de Juba, appuyées par derrière sur les Numides, dont les bataillons étaient si étendus et avaient si peu de profondeur, que, de loin, ce centre ne paraissait former qu'une seule ligne, composée de légionnaires, au lieu qu'il paraissait y en avoir deux sur les ailes. Les éléphants étaient distribués sur la droite et sur la gauche à égale distance, soutenus par l'infanterie légère et les troupes auxiliaires. Il avait placé à son aile droite toute sa cavalerie régulière; car sa gauche était couverte par la ville d'Uzita, et l'espace manquait de ce côté pour y déployer de la cavalerie. Il avait jeté l'innombrable multitude de ses Numides et de ses troupes légères en avant de son aile droite, à plus de mille pas de distance, et il l'avait presque adossée à la colline, de sorte qu'elle s'étendait assez loin au-delà de son armée et de la nôtre. Le but de cet arrangement était qu'au moment où les deux armées engageraient le combat, cette cavalerie nombreuse, se déployant à l'aise, enveloppât tout à coup l'armée de César, et l'accablât de traits après l'avoir mise en déroute. Tel fut ce jour-là l'ordre de bataille de Scipion.

LX. Voici maintenant celui de l'armée de César; je vais de gauche à droite. La neuvième et la huitième légion étaient à l'aile gauche; la trentième et la vingt-huitième à la droite; les treizième, quatorzième, vingt-neuvième et vingt-sixième au centre : plusieurs cohortes tirées de

---

stantem. Nam quum Scipio sagulo purpureo ante regis adventum uti solitus esset, dicitur Juba cum eo egisse, non oportere illum eodem uti vestitu, atque ipse uteretur. Itaque factum est, ut Scipio ad album sese vestitum transferret, et Jubæ, homini superbissimo inertissimoque, obtemperaret.

LVIII. Postero die universas omnium copias de castris omnibus educunt; et supercilium quoddam excelsum nacti, non longe a Cæsaris castris aciem constituunt, atque ibi consistunt. Cæsar item producit copias, celeriterque iis instructis ante suas munitiones, quæ erant in campo, constitit; sine dubio existimans, ultro adversarios, quum tam magnis copiis auxiliisque regis essent præditi, promptiusque prosiluissent, ante se concursuros, propiusque se accessuros. Equo circumvectus, legionesque cohortatus, signo dato, accessum hostium aucupabatur : ipse enim a suis munitionibus longius non sine ratione non procedebat, quod in oppido Uzitæ, quod Scipio tenebat, hostium erant cohortes armatæ; eidem autem oppido ad dextrum latus ejus cornu erat oppositum; verebaturque, ne, si prætergressus esset, ex oppido eruptione facta, ab latere eum adoriri conciderent. Præterea hæc quoque eum causa tardavit, quod erat locus quidam perimpeditus ante aciem Scipionis, quem suis impedimento ad ultro occurrendum fore existimabat.

LIX. Non arbitror esse prætermittendum, quemadmodum exercitus utriusque fuerint in aciem instructi. Scipio hoc modo aciem direxit : collocabat in fronte suas et Jubæ legiones : postea autem Numidas in subsidiaria acie ita extenuatos, et in longitudinem directos, ut procul simplex esse acies media ab legionariis militibus videretur; in cornibus autem duplex esse existimabatur. Elephantos dextro sinistroque cornu collocaverat, æqualibus inter eos intervallis interjectis : post autem elephantos armaturas leves Numidasque substituerat auxiliares. Equitatum frenatum universum in suo dextro cornu disposuerat; sinistrum enim cornu oppido Uzita claudebatur, neque erat spatium equitatus explicandi. Præterea Numidas levisque armaturæ infinitam multitudinem ad dextram partem suæ aciei opposuerat, fere interjecto non minus M passuum spatio; et ad collis radices magis appulerat, longiusque ab adversariorum suisque copiis promoverat : id hoc consilio, ut, quum acies duæ inter se concurrissent initio certaminis, paullo longius ejus equitatus circumvectus ex improviso clauderet multitudine sua exercitum Cæsaris, atque perturbatum jaculis configeret. Hæc fuit ratio Scipionis eo die præliandi.

LX. Cæsaris autem acies hoc modo fuit collocata; ut ab sinistro ejus cornu ordiar, et ad dextrum perveniam : habuit in sinistro cornu legionem IX, VIII; in dextro

ces légions, soutenues de quelques autres de nouvelles levées, formaient, à l'aile droite, une seconde ligne. Il avait porté sa troisième ligne vers son aile gauche, et l'avait prolongée jusqu'à la légion qui était au milieu de son corps de bataille, de façon que son aile gauche formait trois lignes. Ce qui lui avait fait adopter cette disposition, c'est que ses retranchements couvraient son aile droite, tandis que sa gauche avait à soutenir tout l'effort de la nombreuse cavalerie des ennemis; aussi y jeta-t-il toute la sienne. Et comme il ne comptait pas beaucoup sur elle, il la fit soutenir par la cinquième légion, et l'entremêla d'infanterie légère. Les archers avaient été distribués çà et là sur différents points et surtout aux ailes.

LXI. Les deux armées, ainsi rangées à trois cents pas au plus l'une de l'autre, demeurèrent en présence depuis le matin jusqu'à la dixième heure[1] du jour, sans en venir aux mains, ce qui peut-être ne s'était jamais vu. Déjà César commençait à faire rentrer ses troupes dans les retranchements, quand tout à coup la cavalerie des Numides et des Gétules, que Scipion avait placée en arrière du reste de l'armée, se mit en mouvement vers la droite et marcha sur le camp de César qui était sur la colline, tandis que la cavalerie réglée de Labiénus demeurait à son poste et tenait nos légions en échec. Alors une partie de celle de César, suivie de l'infanterie légère, marcha sans en avoir reçu l'ordre, et

[1] Trois ou quatre heures après midi.

imprudemment, contre les Gétules, au-delà d'un marais; mais elle ne put soutenir l'effort des ennemis beaucoup plus nombreux, et, abandonnée des troupes légères, elle fut repoussée et maltraitée par l'ennemi. Après avoir eu un cavalier tué, beaucoup de chevaux blessés, et après avoir perdu vingt-six hommes d'infanterie légère, elle regagna le reste de l'armée en désordre. Scipion, charmé de cet avantage, fit, sur le soir, rentrer ses troupes au camp. Mais la fortune ne lui laissa pas longtemps cette joie. En effet, le lendemain, une partie de la cavalerie de César, étant allée chercher du blé à Leptis, rencontra en chemin des maraudeurs numides et gétules, tomba sur eux, et en tua ou prit environ une centaine. Pendant ce temps, César ne cessait de conduire ses légions dans la plaine, de les occuper à toute sorte de travaux; par exemple, à creuser un fossé profond à travers la campagne, pour empêcher les excursions des ennemis. De son côté, Scipion se retranchait également, et s'empressait, pour que César ne lui ôtât pas ses communications avec la hauteur. Ainsi, les deux chefs travaillaient à leurs retranchements, et en même temps leur cavalerie se livrait chaque jour des combats.

LXII. Cependant Varus, apprenant que la septième et la huitième légions étaient arrivées de Sicile, fit sortir sa flotte du port d'Utique où il l'avait retirée pendant l'hiver; et, l'ayant remplie de rameurs et de matelots gétules, il s'avança pour croiser, et arriva à Adrumetum avec cin-

---

cornu XXX, XXVIII; XIII, XIV, XXIX, XXVI in media acie; ipsum autem dextrum cornu, secundam aciem fere, in earum legionum parte cohortium collocaverat; præterea ex tironum legionibus paucas adjecerat. Tertiam autem aciem in sinistrum suum cornu contulerat, et usque ad aciei suæ mediam legionem porrexerat, et ita collocaverat, uti sinistrum suum cornu triplex esset. Id eo consilio fecerat, quod suum dextrum latus munitionibus adjuvabatur; sinistrum autem, equitatus hostium multitudini uti resistere posset, laborabit; eodemque suum omnem contulerat equitatum : et quod ei parum confidebat, præsidio his equitibus legionem V præmiserat, levemque armaturam inter equites interposuerat. Sagittarios varie passimque, locis certis, maximeque in cornibus collocaverat.

LXI. Sic utrorumque exercitus instructi, non plus passuum CCC interjecto spatio, quod forsitan ante id tempus accidisset nunquam, quin dimicaretur, a mane usque ad horam X diei perstiterunt. Jamque Cæsar dum exercitum reducere intra munitiones suas cœpisset, subito universus equitatus ulterior Numidarum Gætulorumque sine frenis ad dextram partem se movere, propiusque Cæsaris castra, quæ erant in colle, se conferre cœpit; frenatus autem Labieni eques in loco permanere, legionesque distinere : quum subito pars equitatus Cæ-

saris cum levi armatura, contra Gætulos injussu ac temere longius progressi, paludemque transgressi, multitudinem hostium pauci sustinere non potuerunt; levique armatura deserti, ac pulsi convulneratique, uno equite amisso, multis equis sauciis, levis armaturæ XXVI occisis, ad suos refugerunt. Quo secundo equestri prælio facto, Scipio lætus in castra noctu copias reduxit. Quod proprium gaudium bellantibus fortuna tribuere non decrevit : namque postero die Cæsar quum partem equitatus sui Leptim, frumenti gratia, misisset, in itinere prædatores equites Numidas Gætulosque ex improviso adorti circiter cen um partim occiderunt, partim vivorum potiti sunt[1]. Cæsar interim quotidie legiones in campum deducere, atque opus facere, vallumque et fossam per medium campum ducere, adversariorumque excursionibus iter officere non intermittit. Scipio item munitiones contra facere, et, ne jugo a Cæsare excluderetur, approperare. Ita duces utrique et in operibus occupati erant, et nihilominus equestribus præliis inter se quotidie dimicabant.

LXII. Interim Varus classem, quam antea Uticæ hiemis gratia subduxerat, cognito legionis VII et VIII ex Sicilia adventu, celeriter deducit, illamque Gætulis remigibus epibatisque complet; insidiandique gratia ab Utica progressus, Adrumetum cum LV navibus per-

quante-cinq vaisseaux. César, ignorant son arrivée, envoya L. Cispius avec vingt-sept galères se poster à Thapse pour escorter ses convois, et fit partir dans le même but, vers Adrumetum, treize autres galères sous la conduite de Q. Aquila. Cispius arriva bientôt à sa destination; mais Aquila eut le vent contraire, et ne put doubler le cap; toutefois, ayant trouvé une anse commode, il s'y mit à couvert hors de la portée des ennemis. Le reste de notre flotte était en rade devant Leptis; les matelots, descendus à terre, étaient en partie dispersés sur le rivage, et en partie étaient allés dans la ville pour acheter des vivres : elle se trouvait ainsi sans défense. Varus, en ayant été informé par un transfuge, profita de l'occasion : il sortit du port d'Adrumetum, arriva à la pointe du jour à Leptis avec sa flotte, brûla les vaisseaux de charge qui étaient à l'ancre loin du port, et prit, sans opposition, deux galères à cinq rangs, sur lesquelles il n'y avait point de soldats.

LXIII. Cependant César, ayant appris cette nouvelle tandis qu'il visitait les travaux qui étaient éloignés du port d'environ six mille pas, quitte tout, monte à cheval et arrive promptement à Leptis. Là, après avoir exhorté toute sa flotte à le suivre, il part en avant sur le premier petit bâtiment qui se présente, se renforce, en passant, d'Aquila, que le nombre des vaisseaux ennemis avait effrayé, et se met à leur poursuite. Alors Varus, étonné de l'activité et de l'audace de César, rebrousse chemin et s'enfuit vers Adrumetum avec toute sa flotte. César le poursuit l'espace de quatre milles, reprend une de ses galères à cinq rangs avec tout l'équipage et cent trente soldats ennemis qui la gardaient. Une galère à trois rangs, qui avait voulu se défendre, fut prise avec tous les matelots et les rameurs dont elle était chargée. Le reste de la flotte ennemie doubla le cap et rentra au port d'Adrumetum. César ne put doubler le cap avec le même vent. Il passa la nuit à l'ancre dans la rade, s'approcha au point du jour d'Adrumetum, brûla les vaisseaux de transport qui étaient en rade, s'empara de tous les autres ou les repoussa dans le port, et, après avoir attendu quelque temps pour voir si la flotte ennemie voudrait lui livrer combat, il se retira dans son camp.

LXIV. Dans la galère qui fut prise se trouvait P. Vestrius, chevalier romain, et P. Ligarius (9), du parti d'Afranius, que César avait fait prisonnier en Espagne et relâché avec les autres. Depuis il était allé rejoindre Pompée, et, ayant échappé à la déroute de Pharsale, il était venu trouver Varus en Afrique. César le fit mourir à cause de son parjure et de sa perfidie. Quant à P. Vestrius, il eut son pardon, tant parce que son frère avait payé à Rome la somme à laquelle il avait été taxé, que parce qu'il justifia sa conduite, en prouvant qu'après avoir été pris par la flotte de Nasidius et sauvé par Varus au moment où on le menait au supplice, il n'avait trouvé depuis aucun moyen de rejoindre César.

---

venit. Cujus adventus inscius Cæsar, L. Cispium cum classe XXVII navium ad Thapsum versus in stationem, præsidii gratia commeatus sui, mittit : itemque Q. Aquilam cum XIII navibus longis Adrumetum eadem de causa præmittit. Cispius, quo erat missus, celeriter pervenit : Aquila, tempestate jactatus, promontorium superare non potuit, atque angulum quemdam tutum a tempestate nactus, cum classe se longius a prospectu removit. Reliqua classis in salo ad Leptim, egressis remigibus, passimque in littore vagantibus, partim in oppido victus sui mercandi gratia progressis, vacua a defensoribus stabat. Quibus rebus Varus ex perfuga cognitis, occasionem nactus, vigilia secunda Adrumeto ex Cothone egressus, cum primo mane Leptim universa classe vectus, naves onerarias, quæ longius a portu in salo stabant, incendit, et penteres duas vacuas a defensoribus, nullo repugnante cepit.

LXIII. Cæsar interim celeriter per nuntios in castris, quum opera circuiret, certior factus, quæ aberant a portu millia passuum VI, equo admisso, omissis omnibus rebus, celeriter pervenit Leptim : ibique hortatus, omnes ut se naves consequerentur, primum ipse navigiolum parvulum conscendit; in cursu Aquilam, multitudine navigiorum perterritum atque trepidantem, nactus, hostium classem sequi cœpit. Interim Varus, celeritate Cæsaris audaciaque motus, **cum universa classe, conversis navibus, Adrumetum versus fugere contendit. Quem** Cæsar in millibus passuum IV consecutus, recuperata quinqueremi cum omnibus suis epibatis atque etiam hostium custodibus CXXX in ea nave captis, triremem hostium proximam, quæ in repugnando erat commorata, onustam remigum epibatarumque cepit ; reliquæ naves hostium promontorium superarunt, atque Adrumetum in Cothonem se universæ contulerunt. Cæsar eodem vento promontorium superare non potuit, atque in salo in ancoris ea nocte commoratus, prima luce Adrumetum accedit, ibique navibus onerariis, quæ erant extra Cothonem, incensis, omnibusque reliquis aliis aut subductis, aut in Cothonem compulsis, paullisper commoratus, si forte vellent classe dimicare, rursus se recepit in castra.

LXIV. In ea nave captus est P. Vestrius eques romanus, et P. Ligarius Afranianus, quem Cæsar in Hispania cum reliquis dimiserat, et postea se ad Pompeium contulerat ; inde ex prælio effugerat, in Africamque ad Varum venerat : quem ob perjurium perfidiamque Cæsar jussit necari; P. Vastrio autem, quod ejus frater Romæ pecuniam imperatam numeraverat, et quod ipsius suam causam Cæsari probaverat, se, a Nasidii classe captum, quum ad necem duceretur, beneficio Vari esse servatum, postea facultatem sibi nullam datam transeundi, ignovit.

LXV. C'est une coutume parmi les habitants de l'Afrique, d'avoir dans presque toutes les campagnes et tous les villages des souterrains où ils serrent leur blé; cela, principalement, en vue de la guerre et des incursions de l'ennemi. César en fut informé : il fit partir à la troisième veille deux légions avec sa cavalerie, et les envoya à dix mille pas de son camp, d'où elles revinrent chargées de blé. Labiénus, en ayant eu avis, s'avança l'espace de sept mille pas par les mêmes hauteurs par où César avait passé le jour précédent, et y fit camper deux légions. Persuadé que César enverrait souvent chercher du blé par la même route, il se tint lui-même chaque jour en embuscade dans les lieux propices avec une nombreuse cavalerie et des troupes légères.

LXVI. Cependant César, averti par des transfuges du piége que lui tendait Labiénus, laissa passer quelques jours, attendant que l'ennemi se lassât de faire continuellement le même exercice, et devînt plus négligent ; et, tout à coup, un matin, il ordonne à huit légions de vétérans et à une partie de la cavalerie de sortir par la porte décumane et de le suivre. La cavalerie, ayant pris les devants, tomba sur les postes cachés en embuscade dans les vallons, tua environ cinq cents hommes d'infanterie légère, et fit fuir le reste honteusement. Alors Labiénus vint à leur secours avec toute sa cavalerie. Comme les cavaliers de César étaient trop peu nombreux pour résister à cette multitude, ils commencèrent à plier, lorsqu'il parut lui-même avec ses légions rangées en bataille.

À cette vue, Labiénus, étonné, s'arrêta, et César fit retirer ses cavaliers sans avoir eu aucune perte. Le lendemain Juba fit mettre en croix tous les Numides qui avaient abandonné leur poste pour se réfugier dans le camp.

LXVII. Cependant César, voyant qu'il n'avait plus de blé, rassemble toutes ses troupes dans le camp, met garnison dans Leptis, dans Ruspina, dans Achilla, laisse la flotte sous le commandement de Cispius et d'Aquila, avec ordre de croiser, l'un devant Adrumetum, l'autre devant Thapse ; puis, ayant mis le feu à son camp, il en part à la quatrième veille, en bataille, ses bagages à l'aile gauche, et arrive devant Agar, ville souvent assiégée par les Gétules, et toujours vaillamment défendue par ses habitants. Là, après avoir formé un seul camp dans la plaine, il part lui-même avec une partie de son armée pour aller chercher des vivres aux environs, et revient au camp avec beaucoup d'orge, d'huile, de vin, de figues, peu de blé, mais son armée rafraîchie. Scipion, de son côté, apprenant que César était parti, le suivit par les hauteurs avec toutes ses troupes, et prit position à une distance de six mille pas, où il forma trois camps séparés.

LXVIII. Il y avait une ville nommé Zéta[1], située à dix mille pas de Scipion, du côté de son camp, mais plus éloignée du camp de César, car elle en était séparée par un espace de dix-huit mille pas. Scipion y envoya deux légions pour avoir du blé. César, averti par un transfuge, transporte

[1] Aujourd'hui Zerbi

LXV. Est in Africa consuetudo incolarum ut in agris, et in omnibus fere villis sub terra specus condendi frumenti gratia clam habeant, atque id propter bella maxime hostiumque subitum adventum præparent. Qua de re Cæsar certior per indicem factus, tertia vigilia legiones II cum equitatu mittit ab castris suis millia passuum X, atque inde magno numero frumenti onustos recipit in castra. Quibus rebus cognitis, Labienus, progressus a suis castris millia passuum VII per jugum et collem, per quem Cæsar pridie iter fecerat, ibi castra duarum legionum facit; atque ipse quotidie, existimans, Cæsarem eadem sæpe frumentandi gratia commeaturum, cum magno equitatu levique armatura insidiaturus locis idoneis consedit.

LXVI. Cæsar interim de insidiis Labieni ex perfugis certior factus, paucos dies ibi commoratus, dum hostes quotidiano instituto, sæpe idem faciendo, in negligentiam adducerentur, subito mane imperat, porta decumana legiones se VIII veteranas cum parte equitatus sequi; atque equitibus præmissis, neque opinantes insidiatores subito, in convallibus latentes, levi armatura concidit circiter D; reliquos in fugam turpissimam conjecit. Interim Labienus, cum universo equitatu fugientibus suis suppetias occurrit. Cujus vim multitudinis quum equites pauci Cæsariani jam sustinere non possent, Cæsar instructas legiones hostium copiis ostendit. Quo facto perterrito Labieno ac retardato, suos equites recepit incolumes. Postero die Juba Numidas eos, qui, loco amisso, fuga se receperant in castra, in cruce omnes suffixit.

LXVII. Cæsar interim, quoniam frumenti inopia premebatur, copias omnes in castra conducit, atque præsidio Lepti, Ruspinæ, Achillæ relicto, Cispio Aquilæque classe transdita, ut alter Adrumetum, alter Thapsum mari obsideret, ipse castris incensis, IV noctis vigilia, acie instructa, impedimentis in sinistra parte collocatis, ex eo loco proficiscitur, et pervenit ad oppidum Agar; quod a Gætulis sæpe antea oppugnatum, summaque vi per ipsos oppidanos erat defensum. Ibi in campo castris unis positis, ipse frumentatum circum villas cum parte exercitus profectus, magno invento hordei, olei, vini, fici numero, pauco tritici, atque recreato exercitu, redit in castra. Scipio interim, cognito Cæsaris discessu, cum universis copiis per jugum Cæsarem subsequi cœpit, atque ab ejus castris millia passuum sex longe, trinis castris dispartitis copiis consedit.

LXVIII. Oppidum erat Zeta, quod aberat ab Scipione millia passuum X, ad ejus regionem et partem castrorum collocatum, a Cæsare autem diversum ac remotum, quod erat ab eo longe millia passuum XVIII. Huc Scipio legiones duas frumentandi gratia misit. Quod postquam

son camp de la plaine sur les hauteurs, dans une position plus sûre, y laisse une garde, et, étant sorti à la quatrième veille, passe devant le camp ennemi avec ses troupes et se rend maître de la ville. En même temps il apprit que les légions de Scipion étaient allées plus loin chercher du blé. Mais, comme il s'efforçait de les poursuivre, il aperçut les troupes de Scipion qui s'avançaient à leur secours; ce qui arrêta sa marche. En s'emparant de Zéta, il fit prisonniers deux chevaliers romains, C. Mutius Réginus, l'un des plus intimes amis de Scipion et commandant de la place, et P. Atrius, membre du conseil d'Utique; il y trouva aussi vingt-deux chameaux du roi qu'il emmena avec lui, quand, après avoir laissé dans cette ville une garnison sous les ordres de son lieutenant Appius, il reprit le chemin de son camp.

LXIX. Lorsqu'il fut arrivé à peu de distance du camp de Scipion, près duquel il lui fallait passer pour se rendre dans le sien, Labiénus et Afranius, qui étaient en embuscade avec toute leur cavalerie et leurs troupes légères, parurent sur les coteaux voisins et s'avancèrent sur son arrière-garde. Se voyant ainsi attaqué, César leur opposa d'abord sa cavalerie, et aussitôt ordonna à ses légions de mettre leur bagage en un monceau, et de marcher promptement sur l'ennemi. Elles obéirent, et, dès leur premier choc, la cavalerie et les troupes légères de Scipion furent sans peine repoussées et culbutées de dessus la colline. César croyait qu'après avoir si maltraité les ennemis, ils cesseraient de le harceler; mais dès qu'il se remit en marche, il les vit aussitôt descendre des coteaux voisins et revenir à la charge contre nos légions; car il n'est pas croyable avec quelle vitesse et quelle agilité l'infanterie légère des Numides, mêlée avec leur cavalerie, savait combattre avec elle, la suivre dans l'attaque et dans la retraite. Comme cette manœuvre se renouvelait trop souvent, que l'ennemi ne cessait de nous attaquer dès que nous nous mettions en marche, et prenait la fuite dès que nous tenions ferme; et que, fidèle à ce singulier genre de combat, il se contentait de nous accabler d'une grêle de traits, César comprit qu'il n'avait d'autre but que de l'obliger à camper où l'eau manquait entièrement, afin que ses hommes et ses chevaux, qui n'avaient pris aucune nourriture depuis la quatrième veille jusqu'à la dixième heure du jour, périssent de soif.

LXX. Comme le soleil était près de se coucher, César voyant qu'il n'avait pas fait cent pas en une heure, et que sa cavalerie avait perdu beaucoup de chevaux, la retira de l'arrière-garde et y fit venir alternativement chaque légion. Par ce moyen, sa marche fut plus lente mais plus tranquille, et, avec ses légionnaires, il soutenait mieux les attaques de l'ennemi. Cependant la cavalerie numide s'était saisie des hauteurs, qu'elle couronnait à droite et à gauche, et cherchait à envelopper, par sa multitude, l'armée de César, tandis qu'une partie s'attachait à suivre l'arrière-garde. Mais dès que seulement trois ou quatre de nos soldats vétérans tournaient la tête et lançaient avec vigueur leurs javelots contre les Numides, plus de deux mille prenaient aussitôt la fuite; puis ils

---

Cæsar ex perfuga cognovit, castris ex campo in collem ac tutiora loca collocatis, atque ibi præsidio relicto, ipse quarta vigilia egressus, præter hostium castra proficiscitur cum copiis, et oppido potitur. Legiones Scipionis comperit longius in agris frumentari : et, quum eo contendere conaretur, animadvertit, copias hostium iis legionibus occurrere suppetias : quæ res ejus impetum retardavit. Itaque, capto C. Mutio Regino, equite romano Scipionis familiarissimo, qui ei oppido præerat, et P. Atrio, equite romano de conventu Uticensi, et camelis XXII regis adductis, præsidio ibi cum Oppio legato relicto, ipse se recipere cœpit ad castra.

LVIX. Quum jam non longe a castris Scipionis abesset, quæ eum necesse erat prætergredi, Labienus Afraniusque, cum omni equitatu levique armatura ex insidiis adorti, agmini ejus extremo se offerunt, atque ex collibus primis existunt. Quod postquam Cæsar animadvertit, equitibus suis hostium vi oppositis, sarcinas legionarios in acervum jubet comportare, atque celeriter signa hostibus inferre. Quod postquam cœptum est fieri, primo impetu legionum equitatus et levis armatura hostium nullo negotio loco pulsa et dejecta est de colle. Quum jam Cæsar existimasset hostes pulsos deterritosque finem lacessendi facturos, et iter cœptum pergere cœpisset; iterum celeriter ex proximis collibus erumpunt, atque eadem ratione, qua ante dixi, in Cæsaris legionarios impetum faciunt Numidæ levisque armaturæ; mirabili velocitate præditi, qui inter equites pugnabant, et una pariterque cum equitibus accurrere et refugere consueverant. Quum hoc sæpius facerent, et Julianos proficiscentes insequerentur, et refugerent, stantes propius non accederent, et singulari genere pugnæ uterentur, eosque jaculis convulnerare satis esse existimarent; Cesar intellexit, nihil aliud illos conari, nisi ut se cogerent, castra in eo loco ponere, ubi omnino aquæ nihil esset; ut exercitus ejus jejunus, qui a quarta vigilia usque ad horam X diei nihil gustasset, ac jumenta siti perirent.

LXX. Quum jam ad solis occasum esset, et non totos centum passus in horam | IV | esset progressus, equitatu suo propter equorum interitum extremo agmine remoto, legiones invicem ad extremum agmen evocabat. Ita vim hostium, placide leniterque procedens, per legionarium militem commodius sustinebat. Interim equitum Numidarum copiæ dextra sinistraque per colles præcurrere, coronæque in modum cingere multitudine sua Cæsaris copias; pars agmen extremum insequi. Cæsaris autem non amplius tres aut quatuor milites veterani si se convertissent, et pila viribus contorta in Numidas infestos

revenaient en troupe à la charge, nous suivant dans notre marche et accablant nos légions d'une grêle de traits. Ainsi, tantôt marchant, tantôt combattant, César, qui n'avançait qu'avec peine, arriva enfin au camp vers la première heure de la nuit, sans avoir perdu un seul homme et n'ayant eu que dix blessés. Labiénus eut environ trois cents hommes de tués, un grand nombre de blessés, et se retira avec ses troupes harassées. Scipion, qui était demeuré en bataille à la tête de son camp avec ses éléphants pour inspirer plus de terreur, fit aussi rentrer ses troupes.

LXXI. César, pour former ses troupes à combattre cette nouvelle espèce d'ennemis, était obligé de s'y prendre, non comme un général qui commande une armée aguerrie et victorieuse, mais comme un maître d'escrime qui dresse ses gladiateurs novices. Il leur apprenait comment elles devaient se garantir de l'ennemi; comment elles devaient se présenter à lui et lui résister suivant l'étendue du terrain; comment elles devaient tantôt avancer, tantôt reculer, tantôt feindre une attaque; enfin il leur enseignait presque où et comment il fallait lancer le javelot. En effet, les troupes légères de l'ennemi embarrassaient et inquiétaient beaucoup notre armée. Nos cavaliers avaient peur de les aborder, parce qu'elles tuaient leurs chevaux à coups de traits; et quand nos légionnaires les poursuivaient, leur agilité les avait bientôt lassés. Lorsque nos soldats pesamment armés s'arrêtaient pour repousser leur attaque, elles échappaient au danger par une fuite rapide.

LXXII. César était fort chagrin de cet état de choses, parce que, toutes les fois que sa cavalerie en venait aux mains sans être appuyée par les légionnaires, elle ne pouvait tenir contre celle des ennemis ni contre leurs troupes légères. Cela le tourmentait d'autant plus qu'il n'avait pas encore eu lieu d'éprouver leurs légions, et qu'il ne voyait pas comment il pourrait leur résister quand elles se joindraient à cette cavalerie et à cette infanterie légère qui était admirable. Un autre sujet d'inquiétude pour lui, c'est que la taille et la multitude des éléphants épouvantaient le soldat : mais à cela il avait trouvé un remède. Il avait fait venir d'Italie des éléphants, afin que nos soldats, en les voyant de près, apprissent à connaître la force et le courage de ces animaux, et la partie de leur corps où il fallait frapper; et qu'en les considérant armés et bardés, ils remarquassent la partie du corps qui restait nue, et sur laquelle ils devaient lancer leurs traits. Ils voulait aussi par là accoutumer les chevaux à leur odeur, à leur cri, à leur figure, afin qu'ils n'en eussent point peur. Ce moyen lui avait admirablement réussi; car ses soldats touchaient de la main ces animaux et en connaissaient la lenteur; les cavaliers s'exerçaient à lancer contre eux des javelots émoussés, et grâce à leur patience, les chevaux s'étaient familiarisés avec eux.

LXXIII. César était devenu, par les motifs que j'ai dits, plus lent et plus circonspect, et il avait

conjecissent, amplius II millium numero ad unum terga vertebant, ac rursus ad aciem passim, conversis equis, se colligebant, atque in spatio consequebantur, et jacula in legionarios conjiciebant. Ita Cæsar, modo procedendo modo resistendo, tardius itinere confecto, noctis hora prima omnes suos ad unum in castris incolumes, saucis X factis, reduxit. Labienus, circiter CCC amissis, multis vulneratis, ac defessis instando omnibus, ad suos se recepit. Scipio interim legiones productas cum elephantis, quos ante castra in acie terroris gratia in conspectu Cæsaris collocaverat, reducit in castra.

LXXI. Cæsar contra ejusmodi hostium genera copias suas, non ut imperator exercitum veteranum victoremque maximis rebus gestis, sed ut lanista tirones gladiatores condocefacere : quo pede se reciperent ab hoste, et quemadmodum obversi adversariis, et in quantulo spatio resisterent; modo procurrerent, modo recederent, comminarenturque impetum; ac prope, quo loco et quemadmodum tela mitterent, præcipit. Mirifice enim hostium levis armatura anxium exercitum nostrum atque sollicitum habebat : quia et equites deterrebat prælium inire propter equorum interitum; quod eos jaculis interficiebant, et legionarium militem defatigabant propter velocitatem : gravis enim armaturæ miles simul atque ab his insectatus constiterat, in eosque impetum fecerat, illi veloci cursu facile periculum vitabant.

LXXII. Quibus ex rebus Cæsar vehementer commovebatur, quia quodcumque prælium quoties erat commissum, equitatu suo sine legionario milite hostium equitatui levique armaturæ eorum nullo modo par esse poterat. Sollicitabatur autem his rebus, quod nondum hostium legiones cognoverat, et quonam modo sustinere se posset ab eorum equitatu levique armatura, quæ erat mirifica, si legiones quoque accessissent. Accedebat etiam hæc causa, quod elephantorum magnitudo multitudoque militum animos detinebat in terrore : cui uni rei tamen invenerat remedium. Namque elephantos ex Italia transportari jusserat, quo et miles noster speciemque et virtutem bestiæ cognosceret, et cui parti corporis ejus telum facile adigi posset, ornatusque ac lauricatus quum esset elephantus, quæ pars ejus corporis nuda sine tegmine relinqueretur, ut eo tela conjicerentur; præterea, ut jumenta bestiarum odorem, stridorem, speciem, consuetudine capta non reformidarent. Quibus ex rebus largiter erat consecutus : nam et milites bestias manibus pertractabant, earumque tarditatem cognoscebant, equitesque in eos pila præpilata conjiciebant; atque in consuetudinem equos patientia bestiarum adduxerat.

LXXIII. Ob has causas, quas supra commemoravi, sollicitabatur Cæsar, tardiorque et consideratior erat factus, et ex pristina bellandi consuetudine celeritateque excesserat : nec mirum : copias enim habebat in Gallia

renoncé à cette activité que jusque-là il avait toujours portée dans la guerre. Cela devait être. En effet, dans la Gaule, ses troupes étaient accoutumées à faire la guerre dans un pays plat, et contre les Gaulois, hommes francs et sans finesse, qui n'employaient que la force et jamais la ruse; maintenant il devait habituer les soldats à connaître les ruses, les piéges, les artifices de l'ennemi, leur apprendre quand il fallait le poursuivre, quand il fallait l'éviter. Afin donc que ses soldats fussent plus tôt au fait, il avait soin de ne pas tenir ses légions renfermées; il les menait çà et là sous prétexte de chercher des vivres, persuadé que l'ennemi ne manquerait pas d'aller à leur poursuite. Le troisième jour, il rangea soigneusement ses troupes en bataille, passa avec elles devant le camp des ennemis et leur présenta le combat en rase campagne. Voyant qu'ils n'avaient nulle envie de se battre, il ramena sur le soir ses légions au camp.

LXXIV. Cependant il lui arrive des députés de Vacca, ville voisine de Zéta, dont nous avons dit que César s'était rendu maître; ils le prient, ils le conjurent de leur envoyer garnison, promettant de le pourvoir de beaucoup de choses nécessaires à la guerre. Dans le même temps les dieux, par bienveillance pour César, permirent qu'un transfuge vint avertir ces députés que Juba, prévenant la garnison que César envoyait, était accouru promptement avec ses troupes vers la ville, l'avait assiégée avec sa multitude, l'avait prise, et, après en avoir massacré les habitants jusqu'au dernier, l'avait livrée au pillage et à la destruction.

LXXV. Le douzième jour des calendes d'avril, César fit la revue de son armée, et, le lendemain, étant sorti de son camp avec toutes ses forces, il s'avança près de cinq mille pas dans la plaine, et parut en bataille à environ deux mille du camp de Scipion. Après être resté là assez longtemps, en invitant les ennemis au combat, voyant qu'ils ne voulaient pas l'accepter, il ramena ses troupes. Le jour suivant il décampa et marcha vers la ville de Sarsura, où Scipion avait une garnison de Numides, et des magasins de blé. Instruit de sa marche, Labiénus se mit à poursuivre avec sa cavalerie et son infanterie légère, l'arrière-garde de César, et après avoir enlevé quelques chariots de vivandiers et de marchands, fier de ce succès, il s'approcha de nos légionnaires, qu'il croyait chargés d'un bagage pesant, épuisés de fatigue, et incapables de résistance. Mais César, prévoyant cela, avait dans chacune de ses légions trois cents hommes qui ne portaient aucun bagage. Il les envoya donc soutenir sa cavalerie contre celle de Labiénus. Aussitôt celui-ci, effrayé à la vue de nos enseignes, tourna bride et s'enfuit honteusement, après avoir eu un grand nombre d'hommes tués et beaucoup plus encore de blessés. Les légionnaires rejoignirent les drapeaux et continuèrent leur marche. Labiénus nous suivit de loin sur la droite par les hauteurs.

LXXVI. Arrivé devant Sarsura, César la prit à

---

bellare consuetas locis campestribus, et contra Gallos, homines apertos minimeque insidiosos, qui per virtutem, non per dolum, dimicare consuerunt : tum autem erat ei laborandum, ut consuefaceret milites, hostium dolos, insidias, artificia cognoscere, et quid sequi, quid vitare conveniret. Itaque, quo hæc celerius conciperent, dabat operam, ut legiones non in uno loco contineret, sed per causam frumentandi huc atque illuc raptaret; ideo quod hostium copias ab se suoque vestigio non discessuras existimabat. Atque post diem tertium productas accuratius suas copias sicut instruxerat, propter hostium castra prætergressus, æquo loco invitat ad dimicandum. Postquam eos abhorrere videt, reducit sub vesperum legiones in castra.

LXXIV. Legati interim ex oppido Vacca, quod finitimum fuit Zetæ, cujus Cæsarem potitum esse demonstravimus, veniunt; petunt et obsecrant, « ut sibi præsidium mittat; quæ res complures, quæ utiles bello sint, administraturos. » Per idem tempus, Deorum voluntate studioque erga Cæsarem, tranfuga suos cives facit certiores, « Jubam regem celeriter cum copiis suis, antequam Cæsaris præsidium eo perveniret, ad oppidum adcucurrisse, atque, adveniente multitudine circumdata, eo potitum; omnibusque ejus oppidi incolis ad unum interfectis, dedisse oppidum diripiendum delendamque militibus. »

LXXV. Cæsar interim, lustrato exercitu a. d. XII kal. april. postero die productis universis copiis, progressus a suis castris millia passuum V, a Scipionis circiter II millium interjecto spatio, in acie constitit. Postquam satis diuque adversarios, a se ad dimicandum invitatos, supersedere pugnæ animadvertit, reducit copias. Postero die castra movet, atque iter ad oppidum Sarsuram, ubi Scipio Numidarum habebat præsidium, frumentumque comportaverat, ire contendit. Quod ubi Labienus animadvertit, cum equitatu levique armatura agmen ejus extremum carpere cœpit : atque ita lixarum mercatorumque, qui plaustris merces portabant, interceptis sarcinis, addito animo, propius audaciusque accedit ad legiones; quod existimabat, milites sub onere ac sub sarcinis defatigatos pugnare non posse. Quæ res Cæsarem non fefellerat : namque expeditos ex singulis legionibus CCC milites esse jusserat. Itaque eos, in equitatum Labieni immissos, turmis suorum suppetias mittit. Tum Labienus, conversis equis, signorum conspectu perterritus, turpissime contendit fugere, multis ejus occisis, compluribus vulneratis. Milites legionarii ad sua se recipiunt signa, atque iter inceptum ire cœperunt. Labienus per jugum summum collis dextrorsus procul subsequi non desistit.

LXXVI. Postquam Cæsar ad oppidum Sarsuram venit, inspectantibus adversariis interfecto præsidio Sciponis, quum suis auxilium ferre non auderent, fortiter

la vue des ennemis, et massacra la garnison sans qu'ils osassent la secourir. P. Cornelius, vétéran, qui commandait la place, se défendit vaillamment, fut enveloppé et tué. César donna à ses troupes tout le blé qu'il y trouva, et arriva le lendemain devant la ville de Tisdra [1], où Considius s'était jeté avec des troupes nombreuses et sa cohorte de gladiateurs. César, ayant reconnu la place et manquant des choses nécessaires pour l'assiéger, partit aussitôt, campa environ à quatre mille pas de là, dans un endroit où il trouva de l'eau, et, quatre jours après, il revint au camp qu'il avait occupé près d'Agar. Scipion fit de même et ramena ses troupes dans ses anciens retranchements.

LXXVII. Cependant ceux de Thabéna, ville située à l'extrémité des côtes maritimes et de la domination de Juba, massacrèrent la garnison qu'il avait mise chez eux, et envoyèrent des députés à César pour lui apprendre ce qu'ils avaient fait, le priant avec instance de les soutenir, en considération du service qu'ils avaient rendu au peuple romain. César, approuvant leur action, leur envoya le tribun Macrius Crispus avec une cohorte, des archers, et quantité de machines pour la défense de leur place. A cette même époque, les légionnaires qui, par suite de maladies ou de congés, n'avaient pu passer en Afrique avec leurs corps, arrivèrent en un seul convoi au camp de César, au nombre de quatre mille soldats, de quatre cents cavaliers, et de mille archers ou frondeurs. César, ayant fait sortir avec ces troupes toutes ses légions, s'avança en bataille à huit mille pas de son camp, et s'arrêta à quatre mille pas de celui de Scipion.

LXXVIII. Au-dessous du camp de Scipion était une ville nommée Tégéa, où il tenait ordinairement un poste de quatre cents chevaux. Il les rangea à droite et à gauche de cette place, fit sortir ses légions du camp, et les mit en bataille sur le bas de la colline, à mille pas environ de ses retranchements. Comme Scipion se tenait là immobile, et que le jour se passait à rien faire, César ordonna à sa cavalerie d'attaquer celle de l'ennemi, qui était postée près de la ville, et envoya en même temps toute son infanterie légère avec ses archers et ses frondeurs pour la soutenir. Cet ordre ayant été exécuté, et la cavalerie de César ayant chargé avec ardeur, Pacidius commença à déployer la sienne sur un grand front pour nous envelopper, sans cesser néanmoins de combattre avec beaucoup de vigueur et de courage. César, voyant cela, détacha de la légion la plus proche trois cents de ces soldats qu'il faisait marcher sans bagages, et les envoya au secours de sa cavalerie. Labiénus, de son côté, envoyait sans cesse de la cavalerie fraîche relever et secourir ceux qui étaient blessés ou fatigués. Comme les cavaliers de César, qui n'étaient que quatre cents, ne pouvaient tenir contre quatre mille cavaliers ennemis, et que, pressés par l'infanterie légère des Numides, ils commençaient à plier, César fit partir aussitôt son autre aile, qui arrêta les plus avancés. Ce secours ayant ranimé les siens, ils chargèrent tous

[1] Aujourd'hui Caïroan.

---

repugnante P. Cornelio, evocato Scipionis, qui ibi præerat, atque a multitudine circumvento interfectoque, oppido potitur; atque ibi frumento exercitui dato, postero die ad oppidum Tisdram pervenit, in quo Considius per id tempus fuerat cum grandi præsidio, cohorteque sua gladiatorum. Cæsar, oppidi natura perspecta, atque inopia ad oppugnationem ejus deterritus, protinus profectus circiter millia passuum IV ad aquam facit castra, atque inde quarto die egressus, redit rursus ad ea castra, quæ ad Agar habuerat. Idem facit Scipio, atque in antiqua castra copias reducit.

LXXVII. Thabenenses interim, qui sub ditione et potestate Jubæ esse consueverunt, in extrema ejus regni regione maritima locati, interfecto regio præsidio, legatos ad Cæsarem mittunt; rem a se gestam docent; petunt orantque, ut suis fortunis populus romanus, quod bene meriti essent, auxilium ferret. Cæsar eorum consilio probato, Marcium Crispum tribunum cum cohorte, et sagittariis tormentisque compluribus, præsidio Thabenam mittit. Eodem tempore ex legionibus omnibus milites, qui aut morbo impediti, aut, commeatu dato, cum signis non potuerant ante transire in Africam, ad millia IV, equites CD, funditores sagittariique mille, uno commeatu Cæsari occurrerunt. Itaque cum his copiis, et omnibus legionibus eductis, sicut erat instructus, octo millibus passuum ab suis castris, ab Scipionis vero IV millibus passuum longe constitit in campo.

LXXVIII. Erat oppidum infra castra Scipionis, nomine Tegea, ubi præsidium equestre circiter CD numero habere consuerat. Eo equitatu dextra sinistraque directo ab oppidi lateribus, ipse, legionibus ex castris eductis, atque in jugo inferiore instructus, non longius tamen mille passus ab suis munitionibus progressus, in acie constitit. Postquam diutius in uno loco Scipio commorabatur, et tempus diei in otio consumebatur; Cæsar equitum turmas suorum jubet in hostium equitatum, qui ad oppidum in statione erat, facere impressionem, levemque armaturam, sagittarios, funditoresque eodem submittit. Quod ubi cœptum est fieri, et equis concitatis Juliani impetum fecissent, Pacidius suos equites exporrigere cœpit in longitudinem, ut haberent facultatem turmas Julianas circumfundi, et nihilo minus fortissime acerrimeque pugnare. Quod ubi Cæsar animadvertit, CCC, quos ex legionibus habere expeditos consueverat, ex legione, quæ proxima ei prælio in acie constiterat, jubet equitatui succurrere. Labienus interim suis equitibus auxilia equestria submittere, sauciisque ac defatigatis integros recentioribusque viribus equites subministrare. Postquam equites Juliani CD vim hostium, ad IV millia numero, sustinere non poterant, et a levi armatura

ensemble les ennemis, les mirent en fuite, en tuèrent et blessèrent un grand nombre, et après les avoir poursuivis l'espace de trois mille pas, et les avoir repoussés jusque dans les montagnes, ils vinrent rejoindre l'armée. Après être resté en bataille jusqu'à la dixième heure, César se retira dans son camp sans aucune perte. Dans cette action, Pacidius fut dangereusement blessé à la tête d'un coup de javelot, et un grand nombre de chefs et de braves furent tués ou blessés.

LXXIX. Quand César vit qu'il ne pouvait, par aucun moyen, attirer l'ennemi dans la plaine, ou le décider à combattre nos légions, et qu'il eut en outre considéré que le manque d'eau l'empêchait de rapprocher son camp de celui de Scipion, ce qui enhardissait encore plus ses adversaires que leur propre courage, il partit d'Agar, un jour avant les nones d'avril, à la troisième veille, s'avança pendant la nuit d'environ seize mille pas, et alla camper devant Thapse, où Virgilius commandait une forte garnison. Le même jour il investit la place, et se saisit de plusieurs postes avantageux, qui devaient lui servir à empêcher l'ennemi de venir jusqu'à lui, ou d'approcher de la ville. Cette entreprise de César obligea Scipion à livrer combat, pour n'avoir pas la honte d'abandonner lâchement Virgilius et les habitants de Thapse, si fidèles à son parti. Il suivit donc César par les hauteurs, et arrivé à huit mille pas de Thapse, il y forma deux camps.

LXXX. Il y avait un étang salé et, entre cet étang et la mer, un passage d'environ quinze cents pas, par où Scipion voulait pénétrer, afin de secourir les assiégés. César, qui s'y attendait, y avait établi un fort dès la veille, et avait mis dans ce fort une triple garnison, tandis qu'avec le reste des troupes, campées en forme de croissant, il continuait les travaux autour de la ville. Scipion, ayant trouvé le passage fermé, et ayant passé le jour suivant et la nuit au-dessus de l'étang, vint, le surlendemain, dès la pointe du jour, camper du côté de la mer, environ à quinze cents pas de nos lignes et du fort dont nous avons parlé, et commença à s'y retrancher. Dès que la nouvelle en arrive à César, il retire ses troupes des travaux, laisse le proconsul Asprenas avec deux légions à la garde du camp, et lui-même il marche en diligence avec une troupe légère vers l'ennemi. En partant, il avait laissé une partie de sa flotte devant Thapse, et ordonné à l'autre de se porter derrière Scipion le plus près possible du rivage, d'y attendre le signal, et, dès qu'il serait donné, de jeter soudain de grands cris, afin d'épouvanter l'ennemi, et que, troublé, effrayé, il fût obligé de prendre la fuite.

LXXXI. César, à son arrivée, trouva l'armée de Scipion rangée en bataille à la tête de ses retranchements, les éléphants sur les deux ailes, tandis qu'une partie des troupes travaillait avec ardeur à fortifier le camp. Il rangea lui-même son armée sur trois lignes, plaça la dixième et la seconde légions à l'aile droite, la huitième et la neuvième

Numidarum vulnerabantur, minutatimque cedebant; Cæsar alteram alam mittit, qui satagentibus celeriter occurrerent. Quo facto sui sublati universi, in hostes impressione facta, in fugam adversarios dederunt. multis occisis, compluribus vulneratis : insecuti per tria millia passuum, usque in colles hostibus adactis, se ad suos recipiunt. Cæsar in horam X commoratus, sicut erat instructus, se ad sua castra recepit, omnibus incolumibus : in quo prælio Pacidius, graviter pilo per cassidem caput ictus, compluresque duces, ac fortissimus quisque, interfecti vulneratique sunt.

LXXIX. Postquam nulla conditione cogere adversarios poterat, ut in æquum locum descenderent, legionumque periculum facerent; neque ipse propius hostem castra ponere propter aquæ penuriam se posse animadvertebat; adversarios non eorum virtute confidere, sed aquarum inopia fretos despicere se intellexit : pridie non. apr. tertia vigilia egressus ab Agar, XVI millia passuum nocte progressus, ad Thapsum, ubi Virgilius cum grandi præsidio præerat, castra ponit, oppidumque eodie circumvenire cœpit, locaque idonea opportunaque complura præsidiis occupare; hostes ne intrare ad se, ac loca interiora capere possent. Scipio interim, cognitis Cæsaris consiliis, ad necessitatem adductus dimicandi, ne per summum dedecus fidissimos suis rebus Thapsitanos et Virgilium amitteret, confestim Cæsarem per superiora loca consecutus, millia passuum VIII a Thapso binis castris consedit.

LXXX. Erat stagnum salinarum, inter quod et mare angustiæ quædam non amplius mille et quingentos passus intererant; quas Scipio intrare, et Thapsitanis auxilium ferre conabatur : quod futurum Cæsarem non fefellerat. Namque pridie in eo loco castello munito, ibique trino præsidio relicto, ipse cum reliquis copiis lunatis castris Thapsum operibus circummunivit. Scipio interim, exclusus ab incepto itinere, supra stagnum, postero die et nocte confecto, cœlo albente, non longe a castris præsidioque, quod supra commemoravimus, MC. passibus, ad mare versus consedit, et castra munire cœpit. Quod postquam Cæsari nuntiatum est, milite ab opere deducto, castris præsidio Asprenate proconsule cum legionibus II relicto, ipse cum expedita copia in eum locum citatim contendit : classique parte ad Thapsum relicta, reliquas naves jubet post hostium tergum quam maxime ad litus appelli, signumque suum observare; quo signo dato, subito clamore facto, ex improviso hostibus aversis incuterent terrorem; ut perturbati ac perterriti respicere post terga cogerentur.

LXXXI. Quo postquam Cæsar pervenit, et animadvertit aciem pro vallo Scipionis, elephantosque dextro sinistroque cornu collocatos, et nihilominus partem militum castra non ignaviter munire; ipse, acie triplici collocata, legione decima secundaque dextro cornu, VIII

à la gauche, et cinq légions au centre. Il plaça, en quatrième ligne, à la tête de ses deux ailes, cinq cohortes qu'il opposa aux éléphants, distribua sur les mêmes points ses archers et ses frondeurs, et entremêla sa cavalerie d'infanterie armée à la légère. Après cela, il parcourut à pied tous les rangs, rappelant aux vétérans leurs anciens combats et leurs exploits et les appelant avec bonté par leur nom; par-là, il excitait les courages. Quant aux troupes de nouvelles levées, dont c'était la première bataille, il les exhortait à rivaliser de valeur avec les vétérans, et à obtenir, par la victoire, la même renommée et les mêmes honneurs.

LXXXII. Tandis qu'il parcourait ainsi son armée, il aperçut dans le camp ennemi des mouvements qui marquaient de la terreur: les soldats, éperdus, allaient çà et là, tantôt rentrant par les portes, tantôt sortant en tumulte. Comme plusieurs avaient observé la même chose, les lieutenants et les volontaires le conjurèrent de ne pas balancer à donner le signal, l'assurant que les dieux immortels lui présageaient ainsi la victoire. Tandis que César hésitait, qu'il résistait à leurs désirs, en leur déclarant que cette façon d'attaquer ne lui plaisait pas, et qu'il s'efforçait de tout son pouvoir de les contenir, tout à coup, à l'aile droite, sans attendre son ordre, un trompette, forcé par les soldats, sonne la charge. Aussitôt toutes les cohortes s'ébranlèrent et marchèrent à l'ennemi, malgré les centurions qui tâchaient vainement de retenir les soldats de force, en les conjurant de ne pas donner sans l'ordre du général.

LXXXIII. Alors César, voyant qu'il n'y avait aucun moyen d'arrêter l'élan des soldats, donna pour mot d'ordre le mot *bonheur*, poussa son cheval, et marcha contre l'ennemi à la tête des légions. Cependant, à l'aile droite, les frondeurs et les archers accablent les éléphants d'une grêle de traits; ces animaux, effrayés du sifflement des frondes et des pierres, se retournent contre leurs propres gens qui se pressent derrière eux, les écrasent sous leurs pieds, et se précipitent en foule vers les portes du camp non encore achevées. Les cavaliers maures, placés à la même aile que les éléphants, se voyant abandonnés par ces auxiliaires, prennent les premiers la fuite. Après avoir promptement cerné ces animaux, nos légions enlevèrent les retranchements des ennemis: quelques-uns furent tués en se défendant avec courage; les autres se sauvèrent en désordre vers le camp qu'ils avaient quitté la veille.

LXXXIV. Je ne dois pas, ce me semble, oublier ici l'action courageuse d'un vétéran de la cinquième légion. A l'aile gauche, un éléphant blessé, et que le mal rendait furieux, s'était jeté sur un valet d'armée, l'avait mis sous son pied, le pressait de son genou, et, tenant sa trompe haute en mugissant, il écrasait ce malheureux du poids de sa masse. Le soldat ne put soutenir ce spectacle, et marcha sur la bête ses armes à la main. Alors l'éléphant, le voyant venir le javelot levé, quitte le cadavre, et, enveloppant le soldat de sa trompe, l'enlève tout armé. Mais le vétéran, conservant son sang-froid dans cet étrange péril, ne cesse de

et IX sinistro, oppositis quinque legionibus in quarta acie, ante ipsa cornua quinis cohortibus contra bestias collocatis, sagittariis, funditoribus in utrisque cornibus dispositis, levique armatura inter equites interjecta, ipse pedibus circum milites concursans, virtutesque veteranorum præliaque superiora commemorans, blandeque appellans, animos eorum excitabat. Tirones autem, qui nunquam in acie dimicassent, hortabatur, « ut veteranorum virtutem æmularentur, eorumque famam, nomen, locumque, victoria parta, cuperent possidere. »

LXXXII. Itaque in circumeundo exercitum animadvertit, hostes circa vallum trepidare, atque ultro citroque pavidos concursare, et modo se intra portas recipere, modo inconstanter immoderateque prodire: quumque idem a pluribus animadverti cœptum esset; subito legati evocatique obsecrare Cæsarem, « ne dubitaret signum dare: victoriam sibi propriam a Diis immortalibus portendi. » Dubitante Cæsare, atque eorum studio cupiditatique resistente, sibique, eruptione pugnari, non placere clamitante, et etiam atque etiam aciem sustentante, subito dextro cornu, injussu Cæsaris, tubicen a militibus coactus canere cœpit. Quo facto, ab universis cohortibus signa in hostem cœpere inferri; quum centuriones pectore adverso resisterent, vique continerent milites, ne injussu imperatoris concurrerent, nec quidquam proficerent.

LXXXIII. Quod postquam Cæsar intellexit, incitatis militum animis resisti nullo modo posse, signo Felicitatis dato, equo admisso, in hostem contra principes ire contendit. A dextro interim cornu funditores sagittariique concita tela in elephantos frequentes injiciunt. Quo facto, bestiæ, stridore fundarum lapidumque perterritæ, sese convertere, et suos post se frequentes stipatosque proterere, et in portas valli semifactas ruere contendunt. Item Mauri equites, qui in eodem cornu cum elephantis erant, præsidio deserti, principes fugiunt. Ita celeriter bestiis circumitis, legiones vallo hostium sunt potitæ; et paucis acriter repugnantibus interfectis, reliqui concitati in castra unde pridie erant egressi, confugiunt.

LXXXIV. Non videtur esse prætermittendum de virtute militis veterani V legionis. Nam quum in sinistro cornu elephantus, vulnere ictus, et dolore concitatus, in lixam inermem impetum fecisset, eumque sub pede subditum, deinde genu innixus, pondere suo, proboscide erecta, vibrantique stridore maximo premeret atque enecaret; miles hic non potuit pati, quin se armatum bestiæ offerret.. Quem postquam elephantus ad se telo infesto venire animadvertit, relicto cadavere, militem proboscide circumdat, atque in sublime extollit armatum: qu in ejus modi periculo quum constanter agendum sibi videret, gladio proboscidem, qua erat circumdatus, cæ-

frapper de toutes ses forces avec son épée la trompe dont il est enveloppé, jusqu'à ce que l'animal, vaincu par la douleur, lâche prise, et s'enfuie en poussant de grands cris vers les autres éléphants.

LXXXV. Cependant les soldats qui étaient en garnison à Thapse firent une sortie du côté de la mer, soit pour secourir les leurs, soit pour abandonner la ville et chercher leur salut dans la fuite. Ils entrèrent dans l'eau jusqu'à la ceinture, et tâchèrent ainsi de gagner la terre. Mais les valets de l'armée et les esclaves qui étaient dans le camp les repoussèrent en leur lançant des pierres et des traits, et les forcèrent à rentrer dans la place. Les troupes de Scipion, ayant été mises en déroute, et fuyant de tous côtés dans la plaine, nos légions les poursuivirent sans leur donner le temps de se reconnaître. Arrivées à leur dernier camp, où elles s'étaient réfugiées avec l'espoir de pouvoir encore s'y retrancher et s'y défendre, elles cherchèrent un chef qui pût les commander et les conduire. N'y voyant personne, elles jetèrent leurs armes et s'enfuirent au camp du roi. Mais en y arrivant, elles le trouvèrent déjà occupé par les troupes de César. Désespérant alors de se sauver, elles s'arrêtèrent sur une hauteur, mirent bas les armes, et firent le salut d'usage dans la guerre. Mais cette soumission ne servit pas de grand'chose à ces malheureux; car nos vétérans, transportés de fureur et de rage, non-seulement ne purent d'aucune façon se résoudre à leur pardonner mais ils tuèrent même ou blessèrent plusieurs personnages considérables qu'ils accusaient de favoriser les ennemis. De ce nombre fut Tullius Rufus, ancien questeur, qui mourut percé d'un javelot par un soldat, et Pompéius Rufus, qui, déjà blessé au bras d'un coup d'épée, n'échappa à la mort qu'en courant se réfugier auprès de César. Effrayés de ces actes, plusieurs sénateurs et plusieurs chevaliers romains s'empressèrent de se retirer pour n'être pas les victimes des soldats qui, après une si grande victoire, se croyaient tout permis, et s'imaginaient que leurs exploits leur assuraient l'impunité. Aussi les soldats de Scipion, quoiqu'ils implorassent la clémence de César, et que César lui-même demandât grâce pour eux, furent tous massacrés en sa présence jusqu'au dernier.

LXXXVI. César, maître des trois camps des ennemis, après leur avoir tué dix mille hommes et mis le reste en fuite, se retira dans ses retranchements, avec une perte de cinquante hommes et quelques blessés; de là il vint se présenter devant Thapse, en faisant marcher à la tête des troupes soixante-quatre éléphants armés en guerre et chargés de tours, qu'il avait pris sur les ennemis, pour voir si ces preuves de leur défaite ne rendraient pas Virgilius et les siens plus dociles. Ensuite il appela lui-même Virgilius, et l'engagea à se rendre, en lui faisant tout espérer de sa douceur et de sa clémence. Ne recevant aucune réponse, il s'éloigna de la ville. Le lendemain, après les sacrifices, il assembla les soldats à la vue des

---

dere, quantum viribus poterat, non destitit : quo dolore adductus elephantus, milite abjecto, maximo cum stridore cursuque conversus ad reliquas bestias se recepit.

LXXXV. Interim Thapso qui erant præsidio, ex oppido eruptionem porta maritima faciunt, et, sive ut suis subsidio occurrerent, sive ut, oppido deserto, fuga salutem sibi pararent, egrediuntur; atque ita per mare umbilici fine ingressi, terram petebant : qui a servitiis puerisque, qui in castris erant, lapidibus pilisque prohibiti terram attingere, rursus se in oppidum receperunt. Interim Scipionis copiis prostratis, passimque toto campo fugientibus, confestim Cæsaris legiones consequi, spatiumque se non dare colligendi. Qui postquam ad ea castra, quæ petebant, perfugerunt, ut, refectis castris, rursus sese defenderent, ducem aliquem requirunt, quem respicerent, cujus auctoritate imperioque rem gererent. Qui postquam animadverterunt, neminem esse ibi præsidio, protinus, armis abjectis, in regia castra fugere contendunt. Quo postquam pervenerunt, ea quoque ab Julianis teneri vident. Desperata salute, in quodam colle consistunt, atque, armis demissis, salutationem more militari faciunt. Quibus miseris ea res parvo præsidio fuit : namque milites veterani, ira et dolore incensi, non modo, ut parcerent hosti, non poterant adduci, sed etiam ex suo exercitu illustres urbanos, quos auctores appellabant, complures aut vulnerarunt, aut interfecerunt : in quo numero fuit Tullius Rufus, quæstorius, qui, pilo transjectus consulto a milite interiit : item Pompeius Rufus, brachium gladio percussus, nisi celeriter ad Cæsarem adcucurrisset, interfectus esset. Quo facto complures equites romani senatoresque perterriti ex prælio se receperunt, ne a militibus, qui ex tanta victoria licentiam sibi assumpsissent immoderate peccandi, impunitatis propter maximas res gestas spe, ipsi quoque interficerentur. Itaque ii omnes Scipionis milites, quum fidem Cæsaris implorarent, inspectante ipso Cæsare, et a militibus deprecante, eis uti parcerent, ad unum sunt interfecti.

LXXXVI. Cæsar trinis castris potitus, occisisque hostium X millibus, fugatisque compluribus, se recepit, L militibus amissis, paucis sauciis, in castra, ac statim ex itinere ante oppidum Thapsum constitit, elephantosque LXIV ornatos armatosque cum turribus ornamentisque capit, captos ante oppidum instructos constituit : id hoc consilio, si posset Virgilius, quique cum eo obsidebantur, rei male gestæ suorum indicio a pertinacia deduci. Deinde ipse Virgilium appellavit, invitavitque ad deditionem, suamque lenitatem et clementiam commemoravit. Quem postquam animadvertit responsum sibi non dare, ab oppido recessit. Postero die, divina re facta, concione advocata, in conspectu oppidanorum milites collaudat : totumque exercitum veteranis donavit, præ-

assiégés, loua leur valeur, fit des largesses à tous les vétérans, et, du haut de son tribunal, distribua les récompenses aux plus braves, selon leur mérite. Ensuite, laissant le proconsul Rébilus avec trois légions au siége de Thapse, et Cn. Domitius avec deux autres au siége de Tisdra, où Considius commandait, il marcha sur Utique, après avoir envoyé devant M. Messala avec la cavalerie.

LXXXVII. Cependant la cavalerie de Scipion, qui s'était sauvée de la bataille, avait pris la route d'Utique, et était arrivée à la ville de Parada. Les habitants, instruits par la renommée de la victoire de César, ayant refusé de la recevoir, elle entra de force, dressa un bûcher au milieu de la place, y jeta tous les meubles des habitants, et, après y avoir mis le feu, les y précipita eux-mêmes vivants et garrottés, sans distinction d'âge ni de sexe, les faisant ainsi périr du plus affreux supplice. De là elle se rendit en toute hâte à Utique. Peu auparavant, M. Caton, qui ne croyait pas cette ville fort dévouée à son parti, à cause des priviléges qui lui avaient été accordés par la loi Julia (10), en avait fait sortir la populace désarmée, et l'avait forcée à demeurer hors de la porte Bellica, dans un camp entouré d'un faible retranchement, autour duquel il avait mis des gardes; mais, pour le sénat, il le retenait dans la ville. La cavalerie de Scipion, n'ignorant pas que ce peuple favorisait le parti de César, attaque leur camp dès son arrivée, afin de venger, par leur mort, la honte de sa défaite; mais ceux d'Utique, enhardis par la victoire de César, s'armèrent de pierres et de bâtons, et la repoussèrent. Alors, désespérant de s'emparer du camp, elle se jeta dans Utique, massacra un grand nombre d'habitants, pilla et ravagea leurs maisons. En vain Caton s'efforça d'empêcher ce désordre et d'engager les cavaliers à se joindre à lui pour défendre la place, et à s'abstenir du meurtre et du pillage : il vit ce qu'ils voulaient, et, pour les satisfaire, leur distribua à chacun cent sesterces. Faustus Sylla leur en donna autant de son propre argent, et partit d'Utique avec eux pour se rendre dans le royaume de Juba.

LXXXVIII. Cependant les fuyards ne cessaient d'arriver à Utique. Caton les ayant tous assemblés, ainsi que les trois cents citoyens qui avaient fourni de l'argent à Scipion pour faire la guerre, les exhorta à mettre les esclaves en liberté et à défendre la ville. Voyant que quelques-uns seulement goûtaient cet avis, et que les autres, effrayés et consternés, ne songeaient qu'à fuir, il laissa là sa proposition, et leur donna des vaisseaux pour aller où ils voudraient. Pour lui, après avoir mis ordre à tout, et avoir recommandé ses enfants à L. César, qui était alors son questeur, il se retira dans sa chambre comme pour prendre du repos, sans que rien sur son visage ni dans ses discours pût éveiller les soupçons ; et, ayant emporté secrètement son épée, il s'en traversa le corps. Comme il ne mourut pas du coup et qu'il tomba par terre, le bruit de sa chute fit accourir son médecin et ses domestiques qui n'étaient pas sans pressentiments. Ils voulurent fermer et bander sa plaie;

---

mia fortissimo cuique ac bene merenti pro suggestu tribuit : ac statim inde digressus, Rebilo consule cum III ad Thapsum legionibus, et Cn. Domitio cum II Tisdræ, ubi Considius præerat, ad obsidendum relictis, M. Messala Uticam ante præmisso cum equitatu, ipse eodem iter facere contendit.

LXXXVII. Equites interim Scipionis, qui ex prælio fugerant, quum Uticam versus iter facerent, perveniunt ad oppidum Paradæ. Ubi quum ab incolis non recipirentur, ideo quod fama de victoria Cæsaris præcucurrisset; vi oppido potiti, in medio foro lignis coacervatis, omnibusque rebus eorum congestis, ignem subjiciunt, atque ejus oppidi incolas cujusque generis ætatisque vivos constrictosque in flammam conjiciunt : atque ita acerbissimo afficiunt supplicio ; deinde protinus Uticam perveniunt. Superiore tempore M. Cato, quod in Uticensibus propter beneficium legis Juliæ parum suis partibus præsidii esse existimaverat, plebem inermem oppido ejecerat ; et ante portam Bellicam castris fossaque parvula duntaxat munierat, ibique custodiis circumdatis, habitare coegerat : senatum autem oppidi custodia tenebat. Eorum castra ii equites adorti expugnare cœperunt, ideo quod eos partibus Cæsariis favisse sciebant, ut, eis interfectis, eorum pernicie dolorem suum ulciscerentur. Uticenses, animo addito ex Cæsaris victoria, lapidibus fustibusque equites repulerunt. Itaque posteaquam castra non potuerant potiri, Uticam se in oppidum conjecerunt, atque ibi multos Uticenses interfecerunt, domosque eorum expugnaverunt ac diripuerunt. Quibus quum Cato persuadere nulla ratione quiret, ut secum oppidum defenderent, et cæde rapinisque desisterent ; et quid sibi vellent sciret, sedandæ eorum importunitatis gratia singulis HS C divisit. Idem Sulla Faustus fecit, ac de sua pecunia largitus est : unaque cum iis ab Utica proficiscitur, atque in regnum ire contendit.

LXXXVIII. Complures interim ex fuga Uticam perveniunt. Quos omnes Cato convocatos, una cum CCC, qui pecuniam Scipioni ad bellum faciendum contulerant, hortatur, ut servitia manumitterent, oppidumque defenderent. Quorum quum partem assentire, partem animum mentemque perterritum atque in fugam destinatum habere intellexisset, amplius de ea re agere destitit, navesque iis attribuit, ut in quas quisque partes vellet, proficisceretur. Ipse, omnibus rebus diligentissime constitutis, liberis suis L. Cæsari qui tum ei pro quæstore fuerat commendatis, et sine suspicione, vultu atque sermone quo superiore tempore usus fuerat, quum dormitum iisset, ferrum intro clam in cubiculum tulit, atque ita se transjecit. Qui quum, anima nondum exspirata, concidisset, et, impetu facto in cubiculum ex suspicione, medicus fa-

mais lui-même il arracha cruellement les bandes de ses propres mains et se fit mourir en conservant toute sa présence d'esprit (11). Les habitants d'Utique lui rendirent les honneurs funèbres : ils le détestaient à cause du parti qu'il avait embrassé ; mais ils agirent ainsi en considération de son extrême probité qui le rendait si différent des autres chefs, et parce qu'ils lui devaient les fortifications magnifiques de leur ville, et les tours qu'il y avait ajoutées. Après sa mort, L. César voulant tirer avantage de cet accident, assembla le peuple, le harangua, et l'exhorta à ouvrir ses portes à César, l'assurant qu'il espérait tout de sa clémence. En conséquence les portes furent ouvertes, et lui-même sortit d'Utique et alla au devant de César. Messala, conformément à l'ordre qu'il avait reçu, arriva en ce moment même et mit des gardes à toutes les portes.

LXXXIX. Cependant César qui était parti de Thapse, arriva à Uscéta où Scipion avait un fort approvisionnement de blé, d'armes, et d'autres choses pour la guerre. Il n'y avait qu'une faible garnison. Aussi s'en rendit-il maître dès l'abord : ensuite il marcha sur Adrumetum. Il y entra sans opposition, et, s'étant fait donner un état de l'argent, des vivres et des armes, il fit grâce de la vie à Q. Ligarius (12) et au fils de C. Considius, qui se trouvaient alors dans cette ville ; il y laissa Livinéius Régulus avec une légion, partit le même jour et marcha droit à Utique. En chemin, il rencontra L. César, qui d'abord se jeta à ses pieds et lui demanda la vie pour toute grâce. César, naturellement porté à la clémence, la lui accorda sans peine, selon sa coutume, ainsi qu'à Cécina, à C. Atéius, à P. Atrius, à L. Cella père et fils, à M. Eppius, M. Aquinius, au fils de Caton et aux enfants de Damasippe. Il arriva à Utique le soir aux flambeaux et passa la nuit hors de la ville.

XC. Le lendemain matin il entra dans la ville, convoqua les habitants, les loua et les remercia de leur affection pour lui ; mais pour les citoyens romains et les trois cents qui avaient fourni de l'argent à Varus et à Scipion, il les censura avec sévérité et s'étendit longuement sur l'énormité de leur crime. Toutefois, en finissant, il leur annonça qu'ils pouvaient se montrer sans crainte. « Il consent à leur accorder la vie. Mais il fera vendre leurs biens. Seulement ils pourront les racheter en payant par forme d'amende, et pour leur grâce, la somme qui serait provenue de la vente. » Ceux ci, qui jusqu'alors, glacés de frayeur, désespéraient d'échapper à la mort qu'ils avaient méritée, voyant à quel prix on leur offrait la vie, acceptèrent la condition sans balancer et avec joie, et prièrent César d'imposer lui-même une somme sur tous les trois cents solidairement. En conséquence, César les taxa à deux millions de sesterces qu'ils paieraient au peuple romain en trois années et en six paiements. Bien loin de refuser, tous le remercièrent, disant que ce jour-là César leur avait donné une seconde existence.

XCI. Cependant le roi Juba, qui s'était sauvé du

---

miliaresque continere, atque vulnus obligare cœpissent, ipse suis manibus vulnus crudelissime divellit, atque animo præsenti se interemit. Quem Uticenses, quamquam oderant partium gratia, tamen propter ejus singularem integritatem, et quod dissimillimus reliquorum ducum fuerat, quodque Uticam mirificis operibus munierat, turresque auxerat, sepultura afficiunt. Quo interfecto, L. Cæsar, ut aliquid sibi ex ea re auxilii pararet, convocato populo, concione habita, cohortatur omnes, ut portæ aperirentur : se in Cæsaris clementia magnam spem habere. Itaque, portis patefactis, Utica egressus, Cæsari imperatori obviam proficiscitur. Messala, ut erat imperatum, Uticam pervenit, omnibusque portis custodias ponit.

LXXXIX. Cæsar interim, a Thapso progressus, Uscetam pervenit, ubi Scipio magnum frumenti numerum, armorum, telorum, ceterarumque rerum, cum parvo præsidio habuerat. Id adveniens potitur : deinde Adrumetum pervenit. Quo quum sine mora introisset, armis, frumento, pecuniaque considerata, Q. Ligario, C. Considio filio, qui tum ibi fuerant, vitam concessit. Deinde eodem die Adrumeto egressus, Livineio Regulo ibi cum legione relicto, Uticam ire contendit. Cui in itinere fit obvius L. Cæsar, et subito se ad genua projecit, vitamque sibi, nec amplius quidquam, deprecatur : cui Cæsar facile et pro sua natura, et pro instituto, concessit : idem Cæcinæ, C. Ateio, P. Atrio, L. Cellæ patri et filio, M. Eppio, M. Aquinio, Catonis filio, Damasippique liberis ex sua consuetudine tribuit ; circiterque [noctem] luminibus accensis Uticam pervenit, atque extra oppidum ea nocte mansit.

XC. Postero die mane in oppidum introiit ; concione quæ advocata, Uticenses incolas cohortatus, gratias pro eorum erga se studio agit ; cives autem romanos negotiatores, et eos, qui inter CCC pecunias contulerant Varo et Scipioni, multis verbis accusatos, et de eorum sceleribus longiore habita ratione, ad extremum, ut sine metu prodirent, edicit : « Se eis duntaxat vitam concessurum ; bona quidem eorum se venditurum, ita tamen, qui eorum bona sua redemisset, se bonorum venditionem inducturum, et pecuniam multæ nomine relaturum, ut incolumitatem retinere posset. » Quibus metu exsanguibus, de vitaque ex suo promerito desperantibus, subito oblata salute, libentes cupideque conditionem acceperunt : petieruntque a Cæsare, ut universis CCC uno nomine pecuniam imperaret. Itaque bis millies HS his imposito, ut per triennium sex pensionibus populo romano solverent, nullo eorum recusante, ac se eodem die demum natos prædicantes, læti gratias agunt Cæsari.

XCI. Rex interim Juba, ut ex prælio fugerat, una cum Petreio interdiu in villis latitando, tandem, nocturnis itineribus confectis, in regnum pervenit ; atque ad

combat, fuyait avec Pétréius, ne marchant que la nuit, et se cachant le jour dans les habitations isolées. Enfin il arriva dans son royaume. Il se présenta d'abord à Zama, où il résidait d'habitude, où étaient ses femmes, ses enfants, ses trésors et tout ce qu'il avait de plus précieux, et où il avait fait, dès le commencement de la guerre, des fortifications considérables. Mais les habitants, qui, à leur grande satisfaction, venaient d'apprendre la victoire de César, lui fermèrent leurs portes, parce que Juba, après avoir déclaré la guerre au peuple romain, avait fait dresser sur la place de la ville un bûcher immense, dans le dessein, s'il était vaincu, de les y jeter tous, avec tous leurs biens, après les avoir égorgés, de se tuer lui-même sur leurs cadavres et de se brûler comme eux avec ses femmes, ses enfants, ses sujets et tous ses trésors. Il resta longtemps devant les portes de Zama à menacer les habitants, mais voyant qu'il n'obtenait rien, il eut recours aux prières, et les supplia de lui permettre de revoir ses dieux pénates. Comme ils persistaient dans leur refus, et que ni menaces ni prières ne pouraient les engager à le recevoir, il demanda qu'au moins on lui rendît ses femmes et ses enfants pour les emmener avec lui. N'ayant pas obtenu la moindre réponse, il s'éloigna de Zama et se rendit à sa maison de plaisance avec M. Pétréius et quelques cavaliers.

XCII. Cependant ceux de Zama envoient des députés vers César, à Utique, pour l'informer de l'état des choses, et le conjurer de leur envoyer du secours avant que Juba ait rassemblé des forces pour venir les attaquer : tant qu'ils vivront, eux et leur ville seront à ses ordres. Après les avoir loués de leur zèle, César les renvoie chez eux annoncer sa prochaine arrivée. En effet, dès le lendemain, il sort d'Utique, et marche avec sa cavalerie vers le royaume de Juba. Sur la route, plusieurs chefs ennemis viennent vers César et le prient de leur pardonner. Il cède à leurs prières. Il arrive à Zama. Le bruit de sa douceur et de sa clémence, répandu partout, attire auprès de lui presque tous les cavaliers du royaume ; il les rassure et les met à couvert de tout péril.

XCIII. Tandis que ces choses se passaient, Considius, qui commandait à Tisdra, avec toute sa maison, des gladiateurs et une troupe de Gétules, ayant appris la défaite de son parti et redoutant l'arrivée de Domitius et des légions, désespéra de pouvoir garder la place, en sortit secrètement avec quelques Barbares en emportant ses trésors, et s'enfuit vers le royaume de Juba ; mais les Gétules qui l'accompagnaient le tuèrent en chemin, pour avoir son argent, et se retirèrent chacun où ils purent. Pour Virgilius, quand il vit qu'enfermé dans Thapse par mer et par terre il était hors d'état de rien entreprendre ; que tous les siens étaient morts ou en fuite ; que M. Caton s'était tué lui-même à Utique ; que Juba était errant, abandonné, méprisé ; que Sabura avait été défait avec ses troupes par Sitius ; que César avait été reçu à Utique sans opposition ; qu'enfin d'une si grande armée il ne restait personne pour le défendre lui

---

oppidum Zamam, ubi ipse domicilium, conjuges, liberosque habebat, quo ex cuncto regno omnem pecuniam carissimasque res comportaverat, quodque initio bello operibus maximis munierat, accedit. Quem oppidani, antea rumore exoptato de Cæsaris victoria audito, ob has causas oppido prohibuerunt, quod, bello contra populum romanum suscepto, in oppido Zamæ lignis congestis, maximam in medio foro pyram construxerat; ut, si forte bello foret superatus, omnibus rebus eo coacervatis, dehinc civibus cunctis interfectis, eodemque projectis, igne subjecto, tum demum se ipse insuper interficeret; atque una cum liberis, conjugibus, civibus, cunctaque gaza regia cremaretur. Postquam Juba ante portas du multumque primo minis pro imperio egisset cum Zamensibus; deinde, quum se parum proficere intellexisset, precibus quoque orasset, uti se ad suos Deos penates admitterent; ubi eos in sententia perstare animadvertit, nec minis nec precibus suis moveri, quo magis se reciperent; tertio petit ab eis, ut sibi conjuges liberosque redderent, ut secum asportaret. Postquam sibi nihil omnino oppidanos responsi reddere animadvertit, nulla re ab ipsis impetrata, ab Zama discedit, atque ad villam suam cum M. Petreio paucisque equitibus se confert.

XCII. Zamenses interim legatos de iis rebus ad Cæsarem Uticam mittunt, petuntque ab eo, « uti aute, quam rex manum colligeret, seseque oppugnaret, sibi auxilium mitteret : se tamen paratos esse, sibi quoad vita suppeteret, oppidum seque ei servare. » Legatos collaudatos Cæsar domum jubet antecedere, ac suum adventum prænuntiare. Ipse, postero die Utica egressus, cum equitatu in regnum ire contendit. Interim in itinere ex regiis copiis duces compluses ad Cæsarem veniunt, orantque, ut sibi ignoscat. Quibus supplicibus venia data, Zamam perveniunt. Rumore interim perlato de ejus lenitate clementiaque, propemodum omnes regui equites Zamam perveniunt ad Cæsarem, ab eoque sunt metu periculoque liberati.

XCIII. Dum hæc utrobique geruntur, Considius, qui Tisdræ cum familia sua, gladiatoria manu, Gætulisque præerat, cognita cæde suorum, Domitiique et legionum adventu perterritus, desperata salute, oppidum deserit, seque clam cum paucis barbaris pecunia onustus subducit, atque in regnum fugere contendit ; quem Gætuli, sui comites, in itinere, prædæ cupidi, concidunt, seque in quascumque potuere partes conferunt. C. interim Virgilius, postquam terra marique clausus se nihil proficere intellexit, suosque interfectos aut fugatos, M. Catonem Uticæ sibi ipsum manus intulisse, regem vagum, ab suisque desertum ab omnibus aspernari, Saburam ejusque copias ab Sitio esse deletas, Uticæ Cæsarem sine mora

et les siens, il se rendit au proconsul Caninius qui l'assiégeait, et, sur sa parole, lui livra la ville et tous ses biens.

XCIV. Cependant le roi Juba, repoussé de toutes les villes, désespéra de se sauver. Après avoir soupé avec Pétréius, voulant tous deux paraître mourir avec courage, ils prirent chacun une épée et se battirent. Comme Juba avait plus de force que Pétréius, il le tua sans peine. Il essaya ensuite de se percer de son épée; mais, ne pouvant y réussir, il pria un de ses esclaves de le tuer; ce qu'il obtint.

XCV. Dans le même temps, P. Sitius, après avoir défait et tué Sabura, lieutenant de Juba, venait rejoindre César à travers la Mauritanie avec une troupe peu nombreuse, lorsqu'il rencontra par hasard Faustus (13) et Afranius à la tête de ces cavaliers qui avaient pillé Utique : ils se dirigeaient vers l'Espagne au nombre d'environ quinze cents. Sitius, leur ayant dressé une embuscade pendant la nuit, les attaqua à la pointe du jour; et, à la réserve de quelques cavaliers de l'avant-garde qui s'échappèrent, tous furent tués ou faits prisonniers : Faustus et Afranius eux mêmes furent pris, avec la femme et les enfants du premier. Quelques jours après dans une émeute de l'armée, on massacra Faustus et Afranius. César accorda à Pompéia, épouse de Faustus, et à ses enfants, la vie et tous leurs biens.

XCVI. Cependant Scipion s'était embarqué sur ses galères avec Damasippe, Torquatus et Plétorius Rustianus, dans le dessein de passer en Espagne. Après avoir été longtemps le jouet des flots, ils furent enfin jetés sur la côte d'Hippone[1], où était alors la flotte de P. Sitius. Leurs vaisseaux, peu nombreux, furent enveloppés et coulés à fond par ceux de Sitius, qui étaient plus grands : Scipion périt avec ceux que j'ai nommés tout à l'heure.

XCVII. César fit à Zama la vente publique des biens de Juba et de ceux des citoyens romains qui avaient porté les armes contre la république, récompensa les habitants de la ville qui avaient conseillé d'en fermer les portes au roi, et, après avoir réduit la province en royaume, il y laissa Crispus Sallustius, en qualité de proconsul. De là il se rendit à Utique où il vendit les biens de tous ceux qui avaient eu des commandements sous Juba et Pétréius. De même il imposa la ville de Thapse à deux millions de sesterces, et son territoire à trois millions; la ville d'Adrumetum à trois millions, et à cinq son territoire : à ces conditions, ces villes et le pays furent exempts du pillage. Ceux de Leptis, dont Juba avait, les années précédentes, ravagé les terres, et pour qui, sur leurs plaintes, le sénat avait nommé des arbitres auxquels ils avaient dû la restitution de leurs biens, furent condamnés à fournir tous les ans trois cent mille livres d'huile, parce que, dans le principe, par suite de la division des chefs, ils s'étaient alliés à Juba et lui avaient donné des armes, des soldats et de l'argent. Quant à la ville de Tisdra, comme elle était peu considérable, elle

[1] Ville de Numidie sur le bord de la mer.

receptum, de tanto exercitu reliquias esse nullas, quæ sibi suisque liberis prodessent; a Caninio proconsule, qui eum obsidebat, fide accepta, seque et sua omnia et oppidum proconsuli tradidit.

XCIV. Rex interim Juba, ab omnibus civitatibus exclusus, desperata salute, quum jam cœnatus esset cum Petreio, ut per virtutem interfecti esse viderentur, ferro inter se depugnant, atque firmior imbeciliorem Juba Petreium facile ferro consumpsit : deinde ipse sibi quum conaretur gladio transjicere pectus, nec posset, precibus a servo suo impetravit, ut se interficeret, idque obtinuit.

XCV. P. Sitius interim, pulso exercitu Saburæ, præfecti Jubæ, ipsoque interfecto, quum iter cum paucis per Mauritaniam ad Cæsarem faceret, forte incidit in Faustum Afraniumque, qui eam manum habebant, qua Uticam diripuerant, iterque in Hispaniam intendebant, et erant numero circiter MD. Itaque celeriter nocturno tempore insidiis dispositis, eos prima luce adortus, præter paucos equites, qui ex primo agmine fugerant, reliquos aut interficit, aut in deditionem accipit; Afranium et Faustum vivos capit cum conjuge et liberis. Paucis post diebus, dissensione in exercitu orta, Faustus et Afranius interficiuntur; Pompeiæ cum Fausti liberis Cæsar incolumitatem suaque omnia concessit.

XCVI. Scipio interim cum Damassippo et Torquato et Plætorio Rustiano, navibus longis, diu multumque jactati, quum Hispaniam peterent ad Hipponem regium deferuntur, ubi classis P. Sitii per id tempus erat : a qua pauciora ab amplioribus circumventa navigia deprimuntur; ibique Scipio, cum quibus, quos paullo nominavi, interiit.

XCVII. Cæsar interim, Zamæ auctione regia facta, bonisque eorum venditis, qui cives romani contra populum romanum arma tulerant, præmiisque Zamensibus, qui de rege excludendo consilium ceperant, tributis, vectigalibusque regiis abrogatis, ex regnoque provincia facta, atque ibi Crispo Sallustio proconsule cum imperio relicto, ipse Zama egressus Uticam se recepit. Ibi bonis venditis eorum, qui sub Juba Petreioque ordines duxerant, item Thapsitanis HS vicesies, conventui eorum HS tricesies, Adrumetinis HS tricesies c.. ventui eorum HS quinquagies, multæ nomine imponit : civitates bonaque eorum ab omni injuria rapinisque defendit. Leptitanos, quorum superioribus annis Juba bona diripuerat, et ad senatum questi per legatos, atque arbitris a senatu datis, sua recepêrant, tricies centenis millibus pondo olei in annos singulos multat, ideo quod initio, per dissensionem principum, societatem cum Juba inierant, eumque armis, militibus, pecunia juverant. Tisdritanos, propter humilitatem civitatis, certo numero frumenti multat.

XCVIII. His rebus gestis, idibus jun., Uticæ classem

fut seulement taxée à une certaine quantité de blé.

XCVIII. Après tout ce que nous venons de raconter, César s'embarqua à Utique, aux ides de juin, et trois jours après, il arrive à Carales en Sardaigne. Là, il condamne les Sulcitains à une amende de dix millions de sesterces, pour avoir reçu la flotte de Nasidius dans leur port et lui avoir fourni des troupes. Au lieu du dixième qu'ils payaient, il les taxe au huitième, et fait vendre les biens de quelques-uns. Enfin, le troisième jour des calendes de juillet, il remonta sur sa flotte, et, de Carales, il côtoya les terres; mais les vents contraires l'ayant retenu dans les ports, il n'arriva à Rome que le vingt-huitième jour.

conscendit, et post diem tertium Carales in Sardiniam pervenit. Ibi Sulcitanos, quod Nasidium ejusque classem receperant, copiisque juverant, HS centies multat, et pro decumis octavas pendere jubet, bonaque paucorum vendit, et ante diem III kal. Quinct. naves conscendit; et a Caralibus secundum terram provectus, duodetricesimo die, eo quod tempestatibus in portubus cobibebatur, ad urbem Romam venit.

NOTES

DES

COMMENTAIRES SUR LA GUERRE D'AFRIQUE.

---

(1) L'auteur de ce livre est incertain. On l'attribue généralement, comme le précédent, à Hirtius.

(2) Dans un combat qu'il (César) soutint quelques jours après, il eut évidemment le dessous, quoi qu'en dise l'historien des guerres civiles. La manière de combattre de Labiénus fut celle que les Parthes avaient employée contre Crassus, d'attaquer les légions, non avec des armes de main, genre de combat où elles étaient invincibles, mais avec une grande quantité d'armes de jet : adroits, dispos, aussi braves qu'intelligents, sachant se soustraire à la poursuite du pesamment armé, mais retournant l'autre, pût charger l'ennemi aussitôt qu'il avait pris son rang dans la légion. Quelque imparfaites que fussent alors les armes de jet, en comparaison de celles des modernes, lorsqu'elles étaient exercées de cette manière, elles obtenaient constamment l'avantage. NAPOLÉON.

On ne lira pas sans intérêt sur les opérations si obscures de cette bataille les éclaircissements suivants de Turpin de Crissé.

« César, après avoir ordonné à ses troupes de s'étendre sur un très-grand front, fit faire, suivant Hirtius, un quart de conversion aux cohortes, afin que chacune, l'une après l'autre, pût charger l'ennemi : *Alternis conversis cohortibus, ut una post alteram ante signa tenderet*. On ne comprend que difficilement ce quart de conversion par cohortes. Les troupes de Labiénus environnaient celles de César. Les Romains, en attaquant la partie des troupes ennemies qui était en face d'eux, séparaient nécessairement cette partie de celle qui était derrière eux ; mais il ne leur suffisait pas d'attaquer une partie, il fallait les attaquer toutes en même temps : or, cette attaque générale ne put se faire que par une disposition générale à deux fronts ; c'est ce que ne dit pas Hirtius, ou du moins il n'est pas clair dans son énoncé. Guischard, dans son analyse de la campagne de César en Afrique, est plus clair et plus conséquent (*Mém. milit.*, t. II) ; et quoique je pense qu'il s'est trompé en quelque chose sur la disposition que fit César, cependant il lui a donné un si grand jour, qu'il n'est pas possible de n'être pas de son avis sur presque tous les points. Chaque cohorte, chez les Romains, était sur dix files ; Guischard ne la met que sur neuf. Il prétend que du temps de César la légion se rangeait en bataille sur huit ou neuf files : j'y consens ; il aurait été plus commode, dans la circonstance présente, de les mettre chacune sur dix files, comme du temps des consuls ; mais cette file, du moins, apportera peu d'inconvénient à la disposition que je crois que fit César. Il avait trente cohortes rangées en bataille sur une même ligne ; se voyant enveloppé par le grand nombre de troupes que commandait Labiénus, il fit d'abord la disposition que l'on voit au chapitre XVII. Ce n'était pas un quart de conversion qu'il fit faire à chaque cohorte, comme le dit Hirtius, mais un demi-tour à droite par cohorte intermédiaire ; de sorte que quinze cohortes firent face où elles avaient précédemment le dos, et les quinze autres ne bougèrent : ce qui mit l'infanterie de César sur une disposition à deux fronts. Il plaça sa cavalerie sur les deux flancs de son infanterie, dans l'intervalle de ces deux lignes, le front tourné vers le terrain des flancs ; ensuite il fit dédoubler ses cohortes, et, au lieu de neuf files sur lesquelles elles étaient, il ordonna aux quatre dernières files, et non pas aux trois dernières, comme le dit Guischard, de longer par derrière, et d'aller remplir l'intervalle qui était entre chaque cohorte. Par ce dédoublement, l'ordonnance à deux fronts, qui était avec des intervalles, se trouva en lignes pleines ou en murailles. La cavalerie resta dans la position où elle avait été placée, jusqu'au moment où l'infanterie se mettrait en mouvement ; alors la cavalerie de la droite et celle de la gauche se partagèrent chacune en deux parties, pour s'aligner sur les deux lignes ; l'infanterie et la cavalerie de ces deux lignes, en décrivant chacune un quart de cercle, chargèrent les troupes qui les environnaient ; l'enveloppe fut rompue et séparée en deux ; et l'ennemi, poussé vigoureusement, s'enfuit dans les montagnes. Guischard a très-bien expliqué ce mouvement ; je pense cependant qu'il s'est trompé sur le dédoublement qu'il ne fait faire que par trois files. Cette partie des cohortes, qui, après le dédoublement, s'était rangée sur la même ligne, et avait rempli ces intervalles qui étaient entre chaque cohorte, aurait été trop faible, même en la supposant formée des vétérans de chaque cohorte. Je la mets sur quatre files, parce qu'il y a moins de disproportion de quatre à cinq que de trois à six; que ces trois files n'auraient pas été assez en force pour l'attaque que César projetait, quoique soutenues intermédiairement par des parties de cohortes sur six files, parce que cette attaque devait se faire avec célérité et vigueur dans toutes ses parties. Guischard a très-bien vu que, lorsque l'armée de César rangée sur deux fronts se mit en mouvement, une ligne par sa droite et l'autre par sa gauche, elle décrivit deux quarts de cercle, dont la gauche de l'une et la droite de l'autre furent le pivot. On doit lui savoir gré d'avoir expliqué un endroit des Commentaires très-intéressant, et qu'Hirtius a rendu inintelligible. Quant à la cavalerie de César, à qui Guischard fait longer les deux lignes pour la placer dans les intervalles de ces deux lignes, elle était tout naturellement placée sur les deux flancs, et elle n'eut d'autre mouvement à faire que celui de présenter le front, où elle avait, l'une son flanc droit, l'autre son flanc gauche, et de s'aligner sur la ligne dont elle couvrait le flanc. »

(3) Voyez le deuxième livre de la *Guerre civile*, ch. XL.

(4) Le texte porte *hibrida*. On désignait par ce mot les enfants nés d'un Romain avec une étrangère. Il s'appliquait aussi aux enfants nés de parents de différentes nations.

(5) Turpin de Crissé, et d'autres traducteurs lisent *Bogud*.

(6) Le scorpion était une grande arbalète dont les anciens se servaient soit pour attaquer, soit pour défendre les murailles d'une ville ou les retranchements d'un camp.

(7) Marius avait épousé Julia, tante de César.

(8) L'illustre Cuvier a donné sur ce mot des éclaircissements préc eux. « Ce mot, dit-il, ne fait pas la moindre difficulté, et l'on a peine à concevoir comment un annotateur a pu avoir l'idée de le changer. Scopa, dans le langage ordinaire, signifie *balai*, d'où *scoparius*, balayeur, et *scopare*, balayer. Mais dans son sens primitif, il signifie ces *branchages grêles et dépouillés de feuilles avec lesquels on fait les balais*, tels que ceux de bouleaux, de genêts, etc. Ainsi Pline, l. XXIV, ch. 15, parle de *scopæ* de Chamædris; Caton, *de re rustica*, ch. 152, de *scopæ* d'ormes. C'est dans le même sens qu'on appelait *scopus*, et *scopio*, ces pédicules branchus auxquels tiennent les grains de raisin : ce que l'on nomme *râfles* en termes de vignerons. Comme les touffes de roseaux servent à faire des balais légers, il était naturel qu'on les associât souvent aux *Scopæ* qui étaient des balais plus solides; aussi voyons-nous dans Plaute, Stich'. II, 2, 23, ce vers : *munditiis volo fieri : efferte huc* SCOPAS, *simulque* ARUNDINEM. C'était probablement là une phrase d'un commun usage; et Hirtius, voulant décrire des huttes faites à la hâte d'un entrelacement de roseaux et de branchages, a dû employer des expressions dont il s'était peut-être servi bien des fois : *Arundinibus scopisque contextis*. *Scopis* est donc ici parfaitement à sa place : il signifie non pas une espèce particulière de plantes, mais en général des branchages grêles, semblables à ceux dont on faisait des balais. On appelait, selon Pline, l. XXI, ch. 6, *scopa regia* (balai royal), une certaine plante dont les feuilles avaient de l'odeur. C'était apparemment quelque herbe dont les tiges odorantes fournissaient des balais plus recherchés; c'est ainsi que nous en faisons avec des tiges de lavande. *Scopa* pour dire tige, branche, pédicule, etc., est de la même famille que *scapus* qui signifie la même chose, et qui s'étend aussi à toutes les parties longues, comme tiges ou fûts de colonnes. Juste-Lipse, au lieu de *scopis*, voudrait mettre *storeis* ou *storiis* (des nattes); mais l'auteur serait alors en contradiction avec lui-même. Si les soldats de César avaient eu des nattes, ils n'auraient pas été obligés de se couvrir de peaux et de se faire des tentes avec leurs habits. Le passage de Tite-Live, qu'il allègue, et où il est dit que les Numides construisent leurs maisons de roseaux et les couvrent de nattes, ne prouve rien ici. Les Numides avaient le temps de faire leurs nattes. Les soldats de César, obligés d'aller plus vite, prirent des branchages de genêts ou d'autres plantes, et les entrelacèrent avec des roseaux : voilà tout. Il y a une espèce de genêt que les botanistes appellent *genista scoparia*, parce qu'elle sert à faire des balais. »

(9) Frère de celui qui fut défendu par Cicéron.

(10) La loi Julia assurait les priviléges de plusieurs villes.

(11) La conduite de Caton a été approuvée par ses contemporains et admirée par l'histoire; mais à qui sa mort fut-elle utile? à César; à qui fit-elle plaisir? à César; et à qui fut-elle funeste? à Rome, à son parti. Mais, dira-t-on, il préféra se donner la mort à fléchir devant César : mais qui l'obligeait à fléchir? pourquoi ne suivit-il pas ou la cavalerie ou ceux de son parti qui s'embarquèrent dans le port d'Utique? Ils rallièrent le parti en Espagne. De quelle influence n'eussent point été son nom, ses conseils et sa présence au milieu des dix légions qui, l'année suivante, balancèrent les destinées sur le champ de bataille de Munda! Après cette défaite même, qui l'eût empêché de suivre sur mer le jeune Pompée, qui survécut à César et maintint avec gloire encore longtemps les aigles de la république? Cassius et Brutus, neveu et élève de Caton, se tuèrent sur le champ de bataille de Philippes. Cassius se tua lorsque Brutus était vainqueur; par un malentendu, par ces actions désespérées, inspirées par un faux courage et de fausses idées de grandeur, ils donnèrent la victoire au triumvirat. Marius, abandonné par la fortune, fut plus grand qu'elle : exclu du milieu des mers, il se cacha dans les marais de Minturnes; sa constance fut récompensée; il rentra dans Rome et fut une septième fois consul : vieux, cassé, et arrivé au plus haut point de prospérité, il se donna la mort pour échapper aux vicissitudes du sort. Mais lorsque son parti était triomphant, si le livre du destin avait été présenté à Caton, et qu'il y eût vu que dans quatre ans César, percé de vingt-trois coups de poignard, tomberait dans le sénat aux pieds de la statue de Pompée, que Cicéron y occuperait encore la tribune aux harangues, et y ferait retentir les Philippiques contre Antoine, Caton se fût-il percé le sein? Non; il se tua par dépit, par désespoir. Sa mort fut la faiblesse d'une grande âme, l'erreur d'un stoïcien, une tache dans sa vie.

NAPOLÉON.

(12) Le même pour qui Cicéron prononça un discours.

(13) Faustus était fils du dictateur Sylla et gendre du grand Pompée.

(14) Ville de l'Afrique, dans la Numidie. Elle était située près de la mer.

COMMENTAIRES

SUR

LA GUERRE D'ESPAGNE[1].

I. Pharnace étant vaincu et l'Afrique reconquise, ceux qui avaient échappé à ces combats se retirèrent dans l'Espagne ultérieure avec le jeune Cn. Pompée. Tandis que César était occupé à distribuer des récompenses en Italie, Pompée tâcha d'attirer les villes à son parti, pour être plus en état de résister. Il eut ainsi, moitié par les prières, moitié par la force, une armée assez considérable avec laquelle il se mit à ravager la province. Dans ces circonstances, quelques villes le secondaient volontiers; d'autres lui fermaient leurs portes. Si, dans les places qu'il prenait par force, il se trouvait quelque citoyen qui fût riche, alors même qu'il eût rendu service à Cn. Pompée, on imaginait un prétexte pour le perdre, et lui enlever son bien, qu'on donnait à des brigands. En gagnant ainsi à peu de frais ses ennemis, il augmentait son armée. Aussi les villes qui lui étaient contraires ne cessaient d'envoyer des messages en Italie pour demander du secours.

II. Caius César, dictateur pour la troisième fois, et désigné pour l'année suivante, après tant d'expéditions militaires (2), se rendit en Espagne en toute diligence (3) pour terminer cette guerre. A son arrivée des députés de Cordoue, qui avaient abandonné le parti de Pompée, viennent au devant de César, et lui disent qu'il serait possible de s'emparer de nuit de leur ville, attendu qu'on ignorait qu'il fût dans le pays et que les messagers que Pompée avait disposés de côté et d'autre pour l'avertir avaient été arrêtés. Ils ajoutaient à cela beaucoup d'autres choses fort vraisemblables. Sur cet avis, César fit savoir son arrivée à Q. Pedius et Q. Fabius Maximus, qu'il avait naguère nommés ses lieutenants, et leur manda de lui envoyer pour escorte toute la cavalerie qu'ils avaient

DE BELLO HISPANIENSI COMMENTARII.

I. Pharnace superato, Africa recepta, qui ex iis præliis cum adolescente Cn. Pompeio profugissent, quum et ulterioris Hispaniæ potitus esset, dum Cæsar muneribus dandis in Italia detinetur, quo facilius præsidia contra compararet Pompeius, in fidem uniuscujusque civitatis confugere cœpit. Ita partim precibus, partim vi, bene magna comparata manu, provinciam vastare. Quibus in rebus nonnullæ civitates sua sponte auxilia mittebant, item nonnullæ portas contra cludebant. Ex quibus si qua oppida vi ceperat, quum aliquis ex ea civitate optime de Cn. Pompeio meritus civis esset, propter pecuniæ magnitudinem aliqua ei inferebatur causa, ut, eo de medio sublato, ex ejus pecunia latronum largitio fieret. Ita paucis commodis hoste hortato, majores augebantur copiæ. Ob hoc crebris nuntiis in Italiam missis, civitates contrariæ Pompeio auxilia sibi depostulabant.

II. Caius Cæsar dictator III, designatus IV, multis itineribus ante confectis, quum celeri festinatione ad bellum conficiendum in Hispaniam venisset, legati Cordubenses, qui a Cn. Pompeio discesserant, Cæsari obviam veniunt; a quibus nuntiabatur, « nocturno tempore oppidum Cordubam capi posse, quod nec opinantibus adversariis ejus provinciæ potitus esset, simulque tabellarii capti essent, qui a Cn. Pompeio dispositi omnibus locis erant, quo certiorem Cn. Pompeium de Cæsaris adventu facerent. » Multa præterea verisimilia proponebant. Quibus rebus adductus, quos legatos ante exercitui præfecerat, Q. Pedium et Q. Fabium Maximum, de suo adventu facit certiores, ut, quem sibi equitatum ex provincia fecissent, præsidio mitterent.

levée dans la province. Mais il les joignit plutôt qu'ils n'avaient pensé, et par conséquent n'eut pas l'escorte qu'il voulait.

III. A la même époque, Sextus Pompée, frère de Cnéius, était avec une garnison dans Cordoue, qui passait pour la capitale de la province (4). Le jeune Cn. Pompée était occupé depuis quelques mois au siége d'Ulia. Les habitants, informés de l'arrivée de César, lui envoyèrent des députés qui, après avoir traversé en secret le camp de Pompée, vinrent à lui et lui demandèrent un prompt secours. César, qui savait que de tout temps cette ville avait bien mérité du peuple romain, fit partir à la seconde veille six cohortes et autant de cavalerie, sous les ordres de L. Julius Paciécus, homme habile et connu dans la province. Au moment où celui-ci arriva au camp de Pompée, il survint une si furieuse tempête, accompagnée d'un vent si violent, qu'on ne se voyait pas et qu'à peine pouvait-on reconnaître son voisin : ce qui lui fut très-avantageux et à ses troupes. Car, étant arrivé là, il fit marcher les cavaliers deux à deux droit vers la ville, à travers le camp des assiégeants ; et une sentinelle leur ayant demandé qui ils étaient, un des nôtres lui dit de se taire, qu'ils cherchaient à approcher du mur pour surprendre la place ; et les sentinelles, que l'orage empêchait de faire une garde bien exacte, en furent encore détournés par cette réponse. Les nôtres approchèrent de la ville, et ayant fait un signal, furent reçus par les habitants ; puis, laissant quelques hommes dans la place, ces troupes, fantassins et cavaliers, poussant un grand cri, se jetèrent sur le camp ennemi ; et comme ceux-ci ne s'attendaient pas à cette attaque, la plupart se crurent presque perdus.

IV. Après avoir envoyé ce secours à Ulia, César, pour obliger Pompée à en lever le siége, marcha vers Cordoue. Dans le chemin, il fit prendre les devants à de braves légionnaires qui allèrent avec de la cavalerie, et qui, aux environs de la ville, montèrent en croupe derrière les cavaliers sans que ceux de Cordoue eussent pu s'en apercevoir. Lorsqu'ils furent tout près de la ville, les habitants sortirent en foule pour accabler notre cavalerie ; mais aussitôt les légionnaires dont nous venons de parler mirent pied à terre, et les chargèrent si vivement, que de toute cette multitude fort peu rentrèrent dans la ville. Effrayé de cet échec, Sextus Pompée écrivit à son frère de venir promptement à son secours, avant que César ne se fût rendu maître de la place. En conséquence de ces lettres, Cn. Pompée, qui était sur le point de prendre Ulia, quitta le siége de cette ville, et marcha sur Cordoue avec ses troupes.

V. César étant arrivé au fleuve Bétis, et ne pouvant le traverser à cause de sa profondeur, y fit jeter de grandes corbeilles remplies de pierres sur lesquelles on dressa un pont, et l'armée passa en trois corps. Ce pont était formé de deux rangs de poutres qui allaient d'un bord à l'autre, vis-à-vis la place (5). Pompée étant arrivé avec ses troupes

---

Ad quos celerius, quam ipsi opinati sunt, appropinquavit, neque, ut ipse voluit, equitatum sibi præsidio habuit.

III. Erat idem temporis Sex. Pompeius frater, qui cum præsidio Cordubam tenebat, quod ejus provinciæ caput esse existimabatur : ipse autem Cn. Pompeius adolescens Uliam oppidum oppugnabat, et fere jam aliquot mensibus ibi detinebatur. Quo ex oppido, cognito Cæsaris adventu, legati, clam præsidia Cn. Pompeii, Cæsarem quum adissent, petere cœperunt, ut sibi primo quoque tempore subsidium mitteret. Cæsar eam civitatem omni tempore optime de populo romano meritam esse sciens, celeriter VI cohortes secunda vigilia jubet proficisci, parique equites numero : quibus præfecit hominem ejus provinciæ notum, et non parum scientem, L. Junium Pacieсum. Qui quum ad Cn. Pompeii præsidia venisset, incidit idem temporis, ut tempestate adversa vehementique vento afflictaretur : quem vis tempestatis ita obscurabat, ut vix proximum agnoscere posset : cujus incommodum summam utilitatem ipsis præbebat. Ita, quum ad eum locum venerunt, jubet binos equites incedere, et recta per adversariorum præsidia ad oppidum contendere : mediisque eorum præsidiis quum quæreretur : qui essent? unus ex nostris respondit, « ut sileat verbum facere : nam id temporis conari ad murum accedere, ut oppidum capiant ; » et partim tempestate impediti vigiles non poterant diligentiam præstare, partim illo responso deterrebantur. Quum ad portam appropinquassent, signo dato, ab oppidanis sunt recepti, et pedites equitesque, clamore facto, dispositis ibi partim, qui remansere, eruptionem in adversariorum castra fecerunt. Sic illud quum inscientibus accidisset, existimabat magna pars hominum, qui in iis castris fuissent, se prope captos esse.

IV. Hoc misso ad Uliam præsidio, Cæsar, ut Pompeium ab ea oppugnatione deduceret, ad Cordubam contendit ; ex quo itinere loricatos viros fortes cum equitatu ante præmisit : qui simul in conspectum oppidi se dederint, in equis recipiuntur. Hoc a Cordubensibus nequaquam poterat animadverti. Appropinquantibus, ex oppido bene magna multitudo ad equitatum concidendum quum exissent ; loricati, ut supra scripsimus, ex equis descenderunt, et magnum prælium fecerunt, sic uti ex infinita hominum multitudine pauci in oppidum se reciperent. Hoc timore adductus Sex. Pompeius litteras fratri misit, ut celeriter sibi subsidio veniret, ne prius Cæsar Cordubam caperet, quam ipse illo venisset. Ita Cn. Pompeius, Ulia prope capta, litteris fratris excitus, cum copiis ad Cordubam iter facere cœpit.

V. Cæsar, quum ad flumen Bætim venisset, neque propter altitudinem fluminis transire posset, lapidibus corbes plenos demisit. Ita, insuper ponte facto, copias ad castra tripartito transduxit. Tenebant adversus oppi-

campa de même en face de l'ennemi. César, pour lui couper les vivres et lui ôter la communication avec la ville, fit tirer une ligne de son camp au pont. Pompée fit de même. Ce fut alors entre les deux chefs à qui s'emparerait le premier du pont. De là de légers combats quotidiens, où tantôt les uns, tantôt les autres avaient l'avantage. Enfin, les deux partis s'étant échauffés, on se livra un véritable combat, et comme, des deux côtés, on s'obstinait à emporter le pont, à mesure qu'on en approchait davantage, on se trouvait plus resserré sur les bords de la rivière. On s'y précipitait les uns les autres, on s'y donnait à l'envi la mort, et les cadavres s'entassaient sur les cadavres. Pendant plusieurs jours César essaya tous les moyens d'attirer les ennemis en rase campagne, afin de terminer dès l'abord la guerre.

VI. Voyant qu'il ne pouvait les y engager, quoiqu'il ne les eût détournés vers lui que dans cette intention, il repasse le fleuve avec ses troupes, allume pendant la nuit de grands feux et marche sur Atégua[1], la plus forte place de Pompée. Celui-ci, averti par quelques transfuges, retira le même jour plusieurs de ses chariots et de ses balistes, que la difficulté des chemins lui avait fait abandonner sur la route, et entra dans Cordoue. César, de son côté se retrancha devant Atégua et commença à l'investir. A cette nouvelle, Pompée part le même jour pour aller la secourir. Mais avant qu'il n'arrivât, César s'était assuré des postes fortifiés et y avait établi des troupes, mi-parties de cavalerie et d'infanterie, pour veiller à la sûreté du camp. Pompée arriva un matin par un brouillard très-épais. Avec quelques cohortes et quelques escadrons, ils attaquèrent dans l'obscurité les cavaliers de César et laissèrent à peine échapper quelques hommes.

VII. La nuit suivante, Pompée mit le feu à son camp, passa le Salsum[1], et, traversant quelques vallons, alla camper sur une hauteur, entre Atégua et Ucubis[2]. César était alors dans son camp où il faisait disposer les mantelets, les tranchées, et toutes les choses nécessaires pour un siége. Ce pays montueux semble fait pour les opérations militaires; la rivière de Salsum traverse la plaine, environ à deux milles d'Atégua. Pompée était campé vis-à-vis, sur les hauteurs, à la vue des deux villes, sans oser secourir les siens. Il avait treize légions; mais il ne comptait guère que sur deux, composées de soldats de la province qui avaient quitté Trébonius; sur une autre qui avait été levée dans les colonies romaines de ce pays; enfin sur une quatrième, qu'Afranius avait amenée d'Afrique : le reste des troupes auxiliaires n'était que des fugitifs; à l'égard de la cavalerie et de l'infanterie légère, les nôtres étaient de beaucoup supérieures en nombre et en valeur.

VIII. Pompée avait d'ailleurs cet avantage pour

[1] Aujourd'hui Tebula-Vieja.

[1] Aujourd'hui le Guadajoz — [2] Aujourd'hui Lucus.

dum e regione pontis trabes, ut supra scripsimus, bipartito. Huc cum Pompeius cum suis copiis venisset, ex adverso pari ratione castra ponit. Cæsar, ut eum ab oppido commeatuque excluderet, brachium ad pontem ducere cœpit. Pari item conditione Pompeius. Hic inter duces duos fit contentio, uter prius pontem occuparet : ex qua contentione quotidiana minuta prælia fiebant, ut modo hi, modo illi superiores discederent. Quæ res quum ad majorem contentionem venisset, ab utrisque cominus pugna inita, dum cupidius locum student tenere, propter pontem coangustabantur, et fluminis ripis appropinquantes coangustati præcipitabantur. Alteri alteris non solum morti exaggerabant, sed tumulos tumulis exæquabant. Ita diebus compluribus cupiebat Cæsar, si qua conditione posset, adversarios in æquum locum deducere, et primo quoque tempore de bello decernere.

VI. Id quum animadverteret adversarios minime velle, quos ideo a via retraxerat, ut in æquum deduceret ; copiis flumen transductis, noctu jubet ignes fieri magnos. Ita firmissimum ejus præsidium, Ateguam proficiscitur. Id quum Pompeius ex perfugis rescisset, ea die per viarum angustias carra complura multasque balistas retraxit, et ad Cordubam se recepit. Cæsar munitionibus Ateguam oppugnare, et brachia circumducere cœpit. Cujus rei Pompeio quum nuntius esset allatus, eo die proficiscitur. Cujus in adventum, præsidii causa, Cæsar complura castella occupavit, partim ubi equitatus, partim ubi pedestris copia in statione et in excubitu castris præsidio esse possent. Hic in adventu Pompeii incidit, ut matutino tempore nebula esset crassissima. Itaque in illa obscuratione cum aliquot cohortibus et equitum turmis circumcludunt Cæsaris equites et concidunt, sic, ut vix in ea cæde pauci effugerent.

VII. Insequenti nocte castra sua incendit Pompeius, et trans flumen Salsum per convalles castra inter duo oppida, Ateguam et Ucubim, in monte constituit. Cæsar in munitionibus cæterisque quæ ad oppidum oppugnandum opus fuerunt, aggerem vineasque agere instituit. Hæc loca sunt montuosa, et natura edita ad rem militarem; quæ planitie dividuntur Salso flumine, proxime tamen Ateguam, ut ad flumen sint circiter passuum duo millia. Ex ea regione oppidi in montibus castra habuit Pompeius in conspectu utrorumque oppidorum, neque suis ausus est subsidio venire. Aquilas et signa habuit XIII legionum; sed, ex quibus aliquid firmamenti se existimabat habere, duæ fuerunt vernaculæ, quæ a Trebonio transfugerant; una, facta ex coloniis, quæ fuerunt in his regionibus; quarta fuit Afraniana ex Africa, quam secum adduxerat; reliquæ ex fugitivis auxiliares consistebant : nam, de levi armatura et equitatu, longe et virtute et numero nostri erant superiores.

VIII. Accedebat huc, ut longius bellum duceret Pompeius, quod loca sunt edita, et ad castrorum munitiones

traîner la guerre en longueur, que tout le pays est montueux et propre aux fortifications d'un camp. En effet, presque toute l'Espagne ultérieure est d'une attaque difficile, en ce que les vivres y sont en abondance et qu'on y a de l'eau à volonté. Outre cela, on a été forcé, à cause des fréquentes incursions des Barbares, de munir de châteaux et de tours tous les lieux éloignés des villes : ils sont, comme en Afrique, recouverts de ciment et non de tuiles, et l'on y a placé des guérites qui, grâce à leur élévation, permettent à la vue de s'étendre au loin. La plupart des villes de cette province sont également bâties sur des hauteurs et en des lieux naturellement favorables qui en rendent l'abord difficile; de sorte que, par la situation seule de ces villes, il est presque impossible de les prendre, comme il parut dans cette guerre. Pompée s'était campé, comme on l'a dit, entre Atégua et Ucubis, à la vue de ces deux villes. A quatre mille pas environ de ses retranchements est une éminence admirablement située, qu'on nomme le camp de Postumius. César y fortifia un poste et y mit garnison.

IX. Pompée, qui était couvert par cette même hauteur assez éloignée du camp de César, avait remarqué l'importance de ce poste, et comme, pour y arriver, il fallait traverser la rivière de Salsum et un terrain fort difficile, il pensait que ces obstacles empêcheraient César de le secourir. Dans cette persuasion, il part à la troisième veille, et commence l'attaque pour faire une diversion utile aux assiégés. A son approche, nos gens poussèrent de grands cris, lancèrent une quantité de traits, et lui blessèrent beaucoup de monde. Ainsi, ceux du fort, s'étant mis en défense, César, qui était dans son grand camp, fut averti de ce qui se passait, et y accourut aussitôt avec trois légions. A son arrivée, les ennemis effrayés prirent la fuite; beaucoup furent tués; beaucoup d'autres faits prisonniers, et parmi ces derniers deux centurions (6). Un grand nombre jetèrent leurs armes pour mieux fuir. On rapporta au camp quatre-vingts boucliers.

X. Le jour suivant, Arguétius arriva d'Italie avec de la cavalerie, et apporta cinq drapeaux pris sur les Sagontins. On a omis de dire ailleurs qu'Asprénas avait également amené d'Italie de la cavalerie à César. Cette même nuit Pompée mit le feu à son camp et marcha vers Cordoue. Un roi, nommé Indo, qui nous avait amené des troupes, parmi lesquelles il y avait de la cavalerie, s'étant livré avec trop d'ardeur à la poursuite de l'ennemi, fut pris et tué par des légionnaires de la province.

XI. Le lendemain, notre cavalerie poursuivit fort loin vers Cordoue ceux qui portaient de cette ville des vivres au camp de Pompée. Elle en prit cinquante, qui furent conduits au camp. Le même jour, Q. Marcius, qui servait Pompée en qualité de tribun militaire, passa de notre côté. Vers la troisième veille de la nuit les assiégés firent une sortie très-vive, et nous lancèrent une grande quantité de feux de toute espèce. Quelque temps après,

---

non parum idonea. Nam fere totius ulterioris Hispaniæ regio, propter terræ fecunditatem, inopem difficilemque habet oppugnationem, et non minus copiosam aquationem. Hic etiam propter Barbarorum crebras excursiones omnia loca, quæ sunt ab oppidis remota, turribus et munitionibus retinentur, et, sicut in Africa, rudere, non tegulis, teguntur; simulque in his habent speculas, et propter altitudinem longe lateque prospiciunt. Item oppidorum magna pars ejus provinciæ montibus fere munita, et natura excellentibus locis est constituta, ut simul aditus adscensusque habeat difficiles. Ita ab oppugnationibus natura loci distinentur; ut civitates Hispaniæ non facile ab hoste capiantur : id quod in hoc contigit bello. Nam, ubi inter Ateguam et Ucubim, quæ oppida supra sunt scripta, Pompeius habuit castra constituta in conspectu duorum oppidorum, ab suis castris circiter millia passuum IV, grumus est excellens natura, qui appellatur castra Postumiana : ibi præsidii causa castellum Cæsar habuit constitutum.

IX. Pompeius, qui eodem jugo tegebatur loci natura, et, quod remotum erat a castris Cæsaris, animadvertebat loci difficultatem, et, quod flumine Salso intercludebatur, non esse commissurum Cæsarem, ut in tanta loci difficultate ad subsidium submittendum se nitteret. Ista fretus opinione, tertia vigilia profectus, castellum oppugnare cœpit ut laborantibus succurreret. Nostri, quum appropinquassent, clamore repentino telorumque multitudine jactus facere cœperunt, uti magnam partem hominum vulneribus afficerent. Quo peracto, quum ex castello repugnare cœpissent, et majoribus castris Cæsaris nuntius esset allatus, cum III legionibus est profectus : et, quum ad eos appropinquasset, fuga perterriti multi sunt interfecti, complures capti, in quibus duo multi præterea armis exuti fugerunt; quorum scuta sunt relata LXXX.

X. Insequenti luce Arguetius ex Italia cum equitatu venit. Is signa Saguntinorum retulit V, quæ ab oppidanis cepit. Suo loco præteritum est, quod equites ex Italia cum Asprenate ad Cæsarem venissent. Ea nocte Pompeius castra sua incendit, et ad Cordubam versus iter facere cœpit. Rex, nomine Indo, qui cum equitatu suas copias adduxerat, dum cupidius agmen adversariorum insequitur, a vernaculis legionariis exceptus est, et interfectus.

XI. Postero die equites nostri longius ad Cordubam versus prosecuti sunt eos, qui commeatus ad castra Pompeii ex oppido portabant : ex iis capti L cum jumentis ad nostra adducti sunt castra. Eodem die Q. Marcius, tribunus militum qui fuisset Pompeii, ad nos transfugit; et noctis tertia vigilia in oppido accerrime pugnatum est. ignemque multum miserunt, sic ut omne genus, quibus ignis per jactus solitus est mitti, exerceretur. Hoc præ-

C. Fundanius, chevalier romain, passa du camp ennemi dans le nôtre.

XII. Le lendemain, notre cavalerie prit deux soldats d'une légion du pays. Ils se disaient esclaves; mais à leur arrivée au camp ils furent reconnus par quelques soldats qui avaient servi dans l'armée de Fabius et Pedius, et qui avaient quitté Trébonius. Ils ne purent obtenir grâce; nos soldats les massacrèrent. Le même jour on prit aussi des messagers qui allaient de Cordoue vers Pompée, et qui, par imprudence, étaient tombés dans notre camp : on les renvoya les mains coupées. A la seconde veille, les assiégés, selon leur coutume, nous lancèrent pendant longtemps une grande quantité de feux et de traits, et ils nous blessèrent beaucoup de monde. A la pointe du jour, ils firent une sortie sur la sixième légion, alors occupée aux travaux, et se battirent d'abord avec acharnement; mais ils furent repoussés par les nôtres, quoiqu'ils eussent l'avantage du terrain. Malgré la vigueur de leur sortie, et bien que nous fussions obligés de combattre de bas en haut, nos soldats les forcèrent de rentrer dans la ville après les avoir fort maltraités.

XIII. Le jour suivant, Pompée fit tirer un retranchement depuis son camp jusqu'à la rivière de Salsum. Quelques-uns de nos cavaliers, qui étaient de garde, ayant été aperçus par un parti nombreux des ennemis, furent chassés de leur poste et eurent trois hommes de tués. Le même jour A. Valgius, fils de sénateur, qui avait son frère dans le camp de Pompée, monta à cheval et s'enfuit sans rien emporter de son bagage. Un éclaireur de la seconde légion de Pompée fut pris par les soldats et tué. Vers le même temps on lança de la ville une espèce de boulet portant cette inscription : « Le jour où vous devrez prendre la ville, vous verrez un bouclier sur le rempart. » Dans cette confiance, quelques-uns des nôtres, se flattant d'escalader les murs sans risque, et de se rendre maîtres de la place, commencèrent le lendemain à les saper, et jetèrent bas une grande partie de l'avant-mur : mais ayant voulu monter à l'assaut, ils furent pris (7). Alors les habitants leur donnèrent les mêmes soins que s'ils eussent été des leurs, et offrirent de les rendre, si on voulait en même temps laisser sortir les légionnaires de Pompée préposés à la garde de la ville. Mais César répondit que sa coutume était de dicter les conditions et non de les recevoir. Cette réponse leur ayant été rapportée, ils poussèrent de grands cris, se montrèrent armés tout le long du rempart et nous lancèrent une grêle de traits : ce qui fut cause que beaucoup des nôtres crurent que les assiégés feraient ce jour-là une sortie. En conséquence, on donna un assaut général, et, pendant quelque temps, le combat fut très-vif. Un coup, parti d'une de nos balistes, renversa une tour avec cinq hommes, et un enfant chargé d'observer notre machine.

XIV. Quelque temps après, Pompée fit construire un fort au-delà de la rivière de Salsum, sans en être empêché par nous. Abusé par ce succès, il se vanta d'avoir placé un poste presque

---

terito tempore, C. Fundanius, eques romanus, ex castris adversariorum ad nos transfugit.

XII. Postero die ex legione vernacula milites sunt capti ab equitibus nostris duo, qui dixerunt, se servos esse. Quum venirent, cogniti sunt a militibus, qui antea cum Fabio et Pedio fuerant, et a Trebonio transfugerant. Eis ad ignoscendum nulla est data facultas, et a militibus nostris interfecti sunt. Idem temporis capti tabellarii qui a Corduba ad Pompeium missi erant, perperamque ad castra nostra pervenerant, præcisis manibus missi sunt facti. Pari consuetudine, vigilia secunda ex oppido ignem multum telorumque multitudinem jactando, bene magnum tempus consumpserunt, complaresque vulneribus affecerunt. Præterito noctis tempore, eruptionem in legionem sextam fecerunt, quum in opere nostri distenti essent, acriterque pugnare cœperunt : quorum vis repressa a nostris, etsi oppidani superiore loco defendebantur. Ii, quum eruptionem facere cœpissent, tamen virtute militum nostrorum, qui, etsi inferiore loco premebantur, tamen repulsi adversarii, bene multis vulneribus affecti, in oppidum se contulerunt.

XIII. Postero die Pompeius ex castris suis brachium cœpit ad flumen Salsum ducere : et quum nostri equites pauci in statione fuissent a pluribus reperti, de statione sunt dejecti, et occisi tres. Eo die A. Valgius, senatoris filius, cujus frater in castris Pompeii fuisset, omnibus suis rebus relictis, equum conscendit, et fugit. Speculator de legione secunda Pompeiana captus a militibus, et interfectus est : idemque temporis glans missa est, inscripta, « quo die ad oppidum capiendum accederent, sese scutum esse positurum. » Qua spe nonnulli, qui sine periculo murum adscendere, et oppidum potiri posse se sperant, postero die ad murum opus facere cœperunt, et bene magna prioris muri pars dejecta est. Quo facto ab oppidanis, ac si suarum partium essent, conservati, missos facere loricatos, quique præsidium causa præpositi oppido a Pompeio essent, orabant. Quibus respondit Cæsar, « se conditiones dare, non accipere consuevisse. » Qui quum in oppidum revertissent, relato responso, clamore sublato, omni genere telorum emisso, pugnare pro muro toto cœperunt : propter quod fere magna pars hominum, qui in castris nostris essent, non dubitarunt, quin eruptionem eo die essent facturi. Ita, corona circumdata, pugnatum est aliquamdiu vehementissime, simulque ballista missa a nostris turrem dejecit: qua adversariorum, qui in ea turre fuerant, V dejecti sunt, et puer, qui ballistam solitus erat observare.

XIV. Eo præterito tempore, Pompeius trans flumen Salsum castellum constituit ; neque a nostris prohibitus ;

sur notre terrain. Le lendemain, il s'avança, à son ordinaire, jusqu'à notre garde de cavalerie; et quelques-uns de nos escadrons, soutenus par de l'infanterie légère, l'ayant attaqué, furent repoussés, et cavaliers et fantassins, vu leur petit nombre, écrasés par les chevaux de l'ennemi. L'action se passait à la vue des deux camps, et ceux de Pompée en étaient d'autant plus fiers qu'ils avaient poursuivi les nôtres assez loin; mais quand ils les virent se rallier avec l'aide de leurs compagnons et revenir à la charge en poussant de grands cris, ils refusèrent le combat.

XV. C'est une chose assez ordinaire dans les mêlées, que lorsque le cavalier met pied à terre pour se battre avec le fantassin, le premier a le dessous : c'est ce qui eut lieu dans cette occasion. Une troupe de l'infanterie légère de l'ennemi, étant venue attaquer nos cavaliers à l'improviste, ceux-ci, pour la plupart, mirent pied à terre, et ainsi, en un instant, le cavalier combattit à la manière des fantassins, et le fantassin à la manière des cavaliers. On se battit jusque sous les retranchements de l'ennemi. Il perdit, dans ce combat, cent vingt-trois hommes; beaucoup jetèrent leurs armes, et un grand nombre furent repoussés dans leur camp tout couverts de blessures. Nous ne perdîmes que trois hommes, et nous n'eûmes que douze fantassins et cinq cavaliers de blessés. Le même jour, à la suite de cette affaire, on donna, comme de coutume, un assaut à la ville. Après avoir lancé sur nous une grande quantité de traits et de feux, les assiégés commirent, à nos yeux, d'exécrables cruautés : ils égorgèrent leurs hôtes et les précipitèrent du haut des murailles, comme auraient fait des Barbares; ce qui ne s'était jamais vu de mémoire d'homme.

XVI. Sur la fin du même jour, un émissaire de Pompée pénétra jusque dans la ville sans que nous nous en fussions aperçus, et invita de sa part les assiégés à brûler cette nuit même nos tours et nos ouvrages, et à faire une sortie vers la troisième veille. En conséquence, après avoir lancé sur nous quantité de traits et de feux, et avoir détruit une grande partie de notre rempart, ils ouvrirent la porte qui faisait face au camp de Pompée, et sortirent tous ensemble, portant des fascines pour combler nos fossés, et des harpons pour détruire et incendier les huttes de bataille que nos soldats avaient construites, afin de s'y mettre à l'abri du froid. Ils portaient aussi avec eux de l'argent et des habits pour les répandre à terre, tomber sur nos gens tandis qu'ils ramasseraient le butin, et gagner ensuite le camp de Pompée; car celui-ci, comptant sur le succès, se tint toute la nuit en bataille de l'autre côté de la rivière de Salsum. Quoique surpris, nos soldats, trouvant des forces dans leur courage, repoussèrent les ennemis, en blessèrent plusieurs, s'emparèrent des armes et du butin, et firent quelques prisonniers, que l'on massacra le lendemain. Dans le même temps on apprit, par un transfuge, venu de la ville, que Junius, après le massacre des habitants que nous avons

---

falsaque illa opinione gloriatus est, quod prope in nostris partibus locum tenuisset. Item insequenti die eadem consuetudine dum longius prosequitur, quo loco equites nostri stationem habuerant, aliquot turmæ cum levi armatura, impetu facto, loco sunt dejectæ, et propter paucitatem nostrorum equitum simul cum levi armatura inter turmas adversariorum protritæ. Hoc in conspectu utrorumque castrorum gerebatur : et majore Pompeiani exsultabant gloria, longius quod, nostris cedentibus, prosequi cœpissent. Qui quum aliquo loco a nostris recepti essent, ut consuessent, ex simili virtute clamore facto, aversati sunt prælium facere.

XV. Fere apud exercitus hæc est equestris prælii consuetudo : quum æques ad dimicandum, dimisso equo, cum pedite congreditur, nequaquam par habetur : id quod in hoc accidit certamine. Quum pedites, ex levi armatura lecti, ad pugnam, equitibus nostris nec opinantibus, venissent, idque in prælio animadversum esset, complures ex equis descenderunt. Ita exiguo tempore eques pedestre, pedes equestre prælium facere cœpit, usque eo, ut cædem proxime a vallo fecerint : in quo prælio adversariorum ceciderunt CXXIII, complures que armis exuti, multi vulneribus affecti in castra sunt redacti : nostri ceciderunt III; saucii XII pedites, equites V. Ejus diei insequenti tempore, pristina consuetudine pro muro pugnari cœptum est. Uti Qm bene magnam multitudinem telorum ignemque nostris defendentibus injecissent; nefandum crudelissimumque facinus sunt aggressi, in conspectuque nostro hospites, qui in oppido erant, jugulare, de muro præcipites mittere cœperunt, sicuti apud Barbaros : quod post hominum memoriam nunquam est factum.

XVI. Hujus diei extremo tempore a Pompeianis clam nostros tabellarius est missus, ut ea nocte turres aggeremque incenderent, et tertia vigilia eruptionem facerent. Ita igne telorumque multitudine jacta, quum bene magnam partem muri consumpsissent, portam, quæ e regione et in conspectu Pompeii castrorum fuerat, aperuerunt : copiæque totæ eruptionem fecerunt, secumque extulerunt calcatas ad fossas complendas, et harpagones ad casas quæ stramentitiæ ab nostris hibernorum causa ædificatæ erant, diruendas et incendendas; præterea argentum et vestimenta, ut, dum nostri in præda detinerentur, illi, cæde facta, ad præsidia Pompeii se reciperent : nam, quod existimabat, eos posse conatum efficere, nocte tota ultra ibat flumen Salsum in acie. Quod factum licet nec opinantibus nostris esset gestum, tamen, virtute freti, repulsos multisque vulneribus affectos oppido represserunt, prædaque et armis eorum sunt potiti, vivosque aliquos ceperunt, qui postero die sunt interfecti; eodemque tempore transfuga nuntiavit ex oppido, Junium, qui in cuniculo fuisset, jugulatione oppi-

rapporté, sortant d'un souterrain où il vivait, s'était écrié : « Qu'on avait commis un crime affreux ; que des hôtes qui les avaient reçus dans leurs foyers, près de leurs dieux pénates, n'avaient en rien mérité un si horrible traitement ; qu'on avait violé, par cet attentat, le droit de l'hospitalité. » Il avait ajouté beaucoup d'autres choses semblables, et, effrayés par ces paroles, les brigands s'étaient arrêtés au milieu du carnage.

XVII. Le lendemain Tullius, député par la garnison, vint avec Caton de Lusitanie, et dit à César : « Plût aux dieux immortels que j'eusse été ton soldat et non celui de Pompée, et que j'eusse montré la fermeté de mon courage plutôt dans tes victoires que dans ses désastres ! Car ses funestes louanges n'ont servi qu'à forcer des citoyens romains, dénués de secours, à se soumettre en ennemis vaincus, après avoir été témoins de la ruine déplorable de leur patrie. Nous avons essuyé tous les malheurs de sa disgrâce, sans avoir participé aux avantages de ses succès. Enfin, las de soutenir les attaques continuelles de tes légions, d'être nuit et jour exposés aux glaives et aux traits de tes soldats, vaincus, abandonnés par Pompée, soumis par ta valeur, nous avons recours à ta clémence, nous te demandons la vie. » — « Je serai tel, répondit César, envers les citoyens romains qui se rendront à moi, que j'ai été à l'égard des peuples étrangers. »

XVIII. Les députés se retirèrent. Arrivés à la porte de la ville, T. Tullius ne suivit pas Antonius qui entrait ; il revint à la porte, et se saisit d'un homme. Antonius, l'ayant remarqué, tira de son sein un poignard, et le blessa à la main. Après cela ils se réfugièrent tous deux au camp de César. Dans le même temps, un enseigne de la première légion vint à nous, et nous apprit que le jour du combat de cavalerie, sa cohorte avait eu trente-cinq hommes de tués ; mais que dans le camp de Pompée il n'était pas permis de le dire, ni même que personne eût péri. Un esclave, dont le maître était passé au camp de César, en laissant sa femme et son fils dans la ville, égorgea son maître et s'enfuit dans le camp de Pompée, d'où il nous envoya un boulet avec une inscription qui indiquait les préparatifs faits dans la ville pour la défendre (8). Après la réception de ces lettres, ceux qui avaient coutume de lancer ces boulets portant une inscription, rentrèrent dans la ville. Quelque temps après, deux frères lusitaniens vinrent à nous comme transfuges, et nous apprirent que Pompée, dans une harangue adressée à ses troupes, avait dit que, puisqu'on ne pouvait secourir la place, il fallait se retirer secrètement de nuit vers la mer ; qu'à cela un soldat avait répliqué qu'il valait mieux sortir pour combattre que pour fuir, et que ce soldat avait été massacré. Dans le même temps, des émissaires que Pompée envoyait à la ville ayant été arrêtés, César fit jeter aux assiégés les lettres qu'ils portaient ; et comme l'un d'eux lui demandait la vie, César lui proposa de mettre le feu à une tour de bois appartenant aux ennemis, lui promettant tout s'il réussissait. L'entreprise était difficile et dangereuse ; aussi, à peine

---

danorum facta clamasse, « facinus se nefandum et scelus fecisse : nam eos nihil meruisse, quare tali pœna afficerentur, qui eos ad aras et focos suos recepissent ; eosque hospitium scelere contaminasse : » multa præterea dixisse : qua oratione deterritos, amplius jugulationem non fecisse.

XVII. Ita postero die Tullius legatus cum Catone Lusitano venit, et apud Cæsarem verba fecit : « Utinam quidem Dii immortales fecissent, ut tuus potius miles, quam Cn. Pompeii, factus essem, et hanc virtutis constantiam in tua victoria, non in illius calamitate, præstarem ; cujus funestæ laudes quippe ad hanc fortunam reciderunt, ut cives romani, indigentes præsidii, [et] propter patriæ luctuosam perniciem dedamur hostium numero : qui neque in illius prospera nec primam fortunam, neque in adversa secundam obtinuimus victoriam ; qui legionum tot impetus sustentantes, nocturnis diurnisque operibus gladiorum ictus telorumque missus exspectantes, victi, et deserti a Pompeio, tua virtute superati, salutem a tua clementia deposcimus, petimusque. » — « Et qualem, ait, gentibus me præstiti, similem in civium deditione me præstabo. »

XVIII. Remissis legatis, quum ad portam venissent ; Tib. Tullius, quum introeuntem C. Antonium secutus non esset, revertit ad portam, et hominem apprehendit. Quod Tiberius quum fieri animadvertit, sinu pugionem eduxit, et manum ejus incidit. Ita refugerunt ad Cæsarem ; eodemque tempore signifer de legione prima transfugit, et nuntiavit, quo die equestre prælium factum esset, suo signo perisse homines XXXV, neque licere castris Cn. Pompeii nuntiari, neque dici, perisse quemquam. Servus, cujus dominus in Cæsaris castris fuisset, uxoremque et filium in oppido reliquerat, dominum jugulavit, et ita clam a Cæsaris præsidiis in Pompeii castra discessit, et indicium glande scriptum misit, per quod certior fieret Cæsar, quæ in oppido ad defendendum compararentur. Ita, litteris acceptis, quum in oppidum revertissent, qui mittere glandem inscriptam solebant insequenti tempore duo Lusitani fratres transfugæ nuntiarunt, quum Pompeius concionem habuisset : « quoniam oppido subsidio non posset venire, noctu ex adversariorum conspectu se deducerent ad mare versum : » unum respondisse, « ut potius ad dimicandum descenderent, quam signum fugæ ostenderent : » cum ita locutus esset, jugulatum. Eodem tempore tabellarii ejus deprehensi, qui ad oppidum veniebant, quorum litteras Cæsar oppidanis objecit, et, qui vitam sibi peteret, jussit turrem ligneam oppidanorum incendere ; id si fecisset, ei se promisit omnia concessurum. Quod difficile erat factu, ut eam turrem sine periculo quis in-

celui qui s'en était chargé approcha-t-il de la tour, qu'il fut tué. La même nuit, un transfuge nous apprit que Pompée et Labiénus avaient été indignés du massacre des habitants.

XIX. Vers la seconde veille, une de nos tours fut fendue depuis le pied jusqu'au second étage, par le grand nombre de traits que les ennemis y lancèrent. En même temps on se battit sous les murs avec acharnement; et les assiégés, profitant d'un vent favorable, mirent le feu à une autre de nos tours. Le lendemain, une mère de famille se jeta du haut des murs, se réfugia vers nous, et nous dit qu'elle avait eu le dessein de passer avec toute sa maison du côté de César; mais que sa suite avait été arrêtée et égorgée. Dans le même temps on lança du rempart des tablettes, où l'on trouva ces mots écrits : « L. Minatius, à César. Puisque Cn. Pompée m'abandonne, si tu veux m'accorder la vie, je m'engage à te servir avec le même courage et la même fidélité que je l'ai servi. » En ce moment les députés qui étaient déjà venus, reviennent vers César pour lui dire que s'il veut leur accorder la vie, ils lui livreront la place le lendemain. Il leur répondit qu'il était César, et qu'il tiendrait sa parole. Ainsi, avant le onzième jour des calendes de mars, il fut maître de la ville et proclamé *Imperator*.

XX. Pompée n'eut pas plutôt appris par quelques fuyards la reddition de la place, qu'il leva son camp et marcha vers Ucubis. Il s'y retrancha, et fit bâtir des forts aux environs. César l'y suivit et alla camper près de lui. Le même jour, au matin, un soldat d'une des légions du pays, ayant passé de notre côté, nous apprit que Pompée avait assemblé les habitants d'Ucubis et leur avait ordonné de faire une recherche exacte de ses partisans et de ceux qui favorisaient le parti contraire. Quelque temps après, à la prise de la ville, on saisit, dans un souterrain, l'esclave qui, comme nous l'avons dit, avait égorgé son maître, et il fut brûlé vif. A la même époque, huit centurions d'une légion du pays vinrent se rendre à César. Il y eut aussi une action entre notre cavalerie et celle de l'ennemi : nous y eûmes quelques gens de trait blessés ou tués. La nuit suivante, nous prîmes des espions, trois esclaves et un légionnaire du pays. Les esclaves furent mis en croix, le soldat eut la tête tranchée.

XXI. Le jour suivant, des cavaliers et des soldats d'infanterie légère passèrent du camp ennemi dans le nôtre. Dans le même temps, une douzaine de leurs cavaliers tombèrent sur plusieurs de nos gens qui allaient à l'eau, et en tuèrent ou prirent quelques-uns; mais huit d'entre eux furent faits prisonniers. Le lendemain Pompée fit trancher la tête à soixante-quatorze personnes qui passaient pour être dans les intérêts de César. Le reste fut par son ordre ramené dans la ville; cent vingt échappèrent et se réfugièrent vers César.

XXII. Quelque temps après, des Bursavoliens (9), qui avaient été pris dans Atégua, furent députés avec plusieurs des nôtres vers leurs concitoyens

---

cenderet. Ita facturus de ligno, quum propius accessisset, ab oppidanis est occisus. Eadem nocte transfuga nuntiavit, Pompeium et Labienum de jugulatione oppidanorum indignatos esse.

XIX. Vigilia secunda propter multitudinem telorum turris lignea, quæ nostra fuisset, ab imo vitium fecit, usque ad tabulatum secundum et tertium. Eodem tempore pro muro pugnatum acerrime, et turrim nostram, ut superiorem, incenderunt, idcirco, quod ventum oppidani secundum habuerunt. Insequenti luce materfamilias de muro se dejecit, et ad nos transiliit, dixitque, se cum familia, constituisse habuisse, ut una transfugerent ad Cæsarem; illam oppressam et jugulatam. Præterea tempore tabellæ de muro sunt dejectæ, in quibus scriptum est inventum : « L. Minatius Cæsari. Si mihi vitam tribues, quoniam ab Cn. Pompeio sum desertus, qualem me illi præstiti, tali virtute et constantia futurum me in te præstabo. » Eodem tempore oppidanorum legati, qui antea exierant, Cæsarem adierunt, « si sibi vitam concederet, sese insequenti die oppidum esse dedituros. » Quibus respondit, « se Cæsarem esse, fidemque præstaturum. » Ita, ante diem XI kalend. martii oppido potitus, Imperator et appellatus.

XX. Quod Pompeius ex perfugis quum deditionem oppidi factam esse scisset, castra movit Ucubim versus, et circum ea loca castella disposuit, et munitionibus se continere cœpit. Cæsar movit, et propius castra castris contulit. Eodem tempore mane loricatus unus ex legione vernacula ad nos transfugit, et nuntiavit, Pompeium oppidanos Ucubenses convocasse, eisque ita imperavisse, ut, diligentia adhibita, perquirerent, qui essent su rum partium, itemque adversariorum victoriæ fautores. Hoc præterito tempore, in oppido, quod fuit captum, servus est prehensus in cuniculo, quem supra demonstravimus dominum jugulasse : is vivus est combustus. Idemque temporis centuriones loricati octo ad Cæsarem transfugerunt ex legione vernacula, et equites nostri cum adversariorum equitibus congressi sunt, et saucii aliquot occiderunt ex levi armatura. Ea nocte speculatores prehensi servi tres, et unus ex legione vernacula. Servi sunt in crucem sublati; militi cervices abscissæ.

XXI. Postero die equites cum levi armatura ex adversariorum castris ad nos transfugerunt. Et eo tempore circiter XI equites ad aquatores nostros excucurrerunt, nonnullos interfecerunt, item alios vivos abduxerunt. Ex equitibus capti sunt equites VIII. Insequenti die Pompeius securi percussit homines LXXIV, qui dicebantur esse fautores Cæsaris victoriæ : reliquos in oppidum jussit deduci; ex quibus effugerunt CXX, et ad Cæsarem venerunt.

XXII. Hoc præterito tempore, qui in oppido Atégua Bursavolenses capti sunt, legati profecti sunt cum nos-

pour leur apprendre ce qui s'était passé, et leur représenter ce qu'ils devaient attendre de Pompée, dont les soldats égorgeaient leurs hôtes, et dont les garnisons commettaient toute sorte de crimes dans les villes où elles étaient reçues. Arrivés à la ville, les nôtres, qui étaient tous chevaliers romains ou sénateurs, n'osèrent y entrer avec les autres députés. Après plusieurs conférences, ceux qui étaient entrés se retiraient pour aller joindre les nôtres qui étaient restés dehors, lorsque des soldats de la garnison, furieux de leur conduite, les suivirent et les égorgèrent : deux seulement parvinrent à se sauver, et rapportèrent le fait à César. Puis les habitants envoyèrent des espions à Atégua. Ces espions leur ayant confirmé le rapport des députés, tous les habitants s'attroupèrent et voulurent lapider celui qui avait égorgé les députés, et le saisirent en disant que c'était lui qui avait perdu la ville. Échappé à grand'peine de ce danger, il leur demanda la permission d'aller trouver César, s'engageant à l'apaiser. Ils la lui accordèrent. Il partit donc, assembla des troupes, et, quand il eut des forces suffisantes, il s'introduisit de nuit dans la ville, massacra ceux des principaux et du peuple qui lui étaient contraires et se rendit maître de la place. Quelque temps après, des esclaves transfuges nous annoncèrent que l'on vendait les biens des habitants; que personne ne pouvait sortir hors du retranchement avec une ceinture; et que, depuis la prise d'Atégua, beaucoup de monde effrayé de l'état des affaires et n'ayant aucun espoir de succès, s'enfuyait en Béturie. Si quelqu'un des nôtres désertait vers eux, on le jetait dans l'infanterie légère, où il n'avait que seize as par jour.

XXIII. Plus tard, César rapprocha encore son camp de celui de l'ennemi et fit tirer un retranchement jusqu'à la rivière de Salsum. Pendant que nos troupes étaient occupées à ce travail, les ennemis accoururent d'une hauteur, et comme nos gens ne quittaient pas l'ouvrage, ils les accablèrent de traits et en blessèrent plusieurs. Là, comme parle Ennius, « les nôtres furent obligés de céder. » Donc, contre notre coutume, nous cédions, lorsque deux centurions de la cinquième légion, traversèrent la rivière et rétablirent le combat. Tandis que, malgré la supériorité du nombre, ils combattaient avec un admirable courage, l'un d'eux succomba accablé par les traits qu'on leur lançait d'en haut. L'autre, d'abord, soutint seul le combat; mais, se voyant enveloppé et voulant se retirer, il fit un faux pas et tomba. Au moment de sa chute les ennemis accoururent en foule autour de lui. Nos cavaliers de leur côté, passèrent la rivière et repoussèrent l'ennemi jusque dans ses retranchements; mais les ayant poursuivis avec trop d'ardeur, ils furent enveloppés par la cavalerie et par l'infanterie légère, et, sans leur rare valeur, ils auraient été faits prisonniers; car ils se trouvaient tellement resserrés par le retranchement, que les chevaux pouvaient à peine manœuvrer. Nous

---

tris, uti rem gestam Bursavolensibus referrent, quid sperarent de Cn. Pompeio, quum viderent hospites jugulari, præterea multa scelera ab iis fieri, qui præsidii causa ab his reciperentur. Qui quum ad oppidum venissent, nostri, qui fuissent equites romani et senatores, non sunt ausi introire in oppidum præterquam qui ejus civitatis fuissent. Quorum responsis ultro citroque acceptis et redditis, quum ad nostros se reciperent, qui extra oppidum fuissent, illi de præsidio insecuti, ex aversione legatos jugularunt : duo reliqui, qui ex iis fugerunt, Cæsari rem gestam detulerunt, et speculatores ad oppidum Ateguam miserunt. Qui quum certum comperissent legatorum responsa, ita esse gesta, quemadmodum illi retulissent, ab oppidanis concursu facto, eum, qui legatos jugulasset, lapidare, et ei manus intentare cœperunt : illius opera se perisse. Ita, vix periculo liberatus, petiit ab oppidanis, ut ei liceret legatum ad Cæsarem proficisci : illi se satisfacturum. Potestate data, quum inde esset profectus, præsidio comparato, quum bene magnam manum fecisset, et nocturno tempore per fallaciam in oppidum esset receptus, jugulationem magnam facit : principibusque, qui sibi contrarii fuissent, interfectis, oppidum in suam potestatem recipit. Hoc præterito tempore servi transfugæ nuntiaverunt, oppidanorum bona vendi, nec cui extra vallum licere exire, nisi discinctum : idcircoque, ex quo die oppidum Ategua esset captum, metu conterritos complures profugere in Bæturiam, neque sibi ullam spem victoriæ propositam habere : et, si qui ex nostris transfugerit, in levem armaturam conjici, eumque non amplius XVI accipere.

XXIII. Insequenti tempore Cæsar castris castra contulit, et brachium ad flumen Salsum ducere cœpit. Hic dum in opere nostri distenti essent, complures ex superiore loco adversariorum decucurrerunt : nec detinentibus nostris, multis telis injectis complures vulneribus affecere. « Hic tamen, ut ait Ennius, nostri cessere parumper. » Itaque præter consuetudinem quum a nostris animadversum esset cedere, centuriones ex legione quinta flumen transgressi duo restituerunt aciem; acriterque eximia virtute plures quum agerent, ex superiore loco multitudine telorum alter eorum concidit. Ita, quum is impar prælium facere cœpisset, et quum undique se circumveniri animadvertisset, parumper ingressus, pedem offendit. Hujus concidentis viri casu passim audito, quum complures adversariorum concursum facerent, equites nostri transgressi interiore loco adversarios ad vallum agere cœperunt. Ita, dum cupidius intra præsidia illorum student cædem facere, a turmis et levi armatura sunt interclusi. Quorum nisi summa virtus fuisset, vivi capti essent : nam et munitione præsidii ita coangustabantur, ut eques, spatio intercluso, vix se defendere posset. Ex his utroque genere pugnæ complu-

cûmes dans ces deux combats plusieurs blessés, entre autres Clodius Aquitius; mais nous n'y perdîmes que les deux centurions que l'amour de la gloire emporta trop loin.

XXIV. Le lendemain les deux armées se rencontrèrent à Soricaria (10). Nos troupes commencèrent à se retrancher. Pompée voyant que nous lui fermions la communication avec le fort d'Aspavia, qui est à cinq milles d'Ucubis, fut obligé d'en venir à une bataille; mais pour ne pas se laisser attaquer en plaine, il voulut, de la petite éminence où il était campé, gagner un poste plus élevé. Pour cela il lui fallait de toute nécessité traverser un endroit fort difficile. Les deux armées ayant pris la même direction, l'ennemi fut arrêté et rejeté dans la plaine. Dès lors, nous eûmes l'avantage. De tous côtés les ennemis se mirent à fuir, et l'on en fit un grand carnage. Ce qui les sauva, ce fut la montagne et non leur valeur. Si la nuit ne fût pas survenue, nos gens, quoique inférieurs en nombre, leur eussent ôté toute ressource; car ils leur tuèrent trois cent vingt-quatre hommes d'infanterie légère, et cent trente-huit légionnaires, sans compter ceux dont nous emportâmes les armes et les dépouilles. Ainsi furent vengés avec éclat sur l'ennemi les deux centurions qu'il nous avait tués la veille.

XXV. Le jour suivant, les troupes de Pompée s'étaient rendues, à leur ordinaire, dans le même lieu, firent la même manœuvre; car leur cavalerie seule osait s'engager dans la plaine. Tandis que nos soldats étaient occupés aux travaux du camp, la cavalerie ennemie commença à les attaquer; en même temps, leurs légionnaires poussaient de grands cris comme pour nous défier. Nos soldats les croyant enfin décidés à combattre, sortirent d'un vallon étendu mais profond, et s'arrêtèrent en plaine dans un terrain uni. Mais les ennemis n'osèrent y descendre, si ce n'est un certain Antistius Turpio, qui, comptant sur sa force, s'imagina qu'il ne trouverait pas parmi nous de rival. Là se renouvela le combat d'Achille et de Memnon. Q. Pompéius Niger, chevalier romain d'Italica, sortit de nos rangs pour le combattre. L'air intrépide d'Antistius avait excité l'attention de toutes les troupes; elles abandonnèrent les travaux pour regarder le combat. La victoire semblait douteuse entre deux champions si vaillants, et l'on eût dit que le succès de l'un ou de l'autre déciderait de la guerre; les deux partis souhaitant avec ardeur le triomphe de leur combattant, chacun attendait l'événement avec inquiétude. Couverts l'un et l'autre d'un bouclier richement ciselé, ils s'avançaient pleins de courage (11), et certainement le combat eût été bientôt fini si l'infanterie légère de l'ennemi ne se fût postée assez près de notre camp pour soutenir sa cavalerie qui s'était avancée, comme nous l'avons dit plus haut (12). Nos cavaliers reprenaient le chemin du camp. Se voyant poursuivis avec ardeur par l'ennemi, tous se retournèrent soudain

res sunt vulneribus affecti, in quibus etiam Clodius Aquitius : inter quos ita cominus est pugnatum, ut ex nostris, præter II centuriones, sit nemo desideratus, gloria se efferentes.

XXIV. Postero die ab Soricaria utrorumque convenere copiæ. Nostri brachia ducere cœperunt. Pompeius quum animadverteret, castello se excludi Aspavia, quod est ab Ucubi millia passuum V, hæc res necessario devocabat ut ad dimicandum descenderet : neque tamen æquo loco sui potestatem faciebat, sed ex grumo excelsum tumulum capiebat, usque eo, ut necessario cogeretur iniquum locum subire. Quo [de] facto, quum utrorumque copiæ tumulum excellentem petissent, prohibiti a nostris sunt, dejectique planitie. Quæ res secundum nostris efficiebat prælium. Undique autem cedentibus adversariis, nostri magna in cæde versabantur. Quibus mons, non virtus, saluti fuit; quo subsidio tunc, nisi adversperasset, a paucioribus nostris omni auxilio privati essent : nam cediderunt ex levi armatura CCCXXIV, ex legionariis CXXXVIII, præterquam quorum arma et spolia sunt allata. Ita pridie II centurionum interitio hac adversariorum pœna est litata.

XXV. Insequenti die, pari consuetudine quum ad eumdem locum ejus præsidium venisset, pristino illo suo utebantur instituto : nam præter equites nullo loco æquo, se committere audebant. Quum nostri in opere essent, equitum copiæ concursus facere cœperunt : simulque vociferantibus legionariis, quum locum efflagitarent, ut consueti insequi existimare possent; se paratissimos esse ad dimicandum, nostri ex humili convalle bene longe sunt egressi, et planitie iniquiore loco constiterunt. Illi tamen procul dubio ad congrediendum in æquum locum non sunt ausi descendere, præter unum Antistium Turpionem, qui, fidens viribus, ex adversariis sibi parem esse neminem agitare cœpit. Hic, ut fertur Achillis Memnonisque congressus, Q. Pompeius Niger, eques romanus Italicensis, ex acie nostra ad congrediendum progressus est. Quoniam ferocitas Antistii omnium mentes converterat ab opere ad spectandum, acies sunt dispositæ : nam inter bellatores principes dubia erat posita victoria, ut prope videretur finem bellandi duorum dirimere pugna. Ita avidi cupidique suarum quisque partium, expertorumque virorum fautorumque voluntas habebatur. Quorum virtute alacri quum ad dimicandum in planitiem se contulissent, scutorumque laudis insignis præfulgens opus cælatum, quorum pugna esset prope profecto dirempta, nisi propter equitum concessum, ut supra demonstravimus, levis armatura præsidii causa non longe ab opere castrorum constitisset. Ut nostros equites in receptu, dum ad castra redeunt, adversarii cupidius sunt insecuti, universi, clamore facto, impetum dederunt. Ita metu perterriti, quum

en poussant de grands cris, et le chargèrent. Celui-ci, épouvanté, prit la fuite, et rentra dans son camp avec une grande perte.

XXVI. César, pour récompenser le courage de l'armée, donna treize mille sesterces à la cavalerie de Cassius, dix mille à l'infanterie légère, et à Cassius cinq colliers d'or. Ce même jour, A. Bébius, C. Flavius, et A. Trébellius, chevaliers romains d'Asta, vinrent se rendre à César avec un équipage magnifique. Ils nous apprirent que tous les chevaliers romains de l'armée de Pompée avaient voulu venir nous joindre; mais que sur la dénonciation d'un esclave, ils avaient tous été arrêtés, et qu'eux seuls avaient trouvé moyen de s'enfuir. Le même jour on intercepta une lettre que Pompée envoyait aux habitants d'Ursao : « Si votre santé est bonne, disait-il, je m'en réjouis ; pour moi je me porte bien [1]. Quoique nous ayons eu jusqu'ici le bonheur de repousser nos ennemis, j'aurais fini la guerre plus tôt que vous ne pensez, s'ils voulaient descendre en plaine. Mais ils n'osent exposer aux chances d'un combat une armée composée de recrues, et en s'emparant de nos places ils cherchent à traîner les affaires en longueur : ils tiennent toutes les villes assiégées, et c'est de là qu'ils tirent leurs vivres. C'est pourquoi je mets tous mes soins à conserver celles de notre parti, et au premier jour je terminerai la guerre. Je me propose de vous envoyer quelques cohortes. Il est certain qu'en ôtant à l'ennemi la ressource de nos vivres, nous le forcerons malgré lui à combattre. »

[1] Formule épistolaire.

XXVII. Quelque temps après, comme nos travailleurs étaient peu sur leurs gardes, l'ennemi nous tua quelques cavaliers qui faisaient du bois dans une forêt d'oliviers. Des esclaves transfuges nous apprirent que depuis l'affaire qui s'était passée près de Soritia, le troisième jour des nones de mars, les ennemis étaient dans une crainte continuelle, et qu'Attius Varus ne cessait de veiller à la sûreté des forts. Ce même jour, Pompée lève son camp et va se poster près d'Hispalis [1] dans un bois d'oliviers. Avant que César eût pris la même route, la lune se montra vers la sixième heure [2]. De là Pompée marcha vers Ucubis. En quittant cette place, il ordonna à ses troupes d'y mettre le feu et de se retirer ensuite dans leur grand camp. De son côté, César assiège et prend la ville de Ventisponte, marche sur Carrucca et campe vis-à-vis de Pompée. Ce dernier brûla cette ville parce qu'elle avait refusé de lui ouvrir ses portes. Un soldat qui avait égorgé son frère dans le camp fut pris par les nôtres et assommé sous le bâton. De là César continuant sa route, arrive dans la plaine de Munda et campe vis-à-vis de Pompée.

XXVIII. Le jour suivant, comme César se disposait à partir avec ses troupes, ses coureurs vinrent lui dire que Pompée était en bataille depuis la troisième veille. A cette nouvelle, il déploya l'étendard. Pompée n'avait fait cette démarche que parce que peu auparavant il avait mandé à ceux des habitants d'Ursao qui étaient dans ses intérêts, que César n'osait exposer aux chances

[1] Aujourd'hui Séville. — [2] Vers midi.

---

in fuga essent, multis amissis in castra se recipiunt.

XXVI. Cæsar ob virtutem turmæ Cassianæ donavit millia XIII, et præfecto torques aureos V, et levi armaturæ millia X. Hoc die A. Bæbius, et C. Flavius, et A. Trebellius, equites romani Astenses, argento prope tecti equites ad Cæsarem transfugerunt; qui nuntiarunt, equites romanos conjurasse omnes, qui in castris Pompeii essent, ut transitionem facerent; servi indicio omnes in custodiam esse conjectos, e quibus, occasione capta, se transfugisse. Item hoc die litteræ sunt deprehensæ, quas mittebat Ursaonem Cn. Pompeius. « S. V. G. E. V. Etsi, prout nostra felicitas, ex sententia adversarios adhuc propulsos habemus, tamen, si æquo loco sui potestatem facerent, celerius, quam vestra opinio fert, bellum confecissem. Sed exercitum tironem non audent in campum deducere, nostrisque adhuc freti præsidiis, bellum ducunt : nam singulas civitates circumsederunt, inde sibi commeatus capiunt. Quare et civitates nostrarum partium conservabo; et bellum primo quoque tempore conficiam. Cohortes in animo habeo ad vos mittere. Profecto nostro commeatu privati, necessario ad dimicandum descendent. »

XXVII. Insequenti tempore quum nostri temere in opere distenti essent, equites in oliveto, dum lignantur interfecti sunt aliquot. Servi transfugerunt, qui nuntiaverunt, a. d. III. nonarum martii prælium, ad Soritiam quod factum est, ex eo tempore metum esse magnum, et Attium Varum circum castella præesse. Eodem die Pompeius castra movit, et contra Hispalim in oliveto constitit. Cæsar priusquam eodem est profectus, luna hora circiter VI visa est. Ita castris motis Ucubim, Pompeius præsidium, quod reliquit, jussit incenderent, et deusto oppido in castra majora se reciperent. Insequenti tempore Ventisponte oppidum quum oppugnare cœpisset, deditione facta, iter fecit in Carrucam, contraque Pompeium castra posuit. Pompeius oppidum, quod contra sua præsidia portas clausisset, incendit; milesque, qui fratrem suum in castris jugulasset, interceptus est a nostris, et fusti percussus. Hinc itinere facto, in campum Mundensem quum esset ventum, castra contra Pompeium constituit.

XXVIII. Sequenti die, quum iter facere Cæsar cum copiis vellet, renuntiatum est ab speculatoribus, Pompeium de tertia vigilia in acie stetisse. Hoc nuntio allato, vexillum proposuit. Idcirco enim copias eduxerat, quod Ursaonensium civitati fuissent fautores : antea litteras miserat. « Cæsarem nolle in convallem descendere, quod majorem partem exercitus tironem haberet. » Hæ lit-

d'une bataille une armée presque toute composée de nouvelles levées. Cette lettre avait beaucoup affermi les habitants de cette ville dans son parti, et cette considération faisait qu'il croyait tout possible. Il était d'ailleurs défendu par la nature du lieu où il était campé, et par les fortifications de la place; car, comme on l'a dit, toute cette contrée est fort montueuse, et par là excellente pour la défense. Aucune plaine ne sépare les hauteurs.

XXIX. Je ne dois point passer sous silence ce qui arriva alors. Entre les deux camps se trouvait une plaine d'environ cinq mille pas; de sorte que le camp de Pompée était à la fois défendu par la nature du terrain et par la position élevée de la ville. Du pied de ce camp, la plaine commençait à s'étendre, et elle était d'abord traversée par un ruisseau qui rendait l'accès du camp fort difficile, en ce qu'il formait sur la droite un marais plein de fondrières. César voyant l'ennemi en bataille, ne douta pas qu'il ne s'avançât jusqu'au milieu de la plaine pour en venir aux mains; et chacun le pensait également. De plus, la plaine offrait un vaste espace aux manœuvres de la cavalerie; le ciel était pur et serein; il semblait que les dieux immortels eussent fait cette journée tout exprès pour une bataille. Les nôtres se réjouissaient; quelques-uns cependant étaient inquiets en songeant qu'ils en étaient venus au point qu'au bout d'une heure le hasard aurait décidé de leur fortune et de leur vie. Nos troupes marchèrent donc au combat pensant que l'ennemi ferait de même; mais il n'osa jamais s'éloigner à plus d'un mille des remparts de la ville sous lesquels il aurait voulu combattre. Les nôtres marchèrent encore en avant; mais quoique l'avantage du terrain semblât inviter l'ennemi à s'avancer pour se saisir de la victoire, il persista constamment dans sa résolution de ne pas s'éloigner des hauteurs ni des murs de la ville. Nos soldats poussèrent d'un pas ferme jusqu'au ruisseau : l'ennemi s'obstina à rester dans son poste, où nous ne pouvions l'aller chercher.

XXX. L'armée de Pompée était composée de treize légions couvertes sur les ailes par la cavalerie, et par six mille hommes d'infanterie légère. Les troupes auxiliaires montaient à peu près au même nombre. Nous n'avions que quatre-vingts cohortes et huit mille chevaux. Ainsi, une fois parvenus à l'extrémité de la plaine, il eût été dangereux de se porter plus avant, l'ennemi, qui avait l'avantage du terrain, se tenant prêt à nous charger d'en haut. César s'en étant aperçu ne voulut pas exposer légèrement ses troupes, et leur commanda de s'arrêter. Quand elles entendirent cet ordre, elles en furent affligées et dépitées, comme si leur général les eût privées par là de la victoire. Ce retardement enhardit l'ennemi; il crut que les troupes de César craignaient d'en venir aux mains avec lui. S'avançant donc fièrement, il s'engagea dans un mauvais terrain dont l'approche ne laissait pas que d'avoir pour nous aussi des dangers. La dixième légion était à l'aile droite, comme de coutume; la troisième et la cinquième

---

teræ vehementer confirmabant mentes oppidanorum. Ita, hac opinione fretus, totum se facere posse existimabat : etenim et natura loci defendebatur, et ipsius oppidi munitione, ubi castra habuit constituta : namque, ut superius demonstravimus, loca excellentia tumulis contineri; interim nulla planitia dividit.

XXIX. Sed ratione nulla placuit taceri id, quod eo incidit tempore. Planities inter utraque castra intercedebat, circiter millia passuum quinque, ut auxilia Pompeii duabus defenderentur rebus, oppidi excelsi et loci natura. Hinc dirigens proxima planities æquabatur, cujus decursum antecedebat rivus, qui eorum accessum summam efficiebat loci iniquitatem : nam palustri et voraginoso solo currens erat ad dextrum. Et Cæsar, quum aciem directam vidisset, non habuit dubium, quin media planitie in æquum ad dimicandum adversarii procederent. Hoc erat in omnium conspectu. Huc accedebat, ut locus illa planitie equitatum ornaret, et diei solisque serenitas, ut mirificum et optandum tempus prope ab diis immortalibus illud tributum esset ad prælium committendum. Nostri lætari, nonnulli etiam timere, quod in eum locum res fortunæque omnium deducerentur, ut, quidquid post horam casus tribuisset, in dubio poneretur. Itaque nostri ad dimicandum procedunt; id quod adversarios existimabamus esse facturos : qui tamen a munitione oppidi mille passibus longius non audebant procedere, in quo sibi prope murum adversarii præliandum constituebant. Itaque nostri procedunt. Interdum æquitas loci adversarios efflagitabat, ut tali conditione contenderent ad victoriam : neque tamen illi a sua consuetudine decedebant, ut aut ab excelso loco, aut ab oppido discederent. Nostri pede presso propius rivum, quum appropinquassent, adversarii patrocinari loco iniquo non desinunt.

XXX. Erat acies XIII aquilis constituta, quæ lateribus equitatu tegebatur, cum levi armatura millibus VI præterea auxiliares accedebant prope alterum tantum. Nostra præsidia LXXX cohortibus et VIII millibus equitum. Ita, quum in extrema planitie iniquum in locum nostri appropinquassent, paratus hostis erat superior, ut transeundi superius iter vehementer esset periculosum. Quod quum a Cæsare esset animadversum, ne quid temere culpa sua secus admitteretur, eum locum definire cœpit. Quod quum hominum auribus esset objectum, moleste et acerbe accipiebant, se impediri, quo minus prælium conficere possent. Hæc mora adversarios alacriores efficiebat, Cæsaris copias timore impediri ad committendum prælium. Ita se efferentes, iniquo loco sui potestatem faciebant, ut magno tamen periculo accessus eorum haberetur. Hic decumani suum locum,

étaient à la gauche avec les troupes auxiliaires et la cavalerie. On pousse de grands cris, et le combat s'engage (15).

XXXI. Quoique le courage de nos soldats fût supérieur à celui des ennemis, ceux-ci cependant se défendaient vivement de dessus les hauteurs où ils étaient postés. De part et d'autre on poussait de grands cris, et les traits pleuvaient, de sorte que nos gens désespéraient presque de la victoire; car tout ce qui sert à effrayer l'ennemi, les cris, l'attaque, étaient semblables des deux côtés. L'ardeur était égale, mais un grand nombre d'ennemis tombaient percés par nos javelots. Nous avons dit que la dixième légion occupait l'aile droite. Quoique peu nombreuse, elle épouvantait l'ennemi par son courage, et elle le pressa si vivement que, pour n'être pas pris en flanc, il fut obligé de faire passer une légion vers notre droite. A la vue de ce mouvement la cavalerie de César se mit à charger l'aile gauche. Les combattants se joignent avec tant de valeur qu'il devient impossible de porter nulle part du secours. Aussi le bruit des armes mêlé aux cris et aux gémissements, glaçait de terreur l'âme des jeunes soldats. Là, comme parle Ennius, « le pied presse le pied, les armes repoussent les armes; » mais, malgré la vigoureuse résistance des ennemis, les nôtres commencent à les rompre et les forcent à se réfugier vers la ville. S'ils n'eussent pas cherché un asile dans le même lieu d'où ils étaient sortis, le jour même des fêtes de Bacchus les eût vus mis en fuite et détruits. Pompée perdit dans ce combat au moins trente mille hommes. En outre, Labiénus et Attius Varus y furent tués; on leur fit des obsèques. Il périt encore du côté de l'ennemi environ trois mille chevaliers romains, tant de Rome que de la province. Nous n'eûmes que mille hommes de tués, tant cavaliers que fantassins, et à peu près cinq cents blessés. On enleva à l'ennemi treize aigles avec des enseignes et des faisceaux. De plus, dix-sept chefs furent faits prisonniers. Telle fut l'issue de cette bataille.

XXXII. Comme les débris de l'armée ennemie s'étaient réfugiés dans Munda, les nôtres furent obligés de faire le siége de cette place. La circonvallation fut formée des armes et des cadavres des ennemis; la palissade, de javelots, de dards de boucliers, d'épées et de piques, surmontées de têtes coupées et tournées vers la place; de sorte que l'ennemi était de toutes parts entouré des marques formidables de notre valeur, qui nous servaient à l'assiéger. C'est ainsi que les Gaulois, quand ils vont attaquer une ville, plantent à l'entour sur des piques et des javelots les cadavres de leurs ennemis. Le jeune Valérius, après la défaite, s'étant sauvé à Cordoue avec quelques cavaliers, rendit compte à Sextus Pompée, qui se trouvait dans cette ville, de ce qui s'était passé. Sur cette nouvelle, celui-ci distribua tout l'argent qu'il avait aux cavaliers de sa suite, dit aux habitants qu'il allait trouver César pour traiter de la paix, et partit à la deuxième veille. D'autre

---

cornu dextrum, tenebant, sinistrum III et V legio, itemque cætera auxilia et equitatus. Prælium clamore facto committitur.

XXXI. Hic etsi virtute nostri antecedebant, adversarii se e loco superiore defendebant acerrime, et vehemens fiebat ab utrisque clamor, telorumque missu concursus, sic ut prope nostri diffiderent victoriæ : congressus enim et clamor, quibus rebus maxime hostes conterrerentur, in collatu pari erant conditione. Itaque ex utroque genere pugnæ, quum parem virtutem ad bellandum contulissent, pilorum missu fixa cumulatur et concidit adversariorum multitudo. Dextrum demonstravimus decumanos cornu tenuisse : qui etsi erant pauci, tamen propter virtutem magno adversarios timore eorum opera afficiebant, quod a suo loco hostes vehementer premere cœperunt, ut ad subsidium, ne ab latere nostri occuparent, legio adversariorum transduci cœpta sit ad dextrum. Quæ simul est mota, equitatus Cæsaris sinistrum cornu premere cœpit. At ii eximia virtute prælium facere incipiunt, ut locus in acie ad subsidium veniendi non daretur. Ita quum clamori esset intermixtus gemitus, gladiorumque crepitus auribus oblatus, imperitorum mentes timore præpediebat. « Hic, ut ait Ennius, pes pede premitur, armis teruntur arma, » adversariosque vehementissime pugnantes nostri agere cœperunt; quibus oppidum fuit subsidium. Ita ipsis Liberalibus fusi fugatique non superfuissent, nisi in eum locum confugissent, ex quo erant egressi. In quo prælio ceciderunt millia hominum circiter XXX, et si quid amplius : præterea Labienus, Attius Varus; quibus occisis utrisque funus est factum; itemque equites romani, partim ex urbe, partim ex provincia, ad millia III. Nostri desiderati ad hominum mille, partim peditum, partim equitum, saucii ad D. Adversariorum aquilæ sunt ablatæ XIII, et signa, et fasces, præterea duces belli XVII capti sunt. Hos habuit res exitus.

XXXII. Ex fuga hac quum oppidum Mundam sibi constituissent præsidium, nostri cogebantur necessario eos circumvallare. Ex hostium armis pro cespite cadavera collocabantur, scuta et pila pro vallo, insuper occisi, et gladii, et mucrones, et capita hominum ordinata, ad oppidum conversa universa, hostium timorem, virtutisque insignia proposita viderent, et vallo circumcluderentur adversarii. Ita Galli tragulis jaculisque oppidum ex hostium cadaveribus sunt circumplexi, oppugnare cœperunt. Ex hoc prælio Valerius, adolescens Cordubam cum paucis equitibus fugit; Sexto Pompeio, qui Cordubæ fuisset, rem gestam refert. Cognito hoc negotio, quos equites secum habuit, his, quod habuit secum pecuniæ, distribuit, et oppidanis dixit, se de pace ad Cæsarem proficisci; et secunda vigilia ab oppido discessit. Cn. Pompeius autem cum equitibus paucis

part, Cn. Pompée, avec quelques cavaliers et fantassins, se dirigea vers sa flotte à Cartéia [1], ville à cent soixante-dix mille pas de Cordoue. Lorsqu'il n'en fut plus qu'à huit milles, P. Calvitius, qui avait été son lieutenant, écrivit en son nom qu'on lui envoyât une litière pour le porter dans la ville parce qu'il était souffrant. Sur la réception de cette lettre, Pompée est transporté à Cartéia. Ceux qui favorisaient son parti vinrent en secret, à ce que l'on croit, le trouver dans la maison où il était descendu, et lui demandèrent ses ordres sur la continuation de la guerre. Quand ils furent assemblés en grand nombre, Pompée, sans sortir de sa litière, se mit sous leur protection.

XXXIII. Après la bataille, César, ayant investi Munda, vint à Cordoue. Il en trouva le pont occupé par ceux qui avaient échappé au massacre de l'armée de Pompée. Quand nous fûmes arrivés là, ils commencèrent à nous insulter, en nous criant que nous n'étions qu'une poignée de gens échappés à la bataille, et en nous demandant où nous allions. Aussi nous attaquèrent-ils au passage du pont. César passa la rivière et campa devant la ville. Scapula, qui avait soulevé les affranchis et les esclaves, s'y était retiré après la bataille; il les assembla tous, se fit dresser un bûcher, commanda un souper splendide, s'habilla de ses plus riches habits, distribua son argent et sa vaisselle à ses domestiques, soupa de bonne heure, se parfuma de nard et de résine; puis, sur la fin du repas, il se fit tuer par un de ses esclaves, tandis qu'un affranchi, qui servait à ses débauches, mettait le feu au bûcher.

XXXIV. Aussitôt que César eut placé son camp devant la ville, la division se mit si fort parmi les habitants, dont les uns tenaient pour César, les autres pour Pompée, que nous les entendions presque de notre camp. Quelques légions qui étaient dans la ville, composées en partie de fugitifs, en partie d'esclaves des habitants, que Sextus Pompée avait affranchis, s'avancèrent à la rencontre de César; mais la treizième légion voulut défendre la ville, et malgré les partisans de César elle s'empara des murailles et d'une partie des tours. Ceux ci députèrent une seconde fois à César, pour le prier d'envoyer à leur aide quelques légions. Voyant cela, les transfuges, qui s'étaient sauvés de la bataille, mirent le feu à la ville. Nos gens y étant entrés, tuèrent jusqu'à vingt-deux mille de ces misérables, sans compter ceux qui furent massacrés hors des murs. Ainsi César demeura maître de la place. Pendant qu'il y séjournait, la garnison de Munda qu'il avait laissée bloquée, comme nous l'avons dit, fit une sortie; mais elle fut repoussée dans la ville après avoir perdu beaucoup de monde.

XXXV. De là César marcha sur Hispalis. Des députés vinrent pour le fléchir. Il leur promit de conserver la ville; et, dans cette vue, il y fit entrer Caninius, son lieutenant, avec des troupes. Pour lui, il campa près de la ville. Il y avait là aussi une forte garnison de Pompée, qui, furieuse de ce qu'on avait reçu les troupes de César, fit partir en secret

[1] Aujourd'hui Tarissa.

nonnullisque peditibus ad navale præsidium parte altera contendit Carteiam, quod oppidum abest a Corduba millia passuum CLXX. Quo quum ad octavum milliarium venisset, P. Calvitius, qui castris antea Pompeii præpositus esset, ejus verbis nuntium mittit, « quum minus belle haberet, ut mitterent lecticam, qua in oppidum deferri possit. » Litteris missis, Pompeius Carteiam defertur. Qui illarum partium fautores essent, conveniunt in domum, quo erat delatus (qui arbitrati sunt clanculum venisse), ut ab eo, quæ vellet, de bello requirerent. Quum frequentia convenisset, de lectica Pompeius eorum in fidem confugit.

XXXIII. Cæsar, ex prælio Munda munitione circumdata, Cordubam venit. Qui ex cæde eo refugerant, pontem occupaverunt. Quum eo esset ventum, conviciari cœperunt, « nos ex prælio paucos superesse : quo confugeremus? Ita pugnare cœperunt de ponte. Cæsar flumen transjecit, et castra posuit. Scapula, totius seditionis familiæ et libertinorum caput, ex prælio Cordubam quum venisset, familiam et libertos convocavit; pyram sibi exstruxit; cœnam afferri quam opimam imperavit; item optimis insternendum vestimentis : pecuniam et argentum in præsentia familiæ donavit. Ipse de tempore cœnavit, resinam et nardum identidem sibi infundit. Ita novissimo tempore servum jussit et libertum, qui fuisset ejus concubinus, alterum se jugulare, alterum pyram incendere.

XXXIV. Oppidani autem, simul Cæsar castra contra oppidum posuit, discordare cœperunt usque eo, ut clamor in castra nostra perveniret fere, inter Cæsarianos et inter Pompeianos. Erant hic legiones, quæ ex perfugis conscriptæ; partim oppidanorum servi, qui erant a Sex. Pompeio manumissi, tunc in Cæsaris adventum descendere cœperunt. Legio XIII oppidum defendere cœpit : nam, quum jam repugnarent, turres ex parte et murum occuparunt. Denuo legatos ad Cæsarem mittunt, ut sibi legiones subsidio intromitteret. Hoc quum animadverterent homines fugitivi, oppidum incendere cœperunt. Qui superati a nostris sunt interfecti, hominum millia XXII, præterquam extra murum qui perierunt. Ita Cæsar oppido potitus. Dum hic detinetur, ex prælio quos circummunitos superius demonstravimus, eruptionem fecerunt, et bene multis interfectis, in oppidum sunt redacti.

XXXV. Cæsar Hispalim quum contendisset, legati deprecatum venerunt. Ita quum oppidum sese tueri dixisset, Caninium legatum cum præsidio intromittit. Ipse castra ad oppidum ponit. Erat bene magnum intra Pompeianarum partium præsidium, quod Cæsaris præsidium receptum indignaretur clam quemdam Philonem, illum,

un certain Philon, ardent partisan de Pompée et fort connu en Lusitanie, vers Cécilius Niger, barbare qui commandait à Lenium [1] un grand corps de Lusitaniens. A son retour, Philon est introduit de nuit dans la place, où il entre par-dessus la muraille; ils égorgent les sentinelles et la garnison de César, ferment les portes, et se mettent de nouveau en défense.

XXXVI. Sur ces entrefaites, les députés de Cartéia vinrent dire à César qu'ils avaient Pompée en leur pouvoir. Ils espéraient par ce service réparer le tort qu'ils avaient eu auparavant de lui fermer leurs portes. Les Lusitaniens enfermés à Hispalis continuaient à se défendre. César, appréhendant que s'il pressait la ville, ces furieux n'y missent le feu et n'en détruisissent les murailles, se décida à les laisser sortir de nuit : ce en quoi ils ne croyaient pas avoir son consentement. En sortant, ils mirent le feu aux vaisseaux qui étaient sur le Bétis, et prirent la fuite pendant que nous étions occupés à l'éteindre. Notre cavalerie les tailla en pièces. Ensuite, César, maître d'Hispalis, marcha sur Asta [2] qui lui envoya des députés pour faire sa soumission. Plusieurs de ceux qui s'étaient retirés dans Munda se rendirent, et l'on en composa une légion. Puis il fut arrêté entre eux et les assiégés que, la nuit, à un signal convenu, ceux de la ville feraient une sortie, tandis qu'eux-mêmes commenceraient le massacre dans notre camp. Le complot ayant été découvert la nuit suivante, à la troisième veille, par le mot d'ordre qui fut livré, ils furent tous conduits hors des retranchements et mis à mort.

XXXVII. Pendant que César soumettait, sur sa route, les autres villes de la province, une discussion s'éleva, au sujet de Pompée, entre les chefs de Cartéia. D'une part, étaient ceux qui avaient député vers César; de l'autre, les partisans de Pompée. Une sédition a lieu : on s'empare des portes, et un grand carnage commence : Pompée lui-même est blessé, et il prend la fuite avec trente galères. Didius, qui commandait notre flotte à Gadès, en ayant été averti, se mit aussitôt à le poursuivre, et répandit sur la côte de la cavalerie et de l'infanterie pour le saisir. Ils l'atteignirent au quatrième jour de sa navigation. Pompée, étant parti de Cartéia sans se donner le temps de se fournir d'eau, fut obligé de toucher terre pour s'en pourvoir. Pendant ce temps-là, Didius accourut, brûla ses vaisseaux, et en prit même quelques-uns. Pompée échappa avec peu de monde, et s'empara d'un poste fortifié par la nature.

XXXVIII. La cavalerie et les cohortes envoyées à sa poursuite, ayant été averties par les éclaireurs, marchèrent nuit et jour. Pompée était grièvement blessé à l'épaule et à la jambe gauche; en outre, il s'était donné une entorse qui l'empêchait de marcher. Aussi, depuis qu'il avait quitté Cartéia, il se faisait porter dans la même litière dans laquelle il était en y entrant. Un Lusitanien de son escorte, l'ayant fait reconnaître en lui rendant les honneurs militaires, aussitôt la cavalerie

[1] Inconnu. — Aujourd'hui Xeros de la Fontera.

---

qui Pompeianarum partium fuisset defensor acerrimus. Is tota Lusitania notissimus erat : hic clam præsidia Lusitaniam proficiscitur, et Cæcilium Nigrum, hominem barbarum, ad Lenium convenit, qui bene magnam manum Lusitanorum haberet. Rursus in Hispalim oppidum denuo noctu per murum recipitur; præsidium vigilesque jugulant, portas præcludunt, de integro pugnare cœperunt.

XXXVI. Dum hæc geruntur, legati Carteienses renuntiarunt, quod Pompeium in potestatem haberent. Quod ante Cæsari portas præclusissent, illo beneficio suum maleficium existimabant se lucrifacere. Lusitani Hispali pugnare nullo tempore desistebant. Quod Cæsar quum animadverteret, si oppidum capere contenderet, ut homines perditi incenderent, et mœnia delerent, ita consilio habito noctu, patitur Lusitanos eruptionem facere : id quod consulto non existimabant fieri. Ita erumpendo, naves, quæ ad Bætim flumen fuissent, incendunt. Nostri dum incendio detinentur, illi profugiunt, et ab equitibus conciduntur. Quo facto, oppido recuperato, Astam iter facere cœpit, ex qua civitate legati ad deditionem venerunt, Mundensesque, qui ex prælio in oppidum confugerant, quum diutius circumsiderentur, bene multi deditionem faciunt; et quum essent in legionem distributi, conjurant inter se, ut noctu signo dato, qui in oppido fuissent, eruptionem facerent : illi cædem in castris administrarent. Hac re cognita, insequenti nocte vigilia tertia, tessera data, extra vallum omnes sunt concisi.

XXXVII. Carteienses duces, dum Cæsar in itinere reliqua oppida oppugnat, propter Pompeium dissentire cœperunt. Pars erat, quæ legatos ad Cæsarem miserat; pars, qui Pompeianarum partium fautores essent. Seditione conciliata, portas occupant : cædes fit magna : saucius Pompeius naves XX occupat longas, et profugit. Didius, qui Gadis classi præfuisset (ad quem simul nuntius allatus est, con'estim sequi cœpit; partim peditatu et equitatu ad persequendum celeriter iter faciebant), item quarto die navigatione confecta consequitur eos. Quod imparati a Carteia profecti sine aqua fuissent, ad terram applicant. Dum aquantur, Didius classe occurrit, naves incendit, nonnullas capit. Pompeius cum paucis profugit, et locum quemdam munitum natura occupat.

XXXVIII. Equites et cohortes, quæ ad persequendum missæ essent, speculatoribus ante missis certiores fiunt : diem et noctem iter faciunt. Pompeius humero et sinistro crure vehementer erat saucius. Huc accedebat, ut etiam talum intorsisset : quæ res maxime impediebat. Ita lectica a turre, qua esset allatus, in ea ferebatur. Lusitanus more militari, quum a Cæsaris præsidio fuisset

et les cohortes l'enveloppèrent. Le lieu était de difficile accès. Car Pompée, se voyant découvert par la faute des siens, avait regagné au plus vite un poste fortifié; mais, quoique l'avantage du terrain lui permît de s'y défendre contre des troupes plus nombreuses, les nôtres ne balancèrent pas à l'attaquer. D'abord repoussés à coups de traits, ils se retirèrent; ce qui rendit les ennemis plus ardents à les poursuivre, et les approches du poste plus difficiles. La même chose s'étant renouvelée à plusieurs reprises, nos soldats, reconnaissant le péril, se déterminèrent à former un siége. Ils élevèrent à la hâte sur la pente de la colline une terrasse assez haute pour pouvoir y combattre de plain-pied. L'ennemi, s'en étant aperçu, chercha son salut dans la fuite.

XXXIX. Pompée qui, comme nous l'avons dit, était grièvement blessé et avait le pied foulé, était retardé dans sa fuite; en outre, la difficulté des chemins ne lui permettait pas de se servir d'un cheval ni d'un char. Ses gens, chassés de leur fort, et n'ayant aucun secours, étaient massacrés de tous côtés par nos troupes. Alors Pompée se réfugia dans la vallée et se cacha dans une caverne, où nous aurions eu bien de la peine à le découvrir, si des prisonniers ne nous avaient indiqué sa retraite. Il y fut tué. César, étant allé à Gadès, la veille des ides d'avril, la tête de Pompée fut apportée à Hispalis et exposée aux regards du peuple.

XL. Après la mort du jeune Cn. Pompée, Didius, dont nous avons parlé plus haut, charmé de ce succès, se retira dans un château près de la mer, après avoir fait tirer à terre plusieurs de ses vaisseaux qui avaient besoin de réparations. Les Lusitaniens, qui avaient échappé au massacre des leurs, se rallièrent en assez grand nombre, et se portèrent sur Didius. Quoique celui-ci veillât avec soin à la garde de ses vaisseaux, les fréquentes courses des ennemis l'obligaient parfois à sortir du château. Ces combats journaliers leur donnèrent lieu de lui dresser une embuscade. Ils se partagèrent en trois corps. Les uns devaient mettre le feu à la flotte et ensuite rejoindre les autres : tous étaient postés de manière à charger l'ennemi sans être aperçus. Didius sort avec ses troupes de la forteresse pour repousser l'ennemi : au signal donné par les Lusitaniens, une partie met le feu aux navires; les autres, sortant de leur embuscade avec de grands cris, prennent en queue ceux du château qui s'étaient mis à poursuivre les premiers. Didius fut tué avec un grand nombre des siens en se défendant vaillamment; quelques-uns se sauvèrent dans des chaloupes qu'ils trouvèrent attachées au rivage; d'autres atteignirent à la nage les galères qui étaient à l'ancre, en coupèrent les câbles, et gagnèrent le large. C'est à cela qu'ils durent leur salut. Les Lusitaniens s'emparèrent du butin. De Gadès César retourna à Hispalis

XLI. Fabius Maximus, que César avait laissé devant Munda pour continuer le siége, en pressait vivement les travaux; de sorte que les assiégés, désespérés de se voir enfermés de toutes

---

conspectus, celeriter equitatu cohortibusque circumcluditur. Erat accessus loci difficultas. Nam idcirco, quod propter suos a nostro præsidio fuisset conspectus, celeriter munitum locum natura, quem ceperat sibi Pompeius, quamvis magna multitudine deducti homines ex superiore loco defendere possent, subeunt. In adventu nostri depelluntur telis : quibus cedentibus, cupidius insequebantur adversarii, et confestim tardabant ab accessu. Hoc sæpius facto, animadvertebatur, nostro magno id fieri periculo. Opere circummunire instituit, pari autem et celeri festinatione circummunitiones in jugo dirigunt, ut æquo pede cum adversariis congredi possent; a quibus quum animadversum esset, fuga sibi præsidium capiunt.

XXXIX. Pompeius, ut supra demonstravimus, saucius et intorto talo, idcirco tardabatur ad fugiendum : itemque propter loci difficultatem neque equo, neque vehiculo saluti suæ præsidium parare poterat. Cædes a nostris undique administrabatur exclusa munitione, amissisque auxiliis. Ad convallem autem atque exesum locum, ut in speluncam, Pompeius se occultare cœpit, ut a nostris non facile inveniretur, nisi captivorum indicio. Ita ibi interficitur. Quum Cæsar Gadibus fuisset, Hispalim pridie, Id. aprilis caput allatum, et populo datum est in conspectum.

XL. Interfecto Cn Pompeio adolescente, Didius, quem supra demonstravimus, illa affectus lætitia, proximo se recepit castello, nonnullasque naves ad reficiendum subduxit. Lusitani, qui ex pugna superfuerunt, ad signum se receperunt, et bene magna manu comparata, ad Didium se reportant. Huic etsi non aberat diligentia ad naves tuendas, tamen nonnunquam ex castello propter eorum crebras excursiones eliciebatur : et sic prope quotidianis pugnis insidias ponunt, et tripartito signa distribuunt. Erant parati, qui naves incenderent, incensusque qui subsidium repeterent. Ii sic dispositi erant, ut a nullo conspecti omnium ad pugnam contenderent. Ita quum ex castello Didius ad propellendum processisset cum copiis, signum a Lusitanis tollitur, naves incenduntur, simulque qui ex castello ad pugnam processerant, eodem signo fugientes latrones abeunt persequuntur, a tergo insidiæ clamore sublato circumveniunt. Didius magna cum virtute cum compluribus interficitur : nonnulli ea pugna scaphas, quæ ad littus fuerant, occupaut : item complures nando ad naves, quæ in salo fuerunt, se recipiunt : ancoris sublatis, pelagus remis petere cœperunt : quæ res eorum vitæ subsidio fuit. Lusitani prædа potiuntur. Cæsar Gadibus rursus ad Hispalim recurrit.

XLI. Fabius Maximus, quem ipse ad Mundam ad præsidium oppugnandum reliquerat operibus assiduis, hostesque circum sese interclusi, inter se decernere, facta cæde bene magna, eruptionem faciunt. Nostri ad oppidum re-

parts, se battirent entre eux, et, après un horrible massacre, ils firent une sortie. Les nôtres profitèrent de cette occasion pour reprendre la ville, et firent quatorze prisonniers. De là ils marchèrent sur Ursao, ville très-forte et si bien défendue par l'art et par la nature, que sa situation semblait détourner un ennemi de l'assiéger. En outre, il n'y avait de l'eau que dans la ville de Munda; et à huit milles à la ronde il eût été impossible d'en trouver; ce qui était d'un grand avantage pour les habitants. De plus, pour avoir les matériaux nécessaires à la construction des tours et des terrasses, il fallait aller à près de six mille pas. Pompée, pour assurer la défense de la ville, avait fait couper et porter dans la place tout le bois des environs. Ainsi, de toute nécessité, nos gens étaient obligés de tout faire venir de Munda, dont ils s'étaient récemment rendus maîtres.

XLII. Tandis que ces choses se passaient à Munda et à Ursao, César, qui de Gadès était retourné à Hispalis, y tint le jour suivant une grande assemblée, et dit: « Qu'au commencement de sa questure, il avait particulièrement affectionné cette province, et lui avait rendu tous les services qu'il avait pu: qu'ensuite, élevé à la dignité dé préteur, il avait obtenu pour elle du sénat la remise des impôts dont Metellus l'avait chargée: qu'en même temps, l'ayant prise sous son patronage, il avait souvent procuré l'entrée du sénat à ses députés, et encouru bien des haines pour défendre ses intérêts publics ou privés: que, de même, pendant son consulat, il avait pourvu, quoique absent, au bien de la province: et que, cependant, oubliant tant de bienfaits, ils s'étaient toujours montrés ingrats envers lui et envers le peuple romain, dans cette guerre comme par le passé. « Quoique vous connussiez bien le droit des gens et celui des citoyens romains, ajouta-t-il, vous avez, comme des Barbares, porté vos mains, et plus d'une fois, sur la personne sacrée des magistrats du peuple romain; vous avez voulu assassiner Cassius en plein jour sur la place publique. Vous avez été en tout temps si fort ennemis de la paix, que le peuple romain était constamment forcé de tenir des légions dans cette province. Chez vous les bienfaits passent pour des injures, et les injures pour des bienfaits. Jamais vous n'avez pu montrer ni union dans la paix ni courage dans la guerre. Le jeune Pompée, simple particulier, reçu par vous dans sa fuite, s'est arrogé les faisceaux et le souverain pouvoir: après avoir massacré nombre de citoyens, il a levé des troupes contre le peuple romain, et, encouragé par vous, il a dévasté les champs et la province. Comment pouviez-vous espérer de vaincre? Ne saviez-vous donc pas qu'après moi le peuple romain avait dix légions capables non-seulement de vous résister, mais de bouleverser le monde? que, par leur renommée et par leur valeur...... (15). »

cuperandum occasionem non prætermittunt, et reliquos vivos capiunt, XIV millia, ac deinde Ursaonem proficiscuntur: quod oppidum magna munitione continebatur, sic, ut ipse locus non solum opere, sed etiam natura editus, ab oppugnando hostem averteret. Huc accedebat, ut aqua, præterquam in ipso oppido Munda, circumcirca nusquam reperiretur propius millia passuum VIII: quæ res magno erat adjumento oppidanis. Tum præterea accedebat, ut agger materiesque, unde solitæ sunt turres agi, propius millia passuum VI non reperiebantur. Ac Pompeius, ut oppidi oppugnationem tutiorem efficeret, omnem materiem circum oppidum succisam intro congessit. Ita necessario deducebantur nostri, ut a Munda, quam proxime ceperant, materiem illo deportarent.

XLII. Dum hæc ad Mundam geruntur et Ursaonem, Cæsar, quum a Gadibus ad Hispalim se recepisset, insequenti die, concione advocata commemorat: « Initio quæsturæ suæ eam provinciam ex omnibus provinciis peculiarem sibi constituisse, et, quæ potuisset eo tempore, beneficia largitum esse. Insequenti prætura, ampliato honore, vectigalia, quæ Metellus imposuisset, a senatu petisse, et eis pecuniis provinciam liberasse: simulque, patrocinio suscepto, multis legationibus ab se in senatum inductis, simul publicas privatasque causas, multorum inimicitiis susceptis, defendisse: suo item in consulatu absentem, quæ potuisset, commoda provinciæ tribuisse: eorum omnium commodorum esse et immemores, et ingratos in se et in populum romanum, hoc bello et in præterito tempore cognosse. Vos, jure gentium et civium romanorum institutis cognitis, more Barbarorum, populi romani magistratibus sacrosanctis manus semel et sæpius attulistis; et luce clara Cassium in medio foro nefarie interficere voluistis. Vos ita pacem semper odistis, ut nullo tempore legiones desitæ populi romani in hac provincia haberi. Apud vos beneficia pro maleficiis, maleficia pro beneficiis habentur. Ita neque in otio concordiam, neque in bello virtutem ullo tempore retinere potuistis. Privatus ex fuga Cn. Pompeius adolescens a vobis receptus, fasces imperiumque sibi arripuit; multis interfectis civibus, auxilia contra populum romanum comparavit: agros provinciamque vestro impulsu depopulavit. In quo vos victores existimabatis? An, me deleto, non animadvertebatis, decem habere legiones populum romanum, quæ non solum vobis obsistere, sed etiam cœlum diruere possent? quorum laudibus et virtute.....

NOTES

DES

COMMENTAIRES SUR LA GUERRE D'ESPAGNE.

(1) Suétone attribue ce livre à l'écrivain auquel nous devons le récit de la guerre d'Alexandrie et de la guerre d'Afrique. Il semble toutefois qu'il y ait aussi loin de cette dernière partie des commentaires au récit de ces deux guerres, que de ce récit à tout ce qui est de la main de César. Si c'est l'ouvrage du même écrivain, il faut convenir qu'il s'est bien relâché dans la guerre d'Espagne. La narration manque d'ordre, de précision, de clarté, outre que le texte est plein de lacunes et d'incorrections.

(2) Le texte est douteux dans ce passage.

(3) En vingt-trois jours, on dit que César, chemin faisant, composa un poème intitulé le Voyage. « César mit vingt-trois jours pour se rendre, par terre, de Rome à Sierra-Morena; il y a quatre cent cinquante lieues : il en faudrait aujourd'hui, en poste, marchant nuit et jour, douze. »   NAPOLÉON.

(4) Quel service n'aurait pas rendu Caton, s'il se fût trouvé à Cordoue, au milieu du c mp des jeunes Pompée, dont le parti, vaincu à Pharsale, à Thapsus, renaissait de ses cendres, tant il était puissant dans l'opinion des peuples; la mort de cet homme de bien fut donc un malheur pour le sénat et la république; il manqua de patience, il ne sut pas attendre le temps et l'occasion. NAPOLÉON.

(5) Le texte est altéré dans ce passage.

(6) Le mot centurions n'est pas dans le texte. Nous l'avons ajouté, à l'exemple des derniers traducteurs, pour compléter le sens de la phrase. Ce pourrait être d'ailleurs deux tribuns aussi bien que deux centurions.

(7) Il y a ici une lacune dans le texte.

(8) Lacune.

(9) Quelques commentateurs pensent qu'il faut lire ici Ursaonenses, ceux d'Ursao, aujourd'hui Ossuna.

(10) C'est la même ville que le narrateur appelle plus bas Soritia, située entre Cordoue, Ucubis et Ategua.

(11) Dans cet endroit le texte est défectueux.

(12) Comme le remarque M. Turpin de Crissé, il manque certainement ici quelque chose au texte. Le narrateur ne peut pas avoir oublié de dire lequel des deux combattants remporta la victoire.

(13) Munda est une des circonstances où César attaqua et donna bataille, malgré la bonne position de son ennemi; aussi faillit-il y être vaincu. Le mouvement de Labiénus, qui en soi était bon, décida de la journée. Il est un moment, dans les combats, où la plus petite manœuvre décide et donne la supériorité; c'est la goutte d'eau qui fait le trop plein.   NAPOLÉON.

(14) A la bataille de Pharsale, César a perdu deux cents hommes; à celle de Thapsus, cinquante; à celle de Munda, mille; tandis que ses ennemis y avaient perdu leurs armées. Cette grande disproportion de pertes dans des journées si disputées entre le vainqueur et le vaincu n'a pas lieu dans les armées modernes, parce que celles-ci se battent avec des armes de jet, et que le canon, le fusil, tuent également des deux côtés; au lieu que les anciens se battaient avec l'arme de main jusqu'à la victoire. Il y avait peu de pertes; les boucliers paraient les traits, et ce n'était qu'au moment de la défaite que le vaincu était massacré; c'était une multitude de duels où les battus, en tournant le dos, recevaient le coup de mort.

Les généraux en chef des armées anciennes étaient moins exposés que ceux des armées modernes; ils paraient les traits avec leurs boucliers, les flèches, les frondes et toutes leurs machines de jet étaient peu meurtrières; il est des boucliers qui ont paré jusqu'à deux cents flèches. Aujourd'hui, le général en chef est obligé tous les jours d'aller au coup de canon, souvent à portée de mitraille, et, à toutes les batailles, à portée de fusil, pour pouvoir reconnaître, voir et ordonner : la vue n'a pas assez d'étendue pour que les généraux puissent se tenir hors de la portée des balles.

L'opinion est établie que les guerres des anciens étaient plus sanglantes que celles des modernes : cela est-il exact? Les armées modernes se battent tous les jours, parce que les canons et les fusils atteignent de loin; les avant-gardes, les postes se fusillent et laissent souvent cinq ou six cents hommes, sur le champ de bataille, de chaque côté. Chez les anciens, les combats étaient plus rares et moins sanglants. Dans les batailles modernes, la perte faite par les deux armées, qui est, par rapport aux morts et blessés, à peu près égale, est plus forte que la perte des batailles anciennes, qui ne tombait que sur l'armée battue.

On dit que César fut sur le point de se donner la mort pendant la bataille de Munda; ce projet eût été bien funeste à son parti; il eût été battu comme Brutus et Cassius!...... Un magistrat, un chef de parti, peut-il donc abandonner les siens volontairement? Cette résolution est-elle vertu, courage et force d'âme? La mort n'est-elle pas la fin de tous les maux, de toutes contrariétés, de toutes peines, de tous travaux, et l'abandon de la vie ne forme-t-il pas la vertu habituelle de tout soldat? Peut-on, doit-on se donner la mort? Oui, dit-on, lorsqu'on est sans espérance. Mais qui, quand, comment peut-on être sans espérance sur ce théâtre mobile, où la mort naturelle ou forcée d'un seul homme change sur-le-champ l'état et la face des affaires ? NAPOLÉON.

(15) Le reste de ce livre manque. Voir pour les détails de cette guerre, dont le récit offre tant de lacunes, Plutarque, Vie de César, 56, et surtout Dion Cassius, au livre 43 de son Histoire.

C. VELLÉIUS PATERCULUS.

NOTICE
sur
C. VELLÉIUS PATERCULUS.

Nous ne savons presque rien sur Velléius : tous les anciens auteurs semblent s'être donné le mot pour ne parler ni de lui ni de ses ouvrages. Quintilien même, dans sa revue des écrivains, ne le nomme pas; nous sommes donc réduits aux seuls renseignements qu'il a laissés sur sa personne et sur sa famille, dans quelques endroits de son Histoire.

On croit pouvoir fixer l'époque de sa naissance à l'an de Rome 754; il était originaire de la Campanie, comme l'indiquent les chapitres XVI et LXVI de son deuxième livre, où il cite deux de ses ancêtres également illustres par leur mérite, leur considération personnelle, et leur dévouement aux Romains. A vingt-deux ans, il fut nommé préfet de la cavalerie par Auguste, et servit d'abord, en cette qualité, puis en celle de questeur et de lieutenant, sous Tibère, qu'il accompagna dans toutes ses expéditions. Créé préteur avec son frère, il touchait, dit-on, au consulat, où le portait la haute protection de Séjan, lorsqu'il périt enveloppé dans la disgrâce de ce favori célèbre, l'an de Rome 784, c'est-à-dire dans la cinquantième année de son âge. On a prétendu qu'il avoit été consul; mais ce fait est peu probable, puisque son nom ne se trouve pas inscrit dans les fastes consulaires.

Rien de plus facile que de marquer l'époque où son Histoire romaine a été composée : il est évident que c'est l'année même qui a précédé sa mort. La dédicace au consul Vinicius et à son collègue en est une preuve. On peut dire tout au moins qu'il l'a rédigée ou achevée dans le cours de cette année.

Quant à l'histoire plus étendue qu'il annonce dans son Abrégé, nous ne savons pas s'il en a composé ou publié quelque chose : rien ne nous en est parvenu, et le silence des contemporains nous laisse dans l'incertitude la plus complète.

L'ouvrage dont nous offrons une traduction nouvelle au public, l'Abrégé de l'Histoire romaine, a été longtemps comme perdu pour la littérature et pour la science; une copie manuscrite en a été trouvée au XVIe siècle dans une abbaye d'Allemagne. C'est sur ce texte unique, incorrect et mutilé, que fut faite l'édition originale imprimée à Bâle en 1520 par les soins de Rhénanus. Pour plus de malheur, ce texte même fut presque aussitôt perdu. Nous ne devons donc pas être surpris du grand nombre de passages obscurs, de termes peu latins, de phrases tronquées, et presque inintelligibles qui se rencontrent dans cet ouvrage.

Velléius a eu, comme il arrive toujours, ses admirateurs passionnés et ses détracteurs injustes. Le président Hénault le proclame le modèle inimitable des abréviateurs ; c'est aller trop loin : suivant nous Velléius n'est point ce qu'on peut appeler un modèle, encore moins un modèle inimitable. Ceux qui se sont prononcés avec la même exagération dans un sens contraire, nous semblent s'éloigner plus encore de la vérité. Pour marquer un point juste entre ces deux extrêmes, nous dirons que Velléius est un des meilleurs écrivains du second ordre, dans la littérature latine. Moins emphatique et moins brillant que Florus, il a plus de profondeur et de gravité; son érudition est plus solide, son style plus sévère, quoiqu'il ne soit pas exempt d'une certaine affectation, qui se trahit surtout par l'imitation des tours et de la manière de Salluste.

Le reproche de flatterie est le seul reproche grave que la critique ait adressé à Velléius : peut être n'est-il pas difficile d'y répondre, et la réflexion que fait à cet égard M. Charpentier, dans ses Études latines, peut servir, sinon à l'absoudre entièrement, du moins à l'excuser : « Historien sincère et impartial, dit-il, Velléius a cependant flatté Auguste et Livie, mais surtout Séjan et Tibère. Comblé des bienfaits de Tibère, la reconnaissance l'aveuglait-elle ? était-ce en lui bassesse ou bonne foi ? on ne saurait le dire : il est juste seulement d'observer que quand Velléius écrivait, Tibère, tremblant sous le génie de Séjan, ne s'était pas révélé tout entier. » En effet, Velléius n'a point connu Tibère, comme Suétone et Tacite l'ont connu plus tard ; il n'a jugé que la moitié de sa vie, et, pour ainsi dire, la joyeuse entrée de son règne. Il n'a vu ni les cruautés ni les débauches de son effroyable vieillesse. Tibère, comme on sait, le fit mourir assez à temps pour lui en épargner le spectacle. Pour ce qui est de Séjan, d'Auguste et de Livie, nous ne savons si c'est un tort bien grave de les avoir loués.

Ce que nous connaissons le mieux de la vie de Séjan, c'est sa ruine : de celle de Livie, c'est qu'elle était femme d'Auguste, et mère de Tibère. Quant à Auguste, plusieurs grands hommes, tant anciens que modernes, l'ont plus ou moins loué, sans encourir le reproche de bassesse. Balzac l'a plus exalté que personne. Qui a jamais pensé à lui faire un crime de ses éloges ? Il est vrai qu'il n'avait nul intérêt à flatter un prince mort ; mais si les louanges qu'il lui donne sont justes au fond, Velléius serait-il un vil flatteur pour avoir tenu le même langage dix-sept siècles auparavant ?

Nous n'avons rien à dire de la traduction nouvelle que nous offrons au public. Pour l'intelligence du texte, nous avons naturellement profité des utiles travaux de nos devanciers. Quant à la manière de traduire, nous avons cherché surtout à donner une version correcte et française, sans préjudice de l'exactitude imposée à tout traducteur. On jugera si nous avons réussi.

HISTOIRE ROMAINE,

ADRESSÉE

A M. VINICIUS, CONSUL.

LIVRE PREMIER.

1. ..... Séparé, par la tempête, de Nestor son chef, Épéus bâtit Métaponte (1). Teucer (2), repoussé par son père Télamon, qui ne pouvait lui pardonner de n'avoir point tiré vengeance de l'outrage fait à son frère¹, aborda dans l'île de Chypre, et donna le nom de Salamine, son ancienne patrie, à la ville qu'il fonda. Pyrrhus, fils d'Achille, s'empare de l'Épire, et Phidippus prend possession d'Éphyre dans la Thesprotie. Agamemnon, roi des rois, jeté dans l'île de Crète, y construit trois villes : les deux premières, Mycènes et Tégée, reçoivent le nom de deux cités du Péloponèse, tandis que la troisième, Pergame, rappelle sa victoire. Les embûches d'une épouse perfide et le poignard d'Égysthe, son cousin, l'attendent au retour. Il périt victime d'une haine héréditaire, et son meurtrier usurpe son trône. Égysthe, après sept ans de règne, est immolé avec Clytemnestre, sa complice, par Oreste, dont Électre, princesse au cœur viril, dirige le bras vengeur. Les dieux accordent au fils d'Agamemnon, pour le récompenser de sa piété filiale, une vie longue et prospère. Il régna soixante-dix ans, et vécut quatre-vingt-dix. Dans le cours de son règne, Oreste eut à punir l'insolence de Pyrrhus, fils d'Achille ; il tua, dans le temple de Delphes, ce prince, qui lui avait ravi sa fiancée Hermione, fille de Ménélas et d'Hélène. A cette même époque, deux frères, Lydus et Tyrrhénus, régnaient en Lydie. Une horrible disette força l'un des deux à s'exiler avec une partie de la population. Le sort, consulté, désigna Tyrrhénus. Ce prince passa en Italie, et illustra, en leur donnant son nom, la contrée qui le reçut, ses habitants et sa mer. Penthilus et Tisamène, fils d'Oreste, régnèrent trois ans après la mort de leur père.

¹ Ajax.

LIBER PRIMUS.

I..... Tempestate distractus a duce suo Nestore, Metapontum condidit. Teucer, non receptus a patre Telamone, ob segnitiam non vindicatæ fratris injuriæ, Cyprum adpulsus, cognominem patriæ suæ Salamina constituit; Pyrrhus, Achillis filius, Epirum occupavit : Phidippus Ephyram in Thesprotia. At rex regum Agamemnon, tempestate in Cretam insulam rejectus, tres ibi urbes statuit, duas a patriæ nomine, unam a victoriæ memoria, Mycenas, Tegeam, Pergamum ; idem mox, scelere patruelis fratris Ægisthi, hereditarium exercentis in eum odium, et facinore uxoris oppressus, occiditur. Regni potitur Ægisthus per annos VII ; hunc Orestes, matremque, socia consiliorum omnium sorore Electra, virilis animi femina, obtruncat, factum ejus a Diis comprobatum, spatio vitæ et felicitate imperii apparuit : quippe vixit annis XC, regnavit LXX : qui se etiam a Pyrrho, Achillis filio, virtute vindicavit ; nam, quod pactæ ejus, Menelai atque Helenæ filiæ Hermiones nuptias occupaverat, Delphis eum interfecit. Per hæc tempora Lydus et Tyrrhenus fratres, quum regnarent in Lydia, sterilitate frugum compulsi, sortiti sunt, uter cum parte multitudinis patria decederet; sors Tyrrheno contigit : pervectus in Italiam, et loco, et incolis, et mari, nobile ac perpetuum a se nomen dedit; post Orestis interitum, filii ejus, Penthilus et Tisamenus, regnavere triennio.

II. Quatre-vingts ans environ après la prise de Troie [1], cent vingt ans depuis que Hercule était monté dans l'Olympe, la race de Pélops, qui avait usurpé sur les Héraclides l'empire du Péloponèse, s'en vit expulser à son tour par d'autres descendants d'Hercule. Timène, Cresphonte, Aristodème furent les auteurs de la révolution qui les rétablit dans leurs droits. A peu près vers cette même époque, les Athéniens cessèrent de reconnaître l'autorité royale. Le dernier roi d'Athènes, Codrus, fils de Mélanthe, rendit sa mémoire à jamais illustre. Les Lacédémoniens faisaient une rude guerre à ses sujets; l'oracle de Delphes promit la victoire au parti dont le chef serait tué par l'ennemi. Aussitôt Codrus quitte son manteau de pourpre, se déguise en pâtre, et pénètre dans le camp ennemi : là, il cherche querelle à un soldat, et se fait tuer sans être connu. La victoire pour les Athéniens, l'immortalité pour Codrus; tel fut le double prix de cet acte héroïque. Comment ne pas admirer l'homme qui emploie pour mourir les moyens dont un lâche se sert pour vivre? Médon, son fils, fut le premier archonte d'Athènes. Ses successeurs furent appelés *Médontides*, en mémoire de lui; et, jusques à Charops, les archontes eurent le même honneur pendant toute leur vie. Les Péloponésiens, en sortant de l'Attique, bâtirent Mégara, qui se trouve à égale distance de Corinthe et d'Athènes. Vers ce même temps, une flotte venue de Tyr, cité puissante sur mer, fonda, aux extrémités de l'Espagne et du monde, dans une île de l'Océan, la ville de Cadix, qui n'est séparée du continent que par un petit détroit. Peu d'années après, les Tyriens bâtirent Utique en Afrique. Les enfants d'Oreste, détrônés par les Héraclides, et en butte, pendant quinze ans, au caprice du sort et à la fureur des flots, trouvèrent enfin un asile dans les environs de l'île de Lesbos.

III. De grandes révolutions bouleversèrent alors la Grèce. Les Achéens, chassés de la Laconie, s'emparèrent des établissements qu'ils occupent encore aujourd'hui. Les Pélasges passèrent dans l'Attique. Le jeune et valeureux Thessalus de Thesprotée, appela un grand nombre de ses concitoyens à la conquête de l'ancien royaume des Myrmidons, qui, du nom du vainqueur, s'appelle maintenant la Thessalie. Il est étrange que les historiens de la guerre de Troie aient désigné cette contrée sous le nom de Thessalie. Il est plus étrange encore que cette erreur, qui a été commise par plusieurs écrivains, soit consacrée par les auteurs tragiques : dans leurs ouvrages, cependant, ce n'est pas le poëte qui parle, ce sont les personnages qui vivaient à l'époque où l'action se passe. Prétendra-t-on que Thessalus, fils d'Hercule, donna son nom aux Thessaliens ? Mais pourquoi, s'il en est ainsi, la Thessalie n'a-t-elle jamais porté ce nom avant la conquête de Thessalus le Thesprotien. Peu de temps auparavant, Aletès, fils d'Hippotès et le sixième des Héraclides, avait bâti, dans un isthme, la ville de Corinthe, ce boulevart du Péloponèse. Il ne faut point être surpris qu'Ho-

[1] 1111 ans avant l'ère chrétienne, et 257 ans avant la fondation de Rome.

II. Tum fere anno octogesimo post Trojam captam, centesimo et vicesimo quam Hercules ad Deos excesserat, Pelopis progenies, quæ omni fere tempore, pulsis Heraclidis Peloponnesi imperium obtinuerat, ab Herculis progenie expellitur. Duces recuperandi imperii fuere Temenus, Cresphontes, Aristodemus, quorum atavus fuerat. Eodem fere tempore Athenæ sub regibus esse desierunt : quarum ultimus rex fuit Codrus, Melanthi filius, vir non prætereundus. Quippe, quum Lacedæmonii gravi bello Atticos premerent, respondissetque Pythius, quorum dux ab hoste esset occisus, eos futuros superiores; deposita veste regia, pastoralem cultum induit, immixtusque castris hostium, de industria rixam ciens, imprudenter interemptus est. Codrum cum morte æterna gloria, Atheniensem secula victoria est. Quis non miretur, qui his artibus mortem quæsierit, quibus ab ignavis vita quæri solet? Hujus filius Medon primus archon Athenis fuit : ab hoc posteri apud Atticos dicti Medontidæ : sed ii, insequentesque archontes, usque ad Charopem, dum viverent, eum honorem usurpabant. Peloponnesii, digredientes finibus Atticis, Megaram, mediam Corintho Athenisque urbem, condidere. Ea tempestate et Tyria classis, plurimum pollens mari, in ultimo Hispaniæ tractu, in extremo nostri orbis termino, insulam circumfusam Oceano, perexiguo a continenti divisam freto, Gades condidit : ab iisdem post paucos annos in Africa Utica condita est. Exclusi ab Heraclidis Orestis liberi, jactatique cum variis casibus, tum sævitia maris, quintodecimo anno sedem cepere circa Lesbum insulam.

III. Tum Græcia maximis concussa est motibus. Achæi, ex Laconica pulsi, eas occupavere sedes, quas nunc obtinent : Pelasgi Athenas commigravere : acerquæ belli juvenis, nomine Thessalus, natione Thesprotius, cum magna civium manu, eam regionem armis occupavit, quæ nunc ab ejus nomine Thessalia appellatur, ante Myrmidonum vocitata civitas. Quo nomine mirari convenit eos, qui Iliaca componentes tempora, de ea regione, ut Thessalia, commemorant : quod quum alii faciant, tragici frequentissime faciunt; quibus minime id concedendum est : nihil enim ex persona poetæ, sed omnia sub eorum, qui illo tempore vixerunt, dixerunt; quod si quis a Thessalo, Herculis filio, eos appellatos Thessalos dicet, reddenda erit ei ratio, cur nunquam ante hunc insequentem Thessalum, ea gens id nominis usurpaverit. Paullo ante Aletes, sextus ab Hercule, Hippotis filius, Corinthum, quæ antea fuerat Ephyre, claustra Peloponnesi continentem, in isthmo condidit : neque est quod miremur ab Homero nominari Corinthum, nam ex persona poetæ et hanc urbem, et quasdam Ionum co-

mère ne la désigne point sous le nom d'Éphyre qu'elle portait autrefois. Car le poëte nomme cette ville et quelques colonies fondées après la prise de Troie, comme on les nommait de son temps.

IV. Des colonies athéniennes s'emparèrent de Chalcis et d'Érétrie, dans l'Eubée. Lacédémone envoya une colonie à Magnésie, dans l'Asie. Peu de temps après les Chalcidiens, originaires de l'Attique, comme nous venons de le dire, allèrent fonder Cumes en Italie, sous la conduite d'Hippoclès et de Mégasthène : leur flotte était dirigée dans sa course, disent les uns, par le vol d'une colombe (5) qui la précédait; et, selon d'autres, par le son d'un de ces instruments d'airain qui retentissent la nuit aux fêtes de Cérès. A quelques siècles de là une émigration de Cumiens fonda la ville de Naples. Les deux villes, par leur inébranlable attachement à la fortune de Rome, se sont rendues dignes de la célébrité et des agréments dont elles jouissent. Toutefois, le voisinage des Osques n'a point été sans influence sur les habitants de Cumes, tandis que Naples est restée plus fidèle à ses mœurs nationales. Les vastes remparts qui entourent ces deux cités, rappellent encore aujourd'hui leur ancienne puissance. Dans la suite, une troupe nombreuse de jeunes Grecs, qu'un surcroît de population forçait de s'expatrier, déborda en Asie. Les Ioniens, partis d'Athènes sous la conduite d'Ion, envahirent la plus belle partie de la région maritime, connue maintenant sous le nom d'Ionie ; ils y bâtirent Éphèse, Milet, Colophon, Priène, Lebède, Myunthe, Erythra, Clasomène, Phocée ; plusieurs îles dans la mer Égée et dans la mer d'Icare, Samos, Chio, Andros, Ténos, Paros, Délos, et quelques lieux moins dignes d'être connus tombèrent en leur pouvoir. Les Éoliens, partis également de la Grèce, se fixèrent, après de longues et pénibles courses, sur des rivages non moins célèbres : ils fondèrent les brillantes villes de Smyrne, de Cymès, de Larysse, de Myrine, de Mytilène, et quelques autres dans l'île de Lesbos.

V. Ensuite brilla le merveilleux génie d'Homère, qui, par les vastes proportions de ses ouvrages et l'éclat de ses vers, mérita seul le nom de poëte. Ce qui doit nous le faire admirer davantage, c'est qu'il n'imita personne, et n'eut point d'imitateurs. Quel est le poëte, à l'exception d'Homère et d'Archiloque, qui se soit montré sublime dans le genre qu'il a créé? Homère vivait à une époque beaucoup moins rapprochée qu'on ne le pense de la guerre de Troie qu'il a chantée : car il florissait il y a neuf cent cinquante ans, et nous n'en comptons pas mille depuis sa naissance jusqu'à nos jours. Ne soyons point surpris de rencontrer souvent ces mots dans ses ouvrages : *Les hommes, tels qu'ils sont aujourd'hui.* Il veut indiquer par-là la différence des hommes et des siècles. Quant à l'opinion qu'Homère fut aveugle de naissance, elle est absurde en tout point.

VI. L'empire d'Asie, que les Assyriens possédaient depuis mille soixante-dix années, passa aux Mèdes, il y a huit cent soixante-dix ans. Le dernier roi d'Assyrie, Sardanapale, que trente-deux princes, descendant comme lui en ligne directe des fondateurs de Babylone, Ninus et Sémiramis, avaient

Ionias iis nominibus appellat, quibus vocabantur ætate ejus, multo post Ilium captum conditæ.

IV. Athenienses in Eubœa Chalcida, Eretriam colonis occupavere : Lacedæmonii in Asia Magnesiam. Nec multo post Chalcidenses, orti, ut prædiximus, Atticis, Hippocle et Megasthene ducibus, Cumas in Italia condiderunt. Hujus classis cursum esse directum alii columbæ antecedentis volatu ferunt, alii nocturno æris sono, qualis Cerealibus sacris cieri solet. Pars horum civium magno post intervallo Neapolim condidit : utriusque urbis eximia semper in Romanos fides facit eas nobilitate atque amœnitate sua dignissimas; sed aliis diligentior ritus patrii mansit custodia : Cumanos Osca mutavit vicinia, vires autem veteres earum urbium hodieque magnitudo ostentat mœnium. Subsequenti tempore magna vis Græcæ juventutis, abundantia virium, sedes quæritans, in Asiam se effudit. Nam et Iones, duce Ione profecti Athenis, nobilissimam partem regionis maritimæ occupavere, quæ hodieque appellatur Ionia ; urbesque constituere Ephesum, Miletum, Colophona, Prienen, Lebedum, Myuntem, Erythram, Clasomenas, Phocæam; multasque in Ægæo atque Icario occupavere insulas, Samum, Chium, Andrum, Teuum, Parum, Delum, aliasque ignobiles. Et mox Æolii, eadem profecti Græcia, longissimisque acti erroribus, non minus illustres obtinuerunt locos, clarasque urbes condiderunt, Smyrnam, Cymen, Larissam, Myrinam, Mitylenenque, et alias urbes, quæ sunt in Lesbo insula.

V. Clarissimum deinde Homeri illuxit ingenium, sine exemplo maximum : qui magnitudine operis et fulgore carminum solus appellari poeta meruit. In quo hoc maximum est, quod neque ante illum, quem ille imitaretur; neque post illum, qui eum imitari possit, inventus est. Neque quemquam alium, cujus operis primus auctor fuerit, in eo perfectissimum, præter Homerum et Archilochum, reperiemus. Hic longius a temporibus belli, quod composuit, Troici, quam quidam rentur, abfuit. Nam ferme ante annos DCCCCL floruit, intra mille natus est. Quo nomine non est mirandum, quod sæpe illud usurpat : οἷοι νῦν βροτοί εἰσι. Hoc enim ut hominum, ita seculorum notatur differentia. Quem si quis cæcum genitum putat, omnibus sensibus orbus est.

VI. Insequenti tempore imperium Asiaticum ab Assyriis, qui id obtinuerant annis MLXX translatum est ad Medos, abhinc annos ferme DCCLXX. Quippe Sardanapalum eorum regem, mollitiis fluentem, et nimium felicem

précédé sur le trône, trouva sa ruine dans les délices qui l'énervèrent et dans l'excès de son bonheur. Le Mède Arbacès lui ravit à la fois le sceptre et la vie. Vers la même époque, un illustre Grec, issu du sang royal, Lycurgue, dota Lacédémone d'une législation à la fois juste et sévère. Rien n'égala la gloire de sa patrie tant qu'elle ne s'écarta point de la sage discipline qu'il avait établie. Soixante-cinq ans avant la fondation de Rome, Élissa de Tyr, qui, selon quelques-uns, est la même que Didon, bâtit Carthage. Dans ce même temps, Caranus, de race royale, et le seizième des Héraclides, partit d'Argos et s'empara de la Macédoine. C'était par ce prince qu'Alexandre-le-Grand, son dix-septième successeur, prétendait descendre d'Hercule, comme il se vantait d'être issu d'Achille par sa mère. Nous signalerons le passage suivant d'Æmilius Sura, dans son Histoire du peuple romain : « Ce furent les Assyriens qui s'emparèrent les premiers de l'empire du monde; après eux vinrent les Mèdes, puis les Perses, enfin les Macédoniens; mais, après la ruine de Carthage et la défaite des deux rois Antiochus et Philippe, princes originaires de Macédoine, Rome étendit sa domination sur toute la terre. Dix-neuf cent quatre-vingt-quinze années se sont écoulées entre ce dernier temps et le commencement du règne de l'Assyrien Ninus. »

VII. Cent vingt ans après Homère, fleurit Hésiode, poëte d'un esprit élégant et orné : la douce mollesse de ses vers décèle son goût pour la retraite et le repos. Ses ouvrages eurent presque autant de célébrité que ceux d'Homère : à la différence d'Homère, il n'oublie point de nous faire connaître sa famille et le lieu de sa naissance. Mais il ne donna à sa patrie, qui l'avait outragé, qu'un flétrissant souvenir. Tous ces détails, relatifs aux autres peuples, ne doivent pas me faire perdre de vue un point de notre histoire nationale, qui a donné lieu aux débats les plus vifs comme aux opinions les plus erronées; je veux parler de la fondation de Capoue et de Nôle. Les uns affirment que ces deux villes furent bâties par les Toscans à cette même époque, c'est-à-dire il y a huit cent trente ans; pour mon compte, je me range volontiers à cet avis; mais combien M. Caton s'en éloigne! Il ne nie pas que les Toscans aient fondé Capoue et ensuite Nôle; mais il prétend que Capoue n'existait que depuis deux cent soixante ans environ, lorsqu'elle fut prise par les Romains. S'il en est ainsi, cinq cents ans se sont à peine écoulés depuis la fondation de Capoue, puisqu'il n'y a que deux cent quarante ans que les Romains s'en sont emparés. Quant à moi, quel que soit le crédit que me paraisse mériter l'opinion de Caton, j'ai peine à croire qu'une aussi grande ville ait pu, en aussi peu de temps, s'accroître, fleurir, tomber et se relever.

VIII. Huit cent vingt-trois ans avant votre consulat, ô M. Vinicius, Iphitus, roi d'Élide, institua les jeux olympiques, ces luttes solennelles si propres à développer la vigueur du corps et de l'âme. Dans le même lieu, dit-on, Pélops les avait instituées déjà, lorsque pour honorer la mémoire

---

malo suo, tertio et tricesimo loco ab Nino et Semiramide, qui Babylona condiderant, natum, ita ut semper successor regni paterni foret filius, Arbaces Medus imperio vitaque privavit. Ea ætate clarissimi Graii nominis Lycurgus Lacedæmonius, vir generis regii, fuit severissimarum justissimarumque legum auctor, et disciplinæ convenientissimæ vir; cujus quamdiu Sparta diligens fuit, excelsissime floruit. Hoc tractu temporum ante annos quinque et sexaginta, quam urbs Romana conderetur, ab Elissa Tyria, quam quidam Dido autumant, Carthago conditur. Circa quod tempus Caranus, vir generis regii, sextus decimus ab Hercule, profectus Argis, regnum Macedoniæ occupavit : a quo magnus Alexander quum fuerit septimus decimus, jure materni generis Achille auctore, paterni Hercule gloriatus est. [Æmilius Sura de annis populi Romani : Assyrii principes omnium gentium rerum potiti sunt; deinde Medi, postea Persæ, deinde Macedones; exinde duobus regibus, Philippo et Antiocho, qui a Macedonibus oriundi erant, haud multo post Carthaginem subactam, devictis, summa imperii ad populum Romanum pervenit; inter hoc tempus, et initium regis Nini Assyriorum, qui princeps rerum potitus, intersunt anni MDCCCXCV.]

VII. Hujus temporis æqualis Hesiodus fuit, circa CXX annos distinctus ab Homeri ætate, vir perelegantis ingenii, et mollissima dulcedine carminum memorabilis, otii quietisque cupidissimus, ut tempore tanto viro, ita operis auctoritate proximus; qui vitavit, ne in id, quod Homerus, incideret : patriamque et parentes testatus est; sed patriam, quia multatus ab ea erat, contumeliosissime. Dum in externis moror, incidi in rem domesticam, maximique erroris, et multum discrepantem auctorum opinionibus; nam quidam, hujus temporis tractu, aiunt, a Tuscis Capuam, Nolamque conditam, ante annos fere DCCCXXX : quibus equidem adsenserim, sed M. Cato quantum differt! qui dicat, Capuam ab eisdem Tuscis conditam, ac subinde Nolam : stetisse autem Capuam, antequam a Romanis caperetur, annis circiter CCLX. Quod si ita est, quum sint a Capua capta anni CCLX, ut condita est, anni sunt fere D. Ego (pace diligentiæ Catonis dixerim) vix crediderim, tam mature tantam urbem crevisse, floruisse, concidisse, resurrexisse.

VIII. Clarissimum deinde omnium ludicrum certamen, et ad excitandam corporis animique virtutem efficacissimum, Olympiorum initium habuit auctorem Iphitum Elium; is eos ludos mercatumque instituit ante annos, quantum, M. Vinici, consulatum inires, DCCCXXIII. Hoc sacrum eodem loco instituisse fertur abhinc annos ferme MCCL Atreus, quum Pelopi patri funebres ludos faceret; quo quidem in ludicro, omnisque generis certaminum,

de son père, il célébra des jeux funèbres; il y a de cela douze cent cinquante ans : ce fut Hercule qui remporta la victoire dans ce combat, et dans tous les autres. Les archontes d'Athènes cessèrent d'exercer une autorité perpétuelle. Après Alcméon, ils furent renouvelés tous les dix ans ; ce nouvel arrangement ne dura que soixante-dix années : l'administration de la république fut ensuite confiée à des magistrats annuels. Le premier de ceux qui gouvernèrent dix ans fut Charops, et le dernier Eryxias. Créon fut le premier des magistrats annuels, dans le cours de la sixième olympiade, vingt-deux ans après la création de l'ère olympique, quatre cent trente-sept ans depuis la prise de Troie, sept cent quatre-vingt-deux ans avant que vous fussiez consuls [1], Romulus, fils de Mars, après avoir vengé les injures faites à son aïeul, bâtit Rome sur le mont Palatin, pendant les fêtes de Palès. Plusieurs historiens prétendent, et avec raison selon moi, que les troupes de Numitor, son aïeul, l'aidèrent dans son entreprise. Ce n'est pas avec une poignée de timides pasteurs qu'il aurait pu fortifier une ville naissante que menaçait le voisinage des Véiens, des Sabins et des autres peuples de l'Étrurie. L'asile qu'il ouvrit entre deux bois sacrés favorisa l'accroissement de Rome. Cent hommes qu'il choisit entre les soldats et qu'il nomma pères, formèrent le conseil public : telle est l'origine du nom de patriciens. L'enlèvement des Sabines....... (4) [1].

IX. L'ennemi était plus à craindre qu'on ne l'avait cru : pendant deux années de guerre, la fortune lui fut souvent favorable, et les nombreux avantages qu'il remporta sur les consuls, entraînèrent une grande partie de la Grèce dans son alliance. Les Rhodiens eux-mêmes, ces alliés constants de Rome, réglèrent leur fidélité sur les caprices du sort, et parurent incliner pour le parti de Persée. Eumène resta neutre dans cette guerre, et trompa la confiance qu'avait inspirée sa conduite passée et celle de son frère Attale. Alors le sénat et le peuple romain décernèrent le consulat à Lucius Paulus Émilius, qui avait déjà triomphé, et comme préteur et comme consul. Ce grand homme, dont l'éclatante vertu est au-dessus de tous les éloges, était fils de ce Paulus Émilius, qui mourut avec tant de courage à cette funeste bataille de Cannes, qu'il avait livrée avec tant de répugnance. Le nouveau consul tailla en pièces les troupes de Persée, près de Pydna, dans la Macédoine, et chassa ce prince de son camp et de son royaume. Sans ressources comme sans espoir, Persée se réfugia dans l'île de Samothrace, et, à la manière des suppliants, chercha un asile dans un temple. Le préteur Octavius, qui commandait la flotte, parvint jusqu'à lui, et le détermina, plus par la persuasion que par la violence, à se livrer à la foi des Romains : on vit donc Paulus Émilius mener en triomphe un monarque illustre et puissant. Dans la même année on célébra avec magnificence le triomphe naval du préteur Octavius et celui d'Anicius, qui fit marcher devant son char Gentius, roi d'Illyrie. A côté de toutes les hautes fortunes, vous trouverez toujours l'envie qui s'élève. Personne ne s'opposa aux triomphes d'Octavius et d'Anicius, tandis qu'on voulut entraver celui de Paul Émile. Mais le vaincu était

[1] V. Paterculus veut parler de Vicinius et de Longinus.

Hercules victor exstitit. Tum Athenis perpetui archontes esse desierunt, quum fuisset ultimus Alcmæon : cœperuntque in denos annos creari; quæ consuetudo in annos LXX mansit : ac deinde annuis commissa est magistratibus respublica; ex iis, qui denis annis præfuerunt, primus fuit Charops, ultimus Eryxias, ex annuis primus Creon. Sexta olympiade, post duo et vigenti annos, quam prima constituta fuerat, Romulus, Martis filius, ultus injurias in, Romam urbem Parilibus in Palatio condidit; a quo tempore ad vos consules anni sunt DCCLXXXII : id actum post Trojam captam annis CCCCXXXVII. Id gessit Romulus, adjutus legionibus Latini, avi sui; libenter enim his, qui ita prodiderunt, accesserim : quum aliter firmare urbem novam, tam vicinis Veientibus, aliisque Etruscis, ac Sabinis, cum imbelli et pastorali manu vix potuerit. Quamquam, jam asylo facto inter duos lucos auxit : hic centum homines electos appellatosque Patres, instar habuit consilii publici ; hanc originem nomen Patriciorum habet. Raptus virginum Sabinarum...

IX. Quam timuerat hostis, expetit; nam biennio adeo varia fortuna cum consulibus conflixerat, ut plerumque superior fuerit, magnamque partem Græciæ in societatem suam perduceret. Quin Rhodii quoque, fidelissimi antea Romanis, tum dubia fide, speculati fortunam, proniores regis partibus fuisse visi sunt : et rex Eumenes in eo bello medius fuit animo, neque fratris initiis, neque suæ respondit consuetudini. Tum senatus populusque Romanus L. Æmilium Paulum, qui et prætor et consul triumphaverat, virum in tantum laudandum, in quantum intelligi virtus potest, consulem creavit, filium ejus Pauli, qui ad Cannas, quam tergiversanter perniciosam reipublicæ pugnam inierat, tam fortiter in ea mortem obierat. Is Persam ingenti prælio apud urbem nomine Pydnam in Macedonia fusum fugatumque castris exuit, deletisque ejus copiis, destitutum omni spe coegit e Macedonia profugere ; quam ille linquens, in insulam Samothraciam profugit, templique se religioni supplicem credidit ; ad eum Cn. Octavius prætor, qui classi præerat, pervenit ; et ratione magis, quam vi persuasit, ut se Romanorum fidei committeret. Ita Paulus maximum nobilissimumque regem in triumpho duxit; quo anno et Octavii prætoris navalis, et Anicii, regem Illyriorum Gentium ante currum agentis, triumphi fuere celebres. Quam sit assidua eminentis fortunæ comes invidia, altis-

un roi si puissant, les simulacres de la défaite étaient si pompeux, le vainqueur versait dans le trésor public des sommes si considérables (deux cent dix millions de sesterces), qu'on ne saurait, sans injustice, comparer à son triomphe aucune autre solennité de ce genre.

X. Antiochus Épiphane, ce roi de Syrie qui éleva dans la ville d'Athènes un temple à Jupiter Olympien, assiégeait le jeune Ptolémée dans Alexandrie. Marcus Popilius Lænas alla lui défendre, au nom de la république, de continuer son entreprise. Le roi lui répondit qu'il en délibérerait. Aussitôt le Romain prenant une baguette trace sur le sable un cercle autour d'Antiochus, et lui défend de le franchir avant de s'être expliqué. Cette fermeté toute romaine ébranle la résolution du prince et le détermine à l'obéissance. Le glorieux vainqueur de Persée, Lucius Paulus, avait quatre fils; les deux aînés furent adoptés, l'un par Fabius Maximus; l'autre par Publius Scipion, fils de l'Africain, qui n'hérita de son père qu'un nom illustre et qu'une mâle éloquence. Les deux plus jeunes étaient encore revêtus de la *prétexte* à l'époque de sa victoire. La veille du jour de son triomphe, lorsque, selon l'antique usage il rendait compte de sa conduite au peuple romain rassemblé hors des murs, il termina son discours par cette prière : si, parmi les Dieux immortels, il en est un qui soit blessé de l'éclat de ma fortune et de nos exploits, que sa colère retombe sur moi et non sur ma patrie! prophétiques paroles qui furent bientôt confirmées par la perte de la plus grande partie de la famille de Lucius Paulus. Des deux fils qu'il avait gardés auprès de lui, il vit mourir l'un quatre jours avant son triomphe, l'autre trois jours après. Fulvius Flaccus et Posthumius Albinus furent nommés censeurs. Ils apportèrent une telle sévérité dans l'exercice de leur pouvoir, que Cn. Fulvius, frère du premier, et qui vivait sous le même toit que lui, fut chassé du sénat par l'ordre de ces deux magistrats.

XI. Après la défaite et la prise de Persée, qui mourut au bout de quatre ans dans la ville d'Albe, où sa captivité n'avait rien de rigoureux, un homme, à qui son imposture valut le nom de Pseudo-Philippus, voulut se faire passer pour Philippe, et prétendit descendre de la famille royale, quoiqu'il fût d'une basse naissance. Il envahit la Macédoine et prit les insignes de la royauté; mais son audacieuse fourberie ne resta point sans châtiment. Le préteur Metellus, qui dut à son courage le surnom de *Macédonique*, vainquit Philippe et tailla en pièces tous ses partisans. Il remporta une victoire non moins sanglante sur les Achéens, qui avaient fait quelques tentatives de révolte. Métellus Macédonicus est celui qui construisit des portiques autour de ces deux temples sans inscriptions, qui sont enfermés aujourd'hui par les portiques d'Octavie. Il fit transporter lui-même de Macédoine cette armée de statues équestres qui sont groupées vis-à-vis la façade des deux temples et qui en font le plus bel ornement. Ces statues sont l'ouvrage du célèbre sculpteur Lysippe. Alexandre-le-Grand le chargea,

---

simisque adhæreat, etiam hoc colligi potest, quod, quum Anicii Octaviique triumphum nemo interpellaret, fuere, qui Pauli impedire obniterentur; cujus tantum priores excessit, vel magnitudine regis Persei, vel specie simulacrorum, vel modo pecuniæ, ut bis millies centies HS. ærario contulerit, et omnium ante actorum comparationem amplitudine vicerit.

X. Per idem tempus, quum Antiochus Epiphanes, qui Athenis Olympicum inchoavit, tum rex Syriæ, Ptolemæum puerum Alexandriæ obsideret, missus est ad eum legatus M. Popilius Lænas, qui juberet incepto desistere : mandataque exposuit; et regem deliberaturum se dicentem circumscripsit virgula, jussitque prius responsum reddere, quam egrederetur finito arenæ circulo; sic cogitationem regiam Romana disjecit constantia; obeditumque imperio. Lucio autem Paulo, magnæ victoriæ compoti, quatuor filii fuere; ex iis duos, natu majores, unum P. Scipioni, P. Africani filio, nihil ex paterna majestate, præter speciem nominis, vigoremque eloquentiæ retinenti, in adoptionem dederat, alterum Fabio Maximo : duos minores natu, prætextatos, quo tempore victoriam adeptus est, habuit. Is quum in concione extra urbem, more majorum, ante triumphi diem, ordinem actorum suorum commemoraret, Deos immortales precatus est, ut, si quis eorum invideret operibus ac fortunæ suæ, in ipsum potius sævirent, quam in rempublicam : quæ vox, veluti oraculo emissa, magna parte eum spoliavit sanguinis sui; nam alterum ex suis, quos in familia retinuerat, liberis, ante paucos triumphi, alterum post pauciores amisit dies. Aspera circa hæc tempora censura Fulvii Flacci et Posthumii Albini fuit; quippe Fulvii censorii frater, et quidem consors, Cn. Fulvius, senatu motus est ab iis censoribus.

XI. Post victum captumque Persen, qui quadriennio post in libera custodia Albæ decessit, Pseudophilippus, a mendacio simulatæ originis appellatus, qui se Philippum, regiæque stirpis ferebat, quum esset ultimæ, armis occupata Macedonia, adsumptis regni insignibus, brevi temeritatis pœnas dedit. Quippe Q. Metellus prætor, cui ex virtute Macedonici nomen inditum erat, præclara victoria ipsum gentemque superavit, et immani etiam Achæos rebellare incipientes fudit acie. Hic est Metellus Macedonicus, qui porticus, quæ fuere circumdatæ duabus ædibus sine inscriptione positis, quæ nunc Octaviæ porticibus ambiuntur, fecerat : quique hanc turmam statuarum equestrium, quæ frontem ædium spectant, hodieque maximum ornamentum ejus loci, ex Macedonia detulit. Cujus turmæ hanc caussam referunt, magnum Alexandrum imperasse Lysippo, singulari talium auctori operum, ut eorum equitum, qui ex ipsius turma apud Granicum flumen ceciderant; expres-

dit-on, de reproduire fidèlement l'attitude et les traits de ceux de ses cavaliers qui avaient été tués au passage du Granique, et de le représenter lui-même au milieu d'eux. Le premier de tous, Métellus donna l'exemple de la magnificence et du luxe, en élevant un temple de marbre dans un lieu que décoraient déjà tant de monuments. Dans quel pays, dans quel siècle, dans quelle condition trouver un homme dont le bonheur puisse se comparer à celui de Métellus? Sans parler de l'éclat de ses triomphes, des honneurs dont il fut comblé, de son éminente position, de son extrême vieillesse, des vives et nobles luttes qu'il soutint par amour pour sa patrie, il eut quatre fils, qu'il vit tous parvenir à l'âge viril et aux plus hautes dignités. Lorsque ces quatre fils portèrent le lit funèbre de leur père devant la tribune aux harangues, l'un avait été consul et censeur, l'autre était consulaire, le troisième consul, et le dernier briguait le consulat, qu'il ne tarda point à obtenir. Finir ainsi, c'est moins mourir que sortir heureusement de la vie.

XII. L'Achaïe tout entière, quoique fort affaiblie par la valeur de Métellus le Macédonique, manifesta de nouveau des dispositions hostiles. Les Corinthiens, qui avaient gravement outragé le peuple romain, furent les instigateurs de cette guerre. Le consul Mummius eut le commandement de l'armée. Vers le même temps, les Romains, qui étaient disposés à croire de faux bruits (4) plutôt que des rapports vraisemblables, résolurent de détruire Carthage. On éleva donc au consulat (quoiqu'il ne briguât que l'édilité) Publius Scipion Æmilianus, né de Paulus Émilius, et qu'avait adopté Scipion, fils de l'Africain. Héritier des vertus de son aïeul et de son père, il se distingua de tous ses contemporains par l'étendue de ses connaissances, et par une heureuse alliance des qualités civiles et des talents militaires : pas une seule de ses actions, pas une seule de ses paroles, pas un seul de ses sentiments qui ne fût louable. Sa valeur lui avait déjà mérité la couronne obsidionale en Afrique et la couronne murale en Espagne. Ce fut dans cette dernière contrée que, dans un combat singulier, il tua un ennemi d'une taille gigantesque, quoiqu'il fût lui-même peu robuste. Scipion poussa le siége de Carthage avec beaucoup plus de vigueur que les consuls qui l'avaient entrepris deux ans auparavant. Cette ville, à laquelle Rome ne pouvait pardonner son ancienne puissance, mais qui ne l'avait point offensée pour le moment, devint, par sa ruine, un monument de la valeur de Scipion, comme elle l'avait été de la clémence de son aïeul. Carthage fut détruite, il y a cent soixante-dix-sept ans, la six cent soixante-septième année depuis sa fondation, sous le consulat de Cnéius Cornélius Lentulus et de Lucius Mummius. Ainsi périt la rivale de Rome. La lutte avait commencé sous le consulat de Claudius et de Fulvius, deux cent quatre-vingt-seize ans avant le vôtre, Vinicius. Hostilités déclarées, préparatifs de guerre, traités perfides, voilà ce qui remplit l'espace de cent quinze ans. Jamais Rome, même lorsqu'elle eut soumis à ses lois le monde entier, n'espéra de sécurité tant que Carthage serait debout, tant que son nom subsisterait. La haine née de longues querelles sur-

---

sa similitudine figurarum, faceret statuas, et ipsius quoque iis interponeret. Hic idem, primus omnium, Romæ ædem ex marmore in iis ipsis monumentis molitus, vel magnificentiæ vel luxuriæ princeps fuit. Vix ullius gentis, ætatis, ordinis hominem inveneris, cujus felicitatem fortunæ Metelli compares; nam præter excellentes triumphos, honoresque amplissimos, et principale in republica fastigium, extentumque vitæ spatium, et acres innocentesque pro republica cum inimicis contentiones, quatuor filios sustulit, omnes adultæ ætatis vidit, omnes reliquit superstites et honoratissimos. Mortui ejus lectum pro rostris sustulerunt quatuor filii; unus consularis et censorius, alter consularis, tertius consul, quartus candidatus consulatus; quem honorem adeptus est. Hoc est nimirum magis feliciter de vita migrare, quam mori.

XII. Universa deinde, ut prædiximus, instincta in bellum Achaia, cujus pars magna ejusdem Metelli Macedonici virtute armisque fracta erat, maxime Corinthiis in arma, cum gravibus etiam in Romanos contumeliis, instigantibus, destinatus ei bello gerendo consul Mummius. Et sub idem tempus, magis, quia volebant Romani, quidquid de Carthaginiensibus diceretur, credere quam quia credenda adferebantur, statuit senatus Carthaginem excidere. Ita eodem tempore P. Scipio Æmilianus, vir avitis P. Africani, paternisque L. Pauli virtutibus simillimus, omnibus belli ac togæ dotibus ingeniique ac studiorum eminentissimus sæculi sui, qui nihil in vita nisi laudandum aut fecit, aut dixit, ac sensit; quem, Paulo genitum, adoptatum a Scipione Africani filio diximus, ædilitatem petens, consul creatus est. Bellum Carthagini, jam ante biennium a prioribus consulibus illatum, majore vi intulit; quum ante in Hispania murali corona, in Africa obsidionali donatus esset; in Hispania vero etiam ex provocatione, ipse modicus virium, immanis magnitudinis hostem interemisset : eamque urbem, magis invidia imperii, quam ullius ejus temporis noxiæ invisam Romano nomini, funditus sustulit, fecitque suæ virtutis monimentum, quod fuerat avi ejus clementiæ. Carthago diruta est, quum stetisset annis DCLXVII, abhinc annos CLXXVII, Cn. Cornelio Lentulo, L. Mummio consulibus. Hunc finem habuit Romani imperii Carthago æmula, cum qua bellare majores nostri cœpere, Claudio et Fulvio consulibus, ante annos CCXCVI, quam tu, M. Vinici, consulatum inires; ita per annos CXV aut bellum inter eos populos, aut belli præparatio, aut infida pax fuit : neque se Roma, jam terrarum orbe superato, securam speravit fore, si nomen usquam stantis maneret Carthaginis : adeo odium, certaminibus

vit à la crainte et même à la victoire : elle ne disparaît qu'avec l'objet détesté.

XIII. Marcus Caton, qui n'avait cessé de réclamer la destruction de Carthage, mourut trois ans auparavant, sous le consulat de Marcus Manlius et de Lucius Censorinus. L'année même de la ruine de Carthage, Lucius Mummius renversa de fond en comble la ville de Corinthe, neuf cent cinquante-deux ans depuis sa fondation par Aletès, fils d'Hippotès. On honora les deux vainqueurs du nom de la nation qu'ils avaient vaincue. Scipion fut appelé l'*Africain* et Mummius l'*Achaïque*. C'était le premier homme nouveau qui recevait un surnom glorieux pour prix de sa valeur. Ces deux généraux différaient absolument d'habitudes et de caractère. Scipion avait un goût délicat et passionné pour les belles-lettres ; il les cultivait même avec succès. Aussi avait-il toujours auprès de lui, soit à Rome, soit dans les camps, deux hommes d'un génie supérieur, Polybe et Panétius (5) ; de nobles occupations remplissaient jusqu'à ses moments de loisir. Il se partageait entre les arts de la paix et les exercices de la guerre, entre les combats et l'étude ; son corps se fortifiait au milieu des périls, et son âme au sein de la philosophie. Mummius, au contraire, avait un esprit si inculte (6), que voulant, après la prise de Corinthe, faire transporter à Rome les chefs-d'œuvre des plus célèbres artistes de la Grèce, il déclara à ceux qu'il chargeait de ce soin, qu'il les forcerait à remplacer les statues et les tableaux qu'ils auraient perdus dans le trajet : ignorance grossière sans doute, mais préférable pour le bien de l'état, vous n'en doutez point, Vinicius, au raffinement de notre époque : les vertus républicaines s'accommodent mieux de cette rudesse de mœurs, que de toutes les délicatesses du goût actuel.

XIV. Comme les objets, rapprochés l'un de l'autre, frappent plus les yeux et l'esprit que lorsqu'ils se présentent isolés et distincts, je me propose de placer entre la première et la seconde partie de cet ouvrage, un tableau sommaire de nos colonies, depuis la prise de Rome par les Gaulois, en indiquant l'époque où elles furent fondées par l'ordre du sénat. Si je ne parle point des colonies militaires, c'est que leur nom, celui de leurs fondateurs, et les causes de leur établissement sont assez connus ; mais je crois à propos de comprendre, dans le tableau que je vais tracer, les cités qui, régies par nos lois, semblèrent étendre et multiplier le nom Romain. Sept ans après la prise de Rome par les Gaulois, une colonie fut conduite à Sutrium ; une autre colonie fut conduite, l'année d'après, à Sétina ; neuf ans après à Népé. Le droit de bourgeoisie fut accordé, trente-deux ans après, aux habitants d'Aricie. Il fut accordé également, mais sans droit de suffrage, aux Campaniens et à une partie des Samnites, il y a trois cent cinquante ans, sous le consulat de Sp. Posthumius et de Véturius Calvinus. Dans le cours de la même année, envoi d'une colonie à Colès. Trois années après, à l'époque de la fondation d'Alexandrie, ceux de Formies et de Fundi furent admis au nombre des citoyens. L'année suivante, les censeurs Sp. Posthumius et Philon Publilius accordèrent le droit de cité aux

---

ortum, ultra metum durat, et ne in victis quidem deponitur; neque ante invisum esse desinit, quam esse desiit!

XIII. Ante triennium, quam Carthago deleretur, M. Cato, perpetuus diruendæ ejus auctor, L. Censorino, M. Manlio consulibus, mortem obiit : eodem anno, quo Carthago concidit, L. Mummius Corinthum, post annos DCCCCLII, quam ab Alete, Hippotis filio, erat condita, funditus eruit. Uterque imperator, devictæ a se gentis nomine honoratus, alter Africanus, alter appellatus est Achaicus : nec quisquam ex novis hominibus prior Mummio cognomen virtute partum vindicavit. Diversi imperatoribus mores, diversa fuere studia : quippe Scipio tam elegans liberalium studiorum, omnisque doctrinæ et auctor et admirator fuit, ut Polybium, Panætiumque, præcellentes ingenio viros, domi militiæque secum habuerit; neque enim quisquam hoc Scipione elegantius intervalla negotiorum otio dispunxit, semperque aut belli aut pacis serviit artibus : semper inter arma ac studia versatus, aut corpus periculis, aut animum disciplinis exercuit. Mummius tam rudis fuit, ut, capta Corintho, quum maximorum artificum perfectas manibus tabulas ac statuas, in Italiam portandas locaret, juberet prædici conducentibus, si eas perdidissent, novas esse reddituros. Non tamen, puto, dubites, Vinici, quin magis pro republica fuerit, manere adhuc rudem Corinthiorum intellectum, quam in tantum ea intelligi, et quin hac prudentia illa imprudentia decori publico fuerit convenientior.

XIV. Quum facilius cujusque rei in unum contracta species, quam divisa temporibus, oculis animisque inhæreat, statui priorem hujus voluminis, posterioremque partem, non inutili rerum notitia in artum contracta, distinguere, atque huic loco inserere, quæ quoque tempore, post Romam a Gallis captam, deducta sit colonia jussu senatus : nam militarium et caussæ, et auctores, et ipsarum præfulgent nomina ; huic rei per idem tempus civitates propagatas, auctumque Romanum nomen communione juris, haud intempestive subtexturi videmur. Post septem annos, quam Galli urbem ceperunt, Sutrium deducta colonia est, et post annum Setina, novemque interjectis annis Nepe; deinde, interpositis duobus et triginta, Aricini in civitatem recepti. Abhinc annos autem cccl, Sp. Posthumio, Veturio Calvino consulibus, Campanis data est civitas, partique Samnitium, sine suffragio : et eodem anno Cales deducta colonia. Interjecto deinde triennio, Fundani et Formiani in civitatem recepti, eo ipso anno, quo Alexandria condita est insequentibusque consulibus, a Sp. Posthumio, Philon-

habitants d'Acerra. Une colonie fut envoyée, trois ans après, à Terracine; quatre ans après, une autre à Lucérie; trois ans après, une autre à Suesse, dans le pays des Aurunques; une autre, deux ans après, dans les villes de Saticule et d'Intéramne. Pendant les dix années suivantes, la colonisation fut arrêtée. Ce laps de temps expiré, des colonies furent conduites à Sore et à Albe, et deux ans après à Carséoles. Sinuesse et Minturnes reçurent des colonies pendant le cinquième consulat de Quintus Fabius, et le quatrième de Décius Mus, lorsque Pyrrhus commençait à régner. Quatre ans après, envoi d'une colonie à Venuse; deux ans après, sous le consulat de Marcus Curius et de Rufinus Cornélius, les Sabins obtinrent le droit de bourgeoisie, mais sans le droit de suffrage: il y a de cela trois cent vingt ans. Depuis environ trois cents ans, sous le consulat de Fabius Dorso et de Claudius Canina, on mit des colonies à Pæstum et à Cosa; cinq ans après, à Ariminium et à Bénévent, sous le consulat de Sempronius Sophus et d'Appius, fils d'Appius l'aveugle; à la même époque, les Sabins acquièrent le droit de suffrage. Au commencement de la première guerre punique, Firmum et Castrum furent occupés par des colons. Un an après, fondation d'une colonie à Æsernia; vingt-deux ans après à Æsulum et à Alsium; deux ans après, à Frégilles; à Brindes, l'année suivante, sous le consulat de Torquatus et de Sempronius; trois ans après, à Spolette, vers l'époque de l'institution des jeux floraux. Deux ans après, une colonie est fondée à Valence. Celles de Crémone et de Placentia datent de l'arrivée d'Annibal en Italie.

XV. Rome ne put fonder aucune colonie, ni pendant le séjour d'Annibal en Italie, ni dans les premières années qui suivirent sa retraite : tant que dura la guerre, on songea plutôt à chercher des soldats qu'à les licencier, et lorsqu'on fut en paix, il fallut rétablir les forces de la république, au lieu de les disperser. Sous le consulat de Cn. Manlius Volson, et de M. Fulvius Nobilior, il y a deux cent dix-sept ans environ, on établit une colonie à Bologne; quatre ans après à Pisaure et à Potentia; trois ans après, à Aquilée, à Gravisca; quatre ans après, à Luca, et, dans le même temps, à Putéoles, à Salerne, à Buccentum; ce qui paraît douteux cependant à quelques historiens. La colonie d'Auxime dans le Picenum est fondée depuis cent quatre-vingt-sept ans environ. Ce fut trois ans avant que le censeur Cassius entreprit de construire un théâtre entre le Lupercal et le mont Palatin. Mais l'austérité des mœurs romaines et la fermeté du consul Scipion, s'opposèrent à la construction de cet édifice : jamais la volonté populaire ne s'était manifestée avec plus d'éclat. Fabratéria reçut une colonie, il y a cent cinquante-sept ans, sous le consulat de Longinus et de Sextius Calvinus, qui vainquit les Saliens près des eaux appelées depuis *eaux Sextiennes*, du nom de ce consul. Un an après, des colonies furent envoyées à Scylacium, à Minervium, à Tarente, à Neptunia, à Carthage en Afrique, lieu de la première colonie romaine hors de l'Italie. On ignore l'époque à laquelle il en fut envoyé une à Dertonne. Poscius et Marcius étant consuls, Narbonne, dite *Martiene*,

---

Publilio, censoribus, Acerranis data civitas : et post triennium Tarracinam deducta colonia : interpositoque quadriennio, Luceria : ac deinde, interjecto triennio, Suessa Aurunca; et Saticula, Interamnaque post biennium. Decem deinde hoc munere anni vacaverunt, tunc Sora atque Alba deductæ coloniæ, et Carseoli post biennium. At quintum Fabio, Decio Mure quartum consulibus, quo anno Pyrrhus regnare cœpit, Sinuessam, Minturnasque missi coloni; post quadriennium Venusiam; interjectoque biennio, M. Curio et Rufino Cornelio consulibus, Sabinis sine suffragio data civitas; id actum ante annos ferme CCCXX. At Cosam et Pæstum abhinc annos ferme trecentos, Fabio Dorsone et Claudio Canina coss.; interjecto quinquennio, Sempronio Sopho et Appio Cæci filio coss., Ariminum, Beneventum coloni missi, et suffragii ferendi jus Sabinis datum. In initio primi belli Punici Firmum et Castrum colonis occupata : et post annum Æsernia, postque XXII annos Æsulum et Alsium; Fregellæque anno post biennium; proximoque anno, Torquato Semproniaque coss., Brundisium; et post triennium Spoletum : quo anno Floralium ludorum factum est initium; postque biennium deducta Valentia, et sub adventum in Italiam Annibalis, Cremona atque Placentia.

XV. Deinde, neque dum Annibal in Italia moratur, neque proximis post excessum ejus annis, vacavit Romanis colonias condere, quum esset in bello conquirendus potius miles, quam dimittendus; et post bellum vires refovendæ magis, quam spargendæ. Cn. autem Manlio Volsone et Fulvio Nobiliore coss., Bononia deducta colonia, abhinc annos ferme CCXVII, et, post quadriennium, Pisaurum ac Potentia; interjectoque triennio, Aquileia et Gravisca, et post quadriennium Luca. Eodem temporum tractu, quamquam apud quosdam ambigitur, Puteolos, Salernumque et Buxentum missi coloni; auximum autem in Picenum, abhinc annos ferme CLXXXVII ante triennium, quam Cassius censor, a Lupercali in Palatium versus, theatrum facere instituit; cui in demoliendo eximia civitatis severitas, et cons. Scipio restitere; quod ego inter clarissimas publicæ voluntatis argumenta numeraverim. Cassio autem Longino et Sextio Calvino, qui Sallues apud Aquas, quæ ab eo Sextiæ appellantur, devicit, coss., Fabrateria deducta est, abhinc annos ferme CLVII, et, post annum, Scylacium, Minervium, Tarentum, Neptunia, Carthagoque in Africa prima, ut prædiximus, extra Italiam colonia condita est. De Dertona ambigitur; Narbo autem Martius in Gallia, Porcio, Marcioque coss., abhinc an-

dans la Gaule, reçut une colonie, il y a cent cinquante-trois ans. Vingt-trois ans après, pendant le sixième consulat de Marius, et sous celui de Valérius Flaccus, une colonie fut conduite à Éporédia, chez les Bagiennes. Je crois que depuis ce temps on ne fonda plus que des colonies militaires.

XVI. Cette longue énumération s'écarte du plan que je me suis tracé. Je sais que dans cette rapide et tumultueuse succession d'événements qui se précipitent comme un torrent ou comme un char, je puis à peine m'arrêter aux faits nécessaires, et encore moins embrasser des détails inutiles. Cependant il me serait difficile de ne point insister ici sur une question qui a souvent occupé ma pensée et que je n'ai jamais pu résoudre d'une manière satisfaisante. Peut-on s'étonner assez de ce que les génies les plus excellents en tout genre s'attirent mutuellement et se rencontrent toujours dans le cercle étroit d'une même époque? Comme l'on voit des animaux différents, renfermés dans une même enceinte, s'éloigner de ceux qui sont d'une espèce différente pour se réunir à la leur; de même les esprits capables de produire de sublimes ouvrages se sont-ils séparés des autres pour s'élever tous ensemble vers un égal degré de perfection. Dans un court espace de temps, la tragédie dut un éclat immortel aux divines inspirations d'Eschyle, de Sophocle et d'Euripide. En peu d'années Cratinus, Aristophane et Eupolis perfectionnèrent l'ancienne comédie. Ménandre, ainsi que Philémon et Diphile, ses contemporains plutôt que ses égaux, créèrent la comédie nouvelle et la rendirent inimitable. Ces philosophes, dont le souffle de Socrate anima les intelligences, furent-ils longtemps à paraître après Aristote et Platon? Avant Socrate, après ses disciples et les élèves formés à leur école, trouvez-vous un orateur distingué? Tous ces grands hommes se pressent tellement les uns contre les autres, que les plus illustres d'entre eux ont pu se connaître.

XVII. Voilà pour les Grecs : il en est de même chez les Romains. A moins que l'on ne se reporte à ces siècles incultes et grossiers qui n'ont que le mérite de l'invention, la tragédie romaine commence aux pièces d'Accius et de ses contemporains. Ce fut dans une même période que les grâces enjouées et sémillantes de la muse latine étincelèrent sous la plume de Cécilius, d'Afranius et de Térence. Quant aux historiens, plaçat-on Tite-Live parmi les anciens, ils se trouvent resserrés, si l'on en excepte Caton et quelques annalistes plus éloignés de nous et peu dignes de mémoire, dans un espace de quatre-vingts ans au plus. Le temps qui vit fleurir la poésie ne remonte pas plus haut et ne descend pas plus bas. Pour ce qui regarde le barreau, la force et la perfection de l'art oratoire, si nous en exceptons encore Caton, et sans vouloir porter atteinte à la gloire de P. Crassus et de Scipion, de Lélius, des Gracques, de Fannius, de Sergius Galba, ce genre d'éloquence, je ne crains pas de le dire, a pris un essor si brillant avec Cicéron; ce grand maître de l'art s'est élevé à une telle hauteur, que nous ne pouvons goûter qu'un très-petit nombre de ses devanciers, et comprendre dans notre admiration que ceux qui l'ont connu

---

nos circiter CLIII; deducta colonia est, post tres et viginti annos in Bagiennis Eporedia, Mario sexies, Valerioque Flacco coss.; neque facile memoriæ mandaverim, quæ, nisi militaris, post hoc tempus deducta sit.

XVI. Quum hæc particula operis velut formam propositi excesserit, quamquam intelligo, mihi in hac tam præcipiti festinatione, quæ me, rotæ, pronive gurgitis ac verticis modo nusquam patitur consistere, pene magis necessaria prætereunda, quam supervacua amplectenda : nequeo tamen temperare mihi, quin rem sæpe agitatam animo meo, neque ad liquidum ratione perductam, signem stilo. Quis enim abunde mirari potest, quod eminentissima cujusque professionis ingenia, in eamdem formam, et in idem artati temporis congruens spatium, et quemadmodum clausa capso, alioque septo diversi generis animalia, nihilo minus separata alienis, in unum quoque corpus congregantur, ita cujusque clari operis capacia ingenia in similitudinem et temporum et profectuum semetipsa ab aliis separaverunt? Una, neque multorum annorum spatio divisa, ætas, per divini spiritus viros, Æschylum, Sophoclem, Euripidem, illustravit tragœdias : una priscam illam et veterem sub Cratino, Aristophane et Eupolide comœdiam; at novam [comicam] Menandrus, æqualesque ejus ætatis magis quam operis, Philemon ac Diphilus, et invenere intra paucissimos annos, neque imitanda reliquere. Philosophorum quoque ingenia, Socratico ore defluentia, omnium, quos paulo ante enumeravimus, quanto post Platonis Aristotelisque mortem floruere spatio? Quid ante Isocratem, quid post ejus auditores eorumque discipulos clarum in oratoribus fuit? adeo quidem artatum augustiis temporum, ut nemo memoria dignus, alter ab altero, videri nequiverint; neque hoc in Græcis, quam in Romanis, evenit magis.

XVII. Nam, nisi aspera ac rudia repetas, et inventi laudanda nomine, in Accio circaque eum romana tragœdia est, dulcesque Latini leporis facetiæ per Cæcilium, Terentiumque et Afranium suppari ætate nituerunt. Historicos, ut et Livium quoque priorum ætati adstruas, præter Catonem et quosdam veteres et obscuros, minus LXXX annis circumdatum ævum tulit : ut nec poetarum in antiquius citeriusve processit ubertas. At oratio, ac vis forensis, perfectumque prosæ eloquentiæ decus, ut idem separetur Cato (pace P. Crassi, Scipionisque; et Lælii, et Gracchorum, et Fannii, et Ser. Galbæ dixerim), ita universa sub principe operis sui erupit Tullio, ut delectari ante eum paucissimis, mirari vero neminem possis, nisi aut ab illo visum, aut qui illum

ou qu'il a dû connaître. La même observation peut s'appliquer aux grammairiens, aux sculpteurs, aux peintres, aux graveurs : tous leurs chefs-d'œuvre se sont produits dans un espace de temps fort limité. Le siècle d'Auguste et le nôtre ont été fertiles en beaux génies, que les mêmes avantages animaient d'une même émulation. Pourquoi donc une si grande différence entre ces deux siècles? J'en ai souvent recherché les causes, et j'en ai découvert quelques-unes, qui sans avoir le mérite de la vérité ont peut-être celui de la vraisemblance. L'émulation nourrit les esprits, l'admiration et l'envie les excitent et les enflamment tour à tour ; les grands efforts les élèvent au plus haut degré de la perfection. Mais il leur est difficile de s'y maintenir. Or, ne plus avancer, c'est reculer. D'abord on est impatient d'atteindre ceux qui sont en avant; mais dès qu'il faut renoncer à l'espoir de les dépasser et même de les égaler, le zèle languit et s'éteint. Nous cessons de poursuivre ce qui ne se laisse pas approcher, et quittant une matière envahie pour ainsi dire par le génie, et où nous désespérons d'exceller, nous en cherchons une autre moins rebelle à nos efforts. Cette mobilité perpétuelle est un obstacle à la perfection d'un ouvrage

XVIII. Si de la considération des temps, nous passons à celle des lieux, nous n'aurons pas moins sujet de nous étonner. L'éloquence et les arts ont jeté plus d'éclat dans la seule ville d'Athènes que dans toute la Grèce. On eût dit que l'esprit des Grecs résidait à Athènes et qu'ils ne laissaient que leurs corps dans les autres villes. Je n'en suis pas plus surpris que de ne pas trouver dans Sparte, dans Thèbes, ou dans Argos, un seul orateur qui ait brillé pendant sa vie ou mérité de vivre après sa mort. Les arts n'étaient point cultivés dans ces villes ainsi que dans plusieurs autres. Exceptons en Thèbes, qu'illustra le génie de Pindare. C'est à tort que Sparte revendiqua l'honneur d'avoir vu naître Alcman.

LIVRE SECOND

I. Le premier Scipion avait ouvert aux Romains la voie de la puissance (1), le second leur ouvrit celle du luxe et de la corruption. Délivrée de la crainte que lui inspirait Carthage, et désormais souveraine sans rivale, Rome quitta le sentier de la vertu pour se précipiter, par une révolution soudaine, et sans transition, dans la carrière des vices. La discipline ancienne s'effaça ; d'autres mœurs parurent. On passa des veilles à la paresse, des armes aux voluptés des affaires, à la molle indolence. Alors furent construits les portiques dont Scipion Nasica décora le Capitole; ceux de Métellus, dont nous avons déjà parlé plus haut, celui de Cnéius Octavius, dans le Cirque, qui surpassait les autres en agréments ; et la magnificence publique encouragea le luxe des particuliers. Puis éclata en Espagne une guerre funeste et honteuse, la guerre contre Viriathus, chef de brigands : les succès furent partagés ; mais la fortune fut le plus souvent contraire aux Romains. Pour se défaire de Viriathus, Cépion aima mieux lui tendre des embûches que de le combattre. Presque aussitôt la guerre de Numance s'alluma

---

viderit. Hoc idem evenisse grammaticis, plastis, pictoribus, scalptoribus, quisquis temporum institerit notis, reperiet, et eminentia cujusque operis artissimis temporum claustris circumdata. Hujus ergo, præcedentisque seculi ingeniorum similitudinis, congregationisque et in studium par, et in emolumentum, caussas quum semper requiro, nunquam reperio, quas esse veras confidam, sed fortasse veri similes : inter quas has maxime. Alit æmulatio ingenia : et nunc invidia, nunc admiratio imitationem accendit : maturumque, quod summo studio petitum est, ascendit in summum, difficilisque in perfecto mora est ; naturaliterque, quod procedere non potest, recedit. Et, ut primo ad consequendos, quos priores ducimus, accendimur, ita, ubi aut præteriri, aut æquari eos posse desperavimus, studium cum spe senescit, et, quod adsequi non potest, sequi desinit, et, velut occupatam relinquens materiam, quærit novam : præteritoque eo, in quo eminere non possumus, aliquid, in quo nitamur, conquirimus : sequiturque, ut frequens ac mobilis transitus maximum perfecti operis impedimentum sit.

XVIII. Transit admiratio ad conditionem temporum, et ad urbium ; una urbs Attica pluribus annis eloquentiæ, quam universa Græcia, operibusque floruit ; adeo ut corpora gentis illius separata sint in alias civitates, ingenia vero solis Atheniensium muris clausa existimes. Neque ego hoc magis miratus sim, quam neminem Argivum, Thebanum, Lacedæmonium oratorem, aut dum vixit auctoritate, aut post mortem memoria dignum existimatum. Quæ urbes (et in Italia), talium studiorum fuere steriles, nisi Thebas unum os Pindari illuminaret, nam Alcmana Lacones falso sibi vindicant.

LIBER SECUNDUS.

I. Potentiæ Romanorum prior Scipio viam aperuerat, luxuriæ posterior aperuit : quippe remoto Carthaginis metu, sublataque imperii æmula, non gradu, sed præcipiti cursu, a virtute descitum, ad vitia transcursum ; vetus disciplina deserta, nova inducta ; in somnum a vigiliis, ab armis ad voluptates, a negotiis in otium conversa civitas. Tum Scipio Nasica in Capitolio porticus ; tum quas prædiximus, Metellus ; tum in Circo Cn. Octavius multo amœnissimam, moliti sunt : publicamque magnificentiam secuta privata luxuria est. Triste deinde, et contumeliosum bellum in Hispania, duce latronum Viriatho, secutum est : quod ita varia fortuna gestum est, ut

plus terrible encore. Cette ville ne put jamais armer plus de dix mille jeunes gens pris dans son sein ; mais, soit par l'indomptable opiniâtreté de ses habitants, soit par l'inhabileté des chefs de l'armée romaine, soit enfin par une faveur spéciale du sort, elle eut la gloire de réduire aux conditions d'une paix odieuse et déshonorante plusieurs de nos généraux, entre autres Pompée, capitaine illustre (le premier de ce nom qui fut consul), et Mancinus Hostilius. Pompée trouva l'impunité dans son crédit ; Mancinus, dans sa confusion et son repentir, car il consentit à ce que les féciaux le livrassent aux ennemis, nu et les mains liées derrière le dos. Mais les Numantins refusèrent de le recevoir, comme avaient fait jadis les vainqueurs des Fourches-Caudines, en disant que le sang d'un seul homme ne pouvait pas expier la violation de la foi publique.

II. Le châtiment infligé à Mancinus excita dans Rome une dissension effroyable. Tibérius Gracchus, petit-fils, par sa mère, de Scipion l'Africain, et fils d'un citoyen honoré des plus hautes charges, avait été questeur dans cette guerre, et le traité était son ouvrage. La douleur de voir annuler un de ses actes, la crainte d'un jugement et d'une peine semblable, le portèrent, dès qu'il fut élu tribun du peuple, à déserter la cause des bons citoyens : c'était pourtant un homme irréprochable dans sa vie, doué d'un esprit supérieur, et animé des plus pures intentions. Il réunissait toutes les qualités que comporte la condition humaine, favorisée par la nature et perfectionnée par l'éducation. Ce fut sous le consulat de P. Mucius Scévola et de L. Calpurnius, il y a cent soixante-deux ans, qu'il changea de conduite. En promettant le droit de cité à toute l'Italie, et, par la promulgation des lois agraires, une position plus heureuse à la multitude avide, il confond, il bouleverse tout, et précipite la république au milieu des plus funestes écueils. Son collègue Octavius veut prendre en main la cause de l'état ; il le dépose de sa charge ; puis, pour procéder au partage des terres et à l'établissement des colons, il crée des triumvirs, au nombre desquels il se met lui-même avec son beau-père Appius, personnage consulaire, et Gracchus, son frère, tout jeune encore.

III. Alors parut Scipion Nasica, petit-fils de ce Scipion que le sénat avait déclaré le plus vertueux des Romains, fils du censeur qui orna le Capitole de portiques, et arrière-petit-fils de l'illustre Cn. Scipion, l'oncle paternel de C. Scipion l'Africain. Il était en même temps cousin germain de Tibérius Gracchus ; mais il savait préférer sa patrie à sa famille, et regardait comme étranger pour lui ce qui n'était pas conforme au bien public. Ce fut à sa vertu qu'il avait dû l'honneur, qui n'avait été accordé à nul autre avant lui, d'être nommé grand pontife en son absence. Dans cette conjoncture, quoiqu'il ne fût revêtu que de la toge d'un simple citoyen, il alla se placer sur le plus haut degré du Capitole ; et là, relevant un pan de sa robe autour de son bras gauche, il adjura de le suivre tous ceux qui voulaient le salut de la république. Aussitôt les nobles, le sénat, la majeure et la plus saine partie de l'ordre équestre, la portion du peuple que de perfides conseils n'avaient pas encore égarée, se précipitèrent sur Gracchus, au moment où, debout sur la place publique et en-

---

sæpius Romanorum gereretur adversa, sed interempto Viriatho, fraude magis quam virtute Servilii Cæpionis, Numantinum gravius exarsit. Hæc urbs nunquam X plura quam propriæ juventutis armavit : sed, vel ferocia ingenii, vel inscitia nostrorum ducum, vel fortunæ indulgentia, cum alios duces, tum Pompeium, magni nominis virum (ad turpissima deduxit fœdera (hic primus e Pompeiis consul fuit), nec minus turpia ac detestabilia Mancinum Hostilium consulem. Sed Pompeium gratia impunitum habuit, Mancinum verecundia ; quippe non recusando perduxit huc, ut per Feciales nudus, ac post tergum religatis manibus, dederetur hostibus, quem illi recipere se negaverunt, sicut quondam Caudini fecerunt, dicentes, publicam violationem fidei non debere unius lui sanguine.

II. Immanem deditio Mancini civitatis movit dissensionem : quippe Tib. Gracchus, Tib. Gracchi, clarissimi atque eminentissimi viri, filius, P. Africani ex filia nepos, quo quæstore et auctore id fœdus ictum erat, nunc graviter ferens aliquid a se factum infirmari, nunc similis vel judicii, vel pœnæ metuens discrimen, tribunus plebis creatus, vir alioqui vita innocentissimus, ingenio florentissimus, proposito sanctissimus, tantis denique adornatus virtutibus, quantas perfecta et natura et industria mortalis conditio recipit, P. Mucio Scævola, L. Calpurnio coss., abhinc annos CLXII, descivit a bonis ; pollicitusque toti Italiæ civitatem, simul etiam promulgatis agrariis legibus, omnium statum concutientibus, summa imis miscuit, et in præruptum atque anceps periculum adduxit rempublicam ; Octavioque collegæ, pro bono publico stanti, imperium abrogavit, triumviros agris dividendis, coloniisque deducendis, creavit se, socerumque suum consularem Appium, et Gracchum fratrem, admodum juvenem.

III. Tum P. Scipio Nasica, ejus, qui optimus vir a senatu judicatus erat, nepos, ejus, qui censor porticus in Capitolio fecerat, filius, pronepos autem Cn. Scipionis, celeberrimi viri, P. Africani patrui, privatusque et togatus, quum esset consobrinus Tib. Gracchi, patriam cognationi præferens, et quidquid publice salutare non esset, privatim alienum existimans (ob eas virtutes primus omnium absens pontifex maximus factus est), circumdata lævo brachio togæ lacinia, ex superiore parte Capitolii, summis gradibus insistens, hortatus est, qui salvam vellent rempublicam, se sequerentur. Tum optimates, senatus, atque equestris ordinis pars melior et

touré de ses partisans, il appelait à la révolte presque toutes les populations de l'Italie. Le tribun prit la fuite, et, frappé d'un éclat de banc, sur la pente du mont Capitolin, il termina par une mort prématurée une vie qu'il aurait pu rendre glorieuse. Ce fut là le commencement de ces guerres civiles où le sang des citoyens fut répandu tant de fois impunément. Depuis lors le droit fut accablé par la violence; le premier rang échut au plus fort. Les dissentiments intérieurs, que des transactions avaient jusque-là terminées, ne le furent plus que par le glaive; les guerres n'eurent plus d'autre cause que le profit qui devait en résulter. Rien de moins étonnant. L'exemple ne s'arrête point à sa source. Pour peu qu'on lui livre passage, il s'ouvre bientôt une large voie et s'étend au loin. Dès qu'on a quitté la bonne route, on est entraîné vers l'abîme, et personne ne voit plus la honte là où d'autres ont trouvé le succès.

IV. Tandis que ces événements se passaient en Italie, Aristonicus, qui prétendait descendre de la race d'Attale, s'empara de l'Asie à la mort de ce prince, qui avait légué son royaume aux Romains(2), comme Nicomède leur légua depuis la Bithynie. Vaincu par M. Perperna, l'usurpateur orna le triomphe de M. Aquilius, et fut mis à mort pour avoir fait périr, au commencement de la guerre, le savant jurisconsulte Crassus Mucianus, qui revenait du proconsulat d'Asie. P. Scipion Æmilianus, à qui la destruction de Carthage avait valu le surnom d'Africain, fut créé consul pour la seconde fois et envoyé contre Numance, dont le siége avait été si funeste à nos armes. L'Espagne dut céder, comme l'Afrique, à sa fortune et à sa valeur. Dans l'espace de quinze mois, il entoura Numance de tranchées, s'en rendit maître et la rasa de fond en comble. Jamais homme avant lui, chez aucun peuple, n'avait immortalisé son nom par de plus grands exploits de ce genre. La destruction de Carthage mit fin à nos craintes : celle de Numance expia la honte de nos revers. Interrogé par le tribun Carbon, sur ce qu'il pensait du meurtre de Tib. Gracchus, ce même Scipion répondit que, s'il avait eu le dessein d'opprimer la république, sa mort était juste. A cette parole il s'éleva une grande rumeur dans toute l'assemblée : « J'ai entendu bien des fois sans » crainte, s'écria-t-il, les clameurs d'ennemis en » armes, comment pourrais-je avoir peur des vô- » tres, vous qui n'êtes pas même des enfants de » l'Italie? » Peu de temps après son retour à Rome, sous le consulat de M. Aquilius et de C. Sempronius, il y a cent cinquante ans, ce Scipion, honoré de deux consulats et de deux triomphes, destructeur de deux villes qui étaient la terreur de la république, fut trouvé mort un matin dans son lit, portant au cou quelques marques de strangulation. On ne fit aucune recherche sur la mort d'un si grand homme, et il fut porté au tombeau, la tête couverte d'un voile, lui par qui Rome avait élevé la sienne au-dessus de toute la terre. Mais, que sa mort ait été naturelle, comme c'est le sentiment du plus grand nombre, ou qu'il ait péri sous les coups d'un meurtrier, ainsi que le racontent quelques historiens, il n'en est pas moins vrai que sa vie a été si glorieuse, qu'il n'y eut jusqu'alors que celle de son aïeul qui pût en surpasser l'éclat. Il mourut dans sa cinquante-sixième

---

major, et intacta perniciosis consiliis plebs, irruere in Gracchum, stantem in area cum catervis suis, et concientem pœne totius Italiæ frequentiam. Is fugiens, decurrensque clivo Capitolino, fragmine subsellii ictus, vitam, quam gloriosissime degere potuerat, immatura morte finivit. Hoc initium in urbe Roma civilis sanguinis, gladiorumque impunitatis fuit : inde jus vi obrutum, potentiorque habitus prior; discordiæque civium, antea conditionibus sanari solitæ, ferro dijudicatæ; bellaque non caussis inita, sed prout eorum merces fuit. Quod haud mirum est; non enim ibi consistunt exempla, unde cœperunt; sed quamlibet, in tenuem recepta tramitem, latissime evagandi sibi viam faciunt : et, ubi semel recto deerratum est, in præceps pervenitur: nec quisquam sibi putat turpe, quod alii fuit fructuosum.

IV. Interim dum hæc in Italia geruntur, Aristonicus, qui mortuo rege Attalo, a quo Asia populo Romano hereditate relicta erat, sicut relicta postea est a Nicomede Bithynia, mentitus regiæ stirpis originem, armis eam occupaverat. Is victus a M. Perperna, ductusque in triumpho, sed M. Aquilius, capite pœnas dedit; quum initio belli Crassum Mucianum, virum juris scientissimum, decedentem ex Asia proconsulem interemisset. Et P. Scipio Africanus Æmilianus, qui Carthaginem deleverat, post tot acceptas circa Numantiam clades, creatus iterum consul, missusque in Hispaniam, fortunæ virtutique experiæ in Africa, respondit [in Hispania], et intra annum ac tres menses, quam eo venerat, circumdatam operibus Numantiam, excisamque æquavit solo. Nec quisquam ullius gentis hominum ante eum clariori urbium excidio nomen suum perpetuæ commendavit memoriæ, quippe, excisa Carthagine ac Numantia, ab alterius nos metu, alterius vindicavit contumeliis. Hic, eum interrogante tribuno Carbone, quid de Tib. Gracchi cæde sentiret, respondit; si is occupandæ reipublicæ animum habuisset, jure cæsum : et quum omnis concio adclamasset, « Hostium, inquit, armatorum totiens clamore non territus, qui possum vestro moveri, quorum noverca est Italia? » Reversus in urbem, intra breve tempus, M. Aquilio, C. Sempronio coss., abhinc annos CL, post duos consulatus, duosque triumphos, et bis excisos terrores reipublicæ, mane in lectulo repertus est mortuus, ita ut quædam elisarum faucium in cervice reperirentur notæ. De tanti viri morte nulla habita est quæstio; ejusque corpus velato capite elatum est, cujus opera super totum terrarum orbem Roma extulerat caput: seu fatalem, ut plu-

année ; ce qui ne saurait être révoqué en doute, puisqu'à l'époque de son premier consulat, il avait trente-six ans.

V. Avant la destruction de Numance, D. Brutus fit une expédition brillante en Espagne. Il pénétra chez tous les peuples de cette contrée, prit un nombre considérable d'hommes et de villes, s'avança jusqu'en des lieux dont on avait à peine entendu parler, et mérita le surnom de Gallœcus. Peu d'années auparavant, Quintus le Macédonique avait exercé dans ce pays le commandement le plus sévère. Au siége de Contrébie, cinq cohortes légionnaires avaient été débusquées d'une position escarpée : Quintus leur ordonna d'aller la reprendre à l'instant même. Tous les soldats, prêts à se mettre en marche, firent leur testament (5), comme s'ils allaient à une mort certaine. Ce spectacle ne put ébranler la résolution de leur chef ; il tint ferme, et les mêmes soldats qu'il avait envoyés pour mourir rentrèrent victorieux dans son camp. Tant il y a de puissance dans la honte mêlée à la crainte, et dans l'espérance qui naît du désespoir même ! Par la rigueur et la fermeté qu'il déploya dans cette circonstance, Quintus se rendit célèbre en Espagne ; Fabius Æmilianus s'acquit une gloire égale dans ce pays en maintenant la discipline militaire, à l'exemple de Paul Émile.

VI. A dix ans de distance, la même fureur qui avait perdu Tib. Gracchus s'empara de son frère. Caius avait toutes les vertus comme toutes les erreurs de son aîné, et en même temps plus de génie et d'éloquence. Avec un esprit calme, il eût pu devenir le premier citoyen de la république ; mais, soit qu'il aspirât secrètement à la tyrannie, soit qu'il voulût venger la mort de son frère, il entra comme lui, dans la carrière tribunitienne ; et bientôt il annonça des prétentions plus hardies et plus irritantes, donnant le droit de cité à presque tous les peuples d'Italie, et l'étendant presque jusqu'aux Alpes. Il partagea les terres, défendit à chaque citoyen de posséder plus de cinq cents arpents, suivant les dispositions de la loi Licinia ; établit de nouveaux péages, remplit les provinces de nouvelles colonies, transféra le droit de juger du sénat à l'ordre équestre ; il se proposait même de faire des distributions de blé à la multitude : changeant, remuant tout, ne respectant rien, ne laissant rien en sa place, il alla jusqu'à se faire continuer dans l'exercice de sa magistrature. Le consul L. Opimius, qui avait détruit Frégelle, pendant sa préture, poursuivit les armes à la main ce tribun séditieux, et le fit mettre à mort ainsi que Fulvius Flaccus, homme consulaire et honoré du triomphe, mais animé de passions mauvaises comme Gracchus, qui, en le nommant triumvir à la place de son frère Tibérius, l'avait associé à la puissance royale qu'il avait usurpée. Le seul reproche qu'on puisse adresser à Opimius, dans cette circonstance, c'est d'avoir mis à prix et offert de payer au poids de l'or la tête, je ne dis pas de Gracchus, mais d'un citoyen romain. Flaccus fut égorgé, sur le mont Aventin, avec son fils aîné, tandis qu'il excitait le courage de ses partisans. Gracchus avait pris la fuite ; mais se voyant serré de près par les soldats qu'Opimius avait envoyés sur sa trace, il tendit la gorge à son esclave Euporus, qui fut aussi prompt à se tuer lui-même qu'à prêter à son maître le secours de

---

res, seu conflatam insidiis, ut aliqui prodidere memoriæ, mortem obiit, vitam certe dignissimam egit, quæ nullius ad id temporis præterquam avito fulgore vinceretur. Decessit anno ferme LVI : de quo si quis ambigat, recurrat ad priorem consulatum ejus, in uem creatus est anno XXXVI ; ita dubitare desinet.

V. Ante tempus excisæ Numantiæ, præclara in Hispania militia D. Bruti fuit : qui, penetratis omnibus Hispaniæ gentibus, ingenti vi hominum, urbiumque potitus numero, aditis quæ vix audita erant, Gallæci cognomen meruit. Et ante eum paucis annis tam severum illius Q. Macedonici in his gentibus imperium fuit, ut, quum urbem Contrebiam nomine in Hispania oppugnaret, pulsas præcipiti loco quinque cohortes legionarias, eodem protinus subire juberet ; facientibusque omnibus in procinctu testamenta, velut ad certam mortem eundum foret, non deterritus proposito (perseverantia ducis) quem moriturum miserat, militem victorem recepit : tantum effecit mixtus timori pudor, spesque desperationis quæsita. Hic virtute ac severitate facti, at Fabius Æmilianus, Pauli exemplo, disciplinæ in Hispania fuit clarissimus.

VI. Decem deinde interpositis annis, qui Tib. Gracchum, idem Caium, fratrem ejus, occupavit furor, tam virtutibus ejus omnibus, quam huic errori similem, ingenio etiam, eloquentiaque longe præstanti rem. Qui quum summa quiete animi, civitatis princeps esse posset, vel vindicandæ fraternæ mortis gratia, vel præmuniendæ regalis potentiæ, ejusdem exempli tribunatum ingressus, longe majora et acriora repetens, dabat civitatem omnibus Italicis. Extendebat eam pene usque Alpes ; dividebat agros ; vetabat quemquam civem plus quingentis jugeribus habere : quod aliquando lege Licinia cautum erat : nova constituebat portoria ; novis coloniis replebat provincias ; judicia a senatu transferebat ad equites ; frumentum plebi dare instituerat ; nihil immotum, nihil tranquillum, nihil quietum denique in eodem statu relinquebat : quin alterum etiam continuavit tribunatum. Hunc L. Opimius consul, qui prætor Fregellas exciderat, persecutus armis, unaque Fulvium Flaccum, consularem ac triumphalem virum, æque prava cupientem, quem C. Gracchus in locum Tiberii fratris triumvirum nominaverat, eum socium regalis adsumpserat potentiæ, morte afficit. Id unum nefarie ab Opimio proditum, quod capitis, non dicam Gracchi, sed civis Roman pretium se daturum idque auro repensurum proposuit. Flaccus in Aventino armatos ad pugnam ciens, cum filio majore ju-

son épée. Pomponius, chevalier romain, donna le même jour à Gracchus la preuve d'un dévouement héroïque : nouvel Horatius Coclès, il arrêta sur un pont la poursuite des ennemis, et se perça de son glaive. Le corps de Caius fut, comme celui de son frère, jeté dans le Tibre; tant les vainqueurs abusèrent cruellement de leur victoire!

VII. Telles furent la vie et la mort des enfants de T. Gracchus; Cornélie, fille de Scipion l'Africain, et leur mère, vivait encore et fut témoin de cette fin misérable causée par l'abus des plus rares facultés : car s'ils avaient su renfermer leur ambition dans le cercle des lois, tout ce qu'ils cherchèrent à emporter par la sédition, la république se fût empressée de le leur offrir. Cette exécution rigoureuse fut suivie d'un crime atroce : Opimius fit assassiner le fils de Fulvius Flaccus, jeune homme d'une beauté rare, qui n'avait encore que dix-huit ans, et tout-à-fait étranger au crime de son père. Flaccus l'avait envoyé proposer les conditions d'un accommodement. Comme on le menait en prison, un aruspice toscan, de ses amis, le vit pleurer : « Que ne fais-tu comme moi? » lui cria cet homme; et en même temps il courut se briser la tête contre le mur de la prison, et sa cervelle jaillit à terre. Les poursuites les plus rigoureuses furent ensuite dirigées contre les amis et les clients des Gracques. Mais plus tard Opimius, irréprochable d'ailleurs dans sa vie, et d'une vertu exemplaire, fut lui-même condamné par jugement public, et le souvenir de sa cruauté fit que son malheur ne trouva point de pitié dans Rome. On ne plaignit pas davantage Rupilius et Popilius, lorsqu'ils furent également condamnés pour les rigueurs qu'ils avaient exercées durant leur consulat contre les amis de Tibérius. Disons, pour joindre à ce grand événement le souvenir d'un fait assez insignifiant en lui-même, que c'est au consulat de cet Opimius que le vin Opimien doit son nom. Il n'en existe plus sans doute aujourd'hui, s'il faut en juger par le nombre des années qui se sont écoulées; car de ce consulat au vôtre, M. Vinicius, il n'y a pas moins de cent cinquante et un ans. Ce qui déconsidéra Opimius, c'est qu'il saisit l'occasion de satisfaire ses ressentiments personnels : en sévissant contre les conjurés, il parut se venger lui-même plutôt que venger l'état.

VIII. Vers le même temps, sous le consulat de Porcius et de Marcius, on établit une colonie à Narbo Martius[1]. Le fait suivant témoigne de la sévérité des jugements. C. Caton, homme consulaire, petit-fils de M. Caton, et neveu, par sa mère, de Scipion l'Africain, fut déclaré coupable de concussion, quoiqu'il n'eût retiré de l'exaction qu'on lui reprochait qu'une somme de quatre mille sesterces : tant il est vrai que les Romains d'autrefois considéraient moins la faute en elle-même que la volonté de la commettre; ils rapportaient le fait à l'intention et regardaient la nature du délit, et non son importance matérielle. A la même époque deux frères du nom de Métellus triomphèrent le même jour. Un exemple non moins illustre, et unique jusqu'alors, avait déjà été donné par les fils de Fulvius Flaccus, le vainqueur de Capoue. Ils furent collègues dans le consulat, mais ils ne portaient pas le même nom,

[1] Narbonne.

gulatus est; Gracchus profugiens, quum jam comprehenderetur ab iis, quos Opimius miserat, cervicem Euporo servo præbuit, qui non segnius se ipse interemit, quam domino succurrerat. Quo die singularis Pomponii equitis Romani in Gracchum fides fuit; qui more Coclitis, sustentatis in ponte hostibus ejus, gladio se transfixit. Ut Tiberii Gracchi antea corpus, ita Caii, mira crudelitate victorum, in Tiberim dejectum est.

VII. Hunc Tib. Gracchi liberi, P. Scipionis Africani nepotes, viva adhuc matre Cornelia, Africani filia, viri optimis ingeniis male usi, vitæ mortisque habuere exitum; qui si civilem dignitatis concupissent modum, quidquid tumultuando adipisci gestierunt, quietis obtulisset respublica. Huic atrocitati adjectum scelus unicum : quippe juvenis, specie excellens, necdum duodevicesimum transgressus annum, immunisque delictorum paternorum, Fulvii Flacci filius, quem pater legatum de conditionibus miserat, ab Opimio interemptus est : quem quum aruspex Tuscus amicus, flentem in vincula duci vidisset : « quin tu hoc potius, inquit, facis? » protinusque illiso capite in postem lapideum januæ carceris, effusoque cerebro, expiravit: crudelesque mox quæstiones in amicos clientesque Gracchorum habitæ sunt; sed Opimium, virum alioqui sanctum et gravem, damnatum postea judicio publico, memoria ipsius sævitiæ, nulla civilis persecuta est misericordia. Eadem Rupilium Popiliumque, qui coss. asperrime in Tiberii Gracchi amicos sævierant, postea judiciorum publicorum merito oppressit invidia. Rei tantæ parum ad notitiam pertinens interponetur : hic est Opimius, a quo cons. celeberrimum Opimiani vini nomen est : quod jam nullum esse, spatio annorum colligi potest; quum ab eo sint ad te, M. Vinici, consulem, anni CLI. Factum Opimii, quod inimicitiarum quæsita erat ultio, minor secuta auctoritas : et visa ultio privato odio magis, quam publicæ vindictæ data.

VIII. Subinde Porcio Marcioque coss., deducta colonia, Narbo Martius. Mandetur deinde memoriæ severitas judiciorum : quippe C. Cato consularis, M. Catonis nepos, Africani sororis filius repetundarum ex Macedonia damnatus est, quum lis ejus IV æstimaretur : adeo illi viri magis voluntatem peccandi intuebantur, quam modum, factaque ad consilium dirigebant, et quid, non in quantum, admissum foret, æstimabant. Circa eadem tempora M. Metelli fratres uno die triumphaverunt. Non minus clarum exemplum, et adhuc unicum, Fulvii Flacci, ejus qui Capuam ceperat, filiorum, sed alterius.

l'un d'eux avait passé par adoption dans la famille d'Acidinus Manlius. Quant aux deux Métellus, qui furent censeurs en même temps, ils étaient cousins, mais non pas frères ; ce qui n'était arrivé qu'aux deux Scipions. Dans ce temps-là les Cimbres et les Teutons passèrent le Rhin, et se rendirent bientôt célèbres par les défaites qu'ils nous firent essuyer et qu'ils essuyèrent. Il faut placer à cette même époque le glorieux triomphe de Minucius, qui fit construire des portiques célèbres encore de nos jours: il avait vaincu les Scordisques.

IX. Dans ce siècle brillèrent de grands orateurs; Scipion Æmilianus, Lélius, Ser. Galba, les deux Gracches, C. Fannius et Carbon Papirius. Il ne faut pas non plus omettre les noms de Métellus le Numidique, de Scaurus, et surtout de L. Crassus et de M. Antoine, qui eurent pour successeurs immédiats de leurs talents, C. César, Strabon et P. Sulpicius. Quant à Quintus Mucius, il s'est rendu célèbre moins par son éloquence que par une connaissance approfondie du droit. D'autres génies illustrèrent cette époque. Afranius créa la comédie romaine. Pacuvius et Accius, dans la tragédie, méritèrent d'entrer en comparaison avec les Grecs et d'occuper un rang glorieux à côté de leurs maîtres. Chez les uns il y a plus d'art, chez les autres plus de vie. Citons encore avec éloge Lucilius, qui avait servi dans la cavalerie, sous la conduite de P. Scipion l'Africain, dans la guerre de Numance, à l'époque où Jugurtha, jeune encore, et Marius obéissaient au même chef, et s'exerçaient à manier les armes qu'il devaient un jour porter l'un contre l'autre.

Sisenna écrivait déjà l'histoire ; mais il était jeune alors, et ce ne fut que dans un âge avancé qu'il publia le récit de la guerre civile et des guerres de Sylla. Cælius était plus ancien que Sisenna, qui eut pour contemporains Rutilius, Claudius Quadrigarius, et Valérius d'Antium. Dans ce même temps vivait encore Pomponius, écrivain inculte et rude, mais aux pensées fortes, recommandable d'ailleurs par l'invention d'un genre nouveau (4).

X. Rappelons encore un exemple célèbre de sévérité donné par les censeurs Cassius Longinus et Cæpion, il y a cent cinquante-sept ans. Ils appelèrent devant eux l'augure Lépidus Æmilius, parce qu'il payait six mille sesterces pour le loyer de sa maison. De nos jours, une habitation aussi simple serait regardée comme indigne d'un sénateur : tant est rapide la pente de la vertu au vice, du vice au déréglement, du déréglement au dernier degré de la corruption. Vers la même époque, Domitius et Fabius remportèrent chacun une victoire éclatante, le premier sur les Arvernes, le second sur les Allobroges. Fabius, qui était petit-fils de Paul Émile, reçut le surnom d'*Allobrogique*. C'est une chose digne de remarque que la destinée des Domitius, destinée glorieuse, mais en même temps concentrée dans un petit nombre de personnes de cette famille. Jusqu'à ce jeune Domitius, dont nous connaissons tous la noble simplicité, il n'y eut dans la famille Domitia que des fils uniques ; mais tous parvinrent au consulat, aux sacerdoces ; presque tous même aux honneurs du triomphe.

XI. Ensuite vint la guerre contre Jugurtha.

---

in adoptionem dati, in collegio cons. fuit; adoptivus in Acidini Manlii familiam datus; nam census Metellorum, patruelium, non germanorum fratrum fuit : quod solis contigerat Scipionibus. Tum Cimbri et Teutoni transcendere Rhenum, multis mox nostris, suisque cladibus nobiles. Per eadem tempora clarus ejus Minucii, qui porticus, quæ hodieque celebres sunt, molitus est, ex Scordiscis triumphus fuit.

IX. Eodem tractu temporum nituerunt oratores, Scipio Æmilianus, Læliusque, Ser. Galba, duo Gracchi, C. Fannius, Carbo Papirius ; nec prætereundus Metellus Numidicus, et Scaurus, et ante omnes L. Crassus, et M. Antonius. Quorum ætati ingeniisque successere C. Cæsar Strabo, P. Sulpicius ; nam Q. Mucius juris scientia, quam proprie eloquentiæ nomine, celebrior fuit. Clara etiam per idem ævi spatium fuere ingenia, in togatis Afranii, in tragœdiis Pacuvii, atque Accii, usque in Græcorum ingeniorum comparationem evecta, magnamque inter hos ipsos facientis operi suo locum (Ennii); adeo quidem, ut in illis limæ, in hoc pene plus videatur fuisse sanguinis. Celebre et Lucilii nomen fuit, qui sub P. Africano, Numantino bello eques militaverat ; quo quidem tempore juvenis adhuc Jugurtha ac Marius, sub eodem Africano militantes, in iisdem castris didicere,

quæ postea in contrariis facerent. Historiarum auctor jam tum Sisenna erat juvenis ; sed opus belli civilis, Sullanique post aliquot annos ab eo seniore editum est. Vetustior Sisenna fuit Cælius ; æqualis Sisennæ Rutilius, Claudiusque Quadrigarius, et Valerius Antias. Sane non ignoremus, eadem ætate fuisse Pomponium, sensibus celebrem, verbis rudem, et novitate inventi a se operis commendabilem.

X. Prosequamur notam severitatem censorum, Cassii Longini, Cæpionisque, qui abhinc annos CLVII, Lepidum Æmilium, augurem, quod sex millibus ædes conduxisset, adesse jusserunt : at nunc, si quis tanti habitet, vix ut senator agnoscitur ; adeo matura a rectis in vitia, a vitiis in prava, a pravis in præcipitia pervenitur ! Eodem tractu temporum et Domitii ex Arvernis, et Fabii ex Allobrogibus victoria fuit nobilis ; Fabio Pauli nepoti, ex victoria cognomen Allobrogico inditum. Notetur Domitiæ familiæ peculiaris quædam, et ut clarissima, ita artata numero felicitas : uti ante hunc nobilissimæ simplicitatis juvenem, Cn. Domitium, fuere singulis omnino parentibus geniti, sed omnes ad consulatum, sacerdotiaque, ad triumphi autem pene omnes pervenerunt insignia.

XI. Bellum deinde Jugurthinum gestum est per Q. Me-

Quintus Métellus en fut chargé : c'était le plus habile général de son siècle. Il eut pour lieutenant C. Marius, dont j'ai déjà parlé, homme de basse naissance (5), d'un esprit rude et grossier (6), de mœurs austères, aussi bon capitaine que mauvais citoyen, dévoré d'ambition, insatiable et toujours remuant. Par l'entremise des publicains, et autres gens qui commerçaient en Afrique, il calomnia la lenteur de Métellus, qui, disait-il, faisait durer la guerre depuis trois ans : lorsqu'il eut bien déclamé contre sa prétendue morgue patricienne et son désir de prolonger son commandement, il demanda et obtint la permission de venir à Rome : là il réussit à se faire nommer consul, avec charge de continuer la guerre contre Jugurtha, guerre que deux victoires de Métellus avaient presque terminée. Rome récompensa néanmoins la valeur de Métellus, en lui décernant le triomphe et le surnom de Numidique. Comme je viens de rappeler l'illustration des Domitius, je dois faire remarquer de même celle de la famille Cæcilia. Au temps dont je parle, dans un espace d'environ douze années, plus de douze Métellus parvinrent aux honneurs du consulat, de la censure et du triomphe. Il en est des familles comme des villes et des empires : elles ont leurs jours de splendeur, de vieillesse et de mort.

XII. Comme par une prévision mystérieuse de la destinée, Marius prit pour son questeur L. Sylla. Il l'envoya vers le roi Bocchus, et se rendit maître, par ses mains, de la personne de Jugurtha, il y a environ cent trente-huit ans. Désigné consul pour la seconde fois, il triompha du roi numide au commencement de ce second consulat, vers les calendes de janvier. Lorsque cet immense débordement de peuplades germaniques, dont j'ai déjà parlé sous le nom de Cimbres et de Teutons, eut anéanti, dans les Gaules, les armées de Carbon, de Silanus, de Cæpion, du consul Manlius; lorsque ces Barbares eurent égorgé le consul Scaurus Aurélius, ainsi que plusieurs autres généraux célèbres, Marius parut aux Romains le seul homme capable de repousser d'aussi terribles ennemis. Ses consulats furent multipliés. Le troisième se passa en préparatifs de guerre. Ce fut dans le cours de cette même année que le tribun Cn. Domitius proposa la loi qui donnait au peuple la nomination des pontifes, jusque-là réservée au collége des prêtres. Pendant son quatrième consulat, Marius livra bataille aux Teutons, près d'Aquée Sextia, dans la Gaule transalpine. Plus de cent cinquante mille ennemis restèrent sur la place, et cette nation barbare fut exterminée. Consul pour la cinquième fois, Marius, soutenu par le proconsul Q. Lutatius Catulus, remporta encore une grande victoire dans les champs appelés Raudiens, en deçà des Alpes. Plus de cent mille Barbares furent tués ou pris : magnifique succès, qui consola Rome de la naissance de Marius, et fut une compensation des maux qu'il devait lui causer plus tard. Son sixième consulat fut le prix de ses services. Il ne faut pas lui dérober toutefois la gloire qu'il acquit dans le cours de cette nouvelle année. La république était déchirée par les fureurs de deux tribuns, Servius Glaucias et Saturninus Apuléius, qui s'étaient maintenus par la violence dans leur

tellum, nulli secundum sæculi sui. Hujus legatus fuit C. Marius, quem prædiximus, natus equestri loco, hirtus atque horridus, vitaque sanctus, quantum bello optimus, tantum pace pessimus, immodicus gloriæ, insatiabilis, impotens, semperque inquietus. Hic per publicanos, aliosque in Africa negotiantes, criminatus Metelli lentitudinem, trahentis jam in tertium annum bellum, et naturalem nobilitatis superbiam, morandique in imperiis cupiditatem, effecit, ut, quum, commeatu petito, Romam venisset, consul crearetur, bellique pœnæ patrati a Metello, qui bis Jugurtham acie fuderat, summa committeretur sibi. Metelli tamen et triumphus fuit clarissimus, et meritum : virtutique cognomen Numidici inditum. Ut paulo ante Domitiæ familiæ, ita Cæciliæ notanda claritudo est : quippe intra XII ferme annos hujus temporis consules fuere Metelli, aut censores, aut triumpharunt amplius XII, ut appareat, quemadmodum urbium, imperiorumque, ita gentium nunc florere fortunam, nunc senescere, nunc interire.

XII. At C. Marius L. Sullam, jam tunc, ut præcaventibus fatis, copulatum sibi quæstorem habuit, per eum missum ad regem Bocchum, Jugurtha rege, abhinc annos ferme CXXXVIII potitus est; designatusque iterum consul in urbem reversus, secundi consulatus initio calendis januariis eum in triumpho duxit. E'fusa, ut prædiximus, immanis vis Germanarum gentium, quibus nomen Cimbris ac Teutonis erat, quum Cæpionem, Manliumque coss., et ante Carbonem Silanumque fudissent fugassentque in Galliis, et exuissent exercitu, Scaurumque Aurelium consulem, et alios celeberrimi nominis viros trucidassent, populus Romanus non alium repellendis tantis hostibus magis idoneum imperatorem, quam Marium, est ratus. Tum multiplicati consulatus ejus; tertius in apparatu belli consumptus : quo anno Cn. Domitius tribunus plebis legem tulit, ut sacerdotes, quos antea collegæ sufficiebant, populus crearet. Quarto trans Alpes circa Aquas Sextias cum Teutonis conflixit, amplius millia CL hostium, priore ac postero die ab eo trucidatis; gensque excisa Teutonum. Quinto, citra Alpes in campis, quibus nomen erat Raudiis, ipse cons. et procons. Q. Lutatius Catulus fortunatissimo decertavere prælio : cæsa aut capta amplius millia C hominum. Hac victoria videtur meruisse Marius, ne ejus nati rempublicam pœniteret, ac bona malis rependisse. Sextus consulatus veluti præmium ei meritorum datus : non tamen hujus consulatus fraudetur gloria, quo Servilii Glauciæ, Saturniique Apuleii furorem, continuatis honoribus rempublicam lacerantium, et gladiis quoque ac cæde comitia

magistrature. La guerre et le meurtre pénétraient avec eux jusque dans les comices populaires. Le consul marcha contre ces forcenés, et les fit mettre à mort dans la curie Hostilia.

XIII. Peu d'années après, M. Livius Drusus (7) fut nommé tribun. Il était aussi distingué par sa naissance que par son éloquence et ses vertus; aux sages inspirations de son génie, le succès seul fit défaut. Il voulait rendre au sénat son antique splendeur, et le droit de rendre les jugements, dont les Gracques l'avaient dépouillé au profit des chevaliers, qui en avaient fait le plus indigne abus. Après avoir accablé les meilleurs et les plus illustres citoyens, ils en étaient venus jusqu'à condamner, comme coupable de concussion, P. Rutilius, l'homme le plus vertueux non-seulement de son siècle, mais encore de tous les temps : atroce iniquité qui plongea dans le deuil la république entière. Par malheur, le projet que Drusus avait conçu dans l'intérêt du sénat rencontra, dans le sénat même, une opposition violente : cet ordre ne voulut pas comprendre que si le tribun se montrait sur quelques points favorable au peuple, c'était pour le séduire par de petits avantages qu'il eût payés ensuite par de larges concessions. Enfin, tel fut le malheur de Drusus, que le sénat aima mieux approuver les méfaits de ses collègues que de reconnaître la pureté de ses intentions. Il refusa avec dédain l'honneur que ce tribun voulait lui rendre, tandis qu'il supporta patiemment les injures des autres, dont la gloire d'ailleurs lui faisait moins ombrage que celle de Drusus.

XIV. Voyant le mauvais succès de ses bons desseins, Drusus changea de résolution et voulut donner le droit de cité aux peuples d'Italie. Il cherchait à réaliser ce projet, lorsque, revenant de la place publique, au milieu d'une multitude immense et en désordre qui l'accompagnait toujours, il fut frappé d'un coup de poignard, à l'entrée même de sa maison. Le fer resta fixé dans la blessure. Le tribun mourut quelques heures après. Avant de rendre le dernier soupir, il tourna les yeux sur la foule attendrie qui l'entourait, et prononça cette parole, qui montre à quel point il avait conscience de son œuvre: « Parents et amis, Rome retrouvera-t-elle jamais un citoyen tel que moi? » Telle fut la fin de cet illustre jeune homme. N'oublions pas un trait qui peint son caractère. Il se faisait bâtir une maison sur le mont Palatin, au lieu même où l'on voit encore celle qui appartint jadis à Cicéron, puis à Censorinus, et qu'occupe aujourd'hui Statilius Sisenna. Comme l'architecte lui promettait de la disposer de telle sorte qu'elle fût impénétrable à tous les regards : Au contraire, lui répondit-il, si vous êtes assez habile pour cela, construisez ma maison de manière que toutes mes actions puissent être vues de tout le monde. »

XV. Ce que je trouve de plus funeste dans les lois de Gracchus, c'est l'établissement de colonies hors de l'Italie. Nos pères, qui voyaient la supériorité de Carthage, de Marseille, de Syracuse, de Cyzique et de Bysance, sur Tyr, Phocée, Corinthe et Milet, leurs métropoles, avaient sagement évité ce danger. Ils imposaient aux Romains répandus dans les provinces l'obligation de ren-

---

discutientium, consul armis compescuit; hominesque exitiabiles in Hostilia curia morte multavit.

XIII. Deinde interjectis paucis annis, tribunatum iniit M. Livius Drusus, vir nobilissimus, eloquentissimus, sanctissimus, meliore in omnia ingenio animoque, quam fortuna usus. Qui quum senatui priscum restituere cuperet decus, et judicia ab equitibus ad eum transferre ordinem (quippe eam potestatem nacti equites Gracchanis legibus, quum in multos clarissimos atque innocentissimos viros sævissent, tum P. Rutilium, virum non sæculi sui, sed omnis ævi optimum, interrogatum lege repetundarum, maximo cum gemitu civitatis, damnaverant) in iis ipsis, quæ pro senatu moliebatur, senatum habuit adversarium, non intelligentem, si qua de plebis commodis ab eo agerentur, veluti inescandæ, illiciendæque multitudinis causa fieri, ut minoribus perceptis, majora permitteret. Denique ea fortuna Drusi fuit, ut malefacta collegarum, quam ejus optime ab ipso cogitata, senatus probaret magis; et honorem, qui ab eo deferebatur, sperneret, injurias, quæ ab aliis intendebantur, æquo animo reciperet : et hujus summæ gloriæ invideret, illorum modicam ferret.

XIV. Tum conversus Drusi animus, quando bene cœpta male cedebant, ad dandam civitatem Italiæ. Quod quum moliens revertisset e foro, immensa illa et incondita, quæ eum semper comitabatur, cinctus multitudine, in atrio domus suæ cultello percussus, qui adfixus lateri ejus relictus est, intra paucas horas decessit. Sed quum ultimum redderet spiritum, intuens circumstantium mærentiumque frequentiam, effudit vocem convenientissimam conscientiæ suæ : « Ecquandone, inquit, propinqui amicique, similem mei civem habebit respublica? » Hunc finem clarissimus juvenis vitæ habuit. Cujus morum minime omittatur argumentum : quum ædificaret domum in Palatio in eo loco, ubi est, quæ quondam Ciceronis, mox Censorini fuit, nunc Statilii Sisennæ est; promitteretque ei architectus, ita se eam ædificaturum, ut libera a conspectu, immunisque ab omnibus arbitris esset, neque quisquam in eam despicere possit : « Tu vero, inquit, si quid in te artis est, ita compone domum meam, ut, quicquid agam, ab omnibus perspici possit. »

XV. In legibus Gracchi inter perniciosissima numeraverim, quod extra Italiam colonias posuit. Id majores, quum viderent tanto potentiorem Tyro Carthaginem, Massiliam Phocæa, Syracusas Corintho, Cyzicum ac Byzantium Mileto, genitali solo, diligenter vitaverant, ut cives Romanos ad censendum ex provinciis in Italiam

trer en Italie pour se soumettre au cens. Carthage fut la première colonie romaine fondée hors de l'Italie. La mort de Drusus alluma la guerre Italique, qui depuis longtemps menaçait d'éclater. Sous le consulat de L. César et de P. Rutilius, il y a cent vingt ans, toute l'Italie se leva contre Rome. Cette fièvre de révolte s'était déclarée chez les habitants d'Asculum par le massacre de Servius, préteur, et du lieutenant Fontéius; puis elle avait gagné les Marses, et, après eux, tous les peuples de cette contrée. Les Italiens furent aussi malheureux que leur cause était juste. Ils ne demandaient qu'à devenir citoyens d'une ville dont leurs armes soutenaient la puissance. Obligés de fournir tous les ans, dans toutes nos guerres, un double contingent d'hommes et de chevaux, devaient-ils être exclus du droit de cité dans Rome, qui leur devait sa grandeur et le droit, qu'elle usurpait, de mépriser comme étrangers et barbares des peuples de même sang et de même origine? Cette guerre dévora plus de trois cent mille hommes, la fleur de l'Italie. Les généraux romains qui se distinguèrent le plus dans cette lutte, furent Cn. Pompée, père du grand Pompée; Marius, dont j'ai parlé plus haut; L. Sylla, qui sortait de la préture; Q. Métellus, fils du Numidique et surnommé Pius, à cause de sa piété filiale. Son père avait été chassé de Rome par Saturninus, tribun du peuple, parce que seul il n'avait pas voulu jurer d'obéir aux lois de ce factieux. Métellus, guidé par sa tendresse et soutenu par le sénat, obtint son rappel du consentement de toute la république. Aussi, les triomphes et les dignités de Métellus ne lui firent pas plus d'honneur que la cause de son exil même et son retour.

XVI. Les chefs les plus illustres des Italiens furent Silo Popédius, Hérius Asinius, Instéius Caton, C. Pontidius, Télésinus Pontius, Marius Egnatius, Papius Mutilius. Pourquoi une fausse modestie me ferait-elle dérober quelque chose à la gloire de ma famille, quand la vérité même parle en sa faveur. Minutius Magius, d'Asculum, mon troisième aïeul, mérite un honorable souvenir. Petit-fils de Décius Magius, un des principaux habitants de Capoue, qui se rendit célèbre par sa fidélité envers les Romains, il suivit un si noble exemple à la tête d'une légion levée par lui-même chez les Hirpins, il s'empara d'Herculanum avec T. Didius, combattit avec Sylla au siége de Pompéi, et prit d'assaut la ville de Cosa. Plusieurs historiens ont célébré ses vertus; mais nul ne l'a mieux fait que Q. Hortensius, dans ses Annales. Le peuple romain sut récompenser dignement sa fidélité; il obtint le droit de cité par privilége spécial, et ses deux fils furent créés préteurs, quand il n'y en avait encore que six. La guerre Italique fut si funeste, et tellement mêlée de succès divers, que, dans l'espace de deux années, deux consuls romains, Rutilius et, après lui, Porcius Caton, périrent; nos armées furent taillées en pièces sur plusieurs champs de bataille, et le *Sagum* pris et longtemps gardé par les citoyens. Les alliés avaient choisi Corfinium pour capitale de leur empire, et lui donnaient le nom d'Italique. Mais, peu à peu, en accordant le droit de cité aux peuples qui n'avaient point pris les armes ou qui les avaient déposées les premiers, Rome rétablit sa fortune; Pompée,

revocaverint; prima autem extra Italiam colonia Carthago condita est. Mors Drusi jam pridem tumescens bellum excitavit Italicum ; quippe L. Cæsare et P. Rutilio coss. abhinc annos CXX, universa Italia, quum id malum ab Asculanis ortum esset, quippe Servium prætorem, Fonteiumque legatum occidisset, ac deinde a Marsis exceptum, in omnes penefrasset regiones, arma adversus Romanos cepit. Quorum ut fortuna atrox, ita caussa fuit justissima : petebant enim eam civitatem, cujus imperium armis tuebantur; per omnes annos, atque omnia bella, duplici numero se militum equitumque fungi, neque in ejus civitatis jus recipi, quæ per eos in id ipsum pervenisset fastigium, per quod homines ejusdem et gentis et sanguinis ut externos alienosque, fastidire posset. Id bellum amplius CCC millia juventutis Italicæ abstulit ; clarissimi autem imperatores fuerunt Romani eo bello, Cn. Pompeius, Cn. Pompeii Magni pater, C. Marius, de quo prædiximus, L. Sulla, anno ante præturā functus, Q. Metellus, Numidici filius, qui meritum cognomen Pii consecutus erat. Quippe expulsum civitate a L. Saturnino tribuno plebis, quod solus in leges ejus jurare noluerat, pietate sua, auctoritate senatus, consensu populi Romani restituit patrem : nec triumphis, honoribusque quam aut ea ipsa exsilii, aut exsilio, aut reditu clarior fuit Numidicus.

XVI. Italicorum autem fuerunt celeberrimi duces, Silo Popædius, Herius Asinius, Insteius Cato, C. Pontidius, Telesinus Pontius, Marius Egnatius, Papius Mutilius. Neque ego verecundia, domestici sanguinis gloriæ quicquam, dum verum refero, subtraham ; quippe multum Minatii Magii, atavi mei, Asculanensis, tribuendum est memoriæ : qui nepos Decii Magii, Campanorum principis, celeberrimi et fidelissimi viri, tantam hoc bello Romanis fidem præstitit, ut cum legione, quam ipse in Hirpinis conscripserat, Herculaneum simul cum T. Didio caperet, Pompeios cum L. Sulla oppugnaret, Cosamque occuparet. Cujus de virtutibus quum alii, tum maxime dilucideque Q. Hortensius in Annalibus suis retulit; cujus ille pietati plenam populus Romanus gratiam reddidit, ipsum viritim civitate donando, duos filios ejus creando prætores, quum seni adhuc crearentur. Tam varia atque atrox fortuna Italici belli fuit, ut per biennium continuum duo Romani coss. Rutilius ac deinde Cato Porcius ab hostibus occiderentur, exercitus populi Romani multis in locis funderentur, utque ad saga iretur, diuque in eo habitu maneretur. Caput imperii sui Corfinium legerant, quod appellarunt Italicum. Paulatim deinde recipiendo in civitatem, qui arma aut non ceperant, aut deposuerant maturius, vires refectæ sunt,

Marius et Sylla soutinrent, sur le penchant de sa ruine, la république chancelante.

XVII. Sur la fin de la guerre Italique, quand il ne restait plus à soumettre que la ville de Nole, les Romains, affaiblis eux-mêmes, accordèrent à ces peuples vaincus et humiliés le droit de cité qu'ils leur avaient refusé avant les désastres réciproques de cette grande lutte. Ce fut alors que furent élus consuls Q. Pompée, et ce Cornélius Sylla, en qui l'on ne peut assez louer la science de vaincre, ni flétrir assez l'abus de la victoire. Il était d'origine patricienne, et le sixième descendant de Cornélius Rufinus, un des plus illustres capitaines qui combattirent Pyrrhus; mais la splendeur de cette famille était depuis longtemps éclipsée, et Sylla se conduisit d'abord en homme qui ne songe point au consulat. Cependant, au sortir de la préture, il se distingua dans la guerre sociale ; et, précédemment, dans la Gaule, il avait, comme lieutenant de Marius, vaincu les chefs les plus fameux des ennemis. Ces premiers succès lui donnèrent de la confiance : il se mit sur les rangs pour le consulat, et l'obtint à la presque unanimité des suffrages. Il est vrai qu'il avait déjà quarante-neuf ans.

XVIII. Vers ce temps éclata la guerre de Mithridate, roi de Pont, prince célèbre qu'il ne faut ni condamner à l'oubli, ni citer indifféremment : guerrier plein d'ardeur, grand par son courage et quelque temps aussi par sa fortune, général au conseil, soldat dans l'action, et un second Annibal par sa haine contre les Romains. Après s'être emparé de l'Asie, il adressa des lettres accompagnées de promesses magnifiques aux diverses villes de cette contrée, et leur donna l'ordre de faire égorger, le même jour et à la même heure, tous les Romains qui s'y trouvaient. Aucun peuple, en cette circonstance, ne montra plus de courage contre Mithridate et plus de fidélité envers Rome que les Rhodiens. Leur dévouement brilla surtout à côté de la perfidie des habitants de Mytilène, qui livrèrent M. Aquilius et d'autres Romains au roi barbare. Dans la suite Pompée ne rendit la liberté à cette ville qu'en considération du seul Théophane. Mithridate était devenu redoutable et semblait menacer l'Italie même, lorsque le gouvernement des provinces d'Asie échut à Sylla. Sylla, sorti de Rome, fut arrêté au siége de Nole, qui gardait obstinément les armes, comme pour démentir la fidélité inviolable qu'elle nous avait montrée dans le cours de la guerre punique. Pendant ce temps, P. Sulpitius, tribun du peuple, homme actif, d'une élocution facile, puissant par sa fortune, son crédit et ses relations, par la force de son esprit et l'énergie de son caractère, parut se donner la tâche de désavouer la conduite vertueuse qui lui avait valu l'estime de ses concitoyens et les plus hautes dignités de la république. Prenant en haine une droiture qui lui réussissait mal, il se montra tout à coup audacieux et pervers. Pour satisfaire l'ambition effrénée de Marius qui, malgré ses soixante-dix ans, voulait prendre pour lui tous les emplois et le gouvernement de toutes les provinces, Sulpitius fit rendre une loi qui dépouillait Sylla de son commandement et chargeait Marius de la guerre contre Mithridate : il porta encore d'autres lois pernicieuses, funestes et intolérables dans une cité libre. Il alla même jusqu'à faire assassiner par des émissaires de sa faction le

---

Pompeio, Sullaque et Mario fluentem procumbentemque rempublicam populi Romani restituentibus.

XVII. Finito ex maxima parte, nisi qua Nolani belli manebant reliquiæ, Italico bello (quo quidem Romani victis afflictisque ipsi exarmati, quam integris universis civitatem dare maluerunt), consulatum inierunt Q. Pompeius et L. Cornelius Sulla, vir, qui neque ad finem victoriæ satis laudari, neque post victoriam abunde vituperari potest. Hic natus familia nobili, sextus a Cornelio Rufino, qui bello Pyrrhi inter celeberrimos fuerat duces, quum familiæ ejus claritudine intermissa esset, diu ita se gessit, ut nullam petendi consulatum cogitationem habere videretur. Deinde post præturam illustratus bello Italico, et ante in Gallia legatione sub Mario, qua eminentissimos duces hostium fuderat, ex successu animum sumpsit; petensque consulatum, pæne omnium civium suffragiis factus est; sed eum honorem undequinquagesimo ætatis suæ anno adsecutus est.

XVIII. Per ea tempora Mithridates, Ponticus rex, vir neque silendus, neque dicendus sine cura, bello acerrimus, virtute eximius, aliquando fortuna, semper animo maximus, consiliis dux, miles manu, odio in Romanos Annibal, occupata Asia, necatisque in ea omnibus civibus Romanis, quos quidem eadem die atque hora, redditis civitatibus litteris, ingenti eum pollicitatione præmiorum, interimi jusserat (quo tempore neque fortitudine adversus Mithridatem; neque fide in Romanos quisquam Rhodiis par fuit: horum fidem Mytilenæorum perfidia illuminavit : qui M. Aquilium, aliosque Mithridati vinctos tradiderunt; quibus libertas, in unius Theophanis gratiam, postea a Pompeio restituta est), quum terribilis Italiæ quoque videretur imminere, sorte obvenit Sullæ Asia provincia. Is egressus urbe, quum circa Nolam moraretur (quippe ea urbs pertinacissime arma retinebat, exercitumque romanum obsidebatur, velut pœniteret ejus fidei, quam omnium sanctissimam bello præstiterat Punico), P. Sulpitius, tribunus plebis disertus, acer, opibus, gratia, amicitiis, vigore ingenii atque animi celeberrimus, quum antea rectissima voluntate apud populum maximam quæsisset dignitatem, quasi pigeret eum virtutum suarum, et bene consulta ei male cederent, subito pravus et præceps, C. Mario post LXX annum omnia imperia et omnes provincias concupiscenti addixit legemque ad populum tulit, qua Sullæ imperium abrogaretur, C. Mario bellum decerneretur Mithridaticum; aliasque leges perniciosas et exitiabiles, neque tolerandas liberæ civitati tulit; quin etiam

gendre de Sylla, le fils du consul Q. Pompée.

XIX. A cette nouvelle, Sylla rassemble une armée, retourne à Rome, s'en rend maître, et, après avoir chassé de la ville les douze auteurs principaux des nouveautés et des désordres, parmi lesquels se trouvaient Sulpitius et les deux Marius, père et fils, il porte contre eux une loi de bannissement. Sulpitius, atteint par des cavaliers envoyés à sa poursuite, fut égorgé dans les marais de Laurenta : sa tête placée sur la tribune aux harangues, et exposée à tous les regards, fut comme le présage des proscriptions prochaines. Marius, après six consulats, à l'âge de soixante-dix ans, nu, couvert de boue, n'ayant que les yeux et les oreilles hors de la fange qui lui servait d'asile, fut pris parmi les joncs du marais de Marica, où il s'était caché pour échapper à la poursuite des cavaliers de Sylla, et conduit, la corde au cou, dans les prisons de Minturnes par l'ordre du duumvir. On envoya pour le tuer un esclave public, Germain de nation (8), et qui avait été un de ses prisonniers dans la guerre des Cimbres. Dès que cet homme eut reconnu Marius, il poussa un cri qui exprimait l'indignation que lui causait l'abaissement d'un si grand homme, et s'enfuit de la prison en jetant son épée. Alors les habitants de Minturnes, instruits par l'exemple d'un Barbare à compatir au sort d'un homme qui naguère avait été le chef de la république, lui fournirent des vivres, des vêtements et le mirent sur un vaisseau. Il rejoignit son fils auprès d'Ænarie ; de là fit voile vers l'Afrique, et vécut misérable dans une cabane bâtie sur les ruines de Carthage. Cette ville et cet homme n'avaient qu'à se regarder (9) l'un l'autre pour se consoler dans leurs disgrâces.

XX. Cette année vit nos soldats tremper pour la première fois leurs mains dans le sang d'un consul. Q. Pompée, collègue de Sylla, fut massacré par l'armée du proconsul Cn. Pompée, dans une sédition que ce dernier, au reste, avait fait naître. Cinna n'était point un homme plus modéré que Marius ni que Sulpitius. En accordant le droit de cité aux peuples d'Italie, on les avait répartis en huit tribus, pour qu'ils ne pussent pas, par leur force et par leur nombre, affaiblir l'influence des anciens citoyens et se rendre, au moyen de la faveur qu'ils avaient reçue, plus considérables que ceux qui la leur avaient accordée. Mais Cinna leur promit de les distribuer dans toutes les autres tribus. A cette nouvelle l'Italie entière accourut à Rome. Dans ce même moment, Cinna fut chassé de la ville par les forces réunies de son collègue et de la noblesse ; et, comme il se dirigeait vers la Campanie, le sénat le déclara déchu de sa magistrature, et L. Cornélius Mérula, prêtre de Jupiter, fut nommé consul à sa place. Cinna méritait bien cette injure, mais l'exemple était funeste. Il alla rejoindre l'armée romaine qui faisait le siége de Nôle. Centurions, tribuns et soldats furent séduits par ses brillantes promesses. Bientôt l'armée entière lui prêta le serment d'obéissance ; on le vit alors, revêtu des insignes consulaires, marcher contre sa patrie. Il était soutenu par un nombre prodigieux de nouveaux citoyens, parmi lesquels il avait levé plus de trois cents cohortes et formé trente légions. Son parti avait besoin de

---

Q. Pompeii consulis filium, eumdemque Sullæ generum, per emissarios factionis suæ interfecit.

XIX. Tum Sulla contracto exercitu ad urbem rediit, eamque armis occupavit, XII auctores novarum pessimarumque rerum, inter quos Marium cum filio, et P. Sulpitio, urbe exturbavit, ac lege lata exsules fecit. Sulpitium etiam adsecuti equites, in Laurentinis paludibus jugulavere : caputque ejus erectum et ostentatum pro rostris, velut omen imminentis proscriptionis fuit. Marius post sextum consulatum annoque LXX, nudus, ac limo obrutus, oculis tantummodo ac naribus eminentibus, extractus arundineto, circa paludem Maricæ, in quam se, fugiens consectantes Sullæ equites, abdiderat ; injecto in collum loro, in carcerem Minturnensium jussu duumviri perductus est. Ad quem interficiendum missus cum gladio servus publicus, natione Germanus, qui forte ab imperatore eo, bello Cimbrico captus erat, ut agnovit Marium, magno ejulatu expromenti indignationem casus tanti viri, abjecto gladio profugit e carcere. Tum cives, ab hoste, miserari paulo ante principis viri docti, instructum eum viatico, collataque veste, in navem imposuere ; at ille adsecutus circa Ænariam filium, cursum in Africam direxit, inopemque vitam in tugurio ruinarum Carthaginiensium toleravit : quum Marius, aspiciens Carthaginem, illa intuens Marium, alter alteri possent esse solatio.

XX. Hoc primum anno, sanguine cons. Romani militis imbutæ manus sunt : quippe Pompeius, collega Sullæ, ab exercitu Cneii Pompeii proconsulis, seditione, sed quam dux creaverat, interfectus est. Non erat Mario, Sulpitio Cinna temperatior : itaque, quum ita civitas Italiæ data esset, ut in octo tribus contribuerentur novi cives ; ne potentia eorum et multitudo veterum civium dignitatem frangeret, plusque possent recepti in beneficii, quam auctores beneficii ; Cinna, in omnibus tribubus eos se distributurum, pollicitus est. Quo nomine ingentem totius Italiæ frequentiam in urbem acciverat, e qua pulsus collegæ optimatiumque viribus, quum in Campaniam tenderet, ex auctoritate senatus consulatus ei abrogatus est, suffectusque in ejus locum L. Cornelius Merula, flamen Dialis ; hæc injuria homine, quam exemplo dignior fuit. Tum Cinna, corruptis primo centurionibus ac tribunis, mox etiam spe largitionis militibus, ab eo exercitu, qui circa Nolam erat, receptus est. Is, quum universus in verba ejus jurasset, retinens insignia consulatus, patriæ bellum intulit, fretus ingenti numero novorum civium, e quorum delectu CCC amplius cohortes conscripserat ac triginta legionum instar

crédit et d'autorité ; pour lui donner ce qui lui manquait, il rappela de l'exil les deux Marius et les autres bannis.

XXI. Tandis que Cinna portait la guerre dans sa patrie, Cn. Pompée, père du grand Pompée, qui avait rendu d'éminents services à la république pendant la guerre des Marses, surtout dans le Picenum, comme je l'ai dit plus haut, et qui avait pris Asculum après une bataille où, malgré la dispersion de nos armées sur plusieurs autres points de l'Italie, soixante-quinze mille Romains avaient combattu le même jour contre plus de soixante mille alliés, Cn. Pompée, dis-je, frustré de l'espérance d'un second consulat, louvoyait entre les deux partis, sans se déclarer ni pour l'un ni pour l'autre, ne consultant que son intérêt personnel, spéculant sur les circonstances, et prêt à passer avec son armée du côté qui offrirait le plus de chances de succès à son ambition. Cependant il finit par livrer bataille à Cinna sous les murs de Rome et les yeux même des citoyens. Des deux parts, l'acharnement fut atroce. Il serait difficile de dire combien cette journée fut désastreuse pour les combattants et pour les spectateurs. Immédiatement après, comme si les deux armées n'avaient pas été suffisamment ravagées par le fer, la peste acheva de les décimer, et Cn. Pompée mourut. La joie que causa sa mort ne fut que trop compensée par la perte de tant de citoyens qu'avaient moissonnés le glaive ou la contagion. Le peuple assouvit sur son cadavre la haine qu'il lui avait vouée pendant sa vie. On compte deux ou trois familles de Pompée. Le premier consul de ce nom fut Q. Pompée, qui eut pour collègue Cn. Servilius, il y a environ cent soixante-sept ans. Après de sanglantes batailles, Cinna et Marius se rendirent maîtres de la ville. Cinna y entra le premier, et porta une loi qui ordonnait le rappel de Marius.

XXII. Marius entra dans Rome, et son retour fut un désastre public. Jamais victoire n'eût été plus cruelle que la sienne, si celle de Sylla ne l'eût suivie de près. La fureur du glaive épargna les hommes obscurs; mais les premiers et les plus illustres citoyens furent livrés à tous les genres de supplices. Le consul Octavius, que recommandait son extrême douceur, fut égorgé par ordre de Cinna. L'autre consul, Mérula, qui avant son arrivée, s'était démis de sa magistrature, se fit ouvrir les veines, arrosa les autels de son sang, et, près de terminer une carrière toute consacrée au bonheur de sa patrie, il invoqua contre Cinna et son parti la vengeance des mêmes dieux qu'il avait souvent priés pour le salut de Rome. M. Antoine, aussi grand orateur que grand citoyen, arrêta quelque temps par le charme de son éloquence les coups des émissaires de Marius et de Cinna. Q. Catulus, qui partageait avec Marius la gloire de la défaite des Cimbres, et s'était attiré par ses vertus l'estime de ses concitoyens, sachant qu'on le cherchait pour le faire mourir, s'enferma dans un lieu fraîchement enduit de chaux et de sable, et y fit apporter du feu pour donner plus de force à l'odeur qui s'en exhalait, puis il respira cet air

---

impleverat. Opus erat partibus auctoritate, gratia; cujus augendæ, C. Marium cum filio de exsilio revocavit, quique cum iis pulsi erant.

XXI. Dum bellum autem infert patriæ Cinna, Cn. Pompeius, Magni pater (cujus præclara opera bello Marsico præcipue circa Picenum agrum, ut præscripsimus, usa erat respublica; quique Asculum ceperat, circa quam urbem, quum in multis aliis regionibus exercitus dispersi forent, amplius LXX civium Romanorum, amplius LX Italicorum una die conflixerant), frustratus spe continuandi consulatus, ita se dubium mediumque partibus præstitit, ut omnia ex proprio usu ageret, temporibusque insidiari videretur, et huc atque illuc, unde spes major adfulsisset potentiæ, se exercitumque deflecteret. Sed ad ultimum magno atrocique prælio cum Cinna conflixit : cujus commissi patratique sub ipsis mœnibus oculisque urbis romanæ, pugnantibus spectantibusque quam fuerit eventus exitiabilis, vix verbis exprimi potest. Post hoc, quum utrumque exercitum, velut parum bello exhaustum, laceraret pestilentia, Cn. Pompeius decessit : cujus interitus voluptas, amissorum ad gladio aut morbo civium pœne damno repensata est : populusque Romanus quam vivo iracundiam debuerat, in corpus mortui contulit. Seu duæ, seu tres Pompeiorum fuere familiæ, primus ejus nominis, ante annos fere CLXVII, Q. Pompeius cum Cn. Servilio consul fuit. Cinna et Marius, haud incruentis utrinque certaminibus editis, urbem occupaverunt; sed prior ingressus Cinna de recipiendo Mario legem tulit.

XXII. Mox C. Marius, pestifero civibus suis reditu, intravit mœnia. Nihil illa victoria fuisset crudelius, nisi mox Sullana esset secuta : neque licentia gladiorum in mediocres sævitum, sed excelsissimi quique atque eminentissimi civitatis viri variis suppliciorum generibus adfecti; in iis cons. Octavius, vir lenissimi animi, jussu Cinnæ interfectus est. Merula autem, qui se sub adventum Cinnæ consulatu abdicaverat, incisis venis, superfusoque altaribus sanguine, quos sæpe pro salute reipublicæ flamen Dialis precatus erat Deos, eos in exsecrationem Cinnæ partiumque ejus tum precatus, optime de republica meritum spiritum reddidit. M. Antonius, princeps civitatis atque eloquentiæ, gladiis militum, quos ipsos facundia sua moratus erat, jussu Marii Cinnæque confossus est. Q. Catulus, et aliarum virtutum et belli Cimbrici gloria, quæ illi cum Mario communis fuerat, celeberrimus, quum ad mortem conquireretur, conclusit se loco nuper calce arenaque perpolito, illatoque igni, qui vim odoris excitaret, simul exitiali hausto spiritu, simul incluso suo, mortem magis voto quam arbitrio inimicorum obiit. Omnia erant præcipitia in republica,

méphytique en retenant son souffle et mourut, selon le désir, mais non pas tout à fait au gré de ses ennemis. Le désordre était à son comble dans la république, et cependant personne n'osait encore demander ou donner les biens d'un citoyen romain. Ce dernier malheur ne se fit pas attendre; l'avarice éveilla la cruauté; la fortune devint la mesure des crimes, tout homme opulent fut coupable par cela seul qu'il pouvait enrichir son assassin; et l'on ne vit plus de honte où l'on trouvait du profit.

XXIII. Cinna venait d'être nommé consul pour la seconde fois, lorsque Marius mourut de maladie au commencement de son septième consulat, qui ternit la gloire des premiers. Cet homme, qui haïssait le repos, n'avait pas été moins funeste à ses concitoyens pendant la paix qu'à l'ennemi pendant la guerre. Il fut remplacé par Valérius Flaccus, auteur d'une loi honteuse qui réduisait les dettes de trois quarts. Il en fut justement puni dans les deux années qui suivirent. Pour fuir la domination de Cinna dans l'Italie, la plupart des nobles se réfugièrent en Achaïe d'abord, puis en Asie, au camp de Sylla. Vainqueur des généraux de Mithridate, dans l'Attique, la Béotie et la Macédoine, Sylla reprit Athènes, détruisit à grand'peine les vastes fortifications du Pirée, tua plus de deux cent mille ennemis et en prit un pareil nombre. Ce serait ignorer l'histoire et la vérité de croire qu'Athènes était révoltée contre nous lorsque Sylla en fit le siège. Les Athéniens se sont toujours conduits à notre égard avec une fidélité si inaltérable que la foi attique était passée en proverbe à Rome pour exprimer une fidélité à toute épreuve. Au reste, accablés sous la puissance de Mithridate, les Athéniens avaient le double malheur de voir leur ville occupée par leurs ennemis et assiégée par leurs amis. Leurs affections étaient hors des murs où la nécessité les retenait captifs. Sylla passa ensuite en Asie, où il trouva Mithridate soumis et suppliant; il exigea de ce prince des sommes considérables et une partie de sa flotte, le contraignit à évacuer l'Asie et toutes les autres provinces dont il s'était emparé; il se fit rendre les prisonniers, punit les transfuges et les traîtres, et força Mithridate à se contenter du royaume de ses pères, c'est-à-dire du Pont.

XXIV. Avant l'arrivée de Sylla, C. Flavius Fimbria, commandant de la cavalerie, avait assassiné le consulaire Valérius Flaccus, et l'armée séduite l'avait proclamé *imperator*. Il avait encore vaincu Mithridate dans une rencontre; mais à l'approche de Sylla, ce jeune homme se tua de sa propre main, courageux à se punir des crimes qu'il avait commis. Cette même année, P. Lænas, tribun du peuple, fit précipiter de la roche Tarpéienne Sextus Lucilius, qui avait été tribun l'année précédente; et ses collègues, cités à son tribunal, s'étant réfugiés par crainte auprès de Sylla, il leur interdit l'eau et le feu. Après avoir tout pacifié au-delà des mers, Sylla reçut une ambassade du roi des Parthes, hommage qui n'avait été rendu à nul autre Romain avant lui. Parmi les ambassadeurs

nec tamen adhuc quisquam inveniebatur, qui bona civis romani, aut donare auderet, aut petere sustineret. Postea id quoque accessit, ut sævitiæ causam avaritia præberet et modus culpæ ex pecuniæ modo constitueretur; et qui fuisset locuples, fieret nocens; sui quisque periculi merces foret; nec quidquam videretur turpe quod esset quæstuosum.

XXIII. Secundum deinde consulatum Cinna et septimum Marius in priorum dedecus iniit; cujus initio morbo oppressus decessit, vir in bello hostibus, in otio civibus infestissimus, quietisque impatientissimus. In hujus locum suffectus Valerius Flaccus, turpissimæ legis auctor, qua creditoribus quadrantem solvi jusserat: cujus facti merita cum pœna intra biennium consecuta est. Dominante in Italia Cinna, major pars nobilitatis ad Sullam in Achaiam, ac deinde post in Asiam perfugit. Sulla interim cum Mithridatis præfectis, circa Athenas, Bœotiamque, et Macedoniam ita dimicavit, ut et Athenas reciperet, et plurimo circa multiplices Piræei portus munitiones labore expleto, amplius CC hostium millia interficeret, nec minus multa caperet. Si quis hoc rebellandi tempus, quo Athenæ oppugnatæ a Sulla sunt, imputat Atheniensibus, nimirum viri vetustatisque ignarus est; adeo enim certa Atheniensium in Romanos fides fuit, ut semper et in omni re, quidquid sincera fide gereretur, Id Romani, Attica fieri, prædicarent. Cæterum tum oppressi Mithridatis armis homines miserrimæ conditionis, quum ab inimicis tenerentur, oppugnabantur ab amicis, et animos intra muros, corpora, necessitati servientes, intra muros habebant. Transgressus deinde in Asiam Sulla, parentem ante omnia supplicemque Mithridatem invenit; quem multatum pecunia ac parte navium, Asia, omnibusque aliis provinciis, quas armis occupaverat, decedere coegit: captivos recepit; in perfugas, noxiosque animadvertit; paternis, id est, Ponticis finibus contentum esse jussit.

XXIV. C. Flavius Fimbria, qui, præfectus equitum, ante adventum Sullæ, Valerium Flaccum consularem virum interfecerat, exercituque occupato imperator appellatus, forte Mithridatem pepulerat prælio, sub adventum Sullæ se ipse interemit, adolescens, quæ pessime ausus erat, fortiter exsecutus. Eodem anno P. Lænas, tribunus plebis, Sextum Lucilium, qui in priore anno tribunus plebis fuerat, saxo Tarpeio dejecit; et quum collegæ ejus, quibus diem dixerat, metu ad Sullam profugissent, aqua ignique iis interdixit. Tum Sulla, compositis transmarinis rebus, quum ad eum, primum omnium Romanorum, legati Parthorum venissent, et in iis quidam magi ex notis corporis responderent, cœlestem

se trouvaient des Mages qui, d'après certains signes observés dans sa personne, lui prédirent une gloire immense et une renommée immortelle. De retour en Italie, Sylla ne débarqua point à Brindes plus de trente mille hommes, quoiqu'il en eût plus de deux cent mille à combattre. Ce que j'admire le plus dans cet homme, c'est la conduite qu'il tint pendant les trois années que le parti de Cinna et de Marius opprima l'Italie. Il ne dissimula point son intention de leur faire une rude guerre, sans toutefois interrompre celle qui l'occupait. Il pensa qu'avant de punir des citoyens il fallait vaincre les ennemis, et délivrer la république des sujets de terreur qu'elle avait au dehors pour arriver ensuite à la venger des hommes pervers qu'elle avait dans son sein. Avant son retour, Cinna périt victime d'une sédition militaire : sa mort eût été plus juste, ordonnée par le vainqueur. On peut dire que s'il osa ce que jamais un homme de bien n'eût osé, il fit aussi ce qu'un homme de cœur seul pouvait faire : il était téméraire dans ses entreprises, mais vigoureux dans l'exécution. Il ne fut point remplacé, et Carbon resta seul consul jusqu'à la fin de l'année.

XXV. On eût dit que c'était pour apporter la paix et non la guerre que Sylla revenait en Italie, tant la marche de son armée fut paisible à travers la Calabre et la Pouille, tant il mit de soin à faire respecter les moissons, les champs, les hommes et les villes sur tous les points qu'il traversa pour se rendre en Italie : il essaya même de terminer la guerre à des conditions équitables et modérées; mais quelles propositions de paix pouvaient plaire à des hommes dont l'ambition égalait la détresse.

Cependant l'armée de Sylla se grossissait tous les jours de tous les bons citoyens qui se ralliaient à son parti. Bientôt, par un coup de bonheur, il vainquit près de Capoue les consuls Norbanus et Scipion ; le premier fut défait en bataille rangée ; le second, trahi et livré par ses soldats, fut renvoyé sain et sauf ; tant Sylla se ressemblait peu avant ou après la victoire. Dans l'action, c'était le plus doux et le plus juste de tous les hommes ; mais était-il vainqueur ? sa cruauté n'avait plus de mesure. C'est ainsi qu'il renvoya désarmé, comme je viens de le dire, un des consuls, et le même Q. Sertorius, qui devait allumer bientôt après une guerre effroyable. Il traita avec non moins de clémence un grand nombre d'autres prisonniers : on eût dit qu'il voulait faire croire qu'il y avait en lui deux âmes tout-à-fait différentes. En mémoire de l'avantage qu'il avait remporté sur C. Norbanus à la descente du mont Tifate, il offrit de solennelles actions de grâce à Diane, protectrice de cette contrée, et lui consacra, avec les terres qu'elles arrosent, des sources d'eaux que leur salutaire influence a rendues célèbres. Une inscription attachée sur la porte du temple et une table d'airain qu'on voit dans l'intérieur de l'édifice attestent encore aujourd'hui sa pieuse reconnaissance.

XXVI. Ensuite furent élus consuls Carbon, qui l'était pour la troisième fois, et C. Marius, fils de l'homme aux sept consulats. Ce Marius était âgé de vingt-six ans ; il eut l'âme forte de son père, mais non sa longévité. Courageux dans tout ce qu'il entreprit, il fut constamment à hauteur de sa dignité. Vaincu près de Sacriport, par Sylla,

---

ejus vitam et memoriam futuram, revectus in Italiam, haud plura quam XXX armatorum millia adversum CC amplius hostium exposuit Brundusii. Vix quicquam in Sullæ operibus clarius duxerim, quam quod, quum per triennium Cinnanæ Marianæque partes Italiam obsiderent, neque illaturum se bellum iis dissimulavit, nec quod erat in manibus omisit ; existimavitque ante frangendum hostem, quam ulciscendum civem ; repulsoque externo metu, ubi quod alienum esset, vicisset, superaret quod erat domesticum. Ante adventum L. Sullæ, Cinna, seditione orta, ab exercitu interemptus est, vir dignior, qui arbitrio victorum moreretur, quam iracundia militum ; de quo vere dici potest, ausum eum quæ nemo auderet bonus, perfecisse quæ a nullo nisi fortissimo, perfici possent ; et fuisse eum in consultando temerarium, in exsequendo virum. Carbo, nullo suffecto collega, solus toto anno consul fuit.

XXV. Putares, Sullam venisse in Italiam, non belli vindicem, sed pacis auctorem ; tanta cum quiete exercitum per Calabriam Apuliamque, cum singulari cura frugum, agrorum, hominum, urbium, perduxit in Campaniam ; tentavitque justis legibus et æquis conditionibus bellum componere. sed iis, quibus et pessima et immodica cupiditas erat, non poterat pax placere. Crescebat interim in dies Sullæ exercitus, confluentibus ad eum optimo quoque et sanissimo. Felici deinde circa Capuam eventu Scipionem Norbanumque coss. superat : quorum Norbanus, acie victus ; Scipio, ab exercitu suo desertus ac proditus, inviolatus a Sulla dimissus est. Adeo enim Sulla dissimilis fuit bellator ac victor. ut, dum vincit, ac justissimo lenior ; post victoriam audito fuerit crudelior. Nam et cons. ut prædiximus, exarmatum, Q. Sertorium (proh quanti mox belli facem!) et multos alios, potitus eorum, dimisit incolumes : credo, ut in eodem homine duplicis ac diversissimi animi conspiceretur exemplum. Post victoriam, quia descendens montem Tifata cum C. Norbano concurrerat Sulla, grates Dianæ, cujus numini regio illa sacrata est, solvit ; aquas salubritate mendisque corporibus nobiles, agrosque omnes addixit deæ : hujus gratæ religionis memoriam et inscriptio templi adfixa poste hodieque, et tabula testatur ærea intra ædem.

XXVI. Deinde coss. Carbo III, et C. Marius septiens consulis filius, annos natus XXVI, vir animi magis quam ævi paterni, multa fortiterque molitus, neque usquam inferior nomine consulis, apud Sacriportum pulsus a

Il courut se renfermer avec son armée dans Préneste, ville défendue tout à la fois par sa situation et par la garnison qu'il avait eu soin d'y mettre. Pour que rien ne manquât aux malheurs publics, on rivalisa de crimes dans une ville où l'on n'avait jusqu'alors rivalisé que de vertus ; et les plus méchants se crurent désormais les meilleurs. Tandis qu'on se battait à Sacriport, le préteur Damasippe faisait égorger, dans la curie Hostilia, comme favorables au parti de Sylla, Domitius, le grand pontife Scévola, célèbre par la connaissance des lois divines et humaines ; l'ex-préteur Carbon, frère du consul ; et l'ancien édile Antistius. Rendons à Calpurnie le tribut d'éloges que mérite sa noble conduite. Femme d'Antistius, elle se perça le sein pour partager le sort de son époux. Y eut-il jamais héroïsme plus admiré que le sien ? Sa vertu l'immortalise, tandis que le nom de son père est oublié (10).

XXVII. Ce fut sous le consulat de Carbon et de Marius, il y a cent onze ans, aux calendes de novembre, que Pontius Télésinus, capitaine aussi habile qu'intrépide, s'avança jusqu'à la porte Colline, à la tête de quarante mille hommes, jeunes et déterminés, et livra contre Sylla une bataille qui mit ce général et la république même à deux doigts de leur perte. Rome ne fut pas plus menacée le jour où elle vit Annibal camper à trois milles de ses murs, qu'au moment où Télésinus, parcourant à cheval les rangs de son armée, s'écriait « que la dernière heure des Romains était venue ; qu'il fallait détruire et raser leur ville ; et que ces loups, ravisseurs de la liberté de l'Italie, ne seraient exterminés que lorsqu'on aurait mis à bas la forêt qui leur servait de repaire. » A la première heure de la nuit, l'armée romaine put enfin respirer, et l'ennemi fit retraite. Le lendemain Télésinus fut trouvé presque mort ; mais son visage était plutôt celui d'un vainqueur que celui d'un mourant. Sa tête fut coupée, et portée autour des murs de Préneste, par ordre de Sylla. Voyant alors ses affaires désespérées, le jeune Marius essaya de s'évader par des conduits souterrains, pratiqués avec un art merveilleux, et qui aboutissaient à la campagne par diverses issues. Mais, au moment où il en sortait, des soldats apostés le massacrèrent. Quelques-uns prétendent qu'il se tua de sa propre main ; selon d'autres, le jeune frère de Télésinus et lui, assiégés tous deux, et cherchant à s'échapper ensemble, succombèrent sous les coups qu'ils se portèrent mutuellement. Quoi qu'il en soit, la gloire de Caius Marius n'est point éclipsée par la grande figure de son père. Nous savons d'ailleurs ce que Sylla pensait de ce jeune homme : ce fut seulement après sa mort qu'il prit le surnom d'Heureux, surnom qu'il eût mérité sans doute s'il eût cessé de vivre en cessant de vaincre. Ce fut Ofella Lucrétius, transfuge du parti de Marius, qui dirigea les opérations du siége de Préneste. Pour consacrer le souvenir de la défaite de Télésinus et des Samnites, Sylla fonda des jeux perpétuels, qu'on célèbre encore aujourd'hui dans le Cirque, mais sans rappeler sa victoire.

Sulla acie, Præneste, quod ante natura munitum præsidiis firmaverat, se exercitumque contulit. Ne quid usquam malis publicis deesset, in qua civitate semper virtutibus certatum erat, certabatur sceleribus : optimusque sibi videbatur, qui fuerat pessimus. Quippe dum ad Sacriportum dimicatur, Damasippus prætor Domitium, Scævolam etiam, pontificem maximum, et divini humanique juris auctorem celeberrimum, et C. Carbonem prætorium, cons. fratrem, et Antistium ædilitium, velut faventes Sullæ partibus, in curia Hostilia trucidavit. Non perdat nobilissimi facti gloriam Calpurnia, Bestiæ filia, uxor Antistii : quæ jugulato, ut prædiximus, viro, gladio se ipsam transfixit : quantum hujus gloriæ famæque accessit ? nunc virtute eminet, patria latet.

XXVII. At Pontius Telesinus, dux Samnitium, vir animi bellique fortissimus, penitusque romano nomini infestissimus, contractis circiter XL millia fortissimæ pertinacissimæque in retinendis armis juventutis, Carbone ac Mario coss., abhinc annos CXI, kal. novembribus, ita ad portam Collinam cum Sulla dimicavit, ut ad summum discrimen et eum et rempublicam perduceret. Quæ non majus periculum adiit, Annibalis intra tertium milliarium castra conspicata, quam eo die, quo circumvolans ordines exercitus sui Telesinus, dictitansque, « adesse Romanis ultimum diem », vociferabatur eruendam delendamque urbem; adjiciens, « nunquam defuturos raptores italicæ libertatis lupos, nisi sylva, in quam refugere solerent, esset excisa ». Post primam demum horam noctis et romana acies respiravit, et hostium cessit. Telesinus postera die semianimis repertus est, victoris magis quam morientis vultum præferens; cujus abscissum caput ferri, gestarique circa Præneste Sulla jussit. Tum demum, desperatis rebus suis, C. Marius adolescens per cuniculos, qui miro opere fabricati in diversas agrorum partes ferunt, conatus erumpere, quum foramine et terra emersisset, a dispositis in id ipsum interemptus est. Sunt, qui sua manu ; sunt, qui concurrentem mutuis ictibus cum minore fratre Telesino, una obsesso et erumpente, occubuisse prodiderunt. Utcumque cecidit, hodieque tanta patris imagine non obscuratur ejus memoria ; de quo juvene quid existimaverit Sulla, in promptu est : occiso enim demum eo, Felicis nomen adsumpsit ; quod quidem usurpasset justissime, si eumdem et vincendi et vivendi finem habuisset. Oppugnationi autem Prænestis, ac Marii præfuerat Ofella Lucretius ; qui, quum ante Marianarum fuisset partium prætor, ad Sullam transfugerat. Felicitatem dici, quo Samnitium Telesinique pulsus est exercitus, Sulla perpetua ludorum circensium honore memoria, qui sine ejus nomine Sullanæ victoriæ celebrantur.

XXVIII. Peu de temps avant la bataille de Sacriport, gagnée par Sylla, plusieurs généraux de son parti avaient combattu glorieusement, les deux Servilius à Clusium, Métellus Pius à Faventia, M. Lucullus aux environs de Fidentia. Les malheurs de la guerre civile semblaient toucher à leur terme, quand l'inhumanité de Sylla vint y mettre le comble. La dictature était comme abolie de fait depuis cent vingt ans. L'élection du dernier dictateur remontait à l'année qui suivit la retraite d'Annibal : preuve certaine que le peuple romain souhaitait moins l'appui d'une pareille magistrature pendant la guerre, qu'il n'en redoutait la puissance pendant la paix. Sylla se fit donner la dictature, et cette charge terrible, qui avait été jusqu'alors l'instrument du salut de la république, dans les plus grands périls, devint, entre ses mains, l'arme d'une cruauté sans mesure. Il fut le premier qui donna l'exemple de la proscription ; et plût aux dieux qu'il eût été le dernier! Dans une ville où les lois ne permettaient pas d'insulter impunément un histrion, il décerna des récompenses aux meurtriers, et fit de l'assassinat une œuvre méritoire : plus on avait égorgé d'hommes, plus on avait de droits à ses faveurs; et les biens des victimes devenant le salaire des bourreaux, il était plus avantageux de tuer un citoyen que de frapper un ennemi. On ne se contenta point de sévir contre ceux qui avaient porté les armes dans le parti contraire ; beaucoup d'innocents périrent. On alla plus loin : les biens des proscrits furent vendus à l'encan, leurs enfants dépouillés de leurs patrimoines et exclus des fonctions publiques; de sorte que, par une injustice révoltante, les fils de sénateurs furent contraints de supporter les charges du sénat, sans en conserver les avantages.

XXIX. Quelque temps avant le retour de Sylla en Italie (il y a aujourd'hui cent treize ans), Cnéius Pompée, fils de ce Pompée qui, durant son consulat, remporta sur les Marses les brillants avantages que j'ai racontés plus haut, ne prenant conseil que de lui-même, et réduit à ses seules ressources, conçut et exécuta glorieusement, à l'âge de vingt-trois ans, une entreprise qui devait relever la splendeur de sa patrie. Il leva d'abord une puissante armée dans le Picénum, pays tout peuplé des clients de son père. Le récit des actions de ce grand homme exigerait plusieurs volumes ; mais le plan de cet ouvrage me fait une loi de ne les rappeler qu'en peu de mots. La mère de Pompée, Lucilia, était issue d'une famille patricienne. On admirait en lui non ces grâces qui parent la jeunesse, mais une beauté grave et majestueuse, qui s'alliait bien à sa haute fortune, et qui resta la même jusqu'au dernier jour de sa vie. Sa vie était pure, ses mœurs irréprochables, son éloquence médiocre. Il était passionné pour les honneurs; mais il voulait les recevoir comme une marque d'estime, et non les usurper ; général habile en temps de guerre, c'était, pendant la paix, le citoyen le plus modéré, tant qu'il n'avait point un égal à craindre. Sincère et constant dans l'amitié; toujours prêt à pardonner l'offense ; facile à satisfaire, et d'une fidélité inviolable après la réconciliation ; n'abusant jamais ou rarement de la puissance jusqu'à la rendre tyrannique. En un mot, il était à peu près exempt de vices, si ce n'é-

---

XXVIII. Paulo ante quam Sulla ad Sacriportum dimicaret, magnificis præliis partium ejus viri hostium exercitum fuderant, duo Servilii apud Clusium, Metellus Pius apud Faventiam, M. Lucullus circa Fidentiam. Videbantur finita belli civilis mala, quum Sullæ crudelitate aucta sunt. Quippe dictator creatus (cujus honoris usurpatio per annos CXX intermissa : nam proximus post annum, quam Annibal Italia excesserat : uti adpareat, populum romanum usum dictatoris haud ita in metu desiderasse, ut in otio timuisse potestatem) imperio, quo priores ad vindicandam maximis periculis rempublicam usi erant, eo in immodicam crudelitatis licentiam usus est. Primus ille, et utinam ultimus, exemplum proscriptionis invenit, ut, in qua civitate petulantis convicii judicium histrioni ex alto redditur, in ea jugulati civis reip. constitueretur auctoramentum; plurimumque haberet, qui plurimos interemisset : neque occisi hostis, quam civis, uberius foret præmium; fieretque quisque merces mortis suæ. Nec tamen in eos, qui contra arma tulerant, sed in multos insontes sævitum : adjectum etiam, ut bona proscriptorum venirent; exclusique paternis opibus liberi, etiam petendorum honorum jure prohiberentur, simulque, quod indignissimum est, senatorum filii et onera ordinis sustinerent, et jura perderent.

XXIX. Sub adventum in Italiam L. Sullæ, Cneius Pompeius, ejus Cn. Pompeii filius, quem magnificentissimas res in consulatu gessisse bello marsico prædiximus, XXIII annos natus, abhinc annos CXIII, privatis ut opibus, ita consiliis magna ausus, magnificeque conata exsecutus, ad vindicandam restituendamque dignitatem patriæ, firmum ex agro Piceno, qui totus paternis ejus clientelis refertus erat, contraxit exercitum. Cujus viri magnitudo multorum voluminum instar exigit : sed operis modus paucis eum narrari jubet. Fuit hic genitus matre Lucilia, stirpis senatoriæ, forma excellens, non ea, qua flos commendatur ætatis, sed ex dignitate, constantiaque in illam conveniens amplitudinem fortunamque ejus, ad ultimum vitæ comitata est diem : innocentia eximius, sanctitate præcipuus, eloquentia medius; potentiæ, quæ honoris caussa ad eum deferretur, non ut ab eo occuparetur, cupidissimus ; dux bello peritissimus; civis in toga, nisi ubi vereretur, ne quem haberet parem, modestissimus; amicitiarum tenax, in offensis exorabilis, in reconcilianda gratia fidelissimus, in accipienda satis-

tait pas un vice, et le plus grand de tous, que cet orgueil qui ne lui permettait pas de souffrir un égal dans une cité libre et maîtresse du monde, où l'égalité était de droit entre tous les citoyens. Accoutumé, depuis qu'il avait pris la robe virile, à suivre à l'armée son père, général très-habile, il avait développé, par une étude approfondie de la science militaire, son esprit naturellement propre aux saines études; aussi, tout en lui donnant moins de louanges qu'à Métellus, Sertorius le craignait davantage.

XXX. Ce fut alors que l'un des proscrits, le prétorien Perperna, homme dont l'âme était aussi basse que sa naissance était illustre, tua Sertorius dans la ville d'Osca, au milieu d'un festin. Par ce détestable forfait, que devait expier une mort ignominieuse, il assura la victoire des Romains et la ruine de son parti. Métellus et Pompée triomphèrent de l'Espagne : Pompée, quoiqu'il ne fût encore que simple chevalier, et avant d'être consul, entra dans Rome sur un char de triomphe. Comment ne pas s'étonner qu'un homme, que tant de charges et d'honneurs avaient élevé au faîte de la puissance, ne pût voir sans impatience le sénat et le peuple romain faire droit à la demande de César, qui briguait un second consulat? C'est le propre de la faiblesse humaine de se pardonner tout à soi-même, et rien aux autres. Au lieu de faire remonter la source du mal aux choses mêmes, ce sont les personnes et les volontés que nous accusons. Dans le cours de ce premier consulat, Pompée rétablit la puissance tribunitienne dont Sylla n'avait laissé subsister qu'une image vaine. Pendant qu'on faisait la guerre à Sertorius, en Espagne, soixante-quatre esclaves, échappés d'une école de gladiateurs, s'emparèrent, à Capoue, de quelques épées, et s'enfuirent sous la conduite de Spartacus. Ils se retirèrent d'abord sur le mont Vésuve; et bientôt leur troupe, qui grossissait de jour en jour, répandit la terreur et la désolation dans l'Italie entière. Le nombre de ces bandits devint si considérable, que dans la dernière bataille rangée qu'ils livrèrent à l'armée romaine, de trois cents hommes qu'ils étaient d'abord ils purent lui en opposer quarante mille. M. Crassus, qui s'éleva bientôt après au plus haut degré de puissance, eut la gloire de terminer cette guerre.

XXXI. Tous les yeux étaient fixés sur Pompée, et chaque jour ajoutait à sa grandeur. Consul, il avait noblement juré de ne passer de sa magistrature au gouvernement d'aucune province, et ce serment, il l'avait tenu. Deux ans après, comme les pirates semaient l'effroi sur toutes les côtes, non plus par des courses et des brigandages, mais par de véritables guerres maritimes, et comme ils avaient déjà pillé quelques villes de l'Italie, le tribun A. Gabinius porta une loi qui donnait à Cn. Pompée la commission d'aller les détruire, et une puissance égale à celle des proconsuls, dans toutes les provinces jusqu'à cinquante milles de la mer. Ce sénatus-consulte mettait presque toute la terre sous l'empire d'un seul homme. Deux années auparavant, M. Antonius, pendant sa préture, avait été investi d'une semblable autorité; mais c'est souvent le choix de la personne qui fait le mérite ou l'inconvénient d'une

---

factione facillimus; potentia sua nunquam, aut raro, ad impotentiam usus; pene omnium vitiorum expers, nisi numeraretur inter maxima, in civitate libera, dominaque gentium, indignari, quum omnes cives jure haberet pares, quemquam æqualem dignitate conspicere. Hic a toga virili adsuetus commilitio prudentissimi ducis parentis sui, bonum et capax recta discendi ingenium singulari rerum militarium prudentia excoluerat, ut a Sertorio Metellus laudaretur magis, Pompeius timeretur validius.

XXX. Tum M. Perperna, prætorius, e proscriptis, gentis clarioris quam animi, Sertorium inter cœnam Oscæ interemit, Romanisque certam victoriam, partibus suis excidium, sibi turpissimam mortem pessimo auctoravit facinore. Metellus et Pompeius ex Hispaniis triumphaverunt : sed Pompeius hoc quoque triumpho, adhuc eques romanus, ante diem, quam consulatum iniret, curru urbem invectus est. Quem virum, quis non miretur, per tot extraordinaria imperia in summum fastigium vectum, iniquo tulisse animo, C. Cæsaris, in altero consulatu petendo, senatum populumque romanum rationem habere; adeo familiaris est hominibus, omnia sibi ignoscere, nihil aliis remittere; et invidiam rerum non ad caussam, sed ad voluntatem personasque dirigere. Hoc consulatu Pompeius tribunitiam potestatem restituit, cujus Sulla imaginem sine re reliquerat. Dum Sertorianum bellum in Hispania geritur, LXIV fugitivi e ludo gladiatorio Capua profugientes, duce Spartaco, raptis ex ea urbe gladiis, primo Vesuvium montem petiere, mox, crescente in dies multitudine, gravibus variisque casibus adfecere Italiam. Quorum numerus in tantum adolevit, ut qua ultimo dimicavere acie, XL millia, a CCC hominum, se romano exercitui opposuerint. Hujus patrati gloria penes M. Crassum fuit, mox reip. omnium principem.

XXXI. Converterat Cn. Pompeii persona totum in se terrarum orbem, et per omnia majore vi habebatur; qui quum cons. perquam laudabiliter jurasset, se in nullam provinciam ex eo magistratu iturum, idque servasset, post biennium A. Gabinius tribunus legem tulit, ut, quum belli more, non latrociniorum, orbem classibus, jam non furtivis expeditionibus, piratæ terrerent, quasdamque etiam Italiæ urbes diripuissent, Cn. Pompeius ad eos opprimendos mitteretur; essetque ei imperium æquum in omnibus provinciis cum proconsulibus, usque ad quinquagesimum milliarium a mari; quo senatusconsulto pene totius terrarum orbis imperium uni viro deferebatur; sed tamen idem hoc ante biennium in M. Antonii prætura decretum erat. Sed interdum persona, ut exemplo nocet, ita invidiam auget, aut levat, in Antonio ho-

mesure, qui la rend odieuse ou tolérable. On avait vu sans ombrage cette même puissance aux mains d'Antonius; car on est rarement blessé de l'élévation de ceux dont on n'a rien à craindre, mais on s'alarme aisément lorsque des pouvoirs extraordinaires sont déférés à un homme qui peut les déposer ou les retenir selon sa fantaisie, et qui n'a de mesure que dans sa volonté. Les patriciens résistèrent; mais la sagesse dut céder à l'entraînement général.

XXXII. Q. Catulus montra dans cette circonstance une fermeté et une modestie digne des plus grands éloges. Il s'opposait à la loi, en disant que Pompée était sans doute un homme illustre, mais qu'il ne fallait pas tout accumuler sur la tête d'un seul homme : « Qui mettriez-vous à sa place, ajouta-t-il, si vous veniez à le perdre? » Vous-même, Catulus, s'écrie toute l'assemblée. Désarmé par cet assentiment général, et par l'éclatant hommage qu'il venait de recevoir de ses concitoyens, il s'éloigna du Forum. Admirons la noble pudeur de Catulus et l'équité du peuple. Catulus cessa de s'opposer à la volonté de tous, et le peuple ne voulut pas le punir de son opposition, en le privant du témoignage de son estime. Vers le même temps, Cotta partagea entre le sénat et l'ordre équestre, l'autorité judiciaire que Caius Gracchus avait enlevée au premier de ces ordres pour l'attribuer aux chevaliers, et que Sylla avait rendue aux sénateurs. Une loi d'Othon Roscius régla les places des chevaliers au théâtre. Cependant Cn. Pompée, suivi d'un grand nombre de personnages illustres, se mit à la poursuite des pirates.

D'abord il distribua ses forces navales sur tous les points qui pouvaient leur servir de retraite; ensuite, il les défit en plusieurs rencontres, et finit par les accabler, avec toute sa flotte, sur les côtes de la Cilicie. Alors, pour purger à jamais l'univers de ce fléau terrible, et pour terminer promptement une guerre qui s'était étendue si loin, il rassembla les restes de ces bandits, et leur assigna une demeure fixe dans l'intérieur des terres. On a blâmé cette mesure : non-seulement le nom de son auteur la justifie, mais, de plus, elle aurait fait la gloire de tout autre qui l'eût appliquée. Dès que les pirates n'eurent plus besoin de piller pour vivre, ils perdirent le goût du pillage.

XXXIII. Cette expédition était terminée. Lucullus, à qui le gouvernement de l'Asie était échu en partage, au sortir de son consulat, combattait Mithridate depuis sept ans, et avait obtenu sur ce prince de nombreux et brillants avantages : l'avait contraint, après une grande victoire, à lever le siége de Cyzique. Il avait vaincu Tigrane, le puissant roi d'Arménie; il eût terminé cette guerre s'il avait voulu. Irréprochable sous tous les autres rapports, et presque invincible les armes à la main, il se laissait vaincre par l'amour des richesses. Le tribun Manilius, homme vénal pour qui voulait l'acheter, et vil instrument de la puissance des autres, porta une loi qui déférait à Pompée la conduite de la guerre contre Mithridate. Cette loi divisa les deux généraux, et les paroles outrageuses qu'ils s'adressèrent mutuellement envenimèrent la querelle : Pompée reprochait à Lucullus son infâme cupidité; Lucullus, à

mines æquo animo passi erant : raro enim invidetur eorum honoribus, quorum vis non timetur; contra in iis homines extraordinaria reformidant, qui ea suo arbitrio aut deposituri aut retenturi videntur, et modum in voluntate habent; dissuadebant optimates : sed consilia impetu victa sunt.

XXXII. Digna est memoria Q. Catuli cum auctoritas, tum verecundia : qui quum dissuadens legem, in concione dixisset, esse quidem præclarum virum Cn. Pompeium, sed nimium jam liberæ reipublicæ, neque omnia in uno reponenda; adjecissetque, si quid huic acciderit, quem in ejus locum substituitis? subclamavit universa concio : Te, Q. Catule. Tum ille victus consensu omnium, et tam honorifico civitatis testimonio, e concione discessit. Hic hominis verecundiam, populi justitiam mirari libet : hujus, quod non ultra contendit; plebis, quod dissuadentem, et adversarium voluntatis suæ, vero testimonio fraudare noluit. Per idem tempus Cotta judicandi munus, quod C. Gracchus ereptum senatui, ad equites, Sulla ab illis ad senatum transtulerat, æqualiter inter utrumque ordinem partitus est. Otho Roscius lege sua equitibus in theatro loca restituit. At Cn. Pompeius, multis et præclaris viris in id bellum adsumptis, descriptoque in omnes recessus maris præsidio navium, brevi inexsu-

perabili manu terrarum orbem liberavit, prædonesque per multa prælia, ac multis locis victos, circa Ciliciam classe adgressus fudit ac fugavit. Et, quo maturius bellum tam late diffusum conficeret, reliquias eorum contractas, in urbibus, remotoque mari loco, in certa sede constituit. Sunt qui hoc carpant; sed quamquam in auctore satis rationis est, tamen ratio quemlibet magnum auctorem faceret; cum enim facultate sine rapto vivendi, rapinis arcuit.

XXXIII. Quum esset in fine bellum piraticum, quum et L. Lucullus (qui ante septem annos ex cons. sortitus Asiam, Mithridati oppositus erat, magnasque ac memorabiles res ibi gesserat, Mithridaten sæpe multis locis fuderat, egregia Cyzicum liberarat victoria, Tigranem regum maximum in Armenia vicerat, ultimumque bello manum pene magis noluerat imponere, quam non potuerat, qui alioqui per omnia laudabilis, et bello pene invictus, pecuniæ expellebatur cupidine) idem bellum adhuc administraret, Manilius, tribunus plebis semper venalis, et alienæ minister potentiæ, legem tulit, ut bellum Mithridaticum per Cn. Pompeium administraretur. Accepta ea, magnisque certatum inter imperatores jurgiis : quum Pompeius Lucullo infamiam pecuniæ, Lucullus Pompeio interminatam cupiditatem objiceret imperii, neuterque ab eo quod arguebatur, mentitus argui

Pompée, son ambition sans bornes. Ces reproches n'étaient que trop mérités de part et d'autre. En effet, Pompée, depuis son entrée aux affaires, ne put jamais souffrir d'égal (14) : il voulait être seul, quand il ne devait être que le premier. Où trouver un homme plus passionné que lui pour la gloire, et plus indifférent pour tout le reste ? Avide de puissance, il en usait avec modération ; heureux d'en jouir, il y renonçait sans peine, et la déposait au gré de ses concitoyens avec autant d'empressement qu'il l'avait prise au gré de ses propres désirs. Quant à Lucullus, grand homme d'ailleurs, il introduisit dans Rome le luxe des édifices, des festins et des meubles. Il jeta des digues dans la mer, et, pour la faire pénétrer dans ses domaines, perça des montagnes. Aussi Pompée l'appelait-il avec esprit le Xerxès romain (12).

XXXIV. En ce temps-là Q. Métellus soumit l'île de Crète au pouvoir du peuple romain. Vingt-quatre mille Crétois, légers à la course, endurcis au maniement des armes et aux fatigues de la guerre, habiles surtout à se servir de l'arc, et commandés par Lasthène et Panare, lassaient depuis trois ans les armées romaines. Pompée ne put s'empêcher de réclamer encore une part dans cette glorieuse conquête. Mais la défaveur qu'excita cette prétention, jointe au mérite réel de Lucullus et de Métellus, rendit leur triomphe plus agréable aux bons citoyens. A cette époque brillait Cicéron, le plus illustre des hommes nouveaux, puisqu'il ne dut son élévation qu'à lui-même (13); grand par ses actions, plus grand par son génie; et sans lequel Rome n'aurait pu rivaliser, en talents, avec les nations vaincues par ses armes. Pendant son consulat il parvint, à force de courage, de fermeté, de soins et de vigilance, à déjouer la conjuration de Sergius Catilina, de Lentulus, de Céthégus et de leurs complices, qui appartenaient aux deux premiers ordres de l'état. La fuite seule put soustraire Catilina au pouvoir du consul. Lentulus, personnage consulaire et deux fois préteur; Céthégus et plusieurs autres d'un nom et d'un rang illustre, furent mis à mort dans leur prison, de l'avis du sénat et par ordre de Cicéron.

XXXV. Le jour où cette mesure fut arrêtée dans le sénat fit briller dans tout son lustre la vertu de Caton, qui s'était déjà glorieusement manifestée dans une foule d'autres circonstances : arrière-petit-fils de M. Caton, chef de la famille Porcia, Caton était l'image de la vertu même. Plus semblable aux dieux qu'aux hommes, par sa droiture et par son génie, il ne fit jamais le bien pour paraître le faire, mais parce qu'il lui était impossible de faire autrement. A ses yeux rien n'était raisonnable que ce qui était juste. En se conservant pur de toute faiblesse humaine, il se montra toujours plus grand que la fortune. Désigné tribun du peuple, et fort jeune encore, il fut un des derniers à donner son avis dans le procès des conjurés. Les préopinants avaient conclu à ce que Lentulus et ses complices fussent gardés prisonniers dans les villes municipales; mais Caton s'éleva avec tant de chaleur et d'éloquence contre le complot, que le feu de son discours jeta sur les sénateurs qui avaient conseillé l'indulgence un soupçon de complicité. Il présenta un tableau si pathétique des calamités qui auraient suivi l'in-

---

posset. Nam neque Pompeius, ut primum ad rempublicam adgressus est, quemquam animo parem tulit : et in quibus rebus primus esse debebat, solus esse cupiebat ; neque eo viro quisquam aut alia omnia minus, aut gloriam magis concupiit? in adpetendis honoribus immodicus, in gerendis verecundissimus : ut qui eos, ut libentissime iniret, ita finiret æquo animo; et, quod cupisset, arbitrio suo sumeret, alieno deponeret. Et Lucullus, summus alioqui vir, profusæ hujus in ædificiis, convictibusque et apparatibus luxuriæ primus auctor fuit ; quem ob injectas moles mari, et receptum suffossis montibus in terras mare, haud infacete Magnus Pompeius Xerxen togatum vocare assueverat.

XXXIV. Per id tempus a Q. Metello Creta insula in populi rom. potestatem redacta est; quæ, ducibus Panare et Lasthene, XXIV millibus juvenum coactis, velocitate pernicibus, armorum laborumque patientissimis, sagittarum usu celeberrimis, per triennium romanos exercitus fatigaverat. Ne ab hujus quidem usura gloriæ temperavit animum Cn. Pompeius, quin victoriæ partem comparetur vindicare; sed et Luculli et Metelli triumphum, cum ipsorum singularis virtus, tum etiam invidia Pompeii, apud optimum quemque fecit favorabilem. Per hæc tempora M. Cicero, qui omnia incrementa sua sibi debuit, vir novitatis nobilissimæ, et, ut vita clarus, ita ingenio maximus, qui effecit, ne quorum arma vicceramus, eorum ingenio vinceremur, consul. Sergii Catilinæ, Lentulique, et Cethegi, et aliorum utriusque ordinis virorum, conjurationem singulari virtute, constantia, vigilia, curaque aperuit. Catilina metu consularis imperii urbe pulsus est ; Lentulus consularis et prætor iterum, Cethegusque, et alii clari nominis viri, auctore senatu, jussu consulis in carcere necati sunt.

XXXV. Ille senatus dies, quo hæc acta sunt, virtutem M. Catonis, jam multis in rebus conspicuam atque præ nitentem, in altissimo luminavit. Hic genitus proavo M. Catone, principe illo familiæ Porciæ, homo Virtuti simillimus, et per omnia ingenio diis, quam hominibus propior, qui nunquam recte fecit, ut facere videretur, sed quia aliter facere non potuerat; cuique id solum visum est rationem habere, quod haberet justitiam : omnibus humanis vitiis immunis, semper fortunam in sua potestate habuit. Hic tribunus plebis designatus, et adhuc admodum adolescens, quum alii suaderent, ut per municipia Lentulus conjuratique custodirentur, pene inter ultimus interrogatus sententiam, tanta vi animi, atque

cendie, la destruction de Rome, et le bouleversement de l'état; il loua en termes si magnifiques le courage du consul, qu'il ramena tous les sénateurs à son sentiment. La condamnation des coupables fut prononcée, et l'ordre presque tout entier se leva pour reconduire Caton jusqu'à sa demeure. Mais Catilina ne mit pas moins d'activité à poursuivre sa criminelle entreprise, que d'audace à la concevoir. Il combattit avec la plus grande bravoure, et laissa sur le champ de bataille une vie qu'il aurait dû perdre au milieu des supplices.

XXXVI. Une circonstance ajoute encore à la gloire de Cicéron : ce fut sous son consulat, il y a quatre-vingt-deux ans, que naquit Auguste, dont la grandeur devait obscurcir l'éclat des plus beaux noms. Il paraît à peu près inutile d'indiquer avec précision l'époque où brillèrent les génies les plus éminents. On sait que, sauf quelque différence d'âge, la même période vit fleurir à la fois Cicéron, Hortensius, Crassus, Caton, Sulpitius ; puis Brutus, Calidius, Cœlius, Calvus, et César, le premier de tous après Cicéron ; enfin, les élèves de ces grands maîtres, Corvinus, Asinus Pollion, Salluste, rival de Thucydide ; et les poètes Varron, Lucrèce, Catulle, qui, dans son genre, ne le cède à personne. Les écrivains distingués, dont l'image est encore présente à nos yeux, sont en si grand nombre que ce serait folie que de vouloir les compter. Au premier rang apparaissent Virgile, le prince de la poésie, Rabirius (14), Tite-Live qui n'est pas inférieur à Salluste, Tibulle et Ovide, tous également parfaits dans le genre qu'ils ont adopté. Quant aux grands hommes qui vivent encore, il est difficile de les apprécier, par cela même qu'on les admire.

XXXVII. Tandis que ces événements se passaient à Rome et dans l'Italie, Cn. Pompée luttait glorieusement contre Mithridate, qui, depuis le départ de Lucullus, avait réparé ses désastres et mis sur pied une puissante armée. Mais ce prince fut bientôt défait, et ses forces entièrement détruites. Réduit à fuir, il se retira auprès de Tigrane, son gendre, et le plus formidable des monarques, si Lucullus n'avait point affaibli sa puissance. Pompée pénétra en Arménie pour les poursuivre l'un et l'autre. Le fils de Tigrane, en révolte contre son père, gagna le camp du général romain. Tigrane lui-même arriva bientôt après, en suppliant, se remettre, lui et son royaume, au pouvoir du vainqueur, tout en protestant qu'il n'y avait qu'un seul homme au monde, parmi les Romains et les autres peuples, auquel il pût consentir à se soumettre, et que cet homme était Pompée. Il ajoutait que son sort, heureux ou contraire, lui paraîtrait supportable, pourvu que Pompée en décidât; qu'il n'y avait point de honte à être vaincu par un capitaine invincible, et qu'on pouvait céder sans rougir à un homme que la fortune avait élevé au-dessus de tous les autres hommes. Ce prince conserva sa couronne, mais à la charge de payer une somme considérable, que Pompée déclara publiquement, selon sa coutume, et fit remettre au questeur. En outre Tigrane perdit la Syrie et les autres

---

ingenii invectus est in conjurationem, ut ardore oris orationem omnium lenitatem suadentium, societate consilii suspectam fecerit : sic impendentia ex ruinis incendiisque urbis et commutatione status publici pericula exposuit, ita consulis virtutem amplificavit, ut universus senatus in ejus sententiam transiret, animadvertendumque in eos, quos prædiximus, censeret; majorque pars ordinis ejus Catonem prosequerentur domum. At Catilina non segnius conata obiit, quam sceleris conandi consilia inierat : quippe fortissime dimicans, quem spiritum supplicio debuerat, prælio reddidit.

XXXVI. Consulatui Ciceronis non mediocre adjecit decus natus eo anno divus Augustus, abhinc annos LXXXII, omnibus omnium gentium viris magnitudine sua inducturus caliginem. Jam pene supervacaneum videri potest, eminentium ingeniorum notare tempora : quis enim ignorat, diremptos gradibus ætatis floruisse hoc tempore Ciceronem, Hortensium, saneque Crassum, Catonem, Sulpitium; moxque Brutum, Calidium, Cœlium, Calvum, et proximum Ciceroni Cæsarem ; eorumque velut alumnos, Corvinum ac Pollionem Asinium, æmulumque Thucydidis, Sallustium, auctoresque carminum, Varronem ac Lucretium, neque ullo in suscepti operis sui carmine minorem Catullum? Pene stulta est inhærentium oculis ingeniorum enumeratio : inter quæ maximi nostri ævi eminent princeps carminum, Virgilius, Rabiriusque, et consecutus Sallustium Livius, Tibullusque, et Naso, perfectissimi in forma operis sui ; nam vivorum ut magna admiratio, ita censura difficilis est.

XXXVII. Dum hæc in Urbe, Italiaque geruntur, Cn. Pompeius memorabile adversus Mithridaten, qui post Luculli profectionem magnas novi exercitus vires reparaverat, bellum gessit. At rex fusus fugatusque, et omnibus exutus copiis, Armeniam, Tigranemque socerum petit, regem ejus temporis, nisi qua Luculli armis erat infractus, potentissimum. Simul itaque duos persecutus Pompeius, intravit Armeniam : prior filius Tigranis, sed discors patri, pervenit ad Pompeium ; mox ipse supplex et præsens se regnumque ditioni ejus permisit, præfatus, neminem alium, neque Romanum, neque ullius gentis virum futurum fuisse, cujus se potestati commissurus foret, quam Cn. Pompeium : proinde omnem sibi, vel adversam vel secundam, cujus auctor ille esset, fortunam tolerabilem futuram; non esse turpe ab eo vinci, quem vincere esset nefas; neque ei inhoneste aliquid summitti, quem fortuna super omnes extulisset. Servatus regi honos imperii, sed multato ingenti pecunia : quæ omnis, sicuti Pompeio moris erat, redacta in quæstoris potestatem; ac publicis descripta litteris. Syria, aliæque quas occupaverat, provinciæ ereptæ; et aliæ restitutæ pop. romano, aliæ

provinces qu'il avait conquises. Les unes furent rendues au peuple romain ; les autres commencèrent à lui appartenir, comme la Syrie qui, pour la première fois, devint son tributaire. Le royaume de Tigrane fut resserré dans les limites de l'Arménie.

XXXVIII. Il me semble utile et conforme au plan de cet ouvrage, de faire connaître en peu de mots, par quels chefs tant de contrées ont été réduites en provinces romaines et rendues tributaires. Ces faits ainsi groupés seront plus facilement saisis que s'ils étaient présentés isolément. Le consul Claudius passa le premier en Sicile avec une armée ; mais ce fut Marcellus Claudius qui, environ cinquante-deux ans plus tard, prit Syracuse et fit de la Sicile une province romaine. Le premier général romain qui entra en Afrique fut Régulus, la neuvième année de la première guerre punique ; mais elle ne fut réduite en notre pouvoir que deux cent quarante ans après, par Scipion Æmilianus, le destructeur de Carthage ; il y a aujourd'hui cent soixante-dix-sept ans. Entre la première et la seconde guerre punique, le consul T. Manlius établit en Sardaigne la domination du peuple romain. Le temple de Janus fut alors fermé. Il ne l'a été que trois fois jusqu'à nos jours, sous les rois, sous le consulat de Manlius et sous l'empire d'Auguste : preuve éclatante de l'instinct belliqueux qui anime notre nation. Cn. et P. Scipion furent les premiers qui conduisirent une armée romaine en Espagne, au commencement de la seconde guerre punique, il y a deux cent cinquante ans. Depuis lors nous l'avons successivement possédée et perdue par parties : il était réservé à Auguste de rendre tout le pays tributaire. La Macédoine a été soumise par Paul Émile, l'Achaïe par Mummius, l'Étolie par Fulvius Nobilior. L. Scipion, frère de l'Africain, enleva l'Asie à Antiochus ; mais le sénat et le peuple la donnèrent aux rois de Pergame, et ce fut seulement après la prise d'Aristonicus, que Perperna la rendit tributaire. Aucun de nos généraux ne peut s'attribuer la gloire de la conquête de l'île de Chypre. Elle devint province romaine, en vertu d'un sénatus-consulte, par le ministère de Caton et la mort volontaire de son roi. La Crète, si longtemps libre, perdit sa liberté sous le consulat de Métellus. La Syrie et le Pont sont des monuments de la valeur de Pompée.

XXIX. Domitius et Fabius, petit-fils de Paul Émile, et surnommé l'Allobrogique, pénétrèrent les premiers dans les Gaules. Depuis, ces provinces ont été tour à tour perdues et reprises par nos soldats qui les ont arrosées de leur sang ; mais César devait y établir glorieusement la domination romaine. Sous son commandement et sous ses auspices, les Gaules domptées n'ont pas plus échappé que le reste du monde à un tribut humiliant. Le même César subjugua la Numidie, Isauricus assujettit à jamais la Cilicie, et Vulson Manlius la Gallo-Grèce, après la guerre d'Antiochus. La Bithynie nous fut léguée, comme je l'ai dit plus haut, par le testament de Nicomède. Outre l'Espagne et les autres provinces, dont les noms décorent le forum du divin Auguste, ce prince rendit l'Égypte tributaire et cette conquête enrichit presque autant le trésor public que celle des Gaules, qui fut l'ouvrage de César, son père. Tibère César a fait prêter aux Illyriens et aux Dalmates le même serment d'obéissance que son

tum primum in ejus potestatem redactæ, ut Syria, quæ tum primum facta est stipendiaria : finis imperii regii terminatus Armenia.

XXXVIII. Haud absurdum videtur propositi operis regulæ, paucis percurrere, quæ cujusque ductu gens ac natio redacta in formulam provinciæ, stipendia pacta sit ; notabimus, facilius ut, quam partibus, simul universa conspici possent. Primus in Siciliam trajecit exercitum cons. Claudius, et provinciam eam, post annos ferme LII, captis Syracusis, fecit Marcellus Claudius. Primus Africam Regulus, nono ferme anno primi punici belli ; sed post CCIV annos P. Scipio Æmilianus, eruta Carthagine, abhinc annos CLXXXII, Africam in formulam redegit provinciæ. Sardinia inter primum et secundum bellum punicum, ductu T. Manlii cons. certum recepit imperii jugum. Immane bellicæ civitatis argumentum, quod semel sub regibus, iterum hoc T. Manlio cons., III Augusto principe, certæ pacis argumentum Janus Geminus clausus dedit. In Hispanias primi omnium duxere exercitus Cn. et P. Scipiones, initio secundi belli punici, abhinc annos CCL. In!e varie possessa, et sæpe amissa partibus, universa ductu Augusti facta stipendiaria est. Macedoniam Paulus, Mummius Achaiam, Fulvius Nobilior subegit Ætoliam : Asiam L. Scipio, Africani frater, eripuit Antiocho : sed beneficio senatus populique rom. mox ab Attalis possessam regibus, M. Perperna, capto Aristonico, fecit tributariam. Cypri devictæ nulli adsignanda gloria est ; quippe senatusconsulto, ministerio Catonis, regis morte, quam ille conscientia acciverat, facta provincia est. Creta Metelli ductu longissimæ libertatis fine multata, et Syria Pontusque Cn. Pompeii virtutis monumenta sunt.

XXXIX. Gallias primum Domitio, Fabio, nepote Pauli, qui Allobrogicus vocatus est, intratas cum exercitu, magna mox clade nostra, sæpe et adfectavimus, et amisimus ; sed fulgentissimum C. Cæsaris opus in iis conspicitur : quippe ejus ductu auspiciisque infractæ, pene idem quod totus terrarum orbis ignavum conferunt stipendium. Ab eodem facta Numidia ; Ciliciam perdomuit Isauricus, et post bellum Antiochinum Vulso Manlius Gallogræciam ; Bithynia, ut prædiximus, testamento Nicomedis relicta hæreditaria ; divus Augustus præter Hispanias, aliasque gentes, quarum titulis forum ejus prænitet, pene idem, facta Ægypto stipendiaria, quantum, pater ejus Gallia, in ærarium reditus contulit. At T. Cæsar, quam certam Hispanis parendi confessionem extorse-

père avait arraché aux Espagnols; de plus, il a soumis par la force des armes, la Rhétie, la Vindélicie, la Norique, la Pannonie et les Scordisques, et, par la seule autorité, la Cappadoce. Reprenons maintenant l'ordre des faits.

XL. Pompée partit ensuite pour d'autres expéditions qui ne furent pas moins glorieuses que pénibles. Il entra en vainqueur dans la Médie, l'Albanie, l'Ibérie; puis il dirigea ses troupes vers les pays situés à la droite et dans l'intérieur du royaume de Pont, la Colchide, le pays des Héniochœs et l'Achaïe. Vaincu par Pompée, et trahi par son fils Pharnace, Mithridate se donna la mort : il fut le dernier des rois indépendants, si l'on en excepte les rois des Parthes. Alors Pompée revint en Italie, vainqueur de tous les peuples chez lesquels il avait porté ses armes, plus grand qu'il n'eût souhaité lui-même de l'être et que ne l'eussent voulu ses concitoyens, enfin dépassant en toute chose la mesure des destinées humaines. L'idée qu'on s'était faite de son retour rendit plus favorable l'accueil qu'il reçut : on avait répandu le bruit qu'il ne reviendrait qu'à la tête de ses légions, pour restreindre à son gré la liberté publique. Plus on avait redouté ce malheur, plus on fut charmé de voir un si grand capitaine rentrer dans sa patrie en citoyen. Il avait licencié toute son armée à Brindes, et, ne gardant que le titre d'*imperator*, il reparut dans la ville avec le simple cortége d'amis qui l'avait accompagné de tout temps. Il triompha de tous les rois qu'il venait de vaincre : son triomphe dura deux jours et fut magnifique; il versa dans le trésor public plus d'argent que n'en avait versé avant lui aucun autre général, sans même en excepter Paul Émile. Avant le retour de Pompée les tribuns T. Ampius et T. Labiénus firent passer une loi qui l'autorisait à assister aux jeux du cirque avec une couronne de laurier et tous les ornements du triomphe; aux jeux scéniques, avec la même couronne et la robe prétexte; il n'osa jouir qu'une seule fois de ce privilége, et ce fut trop encore. Admirons le soin particulier que la fortune prit de l'élévation de cet homme · elle le fit triompher d'abord de l'Afrique, puis de l'Europe et enfin de l'Asie; de sorte que les trois parties du monde furent autant de monuments de ses victoires. Il n'y a point de grandeur qui ne soit exposée à l'envie. On vit Lucullus, qui d'ailleurs avait une injure personnelle à venger, et Métellus le Crétique, justement irrités contre Pompée qui avait dérobé à son triomphe d'illustres captifs (15), s'unir avec plusieurs autres personnages puissants pour empêcher l'accomplissement des promesses qu'il avait faites aux villes et la distribution des récompenses qu'il voulait accorder aux services rendus.

XLI. Ces événements furent suivis du consulat de Caius César. La gloire de ce grand homme m'attire vers elle (16) et m'oblige à m'arrêter dans la rapidité de ma course. Issu de la noble famille des Jules, César, suivant une antique tradition, tirait son origine d'Anchise et de Vénus; aucun de ses concitoyens ne lui était comparable ni pour la beauté du visage, ni pour la vigueur et l'énergie du caractère. A une libéralité excessive, il joignait un courage qui n'avait rien d'humain

rat parens, Illyriis Dalmatisque extorsit; Rhetiam autem et Vindelicos ac Noricos, Pannoniamque et Scordiscos, novas imperio nostro subjunxit provincias; ut has armis, ita auctoritate Cappadociam populo rom. fecit stipendiariam : sed revertamur ad ordinem.

XL. Secuta deinde Cn. Pompeii militia, gloriæ, laborisque majoris; incertum est. Penetratæ cum victoria Media, Albani, Iberi; ac deinde flexum agmen ad eas nationes, quæ dextra atque intima Ponti incolunt, Colchos, Heniochosque, et Achæos; et oppressus auspiciis Pompeii, insidiis filii Pharnacis, Mithridates, ultimus omnium juris sui regum, præter Parthicos. Tum victor omnium, quas adierat, gentium Pompeius, suoque et civium voto major, et per omnia fortunam hominis egressus, revertit in Italiam; cujus reditum favorabilem opinio fecerat : quippe plerique non sine exercitu venturum in urbem adfirmabant, et libertati publicæ statuturum arbitrio suo modum. Quo magis hoc homines timuerant, eo gratior civilis tanti imperatoris reditus fuit : omni quippe Brundusii dimisso exercitu, nihil præter nomen imperatoris retinens, cum privato comitatu, quem semper illi vacare moris fuit, in urbem rediit, magnificentissimumque de tot regibus per biduum egit triumphum; longeque majorem omni ante se illata pecunia in ærarium, præterquam a Paulo, ex manubiis intulit. Absente Cn. Pompeio, T. Ampius et T. Labienus, tribuni plebis, legem tulerunt, ut is ludis circensibus corona laurea et omni cultu triumphantium uteretur, scenicis autem prætexta, coronaque laurea; id ille non plus quam semel, et hoc sane nimium fuit, usurpare sustinuit. Hujus viri fastigium tantis auctibus fortuna extulit, ut primum ex Africa, iterum ex Europa, tertio ex Asia triumpharet; et quot partes terrarum orbis sunt, totidem faceret monumenta victoriæ suæ. Nunquam eminentia invidia carent; itaque et Lucullus, memor tamen acceptæ injuriæ, et Metellus Creticus, non injuste querens (quippe ornamentum triumphi ejus captivos duces Pompeius subduxerat), et cum iis pars optimatium refragabatur, ne aut promissa civitatibus a Pompeio, aut bene meritis præmia, ad arbitrium ejus, persolverentur.

XLI. Secutus deinde est consulatus C. Cæsaris, qui scribenti manum injicit, et quamlibet festinantem in se morari cogit. Hic, nobilissima Juliorum genitus familia, et, quod inter omnes antiquissimos constabat, ab Anchise ac Venere deducens genus, forma omnium civium excellentissimus, vigore animi acerrimus, munificentiæ

et de croyable. La grandeur de ses pensées, la rapidité de ses expéditions, sa fermeté dans le péril le faisaient ressembler à Alexandre, mais à Alexandre sobre et domptant sa colère. Il ne prenait de sommeil et de nourriture que ce qu'il en fallait pour vivre, et non pour jouir. Uni par les liens du sang à C. Marius, et gendre de Cinna, rien n'avait pu le déterminer à répudier la fille de ce chef de parti, quoique dans le même temps le consulaire Pison, jaloux de plaire à Sylla, se fût séparé d'Annia, qui avait été l'épouse de Cinna. César n'avait que dix-huit ans lorsqu'il résistait ainsi à la puissance suprême du dictateur. Pour échapper moins à la vengeance de Sylla, qu'au poignard de ses partisans, il s'enfuit de Rome pendant la nuit sous un déguisement. Dans la suite, mais très-jeune encore, fait prisonnier par des pirates, il parvint à leur inspirer autant de crainte que de respect pendant tout le temps qu'il fut entre leurs mains ; et, s'il m'est permis de citer un fait, qui, pour ne pouvoir être exprimé en beau langage, ne mérite pas moins d'être mentionné, j'ajouterai qu'il n'arriva jamais à César de se déchausser ou de défaire sa ceinture, de peur que le moindre changement dans ses habitudes ne le rendît suspect aux pirates, qui se contentaient de le garder à vue.

XLII. Il serait trop long de rappeler tout ce qu'il conçut de projets hardis, et tout ce que tenta, pour le faire échouer, le timide gouverneur de l'Asie. Je me bornerai à rapporter le trait suivant, qui révélait déjà un grand caractère : Le soir même du jour où les villes d'Asie payèrent sa rançon aux pirates, qui s'étaient vus contraints par leur prisonnier à livrer des otages, César, rassemblant à la hâte et de sa propre autorité quelques vaisseaux, surprit les brigands dans leur retraite, dispersa une partie de leurs vaisseaux, coula l'autre, s'empara du reste, et força un grand nombre de corsaires à se rendre ; puis, satisfait de son expédition et de sa victoire nocturne, il rejoignit les siens. Après avoir mis ses prisonniers sous bonne garde, il se rendit en Bithynie, auprès de Junius, proconsul d'Asie, pour lui demander l'autorisation de livrer les pirates au supplice. Sur le refus de Junius qui, non moins jaloux que lâche, déclara qu'il ferait vendre les captifs, César revint sur les bords de la mer en telle diligence, que tous les corsaires furent mis en croix avant l'arrivée de l'ordre du proconsul.

XLIII. Peu de temps après, César eut soin de repasser promptement en Italie où l'appelaient les fonctions de grand pontife (17), auxquelles il avait été nommé pendant son absence, en remplacement du consulaire Cotta. Déjà, lorsqu'il sortait à peine de l'enfance, il avait été désigné prêtre de Jupiter par Marius et Cinna ; mais Sylla victorieux avait annulé leurs actes et dépouillé César du sacerdoce. Pour échapper aux brigands qui infestaient alors toutes les mers et qu'il avait justement irrités, il se jeta sur une barque à quatre rames avec deux de ses amis et dix esclaves, et ce fut sur une aussi frêle embarcation qu'il traversa dans toute son étendue le golfe Adriatique. Pen-

---

effusissimus, animo super humanam et naturam et fidem evectus, magnitudine cogitationum, celeritate bellandi, patientia periculorum, Magno illi Alexandro, sed sobrio, neque iracundo, simillimus ; qui denique semper et somno et cibo in vitam, non in voluptatem uteretur ; quum fuisset C. Mario sanguine conjunctissimus, atque idem Cinnæ gener ; cujus filiam ut repudiaret, nullo metu compelli potuit (quum M. Piso consularis Anniam, quæ Cinnæ uxor fuerat, in Sullæ dimisisset gratiam) ; habuissetque fere XVIII annos eo tempore, quo Sulla rerum potitus est ; magis ministris Sullæ, adjutoribusque partium, quam sibi Sullæ, conquirentibus eum ad necem, mutata veste, dissimilemque fortunæ suæ indutus habitum, nocte urbe elapsus est. Idem postea admodum juvenis, quum a piratis captus esset, ita se per omne spatium, quo ab his retentus est, apud eos gessit, ut pariter his terrori venerationique esset ; neque unquam, aut nocte, aut die (cur enim, quod vel maximum est, si narrari verbis speciosis non potest, omittatur ?) aut excalcearetur aut discingeretur, in hoc scilicet, ne, si quando aliquid ex solito variaret, suspectus his, qui oculis tantummodo eum custodiebant, foret.

XLII. Longum est narrare, quid et quoties ausus sit, quanto opere conata ejus, qui obtinebat Asiam, magistratus pop. rom. metu suo destituit ; illud referatur, documentum tanti mox evasuri viri. Quæ nox eam diem secuta est, qua publica civitatum pecunia redemptus est (ita tamen ut cogeret ante obsides a piratis civitatibus dari) contracta classe et privatus et tumultuaria, invectus in eum locum, in quo ipsi prædones erant, partem classis fugavit, partem mersit, aliquot naves, multosque mortales cepit ; lætusque nocturnæ expeditionis triumpho ad suos reversus est : mandatisque custodiæ, quos ceperat, in Bithyniam perrexit ad proconsulem Junium, (quum idem enim Asiam eam quam obtinebat) petens, ut auctor fieret sumendi de captivis supplicii. Quod quum ille se facturum negasset venditurumque captivos dixisset (quippe sequebatur invidia inertiam) incredibili celeritate revectus ad mare, priusquam de ea re ulli proconsulis redderentur epistolæ, omnes, quos ceperat, suffixit cruci.

XLIII. Idem mox ad sacerdotium ineundum (quippe absens pontifex factus erat in Cottæ consularis locum, quum pene puer a Mario, Cinnaque flamen Dialis creatus, victoria Sullæ, qui omnia ab iis acta fecerat irrita, amisisset id sacerdotium) festinans in Italiam, ne conspiceretur a prædonibus, omnia tunc obtinentibus marin, et merito tam infestis sibi, quatuor scalmorum navem, una cum duobus amicis, decemque servis ingressus, effusissimum Adriatici maris trajecit sinum. Quo quidem in cursu conspectis, ut putabat, piratarum navibus, quum

dant le trajet, il crut apercevoir les vaisseaux des pirates; aussitôt il se dépouilla de ses habits, et s'attachant un poignard au côté, il se prépara à tout événement; mais bientôt il reconnut qu'il s'était trompé et qu'il avait pris pour des antennes de navires une rangée d'arbres qu'on découvrait à l'horizon. Ce qu'il fit ensuite dans Rome, sa fameuse accusation contre Dolabella, pour qui le peuple se montra plus favorable qu'il ne l'est ordinairement envers les accusés, ses célèbres démêlés avec Q. Catulus et plusieurs autres illustres personnages ; la victoire qu'il remporta sur le même Catulus, regardé par tous comme le prince du sénat, lorsqu'avant sa préture, il lui disputait la dignité de grand pontife; l'audace avec laquelle il rétablit pendant son édilité, malgré la résistance des nobles, les trophées de C. Marius; le droit de prétendre aux charges de l'état rendu par ses soins aux enfants des proscrits; le courage et l'habileté admirables qu'il déploya dans l'exercice de sa préture et de sa questure, en Espagne, sous Antistius Vétus, l'aïeul de ce Vétus aujourd'hui consulaire et pontife, père de deux fils qui ont été revêtus des mêmes honneurs, homme de mœurs aussi pures qu'on peut l'imaginer; tous ces faits sont trop connus, pour qu'ils aient besoin d'être écrits.

XLIV. César était consul lorsqu'il se forma entre Pompée, Crassus et lui, cette association de puissance qui fut si funeste à la république, au monde entier, et plus tard à eux-mêmes. Pompée n'était entré dans cette ligue que parce qu'il espérait obtenir par l'entremise de César, alors consul, la confirmation des actes de son proconsulat au delà des mers, qui, comme nous l'avons dit plus haut, rencontraient une vive opposition. César de son côté calculait qu'en faisant ce sacrifice à la gloire de Pompée, il augmenterait la sienne, et qu'en rejetant sur lui tout l'odieux de leur puissance commune, il affermirait sa propre puissance. Quant à Crassus, incapable d'arriver seul au premier rang, il voulait faire servir à sa grandeur l'autorité de Pompée et les forces de César. Un mariage resserra l'union de ces derniers : Pompée prit pour épouse la fille de César. Pendant son consulat, César fit passer une loi qui ordonnait le partage des terres dans la Campanie : Pompée l'appuya; vingt mille citoyens environ passèrent à Capoue; et cette ville recouvra le droit de cité qu'elle avait perdu cent cinquante-deux années auparavant, lors de sa réduction en préfecture, à l'époque de la seconde guerre punique. Le consul Bibulus, qui avait la volonté, mais non le pouvoir de s'opposer aux entreprises de César, se tint enfermé chez lui pendant la plus grande partie de l'année : en voulant rendre son collègue odieux, il le rendit plus puissant. On décerna le gouvernement des Gaules à César, pour cinq années.

XLV. Vers la même époque parut P. Clodius, homme d'une haute naissance, éloquent, audacieux, sans frein dans ses actions comme dans ses paroles, plein d'énergie dans l'exécution de ses coupables projets, perdu de réputation pour avoir commis un inceste avec sa sœur, et n'avoir pas craint de profaner, par l'adultère, les mystères les plus révérés du peuple romain. Ennemi déclaré de Cicéron (car quelle amitié pourrait-il y avoir (18) entre deux hommes si dissemblables), et passant du parti du sénat dans

---

exuisset vestem, alligassetque pugionem ad femur, alterutri se fortunæ parans, mox intellexit frustratum esse visum suum, arborumque ex longinquo ordinem antennarum præbuisse imaginem. Reliqua ejus acta in urbe, nobilissimaque Dolabellæ accusatio, et major civitatis in ea favor, quam reis præstari solet; contentionesque civiles cum Q. Catulo, atque aliis eminentissimis viris, celeberrimæ; et ante præturam victus maximi pontificatus petitione Q. Catulus, omnium confessione senatus princeps; et restituta in ædilitate, adversante quidem nobilitate, monumenta C. Marii; simulque revocati ad jus dignitatis proscriptorum liberi; et prætura quæsturaque mirabili virtute atque industria obita in Hispania, quum esset quæstor sub Vetere Antistio, avo hujus Veteris consularis atque pontificis, duorum consularium et sacerdotum patris ; viri in tantum boni, in quantum humana simplicitas intelligi potest; quo notiora sunt, minus egent stilo.

XLIV. Hoc igitur cons. inter eum et Cn. Pompeium et M. Crassum inita potentiæ societas, quæ urbi orbique terrarum, nec minus diverso quoque tempore ipsis exitiabilis fuit. Hoc consilium sequendi Pompeius caussam habuerat, ut tandem acta in transmarinis provinciis, quibus, ut prædiximus, multi obtrectabant, per Cæsarem confirmarentur cons.; Cæsar autem, quod animadvertebat, se cedendo Pompeii gloriæ aucturum suam, et invidia communis potentiæ in illum relegata, confirmaturum vires suas ; Crassus, ut quem principatum solus adsequi non poterat, auctoritate Pompeii, viribus teneret Cæsaris. Adfinitas etiam inter Cæsarem Pompeiumque contracta nuptiis; quippe filiam C. Cæsaris Cn. Magnus duxit uxorem. In hoc consulatu Cæsar legem tulit, ut ager campanus plebei divideretur, suasore legis Pompeio; ita circiter XX millia civium eo deducta, et jus ab his restitutum post annos circiter CLII. quam bello punico ab Romanis Capua in formam præfecturæ redacta erat. Bibulus, collega Cæsaris, quum actiones ejus magis vellet impedire, quam posset, majore parte anni domi se tenuit; quo facto dum augere vult invidiam collegæ, auxit potentiam : tum Cæsari decretæ in quinquennium Galliæ.

XLV. Per idem tempus P. Clodius, homo nobilis, disertus, audax, qui neque dicendi, neque faciendi ullum, nisi quem vellet, nosset modum; malorum propositorum executor acerrimus, infamis etiam sororis stupro, et actus incesti reus ob initum inter religiosissima populi romani sacra adulterium; quum graves inimicitias cum M. Cicerone exerceret (quid enim inter tam dissi-

celui du peuple, il porta, en sa qualité de tribun, une loi qui condamnait à l'exil quiconque aurait fait mourir sans jugement un citoyen romain. Les termes de cette loi ne s'adressaient pas expressément à Cicéron ; mais c'était contre lui seul qu'elle était dirigée ; et l'homme qui avait sauvé sa patrie fut exilé, pour prix de ses services (19). On soupçonna Pompée et César d'avoir donné les mains à cette indignité, et l'on crut que Cicéron s'était attiré leur haine en refusant de faire partie des vingt commissaires chargés du partage des terres de la Campanie. Après deux ans d'exil, la protection tardive, mais courageuse de Pompée, les vœux de l'Italie, les décrets du sénat, l'activité et l'énergie d'Annius Milon, tribun du peuple, rappelèrent ce grand homme dans sa patrie, et lui firent rendre ses dignités. Depuis le bannissement et le rappel de Métellus Numidicus, aucun exil n'avait causé plus de douleur, aucun retour, plus d'allégresse. Le sénat fit glorieusement rebâtir sa maison, que, dans sa haine, Clodius avait fait raser. Ce même Clodius éloigna de Rome M. Caton, sous le prétexte d'une mission honorable. Il porta une loi par laquelle il l'envoyait dans l'île de Chypre, en qualité de questeur ; mais avec l'autorité prétorienne, et accompagné d'un autre questeur, pour détrôner le roi Ptolémée, dont les mœurs corrompues ne méritaient que trop ce traitement injurieux. Mais ce prince se donna la mort avant l'arrivée de Caton ; et le général romain rapporta de Chypre des richesses beaucoup plus considérables qu'on ne l'avait espéré. L'intégrité d'un si grand homme n'a pas besoin d'éloge (20) ; mais peut-être la conduite qu'il tint, en revenant à Rome, paraîtra-t-elle étrange ? Le consul, le sénat, la ville tout entière, s'étaient portés à sa rencontre, tandis qu'il remontait le Tibre avec ses vaisseaux ; mais il ne voulut descendre qu'à l'endroit même où les trésors devaient être débarqués.

XLVI. Cependant César s'illustrait dans les Gaules par des exploits, dont le récit exigerait un grand nombre de volumes. Les grandes victoires qu'il avait remportées, le nombre prodigieux d'ennemis qu'il avait détruits ou faits prisonniers, ne contentèrent pas son ambition : il passa en Bretagne, comme s'il avait voulu ajouter un nouveau monde à notre empire et au sien. Deux anciens collègues dans le consulat, Crassus et Pompée, furent encore nommés ensemble à cette magistrature, qu'ils exercèrent aussi peu glorieusement qu'ils l'avaient obtenue. Pompée fit rendre un plébiscite qui prorogeait pour cinq années le commandement de César dans les Gaules. Crassus, qui avait résolu de faire la guerre aux Parthes, obtint le gouvernement de Syrie. C'était un homme dont les mœurs étaient pures et même un peu austères ; mais sa passion pour l'or et pour la gloire ne connaissait ni mesure ni terme. Ce fut en vain qu'au moment de son départ les tribuns essayèrent de le retenir par les présages les plus sinistres. Si leurs imprécations n'étaient retombées que sur lui seul, c'eût été pour la république un bonheur de le perdre, en conservant du moins son armée. Crassus avait passé l'Euphrate et marchait sur Séleucie lorsqu'il fut enveloppé par l'innombra-

---

miles amicum esse poterat?) et a patribus ad plebem transisset, legem in tribunatu tulit : Qui civem romanum indemnatum interemisset, ei aqua et igni interdiceretur. Cujus verbis etsi non nominabatur Cicero, tamen solus petebatur ; ita vir optime meritus de republica conservatæ patriæ pretium, calamitatem exsilii tulit. Non caruerunt suspicione oppressi Ciceronis Cæsar et Pompeius ; hoc sibi contraxisse videbatur Cicero, quod inter XX viros dividendo agro Campano esse noluisset. Idem intra biennium, sera Cn. Pompeii cura, verum, ut cœpit, intenta, votisque Italiæ, ac decretis senatus, virtute atque actione Annii Milonis tribuni plebis dignitati patriæque restitutus est ; neque post Numidici exilium aut reditum, quisquam aut expulsus invidiosius, aut receptus est lætius ; cujus domus, quam infeste a Clodio disjecta erat, tam speciose a senatu restituta est. Idem P. Clodius (in senatu) sub honorificentissimi ministerii titulo. M. Catonem a republica relegavit, quippe legem tulit, ut is quæstor cum jure prætorio, adjecto etiam quæstore, mitteretur in insulam Cyprum, ad spoliandum regno Ptolemæum, omnibus morum vitiis cum contumeliam meritum. Sed ille, sub adventum Catonis, vitæ suæ vim intulit ; unde pecuniam longe sperata majorem Cato Romam retulit : cujus integritatem laudari, nefas est ; insolentia pene argui potest, quod una cum cons. ac senatu effusa civitate obviam, quum per Tiberim subiret navibus, non ante iis egressus est, quam ad eum locum pervenit, ubi erat exponenda pecunia.

XLVI. Quum deinde immanes res, vix multis voluminibus explicandas, C. Cæsar in Gallia ageret ; nec contentus plurimis ac felicissimis victoriis, innumerabilibusque cæsis et captis hostium millibus, etiam in Britanniam trajecisset exercitum, alterum pene imperio nostro ac suo quærens orbem : victus pars consulum Cn. Pompeius et M. Crassus, alterum inire consulatum ; qui neque petitus honeste ab his, neque probabiliter gestus est. Cæsari lege, quam Pompeius ad populum tulit, prorogatæ in idem spatium temporis provinciæ : Crasso bellum Parthicum in animo molienti, Syria decreta ; qui vir, cætera sanctissimus, immunisque voluptatibus, neque in pecunia, neque in gloria concupiscenda aut modum norat, aut capiebat terminum. Hunc proficiscentem in Syriam diris cum ominibus, tribuni plebis frustra retinere conati ; quorum exsecrationes si in ipsum tantummodo valuissent, utile imperatoris damnum salvo exercitu fuisset reipublicæ. Transgressum Euphratem Crassum, petentemque Seleuciam, circumfusis immanibus copiis equitum, rex Orodes una cum parte majore

ble cavalerie du roi Orodes, et périt avec la plus grande partie de ses troupes. C. Cassius, le même qui plus tard devait se souiller d'un crime atroce, sauva les débris de nos légions. Questeur alors, il maintint la Syrie sous notre obéissance; les Parthes l'avaient envahie : il les vainquit et les en chassa.

XLVII. Dans l'espace de temps qui comprend ces faits, ceux que nous avons rapportés plus haut, et d'autres qui suivirent, César tua plus de quatre cent mille ennemis, et fit un plus grand nombre de prisonniers, soit dans des batailles rangées, soit dans des marches, soit dans des sorties. Il pénétra deux fois en Bretagne. Chacune de ses neuf campagnes méritait à elle seule un triomphe. Les grandes choses qu'il fit au siége d'Alésia, sont de celles qu'un homme ose à peine entreprendre, et qu'un dieu seul peut accomplir. Julia, femme de Pompée, mourut la septième année du séjour de César dans les Gaules : elle était le seul gage de l'union de son père et de son époux, union que la rivalité de puissance rendait déjà si précaire et si peu solide; et comme si la fortune avait pris soin de rompre tous les liens qui subsistaient encore entre ces deux chefs, qu'allait diviser une grande et fameuse querelle, le fils que Pompée avait eu de la fille de César mourut lui-même peu de temps après. Dès ce moment l'ambition ne connut plus de frein; elle ne recula point, dans ses emportements, devant les sanglantes horreurs de la guerre civile : Pompée, consul pour la troisième fois, fut nommé, sans collègue, par le suffrage de ceux-là mêmes qui s'étaient opposés d'abord à son élévation. Cette marque d'honneur, qui semblait mettre le sceau à sa réconciliation avec le parti de la noblesse, acheva de le brouiller avec César. Du reste, le nouveau consul borna l'exercice de son pouvoir à la répression des brigues. Ce fut en ce temps que Milon, qui briguait le consulat, tua Clodius dans une rencontre suivie d'une rixe, près de Bovilles. Ce meurtre était en lui-même de fâcheux exemple; mais l'effet en fut heureux pour la république, et si Milon fut condamné, ce fut moins pour l'odieux de son action que par l'influence de Pompée. M. Caton ne craignit pas de l'absoudre ouvertement. S'il eût opiné plus tôt, un grand nombre de ses collègues auraient adopté son avis et témoigné qu'ils approuvaient la mort d'un homme qui avait été, pendant sa vie, le plus cruel fléau de la république, et l'ennemi le plus acharné de tous les bons citoyens.

XLVIII. Bientôt après on vit s'allumer les premiers feux de la guerre civile. Tous les bons citoyens invitaient Pompée et César à licencier leurs armées. Dans le cours de son second consulat, Pompée s'était fait donner le gouvernement des Espagnes; et, depuis trois ans, pour conserver le commandement dans Rome, il faisait administrer ces provinces par ses deux lieutenants, Afranius et Pétréius, l'un consulaire, et l'autre prétorien; il partageait volontiers le sentiment de ceux qui prétendaient que César devait congédier ses troupes; mais il n'admettait pas qu'on dût exiger de lui le même sacrifice. Pourquoi, deux années avant qu'on prît les armes, et après avoir achevé les travaux de son théâtre et les monuments qui l'entourent, ne succomba-t-il point à la maladie dangereuse dont il fut atteint dans la Campanie?

---

romani exercitus interemit : reliquias legionum C. Cassius, atrocissimi mox auctor facinoris, tum quæstor, conservavit; Syriamque adeo in pop. rom. potestate retinuit, ut transgressos in eam Parthos, felici rerum eventu fugaret ac funderet.

XLVII. Per hæc insequentiaque, et quæ prædiximus tempora, amplius CCCC millia hostium a C. Cæsare cæsa sunt, plura capta : pugnatum sæpe directa acie, sæpe in agminibus, sæpe eruptionibus : bis penetrata Britannia : novem denique æstatibus vix ulla non justissimus triumphus emeritus : circa Alesiam vero tantæ res gestæ, quantas audere vix hominis, perficere pene nullius, nisi dei fuerit. Septimo ferme anno Cæsar morabatur in Galliis, quum medium jam ex invidia potentiæ male cohærentis inter Cn. Pompeium et C. Cæsarem concordiæ pignus, Julia uxor Magni decessit; atque, omnia inter destinatos tanto discrimini duces dirimente fortuna, filius quoque p rvus Pompeii, Julia natus, intra breve spatium obiit. Tum in gladios cædesque civium furente ambitu, cujus neque finis reperiebatur, nec modus, tertius consulatus soli Cn. Pompeio, etiam adversantium antea dignitati ejus judicio, delatus est : cujus ille honoris gloria, veluti reconciliatis sibi optimatibus, maxime a C. Cæsare alienatus est; sed ejus consulatus omnem vim in coercitionem ambitus exercuit. Quo tempore Publius Clodius a Milone, candidato consulatus, exemplo inutili, facto salutari reipublicæ, circa Bovillas, contracta ex occursu rixa, jugulatus est; Milonem reum non magis invidia facti, quam Pompeii damnavit voluntas. Quem quidem M. Cato palam lata absolvit sententia : quam si maturius tulisset, non defuissent, qui sequerentur exemplum, probarentque eum civem occisum, quo nemo perniciosior reipublicæ neque bonis inimicior vixerat.

XLVIII. Intra breve deinde spatium belli civilis exarserunt initia : quum justissimus quisque et a Cæsare, et a Pompeio, vellet dimitti exercitus. Quippe Pompeius in secundo consulatu Hispanias sibi decerni voluerat, easque per triennium absens ipse ac præsidens urbi, per Afranium et Petreium, consularem ac prætorium, legatos suos, administrabat; et iis, qui a Cæsare dimittendos exercitus contendebant, adsentabatur; iis, qui dimittendos ab ipso quoque adversabatur. Qui si ante biennium quam ad arma itum est, perfectis muneribus theatri et aliorum operum, quæ ei circumdedit, gravissima tentatus valetudine decessisset in Campania (quo,

L'Italie entière adressait alors aux dieux des vœux solennels pour obtenir sa guérison (honneur insigne qui n'avait été jusqu'à ce jour décerné qu'à lui seul). En mourant, il dérobait à la fortune l'occasion de le perdre, et la gloire qui l'avait environné pendant sa vie descendait tout entière avec lui chez les morts. Personne, plus que le tribun Curion, n'attisa le feu de la guerre civile; personne ne fut plus ardent instigateur de tous les désastres qui se succédèrent pendant vingt années. Illustre par sa naissance, audacieux, aussi prodigue de ses biens et de son honneur que des biens et de l'honneur des autres, Curion alliait le génie à la perversité, et son éloquence était un danger de plus pour sa patrie. Quels trésors auraient pu suffire à sa cupidité? Quels plaisirs à ses vices? D'abord, il se montra favorable au parti de Pompée, c'est-à-dire, comme on le pensait alors, au parti de la république; puis, dissimulant ses intentions, il se déclara contre César et Pompée, quoiqu'au fond du cœur il fût dévoué à César. Le changement fut-il désintéressé, ou fut-il acheté au prix de cent mille sesterces, c'est ce que nous ne déciderons pas. Des arrangements salutaires allaient être conclus. César faisait des demandes justes, et Pompée semblait y souscrire sans peine. Curion troubla les négociations, et tout fut rompu. Un seul homme travaillait sérieusement à maintenir la concorde entre ses concitoyens : c'était Cicéron. D'autres historiens ont déjà développé avec mesure et convenance le récit de ces événements et de ceux qui les précédèrent. J'espère n'être pas moins heureux que mes devanciers.

XLIX. Avant de reprendre l'ordre des faits, je dois d'abord féliciter Q. Catulus (21), les deux Lucullus, Métellus et Hortensius, de n'avoir point assez vécu pour assister au spectacle des guerres civiles. Après avoir fourni une carrière honorable, et joui d'une gloire pure et paisible, ils sont morts à propos : leur fin a été tranquille, ou du moins elle n'a pas été prématurée, puisqu'elle a devancé le commencement de nos malheurs. Sous le consulat de Lentulus et de Marcellus, soixante-dix ans avant le vôtre, Vicinius, et l'an sept cent trois de la fondation de Rome, la guerre civile s'alluma. Des deux chefs, l'un paraissait avoir la meilleure cause; l'autre, le plus de puissance. D'un côté, toutes les apparences de justice; de l'autre, la force. Pompée s'appuyait sur l'autorité du sénat; César, sur son armée. Le commandement suprême fut déféré par le sénat et les consuls, non pas à la personne de Pompée, mais à sa cause. César ne négligea rien pour maintenir la paix. Les partisans de Pompée se refusèrent à tout. L'un des consuls montrait trop de hauteur et de violence : Lentulus ne pouvait se sauver que par la ruine de la république. M. Caton déclarait qu'il fallait mourir plutôt que de voir la république recevoir la loi d'un de ses citoyens. Un grave Romain des premiers temps eût approuvé davantage le parti de Pompée; un politique habile eût préféré celui de César : il eût trouvé l'un plus glorieux, et l'autre plus redoutable. On rejeta donc toutes les propositions de César; on lui ordonna de se contenter de sa province avec une seule légion, de revenir à Rome en simple particulier, et d'attendre des suffrages du peuple le consulat qu'il demandait. Alors, ce grand capitaine, persuadé que le mo-

---

quidem tempore universa Italia vota pro salute ejus, primo omnium civium suscepit) defuisset fortunæ destruendi ejus locus, et, quam apud superos habuerat magnitudinem, inlibatam detulisset ad inferos. Bello autem civili, et tot, quæ deinde per continuos XX annos consecuta sunt, malis, non alius majorem flagrantioremque, quam C. Curio tribunus plebis subjecit facem, vir nobilis, eloquens, audax, suæ alienæque et fortunæ et pudicitiæ prodigus, homo ingeniosissime nequam, et facundus malo publico. Hujus animo, voluptatibus vel libidinibus, neque opes ullæ, neque cupiditates sufficere possent. Hic primo pro Pompeii partibus, id est, ut tunc habebatur, pro republica; mox simulatione contra Pompeium et Cæsarem, sed animo pro Cæsare stetit. Id gratis, an accepto centies HS, fecerit, ut accepimus, in medio relinquemus. Ad ultimum saluberrimas et coalescentis conditiones pacis, quas et Cæsar justissimo animo postulabat, et Pompeius æquo recipiebat, discussit ac rupit; unice cavente Cicerone concordiæ publicæ. Harum præteritarumque rerum ordo quum justius aliorum voluminibus promatur, tum, uti spero, nostris explicabitur.

XLIX. Nunc proposito operi sua forma reddatur, si prius gratulatus ero Q. Catulo, duobus Lucullis, Metelloque et Hortensio; qui quum sine invidia in republica floruissent, eminuissentque sine periculo, quieta, aut certe non præcipitata, fatali ante initium bellorum civilium morte functi sunt. Lentulo et Marcello coss., post urbem conditam annis DCCIII, et LXXVIII quam tu, M. Vinici, consulatum inires, bellum civile exarsit. Alterius ducis caussa melior videbatur, alterius erat firmior; hic omnia speciosa, illic valentia; Pompeium senatus auctoritas, Cæsarem militum armavit fiducia; consules senatusque caussæ, non Pompeio, summam imperii detulerunt. Nihil relictum a Cæsare, quod servandæ pacis caussa tentari posset; nihil receptum a Pompeianis : quum alter consul justo esset ferocior; Lentulus vero salva republica salvus esse non posset; M autem Cato moriendum ante, quam ullam conditionem civis accipiendam reipublicæ contenderet : vir antiquus et gravis Pompeii partes laudaret magis, prudens sequeretur Cæsaris, et illa gloriosa, hæc terribiliora duceret. Ut deinde, spretis omnibus, quæ Cæsar postulaverat, tantummodo contentus cum una legione titulum retinere provinciæ, privatus in urbem veniret, et se in petitione consulatus suffragiis populi romani committeret, decrevere : ratus bellandum Cæsar, cum exercitu Rubiconem transiit

ment était venu de prendre les armes, passa le Rubicon avec ses troupes. Aussitôt Pompée, les consuls et la plus grande partie du sénat, sortirent de Rome, puis de l'Italie, et se retirèrent à Dyrrachium.

L. César, après avoir surpris dans Corfinium Domitius et ses légions, renvoya sans délai ce chef et tous ceux de sa suite qui voulaient rejoindre Pompée; puis il se porta sur Brindes (22), pour montrer qu'il aimait mieux prévenir les désastres de la guerre civile, et la terminer à des conditions équitables, que de s'acharner sur des fuyards. Mais, dès qu'il eut appris la retraite des consuls, il revint à Rome, rendit compte au sénat et au peuple de sa conduite, et se plaignit de la nécessité funeste où ses ennemis le mettaient de repousser la guerre par la guerre. Il résolut ensuite de se rendre en Espagne. La rapidité de sa marche fut un instant ralentie par la résistance de Marseille, qui montra plus de fidélité que de prudence, en voulant, mal à propos, intervenir, comme arbitre, dans cette grande querelle. Une telle prétention ne convient qu'à ceux qui ont assez de force pour se faire obéir. L'armée d'Afranius le consulaire et du prétorien Pétréius, surprise et comme éblouie par la brusque et soudaine arrivée de César, se rendit à lui. Les deux lieutenants et tous ceux qui voulurent le suivre, quel que fût leur rang, furent renvoyés à Pompée.

LI. L'année suivante, Pompée plaça son camp à Dyrrachium, et occupa tout le pays voisin. Les renforts, tant en chevaux qu'en infanterie, qu'il avait fait venir de toutes les provinces d'outre-mer, et les troupes auxiliaires des rois, des tétrarques, et des autres princes, lui composaient une armée formidable; de plus, il croyait avoir assez bien fermé la mer avec ses flottes, pour qu'il fût impossible à son rival de trouver un passage. Mais l'activité et la fortune de César déjouèrent toutes ces mesures : rien ne put donc l'empêcher d'arriver là où il voulait. Il fit traverser la mer à ses légions, et vint asseoir son camp tout près de celui de Pompée, dont il forma le siége. Mais le manque de vivres incommodait les assiégeants, plus que les assiégés. C'est alors que Cornélius Balbus s'introduisit, avec une audace incroyable, dans le camp de Pompée, et conféra plusieurs fois avec le consul Lentulus, qui hésitait sur le prix qu'il devait mettre à sa trahison. Tel fut le début de ce Balbus (25), qu'on vit plus tard, quoique Espagnol, et sans cesser d'appartenir à son pays, s'élever jusqu'aux honneurs du triomphe, du sacerdoce et du consulat. Il y eut ensuite diverses rencontres, où les succès furent partagés. Dans l'un de ces combats, cependant, Pompée obtint un avantage signalé, et fit essuyer un véritable échec aux soldats de César.

LII. César passa dans la Thessalie, qui devait être le théâtre de sa victoire. Pompée avait à choisir entre plusieurs partis contraires. Le plus grand nombre lui conseillait de rentrer en Italie : c'était, sans contredit, la détermination la plus sage. D'autres l'engageaient à traîner la guerre en longueur : la considération qui s'attachait à sa cause devait, prétendaient-ils, multiplier de jour en jour ses forces. Pompée n'écouta que son ardeur et suivit

---

Cneius Pompeius, consulesque, et major pars senatus, relicta urbe ac deinde Italia, transmisere Dyrrachium.

L. At Cæsar, Domitio legionibusque Corfinii, quæ una cum eo fuerant, potitus, duce aliisque qui voluerant abire ad Pompeium, sine dilatione dimissis, persecutus Brundusium, ita ut appareret, malle integris rebus et conditionibus finire bellum, quam opprimere fugientes, quum transgressos reperisset coss., in urbem revertit : redditaque ratione consiliorum suorum in senatu, et in concione, ac miserrimæ necessitudinis, quum alienis armis ad arma compulsus esset, Hispanias petere decrevit. Festinationem itineris ejus aliquamdiu morata Massilia est, fide melior, quam consilio prudentior, intempestive principalium armorum arbitria captans, quibus hi se debent interponere, qui non parentem coercere possunt. Exercitus deinde, qui sub Afranio consulari ac Petreio prætorio fuerat, ipsius adventus vigore ac fulgore occupatus, se Cæsari tradidit; uterque legatorum, et quisquis cujusque ordinis sequi eos voluerat, remissi ad Pompeium.

LI. Proximo anno, quum Dyrrachium ac vicina ei urbi regio castris Pompeii retinetur (qui accitis ex omnibus transmarinis provinciis legionibus, equitum ac peditum auxiliis, regumque, tetrarcharum, simulque dynastarum copiis, immanem exercitum confecerat, et mare præsidiis classium, ut rebatur, sepserat, quo minus Cæsar legiones posset transmittere) sua et celeritate, et fortuna C. Cæsar usus, nihil in mora habuit, quo minus et quum vellet, ipse exercitusque classibus perveniret, et primo pene castris Pompeii sua jungeret, mox etiam obsidione munimentisque eum complecteretur; sed inopia obsidentibus, quam obsessis, erat gravior. Tum Balbus Cornelius, excedente humanam fidem temeritate, ingressus castra hostium, sæpiusque cum Lentulo colloculus cons. dubitante quanti se venderet, illis incrementis fecit viam, quibus non Hispaniæ alienatus, sed Hispanus in triumphum et pontificatum adsurgeret, fieretque ex privato consularis. Variatum deinde præliis, sed uno longe magis Pompeianis prospero, quo graviter impulsi sunt Cæsaris milites.

LII. Tum Cæsar cum exercitu fatalem victoriæ suæ Thessaliam petiit. Pompeius longe diversa aliis suadentibus (quorum plerique hortabantur, ut in Italiam transmitteret, neque hercules quicquam partibus illis salubrius fuit : alii, ut bellum traheret, quod dignatione partium in dies ipsis magis prosperum fieret), usus impetu suo, hostem secutus est. Aciem Pharsalicam, et illum cruentissimum romano nomini diem, tantumque

César. Il n'entre point dans mon plan de décrire la bataille de Pharsale; ce jour si fatal au nom Romain, où des flots de sang coulèrent de part et d'autre; ce jour où, dans le choc terrible des deux chefs de la république, Rome perdit, pour ainsi dire, l'un de ses deux yeux et une foule d'illustres citoyens qui suivaient le parti de Pompée. Mais je ne dois pas omettre un fait important. Dès que César vit plier l'armée de son rival, son premier soin, son désir le plus cher fut, (pour employer un terme et rappeler un usage militaire) de licencier tous les partis. Dieux immortels! quel prix réservait à sa tendresse et à sa bonté l'ingratitude de Brutus! Quoi de plus admirable, de plus magnifique, de plus glorieux que sa victoire? Rome n'eut à regretter que ceux de ses enfants qui avaient péri sur le champ de bataille. Mais une rage opiniâtre empoisonna les bienfaits de la clémence. Les vaincus trouvaient moins de plaisir à recevoir la vie, que les vainqueurs à la donner.

LIII. Pompée avait pris la fuite avec Sextus, son fils, les deux Lentulus, personnages consulaires, et le prétorien Favonius, que la fortune avait associé à sa disgrâce. Les uns lui conseillaient de se retirer chez les Parthes; les autres, de passer en Afrique, où il trouverait dans Juba un partisan fidèle. Il se décida pour l'Égypte, dans l'espoir que Ptolémée, qui régnait alors à Alexandrie, et dont l'âge était plus voisin de l'enfance que de la jeunesse, saurait reconnaître les services qu'il avait rendus à son père; mais un bienfaiteur malheureux trouve-t-il de la reconnaissance? croit-on même lui en devoir? Les sentiments ne changent-ils pas toujours avec la fortune? Pompée arrivait avec Cornélie son épouse, qui l'avait rejoint à Mitylène, et qui voulait partager les périls de sa fuite. Le roi, par le conseil de Théodote et d'Achillas, envoya au-devant de lui des gens qui avaient ordre de bien le recevoir et de l'inviter à passer du bâtiment de transport qui l'avait amené, à bord du vaisseau qu'on avait expédié à sa rencontre. Il y consentit; et là, par le commandement et la volonté d'un esclave égyptien, fut égorgé le plus grand des Romains. Telle fut, après trois consulats, autant de triomphes, et des victoires remportées dans toutes les parties de l'univers, la fin du plus noble et du plus vertueux des citoyens. Il périt sous le consulat de C. César et de Publius Servilius, la veille du jour de sa naissance, à l'âge de cinquante-huit ans. La fortune ne semblait l'avoir élevé au plus haut degré de gloire, que pour en faire un plus grand exemple de ses contradictions; car la terre manqua pour sa sépulture, comme elle avait manqué naguère à ses conquêtes (24). Quelques historiens se sont trompés de cinq ans sur l'âge d'un si grand homme, qui appartient presque à notre siècle. C'est sans doute pure distraction de leur part. Il n'était pas difficile de supputer le nombre des années écoulées depuis le consulat de C. Atilius et de Q. Servilius. Au reste, si je fais cette remarque, ce n'est pas pour adresser un reproche aux autres, c'est pour n'en point mériter moi-même.

LIV. Le roi d'Égypte et ceux qui le gouvernaient par leurs conseils, ne se montrèrent pas moins perfides envers César, qu'ils ne l'avaient été envers Pompée. Ils lui tendirent des embûches à son ar-

---

utriusque exercitus profusum sanguinis, et collisa inter se duo reipublicæ capita; effossumque alterum rom. imperii lumen, tot talesque Pompeianarum partium cæsos viros, non recipit enarranda hic scripturæ modus. Illud notandum est: ut primum C. Cæsar inclinatam vidit Pompeianorum aciem, neque prius, neque antiquius quicquam habuit, quam ut omnes partes (ut militari et verbo et consuetudine utar) dimitteret. Proh Dii immortales! quod hujus voluntatis erga Brutum suæ postea vir tam mitis pretium tulit? Nihil illa victoria mirabilius, magnificentius, clarius fuit, quando neminem, nisi acie consumptum, civem patria desideravit; sed munus misericordiæ corrupit pertinacia, quum libentius vitam victor jam daret, quam victi acciperent.

LIII. Pompeius profugiens cum duobus Lentulis consularibus, Sextoque filio, et Favonio prætorio, quos comites ei fortuna adgregaverat, aliis ut Parthos, aliis ut Africam peteret, in qua fidelissimum partium suarum haberet regem Jubam, suadentibus, Ægyptum petere proposuit, memor beneficiorum, quæ in patrem ejus Ptolemæi, qui tum puero quam juveni propior regnabat Alexandriæ, contulerat. Sed quis in adversis beneficiorum servat memoriam? aut quis ullam calamitosi deberi putat gratiam? aut quando fortuna non mutat fidem? Missi itaque ab rege, qui venientem Cn. Pompeium (is jam a Mytilenis Corneliam uxorem, receptam in navem, fugæ comitem habere cœperat) consilio Theodoti et Achilli exciperent, hortarenturque, ut ex oneraria in eam navem, quæ obviam processerat, transcenderet. Quod quum fecisset, princeps romani nominis, imperio arbitrioque Ægyptii mancipii, C. Cæsare, Publio Servilio coss., jugulatus est. Hic post tres consulatus et totidem triumphos, domituramque terrarum orbem, sanctissimi ac præstantissimi viri, in id evecti, super quod adscendi non potest, duodesexagesimum annum agentis, pridie natalem ipsius, vitæ fuit exitus: in tantum in illo viro a se discordante fortuna, ut cui modo ad victoriam terra defuerat, deesset ad sepulturam. Quid aliud quam nimium occupatos dixerim, quos in ætate et tanti, et pene nostri seculi viri fefellit quinquennium? quum a C. Atilo et Qu. Servilio coss. tam facilis esset annorum digestio; quod adjeci, non ut arguerem, sed ne arguerer.

* LIV. Non fuit major in Cæsarem, quam in Pompeium fuerat, regis eorumque, quorum is auctoritate regebatur, fides; quippe quum venientem cum tentassent insidiis, ac deinde bello lacessere auderent, utrique summo impera-

rivée, et osèrent même, plus tard, l'attaquer à force ouverte. Leur supplice vengea tout à la fois, et le grand homme qu'ils avaient tué, et celui qui restait pour les punir. Si Pompée n'existait plus, son nom lui survivait. L'intérêt puissant qui s'attachait à son parti avait allumé la guerre en Afrique ; elle était soutenue par le roi Juba et par Scipion, personnage consulaire, dont Pompée avait épousé la fille deux ans avant sa mort. Caton avait augmenté leurs forces, en leur amenant ses légions à travers des sables arides et par des chemins presque impraticables. L'armée lui déféra le commandement suprême; mais il aima mieux reconnaître l'autorité d'un chef plus élevé que lui en dignité.

LV. La brièveté que j'ai promise au lecteur me fait un devoir de serrer mes récits. César, se laissant conduire par sa destinée, passa en Afrique, que la mort de Curion, le chef de son parti dans cette province, avait livrée à la domination des partisans de Pompée. Les succès furent d'abord partagés; mais bientôt les ennemis plièrent devant la fortune de César. Les vaincus furent traités avec la même clémence que par le passé. Vainqueur en Afrique, César eut à soutenir une guerre plus terrible en Espagne. Je ne parle pas de sa victoire sur Pharnace (25), qui n'ajouta rien à sa gloire. Cn. Pompée, fils du grand Pompée, jeune homme d'une impétueuse bravoure, avait organisé un parti formidable, qui se grossissait chaque jour d'une foule d'auxiliaires, que le grand nom de son père attirait de toutes les parties du monde. La fortune de César le suivit en Espagne; mais jamais il n'avait livré de bataille plus sanglante et plus périlleuse [1]. Voyant la victoire plus que douteuse, il s'élance de cheval, se jette au-devant de ses troupes qui lâchent pied ; et, accusant la fortune de l'avoir réservé pour une aussi indigne fin, il déclare qu'il est déterminé à ne pas reculer d'un pas, et demande à ses soldats s'ils abandonneront leur général dans une pareille extrémité. La honte, plus que la valeur, ramena les troupes au combat, et le chef se montra plus brave que ceux qu'il commandait. Cnéius Pompée fut trouvé dans un lieu désert, grièvement blessé : on l'acheva. Labiénus et Varus périrent sur le champ de bataille.

LVI. Vainqueur de tous ses ennemis, César revint à Rome ; et, ce qui paraîtra incroyable, il fit grâce à tous ceux qui avaient porté les armes contre lui. Ce ne fut que fêtes et spectacles magnifiques ; naumachies, combats de gladiateurs, de troupes à pied, de troupes à cheval, d'éléphants, repas servis au peuple et continués pendant plusieurs jours. Il triompha cinq fois. Les trophées de la Gaule étaient en bois de citronnier, ceux du Pont en acanthe, ceux d'Alexandrie en écaille de tortue, ceux d'Afrique en ivoire, ceux d'Espagne en argent poli. La valeur des dépouilles s'éleva à plus de six cents millions de sesterces. Cependant ce grand homme, qui avait donné tant de preuves de clémence après toutes ses victoires, ne devait pas se reposer plus de cinq mois dans la souveraine puissance. Rentré dans Rome au mois d'octobre, César périt le jour des ides de mars, victime d'une conjuration, dont Brutus et Cassius étaient les chefs.

[1] L'auteur fait allusion à la bataille de Munda

torum, alteri superstiti, meritas pœnas luere suppliciis. Nusquam erat Pompeius corpore, adhuc ubique Jubæ nomine : quippe ingens partium ejus favor bellum excitaverat Africum, quod ciebat rex Juba et Scipio, vir consularis, ante biennium, quam extingueretur Pompeius, lectus ab eo socer : eorumque copias auxerat M. Cato, ingenti cum difficultate itinerum, locorumque inopia, perductis ad eos legionibus : qui vir, quum summum ei a militibus deferretur imperium, honoratiori parere maluit.

LV. Admonet promissæ brevitatis fides, quanto omnia transcursu dicenda sint. Sequens fortunam suam Cæsar, pervectus in Africam, quam, occiso Curione, Julianarum duce partium, Pompeiani obtinebant exercitus. Ibi primo varia fortuna, mox pugnavit sua; inclinatæque hostium copiæ. Nec dissimilis ibi adversus victos, quam in priores, clementia Cæsaris fuit. Victorem Africani belli C. Cæsarem gravius excepit hispaniense (nam victus ab eo Pharnaces, vix quicquam gloriæ ejus adstruxit), quod Cn. Pompeius, Magni filius, adolescens impetus ad bella maximi, ingens ac terribile conflaverat, undique ad eum adhuc paterni nominis magnitudinem sequentium ; ex toto orbe terrarum auxiliis confluentibus. Sua Cæsarem in Hispaniam comitata fortuna est, sed nullum unquam atrocius periculosiusque ab eo initum prælium, adeo ut plus quam dubio Marte descenderet equo, consistensque ante recedentem suorum aciem, increpita prius fortuna, quod se in eum servasset exitum, denuntiaret militibus, vestigio se non recessurum : proinde viderent, quem et quo loco imperatorem deserturi forent. Verecundia magis quam virtute acies restitutæ a duce, quam a milite fortius. Cn. Pompeius, gravis vulnere, inventus inter solitudines avias, interemptus est; Labienum, Varumque acies abstulit.

LVI. Cæsar, omnium victor, regressus in Urbem, quod humanam excedat fidem, omnibus, qui contra se arma tulerant, ignovit, magnificentissimis gladiatorii muneris naumachiæ, et equitum peditumque, simul elephantorum certaminis spectaculis, epulique per multos dies dati celebratione, replevit eam. Quinque egit triumphos; Gallici apparatus ex citro, Pontici ex acantho, Alexandrini testudine, Africi ebore, Hispaniensis argento rasili constitit; pecunia ex manubiis lata paullo amplius sexies millies HS. Neque illi tanto viro, et tam clementer omnibus victoriis suis uso, plus quinque mensium principalis quies contigit : quippe quum mense octobri in urbem revertisset, idibus martiis, conjurationis auctoribus Bruto et Cassio, quorum alterum promittendo consulatum non obligaverat, contra differendo Cassium offenderat; ad-

De ces deux hommes il n'avait pu s'attacher le premier en lui promettant le consulat; il avait offensé l'autre en différant de l'y porter. Les plus intimes amis de César, que sa victoire avait élevés au plus haut rang, D. Brutus, C. Trébonius, et plusieurs autres d'un nom illustre, trempèrent dans ce complot. M. Antoine, son collègue dans le consulat, homme prêt à tout oser, avait rendu le dictateur odieux en lui posant sur la tête une couronne de roi, pendant qu'assis à la tribune aux harangues, il assistait à la fête des Lupercales. César repoussa la couronne; mais ne parut pas offensé de l'action d'Antoine.

LVII. Cette mort ne prouva que trop la sagesse du conseil qu'Hirtius et Pansa donnaient à César, de maintenir par les armes une puissance que les armes lui avaient acquise; mais il répétait sans cesse qu'il aimait mieux mourir que de se faire craindre. L'espoir de trouver chez les autres les sentiments dont il était animé lui-même, le livra sans défiance à des ingrats qui lui devaient la vie. Ce fut en vain que les dieux l'avertirent par de nombreux présages du péril dont il était menacé; ce fut en vain que les auspices lui conseillèrent de prendre bien garde aux ides de mars. Ce jour-là même, Calpurnia sa femme, effrayée d'un songe, qu'elle avait eu pendant la nuit, le conjura de rester à la maison. Il reçut des billets qui lui révélaient le complot, et ne se pressa point de les lire. Il y a sans doute dans la destinée une puissance invincible (26) qui trouble l'esprit de ceux qu'elle veut perdre.

LVIII. L'année où ils commirent cet attentat, Brutus et Cassius étaient préteurs, et D. Brutus, consul désigné. Se mettant à la tête des conjurés, et soutenus par une troupe de gladiateurs, ils s'emparèrent du Capitole. Cassius avait été d'avis de faire partager à M. Antoine le sort de César, et de casser le testament du dictateur; mais Brutus s'y opposa, en disant qu'il ne fallait aux bons citoyens que la mort du tyran, c'est le nom qu'il donnait à César pour justifier son entreprise. Dolabella, que le dictateur avait désigné pour lui succéder dans le consulat, prit les faisceaux et les autres insignes de la puissance consulaire. Antoine convoqua le sénat, et, comme s'il eût voulu ménager un accommodement, il envoya ses enfants en otages au Capitole, en donnant aux meurtriers de César l'assurance qu'ils pouvaient descendre sans crainte. Cicéron rappela le célèbre décret des Athéniens sur l'amnistie, et le sénat le confirma par son approbation.

LIX. Le testament de César fut ouvert, il adoptait C. Octave, petit-fils de sa sœur Julie. Disons un mot de son origine, quoiqu'il ait pris soin de nous en instruire lui-même (27). C. Octavius, son père, n'était point patricien, mais d'une famille très-considérable dans l'ordre équestre : il se distinguait lui-même par sa gravité, sa droiture, la pureté de ses mœurs et sa fortune. Élu préteur avant plusieurs concurrents de la plus haute noblesse, il fut jugé digne d'épouser Atia, fille de Julie. Au sortir de la préture, le sort lui assigna le gouvernement de la Macédoine; il y mérita le titre d'*imperator*. Il revenait à Rome pour demander le consulat, lorsqu'il mourut en chemin, laissant son fils dans un âge encore tendre. Philippe, le second mari d'Atia, se chargea

---

jectis etiam consiliariis cædis familiarissimis omnium, et fortuna partium ejus in summum evectis fastigium D. Bruto et C. Trebonio, aliisque clari nominis viris, interemptus est. Cui magnam invidiam conciliarat M. Antonius omnibus audendis paratissimus, consulatus collega, imponendo capiti ejus Lupercalibus sedentis pro rostris insigne regium, quod ab eo ita repulsum erat, ut non offensus videretur.

LVII. Laudandum experientia consilium est Pansæ atque Hirtii : qui semper prædixerant Cæsari, ut principatum armis quæsitum armis teneret. Ille dictitans, mori se, quam timeri malle, dum clementiam, quam præstiterat, exspectat, incautus ab ingratis occupatus est : quum quidem plurima præsagia atque indicia Dii immortales futuri obtulissent periculi : nam et haruspices futurum præmonuerant, ut diligentissime iduum martiarum caveret diem; et uxor Calpurnia, territa nocturno visu, ut ea die domi subsisteret, orabat; et libelli conjurationem nuntiantes dati, ab eo neque protinus lecti erant. Sed profecto ineluctabilis fatorum vis, cujuscunque fortunam mutare constituit, consilia corrumpit.

LVIII. Quo anno id patravere facinus Brutus et C. Cassius, prætores erant; D. Brutus cons. designatus. Hi una cum conjurationis globo, stipati gladiatorum D. Bruti manu, Capitolium occupavere, quum cons. Antonius (quem quum simul interimendum censuisset Cassius, testamentumque Cæsaris abolendum, Brutus repugnaverat, dictitans, nihil amplius civibus præter tyranni, ita enim appellari Cæsarem facto ejus expediebat, petendum esse sanguinem) convocato senatu (quum jam Dolabella, quem substituturus sibi Cæsar, designaverat cons. fasces aliaque insignia corripuisset consularia), velut pacis auctor, liberos suos obsides in Capitolium misit, fidemque descendendi tuto interfectoribus Cæsaris dedit : et illud decreti Atheniensium celeberrimi exemplum, relatum a Cicerone, oblivionis præteritarum rerum, decreto patrum comprobatum est.

LIX. Cæsaris deinde testamentum apertum est, quo C. Octavium, nepotem sororis suæ Juliæ, adoptabat; de cujus origine, etiam si prævenit, et pauca dicenda sunt : fuit C. Octavius, ut non patricia, ita admodum speciosa equestri genitus familia, gravis, sanctus, innocens, dives. Hic prætor inter nobilissimos viros creatus primo loco, quum ex dignatione Julia genitam Atiam conciliasset uxorem, ex eo honore sortitus Macedoniam, appellatusque in ea imperator, decedens ad petitionem

de l'éducation de cet enfant; C. César, son grand-oncle, l'aima comme son propre fils. A dix-huit ans, il le conduisit à la guerre d'Espagne, et, depuis ce moment, il lui fit toujours partager sa tente et sa litière; il l'éleva même, malgré son extrême jeunesse, à la dignité de pontife. Les guerres civiles terminées, il l'envoya aux écoles d'Apollonie afin que la culture des lettres développât les merveilleuses dispositions dont il était doué. Il avait dessein de l'emmener ensuite avec lui dans son expédition contre les Gètes et les Parthes. A la première nouvelle de la mort de son oncle, Octave partit aussitôt pour Rome, sans s'arrêter aux offres de service que lui firent les centurions des légions voisines, ni aux conseils de Salvidienus et d'Agrippa, qui le pressaient de les accepter. Il apprit à Brindes les circonstances du meurtre de César et les clauses de son testament. Comme il approchait de Rome, ses amis accoururent en foule à sa rencontre ; et, à son entrée dans la ville, on vit le disque du soleil former autour de sa tête un cercle régulier et brillant comme l'arc-en-ciel, et couronner ainsi le héros que la fortune destinait à de si grandes choses.

LX. Atia, mère d'Octave, et Philippe, son beau-père, ne pensaient pas qu'il dût accepter un héritage aussi dangereux que celui de César. Mais l'heureux destin de l'empire et du monde l'appelait à l'honneur de restaurer le nom romain et d'en conserver la gloire. Cette âme divine méprisa donc les conseils de la prudence humaine : elle aima mieux une élévation périlleuse qu'une sécurité sans gloire. Obligé de choisir entre le jugement de son oncle et l'opinion de son beau-père, Octave n'hésita point, et dit hautement qu'il ne lui était pas permis de se croire indigne d'un nom dont César l'avait cru digne. Antoine l'accueillit d'abord avec hauteur, moins par mépris que par crainte. A peine lui accorda-t-il un moment d'entretien dans les jardins de Pompée : bientôt même il l'accusa d'avoir attenté à sa vie; mais ce mensonge atroce fut découvert, et ne tourna qu'à la confusion de son détestable auteur. Depuis lors Antoine, et Dolabella, son collègue, ne gardèrent plus de mesure et marchèrent droit à la tyrannie. Antoine s'empara de sept cents millions de sesterces déposés par César dans le temple de Cybèle, et dénatura par des additions, des changements et de frauduleuses altérations de tout genre, les actes et les écrits du dictateur. On vit un consul mettre tout à l'enchère et vendre la république : le gouvernement des Gaules avait été décerné à D. Brutus, consul désigné : Antoine résolut de s'en saisir; Dolabella, de son côté, s'adjugea les provinces d'outre-mer. Entre des hommes dont le caractère était si différent, la haine croissait de jour en jour ; aussi le jeune César était-il exposé sans cesse aux embûches que lui dressait Antoine.

LXI. Rome opprimée languissait sous la tyrannie d'Antoine. La douleur et l'indignation étaient dans tous les cœurs ; mais la force manquait pour la résistance, lorsque le jeune César, qui entrait dans sa dix neuvième année, fit éclater un courage égal aux grandes choses qu'il devait accomplir. Ne prenant conseil que de lui-même et

---

consulatus obiit, prætextato relicto filio. Quem C. Cæsar, major ejus avunculus, educatum apud Philippum vitricum, dilexit ut suum, natumque annos XVIII, hispaniensis militiæ, adsecutum se, postea comitem habuit, nunquam aut alio usum hospitio quam suo, aut alio vectum vehiculo : pontificatusque sacerdotio puerum honoravit; et patratis bellis civilibus, ad erudiendum liberalibus disciplinis singularis indolem juvenis, Apolloniam cum in studia miserat, mox belli Getici, ac deinde Parthici habiturus commilitonem. Cui ut est nuntiatum de cæde avunculi, quum protinus ex vicinis legionibus centuriones suam suorumque militum operam ei pollicerentur, neque eam spernendam Salvidienus et Agrippa dicerent; ille festinans pervenire in Urbem, omnem ordinationem et necis, et testamenti Brundusii comperit. Cui adventanti Romam, immanis amicorum occurrit frequentia : et quum intraret urbem, solis orbis super caput ejus, curvatus æqualiter, rotundatusque, in colorem arcus, velut coronam tanti mox viri capiti imponens conspectus est.

LX. Non placebat Atiæ matri, Philippoque vitrico, adiri nomen invidiosæ fortunæ Cæsaris : sed asserebat salutaria reipublicæ terrarumque orbis fata conditorem conservatoremque romani nominis. Sprevit itaque cœlestis animus humana consilia ; et cum periculo potius summa, quam tuto humilia, proposuit sequi; maluitque avunculo et Cæsari de se, quam vitrico credere, dictitans nefas esse, quo nomine Cæsari dignus esset visus, semetipsum videri indignum. Hunc protinus Antonius cons. superbe excipit (neque is erat contemptus, sed metus) ; vixque admisso in Pompeianos hortos, loquendi secum tempus dedit; mox etiam, velut insidiis ejus petitus, sceleste insimulare cœpit : in quo turpiter deprehensa ejus vanitas est. Aperte deinde Antonii ac Dolabellæ consulum ad nefandam dominationem erupit furor. HS septies millies, deposito a C. Cæsare ad ædem Opis, occupatum ab Antonio, actorum ejusdem insertis falsis, civitatibusque corruptis, commentariis; atque omnia pretio temperata, vendente rempublicam consule. Idem provinciam D. Bruto designato consuli decretam, Galliam occupare statuit; Dolabella transmarinas decrevit sibi : interque naturaliter dissimillimos, ac diversa volentes crescebat odium; eoque C. Cæsar juvenis quotidianis Antonii petebatur insidiis.

LXI. Torpebat oppressa dominatione Antonii civitas; indignatio et dolor omnibus, vis ad resistendum nulli aderat, quum C. Cæsar, XVIII annum ingressus, mira ausus, ac summa consecutus, privato consilio, majorem senatu pro republica animum habuit; primumque a Ca-

embrassant la cause de la république avec plus d'énergie que le sénat, il fit d'abord venir de Calatia, puis de Casilinum, les vétérans de son père. D'autres les suivirent, et ce fut bientôt une armée au complet. Antoine, de son côté, donna ordre aux troupes qu'il avait appelées des provinces d'outre-mer de se réunir à Brindes; mais, tandis qu'il venait à leur rencontre, la légion martiale et la quatrième levèrent leurs enseignes et passèrent dans le camp de César, autant par admiration pour son grand caractère que par déférence pour la volonté du sénat. Le sénat fit ériger au jeune Octave la statue équestre que nous voyons encore aujourd'hui sur le Forum: distinction glorieuse qui, dans l'espace de trois cents ans ne fut accordée qu'à trois hommes seulement, L. Sylla, Cn. Pompée, et C. César. Il fut en même temps chargé de soutenir la guerre contre Antoine, en qualité de propréteur, avec les consuls désignés Hirtius et Pansa. Quoiqu'il n'eût alors que vingt ans, il déploya la plus grande énergie sous les murs de Modène, et délivra D. Brutus assiégé. Antoine, sans armée, fut réduit à fuir honteusement de l'Italie. Mais les deux consuls moururent, l'un sur le champ de bataille, l'autre d'une blessure, peu de jours après.

LXII. Avant la défaite d'Antoine, le sénat, sur la proposition de Cicéron, avait rendu plusieurs décrets honorables pour César et pour son armée. Mais le péril passé, les sentiments secrets se trahirent et le parti de Pompée reprit courage. Brutus et Cassius furent maintenus dans le gouvernement des provinces dont ils s'étaient emparés sans être autorisés par sénatus-consulte. On donna des éloges aux légions qui avaient passé sous leurs drapeaux; on soumit à leur pouvoir, tous les magistrats qui exerçaient un commandement au-delà des mers. Brutus et Cassius, qui tantôt redoutaient les armes d'Antoine, tantôt feignaient de les craindre, pour le rendre plus odieux, déclarèrent d'abord dans leurs manifestes qu'ils se résignaient volontiers à un exil perpétuel, si la paix publique pouvait être achetée à ce prix, qu'ils ne fourniraient point d'aliments à la guerre civile, et que le témoignage de leur conscience était tout ce qu'ils ambitionnaient. Mais à peine furent-ils sortis de Rome et de l'Italie, que, de concert, et sans autorisation, ils se mirent à la tête des armées et en possession des provinces. Sous le prétexte que la république était partout avec eux ils firent aisément consentir les questeurs à leur livrer les tributs que ceux-ci levaient sur les provinces d'outre-mer et qu'ils devaient envoyer à Rome. Le sénat approuva formellement cette conduite: pour récompenser Brutus du soin qu'un autre avait pris de lui sauver la vie, on lui décerna les honneurs du triomphe; les funérailles d'Hirtius et de Pansa furent célébrées aux frais de la république. Quant au jeune César, on en tint si peu compte, que les commissaires qui furent députés vers ses troupes reçurent ordre de ne s'adresser qu'aux soldats. Il feignit de ne pas sentir cette injure; mais l'armée se montra plus reconnaissante que le sénat, et déclara qu'elle n'écouterait rien hors de la présence de son général. Ce fut dans ce temps que Cicéron, toujours fidèle au parti de Pompée, disait, en parlant d'Octave, qu'il fallait le louer et l'exalter (28); expression équivoque, dont

---

latia, mox a Casilino, veteranos excivit paternos; quorum exemplum secuti alii, brevi in formam justi coiere exercitus. Mox quum Antonius occurrisset exercitui, quem ex transmarinis provinciis Brundusium venire jusserat, legio Martia et Quarta, cognita et senatus voluntate, et tanti juvenis indole, sublatis signis ad Cæsarem se contulerunt. Eum senatus, honoratum equestri statua, quæ hodieque in rostris posita, ætatem ejus scriptura indicat (qui honor non alii per CCC annos, quam L. Sullæ, et Cn. Pompeio, et C. Cæsari contigerat), pro prætore una cum coss. designatis, Hirtio et Pansa, bellum cum Antonio gerere jussit. Id ab eo annum agente vicesimum, fortissime circa Mutinam administratum est; et D. Brutus obsidione liberatus; Antonius turpi ac nuda fuga coactus deserere Italiam: consulum autem alter in acie, alter post paucos dies ex vulnere mortem obiit.

LXII. Omnia, antequam fugaretur Antonius, honorifice a senatu in Cæsarem exercitumque ejus decreta sunt, maxime auctore Cicerone: sed, ut recessit metus, erupit voluntas, protinusque Pompeianis partibus rediit animus. Bruto Cassioque provinciæ, quas jam ipsi sine ullo senatusconsulto occupaverant, decretæ: laudati quicumque his se exercitus tradidissent: omnia transmarina imperia eorum commissa arbitrio. Quippe M. Brutus et C. Cassius, nunc metuentes arma Antonii, nunc ad augendam ejus invidiam, simulantes se metuere, testati edictis, libenter se vel in perpetuo exsilio victuros, dum reipublicæ constaret concordia, nec ullam belli civilis præbituros materiam, plurimum sibi honoris esse in conscientia facti sui, profecti urbe atque Italia, intento ac pari animo, sine auctoritate publica, provincias, exercitusque occupaverant, et ubicunque ipsi essent, prætexentes esse rempublicam, pecunias etiam, quæ ex transmarinis provinciis Romam ab quæstoribus deportabantur, a volentibus acceperant. Quæ omnia senatus decretis comprensa, et comprobata sunt; et M. Bruto, quod alieno beneficio viveret, decretus triumphus; Pansæ atque Hirtii corpora publica sepultura honorata. Cæsaris adeo nulla habita mentio, ut legati, qui ad exercitum ejus missi erant, juberentur summoto eo milites alloqui. Non fuit tam ingratus exercitus, quam fuerat senatus: nam, quum eam injuriam dissimulando Cæsar ferret, negavere milites, sine imperatore suo ulla se audituros mandata. Hoc est illud tempus, quo Cicero, insito amore Pom-

le sens véritable était tout autre que celui qu'il semblait lui donner.

LXIII. Cependant Antoine fuyait au-delà des Alpes. Il fit d'abord sonder les intentions de Lépide, qui venait d'être nommé par surprise (29) à la dignité de grand-pontife, que la mort de C. César avait laissée vacante, et qui, s'étant attribué le gouvernement de l'Espagne, se trouvait encore dans les Gaules. Les propositions d'Antoine furent repoussées; mais ses fréquentes entrevues avec Lépide lui donnèrent occasion de se montrer souvent aux soldats. Ceux-ci, qui connaissaient sa supériorité sur la plupart des autres généraux, lorsque l'ivresse n'égarait pas sa raison, tandis que Lépide était le plus inhabile de tous, le reçurent dans leur camp par une brèche qu'ils avaient pratiquée derrière les retranchements. Lépide conserva le titre de général; Antoine en eut toute l'autorité. La furtive admission d'Antoine dans le camp de Lépide fut signalée par la mort de Juventius Latérensis. Juventius avait fortement dissuadé Lépide de s'unir avec un homme qui avait été déclaré ennemi de la république. Voyant l'inutilité de ses conseils, il se perça de son épée, et sa mort fut aussi glorieuse que sa vie. Deux généraux, Plancus et Pollion, livrèrent leurs armées à Antoine. Le premier, dont l'esprit mobile hésitait entre tous les partis, et qui n'était presque jamais d'accord avec lui-même, resta longtemps sans savoir à quelle faction il appartenait; on l'avait vu soutenir D. Brutus, consul désigné, son collègue, et faire au sénat les plus belles protestations de zèle; puis le trahir presque aussitôt. Asinius Pollion était un homme ferme dans ses résolutions, toujours fidèle à César et contraire au parti de Pompée.

LXIV. D. Brutus, d'abord abandonné par Plancus, puis exposé à ses embûches, et voyant ses soldats déserter les uns après les autres, alla se réfugier dans la maison d'un personnage distingué qui s'appelait Camélus : il y fut égorgé par des émissaires d'Antoine; juste punition de son ingratitude envers César, qui l'avait comblé de bienfaits. Après avoir été le plus intime de ses amis, il était devenu son assassin; il lui faisait un crime de cette haute fortune, dont il avait partagé les avantages; il trouvait juste d'assassiner le bienfaiteur, mais il avait soin de retenir les bienfaits. Ce fut à cette époque que Cicéron prononça ces immortelles harangues qui flétrissaient d'un opprobre éternel la mémoire d'Antoine. Tandis que l'illustre orateur lançait les foudres de sa divine éloquence, le tribun Canutius exhalait contre le même Antoine les imprécations d'une haine implacable (30). Il en coûta la vie à ces deux vengeurs de la liberté. La mort du tribun fut le signal des proscriptions; celle de Cicéron en fut le terme. La rage d'Antoine était assouvie. Lépide, après son alliance avec Antoine, fut, comme lui, déclaré ennemi de la république.

LXIV. *Lépide, César et Antoine entrèrent alors en correspondance, et négocièrent entre eux un accommodement. Antoine fit valoir auprès du jeune César la haine que lui portait le parti de Pompée, les progrès menaçants de ce parti, les efforts actifs de Cicéron pour fortifier Brutus et Cassius. Il le menaçait, s'il ne consentait à s'unir à lui, de joindre ses forces à celles de ces deux hommes, qui déjà se trouvaient à la tête de dix-

---

peianarum partium, Cæsarem laudandum et tollendum censebat; quum aliud diceret, aliud intelligi vellet.

LXIII. Interim Antonius, fuga transgressus Alpes, primo per colloquia repulsus a M. Lepido, qui pontifex maximus in C. Cæsaris locum furto creatus, decreta sibi Hispania, adhuc in Gallia morabatur; mox sæpius in conspectum veniens militum, quum et Lepido omnes imperatores forent meliores, et multis Antonius, dum erat sobrius, per aversa castrorum proruto vallo militibus receptus est : qui titulo imperii cedebat Lepido, quum summa virium penes eum foret. Sub Antonii ingressum in castra Juventius Laterensis, vir vita ac morte consentaneus, quum acerrime suasisset Lepido, ne se cum Antonio, hoste judicato, jungeret, irritus consilii, gladio se ipse transfixit. Plancus deinde dubia, id est, sua fide, diu, quarum esset partium, secum luctatus, ac sibi difficile consentiens, et nunc adjutor D. Bruti, designati cons. collegæ sui, senatuique se litteris venditans, mox ejusdem proditor; Asinius autem Pollio, firmus proposito, et Julianis partibus fidus, Pompeianis adversus; uterque exercitus tradidere Antonio.

LXIV. D. Brutus, desertus primo a Planco, post etiam insidiis ejusdem petitus, paulatim relinquente eum exercitu, fugiens, in hospitis cujusdam, nobilis viri, nomine Cameli, domo, ab his, quos miserat Antonius, jugulatus est, justissimasque optime de merito viro C. Cæsari pœnas dedit. Cujus quum primus omnium amicorum fuisset, interfector fuit; et fortunæ, ex qua fructum tulerat, invidiam in auctorem relegabat; censebatque æquum, quæ accepterat a Cæsare, retinere; Cæsarem, quia illa dederat, perisse. Hæc sunt tempora, quibus M. Tullius continuis actionibus æternas Antonii memoriæ inussit notas; sed hic fulgentissimo et cœlesti ore, at tribunus Canutius continua rabie lacerabat Antonium. Utrique vindicta libertatis morte stetit : sed tribuni sanguine commissa proscriptio; Ciceronis, velut satiato Antonio pœna, finita. Lepidus deinde a senatu hostis judicatus est, ut ante fuerat Antonius.

LXV. Tum inter eum, Cæsaremque, et Antonium commercia epistolarum; et conditionum jacta mentio, quum Antonius et subinde Cæsarem admoneret, quam inimicæ ipsi Pompeianæ partes forent, et in quod jam emersissent fastigium; et quanto Ciceronis studio Brutus Cassiusque attollerentur; denuntiaretque, se cum

sept légions. Il lui représentait enfin que c'était plus encore au fils de César qu'à son ami de le venger. Telle fut l'origine de cette ligue, qui s'empara du pouvoir suprême. Bientôt même les fiançailles de la belle-fille d'Antoine avec César, qui se conclurent sur l'invitation et le vœu des soldats, resserrèrent les liens qui unissaient les deux triumvirs. Enfin César fut fait consul avec Q. Pédius, la veille du jour où il accomplissait sa vingtième année, le dix des calendes d'octobre, l'an sept cent huit de la fondation de Rome, et soixante-douze ans, Vinicius, avant votre consulat. Cette même année, Ventidius, qu'on avait vu traîné en triomphe avec d'autres prisonniers faits dans le Picentin, joignit la pourpre consulaire à la toge prétorienne ; quelque temps après il eut l'honneur de triompher.

LXVI. Déclarés l'un et l'autre ennemis de la république, Antoine et Lépide aimèrent mieux se rappeler ce qu'ils avaient souffert que ce qu'ils avaient mérité ; et, malgré la résistance de César, qui se trouvait seul contre deux, ils renouvelèrent, dans leur fureur, les proscriptions dont Sylla avait donné l'affreux exemple. Quoi de plus odieux et de plus révoltant que de voir César obligé de proscrire et Cicéron proscrit ! la scélératesse d'Antoine étouffa cette voix éloquente, l'organe de la patrie ! et l'homme qui avait défendu si longtemps l'état et les particuliers, ne trouva personne pour le défendre. C'est en vain, Marc Antoine (je ne puis contenir mon indignation dans la forme ordinaire de ces récits) ; c'est en vain que tu as mis à prix cette tête glorieuse, et que, par l'appât d'un funeste salaire, tu as armé le bras d'un assassin contre le sauveur de la république, contre le plus éloquent de nos orateurs et le plus illustre de nos consuls ! Tu n'as pu ravir à Cicéron que les derniers jours d'une vieillesse inquiète et débile, qu'une vie qui, sous ta domination, aurait été plus misérable que la mort ne pouvait l'être sous ton triumvirat. Loin d'obscurcir la gloire de ses actions et celle de ses discours, tu n'as fait que l'accroître. Son nom vit et vivra dans la mémoire des siècles, tant que subsistera l'univers, cette œuvre du hasard ou de la providence, ce magnifique ensemble que seul peut-être, entre tous les Romains, il pénétra par la force de son esprit, embrassa par l'étendue de son génie, éclaira par sa parole ; la postérité la plus reculée admirera les discours qu'il a composés contre toi, et maudira la vengeance atroce que tu as exercée contre lui. Le genre humain périra plutôt que le souvenir de Cicéron.

LXVII. Il n'y a point assez de larmes pour pleurer dignement les malheurs de ces temps déplorables ; les paroles manquent pour les retracer. Remarquons cependant que, dans ces proscriptions, les femmes se signalèrent par leur fidélité pour leurs époux, les affranchis et quelques esclaves par leur dévouement pour leurs maîtres ; mais que les fils ne témoignèrent que de l'indifférence pour le péril de leurs pères : tant les hommes supportent avec peine l'ajournement de leurs espérances, quelles qu'elles soient. Pour mettre le

---

Bruto Cassioque, qui jam decem et septem legionum potentes erant, juncturum vires suas, si Cæsar ejus aspernaretur concordiam ; diceretque, plus Cæsarem patris, quam se amici ultioni debere. Igitur inita potentiæ societas, et hortantibus orantibusque exercitibus, inter Antonium etiam et Cæsarem facta adfinitas ; quum esset privigna Antonii desponsa Cæsari ; consulatumque iniit Cæsar pridie, quam viginti annos impleret, X kalend. octobres, cum collega Q. Pedio, post urbem conditam abhinc annis DCCVIII, ante LXXII, quam tu, M. Vinici, consulatum inires. Vidit hic annus Ventidium, per quam urbem inter captivos Picentium in triumpho ductus erat, in ea consularem prætextam jungentem prætoriæ : idem hic postea triumphavit.

LXVI. Furente deinde Antonio, simulque Lepido, quorum uterque, ut prædiximus, hostes judicati erant, quum ambo mallent sibi nuntiari quid passi essent, quam quid emeruissent, repugnante Cæsare, sed frustra adversus duos, instauratum Sullani exempli malum, proscriptio. Nihil tam indignum illo tempore fuit, quam quod aut Cæsar aliquem proscribere coactus est, aut ab ullo Cicero proscriptus est ; abscisaque scelere Antonii vox publica est, quum ejus salutem nemo defendisset, qui per tot annos et publicam civitatis, et privatam civium defenderat. Nihil tamen egisti, M. Antoni (cogit enim excedere propositi formam operis, erumpens animo ac pectore indignatio) ; nihil, inquam, egisti, mercedem cœlestissimi oris et clarissimi capitis abscisi numerando, auctoramentoque funebri ad conservatoris quondam reipublicæ tantique cons., invitando necem. Rapuisti tu M. Ciceroni lucem sollicitam, et ætatem senilem, et vitam miseriorem te principe, quam sub te triumviro mortem : famam vero gloriamque factorum atque dictorum adeo non abstulisti, ut auxeris. Vivit, vivetque per omnem seculorum memoriam ; dumque hoc vel forte, vel providentia, vel utcunque constitutum rerum naturæ corpus, quod ille pene solus Romanorum animo vidit, ingenio complexus est, eloquentia illuminavit, manebit incolume, comitem ævi laudem Ciceronis trahet ; omnisque posteritas illius in te scripta mirabitur, tuum in eum factum exsecrabitur ; citiusque in mundo genus hominum quam cedet.

LXVII. Hujus totius temporis fortunam ne deflere quidem quisquam satis digne potuit, adeo nemo exprimere verbis potest. Id tamen notandum est, fuisse in proscriptos uxorum fidem summam, libertorum mediam, servorum aliquam, filiorum nullam : adeo difficilis est hominibus utcunque conceptæ spei mora. Ne quid ulli sanctum relinqueretur, velut in dotem invitamentumque sceleris, Antonius L. Cæsarem avunculum, Lepidus Pau-

comble à la violation des lois, des plus saintes lois, pour ne laisser au crime aucun encouragement, aucune récompense à désirer, Antoine proscrivit Lucius César, son oncle maternel, et Lépide, son frère Paulus. Plancus même eut assez de crédit pour faire mettre Plancus Plotius, son frère, sur la liste fatale. Aussi, tous ceux qui suivaient le char triomphal de Lépide et de Plancus, répétaient-ils au milieu des railleries des soldats et des malédictions des citoyens :

Vous triomphez, consuls romains,
Non des Gaulois, mais des Germains (51).

LXVIII. Rapportons ici un trait dont il n'a point été parlé en son lieu, et que le nom de son auteur ne permet pas de laisser dans l'oubli. Pendant que César combattait à Pharsale et en Afrique pour l'empire du monde, M. Cœlius, qui ne se distinguait de Curion que par plus d'audace et d'éloquence, et qui n'avait pas moins d'habileté pour le mal, voyant que l'état de ses affaires, plus dérangées encore que son esprit, ne lui permettait pas de vivre dans un repos honnête, porta, pendant sa préture, malgré la résistance du sénat et l'opposition des consuls, de nouvelles lois pour l'abolition des dettes. Il fit même revenir de l'exil Annius Milon, qui ne pardonnait point au parti de César de s'être opposé à son rappel, et profita de son retour pour exciter sourdement une sédition dans Rome, et au dehors une guerre ouverte. Chassé d'abord de la ville, Cœlius fut poursuivi par l'armée du consul, et tué, par ordre du sénat, près de Thurium. Une tentative semblable attira le même châtiment à Milon. Cet homme inquiet, remuant, plus téméraire que courageux mortellement atteint d'un coup de pierre au siége de Compsa, ville du pays des Hirpins, expia le meurtre de Clodius et le crime d'avoir porté les armes contre sa patrie. Pour réparer une nouvelle omission, je rappellerai la hardiesse aussi intempestive qu'immodérée avec laquelle Marullus Épidius et Flavius Cæsétius, tribuns du peuple, accusèrent César d'aspirer à la tyrannie, et s'exposèrent à ressentir les effets de sa puissance. Au lieu de sévir en dictateur, il borna son ressentiment à les noter, comme censeur. En les dépouillant de leurs charges, il ne put s'empêcher de gémir de la triste alternative où il se voyait réduit, de forcer son caractère ou de laisser affaiblir son autorité. Mais reprenons l'ordre des faits.

LXIX. Dolabella, successeur de C. Trébonius dans le gouvernement de l'Asie, avait surpris et fait périr, à Smyrne, ce consulaire qui avait reconnu les bienfaits de César par la plus noire ingratitude, et s'était rendu complice du meurtre de l'homme auquel il était redevable de son élévation. Devenu maître de l'Asie, Dolabella s'avança jusqu'en Syrie; mais Cassius, à la tête des fortes légions de Syrie que lui avaient livrées les prétoriens Statius Murcus et Crispus Marcius, l'enferma dans Laodicée et le réduisit à tendre la gorge à l'un de ses esclaves : ce qu'il fit avec courage. Le succès de cette expédition rendait Cassius maître de dix légions. De son côté, M. Brutus avait enlevé à C. Antoine, frère du triumvir, et à Vatinius, les troupes qu'ils commandaient, l'un en Macédoine, l'autre près de Dyrrachium : de leur propre mouvement elles

---

lum fratrem proscripserant; nec Planco gratia defuit ad impetrandum, ut frater ejus Plancus Plotius proscriberetur; eoque inter jocos militares, qui currum Lepidi Plancique secuti erant, inter exsecrationem civium usurpabant hunc versum : *De Germanis, non de Gallis, duo triumphant consules.*

LXVIII. Suo præteritum loco referatur : neque enim persona umbram actæ rei capit. Dum in acie Pharsalica Africaque de summa rerum Cæsar dimicat, M. Cœlius, vir eloquio animoque Curioni simillimus, sed id utroque perfectior, nec minus ingeniose nequam, quum in modica quidem servari posset (quippe pejor illi res familiaris quam mens erat), in prætura novarum tabularum auctor exstitit, nequiitque senatus et auctoritate cons. deterreri, accito etiam Milone Annio, qui non impetrato reditu, Julianis partibus infestus erat, in urbe seditionem, haud magis occulte bellicum tumultum movens, primo summotus a republica, mox consularibus armis, auctore senatu, circa Thurios oppressus est. Incepto pari, similis fortuna Milonis fuit; qui Compsam in Hirpinis oppugnans, ictusque lapide, tum P. Clodio, tum patriæ, quam armis petebat, pœnas dedit; vir inquies, et ultra fortem temerarius. Quatenus autem aliquid ex omissis peto, notetur immodica et intempestiva libertate usus adversus C. Cæsarem, Marullum Epidium, Flavumque Cæsetium tribunos plebis, dum arguunt in eo regni voluntatem, pene vim dominationis expertos. In hoc tamen sæpe lacessiti principis ira excessit, ut censoria potius contentus nota, quam animadversione dictatoria, summoveret eos a republica testareturque, esse sibi miserrimum, quod aut natura sua ei excedendum foret, aut minuenda dignitas. Sed ad ordinem revertendum est.

LXIX. Jam et Dolabella in Asia C. Trebonium consularem, cui succedebat, fraude deceptum, Smyrnæ occiderat, virum adversus merita Cæsaris ingratissimum, participemque cædis ejus, a quo ipse in consulare provectus fastigium fuerat; et C. Cassius, acceptis a Statio Murco et Crispo Marcio, prætoriis viris, imperatoribusque, prævalidis in Syria legionibus, inclusum Dolabellam (qui præoccupata Asia in Syriam pervenerat) Laodiciæ, expugnata ea urbe, interfecerat, ita tamen, ut ictum servi sui Dolabella non segniter cervicem daret; et decem legiones in eo tractu sui juris fecerat. Et M. Brutus C. Antonio, fratri M. Antonii, in Macedonia, Vatinioque circa Dyrrachium volentes legiones extorserat : sed Antonium bello lacessiverat; Vatinium dignatione

avaient trahi leurs chefs pour se réunir à lui. Toutefois, Brutus avait été obligé de combattre C. Antoine à force ouverte; mais il avait accablé Vatinius du poids de sa supériorité personnelle. Brutus l'emportait sur tous les autres généraux; Vatinius était le plus incapable de tous. La difformité de son corps ne pouvait se comparer qu'à la turpitude de son esprit : chez lui, l'âme était digne de son enveloppe. Brutus se voyait donc renforcé de sept légions. Cependant la loi Pédia, qu'avait fait adopter le consul Pédius, collègue de César, condamnait au bannissement les meurtriers du dictateur. Ce fut alors que le sénateur Capiton, mon oncle, souscrivit avec Agrippa à la condamnation de Cassius. Tandis que ces événements se passaient en Italie, Cassius prenait Rhodes, et triomphait heureusement des prodigieuses difficultés de ce siège. Brutus, de son côté, avait vaincu les Lyciens, et les deux chefs s'étaient rejoints en Macédoine. Faisant violence à son caractère, Cassius s'efforçait de surpasser en clémence Brutus lui-même. On ne trouvera point dans l'histoire de généraux à qui la fortune ait prodigué d'abord autant de faveurs, et qu'elle ait abandonnés plus vite, comme si elle était lasse de les suivre.

LXX. Antoine et le jeune César passèrent avec leurs armées en Macédoine, et livrèrent bataille à Brutus et à Cassius dans les plaines de Philippes. L'aile que commandait Brutus chargea vigoureusement l'ennemi, et s'empara des quartiers de César, qui remplissait les fonctions de général, malgré l'extrême faiblesse de sa santé et le conseil que le médecin Artorius, sur la foi d'une effrayante vision, lui avait donné de ne pas rester au camp. L'aile de Cassius, au contraire, fut maltraitée, mise en déroute, et forcée de se retirer sur les hauteurs. Ce général, jugeant de la fortune de son collègue par la sienne, dépêcha un centurion vétéran pour s'en assurer, et le chargea en même temps de reconnaître une troupe nombreuse qu'il voyait accourir de son côté. Comme la réponse n'arrivait pas, et que la troupe avançait toujours au pas de course, au milieu d'un nuage de poussière qui ne permettait de distinguer ni les visages ni les enseignes, Cassius, pensant que c'étaient des ennemis qui venaient fondre sur lui, s'enveloppa la tête de son manteau et présenta courageusement le cou à un de ses affranchis. Sa tête était déjà tombée sous le glaive, lorsque le centurion revint annonçant la victoire de Brutus. A la vue de son général mort. « Je ne survivrai pas, s'écria le vétéran, à celui qu'a tué ma lenteur. » Et il se jeta sur la pointe de son épée. Peu de jours après, Brutus combattit une seconde fois, et fut vaincu. S'étant retiré la nuit sur une éminence, il fit promettre à Straton d'Égée, son ami, qu'il l'aiderait à mourir; puis, rejetant son bras gauche autour de sa tête, et tenant dans sa main droite la pointe de l'épée de Straton, il l'appuya avec tant de force sur la mamelle gauche, à l'endroit où se font sentir les battements du cœur, qu'il expira sur-le-champ et d'un seul coup.

LXXI. Messala Corvinus, jeune homme de la plus haute distinction, tenait le premier rang, après Brutus et Cassius, dans l'armée des conjurés. On voulait lui déférer le commandement; mais il

---

obruerat; quum et Brutus cuilibet ducum præferendus videretur, et Vatinius nulli nomini non esset postferendus; in quo deformitas corporis cum turpitudine certabat ingenii, adeo ut animus ejus dignissimo domicilio inclusus videretur; eratque septem legionibus validus; et lege Pedia, quam cons. Pedius, collega Cæsaris, tulerat omnibus, qui Cæsarem patrem interfecerant, aqua ignique damnatis interdictum erat. Quo tempore Capito, patruus meus, vir ordinis senatorii, Agrippæ subscripsit in C. Cassium. Dumque ea in Italia geruntur, acri atque prosperrimo bello Cassius Rhodum, rem immanis operis, ceperat; Brutus Lycios devicerat; et inde in Macedoniam exercitus trajecerant : quum per omnia repugnans naturæ suæ Cassius, etiam Bruti clementiam vinceret; neque reperias, quos aut pronior fortuna comitata sit, aut veluti fatigata maturius destituerit, quam Brutum et Cassium.

LXX. Tum Cæsar et Antonius trajecerunt exercitus in Macedoniam, et apud urbem Philippos cum M. Bruto Cassioque acie concurrerunt. Cornu, cui Brutus præerat, impulsis hostibus, castra Cæsaris cepit; nam ipse Cæsar, etiamsi infirmissimus valetudine erat, obibat munia ducis, oratus etiam ab Artorio medico, ne in castris remaneret, manifesta denuntiatione quietis territo. Id autem, in quo Cassius fuerat, fugatum ac male mulcatum, in altiora se receperat loca. Tum Cassius ex sua fortuna eventum collegæ æstimans, quum dimisisset evocatum, jussissetque nuntiare sibi, quæ esset multitudo ac vis hominum, quæ ad se tenderet, tardius eo nuntiante, quum in vicino esset agmen cursu ad eum tendentium, neque pulvere facies aut signa denotari possent; existimans hostes esse, qui irruerent, lacerna caput circumdedit, extentamque cervicem interritus liberto præbuit. Deciderat Cassii caput, quum evocatus advenit, nuntians Brutum esse victorem; qui quum imperatorem prostratum videret : « Sequar, inquit, eum, quem mea occidit tarditas; » et ita in gladium incubuit. Post paucos deinde dies Brutus conflixit cum hostibus, et victus acie, quum in tumulum nocte ex fuga se recepisset, impetravit a Stratone Ægeate, familiari suo, ut manum morituro commodaret sibi; rejectoque lævo super caput brachio, quum mucronem gladii ejus dextera tenens, sinistræ admovisset mammillæ, ad eum ipsum locum, qua cor emicat, impellens se in vulnus, uno ictu transfixus expiravit protinus.

LXXI. Messala, fulgentissimus juvenis, proximus in illis castris Bruti Cassiique auctoritati, quum essent, qui eum ducem poscerent, servari beneficio Cæsaris maluit, quam dubiam spem armorum tentare amplius : nec aut

aima mieux devoir son salut à la générosité de César, que de tenter encore une fois le hasard des batailles. Le plaisir de lui pardonner fut pour Octave le plus doux fruit de ses victoires, et la reconnaissance de Messala envers son bienfaiteur mérite d'être citée pour modèle. Aucune guerre ne fit de plus illustres victimes. Le fils de Caton y périt. Lucullus et Hortensius, fils de deux personnages éminents, eurent le même sort. Avant de servir de jouet à la vengeance d'Antoine, Varron lui prédit hardiment la fin dont il était digne et qui l'attendait. Drusus Julius, père de Julie, femme d'Auguste et Quintilius Varus n'essayèrent pas même d'implorer la clémence du vainqueur. Le premier se tua dans sa tente; le second se revêtit des ornements de ses dignités, et mourut de la main d'un affranchi, dont il exigea ce funeste service.

LXXII. Telle fut la fin que la fortune réservait à Brutus et à son parti. Brutus périt âgé de trente-sept ans. Son âme était demeurée pure jusqu'au jour où la témérité d'une seule action ternit l'éclat de toutes ses vertus. Cassius était plus habile général, Brutus plus homme de bien. On eût préféré l'amitié de Brutus; on eût craint davantage la haine de Cassius. L'un avait plus d'énergie, l'autre plus de vertu. Autant il fut de l'intérêt de Rome d'avoir César pour maître plutôt qu'Antoine, autant il aurait été avantageux pour elle d'obéir à Brutus plutôt qu'à Cassius, si leur parti eût triomphé. Cn. Domitius, le père de ce L. Domitius, dont nous admirions naguère la noble et majestueuse simplicité, et l'aïeul de notre illustre et jeune Domitius, s'empara de quelques vaisseaux, et prit la fuite, ne voulant plus d'autre chef que lui-même, et confiant à la fortune ses destins et ceux de ses compagnons. Statius Murcus, commandant de la flotte qui gardait la mer, se retira vers Sextus, fils du grand Pompée, avec les soldats et les vaisseaux qu'il avait sous ses ordres. En revenant de l'Espagne, Sextus s'était emparé de la Sicile. Auprès de ce jeune homme se réfugiaient en foule, et du camp de Brutus, et de l'Italie, et de tous les autres points de la terre, les proscrits que la fortune avait dérobés au premier péril. Dans l'état misérable où ils se trouvaient, tout chef leur était bon : ils n'avaient point à choisir leur asile; il leur fallait prendre celui que le sort leur offrait, et accepter comme un port le moindre abri qui se présentait dans une aussi horrible tempête.

LXXIII. Sextus était un jeune homme sans éducation, grossier dans son langage, d'une valeur fougueuse, d'une humeur emportée, d'une intelligence vive et prompte, très-différent de son père sous le rapport de la bonne foi, dominé par ses affranchis, esclave de ses esclaves, envieux du mérite, et se mettant à genoux devant la médiocrité. Après la déroute d'Antoine devant Modène, le sénat, composé en grande partie des partisans de Pompée, avait rappelé Sextus d'Espagne, où le prétorien Asinius Pollion l'avait combattu avec succès, pour le rétablir dans la possession des biens de son père, et lui confier la garde des côtes de l'Italie. Lorsqu'il se fut rendu maître de la Sicile, ainsi que je l'ai dit plus haut, il reçut dans son camp les esclaves et les fugitifs, et augmenta

---

Cæsari quicquam ex victoriis suis fuit lætius, quam servasse Corvinum; aut majus exemplum hominis grati ac pii, quam Corvinus in Cæsarem fuit. Non aliud bellum cruentius cæde clarissimorum virorum fuit : tum Catonis filius cecidit; eadem Lucullum, Hortensiumque, eminentissimorum civium filios, fortuna abstulit; nam Varro ad ludibrium moriturus Antonii, digna illo ac vera de exitu ejus magna cum libertate ominatus est. Drusus Livius, Juliæ Augustæ (32) pater, et Varus Quintilius, ne tentata quidem hostis misericordia, alter se ipse in tabernaculo interemit; Varus autem liberti, quem id facere coegerat, manu, quum se insignibus honorum velasset, jugulatus est.

LXXII. Hunc exitum M. Bruti partium, septimum et XXX annum agentis, fortuna esse voluit : incorrupto animo ejus in diem, quæ illi omnes virtutes unius temeritate facti abstulit. Fuit autem dux Cassius melior quanto vir Brutus : e quibus Brutum amicum habere malles, inimicum magis timeres Cassium; in altero major vis, in altero virtus; qui si vicissent, quantum reipublicæ interfuit, Cæsarem potius habere, quam Antonium principem, tantum retulisset habere Brutum, quam Cassium. Cn. Domitius, pater L. Domitii, nuper a nobis visi, eminentissimæ ac nobilissimæ simplicitatis viri, avus hujus Cn. Domitii, clarissimi juvenis, occupatis navibus, cum magno sequentium consilia sua comitatu, fugæ fortunæque se commisit, semetipso contentus partium. Statius Murcus, qui classi et custodiæ maris præfuerat, cum omni commissa sibi parte exercitus navium que, Sex. Pompeium, Cn. Magni filium, qui ex Hispania reverteus, Siciliam armis occupaverat, petit. Ad quem et e Brutianis castris, et ex Italia, aliisque terrarum partibus, quos præsenti periculo fortuna subduxerat, proscripti confluebant : quippe nullum habentibus statum quilibet dux erat idoneus; quum fortuna non electionem daret, perfugium ostenderet; exitialemque tempestatem fugientibus statio pro portu foret.

LXXIII. Hic adolescens erat studiis rudis, sermone barbarus, impetu strenuus, manu promptus, cogitator celer, fide patri dissimillimus, libertorum suorum libertus, servorumque servus, speciosis invidens, ut pareret humillimis : quem senatus, pene totus adhuc e Pompeianis constans partibus, post Antonii a Mutina fugam, eodem illo tempore, quo Bruto Cassioque transmarinas provincias decreverat, revocatum ex Hispania, ubi adversus eum clarissimum bellum Pollio Asinius prætorius gesserat, in paterna bona restituerat, et oræ maritimæ præfecerat. Is tum, ut prædiximus, occupata Sicilia,

de la sorte le nombre de ses légions. Ménas et Ménécrates, affranchis de son père, qu'il avait mis à la tête de ses flottes, infestaient les mers de leurs pirateries, et Sextus appliquait le produit de leurs rapines à son entretien et à celui de son armée, ne rougissant pas de livrer aux brigandages et aux dévastations les mers que les armes du grand Pompée, son père, avaient purgées de pirates.

LXXIV. Après la ruine du parti de Brutus et de Cassius, Antoine, en allant prendre possession des provinces d'outre-mer, s'arrêta quelque temps dans la Grèce. César revint en Italie, et il la trouva beaucoup plus agitée qu'il ne s'y était attendu. Le consul Lucius Antoine, qui avait tous les vices de son frère, sans avoir aucune des vertus qui brillaient par intervalle dans celui-ci, avait réuni une armée formidable, soit en décriant César auprès des vétérans, soit en appelant aux armes les propriétaires que les distributions faites aux soldats avaient justement dépouillés de leurs héritages. D'un autre côté, l'épouse d'Antoine, Fulvie, qui n'avait d'une femme que le corps, soufflait partout le feu de la sédition et de la guerre. Préneste était sa place d'armes. Pressé sur tous les points par les forces de César, L. Antoine s'était réfugié dans Pérouse, où Plancus, l'un des soutiens de son parti, lui faisait plutôt espérer des secours qu'il ne lui en envoyait. César, autant par son courage que par l'ascendant de sa fortune, se rendit maître de Pérouse, et renvoya le consul sain et sauf. Quant au traitement que les habitants éprouvèrent, il faut moins l'attribuer à la volonté du chef qu'à la fureur du soldat. Pérouse fut brûlée; mais ce fut Macédonicus, l'un des citoyens les plus considérables de la ville, qui fut l'auteur de l'incendie. Cet homme, après avoir mis le feu à sa maison et à tout ce qu'elle contenait, se perça de son épée et se précipita dans les flammes.

LXXV. Vers le même temps la guerre s'était allumée dans la Campanie, à l'instigation de T. Claudius Néron, prétorien, pontife, et père de T. Claudius César [1], homme d'un grand caractère et d'un esprit très-cultivé, qui avait pris en main la défense des propriétaires dépouillés. La présence de César suffit pour éteindre le feu de la guerre. Peut-on s'étonner assez des caprices du sort et de l'instabilité des choses humaines? N'est-ce point sagesse à l'homme de craindre et d'espérer toujours le contraire de ce qu'il éprouve ou de ce qu'il attend. On vit alors Livie, fille de l'illustre et généreux Drusus Claudianus, la première des dames romaines par la naissance, les vertus et la beauté, Livie, qui devint plus tard l'épouse d'Auguste, puis sa prêtresse et sa fille quand il fut allé prendre place parmi les dieux, on la vit, fugitive devant les armes de ce même César, qu'elle devait avoir pour époux, emportant dans ses bras le jeune Tibère, à peine âgé de deux ans, et destiné à devenir un jour le vengeur de l'empire et le fils d'Auguste, se dérober au glaive des soldats et n'étant escortée que d'un seul homme, afin de mieux cacher sa fuite, se diriger vers le rivage de la mer et passer en Sicile avec Néron, son époux.

LXXVI. Je ne priverai pas C. Velléius, mon aïeul, du témoignage que je rendrais à un étran-

[1] Qui fut depuis l'empereur Tibère.

---

servitia fugitivosque in numerum exercitus sui recipiens, magnum modum legionum effecerat; perque Menam et Menecratem, paternos libertos, præfectos classium, latrociniis ac prædationibus infestato mari, ad se exercitumque tuendum rapto utebatur, quum eum non depuderet, vindicatum armis ac ductu patris sui mare infestare piraticis sceleribus.

LXXIV. Fractis Brutianis Cassianisque partibus, Antonius transmarinas obiturus provincias substitit; Cæsar in Italiam se recepit, eamque longe quam speraverat tumultuosiorem reperit. Quippe L. Antonius cons. vitiorum fratris sui consors, sed virtutum, quæ interdum in illo erant, expers, modo apud veteranos criminatus Cæsarem, modo eos, qui juste divisione prædiorum, nominatisque colonis agros amiserant, ad arma conciens, magnum exercitum conflaverat. Ex altera parte uxor Antonii Fulvia, nihil muliebre præter corpus gerens, omnia armis tumultu miscebat: hæc bellis sedem Præneste ceperat: Antonius pulsus undique viribus Cæsaris, Perusiam se contulerat; Plancus, Antonianarum adjutor partium, spem magis ostenderat auxilii, quam opem ferebat Antonio. Usus Cæsar virtute et fortuna sua, Perusiam expugnavit; Antonium inviolatum dimisit; in Perusinos magis ira militum, quam voluntate sævitum du- cis; urbs incensa, cujus initium incendii princeps ejus loci fecit Macedonicus, qui subjecto rebus ac penatibus suis igni, transfixum se gladio flammæ intulit.

LXXV. Per eadem tempora exarserat in Campania bellum, quod, professus eorum, qui perdiderant agros, patrocinium, ciebat T. Claudius Nero, prætorius et pontifex, T. Cæsaris pater, magni vir animi, doctissimique ingenii; id quoque adventu Cæsaris sepultum atque discussum est. Quis fortunæ mutationes, quis dubios rerum humanarum casus satis mirari queat? quis non diversa præsentibus, contrariaque exspectatis aut speret aut timeat? Livia, nobilissimi et fortissimi viri, Drusi Claudiani filia, genere, probitate, forma Romanarum eminentissima, quam postea conjugem Augusti vidimus, quam transgressi ad deos sacerdotem ac filiam, tum fugiens, mox futuri sui, Cæsaris manus, bimum hunc Tiberium Cæsarem, vindicem romani imperii, futurumque ejusdem Cæsaris filium, gestans sinu, per avia itineris vitatis militum gladiis, uno comitante, quo facilius occultaretur fuga, pervenit ad mare, et cum viro Nerone pervecta in Siciliam est.

LXXVI. Quod alieno testimonio redderem, in eo non fraudabo avum meum; quippe C. Velleius, honoratissimo inter illos CCCLX judices loco a Cn. Pompeio

ger L'estime de Cn. Pompée l'avait élevé au premier rang des trois cent soixante juges. Il fut en outre chargé de l'intendance de ses travaux et de ceux de Marcus Brutus et de T. Néron; nul citoyen ne jouissait d'une plus grande considération dans toute la Campanie. L'amitié qui l'attachait à Néron, et qui l'avait rendu l'un des soutiens de son parti, était si vive, que, lorsque celui-ci fut forcé de partir de Naples, mon aïeul, à qui son âge et ses infirmités ne permettaient pas de l'accompagner, se plongea de désespoir son épée dans le cœur. César eut la générosité de laisser Fulvie sortir de l'Italie avec Plancus, le compagnon de sa fuite. Pollion Asinius, à la tête de sept légions, retint longtemps la Vénétie sous la domination d'Antoine, et remporta de brillants avantages autour d'Altinum et des autres villes de ce pays. Il chercha ensuite à se rapprocher d'Antoine, et, chemin faisant, il rallia à son parti Domitius qui, s'étant retiré du camp de Brutus après la mort de ce général, s'était mis à la tête de sa flotte. Les conseils et les promesses de Pollion Asinius triomphèrent de ses hésitations et le décidèrent à embrasser la cause d'Antoine, service immense qui, aux yeux de tout juge équitable, acquittait largement tout ce que Pollion devait de reconnaissance à Antoine. Le retour d'Antoine en Italie, et les préparatifs de César firent craindre un moment la guerre; mais la paix fut conclue près de Brindes. On découvrit, en ce temps, les criminels desseins de Rufus Salvidiénus. Cet homme, de la naissance la plus obscure, n'était pas satisfait d'être parvenu au faîte des honneurs et d'avoir été, après Cn. Pompée et le jeune César lui-même, le premier chevalier créé consul : il aspirait à monter plus haut encore, pour voir à ses pieds César et la république.

LXXVII. A la demande unanime du peuple, que la piraterie réduisait à toutes les horreurs de la disette, la paix fut signée près de Misène avec Sextus. On cite de ce dernier un mot assez heureux. Recevant à souper, à bord de son vaisseau, Antoine et Octave, il leur dit qu'il les traitait dans ses *carènes*, faisant allusion au quartier où s'élevait la maison de son père dont Marc-Antoine s'était rendu possesseur. Par le traité de paix on cédait à Sextus la Sicile et l'Achaïe; mais cet esprit inquiet ne put borner là ses prétentions. Ce que Rome gagna, du moins à cet arrangement, c'est que Sextus stipula le rappel et le salut des proscrits et de tous les citoyens qui, pour divers motifs, s'étaient réfugiés auprès de lui. Entre autres grands personnages qui furent ainsi rendus à la république, on compta Claudius Néron, M. Silanus, Sentius Saturninus, Aruntius et Titius. Pour Statius Marcus, qui avait doublé les forces de Sextus en lui amenant une flotte considérable, celui-ci l'avait fait périr en Sicile sur une fausse accusation de Ménas et de Ménécrates, peu satisfaits l'un et l'autre de partager le commandement avec un collègue aussi distingué.

LXXVIII. Antoine épousa, dans ce même temps, Octavie, sœur de César; Sextus Pompée revint en Sicile, et Marc-Antoine passa dans les provinces d'outre-mer, où Labiénus avait excité de grands désordres. En fuyant du camp de Brutus, il s'é-

---

lectus, ejusdem, Marcique Bruti, ac Ti. Neronis præfectus fabrum, vir nulli secundus, in Campania, digressu Neronis a Neapoli, cujus, ob singularem cum eo amicitiam, partium adjutor fuerat, gravis jam ætate et corpore, quum comes esse non posset, gladio se ipse transfixit. Inviolatam excedere Italia Cæsar passus Fulviam, Plancumque, muliebris fugæ comitem; nam Pollio Asinius cum septem legionibus, diu retenta in potestate Antonii Venetia, magnis speciosisque rebus circa Altinum, aliasque ejus regionis urbes editis, Antonium petens, vagum adhuc Domitium, quem digressum e Brutianis castris post cædem ejus prædiximus, et propriæ classis factum ducem, consiliis suis illectum, ac fide data, junxit Antonio. Quo facto, quisquis æquum se præstiterit, sciat non minus a Pollione in Antonium, quam ab Antonio in Pollionem esse collatum. Adventus deinde in Italiam Antonii præparatusque contra eum Cæsaris, habuit belli metum : sed pax contra Brundisium composita. Per quæ tempora Rufi Salvidieni scelesta consilia patefacta sunt : qui natus obscurissimis initiis, parum habebat summa accepisse, et proximus a Cn. Pompeio, ipsoque Cæsare ex equestri ordine consul creatus esse, nisi in id ascendisset, e quo infra se et Cæsarem videret et rempublicam.

LXXVII. Tum expostulante consensu populi, quem gravis urebat infesto mari annona, cum Pompeio quoque circa Miscenum pax inita : qui haud absurdo, quum in navi Cæsaremque et Antonium cœna exciperet, dixit : in Carinis suis se cœnam dare; referens hoc dictum ad loci nomen, in quo paterna domus ab Antonio possidebatur. In hoc pacis fœdere placuit, Siciliam Achaiamque Pompeio concedere; in quo tamen animus inquies manere non potuit; id unum tantummodo salutare (adventu suo) patriæ attulit, quod omnibus proscriptis, aliisque, qui ad eum ex diversis caussis fugerant, reditum salutemque pactus est. Quæ res et alios clarissimos viros, et Neronem Claudium, et M. Silanum, Sentiumque Saturninum, et Aruntium, ac Titium restituit reipublicæ; Statium autem Murcum, qui adventu suo classisque celeberrimæ vires ejus duplicaverat, insimulatum falsis criminationibus, quia talem virum collegam officii Mena et Menecrates fastidierant, Pompeius in Sicilia interfecerat.

LXXVIII. Hoc tractu temporum Octaviam, sororem Cæsaris, M. Antonius duxit uxorem. Redierat Pompeius in Siciliam, Antonius in transmarinas provincias : quas magnis momentis Labienus, ex Brutianis castris profectus ad Parthos, producto eorum exercitu in Syriam, ju-

tait retiré chez les Parthes, avait amené leurs troupes jusque dans la Syrie, et fait massacrer le lieutenant d'Antoine. Mais le courage et l'habileté de Ventidius triomphèrent de l'ennemi; le jeune et brillant Pacorus, fils du roi des Parthes, fut tué ainsi que Labiénus. Cependant Octave, craignant que l'oisiveté, toujours funeste à la discipline militaire, n'amollît ses soldats, les endurcissait aux fatigues et les habituait aux périls de la guerre, par de fréquentes expéditions dans l'Illyrie et la Dalmatie. Calvinus Domitius, qui commandait en Espagne depuis son consulat, donna l'exemple d'une sévérité comparable à celle de nos anciens généraux : il fit battre de verges Vibilius, premier centurion d'une légion, pour avoir fui lâchement du champ de bataille.

LXXIX. La flotte et la réputation de Sextus Pompée croissaient de jour en jour. César prit le parti de tourner ses armes contre ce rival menaçant; il chargea donc M. Agrippa de construire des vaisseaux, de lever des soldats et des rameurs, de les exercer aux manœuvres et aux combats maritimes. Agrippa se recommandait par un mérite éminent; infatigable dans les travaux, dans les veilles, dans les périls, sachant obéir, mais à un seul, d'une activité qui ne souffrait point de retard, il ne mettait aucun intervalle entre le projet et l'exécution. Il équipa une superbe flotte sur le lac Lucrin et sur celui d'Averne, et sut en peu de temps, par des exercices de chaque jour, donner à ses soldats une connaissance complète de la guerre. Ce fut à la tête de cette flotte qu'après avoir épousé, sous les plus heureux auspices, Livie, que lui avait fiancée Néron, son premier époux, César attaqua Sextus et la Sicile. Mais ce grand homme, supérieur à toutes les forces humaines, dut s'incliner sous les coups de la fortune. Le vent d'Afrique brisa ou dispersa la plus grande partie de ses vaisseaux, près de Vélie et du promontoire de Palinure. Ce désastre prolongea la guerre, dont les succès furent quelque temps douteux et balancés. La flotte de César fut encore battue de la tempête au même endroit; cependant Agrippa fut heureux dans la première bataille navale qu'il livra près de Myla. Mais presque aussitôt la flotte de César, surprise sous ses yeux par celle des ennemis, essuya un rude échec, auprès de Tauroménium. César lui-même courut les plus grands dangers. Peu s'en fallut que les légions commandées par Cornificius, son lieutenant, ne fussent écrasées à leur débarquement par le général ennemi. Mais le courage et la prudence finirent par triompher des caprices de la fortune; une action générale s'engagea entre les deux flottes. Sextus Pompée perdit presque tous ses vaisseaux et fut forcé de s'enfuir en Asie : là, tandis qu'il hésite entre le rôle de général et celui de suppliant, qu'il demande grâce et veut maintenir sa dignité, il périt, par l'ordre d'Antoine, de la main de Titius. Ce meurtre rendit Titius tellement odieux, que, bientôt après, faisant célébrer des jeux publics sur le théâtre de Pompée, les imprécations du peuple le chassèrent d'un spectacle dont il avait fait lui-même les frais.

LXXX. Pendant qu'il faisait la guerre au jeune Pompée, César avait appelé d'Afrique Lépide avec

terfectoque legato Antonii concusserat; qui virtute et ductu Ventidii una cum Parthorum copiis, celeberrimoque juvenum Pacoro, regis filio, extinctus est. Interim Cæsar per hæc tempora, ne, res disciplinæ inimicissima, otium corrumperet militem, crebris in Illyrico Dalmatiaque expeditionibus, patientia periculorum bellique experientia durabat exercitum. Eadem tempestate Calvinus Domitius, quum ex consulatu obtineret Hispaniam, gravissimi, comparandique antiquis, exempli auctor fuit : quippe primipili centurionem nomine Vibilium, ob turpem ex acie fugam, fusti percussit.

LXXIX. Crescente in dies et classe, et fama Pompeii, Cæsar molem belli ejus suscipere statuit. Ædificandis navibus, contrahendoque militi ac remigi, navalibusque adsuescendo certaminibus atque exercitationibus, præfectus est M. Agrippa; virtutis nobilissimæ, labore, vigilia, periculo invictus, parendique, sed uni, scientissimus, aliis sane imperandi cupidus, et per omnia extra dilationes positus, consultisque facta conjungens. Hic in Averno ac Lucrino lacu speciosissima classe fabricata, quotidianis exercitationibus militem remigemque ad summam et militaris et maritimæ rei perduxit scientiam. Hac classi Cæsar, quum prius despondente ei Nerone, cui ante nupta fuerat, Liviam, auspicatis reipublicæ omnibus duxisset eam uxorem, Pompeio Siciliæque bellum intulit. Sed virum humana ope invictum, graviter eo tempore fortuna concussit : quippe longe majorem partem classis circa Veliam Palinurique promontorium, adorta vis Africi laceravit ac distulit; ea patrando bello mora fuit, quod postea dubia, et interdum ancipiti fortuna gestum est. Nam et classis eodem loco vexata est tempestate, et ut navali primo prælio apud Mylas ductu Agrippæ pugnatum prospere, ita inopinato classis adventu, gravis sub ipsius Cæsaris oculis circa Tauromenium accepta clades, neque ab ipso periculum abfuit : legiones, quæ cum Cornificio erant legato Cæsaris, expositæ in terra, pene a Pompeio oppressæ sunt. Sed ancipitis fortuna temporis matura virtute correcta; explicatis quippe utriusque partis classibus, pene omnibus exutus navibus Pompeius Asiam fuga petivit, jussuque M. Antonii, cujus opem petierat, dum inter ducem et supplicem tumultuatur, et nunc dignitatem retinet, nunc vitam precatur, a Titio jugulatus est. Cui in tantum duravit hoc facinore contractum odium, ut mox ludos in theatro Pompeii faciens, exsecratione populi, spectaculo, quod præbebat, pelleretur.

LXXX. Acciverat, gerens contra Pompeium bellum, ex Africa Cæsar Lepidum cum XII semiplenis legioni-

douze légions à moitié complètes. Ce Lépide, le plus nul de tous les hommes, ne méritait par aucune vertu la longue prospérité dont il jouissait. Profitant de la proximité à laquelle il se trouvait de l'armée de Sextus, il l'avait réunie à ses troupes ; et, quoiqu'elle ne se fût rendue que sur l'autorité du nom de César et sur sa foi, l'honneur de commander à vingt légions le jeta dans un excès de vanité qui allait jusqu'à la folie. Cet inutile compagnon de la victoire d'Octave ne craignit point de s'en attribuer tout le mérite, quoiqu'il l'eût longtemps retardée, par son opiniâtreté à contredire le jeune général dans les conseils, et par sa manie de proposer des avis contraires à ceux des autres. Il poussa même l'audace jusqu'à sommer Octave de quitter la Sicile. Jamais les Scipions et les plus célèbres de nos anciens généraux, n'osèrent rien de plus hardi que ce que fit César en cette occasion. Sans armes, couvert d'un simple manteau, ne portant avec lui que son nom, il pénètre dans le camp de Lépide : là, s'élançant à travers la grêle de traits que cet homme criminel fait diriger contre lui, son manteau même étant déjà percé d'un coup de lance, il saisit hardiment l'aigle d'une légion. On put reconnaître alors la différence qui existait entre les deux chefs. Les soldats en armes suivirent le général désarmé ; et, après dix ans d'une puissance dont sa conduite le rendait si peu digne, Lépide, abandonné de ses légions et de la fortune, revêtu d'un habit de deuil et caché dans les derniers rangs de la foule qui se pressait autour de César, fut réduit à se jeter aux genoux du vainqueur. Il conserva la vie et la jouissance de ses biens ; mais il perdit une dignité qu'il était incapable de soutenir.

LXXXI. Une sédition soudaine éclata dans l'armée. Trop souvent des soldats, qui se confient en leur grand nombre, se révoltent contre la discipline et dédaignent de demander ce qu'ils croient pouvoir obtenir de force. Autant par sa sévérité que par ses largesses César fit rentrer les mutins dans le devoir. La colonie de Capoue reçut un accroissement considérable. Une partie de son territoire était restée dans le domaine public : on lui donna en échange des terres bien plus fertiles, situées dans l'île de Crète, et dont le revenu s'élevait jusqu'à douze mille sesterces ; on promit aussi d'y faire conduire des eaux qui font aujourd'hui, sous le double rapport de l'agrément et de la salubrité, le plus bel ornement de ces lieux. Une couronne navale, distinction glorieuse qu'aucun autre Romain n'avait obtenue jusqu'alors, fut pour Agrippa la récompense de sa belle conduite dans la dernière guerre. Rentré vainqueur dans Rome, César déclara qu'il voulait consacrer à des usages publics plusieurs maisons qu'il avait fait acheter par des agents pour agrandir la sienne. Il promit en outre de construire un temple en l'honneur d'Apollon et de l'entourer de portiques : promesse qu'il accomplit dans la suite, avec une rare munificence.

LXXXII. Pendant que César combattait avec tant de bonheur en Sicile, la fortune se déclarait aussi, dans l'Orient, pour ses intérêts et ceux de la république. A la tête de seize légions, Antoine traversait l'Arménie et la Médie, pour attaquer les Parthes, lorsque leur roi vint à sa rencontre. Il perdit d'abord deux légions, ses machines de

---

bus. Hic vir omnium vanissimus, neque ulla virtute tam longam fortunæ indulgentiam meritus, exercitum Pompeii, quia propior fuerat, sequentem non ipsius, sed Cæsaris auctoritatem ac fidem, sibi junxerat : inflatusque amplius XX legionum numero, in id furoris processerat, ut inutilis in aliena victoria comes, quam diu moratus erat, dissidendo in consiliis Cæsari, et semper diversa bis, quæ aliis placebant, dicendo, totam victoriam ut suam interpretaretur, audebatque denuntiare Cæsari, excederet Sicilia. Non ab Scipionibus, aliisque veteribus romanorum ducum, quicquam ausum patratumque fortius, quam tunc a Cæsare : quippe quum inermis et lacernatus esset, præter nomen nihil trahens, ingressus castra Lepidi, evitatis, quæ jussu hominis pravissimi tela in eum acta erant, quum lacerna ejus perforata esset lancea, aquilam legionis rapere ausus est. Scires quid interesset inter duces : armati inermem secuti sunt; decimoque anno, quam ad dissimillimam vita sua potentiam pervenerat Lepidus, et a militibus, et a fortuna desertus, pulloque velatus amiculo, inter ultimam confluentium ad Cæsarem turbam latens, genibus ejus advolutus est : vita rerumque suarum dominium concessa ei sunt; spoliata, quam tueri non poterat, dignitas.

LXXXI. Subita deinde exercitus seditio (qui plerumque contemplatus frequentiam suam, a disciplina desciscit; et quod cogere se putat posse, rogare non sustinet) partim severitate, partim liberalitate discussa principis. Speciosumque per id tempus adjectum supplementum Campanæ coloniæ : ejus relicti erant publici; pro his longe uberiores reditus duodecies HS. in Creta insula redditi, et aqua promissa, quæ hodieque singulare et salubritatis instar, et amoenitatis ornamentum est. Insigne coronæ classicæ, quo nemo unquam Romanorum donatus erat, hoc bello Agrippa singulari virtute meruit. Victor deinde Cæsar reversus in Urbem, contractas emptionibus complures domos per procuratores, quo laxior fieret ipsius, publicis se usibus destinare professus est; templumque Apollinis, et circa porticus facturum promisit, quod ab eo singulari exstructum munificentia est.

LXXXII. Qua æstate Cæsar tam prospere Libium in Sicilia bene fortuna in Cæsare et republica militavit ad Orientem : quippe Antonius cum XIII legionibus ingressus Armeniam, ac deinde Mediam, et per eas regiones Parthos petens, habuit regem eorum obvium. Primoque duas legiones, cum omnibus impedimentis tor-

guerre, ses équipages et son lieutenant Statianus. Bientôt après il courut avec ses troupes, dont plus d'un quart succomba, des périls si grands, qu'il désespérait d'y échapper. Il ne dut son salut qu'à l'avis fidèle d'un Romain, prisonnier des Parthes depuis la défaite de Crassus. Cet homme, dont les sentiments n'avaient point changé avec la fortune, s'approcha pendant la nuit d'un poste des Romains, et les avertit de se détourner de la route qu'ils se proposaient de suivre, pour en prendre une autre à travers les bois. Ce conseil sauva M. Antoine et ses légions; mais il eut à regretter la perte du quart de son armée, du tiers de ses valets et de ses esclaves, et de presque tous ses bagages. Il regarda cependant cette fuite comme une victoire, parce qu'il lui devait la vie. Trois ans après il revint en Arménie, et se saisit, par ruse, d'Artavasde, roi de cette contrée, qu'il chargea de chaînes, mais de chaînes d'or, pour honorer la majesté royale. Bientôt sa folle passion pour Cléopâtre devint de plus en plus ardente; ses vices qu'alimentaient le pouvoir, la licence et l'adulation, se développèrent avec une violence irrésistible : il résolut de tourner ses armes contre sa patrie. Déjà il s'était fait appeler le nouveau Bacchus : on l'avait vu dans les rues d'Alexandrie, traîné sur un char, comme ce dieu, paré de guirlandes de lierre, chaussé du cothurne, une couronne d'or sur la tête et le thyrse à la main.

LXXXIII. Pendant les préparatifs de cette guerre, Plancus passa du côté de César. Ce changement de la part de Plancus ne tenait ni au désir de se rallier à la bonne cause, ni à son amour pour la république, ni à son affection pour César, puisqu'il s'était toujours déclaré contre l'un et l'autre; mais au besoin de trahir. Ce besoin était chez lui une véritable maladie. Il s'était montré le plus vil complaisant de la reine et le plus méprisable de ses esclaves; sous le titre de secrétaire d'Antoine, il avait été l'instigateur et le ministre de ses plus sales débauches. Vénal en tout et pour tous, on l'avait vu, le corps peint de couleur d'azur, tout nu, la tête couronnée de roseaux, traînant une queue de poisson et rampant sur les genoux, danser dans un festin la danse de Glaucus. Il embrassa le parti de César, parce que Antoine, convaincu de ses rapines, ne le traitait plus qu'avec froideur. Il ne craignit pas de se faire un mérite de la clémence du vainqueur : César, disait-il, approuvait sa conduite, puisqu'il lui avait pardonné. Son neveu Titius ne tarda point à suivre son exemple. Quelques jours après sa défection, Plancus invectivait en plein sénat Antoine absent, et l'accusait des crimes les plus infâmes. « Assurément, lui dit » avec esprit le prétorien Coponius, homme grave, » beau-père de Silius, Antoine a dû faire bien des » infamies la veille du jour où tu l'as quitté. »

LXXXIV. La bataille d'Actium termina la guerre sous le consulat de César et de Messala Corvinus. Longtemps avant qu'on en vînt aux mains, le parti de César pouvait se promettre la victoire. D'un côté, chefs et soldats étaient pleins d'ardeur; de l'autre, c'était un découragement général; ici les rameurs étaient frais et vigoureux, là ils étaient exténués par la disette. D'une part, des navires de médiocre grandeur, mais faciles à mouvoir;

mentisque et Statiano legato amisit; mox sæpius ipse, cum summo totius exercitus discrimine, ea adiit pericula quibus servari se posse desperaverat; amissaque non minus quarta parte militum, captivi cujusdam, sed Romani, consilio ac fide servatus; qui clade Crassiani exercitus captus, quum fortunam, non animum mutasset, accessit nocte ad stationem romanam, prædixitque, ne destinatum iter peterent, sed diverso silvestrique pervaderent. Hoc M. Antonio atque illius legionibus saluti fuit : de quibus tamen totoque exercitu haud minus pars quarta, ut prædiximus, militum, calonum, servitii desiderata tertia est; impedimentorum vix ulla superfuit. Hanc tamen Antonius fugam suam, quia vivus exierat, victoriam vocabat; qui tertia æstate reversus in Armeniam, regem ejus Artavasden, fraude deceptum catenis, sed, ne quid honori deesset, aureis vinxit. Crescente deinde et amoris in Cleopatram incendio, et vitiorum, quæ semper facultatibus, licentiaque et assentationibus aluntur, magnitudine, bellum patriæ inferre constituit : quum ante, novum se Liberum Patrem appellari jussisset, quum redimitus hederis, coronaque velatus aurea, et thyrsum tenens, cothurnisque succinctus, curru, velut Liber Pater, vectus esset Alexandriæ.

LXXXIII. Inter hunc apparatum belli Plancus non judicio recta legendi, neque amore reipublicæ aut Cæsaris (quippe hæc semper impugnabat), sed morbo proditor, quum fuisset humillimus assentator reginæ, et infra servos cliens, quum Antonii librarius, quum obscenissimarum rerum et auctor et minister, quum in omnia et in omnibus venalis, quum ceruleatus et nudus, caputque redimitus arundine, et caudam trahens, genibus innixus, Glaucum saltasset in convivio. Refrigeratus, ab Antonio, ob manifestarum rapinarum indicia, transfugit ad Cæsarem, et idem postea clementiam victoris pro sua virtute interpretabatur, dictitans, id probatum a Cæsare, qui ille ignoverat : mox autem hunc avunculum Titius imitatus est. Haud absurde Coponius, vir prætorius, gravissimus pater, Silii socer, quum recens transfuga multa ac nefanda Plancus absenti Antonio in senatu objiceret : Multa, inquit, mehercules fecit Antonius, pridie quam tu illum relinqueres.

LXXXIV. Cæsare deinde et Messala Corvino coss. debellatum apud Actium; ubi longe ante quam dimicaretur, exploratissima Julianarum partium fuit victoria. Vigebat in hac parte miles atque imperator, illa marcebant omnia; hinc remiges firmissimos, illinc inopia affectissimi; navium hac magnitudo modica, nec celeritati aversa, illac specie terribilior; hinc ad Antonium no-

de l'autre, des vaisseaux qui n'avaient de redoutable que l'apparence; aucun transfuge ne passait du côté d'Antoine, tandis que chaque jour en amenait une foule au camp de César. Enfin, Agrippa venait de prendre Leucade, de forcer Patras, et d'occuper Corinthe, à la vue même de la flotte ennemie, qui fut battue deux fois avant l'action décisive. Le roi Amyntas se rangea du parti le plus juste et le plus avantageux. Toujours fidèle à lui-même, Dellius déserta la cause d'Antoine, comme il avait autrefois abandonné Dolabella; et l'illustre Cn. Domitius, le seul de tous les partisans d'Antoine qui n'eût jamais salué Cléopâtre du nom de reine, vint trouver César à travers les plus grands périls.

LXXXV. Enfin arriva le jour de cette grande lutte; César et Antoine rangèrent leurs vaisseaux en bataille et se disposèrent à combattre, l'un pour le salut, l'autre pour le malheur du monde. M. Lucius commandait l'aile droite de la flotte de César; Aruntius, l'aile gauche; Agrippa dirigeait tous les mouvements de l'armée navale. Se réservant pour le côté où l'appellerait la fortune, César était partout. Antoine avait confié le commandement de sa flotte à Sosius et à Publicola. Quant aux armées de terre, celle d'Octave était sous les ordres de Taurus, et celle d'Antoine avait pour chef Canidius. Au moment où l'action s'engagea, tout était d'un côté, général, soldats et rameurs; de l'autre côté, il n'y avait que des soldats. Cléopâtre donna la première le signal de la retraite. Antoine aima mieux suivre la reine fugitive que de rester avec les siens qui combattaient; et le général, qui aurait dû punir sévèrement les déserteurs, déserta lui-même. L'armée d'Antoine, quoiqu'elle fût privée de son chef, ne se défendit pas moins avec acharnement : elle combattait pour mourir et non pour vaincre. César, qui désirait gagner des hommes qu'il lui était facile d'exterminer, leur montrait Antoine fuyant au loin, et leur demandait à grands cris contre qui et pour qui ils s'obstinaient à verser leur sang. Après avoir longtemps combattu pour un général déserteur de son armée, ils se résignèrent, non sans effort et sans regret, à mettre bas les armes et à céder la victoire. César leur promit la vie sauve et le pardon, bien avant qu'on eût pu les déterminer à demander merci. On déclara unanimement que chacun de ses soldats s'était conduit en bon général, et le général en soldat lâche et sans cœur. Aussi, qui pourrait affirmer qu'Antoine vainqueur n'eût pas remis à Cléopâtre le soin d'user de la victoire, de même qu'il s'était empressé de fuir avec elle. L'armée de terre, que Canidius abandonna précipitamment pour rejoindre Antoine, se rendit également à César.

LXXXVI. Quels furent les avantages que le monde entier retira de la journée d'Actium? Quelle heureuse influence elle exerça sur la fortune publique? Voilà ce qu'il serait téméraire de vouloir faire connaître dans un abrégé aussi concis et aussi rapide. Jamais vainqueur ne fut plus clément; personne ne perdit la vie, à l'exception d'un petit nombre qui refusa de la demander. Jugez par là de la modération avec laquelle César, s'il eût été libre, aurait usé de la victoire au commencement de son triumvirat ou dans les champs de Philippes. Sosius fut redevable de son salut d'abord au dé-

mo, illinc ad Cæsarem quotidie aliqui transfugiebant. Denique in ore atque oculis Antonianæ classis per M. Agrippam Leucas expugnata, Patræ captæ, Corinthus occupata, bis ante ultimum discrimen classis hostium superata. Rex Amyntas meliora et utiliora secutus (nam Deillius, exempli sui tenax, ut a Dolabella ad Cæsarem) virque clarissimus, Cn. Domitius, qui solus Antonianarum partium, nunquam reginam nisi nomine salutavit, maximo et præcipiti periculo transmisit ad Cæsarem.

LXXXV. Advenit deinde maximi discriminis dies, quo Cæsar Antoniusque productis classibus, pro salute alter, in ruinam alter terrarum orbis dimicavere. Dextrum navium Julianarum cornu M. Lurio commissum, lævum Aruntio, Agrippæ omne classici certaminis arbitrium; Cæsar ei parti destinatus in quam a fortuna vocaretur, ubique aderat. Classis Antonii regimen Publicolæ, Sosioque commissum. At in terra locatum exercitum Taurus Cæsaris, Antonii regebat Canidius. Ubi initum certamen est, omnia in altera parte fuere, dux, remiges, milites; in altera nihil præter milites. Prima occupat fugam Cleopatra; Antonius fugientis reginæ, quam pugnantis militis sui, comes esse maluit; et imperator, qui in desertores sævire debuerat, desertor exercitus sui factus est. Illis, etiam detracto capite, in longum fortissime pugnandi duravit constantia; et desperata victoria, in mortem dimicabatur. Cæsar, quos ferro poterat interimere, verbis mulcere cupiens, clamitansque et ostendens, fugisse Antonium, quærebat, pro quo, et cum quo pugnarent? At illi, quum diu pro absente dimicassent duce, ægre summissis armis cessere victoriam; citiusque vitam veniamque Cæsar promisit, quam illis, ut ea precarentur, persuasum est; fuitque in confesso, milites optimi imperatoris, imperatorem fugacissimi militis functum officio. Quis dubitet, suo, an Cleopatræ arbitrio, victoriam temperaturus fuerit, qui ad ejus arbitrium direxit fugam? Idem locatus in terra fecit exercitus, quum se Canidius præcipiti fuga rapuisset ad Antonium.

LXXXVI. Quid ille dies terrarum orbi præstiterit, ex quo in quem statum pervenerit fortuna publica, quis in hoc transcursu tam actati operis exprimere audeat? Victoria vero fuit clementissima; nec quisquam interemptus est : paucissimi, et hi, qui deprecari quidem pro se non sustinerent. Ex qua lenitate ducis colligi potuit, quem aut initio triumviratus sui, aut in campis Philippis, si sic licuisset, victoriæ suæ facturus fuerit [modum]. At Sosium L. Aruntii, prisca gravitate celeberrimi, fides,

vouement de L. Arunlius, personnage dont la gravité rappelait les premiers jours de la république, et bientôt après à César lui-même, qui céda, mais cette fois avec quelque peine, aux inspirations de la clémence. Ne passons point sous silence une noble action et une parole non moins mémorable d'Asinius Pollion. Après la paix de Brindes, il s'était tenu en Italie; jamais il n'avait vu Cléopâtre, et depuis qu'Antoine languissait aux pieds de cette reine, il avait refusé d'embrasser sa cause. Mais lorsque César le pria de le suivre à Actium : « Les services que j'ai rendus à Antoine, lui répondit-il, sont plus grands que ceux qu'il a pu me rendre; mais ses bienfaits sont plus connus : je n'interviendrai donc point dans votre querelle, et je serai la proie du vainqueur.

LXXXVII. L'année suivante, César poursuivit jusque dans Alexandrie Antoine et Cléopâtre, et mit fin aux guerres civiles. Antoine se tua courageusement, et racheta par sa mort une vie souillée par la débauche. Cléopâtre, princesse qui n'avait rien de la timidité de son sexe, mourut de la morsure d'un aspic qu'elle s'était fait apporter en trompant la surveillance de ses gardes. Ce fut une chose digne de la fortune et de la clémence de César, qu'aucun de ceux qui avaient pris les armes contre lui ne périt ni sous ses coups ni par ses ordres. D. Brutus fut victime de la cruauté d'Antoine. Ce même Antoine promit à Sext. Pompée, vaincu par César, de lui conserver sa dignité, et le fit tuer. Brutus et Cassius, sans chercher à connaître les intentions des vainqueurs, se donnèrent la mort. J'ai déjà dit quelle fut la fin d'Antoine et de Cléopâtre. Canidius laissa voir en mourant une faiblesse indigne d'un homme de guerre, vielli dans les camps.

LXXXVIII. Cassius de Parme fut le dernier des assassins de César qui fut privé de la vie : Trébonius avait été le premier. Tandis que la guerre d'Actium et d'Alexandrie touchait à sa fin, M. Lépide, fils de Lépide l'ancien triumvir, et de Junie, sœur de Brutus, jeune homme qui se recommandait moins par sa sagesse que par les agréments de sa figure, résolut d'assassiner César à son retour. C. Mécène, de l'ordre des chevaliers, mais d'un sang illustre, était alors chargé de la garde de la ville; personne de plus vigilant, de plus actif que Mécène, toutes les fois que la sûreté de l'état l'exigeait; il allait même jusqu'à se priver de sommeil; mais les affaires lui laissaient-elles quelque relâche, il s'abandonnait, plus qu'une femme, à une oisive et molle indolence. Non moins cher à César qu'Agrippa, il en reçut moins d'honneur : le rang de chevalier suffit à son ambition, et il ne brigua point les plus hautes dignités, auxquelles il eût pu prétendre. Mécène épia tranquillement et avec une dissimulation profonde les menées de Lépide; tout à coup, sans exciter le moindre trouble dans les affaires ni dans les esprits, il prévint le jeune téméraire, et, par sa promptitude irrésistible, il éteignit une étincelle redoutable qui allait rallumer tous les feux de la guerre civile. Lépide reçut le prix de ses coupables projets. Servilie, sa femme, égala dans cette occasion la gloire de l'épouse d'Antistius, dont j'ai parlé plus haut; elle avala des

---

mor, diu clementia luctatus sua, Cæsar servavit incolumem. Non prætereatur Asinii Pollionis factum et dictum memorabile; namque quum se post Brundisinam pacem continuisset in Italia, neque ad vidisset unquam reginam, aut post enervatum amore ejus Antonii animum, partibus ejus se miscuisset, rogante Cæsare, ut secum ad bellum proficisceretur actiacum : « Mea, inquit, in Antonium majora merita sunt, illius in me beneficia notiora : itaque discrimini vestro me subtraham, et ero præda victoris. »

LXXXVII. Proximo deinde anno, persecutus reginam Antoniumque Alexandriam, ultimam bellis civilibus imposuit manum. Antonius se ipse non segniter interemit, adeo ut multa desidiæ crimina morte redimeret; at Cleopatra, frustratis custodibus, illata aspide, morsu sane ejus, expers muliebris metus, spiritum reddidit. Fuitque et fortuna et clementia Cæsaris dignum, quod nemo ex his, qui contra eum arma tulerant, ab eo, jussuve ejus, interemptus. D. Brutum Antonii interemit crudelitas; Sex. Pompeium, ab eo devictum, idem Antonius, quum dignitatis quoque servandæ dedisset fidem, etiam spiritu privavit. Brutus et Cassius, ante quam victorum experirentur animum, voluntaria morte obierunt; Antonii Cleopatræque quis fuisset exitus, narravimus; Canidius timidius decessit, quam professioni ejus, qua semper usus erat, congruebat.

LXXXVIII. Ultimus autem ex interfectoribus Cæsaris, Parmensis Cassius morte pœnas dedit, ut dederat (primus) Trebonius. Dum ultimam bello Actiaco, Alexandrinoque Cæsar imponit manum, M. Lepidus, juvenis forma quam mente melior, Lepidi ejus, qui triumvir fuerat reipublicæ constituendæ, filius, Junia Bruti sorore natus, interficiendi, simul ad urbem revertisset, Cæsaris consilia inierat. Tunc urbis custodiis præpositus C. Mæcenas, equestri, sed splendido genere natus, vir, ubi res vigiliam exigeret, sane exomnis, providens, atque agendi sciens; simul vero aliquid ex negotio remitti posset, otio ac mollitiis pene ultra feminam fluens, non minus Agrippa Cæsari carus, sed minus honoratus : quippe vixit angusti clavi pene contentus; nec minora consequi potuit, sed non tam concupivit. Hic speculatus est per summam quietem ac dissimulationem præcipitis consilia juvenis, et mira celeritate, nullaque cum perturbatione aut rerum aut hominum oppresso Lepido, immane novi ac resurrecturi belli civilis restinxit initium; et ille quidem male consultorum pœnas exsolvit. Æquetur prædictæ jam Antistii Servilia Lepidi uxor, quæ vivo igni devorato, præmaturam mortem immortali nominis sui pensavit memoria.

charbons ardents, et, par cette mort prématurée, s'acquit un nom immortel.

LXXXIX. L'accueil que reçut César à son retour d'Italie et à son entrée dans Rome, le concours empressé des citoyens de tout ordre et de tout âge qui volèrent à sa rencontre, la magnificence de ses triomphes et de ses jeux, ce sont-là des détails qui seraient à peine dignement retracés dans une histoire étendue; à plus forte raison dépassent-ils les bornes de ce court abrégé. Tout ce que les hommes peuvent demander aux dieux, tout ce que les dieux peuvent accorder aux hommes, tout ce que les vœux peuvent embrasser, tout ce que le bonheur peut réaliser de plus complet, le retour d'Auguste l'a procuré à la république, au peuple romain, à tout l'univers. Les discordes civiles étaient étouffées après vingt ans, les guerres extérieures éteintes, la paix rendue, la fureur des combats partout apaisée; la force des lois, l'autorité des jugements, la majesté du sénat, la puissance de nos magistratures anciennes, rétablies. Deux nouveaux préteurs furent adjoints aux huit premiers; le gouvernement reprit sa forme antique et primitive; les bras furent rendus à l'agriculture, le respect à la religion, la sécurité aux citoyens, la confiance à toutes les propriétés. La législation subit de sages réformes; des lois salutaires furent portées; le recensement du sénat se fit sans rigueur, mais avec une juste sévérité; les exhortations du prince déterminèrent les principaux citoyens, les hommes les plus distingués par leurs honneurs et leurs triomphes, à travailler à l'embellissement de Rome. Ce ne fut qu'avec peine, et après une longue résistance, qu'on put décider César à accepter un onzième consulat; quant à la dictature, que le peuple s'obstinait à lui déférer, il la refusa constamment. Les guerres d'Auguste, le monde pacifié par ses victoires; toutes les grandes choses qu'il a faites, soit en Italie, soit au dehors, accableraient l'écrivain même qui voudrait consacrer à cette tâche toute sa vie. Pour moi, fidèle à ma promesse, je n'ai voulu tracer aux yeux et confier à la mémoire des Romains qu'une idée générale de son principat.

XC. Les guerres civiles terminées, comme je l'ai dit plus haut, les membres de l'empire, déchirés par une aussi longue suite de combats, commençaient à se réunir; la Dalmatie, rebelle depuis deux cent vingt ans, fut réduite à reconnaître définitivement la domination romaine; les Alpes, avec leurs populations farouches et sauvages, reçurent le joug. Après des combats nombreux et variés, l'Espagne se soumit. Cette guerre fut conduite par Auguste d'abord, puis par Agrippa, que l'amitié du prince appela successivement à trois consulats et à l'honneur de partager avec lui la puissance tribunitienne. Les armées romaines étaient entrées pour la première fois en Espagne, dans le cours de la première année de la seconde guerre Punique, sous le consulat de Scipion et de Sempronius Longus, il y a aujourd'hui deux cent cinquante ans; Cn. Scipion, l'oncle de l'Africain, commandait cette première expédition; la lutte y fut longue et terrible; le sang coula à flots de part et d'autre; Rome y perdit des généraux et des armées; la gloire de ses armes y fut souvent ternie par des revers, et sa puissance même quel-

LXXXIX. Caesar autem reversus in Italiam atque urbem, quo occursu, quo favore omnium hominum, aetatium, ordinum exceptus sit; quae magnificentia triumphorum ejus, quae fuerit munerum, ne in operis quidem justi materia, nedum hujus tam recisi, digne exprimi potest. Nihil deinde optare a diis homines, nihil dii hominibus praestare possunt; nihil voto concipi, nihil felicitate consummari, quod non Augustus, post reditum in Urbem, reip. populoque rom. terrarumque orbi repraesentaverit. Finita vicesimo anno bella civilia, sepulta externa, revocata pax, sopitus ubique armorum furor; restituta vis legibus, judiciis auctoritas, senatui majestas; imperium magistratuum ad pristinum redactum modum; tantummodo octo praetoribus allecti duo; prisca illa et antiqua reipublicae forma revocata; rediit cultus agris, sacris honos, securitas hominibus, certa cuique rerum suarum possessio; leges emendatae utiliter, latae salubriter; senatus sine asperitate, nec sine severitate lectus; principes viri, triumphisque et amplissimis honoribus functi, hortatu principis, ad ornandam urbem illecti sunt. Consulatus tantummodo usque ad undecimum, quem continuaret Caesar, quum saepe obnitens repugnasset, impetrare potuit; nam dictaturam, quam pertinaciter ei deferebat populus, tam constanter repulit. Bella sub imperatore gesta, pacatusque victoriis terrarum orbis, et tot extra Italiam, domique opera, omne aevi sui spatium impensurum in id solum opus scriptorem fatigent: nos memores professionis, universam imaginem principatus ejus oculis animisque subjecimus.

XC. Sepultis, ut praediximus, bellis civilibus, coalescentibusque reipublicae membris, et coram altero (55), quae tam longa armorum series laceraverat, Dalmatia XX et CC (annos) rebellis, ad certam confessionem pacata est imperii; Alpes feris incultisque nationibus celebres perdomitae; Hispaniae, nunc ipsius praesentia, nunc Agrippae, quem usque in tertium consulatum, et mox collegium tribunitiae potestatis, amicitii principis evexerat, multo varioque Marte pacatae. In quas provincias quum initio, Scipione et Sempronio Longo coss., primo anno secundi Punici, abhinc annos CCL, romani exercitus missi essent, duce Cn. Scipione, Africani patruo, per annos CC in his multo mutuoque ita certatum est sanguine, ut, amissis populi romani imperatoribus, exercitibusque, saepe cum contumelia etiam, nonnunquam periculo romano inferretur imperio. Illae enim provinciae Scipiones consumpserunt; illae contumelioso XX annorum bello sub duce Vi-

quelois compromise. Là périrent les Scipions; là, pendant vingt ans, la guerre de Viriathus fut pour nos pères une lutte aussi humiliante que pénible. Là, par la guerre de Numance, la fortune du peuple romain fut mise en péril; là fut conclu le traité de Q. Pompée et celui, plus honteux encore, de Mancinus, actes ignominieux que le sénat dut désavouer, en livrant à l'ennemi leurs auteurs. Cette terre dévora tant de personnages consulaires ou prétoriens, et, du temps de nos pères, elle donna tant d'importance à Sertorius, que la question de supériorité militaire demeura cinq ans indécise entre les Espagnols et les Romains, et qu'on se demandait alors lequel de ces deux peuples finirait par obéir à l'autre. Eh bien! cette contrée si vaste, si peuplée, si sauvage, César l'a si bien pacifiée, il y a environ cinquante ans, que sous le gouvernement de C. Antistius, sous celui de P. Silius, et de plusieurs autres qui leur succédèrent, le brigandage même disparut d'un pays qui avait été jusque-là toujours en proie à des guerres sanglantes.

XCI. Pendant cette pacification de l'Occident, les drapeaux romains qu'Orodes avait pris dans la défaite de Crassus, et ceux que Phrahates, son fils, avait enlevés dans la retraite d'Antoine, furent renvoyés d'Orient à Auguste par le roi des Parthes. Ce surnom d'Auguste, César le reçut alors, sur la proposition de Plancus, du consentement unanime du peuple et du sénat romain. Il se trouva néanmoins des hommes qu'irritait cette éclatante prospérité. L. Muréna et Fannius Cépion (deux personnages bien différents, car Muréna, sans ce crime, aurait pu passer pour un homme de bien, tandis que Cépion n'était d'ailleurs qu'un misérable), formèrent le projet d'assassiner Auguste; mais ils furent accablés par l'autorité publique, et le coup que voulait porter leur scélératesse retomba très-justement sur leur tête. Cette odieuse tentative fut renouvelée par un certain Egnatius Rufus, qui ressemblait plutôt à un gladiateur qu'à un membre de sénat; il s'était concilié la faveur du peuple pendant son édilité; puis le soin qu'il avait eu d'envoyer ses esclaves travailler à éteindre le feu des incendies avait tellement augmenté son crédit, qu'il obtint la préture, et qu'il osa élever ses prétentions jusqu'au consulat; mais, plongé comme il l'était dans la fange de tous les vices et de tous les crimes, aussi désordonné dans ses affaires que dans son esprit, il s'adjoignit des hommes aussi pervers que lui-même, et résolut d'assassiner Auguste, sauf à mourir après avoir tué le prince dont la vie était incompatible avec la sienne; car tels sont les hommes de cette trempe : ils aiment mieux périr dans une ruine générale que sous le poids de leurs propres malheurs. C'est la même chose au fond pour l'individu, mais on y gagne d'être moins en relief. Ce conspirateur ne réussit pas mieux que les autres à cacher son crime. Jeté en prison avec ses complices, il trouva une fin digne de sa vie.

XCII. Il ne faut pas dérober à un citoyen vertueux, à C. Sentius Saturninus, consul à cette époque, la gloire d'une belle action. César, éloigné de Rome, s'occupait à régler les affaires d'Asie et d'Orient; sa présence portait partout avec lui les heureux fruits de la paix qu'il avait donnée au monde. Sentius pendant son absence était seul consul : dans toute sa conduite, il rappelait la sé-

---

riatho majores nostros exercuerunt, illæ terrore Numantini belli populum romanum concusserunt. In illis turpe Q. Pompeii fœdus, turpiusque Mancini, senatus cum ignominia dediti imperatoris rescidit : illa tot consulares, illa tot prætorios absumpsit duces, patrumque ætate, in tantum Sertorium armis extulit, ut per quinquennium dijudicari non potuerit, Hispanis, Romanisne in armis plus esset roboris, et uter populus alteri pariturus foret. Has igitur provincias tam diffusas, tam frequentes, tam feras, ad eam pacem abhinc annos ferme L perduxit Cæsar Augustus, ut, quæ maximis bellis nunquam vacaverant, eæ sub C. Antistio, ac deinde P. Silio legato, cæterisque, postea etiam latrociniis vacarent.

XCI. Dum pacatur Occidens, ab Oriente ac rege Parthorum signa romana, quæ Crasso oppresso Orodes, quæ Antonio pulso filius ejus Phrahates ceperant, Augusto remissa sunt. Quod cognomen illi viro, Planci sententia, consensus universi senatus populique rom. indidit. Erant tamen, qui hunc felicissimum statum odissent. Quippe L. Murena, et Fannius Cepio, diversis moribus (nam Murena sine hoc facinore potuit videri bonus, Cepio et hoc ante erat pessimus), quum inissent occidendi Cæsaris consilia, oppressi auctoritate publica, quod vi facere voluerant, jure passi sunt. Neque multo post Rufus Egnatius, per omnia gladiatori quam senatori propior, collecto in ædilitate favore populi, quem extinguendis privata familia incendiis in dies auxerat, in tantum quidem ut ei præturam continuaret; mox etiam consulatum petere ausus, quum esset omni flagitiorum scelerumque conscientia mersus; nec melior illi res familiaris, quam mens foret; adgregatis similimis sibi, interimere Cæsarem statuit, ut, quo salvo salvus esse non poterat, eo sublato moreretur. Quippe ita se mores habent, ut publica quisque ruina malit occidere, quam sua proteri, et idem passurus minus conspici. Neque hic prioribus in occultando felicior fuit : abditus carceri, cum conscis facinorisque mortem dignissimam vita sua obiit.

XCII. Præclarum excellentis viri factum C. Sentii Saturnini, circa ea tempora consulis, ne fraudetur memoria. Aberat in ordinandis Asiæ Orientisque rebus Cæsar, circumferens terrarum orbi præsentia sua pacis suæ bona. Tum Sentius forte et solus, et absente Cæsare, cou-

vérité antique et la haute vertu de nos magistrats d'autrefois; il mit à découvert les fraudes des publicains, punit leur avarice, et fit rentrer dans le trésor les sommes qui en avaient été détournées. Mais ce fut surtout à l'époque des comices qu'il se montra vraiment consul. Il défendit à certains candidats, qu'il jugeait indignes de la questure, de se mettre sur les rangs, et, comme ils annonçaient l'intention de se présenter malgré sa défense, il les menaça d'user contre eux du droit de sa charge, s'ils descendaient au champ-de-Mars. Egnatius, fort de l'appui qu'il trouvait dans le peuple, espérait passer de la préture au consulat, comme il avait passé déjà de l'édilité à la préture. Sentius lui défendit de se porter candidat, et, voyant qu'il persistait dans sa brigue, il jura que, quand même les suffrages du peuple lui seraient favorables, il ne le proclamerait pas consul. Cet acte de fermeté me paraît comparable à tout ce que nos anciens magistrats ont fait de plus glorieux : mais naturellement nous sommes portés à louer plus volontiers ce que nous avons entendu dire, que ce que nous avons vu. L'envie s'attache aux choses présentes, le respect aux choses passées; les unes nous accablent de leurs poids, nous ne voyons dans les autres qu'un enseignement.

XCIII. Trois années environ, avant la découverte du complot d'Egnatius, vers le temps de la conspiration de Muréna et de Cépion, il y a aujourd'hui près de cinquante ans, mourut M. Marcellus, fils d'Octavie, sœur d'Auguste : on pensait généralement qu'à la mort de César, il lui succéderait dans la puissance impériale; mais on ne croyait pas que M. Agrippa le laissât recueillir tranquillement cet héritage; il mourut après avoir donné des jeux magnifiques pour son édilité; il était encore à la fleur de son âge, doué, à ce qu'on dit, des plus nobles qualités, d'une belle âme et d'un esprit remarquable, digne à tous égards de la haute fortune à laquelle il était destiné. Agrippa, sous prétexte de quelque mission reçue de l'empereur, était allé en Asie pour se dérober momentanément à la vengeance de Marcellus, qu'il avait offensé. A la mort de ce prince, il revint à Rome et épousa sa veuve, Julie, fille d'Auguste, princesse dont la fécondité ne fut heureuse ni pour elle-même, ni pour la république.

XCIV. A la même époque, Tib. Claudius Néron, qui n'avait que trois ans, comme nous l'avons dit plus haut, lorsque Livie, fille de Drusus Claudianus, épousa César, auquel Néron son premier mari l'avait fiancée, débuta dans les affaires publiques par la questure : il était alors âgé de dix-neuf ans : nourri des leçons d'une sagesse divine, il joignait à l'éclat de sa naissance, une belle figure, une taille avantageuse, un génie cultivé par l'étude. Son début promettait ce qu'il a tenu depuis, et la majesté souveraine brillait déjà sur son visage. Une disette de blé se faisait sentir à Rome et à Ostie; chargé par son beau-père d'y remédier, il remplit cette mission avec une habileté qui annonçait toute sa grandeur future. Bientôt après, envoyé par Auguste avec une armée pour visiter l'Orient, et régler l'administration de ces provinces, il y déploya tous les genres de vertu; de là, Tibère entra dans l'Arménie à la tête

---

sul, quum alia, prisca severitate summaque constantia, vetere consulum more [ac severitate] gessisset, protraxisset publicanorum fraudes, punisset avaritiam, regessisset in ærarium pecunias publicas, tum in comitiis habendis præcipuum egit consulem : nam et quæsturam petentes, quos indignos judicavit, profiteri vetuit; et, quum, id facturos se, perseverarent, consularem, si in campum descendissent, vindictam minatus est; et Egnatium, florentem favore publico, sperantemque, ut præturam ædilitati, ita consulatum præturæ se juncturum, profiteri vetuit; et, quum id non obtinuisset, juravit, etiamsi facius esset consul suffragiis populi, tamen se eum non renuntiaturum. Quod ego factum cuilibet veterum consulum gloriæ comparandum reor, nisi quod naturaliter, audita visis laudamus libentius; et præsentia invidia, præterita veneratione prosequimur; et his nos obrui, illis instrui credimus.

XCIII. Ante triennium fere quam Egnatianum scelus erumperet, circa Murenæ Cepionisque conjurationis tempus, abhinc annos L. M. Marcellus, sororis Augusti Octaviæ filius, quem homines ita, si quid accidisset Cæsari, successorem potentiæ ejus arbitrabantur futurum, ut tamen id per M. Agrippam securo ei posse contingere non existimarent; magnificentissimo munere ædilitatis edito decessit, admodum juvenis, sane, ut aiunt, ingenuarum virtutum, lætusque animi et ingenii, fortunæque, in quam alebatur, capax. Post cujus obitum Agrippa, qui sub specie ministeriorum principalium profectus in Asiam, ut fama loquitur, ob tacitas cum Marcello offensiones, præsenti se subduxerat tempori, reversus inde filiam Cæsaris Juliam, quam in matrimonio Marcellus habuerat, duxit uxorem, feminam neque sibi, neque reipub. felicis uteri.

XCIV. Hoc tractu temporum, Tib. Claudius Nero, quo trimo, ut prædiximus, Livia, Drusi Claudiani filia, desponderate ei Nerone, cui ante nupta fuerat, Cæsari nupserat, innutritus cœlestium præceptorum disciplinis, juvenis genere, forma, celsitudine corporis, optimis studiis, maximoque ingenio instructissimus, qui protinus, quantus est, sperari potuerat, visuque prætulerat principem; quæstor undevicesimum annum agens, capessere cœpit rempublicam, maximamque difficultatem annonæ, ac rei frumentariæ inopiam, ita Ostiæ atque in Urbe mandato vitrici moderatus est, ut per id, quod agebat, quantus evasurus esset, eluceret. Nec multo post missus ab eodem vitrico cum exercitu ad visendas ordinandasque, quæ sub Oriente sunt, provincias, præcipuis omnium virtutum experimentis in eo tractu editis.

de ses légions, la réduisit sous la puissance du peuple romain, et lui donna pour roi Artavasde. Le roi des Parthes frappé de terreur au bruit d'un si grand nom, envoya ses fils en otages à César.

XCV. Quand Tibère fut revenu d'Orient, Auguste le chargea du soin d'une guerre importante, et lui adjoignit, pour en partager le poids, Claudius Drusus, son frère, que Livie avait mis au monde dans le palais impérial. Les deux princes attaquèrent séparément les Rhétiens et les Vindéliciens (54); il leur fallut assiéger un grand nombre de villes et de places fortes, et gagner plusieurs batailles pour soumettre ces nations défendues par la nature des lieux, presque inabordables, puissantes par le nombre, redoutables par leur férocité : il y eut dans cette expédition plus de périls que de pertes pour l'armée romaine; et une grande effusion de sang pour l'ennemi. Il faut placer avant cette guerre la censure de Plancus et de Paulus; censure malheureuse, troublée par les divisions de ces deux magistrats, aussi peu honorable pour eux, qu'inutile pour la république. L'un n'avait pas l'énergie d'un censeur, l'autre n'en avait pas les mœurs. Paulus pouvait à peine remplir les devoirs de sa charge; Plancus devait les craindre, car tous les reproches qu'il eût adressés ou qu'il entendait faire à la jeunesse de Rome, sa vieillesse les méritait.

XCVI. Agrippa mourut. Cet homme nouveau s'était ennobli par une foule de belles actions; il s'était élevé jusqu'à l'honneur de devenir le beau-père de Tibère, et Auguste avait adopté ses enfants en leur donnant les noms de Caïus et de Lucius.

Cette mort établit un lien de plus entre Tibère et l'empereur, qui lui fit épouser sa fille Julie (55), veuve d'Agrippa. Immédiatement après, Tibère prit la conduite de la guerre de Pannonie; commencée par Agrippa, sous le consulat de votre aïeul Vinicius, cette guerre était devenue terrible et menaçante pour l'Italie dont elle s'approchait tous les jours davantage. Pour rester fidèle au plan de cet abrégé, nous parlerons ailleurs avec détail des Pannoniens, des Dalmates, de la situation de leurs pays, de leurs fleuves, de leurs forces, des brillantes et nombreuses victoires que notre illustre général remporta dans cette guerre : Tibère, pour prix de ces succès, reçut les honneurs du petit triomphe.

XCVII. Mais, pendant que tout nous réussissait dans cette partie de l'empire, nos armes reçurent un échec en Germanie, où M. Lollius commandait en qualité de lieutenant. Cet homme, aussi dépravé qu'habile à dissimuler ses vices, cherchait en toutes choses plutôt à s'enrichir qu'à bien faire; la cinquième légion perdit son drapeau, et ce malheur força César à se rendre dans les Gaules. Le fardeau de la guerre Germanique fut ensuite remis à Claudius Drusus, frère de Tibère. Ce jeune prince réunissait toutes les vertus que peut donner la nature humaine et que peut perfectionner l'éducation. On ne peut dire s'il montra plus de génie dans la guerre, ou dans les charges civiles. On vantait surtout la douceur et l'amabilité de son caractère, et la grâce inimitable avec laquelle il savait maintenir entre lui et ses amis une noble égalité. Pour les avantages physi-

---

cum legionibus ingressus Armeniam, redacta ea in potestatem populi romani, regnum ejus Artavasdi dedit : quin rex quoque Parthorum, tanti nominis fama territus, liberos suos ad Cæsarem misit obsides.

XCV. Reversum inde Neronem Cæsar haud mediocris belli mole experiri statuit, adjutore operis dato fratre ipsius Druso Claudio, quem intra Cæsaris penates enixa erat Livia. Quippe uterque, divisis partibus, Rhætos Vindelicosque aggressi, multis urbium et castellorum oppugnationibus, nec non directa quoque acie feliciter functi, gentes locis tutissimas, aditu difficillimas, numero frequentes, feritate truces, majore cum periculo, quam damno romani exercitus, plurimo cum earum sanguine, perdomuerunt. Ante quæ tempora censura Planci et Pauli acta inter discordiam, neque ipsis honori, neque reipublicæ usui fuit : quum alteri vis censoris, alteri vita deesset : Paulus vix posset implere censorem, Plancus timere deberet : nec quicquam objicere posset adolescentibus, aut objicientes audire, quod non agnosceret senex.

XCVI. Mors deinde Agrippæ (qui novitatem suam multis rebus nobilitaverat, atque in hoc perduxerat, ut et Neronis esset socer; cujusque liberos, nepotes suos, D. Augustus, præpositis Caii ac Lucii nominibus, adoptaverat) admovit propius Neronem Cæsari. Quippe filia ejus Julia, quæ fuerat Agrippæ nupta, Neroni nupsit. Subinde bellum Pannonicum, quod inchoatum Agrippa Marcoque Vinicio avo tuo cóss., magnum atroxque et perquam vicinum imminebat Italiæ, per Neronem gestum est. Gentes Pannoniorum, Dalmatarumque nationes, situmque regionum ac fluminum, numerumque et modum virium, excelsissimasque et multiplices eo bello victorias tanti imperatoris, alio loco explicabimus : hoc opus servet formam suam. Hujus victoriæ compos Nero ovans triumphavit.

XCVII. Sed dum in hac parte imperii omnia geruntur prosperrime, accepta in Germania clades sub legato M. Lollio, homine in omnia pecuniæ quam recte faciendi cupidiore, et inter summam vitiorum dissimulationem vitiosissimo; amissaque legionis quintæ aquila vocavit ab Urbe in Gallias Cæsarem. Cura deinde atque onus Germanici belli delegata Druso Claudio, fratri Neronis, adolescenti tot tantarumque virtutum, quot et quantas natura mortalis recipit, vel industria perficit: cujus ingenium utrum bellicis magis operibus, an civilibus suffecerit artibus, in incerto est. Morum certe dulcedo ac suavitas

ques, il ressemblait beaucoup à son frère. Après la conquête de presque toute la Germanie, après de nombreuses victoires, qui coûtèrent des flots de sang à l'ennemi, la cruauté du sort nous le ravit, à l'âge de trente ans, pendant son consulat. Le poids de cette expédition fut reporté sur la tête de Tibère, qui la dirigea avec son courage et sa fortune ordinaires. Il parcourut en vainqueur tous les cantons de la Germanie, sans exposer à la moindre perte l'armée qu'il avait sous ses ordres, car ce fut toujours là le premier de ses soins, et cette contrée fut rendue presque tributaire. Un second triomphe et un deuxième consulat furent décernés au vainqueur.

XCVIII. Tandis que ces événements se passaient en Pannonie et en Germanie, une guerre terrible éclatait dans la Thrace : tous les peuples de cette contrée avaient pris les armes : ce mouvement fut comprimé par la valeur de Lucius Pison (36), de ce même magistrat dont la vigilance et la modération assurent maintenant la sécurité de Rome. En qualité de lieutenant de César, il fit trois ans la guerre aux Thraces et réduisit à l'ancien état de paix ces féroces nations, par des victoires en bataille rangée, des siéges et des massacres ; leur soumission rendit la tranquillité à l'Asie, et la paix à la Macédoine. Il faut reconnaître, il faut dire tout haut que le caractère de Pison est un mélange admirable de fermeté et de douceur ; il est impossible de trouver chez aucun autre homme plus d'amour du repos et plus d'aptitude aux affaires, une vigilance plus active et plus soutenue, sans aucune ostentation d'activité.

XCIX. A peu d'intervalle de là, Tibère Néron, honoré de deux consulats et de deux triomphes, devenu l'égal d'Auguste par le partage de la puissance tribunitienne, le second des Romains, et encore parce qu'il consentait à n'être que le second, le plus grand, le plus illustre, le plus heureux de nos généraux, la seconde lumière et la seconde tête de la république, s'immortalisa par une action dont le motif généreux fut connu plus tard. C. César avait pris la robe virile ; Lucius son frère allait aussi la prendre ; Néron craignant que l'éclat de sa gloire ne fît ombre au début de ces deux jeunes princes, donna un merveilleux exemple de tendresse fraternelle ; sans faire connaître à personne la vraie cause de sa conduite, il obtint de son beau-père (57) la permission de se reposer de ses longs travaux. Ce qu'on vit dans Rome en cette circonstance, les sentiments de tous, les larmes versées dans les adieux qu'on fit à ce grand homme, la violence que la patrie fut au moment de lui faire pour le retenir, ce sont là des détails qu'il faut réserver pour un ouvrage plus étendu. Disons seulement, en passant, que, pendant les sept années de son séjour à Rhodes, tous les proconsuls et tous les lieutenants qui se rendaient dans les provinces d'outre-mer, vinrent le visiter, et ne manquèrent jamais d'abaisser devant lui leurs faisceaux, quoiqu'il ne fût qu'un homme privé, (si cet état pouvait se concilier avec tant de grandeur), en avouant qu'il y avait plus de puissance réelle dans son repos que dans leur dignité même.

C. Le monde s'aperçut bientôt que Tibère ne

---

et adversus amicos æqua ac par sui æstimatio inimitabilis fuisse dicitur, nam pulchritudo corporis proxima fraternæ fuit; sed illum, magna ex parte domitorem Germaniæ, plurimo ejus gentis variis in locis profuso sanguine, fatorum iniquitas, consulem, agentem annum tricesimum, rapuit. Moles deinde ejus belli translata in Neronem est, quod is sua et virtute, et fortuna administravit, peragratusque victor omnes partes Germaniæ, sine ullo detrimento commissi exercitus, quod præcipue huic duci semper curæ fuit, sic perdomuit eam, ut in formam pene stipendiariæ redigeret provinciæ : tum alter triumphus, cum altero consulatu, ei oblatus est.

XCVIII. Dum ea, quæ prædiximus, in Pannonia Germaniaque geruntur, atrox in Thracia bellum ortum, omnibus ejus gentis nationibus in arma accensis, Lucii Pisonis, quem hodieque diligentissimum, atque eumdem lenissimum securitatis urbanæ custodem habemus, virtus compressit. Quippe legatus Cæsaris triennio cum his bellavit, gentesque ferocissimas, plurimo cum earum excidio, nunc acie, nunc expugnationibus, in pristinum pacis redegit modum ; ejusque patratione Asiæ securitatem, Macedoniæ pacem reddidit. De quo viro hoc omnibus sentiendum ac prædicandum est, esse mores ejus vigore ac lenitate mixtissimos, et vix quemquam reperiri posse, qui aut otium validius diligat, aut facilius sufficiat negotio, et magis, quæ agenda sunt, curet sine ulla ostentatione agendi.

XCIX. Brevi interjecto spatio Tib. Nero, duobus consulatibus, totidemque triumphis actis, tribunitiæ potestatis consortione æquatus Augusto, civium post unum (et hoc, quia volebat) eminentissimus, ducum maximus, fama fortunaque celeberrimus, et vere alterum reipublicæ lumen et caput, mira quadam, et incredibili, atque inenarrabili pietate cujus caussæ mox detectæ sunt, quum C. Cæsar sumpsisset jam virilem togam, L. item maturus esset viris, ne fulgor suus orientium juvenum obstaret initiis, dissimulata causa consilii sui, commeatum ab socero atque eodem vitrico adquiescendi a continuatione laborum petiit. Quis fuerit eo tempore civitatis habitus, qui singulorum animi, quæ digredientium a tanto viro omnium lacrymæ, quam pene ei patria manum injecerit, justo servemus operi. Illud etiam in hoc transcursu dicendum est, ita septem annos Rhodi moratum, ut omnes, qui pro consulibus legataque, in transmarinas profecti provincias, visendi ejus gratia ad quem convenientes, semper privato (si illa majestas privata unquam fuit) fasces suos summiserint, fassique sint, otium ejus honoratius imperio suo.

veillait plus sur les destinées de Rome. Le Parthe, renonçant à notre alliance, se jeta sur l'Arménie : et, dès que son vainqueur eut détourné les yeux, la Germanie se souleva. A Rome, l'année même où le divin Auguste, partageant le consulat avec Gallus Caninius (il y a aujourd'hui trente ans), donna, pour la dédicace du temple de Mars, des combats de gladiateurs et ces représentations navales qui excitèrent si fort l'enthousiasme et la curiosité du peuple romain, des désordres honteux et horribles à redire éclatèrent au sein de sa propre famille. Julie, fille d'Auguste et femme de Tibère, foulant aux pieds ces titres sublimes, épuisa tous les débordements, toutes les débauches, toutes les infamies qui peuvent souiller une femme. Prenant dans sa haute fortune la mesure de ses désordres, elle regardait comme légitimes toutes ses passions. Julius Antonius, un de ceux qui avaient deshonoré, avec elle, la maison de César se punit lui-même de son crime : cet homme était un rare exemple de la clémence d'Auguste; après la défaite de son père, non-seulement il lui avait conservé la vie, mais il l'avait honoré du sacerdoce, de la préture, du consulat, du gouvernement des provinces, et même, en lui donnant en mariage une fille de sa sœur, il se l'était attaché par les liens d'une étroite alliance. Quintius Crispinus, qui couvrait d'un masque austère sa profonde corruption, Appius Claudius, Sempronius Gracchus, Scipion, et d'autres encore, d'un nom moins illustre, sénateurs ou chevaliers, furent punis de leurs débauches avec la fille d'Auguste et l'épouse de Tibère, comme ils l'auraient été pour le même crime commis avec la femme du moindre citoyen. Pour Julie, on la relégua dans une île, loin des regards de sa famille et des Romains : cependant Scribonie, sa mère, la suivit, et partagea volontairement son exil.

CI. Peu de temps après, Caïus César, qui avait déjà parcouru d'autres provinces pour les visiter, fut envoyé en Syrie. Il vint d'abord trouver Tibère, et lui rendit tout l'honneur qu'il lui devait comme à son supérieur. Sa conduite en Syrie fut mêlée de bien et de mal, de manière à offrir une riche matière pour l'éloge et pour le blâme. Ce jeune prince eut une conférence avec le roi des Parthes, dans une île de l'Euphrate; le même nombre de soldats les accompagnait dans cette entrevue, et les deux armées se déployaient sur les deux rives opposées du fleuve, pendant que ces princes, représentants de deux grands empires et du monde entier, se trouvaient en présence; spectacle imposant et mémorable que j'eus le bonheur de voir, faisant alors mes premières campagnes, en qualité de tribun militaire. J'avais précédemment obtenu ce grade, Vinicius, sous le commandement de votre père et de P. Silius, dans la Thrace et dans la Macédoine; depuis, j'ai vu successivement l'Achaïe, l'Asie, toutes les provinces orientales, l'embouchure et les deux rivages de la mer de Pont, et ce n'est pas sans plaisir que je me rappelle aujourd'hui tant d'événements, tant de lieux, tant de nations, tant de villes. Le Parthe vint le premier sur la rive où nous étions, s'asseoir à la table de Caïus, qui se rendit ensuite à une invitation pareille, sur la rive ennemie.

C. Sensit terrarum orbis, digressum a custodia Neronem Urbis : nam et Parthus desciscens a societate romana, adjecit Armeniæ manum; et Germania, aversis domitoris sui oculis, rebellavit. At in Urbe, eo ipso anno, quo magnificentissimi gladiatorii muneris, naumachiæque spectaculis, D. Augustus, abhinc annos XXX, se et Gallo Caninio coss., dedicato Martis templo, animos oculosque populi rom. repleverat, fœda dictu, memorique horrenda in ipsius domo tempestas erupit. Quippe filia ejus Julia, per omnia tanti parentis ac viri immemor, nihil quod facere aut pati turpiter posset femina, luxuria, libidine infectum reliquit, magnitudinemque fortunæ suæ peccandi licentia metiebatur, quidquid liberet, pro licito vindicans. Tum Julius Antonius, singulare exemplum clementiæ Cæsaris, violator ejus domus, ipse sceleris a se commissi ultor fuit; quem, victo ejus patre, non tantum incolumitate donaverat, sed sacerdotio, prætura, consulatu, provinciis honoratum, etiam matrimonio sororis suæ filiæ, in arctissimam adfinitatem receperat : Quintiusque Crispinus, singularem nequitiam supercilio truci protegens, et Appius Claudius, et Sempronius Gracchus, ac Scipio, aliique minoris nominis utriusque ordinis viri, quasi cujuslibet uxore violata, pœnas pependere, quum Cæsaris filiam, et Neronis violassent conjugem. Julia relegata in insulam, patriæque et parentum subducta oculis; quam tamen comitata mater Scribonia, voluntaria exsilii permansit comes.

CI. Breve ab hoc intercesserat spatium, quum C. Cæsar, ante aliis provinciis ad visendum obitis, in Syriam missus, convento prius Tib. Nerone, cui omnem honorem, ut superiori, habuit, tam varie se illi gessit, ut nec laudaturum magna, nec vituperaturum mediocris materia deficiat : cum rege Parthorum juvenis excelsissimus in insula, quam amnis Euphrates ambiebat, æquato utriusque partis numero, coiit. Quod spectaculum stanti ex diverso hinc Romani, illinc Parthorum exercitus, quum duo inter se eminentissima imperiorum et hominum coirent capita, perquam clarum et memorabile, sub initia stipendiorum meorum, tribuno militum mihi visere contigit. Quem militiæ gradum ante sub patre tuo, M. Vinici, et P. Silio auspicatus in Thracia Macedoniaque, mox Achaia Asiaque, et omnibus ad Orientem visis provinciis, et ore atque utroque maris Pontici latere, haud injucunda tot rerum, locorum, gentium, urbium recordatione perfruor. Prior Parthus apud Caium in nostra ripa, posterior hic apud regem in hostili epulatus est.

CII. Quo tempore M. Lollii, quem veluti moderato-

CII. Il fut bruit dans ce temps-là des perfides et criminels desseins de M. Lollius, dévoilés à C. César par le roi des Parthes; c'était un homme qu'Auguste avait chargé de diriger la jeunesse de son fils. Sa mort, arrivée quelques jours après, fut-elle fortuite ou volontaire, je ne saurais le dire : mais autant Rome s'en réjouit, autant elle déplora celle de Censorinus (58), homme fait pour s'attacher tous les cœurs, et qui mourut vers la même époque dans ces mêmes provinces. Caïus pénétra ensuite dans l'Arménie; son entrée fut heureuse; mais bientôt, dans une entrevue où il s'était rendu sans précaution, près d'Artagère, il fut blessé grièvement à la cuisse par un certain Adduus. Depuis ce moment son état valétudinaire parut influer sur son esprit, qui devint aussi moins capable de servir la république. Il ne manqua point de flatteurs pour nourrir ses vices par de lâches complaisances; car la flatterie est la compagne inséparable d'une haute fortune. Il en vint ainsi jusqu'à mieux aimer vieillir dans un coin de terre, au bout du monde, que de retourner à Rome. Cependant, après une longue résistance, il avait enfin repris à regret le chemin de l'Italie, lorsqu'il tomba malade et mourut dans une ville de Lycie, appelée Limyre. Lucius César, son frère, était mort environ une année auparavant, à Marseille, en se rendant en Espagne.

CIII. Mais la fortune, qui ruinait ainsi les espérances attachées à un grand nom, avait déjà rendu à la république son plus ferme appui. Car, avant la mort des deux Césars, et pendant le consulat de P. Vinicius, votre père, Tibère Néron, par son retour de Rhodes, avait rempli la patrie d'une incroyable allégresse. Auguste n'hésita pas longtemps. Il n'avait point à chercher l'homme qu'il élirait pour successeur; il fallait élire celui qui l'emportait sur tous les autres : persistant donc dans une résolution prise après la mort de Lucius, du vivant même de Caïus, et dont la résistance opiniâtre de Néron avait seule empêché l'accomplissement, après le trépas des deux jeunes princes, il associa Néron à la puissance tribunitienne, malgré ses refus et ses protestations, soit en particulier, soit en plein sénat; puis, le cinq des calendes de juillet, l'an de Rome 754, il y a vingt-sept ans aujourd'hui, Ælius Catus et Sentius étant consuls, il l'adopta solennellement. La joie de cette journée, le concours de Rome entière, les vœux, les mains tendues vers le ciel, l'espérance conçue d'une sécurité perpétuelle, et de l'éternité de l'empire romain; tel est le tableau dont à peine le cadre d'un plus grand ouvrage pourra contenir l'esquisse, et que nous n'essaierons point de retracer ici. Bornons-nous à dire qu'aux yeux de tous, Tibère apparut comme le symbole d'un bonheur complet. Cette aurore éclatante bannissait l'inquiétude de tous les cœurs. Les pères ne tremblaient plus pour leurs enfants, les maris pour leurs femmes, les propriétaires pour leurs biens : tous les citoyens étaient rassurés sur leur vie, leur repos, la paix, et la tranquillité publique : jamais plus hautes espérances ne furent suivies d'un résultat plus complet et plus heureux.

CIV. Le même jour, fut adopté M. Agrippa, fils de Julie et d'Agrippa, mais qui n'était venu au monde qu'après la mort de son père. Seulement, en adoptant Néron, César ajouta ces pro-

---

rem juventæ filii sui Augustus esse voluerat, perfida et plena subdoli ac versuti animi consilia, per Parthum indicata Cæsari, fama vulgavit : cujus mors intra paucos dies fortuita, an voluntaria fuerit, ignoro : sed quam hunc decessisse lætati homines, tam paulo post obisse Censorinum in iisdem provinciis, graviter tulit civitas, virum demerendis hominibus genitum. Armeniam deinde ingressus, prima parte introitus prospere gessit; mox in colloquio, cui se temere crediderat, circa Artageram graviter a quodam, nomine Adduo, vulneratus, ex eo, ut corpus minus habile, ita animum minus utilem reipublicæ habere cœpit. Nec defuit conversatio hominum, vitia ejus assentatione alentium; etenim semper magnæ fortunæ comes adest adulatio : per quæ eo ductus erat, ut in ultimo ac remotissimo terrarum orbis angulo consenescere, quam Romam regredi mallet. Deinde reluctatus, invitusque revertens in Italiam, in urbe Lyciæ (Limyra nominant) morbo obiit; quum ante annum ferme L. Cæsar, frater ejus, Hispanias petens Massiliæ decessisset.

CIII. Sed fortuna, quæ subduxerat spem magni nominis, jam tum reipublicæ sua præsidia reddiderat : quippe ante utriusque horum obitum, patre tuo P. Vinicio cos., Tib. Nero, reversus Rhodo, incredibili lætitia patriam repleverat. Non est diu cunctatus Cæsar Augustus; neque enim quærendus erat, quem legeret; sed legendus, qui eminebat : itaque, quod post L. mortem, adhuc C. vivo, facere voluerat, atque, vehementer repugnante Nerone, erat inhibitus, post utriusque adolescentium obitum facere perseveravit, ut et tribuniliæ potestatis consortionem Neroni constitueret, multum quidem eo cum domi, tum in senatu recusante, et cum Ælio Cato, Sentio coss., V kalend. Jul., post Urbem conditam annis DCCLIV, abhinc annis XXVII, adoptaret. Lætitiam illius diei, concursumque civitatis, et vota pene inserentium cœlo manus, spemque conceptam perpetuæ securitatis, æternitatisque romani imperii, vix in illo justo opere abunde persequi poterimus, nedum hic implere. Tentemus id unum dixisse, quam ille omnibus fuerit. Tum refulsit certa spes liberorum parentibus, viris matrimoniorum, dominis patrimonii, omnibus hominibus salutis, quietis, pacis, tranquillitatis; adeo, ut nec plus sperari potuerit, nec spei responderi felicius.

CIV. Adoptatus eadem die etiam M. Agrippa, quem

pres paroles : « Je fais ceci pour le bien de la république. » La patrie ne retint pas longtemps dans les murs de Rome le vengeur et le protecteur de son empire. Elle l'envoya aussitôt en Germanie, où, depuis plus de trois ans, sous le consulat de M. Vinicius, votre illustre aïeul, la guerre s'était allumée comme un immense incendie. En plusieurs endroits Vinicius s'était montré capitaine entreprenant; dans quelques autres il avait tenu la campagne avec bonheur, et, à ce titre, on lui avait décerné les ornements du triomphe avec une inscription glorieuse qui rappelait sa belle conduite. A cette époque, après avoir déjà rempli les fonctions de tribun des camps, je devins soldat de Tibère César. Aussitôt après son adoption, envoyé avec lui dans la Germanie, en qualité de général de la cavalerie, et successeur de mon père dans cette charge, je fus pendant neuf ans consécutifs, soit à ce titre, soit comme lieutenant, le témoin de ses exploits surhumains ; et, dans la mesure de ma faiblesse, je ne laissai pas d'y contribuer. J'eus encore le bonheur de jouir d'un spectacle dont la grandeur n'est pas deux fois accordée à la nature humaine : lorsqu'à notre passage dans les plus belles parties de l'Italie, et dans toutes les provinces de la Gaule, les populations, revoyant leur vieux général, depuis longtemps César par sa gloire et par ses vertus, avant d'en avoir reçu le nom, semblaient moins le féliciter qu'elles ne se félicitaient elles-mêmes. Les larmes de joie arrachées par sa présence aux yeux des soldats, leur allégresse, l'enthousiasme toujours croissant de leurs acclamations, leur ardeur empressée pour toucher ses mains, les transports qu'ils ne pouvaient contenir, et ces cris qui leur échappaient : nous le revoyons donc, notre bon général ! Il nous est enfin rendu ? Et de tous côtés : Général, j'étais avec vous en Arménie! — Moi, dans la Rhétie. — Moi, j'ai reçu de vous des récompenses en Vindélicie ; — moi, en Pannonie ; — moi, en Germanie. Les paroles sont impuissantes à exprimer une pareille scène, et peut-être paraîtra-t-elle incroyable.

CV. On entra aussitôt en Germanie. Les Caninéfates, les Attuares, les Bructères furent soumis. On réduisit les Chérusques ; le Véser, que notre défaite rendit bientôt tristement fameux, fut traversé : on pénétra jusque dans l'intérieur du pays. Réservant pour lui les plus dures fatigues, et les opérations les plus dangereuses, César confiait les expéditions secondaires à Sentius Saturninus, autrefois lieutenant d'Auguste en Germanie, général recommandable par mille qualités, ardent, actif, plein de prévoyance, patient et habile au même degré dans le rude métier des armes ; mais, dès que les affaires lui laissaient un moment de repos, libéral et somptueux jusqu'à l'excès ; au résumé, homme aimable et magnifique, plutôt qu'ami de la débauche et de la mollesse. J'ai parlé de son brillant et célèbre consulat. La campagne, prolongée jusque dans le mois de décembre, nous valut une victoire pleine d'immenses avantages. La pieuse tendresse de César pour sa famille le rappela dans Rome à travers les Alpes, presque fermées par l'hiver. Mais la défense de l'empire le ramena dès le printemps en Germanie, où il avait établi en partant les quartiers d'hiver de son armée, sur le milieu

post mortem Agrippæ Julia enixa erat. Sed in Neronis adoptione illud adjectum his ipsis Cæsaris verbis : « Hoc, inquit, reipublicæ caussa facio. » Non diu vindicem custodemque imperii sui morata in urbe patria, protinus in Germaniam misit ; ubi ante triennium sub M. Vinicio, avo tuo, clarissimo viro, immensum exarserat bellum. Erat et ab eo quibusdam in locis gestum, quibusdam sustentatum feliciter, eoque nomine decreta ei cum speciosissima inscriptione operum ornamenta triumphalia. Hoc tempus me, functum ante tribunatu castrorum, Tib. Cæsaris militem fecit : quippe protinus ab adoptione missus cum eo præfectus equitum in Germaniam, successor officii patris mei, cælestissimorum ejus operum, per annos continuos IX præfectus aut legatus spectator, pro captu mediocritatis meæ adjutor fui. Neque illi spectaculo, quo fructus sum, simile conditio mortalis recipere videtur mihi ; quum per celeberrimam Italiæ partem, tractum omnem Galliæ provinciarum, veterem imperatorem, et ante meritis ac viribus, quam nomine Cæsarem, revisentes, sibi quisque, quam illi, gratularentur plenius. At vero militum conspectu ejus elicitæ gaudio lacrymæ, alacritasque, et salutationis nova quædam exsultatio, et contingendi manum cupiditas, non continentium, protinus quin adjicerent : « Videmus te, imperator, salvum recepimus : » ac deinde : « Ego tecum, imperator, in Armenia ; ego in Rhætia fui : ego a te in Vindelicis, ego in Pannonia, ego in Germania donatus sum ; » neque verbis exprimi, et fortasse vix mereri fidem potest.

CV. Intrata protinus Germania, subacti Caninefates, Attuarii, Bructeri, recepti Cherusci gentes, et amnis, mox nostra clade nobilis, transitus Visurgis ; penetrata ulteriora ; quum omnem partem asperrimi et periculosissimi belli Cæsar vindicaret ; in iis, quæ minoris erant discriminis Sentium Saturninum, qui tum legatus patris ejus in Germania fuerat, præfecisset ; virum multiplicem in virtutibus, navum, agilem, providum, militariumque officiorum patientem ac peritum pariter ; sed eumdem, ubi negotia fecissent locum otio, liberaliter lauteque eo abutentem ; ita tamen, ut eum splendidum ac hilarem potius, quam luxuriosum aut desidem diceres : de cujus viri claro celebrique consulatu prædiximus. Anni ejus æstiva, usque in mensem decembrem perducta, immensa emolumenta fecere victoriæ. Pietas sua Cæsarem, pene obstructis hieme Alpibus, in Urbem traxit : at tutela imperii cum veris initio reduxit in Germaniam ; in cu-

de la frontière, à la source du fleuve Lupia.

CVI. Dieux protecteurs! Quelle interminable série d'actions glorieuses l'été suivant nous vit accomplir sous les ordres de Tibère! Toute la Germanie fut visitée par nos armes. Nous vainquîmes des peuples dont le nom même était presque inconnu. Les Cauches se rendirent : leur armée, composée de guerriers sans nombre, à la stature colossale, protégés en outre par des positions inexpugnables, vint mettre bas les armes, et, enfermée avec ses chefs, dans le cercle étincelant des piques romaines, elle se prosterna tout entière devant le tribunal de César. On dompta les Lombards, peuple plus sauvage et plus farouche encore que les Germains. Enfin, ce qu'on n'avait jamais essayé, ce que l'espérance même n'osait concevoir, un espace de quatre cents milles, depuis le Rhin, jusqu'à l'Elbe, qui baigne les frontières des Semnones et des Hermondes, vit se déployer les enseignes romaines, et fut traversé par notre armée. Là, grâce à la fortune du général, à ses sages dispositions, à son calcul précis des époques, la flotte, après avoir mouillé dans tous les golfes de l'Océan, sortant d'une mer inexplorée et jusqu'alors inconnue, fit son entrée dans l'Elbe; et, victorieuse de plusieurs nations, chargée de butin et de provisions de toute espèce, vint se réunir à César et à l'armée.

CVII. Je ne puis m'empêcher de mêler à la grandeur de mon récit le détail suivant : Nous étions campés en-deçà de l'Elbe. La rive opposée, toute resplendissante des armures de l'ennemi, au moindre mouvement de nos vaisseaux, se dégarnissait subitement de ses défenseurs. Un vieillard, d'une taille majestueuse, et d'une condition éminente, s'il fallait en juger par la richesse de son vêtement, se détacha tout à coup des Barbares, monta dans un canot fait d'un tronc d'arbre creusé selon la coutume de son pays; puis, gouvernant seul cette embarcation, il s'avança jusqu'à la moitié du fleuve, et demanda qu'il lui fût permis de descendre sans péril sur le rivage occupé par nos troupes, et de voir César. On y consentit. Alors, ayant fait aborder sa nacelle, il contempla longtemps César en silence : « Nos guerriers, dit-il, sont insensés. De loin ils vous honorent comme des dieux, et de près ils aiment mieux redouter vos armes que de se confier à votre foi. Pour moi, César, je te remercie de la faveur que tu m'as accordée; car ces dieux, que je ne connaissais que par la renommée, aujourd'hui je les ai vus. Ce jour est le plus heureux de ma vie; il a comblé tous mes désirs. » Il obtint ensuite de toucher la main du général; et, rentrant dans son canot, les yeux toujours attachés sur César, il regagna la rive occupée par ses compagnons. Vainqueur des pays et des peuples, partout où il s'était présenté, n'ayant éprouvé aucune perte, attaqué seulement une fois par une surprise qui coûta cher à l'ennemi, César ramena ses légions dans leurs quartiers d'hiver, et repartit pour Rome avec la même célérité que l'année précédente.

CVIII. Il ne restait déjà plus à vaincre, en Germanie, que la nation des Marcomans. Poussée hors de ses anciennes demeures par son chef Maroboduus, elle s'était retirée dans l'intérieur du

---

jus mediis finibus, ad caput Lupiæ fluminis, hiberna digrediens princeps locaverat.

CVI. Proh Dii boni! quanti voluminis opera insequenti æstate, sub duce Tiberio Cæsare, gessimus! Perlustrata armis tota Germania est; victæ gentes, pene nominibus incognitæ; receptæ Cauchorum nationes : omnis eorum juventus, infinita numero, immensa corporibus, situ locorum tutissima, traditis armis, una cum ducibus suis, septa fulgenti armatoque militum nostrorum agmine, ante imperatoris procubuit tribunal. Fracti Langobardi, gens etiam germana feritate ferocior. Denique, quod nunquam antea spe conceptum, nedum opere tentatum erat, ad quadringentesimum milliarium, a Rheno usque ad flumen Albim, qui Semnonum Hermundorumque fines præterfluit, romanus cum signis perductus exercitus : et eodem, mira felicitate et cura ducis, temporum quoque observantia, classis, quæ Oceani circumnavigerat sinus, ab inaudito atque incognito ante mari flumine Albi subvecta, plurimarum gentium victoria, cum abundantissima rerum omnium copia, exercitui Cæsarique se junxit.

CVII. Non tempero mihi, quin tantæ rerum magnitudini hoc, qualecumque est, inseram. Quum citeriorem ripam prædicti fluminis castris occupassemus, et ulterior armata hostium juventute fulgeret, sub omnem motum nostrarum navium protinus refugientium, unus e Barbaris, ætate senior, corpore excellens, dignitate, quantum ostendebat cultus, eminens, cavatum, ut illis mos est, ex materia conscendit alveum, solusque id navigii genus temperans, ad medium processit fluminis; et petiit, liceret sibi, sine periculo, in eam, quam armis tenebamus egredi ripam, ac videre Cæsarem. Data petenti facultas : tum adpulso lintre, et diu tacitus contemplatus Cæsarem : « Nostra quidem, inquit, furit juventus, quæ quum vestrum numen absentium colat, præsentium potius arma metuit, quam sequitur fidem; sed ego, beneficio ac permissu tuo, Cæsar, quos ante audiebam, hodie vidi deos; nec feliciorem ullum vitæ meæ aut optavi, aut sensi diem. » Impetratoque, ut manum contingeret, reversus in naviculam, sine fine respectans Cæsarem, ripæ suorum adpulsus est. Victor omnium gentium locorumque, quos adierat, Cæsar, cum incolumi, inviolatoque, et semel tantummodo, magna cum clade hostium, fraude eorum tentato exercitu, in hiberna legiones reduxit, eadem, qua priore anno, festinatione Urbem petens.

CVIII. Nihil erat jam in Germania, quod vinci posset, præter gentem Marcomannorum; quæ, Maroboduo duce, excita sedibus suis, atque in interiora refugiens, incinctos

pays, et habitait un territoire enfermé par la forêt Hercynienne. Si rapide que soit notre récit, un homme tel que Maroboduus doit arrêter un moment notre attention. Il avait une origine illustre, une vigueur de corps peu commune, une âme énergique et fière. Appartenant aux Barbares par sa naissance, et non par son génie, il était revêtu parmi les siens d'un pouvoir qu'il ne devait ni à une confusion anarchique, ni au hasard, ni à des circonstances qui rendent l'autorité flottante et incertaine. La volonté de son peuple l'avait porté au premier rang. Voulant fonder un empire durable, et nourrissant en lui-même l'idée d'une royauté puissante, il résolut de transplanter sa nation loin du peuple romain, et de s'arrêter là où, délivré d'un voisinage trop redoutable, il pourrait se rendre redoutable à son tour. S'étant donc emparé du pays dont nous avons parlé, il assujettit par la guerre ou par des traités tous les peuples qui l'environnaient.

CIX. Une garde veillait à la sûreté de sa personne. Ses troupes, rompues à des exercices perpétuels et presque disciplinées à la romaine, l'élevèrent bientôt à un degré de puissance inquiétant même pour notre empire. Il conservait vis-à-vis des Romains l'attitude d'un homme qui ne commencerait point les hostilités, mais qui avait, en cas d'agression, les moyens et la volonté de se défendre. Les ambassadeurs qu'il envoyait aux Césars, tantôt parlaient en suppliants, tantôt traitaient de puissance à puissance. Les peuples, les individus qui se séparaient de nous, trouvaient chez lui protection et refuge; tous ses actes trahissaient une rivalité mal dissimulée. Il avait porté l'effectif de son armée à soixante-dix mille hommes de pied, et quatre mille chevaux; et le soin qu'il prenait de l'exercer par des guerres continuelles contre ses voisins, montrait assez qu'il se préparait à des luttes plus importantes que celles qu'il avait alors à soutenir. Ce qui le rendait encore plus dangereux, c'était la situation de ses états. Il avait à sa gauche, et de front, la Germanie, à sa droite la Pannonie, derrière lui le pays des Noriques; et, de cette position menaçante, toujours prêt à fondre de tous côtés, il inspirait partout la crainte. L'Italie elle-même devait s'inquiéter de ses envahissements, puisque la dernière chaîne des Alpes, qui lui sert de limite, n'était guère éloignée du commencement des frontières de Maroboduus, que de la distance de deux cent mille pas. Tel était l'homme et tel était le pays que Tibère César résolut d'attaquer l'année suivante par divers points. Il envoya l'ordre à Sentius Saturninus de traverser le pays des Catthes, de raser toutes les parties de la forêt Hercynienne attenantes à la Bohême (c'était le nom des états de Maroboduus), et d'arriver sur ce pays avec ses légions. Lui-même se proposait de partir de Carnonte, ville la plus voisine de ce côté du royaume des Noriques, et de conduire contre les Marcomans l'armée qui servait en Illyrie.

CX. La fortune renverse souvent, et quelquefois ne fait que suspendre les projets des hommes. César avait déjà préparé ses quartiers d'hiver près du Danube. Ses troupes n'étaient qu'à cinq journées des premiers corps ennemis, et il avait fait rapprocher Saturninus. Les légions de ce général, séparées des Marcomans par une distance à peu près égale, devaient en peu de jours opérer leur jonction avec

Hercyniæ sylvæ campos incolebat. Nulla festinatio hujus viri mentionem transgredi debet. Maroboduus genere nobilis, corpore prævalens, animo ferox, natione magis quam ratione Barbarus, non tumultuarium, neque fortuitum, neque mobilem, et ex voluntate parentium constantem, inter suos occupavit principatum; sed certum imperium, vimque regiam complexus animo, statuit, avocata procul a Romanis gente sua, eo progredi, ubi, quum propter potentiora arma refugisset, sua faceret potentissima : occupatis igitur, quos prædiximus, locis, finitimos omnes aut bello domuit, aut conditionibus juris sui fecit.

CIX. Corpus suum custodia, tum imperium perpetuis exercitiis pene ad romanæ disciplinæ formam redactum, brevi in eminens et nostro quoque imperio timendum perduxit fastigium; gerebatque se ita adversus Romanos, ut neque bello nos lacesseret, et, si lacesseretur, superesse sibi vim ac voluntatem resistendi (ostenderet). Legati, quos mittebat ad Cæsares, interdum, ut supplicem commendabant, interdum ut pro pari loquebantur. Gentibus hominibusque a nobis desciscentibus erat apud eum perfugium; totumque ex male dissimulato agebat æmulum; exercitumque, quem LXX millium peditum, quatuor equitum fecerat, assiduis adversus finitimos bellis excercendo, majori, quam quod habebat, operi præparabat. Eratque etiam eo timendus, quod, quum Germaniam ad lævam et in fronte, Pannoniam ad dextram, a tergo sedium suarum haberet Noricos, tanquam in omnes semper venturus, ab omnibus timebatur. Nec securam incrementi sui patiebatur esse Italiam : quippe quum a summis Alpium jugis, quæ finem Italiæ terminant, initium ejus finium haud multo plus CC millibus passuum abesset. Hunc virum, et hanc regionem, proximo anno diversis e partibus Tib. Cæsar adgredi statuit. Sentio Saturnino mandatum, ut per Catthos, excisis continentibus Hercyniæ sylvis, legiones Boiohæmum (id regioni, quam incolebat Maroboduus, nomen est) [duceret], ipse a Carnunto, qui locus Norici regni proximus ab hac parte erat, exercitum, qui in Illyrico merebat, ducere in Marcomannos orsus est.

CX. Rumpit, interdum moratur proposita hominum fortuna. Præparaverat jam hiberna Cæsar ad Danubium, admotoque exercitu non plus quam quinque dierum iter a primis hostium, Saturninum admovere placuerat; pene æquali divisæ intervallo ab hoste, intra paucos dies in prædicto loco cum Cæsare juncturæ erant; quum universa Pannonia insolens longæ pacis bonis, et adulta vi-

César sur un point convenu, lorsque la Pannonie tout entière, enflée des avantages d'une longue paix, et la Dalmatie, arrivée à la plénitude de ses forces, entraînèrent tous les peuples de cette contrée dans une coalition générale, et prirent les armes d'un commun accord. La nécessité dut passer avant la gloire. Il ne parut pas prudent de confiner l'armée dans l'intérieur du pays, et de laisser nos frontières dégarnies en présence d'un ennemi si voisin. Le nombre des rebelles des différentes nations s'élevait à plus de huit cent mille, et l'armée active ne comptait pas pas moins de deux cent mille fantassins et neuf mille chevaux. De cette immense multitude, obéissant à des chefs pleins d'ardeur et d'habileté, une partie devait marcher sur l'Italie, qui, par Nauport et Trieste, était limitrophe aux lieux qu'ils occupaient; une autre partie avait envahi la Macédoine; le reste s'était réservé la défense du pays. Le commandement suprême était partagé entre trois généraux, les deux Baton et Pinète. D'ailleurs, la connaissance de la discipline, et même de la langue des Romains, était répandue chez tous les Pannoniens. La plupart cultivaient les lettres, et s'étaient familiarisés avec les exercices de l'esprit. Aussi ne vit-on jamais un peuple passer plus rapidement du conseil au champ de bataille, et de la pensée à l'action. On fit main basse sur tout ce qui était citoyen romain : on égorgea les négociants : un corps nombreux de vexillaires (59), en garnison dans des quartiers fort éloignés de Tibère, fut entièrement massacré. La Macédoine fut occupée militairement. Partout le fer et le feu, partout sang et ruine. Telle fut l'épouvante inspirée par cette révolte, que l'âme d'Auguste lui-même, cette âme naturellement si forte, et que l'expérience des plus terribles guerres avait encore affermie, en fut ébranlée.

CXI. On fit des levées. De tous les points de l'empire on rappela les vétérans; les riches, hommes et femmes, furent contraints de fournir, selon leur fortune, des soldats pris dans le nombre de leurs affranchis. La voix du prince se fit entendre au sénat : « Dans dix jours, disait-il, si les mesures n'étaient promptes, l'ennemi pouvait être sous les murs de Rome. » Les sénateurs et les chevaliers s'engagèrent à des contributions régulières pour le temps de la campagne. Mais tous ces préparatifs auraient été inutiles sans la main puissante qui pouvait les mettre en œuvre. La république demanda Tibère à Auguste pour conduire cette guerre et servir de rempart à ses armées. Dans cette guerre, mon faible mérite obtint encore un glorieux emploi. Nommé questeur à la fin de mon service dans la cavalerie, élevé au rang des sénateurs avant d'en avoir le titre, et désigné en outre tribun du peuple, je reçus d'Auguste le commandement d'une partie de l'armée, et je la conduisis de Rome à Tibère. Renonçant ensuite, pendant ma questure, à tirer au sort une province, je fus envoyé à Tibère avec la qualité de son lieutenant. Combien, cette première année, nous vîmes d'armées ennemies rangées en bataille! Par quelles savantes manœuvres, attaquant toujours l'ennemi en détail, nous évitâmes le choc furieux de ses masses! Comme le général sut ménager avec bonheur la gloire et les intérêts de la patrie dans tous les actes de son commandement!

---

ribus Dalmatia, omnibusque tractus ejus gentibus in societatem adductis, constituto arma corripuit. Tum necessaria gloriosis præposita : neque tutum visum, abdito in interiora exercitu, vacuam tam vicino hosti relinquere Italiam. Gentium nationumque, quæ rebellaverant, omnis numerus amplius DCCC millibus explebat, CC fere peditum colligebantur armis habilia, equitum IX. Cujus immensæ multitudinis, parentis acerrimis ac peritissimis ducibus, pars petere Italiam decreverat, junctam sibi Nauporti ac Tergestis confinio; pars in Macedoniam se effuderat; pars suis sedibus præsidium esse destinaverat. Proxima duobus Batonibus ac Pinneti ducibus auctoritas erat. In omnibus autem Pannoniis non disciplinæ tantummodo, sed linguæ quoque notitia romanæ, plerisque etiam litterarum usus, et familiaris animorum erat exercitatio. Itaque, hercules, nulla unquam natio tam mature consilio belli bellum junxit, ac decreta patravit. Oppressi cives romani, trucidati negotiatores, magnus vexillariorum numerus ad internecionem, ea in regione, quæ plurimum ab imperatore aberat, cæsus. Occupata armis Macedonia; omnia et in omnibus locis igni ferroque vastata. Quin tantus etiam hujus belli metus fuit, ut stabilem illum et firmatum tantorum bellorum experientia, Cæsaris Augusti animum quateret atque terreret.

CXI. Habiti itaque delectus, revocati undique et omnes veterani; viri feminæque ex censu libertinum coactæ dare militem. Audita in senatu vox principis, « decimo die, ni caveretur, posse hostem in urbis Romæ venire conspectum. » Senatorum equitumque romanorum exactæ ad id bellum operæ [pollicitati]. Omnia ex frustra præparassemus, nisi, qui illa regeret, fuisset. Itaque ut præsidium militum, respublica ab Augusto ducem in bellum poposcit Tiberium. Habuit in hoc quoque bello mediocritas nostra speciosi ministri locum. Finita equestri militia, designatus quæstor, nec dum senator æquatus senatoribus, etiam designatis tribunis plebei, partem exercitus ab Urbe, traditi ab Augusto, perduxi ad filium ejus. In quæstura deinde, remissa sorte provinciæ, legatus ejusdem ad eumdem missus, quas nos primo anno acies hostium vidimus? quantis prudentia ducis opportunitatibus, furentes eorum vires universas evasimus partibus? quanto cum temperamento simul utilitatis res auctoritate imperatoris agi vidimus? qua prudentia hiberna disposita sunt? quanto opere inclusus custodiis exercitus nostri, ne qua posset

Avec quelle prudence il disposa ses quartiers d'hiver! Qu'il déploya d'habileté lorsqu'il emprisonna l'ennemi dans l'enceinte de nos bataillons, lui ferma toute issue, et le força, par la disette, à tourner contre lui-même ses forces et sa fureur.

CXII. Un fait d'armes qui dut son succès à la fortune, et peut-être à l'audace, mérite d'être mentionné. Messalinus en fut le héros. Plus noble encore par son courage que par sa famille, tout-à-fait digne d'avoir Corvinus pour père, et de laisser son surnom à son frère Cotta, il commandait en Illyrie, lorsque la rébellion éclata tout à coup. Enveloppé avec la moitié de la vingtième légion par toute l'armée ennemie, il battit et mit en fuite plus de vingt mille hommes; pour cette action d'éclat, il fut honoré des ornements du triomphe. Les Barbares, tout rassurés qu'ils étaient par leur nombre et par le sentiment de leurs forces, perdaient toute leur confiance en présence de César. La partie de leur armée qui faisait tête au général, épuisée, fort heureusement pour nous, dévorée par la famine, en face de nos lignes triomphantes, et réduite à la dernière extrémité, n'osant ni soutenir nos assauts, ni accepter la bataille, se retira sur le mont Claudius et s'y retrancha. Mais celles de leurs troupes qui s'étaient portées à la rencontre de l'armée que les consulaires A. Cæcina et Silvanus Plautius amenaient des provinces d'outre-mer, cernèrent cinq légions romaines ainsi que les auxiliaires et le nombreux renfort de cavalerie que Rhœmetalcès, roi de Thrace, avait fourni à ces deux généraux, pour appuyer l'expédition; peu s'en fallut que le désastre ne fût effroyable. La cavalerie royale fut mise en fuite, les ailes enfoncées; les cohortes tournèrent le dos; la terreur gagna jusqu'aux enseignes des légions. Mais le soldat romain, grâce à sa bravoure, acquit en cette occasion une gloire qu'il ne laissa point partager à ses chefs, puisque ceux-ci, loin d'imiter la prudence du général, tombèrent au milieu de l'ennemi avant d'avoir fait reconnaître sa position par des éclaireurs. Le moment était critique. Plusieurs tribuns militaires, le préfet du camp, les commandants des cohortes, étaient tués, plusieurs centurions blessés, les premières lignes renversées. Ce fut alors que nos légions, s'encourageant elles-mêmes, chargèrent l'ennemi, le firent reculer, et, rompant enfin ses rangs, lui arrachèrent la victoire contre toute espérance. Vers ce même temps, le jeune Agrippa, qui avait été adopté par son aïeul naturel, le même jour que Tibère, et qui, depuis deux ans, avait commencé à se montrer tel qu'il était, entraîné par l'étrange perversité de son cœur et de son esprit dans les débordements les plus effrénés, s'aliéna la tendresse d'Auguste, son père et son aïeul. Comme ses vices croissaient de jour en jour, il eut une fin digne de ses excès.

CXIII. Maintenant, Vinicius, ce prince que vous voyez si grand dans la paix, vous allez le voir non moins grand capitaine à la guerre. Après la jonction opérée entre les auxiliaires et les troupes qui avaient marché sous César, le même camp réunit dix légions, plus de soixante dix cohortes, quatorze corps de cavalerie, plus de dix mille vétérans, sans parler d'un grand nombre de vo-

erumpere, inopsque copiarum, et intra se furens, viribus hostis elanguesceret?

CXII. Felix eventu, forte conatu, prima æstate belli, Messalini opus mandandum est memoriæ. Qui vir animo etiam, quam gente, nobilior, dignissimus, qui et patrem Corvinum habuisset, et cognomen suum Cottæ fratri relinqueret, præpositus Illyrico, subita rebellione, cum semiplena legione vicesima circumdatus hostili exercitu, amplius XX hostium fudit fugavitque; et ob id ornamentis triumphalibus honoratus est. Ita placebat Barbaris numerus suus, ita fiducia virium, ut, ubicumque Cæsar esset, nihil in se reponerent. Pars exercitus eorum proposita ipsi duci, et ad arbitrium utilitatemque nostram macerata, perductaque ad exitiabilem famem, neque instantem sustinere, neque ut facientibus copiam pugnandi, dirigentibusque aciem ausa congredi, occupato monte Claudio, munitione se defendit. At ea pars, quæ obviam se effuderat exercitui, quem A Cæcina et Silvanus Plautius consulares ex transmarinis adducebant provinciis, circumfusa quinque legionibus nostris, auxiliaribusque et equitatui regio (quippe magnam Thracum manum junctus prædictis ducibus Rhœmetalces Thraciæ rex in adjutorium ejus belli secum traheret) pene exitiabilem omnibus cladem intulit. Fusa regiorum equestris acies, fugatæ alæ, conversæ cohortes sunt; apud signa quoque legionum trepidatum. Sed romani virtus militis plus eo tempore vindicavit gloriæ, quam ducibus reliquit: qui multum a more imperatoris sui discrepantes, ante in hostem inciderunt, quam per exploratores, ubi hostis esset, cognoscerent. Jam igitur in dubiis rebus semel ipsæ legiones adhortatæ, jugulatis ab hoste quibusdam tribunis militum, interempto præfecto castrorum, præfectisque cohortium, non incruentis centurionibus, quibus etiam primi ordines cecidere, invasere hostes, nec sustinuisse contenti, perrupta eorum acie, ex insperato victoriam vindicaverunt. Hoc fere tempore Agrippa, qui eodem die, quo Tiberius, adoptatus ab avo suo naturali erat, et jam ante biennium, qualis esset, apparere cœperat, mira pravitate animi atque ingenii in præcipitia conversus, patris atque ejusdem avi sui animum alienavit sibi; moxque crescentibus in dies vitiis, dignum furore suo habuit exitum.

CXIII. Accipe nunc, M. Vinici, tantum in bello ducem, quantum in pace vides principem. Junctis exercitibus, quique sub Cæsare fuerant, quique ad eum venerant, contractisque in una castra decem legionibus, LXX amplius cohortibus, XIV alis, sed pluribus quam decem veteranorum millibus, ad hoc magno voluntariorum numero

lontaires et de cavaliers royaux. Ce fut une armée telle qu'on n'en avait vu nulle part une aussi forte depuis les guerres civiles. Tous les soldats étaient animés d'enthousiasme, et le nombre leur semblait un gage assuré de la victoire. Mais le général, meilleur juge que personne de ce qu'il avait à faire, préféra ce qui était utile à ce qui n'était que brillant, et, fidèle à la conduite que je l'ai vu tenir dans toutes ses guerres, il s'attacha plus à mériter l'approbation des hommes qu'à l'obtenir; il retint pendant quelques jours les auxiliaires, pour donner du repos à ses troupes fatiguées d'une longue marche, puis il prit le parti de renvoyer cette armée trop considérable pour se laisser facilement conduire et diriger; il l'accompagna bien loin par des chemins hérissés d'obstacles incroyables, pour présenter aux ennemis une force imposante qu'ils n'osassent point attaquer, ou leur faire craindre une attaque sur leurs propres frontières, s'ils tentaient un coup de main sur quelque corps détaché. Après avoir reconduit ces troupes dans leurs cantonnements, il revint lui-même à Siscia au commencement d'un hiver très-rude. Il distribua les quartiers, et en partagea la garde entre ses lieutenants, dont je faisais partie.

CXIV. Ce que je vais dire ne prête pas sans doute à de pompeux développements, mais de quelle solide vertu, de quelle utilité véritable, de quelle aimable bonté, de quelle humanité rare je vai offrir le spectacle! Pendant tout le temps de la guerre de Germanie et de Pannonie, personne dans l'armée, soit au-dessus, soit au-dessous de mon grade, n'éprouva quelque dérangement de santé, sans que Tibère ne lui fit donner les soins les plus empressés, comme si, dégagé du poids de tant d'affaires importantes, son esprit n'avait eu que cette seule occupation. Des voitures étaient toujours prêtes pour ceux qui voulaient s'en servir; sa litière était à la disposition de tous, et j'en ai profité comme bien d'autres; ses médecins, sa cuisine, son appareil de bains, transporté seulement pour cet usage, offraient des secours à tous les malades; on n'avait point là sa maison ni ses domestiques, mais rien ne manquait des commodités ou des services qu'on en pouvait attendre. Ajoutons un détail dont tous ceux qui firent partie de cette armée reconnaîtront encore l'exactitude. Tibère était le seul qui voyageât toujours à cheval; seul, durant toute l'expédition, il mangeait assis avec ceux qu'il avait invités à sa table. Pour les infractions à la discipline, il ne les punissait pas toutes les fois que l'exemple n'en pouvait être dangereux. Il avertissait, il réprimandait souvent; mais il évitait l'occasion de punir, il gardait un sage milieu qui consistait à dissimuler beaucoup de fautes et à en châtier quelques-unes. L'hiver termina les hostilités. L'été suivant, toute la Pannonie demanda la paix; la guerre se concentra dans la Dalmatie. On vit alors cette multitude si nombreuse de fiers soldats, qui naguère menaçait l'Italie, apporter sur les bords du fleuve Balthinus les armes dont elle s'était servie contre nous, et se prosterner aux pieds de notre général; des deux principaux chefs, Baton et Pinète, l'un fut pris, l'autre se rendit ; mais ce sont des détails que je réserve pour une histoire

frequentique equite regio, tanto denique exercitu, quantus nullo unquam loco post bella fuerat civilia; omnes eo ipso læti erant, maximamque fiduciam victoriæ in numero reponebant. At imperator optimus eorum, quæ agebat, judex, et utilia speciosis præferens, quodque semper eum facientem vidi in omnibus bellis, quæ probanda essent, non quæ utique probarentur sequens, paucis diebus exercitum, qui venerat, ad refovendas ex itinere ejus vires, moratus; quum eum majorem, quam ut temperari posset, neque habilem gubernaculo cerneret, dimittere statuit : prosecutusque longo et perquam laborioso itinere, cujus difficultas narrari vix potest, ut neque universos quisquam auderet adgredi, et partem digredientium, suorum quisque metu finium, universi tentare non possent, remisit eo unde venerant; et ipse asperrimæ hiemis initio regressus Sisciam, legatos, inter quos ipsi fuimus, partitis præfecit hibernis.

CXIV. O rem dictu non eminentem, sed solida veraque virtute atque utilitate maximam, experientia suavissimam, humanitate singularem! Per omne belli Germanici Pannonicique tempus, nemo e nobis, gradumve nostrum aut præcedentibus aut sequentibus, imbecillus fuit, cujus salus ac valetudo non ita sustentaretur Cæsaris cura, tanquam distractissimus ille tantorum onerum mole huic uni negotio vacaret animus. Erat desiderantibus paratum junctum vehiculum; lectica ejus publicata, cujus (usum) quum alii, tum ego sensi. Jam medici, jam apparatus cibi, jam in hoc solum importatum instrumentum balinei, nullius non succurrit valetudini. Domus tantum ac domestici deerant; cæterum nihil, quod ab illis aut præstari, aut desiderari posset. Adjiciam illud, quod, quisquis illis temporibus interfuit, ut alia quæ retuli, agnoscet protinus : solus semper equo vectus est; solus cum iis, quos invitaverat, majore parte æstivarum expeditionum, cœnavit sedens; non sequentibus disciplinam, quatenus exemplo non nocebatur, ignovit; admonitio frequens inerat et castigatio, vindicta rarissima : agebatque medium plurima dissimulantis, aliqua inhibentis. Hiems emolumentum patrati belli contulit. Sed insequenti æstate omnis Pannonia, reliquis totius belli in Dalmatia manentibus, pacem petiit. Ferocem illam tot millium juventutem, paulo ante servitutem minatam Italiæ, conferentem arma, quibus usa erat apud flumen nomine Bathinum, prosternentemque se universam genibus imperatoris, Batonemque et Pinctem, excelsissimos duces, captum alterum, alterum deditum, justis voluminibus ordine narra-

plus étendue. A l'automne, l'armée victorieuse fut ramenée dans ses quartiers d'hiver. Tibère en donna le commandement supérieur à M. Lépidus, que son nom et sa haute fortune rapprochaient beaucoup de la maison impériale. Plus on connaît Lépidus, plus on est en état de l'apprécier, plus on l'admire et plus on l'aime, plus on est convaincu qu'il ajoute un nouveau lustre au nom glorieux de ses ancêtres.

CXV. Restait une autre guerre à conduire, celle de Dalmatie; Tibère tourna de ce côté ses vues et ses armes. Magius Céler Velléianus, mon frère, lui servit de lieutenant dans cette campagne; ses importants services sont attestés par les éloges de Tibère lui-même, par ceux d'Auguste; et les glorieuses récompenses qu'il reçut de César, lors de son triomphe, en consacrent le souvenir. Au commencement de l'été, Lépidus fit sortir son armée des quartiers d'hiver et partit pour rejoindre César; il fallut parcourir des contrées où la guerre n'avait point encore fait sentir ses ravages, ce qui rendait leurs habitants fiers et farouches. Après une lutte opiniâtre contre les difficultés des chemins et contre les ennemis, auxquels il fit payer cher leurs hostilités, victorieux et chargé de butin, il rejoignit Tibère à travers des campagnes désolées, des habitations détruites et des monceaux de morts. Ses exploits, qui lui auraient valu le triomphe s'il eût combattu sous ses propres auspices, lui en firent au moins décerner les ornements, d'un commun accord, par nos princes et par le sénat. Ce fut dans le cours de cette saison que la guerre épuisa ses fureurs. Retranchés dans les défilés de leurs forêts inaccessibles, les Pérustes et les Désitiates, peuples de la Dalmatie, redoutables par la situation de leurs pays, par leur courage opiniâtre, et surtout par leur manière habile de combattre, ne furent subjugués qu'après avoir été presque entièrement détruits par l'armée; que dis-je? par le bras même de Tibère. Ce que j'ai vu de plus grand, de plus admirable dans cette guerre, et dans celle de Germanie, c'est que jamais occasion de vaincre ne parut assez belle à César pour qu'il voulût acheter la victoire au prix du sang de ses soldats; le parti le plus sûr lui parut toujours le plus honorable; il consultait sa conscience plus que l'amour de la gloire; jamais le chef ne se régla sur l'opinion de l'armée; toujours l'armée fut conduite par la prudence de son chef.

CXVI. Germanicus, qui avait reçu l'ordre de précéder Tibère, se rendit en Dalmatie, à travers des lieux difficiles, et y donna de grandes preuves de sa capacité militaire. Vibius Posthumus, personnage consulaire, commandant de cette province, déploya un zèle et une activité qui lui valurent les ornements du triomphe. Le même honneur avait été mérité en Afrique, peu d'années auparavant, par Cossus et Passiénus, deux hommes que recommandaient au plus haut point des qualités diverses. Cossus eut l'avantage de transmettre à son fils, jeune homme fait pour donner l'exemple de toutes les vertus, le surnom qui rappelait sa victoire. L. Asponius prit part aux exploits de Posthumus, et mérita par son courage les honneurs qui lui furent décernés dans la suite. La fortune a beaucoup de part aux récompenses qu'obtient le mérite, et plût au ciel qu'on n'eût pas de plus fortes preuves de sa ter-

---

bimus, ut spero. Autumno victor in hiberna reducitur exercitus, cujus omnibus copiis a Cæsare M. Lepidus præfectus est, vir nomini ac fortunæ eorum proximus : quem in quantum quisque aut cognoscere, aut intelligere potuit, in tantum miratur ac diligit, tantorumque nominum, quibus ortus est, ornamentum judicat.

CXV. Cæsar ad alteram belli Dalmatici molem animum atque arma contulit. In qua regione quali adjutore legatoque fratre meo, Magio Celere Velleiano usus sit, ipsius patrisque ejus prædicatione testatum est, et amplissimorum honorum, quibus triumphans eum Cæsar donavit, signat memoria. Initio æstatis Lepidus, educto hibernis exercitu, per gentes integras immunesque adhuc clade belli, et eo feroces ac truces, tendens ad Tiberium imperatorem, et cum difficultate locorum, et cum vi hostium luctatus, magna cum clade obsistentium, excisis agris, exustis ædificiis, cæsis viris, lætus victoria, prædaque onustus, pervenit ad Cæsarem; et ob ea, quæ si propriis gessisset auspiciis, triumphare debuerat, ornamentis triumphalibus, consentiente cum judicio principum voluntate senatus [donatus] est. Illa æstas maximi belli consummavit effectus : quippe Perustæ et Desitiates Dalmatæ, situ locorum ac montium, ingeniorum ferocia, mira etiam pugnandi scientia, et præcipue angustiis saltuum pene inexpugnabiles, non jam ductu, sed manibus atque armis ipsius Cæsaris tum demum pacati sunt, quum pene funditus eversi forent. Nihil in hoc tanto bello, nihil in Germania aut videre majus, aut mirari magis potui, quam quod imperatori nunquam adeo ulla opportuna visa est victoriæ occasio, quam damno amissi pensaret militis; semperque visum est gloriosum, quod esset tutissimum, et ante conscientiæ quam famæ consultum; nec unquam consilia ducis judicio exercitus, sed exercitus providentia ducis rectus est.

CXVI. Magna in bello Dalmatico experimenta virtutis in multos ac difficiles locos præmissus Germanicus dedit; celebri etiam opera diligentius Vibius Posthumus, vir consularis, præpositus Dalmatiæ, ornamenta meruit triumphalia : quem honorem ante paucos annos Passienus et Cossus, viri quibusdam diversis virtutibus celebres, in Africa meruerant. Sed Cossus victoriæ testimonium etiam in cognomen filii contulit, adolescens est in omnium virtutum exempla geniti. At Posthumi operum L. Apronius particeps, illa quoque militia eos, quos mox consecutus est, honores excellenti virtute meruit. Utinam non majoribus experimentis testatum esset, quantum in omni re fortuna posset! sed in hoc quoque genere abunde

rible influence en toutes choses! Ælius, homme d'un caractère antique, et qui savait allier les qualités les plus aimables à l'austère gravité de nos pères, Ælius remplit, en Germanie, en Illyrie et plus tard en Afrique, les fonctions les plus brillantes; cependant il n'obtint pas les honneurs du triomphe, parce que, avec le mérite nécessaire pour l'obtenir, l'occasion lui manqua. Et A. Licinius Nerva Silianus, fils de P. Silius, ne perdit pas tout, sans doute, car cet excellent citoyen, ce général dont chacun aimait la simplicité, a été admiré de ceux-là même qui n'ont pu le comprendre tout entier; mais une mort prématurée lui a ravi le fruit de la glorieuse amitié du prince, et l'avantage d'élever sa fortune jusqu'au point où son père l'avait portée. Si l'on me reproche d'avoir cherché l'occasion de parler de ces deux hommes, j'en conviendrai sans peine; un jugement impartial, un éloge sincère et vrai ne saurait m'attirer le blâme des gens de bien.

CXVII. César venait de terminer entièrement la guerre de Pannonie et de Dalmatie, lorsque, cinq jours après l'achèvement de cette œuvre importante, il arriva de Germanie de funestes nouvelles : Varus avait péri; trois légions, trois corps de cavalerie et six cohortes avaient été enveloppés dans le même massacre : la seule grâce que la fortune parut nous faire, c'est qu'en ce moment aucune expédition n'occupait la valeur de Tibère. Mais il faut donner quelques détails sur la cause de ce désastre et sur la personne de Varus. Quintilius Varus était d'une famille plutôt illustrée que noble; il avait un caractère doux, des habitudes calmes, une certaine paresse du corps et de l'esprit le rendait moins propre aux expéditions militaires qu'à l'oisiveté des camps. Son administration de Syrie prouva qu'il ne méprisait point l'argent. Lorsqu'il arriva dans cette province, elle était aussi riche qu'il était pauvre, et ce fut tout le contraire quand il en sortit. Appelé à commander l'armée de Germanie, il se persuada que des hommes, qui n'avaient d'humain que la figure et la parole, et que le glaive ne pouvait dompter, céderaient peut-être à la douce autorité des lois. Plein de cette espérance, il s'enfonce dans la Germanie; et là, comme au milieu d'un peuple charmé des douceurs de la paix, il passait le temps des expéditions militaires à rendre la justice et à juger des procès du haut de son tribunal.

CXVIII. Le caractère des Germains offre un mélange terrible de ruse et de férocité; c'est un peuple né pour le mensonge; mais il faut l'avoir éprouvé pour le croire. Ils simulaient entre eux des procès continuels; ils s'attaquaient les uns les autres par des injures; puis ils avaient l'air de se féliciter de voir leurs contestations terminées par la justice romaine, leur âpreté naturelle adoucie par une nouvelle discipline, et leurs différends, jusque-là vidés par les armes, réglés enfin par le droit. Cette feinte remplit Varus de la plus folle confiance; il ne se regardait plus comme un chef d'armée au milieu des forêts de la Germanie, mais plutôt comme un préteur de la ville, rendant la justice au forum. Alors parut un jeune homme d'une noble naissance, brave, intelligent, doué de plus de génie qu'on n'en trouve chez les Barbares; c'était Arminius, fils de Sigimer, le premier de sa nation. Arminius portait dans ses

---

agnosci vis ejus potest : nam et | etiam | vir antiquissimi moris, et priscam gravitatem semper humanitate temperans, in Germania, Illyricoque, et mox in Africa, splendidissimis functus ministeriis, non merito, sed materia adipiscendi triumphalia defectus est. Et A. Licinius Nerva Silianus, P. Silii filius, quem virum, ne qui intellexit quidem, abunde miratus est, ne nihil non optimo civi, simplicissimo duci perisset, præferens immatura; et fructu amplissimæ principis amicitiæ, et consummatione evectæ in altissimum paternumque fastigium imaginis deceptus est. Horum virorum mentioni si quis quæsisse me dicet locum, fatentem arguet : neque enim justus sine mendacio candor apud bonos crimini est.

CXVII. Tantum quod ultimam imposuerat Pannonico ac Dalmatico bello Cæsar manum, quum intra quinque consummati tanti operis dies, funestæ ex Germania epistolæ, Cæsi Vari, trucidatarumque legionum trium, totidem alarum, et sex cohortium; velut in hoc salutem tantummodo indulgente nobis fortuna, ne occupato duce, et caussa persona moram exigit. Varus Quintilius, illustri magis, quam nobili ortus familia, vir ingenio mitis, moribus quietus, ut corpore et animo immobilior, otio magis castrorum, quam bellicæ adsuetus militiæ; pecuniæ vero quam non contemptor, Syria, cui præfuerat, declaravit; quam pauper divitem ingressus, dives pauperem reliquit. Is quum exercitui, qui erat in Germania, præesset, concepit esse homines, qui nihil præter vocem membraque haberent hominum; quique gladiis domari non poterant, posse jure mulceri. Quo proposito mediam ingressus Germaniam, velut inter viros pacis gaudentes dulcedine, juridicionibus, agendoque pro tribunali ordine, trahebat æstiva.

CXVIII. At illi, quod nisi expertus vix credat, in summa feritate versutissimi, natumque mendacio genus, simulantes fictas litium series, et nunc provocantes alter alterum injuria, nunc agentes gratias, quod ea romana justitia finiret, feritasque sua novitate incognitæ disciplinæ mitisceret, et solita armis decerni jure terminarentur, in summam socordiam perduxere Quintilium, usque eo, ut se prætorem urbanum in foro jus dicere, non in mediis Germaniæ finibus exercitui præesse crederet. Tum juvenis, genere nobilis, manu fortis, sensu celer, ultra Barbarum promptus ingenio, nomine Arminius, Sigimeri principis gentis ejus filius, ardorem animi vultu oculisque præferens, assiduus militiæ nostræ prioris comes, jure etiam civitatis romanæ jus equestris consequens

yeux et sur son visage tout le feu de son âme ; il avait constamment suivi nos drapeaux dans les guerres précédentes ; il avait obtenu même le droit de cité et le rang de chevalier. Persuadé avec raison que l'homme le plus aisé à vaincre est celui qui ne craint rien, et que de toutes les causes de malheur la plus ordinaire est la sécurité, il profita de l'incroyable aveuglement de notre chef pour accomplir ses projets criminels. Ne se confiant d'abord qu'à quelques amis, il s'adjoint successivement un plus grand nombre de complices; il dit, il persuade qu'on peut surprendre les Romains ; puis, son plan fait, il passe à l'exécution, et fixe le jour d'une embuscade. Ségeste, ami fidèle des Romains ; et l'un des plus illustres parmi les Catthes, révèle le complot à Varus. Mais déjà la destinée avait troublé son esprit et mis un bandeau sur ses yeux; il n'arrive que trop souvent que le ciel frappe d'une espèce de vertige ceux qu'il veut perdre ; alors, pour comble de misère, ils paraissent mériter leur malheur, et les effets du hasard leur sont reprochés comme des crimes. Varus refusa de croire aux rapports de Ségeste ; il déclara qu'il attendait des Germains une reconnaissance égale à ses bontés pour eux. Ce premier avis négligé ne lui laissa pas le temps d'en recevoir un second.

CXIX. J'essaierai dans un plus long ouvrage de raconter, à l'exemple de plusieurs autres historiens, toutes les circonstances du plus grand désastre que Rome ait éprouvé chez les nations étrangères, après celui de Crassus chez les Parthes ; aujourd'hui je me contente d'en déplorer le résultat. L'armée de Germanie était la première des armées romaines par sa bravoure, par sa discipline, par ses exploits, par l'expérience des combats : surprise et trahie, victime tout à la fois de l'apathie de son chef, de la ruse des ennemis et de l'injustice du sort, enfermée dans des bois et des marécages, prise comme dans un piège, elle fut égorgée tout entière par des ennemis que jusqu'à ce jour elle avait massacrés comme de vils troupeaux, dont la vie et la mort étaient à la merci de sa colère ou de sa pitié. Nos malheureux soldats n'eurent pas même la liberté de résister vaillamment ; et plusieurs d'entre eux furent punis pour avoir voulu se conduire en Romains. Varus eut plus de courage pour mourir, qu'il n'en avait eu pour combattre. A l'exemple de son aïeul et de son père, il se tua de sa propre main. Quant aux deux préfets du camp, L. Eggius et Ceionius, le premier se couvrit de gloire, l'autre d'ignominie : lorsque déjà la plus grande partie de l'armée avait péri en combattant, Ceionius proposa de se rendre, aimant mieux le supplice que la mort du champ de bataille. Numonius Vala, lieutenant de Varus, citoyen dont la vie avait été irréprochable jusque-là, donna l'exemple le plus funeste ; à la tête de la cavalerie il tenta de gagner le Rhin, et laissa l'infanterie livrée à ses propres forces. La fortune le punit de cette fuite infâme ; il ne survécut pas à ceux qu'il avait trahis, mais il périt avec la honte de sa lâche trahison. Le cadavre de Varus, à demi brûlé, fut mis en pièces par nos féroces ennemis ; ils lui coupèrent la tête et la portèrent à Maroboduus ; César la reçut de ce dernier, et la fit ensevelir dans le tombeau de sa famille.

CXX. A ces nouvelles, Tibère s'empresse de revenir auprès d'Auguste, et de reprendre la dé-

---

gradus, segnitia ducis in occasionem sceleris usus est; haud imprudenter speculatus, neminem celerius opprimi, quam qui nihil timeret; et frequentissimum initium esse calamitatis, securitatem. Primo igitur paucos, mox plures in societatem consilii recipit; opprimi posse Romanos, et dicit, et persuadet; decretis facta jungit; tempus insidiarum constituit. Id Varo per virum gentis fidelem clarique nominis Segesten indicatur. Obstabant jam fata consiliis, omnemque animi ejus aciem præstrinxerant. Quippe ita se res habet, ut plerumque [qui] fortunam mutaturus Deus consilia corrumpat, efficiatque, quod miserrimum est, ut quod accidit, id etiam merito accidisse videatur, et casus in culpam transeat. Negat itaque se credere, spemque in se benevolentiæ ex merito æstimare profitetur. Nec diutius, post primum indicem, secundo relictus locus.

CXIX. Ordinem atrocissimæ calamitatis, qua nulla, post Crassi in Parthis damnum, in externis gentibus gravior Romanis fuit, justis voluminibus, ut alii, ita nos conabimur exponere ; nunc summa deflenda est. Exercitus omnium fortissimus, disciplina, manu, experientiaque bellorum inter romanos milites princeps, marcore ducis, perfidia hostis, iniquitate fortunæ circumventus (quum ne pugnandi quidem egredi, aut occasionis in quantum voluerant, data esset immunis, castigatis etiam quibusdam gravi pœna, quia romanis et armis et animis usi fuissent), inclusus sylvis, paludibus, insidiis ab eo hoste ad internecionem trucidatus est, quem ita semper more pecudum trucidaverat, ut vitam aut mortem ejus, nunc ira, nunc venia temperaret. Duci plus ad moriendum, quam ad pugnandum animi fuit : quippe paterni avitique exempli successor, se ipse transfixit. At e præfectis castrorum duobus quam clarum exemplum L. Eggius, tam turpe Ceionius prodidit : qui, quum longe maximam partem absumpsisset acies, auctor deditionis supplicio, quam prælio mori maluit. At Vala Numonius, legatus Vari, cætera quietus ac probus, diri auctor exempli, spoliatum equite peditem relinquens, fuga cum aliis Rhenum petere ingressus est. Quod factum ejus fortuna ulta est : non enim deserti supersuit, sed desertor occidit. Vari corpus semiustum hostium laceraverat feritas ; caput ejus abscissum, latumque ad Maroboduum, et ab eo missum ad Cæsarem, gentilitii tamen tumuli sepultura honoratum est.

CXX. His auditis, revolat ad patrem Cæsar ; perpe-

fense de l'empire dont il est le vengeur accoutumé. Il passe en Germanie, affermit la tranquillité des Gaules, distribue les armées, fortifie les places de guerre. Plus rassuré par le sentiment de sa propre force, qu'effrayé par l'audace d'un ennemi qui menaçait l'Italie d'une invasion pareille à celle des Teutons et des Cimbres, il passe hardiment le Rhin avec son armée : il porte la guerre chez une nation que Rome et son père s'étaient contentés de repousser, pénètre dans l'intérieur du pays, s'ouvre de nouveaux chemins, ravage les campagnes, brûle les habitations, renverse tout ce qui veut s'opposer à sa marche; et, couvert de gloire, sans avoir perdu aucun de ceux qui l'avaient suivi, rentre dans ses quartiers d'hiver. Il faut payer à Lucius Asprenas le tribut de gloire qu'il mérite : lieutenant sous les ordres de Varus son oncle, il sut par son courage et l'intrépidité des deux légions qu'il commandait, préserver de sa ruine toute une armée romaine, et en descendant avec promptitude vers les quartiers d'hiver établis en aval du Rhin, affermir la foi chancelante des peuples situés en-deçà de ce fleuve. On a dit pourtant que s'il sauva les soldats encore vivants, il s'appropria les dépouilles de ceux qui avaient péri sous Varus, et qu'il s'adjugea tout à son aise l'héritage de cette armée détruite. Lucius Cædicius, préfet militaire, et ceux qui, enfermés avec lui dans les murs d'Alison, eurent à soutenir un siége contre une multitude innombrable de Germains, doivent aussi recevoir les éloges dus à leur courage. A travers des obstacles que la disette et la force des ennemis rendaient presque insurmontables, ils surent avec une prudence égale à leur hardiesse trouver une occasion favorable et s'ouvrir une voie, le fer à la main, pour rejoindre leurs compagnons. Ce qui prouve que si Varus périt lui-même avec la plus belle armée, ce n'est pas parce que ses légions manquaient de courage, mais parce qu'il manquait lui-même de la prudence nécessaire à un général : cependant Varus était un homme grave et plein de bonnes intentions. Pendant que les Germains exerçaient d'horribles vengeances sur les prisonniers, Caldus Cælius se montra digne de sa naissance par un acte héroïque : saisissant les anneaux de la chaîne dont il était lié, il s'en frappa la tête avec tant de force, qu'il fit jaillir à la fois son sang et sa cervelle et rendit aussitôt le dernier soupir.

CXXI. Le courage de Tibère et sa fortune, sur laquelle il comptait, ne se démentirent point dans la suite. Lorsqu'il eut, dans plusieurs expéditions de terre et de mer, brisé les forces des ennemis, achevé l'œuvre difficile de la pacification des Gaules, calmé, plutôt par des mesures vigoureuses que par des châtiments, les querelles des Viennois, le sénat et le peuple romain, à la demande d'Auguste, firent une loi qui lui donnait dans toutes les provinces et dans toutes les armées, une puissance égale à celle de son père, ce qui n'était que juste, sans doute : car il eût été absurde que cet empire défendu par lui ne lui fût pas soumis, et que celui qui était le principal vengeur de la patrie, ne fût pas jugé digne de partager le rang suprême. A son retour à Rome, il triompha des Pannoniens et des Dalmates, honneur qu'il méritait depuis longtemps mais que ses expéditions non interrompues avaient différé. La magnificence de

---

tuus patronus romani imperii adsuetam sibi caussam suscipit. Mittitur ad Germaniam, Gallias confirmat, disponit exercitus, præsidia munit; se magnitudine sua, non fiducia metiens, qui Cimbricam Teutonicamque militiam Italiæ minabatur; ultro Rhenum cum exercitu transgreditur. Arma infert hosti, quem arcuisse pater et patria contenti erant, penetrat interius, aperit limites, vastat agros, urit domos, fundit obvios; maximaque cum gloria, incolumi omnium, quos transduxerat, numero, in hiberna revertitur. Reddatur verum L. Asprenati testimonium; qui legatus sub avunculo suo Varo militans, nava viriliqueopera duarum legionum, quibus præerat, exercitum immunem tanta calamitate servavit; matureque ad inferora hiberna descendendo, vacillantium etiam cis Rhenum sitarum gentium animos confirmavit. Sunt tamen, qui, ut vivos ab eo vindicatos, ita jugulatorum sub Varo occupata crediderint patrimonia, hæreditatemque excisi exercitus, in quantum voluerit, ab eo aditam. Lucii etiam Cædicii, præfecti castrorum, eorumque, qui una circumdati Alisone immensis Germanorum copiis obsidebantur, laudanda virtus est; qui omnibus difficultatibus superatis, quas inopia rerum intolerabiles, vis hostium faciebat inexsuperabiles, nec temerario consilio, nec segni providentia usi, speculatique opportunitatem, ferro sibi ad suos peperere reditum. Ex quo apparet, Varum sane gravem et bonæ voluntatis virum, magis imperatoris defectum consilio, quam virtute destitutum militum, ac magnificentissimumque perdidisse exercitum. Quum in captivos sæviretur a Germanis, præclari facinoris auctor fuit Caldus Cælius, ad vetustatem familiæ suæ dignissimus; qui complexus catenarum, quibus vinctus erat, seriem, ita illas illisit capiti suo, ut protinus pariter sanguinis cerebrique influvio exspiraret.

CXXI. Eadem et virtus et fortuna subsequenti tempore ingressa animum imperatoris Tiberii fuit, quæ initio fuerat; qui, concussis hostium viribus, classicis peditumque expeditionibus, quum res Galliarum maximæ molis, accensasque plebis Viennensium dissensiones, coercitione magis quam pœna mollisset; et senatus populusque rom., postulante patre ejus, ut æquum ei jus in omnibus provinciis exercitibusque esset (quam erat ipsi), decreto complexus esset (etenim absurdum erat, non esse sub illo, quæ ab illo vindicabantur; et qui ad opem ferendam primus erat, ad vindicandum honorem non judicari parem); in urbem reversus, jam pridem debitum, sed continuatione bellorum dilatum, ex Pannoniis Dalmatisque egit

HISTOIRE ROMAINE.

ce triomphe n'a rien qui doive étonner dans César; mais qui n'admirerait cette merveilleuse faveur de la fortune? Avant que Rome apprît par la renommée que les plus célèbres généraux ennemis n'avaient point été tués, Tibère les montra vivants et enchaînés à son char. Nous eûmes le bonheur, mon frère et moi, d'accompagner le char du vainqueur, au milieu d'une foule de citoyens illustres et décorés des plus brillantes distinctions.

CXXII. Entre autres preuves de la rare modestie de Tibère, qui ne l'admirerait surtout de s'être contenté de trois triomphes au lieu de sept, auxquels il avait d'incontestables titres? En reprenant l'Arménie, en lui donnant un roi couronné de ses propres mains, en rétablissant la paix dans l'Orient, n'avait-il pas en outre mérité l'ovation? D'un autre côté, sa victoire sur les Vindéliciens et les peuples de la Rhétie lui donnait le droit d'entrer dans Rome sur un char : plus tard, après son adoption, il avait employé trois années de guerre à ruiner les forces de la Germanie : ce nouveau succès lui méritait le même honneur, et il devait le recevoir : puis il avait vengé le désastre de Varus, et il était juste que la Germanie vaincue par lui dans cette heureuse et rapide expédition suivît le char de l'illustre capitaine. Mais on ne sait ce qu'il faut admirer le plus dans ce grand homme, ou son ardeur immodérée dans les travaux et les périls de la guerre, ou sa modération dans les honneurs.

CXXIII. Nous arrivons à une époque de deuil et d'alarmes : César Auguste venait d'envoyer Germanicus, son petit-fils, en Germanie pour y terminer la guerre. Tibère allait se rendre en Illyrie, pour régler l'organisation des provinces qu'il avait conquises. Autant pour l'accompagner que pour assister à des jeux institués en son honneur par les habitants de Naples, l'empereur s'avança jusque dans la Campanie; il était déjà très-faible, et avait pu reconnaître à des signes certains l'altération de sa santé; cependant il fit un effort sur lui-même et accompagna son fils jusqu'à Bénévent : là, il se sépara de Tibère, et se rendit à Noles. Sa maladie empirait de jour en jour : sachant d'avance qui il devait appeler auprès de lui, s'il voulait assurer, après sa mort, la stabilité de ses œuvres, il envoya chercher Tibère, qui revint auprès du père de la patrie plus vite qu'on ne l'espérait. Auguste déclara que ce prompt retour calmait ses inquiétudes; il reçut dans ses bras son cher fils, lui recommanda ses travaux, qui étaient aussi les siens, et déclara qu'il était prêt à mourir si c'était la volonté des dieux. La vue et l'entretien d'un fils tendrement aimé parurent lui rendre un peu de force; mais le mal était sans remède. Bientôt il mourut et rendit au ciel son âme céleste, sous le consulat de Pompée et d'Apuléius, à l'âge de soixante-seize ans.

CXXIV. Ce qu'on craignit alors, le trouble du sénat, la consternation du peuple, l'effroi du monde entier, et le danger pressant que nous courûmes, voilà ce qu'un abréviateur comme moi n'a pas le temps de dire, et ce qu'un narrateur moins rapide ne saurait jamais exprimer. Je peux

---

triumphum. Cujus magnificentiam quis miretur in Cæsare? Fortunæ vero quis non miretur indulgentiam? Quippe omnes eminentissimos hostium duces non occisos fama narravit, sed vinctos triumphus ostendit. Quem mihi, fratrique meo, inter præcipuos præcipuisque donis adornatos viros, comitari contigit.

CXXII. Quis non inter reliqua, quibus singularis moderatio Tib. Cæsaris elucet atque eminet, hoc quoque miretur, quod, quum sine ulla dubitatione septem triumphos meruerit, tribus contentus fuerit? Quis enim dubitare potest, quin ex Armenia recepta, et ex rege ei præposito, cujus capiti insigne regium sua manu imposuerat, ordinatisque rebus Orientis, ovans triumphare debuerit? et, Vindelicorum Rhætorumque victor, curru urbem ingredi? fractis deinde post adoptionem continua triennii militia Germaniæ viribus, idem illi honor et deferendus et recipiendus fuerit? et post cladem sub Varo acceptam, ocius prosperrimo rerum eventu eadem excisa Germania, triumphum summi ducis adornare debuerit? Sed in hoc viro nescias, utrum magis mireris, quod laborum periculorumque semper excessit modum, an quod honorum temperavit.

CXXIII. Venitur ad tempus, in quo fuit plurimum metus; quippe Cæsar Augustus, quum Germanicum nepotem suum, reliqua belli patraturum misisset in Germaniam, Tiberium autem filium missurus esset in Illyricum, adfirmanda pace, quæ bello subegerat, prosequens eum, simulque interfuturus athletarum certaminis ludicro, quod ejus honori sacratum a Neapolitanis est, processit in Campaniam. Quamquam jam motus imbecillitatis, inclinataeque in deterius principia valetudinis senserat; tamen, obnitente vi animi, prosecutus filium, digressusque ab eo Beneventi, ipse Nolam petiit; et ingravescente in dies valetudine, quum sciret, quis, volenti omnia post se salva remanere, accessendus foret, festinanter revocavit filium : ille ad patrem patriæ exspectato revolavit maturius. Tum securum se Augustus prædicans, circumfususque amplexibus Tiberii sui, commendans illi sua atque ipsius opera, nec quicquam jam de fine, si fata poscerent, recusans, subrefectus primo conspectu alloquioque carissimi sibi spiritus, mox quum omnem curam fata vincerent, in sua resolutus initia, Pompeio Apuleioque coss., septuagesimo sexto anno, animam cœlestem cœlo reddidit.

CXXIV. Quid tunc homines timuerint, quæ senatus trepidatio, quæ populi confusio, quis orbis metus, in quam arto salutis exitiique fuerimus confinio, neque mihi tam festinanti exprimere vacat, neque cui vacat, potest;

dire seulement, avec le témoignage universel, que cette cité dont nous redoutions la ruine ne fut pas même ébranlée, et que, grâce à la majesté d'un seul homme, il ne fut pas nécessaire d'employer la force pour soutenir les bons citoyens contre les méchants. Il y eut toutefois dans Rome une sorte de lutte entre le peuple et le sénat romain d'une part, et Tibère de l'autre : on voulait le décider à prendre la place de son père ; lui s'obstinait à rester citoyen, parmi ses égaux, plutôt que de s'élever au-dessus de tous en qualité de prince : il céda enfin, mais à la raison plutôt qu'à l'attrait des grandeurs, et parce qu'il voyait bien que l'empire se détruirait s'il n'en prenait pas la défense. Il n'est peut-être arrivé qu'à cet empereur d'avoir combattu plus de temps pour refuser le pouvoir suprême, que d'autres pour s'en saisir. Tibère consacra le retour de son père au ciel par des honneurs humains rendus à son corps, et par des honneurs divins décernés à son nom ; puis, son premier soin, comme chef de l'empire, fut d'organiser les comices d'après le plan qu'Auguste avait tracé lui-même de sa propre main. Ce fut alors que, mon frère et moi, nous eûmes le bonheur d'être proposés pour la préture, comme candidats de César, immédiatement après des citoyens de la plus haute noblesse et des hommes honorés du sacerdoce ; nous fûmes à la fois les derniers candidats présentés par Auguste, et les premiers que recommanda Tibère.

CXXV. La république reçut aussitôt le prix de ses vœux et de la sagesse qu'elle avait montrée ; et nous ne tardâmes point à reconnaître combien un refus de Tibère nous eût été funeste, et combien sa condescendance nous était une faveur précieuse. L'armée qui faisait la guerre en Germanie sous les ordres de Germanicus, ainsi que les légions d'Illyrie, prises d'une espèce de rage et d'un désir effréné de bouleversement, voulaient un nouveau chef, un nouvel état de choses, une nouvelle république : elles allèrent jusqu'à menacer de faire la loi au sénat et au prince : elles prétendirent fixer elles-mêmes le prix et le temps de leur service : on en vint aux armes, on tira l'épée, et la révolte fut au moment de se porter jusqu'aux derniers excès : il ne manquait qu'un chef ; car les séditieux étaient prêts à marcher contre la république. Toutes ces violences furent bientôt assoupies et comprimés par l'expérience d'un général mûri dans le commandement, qui sut employer à propos des rigueurs salutaires et des promesses pleines de dignité, punir sévèrement les principaux coupables, et châtier plus doucement les autres. Dans le même temps, Drusus, envoyé par son père pour éteindre le feu d'une révolte militaire, qui s'annonçait déjà comme un violent incendie, ne montra pas moins de fermeté que Germanicus : il courait un danger réel dans cette sédition, si dangereuse d'ailleurs pour l'exemple ; mais, déployant la rigide sévérité de nos pères, il sut contenir les soldats avec les mêmes armes dont ils se servaient pour l'assiéger, aidé en cela par Junius Blésus, homme également grand dans la paix et dans la guerre, et qui, proconsul en Afrique peu d'années après, mérita les ornements du triomphe et le titre d'*Imperator*. Ses vertus et sa belle conduite en Illyrie lui servirent à maintenir dans le meilleur ordre, et dans un parfait

---

Id solum voce publica dixisse habeo : cujus orbis ruinam timueramus, eum ne commotum quidem sensimus ; tantaque unius viri majestas fuit, ut nec bonis, neque contra malos opus armis foret. Una tamen veluti luctatio civitatis fuit, pugnantis cum Cæsare senatus populique romani, ut stationi paternæ succederet ; illius, ut potius æqualem civem, quam eminentem liceret agere principem ; tandem magis ratione, quam honore victus est, quum quidquid tuendum non suscepisset, periturum videret : solique huic contigit, pene diutius recusare principatum, quam, ut occuparent eum, alii armis pugnaverant. Post redditum cœlo patrem, et corpus ejus humanis honoribus, nomen divinis honoratum, primum principalium ejus operum fuit ordinatio comitiorum, quam manu sua scriptam D. Augustus reliquerat. Quo tempore mihi fratrique meo, candidatis Cæsaris, proxime a nobilissimis ac sacerdotibus viris, destinari prætoribus contigit, consecutis, ut neque post nos quemquam D. Augustus, neque ante nos Cæsar commendaret Tiberius.

CXXV. Tulit protinus ut voti, ita consilii sui pretium resp.; neque diu latuit, aut quid non impetrando passuri fuissemus, aut quid impetrando profecissemus. Quippe exercitus, qui in Germania militabat, præsentisque Germanici imperio regebatur, simulque legiones, quæ in Illyrico erant, rabie quadam et profunda confundendi omnia cupiditate, novum ducem, novum statum, novam quærebant remp. Quin etiam ausi sunt minari, daturos senatui, daturos principi leges ; modum stipendii, finem militiæ sibi ipsi constituere conati sunt : processum etiam in arma, ferrumque strictum est, et pene in ultimum gladiorum erupit impunitas, defuitque, qui contra remp. duceret ; non qui sequerentur. Sed hæc omnia veteris imperatoris maturitas, multis inhibentis, aliqua cum gravitate pollicentis, inter severam præcipue noxiorum ultionem, mitis aliorum castigatio, brevi sopiit ac sustulit. Quo quidem tempore, ut pleraque gnave Germanicus, ita Drusus, qui a patre in id ipsum, plurimo quidem igne emicans incendium militaris tumultus missus erat, prisca antiquaque severitate usus, ancipitia sibi tam re, quam exemplo perniciosa, et his ipsis militum gladiis, quibus obsessus erat, obsidentes coercuit ; singulari adjutore in eo negotio usus Junio Blæso, viro nescias utiliore in castris, an meliore in toga, qui, post paucos annos proconsul in Africa, ornamenta triumphalia cum appellatione imperatoria meruit, ad Hispanias exercitumque virtutibus, celeberrimaque in Illyrico militia, præ-

repos, l'Espagne ainsi que les légions qui s'y trouvaient : c'était un homme qui voulait sincèrement le bien et qui avait toute l'autorité nécessaire pour réaliser ses bonnes intentions. Son zèle et son dévouement furent imités par Dolabella, personnage de la plus noble simplicité, dans le gouvernement de la partie maritime de l'Illyrie.

CXXVI. Qui pourrait raconter en détail l'œuvre de ces seize années, dont le spectacle est encore présent à nos yeux, et survit dans nos cœurs? César consacra le souvenir de son père, non par la puissance impériale, mais par la sainteté de la religion : il ne lui donna pas le nom de dieu, mais la divinité même. La bonne foi reparut au forum, la sédition en fut exilée, comme la brigue le fut du Champ-de-Mars, et la discorde des assemblées du sénat : on vit renaître dans Rome la justice, l'équité, l'industrie qui semblaient l'avoir quittée pour toujours. Les magistrats recouvrèrent le respect qui leur était dû ; le sénat, sa majesté ; les jugements, leur solennité : plus de séditions au théâtre ; tous les citoyens furent ramenés au désir ou à la nécessité de bien faire. La vertu est honorée, le vice puni ; les petits respectent les grands sans les craindre ; le supérieur marche devant l'inférieur ; mais ne le méprise pas. A quelle époque le prix des choses nécessaires à la vie fut-il plus modéré? quand la paix a-t-elle été plus prospère? répandue d'un bout du monde à l'autre, de l'occident à l'orient, du nord au midi, cette paix auguste établit partout la plus complète sécurité. Tous les coups du sort qui viennent frapper les particuliers et les villes mêmes, la munificence du prince les répare. Des villes sont relevées en Asie et les provinces délivrées du despotisme de leurs magistrats ; les honneurs courent au-devant du mérite ; les peines sont rares ; mais au besoin elles ne se font pas attendre ; l'équité l'emporte sur la faveur, la vertu, sur la brigue : car nous vivons sous le règne d'un prince admirable, qui enseigne le bien à ses sujets en le faisant lui-même ; supérieur à tous par son autorité, mais plus grand encore par sa conduite.

CXXVII. Il est rare que les chefs de peuples n'associent pas des hommes éminents à leurs travaux et à leur fortune : les deux Scipions avaient choisi les deux Lélius, qu'ils égalèrent en tout à eux-mêmes ; Auguste avait accordé la même confiance à M. Agrippa, et ensuite à Statilius Taurus : c'étaient des hommes nouveaux ; mais leur naissance ne les empêcha pas d'obtenir plusieurs fois le consulat, le triomphe, le sacerdoce. Il faut de grands ministres dans les grandes affaires, et c'est à peine si l'on en trouve toujours pour les petites. Il importe donc à l'état de rendre hommage aux talents nécessaires, et de donner aux citoyens utiles toute l'autorité dont ils ont besoin. A l'exemple des grands hommes que nous venons de citer, Tibère a pris Ælius Séjan pour l'aider à porter le poids de l'empire. Le père de Séjan tenait un rang distingué dans l'ordre équestre ; par sa mère, il tient à des familles illustres, anciennes et honorées ; il a des frères, des cousins et un oncle maternel qui ont été consuls ; lui-même est laborieux et plein de zèle ; la vigueur de sa constitution physique répond à la force de son esprit. C'est un homme austère, mais dont la gravité n'exclut pas l'enjouement et l'honnête gaité des vieux Romains:

diximus, quum imperio obtineret, in summa pace, quiete continuit ; quum ei pietas rectissima sentiendi, et auctoritas quæ sentiebat obtinendi superesset : cujus curam ac fidem Dolabella quoque, vir simplicitatis generosissimæ, in maritima parte Illyrici per omnia imitatus est.

CXXVI. Horum XVI annorum opera quis, quum inserta oculis animisque omnium, in partibus eloquatur ? Sacravit parentem suum Cæsar non imperio, sed religione : non appellavit eum, sed fecit deum. Revocata in forum fides, summota e foro seditio, ambitio campo, discordia curia : sepultæque ac situ obsitæ justitia, æquitas, industria civitati redditæ ; accessit magistratibus auctoritas, senatui majestas, judiciis gravitas ; compressa theatralis seditio ; recte faciendi omnibus aut incussa voluntas, aut imposita necessitas. Honorantur recta, parva puniuntur ; suspicit potentem humilis, non timet ; antecedit, non contemnit humiliorem potens. Quando annona moderatior ? quando pax lætior ? Diffusa in Orientis Occidentisque tractus, et quidquid meridiano jacet, ad septemtrione finitur, pax Augusta, per omnis terrarum orbis angulos a latrociniorum metu servat immunes. Fortuita non civium tantummodo, sed urbium damna principis munificentia vindicat ; restitutæ urbes Asiæ ; vindicatæ ab injuriis magistratuum provinciæ : honor dignis paratissimus ; pœna in malos sera, sed aliqua ; superatur æquitate gratia, ambitio virtute : nam facere recte cives suos princeps optimus faciendo docet, quamque sit imperio maximus, exemplo major est.

CXXVII. Raro eminentes viri non magnis adjutoribus ad gubernandum fortunam suam usi sunt ; ut duo Scipiones duobus Læliis, quos per omnia æquaverunt sibi ; ut D. Augustus, M. Agrippa, et maxime ab eo, Statilio Tauro : quibus novitas familiæ haud obstitit, quo minus ad multiplices consulatus triumphosque, et complura eveherentur sacerdotia. Etenim magna negotia magnis adjutoribus egent ; neque in parvo paucitas ministeria deficit ; interestque reipub. quod usu necessarium, et dignitate eminere, utilitatemque auctoritate muniri. Sub his exemplis Tiberius Cæsar Sejanum Ælium, principe equestris ordinis patre natum, materno vero genere clarissimas veteresque et insignes honoribus complexum familias, habentem consulares fratres, consobrinos, avunculum, ipsum vero laboris ac fidei capacissimum, sufficiente etiam vigori animi compage corporis, singularem principalium onerum adjutorem in om-

39.

au fort de l'action même il n'a point l'air affairé; il ne prétend à rien, et par là même il parvient à tout; modeste, il s'estime toujours moins qu'il n'est estimé des autres; sa vie est calme comme son visage; son esprit seul est dans un travail perpétuel.

CXXVIII. Il y a longtemps que Rome et l'empereur sont d'accord sur le mérite de Séjan, et ce n'est pas d'aujourd'hui que le sénat et le peuple sont accoutumés à considérer la vertu comme la principale noblesse. Avant le temps de la première guerre Punique, il y a aujourd'hui trois cents ans, nos pères ont élevé un homme nouveau, Tit. Coruncanius, au premier rang, et même à la dignité de grand pontife; Sp. Corvilius, d'une famille de chevaliers, M. Caton, homme nouveau et à peine citoyen du municipe de Tusculum, Mummius, surnommé l'Achaïque, sont parvenus de même au consulat, à la censure, au triomphe. Les concitoyens de Marius qui, au moins jusqu'à son sixième consulat, reconnurent cet homme sans naissance pour le premier des Romains; ceux qui firent tant d'honneur à Cicéron, que son suffrage seul était presque devenu un titre certain aux plus hautes magistratures, ceux qui ne refusaient à Asinius Pollion aucune des dignités que les plus nobles Romains étaient contraints de mériter par de rudes travaux, ceux-là, dis-je, étaient persuadés sans doute que le mérite, en quelque rang qu'il se trouvât, avait droit aux plus hautes récompenses. C'est en imitation de ces exemples si légitimes que César a mis à l'épreuve le génie de Séjan, que Séjan a été admis à partager le fardeau de l'empire; et que le sénat et le peuple romain en sont venus à confier avec joie le soin de leur sécurité à des talents dont ils avaient éprouvé l'action salutaire.

CCXXIX. A cette idée générale du gouvernement de Tibère César, il faut ajouter quelques détails. Avec quelle prudence il fit venir à Rome Rhascupolis, assassin de son neveu, qui partageait avec lui la puissance royale, et qu'il eût à se féliciter d'avoir employé dans cette affaire les soins et le zèle admirable de Pomponius Flaccus, homme consulaire, né pour toutes les actions honnêtes, vertueux sans ostentation, plus désireux de mériter la gloire que de l'obtenir! Avec quelle attention scrupuleuse et quelle gravité il connaît des affaires civiles, non comme prince, mais comme sénateur et comme juge! avec quelle promptitude il sut accabler un homme ingrat et téméraire qui formait de criminels desseins contre la république! quelles leçons il donna à son cher Germanicus! comme il le forma sous ses ordres à la science militaire, et quel accueil il lui fit lorsque ce prince revint à Rome vainqueur de la Germanie! de quels honneurs il combla sa jeunesse, et comme la splendeur de son triomphe répondit bien à la grandeur de ses exploits! que de largesses le peuple a reçues de Tibère! avec quelle joie, aussi souvent que le sénat l'a permis, il a secouru l'indigence des sénateurs dans une juste mesure, non pour encourager leur inconduite, mais pour empêcher qu'une pauvreté, dont la cause était honorable, n'entraînât la perte de leur dignité! avec quel art, aidé de son fils Drusus, le

---

nia habuit atque habet : virum severitatis lætissimæ, hilaritatis priscæ, actu otiosis simillimum, nihil sibi vindicantem, eoque adsequentem omnia, semperque infra aliorum æstimationes se metientem, vultu vitaque tranquillum, animo exsomnem.

CXXVIII. In hujus virtutum æstimatione jam pridem judicia civitatis cum judiciis principis certant; neque novus hic mos senatus populique rom. est, putandi, quod optimum sit, esse nobilissimum : nam et illi antiqui, ante primum bellum Punicum, abhinc annos CCC, Tit. Coruncanium, hominem novum, quum aliis omnibus honoribus, tum pontificatu etiam maximo, ad principale extulere fastigium; et equestri loco natum Sp. Carvilium, et mox M. Catonem, novum etiam Tusculo urbis inquilinum, Mummiumque Achaicum in consulatus, censuras, et triumphos provexere. Et, qui C. Marium ignotæ originis, usque ad sextum consulatum sine dubitatione romani nominis habuere principem; et qui M. Tullio tantum tribuere, ut pene adsentatione sua, quibus vellet, principatus conciliaret; quique nihil Asinio Pollioni negaverunt, quod nobilissimis summo cum sudore consequendum foret; profecto hoc senserunt, in cujuscumque animo virtus inesset, ei plurimum esse tribuendum. Hæc naturalis exempli imitatio ad experiendum Sejanum, Cæsarem; ad juvanda vero onera principis, Sejanum protulit; senatumque et pop. rom. eo perduxit, ut quod usu optimum intelligit, id in tutelam securitatis suæ libenter advocet.

CXXIX. Sed proposita quasi universa principatus Tib. Cæsaris forma, singula recenseamus. Qua ille prudentia Rhascupolim, interemptorem fratris sui filii Cotyis, consortisque ejusdem imperii, evocavit; singulari in eo negotio usus opera Flacci Pomponii, consularis viri, nati ad omnia, quæ recte facienda sunt, simplicique virtute merentis semper, quam captantis gloriam. Cum quanta gravitate, ut senator et judex, non ut princeps, et caussas pressius audit? quam celeriter ingratum et nova molientem oppressit? quibus præceptis instructum Germanicum suum, imbutumque rudimentis militiæ secum actæ, domitorem recepit Germaniæ? quibus juventam ejus exaggeravit honoribus, respondente cultu triumphi rerum, quas gesserat, magnitudini? quoties populum congiariis honoravit, senatorumque censum, quum id senatu auctore facere potuit, quam libenter explevit, ut neque luxuriam invitaret, neque honestam paupertatem pateretur dignitate destitui? quanto cum honore Germanicum suum in transmarinas misit provincias? qua vi consiliorum suorum, ministro et adjutore

confident et le ministre de ses desseins, il sut attirer Maroboduus hors du royaume qu'il avait envahi et dans lequel il se tenait enfermé! Si je ne craignais d'offenser la majesté de l'empire, je dirais qu'en cette occasion sa politique produisit l'effet des enchantements qui font sortir de sa ténébreuse retraite un serpent caché sous la terre. Et la manière dont il garde ce prisonnier, comme elle est à la fois honorable et sûre! Quant à la guerre si terrible allumée par Sacrovir, l'homme le plus puissant de toutes les Gaules, et par Florus Julius, il sut la terminer avec tant de courage et de promptitude que le peuple romain apprit sa victoire avant la nécessité de combattre, et que la nouvelle du triomphe précéda celle du péril. La guerre d'Afrique, guerre également effrayante, et qui le devenait plus encore de jour en jour, fut étouffée en aussi peu de temps sous ses auspices et par la sagesse de ses conseils.

CXXX. Que de monuments somptueux il éleva sous son nom et sous le nom des siens! Quelle munificence pieuse, et à peine croyable, brille dans ce temple qu'il bâtit en l'honneur de son père! Avec quelle admirable modestie il relève le théâtre de Pompée, que les flammes ont détruit! On dirait qu'un intérêt de famille l'attache à la conservation de tout ce qu'il y a eu de grand dans Rome. Dernièrement encore, après l'embrasement du Mont-Cælius, comme sa libéralité, si souvent signalée, est venue au secours des citoyens de toute condition, dont il a réparé les pertes aux dépens de son propre patrimoine! Le recrutement de nos armées était autrefois un sujet de trouble et d'effroi pour la république : admirons le calme et l'ordre avec lesquels il s'opère sous le gouvernement de Tibère. Si la nature le permettait, si la faiblesse humaine avait le droit de se plaindre des dieux aux dieux mêmes, je leur dirais : comment Tibère a-t-il mérité que Libon Drusus tramât contre lui de perfides complots, ainsi que Silius et Pison, qui lui devaient l'un l'établissement, l'autre la grandeur de sa fortune politique? Et, pour parler de malheurs encore plus grands, quoique les premiers lui aient été plus sensibles, pourquoi faut-il qu'il ait perdu ses deux fils dans la fleur de l'âge, et son petit-fils, l'enfant de Drusus? Les coups dont j'ai parlé jusqu'ici n'ont été que cruels; il faut en rappeler d'autres qui joignent la honte au malheur. Que de douleurs, Vinicius, ont déchiré son cœur dans ces trois dernières années! Combien longtemps il a dû cacher au fond de son âme un feu qui la dévorait lentement! Supplice affreux! sa belle-fille et son petit-fils l'ont abreuvé d'amertume, ont excité sa colère, et l'ont forcé de rougir pour eux. A ces douleurs poignantes s'est jointe la perte de sa mère, femme sublime, plus semblable aux déesses qu'aux simples mortelles, et qui n'a fait sentir sa puissance aux hommes qu'en les arrachant aux malheurs ou en ajoutant à leurs dignités.

CXXXI. Finissons par adresser une prière aux dieux (40) : Jupiter, qui règnes au Capitole; toi, Mars, dieu des batailles, le père et l'auteur du nom romain; Vesta, gardienne des foyers éternels; et vous tous, dieux immortels, qui avez élevé au comble de la gloire ce majestueux édifice de la puissance romaine, au nom de la république tout entière, je vous en conjure : conservez, maintenez, défendez l'état présent des choses et la

---

usus Druso, filio suo, Maroboduum, inhærentem occupati regni finibus, pace majestatis ejus dixerim, velut serpentem abstrusam terræ, salubribus (consiliorum suorum) medicamentis coegit egredi? quam illum ut honorate, nec secure continet? quantæ molis bellum, principe Galliarum ciente Sacroviro, Floroque Julio, mira celeritate ac virtute compressit, ut ante pop. ro. vicisse se, quam bellare, cognosceret, nuntiosque periculi victoriæ præcederet nuntius. Magni etiam terroris bellum Africum, et quotidiano auctu majus, auspiciis consiliisque ejus brevi sepultum est.

CXXX. Quanta suo suorumque nomine exstruxit opera? quam pia munificentia, superque humanam evecta fidem, templum patri molitur? quam magnifico animi temperamento Cn. quoque Pompeii munera absumpta igni restituit? qui, quicquid unquam claritudine enituit, id veluti cognatum censet tuendum. Qua liberalitate cum alias, tum proxime incenso monte Cælio, omnis ordinis hominum jacturæ patrimonio succurrit suo? quanta cum quiete hominum, rem perpetui præcipuique timoris, supplementum, sine trepidatione delectus providet? Si aut natura patitur, aut mediocritas recipit hominum, audeo cum, deis queri, quid hic meruit, primum, ut scelerata Drusus Libo iniret consilia? deinde, ut Silium Pisonemque tam alterius dignitatem constituit, auxit alterius? Ut majora transcendam, quamquam et hæc ille duxit maxima; quid, ut juvenes amitteret filios? quid, ut nepotem ex Druso? Dolenda, adhuc retulimus : veniendum ad erubescenda est : quantis hoc triennium, M. Vinici, doloribus laceravit animum ejus? quam diu abstruso, quod miserrimum est, pectus ejus flagravit incendio? quod ex nuru, quod ex nepote dolere, indignari, erubescere coactus est. Cujus temporis ægritudinem auxit amissa mater eminentissima, per omnia deis quam hominibus similior femina; cujus potentiam nemo sensit, nisi aut levatione periculi, aut accessione dignitatis.

CXXXI. Voto finiendum volumen sit : Jupiter capitoline, et auctor, ac stator romani nominis, Gradive Mars, perpetuorumque custos Vesta ignium, et quicquid numinum hanc romani imperii molem in amplissimum terrarum orbis fastigium extulit, vos publica voce obtestor

paix dont nous jouissons. Faites que notre empereur occupe longtemps, bien longtemps, le poste sublime où vous l'avez mis, et, le plus tard possible, donnez-lui des successeurs dont les mains soient aussi puissantes que les siennes à porter le poids du monde : daignez favoriser en tout les salutaires pensées des bons, et arrêter les complots des méchants.

atque precor, custodite, servate, protegite hunc statum, hanc pacem : eique functo longissima statione mortali destinate successores quam serissimos, sed eos, quorum cervices tam fortiter sustinendo terrarum orbis imperio sufficiant, quam hujus suffecisse sensimus; consiliaque omnium civium aut pia......(41).

NOTES
DE
L'HISTOIRE ROMAINE
DE C. VELLÉIUS PATERCULUS.

LIVRE PREMIER.

(1) Quel est le fondateur de Métaponte? est-ce Épeus, est-ce Métabé?

> Adhuc sub judice lis est.

Cette phrase tronquée de Velléius ouvre le champ à toutes les opinions : le lecteur peut croire qu'il s'agit d'Épeus, avec ce vers si connu de Virgile :

> Et ipse doli fabricator Epeus.

Il peut aussi adopter les passages de Strabon et de Servius. Plusieurs critiques, s'appuyant sur leur autorité, pensent que c'est Métabé qui fonda Métaponte.

(2) Le lecteur se rappelle ce passage d'Horace :

> .... Teucer Salamina patremque
> Quum fugeret. . . . . . .

(3) Stace a célébré ce prodige :

> Nostra quoque haud propriis tenuis, nec rara colonis
> Parthenope, cui mite solum trans æquora vecta
> Ipse Dionæa monstravit Apollo Columba.

(4) Il est inutile de prévenir le lecteur qu'il existe ici une lacune considérable.

(5) Voici le récit de Tite-Live : « Ita placide a senatu » responsum est, ut minus credi, de criminibus, quia » nollent ea vera esse. »

(6) Deux noms célèbres dans l'antiquité : Panétius, philosophe stoïcien, vint d'Athènes à Rome, cent cinquante ans avant Jésus-Christ. Il accompagna Scipion que le sénat nomma ambassadeur de la république auprès des rois de l'Orient. Polybe fut homme de guerre, homme d'état et grave historien : il combattit pour la liberté de son pays, et fut transporté à Rome avec mille de ses concitoyens.

(7) Cette grossièreté de Mummius est attestée par plusieurs historiens. Il est curieux de lire Pline à ce sujet : *Hist. nat.*, XXXV, cap. IV. «Quum in præda vendenda rex » Attalus VI sestertium emisset Aristidis tabulam, libe-» rum patrem, pretium miratus, suspicatusque aliquid » in ea virtutis, quod ipse nesciret, revocavit tabulam, » Attalo multum querente, et in Cereris delubro posuit. »

LIVRE DEUXIÈME.

(1) Ce début du deuxième livre est plein de graves vérités. Il rappelle le discours de Caton répondant à César dans l'affaire des complices de Catilina. Voy. Salluste, Catilina, ch. LII.

(2) On sait en quels termes Attale fit cette disposition en faveur des Romains : « Populus Romanus MEORUM hæres esto. » Rome comprit à merveille que le roi disposait de ses états, et traita Aristonicus d'usurpateur. Il est plus vrai de dire que les Romains étaient institués héritiers des enfants (meorum liberorum), et non des états (meorum regnorum) d'Attale.

(3) Rome républicaine avait une législation spéciale sur les testaments. Premièrement, le citoyen romain ne pouvait tester que dans l'assemblée des comices, « calatis. » comitiis, » c'était le testament en temps de paix ; en second lieu, « in procinctu, » lorsque l'armée marchait au combat. Chaque testament, comme l'observe fort bien Montesquieu, était un acte de la puissance législative.

(4) Mais il paraît que ce genre de composition était connu à Rome avant Pomponius, qui a eut peut-être que la gloire d'y exceller plus qu'aucun autre.

(5) Le texte dit : « natus equestri loco. » C'est une erreur grave ; d'autant que Velléius nous a dit déjà que la naissance de Marius fut obscure, fait attesté par tous les historiens. Marius, au rapport de tous les écrivains grecs et latins, naquit à Arpinum, dans les derniers rangs du peuple.

(6) Ce que dit Velléius est confirmé par les propres

paroles de Marius. Salluste le fait parler ainsi : « Sordi-
« dum me et incultis moribus dicunt... neque litteras
« græcas didici, parum placebat eas discere, quippe-
« quæ ad virtutem doctoribus nihil profuerunt. »

(7) L'historien ne néglige pas une occasion de célébrer en termes magnifiques un ancêtre de Tibère. Livius Drusus était le père de Livie, dernière femme d'Auguste, et déjà mère de Tibère et de Drusus.

(8) Des historiens prétendent que le soldat envoyé pour égorger Marius était Cimbre et non Germain. Il est facile de concilier toutes les opinions en comprenant sous le nom de Germain les Gaulois, et même les Cimbres et les Teutons. Dans la grande irruption de ces peuples, que le génie de Marius arrêta aux portes de l'Italie, on comptait toutes les tribus du nord-ouest de l'Europe.

(9) Marius sur les ruines de Carthage a été célébré dans les récits des historiens et les vers des poëtes; il est inutile de les citer.

(10) Le texte de ce dernier membre de phrase paraît altéré. Le lecteur jugera si notre explication, qui s'appuie sur une conjecture d'Ortuinius, vaut plus ou moins que celle adoptée par le précédent traducteur. Nous avons donné à l'expression *patriæ* le sens de *paternel*, et non celui de *patrie*.

(11) Velléius revient souvent sur l'ambition de Pompée, et ne varie pas assez ses expressions pour la caractériser.

(12) On sait que Xerxès, dans son expédition contre la Grèce, perça le mont Athos pour donner passage à sa flotte. Le mot de Lucullus est attribuée, par Plutarque, à Tubéron, philosophe stoïcien.

(13) Cette pensée de Velléius se retrouve dans plusieurs écrivains latins. Cicéron lui-même s'exprime ainsi dans son discours pro *Glauco* : « Ego huc a me ortus et per « me nixus adscendi. » Et Tacite, en parlant de Rufus : « Curtius Rufus videtur mihi ex se natus. »

(14) Ce Rabirius a exercé la critique des commentateurs. Placé à côté du prince de la poésie latine, il était permis de croire que les copistes s'étaient trompés. Aussi Péritonius était-il d'avis d'écrire *Horatius*, et je l'approuve fort. D'autres préfèrent *Varius*.

(15) Deux généraux, Panarès et Lasthènes.

(16) Velléius copie Cicéron : « Ipsa mihi veritas ma-
» num injicit, et paulisper consistere et commorari
» cogit. »

(17) Voici ce que dit Salluste à ce sujet : « Catulus ex
» petitione pontificatus odio incensus, quod extrema ætate,
« maximis honoribus usus, ab adolescentulo Cæsare vic-
« tus discesserat. »

(18) C'est une remarque qui se trouve assez souvent dans les historiens latins. Salluste a dit à peu près la même chose dans la guerre de Jugurtha : « potestne « in tam divorsis mentibus pax aut amicitia esse ? » Dans Quinte-Curce, lorsque les ambassadeurs scythes tiennent à Alexandre ce discours plein d'images et de sentences, on remarque la phrase suivante : « Nam firmissima est inter pares amicitia. »

(19) Voici encore notre auteur surpris en flagrant imitation. Cicéron, pro *Sext* : «Non illi ornandum M. Catonem, sed relegandum putaverunt. »

(20) J'avoue que le texte latin a quelque chose d'obscur.

et que j'aimerais mieux, avec quelques éditions : « Cujus « integritatem non laudari, nefas est. » Je sais bien que Juste Lipse a trouvé une phrase semblable dans Tacite : « Integritatem atque abstinentiam in tanto viro referre, « injuria virtutum fuerit. »

(21) Cicéron lui-même proclame Catulus heureux d'avoir terminé sa vie.

(22) J'ajouterais volontiers avec quelques annotateurs : « Persecutus Brundusium iter, ut appareret. »

(23) Il y a eu deux Cornelius Balbus; tous les deux étrangers reçurent le droit de bourgeoisie. Le premier fut consul; le second questeur d'Asinius Pollion, en Espagne.

(24) Les auteurs de l'antiquité n'ont pas épargné les traits de leur esprit aux héros malheureux. Valère-Maxime dit à peu près de même : « In suo modo terra-
« rum orbe nusquam sepulturæ locum habuit; » et dans l'Anthologie latine :

Junxit magnorum casus fortuna virorum :
Hic parvo, nullo conditus ille loco est.
Ite, novas toto terras conquirite mundo;
Nempe manet magnos parvula terra duces.

(25) C'est ce vaincu dont César a raconté la défaite par ces mots si connus : « Veni, vidi, vici. »

(26) Prosateurs et poëtes ont raconté cette force irrésistible de la destinée. Le polythéisme lui-même plaçait le chef suprême des dieux sous la loi inexorable du sort.

(27) Cette phrase, ainsi qu'un passage de Suétone, fait supposer qu'Auguste avait écrit sa vie.

(28) En latin « tollere » signifie faire disparaître aussi bien qu'élever.

(29) Certes ce ne pouvait être qu'au milieu d'une confusion générale. Lépidus, cet insignifiant triumvir, fut porté par les circonstances plus que par lui-même.

(30) Les commentateurs ont toujours deux versions au lieu d'une. Dans le texte latin ils effacent volontiers *continua*, et pour donner plus de force à la phrase, ils écrivent *canina*.

(31) Pour comprendre tout le sel de cette épigramme militaire, il faut savoir que Lépide et Plancus avaient fait la guerre dans les Gaules et non en Germanie. Je n'ai pas besoin de dire que *germanus* signifie Germain, (nom de peuple), et frère germain.

(32) Le nom d'Augusta est ici donné à Livie par anticipation. Nous lisons dans Tacite : « Livia in familiam « Juliam, nomenque Augusto adsumebatur. »

(33) Les manuscrits portent *aliero* qui n'est d'aucune langue. Pour ne pas imprimer sciemment un barbarisme, et, d'autre part, pour ne pas omettre, à l'exemple de quelques éditions, des mots consacrés par l'autorité des manuscrits, nous y avons substitué *altero*, qui du moins est un mot latin. Nous avons dû regretter l'autorité des manuscrits, mais non jusqu'à essayer de traduire, soit un barbarisme, soit une leçon substituée qui ne peut se prêter à aucune interprétation raisonnable.

(34) Encore un débat pour les commentateurs ! Comment entendre cette phrase ? Est-ce que Tibère attaqua les Rhètes et Drusus les Vindéliciens ; ou bien marchaient-ils ensemble contre ces deux peuples ? Le bon sens nous le dit. Tibère et Drusus commandaient des corps

de troupes séparés, et firent la même campagne. Horace, liv. IV, ode 3 :

> Videre Rhœti bella sub Alpibus
> Drusum gerentem et Vindelici.....

Mais pourquoi Drusus est-il seul nommé par le poète, et Tibère indiqué par le vers :

> In pueros animus nerones..

S'il faut en croire les annotateurs, Horace répara cet oubli par l'ode : *Quos cura patrum.*

(35) La maison des Césars a besoin d'un tableau généalogique pour être bien comprise dans la fin de cette histoire.

C. Octavius César Auguste, empereur.
Scribonia, seconde femme d'Auguste.
|
Julie, mariée à
1° Marcellus. — 2° Agrippa. — 3° Tibère (depuis empereur).
|
1. Caius César.
2. Lucius César.
3. Agrippine, qui épousa depuis Germanicus.
4. Julie.
5. Agrippa.

(36) Velléius avait sans doute ses raisons pour louer Pison, qu'il ne faut pas confondre avec Cnéius Pison, auteur de la mort de Germanicus. Ce Lucius Pison ne s'enivra, dit Sénèque, qu'une fois dans sa vie, parce qu'il ne cessa jamais d'être ivre. « Ebrius, ex quo semel factus est, fuit. »

(37) Nous n'avons qu'un mot pour exprimer le double lien qui unissait Tibère à Auguste. Le beau-père, en tant que père de la femme, se dit en latin *socer*; le beau-père, en tant que mari de la mère, c'est *vitricus*

(38) Caius Marcius Censorinus fut consul l'an de Rome 746, l'année de la mort de Mécène et d'Horace.

(39) Ce sont les soldats licenciés qui forment un corps à part, sous le drapeau.

(40) Velléius a trouvé des mots heureux et nouveaux pour louer Tibère dans les deux livres de son histoire. Voici comment un écrivain, successeur d'Auguste et de Tibère à l'empire, Julien l'apostat, fait paraître devant Jupiter les deux premiers empereurs de Rome : « Jules César entre le premier au banquet des dieux : » Silène avertit Jupiter que ce convive pourrait bien son» ger à le détrôner, et Jupiter trouve que la tête de ce » mortel ne ressemble pas mal à la sienne. Viennent Au» guste dont les couleurs du visage changent comme » celles du caméléon, Tibère à la mine fière et terrible, » et au dos couvert de lèpre. »

(41) Notre traduction suppose la phrase ainsi complétée : « Aut pia fovete, aut impia opprimite. » C'est d'ailleurs une restitution qui n'est autorisée par aucun manuscrit.

L. ANNÆUS FLORUS.

NOTICE

SUR

L. ANNÆUS FLORUS.

Quelle fut la patrie de Florus ? A quelle époque vécut-il ? Doit-on même appeler Florus l'auteur de l'*Epitome* de l'histoire romaine ? Ces questions, que la critique a longtemps agitées, pourraient l'être encore comme au premier jour, les plus savantes dissertations n'ayant pas suffi pour les résoudre. Des nombreux commentateurs qui ont pris part à cette discussion, les uns ont réclamé cet écrivain pour la Gaule, les autres pour l'Espagne, un seul pour l'Italie. Leurs assertions, du reste, reposent, à défaut de documents, sur des conjectures assez vagues ou sur des interprétations très-arbitraires. Ceux qui le prétendent Espagnol, tirant du caractère même de son style leur principal argument, font remarquer, pour preuve de cette origine, son affectation, son emphase, sa pompe exagérée, défauts communs aux écrivains qu'avait déjà produits l'Espagne, aux deux Sénèque et à Lucain. Ils font valoir aussi la prédilection avec laquelle il parle de ce pays dans plusieurs endroits de son ouvrage, et enfin son surnom d'Annæus, porté par une branche de la famille des Sénèque.

On s'accorde moins encore sur le temps où vivait Florus, et la moindre différence à cet égard est d'un siècle. Un savant moderne, M. Titze, répétant l'assertion de La Harpe qui, sans la discuter, l'avait avancée sur la foi de quelques commentateurs, a cherché à prouver que notre historien était contemporain d'Auguste, et le même que le Julius Florus à qui Horace adressa deux épîtres. Comme pour mieux se rassurer à cet égard, il a pris à tâche d'affaiblir partout, dans Florus, la hardiesse accoutumée de ses expressions, hardiesse qui est le cachet de son style, et qui trahit d'ailleurs l'écrivain du second âge de la littérature romaine. Un système qui oblige son auteur à recourir à de pareils moyens ne semble guère soutenable, outre qu'il faut, tout d'abord, regarder comme entièrement supposé tout ce passage du prologue : « Depuis César Auguste jusqu'à nos jours, dit Florus, on ne compte pas beaucoup moins de deux cents ans, pendant lesquels l'inertie des Césars a, en quelque sorte, fait vieillir et décroître l'empire ; mais, sous le règne de Trajan, il retrouve ses forces (*movet lacertos*) ; et, contre toute espérance, il est comme rendu à sa jeunesse ; il prend une vigueur nouvelle (*revirescit*). » Or, aucun manuscrit n'autorise de changement important dans cette phrase, et, à plus forte raison, la suppression qu'on en a faite.

Ce passage devait être et fut en effet le plus concluant en faveur de l'opinion, communément adoptée, qui fait vivre Florus sous Trajan et sous Adrien. « L'éloge d'un prince en tête d'un ouvrage, a dit M. Villemain, est généralement une date assez sûre. » Mais comme cette supposition, toute vraisemblable qu'elle est, se trouve contredite par le nombre de près de deux cents ans que compte Florus depuis Auguste jusqu'à l'époque où il écrit, ceux-là même qui invoquent l'autorité de ce passage veulent qu'à ce chiffre on substitue celui de cent cinquante ; modification que pourraient au moins excuser les nombreuses inexactitudes chronologiques de notre auteur, qui, dans ce prologue même, en a commis d'assez fortes.

Enfin, comme pour éterniser le doute et la discussion, des commentateurs ont fait de Florus un écrivain postérieur d'un demi-siècle à Trajan ; ils ont conservé en conséquence le chiffre de deux cents

qui embarrasse le dernier système; mais, à leur tour, ils ont fondé le leur sur la différence, non pas d'une phrase, non pas même d'un mot, mais d'une lettre. Ils proposent *movit lacertos*, leçon que présentent en effet quelques manuscrits, au lieu de *movet lacertos*, appliquant ainsi le passé de ce verbe au règne de Trajan, et le présent *revirescit* au prince prétendu contemporain de l'auteur.

Un savant littérateur, M. du Rozoir, qui a joint à sa traduction de Florus d'excellentes notes historiques et critiques, a remarqué le premier que le passage si contesté est confirmé par plusieurs autres où il est fait mention soit (l. I. c. 16) des *feux* du Vésuve, dont la première éruption n'eut lieu que sous Titus, en 79; soit (l. III. c. 2.) *des forêts de la Calédonie* (de l'Ecosse), où les Romains ne pénétrèrent que sous le règne de Claude, soit enfin (l. IV, c. 12) de la Dacie, dont la conquête, dit Florus, fut remise à un autre temps; allusion évidente à la soumission de cette province aux armes de Trajan.

La question relative au véritable nom de l'auteur de l'*Epitome*, et qui tient étroitement à la première, n'a pas soulevé de moins vives discussions, ni de moins épaisses ténèbres. Un vaste champ était ouvert aux conjectures, et on les a toutes épuisées, soit sur l'ami d'Horace, dont il a été parlé plus haut, soit sur un Florus désigné par Quintilien comme un grand orateur, soit sur un rhéteur du même nom que vante Sénèque et qui déclamait sous Tibère. Mais la plus grande difficulté est venue de ce que Lactance (*Instit. divin.* l. VII.) a cité, sous le nom de Sénèque le rhéteur, la belle comparaison des divers âges du peuple romain avec les âges de l'homme, par laquelle Florus a commencé son ouvrage. « Sénèque, dit ce père de l'Église, a ingénieusement divisé les époques de Rome en âges successifs. Il place ses premières années sous Romulus, par qui Rome fut mise au monde et comme nourrie; le reste de son enfance sous les autres rois qui l'agrandissent et qui la forment par de sages institutions. Il ajoute que, sous le règne de Tarquin, commençant à devenir adulte, elle ne supporta pas l'esclavage, et, rejetant le joug d'une domination superbe, aima mieux obéir à des lois qu'à des rois (*legibus quam regibus*) : que son adolescence se prolongea jusqu'à la fin de la guerre Punique, et qu'alors, ayant enfin acquis toute sa vigueur, elle entra dans la jeunesse. Ce fut en effet après la ruine de Carthage.... qu'elle étendit ses mains sur tout l'univers, jusqu'au moment où tous les rois, tous les peuples étant soumis, et la guerre venant à manquer, elle fit de ses forces un mauvais usage et les tourna contre elle-même; ce fut le commencement de sa vieillesse. Déchirée alors par les guerres civiles, et tourmentée par un mal intérieur, elle retomba, sous un pouvoir unique, comme dans une seconde enfance.... »

Il y a, sans doute, quelque ressemblance entre ce morceau et celui de Florus; mais les divisions ne sont pas exactement les mêmes. Sénèque étend l'adolescence de Rome jusqu'à la destruction de Carthage; Florus en marque le terme à la première guerre Punique, et nomme virilité de l'empire le règne d'Auguste où Sénèque fait commencer sa vieillesse. Florus a donc pu simplement emprunter à Sénèque l'idée de cette division, et cette imitation ne doit pas faire attribuer à l'un l'œuvre de l'autre. Il est seulement probable que Florus était de la famille des Sénèques, de la branche Annéenne; le nom de Sénèque est même inscrit, sur plusieurs manuscrits, en tête de l'*Epitome*. Un Annæus en est l'auteur; voilà tout ce qu'on pourrait affirmer, si l'affirmation était encore possible au milieu de tant de savantes obscurités, dont Freinshemius a brièvement et peut-être malicieusement résumé le chaos, en intitulant son édition de Florus : *Lucii* ANNÆI, *sive* FLORI, *sive* SENECÆ *Epitome rerum romanarum*.

On a voulu encore que Florus ait été poëte, et qu'il ait composé, outre l'*Epitome*, plusieurs pièces de vers, parmi lesquelles on a surtout insisté pour le *Pervigilium Veneris*, opinion à laquelle son style, trop souvent poétique, a pu donner quelque apparence de fondement. On lui a même attribué une des dix pièces de Sénèque le tragique, *Octavie*, afin que nulle difficulté ne fût épargnée à la critique ultérieure, et que la question se trouvât compliquée d'un Sénèque de plus. Enfin un personnage contemporain d'Adrien, du nom de Florus, et qui peut bien être le nôtre, adressait à ce prince ces vers, que nous a conservés Spartien :

Ego nolo Cæsar esse,
Ambulare per Britannos
Scythicas pati pruinas;

Adrien, qui mourut en adressant de petits vers à son âme, qui prétendait faire les meilleurs de son temps, et dont la supériorité poétique était surtout établie par ses trente légions, suivant le mot de Favorin, répondait à Florus sur le même ton :

Ego nolo Florus esse,
Ambulare per tabernas,
Latitare per popinas,
Galicos pati rotundos.

On ne peut rien dire de certain sur la vie d'un écrivain dont la patrie, le nom, le siècle où il vécut, ont pu être le sujet de tant de conjectures contradictoires. Quoi qu'il en soit, nous avons de cet écrivain un Abrégé de l'Histoire romaine en quatre livres, depuis le règne de Romulus jusqu'à l'époque (an de R. 725) où Auguste ferma le temple de Janus, céémonie qui n'avait pas eu lieu depuis deux cent six ans. Cet ouvrage n'est point, comme on l'a prétendu, un abrégé de celui de Tite-Live; il le contredit souvent; et d'ailleurs on sent partout, en le lisant, la verve de l'auteur original. C'est encore sans aucune preuve, pour le dire en passant, qu'on a essayé d'attribuer à Florus les sommaires qui sont à la tête des livres de ce grand historien.

Tous ceux qui ont lu et jugé Florus l'ont loué d'avoir su resserrer dans un petit volume les annales de plus de sept siècles, d'avoir présenté tant de faits sans confusion et sans sécheresse, et au contraire avec autant d'ordre que de variété ; tous lui ont reconnu de la chaleur, de l'imagination et de la noblesse, l'art de semer son récit d'images vives, de traits brillants et de pensées énergiques, de caractériser les principaux événements avec une précision qui était une nécessité dans les proportions de son livre, et qui en fait le principal mérite. Mais aussi plusieurs de ces qualités ont quelquefois dégénéré chez lui en de brillants défauts, qui sont peut-être moins les siens que ceux de son siècle et qui « se rapportent, dit M. Villemain, à ce genre de style vide et pompeux qui doit s'introduire chez un peuple où le manque de liberté proscrit la franchise et la simplicité du langage, où l'éloquence n'a pas d'intérêts sérieux à défendre, où elle n'est pas en action mais en spectacle... On sent, ajoute-t-il, que Florus est un Romain de l'empire, qui fait de la poésie sur les beaux temps de la république ; il est à la fois vague et concis, et son livre fait connaître les Romains, comme une oraison funèbre fait connaître un héros. »

Il y a en effet, dans le style de Florus, des tours trop poétiques ; dans son enthousiasme, quelque chose d'emphatique et d'exagéré, qui a fait appeler son livre une *déclamation*. Ses comparaisons, qui ont le plus souvent de la justesse et de l'éclat, sont trop multipliées ; les exclamations, les phrases admiratives, les interrogations, y occupent trop de place ; son imagination reste sans cesse montée au ton du panégyrique ; et son ouvrage est comme un hymne en l'honneur du *peuple roi*, expression qu'il affectionnait singulièrement, à en juger par le fréquent emploi qu'il en a fait.

Il ne faut non plus chercher dans cet ouvrage aucune critique. L'auteur y néglige entièrement la chronologie, et s'y montre souvent au-dessous des connaissances géographiques de son siècle ; il commet parfois de graves erreurs, il raconte sérieusement des prodiges absurdes, il omet des faits importants pour mettre à la place d'autres faits qui le sont moins, mais qui se recommandent à ses yeux par leur côté poétique et pompeux.

Malgré ces défauts, Florus a des chapitres entiers où la critique la plus sévère n'a pu rien trouver à reprendre. La Harpe admirait surtout celui qui a pour sujet la conjuration de Catilina. Montesquieu, dont la manière a quelque analogie avec celle de Florus, et qui, comme lui, peignit à grands traits le développement de la grandeur romaine, lui a emprunté plusieurs de ses images, de ses sentences, et quelques réflexions pleines de profondeur et de précision. Dans son *Essai sur le goût*, c'est presque toujours une phrase de Florus qu'il cite comme un modèle du genre de beauté dont il traite. Avant lui, Bossuet n'avait pas dédaigné de s'enrichir de quelques emprunts faits à l'*Epitome*.

Ce petit ouvrage acquit à son auteur une telle célébrité, que, regardant son nom seul, placé en tête d'un livre, comme un gage de succès ou comme une heureuse spéculation, des écrivains du dix-septième siècle semblèrent rivaliser, dans chaque pays de l'Europe, pour faire en latin l'histoire abrégée des peuples principaux, et mirent en tête de chacune le nom de Florus. Il y eut ainsi un Florus français, un anglais, un danois, etc. ; on put en compter jusqu'à douze dans ce siècle.

Plus respecté par le temps que l'abrégé de Velléius Paterculus, celui de Florus nous est parvenu tout entier, bien altéré toutefois par la négligence des copistes et surtout par l'érudition de douze commentateurs, jaloux, chacun pour l'honneur de son système, de faire subir au texte tous les changements dont ils avaient besoin. Aussi n'en est-il peut-être pas un qui offre une plus grande variété de leçons. C'est principalement sur celui de Duker, le meilleur sans contredit et le plus conforme aux manuscrits, qu'a été faite cette traduction où l'on a cherché à concilier les justes exigences de notre langue avec l'espèce de fidélité pittoresque qu'exige celle de l'auteur.

ABRÉGÉ
DE
L'HISTOIRE ROMAINE.

LIVRE PREMIER.

Avant-propos. — Le peuple romain, depuis le roi Romulus jusqu'à César Auguste, a, pendant sept cents ans (1), accompli tant de choses dans la paix et dans la guerre, que, si l'on compare la grandeur de son empire avec sa durée, on le croira plus ancien. Il a porté ses armes si avant dans l'univers, qu'en lisant ses annales ce n'est pas l'histoire d'un seul peuple que l'on apprend, mais celle du genre humain (2). Il a été en butte à tant d'agitations et de périls, que, pour établir sa puissance, le courage et la fortune semblent avoir réuni leurs efforts.

Aussi ce sont principalement ses progrès qu'il importe de connaître : cependant, comme le plus grand obstacle à une entreprise est son étendue, et que la diversité des objets émousse l'attention, j'imiterai l'art de ceux qui peignent les contrées de la terre (3) ; j'embrasserai, comme dans un cadre étroit, le tableau entier de l'empire ; et j'ajouterai, je l'espère, à l'admiration qu'inspire le peuple roi (4), si je parviens à retracer dans ses proportions et dans son ensemble son universelle grandeur.

Si donc l'on considère le peuple romain comme un seul homme (5), si l'on envisage toute la suite de son âge, sa naissance, son adolescence, la fleur, pour ainsi dire, de sa jeunesse, et enfin l'espèce de vieillesse où il est arrivé, on trouvera son existence partagée en quatre phases et périodes.

Son premier âge se passa sous les rois, dans l'espace de près de deux cent cinquante années (6), pendant lesquelles il lutta, autour de son berceau, contre les nations voisines (7). Ce sera là son enfance (8).

L'âge suivant, depuis le consulat de Brutus et

LIBER PRIMUS.

Proœmium. — Populus romanus a rege Romulo in Cæsarem Augustum, septingentos per annos, tantum operum pace belloque gessit, ut, si quis magnitudinem imperii cum annis conferat, ætatem ultra putet. Ita late per orbem terrarum arma circumtulit, ut qui res ejus legunt, non unius populi, sed generis humani fata discant. Nam tot laboribus periculisque jactatus est, ut, ad constituendum ejus imperium, contendisse Virtus et Fortuna videantur.

Quare quum præcipua quæque operæ pretium sit cognoscere sigillatim, tamen quia ipsa sibi obstat magnitudo erumque diversitas aciem intentionis abrumpit, faciam,

quod solent qui terrarum situs pingunt : in brevi quasi tabella totam ejus imaginem amplector, non nihil, ut spero, ad admirationem principis populi collaturus, si pariter atque insimul universam magnitudinem ejus ostendero.

Si quis ergo populum romanum quasi hominem consideret, totamque ejus ætatem percenseat, ut cœperit, utque adoleverit, ut quasi ad quemdam juventæ florem pervenerit, ut postea velut consenuerit, quatuor gradus processusque ejus inveniet.

Prima ætas sub regibus fuit, prope ducentos [quinquaginta] per annos, quibus circum ipsam matrem suam cum finitimis luctatus est. Hæc erit ejus infantia.

Sequens a Bruto Collatinoque consulibus, in Appium

T. I.

de Collatin jusqu'à celui d'Appius Claudius et de Quinctus Fulvius, embrasse deux cent cinquante ans (9), durant lesquels il subjugua l'Italie. Cette période agitée fut féconde en guerriers, en combats; aussi peut-on l'appeler son adolescence.

De là, jusqu'à César Auguste, s'écoulèrent deux cents années (10), qu'il employa à pacifier tout l'univers. C'est alors la jeunesse de l'empire et sa robuste maturité.

Depuis César Auguste jusqu'à nos jours, on ne compte pas beaucoup moins de deux cents ans (11), pendant lesquels l'inertie des Césars l'a en quelque sorte fait vieillir et décroître entièrement. Mais, sous le règne de Trajan, il retrouve ses forces, et, contre toute espérance, ce vieil empire, comme rendu à la jeunesse, reprend sa vigueur.

I. — *De Romulus.* — (An de Rome 1-58.) — Le premier fondateur et de Rome (13) et de l'empire fut Romulus, né de Mars et de Rhéa Sylvia (14). Cette vestale en fit l'aveu pendant sa grossesse; et l'on n'en douta bientôt plus, lorsqu'ayant été, par l'ordre d'Amulius, jeté dans le fleuve avec Rémus, son frère, il ne put y trouver la mort : le Tibre arrêta son cours (15); et une louve, abandonnant ses petits, accourut aux cris de ces enfants, leur présenta ses mamelles, et leur servit de mère. C'est ainsi que Faustulus, berger du roi, les trouva auprès d'un arbre; il les emporta dans sa cabane, et les éleva. Albe était alors la capitale du Latium. Iule l'avait bâtie, dédaignant Lavinium (16), fondée par son père Énée. Amulius, quatorzième descendant de ces rois (17), régnait, après avoir chassé son frère Numitor, dont la fille était mère de Romulus. Celui-ci, dans le premier feu de sa jeunesse, renverse du trône son oncle Amulius, et y replace son aïeul. Chérissant le fleuve et les montagnes qui l'avaient vu élever, il y méditait la fondation d'une nouvelle ville. Rémus et lui étaient jumeaux; pour savoir lequel des deux lui donnerait son nom et ses lois, ils convinrent d'avoir recours aux dieux. Rémus se place sur le mont Aventin, son frère sur le mont Palatin (18). Rémus, le premier, aperçoit six vautours; mais Romulus en voit ensuite douze. Vainqueur par cet augure (19), il presse les travaux de sa ville, plein de l'espoir qu'elle sera belliqueuse : ainsi le lui promettaient ces oiseaux habitués au sang et au carnage.

Pour la défense de la nouvelle ville, un retranchement semblait suffire; Rémus se moque de cette étroite barrière, et la franchit d'un saut par dérision; il est tué, et l'on doute si ce n'est pas par l'ordre de son frère (20). Il fut du moins la première victime qui consacra de son sang les murailles de la ville naissante.

C'était plutôt l'image d'une ville qu'une ville véritable que Romulus avait créée; les habitants manquaient. Dans le voisinage était un bois sacré; il en fait un asile (21); et soudain accourent une multitude prodigieuse d'hommes, des pâtres latins et toscans, quelques étrangers d'outre-mer, des Phrygiens qui, sous la conduite d'Énée, et des Arcadiens qui, sous celle d'Évandre, s'étaient répandus dans le pays. De ces éléments divers il composa un seul corps (22), et il en fit le peuple romain.

Une seule génération devait être la durée de ce peuple d'hommes. Il demanda donc des épouses à ses voisins; et, ne les ayant pas obtenues, il les en-

---

Claudium, Quinctum Fulvium consules, ducentos quinquaginta annos patet, quibus Italiam subegit. Hoc fuit tempus viris, armisque incitatissimum : ideo quis adolescentiam dixerit.

Dehinc ad Cæsarem Augustum ducenti anni, quibus totum orbem pacavit : hæc jam ipsa juventa imperii, et quasi robusta maturitas.

A Cæsare Augusto in sæculum nostrum haud multo minus anni ducenti, quibus inertia Cæsarum quasi consenuit, atque decoxit; nisi quod sub Trajano principe movet lacertos; et præter spem omnium senectus imperii, quasi reddita juventute, revirescit.

I. — *De Romulo.* — Primus ille et urbis et imperii conditor Romulus fuit, Marte genitus, et Rhea Silvia. Hoc de se sacerdos gravida confessa est; nec mox fama dubitavit, quum Amulii imperio abjectus in profluentem cum Remo fratre, non potuit exstingui : siquidem et Tiberinus amnem repressit; et, relictis catulis, lupa se sicca vagitibus uber admovit infantibus, matremque se gessit. Sic repertos apud arborem, Faustulus, regis pastor, tulit in casam, atque educavit. Alba tunc erat Latio caput, Iuli opus : nam Lavinium patris Æneæ contemserat. Ab his Amulius jam [bis] septima sobole regnabat, fratre pulso Numitore, cujus ex filia Romulus. Igitur statim prima juventæ face, patruum Amulium ab arce deturbat, avum reponit : ipse fluminis amator, et montium, apud quos erat educatus, mœnia novæ urbis agitabat. Gemini erant : uter auspicaretur, et regeret, adhibere placuit deos. Remus montem Aventinum, hic Palatinum occupat. Prior ille sex vultures; hic postea, sed duodecim vidit. Sic victor augurio, urbem excitat, plenus spei, bellatricem fore : ita illi assuetæ sanguine et prædæ aves pollicebantur.

Ad tutelam novæ urbis sufficere vallum videbatur : cujus dum irridet angustias Remus, idque increpat saltu, dubius an jussu fratris, occisus est : prima certe victima fuit, munitionemque urbis novæ sanguine suo consecravit. Imaginem urbis magis quam urbem fecerat : incolæ deerant. Erat in proximo lucus : hunc asylum facit; et statim mira vis hominum, Latini Tusciique pastores; quidam etiam transmarini, Phryges, qui sub Ænea, Arcades, qui sub Evandro duce influxerant. Ita ex variis quasi elementis congregavit corpus unum; populumque romanum ipse fecit.

Res erat unius ætatis, populus virorum. Itaque matrimonia a finitimis petita : quia non impetrabantur, manu

leva de vive force. On feignit, dans ce dessein, de célébrer des jeux équestres : les jeunes filles, qui étaient venues à ce spectacle, devinrent la proie des Romains, et en même temps une cause de guerre. Les Véiens furent battus (23) et mis en fuite. On prit et on ruina la ville des Céniniens[1]. De plus, les dépouilles opimes de leur roi[2] furent rapportées à Jupiter Férétrien (24) par les mains du roi de Rome. Une jeune fille[3] livra les portes de la ville aux Sabins : ce n'était pas par trahison; seulement, elle leur avait demandé, pour prix de son action, ce qu'ils portaient à leur bras gauche, sans désigner leurs boucliers ou leurs bracelets (25). Les Sabins, pour dégager leur parole et punir en même temps sa perfidie, l'accablèrent sous leurs boucliers. Quand, par ce moyen, ils eurent été introduits dans les murs, il se livra, sur la place publique, un combat si sanglant, que Romulus pria Jupiter « d'arrêter la fuite honteuse des siens. » De là, le temple et le nom de Jupiter Stator (26). Enfin, au milieu du carnage, les femmes enlevées se précipitèrent, les cheveux épars, entre les combattants. La paix fut faite alors avec Tatius, et l'alliance conclue : par un retour surprenant, les ennemis, abandonnant leurs foyers, passèrent dans la nouvelle ville (27), et apportèrent, pour dot, à leurs gendres, les richesses de leurs aïeux.

Rome, ayant en peu de temps accru ses forces, voici la forme que le roi, dans sa haute sagesse, imposa à la république. La jeunesse, divisée par tribus (28), était toujours à cheval (29) et sous les armes, prête à combattre au premier signal; le conseil de la république fut confié aux vieillards, que leur autorité fit appeler *Pères*, et leur âge *Sénateurs* (30).

Cet ordre établi, un jour que Romulus tenait une assemblée hors de la ville, près du marais de Capréa, tout à coup il disparut à tous les regards. Quelques-uns pensent qu'il fut, à cause de l'âpreté de son caractère, mis en pièces par le sénat; mais un orage qui s'éleva et une éclipse de soleil donnèrent à cet événement l'apparence d'une apothéose. Julius Proculus accrédita bientôt cette idée, en affirmant que Romulus s'était fait voir à lui sous une forme plus auguste que pendant sa vie; qu'il voulait qu'on l'honorât désormais comme une divinité; que, dans le ciel, il s'appelait *Quirinus*, les dieux l'ayant ainsi arrêté; qu'à ce prix, Rome deviendrait la maîtresse des nations.

II. — *De Numa Pompilius.* — (An de Rome 59.) — A Romulus succéda Numa Pompilius, qui vivait à Cures[1], chez les Sabins, où les Romains allèrent d'eux-mêmes le chercher, sur la réputation de son insigne piété. Ce fut lui qui leur enseigna les sacrifices, les cérémonies, et tout le culte des dieux immortels; qui établit les pontifes, les augures, les saliens (31) et les autres sacerdoces du peuple romain; qui divisa l'année en douze mois (32), et les jours en fastes et néfastes (33); lui enfin qui institua les boucliers sacrés, le Palladium (34), quelques autres gages mystérieux de l'empire, le Janus au double visage, et surtout le feu de Vesta, dont il commit l'entretien à des vierges, afin qu'à l'image des astres du ciel, cette flamme tutélaire ne cessât de veiller. Il attribua

---

[1] Peuple du pays des Sabins, et tout près de Rome, mais dont on ignore la situation. — [2] Appelé Acron par Tite-Live. — [3] Tarpeia, fille du gouverneur de la citadelle.

[1] Ville située près de l'endroit où est aujourd'hui Corrèse, dans la Sabine, états du pape.

---

capta sunt. Simulatis quippe ludis equestribus, virgines, quæ ad spectaculum venerant, præda fuere; et statim caussa bellorum. Pulsi fugatique Veientes : Cæninensium captum ac dirutum oppidum. Spolia insuper opima de rege Feretrio Jovi manibus suis rex reportavit. Sabinis proditæ portæ per virginem; nec dolo : sed puella pretium rei, quæ gerebant in sinistris, petierat; dubium clypeos, an armillas. Illi, ut et fidem solverent, et ulciscerentur, clypeis obruere. Ita admissis intra mœnia hostibus, atrox in ipso foro pugna, adeo ut Romulus Jovem oraret, « ut fœdam suorum fugam sisteret. » Hinc templum et Stator Jupiter. Tandem sævientibus intervenere raptæ, laceris comis. Sic pax facta cum Tatio, fœdusque percussum; secutaque res mira dictu, ut, relictis sedibus suis, novam in urbem hostes demigrarent, et cum generis suis avitas opes pro dote sociarent.

Auctis brevi viribus, hunc rex sapientissimus statum reipublicæ imposuit : juventus divisa per tribus, in equis et armis ut ad subita belli excubaret : consilium reipublicæ penes senes esset, qui ex auctoritate *Patres*, ob ætatem *Senatus* vocabantur.

His ita ordinatis, repente, quum concionem haberet ante urbem, apud Capreæ paludem, e conspectu ablatus est. Discerptum aliqui a senatu putant ob asperius ingenium : sed oborta tempestas, solisque defectio consecrationis speciem præbuere : cui mox Julius Proculus fidem fecit, visum a se Romulum affirmans, augustiore forma quam fuisset : mandare præterea, ut se pro numine acciperent : *Quirinum* in cœlo vocari placitum diis. Ita gentium Roma potiretur.

II. — *De Numa Pompilio.* — Succedit Romulo Numa Pompilius, quem Curibus Sabinis agentem, ultro petivere, ob inclytam viri religionem. Ille sacra, et cærimonias, omnemque cultum Deorum immortalium docuit : ille pontifices, augures, salios, cæteraque populi Romani sacerdotia; annum quoque in duodecim menses, fastos dies nefastosque descripsit. Ille Ancilia atque Palladium, secreta quædam imperii pignora, Janumque geminum, fidem pacis ac belli : in primis focum Vestæ virginibus colendum dedit, ut, ad simulacrum cælestium siderum, custos imperii flamma vigilaret. Hæc omnia quasi monitu deæ Egeriæ, quo magis barbari acciperent.

40.

toutes ces choses aux conseils de la déesse Égérie, pour que les Romains, encore barbares, les accueillissent avec plus de respect. Enfin, il sut si bien apprivoiser ce peuple farouche, qu'un empire fondé par la violence et l'usurpation fut gouverné par la religion et la justice (55).

III. — *De Tullus Hostilius.* — (An de Rome 82.) — Numa Pompilius eut pour successeur Tullus Hostilius, à qui l'on donna librement le trône pour honorer son courage. Il fonda toute la discipline militaire et l'art de la guerre (56). Lorsqu'il eut parfaitement exercé la jeunesse, il osa provoquer les Albains (57), peuple redoutable, et qui avait longtemps tenu le premier rang. Mais comme, par l'égalité de leurs forces, les deux nations s'affaiblissaient dans de fréquents combats, on voulut abréger la guerre; trois frères de part et d'autre, les Horaces et les Curiaces, furent chargés des destinées de leur pays. La lutte incertaine, mais glorieuse (58), eut une issue miraculeuse. D'un côté, en effet, les trois combattants étaient blessés; de l'autre, deux avaient été tués; l'Horace qui survivait ajouta la ruse au courage; pour diviser l'ennemi, il feignit de prendre la fuite; et fondant sur ceux qui le suivaient à des distances inégales, il les terrassa l'un après l'autre. Ainsi, gloire donnée à peu de nations! la main d'un seul homme nous obtint la victoire; il la souilla bientôt par un parricide. Il vit sa sœur pleurer auprès de lui sur les dépouilles d'un Curiace, son fiancé, mais l'ennemi de Rome. Horace punit par le fer les larmes intempestives de cette jeune fille. Les lois réclamèrent le châtiment du coupable; mais la valeur fit oublier le parricide, et le crime disparut devant la gloire (59).

Cependant les Albains ne furent pas longtemps fidèles : car, dans une guerre contre les Fidénates, où, d'après le traité, ils servaient comme auxiliaires, ils attendirent, immobiles entre les deux armées, que la fortune se déclarât. Mais l'adroit Hostilius vit à peine ces alliés s'avancer vers l'ennemi, que, pour rassurer les esprits, il feignit d'avoir lui-même ordonné ce mouvement, feinte qui remplit d'espérance nos soldats, et les Fidénates d'effroi. Le dessein des traîtres demeura ainsi sans effet. Les ennemis, ayant donc été vaincus, l'infracteur du traité, Mettus Fufétius, fut lié entre deux chars et écartelé par des chevaux fougueux. Quant à la ville d'Albe, mère, il est vrai, mais rivale de la nôtre, Tullus la fit raser, après avoir transféré à Rome ses richesses et même sa population; de sorte qu'il sembla moins avoir détruit une cité qui avait avec Rome des liens de parenté, qu'avoir réuni les membres d'un même corps (40).

IV. — *D'Ancus Marcius.* — (An de Rome 114.) — Ensuite vint Ancus Marcius, petit-fils de Numa, dont il eut le caractère (41). Il entoura d'une muraille les retranchements de la ville, joignit par un pont les rives du Tibre (42) qui la traverse, et fonda une colonie à Ostie [1], à l'embouchure même de ce fleuve; sans doute son esprit pressentait déjà que les richesses et les productions du monde entier y seraient reçues comme dans l'entrepôt maritime de Rome.

V. — *De Tarquin l'Ancien.* — (An de Rome 159.) — Tarquin l'Ancien, qui lui succéda, quoique d'une famille venue d'au-delà des mers, osa aspirer au trône; il le dut à son adresse et à l'élégance de ses mœurs. Originaire de Corinthe, il alliait la

[1] A six milles de Rome, aujourd'hui Civita-Vecchia.

---

rent. Eo denique ferocem populum redegit, ut, quod vi et injuria occupaverat imperium, religione atque justitia gubernaret.

III. — *De Tullo Hostilio.* — Excipit Pompilium Numam Tullus Hostilius; cui in honorem virtutis regnum ultro datum. Hic omnem militarem disciplinam, artemque bellandi condidit. Itaque mirum in modum exercita juventute, provocare ausus Albanos, gravem, et diu principem populum : sed quum pari robore frequentibus præliis utrique comminuerentur, misso in compendium bello, Horatiis Curiatiisque, tergeminis hinc atque inde fratribus, utriusque populi fata permissa sunt. Anceps et pulchra contentio, exituque ipso mirabilis! Tribus quippe illinc vulneratis, hinc duobus occisis, qui supererat Horatius, addito ad virtutem dolo, ut distraheret hostem, simulat fugam; singulosque, prout sequi poterant, adortus exsuperat. Sic (rarum alias decus) unius manu parta victoria est : quam ille mox parricidio fœdavit. Flentem circa se spolia sponsi quidem, sed hostis, sororem viderat : hunc tam immaturum virginis amorem ultus est ferro. Citavere leges nefas : sed abs-

tulit virtus parricidam; et facinus intra gloriam fuit.

Nec diu in fide Albanus. Nam Fidenate bello missi in auxilium ex fœdere, medii inter duos exspectavere fortunam : sed rex callidus, ubi inclinare socios ad hostem videt, tollit animos, quasi ipse mandasset. Spes inde nostris, metus hostibus. Sic fraus proditorum irrita fuit. Itaque, hoste victo, ruptoris fœderis Metium Fufetium, religatum inter duos currus, pernicibus equis distrahit; Albamque ipsam, quamvis parentem, æmulam tamen, diruit, quum prius opes urbis, ipsumque populum Romam transtulisset : prorsus ut consanguinea civitas non periisse, sed in suum corpus rediisse rursus videretur.

IV. — *De Anco Marcio.* — Ancus deinde Marcius, nepos Pompili, pari ingenio. Hic igitur et mœnia muro amplexus est, et interfluentem Urbi Tiberinum ponte commisit; Ostiamque in ipso maris fluminisque confinio coloniam posuit : jam tum videlicet præsagiens animo, futurum, ut totius mundi opes et commeatus illo, veluti maritimo urbis hospitio, reciperentur.

V. — *De Tarquinio Prisco.* — Tarquinius postea Priscus, quamvis transmarinæ originis, regnum ultro pe-

HISTOIRE ROMAINE.

subtilité grecque à la souplesse italienne. Il rehaussa la majesté du sénat en multipliant ses membres, et, par de nouvelles centuries, il étendit les tribus dont Attius Navius, savant augure, lui défendait d'augmenter le nombre (43). Le roi, pour l'éprouver, lui demande « si la chose à laquelle il pensait en ce moment pouvait s'exécuter. » Navius, ayant consulté son art, répond qu'elle est possible. « Eh bien! dit le roi, je songeais en moi-même si je pourrais couper ce caillou avec un rasoir. » — « Vous le pouvez, repartit l'augure ; » il le coupa en effet[1]. Depuis ce temps, la dignité d'augure fut sacrée pour les Romains (44).

Tarquin ne fut pas moins entreprenant dans la guerre que dans la paix. Il subjugua les douze peuples de l'Étrurie dans de nombreux combats. De là nous sont venus les faisceaux, les toges des souverains magistrats, les chaises curules, les anneaux, les colliers des chevaliers, les manteaux militaires, la robe prétexte; de là aussi le char doré des triomphateurs, traîné par quatre chevaux, les robes peintes, les tuniques à palmes; enfin tous les ornements et les insignes qui relèvent la dignité de l'empire (45).

VI.—*De Servius Tullius.*—(An de Rome 175.) — Servius Tullius se saisit ensuite du gouvernement de Rome, malgré l'obscurité de sa naissance, et quoiqu'il fût né d'une mère esclave[2]. Tanaquil, épouse de Tarquin, avait cultivé, par une éducation libérale, l'heureux naturel de ce jeune homme; une flamme, qu'elle avait vue autour de sa tête, lui avait présagé son illustration future[1]. Dans les derniers moments de Tarquin, Servius fut, par les soins de la reine, mis à la place du roi, comme à titre provisoire; et il gouverna avec tant d'habileté un royaume acquis par la ruse, qu'il parut l'avoir légitimement obtenu. Ce fut par lui que le peuple romain fut soumis au cens, rangé par classes, distribué en curies et en colléges (46). Ce roi établit, par la supériorité de sa sagesse, un tel ordre dans la république, que tous les détails sur le patrimoine, la dignité, l'âge, les professions et les emplois de chacun étaient portés sur des tables; de cette manière, cette grande cité fut réglée avec autant d'exactitude que la maison du moindre particulier (47).

VII. — *Tarquin-le-Superbe.* — (An de Rome 220.) — Le dernier de tous les rois fut Tarquin, à qui son caractère fit donner le surnom de *Superbe*. Le trône de son aïeul était occupé par Servius; il aima mieux le ravir que l'attendre: après avoir fait assassiner ce roi, il n'exerça pas mieux qu'il ne l'avait acquise une puissance obtenue par le crime. Sa femme Tullie ne répugnait pas à ses sanguinaires habitudes : comme elle accourait, dans son char, saluer roi son époux, elle fit passer sur le corps sanglant de son père ses chevaux épouvantés (48).

Quant à Tarquin, il décima le sénat par des meurtres (49), accabla tous les Romains d'un orgueil plus insupportable aux gens de bien que la cruauté; et quand il eut lassé sa fureur par des violences domestiques, il la tourna enfin contre les ennemis. Ainsi furent prises dans le Latium de fortes places,

[1] Val. Max. l. I, c. 4. § 1. — [2] De là le nom de *Servius*, suivant Den. d'Halyc., l. IV, c. 1.

[1] Val. Max. l. I, c. 6. § 1.

---

tens accipit, ob industriam atque elegantiam : quippe qui oriundus Corintho, Græcum ingenium Italicis artibus miscuisset. Hic et senatus majestatem numero ampliavit, et centuriis tribus auxit, quatenus Attius Navius numerum augeri prohibebat, vir summus augurio. Quem rex in experimentum rogavit, « fierine posset, quod ipse mente conceperat? » Ille rem expertus augurio, posse respondit. « Atqui hoc, » inquit, « agitabam, an cotem illam secare novacula possem. » Augur, « Potes ergo, » inquit; et secuit. Inde Romanis sacer auguratus.

Neque pace Tarquinius quam bello promptior : duodecim namque Tusciæ populos frequentibus armis subegit. Inde fasces, trabeæ, curules, annuli, phaleræ, paludamenta, prætexta; inde, quod aureo curru, quatuor equis triumphatur; togæ pictæ, tunicæque palmatæ; omnia denique decora et insignia, quibus imperii dignitas eminet.

VI. — *De Servio Tullio.* — Servius Tullius deinceps gubernacula Urbis invadit ; nec obscuritas inhibuit, quamvis matre serva creatum : nam eximiam indolem uxor Tarquinii Tanaquil liberaliter educaverat; et clarum fore visa circa caput flamma promiserat. Ergo inter Tarquinii mortem, adnitente regina, substitutus in locum regis, quasi ad tempus, regnum dolo partum sic egit industrie, ut jure adeptus videretur. Ab hoc populus romanus relatus in censum, digestus in classes, curiis atque collegiis distributus; summaque regis solertia ita est ordinata respublica, ut omnia patrimonii, dignitatis, ætatis, artium, officiorumque discrimina in tabulas referrentur; ac sic maxima civitas minimæ domus diligentia contineretur.

VII. — *De Tarquinio Superbo.* — Postremus omnium fuit regum Tarquinius, cui cognomen *Superbo*, ex moribus datum. Hic regnum avitum, quod a Servio tenebatur, rapere maluit, quam exspectare ; immissisque in eum percussoribus, scelere partam potestatem non melius egit, quam acquisierat. Nec abhorrebat moribus uxor Tullia, quæ, ut virum regem salutaret, super cruentum patrem, vecta carpento, consternatos equos egit.

Sed ipse in senatum cædibus, in omnes superbia, quæ crudelitate gravior est bonis, grassatus, quum sævitiam jam domi fatigasset, tandem in hostes conversus est. Sic valida oppida in Latio capta sunt, Ardea, Ocriculum, Gabii, Suessa Pometia. Tum quoque cruentus in suos : neque enim filium verberare dubitavit, ut simulanti trans-

Ardée[1], Ocriculum[2], Gabie[3], Suessa Pometia[4]. Alors même il fut cruel envers les siens. Il n'hésita pas à faire battre de verges son fils (50), afin que, passant chez les ennemis comme transfuge, il gagnât leur confiance. Après avoir été reçu dans Gabie, comme Tarquin l'avait désiré, ce jeune homme envoya prendre les ordres de son père, lequel lui répondit en abattant avec une baguette les têtes des pavots les plus élevés qui se trouvaient là voulant faire entendre par là, ô excès d'orgueil! qu'il fallait tuer les premiers de la ville.

Toutefois, il bâtit un temple avec les dépouilles des villes qu'il avait prises. Lorsqu'on l'inaugura, les autres dieux cédèrent leur place; mais, ô prodige! la Jeunesse et le dieu Terme firent résistance. Les devins interprétèrent favorablement l'opiniâtreté de ces divinités, qui promettaient ainsi à Rome une puissance inébranlable et éternelle. Mais ce qui parut plus étrange encore, c'est qu'en creusant les fondations du temple, on trouva une tête d'homme; personne ne douta qu'un prodige aussi éclatant n'annonçât que Rome serait le siége de l'empire et la tête de l'univers.

Le peuple romain souffrit l'orgueil du roi, tant que l'incontinence ne s'y joignit pas. Il ne put supporter ce dernier outrage de la part de ses enfants. L'un d'eux ayant déshonoré Lucrèce, la plus illustre des femmes, cette Romaine expia sa honte en se poignardant. Alors fut abrogée la puissance des rois.

VIII. — *Résumé sur les sept rois.* — Voilà le premier âge du peuple romain, et pour ainsi dire son enfance; il la passa sous sept rois, dont le génie différent fut, par un heureux arrangement des destins, approprié aux intérêts et aux besoins de la république (51). En effet, quel génie plus ardent que celui de Romulus? Il fallait un tel homme pour saisir le gouvernement. Quel prince plus religieux que Numa? le bien de l'état le demandait ainsi, afin qu'un peuple farouche fût adouci par la crainte des dieux. Combien le créateur de l'art militaire, Tullius, n'était-il pas nécessaire à des hommes belliqueux? La science devait perfectionner leur courage. De quelle utilité ne fut pas, dans Ancus, le goût des constructions? Il donna à la ville une colonie pour son agrandissement, un pont pour la facilité des communications, un mur pour sa défense. Quant aux ornements et aux insignes de Tarquin, combien leur usage seul n'a-t-il pas ajouté à la dignité du peuple roi? Le cens établi par Servius n'eut-il pas pour effet d'apprendre à la république à se connaître elle-même? Enfin l'intolérable domination de Tarquin-le-Superbe, loin d'avoir été sans résultat, en fut au contraire un très-avantageux; elle fit que le peuple, soulevé par les outrages, s'enflamma d'amour pour la liberté.

IX. — *Du changement du gouvernement.* — (An de Rome 244.) — Ainsi, sous la conduite, et par les conseils de Brutus et de Collatin, à qui Lucrèce, en mourant, avait confié le soin de sa vengeance, le peuple romain, excité, comme par une inspiration des dieux, à punir l'outrage fait à la liberté et à la pudeur, déposa aussitôt le roi, pilla ses biens (52), consacra son domaine à Mars, protecteur de Rome, et transféra aux vengeurs de sa

---

[1] Capitale des Rutules, dans le Latium. — [2] Aujourd'hui Otricoli, dans l'Ombrie. — [3] Ville des Latins, sur la route de Préneste, à douze mille cinq cents pas de Rome. — [4] Ville du Latium, dans le pays des Volsques.

---

fugam, apud hostes hinc fides esset. Cui Gabiis, ut voluerat, recepto, atque per nuntios consulenti, « quid fieri vellet, » eminentia forte papaverum capita virgula excutiens, quum per hoc interficiendos esse principes intelligi vellet, quæ superbia! sic respondit.

Tamen de manubiis captarum urbium templum erexit, quod quum inauguraretur, cedentibus cæteris deis (mira res dictu!) restitere Juventas et Terminus. Placuit vatibus contumacia numinum, siquidem firma omnia et æterna pollicebantur. Sed illud horrendum, quod molientibus ædem in fundamentis, humanum repertum est caput; nec dubitavere cuncti, monstrum pulcherrimum imperii sedem, caputque terrarum promittere.

Tamdiu superbiam regis populus romanus perpessus est, donec aberat libido: hanc ex liberis ejus importunitatem tolerare non potuit. Quorum quum alter ornatissimæ feminæ Lucretiæ stuprum intulisset, matrona dedecus ferro expiavit. Imperium tum regibus abrogatum.

VIII. — *Anacephalæosis de septem regibus.* — Hæc est prima ætas populi romani, et quasi infantia, quam habuit sub regibus septem, quadam fatorum industria, tam variis ingenio, ut reipublicæ ratio et utilitas postulabat. Nam quid Romulo ardentius? tali opus fuit, ut invaderet regnum. Quid Numa religiosius? ita res poposcit, ut ferox populus deorum metu mitigaretur. Quid ille militiæ artifex Tullius? bellatoribus viris quam necessarius, ut acueret ratione virtuem! Quid ædificator Ancus? Urbem colonia extenderet, ponte jungeret, muro tueretur. Jam vero Tarquinii ornamenta et insignia quantam principi populo addiderunt ex ipso habitu dignitatem! Actus a Servio census quid effecit, nisi ut ipsa se nosset respublica? Postremo Superbi illius importuna dominatio nonnihil, immo vel plurimum profuit : sic enim effectum est, ut agitatus injuriis populus, cupiditate libertatis incederentur.

IX. — *De mutatione Reipublicæ.* — Igitur Bruto Collatinoque ducibus et auctoribus, quibus ultionem sui moriens matrona mandaverat, populus romanus ad vindicandum libertatis ac pudiciæ decus, quodam quasi instinctu deorum concitatus, regem repente destituit, bona diripit, agrum Marti suo consecrat, imperium in eosdem libertatis suæ vindices transfert, mutato tamen

liberté la suprême puissance dont il changea toutefois le nom et les droits. En effet, de perpétuelle, elle devint annuelle; unique auparavant, elle fut partagée; on voulait prévenir la corruption attachée à l'unité ou à la durée du pouvoir; le nom de rois fit place à celui de *consuls*, qui rappelait à ces magistrats qu'ils ne devaient consulter que les intérêts de leurs concitoyens (53). Tel fut l'excès de la joie qu'inspira la liberté nouvelle, qu'à peine put-on croire au changement opéré dans l'état; et qu'à cause de son nom seulement et de sa naissance royale, un des consuls se vit enlever ses faisceaux et banni de la ville. Valérius Poplicola, qui lui fut substitué, travailla avec le plus grand zèle à augmenter la majesté d'un peuple libre. Il fit abaisser ses faisceaux devant lui, dans les assemblées, et lui donna le droit d'appel contre les consuls eux-mêmes. Enfin, de peur qu'on ne prît ombrage de ce que sa maison, placée sur une éminence, offrait l'apparence d'une citadelle, il la fit rebâtir dans la plaine. Quant à Brutus, ce fut par le sang de sa famille et par le parricide qu'il s'éleva au faîte de la faveur populaire. Ayant découvert que ses fils travaillaient à rappeler les rois dans la ville, il les fit traîner sur la place publique, battre de verges au milieu de l'assemblée du peuple, et frapper de la hache. Il parut, aux yeux de tous, être ainsi devenu le père de la patrie, et avoir, à la place de ses enfants, adopté le peuple romain.

Libre désormais, Rome prit les armes contre les étrangers, d'abord pour sa liberté, bientôt après pour ses limites, ensuite pour ses alliés, enfin pour la gloire et pour l'empire, contre les continuelles attaques des nations voisines. En effet, sans territoire qu'ils pussent appeler le sol de la patrie, ayant à combattre au sortir même de leurs murs, placés entre le Latium et l'Étrurie, comme entre deux grands chemins, les Romains à toutes leurs portes rencontraient un ennemi; mais toujours marchant de proche en proche, ils subjuguèrent les unes après les autres les nations voisines, et rangèrent toute l'Italie sous leur domination.

X. — *Guerre contre Porsena, roi des Etrusques.* — (An de Rome 246). — Après l'expulsion des rois, ce fut d'abord pour la liberté que Rome prit les armes. Porsena, roi des Étrusques, s'avançait à la tête d'une puissante armée, et ramenait avec lui les Tarquins. Mais, malgré le fer et la famine qui pressaient les Romains, malgré la prise du Janicule, d'où ce roi, déjà maître des portes de leur ville, paraissait les dominer, on se soutint, on le repoussa. Bien plus, on le frappa de tant d'étonnement, que, supérieur en forces, il se hâta de conclure, avec des ennemis à demivaincus, un traité d'alliance. Alors parurent ces modèles et ces prodiges de l'intrépidité romaine, Horatius, Mucius et Clélie, prodiges qui, s'ils n'étaient consignés dans nos annales, passeraient aujourd'hui pour des fables. Horatius Coclès, n'ayant pu repousser lui seul les ennemis qui le pressaient de toutes parts, fait couper le pont où il combattait, et passe le Tibre à la nage sans abandonner ses armes (54). Mucius Scévola pénètre par ruse dans le camp du roi; mais croyant le frapper, c'est un de ses courtisans qu'il atteint. On l'arrête; il met sa main dans un brasier ardent, et redoublant par un adroit mensonge la terreur qu'il inspire : « Tu vois, dit-il au roi, à

nomine et jure. Quippe ex perpetuo annuum placuit, ex singulari duplex, ne potestas solitudine vel mora corrumperetur; *consules*que appellavit pro regibus, ut consulere se civibus suis debere meminissent. Tantumque libertatis novæ gaudium incesserat, ut vix mutati status fidem caperent; alterumque ex consulibus, tantum ob nomen et genus regium, fascibus abrogatis, Urbe dimitterent. Itaque substitutus Valerius Poplicola, ex summo studio adnixus est ad augendam liberi populi majestatem. Nam et fasces ei pro concione submisit, et jus provocationis adversus ipsos dedit; et, ne specie arcis offenderet, eminentes ædes suas in plana submisit. Brutus vero favori civium etiam domus suæ clade et parricidio velificatus est. Quippe quum studere revocandis in Urbem regibus liberos suos comperisset, protraxit in forum, et concione media virgis cecidit, et securi percussit : ut plane publicus parens in locum liberorum adoptasse sibi populum videretur.

Liber jam hinc populus Romanus prima adversus exteros arma pro libertate corripuit; mox pro finibus; deinde pro sociis; tum pro gloria et imperio, lacessentibus assidue usquequaque finitimis. Quippe cui patrii soli gleba nulla, sed statim hostile pomœrium, mediusque inter Latium et Tuscos, quasi in quodam bivio collocatus, omnibus portis in hostem incurreret : donec, quasi contagione quadam, per singulos itum est; et, proximis quibusque correptis, totam Italiam sub se redegerunt.

X. — *Bellum etruscum regi Porsenæ.* — Pulsis ex Urbe regibus, prima pro libertate arma corripuit. Nam Porsena, rex Etruscorum, ingentibus copiis aderat, et Tarquinios manu reducebat. Hunc tamen, quamvis et armis et fame urgeret, occupatoque Janiculo, ipsis Urbis faucibus incubaret, sustinuit, repulit; novissime etiam tanta admiratione perculit, ut superior ultro cum pæne victis amicitiæ fœdera feriret. Tunc illa Romana prodigia atque miracula, Horatius, Mucius, Clœlia : quæ, nisi in annalibus forent, hodie fabulæ viderentur. Quippe Horatius Cocles, postquam hostes undique instantes solus submovere non poterat, ponte reciso, transnatat Tiberim, nec arma dimittit. Mucius Scævola regem per insidias in castris ipsius aggreditur; sed, ubi frustrato circa purpuratum ejus ictu, tenetur, ardentibus focis injicit

quel homme tu as échappé; Eh bien! nous sommes trois cents qui avons fait le même serment. » Pendant cette action, chose prodigieuse! il était impassible, et le roi tremblait comme si c'eût été sa main que dévorait la flamme Voilà ce que firent les hommes; mais les deux sexes rivalisèrent de gloire, et les jeunes filles eurent aussi leur héroïsme. Clélie, une de celles qu'on avait données en otage à Porsena, échappée à ses gardes, traversa à cheval le fleuve de la patrie. Enfin le roi, effrayé de tant de prodiges de courage, s'éloigna des Romains, et les laissa libres. (55). Les Tarquins continuèrent la guerre jusqu'au moment où Aruns, fils du roi, fut tué de la main de Brutus, lequel, blessé en même temps par son ennemi, expira sur son corps, comme s'il eût voulu montrer qu'il poursuivait l'adultère jusqu'aux enfers (56).

XI. — *Guerre contre les Latins.* — (An de Rome 258 - 298). — Les Latins soutenaient aussi les Tarquins par un esprit de rivalité et d'envie contre un peuple qu'ils auraient voulu, puisqu'il dominait au dehors, voir du moins esclave dans ses murs. Tout le Latium se leva donc, sous la conduite de Mamilius de Tusculum, comme pour venger le roi. On combattit près du lac Régille [1]; la victoire fut longtemps douteuse; enfin le dictateur Postumius (57), recourant, pour la décider, à un moyen nouveau et ingénieux, jeta une enseigne au milieu des ennemis, afin que les Romains se précipitassent pour la reprendre (58). Cossus, maître de la cavalerie, par un expédient également sans exemple, fit ôter les freins des chevaux, pour faciliter l'impétuosité de leur course (59). Telle fut enfin la fureur du combat, que la renommée y mentionna l'intervention des dieux, comme spectateurs; l'on en vit deux montés sur des chevaux blancs; personne ne douta que ce ne fussent Castor et Pollux [1]. Aussi, le général leur adressa-t-il ses vœux : pour prix de la victoire, il leur promit et leur éleva des temples qui furent comme la solde de ces divins compagnons d'armes.

Jusqu'ici Rome avait combattu pour la liberté; bientôt elle fit pour ses limites, et contre les mêmes Latins, une guerre sans fin et sans relâche. Sora [2] et Algidum [3], qui le croirait? furent la terreur des Romains; Satricum et Corniculum [4], furent des provinces romaines. Je rougis de le dire, mais nous avons triomphé de Vérule [5] et de Bovile [6]. Nous n'allions à Tibur [7], maintenant faubourg de Rome, et à Préneste [8], nos délices d'été, qu'après avoir fait des vœux au Capitole (60). Alors Fésules [9] était pour les Romains ce que Carres [10] fut depuis; le bois d'Aricie [11] était leur forêt Hercynienne [12]; Frégelles [13], leur Gesoriacum [14]; le Tibre, leur Euphrate. Coriole [15] même, quelle honte! Coriole, réduite par les armes, fut un si beau titre de gloire, que le vainqueur de cette place, Caïus Marcius, joignit à son nom celui de Coriolan, comme s'il eût conquis Numance ou l'Afrique. On voit encore dans le Forum les dépouilles d'Antium, que Ménius suspendit à la tribune aux

[1] Aujourd'hui *Lago di san Prasso*.

[1] Val. Max., l. I, c. 8. § 1. — [2] Petite ville des Volsques, à l'embouchure du Liris. — [3] Montagne et petite ville des Eques, près de Tusculum, et à deux milles de Rome. — [4] Ville des Latins. — [5] Ville des Herniques, aujourd'hui *Verulo*. — [6] *Bos villa*, terre des bœufs, ville du Latium à peu de distance de Rome. — [7] Aujourd'hui *Tivoli*. — [8] Capitale des Eques, aujourd'hui *Palestrina*. — [9] Dans la Toscane, aujourd'hui *Fiésole*. — [10] Ville de Mésopotamie, près de laquelle Crassus fut defait par les Parthes. — [11] Aux environs d'Albe, dans le Latium, aujourd'hui *La Riccia*. — [12] Nom général, des forêts de la Germanie. — [13] Ville du Latium, près du fleuve Liris. — [14] Aujourd'hui Boulogne-sur-Mer. — [15] Ville des Volsques dont il ne reste aucun vestige.

---

manum, terremque geminat dolo. « Ut scias, inquit, « quem virum effugeris, idem trecenti juravimus : » quum interim (immane dictu!) hic interritus, ille trepidaret, tamquam manus regis arderet. Sic quidem viri. Sed ne quis sexus a laude cessaret, ecce et virginum virtus. Una ex obsidibus regi data, elapsa custodiam, Clœlia, per patrium flumen equitabat. Et rex quidem, tot tantisque virtutum territus monstris, valere, liberosque esse jussit. Tarquinii tamdiu dimicaverunt, donec Aruntem, filium regis, manu sua Brutus occidit, superque ipsum mutuo vulnere exspiravit; plane quasi adulterum ad inferos usque sequeretur.

XI. — *Bellum latinum.* — Latini quoque Tarquinios asserebant æmulatione et invidia : ut populus, qui foris dominabatur, saltem domi serviret. Igitur omne Latium, Mamilio Tusculano duce, quasi in regis ultionem, tollit animos. Apud Regilli lacum dimicatur diu, Marte vario, donec Postumius ipse dictator signum in hostes jaculatus est : novum et insigne commentum, uti peteretur cursus. Cossus equitum magister exuere frenos imperavit (et hoc novum), quo acrius incurrerent. Ea denique atrocitas fuit prælii, ut interfuisse spectaculo deos Fama tradiderit duos in candidis equis : Castorem atque Pollucem. nemo dubitavit. Itaque et imperator veneratus est, pactusque victoriam templa promisit; et reddidit, plane quasi stipendium commilitonibus diis.

Hactenus pro libertate : mox de finibus cum eisdem Latinis assidue, et sine intermissione pugnatum est. Sora (quis credat?) et Algidum terrori fuerunt; Satricum atque Corniculum provinciæ. De Verulis et Bovillis pudet; sed triumphavimus. Tibur nunc suburbanum, et æstivæ Præneste deliciæ, nuncupatis in Capitolio votis, petebantur. Idem tunc Fæsulæ, quod Carræ nuper : idem nemus Aricinum, quod Hercynius saltus : Fregellæ, quod Gesoriacum : Tiberis, quod Euphrates. Coriolos quoque, proh pudor! victos adeo gloriæ fuisse, ut captum oppidum Caius Marcius Coriolanus, quasi Numantiam aut Africam, nomini induerit. Extant et parta de Antio spolia, quæ Mænius in suggestu fori, capta hostium classe, suffixit : si tamen illa classis; nam sex

harangues, après la prise de la flotte ennemie; si toutefois l'on peut appeler flotte six navires armés d'éperons; mais ce nombre suffisait, dans ces premiers temps, pour une guerre maritime.

Les plus opiniâtres des Latins furent les Éques et les Volsques [1]; c'étaient, pour ainsi dire, des ennemis de tous les jours. Mais celui qui contribua le plus à les dompter fut Lucius Quinctius, ce dictateur tiré de la charrue, et dont la valeur extraordinaire sauva le consul Marcus Minucius, assiégé et déjà presque pris dans son camp. On était alors dans la saison des semailles; et le licteur trouva ce patricien courbé sur sa charrue et occupé du labourage. C'est de là que, s'élançant aux combats, Quinctius, pour y conserver quelque image de ses travaux rustiques, traita les vaincus comme un troupeau, en les faisant passer sous le joug (61). L'expédition ainsi terminée, on vit retourner à ses bœufs ce laboureur décoré d'un triomphe (62). Grands dieux! quelle rapidité! une guerre, en quinze jours, commencée et finie, comme si le dictateur eût voulu se hâter de retourner à ses travaux interrompus.

XII. — *Guerre contre les Étrusques, les Falisques et les Fidénates.* —(An de R. 274 - 560.) — Les Véiens, peuple de l'Étrurie, nos ennemis perpétuels, armaient chaque année. Tant d'acharnement porta la famille des Fabius à lever contre eux une troupe vraiment extraordinaire, et à soutenir seule les frais de la guerre. Sa défaite ne fut que trop signalée. Trois cents guerriers, armée patricienne, furent taillés en pièces près du Cromère [2]; et le nom de scélérate désigna la porte qui leur ouvrit, à leur départ, le chemin du combat (63). Mais ce désastre fut expié par d'éclatantes victoires; et nos divers généraux prirent de très-fortes places, avec des circonstances, il est vrai, bien différentes. La soumission des Falisques fut volontaire. Les Fidénates périrent dans les flammes qu'ils avaient allumées; les Véiens furent pris et entièrement exterminés. Les Falisques, pendant qu'on les tenait assiégés, durent accorder une juste admiration à la loyauté de notre général, lequel, faisant charger de chaînes un maître d'école qui voulait livrer sa patrie, s'empressa de le leur renvoyer avec les enfants qu'il avait amenés. Il savait en effet, cet homme sage et vertueux, qu'il n'y a de véritable victoire que celle qui s'obtient sans violer la bonne foi et sans porter atteinte à l'honneur. Les Fidénates, inférieurs aux Romains dans les combats, crurent les frapper d'épouvante, en s'avançant comme des furieux, armés de torches, et hérissés de bandelettes de diverses couleurs qui s'agitaient en forme de serpents; mais ce lugubre appareil fut le présage de leur destruction. Quant aux Véiens, un siége de dix ans indique assez leur puissance. Alors, pour la première fois, on hiverna sous des tentes faites de peaux, et l'on distribua une solde (64) pendant les quartiers d'hiver : le soldat s'était engagé, par un serment volontaire, « à ne rentrer dans Rome qu'après avoir pris Véies. » Les dépouilles du roi Lars (65) Tolumnius furent portées à Jupiter Férétrien. Enfin, sans escalade et sans assaut, mais par la mine et par des travaux souterrains, fut consommée la ruine de Véies. Le butin parut si considérable que la dixième partie en fut envoyée à Apollon Pythien, et que tout le peuple romain fut convié au pillage de la ville. Voilà ce que

[1] Peuple du Latium. — [2] Qui se jette dans le Tibre.

---

fuere rostratæ. Sed hic numerus illis initiis navale bellum fuit.

Pervicacissimi tamen Latinorum Æqui et Volsci fuere, et quotidiani, ut ita dixerim, hostes. Sed hos præcipue Lucius Quinctius domuit, ille dictator ab aratro : qui obsessa ac pæne jam capta Marci Minucii consulis castra egregia virtute servavit. Medium erat forte tempus sementis, quum patricium virum innixum aratro suo lictor in ipso opere deprehendit. Inde in aciem profectus, ne quid a rustici operis imitatione cessaret, victos more pecudum sub jugum misit. Sic expeditione finita, rediit ad boves rursus, triumphalis agricola. Fidem numinum! qua velocitate! intra quindecim dies cœptum peractumque bellum : prorsus ut festinasse dictator ad relictum opus videretur.

XII. — *Bellum cum Etruscis, Faliscis et Fidenatibus.* — Assidui vero et anniversarii hostes ab Etruria fuere Veientes; adeo ut extraordinariam manum adversus eos promiserit, privatumque gesserit bellum gens una Fabiorum. Satis superque idonea clades. Cæsi apud Cremeram trecenti, patricius exercitus; et scelerato signata nomine, quæ proficiscentes in prælium porta dimisit. Sed ea clades ingentibus expiata victoriis, postquam per alios atque alios duces robustissima capta sunt oppida : vario quidem eventu. Falisci se sponte dediderunt. Cremati suo igne Fidenates. Rapti funditus deletique Veientes. Falisci quum obsiderentur, mira visa est fides imperatoris, nec immerito : quod ludimagistrum, urbis proditorem, cum iis, quos adduxerat, pueris, vinctum sibi ultro remisisset. Eam namque vir sanctus et sapiens veram sciebat victoriam, quæ salva fide, et integra dignitate pararetur. Fidenæ, quia pares non erant ferro, ad terrorem movendum facibus armatæ, et discoloribus, serpentum in modum, vittis, furiali more processerant : sed habitus ille feralis eversionis omen fuit. Veientium quanta res fuerit, indicat decennis obsidio. Tunc primum hiematum sub pellibus : taxata stipendio hiberna : adactus miles sua sponte jurejurando, « nisi capta urbe, non remearet. » Spolia de Larte Tolumnio rege ad Feretrium reportata. Denique non scalis, nec irruptione, sed cuniculo, et subterraneis dolis paractum urbis excidium. Ea denique visa est prædæ magnitudo, cujus

Véies était alors ; qui se rappelle aujourd'hui qu'elle ait existé? quels débris en reste-t-il? quel vestige? Il faut toute l'autorité des annales pour nous persuader qu'il y eut une ville de Véies (66).

XIII. — *Guerre contre les Gaulois.* — (An de Rome 364 - 369). — Alors, soit jalousie des dieux, soit arrêt du destin, le cours rapide des conquêtes de Rome fut un instant interrompu par une incursion des Gaulois Sénonais. Je ne sais si cette époque fut plus funeste aux Romains, par leurs désastres, que glorieuse par les épreuves où elle mit leurs vertus. Telle fut du moins la grandeur de leurs maux, que je les croirais envoyés par les dieux immortels, pour éprouver si la vertu romaine méritait l'empire du monde.

Les Gaulois Sénonais, nation d'un naturel farouche, et de mœurs grossières, étaient par leur taille gigantesque, ainsi que par leurs armes énormes, si effrayants de toute manière, qu'ils semblaient nés uniquement pour l'extermination des hommes et la destruction des villes. Parties autrefois des extrémités de la terre et des rivages de l'Océan, qui ceint l'univers, leurs innombrables hordes, après avoir tout dévasté sur leur passage, s'étaient établies entre les Alpes et le Pô (67) ; et, non contents de ces conquêtes, ils se promenaient dans l'Italie. Ils assiégeaient alors Clusium [1]. Le peuple romain intervint en faveur de ses alliés et de ses amis (68). Il envoya des ambassadeurs, selon l'usage. Mais quelle justice attendre des Barbares (69)? ils se montrent plus arrogants : ils se tournent contre nous, et la guerre s'allume. Dès lors, abandonnant Clusium, ils marchent sur Rome jusqu'au fleuve Allia [1], où le consul Fabius les arrête avec une armée. Aucune défaite ne fut, sans contredit, plus horrible. Aussi Rome, dans ses fastes, plaça-t-elle cette journée au nombre des jours funestes. Les Gaulois, après la déroute de notre armée, approchaient déjà des murs de la ville. Elle était sans défense. C'est alors, ou jamais, qu'éclata le courage romain. D'abord les vieillards qui avaient été élevés aux premiers honneurs se rassemblèrent dans le Forum. Là, tandis que le pontife prononçait les solennelles imprécations, ils se dévouèrent aux dieux Mânes (70) ; et, de retour dans leurs demeures, revêtus de la robe magistrale et des ornements les plus pompeux, ils se placèrent sur leurs chaises curules, voulant, lorsque viendrait l'ennemi, mourir dans toute leur dignité. Les pontifes et les flamines enlèvent tout ce que les temples renferment de plus révéré ; ils en cachent une partie dans des tonneaux qu'ils enfouissent sous terre, et, chargeant le reste sur des chariots, ils le transportent loin de la ville. Les vierges attachées au sacerdoce de Vesta accompagnent, pieds nus, la fuite des objets sacrés. On dit cependant que ce cortége fugitif fut recueilli par un plébéien, Lucius Albinus, qui fit descendre de son chariot sa femme et ses enfants, pour y placer les prêtresses ; tant il est vrai que, même dans les dernières extrémités, la religion publique l'emportait alors sur les affections particulières. Quant à la jeunesse, qui, on le sait, se composait à peine de mille hommes, elle se retrancha, sous la conduite de Manlius, dans la

[1] Aujourd'hui Chiusi ; les Clusiens occupaient une partie du territoire de Sienne et d'Orvietto.

[1] Petite rivière qui prend sa source dans la Sabine et se jette dans le Tibre, à trois lieues de Rome.

decimæ Apollini Pythio mitterentur ; universusque populus Romanus ad direptionem urbis vocaretur. Hoc tunc Veii fuere : nunc fuisse quis meminit ? quæ reliquiæ ? quod vestigium ? Laborat annalium fides, ut Veios fuisse credamus.

XIII— *Bellum Gallicum.* —Hic sive invidia deum, sive fato, rapidissimus procurrentis imperii cursus parumper Gallorum Senonum incursione supprimitur. Quod tempus populo Romano nescio utrum clade funestius fuerit, an virtutum experimentis speciosius. Ea certe fuit vis calamitatis, ut in experimentum illatam putem divinitus, scire volentibus immortalibus diis, an romana virtus imperium orbis mereretur,

Galli Senones, gens natura ferox , moribus incondita, ad hoc ipsa corporum mole, perinde armis ingentibus, adeo omni genere terribilis fuit, ut plane nata ad hominum interitum, urbium stragem, videretur. Hi quondam ab ultimis terrarum oris, et cingente omnia Oceano, ingenti agmine profecti, quum jam media vastassent, positis inter Alpes et Padum sedibus, ne his quidem contenti, per Italiam vagabantur. Tum Clusium obsidebant. Pro sociis ac fœderatis populus Romanus intervenit. Missi ex more legati. Sed quod jus apud Barbaros ? ferocius agunt ; et inde certamen. Conversis igitur a Clusio, Romamque venientibus, ad Alliam flumen cum exercitu Fabius consul occurrit. Non temere fœdior clades. Itaque hunc diem fastis Roma damnavit. Fuso exercitu, jam mœnibus Urbis appropinquabant : erant nulla præsidia. Tum igitur, aut numquam alias, apparuit vera illa Romana virtus. Jam primum majores natu, amplissimis usi honoribus, in forum coeunt. Ibi, devovente pontifice, diis se Manibus consecrant ; statimque in suas quisque ædes regressi, sicut in trabeis erant, et amplissimo cultu, in curulibus sellis sese posuerunt ; ut, quum venisset hostis, in sua dignitate morerentur. Pontifices et Flamines, quidquid religiosissimum in templis erat, partim in doliis defossa terra recondunt : partim imposita plaustris secum avehunt. Virgines simul ex sacerdotio Vestæ, nudo pede fugientia sacra comitantur. Tamen excepisse fugientes unus e plebe fertur Lucius Albinus, qui, depositis uxore et liberis, virgines in plaustrum recepit : adeo tum quoque in ultimis religio publica privatis affectibus ante cellebat ! Juventus vero, quam satis constat vix mille hominum fuisse, duce Manlio, arcem Capitolini montis in-

citadelle du mont Capitolin ; et là, comme en présence de Jupiter, ils le conjurèrent « puisqu'ils s'étaient réunis pour défendre son temple, d'accorder à leur valeur l'appui de sa divinité. »

Cependant les Gaulois arrivent; la ville était ouverte; ils pénètrent en tremblant d'abord, de peur de quelque embûche secrète; bientôt, ne voyant qu'une solitude, ils s'élancent avec des cris aussi terribles que leur impétuosité, et se répandent de tous côtés dans les maisons ouvertes. Assis sur leurs chaises curules et revêtus de la prétexte, les vieillards leur semblent des dieux et des génies, et ils se prosternent devant eux ; bientôt, reconnaissant que ce sont des hommes, qui d'ailleurs ne daignent pas leur répondre, ils les immolent avec cruauté, embrasent les maisons ; et, la flamme et le fer à la main, ils mettent la ville au niveau du sol. Pendant six mois, qui le croirait? Les Barbares restèrent comme suspendus autour d'un seul roc, faisant le jour, la nuit même, de nombreuses tentatives pour l'emporter. Une nuit enfin qu'ils y pénétraient, Manlius, éveillé par les cris d'une oie, les rejeta du haut du rocher ; et, afin de leur ôter tout espoir par une apparente confiance, il lança, malgré l'extrême disette, des pains par-dessus les murs de la citadelle. Il fit même, dans un jour consacré, sortir du Capitole, à travers les gardes ennemis, le pontife Fabius, qui avait un sacrifice solennel à faire sur le mont Quirinal. Fabius revint sans blessure au milieu des traits des ennemis, sous la protection divine: et il annonça que les dieux étaient propices.

Fatigués enfin de la longueur du siége, les Barbares nous vendent leur retraite au prix de mille livres d'or ; ils ont même l'insolence d'ajouter encore à de faux poids celui d'une épée; puis, comme ils répétaient dans leur orgueil : « Malheur aux vaincus! » soudain Camille les attaque par derrière, et en fait un tel carnage qu'il efface dans des torrents de sang gaulois toutes les traces de l'incendie. Grâces soient rendues aux dieux immortels, même pour cet affreux désastre. Sous ce feu disparurent les cabanes de pasteurs; sous la flamme, la pauvreté de Romulus. Cet embrasement d'une cité, le domicile prédestiné des hommes et des dieux, eut-il un autre résultat que de la montrer non pas détruite, non pas ruinée, mais plutôt purifiée et consacrée?

Ainsi donc, sauvée par Manlius et rétablie par Camille, Rome se releva plus fière et plus terrible pour ses voisins. Et d'abord, c'était peu d'avoir chassé de la ville cette race de Gaulois; les voyant encore traîner par toute l'Italie les vastes débris de leur naufrage, les Romains les poursuivirent si vivement, sous la conduite de Camille, qu'il ne reste plus aujourd'hui aucun vestige des Sénonais. On les massacra une première fois près de l'Anio, où Manlius, dans un combat singulier contre un de ces Barbares, lui arracha, entre autres dépouilles, un collier d'or : de là le nom de Torquatus. Ils furent encore défaits aux champs Pomptins [1] ; là, dans un semblable combat, Lucius Valérius, secondé par un oiseau sacré [2] qui s'attacha au casque du Gaulois, conquit les dépouilles de son ennemi et le surnom de Corvinus. Enfin, quelques années après, les derniers restes

[1] Ainsi nommés à cause du voisinage de Suessa Pométia, ville des Volsques. — [2] Sacré, parce qu'on tirait des augures du vol de cet oiseau (le corbeau).

---

sedit, obtestata ipsum quasi præsentem Jovem, « ut quem-
» admodum ipsi ad defendendum templum ejus concurris-
» sent, ita ille virtutem eorum numine suo tueretur. »
Aderant interim Galli, apertamque Urbem primo trepidi, ne quis subesset dolus, mox ubi solitudinem vident, pari clamore et impetu invadunt. Patentes passim domos adeunt : ubi sedentes in curulibus sellis prætextatos senes, velut deos geniosque venerati, mox eosdem, postquam esse homines liquebat, alioqui nihil respondere dignantes, pari vecordia mactant, facesque tectis injiciunt ; et totam Urbem igne, ferro, manibus exæquant. Sex mensibus Barbari (quis crederet ?) circa montem unum pependerunt, nec diebus modo, sed noctibus quoque omnia experti : quum tandem Manlius nocte subeuntes, clangore anseris excitatus, a summa rupe dejecit, et ut spem hostibus demeret, quamquam in summa fame, tamen ad speciem fiduciæ, panes ab arce jaculatus est. Et stato quodam die per medias hostium custodias Fabium pontificem ab arce demisit, qui solenne Sacrum in Quirinali monte conficeret. Atque ille per media hostium tela incolumis religionis auxilio rediit, propitiosque deos renuntiavit.

Novissime quum jam obsidio sua Barbaros fatigasset, mille pondo auri recessum suum venditantes, idque ipsum per insolentiam, quum ad iniqua pondera addito adhuc gladio, superbe « Væ victis ! » increparent, subito aggressus a tergo Camillus adeo cecidit, ut omnia incendiorum vestigia Gallici sanguinis inundatione deleret. Agere gratias diis immortalibus ipso tantæ cladis nomine libet. Pastorum casas ignis ille, et flamma paupertatem Romuli abscondit. Incendium illud quid egit aliud, nisi ut destinata hominum ac deorum domicilio civitas, non deleta, non obruta, sed expiata potius et lustrata videatur?

Igitur post assertam a Manlio, restitutam a Camillo Urbem, acrius etiam vehementiusque in finitimos resurrexit. Ac primum omnium illam ipsam Gallicam gentem non contentus mœnibus expulisse, quum per Italiam naufragia sua latius traheret, sic persecutus est, duce Camillo, ut hodie nulla Senonum vestigia supersint. Semel apud Anienem trucidati, quum singulari certamine Manlius aureum torquem Barbaro inter spolia detraxit : inde Torquati. Iterum Pomptino agro, quum in simili pugna Lucius Valerius, insidente galeæ sacra alite adjutus re-

de ce peuple furent anéantis en Étrurie, par Dolabella, près le lac de Vadimon [1], afin qu'il n'existât plus dans cette nation un seul homme qui pût se glorifier d'avoir incendié la ville de Rome.

XIV. — *Guerre contre les Latins.* — (An de Rome 414-417.) — Des Gaulois on marcha contre les Latins, sous le consulat de Manlius Torquatus et de Décius Mus. La jalousie du commandement avait toujours rendu ces peuples ennemis de Rome; mais alors, l'incendie de cette ville la leur faisant mépriser, ils réclamaient le droit de cité, la participation au gouvernement et aux magistratures; et ils osaient plus que nous combattre. Ils cèdent à nos armes; qui pourra s'en étonner, quand on voit l'un des consuls faire mourir son fils pour avoir combattu contre son ordre, et montrer qu'il attache à la discipline plus de prix qu'à la victoire; l'autre, comme par une inspiration divine, se couvrir la tête d'un voile, se dévouer aux dieux Mânes devant le premier rang de l'armée, se précipiter au milieu des traits innombrables des ennemis, et nous frayer, par les traces de son sang, un nouveau chemin vers la victoire?

XV. — *Guerre contre les Sabins.* — (An de Rome 465.) — Les Latins soumis, on attaqua les Sabins qui, oubliant l'alliance contractée sous Titus Tatius, et entraînés à la guerre par une sorte de contagion, s'étaient joints aux Latins. Mais le consul Curius Dentatus porta le fer et le feu dans toute la contrée qui s'étend entre le Nar [2], l'Anio [3], et les fontaines Vélines [4], jusqu'à la mer Adriatique. Cette victoire fit passer tant d'hommes, tant de territoire sous la puissance de Rome, que le vainqueur lui-même ne pouvait décider laquelle de cette double conquête était la plus considérable (71).

XVI. — *Guerre contre les Samnites.* — (An de Rome 410.) — Touché des prières de la Campanie, le peuple romain, non pour son intérêt, mais, ce qui est plus beau, pour celui de ses alliés, attaqua ensuite les Samnites. Il existait une alliance conclue avec chacun de ces deux peuples; mais les Campaniens avaient rendu la leur plus sacrée et plus importante par la cession de tous leurs biens. Ainsi donc Rome fit la guerre aux Samnites comme pour elle-même.

De toutes les contrées non-seulement de l'Italie, mais de l'univers entier, la plus belle est la Campanie. Rien de plus doux que son climat; un double printemps y fleurit chaque année. Rien de plus fertile que son territoire; aussi dit-on que Bacchus et Cérès y rivalisent. Point de mer plus hospitalière. Là sont les ports renommés de Caïète [1], de Misène [2], de Baies, aux sources toujours tièdes; le Lucrin [3] et l'Averne [4], où la mer semble venir se reposer. Là sont ces monts couronnés de vignobles, le Gaurus [5], le Falerne, le Massique [6], et, le plus beau de tous, le Vésuve, rival des feux de l'Etna. Près de la mer sont les villes de Formies [7], Cumes [8], Pouzzoles, Naples, Herculanum, Pompéii, et, la première de toutes, Capoue [9], comptée jadis au rang des trois plus grandes cités du monde, avec Rome et Carthage.

[1] En Étrurie. — [2] Il prend sa source auprès du mont Fisallus, coule entre l'Ombrie et le pays des Sabins, et va se jeter dans le Tibre. — [3] Aujourd'hui *Tévérone.* — [4] Rivière du pays des Sabins.

[1] Aujourd'hui *Gaëte*, dans la terre de Labour. — [2] Aujourd'hui *Capo di Miseno.* — [3] Entre Pouzzoles et Baies. — [4] Voisin du précédent. — [5] Sur la rive du Liris (*Garigliano*). — [6] Célèbres crûs de l'Italie. — [7] Ville de la Campanie, aujourd'hui le Môle. — [8] On en voit quelques vestiges à une lieue de Pouzzoles. — [9] Cette ville subsiste encore aujourd'hui.

tulit spolia; et inde Corvini. Tandem post aliquot annos, omnes reliquias eorum in Etruria ad lacum Vadimonis Dolabella delevit: ne quis exstaret in ea gente, quæ incensam a se Romam urbem gloriaretur.

XIV. — *Bellum Latinum.* — Conversus a Gallis in Latinos, Manlio Torquato, Decio Mure consulibus, semper quidem æmulatione imperii infestos, tum vero contemptu Urbis incensæ; quuum «jus civitatis, partem imperii ac magistratuum» poscerent, atque jam amplius, quam congredi, auderent. Quo tempore quis cessisse hostem mirabitur, quum alter consulum filium suum, quia contra imperium pugnaverat, quamvis victorem occiderit, quasi plus in imperio esset, quam in victoria: alter, quasi monitu deorum, capite velato, primam ante aciem diis Manibus se devoverit, ut in confertissima se hostium tela jaculatus, novum ad victoriam iter sanguinis sui semita aperiret?

XV. — *Bellum Sabinum.* — A Latinis aggressus est gentem Sabinorum, qui immemores factæ sub Tito Tatio affinitatis, quodam contagio belli se Latinis adjunxerant. Sed Curio Dentato consule, omnem eum tractum, qua Nar, Anio fontesque Velini, Adriatico tenus mari, igne ferroque vastavit. Qua victoria tantum hominum, tantum agrorum redactum in potestatem, ut, in utro plus esset, nec ipse posset æstimare, qui vicerat.

XVI. — *Bellum Samniticum.* — Precibus deinde Campaniæ motus, non pro se, sed, quod est speciosius, pro sociis, Samnites invadit. Erat fœdus cum utrisque percussum: sed hoc Campani sanctius, et prius omnium suorum deditione fecerant. Sic ergo Romanus bellum Samniticum tamquam sibi gessit.

Omnium, non modo Italia, sed toto orbe terrarum, pulcherrima Campaniæ plaga est. Nihil mollius cælo: denique bis floribus vernat. Nihil uberius solo: ideo Liberi Cererisque certamen dicitur. Nihil hospitalius mari: hic illi nobiles portus, Caieta, Misenus, et tepentes fontibus Baiæ: Lucrinus et Avernus, quædam maris otia. Hic amicti vitibus montes, Gaurus, Falernus, Massicus, et pulcherrimus omnium Vesuvius, Ætnei ignis imitator. Urbes ad mare, Formiæ, Cumæ, Puteoli, Neapolis, Herculaneum, Pompeii, et ipsa caput urbium, Capua, quondam inter tres maximas, Romam Carthaginemque numerata.

C'est pour cette ville, pour ces contrées, que le peuple romain envahit le territoire des Samnites. Veut-on connaître l'opulence de ce peuple? il prodiguait jusqu'à la recherche l'or et l'argent sur ses armes, et les couleurs sur ses vêtements (72). Sa perfidie? il combattait en dressant des piéges dans les bois et dans les montagnes; son acharnement et sa fureur? c'était par des lois inviolables, et par le sang de victimes humaines, qu'il s'excitait à la ruine de Rome. Son opiniâtreté? rompant six fois le traité, il ne se montrait que plus animé après ses défaites. Toutefois, il ne fallut que cinquante ans aux Fabius, aux Papirius et à leurs fils, pour le soumettre et le dompter; on dispersa tellement les ruines mêmes de ces villes, que l'on cherche aujourd'hui le Samnium dans le Samnium, et qu'il est difficile de retrouver le pays qui a fourni la matière de vingt-quatre triomphes (73). Rome n'en reçut pas moins de cette nation un affront célèbre et fameux aux Fourches Caudines, sous les consuls Véturius et Postumius. Enfermée par surprise dans ce défilé, notre armée ne pouvait en sortir; le général ennemi, Pontius, tout étonné d'une occasion si belle, consulta son père Hérennius, qui lui conseilla sagement « de laisser aller ou de tuer tous les Romains. » Pontius aima mieux les désarmer et les faire passer sous le joug; ce n'était pas seulement dédaigner leur amitié en retour d'un bienfait, c'était rendre, par un affront, leur inimitié plus terrible. Bientôt les consuls, se livrant d'eux-mêmes par une magnanime résolution, effacent la honte du traité; le soldat, avide de vengeance, se précipite, sous la conduite de Papirius, les épées nues, spectacle effrayant! et, pendant la marche même, il prélude au combat par des frémissements de fureur. « Dans l'action, tous les yeux lançaient des flammes, » comme l'ennemi l'attesta; et l'on ne mit fin au carnage qu'après avoir imposé le même joug aux ennemis et à leur général captif.

XVII. — *Guerre contre les Etrusques et les Samnites.* — (An de Rome 458.) — Jusque-là le peuple romain n'avait fait la guerre qu'à une seule nation à la fois; bientôt il les combattit en masse, et sut cependant faire face à toutes. Les douze peuples de l'Étrurie, les Ombriens, le plus ancien peuple de l'Italie, qui avait jusqu'à cette époque échappé à nos armes; le reste des Samnites se conjurèrent tout à coup pour l'extinction du nom romain. La terreur fut à son comble devant la ligue de tant de nations si puissantes. Les enseignes de quatre armées ennemies flottaient au loin dans l'Étrurie. Entre elles et nous s'étendait la forêt Ciminienne, jusqu'alors impénétrable, comme celles de Calydon [1] ou d'Hercynie [2]. Ce passage était si redouté, que le sénat défendit au consul d'oser s'engager au milieu de tant de périls. Mais rien ne put effrayer le général; et il envoya son frère en avant pour reconnaître les avenues de la forêt. Celui-ci, sous l'habit d'un berger, observa tout pendant la nuit, et revint annoncer que le passage était sûr. C'est ainsi que Fabius Maximus se tira sans danger d'une guerre si aventureuse. Il surprit tout à coup les ennemis en désordre et dispersés; et, s'étant emparé des hauteurs, il les foudroya sans effort à ses pieds. Ce fut comme une image de cette guerre où, du haut des cieux et du sein des nuages, la foudre était lancée sur les

[1] Ou de Calédonie, au nord de la Grande-Bretagne, dans le pays qui répond à l'Écosse septentrionale. — [2] V. l. I, c. 11.

Pro hac urbe, his regionibus populus Romanus Samnites invasit, gentem, si opulentiam quæras, aureis et argenteis armis, discolori veste, usque ad ambitum armatam : si fallaciam, saltibus fere et montium fraude grassantem : si rabiem ac furorem, sacratis legibus, humanisque hostiis in exitium Urbis agitatam : si pertinaciam, sexies rupto fœdere, cladibusque ipsis animosiorem. Hos tamen quinquaginta annis per Fabios et Papirios patres, eorumque liberos ita subegit ac domuit; ita ruinas ipsas urbium diruit, ut hodie Samnium in ipso Samnio requiratur; nec facile appareat materia quatuor et viginti triumphorum. Maxime tamen nota et illustris ex hac gente clades apud Caudinas furculas, Veturio Postumioque consulibus, accepta est. Clauso per insidias intra eum saltum exercitu, unde non posset evadere, stupens occasione tanta dux hostium Pontius, Herennium patrem consuluit; et ille, « mitteret omnes, vel occideret, » sapienter, ut senior, suaserat. Hic armis exutos mittere sub jugum maluit; ut nec amici forent beneficio, et post flagitium, hostes magis. Itaque et consules statim magnifice voluntaria deditione turpitudinem fœderis diruunt, et ultionem flagitans miles, Papirio duce (horribile dictu), strictis ensibus per ipsam viam ante pugnam furit, et « in congressu arsisse omnium oculos, » hostis auctor fuit. Nec prius finis cædibus datus, quam jugum et hostibus et duci capto reposuerunt.

XVII. — *Bellum Etruscum et Samniticum.* — Hactenus populo Romano bellum cum singulis gentium, mox acervatim : tamen sic quoque par omnibus fuit. Etruscorum duodecim populi, Umbri in id tempus intacti, antiquissimus Italiæ populus, Samnitum reliqui, in excidium Romani nominis repente conjurant. Erat terror ingens tot simul tantorumque populorum. Late per Etruriam infesta quatuor agminum signa volitabant. Ciminius interim saltus in medio, ante invius, plane quasi Calidonius, vel Hercynius, adeo tunc terrori erat, ut senatus consuli denuntiaret, ne tantum periculi ingredi auderet. Sed nihil horum terruit ducem. Quin fratre præmisso, explorat accessus. Ille per noctem pastorio habitu speculatus omnia, refert tutum iter. Sic Fabius Maximus periculosissimum bellum sine periculo explicavit : nam subito inconditos atque palantes aggressus est; captisque

enfants de la terre (74). Toutefois, cette victoire ne laissa pas d'être sanglante; car Décius, l'un des consuls, accablé par l'ennemi dans le fond d'une vallée, dévoua, à l'exemple de son père, sa tête aux dieux Mânes; et, au prix de ce sacrifice solennel, ordinaire dans sa famille, il racheta la victoire (75).

XVIII. — *Guerre contre Tarente et contre le roi Pyrrhus.* - (An de Rome 474 — 481.) Vient ensuite la guerre de Tarente (76), que l'on croirait, d'après le titre et ce nom, dirigée contre un seul peuple; mais qui, par la victoire, en embrasse plusieurs. En effet, les Campaniens, les Apuliens, les Lucaniens, les Tarentins, auteurs de cette guerre, c'est-à-dire l'Italie entière, et, avec tous ces états, Pyrrhus (77), le plus illustre roi de la Grèce, furent comme enveloppés dans une ruine commune; de sorte qu'en même temps cette guerre consommait la conquête de l'Italie, et était le prélude de nos triomphes d'outre-mer.

Tarente, ouvrage des Lacédémoniens (78), autrefois capitale de la Calabre, de l'Apulie et de toute la Lucanie, est aussi renommée pour sa grandeur, ses remparts et son port, qu'admirable par sa position : en effet, située à l'entrée même du golfe Adriatique, elle envoie ses vaisseaux dans toutes les contrées, dans l'Istrie, l'Illyrie, l'Épire, l'Achaïe, l'Afrique, la Sicile. Au-dessus du port, et en vue de la mer, s'élève un vaste théâtre, qui fut l'origine de tous les désastres de cette ville malheureuse. Les Tarentins y célébraient par hasard des jeux, lorsqu'ils aperçurent une flotte romaine ramant vers le rivage (79); persuadés que ce sont des ennemis, ils se lèvent aussitôt, et, sans réfléchir, ils se répandent en injures. « Qui sont, disent-ils, et d'où viennent ces Romains? » Ce n'est pas assez : des ambassadeurs étaient venus porter de justes plaintes; on en insulte la majesté par un outrage obscène et qu'il serait honteux de rapporter (80); ce fut le signal de la guerre. L'appareil en fut formidable, par le grand nombre de peuples qui se levèrent à la fois en faveur des Tarentins; Pyrrhus, plus ardent que tous les autres, et brûlant de venger une ville à moitié grecque, qui avait les Lacédémoniens pour fondateurs, venait par mer et par terre, avec toutes les forces de l'Épire, de la Thessalie, de la Macédoine, avec des éléphants jusqu'alors inconnus, et ajoutait encore à la force de ses guerriers, de ses chevaux et de ses armes, la terreur qu'inspiraient ces animaux

Ce fut près d'Héraclée, sur les bords du Liris, fleuve de la Campanie (81), et sous les ordres du consul Lévinus, que se livra le premier combat. Il fut si terrible qu'Obsidius, commandant de la cavalerie Férentine[1], ayant chargé le roi, le mit en désordre et le força de sortir de la mêlée, dépouillé des marques de sa dignité. C'en était fait de Pyrrhus, lorsqu'accoururent les éléphants qui changèrent, pour les Romains, le combat en spectacle. Leur masse, leur difformité, leur odeur inconnue, leur cri aigu, épouvantèrent les chevaux qui, croyant ces ennemis nouveaux plus redoutables qu'ils n'étaient en effet, causèrent, par leur fuite, une vaste et sanglante déroute (82).

On combattit ensuite avec plus de succès, près

[1] Ferentum ou Ferentinum, ville du Latium, dans le pays des Herniques.

---

superioribus jugis, in subjectos suo jure detonuit. Ea namque species fuit illius belli, quasi in terrigenas e cælo ac nubibus tela mitterentur. Nec incruenta tamen illa victoria : nam oppressus in sinu vallis alter consul Decius, more patrio devotum diis Manibus obtulit caput; solennemque familiæ suæ consecrationem in victoriæ pretium redegit.

XVIII. — *Bellum Tarentinum et Pyrrho rege.* — Sequitur bellum Tarentinum, unum quidem titulo et nomine, sed victoria multiplex. Hoc enim Campanos, Apulos, atque Lucanos, et, caput belli, Tarentinos, id est, totam Italiam, et cum istis omnibus Pyrrhum, clarissimum Græciæ regem, una veluti ruina pariter involvit : ut eodem tempore et Italiam consummaret, et transmarinos triumphos auspicaretur.

Tarentus, Lacedæmoniorum opus, Calabriæ quondam, et Apuliæ, totiusque Lucaniæ caput, quum magnitudine et muris portuque nobilis, tum mirabilis situ : quippe in ipsis Adriatici maris faucibus posita, in omnes terras, Istriam, Illyricum, Epirum, Achaiam, Africam, Siciliam, vela mittit. Imminet portui ad prospectum maris positum majus theatrum; quod quidem caussa miseræ civitati fuit omnium calamitatum. Ludos forte celebrabant, quum adremigantem littori Romanam classem inde vident; atque hostem rati, emicant, sine discrimine insultant : « qui enim, aut unde Romani? » Nec satis : aderat sine mora querelam ferens legatio. Hanc quoque fœde per obscœnam turpemque dictu contumeliam violant : et hinc bellum. Sed apparatus horribilis, quum tot simul populi pro Tarentinis consurgerent, omnibusque vehementior Pyrrhus, qui semigræcam ex Lacedæmoniis conditoribus civitatem vindicaturus, cum totius viribus Epiri, Thessaliæ, Macedoniæ, incognitisque in id tempus elephantis, mari, terra, viris, equis, armis, addito insuper ferarum terrore, veniebat.

Apud Heracleam, et Campaniæ fluvium Lirim, Levino consule, prima pugna : quæ tam atrox fuit, ut Ferentanæ turmæ præfectus Obsidius, invectus in regem, turbaverit, coegeritque, projectis insignibus, prælio excedere. Actum erat, nisi elephanti, converso in spectaculum bello, procurrerent : quorum quum magnitudine, tum deformitate, et novo odore simul ac stridore consternati equi, quum incognitas sibi bellus amplius, quam erant, suspicarentur, fugam stragemque late dederunt.

In Apulia deinde apud Asculum melius dimicatum est, Curio Fabricioque consulibus : jam quippe belluarum

d'Asculum, en Apulie[1], sous les consuls Curius et Fabricius. Déjà en effet l'épouvante occasionnée par les éléphants s'était dissipée ; et Caïus Minucius, hastaire de la quatrième légion, en coupant la trompe de l'un d'eux, avait montré que ces animaux pouvaient mourir. Dès lors on les accabla aussi de traits, et des torches lancées contre les tours couvrirent les bataillons ennemis tout entiers de débris enflammés. Le carnage ne finit que quand la nuit sépara les combattants, et le roi lui-même, blessé à l'épaule, et porté par ses gardes sur son bouclier, fut le dernier à fuir.

Une dernière bataille fut livrée en Lucanie par les mêmes généraux que j'ai nommés plus haut, dans les plaines qu'on nomme Arusines[2] ; mais ici la victoire fut complète, et, pour la décider, le hasard fit ce que d'ailleurs eût fait la valeur romaine. Les éléphants étaient de nouveau placés sur le front de l'armée ; un d'eux, tout jeune encore, fut grièvement blessé d'un trait qui lui perça la tête ; il tourna le dos, et écrasa, dans sa course, les soldats de cette armée. A ses cris douloureux, sa mère le reconnut et s'élança comme pour le venger. Tout lui paraît ennemi, et, par sa lourde masse, elle porte le désordre autour d'elle. Ainsi ces mêmes animaux, qui avaient enlevé la première victoire et balancé la seconde, nous livrèrent la troisième sans résistance.

Ce ne fut pas seulement par les armes et sur les champs de bataille, mais encore dans nos conseils et au sein de notre ville, que l'on eut à combattre Pyrrhus. Ce roi artificieux ayant, dès sa première victoire, reconnu la valeur romaine, désespéra dès lors d'en triompher par les armes, et recourut à la ruse. En conséquence, il brûla nos morts, traita les prisonniers avec bonté, et les rendit sans rançon. Ayant ensuite envoyé des ambassadeurs à Rome, il s'efforça par tous les moyens de conclure un traité et d'acquérir notre amitié. Mais, dans la paix comme dans la guerre, au dedans comme au dehors, dans toutes les occasions, on vit éclater la vertu romaine ; et, plus qu'aucune autre, la victoire de Tarente montra le courage du peuple romain, la sagesse du sénat, la magnanimité de nos généraux. Quels hommes c'étaient en effet que ceux qui, dans la première bataille, furent, nous dit-on, écrasés sous les pieds des éléphants ! Tous avaient reçu leurs blessures à la poitrine ; quelques-uns étaient morts sur leurs ennemis ; l'épée était restée dans leurs mains, la menace sur leurs visages, et, dans la mort même, leur courroux vivait encore (83). Aussi Pyrrhus dit-il plein d'admiration : « Combien la conquête de l'univers serait facile, ou à moi avec des soldats romains, ou aux Romains avec un roi tel que moi ! » Et quelle activité, dans ceux qui survécurent, pour former une nouvelle armée ! « Je le vois, dit encore Pyrrhus, je suis né sous la constellation d'Hercule ; comme celles de l'hydre de Lerne, toutes les têtes abattues de mes ennemis renaissent de leur sang. » Quelle grandeur encore dans ce sénat (84) ! Témoin la réponse de ses ambassadeurs, chassés de Rome avec leurs présents, après le discours d'Appius Cœcus[1] ; Pyrrhus leur demandait ce qu'ils pensaient de la demeure de ses ennemis ; ils avouèrent « que Rome leur avait

---

[1] Il ne faut pas confondre cette ville d'Asculum avec la capitale du Picenum. — [2] Plaines situées non dans la Lucanie, mais dans le Samnium, aux environs de Bénévent.

[1] V. Cicer. De Senect., c. 6.

---

terror exolevcrat; et Caius Minucius quartæ legionis hastatus, unius proboscide abscissa, mori posse belluas ostenderat. Itaque et in ipsas pila congesta sunt, et in turres vibratæ faces tota hostium agmina ardentibus ruinis operuere : nec ante cladi finis fuit, quam nox dirimeret; postremusque fugientium ipse rex a satellitibus humero saucius in armis suis referretur.

Lucaniæ suprema pugna sub Arusinis, quos vocant, campis, ducibus iisdem, qui superius : sed tunc ad totam victoriam exitum, quem datura virtus fuit, casus dedit. Nam, productis in primam aciem rursus elephantis, unum ex his pullum adacti in caput teli gravis ictus avertit; qui, quum per stragem suorum percurrens stridore quereretur, mater agnovit, et, quasi vindicaret, exsiluit : tum omnia circa quasi hostilia gravi timore permiscuit. Ac sic cædem feræ, quæ primam victoriam abstulerant, secundam parem fecerant, tertiam sine controversia tradidere.

Nec vero tantum armis, et in campis, sed consiliis quoque et domi intra Urbem cum rege Pyrrho dimicatum est. Quippe post primam victoriam rex callidus, intellecta virtute Romana, statim desperavit armis, seque ad dolos contulit. Nam interemptos cremavit, captivosque indulgenter habuit, et sine pretio restituit : missisque deinde legatis in Urbem, omni modo adnisus est, ut, facto fœdere, in amicitiam reciperetur. Sed bello et pace, foris et domi, omnem in partem Romana virtus tum se approbavit; nec alia magis, quam Tarentina victoria, ostendit populi Romani fortitudinem, senatus sapientiam, ducum magnanimitatem. Quinam illi fuerunt viri, quos ab elephantis primo prælio obtritos accepimus ! Omnium vulnera in pectore : quidam hostibus suis immortui : omnium in manibus enses, et relictæ in vultibus minæ, et in ipsa morte ira vivebat. Quod adeo Pyrrhus miratus est, ut diceret : « O quam facile erat orbis imperium occupare, aut mihi, Romanis militibus; aut, me rege, » Romanis ! » Quæ autem eorum, qui superfuerunt, in reparando exercitu festinatio; quum Pyrrhus, « Video » me, inquit, plane Herculis sidere procreatum, cui, » quasi ab angue Lernæo, tot cæsa hostium capita de » sanguine suo renascuntur ! » Qui autem ille senatus fuit ! quum, perorante Appio Cæco, pulsi cum muneri-

Paru un temple (85) et le sénat une assemblée de rois. » Enfin, quels généraux que les nôtres ! Voyez-les dans leur camp : Curius renvoie le médecin de Pyrrhus, qui voulait lui vendre la tête de ce prince [1] ; et Fabricius rejette l'offre, que lui fait le roi, d'une partie de ses états. Voyez-les dans la paix : Curius préfère ses vases d'argile à l'or des Samnites, et Fabricius, dans l'austérité de sa censure, condamne comme un luxe excessif les dix livres de vaisselle d'argent que possédait Rufinus, personnage consulaire.

Qui s'étonnera qu'avec ces mœurs, et avec le courage de ses soldats, le peuple romain ait été vainqueur, et que, dans les quatre années de la seule guerre de Tarente, il ait réduit sous sa domination la plus grande partie de l'Italie, les peuples les plus courageux, les villes les plus opulentes et les contrées les plus fertiles? Quoi de plus incroyable que cette guerre, si l'on en compare le commencement et l'issue? Vainqueur dans un premier combat, Pyrrhus, pendant que toute l'Italie tremble, dévaste la Campanie, les bords du Liris et Frégelles ; des hauteurs de Préneste, il contemple Rome à demi subjuguée, et, à la distance de vingt milles, il remplit de fumée et de poussière les yeux des citoyens épouvantés. Ensuite, deux fois chassé de son camp, blessé deux fois, repoussé par mer et par terre jusque dans la Grèce, sa patrie, il nous laisse la paix et le repos ; et telles sont les dépouilles de tant de nations opulentes, que Rome ne peut contenir les fruits de sa victoire. Jamais, en effet, jamais triomphe plus beau, plus magnifique, n'était entré dans ses murs. Jusqu'à ce jour, on n'avait vu que le bétail des Volsques, les troupeaux des Sabins (86), les chariots des Gaulois, les armes brisées des Samnites. Alors on remarquait comme captifs des Molosses [1], des Thessaliens, des Macédoniens, des guerriers du Bruttium [2], de l'Apulie, de la Lucanie ; et, comme ornement de cette pompe, l'or, la pourpre, des statues, des tableaux, et ce qui faisait les délices de Tarente. Mais rien ne fut plus agréable au peuple romain que la vue de ces monstres qu'il avait tant redoutés, des éléphants chargés de leurs tours, et qui, loin d'être étrangers au sentiment de la captivité, suivaient, la tête baissée, les chevaux victorieux.

XIX. — *Guerre contre les Picentins.* — (An de Rome 485.) — Toute l'Italie jouit bientôt de la paix ; car, après Tarente, qui eût osé la rompre? Mais les Romains voulurent attaquer et poursuivre les alliés de leurs ennemis. Alors on dompta les Picentins, et on prit leur capitale, Asculum [3], sous le commandement de Sempronius, qui, ayant senti trembler le champ de bataille pendant l'action, apaisa la déesse Tellus par la promesse d'un temple.

XX. — *Guerre contre les Sallentins.* — (An de Rome 486). A la soumission des Picentins succéda celle des Sallentins [4] et de Brundusium, capitale du pays, fameuse par son port ; ce fut la conquête de Marcus Atilius. Dans cette guerre, la déesse des bergers, Palès, demanda un temple pour prix de la victoire.

[1] Voyez Cicéron De Officiis, lib. III, c. 22. Et Val. Max. l. IV, c. 3, § 5.

[1] Habitants d'une partie de l'Épire. — [2] Ce territoire répond à la Calabre ultérieure, et formait la partie la plus méridionale de l'Italie. — [3] Ville si considérable que, selon Pline (liv. III, c. 13), on y trouva trois cent mille habitants. — [4] Établis sur la côte orientale de l'Italie, dans la Messapie, qui répond à la terre d'Otrante.

bus suis ab Urbe legati, interroganti regi suo, quid de hostium sede sentirent : « Urbem templum sibi visam : » senatum regum consessum esse, » confiterentur ! Qui porro ipsi duces, vel in castris, quum medicum venale regis Pyrrhi caput offerentem Curius remisit ; Fabricius oblatam sibi a rege imperii partem repudiavit : vel in pace, quum Curius fictilia sua Samnitico præferret auro ; Fabricius decem pondo argenti circa Rufinum, consularem virum, quasi luxuriam censoria gravitate damnaret !

Quis ergo miretur his moribus, hac virtute militum, victorem populum Romanum fuisse ; unoque bello Tarentino intra quadriennium maximam partem Italiæ, fortissimas gentes, opulentissimas urbes, uberrimasque regionem in ditionem redegisse? aut quid adeo fidem superet, quam si principia belli cum exitu conferantur? Victor primo prælio Pyrrhus, tota tremente Italia, Campaniam, Lirim, Fregellasque populatus, prope captam Urbem a Prænestina arce prospexit ; et a vicesimo lapide oculos trepidæ civitatis fumo ac pulvere implevit. Eodem postea bis exuto castris, bis saucio, et in Græciam suam trans mare ac terras fugato, pax et quies ; et tanta de opulentissimis tot gentibus spolia, ut victoriam suam Roma non caperet. Nec enim temere ullus pulchrior in Urbem aut speciosior triumphus intravit. Ante hunc diem nihil nisi pecora Volscorum, greges Sabinorum, carpenta Gallorum, fracta Samnitum arma vidisses : tum si captivos adspiceres, Molossi, Thessali, Macedones, Bruttius, Apulus, atque Lucanus : si pompas, aurum, purpura, signa, tabulæ, Tarentinæque deliciæ. Sed nihil libentius populus Romanus adspexit, quam illas, quas timuerat, cum turribus suis belluas : quæ, non sine sensu captivitatis, summissis cervicibus, victores equos sequebantur.

XIX. — *Bellum Picens.* — Omnis mox Italia pacem habuit : qui enim post Tarentum auderent? nisi quod ultro persequi socios hostium placuit. Domiti ergo Picentes, et caput gentis Asculum, Sempronio duce : qui, tremente inter prælium campo, Tellurem deam, promissa æde, placavit.

XX. — *Bellum Sallentinum.* — Sallentini Picentibus additi, caputque regionis Brundusium cum inclyto portu, Marco Atilio duce. Et in hoc certamine, victoriæ pretium templum sibi pastoria Pales ultro poposcit.

XXI. — *Guerre contre les Volsiniens.* (An de Rome 488). — Le dernier des peuples de l'Italie qui se rangea sous notre domination fut les Volsiniens, les plus riches des Étrusques. Ils implorèrent le secours de Rome contre leurs anciens esclaves qui, tournant contre leurs maîtres la liberté qu'ils en avaient reçue, s'étaient arrogé le pouvoir, et dominaient dans la république (87). Mais ils furent châtiés par notre général, Fabius Gurgès.

XXII. — *Des séditions.* — C'est là le second âge et comme l'adolescence du peuple romain; il était alors dans toute sa force, et l'on voyait en lui la fleur d'un ardent et impétueux courage. Il conservait encore quelque chose de la rudesse des pâtres; il respirait une sorte de fierté indomptable. Aussi vit-on l'armée de Postumius, frustrée du butin qu'il lui avait promis, se révolter dans son camp et lapider son général [1]; celle d'Appius Claudius ne pas vouloir vaincre quand elle le pouvait [2]; et la plus grande partie du peuple, soulevée par Voleron, refuser de s'enrôler, et briser les faisceaux du consul [3]. Aussi les plus illustres patriciens, pour s'être opposés à la volonté de la multitude, furent-ils punis par l'exil; témoin Coriolan, qui exigeait qu'on cultivât les terres, et qui, au reste, aurait cruellement vengé son injure par les armes, si, le voyant prêt à planter ses étendards sur les murs de Rome, sa mère Véturie ne l'eût désarmé par ses larmes [4] : témoin Camille lui-même, soupçonné d'avoir fait entre le peuple et l'armée une injuste répartition du butin de Véies [5]. Mais, meilleur citoyen que Coriolan, il alla languir dans la ville qu'il avait prise [1], et vengea bientôt des Gaulois ses concitoyens suppliants. Le peuple soutint aussi contre le sénat une lutte violente, injuste et funeste; abandonnant ses foyers, il fit à sa patrie la menace de la changer en solitude et de l'ensevelir sous ses ruines.

XXIII. — *Première sédition.* — (An de Rome 259-260). — La première dissension civile eut pour motif la tyrannie des usuriers, qui faisaient battre leurs débiteurs comme des esclaves. Le peuple en armes se retira sur le mont sacré; et ce ne fut qu'avec peine, et après avoir obtenu des tribuns (88) qu'il fut ramené par l'autorité de Ménénius Agrippa, homme éloquent et sage. Il reste, de sa harangue antique, l'apologue qui fut assez puissant pour rétablir la concorde : « Autrefois, dit-il, les membres du corps humain se séparèrent, se plaignant que, tandis qu'ils avaient tous des fonctions à remplir, l'estomac seul demeurât oisif. Devenus languissants par suite de cette séparation, ils firent la paix quand ils eurent senti que, grâces au travail de l'estomac, le sang, formé du suc des aliments, circulait dans leurs veines [2]. »

XXIV. — *Deuxième sédition.* — (An de Rome 502-504). — La licence du décemvirat alluma dans le sein même de Rome la seconde sédition. Dix des principaux citoyens avaient été choisis pour rédiger, d'après la volonté du peuple les lois apportées de la Grèce; déjà tout le droit était classé dans les douze tables; mais possédés comme d'une fureur royale, ils retenaient

[1] An de Rome 342. — [2] An de Rome 284. — [3] An de Rome 281. — [4] An de Rome 266. — [5] An de Rome 364.

[1] Non pas à Véies, mais à Ardée. — [2] V. Val. Max. VIII. 9, 1. Liv. II, 32.

XXI. — *Bellum Volsiniense.* — Postremi Italicorum in fidem venere Volsini, opulentissimi Etruscorum, implorantes opem adversus servos quondam suos, qui libertatem a dominis datam, in ipsos erexerant; translataque in se republica dominabantur. Sed hi quoque, duce Fabio Gurgite, pœnas dederunt.

XXII. — *De Seditionibus.* — Hæc est secunda ætas populi Romani, et quasi adolescentia qua maxime viruit, et quodam flore virtutis exarsit ac ferbuit. Itaque inerat quædam adhuc ex pastoribus feritas, quæ quiddam spirabat indomitum. Inde est, quod exercitus Postumium imperatorem, inficiantem, quas promiserat, prædas, facta in castris seditione, lapidavit; quod sub Appio Claudio noluit vincere hostem, quum posset; quod, duce Volerone, detrectantibus plerisque militiam, fracti consulis fasces : inde, quod clarissimos principes, quum adversarentur voluntati suæ, exsulatione multavit, ut Coriolanum colere agros jubentem; nec minus ille ferociter injuriam armis vindicasset, nisi quod jam inferentem signa filium mater Veturia lacrymis suis exarmavit : ut ipsum Camillum, quod inique inter plebem et exercitum divisisse Veientem prædam videretur. Sed hic melior in capta Urbe consenuit, et mox supplicies de hoste Gallo vindicavit. Cum senatu quoque vehementius æquo bonoque certatum est; adeo ut, relictis sedibus, solitudinem et interitum patriæ suæ minaretur.

XXIII. — *Prima Seditio.* — Prima discordia ob impotentiam fœneratorum : quibus in terga quoque serviliter sævientibus, in Sacrum montem plebs armata secessit; ægreque, nec, nisi tribunos impetrasset, Menenii Agrippæ, facundi et sapientis viri, auctoritate revocata est. Exstat orationis antiquæ satis efficax ad concordiam fabula, qua « dissedisse inter se quondam humanos dixit « artus, quod, omnibus opere fungentibus, solus venter « immunis ageret : deinde moribundos a sejunctione re- « diisse in gratiam, quando sensissent, quod ejus opera « redactis in sanguinem cibis irrigarentur. »

XXIV. — *Secunda Seditio.* — Secundam in Urbe media decemviratus libido conflavit. Allatas a Græcia leges decem principes lecti, jubente populo, conscripserant; ordinataque erat in duodecim tabulis tota justitia, quum tamen traditos fasces regio quodam furore retinebant.

les faisceaux qu'on leur avait livrés. Plus audacieux que les autres, Appius en vint à un tel dégré d'insolence, qu'il destinait à sa brutalité une jeune fille de condition libre, oubliant et Lucrèce et les rois et le Code de lois que lui-même avait composé. Voyant donc sa fille frappée par un jugement, et traînée en servitude, Virginius n'hésite pas; il la tue de sa main au milieu du Forum; et, faisant avancer ses compagnons d'armes avec leurs enseignes, du haut du mont Aventin il assiége les décemvirs, et précipite toute cette puissance dans les prisons et dans les fers (89).

XXV. — *Troisième sédition.* — (An de Rome 308). — La troisième sédition fut excitée par l'ambition des mariages et par la prétention des plébéiens, de s'allier aux patriciens; cette dissension éclata sur le mont Janicule, à l'instigation de Canuléius, tribun du peuple.

XVI. — *Quatrième sédition.* — (An de R. 577-582). — La quatrième sédition eut sa source dans la passion des honneurs, les plébéiens voulant avoir part aux magistratures. Fabius Ambustus, père de deux filles, avait marié l'une à Sulpicius, d'origine patricienne, l'autre au plébéien Stolon. Celle-ci, entendant un jour dans la maison de sa sœur, le bruit des verges du licteur, inconnu dans la sienne, en ressentit une frayeur dont elle fut raillée par l'épouse de Sulpicius d'une manière assez piquante. Elle ne put supporter l'affront; aussi son mari, parvenu au tribunat, arracha-t-il au sénat, malgré sa résistance, le partage des honneurs et des magistratures.

Au reste, jusque dans ces séditions, le peuple roi est digne d'admiration. En effet, tantôt c'est pour la liberté, tantôt pour la pudeur, ici pour la noblesse de la naissance, là pour la majesté et l'éclat des honneurs, qu'il a combattu tour à tour : mais, au milieu de toutes ces luttes, il ne fut de nul intérêt gardien plus vigilant que de la liberté; et aucune largesse offerte pour prix de cette liberté ne put le corrompre, bien que du sein d'une multitude nombreuse et toujours croissante, il apparût de temps à autre des citoyens dangereux. Spurius Cassius et Mélius, soupçonnés d'aspirer à la royauté, l'un par la proposition de la loi Agraire, l'autre par ses libéralités, furent punis par une mort prompte. Ce fut son père même qui fit subir à Spurius son supplice; Mélius fut tué au milieu du Forum par le maître de la cavalerie, Servilius Ahala, d'après l'ordre du dictateur Quinctius. Quant à Manlius, le sauveur du Capitole, qui, pour avoir libéré la plupart des débiteurs, affectait une hauteur contraire à l'égalité, il fut précipité de cette forteresse qu'il avait défendue.

Tel fut le peuple romain au dedans et au dehors, dans la paix et dans la guerre, pendant la fougue de son adolescence, c'est-à-dire dans le second âge de l'empire, intervalle durant lequel il soumit par ses armes toute l'Italie, depuis les Alpes jusqu'au détroit.

LIVRE DEUXIÈME.

I. — *Avant-propos.* — L'Italie était domptée et soumise, le peuple romain, qui comptait près de cinq cents ans de durée, avait réellement at-

---

Ante cæteros Appius eo insolentiæ elatus est, ut ingenuam virginem stupro destinaret, oblitus et Lucretiæ, et regum, et juris, quod ipse composuerat. Itaque quum oppressam judicio filiam trahi in servitutem videret Virginius pater, nihil cunctatus, in medio foro manu sua interfecit; admotisque signis commilitonum, totam eam dominationem obsessam armis, in carcerem et catenas ab Aventino monte detraxit.

XXV. — *Tertia Seditio.* — Tertiam seditionem excitavit matrimoniorum dignitas; ut plebeii cum patriciis jungerentur : qui tumultus in monte Janiculo, duce Canuleio, tribuno plebis, exarsit.

XXVI. — *Quarta Seditio.*—Quartam honorum cupido, ut plebeii quoque magistratus crearentur. Fabius Ambustus duarum pater, alteram Sulpicio patricii sanguinis dederat, alteram plebeio Stoloni. Hæc, quodam tempore, quod lictoriæ virgæ sonum ignotum penatibus suis expaverat, a sorore satis insolenter irrisa esset, injuriam non tulit. Itaque nactus tribunatum, honorum et magistratuum consortium, quamvis invito, senatui extorsit.

Verum in his ipsis seditionibus principem populum non immerito suspexeris : siquidem nunc libertatem, nunc pudicitiam, tum natalium dignitatem, honorum decora et insignia vindicavit; interque hæc omnia nullius acrior custos, quam libertatis, fuit; nullaque in pretium ejus potuit largitione corrumpi, quum, ut in magno, et in dies majore populo, interim perniciosi cives existerent. Spurium Cassium agraria lege, [Mælium] largitione suspectum regiæ dominationis, præsenti morte multavit. Ac de Spurio quidem supplicium pater ipsius sumsit : hunc Quinctii dictatoris imperio, in medio foro magister equitum Servilius Ahala confodit. Manlium vero Capitolii vindicem, quia plerosque debitorum liberaverat, altius se et incivilius efferentem, ab illa, quam defenderat, arce dejecit.

Talis domi ac foris; talis pace belloque populus Romanus fretum illud adolescentiæ, id est, secundam imperii ætatem, habuit : in qua totam inter Alpes fretumque Italiam armis subegit.

LIBER SECUNDUS.

I. — *Proœmium.*—Domita subactaque Italia, populus Romanus prope quingentesimum annum agens, quum

teint l'adolescence. Fort et jeune alors, il réalisait toutes les idées de force et de jeunesse, et pouvait désormais égaler l'univers. Ainsi, par une étonnante et incroyable destinée, ce peuple qui avait lutté, sur son propre sol, pendant près de cinq siècles, (tant il était difficile de donner un chef à l'Italie), n'employa que les deux cents années qui suivent pour promener dans l'Afrique, dans l'Europe, dans l'Asie, enfin dans le monde entier, ses guerres et ses victoires.

II. — *Première guerre punique.* — (An de Rome 489 - 511). — Vainqueur de l'Italie, il en avait parcouru la terre jusqu'au détroit, lorsque, semblable à un incendie dont la fureur, après avoir ravagé les forêts qu'elle rencontre, s'apaise devant un fleuve, il s'arrêta un moment. Bientôt, voyant près de lui la plus riche proie séparée et comme arrachée de l'Italie, son domaine, il brûla d'un tel désir de la posséder, que ne pouvant la joindre, la rendre à son continent ni par une chaussée, ni par des ponts, il eût voulu l'y réunir par la force des armes. Mais il arriva que les destins lui en ouvrirent d'eux-mêmes le chemin, et qu'il n'eut qu'à profiter de l'occasion. Messine, ville de Sicile, alliée des Romains, se plaignit de la tyrannie des Carthaginois. Ainsi que Rome, Carthage convoitait la Sicile; et, dans le même temps, toutes deux aspiraient, avec une ardeur et des forces égales, à la domination du monde. Rome prit donc les armes sous prétexte de secourir ses alliés, mais en réalité tentée par cette proie; et, malgré la terreur qu'inspirait la nouveauté de l'entreprise, ce peuple grossier, ce peuple pasteur, et véritablement terrestre, montra (tant la valeur est une source de confiance!) qu'il est indifférent pour le courage de combattre à cheval ou sur des vaisseaux, sur terre ou sur mer (1).

Sous le consulat d'Appius Claudius, il affronta pour la première fois ce détroit tristement célèbre par ses monstres fabuleux, et par l'agitation tumultueuse de ses ondes; mais, loin d'en être épouvanté, il profita comme d'un bienfait de la violence du courant, et fondant tout à coup sur Hiéron, roi de Syracuse, il mit à le battre une telle célérité, que ce prince lui-même avouait qu'il avait été vaincu avant d'avoir vu l'ennemi.

Rome osa même, sous les consuls Duillius et Cornélius, combattre sur mer. La rapide création de la flotte destinée à cette bataille fut le présage de la victoire. En effet, soixante jours après qu'on eut porté la hache dans la forêt, une flotte de cent soixante vaisseaux se trouva sur ses ancres : on eût dit qu'ils n'étaient pas l'ouvrage de l'art, mais qu'une faveur particulière des dieux avait changé, métamorphosé les arbres en navires (2). Ce combat offrit un merveilleux spectacle : nos pesants et lourds bâtiments arrêtèrent ceux des ennemis, qui, dans leur agilité, semblaient voler sur les ondes. Les Carthaginois tirèrent peu d'avantage de leur science nautique, de leur habileté à désemparer les vaisseaux, et à esquiver, par la fuite, le choc des éperons; on jeta sur eux ces mains de fer et ces autres machines, dont ils avaient fait, avant l'action, un fréquent sujet de dérision; et on les contraignit de combattre comme sur la terre-ferme. Ainsi, vainqueurs près des îles de Lipara, les Romains, après avoir coulé à fond et mis en fuite la flotte ennemie, célé-

---

bona fide adolevisset; si quod est robur, si qua juventas, tum ille vere robustus, et juvenis, et orbi terrarum esse cœpit. Ita (mirum, et incredibile dictu!) qui prope quingentis annis domi luctatus est (adeo difficile fuerat dare Italiæ caput!), his ducentis annis, qui sequuntur, Africam, Europam, Asiam, totum denique orbem terrarum bellis victoriisque peragravit.

II. — *Primum Bellum Punicum.* — Igitur victor Italiæ populus, quum a terra fretum usque venisset, more ignis, qui obvias populatus incendio silvas, interveniente flumine abrumpitur, paullisper substitit. Mox quum videret opulentissimam in proximo prædam, quodam modo Italiæ suæ abscissam, et quasi revulsam, adeo cupiditate ejus exarsit, ut quatenus nec mole jungi, nec pontibus posset, armis belloque jungenda, et ad continentem suum revocanda bello videretur. Et ecce, ultro ipsis viam pandentibus fatis, nec occasio defuit, quum de Pœnorum impotentia fœderata Siciliæ civitas Messana quereretur. Affectabat autem, ut Romanus, ita Pœnus Siciliam; et eodem tempore, paribus uterque votis ac viribus imperium orbis agitabat. Igitur specie quidem socios juvandi, re autem sollicitante præda, quamquam territaret novitas rei (tanta in virtute fiducia est!), ille rudis, ille pastorius populus, vereque terrester, ostendit nihil interesse virtutis, equis an navibus, terra an mari dimicaretur.

Appio Claudio consule, primum fretum ingressus est, fabulosis infame monstris, æstuque violentum : sed adeo non est exterritus, ut illam ipsam ferventis æstus violentiam pro munere amplecteretur : statimque ac sine mora Hieronem, Syracusanum regem, tanta celeritate vicit, ut ille vere se prius victum, quam hostem videret, fateretur.

Duillio Cornelioque consulibus, etiam mari congredi ausus est, quum quidem ipsa velocitas classis comparatæ, victoriæ auspicium fuit. Intra enim sexagesimum diem, quam cæsa silva fuerat, centum sexaginta navium classis in anchoris stetit : ut non arte factæ, sed quodam munere deorum conversæ in naves atque mutatæ arbores viderentur. Prælii vero forma mirabilis, quum illas celeres volucresque hostium naves hæ graves tardæque comprehenderent. Longe illis nauticæ artes, detergere remos, et ludificari fuga rostra. Injectæ enim ferreæ manus, machinæque aliæ, ante certamen multum ab hoste derisæ; coactique hostes quasi in solido decernere. Victor ergo apud Liparas, mersa et fugata hostium classe, primum illum maritimum egit triumphum. Cujus quod

brèrent, pour la première fois, un triomphe maritime. Quelle fut alors leur allégresse! Duillius, commandant de la flotte, non content du triomphe d'un seul jour, ordonna que, durant toute sa vie, lorsqu'il reviendrait de souper, on le reconduisît, à la lueur des flambeaux et au son des flûtes, comme s'il eût triomphé tous les jours (5). Une victoire aussi importante fit paraître léger l'échec qu'éprouva l'autre consul, Cornélius Asina, qui, attiré à une feinte conférence, fut accablé par les ennemis; triste exemple de la perfidie punique (4)!

Le dictateur Calatinus chassa presque toutes les garnisons carthaginoises, celle d'Agrigente, de Drépane, de Panorme, d'Éryx et de Lylibée. Une fois, cependant, l'armée romaine eut à trembler au passage du bois de Camérinum; mais elle dut son salut au courage héroïque de Calpurnius Flamma, tribun des soldats, qui, avec trois cents hommes d'élite, s'empara d'une hauteur d'où les ennemis, qui en étaient maîtres, menaçaient notre armée; et elle eut, grâces à cette diversion, le temps de s'échapper tout entière. Ce succès éclatant égala la renommée des Thermopyles et de Léonidas. Notre héros l'emporta même sur le Spartiate. Il est vrai qu'il n'écrivit rien avec son sang; mais il sortit de cette périlleuse expédition sans y laisser la vie.

La Sicile étant déjà une province et un faubourg de Rome, la guerre s'étendit plus loin, sous le consulat de Lucius Cornélius Scipion; il passa en Sardaigne, puis dans la Corse, qui en est une annexe. Par la ruine d'Olbia, dans la première de ces îles, et d'Aléria dans la seconde, il jeta l'épouvante parmi leurs habitants, et soumit tellement sur terre, sur mer, tous les Carthaginois, qu'il ne restait dès-lors plus rien à vaincre que l'Afrique même (5).

Déjà, sous le commandement de Marcus Atilius Régulus, la guerre, traversant les flots, passe dans l'Afrique. Il y avait des Romains que le seul nom de la mer Punique faisait trembler d'épouvante, et le tribun Mannius augmentait encore leur terreur. Le général, pour réprimer sa désobéissance, le menaça de la hache, et lui inspira, par la crainte de la mort, la hardiesse de s'embarquer. La flotte fit bientôt force de voiles et de rames; grande fut l'alarme des Carthaginois à l'arrivée de leurs ennemis, et peu s'en fallut que l'on ne surprît Carthage les portes ouvertes.

Le premier fruit de la guerre fut la ville de Clypea [1]; car elle se présente la première sur le rivage de l'Afrique, dont elle est comme la citadelle et le poste d'observation. Cette place et plus de trois cents forteresses furent dévastées. Outre les hommes, on eut des monstres à combattre. Né comme pour la vengeance de l'Afrique, un serpent, d'une prodigieuse grandeur, désola notre camp assis près de Bagrada (6). Mais Régulus triompha de tout; après avoir répandu au loin la terreur de son nom, tué ou mis dans les fers une grande partie de la jeunesse, et même des généraux; après avoir envoyé d'avance à Rome une flotte chargée d'un riche butin et de l'immense appareil d'un triomphe, il pressait déjà le siége de Carthage elle-même, le foyer de la guerre, et était campé à ses portes. Ici la fortune eut un retour passager, destiné seulement à multiplier les exemples de la vertu romaine, dont la grandeur

[1] Située à l'orient de Carthage, et peu distante du cap Hermée, aujourd'hui cap Bon.

---

gaudium fuit! quum Duillius imperator, non contentus unius diei triumpho, per vitam omnem, ubi a cœna rediret, prælucere funalia, præcinere sibi tibias jussit, quasi quotidie triumpharet. Præ tanta victoria leve hujas prælii damnum fuit. Alter consulum interceptus Asina Cornelius; qui, simulato colloquio evocatus, atque ita oppressus fuit: perfidiæ Punicæ documentum.

Calatino dictatore, fere omnia præsidia Pœnorum, Agrigento, Drepanis, Panormo, Eryce, Lilybæo detraxit. Trepidatum est semel circa Camerinensium saltum; sed eximia virtute Calpurnii Flammæ, tribuni militum, evasimus, qui, lecta trecentorum manu, infestum et insessum ab hostibus tumulum occupavit, adeoque moratus hostem, dum exercitus omnis evaderet; ac sic pulcherrimo exitu Thermopylarum et Leonidæ famam adæquavit: hoc illustrior noster, quod expeditioni tantæ superfuit et supervixit, licet nihil scripserit sanguine.

Lucio Cornelio Scipione, quum jam Sicilia suburbana esset populi Romani provincia, serpente latius bello, Sardiniam, adnexamque ei Corsicam transit: ibi Olbiæ, et hic Aleriæ urbis excidio incolas terruit, adeoque omnes terra, mari Pœnos expugnavit, ut jam victoriæ nihil nisi Africa ipsa restaret.

Marco Atilio Regulo duce, jam in Africam navigabat bellum. Nec deerant, qui ipso Punici maris nomine ac terrore deficerent, augente insuper tribuno Mannio metum: in quem, nisi paruisset, securi districta, imperator metu mortis navigandi fecit audaciam. Mox ventis remisque properatum est; tantusque terror hostici adventus Pœnis fuit, ut, apertis pæne portis, Carthago caperetur.

Prima belli præmium fuit civitas Clypea: prima enim a Punico litore quasi arx et specula, procurrit. Et hæc, et trecenta amplius castella vastata sunt. Nec cum hominibus, sed cum monstris quoque dimicatum est: quum quasi in vindictam Africæ nata miræ magnitudinis serpens posita apud Bagradam castra vexaret. Sed omnium victor Regulus, quum terrorem nominis sui late circumtulisset; quumque magnam vim juventutis, ducesque ipsos aut cecidisset, aut haberet in vinculis; classemque ingenti præda onustam, et triumpho gravem, in Urbem præmisisset, etiam ipsam belli caput Carthaginem ur-

éclate surtout dans les calamités. Carthage eut recours à des auxiliaires étrangers; Lacédémone lui envoya pour général Xantippe (7), habile homme de guerre qui nous vainquit. Alors, par une catastrophe déplorable et dont les Romains n'avaient pas encore fait l'expérience, leur intrépide général tomba vivant entre les mains des ennemis. Mais il se montra égal à une telle infortune. Il ne se laissa ébranler, ni par sa prison de Carthage, ni par l'ambassade dont on le chargea. En effet, ce fut contrairement aux instructions des ennemis, qu'il opina pour que Rome ne fît point la paix, n'acceptât pas l'échange des prisonniers. Ni son retour volontaire chez les Carthaginois, ni les horreurs de son dernier emprisonnement, ni son supplice sur la croix (8), ne purent flétrir sa majesté. Plus admirable encore par tout cela, le vaincu ne triompha-t-il pas de ses vainqueurs, et, au défaut de Carthage, de la fortune même (9)?

Le peuple romain poursuivit la vengeance de Régulus avec bien plus d'ardeur et d'acharnement que la victoire. Les Carthaginois, animés par plus d'orgueil, avaient reporté la guerre en Sicile. Le consul Métellus en fit un tel carnage, auprès de Panorme, qu'ils renoncèrent dès-lors à tout projet sur cette île. La grandeur de cette victoire fut attestée par la prise d'environ cent éléphants. C'eût été une proie immense, alors même qu'on l'eût faite non pas à la guerre, mais à la chasse.

On fut, sous le consul Appius Claudius, vaincu moins par les ennemis que par les dieux eux-mêmes, dont il avait méprisé les auspices; sa flotte fut à l'instant submergée à l'endroit même où il avait fait jeter les poulets sacrés, qui lui défendaient de combattre [1].

Sous le consul Marcus Fabius Butéon, l'on détruisit sur la mer d'Afrique, auprès d'Égimure [2], une flotte carthaginoise, qui cinglait à pleines voiles vers l'Italie. Quel triomphe, ô ciel! nous fut arraché par la tempête, alors que, chargée de riches dépouilles, notre flotte, battue des vents contraires, remplit de son naufrage l'Afrique, les Syrthes, les plages de toutes les nations, les rivages de toutes les îles! Malheur considérable; mais qui ne fut pas sans quelque gloire pour le peuple roi: la victoire ne fut dérobée que par la tempête, et le triomphe anéanti que par un naufrage: mais non; les dépouilles de Carthage, allant, sur les ondes, se briser contre tous les promontoires et toutes les îles, annonçaient ainsi partout le triomphe du peuple romain.

Enfin, sous le consulat de Lutatius Catulus, la guerre fut terminée près des îles qui portent le nom d'Égates [3]. Jamais la mer ne vit une bataille plus terrible. La flotte des ennemis, surchargée de vivres, de soldats, de machines, d'armes, semblait porter Carthage tout entière; et c'est ce qui causa sa perte. La flotte romaine, prompte, légère, agile, ressemblait à un camp. L'action offrit l'image

[1] V. Cic. De Nat. Deor. II. ed. Val. Max. l. I, c. 4. § 3. — [2] Petite île entre la Sicile et l'Afrique. — [3] Trois îles dans la mer de Sicile, près du cap de Lilybée; on les appela *aræ*, à cause du traité que les Romains y firent avec les Carthaginois, les uns prenant à témoin Jupiter *Capitolin*, les autres Jupiter *Lybien*. Ce sont aujourd'hui Santo-Levenzo, Maretamo, Fovorgnana.

---

gebat obsidio, ipsique portis inhærebat. Hic paullulum circumacta fortuna est; tantum ut plura essent Romanæ virtutis insignia : cujus fere magnitudo calamitatibus approbatur. Nam, conversis ad externa auxilia hostibus, quum Xanthippum illis ducem Lacedæmon misisset, a viro militiæ peritissimo vincimur.

Tum fœda clade, Romanisque usu incognita, vivus in manus hostium venit fortissimus imperator. Sed ille quidem par tantæ calamitati fuit : nam nec Punico carcere infractus est, nec legatione suscepta. Quippe diversa, quam hostes mandaverant, censuit; ne pax fieret, nec commutatione captivorum reciperetur. Sed nec illo voluntario ad hostes suos reditu, nec ultimo sive carceris, sive crucis supplicio deformata majestas; immo his omnibus admirabilior, quid aliud quam victus de victoribus, atque etiam, quia Carthago non cesserat, de fortuna triumphavit?

Populus autem Romanus multo acrior infestiorque pro ultione Reguli, quam pro victoria fuit. Metello igitur consule, spirantibus altius Pœnis, et reverso in Siciliam bello, apud Panormum sic hostes cecidit, ut ne amplius eam insulam cogitarent. Argumentum ingentis victoriæ, centum circiter elephantorum captivitas : sic quoque magna præda, si gregem illum non bello, sed venatione cepisset.

Appio Claudio consule, non ab hostibus, sed a diis ipsis superatus est, quorum auspicia contemserat; ibi statim classe demersa, ubi ille præcipitari pullos jusserat quod pugnare ab his vetaretur.

Marco Fabio Butcone consule, classem hostium in Africo mari apud Ægimurum, jam in Italiam ultro navigantem cecidit. Quantus o! tunc triumphus tempestate intercidit, quum opulenta præda classis, adversis acta ventis, naufragio suo Africam et Syrtes, et omnium ripas gentium, insularum litora implevit! Magna clades, sed non sine aliqua principis populi dignitate, interceptam tempestate victoriam, et triumphum periisse naufragio. Et tamen, quum Punicæ prædæ omnibus promontoriis insulisque frustrarentur et fluitarent, populus Romanus et sic triumphavit.

Lutatio Catulo consule, tandem bello finis impositus apud insulas, quibus nomen Ægates. Nec major alias in mari pugna; quippe commeatibus, exercitu, propugnaculis, armis gravis hostium classis, et in ea quasi tota Carthago : quod ipsum exitio fuit. Romana classis prompta, levis, expedita, et quodam genere castrensi, ad similitudinem pugnæ equestris, sic remis, quasi habenis, agebatur : et in hos, vel in illos mobilia rostra, speciem viventium, præferebant. Itaque momento temporis laceratæ hostium rates, totum inter Siciliam Sardiniamque

d'un combat de cavalerie, les rames servaient comme de brides; et les mobiles éperons, dirigés successivement en tous sens, avaient l'air d'être animés (10). Aussi les navires des ennemis, fracassés en un moment, couvrirent de leur naufrage toute la mer qui s'étend de la Sicile à la Sardaigne. Cette victoire fut enfin si décisive, que les Romains ne pensèrent plus à renverser les remparts de leurs ennemis; il leur parut superflu de sévir contre une citadelle et des murs, lorsque Carthage était déjà détruite sur la mer.

III. — *Guerre contre les Ligures.* — (An de Rome 515-581.) — La guerre punique terminée, il y eut pour Rome un intervalle de repos bien court, et comme nécessaire pour qu'elle reprît haleine. En témoignage de la paix et de la bonne foi avec laquelle elle déposait les armes, alors, pour la première fois depuis Numa, la porte du temple de Janus fut fermée; mais on la rouvrit aussitôt et tout à coup; car déjà les Ligures, déjà les Gaulois Insubres, ainsi que les Illyriens, nous provoquaient. Un dieu semblait exciter perpétuellement contre nous les peuples situés au pied des Alpes, c'est-à-dire à l'entrée même des gorges de l'Italie, pour préserver nos armes de la rouille et de la poussière. Enfin, ces ennemis journaliers, et en quelque sorte domestiques, exerçaient nos soldats dans la pratique de la guerre; et le peuple romain, dans sa lutte contre chacune de ces nations, aiguisait, comme sur une pierre, le fer de sa valeur.

Les Ligures, retranchés au fond des Alpes, entre le Var[1] et la Macra[2], et cachés au milieu de buissons sauvages, étaient plus difficiles à trouver qu'à vaincre. Leurs retraites et la promptitude de leur fuite faisaient la sûreté de ces hommes, race infatigable et agile, adonnée plutôt au brigandage qu'à la guerre. Salyens, Décéates, Oxybiens, Euburiates, Ingaunes, tous surent éluder longtemps et souvent la rencontre de nos armées; enfin, Fulvius consuma leurs repaires dans un vaste incendie; Bébius les fit descendre dans la plaine (11), et Postumius les désarma si complétement qu'à peine leur laissa-t-il du fer pour cultiver la terre.

IV. — *Guerre contre les Gaulois.* — (An de Rome 515-551.) — Les Gaulois Insubres et ces habitants des Alpes avaient l'intrépidité des bêtes féroces et une stature plus qu'humaine. Mais l'expérience nous a démontré que si dans le premier choc ils sont plus que des hommes, ils deviennent, dans les suivants, plus faibles que des femmes (12). Leurs corps, nourris sous le ciel humide des Alpes, ont quelque similitude avec les neiges de ces montagnes. A peine échauffés par le combat, ils s'en vont aussitôt en sueur, et, au plus léger mouvement, ils fondent comme la neige à la chaleur du soleil (13). Ils avaient fait souvent dans d'autres occasions, et ils renouvelèrent, sous leur chef Britomare (14), le serment de ne pas délier leurs baudriers qu'ils n'eussent monté au Capitole. Il fut accompli. Émilius, leur vainqueur[1], détacha leurs baudriers dans ce temple. Bientôt après, sous la conduite d'Arioviste, ils vouèrent à leur Mars[2] un collier des dépouilles de nos soldats. Jupiter intercepta le vœu; car ce fut avec les colliers des Gaulois que lui Flaminius lui éri-

[1] Le Var, qui donne aujourd'hui son nom à un département de la France, séparait de la Gaule appelée Narbonaise, la Ligurie, qui répond au pays de Gênes. — [2] La Macra formait la limite entre la Gaule Cisalpine, dont la Ligurie faisait partie, et le reste de l'Italie

[1] Près de Télamone, petit port de l'Étrurie, l'an de R. 529. — [2] Ils l'appelaient Hésus. V. Cæs. De Bell. Gall. l. VI, c. 17: Tacite, l. IV, c. 64.

---

pelagus naufragio suo operuerunt. Tanta denique fuit illa victoria, ut de exscindendis hostium mœnibus non quæreretur. Supervacuum visum est in arcem murosque sævire, quum jam in mari esset deleta Carthago.

III. — *Bellum Ligusticum.* — Peracto Punico bello, secuta est brevis sane, et quasi ad recipiendum spiritum, requies; argumentumque pacis, et bona fide cessantium armorum, tunc primum, post Numam, clausa porta Jani fuit: sed statim ac sine mora patuit. Quippe jam Ligures, jam Insubres Galli, nec non et Illyrii lacessebant: sic desub Alpibus, id est, desub ipsis Italiæ faucibus, gentes, deo quodam assidue incitante, ne rubiginem scilicet ac situm arma sentirent. Denique utrique quotidiani, et quasi domestici hostes tirocinia militum imbuebant, nec aliter utraque gente, quam quasi cote quadam, populus Romanus ferrum suæ virtutis acuebat.

Ligures imis Alpium jugis adhærentes inter Varum et Macram flumen, implicitosque dumis silvestribus, major aliquanto labor erat invenire, quam vincere. Tuti locis et fuga, durum atque velox genus, ex occasione magis latrocinia, quam bella faciebat. Itaque quum diu multumque eluderent Salyi, Deceates, Oxybii, Euburiates, Ingauni, tandem Fulvius latebras eorum ignibus sepsit: Bæbius in plana deduxit: Postumius ita exarmavit, ut vix reliquerit ferrum, quo terra coleretur.

IV. — *Bellum Gallicum.* — Gallis Insubribus, et his adcolis Alpium, animi ferarum, corpora plus quam humana erant; sed experimento deprehensum est, quippe sicut primus impetus eis major quam virorum est, ita sequens minor quam feminarum. Alpina corpora humenti cœlo educata, habere quiddam simile nivibus suis: quæ mox, ut caluere pugna, statim in sudorem eunt; et levi motu, quasi sole laxantur. Hi sæpe et alias, sed Britomaro duce, non prius soluturos se baltea, quam Capi- « tolium ascendissent, » juraverant. Factum est: victos enim Æmilius in Capitolio discinxit. Mox, Ariovisto duce, vovere « de nostrorum militum præda Marti suo » torquem. » Intercepit Jupiter votum: nam de torquibus eorum aureum tropæum Jovi Flaminius erexit. Viridomaro rege « Romana arma Vulcano » promiserant;

gea un trophée d'or (15). Sous le roi Viridomare[1], ils avaient promis à Vulcain les armes romaines; mais leur vœu retomba sur eux-mêmes. Car Marcellus, ayant tué leur roi, en suspendit les armes dans le temple de Jupiter Férétrien, troisièmes dépouilles opimes[2] depuis Romulus, père des Romains.

V. — *Guerre contre les Illyriens*. — (An de Rome 525-525.) — Les Illyriens ou Liburnes habitent aux extrémités de la chaîne des Alpes, entre les fleuves Arsias et Titius, et s'étendent fort au loin sur toute la côte de la mer Adriatique[3]. Ces peuples, sous le règne d'une femme nommée Teutana, non contents de leurs brigandages, ajoutèrent le crime à la licence. Nos ambassadeurs, envoyés pour demander satisfaction des délits qu'ils avaient commis, sont frappés non pas même par le glaive, mais par la hache, ainsi que des victimes. Les commandants de nos vaisseaux sont brûlés vifs, et, pour comble d'indignité, par l'ordre d'une femme; mais on dompte entièrement ces Barbares sous la conduite de Cnæus Fulvius Centimalus; et les têtes des principaux de la nation satisfont, en tombant sous la hache, aux mânes de nos ambassadeurs[4].

VI. — *Deuxième guerre Punique*. — (An de Rome 535-552.) — A peine avait-on joui de quatre années de repos (16), depuis la première guerre Punique, qu'on vit éclater la seconde; moins considérable, il est vrai, par sa durée (car elle ne fut que de dix-huit ans), mais bien plus terrible par l'horreur de ses désastres, et telle que, si l'on compare les pertes des deux peuples, le vainqueur paraîtra le vaincu (17).

C'était, pour une nation orgueilleuse, une vive douleur de se voir enlever la mer, prendre ses îles[1]; de donner des tributs, au lieu de continuer à en exiger (18). Annibal enfant, avait, sur les autels, juré à son père de venger sa patrie[2]; et il lui tardait d'accomplir ce serment. Pour faire naître un sujet de guerre, il résolut d'attaquer Sagonte[3], antique et opulente cité de l'Espagne, illustre, mais déplorable monument de fidélité envers les Romains. Son indépendance lui avait été garantie par un traité commun aux deux peuples. Annibal, cherchant de nouvelles causes de troubles, la détruisit de ses propres mains et par celles même de ses habitants. Rompre l'alliance, c'était, pour lui, s'ouvrir le chemin de l'Italie. La religion des traités est sacrée chez les Romains. Aussi, à la nouvelle du siége d'une ville, leur alliée, ils se rappellent qu'un pacte les unit également avec les Carthaginois, et, au lieu de se hâter de courir aux armes, ils préfèrent, suivant une honorable coutume, faire entendre leurs plaintes. Cependant, pressés depuis neuf mois par la famine, par les machines et par le fer, les Sagontins changent à la fin leur constance en fureur; ils allument, dans la place publique, un immense bûcher, et y périssent, avec leurs familles et toutes leurs richesses, par le fer et par le feu. Rome demande justice d'Annibal, l'auteur de cet horrible désastre. Voyant les Carthaginois tergiverser, « Que tardez-vous? leur dit Fabius, chef de l'ambassade; j'apporte dans le pli de cette robe la guerre et la paix. Que choisissez-vous? » —

---

[1] Appelé *Virdumare* par d'autres historiens. — [2] V. Virgile, Ænéid., l. VI, v 869. — [3] L'Illyrie, qui répond à une partie de la Croatie, à la Morlaquie, à la Dalmatie et à la Bosnie, s'étendait depuis l'Istrie et le Noricum, au nord, jusqu'à l'Épire au midi. La Liburnie, première province illyrienne soumise aux Romains, était comprise entre l'Istrie au nord et la Dalmatie au sud. — [4] V. Polyb., l. II, Justin Proleg. 28.

[1] La Sardaigne, la Corse. — [2] V. Silius Italicus, l. I, v. 81-119. — [3] Dans la Tarraconaise: on en voit encore les ruines près de Murviédro (roy. de Valence).

---

aliorsum vota ceciderunt: occiso enim rege, Marcellus tertia, post Romulum patrem, Feretrio Jovi arma suspendit.

V. — *Bellum Illyricum*. — Illyrii, seu Liburni, sub extremis Alpium radicibus agunt inter Arsiam, Titiumque flumen, longissime per totum Adriani maris litus effusi. Hi, regnante Teutana muliere, populationibus non contenti, licentiæ scelus addiderunt. Legatos quippe nostros, ob ea quæ deliquerant, jure agentes, nec gladio quidem, sed ut victimas, securi percutiunt; præfectos navium igne comburunt; idque, quo indignius foret, mulier imperabat. Itaque, Cnæo Fulvio Centimalo duce, late domantur. Strictæ in principum colla secures, legatorum Manibus litavere.

VI. — *Bellum Punicum secundum.* — Post primum Punicum bellum, vix quadriennii requies: ecce alterum bellum minus quidem spatio (nec enim amplius quam decem et octo annos patet); sed adeo cladium atrocitate terribilius, ut, si quis conferat damna utriusque populi, similior victo sit populus qui vicit.

Urebat nobilem populum ablatum mare, raptæ insulæ, dare tributa, quæ jubere consueverat. Hinc ultionem puer Annibal ad aram patri juraverat: nec morabatur. Igitur in caussam belli Saguntus delecta est, vetus Hispaniæ civitas et opulenta, fideique erga Romanos magnum quidem, sed triste monumentum. Quam in libertatem communi fœdere exceptam Annibal, caussas novorum motuum quærens, et suis et ipsorum manibus evertit, ut Italiam sibi rupto fœdere aperiret. Summa fœderum Romanis religio est: itaque ad auditum sociæ civitatis obsidium, memores non cum Pœnis quoque fœderis, non statim ad arma procurrunt, dum prius more legitimo queri malunt. Interim jam novem mensibus fessi fame, machinis, ferro, versa denique in rabiem fide, immanem in foro excitant rogum: tum desuper se suosque, cum omnibus opibus suis, ferro et igni corrumpunt. Hujus tantæ cladis auctor Annibal poscitur. Tergiversantibus Pœnis, dux legationis Fabius: « Quæ, inquit, mora est? In hoc ego sinu bellum pacemque porto; utrum eligitis? » Subclamantibus, *Bellum*: « *Bellum*

« La guerre, » répondent à grands cris les Carthaginois. — « Eh bien! recevez donc la guerre, » reprend Fabius; puis détachant le devant de sa toge, il la déploie, au milieu du sénat, qu'il saisit d'épouvante, comme s'il eût en effet porté la guerre dans son sein (19). L'issue de cette lutte répondit à ce commencement. En effet, comme si les dernières imprécations des Sagontins, au milieu de leur incendie et de leur vaste parricide, eussent réclamé de telles funérailles, la dévastation de l'Italie, la captivité de l'Afrique, la mort des rois et des généraux qui prirent part à cette guerre, furent l'expiation de cette catastrophe.

A peine donc s'est formée dans l'Espagne l'effroyable et désastreuse tempête de la guerre Punique, à peine s'est allumée, aux flammes de Sagonte, la foudre dès longtemps destinée aux Romains, qu'emporté tout à coup par un mouvement impétueux, l'orage déchire les flancs des Alpes, et, du sommet de ces neiges à la fabuleuse élévation, il descend, comme du haut du ciel, sur l'Italie. Les premières explosions de ce tourbillon rapide se font entendre tout à coup entre le Pô[1] et le Tésin[2], avec un fracas épouvantable[3]. L'armée que commandait Scipion est mise alors en fuite; blessé lui-même, il serait tombé entre les mains des ennemis, si son fils, encore vêtu de la prétexte, n'eût, en le couvrant de son corps, arraché son père à une mort certaine. C'est le Scipion qui croît pour la ruine de l'Afrique (20), et qui tirera son nom des malheurs de ce pays. Au Tésin succède la Trébie[4]. Là se déchaîna la seconde tourmente de la guerre Punique, sous le consul Sempronius. Ce fut alors que les Carthaginois, féconds en stratagèmes, et profitant d'une journée froide et neigeuse, se chauffèrent et se frottèrent d'huile avant le combat; et, chose incroyable! des hommes venant du soleil du midi nous vainquirent par notre hiver même.

Au lac Trasimène, troisième foudre d'Annibal, Flaminius y commandait. Là, encore, un nouvel artifice de la ruse punique. Cachée par les brouillards du lac et par les joncs des marais, la cavalerie ennemie attaqua tout à coup nos combattants par derrière. Nous ne pouvons toutefois nous plaindre des dieux; car le désastre qui menaçait un chef téméraire lui avait été présagé : un essaim d'abeilles s'était posé sur les drapeaux; les aigles avaient refusé d'avancer; et, l'action à peine engagée, on avait ressenti un grand tremblement de terre; à moins que les évolutions des chevaux et des hommes, et la violence du choc des armes, n'eussent produit cet ébranlement du sol.

La quatrième et presque la dernière blessure de l'empire lui fut portée à Cannes, bourg de l'Apulie, encore dans l'obscurité, mais qui dut à la grandeur de notre désastre, d'en sortir, et au carnage de quarante mille Romains, d'être devenu célèbre. Ici, tout conspire la perte de notre malheureuse armée, le général ennemi, la terre, le ciel, le temps, toute la nature enfin. Non content de nous avoir envoyé de faux transfuges qui bientôt, pendant l'action, massacrèrent nos soldats par derrière, Annibal, ce capitaine toujours rusé, observant le champ de bataille, reconnut que c'était une vaste plaine brûlée par le soleil, couverte de poussière, et où soufflait périodiquement un vent d'orient. Il rangea son armée de manière que les

[1] Le plus grand fleuve de l'Italie; il sort du mont Viso, coupe la haute Italie dans toute sa longueur, et va se jeter au fond de la mer Adriatique. — [2] Il a sa source dans les Alpes Pennines, traverse le lac Majeur, et se jette dans le Pô. — [3] Près de la ville de Ticinum, depuis Papia, et aujourd'hui Pavie. — [4] Petite rivière de la Gaule Cispadane, qui se jette dans le Pô.

« igitur, inquit, accipite; » et excusso in media curia togæ gremio, non sine horrore, quasi plane sinu ferret, bellum effudit. Similis exitus belli initio fuit. Nam quasi has inferias sibi Saguntinorum ultimæ diræ in illo publico parricidio incendioque mandassent : ita Manibus eorum, vastatione Italiæ, captivitate Africæ, ducum et regum, qui id gessere bellum, exitio parentatum est.

Igitur ubi semel se in Hispania movit illa gravis et luctuosa Punici belli vis atque tempestas, destinatumque Romanis jam diu fulmen Saguntino igne conflavit, statim quodam impetu rapta medias perfregit Alpes; et in Italiam ab illis fabulosæ altitudinis nivibus, velut cœlo missa, descendit. Ac primi quidem impetus turbo inter Padum et Ticinum valido statim fragore detonuit. Tunc Scipione duce, fusus exercitus. Saucius etiam ipse venisset in manus hostium imperator, nisi protectum patrem prætextatus admodum filius ab ipsa morte rapuisset. Hic erat Scipio, qui in exitium Africæ crescit, nomen ex malis ejus habiturus. Ticino Trebia succedit. Hic secunda belli Punici procella desævit, Sempronio consule. Tunc callidissimi hostes, frigidum et nivalem nacti diem, quum se ignibus prius oleoque fovissent (horribile dictu), homines a meridie et sole venientes nostra nos hieme vicerunt.

Trasimenus lacus tertium fulmen Annibalis, imperatore Flaminio. Ibi quoque ars nova Punicæ fraudis : quippe nebula lacus, palustribusque virgultis tectus eques, terga subito pugnantium invasit. Nec de diis possumus queri : imminentem quippe temerario duci cladem prædixerant insidentia signis examina, et aquilæ prodire nolentes; et commissam aciem secutus ingens terræ tremor : nisi illum horrorem soli, equitum virorumque discursus, et mota vehementius arma fecerunt.

Quartum, id est, pæne ultimum vulnus imperii Cannæ, ignobilis Apuliæ vicus, sed magnitudine cladis emersit, et quadraginta millium cæde parta nobilitas. Ibi in exitium infelicis exercitus, dux, terra, cœlum, dies, tota denique rerum natura consensit. Siquidem non contentus simulatis transfugis Annibal, qui mox terga pugnantium ceciderunt, insuper callidissimus imperator, pa-

Romains eurent contre eux tous ces désavantages; et, comme s'il eût tenu le ciel même à sa disposition, il se donna pour auxiliaire le vent, la poussière, le soleil. Aussi deux grandes armées furent taillées en pièces, et l'ennemi s'assouvit de carnage. Annibal enfin dit à ses soldats : « Ne frappez plus. » De nos généraux, l'un survécut, l'autre fut tué ; on ne sait lequel montra la plus grande âme. Paulus rougit de vivre ; Varron ne désespéra pas (24). L'Aufide [1], quelque temps ensanglanté, un pont de cadavres élevé, par l'ordre d'Annibal, sur le torrent de Vergelles (22), deux boisseaux d'anneaux envoyés à Carthage, et les pertes de la dignité équestre évaluées à cette mesure, furent les témoignages de notre défaite (23).

Nul doute que Rome ne touchât à sa dernière heure, et qu'Annibal ne pût, dans cinq jours, souper au Capitole, si, selon le mot qu'on attribue à Adherbal [2], fils de Bomilcar, Annibal eût su profiter de la victoire aussi bien qu'il savait vaincre. Mais, comme on l'a souvent répété, ou le destin de la ville à qui était réservé l'empire, ou le mauvais génie d'Annibal, et les dieux ennemis de Carthage, l'entraînèrent ailleurs. Lorsqu'il pouvait user de la victoire, il aima mieux en jouir (24) ; et, laissant Rome, il se mit à parcourir les champs de Capoue et Tarente, où s'éteignit bientôt son ardeur et celle de son armée. Ainsi l'on a dit avec raison que, dans Capoue, Annibal avait trouvé Cannes (25). Celui que les Alpes n'avaient pu vaincre, ni nos armes dompter, fut subjugué, qui le croirait? par le soleil de la Campanie et par les tièdes fontaines de Baïes.

Cependant le Romain respire et semble sortir du tombeau. Il était sans armes, il arrache celles des temples; sans armée, il affranchit et enrôle les esclaves ; le trésor public était vide ; le sénat s'empresse d'y porter publiquement ses richesses, et chacun ne se réserve d'autre or que celui des bulles [1], et d'un seul anneau. Les chevaliers suivent cet exemple, et les tribus imitent les chevaliers. Telle est enfin, sous les consuls Lévinus et Marcellus, la multitude des offrandes particulières portées au trésor public, qu'à peine les registres et la main des greffiers peuvent suffire à les inscrire. Mais, dans l'élection des magistrats, quelle sagesse montrent les centuries ! Les jeunes gens demandent conseil aux vieillards sur le choix des nouveaux consuls. On sentait que, contre un ennemi tant de fois vainqueur et si fertile en ruses, il fallait combattre avec la prudence non moins qu'avec la valeur.

Le premier espoir de l'empire revenu pour ainsi dire à la vie, fut Fabius, qui trouva un moyen de vaincre Annibal ; c'était de ne pas combattre. Delà ce surnom nouveau de *Temporiseur*, si salutaire à la république; de là celui de *Bouclier de l'empire*, que le peuple lui donna. Par tout le pays des Samnites, dans les défilés de Falerne et du Gaurus, il fatigua tellement Annibal, qu'il épuisa par ses lenteurs celui que la valeur n'avait pu dompter. Bientôt aussi, sous le commandement de Claudius Marcellus, on ose combattre, on s'approche de lui, on le met en fuite dans la Campanie, on l'arrache au siége de la ville de

---

[1] Rivière d'Apulie. — [2] Maharbal, et non Adherbal. V. Tite-Live, l. XXII, c. 51.

[1] Ornement que portaient les fils des sénateurs.

---

tentibus in campis, observato loci ingenio, quod et sol ibi acerrimus, et plurimus pulvis, et Eurus ab Oriente [semper] quasi ad constitutum, ita instruxit aciem, ut, Romanis adversus hæc omnia adversis, quasi secundum cœlum tenens, vento, pulvere, sole pugnaret. Itaque duo maximi exercitus cæsi ad hostium satietatem, donec Annibal diceret militi suo, « Parce ferro. » Ducum effugit alter, alter occisus est : dubium uter majore animo. Paullum puduit : Varro non desperavit. Documenta cladis cruentus aliquamdiu Aufidus ; pons de cadaveribus, jussu ducis, factus in torrente Vergelli ; modii duo anulorum Carthaginem missi, dignitasque equestris taxata mensura.

Dubium deinde non erat, quin ultimum illum diem habitura fuerit Roma, quintumque intra diem epulari Annibal in Capitolio potuerit, si (quod Pœnum illum dixisse Adherbalem Bomilcaris ferunt) « Annibal, quem » admodum sciret vincere, sic uti victoria scisset. » Tum quidem illum, ut dici vulgo solet, aut fatum urbis imperaturæ, aut ipsius mens mala, et aversi a Carthagine dii in diversum abstulerunt. Quum victoria posset uti, frui maluit ; relictaque Roma, Campaniam Tarentumque peragrare ; ubi mox et ipse, et exercitus ardor elanguit : adeo ut vere dictum sit, « Capuam Annibali Cannas fuisse. »

Siquidem invictum Alpibus, indomitum armis, Campaniæ (quis crederet?) soles et tepentes fontibus Baiæ subegerunt.

Interim respirare Romanus, et quasi ab inferis emergere. Arma non erant : detracta sunt templis. Deerat juventus : in sacramentum militiæ liberata servitia. Egebat ærarium : opes suas libens senatus in medium protulit ; nec, præter quod in bullis singulisque anulis erat, quidquam sibi auri reliquere. Eques secutus exemplum, imitatæque equitem tribus. Denique vix suffecere tabulæ, vix scribarum manus, Lævino Marcelloque consulibus, quum privatæ opes in publicum deferrentur. Quid autem in eligendis magistratibus, quæ centuriarum sapientia, quum juniores a senioribus consilium de creandis consulibus petivere? Quippe adversus hostem toties victorem, tam callidum, non virtute tantum, sed suis etiam pugnare consiliis oportebat.

Prima redeuntis, et, ut sic dixerim, reviviscentis imperii spes Fabius fuit, qui novam de Annibale victoriam commentus est. non pugnare. Hinc illi cognomen novum et reipublicæ salutare, *Cunctator*. Hinc illud ex populo, ut *imperii scutum* vocaretur. Itaque per Samnium totum, per Falernos Gauranosque saltus sic maceravit Annibalem, ut, qui frangi virtute non poterat, mora comminueretur.

Noles[1]. On ose encore, sous Sempronius Gracchus, le poursuivre à travers la Lucanie et le serrer de près dans sa retraite, bien qu'alors, ô honte ! l'on ne combattît qu'avec une poignée d'esclaves ; car c'est à cette extrémité qu'avaient réduit tant de malheurs ; mais ces esclaves avaient reçu la liberté ; leur courage en avait fait des Romains.

Étonnante confiance au milieu de tant d'adversités ! admirable force d'âme ! audace toute romaine ! Dans une position si embarrassante et si déplorable, quand le salut de son Italie est encore douteux, Rome ose cependant porter ses regards sur d'autres contrées ; et tandis qu'inondant la Campanie et l'Apulie, les ennemis lui tiennent le fer sur la gorge, et font déjà de l'Italie même une seconde Afrique, en même temps qu'elle leur résiste, elle envoie et répartit ses armées en Sicile, en Sardaigne, en Espagne, par toute la terre (26).

La Sicile, assignée à Marcellus, ne lui résista pas longtemps. Toute l'île fut en effet vaincue dans une seule ville. Cette grande capitale, jusqu'alors invincible, Syracuse, quoique défendue par le génie d'Archimède, fut enfin forcée de céder. Sa triple enceinte, ses trois forteresses, son port de marbre, et sa célèbre fontaine d'Aréthuse[3], ne purent lui servir qu'à être, en faveur de sa beauté, épargnée par le vainqueur.

Gracchus s'empara de la Sardaigne. Ni le courage féroce de ses habitants, ni la hauteur prodigieuse de ses montagnes *insensées*[4] (car c'est ainsi qu'on les appelle) ne purent la protéger. Il traita les villes avec rigueur, surtout Caralis, la ville de ses villes, afin de dompter au moins, par le regret de voir dévaster le sol de sa patrie, une nation obstinée et qui se faisait un jeu de la mort.

Les deux Scipions, Cnæus et Publius, envoyés en Espagne, l'avaient presque entièrement arrachée aux Carthaginois. Mais, victimes des piéges de la ruse punique, ils la perdirent à leur tour, après avoir néanmoins épuisé, dans de grandes batailles, les forces carthaginoises. L'un deux tomba sous le fer des perfides Africains, comme il traçait son camp ; l'autre périt au milieu des flammes dans une tour où il s'était réfugié.

Alors, Scipion fut envoyé avec une armée pour venger son père et son oncle ; c'était à lui, que, selon le décret des destins, l'Afrique devait donner un nom si grand. Cette belliqueuse Espagne, fameuse par ses guerriers et par ses combats, cette pépinière des armées ennemies, cette école d'Annibal, il la reconquit tout entière, ô prodige ! depuis les Pyrénées jusqu'aux colonnes d'Hercule et à l'Océan. Fut-ce avec plus de rapidité que de bonheur ? la rapidité, quatre ans l'attestent ; le bonheur, une seule cité le prouve. En effet, assiégée et prise le même jour, la Carthage de l'Espagne[4], si facilement vaincue, fut le présage de la réduction de celle de l'Afrique (27). Cependant la soumission de cette province doit être attribuée surtout à la rare continence du général qui rendit aux Barbares leurs enfants captifs et de jeunes filles d'une grande beauté, sans même avoir per-

---

[1] Ville voisine de Naples. — [2] V. Polyb., l. VIII, c. 5 ; Tite-Live, l. XXIV, c. 33, 34 ; Plut. in Marcello. — [3] Située dans l'île d'Ortygie. V. Virg., eglog. X, et Ovid. Métam., l. v. — [4] Elles formaient une chaîne coupant la Sardaigne, et étaient ainsi appelées, soit parce qu'on ne croyait pas possible de les franchir, soit parceque leurs sommets semblaient braver le ciel.

[4] Carthagène, qui porte aujourd'hui le même nom, dans le royaume de Valence.

Inde, Claudio Marcello duce, etiam congredi ausus est. Cominus venit, et pepulit in Campania sua, et ab obsidione Nolæ urbis excussit. Ausus et, Sempronio Graccho duce, per Lucaniam sequi, et premere terga cedentis ; quamvis tunc, o pudor! manu servili pugnaret. Nam hucusque tot mala compulerant ; sed libertate donati, fecerant de servitute Romanos.

O horribilem in tot adversis fiduciam! o singularem animum ac spiritum populi Romani! tam arctis afflictisque rebus, quum de Italia sua dubitaret, ausus est tamen in diversa respicere ; quumque hostes in jugulo per Campaniam Apuliamque volitarent, mediamque de Italia Africam facerent, eodem tempore et hunc sustinebat, et in Siciliam, Sardiniam, Hispaniam, divisa per terrarum orbem arma mittebat.

Sicilia mandata Marcello, nec diu restitit : tota enim insula in una urbe superata est. Grande illud, et ante id tempus invictum caput, Syracusæ, quamvis Archimedis ingenio defenderentur, aliquando cessarunt. Longe illi triplex murus, totidemque arces, portus ille marmoreus, et fons celebratus Arethusæ ; nisi quod hactenus profuere, ut pulchritudini victæ urbis parceretur.

Sardiniam Gracchus arripuit. Nihil illi gentium feritas, Insanorumque (nam sic vocantur) immanitas montium profuere. Sævitum in urbes, urbemque urbium Caralim, ut gens contumax, vilisque morti, saltem desiderio patrii soli domaretur.

In Hispaniam missi Cnæus et Publius Scipiones, pene totam Pœnis eripuerant, sed insidiis Punicæ fraudis oppressi, rursus amiserunt, magnis quidem illi præliis quum Punicas opes cecidissent : sed Punicæ insidiæ alterum ferro castra metantem ; alterum, quum evasisset in turrim, cinctum facibus oppresserunt.

Igitur in ultionem patris ac patrui missus cum exercitu Scipio, cui tam grande de Africa nomen fata decreverant, bellatricem illam, viris armisque nobilem Hispaniam, illam seminarium hostilis exercitus, illam Annibalis eruditricem (incredibile dictu), totam a Pyrenæis montibus in Herculis columnas et Oceanum recuperavit, nescias citius, an felicius. Quam velociter, quatuor anni fatentur : quam facile, vel una civitas probat. Eodem quippe, quo obsessa est, die capta est : omeæque Africanæ victoriæ fuit, quod tam facile victa est Hispana Carthago. Certum est tamen, ad profligandam provinciam maxime profecisse singularem ducis sanctitatem : quippe qui captivos pueros, puellasque præcipuæ pul-

mis qu'on les amenât en sa présence, pour ne pas paraître avoir effleuré, seulement des yeux, leur pureté virginale

Le peuple romain obtenait ces succès dans diverses parties du monde ; et cependant, comme attaché aux entrailles de l'Italie, Annibal ne pouvait en être arraché. La plupart des villes avaient quitté notre cause pour la sienne ; et cet irréconciliable ennemi, tournait contre les Romains les forces même de l'Italie. Déjà, toutefois, nous l'avions chassé de quantité de places et de contrées. Tarente était revenue à nous ; déjà nous tenions assiégée Capoue, la résidence, le domicile, la seconde patrie d'Annibal[1]. La perte de cette ville fut si douloureuse au général carthaginois, qu'il tourna toutes ses forces contre Rome. O peuple digne de l'empire du monde ! digne de la faveur de tous les dieux et de l'admiration de tous les hommes. Au milieu des plus pressantes alarmes, il ne se désista d'aucune entreprise ; et, réduit à craindre pour Rome même, il n'abandonna cependant point Capoue. Une partie de l'armée y fut laissée sous le consul Appius ; l'autre suivit Flaccus à Rome, et le peuple romain combattait loin d'elle et près d'elle tout à la fois. Devons-nous donc nous étonner que, quand Annibal, pour l'attaquer, leva son camp placé à trois milles, les dieux eux-mêmes, oui, les dieux (ne rougissons pas de l'avouer), l'aient une seconde fois arrêté ? En effet, à chacun de ses mouvements, des torrents de pluie tombèrent avec une telle force, les vents s'élevèrent avec une telle violence, qu'il semblait que cet orage, suscité par les dieux

[1] Sil. Ital., l. II, v. 243.

pour repousser l'ennemi, partît, non du ciel, mais des murs mêmes de Rome et du haut du Capitole. Il se retira donc en fuyant et se cacha dans le fond de l'Italie, heureux du moins d'avoir quitté Rome sans s'être prosterné devant elle. Une chose légère en elle-même, mais qui prouve assez manifestement la grandeur d'âme du peuple romain, c'est que, pendant les jours de ce siége, le champ sur lequel Annibal avait assis son camp, fut mis à l'encan à Rome, et trouva un acheteur. Annibal voulut imiter une semblable confiance ; il mit à son tour en vente les comptoirs des banquiers de la ville ; mais il ne se présenta pas d'acquéreur (28). C'était un nouveau présage des destins.

Tant de preuves de courage, tant de marques même de la faveur des dieux n'avaient rien fait encore. Asdrubal, frère d'Annibal, s'avançait avec une nouvelle armée, de nouvelles forces, un nouvel appareil de guerre. C'en était fait sans aucun doute, si ce général eût opéré sa jonction avec son frère ; mais, comme il traçait son camp, il fut, lui aussi, battu par Claudius Néron, uni à Livius Salinator. Néron avait poussé Annibal jusqu'aux derniers confins de l'Italie : Livius avait dirigé son armée vers une partie tout opposée, c'est-à-dire, vers les défilés où l'Italie prend naissance. Franchissant cet immense intervalle que mettait entre les consuls toute la longueur de l'Italie, avec quel concert, avec quelle célérité ils se joignent, unissent leurs drapeaux et surprennent Asdrubal, sans qu'Annibal soupçonne ce qui se passe ! Comment l'exprimer ? A la nouvelle de ce désastre, à l'aspect de la tête de son frère jetée dans son camp : « Je reconnais, dit Annibal, l'in-

---

chritudinis Barbaris restituerit, ne in conspectum quidem suum passus adduci, ne quid de virginitatis integritate delibasse saltem oculis videretur.

Hæc inter diversa terrarum populus Romanus : nec ideo tamen Italia visceribus inhærentem submovere poterat Annibalem. Pleraque ad hostem defecerant ; et dux acerrimus contra Romanos Italicis quoque viribus utebatur. Jam tamen cum plerisque oppidis et regionibus excusseramus. Tarentus ad nos redierat : jam et Capua, sedes et domus, et patria altera Annibalis, tenebatur : cujus amissio tantum Pœno duci dolorem dedit, ut inde totis viribus Romam converteretur. O populum dignum orbis imperio ! dignum omnium favore, et admiratione hominum ac deorum ! Compulsus ad ultimos metus ab incœpto non destitit ; et de sua Urbe sollicitus, Capuam tamen non omisit : sed, parte exercitus sub Appio consule relicta, parte Flaccum in urbem secuta, absens simul præsensque pugnabat. Quid ergo miramur, moventi castra a tertio lapide Annibali iterum ipsos deos, deos inquam (nec fateri pudebit), restitisse ? Tanta enim ad singulos illius motus vis imbrium effusa, tanta ventorum violentia coorta est, ut divinitus hostem submoveri, nec

cœlo, sed ab Urbis ipsius mœnibus, et Capitolio ferri videretur. Itaque fugit, et cessit, et in ultimum se Italiæ recepit sinum, quum Urbem tantum non adoratam reliquisset. Parva res dictu, sed ad magnanimitatem populi Romani probandam satis efficax ; quod illis ipsis, quibus obsidebatur diebus, ager, quem Annibal castris insederat, venalis Romæ fuit, hastæque subjectus invenit emtorem. Voluit Annibal contra fiduciam imitari ; subjecitque argentarias Urbis tabernas ; nec sector inventus est : ut scias, etiam præsagia fatis fuisse.

Nihil actum erat tanta virtute, tanto favore etiam deorum ; siquidem Asdrudal, frater Annibalis, cum exercitu novo, novis viribus, nova belli mole veniebat. Actum erat procul dubio, si vir ille se cum fratre junxisset ; sed hunc quoque castra metantem Claudius Nero cum Livio Salinatore debellat. Nero in ultimo Italiæ angulo submovebat Annibalem : Livius in diversissimam partem, id est, in ipsas nascentis Italiæ fauces, signa converterat. Tanto, id est, omni, qua longissima Italia, solo interjacente, quo consilio, qua celeritate, consules castra conjuxerint, inopinanterque hostem collatis signis compresserint, neque id fieri Annibal senserit, difficile dictu est. Certe

fortune de Carthage (29). » Tel fut le premier aveu arraché à ce guerrier, sans doute par le pressentiment du destin qui le menaçait. Dès-lors il était certain qu'Annibal, à l'en croire lui-même, pouvait être vaincu. Mais ce n'était point assez pour le peuple romain ; plein de confiance après tant de prospérités, il avait surtout à cœur d'accabler dans l'Afrique ce terrible ennemi. Il s'y porta donc sous la conduite de Scipion, avec toute la masse de ses forces, et commença d'imiter Annibal, en vengeant sur l'Afrique les malheurs de l'Italie. Quelles troupes, grands dieux! que celles d'Asdrubal! quelles armées que celles de Syphax, qu'il mit en déroute! quelle force et quelle étendue avaient leurs deux camps, qu'il détruisit en y mettant le feu, dans une seule nuit! Bientôt il n'était plus seulement à trois milles de Carthage ; il en battait les portes, il en pressait le siége. Cette diversion eut pour effet d'arracher de l'Italie Annibal, attaché à cette proie dont il se repaissait. Il n'y eut pas pour l'empire romain un plus grand jour que celui où les deux premiers capitaines qui eussent existé jusqu'alors et qui aient paru depuis, l'un, vainqueur de l'Italie, l'autre, de l'Espagne, déployèrent enseignes contre enseignes, et se préparèrent au combat. Ils eurent cependant une conférence pour traiter de la paix. Ils restèrent longtemps immobiles, dans une mutuelle admiration [1]. La paix ne se conclut pas, et aussitôt les trompettes donnèrent le signal. Il est constant, de l'aveu des deux généraux, « qu'on ne pouvait, de part et d'autre, ni faire de meilleures dispositions, ni combattre avec plus d'ardeur. » Scipion rendit ce témoignage de l'armée d'Annibal, Annibal de celle de Scipion. Toutefois, Annibal succomba ; l'Afrique fut le prix de la victoire ; et le monde ne tarda pas à suivre le sort de l'Afrique (30).

VII. — *Première guerre de Macédoine.* — (An de Rome 555-558.) — Carthage vaincue, nul peuple ne rougit de l'être. Aussitôt après furent soumises, comme l'Afrique, les nations de la Macédoine, de la Grèce, de la Syrie, et toutes les autres, entraînées, pour ainsi dire, par le tourbillon, par le torrent de la fortune (51). On soumit tout d'abord les Macédoniens, ce peuple qui avait jadis aspiré à l'empire du monde. Aussi, quoique Philippe occupât alors le trône, les Romains croyaient-ils avoir à combattre un Alexandre. Ce fut toutefois le nom de la nation, plutôt que sa puissance, qui donna de l'importance à la guerre de Macédoine. La cause qui la fit commencer fut l'alliance contractée par le roi Philippe avec Annibal, quand celui-ci dominait en Italie (32). Ce motif devint plus puissant lorsque les Athéniens implorèrent notre secours contre les violences de ce roi, qui, abusant du droit de la victoire, détruisait les temples, les autels, les tombeaux même. Le sénat consentit à porter assistance à d'aussi illustres suppliants. Rome était déjà le recours et l'appui des princes, des peuples, des nations.

Sous le consulat de Lévinus, le peuple romain parut donc pour la première fois sur la mer Ionienne ; sa flotte parcourut comme en triomphe tous les rivages de la Grèce, étalant les dépouilles de la Sicile, de la Sardaigne, de l'Espagne, de l'Afrique. Un laurier né sur la poupe du vaisseau

[1] V. Tite-Live, l. xxx, c. 30. Plutar., in Scip. vit. Sil. Italic, l. xvii

---

Annibal, re cognita, quum projectum fratris caput ad sua castra vidisset, « Agnosco, inquit, infelicitatem Carthaginis. » Hæc fuit illius viri, non sine præsagio quodam fati imminentis, prima confessio. Jam certum erat, Annibalem etiam ipsius confessione posse vinci ; sed tot rerum prosperarum fiducia plenus populus Romanus magni æstimabat, asperrimum hostem in Africa debellare. Duce igitur Scipione, in ipsam Africam tota mole conversus, imitari cœpit Annibalem, et Italiæ suæ clades in Africa vindicare. Quas ille (dii boni!) Asdrubalis copias, quos Syphacis exercitus fudit! quæ quantaque utriusque castra facibus illatis una nocte delevit! denique jam non a tertio lapide, sed ipsas Carthaginis portas obsidione quatiebat. Sic factum est, ut inhærentem atque incubantem Italiæ extorqueret Annibalem. Non fuit major sub imperio Romano dies, quam ille, quum duo omnium et antea et postea ducum maximi, ille Italiæ, hic Hispaniæ victor, collatis cominus signis, direxere aciem. Sed et colloquium fuit inter ipsos de legibus pacis. Steterunt diu mutua admiratione defixi. Ubi de pace non convenit, signa cecinere. Constat utriusque confessione, « nec melius instrui aciem, nec acrius potuisse pugnari. » Hoc Scipio de Annibalis, Annibal de Scipionis exercitu prædicaverunt. Sed tamen Annibal cessit ; præmiumque victoriæ Africa fuit, et seculus Africam statim terrarum orbis.

VII. — *Bellum Macedonicum primum.* — Post Carthaginem vinci neminem puduit. Secutæ sunt statim Africam gentes, Macedonia, Græcia, Syria, cæteraque omnia, quodam quasi æstu et torrente fortunæ ; sed primi omnium Macedones, affectator quondam imperii populus. Itaque quamvis tunc Philippus regno præsideret, Romani tamen dimicare sibi cum rege Alexandro videbantur. Macedonicum bellum nomine amplius, quam spectatione gentis fuit. Caussa cœpit a fœdere Philippi, quo rex jam pridem dominantem in Italia Annibalem sibi sociaverat : postea crevit, implorantibus Athenis auxilium contra regis injurias, quum ille ultra jus victoriæ in templa, aras, et sepulchra ipsa sæviret. Placuit senatui opem tantis ferre supplicibus. Quippe jam gentium reges, duces, populi, nationes, præsidia sibi ab hac urbe petebant.

Primo igitur, Lævino consule, populus Romanus, Ionium mare ingressus, tota Græciæ litora veluti triumphanti classe peragravit. Spolia quippe Siciliæ, Sardiniæ, Hispaniæ, Africæ præferebat ; et manifestam victoriam nata in prætoria puppe laurus pollicebatur. Aderat sponte in auxilium Attalus, rex Pergamenorum : aderant

prétorien était une promesse manifeste de la victoire (53). Attale, roi de Pergame [1], s'était fait de lui-même notre auxiliaire. Les Rhodiens, peuple navigateur, nous prêtèrent aussi leurs secours; sur mer, leurs vaisseaux; sur terre, la cavalerie; et les soldats du consul triomphèrent de tout. Philippe fut deux fois vaincu, deux fois mis en fuite, deux fois dépouillé de son camp. Rien cependant n'effraya plus les Macédoniens que l'aspect même de leurs blessures, qui, faites, non avec les traits, les flèches ou les faibles armes de la Grèce, mais avec d'énormes javelots et de lourdes épées, ouvraient plus d'un chemin à la mort. Bientôt après, sous la conduite de Flamininus, nous franchîmes les montagnes jusqu'alors inaccessibles de la Chaonie et le fleuve Aoüs, qui se précipite entre des rocs, c'est-à-dire les barrières mêmes de la Macédoine. Ce fut vaincre que d'y entrer (54). Car jamais, depuis ce jour, le roi n'osa en venir aux mains; près des collines nommées Cynocéphales [2], on l'accabla d'un seul coup, et ce ne fut pas même dans un véritable combat. Le consul lui donna la paix et lui laissa son trône. Bientôt, pour prévenir toutes les causes de guerre, il réprima Thèbes, et l'Eubée, et Lacédémone qui s'agitait sous son chef Nabis. Quant à la Grèce, il lui rendit son ancien état, afin qu'elle vécût sous ses lois et jouît de son antique liberté. Quels transports, quelles acclamations, le jour où, sur le théâtre de Némée, pendant les jeux quinquennaux [3], le héraut chanta ce décret (55)! Quel concours d'applaudissements! que de fleurs répandues aux pieds du consul! combien de fois on obligea le héraut à répéter ces paroles qui proclamaient la liberté de l'Achaïe! Cette sentence consulaire charmait les oreilles des Grecs autant que les plus mélodieux accords de la flûte ou de la lyre (56).

VIII. — *Guerre de Syrie contre le roi Antiochus.* — (An de Rome 561-564.) — La soumission de la Macédoine et du roi Philippe fut suivie de près de celle d'Antiochus : c'était le hasard, ou plutôt une heureuse combinaison de la fortune, qui voulait que notre domination s'étendît d'Afrique en Europe, puis d'Europe en Asie, selon les occasions qui se présentaient d'elles-mêmes ; et que le cercle de nos victoires embrassât, d'après leur situation, tous les pays de l'univers. Nulle guerre ne parut plus formidable aux Romains ; ils se retraçaient les Perses et l'Orient, Xerxès et Darius, et ces monts inaccessibles percés par la main de l'homme, et la mer disparaissant sous le nombre des voiles. A cette terreur se joignait l'effroi causé par les menaces célestes : l'Apollon de Cumes [1] se couvrait d'une sueur continuelle ; mais c'était l'effet des alarmes de ce dieu pour sa chère Asie.

Nulle contrée n'est plus peuplée, plus riche, plus belliqueuse que la Syrie; mais elle était tombée entre les mains d'un roi si lâche que la plus grande gloire d'Antiochus est d'avoir été vaincu par les Romains. Ce roi fut poussé à la guerre, d'un côté par Thoas, chef des Étoliens, irrité de ce que les Romains avaient fait peu de cas de son alliance dans la guerre contre les Macédoniens ; de l'autre, par Annibal, qui, vaincu en Afrique, fugitif, et ne pouvant supporter la paix, cherchait

[1] Ville de la Mysie, dans l'Asie Mineure. — [2] *Têtes de chiens* parce que ce lieu, situé en Thessalie, non loin de Pharsale, est tout hérissé d'éminences qui présentent au loin cette apparence. — [3] Ils étaient triennaux.

[1] En Éolie. V. Cicer. de Divin. l. 1, c. 43 : Il parle aussi de ce prodige.

Rhodii, nauticus populus : quibus a mari, consul a terris omnia equis virisque quatiebat. Bis victus rex, bis fugatus, bis exutus castris; quum tamen nihil terribilius Macedonibus fuit ipso vulnerum adspectu, quae non spiculis, non sagittis, nec ullo Graeculo ferro, sed ingentibus pilis, nec minoribus adacta gladiis, ultra mortem patebant. Enimvero Flaminio duce, invios antea Chaonum montes, Aoumque amnem per abrupta vadentem, et ipsa Macedoniae claustra penetravimus. Introisse victoria fuit : nam nunquam postea ausus congredi rex, ad tumulos, quos Cynocephalas vocant uno, ac ne hoc quidem justo praelio opprimitur. Et illi quidem consul pacem dedit, regnumque concessit : mox, ne quid esset hostile, Thebas, et Euboeam, et grassantem sub Nabide suo Lacedaemona compescuit. Graeciae vero veterem statum reddidit, ut legibus viveret suis, et avita libertate frueretur. Quae gaudia, quae vociferationes fuerunt, quum hoc forte Nemeae in theatro quinquennalibus ludis a praecone caneretur? quo certavere plausu? quid florum in consulem profuderunt? et iterum iterumque praeconem repetere illam vocem jubebant, qua libertas Achaiae pronuntiabatur :

nec aliter illa consulari sententia, quam modulatissimo aliquo tibiarum aut fidium cantu fruebantur

VIII. — *Bellum Syriacum regis Antiochi.* — Macedoniam statim, et regem Philippum Antiochus excepit, quodam casu, quasi industria, sic adgubernante for una, ut quemadmodum ab Africa in Europam, sic ab Europa in Asiam, ultro se subgerentibus causis, imperium procederet; et cum terrarum orbis situ ipse ordo victoriarum navigaret. Non aliud formidolosius fama bellum fui : quippe quum Persas et Orientem, Xerxem atque Darium cogitarent, quando perfossi invii montes, quando velis opertum mare nuntiaretur. Ad hoc caelestes minae terribant, quum humore continuo Cumanus Apollo sudaret. Sed hic faventis Asiae suae numinis timor erat.

Nec sane viris, opibus, armis quidquam copiosius Syria : sed in manus tam ignavi regis inciderat, ut nihil fuerit in Antiocho speciosius, quam quod a Romanis victus est. Impulere regem in id bellum, illinc Thoas Aetoliae princeps, inhonoratam apud Romanos querens adversus Macedonas militiae suae societatem : hinc Annibal, qui in Africa victus, profugus, et pacis inpatiens, hostem

par toute la terre un ennemi au peuple romain (37). Et quel eût été notre péril, si le roi se fût livré à ses conseils, c'est-à-dire, si ce malheureux Annibal eût disposé des forces de l'Asie? Mais Antiochus, dans la confiance que lui inspirait sa puissance et son nom de roi, se contenta d'avoir allumé la guerre.

Déjà l'Europe, par un droit incontestable, appartenait aux Romains. Cet Antiochus leur redemanda, comme un bien héréditaire, la ville de Lysimachie, fondée par ses ancêtres, sur la côte de Thrace. Ce fut, pour ainsi dire, sous l'influence de cet astre que se souleva la tempête de la guerre asiatique; et le plus grand des rois, content de l'avoir courageusement déclarée, partit de l'Asie avec un fracas et un tumulte extraordinaires. Il occupe aussitôt les îles et les rivages de la Grèce, et il affecte, comme un vainqueur, de s'y livrer au repos et aux plaisirs. L'île d'Eubée est séparée du continent par un petit détroit que le flux et le reflux de l'Euripe ont formé. Là, ayant fait dresser des tentes tissues d'or et de soie, il mariait, au bruit des ondes du détroit, les sons de la flûte et de la lyre; faisait, malgré l'hiver, apporter de tous côtés des roses, et s'occupait, pour paraître jouer en quelque chose le rôle de général, à faire des levées de jeunes filles et d'enfants.

Un tel prince était donc déjà vaincu par son luxe. Envoyé par le peuple romain, le consul Acilius Glabrion s'avance pour l'attaquer dans l'Eubée, et le contraint, par le seul bruit de son arrivée, de sortir aussitôt de cette île. Alors, malgré sa fuite précipitée, il l'atteint aux Thermopyles, lieu si célèbre par la belle mort des trois cents Spartiates. Antiochus, loin de profiter de l'avantage du lieu, ne fait aucune résistance, et Glabrion le force de céder la mer et la terre. Aussitôt, et sans s'arrêter, on marche vers la Syrie. La flotte royale avait été confiée à Polyxénidas et à Annibal; car le roi ne pouvait pas même être spectateur d'un combat. Æmilius Régillus, avec le secours des galères rhodiennes, l'eut bientôt réduite tout entière. Qu'Athènes ne soit plus si fière! nous avons vaincu Xerxès dans Antiochus; dans Æmilius, égalé Thémistocle; dans Éphèse, balancé Salamine.

Alors, sous le consulat de Scipion, que son frère, ce Scipion l'Africain, naguère vainqueur de Carthage, voulut accompagner en qualité de lieutenant, on résolut d'achever la ruine d'Antiochus. Déjà, il est vrai, il nous avait abandonné toute la mer; mais nos vues se portent plus loin. On campe près du fleuve Méandre et du mont Sypyle. Le roi s'y trouvait avec des forces prodigieuses, soit auxiliaires, soit nationales : trois cent mille hommes de pied et un nombre proportionné de cavaliers et de chars armés de faux. Des éléphants d'une grandeur monstrueuse, brillants d'or, de pourpre, d'argent et de l'éclat de leur ivoire, servaient comme de rempart aux ailes de son armée. Mais tout cet appareil s'embarrassait dans sa propre grandeur. D'ailleurs, une pluie, survenue tout à coup, par un bonheur singulier, avait détendu les arcs persans. D'abord l'épouvante et bientôt la fuite de l'ennemi assurèrent notre triomphe. Antiochus, vaincu et suppliant, obtint la paix et une partie de ses états; on y consentit d'autant plus volontiers qu'il avait cédé plus facilement.

---

populo Romano toto orbe quærebat. Et quod illud fuisset periculum, si se consiliis ejus rex tradidisset, id est, si Asiæ viribus usus fuisset miser Annibal? Sed rex suis opibus, et nomine regio fretus, satis habuit bellum movere. Europa jam, dubio procul, jure ad Romanos pertinebat. Hic Lysimachiam urbem, in litore Thracio positam a majoribus suis, Antiochus ut hereditario jure reposcebat. Hoc velut sidere Asiatici belli mota tempestas; et maximus regum contentus fortiter indixisse bellum, quum ingenti strepitu ac tumultu movisset ex Asia, occupatis statim insulis, Græciæque litoribus, otia et luxus tanquam victor agitabat. Eubœam insulam continenti adhærentem tenui freto reciprocantibus aquis Euripus abscidit. Hic ille positis aureis sericisque tentoriis, sub ipso freti murmure, quum inter fluenta tibiis fidibusque concineret, collatis undique, quamvis per hiemem, rosis, ne non aliquo ducem genere agere videretur, virginum puerorumque delectus habebat.

Talem ergo regem jam sua luxuria debellatum populus Romanus, Acilio Glabrione consule, in insula aggressus, ipso statim adventus sui nuntio coegit ab insula fugere. Tum præcipitem apud Thermopylas assecutus, locum trecentorum Laconum speciosa cæde memorandum, ne ibi quidem fiducia loci resistentem, mari ac terra cedere coegit. Statim et e vestigio itur in Syriam. Classis regia Polyxenidæ Annibalique commissa : nam rex prælium nec spectare poterat. Igitur, duce Æmilio Regillo, adremigantibus Rhodiis, tota laceratur. Ne sibi placeant Athenæ! in Antiocho vicimus Xerxem; in Æmilio Themistoclem æquavimus; Ephesiis Salamina pensavimus.

Tum consule Scipione, cui frater, ille modo victor Carthaginis Africanus, voluntaria legatione aderat, debellari regem placet; et jam toto cesserat mari : sed nos imus ulterius. Mæandrum ad amnem montemque Sipylum castra ponuntur. Hic rex, incredibile dictu, quibus auxiliis, quibus copiis consederat. Trecenta millia peditum; equitum, falcatorumque curruum non minor numerus. Elephantis ad hoc immensæ magnitudinis, auro, purpura, argento, et suo ebore fulgentibus, aciem utrimque vallaverat. Sed hæc omnia præpedita magnitudine sua; ad hoc imbre, qui subito superfusus, mira felicitate Persicos arcus corruperat : primum trepidatio, mox fuga, dehinc triumphus fuerunt. Victo et supplici pacem atque partem regni dari placuit, eo libentius, quod tam facile cessisset.

IX. — *Guerre d'Étolie.* — (An de R. 564).
— A la guerre de Syrie succéda naturellement celle d'Étolie. En effet, après avoir vaincu Antiochus, Rome devait poursuivre ceux qui avaient allumé les feux de la guerre d'Asie. Fulvius Nobilior est chargé du soin de sa vengeance. Aussitôt, Ambracie, la capitale du pays, l'ancienne résidence de Pyrrhus, est ébranlée sous l'effort des machines; elle se rend bientôt. Aux prières des Étoliens, Athènes et Rhodes joignent les leurs; et, en mémoire de notre alliance avec eux, on consent à leur pardonner. La guerre s'étendit cependant plus loin et aux pays voisins. Céphalénie, Zacynthe et toutes les îles de cette mer, entre les monts Cérauniens et le cap Malée, furent l'accessoire de la guerre d'Étolie.

X. — *Guerre d'Istrie.* — (An de R. 575). — Après les Étoliens, Rome attaqua l'Istrie, qui les avait secourus dans la dernière guerre. Les commencements de celle-ci furent à l'avantage des ennemis; mais ce succès même causa leur perte. Ils avaient pris le camp de Cnæus Manlius; ne s'attachant qu'à leur riche butin, la plupart d'entre eux, ivres de vin et de joie, s'oubliaient au milieu des festins, lorsqu'Appius Pulcher les surprit, et leur fit revomir, dans des flots de sang, une victoire mal assurée. Apulon[1], leur roi, jeté sur un cheval, avait la tête si appesantie, si troublée par les fumées du vin, qu'il chancelait à tout moment : après qu'il eut repris ses sens, il apprit, avec étonnement et douleur, qu'il était prisonnier.

XI. — *Guerre contre les Gallo-Grecs.* — (An de Rome 564). — Les Gallo-Grecs furent aussi enveloppés dans la ruine causée par la guerre de Syrie. Avaient-ils réellement secouru Antiochus? ou Manlius, ambitionnant un triomphe, avait-il feint de les avoir vus dans l'armée de ce roi? C'est ce qu'on ne sait pas. Quoi qu'il en soit, le vainqueur n'ayant point justifié des motifs de cette guerre, le triomphe lui fut refusé[1]. La nation des Gallo-Grecs, comme l'indique son nom même, était un reste mixte et abâtardi de ces Gaulois qui, sous la conduite de Brennus[2], avaient dévasté la Grèce, et qui bientôt, pénétrant dans l'Orient, s'étaient établis dans la partie centrale de l'Asie. Mais de même que les plantes dégénèrent en changeant de sol, ainsi la férocité naturelle de ces peuples s'était amollie dans les délices de l'Asie. Aussi furent-ils battus et mis en fuite dans deux batailles, bien qu'à l'approche de l'ennemi, ils eussent abandonné leurs demeures, et se fussent retirés sur de très-hautes montagnes, qu'occupaient déjà les Tolistoboges, et les Tectosages[3]. Les uns et les autres, assaillis d'une grêle de pierres et de traits, furent en se rendant, condamnés à une éternelle paix. Ce ne fut que par une espèce de miracle qu'on les enchaîna : ils mordaient leurs fers, pour essayer de les rompre; ils se présentaient mutuellement la gorge pour s'étrangler. La femme d'Orgiagonte[4], leur roi, victime de la brutalité d'un centurion, laissa un exemple mémorable : elle s'échappa de sa prison, coupa la tête du soldat et la porta à son époux.

XII. — *Seconde guerre de Macédoine* — (An

---

[1] Œpulon selon Tite-Live

[1] Les fastes capitolins témoignent qu'on le lui accorda; Tite-Live dit que ce ne fut qu'après de longs débats. (L. 38, c. 50.) — [2] V. dans ce volume, p. 532, la note 6 du 1er livre des commentaires sur la guerre des Gaules. — [3] Tite-Live y ajoute les Trocmes. — [4] Tite-Live l'appelle Ortiagonte.

IX. — *Bellum Ætolicum.* — Syriatico bello successit, ut debebat, Ætolicum. Victo quippe Antiocho, Romanus faces Asiatici belli persequebatur. Ergo Fulvio Nobiliori mandata ultio est. Hic protinus, caput gentis, Ambraciam, regiam Pyrrhi, machinis quatit. Secuta deditio est. Aderant Ætolorum precibus Attici, Rhodii et memineramus auxilii. Sic placuit ignoscere : serpsit tamen latius in proximos bellum; omnemque late Cephaleniam, Zacynthon : et quidquid insularum in eo mari inter Ceraunios montes jugumque Maleum, Ætolici belli accessio fuerunt.

X. — *Bellum Histricum.* — Histri sequuntur Ætolos : quippe bellantes eos nuper adjuverant. Et initia pugnæ prospera hosti fuerunt, eademque exitii caussa. Nam quum Cnæi Manlii castra cepissent, opimæque prædæ incubarent, epulantes ac ludibundos plerosque, atque, ubi essent præ poculis nescientes, Appius Pulcher invadit. Sic cum sanguine et spiritu male partam revomuere victoriam. Ipse rex, Apulo equo impositus, quum subinde crapula et capitis errore lapsaret, captum sese vix et ægre, postquam experrectus est, didicit.

XI. — *Bellum Gallogræcum.* — Gallogræciam quoque Syriatici belli ruina convolvit. Fuerint inter auxilia regis Antiochi, an fuisse cupidus triumphi Manlius, ac eos visos simulaverit, dubium est. Certe negatus est victori triumphus, quia caussam belli non approbaverat. Cæterum gens Gallogræcorum, sicut ipsum nomen indicio est, mixta et adulterata, reliquiæ Gallorum, qui, Brenno duce, vastaverant Græciam, mox Orientem secuti, in media Asiæ parte sederunt. Itaque ut frugum semina mutato solo, degenerant; sic illa genuina feritas eorum Asiatica amœnitate mollita est. Duobus itaque præliis fusi fugatique sunt : quamvis sub adventu hostis, relictis sedibus, in altissimos se montes recepissent, quos Tolostobogi Tectosagique jam insederant. Utrique fundis sagittisque acti, in perpetuam se pacem dediderunt. Sed alligati miraculo quodam fuere, quum catenas morsibus et ore tentassent; quum ipsum sua invicem fauces præbuissent. Nam Orgiagontis regis uxor a centurione stuprum passa, memorabili exemplo custodiam evasit, revulsumque militis caput ad maritum suum retulit.

XII. — *Bellum Macedonicum secundum.* — Dum aliæ

de Rome 582 — 585). — Tandis que la guerre de Syrie entraînait la ruine de tant d'autres nations, la Macédoine se releva. Ce peuple vaillant tressaillait au souvenir de sa gloire passée; et Persée, fils et successeur de Philippe, doutait, pour l'honneur de cette nation, qu'elle pût être vaincue pour toujours, ne l'ayant été qu'une seule fois. Les Macédoniens font, sous ce roi, un bien plus puissant effort que sous son père. Ils avaient en effet attiré les Thraces dans leur parti; et l'habileté des Macédoniens trouvait ainsi un appui dans la vigueur des Thraces, comme la valeur farouche des Thraces, une règle dans la discipline des Macédoniens. A ces avantages venait se joindre la prudence du roi, qui, après avoir examiné, du sommet de l'Hémus (58), la situation de ses provinces, établit des camps dans les lieux escarpés et entoura la Macédoine d'une enceinte d'armes et de fer qui semblait ne laisser d'accès qu'à des ennemis descendus du ciel. Cependant, l'armée romaine, sous le consul Marcius Philippus, pénétra dans cette province, après avoir soigneusement exploré toutes ses avenues, suivi les bords du marais Ascuris, gravi des hauteurs escarpées et presque impraticables, qui paraissaient inaccessibles aux oiseaux mêmes. Le roi, qui, dans sa sécurité, croyait n'avoir rien de tel à craindre, fut épouvanté de cette soudaine irruption de notre armée, et son trouble fut tel, qu'il fit jeter à la mer tous ses trésors, pour que leur perte ne profitât pas à l'ennemi, et mettre le feu à sa flotte, de peur qu'il ne la brûlât.

Le consul Paul Émile [1], voyant qu'on avait augmenté la force et le nombre des garnisons, surprit la Macédoine par d'autres passages, à la faveur d'un artifice et du plus ingénieux stratagème : la menaçant d'un côté, il l'envahit d'un autre. Son arrivée causa à Persée une telle terreur, que ce roi, n'osant combattre en personne, confia à ses généraux la conduite de la guerre Vaincu en son absence, il s'enfuit sur les mers, et alla dans l'île de Samothrace [1], chercher un asile consacré par la religion, comme si les temples et les autels eussent pu défendre celui que n'avaient point protégé ses montagnes et ses armées.

Aucun roi ne conserva plus longtemps le sentiment de sa fortune passée. Réduit à supplier, si, du temple où il s'était réfugié, il écrivait au général romain, il ajoutait à son nom sur cette lettre le titre de roi; personne aussi n'eut plus de respect que Paul Émile pour la majesté captive. Lorsque Persée parut en sa présence, il le conduisit dans sa tente, l'admit à sa table, et exhorta ses enfants à redouter la fortune si inconstante [2].

Le peuple romain mit au rang des plus beaux triomphes qu'il eût jamais vus celui de la Macédoine, dont le spectacle dura trois jours. Le premier jour, on porta par la ville les statues et les tableaux; le second les armes et les trésors; le troisième, parurent les captifs et le roi lui-même, encore étonné, frappé de stupeur comme par une catastrophe soudaine (59). Au reste, les Romains avaient goûté la joie de cette victoire longtemps

[1] Fils de celui qui fut tué à Cannes.

[1] Au nord de la mer Égée, vis-à-vis les rivages de la Thrace. — [2] V. Tite-Live, l. 45, c. 8.

aliæque gentes Syriatici belli sequuntur ruinam, Macedonia se rursus erexit. Fortissimum populum memoria et recordatio suæ nobilitatis agitabat; et successerat Philippo filius Perses : qui semel in perpetuum victam esse Macedoniam, non putabat ex gentis dignitate. Multo vehementius sub hoc Macedones, quam sub patre, consurgunt : quippe Thracas in vires suas traxerant; atque ita industriam Macedonum viribus Thracum, ferociam Thracum disciplina Macedonum temperaverunt. Accessit his consilium ducis, qui situm regionum suarum summo speculatus Hæmo, positis per abrupta castris, ita Macedoniam suam armis ferroque vallaverat, ut non reliquisse aditum, nisi a cælo venturis hostibus, videretur. Tamen Marcio Philippo consule, eam provinciam ingressus populus Romanus, exploratis diligenter accessibus, propter Astrudem paludem, per acerbos dubiosque tumulos, illa quæ volucribus quoque videbantur invia accessit; regem securum, et nihil tale metuentem, subita belli irruptione terruit. Cujus tanta trepidatio fuit, ut pecuniam omnem in mare jusserit mergi, ne periret; classem cremari, ne incenderetur.

Paullo consule, quum majora et crebra essent imposita præsidia, per alias vias Macedonia deprensa est, summa quidem arte et industria ducis, quum alia minatus, alia irrepsisset. Cujus adventus ipse adeo terribilis regi fuit, ut interesse non auderet, sed gerenda ducibus bella mandaverit. Absens ergo victus fugit in maria, insulamque Samothracen, fretus celebri religione, quasi templa et aræ possent defendere, quem nec montes sui, nec arma potuissent.

Nemo regum diutius amissæ fortunæ conscientiam retinuit. Supplex quum scriberet ad imperatorem, ab illo, quo confugerat, templo, nomenque epistolæ notaret suum, regem addidit. Sed nec reverentior captæ majestatis alius Paullo fuit. Quum in conspectum venisset hostis, in templum recepit, et conviviis adhibuit, liberosque admonuit suos, ut fortunam, cui tantum liceret, revererentur.

Inter pulcherrimos hunc quoque populus Romanus de Macedonia duxit atque vidit triumphum, quippe cujus spectaculum triduum impleverit. Primus dies signa tabulasque; sequens arma pecuniasque transvexit; tertius captivos, ipsumque regem, attonitum adhuc, tanquam subito malo stupentem. Sed multo prius gaudium victoriæ populus Romanus, quam epistolis victoris, perceperat : quippe eodem die, quo victus est Perses in Ma-

avant l'arrivée des lettres du vainqueur. Le jour où Persée était défait en Macédoine, on le savait à Rome. Deux jeunes guerriers, montés sur des chevaux blancs, vinrent laver dans le lac de Juturne la poussière et le sang qui les couvraient [1]. Ce fut par eux qu'on apprit cette nouvelle. On crut généralement que c'étaient Castor et Pollux, car ils étaient deux; qu'ils avaient pris part à la bataille, car ils étaient couverts de sang; qu'ils arrivaient de Macédoine, car ils étaient encore tout haletants.

XIII. — *Guerre d'Illyrie.* — (An de R. 585). — La guerre de Macédoine se propagea jusque chez les Illyriens. Ces peuples avaient été soudoyés par le roi Persée pour harceler par derrière l'armée romaine. Ils furent promptement soumis par le préteur Anicius. Il lui suffit d'avoir détruit Scorda, leur capitale, pour les forcer à se rendre aussitôt. Enfin cette guerre était finie avant qu'on sût à Rome qu'elle était entreprise.

XIV. — *Troisième guerre de Macédoine.* — (An de Rome 604 - 605.) — Par une espèce de fatalité, par une sorte de convention arrêtée entre les Carthaginois et les Macédoniens pour se faire vaincre également trois fois, ces deux peuples reprirent en même temps les armes. Mais la Macédoine secoua le joug la première, et fut un peu plus difficile à réduire qu'auparavant, parce qu'on la méprisa.

La cause de cette guerre doit presque nous faire rougir. Un homme de la plus basse extraction, Andriscus avait pris à la fois la couronne et les armes. On ignore s'il était libre ou esclave; mercenaire, il l'était certainement. Mais, comme sa ressemblance avec Philippe l'avait fait appeler *Pseudophilippe*, il rehaussa cette figure, et ce nom de roi par un courage vraiment royal. Le peuple romain, méprisant d'abord ses entreprises, se contenta d'envoyer contre lui le préteur Juvencius, et attaqua témérairement un homme appuyé par toutes les forces de la Macédoine, et par de puissants renforts de la Thrace. Rome, que de véritables rois n'avaient pu vaincre, fut donc vaincue par un monarque imaginaire, par un roi de théâtre. Mais le consul Métellus vengea complétement la perte du préteur et de sa légion. La Macédoine fut punie par la servitude; quant à l'auteur de la guerre, livré par un petit roi de Thrace, auprès duquel il s'était réfugié, il fut amené à Rome, chargé de chaînes. Ainsi, dans ses malheurs, cet homme obtint de la fortune la faveur d'être, ainsi qu'un vrai roi, le sujet d'un triomphe pour le peuple romain.

XV. — *Troisième guerre Punique.* — (An de Rome 604 - 607). — La troisième guerre contre l'Afrique fut de courte durée, puisqu'on l'acheva en quatre ans; et très-peu pénible, en comparaison des deux premières, puisqu'on eut à combattre moins contre des hommes que contre des murs; mais elle fut sans contredit la plus importante par son résultat, puisque Carthage finit avec elle. Si l'on veut déterminer le caractère de ces trois époques, on verra la guerre engagée dans la première, poussée avec vigueur dans la seconde, mais terminée dans la troisième.

Le motif de celle-ci fut que les Carthaginois, contre les clauses du traité, avaient une fois envoyé

[1] V. Val. Max. L. 1, c. 8, § 1.

cedonia, Romæ cognitum est. Duo juvenes candidis equis apud Juturnæ lacum pulverem et cruorem abluebant : hi nuntiavere. Castorem et Pollucem fuisse creditum vulgo, quod gemini fuissent; interfuisse bello, quod sanguine maderent; a Macedonia venire, quod adhuc anhelarent.

XIII. — *Bellum Illyricum.*— Macedonici belli contagio traxit Illyrios. Ipsi quidem, ut Romanum a tergo distringerent, a Perse rege conducti pecunia militavere. Sine mora ab Anicio prætore subiguntur. Scordam, caput gentis, delesse suffecit : statim secuta deditio est. Denique hoc bellum ante finitum est, quam geri Romæ nuntiaretur.

XIV. *Bellum Macedonicum tertium.* —Quodam fato, quasi ita convenisset inter Pœnos et Macedonas, ut tertio quoque vincerentur, eodem tempore utrique arma moverunt : sed prior jugum excutit Macedo, aliquanto, quam ante, gravior, dum contemnitur.

Caussa belli prope erubescenda : quippe regnum pariter et bellum vir ultimæ sortis Andriscus invaserat, dubium liber an servus, mercenarius certe; sed quia vulgo ex similitudine Philippi *Pseudophilippus* vocabatur, regiam formam, regium nomen, animo quoque regio implevit. Igitur dum hæc ipsa contemnit populus Romanus, Juvencio prætore contentus, virum non Macedonicis modo, sed Thraciæ quoque auxiliis ingentibus validum temere tentavit; invictusque a veris regibus, ab illo imaginario et scenico rege superatur. Sed, consule Metello, amissum cum legione prætorem plenissime ultus est. Nam et Macedoniam servitute multavit, et ducem belli deditum ab eo, ad quem confugerat, Thraciæ regulo, in Urbem in catenis reduxit; hoc quoque illi in malis indulgente fortuna, ut de eo populus Romanus, quasi de vero rege, triumpharet.

XV. — *Bellum Punicum tertium.* — Tertium cum Africa bellum, et tempore exiguum, nam quadriennio patratum est, et in comparatione priorum, minimum labore : non enim tam cum viris, quam cum ipsa urbe, pugnatum est; sed plane maximum eventu : quippe eo tandem Carthago finita est. Atque si quis trium temporum momenta consideret, primo commissum bellum, profligatum secundo, tertio vero confectum est.

Sed hujus caussa belli, quod contra fœderis legem adversus Numidas quidem semel parasset classem **et**

une flotte et une armée contre les Numides, et souvent menacé les frontières de Massinissa (40). Les Romains protégeaient ce roi, leur fidèle allié. La guerre était à peine résolue, qu'on délibéra sur les mesures qui devaient la suivre. Il faut détruire Carthage! tel était l'arrêt que prononçait Caton dans sa haine implacable, lors même qu'on prenait son avis sur un autre sujet. Scipion Nasica voulait qu'on la conservât, de peur que, délivrée de la crainte d'une ville rivale, Rome ne se laissât corrompre par la prospérité (41). Le sénat prit un terme moyen; ce fut d'ordonner que la ville changerait seulement de place. Rien, en effet, ne paraissait plus beau que de voir Carthage subsister et n'être pas à craindre.

Alors, sous le consulat de Manilius et de Censorinus, le peuple romain attaque Carthage. Sur quelque espérance de paix, elle livre volontairement sa flotte, et la voit incendier. On mande ensuite les principaux citoyens; « il leur faut, s'ils veulent vivre, sortir de leur territoire : » tel est l'ordre qu'on leur donne. Cet arrêt barbare soulève tellement leur indignation, qu'ils préfèrent recourir aux dernières extrémités. La douleur devient aussitôt publique; l'on crie tout d'une voix aux armes, et l'on prend la résolution d'épuiser tous les moyens de défense : ce n'est pas qu'il reste encore aux Carthaginois quelque espoir de salut; mais ils aiment mieux voir leur patrie détruite par les mains de l'ennemi que par les leurs. A quelle fureur les porte ce soulèvement! On va le comprendre : pour la construction d'une nouvelle flotte, ils arrachent la charpente des toits et des maisons; à défaut d'airain et de fer, ils forgent, dans les ateliers d'armes, l'or et l'argent; pour faire les cordages des machines de guerre, les femmes coupent leurs cheveux.

Bientôt le consul Mancinus presse le siége par terre et par mer. Les ouvrages du port sont renversés; le premier mur est emporté, puis le second, puis le troisième. Cependant la citadelle, nommée Byrsa [1], était comme une autre ville qui résistait encore. Quelque inévitable que fût la ruine de Carthage, le nom des Scipion, si fatal à l'Afrique, parut cependant nécessaire pour la consommer. La république jeta donc les yeux sur un second Scipion, et réclama de lui la fin de la guerre. Il devait le jour à Paul le Macédonique; et le fils du grand Africain l'avait adopté pour la gloire de sa maison : le destin l'avait ainsi voulu, pour qu'une ville ébranlée par l'aïeul fût renversée par le petit-fils. Mais comme les morsures des bêtes aux abois sont d'ordinaire les plus dangereuses, Carthage, à demi détruite, coûta plus à dompter que Carthage encore entière. Après avoir poussé les ennemis dans la citadelle, leur seul refuge, les Romains bloquèrent le port de mer. Les assiégés en creusèrent un second d'un autre côté de la ville, non pour fuir, mais pour que personne ne doutât qu'ils eussent pu s'échapper par cet endroit. On en vit tout à coup sortir une flotte, qui semblait née par enchantement. Cependant, chaque jour, chaque nuit, apparaissaient des môles nouveaux, de nouvelles machi-

---

[1] Du mot grec βυρσα (cuir, peau). Carthage ayant été, dit-on, construite sur un emplacement contenant l'espace que pouvait embrasser une peau de bœuf coupée en lanières. (V. Virg. Æn. l. 1.) D'autres le font venir de Botzra, qui signifie citadelle en langue punique. V. Appian. in Libyc. l. 17.

---

exercitum, frequens autem Massinissæ fines territaret. Sed huic bono socioque regi favebatur. Quum bellum sederet, de belli fine tractatum est. Cato inexpiabili odio delendam esse Carthaginem, et quum de alio consuleretur, pronuntiabat : Scipio Nasica servandam, ne, metu ablato æmulæ urbis, luxuriari felicitas inciperet. Medium senatus elegit, ut urbs tantum loco moveretur. Nihil enim speciosius videbatur, quam esse Carthaginem, quæ non timeretur.

Igitur Manilio Censorinoque consulibus, populus Romanus aggressus Carthaginem, spe pacis injecta, traditam a volentibus classem sub ipso ore urbis incendit. Tum, evocatis principibus, « si salvi esse vellent, « ut migrarent finibus, » imperatum. Quod pro rei atrocitate adeo movit iras, ut extrema mallent. Comploratum igitur publice statim, et pari voce clamatum est, « ad « arma; » seditque sententia, quoquo modo rebellandum : non quia spes ulla jam superesset, sed quia patriam suam mallent hostium, quam suis, manibus everti. Qui rebellantium fuerit furor, vel hinc intelligi potest, quod in usum novæ classis tecta domusque resciderunt : in armorum officinis aurum et argentum pro ære ferroque conflatum est : in tormentorum vincula matronæ crines suos contulerunt.

Mancino deinde consule, terra marique fervebat obsidio. Operis portus nudatus; et primus, et sequens, jam et tertius murus : quum tamen Byrsa, quod nomen arci fuit, quasi altera civitas resisteret. Quamvis profligato urbis excidio, tamen fatale Africæ nomen Scipionum videbatur. Igitur in alium Scipionem conversa respublica, finem belli reposcebat. Hunc Paullo Macedonico procreatum Africani illius magni filius in decus gentis assumserat, hoc scilicet fato, ut, quam urbem concusserat avus, nepos ejus everteret. Sed ut quam maximo mortiferi esse morsus solent morientium bestiarum, sic plus negotii fuit cum semiruta Carthagine, quam integra. Compulsis in unam arcem hostibus, portum quoque maris Romanus obsederat. Illi alterum ibi portum ab alia urbis parte foderunt : nec ut fugerent, sed quia nemo illos hac evadere posse credebat. Inde quasi enata subito classis erupit; quum interim jam diebus, jam noctibus, nova aliqua moles, nova machina, nova perditorum hominum manus, quasi ex obruto incendio subita de cineribus flamma, prodibat. Deploratis novissi-

nes, de nouveaux corps d'hommes, que le désespoir poussait à la mort. Ainsi des cendres assoupies d'un embrasement jaillit une flamme soudaine. Se voyant enfin perdus, quarante mille Carthaginois se rendirent à discrétion, et, ce que l'on croira moins facilement, à leur tête était Asdrubal. Qu'une femme, l'épouse de ce général, montra bien plus de courage! Prenant avec elle ses deux enfants, elle se précipita du comble de sa maison dans les flammes, imitant la reine qui fonda Carthage. On peut juger de la grandeur de cette ville par la seule durée de l'incendie : à peine, en effet, put-il être éteint après dix-sept jours de ravages continus. Les ennemis avaient eux-mêmes livré aux flammes leurs maisons et leurs temples. Ne pouvant arracher la ville aux Romains, ils voulaient au moins consumer leur triomphe (42).

XVI. — *Guerre d'Achaïe.* — (An de R. 607). — Comme si le cours de ce siècle eût été destiné à la destruction des villes, la ruine de Carthage fut immédiatement suivie de celle de Corinthe, la capitale de l'Achaïe, l'ornement de la Grèce, et qui semblait exposée en spectacle entre deux mers celle d'Ionie et la mer Égée [1]. Les Romains, par un crime odieux, accablèrent cette ville avant de l'avoir déclarée leur ennemie. Critolaüs fut la cause de la guerre, en tournant contre eux la liberté qu'il leur devait. Il outragea leurs ambassadeurs peut-être par des violences, mais certainement par ses discours.

Métellus, alors chargé spécialement de régler les affaires de la Macédoine, le fut aussi de la vengeance de Rome, et la guerre d'Achaïe commença.

[1] V. Pline, l. 4, c. 4.

Dès la première rencontre, le consul Métellus taillaen pièces les troupes de Critolaüs, dans les champs spacieux de l'Élide, tout le long des rives de l'Alphée [2]. Une seule bataille avait terminé la guerre, et déjà Corinthe redoutait un siége; mais, ô caprice du sort! Métellus avait combattu; Mummius se présenta pour la victoire. Il battit entièrement Diéus, autre général des Corinthiens, à l'entrée même de l'isthme, et teignit de sang les deux ports. Abandonnée enfin de ses habitants, cette ville fut d'abord saccagée, ensuite rasée au son de la trompette. Que de statues, d'étoffes, de tableaux furent enlevés, brûlés, et dispersés! On peut évaluer l'immensité des richesses livrées au pillage et aux flammes par tout ce qu'il y a aujourd'hui dans le monde de l'airain tant vanté de Corinthe, qui fut, dit-on, le résultat de cet incendie. En effet, le désastre d'une ville si opulente produisit une espèce d'airain d'une qualité supérieure; métal formé du mélange de statues et de simulacres sans nombre, mis en fusion par le feu, et coulant en ruisseaux d'airain, d'or et d'argent (43).

XVII. — *Expéditions d'Espagne.* — (An de Rome 555 - 615.) Comme Corinthe avait suivi Carthage, ainsi Numance suivit Corinthe. Dès lors il n'y eut plus rien dans tout l'univers qui échappât à l'atteinte de nos armes. Après les incendies fameux de ces deux villes, la guerre se répandit au loin et de tous côtés, non plus par degrés, mais partout en même temps, comme si, du sein de ces villes, les vents déchaînés eussent dispersé dans tout l'univers le feu des combats.

[1] Il était préteur, et non consul. — [2] La bataille ne se donna point en Élide, mais auprès de Scarphée, bourg de la Locride, sur la frontière de Thessalie.

me rebus, quadraginta se millia virorum dediderunt, quod minus credas, duce Asdrubale. Quanto fortius femina, et uxor ducis! quæ, comprehensis duobus liberis, a culmine se domus in medium misit incendium, imitata reginam, quæ Carthaginem condidit. Quanta urbs deleta sit, ut de cæteris taceam, vel ignium mora probari potest : quippe per continuos decem et septem dies vix potuit incendium exstingui, quod domibus ac templis suis sponte hostes immiserant; ut, quatenus urbs eripi Romanis non poterat, triumphus arderet.

XVI. — *Bellum Achaicum.* — Quasi sæculum illud eversionibus urbium curreret, ita Carthaginis ruinam statim Corinthus excepit, Achaiæ caput, Græciæ decus, inter duo maria, Ionium et Ægæum, quasi spectaculo exposita. Hæc (o facinus indignum!) ante oppressa est, quam in numerum certorum hostium referretur. Critolaus causa belli : qui libertate a Romanis data adversus ipsos usus est, legatosque Romanos, dubium an et manu, certe oratione violavit.

Igitur Metello ordinanti tum maxime Macedoniam mandata est ultio : et hinc Achaicum bellum. Ac primam Critolai manum Metellus consul per patentes Elidis campos toto cecidit Alpheo. Et uno prælio peractum erat bellum : jam et urbem ipsam terrebat obsidio : sed (fata rerum!) quum Metellus dimicasset, ad victoriam Mummius venit. Hic alterius ducis Diæi late exercitum sub ipsis Isthmi faucibus fudit, geminosque portus sanguine infecit. Tandem ab incolis deserta civitas, direpta primum, deinde, tuba præcinente, deleta est. Quid signorum, quid vestium, quidve tabularum raptum, incensum atque projectum est! Quantas opes et abstulerit et cremaverit, hinc scias, quod quidquid Corinthii æris toto orbe laudatur, incendio superfuisse comperimus. Nam et æris notam pretiosiorem ipsa opulentissimæ urbis fecit injuria; quia, incendio permistis plurimis statuis atque simulacris, æris, auri, argentique venæ in commune fluxere.

XVII. — *Res in Hispania gestæ.* — Ut Carthaginem Corinthus, ita Corinthum Numantia secuta est; nec deinde toto orbe quidquam intactum armis fuit. Post illa duo clarissima urbium incendia, late atque passim, nec per vices, sed simul pariter quasi unum undique bellum fuit; prorsus ut illæ urbes, quasi agitantibus ventis, diffudisse quædam belli incendia toto orbe viderentur.

Jamais l'Espagne n'eût la pensée de se lever en masse contre nous, jamais de mesurer ses forces avec les nôtres, ni de nous disputer l'empire, ni de défendre ouvertement sa liberté. Autrement, protégée par la mer et les Pyrénées, cette vaste enceinte de remparts, elle eût été inaccessible par le seul avantage de sa situation. Mais elle fut assaillie par les Romains avant de se connaître elle-même, et, la seule de toutes nos provinces, elle ne sentit ses forces qu'après avoir été vaincue. On s'y battit, pendant près de deux cents ans, depuis les premiers Scipion jusqu'à César Auguste, non pas sans interruption ni sans relâche, mais selon que les circonstances l'exigeaient ; et même, dans l'origine, ce n'étaient pas les Espagnols, mais les Carthaginois que l'on combattait en Espagne. De là cette suite de guerres, dont les causes naissaient l'une de l'autre.

Publius et Cnæus Scipion portèrent les premiers au-delà des monts Pyrénées les enseignes romaines. Ils défirent dans de grandes batailles Hannon et Asdrubal, le frère d'Annibal, et ce coup allait livrer l'Espagne à ces grands capitaines, si, vainqueurs sur terre et sur mer, ils n'eussent succombé au milieu même de leur victoire, victimes de la ruse punique. Ce fut donc comme dans une province nouvelle et encore intacte qu'entra Scipion, qui, vengeur de son père et de son oncle, reçut bientôt après le nom d'Africain. Il prend aussitôt Carthagène, avec d'autres villes ; et, non content d'avoir chassé les Carthaginois, il fait de l'Espagne notre tributaire, et soumet à l'empire tous les pays en-deçà et au-delà de l'Èbre. C'est le premier des généraux romains dont les armes victorieuses soit parvenues jusqu'à Gadès et aux rivages de l'Océan.

Il est plus difficile de conserver une province que de la conquérir. Aussi envoya-t-on des généraux dans les différentes parties de l'Espagne, contre des nations farouches, restées libres jusqu'à cette époque, et d'autant plus impatientes du joug ; et ce ne fut pas sans de longs travaux et de sanglants combats qu'on leur apprit à souffrir la servitude. Quelques combats de Caton, cet illustre censeur, abattirent, avec les Celtibères, la force de l'Espagne. Gracchus, père des Gracches, châtia les mêmes peuples par la destruction de cent cinquante de leurs villes. Le grand Métellus, qui au surnom de Macédonique eût mérité d'unir celui de Celtibérique, ajouta à l'avantage mémorable d'avoir pris Contrébie la gloire plus grande encore d'épargner Nertobrige. Lucullus soumit les Turdules [1] et les Vaccéens [2] ; Scipion le jeune, vainqueur dans un combat singulier auquel il avait provoqué leur roi, remporta sur eux des dépouilles opimes. Décimus Brutus, poussant encore plus loin ses conquêtes, dompta les Celtes [3], les Lusitaniens [4] et tous les peuples de la Galice ; il passa le fleuve de l'Oubli [5], si redouté des soldats, parcourut en vainqueur le rivage de l'Océan, et ne ramena ses légions qu'après avoir vu le soleil se plonger dans la mer et ensevelir ses feux sous les eaux ; spectacle qu'il ne put contempler sans craindre d'avoir commis

[1] Peuples de la Lusitanie, habitant les rives du Tage. — [2] Ils occupaient une partie du royaume de Léon. — [3] Ils étaient établis à l'embouchure du Tage. — [4] La Lusitanie répond au Portugal et la partie occidentale du royaume de Léon et de l'Estramadure portugaise. — [5] Il est appelé *Limia* par Pomponius Méla, et *Léthé* par Strabon.

Hispaniæ nunquam animus fuit adversus nos universæ consurgere : nunquam conferre vires suas libuit, neque aut imperium experiri, aut libertatem tueri suam publice. Alioquin ita undique mari Pyrenæoque vallata est, ut ingenio situs ne adiri quidem potuerit. Sed ante a Romanis obsessa est, quam se ipsa cognosceret ; et sola omnium provinciarum vires suas, postquam victa est, intellexit. In hac prope ducentos per annos dimicatum est, a primis Scipionibus in Cæsarem Augustum, non continue, nec cohærenter, sed prout caussæ lacessierant ; nec cum Hispanis initio, sed cum Pœnis in Hispania : inde contagio et series caussæque bellorum.

Prima per Pyrenæum jugum signa romana Publius et Cnæus Scipiones intulerunt ; præliisque ingentibus Hannonem, et Asdrubalem, fratrem Aunibalis, ceciderunt ; raptaque erat impetu Hispania, nisi fortissimi viri in ipsa sua victoria oppressi Punica fraude cecidissent, terra marique victores. Igitur quasi novam integramque provinciam ultor patris et patrui Scipio ille, mox Africanus, invasit ; isque, statim capta Carthagine, et aliis urbibus, non contentus Pœnos expulisse, stipendiariam nobis provinciam fecit ; omnem citra ultraque Iberum subjecit imperio ; primusque Romanorum ducum victor ad Gades et Oceani ora pervenit.

Plus est provinciam retinere, quam facere. Itaque per partes jam huc, jam illuc missi duces, qui ferocissimas, et ad id temporis liberas gentes, ideo impatientes jugi, multo labore, nec incruentis certaminibus servire docuerunt. Cato ille censorius Celtiberos, id est, robur Hispaniæ, aliquot præliis fregit. Gracchus, pater ille Gracchorum, eosdem centum et quinquaginta urbium eversione multavit. Metellus ille, cui ex Macedonia cognomen meruerat et Celtibericus fieri, quum et Contrebiam memorabilem cepisset exemplo, et Nertobrigæ, majori gloria pepercit. Lucullus Turdulos atque Vaccæos : de quibus Scipio ille posterior, singulari certamine, quum rex fuisset provocatus, opima retulerat. Decimus Brutus aliquanto latius Celticos Lusitanosque, et omnes Gallæciæ populos, formidatumque militibus flumen Oblivionis ; peragratoque victor Oceani litore, non prius signa convertit, quam cadentem in maria solem, obrutumque quasi ignem non sine quodam sacrilegii metu et horrore deprehendit.

Sed tota certaminum moles cum Lusitanis fuit, et Nu-

un sacrilége, et sans une religieuse horreur.

Mais toutes les difficultés de la guerre nous attendaient chez les Lusitaniens et chez les Numantins; et cela devait être, car, des nations de l'Espagne, ils étaient les seuls qui eussent des généraux. Il en eût été de même de tous les Celtibères, si, dès le commencement de la guerre, n'eût péri le chef de leur révolte, Salondicus, qui alliait au plus haut degré la ruse et l'audace, et à qui le succès seul a manqué. Agitant dans sa main une lance d'argent, qu'il prétendait avoir reçue du ciel, il contrefaisait l'inspiré, et avait entraîné tous les esprits. Mais, par une témérité digne de lui, s'étant, à l'entrée de la nuit, approché du camp du consul, il fut percé d'un javelot par la sentinelle de garde près de la tente.

Cependant Viriathus releva le courage des Lusitaniens. Cet homme, d'une habileté profonde, qui de chasseur était devenu brigand, puis, tout d'un coup, de brigand capitaine et général d'armée, aurait été, si la fortune l'eût secondé, le Romulus de l'Espagne. Non content de défendre la liberté de ses concitoyens, il porta, pendant quatorze ans, le fer et le feu dans tous les pays situés en-deçà et au-delà de l'Èbre et du Tage, attaqua même dans leur camp nos préteurs et nos gouverneurs, extermina presque entièrement l'armée de Claudius Unimanus, et possesseur de nos trabées et de nos faisceaux, il en érigea dans ses montagnes de superbes trophées. Le consul Fabius Maximus était enfin parvenu à l'accabler; mais Servilius, son successeur, déshonora sa victoire. Impatient de terminer la guerre, et quoique Viriathus, abattu par ses revers, ne songeât plus qu'au parti extrême de se rendre, il eut recours à la ruse, à la trahison, au poignard de ses propres gardes; et, par là, il procura à son ennemi la gloire de paraître n'avoir pu être vaincu autrement.

XVIII. — *Guerre de Numance.* — (An de Rome 612 - 620.) — Numance [1], inférieure en richesses à Carthage, à Capoue, à Corinthe, les égalait cependant toutes trois en valeur et en renommée, et elle était, à en juger par ses guerriers, le principal ornement de l'Espagne. Sans murs, sans tours, située sur une éminence médiocrement élevée, près du fleuve Duérius [2], elle résista seule, pendant quatorze ans, avec quatre mille Celtibériens, à une armée de quarante mille hommes : et non-seulement elle leur résista, mais elle leur porta des coups quelquefois terribles, et leur imposa de honteux traités. Enfin, comme elle paraissait invincible, il fallut recourir à celui qui avait détruit Carthage.

Jamais guerre, s'il est permis de l'avouer, n'eut une cause plus injuste. Les Numantins avaient accueilli les habitants de Sigida [3], leurs alliés et leurs parents, échappés à la poursuite des Romains. Ils avaient vainement intercédé en leur faveur; et, quoiqu'ils se fussent tenus éloignés de toute participation aux guerres précédentes, il leur fut ordonné, et notre alliance était à ce prix, de poser les armes. Les Barbares reçurent cette injonction comme un ordre de se couper les mains. Aussitôt donc, sous la conduite de Mégara, homme intrépide, ils coururent aux armes et présentèrent la bataille à Pompéius. Pouvant l'accabler, ils aimèrent cependant mieux traiter avec lui. Ils atta-

[1] On voit encore les ruines de cette ville, dans la vieille Castille, non loin de Soria. — [2] Le Douro. — [3] Ville voisine de Numance.

mantinis; nec immerito : quippe solis gentium Hispaniæ duces contigerunt. Fuisset et cum omnibus Celtiberis, nisi dux illius motus initio belli oppressus esset, summus vir astu et audacia, si res cessisset, Salondicus, qui hastam argenteam quatiens, velut cælo missam, vaticinanti similis, omnium in se mentes converterat. Sed quum pari temeritate sub nocte castra consulis adiisset, juxta tentorium ipsum pilo vigilis exceptus est.

Cæterum Lusitanos Viriathus erexit, vir calliditatis acerrimæ, qui ex venatore latro, ex latrone subito dux atque imperator, et, si fortuna cessisset, Hispaniæ Romulus, non contentus libertatem suorum defendere, per quatuordecim annos omnia citra ultraque Iberum et Tagum igni ferroque populatus, castra etiam prætorum et præsidum aggressus, Claudium Unimanum pæne ad internecionem exercitus cecidit, et insignia trabeis et fascibus nostris, quæ ceperat, in montibus suis tropæa fixit: tandem etiam Fabius maximus consul oppresserat : sed a successore Servilio violata victoria est; quippe qui conficiendæ rei cupidus, fractum ducem, et extrema deditionis agitantem, per fraudem, et insidias, et domesticos percussores aggressus, hanc hosti gloriam dedit, ut videretur aliter vinci non potuisse.

XVIII.—*Bellum Numantinum.*—Numantia, quantum Carthaginis, Capuæ, Corinthi opibus inferior, ita virtutis nomine et honore par omnibus, summumque, si viros æstimes, Hispaniæ decus : quippe quæ sine muro, sine turribus, modice edito in tumulo apud flumen Durium sita, quatuor millibus Celtiberorum quadraginta millium exercitum per annos quatuordecim sola sustinuit; nec sustinuit modo, sed, (sævius aliquanto), perculit, pudendisque fœderibus affecit. Novissime quum inviclam esse constaret, opus quoque eo fuit, qui Carthaginem everterat.

Non temere, si fateri licet, ullius caussa belli injustior. Segidenses, socios et cousanguineos, Romanorum manibus elapsos exceperant : habita pro eis deprecatio nihil valuit. Quum se ab omni bellorum contagione moverent, in legitimi fœderis pretium jussi « arma deponere. » Hoc sic a Barbaris acceptum, quasi manus absciderentur. Itaque statim, Megara viro fortissimo duce, ad arma conversi, Pompeium prælio aggressi. Fœdus ta-

quèrent ensuite Hostilius Mancinus, et lui firent aussi essuyer des défaites si sanglantes et si multipliées, qu'un Romain n'osait plus même soutenir les regards ni la voix d'un Numantin. Toutefois, ils préférèrent encore faire avec lui un traité, et se contentèrent de désarmer des troupes qu'ils pouvaient anéantir.

Mais, non moins indigné de l'ignominie éclatante de cet infâme traité de Numance que de celui de Caudium, le peuple romain expia l'opprobre de cette dernière lâcheté en livrant Mancinus aux Numantins; puis il fit enfin éclater sa vengeance, sous la conduite de Scipion, que l'incendie de Carthage avait instruit à la destruction des villes. Mais alors ce général eut de plus rudes combats à livrer dans son propre camp que sur le champ de bataille, avec nos soldats qu'avec les Numantins. Il accabla ses troupes de travaux continuels, excessifs et serviles, les contraignit à porter une charge extraordinaire de pieux pour la construction des retranchements, puisqu'ils ne savaient pas porter leurs armes, et à se souiller de boue, puisqu'ils ne voulaient pas se couvrir du sang ennemi. De plus, il chassa les femmes perdues, les valets, et ne laissa de bagage que ce qui était d'un usage nécessaire. On a dit avec vérité : « Tant vaut le général, tant vaut l'armée. » Le soldat ainsi formé à la discipline, on livra bataille ; et, ce que personne n'avait jamais espéré de voir, chacun le vit alors, ce fut la fuite des Numantins. Ils voulaient même se rendre, si on leur eût fait des conditions supportables pour des hommes; mais Scipion, voulant une victoire réelle et entière, les réduisit à la dernière extrémité. Dès-lors ils résolurent de chercher, dans un dernier combat, une mort certaine. Mais, préludant à ce combat par une sorte de repas funèbre, ils s'étaient gorgés de viandes à demi crues et de célia[1]. Ils nomment ainsi une boisson de leur pays, qu'ils tirent du froment. Scipion pénétra leur dessein, et refusa le combat à des hommes qui ne voulaient que mourir. Il les entoura d'un fossé, d'une palissade et de quatre camps. Pressés par la famine, ils supplièrent ce général de leur accorder la bataille et la mort qui convient à des guerriers. Ne l'ayant pas obtenu, ils arrêtèrent de tenter une sortie. Un grand nombre furent tués dans l'action qui s'engagea, et leurs compagnons affamés se nourrirent quelque temps de leurs cadavres. Ils formèrent enfin le projet de fuir ; mais leurs femmes leur ôtèrent cette dernière ressource en coupant les sangles des chevaux ; crime odieux commis par amour. Tout espoir leur étant donc ravi, ils s'abandonnèrent aux derniers excès de la fureur et de la rage, et se déterminèrent enfin à ce genre de mort : eux, leurs chefs et leur patrie, périrent par le fer, par le poison et par le feu qu'ils avaient mis partout.

Gloire à cette cité si courageuse, si heureuse, à mon sens, au milieu même de ses malheurs ! Elle défendit avec fidélité ses alliés ; elle résista pendant une longue suite d'années, avec une poignée d'habitants, à un peuple qui disposait des forces de l'univers. Accablée enfin par le plus grand des généraux, cette cité ne laissa à son ennemi aucun sujet de joie. Il n'y eut pas un seul Numantin qu'on pût emmener chargé de chaînes[2]. Point

[1] C'était une espèce de bière. V. Plin. l. 14, c. 22; Tacit. de Mor. Germ. c. 23. — [2] Les Romains en virent cependant cinquante accompagner le char triomphal de Scipion

---

men maluerunt, quum debellare potuissent. Hostilium deinde Mancinum : hunc quoque assiduis cædibus ita subegerunt, ut ne oculos quidem aut vocem Numantini viri quisquam sustineret. Tamen cum hoc quoque fœdus maluere, contenti armorum manubiis, quum ad internecionem sævire potuissent.

Sed non minus Numantini, quam Caudini illius fœderis flagrans ignominia ac pudore populus Romanus, dedecus quidem præsentis flagitii deditione Mancini expiavit; cæterum, duce Scipione, Carthaginis incendiis ad excidia urbium imbuto, tandem etiam in ultionem excanduit. Sed tunc acrius in castris, quam in campo, nostro cum milite, quam cum Numantino, præliandum fuit. Quippe assiduis et injustis et servilibus maxime operibus attriti, ferre plenius vallum, qui arma nescirent; luto inquinari, qui sanguine nollent, jubebantur. Ad hoc scorta, calones, sarcinæ, nisi ad usum necessariæ, amputantur. « Tanti esse exercitum, quanti imperatorem, » vere proditum est. Sic redacto in disciplinam milite, commissa acies; quodque nemo visurum se unquam speraverat, factum est, ut fugientes Numantinos quisquam videret. Dedere etiam sese volebant, si toleranda viris imperarentur; sed quum Scipio veram vellet et sine exceptione victoriam, eo necessitatum compulsi, primum, ut destinata morte in prælium ruerent, quum sese prius epulis, quasi inferiis, implevissent, carnis semicrudæ, et celiæ : sic vocant indigenam ex frumento potionem. Intellectum ab imperatore consilium : itaque non est permissa pugna morituris. Quum fossa atque lorica, quatuorque castris circumdatos fames premeret, ab duce orantes prælium, ut tamquam viros occideret, ubi non impetrabant, placuit eruptio. Sic conserta manu, plurimi occisi; et quum urgeret fames, aliquantisper inde vixere. Novissime consilium fugæ sedit : sed hoc quoque, ruptis equorum cingulis, uxores ademere, summo scelere, per amorem. Itaque deplorato exitu, in ultimam rabiem furoremque conversi, postremo mori hoc genere destinarunt : duces suos, seque, patriamque, ferro et veneno, subjectoque undique igne peremerunt.

Macte fortissimam, et meo judicio beatissimam in ipsis malis civitatem ! asseruit cum fide socios, populum orbis terrarum viribus fultum sua manu, ætate tam longa sustinuit. Novissime maximo duce oppressa civitas, nihil de se gaudium hosti reliquit. Unus enim vir Nu-

de butin; car les vaincus étaient pauvres, et avaient eux-mêmes brûlé leurs armes. Rome ne triompha que d'un nom.

XIX. Jusqu'ici le peuple romain s'était montré beau, magnanime, pieux, juste et magnifique : le siècle qui reste à parcourir offre un spectacle également imposant; mais aussi plus de troubles et de forfaits; et les vices croissent avec la grandeur même de l'empire. Si l'on fait deux parts de son troisième âge, époque de ses guerres au-delà des mers, et qui comprend, dans mon calcul, un intervalle de deux cents ans, il faudra nécessairement avouer que les cent premières années, pendant lesquelles il a dompté l'Afrique, la Sicile et l'Espagne, ont été pour lui le siècle d'or, pour parler le langage des poètes; et que les cent années qui suivirent furent véritablement un siècle de fer, de sang, et, s'il est possible, de pire. En effet, aux guerres de Jugurtha, des Cimbres, de Mithridate, des Parthes, des Gaulois et des Germains, qui firent monter notre gloire jusqu'au ciel même, se mêlent les meurtres des Gracches et de Drusus, puis la guerre des esclaves, et, pour comble de honte, celle des gladiateurs. Rome enfin tourne ses armes contre elle-même; et, par les mains de Marius et de Sylla, bientôt après par celles de Pompée et de César, elle déchire son propre sein, comme dans le délire d'une fureur criminelle.

Bien que tous ces événements soient liés et confondus ensemble, il faudra cependant, pour qu'ils ressortent mieux, et en même temps pour que les vertus ne soient pas effacées par les crimes, les exposer séparément; et d'abord, selon notre plan, nous retracerons ces guerres justes et légitimes que Rome a faites aux nations étrangères. Elles nous montreront l'accroissement successif de la grandeur de l'empire; ensuite nous reviendrons aux crimes de nos troubles civils, à ces combats honteux et sacriléges.

LIVRE TROISIÈME.

I. — *Guerre d'Asie.* — (An de Rome 622-623.

— Vainqueur de l'Espagne en Occident, le peuple romain était en paix avec l'Orient. Bien plus, par un bonheur inouï et sans exemple, des richesses royales, et des royaumes entiers lui étaient laissés en héritage.

Attale, roi de Pergame, fils du roi Eumènes, autrefois notre allié et notre compagnon d'armes, laissa ce testament : « J'institue le peuple romain héritier de mes biens. » Dans les biens du roi était compris son royaume. Le peuple romain avait donc recueilli l'héritage, et possédait cette province, non par le droit de la guerre, ni par la force des armes, mais, ce qui est plus légitime, en vertu d'un testament. Il la perdit cependant, et la recouvra avec une égale facilité. Aristonicus, prince du sang royal, jeune homme entreprenant, gagna aisément la plupart des villes accoutumées à obéir à des rois : il réduisit par la force le petit nombre de celles qui lui résistèrent, Minde [1], Samos [2], Colophon [3]. Il tailla en pièces l'armée du préteur

---

[1] Ville de Carie. — [2] Ile de la mer Egée. — [3] Ville d'Ionie, un peu au nord d'Ephèse.

---

mantinus non fuit, qui in catenis duceretur. Præda, ut de pauperibus, nulla : arma ipsi cremaverunt. Triumphus fuit tantum de nomine.

XIX. Hactenus populus Romanus pulcher, egregius, pius, sanctus, atque magnificus : reliqua sæculi, ut grandia æque, ita vel magis turbida et fœda, crescentibus cum ipsa magnitudine imperii vitiis : adeo ut, si quis hanc tertiam ejus ætatem transmarinam, quam ducentorum annorum fecimus, dividat, centum hos priores, quibus Africam, Macedoniam, Siciliam, Hispaniam domuit, aureos (sicut poetæ canunt) jure meritoque fateatur; centum sequentes ferreos plane et cruentos, et si quid immanius : quippe qui Jugurthinis, Cimbricis, Mithridaticis, Parthicis bellis, Gallicis atque Germanicis, quibus cælum ipsum gloria adscendit, Gracchanas, Drusianasque cædes, ad hoc Servilia bella miscuerunt; et, ne quid turpitudini desit, Gladiatoria. Denique in se ipse conversus Marianis, atque Syllanis, novissime Pompeii, et Cæsaris manibus, quasi per rabiem, et furorem, et nefas, semet ipse laceravit.

Quæ etsi juncta inter se sunt omnia atque confusa, tamen quo melius appareant, simul et ne scelera virtutibus obstrepant, separatim proferentur; priusque, ut cœpimus, justa illa et pia cum exteris gentibus bella memorabimus, ut magnitudo crescentis in dies imperii appareat. Tum ad illa civium scelera, turpesque et impias pugnas revertemur.

LIBER TERTIUS.

I. — *Bellum Asiaticum.* — Victa ad Occasum Hispania, populus Romanus ad Orientem pacem agebat; nec pacem modo; sed inusitata et incognita quadam felicitate, relictæ regiis hereditatibus opes; et tota insimul regna veniebant.

Attalus, rex Pergamenorum, regis Eumenis filius, socii quondam commilitonisque nostri, testamentum reliquit : «Populus Romanus bonorum meorum heres esto.» In bonis regis hæc fuerunt. Adita igitur hereditate, provinciam populus Romanus non quidem bello, nec armis, sed, quod est æquius, testamenti jure retinebat. Sed hanc, difficile dictu est, utrum facilius amiserit, an recuperaverit. Aristonicus regii sanguinis, ferox juvenis, urbes regibus parere consuetas partim facile sollicitat : paucas resistentes, Myndum, Samon, Colophonem, vi recepit. Crassi quoque prætoris cecidit exercitum, ip-

Crassus[1], et le fit lui-même prisonnier. Mais Crassus, se souvenant de la gloire de sa famille et du nom romain, creva l'œil, avec une baguette, au Barbare commis à sa garde, et le contraignit ainsi à lui donner la mort qu'il désirait. Bientôt après, vaincu par Perperna, et forcé de se rendre, Andronicus fut jeté dans les fers. Aquilius étouffa les restes de cette guerre d'Asie par un odieux moyen : il empoisonna les fontaines pour réduire quelques villes. Cette perfidie accéléra mais flétrit sa victoire; c'était, au mépris des lois divines et des usages de nos pères, souiller, par d'infâmes empoisonnements, l'honneur, jusque-là sans tache, des armes romaines.

II. — *Guerre de Jugurtha.* — (An de Rome 641-647.) — Tel était l'état de l'Orient; mais la même tranquillité ne régnait pas au Midi. Qui aurait cru qu'après la ruine de Carthage il pût y avoir quelque guerre en Afrique? Cependant la Numidie s'ébranla violemment, et Rome trouva dans Jugurtha un ennemi encore redoutable après Annibal. Ce prince artificieux, voyant le peuple romain illustre et invincible dans les combats, lui fit la guerre avec de l'or; mais la fortune voulut, contre l'attente générale, que le plus rusé des rois fût lui-même victime de la ruse.

Il avait Massinissa pour aïeul, et Micipsa pour père par adoption. Dévoré de la passion de régner, il avait formé le dessein d'ôter la vie à ses frères, et il ne les craignait pas plus que le sénat et le peuple romain, sous la foi et la protection desquels était le royaume. Son premier crime est le fruit de la trahison, et la tête d'Hiempsal est bientôt en son pouvoir. Il se tourne alors contre Adherbal, lequel s'enfuit à Rome; il y envoie de l'argent par ses ambassadeurs[1], entraîne le sénat dans son parti; ce fût là sa première victoire sur nous. Attaquant ensuite, par un semblable moyen, la fidélité des commissaires chargés de partager la Numidie entre lui et Adherbal, il triomphe dans Scaurus des mœurs même de l'empire romain[2], et consomme avec plus d'audace son crime inachevé. Mais les forfaits ne restent pas longtemps cachés; le secret honteux de la corruption des commissaires est dévoilé, et la guerre résolue contre le parricide.

Le consul Calpurnius Bestia est envoyé le premier en Numidie; mais le roi, sachant que l'or est plus puissant que le fer contre les Romains, achète la paix. Accusé de ce crime, et cité par le sénat à comparaître sous la garantie de la foi publique, il ose à la fois et se présenter et faire assassiner Massiva, son compétiteur au trône de Massinissa. Ce meurtre est une autre cause de guerre contre lui. On confie donc à Albinus le soin de cette nouvelle vengeance. Mais, ô honte! Jugurtha corrompt aussi cette armée; et nos soldats, par une fuite volontaire, abandonnent au Numide la victoire et le camp. Enfin, après un traité honteux, prix de la vie qu'il lui laisse, il renvoie cette armée qu'il avait d'abord achetée.

Métellus se lève alors pour venger, non pas tant les pertes, que l'honneur de l'empire romain. Son

---

[1] Crassus était consul, et non préteur.

[1] V. Salluste, (Bell. Jugurth. c. 15.) — [2] V. Salluste, (ibid. c. 15 et 29), et Cicéron (De Offic. l. 1, c. 30; in Brut. c. 29, orat. pro Sext. c. 47.

---

sumque cepit. Sed ille memor et familiæ, et Romani nominis, custodem suum Barbarum virgula excæcat : in exitium sui, quod volebat, ita concitat. Mox a Perperna domitus, et captus, et per deditionem in vinculis habitus. Aquilius Asiatici belli reliquias confecit, mixtis (nefas!) veneno fontibus ad deditionem quarumdam urbium. Quæ res, ut maturam, ita infamem fecit victoriam: quippe quum contra fas deum, moresque majorum, medicaminibus impuris, in id tempus sacrosancta Romana arma violasset.

II. — *Bellum Jugurthinum.* — Hæc ad Orientem : sed non ad Meridianam plagam eadem quies. Quis speraret post Carthaginem aliquod in Africa bellum? atqui non leviter se Numidia concussit; et fuit in Jugurtha, quod post Annibalem timeretur. Quippe rex callidissimus populum Romanum, armis inclytum et invictum, opibus aggressus est; et citra spem omnium fortuna cessit, ut rex fraude præcipuus, fraude caperetur.

Hic, avo Massinissa, et Micipsa patre per adoptionem, quum interficere fratres statuisset, agitatus regni cupiditate, nec illos magis, quam senatum populumque Romanum, quorum in fide et clientela regnum erat, metueret, primum scelus mandat insidiis: potitusque Hiempsalis capite, quum se in Adherbalem convertisset, isque Romam profugisset, missa per legatos pecunia, traxit in sententiam suam senatum. Et hæc fuit de nobis ejus prima victoria. Missos deinde, qui regnum inter illum Adherbalemque dividerent, similiter aggressus, quum in Scauro ipsos Romani imperii mores expugnasset, inchoatum nefas perfecit audacius. Sed diu non latent scelera : corrupta nefas legationis erupit; placuitque bello persequi parricidam.

Primus in Numidiam Calpurnius Bestia consul immittitur: sed rex, peritus fortius adversus Romanos aurum esse quam ferrum, pacem emit. Cujus flagitii reus, quum, interveniente publica fide, a senatu arcesseretur, pari audacia et venit, et competitorem imperii Massinissæ Massivam immisso percussore confecit. Hæc altera contra regem fuit caussa bellandi. Igitur sequens ultio mandatur Albino. Sed hujus quoque (pro dedecus!) ita corrupit exercitum, ut voluntaria nostrorum fuga vinceret Numida, castrisque potiretur: addito etiam turpi fœdere in pretium salutis, quem prius emerat, exercitum dimisit.

Eodem tempore in ultionem non tam imperii Romani, quam pudoris, Metellus assurgit : qui callidissime hos-

astucieux ennemi tâchait d'éluder ses coups, tantôt par des prières ou par des menaces, tantôt par une fuite simulée ou véritable; Métellus l'attaque par ses propres artifices. Non content de ravager les campagnes et les bourgs, il fond sur les principales villes de la Numidie, et s'il fait sur Zama[1] une longue et inutile tentative, du moins il pille Thala, vaste dépôt d'armes, et les trésors du roi. Bientôt, après l'avoir dépouillé de ses villes et forcé de fuir au-delà des frontières de son royaume, il le poursuit chez les Maures et dans la Gétulie.

Enfin Marius grossit l'armée d'une foule de prolétaires (1) que l'obscurité de sa naissance lui faisait, de préférence, soumettre au serment militaire, et il tombe sur Jugurtha déjà en déroute et accablé; il a cependant autant de peine à le vaincre qu'un ennemi nouveau et dans toute sa force. Il se rend maître, par un bonheur en quelque sorte merveilleux, de la ville de Capsa, consacrée à Hercule, située au milieu de l'Afrique, et que les serpents et les sables défendent comme un rempart. Pour pénétrer dans la ville de Mulucha[2], placée sur un rocher, un Ligurien lui découvre un chemin escarpé et jusque-là inaccessible. Bientôt après, dans un sanglant combat, près de la place de Cirta, il écrase en même temps Jugurtha et Bocchus, roi de Mauritanie, qui, docile à la voix du sang, avait voulu venger le Numide. Dès lors Bocchus, désespérant du succès, tremble d'être enveloppé dans la perte d'autrui, et achète, en livrant le roi, l'alliance et l'amitié des Romains. Ainsi le plus fourbe des rois tombe dans les pièges dressés par la ruse de son beau-père; il est remis entre les mains de Sylla; et le peuple romain voit enfin Jugurtha chargé de fers et mené en triomphe. Quant à lui, il vit aussi, mais vaincu et enchaîné, la ville qu'il avait appelée vénale (2), et qui, selon ses vaines prédictions, devait périr, si elle trouvait un acheteur. Eh bien! comme si elle eût été à vendre, elle trouva cet acheteur, et ce fut lui qui ne put échapper à Rome, preuve certaine qu'elle ne périra point.

III. — *Guerre des Allobroges*. — (An de Rome 628 - 639). — Tels furent les succès du peuple romain dans le Midi. Il eut à soutenir vers le Septentrion des combats beaucoup plus terribles, et plus multipliés. Nulle région n'est plus affreuse que celle-là; le ciel y communique sa rudesse au génie des habitants (3). De tous les points de ces contrées septentrionales, de la droite, de la gauche, du centre, s'élancèrent d'impétueux ennemis.

La première nation transalpine qui sentit la force de nos armes fut celle des Saliens[1], dont les incursions avaient forcé la ville de Marseille, notre très-fidèle amie et alliée, à se plaindre à nous. Nous domptâmes ensuite les Allobroges[2] et les Arvernes[3], contre lesquels les Édues[4] nous adressèrent de semblables plaintes, et implorèrent notre aide et notre secours. Nous eûmes pour témoins de nos victoires, et le Var, et l'Isère, et la Sorgue, et le Rhône, le plus rapide des fleuves. Les Barbares éprouvèrent la plus grande terreur à la vue des éléphants, dignes de se mesurer avec ces nations farouches. Rien, dans le triomphe, ne

[1] Ville d'Afrique, à cinq jours de marche de Carthage.— [2] Située dans la Mauritanie, sur le fleuve de ce nom. V. Salluste (Bell. Jug. c. 95).

[1] Ils habitaient au sud-est de la Provence. — [2] *All-Brog* (gaël.), hauts lieux. Leur territoire comprenait la Savoie, une partie du Dauphiné et du canton de Genève. — [3] Peuple de l'Auvergne. — [4] Peuple du territoire d'Autun, de Nevers et de Mâcon.

tem nunc precibus, nunc minis, jam simulata, jamque vera fuga eludentem, artibus suis aggressus est. Agrorum atque vicorum populationo non contentus, in ipsa Numidiæ capita impetum fecit, et Zamam quidem frustra diu voluit; cæterum Thalam, gravem armis, tnesaurosque regis diripuit. Tunc urbibus exutum regem, et jam finium suorum regnique fugitivum, per Mauros atque Getuliam sequebatur.

Postremo Marius, auctis admodum copiis, quum pro obscuritate generis sui capite censos sacramento adegisset, jam fusum et socium regem adortus, non facilius tamen vicit, quam si integrum et recentem. Hic et urbem Herculi conditam Capsam, in media Africa sitam, anguibus arenisque vallatam, mira quadam felicitate superavit, et saxeo inditam monti Mulucham urbem, per Ligurem, aditu arduo inaccessoque, penetravit. Mox non ipsum modo, sed Bocchum quoque, Mauritaniæ regem, jure sanguinis Numidam vindicantem, apud oppidum Cirtam graviter cecidit. Qui ubi, diffisus rebus suis, alienæ cladis accessio fieri timet, pretium fœderis atque amicitiæ regem facit. Sic fraudulentissimus regum fraude soceri sui in insidias deductus est, et Syllæ in manum traditus; tandemque opertum catenis Jugurtham in triumpho populus Romanus adspexit. Sed ille quoque, quamvis victus et vinctus, vidit Urbem, quam venalem, et quandoque perituram, si habuisset emtorem, frustra cecinerat. Jam ut venalis fuisset, habuit emtorem; et quum ille non evaserit, certum est eam non esse perituram.

III.— *Bellum Allobrogicum*. — Sic ad Meridiem populus Romanus. Multo atrocius, et multipliciter magis, a Septentrione sævitum. Nihil hac plaga infestius: atrox cœlum, perinde ingenia. Omni igitur tractu violentus hostis, a dextris atque lævis, et medio Septemtrionis, erupit.

Prima trans Alpes arma nostra sensere Salyi, quum de incursionibus eorum fidissima atque amicissima civitas Massilia quereretur: Allobroges deinde, et Arverni, quum adversus eos similes Æduorum querelæ opem et auxilium nostrum flagitarent; Varusque victoriæ testis, Isaraque et Vindelicus amnes, et impiger fluminum Rhodanus. Maximus Barbaris terror elephanti fuere, immanitati gentium pares. Nil tam conspicuum in triumpho,

fut aussi remarquable que le roi Bituitus, couvert d'armes de diverses couleurs, et monté sur un char d'argent, comme il avait combattu.

On peut juger de la joie qu'excitèrent ces deux victoires, par le soin que prirent Domitius Ænobarbus [1] et Fabius Maximus [2] d'élever sur le lieu même du combat des tours de pierres, et d'y ériger des trophées ornés des armes ennemies, usage inconnu à nos ancêtres. Jamais, en effet, le peuple romain n'insulta à la défaite d'un ennemi terrassé.

IV. — *Guerre des Cimbres, des Teutons et des Tigurins.* — (An de Rome 644-652.) — Les Cimbres, les Teutons et les Tigurins, fuyant l'Océan qui avait inondé leurs terres, étaient partis des extrémités de la Gaule, et cherchaient par tout l'univers de nouvelles demeures. Chassés de la Gaule et de l'Espagne, ils remontent vers l'Italie, et envoient des députés dans le camp de Silanus, et de là au sénat; ils demandent « que le peuple de Mars leur donne quelques terres, à titre de solde, et promettent, à cette condition, d'employer à son service leurs bras et leurs armes. » Mais quelles terres pouvait donner le peuple romain, chez qui les lois agraires allaient exciter la guerre civile? Leur demande est donc rejetée; et ils arrêtent, puisque leurs prières ont été vaines, d'en appeler aux armes.

Silanus ne put, il est vrai, soutenir le premier choc des Barbares; ni Manlius, le second; ni Cæpion, le troisième. Tous furent mis en fuite et chassés de leur camp. C'en était fait de Rome si ce siècle n'eût produit Marius. N'osant pas en venir aux mains sur-le-champ, il retint ses soldats dans leur camp, pour laisser à cette invincible rage et à cette fougue qui tiennent lieu de valeur aux Barbares le temps de se ralentir. Ceux-ci décampèrent enfin, en insultant aux Romains, et leur demandant, tant ils comptaient sur la prise de Rome! s'ils n'avaient rien à mander à leurs femmes. Prompts à exécuter leurs menaces, ils s'avançaient déjà en trois corps, par les Alpes, barrière de l'Italie.

Marius prévint l'ennemi en occupant aussitôt, avec une merveilleuse célérité, les plus courts chemins. Il atteignit d'abord les Teutons, au pied même des Alpes, dans un lieu nommé les Eaux Sextiennes; quelle bataille, grands dieux! il leur livra! Les ennemis étaient maîtres de la vallée et du fleuve qui la traverse. Nos soldats manquaient absolument d'eau. Que Marius l'ait fait à dessein, ou qu'il ait su tourner sa faute à son avantage, on l'ignore. Il est certain, du moins, que la nécessité de vaincre, imposée au courage de ses soldats, leur donna la victoire. En effet, comme ils lui demandaient de l'eau : « Vous êtes des hommes, leur dit-il, vous en avez là devant vous. » Aussi on se battit avec une telle ardeur, et on fit des ennemis un tel carnage, que le vainqueur, en se désaltérant dans le fleuve chargé de morts, but moins d'eau que de sang. Leur roi lui-même, Teutobochus (4), accoutumé à sauter successivement sur quatre et sur six chevaux, en put à peine monter un pour fuir. Saisi dans un bois voisin, il fut le plus beau spectacle du triomphe; cet homme d'une taille gigantesque s'éle-

[1] Ahenobarbus, sur les médailles et dans les inscriptions. —
[2] Il fut surnommé *Allobrogique.*

---

quam rex ipse Bituitus, discoloribus in armis, argenteoque carpento, qualis pugnaverat.

Utriusque victoriæ quod quantumque gaudium fuerit, vel hinc existimari potest, quod et Domitius Ænobarbus, et Fabius Maximus, ipsis quibus dimicaverant in locis, saxeas erexere turres, et desuper exornata armis hostilibus tropea fixere, quum hic mos inusitatus fuerit nostris. Nunquam enim populus Romanus hostibus domitis victoriam suam exprobravit.

IV. — *Bellum Cimbricum, Teutonicum, ac Tigurinum.* — Cimbri, Teutoni, atque Tigurini, ab extremis Galliæ profugi, quum terras eorum inundasset Oceanus, novas sedes toto orbe quærebant; exclusique Gallia et Hispania, quum in Italiam remigrarent, misere legatos in castra Silani, inde ad senatum, petentes, « ut Martius » populus aliquid sibi terræ daret, quasi stipendium : » cæterum, ut vellet, manibus atque armis suis uteretur. » Sed quas daret terras populus Romanus, agrariis legibus intra se dimicaturus? Repulsi igitur, quod nequiverant precibus, armis petere constituunt.

Sed nec primum quidem impetum Barbarorum Silanus, nec secundum Manlius, nec tertium Cæpio sustinere potuerunt. Omnes fugati, exuti castris. Actum erat, nisi Marius illi sæculo contigisset. Ille quoque non ausus congredi statim, militem tenuit in castris, donec invicta illa rabies, et impetus, quem pro virtute Barbari habent, consenesceret. Recessere igitur increpantes, et (tanta erat capiendæ Urbis fiducia!) consulentes, si quid ad uxores suas mandarent. Nec segnius, quam minati fuerant, tripartito agmine per Alpes, id est, claustra Italiæ, ferebantur.

Marius, mira statim velocitate occupatis compendiis, prævenit hostem; prioresque Teutonos sub ipsis Alpium radicibus assecutus in loco, quem Aquas Sextias vocant, quo (fidem numinum!) prælio oppressit? Vallem fluviumque medium hostes tenebant. Nostris aquarum nulla copia. Consultone id egerit imperator, an errorem in consilium verterit, dubium. Certe necessitate aucta virtus caussa victoriæ fuit; nam flagitante aquam exercitu, « Viri, inquit, estis : en illic habetis. » Itaque tanto ardore pugnatum est, eaque cædes hostium fuit, ut victor Romanus de cruento flumine non plus aquæ biberit, quam sanguinis Barbarorum. Certe rex ipse Teutobochus, quaternos senosque equos transilire solitus, vix unum,

vait au-dessus même des trophées de sa défaite.

Les Teutons exterminés, on se tourne contre les Cimbres. Déjà, qui le croirait? malgré l'hiver, qui ajoute à l'élévation des Alpes, ils avaient roulé le long des abîmes, du haut des montagnes de Tridentum, et étaient descendus en Italie. Ce n'est pas sur un pont ni sur des bateaux qu'ils veulent passer l'Athésis [1]; mais, par une sorte de stupidité barbare, ils opposent d'abord à ce fleuve la masse de leurs corps. Après de vains efforts pour l'arrêter avec leurs mains et leurs boucliers, ils y jettent toute une forêt, le comblent et le traversent. Si leurs redoutables bataillons eussent aussitôt marché sur Rome, le danger eût été grand; mais, dans la Vénétie, la plus délicieuse peut-être des régions de l'Italie, la douce influence du sol et du ciel énerva leurs forces. Il s'amollirent encore par l'usage du pain, de la viande cuite et des vins exquis. C'est dans cette conjoncture que Marius les attaqua. Eux-mêmes demandèrent à notre général de fixer le jour du combat; il leur assigna le lendemain (3). La bataille se donna dans une très-vaste plaine, appelée le champ Raudien [2]. Il périt, d'un côté, jusqu'à soixante mille hommes [3]; il y eut, de l'autre, moins de trois cents morts. Le carnage qu'on fit des Barbares dura tout le jour. Marius, imitant Annibal et ses habiles dispositions à Cannes, avait joint la ruse à la valeur. D'abord, il choisit un jour où le ciel était couvert de nuages, afin de pouvoir surprendre les ennemis, et où soufflait en outre un grand vent qui devait porter la poussière dans leurs yeux et leur visage. Ensuite, il tourna ses lignes vers l'orient; de cette manière, comme on le sut bientôt des prisonniers, la lumière du soleil, réfléchie par les casques resplendissants des Romains, faisait paraître le ciel tout en feu.

Le combat ne fut pas moins rude contre les femmes des Barbares, que contre ceux-ci. Elles s'étaient partout retranchées derrière des chars et des bagages; et de là, comme du haut de tours, elles combattirent avec des piques et des bâtons ferrés. Leur mort fut aussi belle que leur défense. Une députation, envoyée à Marius, ayant vainement demandé pour elles la liberté et le sacerdoce, prétention que rejetaient nos usages, elles étouffèrent pêle-mêle et écrasèrent leurs enfants, puis elles se donnèrent mutuellement des blessures mortelles, ou, formant des liens de leurs cheveux, elles se pendirent aux arbres et au timon des chariots. Leur roi, Bojorix, resta sur le champ de bataille, non sans avoir combattu vaillamment, ni sans vengeance.

Le troisième corps, composé des Tigurins, qui s'était posté, comme en réserve, sur le sommet des Alpes Noriques [4], se dispersa par divers chemins; après cette fuite honteuse, accompagnée de brigandages, il s'évanouit.

Cette nouvelle si agréable et si heureuse, de la délivrance de l'Italie et du salut de l'empire, ce ne fut point par l'entremise ordinaire des hommes qu'elle parvint au peuple romain, mais, s'il est permis de le croire, par celle même des dieux. Le jour où cette bataille eut lieu, on vit, devant le temple de Castor, deux jeunes hommes couronnés

---

[1] L'Adige, rivière de l'Italie septentrionale, qui se jette dans le Pô. — [2] Près de Verceil. Cette indication ne se trouve que dans Florus. — [3] Vell. Paterculus dit cent mille, et Plutarque cent vingt mille.

[4] Florus est le seul auteur qui parle de ce troisième corps de Tigurins

---

quum fugeret, adscendit; proximoque in saltu comprehensus, insigne spectaculum triumphi fuit: quippe vir proceritatis eximiæ super tropæa sua eminebat.

Sublatis funditus Teutonis, in Cimbros convertitur. Ii jam (quis crederet?) per hiemem, quæ altius Alpes levat, Tridentinis jugis in Italiam provoluti ruina descenderant. Athesim flumen non ponte, nec navibus, sed quadam stoliditate barbarica primum corporibus aggressi, postquam retinere amnem manibus et clypeis frustra tentaverant, ingesta obrutum silva transiluere; et si statim infesto agmine Urbem petiissent, grande discrimen esset: sed in Venetia, quo fere tractu Italia mollissima est, ipsa soli cælique clementia robur elanguit. Ad hoc panis usu, carnisque coctæ, et dulcedine vini mitigatos Marius in tempore aggressus est. Jam diem pugnæ a nostro imperatore petierunt, et sic proximum dedit. In patentissimo, quem Raudium vocant, campo concurrere. Millia inde ad sexaginta ceciderunt: hinc trecentis minus: per omnem diem conciditur Barbarus. Istic quoque imperator addiderat virtuti dolum, secutus Annibalem, artemque Cannarum: primum ne-

bulosum nactus diem, ut hosti inopinatus occurreret; tum ventosum quoque, ut pulvis in oculos et ora ferretur; tum acie conversa in Orientem, ut, quod ex captivis mox cognitum est, ex splendore galearum, ac repercussu, quasi ardere cælum videretur.

Nec minor cum uxoribus eorum pugna, quam cum ipsis fuit; quum, objectis undique plaustris atque carpentis, altæ desuper, quasi e turribus, lanceis contisque pugnarent. Perinde speciosa mors earum fuit, quam pugna: nam quum, missa ad Marium legatione, libertatem ac sacerdotium non impetrassent (nec fas erat), suffocatis elisisque passim infantibus suis, aut mutuis concidere vulneribus; aut, vinculo e crinibus suis facto, ab arboribus jugisque plaustrorum pependerunt. Bojorix rex in acie dimicans impigre nec inultus occubuit.

Tertia Tigurinorum manus, quæ quasi subsidio Noricis insederat Alpium tumulos, in diversa lapsi, fuga ignobili et latrociniis evanuit.

Hunc tam lætum, tamque felicem liberatæ Italiæ, assertique imperii nuntium, non per homines, ut solebat, populus Romanus accepit, sed per ipsos, si credere

de laurier remettre des lettres au préteur ; et le bruit de la défaite des Cimbres, répandu au théâtre, y fit de tous côtés crier : « Victoire! » Quel prodige plus admirable, plus éclatant! On eût dit que Rome, du haut de ses collines, assistait au spectacle de cette guerre, comme à un combat de gladiateurs, puisqu'au moment même où les Cimbres succombaient sur le champ de bataille, le peuple romain applaudissait dans ses murs.

V. — *Guerre contre les Thraces.* — (An de Rome 659-682.) — Après les Macédoniens, les Thraces, autrefois leurs tributaires, osèrent, le croira-t-on? se révolter contre nous. Non contents de faire des incursions dans les provinces voisines, telles que la Thessalie et la Dalmatie, ils les poussèrent jusqu'à la mer Adriatique, où, arrêtés par les barrières que la nature semblait leur opposer, ils lancèrent leurs traits contre les eaux.

Il n'est aucun raffinement de cruauté que, pendant tout le cours de ces invasions, ils ne fissent souffrir à leurs prisonniers. Ils offraient aux dieux des libations de sang humain, buvaient dans des crânes (6), et, ajoutant même un horrible jeu aux supplices de la mort, faisaient périr ceux-ci par le feu, ceux-là par la fumée ; ils arrachaient aussi, à force de tourments, du sein des femmes enceintes, le fruit qu'elles portaient.

Les plus féroces de tous les Thraces étaient les Scordisques [1], qui alliaient d'ailleurs la ruse au courage. La disposition de leurs forêts et de leurs montagnes favorisait ces mœurs. Non-seulement ils battirent et mirent en fuite, mais, ce qui ressemble à un prodige, ils anéantirent toute l'armée que Caton [1] conduisit contre eux. Didius les ayant trouvés errants et dispersés sans ordre pour piller, les repoussa dans la Thrace. Drusus les chassa plus loin, et leur interdit le passage du Danube. Minucius ravagea leur pays tout le long de l'Èbre [3], non sans perdre un grand nombre de soldats, en les faisant passer à cheval sur la glace perfide du fleuve. Pison franchit le Rhodope [3] et le Caucase [4] ; Curion s'avança jusqu'aux frontières de la Dacie ; mais il recula devant leurs ténébreuses forêts. Appius pénétra jusque chez les Sarmates ; Lucullus [5], jusqu'au Tanaïs et aux Palus-Méotides, dernières limites de ces nations. On ne put dompter ces sanguinaires ennemis qu'en imitant leurs usages. On tourmenta donc les prisonniers par le fer et par le feu. Mais rien ne parut plus affreux à ces Barbares, que de se voir, quand on leur eut coupé les mains, forcés de survivre à leur supplice (7).

VI. — *Guerre de Mithridate.* — (An de Rome 664-690.) — Les nations pontiques s'étendent du septentrion au Pont-Euxin, dont elles tirent leur nom. Æetes est le plus ancien roi de ces peuples et de ces régions. Plus tard, elles furent gouvernées par Artabaze, issu des sept Perses [6], et depuis par Mithridate, le plus grand, sans contredit, de tous ces princes [7]. Il nous avait suffi de quatre ans de combats contre Pyrrhus, de dix-sept contre Annibal. Mithridate nous résista pendant qua-

[1] Peuple gaulois d'origine, établi sur les confins de la Thrace, au confluent de la Save et du Danube.

[1] Le petit-fils du censeur. — [2] Fleuve de Thrace, aujourd'hui Mariza. — [3] Montagne de la Thrace. — [4] Chaînes de montagnes dans la Colchide, entre le Pont-Euxin et la mer Caspienne. — [5] Le frère du fameux Lucullus. — [6] V. Justin, l. 1 c. 9. — [7] V. id. l. 37, et 38.

---

fas est, deos. Quippe eodem die, quo gesta res est, visi pro æde Castoris et Pollucis juvenes laureati prætori literas tradere ; frequensque in spectaculo rumor victoriæ Cimbricæ : « Feliciter, » dixit. Quo quid admirabilius, quid insignius fieri potest? Quippe velut elata montibus suis Roma spectaculo belli interesset, quod in gladiatorio munere fieri solet, uno eodemque momento, quum in acie Cimbri succumberent, populus in urbe plaudebat.

V. — *Bellum Thracium.* — Post Macedonas, si diis placet, Thraces rebellabant, ipsi quondam tributarii Macedonum ; nec in proximas modo provincias contenti incurrere, Thessaliam atque Dalmatiam, in Adriaticum mare usque venerunt : eoque fine contenti, quasi interveniente natura, contorta in ipsas aquas tela miserunt.

Nihil interim per id omne tempus residuum crudelitatis fuit in captivos sævientibus : litare diis sanguine humano ; bibere in ossibus capitum, et cujusque modi ludibrio fœdare mortem tam igni quam fumo : partus quoque gravidarum extorquere tormentis.

Sævissimi omnium Thracum Scordisci fuere : sed calliditas quoque ad robur accesserat. Silvarum et montium situs cum ingenio consentiebant. Itaque non fusus modo ab his, aut fugatus ; sed (simile prodigio!) omnino totus interceptus exercitus, quem duxerat Cato. Didius vagos, et libera populatione diffusos intra suam repulit Thraciam. Drusus ulterius egit, et vetuit transire Danubium. Minucius toto vastavit Hebro, multis quidem amissis, dum per perfidam glacie flumen equitatur. Piso Rhodopen Caucasumque penetravit. Curio Dacia tenus venit : sed tenebras saltuum expavit. Appius in Sarmatas usque pervenit : Lucullus ad terminum gentium Tanaïm, lacumque Mæotim. Nec aliter cruentissimi hostium quam suis moribus domiti : quippe in captivos igne ferroque sævitum est. Sed nihil Barbaris atrocius visum est, quam quod abscissis manibus relicti, vivere superstites pœnæ suæ jubebantur.

VI. — *Bellum Mithridaticum.* — Ponticæ gentes ad Septemtrionem in mare sinistrum jacent, a Pontico cognominatæ mari. Harum gentium atque regionum rex antiquissimus Æetes : post Artabazes, a septem Persis oriundus : inde Mithridates, omnium longe maximus : quippe quum quatuor Pyrrho, decem et septem annī

rante années, jusqu'à ce que, vaincu dans trois guerres sanglantes, il fut accablé par le bonheur de Sylla, le courage de Lucullus, la grandeur de Pompée [1].

Le motif de ces hostilités, celui qu'il allégua à l'ambassadeur Cassius, était l'invasion de ses frontières par Nicomède, roi de Bithynie. Mais, dans le fait, plein d'orgueil et d'ambition, il aspirait à la possession de l'Asie entière, de l'Europe même, si la conquête en était possible. Nos vices lui donnaient cet espoir audacieux. Les guerres civiles qui nous divisaient lui semblaient une occasion favorable; Marius, Sylla, Sertorius, lui montraient de loin les flancs de l'empire sans défense. Au milieu de ces plaies de la république, et de ces agitations tumultueuses, le tourbillon de la guerre pontique, formé sur les hauteurs les plus éloignées du septentrion, vient tout à coup, et comme après avoir choisi le moment, éclater sur les Romains fatigués et livrés aux déchirements. La Bithynie est emportée aussitôt, dans le premier effort de la guerre. L'Asie est bientôt saisie de cette terreur contagieuse; les villes et les peuples de notre domination s'empressent de se ranger sous celle du roi. Présent partout, il pressait ses conquêtes, et la cruauté lui servait de courage. Quoi de plus atroce en effet que ce seul édit par lequel il ordonna le massacre de tous les hommes de la cité de Rome qui se trouvaient en Asie (8)? Alors furent violés les maisons, les temples, les autels, tous les droits humains et divins. L'effroi de l'Asie ouvrait encore au roi le chemin de l'Europe. Ses lieutenants, Archélaüs et Néoptolème,

[1] Allusion aux surnoms de ces trois Romains.

qu'il avait détachés de son armée, occupèrent les Cyclades, Délos [1], l'Eubée, Athènes même, l'ornement de la Grèce; mais Rhodes resta plus fidèle à notre cause. La terreur qu'inspirait ce roi s'était déjà répandue dans l'Italie et même jusque dans la ville de Rome.

Lucius Sylla, ce grand homme de guerre, se hâte, et, opposant à l'ennemi une impétuosité égale à la sienne, il le repousse. Il fait d'abord le siége d'Athènes; il la presse par la famine, et qui le croirait? il réduit cette ville, la mère des moissons, à se nourrir de chair humaine. Il ruine bientôt le port du Pyrée, renverse plus de six enceintes de murailles; et, après avoir dompté les plus ingrats des hommes (c'est ainsi qu'il appelait les Athéniens), il leur pardonne cependant en considération de leurs ancêtres, de leurs cérémonies sacrées et de leur célébrité. Ensuite, ayant chassé de l'Eubée et de la Béotie les garnisons du roi, il disperse toutes ses troupes dans deux batailles, à Chéronée, à Orchomène [2]. Il passe sur-le-champ en Asie, et accable Mithridate lui-même. C'en était fait de ce prince, si Sylla n'eût mieux aimé précipiter qu'assurer son triomphe.

Voici l'état où Sylla laissait l'Asie. Il conclut avec le roi de Pont un traité (9) qui rendit la Bithynie à Nicomède, la Cappadoce à Ariobarzane; et, de cette manière, l'Asie rentra sous notre domination, comme par le passé. Mais Mithridate n'était que repoussé, et ses revers l'avaient moins abattu qu'irrité. Amorcé, pour ainsi dire, par la conquête de l'Asie et de l'Europe, il ne les regar-

[1] Une des Cyclades. — [2] Deux villes situées dans les vastes plaines de la Béotie.

Annibali suffecerint, ille per quadraginta annos restitit, donec tribus ingentibus bellis subactus, felicitate Sullæ, virtute Luculli, magnitudine Pompeii, consumeretur.

Caussam quidem illius belli prætenderat apud Cassium legatum, « attrectari terminos suos a Nicomede Bithy- « nico : » cæterum elatus animis ingentibus, Asiæ totius, et, si posset, Europæ cupiditate flagrabat : spem ac fiduciam dabant nostra vitia. Quippe quum civilibus bellis disjungeremur, invitabat occasio; nudumque imperii latus ostendebant procul Marius, Sylla, Sertorius. Inter hæc reipublicæ vulnera, et hos tumultus, repente, quasi captato tempore, in lassos simul atque districtos subitus turbo Pontici belli ab ultima veluti specula Septemtrionis erupit. Primus statim impetus belli Bithyniam rapuit : Asia deinde pari terrore correpta est; nec cunctanter ad regem ab urbibus nostris populisque descitum est. Aderat, instabat; sævitia, quasi virtute, utebatur. Nam quid atrocius uno ejus edicto, quum omnes, qui in Asia forent, Romanæ civitatis homines interfici jussit? Tum quidem domus, templa et aræ, humana omnia atque divina jura violata sunt. Sed hic terror Asiæ Europam quoque regi aperiebat. Itaque, missis

Archelao Neoptolemoque præfectis, excepta Rhodo, quæ pro nobis firmius stetit cæteris, Cyclades, Delos, Eubœa, et ipsum Græciæ decus, Athenæ, tenebantur. Italiam jam, ipsamque urbem Romam regius terror afflabat.

Itaque Lucius Sylla festinat, vir armis optimus; parique violentia ruentem ulterius hostem quadam quasi manu repulit; primumque Athenas urbem (quis crederet?) frugum parentem, obsidione ac fame ad humanos cibos compulit. Mox subruto Piræei portu, sex quoque et amplius muris, postquam domuerat ingratissimos, ut ipse dixit, hominum, in honorem tamen mortuorum, sacris suis famæque donavit. Mox quum Eubœa atque Bœotia præsidia regis depulisset, omnes copias uno apud Chæroneam, apud Orchomenon altero bello dissipavit; statimque in Asiam transgressus, ipsum opprimit; et debellatum foret, nisi de Mithridate triumphare cito, quam vere, maluisset.

Ac tunc quidem hunc Asiæ statum Sylla dederat. Ictum cum Ponticis fœdus. Recepit Bithyniam a rege Nicomedes, Ariobarzanes Cappadociam; ac sic erat Asia rursus nostra, ut cœperat : Mithridates tantum repulsus.

dait plus comme des provinces étrangères, mais comme un bien qu'il avait perdu, qu'on lui avait ravi, et que le droit de la guerre devait lui restituer.

Comme les flammes d'un incendie mal éteint renaissent plus furieuses, ainsi Mithridate, renouvelant ses entreprises, à la tête de troupes plus nombreuses (10), marche de nouveau vers l'Asie, cette fois avec toutes les forces de son royaume, dont il avait couvert la mer, la terre et les fleuves. Cyzique[1], ville fameuse, est, par sa forteresse, ses remparts, son port et ses tours de marbre, l'ornement du rivage asiatique. C'est pour lui comme une autre Rome, contre laquelle il tourne tous les efforts de ses armes; mais les habitants sont encouragés dans leur résistance par un messager qui leur annonce l'approche de Lucullus. Porté sur une outre qu'il gouvernait avec ses pieds (11), cet émissaire avait, à la faveur d'un stratagème aussi audacieux, passé au milieu des vaisseaux ennemis, qui l'avaient pris de loin pour un monstre marin. Bientôt la fortune change; la longueur du siége engendre dans le camp du roi la famine, et la famine la peste; Mithridate se retire, Lucullus le suit, et fait de ses troupes un tel carnage, que les eaux du Granique[2] et de l'Ésape[3] en sont ensanglantées. Le rusé monarque, connaissant l'avarice des Romains[4], ordonne à ses soldats en fuite de disperser les bagages et l'argent, pour retarder la poursuite des vainqueurs[5]. Sa retraite n'est pas plus heureuse sur mer que sur terre. Sa flotte, composée de plus de cent vaisseaux, et chargée d'un immense appareil de guerre, est assaillie par une tempête dans la mer de Pont, et si horriblement fracassée qu'elle n'offrait plus que les débris d'une bataille navale. On eût dit que, d'intelligence avec les flots, les orages et les vents, Lucullus leur avait donné à consommer la défaite du roi.

Toutes les forces de ce puissant monarque étaient anéanties; mais les revers augmentaient son courage. Il se tourna donc vers les nations voisines; et il enveloppa dans sa ruine presque tout l'Orient et le Septentrion. Il sollicita les Ibériens, les peuples de la mer Caspienne, les Albaniens et les deux Arménies. La fortune cherchait ainsi de tous côtés à Pompée, son favori[1], des sujets de renommée, de gloire et de triomphe. Voyant l'Asie ébranlée et embrasée de nouveau, et les rois s'y succéder en foule, il sentit qu'il n'y avait pas de temps à perdre. Prévenant la jonction des forces de tant de nations, le premier de tous les généraux romains, il passa l'Euphrate sur un pont de bateaux (12); il atteignit le roi fugitif au milieu de l'Arménie, et, tant était grande sa fortune! il l'accabla sans retour dans une seule bataille.

L'action s'engagea pendant la nuit, et la lune y prit part. En effet, comme si elle eût combattu pour nous, elle se montra derrière les ennemis et en face des Romains; de sorte que les soldats du roi de Pont, trompés par la grandeur démesurée de leurs propres ombres, dirigeaient leurs coups sur elles en croyant frapper leurs ennemis. Enfin, cette nuit consomma la ruine de Mithridate (13);

[1] Ville de la Mysie, située dans une île de la Propontide, maintenant jointe au continent par des atterrissements. — [2] Fleuve de la Mysie, qui se jette dans la Propontide. — [3] Petit fleuve, qui se jette dans la même mer. — [4] V. Tacit. Agric. XXX, 10. — [5] V. Cic. pro lege Manilia, c. 8 et 9.

[1] V. Lucain, l. 8, v. 730.

Itaque non fregit ea res Ponticos, sed incendit. Quippe rex Asia et Europa quodammodo inescatus, non jam quasi alienam, sed, quia amiserat, quasi raptam, belli jure repetebat.

Igitur ut exstincta parum fideliter incendia majore flamma reviviscunt; ita ille de integro, auctis majorem in modum copiis, tota denique regni sui mole, in Asiam rursus mari, terra, fluminibusque veniebat. Cyzicum nobilis civitas, arce, mœnibus, portu, turribusque marmoreis, Asiaticæ plagæ litora illustrat. Hanc ille, quasi alteram Romam, toto invaserat bello: sed fiduciam oppidanis resistendi nuntius fecit, docens adventare Lucullum: qui (horribile dictu!) per medias hostium naves utre suspensus, et pedibus iter adgubernans, videntibus procul, quasi marina pistrix, evaserat. Mox clade conversa, quum ex mora obsidentem regem fames, ex fame pestilentia urgeret, recedentem Lucullus assequitur, adeoque cecidit, ut Granicus et Æsapus amnes cruenti redderentur. Rex callidus, Romanæque avaritiæ peritus, spargi a fugientibus sarcinas et pecuniam jussit, qua sequentes morarentur. Nec felicior in mari, quam in terra, fuga. Quippe centum amplius navium classem, apparatumque belli gravem, in Pontico mari aggressa tempestas, tam fœda strage laceravit, ut navalis belli instar efficeret; plane quasi Lucullus, quodam cum fluctibus procellisque commercio, debellandum tradidisse regem ventis videretur.

Attritæ jam omnes validissimi regni vires erant; sed animus malis augebatur. Itaque conversus ad proximas gentes, totum pæne Orientem ac Septentrionem ruina sua involvit. Iberi, Caspii, Albani, et utræque sollicitabantur Armeniæ; perque omnia et decus, et nomen, et titulos Pompeio suo fortuna quærebat. Qui, ubi novis motibus ardere Asiam videt, aliosque ex aliis prodire reges, nihil cunctandum ratus, priusquam inter se gentium robora coirent, statim ponte navibus facto, omnium ante se primus transit Euphratem; regemque fugientem media nactus Armenia (quanta felicitas viri!) uno prælio confecit.

Nocturna ea dimicatio fuit; et luna in partibus: quippe quasi commilitans, quum a tergo se hostibus, a facie Romanis præbuisset, Pontici per errorem longius cadentes umbras suas, quasi hostium corpora, petebant. Et Mithridates quidem nocte illa debellatus est; nihil

et, depuis, nul effort ne lui réussit, bien qu'il eût tenté tous les moyens de se relever ; tel qu'un serpent qui, ayant la tête écrasée, fait avec sa queue de dernières menaces (14). Ainsi, après s'être réfugié à Colchos, il voulut jeter l'épouvante sur les côtes de Sicile et jusque dans notre Campanie, par une subite apparition (15). Il comptait associer à ses desseins tous les pays situés entre Colchos et le Bosphore, traverser en courant la Thrace, la Macédoine et la Grèce, puis envahir inopinément l'Italie. Ce ne fut qu'un projet ; car, prévenu par la défection de ses sujets et par la trahison de Pharnace, son fils, il se délivra par le fer d'une vie qui avait résisté à l'essai du poison (16).

Cependant le grand Pompée poursuivait, d'un vol rapide, à travers les différentes contrées de la terre, les restes de la rébellion de l'Asie. Du côté de l'Orient, il pénétra chez les Arméniens, s'empara d'Artaxate, capitale de ce peuple, et laissa le trône à Tigrane, réduit à le supplier. Du côté du Septentrion, il rentra en Scythie, guidé par les étoiles, comme sur mer, soumit la Colchide¹, pardonna à l'Ibérie, et épargna les Albaniens. De son camp, placé au pied même du Caucase, il contraignit Orode, roi d'Albanie, à descendre dans la plaine, et Arthoce, qui commandait aux Ibériens, à lui livrer ses enfants en otage. Il récompensa Orode, qui lui avait, de son propre mouvement, envoyé d'Albanie un lit d'or et d'autres présents (17). Conduisant ensuite son armée vers le midi, il franchit le Liban dans la Syrie, s'avança au-delà de Damas, et porta les étendards romains

¹ Située entre le Pont-Euxin et la mer Caspienne.

à travers ces bois odorants, ces forêts renommées par leur encens et leur baume. Les Arabes s'empressèrent de lui offrir leurs services (18). Les Juifs tentèrent de défendre Jérusalem ; mais il s'en ouvrit aussi l'entrée, et vit à découvert l'objet mystérieux que cette nation impie tient cache sous un ciel d'or (19). Deux frères se disputaient la couronne ; choisi pour arbitre, il adjugea le trône à Hircan, et fit mettre dans les fers Aristobule, qui renouvelait cette querelle (20).

C'est ainsi que, sous la conduite de Pompée, les Romains parcoururent l'Asie dans toute son étendue, et que cette province, qui formait la limite de l'empire, en devint le centre. Car, excepté les Parthes, qui demandèrent notre alliance, et les Indiens qui ne nous connaissaient point encore, toute la partie de l'Asie située entre la mer Rouge, la mer Caspienne et l'Océan, était assujettie, par les armes ou par la seule terreur, au pouvoir de Pompée (21).

VII. — *Guerre des Pirates.* — (An de Rome 675 - 685.) Tandis que le peuple romain était occupé dans les différentes parties de la terre, les Ciliciens avaient envahi les mers. Coupant les communications, et brisant le lien qui unit le genre humain, la guerre qu'ils faisaient, avait, comme la tempête, fermé la mer aux vaisseaux. Les troubles de l'Asie, qu'agitaient nos combats contre Mithridate, donnaient à ces brigands voués au crime une audace effrénée. A la faveur du désordre causé par une guerre étrangère, et de la haine qu'inspirait le roi ennemi, ils exerçaient impunément leurs violences. S'étant d'abord contentés, sous leur chef Isidore, d'infester les

enim postea valuit, quamquam omnia expertus, more anguium, qui, obtrito capite, postremum cauda minantur. Quippe quum effugisset hostem per Colchos, Siciliæ quoque litora et Campaniam nostram subito adventu terrere voluit : Colchis tenus jungere Bosporon : inde per Thraciam, Macedoniam, et Græciam transilire ; sic Italiam nec opinatus invadere : tantum cogitavit; nam per defectionem civium, Pharnacisque filii scelere præventus, male tentatum veneno spiritum ferro expulit.

Cnæus interim Magnus rebelles Asiæ reliquias sequens, per diversa gentium terrarumque volitabat. Nam sub Orientem secutus Armenios, captis in ipso capite gentis Artaxatis, supplicare jussit Tigranem. At in Septentrionem Scythicum iter, tamquam in mari, stellis secutus, Colchos cecidit ; ignovit Iberiæ ; pepercit Albanis ; regemque horum Orodem, positis sub ipso Caucaso castris, jussit in plana descendere ; Arthocen, qui Iberis imperabat, et obsides liberos dare. Orodem etiam remuneratus est, ultro ab Albania sua lectulum aureum, et alia dona mittentem. Nec non et in Meridiem verso agmine, Libanum Syriæ, Damascumque transgressus, per nemora illa odorata per turis et balsami silvas. Romana

circumtulit signa. Arabes si quid imperaret, præsto fuere. Hierosolymam defendere tentavere Judæi : verum hanc quoque intravit, et vidit illud grande impiæ gentis arcanum patens, sub aureo uti cœlo : dissidentibusque de regno fratribus arbiter factus, regnare jussit Hircanum ; Aristobulo, quia renovabat eam rem, catenas dedit.

Sic, Pompeio duce, populus Romanus totam, qua latissima est, Asiam pervagatus, quam extremam habebat imperii provinciam, mediam fecit. Exceptis quippe Parthis, qui fœdus maluerunt, et Indis, qui adhuc nos non noverant ; omnis Asia inter Rubrum mare, et Caspium, et Oceanum, Pompeianis domita vel oppressa signis tenebatur.

VII. *Bellum Piraticum.* — Interim dum populus Romanus per diversa terrarum distractus est, Cilices invaserant maria ; sublatisque commerciis, rupto fœdere generis humani, sic maria bello, quasi tempestate, præcluserant. Audaciam perditis furiosisque latronibus dabat inquieta Mithridaticis præliis Asia, dum sub alieni belli tumultu, exteriæ regis invidia, impune grassantur. Ac primum, duce Isidoro, contenti proximo mari, Cretam inter atque Cyrenas et Achaiam, sinumque Maleum

mers voisines, ils étendirent bientôt leurs brigandages sur celle de Crète, de Cyrène [1], d'Achaïe, sur le golfe de Malée, auquel les richesses qu'ils y capturaient leur avaient fait donner le nom de *Golfe d'or*. Publius Servilius, envoyé contre eux, dissipa avec ses gros vaisseaux de guerre leurs brigantins légers et faits pour la fuite ; mais la victoire qu'il remporta ne laissa pas d'être sanglante. Non content néanmoins d'en avoir purgé la mer, il détruisit leurs plus fortes places, où ils avaient accumulé leur butin journalier, Phasélis, Olympe, Isaure même, le boulevard de la Cilicie; et le souvenir des grands travaux que lui coûta cette guerre, lui rendit bien cher le surnom d'*Isaurique*. Tant de pertes ne domptèrent cependant pas les pirates qui ne purent vivre sur le continent. Semblables à certains animaux, qui ont le double privilége d'habiter l'eau et la terre, à peine l'ennemi se fut-il retiré, qu'impatients du sol, ils s'élancèrent de nouveau sur leur élément, et poussèrent leurs courses encore plus loin qu'auparavant.

Pompée, ce général naguère si heureux, fut encore jugé digne de les vaincre ; et ce soin lui fut confié, comme un accessoire du département de la guerre contre Mithridate. Voulant détruire d'un seul coup, et pour jamais, ce fléau de toutes les mers, il fit contre eux des préparatifs plus qu'humains : ses vaisseaux et ceux des Rhodiens nos alliés, formèrent une flotte immense, qui, partagée entre un grand nombre de lieutenants et de préfets, occupa tous les passages du Pont-Euxin et de l'Océan. Gellius bloqua la mer de la Toscane ; Plotius, celle de Sicile ; Gratilius, le golfe de Ligurie ; Pomponius, celui des Gaules ; Torquatus, celui des îles Baléares ; Tibérius Néron, le détroit de Gadès, qui forme l'entrée de notre mer ; Lentulus, la mer de Libye ; Marcellinus, celle d'Égypte ; les jeunes Pompée, l'Adriatique ; Térentius Varron, la mer Égée et la mer Pontique ; Métellus, celle de Pamphilie ; Cœpion, celle d'Asie ; les embouchures même de la Propontide furent fermées, comme une porte, par les vaisseaux de Porcius Caton.

Ainsi les ports, les golfes, les retraites, les repaires, les promontoires, les détroits, les péninsules, tout ce qui servait de refuge aux pirates, fut enveloppé, fut pris comme dans un filet. Quant à Pompée, il se porta vers la Cilicie, l'origine et le foyer de la guerre. Les ennemis ne refusèrent point le combat, non dans l'espoir de vaincre ; mais, ne pouvant résister, ils voulaient du moins faire preuve d'audace. Leur résolution ne se soutint cependant pas au delà du premier choc. Bientôt, se voyant assaillis de tous côtés par les éperons de nos vaisseaux, il se hâtèrent de jeter loin d'eux leurs traits et leurs rames, et, battant des mains à l'envi, en signe de supplication, ils demandèrent la vie. Jamais nous ne remportâmes une victoire moins sanglante ; jamais aussi nation ne nous fut désormais plus fidèle. Ce résultat fut le fruit de la rare sagesse du général, qui transporta bien loin de la mer, et enchaîna pour ainsi dire, au milieu du continent, ce peuple maritime, rendant ainsi tout à la fois aux vaisseaux l'usage de la mer et à la terre ses habitants.

[1] Grande ville grecque, qui donna son nom à la Cyrénaïque, contrée maritime de la Lybie, à l'ouest de l'Egypte.

---

quod a spoliis *Aureum* ipsi vocavere, latrocinabantur : missusque in eos Publius Servilius, quamvis leves et fugaces myoparonas gravi et Martia classe turbaret, non incruenta victoria superat. Sed nec mari submovisse contentus, validissimas urbes eorum, et diutina præda abundantes, Phaselin et Olympon evertit, Isauronque *ipsam* arcem Ciliciæ : unde, conscius sibi magni laboris, *Isaurici* cognomen adamavit. Non ideo tamen tot cladibus domiti, terra se continere potuerunt : sed ut quædam animalia, quibus aquam terramque colendi gemina natura est, sub ipso hostis recessu, impatientes soli, in aquas suas resiluerunt ; et aliquanto latius, quam prius.

Sic ille ante felix Pompeius, nunc dignus victoria visus est, et Mithridaticæ provinciæ facta accessio. Ille dispersam toto mari pestem semel et in perpetuum volens exstinguere, divino quodam apparatu aggressus est. Quippe quum classibus suis, et socialibus Rhodiorum, abundaret, pluribus legatis atque præfectis utraque ponti et Oceani ora complexus est. Gellius Tusco mari impositus, Plotio Siculo ; Gratilius Ligusticum sinum, Pomponius Gallicum obsedit ; Torquatus Balearicum, Tiberius Nero Gaditanum fretum, qua primum maris nostri limen aperitur ; Lentulus Libycum ; Marcellinus Ægyptium ; Pompeii juvenes Adriaticum ; Varro Terentius Ægæum et Ponticum ; Pamphylium Metellus ; Asiaticum Cæpio ; ipsas Propontidis fauces Porcius Cato sic obditis navibus, quasi portam, obseravit.

Sic per omnes æquoris portus, sinus, latebras, recessus, promontoria, freta, peninsulas, quidquid piratarum fuit, quadam indagine inclusum et oppressum est. Ipse Pompeius in originem fontemque belli Ciliciam versus est : nec hostes detrectavere certamen, non ex fiducia ; sed quia oppressi erant, ausi videbantur : sed nihil tamen amplius, quam ut ad primum ictum concurrerent. Mox ubi circumfusa undique rostra viderunt, abjectis statim telis remisque, plausu undique pari, quod supplicantium signum fuit, vitam petiverunt. Non alias tam incruenta victoria usi unquam sumus ; sed nec fidelior in posterum reperta gens ulla est. Idque prospectum singulari consilio ducis, qui maritimum genus a conspectu longe removit maris, et mediterraneis agris quasi obligavit ; eodemque tempore, et usum maris navibus recuperavit, et terræ homines suos reddidit. Quid prius in hac mirere victoria ? velocitatem, quod quadragesimo die

Que doit-on le plus admirer dans cette victoire? la rapidité? quarante jours suffirent pour nous la donner; le bonheur? elle ne coûta pas même un seul vaisseau; la durée de ses résultats? les pirates furent détruits sans retour.

VIII. — *Guerre de Crète.* — (An de R. 679-685.) Si nous voulons dire la vérité, nous avons fait la guerre de Crète, par le seul désir de vaincre cette île célèbre. Elle semblait avoir favorisé Mithridate; on décida de s'en venger par les armes. Marcus Antonius l'envahit le premier, avec un si grand espoir et une si ferme assurance de la victoire qu'il portait sur sa flotte plus de chaînes que d'armes. Il fut bientôt puni de sa folle témérité: les ennemis lui enlevèrent la plus grande partie de ses vaisseaux; ils attachèrent et pendirent les corps des prisonniers aux antennes et aux cordages; et, déployant toutes leurs voiles, ils cinglèrent, comme en triomphe, vers les ports de la Crète. Plus tard, Métellus porta la flamme et le fer par toute leur île, et les enferma dans leurs châteaux et dans leurs places fortes, telles que Gnosse, Érythrée et Cydonie [1], *la mère des villes,* ainsi que l'appellent les Grecs. Il traitait si cruellement les prisonniers, que la plupart des Crétois mirent fin à leurs jours par le poison, et que les autres firent porter leur soumission à Pompée absent. Ce général, alors occupé en Asie, leur envoya Antonius, son préfet, et se rendit illustre jusque dans la province d'un autre. Métellus ne s'en montra que plus ardent à exercer contre les Crétois les droits du vainqueur. Après avoir défait Lasthène et Panarès, chefs des Cydo-

[1] Aujourd'hui la Canée.

niens, il revint triomphant à Rome. Il ne remporta néanmoins d'une si fameuse campagne que le surnom de *Crétique.*

IX. — *Guerre contre les îles Baléares.* — (An de Rome 650.) La famille de Métellus le Macédonique était en quelque sorte accoutumée à tirer ses noms des guerres qu'elle faisait. L'un des fils de ce Romain ayant été surnommé *le Crétique*, un autre ne tarda pas à être appelé le *Baléarique*.

Les insulaires des Baléares infestaient alors la mer de leur piraterie forcenée. On doit s'étonner que ces hommes farouches et sauvages osassent seulement la contempler du haut de leurs rochers. Toutefois, montés sur de frêles bateaux, ils étaient devenus, par leurs attaques soudaines, la terreur de ceux qui naviguaient près de leurs îles. Ayant aperçu la flotte romaine qui, de la haute mer, cinglait vers eux, ils la regardent comme une proie, et poussent l'audace jusqu'à l'assaillir. Du premier choc, ils la couvrent d'une grêle effroyable de pierres et de cailloux. Chacun d'eux combat avec trois frondes. Faut-il s'étonner que leurs coups soient sûrs, quand c'est, chez cette nation, la seule arme et l'unique exercice dès l'âge le plus tendre? l'enfant ne reçoit de nourriture que celle qu'atteint sa fronde au but que lui montre sa mère. Cependant ce déluge de pierres n'épouvanta pas longtemps les Romains. Quand on en vint à combattre de près, et que les insulaires eurent fait l'expérience de nos éperons et de nos javelots, ils poussèrent, comme des troupeaux, un grand cri, et s'enfuirent vers leurs rivages. S'étant dispersés dans les montagnes

parta est? an felicitatem, quod ne una quidem navis amissa est? an vero perpetuitatem, quod amplius piratæ non fuerunt?

VIII. — *Bellum Creticum.* — Creticum bellum, si vera volumus noscere, nos fecimus sola vincendi nobilem insulam cupiditate. Favisse Mithridati videbatur: hoc placuit armis vindicare. Primus invasit insulam Marcus Antonius, cum ingenti quidem victoriæ spe atque fiducia, adeo ut, plures catenas in navibus, quam arma, portaret. Dedit itaque pœnas vecordiæ: nam plerasque naves intercepere hostes; captivaque corpora religata velis ac funibus pependere: ac sic velificantes triumphantium in modum Cretes portubus suis adremigaverunt. Metellus deinde totam insulam igni ferroque populatus, intra castella et urbes redegit, et Gnossum, et Erythræam, et, ut Græci dicere solent, *urbium matrem* Cydoniam: adeoque sæve in captivos consulebatur, ut veneno plerique conficerent; alii deditionem suam ad Pompeium absentem mitterent. Et quum ille res in Asia gerens, eo quoque præfectum misisset Antonium, in aliena provincia inclytus fuit: eoque infestior Metellus in hostes jus victoris exercuit; victisque Lasthene et Panare, Cydoniæ ducibus,

victor rediit. Nec quidquam amplius tamen de tam famosa victoria, quam cognomen *Creticum* reportavit.

IX. — *Bellum Balearicum.* — Quatenus Metelli Macedonici domus bellicis nominibus assueverat: altero ex Iberis ejus *Cretico* facto, mora non fuit, quin alter quoque *Balearicus* vocaretur.

Baleares per idem tempus insulæ piratica rabie corrumperant maria. Homines feros atque silvestres mireris ausos a scopulis suis saltem maria prospicere. Adscendere etiam inconditas rates, et prænavigantes subinde inopinato impetu terruere. Sed quum venientem ab alto Romanam classem prospexissent, prædam putantes, ausi etiam occurrere; et primo impetu ingenti lapidum saxorumque nimbo classem operuerunt. Tribus quisque fundis præliatur. Certos esse quis miretur ictus, quum hæc sola genti arma sint, id unum ab infantia studium? Cibum puer a matre non accipit, nisi quem, ipsa monstrante, percussit. Sed non diu lapidatione terruere Romanos. Postquam cominus ventum est, expertique rostra, et pila venientia, pecudum in morem, clamore sublato, petierunt fuga litora. Dilapsi in proximos tumulos, quærendi fuerunt, ut vincerentur.

voisines, il fallut les chercher pour les vaincre.

X. — *Expédition de Chypre.* — (An de Rome 695.) — L'heure fatale des îles était arrivée; et Chypre fut à nous sans combat. Cette île, abondante en richesses antiques, et consacrée à Vénus, avait Ptolémée pour roi. La renommée de son opulence était si grande, et si fondée, que le peuple vainqueur des nations et dispensateur des royaumes, sur la proposition du tribun Publius Clodius, ordonna, du vivant de ce roi notre allié, la confiscation de ses biens. Averti de cette résolution, Ptolémée avança par le poison le terme de ses jours. Porcius Caton transporta à Rome, par l'embouchure du Tibre, sur des brigantins, les richesses de Chypre, qui grossirent plus qu'aucun triomphe le trésor du peuple romain.

XI. — *Guerre des Gaules.* — (An de Rome 695-704.) — L'Asie soumise par les armes de Pompée, la fortune choisit César pour achever la conquête de l'Europe. Restaient encore les Gaulois et les Germains, les plus féroces de tous les peuples, et la Bretagne, qui, bien que séparée de tout l'univers, trouva cependant un vainqueur.

Le premier mouvement de la Gaule commença par les Helvètes [1], qui, situés entre le Rhône et le Rhin, dans un territoire insuffisant, vinrent solliciter des demeures, après avoir incendié leurs villes, faisant ainsi le serment de n'y pas rentrer. César a demandé du temps pour délibérer : dans l'intervalle, il rompit, le pont du Rhône, afin de leur ôter tout moyen de retraite, et fit rentrer aussitôt cette belliqueuse nation dans ses foyers, comme un pasteur, son troupeau dans le bercail.

La guerre des Belges, qui suivit, fut beaucoup plus sanglante ; car ils combattaient pour la liberté. Si les soldats romains firent des prodiges de valeur, leur chef se signala par un exploit bien mémorable. Notre armée pliait, prête à prendre la fuite ; il arrache un bouclier des mains d'un des fuyards, vole à la première ligne, et rétablit le combat par sa valeur [1].

Il soutint ensuite une guerre maritime contre les Vénètes; mais il eut plus à lutter contre l'Océan que contre leurs vaisseaux qui, grossiers et informes, étaient naufragés dès la première atteinte de nos éperons. L'Océan s'étant, à l'heure du reflux, retiré pendant le combat, comme pour y mettre fin, l'action n'en continua pas moins sur la grève.

Voici les divers incidents de cette guerre, d'après la nature des nations et des lieux. Les Aquitains, race astucieuse, se retiraient dans des cavernes ; César les y fit enfermer. Les Morins se dispersaient dans les bois ; il ordonna d'y mettre le feu. Qu'on ne dise pas que les Gaulois ne sont que féroces; ils ont recours à la ruse. Induciomare rassembla les Trévires; Ambiorix, les Éburons. Tous deux se liguèrent pendant l'absence de César et attaquèrent ses lieutenants. Mais le premier fut vigoureusement repoussé par Dolabella, qui rapporta la tête du roi barbare. L'autre, ayant dressé une embuscade dans un vallon, nous surprit, nous accabla, pilla notre camp et en emporta l'or. Nous perdîmes, dans cette rencontre, les

[1] V. pour les noms des peuples dont il est fait mention dans ce chapitre les notes des commentaires sur la guerre des Gaules.

[1] V. Cæs. de Bell. Gall.

X. — *Expeditio in Cypron.* — Aderat fatum insularum : igitur et Cyprus recepta sine bello. Insulam veteribus divitiis abundantem, et ob hoc Veneri sacram, Ptolemæus regebat; sed divitiarum tanta erat fama, nec falso, ut victor gentium populus, et donare regna consuetus, Publio Clodio tribuno duce, socii vivique regis confiscationem mandaverit. Et ille quidem ad rei famam veneno fata præcepit. Cæterum Porcius Cato Cyprias opes liburnis per Tiberinum ostium invexit : quæ res latius ærarium populi Romani, quam ullus triumphus, implevit.

XI. — *Bellum Gallicum.* — Asia Pompeii manibus subacta, reliqua, quæ restabant in Europa, fortuna in Cæsarem transtulit. Restabant autem immanissimi gentium Galli, atque Germani : et quamvis toto orbe divisa, tamen, qui vinceret, habuit Britannia.

Primus Galliæ motus ab Helvetiis cœpit, qui Rhodanum inter et Rhenum siti, non sufficientibus terris, venere sedem petitum, incensis mœnibus suis. Hoc sacramentum fuit, ne redirent : sed petito tempore ad deliberandum, quum inter moras Cæsar, Rhodani ponte rescisso, abstulisset fugam, statim bellicosissimam gentem sic in sedes suas, quasi greges in stabula pastor, deduxit.

Sequens longeque cruentior pugna Belgarum, quippe pro libertate pugnantium. Hic quum multa Romanorum militum insignia, tum illud ægregium ipsius ducis, quod, nutante in fugam exercitu, rapto fugientis e manu scuto, in primam volitans aciem, manu prælium restituit.

Inde cum Venetis etiam navale bellum : sed major cum Oceano, quam cum ipsis navibus, rixa : quippe illæ rudes et informes, et statim naufragæ, quum rostra sensisset; sed hærebat in vadis pugna, quum æstibus solitis cum ipso certamine subductus Oceanus intercedere bello videretur.

Illæ quoque accessere diversitates, pro gentium locorumque natura. Aquitani, callidum genus, in speluncas se recipiebant : jussit includi. Morini dilabebantur in silvas : jussit incendi. Nemo tantum feroces dixerit Gallos : fraudibus agunt. Induciomarus Treviros, Ambiorix convocavit Eburones. Utrique, absente Cæsare, conjurationie facta, invenere legatos. Sed ille fortiter a Dolabella submotus est relatumque regis caput : hic, insidiis in valle dispositis, dolo percuit. Itaque et castra direpta sunt

lieutenants Cotta et Titurius Sabinus. On ne put pas même tirer une prompte vengeance de ce roi, qui s'enfuit et resta toujours caché au-delà du Rhin. Ce fleuve toutefois ne fut point à l'abri de nos armes ; il n'était pas juste qu'il pût impunément receler et protéger nos ennemis.

La première guerre de César contre les Germains fut fondée sur les plus justes motifs. Les Édues en effet se plaignaient de leurs incursions. Quel orgueil ne montra pas Arioviste lorsque invité par les députés à venir trouver César : — «Eh! quel est César? répondit-il ; qu'il vienne, s'il le veut, lui-même. Que lui importe, que lui fait notre Germanie? Me mêlé-je, moi, des affaires des Romains ? » Ces nouveaux ennemis répandirent dans le camp une telle terreur, que partout, même dans la tente des plus braves, on faisait son testament (22). Mais plus les corps énormes des Germains présentaient d'étendue, plus ils offraient de prise aux glaives et aux javelots. Quelle ne fut pas, dans cette bataille, l'ardeur de nos soldats! Rien ne peut mieux la faire comprendre que ce fait . les Barbares élevaient leur bouclier au-dessus de leur tête et formaient ainsi la tortue [1] ; les Romains s'élançaient sur cette voûte, et, de-là, leur plongeaient l'épée dans la gorge [2].

Les Tenctères se plaignirent aussi des Germains. César résolut alors de passer la Moselle, et même le Rhin, sur un pont de bateaux. Il chercha l'ennemi dans la forêt d'Hercynie ; mais toute la nation s'était dispersée dans les bois et dans les marais : tant la puisssance romaine avait subitement jeté l'épouvante sur la rive du fleuve !

César avait passé le Rhin une fois ; il le traversa une seconde sur un pont qu'il y fit construire. Mais l'effroi fut plus grand encore. A la vue de ce pont, qui était comme un joug imposé à leur fleuve captif, les Germains s'enfuirent de nouveau dans les forêts et les marécages ; et ce qui causa le plus vif regret à César, c'est qu'il ne trouva pas d'ennemis à vaincre.

Maître de tout sur terre et sur mer, il jeta ses yeux sur l'Océan ; et, comme si le monde conquis n'eût pas suffi aux Romains, il en convoita un autre. Ayant donc équipé une flotte, il passa dans la Bretagne. Il traversa la mer avec une étonnante célérité : sorti du port des Morins à la troisième veille de la nuit, il aborda dans l'île avant le milieu du jour. Son arrivée causa sur le rivage ennemi un tumulte général, et les insulaires, épouvantés par un spectacle si nouveau, faisaient voler leur chars de tous côtés [1]. Cet effroi nous tint lieu d'une victoire. César reçut des Bretons tremblants leurs armes et des otages ; et il eût pénétré plus avant, si l'Océan n'eût châtié, par un naufrage, sa flotte téméraire.

Alors il revint en Gaule, accrut sa flotte, augmenta ses troupes, affronta de nouveau ce même Océan, et ces mêmes Bretons, les poursuivit dans les forêts de la Calidonie, et donna des fers à un des rois vassaux de Cavelian. Content de ce succès (car ce n'était pas la conquête d'une province, mais la gloire qu'il ambitionnait), il repassa la mer avec un plus riche butin que la première

[1] V. de Bell Gall. l. 1, c. 25 et la note 14 du 1er livre des commentaires sur la guerre des Gaules, p. 333. — [2] De Bell. Gall. l. 1, c. 52

[1] Cæs. de Bell. Gall. l. 4, c. 15-16.

---

et aurum ablatum. Cottam cum Titurio Sabino legatos ibi amisimus. Nec ulla de rege mox ultio, quippe perpetua trans Rhenum fuga latuit. Nec Rhenus ergo immunis, nec enim fas erat, ut liber esset receptator hostium atque defensor.

Sed prima contra Germanos illius pugna, justissimis quidem ex caussis. Ædui enim de incursionibus eorum querebantur. Quæ Ariovisti superbia? Quum legati dicerent, « Veni ad Cæsarem : » « Quis est autem Cæsar ? » et, « Si vult, veniat, » inquit : et, « Quid ad illum, quid agat nostra Germania? num ego me interpono Romanis ? » Itaque tantus gentis novæ terror in castris, ut testamenta passim etiam in principiis scriberentur. Sed illa immania corpora, quo erant majora, eo magis gladiis ferroque patuerunt. Qui calor in præliando militum fuerit, nullo magis exprimi potest, quam quod, elatis super caput scutis quum se testudine babarus tegeret, super ipsa Romani scuta salierunt ; et inde in jugulos gladiis descendebant.

Iterum de Germano Tencteri querebantur. Hic vero jam Cæsar ultro Mosulam navali ponte transgreditur, ipsumque Rhenum ; et Hercyniis hostem quærit in silvis : sed in saltus et paludes genus omne diffugerat : tantum pavoris incussit intra ripam subito Romana vis!

Nec semel Rhenus, sed iterum quoque, et quidem ponte facto, penetratus est. Sed major aliquanto trepidatio : quippe quum Rhenum suum sic ponte, quasi jugo captum viderent, fuga rursus in silvas ac paludes ; et quod acerbissimum Cæsari fuit, non fuere qui vincerentur.

Omnibus terra marique captis, respexit Oceanum ; et quasi hic Romanis orbis non sufficeret, alterum cogitavit. Classe igitur comparata, Britanniam petit. Transit mira celeritate : quippe qui tertia vigilia Morino solvisset a portu, minus quam medio die insulam ingressus est. Plena erant tumultu hostico litora, et trepidantia ad conspectum rei novæ carpenta volitabant. Itaque trepidatio pro victoria fuit. Arma et obsides accepit a trepidis, et ulterius iisset, nisi improbam classem naufragio castigasset Oceanus.

Reversus igitur in Galliam, classe majore, auctisque copiis, in eumdem rursus Oceanum, eosdemque rursus Britannos, Calidonias secutus in silvas, unum quoque e regibus Cavelianis in vincula dedit. Contentus bis (non enim provinciæ, sed nomini studebatur), cum majore,

fois. L'Océan lui-même, plus tranquille et plus propice, semblait s'avouer vaincu.

Mais la plus formidable, et en même temps la dernière ligue des Gaulois, fut celle où l'on vit entrer à la fois les Arvernes et les Bituriges, les Carnutes et les Séquanes. Ils y furent entraînés par un homme dont la stature, les armes et la valeur répandaient l'épouvante, et dont le nom même avait quelque chose de terrible; c'était Vercingentorix. Dans les jours de fêtes et dans les conciliabules, pour lesquels les Gaulois se réunissaient en foule dans les bois sacrés, il les excitait par des discours pleins d'audace à reconquérir leur légitime et ancienne liberté. César était alors absent, et faisait des levées à Ravenne. L'hiver avait accru la hauteur des Alpes et les Barbares pensaient que le passage nous en était fermé. Mais, à la première nouvelle de ces mouvements, César, toujours heureux dans sa témérité, franchit des montagnes jusqu'alors inaccessibles, des routes et des neiges que nul n'avait foulées, et pénètre tout à coup dans la Gaule avec quelques troupes armées à la légère. Il rassemble ses légions distribuées dans des quartiers d'hiver éloignés, et se montre au milieu de la Gaule avant qu'on le crût sur les frontières. Alors il attaque les villes mêmes qui avaient suscité la guerre; et Avaricum succombe avec ses quarante mille défenseurs. Alexia, malgré les efforts de deux cent cinquante mille Gaulois, est détruite de fond en comble. C'est surtout sur Gergovie des Arvernes que tombe tout le poids de la guerre. Elle était défendue par quatre-vingt mille combattants, par ses murailles, sa forteresse et ses rochers escarpés. César entoure cette grande ville d'un fossé, dans lequel il détourne la rivière qui l'arrose, d'un long retranchement bien palissadé et flanqué de dix-huit tours, et il commence par l'affamer. L'ennemi ose cependant tenter des sorties, mais il trouve la mort dans la tranchée sous les glaives et les pieux de nos soldats; enfin ils sont forcés de se rendre. Leur roi lui-même, le plus bel ornement de la victoire, vient en suppliant dans le camp romain; il jette a ers aux pieds de César les harnais de son cheval et ses armes : « C'en est fait, lui dit-il; ton courage est supérieur au mien; tu as vaincu. »

XII. — *Guerre des Parthes.* — (An de R. 699.)
— Tandis que, par les armes de César, le peuple romain soumet les Gaulois au septentrion, il reçoit, dans l'Orient, une cruelle blessure de la main des Parthes. Nous ne pouvons toutefois nous plaindre de la fortune; cette consolation manque à notre malheur. La cupidité du consul Crassus, qui, malgré les dieux et les hommes, voulait s'assouvir de l'or des Parthes, fut punie par le massacre de douze légions et par la perte de sa propre vie. Le tribun du peuple Métellus, au moment où ce général partait, l'avait dévoué aux divinités infernales (25). Lorsque l'armée traversait Zeugma [1], ses enseignes, emportées par un tourbillon subit, furent englouties dans l'Euphrate. Crassus campait à Nicéphorium [2], quand des ambassadeurs envoyés par le roi Orodes, vinrent lui rappeler « les traités conclus avec Pompée et Sylla. » Affamé des trésors de ce prince, il ne daigna pas même imaginer un prétexte pour colorer son in-

[1] Ville de Syrie, près de l'Euphrate. — [2] Ville de Mésopotamie, située sur la rive orientale de l'Euphrate.

quam prius, præda revectus est; ipso quoque Oceano tranquillo magis, et propitio, quasi imparem se fateretur.

Sed maxima omnium, eademque novissima conjuratio fuit Galliarum, quum omnes pariter Arvernos atque Biturigas, Carnutas simul Sequanosque contraxit ille, corpore, armis spirituque terribilis, nomine etiam quasi terrore composito, Vercingentorix. Ille festis diebus, et conciliabulis, quum frequentissimos in lucis haberet, ferocibus dictis ad jus pristinum libertatis erexit. Aberat tunc Cæsar, Ravennæ delectum agens, et hieme creverant Alpes : sic interclusum putabant iter. Sed ille, qualis erat ad nuntium, (rem felicissimæ temeritatis!), per invios ad id tempus montium tumulos, per intactas nives et nives, expedita manu emersus occupat Galliam, et ex distantibus hibernis castra contraxit; et ante in media Gallia fuit, quam ab ultima timeretur. Tum ipsa capita belli aggressus urbes, Avaricum cum quadraginta millibus propugnantium sustulit; Alexiam ducentorum quinquaginta millium juventute subnixam flammis adæquavit. Circa Gergoviam Arvernorum tota belli moles fuit : quippe quum octoginta millia muro, et arce, et abruptis defenderent, maximam civitatem vallo, sudibus, et fossa, inductoque fossæ flumine, ad hoc decem et octo castellis, ingentique lorica circumdatam, primum fame domuit; mox audentem eruptiones, in vallo gladiis sudibusque concidit; novissime in deditionem redegit. Ipse ille rex, maximum victoriæ decus, supplex quum in castra venisset, tum et phaleras et sua arma ante Cæsaris genua projecit : « Habes, inquit, fortem virum, vir fortissime, vicisti. »

XII. — *Bellum Parthicum.* — Dum Gallos per Cæsarem in Septentrione debellat, interim ad Orientem grave vulnus a Parthis populus Romanus accepit. Nec de fortuna queri possumus : caret solatio clades. Adversis et diis et hominibus, cupiditas consulis Crassi, dum Parthico inhiat auro, undecim strage legionum, et ipsius capite multata est. Et tribunus plebis Metellus exeuntem ducem hostilibus diris devoverat : et quum Zeugma transisset exercitus, rapta subitis signa turbinibus hausit Euphrates; et quum apud Nicephorium castra posuisset, missi ab Orode rege legati denuntiavere, « percussorum cum Pompeio fœderum Syllaque meminisset. » Regis inhians ille thesauris, nihil, ne imaginario quidem jure, sed « Seleuciæ se responsurum esse, » respondit. Itaque

justice, et dit seulement « qu'il répondrait dans Séleucie [1]. » Aussi les dieux vengeurs de la foi des traités, favorisèrent les ruses et la valeur des ennemis.

D'abord Crassus s'éloigna de l'Euphrate, qui pouvait seul transporter les convois et couvrir ses derrières. Il se confia ensuite à un Syrien, Mazara, prétendu transfuge, qui, servant de guide à l'armée, l'égara au milieu de vastes plaines, où elle se trouva exposée, sur tous les points, aux attaques de l'ennemi. A peine Crassus fut-il arrivé à Carres, que l'on vit les préfets du roi, Sillace et Suréna (24), agiter de toutes parts leurs drapeaux étincelants d'or et de soie. Leur cavalerie nous enveloppa aussitôt de tous côtés, et fit pleuvoir sur nous une grêle de traits. Telle fut la déplorable catastrophe qui détruisit notre armée. Le général lui-même, attiré à une conférence, serait, à un signal donné, tombé vivant entre les mains des ennemis, si la résistance des tribuns n'eût obligé les Barbares à le tuer pour prévenir sa fuite. Mais ils emportèrent sa tête qui leur servit de jouet. Déjà ils avaient fait périr à coups de flèches le fils de Crassus, presque sous les yeux de son père. Les débris de cette malheureuse armée, fuyant au hasard, se dispersèrent dans l'Arménie, la Cilicie et la Syrie; et à peine revint-il un soldat pour annoncer ce désastre. La main droite de Crassus et sa tête, séparée du tronc, furent présentées au roi, qui en fit un objet d'ironie trop méritée. On versa en effet de l'or fondu dans sa bouche, afin que l'or consumât même les restes inanimés et insensibles de l'homme dont le cœur avait brûlé de la soif de l'or.

XIII. — *Récapitulation.* — C'est là le troisième âge du peuple romain, âge qu'il passa au-delà des mers, et pendant lequel, osant sortir de l'Italie, il porta ses armes dans le monde entier. Les cent premières années de cet âge furent une époque de justice, de piété, et, comme nous l'avons dit, un siècle d'or, que ne souillèrent ni la corruption ni le crime. Alors l'innocence et la simplicité de la vie pastorale étaient encore en honneur; alors la crainte perpétuelle qu'inspiraient les Carthaginois nos ennemis entretenait les mœurs antiques. Les cent dernières années qui s'écoulèrent depuis la ruine de Carthage, de Corinthe et de Numance, et la succession d'Attale, roi d'Asie, jusqu'au temps de César, de Pompée et d'Auguste, postérieur à eux, et dont nous parlerons, présentent un tableau magnifique d'exploits brillants, mais aussi de malheurs domestiques dont il faut gémir et rougir. Sans doute la Gaule, la Thrace, la Cilicie, la Cappadoce, ces provinces si fertiles et si puissantes, et enfin l'Arménie et la Bretagne, furent des conquêtes, sinon utiles, du moins belles, brillantes, glorieuses pour l'empire, par les grands noms qu'elles rappellent; mais ce fut aussi le temps de nos guerres domestiques et civiles, des guerres contre les alliés, contre les esclaves, des gladiateurs, des sanglantes dissensions du sénat; époque honteuse et déplorable.

Je ne sais s'il n'eût pas été plus avantageux au peuple romain de se contenter de la Sicile et de l'Afrique, ou, sans même avoir conquis ces pro-

[1] Ville située au confluent de l'Euphrate et du Tigre.

---

dii fœderum ultores, nec insidiis, nec virtuti hostium defuerunt.

Jam primum, qui solus et subvehere commeatus, et munire poterat a tergo, relictus Euphrates. Tum simulato transfugæ cuidam Mazaræ Syro creditur, dum in mediam camporum vastitatem, eodem duce, ductus exercitus, ut undique hosti exponeretur. Itaque vixdum venerat Carras, quum undique præfecti regis, Sillaces et Surenas, ostendere signa auro sericisque vexillis vibrantia. Tum sine mora circumfusi uudique equitatus, in modum grandinis atque nimborum densa pariter tela fuderunt. Sic miserabili strage deletus exercitus. Ipse in colloquium sollicitatus, signo dato, vivus in hostium manus incidisset, nisi, tribunis reluctantibus, fugam ducis barbari ferro occupassent. Sic quoque relatum caput ludibrio hosti fuit. Filium ducis pæne in conspectu patris eisdem telis operuere. Reliquiæ infelicis exercitus, quo quemque rapuit fuga, in Armeniam, Ciliciam, Syriamque distractæ, vix nuntium cladis retulerunt. Caput ejus recisum, cum dextera manu, ad regem deportatum ludibrio fuit, neque indigno. Aurum enim liquidum in rictum oris infusum est; ut cujus animus arserat auri cupiditate, ejus etiam mortuum et exsangue corpus auro areretur.

XIII. — *Anacephalæosis.* — Hæc est illa tertia ætas populi Romani transmarina, qua, Italia progredi ausus, orbe toto arma circumtulit. Cujus ætatis superioris centum anni sancti, pii, et, ut diximus, aurei, sine flagitio, sine scelere, dum sincera adhuc et innoxia pastoriæ illius sectæ integritas; dumque Pœnorum hostium imminens metus disciplinam veterem continebat. Postremi centum, quos a Carthaginis, Corinthi, Numantiæque excidiis, et Attali regis Asiaticæ hereditate deduximus in Cæsarem et Pompeium, secutumque hos, de quo dicemus, Augustum ut claritate rerum bellicarum magnifici, ita domesticis cladibus miseri et erubescendi. Quippe sicut Galliam, Thraciam, Ciliciam, Cappadociam, uberrimas validissimasque provincias, Armenios etiam, et Britannos, ut non in usum, ita ad imperii speciem, magna nomina acquisisse, pulchrum atque decorum; ita eodem tempore dimicasse domi cum civibus, sociis, mancipiis, gladiatoribus, totoque inter se senatu, turpe atque miscerandum.

Ac nescio, an satius fuerit populo Romano, Sicilia et Africa contento fuisse, aut his etiam ipsis carere, dominanti in Italia sua, quam eo magnitudinis crescere, ut viribus suis conficeretur. Quæ enim res alia furores civiles peperit, quam nimia felicitas? Syria prima nos vicia

vinces, de se borner à la domination de l'Italie, que de s'élever à ce point de grandeur où il devait succomber sous ses propres forces. Quelle autre cause, en effet, enfanta nos fureurs civiles que l'excès de la prospérité? La Syrie vaincue nous corrompit la première, et, après elle, cet héritage légué en Asie par le roi de Pergame. Cette opulence et ces richesses portèrent un coup mortel aux mœurs de ce siècle et précipitèrent la république comme dans un gouffre impur creusé par ses vices. Le peuple romain eût-il demandé aux tribuns des terres et des vivres, s'il n'y eût été réduit par la famine que le luxe avait produite? De là les deux séditions des Gracches, et celle d'Apuléius. Les chevaliers se seraient-ils séparés du sénat, pour régner par le pouvoir judiciaire, si leur avarice ne se fût proposé de trafiquer des revenus de la république et de la justice même(25)? De là encore la promesse du droit de cité faite aux Latins, et qui arma nos alliés contre nous. Quelle fut la cause de la guerre servile, si ce n'est la multitude des esclaves? Des armées de gladiateurs se seraient-elles levées contre leurs maîtres, si, pour se concilier la faveur d'un peuple idolâtre de spectacles, une prodigalité sans frein n'eût fait un art de ce qui servait autrefois au supplice des ennemis. Enfin, pour en venir à des vices plus brillants, ces mêmes richesses n'ont-elles pas donné naissance à l'ambition des honneurs, source des orages suscités par Marius et par Sylla? Et ce magnifique appareil de festins, ces somptueuses largesses, qui les rendit possibles si ce n'est l'opulence, d'où devait naître bientôt la pauvreté, qui déchaîna Catilina contre sa patrie? Enfin, cette passion pour l'empire et pour la domination, d'où vint-elle, si ce n'est de l'excès de nos richesses? Voilà ce qui arma César et Pompée de ces torches infernales qui embrasèrent la république.

Nous allons exposer dans leur ordre toutes ces agitations domestiques du peuple romain, séparées des guerres étrangères et légitimes.

XIV. — *Séditions excitées par les tribuns.* — Toutes les séditions ont eu pour cause et pour principe la puissance des tribuns. Sous prétexte de protéger le peuple, dont la défense leur était confiée, ils n'aspiraient en réalité qu'à la domination, et captaient l'affection et la faveur de la multitude par des lois sur le partage des terres, la distribution des grains, et l'administration de la justice. Elles avaient toutes une apparence d'équité. N'était-il pas juste, en effet, que les plébéiens rentrassent en possession de leurs droits usurpés par les patriciens? qu'un peuple, vainqueur des nations et maître de l'univers, ne fût pas exproprié de ses autels et de ses foyers? Quoi de plus équitable que ce peuple, devenu pauvre, vécût du revenu de son trésor? Qu'y avait-il de plus propre à établir l'égalité, si nécessaire à la liberté, que de balancer l'autorité du sénat, administrateur des provinces, par celle de l'ordre équestre, en lui déférant au moins le droit de juger sans appel? Mais ces réformes eurent de pernicieux résultats ; et la malheureuse république devait devenir le prix de sa propre ruine. En effet, le pouvoir de juger, transporté des sénateurs aux chevaliers, anéantissait les tributs, c'est-à-dire le patrimoine de l'empire ; et l'achat du grain épuisait le trésor, ce nerf de la république. Pouvait-on enfin rétablir le peuple dans ses terres sans

---

corrupit : mox Asiatica Pergameni regis hereditas. Illæ opes atque divitiæ afflixere sæculi mores ; mersamque vitiis suis, quasi sentina, rempublicam pessumdedere. Unde enim populus Romanus a tribunis agros et cibaria flagitaret, nisi per famem, quam luxu fecerat? Hinc ergo Gracchana et prima et secunda, et illa tertia Apuleiana seditio. Unde regnaret judiciariis legibus divulsus a senatu eques, nisi ex avaritia, ut vectigalia reipublicæ, atque ipsa judicia in quæstu haberentur? Hinc rursus et promissa civitas Latio, et per hoc arma sociorum. Quid autem bella servilia? unde nobis, nisi ex abundantia familiarum? unde gladiatorii adversus dominos suos exercitus, nisi ad conciliandum plebis favorem effusa largitio, quum spectaculis indulget, supplicia quondam hostium artem facit? Jam ut speciosiora vitia tangamus, nonne ambitus honorum ab iisdem divitiis incitatus? Atqui inde Mariana, inde Syllana tempestas. Aut magnificus apparatus conviviorum, et sumtuosa largitio, nonne ab opulentia paritura mox egestatem? Hæc Catilinam patriæ suæ impegit. Denique illa ipsa principatus et dominandi cupido, unde, nisi ex nimiis opibus, venit? Atqui hæc Cæsarem atque Pompeium furialibus in exitium reipublicæ fascibus armavit.

Hos igitur populi Romani omnes domesticos motus, separatos ab externis justisque bellis, ex ordine prosequemur.

XIV. — *Caussa seditionum tribunitia potestas.* — Seditionum omnium caussas tribunitia potestas excitavit, quæ, specie quidem plebis tuendæ, cujus in auxilium comparata est, re autem, dominationem sibi acquirens, studio populi ac favorem agrariis, frumentariis, judiciariis legibus aucupabatur. Inerat omnibus species æquitatis. Quid enim tam justum, quam recipere plebem jus suum a patribus? ne populus gentium victor, orbisque possessor, extorris laris ac focis ageret. Quid tam æquum, quam inopem populum vivere ex ærario suo? Quid ad jus libertatis æquandæ magis efficax, quam ut, senatu regente provincias, ordinis equestris auctoritas saltem judiciorum regno niteretur? Sed hæc ipsa in perniciem redibant ; et misera respublica in exitium suum sui merces erat : nam et a senatu in equitem translata judiciorum potestas vectigalia, id est, imperii patrimonium, su-

ruiner les possesseurs, qui étaient eux-mêmes une partie du peuple? Comme d'ailleurs ces domaines leur avaient été laissés par leurs ancêtres, le temps leur donnait à cette possession une sorte de droit héréditaire

XV.—*Sédition de Gibérius Gracchus.* — (An de R. 620.)—Le premier qui alluma le flambeau de nos discordes fut Tibérius Gracchus, que sa naissance, sa figure, son éloquence plaçaient à la tête de la république. Soit que la crainte de partager le châtiment infligé à Mancinus, dont il avait garanti le traité, l'eût jeté dans le parti populaire ; soit que, guidé par la justice et par l'humanité, il eût gémi de voir les plébéiens chassés de leurs terres, et le peuple vainqueur des nations et possesseur du monde banni de ses demeures et de ses foyers, il osa, quel que fût son motif, s'engager dans l'entreprise la plus difficile. Le jour de la présentation de sa loi, escorté d'une multitude immense, il monta à la tribune aux harangues. Toute la noblesse, s'étant avancée en un corps, se trouvait à cette assemblée; elle avait même des tribuns dans son parti. Voyant Cnæus Octavius s'opposer à ses lois, Gracchus, sans respect pour un collègue et pour le droit de sa charge, le fait saisir et arracher de la tribune, le menace de le faire mourir sur-le-champ, et le force, par la terreur, d'abdiquer sa magistrature. Gracchus est, par ce moyen, créé triumvir pour la répartition des terres. Pour consommer ses entreprises, il veut, au jour des comices, se faire proroger dans le tribunat; les nobles et ceux qu'il avait dépossédés de leurs terres, s'avancent en armes, et le sang coule d'abord dans le Forum. Gracchus se réfugie sur le Capitole, et, voyant sa vie en danger, il porte la main à sa tête pour exhorter le peuple à le défendre, et laisse présumer ainsi qu'il demande la royauté et le diadème. Scipion Nasica soulève alors la multitude armée, et le fait périr avec quelque apparence de justice

XVI. — *Sédition de Caius Gracchus.* — (An de Rome 629-632.) — Caius Gracchus entreprit aussitôt de venger la mort et les lois de son frère, et ne montra pas moins d'ardeur et d'impétuosité que lui. Il eut pareillement recours au désordre et à la terreur pour exciter les plébéiens à reprendre l'héritage de leurs ancêtres ; en outre, il promit au peuple, pour sa subsistance, la succession récente d'Attale. Bientôt son orgueil et sa puissance furent au comble, grâce à un second consulat et à la faveur populaire. Le tribun Minucius ose s'opposer à ses lois. Gracchus, soutenu par ses partisans, s'empare du Capitole, lieu fatal à sa famille. Il en est chassé par le massacre de ceux qui l'entourent, et se réfugie sur le mont Aventin, où il est poursuivi par le parti du sénat, et tué par l'ordre du consul Opimius. On insulta jusqu'à ses restes inanimés; et la tête inviolable et sacrée d'un tribun du peuple fut payée au poids de l'or à ses meurtriers.

XVII. — *Sédition d'Apuléius Saturninus.* — (An de Rome 650-655.) — Apuléius Saturninus n'en soutint pas avec moins d'opiniâtreté les lois des Gracches, tant l'appui de Marius lui donnait d'assurance ! Éternel ennemi de la noblesse, ce tribun, enhardi d'ailleurs par un consulat qu'il regardait comme le sien, fit assassiner publiquement, dans les comices, Annius, son compétiteur

---

primebat ; et emtio frumenti, ipsos reipublicæ nervos, exhauriebat ærarium. Reduci plebs in agros unde poterat sine possidentium eversione, qui ipsi pars populi erant? et tamen relictas sibi a majoribus sedes ætate, quasi jure hereditario, possidebat.

XV. — *Seditio Tiberii Gracchi.* — Primam certaminum facem Tiberius Gracchus accendit, genere, forma, eloquentia, facile princeps. Sed hic, sive Mancinianæ deditionis, quia sponsor fœderis fuerat, contagium timens, et inde popularis; sive æquo et bono ductus, quia depulsam agris suis plebem miseratus est, ne populus gentium victor, orbisque possessor, laribus ac focis suis exsularet, quacumque mente, rem ausus ingentem. Postquam rogationis dies aderat, ingenti stipatus agmine rostra conscendit : nec deerat obvia manu tota inde nobilitas, et tribuni in partibus. Sed ubi intercedentem legibus suis Cnæum Octavium videt Gracchus, contra fas collegii, jus potestatis, injecta manu, depulit rostris ; adeoque præsens metu mortis exterruit, ut abdicare se magistratu cogeretur : sic triumvir creatus dividendis agris. Quum ad perpetranda cœpta, die comitiorum, prorogari sibi vellet imperium, obvia nobilium manu, eorumque, quos agris moverat, cædes a foro cœpit. Inde quum in Capitolum profugisset, plebemque ad defensionem salutis suæ, manu caput tangens, hortaretur, præbuit speciem regnum sibi et diadema poscentis ; atque ita, duce Scipione Nasica, concitato in arma populo, quasi jure oppressus est.

XVI. *Seditio Caii Gracchi.* — Statim et mortis et legum fratris sui vindex, non minore impetu incaluit Caius Gracchus. Qui quum pari tumultu atque terrore plebem in avitos agros arcesseret, et recentem Attali hereditatem in alimenta populo polliceretur, jamque nimius et potens altero tribunatu, secunda plebe volitaret, obrogare auso legibus suis Minucio tribuno, fretus comitum, fatale familiæ suæ Capitolium invasit. Inde proximorum cæde depulsus, quum se in Aventinum recepisset, inde quoque obvia senatus manu, ab Opimio consule oppressus est. Insultatum quoque mortis reliquiis; et illud sacrosanctum caput tribuni plebis percussoribus auro pensatum est.

XVII. — *Seditio Apuleiana.* — Nihilominus Apulcius Saturninus Gracchanas asserere leges non destitit : tantum animorum viro Marius dabat ! qui nobilitati semper inimicus, consulatu suo præterea confisus, occiso palam comitiis Annio, competitore tribunatus, subrogare co-

au tribunat, et s'efforça de lui subroger Caius Gracchus, homme sans naissance et sans nom, qui, sous un titre supposé, se plaçait lui-même dans cette famille. Fier de voir impunis les outrages qu'il s'était fait un jeu de prodiguer à la république, Saturninus travailla si ardemment à faire recevoir les lois des Gracches qu'il força même les sénateurs à en jurer l'observation; il menaçait d'interdire l'eau et le feu à ceux qui refuseraient ce serment. Un seul cependant se trouva, qui préféra l'exil. Le bannissement de Métellus avait consterné toute la noblesse, et le tribun, qui dominait déjà depuis trois ans, alla, dans l'excès de son délire, jusqu'à troubler les comices consulaires par un nouveau meurtre. Pour élever au consulat Glaucias, le satellite que s'était donné sa fureur, il fit assassiner Caius Memmius son compétiteur; et il apprit avec joie que, dans le tumulte, ses satellites l'avaient lui-même appelé roi. Mais alors le sénat conspira sa perte, et aussitôt le consul Marius lui-même, ne pouvant plus le soutenir, se déclara contre lui. On en vint aux mains dans le Forum. Saturninus en fut chassé, et courut se saisir du Capitole. Mais, voyant qu'on l'y assiégeait et que l'on avait coupé les conduits qui y portaient de l'eau, il envoya témoigner au sénat son repentir, descendit de la citadelle avec les chefs de sa faction, et fut reçu dans cette assemblée. Le peuple, y ayant fait une irruption, accabla le tribun de coups de bâton et de pierres, et mutila son cadavre.

XVIII. — *Sédition de Drusus.* — (An de R. 662.) — Enfin, Livius Drusus entreprit d'assurer le triomphe de ces mêmes lois, non-seulement par la puissance tribunitienne, mais encore par l'autorité du sénat lui-même, et par l'assentiment de toute l'Italie. S'élevant d'une prétention à une autre, il alluma un si furieux incendie qu'on ne put en arrêter les premières flammes; et, frappé d'une mort soudaine, il légua à ceux qui lui survivaient la guerre en héritage.

Par la loi sur les jugements, les Gracches avaient mis la division dans Rome, et donné deux têtes à l'état. Les chevaliers romains s'étaient élevés à une telle puissance, qu'ayant entre leurs mains la destinée et la fortune des principaux citoyens, ils détournaient les deniers publics, et pillaient impunément la république. Le sénat, affaibli par l'exil de Métellus, par la condamnation de Rutilius, avait perdu tout l'éclat de sa majesté.

Dans cet état de choses, deux hommes égaux en richesses, en courage, en dignité (et cette égalité même avait allumé la jalousie de Livius Drusus), se déclaraient l'un, Servilius Cæpion (26), pour l'ordre des chevaliers; l'autre, Livius Drusus, pour le sénat. Les enseignes, les aigles, les drapeaux étaient déployés de part et d'autre, et les citoyens formaient ainsi comme deux camps ennemis dans la même ville. Cæpion, engageant la lutte contre le sénat, accusa de brigue Scaurus et Philippe, chefs de la noblesse. Drusus, pour résister à ces attaques, appela le peuple dans son parti, en renouvelant les lois des Gracches, et attira les alliés dans celui du peuple, par l'espoir du droit de cité. On rapporte de lui cette parole: « Qu'il n'avait laissé aucune autre répartition à faire que celle de la boue ou de l'air (27). » Le jour de la promulgation de ces lois étant arrivé,

---

natus est in ejus locum Caium Gracchum, hominem sine tribu, sine nomine; sed subdito titulo, in familiam ipse se adoptabat. Quum tot tantisque ludibriis exsultaret impune, rogandis Gracchorum legibus ita vehementer incubuit, ut senatum quoque cogeret in verba jurare, quum abnuentibus aqua et igni interdicturum se minaretur. Unus tamen exstitit, qui mallet exsilium. Igitur, post Metelli fugam, omni nobilitate perculsa, quum jam tertium annum dominaretur, eo vesaniæ progressus est, ut consularia quoque comitia nova cæde turbaret. Quippe ut satellitem furoris sui Glauciam consulem faceret, Caium Memmium competitorem interfici jussit, et in eo tumultu regem ex satellitibus suis se appellatum lætus accepit. Tum vero jam conspiratione senatus, ipso quoque jam Mario consule, quia tueri non poterat, adverso, directæ in foro acies. Expulsus inde, Capitolium invasit; sed quum abruptis fistulis obsideretur, senatuique per legatos pœnitentiæ fidem faceret, ab arce degressus in, ducibus factionis receptus in curiam est. Ibi eum, facta irruptione, populus fustibus saxisque coopertum in ipsa quoque morte laceravit.

XVIII. — *Drusiana Seditio.* — Postremo Livius Drusus, non tribunatus modo viribus, sed ipsius etiam senatus auctoritate, totiusque Italiæ consensu, easdem leges asserere conatus, dum aliud captat ex alio, tantum conflavit incendium, ut nec prima illius flamma posset sustineri; et subita morte correptus, hereditarium in posteros suos bellum propagaret.

Judiciaria lege Gracchi diviserant populum Romanum, et bicipitem ex una fecerant civitatem. Equites Romani tanta potestate subnixi, ut qui fata fortunasque principum haberent in manu, interceptis vectigalibus, peculabantur suo jure rempublicam. Senatus exsilio Metelli, damnatione Rutilii debilitatus, omne decus majestatis amiserat.

In hoc statu rerum, pares opibus, animis, dignitate (unde et nata Livio Druso æmulatio exarserat) equitem Servilius Cæpio, senatum Livius Drusus asserere. Signa, et aquilæ, et vexilla aderant : cæterum sic urbe in una, quasi in binis castris, dissidebatur. Prior Cæpio in senatum impetu facto, reos ambitus Scaurum et Philippum principes nobilitatis, elegit. His motibus ut resisteret Drusus, plebem ad se Gracchanis legibus evocavit, eisdem socios ad plebem spe civitatis erexit. Exstat vox ip-

on vit tout à coup paraître de toutes parts une telle multitude d'étrangers, que la ville semblait prise d'assaut par une armée ennemie. Le consul Philippe osa cependant proposer une loi contraire; mais un huissier (28) du tribun le saisit à la gorge, et ne le lâcha qu'après lui avoir fait sortir le sang par la bouche et par les yeux. Grâce à ces violences, les lois furent proposées et confirmées. Mais les alliés réclamèrent sur-le-champ le prix de leurs secours. Tandis que, dans son impuissance à les satisfaire, Drusus gémissait de ses téméraires innovations, la mort vint à propos le tirer de cette position embarrassante. Les alliés en armes n'en demandèrent pas moins au peuple romain l'exécution des promesses de Drusus.

XIX. — *Guerre sociale.* — (An de R. 662-665.) — On peut nommer sociale la guerre des alliés, pour en pallier l'horreur; si cependant nous voulons être sincères, ce fut une guerre civile. En effet, le peuple romain étant un mélange d'Étrusques, de Latins et de Sabins, et tenant par le sang à tous ces peuples, formait un seul corps de ces différents membres, un seul tout de ces diverses parties; et la rébellion des alliés dans l'Italie n'était pas un crime moins grand que celle des citoyens dans Rome.

Ces peuples demandaient avec raison le droit de cité dans une ville qui devait ses accroissements à leurs forces; ils voulaient qu'on réalisât l'espoir que Drusus leur avait donné dans ses vues de domination. Dès que ce tribun eût péri par un crime domestique, les feux mêmes du bûcher qui le consuma enflammèrent les alliés, qui, volant aux armes, se préparèrent à assiéger Rome. Quoi de plus triste que cette guerre? Quoi de plus malheureux? Tout le Latium, le Picentin, l'Étrurie entière, la Campanie, l'Italie enfin, se soulèvent contre une ville, leur mère et leur nourrice. On vit nos alliés les plus braves et les plus fidèles la menacer de toutes leurs forces, et se ranger chacun sous ses enseignes, guidés par ces prodiges qu'ont produits les villes municipales (29); les Marses, par Popédius; les Latins, par Afranius; les Umbriens, par un sénat et des consuls qu'ils avaient élus; les Samnites et les Lucaniens, par Télésinus. Aussi, le peuple, arbitre des rois et des nations, ne pouvant se gouverner lui-même, on vit Rome, victorieuse de l'Asie et de l'Europe, avoir Corfinum pour rivale!

Le premier projet de cette guerre fut formé sur le mont Albain; les alliés y arrêtèrent d'assassiner, le jour des féries latines, au milieu des sacrifices et aux pieds des autels, les consuls Julius César et Marcius Philippus. Le secret de cet horrible complot ayant été trahi, toute la fureur des conjurés éclata dans Asculum, où, pendant la célébration des jeux, ils massacrèrent les magistrats romains qui y assistaient. Ce fut là le serment par lequel ils s'engagèrent dans cette guerre impie. Aussitôt Popédius, le chef et l'auteur de la révolte, court dans toutes les parties de l'Italie; et la trompette retentit de différents côtés, au milieu des peuples et des villes. Ni Annibal, ni Pyrrhus ne firent tant de ravages. Ocriculum et Grumentum [1] et Fésule, et Carséoli [2], Réate [3], et Nucéria [4], et Picentia, sont en même temps dévastées par le fer et par le

[1] Ville de Lucanie. — [2] Ville des Eques. — [3] Ville des Sabins. — [4] Ville de l'Ombrie.

---

sius, « Nihil se ad largitionem ulli reliquisse, nisi si quis aut cœn m dividere vellet, aut cælum. » Aderat promulgandi dies, quum subito tanta vis hominum undique apparuit, ut hostium adventu obsessa civitas videretur. Ausus tamen abrogare legibus consul Philippus : sed apprehensum faucibus viator non ante dimisit, quam sanguis in ora et oculos redundaret. Sic per vim latæ, jussæque leges : sed pretium rogationis statim socii flagitare : quum interim imparem Drusum, ægrumque rerum temere motarum, matura, ut in tali discrimine, mors abstulit. Nec ideo minus socii promissa Drusi a populo Romano reposcere armis desierunt

XIX.— *Bellum Sociale.*— Sociale bellum vocetur licet, at extenuemus invidiam : si verum tamen volumus, illud civile bellum fuit : quippe quum populus Romanus Etruscos, Latinos, Sabinosque miscuerit, et unum ex omnibus sanguinem ducat, corpus fecit ex membris, et ex omnibus unus est, nec minore flagitio socii intra Italiam, quam intra urbem cives, rebellabant.

Itaque, quum jus civitatis, quam viribus auxerant, socii justissime postularent, ad quam spem eos cupide dominationis Drusus erexerat; postquam ille domestico scelere oppressus est, eadem fax, quæ illum cremavit, socios in arma et oppugnationem Urbis accendit. Quid hac clade tristius? quid calamitosius? quum omne Latium, atque Picenum, Etruria omnis, atque Campania, postremo Italia, contra matrem ac parentem suam Urbem consurgerent; quum omne robur fortissimorum fidelissimorumque sociorum sub suis quisque signis haberent municipalia illa prodigia : Popedius Marsos, et Latinos Afranius; Umbros totus senatus et consules; Samnium Lucaniamque Telesinus : ut, quum regum et gentium arbiter populus ipsum se regere non posset, victrix Asiæ Europæque a Corfinio Roma peteretur!

Primum fuit belli in Albano monte consilium, ut festo die Latinarum Julius Cæsar et Marcius Philippus consules, inter sacra et aras, immolarentur. Postquam id nefas proditione discussum est, Asculo furor omnis erupit, in ipsa quidem ludorum frequentia trucidatis, qui tum aderant ab Urbe, legatis. Hoc fuit impii belli sacramentum. Inde jam passim ab omni parte Italiæ, duce et auctore belli discursante Popedio, diversa per populos et urbes signa cecinere. Nec Annibalis, nec Pyrrhi fuit tanta vastatio. Ecce Ocriculum, ecce Grumentum, ecce

feu. Les troupes de Rutilius, celles de Cæpion sont vaincues. Julius César, après avoir perdu son armée, est rapporté à Rome couvert de blessures; il expire, et laisse dans la ville les traces sanglantes de son passage. Mais la fortune du peuple romain, toujours grande, et plus grande encore dans l'adversité, rassemble toutes ses forces et se relève. On oppose une armée à chaque peuple. Caton dissipe les Étrusques; Gabinius, les Marses; Carbon, les Lucaniens; Sylla, les Samnites. Pompéius Strabon, portant de tous côtés le fer et la flamme, ne met fin à ses ravages qu'après avoir satisfait, par la destruction d'Asculum, aux mânes de tant de guerriers et de consuls, aux dieux de tant de villes saccagées.

XX. — *Guerre contre les esclaves.* — (An de Rome 615 - 652.) Si la guerre sociale fut un crime, au moins la fit-on à des hommes de naissance et de condition libres. Mais qui pourra voir sans indignation le peuple roi des nations combattre des esclaves? Vers les commencements de Rome, une première guerre servile avait été tentée dans cette ville même par Herdonius Sabinus. Profitant des séditions excitées par les tribuns, il se saisit du Capitole, qui fut repris par le consul. Mais cet événement fut plutôt un tumulte qu'une guerre. Qui eût cru que plus tard, et lorsque notre empire s'étendait dans les diverses contrées de la terre, une guerre contre les esclaves désolerait bien plus cruellement la Sicile que n'avait fait une guerre punique? Cette terre fertile, cette province était en quelque sorte un faubourg de l'Italie, où les citoyens romains possédaient de vastes domaines. La culture de leurs champs les obligeait à avoir de nombreux esclaves, et ces laboureurs à la chaîne devinrent les instruments de la guerre. Un Syrien, dont le nom était Eunus (la grandeur des désastres qu'il causa fait que nous nous en souvenons), feignant un enthousiasme prophétique, et jurant par la chevelure de la déesse des Syriens, appela les esclaves, comme par l'ordre des dieux, aux armes et à la liberté. Pour prouver qu'une divinité l'inspirait, cet homme, cachant dans sa bouche une noix remplie de souffre allumé, et poussant doucement son haleine, jetait des flammes en parlant. A la faveur de ce prodige, il fut d'abord suivi de deux mille hommes qui vinrent s'offrir à lui. Bientôt, les armes à la main, il brisa les portes des prisons, et se forma une armée de plus de soixante mille hommes; puis, mettant le comble à ses forfaits, il prit les insignes de la royauté, et porta le pillage et la dévastation dans les forteresses, les villes et les bourgs. Bien plus (et ce fut le dernier opprobre de cette guerre), il força les camps de nos préteurs; je ne rougirai point de les nommer; c'étaient ceux de Manilius, de Lentulus, de Pison, d'Hipsæus. Ainsi, des esclaves que la justice aurait dû arrêter dans leur fuite et ramener à leurs maîtres, poursuivaient euxmêmes des généraux prétoriens qu'ils voyaient fuir devant eux.

Enfin, Perperna, général envoyé contre eux, en tira vengeance. Après les avoir vaincus, et enfin assiégés dans Enna, où la famine, suivie de la peste, acheva de les réduire, il chargea de fers et de chaînes ce qui restait de ces brigands, et les punit du supplice de la croix. Il se con-

---

Fæsulæ, ecce Carseoli, Reate, Nuceria, et Picentia cædibus, ferro et igne vastantur. Fusæ Rutilii copiæ, fusæ Cæpionis : nam ipse Julius Cæsar, exercitu amisso, quum in Urbem cruentus referretur, miserabili funere mediam etiam Urbem perviam fecit. Sed magna populi Romani fortuna, et semper in malis major, totis denuo viribus insurrexit : aggressique singuli populos, Cato discutit Etruscos; Gabinius Marsos; Carbo Lucanos; Sylla Samnites. Strabo vero Pompeius, omnia flammis ferroque populatus, non prius finem cædium fecit, quam Asculi eversione, Manibus tot exercituum, consulum, direptarumque urbium diis litaretur.

XX. — *Bellum Servile.* — Utcumque, etsi cum sociis, nefas! cum liberis tamen et ingenuis, dimicatum est. Quis æquo animo ferat in principe gentium populo bella servorum? Primum Servile bellum inter initia Urbis, Herdonio Sabino duce, in ipsa Urbe tentatum est; quum, occupata tribunitiis seditionibus civitate, Capitolium obsessum est, et a consule captum : sed hic tumultus magis fuit, quam bellum. Mox, imperio per diversa terrarum occupato, quis crederet Siciliam multo cruentius servili, quam Punico bello esse vastatam?

Terra frugum ferax, et quodammodo suburbana provincia, latifundiis civium Romanorum tenebatur. Hic ad cultum agri frequentia ergastula, catenatique cultores, materiam bello præbuere. Syrus quidam nomine Eunus (magnitudo cladium facit, ut meminerimus), fanatico furore simulato, dum Syriæ deæ comas jactat, ad libertatem et arma servos, quasi numinum imperio, concitavit; idque ut divinitus fieri probaret, in ore abdita nuce, quam sulphure et igne stipaverat, leniter inspirans, flammam inter verba fundebat. Hoc miraculum primum duo millia ex obviis, mox jure belli refractis ergastulis, sexaginta amplius millium fecit exercitum; regiisque, ne quid malis deesset, decoratus insignibus, castella, oppida, vicos miserabili direptione vastavit. Quin illud quoque (ultimum belli dedecus!) capta sunt castra prætorum; nec nominare ipsos pudebit; castra Manilii, Lentuli, Pisonis, Hypsæi. Itaque qui per fugitivarios retrahi debuissent, prætorios duces, profugos prælio, ipsi sequebantur.

Tandem Perperna imperatore supplicium de iis sumtum est. Hic enim victos, et apud Ennam novissime obsessos, quum fame, ex qua pestilentia, consumsisset,

tenta de l'ovation, pour ne pas avilir la dignité du triomphe par l'inscription d'une victoire sur des esclaves.

La Sicile respirait à peine que les esclaves reprennent les armes, non plus sous un Syrien, mais sous un Cilicien. Le pâtre Athénion, après avoir assassiné son maître, délivre de prison ses compagnons d'esclavage, et les range sous ses enseignes. Revêtu d'une robe de pourpre, un sceptre d'argent à la main, et le front ceint du bandeau royal, il rassemble une armée non moins nombreuse que celle de son fanatique prédécesseur, et, comme pour le venger, il se livre à de bien plus cruelles violences, pille les hameaux, les forteresses et les villes, se montre impitoyable envers les maîtres, et surtout envers les esclaves qu'il traite comme des transfuges. Il battit aussi des armées prétoriennes ; il prit le camp de Servilius, il prit celui de Lucullus. Mais Aquilius, à l'exemple de Perperna, réduisit cet ennemi à l'extrémité en lui coupant les vivres, et détruisit sans peine, par la famine, des troupes que leurs armes eussent longtemps défendues. Elles se seraient rendues si la crainte des supplices ne leur eût fait préférer une mort volontaire. On ne put même infliger à leur chef aucun supplice, quoiqu'il fût tombé en notre pouvoir. Une foule de soldats s'efforçant de saisir cette proie, il fut, dans la lutte, déchiré entre leurs mains.

XXI. — *Guerre contre Spartacus.* — (An de Rome 680 - 682.) — Peut-être encore supporterait-on la honte d'avoir pris les armes contre des esclaves ; car, si la fortune les a exposés à tous les outrages, ils sont du moins comme une seconde espèce d'hommes que nous pouvons même associer aux avantages de notre liberté ! Mais quel nom donnerai-je à la guerre qu'alluma Spartacus ? je ne le sais. Car on vit des esclaves combattre, et des gladiateurs commander, les premiers, nés dans une condition infime, les seconds, condamnés à la pire de toutes : ces étranges ennemis ajoutèrent au désastre le ridicule.

Spartacus, Crixus, Ænomaus, gladiateurs de Lentulus, ayant forcé les portes de l'enceinte où ils s'exerçaient, s'échappèrent de Capoue avec trente au plus des compagnons de leur fortune, appelèrent les esclaves sous leurs drapeaux, et réunirent bientôt plus de dix mille hommes. Non contents d'avoir brisé leurs chaînes, ils aspiraient à la vengeance. Le Vésuve fut comme le premier sanctuaire où ils cherchèrent un asile. Là, se voyant assiégés par Clodius Glaber, ils se glissèrent, suspendus à des liens de sarments, le long des flancs caverneux de cette montagne, et descendirent jusqu'à sa base ; puis, s'avançant par des sentiers impraticables, ils s'emparèrent tout à coup du camp du général romain, qui était loin de s'attendre à une telle attaque. Un autre camp est encore enlevé par eux. Ils se répandent ensuite dans les environs de Cora, et dans toute la Campanie, ne se contentent pas de dévaster les maisons de campagne et les bourgs, et exercent d'effroyables ravages dans les villes de Nole et de Nucérie [1], de Thurium et de Métaponte [2].

Leurs forces grossissaient de jour en jour et formaient déjà une armée régulière. Ils se fabri-

[1] Dans la Campanie. — [2] Dans la Lucanie.

---

reliquias latronum compedibus, catenis religavit, crucibusque punivit ; fuitque de servis ovatione contentus, ne dignitatem triumphi servili inscriptione violaret.

Vixdum respiraverat insula, quum statim servi, et a Syro reditur ad Cilicem. Athenio pastor, interfecto domino, familiam ergastulo liberatam sub signis ordinat. Ipse veste purpurea, argentoque baculo, et regium in morem fronte redimita, non minorem, quam ille fanaticus prior, conflat exercitum ; acriusque multo, quasi et illum vindicaret, vicos, castella, oppida diripiens, in dominos, in servos infestius, quasi in transfugas, sæviebat. Ab hoc quoque prætorii exercitus cæsi, capta Servilii castra, capta Luculli. Sed Aquilius, Perpernæ usus exemplo, interclusum hostem commeatibus ad extrema compulit, communicasque copias armis fame facile delevit : dedidissentque se, nisi suppliciorum metu voluntariam mortem prætulissent. Ac ne de duce quidem supplicium exigi potuit, quamvis in manus venerit : quippe dum circa ad prehendendum eum multitudo contendit, inter rixantium manus præda lacerata est.

XXI. — *Bellum Spartacium.* — Enimvero servilium armorum dedecus feras : nam et ipsi per fortunam in omnia obnoxii, tamen quasi secundum hominum genus sunt, et in bona libertatis nostræ adoptamur. Bellum Spartaco duce concitatum, quo nomine appellem, nescio : quippe quum servi militaverint, gladiatores imperaverint, illi infimæ sortis homines, hi pessimæ, auxere ludibrio calamitatem.

Spartacus, Crixus, Œnomaus, effracto Lentuli ludo, cum triginta haud amplius ejusdem fortunæ viris eruperunt Capua ; servisque ad vexillum vocatis, quum statim decem amplius millia coissent hominum, non modo effugisse contenti, jam vindicari volebant. Prima velut ara viris mons Vesuvius placuit. Ibi quum obsiderentur a Clodio Glabro, per fauces cavi montis vitineis delapsi vinculis, ad imas ejus descendere radices ; et exitu invio, nihil tale opinantis ducis subito impetu castra rapuere : inde alia castra. Deinceps Coram, totamque pervagantur Campaniam : nec villarum atque vicorum vastatione contenti, Nolam atque Nuceriam, Thurios atque Metapontum terribili strage populantur.

Affluentibus in diem copiis, quum jam esset justus exercitus, e viminibus, pecudumque tegumentis, inconditos sibi clypeos, e ferro ergastulorum recocto gladios

quèrent alors des boucliers d'osier grossièrement recouverts de peaux de bêtes; du fer de leurs chaînes, remis au feu, ils firent des épées et des traits. Enfin, pour qu'il ne leur manquât rien de l'appareil des troupes les mieux réglées, ils se saisirent des chevaux qu'ils trouvèrent, en composèrent leur cavalerie, et donnèrent à leur chef les ornements et les faisceaux pris sur nos préteurs. Spartacus ne les refusa point, lui qui, de Thrace, mercenaire, était devenu soldat, de soldat déserteur, puis brigand, enfin gladiateur, en considération de sa force. Il célébra les funérailles de ceux de ses lieutenants qui étaient morts dans les combats, avec la pompe consacrée aux obsèques des généraux et força les prisonniers à combattre armés autour de leur bûcher, comme s'il eût cru effacer entièrement son infamie passée en donnant des jeux de gladiateurs, après avoir cessé de l'être. Osant dès lors attaquer des armées consulaires, il tailla en pièces sur l'Apennin celle de Lentulus. Il ravagea, près de Modène, le camp de Caius Cassius. Fier de ces victoires, il délibéra, et c'en est assez pour notre honte, s'il marcherait sur la ville de Rome.

Enfin on soulève contre un vil gladiateur toutes les forces de l'empire, et Licinius Crassus efface la honte du nom romain. Les ennemis (je rougis de leur donner ce nom), dissipés et mis en fuite par ce général, se réfugièrent à l'extrémité de l'Italie. Là, se voyant enfermés, resserrés dans le Bruttium, ils se préparèrent à s'enfuir en Sicile, et, faute de navires, ils tentèrent vainement, sur des radeaux formés de claies et de tonneaux liés avec de l'osier, le passage de ce détroit aux eaux si rapides. Alors ils tombèrent sur les Romains, et trouvèrent une mort digne d'hommes de cœur; ainsi qu'il convenait aux soldats d'un gladiateur, ils combattirent sans demander quartier. Spartacus, après leur avoir lui-même donné l'exemple du courage, périt à leur tête, comme un général d'armée.

XXII. — *Guerre civile de Marius.* — (An de Rome 665 - 674.) — Il ne manquait plus aux maux du peuple romain que de tirer contre lui-même, dans ses propres foyers, un fer parricide, et de faire de la ville et du Forum comme une arène où les citoyens, armés contre les citoyens, s'égorgeaient ainsi que des gladiateurs. J'en serais moins indigné, toutefois, si des chefs plébéiens, où du moins des nobles méprisables, eussent dirigé ces manœuvres criminelles. Mais, ô forfait! ce furent Marius et Sylla, quels hommes! quels généraux! la gloire et l'ornement de leur siècle, qui prêtèrent l'éclat de leur nom à cet horrible attentat.

L'influence de trois astres différents souleva ces tempêtes, si je puis m'exprimer ainsi. Ce fut d'abord une légère et faible agitation, un tumulte plutôt qu'une guerre, la barbarie des chefs ne s'exerçant encore que contre eux-mêmes. Bientôt plus cruelle et plus sanglante, la victoire déchira les entrailles du sénat tout entier. Enfin la rage qui anime non-seulement les partis mais des ennemis acharnés, fut surpassée dans cette lutte, où la fureur se fit un appui des forces de toute l'Italie; et la haine ne cessa d'immoler que lorsqu'elle manqua de victimes.

L'origine et la cause de cette guerre furent cette soif insatiable d'honneurs qui poussa Marius à solliciter, en vertu de la loi Sulpicia, la province

---

ac tela fecerunt. Ac ne quod decus justo deesset exercitui, domitis obviis gregibus, paratur equitatus, captaque de prætoribus insignia et fasces ad ducem detulere. Nec abnuit ille de stipendiario Thrace miles, de milite desertor, inde latro, dein in honore virium gladiator : qui defunctorum quoque prælio ducum funera imperatoriis celebravit exsequiis, captivosque circa rogum jussit armis depugnare, quasi plane expiaturus omne præteritum dedecus, si de gladiatore munerator fuisset. Inde jam consulares quoque aggressus, in Apennino Lentuli exercitum percecidit : apud Mutinam Caii Cassii castra delevit. Quibus elatus victoriis, de invadenda urbe Romana, quod satis est turpitudini nostræ, deliberavit.

Tandem etiam totis imperii viribus contra mirmillonem consurgitur; pudoremque Romanum Licinius Crassus asseruit, a quo pulsi fugatique (pudet dicere) hostes in extrema Italiæ refugerunt. Ibi circa Bruttium angulum clusi, quum fugam in Siciliam pararent, neque navigia suppeterent, ratesque ex cratibus, et dolia connexa virgultis in rapidissimo freto frustra experirentur, tandem eruptione facta, dignam viris obiere mortem; et, quod sub gladiatore duce oportuit, sine missione pugnatum est. Spartacus ipse in primo agmine fortissime dimicans, quasi imperator, occisus est.

XXII. — *Bellum civile Marianum.* — Hoc deerat unum populi Romani malis, jam ut ipse intra se parricidale ferrum domi stringeret, et in urbe media ac foro, quasi arena, cives cum civibus suis, gladiatorio more concurrerent. Æquiore animo utcumque ferrem, si plebei duces, aut si nobiles mali saltem, ducatum sceleri præbuissent. Jam vero, pro facinus! qui viri! qui imperatores! decora et ornamenta sæculi sui, Marius et Sylla, pessimo facinori suam etiam dignitatem præbuerunt.

Tribus, ut sic dixerim, sideribus agitatum est : primo et levi, et modico, tumultu magis, quam bello, intra ipsos armorum duces subsistente sævitia : mox atrocius et cruentius, per totius viscera senatus grassante victoria : ultimum non civicam modo, sed hostilem quoque rabiem supergressum est; quum armorum furor totius Italiæ viribus niteretur, eo usque odiis sævientibus, donec deessent, qui occiderentur.

Initium et caussa belli, inexplebilis honorum Marii

échue à Sylla. Celui-ci, impatient de venger cet outrage, ramène aussitôt ses légions; et, suspendant la guerre contre Mithridate, il fait entrer dans Rome, par les portes Esquiline et Colline, son armée partagée en deux corps. Sulpicius et Albinovanus lui opposent de concert quelques troupes; on lui lance de toutes parts, du haut des murailles, des pieux, des pierres et des traits; les mêmes armes et l'incendie lui ouvrent un passage; et le Capitole, cette citadelle qui avait échappé aux mains des Carthaginois et des Gaulois Sénonais, reçoit un vainqueur dans ses murs captifs. Alors un sénatus-consulte déclare les adversaires de Sylla ennemis de la république, et le tribun Sulpicius, qui était resté à Rome, est juridiquement immolé, avec d'autres citoyens de la même faction. Marius s'enfuit sous un habit d'esclave; la fortune le réserva pour une autre guerre.

Sous le consulat de Cornélius Cinna et de Cnæus Octavius, l'incendie mal éteint se ralluma par la dissension même des deux consuls, au sujet d'une loi proposée au peuple pour le rappel de ceux que le sénat avait déclarés ennemis publics. L'assemblée avait même été investie par des soldats armés; mais, vaincu par ceux qui voulaient la paix et le repos, Cinna s'enfuit de Rome et rejoignit ses partisans. Marius revient d'Afrique, plus grand par sa disgrâce : sa prison, ses chaînes, sa fuite, son exil avaient donné à sa dignité quelque chose de terrible. Au seul nom d'un si grand capitaine, on accourt de toutes parts. O crime! on arme les esclaves, on ouvre les prisons, et le malheur de ce général lui donne bientôt une armée. Ainsi, revendiquant par la force sa patrie d'où la force l'avait chassé, sa conduite pouvait paraître légitime, s'il n'eût souillé sa cause par sa cruauté.

Mais il revenait ulcéré contre les dieux et les hommes. Ostie, la cliente et la nourrice de Rome, est la première victime de sa fureur; il la livre au meurtre et au pillage. Quatre armées entrent bientôt dans Rome; Cinna, Marius, Carbon, Sertorius avaient divisé leurs forces. A peine toute la troupe d'Octavius est-elle chassée du Janicule, que le signal est donné pour le massacre des principaux citoyens, et les vengeances sont plus cruelles que si on les eût exercées dans une ville de Carthaginois ou de Cimbres. La tête du consul Octavius est exposée sur la tribune aux harangues; celle du consulaire Antoine sur la table même de Marius. Les deux Césars sont massacrés par Fimbria, au milieu de leurs dieux domestiques; les deux Crassus, père et fils, sous les yeux l'un de l'autre. Les crocs des bourreaux servent à traîner, par la place publique, Bæbius et Numitorius. Catulus respire la vapeur de charbons enflammés, pour se dérober aux insultes de ses ennemis. Mérula, flamine de Jupiter, se coupe les veines dans le Capitole, et son sang rejaillit jusque sur la face du dieu. Ancharius est percé de coups à la vue même de Marius, qui ne lui avait pas présenté, pour répondre à son salut, cette main dont le geste était un arrêt (30). C'est par le meurtre de tant de sénateurs, que Marius, alors revêtu pour la septième fois de la pourpre, remplit l'intervalle des calendes aux ides du mois de janvier. Qu'aurait-ce été s'il eût achevé son année consulaire?

---

fames, dum decretam Syllæ provinciam Sulpicia lege sollicitat. Sed impatiens injuriæ statim Sylla legiones circumegit; dilatoque Mithridate, Esquilina Collinaque porta geminum Urbi infudit agmen. Unde quum consulto Sulpicius et Albinovanus objicissent catervas, sudesque et saxa undique a mœnibus ac tela jacerentur, ipse quoque jaculatus incendio viam fecit, arcemque Capitolii, quæ Pœnos, quæque Gallos etiam Senones evaserat, quasi captivam, victor insedit. Tum ex consulto senatus adversariis hostibus judicatis, in præsentem Tribunum, aliosque diversæ factionis jure sævitum est. Marium servilis fuga exemit : immo fortuna alteri bello reservavit.

Cornelio Cinna, Cnæo Octavio consulibus, male obrutum resurrexit incendium, et quidem ab ipsorum discordia, quum de revocandis, quos senatus hostes judicaverat, ad populum referretur. Cincta quidem gladiis concione, sed vincentibus, quibus pax et quies potior, profugus patria sua Cinna confugit ad partes. Redit ab Africa Marius clade major ; siquidem carcer, catenæ, fuga, exsilium, horrificaverant dignitatem. Itaque ad nomen tanti viri late concurritur : servitia (pro nefas!) et ergastula armantur; et facile invenit exercitum miser imperator. Itaque vi patriam reposcens, unde vi fuerat expulsus, poterat videri jure agere, nisi caussam suam sævitia corrupisset.

Sed quum diis hominibusque infestus rediret, statim primo impetu cliens et alumna Urbis Ostia nefanda strage diripitur : mox in urbem quadruplici agmine intratur. Divisere copias Cinna, Marius, Carbo, Sertorius. Hic postquam manus omnis Octavii depulsa Janiculo est, statim ad principum cædem signo dato, aliquanto sævius, quam aut in Punica, aut in Cimbrica urbe, sævitur. Octavii consulis caput pro rostris exponitur; Antonii consularis in Marii ipsius mensis : Cæsares a Fimbria in penalibus domorum suarum trucidantur; Crassi, pater et filius, in mutuo alter alterius adspectu : Bæbium atque Numitorium per medium forum unci traxere carnificum : Catulus se ignis haustu ludibrio hostium exemit : Merula, flamen Dialis, in Capitolio Jovis ipsius oculos venarum cruore respersit : Ancharius, ipso vidente Mario, confossus est, quia fatalem illam scilicet manum non porrexerat salutanti. Hæc tot senatus funera intra Kalendas et Idus Januarii mensis septima illa Marii purpura dedit : quid futurum fuit, si annum consularis implesset!

Sous le consulat de Scipion et de Norbanus, éclata, dans toute sa fureur, le troisième orage des guerres civiles. D'une part, en effet, huit légions et cinq cents cohortes étaient sous les armes; de l'autre, Sylla accourait de l'Asie avec une armée victorieuse. Marius, s'étant montré si barbare envers les partisans de Sylla, que de cruautés ne fallait-il pas pour venger Sylla de Marius? La première bataille se livre près de Capoue, sur la rive du Vulturne. L'armée de Norbanus est aussitôt mise en déroute; et Scipion, se laissant tromper par l'espoir de la paix perd bientôt toutes ses troupes.

Le jeune Marius, et Carbon, tous deux consuls, désespérant presque de la victoire, mais ne voulant point périr sans vengeance, préludaient alors à leurs funérailles en répandant le sang des sénateurs. Le lieu des assemblées fut investi; et l'on tirait du sénat, comme d'une prison, ceux qu'on voulait égorger. Que de meurtres dans le Forum, dans le Cirque, dans l'enceinte même des temples! Le pontife Quinctus Mucius Scævola fut tué comme il tenait embrassé l'autel de Vesta, et peu s'en fallut qu'il n'eût le feu sacré pour sépulture (54). Cependant Lamponius et Télésinus, chefs des Samnites, dévastaient la Campanie et l'Étrurie avec plus de fureur que Pyrrhus et Annibal; et, sous prétexte de soutenir un parti, ils vengeaient leurs injures.

Toutes les troupes ennemies furent vaincues à Sacriport[1] et près de la porte Colline; là fut défait Marius, ici Télésinus. Toutefois, la fin de la guerre ne fut pas celle des massacres. Le glaive resta tiré pendant la paix, et l'on sévit contre ceux qui s'étaient soumis volontairement. Que Sylla ait taillé en pièces, à Sacriport et près de la porte Colline, plus de soixante-dix mille hommes, c'était le droit de la guerre; mais qu'il ait fait égorger, dans un édifice public, quatre mille citoyens (52) désarmés et qui s'étaient rendus, tant de victimes en pleine paix, n'est-ce pas un massacre plus grand? Qui pourrait compter ceux qu'immolèrent de tous côtés, dans Rome, des vengeances particulières? Furfidius, ayant enfin représenté à Sylla « qu'au moins devait-il laisser vivre quelques citoyens, pour avoir à qui commander, » on vit paraître cette longue table qui contenait les noms de deux mille Romains, choisis parmi la fleur de l'ordre équestre et du sénat, et auxquels il était ordonné de mourir : premier exemple d'un pareil édit.

Parlerai-je, après tant d'horreurs, des outrages qui accompagnèrent la mort de Carbon, celle du préteur Soranus, celle de Vénuléius? Parlerai-je de Bæbius, déchiré non par le fer, mais par les mains de ses assassins, véritables bêtes féroces, de Marius, le frère du général, traîné au tombeau de Catulus, les yeux crevés, les mains et les jambes coupées, et qui fut laissé quelque temps dans cet état, pour qu'il se sentît mourir par tous ses membres?

Les supplices individuels sont presque abandonnés, et l'on met à l'encan les plus belles villes municipales de l'Italie, Spolète, Intéramnium[1], Préneste[2], Florence[3]. Quant à Sulmone, cette antique cité, l'alliée et l'amie de Rome, Sylla, par un indigne attentat envers une ville qu'il n'avait pas encore prise d'assaut, en exige des otages, comme usant du droit de la guerre, les condamne

[1] Près de Préneste.

[1] Ville de l'Ombrie. — [2] Dans le Latium. — [3] En Étrurie.

Scipione Norbanoque consulibus, tertius ille turbo civilis insaniæ toto furore detonuit : quippe quum hinc octo legiones, et quinginlæ cohortes starent in armis; inde ab Asia cum victore exercitu Sylla properaret. Et sane quum tam ferus in Syllanos Marius fuisset, quanta sævitia opus erat, ut Sylla de Mario vindicaretur? Primum apud Capuam sub amne Volturno signa concurrunt, et statim Norbani fusus exercitus : statim omnes Scipionis copiæ, ostentata spe pacis, oppressæ.

Tum Marius juvenis, et Carbo consules, quasi desperata victoria, ne inulti perirent, in antecessum sanguine senatus sibi parentabant; obsessaque curia, sic de senatu, quasi de carcere, qui jugularentur, educti. Quid funerum in foro, in circo, in patentibus templis? nam Quinctus Mucius Scævola pontifex, Vestales amplexus aras, tantum non eodem igne sepelitur. Lamponius atque Telesinus, Samnitum duces, atrocius Pyrrho et Annibale Campaniam Etruriamque populantur; et, sub specie partium, se vindicant.

Apud Sacriportum Collinamque portam debellatæ omnes hostium copiæ. Ibi Marius; hic Telesinus oppressi. Nec idem tamen excidium, qui belli, finis fuit. Stricti enim et in pace gladii; animadversumque in eos, qui se sponte dediderant. Minus est, quod apud Sacriportum, et apud Collinam portam, septuaginta amplius millia Sylla concidit : bellum erat. Quatuor millia deditorum inermium civium in villa publica interfici jussit. Isti tot in pace, non plures sunt? Quis autem illos potest computare, quos in Urbe passim, quisquis voluit, occidit? donec, admonente Furfidio, « vivere aliquos debere, « ut essent quibus imperarent, » proposita est ingens illa tabula : et ex ipso equestris ordinis flore ac senatus duo millia electi, qui mori juberentur : novi generis edictum.

Piget post hæc referre ludibrio habita fata Carbonis, fata Sorani prætoris, atque Venuleii; Bæbium sine ferro, ritu ferarum, inter manus laniatum; Marium, ducis ipsius fratrem, apud Catuli sepulcrum, oculis, manibus, cruribusque defossis, servatum aliquamdiu, ut per singula membra moreretur.

Positis singulorum hominum fere pœnis, municipia Italiæ splendidissima sub hasta venierunt, Spoletium, Interamnium, Præneste, Florentia. Nam Sulmonem, vetus oppidum, socium atque amicum (facinus indignum!), nondum expugnatum, ut obsides jure belli, et

la mort et les y fait conduire. Ce fut comme la condamnation de cette cité, qu'il ordonna de détruire.

XXXIII. *Guerre de Sertorius.* — (An de Rome 675-679.) — La guerre de Sertorius fut-elle autre chose que l'héritage des proscriptions de Sylla? Je ne sais si je dois l'appeler étrangère ou civile; faite, il est vrai, par les Lusitaniens et les Celtibères, elle le fut sous un général romain.

Fuyant dans l'exil les tables de mort, Sertorius, cet homme d'une héroïque mais bien funeste vertu, remplit de ses disgrâces la terre et les mers. Après avoir tenté la fortune et en Afrique et dans les îles Baléares, il s'engagea sur l'Océan, et pénétra jusqu'aux îles Fortunées [1]. Enfin il arma l'Espagne. Un homme de cœur trouve facilement à s'allier à des gens qui lui ressemblent. Jamais la valeur du soldat espagnol n'éclata davantage que sous un général romain. Non content de l'appui de l'Espagne, celui-ci jeta les yeux sur Mithridate, sur les peuples du Pont, et fournit une flotte à ce roi. Quels dangers cette alliance ne présageait-elle pas? Rome ne pouvait résister avec un seul général à un si puissant ennemi. A Métellus on adjoignit Cnæus Pompée. Ils affaiblirent, par des combats multipliés, mais toujours sans résultat définitif, les forces de Sertorius, qui succomba enfin, non pas à nos armes, mais à la scélératesse et à la perfidie des siens. On poursuivit ses troupes par toute l'Espagne, et on les accabla par des batailles fréquentes et jamais décisives.

Les lieutenants de chaque parti engagèrent les premiers combats. Domitius et Thorius d'un côté, les deux Herculéius de l'autre, préludèrent à la guerre. Ceux-ci furent vaincus près de Ségovie, ceux-là sur les bords de l'Ana [1]; et les généraux, se mesurant bientôt eux-mêmes, à leur tour, essuyèrent chacun une égale défaite près de Laurone [2] et de Sucrone [3]. Les uns se mirent alors à ravager les campagnes, les autres à ruiner les villes; et la malheureuse Espagne porta la peine de la discorde qui régnait entre les généraux romains. Enfin Sertorius périt par une trahison domestique; Perperna fut vaincu et livré aux Romains, qui reçurent alors la soumission des villes d'Osca, de Termes, de Tutia, de Valence, d'Auxime et de Calaguris [4], qui avait souffert toutes les horreurs de la famine. Ainsi l'Espagne fut rendue à la paix. Les généraux vainqueurs voulurent faire regarder cette guerre plutôt comme étrangère que comme civile, pour obtenir le triomphe.

XXIV. — *Guerre civile de Lépidus.* — (An de Rome 675.) — Sous le consulat de Marcus Lépidus et de Quinctus Catulus s'éleva une guerre civile qui fut étouffée presque à sa naissance. Mais, allumé au bûcher de Sylla, combien le flambeau de cette discorde devait étendre au loin l'incendie! Lépidus, avide de nouveautés, eut la présomption de vouloir abolir les actes de cet homme extraordinaire; entreprise qui ne laissait pas que d'être juste, si toutefois son exécution n'eût pas causé un grand dommage à la république. Sylla, étant dictateur, avait, par le droit de la guerre, proscrit ses ennemis; rappeler ceux qui survivaient, n'était-ce pas, de la part de Lépidus, les

[1] Aujourd'hui la *Guadiana*. — [2] Aux environs de Valence. — [3] Dans la même province, sur la rivière du même nom, appelée aujourd'hui *Xucar*. — [4] Huesca, dans la province d'Aragon.—Tiermes dans la même province. Osimo, dans la Vieille, Castille. Calahorra, ibid.

[1] Les Canaries.

modo morte damnati duci jubentur : sic damnatam civitatem jussit Sylla deleri.

XXIII. — *Bellum Sertorianum.* — Bellum Sertorianum quid aliud, quam Syllanæ proscriptionis hereditas fuit? hostile potius, an civile dixerim, nescio; quippe quod Lusitani Celtiberique Romano gesserint duce.

Exsul et profugus feralis illius tabulæ, vir summæ quidem, sed calamitosæ virtutis, malis suis maria terrasque permiscuit : et jam Africæ, jam Balearibus insulis, fortunam expertus, missusque in Oceanum, Fortunatasque insulas penetravit : tandem Hispaniam armavit. Viro cum viris facile convenit; nec alias magis apparuit Hispani militis vigor, quam Romano duce. Quamquam ille non contentus Hispania, ad Mithridatem quoque Ponticosque respexit, regemque classe juvit; et quid futurum fuit? satis tanto hosti uno imperatore resistere res Romana non potuit : additus Metello Cnæus Pompeius. Hi copias viri diu, et ancipiti semper acie attrivere; nec tamen prius bello, quam suorum scelere et insidiis exstinctus est. Copias ejus prope tota Hispania persecuti, diu et ancipiti semper a ie domuerunt.

Prima per legatos certamina habita, quum hinc Domitius et Thorius, inde Herculeii proluderent : mox his apud Segoviam, illis apud Anam flumen oppressis, ipsi duces cominus invicem experti, apud Lauronem, atque Sucronem, æquavere clades. Tum illis ad populationem agrorum, his ad urbium excidia conversis, misera inter Romanos duces Hispania discordiæ pœnas dabat; donec, oppresso domestica fraude Sertorio, dedito que Perperna, ipsæ quoque in Romanam fidem venere urbes, Osca, Termes, Tutia, Valentia, Auxima, et in fame nihil non experta Calaguris. Sic recepta in pacem Hispania. Victores duces externum id magis, quam civile, bellum videri voluerunt, ut triumpharent.

XXIV. — *Bellum civile sub Lepido.* — Marco Lepido, Quincto Catulo consulibus, civile bellum pæne citius oppressum est, quam inciperet : sed quantum lateque fax illius motus ab ipso Syllæ rogo exarsit! cupidus namque rerum novarum per insolentiam Lepidus, acta tanti viri rescindere parabat; nec immerito, si tamen posset sine magna clade reipublicæ. Nam quum jure belli Sylla dictator proscripsisset inimicos, qui superarant, revocante Lepido, quid aliud quam ad bellum vocabantur? quumque damnatorum civium bona, addicente Sylla,

appeler aux armes? Les biens des citoyens condamnés, adjugés par Sylla, étaient injustement mais juridiquement acquis. En demander la restitution, c'était évidemment ébranler l'état dans ses nouvelles bases. Il fallait à la république, malade et blessée, du repos à quelque prix que ce fût; vouloir guérir ses plaies, c'était risquer de les rouvrir.

Quand les turbulentes harangues de Lépidus eurent, comme le clairon des batailles, sonné l'alarme dans la ville, il alla en Étrurie lever une armée qu'il fit marcher sur Rome. Mais Lutatius Catulus et Cnæus Pompée, les chefs du parti de Sylla, dont leur nom était comme le drapeau, occupèrent, avec une autre armée, le pont Milvius et le mont Janicule. Repoussé dès le premier choc, et déclaré ennemi public par le sénat, Lépidus s'enfuit, sans vouloir verser de sang, en Étrurie, et de là en Sardaigne, où il mourut de maladie et de regret. Les vainqueurs, exemple unique dans les guerres civiles, se contentèrent d'avoir rétabli la paix.

LIVRE QUATRIÈME.

I. — *Guerre de Catilina.* — (An de Rome 690.) — La débauche, puis la ruine de son patrimoine, qui en fut la suite, et en même temps l'occasion que lui offrait l'éloignement des armées romaines, occupées aux extrémités du monde, inspirèrent à Catilina l'horrible projet d'opprimer sa patrie. Il voulait massacrer le sénat, poignarder les consuls, consumer Rome dans un vaste incendie, piller le trésor, renverser enfin toute la république de fond en comble, et aller, dans ses forfaits contre elle, au-delà même des vœux d'Annibal. Et quels furent, grands dieux! les complices de son attentat! Lui-même était patricien; mais c'est peu, à considérer les Curius, les Porcius, les Sylla, les Céthégus, les Autronius, les Varguntéius, les Longinus; quels noms! quels ornements du sénat! Il faut même y joindre Lentulus, alors préteur. Catilina les eut tous pour satellites dans l'exécution de sa monstrueuse entreprise. Le gage de leur union fut du sang humain bu dans des coupes qui circulèrent de main en main (1); crime sans égal, s'il n'eût été surpassé par celui dont ce breuvage fut le prélude.

C'en était fait d'un si bel empire, si cette conjuration ne se fût tramée sous le consulat de Cicéron et d'Antoine, dont l'un la découvrit par sa vigilance, et l'autre l'étouffa par les armes. Le premier indice de cet exécrable forfait fut donné par Fulvie, vile courtisane, mais qui n'avait point trempé dans ce complot parricide. Alors le consul Cicéron, ayant assemblé le sénat, accusa le coupable en sa présence même; mais le seul fruit de sa harangue fut l'évasion de cet ennemi de la patrie, et la menace qu'il osa faire « d'éteindre sous des ruines l'incendie allumé contre lui. » Il va joindre alors l'armée que Manlius tenait prête en Étrurie. Lentulus s'appliquant des vers Sibyllins qui promettaient la royauté à sa famille (2), dispose dans toute la ville, au jour marqué par Catilina, des soldats, des torches et des armes. Non content d'avoir machiné une conspiration domestique, il sollicite le secours des Allobroges,

---

quamvis male capta, jure tamen, repetitio eorum procul dubio labefactabat compositam civitatem. Expediebat ergo quasi ægræ sauciæque reipublicæ requiescere quomodocumque, ne vulnera curatione ipsa rescinderentur.

Ergo quum turbidis concionibus, velut classico, civitatem terruisset, profectus in Etruriam, arma inde et exercitum Urbi admoverat. Sed jam Milvium pontem collemque Janiculum Lutatius Catulus, Cnæusque Pompeius, Syllanæ dominationis duces atque signiferi, alio exercitu insederant. A quibus primo statim impetu retro pulsus, hostisque a senatu judicatus, incruenta fuga in Etruriam, inde Sardiniam recessit; ibique morbo et pœnitentia interiit. Victores, quod non temere alias in civilibus bellis, pace contenti fuerunt.

LIBER QUARTUS.

I. — *Bellum Catilinarium.* — Catilinam luxuria primum, tum hinc conflata egestas rei familiaris, simul occasio, quod in extremis finibus mundi arma Romana peregrinabantur, in nefaria consilia opprimendæ patriæ suæ compulere: senatum confodere, consules trucidare, distringere incendiis Urbem, diripere ærarium, totam denique rempublicam funditus tollere, et quidquid nec Annibal videretur optasse. Quibus id, o nefas! sociis aggressus est! Ipse patricius: sed hoc minus est: Curii, Porcii, Syllæ, Cethegi, Autronii, Vargunteii, atque Longini, quæ familiæ! quæ senatus insignia! Lentulus quoque quum maxime prætor. Hos omnes immanissimi facinoris satellites habuit. Additum est pignus conjurationis, sanguis humanus, quem circumlatum pateris bibere: summum nefas, nisi amplius esset, propter quod biberunt!

Actum erat de pulcherrimo imperio, nisi illa conjuratio in Ciceronem et Antonium consules incidisset, quorum alter industria rem patefecit, alter manu oppressit. Tanti sceleris indicium per Fulviam emersit, vilissimum scortum, sed parricidii innocens. Tum consul, habito senatu, in præsentem reum Cicero peroravit: sed non amplius profectum, quam ut hostis evaderet, seque ex professo « incendium suum restincturum ruina, » minaretur. Et ille quidem ad præparatum a Manlio in Etruria exercitum proficiscitur, signa illaturus Urbi. Lentulus destinatum familiæ suæ Sibyllinis versibus regnum

qui avaient alors par hasard des députés à Rome; et la fureur des conjurés se fût répandue au-delà des Alpes, si, par une seconde trahison, Vulturcius n'eût livré les lettres du préteur. Par l'ordre de Cicéron, on met sur-le-champ la main sur les Barbares. Le préteur est convaincu en plein sénat. On délibère sur le supplice des conspirateurs; César conseille la clémence, eu égard à leur dignité; Caton, la rigueur, à cause de leur crime [1]. Cet avis réunit toutes les voix, et les parricides sont étranglés dans leur prison.

Quoique la conjuration soit en partie étouffée, Catilina ne se désiste cependant point de son entreprise: il déploie, du fond de l'Étrurie, l'étendard de la rébellion, marche contre Rome, rencontre l'armée d'Antoine, et est vaincu. On apprit, après la victoire, avec quel féroce acharnement elle avait été disputée. Pas un des rebelles ne survécut à cette bataille. Chacun d'eux, en rendant le dernier soupir, couvrait de son corps la place qu'il occupait dans le combat. Catilina fut trouvé loin des siens, au milieu de cadavres ennemis; mort glorieuse, s'il eût ainsi succombé pour la patrie!

II. — *Guerre de César contre Pompée.* — (An de Rome 705-709.) — Presque tout l'univers était en paix, et l'empire romain désormais trop puissant pour qu'aucune force étrangère pût le détruire. C'est alors que la fortune, jalouse du peuple-roi, l'arma contre lui-même. La rage de Marius et de Cinna, concentrée dans Rome, avait été le prélude et comme l'essai des guerres civiles. L'orage excité par Sylla avait grondé plus loin, mais, néanmoins, dans la seule Italie. Les fureurs de César et de Pompée enveloppèrent Rome, l'Italie, les peuples, les nations, enfin toute l'étendue de l'empire, comme dans un déluge ou un vaste embrasement. On ne peut donc appeler justement cette guerre ni civile, ni même sociale; et cependant ce n'est point une guerre étrangère; c'est plutôt un composé de toutes celles-là, et quelque chose de plus qu'une guerre (3).

Veut-on, en effet, considérer les chefs? tout le sénat prit parti; les armées? on voit onze légions d'un côté [1], dix-huit de l'autre, toute la fleur, toute la force du sang italien (4); les secours fournis par les alliés? ici ce sont les levées de la Gaule et de la Germanie; là, Déjotarus, Ariobarzanes, Tarcondimotus, Cotys, les forces réunies de la Thrace et de la Cappadoce, de la Cilicie, de la Macédoine, de la Grèce, de l'Étolie, en un mot de l'Orient tout entier. Quant à la durée de la guerre, elle fut de quatre ans, court espace pour l'étendue de ses ravages (5). Veut-on savoir enfin quels lieux et quels pays en furent le théâtre? Ce fut d'abord l'Italie: de là elle se détourna contre la Gaule et l'Espagne; puis, revenant de l'Occident, elle accabla de tout son poids l'Épire et la Thessalie, d'où elle s'élança tout à coup sur l'Égypte; puis, après avoir menacé l'Asie, elle s'acharna sur l'Afrique; enfin, elle se replia sur l'Espagne, et y expira. Mais la fureur des partis ne s'éteignit point avec celle des combats. La haine des vaincus ne s'apaisa qu'après s'être assouvie

[1] V. leurs discours, Sall. Catil. c. 41-42.

[1] Du côté de César.

sibi vaticinans, ad præstitutum a Catilina diem urbe tota viros, faces, tela disponit. Nec civili conspiratione contentus, legatis Allobrogum, qui tum forte aderant, in arma sollicitatis, isset ultra Alpes furor, nisi, altera proditione Vulturcii, prætoris literæ tenerentur. Statim Ciceronis imperio injecta est Barbaris manus. Palam prætor in senatu convincitur. De supplicio agentibus, Cæsar parcendum dignitati, Cato, animadvertendum pro scelere, censebat: quam sententiam secutis omnibus, in carcere parricidæ strangulantur.

Quamvis parte conjurationis oppressa, tamen ab incœpto Catilina non destitit: sed infestis ab Etruria signis patriam petens, obvio Antonii exercitu opprimitur. Quam atrociter dimicatum sit, exitus docuit: nemo hostium bello superfuit. Quem quis in pugnando ceperat locum, eum, amissa anima, corpore tegebat. Catilina longe a suis inter hostium cadavera repertus est: pulcherrima morte, si pro patria sic concidisset!

II. — *Bellum Cæsaris et Pompeii.* — Jam pæne toto orbe pacato, majus erat imperium Romanum, quam ut ullis externis viribus opprimi posset. Itaque invidens fortuna principi gentium populo, ipsum illum in exitium suum armavit. Ac Mariana quidem Cinnanaque rabies intra Urbem proluserat, quasi experiretur; Syllana tempestas latius, intra Italiam tamen, detonuerat: Cæsaris furor atque Pompeii Urbem, Italiam, gentes, nationes, totum denique, qua patebat, imperium, quodam quasi diluvio et inflammatione, corripuit: adeo ut non recte tantum civile dicatur, ac ne sociale quidem, sed nec externum; sed potius commune quoddam ex omnibus, et plus quam bellum.

Quippe si duces ejus inspicias, totus senatus in partibus: si exercitus, hinc undecim legiones, inde decem et octo, flos omnis et robur Italici sanguinis: si auxilia sociorum, hinc Gallici Germaniæque delectus, inde Dejotarus, Ariobarzanes, Tarcondimotus, Cotys, omne Thraciæ, Cappadociæque, Ciliciæ, Macedoniæ, Græciæ, Ætoliæ, totiusque robur Orientis: si moram belli, quatuor anni, et pro clade rerum, breve tempus: si locum et spatium ubi commissum est, intra Italiam; inde se in Galliam Hispaniamque deflexit, reversumque ab Occasu, totis viribus in Epiro Thessaliaque consedit: hinc in Ægyptum subito transiliit: inde respexit Asiam: inde Africæ incubuit: postremo in Hispaniam regyravit, et ibi aliquando defecit. Sed non et odia partium finita cum bello: non enim prius quievere, quam in Urbe ipsa, medio senatu, eorum, qui victi erant, odia victoris sese cæde satiarent.

dans le sang du vainqueur, versé au sein même de Rome, et au milieu du sénat.

La cause d'une si grande calamité fut la même qui avait produit toutes les autres, l'excès de la prospérité. Sous le consulat de Quinctus Metellus et de Lucius Afranius, tandis que la majesté romaine éclatait dans tout l'univers, et que Rome chantait, sur les théâtres de Pompée (6), ses victoires récentes, et ses triomphes sur les peuples du Pont et de l'Arménie, le pouvoir illimité de ce général excita, comme c'est l'ordinaire, l'envie des citoyens oisifs. Métellus, irrité d'avoir vu diminuer l'éclat de son triomphe de Crète ; Caton, l'adversaire des hommes puissants qu'il traversait toujours, ne cessaient de décrier Pompée et de censurer ses actes. De là le ressentiment qui poussa celui-ci contre ses ennemis, et le contraignit à chercher des appuis pour soutenir son crédit.

Crassus brillait alors par l'éclat de sa naissance, par ses richesses, par son influence; avantages qu'il aurait cependant voulu augmenter encore. Caius César puisait dans son éloquence, dans son courage et dans le consulat, qu'il venait d'obtenir, de hautes espérances. Toutefois, Pompée s'élevait au-dessus de l'un et de l'autre. César aspirait donc ainsi à fonder, Crassus à accroître, Pompée à conserver sa puissance; et tous, également avides d'autorité, s'accordèrent sans peine pour se saisir de la république. Aussi, se prêtant, pour leur élévation particulière, le mutuel appui de leurs forces, ils s'emparent, César de la Gaule, Crassus de l'Asie, Pompée de l'Espagne ; trois grandes armées leur obéissent, et cette association donne à trois chefs l'empire du monde.

Cette domination dura dix ans. Mais comme leur crainte mutuelle était leur seul lien, la mort de Crassus chez les Parthes, et celle de Julie, fille de César et femme de Pompée, rompirent l'alliance que ce mariage avait cimentée entre le gendre et le beau-père, et leur jalousie éclata tout à coup. Le crédit de César était déjà suspect à Pompée, et l'autorité de Pompée insupportable à César. Celui-ci ne voulait point d'égal, celui-là, de supérieur (7). Dans leur criminelle rivalité, ils se disputaient la première place, comme si la fortune d'un empire aussi vaste n'eût pu suffire à tous les deux (8).

Sous le consulat de Lentulus et de Marcellus, le premier lien de cette conjuration contre la république était brisé, le sénat, ou plutôt Pompée, délibéra sur le remplacement de César [1]. Celui-ci ne refusait pas un successeur, pourvu qu'on tînt compte de lui dans les prochains comices. Le consulat, que les dix tribuns lui avaient naguères, grâces à Pompée, décerné en son absence, le même Pompée intriguait alors sourdement pour l'en écarter. On exigeait « qu'il vînt, selon l'antique usage, solliciter en personne. » A ces prétentions, il ne cessait d'opposer le décret rendu en sa faveur (9). « Il ne congédierait son armée, qu'autant que ce décret serait fidèlement exécuté. » On le déclara donc ennemi public. Outré de ces rigueurs, il résolut de défendre les armes à la main ce qu'il avait acquis par les armes.

Le premier théâtre de la guerre civile fut l'Italie, où Pompée n'avait mis dans les places fortes que de faibles garnisons (10). La brusque impétuosité de César lui soumit tout. La trompette

[1] Dans le gouvernement des Gaules.

Caussa tantæ calamitatis eadem, quæ omnium, nimia felicitas. Siquidem Quincto Metello, Lucio Afranio consulibus, quum Romana majestas toto orbe polleret, recentesque victorias, Ponticos et Armenios triumphos in Pompeianis theatris Roma cantaret, nimia Pompeii potentia apud otiosos, ut solet, cives movit invidiam. Metellus, ob imminutum Cretæ triumphum, Cato adversus potentes semper obliquus, detrectare Pompeium, actisque ejus obstrepere. Hinc dolor transversum egit, et ad præsidia dignitati paranda impulit.

Forte tunc Crassus genere, divitiis, dignitate florebat; vellet tamen auctiores opes : Caius Cæsar eloquentia, et spiritu, ecce jam et consulatu allevabatur : Pompeius tamen super utrumque eminebat. Sic igitur Cæsare dignitatem comparare, Crasso augere, Pompeio retinere cupientibus, omnibusque pariter potentia cupidis, de invadenda republica facile convenit. Ergo quum mutuis viribus in suum quisque decus niteretur, Galliam Cæsar invadit, Crassus Asiam; Pompeius Hispaniam, tres maximos exercitus : et sic orbis imperium societate trium principum occupatur.

Decem annos traxit ista dominatio. Exinde, quoniam mutuo metu tenebantur, Crassi morte apud Parthos, et morte Juliæ, Cæsaris filiæ, quæ nupta Pompeio, generi soceriquæ concordiam matrimonii fœdere tenebat, statim æmulatio erupit. Jam Pompeio suspectæ Cæsaris opes, et Cæsari Pompeiana dignitas gravis. Nec hic ferebat parem, nec ille superiorem. Nefas! sic de principatu laborabant, tamquam duos tanti imperii fortuna non caperet.

Ergo, Lentulo Marcelloque consulibus, rupta prima conjurationis fide, de successione Cæsaris senatus, id est, Pompeius, agitabat : nec ille abnuebat, si ratio sui proximis comitiis haberetur. Consulatus absenti, quem decem tribuni, favente Pompeio, nuper decreverant, tum, dissimulante eodem, negabatur : « veniret, et peteret, majorum more. » Ille contra flagitare decreta : ac, « nisi in fide permanerent, non se remittere exer« citum. » Ergo ut in hostem decernitur. His Cæsar agitatus, statuit præmia armorum armis defendere.

Prima civilis belli arena Italia fuit, cujus arces levibus præsidiis Pompeius insederat : sed omnia subito Cæsaris

sonna d'abord à Ariminum (11). Aussitôt Libon fut chassé de l'Étrurie, Thermus, de l'Ombrie; Domitius, de Corfinium; et la guerre était terminée sans effusion de sang, si César eût pu prendre Pompée dans Brundisium[1], dont il avait commencé le siége (12); mais, franchissant les digues qui devaient fermer le port, son rival s'échappa pendant la nuit. O honte! le premier des sénateurs, l'arbitre de la paix et de la guerre, fuyait alors dans un vaisseau délabré et presque désarmé, sur une mer dont il avait triomphé (13).

Pompée n'a pas plus tôt abandonné l'Italie, que le sénat s'enfuit de Rome. César entre dans cette ville, que l'épouvante avait rendue presque déserte, et se fait lui-même consul (14). Les tribuns tardant trop à lui ouvrir le trésor sacré (15), il ordonne d'en briser la porte, et ravit, avant l'empire, les revenus et le patrimoine du peuple romain. Après l'expulsion et la fuite de Pompée, il jugea bon de régler, les affaires des provinces, avant de le poursuivre. Il occupa, par ses lieutenants, la Sicile et la Sardaigne, pour assurer les subsistances. Aucune hostilité n'était à craindre du côté de la Gaule; lui-même y avait établi la paix. Mais, comme il allait combattre les armées que Pompée avait en Espagne, Marseille osa lui fermer ses portes. Ville infortunée! elle ne désirait que la paix; et la crainte de la guerre la précipita dans la guerre! Comme elle était défendue par de fortes murailles, il ordonna qu'en son absence on la réduisît en son pouvoir. Cette colonie grecque, qui, malgré son origine, ne connaissait point la mollesse (16), osa forcer les retranchements des assiégeants, incendier leurs machines, attaquer leur flotte. Mais Brutus, chargé de cette guerre, vainquit, dompta ces ennemis sur terre et sur mer (17). Ils se rendirent bientôt, et tous leurs biens leur furent enlevés, excepté celui qu'ils préféraient à tous les autres, la liberté.

En Espagne, la guerre contre les lieutenants de Cnæus Pompée, Pétréius et Afranius, mêlée d'événements divers, fut douteuse et sanglante. César entreprit de les assiéger dans leur camp assis près d'Ilerda[1], sur le Sicoris[2], et d'intercepter leurs communications avec la ville. Sur ces entrefaites, les pluies du printemps ayant fait déborder la rivière, empêchèrent l'arrivée de ses subsistances. La famine se fit alors sentir dans son camp, et, d'assiégeant, il fut comme assiégé lui-même. Mais, dès que la rivière eut repris son cours paisible, et ouvert les campagnes aux courses et aux combats, César pressa ses ennemis avec un nouvel acharnement, les atteignit dans leur retraite vers la Celtibérie[3], les enferma dans des retranchements et des circonvallations, et, au moyen de ces travaux, les contraignit de se rendre, pour se soustraire à la soif. Ainsi fut réduite l'Espagne citérieure. L'ultérieure[4] ne fit pas une longue résistance; car que pouvait une seule légion, après la défaite de cinq autres? On vit donc, lorsque Varron se fut volontairement soumis, Gadès, le détroit, l'Océan, tout enfin reconnaître le bonheur de César.

La fortune, pourtant, osa en l'absence de ce général, se déclarer un moment contre lui, en Illyrie et en Afrique, comme si elle se fût étudiée à rehausser par quelques revers l'éclat de sa pros-

[1] Brindes.

[1] Aujourd'hui Lérida, dans la Catalogne. — [2] Aujourd'hui la Segre. — [3] Castille et Aragon. — [4] Elle comprenait la Bétique et la Lusitanie.

impetu oppressa sunt. Prima Arimino signa cecinerunt : tum pulsus Etruria Libo, Umbria Thermus, Domitius Corfinio; et peractum erat bellum sine sanguine, si Pompeium Brundisii opprimere potuisset, et cœperat : sed ille per obsessi claustra portus nocturna fuga evasit. Turpe dictu! modo princeps Patrum, pacis bellique moderator, per triumphatum a se mare, lacera et pæne inermi nave, fugiebat.

Nec Pompeius ab Italia, quam senatus ab Urbe, fugatur prior : quam pæne vacuam metu Cæsar ingressus, consulem se ipse facit. Ærarium quoque sanctum, quia tardius aperiebant tribuni, jussit effringi; censumque et patrimonium populi Romani ante rapuit, quam imperium. Pulso fugatoque Pompeio, maluit prius ordinare provincias, quam ipsum sequi. Siciliam et Sardiniam, annonæ pignora, per legatos habet. Nihil hostile erat in Gallia : pacem ipse fecerat; sed ad Hispanienses Pompeii exercitus transeunti per eam duci portas claudere ausa Massilia est. Misera dum cupit pacem, belli metu in bellum incidit : sed quia tutis muris erat, vinci eam sibi jussit absenti. Græcula civitas, non pro mollitie nominis, et vallum rumpere, et incendere machinas ausa, et congredi navibus : sed Brutus, cui mandatum erat bellum, victos terra marique perdomuit. Mox dedentibus sese ablata omnia, præter, quam potiorem omnibus habebant, libertatem.

Anceps, variumque, et cruentum in Hispania bellum cum legatis Cnæi Pompeii, Petreio et Afranio : quos Ilerdæ castra habentes, apud Sicorim amnem obsidere, et ab oppido intercludere aggreditur. Interim obundatione verni fluminis commeatibus prohibetur. Sic fame castra tentata sunt; obsessorque ipse quasi obsidebatur. Sed ubi pax fluminis rediit, populationibus et pugnæ campos aperuit, iterum ferox instat; et cedentes ad Celtiberiam consecutus, aggere et vallo, ac per hæc siti ad deditionem compulit. Sic citerior Hispania recepta est; nec ulterior moram fecit : quid enim una post quinque legiones? Itaque ultro cedente Varrone, Gades, fretum, Oceanus, omnia felicitatem Cæsaris sequebantur.

Aliquid tamen adversus absentem ducem sua fortuna est circa Illyricum et Africam, quasi de industria prospera ejus adversis radiarentur. Quippe quum fauces

péri*té*. Dolabella et Antoine, auxquels il avait donné l'ordre d'occuper l'entrée de la mer Adriatique, avaient leurs camps, l'un sur la côte d'Illyrie, l'autre sur celle de Curicta [1]. Mais Pompée étant maître de la mer, son lieutenant Octavius Libon les surprit et les enveloppa tous deux avec de grandes forces navales. La famine arracha seul à Antoine sa soumission. Des radeaux que Basilus envoyait à son secours, faute de vaisseaux, furent pris comme dans un filet, par l'adresse des matelots Ciliciens du parti de Pompée, lesquels avaient imaginé de tendre des cables dans la mer. Cependant la force des vagues en dégagea deux. Un autre, qui portait les Opitergins [2], resta engravé dans les sables et périt, digne du souvenir de la postérité. L'équipage se composait à peine de mille hommes, qui, entièrement entourés par une armée, soutinrent ses assauts pendant tout un jour, et, après de vains efforts de courage, plutôt que de se rendre, finirent, à la persuasion du tribun Vultéius, par se frapper mutuellement et se tuer les uns les autres.

En Afrique aussi, l'infortune de Curion ne fut égale qu'à sa valeur. Envoyé dans cette province pour la soumettre, déjà il était fier de la déroute et de la fuite de Varus, lorsque, surpris par la subite arrivée du roi Juba, il ne put résister à la cavalerie des Maures. Vaincu, le chemin de la fuite lui était ouvert; mais l'honneur lui fit un devoir de mourir avec l'armée dont sa témérité avait causé la perte (18).

Mais déjà la fortune réclame la présence des deux athlètes dans l'arène (19). Pompée avait choisi l'Épire pour le théâtre de la guerre. César ne le fait pas attendre. Il met ordre à tout ce qu'il laisse derrière lui (20); et, bravant les obstacles que lui oppose la rigueur de l'hiver, il s'élance, à la guerre porté par la tempête. Il place son camp près d'Oricum [1]. Une partie de son armée, que, faute de vaisseaux, il avait laissée avec Antoine, à Brundisium, tardait à le joindre; dans son impatience, il ose, pour hâter l'arrivée de ces soldats, se confier, au milieu d'une nuit profonde, à une mer agitée par les vents, se jette dans un frêle esquif, et essaie de passer seul. On connaît le mot qu'il adressa au pilote épouvanté de l'imminence du péril: « Que crains-tu? tu portes César (21). »

Toutes les forces sont réunies de part et d'autre; les deux camps sont en présence; mais les deux chefs ont des vues différentes. César, naturellement ardent, brûle de terminer la lutte, et ne cesse de présenter la bataille à Pompée, de le provoquer, de le harceler. Tantôt assiégeant son camp, il l'entoure d'une tranchée de seize milles d'étendue; mais en quoi ces travaux pouvaient-ils nuire à une armée à qui la mer était ouverte, et apportait toutes les provisions en abondance? tantôt il essaie, sans plus de succès, d'emporter Dyrrachium [2], que sa seule situation rendait inexpugnable. En outre, chaque sortie des ennemis est pour lui l'occasion d'un de ces combats où brilla l'incomparable valeur du centurion Scœva, dont le bouclier fut percé de cent vingt traits (22); d'autres fois, enfin, il pille et ravage les villes al

---

[1] Ile située au fond du golfe de Venise, aujourd'hui Velia. — [2] Opitergium, ville de la Vénétie, aujourd'hui Operzo.

[1] Ville d'Épire, située au dessous de Dyrrachium, sur le bord de la mer Adriatique; c'est aujourd'hui Orico. — [2] Aujourd'hui Durazzo, en Épire.

Adriatici maris jussi occupare Dolabella et Antonius, ille Illyrico, hic Curictico litore castra posuissent; jam maria late tenente Pompeio, repente legatus ejus Octavius Libo ingentibus copiis classicorum circumvenit utrumque. Deditionem fames extorsit Antonio. Missæ quoque a Basilo in auxilium ejus rates, quales inopia navium fecerat, nova Pompeianorum arte Cilicum, actis sub mare funibus, captæ quasi per indaginem. Duas tamen æstus explicuit: una, quæ Opiterginos ferebat, in vadis hæsit, memorandumque posteris exitum dedit. Quippe vix mille juvenum manus, circumfusi undique exercitus per totum diem tela sustinuit; et quum exitum virtus non haberet, tamen ne in deditionem veniret, hortante Tribuno Vulteio, mutuis ictibus in se concucurrit.

In Africa quoque par et virtus, et calamitas Curionis fuit: qui ad recipiendam provinciam missus, pulso fugatoque Varo jam superbus, subitum Jubæ regis adventum, equitatumque Maurorum sustinere non potuit. Patebat victo fuga: sed pudor suasit, ut amissum sua temeritate exercitum morte sequeretur.

Sed jam debitum par fortuna flagitante, sedem bello Pompeius Epiron elegerat: nec Cæsar moratur: quippe ordinatis a tergo omnibus, quamvis hiems media prohiberet, tempestate ad bellum navigavit: positisque ad Oricum castris, quum pars exercitus ob inopiam navium cum Antonio relicta, Brundisii moram faceret, adeo impatiens erat, ut ad accessendos eos ardente ventis mari, nocte concubia, speculatorio navigio, solus ire tentaverit. Exstat ad trepidum tanto discrimine gubernatorem vox ipsius: « Quid times? Cæsarem vehis. »

Contractis in unum omnibus undique copiis, positisque cominus castris, diversa erant ducum consilia. Cæsar pro natura ferox, et conficiendæ rei cupidus, ostentare aciem, provocare, lacessere; nunc obsidione castrorum, quæ sedecim millium vallo obduxerat: (sed quid his obesset obsidio, qui patente mari omnibus copiis abundarent?) nunc oppugnatione Dyrrachii irrita, (quippe quam vel situs inexpugnabilem faceret); ad hoc assiduis in eruptione hostium præliis, (quo tempore egregia virtus Scævæ centurionis emicuit, cujus in scuto centum atque viginti tela sedere); jam vero direptione urbium sociarum, quum Oricum et Gomphos, et alia castella Thessaliæ vastaret.

liées de Pompée, Oricum, Gomphos[1], et d'autres places de la Thessalie.

Pompée, au contraire, diffère la bataille, temporise, dans le double but de ruiner, par le manque de vivres, un ennemi cerné de toutes parts, et de laisser se ralentir l'ardente impétuosité du chef. Mais il lui faut bientôt renoncer aux avantages que lui assurait ce système (23). Le soldat accuse son inaction; les alliés ses lenteurs; les chefs ses vues ambitieuses. Les destins précipitant ainsi sa perte, il prend la Thessalie pour champ de bataille, et remet aux plaines de Philippes (24) le sort de Rome, de l'empire, du genre humain. Jamais la fortune ne vit le peuple romain déployer tant de forces en un seul lieu, ni montrer tant de grandeur. Plus de trois cent mille hommes étaient en présence, non compris les auxiliaires fournis par les rois, ni le sénat (25). Jamais prodiges plus manifestes n'annoncèrent une catastrophe imminente : fuite des victimes, enseignes couvertes d'essaims d'abeilles, ténèbres au milieu du jour. Le chef lui-même, pendant la nuit, transporté en songe dans son théâtre, l'entendit retentir d'applaudissements qui avaient quelque chose de sinistre ; et, le matin, on le vit en manteau de deuil, funeste présage! dans la place d'armes du camp (26). Jamais l'armée de César ne montra plus d'ardeur ni plus d'allégresse. De ses rangs partirent et le signal et les premiers traits. On a même remarqué que ce fut Crastinus qui engagea le combat, en lançant son javelot. Il fut, bientôt après, frappé dans la bouche d'une épée qui y resta; on le trouva en cet état parmi les morts; et la singularité même de sa blessure attestait l'acharnement et la rage avec laquelle il avait combattu. Mais l'issue de la bataille ne fut pas moins remarquable que son prélude. Pompée, qui, avec ses innombrables corps de cavaliers, se flattait d'envelopper facilement César, fut enveloppé lui-même. Depuis longtemps on combattait avec un avantage égal, lorsque la cavalerie de Pompée courut, par son ordre, sur l'aile qui lui était opposée ; mais, tout à coup, à un signal donné, les cohortes des Germains se précipitèrent contre ces divers escadrons avec une telle impétuosité, qu'on eût cru voir des cavaliers se jetant sur des fantassins (27). Cette déroute sanglante de la cavalerie fut suivie de celle de l'infanterie légère (28). La terreur se répandit au loin, le désordre gagna tous les bataillons, et le carnage fut achevé comme par l'effort d'un seul bras (29). Rien ne fut plus funeste à Pompée que la multitude même de ses troupes (30). César se multiplia dans cette bataille, et fut tour à tour général et soldat. On a recueilli deux paroles qu'il prononça en parcourant les rangs à cheval, l'une cruelle, mais adroite, et propre à assurer la victoire : « Soldat, frappe au visage (31); » l'autre, proférée pour faire parade d'humanité : « Épargnez les citoyens, » tandis qu'il les chargeait lui-même.

Heureux encore Pompée dans son malheur, si la fortune lui eût fait subir le même sort qu'à son armée! Il survécut à sa puissance, pour fuir honteusement à cheval à travers les vallées de la Thessalie, pour aborder à Lesbos[1] sur un chétif navire (32), pour être jeté à Syèdre, rocher désert de la Cilicie, pour délibérer s'il porterait ses

[1] Cette ville, la première de Thessalie, en venant de l'Épire, s'appelle aujourd'hui *Janina*.

[1] Ile de la mer Égée.

Pompeius, adversus hæc nectere moras, tergiversari, simul ut hostem interclusum undique inopia commeatuum tereret, utque ardentissimi ducis consenesceret impetus. Nec diutius profuit duci salutare consilium. Miles otium, socii moram, principes ambitum ducis increpabant. Sic præcipitantibus fatis, prælio sumta est Thessalia, et Philippicis campis Urbis, imperii, generis humani fata commissa sunt. Numquam uno loco tantum virium populi Romani, tantum dignitatis fortuna vidit. Trecenta amplius millia hinc illinc, præter auxilia regum, et senatus. Numquam imminentis ruinæ manifestiora prodigia: fuga victimarum, examina in signis, interdiu tenebræ. Dux ipse et nocturna imagine theatri sui audiens plausum in modum planctus circumsonare : et mane cum pullo (nefas!) apud principia conspectus. Numquam acrior neque alacrior exercitus Cæsaris fuit. Inde classica prius, inde tela. Adnotatum quoque committentis aciem Crastini pilum : qui mox adacto in os gladio, sic inter cadavera repertus, libidinem ac rabiem, qua pugnaverat, ipsa novitate vulneris præferebat. Sed nec minus admirabilior illius exitus belli. Quippe quum Pompeius adeo equitum copia abundaret, ut facile circumventurus sibi Cæsarem videretur, circumventus ipse est : nam quum diu æquo Marte contenderant, jussuque Pompei fusus a cornu erupisset equitatus, repente hinc, signo dato, Germanorum cohortes tantum in effusos equites fecere impetum, ut illi esse pedites, hi venire in equis viderentur. Hanc stragem fugientis equitatus levis armaturæ ruina comitata est. Tunc terrore latius dato, turbantibus invicem copiis, reliqua strages quasi una manu facta est. Nec ulla res magis exitio fuit, quam ipsa exercitus magnitudo. Multus in eo prælio Cæsar fuit, mediusque inter imperatorem et militem. Voces quoque obequitantis exceptæ, altera cruenta, sed docta, et ad victoriam efficax, « Miles faciem feri : » altera ad jactationem composita : « Parce civibus : » quum ipse sequeretur.

Felicem utcumque in malis Pompeium, si eadem ipsum, quæ exercitus ejus, fortuna traxisset! Superstes dignitatis suæ vixit, ut cum majore dedecore per Thessalica Tempe equo fugeret ; ut una navicula Lesbon applicaretur ; pulsus Syedris, in deserto Ciliciæ scopulo, fugam in Parthos, Africam, vel Ægyptum agitaret ; ut

pas fugitifs chez les Parthes; en Afrique, ou en Égypte, et mourir enfin assassiné, aux yeux de sa femme et de ses enfants, sur le rivage de Péluse[1], par l'ordre du plus misérable des rois, par le conseil de vils eunuques, et, pour comble d'infortune, par le glaive de Septimius, déserteur de son armée.

Qui n'aurait cru la guerre éteinte avec Pompée? Cependant, des cendres de la Thessalie, on vit renaître un incendie bien plus terrible et plus violent que le premier. L'Égypte s'arma contre César, sans être pourtant du parti de son rival. Ptolémée, roi d'Alexandrie, avait commis le plus grand attentat de la guerre civile: il avait cimenté son traité d'alliance avec César, en lui présentant pour gage la tête de Pompée. La fortune, qui cherchait une vengeance aux mânes de ce grand homme, la trouva bientôt. Cléopâtre, sœur du roi, vint se jeter aux genoux de César, et réclamer sa part du royaume d'Égypte. Tout parlait en faveur de cette jeune princesse: et sa beauté, et, ce qui y ajoutait encore, l'injustice dont elle se disait victime, et la haine qu'inspirait le roi qui avait immolé Pompée à la fortune d'un parti et non pas à César, et qui n'eût pas craint sans doute de frapper de même ce dernier, si son intérêt l'eût exigé. César n'eut pas plus tôt ordonné que Cléopâtre fût rétablie dans ses droits, qu'il se vit assiégé dans le palais par les assassins même de Pompée; et, bien qu'il n'eût qu'une poignée de soldats, il y soutint, avec un courage admirable, les efforts d'une nombreuse armée (55). D'abord, en mettant le feu aux édifices voisins, à l'arsenal et au port, il détourna l'attaque des ennemis qui le pressaient (54). Bientôt après, il se sauva tout à coup dans la presqu'île du Phare (55), d'où, forcé de s'enfuir par mer, il eut le rare bonheur de regagner à la nage sa flotte qui stationnait près de là; et, dans ce trajet, il laissa son manteau au milieu des flots, soit par hasard, soit à dessein, pour offrir un but aux traits et aux pierres que les ennemis lançaient contre lui (56). Enfin, recueilli par les soldats qui montaient sa flotte, il attaqua les assaillants de tous les côtés à la fois, et immola ce peuple lâche et perfide aux mânes de son gendre (57). Théodote, gouverneur du roi, et l'auteur de toute cette guerre, Photin et Ganymède, ces monstres qui n'étaient pas même des hommes, errèrent en fugitifs, chacun de son côté, par mer et par terre, et moururent diversement. Le corps du roi lui-même fut trouvé enseveli sous la vase, et reconnu à la cuirasse d'or qui le distinguait.

En Asie, de nouveaux troubles s'élevèrent du côté du Pont, comme si la fortune, acharnée à la ruine du royaume de Mithridate, eût, après avoir accordé à Pompée la défaite du père, réservé celle du fils à César. Le roi Pharnace, comptant plus sur nos divisions que sur sa valeur, était venu fondre sur la Cappadoce, à la tête d'une puissante armée. Mais César l'attaqua et l'écrasa dans un seul combat, qui, à dire vrai, n'en fut pas même un véritable (58); ainsi, dans le même instant, tombe, frappe et disparaît la foudre. César ne proférait donc pas une parole vaine en disant: « qu'il avait vaincu l'ennemi avant de l'avoir « vu (59). »

Tels furent ses succès contre les étrangers. Mais, en Afrique, il eut à livrer à ses concitoyens des

[1] Ville d'Égypte, située sur une des sept bouches du Nil, à laquelle elle donnait son nom.

---

denique in Pelusiaco litore, imperio vilissimi regis, consiliis spadonum, et ne quid malis desit, Septimii desertoris sui gladio trucidatus, sub oculis uxoris suæ liberorumque moreretur.

Quis non peractum esse cum Pompeio crederet bellum? atqui acrius multo, atque vehementius Thessalici incendii cineres recaluere. Et in Ægypto quidem adversus Cæsarem sine partibus bellum. Quippe quum Ptolemæus, rex Alexandriæ, summum civilis belli scelus peregisset, fœdusque amicitiæ cum Cæsare, medio Pompeii capite sanxisset, ultionem tanti viri Manibus quærente fortuna, caussa non defuit. Cleopatra regis soror, affusa Cæsaris genibus, partem regni reposcebat. Aderat puellæ forma, et quæ duplicaretur ex illo, quod talis passa videbatur injuriam; odium ipsius regis, qui Pompeii cædem partium fato, non Cæsari, dederat, haud dubie idem in ipsum ausurus, si expedisset. Quam ubi Cæsar restitui jussit in regnum, statim ab eisdem percussoribus Pompeii obsessus in regia, quamvis exigua manu ingentis exercitus molem mira virtute sustinuit. Ac primum ædificiorum proximorum, atque navalium incendio, infestorum hostium tela submovit, mox in peninsulam Pharon subitus evasit: inde depulsus in maria mira felicitate ad proximam classem enatavit, relicto quidem in fluctibus paludamento, seu fato, seu consilio, ut illud ingruentibus hostium telis saxisque peteretur. Tandem receptus a classicis suis, undique simul hostes adortus, de imbelli ac perfida gente justa generi Manibus dedit. Quippe et Theodotus magister auctorque totius belli, et ne virilia quidem portenta, Photinus atque Ganimedes, diversa per mare et terras fuga et morte consumti. Regis ipsius corpus obrutum limo repertum est in aureæ loricæ honore.

In Asia quoque novus rerum motus a Ponto, plane quasi de industria captante fortuna hunc Mithridatico regno exitum, ut a Pompeio pater, a Cæsare filius vinceretur. Rex Pharnaces magis discordiæ nostræ fiducia, quam virtutis suæ, infesto in Cappadociam agmine ruebat; sed hunc Cæsar aggressus, uno, et, ut sic dixerim, non toto prælio, obtrivit: more fulminis, quod uno eodemque momento venit, percussit, abcessit. Nec vana de se prædicatio est Cæsaris. « ante victum hostem esse « quam visum. »

batailles plus sanglantes qu'à Pharsale. La fureur de la guerre civile avait, comme la vague, poussé sur ces rivages les débris du naufrage de Pompée ; que dis-je, des débris ? c'était l'appareil de toute une guerre nouvelle. Les forces des vaincus avaient été plutôt dispersées que détruites (40). Leur union était devenue plus étroite et plus sacrée par le désastre même de leur chef. Il n'avait pas d'indignes successeurs dans les généraux qui le remplaçaient ; et c'étaient, après celui de Pompée, des noms qui sonnaient encore assez haut, que ceux de Caton et de Scipion.

Juba, roi de Mauritanie, unit ses forces aux leurs, comme pour étendre sur plus d'ennemis la victoire de César. Il n'y eut aucune différence entre Pharsale et Thapsus [1], si ce n'est que, sur un plus vaste champ de bataille, les soldats de César déployèrent une impétuosité plus terrible, indignés de voir qu'après la mort de Pompée la guerre eût grandi encore. Enfin, ce qui n'était jamais arrivé, les trompettes, sans attendre l'ordre du général, sonnèrent d'eux-mêmes la charge (41). Le carnage commença par les troupes de Juba. Ses éléphants, encore étrangers aux combats, et nouvellement tirés de leurs forêts, s'effarouchèrent au premier bruit du clairon. Aussitôt l'armée prit la fuite : les généraux n'eurent pas plus de courage ; ils furent entraînés dans cette déroute ; mais tous du moins surent bientôt trouver une mort glorieuse. Scipion fuyait sur un vaisseau : mais, se voyant atteint par les ennemis, il se passa son épée au travers du corps. Quelqu'un ayant demandé « où était le général ; » il répondit ces propres mots : « le général est en sûreté » (42). Juba s'étant retiré dans son palais, offrit, le lendemain de son arrivée, un repas splendide à Pétréius, compagnon de sa fuite, et, au milieu même de ce banquet, où le vin ne fut pas épargné, il présenta son sein au glaive de son hôte. Pétréius tua ce prince et se perça lui-même ; et le sang d'un roi mêlé avec celui d'un Romain arrosa les mets à moitié consommés de ce festin funèbre (43).

Caton n'avait point assisté à la bataille. Il campait près du Bagrada pour garder Utique, qui était comme la seconde clef de l'Afrique. Dès qu'il apprend la défaite de son parti, il n'hésite pas, résolution digne d'un sage, à appeler, même avec joie, la mort à son secours. Après avoir embrassé et fait retirer son fils et ses amis, il se coucha, lut pendant la nuit, à la lueur d'une lampe, le livre où Platon enseigne l'immortalité de l'âme, et reposa ensuite quelques instants ; puis, vers la première veille, il tira son épée, découvrit sa poitrine et se frappa deux fois. Les médecins ayant osé profaner de leurs appareils les blessures de ce grand homme, il souffrit leurs soins, pour se délivrer de leur présence ; mais bientôt rouvrant ses plaies, d'où le sang jaillit avec violence, il y laissa plongées ses mains mourantes (44).

Cependant, comme si l'on n'eût encore combattu nulle part, le parti vaincu reprit les armes ; et autant l'Afrique avait surpassé la Thessalie, autant l'Espagne surpassa l'Afrique. Un grand avantage pour ce parti, c'était de voir à sa tête deux chefs qui étaient frères, deux Pompées au lieu d'un. Aussi jamais guerre ne fut plus sanglante, ni victoire plus disputée.

Les lieutenants Varus et Didius en vinrent les

[1] Ville sur la côte d'Afrique, à droite de Carthage, et presqu'en face de l'île de Malte.

Sic cum exteris. At in Africa cum civibus multo atrocius, quam in Pharsalia. Huc reliquias partium naufragarum quidam furoris æstus expulerat : nec reliquias diceres, sed integrum bellum. Sparsæ magis, quam oppressæ vires erant. Auxerat sacramentum ipsa clades imperatoris : nec degenerabat ducum successio. Quippe satis ample sonabant in Pompeiani nominis locum Cato et Scipio.

Accessit copiis Mauritaniæ rex Juba, videlicet ut latius vinceret Cæsar. Nihil ergo inter Pharsaliam, et Thapson, nisi quod amplior, eoque acrior Cæsarianorum impetus fuit, indignantium post Pompeium crevisse bellum. Denique, quod alias numquam ante imperium ducis, sua sponte signa cecinerunt. Strages a Juba cœpit. Ejus elephanti bellorum rudes, et nuper a sylva, consternati subito clangore : statim et in fugam exercitus, et duces fortius, quam ut fugerent, non inconspicua tamen morte omnium. Jam Scipio nave fugiebat : sed assecutis eum hostibus, gladium per viscera exegit : et, « ubi esset, » quodam requirente, respondit hoc ipsum : « Bene se habet imperator. » Juba, quum se recepisset in regiam, magnifice epulatus est postero die cum Petreio fugæ comite, superque mensas et pocula interficiendum se ei præbuit. Ille et regi sufficit et sibi : quum interim semesi in medio cibi, et parentalia fercula regio simul Romanoque sanguine madebant.

Cato non interfuit bello : positisque apud Bagradam castris, Uticam, velut altera Africæ claustra, servabat. Sed accepta partium clade, nihil cunctatus, ut sapiente dignum erat, mortem etiam lætus accivit. Nam postquam filium comitesque ab amplexu dimisit, in nocte lecto ad lucernam Platonis libro, qui immortalitatem animæ docet, paululum quievit : tum circa primam vigiliam stricto gladio revelatum manu pectus semel iterumque percussit. Ausi post hoc virum medici violare fomenta. Ille passus, dum abscederent, rescidit plagas : secutaque vis sanguinis moribundas manus in ipso vulnere reliquit.

Quasi non esset usquam dimicatum, sic arma rursus et partes : quantoque Africa supra Thessaliam, tanto Africam superabat Hispania. Plurimum quantum favoris partibus dabat fraternitas ducum, et pro uno duos stare Pompeios. Itaque nusquam atrocius, nec tam ancipiti Marte concursum est.

Primum in ipso ostio Oceani Varus Didiusque legati conflixere : sed acrius fuit cum ipso mari, quam inter se

premiers aux mains, à l'embouchure même de l'Océan ; mais leurs vaisseaux eurent moins à lutter entre eux que contre la mer ; et comme si l'Océan eût voulu châtier la fureur de nos discordes civiles, il détruisit l'une et l'autre flotte par un naufrage. Quel horrible spectacle que ce conflit simultané les flots, des orages, des hommes, des vaisseaux et de leurs agrès flottants ! Joignez à cela ce que les lieux avaient d'effrayant : d'un côté les rivages de l'Espagne, de l'autre ceux de la Mauritanie, se rapprochant comme pour s'unir ; les deux mers, intérieure et extérieure[1], écumant à leur rencontre ; les colonnes d'Hercule avec leur aspect menaçant ; partout enfin les fureurs de la guerre jointes à celles de la tempête.

Bientôt après, de part et d'autre, on courut assiéger les villes ; et ces malheureuses cités furent cruellement punies, par les chefs des deux partis, de leur alliance avec les Romains

Munda[2] fut la dernière de toutes les batailles de César. Là son bonheur accoutumé l'abandonna, et le combat, longtemps douteux, prit un aspect alarmant ; la fortune, incertaine, semblait en quelque sorte délibérer. César lui-même, avant l'action, avait paru triste, contre sa coutume, soit qu'il fît un retour sur la fragilité des choses humaines, soit qu'il se défiât d'une prospérité trop prolongée, ou qu'il craignît, après avoir commencé comme Pompée, de finir comme lui. Au milieu même de la mêlée, après des efforts longtemps égaux de part et d'autre, tout à coup, ce que personne ne se souvenait d'avoir vu, à toute l'ardeur du combat et du carnage succéda, comme s'il y eût eu concert entre les deux armées, le plus profond silence ; tous éprouvaient le même sentiment. Enfin (et ce prodige était nouveau pour les yeux de César), bien qu'éprouvé par quatorze années de combats, le corps des vétérans recula ; et s'il ne fuyait pas encore, il était cependant aisé de reconnaître que la honte le retenait plutôt que le courage. César alors renvoie son cheval, et court comme un furieux à la première ligne. Il saisit et rassure les fuyards, et vole de rang en rang, pour animer ses soldats des yeux, du geste et de la voix. On dit que, dans ce moment de trouble, il délibéra s'il mettrait fin à ses jours, et qu'on put lire sur son visage la pensée de mort qui le préoccupait. Dans ce moment couraient à travers les lignes cinq cohortes ennemies, que Labiénus avait envoyées au secours de leur camp qui était en danger ; ce mouvement avait l'apparence d'une fuite. César, soit qu'il crût qu'elles fuyaient en effet, soit qu'en chef habile il feignît de le penser, saisit l'occasion, les charge comme des troupes en déroute, relève le courage des siens, et abat celui de l'ennemi. Ses soldats, se croyant vainqueurs, mettent plus d'impétuosité dans la poursuite. Ceux de Pompée, persuadés que leurs compagnons sont en fuite, se mettent à fuir eux-mêmes. Quels ne furent point le carnage des vaincus, la fureur et l'acharnement des vainqueurs ! On peut en juger par un seul trait : ceux qui se sauvèrent de la mêlée, s'étant enfermés dans Munda, et César en ayant aussitôt ordonné le siége, on forma un retranchement d'un amas de cadavres, joints ensemble par les dards et les javelots qui les avaient traversés (45) : action révoltante, même parmi les Barbares ! Les fils de Pompée désespérèrent enfin de la victoire.

[1] La Méditerranée et l'Atlantique. — [2] Ville qui porte encore le même nom, dans le royaume de Grenade.

navibus bellum : siquidem, velut furorem civicum castigaret Oceanus, utramque classem naufragio cecidit. Quinam ille horror, cum eodem tempore fluctus, procellæ, viri, naves, armamenta confligerent ! Adde situs ipsius formidinem, vergentia in unum, hinc Hispaniæ, inde Mauritaniæ litora ; mare et intestinum et externum, imminentesque Herculis speculas, quum omnia undique simul prælio et tempestate sævirent.

Mox circa obsidiones urbium utrimque discursum est, quæ miseræ inter hos atque illos duces societatis Romanæ pœnas dabant.

Omnium postrema certaminum Munda. Hic non proœtera felicitate, sed anceps, et diu triste prælium : ut plane videretur nescio quid deliberare fortuna. Sane et ipse ante aciem mæstior non ex more Cæsar, sive respectu fragilitatis humanæ, sive nimiam prosperorum suspectam habens continuationem : vel eadem timens, postquam idem esse cœperat, quod Pompeius. Sed in ipso prælio, quod nemo umquam meminerat, quum diu pari Marte acies nihil aliud quam occideret, in medio ardore pugnantium subito ingens inter utrosque silentium, quasi convenisset : hic omnium sensus erat. Novissime, illud inusitatum Cæsaris oculis nefas, post quatuordecim annos probata veteranorum manus gradum retro dedit. Quod etsi nondum fugerat, apparebat tamen, pudore magis, quam virtute resistere. Itaque ablegato equo, similis furenti, primam in aciem procurrit. Ibi prensare fugientes, confirmare ; per totum denique agmen oculis, manibus, clamore volitare. Dicitur in illa perturbatione et de extremis agitasse secum, et ita manifesto vultu fuisse, quasi occupare manu mortem vellet : nisi cohortes hostium quinque per transversam aciem actæ, quas Labienus periclitantibus castris subsidio miserat, fugæ speciem præbuissent. Hoc aut ipse credidit, aut dux callidus arripuit in occasionem, et quasi in fugientem invectus, simul et suorum erexit animos, et hostis perculit. Nam hi, dum se putant vincere, fortius sequi : Pompeiani, dum fugere credunt suos, fugere cœperunt. Quanta fuerit hostium cædes, ira, rabiesque victoribus, sic æstimari potest. Hoc a prælio profugi, quum se Mundam recepissent, et Cæsar obsideri statim victos imperasset, congestis cadaveribus agger effectus est, quæ pilis jaculisque

Cnæus, échappé du combat, blessé à la cuisse, et gagnant des lieux déserts et écartés, fut atteint, par Césonius, près de la ville de Laurone, se défendit en homme qui n'avait pas encore perdu toute espérance, et fut tué. La fortune cacha Sextus dans la Celtibérie, et le réserva pour d'autres guerres qui devaient suivre la mort de César.

César revint victorieux dans sa patrie. La Gaule fut le sujet de son premier triomphe, où l'on vit outre le Rhin et le Rhône, l'Océan représenté en or sous la forme d'un captif. C'était en Égypte qu'il avait cueilli son second laurier : dans ce triomphe parurent les images du Nil et d'Arsinoé, et celle du Phare, qui semblait étinceler de tous ses feux (46). Le troisième présenta devant son char Pharnace et le Pont. Le quatrième montra Juba, les Maures et l'Espagne deux fois subjuguée. Rien ne rappelait Pharsale, Thapsus, Munda, victoires bien plus grandes, dont il ne fit pas l'objet d'un triomphe (47).

Alors enfin on posa les armes. La paix qui suivit ne fut pas ensanglantée, et la clémence du vainqueur compensa les cruautés de la guerre. Il ne fit mourir personne, excepté Afranius (c'était assez de lui avoir pardonné une fois), Faustus Sylla (César avait appris à craindre ses gendres), et la fille de Pompée, avec ses cousins-germains du côté de Sylla : il voulait assurer le repos de sa postérité. Ses concitoyens ne furent point ingrats; ils accumulèrent tous les honneurs sur sa tête privilégiée. Ses statues autour des temples, le droit de porter au théâtre une couronne entourée de rayons éclatants, un siége éminent dans le sénat, un dôme sur sa maison, son nom donné à l'un des mois que parcourt le soleil, telles furent ces distinctions (48). On y ajouta le titre de **Père** de la patrie et de Dictateur perpétuel. Enfin, le consul Antoine, peut-être avec son consentement, lui présenta, sur la tribune aux harangues, les insignes de la royauté (49).

Tous ces honneurs étaient comme les ornements dont on charge la victime destinée à la mort. La clémence de ce chef de l'état ne put triompher de la haine de ses ennemis : le pouvoir même de leur faire du bien pesait à des hommes libres. Le moment de sa mort ne fut pas plus longtemps différé. Brutus, Cassius, et d'autres patriciens conspirèrent contre sa vie (50). Admirez la puissance du destin ! Le secret de la conjuration était répandu au loin; le jour même de l'exécution, on avait remis à César un mémoire qui l'en informait; sur cent victimes égorgées, aucune n'avait offert de présages favorables. Cependant il vint au sénat, méditant une expédition contre les Parthes. A peine y fut-il assis sur sa chaise curule, qu'assailli par les sénateurs, il tomba percé de vingt-trois coups de poignard. C'est ainsi que l'homme qui avait inondé l'univers du sang de ses concitoyens, arrosa enfin de son propre sang la salle du sénat (51).

III. — *César Auguste.* — Le peuple romain, après le meurtre de César et de Pompée, semblait être rentré dans ses anciennes libertés; et il les eût recouvrées, si Pompée n'eût point laissé d'enfants, ni César d'héritier; ou, ce qui fut plus funeste encore, si Antoine, autrefois le collègue de César, et qui alors aspirait à succéder à sa puissance, ne lui eût point survécu pour jeter le trouble et des brandons de discorde dans le siècle suivant. Sex-

---

confixa, inter se tenebantur: fœdum etiam inter Barbaros! Sed videlicet victoriam desperantibus Pompeii liberis, Cnæum prælio profugum, crure saucio, deserta et avia petentem, Cesonius apud Lauronem oppidum consecutus, pugnantem (adeo nondum desperabat) interfecit. Sextum fortuna in Celtiberiam interim abscondit; aliisque post Cæsarem bellis reservavit.

Cæsar in patriam victor invehitur. Primum de Gallia triumphum transmiserat Rhenus, et Rhodanus, et ex auro captivus Oceanus. Altera laurus Ægyptia: tunc in ferculis Nilus, Arsinoe, et ad simulacrum ignium ardens Pharus. Tertius de Pharnace currus, et Ponto. Quartus Jubam et Mauros, et bis subactam ostendebat Hispaniam. Pharsalia, et Thapsos, et Munda nusquam. Et quanto majora erant, de quibus non triumphabat!

Hic aliquando finis armis fuit. Reliqua pax incruenta: pensatumque clementia bellum. Nemo cæsus imperio præter Afranium (satis ignoverat semel); et Faustum Syllam (didicerat generos timere); filiamque Pompeii cum patruelibus ex Sylla: hic posteris cavebatur. Itaque non ingratis civibus omnes unum in principem congesti honores: circa templa imagines; in theatro distincta radiis corona; suggestus in curia; fastigium in domo; mensis in cælo; ad hoc Pater ipse patriæ, perpetuusque Dictator : novissime, dubium an ipso volente, oblata pro Rostris, et Antonio consule, regni insignia.

Quæ omnia, velut infulæ, in destinatam morti victimam congerebantur. Quippe clementiam principis vicit invidia: gravisque erat liberis ipsa beneficiorum potentia. Nec diutius dilatio donata est: sed Brutus et Cassius, aliique patricii, consenserunt in cædem principis. Quanta vis fati! manaverat late conjuratio; libellus etiam Cæsari datus eodem die; nec perlitare centum victimis potuerat. Venit in curiam tamen, expeditionem Parthicam meditans: ibi in curuli sedentem eum senatus invasit; tribusque et viginti vulneribus ad terram datus est. Sic ille, qui terrarum orbem civili sanguine impleverat, tandem ipse sanguine suo curiam implevit.

III. — *Cæsar Augustus.* — Populus Romanus, Cæsare et Pompeio trucidatis, rediisse in statum pristinæ libertatis videbatur: et rediorat, nisi aut Pompeius liberos, aut Cæsar heredem reliquisset: vel, quod utroque perniciosius fuit, si non collega quondam, mox æmulus Cæsarianæ potentiæ, fax et turbo sequentis sæculi, superfuis-

tus Pompée, en réclamant les biens paternels, répand la terreur sur toutes les mers; Octave, pour venger la mort de son père, remue une seconde fois la Thessalie; Antoine, esprit inconstant, tantôt s'indignant de voir dans Octave le successeur de César, tantôt se ravalant jusqu'à la royauté par amour pour Cléopâtre, réduit Rome à ne pouvoir trouver de salut et d'asile que dans la servitude (52). Toutefois, dans de si grandes agitations, on eut à se féliciter de ce que la puissance suprême tombât de préférence entre les mains d'Octave César Auguste, qui, par sa sagesse et son habileté, rendit le repos et l'ordre au corps de l'état si violemment ébranlé de toutes parts. Jamais, il n'en faut pas douter, ses diverses parties n'auraient pu se rapprocher, ni retrouver leur ensemble, s'il n'eût été régi par la volonté d'un seul chef qui en fût comme l'âme et le génie.

Sous le consulat de Marc Antoine et de Publius Dolabella, la fortune transférant dès lors l'empire romain aux Césars, des commotions diverses se multiplièrent dans la république; et, comme dans la révolution annuelle du ciel les mouvements des astres s'annoncent ordinairement par le tonnerre, et leurs changements par la tempête, ainsi dans cette révolution du gouvernement de Rome, c'est-à-dire du genre humain, le colosse de l'empire agité par des secousses de toutes sortes, par des guerres civiles, continentales et maritimes, trembla tout entier jusque dans ses fondements.

IV. — *Guerre de Modène.* — (An de Rome 710-711.) — Le testament de César fut la première cause de ces nouveaux troubles civils. Antoine, son second héritier (53), furieux de ce que Octave lui avait été préféré, entreprit une guerre à outrance pour combattre l'adoption de ce jeune et redoutable rival. Il ne voyait dans Octave qu'un adolescent de dix-huit ans, que cet âge, encore tendre, exposait et livrait à l'injustice, tandis qu'il se sentait lui-même fort du crédit attaché au titre de compagnon d'armes de César. Il commença donc à déchirer, par ses usurpations, la succession de César, à poursuivre Octave de ses outrages, à employer des artifices de tout genre pour empêcher son adoption dans la famille des Jules. Enfin, il prit ouvertement les armes pour accabler ce jeune adversaire; et, avec une armée qu'il tenait toute prête, il assiégea, dans la Gaule cisalpine, Décimus Brutus, qui s'opposait à ses desseins.

Octave, à qui son âge, l'injustice dont il était l'objet, et la majesté du nom qu'il avait pris, conciliaient la faveur publique, rappela aux armes les vétérans, et, quoique simple citoyen, il osa (qui le croirait ?) attaquer un consul. Il délivra Brutus assiégé dans Modène; il s'empara du camp d'Antoine. Et même, dans cette occasion, il se signala par sa valeur. On le vit, couvert de sang et de blessures, rapporter sur ses épaules, dans son camp, une aigle que lui avait remise un porte-enseigne mourant.

V. — *Guerre de Pérouse.* — (An de R. 712.) — Le partage des terres que César laissait aux vétérans pour prix de leurs services, excita une seconde guerre. Fulvie, cette femme d'un courage viril, ceignant l'épée comme un soldat, animait Antoine son époux, dont le génie était toujours porté au mal. Il soulève les colons chassés de leurs terres, et prend de nouveau les armes.

---

set Antonius. Quippe dum Sextus paterna repetit, trepidatum toto mari : dum Octavius mortem patris u'ciscitur, iterum fuit movenda Thessalia : dum Antonius varius ingenio, aut successorem Cæsaris indignatur Octavium, aut amore Cleopatræ desciscit in regem; nam aliter salvus esse non potuit, nisi confugisset ad servitutem. Gratulandum tamen in tanta perturbatione est, quod potissimum ad Octavium Cæsarem Augustum summa rerum rediit : qui sapientia sua atque sollertia perculsum undique et perturbatum ordinavit imperii corpus : quod ita haud dubie numquam coire et consentire potuisset, nisi unius præsidis nutu, quasi anima et mente, regeretur.

Marco Antonio, Publio Dolabella consulibus, imperium Romanum jam ad Cæsares transferente fortuna, varius et multiplex civitatis motus fuit; quodque in annua cœli conversione fieri solet, ut mota sidera tonent, ac suos flexus tempestate significent : sic cum Romanæ dominationis, id est, humani generis, conversione penitus intremuit, omnique genere discriminum, civilibus, terrestribus ac navalibus bellis, omne imperii corpus agitatum est.

IV. — *Bellum Mutinense.* — Prima civilium motuum caussa testamentum Cæsaris fuit, cujus secundus heres Antonius, prælatum sibi Octavium furens, inexpiabile contra adoptionem acerrimi juvenis susceperat bellum. Quippe quum intra decem et octo annos tenerum, obnoxium, et opportunum injuriæ juvenem videret, ipse plenæ ex conimilitio Cæsaris dignitatis, lacerare furtis hereditatem, ipsum insectari probris, cunctis artibus adoptionem Juliæ gentis inhibere non desineret : denique ad opprimendum juvenem palam arma moliri : et jam parato exercitu in Cisalpina Gallia resistentem motibus suis Decimum Brutum obsidebat.

Octavius Cæsar, ætate et injuria favorabilis, et nominis majestate, quod sibi induerat, revocatis ad arma veteranis, privatus (quis crederet?) consulem aggreditur; obsidio Mutinæ liberat Brutum; Antonium exuit castris. Tum quidem etiam manu pulcher apparuit : nam cruentus et saucius aquilam, a moriente signifero traditam, suis humeris in castra referebat.

V. — *Bellum Perusinum.* — Alterum bellum concitavit agrorum divisio, quos Cæsar veteranis in castris pretium militiæ persolvebat. Semper alias Antonii pessumum ingenium Fulvia, gladio cincta virilis militiæ, uxor agi-

Il est déclaré ennemi de la république, non plus par quelques particuliers, mais par les suffrages de tout le sénat; César l'attaque, le contraint de s'enfermer dans les murs de Pérouse, le réduit aux dernières horreurs de la famine, et le force de se rendre à discrétion.

VI.—*Triumvirat.*—(An de Rome 710.)— Antoine seul était déjà un obstacle à la paix, un empêchement au bien de la république, lorsque Lépide se joignit à lui, comme pour attiser l'incendie. Que pouvait Octave contre deux armées? Il fut donc forcé de s'associer à ce pacte sanglant. Tous avaient des vues différentes. Lépide brûlait de satisfaire, dans le bouleversement de la république, la passion des richesses dont il était dévoré; Antoine, de sacrifier à son ressentiment ceux qui l'avaient déclaré ennemi de l'état; César, de venger enfin son père, et d'immoler Brutus et Cassius à ses mânes indignés. Ce furent là comme les conditions de la paix qui fut conclue entre les trois chefs. Au confluent de deux rivières, entre Pérouse et Bologne (54), ils joignirent leurs mains et saluèrent réciproquement leurs armées. Imitant un exemple funeste, ils osèrent former un triumvirat; la république, opprimée par leurs armes, vit le retour des proscriptions de Sylla. Le massacre de cent quarante sénateurs en fut la moindre atrocité (55). Des morts affreuses, lamentables atteignirent les proscrits dans leur fuite par tout l'univers. Qui pourrait assez gémir sur l'indignité de ces forfaits! Antoine proscrit Lucius César, son oncle maternel; et Lépide, Lucius Paulus, son frère. On était déjà accoutumé dans Rome à voir, exposées sur la tribune aux harangues, les têtes des citoyens égorgés. Cependant la ville ne put retenir ses larmes en contemplant la tête sanglante de Cicéron sur cette tribune, le théâtre de sa gloire; et ce spectacle n'attirait pas moins de monde qu'autrefois son éloquence (56). Ces crimes étaient marqués à l'avance sur les tables d'Antoine et de Lépide. Pour César, il se contenta de faire périr les assassins de son père, juste vengeance, s'il y eut eu moins de têtes à faire tomber.

VII. — *Guerre de Cassius et de Brutus.* — (An de Rome 709-711.)— Brutus et Cassius, en immolant César, semblaient avoir chassé du trône un autre roi Tarquin. Mais ce parricide même, par lequel ils voulaient surtout rétablir la liberté, en consomma la perte. Après le meurtre, redoutant, non sans raison, les vétérans de César, ils s'étaient aussitôt réfugiés du sénat au Capitole. Ce n'est pas que la volonté de venger leur général manquât à ces soldats; mais ils n'avaient point de chef. D'ailleurs, comme, selon toute apparence, cette vengeance devait être fatale à la république, on renonça à l'exercer; et il fut, du consentement du consul, rendu un décret d'amnistie. Cependant, pour ne pas avoir à supporter la vue de la douleur publique, Brutus et Cassius s'étaient retirés dans leurs gouvernements de Syrie et de Macédoine, dont ils étaient redevables à ce même César qu'ils avaient tué. Ainsi la vengeance de sa mort fut plutôt différée qu'abandonnée.

Les triumvirs, ayant de concert réglé les affaires de la république, moins comme elles devaient que comme elles pouvaient l'être, la défense de la ville fut laissée à Lépide, et César marcha avec Antoine contre Cassius et Brutus. Ceux-ci, après

---

tabat. Ergo depulsos agris colonos incitando, iterum in arma ierat. Hic vero jam non privatis, sed totius senatus suffragiis judicatum hostem Cæsar aggressus, intra Perusiæ muros redegit, compulitque ad extrema deditionis turpi et nihil non experta fame.

VI. — *Triumviratus.* — Quum solus etiam gravis paci, gravis reipublicæ esset Antonius, quasi ignis incendio Lepidus accessit. Quid contra duos exercitus? necesse fuit venire in cruentissimi fœderis societatem. Diversa omnium vota. Incendit Lepidum divitiarum cupido, quarum spes ex turbatione reipublicæ: Antonium ultionis de his, qui se hostem judicassent: Cæsarem inultus pater, et Manibus ejus graves Cassius et Brutus agitabant. In hoc velut fœdus pax inter tres duces componitur. Apud confluentes inter Perusiam et Bononiam jungunt manus, et exercitus consalutant. Nullo bono more triumviratus invaditur; oppressaque armis republica, redit Syllana proscriptio: cujus atrocitas nihil in sc minus habet, quam numerum centum quadraginta senatorum. Exitus fœdi, truces, miserabiles, toto terrarum orbe fugientium. Pro quibus quis pro dignitate rei ingemiscat, quum Antonius Lucium Cæsarem, avunculum suum, Lepidus Lucium Paulum, suum fratrem, proscripserit? Romæ capita cæsorum proponere in Rostris jam usitatum erat: verum sic quoque civitas lacrymas tenere non potuit, quum recisum Ciceronis caput in illis suis Rostris videretur; nec aliter ad videndum eum, quam solebat ad audiendum, concurreretur. Hæc scelera in Antonii Lepidique tabulis: Cæsar percussoribus patris contentus fuit. Hæc quoque, nisi multa fuisset, etiam justa cædes haberetur.

VII. -- *Bellum Cassii et Bruti.* — Brutus et Cassius, sic Cæsarem, quasi Tarquinium regem, depulisse regno videbantur: sed libertatem, quam maxime restituram voluerunt, illo ipso parricidio perdidere. Igitur, cæde perfecta, quum veteranos Cæsaris, nec immerito, timerent, statim e Curia in Capitolium confugerant. Nec illis ad ultionem deerat animus; sed ducem non habebant. Igitur quum: appareret, quæ strages reipublicæ immineret, displicuit ultio, cum consulis abolitione decreta. Ne tamen publici doloris oculos ferrent, in provincias ab illo ipso, quem occiderant, Cæsare datas, Syriam et Macedoniam, concesserant. Sic vindicta Cæsaris dilata potius, quam oppressa est.

avoir rassemblé des forces considérables, étaient allés camper dans la même plaine qui avait été si fatale à Cnæus Pompée. Cette fois aussi, des signes manifestes annoncèrent à ces généraux le désastre qui les menaçait. Autour de leur camp voltigeaient, comme autour d'une proie déjà sûre, des oiseaux habitués à se repaître de cadavres. Ils firent, en marchant au combat, la rencontre d'un Éthiopien, présage trop certain d'un malheur. Brutus lui-même se livrait, pendant la nuit, à la lueur d'une lampe, à ses méditations accoutumées, lorsqu'un noir fantôme lui apparut; il lui demanda « qui il était; » — « Ton mauvais génie, » lui répondit le spectre, en disparaissant à ses yeux étonnés.

Dans le camp de César, il y avait pareillement des présages, mais de meilleurs; le vol des oiseaux et les entrailles des victimes y promettaient la victoire. L'augure le plus favorable fut l'avertissement que le médecin de César reçut en songe « de le faire transporter hors du camp, qui était menacé d'être pris, » et qui le fut en effet. L'action s'étant engagée, on se battit quelque temps avec une égale ardeur, bien qu'aucun des deux chefs ne fût présent à la bataille; l'un était retenu par la maladie, l'autre par la crainte et la lâcheté. Toutefois, l'invincible fortune de César et de son vengeur prit parti dans cette journée. La victoire fut d'abord incertaine et les avantages égaux de part et d'autre, comme le montra l'événement. Le camp de César et celui de Cassius furent également emportés.

Mais que la fortune a plus de puissance que la vertu! et qu'elle est vraie, cette dernière parole de Brutus mourant : « La vertu n'est qu'un vain nom! » Une méprise donna la victoire aux triumvirs. Cassius, voyant plier l'aile qu'il commandait, et jugeant, au mouvement rapide dont revenait la cavalerie après avoir forcé le camp de César, qu'elle prenait la fuite, se retira sur une éminence. La poussière, le bruit, et l'approche de la nuit lui dérobaient le véritable aspect des choses; de plus, un éclaireur qu'il avait envoyé à la découverte tardait à lui rapporter des nouvelles; il crut son parti ruiné sans ressource, et présenta sa tête au glaive d'un de ceux qui l'entouraient. Avec Cassius, Brutus perdit son courage. Fidèle à l'engagement qu'il avait pris, (ils étaient convenus de ne point survivre à leur défaite), il offrit aussi sa poitrine à l'épée d'un de ses affidés (57). Qui ne s'étonnera pas que des hommes aussi sages n'aient point eux-mêmes terminé leurs destins? Peut-être étaient-ils persuadés qu'ils ne pouvaient souiller leurs mains de leur propre sang, et que, pour l'affranchissement de leurs âmes si saintes et si pieuses, ils devaient seulement le vouloir et laisser à d'autres le crime de l'exécuter.

VIII. — *Guerre contre Sextus Pompée.*—(An de Rome 713-718). — Les meurtriers de César étaient détruits; restait la famille de Pompée: l'un de ses fils était mort en Espagne, l'autre n'avait dû son salut qu'à la fuite. Celui-ci avait ramassé les débris de cette guerre malheureuse et armé jusqu'aux esclaves; il occupait la Sicile et la Sardaigne. Déjà même sa flotte dominait sur la

Igitur ordinata magis ut poterat, quam ut debebat inter triumviros, respublica, relicto ad urbis præsidium Lepido, Cæsar cum Antonio in Cassium Brutumque succingitur. Illi, comparatis ingentibus copiis, eamdem illam, quæ fatalis Cnæo Pompeio fuit, arenam insederant. Sed nec tum imminentia cladis destinatæ signa latuere : nam et assuetæ cadaverum pabulo volucres castra, quasi jam sua, circumvolabant; et in aciem prodeuntibus obvius Æthiops nimis aperte ferale signum fuit. Ipsique Bruto per noctem, quum, illato lumine, ex more aliqua secum agitaret, atra quædam imago se obtulit : et, « quæ esset, » interrogata, « Tuus, inquit, « malus Genius. » Hoc dixit, et sub oculis mirantis evanuit. Pari in meliora præsagio in Cæsaris castris omnia aves victimæque promiserant : sed nihil illo præsentius, quam quod Cæsaris medicus somnio admonitus est, « ut Cæsar « castris excederet, quibus capi imminebat : » ut factum est. Acie namque commissa, quum pari ardore aliquamdiu dimicatum foret, quamvis duces non essent præsentes, quum alterum corporis ægritudo, illum metus et ignavia subduxisset, staret tamen pro partibus invicta fortuna et ultoris, et qui vindicabatur, primum adeo anceps fuit, et par utrimque discrimen, ut exitus prælii docuit. Capta sunt hinc Cæsaris castra, inde Cassii.

Sed quanto efficacior est fortuna, quam virtus! et quam verum est, quod moriens efflavit, « non in re, sed « in verbo tantum, esse virtutem! » Victoriam illi prælio error dedit. Cassius, inclinato cornu suo, quum, captis Cæsaris castris, rapido impetu recipientes se videret equites, fugere arbitratus, evadit in tumulum : inde pulvere et strepitu, etiam nocte vicina, eximentibus gestæ rei sensum, quum speculator quoque in id missus, tardius renuntiaret, transactum de partibus ratus, uni de proximis auferendum præbuit caput. Brutus, quum in Cassio etiam suum animum perdidisset, ne quid ex constituto fide resignaret (ita enim, impares ne superessent bello, convenerat), ipse quoque uni comitum suorum confodiendum præbuit latus. Quis sapientissimos viros non miretur ad virtutem non suis manibus usos? nisi si hoc quoque ex persuasione defuit, ne violarent manus, sed in abolitione sanctissimarum piissimarumque animarum, judicio suo, scelere alieno, uterentur.

VIII. — *Bellum cum sexto Pompeio.* — Sublatis percussoribus Cæsaris, supererat Pompeii domus. Alter juvenum in Hispania occidental, alter fuga evaserat ; contractisque infelicis belli reliquiis, quum insuper ergastula armasset, Siciliam Sardiniamque habebat. Jam et classe medium mare insederat, o! quam diversus a pa-

Méditerranée Oh! que le fils différait du père! l'un avait exterminé les pirates Ciliciens, l'autre les associait à ses desseins.

Le jeune Pompée fut accablé sans retour dans le détroit de Sicile, sous le poids d'une guerre formidable; il eût emporté aux enfers la réputation de grand capitaine, s'il n'eût pas de nouveau tenté la fortune, bien que ce soit le signe d'une grande âme que d'espérer toujours. Voyant ses affaires ruinées, il s'enfuit et fit voile vers l'Asie, où il devait tomber entre les mains et dans les chaînes de ses ennemis, et, ce qui est le comble de l'infortune pour un homme de courage, périr à leur gré sous le fer d'un assassin. Jamais fuite, depuis celle de Xerxès, n'avait été plus déplorable. Maître naguère de trois cent cinquante navires, c'était avec six ou sept que fuyait Sextus, réduit à faire éteindre le fanal du vaisseau prétorien (58) et à jeter son anneau dans la mer, portant de tous côtés des regards incertains et inquiets, et toutefois ne craignant point la mort.

IX. — *Guerre de Ventidius contre les Parthes.* — (An de Rome 714-715). — Quoique César eût, par la mort de Cassius et de Brutus, anéanti le parti de Pompée, quoiqu'il en eût effacé jusqu'au nom par celle de Sextus, il n'avait encore rien fait pour la stabilité de la paix, puis qu'il restait un écueil, un nœud gordien, un obstacle qui retardait le retour de la sécurité publique; c'était Antoine. Du reste, cet homme hâta lui-même sa perte par ses vices. Se livrant à tous les excès de l'ambition et de la luxure, il délivra d'abord ses ennemis, ensuite ses concitoyens, enfin son siècle de sa terrible existence.

Les Parthes, enorgueillis de la défaite de Crassus, avaient appris avec joie les discordes civiles du peuple romain; et, prompts à saisir la première occasion, ils avaient envahi nos frontières, à l'instigation de Labiénus, que Cassius et Brutus, ô délire du crime! avaient envoyé implorer le secours de ces ennemis de Rome. Aussitôt les Parthes, sous la conduite du jeune Pacorus, fils de leur roi, dissipent les garnisons d'Antoine, dont le lieutenant Saxa se perça de son glaive pour ne pas tomber entre les mains du vainqueur. La Syrie nous fut enfin enlevée; et les Parthes triomphant pour eux-mêmes, sous le nom d'auxiliaires, le mal se serait étendu plus loin, si, par un bonheur incroyable, Ventidius, autre lieutenant d'Antoine, n'eût taillé en pièces les troupes de Labiénus, toute la cavalerie Parthe, et tué Pacorus lui-même, dans la vaste plaine située entre l'Oronte et l'Euphrate. Plus de vingt mille hommes périrent, dans cette défaite, qui fut due surtout à l'habileté de notre général. Feignant d'être effrayé, il laissa les ennemis s'approcher si près de son camp, qu'il leur ôta ainsi l'espace nécessaire pour la portée du trait et le pouvoir de faire usage de leurs flèches. Leur prince périt en combattant vaillamment. Sa tête fut aussitôt portée dans toutes les villes rebelles, et la Syrie recouvrée sans combat. C'est ainsi que nous vengeâmes le désastre de Crassus par le sang de Pacorus.

X. — *Guerre d'Antoine contre les Parthes.* — (An de Rome 716-717.) — Les Parthes et les Romains, en mesurant leurs forces, s'en étaient donné, par la mort de Crassus et de Pacorus, des preuves mutuelles : pleins les uns pour

---

re! Ille Cilicas exstinxerat : hic secum piratas navales agitabat.

Tanta mole belli penitus in Siculo freto juvenis oppressus est; magnique famam ducis ad inferos secum tulisset, si nihil tentasset ulterius : nisi quod magnæ indolis signum est, sperare semper. Perditis enim rebus, profugit, Asiamque velis petit, venturus ibi in manus hostium et catenas et, quod miserrimum est fortibus viris, ad hostium arbitrium sub percussore moriturus. Non alia post Xerxem miserabilior fuga : quippe modo trecentarum quinquaginta navium dominus, cum sex septemve fugiebat, exstincto prætoriæ navis lumine, anulis in mare adjectis, pavens atque respectans, et tamen non timens ne periret.

IX. — *Bellum Parthicum, duce Ventidio.* — Quamvis in Cassio et Bruto partes sustulisset, in Pompeio totum partium nomen abolesset, nondum tamen ad pacis stabilitatem profecerat Cæsar, quum scopulus, et nodus, et mora publicæ securitatis superesset Antonius. Nec ille defuit vitiis, quin periret : immo omnia expertus ambitu et luxuria, primum hostes, deinde cives, tandem etiam terrore sui sæculum liberavit.

Parthi clade Crassiana altius animos erexerant; civilesque populi Romani discordias læti acceperant : itaque, ut prima affulsit occasio, non dubitaverunt erumpere, ultro quidem invitante Labieno, qui, missus a Cassio Brutoque. (quis furor scelerum!) sollicitaverat hostes in auxilium : et illi, Pacoro duce, regio juvene, dissipant Antoniana præsidia. Saxa legatus, ne veniret in potestatem, a gladio suo impetravit. Denique, ablata Syria, emanabat latius malum, hostibus sub auxilii specie sibi vincentibus, nisi Ventidius, et hic magnus Antonii, incredibili felicitate et Labieni copias, ipsumque Pacorum, et omnem Parthicum equitatum, toto inter Orontem et Euphratem sinu late cecidisset. Viginti amplius millium fuit : nec sine consilio ducis, qui, simulato metu, adeo passus est hostem castris succedere, donec, absumto jactus spatio, adimeret usum sagittarum. Rex fortissime dimicans cecidit : mox, circumlata ejus per urbes, quæ desciverant, capite, Syria sine bello recepta. Sic Crassianam cladem Pacori cæde pensavimus.

X. — *Bellum Parthicum sub Antonio.* — Expertis invicem Parthis atque Romanis, quum Crassus atque Pacorus utrimque virium mutuarum documenta fecissent,

les autres d'un respect égal, ils renouvelèrent leur alliance, et ce fut Antoine lui-même qui signa le traité avec le roi des Parthes. Mais, ô immense vanité de l'homme! ce triumvir, avide de nouveaux titres, et jaloux de faire lire au bas de ses images les noms de l'Araxe et de l'Euphrate (59), quitte tout à coup la Syrie et tombe sur les Parthes, sans sujet, sans aucun plan, sans apparence même de déclaration de guerre, comme si la fraude entrait aussi dans la tactique d'un général. Les Parthes, nation aussi rusée que brave, simulent l'effroi et fuient à travers leurs campagnes. Antoine les poursuivait, se croyant déjà vainqueur, lorsque, tout à coup, il est inopinément assailli par un corps d'ennemis peu considérable qui, vers le soir, fond comme un orage sur nos soldats fatigués de la marche, et couvre deux légions de traits qui pleuvent de tous côtés.

Ce n'était rien encore au prix du désastre qui nous attendait le jour suivant, si les dieux ne fussent intervenus par pitié pour nous. Un Romain, échappé à la défaite de Crassus, s'approche à cheval de notre camp, sous l'habillement d'un Parthe, et après avoir donné en latin le salut au général, afin de lui inspirer de la confiance, il l'informe des périls qui le menacent : « Le roi des Parthes doit bientôt paraître avec toutes ses forces ; il faut que l'armée retourne sur ses pas et gagne les montagnes, précaution qui ne la dérobera peut-être pas encore à l'ennemi. » Grâce à cet avis, elle fut moins vivement poursuivie qu'elle n'avait lieu de le craindre. Elle le fut cependant ; et ce reste de nos troupes allait être exterminé, si, accablés d'une grêle de traits, nos soldats, par une espèce d'inspiration, se laissant tomber sur leurs genoux, ne se fussent couvert la tête de leurs boucliers, posture qui fit croire qu'ils étaient tués. Les Parthes alors détendirent leurs arcs. Voyant ensuite les Romains se relever, ils furent frappés d'un tel étonnement, qu'un de ces Barbares s'écria : « Allez, Romains, et retirez-vous sains et saufs, c'est à bon droit que la renommée vous appelle les vainqueurs des nations, puisque vous avez échappé aux flèches des Parthes. »

L'eau, dans la suite, ne fut pas moins funeste que les ennemis. D'abord, c'est une région où la soif est cruelle ; puis, des fleuves dont les eaux saumâtres sont plus funestes encore ; enfin l'eau douce même devint nuisible, parce que, dans l'état de faiblesse où se trouvaient nos soldats, ils en burent avec avidité. Exposés bientôt et aux chaleurs de l'Arménie et aux frimas de la Cappadoce, le changement subit de ces climats si différens produisit sur eux l'effet de la peste. C'est ainsi que, ramenant à peine le tiers de seize légions, après avoir vu mettre en pièces, à coups de hache, son argenterie (60), et conjuré à diverses reprises son gladiateur de lui donner la mort, cet illustre général se réfugia enfin en Syrie. Là, par un incroyable aveuglement d'esprit, il se montra plus arrogant que jamais, comme s'il eût vaincu l'ennemi, quand il n'avait fait que lui échapper.

XI. — *Guerre contre Antoine et Cléopâtre.* — (An de Rome 722). — La fureur d'Antoine, qui n'était pas tombée devant le résultat de son ambition, trouva un terme dans son luxe et ses dé-

---

pari rursus reverentia integrata amicitia; et quidem ab ipso Antonio fœdus cum rege percussum. Sed (immensa vanitas hominis!) dum titulorum cupidine Araxem et Euphratem sub imaginibus suis legi concupiscit, neque caussa, nec consilio, ac ne imaginaria quidem belli indictione, quasi hoc quoque ex arte ducis esset obrepere, relicta repente Syria, in Parthos impetum facit. Gens, præter armorum fiduciam, callida, simulat trepidationem, et in campos fugam. Hic statim quasi victor sequebatur : quum subito nec magna hostium manus, ex improviso, et jam in fessos jub vespere, velut nimbus, erupit ; et missis undique sagittis duas legiones operuerunt.

Nihil acciderat in comparationem cladis, quæ in posterum diem imminebat, nisi intervenisset deum miseratio. Unus ex clade Crassiana, Parthico habitu, castris adequitat ; et, salute latine data, quum fidem eo ipso fecisset, quid immineret, edocuit : « jam adfuturum cum « omnibus copiis regem : irent retro, peterentque mon- « tes : sic quoque hostem fortasse non defore. » Atque ita secuta est minor vis hostium, quam imminebat. Adfuit tamen : deletæque reliquæ copiæ forent, nisi urgentibus telis in modum grandinis, quadam sorte quasi docti, procubuissent in genua milites, et, elatis super capita scutis, cæsorum speciem præbuissent. Tum Parthus arcus inhibuit. Deinde Romani quum se rursus extulissent, adeo ex miraculo fuit, ut unus ex Barbaris miserit vocem : « Ite, et bene valete, Romani : merito « vos victores fama gentium loquitur, qui Parthorum tela « fugistis. ».

Non minor ex aqua postea, quam ab hostibus clades. Infesta primum siti regio : tum quibusdam salinacidis fluviis infestior : novissime, quia jam ab invalidis et avide hauriebantur, noxiæ etiam dulces fuere. Mox et ardores per Armeniam, et nives per Cappadociam, et utriusque cœli subita mutatio pro pestilentia fuit. Sic vix tertia parte de sedecim legionibus reliqua, quum argentum ejus passim dolabris coucideretur, et subinde inter moras mortem a gladiatore suo efflagitasset egregius imperator, tandem perfugit in Syriam. Ibi incredibili quadam mentis vecordia ferocior aliquanto factus est : quasi vicisset, qui evaserat.

XI. — *Bellum cum Antonio et Cleopatra.* — Furor Antonii, quatenus ambitu non interiret, luxu et libidine exstinctus est. Quippe post Parthos quum exosus arma in otio ageret, captus amore Cleopatræ, quasi bene ges-

bauches. Détestant la guerre, après son expédition contre les Parthes, il s'abandonna à la mollesse; et, captivé par les attraits de Cléopâtre, il se délassait, comme après un triomphe, dans les bras de cette reine. L'Égyptienne demande, pour prix de ses caresses, l'empire romain à ce général ivre. Antoine le lui promet, comme s'il lui était plus facile de subjuguer les Romains que les Parthes. Il prépare ouvertement ses moyens de domination. Il oublie sa patrie, son nom, sa toge, ses faisceaux; et, pour le monstre de luxure (61) qui l'asservit tout entier, il renonce à ses sentiments, à ses principes, à son costume. Il porte un sceptre d'or à la main, des poignards à son côté, une robe de pourpre agraffée avec de grosses pierres précieuses; il ceint même le diadème, afin de jouir comme roi de cette reine.

Au premier bruit de ces nouveaux mouvements, César part de Brundisium pour aller au-devant de la guerre. Il place son camp en Épire, et entoure d'une flotte formidable l'île et le promontoire de Leucade, et les deux pointes du golfe d'Ambracie. Nous n'avions pas moins de quatre cents vaisseaux; les ennemis n'en avaient pas plus de deux cents; mais l'infériorité de leur nombre était bien compensée par leur grandeur. Ils étaient tous de six à neuf rangs de rames, et surmontés en outre de tours à plusieurs étages; on les eût pris pour des citadelles ou des villes flottantes; la mer gémissait sous leur poids; et les vents épuisaient leurs efforts à les mouvoir. L'énormité même de leur masse fut la cause de leur perte. Les navires de César n'avaient que trois ou, au plus, six rangs de rames; propres à toutes les évolutions qu'exigeait leur service, ils attaquaient, se retiraient, se détournaient avec facilité, et, s'attachant plusieurs à une seule de ces lourdes masses inhabiles à toute manœuvre, les accablaient sans peine sous les coups réitérés de leurs traits, de leurs éperons et des machines enflammées qu'ils lançaient sur eux. Ce fut surtout après la victoire qu'apparut la grandeur des forces ennemies. Cette flotte immense, détruite par la guerre comme par un naufrage, était dispersée sur toute la mer; et les vagues, agitées par les vents, vomissaient incessamment sur les côtes la pourpre et l'or, dépouilles des Arabes, des Sabéens et de mille autres nations de l'Asie [1].

La reine donne l'exemple de la fuite; la première, elle gagne la haute mer sur son vaisseau à poupe d'or et à voile de pourpre. Antoine la suit de près; mais César s'élance sur leurs traces. En vain ils ont préparé leur fuite sur l'Océan; en vain ils ont pourvu par des garnisons à la défense de Parétonium et de Péluse, les deux boulevards de l'Égypte; ils vont tomber aux mains de leur ennemi. Antoine se perce le premier de son épée. La reine, prosternée aux pieds de César, essaie sur les yeux du vainqueur le pouvoir des siens; inutiles efforts! Sa beauté n'égalait point la continence du prince. Ce n'est point au reste le désir de conserver une vie qu'on lui offre, qui agite Cléopâtre, mais celui de garder une partie de son royaume. Dès qu'elle n'espère plus l'obtenir de César, et qu'elle se voit réservée pour le triomphe, profitant de la négligence de ses gardes, elle va s'enfermer dans un mausolée, nom que les Égyptiens donnent aux tombeaux de leurs rois. Là, revêtue, selon son usage, de magnifi-

[1] Le 4 septembre de l'année 31 av. J-C. (720 de Rome.)

---

tis rebus, in regio se sinu reficiebat. Hæc mulier Ægyptia, ab ebrio imperatore, pretium libidinum, Romanum imperium petit. Et promisit Antonius, quasi facilior esset Partho Romanus. Igitur dominationem parare, nec tacite: sed patriæ, nominis, togæ, fascium oblitus, totus in monstrum illud, ut mente, ita animo quoque et cultu, desciverat. Aureum in manu baculum: ad latus acinaces: purpurea vestis ingentibus obstricta gemmis: diadema aderat, ut regina rex ipse frueretur.

Ad primam novorum motuum famam Cæsar a Brundisio trajecerat, ut venienti bello occurreret: positisque in Epiro castris, Leucadem insulam, montemque Leucaten, et Ambracii sinus cornua, infesta classe succinxerat. Nobis quadringintæ non minus naves: ducentæ non amplius hostium: sed numerum magnitudo pensabat. Quippe a senis in novenos remorum ordinibus, ad hoc turribus, atque tabulatis allevatæ, castellorum et urbium specie, non sine gemitu maris et labore ventorum ferebantur: quæ quidem ipsa moles exitio fuit. Cæsaris naves a triremibus in senos non amplius ordines creverant. Itaque habiles in omnia, quæ usus poscebat, ad impetus et recursus flexusque capiendos, illas graves, et ad omnia præpeditas, singulas plures adortæ, missilibus simul, tum rostris, ad hæc ignibus jactis, ad arbitrium dissipavere. Nec ulla re magis hostilium copiarum apparuit magnitudo, quam post victoriam. Quippe immensa classis, naufragio belli facto, toto mari ferebatur; Arabumque, et Sabæorum, et mille aliarum gentium Asiæ spolia, purpuram, aurumque, in ripam assidue mota ventis maria revomebant.

Prima dux fugæ regina, cum aurea puppe, veloque purpureo, in altum dedit. Mox secutus Antonius: sed instare vestigiis Cæsar. Itaque nec præparata in Oceanum fuga, nec munita præsidiis utraque Ægypti cornua Parætonium atque Pelusium, profuere: prope manu tenebantur. Prior ferrum occupavit Antonius: regina ad pedes Cæsaris provoluta tentavit oculos ducis: frustra, nam pulchritudo intra pudicitiam principis fuit. Nec illa de vita, quæ offerebatur, sed de parte regni, laborabat. Quod ubi a principe desperavit, servarique se triumpho vidit, incautiorem nacta custodiam, in mausoleum se (sepulcra regum sic vocant) recipit. Ibi maximos, ut so-

ques ornements, elle se place sur des coussins parfumés, auprès de son cher Antoine; et, se faisant piquer les veines par des serpents, elle expire d'une mort douce et semblable au sommeil.

XII. — *Guerres étrangères sous Auguste.* — (An de Rome 755-760.) — Ce fut là le terme des guerres civiles. Rome n'eut plus à combattre que les nations étrangères qui, pendant les troubles domestiques de l'empire, s'étaient soulevées dans les diverses parties de l'univers. La paix qu'on leur avait donnée était encore nouvelle; et ces peuples orgueilleux, peu accoutumés au frein de la servitude, tentaient de rejeter le joug récemment imposé à leurs têtes altières.

Ceux qui habitent vers le septentrion se montraient les plus indomptables : tels étaient les Noriques [1], les Illyriens, les Pannoniens, les Dalmates, les Mysiens, les Thraces et les Daces, les Sarmates et les Germains.

Les Alpes et leurs neiges donnaient de l'audace aux Noriques, comme si la guerre n'eût pu franchir ces montagnes. Mais César pacifia entièrement tous les peuples de cette contrée, les Brennes [2], les Sénons [3], et les Vindéliciens [4], par les armes de Claudius Drusus, son beau-fils. Qu'on juge de la férocité de ces nations qui habitent les Alpes par celle que montrèrent les femmes : manquant de traits, elles écrasaient contre la terre leurs propres enfants, et les lançaient ensuite à la tête de nos soldats.

Les Illyriens habitent aussi au pied des Alpes, dont ils gardent les profondes vallées, comme les barrières de leur pays; des torrents impétueux les environnent. César dirige lui-même une expédition contre eux, et fait construire des ponts pour franchir ces torrents. La fureur des eaux et les efforts des ennemis jettent le trouble dans son armée. Arrachant le bouclier d'un soldat qui hésite à monter, il s'avance le premier; ses troupes le suivent alors; le pont chancelle et s'écroule sous une charge aussi pesante. César est blessé aux mains et aux cuisses; le sang dont il est couvert et le péril qu'il a bravé le rendent plus imposant et plus auguste. Il taille en pièces l'ennemi qui fuit devant lui.

Les Pannoniens avaient pour rempart deux bois et trois fleuves, la Save, la Drave [1] et le Danube. Après avoir ravagé les pays voisins, ils se réfugiaient entre ces rivages. César envoya Tibère pour les dompter. Ils furent défaits sur les bords de ces fleuves. Les armes des vaincus ne furent point brûlées, selon l'usage de la guerre; on les jeta dans le courant et elles allèrent annoncer cette victoire à ceux qui résistaient encore.

Les Dalmates vivent habituellement dans les forêts; aussi ne se livrent-ils qu'au brigandage. Marcius, en brûlant Delminium, leur capitale, leur avait ôté leur principale force. Après lui, Asinius Pollion, le second des orateurs, les dépouilla de leurs troupeaux, de leurs armes et de leurs terres. Mais ce fut Tibère qui, par l'ordre d'Auguste, acheva de les soumettre. Il contraignit cette race sauvage à fouiller la terre, et à tirer l'or de ses entrailles; recherche à laquelle cette nation, la plus cupide de toutes, se livre avec au-

---

[1] Peuple du pays qui répond à la partie méridionale de la Bavière et de l'Autriche. — [2] Peuple peu connu de la Rhétie. — [3] Celtes d'origine; ils étaient répandus dans la Germanie, comme dans la Gaule et dans la Cisalpine. — [4] Ils habitaient une province voisine de la Rhétie.

[1] Ces deux rivières se jettent dans le Danube.

---

lebat, induta cultus, in differto odoribus solio, juxta suum se collocavit Antonium; admotisque ad venas serpentibus, sic morte, quasi somno, soluta est.

XII. — *Bella adversus gentes exteras.* — Hic finis armorum civilium : reliqua adversus exteras gentes, quæ, districto circa mala sua imperio, diversis orbis oris emicabant. Nova quippe pax : necdum assuetæ frenis servitutis tumidæ gentium inflatæque cervices ab imposito nuper jugo resiliebant.

Ad Septemtrionem conversa ferme plaga ferocius agebat : Norici, Illyrii, Pannonii, Dalmatæ, Mysi, Thraces et Daci, Sarmatæ atque Germani.

Noricis animos dabant Alpes et nives, quo bellum non posset adscendere : sed omnes illius cardinis populos, Brennos, Senones atque Vindelicos, per privignum suum Claudium Drusum perpacavit. Quæ fuerit alpicarum gentium feritas, facile vel mulieres ostendere : quæ, deficientibus telis, infantes ipsos afflictos humo in ora militum adversa miserunt.

Illyrii quoque sub Alpibus agunt, imasque valles earum, ac quædam quasi claustra, custodiunt, abruptis torrentibus impliciti. In hos expeditionem ipse sumsit, fierique pontes imperavit. Hic se et aquis et hoste turbantibus, cunctanti ad adscensum milit.i scutum de manu rapuit; et in via primus, tunc agmine secuto, quum lubricus multitudine pons succidisset, saucius manibus ac cruribus, speciosior sanguine, et ipso periculo augustior, terga hostium percecidit.

Pannonii duobus saltibus, ac tribus fluviis, Dravo, Savo, Pannoniaque vallabantur. Populatis proximos, intra ripas se recipiebant : in hos domandos Tiberium misit. Cæsi sunt in utrisque fluminibus. Arma victorum non ex more belli cremata; sed capta sunt, et in profluentes data : ut cæteris, qui resistebant, victoria sic nuntiaretur.

Dalmatæ plerumque sub silvis agunt : inde in latrocinia promtissimi. Hos jam quidem Marcius, incensa urbe Delminio, quasi detruncaverat : postea Asinius Pollio gregibus, armis, agris multaverat (hic secundus orator); sed Augustus perdomandos Tiberio mandat; qui efferum genus fodere terras coegit, aurumque venis repurgare, quod alioquin gens omnium cupidissima,

tant de zèle et d'activité que si elle devait le garder pour son usage.

On ne peut exprimer sans horreur combien féroces et sanguinaires étaient les Mysiens [1], ces barbares des Barbares. Un de leurs chefs, s'avançant hors des rangs, réclame le silence : « Qui êtes-vous ? nous dit-il. — Nous sommes, lui répondit-on tout d'une voix, les Romains, maîtres des nations. — Il en sera ainsi, répliqua-t-il, quand vous nous aurez vaincus. » Marcus Crassus en accepta l'augure. Aussitôt, les ennemis immolèrent un cheval en avant de l'armée, et firent vœu « d'offrir aux dieux les entrailles des généraux tués et de s'en nourrir ensuite. » Les dieux sans doute les entendirent, car les Mysiens ne purent même soutenir le son de la trompette. Le centurion Domitius, homme d'un courage brutal et extravagant, et digne adversaire de ces Barbares, ne leur causa pas une médiocre terreur, en portant sur son casque une torche allumée, dont la flamme, excitée par les mouvements de son corps, semblait sortir de sa tête qui paraissait tout en feu.

Avant les Mysiens, les Besses, le plus puissant peuple de la Thrace, s'étaient révoltés. Ces Barbares avaient depuis longtemps adopté les enseignes militaires, la discipline, les armes mêmes des Romains. Mais, domptés par Pison, ils montrèrent leur rage jusque dans la captivité ; ils mordaient leurs chaines avec une fureur qui portait avec elle-même sa punition.

Les Daces habitent des montagnes [2]. Toutes les fois que la glace avait uni les deux rives du Danube, ils descendaient de leurs demeures sous le commandement de Cotison, leur roi, et dévastaient les terres de leurs voisins. César Auguste crut devoir éloigner une nation dont l'accès était si difficile. Lentulus, envoyé contre elle, la repoussa au-delà du fleuve, et établit en-deçà des garnisons. Ainsi la Dacie fut non pas vaincue, mais reculée et transportée plus loin.

Les Sarmates [1] sont toujours à cheval dans leurs vastes plaines. César se contenta de leur faire fermer, par le même Lentulus, le passage du Danube. Ils n'ont que des neiges et quelques forêts peu épaisses. Telle est leur barbarie, qu'ils ne comprennent pas l'état de paix.

Plût aux dieux qu'Octave eût attaché moins de prix à la conquête de la Germanie ! elle fut plus honteusement perdue que glorieusement conquise. Mais, sachant que César, son père, avait jeté deux fois un pont sur le Rhin, pour porter la guerre dans cette contrée, Auguste voulut, pour honorer sa mémoire, en faire une province romaine ; et il y serait parvenu, si les Barbares avaient pu supporter nos vices comme notre domination. Drusus, envoyé contre eux, dompta d'abord les Usipètes, parcourut le pays des Tencthères et des Cattes [2]. Il étala sur un tertre élevé les riches dépouilles des Marcomans [3], dressées en forme de trophée. Il attaqua ensuite à la fois toutes ces puissantes nations, les Chérusques [4], les Suèves et les Sicambres [5], qui avaient brûlé

---

[1] Plus communément appelés Mæsiens. Ils habitaient une vaste contrée bornée au nord par le Danube, au sud par la Macédoine et la Thrace, à l'est par le pont Euxin. — [2] La Dacie était au nord de la Mæsie, dont la séparait le Danube.

[1] Leur pays, au nord de la Dacie, répondait à la partie orientale de la Pologne et à la Russie. — [2] Appelés par César les Suèves ; ils habitaient la Hesse jusqu'à la Sala, et la Vétéravie, jusqu'au Mein. — [3] Peuple de la Germanie. — [4] Ils habitaient, dit Tacite, sur les bords de l'Elbe. — [5] Établis sur la rive méridionale de la Lippe.

---

studiosa diligentia anquirit, ut illud in usus suos servare videatur.

Mysi quam feri, quam truces fuerint, quam ipsorum etiam barbari barbarorum, horribile dictu est. Unus ducum, ante aciem, postulato silentio : « Qui vos, inquit, « estis ? » Responsum invicem : « Romani, gentium do- « mini. » Et illi, « Ita, inquiunt, fiet, si nos viceritis. » Accepit omen Marcus Crassus. Illi statim, ante aciem immolato equo, concepere votum, « ut cæsorum extis « ducum et litarent, et vescerentur. » Deos audisse crediderim : nec tubam sustinere potuerunt. Non minimum terroris incussit barbaris Domitius centurio, satis barbaræ, efficacis tamen apud paros homines stoliditatis, qui foculum gerens super cassidem, suscitabat motu corporis flammam velut ardenti capite fundebat.

Ante hos Bessi, Thracum maximus populus, desciverat. Ille barbarus et signis militaribus, et disciplina, armis etiam Romanis assueverat ; sed a Pisone perdomiti, in ipsa captivitate rabiem ostendere : quippe, quum catenas morsibus tentarent, feritatem suam ipsi puniebant.

Daci montibus inhærent : Cotisonis regis imperio, quoties concretus gelu Danubius junxerat ripas, decurrere solebant, et vicina populari. Visum est Cæsari Augusto gentem illi aditu difficillimam submovere. Misso igitur Lentulo, ultra ulteriorem repulit ripam : citra præsidia constituit. Sic tunc Dacia non victa, sed submota, atque dilata est.

Sarmatæ patentibus campis inequitant. Et hos per eumdem Lentulum probibere Danubio satis fuit. Nihil præter nives, rarasque silvas habent. Tanta barbaries est, ut pacem non intelligant.

Germaniam quoque utinam vincere tanti non putasset ! magis turpiter amissa est, quam gloriose acquisita. Sed quatenus sciebat patrem suum Cæsarem, bis trajecto ponte Rheno, quæsisse bellum, in illius honorem concupiit facere provinciam : factumque erat, si barbari tam vitia nostra, quam imperia, ferre potuissent. Missus in eam provinciam Drusus, primos domuit Usipetes : inde Tencheros percucurrit, et Cattos. Jam Marcomannorum spoliis insignem quemdam editum tumulum in tropæi modum excoluit. Inde validissimas nationes, Cheruscos, Suevosque, et Sicambros, pariter agressus est : qui, vi-

vifs vingt centurions : ç'avait été comme le serment par lequel ils s'étaient engagés à cette guerre. D'avance ils s'étaient partagé le butin, tant la victoire leur paraissait certaine! Les Chérusques avaient choisi les chevaux; les Suèves, l'or et l'argent; les Sicambres, les prisonniers. Mais le sort des armes en décida tout autrement. Drusus, vainqueur, distribua et vendit leurs chevaux, leurs troupeaux, leurs colliers et eux-mêmes. En outre, pour la garde de ces provinces, il borda de garnisons et de corps d'observation la Meuse, l'Elbe et le Véser; il éleva plus de cinquante forts sur la rive du Rhin. Il fit construire des ponts à Bonn et à Gelduba[1]; et des flottes pour protéger ces ouvrages. Il ouvrit aux Romains la forêt d'Hercynie, jusqu'alors inconnue et inaccessible. Enfin, une paix si profonde régna dans la Germanie, que tout y changea, les hommes, le pays, le ciel même, qui semblait plus doux et plus serein qu'auparavant. Ce jeune héros y étant mort, ce ne fut point par adulation, mais par une distinction bien méritée, et jusque-là sans exemple, que le sénat lui décerna le surnom de la province qu'il avait ajoutée à l'empire.

Mais il est plus difficile de garder des provinces que de les conquérir. La force les soumet, la justice les conserve. Aussi notre joie fut courte; car les Germains étaient plutôt vaincus que domptés; et ils avaient, sous un général tel que Drusus, cédé à l'ascendant de nos mœurs plutôt qu'à nos armes. Mais, après sa mort, Quinctilius Varus commença à leur devenir odieux par ses caprices et son orgueil, non moins que par sa cruauté! Il osa les réunir en assemblée et leur rendre la justice dans son camp, comme si les verges d'un licteur ou la voix d'un huissier eussent été capables de réprimer l'humeur violente de ces barbares, qui, depuis longtemps, voyaient avec douleur leurs épées chargées de rouille et leurs chevaux oisifs. Dès qu'ils eurent reconnu que nos toges et notre jurisprudence étaient plus cruelles que nos armes, ils se soulevèrent sous la conduite d'Arminius. Varus cependant croyait la paix si bien établie, que sa confiance ne fut pas même ébranlée par ce que lui révéla de la conjuration, Ségeste, l'un des chefs des Germains. Alors, ne prévoyant ni ne craignant rien, il continua, dans son imprudente sécurité, à les citer à son tribunal, quand soudain ils l'attaquèrent, l'investirent de toutes parts, emportèrent son camp et massacrèrent trois légions (62). Varus, après ce désastre irréparable, eut le même destin et montra le même courage que Paulus à la journée de Cannes. Rien de plus affreux que ce massacre au milieu des marais, au milieu des bois; rien de plus révoltant que les outrages des Barbares, surtout à l'égard de ceux qui avaient plaidé les causes. Aux uns, ils crevaient les yeux; aux autres, ils coupaient les mains. Ils allèrent jusqu'à coudre la bouche à l'un d'eux, après lui avoir coupé la langue, qu'un barbare tenait à la main, en disant : « Vipère, cesse enfin de siffler. » Le corps même du proconsul, que la piété des soldats avait confié à la terre, fut exhumé. Les Germains ont encore en leur possession des drapeaux et deux aigles. La troisième, avant qu'elle tombât entre les mains

[1] Gell, dont il est fait mention dans Tacite.

giuti centurionibus incrematis, hoc velut sacramento sumserant bellum, adeo certa victoriæ spe, ut prædam in antecessum pactione diviserint. Cherusci equos, Suevi aurum et argentum, Sicambri captivos elegerant; sed omnia retrorsum : victor namque Drusus equos, pecora, torques eorum, ipsosque præda divisit, et vindidit. Præterea in tutelam provinciarum præsidia atque custodias ubique disposuit, per Mosam flumen, per Albim, per Visurgim. Nam per Rheni quidem ripam quinquaginta amplius castella direxit. Bonnam et Geldubam, pontibus junxit, classibusque firmavit. Invisum atque inaccessum in id tempus Hercinium saltum patefecit. Ea denique in Germania pax erat, ut mutati homines, alia terra, cælum ipsum mitius mollisque solito videretur. Denique non per adulationem, sed ex meritis, defuncto ibi fortissimo juvene, ipsi, quod nunquam alias, senatus cognomen ex provincia dedit.

Sed difficilius est provincias obtinere, quam facere. Viribus parantur : jure retinentur. Igitur breve id gaudium. Quippe Germani victi magis, quam domiti erant; moresque nostros magis, quam arma, sub imperatore Druso suspiciebant : postquam vero ille defunctus, Vari Quinctilii libidinem ac superbiam, haud secus quam sævitiam, odisse cœperunt. Ausus ille agere conventum; et in castris jus dicebat, quasi violentiam barbarorum et lictoris virgis, et præconis voce posset inhibere : at illi, qui jam pridem rubigine obsitos enses, inertesque mœrerent equos, ut primum togas, et sæviora armis jura viderunt, duce Arminio, arma corripiunt : quum interim tanta erat Varo pacis fiducia, ut ne prædicta quidem, et prodita per Segestem unum principum, conjuratione commoveretur. Itaque improvidum, et nihil tale metuentem, improviso adorti, quum ille (o securitas!) ad tribunal citaret, undique invadunt, castra rapiunt : tres legiones opprimuntur. Varus perditas res eodem, quo Cannensem diem Paullus, et fato est et animo secutus. Nihil illa cæde per paludes perque silvas cruentius; nihil insultatione barbarorum intolerantius, præcipue tamen in caussarum patronos. Aliis oculos, aliis manus amputabant : unius os sutum, recisa prius lingua, quam in manu tenens barbarus, « Tandem, inquit, vipera, sibilare desiste. » Ipsius quoque consulis corpus, quod militum pietas humi abdiderat, effossum. Signa et aquilas duas adhuc barbari possident : tertiam signifer prius, quam in

des ennemis, fut arrachée de sa pique par le porte-enseigne, qui, après l'avoir enveloppée dans les plis de son baudrier, l'emporta au fond d'un marais ensanglanté où il se cacha. C'est ainsi que l'empire, que n'avaient pu arrêter les rivages de l'Océan, s'arrêta sur la rive du Rhin.

Ces événements se passaient au septentrion. Au midi, il y eut plutôt des tumultes que des guerres. César réprima les Musulaniens et les Gétules[1], voisins des Syrtes, par les armes de Cossus, qui en reçut le nom de Gétulique. Il étendit plus loin ses triomphes. Il chargea Curinius de subjuguer les Marmarides et les Garamantes[2]. Ce général pouvait aussi revenir avec le surnom de Marmarique ; mais il fut plus modeste appréciateur de sa victoire.

En Orient, on eut plus de peine à soumettre les Arméniens. Auguste envoya contre eux l'un des Césars, ses petits-fils. Le destin ne leur accorda qu'une courte vie à tous deux ; et celle de l'un fut sans gloire. Lucius mourut de maladie à Marseille ; Caïus, en Syrie[3], d'une blessure reçue en reconquérant l'Arménie qui venait de se livrer aux Parthes. Pompée, vainqueur du roi Tigrane, n'avait assujéti les Arméniens qu'à un seul genre de servitude ; c'était de recevoir de nous leurs gouverneurs. Ce droit, dont l'usage avait été interrompu, Caïus le recouvra par une victoire sanglante, mais qui ne resta pas sans vengeance. En effet, Domnès, à qui le roi avait confié le gouvernement d'Artaxate, feignant de trahir ce prince,

[1] Les premiers habitaient la partie méridionale de la Mauritanie Césarienne ; les seconds s'étendaient dans les déserts qui sont au sud de ce pays. — [2] Les Marmarides habitaient la partie de la Libye intérieure appelée Marmarique ; les Garamantes, les déserts au sud de la Marmarique. — [3] Vell. Pat. (l. II c. 102) dit en Lycie.

et marchant avec effort, comme à peine guéri d'une blessure récente, remit à Caïus un mémoire contenant, disait-il, l'état des trésors de Tigrane ; et, tandis que ce général le lisait attentivement, il se jeta sur lui. Le Barbare, poursuivi et enveloppé par les soldats irrités, se perça de son glaive, et courant se jeter dans un bûcher, satisfit d'avance aux mânes de César qui lui survivait.

A l'Occident, presque toute l'Espagne était pacifiée ; il ne restait à soumettre que la partie qui touche aux extrémités des Pyrénées et que baigne l'Océan citérieur. Là, deux puissantes nations, les Cantabres et les Astures, vivaient indépendantes de notre empire. Les Cantabres furent les plus dangereux, les plus fiers, les plus obstinés dans leur rebellion. Non contents de défendre leur liberté, ils tentaient encore d'asservir leurs voisins, et fatiguaient de leurs fréquentes incursions les Vaccéens, les Curgioniens et les Autrigones. A la nouvelle de ces mouvements et de ces violences, César, sans confier à d'autres cette expédition, l'entreprend lui-même. Il se rend à Ségisama[1], et y place son camp ; puis, divisant son armée, il investit à un jour marqué toute la Cantabrie, et subjugue cette nation farouche, en la cernant de toutes parts, comme des bêtes fauves qu'on veut prendre dans des toiles. Il ne leur laisse pas plus de repos du côté de l'Océan, et les attaque par derrière avec une flotte formidable. La première bataille contre ces Cantabres se livre sous les murs de Vellica, d'où ils s'enfuient sur le mont Vinnius, dont le sommet est si élevé qu'il leur semblait que les flots de l'Océan y monteraient plutôt que les armes romaines. Ils soutiennent vigou-

[1] Ville dont la position est incertaine

---

manus hostium veniret, evulsit; mersamque intra baltei sui latebras gerens, in cruenta palude sic latuit. Hac clade factum, ut imperium, quod in litore Oceani non steterat, in ripa Rheni fluminis staret.

Hæc ad Septemtrionem. Sub Meridiano tumultuatum magis, quam bellatum est. Musulanios atque Getulos, adcolas Syrtium, Cosso duce, compescuit: unde illi Getulici nomen. Latius victoria patet. Marmaridas atque Garamantas Curinio subigendos dedit. Potuit et ille redire Marmaricus; sed modestior in æstimanda victoria fuit.

Ad Orientem plus negotii cum Armeniis: huc alterum ex Cæsaribus, nepotibus suis, misit. Ambo fato breves; sed alter inglorius: Massiliæ quippe Lucius morbo solvitur; in Syria Caius ex vulnere, quum Armeniam ad Parthos se subtrahentem recipit. Armenios, victo rege Tigrane, in hoc unum servitutis genus Pompeius assueverat, ut rectores a nobis acciperent. Interemptum ergo jus per hunc recuperatum, non incruento, nec inulto tamen certamine. Quippe Domnes, quem rem Artaxatis præfecerat, simulata proditione, adortus virum intentum libello, quem, ut thesaurorum rationes continentem, ipse porrexerat, strictus ac recreatus ex vulnere in tempus. Cæterum barbarus undique infesto exercitu oppressus, gladio, et pyra, in quam se percussus immisit, superstiti etiamnum Cæsari satisfecit.

Sub Occasu pacata fere omnis Hispania, nisi quam Pyrenæi desinentis scopulis inhærentem citerior alluebat Oceanus. Hic duæ validissimæ gentes, Cantabri et Astures, immunes imperii agitabant. Cantabrorum et pejor, et altior, et magis pertinax in rebellando animus fuit: qui non contenti libertatem suam defendere, proximis etiam imperitare tentabant; Vaccæosque, et Curgionios, et Autrigonas crebris incursionibus fatigabant. In hos igitur quia vehementius agere nuntiabantur, non mandata expeditio, sed sumta est. Ipse venit Segisamam: castra posuit. Inde, partito exercitu, totam in diem amplexus Cantabriam, efferam gentem, ritu ferarum, quasi indagine, debellabat. Nec ab Oceano quies, quum infesta classe ipsa quoque terga hostium cæderentur. Primum adversus Cantabros sub mœnibus Vellicæ præliatus est. Hinc fuga in eminentissimum Vinnium montem, quem maria prius Oceani, quam arma Romana adscensura esse

reusement un troisième assaut dans leur ville d'Arracillum ; mais enfin cette place est emportée. Assiégés sur le mont Édule que les Romains avaient entouré d'une tranchée de quinze milles de circuit, et dont ils pressaient l'attaque de tous côtés, les Barbares, se voyant réduits aux dernières extrémités, avancent leur mort, au milieu d'un repas, par le feu, par le fer et par un poison qu'ils expriment communément de l'if (65) : c'est ainsi que la plus grande partie de ce peuple se sauva de la captivité qui la menaçait.

La nouvelle de ces succès, dus à Antistius, à Fusnius et à Agrippa, lieutenants de César, lui parvint dans ses quartiers d'hiver à Tarragone, place maritime. Il alla tout régler en personne, fit descendre les uns de leurs montagnes, exigea des autres des otages, et vendit le reste à l'encan, selon le droit de la guerre. Ces exploits furent jugés, par le sénat, dignes du laurier, dignes du char triomphal ; mais déjà César était assez grand pour pouvoir dédaigner ces honneurs.

En ce même temps, les Astures, formant une armée considérable, étaient descendus de leurs montagnes. Leur mouvement n'eut point la téméraire impétuosité qui caractérise les Barbares : campés près du fleuve Astura, et divisés en trois corps, ils se disposaient à attaquer les trois camps des Romains à la fois. Contre tant d'ennemis si courageux, et dont la marche était aussi inattendue que prudente, la lutte eût été douteuse et meurtrière : et plût aux dieux que la perte fût demeurée égale de part et d'autre ! Mais les Astures furent trahis par les Trigécins. Averti par ces derniers, Carisius vint au devant de l'ennemi, à la tête d'une armée, et déconcerta ses projets ; ce ne fut toutefois qu'après un combat sanglant. Les débris de l'armée vaincue furent recueillis dans la forte ville de Lancia. On se battit sous les murs avec tant d'acharnement que nos soldats, maîtres de la place, demandaient des torches pour l'embraser ; le général n'obtint qu'avec peine qu'ils épargnassent cette cité, « qui, conservée, servirait bien mieux qu'incendiée de monument à leur victoire. »

Tel fut le terme des exploits guerriers d'Auguste ; tel fut celui des révoltes de l'Espagne. Cette province montra depuis une fidélité à toute épreuve et jouit d'une paix éternelle ; effet, soit du caractère de ses habitants devenus plus amis du repos, soit de la politique de César qui, redoutant la confiance que leur donnaient les montagnes où ils trouvaient une retraite, les contraignit de fixer leurs habitations et leur séjour dans les cantonnements établis dans la plaine. On ne tarda pas à reconnaître la sagesse de ces mesures. Toute cette contrée est naturellement fertile en or, en vermillon, en chrysocolle et en autres matières dont on fait les couleurs. César obligea ces peuples à exploiter un sol aussi fécond ; et ce fut, en cherchant pour les autres leurs propres trésors et leurs richesses, cachés dans les profondeurs de la terre, que les Astures commencèrent à les connaître.

Tous les peuples étaient en paix à l'occident et au midi ; au septentrion, depuis le Rhin jusqu'au Danube ; à l'orient, depuis le Cyrus jusqu'à l'Euphrate. Ceux même qui n'étaient pas soumis à notre empire sentaient cependant notre grandeur et révéraient, dans le peuple romain, le vainqueur des nations. Ainsi l'on vit les Scythes et les

---

creoderant. Tertio Arracillum oppidum magna vi repugnat. Captum tamen postremo fuit. In Ædulii montis obsidio (quem perpetua quindecim millium fossa comprehensum cinxit, undique simul adeunte Romano), postquam extrema barbari vident, certatim igne, ferro inter epulas, venenoque, quod ibi vulgo ex arboribus taxeis exprimitur, præcepere mortem; seque pars major a captivitate, quæ videbatur, vindicavere.

Hæc per Antistium, Fusnium, Agrippam, legatos, hibernans in Tarraconis maritimis Cæsar accepit. Ipse præsens hos deduxit montibus, hos obsidibus adstrinxit, hos sub corona jure belli venumdedit. Digna res lauro, digna curru senatui visa est : sed jam Cæsar tantus erat, ut posset triumphos contemnere.

Astures per idem tempus ingenti agmine a montibus suis descenderant. Nec temere sumtus, ut barbaris, impes : sed, positis castris apud Asturam flumen trifariam diviso agmine, tria simul Romanorum castra aggredi parabant. Fuisset et anceps, et cruentum, et utinam mutua clade certamen! cunctis tam fortibus, tam subito, tam cum consilio venientibus, nisi Trigæcini prodidissent : a quibus præmonitus Carisius, cum exercitu adveniens oppressit consilia : sic quoque tamen non incruento certamine. Reliquias fusi exercitus validissima civitas Lancia excepit : ubi adeo certatum est, ut, quum in captam urbem faces poscerentur, ægre dux impetrarit veniam, « ut victoriæ Romanæ stans potius esset, quam incensa, monumentum. »

Hic finis Augusto bellicorum certaminum fuit : idem rebellandi finis Hispaniæ. Certa mox fides, et æterna pax; quum ipsorum ingenio in pacis partes promtiore, tum consilio Cæsaris, qui fiduciam montium timens, in quos se recipiebant, castra sua, sed quæ in plano erant, habitare et incolere jussit. Ingentis esse consilii illud videri cœpit. Natura regionis circa omnis aurifera, miniique et chrysocollæ, et aliorum colorum ferax : itaque exerceri solum jussit. Sic Astures et latentes in profundo opes suas atque divitias, dum aliis quærunt, nosse cœperunt.

Omnibus ad Occasum et Meridiem pacatis gentibus, ad Septentrionem quoque, duntaxat intra Rhenum atque

Sarmates nous envoyer des ambassadeurs pour nous demander notre amitié; et les Sères et les Indiens, qui habitent sous le soleil même, nous apporter des perles et des diamants, et ajouter à ces dons des éléphants, qu'ils avaient traînés avec eux. Ils faisaient surtout valoir la longueur de leur voyage, qu'ils avaient mis quatre ans à achever. La couleur seule de ces hommes annonçait qu'ils venaient d'un autre hémisphère. Enfin les Parthes, comme s'ils se fussent repentis de leur victoire, rapportèrent d'eux-mêmes les étendards pris dans la défaite de Crassus.

Ainsi tout le genre humain fut réuni par une paix ou une alliance universelle et durable; et César Auguste osa enfin sept cents ans après la fondation de Rome, fermer le temple de Janus au double front; cérémonie qui n'avait eu lieu que deux fois avant lui, sous le roi Numa, et après notre première victoire sur Carthage (64). Tournant désormais ses soins vers la paix, il réprima, par un grand nombre de lois sages et sévères, un siècle enclin à tous les vices et porté à la mollesse. Pour prix de tant de grandes actions, il fut proclamé « Dictateur perpétuel et Père de la patrie. » On délibéra même dans le sénat si, pour avoir fondé l'empire, il ne serait pas appelé Romulus; mais le nom d'Auguste, jugé plus saint et plus vénérable, fut préféré comme un titre qui devait pendant son séjour sur la terre, le consacrer d'avance à l'immortalité.

Danubium, item ad Orientem intra Cyrum et Euphratem, illi quoque reliqui, qui immunes imperii erant, sentiebant tamen magnitudinem, et victorem gentium populum Romanum reverebantur. Nam et Scythæ misere legatos, et Sarmatæ, amicitiam petentes. Seres etiam, habitantesque sub ipso sole Indi, cum gemmis et margaritis, elephantes quoque inter munera trahentes, nihil magis, quam longinquitatem viæ imputabant, quam quadriennio impleverant; et tamen ipse hominum color ab alio venire cælo fatebatur. Parthi quoque, quasi victoriæ pœniteret, rapta clade Crassiana ultro signa retulere.

Sic ubique una atque continua totius generis humani aut pax fuit, aut pactio: aususque tandem Cæsar Augustus, septingentesimo ab Urbe condita anno, Janum Geminum cludere, bis ante se clusum, sub Numa rege, et victa primum Carthagine. Hinc conversus ad pacem, pronum in omnia mala, et in luxuriam fluens sæculum, gravibus severisque legibus multis coercuit. Ob hæc tot facta ingentia « Dictator perpetuus, et Pater patriæ » dictus. Tractatum etiam in senatu, an, quia condidisset imperium, Romulus vocaretur: sed sanctius et reverentius visum est nomen Augusti, ut scilicet jam tum, dum colit terras, ipso nomine et titulo consecraretur.

NOTES
DE
L'HISTOIRE ROMAINE
DE L. ANNÆUS FLORUS.

LIVRE PREMIER.

(1) L'histoire de la république romaine embrasse plus de sept cents ans; Auguste se porta héritier de César en 710 de Rome, et fut déclaré empereur en 725. L'énonciation de Florus n'est donc pas précise.

(2) Suétone, par le même sentiment de vanité nationale, comprend le monde entier dans la grandeur de Rome : « Populus romanus, vel, ut ita dicam, hominum genus. » (Calig., XIII, 1).

(3) Ce passage nous apprendrait, si on ne le savait d'ailleurs, que les anciens peignaient leurs cartes géographiques. On croit que Sésostris passe pour l'inventeur de ces cartes, et Anaximandre pour en avoir introduit l'invention chez les Grecs (550 ans av. J.-C.)

(4) Cette expression, que Florus emploie souvent, rappelle le vers de Virgile :

Hinc populum late regem......

(5) Lactance a cité, en l'attribuant à Sénèque, cette belle comparaison de Florus, qu'on retrouve aussi dans Ammien Marcellin, liv. XVI, ch. 6; et, sauf quelques différences, le morceau du rhéteur est le même que celui de l'historien. Florus n'a fait que déplacer les âges, en nommant jeunesse et virilité de l'empire, le règne d'Auguste, que Sénèque appelle la vieillesse et le déclin de Rome. Néanmoins quelques commentateurs ont voulu inférer de là que Sénèque était l'auteur de cet Abrégé; mais il en faut seulement conclure que Florus avait puisé cette comparaison dans les écrits de Sénèque. (Voyez la Notice.)

Voici, au reste, le passage cité par Lactance :
« Non inscite Seneca romanæ urbis tempora distribuit in ætates. Primam enim dixit infantiam sub rege Romulo fuisse, a quo et genita et quasi educata sit Roma : » deinde pueritiam, sub ceteris regibus, a quibus et aucta » sit, et disciplinis pluribus institutisque formata : at vero, » Tarquinio regnante, quum jam quasi adulta esse cœpis- » set, servitium non tulisse, et rejecto superbæ domina- » tionis jugo, maluisse legibus obtemperare, quam regi- » bus; quumque esset adolescentia ejus fine Punici belli » terminata, tum denique confirmatis viribus cœpisse ju- » venescere. Sublata enim Carthagine, quæ tam diu æmula » imperii fuit, manus suas in totum orbem terra marique » porrexit : donec regibus cunctis et nationibus imperio » subjugatis, quum jam bellorum materia deficeret, vi- » ribus suis male uteretur, quibus se ipsa confecit. Hæc » prima fuit ejus senectus, quum bellis lacerata civilibus, » atque intestino malo pressa, rursus ad regimen singula- » ris imperii recidit, quasi ad alteram infantiam revocata. » Amissa enim libertate, quam Bruto duce et auctore de- » fenderat, ita consenuit, tanquam sustentare se ipsa non » valeret, nisi adminiculo regentium niteretur. » (E libris Senecæ fragmenta.)

(6) Florus prolonge de six années le gouvernement monarchique de Rome.

(7) « Rome, faisant toujours des efforts, et trouvant toujours des obstacles, faisait sentir sa puissance, sans pouvoir l'étendre, et, dans une circonférence très-petite, elle s'exerçait à des vertus qui devaient être si fatales à l'univers. » (Montesquieu, Grand. et Décad. des Romains, chap. 1.)

(8) « C'est avec raison que les historiens ont nommé leur règne (des sept rois), l'enfance de Rome, car elle n'a eu sous eux qu'un très-faible mouvement. Pour connaître le peu d'action qu'ils ont eue, il suffira de savoir que sept rois, au bout de deux cents ans, n'ont pas laissé un état beaucoup plus grand que celui de Parme et de Mantoue. » Saint-Évremond, *Réflexions sur les Romains*, ch. 1.

(9) De l'expulsion des rois, à l'an 487 de Rome, date de la soumission de l'Italie, et du consulat d'App. Clau-

dius et de Q. Fulvius, il ne s'écoula que deux cent trente-trois ans, et non deux cent cinquante, comme le dit Florus.

(10) De cette dernière époque, l'an 487 de Rome, jusqu'à celle où Auguste ferma le temple de Janus, an de Rome 727, il y a deux cent quarante ans : Florus se trompe donc de quarante années ; on voit, par toutes ces erreurs plus ou moins graves, qu'il a sacrifié l'exactitude de l'histoire à l'arrangement de sa phrase, « ut rotundum numerum efficeret, » dit Saumaise, en relevant ces inexactitudes.

(11) Autre faute de chronologie. Du commencement du règne d'Auguste, l'an 31 avant J.-C., jusqu'à la fin de celui de Trajan, l'an 117 de notre ère, il n'y a que cent quarante huit ans.

(12) Voyez dans la Notice sur Florus à combien de conjectures ce passage a donné lieu.

(13) On agite encore la question de savoir si Romulus fut, comme le dit Florus, le premier fondateur de Rome. Les anciens auteurs diffèrent sur ce point ; et Denys d'Halycarnasse distingue trois fondations diverses : la première avant la guerre de Troie, la seconde après la fuite d'Enée, et la troisième quinze générations plus tard, époque qui répond à la fondation attribuée à Romulus.

(14) « Il en est de l'origine des peuples comme des généalogies des particuliers : on ne peut souffrir des commencements bas et obscurs. Les Romains n'ont pas été exempts de cette vanité-là. Ils ne se sont pas contentés de vouloir appartenir à Vénus par Enée, conducteur des Troyens en Italie, ils ont rafraîchi leur alliance avec les dieux par la fabuleuse naissance de Romulus, qu'ils ont cru fils du dieu Mars, et qu'ils ont fait dieu lui-même après sa mort. » (St-Évremond, *Jugement sur les Romains*, ch. 1.)

Il est devenu impossible d'éclaircir le mystère de la naissance de Romulus. La supposition la plus vraisemblable, c'est que la vestale Rhea Sylvia, fille de Numitor, fut abusée par Amulius, son oncle, qui, pour s'introduire la nuit auprès d'elle, avait pris l'armure du dieu Mars. La fable de la louve allaitant les deux frères a été imaginée d'après les mœurs d'Acca Laurentia ; car *Lupa* signifie en latin à la fois *louve* et *femme débauchée*. Telle était l'importance que les Romains attachaient à tout ce qui concernait leur origine, que tous leurs historiens ont respecté les fables qui entouraient le berceau de Romulus. Acca Laurentia fut placée par Romulus au nombre des divinités.

(15) Suivant tous les auteurs, le Tibre était débordé lorsque le berceau qui contenait Romulus et Rémus fut exposé sur les eaux ; et le fleuve, en rentrant dans son lit, laissa ce précieux fardeau sur le rivage. Florus, jaloux d'ajouter au merveilleux de ce récit, fait suspendre au dieu même du Tibre son cours naturel.

(16) Ce n'était pas par dédain pour la ville bâtie par son père, qu'Iule ou Ascagne abandonna Lavinium ; il fuyait la haine de Lavinie, sa belle-mère.

(17) Tite-Live, Denys d'Halycarnasse, et la chronique d'Eusèbe, comptent quinze rois d'Albe depuis Enée jusqu'à Amulius. L'un de ces princes, Tibérinus, donna son nom au Tibre, en se noyant dans ce fleuve ; et un autre, Aventinus, donna le sien au mont Aventin, sur lequel il fut enterré. Albe fondée l'an 1153 av. J.-C. fut détruite l'an 666, par l'ordre de Tull. Hostilius.

(18) Ce fut sur le mont Palatin que s'établit Évandre, prince arcadien, à son arrivée dans le Latium. Il fonda sur cette colline un bourg, qu'il appela *Palantium*, du nom de sa ville natale ; de là le nom de Palatin qui resta à cette colline.

(19) Les Romains empruntèrent aux Toscans la connaissance et l'usage des augures. (Voyez Val. Max., l. 1, ch. 1, § 1.) Cicéron (*de Divin.*) dit que Romulus était un excellent augure. — *Augurium* et *auspicium* sont quelquefois employés l'un pour l'autre ; il y a cependant entre eux une différence indiquée par leur étymologie. *Augurium, avium garritus ; auspicium, avium spectio* : et le présage se tirait ou du ramage des oiseaux, ou de l'inspection de leur vol.

(20) Quelques historiens prétendent qu'il s'éleva entre les deux frères une querelle violente, pour savoir qui désignerait l'emplacement de la ville naissante, et lui donnerait des lois ; que l'on en vint aux mains, et que Rémus périt dans le combat. (Voyez Denys Halycarnasse, Tite-Live, Plutarque, *Vie de Romulus*.)

(21). Un asile était, chez les anciens, un sûr refuge offert au criminel, au débiteur, à l'esclave poursuivis. L'asile ouvert par Romulus était au pied du Capitole. « Tout le monde y était reçu sans distinction, dit Plutarque ; on ne rendait ni l'esclave à son maître, ni le débiteur à son créancier, ni le meurtrier à son juge. » (*Vie de Romulus*) Tite-Live s'exprime à peu près de la même manière que Plutarque ; mais il ajoute des détails vraiment curieux : « Romulus, dit-il, suivit l'ancienne politique de tous les fondateurs, qui, en attirant à eux la foule obscure et pauvre, publiaient que la terre leur avait enfanté des hommes : il ouvrit un asile dans le lieu qui se trouve à la descente du Capitole, et qui est maintenant fermé de palissades. Il s'y réfugia une foule d'hommes venus des côtes voisines et avides de nouveautés ; on les reçut tous sans examiner s'ils étaient libres ou esclaves. »

(22) « Un prince d'une naissance incertaine, nourri par une femme prostituée, élevé par des bergers, et depuis devenu chef de brigands, jeta les fondements de la capitale du monde. Il admit pour habitants des gens de toutes conditions, la plupart pâtres et bandits, mais tous d'une valeur déterminée. Ce fut d'une retraite de voleurs que sortirent les conquérants de l'univers. » (Vertot, *Rév., Rom.* 1.)

Justin prête à Mithridate, contre les Romains, ces paroles qui font allusion à leur origine : « Conditores suos, ut » ipsi ferunt, lupæ uberibus alitos ; sic omnem illum po- » pulum luporum animos, inexplebiles sanguinis atque » imperii, divitiarumque avidos ac jejunos habere. » (Justin, liv. xxxviii.) — « Raptores italicæ libertatis lupos. » (Vell. Paterc. liv. ii, c. 27.)

(23) La guerre contre les Véiens ne fut ni la première de celles que fit Romulus, ni causée par l'enlèvement des Sabines. (Voyez Tit.-Liv.) Les Véiens s'armèrent pour venger les Fidénates, vaincus par Romulus, et le furent à leur tour.

(24) Jupiter Férétrien, ou *porte-dépouilles*, de *ferre*, porter. (Tite-Live, l. 1, c. 10.) Quelques étymologistes donnent une autre origine au mot férétrien, et le font dériver du mot *ferire* frapper. « Quod fulmine feriat, » vel quia dux ducem ense ferit. » (Prop., l. iv, eleg. xi, 45.) (Plut.) Les *dépouilles opimes* étaient celles que le général romain enlevait au général ennemi, après

l'avoir tué de sa propre main. Varron dit que ces dépouilles étaient ainsi appelées du mot *ops*, richesse, et Plutarque, du mot *opus*, action. (*Vie de Romulus*.).

(25) Denys d'Halycarnasse fait un récit conforme à l'opinion de Florus, qui semble absoudre Tarpéia du crime de trahison, crime dont Tite-Live n'hésite pas l'accuser; et cette dernière supposition a prévalu. — Plutarque raconte le fait comme Tite-Live; il ajoute même que Tarpéius, père de Tarpéia, fut, comme coupable du même crime, condamné au dernier supplice. — Le Capitole, qui fut le théâtre de la mort de Tarpéia, et s'appelait mont Saturnien, prit de là le nom de Tarpéien, qu'il perdit deux siècles plus tard, sous Tarquin-le-Superbe, pour prendre celui de Capitole. Le nom de Tarpéien fut laissé à une roche du Capitole, d'où l'on précipitait les criminels.

(26) Sénèque n'admet pas cette origine du nom de *Stator* donné à Jupiter : « *Stator*, non ut historici tradide» runt ex eo quod post votum susceptum, acies Romano» rum fugientium stetit; sed quod stant beneficio ejus « omnia, Stator, stabiliorque est. »

(27) Ce traité, que nous a conservé textuellement Denys d'Halycarnasse, est vanté par Cicéron comme la principale source de la grandeur romaine, parce qu'il établit l'usage d'incorporer à l'empire les peuples vaincus. « Ro» mulus fœdere Sabinorum docuit etiam hostibus reci» piendis augeri hanc civitatem opportere. » (Cic., pro Corn. Balbo, c. 13.) Voir aussi Tacit., Ann., l. 11, c. 24.

(28) Les Romains appelaient *jeunesse* tous les hommes en état de porter les armes. Romulus divisa en trois tribus cette population, qui, au commencement de son règne, n'était que de trois mille hommes, et qui à sa mort montait à quarante-sept mille. Chaque tribu fut divisée en dix curies. Le nombre des tribus s'éleva successivement, celui des curies ne changea point.

(29) C'est de cette manière beaucoup trop concise et trop vague, que Florus indique l'institution des chevaliers.

(30) Romulus institua d'abord cent sénateurs, élus par les curies et les tribuns. On les appela *Patres*, à cause de leur âge et des soins paternels qu'ils devaient donner à la république (Tit.-Liv., l. 1, c. 8) ; leurs descendants formèrent l'ordre des patriciens. Quelques étymologistes font aussi venir le mot *senatus* de *sinere*, permettre.

(31) Les pontifes furent ainsi nommés de ce qu'ils furent chargés de faire le premier *pont* sur le Tibre et de veiller à son entretien (Varron). Les Saliens étaient des prêtres de Mars, au nombre de douze ; on les appelait *Salii*, parce que, dans les fêtes solennelles, ils parcouraient la ville en dansant : « Saltatione et choreis laudabant deos » armorum præsides. »

(32) Romulus avait divisé l'année en dix mois. Numa la régla sur le cours de la lune, et y ajouta les mois de janvier et de février. J. César mit fin, en 707, au désordre introduit dans le calendrier par suite de la négligence des pontifes.

(33) Les jours fastes étaient ceux pendant lesquels les citoyens pouvaient plaider, et le préteur prononcer la justice. Pendant les jours néfastes, les tribunaux étaient fermés. Le soin de distinguer les jours fastes et néfastes fut réservé aux seuls pontifes, jusqu'au moment où Flavius, greffier des pontifes, les fit connaître au public. (An de R. 442.)

(34) Numa feignit qu'un bouclier rond (*ancile*) était tombé du ciel. C'était, disait-il, le bouclier de Mars, et sa conservation assurait la perpétuité de l'empire. Le *Palladium* était une statue de Pallas, également descendue du ciel, qui avait appartenu à Troie, et qu'Énée avait apportée en Italie. Placée d'abord à Livinium, elle fut transférée à Albe, et enfin à Rome, dans le temple de Vesta.

(35) « Le règne de Numa, long et pacifique, était très-propre à laisser Rome dans sa médiocrité; et, si elle eût eu cette temps-là un territoire moins borné et une puissance plus grande, il y a apparence que sa puissance eût été fixée pour jamais. » (Montesquieu, *Grand. et Décad. des Romains*, c. 1.)

(36) « Rome, dit Bossuet, en étendant ses conquêtes, réglait sa milice ; et ce fut sous Tullius Hostilius qu'elle commença à apprendre cette belle discipline qui la rendit dans la suite la maîtresse de l'univers. » (*Disc. sur l'Hist. Univ.*, Ire. partie.)

(37) Ce furent au contraire les Albains qui provoquèrent les Romains, en faisant des incursions sur leurs terres. (Voy. Tit.-Liv., l. 1, c. 22 ; Denys d'Halyc., l. III, c. 2.)

(38) Voyez la narration de Tite-Live (l. 1, c. 25) et l'imitation de Corneille. (*Horaces*, act. IV, sc. 2.)

(39) Horace fut néanmoins obligé de passer sous une espèce de joug, qui, toujours réparé depuis, se voyait encore au siècle d'Auguste. On l'appela le poteau de la sœur, *sororium tigillum*. Les tombeaux des deux Horaces, ceux des trois Curiaces et celui d'Horatia subsistaient aussi à cette époque.

(40) Florus ne mentionne aucune des autres guerres que, pendant trente-deux ans, T. Hostilius soutint contre les Latins, les Sabins et les Étrusques, ni sa mort attribuée à un coup de foudre.

(41) Ce prince eut à soutenir sept guerres, dont il sortit victorieux.

(42) Ce pont, qui joignait à la ville le Janicule, fut appelé *Sublicius*, parce qu'il était construit en bois ; *sublicæ*, poteaux (Tit.-Liv., l. 1, c. 33). Le mont Janicule, compris dans Rome par Ancus, ainsi que le mont Aventin, tirait son nom de Janus.

(43) Romulus avait institué cent sénateurs. Cent autres furent choisis parmi les Sabins, à l'époque de leur incorporation à l'empire. Tarquin l'Ancien, par une nouvelle promotion, fit entrer dans le sénat cent des premiers plébéiens. On les appela sénateurs de la seconde classe, *patres minorum gentium*, pour les distinguer des anciens sénateurs, ou pères des anciennes familles, *patres majorum gentium*. Ce nombre de trois cents sénateurs fut conservé jusqu'au temps des guerres civiles.

(44) Tite-Live fait la même réflexion, et parle, ainsi que Denys d'Halycarnasse et Pline, de la statue d'Attius Navius qu'on voyait sur le lieu même du prodige, dans la place des Comices (Tit.-Liv., l. 1, c. 36 ; Den. d'Hal., l. III, ch. 21, Pline, l. xxxiv, c. 5 ; Val. Max., l. 1, c. 4). — Voyez aussi l'écrit de Montesquieu sur *la politique des Romains dans la religion*.

(45) Ce fut Romulus, et non Tarquin l'Ancien, qui se fit le premier précéder de douze licteurs, à l'imitation des chefs Étrusques. — Romulus avait aussi porté la *trabée*, au rapport de Pline. Il y avait en outre la *trabée* des augures, de pourpre et d'écarlate ; et celle des enfants des patriciens, robe rayée de blanc, d'or et de pourpre. — Les rois, et plus tard les préteurs, les censeurs et les grands édiles avaient seuls le droit de se servir de la chaise

curule ou d'ivoire, que l'on portait partout devant eux, afin que partout ils pussent rendre la justice.—L'anneau, dont l'usage était antérieur au règne de Tarquin l'Ancien, et avait été emprunté aux Sabins (Tit.-Liv., l. i, c. 2) et non aux Etrusques, était l'ornement distinctif des sénateurs et des chevaliers.— Les colliers, *phaleræ*, était la parure des cavaliers (Polyb.); ils différaient du *torques* en ce qu'ils étaient plats, tandis que ce dernier était rond ; en ce qu'ils étaient seulement garnis de clous d'or, au lieu que le *torques* était tout entier de ce métal. — Les manteaux militaires, *paludamenta*, se mettaient par dessus la cuirasse. Le général qui partait pour l'armée allait au Capitole recevoir ce manteau ; à son retour, il le quittait à la porte de la ville, et y rentrait avec la toge. — La robe *prétexte* ne pouvait être portée que par les fils des patriciens, depuis l'âge de douze ans jusqu'à dix-sept, époque où ils prenaient la robe virile. Les magistrats, les prêtres et les augures portaient aussi la toge prétexte. — Le char doré, tiré par quatre chevaux, servit pour la première fois à Tarquin l'Ancien ; Romulus triompha le premier, mais à pied ; genre de triomphe qui se conserva toujours, même après l'innovation de Tarquin l'Ancien. C'était le petit triomphe, *ovatio*, décerné pour une victoire peu importante. Le triomphe en char devint le grand triomphe, *triumphus*, et fut réservé au général qui, dans une guerre légitime contre les étrangers, et dans une seule action, avait tué cinq mille ennemis (Cicer. pro *Dejot.*). —Les robes peintes et les tuniques à palmes étaient l'ornement de ces triomphateurs.

(46) Florus aurait dû dire les *centuries* : car les curies avaient été instituées par Romulus, et les collèges par Numa. (Plut. *Vie de Numa*, c. 55 ; Plin., l. xxxiv, c. 1, et xxxv, c. 12).

(47) « Servius Tullius, dit Bossuet, établit le cens... par où cette grande ville se trouva réglée comme une famille particulière. » (*Disc. sur l'Hist. Univ.* Ire partie, vii ép.

(48) Cette rue, qui auparavant s'appelait la rue *Cypria*, fut nommée dès lors la rue *scélérate*.

(49) Tite-Live, Denys d'Halycarnasse, Plutarque, Eutrope, Florus, tous les historiens représentent Tarquin comme le tyran le plus odieux. Cependant Cicéron dans sa troisième *Philippique*, dit de lui qu'il ne fut ni impie ni cruel, et que son orgueil seul lui coûta le trône. —Montesquieu cherche également à défendre sa mémoire.

(50) Darius dut à un semblable moyen, et au dévouement de Zopire, la reddition de Babylone. (Voy. Justin, l. i, c. 10).

(51) « Une des causes de la prospérité de Rome, dit Montesquieu, c'est que ses rois furent de grands personnages. On ne trouve point ailleurs, dans les histoires, une suite non interrompue de tels hommes d'état et de tels capitaines. » — Parmi ces talents divers et singuliers qu'on attribue à chacun des rois de Rome par une mystérieuse providence, il n'est arrivé en eux que ce qui est arrivé auparavant à beaucoup de princes. Rarement on a vu le successeur avoir les qualités de celui qui l'avait précédé, et il est ridicule de faire une espèce de miracle d'une chose si ordinaire. » (St-Evremond, *Réfl. sur les Rom.*, c. 1.).

(52) Les sénateurs pour attacher la multitude à la révolution, et rendre impossible toute réconciliation entre elle et Tarquin, lui abandonnèrent le pillage des biens de ce prince au lieu de les confisquer au profit du trésor. « Diripienda plebi data sunt ; ut contracta regia præda, spem » in perpetuum cum Tarquinis acis amitteret. » (Tit. » Liv.,). ii, c. 5.).

(53) « Il ne faut pas croire que l'établissement des consuls fut une idée nouvelle que fit naitre tout à coup la nécessité du moment. Le sénat l'avait eue longtemps auparavant, et avait tâché de la faire adopter après l'interrègne qui suivit la mort de Romulus : il avait même eu l'adresse de la suggérer à Servius, qui, après avoir, par ses lois sur les assemblées, réduit de fait le pouvoir du peuple, voulait abdiquer et établir une république avec deux magistrats annuels. » (Ferrand, *Esprit de l'Histoire*, let. xiii).

(54) Polybe assure que ce Romain se noya après que le pont fut rompu.

(55) Florus représente Porsenna se retirant devant l'intrépidité des Romains. Mais de nombreuses inscriptions (5000), enfouies sous la terre depuis l'invasion de Rome par les Gaulois, et retrouvées sous le règne de Vespasien, apprirent que Rome, loin d'avoir fait trembler Porsenna, s'étaitrendue à ce prince. Il est vrai qu'il leur accorda la paix ; mais c'est qu'il était menacé d'un soulèvement de la part de ses sujets : cette paix fut dure et humiliante ; il réduisit les Romains à l'état de colons, et ne leur permit l'usage du fer que pour l'agriculture. (Plin., l. xxxiv, c.14 ; Den. d'Halic.)

(56) Le combat des Tarquiniens contre les Romains préceda, au lieu de la suivre, la guerre de Porsenna. — Florus attribue à Aruns le crime de son frère Sextus.

(57) Ce général fut le second dictateur de la République. Cette magistrature, créée l'an 255 de Rome, et conférée à Titus, tirait son nom, soit de ce que le dictateur était nommé (*dicebatur*) par le consul, soit à cause des ordres suprèmes qu'il publiait, *dictabat*. Élu dans des circonstances graves, et pour six mois seulement, son pouvoir était immense. —Posthumius reçut le surnom de *Regillensis*, qu'il transmit à ses descendants.

(58) Les Romains employèrent souvent avec succès ce moyen, qui rappelle la victoire de Condé à Fribourg. « On dit que le duc d'Enghien jeta son bâton de commandement dans les retranchements des ennemis, et marcha pour le reprendre, l'épée à la main, à la tête du régiment de Conti. » (Voltaire, *Siècle de Louis XIV*, ch. 5.).

(59) Valère-Maxime attribue à un semblable expédient une victoire remportée par les Romains sur les Samnites (an de Rome 429, liv. iii, ch. 2, § 9) ; et Tite-Live, qui en cite un autre exemple (l. xl, ch. 40, § 3), dit : « Id »Romanos equites sæpe cum magna laude fecisse sua me-»moriæ proditum est. »

(60) Montesquieu, en citant ce passage comme un modèle dans l'art de présenter des contrastes, dit : « Florus nous montre en même temps la grandeur de Rome et la petitesse de ses commencements ; et l'étonnement porte sur ces deux choses. » (*Essai sur le goût ; des beautés qui résultent d'un certain embarras de l'ame.*)

(61) « Tribus hastis jugum fit, humi fixis duabus, » superque eas transversa una deligata. » (Liv., l. iii, 28, 15.)

(62) Voyez Ovide, (Fast., l. i,) et Pline (l. xviii, c. 5) : « Gaudente terra vomere laureato, e triumphali aratro.»

(63) Tite-Live et Denys d'Halycarnasse disent qu'ils étaient au nombre de trois cent-six (l. ii, c. 50). Voy. aussi Ovide (*Fast.*, liv. ii.). La porte Scélérate s'appelait auparavant *Carmentale*.

(64) Ces tentes n'étaient auparavant dressées que l'été; l'hiver, lorsqu'un siége n'était pas achevé; les soldats retournaient dans leurs foyers. — Au commencement de la république, les soldats ne recevaient point de solde; chacun servait à ses frais. La première paie reçue par les fantassins leur fut donnée l'an de Rome 347 (Tit. Liv. IV, 59); et, trois ans après, pendant le siège de Véies, on l'accorda aussi à la cavalerie (Tit.-Liv., v, 7). On donnait alors deux oboles ou trois as par jour à chaque fantassin, le double au centurion, et le triple à un chevalier. (Adam, *Antiq. Rom.*)

(65) *Lars* était un titre commun aux rois toscans, et non pas un nom propre, comme on l'a cru.

(66) « Le sénat ayant eu le moyen de donner une paie aux soldats, le siège de Véies fut entrepris; il dura dix ans. On vit un nouvel art chez les Romains, une autre manière de faire la guerre : leurs succès furent plus éclatants; ils profitèrent mieux de leurs victoires; ils firent de plus grandes conquêtes; ils envoyèrent plus de colonies : enfin la prise de Véies fut une révolution. » (Montesquieu, *Grand. et Décad. des Rom.*)

(67) Ce fut l'an 164 de Rome, que des Gaulois, partis de la Celtique sous la conduite de Bellovès, passèrent les Alpes, s'emparèrent de la Haute-Italie, à partir de l'Apennin jusqu'à la mer Adriatique, et donnèrent à ce pays le nom de Gaule-Cisalpine.

(68) D'après le récit de Tite-Live et de Plutarque, un habitant de Clusium, victime d'une injustice de la part de ses concitoyens, se rendit auprès des Gaulois, leur fit goûter du vin de son pays, et, par l'attrait de cette liqueur qui leur était inconnue, il les attira en Italie.

(69) Ce ne furent pas les Gaulois, mais les Romains qui méconnurent le droit des gens. Les trois fils de Fabius Ambustus, envoyés en ambassade auprès des Gaulois, se mirent contre eux à la tête des Clusiens. L'aîné des Fabius tua même de sa propre main l'un des chefs ennemis. Au lieu de se conduire en *barbares*, les Gaulois, avant de tirer l'épée, envoyèrent à Rome des députés pour demander vengeance de cet attentat. On ne répondit à leurs plaintes qu'en confiant à ces mêmes Fabius le commandement des troupes levées contre les Gaulois : la guerre devint inévitable.

(70) Cette formule était celle-ci : « Jane, Jovis pater,
» Marspiter, Quirine, Lares, divi novensides, dii indi-
» getes : divi quorum est potestas populi Romani quiri-
» tium, meique, Diique manes, sub vos placo veneror-
» que veniam peto obsecroque uti populo Romano Quiri-
» tium vitam salutemque prosperetis : uti ego axim præ
» me formidinem, metumque omnem , cœlestium infe-
» rumque omnium diras, sicuti verbis nuncupasso ; ita
» pro republica Populi Romani quiritium, vitam salutem-
» que meam diis Manibus Tellurique voveo. » (Varron, Jos. Scalig. comment.)

(71) Curius Dentatus fut le premier qui, dans une seule année, reçut les honneurs de deux triomphes. Florus fait ici allusion aux paroles que prononça Curius Dentatus dans une assemblée du peuple, après la défaite des Samnites, et non après celle des Sabins : « Tantum agri
» cepi, ut solitudo fuerit ni tantum hominum cepissem;
» tantum porro hominum cepi, ut fame perituri fuerint,
» ni tantum agri cepissem. » (Mauvaise phrase de rhéteur.)

(72) Plusieurs couleurs sur un seul vêtement semblaient un grand luxe aux Romains, chez lesquels la loi Oppia défendait même aux dames romaines d'en porter de cette sorte.

(73) Montesquieu admire ce trait de Florus, ou « par les mêmes paroles qui marquent la destruction de ce peuple, il fait voir la grandeur de son courage et de son opiniâtreté. » (*Essai sur le goût; des beautés qui résultent d'un certain embarras de l'ame.*)

(74) Thomas, employant une image à peu près semblable, a dit avec son emphase ordinaire, en parlant du siége de Rio-Janeiro, par Duguay-Trouin : « Chacune des montagnes qui entourent la ville est couverte de batteries, dont l'artillerie semble tonner du haut des cieux. »

(75) Florus présente comme une seule action deux victoires remportées par Fabius : l'une, sur les Étrusques, en 444; l'autre, sur les Gaulois et les Samnites, en 457, et qui est célèbre par le dévouement de Decius. (Tit.-Liv., l. x.)

(76) On pourrait croire, tant Florus abrége ici, qu'entre la guerre faite aux Samnites, en 457, et celle de Tarente, il ne se passa aucun fait important. Il faut cependant placer dans cet intervalle la victoire d'Aquilonie, remportée sur les Samnites par L. Papirius Cursor; la dernière victoire de Fabius sur les Samnites, en 461; la paix imposée par Curius à ce peuple; la réduction des Sabins par le même, en 463; et l'expédition de Dolabella contre les Gaulois, en 469.

(77) « La grandeur de Pyrrhus ne consistait que dans ses qualités personnelles. Plutarque nous dit qu'il fut obligé de faire la guerre de Macédoine parce qu'il ne pouvait entretenir six mille hommes de pied et cinq cents chevaux qu'il avait. Ce prince, maître d'un petit état, dont on n'a plus entendu parler après lui, était un aventurier qui faisait des entreprises continuelles, parce qu'il ne pouvait vivre qu'en entreprenant. » (Montesquieu; *Grand. et Décadence des Rom.*, ch. 4. Voyez la *Vie de Pyrrhus*, par Plutarque.)

(78) Cette ville, dont Florus parle avec détail, « avait, dit Montesquieu, bien dégénéré de l'institution des Lacédémoniens, ses ancêtres. » Elle fut, dit-on, fondée par Taras, fils de Neptune. Plus tard elle fut occupée par une colonie de Lacédémoniens, qui, sous la conduite de Phalante, en chassèrent les anciens habitants. (V. Strab., lib. VI; Plin. III, 10; Sil. Italic. XII, 432, Justin, III, 4, 11.)

(79) Cette flotte était composée de neuf galères, ce qui prouve que les Romains avaient une marine avant la première guerre Punique. — Appien rapporte que ce qui fit prendre les armes aux Tarentins, c'est que, d'après d'anciens traités, les Romains ne pouvaient passer le promontoire de Lacinie à l'entrée méridionale du golfe de Tarente.

(80) « Un Philomidès, infâme bouffon, poussa l'insolence jusqu'à salir de son urine la robe de L. Postumius Megellus, honoré à Rome de plusieurs consulats, et chef de l'ambassade. Cette action honteuse, commise à la vue de tout un peuple, fut applaudie par un cri de joie universel, et par des ris immodérés. « Riez, maintenant, s'écria le sage vieillard, vos ris se changeront bientôt en pleurs; ce sera dans votre sang que seront lavées les taches de mes vêtements. » Les ambassadeurs se retirèrent sans autre réponse que des huées et des injures. » (*Annal. rom.*, ann. 471. *Dion. Excerpt. Legat. IV.*) Quelques historiens rapportent que cette insulte leur fut faite parce que, dans son discours, le chef de l'ambassade avait

mal parlé et prononcé le grec. (Denys, l. xvii, c. 7.) Valère-Maxime dit qu'après cet affront « introduits au théâtre, selon l'usage des Grecs, ils exposèrent le sujet de leur ambassade, dans les termes qui leur avaient été prescrits, sans ajouter la moindre plainte relative à leurs injures personnelles, de peur d'outrepasser leurs instructions. » (Lib. ii, c. 2, § 5.)

(81) Héraclée n'était point située en Campanie, ni sur les bords du Liris; c'était une ville de Lucanie, entre le Siris et l'Aciris. C'est dans cette journée que Pyrrhus, examinant la disposition du camp des Romains et de leurs postes, dit des Romains : « L'ordonnance de ces Barbares n'a rien de barbare; nous verrons de le reste y répondra. » (Voyez dans ce volume, p. 540, la note 7 du huitième livre de la traduction de la *Guerre des Gaules*.)

(82) Les soldats romains furent longtemps à s'habituer à la vue des éléphants; car, plus de deux siècles après cette guerre, César eut à combattre dans ses soldats la terreur qu'ils leur inspiraient encore. « Il en fit venir plusieurs de l'Italie, qui servirent à familiariser le soldat avec eux. On apprit dans quelle partie du corps il était vulnérable. On accoutuma aussi ses chevaux à l'odeur, aux cris et à la forme de ces animaux. » (*De Bell. Afric.*, c. 72.) Le peuple romain appela d'abord les éléphants *bœufs de Lucanie*, *bos Lucans* ou *Lucas*, du lieu où l'on avait commencé à en voir, et du nom des animaux les plus grands qu'il eût connus jusqu'alors. (Plin., l. viii, c. 6; Varro, *de Ling.*, lat., l. vi.)

(83) Florus imite évidemment ici ce passage de Salluste : « Nam fere quem quisque pugnando locum ceperat, eum, amissa anima, corpore tegebat; pauci autem, quos medios cohors prætoria disjecerat, paullo diversius, sed omnes tamen adversis volneribus conciderant. Catilina vero, longe a suis inter hostium cadavera repertus est, pauliulum etiam spirans, ferociamque animi quam habuerat vivus in voltu retinens. » (C. 61.)

(84) Le sénat, dans cette circonstance, rendit le décret suivant : « Pyrrhus n'obtiendra la paix que quand il aura évacué l'Italie, eût-il battu mille Levinus. » Il avait déjà depuis longtemps pour maxime de ne rien accorder à un ennemi armé. « Le décret, dit Bossuet, qu'il rendit, à l'époque du siége de Rome par Coriolan, de ne rien accorder par force, passa pour une loi fondamentale de la politique romaine, dont il n'y a pas un seul exemple que les Romains se soient départis dans les temps de la république. Parmi eux, dans les états les plus tristes, jamais les faibles conseils n'ont été seulement écoutés. Ils étaient toujours plus traitables victorieux que vaincus. » (*Disc. sur l'Hist. univ.*) — « Ils augmentaient, dit Montesquieu, leurs prétentions à mesure de leurs defaites; par là, ils consternaient les vainqueurs, et s'imposaient à eux-mêmes une plus grande nécessité de vaincre. » (Voyez dans ce volume, p. 356, la note 9 du cinquième livre de la traduction de la *Guerre des Gaules*.)

(85) Florus est le seul historien qui ait ajouté ces mots : « Urbem templum sibi visam » à la réponse si connue des ambassadeurs de Pyrrhus. (Voyez Plut. in Pyrrho; Justin, xviii, 2; Eutrop, ii, 7; et Amm. Marcel., xvi, 10.)

(86) « Ils revenaient dans la ville avec les dépouilles des peuples vaincus : c'étaient des gerbes de blé et des troupeaux; cela y causait une grande joie. Voilà l'origine des triomphes. » (Montesquieu, *Grand. et Décad. des Rom.*, ch. 1.)

(87) Les habitants de Volsinies, une des douze Lucumonies étrusques, avaient mis à l'affranchissement de leurs esclaves la condition que ces derniers feraient la guerre pour eux. Une fois libres, ils s'emparèrent de toutes les magistratures, et même des biens et des femmes des Volsiniens. — Florus commet ici une erreur en disant que ces esclaves furent châtiés par Fabius Gurges qui, au contraire, mourut d'une blessure reçue au siége de Volsinies; ce fut P. Decius qui prit cette ville.

(88) Par la retraite sur le mont Sacré, colline située au delà de l'Anio, à trois milles de Rome, le peuple obtint la liberté des débiteurs alors détenus, la réduction des intérêts et la création du tribunat. Choisis dans l'ordre plébéien, les tribuns exerçaient leurs fonctions pendant un an; leur veto arrêtait l'exécution de tous les décrets du sénat qui leur paraissaient contraires à l'intérêt du peuple; leur personne était inviolable et sacrée; ils ne pouvaient rester hors de Rome un jour entier; ils devaient être accessibles à toute heure. Ils n'avaient d'autorité que dans les murs de Rome et à un mille au-delà. Il y eut d'abord cinq tribuns : l'an de Rome 297, leur nombre fut porté à dix. Ils avaient sous leurs ordres les édiles chargés de veiller à la conservation des édifices publics, à la salubrité et à l'approvisionnement de la ville. « Par une maladie éternelle des hommes, dit Montesquieu, les plébéiens, qui avaient obtenu des tribuns pour se défendre, s'en servaient pour attaquer; ils enlevèrent peu à peu toutes les prérogatives des patriciens; cela produisait des contestations continuelles. » (*Grand. et Décad. des Rom.*, ch. viii.)

(89) Les décemvirs Appius et Oppius, jetés en prison par le tribun Virginius, prévinrent leur supplice par une mort volontaire. Les huit autres se bannirent de Rome; leurs biens furent confisqués. — « Voici le tableau que Montesquieu fait du décemvirat : « Dix hommes, dans la république, eurent seuls toute la puissance législative, toute la puissance exécutrice, toute la puissance des jugements. Rome se vit soumise à une tyrannie aussi cruelle que celle de Tarquin. Quand Tarquin exerçait ses vexations, Rome était indignée du pouvoir qu'il avait usurpé; quand les décemvirs exercèrent les leurs, elle fut étonnée du pouvoir qu'elle avait donné.... Le spectacle de la mort de Virginie, immolée par son père à la pudeur et à la liberté, fit évanouir la puissance des décemvirs. Chacun se trouva libre, parce que chacun fut offensé; tout le monde devint citoyen, parce que tout le monde se trouva père. Le sénat et le peuple rentrèrent dans une liberté qui avait été confiée à des tyrans ridicules. Le peuple romain, plus qu'un autre, s'émouvait par des spectacles. Celui du corps sanglant de Lucrèce fit finir la royauté. Le débiteur qui parut sur la place, couvert de plaies, fit changer la forme de la République. La vue de Virginie fit chasser les décemvirs. »

LIVRE DEUXIÈME.

(1) Rome, aussitôt après l'expulsion des rois, fit avec Carthage un traité d'alliance dont Polybe avait lu les clauses gravées sur l'airain; et, par l'une d'elles, les Romains ne devaient pas naviguer sur des vaisseaux de guerre au-delà du Beau-Promontoire, nom donné à un cap voisin de Carthage. La fondation du port d'Ostie, ce traité, celui qui fut conclu avec les Tarentins, et dont parle Appien, la flotte dont l'apparition fut la première cause de la guerre de Tarente (voyez la note 79 du premier livre), prouvent que Rome avait au moins une marine

marchande longtemps avant la première guerre contre Carthage Ces deux républiques firent deux autres traités, dans les années 405 et 407 de Rome. Toutefois, cette marine devait être bien mal entretenue, puisque, pour passer en Sicile, les Romains furent obligés d'emprunter des bâtiments à divers peuples de l'Italie, et même de se servir d'abord de radeaux, ce qui fit donner à Appius Claudius le surnom de *Caudex*.

(2) Afin sans doute d'arriver de suite aux batailles navales de cette guerre, Florus ne parle pas de la prise d'Agrigente, l'an de Rome 493. Ce fut seulement l'année suivante, et la quatrième de la première guerre Punique, que les Romains songèrent à se créer une marine guerrière. «Pendant que les uns, dit Polybe, étaient occupés à la construction des vaisseaux, les autres faisaient des levées de matelots, et leur apprenaient à ramer. Ils les rangeaient, la rame à la main, sur le rivage, dans le même ordre que sur les bancs. Au milieu d'eux était un commandant qui les accoutumait à se renverser en arrière et à se baisser en avant tous ensemble, à commencer et à finir à l'ordre. Les matelots exercés, et les vaisseaux construits, les Romains se mirent en mer, s'éprouvèrent pendant quelque temps, et voguèrent le long de la côte d'Italie. » (Liv. I., c. 4.)

(3) Quelques historiens disent que ce fut du consentement du sénat, que Duillius se faisait précéder tous les soirs par un joueur de flûte et par un flambeau. Val-Max. rapporte simplement le fait (liv. III, c. 4, § 6). Cependant Cicéron (*de Senect.*), s'accordant avec Florus, ajoute à son récit : *Tantum licentiæ dabat gloria!* Ce n'est pas d'ailleurs le seul exemple d'un citoyen s'arrogeant le privilége d'une distinction spéciale pour une action d'éclat. « Cornificius tantum sibi observatos a se milites tribuit, » ut Romæ, quoties foris deinde cœnaret, elephanto do-» mum revectus sit (Dion. liv. XLIX,).»

Une colonne rostrale fut érigée dans le Forum en l'honneur de la victoire navale remportée sur les Carthaginois. Détruite par le temps, elle fut remplacée, sous le règne de Claude, par celle qu'on voit encore dans une des salles du Capitole. Le piédestal de la première colonne sert aussi à la seconde, et on peut y lire en partie l'inscription qu'il portait. Cette inscription est, dans l'ordre chronologique, le septième monument que l'on possède de l'ancienne langue des Romains.

(4) Le tombeau de Corn. Scipion Asina se voit encore, ainsi qu'une inscription antérieure de quarante ans à celle de la colonne rostrale de Duillius.

(5) Peu d'années après l'érection de la colonne de Duillius, on grava en l'honneur de Lucius Scipion une inscription, qui est le huitième monument de la langue latine.

(6) Valère-Maxime (l. I. ch. 8. § 19) ; Aulu-Gelle (l. VI. ch. 3.), Pline (l. VIII, ch. 14.); et Silius Italicus (l. VI, v. 151 et suiv.), parlent de ce serpent dont on a sans doute exagéré la grandeur ; mais le combat de l'armée romaine contre lui serait en quelque sorte prouvé, s'il était vrai, comme le dit le passage de Tite-Live, aujourd'hui perdu, mais cité en entier par Valère-Maxime, que la peau, qui était longue de cent vingt pieds, fut portée à Rome.

(7) Xantippe n'était pas général ; c'était un soldat mercenaire de Lacédémone ; au rapport de Polybe (liv. I, ch. 7.); et d'Aurélius Victor (ch. 40.). « Regulus, dit Polybe, s'était montré dur et impitoyable envers les Carthaginois qui demandaient la paix ; il fut bientôt réduit à implorer leur compassion et leur clémence. » (L. I, c 7.)

(8) Rien n'est moins prouvé que les supplices dans lesquels on prétend que les Carthaginois firent périr Régulus, bien que les témoignages d'Eutrope, d'Aurelius Victor, de Cicéron (*De Offic.* l. III, c. 27 et *Oratio in Pison*, § 19); de Sénèque (*De provident*, c. III; et epist, 88); de Valère-Maxime (l. I, c. 1, § 14, et l. XI, c. 2, § 1,); de Silius Italicus (l. 6, v. 546. 550), et d'Horace dans l.i belle ode, *Cælo tonantem....* (l. III, od. 5.); confirment le récit de Florus. Polybe, qui parle avec quelque détail de la défaite et de la captivité de Régulus (l. I, c. 7), ne dit rien ni de l'ambassade du général romain, ni de son supplice. Si l'histoire de son voyage à Rome, de son retour à Carthage et de sa mort, avait eu quelque fondement, Polybe ne l'eût pas omise, puisqu'il nous a transmis des faits moins importants. Il a sans doute mieux aimé garder le silence, que de contredire une tradition chère aux Romains. Au silence de Polybe vient s'ajouter le témoignage de Diodore de Sicile : il dit que la veuve de Régulus avait en sou pouvoir deux prisonniers Carthaginois. Elle attribuait la mort de son époux à la négligence des fils d'Hannon, qui le gardaient ; et elle se vengea sur ces deux captifs d'une manière si atroce, que peu s'en fallut qu'elle et ses fils, complices de sa cruauté, ne fussent condamnés à mort. Or, il y a loin de la négligence dont parle Diodore au supplice qu'on prétend que les Carthaginois ont fait subir à leur prisonnier. (Diod. Sic. Fragm. l. XXIV).

(9) « Nemo trecentos Fabios victos dicit, sed occisos ; » et Regulus captus est a Pœnis, non victus; et quisquis » alius sævientis fortunæ vi atque pondere oppressus non » submittit animum. » (Senec. *de Benef.*, v. 5).

« Le général romain, dit Bossuet, est battu et pris ; mais sa prison le rend plus illustre que ses victoires. » (*Disc. sur l'Hist. Univ.*, 1 part., 8 époque.)

(10) Cette comparaison est empruntée d'Homère (*Odyssée*, chant IV, v. 708) αλσος ἵππους.....

(11) Tite-Live rapporte (l. XL, c. 41) que le sénat fit transporter dans un territoire du Samnium quarante mille Ligures. y compris les femmes et les enfants. Selon Pline, on les appela aussi *Bæbiani* et *Corneliani*, du nom des deux consuls, Marius Bébius Pamphilus et Publius Cornélius Céthégus, qui les avaient vaincus. Cette coutume d'imposer à des populations entières l'obligation de changer de demeure, était un principe de politique chez les Romains. Ainsi Pompée, vainqueur des pirates Ciliciens, les contraignit à habiter loin des côtes de la mer ; il fit aussi descendre les Colchidiens de leurs montagnes presqu'inaccessibles. (Flor. l. II, c. 7.) Auguste força pareillement les montagnards Asturiens à s'établir dans la plaine.

(12) Tite-Live, en parlant non des Insubres, mais des Sénons, (l. X, c. 20) a exprimé la même pensée à peu près dans les mêmes termes : « Prima Gallorum, prælia » plus quam virorum, postrema minus quam femi-» narum. »

(13) « Mollia et fluida Gallorum corpora » (Tit.-Liv., l. XXIV.) « Gallorum corpora, intolerantissima laboris » atque æstus, fluere. » (Ibid., l. X.)

(14) Florus nomme à tort ici Britomare. Les deux chefs des Gaulois à Télamone étaient, selon Polybe, Anéroeste et Concolitan. Le premier se tua de désespoir dès qu'il vit la bataille perdue ; le second fut fait prisonnier, et dépouillé de son baudrier, au Capitole, par Æmilius Pe-

pus, au milieu des acclamations du peuple romain revenu de sa terreur.

(15) Ce Flaminius qui gagna la bataille de l'Adda, l'an de R. 550, avait été le principal auteur de cette guerre, en faisant passer, lorsqu'il était tribun du peuple, l'an 521, une loi par laquelle on devait distribuer aux Romains le territoire que les Sénons possédaient dans le Picenum, bien que ces peuples qui avaient, pendant les années 516, 517 et 518, soutenu contre les Romains une guerre que Florus passe sous silence, eussent demandé et obtenu la paix, et se fussent, pendant quatre ans, abstenus de tout acte d'hostilité.

(16) Il y a ici une altération dans les manuscrits ou une grave erreur de Florus, qui semble dire qu'entre la première et la seconde guerre Punique il ne s'écoula qu'un intervalle de quatre ans, tandis qu'il fut de vingt-deux ans. En outre, dans cet intervalle, Rome eut une paix qui ne dura pas même un an, le temple de Janus ayant été fermé et rouvert dans le cours de la même année (518 de R.) —Pour donner un sens à cette phrase, le commentateur Vinet prétend que Florus a sans doute voulu dire, qu'entre les deux premières guerres Puniques, les Romains furent si souvent en guerre avec d'autres peuples, qu'à peine, en vingt-deux ans, eurent-ils quatre ans de repos, en mettant à la suite les uns des autres les courts intervalles qui séparèrent ces guerres différentes. Une interprétation aussi subtile peut satisfaire l'esprit du commentateur qui la trouve, mais non la raison du lecteur.

(17) « Et adeo varia belli fortuna, ancepsque Mars fuit (in « hoc ipso bello Punico), ut propius periculo fuerint, qui « vicere. » (Tit.-Liv., l. xxi). « ..... Propius que fuere pe- « riclo, queis superare datum. » (Sil Italic., l. i, v. 77).

(18) Carthage, vaincue par les Romains, vit les troupes mercenaires qui composaient toute sa force militaire se tourner contre elle, et lui faire une guerre que Polybe raconte avec détail. Rome pouvait facilement accabler sa rivale, si, profitant de l'occasion, elle eût joint alors ses armes à celles des mercenaires. Mais elle garda les conditions du traité avec une fidélité dont elle donna d'assez rares exemples, quoi qu'en disent ses historiens, et en particulier Florus. Lorsqu'après trois ans et quatre mois de combat, Carthage eût terminé cette guerre, Rome se départit de sa générosité. La révolte continuait en Sardaigne, et les mercenaires, à son instigation sans doute, lui offrirent cette île où elle envoya aussitôt des troupes. Les Carthaginois se disposèrent à punir les rebelles qui l'avaient livrée. Ce fut pour les Romains le signal d'une déclaration de guerre à Carthage; ils alléguèrent que ces préparatifs, dirigés en apparence contre les rebelles de Sardaigne, l'étaient en réalité contre Rome. Les Carthaginois, déjà fort affaiblis, abandonnèrent la Sardaigne à leurs ennemis, qui exigèrent alors douze cents talents, outre le tribut imposé par le dernier traité fait avec Lutatius. (V. Polyb.) C'est à ces événements que Florus fait ici allusion.

(19) La narration du Florus est entièrement conforme à celle de Tite-Live et de Polybe, quant aux circonstances de l'ambassade de Fabius à Carthage; mais il ne parle pas d'une députation qui se rendit de la part du sénat, auprès d'Annibal, occupé au siége de Sagonte. Le général Carthaginois fit répondre aux deux ambassadeurs qu'il avait des affaires trop importantes pour donner des audiences. (Voyez Tite-Live, l. xxi, c. 7 et 10).

(20) C'est là un de ces traits de Florus, que Montesquieu se plaît à citer dans son *Essai sur le goût* : « il nous donne

dit-il, tout le spectacle de la vie de Scipion, quand il dit de sa jeunesse, c'est le Scipion qui croît pour la destruction de l'Afrique. Vous croyez voir un enfant qui croît et s'élève comme un géant. » Bossuet a dit également, en parlant de Louis XIV encore enfant : « Laissez croître ce roi chéri du ciel ! tout cédera à ses exploits, etc. » (*Orais. Fun. du prince de Condé.*)

(21) « Le consul Tarentius Varron, qui venait de perdre par sa faute une si grande bataille, fut reçu à Rome comme s'il eût été victorieux, parce que seulement, dans un si grand malheur, il n'avait point désespéré des affaires de la république. Le sénat l'en remercia publiquement, et, dès lors, on résolut, suivant les anciennes maximes, de n'écouter dans ce triste état aucune proposition de paix. L'ennemi fut étonné; le peuple reprit cœur, et crut avoir des ressources que le sénat connaissait par sa prudence. » (Bossuet, *Disc. sur l'Hist. Univ.*)

« Le sénat vit combien il était nécessaire qu'il s'attirât dans cette occasion la confiance du peuple... Ce n'est pas ordinairement la perte réelle que l'on fait dans une bataille, c'est-à-dire celle de quelques milliers d'hommes, qui est funeste à un état, mais la perte imaginaire et le découragement, qui le privent des forces même que la fortune lui avait laissées. » (Montesquieu, *Grand. et Décad. des Rom.*, c. 4.)

(22) Tite-Live, dans sa description de la bataille de Cannes, ne fait aucune mention du torrent de Vergelle, toutefois ce fait est attesté par Valère-Maxime, qui appelle ce torrent une rivière (l. ix, c. 2, *Ap. Ext.*, § 2). Silius Italicus (l. ii, v. 670) parle de ce pont de cadavres, mais sans nommer le torrent de Vergelle, que les géographes ne savent où placer.

(23) Florus n'est pas d'accord avec Tite-Live sur le nombre des boisseaux qui contenaient les anneaux des chevaliers romains. Ce dernier historien dit qu'au rapport de quelques auteurs, ce monceau mesuré donna plus de trois boisseaux et demi; mais que la tradition qui a prévalu, et qui est plus vraisemblable que ces assertions, est qu'il n'y en avait pas au-delà d'un boisseau (l. xxiii, c. 12). Valère-Maxime (l. vii, c. 2, *Ap. Ext.*, § 15), Pline (l. xxxiii, c. 1), Paul Orose (l. iv, c. 16) et d'autres encore, parlent de trois boisseaux. Florus, qui en mentionne deux, a donc pris le milieu entre les deux versions. Au reste, dans sa concision quelquefois énergique, il a fait un récit exact de la bataille de Cannes, sauf une circonstance que ne mentionne ni Tite-Live, ni aucun auteur, l'ordre donné par Annibal à ses troupes de faire quartier : « parce ferro. » Toutefois son armée tua dans cette journée quarante mille Romains.

(24) Montesquieu cite encore avec éloge, dans son *Essai sur le goût*, cette phrase de Florus. « Il nous représente en peu de paroles, dit-il, toutes les fautes d'Annibal. »

(25) « Il y a des choses que tout le monde dit, parce qu'elles ont été dites une fois. On croit qu'Annibal fit une faute insigne de n'avoir pas été assiéger Rome après la bataille de Cannes. Il est vrai que d'abord la frayeur y fut extrême; mais il n'en est pas de la consternation d'un peuple belliqueux, qui se tourne presque toujours en courage, comme de celle d'une ville populace, qui ne sent que sa faiblesse. Une preuve qu'Annibal n'aurait pas réussi, c'est que les Romains se trouvèrent encore en état d'envoyer partout du secours. » (Montesquieu, *Grand. et Déc. des Rom.*, ch. 4.)

Ces mots de Florus « Capuam Annibali Cannas fuisse, » sont textuellement pris d'un discours que Tite-Live met dans la bouche de Marcellus (l. XXIII, c. 45).

(26) « Rome, dit Montesquieu, fut un prodige de constance. Après les journées du Tésin, de la Trébie et de Trasimène; après celle de Cannes, plus funeste encore; abandonnée de presque tous les peuples de l'Italie, elle ne demanda point la paix : c'est que le sénat ne se départait jamais des maximes anciennes; il agissait avec Annibal, comme il avait agi avec Pyrrhus, à qui il avait refusé de faire aucun accommodement. » *Grand. et Décad. des Rom.*)

(27) « Scipio quum in Hispania, Carthagine oppressa, « majoris Carthaginis cæpienda sumsisset auspicia. » (Val. Max., l. IV, c. 5.

(28) « Le caissier (ou banquier, *argentarius*), assistait pour marquer les enchères; c'était entre ses mains que les acquéreurs en déposaient le prix, ou donnaient des gages de solvabilité. » (Adam, *Antiquités Romaines*, t. I, p. 83.) — « Le mot *sectio* se prend pour l'acquisition du butin d'une ville, ou des biens d'un proscrit ou d'un condamné. » (Ibid. p. 68.)

(29) Ce mot d'Annibal est également rapporté par Tite-Live. (l. 28) « Je m'imagine, dit Montesquieu, qu'Annibal disait très-peu de bons mots, et qu'il en disait encore moins en faveur de Fabius et de Marcellus contre lui-même... Encore faudrait-il que les discours qu'on fait tenir à Annibal fussent sensés. Que si, en apprenant la défaite de son frère, il avoua qu'il en prévoyait la ruine de Carthage, je ne sache rien de plus propre à désespérer les peuples qui s'étaient donnés à lui, et à décourager une armée qui attendait de si grandes récompenses après la guerre.» (*Grand. et Décad. des Rom.*, c. 5.)

(30) Il y a, dans ce chapitre de la seconde guerre Punique, quelques erreurs historiques et chronologiques; il faut, pour prendre de toute cette guerre une connaissance exacte et complète, recourir au récit de Tite-Live, aux vies de Fabius, de Scipion, de Marcellus, de Flaminius et d'Annibal, par Plutarque, à Appien (in Lybic.), à Polybe, et à Silius Italicus, dont le long poème a du moins le mérite de renfermer des détails précieux en ce qu'on ne les trouve pas ailleurs.

(31) « Après l'abaissement des Carthaginois, Rome n'eut presque plus que de petites guerres et de grandes victoires; au lieu qu'auparavant elle avait eu de grandes guerres et de petites victoires. » (Montesquieu; *Grand. et Décad. des Rom.*, ch. 5.)

(32) Philippe avait fait avec Annibal, après la bataille de Cannes, un traité par lequel les Carthaginois et les Macédoniens s'engageaient à réunir leurs forces pour conquérir l'Italie et la Grèce, et à se partager ensuite ces deux pays. L'Italie devait appartenir à Carthage, et la Grèce à Philippe. (Polybe, l. VII, c. 2; Tite-Live, l. XXIII, c. 55 et suiv.). Mais cette alliance ne put avoir de résultat, et Philippe « ne fit, dit Montesquieu, que témoigner aux Romains une mauvaise volonté inutile. » Ceux-ci, loin d'attendre le roi de Macédoine, firent partir contre lui une armée avec cinquante galères.

(33) Tite-Live rapporte également cette fable ridicule. (l. XXX, c. 1.) Le *vaisseau prétorien* était chez les Romains ce qu'est chez nous le *vaisseau amiral*; il portait ce nom, que ce fût un préteur ou un consul qui fût à la tête de la flotte.

(34) « Florus nous donne une idée de toute la guerre de Macédoine, quand il dit : « Ce fut vaincre que d'y entrer. » (Montesquieu, *Essai sur le goût*.)

(35) Aucun traducteur n'a rendu littéralement le mot *caneretur*. Il rappelle cependant l'usage des Athéniens et de plusieurs peuples de la Grèce, de promulguer leurs lois en les faisant *chanter* par le crieur public; et le trait de Philippe qui, après la bataille de Chéronée se mit à chanter, en battant la mesure, le decret par lequel Démosthène lui avait fait déclarer la guerre. — Cette expression sert d'ailleurs à rendre plus juste la comparaison qui termine ce chapitre.

(36) Valère-Maxime rapporte comme un fait avéré « ut certo constet », que, pendant les bruyantes acclamations des Grecs, on vit des oiseaux saisis d'épouvante en passant au-dessus de l'assemblée, tomber tout étourdis dans l'amphithéâtre (l. IV, c. 8, § 5); et tels furent les transports que Flaminius faillit être étouffé.

« On voit bien que ces petites républiques ne pouvaient être que dépendantes. Les Grecs se livrèrent à une joie stupide, et crurent être libres en effet, parce que les Romains les avaient déclarés tels.» (Montesquieu.)

(37) « Florus, dit Montesquieu, nous fait voir par ces mots le grand caractère d'Annibal, la situation de l'univers, et toute la grandeur du peuple romain. » (*Essai sur le goût*.)

(38) Les anciens prétendaient que du haut de l'Hémus, qui sépare la Thrace de la Mysie, on pouvait apercevoir l'Adriatique à l'occident, le Danube et les Alpes au nord, et le Pont-Euxin à l'orient. Philippe, père de Persée, voulut vérifier le fait, et mit trois jours à gravir le mont avec tout son cortège. (Tite-Live, l. XL, c. 21 et 22.)

(39) Persée avait supplié Paul-Émile de lui épargner la honte de précéder son char de triomphe. Il en avait reçu cette reponse : « Cela est en votre pouvoir. » (Cicer., *Tuscul*. V, 40.) Il n'était pas en celui de Paul-Emile d'accorder une pareille demande. Il arrivait souvent que les vaincus, après avoir servi à la pompe triomphale, étaient mis à mort. On laissa vivre Persée, qui mourut deux ans après, dans sa prison, de faim, dit-on. — « Rien ne servit mieux Rome, dit Montesquieu, que le respect qu'elle imprima à la terre. Elle mit d'abord les rois dans le silence, et les rendit comme stupides... Risquer une guerre, c'était s'exposer à la captivité, à la mort, à l'infamie du triomphe. » (*Grand. et Décad. des Rom.*, c. 6.)

(40) Cette manière de présenter les causes de la troisième guerre Punique est tout-à-fait contraire à la vérité. Scipion-l'Africain, après la seconde de ces guerres, avait réglé les intérêts de Carthage et ceux de Massinissa, roi de Numidie. Cependant, secrètement excité par les Romains, ce prince ne cessa, pendant cinquante ans de règne, d'attaquer les Carthaginois, et leur enleva plusieurs provinces frontières. Sur les plaintes de ceux-ci, les Romains envoyèrent en Afrique des commissaires, qui avaient mission de ne rien décider. Enfin, l'an de Rome 605, Massinissa recommença les hostilités, et remporta près d'Oroscope une victoire importante. Le jeune Scipion, qui, cinq ans après, devait détruire Carthage, et était alors en mission auprès de Massinissa, fut, du haut d'une colline, spectateur de ce combat, dans lequel plus de cent dix mille hommes étaient aux prises. Ainsi, loin d'avoir menacé les frontières de Massinissa, comme l'avance Florus, les Carthaginois avaient au contraire vu les leurs plusieurs fois envahies.

« L'injustice des prétextes de la troisième guerre Punique, la perfidie des propositions qui la précédèrent, l'iniquité des refus que l'on opposa aux offres justes et raisonnables d'un ennemi soumis.... enfin l'infâme combinaison de ne déclarer la guerre qu'après avoir, sous des apparences de paix, ôté à l'état qu'on voulait détruire les moyens de se défendre, tout cela annonçait de la part de Rome, non plus une rivalité, mais une haine implacable; non plus un désir de vaincre, mais un besoin d'anéantir. » (Ferrand, *Esprit de l'Histoire*, lettre xv.)

(41) La plupart des historiens regardent la ruine de Carthage, comme la cause qui hâta la corruption des Romains : « Ubi Carthago, æmula imperii romani, ab » stirpe interiit..., fortuna sæviru ac miscere omnia » cœpit.» (Salluste.) « Remoto Carthaginis metu, subla- » taque imperii æmula, non gradu, sed præcipiti cursu, a » virtute descitum, ad vitia transcursum. » (Vell. Paterc.)

(42) A la vue des ruines de Carthage, Scipion, ému, récita ces deux vers de l'Iliade, d'un ton prophétique :

Ἔσσεται ἦμαρ, ὅτ' ἄν ποτ' ὀλώλῃ Ἴλιος ἱρή,
Καὶ Πρίαμος, καὶ λαὸς ἐυμμελίω Πριάμοιο.

« Il viendra le jour où périront et la ville sacrée d'Ilion, et le belliqueux Priam et son peuple. »

« L'histoire de cette dernière guerre éteint tout l'intérêt que celle de la seconde inspirait pour les Romains. Ce massacre presque universel, tant des habitants que des alliés de Carthage, la servitude de tout ce qui échappait à la mort, l'incendie de dix-sept jours, la disparition entière de cette ville, florissante pendant sept siècles; l'acharnement avec lequel les débris en sont dispersés, les effroyables imprécations contre quiconque oserait entreprendre de la rebâtir : ce n'est pas là le noble triomphe d'une grande nation, qui vient d'assurer sa supériorité; c'est l'orgie féroce et impolitique d'un peuple enivré de sa puissance, et prêt à tourner contre lui-même l'excès de force dont il ne sait qu'abuser. » (Ferrand, *Esprit de l'Hist.*, lettre xv.)

(43) Cette ancienne tradition a été combattue dans les temps modernes. Il y avait en effet longtemps que l'art de fondre et d'allier ensemble différentes espèces de métaux, l'or, l'argent, l'airain, était connu dans Corinthe; et ce produit de son industrie était une des principales branches de son commerce. — M. C. Paganel, dans une note de sa traduction de Florus, distingue deux espèces d'airain de Corinthe. Celui qui était connu jusque-là, et dont les débris, échappés à l'incendie, étaient recherchés dans tout l'univers; et celui qui fut le résultat du mélange des divers métaux que l'embrasement mit en fusion.

LIVRE TROISIÈME.

(1) Les *Capite censi* et les *Proletarii* étaient ceux des Romains qui, n'ayant pas de biens que le cens pût enregistrer, étaient comptés par tête, seulement soumis à la capitation. Leur admission dans l'armée fut un coup porté à la constitution de l'état, « fondée, dit Montesquieu, sur ce principe que ceux-là devaient être soldats qui avaient assez de bien pour répondre de leur conduite à la république. »

(2) « Ce mot, aussi célèbre que vrai, était, dans la bouche de Jugurtha, l'aveu foudroyant d'un coupable qui déclare ses complices. » (Ferrand, *Esprit de l'Hist.*, lettre 12.)

(3) Montesquieu a développé, dans l'*Esprit des Lois*, cette idée de l'analogie qui existe entre les climats et le caractère des peuples. Les anciens l'avaient remarquée; Pline a dit : « Gentes septentrionales a cœli rigore fero- » ces. » (L. II, c. 80.) Tacite : « Mattiaci ipso terræ suæ cœlo, et cœlo acrius animantur.» (Germ. 29, 4.) Tite-Live. « Rhætos loca ipsa efferarunt. » (L. v, c. 53.) Quinte-Curce : « Ubique locorum situs ingenia hominum format. » (L. VIII, c. 9.)

(4) « En 1613, on découvrit dans le Dauphiné, entre les villes de Mont-Rigaut, de Serre et de Saint-Antoine, environ à dix-sept ou dix-huit pieds en terre, une tombe de brique, longue de trente pieds, large de douze, haute de huit, sur laquelle était une pierre fort dure, ressemblant à du marbre gris, avec cette inscription en lettres romaines : TEUTOBOCHUS REX. Dans cette tombe étaient des os d'une grandeur énorme, avec des médailles d'argent. Cette découverte donna lieu à une très-vive dispute entre plusieurs des plus célèbres médecins et chirurgiens de Paris. » (Voyez l'ouvrage intitulé : *Recherches sur l'origine et les progrès de la chirurgie en France*.) Note de l'abbé Paul.

Cette découverte du tombeau et des restes du roi Teutobochus a tout récemment encore occupé l'Académie des sciences (séance du 3 mai 1837). On avait, au commencement du 18e siècle, trouvé à Bordeaux, dans un grenier, des ossements fossiles gigantesques, qui y étaient relégués depuis longtemps, et aussitôt un chirurgien avait imaginé de les attribuer à Teutobochus. Il produisait, avec ces ossements qui étaient en partie les débris des divers membres d'un mastodonte, un procès-verbal, qui donnait à Teutobochus *vingt-deux pieds*, une lettre de Louis XIII, par laquelle ce roi exprimait un vif désir de voir les restes du géant, et des médailles qui ne sont que des médailles grecques de Marseille. C'est sur ces diverses pièces, enfin parvenues à l'Académie, qu'elle a reconnu l'imposture.

(5) Les Cimbres avaient d'abord envoyé à Marius des ambassadeurs chargés de lui demander des terres pour eux et leurs frères (les Teutons). « Que parlez-vous de vos frères? répondit le consul ; ne vous en mettez point en peine : ils ont la terre que nous leur avons donnée, et ils la garderont éternellement. » Il fit paraître devant eux le roi des Teutons chargé de chaînes. C'est après cette réponse que leurs députés demandèrent le jour du combat à Marius, qui, au rapport de Plutarque, leur assigna le troisième.

(6) On retrouve dans l'histoire des peuples du nord des traces nombreuses de cette coutume. Alboin, roi des Lombards, après avoir vaincu et tué Cunimond, roi des Gépides (566), fit de son crâne une coupe qui lui servait dans les festins. Crum, roi des Bulgares, employait au même usage celui de Nicéphore I. Odin ne promettait pas, dans son paradis, de plus grand plaisir aux Scandinaves, que de boire dans le crâne de leurs ennemis.

(7) César exerça depuis une semblable barbarie contre les habitants d'Uxellodunum (*de Bell. Gall.*, l. VIII, c. 44), et plus tard contre des émissaires de Pompée le fils. (*Bell. Hisp.*, c. 12.)

(8) « Uno die, tota Asia, tot in civitatibus, uno nun- » tio atque una litterarum significatione, cives romanos » necandos trucidandosque denotavit. » (Cicer. *pro lege Manilia*, c. 3.) — Valère-Maxime porte à quatre-vingt mille le nombre des citoyens romains tués ce jour-là; Plutarque et Appien à cent cinquante mille. Les Romains

avaient envoyé en Asie des commissaires, chargés de rétablir Nicomède et Ariobarzane ; Manius Aquilius, leur chef, personnage consulaire, fut ignominieusement traité pour les lenteurs qu'il avait fait essuyer à Mithridate. Celui-ci le fit promener par toute l'Asie, monté sur un âne, et on l'obligeait, à force de coups, de crier à haute voix : « Je suis Aquilius, autrefois consul des Romains. » Enfin il fut conduit à Pergame, où le roi de Pont lui fit verser de l'or fondu dans la bouche, comme plus tard le roi des Parthes en fit verser dans celle de Crassus. (Voyez Florus, l. II, c. 12.)

(9) C'est dans cette circonstance que Sylla dit à Mithridate, qui se plaignait des conditions du traité, qu'il devrait savoir gré au vainqueur de ce qu'il lui laissait la main avec laquelle il avait signé l'ordre de faire mourir en un jour cent mille Romains.

(10) Mithridate entreprit le siége de Cyzique avec plus de trois cent mille hommes. « La situation des états de Mithridate, dit Montesquieu, était admirable pour faire la guerre aux Romains. Ils touchaient au pays inaccessible du Caucase, rempli de nations féroces dont on pouvait se servir; de là, ils s'étendaient sur la mer du Pont; Mithridate la couvrait de ses vaisseaux, et allait continuellement acheter de nouvelles armées de Scythes. L'Asie était ouverte à ses invasions; il était riche, parce que ses villes sur le Pont-Euxin faisaient un commerce avantageux avec des nations moins industrieuses qu'elles. » (*Grand. et Décad. des Rom.*, c. 7.)

(11) « Les outres, selon leur nombre et la manière de les employer, pouvaient porter un ou plusieurs hommes, et même des armées entières. Les anciens auteurs nous offrent des exemples de cette pratique dans toutes ses variétés. On voit dans Suétone (Jules-César, c. 57), César, porté sur des outres, traverser plusieurs fois les fleuves et prévenir ses courriers; selon Tite-Live (*Hist.*, l. XXI, c. 27), les Espagnols qui suivirent Annibal se servirent d'outres pour le passage du Rhône. Quinte-Curce (*Alex., hist.*, l. VIII, c. 7) et Arien (*Expéditions d'Alexandre*, l. III), rapportent qu'Alexandre fit passer à son armée le fleuve Oxus par ce même expédient. Ce fut encore avec ce secours que l'armée de Jovien traversa le Tigre, suivant Zozime (*Hist.*, l. III); enfin, on trouve la description d'un pont d'outres dans Xénophon. (*Expéditions de Cyrus*, l. III. Calvet, *des Utriculaires*.)

(12) Lucullus avait déjà passé l'Euphrate, lorsqu'il poursuivait Mithridate fuyant vers Tigrane.

(13) . . . . Pompée a saisi l'avantage
D'une nuit qui laissait peu de place au courage.
Mes soldats presque nus, dans l'ombre intimidés,
Les rangs de toutes parts mal pris et mal gardés.
Le désordre partout redoublant les alarmes,
Nous-mêmes contre nous tournant nos propres armes,
Les cris, que les rochers renvoyaient plus affreux,
Enfin toute l'horreur d'un combat ténébreux :
Que pouvait la valeur dans ce trouble funeste ?
(RACINE, *Mithridate*, acte II, sc. 3.)

Voyez Plutarque dans la *Vie de Pompée*.

(14) Montesquieu compare plus noblement Mithridate « à un lion qui regarde ses blessures, et n'en est que plus indigné. »

(15) Voyez, dans la tragédie de *Mithridate*, la première scène du troisième acte.

« Dans l'abîme où il était, dit Montesquieu, il forma le dessein de porter la guerre en Italie, et d'aller à Rome

T. I.

avec les mêmes nations qui l'asservirent quelques siècles après, et par le même chemin qu'elles tinrent. »

Les Romains, malgré leur animosité contre leurs ennemis, rendaient justice à Mithridate, et Cicéron l'appelle le plus grand des rois qui aient paru depuis Alexandre, *post Alexandrum maximus*. (Cicer., *Acad.*, II, c. 1.)

(16) « Trahi par Pharnace et par une armée effrayée de la grandeur de ses entreprises et des hasards qu'il allait chercher, il mourut en roi. » (Montesquieu, *Grand. et Décad. des Rom.*) Ce fut à Panticapée, ville du Bosphore, que Mithridate, qui ne s'était que légèrement blessé de son épée, obtint d'un officier gaulois qu'il l'achevât.

(17) Pompée pardonna aux Albaniens, parce que, selon Justin (l. XLII, c. 24), les Romains croyaient avoir avec eux une origine commune.

(18) C'est la première fois qu'il est parlé de ce peuple dans l'histoire romaine. Pompée força un petit roi de l'Arabie-Pétrée à reconnaître la domination romaine, et dit aux Romains qu'il avait soumis les Arabes.

(19) « Florus altère ici la vérité, pour avoir occasion de maltraiter la nation juive, regardée par les Romains comme un peuple également odieux et méprisable. Madame Dacier (édition du dauphin) rapporte deux passages, l'un de Josèphe, l'autre de Strabon, par lesquels on voit que cette vigne était un présent fait à Pompée par Aristobule. L'auteur des *Annales Romaines* (690) dit que c'était un ornement d'or, qui représentait un jardin avec des ceps de vigne, que, par cette raison, on nommait la *vigne d'or*. Cet ornement était estimé cinq cents talents, c'est-à-dire environ cinq cent mille écus. » (Note de l'abbé Paul.)

(20) Ce prince parut au triomphe de Pompée. Cette visite du général romain coûta aux Juifs leur indépendance. Il les rendit tributaires, défendit à Hircan, leur prince, de porter le diadème, et les dépouilla des villes qu'ils avaient conquises en Syrie. Pompée était dans la plaine de Jéricho, lorsqu'il reçut la nouvelle de la mort de Mithridate.

(21) Après la guerre d'Orient, Pompée fit placer cette inscription dans le temple qu'il bâtit à Minerve du produit des dépouilles : « Pompée-le-Grand, général des armées romaines, après avoir terminé une guerre de trente ans, après avoir défait, mis en fuite, tué ou forcé à se rendre douze millions cent quatre-vingt-trois mille hommes, coulé à fond ou pris huit cent quarante-six vaisseaux, reçu à composition quinze cent trente-huit villes et châteaux, soumis tous les pays depuis le lac Méotis jusqu'à la mer Rouge, acquitte le vœu qu'il a fait à Minerve... » Enfin, ce qui mettait le comble à sa gloire, comme il le dit lui-même dans une assemblée où il rendit compte de tout ce qu'il avait fait, c'est que l'Asie, province frontière alors qu'elle lui fut confiée, était devenue centrale, quand il la remit à sa patrie. (Pline l'ancien; *de l'Homme*, tit. 27.)

« Pompée, dans la rapidité de ses victoires, acheva, dit Montesquieu, le pompeux ouvrage de la grandeur de Rome. Il unit au corps de son empire des pays infinis, ce qui servit plus au spectacle de la magnificence de Rome qu'à sa vraie puissance. » Florus avait dit également que toutes les conquêtes de Pompée et de César furent plus brillantes qu'utiles : *ut non in usum, ita ad imperii speciem, magna nomina*. (L. III, c. 13.)

(22) « C'était l'usage des soldats romains de faire leur testament de vive voix dans les occasions périlleuses,

en déclarant leurs dernières volontés en présence de leurs camarades. M. de Montesquieu (*Esprit des lois*, l. xxvii), remarque qu'ils étaient différents des testaments appelés *militaires*, qui ne furent établis que par les constitutions des empereurs : il observe encore, d'après Cicéron (lib. 1, *de Oratore*), qui n'étaient point écrits, et étaient sans formalités, *sine libra et tabulis*. Florus, en employant cette expression, *testamenta scriberentur*, paraît confondre les temps et les deux sortes de testaments, de vive voix et par écrit. » (Note de l'abbé Paul.)

Les soldats faisaient quelquefois aussi leur testament avant leur départ pour une guerre. (V. Vell. Paterc., l. ii, c. 5; et dans ce volume, la note 3 du l. ii.)

(23) Atteius Capito, tribun du peuple, n'ayant pu empêcher Crassus d'aller combattre les Parthes, alluma un brasier près de la porte par où sortait le général, et, en y jetant certaines herbes, il maudit l'expédition, et invoqua les divinités infernales.

(24) Les noms de Sillace et de Suréna étaient des titres de dignité. Le suréna, suivant Plutarque, avait par sa naissance le droit héréditaire, dans sa famille, de ceindre le front du roi des Parthes du bandeau royal, le jour de son couronnement.

(25) Montesquieu attribue à l'élévation des chevaliers au pouvoir judiciaire une grande partie des maux de la république. « Les chevaliers, dit-il, ne furent plus cet ordre moyen, qui unissait le peuple au sénat, et la chaîne de la constitution fut rompue. La constitution de Rome était fondée sur ce principe, que ceux-là devaient être soldats, qui avaient assez de biens pour répondre de leur conduite à la république. Les chevaliers, comme les plus riches, formaient la cavalerie des légions ; lorsque leur dignité fut augmentée, ils ne voulurent plus servir dans cette milice....

« De plus, les chevaliers étaient les traitants de la République; ils étaient avides; ils semaient des malheurs dans des malheurs; ils faisaient naître les besoins publics des besoins publics. Bien loin de donner à de telles gens la puissance de juges, il aurait fallu qu'ils eussent été sans cesse sous les yeux des juges.... Lorsqu'à Rome, les jugements eurent été transportés aux traitants, il n'y eut plus de police, plus de lois, plus de magistratures, plus de magistrats. » (*Esprit des lois*, l. ii, c. 18.)

(26) « Ce jeune Romain avait été long-temps l'ami de Drusus. Tous deux étaient du même âge : ils avaient porté l'intimité jusqu'à faire un échange réciproque de leurs femmes, genre de communauté qui commençait alors à devenir assez fréquent dans Rome. Ils se brouillèrent pour une cause tout-à-fait puérile, s'étant mutuellement entêtés à enchérir une bague que chacun d'eux voulait avoir. De là naquit une inimitié irréconciliable, qui causa de grands maux à la république. » (Note de M. Ch. Du Rozoir.)

(27) Le tribun jouait sur les mots *Cœnum* et *Cœlum*.

(28) Valère-Maxime est à cet égard en dissentiment complet avec Florus : « Obtorta gula, et quidem non per » viatorem, sed clientem suum. » (L. ix, c. 5, § 2.)

(29) Ces mots : *municipalia illa prodigia*, ont été bien diversement entendus et traduits. « Un tas de prodiges issus des villages que nos honneurs ont rendus insolents. » (Coëffeteau). « Je ne sais quels prodiges de fortune dont la patrie est à peine connue » (Levayer). « Des hommes obscurs et ignorés jusqu'alors » (L'abbé Paul). « De monstrueux et ignobles favoris de la fortune. » (M. C. Paganel). Pourquoi prendre en mauvaise part le mot *prodigia*, lorsque rien dans la phrase n'autorise une telle interprétation? Florus a d'ailleurs employé ce mot dans le même sens, en l'appliquant à des Romains, Horatius, Mucius et Clélie, qu'il appelle des *prodiges* (l. 1, c. 10). Pourquoi en outre avoir été chercher si loin le sens de *municipalia*.

(30) Appien et Plutarque attestent que Marius avait donné à ses soldats l'ordre de massacrer ceux qui, venant le saluer, ne recevraient pas le salut de sa main; en sorte que ses amis eux-mêmes, craignant qu'il n'oubliât de faire le geste qui devait les sauver, ne l'abordaient qu'en tremblant ; ce qui a fait dire à Sénèque le philosophe : » Trucidationis non tantum dedit signum, sed ipse signum » fuit. (*De Beneficiis*.) »

(31) « Il ne tint pas à la brutalité des meurtriers de Scévola, dit Diodore, qu'ayant été frappé au pied des autels, il n'éteignit de son sang, par un sacrilège épouvantable de leur part, le feu sacré qui brûle depuis plusieurs siècles dans le temple de Vesta ; mais ce pontife, faisant un dernier effort après ses blessures, se précipita hors du sanctuaire, ce qui fut regardé comme un grand bonheur pour les Romains. »

(32) Cet édifice, appelé *Villa Publica*, était dans le Champ-de-Mars. Les augures s'y tenaient pendant les assemblées, prêts à prêter leur ministère aux magistrats, s'il en était besoin. Les censeurs y faisaient aussi le dénombrement du peuple. Florus, en donnant le nom de citoyen à ceux qu'on y égorgea, a commis une erreur; c'étaient, selon Plutarque, des prisonniers samnites au nombre de six mille.

LIVRE QUATRIÈME.

(1) Ce crime inutile n'a pas été suffisamment prouvé. « Nobis ea res, dit Salluste, pro magnitudine parum » comperta est. » (*Bell. Catil.*, c. 22.) Au reste, on n'avait rien oublié pour jeter de l'odieux sur Catilina et sur sa mémoire. Il avait, disait-on encore, égorgé son fils pour obtenir la main d'une femme qui ne voulait pas de beau-fils ; il avait retrouvé l'aigle d'argent de Marius, et lui faisait des sacrifices humains, etc.; mais ses plus implacables ennemis s'accordent à dire que c'était une ame grande et douée d'une incroyable énergie, un ami dévoué jusqu'à la mort. Cicéron avoue qu'il y avait dans l'amitié de Catilina une séduction irrésistible, et à laquelle il fut lui-même près de céder (Cic. pro Cœl., c. 5, 6).

(2) Sylla et Cinna, qui étaient tous deux de la famille Cornélia, avaient déjà été les maîtres de la république. Lentulus se vantait, comme étant de la même famille, d'être le troisième que les destins appelaient à l'empire. Appien et Salluste (c. 47) rapportent la même particularité. Cicéron la rappelle dans sa troisième *Catilinaire* : « Lentulum autem sibi confirmasse ex fatis sibyllinis, arus- » piciumque responsis, se esse tertium illum Cornelium, » ad quem regnum hujus urbis et imperium pervenire » esse necesse : Cinnam ante se et Syllam fuisse. »

(3) Florus a évidemment imité le *plus quam civilia bella* du commencement de *la Pharsale*.

(4) Ceci ferait supposer qu'il y avait soixante-six mille hommes du côté de César, et cent dix-huit mille du côté de Pompée; ce qui est une forte exagération. Voyez plus loin la note 25; et, dans les *Commentaires de César*, le dénombrement des forces de Pompée (*de Bell. Civ.* l. iii, c. 4).

(5) Florus commet une erreur en ne donnant que quatre ans de durée à une guerre qui se prolongea pendant dix.

(6) Florus parle figurément en disant les théâtres de Pompée; on n'en connait qu'un seul élevé par Pompée, à moins qu'il ne veuille désigner les lieux où le peuple romain chantait les louanges de Pompée, soit dans le Champ-de-Mars, soit dans le Forum, ou ces théâtres momentanés qu'on élevait quelquefois à Rome pour des fêtes.

(7) Lucain avait exprimé la même pensée (l. I, v. 125):

Pompeiusve parem. . . . .
Nec quemquam jam ferre potest, Cæsarve priorem.

César se plaint de Pompée dans des termes presque semblables: « Pompeius neminem dignitate secum exæquare » solebat. » (*Comment. de Bell. Civ.*, l. I, c. 4.) — Vell. Pater.: « Neque Pompeius, ut primum rempublicam ag- » gressus est, quemquam animo parem tulit. » (L. II, c. 33.)

(8) Quæ mare, quæ terras, quæ totum possidet orbem,
Non cepit fortuna duos. . . . .
(Luc., liv. I, v. 110.)

« La politique, dit Montesquieu, n'avait point permis qu'il y eût des armées auprès de Rome; mais elle n'avait pas souffert non plus que l'Italie fût entièrement dégarnie de troupes: cela fit qu'on tint des forces considérables dans la Gaule Cisalpine, c'est-à-dire, dans le pays qui est depuis le Rubicon, petit fleuve de la Romagne, jusqu'aux Alpes. Mais, pour assurer la ville de Rome contre ces troupes, on fit le célèbre sénatus-consulte que l'on voit encore gravé sur le chemin de Rimini à Césenne, par lequel on dévouait aux dieux infernaux, et l'on déclarait sacrilége et parricide quiconque, avec une légion, avec une armée, ou avec une cohorte, passerait le Rubicon. » (*Grand. et Décad. des Rom.*, c. 11.)

(9) Un citoyen absent de Rome ne pouvait solliciter le consulat; mais le peuple avait rendu un décret exceptionnel en faveur de César.

(10) « Ce qui perdit surtout Pompée, dit Montesquieu, fut la honte qu'il eut de penser qu'en élevant César, comme il avait fait, il eût manqué de prévoyance. Il s'accoutuma le plus tard qu'il put à cette idée; il ne se mettait point en défense, pour ne point avouer qu'il se fût mis en danger; il soutenait au sénat que César n'oserait faire la guerre, et parce qu'il l'avait dit tant de fois, il le redisait toujours. » (*Grand. et Décad. des Rom.*, c. 11.)

(11) Cette phrase, qui semblerait exprimer qu'on en vint d'abord aux mains à Rimini (ce qui n'est pas), puisque les habitants ouvrirent sans résistance leurs portes à César), signifie seulement que ce fut en entrant dans cette ville, qui n'était pas de son gouvernement, que César fit à Rome sa véritable déclaration de guerre. Il avait, avant d'arriver à Rimini, passé le Rubicon; passage dont Florus, dont César lui-même ne parlent pas, et qu'ont rapporté, avec de précieux détails, Plutarque (*Vies de César et de Pompée*) Suétone (*Vie de César*, c. 31 et 32), Appien (*Guerres civiles*, l. II, c. 4, § 35) Lucain (l. I, v. 185 et suiv.).

(12) Plutarque (*Vie de Pompée*) fait une réflexion semblable: « César, dit-il, s'était rendu maitre de toute l'Italie en soixante jours, sans verser une goutte de sang. » Ce qui n'est pas moins remarquable, c'est que, pour entreprendre cette conquête, César, au rapport de Tite-Live, cité par Paul Orose, n'avait que cinq cohortes: « Quinque cohortes quas tunc solas habebat cum quibus » orbem terrarum adortus est. »

(13). Ce tableau, de la fuite de Pompée s'échappant de Brindes, avait plus naturellement sa place après la bataille de Pharsale. — Il est difficile de rendre, dans la traduction, l'effet du mot *fugiebat*, rejeté à la fin de la phrase latine: « Turpe dictu! modo princeps patrum, » pacis bellique moderator, per triumphatum a se mare » lacera et pæne inermi nave, fugiebat. » On trouve le même artifice de style dans cette phrase de Quinte-Curce: « Darius, tanti modo exercitus rex, qui, triumphantis » magis, quam dimicantis more, curru sublimis inierat » prælium, per loca, quæ prope immensis agminibus » compleverat, jam inania et ingenti solitudine vasta, « fugiebat. » (L. IV, c. 1.)

(14) Il n'est fait mention de cette circonstance ni dans Plutarque, ni dans Appien, ni même dans César.

(15) Il ne faut pas confondre ce trésor, appelé sacré, avec le trésor public. *Ærarium sanctum* était le nom d'un trésor particulier, établi depuis longtemps pour les frais de guerre contre les Gaulois, et qu'on ne pouvait employer qu'à cet usage. De terribles imprécations avaient été solennellement prononcées contre quiconque oserait y porter la main. Le tribun Metellus voulut s'opposer à l'attentat de César, qui le menaça de la mort en lui disant: « Songe qu'il m'est plus aisé d'exécuter cette menace que de la faire. » Ce trait, que César a omis, sans doute à dessein, dans ses *Commentaires*, est rapporté par Plutarque, et forme un des plus beaux morceaux de *la Pharsale*.

(16) Les Romains avaient cette triste opinion des Grecs. V. Tit.-Liv., l. VIII, c. 25; et Ovid., *Fast.*, l. III, v. 102.

(17) Decimus Brutus ne resta pas seul chargé du siège de Marseille; pendant qu'il la bloquait par mer, C. Trébonius la pressait par terre. Marseille opposa une résistance qui se prolongea pendant toute la durée de la première expédition de César en Espagne. En retournant en Italie, il trouva ses lieutenants encore arrêtés devant cette ville, dont les habitants se firent honneur de ne se rendre qu'à lui.

(18) « At Curio nunquam, amisso exercitu, quem a » Cæsare fidei suæ commissum acceperit, se in ejus » conspectum reversurum confirmat, atque ita prælians, » interficitur. » (Cæs. *de Bell. Civ.*, l. II, c. 42.)

(19) L'expression *jam debitum par* est empruntée aux usages du cirque, et était consacrée pour désigner les deux gladiateurs que l'on faisait combattre, comme on dirait chez nous *une paire, un couple*. Lucain a employé, en parlant de César et de Pompée, une métaphore toute semblable:

. . . . Parque suum videre dii (l. V, v. 5.);
et plus loin (l. XII, v. 695):
. . . . sed par quod semper habemus,
Libertas et Cæsar erunt. . . . .

Sénèque a dit aussi: « Ecce par deo dignum vir fortis » cum mala fortuna compositus (*de Providentia*) » Florus, qui continue son image, ajoute: « Flagitante fortuna; » le mot *flagitare* étant en effet celui par lequel on désignait le peuple qui demandait des combats de gladiateurs: *Flagitans paria gladiatorum.*

(20) César était à Marseille lorsque Curion, Antoine et Dolabella furent défaits. Une de ses armées, campée à Plaisance, se révolte, et rentre dans le devoir à l'arrivée du général. De là, il se rend à Rome, où il venait d'être créé dictateur. Fut-ce par le sénat, par le peuple, ou par un préteur qui, en l'absence des consuls, devenait le premier magistrat? Les historiens sont loin de s'accorder

sur ce point. César, avant de quitter Rome, présida aux comices, comme dictateur, se fit élire consul avec P. Servilius Isauricus, fit une nouvelle distribution de commandements, approvisionna la ville, rétablit dans leurs droits les enfants des citoyens proscrits par Sylla, prit des mesures qui devaient faciliter le paiement des dettes, mais ne voulut pas consentir à les abolir; et, au bout de onze jours, il abdiqua la dictature. C'est à tous ces actes du dictateur que font allusion ces mots de Florus : «Ordinatis a tergo omnibus.»

(21) A ces mots : « Que crains-tu? tu portes César, » Plutarque ajoute ceux-ci : « et sa fortune. » Appien et ce dernier diffèrent sur les détails de cette anecdote célèbre; César n'en a point parlé dans ses commentaires. Lucain (*Phars.* l. vi, v. 578 et s.) a paraphrasé ce mot, dont la précision fait la force.

(22) César porte à cent trente le nombre de traits qui percèrent le bouclier de Scéva. Il ajoute qu'on trouva trente mille traits lancés par l'ennemi dans le retranchement que défendait ce centurion. César lui donna deux cent mille sesterces, et, de huitième centurion qu'il était, le nomma primipile. La cohorte dont il faisait partie, et qui avait aussi montré un grand courage, eut à l'avenir double paie; double ration de blé, etc. (V. Lucain, *Phars.*, l. vi, v. 145 et s.)

(23) Montesquieu caractérise ainsi la faiblesse de Pompée avant la bataille de Pharsale « Comme Pompée avait souverainement le faible de vouloir être approuvé, il ne pouvait s'empêcher de prêter l'oreille aux vains discours de ses gens, qui le raillaient ou l'accusaient sans cesse : il veut, disait l'un, se perpétuer dans le commandement, et régner, comme Agamemnon, le roi des rois. Je vous avertis, disait l'autre, que nous ne mangerons pas cette année des figues de Tusculum... » Ainsi, pour n'être pas blâmé, il fit une chose que la postérité blâmera toujours, d'aller combattre avec des troupes nouvelles une armée qui avait vaincu tant de fois. » (Voyez Plutarque, *Vie de Pompée*; Appien, l. ii, c. 7.)

(24) On ne comprend guère cette erreur de Florus; elle donne amplement raison à Napoléon, qui a dit : « Les batailles de César n'ont pas de nom. » Cette bataille célèbre se donna dans les plaines de Pharsale (auj. Farsa), ville située sur le fleuve Enipée. Celle de Philippes était dans la Macédoine, entre les fleuves Strymon et Nestus, à quelque distance du golfe Strymoniaque.

(25) Appien s'exprime ainsi à ce sujet : « L'armée de César était composée de vingt-deux mille hommes; celle de Pompée était forte de plus du double, en y comprenant sept mille hommes de cavalerie. Les relations les plus vraisemblables sont en effet celles qui ont porté à soixante-dix mille le nombre total des troupes romaines qui en vinrent aux mains dans cette journée. Les écrivains qui ont le plus restreint ce nombre l'ont porté à soixante mille; ceux qui l'ont le plus exagéré l'ont élevé à quatre cent mille. » Plutarque (*Vie de César*), fait le même dénombrement des forces des deux rivaux. Pompée avait, selon lui, quarante-cinq mille hommes en troupes légionnaires, et sept mille chevaux; César n'avait que vingt-deux mille légionnaires, et mille hommes de cavalerie. Ces détails suffisent pour montrer l'exagération du nombre énoncé par Florus. (Voyez la note 4 de ce livre.)

(26) Les victimes étaient conduites et non traînées à l'autel, et l'on regardait leur fuite comme de mauvais augure Appien rapporte le même prodige que Florus. —

Il dit aussi qu'un « essaim d'abeilles, emblème de la faiblesse, vint se poser sur les autels. » Dion Cassius raconte ce fait dans des termes semblables à ceux de Florus. — « Un météore de feu, dit Appien, se dirigea du camp de César vers le camp de Pompée, où il s'éteignit. » Plutarque parle également de ce prodige, ainsi qu'Appien; et Dion Cassius prétend que la foudre tomba sur le camp de Pompée.—Appien et Plutarque racontent aussi, avec quelque détail, le songe de Pompée; mais aucun de ces deux écrivains ne parle de l'habit de deuil dont Florus fait mention, circonstance que rend invraisemblable le soin qu'eût pris Pompée, d'ailleurs si sûr de la victoire, de ne pas paraitre devant son armée dans un habillement si propre à la décourager. — On ne lit pas un mot de tous ces prodiges dans les Commentaires de César.

(27) Ce corps de Germains, qui décida de la victoire, se composait de dix cohortes; et César le tenait en réserve depuis le commencement de la bataille. (Cæs. *de Bell. Civ.* l. iii, c. 94. Voyez aussi Appien, l. ii, c. 2, et Frontin, *Stratag.*, l. ii, c. 14.)

(28) « On appelait *levis armatura*, les troupes qui formaient dans la légion la quatrième ligne. La première ligne était composée des *hastaires*, ainsi nommés d'une longue javeline, *hasta*, qui était leur arme principale; des jeunes gens à la fleur de l'âge composaient ce corps. La deuxième était formée des *principes*, hommes dans la vigueur de l'âge. Il parait qu'anciennement on les plaçait à la première ligne; c'est de là qu'ils avaient pris leur nom. La troisième était formée des *triaires*, vieux soldats d'une valeur éprouvée. Enfin la quatrième était composée des *vélites*, ainsi appelés de leur vitesse et de leur agilité. Ils étaient armés à la légère (*milites levis armaturæ vel levis armatura*). Leur création datait de la seconde guerre Punique. Appien et Plutarque rapportent que si la vigueur avec laquelle les dix cohortes de réserve chargèrent l'aile gauche de Pompée commença la victoire en dispersant la cavalerie, le choc de la dixième légion la décida entièrement en mettant en déroute l'armée ennemie. » (Note de M. Du Rozoir.)

(29) César ne fait pas monter sa perte à plus de deux cents hommes dans cette journée. Il porte le nombre des Pompéiens tués à quinze mille, et celui des prisonniers à vingt-quatre mille. (Cæs., *de Bell. Civ.*, l. iii, ch. 9.)

(30) Les troupes de Pompée ne combattirent point, s'il faut s'en rapporter à Appien. « Les alliés, dit-il, comme s'ils n'eussent été appelés que pour être témoins du spectacle de cette bataille, admiraient la fermeté avec laquelle chacun conservait son rang.... Ils ne surent que rester en place dans une sorte de stupeur. Dès qu'ils virent plier l'aile gauche de Pompée, ils prirent la fuite en désordre, et en criant : *Nous sommes vaincus!* »

(31) Plutarque prête, dans cette circonstance, les paroles suivantes à César : « Ces beaux danseurs, si fleuris, pour conserver leur beauté, n'auront pas le courage de soutenir l'éclat du fer de ces javelots qu'on fera briller si près de leurs yeux. »

(32) Ce ne fut pas sur un frêle esquif, mais sur un grand vaisseau de charge, que Pompée aborda à Lesbos. (Voy. Plutarque, *Vie de Pompée*, et Appien, l. ii, c. 12.)

(33) « Quoique l'on ait dit de la diligence de César après Pharsale, Cicéron l'accuse de lenteur avec raison. Il dit à Cassius, qu'ils n'auraient jamais cru que le parti de Pompée se fût ainsi relevé en Espagne et en Afrique, et que s'ils avaient pu prévoir que César se fût amusé à

sa guerre d'Alexandrie, ils n'auraient pas fait leur paix et se seraient retirés avec Scipion et Caton en Afrique. Ainsi un fol amour lui fit essuyer quatre guerres; et, en ne prévenant pas les deux premières, il remit en question ce qui avait été décidé à Pharsale. » (Montesquieu, *Grand. et Décad. des Rom.*, c. 11.)

(54) Florus, par une indifférence pour les lettres et pour les arts, commune aux historiens de l'antiquité, oublie, dans cette énumération, la bibliothèque d'Alexandrie, qui fut presqu'entièrement consumée, et dans laquelle on comptait, dit-on, sept cent mille volumes. Plutarque, Dion-Cassius, Ammien-Marcellin, rapportent ce fait, dont César a eu soin de ne point parler.

(55) Dans l'origine, c'était une île; mais elle fut jointe au continent par des atterrissements successifs et par une chaussée. Ptolémée-Philadelphe y fit élever une tour, du haut de laquelle une vive lumière servait à éclairer les vaisseaux la nuit; de là vient le nom de *Pharos* (phare), donné à cette île. César, à l'époque de la guerre d'Alexandrie, dit qu'elle formait le port de cette ville.

(56) Le continuateur des commentaires de César ne parle pas de cette circonstance; Florus paraît cependant avoir suivi le fond de son récit. Dion Cassius et Appien rapportent ce fait, et ils ajoutent que les Alexandrins, entre les mains desquels tomba le manteau de César, en firent un trophée. Dion Cassius et Plutarque racontent que César tenait d'une main des papiers importants, et qu'il nageait de l'autre. Le silence d'Appien et d'Hirtius Pansa sur cette particularité pourrait suffire pour la faire révoquer en doute; de son côté, Plutarque ne la raconte que comme un *oui-dire*, et Appien représente César obligé de nager entre deux eaux, nécessité qui l'empêchait d'avoir une main hors des flots. (Voyez Appien, l. ii, c. 15.)

(57) Selon Hirtius, César fit périr Photin, non pour venger la mort de Pompée, comme Florus paraît le croire, mais pour prévenir l'exécution d'un complot qu'il tramait contre lui avec Achillas; et Hirtius est en cela d'accord avec Plutarque. Appien prétend au contraire que César, aussitôt que son armée l'eut joint à Alexandrie, fit arrêter et punir de mort Achillas et Photin, comme coupables d'attentat sur la personne de Pompée. Cette supposition est moins vraisemblable que l'autre, surtout lorsque l'on considère avec quelle froide concision César, dans ses *Commentaires*, parle de la mort de Pompée. (*De Bell. Civ.*, l. iii, c. 15.

(58) En désaccord ici avec Florus, Hirtius dit que ce fut après un combat vif et opiniâtre, « magno atque acri » cominus prælio, » que César parvint à mettre l'ennemi en déroute. Appien raconte qu'en engageant l'action, César s'écria : « Ce parricide ne subira-t-il pas le châtiment qu'il mérite ? » Mille hommes de cavalerie romaine suffirent à la défaite des troupes de Pharnace, qui s'enfuit au fond du Bosphore, où il fut assassiné dans une émeute.

(59) On ne peut que rappeler ici ces trois mots de César : *Veni, vidi, vici.*

(40) La phrase de Florus est une imitation évidente de ces vers de Lucain :

. . . . sparsit potius Pharsalia nostras
Quam subvertit opes. . . . .
(*Phar.*, l. 8, v. 273.)

(41) Cette circonstance est attestée par Hirtius. « Su- » bito dextro cornu, injussu Cæsaris, tubicem, a militi- » bus coactus, canere cœpit, etc. »

(42) C'est ainsi que dans Tacite, Burrhus, près d'expirer, répond à Néron qui lui demande comment il va : « Ego me bene habeo. »

(43) Hirtius ne raconte pas comme Florus la mort de Pétreius et de Juba. Selon lui, Juba, plus vigoureux que Pétreius, tua facilement ce dernier. Il voulut ensuite se passer son épée au travers du corps; mais les forces ou le courage venant alors à lui manquer, il réclama ce dernier office d'un de ses esclaves, qui lui obéit. Hirtius ne parle point du repas qui précéda la mort de ces deux ennemis de César, circonstance attestée par Appien (l. ii., c. 14).

(44) On peut lire dans Plutarque, dans Appien et dans Hirtius, le récit de ce célèbre suicide, fort admiré par l'antiquité païenne, mais souvent blâmé par les auteurs chrétiens depuis Lactance (*de Falsa Sapientia*). Lucain, dans sa *Pharsale*, exalte Caton au-dessus de tous les héros de son poëme; Sénèque; (*de Provid.*, l. ii, c. 16) ne parle de lui qu'avec admiration; Salluste semble peindre la vertu même quand il fait le portrait de ce Romain; Valère-Maxime le loue en déclamateur (l. iii, c. 2); Cicéron le justifie par des raisons philosophiques (*de Officiis*, l. i, c. 51); mais Montesquieu le blâme d'avoir trop tôt désespéré de la république, et de ne s'être pas réservé pour elle; c'était aussi le sentiment de Napoléon, sentiment qu'il exprime avec éloquence. (Voyez dans les notes de la guerre d'Afrique celle de Napoléon, relative à la mort de Caton.)

(45) « Ex hostium armis pro cespite cadavera collocaban- » tur, scuta et pila pro vallo, insuper occisorum et gladii » et mucrones, et capita hominum ordinata, ad oppidum » conversa universa, et ad hostium timorem virtutisque » insignia proposita viderentur. » (*Bellum Hispaniense*, *auctore incerto*, c. 5.)

(46) On appelait *fercula*, chez les Romains, des espèces de civières sur lesquelles on portait (*ferculum à ferre*) l'image des villes, des princes, etc., dont triomphait le général. Suétone, en parlant du triomphe de César sur Pharnace, dit : « Inter pompæ fercula trium verborum prætulit titulum, *veni, vidi, vici*; » d'où il suit que *ferculum* exprimait aussi quelquefois l'objet porté dans les pompes triomphales; et c'est dans ce sens que mademoiselle Lefebvre et plusieurs commentateurs de Florus ont entendu ce mot. — Quant à la signification d'*Arsinoe*, les uns ont voulu que ce mot désignât la sœur de Cléopâtre; les autres, une ville d'Égypte du même nom, située sur le golfe Arabique. La première opinion est préférable à l'autre, puisque César ne porta pas ses armes jusque-là, et qu'il se borna à la prise d'Alexandrie.

(47) Les quatre triomphes dont parle ici Florus doivent être placés dans l'intervalle qui s'écoula entre la guerre d'Afrique et celle d'Espagne; intervalle rempli par le séjour de quatre mois que César fit à Rome, où il fut revêtu de la dictature pour dix années; de plus, Florus fait au dictateur un mérite d'une modération qu'il fut loin d'avoir. Il ne s'abstint même pas de triompher pour les victoires de Pharsale, de Thapsus et de Munda.

Appien (*Bell. civ.*, l. ii) rapporte qu'on vit les images de ces victoires et les portraits des généraux qu'il avait défaits; de Scipion, de Caton et de Pétreius, un seul excepté, celui de Pompée. D'autres prétendent que César ne triompha pas des citoyens qu'il avait vaincus à Pharsale et en Afrique; mais qu'il fit de la défaite des fils de

Pompée à Munda le sujet d'un cinquième triomphe; c'est le témoignage de Dion Cassius et de Plutarque. Suétone (in Cæs., c. 37), et Velléius (l. II, c. 56), ont écrit également qu'il obtint, pour la guerre d'Espagne, un cinquième triomphe.

(48) « Templa, aras, simulacra, juxta deos, » dit Suétone. Plutarque et Appien rapportent seulement que les Romains bâtirent, en son honneur, un temple à la Clémence. Le premier ajoute ailleurs que le sénat lui décerna des honneurs plus qu'humains.

Suétone dit simplement qu'on lui accorda un siége sur le théâtre, « suggestum in orchestra, » et le privilége de porter toujours une couronne de laurier. Du reste, jamais il ne porta la couronne d'or; il repoussa même un diadème enlacé de feuilles de laurier que Marc-Antoine lui offrit en présence du peuple, pendant que César présidait, sur un siége d'or, à la fête des Lupercales.

On appelait *pinaculum* (pinacle) cet ornement que l'on plaçait au-dessus des temples. Un citoyen ne pouvait pas en couronner sa maison; c'était un honneur qu'il fallait obtenir du sénat. Plutarque rapporte que la veille de la mort de César, Calpurnie, son épouse, crut voir en songe arracher cet ornement de dessus leur maison.

Le mois auquel César donna son nom est le mois de juillet; mois que l'on nommait auparavant *quintilis*, parce qu'il était le cinquième, à partir du mois de mars qui ouvrait l'année.

(49) Velléius Paterculus (l. II, c. 56) exprime les mêmes soupçons que Florus, et ajoute que, bien qu'il repoussât le diadème, César laissa voir que la tentative d'Antoine ne lui déplaisait pas. Suétone et Plutarque rapportent que ce diadème fut, par l'ordre de César, porté à Jupiter au Capitole; mais ni ces deux historiens, ni Appien n'accusent César d'avoir concerté d'avance cette scène avec Antoine.

(50) Paterculus ne nomme, ainsi que Florus, que deux conspirateurs : « Conjurationis auctoribus Bruto et Cassio. » (l. II, c. 66.) Suétone en nomme trois, parmi plus de soixante : « conspiratum est in eum a LX amplius, C. Cassio, Marcelloque et D. Bruto principibus conspirationis. » L'Epitome de Tite-Live en nomme quatre : « Cujus capita fuerunt M. Brutus et C. Cassius, et ex Cæsaris partibus D. Brutus et C. Trebonius. » (L. XCVI.) Plutarque, dans la *Vie de César*, cite Brutus et Cassius, Decimus Brutus Albinus, Tullius Cimber, Casca et un certain Cinna. Dans la *Vie de Brutus*, il ajoute à ces noms ceux de Ligarius, de Labéon, de Trébonius. Appien est celui qui donne la liste la moins incomplète des conjurés. Il cite outre M. Brutus et Cassius, Decimus Brutus, Albinus, Cæcilius et Buconianus, Rubrius Riga, Q. Ligarius, M. Spurius, Servilius Casca, Servius Galba, Sextus Nason et Pontius Aquila, Caius Casca, Trebonius, Tullius Cimber et Minucius Basillus, en tout treize personnes. Celui des deux Brutus dont parle ici Florus était M. Junius Brutus Cæpion, qui avait pour père Brutus, tué sous la dictature de Sylla (Appien). Mais, comme Servilie, sa mère, avait eu avec César un commerce adultère, il passait généralement pour le fils du dictateur.

(51) « In eo senatu quem majore ex parte ipse cooptasset, in curia Pompeia, ante ipsius Pompeii simulacrum, tot centurionibus suis inspectantibus, a nobilissimis civibus, partim etiam a se omnibus rebus ornatis, trucidatus ita jacuit, ut ad ejus corpus non modo amicorum,

sed ne servorum quidem quisquam accederet. » (Cicéron, *de Divin.*, l. II, c. 9)

(52) « Eo redegit populum romanum, ut salvus esse non posset, nisi beneficio servitutis. » (Senec., *de Benef.*, v. 5, 16.)

(53) L'usage à Rome était d'instituer des héritiers en seconde ligne, dans le cas où le premier institué refuserait d'accepter la succession; mais Florus commet ici une erreur. Antoine n'était pas, comme il le dit, le second héritier de César; celui-ci avait légué à Octavius, son neveu, les trois quarts de sa succession, et le dernier quart à deux autres de ses neveux, à L. Pinarius et à Q. Pédius. Dans les dernières lignes de son testament, il adoptait Octave. Enfin, au rapport de Suétone, Decimus Brutus était au nombre de ses seconds héritiers. Antoine se trouva immiscé dans la succession de César, parce que Calpurnie, sa veuve, fit porter en dépôt chez lui tout ce que César avait laissé d'argent, quatre mille talents, environ vingt millions de francs (Plut. *in Cæs.* et *in Anton.*). Outre cette somme considérable provenant des biens personnels de Cæsar, Antoine s'empara de celle de sept millions de sesterces, (environ cent quarante millions de francs), déposée dans le temple d'Ops, par le dictateur, qui la destinait à des usages publics. (*Vell. Paterc.*, l. II, c. 60.)

(54) Dion Cassius dit que cette île était située entre Modène et Bologne. « Dans une île petite et unie, au milieu du fleuve Lavinius, dit Appien, et aux environs de Modène. » On croit plus généralement que la rivière dans laquelle était située cette île était le *Rhenus* (Reno), près Bologne. La conférence des triumvirs dura deux jours presque sans aucune interruption.

(55) « Il y eut d'abord, dit Appien, une liste de dix-sept citoyens, parmi lesquels était Cicéron. Le lendemain, les noms de cent trente nouveaux proscrits furent affichés. Peu de jours après, on en ajouta cent cinquante autres. » Dion Cassius remarque qu'il y eut cette différence entre les proscriptions de Sylla et celles des triumvirs, que, dans les premières paraissaient deux tables, une pour les sénateurs, l'autre pour tous les particuliers; tandis que dans les secondes, il y eut une seule table où tous les noms furent écrits sans distinction ; il observe en outre que le nombre des proscrits, sous le triumvirat, fut plus grand que sous la dictature de Sylla, parce que les proscriptions étaient l'ouvrage de plusieurs, et que chacun des triumvirs avait à exercer des vengeances particulières.

(56) Voyez l'invective de Velléius Paterculus contre Antoine, au sujet de la mort de Cicéron, l. II, c. 37.

(57) « On peut donner, dit Montesquieu, plusieurs causes de cette coutume si générale des Romains, de se donner la mort : le progrès de la secte stoïque, qui y encourageait; l'établissement des triomphes et de l'esclavage, qui firent penser à plusieurs grands hommes qu'il ne fallait pas survivre à une défaite; l'avantage que les accusés avaient de se donner la mort, plutôt que de subir un jugement par lequel leur mémoire devait être flétrie et leurs biens confisqués; une espèce de point d'honneur, peut-être plus raisonnable que celui qui nous porte aujourd'hui à égorger notre ami pour un geste ou pour une parole; enfin, une grande commodité pour l'héroïsme, chacun faisant finir la pièce qu'il jouait dans le monde, à l'endroit où il voulait. » (*Grand. et Décad. des R.* c. 12.)

(58) On tenait allumé sur le vaisseau prétorien un fanal qui servait de guide aux autres bâtiments.

(59) Les noms des nations vaincues, des pays, des mers qui avaient été le théâtre de quelque victoire, étaient inscrits au bas des statues des généraux vainqueurs.

(60) Ce ne fut pas par l'ordre d'Antoine que sa vaisselle d'argent fut mise en pièces. Appien et Plutarque (*In Anton.*, c. 64) rapportent que, dans une émeute, ses soldats pillèrent la caisse de l'armée, en égorgèrent les gardiens, mirent en pièces la vaisselle de leur général, et se la partagèrent. — Velléius Paterculus juge comme Florus l'expédition d'Antoine. « Hanc tamen fugam suam, quam virus exierat, victoriam vocabat. »

(61) Horace se sert de la même expression en parlant de Cléopâtre : « Fatale monstrum, » etc.

(62) Il périt avec dix mille Romains (V. Vell. Pat., l. II, c. 57). Cette défaite fit une telle impression sur l'esprit d'Auguste, que ce prince, au rapport de Suétone, se laissa croître la barbe et les cheveux pendant plusieurs mois, et que, dans son désespoir, il se frappa la tête contre les murs de sa chambre, en s'écriant : « Varus, rends-moi mes légions. » Varus se perça de son épée à l'exemple de son père et de son aïeul. On lui coupa la tête, et on la porta à Maroboduus ; ce dernier l'envoya à Auguste, qui le fit ensevelir dans le tombeau de la maison *Quintilia*.

(63) Voyez dans ce volume, page 338, la note 17 du sixième livre des *Commentaires de César sur la guerre des Gaules*.

(64) Auguste ferma trois fois le temple de Janus. Vespasien le ferma ensuite ; et cette clôture est comptée par Paul Orose, pour la sixième depuis le règne de Numa. Il fut refermé sous le règne de Domitien, et rouvert sous celui de Gordien ; et c'est la dernière fois qu'il soit parlé de cette cérémonie dans l'histoire romaine.

TABLE DES MATIÈRES.

	Pages.
Avis des éditeurs.	1
SALLUSTE.	3
Vie de Salluste par le président de Brosses.	5
CONJURATION DE CATILINA, traduction nouvelle, par M. Damas-Hinard.	31
Notes de la Conjuration de Catilina.	62
GUERRE DE JUGURTHA, traduction nouvelle, par M. Bélèze, ancien élève de l'école normale.	65
Notes de la guerre de Jugurtha.	126
FRAGMENTS, traduction nouvelle, par M. Damas-Hinard.	131
Notes des Fragments.	145
LETTRE A C. CÉSAR sur le gouvernement de la République, traduction nouvelle, par le même.	146
Notes des Lettres à C. César.	156
JULES CÉSAR.	161
Vie de Jules César, par M. T. Baudement.	163
COMMENTAIRES SUR LA GUERRE DES GAULES, traduction nouvelle, par le même.	183
Livre I.	183
Livre II.	205
Livre III.	217
Livre IV.	228
Livre V.	241
Livre VI.	262
Livre VII.	278
Livre VIII.	311
Notes des Commentaires sur la Guerre des Gaules.	332
COMMENTAIRES SUR LA GUERRE CIVILE, traduction nouvelle, par M. Dumas-Hinard.	343
Livre I.	343

	Pages.
Livre II.	374
Livre III.	392
Notes des Commentaires sur la Guerre civile.	436
COMMENTAIRES SUR LA GUERRE D'ALEXANDRIE, traduction nouvelle, par le même.	439
Notes des Commentaires sur la Guerre d'Alexandrie.	470
COMMENTAIRES SUR LA GUERRE D'AFRIQUE, traduction nouvelle, par le même.	473
Notes des Commentaires sur la Guerre d'Afrique.	510
COMMENTAIRES SUR LA GUERRE D'ESPAGNE, traduction nouvelle, par le même.	513
Notes des Commentaires sur la Guerre d'Espagne.	530
C. VELLÉIUS PATERCULUS, traduction nouvelle, par M. Herbet, chef du bureau historique au ministère de l'instruction publique.	533
Notices sur C. Velléius Paterculus.	535
HISTOIRE ROMAINE adressée à M. Vinicius, consul.	537
Livre I.	537
Livre II.	547
Notes de l'Histoire romaine de C. Velléius Paterculus.	615
L. ANNÆUS FLORUS, traduction nouvelle, par M. T. Baudement.	619
Notice sur Annæus Florus.	621
ABRÉGÉ DE L'HISTOIRE ROMAINE.	625
Livre I.	625
Livre II.	642
Livre III.	663
Livre IV.	688
Notes de l'Abrégé de l'Histoire romaine d'Annæus Florus.	711

www.ingramcontent.com/pod-product-compliance
Lightning Source LLC
Chambersburg PA
CBHW070748020526
44115CB00032B/1329